U0593678

厦门大学会计学科百年史

笃行南强

下册

Centennial History of Accounting Discipline at Xiamen University

1924—2024

主编◎杜兴强

厦门大学出版社 XIAMEN UNIVERSITY PRESS
国家一级出版社
全国百佳图书出版单位

目 录

第三篇
厦门大学会计学科教师成果、学生成果与学生培养

第四篇
厦门大学会计学科其他组成部分

第五篇
厦门大学会计学科的科研奖、奖学金和发展年表

第三篇

厦门大学会计学科教师成果、学生成果与学生培养

1924—2024

Centennial History of Accounting Discipline at Xiamen University

第十二章 厦门大学会计学科教师成果目录

在厦门大学会计学科百年的历史长河中，一代又一代的厦门大学会计人（包括但不限于在职教师、离退休教师、在校期间的学生等）潜心钻研，发表了一系列研究论文，出版了一系列的教材和著作，主持了数量可观的国家级与省部级课题，入选了一系列国家高层次人才和省部级人才资助计划，获得了诸多教学与科研奖励。本书第二篇列举并部分介绍了厦门大学会计学科百年发展史上标志性的科研论文、国家自然科学基金重大项目课题（重点项目）和国家社科基金重大项目、标志性的人才项目、标志性的教学成果和标志性的科研奖励。尽管如此，我们认为有必要系统地展示全体教师的成果。为此，第三篇将分章全面报告厦门大学会计学系的成果，包括论文、课题、奖励与著作等。

总体上看，厦门大学会计学系教师共发表中英文论文二千余篇，获批国家自然科学基金、国家社科基金、教育部和福建省等省部级课题、各类省部级教改课题共计近二百项，获得教育部、其他部委、福建省、厦门市等（人文）社科优秀成果奖，以及国家级与省部级人才项目共计二百余项，出版著作和教材共计三百余部，其中2000年前一百余项，2000年后共二百四十余部；此外，博硕士在2000年1月至2023年7月期间共计发表学术论文六百九十余篇，本科生获奖三百三十余项。

值得指出的是，虽然我们竭尽全力做到全面，但由于种种因素制约（如时间、精力、资料可得性等方面的原因），相关成果的统计可能存在一定的错漏[①]，恳请各位系友见谅。如有可能，我们将在再版的过程中，或者下次编撰厦门大学会计学科史料的过程中予以补充、修改和完善。

① 包括但不限于如下情况：（1）教师新近发表的成果，并未及时在厦门大学管理学院科研管理系统中填列，且通过中英文网站尚无法查询到；（2）某些英文或中文文章在厦门大学管理学院科研管理系统中填列的是online信息，随后正式刊出的文章可能与online的文章在具体的卷、期、页码等方面存在差异；（3）由于年代久远和期刊网收录方面的原因，某些教师的成果可能并不能够保证100%收录。

第一节　学术期刊论文

◎　厦门大学会计学科教师所发表的学术期刊论文①

序号	姓名	文章标题	期刊名称	卷期/页码
1	蔡　宁 魏明海	政府管制放松与投资者保护变迁	中山大学学报（社会科学版）	2008年第1期第142～148页，第207页
2	蔡　宁 魏明海 路晓燕	投资者保护变迁与会计改革的共生互动性	会计研究	2008年第3期第19～26页，第95页
3	蔡　宁 魏明海	“大小非”减持中的盈余管理	审计研究	2009年第2期第40～49页
4	Li Zhen 蔡　宁*	Capital market research in taxation: Do it in China	China Journal of Accounting Research	2011年第Z1期第1～7页
5	蔡　宁	解禁股份交易中的“择时”行为与大股东侵害	南开管理评论	2011年第4期第90～99页
6	蔡　宁 魏明海	股东关系、合谋与大股东利益输送——基于解禁股份交易的研究	经济管理	2011年第9期第63～74页
7	蔡　宁	信息优势、择时行为与大股东内幕交易	金融研究	2012年第5期第179～192页
8	蔡　宁 董艳华 刘　峰	董事会之谜——基于尚德电力的案例研究	管理世界	2015年第4期第155～165页，第169页
9	蔡　宁	风险投资“逐名”动机与上市公司盈余管理	会计研究	2015年第5期第20～27页，第94页
10	蔡　宁 何　星	社会网络能够促进风险投资的“增值”作用吗?	金融研究	2015年第12期第178～193页
11	蔡　宁	“逐名”抑或“增值”？——风险投资政治背景与公司成功上市	投资研究	2016年第11期第34～53页
12	蔡　宁 邓小路 程亦沁	风险投资网络具有“传染”效应吗？——基于上市公司超薪酬的研究	南开管理评论	2017年第20卷第2期第17～31页
13	蔡　宁	社会关系网络与公司财务研究评述	厦门大学学报（哲学社会科学版）	2018年第4卷第248期第38～46页
14	蔡　宁 吴国强	上市公司股东大会治理作用：研究回顾与中国实践	当代会计评论	2019年第12卷第3期第17～43页
15	蔡　宁	文化差异会影响并购绩效吗——基于方言视角的研究	会计研究	2019年第7期第43～50页
16	常　勋	生产费用核算和产品成本计算的定额法	厦门大学学报（哲学社会科学版）	1956年第2期第56～80页

① 本表中论文按作者姓名（厦门大学会计学科教师）拼音排序（时间截止2023年9月，后期有少量补充）。其中，部分论文为厦门大学会计学科教师与其他作者合作发表且非第一作者，此类合作论文署名按论文发表时署名排列，其中标注“*”者为厦门大学会计学科教师。离职教师成果统计至其离开厦门大学会计学系的当月。

续表

序号	姓名	文章标题	期刊名称	卷期/页码
17	常　勋	论折旧模式	厦门大学学报（哲学社会科学版）	1981年第4期第111～118页
18	常　勋	论企业内部的经济责任中心	中国经济问题	1985年第3期第28～32页，第14页，第2页
19	常　勋	开拓国际会计研究的新领域	厦门大学学报（哲学社会科学版）	1987年第1期第26～31页
20	常　勋	三式簿记构思的深入发展	会计研究	1987年第3期第23～27页
21	常　勋	比照国际会计惯例，修订和完善外商投资企业会计制度	上海会计	1989年第11期第13～17页
22	常　勋	外币业务会计的面面观	上海会计	1991年第3期第13～17页
23	常　勋	外币业务会计的面面观	会计研究	1991年第3期第20～22页
24	常　勋	财务、税务和会计改革中的观念转变问题	会计之友	1993年第6期第3页
25	常　勋 陈箭深	论会计改革与财务、税务改革的配套问题	财会通讯	1993年第8期第10～12页
26	常　勋	财务比率浅议	浙江财税与会计	1994年第1期第5～7页
27	常　勋	帕乔利“簿记论”——不朽的经典著作	财会通讯	1994年第S1期第52～53页
28	常　勋 毛付根	跨国公司财务管理讲座（一）——跨国公司财务管理的基本特征	对外经贸财会	1996年第2期第28～29页
29	常　勋	当代会计改革中的一些深层次问题	浙江财税与会计	1996年第3期第4～6页
30	常　勋	方方面面话验资	中国注册会计师	2000年第2期第17～19页
31	常　勋	日记账	中国注册会计师	2000年第5期第64页
32	常　勋	国际会计的权威新著作	财会通讯	2000年第5期第2页
33	常　勋	分类账户	中国注册会计师	2000年第6期第64页
34	常　勋	我看国际会计三大难题	会计之友	2001年第3期第49页
35	常　勋	从注册会计师的鉴证职能说起	中国注册会计师	2002年第3期第8～10页
36	常　勋	诚信建设要多管齐下	中国注册会计师	2002年第7期第6～7页
37	常　勋	整治诚信危机中的结构性调整和改革问题	财会通讯	2003年第2期第3～7页
38	常　勋	解读国际会计协调化	会计研究	2003年第12期第3～7页，第64页
39	常　勋	公允价值计量研究	财会月刊	2004年第1期第3～4页

续表

序号	姓名	文章标题	期刊名称	卷期/页码
40	常　勋	会计师事务所经营管理问题	中国注册会计师	2004年第2期第15～18页
41	常　勋	套期活动会计与公允价值计量	财会通讯	2004年第3期第4～8页
42	常　勋	合并财务报表的概念架构及其重大变革	会计之友	2004年第3期第7～9页
43	常　勋	会计师事务所如何改组成合伙制	财务与会计	2004年第4期第47～48页
44	常　勋 黄京菁	会计师事务所的营销组合设计与独立性问题	中国注册会计师	2004年第8期第28～31页
45	常　勋 黄京菁	从审计模式的演进看风险导向审计	财会通讯	2004年第13期第10～13页
46	常　勋	也谈商誉会计	会计之友	2005年第2期第7～8页
47	常　勋	商誉会计面面观	财务与会计	2005年第12期第17～19页
48	常　勋	会计师事务所的绩效考核与激励机制	中国注册会计师	2006年第4期第57～60页
49	常　勋	国际转让价格	上海立信会计学院学报	2007年第4期第25～29页，第97页
50	陈汉文	浅谈物价变动下的会计对策	广西会计	1993年第9期第9～10页
51	陈汉文	试论财务会计的理论框架	中国农业会计	1994年第3期第6～7页
52	陈汉文	中美财务会计概念框架之初步比较	浙江财税与会计	1994年第6期第35～38页
53	陈汉文	对会计管理活动论的几点质疑	广西会计	1994年第8期第14～16页
54	陈汉文	中美财务会计概念框架之初步比较	黑龙江财会	1994年第11期第17～19页
55	陈汉文 黄京菁	关于审计营销的若干基础问题研究（上）	新疆财经	1995年第2期第51～55页
56	陈汉文 黄京菁	关于审计营销的若干基础问题研究（下）	新疆财经	1995年第3期第49～54页
57	陈汉文 陈　燕	金融企业违规违纪新特点	审计理论与实践	1995年第4期第35页
58	陈汉文	努力耕耘的会计学家——记我国著名会计学家吴水澎教授	财会月刊	1995年第12期第23～26页
59	陈汉文 黄京菁	试论会计准则体系与会计法规体系的关系	教育财会研究	1996年第2期第9～11页
60	陈汉文	债务重整的会计处理	中国农业会计	1996年第2期第12～13页
61	陈汉文	试谈企业清算的会计处理	中国工会财会	1996年第3期第4～6页
62	陈汉文	试析企业特别清算会计的特征	冶金财会	1996年第3期第11～12页

续表

序号	姓名	文章标题	期刊名称	卷期/页码
63	陈汉文 黄京菁	试论我国会计规范体系的现实选择	财务与会计	1996年第3期 第24～25页
64	陈汉文	浅谈会计与企业制度的关系	交通财会	1996年第3期 第54～55页
65	陈汉文 林志毅	对构建我国会计理论体系的探讨	广西会计	1996年第4期 第8～11页
66	陈汉文	试析具体会计准则与财务通则和财务制度的关系	对外经贸财会	1996年第5期 第14～15页
67	陈汉文 林志毅	企业集团财务管理：问题与对策	中国经济问题	1996年第5期 第38～42页
68	陈汉文	构建会计理论体系的设想	会计研究	1996年第6期 第19～24页
69	陈汉文 丁　鹏	关于财务粉饰若干问题的探讨	中国农业会计	1996年第6期 第6～7页
70	陈汉文 林志毅	关于会计政策变更的几个问题	中国工会财会	1996年第8期 第6～9页
71	陈汉文 林志毅	试谈会计估计变更的会计处理方法	交通财会	1996年第9期 第6～7页
72	陈汉文 林志毅	建议设立注册会计师职业道德委员会	财会月刊	1996年第11期 第12～13页
73	陈汉文 池晓勃	关于环境审计的几个问题探讨	审计研究材料	1997年第2期 第1～4页
74	陈汉文 池晓勃	试论民间审计人员的法律责任	审计研究	1997年第2期 第24～28页
75	陈汉文 林志毅	对规范会计理论与实证会计理论的思考	财经研究	1997年第2期 第45～49页
76	陈汉文 林志毅	实证会计理论：前景与问题	四川会计	1997年第2期 第15～16页
77	陈汉文 林志毅	实证会计研究的基本方法论	厦门大学学报 （哲学社会科学版）	1997年第2期 第69～72页， 第88页
78	薛云奎 陈汉文* 李树华	中国会计准则制定的“双目标”论	会计研究	1997年第2期 第17～22页
79	陈汉文	内部审计与现代企业制度	审计理论与实践	1997年第3期 第25～26页
80	陈汉文	创新硕果——读吴水澎教授的《财务会计基本理论研究》	中国经济问题	1997年第3期 第63～64页
81	陈汉文 林志毅	试错法与实证会计研究过程	中国农业会计	1997年第5期 第7～8页
82	陈汉文 林志毅	规范与实证会计理论的研究方法	上海会计	1997年第5期 第39～40页
83	陈汉文 林志毅	规范会计理论与实证会计理论评析及启示	会计研究	1997年第7期 第10～11页
84	陈汉文 池晓勃	审计风险要素评价	中国审计	1997年第9期 第35～36页
85	陈汉文	注册会计师职业行为基本原则探讨	审计研究	1998年第2期 第11～15页

续表

序号	姓名	文章标题	期刊名称	卷期/页码
86	陈汉文 王　华	注册会计师保密性的例外情况研究	当代财经	1998年第3期 第50～53页
87	陈汉文 王光远	浅论注册会计师相机收费规则	经济评论	1998年第3期 第86～88页
88	陈汉文	对注册会计师间接财务利益关系的规范	审计理论与实践	1998年第4期 第59～60页
89	陈汉文	利益冲突与独立性规则	中国审计	1998年第5期 第48页
90	陈汉文 赵宜江	保证会计信息质量的因素分析——兼论我国企业会计信息失真的现状及其解决	中国经济问题	1998年第6期 第58～62页
91	陈汉文	对注册会计师直接财务利益关系的规范	审计理论与实践	1998年第6期 第54页
92	陈汉文 林志毅 李树华	关于专业胜任能力与技术规范准则的讨论	财会通讯	1998年第6期 第23～25页
93	陈汉文 陈少华	浅谈规范前后任注册会计师之间的联系	财务与会计	1999年第2期 第46～47页
94	陈汉文 池晓勃 姚　尧	我国上市公司真实性审计问题探讨	审计研究	1999年第2期 第8～13页
95	陈汉文 王光远	国外对民间审计保密性的规范及启示	审计研究	1999年第4期 第42～46页
96	陈汉文 杨志锋 刘建忠	关于企业投资决策短期化倾向的理论解读	投资研究	1999年第4期 第23～26页
97	陈汉文 姚　尧	公司制企业会计管制问题研究	厦门大学学报（哲学社会科学版）	1999年第4期 第69～73页
98	陈汉文 赵宜江 卓传阵	论会计政策选择目标	中国经济问题	1999年第5期 第59～64页
99	陈汉文 林志毅 严　晖	公司治理结构与会计信息质量——由“琼民源”引发的思考	会计研究	1999年第5期 第29～31页
100	陈汉文	论注册会计师职业行为准则之性质	中国审计	1999年第9期 第41页
101	陈汉文 王　桦	应收账款是企业操纵利润的杠杆	审计理论与实践	1999年第10期 第36～37页
102	陈汉文 张志毅	审计委员会与内部审计	中国注册会计师	2002年第1期 第18～20页
103	陈汉文 陈向民	证券价格的事件性反应——方法、背景和基于中国证券市场的应用	经济研究	2002年第1期 第40～47页，第95页
104	陈汉文	“红光”造假行为与注册会计师过失分析	审计研究	2000年第2期 第8～15页
105	陈汉文 卓传阵 邓顺永	审计委员会与注册会计师审计	中国注册会计师	2002年第3期 第31～33页

续表

序号	姓名	文章标题	期刊名称	卷期/页码
106	陈汉文 谭志刚	审计的未来：认证服务研究	审计研究	2002年第4期 第18～23页
107	陈汉文 郑鑫成	透视世界通信公司事件	中国注册会计师	2002年第8期 第39～42页
108	陈汉文	论注册会计师职业道德准则性质与框架	会计之友	2003年第1期 第4～6页
109	陈汉文 邓顺永	关于我国上市商业银行会计信息披露的几个问题	中国经济问题	2003年第2期 第42～50页
110	王　桦 庄江波 陈汉文*	内部审计职业化：一种营销战略观	审计研究	2003年第5期 第32～37页
111	陈汉文 夏文贤	独立董事制度与会计信息质量控制——利用博奕理论进行的解释	厦门大学学报（哲社版）	2003年第5期 第94～100页
112	陈汉文	证券分析师、定价机制与利益冲突	审计与理财	2003年第6期 第9～10页
113	陈汉文	锦州港、毕马威与审计模式	审计与理财	2003年第7期 第6页
114	陈汉文	欧亚农业、安达信与职业判断	审计与理财	2003年第8期 第10页
115	陈汉文	宝钢业绩、交易创新与审计决策	审计与理财	2003年第9期 第8～9页
116	陈汉文	安然事件、审计独立性与程序公平	审计与理财	2003年 第10期第14页
117	陈汉文	详细规则基础与基本原则导向辨析	审计与理财	2003年 第11期第6页
118	陈汉文 夏文贤 黎代福	受托责任、信息披露与规则安排——公司治理、受托责任与审计委员会制度（上）	财会通讯	2003年第12期 第19～21页
119	陈汉文	利益冲突与独立性规则	中国审计	2003年第Z1期 第43页
120	陈汉文 夏文贤 陈秋金	上市公司审计委员会：案例分析与模式改进 —— 公司治理、受托责任与审计委员会制度（下）	财会通讯	2004年第1期 第10～13页
121	陈汉文 郑鑫成	可操纵应计的市场反应--来自中国证券市场的实证证据	财会通讯	2004年第4期 第3～8页
122	陈汉文 邓顺永	盈余报告及时性：来自中国股票市场的经验证据	当代财经	2004年第4期 第103～108页
123	陈汉文 郑鑫成 卓传阵	帕玛拉特财务舞弊事件分析及其启示	财会通讯	2004年第5期 第7～11页
124	陈汉文 吴益兵 李　荣 徐臻真	萨班斯法案404条款：后续进展	会计研究	2005年第2期 第82～86页
125	陈汉文 韩洪灵	注册会计师职业道德准则之变迁——基于公共合约观的描述与分析	审计研究	2005年第3期 第10～17页
126	陈汉文 刘启亮 余劲松	国家、股权结构、诚信与公司治理	管理世界	2005年第8期 第135～142页

续表

序号	姓名	文章标题	期刊名称	卷期/页码
127	王艳艳 陈汉文* 于李胜	代理冲突与高质量审计需求——来自中国上市公司的经验数据	经济科学	2006年第2期 第72～82页
128	周中胜 陈汉文*	大股东资金占用与外部审计监督	审计研究	2006年第3期 第73～81页
129	王艳艳 陈汉文*	审计质量与会计信息透明度——来自中国上市公司的经验数据	会计研究	2006年第4期 第9～15页
130	韩洪灵 陈汉文*	会计职业道德之性质与实施：契约理论视角的解说	当代财经	2007年第2期 第111～117页
131	陈　俊 陈汉文*	公司治理、会计准则执行与盈余价值相关性——来自中国证券市场的经验证据	审计研究	2007年第2期 第45～52页
132	陈汉文 李　荣	财务呈报内部控制审计准则的国际发展	审计与经济研究	2007年第3期 第5～11页
133	韩洪灵 陈汉文*	中国上市公司初始审计的定价折扣考察——来自审计师变更的经验证据	会计研究	2007年第9期 第83～89页， 第96页
134	韩洪灵 陈汉文*	公司治理机制与高质量外部审计需求——来自中国审计市场的经验证据	财贸经济	2008年第1期 第61～66页
135	韩洪灵 陈汉文*	会计师事务所的行业专门化是一种有效的竞争战略吗——来自中国审计市场的经验证据	审计研究	2008年第1期 第53～60页
136	刘启亮 余宇莹 陈汉文*	签字会计师任期与审计质量：来自中国大陆证券市场的经验证据	中国会计与财务研究	2008年第2期 第1～61页
137	廖义刚 韩洪灵 陈汉文*	政府审计之职能与特征：国家理论视角的解说	会计研究	2008年第2期 第86～92页， 第96页
138	曹　强 陈汉文* 胡南薇	事务所特征、行为与审计生产效率	南开管理评论	2008年第2期 第84～91页， 第100页
139	陈汉文 张宜霞	企业内部控制的有效性及其评价方法	审计研究	2008年第3期 第48～54页
140	周中胜 陈汉文*	独立审计有用吗——基于资源配置效率视角的经验研究	审计研究	2008年第6期 第49～58页
141	胡南薇 陈汉文*	我国政府审计功能的多维立体观——公共治理理论下的解读	当代财经	2008年第9期 第30～34页
142	周中胜 陈汉文*	会计信息透明度与资源配置效率	会计研究	2008年第12期 第56～62页，第94页
143	石　梦 黄　艳 陈汉文*	贝尔斯登公司风险管理失败及其启示	财会通讯	2009年第1期 第30～33页
144	胡南薇 陈汉文* 曹　强	事务所战略、行业特征与客户选择	会计研究	2009年第1期 第88～95页， 第97页
145	韩洪灵 陈汉文*	审计市场结构的决定因素分析——结构主义的研究范式及其述评	浙江大学学报（人文社会科学版）	2009年第2期 第91～102页
146	陈建凯 陈汉文*	公司特征、审计需求与区域性事务所选择影响因素的实证研究	财经理论与实践	2009年第5期 第62～66页

续表

序号	姓名	文章标题	期刊名称	卷期/页码
147	张　鹏 詹慧玲 吴　茜 陈汉文*	雷曼兄弟破产案与公允价值论战	财会通讯	2009年第7期 第27～32页
148	韩洪灵 郭燕敏 陈汉文*	内部控制监督要素之应用性发展——基于风险导向的理论模型及其借鉴	会计研究	2009年第8期 第73～79页， 第96页
149	王虎超 麦志坚 陈汉文*	美林财务危机与公司治理缺陷	财会通讯	2009年第10期 第24～29页
150	陈汉文 韩洪灵	诚信建设、行为约束与核心价值的有机统一——感悟《中国注册会计师职业道德守则》	中国注册会计师	2009年第12期 第10～12页
151	陈　俊 韩洪灵 陈汉文*	审计质量的双维研究范式及其述评	会计研究	2009年第12期 第76～84页， 第97页
152	王健姝 陈汉文*	财务报告舞弊公司事务所任期与审计质量——基于非财务数据的实证研究	山西财经大学学报	2010年第1期 第115～124页
153	陈汉文	评《审计基本理论比较》一书	会计之友（下旬刊）	2010年第2期 第130页
154	陈汉文 董　望	财务报告内部控制研究述评——基于信息经济学的研究范式	厦门大学学报（哲学社会科学版）	2010年第3期 第20～27页
155	董　望 陈汉文*	内部控制、应计质量与盈余反应——基于中国2009年A股上市公司的经验证据	审计研究	2010年第4期 第68～78页
156	王良成 陈汉文*	法律环境、事务所规模与审计定价	财贸经济	2010年第4期 第69～75页
157	陈　俊 陈汉文* 吴东辉	不确定性风险、治理冲突与审计师选择——来自1998—2004年中国A股IPO市场的经验证据	浙江大学学报（人文社会科学版）	2010年第5期 第92～103页
158	曹　强 胡南薇 陈汉文*	审计服务生产研究述评	审计研究	2010年第5期 第98～104页
159	陈汉文 Jeff Zeyun Chen Gerald J.Lobo Yanyan Wang	Association Between Borrower and Lender State Ownership and Accounting Conservatism	Journal of Accounting Research	2010年第48卷第5期 第973～1014页
160	刘启亮 陈汉文*	会计制度、二元价值与会计履约范式	当代财经	2010年第9期 第98～105页
161	王良成 陈汉文* 向　锐	我国上市公司配股业绩下滑之谜：盈余管理还是掏空	金融研究	2010年第10期 第172～186页
162	陈　俊 陈汉文*	IPO价格上限管制的激励效应与中介机构的声誉价值——来自我国新股发行市场化改革初期的经验证据（2001—2004）	会计研究	2010年第12期 第41～48页
163	陈汉文 Jeff Zeyun Chen Gerald J.Lobo Yanyan Wang	Effects of Audit Quality on Earnings Management and Cost of Equity Capital：Evidence from China	Contemporary Accounting Research	2011年第3期 第892～925页

续表

序号	姓名	文章标题	期刊名称	卷期/页码
164	廖义刚 陈汉文*	国家治理与国家审计：基于国家建构理论的分析	审计研究	2012年第2期 第9～13页
165	刘启亮 罗　乐 何威风 陈汉文*	产权性质、制度环境与内部控制	会计研究	2012年第3期 第52～61页， 第95页
166	刘启亮 李　敏 陈汉文*	内部控制、政府控制与财务报表重述	财会通讯	2012年第18期 第114～117页， 第129页
167	刘启亮 陈汉文*	特殊普通合伙制、政府控制与审计师选择	财会通讯	2012年第24期 第27～32页， 第129页
168	李　龙 李陈静 陈汉文*	浅谈海外IPO定价低估与关键控制点——基于当当网的案例研究	财会通讯	2012年第26期 第103～105页
169	陈汉文 王　冲	内部控制管制之变迁：基于诺斯制度变迁理论的描述与分析	厦门大学学报 （哲学社会科学版）	2013年第1期 第29～36页
170	杨道广 陈汉文*	内部控制、制度环境与股票流动性	经济研究	2013年增1期 第132～143页
171	刘启亮 罗　乐 张雅曼 陈汉文*	高管集权、内部控制与会计信息质量	南开管理评论	2013年第1期 第15～23页
172	邢立全 陈汉文*	产品市场竞争、竞争地位与审计收费——基于代理成本与经营风险的双重考量	审计研究	2013年第3期 第50～58页
173	邢立全 陈汉文*	产品市场力量与财务分析师盈余预测	投资研究	2014年第2期 第58～76页
174	陈汉文 王韦程	董事长特征、薪酬水平与内部控制	厦门大学学报 （哲学社会科学版）	2014年第2期 第90～99页
175	杨道广 张传财 陈汉文*	内部控制、并购整合能力与并购业绩——来自我国上市公司的经验证据	审计研究	2014年第3期 第43～50页
176	陈汉文 周中胜	内部控制质量与企业债务融资成本	南开管理评论	2014年第3期 第103～111页
177	张传财 陈汉文*	内部控制、投资者情绪与盈余反应	中国经济问题	2014年第4期 第61～74页
178	胡南薇 陈汉文*	客户重要性、审计风险与审计报告决策	中央财经大学学报	2014年第6期 第52～59页
179	刘启亮 李　蕙 赵　超 廖义刚 陈汉文*	媒体负面报道、诉讼风险与审计费用	会计研究	2014年第6期 第81～88页， 第97页
180	杨道广 潘红波 陈汉文*	政治关系、会计信息与银行信贷资本配置效率——来自中国民营上市公司的经验证据	投资研究	2014年第7期 第26～40页
181	陈汉文 程智荣	内部控制、股权成本与企业生命周期	厦门大学学报 （哲学社会科学版）	2015年第2期 第40～49页

续表

序号	姓名	文章标题	期刊名称	卷期/页码
182	杨道广 陈汉文*	内部控制、法治环境与守法企业公民	审计研究	2015年第5期 第76～83页
183	陈箭深	股份公司会计核算的两个特殊领域——长期投资会计与股东权益会计	财会通讯	1993年第7期 第21～23页
184	陈箭深 胡奕明	计算机辅助审计方法及其应用	财务与会计	1995年第8期 第48～50页
185	陈箭深 胡奕明	通用计算机审计软件的功能设计	财会月刊	1995年第10期 第24～25页
186	陈箭深 胡奕明	通用审计软件I.D.E.A.、ACL和WISPR的功能简评	中国审计信息与方法	1995年第10期 第45～46页
187	陈箭深	衍生工具会计准则：美国会计准则委员会的努力	会计研究	1998年第3期 第47～49页
188	陈箭深 胡奕明	远期合约在企业理财中的运用	财务与会计	1998年第3期 第38～39页， 第37页
189	陈箭深	远期合约套期保值的会计处理	财务与会计	1998年第5期 第36～37页
190	陈箭深 胡奕明	运用金融期货进行风险管理	财务与会计	1998年第7期 第37～39页
191	陈静然	实证会计研究在我国运用的建议	中国乡镇企业会计	1998年第9期 第1～29页
192	陈仁栋	围绕提高经济效益　进一步完善工业企业经济责任制	中国经济问题	1982年第6期 第29～31页
193	陈仁栋	应用价值工程提高经济效益的几个问题	厦门大学学报（哲学社会科学版）	1983年第2期 第43～48页
194	陈仁栋	建立我国人力资源管理会计为“七五”计划服务	厦门大学学报（哲学社会科学版）	1987年第1期 第32～37页
195	陈少华	美国会计职业界的过去现在和将来	财会通讯	1988年第12期 第47～48页
196	陈少华	试论公司财务报告目标	财会月刊	1995年第7期 第7～8页
197	陈少华	财务报表与财务报告的未来发展趋势	四川会计	1995年第10期 第3～6页
198	陈少华	论我国大学会计硕士研究生教育改革的有关问题	会计研究	1996年第7期 第35～37页
199	陈少华 严　晖 胡冰冰 张浩洋 杨宏图	我国股份公司法人治理结构问题调查	中国经济问题	1998年第2期 第34～40页
200	陈少华	美国在制定企业公认会计准则方面的经验与教训（上）	财会通讯	1998年第5期 第46～47页
201	陈少华	美国在制定企业公认会计准则方面的经验与教训（下）	财会通讯	1998年第6期 第50～52页
202	陈少华	现代信息技术对企业财务报告理论与实务的冲击	审计理论与实践	1998年第10期 第44～46页
203	陈少华 章早立	试论当前我国经济（会计）立法中存在的问题	中国经济问题	2000年第2期 第48～53页

续表

序号	姓名	文章标题	期刊名称	卷期/页码
204	黄　敏 陈少华*	国有资产流失形式的剖析	福建财会	2000年第10期 第33～34页
205	陈少华 章早立	论注册会计师的职业道德与法律责任	中国审计	2001年第11期 第7～9页
206	陈少华 章早立	试论当前我国经济（会计）立法中存在的问题	中国经济问题	2002年第2期 第8～10页
207	陈少华 乔连华 袁清波	论小企业会计核算与财务报告的改进	财务与会计	2002年第5期 第15～17页
208	陈少华 焉　涛	论企业会计在维护市场经济秩序中的作用	财会通讯	2002年第10期 第3～6页
209	陈少华	论会计在维护社会主义市场秩序中的作用	财会通讯	2002年第10期 第15～17页
210	陈少华	论会计政策的科学性问题	财会通讯	2003年第6期 第9～11页
211	陈少华 肖　谊	如何制定科学的财务信息披露制度	财会通讯	2003年第6期 第13～16页
212	刘国武 陈少华*	会计等式的演变及其体现的经济关系	湖北经济学院学报	2004年第4期 第61页
213	陈少华	国有资产投资公司如何高效实施年薪制	会计师	2004年第12期 第22～27页
214	陈少华	财务舞弊成因之综合分析	经济经纬	2005年第1期 第74～76页
215	刘国武 陈少华* 贾银芳	知识资本运营评价模型的理论分析	财经研究	2005年第1期 第48～61页
216	刘国武 陈少华* 贾银芳	会计教学中批判性思维教学法运用策略分析	会计研究	2005年第12期 第31～35页
217	陈少华 李　静	非营利组织会计信息供求解读	财经问题研究	2006年第3期 第75～80页
218	陈少华 王荣昌	适度稳健原则研究	当代财经	2007年第11期 第97～100页
219	陈少华 刘国武	从财务会计走向知识会计：一个简单的逻辑思考	当代财经	2009年第6期 第107～114页
220	陈少华	我国国企高管薪酬的契约设计问题与公司治理对策	财政监督	2009年第12期 第18～21页
221	陈少华 陈爱华	后萨班斯法案时代内部控制实证研究：回顾与展望	开发研究	2011年第1期 第147～149页
222	王曙亮 陈少华*	公允价值应用过程的风险分析及控制——基于投资者的视角	当代财经	2011年第6期 第121～128页
223	陈少华 赵文超	会计准则伦理与投资者保护	兰州大学学报（社会科学版）	2012年第3期 第138～143页
224	陈少华 陈　娅	关于雷曼破产事件审计问题的探析	商业研究	2012年第8期 第1～7页
225	陈少华 赵文超	我国会计准则稳健性的变迁及其投资者保护机制的实现	当代财经	2012年第10期 第121～129页

续表

序号	姓名	文章标题	期刊名称	卷期/页码
226	陈少华 陈爱华	企业生命周期划分及度量方法评析	财会月刊	2012年第27期 第77～78页
227	陈少华 陈　菡	基于动态能力的战略风险分析视角	生产力研究	2013年第1期 第161～164页
228	彭　青 陈少华*	董事会监管与盈余管理——来自沪深两市上市公司的经验证据	现代管理科学	2013年第2期 第28～31页
229	陈少华 陈　菡	我国中小企业担保圈风险演化过程分析——基于博弈论研究视角	开发研究	2013年第2期 第114～119页
230	陈少华 李盈璇	关于集团组织协同风险报告框架的构想	现代管理科学	2013年第5期 第18～20页
231	彭　青 陈少华*	“招工难”成因与对策研究——以福建D企业为例	现代管理科学	2013年第5期 第29～31页
232	陈少华 陈　菡 陈爱华	债务资本成本与资本结构动态调整——基于市场化程度差异视角	审计与经济研究	2013年第6期 第44～53页
233	陈少华 彭　青	上市公司内部控制系统构建框架设计——基于政策要求与企业需求视角	现代管理科学	2013年第9期 第98～100页
234	陈少华 李盈璇	上市公司衍生金融工具风险的信息披露研究	现代管理科学	2013年第10期 第27～29页
235	陈少华 李盈璇	地方政府干预下的并购效率——云投集团入主绿大地的案例分析	生产力研究	2013年第10期 第140～143页
236	冯　星 陈少华*	股权激励实施效果研究——来自沪深两市上市公司的经验研究	现代管理科学	2014年第2期 第21～23页
237	冯　星 陈少华*	股权激励计划对股东财富的影响	现代管理科学	2014年第3期 第58～60页
238	林　波 陈少华* 吴益兵	家族控制、管理层持股与会计信息质量	江西财经大学学报	2014年第94卷 第4期第46～56页
239	贺　琛 陈少华* 余　晴	制度环境、管理层权力与盈余管理	现代财经（天津财经大学学报）	2014年第10期 第80～95页
240	李美芳 陈少华*	应对反倾销：出口企业“内部+外部”双重控制模式	财会月刊（会计版）	2014年第11期 第13～16页
241	贺　琛 陈少华* 余　晴	管理层权力、制度环境与企业资本扩张	华东经济管理	2015年第29卷第8期 第102～109页
242	陈　菡 陈少华*	企业集团风险管控内部报告框架研究——基于不完备契约视角	财会通讯	2015年第31期 第48～51页，第4页
243	陈少华 户　青 陈　菡	基于信息生态链的企业会计数据平台构建研究	当代会计评论	2016年第9卷 第1期第20～32页
244	洪　洁 陈少华*	终极股权结构、法律制度与股权资本成本	会计之友	2016年第2期 第36～41页
245	户　青 陈少华* 贺　琛	财务灵活性、CEO社会连带与企业绩效	华东经济管理	2016年第9期 第112～119页
246	户　青 陈少华* 贺　琛	货币政策、财务灵活性与企业绩效关系的实证考察	统计与决策	2016年第15期 第169～172页

续表

序号	姓名	文章标题	期刊名称	卷期/页码
247	陈　菡 陈少华*	基于合作博弈的PPP项目控制权配置	福建商学院学报	2017年第2期 第33～40页
248	蒋秋菊 陈少华* 强欣荣	控股股东股权质押与管理层盈余预测策略选择——来自中国资本市场的经验证据	当代会计评论	2017年第2期 第132～158页
249	汤晓冬 陈少华*	投资者关注与过度投资及权益资本成本的中介效应	商业研究	2017年第8期 第90～98页
250	陈　菡 陈少华*	价值创造型管理会计的实践——厦门航空“大财务”管理模式	财会月刊	2017年第10期 第74～78页
251	郑培培 陈少华*	管理者过度自信、内部控制与企业现金持有	管理科学	2018年第4期 第3～16页
252	杨理强 陈少华* 陈爱华	内部资本市场提升企业创新能力了吗?——作用机理与路径分析	经济管理	2019年第41卷第4期 第175～192页
253	陈少华 唐大鹏 宋京津 祁　渊 王光俊	打出监管“组合拳”促进年报高质量披露	财政监督	2019年第7期 第30～38页
254	王丛虎 陈少华* 胡春艳 张　明 樊子君 章琳一 王光俊	以信用监管为核心　打造新型监管机制	财政监督	2019年第12期 第37～49页
255	李美芳 陈　菡 陈少华*	全覆盖背景下国家审计与内部审计的协同机制研究	财政监督	2019年第14期 第70～75页
256	汤晓冬 陈少华*	投资者关注、盈余操纵与权益资本成本	财贸研究	2021年第11期 第83～96页
257	陈胜群	权责发生制和配比准则之我见——与常杰、周恺同志商榷	会计研究	1991年第4期 第40～41页
258	曾鹭坚 陈守德*	对金融期权会计问题的探讨	四川会计	2000年第1期 第12～14页
259	陈守德 曾鹭坚	政府绩效审计的国际比较	湖北审计	2000年第4期 第12～13页
260	陈守德	财务分层管理理论框架初探	中国农业会计	2000年第5期 第8～9页
261	陈守德	负商誉会计处理的国际比较	财会月刊	2000年第16期 第38～40页
262	陈守德	新经济下的财务报告	财会通讯	2002年第9期 第3～6页
263	陈守文	股份公司的审计与注册会计师的责任	财会通讯	1993年8期 第58～60页
264	陈守文	试论相对论与成本	财会月刊	1995年6期 第7～9页
265	陈守文	论增值会计理论与实务	财会月刊	1998年3期 第10～12页

续表

序号	姓名	文章标题	期刊名称	卷期/页码
266	陈　纹	论我国民间审计风险	中国经济问题	1993年第5期 第47～49页
267	陈向民 王运传	实用主义和会计理论研究方法的适应性	内蒙古财经学院学报	2000年第1期 第84～87页
268	陈向民 王运传	企业契约与会计选择	当代财经	2000年第3期 第63～66页
269	陈向民	企业契约与会计选择	财经研究	2000年第4期 第35～39页
270	陈向民	谈会计职业的立场	上海会计	2000年第10期 第47～49页
271	陈亚盛	介绍一种新的成本核算方法——适时制成本核算法	四川会计	1998年第2期 第7～8页
272	陈亚盛	论计算机网络技术对内部会计控制的影响	中国会计电算化	1999年第1期 第37～38页
273	Yasheng Chen Johnny Jermias	Linking Key Performance Indicators to New International Venture Survival	Journal of International Accounting Research	2016年第15卷 第3期第31～48页
274	Yasheng Chen Johnny Jermias Tota Panggabean	The Role of Visual Attention in the Managerial Judgment of Balanced-Scorecard Performance Evaluation：Insights from Using an Eye-tracking Device	Journal of Accounting Research	2016年第54卷 第1期第113～145页
275	Yasheng Chen Johnny Jermias Jamal Nazari	The Effects of Reporting Frameworks and a Company's Financial Position on Managers' Willingness to Invest in Corporate Social Responsibility Projects	Accounting & Finance	2020年第61卷第2期 第3385～3425页
276	Yasheng Chen Biswas Mohammad Islam	Turning Crisis into Opportunities：How a Firm Can Enrich Its Business Operations Using Artificial Intelligence and Big Data during COVID-19	Sustainability	2021年第13卷 第22期 第12656～12672页
277	Yasheng Chen Biswas Mohammad Islam， Talukder Md Shamim	The Role of Artificial Intelligence in Effective Business Operations During Covid-19	International Journal of Emerging Markets	2022年online
278	Tota Panggabean Yasheng Chen* Johnny Jermias	Do You See What I See? The Effects of Dissenting Opinion on Information Acquisition and Decision Quality：An Eye-tracking study	Advances in Accounting Behavioral Research	2022年第25卷 第1期第249～277页
279	Yasheng Chen James Xede	The Effect of Fronline Employee Participation in Strategic Planning on Managers' Budget Slack Creation and Evaluation：A Lab-in-the-field Experiment	Spanish Journal of Finance and Accounting	2022年online
280	Yasheng Chen Zhuojun Wu	Taking Risks to Make Profit During Covid-19	Sustainability	2022年第14卷第23期第15750～15766页
281	Yasheng Chen Zhuojun Wu Hui Yan	A Full Population Auditing Method Based on Machine Learning	Sustainability	2022年第14卷 第24期 第17008～17025页

续表

序号	姓名	文章标题	期刊名称	卷期/页码
282	Xin Xu Fengying Ye Yasheng Chen*	The Joint Effect of Investors' Trait Scepticism and the Familiarity and Readability of Key Audit Matters on the Communicative Value of Audit Reports	China Journal of Accounting Studies	2023年第11卷第1期第1～28页
283	Yasheng Chen Zhuojun Wu	Financial Fraud Detection of Listed Companies in China： A Machine Learning Approach	Sustainability	2023年第15卷第1期第105～120页
284	Johnny Jermias Yuanlue Fu Chenxi Fu Yasheng Chen*	Budgetary Control and Risk Management Institutionalization： A Field Study of Three State-owned Enterprises in China	Journal of Accounting and Organizational Change	2023年第19卷 第1期第63～88页
285	Chen Yasheng， Biswas Mohammad Islam	Impact of National Culture on the Severity of the COVID-19 Pandemic	Current Psychology	2023年第42卷 第18期 第15813～15826页
286	Gao Jingyu， Hartmann F.G.H.（Frank）， Zhang Min Chen Yasheng*	The Impact of CSR Performance and CSR Disclosure Readability on Investors' Earnings Estimates	Accounting and Finance	2023年第63卷增刊第1157～1186页
287	Yasheng Chen Xian Huang Zhuojun Wu	From Natural Language to Accounting Entries Using a Natural Language Processing Method	Accounting and Finance	2023年online
288	陈一江	稳健原则和会计中的不确定性	会计研究	1998年第4期 第27～29页
289	杜兴强	人力资源会计的确认、计量与报告	会计研究	1997年第12期 第11～14页
290	杜兴强	会计信息的产权问题研究	会计研究	1998年第7期 第14～19页
291	杜兴强	科斯定理负商誉“悖论”负商誉的确认与计量	会计研究	1999年第7期 第31～37页
292	杜兴强 李　文	人力资源会计的理论基础及其确认与计量	会计研究	2000年第6期 第30～36页
293	杜兴强	会计信息产权的基本逻辑及其博弈	会计研究	2002年第2期 第52～58页
294	杜兴强	注册会计师审计中的监督博弈与保险问题	审计研究	2002年第3期 第48～51页
295	杜兴强	国有企业会计信息产权的畸形性及其解读	会计研究	2003年第2期 第16～20页
296	杜兴强	注册会计师事务所急性品牌再造综合症的警示与启示	审计研究	2003年第4期 第48～51页
297	杜兴强	我国上市公司管理当局对会计准则的态度及其对策	会计研究	2003年第7期 第16～20页
298	杜兴强	公司治理生态、财务欺诈及CPA应对审计风险的基本策略	经济管理	2003年第9期 第28～34页
299	杜兴强	公司治理生态与会计信息的可靠性问题研究	会计研究	2004年第7期 第44～49页
300	杜兴强 王丽华	高层管理当局薪酬与上市公司业绩的相关性实证研究	会计研究	2007年第1期 第58～66页

续表

序号	姓名	文章标题	期刊名称	卷期/页码
301	杜兴强 雷　宇 朱国泓	企业会计准则（2006）的市场反应：初步的经验证据	会计研究	2009年第3期 第18～24页
302	朱国泓 杜兴强*	会计执业资格的性质及其角色实现：一个交易成本的分析框架	会计研究	2009年第6期 第28～34页
303	杜兴强 雷　宇 郭剑花	政治联系、政治联系方式与民营上市公司的会计稳健性	中国工业经济	2009年第7期 第87～97页
304	杜兴强 郭剑花 雷　宇	政治联系方式与民营上市公司业绩：政府干预抑或“关系”	金融研究	2009年第11期 第158～173页
305	杜兴强 周泽将 杜颖洁	政治联系与审计师选择	审计研究	2010年第2期 第47～53页
306	朱国泓 杜兴强*	控制权的来源与本质：拓展、融合与深化	会计研究	2010年第5期 第54～61页
307	杜兴强 陈韫慧 杜颖洁	寻租、政治联系与“真实”业绩——基于民营上市公司的经验证据	金融研究	2010年第10期 第135～157页
308	杜兴强	商誉的性质及其确认问题探讨	会计研究	2011年第1期 第11～16页
309	杜兴强 周泽将 杜颖洁	政治联系、审计师选择的地缘偏好与审计意见	审计研究	2011年第2期 第77～86页
310	郭剑花 杜兴强*	政治联系、预算软约束与政府补助的资源配置效率	金融研究	2011年第2期 第114～128页
311	Alex Chu G.H 杜兴强* Guohua Jiang	Buy, Lie, or Die: An Investigation of Chinese ST Firms' Voluntary Interim Audit Motive and Auditor Independence	Journal of Business Ethics	2011年第102卷 第1期第135～153页
312	修宗峰 杜兴强*	幸福感、社会资本与代理成本	中国工业经济	2011年第7期 第107～117页
313	杜兴强 曾　泉 杜颖洁	政治联系、过度投资与公司价值	金融研究	2011年第8期 第93～110页
314	杜兴强 曾　泉 王亚男	寻租、R&D与公司业绩 —— 基于民营上市公司的经验证据	投资研究	2012年第1期 第57～70页
315	杜兴强 曾　泉 吴洁雯	雇员历练、经济增长与政治擢升 —— 基于1978-2008年省级官员的经验证据	金融研究	2012年第2期 第30～47页
316	杜兴强 曾　泉 杜颖洁	政治联系对中国上市公司的R&D投资具有挤出效应吗	投资研究	2012年第5期 第98～113页
317	周泽将 杜兴强*	税收负担、会计稳健性与薪酬业绩敏感度	金融研究	2012年第10期 第183～195页
318	杜兴强 冯文滔	女性高管、制度环境与慈善捐赠	经济管理	2012年第11期 第53～63页
319	杜兴强	Does Religion Matter to Owner-Manager Agency Costs? Evidence from China	Journal of Business Ethics	2013年第118卷 第2期第319～347页

续表

序号	姓名	文章标题	期刊名称	卷期/页码
320	赖少娟 杜兴强*	权力的“恶之花”：IPO中的寻租、审计市场异化与资本市场惩戒	投资研究	2012年第12期 第10～32页
321	杜兴强 冯文滔 杜颖洁	政治联系增加了民营上市公司的内部薪酬差距吗？	投资研究	2013年第2期 第88～107页
322	杜兴强 赖少娟 杜颖洁	发审委联系、潜规则与IPO市场的资源配置效率	金融研究	2013年第3期 第143～156页
323	杜兴强 冯文滔 裴红梅	IPO公司董秘非正常离职的经济后果：基于中国资本市场的经验证据	投资研究	2013年第8期 第47～64页
324	杜兴强 蹇　薇 杜颖洁 冯文滔 曾　泉	Religion, the Nature of Ultimate Owner, and Corporate Philanthropic Giving: Evidence from China	Journal of Business Ethics	2014年第123卷 第2期第235～256页
325	杜兴强 蹇　薇 曾　泉 杜颖洁	Corporate Environmental Responsibility in Polluting Industries: Does Religion Matter?	Journal of Business Ethics	2014年第124卷 第3期第485～507页
326	杜兴强	Does Religion Mitigate Tunneling? Evidence from Chinese Buddhism	Journal of Business Ethics	2014年第125卷 第2期第299～327页
327	杜兴强	How the Market Values Greenwashing? Evidence from China	Journal of Business Ethics	2015年第128卷 第3期第547～574页
328	杜兴强	Is Corporate Philanthropy Used as Environmental Misconduct Dressing? Evidence from Chinese Family-owned Firms	Journal of Business Ethics	2015年第129卷 第2期第341～361页
329	杜兴强 Wei Jian Shaojuan Lai Yingjie Du Hongmei Pei	Does Religion Mitigate Earnings Management? Evidence from China	Journal of Business Ethics	2015年第131卷 第3期第699～749页
330	杜兴强	Does Confucianism Reduce Minority Shareholder Expropriation? Evidence from China	Journal of Business Ethics	2015年第132卷 第4期第661～716页
331	杜兴强 Shaojuan Lai	Financial Distress, Investment Opportunity, and the Contagion Effect of Low Quality Audit: Evidence from China	Journal of Business Ethics	2015年第132卷 第4期第661～716页
332	杜兴强 Jinhui Luo	Political Connections, Home Formal Institutions and Internationalization: Evidence from China	Management and Organization Review	2016年第12卷 第1期第103～133页
333	杜兴强 Yingjie Du Quan Zeng Hongmei Pei Yingying Chang	Religious Atmosphere, Law Enforcement, and Corporate Social Responsibility: Evidence from China	Asia Pacific Journal of Management	2016年第33卷 第1期第229～265页

续表

序号	姓名	文章标题	期刊名称	卷期/页码
334	杜兴强 Yingying Chang Quan Zeng Yingjie Du Hongmei Pei	Corporate Environmental Responsibility (CER) Weakness, Media Coverage, and Corporate Philanthropy: Evidence from China	Asia Pacific Journal of Management	2016年第33卷第2期第551～581页
335	杜兴强	Does Confucianism Reduce Board Gender Diversity? Firm-Level Evidence from China	Journal of Business Ethics	2016年第136卷第2期第399～436页
336	杜兴强 Hongmei Pei Yingjie Du Quan Zeng	Media Coverage, Family Ownership, and Corporate Philanthropic Giving	Journal of Management & Organization	2016年第22卷第2期第224～253页
337	杜兴强 谭　雪	董事会国际化与审计师选择：来自中国资本市场的经验证据	审计研究	2016年第3期第98～104页
338	杜兴强 蹇　薇 曾　泉 常莹莹	宗教影响、控股股东与过度投资：基于中国佛教的经验证据	会计研究	2016年第8期第50～57页
339	杜兴强 赖少娟 裴红梅	女性高管总能抑制盈余管理吗？基于中国资本市场的经验证据	会计研究	2017年第38卷第1期第39～45页
340	杜兴强 Jianying Weng Quan Zeng Yingying Chang Hongmei Pei	Do Lenders Applaud Corporate Environmental Performance? Evidence from China	Journal of Business Ethics	2017年第143卷第1期第179～207页
341	杜兴强 Wei Jian Shaojuan Lai	Do Foreign Directors Mitigate Earnings Management? Evidence from China	International Journal of Accounting	2017年第52卷第2期第142～177页
342	杜兴强	Religious Belief, Corporate Philanthropy, and Political Involvement of Entrepreneurs in Chinese Family Firms	Journal of Business Ethics	2017年第142卷第2期第385～406页
343	杜兴强 Jianying Weng Quan Zeng Hongmei Pei	Culture, Marketization, and Owner-Manager Agency Costs: A Case of Merchant Guild Culture in China	Journal of Business Ethics	2017年第143卷第2期第353～386页
344	杜兴强 赖少娟	Issuance Examination Committee Connections and IPO Underpricing: Evidence from China	中国会计与财务研究	2017年第3期第1～41页
345	杜兴强 谭　雪	国际化董事会、分析师关注与现金股利分配	金融研究	2017年第8期第192～206页
346	杜兴强 彭妙薇	高铁开通会促进企业高级人才流动吗	经济管理	2017年第12期第89～107页
347	杜兴强 殷敬伟 赖少娟	论资排辈、CEO任期与独立董事异议行为	中国工业经济	2017年第12期第151～169页
348	杜兴强 Xu Li Xuejiao Liu Shaojuan Lai	Underwriter-Auditor Relationship and Pre-IPO Earnings Management: Evidence from China	Journal of Business Ethics	2018年第152卷第2期第365～392页

续表

序号	姓名	文章标题	期刊名称	卷期/页码
349	杜兴强 Wei Jian Quan Zeng Yingying Chang	Do Auditors Applaud Corporate Environmental Performance? Evidence from China	Journal of Business Ethics	2018年第151卷 第4期 第1049～1080页
350	杜兴强 Quan Zeng Yingying Chang	To Be Philanthropic When Being International? Evidence from Chinese Family Firms	Journal of Management & Organization	2018年第24卷第3期 第424～449页
351	杜兴强 熊　浩	外籍董事对上市公司违规行为的抑制效应研究	厦门大学学报（哲学社会科学版）	2018年第1期 第65～77页
352	杜兴强 侯　菲 赖少娟	交通基础设施改善抑制了审计师选择的‘地缘偏好’吗？——基于中国高速列车自然实验背景的经验证据	审计研究	2018年第1期 第103～110页
353	杜兴强	Hospitality and Auditor Independence：Do Gifts Blind the Eyes?	China Journal of Accounting Studies	2018年第1期 第420～448页
354	杜兴强	A Tale of Two Segmented Markets in China：The Informative Value of Corporate Environmental Information Disclosure for Foreign Investors	International Journal of Accounting	2018年第2期 第136～159页
355	杜兴强 殷敬伟	外籍董事、语言与企业环境信息透明度	厦门大学学报（哲学社会科学版）	2018年第4期 第53～65页
356	杜兴强 殷敬伟 侯　菲	Does Auditor Human Capital Matter to Financial Misstatement? Evidence from China	China Journal of Accounting Research	2018年第4期 第279～305页
357	杜兴强	殷勤款待与审计独立性：天下有白吃的午餐吗?	会计研究	2018年第5期 第83～89页
358	杜兴强	Does CEO-Auditor Dialect Sharing Impair Pre-IPO Audit Quality? Evidence from China	Journal of Business Ethics	2019年第156卷 第3期第699～735页
359	杜兴强	What's in A Surname? The Effect of Auditor-CEO Surname Sharing on Financial Misstatement	Journal of Business Ethics	2019年第158卷 第3期第849～874页
360	杜兴强 侯　菲	审计师的海外经历与审计质量	管理科学	2019年第32卷 第6期第133～148页
361	杜兴强 殷敬伟 韩嘉予 林　峤	The Price of Sinful Behavior Window Dressing：Cultural Embeddedness on Cigarette Packages and Financial Reporting Quality	Journal of Accounting and Public Policy	2020年第39卷 第6期第1～29页
362	杜兴强 殷敬伟	董事长-CEO姓氏关系会抑制企业的费用粘性吗?——基于国有企业的经验证据	产业经济研究	2020年第2期 第116～130页
363	杜兴强	葛家澍教授学术思想研究——纪念葛家澍教授诞辰100周年	会计研究	2021年第1期 第5～25页
364	周泽将 雷　玲 杜兴强*	本地任职与独立董事异议行为：监督效应vs关系效应	南开管理评论	2021年第2期 第83～93页
365	杜兴强 张　颖	独立董事返聘与公司违规：“学习效应”抑或“关系效应”？	金融研究	2021年第4期 第150～168页

续表

序号	姓名	文章标题	期刊名称	卷期/页码
366	杜兴强 殷敬伟 张　颖 杜颖洁	国际化董事会与公司环境绩效	会计研究	2021年第10期 第84～96页
367	杜兴强 曾　泉 常莹莹	Talk the Talk, but Walk the Walk: What do We Know About Marital Demography and Corporate Greenwashing?	Journal of Management & Organization	2021年 online First
368	Yingying Chang 杜兴强* Quan Zeng	Does Environmental Information Disclosure Mitigate Corporate Risk? Evidence from China	Journal of Contemporary Accounting & Economics	2021年第17卷 第1期第1～21页
369	杜兴强 曾　泉 常莹莹 杜颖洁	Value of Faith: Religious Entrepreneurs and Corporate Longevity	Journal of Management & Organization	2022年第28卷 第4期 第840～887页
370	杜兴强 肖　亮	茶文化与上市公司盈余管理	厦门大学学报 （哲学社会科学版）	2022年第5期 第85～98页
371	杜兴强 Yuhui Xie Shaojuan Lai Quan Zeng	Confucian culture and accounting conservatism: evidence from China	China Journal of Accounting Studies	2022年第10卷 第4期 第549～589页
372	杜兴强 肖　亮 杜颖洁	Does CEO-Auditor Dialect Connectedness Trigger Audit Opinion Shopping? Evidence from China	Journal of Business Ethics	2023年第184卷 第2期第391～426页
373	杜兴强 张乙祺 赖少娟 陶和铧	How Do Auditors Value Hypocrisy? Evidence from China	Journal of Business Ethics	2023年 Online First
374	Xiao-xiao Liu Feng Xiong* 杜兴强*	Innovator or Troublemaker? The Co-evolution of Legitimation and Institutionalization of the Ridesharing Platforms in China	Journal of Business Ethics	2023年第186卷 第3期第723～737页
375	杜兴强 谢裕慧 赖少娟 曾　泉	儒家文化与会计稳健性	会计研究	2023年第1期 第59～74页
376	杜兴强 肖　亮 林　峤	生于干旱、未雨绸缪：CEO童年干旱经历能否提升公司水资源保护绩效?	管理科学学报	2023年第7期
377	翁健英 杜兴强* 林　峤	商帮文化降低了债务成本吗	会计研究	2023年第9期 第119～133页
378	宋晓缤 杜兴强* 王竹泉	现金流量重分类：理论逻辑、基本框架与经验证据	管理世界	2024年第2期 第192～211页
379	傅元略	随机元的稳弱收敛	厦门大学学报 （哲学社会科学版）	1992年第3期 第225～229页
380	傅元略	企业举债经营的策略分析	中国经济问题	1993年第4期 第60～63页， 第59页

续表

序号	姓名	文章标题	期刊名称	卷期/页码
381	傅元略	会计电算化系统内部控制评价方法探讨	财会月刊	1993年第9期 第41～43页
382	傅元略	企业资本结构的选择	财务与会计	1996年第3期 第30～32页
383	傅元略	扩展会计电算化功能的策略	会计研究	1996年第4期 第25～28页
384	傅元略	计算机审计目标和审计任务	湖北审计	1996年第7期 第6～8页
385	傅元略	国有资产增值目标分析	厦门大学学报（哲学社会科学版）	1997年第1期 第31～36页
386	傅元略	捐赠和政府援助的会计处理	上海会计	1997年第6期 第39～40页
387	傅元略	寻求最优的企业资本结构	中国工业经济	1997年第8期 第71～75页
388	傅元略	关于现行高校会计电算化教材改革的探索	管理信息系统	1997年第12期 第10～14页
389	傅元略	从财务会计电算化系统扩展成经营决策支持系统的探讨	会计研究	1997年第12期 第39～42页
390	傅元略	提高审计人员计算机审计技能的策略	审计研究	1998年第2期 第21～25页
391	傅元略	会计利润与经济利润的关系分析	上海会计	1998年第5期 第13～15页
392	傅元略	计算机信息系统环境下的几个审计问题	审计研究	1999年第5期 第37～42页
393	傅元略	会计人员面临的问题和提高会计电算化水平的策略	中国会计电算化	1999年第8期 第8～10页
394	傅元略	电子商务环境下的审计风险及其控制	中国审计	2000年第1期 第32～33页
395	傅元略	电子商务环境下会计面临的问题	财会通讯	2000年第1期 第53～54页
396	傅元略	关于《电算化会计和审计》教学内容改进的建议	中国会计电算化	2000年第2期 第35～36页
397	傅元略	在计算机网络化环境下会计的困惑和思考	财务与会计	2000年第9期 第49～50页
398	傅元略	企业智力资产效益贡献的综合评价	会计研究	2000年第10期 第43～45页
399	傅元略	企业智力资本与企业资本结构优化	中国工业经济	2002年第3期 第83～90页
400	傅元略	注册会计师常用的三种网络审计技术	中国注册会计师	2002年第7期 第52～54页
401	傅元略	网络时代的适时财务监控与公司治理	南开管理评论	2003年第1期 第50～55页
402	傅元略	论适时财务监控机制的涵义、特性及结构	厦门大学学报（哲学社会科学版）	2003年第2期 第107～113页
403	傅元略	网络供需链下财务经理所需的新技能	福建财会	2003年第005期 第17～19页
404	傅元略	企业集团财务资源协同管理效应的度量	中国工业经济	2003年第9期 第66～72页

续表

序号	姓名	文章标题	期刊名称	卷期/页码
405	傅元略	上市公司财务监控机制的困惑？——兼谈企业信息化环境下的审计与财务监控改革	审计研究	2004年第2期 第43～47页
406	傅元略	价值管理的新方法：基于价值流的战略管理会计	会计研究	2004年第6期 第48～52页， 第96页
407	傅元略	E-供需链下CFO的职能重构	财务与会计	2004年第7期 第44～45页
408	傅元略	当代管理会计的新发展和未来趋势	财务与会计	2005年第9期 第64～65页
409	傅元略	网络化环境下的财务管理八大变革	会计师	2006年第5期 第24～29页
410	屈耀辉 傅元略*	优序融资理论的中国上市公司数据验证——兼对股权融资偏好再检验	财经研究	2007年第2期 第108～118页
411	傅元略	突破时空界限的财务适时监控	审计与经济研究	2008年第3期 第61～65页
412	夏　鑫 傅元略* 姜海虹	企业集群基于价值链的成本协同管理研究	软科学	2008年第8期 第39～42页， 第50页
413	傅元略 曾爱民	调查研究法在我国审计和会计研究中的应用现状研究——来自73篇样本文章的文献内容分析	审计研究	2009年第4期 第35～41页
414	Yuanlue Fu Jianxi Fu	Supply Chain Cluster Cost Synergy Management Using a Multi-Agent Intelligent System	Proceedings of 6th International conference on Service Systems and Service Management	2009年6月
415	曾爱民 傅元略* 陈高才	我国上市公司盈余管理阈值研究——基于前景理论视角	当代财经	2009年第10期 第123～129页
416	傅元略	管理控制的发展与创新——从会计控制拓展到与公司治理集成	当代会计评论	2009年第2期 第1～20页
417	傅元略 屈耀辉	企业集群成本协同管理效应研究	南开管理评论	2009年第2期 第125～131页
418	傅元略 南星恒	我国管理会计理论研究发展回顾与创新	财会通讯	2009年第7期 第15～16页
419	傅元略 曾爱民 南星恒	调查研究法的运用问题评析	财经理论与实践	2009年第162期 第68～73页
420	黄莲琴 傅元略*	管理者过度自信与公司融资策略的选择	福州大学学报（哲学社会科学版）	2010年第4期 第12～19页
421	傅元略	经理人长期激励方案与股东利益的一致性研究	财经理论与实践	2010年第4期 第38～42页， 第47页
422	傅元略	中国管理会计理论研究的发展和亟待解决的几个问题	学海	2010年第4期 第76～83页
423	黄莲琴 傅元略* 屈耀辉	管理者过度自信与信用融资效应的实证研究	金融评论	2010年第5期 第61～74页， 第124页

续表

序号	姓名	文章标题	期刊名称	卷期/页码
424	黄莲琴 傅元略* 屈耀辉	管理者过度自信、税盾拐点与公司绩效	管理科学	2011年第2期 第10～19页
425	蔡　闽 傅元略*	恶性增资决策的个体异质性研究及其管理启示	财经问题研究	2011年第7期 第59～65页
426	黄莲琴 屈耀辉 傅元略*	大股东控制、管理层过度自信与现金股利	山西财经大学学报	2011年第10期 第105～113页
427	曾爱民 魏志华 傅元略*	金融危机冲击、财务柔性储备和企业融资行为	金融研究	2011年第10期 第155～169页
428	屈耀辉 杜亚斌 傅元略* 黄莲琴	上下游企业的信任与赊销战略——兼论区域金融发展的干扰效应	财贸研究	2012年第3期 第140～148页
429	Yuanlue Fu Jianxi Fu	Appraising Knowledge Assets from the View of Value Creation	International Conference on Management Science & Engineering	2012年9月 第1137～1146页 （Annual Conference Proceedings）
430	俞雪莲 傅元略*	基于价值链视角的设备资产财务管控效应	现代管理科学	2012年第9期 第97～99页
431	王　晔 傅元略*	全员生产维护、财务绩效和企业战略的关系	财会月刊	2012年第21期 第14～16页
432	Jianxi Fu Yuanlue Fu*	Analyzing the Effect of Collaborative Cost Management in Supply Chain by Case-based Reasoning	Journal of Software	2013年第2期 第367～374页
433	曾爱民 傅元略* 梁丽珍	为什么企业偏好保守资本结构？——一个支持财务柔性理论的经验证据	商业经济与管理	2013年第6期 第48～59页
434	张　榆 傅元略*	组合信用风险度量——因子模型和Copula方法的趋同	现代管理科学	2013年第7期 第26～28页
435	覃　予 傅元略* 杨隽萍	高管薪酬激励是否应兼顾分配公平？	财经研究	2013年第8期 第110～121页
436	屈耀辉 杜亚斌 傅元略*	产品负面报道冲击效应实证分析——以酒鬼酒塑化剂风波为例	华东经济管理	2013年第10期 第157～162页
437	Yuanlue Fu Chen Fu	Strategic Budgeting Control System Theory and Evidence from China Company	Proceedings of the 5th (2013) International Conference on Financial Risk and Corporate Finance Management	2013年 第530～539页
438	屈耀辉 杜亚斌 傅元略*	产品负面报道的金融加速器效应实证分析——以三鹿毒奶粉事件溢出效应为例	华东经济管理	2014年第1期 第164～171页
439	傅元略	战略成本驱动因素管控研究	财务研究	2015年第4期 第01～10页
440	王　晔 傅元略*	绩效管理系统设计协同、创新模式和创新绩效——基于协同控制成本的均衡模型分析	软科学	2015年第7期 第60～63页

续表

序号	姓名	文章标题	期刊名称	卷期/页码
441	Jianxi Fu Yuanlue Fu*	An Adaptive Multi-Agent System for Cost Collaborative Management in Supply Chains	Engineering Applications of Artificial Intelligence	2015年第44卷第9期第91～100页
442	傅元略	中国特色的管理会计理论问题探讨	财务与会计	2015年第12期第14～16页
443	厦门市两岸会计合作与交流促进会课题组 傅元略*	TS集团基业常青的秘诀：管控模式创新	财务与会计	2015年第16期第10～13页
444	厦门市两岸会计合作与交流促进会课题组 傅元略*	业务流程的精准管控：YL公司的成功经验	财务与会计	2015年第16期第14～16页
445	厦门市两岸会计合作与交流促进会课题组 傅元略*	柔性预算管理：LD公司的制胜法宝	财务与会计	2015年第16期第17～19页
446	厦门市两岸会计合作与交流促进会课题组 吴安妮 傅元略*	HG公司的价值管理：战略绩效管理创新	财务与会计	2015年第16期第19～23页
447	厦门市两岸会计合作与交流促进会课题组 傅元略*	借鉴管理会计实践　提升企业价值创造能力	财务与会计	2015年第16期第24～26页
448	傅元略	管理会计的核心——管控机制理论	财务研究	2016年第6期第01～14页
449	俞雪莲 傅元略*	小微企业、银行与担保机构的动态信贷博弈研究	现代管理科学	2017年第001期第97～99页
450	俞雪莲 傅元略*	CFO背景特征、内部控制和公司财务违规——基于Logistic模型的实证研究	福建论坛（人文社会科学版）	2017年第2期第74～80页
451	傅元略	跨企业协同治理研究	财务研究	2017年第5期第01～12页
452	傅元略	财务智能理论：智能体与情景情绪计算融合	财务研究	2018年第5卷第5期第14～20页
453	傅元略	智慧会计：财务机器人与会计变革	辽宁大学学报（哲学社会科学版）	2019年第47卷第1期第68～78页
454	傅元略	智能财务决策：软计算与机器学习集成	财务研究	2019年第6期第31～36页
455	傅元略	数字经济下的产业价值链四维度协同管控	财务研究	2020年第4期第3～10页
456	Uddin Mohammed Belal Yuanlue Fu* Akhter Bilkis	Inter-organizational Cost Management: Effects of Antecedents and Methods in a Hybrid Relational Context	Journal of Business & Industrial Marketing	2020年第35期第909～923页
457	傅元略	产业链供应链融合及其价值管理数智化研究	财务研究	2021年第3期第3～10页

续表

序号	姓名	文章标题	期刊名称	卷期/页码
458	傅元略	数字经济下财务管理理论变革与财务智能体理论	财务与会计	2021年第12期 第8～12页
459	傅元略	“软管理”哲学思想与管理会计数字化转型	财务与会计	2022年第19期 第4～7页
460	傅元略	余绪缨教授的“智本管理”与企业创新价值链——纪念中国管理会计开拓者和奠基人余绪缨教授百年诞辰	会计之友	2023年第8期 第37～41页
461	高培业 李常青	加快企业集团发展的财务对策	工业会计	1998年第5期 第20～22页
462	葛家澍	从中国人民银行会计制度的出现说到大学银行会计教材内容的改革	厦门大学学报（哲学社会科学版）	1952年1期 第72～76页
463	葛家澍	论流动资金各要素周转率的分析	工业会计	1953年第7期
464	葛家澍	国营工业企业资产负债表的分析	工业会计	1953年第10～11期
465	葛家澍	社会主义工业企业经济活动分析的对象、任务与方法论	厦门大学学报（哲学社会科学版）	1954年第2期 第44～56页
466	葛家澍	先进的苏维埃会计核算形式	工业会计	1955年第2期
467	葛家澍	介绍阿发那西也夫教授关于流动资金个别周转指标与总周转指标相互结合的公式（上）	中国工业杂志	1955年3月号 第15～19页
468	葛家澍	介绍阿发那西也夫教授关于流动资金个别周转指标与总周转指标相互结合的公式（中）	中国工业杂志	1955年4月号 第21～25页
469	葛家澍	介绍阿发那西也夫教授关于流动资金个别周转指标与总周转指标相互结合的公式（下）	中国工业杂志	1955年5月号 第9～13页
470	葛家澍	对于“介绍阿发那西也夫教授关于流动资金个别周转指标与总周转指标相互结合的公式”一文的更正和补充说明	中国工业杂志	1955年6月号 第39～40页
471	葛家澍	试论会计核算这门科学的对象和方法	厦门大学学报（哲学社会科学版）	1956年第2期 第1～25页
472	葛家澍	论“会计核算原理”中几个主要问题的讲授	学术论坛	1957年第1期 第43～49页
473	葛家澍	论社会主义经济中固定资产的无形耗损及其计算问题	厦门大学学报（社会科学版）	1957年第2期 第111～129页
474	葛家澍	怎样正确认识“连锁替代法”？	学术论坛	1957年第3期 第61～65页
475	葛家澍	关于会计学原理教学大纲（初稿）的若干说明	学术论坛	1958年第4期
476	葛家澍	怎样正确认识经济核算和价值规律的联系	中国经济问题	1959年第2期 第11～13页
477	葛家澍	应当历史地、辩证地对待“财务监督”	中国经济问题	1959年第3期 第38～41页
478	葛家澍	经济核算的本质及其基本特征——学习政治经济学教科书第三十章的一些体会	论坛杂志	1959年第4期 第16～21页

续表

序号	姓名	文章标题	期刊名称	卷期/页码
479	葛家澍	关于人民公社农产品成本的经济本质问题	中国经济问题	1959年第10期 第40～41页
480	葛家澍 陈仁栋 黄忠堃	论人民公社实行成本核算的意义与作用	中国经济问题	1960年1期 第36～42页
481	葛家澍	关于会计对象的再认识	厦门大学学报 （哲学社会科学版）	1960年第3期 第1～11页
482	葛家澍	关于社会主义会计对象的再认识	厦门大学学报 （社会科学版）	1961年第1期 第1～11页
483	葛家澍	经济核算的客观依据是时间节约规律	中国经济问题	1961年第3期 第8～15页
484	葛家澍	论社会主义经济核算制	红与专	1961年第11期
485	葛家澍	关于会计学的几个理论问题的讨论	经济研究	1963年第2期
486	葛家澍 （使用笔名谈惠）	关于会计学的几个理论问题的探讨	经济研究	1963年第3期 第64～67页
487	葛家澍	关于经济核算和会计的相互关系问题	经济研究	1963年第5期 第23～31页
488	葛家澍	试论会计的阶级性	中国经济问题	1964年第1期 第14～24页
489	葛家澍	会计学所研究的特殊矛盾——会计的对象和方法也证明客观事物是一分为二而不是“合二而一”的	中国经济问题	1964年第9期 第5～9页
490	葛家澍	論社会主义企业的资金	厦门大学学报 （哲学社会科学版）	1978年第Z1期 第122～135页
491	葛家澍	必须替借贷记账法恢复名誉——评所谓“资本主义的记账方法”	中国经济问题	1978年第4期 第77～85页
492	葛家澍	当代资本主义财务会计准则提纲	福建会计通讯	1979年创刊号 第7～13页
493	葛家澍 吴水澎	社会主义经济核算的几个理论问题	中国经济问题	1980年第1期 第16～21页， 第29页
494	葛家澍 黄忠堃	论经济核算制与会计	会计研究	1980年第1期 第20～30页
495	葛家澍 黄忠堃	论经济核算制与会计	厦门大学学报 （哲学社会科学版）	1980年第2期 第1～17页
496	葛家澍	怎样认识会计的主要属性	中国经济问题	1980年第5期 第42～45页
497	葛家澍	论会计理论的继承性	厦门大学学报 （哲学社会科学版）	1981年第3期 第76～85页
498	葛家澍	在通货膨胀条件下改进企业财务报表的几种设想	经济资料译丛	1981年第3、4期
499	葛家澍	当代资本主义财务会计的主要特点	上海会计	1981年第7期 第4～13页
500	葛家澍	当代资本主义企业财务会计准则的形成与发展	财会通讯	1981年第11期 第7～13页

续表

序号	姓名	文章标题	期刊名称	卷期/页码
501	葛家澍	通货膨胀与公认会计原则 —— 新的会计模式和公认会计原则面临的问题	中国经济问题	1982年第2期 第40～48页
502	葛家澍	关于社会主义经济核算与经济效果的几个理论问题	福建会计通讯	1982年第4、5期
503	葛家澍 吴水澎	建国以来关于会计的几个基本理论问题讨论述评	中国经济问题	1983年第1期 第60～65页
504	葛家澍	马克思的簿记理论与现代会计	中国经济问题	1983年第S1期 第72～77页， 第83页
505	葛家澍	社会主义企业会计对象的探讨	资本论研究	1983年
506	葛家澍	社会主义企业资金运动探讨	福建会计	1983年第3期
507	葛家澍 唐予华	关于会计定义的探讨	会计研究	1983年第4期 第26～30页
508	葛家澍	坚持实事求是 一切从实际出发	中国经济问题	1983年第5期 第1～2页
509	葛家澍 唐予华	关于会计定义的探讨（续）	会计研究	1983年第5期 第51～54页
510	葛家澍	厦门大学经济学院院长葛家澍同志的讲话	财会通讯	1983年第S4期 第12页
511	葛家澍	关于美国的公认会计原则和在我国建立社会主义会计原则的问题	闽西财会	1983年第12期 第36～42页
512	葛家澍	关于美国公认会计原则和建立我国社会主义会计原则的问题	财会通讯	1983年第S4期 第36～42页
513	葛家澍	考会计学专业研究生应具备的业务知识	自学	1984年第1期 第58～60页
514	葛家澍 吴水澎	建国以来关于会计的几个基本理论问题的讨论情况	财会通讯	1984年第S1期 第1～3页
515	葛家澍	西方财务会计的一个新领域 —— 通货膨胀会计	财会通讯	1984年第3期 第3～9页
516	葛家澍	美国财务会计理论发展的新阶段 —— 评介《财务会计概念公告》（1—3号）	厦门大学学报（哲学社会科学版）	1984年第4期 第1～10页
517	葛家澍	西方财务会计的一个新领域 —— 通货膨胀会计（续）	财会通讯	1984年第4期 第7～11页
518	葛家澍	西方财务会计的一个新领域 —— 通货膨胀会计（续）	财会通讯	1984年第5期 第20～22页， 第15页
519	葛家澍	公认会计原则与财务会计的几个理论问题	陕西会计通讯	1984年第7期 第4～12页
520	葛家澍	一本观点新颖，论证严密，自成体系和别具一格的会计理论著作 —— 评介顾准同志遗著《会计原理》	上海会计	1984年第8期 第44～46页
521	葛家澍	公认会计原则与财务会计的几个问题	财会通讯	1984年第S6期 第4～12页
522	葛家澍	持续通货膨胀迫使西方财务会计进行改革	大连财会	1984年第10期

续表

序号	姓名	文章标题	期刊名称	卷期/页码
523	葛家澍	加强会计工作的两个重要的基本方面 —— 进行会计核算和实行会计监督	会计研究	1985年第2期 第20～21页
524	葛家澍	勇于改革，加速培养财经管理人才	福建高教研究	1985年第2期 第41～47页
525	葛家澍	关于国际会计与国际会计准则	财会探索	1985年第2期 第263～285页
526	葛家澍	新中国会计发展史上的重要里程碑	财务与会计	1985年第3期 第1～2页
527	葛家澍	欢庆中华人民共和国会计法诞生	财会通讯	1985年第3期第8页
528	葛家澍	关于国际会计	财会通讯	1985年第5期 第9～12页
529	葛家澍	经济越发展，会计越重要	经济学文摘	1985年第7期 第56页
530	葛家澍 李翔华	关于会计对象的再探讨 —— 会计的反映对象和作为一个信息系统的处理对象	厦门大学学报 （哲学社会科学版）	1986年第1期 第35～40页
531	葛家澍	论会计的基本概念	会计学刊	1986年第1、2期
532	葛家澍	西方财务会计的新发展	财务探索	1986年第1、2期
533	葛家澍	答邬杏川同志	会计学刊	1986年第3期
534	葛家澍	关于会计的本质	天津财会	1986年第4期
535	葛家澍 李翔华	论会计是一个经济信息系统	财经研究	1986年第9期 第44～49页
536	葛家澍 李翔华	论会计是一个经济信息系统（下）	财经研究	1986年第10期 第42～46页
537	葛家澍	关于经济体制改革、会计改革和会计理论研究的初步看法	福建电子财会	1986年第11期 第8～14页，第31页
538	葛家澍	经济体制改革、会计改革和会计理论研究	厦门大学学报 （哲学社会科学版）	1987年第1期 第8～14页，第31页
539	葛家澍	论现行会计模式的改革	高等学校 文科学报文摘	1987年第3期 第32～33页
540	葛家澍	《巴其阿勒会计论》一书的序	财会探索	1987年第5期
541	葛家澍	八十年代美国的财务会计（上）	财会通讯	1987年第10期 第3～8页
542	葛家澍	八十年代美国的财务会计（中）	财会通讯	1987年第11期 第3～7页
543	葛家澍	八十年代美国的财务会计（下）	财会通讯	1987年第12期 第4～8页
544	葛家澍	会计改革和会计理论研究	中国经济科学年鉴	1988年
545	葛家澍	社会主义初级阶段有计划商品经济与会计改革	安徽会计研究资料	1988年第4期
546	葛家澍	当前美国财务会计理论及其发展趋势	财会探索	1988年第5期
547	葛家澍	发挥学会作用，加强会计理论与学术研究	福建会计	1988年第5期

续表

序号	姓名	文章标题	期刊名称	卷期/页码
548	葛家澍 林志军 魏明海	涉外会计制度与稳健原则	会计研究	1988年第5期 第19～22页
549	葛家澍 陈少华	西方国家的实证会计理论	财会通讯	1988年第10期 第3～5页
550	葛家澍	关于会计信息质量要求的几个问题	《厦门大学学报》 会计学专刊	1989年
551	葛家澍	祝《财务与会计》作出新的更大的贡献	财务与会计	1989年第1期 第10页
552	葛家澍	《社会主义经济核算·经济效果与会计》一书的序	财会探索	1989年第2期
553	葛家澍	关于在我国建立企业财务会计准则的几个问题	会计研究	1989年第2期 第16～21页
554	葛家澍	西方国家财务会计理论的研究方法	福建会计	1989年第2、3期
555	葛家澍	关于会计改革的几个问题	财会通讯	1989年第4期 第3～8页
556	葛家澍	西方国家主要的会计模式	财会探索	1989年第4、5期
557	葛家澍	通货膨胀会计，会计准则，股份制问题	工业会计	1989年第5期 第2～6页
558	葛家澍 陈少华	西方国家的实证理论及其在会计上的应用	厦门大学学报 （哲学社会科学版）	1989年第10期 第24～27页， 第23页
559	葛家澍	《财务管理理论与方法》一书的序	福建会计	1989年第10期
560	葛家澍	向读者推荐一部大型会计工具用书——《会计辞海》	财会通讯	1991年第1期 第17页
561	葛家澍	大型会计工具书《会计辞海》评介	财务与会计	1991年第1期 第63页
562	葛家澍 曲晓辉	试论我国会计对当前物价变动的可能反应方式	会计研究	1991年第2期 第23～25页
563	葛家澍 曲晓辉	试论我国会计对当前物价变动的可能反应方式	厦门大学学报 （哲学社会科学版）	1991年第2期 第28～34页
564	葛家澍	会计审计科学最新成就与趋势之鸟瞰	武汉财会	1991年第2期 第27页
565	葛家澍	一本充满新意的教材——评《经济效益学》	财务与会计	1991年第8期 第12页
566	葛家澍	会计教育改革必须坚持正确的指导思想	会计研究	1992年第1期 第1～2页
567	葛家澍	制定中国会计准则如何借鉴国际经验	会计研究	1992年第2期 第16～19页，第2页
568	葛家澍	制定中国会计准则如何借鉴国际经验	财务与会计	1992年第4期 第19～22页
569	葛家澍	喜读《审计辞海》	中国出版	1992年第4期 第53页
570	葛家澍 李若山	九十年代西方会计理论的一个新思潮——绿色会计理论	会计研究	1992年第5期 第1～6页

续表

序号	姓名	文章标题	期刊名称	卷期/页码
571	葛家澍 杨时展	评《会计审计大辞典》（两则）	当代财经	1992年第6期 第62～63页， 第57页
572	葛家澍	制定中国会计准则如何借鉴国际经验	广西会计	1992年第7期 第56～57页
573	葛家澍	参与便是成功	会计之友	1993年第1期 第4页
574	葛家澍	我国《企业会计准则》的基本特点	会计研究	1993年第1期 第7～9页
575	葛家澍	股份有限公司的几个会计问题（上）	财会通讯	1993年第1期 第16～19页
576	葛家澍	股份有限公司的几个会计问题（下）	财会通讯	1993年第2期 第11～14页
577	葛家澍	会计准则国际化沟通、协调、规范	财务与会计	1993年第2期 第3～7页
578	葛家澍	九十年代企业财务报告的发展趋势（上）	上海会计	1993年第2期 第4～6页
579	葛家澍	九十年代企业财务报告的发展趋势（下）	上海会计	1993年第3期 第2～7页
580	葛家澍 方荣义 李少波	企业会计准则的特点及其与分行业的会计制度和财务通则的关系	财会通讯	1993年第3期 第5～10页
581	葛家澍 刘　峰	试论会计计量——兼论统一会计问题	当代财经	1993年第4期 第1～5页
582	葛家澍	注册会计师是维持市场经济秩序的“警察”	会计研究	1993年第6期 第8页
583	葛家澍	关于我国企业会计准则的几个问题	上海会计	1993年第7期 第2～5页
584	葛家澍	会计信息与深化改革	财会通讯	1994年第1期 第12～13页
585	葛家澍	关于构建我国企业会计准则体系的有关问题——为《财务与会计》创刊15周年而作	财务与会计	1994年第1期 第31～33页
586	葛家澍 王光远	纪念帕乔利复式簿记论　建立我国财务会计概念结构	会计研究	1994年第3期 第8～11页
587	葛家澍 王光远	卢卡·巴其阿勒及其对世界会计的历史贡献	财会月刊	1994年第5期 第3～9页
588	葛家澍	复式簿记和巴其阿勒的簿记理论——为纪念巴其阿勒“簿记论”出版500周年而作	财会通讯	1994年第S1期 第7～9页
589	葛家澍	关于会计准则与会计制度的关系等问题	会计研究	1995年第1期 第18～27页
590	葛家澍	关于市场经济条件下会计理论与方法的若干基本观点（Ⅰ）	财会月刊	1995年第2期 第3～6页
591	葛家澍	关于会计准则与会计制度的关系等问题（摘要）	商业会计	1995年第2期 第18～19页
592	葛家澍	关于市场经济条件下会计理论与方法的若干基本观点（Ⅱ）	财会月刊	1995年第3期 第3～5页

续表

序号	姓名	文章标题	期刊名称	卷期/页码
593	葛家澍	关于市场经济条件下会计理论与方法的若干基本观点（Ⅲ）	财会月刊	1995年第4期第3～5页
594	葛家澍	关于市场经济条件下会计理论与方法的若干基本观点（Ⅳ）	财会月刊	1995年第5期第3～6页
595	葛家澍	不断完善《会计法》认真执行《会计法》	会计研究	1995年第5期第3～4页
596	葛家澍	关于市场经济条件下会计理论与方法的若干基本观点（Ⅴ）	财会月刊	1995年第6期第3～7页
597	葛家澍	关于市场经济条件下会计理论与方法的若干基本观点（Ⅵ）	财会月刊	1995年第7期第3～6页
598	葛家澍 陈箭深	略论金融工具创新及其对财务会计的影响	会计研究	1995年第8期第1～8页
599	葛家澍	国际通用语言　国际会计惯例财务会计未来发展	对外经贸财会	1996年第1期第3～5页
600	葛家澍	中国注册会计师史上的新篇章——谈独立审计准则的发布和实施	注册会计师通讯	1996年第1期第46～47页
601	葛家澍	当前财务会计的几个问题 —— 衍生金融工具、自创商誉和不确定性	会计研究	1996年第1期第3～8页
602	葛家澍 刘　峰	从会计准则的性质看会计准则的制订	会计研究	1996年第2期第19～24页
603	葛家澍	国际通用语言·国际会计惯例·财务会计未来发展（续）	对外经贸财会	1996年第2期第4～6页
604	葛家澍	国际通用语言 国际会计惯例 财务会计未来发展（续）	对外经贸财会	1996年第3期第10～12页
605	葛家澍	会计准则制订中的若干理论问题（上）	上海会计	1996年第5期第5～9页
606	葛家澍	会计准则制订中的若干理论问题（中）	上海会计	1996年第6期第3～6页
607	葛家澍	会计准则制订中的若干理论问题（下）	上海会计	1996年第7期第3～7页
608	葛家澍	公认会计原则在美国的发展（上）	上海会计	1996年第10期第37～40页
609	葛家澍	公认会计原则在美国的发展（中）	上海会计	1996年第11期第36～38页
610	葛家澍	公认会针原则在美国的发展（下）	上海会计	1996年第12期第35～38页
611	葛家澍	《会计准则研究》序	会计研究	1997年第2期第46～47页
612	葛家澍	基本会计准则与财务会计概念框架 —— 关于进一步修改完善1992年《企业会计准则》的个人看法	会计研究	1997年第10期第2～5页
613	葛家澍	基本会计准则与财务会计概念框架	财务与会计	1997年第10期第41～43页
614	葛家澍	论财务报表和财务报告的区别与联系	财会月刊	1998年第1期第3～5页
615	葛家澍	论资产负债表的内含信息	财会月刊	1998年第2期第3～5页

续表

序号	姓名	文章标题	期刊名称	卷期/页码
616	葛家澍	财务会计：特点·挑战·改革	财会通讯	1998年第3期 第3～8页
617	葛家澍	关于财务报表和财务报告的概念、作用及改进研究系列之三	财会月刊	1998年第4期 第3～6页
618	葛家澍	关于财务报表和财务报告的概念、作用及改进研究系列之四——论现金流量表	财会月刊	1998年第5期 第3～5页
619	葛家澍	纵论财务报表模式的改进	财会月刊	1998年第6期 第3～5页
620	葛家澍	财务会计与财务报告的未来发展趋势	浙江财税与会计	1998年第9期 第13～16页
621	葛家澍	财务会计与财务报告的未来发展趋势（中）	浙江财税与会计	1998年第10期 第21～23页
622	葛家澍	财务会计与财务报告的未来发展趋势（下）	浙江财税与会计	1998年第11期 第12页，第23页
623	葛家澍	纪念改革开放二十周年迎接二十一世纪的到来	对外经贸财会	1999年第1期 第3页
624	葛家澍	迎接廿一世纪密切关注国内外财务会计的新动向	会计研究	1999年第1期 第10～17页
625	葛家澍	损益表（收益表）的扩展——关于第四财务报表	上海会计	1999年第1期 第3～10页
626	葛家澍	未来财务会计和财务报告的模式——兼论会计信息的可靠性与相关性	南京经济学院学报	1999年第1期 第1～5页
627	葛家澍	未来财务会计和财务报告的模式——兼论会计信息的可靠性与相关性	财务与会计	1999年第2期 第6～9页
628	葛家澍	美国关于高质量会计准则的讨论及其对我们的启示	会计研究	1999年第5期 第3～10页
629	葛家澍	新中国会计理论研究50年回顾	会计研究	1999年第10期 第7～14页
630	葛家澍 黄世忠	反映经济真实是会计的基本职能——学习《会计法》的一点体会	会计研究	1999年第12期 第2～7页
631	葛家澍	关于财务会计几个基本概念的思考——兼论商誉与衍生金融工具确认与计量	财会通讯	2000年第1期 第3～12页
632	葛家澍	祝愿新世纪更加辉煌——《财会通讯》创刊20周年献词	财会通讯	2000年第3期 第3页
633	葛家澍	中国会计学会成立以来的我国会计理论研究	会计研究	2000年第4期 第12～23页
634	葛家澍	会计作假是社会主义市场经济的公害——美国证交会对上市公司玩弄数字的关注及其对我们的启示	财务与会计	2000年第5期 第6～9页
635	葛家澍	论财务业绩报告的改进	会计之友	2000年第8期 第7～10页
636	葛家澍 吕胜光	财务报告规范必要性的理论基础——基于经济学的思考	财会通讯	2000年第8期 第3～8页
637	葛家澍 程春晖	论财务业绩报告的改进——财务业绩报告改革的国际动态	会计之友	2000年第9期 第36～40页

续表

序号	姓名	文章标题	期刊名称	卷期/页码
638	葛家澍 程春晖	论财务业绩报告的改进 —— 财务业绩报告的发展趋势	会计之友	2000年第10期 第10～14页
639	葛家澍	回眸：20世纪西方会计理论的发展与演变	财务与会计	2000年第10期 第8～12页
640	葛家澍	什么是会计理论 —— 规范会计理论的一种观点	会计研究	2000年第10期 第2～7页
641	葛家澍	关于高质量会计准则和企业财务业绩报告改进的新动向	会计研究	2000年第12期 第2～8页
642	葛家澍	关于我国会计制度和会计准则的制定问题	会计研究	2001年第1期 第4～8页，第64页
643	葛家澍	公司治理与对外报告	厦门大学学报（哲学社会科学版）	2001年第4期 第5～10页
644	葛家澍	国际会计的一个新动向 —— 近几年美国SEC FASB和IASC在提高会计准则质量方面的努力	中国工会财会	2001年第6期第3页
645	葛家澍	在中国工会会计学会年会暨建会创刊十周年纪念会上的贺词	中国工会财会	2001年第6期第1页
646	葛家澍	国际会计准则委员会核心准则的未来 —— 美国SEC和FASB的反应	会计研究	2001年第8期 第3～9页，第65页
647	葛家澍 杜兴强	人力资源会计及人力资源信息披露的彩色模式（上）	财会通讯	2001年第11期 第3～7页
648	葛家澍 陈守德	财务报告质量评估的探讨	会计研究	2001年第11期 第9～18页
649	葛家澍 杜兴强	人力资源会计及人力资源信息披露的彩色模式（下）	财会通讯	2001年第12期 第3～5页
650	葛家澍	关于财务会计基本假设的重新思考	会计研究	2002年第1期 第5～10页，第64页
651	葛家澍	会计确认、计量与收入确认	会计研究	2002年第1期 第3～13页
652	葛家澍	我国企业会计准则制定的几个问题	财会通讯	2002年第1期 第5～10页，第64页
653	葛家澍	21世纪财务报告展望（上）—— 迎接竞争、技术和全球化三股力量汇合的挑战	财务与会计	2002年第1期 第15～17页
654	葛家澍	21世纪财务报告展望（下）—— 迎接竞争、技术和全球化三股力量汇合的挑战	财务与会计	2002年第2期 第11～13页
655	葛家澍 黄世忠	安然事件的反思 —— 对安然公司会计审计问题的剖析	会计研究	2002年第2期 第3～11页，第65页
656	葛家澍	关于高质量会计准则的几个问题	会计研究	2002年第7期 第3～6页
657	葛家澍	加入WTO对我国注册会计师行业和会计准则的影响	中国注册会计师	2002年第8期 第15～18页，第1页
658	葛家澍 杜兴强	美国上市公司财务欺诈及其对会计准则制定的可能影响	财会通讯	2003年第1期 第3～7页
659	葛家澍	美国安然事件的经济背景分析	会计研究	2003年第1期 第9～14页，第65页
660	葛家澍	财务会计的本质、特点及其边界	会计研究	2003年第3期 第3～7页，第65页

续表

序号	姓名	文章标题	期刊名称	卷期/页码
661	葛家澍 杜兴强	财务会计的基本概念、基本特征与基本程序（一）	财会通讯	2003年第7期 第3～7页
662	葛家澍 杜兴强	财务会计的基本概念、基本特征与基本程序（二）	财会通讯	2003年第8期 第3～8页
663	葛家澍 杜兴强	财务会计的基本概念、基本特征与基本程序（三）	财会通讯	2003年第9期 第3～7页
664	葛家澍 杜兴强	当代财务会计的发展趋势	财会通讯	2003年第10期 第5～11页
665	葛家澍 杜兴强	财务会计的基本概念、基本特征与基本程序（四）	财会通讯	2003年第11期 第8～12页
666	葛家澍	回顾与评介 —— AICPA关于财务会计概念的研究	会计研究	2003年第11期 第51～57页，第65页
667	葛家澍 杜兴强	财务会计的基本概念、基本特征与基本程序（五）	财会通讯	2003年第12期 第13～15页
668	葛家澍 杜兴强	财务会计的基本概念、基本特征与基本程序（六）	财会通讯	2004年第1期 第7～9页
669	葛家澍	关于企业财务会计的属性问题　美国安然等一系列财务作假案件引起的会计危机及其未来发展的思考	会计师	2004年第1期 第24～29页
670	葛家澍	建立中国财务会计概念框架的总体设想	会计研究	2004年第1期 第9～19页，第96页
671	葛家澍 杜兴强	财务会计的基本概念、基本特征与基本程序（七）	财会通讯	2004年第3期 第9～12页
672	葛家澍 杜兴强	财务会计的基本概念、基本特征与基本程序（八）	财会通讯	2004年第5期 第16～17页
673	葛家澍	财务会计概念框架研究的比较与综评	会计研究	2004年第6期 第3～10页
674	葛家澍 杜兴强	财务会计的基本概念、基本特征与基本程序（九）	财会通讯	2004年第7期 第6～10页
675	葛家澍 杜兴强	现行财务会计与报告的缺陷及改进（上）	财会通讯	2004年第9期 第17～19页
676	葛家澍 杜兴强	现行财务会计与报告的缺陷及改进（下）	财会通讯	2004年第11期 第15～17页
677	葛家澍 杜兴强	人力资源会计相关问题探讨（上）	财会通讯	2004年第13期 第14～17页
678	葛家澍 杜兴强	人力资源会计相关问题探讨（下）	财会通讯	2004年第15期 第12～14页
679	葛家澍 杜兴强	无形资产会计的相关问题：综评与探讨（上）	财会通讯	2004年第17期 第10～12页
680	葛家澍 杜兴强	无形资产会计的相关问题：综评与探讨（下）	财会通讯	2004年第19期 第16～19页
681	葛家澍 杜兴强	关于会计信息的相关性和可靠性问题的思考（上）	财会通讯	2004年第21期 第8～10页
682	葛家澍	会计史研究领域内的一次新突破——《会计史研究》一、二卷读后感	会计研究	2005年第1期 第88～89页
683	葛家澍	西方财务会计理论问题探索（一）——西方规范财务会计理论的发展及实证会计理论的基本框架（上）	财会通讯	2005年第1期 第6～9页

续表

序号	姓名	文章标题	期刊名称	卷期/页码
684	葛家澍	西方财务会计理论问题探索（二）——西方规范财务会计理论的发展及实证会计理论的基本框架（中）	财会通讯	2005年第2期 第8～10页
685	葛家澍	西方财务会计理论问题探索（三）——西方规范财务会计理论的发展及实证会计理论的基本框架（下）	财会通讯	2005年第3期 第8～11页
686	葛家澍	西方财务会计理论问题探索（四）——美国的财务会计和报告概念框架的发展（Ⅰ）	财会通讯	2005年第4期 第8～11页
687	葛家澍 叶丰滢 陈秧秧 徐　跃	如何评价美国FASB的财务会计概念框架?	会计研究	2005年第4期 第82～87页，第96页
688	葛家澍	西方财务会计理论问题探索（五）——美国的财务会计和报告概念框架的发展（Ⅱ）	财会通讯	2005年第5期 第6～9页
689	葛家澍	资产概念的本质、定义与特征	经济学动态	2005年第5期 第8～12页
690	葛家澍	西方财务会计理论问题探索（六）——美国的财务会计和报告概念框架的发展（Ⅲ）	财会通讯	2005年第6期 第6～8页
691	葛家澍	实质重于形式　欲速则不达——分两步走制定中国的财务会计概念框架	会计研究	2005年第7期 第6～10页
692	葛家澍	西方财务会计理论问题探索（七）——美国的财务会计和报告概念框架的发展（Ⅳ）	财会通讯	2005年第7期 第22～24页
693	葛家澍	西方财务会计理论问题探索（八）——美国的财务会计和报告概念框架的发展（Ⅴ）	财会通讯	2005年第8期 第19～22页
694	葛家澍	西方财务会计理论问题探索（九）——美国的财务会计和报告概念框架的发展（Ⅵ）	财会通讯	2005年第9期 第6～8页
695	葛家澍	关于国际会计惯例的主要内容的探讨	财会学习	2006年第1期 第14～16页
696	葛家澍	创新与趋同相结合的一项准则——评我国新颁布的《企业会计准则——基本准则》	会计研究	2006年第3期 第3～6页，第95页
697	葛家澍	制度·市场·企业·会计	财会通讯	2006年第3期 第16～22页
698	葛家澍	论美国的会计概念框架与我国的基本会计准则	厦门大学学报（哲学社会科学版）	2006年第4期 第5～11页
699	葛家澍	审计与财务会计的一个重要术语“公认会计原则”在美国的发展	审计研究	2006年第6期 第8～11页
700	葛家澍	关于财务会计概念框架的几个问题	中国农业会计	2006年第7期 第4～8页

续表

序号	姓名	文章标题	期刊名称	卷期/页码
701	葛家澍 徐　跃	会计计量属性的探讨 —— 市场价格、历史成本、现行成本与公允价值	会计研究	2006年第9期 第7～14页，第95页
702	葛家澍	再论制度、市场、企业与会计（财务会计）的关系	会计师	2006年第10期 第24～29页
703	葛家澍	由美国会计准则的制定方式和概念框架在GAAP中层次的发展想到的	中国注册会计师	2006年第12期 第12～15页
704	葛家澍 徐　跃	论会计信息相关性与可靠性的冲突问题	财务与会计	2006年第23期 第18～20页
705	葛家澍 林志军	《现代西方会计理论》述评	财会通讯（综合版）	2007年第1期 第86页
706	葛家澍 裘宗舜	《会计信息丛书》述评	财会通讯（综合版）	2007年第2期 第87页
707	葛家澍 张金若	FASB与IASB联合趋同框架（初步意见）的评介	会计研究	2007年第2期 第3～10页，第91页
708	葛家澍	关于财务会计目标的研究	上海立信会计学院学报	2007年第3期 第3～15页
709	葛家澍	《上市公司财务舞弊案剖析丛书》述评	财会通讯（综合版）	2007年第5期 第80～83页
710	葛家澍	新中国会计理论发展要略	上海市经济管理干部学院学报	2007年第5期 第46～51页
711	葛家澍 占美松	会计信息质量特征与会计计量属性的选择	厦门大学学报（哲学社会科学版）	2007年第6期 第77～81页
712	葛家澍	关于《中国会计学会第七届理事会科研规划》的说明	会计研究	2007年第7期 第70～72页
713	葛家澍 章永奎 杜兴强	公司治理演进与表外披露变迁	财会通讯	2007年第10期 第6～10页
714	葛家澍	关于在财务会计中采用公允价值的探讨	会计研究	2007年第11期 第3～8页，第95页
715	葛家澍	关于我国企业会计准则的几个问题	经济与管理研究	2007年第12期 第5～9页
716	葛家澍 占美松	关于实证会计研究的思考	财会通讯（综合版）	2007年第12期 第6～9页
717	葛家澍 孙丽影	论新制度学派（含产权学派）对市场、企业与会计的影响	会计论坛	2008年第1期 第3～10页
718	葛家澍	“高质量”是否能增加为会计准则和财务报告信息的一个质量特征?	财会学习	2008年第1期 第21～23页
719	葛家澍	关于美国财务会计概念公告的若干问题	广州大学学报（社会科学版）	2008年第1期 第29～34页
720	葛家澍 杜兴强	会计信息、公司治理与会计准则：理论分析、博弈解释与历史证据	当代会计评论	2008年第一卷 第1期第1～28页
721	葛家澍 杨　宇	研究与开发支出的会计处理探讨	财务与会计	2008年第3期 第15～16页

续表

序号	姓名	文章标题	期刊名称	卷期/页码
722	葛家澍	美国SEC采取的异常行动对IASB影响的分析 —— SEC提出以IFRS取代US GAAP	审计研究	2008年第4期 第3～7页，第13页
723	葛家澍 占美松	企业财务报告分析必须着重关注的几个财务信息 —— 流动性、财务适应性、预期现金净流入、盈利能力和市场风险	会计研究	2008年第5期 第3～9页，第95页
724	葛家澍	关于财务会计中确认与披露概念问题	当代财经	2008年第5期 第105～109页
725	葛家澍	关于深化我国会计改革 —— 从美国FASB主席的一篇演讲想到的	财会学习	2008年第7期 第17～19页
726	葛家澍	中国资本市场的发展与信息披露规范 —— 改革开放三十年资本市场与信息披露准则一瞥	财务与会计	2008年第19期 第6～9页
727	葛家澍	公允价值计量面临全球金融风暴的考验	上海立信会计学院学报	2009年第1期 第3～10页
728	葛家澍	公允价值的定义问题 —— 基于美国财务会计准则157号《公允价值计量》	财会学习	2009年第1期 第24～27页
729	葛家澍 窦家春	基于公允价值的会计计量问题研究	厦门大学学报（哲学社会科学版）	2009年第3期 第27～33页， 第47页
730	葛家澍	试评IASB/FASB联合概念框架的某些改进 —— 截至2008年10月16日的进展	会计研究	2009年第4期 第3～11页，第96页
731	葛家澍 叶丰滢	论财务报表的改进 —— 着眼于正确处理双重计量模式的矛盾	审计研究	2009年第5期 第3～8页
732	葛家澍	关于公允价值会计的研究 —— 面向财务会计的本质特征	会计研究	2009年第5期 第6～13页，第96页
733	葛家澍 陈秧秧	美国SEC“关于调到市价会计的研究”报告评介（一）——“执行摘要”与问题的提出	财会通讯	2009年第7期 第6～9页
734	葛家澍 陈秧秧	美国SEC“关于调到市价会计的研究”报告评介（二）——研究背景与美国公允价值应用概况	财会通讯	2009年第10期 第6～9页
735	葛家澍 杜兴强	财务会计理论：演进、继承与可能的研究问题	会计研究	2009年第12期 第14～31页
736	葛家澍 陈秧秧	美国SEC“关于调到市价会计的研究”报告评介（三）——公允价值会计准则对金融机构资产负债表的影响	财会通讯	2009年第13期 第6～9页
737	葛家澍 陈秧秧	美国SEC“关于调到市价会计的研究”报告评介（四）——公允价值会计对2008年银行失败的影响	财会通讯	2009年第16期 第6～8页
738	葛家澍	会计选择问题探讨 —— 面向公允价值的计量选择	当代会计评论	2009年第二卷 第1期第1～10页
739	葛家澍 陈秧秧	美国SEC“关于调到市价会计的研究”报告评介（五） —— 公允价值会计对投资者可获取财务信息质量的影响	财会通讯	2009年第19期 第14～17页

续表

序号	姓名	文章标题	期刊名称	卷期/页码
740	葛家澍 陈秧秧	美国SEC“关于调到市价会计的研究”报告评介（六）——FASB开发会计准则的程序	财会通讯	2009年第22期 第6~9页
741	葛家澍 陈秧秧	美国SEC“关于调到市价会计的研究”报告评介（七）——公允价值会计准则的备选方法	财会通讯	2009年第25期 第6~9页
742	葛家澍 陈秧秧	美国SEC“关于调到市价会计的研究”报告评介（八）——修订公允价值会计准则的合理性与可行性	财会通讯	2009年第28期 第15~18页
743	葛家澍 杜兴强	财务会计理论：演进、继承与可能的研究问题	会计研究	2009年第12期 第14~31页， 第96页
744	葛家澍 陈朝琳	论会计信息质量特征相关问题——兼为“公允价值”正名	财会通讯	2009年第31期 第16~18页
745	葛家澍	论企业财务报告的目标——使用者为何普遍关注企业的有利现金流量	财会学习	2010年第1期 第13~15页
746	葛家澍 叶丰滢	双重计量在财务报表中列报的新探索——以一个设想的例子表达我们的建议	厦门大学学报 （哲学社会科学版）	2010年第1期 第38~45页
747	葛家澍 窦家春 陈朝琳	财务会计计量模式的必然选择：双重计量	会计研究	2010年第2期 第7~12页， 第92页
748	葛家澍	我的公允价值观	上海立信会计 学院学报	2010年第2期 第2~7页
749	葛家澍	现代财务会计的基本特征——历史信息与预期信息并重	会计之友 （上旬刊）	2010年第4期 第4~6页
750	葛家澍	试论经济学是财务会计的基础	江西财经大学学报	2010年第4期 第5~12页
751	葛家澍	会计界的骄傲	上海立信会计 学院学报	2010年第6期 第3~4页
752	葛家澍	正确认识财务报表的计量	会计研究	2010年第8期 第3~8页， 第95页
753	葛家澍	收入确认的探讨——兼评IASB/FASB的最新“初步意见”	财会学习	2010年第9期 第13~17页
754	葛家澍	定义“高质量”与“透明度”的紧迫性	会计之友 （中旬刊）	2010年第11期 第8~11页
755	葛家澍	关于财务报表列报问题——兼评IASB & FASB关于在财务报表中列报信息的讨论稿	财会学习	2011年第1期 第21~25页
756	葛家澍 胡念梅	论现代财务会计的基本程序	审计与经济研究	2011年第1期 第9~15页
757	葛家澍	会计中的价值与成本问题	上海立信会计 学院学报	2011年第1期 第3~8页
758	葛家澍	反映企业的经济真实：会计信息的基本要求——国际金融危机的启示	厦门大学学报 （哲学社会科学版）	2011年第1期 第16~21页

续表

序号	姓名	文章标题	期刊名称	卷期/页码
759	葛家澍 陈朝琳	财务报告概念框架的新篇章——评美国FASB第8号概念公告（2010年9月）	会计研究	2011年第3期 第3～8页， 第94页
760	葛家澍 王亚男	论会计信息的可理解性 —— 国际比较、影响因素与对策	厦门大学学报 （哲学社会科学版）	2011年第5期 第26～33页
761	葛家澍	论财务会计概念框架中的报告主体概念	会计研究	2011年第6期 第3～7页
762	葛家澍	如何采取恰当的会计处理去解决财务报表中双重计量（历史成本与公允价值）的矛盾?	财会学习	2011年第11期 第26～30页
763	葛家澍 刘　峰	论企业财务报告的性质及其信息的基本特征	会计研究	2011年第12期 第3～8页， 第96页
764	葛家澍	企业收入实现及“实现”概念探析 —— 论企业收入的已实现、可实现和未实现	审计与经济研究	2012年第1期 第3～9页
765	葛家澍 田志刚	上市公司高管薪酬强制性披露研究	厦门大学学报 （哲学社会科学版）	2012年第3期 第34～41页
766	葛家澍	《会计原理》出版50年回忆（片断）——关于该书中若干基本会计概念及其表述	财会学习	2012年第6期 第17～19页
767	葛家澍	会计·信息·文化	会计研究	2012年第8期 第3～7页， 第96页
768	葛家澍 高　军	摊余成本及其与历史成本、公允价值的关系	南京审计学院学报	2013年第1期 第1～6页
769	葛家澍 高　军	论会计的对象、职能和目标	厦门大学学报 （哲学社会科学版）	2013年第2期 第30～37页
770	葛家澍 叶　凡 冯　星 高　军	财务会计定义的经济学解读	会计研究	2013年第6期 第3～9页， 第95页
771	龚光明	关于商誉会计处理的几个问题	黑龙江财会	1994年第7期 第24～25页
772	龚光明 李晚金	实证会计理论的科学性与局限性	浙江财税与会计	1996年第5期 第12～13页， 第16页
773	龚光明 薛祖云	丰硕的会计理论研究成果　独树一帜的会计学术观点 —— 介绍吴水澎教授新著《财务会计基本理论研究》	四川会计	1997年第8期 第43～45页
774	顾继业 潘德年	谈谈“人民公社财务会计”学科的内容和机构体系问题	中国经济问题	1959年9期 第33～34页
775	顾继业 潘德年	人民公社农产品成本计算中两个主要问题的商榷	中国经济问题	1959年10期 第25～31页
776	顾继业 余绪缨 黄加道 潘德年 黄道标	人民公社开展农业成本核算工作的基本原则	中国经济问题	1960年第2期 第26～31页

续表

序号	姓名	文章标题	期刊名称	卷期/页码
777	顾继业 余绪缨 黄加道 潘德年 黄道标 罗芳健	人民公社开展农业成本核算的基本原则	中国经济问题	1960年2期 第26～31页
778	郭丹霞 庄明来	我国三大门户网站盈利模式比较	会计之友	2006年第11期 第71～73页
779	郭睿 Xiaoli Tian	Regulatory Transparency and Regulators' Effort: Evidence from Public Release of the SEC's Review Work	Journal of Accounting Research	online first
780	荣耀武 郭晓梅*	试论注册会计师的法律责任	上海会计	1995年第4期 第37～38页， 第19页
781	郭晓梅	跨国公司财务管理讲座（五）——国际企业的长期筹资管理	对外经贸财会	1996年第7期 第33～35页
782	郭晓梅 王建星	跨国公司财务管理讲座（六）——国际投资项目经济评价的原理与方法	对外经贸财会	1996年第8期 第30～32页
783	郭晓梅	外汇期货交易业务的会计处理方法	财会通讯	1997年第1期第29页
784	郭晓梅	加拿大对会计变更的处理及借鉴	会计之友	1998年第6期 第6～7页
785	郭晓梅 荣耀武	试析会计师事务所脱钩改制后对原有债务的承担	中国注册会计师	2000年第6期 第41～43页
786	郭晓梅 洪华生	西方环境会计学发展综述	世界环境	2002年第2期 第37～39页
787	郭晓梅	可持续发展形势下管理会计的创新	厦门大学学报（哲学社会科学版）	2002年第3期 第49～55页
788	郭晓梅 傅元略	ZPM —— 内部控制制度的综合评价模型	上海会计	2002年第12期 第6页
789	郭晓梅	虚假陈述行为的法律边界与会计表现	财会通讯	2004年第4期 第32页
790	郭晓梅	环境管理会计简论	财会通讯	2004年第7期 第51～52页
791	郭晓梅	注册会计师在赢利预测审核中的民事责任及其防范对策	现代会计与审计	2005年第1期 第78～81页
792	郭晓梅 苏月婧	Breakthrough of the Bottleneck in the Application of Manegemment Accounting-Insights from Events Accounting	现代会计与审计	2005年第005期 第20～25页
793	郭晓梅 苏月婧	管理会计应用的瓶颈及其突破	经济问题	2006年第1期 第69～71页
794	郭晓梅	管理会计双语与中文教学成绩差异的比较分析	中国教育导刊	2006年第4期 第35～37页
795	郭晓梅	完善高校注册会计师方向教育模式的思考	中国注册会计师	2006年第5期 第13～15页
796	郭晓梅	An Analysis of Globalization of Accounting Standards Based on Game Theory	Journal of Modern Accounting and Auditing	2006年第2卷 第10期第15～22页

续表

序号	姓名	文章标题	期刊名称	卷期/页码
797	郭晓梅 王禄河	An Analysis on the Competitive Advantages of Garbage Incineration Power plant	IBIMA Communications	2008年第5期 第126～132页
798	郭晓梅	On Design of SO_2 Tradable Permit System in the Power Industry in China	Dynamics of Urban Agglomeration in China	2009年第397～401页 （Proceedings Paper）
799	郭晓梅	On Disclosure of Environmental Information	The Conference on Web Based Business，Scientific Research Publishing	2010年 第1166～1169页
800	郭晓梅	美国电力行业事实排污权交易制度的经验和启示	中国集体经济	2010年第1期 第199～200页
801	郭晓梅 黄　丽	论我国排污权交易的会计处理	生产力研究	2010年第8期 第233～234， 第237页
802	郭晓梅	论创新型会计人员培养机制设计	中国教育导刊	2011年第2期 第17～19页
803	郭晓梅	On Development of Tradable Permits in the Power industry	Energy Procedia	2011年第5期 第669～672页
804	黄　丽 郭晓梅*	基于排污权交易制度的企业环境决策模型	学术探索	2012年第3期 第114～116页
805	郭晓梅 Yuxing Lin	On Green Strategy of the Building Industry：Case Study of Vanker	Advanced Materials Research	2012年第6期 第2762～2765页
806	郭晓梅 Yuxing Lin Fan Xiao	Environmental Impacts Analysis for Affordable Housing	Applied Mechanics and Materials	2012年 第209～211卷 第221～224页
807	郭晓梅 Lihuang Cai	A Web based Virtual Lab for Accounting Skills Practice	Journal of Digital Information Management	2013年第1期 第8～15页
808	郭晓梅 郑小艳	民营企业集团内部资本市场的运作研究 —— 基于复星集团的案例分析	会计之友	2015年第4期 第29～37页
809	沈艺峰 郭晓梅* 林　涛	CIMA《全球管理会计原则》背景、内容及影响	会计研究	2015年第10期 第37～44页
810	郭晓梅 林晓璐 金　岩	玩转并购艺术	中国管理会计	2017年第1卷 第1期第74～83页
811	郑润明 郭晓梅*	引领互联网+管理会计实践	中国管理会计	2018年第2期 第52～59页
812	郭晓梅 袁利群 李　悦	“互联网+”的多维价值网络模型研究	会计之友	2018年第3期 第82～89页
813	Xiaomei Guo Qi Yang	On the Integration of IT System with the Budgetary Control System：Insights from the Case of Wanhua Chemical	Wireless Personal Communications	2018年第102卷 第4期 第3687～3697页
814	Jing Chen Xiaomei Guo* Hexi Zhao	Cross-Fertilization for Routine Reconfiguration in IT-Enabled Organizational Transformation	Information and Management	2021年第58卷 第2期第1～15页

续表

序号	姓名	文章标题	期刊名称	卷期/页码
815	郭晓梅 宫瑶瑶 缪雨佳	实体书店新零售商业模式创新路径研究	会计之友	2023年第704卷 第8期第56～63页
816	郭晓梅 俞　静	从余绪缨广义管理会计思想看管理会计在中国崛起	会计之友	2023年第704卷 第8期第42～47页
817	国桂荣	所得税会计问题初探	中国经济问题	1994年第5期 第57～60页
818	胡念梅	投资价差会计处理之我见	上海会计	2000年第12期 第21～22页
819	胡奕明 陈箭深	关于计算机审计测试若干问题的探讨	审计与经济研究	1996年第3期 第19～24页
820	胡奕明 陈箭深	关于EDP系统审计策略与审计技术的探讨	审计研究	1996年第4期 第27～31页
821	胡奕明 刘育青	会计电算化系统的特定风险及其控制	财务与会计	1996年第8期 第56～58页
822	胡奕明 张金良	跨国公司财务管理讲座（八）——跨国公司营运资本的流量管理	国际商务财会	1996年第10期 第37～38页
823	胡奕明 陈箭深	会计电算化系统内部控制初探	会计研究	1996年第10期 第30～32页
824	胡奕明 陈箭深	当前会计电算化系统的数据库安全保护问题	上海会计	1996年第11期 第44～46页
825	胡奕明 陈箭深	会计电算软件维护应注意的问题	财务与会计	1997年第3期 第41～43页
826	胡奕晨 胡奕明*	电算会计内部控制的制度化构建	财会月刊	1997年第3期 第47～48页
827	王　清 胡奕明*	关于会计电算化系统的数据安全对策	财会通讯	1997年第4期 第31～32页
828	胡奕明	内部控制的制度化与程序化——一种电算化系统构建内部控制的方法	审计研究	1997年第4期 第36～39页
829	胡奕明	我国公司发行可转换债券问题探讨	中国经济问题	1997年第5期 第58～61页
830	胡奕明	面向21世纪的会计本科教学改革	会计研究	1997年第8期 第40～42页
831	胡奕明 陈箭深	衍生金融工具在企业理财中的运用及相关的会计问题	财务与会计	1997年第8期 第51～53页
832	胡奕明 陈箭深	可转换债券的若干财务问题探讨	投资研究	1997年第9期 第4页
833	胡奕明 陈箭深	可转换债券及其价值与资本成本的确定	财会通讯	1997年第11期 第8～9页
834	胡奕明 陈箭深	会计报表审计中对衍生金融工具的特殊考虑	审计理论与事件	1997年第11期 第46～47页
835	胡奕明 陈箭深	运用期权合约进行套期保值	财务与会计	1998年第10期 第33～35页
836	胡奕明	以案例谈外汇风险	会计职业	2000年第2期 第31页
837	刘万和 乔玉双 胡奕明*	互换 —— 现代理财的一种重要工具	财务与会计	2000年第4期 第35～36页

续表

序号	姓名	文章标题	期刊名称	卷期/页码
838	胡奕明	交易风险的会计反映局限性	财会通讯	2000年第6期 第29～31页
839	胡玉明	试谈建立具有中国特色的财务管理学科体系	财会通讯	1987年第9期 第9～10页
840	胡玉明	作业管理的基本特点及其在管理上的重大开拓性	当代财经	1994年第8期 第56～60页
841	胡玉明	成本管理新趋势	会计之友	1995年第5期 第18～19页
842	胡玉明	论资本成本补偿与国有资产保值增值 —— 兼论在我国建立资本成本会计的现实意义	中国经济问题	1996年第2期 第41～44页， 第30页
843	胡玉明	试论现代公司制度、金融市场与企业理财和会计的共生性	会计研究	1996年第4期 第36～38页
844	胡玉明	管理会计学科属性再认识	财会通讯	1996年第7期 第5～7页
845	胡玉明	作业管理：成本管理新思维	四川会计	1996年第8期 第7～9页
846	胡玉明	论税收的中性原则与增值税制的完善	水务研究	1996年第10期 第24～28页
847	胡玉明	现代企业财务管理学科建设若干理论问题探讨	云南财贸学院学报	1997年第2期 第48～52页
848	胡玉明	论资本成本信息的质量特征	经济科学	1997年第4期 第47～52页
849	胡玉明	资本成本会计理论构想及其现实意义	对外经贸财会	1997年第8期 第3～6页
850	胡玉明	资金成本是连接企业投资决策与筹资决策的桥梁	财会月刊	1997年第9期 第10～11页
851	胡玉明	论资本成本会计理论构想的意义	审计与经济研究	1998年第1期 第49～55页
852	胡玉明	技术经济一体化成本管理体系刍议	厦门大学学报 （哲学社会科学版）	1998年第2期 第63～67页
853	胡玉明	关于会计主体概念及资本成本会计理论的思考	财经研究	1998年第4期 第6页
854	胡玉明	作业管理与企业管理思维的创新 —— 兼论我国会计学研究视野的拓展问题	中国经济问题	1998年第5期 第34～40页
855	胡玉明	信息技术对注册会计师审计的影响	广西会计	1998年第10期 第48～49页
856	胡玉明	面向21世纪的中国管理会计发展趋势	对外经贸财会	1999年第1期 第10～15页
857	胡玉明	试论企业成本管理的企业化与市场化问题	财会通讯	2000年第3期 第15～17页
858	胡玉明	试论注册会计师职业发展的动因与中国注册会计师职业的改革发展方向	中国注册会计师	2000年第3期 第16～19页
859	胡玉明	从理财和会计的角度评析“债转股”	广西会计	2000年第5期 第15～17页

续表

序号	姓名	文章标题	期刊名称	卷期/页码
860	胡振超 熊建益	美国FASB财务会计概念结构的构建模式	河北大学学报 （哲学社会科学版）	2000年第6期 第123～125页
861	胡振超 陈守德	美国FASB的CF项目产生的起因分析	财会通讯	2000年第7期 第41～43页
862	黄　蓓	附属企业独立会计核算的特点及意义	中国乡镇企业会计	1998年第11期 第38～39页
863	曾五一 黄炳艺*	调查问卷的可信度和有效度分析	统计与信息论坛	2005年第6期 第11～15页
864	黄炳艺 张建伟	货币市场基金风险识别与控制	江苏商论	2005年第7期 第153～154页
865	黄炳艺	借鉴新巴塞尔资本协议　加强信用风险信息披露	财会月刊	2006年第12期 第54～56及3页
866	黄炳艺	银行往来关系与公司代理成本关系实证研究	经济管理	2008年第2期 第33～38页
867	黄炳艺	中国上市公司会计信息有用性实证研究：基于证券投资基金持股决策的视角	山西财经大学学报	2009年第6期 第100～107页
868	黄炳艺 李　阳	公司治理与上市公司系统风险关系实证研究——基于中国上市公司的证据	财经理论与实践	2010年第2期 第54～58页
869	黄炳艺 曾晟迪	中美上市公司风险信息披露比较及其启示	投资研究	2010年第3期 第33～37页
870	卢二坡 黄炳艺*	基于稳健MM估计的统计数据质量评估方法	统计研究	2010年第12期 第16～22页
871	袁云峰 黄炳艺*	地区金融发展水平及其经济绩效研究	中央财经大学学报	2011年第1期 第33～38页
872	黄炳艺 吴宜婧	我国企业境外所得税间接抵免制度问题及对策分析	投资研究	2011年第5期 第18～21页
873	周　波 于立宏 黄炳艺*	过程竞争与技术创新的动力	厦门大学学报 （哲学社会科学版）	2011年第5期 第51～57页
874	黄炳艺 姚鹿鸣	常旅客计划的会计处理及思考	财会学习	2011年第8期 第32～34页
875	戚晓曜 黄炳艺* 王泽填	公司治理与证券投资基金持股决策关系研究	山西财经大学学报	2011年第8期 第101～107页
876	黄炳艺	基于Count Panel Data模型的证券投资基金持股偏好实证研究	当代会计评论	2013年第5期 第65～76页
877	黄炳艺 姚　远	中美公司环境信息披露比较	中国经济报告	2016年第3期 第53～56页
878	黄炳艺 吕玉洁 Ben Sopranzetti	银行往来关系与企业融资约束——基于中国民营上市公司的经验证据	厦厦门大学学报 （哲学社会科学版）	2019年第2期 第70～81页
879	黄炳艺 林嘉伟 王艳艳	资本弱化税制与外资企业避税行为研究：基于中国的经验证据	管理科学学报	2020年第23卷 第4期第38～54页
880	黄炳艺 陈书璜 蔡欣妮	劳动保护制度与公司资本结构关系研究	会计研究	2020年第9期 第71～84页

续表

序号	姓名	文章标题	期刊名称	卷期/页码
881	黄炳艺 黄雨婷	职工董事影响企业投资效率吗——基于中国资本市场的经验证据	会计研究	2022年第5期 第77～91页
882	Bingyi Huang Yuting Huang	Does Employee Representation Affect Corporate Investment Efficiency? Evidence from China's capital market	China Journal of Accounting Studies	2022年第10卷 第1期 第120～144页
883	黄炳艺 雷丽娜 陈春梅	碳会计信息披露质量与债务资本成本——基于我国电力行业上市公司的经验证据	数理统计与管理	2022年第0期 第online页
884	黄海玉 涂振连	我国独立审计准则和会计准则的协调关系	湖北审计	1999年第8期 第45147页
885	黄京菁 陈汉文	关于撰写"两个"报告的若干思考	审计与经济研究	1997年第2期 第30～33页
886	曹春林 黄京菁*	改进国有商业银行内部审计的几点思考	中国审计	2000年第4期 第52页
887	黄京菁 伍千奎	前后任审计人员联系问题探讨	财会通讯	2000年第7期 第17～18页
888	黄京菁 熊建益	前后任审计人员的联系	中国注册会计师	2000年第9期 第59～60页
889	黄京菁	《内部审计具体准则第5号——内部控制审计》释义	财会月刊	2004年第7期 第35～36页
890	黄京菁	《内部审计具体准则第6号——舞弊的预防、检查与报告》释义	财会月刊	2004年第9期 第33～34页
891	黄京菁	《内部审计具体准则第9号——内部审计督导》释义	财会月刊	2004年第15期 第35～36页
892	吴世农 黄世忠*	企业破产的分析指标和预测模型	中国经济问题	1987年第6期 第8～15页
893	黄世忠	西方会计六大发展趋势	财务与会计	1988年第3期 第43～45页
894	黄世忠	美国与欧洲会计惯例的差异	会计研究	1988年第6期 第49～52页， 第64页
895	黄世忠	李国中先生访谈录	会计之友	1993年第3期 第5～7页
896	黄世忠	从产权经济学的角度论股份制改组的实质及资产评估的基本目标	会计研究	1996年第3期 第7～10页
897	黄世忠	海峡两岸比较审计研究	注册会计师通讯	1996年第4期 第23～30页
898	黄世忠	公允价值会计：面向21世纪的计量模式	会计研究	1997年第12期 第1～4页
899	黄世忠	会计年度内取得控股权时编制合并会计报表的若干问题探讨	中国注册会计师	2000年第1期 第35～38页
900	黄世忠 熊建益 徐　珊	《实证会计理论》——启蒙与普及实证会计研究的"圣经"	财会通讯	2000年第7期 第2页
901	黄志忠 陈　龙	中国上市公司盈利成长规律实证分析	经济研究	2000年第12期 第11～19页， 第76页
902	黄世忠	论资不抵债子公司的报表合并问题	会计研究	2002年第1期 第34～36页

续表

序号	姓名	文章标题	期刊名称	卷期/页码
903	黄世忠 陈建明	美国财务舞弊症结探究	会计研究	2002年第10期 第24～32页， 第65页
904	黄世忠 杜兴强 张胜芳	市场 政府与会计监管	会计研究	2002年第12期 第3～11页，第65页
905	黄世忠 李忠林 邵蓝兰	国际会计准则改革：回顾与展望	会计研究	2002年第6期 第5～11页，第65页
906	黄世忠	巨额冲销与信号发送 —— 中美典型案例比较研究	会计研究	2002年第8期 第10～21页， 第65页
907	黄世忠	美国会计准则制定体系的嬗变	财会通讯	2002年第8期 第3～6页
908	黄世忠	安然事件对注册会计师监管模式的影响 —— 兼论诚信教育和审计质量	中国注册会计师	2002年第2期 第7～9页
909	黄世忠 孙丽影	致安然公司董事长的匿名信	中国注册会计师	2002年第4期 第61～63页
910	黄世忠 叶丰滢	美国HPL技术公司财务舞弊案及其启示	财务与会计	2003年第2期 第10～13页
911	黄世忠 叶丰滢	美国南方保健公司财务舞弊案例剖析 —— 萨班斯—奥克斯利法案颁布后美国司法部督办的第一要案	会计研究	2003年第6期 第59～63页
912	黄世忠	内审 —— 揭开“世通”黑幕	财务与会计	2003年第6期 第17～20页
913	黄世忠	世通财务舞弊手法透视	财务与会计	2003年第7期 第18～19页
914	黄世忠	世通舞弊案的警示	财务与会计	2003年第8期 第16～18页
915	黄世忠 叶丰滢	南方保健审计失败案例剖析	中国注册会计师	2003年第8期 第43～45页
916	黄世忠 王建峰 叶丰滢	衍生金融工具与收益平滑游戏 —— 美国联邦住房抵押贷款公司财务操纵案例剖析	财务与会计	2004年第10期 第21～24页
917	黄世忠 王建峰	激励过度诱发的盈余操纵 —— 冠辰公司财务舞弊条例剖析及延伸审计思考	财务与会计	2004年第12期 第16～19页
918	黄世忠 叶丰滢	百时美施贵宝财务操纵案例分析	财务与会计	2004年第1期 第20～23页
919	黄世忠 叶丰滢 张胜芳	审计技术革命与帕累托改进	财会通讯	2005年第4期 第12～14页
920	黄世忠	新会计准则的影响分析	财会通讯（综合版）	2007年第1期 第14～16页
921	黄世忠	公允价值的十大认识误区	中国总会计师	2007年第5期 第14页
922	黄世忠 郑朝晖	后股权分置时代上市公司粉饰报表手法大揭秘	新理财	2007年第6期 第44～51页

续表

序号	姓名	文章标题	期刊名称	卷期/页码
923	黄晓霞	人力资源会计管见	财会通讯	1988年第7期 第11～13页
924	黄志忠	从会计本质看会计目标与会计职能	会计研究	1997年第6期 第34～36页
925	黄志忠	对中法两国会计环境的比较	财会月刊	1997年第8期 第49～50页
926	黄忠堃	关于三包一奖制的经济核算与分析	中国经济问题	1961年Z1期 第21～31页
927	黄忠堃	农村人民公社生产队的记账方式	中国经济问题	1964年06期 第26～32页
928	黄忠堃	试论商业会计对象与记账方式	中国经济问题	1979年05期 第45～49页
929	黄忠堃 林建武	专用基金与专用拨款的核算	财务与会计	1981年08期 第23～26页
930	黄忠堃	银行借款的核算	财务与会计	1981年09期 第23～26页
931	黄忠堃	论企业内部审计的作用及方法	审计研究	1986年05期 第14～18页
932	李百龄	人民公社建立统计原始记录的内容与方法	中国经济问题	1960年第1期 第28～35页
933	李百龄 谢显寿	毛泽东同志“发展经济，保障供给”思想对企业财务工作的指导意义	中国经济问题	1960年4期 第11～16页
934	李百龄	企业流动资金及其定额化若干问题初探	中国经济问题	1964年第13期 第31～42页
935	李百龄 谢显寿 龚锦树 汪亚东	毛泽东同志“发展经济，保障供给”思想对企业财务工作的指导意义	中国经济问题	1982年第4期 第11～16页， 第26页
936	李　成	企业所得税改革对外资企业投资的影响研究	税务研究	2008年第4期 第28～31页
937	李　成	关于我国会计专业硕士（MPAcc）教育中《税收筹划》课程设置的思考	中国教育导刊	2009年第5期 第78～80页
938	李　成	我国税收营商环境面临的挑战与机遇	税务研究	2009年第1卷 第9期第27～31页
939	李　成 王哲林	税收政策变动影响我国国有企业固定资产投资的实证研究	税务研究	2010年第6期 第28～32页
940	宋春平 刘可愉 李　成*	企业所得税超额负担归宿的一般均衡分析	税务与经济	2011年第1期 第76～81页
941	程　侃 李　成*	同排位同牺牲原则下个人所得税税率设计	数量经济技术经济研究	2013年第5期 第140～151页
942	李　成 张玉霞	中国“营改增”改革的政策效应：基于双重差分模型的检验	财政研究	2015年第2期 第44～49页
943	李　成 陈　智 叶颖玫	融资约束视角下增值税改革对企业投资效率的政策效应研究	财政研究	2016年第1期 第93～103页
944	李　成	区域税收环境差异、金字塔结构与企业避税	厦门大学学报（哲学社会科学版）	2016年第3期 第147～156页

续表

序号	姓名	文章标题	期刊名称	卷期/页码
945	李　成 吴育辉 胡文骏	董事会内部联结、税收规避与企业价值	会计研究	2016年第345卷 第7期第50～58页
946	李　成 施文泼	世界银行纳税营商环境指标体系研究	厦门大学学报 （哲学社会科学版）	2020年第1卷 第5期第118～130页
947	赵天骄 李　成* 张冰石	母子公司产业网络关系与资本市场信息效率 —— 基于股价同步性的经验证据	会计研究	2020年第10期 第136～149页
948	赵天骄 李　成*	营商环境对企业税收不确定性的影响研究 —— 基于企业生命周期的视角	财政研究	2021年第9期 第87～101页
949	李　成 程玮璇 赵天骄	基于媒体报道文本的税收政策不确定性指数构建	厦门大学学报 （哲学社会科学版）	2023年第73卷 第1期第29～41页
950	李登河	货币时间价值观念的实质及其在会计中的应用	中国经济问题	1987年01期 第40～43页， 第35页
951	李建发	从中美政府会计的差异看我国预算会计改革	会计研究	1997年第2期 第41～45页
952	李建发	关于“收支两条线”与事业单位预算外资金管理的问题	教育财会研究	1999年第6期 第22～25页， 第34页
953	李建发	建立国库单 —— 账户制度的一些问题研究	中国经济问题	2001年第3期 第43～50页
954	李建发	论改进我国政府会计与财务报告	会计研究	2001年第6期 第9～16页，第65页
955	李建发 肖　华	我国企业环境报告：现状、需求与未来	会计研究	2002年第4期 第42～50页
956	李建发	市场经济环境下事业单位的财务行为规范（上）	事业财会	2004年第1期 第12～17页
957	李建发	市场经济环境下事业单位的财务行为规范（下）	事业财会	2004年第2期 第13～17页
958	武德昆 李建发*	高等教育收费的理论探讨与政策建议	教育财会研究	2004年第3期 第39～43页
959	李建发 郭　鹏	中国大众化高等教育财政政策及其改革问题探讨	教育与经济	2004年第4期 第38～43页
960	李建发	从宏观政策层面看我国高等教育经费的筹措与配置	高等教育研究	2004年第5期 第42～47页
961	李建发 肖　华	公共财务管理与政府财务报告改革	会计研究	2004年第9期 第7～10页，第97页
962	李建发	规范民间非营利组织会计行为促进非营利事业蓬勃发展 —— 学习《民间非营利组织会计制度》的几点体会	会计研究	2004年第11期 第3～7页
963	杨周复 李建发*	适应部门预算改革要求，构建新的教育财会制度	预算管理与会计	2004年第11期 第27～30页
964	李建发	论会计目标的定位：对“决策有用”目标的批判	会计之友	2006年第1期 第14～15页

续表

序号	姓名	文章标题	期刊名称	卷期/页码
965	李建发	对政府会计改革两个问题的看法	预算管理与会计	2006年第1期 第43～45页
966	李建发 路军伟	我国政府财务报告改革若干问题	预算管理与会计	2006年第9期 第24～28页
967	路军伟 李建发*	政府会计改革的公共受托责任视角解析	会计研究	2006年第12期 第14～19页
968	张曾莲 李建发*	论高等教育成本管理	预算管理与会计	2008年第7期 第42～45页
969	张曾莲 李建发*	高校成本核算模式的设想	预算管理与会计	2008年第8期 第32～35页
970	张曾莲 李建发*	国外注册会计师介入政府会计的情况及启示	中国注册会计师	2009年第2期 第78～79页
971	李建发 张曾莲	基于财务视角的政府绩效报告的构建	会计研究	2009年第6期 第11～17页
972	路军伟 李建发*	政府财务报告模式的反思与重构	厦门大学学报 （哲学社会科学版）	2010年第6期 第28～34页
973	刘福东 李建发*	国外大学财务报告的对比与借鉴——基于美、英、澳、新西兰四国大学年报的分析	教育财会研究	2011年第1期 第54～59页
974	刘福东 李建发*	公共危机情境下政府会计的技术改进	当代财经	2012年第11期 第110～118页
975	李建发 林可欣	地方政府融资平台金融监管与会计规范问题	金融会计	2013年第8期 第4～12页
976	李建发	关于资产盘存业务内部控制制度的分析与设计	时代金融	2014年第17期 第252页，第255页
977	陈　菁 李建发*	财政分权、晋升激励与地方政府债务融资行为	会计研究	2015年第327卷 第1期第61～67页
978	刘丽珑 李建发*	非营利组织信息透明度改进研究	厦门大学学报 （哲学社会科学版）	2015年第6期 第91～101页
979	李建发 张国清	国家治理情境下政府财务报告制度改革问题研究	会计研究	2015年第332卷 第6期第8～17页， 第96页
980	李建发	贯彻创新、协调、绿色、开放、共享的发展理念，服务“一带一路”建设，推动会计改革与发展	会计研究	2016年第1期 第5～18页
981	李建发 赵军营	权责发生制政府综合财务报告下政府合并财务报表编制问题研究	财政研究	2016年第406卷 第12期第2～13页
982	李建发 张津津 张国清 赵军营	基于制度理论的政府会计准则执行机制研究	会计研究	2017年第2期 第3～13页
983	田五星 李建发* 张国清	国家善治导向的政府综合财务报告改革——印尼的经验与借鉴	厦门大学学报 （哲学社会科学版）	2017年第5期 第57～66页
984	李建发 杨　明 张国清	南非政府财务报告审计制度：经验与启示	审计研究	2020年第4期 第41～50页

续表

序号	姓名	文章标题	期刊名称	卷期/页码
985	李建发 范樟妹 张国清	权变因素、有用性预期与管理会计应用——基于行政事业单位的问卷调查研究	厦门大学学报（哲学社会科学版）	2021年第1期 第31～45页
986	陈文川 李文文 李建发*	政府审计与国有企业金融化	审计研究	2021年第5期 第16～28页
987	李建发 陈文川 张津津 张国清	金融官员与地方政府隐性债务风险：抑制还是提升——来自289个地级市的经验证据	南方经济	2021年第8期 第48～65页
988	李建发 包璐璐 张国清	公共产权视角下政府资产治理问题研究	厦厦门大学学报（哲学社会科学版）	2022年第72卷 第1期第23～35页
989	李建发 包璐璐 陈文川 袁　璐	职工变革认知、内部控制与政府会计准则制度执行效果	会计研究	2022年第2期 第17～31页
990	陈文川 李文文 李建发* 范樟妹	官员金融经历能否促进地区实体经济“脱虚向实”	经济管理	2022年第44卷 第5期第100～120页
991	李建发 袁　璐 李文文 陈文川	政府财会监督与企业税收规避——来自财政部会计信息质量随机检查的证据	管理世界	2023年第39卷 第8期第154～171页
992	李明辉	试论经理报酬激励机制——兼评经理股票期权制度	辽宁税务高等专科学校学报	2000年第4期 第10～12页
993	李明辉	经理报酬激励方案的设计	决策借鉴	2000年第6期 第57～60页
994	李明辉	试论会计的中国特色	地质技术经济管理	2000年第6期 第59～66页
995	骆志刚 李明辉*	对完善我国独立董事制度的思考	河南商业高等专科学校学报	2004年第1期 第30～32页， 第43页
996	李明辉	论会计专业本科生能力的培养	南京审计学院学报	2004年第1期 第90～94页
997	李明辉	论上市公司财务报告的管制	山西财经大学学报	2004年第2期 第124～128页
998	李明辉	对完善上市公司监事财务监督制度的思考	审计研究	2004年第4期 第72～76页，第41页
999	李明辉	亟待发展的法务会计	法学	2004年第4期 第87～95页
1000	李明辉	上市公司财务报告虚假陈述民事责任的认定	厦门大学学报（哲学社会科学版）	2004年第4期 第107～116页
1001	李明辉	论控股股东对上市公司虚假财务报告的责任	中央财经大学学报	2004年第7期 第68～73页
1002	李明辉	引入股东账簿查阅权的思考	商业经济与管理	2004年第10期 第38～42页
1003	李若山	美国社会审计报告标准化的发展	审计研究	1986年第6期 第9～15页

续表

序号	姓名	文章标题	期刊名称	卷期/页码
1004	李若山 李行修	分阶段一次性租赁，有利于住宅商品化的实现	福建论坛 （经济社会版）	1986年第6期 第26～27页
1005	李若山	以结构论方法来探讨会计与其服务对象之间的关系	会计研究	1990年第1期 第53～57页， 第52页
1006	李若山 陈汉文	现代西方民间审计中的一个新概念	审计研究	1991年第4期 第30～34页
1007	李若山 陈汉文	西方现代民间审计的四P理论	财会月刊	1991年第9期 第2～3页
1008	李若山	安东尼·G.豪伯沃特	财会月刊	1992年第2期第42页
1009	李若山	关于台商独资企业的一些财务与会计问题	财会通讯	1992年第3期 第26～29页
1010	李若山	论审计与我国社会经济权责结构的改革	中国经济问题	1992年第6期 第54～59页
1011	李若山	股票意识及股票交易中的问题	财会通讯	1993年第5期 第26～27页
1012	李若山	对国有企业应实行有偿审计	中国经济问题	1993年第5期 第42～46页
1013	李若山	论财务报表要素	武汉财会	1995年第1期 第4～5页
1014	李若山	审计理论结构探讨	审计研究	1995年第3期 第15～18页
1015	李若山 仓　琰	公共关系调查在社会审计中的应用	财会月刊	1995年第3期 第18～19页
1016	李若山	论经济特区的审计模式	中国经济问题	1995年第4期 第55～59页，第45页
1017	李若山	论企业审定后财务报表的法律责任问题	厦门大学学报 （哲学社会科学版）	1995年第4期 第77～79页， 第80页，第87页
1018	李若山	可疑的“股权转让”	中国审计	1995年第5期 第35页
1019	李若山 李树华	《红楼梦》中的内部控制思想初探	审计理论与实践	1995年第8期 第14～17页
1020	李若山	国际会计的协调及未来发展	会计研究	1996年第10期 第45～48页
1021	李若山	论建立现代企业制度与财务会计国际化	财会月刊	1996年第11期 第5～7页
1022	李若山	马蒂尔公司审计案例	注册会计师通讯	1996年第11期 第32～38页
1023	李若山 陈朝晖	威塔克公司审计案例	注册会计师通讯	1996年第12期 第43～45页
1024	李若山 陈朝晖	美国历史上赔偿额最高的审计案例——共同基金管理股份有限公司审计案例	注册会计师通讯	1997年第2期 第35～40页
1025	李若山	应重视对审计案例的研究	江西审计	1997年第4期 第10～13页
1026	李若山 麦震海	美国道提斯食品有限公司的审计案例	注册会计师通讯	1997年第4期 第19～21页

续表

序号	姓名	文章标题	期刊名称	卷期/页码
1027	李若山	对《注册会计师惩戒规则》（征求意见稿）的一些看法	注册会计师通讯	1997年第4期 第33～37页
1028	李若山 宋慧明	卡迪罗旅游系统公司审计案例	注册会计师通讯	1997年第6期 第40～43页
1029	李若山	一件尚未判决的验资案例	注册会计师通讯	1997年第7期 第47～50页
1030	李胜难 蔡　宁 刘　峰	并购的价值创造研究 —— 基于华锐风电债务危机的案例分析	财务研究	2016年第3期 第23～29页
1031	Shengnan Li Feng Liu Fan Ye Michael D.Yu	Why Bigger is Not Stronger? A Perspective on Auditor Groups and Audit Quality	Journal of Accounting and Public Policy	2023年6月online
1032	Travis Chow Zhongwen Fan Li Huang Oliver Zhen Li Siman Li（李斯曼）*	Reciprocity in Corporate Tax Compliance— Evidence from Ozone Pollution	Journal of Accounting Research	2023年7月online
1033	梁丽珍	现金流量指标应充分关注	湖北审计	2000年第8期 第22～23页
1034	廖阳	新准则下风险导向审计法对于上市公司信息披露的价值	中国国情国力	2011年第1期 第14～15页
1035	林宝玉	会计人员如何适应电脑化环境	中国会计电算化	1999年第11期 第6～8页
1036	林宝玉	会计人员适应信息新技术环境的策略	中国工会财会	2000年第6期 第35～37页
1037	林　斌	或有事项的会计处理	会计研究	1996年第3期 第22～23页
1038	林　斌	论会计的中性原则	会计研究	1996年第12期 第26～29页
1039	林朝南 刘　星 郝　颖	所有权安排对大股东控制权私利的影响研究	中国管理科学	2007年第6期 第132～139页
1040	郝　颖 刘　星 林朝南*	大股东控制下的资本投资与利益攫取研究	南开管理评论	2009年第2期 第94页
1041	郝　颖 刘　星 林朝南*	基于不同形态投资的控制权私利攫取研究前沿探析	外国经济与管理	2009年第6期 第52～57页
1042	郝　颖 林朝南* 刘　星	资本控制、控制特征与利益攫取	财经科学	2009年第6期 第87～94页
1043	郝　颖 刘　星 林朝南*	资本投资控制权私有利益的攫取研究：评述与探析	管理评论	2010年第2期 第109～120页
1044	郝　颖 林朝南* 刘　星	股权控制、投资规模与利益获取	管理科学学报	2010年第7期 第68～87页

续表

序号	姓名	文章标题	期刊名称	卷期/页码
1045	林永坚 王志强	基于真实活动操控的盈余管理实证研究 —— 来自中国上市公司的经验证据	山西财经大学学报	2013年第4期 第104～113页
1046	林朝南 林　怡	高层管理者背景特征与企业投资效率 —— 来自中国上市公司的经验证据	厦门大学学报 （哲学社会科学版）	2014年第2期 第100～109页
1047	Chaonan Lin （林朝南）等	Information Discreteness, Price Limits and Earnings Momentum	Pacific Basin Finance Journal	2016年第37卷 第2期第1～22页
1048	Chaonan Lin （林朝南）等	Market Dynamics and Momentum in the Taiwan Stock Market	Pacific Basin Finance Journal	2016年第38卷 第3期第59～75页
1049	Chaonan Lin （林朝南）等	Price Limits and the Value Premium in the Taiwan Stock Market	Pacific Basin Finance Journal	2017年第41期 第26～45页
1050	Chaonan Lin （林朝南）等	Financial Literacy, Financial Advisors, and Information Sources on Demand for Life Insurance	Pacific Basin Finance Journal	2017年第43期 第218～237页
1051	Chaonan Lin （林朝南）等	Enhancing Momentum Profits in the Taiwan Stock Market: The Role of Extreme Absolute Strength	Pacific Basin Finance Journal	2020年第59卷 第1期第01～17页
1052	Chaonan Lin （林朝南）等	Time-Dependent Lottery Preference and the Cross-Section of Stock Returns	Journal of Empirical Finance	2021年第64卷 第5期第272～294页
1053	Chaonan Lin （林朝南）等	Multi-Market Trading, Price Delay, and Return Predictability	Finance Research Letters	2021年第40期 第1～8页
1054	Chaonan Lin （林朝南）等	Does the Momentum Gap Explain Momentum in Taiwan?	Pacific Basin Finance Journal	2022年第72卷 第1～9页
1055	Chaonan Lin （林朝南）等	A Timing Momentum Strategy	Accounting and Finance	2022年第62卷 第1339～1379页
1056	林建武	成本补偿不足的隐患和对策	中国经济问题	1991年3期 第62～65页
1057	林建武	民主党派要为经济建设服务	民主	1993年12期 第7页
1058	林　涛	试论EVA与智力资本结合的可能性	财会通讯	2003年第8期 第12～14页
1059	林　涛 胡朝霞 沈艺峰	上市公司高管健康信息披露研究	中国工业经济	2009年第5期 第119～128页
1060	林耀荣	我国大跃进以来工业产品成本核算与管理工作的重要经验和成就的初步研究	中国经济问题	1959年12期 第13～17页
1061	林志军	会计是一种管理活动	会计研究	1982年第3期 第61～64页， 第53页
1062	林志军	对我国会计制度的几点认识	财会通讯	1985年第12期 第45212页
1063	林志军	关于会计计量的认识	会计研究	1986年第5期 第15～19页
1064	林志军	评述美国财务会计概念体系研究	当代财经	1988年第1期 第56～61页
1065	林志军 金　未	改进中外合资经营企业外汇业务核算的设想	中国经济问题	1988年第6期 第53～57页

续表

序号	姓名	文章标题	期刊名称	卷期/页码
1066	林志军	国际会计协调化的新发展	会计研究	1989年第5期 第49～52页
1067	林志军 陈　闽	我国近年通货膨胀的原因及其治理措施	福建论坛（经济社会版）	1989年第12期 第6～9页
1068	林志军 陈　峰	遵循国际惯例　增进会计信息的可比性——《企业会计准则》和《国际会计准则》的比较与分析	中国农业会计	1993年第5期 第7～11页
1069	林志毅 苏玉荣	会计信息披露动因剖析	广西会计	1999年第1期 第24～25页
1070	林志毅	略论会计研究方法体系	中国农业会计	1999年第4期 第3～4页
1071	刘　峰	我国会计改革与发展若干问题的思考	会计研究	1986年第5期 第62～64页
1072	刘　峰 黄少安	科斯定理与会计准则	会计研究	1992年第6期 第20～27页
1073	刘　峰 吴亚峰	经济利益关系的协调与会计准则的制订	财会通讯	1992年第8期 第8～10页
1074	刘　峰 雷科罗	对中国会计理论研究的若干认识	会计研究	1993年第5期 第6～10页
1075	刘　峰	试论资产计价模式的选择理论	会计研究	1994年第1期 第17～22页
1076	刘　峰	现金流动、资金结构优化与经济效益	中国经济问题	1994年第1期 第44～48页， 第61页
1077	刘　峰	收付实现制·现金流动制·现金流动会计	会计研究	1995年第2期 第17～21页
1078	夏冬林 刘　峰*	试论会计管制与政府行为	会计研究	1995年第5期 第16～22页
1079	刘　峰	会计目标与会计职能的比较研究	会计研究	1995年第11期 第37～40页
1080	刘　峰	从经济环境看财务会计的目标	当代财经	1995年第11期 第53～59页， 第64页
1081	刘　峰	金融创新与财务会计理论的重构	当代财经	1996年第2期 第53～58页， 第64页
1082	刘　峰	关于会计准则的性质与制订	财会月刊	1996年第4期 第6～7页
1083	刘　峰	关于会计准则国际化的若干问题	对外经贸财会	1996年第4期 第9～11页
1084	刘　峰	关于会计准则国际化的若干问题（续）	对外经贸财会	1996年第5期 第9～11页
1085	刘　峰	关于会计准则国际化的理论分析（上）	财会月刊	1996年第6期 第3～5页
1086	刘　峰	关于会计准则国际化的理论分析（下）	财会月刊	1996年第7期 第3～5页
1087	王荣彪 刘　峰*	上市公司信息披露：供给与需求的理论分析	证券市场导报	1996年第9期 第40～43页

续表

序号	姓名	文章标题	期刊名称	卷期/页码
1088	刘　峰	功能扩张、寻租行为与国际会计准则委员会：一种解说	中国经济问题	1997年第4期 第49～56页
1089	刘　峰	实证会计的方法论基础与批判	会计研究	1997年第7期 第2～7页
1090	薛云奎 刘　峰* 史习民	中国会计学会“会计准则理论研讨会”综述	浙江财税与会计	1999年第5期 第27～29页
1091	沈生宏 刘　峰*	权责发生制、公允市价和会计信息相关性	会计研究	1999年第6期 第38～43页
1092	刘　峰	高质量会计准则与会计准则国际化	财会通讯	1999年第10期 第7～10页
1093	刘　峰 林　斌	会计师事务所脱钩与政府选择：一种解释	会计研究	2000年第2期 第9～15页
1094	刘　峰	内涵丰富的证券市场研究成果——《波涌连天——中国证券市场热点扫描》评介	未来与发展	2000年第3期 第64页
1095	刘　峰 刘海燕	代理理论与内部审计及其外部化	中国注册会计师	2000年第5期 第18～120页
1096	刘　峰 李少波	会计理论研究对我国会计准则制订的影响	当代财经	2000年第6期 第70～72页
1097	刘　峰 魏明海	公司控制权市场问题：君安与万科之争的再探讨	管理世界	2001年第5期 第187～190页， 第204页
1098	刘　峰	制度安排与会计信息质量 —— 红光实业的案例分析	会计研究	2001年第7期 第7～15页，第65页
1099	魏明海 刘　峰* 施鲲翔	论会计透明度	会计研究	2001年第9期 第16～20页， 第65页
1100	许　菲 刘　峰*	风险导向型审计与道德风险	中国注册会计师	2001年第12期 第20～22页，第2页
1101	刘　峰 许　菲	风险导向型审计·法律风险·审计质量 —— 兼论“五大”在我国审计市场的行为	会计研究	2002年第2期 第21～27页， 第65页
1102	刘　峰 黄正健	财务会计概念结构：一个供给与需求的分析框架	中山大学学报（社会科学版）	2002年第2期 第117～124页
1103	刘　峰 谢　莹 毕秀玲 王　健	换股合并与资本市场效率 —— 新潮实业与新牟股份换股合并的案例分析	管理世界	2002年第4期 第122～128页， 第136页
1104	麻晓艳 熊秀华 刘　峰*	理论的作用：关于补充审计的案例分析——兼论互联网的独特角色	审计研究	2002年第5期 第9～13页
1105	刘　峰	会计理论：一种解释观	财会月刊	2002年第10期 第5～6页
1106	刘　峰	中国特色与国际化之争：一种解释	财会月刊	2002年第11期 第7～8页
1107	漆江娜 刘　峰*	论会计师事务所合伙制的制度基础	中国注册会计师	2002年第11期 第26～29页

续表

序号	姓名	文章标题	期刊名称	卷期/页码
1108	刘　峰	理论的作用：关于补充审计争论的解释	财会月刊	2002年第12期 第6～7页
1109	刘　峰 张立民 雷科罗	我国审计市场制度安排与审计质量需求 —— 中天勤客户流向的案例分析	会计研究	2002年第12期 第22～27页， 第50～65页
1110	刘　峰	制度理性与行为理性 —— 兼论诚信教育	财会月刊	2003年第2期 第5～7页
1111	平来禄 刘　峰* 雷科罗	后安然时代的会计准则：原则导向还是规则导向	会计研究	2003年第5期 第11～15页
1112	刘　峰	美国公司丑闻及其启示	时代财会	2003年第10期 第13～16页
1113	向　凯 刘　峰*	公司治理结构信息披露：若干发现	南开管理评论	2004年第1期 第95～100页
1114	刘　峰 吴　风 钟瑞庆	会计准则能提高会计信息质量吗——来自中国股市的初步证据	会计研究	2004年第5期 第8～19页，第97页
1115	刘　峰	公众公司会计改革与投资者保护法案及其启示	中山大学学报（社会科学版）	2004年第5期 第22～27页， 第121～122页
1116	刘　峰 贺建刚 魏明海	控制权、业绩与利益输送 —— 基于五粮液的案例研究	管理世界	2004年第8期 第102～110页， 第118页
1117	刘　峰 王吴庆	从FASB第141、142号准则制定过程看会计准则的性质 —— 兼论高质量会计准则问题	财会通讯	2004年第21期 第4～7页
1118	周福源 刘　峰*	所有权结构、审计需求与国际四大的产品差异性	上海立信会计学院学报	2006年第02期 第41～52页
1119	刘　峰 王　兵	什么决定了利润差异：会计准则还是职业判断?——来自中国A、B股市场的初步证据	会计研究	2006年第03期 第25～33页， 第95页
1120	周福源 刘　峰*	审计市场竞争逻辑分析	财会通讯	2006年第8期 第6～7页
1121	贺建刚 刘　峰*	司法体系、会计准则导向与投资者保护：一项案例研究	会计研究	2006年第11期 第8～15页，第96页
1122	陈苏明 刘　峰*	国际会计准则：标准还是利益?——以无线标准的争议为例	财务与会计	2006年第17期 第18～20页
1123	何　凡 刘　峰*	论会计准则的规则导向与原则导向	财务与会计	2006年第19期 第22～24页
1124	刘　峰	萨班斯法案与中国企业的对策	财务与会计	2007年第2期 第12～14页
1125	刘　峰	新会计准则一定“种瓜得瓜”吗?	新理财	2007年第2期 第36～37页
1126	贺建刚 刘　峰*	投资者保护与国际会计准则的采纳和执行——基于产权和法律视角	财经理论与实践	2007年第3期 第46～51页
1127	刘　峰 周福源	国际四大意味着高审计质量吗?——基于会计稳健性角度的检验	会计研究	2007年第3期 第79～87页，第94页
1128	刘　峰	新会计准则：好种儿还需善栽培	新理财	2007年第4期 第46～47页

续表

序号	姓名	文章标题	期刊名称	卷期/页码
1129	刘　峰	新会计准则：期待好“土壤”	新理财	2007年第5期 第56～57页
1130	贺建刚 刘　峰*	产权、法律与公司治理	经济经纬	2007年第6期 第90～93页
1131	刘　峰	功夫在诗外 —— 读《散户至上》有感	财务与会计	2007年第11期 第53～54页
1132	刘　峰 钟瑞庆 金　天	弱法律风险下的上市公司控制权转移与“抢劫”—— 三利化工掏空通化金马案例分析	管理世界	2007年第12期 第106～116页， 第135页
1133	刘　峰 陈杰平 苏锡嘉 单喆敏 黄世忠	注册会计师审计在上市公司财务报告中发挥了重要作用	中国注册会计师	2008年第5期 第4～9页
1134	贺建刚 魏明海 刘　峰*	利益输送、媒体监督与公司治理：五粮液案例研究	管理世界	2008年第10期 第141～150页， 第164页
1135	刘　峰	不确定性、融资歧视与财务管理	财务与会计	2008年第14期 第1页
1136	刘　峰 司世阳 路之光	会计的社会功用：基于非历史成本研究的回顾	会计研究	2009年第1期 第36～42页， 第96页
1137	刘　萌 刘　峰*	取消B股双重审计的经济后果分析	中国注册会计师	2009年第2期 第43～48页
1138	刘　峰	受托责任的严肃性与财务管理的法律基础——从《鲁滨逊漂流记》谈起	财务与会计	2009年第10期 第1页
1139	刘　峰 谢　斌 黄宇明	规模与审计质量：店大欺客与客大欺店? —— 基于香港市场大陆上市公司的经验数据	审计研究	2009年第3期 第45～54页
1140	宁大芮 施应鹏 徐友斌 江　丽 刘　峰*	房利美困境与表外项目	会计之友（下旬刊）	2009年第9期 第105～108页
1141	徐友斌 江　丽 宁大芮 施应鹏 刘　峰*	雷曼破产与制度无效率	会计之友（下旬刊）	2010年第1期 第124～126页
1142	王　兵 刘　峰*	安达信倒塌：研究发现了什么?	会计研究	2010年第7期 第73～78页
1143	江　丽 徐友斌 宁大芮 施应鹏 刘　峰*	CDS玩家，AIG的罪与罚	会计之友（下旬刊）	2010年第9期 第124～128页
1144	涂国前 刘　峰*	制衡股东性质与制衡效果——来自中国民营化上市公司的经验证据	管理世界	2010年第11期 第132～142页

续表

序号	姓名	文章标题	期刊名称	卷期/页码
1145	刘　峰 赵景文 涂国前 黄宇明	审计师聘约权安排重要吗?	会计研究	2010年第12期 第49～56页
1146	刘　峰	会计学科的边界与会计帝国	财会通讯	2011年第19期 第6～8页
1147	刘　峰 葛家澍	会计职能·财务报告性质·财务报告体系重构	会计研究	2012年第3期 第15～19页, 第94页
1148	李敏才 刘　峰*	我国发审方式改革的制度分析:一个研究框架	当代财经	2012年第7期 第98～107页
1149	李敏才 刘　峰*	社会资本 产权性质与上市资格	管理世界	2012年第11期 第110～123页
1150	刘　峰 叶　凡	论资本结构	财会通讯	2013年第1期 第6～10页
1151	程六兵 刘　峰*	银行监管与信贷歧视 —— 从会计稳健性的视角	会计研究	2013年第1期 第28～34页, 第95页
1152	Guoqian Tu Bingxuan Lin Feng Liu*	Political Connections and Privatization: Evidence from China	Journal of Accounting and Public Policy	2013年第2期 第114～135页
1153	刘　霞 刘　峰*	控制权安排、事务所定价策略和审计质量——来自A股市场的证据	经济与管理研究	2013年第8期 第99～107页
1154	刘　骏 刘　峰*	财政集权、政府控制与企业税负——来自中国的证据	会计研究	2014年第1期 第21～27页
1155	刘　峰 冯　星	上市公司终止实施股权激励的动机研究	厦门大学学报(哲学社会科学版)	2014年第5期 第126～135页
1156	陈晖丽 刘　峰*	融资融券的治理效应研究 —— 基于公司盈余管理的视角	会计研究	2014年第9期 第45～52页
1157	陈晖丽 刘　峰*	融资融券的治理效应研究 —— 基于会计稳健性的视角	中国会计评论	2014年第Z1期 第45～52页
1158	赵京遇 叶　凡 刘　峰*	融券业务能保护投资者吗?——中信证券“巨亏门”的案例分析	财务与会计	2014年第11期 第18～20页
1159	叶　凡 刘　峰*	方法·人·制度 —— 资本结构理论发展与演变	会计与经济研究	2015年第1期 第90～102页
1160	刘　峰 林　卉	国际会计准则:“会计”还是“准则”	厦门大学学报(哲学社会科学版)	2015年第6期 第10～20页
1161	张霖琳 刘　峰* 蔡贵龙	监管独立性、市场化进程与国企高管晋升机制的执行效果 —— 基于2003～2012年国企高管职位变更的数据	管理世界	2015年第10期 第117～131页
1162	刘　峰	会计·信任·文明	会计研究	2015年第11期 第3～10页
1163	刘　峰 Hui Lin Huiying Wu	Political Connections and Firm Value in China: An Event Study	Journal of Business Ethics	2018年第152卷 第3期第551～571页
1164	王　亚 洪卫青 刘　峰* 徐　尧	管制外溢效应下的监管博弈	南开管理评论	2016年第19卷 第5期第4～15页

续表

序号	姓名	文章标题	期刊名称	卷期/页码
1165	林　卉 许尤洋 刘　峰*	中国资本市场“框架效应”现象的实证研究——基于中组部18号文的自然实验	经济研究	2016年第12期 第148～161页
1166	叶　凡 方　卉 于　东 刘　峰*	审计师规模与审计质量：声誉视角	会计研究	2017年第3期 第75～81页， 第95页
1167	徐　尧 刘　峰* 王　亚	法治环境、政治关联与违规查处——来自A股市场的经验证据	当代财经	2017年第8期 第79～88页
1168	程六兵 叶　凡 刘　峰*	资本市场管制与企业资本结构	中国工业经济	2017年第11期 第155～173页
1169	赵　静 黄敬昌 刘　峰*	高铁开通与股价崩盘风险	管理世界	2018年第34卷第1期 第157～168页， 第192页
1170	刘　峰	独立董事的性质——一个分析性框架	当代会计评论	2018年第11卷 第1期第1～17页
1171	刘　峰 Linlin Zhang	Executive Turnover in China's State-Owned Enterprises: Government-oriented or Market-oriented?	China Journal of Accounting Research	2018年第2卷第1期 第129～149页
1172	袁　歆 刘　峰*	独立董事的新角色：诉讼风险防护——基于谷歌的案例研究	财务研究	2018年第5卷 第23期第3～13页
1173	史　文 叶　凡 刘　峰*	审计团队：中国制度背景下的研究视角	会计研究	2018年第8卷 第1期第71～78页
1174	任　宇 刘　峰*	政府补助信息披露选择、外部公共压力与高管薪酬	财政研究	2019年第6卷 第1期第86～93页
1175	刘　骏 薛　伟 刘　峰*	税负刚性——计划型税收征管模式下的中国企业税负特征	当代会计评论	2019年第12卷 第1期第1～22页
1176	刘　峰	再论“研究的意义”	当代会计评论	2019年第12卷 第2期第1～3页
1177	袁　红 麻晓艳 刘　峰*	会计准则制订程序研究——兼论会计准则的性质与国际化	会计与经济研究	2019年第33卷 第3期第28～44页
1178	石　昕 任　宇 龙小宁 刘　峰*	中国的企业政府补贴：特征演变与研究概述	当代会计评论	2020年第13卷 第1期第1～30页
1179	林　卉 刘　峰* 肖泽忠	两职合一还是分离？——制度因素对领导权结构演进的影响分析	当代会计评论	2020年第13卷 第3期第15～36页
1180	刘　峰	相看两不厌　荣辱在厦大（上）——葛家澍教授的厦大岁月	财务与会计	2021年第5卷第1期 第13～20页
1181	刘　峰	相看两不厌　荣辱在厦大（下）——葛家澍教授的厦大岁月	财务与会计	2021年第6卷第1期 第10～18页
1182	陶　然 刘　峰*	债权人信息需求与高质量信息供给——基于债券市场“刚性兑付”打破的经验证据	会计研究	2021年第2卷第1期 第47～60页

续表

序号	姓名	文章标题	期刊名称	卷期/页码
1183	刘　峰 袁　红	国际会计准则：国家化之上的国际化 —— IAS 24关联方披露准则的修订为例	当代会计评论	2021年第2辑 第30～47页
1184	黄瑞芸 纳鹏杰 刘　峰*	城投债市场与审计：制度描述与研究机会	当代会计评论	2021年第3辑 第1～22页
1185	刘　峰 杜兴强	会计学通识课：理论与实践	中国大学教学	2021年第7期 第58～63页
1186	刘　峰	证券交易所问询监管与会计稳健性	经济管理	2021年第12期 第170～186页
1187	刘　峰 何建勋	企业成长性、CEO财务专长与企业价值	财务研究	2021年第1卷第37期 第17～31页
1188	叶　凡 史　文 刘　峰*	审计风格：一个探索性的分析框架	审计研究	2022年第1期 第73～81页
1189	刘　峰 郭　婷 苏雅拉巴特尔	数智时代的财务与会计（Ⅰ）：企业的性质	当代会计评论	2022年第1辑 第154～172页
1190	刘　峰 苏雅拉巴特尔 郭　婷	数智时代的财务与会计（Ⅱ）：产业引领VS资本驱动 —— 以共享单车案例为例	当代会计评论	2022年第2辑 第158～169页
1191	刘笑霞	我国中期财务报告规范与国际会计准则的比较分析	贵州财经学院学报	2004年第6期 第40～43页
1192	刘笑霞 李建发*	中国财政透明度问题研究	厦门大学学报（哲学社会科学版）	2008年第6期 第34～41页
1193	Xinming Liu Hung-Chao Yu	How Do Companies React to Restatements? Evidence from Audit Committee Compensation	Asia-pacific Journal of Accounting & Econmics	2018年第25卷 第5期第546～585页
1194	Xinming Liu Gerald J. Lobo Hung-Chao Yu	Is Audit Committee Equity Compensation Related to Audit Fees?	Contemporary Accounting Research	2020年第38卷 第1期 第740～769页
1195	Shangzhi Qiu Jianing Jiang Xinming Liu* Ming-Hsiang Chen Xina Yuan	Can Corporate Social Responsibility protect Firm Value During the COVID-19 Pandemic?	International Journal of Hospitality Management	2021年第93卷 102759
1196	刘馨茗 吴浩翔 胡　锋 王佳妮	中小投资者行权会影响审计费用吗？基于多时点双重差分模型的实证研究	审计研究	2021年第6期 第80～89页
1197	Xinming Liu Gerald J. Lobo Hung-Chao Yu Zhen Zheng	Multiple Directorships and Audit Committee Effectiveness: Evidence from Effort Allocation	The European Accounting Review	2023年第32卷第5期 第1273～1306页
1198	朱晓荞 刘馨茗* 陈少华	行政处罚对独立董事的间接威慑效应	经济管理	2022年第44卷 第6期第133～152页
1199	刘　烨	对我国上市公司独立审计的经济学思考	当代财经	2000年第9期 第59～62页

续表

序号	姓名	文章标题	期刊名称	卷期/页码
1200	Qinlin Zhong 刘媛媛	Director Interlocks and Spillover Effects of Board Monitoring: Evidence from Regulatory Sanctions	Accounting and Finance	2017年第57卷第5期第1605～1633页
1201	刘媛媛 钟覃琳	货币紧缩、现金锁定与现金持有价值	会计研究	2018年第2期第55～61页
1202	酒莉莉 刘媛媛*	审计师—客户匹配度、审计师变更与审计费用	审计研究	2018年第2期第64～71页
1203	Lili Jiu Bin Liu 刘媛媛*	How a Shared Auditor Affects Firm-Pair Comparability: Implications of Both Firm and Individual Audit Styles	Auditing: A Journal of Practice & Theory	2020年第39卷第3期第133～160页
1204	钟覃琳 刘媛媛*	分析师报告在经济政策不确定时期具有更高的信息含量吗?——基于投资者需求和分析师供给的双重视角	会计研究	2020年第3期第34～45页
1205	刘媛媛 曹太云 酒莉莉	重大疫情与上市公司信息环境——基于2003年SARS疫情的实证检验	金融评论	2021年第13卷第5期第39～57页，第124页
1206	Lili Jiu Shiyang Hu 刘媛媛*	Does Financial Statement Comparability mitigate Corporate Frauds in An Emerging Market? Evidence from China	Asia-pacific Journal of Accounting & Econmics	2023年第30卷第2期第391～408页
1207	窦　欢 邱　威 刘媛媛* 王　鹏	关联独立董事的公司治理作用——基于财务重述的视角	审计研究	2021年第5期第98～108页
1208	Huan Dou 刘媛媛* Yaru Shi Hanwen Xu	Are Related-Party Transactions Beneficial or Detrimental in Emerging Markets? New Evidence of Financial Services Agreements from China	International Review of Financial Analysis	2022年第81卷，102144
1209	刘媛媛 Lili Jiu	The Unintended Effects of Stock Pledging: A Perspective on the Shareholder - Creditor Conflict	Asia-Pacific Journal of Financial Studies	2022年第52卷第1期第63～88页
1210	刘　斌 李浩然 刘媛媛*	工资保障、压力传递与投资调整——治理农民工工资拖欠的跨行业证据	会计研究	2022年第6期第90～105页
1211	刘宗柳	建立我国人力资源会计核算刍议	会计研究	1989年第4期第62～64页
1212	卢美珍 毕秀玲	论内部控制环境问题及对策	审计与经济研究	1998年第3期第60～61页
1213	卢永华	试论财务状况变动表的编制和运用	厦门大学学报（哲学社会科学版）	1997年第3期第41～43页
1214	卢永华	关于企业债务重整会计处理的若干思考	财会通讯	1997年第11期第10页
1215	卢永华	关于成本与市价孰低法的再思考	中国经济问题	1998年第4期第54～57页
1216	卢永华	关于存货会计准则的比较研究	厦门大学学报（哲学社会科学版）	1999年第3期第92～94页
1217	卢永华	关于公允价值计量的若干思考	金融会计	1999年第11期第30～32页
1218	卢永华 杨晓军	公允价值计量属性研究	会计研究	2000年第4期第60～62页

续表

序号	姓名	文章标题	期刊名称	卷期/页码
1219	卢永华	会计理论研究方法的哲学思考	会计研究	2000年第6期 第52～53页
1220	卢永华	关于会计科研实证法的理论反思	厦门大学学报 （哲学社会科学版）	2003年第3期 第33～38页
1221	卢永华	论会计科研规范法与实证法的有机结合	会计之友	2004年第2期 第56～57页
1222	卢永华	会计诚信与公司治理	资本市场	2004年第10期 第51～53页
1223	卢永华	关于会计相关性的理性分析	会计之友	2006年第4期 第7～9页
1224	张　英 卢永华*	美国法务会计人才培养及其启示——基于法务会计认知调查的分析	浙江金融	2006年第9期 第54～55页
1225	卢永华	论会计道德与会计规范 —— 来自会计规范缺陷的深度分析	会计之友	2007年第3期 第7～8页
1226	Heng Liu Jin-hui Luo* （罗进辉） Xiao-fei Huang	Organizational Learning, NPD and Environmental uncertainty: An Ambidexterity perspective	Asian Business & Management	2011年第4期 第529～553页
1227	杨红芬 罗进辉*	公司治理评价及其对中小股东利益的影响	证券市场导报	2011年第5期 第47～52页
1228	蔡　地 万迪昉 罗进辉*	阶段融资情境下不同债务契约激励效应的实验研究	系统工程	2011年第10期 第41～50页
1229	吴祖光 万迪昉 罗进辉*	市场化程度、代理成本与企业税收负担 —— 基于不同产权主体的研究	经济管理	2011年第11期 第1～8页
1230	罗进辉 Di-fang Wan	The Non-monotonic Governance Effects of Large Shareholdings	Corporate Governance：The International Journal of Business	2012年第1期 第3～15页
1231	蔡　地 万迪昉 罗进辉*	产权保护、融资约束与民营企业研发投入	研究与发展管理	2012年第2期 第85～93页
1232	吴祖光 万迪昉 罗进辉*	综合收益提高了会计盈余的信息含量吗？——来自A股上市公司的经验证据	中南财经政法大学学报	2012年第4期 第79～86页
1233	吴祖光 万迪昉 罗进辉*	风险态度、合作行为与联保贷款契约：一个实验研究	金融研究	2012年第4期 第169～182页
1234	Di Cai 罗进辉* Di-fang Wan	Family CEOs: Do they Benefit Firm Performance in China?	Asia Pacific Journal of Management	2012年第4期 第923～947页
1235	吴祖光 万迪昉 罗进辉*	中国民营企业的债务治理作用 —— 基于盈余质量视角的经验研究	经济与管理研究	2012年第5期 第49～59页
1236	罗进辉	媒体报道对权益成本和债务成本的影响及其差异	投资研究	2012年第9期 第95～112页
1237	罗进辉	媒体报道的公司治理作用 —— 双重代理成本视角	金融研究	2012年第10期 第153～166页

续表

序号	姓名	文章标题	期刊名称	卷期/页码
1238	罗进辉 吴祖光 黄　震	在建工程、公司治理与盈余价值相关性：来自2002—2011年中国A股上市公司的经验证据	山西财经大学学报	2012年第11期 第115～124页
1239	罗进辉	机构投资者持股、现金股利政策与公司价值	投资研究	2013年第1期 第56～74页
1240	罗进辉 Di-fang Wan Di Cai Heng Liu	Multiple Large Shareholder Structure and Governance: The Role of Shareholder Numbers, Contest for Control, and Formal Institution	Management and Organization Review	2013年第2期 第265～294页
1241	罗进辉 蔡　地	媒体报道能够提高股价的信息含量吗？	投资研究	2013年第5期 第38～53页
1242	罗进辉	“国进民退”：好消息还是坏消息	金融研究	2013年第5期 第99～113页
1243	罗进辉 Heng Liu Xiu-hao Ding Hai Guo	How does Slack Affect Product Innovation in High-tech Chinese Firms: The Contingent Value of Entrepreneurial Orientation	Asia Pacific Journal of Management	2014年第31卷 第1期第47～68页
1244	罗进辉 黄　震 李　莉	明星独董也是“花瓶”吗？——基于双重代理成本的视角	山西财经大学学报	2014年第1期 第76～90页
1245	罗进辉	上市公司的信息披露质量为何摇摆不定？	投资研究	2014年第1期 第134～152页
1246	罗进辉	独立董事的明星效应：基于高管薪酬-业绩敏感性的考察	南开管理评论	2014年第17卷 第3期第62～73页
1247	罗进辉 杜兴强	媒体报道、制度环境与股价崩盘风险	会计研究	2014年第9期 第53～59页
1248	罗进辉	名人独董 利弊几何？	北大商业评论	2014年第11期 第98～105页
1249	罗进辉 黄　震 谢达熙	危机管理中企业应该第一时间进行信息披露吗	经济管理	2015年第1期 第43～55页
1250	蔡　地 罗进辉*	CEO类型影响家族企业的税收激进程度吗？	经济管理	2015年第9期 第63～72页
1251	李小荣 罗进辉*	媒体关注与公司现金股利支付	经济理论与经济管理	2015年第9期 第68～85页
1252	罗进辉	家业长青之本	清华管理评论	2015年第12期 第48～53页
1253	罗进辉 黄泽悦 林芷如	The Appointment of Celebrities to Corporate Boards in China: Sword or Shield?	Applied Economics Letters	2016年第1期 第1～4页
1254	罗进辉 李　雪 黄泽悦	关键高管的人力资本价值评估——基于关键高管突然去世事件的经验研究	中国工业经济	2016年第5期 第127～143页
1255	罗进辉 李　雪 林芷如	审计师—客户公司的地理邻近性与会计稳健性	管理科学	2016年第29卷第6期 第145～160页
1256	罗进辉 龚曼宁 林艺龙 方琪枫	Political Connections and Stock Price Crash Risk: Evidence from China	Economics Letters	2016年第147期 第90～92页

续表

序号	姓名	文章标题	期刊名称	卷期/页码
1257	罗进辉 陈华阳 许雯婷	P2P网络借贷平台上的借款历史传递信号吗?	当代会计评论	2017年第10卷第1期第1～22页
1258	罗进辉 向元高 金思静	中国资本市场低价股的溢价之谜	金融研究	2017年第1期第191～206页
1259	Jin-hui Luo Yuangao Xiang Zeyue Huang	Female Directors and Real Activities Manipulation: Evidence from China	China Journal of Accounting Research	2017年第10卷第2期第141～166页
1260	罗进辉 李　雪 向元高	军人高管是积极的创新者吗?——来自中国家族控股上市公司的经验证据	管理学季刊	2017年第2卷第3期第91～118页
1261	罗进辉 向元高 朱睿超	Military Top Executives and Corporate Philanthropy: Evidence from China	Asia Pacific Journal of Management	2017年第34卷第3期725～755页
1262	Chao Kevin Li Jin-hui Luo* Naomi Siegel Soderstrom	Market Response to Expected Regulatory Costs Related to Haze	Journal of Accounting and Public Policy	2017年第36卷第3期第201～219页
1263	罗进辉 谢达熙 陈华阳	官员独董:“掠夺之手”抑或“扶持之手”	管理科学	2017年第30卷第4期第83～96页
1264	罗进辉 黄泽悦	管理者过度自信、内部控制质量与股价崩盘风险	财务研究	2017年第5期第46～59页
1265	罗进辉 王笑竹 陈华阳	官员独董的辞职时机选择:动机与后果	投资研究	2017年第7期第46～65页
1266	罗进辉 黄泽悦 朱　军	独立董事地理距离对公司代理成本的影响	中国工业经济	2017年第8期第100～119页
1267	罗进辉 李　雪	股权的家族化、家族高管与家族企业业绩	南方经济	2017年第9期第1～20页
1268	罗进辉 黄泽悦 李　雪 林小靖	Are Women CEOs Valuable in Terms of Bank Loan Costs? Evidence from China	Journal of Business Ethics	2018年第153卷第2期第337～355页
1269	Heng Liu Jin-hui Luo* Victor Cui	The Impact of Internationalization on Home Country Charitable Donation: Evidence from Chinese Firms	Management International Review	2018年第58卷第2期第313～335页
1270	罗进辉	媒体报道与高管薪酬契约有效性	金融研究	2018年第3期第190～206页
1271	罗进辉 李　雪 林芷如	审计师地理距离对客户公司股价信息含量的影响	审计与经济研究	2018年第4期第34～45页
1272	罗进辉 向元高 林筱勋	本地独立董事监督了吗?——基于国有企业高管薪酬视角的考察	会计研究	2018年第7期第57～63页
1273	罗进辉 李小荣 向元高	媒体报道与公司的超额现金持有水平	管理科学学报	2018年第7期第91～112页

续表

序号	姓名	文章标题	期刊名称	卷期/页码
1274	Wen He 罗进辉*	Agency Problems in Firms with an Even Number of Directors： Evidence from China	Journal of Banking and Finance	2018年第93卷 第8期第139～150页
1275	罗进辉 谭利华 陈　熠	修改反收购章程条款阻击“野蛮人”：好消息还是坏消息?	财经研究	2018年第44卷 第12期 第113～125页
1276	罗进辉 黄泽悦 朱睿超	Does Media Coverage Help Firms “Lobby” for Government Subsidies? Evidence from China	Asia Pacific Journal of Management	2019年 第firstonline期 第1～32页
1277	罗进辉 李　雪 Linda C.Wang 刘　玥	Owner Type， Pyramidal Structure and R&D Investment in China's Family Firms	Asia Pacific Journal of Management	2019年 第firstonline期 第1～29页
1278	Chao Kevin Li 罗进辉* Naomi Siegel Soderstrom	Air Pollution and Analyst Information Production	Journal of Corporate Finance	2019年 第firstonline期 第1～24页
1279	李　雪 林芷如 罗进辉*	Does Auditor-Client Distance Matter to Real Earnings Management? Evidence from China	Asia-pacific Journal of Accounting & Econmics	2019年 第firstonline期 第1～27页
1280	刘　衡 罗进辉*	Does a religious affiliation make the CEO more likely to use internal CSRs? Evidence from Chinese privately owned firms	International Journal of Human Resource Management	2019年 第firstonline期 第1～33页
1281	李　雪 罗进辉* 黄泽悦	“Original Sin” Suspicion， Institutional Environment， and Corporate Philanthropy in Private Enterprises	China Journal of Accounting Studies	2019年第7卷 第1期第119～143页
1282	周泽将 罗进辉* 李　雪	民营企业身份认同与风险承担水平	管理世界	2019年第11期 第193～208页
1283	黄泽悦 罗进辉* 王维怡	民间习俗与民营企业研发投资水平——来自“本命年”的经验证据	管理学季刊	2020年第1期 第58～82页
1284	罗进辉 陈　熠 王维怡	中国证券分析师的声誉机制有效吗?——基于“乐视劫”事件的双重差分模型检验	当代会计评论	2020年第13卷第1期 第98～128页
1285	李　雪 罗进辉* 黄泽悦	“原罪”嫌疑、制度环境与民营企业慈善捐赠	会计研究	2020年第1期 第135～144页
1286	罗进辉 彭逸菲 陈一林	年报篇幅与公司的权益融资成本	管理评论	2020年第32卷 第1期第235～245页
1287	罗进辉 谭利华 王维怡	女性明星分析师：“玻璃天花板”还是“花瓶”?	金融学季刊	2020年第14卷 第3期第188～221页
1288	罗进辉 Yuangao Xiang Ruichao Zhu	When Are Pay Gaps Good or Bad for Firm Performance? Evidence from China	Management and Organization Review	2020年第16卷 第5期 第1030～1056页
1289	罗进辉 向元高 金思静	大股东股权质押与股票停牌操纵——基于“千股停牌”事件的研究	财经研究	2020年第46卷 第7期第122～137页

续表

序号	姓名	文章标题	期刊名称	卷期/页码
1290	罗进辉 Chenchen Peng Xin Zhang	The Impact of CFO Gender on Corporate Fraud： Evidence from China	Pacific Basin Finance Journal	2020年第63卷 第10期第1～13页
1291	Qiao Wei Jin-hui Luo* Xueli Huang	Influence of Social Identity on Family Firms' FDI Decisions： The Moderating Role of Internal Capital Markets	Management International Review	2020年 第online期 第1～42页
1292	罗进辉 黄鹂鸣 李　雪	关联并购与业绩承诺可靠性	财务研究	2021年第2期 第28～39页
1293	罗进辉 李佳霖 向元高	独立董事地位与国有企业高管薪酬	当代会计评论	2021年第3辑 第75～109页
1294	罗进辉 巫奕龙	数字化运营水平与真实盈余管理	管理科学	2021年第4期 第3～18页
1295	Li Wen Helena Jin-hui Luo* De Sisto Marco Bartram Timothy	Born to Rebel? The Owner Birth Order and R&D Investments in Chinese Family Firms	Journal of Product Innovation Management	2021年第38卷第4期 第421～446页
1296	Hang Liu Jin-hui Luo* Xin Wang	Do Controlling Shareholders Expropriate Employees? Evidence from Workplace Fatalities in China	Pacific Basin Finance Journal	2021年第69期 第1～20页
1297	罗进辉 刘海潮 巫奕龙	高管团队稳定性与公司创新投入：有恒产者有恒心?	南开管理评论	录用待刊2022年1月
1298	罗进辉 刘　玥 彭晨宸	Which do Second-generation Heirs Prefer in Family Firms： Real Investment or Financial Investment?	China Journal of Accounting Studies	2022年 第first online期 第1～22页
1299	向元高 罗进辉*	富豪榜与民营企业税收规避	经济学（季刊）	2022年第22卷第1期 第197～216页
1300	黄泽悦 罗进辉* 李向昕	中小股东“人多势众”的治理效应：基于年度股东大会出席人数的考察	管理世界	2022年第38卷第4期 第159～185页
1301	Manning Gong Jin-hui Luo*	Transportation Infrastructure and Analyst Earnings Forecasts： Evidence from High-Speed Rails in China	Emerging Markets Finance & Trade	2022年第58卷第4期 第1125～1136页
1302	罗进辉 彭晨宸 刘　玥	代际传承与家族企业多元化经营	南开管理评论	2022年第25卷第5期 第96～106页
1303	Heng Liu Jin-hui Luo*	Legacy of ideology： The Enduring Effect of CEOs' Socialist Ideological Imprint on Private Firms' Employee-related CSR	Journal of Business Research	2022年第147卷 第8期第491～504页
1304	罗进辉 李　雪 黄泽悦	家族命名与家族企业风险承担	管理科学学报	2022年第25卷 第12期第21～50页
1305	罗进辉 林　明	加快建设全国统一大市场：时代意义、制度渊源与经济影响	财会月刊	2022年第15期 第22～32页
1306	罗进辉 黄泽悦 向元高	亲清政商关系研究：述评与展望	财会月刊	2022年第19期 第22～31页

续表

序号	姓名	文章标题	期刊名称	卷期/页码
1307	罗进辉 李佳霖	国有企业混改动因与模式匹配问题：基于多案例的研究	财会月刊	2022年第21期 第16～28页
1308	罗进辉 杨　楠	中国亲清政商关系构建：概况、特征与问题	财会月刊	2022年第22期 第9～20页
1309	罗进辉	混合所有制改革与国企董事会多样本性	财会月刊	2022年第23期 第19～31页
1310	罗进辉 刘　玥	Does the Reputation Mechanism Apply to Independent Directors in Emerging Markets? Evidence from China	China Journal of Accounting Research	2023年第1期 第75～102页
1311	罗进辉 王雨婷 刘海潮	ESG表现与家族企业长期导向	财贸研究	2023年第2期 第78～96页
1312	罗进辉 彭晨宸	家族二代继承人的经营表现：基于性别差异的考察	管理评论	2023年第35卷 第2期第237～251页
1313	罗进辉 巫奕龙	空气污染会倒逼企业进行绿色创新吗？	系统工程理论与实践	2023年第43卷 第2期第321～349页
1314	向元高 罗进辉*	共同股东的治理效应：文献述评与研究展望	外国经济与管理	2023年第45卷 第4期第38～53页
1315	罗进辉 戴芷歆 巫奕龙	亲清政商关系的绿色治理效应：来自绿色创新的证据	财会月刊	2023年第6期 第7～22页
1316	罗进辉 董怀丽 刘　玥	Does High Cash Compensation Compromise the Independence of Outside Directors? Evidence from Directors' Dissenting Votes	Pacific Basin Finance Journal	2023年第78卷 online，101944
1317	罗进辉 等	代际传承对家族企业金融投资的影响研究	会计研究	2023年第2期 第96～111页
1318	罗进辉 董怀丽 李　璐	注册制改革是否强化了保荐人专业能力的作用？——基于首次公开发行股票审核进程视角的考察	管理世界	2023年第7期 第140～157页
1319	骆德明	FMS形成、发展的经济、技术基础及其对经营管理的影响	当代财经	1994年第7期 第62～64页
1320	骆德明	JIT及其对传统管理会计的挑战	当代财经	1995年第1期 第61～64页， 第56页
1321	吕浔瑜	浅谈责任会计在高校的建立	事业财会	1995年第2期 第59～61页
1322	毛付根	财务管理职能浅析	财会通讯	1988年第5期 第10～12页
1323	毛付根	本刊特约编审余绪缨教授被聘担任国际权威性会计刊物《会计国际学刊》编委	财会通讯	1989年第2期 第65页
1324	毛付根	信息系统成本的分配	财会通讯	1989年第3期 第58～59页
1325	毛付根 金文忠	成本会计是如何歪曲产品成本的？	外国经济与管理	1989年第3期 第45～47页
1326	毛付根	本刊特约编审余绪缨教授被吸收为美、加权威性会计学术团体成员	财会通讯	1990年第6期 第20页

续表

序号	姓名	文章标题	期刊名称	卷期/页码
1327	毛付根	本刊特约编审　厦门大学教授博士研究生导师余绪缨先生	财会通讯	1991年第3期第2页
1328	毛付根	股份公司的普通股与优先股筹资问题	财会通讯	1993年第6期第23～24页
1329	毛付根	股利政策的限制性因素分析	四川会计	1994年第12期第30～32页
1330	毛付根	论营运资金管理的基本原理	会计研究	1995年第1期第38～40页
1331	毛付根	西方企业的股利政策	外国经济与管理	1995年第1期第43～44页
1332	毛付根	财务管理理论的历史发展	财会月刊	1995年第2期第23～25页
1333	毛付根	简论营运资本的结构性管理原理	财会月刊	1995年第3期第21～22页
1334	毛付根	股利政策理论	财会月刊	1995年第4期第26～27页
1335	毛付根 陶国飞	关于股利政策	财会月刊	1995年第5期第23～24页
1336	毛付根 徐　平	股票股利、股票分割和股票购回	财会月刊	1995年第6期第21～22页
1337	毛付根	长期债券筹资	财会月刊	1995年第7期第18～19页
1338	毛付根	租赁融资决策	财会月刊	1995年第8期第21～22页
1339	毛付根	可转换证券筹资	财会月刊	1995年第9期第26～27页
1340	毛付根	企业兼并的分类与动机	财会月刊	1995年第10期第21～23页
1341	毛付根	企业兼并条件的确定与控股公司	财会月刊	1995年第11期第23～24页
1342	毛付根	厦门大学隆重庆祝葛家澍　余绪缨教授从教五十周年	财务与会计	1995年第12期第53页
1343	毛付根 王建星	企业失败、重组与清算	财会月刊	1995年第12期第18～20页
1344	毛付根 胡奕明	跨国公司财务管理讲座（二）——外汇风险管理	对外经贸财会	1996年第3期第42～44页
1345	毛付根	跨国公司财务管理讲座（三）——国际投资政策与战略	对外经贸财会	1996年第4期第31～33页
1346	毛付根 吴锦德	跨国公司财务管理讲座（四）——政治风险的计量与控制	对外经贸财会	1996年第6期第30～31页
1347	毛付根	“秦池”为何昙花一现	财务与会计	2000年第1期第18～19页
1348	毛付根	多元化经营的陷阱——巨人集团失败的财务分析	财务与会计	2000年第2期第17～20页
1349	毛付根 林常青	免费午餐”与资本成本辨析——厦门国贸集团股份有限公司减资与股本扩容的思考	财务与会计	2000年第3期第13～15页

续表

序号	姓名	文章标题	期刊名称	卷期/页码
1350	毛付根 周晓英 梁　丽	透视“大宇神话”	财务与会计	2000年第7期 第13～15页
1351	毛付根	价值管理与公司理财原则	财会通讯	2004年第4期 第50～51页
1352	毛付根	创新管理模式 化解经营风险	财会通讯	2004年第6期 第45～47页
1353	毛付根	利用外部资源降低企业成本	财会通讯	2004年第7期 第50～52页
1354	毛付根	不同顾客需求条件下的成本管理模式	财务与会计	2005年第1期 第17～19页
1355	毛付根	多元化经营的陷阱 —— 基于三九集团的案例分析	财会通讯	2006年第11期 第20～23页
1356	毛付根	会计改良思路的曙光	财务与会计	2009年第11期 第33～34页
1357	王志孝 牛秀敏*	对构建我国现代会计理论框架结构的思考	黑龙江财会	1995年第6期 第22～24页
1358	孟庆玺	金融资产投资对创新投入的挤出效应研究	中国管理科学	2021年第29卷 第10期第12～22页
1359	潘德年 梁工佛	关于如何改进酒厂现行成本计算方法的几点建议	中国经济问题	1959年03期 第42～47页
1360	潘德年	《公司财务》评介	中国经济问	1996年05期 第64～65页
1361	刘　君 曲晓辉*	略论凭单日记帐核算形式	吉林财贸学院学报	1983年第2期 第49～53页
1362	曲晓辉	利改税是较为理想的利润分配形式	吉林财贸学院学报	1984年第3期 第11～13页
1363	曲晓辉	对一般会计理论的探讨	吉林财贸学院学报	1986年第2期 第45～49页
1364	曲晓辉	人力价值及其计量之我见	吉林财贸学院学报	1986年第3期 第42～45页
1365	曲晓辉	论成本观念的广义化	厦门大学学报 （哲学社会科学版）	1988年第2期 第21～26页， 第33页
1366	曲晓辉 庄世虹 王　华 刘　峰	关于会计管理体制和会计制度改革	财会通讯	1988年第12期 第10～12页
1367	曲晓辉	论资产评估	吉林财贸学院学报	1989年第3期 第35～40页， 第48页
1368	曲晓辉 王　华 庄世虹 刘　峰	关于实行承包经营责任制情况的调查报告	中国经济问题	1989年第5期 第47～52页， 第17页
1369	曲晓辉	物价变动会计的基本规则（定理）	财会通讯	1990年第1期 第12～13页
1370	曲晓辉 刘　峰	严谨·求实·创新 —— 访著名会计学家葛家澍教授	财务与会计	1990年第3期 第53～54页

续表

序号	姓名	文章标题	期刊名称	卷期/页码
1371	彼特·西科德 曲晓辉*	论中国会计国际化	财务与会计	1992年第8期 第52～53页
1372	曲晓辉	大中型零售商业企业库存商品评估方法与程序的探讨	财会月刊	1992年第9期 第7页
1373	曲晓辉 陈　峰	关于我国会计国际化的实证研究	会计研究	1993年第3期 第3～7页
1374	曲晓辉	股份公司财务报表的阅读方法	财会通讯	1993年第4期 第15～18页
1375	曲晓辉 陈　峰	关于我国会计国际化的实证研究	财会通讯	1993年第9期 第27～29页
1376	曲晓辉	关于会计期末对外币账户余额调整的问题	财务与会计	1995年第7期 第21～22页
1377	曲晓辉	外币业务会计处理的若干问题	会计研究	1995年第8期 第17～21页
1378	曲晓辉	评《企业会计准则第×号 —— 所有者权益（征求意见稿）》	财会通讯	1996年第2期 第10～12页
1379	曲晓辉	待转销汇兑损益的会计处理及其对财务揭示的意义	中国经济问题	1996年第3期 第36～40页， 第26页
1380	曲晓辉	论所得税跨期摊配方法的选择与应用限制 —— 兼评《企业会计准则第×号 —— 所得税会计（征求意见稿）》	会计研究	1996年第5期 第22～24页
1381	曲晓辉	试论具体会计准则及其社会影响	财政研究	1997年第2期 第50～54页
1382	曲晓辉	我国会计准则建设的几个问题	中国经济问题	1998年第1期 第38～43页
1383	曲晓辉	纳税影响会计法之比较研究	上海会计	1998年第1期 第3～4页
1384	曲晓辉	如何理解中国特色的会计	会计研究	2000年第2期 第2～8页
1385	曲晓辉	中国特色的会计解读	会计研究	2000年第4期 第36～40页
1386	曲晓辉	关于加强会计政策规范和监管的思考	上海会计	2000年第5期 第5～8页
1387	曲晓辉	股权投资会计规范初探	厦门大学学报 （哲学社会科学版）	2001年第1期 第20～27页
1388	曲晓辉 杨金忠 肖　虹 肖　华 王　平 林朝华 谢　军 李明辉	论企业集团分权化管理及其内部转移定价机制运用	会计研究	2001年第5期 第3～8页
1389	曲晓辉	我国会计国际化进程刍议	会计研究	2001年第9期 第9～15页
1390	曲晓辉	关于会计规范定位的思考	财务与会计	2001年第10期 第25～27页

续表

序号	姓名	文章标题	期刊名称	卷期/页码
1391	曲晓辉 陈 瑜	会计准则国际发展的利益关系分析	会计研究	2003年第1期 第45～51页
1392	曲晓辉	美国专业会计硕士教育情况及启示	学位与研究生教育	2003年第1期 第37～40页
1393	曲晓辉	略论财务会计收益计量的责任——一个经典案例的寓意	财会通讯	2003年第3期 第3～5页
1394	曲晓辉	跨国投资财务决策的税务筹划	财务与会计	2003年第3期 第16～18页
1395	曲晓辉（2） 合作者： 陈 瑜	国际会计准则委员会改组的政治层面分析	财务与会计	2003年第5期 第15～17页
1396	曲晓辉	会计准则全球趋同：背景、动因、现状和趋势	时代财会	2003年第5期 第15～19页
1397	邓力平 曲晓辉*	税收国际协调与会计准则全球趋同关系之辨析	会计研究	2003年第9期 第24～28页
1398	曲晓辉 李明辉	论会计准则的法律地位	会计研究	2004年第5期 第20～24页
1399	曲晓辉	面向职业化要求：我国会计教育改革新取向 —— 会计硕士专业学位（MPAcc）教育的定位、过程管理与质量控制	财务与会计	2005年第1期 第8～10页
1400	曲晓辉	国外职业会计硕士教育概况	财会通讯	2005年第2期 第13～14页
1401	曲晓辉	会计准则全球发展的趋势与问题	会计师	2005年第3期 第16～19页
1402	李明辉 曲晓辉*	我国上市公司财务报告法律责任的问卷调查及分析	会计研究	2005年第5期 第47～53页
1403	许 萍 曲晓辉*	高级会计人才能力框架研究	当代财经	2005年第11期 第99～103页
1404	曲晓辉	论长期股权投资财务决策的税务问题	税务与经济	2006年第1期 第2～6页，第5页
1405	曲晓辉 高 芳	我国会计准则国际协调效果量化研究述评	会计研究	2006年第2期 第14～18页
1406	曲晓辉	资产评估准则的国际发展	财会学习	2006年第6期 第8～12页
1407	曲晓辉	论国际财务报告准则的关联方范围 —— 仅受国家控制的主体之间应否作为关联方披露其交易?	财务与会计	2007年第5期 第11～13页
1408	曲晓辉 邱月华	强制性制度变迁与盈余稳健性——来自深沪证券市场的经验证据	会计研究	2007年第7期 第20～28页
1409	曲晓辉	我国会计准则体系若干问题的探讨	财会通讯	2007年第7期 第6～7页
1410	曲晓辉	上市公司财务报告法律责任研究	审计与经济研究	2008年第1期 第110～110页
1411	曲晓辉	会计改革若干基本理论问题的探讨	财会通讯	2009年第1期 第6～9页
1412	张国华 曲晓辉*	会计准则国际趋同度量方法拓展——模糊聚类分析法初探	南开管理评论	2009年第1期 第102～109页

续表

序号	姓名	文章标题	期刊名称	卷期/页码
1413	曲晓辉 肖　虹 丁云洁	上市公司利用递延所得税资产确认进行盈余管理吗？—— 基于与IFRS趋同后欧盟及中国上市公司的经验证据比较	当代会计评论	2009年第2期 第32～50页
1414	曲晓辉	论会计趋同化与差异性	上海立信会计学院学报	2009年第3期 第3～8页
1415	邱月华 曲晓辉*	是盈余稳健性还是盈余管理？来自中国证券市场的经验证据	中国会计评论	2009年第4期 第371～382页
1416	邱月华 曲晓辉*	操控性应计项目与盈余稳健性——来自中国证券市场的经验证据	当代财经	2009年第9期 第105～109页
1417	邱月华 曲晓辉*	国外稳健性计量方法及其在我国的适用性	广东商学院学报	2010年第1期 第39～44页
1418	曲晓辉 肖　虹	公允价值反思与财务报表列报改进展望	会计研究	2010年第5期 第90～94页
1419	王清刚 曲晓辉*	论财务报表公允列报：内涵、标准与实现	厦门大学学报（哲学社会科学版）	2010年第6期 第35～42页
1420	高利芳 曲晓辉*	公司业绩对会计准则执行的影响研究	山西财经大学学报	2010年第11期 第110～116页
1421	Xiao hui Qu Guohua Zhang	Measuring the Convergence of National Accounting Standards with International Financial Reporting Standards: The Application of Fuzzy Clustering Analysis	International Journal of Accounting	2010年第45卷 第3期第334～355页
1422	高利芳 曲晓辉* 张多蕾	企业社会责任报告与会计信息质量 —— 基于深市上市公司的实证研究	财经论丛	2011年第3期 第99～105页
1423	高利芳 曲晓辉*	会计准则执行的理论解释：整合与建构	当代财经	2011年第4期 第102～109页
1424	曲晓辉 丁庭选 肖　虹	后趋同时期会计确认与计量的理论发展 —— 中国会计学会会计基础理论专业委员会2011年专题学术研讨会综述	会计研究	2011年第5期 第92～94页
1425	陈　旻 曲晓辉* 王淑霞	海峡两岸会计合作交流、准则趋同与等效互认：机遇与逃战 —— 第三届海峡论坛之两岸会计论坛观点综述	会计研究	2011年第7期 第92～96页
1426	曲晓辉	保险资金介入养老产业投资 —— 一个稳健、可持续和多赢的投资理念	金融时报	2010年11月8日 第5版（理论前沿）
1427	万　鹏 曲晓辉*	政府控制、收入操纵与营业收入计划实现程度 —— 来自中国资本市场的经验证据	当代财经	2012年第2期 第109～120页
1428	李　莉 曲晓辉* 肖　虹	R&D资本化选择动机与影响因素研究 —— 来自高新技术行业的经验证据	税务与经济	2012年第5期 第1～8页
1429	万　鹏 曲晓辉*	董事长个人特征、代理成本与营收计划的自愿披露 —— 来自沪深上市公司的经验证据	会计研究	2012年第7期 第15～23页

续表

序号	姓名	文章标题	期刊名称	卷期/页码
1430	李　莉 曲晓辉* 肖　虹	R&D支出资本化：真实信号传递或盈余管理？	审计与经济研究	2013年第1期 第60～69页
1431	曲晓辉 黄霖华	投资者情绪、资产证券化与公允价值信息含量——来自A股市场PE公司IPO核准公告的经验证据	会计研究	2013年第9期 第14～21页
1432	张国华 曲晓辉*	公允价值在我国应用情况研究——来自A股资本市场四个行业的数据	会计之友	2014年第3期 第25～36页
1433	刘文军 曲晓辉*	银行真的能识别盈余管理吗？——基于银行借款合约的研究	会计与经济研究	2014年第4期 第33～45页
1434	黄霖华 曲晓辉*	证券分析师评级、投资者情绪与公允价值确认的价值相关性——来自中国A股上市公司可供出售金融资产的经验证据	会计研究	2014年第7期 第18～26页， 第96页
1435	张瑞丽 曲晓辉* 张国华	投资性房地产计量模式选择的动机及影响因素研究——来自中国A股市场的经验证据	当代财经	2014年第7期 第115～129页
1436	曲晓辉	清心寡欲当学者	财务与会计	2014年第10期 第18～20页
1437	汪　健 曲晓辉*	关联交易、资本结构与盈余管理——基于A股上市公司的经验证据	山西财经大学学报	2014年第12期 第120～133页
1438	黄霖华 曲晓辉* 张瑞丽	论公允价值变动信息的价值相关性——来自A股上市公司可供出售金融资产的经验证据	厦门大学学报（哲学社会科学版）	2015年第1期 第99～109页
1439	Xiaohui Qu Guohua Zhang	Value-relevance of Earnings and Book Value Over the Institutional Transition in China: The Suitability of Fair Value Accounting in This Emerging Market	International Journal of Accounting	2015年第50卷 第2期第195～223页
1440	汪　健 曲晓辉*	关联交易、外部监督与盈余持续性——基于A股上市公司的经验证据	证券市场导报	2015年第9期 第49～55页
1441	曲晓辉 毕　超	会计信息与分析师的信息解释行为	会计研究	2016年第4期 第19～26页， 第95页
1442	曲晓辉 卢　煜 汪　健	商誉减值与分析师盈余预测——基于盈余管理的视角	山西财经大学学报	2016年第38卷 第4期第101～113页
1443	卢　煜 曲晓辉*	商誉减值的盈余管理动机——基于中国A股上市公司的经验证据	山西财经大学学报	2016年第38卷 第7期第87～99页
1444	邱月华 曲晓辉*	后金融危机时期金融工具国际准则的发展及启示	会计研究	2016年第8期 第3～9页
1445	Min Chen Xiaohui Qu* Xuejiao Sun	Whose Cost of Equity Capital Reduces After IFRS Convergence and Why? Heterogeneity Evidence from Chinese Stock Market	China Journal of Accounting Studies	2017年第5卷 第1期第1～27页
1446	曲晓辉 卢　煜 张瑞丽	商誉减值的价值相关性——基于中国A股市场的经验证据	经济与管理研究	2017年第3期 第122～132页

续表

序号	姓名	文章标题	期刊名称	卷期/页码
1447	黄霖华 曲晓辉* 张瑞丽	投资性房地产公允价值计量与股价同步性	厦门大学学报（哲学社会科学版）	2017年第4期 第125～134页
1448	黄霖华 曲晓辉* 万　鹏 朱朝晖	公允价值计量、投资者情绪与会计信息决策有用性	当代财经	2017年第10期 第111～121页
1449	陈　旻 曲晓辉* 孙雪娇	后趋同时代的权益资本成本异质性分析	会计研究	2018年第2期 第11～18页
1450	张国华 曲晓辉*	市场环境、公允价值输入值层次及估值技术	会计之友	2018年第4期 第7～10页
1451	曲晓辉	从“债务担保”和“未决诉讼”探究会计领域的不确定事项——《或有事项信息披露及其经济后果：理论与实证》书评	会计之友	2019年第17期 第161页
1452	陈　林 曲晓辉*	传染性公共卫生事件的市场反应研究——基于新冠肺炎疫情对中国股市的影响	金融论坛	2020年第7期 第25～33页， 第65页
1453	曲晓辉	股权投资会计问题研究	会计之友	2021年第6期 第2～8页
1454	曲晓辉 王　俊 张瑞丽	税收优惠方式对研发投入激励效应研究	税务与经济	2022年第1期 第7～16页
1455	张　蕊 郭道扬 曲晓辉* 秦荣生 魏明海 李心合 刘　峰	裘宗舜学术教育思想笔谈——纪念裘宗舜教授诞辰100周年	当代财经	2022年第1期 第3～15页
1456	温晓菲 邬瑜骏 曲晓辉*	会计信息可比性与企业债务融资约束——基于制度环境与终极控制权视角	当代会计评论	2022年第1辑 第74～96页
1457	任春艳	关于纳税亏损的探讨	财会月刊	1997年第1期 第12～13页
1458	任春艳	实证会计的渊源及特征	会计之友	1997年第6期 第1～21页
1459	任春艳	论会计政策	上海会计	1999年第4期 第42～43页
1460	任春艳	会计研究方法论	财会月刊	2003年第2期 第9～10页
1461	任春艳	有关所得税会计的几个概念	财会月刊	2003年第7期 第12～13页
1462	任春艳	论构建我国财务会计概念框架的必要性	当代财经	2003年第8期 第114～115页
1463	任春艳	盈余管理的概念及辨析	财会通讯	2004年第1期 第72～74页
1464	任春艳	从安然事件看重要性原则的滥用及其治理	中国注册会计师	2005年第1期 第39～41页

续表

序号	姓名	文章标题	期刊名称	卷期/页码
1465	任春艳	盈余管理对会计准则制定的启示	当代财经	2005年第5期第120～122页，第127页
1466	任春艳	“中级财务会计”课程的教学体会	厦门大学学报（哲学社会科学版）	2005年第8期第95～97页
1467	任春艳	盈余管理研究评述	经济管理	2005年第24期第20～25页
1468	任春艳	盈余管理的利弊及控制	会计之友	2008年第11期第96～97页
1469	任春艳	会计信息质量对公司资本配置效率影响的路径 —— 来自中国上市公司经验证据的研究	经济管理	2011年第7期第106～111页
1470	任春艳	从投资效率看盈余管理的经济后果 —— 来自中国上市公司的经验证据	财经研究	2012年第2期第61～70页
1471	任春艳	会计信息质量对资本配置效率影响实证研究评述	会计之友	2012年第10期第14～17页
1472	任春艳	信息不对称、制度约束与投资效率 —— 基于不同产权安排的实证研究	投资研究	2014年第1期第24～34页
1473	任春艳	The Approach of Accounting Information Quality on Investment Efficiency—Empirical Evidence from Chinese Listed Companies	Theoretical Economics Letters	2016年第6卷第2期第330～337页
1474	任春艳	社会责任信息披露、媒体报道与个体投资者的投资决策	经济管理	2017年第4期第37～50页
1475	郑培培 任春艳*	Voluntary CSR Disclosure, Institutional Environment, and Independent Audit Demand	China Journal of Accounting Research	2019年第12卷第4期第357～379页
1476	汪训之 桑士俊* 鲍树德	工业企业工资及工资附加费核算的简要介绍	上海会计	1981年第6期第45～47页
1477	桑士俊	工业会计培训自学问答	上海会计	1984年第3期第39～44页
1478	桑士俊	关于企业分部财务报告	会计研究	2000年第2期第26～30页
1479	桑士俊	分部报告的分析与利用	会计研究	2002年第8期第46～49页
1480	桑士俊	从财务报表的编制及勾稽关系看财务报表分析	财会通讯	2003年第5期第3～5页
1481	桑士俊 吴德胜 吕斐适	公司治理机制与公司治理效率 - 基于公司治理成本的分析	会计研究	2007年第6期第84～86页
1482	桑士俊 贺　琛	关于我国累积投票制的反思	财经理论与实践	2010年第5期第44～47页
1483	张金若 桑士俊*	金融资产终止确认会计准则研究	当代财经	2010年第10期第112～119页
1484	邵贤弟	论管理审计在中国发展的契机	审计研究	1999年第6期第21～28页

续表

序号	姓名	文章标题	期刊名称	卷期/页码
1485	邵贤弟	我国CPAs面临的挑战——面对管理审计发展的契机	中国审计	2000年第6期 第50～51页
1486	邵贤弟 林　浩 余　玮 章永奎	“职工报告”：提高企业职工对自身认识的有效手段	福建论坛 （经济社会版）	1999年第9期 第59～61页
1487	Zhihong Chen Ningzhong Li 沈江华*	Litigation Risk and Debt Contracting: Evidence from a Natural Experiment	Journal of Law and Economics	2020年第63卷 第4期第91～107页
1488	Allen H. Huang 沈江华* Amy. Zang	The Unintended Benefit of the Risk Factor Mandate of 2005	Review of Accounting Studies	2021年第27卷 第4期第1～37页
1489	沈江华 Lingmin Xie Zhimin Xie	The Unintended Consequence of Financial Statement Comparability: Evidence from Managerial Learning Practices	Accounting & Finance	2021年第62卷第3期 第3073～3106页
1490	苏新龙	当前中国会计审计问题国际学术研讨会在厦门召开	财务与会计	1993年第8期 第32页
1491	苏新龙	会计假设理论与会计目标理论是会计理论体系中的起点理论（摘登）	会计研究	1996年第11期 第36页
1492	苏新龙	论现代企业制度引起会计环境的变化及对会计产生的影响	财会研究	1996年第12期 第3～5页
1493	苏新龙	会计教学应向实务靠拢	财务与会计	2001年第1期 第23～24页
1494	苏新龙	实施《企业会计制度》若干追溯调整问题	财务与会计	2002年第8期 第24～25页
1495	苏新龙	上市公司财务独立董事作用辨析	上海会计	2002年第10期 第3～5页
1496	苏新龙	关于上市公司购并业务中长期投资核算的几个问题	财务与会计	2003年第9期 第21～24页
1497	苏新龙	上市公司购并业务中投资价差的确认与后续确认问题的探讨	财务与会计	2004年第3期 第32～34页
1498	苏新龙 徐舒韵	上市（房地产）公司收入确认及购并业务相关会计问题的探讨	财务与会计	2004年第4期 第32～35页
1499	苏新龙	上市公司购并业务中长期投资核算的几个问题再探讨	财务与会计	2004年第8期 第30～33页
1500	苏新龙 张雪梅	盈余管理：成本法与权益法的选择	财务与会计	2004年第9期 第38～41页
1501	苏新龙	上市公司治理、独立董事与内部控制	会计之友	2004年第9期 第20～22页
1502	苏新龙	论中国高校会计本科的案例教学与模拟实验教学	会计教育改革与发展——第四届会计与财务问题国际研讨会论文集	2004年第期 第55～56页， 第59页
1503	苏新龙 程艾明	“房产新政”对房地产公司财务管理的影响及应对措施	财务与会计	2005年第9期 第43～44页
1504	苏新龙 张建英	上市公司财务独立董事的职能分析	生产力研究	2007年第14期 第46～49页
1505	苏新龙 漆传金	上市公司会计政策选择的分析——投资性房地产的计量模式	生产力研究	2008年第3期 第134～136页

续表

序号	姓名	文章标题	期刊名称	卷期/页码
1506	苏新龙 魏勤文	政府采购财务管理：预算编制、执行与绩效	财政研究	2008年第4期 第18～21页
1507	苏新龙 漆传金 许　超	上市公司重大资产重组长期绩效考察	生产力研究	2008年第10期 第45～47页
1508	苏新龙 张　提	浅折上市公司经理层股票期权激励制度	生产力研究	2008年第22期 第47～49页
1509	苏新龙	杠杆购并初探	生产力研究	2009年第8期 第69～71页
1510	苏新龙 张海燕 徐栋良 林　欢	债权融资结构与公司业绩实证研究	生产力研究	2010年第8期 第83～88页
1511	苏新龙	会计准则与会计职业判断之一——基于C公司“扭亏为盈”的案例分析	财务与会计	2013年第5期 第17～19页
1512	苏新龙 葛竹青 傅彩芬	会计准则与会计职业判断之二——XH航空公司利润与价值争议	财务与会计	2013年第6期 第19～21页
1513	苏新龙 谢丽英 傅彩芬	会计准则与会计职业判断之三——基于SL公司矿权证的案例分析	财务与会计	2013年第7期 第11～12页
1514	苏新龙 谢丽英 傅彩芬	会计准则与会计职业判断之四——基于ZL公司坏账准备的案例分析	财务与会计	2013年第8期 第9～10页
1515	苏新龙 杨欣蕊 林仁达	实体理论与母公司理论比较研究——基于超额亏损子公司的会计处理	财务与会计	2019年第3期 第38～43页
1516	苏新龙 陈雨萌	现行会计准则下商誉会计问题探析	财务与会计	2019年第8期 第48～50页
1517	苏新龙 谢铃垚	新旧准则下超额亏损的会计处理辨析——以乐视网与乐视致新为例	财务与会计	2019年第12期 第48～52页
1518	苏新龙 朱　虹	税率、股权比率和真实盈余管理——基于乐视网与乐视致新	会计之友	2020年第24期 第60～66页
1519	孙丽影 陈　曦	从会计政策选择看委托代理关系的执行	山西财经大学学报	1998年第6期 第57～58页
1520	孙丽影 陈　曦	从会计政策选择看委托代理关系的执行	湖南商学院学报	1999年第1期 第41页
1521	孙丽影 陈　曦	电算化会计系统与审计风险	南京财经学院学报	1999年第2期 第77～78页
1522	孙丽影	运用现值技术估计资产和负债公允价值的探讨	财会通讯	2004年第5期 第59～60页
1523	孙丽影 杜兴强	公允价值信息披露的管制安排	会计研究	2008年第11期 第29～34页
1524	孙丽影	所有者角度的财务报告目标	当代财经	2009年第4期 第108～112页
1525	覃志刚	网络时代会计信息系统的创新	中国会计电算化	2000年第10期 第19～21页

续表

序号	姓名	文章标题	期刊名称	卷期/页码
1526	唐国钟	集团公司财务管理研究	财会研究	1997年第12期 第21～22页
1527	唐松华	国有企业治理结构与会计信息失真	国有资产管理	1998年第10期 第36～38页
1528	唐松华	治理结构失衡——国有企业会计信息失真的深层原因	财经论丛（浙江财经学院学报）	1999年第2期 第71～73页， 第82页
1529	唐松华	国有企业会计信息失真的深层原因及治理对策	广西会计	1999年第4期 第6～8页
1530	唐松华	对国有资本保值增值的会计学思考	国有资产管理	1999年第6期 第17～19页
1531	唐松华	企业会计政策选择的经济学分析——必然性·影响因素·立场	会计研究	2000年第3期 第18～23页
1532	唐予华	苏联会计学者谈复式记帐	财会通讯	1983年第4期 第11～13页
1533	唐予华	苏联的会计干部培训简况	财务与会计	1983年第7期 第49页
1534	唐予华	《工业会计概论》第8～9讲辅导材料	经济管理	1986年第4期 第77～80页
1535	唐予华	《工业会计概论》	经济管理	1986年第5期 第73～76页
1536	唐予华	改进外汇会计核算的若干问题	上海会计	1991年第11期 第26～28页
1537	唐予华	旧账——新账实用调账一览表	财务与会计	1993年第9期 第32～35页
1538	唐予华	知识经济下会计目标的变化及对我国会计目标的意见	财务与会计	2000年第6期 第31～32页
1539	唐予华	知识经济与会计目标	上海会计	2000年第8期 第3～8页
1540	唐予华	中国特色会计与开放型经济	财会通讯	2002年第1期 第10～11页
1541	唐予华等	实施新会计制度中的问题与对策	中国经济问题	2002年第3期 第75～80页
1542	唐予华 李明辉 詹胜兰	公司治理与内部会计控制	上海会计	2002年第7期 第3～7页
1543	汪一凡	管理会计对象初探	会计研究	1988年第3期 第28～33页
1544	汪一凡	论复式记账法的超稳定性——兼评“三式簿记说”	会计研究	1990年第1期 第46～49页
1545	汪一凡	历史成本会计模式不可替代	中国经济问题	1994年第5期 第61～64页
1546	汪一凡	作业成本系统设计的几个问题	当代财经	1994年第10期 第59～62页
1547	王　彬	信贷决策中如何分析企业偿债能力	现代金融	1999年第3期 第33～34页
1548	王　彬	也谈事业单位会计制度改革	工业会计	1999年第3期 第29～31页

续表

序号	姓名	文章标题	期刊名称	卷期/页码
1549	王　斌 吴祥云	试论民间审计报告规范化	上海会计	1997年第8期 第9～11页
1550	王承惠	只要穷富差别基本消灭就可以实现过度	中国经济问题	1959年10期 第22页
1551	王　栋	知识经济与工业经济下会计要素的比较	南开管理评论	2000年第1期 第59～61页
1552	王光远	审计大趋势：从财务鉴证到管理鉴证	审计与经济研究	1993年第4期 第15～20页
1553	王光远	论管理审计的概念	审计研究	1994年第3期 第10～15页
1554	王光远	论管理审计的概念	审计与经济研究	1994年第3期 第3～7页
1555	王光远	管理审计鉴证的基本准则	注册会计师通讯	1994年第4期 第14～17页， 第22页
1556	王光远	对ABC相关研究的回顾及其动因分析	当代财经	1994年第6期 第55～59页
1557	王光远	民间审计发展的总趋势：从财务鉴证到管理鉴证（上）	注册会计师通讯	1994年第10期 第22～27页
1558	王光远	民间审计发展的总趋势：从财务鉴证到管理鉴证（下）	注册会计师通讯	1994年第11期 第11～16页
1559	王光远	注册会计师也是管理审计的主体	湖北审计	1995年第6期 第4～6页
1560	王光远	作业会计的基本概念	会计研究	1995年第7期 第5～11页
1561	王光远	论美国公认审计准则的发展及其对政府审计准则和内部审计准则的影响	审计研究资料	1997年第1期 第15～24页
1562	王光远	写在《管理审计理论》前面	中国经济问题	1997年第4期 第57～59页
1563	王光远	试论独立审计委员会制度	中国经济问题	1998年第1期 第44～47页
1564	王光远	论审计师在履行财务报告鉴证责任中对舞弊的侦查与防范	财会通讯	1998年第6期 第20～22页
1565	王光远	深化国企改革 强化受托责任	中国审计	1999年第4期 第10～11页
1566	王光远 陈汉文 林志毅	会计教育目标之我见 —— 试析通才与专才之争	会计研究	1999年第9期 第45～50页
1567	王光远	关于现代会计审计科学的若干重大问题	审计研究	2000年第1期 第7～19页
1568	王光远	莫兹与他的《审计哲理》	财会通讯	2000年第2期第2页
1569	王光远 贺颖奇	关于现代会计科学的若干重大问题	管理科学学报	2000年第3期 第7～14页
1570	王光远	管理会计的新发展（上）	中国审计	2000年第3期 第38～39页
1571	王光远	管理会计的新发展（下）	中国审计	2000年第4期 第14～15页

续表

序号	姓名	文章标题	期刊名称	卷期/页码
1572	王光远	动摇传统管理会计基础的作业成本性态（上）	中国审计	2000年第5期第32～33页
1573	王光远	动摇传统管理会计基础的作业成本性态（中）	中国审计	2000年第6期第28～30页
1574	王光远	关于审计会计改革的若干思考	中国审计	2000年第6期第34～36页，第39页
1575	王光远	动摇传统管理会计基础的作业成本性态（下）	中国审计	2000年第7期第43～44页
1576	王光远	作业成本制（上）：追求相对准确的成本信息	中国审计	2000年第8期第30～31页
1577	王光远	作业成本制（上）：追求相对准确的成本信息（续一）	中国审计	2000年第9期第50～51页
1578	王光远 吴联生	中国会计理论研究：回顾与展望	会计研究	2000年第10期第8～12页
1579	王光远	作业成本制（上）：追求相对准确的成本信息（续二）	中国审计	2000年第10期第42～50页
1580	王光远	作业成本制（中）：作业的确认与分类	中国审计	2000年第11期第47～48页
1581	王开田	论现代会计基础理论体系	中国农业会计	1994年第12期第4～6页
1582	王开田	现代会计及其准则起源探析	对外经贸财会	1996年第5期第11～14页
1583	王宪榕 吴东辉	浅议企业购并中的分期付款方式	厦门大学学报（哲学社会科学版）	1999年第1期第54～57页
1584	魏明海	论管理性劳动——概念及效益分析	江西财经学院学报	1987年第4期第65～68页
1585	吴联生	会计研究起点的确立："三者合一"	当代财经	1999年第11期第46～48页
1586	吴联生	上市公司财务预测信息披露基本问题探讨	湖北财税	1999年第20期第4～6页
1587	吴联生	会计信息质量特征探讨——从《会计法》谈起	财经论丛（浙江财经学院学报）	2000年第3期第50～53页
1588	吴联生	论会计系统的内容构成	经济评论	2000年第3期第119～120页，第126页
1589	吴联生	投资者对上市公司会计信息需求的调查分析	经济研究	2000年第4期第41～48页，第78～79页
1590	吴联生	关于新《会计法》的讨论综述	财会通讯	2000年第5期第16～17页
1591	吴联生 于　鹏	成本法下长期股权投资股利的会计处理	财务与会计	2000年第7期第38～39页
1592	吴联生	有效市场理论与上市公司会计信息披露	湖北财税	2000年第12期第2～5页
1593	吴联生	审计理论体系结构：一种新观点	中国注册会计师	2000年第12期第15～17页

续表

序号	姓名	文章标题	期刊名称	卷期/页码
1594	吴水澎	加强企业的经济核算多快好省地发展生产	中国经济问题	1977年第2期第52～56页
1595	吴水澎 唐予华	会计若干理论问题讨论情况简介	厦门大学学报（哲学社会科学版）	1980年第1期第139～140页
1596	吴水澎	会计是阶级斗争的工具吗？	中国经济问题	1980年第5期第48～49页
1597	吴水澎 唐予华	厦门大学开展会计学术讨论	财务与会计	1980年第6期第24～25页
1598	吴水澎	怎样正确认识会计的性质与对象？——兼评资金运动说	会计研究	1981年第2期第7～13页
1599	吴水澎	正确认识会计的性质与对象——兼评资金运动说	厦门大学学报（哲学社会科学版）	1981年第2期第41～49页
1600	吴水澎	对“经济活动分析”中几个理论问题的认识	中国经济问题	1981年第5期第27～31页，第13页
1601	吴水澎	论经济效果与会计	会计研究	1982年第5期第62页，第41页
1602	吴水澎	马克思的劳动价值学说与会计学理论基础问题	上海会计	1982年第9期第2～6页
1603	吴水澎	关于会计学的理论基础问题的补充意见——兼与成圣树、丁平准同志商榷	江西财经学院学报	1983年第1期第113～118页
1604	吴水澎	从技术经济与会计的相互关系看会计在提高经济效益中的作用	财会通讯	1984年第1期第10～13页
1605	吴水澎	略论开展经济活动分析与提高经济管理素质	财会通讯	1984年第8期第6～8页
1606	吴水澎	一部有中国特色的社会主义《会计法》	中国经济问题	1985年第2期第56～57页
1607	吴水澎	农业技术经济与会计	财会通讯	1985年第5期第82页
1608	吴水澎	论有计划商品经济条件下的会计改革	郑州航空工业管理学院学报	1986年第6期第31～37页
1609	吴水澎	经济体制改革与会计	中国经济问题	1986年第1期第32～34页
1610	吴水澎	《工业会计概论》第1～3讲辅导材料	经济管理	1986年第1期第77～79页
1611	吴水澎	《工业会计概论》第4～5讲辅导材料	经济管理	1986年第2期第72～77页
1612	吴水澎	论有计划商品经济下的会计——会计改革的几个问题	财会通讯	1986年第3期第15～18页
1613	吴水澎	《工业会计概论》第6～7讲辅导材料	经济管理	1986年第3期第76～78页
1614	吴水澎 孙宝厚	论财务与会计	财会通讯	1987年第1期第8～9页
1615	吴水澎	会计“信息系统论”与“管理活动论”可以“合二而一”——对会计定义的看法	厦门大学学报（哲学社会科学版）	1987年第1期第15～19页

续表

序号	姓名	文章标题	期刊名称	卷期/页码
1616	吴水澎	略论财务的本质及其他	中国经济问题	1987年第3期 第35～39页
1617	吴水澎 魏明海 刘　峰	企业经济效益与会计理论方法体系的思考	当代财经	1990年第6期 第17～21页
1618	吴水澎 洪永裕 陈浪南	西方企业流动资本的结构性管理	财务与会计	1991年第8期 第51～53页
1619	吴水澎	我国股份制企业会计的几个问题	财会通讯	1993年第4期 第12～14页
1620	吴水澎 刘　峰	从《簿记论》看帕乔利的会计思想	会计研究	1994年第3期 第29～31页
1621	吴水澎	我国会计理论研究的有关问题	财会通讯	1994年第11期 第9～11页
1622	吴水澎 项有志	论企业资金结构	四川会计	1994年第12期 第4～7页
1623	吴水澎 项有志	财务管理与资金结构	四川会计	1995年第3期 第15～17页
1624	吴水澎 石本仁	论会计理论的本质与结构 —— 兼论中国会计理论研究的一些基本问题	财经研究	1996年第7期 第49～53页， 第64页
1625	吴水澎 龚光明	关于会计目标的有关理论认识	四川会计	1996年第11期 第20～22页
1626	吴水澎	关于会计理论研究方法的四个问题	财会通讯	1996年第12期 第8～10页
1627	吴水澎 龚光明	关于会计基本理论的若干观点	当代财经	1998年第1期 第42～47页
1628	吴水澎	论我国会计的国际化与本土化问题	财会通讯	1998年第5期 第3～7页
1629	吴水澎	论建立有“中国特色会计理论”的理论依据	财会月刊	1998年第7期 第6～8页
1630	吴水澎	论中国特色会计理论的涵义	财会月刊	1998年第8期 第3～4页
1631	吴水澎	论中国特色会计理论的研究方法	财会月刊	1998年第9期 第3～5页
1632	吴水澎	论构建中国特色会计理论体系应明确的问题	财会月刊	1998年第10期 第3～4页
1633	吴水澎	会计准则理论·会计准则基本概念·会计基本理论 —— 对我国会计理论研究的一些看法	上海会计	1999年第7期 第3～8页
1634	吴水澎	现代企业制度与会计监督	财务与会计	2000年第3期 第23～25页
1635	吴水澎 陈汉文 邵贤弟	企业内部控制理论的发展与启示	会计研究	2000年第5期 第2～8页
1636	吴水澎 陈汉文 邵贤弟	论改进我国企业内部控制 —— 由“亚细亚”失败引发的思考	会计研究	2000年第9期 第43～48页

续表

序号	姓名	文章标题	期刊名称	卷期/页码
1637	吴水澎	关于有中国特色会计理论研究的几个问题	会计之友	2000年第9期 第7～10页
1638	吴水澎	论会计监督与监督会计	财会通讯	2000年第10期 第3～6页
1639	吴水澎 毕秀玲	论政府对会计监管的必要性、缺陷和效果	厦门大学学报 （哲学社会科学版）	2002年第4期 第10～17页
1640	吴水澎 曾小青	会计诚信的理论分析 —— 兼论会计改革中的会计诚信问题	中国经济问题	2002年第5期 第52～59页
1641	吴水澎 陈汉文 郑鑫成	财务披露管理方式的维度观	会计研究	2002年第9期 第19～24页， 第65页
1642	吴水澎	会计理论与研究方法 —— 对"规范"与"实证"的看法	时代财会	2003年第1期 第15～19页
1643	吴水澎 曾小青	会计诚信分析的新框架：法学视角	上海会计	2003年第7期 第3～6页
1644	吴水澎 秦　勉	论会计信息资源的配置机制 —— 对会计信息公共物品论的反思	会计研究	2004年第5期 第3～7页，第97页
1645	吴水澎 刘　斌 刘　星	基于自愿性会计政策变更的巨额冲销动因研究 —— 来自深沪两市1998—2002年的经验证据	厦门大学学报 （哲学社会科学版）	2004年第5期 第71～77页
1646	吴水澎 黄　彤	论会计信息真实性的内涵及判别标准 —— 兼论会计界与法律界的视角差异	当代财经	2004年第12期 第111～113页， 第117页
1647	吴水澎	我的科学研究历练 —— 节选自《会计理论与方法研究》	财会通讯	2004年第15期 第97页
1648	吴水澎	对会计教育改革与发展几个问题的再认识	财会通讯	2005年第2期 第10～12页
1649	吴水澎	勇于探索的胆略　独树一帜的专著 —— 评谢诗芬的博士后出站报告《公允价值：国际会计前沿问题研究》	当代财经	2005年第3期 第129页
1650	吴水澎	论新世纪会计的变革	福建财会管理干部学院学报	2005年第3期 第1～5页
1651	吴水澎 刘启亮	会计制度　公共领域与会计职业道德	会计研究	2005年第11期 第3～7页，第96页
1652	吴水澎	变化的世纪与变革的会计——"大会计观"的再认识	会计之友	2006年第1期 第4～6页
1653	吴水澎 李　斌	上市公司自愿设立审计委员会的影响因素分析	山西财经大学学报	2006年第1期 第129～134页
1654	吴水澎 李奇凤	国际四大、国内十大与国内非十大的审计质量 —— 来自2003年中国上市公司的经验证据	当代财经	2006年第2期 第114～118页
1655	吴水澎 尚兆燕	网格/团体理论：会计监管的文化视角	厦门大学学报 （哲学社会科学版）	2006年第4期 第12～17页， 第61页
1656	吴水澎	萨班斯法案、COSO风险管理综合框架及其启示	财会学习	2007年第2期 第23～27页

续表

序号	姓名	文章标题	期刊名称	卷期/页码
1657	吴水澎 刘启亮	会计事项、准则公共领域与会计信息真实性	会计研究	2007年第6期 第26～32页， 第95页
1658	吴水澎 庄　莹	审计师选择与设立审计委员会的自选择问题 —— 来自中国证券市场的经验证据	审计研究	2008年第2期 第47～54页
1659	吴水澎 徐莉莎	新会计准则实施的效果 —— 从价值相关性的角度	经济与管理研究	2008年第6期 第61～66页
1660	吴水澎	耕耘四十载 香飘桃李园 —— 厦门大学吴水澎先生自序	财会通讯（综合版）	2008年第7期 第116～118页
1661	吴水澎	以创新的精神续写会计的春天——纪念中国会计与改革开放30年	会计之友（下旬刊）	2008年第12期 第13～14页
1662	吴水澎 牟韶红	自愿审计、公允价值对盈余管理的影响 —— 基于2006—2007年上市公司中期报告的经验证据	财经研究	2009年第3期 第124～133页
1663	吴水澎	责任会计的几个主要理论问题	上海立信会计学院学报	2009年第4期 第8～10页
1664	吴水澎	金融危机形势及其对财会工作的启示	会计之友（上旬刊）	2009年第12期 第9～13页
1665	吴水澎	评《审计理论》	会计之友（中旬刊）	2010年第11期 第130页
1666	吴水澎 牟韶红	公允价值计量对金融行业的影响 —— 基于2007—2008年财务报表数据和案例的分析	财会通讯	2010年第36期 第119～121页， 第161页
1667	吴水澎 戴泽伟	论以个体欲望为动力的市场经济之有效性与有限性	现代财经 （天津财经大学学报）	2011年第4期 第3～9页
1668	吴水澎 戴泽伟	历史财务信息的资源配置功能——关于历史财务信息悖论的解读	厦门大学学报 （哲学社会科学版）	2011年第6期 第89～96页
1669	吴水澎	《会计文化学概论》序	会计之友	2011年第18期 第130页
1670	吴水澎 戴泽伟	新古典经济学对历史财务信息解释的逻辑悖论 —— 历史财务信息资源配置功能的契约视角解读	现代财经 （天津财经大学学报）	2012年第1期 第5～14页， 第104页
1671	吴水澎	对我国会计改革和发展中几个问题的认识	会计之友	2012年第5期 第14～17页
1672	吴水澎	深化会计改革及其政策制定有关问题的研讨 —— 兼谈会计改革红利	会计之友	2013年第25期 第4～6页
1673	吴水澎	经济效益的增长与新会计核算模式的构建	会计之友	2014年第32期 第23～27页
1674	吴水澎	审计研究范式的突破性重构 ——《实证审计理论》评介	会计之友	2015年第20期 第138页
1675	吴水澎	会计与商品价值的创造	会计之友	2016年第10期 第8～12页
1676	吴水澎	把我的爱献给会计改革和发展事业	财务与会计	2019年第17期 第4～7页
1677	吴水澎	内部控制本土化研究的有益探索 —— 评《CEO内部控制：基业长青的奠基石》	新会计	2020年第3期 第6～8页

续表

序号	姓名	文章标题	期刊名称	卷期/页码
1678	吴水澎	对第四次新技术革命与会计变革有关问题的看法	会计之友	2020年第12期 第10～12页
1679	吴水澎	论第四次新技术革命环境下会计变革方法——基于会计前沿视角	财会月刊	2021年第1期 第3～6页
1680	吴水澎	我的“监督会计”观——对会计委派制的再认识	财会月刊	2022年第21期 第3～7页
1681	吴祥云 王　斌	刍议租赁的表外筹资	上海会计	1998年第2期 第2～5页
1682	吴祥云	论道德风险与管理报酬	上海会计	1998年第6期 第32～47页
1683	吴祥云	论养老金及其成本的分期计入	广西会计	1999年第1期 第21～22页
1684	吴祥云	中国与欧洲各国社会养老保障制度的比较与启示	浙江金融	1999年第4期 第16～19页
1685	吴祥云	当代西方经济学在方法论上的争论	云南财贸学院学报	1999年第4期 第45～47页
1686	吴祥云	论财务会计与税务会计的统分问题	工业会计	1999年第9期 第17～20页
1687	吴祥云 叶郁芬	刍议税收筹划	工业会计	2000年第6期 第13～15页
1688	吴益兵 廖义刚 林　波	股权结构对企业内部控制质量的影响分析——基于2007年上市公司内部控制信息数据的检验	当代财经	2009年第111卷 第9期第110～114页
1689	吴益兵	内部控制审计、价值相关性与资本成本	经济管理	2009年第112卷 第9期第64～69页
1690	吴益兵	内部控制审计信号的有效性及定价效应	经济管理	2012年第8卷第8期 第138～143页
1691	吴益兵	内部控制的盈余管理抑制效应研究	厦门大学学报 （哲学社会科学版）	2012年第210卷 第2期第79～86页
1692	郑琳倩 吴益兵*	我国互联网企业并购潮成因解析	财务与会计 （理财版）	2014年第212卷 第10期第13～16页
1693	吴益兵 林　波 陈少华	家族控制、职业化管理与管理层持股效应	厦门大学学报 （哲学社会科学版）	2015年第5卷第5期 第32～42页
1694	吴益兵 周　欢 李佳音 林　波	谁在选聘官员背景独立董事?——基于独立董事关系资源职能的视角	当代会计评论	2016年第18卷 第2期第163～188页
1695	Hao Jiao Dan Yang Minghua Gao Peihong Xie Yibing Wu*	Entrepreneurial Ability and Technological Innovation: Evidence from Publicly Listed Companies in an Emerging Economy	Technological Forecasting and Social Change	2016年第112卷 第2期第164～170页
1696	林　波 吴益兵*	新冠疫情下企业业务中断风险探讨	会计之友	2020年第18卷第18期第138～142页
1697	林　波 吴益兵*	新冠疫情下企业资金链中断风险探析	财务与会计	2020年第22卷 第22期第75～75页
1698	吴益兵 廖义刚	国家能力视角下的政府内部控制体系构建	厦门大学学报 （哲学社会科学版）	2021年第1卷 第263期第46～56页

续表

序号	姓名	文章标题	期刊名称	卷期/页码
1699	李少轩 肖　虹 张瑞丽	其他综合收益的投资者定价效应	当代财经	2018年第405卷 第8期第122～132页
1700	肖　虹	我国关联方关系及其交易披露规范研究	会计研究	2000年第7期 第22～28页
1701	肖　虹	控股股东关联交易盈余管理制度分析	财会月刊	2003年第2期 第14～18页
1702	肖　虹	激励相容的企业集团转移定价机制设计研究	财经论丛	2003年第5期 第78～85页
1703	肖　虹	不充分竞争环境下我国股市一体化的制度变迁路径分析	中国会计评论	2005年第6期 第45～49页
1704	肖　虹	论公司产品竞争战略中的融资决策因素	会计研究	2005年第12期 第20～25页
1705	肖　虹	中国公司产品竞争战略中的融资决策行为与行业特征变量关系检验	财经理论与实践	2006年第4期 第52～57页
1706	肖　虹	培养会计本科生的创新与综合能力——从开设会计模拟实验课程谈起	其他	2006年第期 第161～164页
1707	肖　虹	中国上市公司融资决策的产品生命周期因素分析	经济评论	2007年第2期 第81～84页， 第89页
1708	肖　虹	中国产业技术创新投入产出特点检验：1999—2004	财经研究	2007年第4期 第52～61页
1709	肖　虹	上市公司技术创新投资公告效应及相关因素影响	山西财经大学学报	2007年第10期 第83～88页
1710	肖　虹	公司技术创新投资决策战略效应及其杠杆掠夺影响 —— 基于中国、欧盟、美国上市公司的比较检验	数量经济技术经济研究	2008年第5期 第67～80页
1711	肖　虹	R&D投资决策期权价值及其影响因素研究述评与展望	当代会计评论	2009年第1期
1712	肖　虹 曲晓辉 肖静怡	公司资产置换财务绩效特点变化及其计量属性规范实施效果	会计研究	2009年第5期 第38～45页
1713	肖　虹	The Catering Effect of Mispricing on R&D Investment：Based on Chinese Stock Market Fluctuations Environment	The proceedings of 22nd Asian-Pacific Conference on International Accounting	2010年11月
1714	肖　虹 曲晓辉	R&D投资迎合行为：理性迎合渠道与股权融资渠道？—— 基于中国上市公司的经验证据	会计研究	2012年第2期 第42～49页， 第96页
1715	肖　虹 曲晓辉	R&D会计准则国际趋同实施后果与执行动机：期权模型分析与检验	会计之友	2012年第12期 第13～18页
1716	肖　虹	R&D投资公司盈余定价及其投资者学习效应 —— 来自中国上市公司的经验证据	会计之友	2013年第3期 第4～8页
1717	肖　虹 肖明芳 陈少华	新兴市场投资者偏好现金股利还是资本利得？—— 基于中国A股市场的经验证据	现代管理科学	2013年第4期 第60～62页

续表

序号	姓名	文章标题	期刊名称	卷期/页码
1718	肖　虹 肖明芳	企业社会责任的公司债券市场定价	现代管理科学	2014年第2期 第30～32页
1719	肖　虹 肖明芳	企业R&D投资的货币政策效应——基于A股上市公司的经验证据	现代管理科学	2014年第3期 第51～53页
1720	肖　虹 吴　佳	商业银行信用风险的市场约束具有功能锁定效应吗？——基于中国转轨市场的经验证据	金融会计	2017年第8期 第23～33页
1721	肖　虹 李少轩	其他综合收益的分析师预测效应——基于会计信息环境特征及分析师认知能力视角的分析	山西财经大学学报	2017年第38卷 第12期 第100～113页
1722	肖　虹 李少轩 张瑞丽	其他综合收益列报与审计师行为——基于中国上市公司的经验证据	山西财经大学学报	2018年第40卷 第10期 第108～124页
1723	肖　虹 邹　冉	资本监管制度与贷款损失准备计提会计准则的协调性——小微企业信贷诱导有效性视角	会计研究	2019年第6卷 第6期第3～12页
1724	肖　华 彼特·西科德	二十一世纪中国会计师事务所国际协调化发展战略	会计研究	1999年第8期 第11～15页
1725	肖　华 李建发	大学本科会计教育目标及教学方法创新	财会通讯	1999年第10期 第16～18页
1726	PaulM.Healy JamesM.Wahlen 肖　华* 王学军 曲晓辉	盈余管理研究回顾及其对会计准则建设的启示	会计研究	2000年第11期 第52～60页
1727	肖　华 李建发	论改进我国环境会计报告	厦门大学学报（哲学社会科学版）	2002年第6期 第114～122页
1728	肖　华 张国清	公共压力与公司环境信息披露——基于"松花江事件"的经验研究	会计研究	2008年第5期 第15～22页
1729	肖　华 李建发 张国清	制度压力、组织应对策略与环境信息披露	厦门大学学报（哲学社会科学版）	2013年第3期 第33～40页
1730	肖　华 张国清	内部控制质量、盈余持续性与公司价值	会计研究	2013年第5期 第73～80页
1731	肖　华 张国清 李建发	制度压力，高管特征与公司环境信息披露	经济管理	2016年第38卷 第3期第168～180页
1732	陈晓艳 肖　华* 张国清	环境处罚促进企业环境治理了吗？——基于过程和结果双重维度的分析	经济管理	2021年第6期 第136～155页
1733	肖中珂	审计假设初探	山东审计	1997年第11期 第19～20页
1734	谢德仁	试论现代企业的代理关系与企业会计系统结构——兼及现代企业会计目标研究	会计研究	1994年第4期 第34～39页
1735	谢德仁	会计理论研究的逻辑起点及会计理论体系	会计研究	1995年第4期 第1～6页

续表

序号	姓名	文章标题	期刊名称	卷期/页码
1736	谢德仁	浅谈我国会计准则的制定	会计研究	1995年第10期 第23～25页
1737	谢德仁	企业性质：资产计量基础转化及逆转化之源	经济研究	1996年第5期 第74～80页
1738	谢德仁	会计规则制定权合约安排的范式与变迁 —— 兼及会计准则性质的研究	会计研究	1997年第9期 第23～29页
1739	谢德仁	价值理论：资产计量模式选择的新视点	会计研究	1997年第6期 第12～16页
1740	谢　抗	做好成本“予测”加强成本管理	中国经济问题	1978年第3期 第90～97页
1741	谢　抗	成本预测图像法与数学模型	中国经济问题	1980年01期 第45～54页
1742	谢琳琳	中外合资经营企业审计规范化的原则与问题	中国经济问题	1990年第5期 第45～49页，第40页
1743	谢　灵	平衡计分卡因果关系再认识	厦门大学学报（哲学社会科学版）	2011年第5期 第58～65页
1744	Feng Xiong （熊枫） Kim MacKenzie	The Business Use of Twitter by Australian Listed Companies	Journal of Developing Areas	2015年第49卷 第6期第421～428页
1745	Chapple Larelle June Sadiq Kerrie Xiong Feng*	A Review of Corporate Practice of Reporting on Social Media	Australian Journal of Corporate Law	2017年第32卷 第2期第222～240页
1746	Feng Xiong Jodie Nelson Kerrie Bodle	The Adoption of New Technology by Listed Companies: the Case of Twitter	Technology Analysis and Strategic Management	2018年第30卷 第7期第852～865页
1747	Feng Xiong Haiying Yin Larelle Chapple	The Use of Social Media to Detect Corporate Fraud—A Case Study Approach	Business Horizons	2018年第61期 第623～633页
1748	Feng Xiong Larelle Chapple X.Y.Song K.N.Hui	New Development of Online Retail in China and the Associated （Accounting） Challenges	IEEE Access	2019年第7卷 第39299～39304页
1749	Yasheng Chen Feng Xiong*	The Business Model of Live Streaming Entertainment Services in China and Associated Challenges for Key Stakeholders	IEEE Access	2019年第7卷 第116321～116327页
1750	Feng Xiong Larelle Chapple Si Xu Wenwei Lin	Adoption and use of Technology with Low Litigation Risk—the Case of Financial reporting on Twitter by ASX Companies	Technology Analysis and Strategic Management	2019年第31卷 第10期 第1152～1167页
1751	Jiapeng Wu Feng Xiong* Cheng Li	Application of Internet of Things and Blockchain Technologies to Improve Accounting Information Quality	IEEE Access	2020年第7卷 第100090～100098页
1752	Yingying Zhang Feng Xiong* Yi Xie Xuan Fan Haifeng Gu	The Impact of Artificial Intelligence and Blockchain on the Accounting Profession	IEEE Access	2020年第8卷 第110461～110477页

续表

序号	姓名	文章标题	期刊名称	卷期/页码
1753	Feng Xiong Yaping Zheng Zhe An Si Xu	Does Internal Information Quality Impact Corporate Cash Holdings? Evidence from China	Accounting and Finance	2020年第61卷 第2151～2171页
1754	Feng Xiong Si Xu Dongzhu Zheng	An Investigation of the Uber Driver Reward System in China：an Application of a Dynamic Pricing Model	Technology Analysis and Strategic Management	2021年第33卷第1期 第44～57页
1755	Xin Xu Feng Xiong* Zhe An	Using Machine Learning to Predict Corporate Fraud：Evidence Based on the GONE Framework	Journal of Business Ethics	2023年第186卷 第1期第137～158页
1756	Feng Xiong Maoyue Xie Lingjuan Zhao、 Cheng Li Xuan Fan	Recognition and Evaluation of Data as Intangible Assets	Sage Open	2022年第12卷 第2期第1～13页
1757	熊　枫 林圳钦	厘清角色 落实责任 助力政府采购深化改革	中国招标	2022年第7期 第95～101页
1758	Feng Xiong Xiaoyu Zeng Yi（Fionna）Xie Yan Li	Design （Allocation） of a Carbon Emission System—A Lesson from Power Restrictions in Zhejiang，China	Sustainability	2022年第14期 第1～31页
1759	Xin Xu Yi Xie Feng Xiong* Yan Li	The Impact of COVID-19 on Investors' Investment Intention of Sustainability-Related Investment：Evidence from China	Sustainability	2022年第14期 第5325页
1760	徐莉萍	我国股份有限公司会计规范体系现实与思考	税务与经济（长春税务学院学报）	1999年第3期 第62～66页， 第72页
1761	徐莉萍	产权·财务主体·理财主体 —— 兼论企业集团所有者财务	中国工会财会	1999年第4期 第6～7页
1762	徐莉萍 肖中珂 陈守德 曾鹭坚	舞弊性财务报告及其防范	广西会计	1999年第5期 第35～37页
1763	徐玉霞 薛祖云	中国会计模式浅探	中国经济问题	1997年第6期 第58～61页
1764	徐玉霞	会计职业判断在或有事项业务中的应用分析	山西财经大学学报	2005年第2期 第157～159页
1765	徐玉霞 刘金星	或有事项会计策略应用研究	山西煤炭管理干部学院学报	2006年第2期 第10～13页，第30页
1766	薛祖云 龚光明	试论中国特色的社会主义会计理论	会计研究	1997年第12期 第6～10页
1767	薛祖云 徐玉霞	会计理论研究的实证分析和价值判断	财会通讯	1998年第9期 第45181页
1768	薛祖云 刘金星 韩晓明	德国会计环境与模式对中国会计变革的启示	山西财经大学学报	2003年第4期 第100～103页
1769	薛祖云 吴东辉	定期报告预约披露日期的信息含量	财会通讯	2004年第1期 第13～21页

续表

序号	姓名	文章标题	期刊名称	卷期/页码
1770	薛祖云 黄　彤	董事会、监事会制度特征与会计信息质量 —— 来自中国资本市场的经验分析	财经理论与实践	2004年第4期 第84～89页
1771	薛祖云 覃志刚	注册会计师考试复习应试全攻略	会计之友	2004年第5期 第39～40页
1772	薛祖云 陈　靖 陈汉文	审计需求：传统解释与保险假说	审计研究	2004年第5期 第20～25页， 第19页
1773	刘金星 薛祖云* 韩晓明	法国会计环境与会计模式对中国会计变革的启示	潍坊学院学报	2004年第5期 第90～94页
1774	薛祖云 吴东辉	信息过载是否影响投资者对公开信息的使用 —— 来自季度盈余的实证证据	会计研究	2004年第6期 第57～65页
1775	薛祖云 刘金星	现代企业财务风险预警系统指标体系的构建	财会通讯	2004年第8期 第17～18页
1776	吴东辉 薛祖云*	对中国A股市场上财务分析师盈利预测的实证分析	中国会计与财务研究	2005年第001期 第1～53页
1777	李　弢 薛祖云*	董事会结构与会计师事务所解聘行为关系的实证研究 —— 来自中国证券市场的经验证据	经济评论	2005年第3期 第117～122页， 第126页
1778	吴东辉 薛祖云*	财务分析师盈利预测的投资价值 —— 来自深沪A股市场的证据	会计研究	2005年第8期 第37～43页
1779	刘金星 薛祖云* 韩晓明	英美会计职业判断的比较与启示	会计之友	2006年第9期 第64～65页
1780	薛祖云 徐玉霞 刘金星	俄罗斯会计模式变革与会计环境关系研究	财会通讯	2007年第3期 第95～97页
1781	薛祖云 蔡文忠	执行新企业会计准则的信息系统再开发策略	会计之友	2007年第7期 第45～47页
1782	薛祖云 刘万丽	中国上市公司送转股行为动因的实证研究	厦门大学学报 （哲学社会科学版）	2009年第5期 第114～121页
1783	刘　杰 薛祖云*	XBRL与会计业务流程再造研究	中国管理信息化	2010年第1期 第2～5页
1784	刘万丽 薛祖云*	送转股对股东财富的影响	财经理论与实践	2010年第3期 第53页
1785	薛祖云 王　冲	信息竞争抑或信息补充：证券分析师的角色扮演 —— 基于我国证券市场的实证研究	金融研究	2011年第11期 第167～182页
1786	余芳沁 薛祖云*	上市公司业绩补偿的会计处理	财务与会计	2015年第3期 第43～44页
1787	薛祖云 陈晓静	证监会随机抽查能改进审计质量吗	会计之友	2023年第13期 第125～131页
1788	严　晖	会计电算化与财务会计信息质量特征	中国乡镇企业会计	1998年第7期 第2～13页
1789	严　晖	公司治理与内部审计 —— 基于风险管理目标的整合	审计理论与实践	2003年第2期 第13～15页

续表

序号	姓名	文章标题	期刊名称	卷期/页码
1790	严　晖	内部审计报告关系及职能的嬗变	审计理论与实践	2003年第11期 第23～25页
1791	严　晖	《内部审计人员职业道德规范》释义	财会月刊	2003年第11期 第43～44页
1792	严　晖	《内部审计具体准则第1号——审计计划》释义	财会月刊	2003年第12期 第39～40页
1793	严　晖	《内部审计具体准则第3号——审计证据》释义	财会月刊	2004年第2期 第39～40页
1794	严　晖	风险导向内部审计：背景分析与框架建构	财会通讯	2004年第6期 第3～8页
1795	严　晖	《内部审计具体准则第10号——内部审计与外部审计的协调》释义	财会月刊	2004年第9期 第45～46页
1796	严　晖	《内部审计具体准则第12号——遵循性审计》释义	财会月刊	2005年第2期 第46～47页
1797	严　晖	《内部审计具体准则第13号——评价外部审计工作质量》释义	财会月刊	2005年第3期 第54～55页
1798	严　晖	内部审计具体准则第14号——利用外部专家服务释义	财会月刊	2005年第4期 第36～37页，第35页
1799	严　晖	公司治理、公司管理与内部控制——对COSO企业风险管理框架（ERM）的分析	财会通讯	2005年第4期 第10～14页
1800	严　晖	内部审计准则的国际比较	审计与经济研究	2010年第2期 第3～16页
1801	严　晖	中国内部审计准则与国际内部审计准则的比较与借鉴	审计研究	2010年第3期 第37～41页
1802	严　晖	内部审计服务的变革——增值产品	中国内部审计	2012年第5期 第16～19页
1803	杨宏图 严　晖* 黄京菁	《内部审计基本准则》释义	财会月刊	2003年第10期 第46～48页
1804	杨金忠	试论“真实与公允”	审计与经济研究	1999年第3期 第16～19页
1805	杨　绮 米　红	中德两国人口老龄化水平与社会养老保障制度的比较研究	人口学刊	1999年第6期 第28～35页
1806	杨　绮	论会计准则制定的必要性	财会月刊	1999年第8期 第3～5页
1807	杨　绮 陈华晶 俞元鹉	浅谈法人治理结构——兼议“财务分层说”	陕西经贸学院学报	2000年第6期 第38～40页
1808	杨　绮	中美政府会计诸项比较	会计之友	2000年第11期 第20～21页
1809	杨　绮	少数股东权益和少数股东损益之研究	四川会计	2001年第10期 第4～5页
1810	杨　绮	对母公司免编合并报表的建议	财会月刊	2001年第14期 第36页
1811	杨　绮	试论合并价差	四川会计	2002年第5期 第38～40页

续表

序号	姓名	文章标题	期刊名称	卷期/页码
1812	杨　绮	合并财务报表中的子公司范围研究	广西会计	2002年第12期第22～23页
1813	杨　绮	合并财务报表会计准则的历史沿革	工业会计	2003年第1期第42～44页
1814	杨　绮	浅论会计准则的制定模式	财经问题研究	2004年第4期第93～96页
1815	杨　绮	全球合并浪潮下的合并报表理论	会计师	2004年第10期第52～56页
1816	杨　绮	对合并会计报表合并范围的思考	财会月刊	2004年第11期第49～51页
1817	杨　绮	浅析费森·奥尔森模型	统计与决策	2004年第12期第35～36页
1818	杨　绮	国际转移定价税务筹划的运筹学研究	税务与经济	2004年第期第10～12页
1819	杨　绮	“风险熵”量度税务筹划风险研究	财会通讯	2005年第2期第60～62页
1820	杨　绮	节税方案的模糊综合评判研究	统计与决策	2005年第3期第40～42页
1821	杨　绮	风险税务筹划方案决策的层次分析法	统计与决策	2005年第9期第47～48页
1822	杨　绮	风险纳税筹划方案决策的模糊条件极值研究	当代财经	2005年第11期第352～354页
1823	杨　绮	企业亏损弥补所得税纳税筹划的非线性规划模型研究	统计与决策	2005年第期第26～29页
1824	杨　绮	运筹学在企业非连续亏损纳税筹划中的应用	财会通讯	2006年第1期第75～76页
1825	杨　绮	跨国公司国外投资地点纳税筹划的层次分析法研究	税务与经济	2006年第1期第30～34页
1826	杨　绮	跨国公司转移定价中税后利润最大化的运筹学研究	生产力研究	2006年第2期第38～39页，第72页
1827	杨　绮	基于货币时间价值因素的亏损弥补纳税筹划模型研究	财会通讯	2006年第2期第72～73页
1828	杨　绮	二元相对比较法在风险节税决策中的应用	统计与决策	2007年第4期第34～35页
1829	杨　绮	风险节税方案的对策论研究	统计与决策	2007年第21期第36～38页
1830	杨　绮	论合并财务报表的合并范围界定——基于我国上市公司样本的统计分析	厦门大学学报（哲学社会科学版）	2012年第5期第116～123页
1831	杨　绮	“风险熵比率”量度资本投资方案风险之研究	统计与决策	2012年第8期第61～63页
1832	杨　绮	论合并范围信息披露之改进——基于我国A股上市公司年报样本的统计分析	财会月刊	2017年第16期第16～22页
1833	杨　绮	On the integration of IT system with the Budgetary Control System: Insights from the Case of Wanhua Chemical	Wireless Personal Communication	2018年第102卷第4期第3687～3697页

续表

序号	姓名	文章标题	期刊名称	卷期/页码
1834	杨晓军 章永奎*	试论跨国银行的成长理论	国际经贸探索	2000年第2期 第45～48页
1835	姚立中 任　鹏	论会计信息的模糊性与失真	厦门大学学报（哲学社会科学版）	1998年第2期 第57～62页
1836	Hongqi Liu Nan Xu 叶建明*	Short Sellers' Accusations Against Chinese Reverse Mergers: Information Analytics or Guilt by Association?	China Journal of Accounting Research	2015年第8卷第2期 第111～131页
1837	周　华 戴德明 刘俊海 叶建明*	国际会计准则的困境与财务报表的改进 —— 马克思虚拟资本理论的视角	中国社会科学	2017年第3期 第4～25页， 第204页
1838	陈文瑞 叶建明* 曹　越 孙　丽	战略联盟与公司税负	会计研究	2021年第3期 第72～86页
1839	叶少琴 余芸春	《企业会计准则 —— 非货币性交易》帐务处理的概列与图示	中国会计电算化	2000年第1期 第58～59页
1840	叶少琴 刘　峰	审计与管理咨询业务：混营抑或分拆?	审计研究	2005年第2期 第44～47页
1841	叶少琴	IPO公司自愿披露赢利预测：影响因素与准确性	金融研究	2006年第9期 第65～74页
1842	叶郁芬 吴祥云	股利政策理论研究	广西会计	2000年第8期 第15～17页
1843	于李胜 王艳艳	信息风险与市场定价	管理世界	2007年第2期 第76～85页
1844	于李胜	盈余管理动机、信息质量与政府管制	会计研究	2007年第9期 第42～49页
1845	于李胜	我国商业银行债权维护措施研究	投资研究	2008年第6期 第21～28页
1846	于李胜 王艳艳 陈泽云	信息中介是否具有经济附加价值	管理世界	2008年第7期 第134～144页
1847	于李胜 李　成	税制分权改革与上市公司的税收规避行为	厦门大学学报（哲学社会科学版）	2010年第4期 第123～130页
1848	于李胜 王艳艳	政府管制是否能够提高审计市场绩效?	管理世界	2010年第8期 第7～20页
1849	于李胜 王艳艳	信息竞争性披露、投资者注意力与信息传播效率	金融研究	2010年第8期 第112～135页
1850	王艳艳 于李胜*	股权结构与择时披露	南开管理评论	2011年第5期 第118～128页
1851	于李胜	State-bank Loan and Stock Price Synchronicity	China Journal of Accounting Studies	2013年第2期 第91～113页
1852	于李胜 王艳艳	商业银行对上市公司的会计信息稳健性存在需求吗?	投资研究	2013年第6期 第28～41页
1853	王艳艳 于李胜*	国有银行贷款与股价同步性	会计研究	2013年第7期 第42～49页
1854	于李胜	Loan Collateral and Financial Reporting Conservatism：Chinese Evidence	Journal of Banking and Finance	2013年第12期 第4989～5006页

续表

序号	姓名	文章标题	期刊名称	卷期/页码
1855	王艳艳 于李胜* 安　然	非财务信息披露是否能够改善资本市场信息环境？基于社会责任报告披露的研究	金融研究	2014年第410卷 第8期第178～191页
1856	王艳艳 于李胜* 王晓珂	会计稳健性、贷款抵押与银企所有权模式	会计研究	2014年第326卷 第12期第11～18页
1857	Yanyan Wang 于李胜* Yuping Zhao	The Association between Audit-partner Quality and Engagement Quality：Evidence from Financial Reporting Misstatements	Auditing	2015年第34卷第3期 第81～111页
1858	于李胜	Engagement Audit Partner Experience and Audit Quality	China Journal of Accounting Studies	2015年第3卷第3期 第230～253页
1859	王晓珂 王艳艳 于李胜* 赵玉萍 张震宇	审计师个人经验与审计质量	会计研究	2016年第347卷 第9期第75～82页
1860	于李胜 李　成	税制分权改革与上市公司的税收规避行为	厦门大学学报 （哲学社会科学版）	2017年第3期 第123～130页
1861	王艳艳 许　锐 王成龙 于李胜*	关键审计事项段能够提高审计报告沟通价值吗？	会计研究	2018年第6卷 第6期第86～93页
1862	于李胜 李文涛 王艳艳 王　迪	薪酬职务倒挂是否具有“黑色嫉妒”效应？——基于国有企业薪酬激励对企业行为的影响研究	会计研究	2019年第3卷 第3期第47～54页
1863	于李胜 王成龙 王艳艳	分析师社交媒体在信息传播效率中的作用——基于分析师微博的研究	管理科学学报	2019年第22卷第7期 第107～126页
1864	于李胜	The Real Effects of Mandatory Corporate Social Responsibility Reporting in China	Production and Operations Management	2020年第6期 第1～24页
1865	王晓珂 于李胜* 王艳艳	衍生工具应用能改善资本市场信息环境吗？——基于分析师预测行为的视角	金融研究	2020年第481卷 第7期第190～206页
1866	王艳艳 何如桢 于李胜* 庄　婕	管理层能力与年报柔性监管——基于年报问询函收函和回函视角的研究	会计研究	2020年第12期 第51～70页
1867	王艳艳 王成龙 于李胜* 郑天宇	银行高管薪酬延付政策能抑制影子银行扩张吗	管理世界	2020年第36卷 第12期 第175～185页
1868	于李胜	盛名难副：明星CEO与负面消息隐藏	管理科学学报	2021年第24卷第5期 第70～86页
1869	王艳艳 王成龙 于李胜* 蓝一阳	高管薪酬延付与银行利润效率——基于银行微观视角的研究	金融研究	2021年第496卷 第10期第60～75页

续表

序号	姓名	文章标题	期刊名称	卷期/页码
1870	于李胜	Do Key Audit Matters Affect Operating Activities	Abacus	2022年第58卷第3期第1～40页
1871	于增彪 毛付根	我国第一位“现代管理会计”博士导师——余绪缨教授	财务与会计	1989年第11期第55～57页
1872	余绪缨	论企业的偿债能力	经建研究（季刊）	1947年
1873	余绪缨	币值变动会计之理论及其方法（上）	公信会计月刊	1948年3月第12卷第3期
1874	余绪缨	币值变动会计之理论及其方法（下）	公信会计月刊	1948年4月第12卷第4期
1875	余绪缨	苏联会计制度概述	现代会计	1948年第8期
1876	余绪缨	论固定资产的折旧与再生产	厦门大学学报（哲学社会科学版）	1952年第1期第65～71页
1877	余绪缨	论流动资金周转率指标体系的结构	厦门大学学报（哲学社会科学版）	1954年第2期第22～43页
1878	余绪缨 陈仁栋 黄忠堃 黄道標	关于连锁替代法在分析工作中的应用问题	厦门大学学报（哲学社会科学版）	1955年第6期第118～124页
1879	余绪缨	对《火力发电厂分场燃煤成本分析的商讨》一文的商榷	工业会计	1955年第6期
1880	余绪缨	论分析流动资金节约额的几个问题	厦门大学学报（哲学社会科学版）	1956年第4期第61～71页
1881	余绪缨	关于怎样根据报表资料分析工业企业的劳动生产率	学术论坛	1957年第1期
1882	余绪缨	论工业产品成本分析中的品种构成问题	学术论坛	1957年第2期
1883	余绪缨	机器制造业产品成本的技术经济分析	厦门大学学报（哲学社会科学版）	1959年第2期第203～220页
1884	余绪缨 庄表峯	机器制造厂如何运用定额比例法加强成本核算	中国经济问题	1959年第7期第21～29页
1885	余绪缨	如何根据人民公社的经济特点来研究其成本计算问题	中国经济问题	1959年第9期第42～43页，第41页
1886	余绪缨	流动资金利用效果的指标体系及其分析	中国经济问题	1959年第12期第7～12页
1887	余绪缨	社会主义经济核算的客观基础问题	中国经济问题	1961年第3期第16～26页
1888	余绪缨	工业企业财务、成本的指标体系问题	中国经济问题	1961年第9期第1～11页，第30页
1889	余绪缨	会计报表分析的基本原理	中国经济问题	1962年第7期和第8期第16～26页
1890	余绪缨	再论流动资金利用效果的指标体系及其分析	中国经济问题	1962年第12期第15～24页
1891	余绪缨	社会主义企业经济核算的基本特征和指标体系探讨	中国经济问题	1963年第4期第1～9页
1892	余绪缨	论经济核算与会计的关系	中国经济问题	1963年第9期第28～33页

续表

序号	姓名	文章标题	期刊名称	卷期/页码
1893	余绪缨	社会主义会计学的阶级性与科学性的探讨	厦门大学学报（哲学社会科学版）	1964年第1期第32～37页
1894	余绪缨	略论社会主义企业会计报表的结构原理	中国经济问题	1964年第5期第31～38页
1895	余绪缨	认真贯彻“勤俭建国”的伟大方针，加快我国社会主义建设	中国经济问题	1976年第3期和第4期第58～63页
1896	余绪缨	试论“复式记账法”的理论基础	厦门大学学报（哲学社会科学版）	1978年第2期和第3期第136～151页
1897	余绪缨	关于成本、利润和资金的最优规划问题	会计研究	1980年第3期第1～13页
1898	余绪缨	回归分析法在管理会计中的应用	经济资料译丛	1980年第3期
1899	余绪缨	要从发展的观点，看会计学的科学属性	中国经济问题	1980年第5期第46～47页
1900	余绪缨	现代管理会计主要特点及其吸收利用问题	中国经济问题	1981年第1期第39～46页
1901	余绪缨	现代管理会计的主要特点及其吸收利用问题的探讨	财会通讯（武汉）	1982年第1期第7～11页
1902	余绪缨	从当代会计学科的发展谈我国现行企业会计体系的改革	财会通讯（郑州）	1982年第1期
1903	余绪缨	关于建立适应我国社会主义现代化建设需要的会计学科体系问题——兼论与此有关的几个会计理论问题	会计研究	1982年第2期第38～45页
1904	余绪缨	现代管理会计的形成发展与“洋为中用”	中国经济问题	1982年第2期第61～64页
1905	余绪缨 蔡淑娥	第二讲　成本性态与变动成本计算	中国经济问题	1982年第3期第58～64页
1906	余绪缨 蔡淑娥	第三讲　盈亏临界点和成本—产量—利润依存关系的分析	中国经济问题	1982年第4期第58～64页
1907	余绪缨 蔡淑娥	第四讲 经营决策的分析评价	中国经济问题	1982年第5期第58～64页
1908	余绪缨 蔡淑娥	第五讲 资本支出决策的分析评价	中国经济问题	1982年第6期第55～61页
1909	余绪缨	提高企业生产经营的经济效益与现代管理会计的“洋为中用”	江西会计	1983年第3期，第4期
1910	余绪缨	现代管理会计是一门有助于提高经济效益的学科	中国经济问题	1983年第4期第1～7页
1911	余绪缨	略论“三论”对现代管理会计的具体指导作用	福建电子财会	1984年第2期
1912	余绪缨	现代管理会计基本特征初探	福建电子财会	1984年第3期第10页
1913	余绪缨	现代管理会计中几个基本理论问题的探索	厦门大学学报（哲学社会科学版）	1984年第4期第11～20页
1914	余绪缨	经营决策与成本概念	成本管理论文集	1984年第4期
1915	余绪缨	现代管理会计的数量方法的实践性与科学性问题	农业会计研究	1984年第6期
1916	余绪缨	现代管理会计怎样为提高经济效益服务	陕西会计通讯	1984年第7期

续表

序号	姓名	文章标题	期刊名称	卷期/页码
1917	余绪缨	试论中西管理会计的共性及具有中国特色的管理会计的主要特点	财会探索	1985年第6期
1918	余绪缨	现代管理会计中的数量方法的实践性问题	广东财会	1986年第5期
1919	余绪缨	现代管理会计中的数量方法的科学性	广东财会	1987年第1期
1920	余绪缨	当代管理会计的发展及其有关问题的分析	财会探索	1987年第1期
1921	余绪缨	会计学科的新发展	高等学校财务管理论文集	1987年
1922	余绪缨	试论我国新的会计模式的理论基础及其基本结构	厦门大学学报（哲学社会科学版）	1988年第3期 第13～23页
1923	余绪缨	试论现代管理会计中行为科学的引进与应用问题	厦门大学学报（哲学社会科学版）	1990年第4期 第22～28页
1924	余绪缨 毛付根	试论现代管理会计的特性——兼评“会计管理活动论”	中国经济问题	1990年第6期 第33～38页
1925	余绪缨 熊楚熊	建设项目国民经济评价的几个理论问题	财会通讯	1990年第10期 第3～7页
1926	余绪缨	跨国投资项目经济评价的几个专门问题（上）	福建会计	1990年第11期
1927	余绪缨	跨国投资项目经济评价的几个专门问题（下）	福建会计	1990年第12期
1928	余绪缨	外汇风险的计量与控制（上）	福建会计	1991年第3期
1929	余绪缨	略论现金流动会计	财务研究（季刊）	1991年第3期， 第4期
1930	余绪缨	外汇风险的计量与控制（中）	福建会计	1991年第4期
1931	余绪缨	外汇风险的计量与控制（下）	福建会计	1991年第6期
1932	余绪缨	跨国运转资本存量的优化问题	福建会计	1991年第7期
1933	余绪缨	跨国运转资本流量的优化问题	福建会计	1991年第7期
1934	余绪缨	跨国经营企业业绩评价的主要特点	福建会计	1991年第11期
1935	余绪缨	在当代高科技蓬勃发展的新形势下会计取得的新进展	当代财经	1992年第1期 第1～3页，第37页
1936	余绪缨	当代会计科学发展的大趋势	厦门大学学报（哲学社会科学版）	1992年第1期 第35～46页
1937	余绪缨	现代管理会计的新发展	财会通讯	1992年第4期第12页
1938	余绪缨	试论社会主义市场经济与国有企业的股份制改革——兼论我国会计理论建设的目标模式问题	中国经济问题	1992年第6期 第1～5页
1939	余绪缨	具有中国特色的责任会计的主要特点	财会通讯	1992年第7期 第3～6页
1940	余绪缨	对社会主义市场经济理论伟大意义的初步认识	厦门大学学报（会计学专刊）	1992年
1941	余绪缨	以社会主义市场经济理论为指导，对几个会计理论问题的重新认识	厦门大学学报（哲学社会科学版）	1993年第1期第6页

续表

序号	姓名	文章标题	期刊名称	卷期/页码
1942	余绪缨	社会主义市场经济体制下财务与会计的关系	当代财经	1993年第1期 第9～11页
1943	余绪缨	以社会主义市场经济理论为指导，进行国有企业的股份制改革及其有关问题的探讨	财会通讯	1993年第3期 第15～17页， 第14页
1944	余绪缨	对股份制企业的资金结构、资本成本与财务杠杆问题的探讨	中国经济问题	1993年第3期 第7～16页
1945	余绪缨	纵论现代会计的形成与发展	财会月刊	1993年第6期 第3～5页
1946	余绪缨 林勇峰	略论财务会计的社会职能及其历史发展	财务与会计	1993年第7期 第56～57页
1947	余绪缨	欢庆我国企业财务管理的重大变革	会计之友	1993年第9期第3页
1948	余绪缨	以ABM为核心的新管理体系的基本框架	当代财经	1994年第4期
1949	余绪缨	简论企业理财的对象、方法论和基本方法	财会月刊	1994年第8期 第3～5页
1950	余绪缨	简论现代市场经济中企业理财的特点、职能和基本指导原则	财会研究	1994年第9期
1951	余绪缨	简论《企业理财学》的创建及其与相关学科的关系	当代财经	1994年第11期
1952	余绪缨	L.Pacioli's Historic Contributions to Continuous Development of Accounting Science in the World Ever Since	Supplement Communication in Finance and Accounting	1994年
1953	余绪缨	帕乔利对复式簿记的历史性贡献为此后会计科学的发展奠定了坚实基础	财会通讯	1994年增刊 第37～40页
1954	余绪缨	试论现代企业的经营环境、财务目标与财务干部应具备的素质	财会月刊	1995年第1期 第3～5页
1955	余绪缨	论流动资金节约额的计算与分析	厦门大学学报（哲学社会科学版）	1995年第2期 第74～93页
1956	余绪缨	简论当代管理会计的新发展——以高科技为基础，同“作业管理”紧密结合的“作业成本”计算	会计研究	1995年第7期 第1～4页
1957	余绪缨	简论我国企业财务改革的历史必然	财务与会计	1995年第8期 第6～8页
1958	余绪缨	简论当代管理会计的新发展	厦门对外经贸财会	1995年第8期
1959	余绪缨	论当代管理会计面临新的重大突破（上）	对外经贸财会	1995年第9期 第6～8页，第17页
1960	余绪缨	论当代管理会计面临新的重大突破（上）（续）	对外经贸财会	1995年第10期 第21～24页
1961	余绪缨	论当代管理会计面临新的重大突破（下）	对外经贸财会	1995年第11期 第9～11页
1962	余绪缨	论当代管理会计面临新的重大突破（下）（续）	对外经贸财会	1995年第12期 第7～10页
1963	余绪缨	现行会计体系中必须重新认识的几个主要问题	福建财会	1996年第6期

续表

序号	姓名	文章标题	期刊名称	卷期/页码
1964	余绪缨	会计信息失真问题剖析	财会月刊	1996年第8期 第10～11页
1965	余绪缨	论迈向二十一世纪的中国会计与世界会计的接轨及其文化层面的特色	对外经贸财会	1996年第9期 第3～6页
1966	余绪缨	论增值表的编制原理及其分析利用	财会通讯	1996年第10期 第3～5页
1967	余绪缨	简论《孙子兵法》在“战略管理会计”中的应用	会计研究	1997年第12期
1968	余绪缨	柔性管理的发展及其思想文化渊源	经济学家	1998年第1期
1969	余绪缨	对管理会计师的职能及综合素质的认识	财会月刊	1998年第3期 第3～4页
1970	余绪缨	论知识经济与创造性人才的培养	中国经济问题	1998年第4期 第1～7页
1971	余绪缨	简论工业经济向知识经济转变及其对现代管理会计的冲击	财会通讯	1998年第4期 第3～5页
1972	余绪缨	论知识经济的形成与发展将对管理会计体系产生重大影响	东南学术	1998年第6期 第34～38页
1973	余绪缨	论管理会计的技术观与社会文化观	财会月刊	1998年第7期 第3～5页
1974	余绪缨	杨时展教授遗著《1949—1992年中国会计制度的演进》读后感言	财会通讯	1998年第7期 第49页
1975	余绪缨	论现代管理会计方向博士生培养、教育中的几个理论认识问题	财会通讯	1998年第12期 第10～12页
1976	余绪缨	先进技术设备投资决策效益评价的特点及例解	财务与会计	1998年第12期 第29～32页
1977	余绪缨	管理会计的形成与发展	中国会计年鉴	1998年
1978	余绪缨	展望21世纪管理会计的新发展	财会月刊	1999年第1期
1979	余绪缨	弘扬传统文化的精华，促进社会主义市场经济健康发展	财务与会计	1999年第4期 第1～6页
1980	余绪缨	再论现代管理会计的特性	财会通讯	1999年第6期 第3～4页
1981	余绪缨	企业战略管理与战略管理会计基本理论问题	财务与会计	1999年第8期 第8～11页
1982	余绪缨	论知识经济的社会文化观与现代管理会计	财会月刊	1999年第9期 第3～8页
1983	余绪缨	从社会文化观看知识经济对现代管理会计体系的重大影响	中国会计年鉴	1999年
1984	余绪缨	半个世纪以来管理会计形成与发展的历史回顾及其新世纪发展的展望	财会通讯	2001年第1期 第3～7页
1985	余绪缨	管理特性的转变历程与知识经济条件下管理会计的人文化趋向	财会通讯	2001年第10期 第3～7页
1986	余绪缨	会计与诗的交融 —— 侯文铿教授新作：《话说会计三风》读后感	会计研究	2002年第7期 第62～63页
1987	余绪缨	从“商业语言”的特性看管理会计的人文性	财务与会计	2002年第9期 第6～8页

续表

序号	姓名	文章标题	期刊名称	卷期/页码
1988	余绪缨	论知识经济形成与发展中的四大关系	厦门大学学报（哲学社会科学版）	2002年第5期第40～45页
1989	余绪缨	管理会计形成与发展的“三阶段论”	会计论坛	2003年第2期第3～9页
1990	余绪缨	社会经济制度演变的思想文化分析 —— 以资本主义尚存和苏联崩溃为案例的分析	中国经济问题	2003年第5期第77～80页
1991	余绪缨	论人文主义思潮与管理会计的发展趋势	财会通讯	2003年第11期第5～7页
1992	余绪缨	现代管理会计研究的新思维	财务与会计	2004年第2期第6～9页，第1页
1993	余绪缨	知识经济条件下管理会计的新特点	中国经济问题	2004年第2期第52～59页
1994	余绪缨	智力资产与智力资本会计的几个理论问题	经济学家	2004年第4期第86～91页
1995	余绪缨	现代管理会计新发展的主要特点	财会通讯	2004年第5期第23～24页
1996	余绪缨	知识经济条件下管理柔性化等问题研究	中国经济问题	2004年第5期第32～37页
1997	余绪缨	现代管理会计研究的新思维	齐鲁珠坛	2004年第6期第28页
1998	余绪缨	博·新·深 —— 评廖泉文教授的专著《人力资源管理》	人才瞭望	2004年第6期第4～5页
1999	余绪缨	财务管理前沿的开创性探索 —— 评《财务预警系统管理研究》	财会通讯	2004年第17期第97页
2000	余绪缨	关于杰出管理人才“核心能力”培养问题的探讨	财会月刊	2005年第2期第3～5页
2001	余绪缨	论体验经济与管理及管理会计创新	厦门大学学报（哲学社会科学版）	2005年第4期第5～13页
2002	余绪缨	管理与管理会计理论的几点新认识	中国经济问题	2005年第5期第3～10页
2003	余绪缨	对高层次人才评价中几个基本理论问题的新认识	高等教育研究	2006年第1期第88～93页
2004	余绪缨	恭贺《厦门大学学报》创刊80周年	厦门大学学报（哲学社会科学版）	2006年第2期第137页
2005	余绪缨	认识、研究管理与管理会计的新视野：“由技入道”论	会计之友（下旬刊）	2006年第5期第4～6页
2006	余绪缨	人文社会科学的品位与功能	中国经济问题	2006年第6期第3～11页
2007	余绪缨	对高层次人才培养中几个基本理论问题的新认识	会计之友	2006年第11期第7～9页
2008	余绪缨	试论《孙子兵法》的哲理性与人文性是现代企业战略管理境界提升的智慧源泉	会计论坛	2007年第1期第3～11页
2009	余绪缨	管理会计学科建设的方向及其相关理论的新认识	财会通讯（综合版）	2007年第2期第6～8页
2010	余绪缨	立足专业　超越专业	财务与会计	2007年第5期第75页

续表

序号	姓名	文章标题	期刊名称	卷期/页码
2011	余绪缨	一个会计战线老兵的"从容论道"	财务与会计	2007年第7期 第77页
2012	余绪缨	以具有中国特色的学术成果开展国际学术交流的实践与认识	会计之友 （上旬刊）	2007年第8期 第7～9页
2013	余绪缨	谈管理的技与道	财务与会计	2007年第17期 第76～77页
2014	余绪缨	谈现代管理会计的刚与柔	财务与会计	2007年第19期 第77页
2015	余绪缨	怀念杨时展教授	会计之友 （下旬刊）	2008年第2期 第87页
2016	余绪缨	关于培养高层次管理会计人才的认识与实践	财会月刊	2007年第22期 第3～4页
2017	袁新文	论建立税务会计的客观必然性	莆田高等专科学校学报	1999年第1期 第31～33页
2018	袁新文	对外国企业驻华代表机构实行的税收政策是否合理?	涉外税务	2000年第3期 第54～55页
2019	曾　泉 裴红梅	宗教氛围与投资中的代理冲突——基于上市公司附近寺庙数的实证研究	上海财经大学学报	2016年第1期 第35～49页
2020	Zhiping Nie Quan Zeng* Xingqiang Du	Does Analyst Coverage Reduce Environmental	中国会计与财务研究	2018年第20卷 第4期第1～32页
2021	曾　泉 杜兴强 常莹莹	宗教社会规范强度影响企业的节能减排成效吗?	经济管理	2018年第10期 第27～43页
2022	曾　泉 张　颖 肖　亮 杜兴强	制度变革、非正式制度与会计审计行为——中国会计学会英文期刊China Journal of Accounting Studies（CJAS）2018年第二次学术研讨会会议综述	会计研究	2018年第11期 第92～94页
2023	常莹莹 曾　泉*	环境信息透明度与企业信用评级——基于债券评级市场的经验证据	金融研究	2019年第5期 第132～151页
2024	曾　泉 牟　颖 杜兴强	股票发行注册制改革与财务报告质量——基于盈余管理和会计稳健性的视角	北京工商大学学报 （社会科学版）	2022年第37卷 第4期第113～126页
2025	Erik Johannesson James A. Ohlson Sophia Weihuan Zhai	The Explanatory Power of Explanatory Variables	Review of Accounting Studies	2023年7月 Online First
2026	张国清	非营利组织固定资产会计解读	当代财经	2006年第4期 第310～312页
2027	张国清 夏立军 方轶强	The Value Relevance of Earnings and their Components	China Accounting and Finance Review	2006年第2期 第74～120页
2028	张国清	经营活动现金流量预测实证研究	当代财经	2007年第1期 第104～112页， 第119页

续表

序号	姓名	文章标题	期刊名称	卷期/页码
2029	张国清	政府会计国际比较：发现与启示	上海立信会计学院学报	2007年第6期 第32～38页
2030	张国清	政府财务报表要素：FASAB征求意见稿述评	财会通讯	2007年第8期 第75～76页
2031	张国清	政府财务报表要素：GASB征求意见稿述评	财会通讯	2007年第9期 第96～97页
2032	张国清	公共部门资产：基于产权理论的会计认识	财会月刊	2008年第1期 第55～56页
2033	张国清	现金流量与应计利润在企业债券市场中的有用性——来自沪市的经验证据	上海立信会计学院学报	2008年第3期 第46～52页
2034	张国清 赵景文	资产负债项目可靠性、盈余持续性及其市场反应	会计研究	2008年第3期 第51～57页
2035	张国清	从公共物品理论和信托理论谈公共文物文化会计	财会月刊	2008年第4期 第6～9页
2036	张国清	内部服务基金会计模式在预算会计中的运用	财会通讯	2008年第10期 第29～30页
2037	张国清	内部控制与盈余质量	经济管理	2008年第24期 第112～119页
2038	张国清	论编制政府层面财务报表的可行性	财会通讯	2009年第1期 第116～117页
2039	张国清 李建发	美国政府机构内部控制的发展及其启示	厦门大学学报（哲学社会科学版）	2009年第4期 第86～92页
2040	张国清 肖　华	Environmental Disclosure Behavior and Capital Market Reaction to Disastrous Environmental Accidents: An Empirical Test of Legitimacy Theory in China	Proceedings of The 5th International Symposium for Corporate Governance	2009年 第314～323页
2041	张国清 肖　华	灾难性环境事故、正当性理论与公司环境信息披露	当代会计评论	2010年第2卷 第2期
2042	张国清	自愿性内部控制审计的经济后果：基于审计延迟的经验研究	经济管理	2010年第6期 第105～112页
2043	张国清	多个终极大股东、产权组合与公司绩效	经济管理	2010年第10期 第66～73页
2044	田五星 张国清*	美国联邦政府会计对我国政府会计改革的启示	财会月刊	2011年第31期 第57～59页
2045	张国清 夏立军	自愿性内部控制审计是否增加了企业的审计负担？	经济管理	2013年第5期 第96～107页
2046	张国清 李建发 刘丽珑 陈　菁	全面深化改革导向的政府会计改革探索	会计研究	2014年第11期 第90～92页
2047	张国清 赵景文 田五星	内控质量与公司绩效：基于内部代理和信号传递理论的视角	世界经济	2015年第1期 第126～153页
2048	刘丽珑 张国清*	女性董事改善了企业会计稳健性吗？——基于中国民营上市公司的经验证据	北京工商大学学报（社会科学版）	2015年第2期 第66～73页

续表

序号	姓名	文章标题	期刊名称	卷期/页码
2049	张国清	制度压力、高管特征与公司环境信息披露	经济管理	2016年第3期 第168～180页
2050	张国清 肖　华	高管特征与公司环境信息披露——基于制度理论的经验研究	厦门大学学报（哲学社会科学版）	2016年第4期 第84～95页
2051	张国清 白　澎	公共产权导向的政府资产分类管理与财务报告问题研究	会计与经济研究	2017年第2期 第26～40页
2052	张国清	我国政府资产管理难题分析及其应对策略	会计之友	2017年第5期 第2～8页
2053	刘丽珑 张国清* 陈　菁	非营利组织理事社会资本与组织绩效研究——来自中国基金会的经验证据	中国经济问题	2020年第2期 第76～90页
2054	张国清 陈晓艳 肖　华	过程、结果维度的环境治理与企业财务绩效	经济管理	2020年第5期 第120～139页
2055	张国清 马威伟	强制性、自愿性财务报告内部控制审计提高了公司内部控制质量吗？	会计研究	2020年第7期 第116～128页
2056	张国清 Sicen Chen Pengdong Zhang Xiaowei Lin	Does the random inspection reduce audit opinion shopping?	China Journal of Accounting Studies	2022年第10卷第4期 第528～548页
2057	张国清 屈小雯	企业环境治理与现金持有量——基于过程和结果双维度	财会月刊	2023年第2期 第24～33页
2058	张国清 唐琳薇	军事装备资产管理与会计核算：国际经验和借鉴	会计之友	2023年第6期 第66～74页
2059	张金良 郭晓梅	跨国公司财务管理讲座（七）——跨国公司营运资本的存量管理	对外经贸财会	1996年第9期 第29～31页
2060	张金良 胡奕明	跨国公司财务管理讲座（九）——跨国公司的转让定价策略	国际商务财会	1996年第11期 第33～35页
2061	章永奎	债务重组问题探讨——兼析《企业会计准则——债务重组》	安徽农业大学学报（社会科学版）	1999年第2期 第21～23页
2062	章永奎	从契约成本看会计准则和会计政策选择	四川会计	1999年第12期 第13～15页
2063	章永奎 杨翼飞	费用化还是资本化：试论研究与开发支出会计处理	财会通讯	2002年第11期 第3～6页
2064	章永奎	盈余管理与审计意见相关性实证研究	China Accounting and Finance Review	2002年第1期 第1～28页
2065	章永奎	审计合谋问题研究	当代财经	2009年第3期 第117～121页
2066	章永奎 刘　峰	会计准则、内部控制与公司治理相关问题研究——海峡两岸会计学术交流动态	会计研究	2012年第10期 第87～90页
2067	章永奎	Relation between Social Responsibility and Enterprise Long-term Competitiveness	International Journal of Emerging Technologies in Learning	2013年第8卷 第5期第21～26页
2068	章永奎 冯文滔 杜兴强	政治联系、薪酬差距与薪酬粘性——基于民营上市公司的经验证据	投资研究	2013年第6期 第127～143页

续表

序号	姓名	文章标题	期刊名称	卷期/页码
2069	章永奎	The Limitations of Financial Statements and Disclosure of Core Information	Journal of Applied Sciences	2013年第13期第2505～2511页
2070	章永奎 赖少娟 杜兴强	学者型独立董事、产品市场竞争与公司创新投入	经济管理	2019年第41卷第10期第123～142页
2071	章永奎 宋寅寅 翁健英 杜兴强	实体企业金融化与数字技术赋能	财会月刊	2023年第44卷第11期第31～38页
2072	赵景文 于增彪	股权制衡与公司经营业绩	会计研究	2005年第12期第59～64页，第96页
2073	John L. Campbell Jenny Xinjiao Guan Oliver Zhen Li Zhen Zheng*	CEO Severance Pay and Corporate Tax Planning	Journal of The American Taxation Association	2020年第42卷第2期第1～27页
2074	Wuchun Chi Shing-Jen Wu Zhen Zheng*	Determinants and Consequences of Voluntary Corporate Social Responsibility Disclosure： Evidence from Private Firms	British Accounting Review	2020年第52卷第6期第100939页
2075	Yongjia Lin Xuanyi Shi Zhen Zheng*	Diversification strategy and bank market power： does foreign ownership matter?	Applied Economics Letters	2021年第28卷第4期第269～273页
2076	Zhen Zheng Yongjia Lin Xiaoou Yu Xinming Liu	Product market competition and the cost of equity capital	Journal of Business Research	2021年第132卷第1～9页
2077	朱　彤	会计理论研究方法之管见	地质技术经济管理	1997年第1期第64～66页
2078	祝华民	社会文化对会计的影响	财会月刊	1992年第6期第6～7页
2079	庄爱珠	关于财务的几个基本问题的再认识.	中国经济问	1991年第6期第47～51页
2080	庄明来	会计电算化与会计师事务所	注册会计师通讯	1993年第5期第34～38页
2081	庄明来	电算化管理会计的数据源分析	财务与会计	1996年第5期第48～50页
2082	庄明来	计算机代理记帐初探	财务与会计	1996年第6期第46～47页
2083	庄明来	电算化审计中两个不可忽视的问题	注册会计师通讯	1996年第8期第33～34页
2084	庄明来	论电算会计中帐簿的地位与作用	会计研究	1997年第4期第42～43页
2085	庄明来	信息新技术对审计的影响及其对策	审计研究	1997年第4期第33～36页
2086	庄明来	论会计信息中心信息的采集与处理	中国经济问题	1998年第2期第58～61页

续表

序号	姓名	文章标题	期刊名称	卷期/页码
2087	庄明来	现金流量表的计算机生成	中国会计电算化	1999年第9期 第49～51页
2088	庄明来	对电子商务环境下会计明细信息的思考	会计研究	2000年第7期 第46～48页
2089	庄明来	网络审计刍议	审计理论与实践	2000年第10期 第10～12页
2090	庄明来	高职高专会计电算化课程体系的重构	中国会计电算化	2002年第2期 第26～27页
2091	庄明来	我国会计电算化研究的历史分期及学术倾向	财会通讯	2002年第3期 第43～46页
2092	庄明来	电算会计中若干会计方法的思考	财务与会计	2002年第3期 第46～48页
2093	庄明来	论计算机网络环境下的详细审计	审计研究	2003年第6期 第8～10页
2094	庄明来	信息新技术环境下会计更需要诚信	福建财会	2003年第10期 第16～17页
2095	庄明来	信息产品的经济性及其对会计的影响	财务与会计	2004年第2期 第41～43页
2096	庄明来	信息成本核算初探	财会月刊	2004年第18期 第10～11页
2097	庄明来	论电子商务的会计确认与计量	财务与会计	2005年第2期 第47～49页
2098	庄明来 魏立华	会计信息化的两个理论问题	财务与会计	2005年第3期 第50～51页
2099	庄明来	源数据重组是会计信息系统重构之关键	会计之友（下旬刊）	2006年第1期 第79～80页
2100	庄明来	当前会计信息化面临的几个问题	会计师	2006年第3期 第22～27页
2101	庄明来	会计凭证的电子化与规范化	财务与会计	2006年第19期 第56～58页
2102	蒋　楠 庄明来*	我国上市公司宣告采用XBRL的市场反应研究——来自沪市的实证检验	会计之友（上旬刊）	2007年第5期 第89～90页
2103	牛艳芳 庄明来*	会计信息系统有效性的概念框架	财会月刊	2007年第31期 第3～5页
2104	陶黎娟 庄明来*	ERP实施风险因素及其对策——以“吉利”为例	财会通讯（综合版）	2008年第3期 第37～38页
2105	汤四新 庄明来*	销售循环中会计业务流程再造模型之比较	审计与经济研究	2008年第3期 第52～55页， 第65页
2106	庄明来 蒋　楠	论我国会计系统标准化流程的构建	中国管理信息化	2008年第5期 第4～7页
2107	庄明来	我国会计数据规范处理的若干思考	当代财经	2008年第9期 第118～121页
2108	陶黎娟 庄明来*	COBIT及其应用问题的理论研究	财会月刊	2008年第23期 第6～7页
2109	阳　杰 庄明来* 陶黎娟	基于COBIT的会计业务流程控制	审计与经济研究	2009年第2期 第50～54页

续表

序号	姓名	文章标题	期刊名称	卷期/页码
2110	刘　杰 庄明来*	衍生金融工具创新环境下银行会计信息系统重构	财会通讯	2009年第4期 第42～44页
2111	汤　岩 庄明来*	ERP思想对会计流程的影响	南京财经大学学报	2009年第4期 第46～49页
2112	刘　杰 庄明来*	基于社会系统论与互动论的会计业务流程再造研究	中国管理信息化	2009年第8期 第5～7页
2113	庄明来	我国财务会计信息化理论研究的回顾与思考	会计之友（下旬刊）	2009年第9期 第9～12页
2114	庄明来 阳　杰	美国IT控制的审计规范体系解读与启示	经济管理	2009年第11期 第125～129页
2115	庄明来 刘　杰	论信息化条件下我国会计系统流程控制	中国管理信息化	2009年第12期 第4～7页
2116	汤　岩 庄明来*	网络化会计业务流程再造基本构想	财会通讯	2009年第19期 第123～124页
2117	汤四新 庄明来*	构造兼容价值法与事项法的会计业务流程	财会月刊	2009年第31期 第7～9页
2118	汤四新 庄明来*	记账凭证自动生成模板模型研究——基于会计流程再造的分析	财会通讯	2010年第1期 第119～120页
2119	刘　杰 庄明来*	会计业务流程再造新思维	商业研究	2010年第2期 第174～178页
2120	庄明来	计算机审计与信息系统审计之比较	会计之友（下旬刊）	2010年第5期 第82～85页
2121	庄明来	论会计数据与会计系统的质量特征	财会通讯	2010年第31期 第6～8页
2122	汤四新 庄明来*	会计流程绩效评价与实施过程研究	当代财经	2011年第2期 第118～128页
2123	周元元 庄明来* 汪元华	ERP系统实施、制度环境与会计信息质量——基于中国上市公司的经验证据	中南财经政法大学学报	2011年第3期 第99～106页
2124	周元元 庄明来*	IT风险及控制的应对与合规工作探究	现代管理科学	2011年第11期 第35～38页
2125	庄明来 汪元华	企业业务报告新模式：REA与XBRLGL协同	现代管理科学	2011年第12期 第23～25页
2126	庄明来 魏森淼	我国XBRL研究的十年回顾：2001—2010	会计之友	2011年第21期 第18～22页
2127	庄明来 汪元华	CPA行业信息化技术标准体系构建	财会月刊	2011年第27期 第81～84页
2128	庄明来	论会计系统的信息审计	财会通讯	2011年第31期 第6～8页
2129	魏森淼 庄明来*	我国XBRL研究的现状——基于2001-2010年的文献分析	现代管理科学	2012年第1期 第31～33页
2130	周元元 庄明来*	实时财务报告技术采纳与资本成本——基于“创新接受”视角的理论模型	审计与经济研究	2012年第2期 第74～81页
2131	阳　杰 庄明来*	内部控制持续监控系统研究的理论框架	江西社会科学	2012年第5期 第232～235页
2132	庄明来	我国会计信息系统标准化建设的若干问题研究	会计之友	2012年第17期 第18～21页

续表

序号	姓名	文章标题	期刊名称	卷期/页码
2133	魏森淼 庄明来*	论信息化内部控制审计与信息系统审计	财会通讯	2012年第19期 第18～20页
2134	林其泉 庄瑞澄* 李如龙 林师默 卢善庆 杨仁敬	厦门大学文财科教师编、写、译、校著作简介	厦门大学学报（哲学社会科学版）	1962年3期 第124～128页
2135	庄瑞澄	全国统编教材《社会主义经济核算与经济效果》第一次编写讨论会在厦门大学举行	中国经济问题	1979年第1期 第69页
2136	庄瑞澄	《社会主义经济核算与经济核算效果》教材编写讨论会简介	经济学动态	1979年第4期 第22页
2137	庄瑞澄	《社会主义经济核算与经济核算效果》教材编写讨论会简介	中国经济问题	1981年第6期 第65页
2138	庄瑞澄	高校内部财务制度改革重点	教育财会研究	1997年第6期 第3～7页
2139	庄世虹 陈　玮	资金配置与效益 ——优化资金结构 提高经济效益	会计之友	1992年第6期 第6～7页

第二节　科研项目

◎　厦门大学会计学科教师所主持的科研项目[①]

序号	课题负责人 项目首席专家	课题或项目名称（编号）	类型	资助时间
1	蔡　宁	投资者保护变迁与会计改革的共生互动性研究（20070410864）	教育部人文社会科学研究项目	2007年1月—2009年12月
2	蔡　宁	全流通背景下原非流通股东内幕交易行为研究	国家自然科学基金项目	2011年1月—2013年12月
3	蔡　宁	基于社会关系视角的公司兼并收购行为研究（15YJC790001）	教育部人文社会科学研究项目	2015年8月—2015年7月
4	蔡　宁	AI会计与决策（202102595014）	教育部产学研项目	2021年1月—2023年9月
5	陈汉文	证券市场与会计监管（98JBY790021）	教育部人文社科"九五"规划项目	1998年10月—2001年10月
6	陈汉文	加入WTO与中国上市商业银行会计信息披露制度改革（02CJY005）	国家社科基金项目	2002年6月—2003年12月
7	陈汉文	企业财务舞弊及其对策研究（02JAZJD630008）	教育部人文社科重点基地重大项目	2002年12月—2005年12月
8	陈汉文	公司治理、受托责任与审计委员会制度研究（70202012）	国家自然科学基金项目	2003年1月—2003年12月
9	陈汉文	市场结构与交易者行为（NCET-04-0591）	教育部新世纪优秀人才项目	2005年1月—2007年12月
10	陈汉文	中国证券审计市场的结构、行为与绩效研究（70672101）	国家自然科学基金项目	2006年9月—2009年12月
11	陈汉文	政府审计环境与未来发展：基于国家建构理论的研究（07SJ01002）	国家审计署科研立项课题	2007年4月—2008年6月
12	陈汉文	投资者保护、公司治理与我国证券市场资源配置效率研究（07BJY027）	国家社科基金项目	2007年5月—2009年12月
13	陈汉文	会计职业道德	世界银行委托开发项目	2007年1月—2007年5月
14	陈汉文	信息生态环境与企业内部控制有效性问题研究（71332008）	国家自然科学基金重点项目	2014年1月—2016年12月
15	陈少华	改进企业财务报告（99KJA010）	财政部会计重点课题	1999年7月—2001年6月
16	陈少华	防范企业会计信息舞弊的综合对策研究（OOBJY015）	国家社科基金项目	2000年9月—2002年8月
17	陈少华	公司财务报告问题研究（2001JDM630001）	教育部人文社会科学重点研究基地重大项目	2001年1月—2003年12月
18	陈少华	我国上市公司会计信息披露制度科学性的若干问题研究（2003KJA010）	财政部会计重点课题	2003年1月—2005年12月

① 本表中科研项目按项目负责人姓名拼音顺序排序（截至2023年9月）。

续表

序号	课题负责人 项目首席专家	课题或项目名称（编号）	类型	资助时间
19	陈少华	企业内部激励、约束机制与会计问题研究（05JJD630003）	教育部人文社会科学重点研究基地重大项目	2005年6月—2008年6月
20	陈少华	企业集团风险管控的科技内部报告研究（11JJD79006）	教育部人文社科基地重大项目	2011年9月—2014年8月
21	陈少华	大数据环境下财务报告分析框架的重构与应用（15JJD630011）	教育部人文社会科学重点研究基地重大项目	2015年12月—2019年4月
22	陈亚盛	眼动跟踪技术在会计信息系统设计中的应用（71672162）	国家自然科学基金项目	2017年1月—2020年12月
23	杜兴强	注册会计师事务所的政府监管与行业自律：案例分析及实证研究（70341034）	国家自然科学基金项目	2003年10月—2004年9月
24	杜兴强	公司治理生态、会计信息产权及上市公司经营者行为的会计审计制衡机制（70302012）	国家自然科学基金项目	2004年1月—2006年12月
25	杜兴强	企业家人力资本估价及多维信息披露模式（2003DGQ2D099）	国家软科学基金项目	2003年9月—2005年8月
26	杜兴强	财务会计信息与公司治理（NECT-04-0596）	教育部首届“新世纪优秀人才”项目	2005年1月—2007年12月
27	杜兴强	公司治理生态与会计信息质量（教材开发）	世界银行委托开发项目	2006年1月—2006年12月
28	杜兴强	中国上市公司并购的财务绩效实证研究（101087）	教育部霍英东基金项目	2006年3月—2009年3月
29	杜兴强	会计准则、会计信息质量与会计信息的契约有用性研究（07CJY010）	国家社科基金项目	2007年7月—2008年12月
30	杜兴强	公允价值、会计稳健性与金融危机防范（2009JYJR033）	教育部人文社会科学研究项目	2009年4月—2012年4月
31	杜兴强	制度环境、会计准则变迁与会计信息的决策有用性和契约有用性研究（2009JJD790040）	教育部人文社会科学重点研究基地重大项目	2009年12月—2012年12月
32	杜兴强	政治联系、过度投资与公司价值（2010A012）	福建省社科基金重点项目	2010年8月—2011年12月
33	杜兴强	制度环境、政治联系、会计信息质量与审计行为（71072053）	国家自然科学基金项目	2011年1月—2013年12月
34	杜兴强	半年报自愿审计、代理成本与公司价值：基于中国上市公司的经验证据（20120121110007）	教育部人文社会科学研究博士点项目	2013年1月—2015年12月
35	杜兴强	政治联系与会计信息的相关性与可靠性：数据挖掘与实证研究（13JJD790027）	教育部人文社会科学重点研究基地重大项目	2013年7月—2016年6月
36	杜兴强	宗教、外部监督与审计质量：数据挖掘与经验证据（71572162）	国家自然科学基金面上项目	2016年1月—2019年12月
37	杜兴强	文化影响、会计信息质量与审计行为（06JJD790032）	教育部人文社会科学重点研究基地重大项目	2016年11月—2020年12月
38	杜兴强	制度变革、非正式制度因素与会计审计行为（71790602）	国家自然科学基金重大项目	2018年1月—2022年12月

续表

序号	课题负责人 项目首席专家	课题或项目名称（编号）	类型	资助时间
39	杜兴强	会计学教材体系与教学模式改革：AI技术冲击、中国文化嵌入与伦理关注（FBJG20190184）	福建省教育厅社科研究项目	2019年9月—2021年12月
40	杜兴强	“一带一路”沿线国中国企业审计治理研究（20&ZD111）	国家社会科学基金重大项目	2021年1月—2024年6月
41	杜兴强	福建省“会计名家工作室”（首家）（闽财会函〔2020〕24号）	福建省财政厅委托项目	2021年1月—2025年12月
42	杜兴强	会计学本科教学模式重塑与教学内容迭代：制度变革、非正式制度与因果关系（福建省本科重大教改项目）（FBJG20220158）	福建省本科教改重大项目	2023年1月—2025年12月
43	杜兴强	“双碳”战略背景下公司环境绩效和“环境－捐赠”式伪善防范研究（22VRC130）	国家社会科学基金（重大专项）	2023年1月—2026年12月
44	杜兴强	会计思想史：继承与发展	财政部会计名家工程项目	2023年1月—2025年12月
45	傅元略	企业信息化环境下的财务监督控机制研究（00BJY016）	国家社会科学基金项目	2000年5月—2002年5月
46	傅元略	基于电子商务供需链的财务管理方法研究（01JB790028）	教育部人文社科“十五”规划项目	2001年12月—2004年11月
47	傅元略	基于价值链的网络财务管理研究（70172047）	国家自然科学基金项目	2002年1月—2002年12月
48	傅元略 余绪缨	企业创新（体制创新、技术创新、组织创新）与管理会计创新的相关研究（02JAZJD630007）	教育部人文社科重点基地重大项目	2002年12月—2005年12月
49	傅元略	企业集权协同产品成本控制及其财务协同效应的内在机制研究（05BJY014）	国家社科基金项目	2005年6月—2007年6月
50	傅元略	分析和财务协同管理效应研究（05JJD630029）	教育部人文社科重点基地重大项目	2005年12月—2008年12月
51	傅元略	跨企业边界的成本协同管理与价值创造驱动因素研究（70872096）	国家自然科学基金项目	2009年1月—2012年12月
52	傅元略	战略成本驱动因素与管理控制行为优化研究（71372073）	国家自然科学基金面上项目	2014年1月—2017年12月
53	傅元略	中国特色的管理会计理论框架研究（CZBGLKJ201501）	财政部人文招标项目	2015年6月—2017年12月
54	傅元略	管理控制机制理论与产业价值连协同治理研究（批准号16JJD79033）	教育部人文社会科学重点研究基地重大项目	2016年11月—2020年12月
55	葛家澍 陈少华	改进企业财务报告问题研究（99KJA010）	财政部重点会计科研课题	1999年7月—2002年7月
56	葛家澍	新体制下会计理论与方法研究	国家社科基金重点项目	1993年7月—1996年12月
57	葛家澍	加入WTO与我国会计准则体系建设研究（02BJY021）	国家社科基金项目	2002年6月—2004年4月
58	葛家澍	知识经济下财务会计理论的发展与财务报告的改进研究（02JAZ790012）	教育部人文社科重点研究项目	2002年12月—2005年12月

续表

序号	课题负责人 项目首席专家	课题或项目名称（编号）	类型	资助时间
59	葛家澍 曲晓辉	会计基本假设（2003CASC01021）	财政部重点会计科研课题	2003年9月—2004年9月
60	葛家澍 黄世忠	会计要素及其确认与计量（2003CASC01041）	财政部重点会计科研课题	2003年9月—2004年9月
61	葛家澍 杜兴强	中国财务会计概念框架研究（05JJD630004）	教育部人文社科重点基地重大项目	2005年6月—2008年6月
62	葛家澍	会计计量、内部控制与防止财务欺诈（2006IC05）	财政部重点会计科研课题	2006年1月—2006年12月
63	葛家澍	财务会计理论：回顾与展望	世界银行委托开发项目	2006年1月—2006年12月
64	葛家澍	中国资本市场上市公司表外信息披露制度研究（06BJY018）	国家社会科学基金一般项目	2006年8月—2009年12月
65	葛家澍	IASB和FASB的联合概念框架与基本会计准则研究（2008KJA41）	财政部重点会计科研课题	2008年8月—2010年12月
66	郭睿	监管数字化转型与审计行业治理研究：基于信息透明的视角	国家自然科学基金项目	2024年1月—2026年12月
67	郭晓梅	共享财务研究（HX2019227）	山东浪潮铸远教育科技有限公司	2019年8月—2021年7月
68	郭晓梅	“互联网+”财务创新人才培养（K8219043）	教育部产研结合协同育人项目	2019年12月—2020年3月
69	何　源	数字经济背景下企业创新与合谋行为研究：基于反垄断视角（72202189）	国家自然科学基金项目	2023年12月—2025年12月
70	黄炳艺	中国金融发展宏微观效应实证研究（2008LY012）	全国统计科学研究计划项目	2008年12月—2010年12月
71	黄炳艺	会计准则国际趋同、盈余质量和资本成本（2009C010）	福建省社科项目	2009年10月—2011年6月
72	黄炳艺	我国机构投资者持股行为经济后果研究：基于财务和会计角度的经验证据（09YJC790169）	教育部人文社科项目	2009年10月—2012年3月
73	黄炳艺	银行往来关系、财务政策与公司绩效：基于中国上市公司的经验证据（71002040）	国家自然科学基金项目	2011年1月—2013年12月
74	黄炳艺	分行业信息披露监管、盈余质量与资本市场效应研究（21YJA630034）	教育部人文社会科学研究项目	2021年6月—2024年5月
75	黄世忠	证券市场舞弊审计技术方法及规范研究（01JAZJD630004）	教育部人文社科重点基地重大项目	2001年12月—2004年12月
76	李　成	金融生态环境、管理层异质性与企业税收遵从（71202060）	国家自然科学基金项目	2013年1月—2015年12月
77	李　成	税收政策不确定性，企业税收风险控制与税收战略选择（71772156）	国家自然科学基金项目	2018年1月—2021年12月
78	李建发	国有资产保值增值考核体系与财务预警系统研究（98JBY630008）	教育部人文社科“九五”规划项目	1998年10月—2001年10月
79	李建发	非营利组织会计问题研究	财政部重点会计科研课题	1999年7月—2002年7月

续表

序号	课题负责人 项目首席专家	课题或项目名称（编号）	类型	资助时间
80	李建发	市场经济环境下非营利组织财务管理问题研究（70272015）	国家自然科学基金项目	2002年1月—2005年12月
81	李建发	部门预算改革对高等学校财务会计制度的影响及对策研究（教财〔2002〕341号）	教育部委托项目	2002年12月—2003年12月
82	李建发	市场经济条件下非盈利组织财务管理问题研究（70272015）	国家自然科学基金项目	2002年1月—2005年12月
83	李建发	政府财务会计报告（2003CASC01192）	财政部重点会计科研课题	2003年9月—2004年9月
84	李建发	高校机构绩效预算与绩效管理研究	财政部、教育部	2005年7月—2006年6月
85	李建发	公共部门财务管理	世界银行委托开发项目	2006年5月—2006年12月
86	李建发	政府及部门预算	世界银行委托开发项目	2006年5月—2007年3月
87	李建发	基于绩效管理的应计制政府会计改革问题研究（06JJD630018）	教育部人文社会科学重点研究基地重大项目	2007年1月—2009年12月
88	李建发	会计名家工程研究项目（K82083）	中央其他部委项目	2014年1月—2016年12月
89	李建发	NSFCI项目经费监督审计工作战略研究（S1450001）	国家自然科学基金面上项目	2014年7月—2015年3月
90	李建发	政府会计准则实施机制研究（K1415002）	中央其他部委项目	2014年7月—2015年6月
91	李建发	公共部门财务治理问题研究（14JJD630003）	教育部人文社会科学重点研究基地重大项目	2015年1月—2017年12月
92	李建发	国家治理情境下政府综合财务报告体系构建（71473211）	国家自然科学基金面上项目	2015年1月—2018年12月
93	李建发	行政事业单位管理会计应用研究（CZBGLKJ201601）	财政部管理会计专项课题项目	2016年9月—2017年8月
94	李建发	政府会计和报告模式变革与公共资源管控研究（18JJD790009）	教育部人文社会科学重点研究基地重大项目	2018年1月—2021年12月
95	李建发	公共产权视角下的政府资产治理与财务会计问题研究（20AGL013）	国家社会科学基金重点项目	2021年1月—2023年6月
96	李建发	绩效管理导向下中国政府成本体系研究（20&ZD115）	国家社会科学基金重大项目	2021年1月—2024年12月
97	李建发	新商科“宽基”复合型人才培养模式探索（FBJG20210278）	福建省本科重大教改项目	2022年1月—2024年6月
98	李建发	“引理入商”——新文科复合型人才培养创新与实践模式探索（2021100051）	教育部新文科项目	2022年1月—2024年12月
99	李明辉	公司治理全球趋同研究（06BJY058）	国家社科基金项目	2006年6月—2008年6月
100	李明辉	风险内部控制研究（2006IC07）	财政部重点会计科研课题	2006年1月—2006年12月
101	李若山	在高新科技条件下国营企业管理中反舞弊机制的实证研究（79770077）	国家自然科学基金面上项目	1998年1月—2000年12月

续表

序号	课题负责人 项目首席专家	课题或项目名称（编号）	类型	资助时间
102	林宝玉	证券公司内部控制失败与腐败问题研究（70142012）	国家自然科学基金项目	2000年1月—2002年12月
103	林朝南	产品市场竞争、公司治理与控制权私利：基于中国上市公司的实证研究（10YJC630137）	教育部人文社会科学研究项目	2010年1月—2013年9月
104	刘　峰	现代企业制度下的财务会计规范体系研究（96CJB008）	国家社科基金青年项目	1996年7月—1998年12月
105	刘　峰	审计质量决定机制与审计师选择（70772080）	国家自然科学基金项目	2007年12月—2010年12月
106	刘　峰	非市场的控制权转移（11JJD790032）	教育部人文社会科学重点研究基地重大项目	2012年1月—2014年12月
107	刘　峰	制度变迁、控制权性质与企业价值（71272079）	国家自然科学基金项目	2013年1月—2016年12月
108	刘　峰	会计名家培养工程	财政部项目	2014年9月—2017年8月
109	刘　峰	事务所规模与审计质量：团队视角（71672159）	国家自然科学基金项目	2017年1月—2020年12月
110	刘　峰	资本结构选择与公司治理机制优化（16JJD790034）	教育部人文社会科学重点研究基地重大项目	2017年1月—2020年12月
111	刘　峰	数智时代的企业投融资与风险管理（72232007）	国家自然科学基金重点项目	2023年1月—2027年12月
112	刘馨茗	会计师事务专业胜任能力培养、人员流动与业绩收入的研究：基于社会关系视角（2020R0010）	福建省软科学项目	2020年11月—2022年5月
113	刘馨茗	审计师职业晋升、审计行为及会计师事务所发展：基于社会关系视角（72002183）	国家自然科学基金青年科学基金项目	2021年1月—2023年12月
114	刘馨茗	国家审计视角下中小银行系统性金融风险防范研究（22SJ03004）	审计署重点课题	2022年7月—2023年6月
115	刘媛媛	年报问询函监管的溢出效应：共同审计师的应对行为与效果评价（72002182）	国家自然科学基金青年科学基金项目	2021年1月—2023年12月
116	罗进辉	媒体报道缓解资本市场信息不对称问题研究："法与金融"视角（2012C027）	福建省社科规划项目	2012年7月—2013年12月
117	罗进辉	家族内外部所有权结构安排与家族企业冒险行为及绩效研究：基于双重代理理论框架（71202061）	国家自然科学基金项目	2013年1月—2015年12月
118	罗进辉	上市公司聘请社会名人和退休官员担任独立董事的动机与后果（71572160）	国家自然科学基金项目	2016年1月—2019年12月
119	罗进辉	2025年福建高质量发展目标任务及对策研究（ZX2019004）	福建省人民政府发展研究中心	2018年9月—2019年9月
120	罗进辉	新时代构建亲清政商关系研究（22ZDA045）	国家社科基金重大项目［专项］	2022年4月—2024年12月
121	孟庆玺	社交媒体"意见领袖"与公司信息环境研究（72202194）	国家自然科学基金青年科学基金项目	2023年1月—2025年12月

续表

序号	课题负责人 项目首席专家	课题或项目名称（编号）	类型	资助时间
122	曲晓辉	完善我国会计准则问题研究（97BJB011）	国家社科基金一般项目	1997年7月—2000年12月
123	曲晓辉	企业集团股权投资管理研究	国家自然科学基金项目	1998年1月—2000年12月
124	曲晓辉	会计政策研究	教育部跨世纪优秀人才基金	1999年10月—2001年10月
125	曲晓辉	企业集团组建与运行中的财务与会计问题研究	财政部重点会计科研课题	1999年7月—2002年7月
126	曲晓辉 傅元略	企业集团财务与会计问题研究（2001ZDXM63002）	教育部人文社科重点基地重大项目	2001年2月—2004年3月
127	曲晓辉	Accounting Standards Setting in the United States: Experiences and Perspective（68425712）	美国富布莱特研究项目	2001年11月—2002年9月
128	曲晓辉	中国会计国际化研究（02JAZ790007）	教育部人文社科重大研究项目	2002年12月—2005年12月
129	曲晓辉	上市公司财务报告法律责任研究（03BJY018）	国家社科基金一般项目	2003年9月—2004年6月
130	曲晓辉	会计人员能力框架问题研究（2003KJA018）	财政部重点会计科研课题	2003年12月—2005年6月
131	曲晓辉	国际会计量化方法研究（70572091）	国家自然科学基金项目	2005年12月—2008年12月
132	曲晓辉	我国会计准则的国际协调效果研究（05JJD630030）	教育部人文社会科学重点研究基地重大项目	2005年12月—2008年12月
133	曲晓辉	会计系统内部控制研究（2006IC06）	财政部重点会计科研课题	2006年1月—2006年12月
134	曲晓辉	国际会计量化方法研究（70572091）	国家自然科学基金	2006年1月—2008年12月
135	曲晓辉	我国会计准则国际趋同效果检验（08JJD630010）	教育部人文社会科学重点研究基地重大项目	2009年1月—2011年12月
136	曲晓辉	会计形式趋同是否带来实质趋同？与IFRS趋同的准则执行研究（70972113）	国家自然科学基金	2010年1月—2012年12月
137	曲晓辉	会计信息定价功能研究——准则国际趋同视角（12JJD790030）	教育部人文社会科学重点研究基地重大项目	2012年2月—2014年12月
138	曲晓辉	公允价值信息采集及指数构建研究（13AJY005）	国家社会科学基金重点项目	2013年7月—2016年6月
139	曲晓辉	会计计量模式、报告模式与企业综合报告（16JJD790035）	教育部人文社会科学重点研究基地重大项目	2016年1月—2020年12月
140	沈江华	好披露还是坏披露？基于预测式股价有效性与启发式股价有效性权衡的视角（72202188）	国家自然科学基金	2023年1月—2025年12月
141	申屠李融	区域高铁网络发展对董监高劳动力市场的影响研究（FJ2021C025）	福建省社科规划项目	2022年1月—2024年6月

续表

序号	课题负责人 项目首席专家	课题或项目名称（编号）	类型	资助时间
142	申屠李融	兔死狐悲——会计师事务所同侪CPA死亡的审计经济后果研究	国家自然科学基金项目	2024年1月—2026年12月
143	唐予华	我国上市公司内部会计控制与会计信息质量研究（00BJY013）	国家社科基金项目	2001年5月—2003年7月
144	唐予华	福建省企业的公司治理与内部会计控制研究（2003B083）	福建省社科“十五”规划第二期	2003年7月—2004年6月
145	吴水澎	公司董事会、监事会效率与内控机制研究（01JAZJD630005）	教育部人文社科重点基地重大项目	2001年12月—2004年12月
146	吴水澎	新企业会计准则实施现状与问题研究	福建省会计学会项目	2007年4月—2008年4月
147	吴益兵	保荐代表人与签字会计师在IPO中的重复性合作研究（FJ2020B046）	福建省社科规划项目	2020年7月—2023年6月
148	吴益兵	隐形知识共享与资本市场高质量发展（22YJC790141）	教育部人文社会科学研究项目	2022年9月—2025年8月
149	肖　虹	公司研发投融资决策价值及创新激励政策因素影响：实物期权分析与检验（07JA630016）	教育部人文社会科学研究项目	2007年7月—2010年12月
150	肖　虹	全球经济波动背景下R&D投资决策行为心理效应与政策诱导（70972112）	国家自然科学基金面上项目	2010年1月—2012年12月
151	肖　虹	中国上市公司内部控制评价与指数研究（10JJD630004）	教育部人文社会科学重点研究基地重大项目	2010年12月—2013年12月
152	肖　虹	国际经济波动下公司R&D投资决策行为政策效应（2010GXS5D221）	国家软科学基金项目	2011年1月—2012年12月
153	肖　虹	行业经济周期，R&D投融资行为与公司价值（11JJD790006）	教育部人文社会科学重点研究基地重大项目	2011年1月—2013年12月
154	肖　虹	防范金融风险研究（FJ2017YH-QZ049）	福建省社科规划项目	2018年1月—2019年12月
155	肖　虹	公允价值会计运用与商业银行风险管控（15JJD630012）	教育部人文社会科学重点研究基地重大项目	2019年12月—2020年6月
156	肖　虹	应对突发公共卫生事件的逆周期信贷支持机制及其效用评估研究（20BGL088）	国家社会科学基金一般项目	2020年9月—2023年6月
157	肖　华	上市公司环境信息披露问题研究（03JB790018）	教育部人文社科博士点基金	2004年1月—2005年12月
158	肖　华	教育部高等学校特色专业建设点会计学国际化人才培养项目（TS2257）	教育部委托项目	2008年2月—2012年1月
159	肖　华	制度压力，企业环境信息公开与环境治理绩效研究（16BJY019）	国家社会科学基金项目	2016年7月—2019年6月
160	熊　枫	上市公司社交媒体信息披露特征及其经济后果研究（45010102010100610）	福建省教育厅社科研究项目	2018年1月—2019年12月
161	薛祖云	信息化环境下的企业内部控制研究（06JA630060）	教育部人文社会科学研究项目	2006年12月—2009年12月

续表

序号	课题负责人 项目首席专家	课题或项目名称（编号）	类型	资助时间
162	薛祖云	我国证券市场财务分析师信息引导机制及其监管研究（2009JJD790041）	教育部人文社会科学重点研究基地重大项目	2009年12月—2012年12月
163	薛祖云	业财融合ERP系统环境下的会计实验教学（福建省一流课程课程）	福建省省级虚拟仿真实验教学项目	2019年7月—2021年7月
164	叶建明	会计稳健性、成长异象与股权溢价之谜（71672161）	国家自然科学基金项目	2017年1月—2020年12月
165	于李胜	信息风险与价格发现机制（08JC630074）	教育部人文社科青年项目	2008年10月—2021年9月
166	于李胜	信息操控、风险测度与盈余公告后的漂移现象（PEAD）（70972114）	国家自然科学基金面上项目	2010年1月—2013年12月
167	于李胜	信息风险与价格发现机制（08JC630074）	教育部人文社会科学青年项目	2010年9月—2013年12月
168	于李胜	新兴媒体环境下资本市场信息披露问题研究（71572163）	国家自然科学基金项目	2016年1月—2019年12月
169	于李胜	会计准则视角下银行系统性风险影响机制研究（71972162）	国家自然科学基金项目	2020年1月—2023年12月
170	于李胜	气候相关信息披露及经济效应研究	国家自然科学基金项目	2024年1月—2027年12月
171	余绪缨	广义管理会计理论与方法问题研究	国家“七五”社会科学基金	—
172	余绪缨	教育部人文社科重点基地重大项目（07JJD630008）	教育部人文社科重点基地重大项目	2007年12月—2010年12月
173	曾　泉	环境信息披露、外部监督与企业信用评级（FJ2016C023）	福建省社科规划项目	2016年8月—2018年7月
174	曾　泉	企业环境信息披露与会计信息的可靠性和价值相关性研究（71702158）	国家自然科学基金青年项目	2018年1月—2020年12月
175	曾　泉	智能财务决策实训基地（202101364036）	教育部产学研项目	2021年8月—2022年9月
176	张国清	自愿性内部控制审计的动因和经济后果研究：基于代理理论和信号传递理论的经验证据（71002045）	国家自然科学基金项目	2011年1月—2013年12月
177	张国清	多个终极大股东、产权组合与资源配置效应（2011B211）	福建省社会科学一般项目	2011年8月—2012年12月
178	张国清	财务报告内部控制审计：强制抑或自愿？（71372075）	国家自然科学基金一般项目	2014年1月—2016年12月
179	张国清	政府综合财务报告制度的构建与执行研究（2015KJA005）	中国会计学会重点项目	2015年1月—2018年9月
180	张国清	会计、审计专业硕士培养的创新与实践——学科交融、职业导向与国际化（FBJG20200226）	福建省教改项目	2021年1月—2022年12月
181	张国清	国家善治导向的政府财务报告审计体系构建研究（21BJY005）	国家社会科学基金项目	2021年9月—2024年9月
182	章永奎	学者型独立董事、公司创新与“内卷化”抑制（FJ2021B158）	福建省社科规划项目	2021年7月—2024年6月

续表

序号	课题负责人 项目首席专家	课题或项目名称（编号）	类型	资助时间
183	郑　祯	产品市场竞争与权益资本成本：基于准自然实验的实证研究（71702160）	国家自然科学基金项目青年项目	2018年1月—2020年12月
184	郑　祯	多层级供应链视角下企业社会责任的涟漪效应及价值创造研究（22CGL062）	国家社科基金项目	2022年7月—2025年6月
185	庄明来	电子商务会计研究（2001B078）	福建省社科基金项目	2001年7月—2003年12月
186	庄明来	网络环境下事项会计的架构及其信息管理（02JD790019）	教育部人文社科研究项目	2003年1月—2005年12月
187	庄明来	网络条件下企业信息成本的核算与管理研究（2003KJA015）	财政部重点会计科研课题	2003年12月—2005年6月
188	庄明来	我国上市公司应用ERP系统的市场反应与绩效研究	福建省会计学会项目	2007年1月—2007年12月
189	庄明来	论我国会计系统的标准化流程的构造	福建省会计学会项目	2007年4月—2008年4月
190	庄明来	信息系统审计——内容和方法	审计署审计科学研究所	2008年1月—2010年12月

第三节　教师教学与科研获奖（含人才项目）

◎　厦门大学会计学科教师教学与科研获奖情况

序号	获奖者姓名	获奖项目	奖励类型	获奖等级	获奖时间
1	蔡　宁	中级财务会计	福建省级一流本科课程	其　他	2020年1月
2	蔡　宁	文化差异会影响并购绩效吗——基于方言视角的研究	厦门市第十二次社会科学优秀成果奖	三等奖	2023年2月
3	常　勋	中外合资经营企业会计	福建省第一届社会科学优秀成果奖	二等奖	1988年
4	常　勋 陈箭深	国际会计	福建省第三届社会科学优秀成果奖	三等奖	1998年9月
5	常　勋	财务会计三大难题	福建省第四届社会科学优秀成果奖	一等奖	2000年12月
6	陈汉文 黄凉菁	关于审计营销的若干基础问题研究	厦门市第三次社会科学优秀成果奖	三等奖	1997年9月
7	陈汉文	注册会计师职工行为准则研究	厦门市第四次社会科学优秀成果奖	三等奖	2000年6月
8	陈汉文	注册会计师职业行为准则研究	福建省第四届社会科学优秀成果奖	三等奖	2000年12月
9	陈汉文 林志毅	实证会计研究	福建省第四届社会科学优秀成果奖	三等奖	2000年12月
10	陈汉文	证券市场与会计监管	福建省第五届社会科学优秀成果奖	三等奖	2003年11月
11	陈向民 陈汉文	证券价格的事件性反映	福建省第五届社会科学优秀成果奖	三等奖	2003年11月
12	陈汉文 邓顺永	上市商业银行信息披露：变迁与改进	福建省第六届社会科学优秀成果奖	二等奖	2005年11月
13	陈汉文	事务所战略、行业特征与客户选择	中国会计学会2009年度会计学优秀论文	二等奖	2010年7月
14	陈汉文 韩洪灵 李若山	审计理论	福建省第九届社会科学优秀成果奖	三等奖	2011年12月
15	陈少华	企业财务报告理论与实务研究	福建省第四届社会科学优秀成果奖	三等奖	2000年12月
16	陈少华 黄世忠 陈　光 陈箭深	实证会计理论	福建省第四届社会科学优秀成果奖	三等奖	2000年12
17	陈少华	财务报表分析方法	福建省第六届社会科学优秀成果奖	三等奖	2005年11月
18	陈少华 袁清波 王丹芳 等	防范企业会计信息舞弊的综合对策研究	福建省第六届社会科学优秀成果奖	三等奖	2005年11月
19	陈少华	财务会计研究	福建省第八届社会科学优秀成果奖	三等奖	2009年12月

续表

序号	获奖者姓名	获奖项目	奖励类型	获奖等级	获奖时间
20	陈　纹	论我国民间审计风险	厦门市第三次社会科学优秀成果奖	三等奖	1997年9月
21	杜兴强	契约·会计信息产权·博弈	福建省优秀博士论文	一等奖	2002年9月
22	杜兴强	会计信息产权的逻辑及其博弈	厦门市第五次社会科学优秀成果奖	二等奖	2003年10月
23	杜兴强	会计信息的产权问题研究	福建省第五届社会科学优秀成果奖	二等奖	2003年11月
24	杜兴强	会计信息披露：充分含量、相关及产权问题	福建省第五届社会科学优秀成果奖	三等奖	2003年11月
25	杜兴强（葛家澍教授指导）	契约·会计信息产权·博弈	全国优秀博士论文提名论文	优秀奖	2004年5月
26	杜兴强	福建省第三届优秀青年社会科学工作者	其他	优秀奖	2004年11月
27	杜兴强	公司治理演进与会计信息披露监管——博弈分析与历史证据	厦门市第六次社会科学优秀成果奖	三等奖	2005年8月
28	杜兴强	“公司治理生态与会计信息的可靠性问题研究”等6篇	福建省第六届社会科学优秀成果奖	二等奖	2005年11月16日
29	杜兴强	“审计信息的产权问题研究”等3篇	福建省第六届社会科学优秀成果奖	三等奖	2005年11月16日
30	杜兴强	会计信息的产权问题研究	教育部第四届社会科学优秀成果奖	三等奖	2006年11月
31	杜兴强	教育部霍英东高等院校青年教师奖（基金）	科研类	基　金	2006年
32	杜兴强	公司治理生态与会计信息产权博弈研究	福建省第七届社会科学优秀成果奖	二等奖	2007年12月
33	杜兴强 章永奎	财务会计理论	福建省第八届社会科学优秀成果奖	三等奖	2009年12月
34	杜兴强 赵景文	财务会计信息与公司治理	福建省第八届社会科学优秀成果奖	三等奖	2009年12月
35	杜兴强	教育部霍英东高等院校青年教师奖	教学科研类综合奖励	一等奖	2010年12月
36	杜兴强	政治联系、政治联系方式与民营上市公司的会计稳健性	厦门市第八次社会科学优秀成果奖	二等奖	2010年12月
37	杜兴强	寻租、政治联系与“真实”业绩——基于民营上市公司的经验证据	中国会计学会2010年度会计学优秀论文	二等奖	2011年7月
38	杜兴强 周泽将 杜颖洁	上市公司高管政治联系的会计审计效应研究	福建省第九届社会科学优秀成果奖	三等奖	2011年12月
39	杜兴强	福建省优秀博士学位论文（指导教师）	其他	一等奖	2012年5月
40	杜兴强（第二作者）	税收负担、会计稳健性与薪酬业绩敏感度	中国会计学会2012年度会计学优秀论文	优秀奖	2013年11月
41	杜兴强 陈韫慧 杜颖洁	寻租、政治联系与“真实”业绩——基于民营上市公司的经验证据	福建省第十届社会科学优秀成果奖	二等奖	2013年12月27日

续表

序号	获奖者姓名	获奖项目	奖励类型	获奖等级	获奖时间
42	杜兴强	Does Religion Matter to Owner-Manager Agency Costs? Evidence from China	教育部第七届社会科学优秀成果奖	三等奖	2015年12月
43	杜兴强 曾　泉 杜颖洁	政治联系、过度投资与公司价值——基于国有上市公司的经验证据	福建省第十一届社会科学优秀成果奖	三等奖	2016年6月21日
44	杜兴强 赖少娟 杜颖洁	“发审委”联系、潜规则与IPO市场的资源配置效率	厦门市第十次社会科学优秀成果奖	三等奖	2016年12月22日
45	杜兴强	国家级百千万人才暨国家有突出贡献中青年专家	国家级人才计划	一等奖	2019年9月
46	杜兴强	论资排辈、CEO任期与独立董事的异议行为	福建省第十三届社会科学优秀成果奖	二等奖	2019年12月17日
47	杜兴强 等	会计学教学模式创新与教材体系改革：AI技术冲击、中国文化嵌入与伦理关注	福建省教学成果奖	特等奖	2020年12月
48	杜兴强	国务院政府特殊津贴（2020年）	中华人民共和国国务院	其　他	2020年12月
49	杜兴强	Elsevier中国高被引学者（2020）	其他	其　他	2021年4月
50	杜兴强	国家高层次人才特殊支持计划哲学社会科学领军人才	国家级高层次人才特殊支持计划	优秀奖	2021年12月
51	杜兴强 等	儒家文化与会计审计行为	福建省第十四届社会科学优秀成果奖	二等奖	2021年12月
52	杜兴强	中宣部文化名家暨四个一批（理论界）人才	国家级人才计划	其　他	2022年2月
53	马永强 谭洪涛 杜兴强 等	大数据会计人才培养改革与创新	2021年四川省高等教育教学成果奖	二等奖	2022年4月
54	杜兴强	Elsevier中国高被引学者（2021）	其他	优秀奖	2022年4月
55	杜兴强	教育部霍英东教育基金会第18届高等院校教育教学奖	教育教学奖	二等奖	2022年7月
56	杜兴强	2022年宝钢优秀教师奖	教育教学奖	优秀奖	2022年11月
57	杜兴强	2022年财政部会计名家培养工程	省部级人才计划	一等奖	2023年1月
58	杜兴强	财务会计理论专题	国家级一流本科课程	优秀奖	2023年6月
59	杜兴强 张　颖	独立董事返聘与公司违规：“学习效应”抑或“关系效应”？	厦门市第十二次社会科学优秀成果奖	三等奖	2023年2月24日
60	杜兴强	文化影响与会计审计行为研究	福建省第十五届社科优秀成果奖	二等奖	2023年12月
61	傅元略	在知识经济条件下企业智力资产对企业效益贡献的综合评价	2000年中国中青年财务成本研究会最佳论文奖	最佳论文奖	2000年8月

续表

序号	获奖者姓名	获奖项目	奖励类型	获奖等级	获奖时间
62	傅元略	福建省优秀博士学位论文（指导教师）	其他	三等奖	2009年1月
63	曾爱民 傅元略 魏志华	金融危机冲击、财务柔性储备和企业融资行为——来自中国上市公司的经验证据	中国会计学会2011年度会计学优秀论文奖	二等奖	2012年7月
64	傅元略等	企业信息化下的财务监控	福建省第六届社会科学优秀成果奖	三等奖	2005年11月16日
65	傅元略 林　涛	中级财务管理	福建省第七届社会科学优秀成果奖	三等奖	2007年12月25日
66	傅元略	财务管理理论	福建省第八届社会科学优秀成果奖	一等奖	2009年12月3日
67	葛家澍	通货膨胀会计	福建省第一届社会科学优秀成果奖	一等奖	1988年
68	葛家澍	市场经济下会计基本理论与方法研究	国家社科基金项目优秀成果奖	三等奖	1999年9月14日
69	葛家澍	市场经济下会计基本理论与方法研究	教育部第二届社会科学优秀成果奖	一等奖	1998年12月
70	葛家澍 黄世忠 刘　峰	中级财务会计学	福建省第四届社会科学优秀成果奖	二等奖	2000年12月6日
71	葛家澍	基本会计准则与财务会计概念框架	福建省第四届社会科学优秀成果奖	三等奖	2000年12月6日
72	葛家澍	现代西方会计理论	教育部学位办推荐研究生教学用书	/	2002年
73	葛家澍 黄世忠 陈少华	中级财务会计	2002年全国普通高等学校优秀教材奖	一等奖	2002年10月
74	葛家澍	关于财务会计基本假设的重新思考	中国会计学会2002年度会计学优秀论文	特等奖	2002年
75	葛家澍	会计基本理论与会计准则问题研究	教育部第三届社会科学优秀成果奖	一等奖	2003年7月
76	葛家澍 杜兴强	人力资源会计及人力资源信息披露的彩色模式（上、下）	福建省第五届社会科学优秀成果奖	二等奖	2003年11月26日
77	葛家澍	福建省杰出人民教师	其他	优秀奖	2004年12月
78	葛家澍 杜兴强	中级财务会计学	国家级教学成果	二等奖	2005年9月
79	葛家澍 杜兴强	中级财务会计学	福建省优秀教学成果奖	一等奖	2005年9月
80	葛家澍 杜兴强	财务会计概念框架与会计准则问题研究	福建省第六届社会科学优秀成果奖	一等奖	2005年11月16日
81	葛家澍 杜兴强	知识经济下财务会计理论与财务报告问题研究	福建省第六届社会科学优秀成果奖	三等奖	2005年11月16日
82	葛家澍 杜兴强	财务会计概念框架与会计准则问题研究	教育部第四届社会科学优秀成果奖	一等奖	2006年11月
83	葛家澍 杜兴强	会计理论	福建省第七届社会科学优秀成果奖	一等奖	2007年12月25日

续表

序号	获奖者姓名	获奖项目	奖励类型	获奖等级	获奖时间
84	葛家澍 杜兴强	继承与发展：独树一帜的《会计理论》教材	福建省第六届高等教育教学成果奖	一等奖	2009年9月
85	葛家澍	财务会计理论研究	厦门市第七次社会科学优秀成果奖	一等奖	2008年1月8日
86	葛家澍	创新与趋同相结合的一项准则	厦门市第七次社会科学优秀成果奖	二等奖	2008年1月8日
87	郭晓梅	管理会计	国家级一流本科课程（教育部）	优秀奖	2020年11月
88	郭晓梅	基于云端的智能大共享中心建设虚拟仿真平台v1.0	教育教学奖	其他	2022年4月
89	郭晓梅 林　涛	技术赋能，故事激趣——管理会计慕课创新应用	教育教学奖	特等奖	2023年3月
90	黄炳艺 朱平辉 游家兴	统计调查体系与调查方法问题研究	科研成果	一等奖	2010年12月
91	黄炳艺 林嘉伟 王艳艳	资本弱化税制与外资企业税收规避行为研究	福建省社科优秀成果奖	三等奖	2021年12月
92	黄炳艺 陈书璜 蔡欣妮	劳动保护制度与公司资本结构关系研究——基于中国资本市场的经验证据	厦门市第十二次社会科学优秀成果奖	三等奖	2023年2月24日
93	黄世忠	市场、政府与会计监管	中国会计学会2002年度会计学优秀论文	一等奖	2002年12月
94	黄世忠 等	市场、政府与会计监管	福建省第五届社会科学优秀成果奖	二等奖	2003年11月26日
95	李若山	审计理论结构探讨	厦门市第三次社会科学优秀成果奖	二等奖	1997年9月17日
96	李建发	政府会计论	福建省第四届社会科学优秀成果奖	三等奖	2000年12月6日
97	李建发	论改进我国政府会计与财务报告	福建省第五届社会科学优秀成果奖	三等奖	2003年11月26日
98	肖　华 李建发	论改进我国企业环境信息报告	福建省第五届社会科学优秀成果奖	三等奖	2003年11月26日
99	李建发	全国杰出会计工作者	综合性人才奖励	其　他	2005年
100	李建发	享受国务院政府特殊津贴（2005年）	国家级人才计划	其　他	2005年
101	肖　华 李建发	现代环境会计：问题、概念与实务	福建省第六届社会科学优秀成果奖	三等奖	2005年11月16日
102	李建发 郭　鹏	中国大众化高等教育财政政策及其改革问题探讨	福建省第六届社会科学优秀成果奖	三等奖	2005年11月16日
103	李建发 等	政府财务报告研究	福建省第七届社会科学优秀成果奖	一等奖	2007年12月25日
104	李建发	财政部首批“会计名家”培育工程	省部级人才计划	一等奖	2013年
105	李建发	中宣部文化名家暨“四个一批”人才	国家级人才计划	其　他	2018年1月
106	李建发	国家高层次人才特殊支持计划哲学社会科学领军人才	国家级高层次人才特殊支持计划	优秀奖	2018年3月

续表

序号	获奖者姓名	获奖项目	奖励类型	获奖等级	获奖时间
107	沈艺峰 郭　霖 林　涛 吴文华 许志端	管理学全案例教学模式	国家级教学成果奖	二等奖	2014年9月
108	林志军	当前会计改革的几个主要问题	福建省第一届社会科学优秀成果奖	三等奖	1988年
109	刘　峰	会计准则研究	福建省第三届社会科学优秀成果奖	三等奖	1998年9月19日
110	刘　峰	霍英东高等院校青年教师基金	科研类	基　金	1998年
111	刘　峰	教育部首届高等学校优秀青年教师奖	教学科研奖励计划	优秀奖	1999年
112	刘　峰	国务院政府特殊津贴（2000年）	国家级人才计划	其　他	2000年
113	刘　峰	银行监管政策变化的市场效应检验 —— 以上市公司为例	中国会计教授会2000年年会最佳论文奖	最佳论文奖	2000年7月
114	刘　峰	全国先进会计工作者	省部级人才计划	其　他	2008年12月
115	刘　峰	财政部　“会计名家”培育工程	省部级人才计划	其　他	2014年
116	刘　峰	会计学基础（福建省一流本科课程）	教育教学奖	其　他	2021年12月
117	刘馨茗 Gerald J. Lobo Hung-Chao Yu	Is Audit Committee Equity Compensation Related to Audit Fees?（审计委员会股权报酬会影响审计费用吗？）	福建省第十四届社会科学优秀成果奖	三等奖	2021年12月30日
118	卢永华	广义会计理论	厦门市第五次社会科学优秀成果奖	三等奖	2003年10月9日
119	卢永华	关于诚信与会计的辨证思考	福建省会计有奖征文	二等奖	2003年7月
120	卢永华	关于会计诚信与公司治理的理论思考	香港国际会计学会优秀论文奖	优秀奖	2004年7月
121	罗进辉	媒体报道、制度环境与股价崩盘风险	福建省第十一届社会科学优秀成果奖	三等奖	2016年6月21日
122	罗进辉	中国资本市场低价股的溢价之谜	福建省第十三届社会科学优秀成果奖	三等奖	2019年12月17日
123	罗进辉 向元高 林筱勋	本地独立董事监督了吗？—— 基于国有企业高管薪酬视角的考察	福建省第十四届社会科学优秀成果奖	二等奖	2021年12月30日
124	黄泽悦 罗进辉 李向昕	中小股东“人多势众”的治理效应 ——基于年度股东大会出席人数的考察	福建省第十五届社科优秀成果奖(福建省人民政府)	一等奖	2023年12月
125	曲晓辉	霍英东高等院校青年教师奖	教学科研类综合奖励教育部	三等奖	1993年
126	曲晓辉	中国商务环境	福建省第三届社会科学优秀成果奖	二等奖	1998年9月19日

续表

序号	获奖者姓名	获奖项目	奖励类型	获奖等级	获奖时间
127	曲晓辉	论我国会计理论研究的实践基础	福建省第四届社会科学优秀成果奖	二等奖	2000年12月6日
128	曲晓辉 陈少华 杨金忠	会计准则研究——借鉴与反思	福建省第四届社会科学优秀成果奖	三等奖	2000年12月6日
129	曲晓辉	现代中国财务会计	福建省第五届社会科学优秀成果奖	三等奖	2003年11月26日
130	曲晓辉	福建省优秀博士论文（指导教师奖）	其他	二等奖	2004年6月
131	曲晓辉	福建省优秀博士论文（指导教师奖）	其他	一等奖	2004年10月
132	曲晓辉	会计准则国际发展的利益关系分析	厦门市第六次社会科学优秀成果奖	二等奖	2005年8月25日
133	曲晓辉 等	股权投资管理研究	福建省第六届社会科学优秀成果奖	二等奖	2005年11月16日
134	曲晓辉 陈　瑜	会计准则国际发展的利益关系分析	福建省第六届社会科学优秀成果奖	三等奖	2005年11月16日
135	曲晓辉 高　芳	我国会计准则国际协调效果量化研究述评	福建省第七届社会科学优秀成果奖	三等奖	2007年12月25日
136	曲晓辉	会计改革若干基本理论问题的探讨	“中国会计与改革开放30年”有奖征文	二等奖	2008年12月
137	曲晓辉 傅元略 李明辉 等	企业集团财务与会计问题研究	福建省第八届社会科学优秀成果奖	二等奖	2009年12月3日
138	曲晓辉 邱月华	强制性制度变迁与盈余稳健性——来自深沪证券市场的经验证据	福建省第八届社会科学优秀成果奖	三等奖	2009年12月3日
139	曲晓辉 李宗彦 等	国际财务报告准则解释与应用（修订版）	福建省第九届社会科学优秀成果奖	三等奖	2011年12月1日
140	曲晓辉 张国华 高利芳 等	中国会计准则的国际趋同效果研究	福建省第十届社会科学优秀成果奖	一等奖	2013年12月27日
141	曲晓辉 黄霖华	投资者情绪、资产证券化与公允价值信息含量——来自A股市场PE公司IPO核准公告的经验证据	中国会计学会2013年度会计学优秀论文奖	三等奖	2014年7月
142	曲晓辉 张国华 邱月华 等	中国会计准则的国际趋同效果研究	教育部第七届社会科学优秀成果奖	三等奖	2015年12月
143	曲晓辉 等	会计准则趋同研究	福建省第十二届社会科学优秀成果奖	三等奖	2018年11月30日
144	陈　旻 曲晓辉 孙雪娇	后趋同时代的权益资本成本异质性分析	福建省第十四届社会科学优秀成果奖	三等奖	2021年12月30日

续表

序号	获奖者姓名	获奖项目	奖励类型	获奖等级	获奖时间
145	桑士俊（第三参与者）	迈向新文科的会计学国家一流专业建设	福建省教学成果奖	一等奖	2020年12月
146	苏新龙 汪　霞	全流通下中国上市公司融资偏好影响因素的实证分析	厦门市第八次社会科学优秀成果奖	二等奖	2010年12月29日
147	唐予华	会计法规：规范性与强制性	香港国际会计学会最佳优秀论文	一等奖	2004年7月
148	唐予华	改进外汇会计核算的若干问题	厦门市第二次社会科学优秀成果奖	三等奖	1994年4月23日
149	唐予华	中国会计的发展	厦门市第二次社会科学优秀成果奖	三等奖	1994年4月23日
150	唐予华	中国股份有限公司财务与管理与财务会计	厦门市第三次社会科学优秀成果奖	一等奖	1997年9月17日
151	唐予华 陈汉文 孙　航 范永斌	开放型经济下的财务会计问题探索	厦门市第四次社会科学优秀成果奖	二等奖	2000年6月20日
152	唐予华 陈汉文 孙　航 范永武	开放型经济条件下财务会计问题探索	福建省第四届社会科学优秀成果奖	三等奖	2000年12月6日
153	唐予华 许秀敏	实施新会计制度中的问题与对策	厦门市第五次社会科学优秀成果奖	三等奖	2003年10月9日
154	唐予华	内部会计控制与会计信息质量研究	厦门市第六次社会科学优秀成果奖	二等奖	2005年8月25日
155	王光远	外向型管理审计基本理论研究	厦门市第三次社会科学优秀成果奖	三等奖	1997年9月17日
156	王光远	管理审计理论	福建省第三届社会科学优秀成果奖	一等奖	1998年9月19日
157	吴东辉	信息技术发展与企业的实时报告系统	厦门市第四次社会科学优秀成果奖	二等奖	2000年6月20日
158	吴水澎	会计“信息系统论”与“管理活动论”可以合二而一——对会计定义的看法	福建省第一届社会科学优秀成果奖	二等奖	1988年
159	吴水澎	关于我国股份制企业财务管理及会计的有关问题	福建省第二届社会科学优秀成果奖	二等奖	1994年9月13日
160	吴水澎	财务会计基本理论研究	福建省第三届社会科学优秀成果奖	二等奖	1998年9月19日
161	吴水澎	财务会计基本理论研究	教育部第二届社会科学优秀成果奖	三等奖	1998年12月
162	吴水澎	论有中国特色会计理论体系	福建省第四届社会科学优秀成果奖	二等奖	2000年12月6日
163	吴水澎	财务披露管理方式的维度观	中国会计学会2002年度会计学优秀论文	二等奖	2002年
164	吴水澎	中国会计理论研究	福建省第五届社会科学优秀成果奖	三等奖	2003年11月26日

续表

序号	获奖者姓名	获奖项目	奖励类型	获奖等级	获奖时间
165	吴水澎 戴泽伟	历史财务信息的资源配置功能-关于历史财务信息悖论的解读	中国会计学会2011年度会计学优秀论文奖	二等奖	2012年7月
166	吴水澎	财务会计基本理论研究	厦门市第四次社会科学优秀成果奖	荣誉奖	2000年6月20日
167	吴水澎	“价值”是会计学的逻辑起点	厦门市第五次社会科学优秀成果奖	一等奖	2003年10月9日
168	吴水澎	论会计信息资源的配置机制	厦门市第六次社会科学优秀成果奖	二等奖	2005年8月25日
169	吴水澎	变化的世纪与变革的会计	厦门市第七次社会科学优秀成果奖	三等奖	2008年1月8日
170	肖　虹	论公司产品竞争战略中的融资决策因素	厦门市第七次社会科学优秀成果奖	二等奖	2008年1月8日
171	肖　虹	公司技术创新投资决策战略效应及其杠杆掠夺影响——基于中国、欧盟、美国上市公司的比较检验	福建省第八届社会科学优秀成果奖	三等奖	2009年12月3日
172	肖　虹	公司资产置换财务绩效特点变化及其计量属性规范实施效果	厦门市第八次社会科学优秀成果奖	二等奖	2010年12月29日
173	肖　华 李建发	论改进我国企业环境信息报告	福建省第五届社会科学优秀成果奖	三等奖	2003年11月26日
174	肖　华 李建发	现代环境会计：问题、概念与实务	福建省第六届社会科学优秀成果奖	三等奖	2005年11月16日
175	肖　华 桑士俊 杜兴强 等	国际职业化导向的会计学本科专业建设	福建省教学成果奖	一等奖	2017年9月
176	谢琳琳	中外合资经营企业审计规范化的原则与问题	厦门市第二次社会科学优秀成果奖	三等奖	1994年4月23日
177	薛祖云	信息过载是否影响投资者对公开信息的使用	厦门市第六次社会科学优秀成果奖	一等奖	2005年8月25日
178	薛祖云	对中国A股市场上财务分析师盈利预测的实证分析	厦门市第七次社会科学优秀成果奖	一等奖	2008年1月8日
179	杨　绮	论合并财务报表的合并范围界定——基于我国上市公司样本的统计分析	中国会计学会2012年度会计学优秀论文奖	一等奖	2013年11月
180	杨　绮	《国际租赁会计准则改革对我国民航业预期影响研究》获全国会计硕士专业学位优秀学位论文奖（作者：朱玮熙；指导教师：杨绮）	其他	优秀奖	2019年10月
181	杨　绮 曲晓辉 肖　华	高级财务会计（福建省一流本科课程）	教育教学奖	其他	2020年12月
182	杨　绮 曲晓辉 肖　华	福建省首届高校教师教学创新大赛副高组二等奖	其他	二等奖	2021年4月

续表

序号	获奖者姓名	获奖项目	奖励类型	获奖等级	获奖时间
183	杨 绮 曲晓辉 肖 华	福建省首届高校教师教学创新大赛“教学活动创新奖”专项奖	其他	其他	2021年4月
184	杨 绮 曲晓辉 肖 华	第四届全国高校混合式教学设计创新大赛“设计之星”奖	其他	优秀奖	2022年11月
185	叶少琴 胡 玮	IPO公司自愿披露盈利预测	厦门市第七次社会科学优秀成果奖	二等奖	2008年1月8日
186	于李胜	盈余管理、信息质量和政府监管	福建省第八届社会科学优秀成果奖	三等奖	2009年12月3日
187	王艳艳 于李胜	State-bank Loan and Stock Price Synchronicity	中国会计学会2013年度会计学优秀论文	一等奖	2014年7月
188	于李胜	信息不确定性、投资者行为与盈余公告后的漂移现象	福建省第十一届社会科学优秀成果奖	青年佳作奖	2016年6月21日
189	于李胜 王成龙 王艳艳	高能力管理者被施加“紧箍咒”了吗？——基于会计稳健性角度的分析	中国会计学会财务与成本分会2017年学术年会优秀论文	一等奖	2017年9月
190	王艳艳 许 锐 王成龙 于李胜	关键审计事项能提高审计报告的沟通价值吗？	福建省第十三届社会科学优秀成果奖	三等奖	2019年12月17日
191	王艳艳 于李胜 赵玉萍	The Association between Audit-Partner Quality and Engagement Quality: Evidence from Financial Report Misstatement	全国高等学校人文科学研究优秀成果奖	二等奖	2020年2月
192	王艳艳 王成龙 于李胜 郑天宇	银行高管薪酬延付政策能抑制影子银行扩张吗？	福建省第十四届社会科学优秀成果奖	二等奖	2021年12月30日
193	于李胜 李文涛 王艳艳 王 迪	薪酬-职务倒挂是否具有“黑色嫉妒”效应？——基于国有企业薪酬激励对企业行为的影响研究	福建省第十四届社会科学优秀成果奖	三等奖	2021年12月30日
194	于李胜 李 成 林 澜 等	商学院一流本科人才培养探索与实践	福建省教学成果奖	一等奖	2022年10月
195	余绪缨	试论社会主义市场经济与国有企业的股份制改革	福建省第二届社会科学优秀成果奖	二等奖	1994年9月13日
196	余绪缨	管理会计学	全国普通高等学校优秀教材奖	二等奖	2002年10月
197	余绪缨	论知识经济与创造性人才培养	中华优秀论文	一等奖	2002年9月
198	余绪缨	《论知识经济的形成、发展将对管理会计体系产生重大影响》	《东南学术》1998—2001年度优秀论文奖	优秀奖	2002年11月
199	余绪缨	企业理财学	福建省教学成果奖	二等奖	2005年9月

续表

序号	获奖者姓名	获奖项目	奖励类型	获奖等级	获奖时间
200	常莹莹 曾　泉	环境信息透明度与企业信用评级 —— 基于债券评级市场的经验证据	福建省第十四届社会科学优秀成果奖	三等奖	2021年12月30日
201	章永奎（第五参与者）	迈向新文科的会计学国家一流专业建设	福建省教学成果奖	一等奖	2020年12月
202	庄明来	对电子商务环境下会计明细信息的思考	厦门市第五会科学优秀成果奖	三等奖	2003年10月9日
203	庄明来	会计系列网络课程	福建省教学成果奖	二等奖	2005年9月
204	庄明来	我国财务会计信息化理论研究到回顾与思考	“中国会计与改革开放30年”征文	三等奖	2008年12月

第四节　出版的专著与教材

（一）2000年之前出版的教材

◎　厦门大学会计学科教师2000年之前出版的教材

序号	主编	教材名称	出版社	出版时间/年
1	葛家澍 余绪缨	会计学原理	上海财经出版社	1962
2	葛家澍	会计基础知识	中国财政经济出版社	1964
3	顾继业 陈仁栋	生产队财务会计	福建人民出版社	1972
4	葛家澍 余绪缨	工业会计	中国财政经济出版社	1978
5	葛家澍	会计基础知识	上海人民出版社	1978
6	余绪缨	工业企业财务管理	中国财政经济出版社	1979
7	葛家澍	会计学基础	中国财政经济出版社	1980
8	余绪缨	工业企业经济活动分析	上海人民出版社	1980
9	葛家澍	借贷记账法	中国财政经济出版社	1981
10	葛家澍	社会主义经济核算与经济效果	上海人民出版社	1982
11	余绪缨 吴水澎	成本管理手册	中国社会科学出版社	1983
12	葛家澍 吴水澎	建国以来会计基本理论文稿摘编	天津人民出版社	1983
13	庄瑞澄	工业会计	中国财政经济出版社	1984
14	葛家澍	会计基础知识（第二版）	上海人民出版社	1985
15	常　勋 李登河	西方财务会计学习指导书	中央广播电视大学出版社	1985
16	葛家澍	《资本论》与社会主义部门经济理论	吉林人民出版社	1985
17	常　勋	西方财务会计	中央广播电视大学出版社	1985
18	葛家澍	工业会计概论	经济管理出版社	1986
19	葛家澍 吴水澎	会计基础知识习题集	上海人民出版社	1986
20	葛家澍 吴水澎	会计学原理教程	天津人民出版社	1986
21	常　勋	中外合资经营企业会计	厦门大学出版社	1987
22	余绪缨	成本管理大辞典	经济管理出版社	1987
23	余绪缨	现代管理会计	吉林人民出版社	1987
24	葛家澍	社会主义会计核算形式	新知识出版社	1957

续表

序号	主编	教材名称	出版社	出版时间/年
25	葛家澍	会计学导论	立信会计图书用品社	1988
26	葛家澍	会计学导论	立信会计图书用品社	1988
27	蔡淑娥	工业企业经济活动分析	厦门大学出版社	1992
28	葛家澍 余绪缨	会计学	四川人民出版社	1992
29	李登河	商业会计学	厦门大学出版社	1992
30	陈守文	成本会计	辽宁人民出版社	1994
31	葛家澍	中级财务会计	辽宁人民出版社	1994
32	吴水澎	会计学原理	辽宁人民出版社	1994
33	常　勋	高级财务会计	辽宁人民出版社	1995
34	李若山	审计学	辽宁人民出版社	1995
35	余绪缨	企业理财学	辽宁人民出版社	1995
36	陈守文	外贸企业会计	天津大学出版社	1996
37	余绪缨	管理会计	辽宁人民出版社	1996
38	常　勋	外商投资企业会计	厦门大学出版社	1997
39	葛家澍 刘　峰	会计学导论（第2版）	立信会计出版社	1999

（二）2000年之前出版的专著

◎　厦门大学会计学科教师2000年之前出版的专著

序号	主编	专著名称	出版社	出版时间/年
1	葛家澍	借贷记账法	中国财政经济出版社	1981
2	葛家澍 李儒训	社会主义经济核算与经济效果	上海人民出版社	1982
3	葛家澍 吴水澎	建国以来会计基本理论文章摘编	天津人民出版社	1983
4	许　毅 余绪缨	成本管理手册	中国社会科学出版社	1983
5	葛家澍 等	《资本论》与社会主义部门经济理论	吉林人民出版社	1985
6	葛家澍	通货膨胀会计	中国财政经济出版社	1985
7	林志军	基本会计观念、基本会计原则和会计准则	厦门大学出版社	1985
8	常　勋	中外合资经营企业会计	厦门大学出版社	1986
9	葛家澍	会计的基本概念	经济科学出版社	1986

续表

序号	主编	专著名称	出版社	出版时间/年
10	许毅等 余绪缨	成本管理大辞典	经济管理出版社	1987
11	葛家澍	关于会计基本理论与方法问题	经济科学出版社	1988
12	葛家澍	会计学导论	立信会计图书用品社	1988
13	吴水澎 等	当代企业家与会计信息	厦门大学出版社	1988
14	林志军	会计的假定·原则·准则	经济科学出版社	1988
15	黄世忠	会计实务精要	香港商业出版社	1988
16	王光远	决策会计学	湖北科学技术出版社	1988
17	余绪缨	会计理论与现代管理会计研究	中国财政经济出版社	1989
18	吴水澎 等	财务管理的理论与方法	西南财经大学出版社	1989
19	黄世忠	财务管理实务	香港商业出版社	1989
20	葛家澍 林志军	现代西方财务会计理论	厦门大学出版社	1990
21	陈仁栋	人力资源会计	厦门大学出版社	1991
22	葛家澍 曲晓辉	物价变动会计	北京经济学院出版社	1991
23	葛家澍 吴水澎	会计基本理论问题探索	立信会计图书用品社	1991
24	葛家澍 毛伯林	关于财政会计改革的若干问题	西南财经大学出版社	1991
25	朱时钦	决策会计原理与方法	北京经济学院出版社	1991
26	李若山	论审计与社会经济权责结构	中国财政经济出版社	1991
27	曲晓辉	论物价变动会计	中国财政经济出版社	1991
28	吴水澎	经济效益会计论	西南财经大学出版社	1992
29	陈双人	责任会计系统	辽宁人民出版社	1992
30	李若山	审计疑难案例解集	江西科学技术出版社	1992
31	王光远	制度基础审计学	湖北科学技术出版社	1992
32	王光远	现代财务会计结构	福建人民出版社	1992
33	王光远	证券市场管理	辽宁大学出版社	1992
34	葛家澍 裘宗舜	会计信息丛书（第一辑）	中国财政经济出版社	1993
35	常　勋	外币交易会计与外币报表折算	北京经济学院出版社	1993
36	叶　意 等	中国股份制企业会计	福建人民出版社	1993
37	唐予华	中国股份有限公司财务管理与财务会计	鹭江出版社	1993

续表

序号	主编	专著名称	出版社	出版时间/年
38	陈少华	房地产开发会计实务	厦门大学出版社	1993
39	李建发	商品流通会计实务	厦门大学出版社	1993
40	毛付根	旅游饮食服务会计实务	厦门大学出版社	1993
41	曲晓辉	工业会计实务	厦门大学出版社	1993
42	吴水澎	现代成本会计学	西南财经大学出版社	1994
43	葛家澍 余绪缨	葛家澍教授、余绪缨教授从教五十周年论文集	厦门大学出版社	1995
44	陳惠鋒 胡玉明	财务会计精要	万源图书有限公司	1995
45	葛家澍	市场经济下会计基本理论与方法研究	中国财政经济出版社	1996
46	葛家澍 裘宗舜	会计信息丛书（第二辑）	中国财政经济出版社	1996
47	吴水澎	财务会计基本理论研究	辽宁人民出版社	1996
48	黄世忠	股份制改造中资产评估理论与实务	鹭江出版社	1996
49	黄世忠	长期股权投资会计与合并会计报表	鹭江出版社	1996
50	刘　峰	会计准则研究	东北财经大学出版社	1996
51	王光远	管理审计理论	中国人民大学出版社	1996
52	曲晓辉	中国商务环境	三联书店（香港）有限公司	1996
53	唐予华	开放型经济下的财务会计问题探索	鹭江出版社	1997
54	胡玉明	论资本成本会计	中国经济出版社	1997
55	陈少华	企业财务报告理论与实务研究	厦门大学出版社	1998
56	胡奕明	外汇风险管理	东北财经大学出版社	1998
57	葛家澍	会计大典（第一卷）：会计理论	中国财政经济出版社	1998
58	葛家澍 裘宗舜	会计信息丛书（第三辑）：会计热点问题	中国财政经济出版社	1999
59	常勋	财务会计三大难题	立信会计出版社	1999
60	林志军 许连赞	会计资讯系统	五南图书出版公司	1999
61	李建发	政府会计论	厦门大学出版社	1999
62	傅元略	企业资本结构优化理论研究	东北财经大学出版社	1999
63	曲晓辉	现代中国财务会计	中国财政经济出版社	1999
64	曲晓辉	会计准则研究：借鉴与反思	厦门大学出版社	1999
65	陈汉文	注册会计师职业行为准则研究	中国金融出版社	1999
66	（美）沃尔金巴克 厦门大学经济系财务会计教研室 译	会计原理（上册） 会计原理（下册）	中国财政经济出版社	1982

续表

序号	主编	专著名称	出版社	出版时间/年
67	（美）库兹涅茨 常勋 等译	各国的经济增长：总产值和生产结构	商务印书馆	1985
68	（美）林德特 金德尔伯格 谢树森、常勋 等译	国际经济学	上海译文出版社	1985
69	（美）利特尔顿 林志军译	会计理论结构	中国商业出版社	1987
70	（美）乔伊、米勒 常勋 等译	国际会计	立信会计图书用品社	1988
71	（美）梅耶 林志军 等译	货币、银行与经济	上海三联书店	1988
72	（美）布朗、约翰斯顿 林志军 等译	巴其阿勒会计论	立信会计图书用品社	1988
73	（美）格雷戈里、 斯图尔特 林志军 等译	比较经济体制学	上海三联书店	1988
74	（美）瓦茨 齐默尔曼 黄世忠 等译	实证会计理论	中国商业出版社	1988
75	（英）诺比斯 帕克 黄世忠 等译	比较国际会计	中国商业出版社	1989
76	（美）利特尔顿 林志军 译	会计理论结构	中国商业出版社	1989
77	余绪缨 主译	成本会计——侧重于成本管理	五南图书出版公司	1995
78	余绪缨 主译	基本管理财务	五南图书出版公司	1995
79	毛付根 译校	管理会计国际惯例	中国人民大学出版社	1997
80	（美）西蒙·库兹 涅茨 常勋 等译	各国的经济增长（第2版）	商务印书馆	1999

（三）2000—2023年出版的著作与教材

◎ 厦门大学会计学系教师2000—2023年出版的著作

序号	作者	著作名称	出版社	出版时间/年
1	蔡　宁	中国上市公司股权结构及其代理理问题研究	中国经济出版社	2018年5月
2	常　勋 肖　华	会计专业英语	立信会计出版社	2000年1月
3	常　勋 曲晓辉 李建发	高级财务会计（第二版）	辽宁人民出版社	2002年3月
4	常　勋	会计创新及国际协调	东北财经大学出版社	2004年11月
5	常　勋	财务会计四大难题（第二版）	立信会计出版社	2005年1月
6	常　勋	会计专业英语（第3版）	立信会计出版社	2005年3月
7	常　勋 肖　华	初级会计专业英语（第二版）	立信会计出版社	2005年6月
8	常　勋	国际会计研究	中国金融出版社	2005年7月
9	常　勋	国际会计（第四版）	厦门大学出版社	2005年7月
10	常　勋	国际会计（第三版）	东北财经大学出版社	2005年8月
11	常　勋 肖　华	会计专业英语（第四版）	立信会计出版社	2005年11月
12	常　勋	国际会计（第五版）	厦门大学出版社	2006年8月
13	常　勋	财务会计四大难题（第三版）	立信会计出版社	2006年9月
14	常　勋 曲晓辉 李建发	高级财务会计（第三版）	辽宁人民出版社	2009年8月
15	陈汉文	企业内部控制、理论、实务与案例	中国财政经济出版社	2000年2月
16	陈汉文（主译）	财务会计理论	机械工业出版社	2000年11月
17	陈汉文	证券市场与会计监管	中国财政经济出版社	2001年2月
18	陈汉文 王　华 郑鑫成	安达信：事件与反思	暨南大学出版社	2003年6月
19	陈汉文	审计学	辽宁人民出版社	2003年11月
20	陈汉文 邓顺永	上市商业银行信息披露：变迁与改进	中国财政经济出版社	2003年12月
21	陈汉文	审计	厦门大学出版社	2006年9月
22	陈汉文	成本管理	高等教育出版社	2008年7月
23	陈汉文	中级财务会计	北京大学出版社	2008年11月
24	陈少华	会计学原理	厦门大学出版社	2002年8月
25	陈少华	改进企业财务报告问题研究	中国财政经济出版社	2002年8月
26	陈少华	防范企业会计信息舞弊的综合对策研究	中国财政经济出版社	2003年11月

续表

序号	作者	著作名称	出版社	出版时间/年
27	陈少华	财务报表分析方法	厦门大学出版社	2004年2月
28	陈少华	内部会计控制与会计职业道德教育	厦门大学出版社	2004年4月
29	陈少华	“师途”——财经白领职业规划	中国财政经济出版社	2004年8月
30	陈少华	内部会计控制与会计职业道德教育（第二版）	厦门大学出版社	2005年7月
31	陈少华	会计学原理（第二版）	厦门大学出版社	2005年8月
32	陈少华 葛家澍	公司财务报告问题研究	厦门大学出版社	2006年3月
33	陈少华	会计英语	厦门大学出版社	2006年8月
34	陈少华	财务会计研究	中国金融出版社	2007年3月
35	陈少华	会计学原理（第三版）	厦门大学出版社	2008年12月
36	陈少华	会计英语（第二版）	厦门大学出版社	2010年7月
37	陈少华	财务报表分析（第二版）	厦门大学出版社	2011年1月
38	陈少华	会计学原理（第二版）	北京大学出版社	2012年3月
39	陈少华	企业激励约束机制与会计协同	湖北科学技术出版社	2014年4月
40	陈少华	财务报告分析	经济科学出版社	2015年10月
41	陈少华 陈　光 黄世忠 陈箭深	实证会计理论（第四版）	东北财经大学出版社	2016年2月
42	陈少华	企业集团风险管控会计内容报告	厦门大学出版社	2016年3月
43	陈守文 唐予华 袁新文	成本会计（第三版）	辽宁人民出版社	2009年1月
44	杜兴强	会计信息的产权问题研究	东北财经大学出版社	2002年12月
45	杜兴强 章永奎	WTO与中国会计的国际化	厦门大学出版社	2003年8月
46	杜兴强	高级财务会计	厦门大学出版社	2004年5月
47	杜兴强 章永奎	财务会计理论	厦门大学出版社	2005年12月
48	杜兴强	公司治理生态与会计信息产权博弈研究	中国财政经济出版社	2006年12月
49	杜兴强 孙丽影 于竹丽	美国会计史	中国人民大学出版社	2006年12月
50	杜兴强	中级财务会计学	高等教育出版社	2007年11月
51	杜兴强	会计学原理	高等教育出版社	2007年11月
52	杜兴强	会计学	中国人民大学出版社	2008年1月
53	Keiso 等著 杜兴强、聂志萍 译	中级会计学	中国人民大学出版社	2008年7月
54	杜兴强 章永奎	财务会计理论（第二版）	厦门大学出版社	2008年10月

续表

序号	作者	著作名称	出版社	出版时间/年
55	杜兴强 桑士俊	中级财务会计	辽宁人民出版社	2009年11月
56	杜兴强 周泽将	上市公司高管政治联系的会计审计效应研究	东北财经大学出版社	2010年11月
57	里夫.等著 杜兴强、王亚男 译	会计学（财务会计分册）	中国人民大学出版社	2011年7月
58	杜兴强、王亚男 译	会计学（管理会计分册）	中国人民大学出版社	2011年8月
59	杜兴强 杜颖洁 曾　泉	关系与中国上市公司会计行为研究	东北财经大学出版社	2013年4月
60	杜兴强	儒家文化与会计审计行为研究	厦门大学出版社	2020年10月
61	杜兴强	On Informal Institutions and Accounting Behavior	Springer	2020年11月
62	杜兴强	葛家澍教授学术思想研究	厦门大学出版社	2021年3月
63	杜兴强	中级财务会计	高等教育出版社	2022年4月
64	杜兴强	公司环境绩效：影响因素与经济后果	厦门大学出版社	2022年6月
65	杜兴强	文化影响与会计审计行为研究（上、下）	厦门大学出版社	2022年12月
66	傅元略	网络财务	立信会计出版社	2001年8月
67	傅元略	财务管理	厦门大学出版社	2003年10月
68	傅元略	企业信息化下的财务监控	中国财政经济出版社	2003年12月
69	傅元略	中级财务管理	复旦大学出版社	2005年9月
70	傅元略	电子商务供需链财务管理	复旦大学出版社	2006年4月
71	傅元略	金融工程 —— 衍生金融产品与财务风险管理	复旦大学出版社	2007年2月
72	傅元略	财务管理理论	厦门大学出版社	2007年5月
73	傅元略 余绪缨	企业创新与管理会计创新的相关问题研究	中国财政经济出版社	2007年9月
74	傅元略	公司财务战略	中信出版社	2009年2月
75	傅元略	管理会计	经济科学出版	2011年12月
76	傅元略	财务管理	厦门大学出版社	2015年8月
77	傅元略	管控机制理论和应用 —— 以管控为核心的管理会计	厦门大学出版社	2019年8月
78	葛家澍	会计基本理论与会计准则问题研究	中国财政经济出版社	2000年2月
79	葛家澍	中级财务会计（第2版）	辽宁人民出版社	2000年9月
80	葛家澍 余绪缨	会计学	高等教育出版社	2000年7月
81	葛家澍	现代西方会计理论	厦门大学出版社	2001年1月
82	葛家澍 裘宗舜	会计信息丛书 —— 会计热点问题	中国财政经济出版社	2001年1月
83	葛家澍	财务会计理论方法准则探讨	中国财政经济出版社	2002年1月
84	葛家澍 陈少华	改进企业财务报告问题研究	中国财政经济出版社	2002年7月

续表

序号	作者	著作名称	出版社	出版时间/年
85	葛家澍 刘　峰	会计理论 —— 关于财务会计概念结构的研究	中国财政经济出版社	2003年1月
86	葛家澍	中级财务会计（第二版）	中国人民大学出版社	2003年9月
87	葛家澍 杜兴强	财务会计概念框架与会计准则问题研究	中国财政经济出版社	2003年12月
88	葛家澍（主译）	公司会计准则导论	中国财政经济出版社	2004年5月
89	葛家澍 杜兴强	知识经济下财务会计理论与财务报告问题研究	中国财政经济出版社	2004年11月
90	葛家澍	关于会计基本理论与方法问题（增订版）	经济科学出版社	2004年12月
91	葛家澍	葛家澍文集	中国财政经济出版社	2005年3月
92	葛家澍 杜兴强	会计理论	复旦大学出版社	2005年11月
93	葛家澍	会计要素与财务报告	大连出版社	2005年12月
94	葛家澍	会计基本假设与会计目标	大连出版社	2005年12月
95	葛家澍	财务会计理论研究	厦门大学出版社	2006年5月
96	葛家澍 林志军	现代西方会计理论（第二版）	厦门大学出版社	2006年8月
97	葛家澍	制度・市场・企业・会计	东北财经大学出版社	2008年1月
98	葛家澍	现代西方会计理论（第三版）	厦门大学出版社	2011年3月
99	葛家澍	公允价值会计研究	大连出版社	2011年7月
100	葛家澍 杜兴强	财务会计概念框架与会计准则问题研究	商务印书馆	2022年5月
101	郭丹霞 庄明来	管理会计网络课程	高等教育出版社、高等教育电子音像出版社	2004年10月
102	郭晓梅	环境管理会计研究 —— 将环境因素纳入管理决策中	厦门大学出版社	2003年4月
103	郭晓梅 荣耀武	注册会计师法律责任	东北财经大学出版社	2004年1月
104	郭晓梅 庄明来	高级财务会计网络课程	高等教育出版社、高等教育电子音像出版社	2004年9月
105	郭晓梅	高级管理会计理论与实务	中国财政经济出版社	2005年5月
106	郭晓梅	管理会计学	中国人民大学出版社	2005年6月
107	郭晓梅	管理会计	北京师范大学出版社	2007年1月
108	郭晓梅	企业理财学（第三版）	辽宁人民出版社	2009年4月
109	郭晓梅	管理会计（第三版）	辽宁人民出版社	2009年4月
110	郭晓梅	管理会计学	中国人民大学出版社	2010年9月
111	郭晓梅	管理会计（第二版）	北京师范大学出版社	2012年7月
112	郭晓梅	高级管理会计理论与实务	东北财经大学出版社	2013年2月
113	郭晓梅	管理会计	立信会计出版社	2013年5月
114	郭晓梅	管理会计学（第四版）	中国人民大学出版社	2015年1月

续表

序号	作者	著作名称	出版社	出版时间/年
115	郭晓梅	高级管理会计理论与实务（第二版）	东北财经大学出版社	2016年8月
116	郭晓梅	管理会计（第三版）	北京师范大学出版社	2016年9月
117	郭晓梅	CGMA管理会计实践案例集	清华大学出版社	2017年3月
118	郭晓梅	管理会计学（第五版）	中国人民大学出版社	2019年8月
119	郭晓梅	责任会计	经济科学出版社	2020年1月
120	郭晓梅	管理会计理论与实务	东北财经大学出版社	2020年1月
121	郭晓梅	管理会计综合实战模拟教程	清华大学出版社	2020年3月
122	郭晓梅	管理会计（新形态教材）	高等教育出版社	2021年6月
123	郭晓梅	智能技术驱动下的财务共享模式创新与应用实践研究	东北财经大学出版社	2022年9月
124	胡奕明	商业银行信息披露的比较与分析	中国财政经济出版社	2014年12月
125	黄世忠	会计数字游戏：美国十大财务舞弊案例剖析	中国财政经济出版社	2003年7月
126	李　成	税收筹划	清华大学出版社	2010年6月
127	李　成	税收对我国企业投资影响的计量研究	中国税务出版社	2013年3月
128	李建发	非盈利组织公认会计原则解释与应用（译作）	中国财政经济出版社	2001年1月
129	李建发	政府及非盈利组织会计	东北财经大学出版社	2002年7月
130	李建发	政府财务报告研究	厦门大学出版社	2006年3月
131	李建发 路军伟	双轨制政府会计模式研究（丛书一）	厦门大学出版社	2010年11月
132	李建发 姚宝燕	权责发生制政府会计改革问题研究（丛书二）	厦门大学出版社	2010年12月
133	李建发	政府及非营利组织会计（第二版）	东北财经大学出版社	2011年7月
134	李建发 刘笑霞	我国政府绩效评价理论框架之构建（丛书四）	厦门大学出版社	2011年8月
135	李建发 张曾莲	政府管理会计的构建与应用研究（丛书三）	厦门大学出版社	2011年11月
136	李建发 殷　红	制度变迁与政府会计模式选择和优化研究（丛书五）	厦门大学出版社	2012年11月
137	林朝南	中国上市公司控制权私利影响因素的理论与实证研究	中国经济出版社	2011年5月
138	林　涛	管理会计	厦门大学出版社	2003年8月
139	林　涛 庄明来	企业理财学网络课程	高等教育出版社、高等教育电子音像出版社	2004年10月
140	林　涛 郭晓梅	财务管理	高等教育出版社	2021年6月
141	刘　峰	会计准则研究	东北财经大学出版社	1996年10月
142	刘　峰	会计准则变迁	中国财政经济出版社	2000年1月
143	刘　峰	会计学基础	高等教育出版社	2018年10月
144	刘　峰	会计学	清华大学出版社	2019年7月

续表

序号	作者	著作名称	出版社	出版时间/年
145	刘　峰	会计学基础	高等教育出版社	2022年8月
146	卢永华	广义会计理论	中国金融出版社	2000年11月
147	卢永华	企业财务会计	天津大学出版社	2002年2月
148	卢永华	会计科研方法论	中国金融出版社	2003年1月
149	卢永华	行业会计比较	中国金融出版社	2004年9月
150	卢永华	会计实务方法论	中国金融出版社	2005年11月
151	卢永华	会计学方法论	中国金融出版社	2008年3月
152	卢永华 纪锡昌	资产减值会计实务	中国财政经济出版社	2008年4月
153	卢永华	企业财务会计（第四版）	中国金融出版社	2009年1月
154	卢永华	企业财务会计（第五版）	中国金融出版社	2014年2月
155	罗进辉	媒体报道与资本市场	厦门大学出版社	2022年12月
156	毛付根	管理会计（第二版）	高等教育出版社	2007年4月
157	毛付根	跨国公司财务管理（第二版）	东北财经大学出版社	2008年8月
158	曲晓辉 陈少华 杨金忠	会计准则研究——借鉴与反思	厦门大学出版社	1999年3月
159	曲晓辉	现代中国财务会计	中国财政经济出版社	2000年1月
160	曲晓辉 傅元略 唐予华 等	股权投资管理研究	中国财政经济出版社	2003年12月
161	曲晓辉 傅元略 李明辉	企业集团财务与会计问题研究	中国财政经济出版社	2007年9月
162	曲晓辉	当代会计评论	科学出版社	2008年6月
163	曲晓辉 李宗彦	国际财务报告准则解释与应用	人民邮电出版社	2008年12月
164	曲晓辉　杨　钰 罗胜强　万继峰 李　泱　邓力平 陈　瑜　毛丽娟 高　芳	中国会计国际化研究	经济科学出版社	2010年7月
165	曲晓辉	IFRS Principles of Accounting	Lixin Accounting Publishing House	2011年9月
166	曲晓辉	中国会计准则的国际趋同效果研究	立信会计出版社	2011年11月
167	曲晓辉（参编）	5 Language Dictionary with Pronunciation（五语会计学用语词典）	税务经理协会株式会社	2013年2月
168	曲晓辉	会计准则趋同研究	立信会计出版社	2015年6月
169	任春艳	上市公司盈余管理与会计准则制定	中国财政经济出版社	2004年10月
170	任春艳	高级财务会计	清华大学出版社	2017年8月
171	任春艳	高级财务会计（新形态教材）	高等教育出版社	2021年9月
172	桑士俊	论企业分部财务报告	中国大地出版社	2001年8月

续表

序号	作者	著作名称	出版社	出版时间/年
173	苏新龙　郑琳芳 谢红莲　郑玉蕊	现代企业制度与财务会计若干问题的探讨	中国财政经济出版社	2004年5月
174	苏新龙	上市公司重大购并业务财务与会计问题探讨	现代教育出版社	2007年4月
175	苏新龙	通用会计学原理	北京师范大学出版社	2007年9月
176	苏新龙　汪　霞 吴德满　谌　云 张海燕　周　倩 薛　敏　徐栋良	全流通下上市公司再融资行为财务问题实证研究	吉林大学出版社	2011年9月
177	苏新龙	资本市场与财务会计问题研究	吉林大学出版社	2018年4月
178	唐予华 李明辉	内部会计控制与会计信息质量研究	中国财政经济出版社	2003年12月
179	王光远	管理会计	北大出版社	2000年1月
180	汪一凡	原来会计可以这么用	立信会计出版社	2010年11月
181	吴水澎	会计学原理（修订版）	辽宁人民出版社	2000年9月
182	吴水澎	中国会计理论研究	中国财政经济出版社	2000年12月
183	吴水澎	会计理论与方法研究	暨南大学出版社	2003年5月
184	吴水澎	公司董事会、监事会效率与内部控制机制研究	中国财政经济出版社	2005年10月
185	吴水澎 薛祖云	会计理论	机械工业出版社	2007年9月
186	吴水澎	会计理论与方法研究（续）	中国财政经济出版社	2008年6月
187	吴水澎	会计学原理	经济科学出版社	2011年11月
188	吴水澎	会计理论纲要	立信会计出版社	2012年6月
189	肖　虹	公司融资决策行为价值论	中国财政经济出版社	2006年11月
190	肖　虹	新旧企业会计准则比较与衔接（上册）（下册）	东北财经大学出版社	2007年9月
191	肖　虹	金融企业会计	东北财经出版社	2010年5月
192	肖　虹	公司研发投融资决策价值及创新激励政策因素影响	吉林大学出版社	2010年12月
193	肖　虹	其他综合收益信息研究	厦门大学出版社	2019年6月
194	肖　虹	衍生金融工具风险管理与会计运用	厦门大学出版社	2019年6月
195	肖　华 李建发	现代环境会计	东北财经大学出版社	2004年3月
196	谢　灵	成本会计学	中国人民大学出版社	2004年11月
197	徐玉霞	财务会计	厦门大学出版社	2007年6月
198	徐玉霞	企业财务会计（第四版）	中国金融出版社	2009年1月
199	薛祖云	会计信息市场与市场管制——关于会计信息管制的经济学思考	暨南大学出版社	2002年10月
200	薛祖云	会计信息系统	厦门大学出版社	2003年8月
201	薛祖云	会计信息市场政府监管研究	中国财政经济出版社	2005年6月
202	薛祖云	新企业会计准则实务指南（上市公司类）	机械工业出版社	2007年1月

续表

序号	作者	著作名称	出版社	出版时间/年
203	薛祖云	会计理论	机械工业出版社	2007年9月
204	薛祖云	会计信息系统（第二版）	厦门大学出版社	2008年7月
205	薛祖云	会计信息系统（第三版）	厦门大学出版社	2010年9月
206	薛祖云 徐玉霞	企业信息化与内部控制	厦门大学出版社	2011年3月
207	薛祖云	会计信息系统（第四版）	厦门大学出版社	2013年3月
208	薛祖云	会计信息系统——基于业财融合的ERP系统环境	厦门大学出版社	2018年7月
209	薛祖云 林朝南 徐玉霞	会计信息系统（基于业财融合的ERP系统文件）	厦门大学出版社	2018年8月
210	严　晖	风险导向内部审计整合框架研究	中国财政经济出版社	2004年12月
211	杨　绮	企业合并与合并报表准则	中国财政经济出版社	2007年10月
212	杨　绮 任春艳	高级财务会计（新形态教材）	高等教育出版社	2021年7月
213	叶少琴 苏新龙	会计学基础	科学出版社	2000年9月
214	叶少琴	中国上市公司注册会计师审计质量研究	中国财政经济出版社	2004年11月
215	叶少琴 庄明来	会计学原理网络课程	高等教育出版社 高等教育电子音像出版社	2005年9月
216	游相华	知识经济下的若干会计问题研究	中国财政经济出版社	2003年12月
217	于李胜	信息不确定性、投资者行为与盈余公告后的漂移现象	东北财经大学出版社	2013年7月
218	余绪缨	余绪缨学术文集	辽宁人民出版社	2000年9月
219	余绪缨	管理会计（第二版）	辽宁人民出版社	2001年3月
220	余绪缨 林　涛	企业理财学（第二版）	辽宁人民出版社	2002年8月
221	余绪缨	管理会计（第三版）	辽宁人民出版社	2004年8月
222	余绪缨	成本管理会计	立信会计出版社	2004年10月
223	余绪缨	企业理财学（第二版）	辽宁人民出版社	2004年10月
224	余绪缨	管理会计学	中国人民大学出版社	2005年7月
225	余绪缨	会计学：管理会计分册	高等教育出版社	2005年11月
226	余绪缨	管理会计学（第二版）	中国人民大学出版社	2010年9月
227	袁新文	成本会计网络课程	高等教育出版社、高等教育电子音像出版社	2004年6月
228	袁新文	中级财务会计（第二版）	厦门大学出版社	2005年7月
229	袁新文	中级财务会计	厦门大学出版社	2007年7月
230	张国清	政府会计理论与准则体系研究	大连出版社	2010年6月
231	张国清	盈余持续性与公司价值	东北财经大学出版社	2015年4月
232	张国清 谢　灵	成本会计	高等教育出版社	2022年8月

续表

序号	作者	著作名称	出版社	出版时间/年
233	庄明来	会计电算化实用教程	中国财政经济出版社	2000年6月
234	庄明来 傅元略	会计电算化	天津大学出版社	2002年1月
235	庄明来	会计电算化实用教程	中国财政经济出版社	2004年1月
236	庄明来	电子商务会计研究	中国财政经济出版社	2004年9月
237	庄明来	初级会计电算化教程	海潮摄影艺术出版社	2005年6月
238	庄明来 林宝玉	会计信息化教程	北京师范大学出版社	2007年8月
239	庄明来	会计电算化实用教程（第3版）	中国财政经济出版社	2008年6月
240	庄明来	信息系统审计内容与方法	中国时代经济出版社	2008年8月
241	庄明来（主编）	会计信息系统	经济科学出版社	2012年4月
242	庄明来（主编）	会计电算化实用教程（第4版）	中国财政经济出版社	2012年9月
243	庄明来	会计信息化教程（第3版）	北京师范大学出版社	2014年1月

第十三章 厦门大学会计学科研究生与本科生成果

第一节 学术型研究生发表论文清单（2000年—2023年7月）

◎ 厦门大学会计学系学术型研究生发表论文清单（2000年—2023年7月）

序号	作者	导师	论文标题	期刊名称	卷期数	起止页码
1	黄京菁	吴水澎	改进国有商业银行内部审计的几点思考	中国审计	2000年第4期	52～52
2	黄京菁	吴水澎	前后任审计人员的联系	中国注册会计师	2000年第9期	59～60
3	叶少琴	陈仁栋	企业会计制度新世纪变革 —— 会计基本假设和基本原则	财会月刊	2001年第10期	31～32
4	邓顺永	陈汉文	财务报告舞弊:来自COSO的研究成果	上海会计	2002年第4期	43～44
5	胡念梅	葛家澍	或有事项的后续会计影响	上海会计	2002年第10期	23～23
6	孙丽影	葛家澍	致安然公司董事长的匿名信	中国注册会计师	2002年第4期	61～63
7	覃志刚	吴水澎	社会审计新领域:养老工作认证	中国审计	2002年第11期	73～74
8	叶丰滢	黄世忠	“新四项准备”若干问题探讨	财务与会计	2002年第8期	14～15
9	陈　俊	陈汉文	大股东资金占用与盈余管理	财贸研究	2006年第17卷第3期	128～135
10	胡念梅	葛家澍	超额亏损子公司会计处理及合并方式探讨	商业会计	2006年第3期	10～12
11	梁丽珍	傅元略	上市公司股票回购的公告效应及动因分析	经济与管理研究	2006年第12期	63～69
12	廖涵平	冯淑萍	澳大利亚会计准则与国际会计准则比较	财会通讯	2006年第11期	87～89
13	石春茂	陈少华	对资本市场机构投资者作用的认识	财会月刊	2006年第20期	63～64

续表

序号	作者	导师	论文标题	期刊名称	卷期数	起止页码
14	王建峰	黄世忠	从耀眼明星到蒙羞于世:朗讯财务舞弊案例剖析	财务与会计	2006年第7期	16～19
15	颜　艳	王光远	会计业务流程重组——基于BPR理论的思考	中国农业会计	2006年第10期	12～14
16	郑朝晖	黄世忠	新会计准则下的利润操纵点及其防范	财务与会计	2006年第20期	8～11
17	庄　莹	吴水澎	基于企业社会责任的增值表	会计之友	2006年第12期	40～41
18	庄　莹	吴水澎	基于业务流程的企业扁平化结构	技术与创新管理	2006年第2期	89～91
19	陈　俊	陈汉文	公司治理、会计准则执行与盈余价值相关性	审计研究	2007年第2期	45～52
20	陈　政	杜兴强	交叉持股公司投资价值评估误区及思考	财务与会计	2007年第22期	29～31
21	陈　政	杜兴强	上市公司社会责任报告解读与完善建议	证券市场导报	2007年第8期	28～33
22	刘用铨	李建发	公共财政管理与政府会计的改进	财会月刊	2007年第2期	64～65
23	邱月华	曲晓辉	《萨班斯-奥克斯利法案》的成本与效益分析	财会通讯（综合版）	2007年第1期	96～98
24	邱月华	曲晓辉	对合并财务报表编制理论的认识	财会月刊	2007年第4期	14～15
25	邱月华	曲晓辉	强制性制度变迁与盈余稳健性——来自深沪市场的经验证据	会计研究	2007年第7期	20～28
26	谢慰琦	陈少华	新会计准则下银行业的对策探讨	福建金融	2007年第6期	35～36
27	修宗峰	杜兴强	大股东与管理当局之间利益协同还是代理冲突?	山西财经大学学报	2007年第10期	117～124
28	颜　艳	王光远	基于价值链的企业内部控制研究	财会通讯（综合版）	2007年第6期	37～38
29	杨翼飞	葛家澍	公允价值及其在新会计准则中的应用分析	财会通讯（学术版）	2007年第12期	25～27
30	于竹丽	杜兴强	中期财务报告自愿审计的初步经验证据——基于管理当局持股和第一大股东视角	当代财经	2007年第7期	108～112
31	余丽梅	郭晓梅	德国多层次会计信息披露模式在我国中小企业中的运用	国际商务财会	2007年第3期	30～31
32	詹雪竹	毛付根	新巴塞尔协议下银行信用卡业务的风险点及风险管理工具	辽宁经济	2007年第11期	47～47
33	詹雪竹	毛付根	新企业合并会计准则的特点及评析	辽宁经济	2007年第5期	85～85
34	詹雪竹	毛付根	银行信用卡业务的操作风险管理过程简析	会计之友	2007年第8期	37～38
35	占美松	葛家澍	关于实证会计研究的思考	财会通讯（综合版）	2007年第12期	6～9
36	占美松	葛家澍	会计信息质量特征与会计计量属性选择	厦门大学学报（哲学社会科学版）	2007年第6期	77～81

续表

序号	作者	导师	论文标题	期刊名称	卷期数	起止页码
37	占美松	葛家澍	会计学科属性的思考——其属于管理类学科的解读	财会通讯（综合版）	2007年第10期	80～82
38	张　提	曲晓辉	上市公司经理股票期权激励制度浅析	辽宁经济	2007年第9期	46～47
39	朱爱萍	傅元略	分离均衡定理及其在我国可转债市场的运用	财会月刊	2007年第35期	8～10
40	曹　强	陈汉文	事务所特征、行为与审计生产效率	南开管理评论	2008年第2期	84～91
41	曹　强	陈汉文	中国审计市场是否需要行业专门化	财经理论与实践	2008年第1期	78～84
42	陈丁嗣	吴水澎	事先财务和股权因素对我国制造业上市公司多元化决策的影响	经济理论与经济管理	2008年第5期	68～73
43	陈　俊	陈汉文	国外审计质量研究思考：需求方和供给方影响	经济管理	2008年第12期	36～42
44	陈　政	杜兴强	大股东资金占用与盈余管理：问题掩饰还是揭露	证券市场导报	2008年第12期	51～58
45	陈　政	杜兴强	非公开发行折价、大小股东利益冲突与协同	证券市场导报	2008年第8期	28～35
46	成　政	庄明来	试论信息技术下财务报告应该注意的几个问题	中国会计电算化	2008年第2期	17～18
47	程燕芸	薛祖云	新企业所得税法下的税务筹划	时代经贸	2008年第9期	148～149
48	丁吉晶	薛祖云	试论信息技术下财务报告应该注意的几个问题	中国会计电算化	2008年第2期	17～18
49	窦家春	葛家澍	会计公允概念的多维视角分析	财会通讯（学术版）	2008年第11期	35～38
50	方　宗	傅元略	从心理所有权看国有企业公司治理——基于中国传统文化	生产力研究	2008年第12期	123～124
51	付海龙	陈少华	企业社会责任报告浅析	西部财会	2008年第9期	52～54
52	高利芳	曲晓辉	IFRS执行调查及其启示	财会通讯（综合版）	2008年第4期	92～93
53	高利芳	曲晓辉	会计稳健性计量方法述评	财会月刊	2008年第11期	76～77
54	高利芳	曲晓辉	欧洲向IFRS趋同的效果及对中国的启示——基于稳健性视角的分析	山西财经大学学报	2008年第5期	118～124
55	高如云	李建发	美国联邦政府财务报告中社会保障信息披露及其启示	中国经济问题	2008年第6期	58～63
56	郭剑花	杜兴强	审计师变更与审计意见购买：一项经验研究	山西财经大学学报	2008年第11期	101～106
57	胡俊辉	桑士俊	“个别法”编制合并财务报表评析	财会月刊	2008年第12期	20～21
58	胡南薇	陈汉文	事务所特征、行为与审计生产效率	南开管理评论	2008年第2期	84～91
59	胡南薇	陈汉文	我国政府审计功能的多维立体观	当代财经	2008年第9期	30～34
60	胡南薇	陈汉文	中国审计市场是否需要行业专门化	财经理论与实践	2008年第1期	78～84

续表

序号	作者	导师	论文标题	期刊名称	卷期数	起止页码
61	黄丽君	薛祖云	基于平衡计分卡思维的战略风险管理系统	财经界	2008年第8期	34～35
62	黄莲琴	傅元略	公司治理、债务期限结构与资本使用效率	福州大学学报（哲学社会科学版）	2008年第4期	24～32
63	黄莲琴	傅元略	竞争视角下的剩余收益来源分析	管理科学	2008年第21卷第2期	69～78
64	康乐乐	傅元略	澳大利亚会计准则的特点及其发展动向	商业会计	2008年第11期	23～24
65	李艳茹	郭晓梅	会计教育文献综述	财经界	2008年第6期	264～265
66	梁丽珍	傅元略	中国股市的日内特征：持续还是反转?	管理评论	2008年第6期	9～16
67	廖涵平	冯淑萍	从定向增发模式中的定价看中小投资者利益保护	财务与会计	2008年第20期	35～36
68	廖涵平	冯淑萍	会计实务协调量化方法述评——指数法	当代会计评论	2008年第1卷第1期	72～83
69	廖涵平	冯淑萍	外币交易折算的统账制与分账制	财会月刊	2008年第13期	60～61
70	刘开崧	黄世忠	审计的二重价值：鉴证价值和保险价值	财会通讯（学术版）	2008年第6期	61～64
71	刘开崧	黄世忠	审计机制演变的逻辑与历史：纯鉴证机制、准鉴证机制和纯保险机制	财会通讯（学术版）	2008年第12期	93～95
72	刘强安	曲晓辉	公允价值会计信息相关且可靠吗？——来自资本市场研究的证据	当代会计评论	2008年第1卷第2期	122～139
73	刘万丽	黄炳艺	商誉会计处理的被投资者确认观	财会月刊	2008年第3期	6～9
74	刘　霞	王光远	SOA404条款的实施与启示	西部论坛	2008年第6期	87～90
75	刘晓盈	陈少华	会计专业双语教学实践的问卷调查研究	黑龙江教育（高教研究与评估）	2008年第11期	71～73
76	刘用铨	李建发	关联方会计规范变迁及启示	财会通讯（综合版）	2008年第7期	79～80
77	罗　祯	于李胜	公司绩效、财务风险与年报披露及时性的相关性研究——来自我国能源类上市公司的证据	管理学报	2008年第5卷第5期	769～772
78	石春茂	陈少华	论如家快捷酒店的成本领先战略	审计与理财	2008年第6期	30～31
79	宋　颖	桑士俊	收入准则历程与发展趋势简述	财会通讯（学术版）	2008年第9期	108～109
80	孙丽影	葛家澍	公允价值信息披露的管制安排	会计研究	2008年第11期	29～34
81	汤　岩	庄明来	传统电算会计内部控制变革探讨	财会月刊	2008年第36期	77～78
82	陶黎娟	庄明来	COBIT及其应用问题的理论研究	财会月刊	2008年第23期	6～7
83	陶黎娟	庄明来	ERP实施风险因素及其对策——以“吉利”为例	财会通讯（综合版）	2008年第3期	37～38
84	童　霓	庄明来	论REA模式与SAP数据模式之间的关系	中国会计电算化	2008年第1期	9～12

续表

序号	作者	导师	论文标题	期刊名称	卷期数	起止页码
85	汪裕川	杜兴强	“个别法”编制合并财务报表评析	财会月刊	2008年第12期	20～21
86	汪裕川	杜兴强	IASB成立以来金融工具会计准则的修订情况及未来展望	金融会计	2008年第4期	14～19
87	王建峰	黄世忠	大股东掠夺上市公司财富行为研究——Adelphia财务舞弊案例分析	财会通讯（综合版）	2008年第9期	46～47
88	温日光	叶少琴	影响政府采购效率因素的实证研究	宁夏大学学报（人文社科版）	2008年第2期	128～134
89	吴志娟	肖　虹	试论作业成本法在预拌混凝土行业中的应用	福建建材	2008年第3期	115～117
90	吴志娟	肖　虹	越南会计准则的国际化进程及展望	广西财经学院学报	2008年第3期	83～86
91	吴志娟	肖　虹	中国对越南FDI的企业所得税税收筹划探析	东南亚纵横	2008年第7期	66～69
92	修宗峰	杜兴强	股权集中、股权制衡与会计稳健性	证券市场导报	2008年第3期	40～48
93	徐莉莎	吴水澎	新会计准则实施的效果——从价值相关性的角度	经济与管理研究	2008年第6期	61～66
94	徐莉莎	吴水澎	信息风险、盈余质量和资本成本	财会月刊	2008年第14期	19～22
95	杨　辉	陈少华	管理层在分部报告中的信息保密动机	财会通讯（学术版）	2008年第5期	85～87
96	俞春江	吴水澎	公司透明度度量评述——兼论深交所年度信息披露考评数据	财会通讯（学术版）	2008年第6期	105～106
97	俞春江	吴水澎	公司透明度影响盈余管理行为的机制:一个假设——基于文献的视角	会计之友	2008年第12期	84～86
98	占美松	葛家澍	表外性质披露解读：剩余控制权视角	会计研究	2008年第10期	25～30
99	占美松	葛家澍	财务会计概念框架与公司层次业绩评价体系——业绩评价研究思路的构建	当代财经	2008 年第1期	109～112
100	占美松	葛家澍	公司治理模式与公司层次业绩评价体系	财会学习	2008年第6期	24～27
101	占美松	葛家澍	企业财务报告分析必须着重关注的几个财务信息	会计研究	2008年第5期	3～9
102	张曾莲	李建发	高校成本核算模式的设想	预算管理与会计	2008年第8期	32～35
103	张曾莲	李建发	基于权变理论的政府管理会计环境与政府管理会计变革：回顾与展望	南京财经大学学报	2008年第4期	27～31
104	张曾莲	李建发	论成本管理会计技术在政府的应用	财务与金融	2008年第5期	67～70
105	张曾莲	李建发	论高等教育成本管理	预算管理与会计	2008年第7期	42～45
106	张曾莲	李建发	论政府绩效报告	兰州商学院	2008年第5期	28～35

续表

序号	作者	导师	论文标题	期刊名称	卷期数	起止页码
107	张曾莲	李建发	以柬埔寨甘再项目为例谈跨国公司财务管理	财会月刊	2008年第24期	78～79
108	张曾莲	李建发	政府管理会计的国际研究与启示	广西财经学院学报	2008年第6期	54～58
109	张曾莲	李建发	政府管理会计环境与政府管理会计变革的权变理论分析	广西财经学院学报	2008年第10期	79～83
110	张晓宣	傅元略	法律环境对会计的影响研究	商业文化	2008年第5期	99～100
111	张晓宣	傅元略	信息技术对会计信息质量影响的经济学分析	财经界	2008年第7期	239～240
112	郑朝晖	黄世忠	延长分析视窗发现资产异常	财会通讯（综合版）	2008年第2期	41～42
113	周泽将	杜兴强	控股股东、管理层持股与会计信息质量关系实证研究	河南金融管理干部学院学报	2008年第4期	121～126
114	庄静雯	葛家澍	智慧资本文献回顾及未来研究展望	财会通讯（综合版）	2008年第9期	21～23
115	庄　莹	吴水澎	审计师选择与设立审计委员会的自选择问题——来自中国证券市场的经验证据	审计研究	2008年第2期	47～54
116	邹　冉	卢永华	ERM框架评析及其对我国民间审计的启示	当代经济	2008年第6期	152～153
117	曹　强	陈汉文	事务所战略、行业特征与客户选择	会计研究	2009年第1期	88～95
118	曹　澍	陈少华	政府管制、过度投资与企业绩效关系的实证分析	统计与决策	2009年第9期	133～135
119	曾爱民	傅元略	调查研究法的运用问题评析——揭示它在我国会计研究中的运用现状	财经理论与实践	2009年第6期	68～73
120	曾爱民	傅元略	调查研究法在我国审计和会计研究中的应用现状——基于73篇样本文章的分析	审计研究	2009年第4期	35～41
121	曾爱民	傅元略	广义会计信息系统论	财会月刊	2009年第19期	8～10
122	曾爱民	傅元略	家族控制、审计监督与公司治理——基于年报补充更正视角的经验证据	审计研究	2009年第6期	69～78
123	曾爱民	傅元略	如何提高会计调查研究质量:一个基于样本代表性的理论评析框架	广西财经学院学报	2009年第4期	94～98
124	曾爱民	傅元略	我国上市公司盈余管理阈值研究——基于前景理论视角	当代财经	2009年第10期	123～129
125	查　婧	陈少华	中美高管薪酬披露规则比较	财会通讯（综合版）	2009年第10期	121～123
126	陈爱华	陈少华	股权结构和公司经营绩效的关系研究—来自中国深市2008年的经验证据	统计与决策（理论研究版）	2009年第12期	123～125
127	陈朝琳	葛家澍	关于会计信息质量特征相关问题——兼为“公允价值”正名	财会通讯（综合版）	2009年第31期	16～18

续表

序号	作者	导师	论文标题	期刊名称	卷期数	起止页码
128	陈朝琳	葛家澍	一代英才虽逝，学术思想永存——解读顾准先生《社会主义会计的几个理论问题》	上海立信会计学院学报	2009年第3期	91～96
129	陈　达	陈少华	刍议管理审计产生的必然性及其意义	财会月刊	2009年第26期	69～70
130	陈　达	陈少华	基于最优契约观和管理层权力观分析上市公司高级经理层薪酬分布影响因素	财会月刊	2009年第36期	33～35
131	陈建凯	陈汉文	公司特征、审计需求与区域性事务所选择影响因素的实证研究	财经理论与实践	2009年第5期	23～28
132	陈建凯	陈汉文	事务所类型、强制轮换制与事务所行为	山西财经大学学报	2009年第7期	78～83
133	窦家春	葛家澍	基于公允价值的会计计量问题研究	厦门大学学报（哲学社会科学版）	2009年第3期	27～47
134	范文萍	王光远	FASB将何去何从——由SEC准备采用国际报告准则想到的	财务与会计	2009年第7期	14～15
135	方　宗	傅元略	基于资本民主的公司治理解读	财会通讯	2009年第13期	129～130
136	高利芳	曲晓辉	从上市公司补充更正公告看新准则执行：推测与证据	财贸研究	2009年第20卷第1期	140～147
137	高如云	李建发	美国联邦政府财务报告中财政可持续性信息披露	会计之友	2009年第9期	111～112
138	郭剑花	杜兴强	政治联系、政治联系方式与民营上市公司的会计稳健性	中国工业经济	2009年第7期	87～97
139	郭剑花	杜兴强	政治联系方式与民营上市公司业绩："政府干预"抑或"关系"？	金融研究	2009年第11期	158～173
140	韩群红	傅元略	基于环境视角的存货成本管理探讨	生态经济	2009年第5期	38～51
141	贺　琛	桑士俊	再议现行审计证据准则的变化及其影响	湖南社会科学	2009年第3期	107～109
142	胡南薇	陈汉文	事务所战略、行业特征与客户选择	会计研究	2009年第1期	88～95
143	黄莲琴	傅元略	管理者过度自信与公司融资行为研究综述	财会月刊	2009年第13期	47～49
144	黄雯君	毛付根	澳大利亚公司治理特色及其借鉴	财会通讯	2009年第2期	118～119
145	黄　艳	陈汉文	贝尔斯登公司风险管理失败及其启示	财会通讯	2009年第1期	30～33
146	江百灵	陈少华	会计准则国际化的新制度经济学解释	特区经济	2009年第3期	79～81
147	江百灵	陈少华	货币政策、有限理性与住房信贷偏低定价	江西社会科学	2009年第4期	96～99
148	雷　宇	杜兴强	企业会计准则（2006）的市场反应：初步的经验证据	会计研究	2009年第3期	18～24
149	雷　宇	杜兴强	企业利益相关者的利益关系：冲突还是融合	山西财经大学学报	2009年第6期	59～65

续表

序号	作者	导师	论文标题	期刊名称	卷期数	起止页码
150	雷　宇	杜兴强	上市公司年报披露的及时性：公司业绩与审计意见的影响	财贸研究	2009年第20卷第1期	133～139
151	雷　宇	杜兴强	政治联系、政治联系方式与民营上市公司的会计稳健性	中国工业经济	2009年第7期	87～97
152	雷　宇	杜兴强	政治联系方式与民营上市公司业绩："政府干预"抑或"关系"？	金融研究	2009年第11期	158～173
153	李宗彦	曲晓辉	会计准则等效：会计准则国际协调的新路径	财会月刊	2009年第30期	103～104
154	林　波	陈少华	股权结构对企业内部控制质量的影响分析——基于2007年上市公司内部控制信息数据的检验	当代财经	2009年第9期	110～114
155	刘　杰	庄明来	基于社会系统论与互动论的会计业务流程再造研究	中国会计电算化	2009年第8期	5～7
156	刘　杰	庄明来	论制度经济学视野下的企业会计信息化	财会通讯（综合版）	2009年第21期	6～8
157	刘　杰	庄明来	衍生金融工具创新环境下银行会计信息系统重构	财会通讯	2009年第4期	42～44
158	刘克宜	王光远	绩效审计模型中投入产出要素分析	中国审计	2009年第4期	41～43
159	刘克宜	王光远	绩效审计中的服务提供模型	中国审计	2009年第6期	31～32
160	刘强安	曲晓辉	FGRC框架构建的整合	财会月刊	2009年第25期	44～45
161	刘强安	曲晓辉	虚拟资本与公允价值关系初探	财会月刊	2009年第27期	33～34
162	刘万丽	吴水澎	中国上市公司送转股行为动因的实证研究	厦门大学学报（哲学社会科学版）	2009年第5期	114～121
163	刘　霞	王光远	关于内部审计规模影响因素的实证研究	财会月刊	2009年第6期	75～77
164	麦志坚	陈汉文	美林财务危机与公司治理缺陷	财会通讯	2009年第10期	24～29
165	牟韶红	吴水澎	自愿审计、公允价值对盈余管理的影响——基于2006—2007年上市公司中期报告的经验证据	财经研究	2009年第3期	124～133
166	南星恒	傅元略	我国管理会计理论研究发展回顾与创新	财会通讯（综合版）	2009年第7期	15～16
167	施金平	陈少华	企业财务报告改进：增编财务预测报告	社会科学辑刊	2009年第5期	112～114
168	石　梦	陈汉文	贝尔斯登公司风险管理失败及其启示	财会通讯	2009年第1期	30～33
169	斯　思	曲晓辉	基于会计信息质量的我国会计准则趋同效果研究	财会通讯（综合版）	2009年第36期	52～55
170	孙晓民	陈少华	金融工具计量模式现状及发展——兼评IASB"取代IAS39"项目讨论稿	财会通讯	2009年第22期	106～107
171	孙晓民	陈少华	利率风险组合套期的公允价值套期会计剖析	现代管理科学	2009年第8期	43～45

续表

序号	作者	导师	论文标题	期刊名称	卷期数	起止页码
172	覃　予	傅元略	破解A股上市公司会计盈利之谜	证券市场导报	2009年第7期	57～62
173	覃　予	傅元略	确定性等值法的经理人股票期权估值研究——基于经理人投资决策的期权估值模型	财会通讯	2009年第6期	117～119
174	汤四新	庄明来	构筑兼容价值法与事项法的会计业务流程	财会月刊	2009年第31期	7～9
175	汤　岩	庄明来	ERP思想对会计流程的影响	南京财经大学学报	2009年第4期	46～49
176	汤　岩	庄明来	财务供应链中冗余财务成本及解决对策	南京财经大学学报	2009年第1期	69～72
177	汤　岩	庄明来	管理决策型会计信息系统模型建立初探	财会通讯（综合版）	2009年第4期	113～114
178	汤　岩	庄明来	网络化会计业务流程再造基本构想	财会通讯（综合版）	2009年第19期	123～124
179	汤　岩	庄明来	作业成本法与ERP融合模型及展望	财会通讯（综合版）	2009年第16期	59～60
180	陶黎娟	庄明来	确定性等值法的经理人股票期权估值研究——基于经理人投资决策的期权估值模型	财会通讯	2009年第6期	117～119
181	陶黎娟	庄明来	设计科学与企业信息系统研究框架初探	科技管理研究	2009年第29卷第1期	244～247
182	王虎超	陈汉文	美林财务危机与公司治理缺陷	财会通讯	2009年第10期	24～29
183	王华兵	傅元略	国外关于证券投资基金费用问题的研究综述	生产力研究	2009年第16期	194～196
184	王华兵	傅元略	基金家族相关问题研究文献综述	生产力研究	2009年第24期	243～244，250
185	王华兵	傅元略	基金经理业绩报酬提取及激励思考	财会通讯（综合版）	2009年第16期	135～136
186	王华兵	傅元略	投资者偏好与基金家族资源配置策略	财经科学	2009年第8期	40～48
187	王华兵	傅元略	网络价值链系统中授信风险控制研究	财会通讯（综合版）	2009年第23期	43～44
188	王健姝	陈汉文	美国《舞弊风险管理实务指南》解读及启示	财会月刊	2009年第33期	88～90
189	王良成	陈汉文	大所的审计质量一贯的高吗?	审计研究	2009年第3期	55～66
190	王世鹏	陈汉文	实施ERP企业内部控制设计探讨	中国商界	2009年第8期	117～118
191	吴　昊	陈少华	政府管制、过度投资与企业绩效关系的实证分析	统计与决策	2009年第9期	133～135
192	阳　杰	庄明来	COBIT的解读及其在我国的应用	生产力研究	2009年第17期	154～156
193	阳　杰	庄明来	对导入式智能审计模式的再思考	上海商学院学报	2009年第2期	79～82
194	阳　杰	庄明来	基于COBIT的会计业务流程控制	审计与经济研究	2009年第2期	36～39
195	阳　杰	庄明来	美国IT控制的审计规范体系解读与启示	经济管理	2009年第11期	125～129

续表

序号	作者	导师	论文标题	期刊名称	卷期数	起止页码
196	杨翼飞	葛家澍	金融危机下公允价值述评	财会通讯	2009年第11期	131～133
197	詹慧玲	陈汉文	雷曼兄弟破产案与公允价值论战	财会通讯	2009年第3期	27～32
198	张曾莲	李建发	股权分置改革、股权结构与现金股利变化	财会通讯	2009年第3期	3～7
199	张曾莲	李建发	金融危机影响下印尼在建项目的汇率风险防范	国际商务财会	2009年第2期	30～31
200	张曾莲	李建发	论三轨制政府会计体系的构建	财会月刊	2009年第1期	97～98
201	张曾莲	李建发	政府会计变革的新公共管理与制度经济学解释	山东财政学院学报	2009年第2期	8～12
202	张　玲	陈汉文	治理环境、控制人性质与债务契约假说	金融研究	2009年第2期	102～115
203	张　鹏	陈汉文	雷曼兄弟破产案与公允价值论战	财会通讯	2009年第3期	27～32
204	张瑞琛	陈少华	公允价值计量宏观层次偏好性研究	财会通讯	2009年第16期	129～130
205	张瑞琛	陈少华	我国会计准则形式协调程度度量及评价	财会通讯	2009年第13期	133～134
206	张玉伟	郭晓梅	对利得与损失的思考	青年科学	2009年第6期	155～155
207	郑煦平	庄明来	COBIT的解读及其在我国的应用	生产力研究	2009年第17期	154～156
208	周泽将	杜兴强	费用“黏性”研究：来自中央企业的经验证据	产业经济研究	2009年第1期	40～46
209	周泽将	杜兴强	高层管理人员薪酬与盈余成分相关性的实证研究	财贸研究	2009年第20卷第2期	114～120
210	周泽将	杜兴强	国有上市公司财务管理目标的异化及其实现途径探析	现代财经：天津财经学院学报	2009年第7期	63～66
211	周泽将	杜兴强	信息披露质量与代理成本的实证研究——基于深圳证券交易所信息披露考评的经验证据	商业经济与管理	2009年第12期	76～82
212	周泽将	杜兴强	政治联系层级与中国民营上市公司真实业绩	经济与管理研究	2009年第8期	37～43
213	周泽将	杜兴强	政治联系与会计稳健性	经济管理	2009年第7期	115～121
214	祝琨璘	薛祖云	金融危机对公允价值批判的思考	财会通讯	2009年第15期	77～79
215	蔡明剑	陈少华	高管报酬业绩敏感性与业绩风险关系的研究	现代管理科学	2010年第11期	116～119
216	蔡明剑	陈少华	增值税纳税人身份选择的纳税筹划	财会月刊	2010年第29期	30～31
217	曹乃恩	李建发	关于我国公共产品价格改革的几点思考	价格理论与实践	2010年第9期	21～22
218	曾丽霞	傅元略	跨企业成本协同环境下目标成本法的改进	财会月刊	2010年第34期	14～16
219	曾　泉	杜兴强	政治联系类型与大股东资金占用——基于民营上市公司的实证研究	经济与管理研究	2010年第2期	5～11
220	查　婧	陈少华	美国证券交易委员会《盯市会计研究》评介	财会通讯（综合版）	2010年第13期	137～139

续表

序号	作者	导师	论文标题	期刊名称	卷期数	起止页码
221	陈爱华	陈少华	公司业绩、治理特征和高管薪酬	财会通讯（综合版）	2010年第33期	123～125
222	陈朝琳	葛家澍	IASB/FASB<关于客户合同收入确认的初步意见>讨论稿之简介——与现行准则的比较及举例分析	财务与会计	2010年第11期	51～54
223	陈朝琳	葛家澍	财务会计计量模式的必然选择：双重计量	会计研究	2010年第2期	7～12
224	陈　旻	曲晓辉	美英会计本科教育及其对我国的启示	财会通讯（综合版）	2010年第9期	152～154
225	陈　玮	黄世忠	公允价值计量信息的如实反映性述评——非活跃市场下公允价值计量	财会通讯（综合版）	2010年第6期	126～127
226	陈　玮	黄世忠	论会计主体的概念本质	财会通讯（综合版）	2010年第15期	3～5
227	陈韫慧	杜兴强	寻租、政治联系和“真实业绩”——基于民营上市公司的经验数据	金融研究	2010年第10期	135～157
228	戴泽伟	吴水澎	战略联盟视角下的海尔成本策略分析	财务与会计	2010年第11期	25～27
229	董　望	陈汉文	财务报告内部控制研究述评——基于信息经济学的研究范式	厦门大学学报（哲学社会科学版）	2010年第3期	20～27
230	董秀琴	陈汉文	行业专长与审计质量——基于投资者和财务报告视角的经验研究	证券市场导报	2010年第4期	61～66
231	窦家春	葛家澍	财务会计计量模式的必然选择：双重计量	会计研究	2010年第2期	7～12
232	杜颖洁	杜兴强	濒死体验、盈余管理、政治联系与朽而不倒	山西财经大学学报	2010年第7期	70～78
233	杜颖洁	杜兴强	公益性捐赠、会计业绩与市场绩效：基于汶川大地震的经验证据	当代财经	2010年第2期	113～122
234	杜颖洁	杜兴强	会计准则、公允价值与会计稳健性	天津商业大学学报	2010年第30卷第2期	9～15
235	杜颖洁	杜兴强	寻租、政治联系与“真实”业绩	金融研究	2010年第10期	135～157
236	杜颖洁	杜兴强	政治联系类型与大股东资金占用	经济与管理研究	2010年第2期	5～11
237	范文萍	王光远	美国联邦政府内部审计的发展及其启示	财会通讯（综合版）	2010年第9期	68～70
238	付　诗	陈汉文	对我国高管人员薪酬激励与绩效评估现状的反思	华东经济管理	2010年第24卷第11期	112～115
239	郭剑花	杜兴强	大股东资金占用、外部审计与公司治理	经济管理	2010年第1期	111～117
240	郭剑花	杜兴强	政治联系方式与民营企业捐赠：度量方法与经验证据	财贸研究	2010年第21卷第1期	89～99
241	贺　琛	桑士俊	关于我国累积投票制的反思——基于XX公司董事选举决议无效的案例分析	财经理论与实践	2010年第5期	44～47

续表

序号	作者	导师	论文标题	期刊名称	卷期数	起止页码
242	胡念梅	葛家澍	会计制度改革与盈余稳健性	山西财经大学学报	2010年第2期	31～37
243	江笑云	曲晓辉	财务报表国际趋同的重大进展——IASB与FASB《财务报表列报初步意见》之分析	税务与经济	2010年第3期	9～14
244	江笑云	曲晓辉	新会计准则执行效果实证研究结论与启示——基于会计信息决策有用性视角	经济问题探索	2010年第6期	133～139
245	雷　宇	杜兴强	大股东资金占用、外部审计与公司治理	经济管理	2010年第1期	111～117
246	雷　宇	杜兴强	政治联系方式与民营企业捐赠：度量方法与经验证据	财贸研究	2010年第21卷第1期	89～99
247	李婧	陈汉文	“进退热”中的冷思考	经济导刊	2010年第6期	92～93
248	李莉	曲晓辉	上市公司开发支出报表附注披露格式设计	财会月刊	2010年第31期	73～73
249	李宗彦	曲晓辉	欧盟对第三国会计准则等效的认定：回顾与启示	财会通讯（综合版）	2010年第10期	135～136
250	林　波	陈少华	银行业内部控制分析	财会通讯（综合版）	2010年第32期	65～66
251	刘　杰	庄明来	XBRL与会计业务流程再造研究	中国管理信息化	2010年第1期	2～5
252	刘　杰	庄明来	会计业务流程再造新思维	商业研究	2010年第2期	174～178
253	刘强安	曲晓辉	机会主义与会计理论述评	财会通讯（综合版）	2010年第10期	141～142
254	刘万丽	吴水澎	送转股对股东财富的影响——基于中国上市公司的证据	财经理论与实践	2010年第3期	53～57
255	刘文达	陈汉文	会计师事务所类型、审计任期与审计质量相关性研究综述	财会月刊	2010年第25期	44～46
256	刘　霞	王光远	管理控制框架研究进展及启示	财会通讯	2010年第25期	132～133
257	刘晓盈	陈少华	后危机阶段中国宏观经济政策的取向	学术交流	2010年第9期	85～87
258	刘晓盈	陈少华	基于行为心理分析的会计职业判断质量提升	财会通讯（综合版）	2010年第10期	40～42
259	牟韶红	吴水澎	金融资产不同分类对上市公司业绩的影响	财会月刊	2010年第17期	75～77
260	南星恒	傅元略	产品生命周期成本及其成本结构权衡理论研究	财会通讯（综合版）	2010年第3期	106～108
261	施金平	陈少华	“国际四大”垄断我国审计市场之思考	财会月刊	2010年第2期	69～71
262	斯思	曲晓辉	监管环境与会计准则执行——基于证监会监管规定的市场反应证据	税务与经济	2010年第2期	1～7
263	汤四新	庄明来	记账凭证自动生成模板模型研究	财会通讯（综合版）	2010年第1期	119～120
264	汪元华	庄明来	大学本科会计信息化人才培养的课程体系构建研究	财会通讯（综合版）	2010年第12期	50～51

续表

序号	作者	导师	论文标题	期刊名称	卷期数	起止页码
265	王　冲	陈汉文	会计准则变迁降低了信息风险吗	山西财经大学学报	2010年第3期	118～124
266	王虎超	陈汉文	排放权及其交易会计模式研究	会计研究	2010年第8期	16～22
267	王健姝	陈汉文	注册会计师在未来环境审计中的作用	生态经济	2010年第5期	55～58
268	肖　迪	杜兴强	股权分置改革、机构投资者与市场反应 —— 来自中国上市公司的实证研究	财会通讯（综合版）	2010年第12期	27～29
269	肖　迪	杜兴强	资金转移、关联交易与盈余管理	经济管理	2010年第4期	118～128
270	肖　建	王光远	高管层与审计委员会：内部审计的基本客户	中国审计	2010年第11期	43～44
271	肖　建	王光远	政治联系、私人关系、事务所选择与审计合谋	审计研究	2010年第4期	66～77
272	徐栋良	于李胜	债权融资结构与公司业绩实证研究	生产力研究	2010年第8期	83～85
273	颜　艳	王光远	公司治理中的战略审计	财会通讯（综合版）	2010年第34期	6～13
274	姚凌云	陈少华	公司业绩、治理特征和高管薪酬	财会通讯（综合版）	2010年第33期	123～125
275	叶琼燕	孙　谦	行为会计研究概览	财会月刊	2010年第3期	87～88
276	殷　红	李建发	法国政府会计准则体系的演进及其借鉴	财会通讯（综合版）	2010年第7期	129～131
277	殷　红	李建发	美国联邦政府双轨制会计：评介与启示	财会月刊	2010年第4期	32～33
278	尹笑雯	桑士俊	收购中的企业价值评估研究 —— 以小天鹅为案例	生产力研究	2010年第6期	210～212
279	张海燕	苏新龙	债权融资结构与公司业绩实证研究	生产力研究	2010年第8期	83～85
280	赵子璐	黄世忠	房地产上市公司盈余质量评价体系构建研究	会计之友	2010年第9期	96～98
281	周泽将	杜兴强	高管变更、继任来源与盈余管理	当代经济科学	2010年第1期	23～33
282	周泽将	杜兴强	政治联系方式与民营上市公司信息透明度	中南财经政法大学学报	2010年第1期	126～131
283	周泽将	杜兴强	政治联系与审计师选择	审计研究	2010年第2期	47～53
284	周泽将	杜兴强	制度环境、公司治理与独立董事	审计与经济研究	2010年第6期	75～82
285	朱爱萍	傅元略	试论买卖价差对我国证券市场信息不对称度量的适用性	统计与决策	2010年第7期	130～133
286	蔡　闽	傅元略	恶性增资决策的个体异质性研究及其管理启示	财经问题研究	2011年第7期	59～65
287	蔡　闽	傅元略	追加投资情况下的长期股权投资账务处理	财会月刊	2011年第16期	15～16
288	曹乃恩	李建发	事业单位会计改革思考与建议	财会月刊	2011年第4期	13～14

续表

序号	作者	导师	论文标题	期刊名称	卷期数	起止页码
289	曾丽霞	傅元略	企业网络视角下跨企业边界成本协同探析	财会通讯（综合版）	2011年第8期	56～57
290	曾　泉	杜兴强	关键高管的政治联系是否有助于民营上市公司打破行业壁垒？	经济与管理研究	2011年第1期	89～99
291	曾　泉	杜兴强	政治联系、过度投资与公司价值——基于国有上市公司的经验证据	金融研究	2011年第8期	93～110
292	陈爱华	陈少华	后萨班斯法案时代内部控制实证研究：回顾与展望	开发研究	2011年第1期	147～149
293	陈朝琳	葛家澍	财务报告概念框架的新篇章——评美国FASB第8号概念公告（2010年9月）	会计研究	2011年第3期	3～8
294	陈丹凤	薛祖云	信息化环境下全面预算管理系统的构建	会计之友	2011年第21期	79～100
295	陈　旻	曲晓辉	海峡两岸会计合作交流、准则趋同与等效互认：机遇与挑战	会计研究	2011年第7期	92～96
296	戴泽伟	吴水澎	历史财务信息的资源配置功能——关于历史财务信息悖论的解读	厦门大学学报（哲学社会科学版）	2011年第6期	89～96
297	戴泽伟	吴水澎	论以个体欲望为动力的市场经济之有效性和有限性	现代财经：天津财经学院学报	2011年第4期	3～9
298	董　望	陈汉文	内部控制、应计质量与盈余反应——基于中国2009年A股上市公司的经验证据	审计研究	2011年第4期	68～78
299	杜颖洁	杜兴强	“参政议政”能否改进民营上市公司的真实业绩？	财经论丛	2011年第3期	106～110
300	杜颖洁	杜兴强	关键高管的政治联系能否有助于民营上市公司打破行业壁垒？	经济与管理研究	2011年第1期	89～99
301	杜颖洁	杜兴强	商誉的内涵及其确认问题探讨	会计研究	2011年第1期	11～16
302	杜颖洁	杜兴强	政治联系、过度投资与公司价值	金融研究	2011年第8期	93～110
303	杜颖洁	杜兴强	政治联系、涉案行为与审计意见	管理学报	2011年第8卷第2期	186～194
304	杜颖洁	杜兴强	政治联系、审计师选择的“地缘”偏好与审计意见	审计研究	2011年第2期	77～86
305	杜颖洁	杜兴强	政治联系、最终控制人、制度环境与银行借款	当代经济科学	2011年第3期	33～42
306	方　静	李建发	基于公共管理视角的政府会计改革研究	财会通讯	2011年第34期	127～128
307	方　静	李建发	浅析继承资产会计确认与计量的相关问题	财会月刊	2011年第27期	93～94
308	黄　文	陈少华	会计稳健性、税收动机与企业性质	财会月刊	2011年第27期	3～6
309	黄　文	陈少华	会计制度强制变迁对非条件稳健性的影响——来自中国上市公司的经验证据	开发研究	2011年第3期	118～122

续表

序号	作者	导师	论文标题	期刊名称	卷期数	起止页码
310	黄　文	陈少华	企业集团财务控制模式设计：影响因素与基本取向	财会月刊	2011年第19期	59～60
311	荆龙姣	傅元略	高新技术企业无形资产运营策略	东北师大学报（哲学社会科学版）	2011年第1期	209～211
312	荆龙姣	傅元略	企业间协同与价值创造	求索	2011年第3期	29～31
313	林　波	陈少华	上市梦想下民营企业的野蛮式终结——基于江龙控股倒闭案的分析	财务与会计	2011年第1期	40～41
314	刘福东	李建发	服务型政府构建中的政府会计技术导向探讨	财会通讯（综合版）	2011年第7期	51～52
315	刘福东	李建发	国外大学财务报告的对比与借鉴	教育财会研究	2011年第1期	51～54
316	刘福东	李建发	矫治非营利组织“失灵”的管理会计思考	现代管理科学	2011年第5期	111～113
317	刘文达	陈汉文	盈余持续性、审计师类型对盈余持续性的影响及资本市场反应	税务与经济	2011年第4期	62～68
318	孙丹青	陈汉文	从西门子行贿案看跨国企业在华商业贿赂	经济导刊	2011年第3期	62～63
319	孙文娟	陈汉文	公司绩效、审计费用与公司内部治理	财会通讯（综合版）	2011年第12期	92～94
320	孙文娟	陈汉文	公司治理对内部控制质量的影响研究	财会通讯（综合版）	2011年第6期	104～106
321	孙雪娇	曲晓辉	境外投资、市场流动性与准则趋同	山西财经大学学报	2011年第9期	108～115
322	汤四新	庄明来	会计流程绩效评价与实施过程研究	当代财经	2011年第2期	118～128
323	田五星	李建发	基于政府会计环境的政府年度财务报告制度研究	财会通讯（综合版）	2011年第28期	138～139
324	田五星	李建发	美国联邦政府会计对我国政府会计改革的启示	财会月刊	2011年第31期	57～59
325	田志刚	葛家澍	强制性披露能提高高管薪酬与公司业绩之间的敏感性吗？	经济管理	2011年第8期	67～73
326	汪元华	庄明来	CPA行业信息化技术标准体系研究	财会月刊	2011年第27期	81～84
327	汪元华	庄明来	企业业务报告新模式：REA与XBRL GL协同	现代管理科学	2011年第12期	26～28
328	王曙亮	陈少华	公允价值应用过程的风险分析及控制——基于投资者的视角	当代财经	2011年第6期	121～128
329	王亚男	葛家澍	论会计信息的可理解性	厦门大学学报（哲学社会科学版）	2011年第5期	26～33
330	魏森淼	庄明来	我国XBRL研究的十年回顾：2001—2010	会计之友	2011年第21期	18～22
331	吴　昊	陈少华	从社会责任缺失看企业的社会责任信息披露	经济导刊	2011年第4期	78～79

续表

序号	作者	导师	论文标题	期刊名称	卷期数	起止页码
332	肖　建	王光远	内部审计客户需求冲突与管理	中国审计	2011年第22期	45～46
333	谢　灵	余绪缨	平衡计分卡因果关系再认识	厦门大学学报（哲学社会科学版）	2011年第5期	58～65
334	徐爱玲	陈少华	公司治理：会计信息质量的事中控制	商业研究	2011年第3期	21～24
335	徐爱玲	陈少华	浅析股指期货交易每日无负债结算的会计处理	财会月刊	2011年第13期	28～30
336	姚凌云	陈少华	基于COSO内部控制要素嵌入的企业组织控制模型研究	财会通讯（综合版）	2011年第18期	119～122
337	叶琼燕	孙　谦	审计师个人特征与审计质量	山西财经大学学报	2011年第2期	117～124
338	张宏伟	吴水澎	财务报告舞弊行政处罚严厉程度与审计意见购买	财贸研究	2011年第22卷第5期	149～155
339	张宏伟	吴水澎	注册会计师行政处罚对审计质量的影响	财会通讯（综合版）	2011年第25期	103～104
340	张　榆	傅元略	资本结构理论在商业银行的适用性探析	福建论坛（人文社会科学版）	2011年第2期	128～130
341	张仲元	吴水澎	会计精神塑造新论	财会通讯（综合版）	2011年第10期	54～55
342	张仲元	吴水澎	企业文化生态与会计信息质量关系探讨	财会通讯（综合版）	2011年第13期	150～151
343	赵文超	陈少华	吊销会计执业资格的经济学与法理学分析	财会月刊	2011年第24期	90～91
344	赵文超	陈少华	我国小企业会计准则制定相关问题探讨	财会月刊	2011年第2期	93～95
345	赵子璐	黄世忠	房地产上市公司送转股行为与盈余质量研究——来自A股市场的经验证据	河北大学学报（哲学社会科学版）	2011年第36卷第6期	122～128
346	周　琛	陈少华	从社会责任缺失看企业的社会责任信息披露	经济导刊	2011年第4期	78～79
347	周　琛	陈少华	我国金融控股公司整体经营风险的模型回归分析研究	现代管理科学	2011年第3期	37～39
348	周元元	庄明来	ERP系统实施、制度环境与会计信息质量	中南财经政法大学学报	2011年第3期	99～106
349	周元元	庄明来	IT风险及控制的应对与合规工作探究	现代管理科学	2011年第11期	35～38
350	周泽将	杜兴强	商誉的内涵及其确认问题探讨	会计研究	2011年第1期	11～16
351	李　诗	黄世忠	基于文化与财务学的跨国并购研究——以紫金矿业为例	财会通讯（综合版）	2012年第26期	10～12
352	李　诗	黄世忠	上市公司专利对公司价值的影响：基于知识产权保护视角	南开管理评论	2012年第6期	4～13

续表

序号	作者	导师	论文标题	期刊名称	卷期数	起止页码
353	曾 泉	杜兴强	关键高管“参政议政”能否降低民营上市公司的实际税率?	会计之友	2012年第18期	43～47
354	曾 泉	杜兴强	官员历练、经济增长与政治擢升——基于1978—2008年中国省级官员的经验证据	金融研究	2012年第2期	30～47
355	曾 泉	杜兴强	寻租、R&D投资与公司业绩 ——基于民营上市公司的经验证据	投资研究	2012年第1期	57～70
356	曾 泉	杜兴强	政治联系对中国上市公司的R&D投资具有“挤出”效应吗?	投资研究	2012年第5期	98～113
357	陈爱华	陈少华	企业生命周期划分及度量方法评析	财会月刊	2012年第27期	77～78
358	陈 娅	陈少华	关于雷曼破产事件审计问题的探析	商业研究	2012年第8期	1～7
359	程智荣	陈汉文	内部控制确否显著降低资本成本探讨	现代财经:天津财经学院学报	2012年第6期	50～60
360	戴泽伟	吴水澎	新古典经济学对历史财务信息解释的逻辑悖论	现代财经:天津财经学院学报	2012年第1期	5～14
361	冯文滔	杜兴强	餐旅费、审计独立性与中国上市公司的信息透明度	经济与管理研究	2012年第8期	115～123
362	冯文滔	杜兴强	女性高管、制度环境与慈善捐赠	经济管理	2012年第11期	53～63
363	付 聪	陈汉文	齐鲁银行“12.06”特大伪造票证案的案例研究	经济导刊	2012年第4期	18～19
364	江 毅	薛祖云	基于主客观集成赋权思想的科技企业孵化器绩效评价研究 —— 以辽宁省为例	科技进步与对策	2012年第29卷第21期	113～117
365	高 玲	曲晓辉	中国企业会计准则与IFRS实质趋同的时间检验 —— 来自同时发行AH股的经验证据	财贸研究	2012年第23卷第4期	143～148
366	顾 海	曲晓辉	AB股上市公司补充披露的经济后果	财会月刊	2012年第9期	15～18
367	顾 海	曲晓辉	从温州上市公司看民间资本走向与宏观调控的关系	财务与会计	2012年第8期	59～59
368	侯钊敏	杜兴强	美、法商誉会计问题探析	财会研究	2012年第4期	23～25
369	黄静如	黄世忠	公允价值会计的国际比较及其发展展望	现代管理科学	2012年第5期	53～55
370	黄静如	黄世忠	应用公允价值选择权与盈余波动 —— 基于中国上市银行面板数据的检验	现代管理科学	2012年第4期	53～55
371	金治中	庄明来	计算机审计若干概念辨析	财会月刊	2012年第6期	69～71
372	金治中	庄明来	计算机审计研究回顾	财会通讯(综合版)	2012年第11期	90～92
373	金治中	庄明来	加强信息系统审计风险控制的若干思考	财务与会计	2012年第11期	57～58
374	柯东昌	杜兴强	CEO的教育层级与R&D的效率:基于成本法度量的经验证据	现代管理科学	2012年第10期	106～108
375	柯东昌	杜兴强	CEO离任与R&D投入的资本化、费用化选择	财会月刊	2012年第10期	2～6

续表

序号	作者	导师	论文标题	期刊名称	卷期数	起止页码
376	柯东昌	杜兴强	产品市场竞争与企业R&D投入强度：基于中国中小板和创业板上市公司的经验证据	现代管理科学	2012年第12期	106～108
377	赖少娟	杜兴强	权力的“恶之花”：IPO中的寻租、审计市场异化与资本市场惩戒	投资研究	2012年第12期	10～32
378	李陈静	陈汉文	浅谈海外IPO定价低估与关键控制点	财会通讯（综合版）	2012年第26期	103～105
379	李　莉	曲晓辉	R&D资本化选择动机与影响因素研究——来自高新技术行业的经验证据	税务与经济	2012年第5期	1～8
380	李　龙	陈汉文	浅谈海外IPO定价低估与关键控制点	财会通讯（综合版）	2012年第26期	103～105
381	梁　斌	吴水澎	论政府绩效管理与绩效审计	审计与经济研究	2012年第2期	20～25
382	倪　敏	黄世忠	EVA与会计利润对比视角下的上市公司价值创造分析	财会月刊	2012年第22期	8～12
383	倪　敏	黄世忠	基于Myers and Majluf模型的盈余管理与股权再融资分析	商业研究	2012年第12期	89～97
384	倪　敏	黄世忠	我国上市公司配股后的业绩下降之谜：基于信息不对称以及委托代理理论的分析	山西财经大学学报	2012年第10期	77～88
385	倪　敏	黄世忠	盈余管理的伦理学分析	江苏社会科学	2012年第6期	244～250
386	潘魏灵	傅元略	浅析企业的财务柔性和流动性管理	现代管理科学	2012年第8期	102～103
387	潘魏灵	傅元略	薪酬激励对财务经理人损失厌恶程度的影响	财会月刊	2012年第30期	82～84
388	孙雪娇	曲晓辉	会计准则国际趋同效果的影响因素及研究框架探讨	现代财经：天津财经学院学报	2012年第2期	88～95
389	田五星	李建发	政府年度财务报告主体解析	财会通讯（综合版）	2012年第4期	133～134
390	田志刚	葛家澍	上市公司高管薪酬强制性披露研究	厦门大学学报（哲学社会科学版）	2012年第3期	34～41
391	万　鹏	曲晓辉	股票期权公允价值的估计与分摊——以万科和三维丝股权激励计划为例	财会月刊	2012年第11期	75～78
392	万　鹏	曲晓辉	政府控制、收入操纵与营业收入计划实现程度——来自中国资本市场的经验证据	当代财经	2012年第2期	109～120
393	王亚男	葛家澍	寻租、R&D投资与公司业绩——基于民营上市公司的经验证据	投资研究	2012年第1期	57～70
394	王　晔	傅元略	全员生产维护、财务绩效和企业战略的关系	财会月刊	2012年第21期	14～16
395	魏森淼	庄明来	论信息化内部控制审计与信息系统审计	财会通讯（综合版）	2012年第19期	18～20

续表

序号	作者	导师	论文标题	期刊名称	卷期数	起止页码
396	魏森淼	庄明来	我国XBRL研究的现状 —— 基于2001—2010年的文献分析	现代管理科学	2012年第1期	31～33
397	吴洁雯	杜兴强	官员历练、经济增长与政治擢升 —— 基于1978—2008年中国省级官员的经验证据	金融研究	2012年第2期	30～47
398	俞雪莲	傅元略	高内部控制质量能否提升企业现金持有价值	财会月刊	2012年第32期	3～6
399	俞雪莲	傅元略	基于价值链视角的设备资产财务管控效应	现代管理科学	2012年第9期	97～100
400	赵子璐	黄世忠	收益宽幅现象与中国“对赌经济”的治理	河北学刊	2012年第32卷第1期	163～166
401	赵子璐	黄世忠	收益宽幅与中小企业融资难机制性症结解析	河北大学学报（哲学社会科学版）	2012年第37卷第4期	50～53
402	仲崇岚	傅元略	跨企业协同动因与协同效应：文献综述	财会通讯（综合版）	2012年第21期	86～88
403	周元元	庄明来	实时财务报告技术采纳与资本成本 —— 基于创新接受视角的理论模型	审计与经济研究	2012年第2期	74～81
404	陈　菡	陈少华	基于动态能力视角的战略风险分析框架	生产力研究	2013年第1期	161～164
405	陈　菡	陈少华	我国中小企业担保圈风险演化过程分析 —— 基于博弈论研究视角	开发研究	2013年第2期	114～119
406	陈　菡	陈少华	行政事业单位与企业内部控制规范：差异分析 —— 基于COSO内部控制整合框架视角	生产力研究	2013年第10期	178～181
407	陈　菡	陈少华	债务资本成本与资本结构动态调整 —— 基于市场化程度差异视角	审计与经济研究	2013年第6期	44～53
408	董秀琴	陈汉文	COSO内部控制框架最新进展及评价	财会通讯（综合版）	2013年第7期	95～96
409	冯文滔	杜兴强	政治联系增加了民营上市公司的内部薪酬差距吗？	投资研究	2013年第2期	88～107
410	冯　星	刘　峰	财务会计定义的经济学解读	会计研究	2013年第6期	3～9，95
411	高　军	葛家澍	论会计的对象、职能和目标	厦门大学学报（哲学社会科学版）	2013年第2期	30～37
412	高　玲	曲晓辉	对IASB及我国其他综合收益列报的述评	财会月刊	2013年第3期	94～95
413	葛竹青	苏新龙	会计准则与会计职业判断之二 —— XH航空公司利润和价值争议	财务与会计	2013年第6期	19～21
414	贺　琛	陈少华	泛北部湾次区域合作中的税收协调问题研究 —— 以中国与新加坡的税制分析为例	广西师范大学学报（哲学社会科学版）	2013年第2期	8～12
415	黄浩荣	陈汉文	动车配件采购中的内部控制	经济导刊	2013年第21期	46～48

续表

序号	作者	导师	论文标题	期刊名称	卷期数	起止页码
416	黄霖华	曲晓辉	投资者情绪、资产证券化与公允价值信息含量	会计研究	2013年第9期	14～21
417	赖少娟	杜兴强	“发审委“联系、潜规则与IPO市场的资源配置效率	金融研究	2013年第3期	143～156
418	李慧敏	苏新龙	会计准则与会计职业判断之一——基于C公司“扭盈为亏”的案例分析	财务与会计	2013年第5期	15～17
419	李世刚	杜兴强	女性高管、过度投资与企业价值	经济管理	2013年第7期	74～84
420	李盈璇	陈少华	地方政府干预下的并购效率——云投集团入主绿大地的案例分析	生产力研究	2013年第10期	140～143
421	李盈璇	陈少华	关于集团组织协同风险报告框架的构想	现代管理科学	2013年第5期	18～20
422	李盈璇	陈少华	上市公司衍生金融工具风险的信息披露研究	现代管理科学	2013年第10期	27～29
423	梁　斌	吴水澎	公司规模、股权结构与社会责任	财会月刊	2013年第6期	18～21
424	梁　斌	吴水澎	环境会计核算体系研究	财会通讯（综合版）	2013年第4期	30～33
425	刘文煌	陈少华	理性动机下的并购风险研究	财会月刊	2013年第6期	14～15
426	刘文煌	陈少华	上市公司内部控制鉴证有效性的实证研究	财会月刊	2013年第10期	3～5
427	罗劲博	曲晓辉	公司金融生态环境、盈余质量与现金持有：来自中国A股市场的经验数据	山西财经大学学报	2013年第10期	32～42
428	罗劲博	曲晓辉	制度环境、在职消费与盈余质量基于沪深A股市场的经验证据	山西财经大学学报	2013年第7期	92～101
429	裴红梅	杜兴强	IPO公司“董秘”非正常离职的经济后果：基于中国资本市场的经验证据	投资研究	2013年第8期	47～64
430	彭彩惠	刘　峰	上市公司网络投票制度的应用困境——基于深国商的案例分析	财会月刊	2013年第14期	91～94
431	彭　青	陈少华	“招工难”成因与对策研究——以福建D企业为例	现代管理科学	2013年第5期	29～37
432	彭　青	陈少华	董事会监管与盈余管理	现代管理科学	2013年第2期	35～47
433	彭　青	陈少华	上市公司内部控制系统构建框架设计——基于政策要求与企业需求视角	现代管理科学	2013年第9期	98～100
434	王　冲	陈汉文	会计稳健性、信息不透明与股价暴跌风险	管理科学	2013年第26卷第1期	68～79
435	王　冲	陈汉文	内部控制管制之变迁——基于诺斯制度变迁理论的描述与分析	厦门大学学报（哲学社会科学版）	2013年第1期	29～36
436	王虎超	陈汉文	上市公司自愿性内部控制自评行为信号价值分析	财会通讯（综合版）	2013年第12期	54～56
437	王虎超	陈汉文	自愿性内控报告信号价值的投资者认同及甄别	现代管理科学	2013年第5期	108～112

续表

序号	作者	导师	论文标题	期刊名称	卷期数	起止页码
438	王　晔	傅元略	供应链上的风险因素识别和评价研究 —— 基于权变理论和模糊集合的视角	现代管理科学	2013年第1期	106~108
439	谢丽英	苏新龙	会计准则与会计职业判断之三 —— 基于SL公司采矿权证的案例分析	财务与会计	2013年第7期	11~12
440	谢丽英	苏新龙	会计准则与会计职业判断之四 —— 基于ZL公司坏账准备的案例分析	财务与会计	2013年第8期	9~10
441	邢立全	陈汉文	产品市场竞争、竞争地位与审计收费 —— 基于代理成本与经营风险的双重考量	审计研究	2013年第3期	50~58
442	叶　凡	刘　峰	财务会计定义的经济学解读	会计研究	2013年第6期	3~9，95
443	叶　凡	刘　峰	论资本结构	财会通讯（综合版）	2013年第1期	6~10
444	尹晓烨	陈汉文	拟上市公司IPO关联交易的审计风险分析 —— 基于麦格米特IPO折戟关联交易的案例研究	经济导刊	2013年第Z2期	62~64
445	张　榆	傅元略	组合信用风险度量 —— 因子模型和Copula方法的趋同	现代管理科学	2013年第7期	26~28
446	赵子璐	黄世忠	固基强实：再谈“收益宽幅”及其治理	河北学刊	2013年第33卷第1期	149~153
447	赵子璐	黄世忠	稳定资产价格是经济结构调整的关键	人民日报（理论版学术类）	2013年第2期	7~7
448	仲崇岚	傅元略	非财务指标对上市银行估值影响的相关性研究	武汉金融	2013年第8期	44~46
449	陈　菁	李建发	全面深化改革导向的政府会计改革探索 —— 第五届“政府会计改革理论与实务研讨会”综述	会计研究	2014年第11期	90~92
450	陈　骏	王光远	企业内部控制监管研究：理论、现实与启示	财会通讯（综合版）	2014年第16期	6~11
451	陈　骏	王光远	中美企业内部控制监管的比较研究：历史演进与政策启示	财会月刊	2014年第19期	89~94
452	董贤磊	李建发	自然资源资产离任审计相关问题及建议	商业会计	2014年第18期	76~78
453	冯　星	刘　峰	股权激励计划对股东财富的影响	现代管理科学	2014年第3期	58~60
454	冯　星	刘　峰	股权激励实施效果研究	现代管理科学	2014年第2期	21~23
455	冯　星	刘　峰	上市公司实施股权激励的动机研究	生产力研究	2014年第2期	113~117
456	贺　琛	陈少华	制度环境、管理层权力与盈余管理	现代财经	2014年第10期	80~95
457	黄晓韡	黄世忠	公允价值视角下股权转让税基的确认	税务研究	2014年第11期	81~84
458	赖少娟	杜兴强	Does Religion Mitigate Earnings Management? Evidence from China	Journal of Business Ethics	2015年第131卷第3期	699~749

续表

序号	作者	导师	论文标题	期刊名称	卷期数	起止页码
459	林　卉	刘　峰	公允价值计量的经济后果性与企业选择——基于《公允价值计量》准则征求意见稿的问卷调查	现代管理科学	2014年第2期	109～111
460	刘丽珑	李建发	全面深化改革导向的政府会计改革探索——第五届“政府会计改革理论与实务研讨会”综述	会计研究	2014年第11期	90～92
461	刘丽珑	李建发	资产评估技术在政府会计改革中的运用	管理现代化	2014年第3期	16～18
462	罗劲博	曲晓辉	公司治理环境、准则变迁与股权资本成本：基于沪深A股市场的经验证据	证券市场导报	2014年第3期	24～32
463	罗劲博	曲晓辉	管理者过度自信对公司业绩：好事还是坏事？——基于会计稳健性的经验证据	财经研究	2014年第1期	135～144
464	罗劲博	曲晓辉	我国会计准则国际趋同提高了高管的业绩薪酬敏感度了吗？——来自中国A股上市公司的经验数据	当代财经	2014年第1期	117～128
465	裴红梅	杜兴强	Does Religion Mitigate Earnings Management? Evidence from China	Journal of Business Ethics	2015年第131卷第3期	699～749
466	王韦程	陈汉文	董事长特征、薪酬水平与内部控制	厦门大学学报（哲学社会科学版）	2014年第2期	90～99
467	王晓珂	黄世忠	会计稳健性、贷款抵押与银企所有权模式	会计研究	2014年第12期	11～17
468	肖明芳	肖　虹	产权性质、资本结构与企业并购	经济与管理研究	2014年第2期	33～43
469	肖明芳	肖　虹	企业R&D投资的货币政策效应——基于A股上市公司的经验证据	现代管理科学	2014年第3期	51～53
470	肖明芳	肖　虹	企业社会责任的公司债券市场定价	现代管理科学	2014年第2期	30～32
471	肖明芳	肖　虹	新兴市场投资者偏好现金股利还是资本利得？——基于A股市场的经验证据	现代管理科学	2014年第4期	60～62
472	邢立全	陈汉文	产品市场力量与财务分析师盈余预测	投资研究	2014年第2期	58～76
473	薛　伟	刘　峰	名义税率提高对企业债务期限结构的影响分析——基于我国2008年新企业所得税法实施的研究	税务与经济	2014年第3期	83～89
474	薛　伟	刘　峰	异质性企业、生产性补贴及其有效性——基于规模以上工业出口企业和PSM方法的研究	现代管理科学	2014年第2期	102～108
475	薛　伟	刘　峰	资本成本敏感性、代理成本与增值税转型的研究	现代管理科学	2014年第3期	54～57
476	杨道广	陈汉文	内部控制、并购整合能力与并购业绩——来自我国上市公司的经验证据	审计研究	2014年第3期	43～50

续表

序号	作者	导师	论文标题	期刊名称	卷期数	起止页码
477	杨道广	陈汉文	政治关系、会计信息与银行信贷资本配置效率——来自中国民营上市公司的经验证据	投资研究	2014年第7期	26～40
478	张传财	陈汉文	内部控制、并购整合能力与并购业绩	审计研究	2014年第3期	43～50
479	张传财	陈汉文	内部控制、投资者情绪与盈余反应	中国经济问题	2014年第4期	61～74
480	郑黎星	陈少华	会计信息可靠性与相关性的“权衡”分析——基于计量方法的新视角	生产力研究	2014年第4期	68～71
481	郑黎星	陈少华	知识与人力资本的价值贡献机理及价值载体的选择	生产力研究	2014年第6期	15～19
482	周　欢	吴益兵	互联网并购的代理人安排	财务与会计	2014年第10期	20～22
483	陈　菁	李建发	财政分权，晋升激励与地方政府债务融资行为——基于城投债视角的省级面板经验证据	会计研究	2015年第1期	61～67
484	陈翔宇	肖　虹	公司治理、财务特征与会计信息可比性	当代会计评论	2015年第8卷第1期	18～38
485	陈翔宇	肖　虹	会计信息可比性、信息环境与业绩预告准确度	财经论丛	2015年第10期	58～66
486	陈翔宇	肖　虹	业绩快报披露影响了分析师预测吗	山西财经大学学报	2015年第3期	102～114
487	程智荣	陈汉文	内部控制、股权成本与企业生命周期	厦门大学学报（哲学社会科学版）	2015年第2期	40～49
488	何　星	蔡　宁	社会网络能够促进风险投资的“增值”作用吗？——基于风险投资网络与上市公司投资效率的研究	金融研究	2015年第12期	178～193
489	贺　琛	陈少华	管理层权力、制度环境与企业资本扩张	华东经济管理	2015年第29卷第8期	102～109
490	贺　琛	陈少华	制度环境、管理层权力与上市公司过度投资的实证	统计与决策	2015年第8期	163～166
491	黄晓韡	黄世忠	财务报告概念框架修订六大热点难点问题探索——基于公允价值视角	福建师范大学学报	2015年第6期	24～30
492	黄晓韡	黄世忠	一起特别纳税调整案的启示	税务研究	2015年第5期	78～81
493	李文涛	于李胜	QFII持股、公司治理与上市公司绩效——基于2010—2013年中国A股上市公司的实证分析	中国注册会计师	2015年第9期	36～42
494	林　卉	刘　峰	国际会计准则：“会计”还是“准则”	厦门大学学报（哲学社会科学版）	2015年第6期	10～20

续表

序号	作者	导师	论文标题	期刊名称	卷期数	起止页码
495	刘丽珑	李建发	女性董事改善了企业会计稳健性吗?——基于中国民营上市公司的经验证据	北京工商大学学报（社会科学版）	2015年第30卷2期	66～73，84
496	刘丽珑	李建发	我国非营利组织内部治理有效吗——来自基金会的经验证据	中国经济问题	2015年第2期	98～108
497	路　军	杜兴强	董事会计师事务所工作背景与企业现金持有水平——来自中国资本市场的经验证据	审计与经济研究	2015年第4期	40～49
498	路　军	杜兴强	女性高管抑制上市公司违规了吗?——来自中国资本市场的经验证据	中国经济问题	2015年第5期	66～81
499	孟晓宇	苏新龙	会计准则与会计职业判断案例二——递延所得税转回	财务与会计	2015年第12期	31～32
500	齐　悦	苏新龙	会计准则与会计职业判断案例三——是否同一控制下的企业合并	财务与会计	2015年第13期	37～39
501	谭　雪	杜兴强	国际化董事会、审计师行业专长与税收规避	山西财经大学学报	2015年第11期	113～124
502	王晓珂	黄世忠	The role of variance risk premium in predicting excess stock market return:out-of-sample evidnces	Applied Economics Letters	2015年第22卷第17期	1382～1388
503	谢达熙	罗进辉	企业会计准则的国际趋同是否吸引了更多的QFII投资?	山西财经大学学报	2015年第4期	78～91
504	谢达熙	罗进辉	危机管理中企业应该第一时间进行信息披露吗?——基于中国上市公司116起危机事件的实证研究	经济管理	2015年第1期	43～55
505	杨道广	陈汉文	内部控制、法治环境与守法企业公民	审计研究	2015年第5期	76～83
506	张玉霞	李成	中国“营改增”改革的政策效应：基于双重差分模型的检验	财政研究	2015年第2期	44～49
507	柴　才	黄世忠	金融资产证券化发起人的会计问题探讨——基于IFRS概念框架的终止确认问题探讨	财务与会计	2016年第2期	73～75
508	常莹莹	杜兴强	Corporate environmental responsibility（CER） weakness,media coverage, and corporate philanthropy: evidence from China	Asia Pacific Journal of Management	2016年第33卷	551～581
509	陈文娟	陈汉文	审计委员会与内部控制质量	财会通讯	2016年第21期	3～9
510	陈文娟	陈汉文	审计委员会质量会影响企业信用评级吗	财会月刊	2016年第18期	101～106
511	户　青	陈少华	财务灵活性、CEO社会连带与企业绩效	华东经济管理	2016年第30卷第9期	112～119
512	户　青	陈少华	货币政策、财务灵活性与企业绩效关系的实证考察	统计与决策	2016年第15期	169～172
513	户　青	陈少华	基于信息生态链的企业会计数据平台构建研究	当代会计评论	2016年第9卷第1期	20～32

续表

序号	作者	导师	论文标题	期刊名称	卷期数	起止页码
514	赖颖君	苏新龙	企业经济责任审计工作的实践与探索 —— 基于A公司资金占用费特殊处理案例分析	现代商业	2016年第21期	153～155
515	李佳音	陈汉文	谁在选聘官员背景独立董事？—— 基于独立董事关系资源职能的视角	当代会计评论	2016年第9卷第2期	163～188
516	李　雪	罗进辉	关键高管的人力资本价值评估 —— 基于关键高管突然去世事件的经验研究	中国工业经济	2016年第5期	127～143
517	李　雪	罗进辉	审计师—客户公司间的地理邻近性与会计稳健性	管理科学	2016年第29卷第6期	145～160
518	林艺龙	罗进辉	Political connections and stock price crash risk: evidence from China	Economics Letters	2016年第147卷	90～92
519	林芷如	罗进辉	The appointment of celebrities to corporate boards in China: sword or shield?	Applied Economics Letters	2017年第24卷第14期	264～265
520	林芷如	罗进辉	审计师—客户的地理邻近性与会计稳健性	管理科学	2016年第29卷第6期	145～160
521	刘星河	刘　峰	公共压力、产权性质与企业融资行为	经济科学	2016年第2期	67～80
522	路　军	杜兴强	董事的会计师事务所工作背景与企业业绩预告质量 —— 来自中国资本市场的经验证据	山西财经大学学报	2016年第5期	101～112
523	吕　珺	陈汉文	简论内部控制缺陷的再定义与分类	财会通讯	2016年第13期	28～30
524	吕　珺	陈汉文	内部控制缺陷实证研究进展	财会通讯	2016年第22期	43～47
525	裴红梅	杜兴强	Media coverage, family ownership, and coporate philanthropic giving: evidence from China	Journal of Management & Organization	2016年第2期	224～253
526	屈依娜	陈汉文	内部控制与现金股利政策	厦门大学学报（哲学社会科学版）	2016年第5期	118～127
527	谭　雪	杜兴强	董事会国际化与审计师选择：来自中国资本市场的经验证据	审计研究	2016年第3期	98～104
528	谭　雪	杜兴强	分析师关注的治理功用研究	证券市场导报	2016年第12期	37～45
529	王成龙	于李胜	媒体治理对注册会计师收费的影响机理研究	财经论丛	2016年第3期	54～61
530	王成龙	于李胜	审计质量、会计准则变更与管理层迎合分析师预测	审计研究	2016年第5期	63～72
531	王晓珂	黄世忠	衍生工具和企业风险管理 —— 基于A股非金融类上市公司的实证研究	厦门大学学报（哲学社会科学版）	2016年第1期	128～137

续表

序号	作者	导师	论文标题	期刊名称	卷期数	起止页码
532	王　亚	刘　峰	管制外溢效应下的监管博弈——基于同方股份换股与现金合并壹人壹本的案例分析	南开管理评论	2016年第5期	4～15
533	杨理强	陈少华	新环境下《企业财务通则》的未来之路	财务与会计	2016年第24期	19～21
534	叶颖玫	陈汉文	内部控制与管理层盈余预测披露行为——基于我国半强制半自愿制度的实证检验	厦门大学学报（哲学社会科学版）	2016年第1期	138～148
535	赵军营	李建发	权责发生制政府综合财务报告制度下政府合并财务报表编制问题研究	财政研究	2016年第12期	2～13
536	周　欢	吴益兵	谁在选聘官员背景独立董事？——基于独立董事关系资源职能的视角	当代会计评论	2016年第9卷第2期	163～188
537	柴　才	黄世忠	竞争战略、高管薪酬激励与公司业绩——基于三种薪酬激励视角下的经验研究	会计研究	2017年第6期	45～52
538	邓小路	蔡　宁	风险投资网络具有“传染”效应吗——基于上市公司超薪酬的研究	南开管理评论	2017年第2期	17～31
539	李少轩	肖　虹	其他综合收益的分析师预测效应——基于会计信息环境特征及分析师认知能力视角的分析	山西财经大学学报	2017年第12期	100～113
540	李文文	黄世忠	互联网企业收入确认相关问题探讨	中国会计研究与教育	2017年第9卷第1辑	71～82
541	李　雪	罗进辉	股权的家族化、家族高管与家族企业业绩	南方经济	2017年第9期	1～20
542	李　雪	罗进辉	军人高管是积极的创新者吗？——来自中国家族控股上市公司的经验证据	管理学季刊	2017年第3期	91～118
543	刘思义	陈汉文	私心的善意:基于台风中企业慈善捐赠行为的新证据	中国工业经济	2017年第5期	133～151
544	彭妙薇	杜兴强	高铁开通会促进企业高级人才的流动吗?	经济管理	2017年第12期	89～107
545	汤晓冬	陈少华	投资者关注与过度投资及权益资本成本的中介效应	商业研究	2017年第8期	90～98
546	项依帆	杨　绮	海上城市原型构建——远洋渔业公共服务平台	城市发展研究	2017年第24卷第10期	7～10
547	熊　浩	杜兴强	董事长—总经理老乡关系与研发投入	投资研究	2017年第9期	60～82
548	许雯婷	罗进辉	P2P网络借贷平台上的借款历史传递信号吗？——来自中国“人人贷”平台的经验证据	当代会计评论	2017年第10卷第1期	1～22
549	杨理强	陈少华	反腐倡廉与企业经营绩效——基于业务招待费的研究	经济管理	2017年第7期	45～66
550	杨理强	陈少华	管理会计发展的新动能：创新、协同和效益	当代会计评论	2017年第10卷第2期	176～185

续表

序号	作者	导师	论文标题	期刊名称	卷期数	起止页码
551	杨增生	陈汉文	内部控制质量与银行风险承担——来自我国上市银行的经验证据	审计研究	2017年第6期	105～112
552	殷敬伟	杜兴强	论资排辈、CEO任期与独立董事的异议行为	中国工业经济	2017年第12期	151～169
553	张传财	陈汉文	产品市场竞争、产权性质与内部控制质量	会计研究	2017年第5期	75～82
554	张津津	李建发	基于制度理论的政府会计准则执行机制研究	会计研究	2017年第2期	3～13
555	张洲铨	叶少琴	The Relationship between Core Competition and Surplus Value of Listed Tourism Companies	Journal of Interdisciplinary Mathematics	2017年第6卷第7期	1373～1376
556	赵军营	李建发	基于制度理论的政府会计准则执行机制研究	会计研究	2017年第2期	3～13
557	郑培培	陈少华	社会责任信息披露、媒体报道与个体投资者的投资决策 —— 一项实验证据	经济管理	2017年第4期	37～50
558	朱　军	罗进辉	独立董事地理距离对公司代理成本的影响	中国工业经济	2017年第8期	100～119
559	朱睿超	罗进辉	Military Top Executives and Corporate Philanthropy: Evidence from China	Asia Pacific Journal of Management	2017年第34卷	725～755
560	侯　菲	杜兴强	交通基础设施改善抑制了审计师选择的“地缘偏好”吗？ —— 基于中国高速列车自然实验背景的经验证据	审计研究	2018年第1期	103～110
561	黄泽悦	罗进辉	Are Women CEOs Valuable in Terms of Bank Loan Costs? Evidence from China	Journal of Business Ethics	2018年第153卷第2期	337～355
562	李少轩	肖　虹	其他综合收益的投资者定价效应 —— 基于公司信息环境和投资者认知能力的视角	当代财经	2018年第8期	122～132
563	李少轩	肖　虹	其他综合收益列报与审计师行为——基于中国上市公司的经验证据	山西财经大学学报	2018年第10期	108～124
564	李　雪	罗进辉	Annual Report Readability and Corporate Agency Costs	China Journal of Accounting Research	2018年第11期	187～212
565	李　雪	罗进辉	Are Women CEOs Valuable in Terms of Bank Loan Costs? Evidence from China	Journal of Business Ethics	2018年第153卷第2期	337～355
566	李　雪	罗进辉	审计师地理距离对客户公司股价信息含量的影响	审计与经济研究	2018年第4期	34～45
567	李　悦	郭晓梅	“互联网+”的多维价值网络模型研究——以美的集团为例	会计之友	2018年第3期	82～89
568	廖方楠	陈汉文	高管从军经历提升了内部控制质量吗？ —— 来自我国上市公司的经验证据	审计研究	2018年第6期	121～128

续表

序号	作者	导师	论文标题	期刊名称	卷期数	起止页码
646	张　颖	杜兴强	The Globalised Board of Directors and Corporate Environmental Performance: Evidence from China	China Journal of Accounting Studies	2021年第4卷第8期	495～527
647	张　颖	杜兴强	独立董事返聘与公司违规："学习效应"抑或"关系效应"？	金融研究	2021年第4期	150～168
648	张　颖	杜兴强	国际化董事会与企业环境绩效	会计研究	2021年第10期	84～96
649	郑晓宇	王光远	行政审批改革跟踪审计对企业投资效率的影响	厦门大学学报（哲学社会科学版）	2021年第3期	43～55
650	周俊亭	杜兴强	区域技术市场、政府扶持与科技创新	中国软科学	2021年第11期	80～90
651	包璐璐	李建发	公共产权视角下政府资产治理问题研究	厦门大学学报（哲学社会科学版）	2022年第1期	23～35
652	包璐璐	李建发	职工变革认知、内部控制与政府会计准则制度执行效果	会计研究	2022年第2期	17～31
653	曾晓雨	熊　枫	Design (Allocation) of a Carbon Emission System—A Lesson from Power Restrictions in Zhejiang, China	Sustainability	2022年第19期	1～31
654	陈文川	李建发	官员金融经历能否促进地区实体经济"脱虚向实"	经济管理	2022年第5期	100～120
655	陈文川	李建发	职工变革认知、内部控制与政府会计准则制度执行效果	会计研究	2022年第2期	17～31
656	郭萍萍	王光远	Audit Committee Disclosure Tone and Corporate Violations in China: Textual Analysis	Mobile Information Systems	Online	1～11
657	郭　婷	刘　峰	数智时代的财务与会计（Ⅰ）：企业的性质	当代会计评论	2022年第15卷第1辑	154～172
658	郭　婷	刘　峰	数智时代的财务与会计（Ⅱ）：产业引领vs资本驱动——以共享单车案例为例	当代会计评论	2022年第15卷第2辑	158～170
659	黄　锨	陈亚盛	The moderating effect of appearance on the impact of performance rankings in the live streaming market	Frontiers in Psychology	2022年第13卷	1～18
660	黄泽悦	罗进辉	中小股东"人多势众"的治理效应——基于年度股东大会出席人数的考察	管理世界	2022年第4期	159～171
661	李　珮	肖　虹	企业数字化转型能抑制审计风险吗？	科学决策	2022年第10期	33～47
662	李向昕	罗进辉	中小股东"人多势众"的治理效应——基于年度股东大会出席人数的考察	管理世界	2022年第38期	159～185
663	刘维乾	陈少华	Does gambling culture affects firms' investment efficiency	Finance Research Letters	2022年第49卷	1～8

续表

序号	作者	导师	论文标题	期刊名称	卷期数	起止页码
664	牟　颖	曾　泉	股票发行注册制改革与财务报告质量——基于盈余管理和会计稳健性的视角	北京工商大学学报（社会科学版）	2022年第37卷第4期	113～126
665	屈小雯	肖　华	企业环境治理与现金持有量——基于过程和结果双维度	财会月刊	2023年第44卷第2期	24～33
666	石　昕	刘　峰	Exchange Comment Letters and Corporate Social Responsibility: Evidence from China	Emerging Markets Finance and Trade	2023年第4期	1140～1160
667	石　昕	刘　峰	谁遭遇了“信贷歧视”？——基于中国资本市场特征的经验证据	管理评论	2022年第11期	42～53
668	苏雅拉巴特尔	刘　峰	数智时代的财务与会计（Ⅰ）：企业的性质	当代会计评论	2022年第15卷第1辑	154～172
669	苏雅拉巴特尔	刘　峰	数智时代的财务与会计（Ⅱ）：产业引领vs资本驱动——以共享单车案例为例	当代会计评论	2022年第15卷第2辑	158～170
670	王　俊	曲晓辉	税率优惠对创新产出的激励效应研究	财会月刊	2022年第12期	16～25
671	王　俊	曲晓辉	税收优惠方式对研发投入激励效应研究	税务与经济	2022年第1期	7～16
672	肖　亮	杜兴强	“一带一路”沿线国中国企业外部审计治理与公司信息披露质量	中央财经大学学报	2022年第5期	59～71
673	肖　亮	杜兴强	Does CEO——Auditor Dialect Connectedness Trigger Audit Opinion Shopping? Evidence from China	Journal of Business Ethics	2022年第184卷第2期	391～426
674	许　欣	陈亚盛	The Impact of COVID-19 on Investors' Investment Intention of Sustainability-Related Investment: Evidence from China	Sustainability	2022年第9期	1～37
675	许　欣	陈亚盛	Using Machine Learning to Predict Corporate Fraud: Evidence Based on the GONE Framework	Journal of Business Ethics	Online	1～22
676	杨　楠	罗进辉	中国亲清政商关系构建：概况、特征与问题——基于中国城市政商关系评价报告的分析	财会月刊	2022年第22期	9～20
677	叶钦华	黄世忠	财务舞弊识别框架构建--基于会计信息系统论及大数据视角	会计研究	2022年第3期	3～16
678	张　琦	曾　泉	高管团队结构特征对企业内部控制质量的影响：基于子群体视角	南开管理评论	2022年第6期	64～76
679	朱晓荞	陈少华	监事主动辞职与审计师变更	会计研究	2022年第9期	179～192
680	朱晓荞	陈少华	行政处罚对独立董事的间接威慑效	经济管理	2022年第6期	133～152
681	程玮璇	李成	基于媒体报道文本的税收政策不确定性指数构建	厦门大学学报（哲学社会科学版）	2023年第1期	29～41

续表

序号	作者	导师	论文标题	期刊名称	卷期数	起止页码
682	董怀丽	罗进辉	Does High Cash Compensation Compromise the Independence of Outside Directors? Evidence From Directors' Dissenting Votes in China	Pacific-Basin Finance Journal	2023年第78卷	1～20
683	宫瑶瑶	郭晓梅	实体书店新零售商业模式创新路径研究——基于新华文轩的案例	会计之友	2023年第8期	56～63
684	黄　铋	陈亚盛	From Natural Language to Accounting Entries Using a Natural Language Processing Method	Accounting and Finance	Online	1～15
685	黄　铋	陈亚盛	The Influence of Perceived Organizational Exploitation on Frontline Hospitality Employees' Workplace Deviance: an Organizational Justice Perspective	International Journal of Contemporary Hospitality Management	Online	1～21
686	李　珮	肖　虹	The Perception of Corporate Innovation and Credit Spreads in Emerging Markets: Evidence from China	Technology Analysis and Strategic Management	Online	1～14
687	李　珮	肖　虹	数字化转型对制造业企业绿色创新效率的影响和机制研究	中国软科学	2023年第4期	121～129
688	石　昕	刘　峰	In-laws' Involvement in Management and Tax Avoidance: Evidence from Family Firms in China	Finance Research Letters	2023年第53卷	1～12
689	石　昕	刘　峰	公司竞争战略下的并购与业绩承诺——基于文本分析的经验证据	经济管理	2022年第12期	83～102
690	唐琳薇	张国清	军事装备资产管理与会计核算：国际经验和借鉴	会计之友	2023年第6期	66～74
691	王雨婷	罗进辉	ESG表现与家族企业长期导向	财贸研究	2023年第34卷第2期	78～96
692	巫奕龙	罗进辉	空气污染会倒逼企业进行绿色创新吗?	系统工程理论与实践	2023年第2期	321～349
693	巫奕龙	罗进辉	亲清政商关系的绿色治理效应：来自绿色创新的证据	财会月刊	2023年第44卷第6期	7～22
694	伍诗雨	陈少华	公司治理重构、商业模式迭代与价值共创——基于瑞幸咖啡退市后自救的案例启示	财务与会计	2023年第7期	35～39
695	张瑞	张国清	乡村振兴背景下农村集体经济组织会计制度变迁与改进	会计与经济研究	2023年第37卷第2期	48～63

第二节　本科生获奖名单（2012—2023 年）

◎　2012—2023年厦门大学会计学系本科生获奖名单

序号	学号	姓名	竞赛名称	层级	等级	时间
1	17520102200684	林晓璐	2012年“网中网杯”财务决策全国邀请赛	省级	二等奖	2012年
2	17520102200672	李艺萌	2012年“网中网杯”财务决策全国邀请赛	省级	二等奖	2012年
3	17520102200680	林朝辉	2012年“网中网杯”财务决策全国邀请赛	省级	二等奖	2012年
4	17520102200736	吴绍寅	2012年“网中网杯”财务决策全国邀请赛	省级	二等奖	2012年
5	17520102200708	尚承阳	2012年“网中网杯”财务决策全国邀请赛	省级	二等奖	2012年
6	17520102200671	李心怡	剑桥商务英语演讲大赛	省级	三等奖	2012年
7	17520092200718	田　园	Best Technology Award	省级	第四名	2012年
8	17520092200775	张玉霞	2012年德勤税务精英挑战赛全国赛	省级	卓越奖	2012年
9	17520092200750	姚春晖	2012年德勤税务精英挑战赛全国赛	省级	卓越奖	2012年
10	17520092200733	魏舒凡	2012年德勤税务精英挑战赛全国赛	省级	卓越奖	2012年
11	17520092200783	郑阳财	2012年德勤税务精英挑战赛全国赛	省级	卓越奖	2012年
12	17520112200615	胡婉约	第六届全国大学生网络商务创新应用大赛	省级	一等奖	2013年11月
13	17520122200615	黄和金	第五届全国大学生数学竞赛预赛（福建赛区）	省级	二等奖	2013年11月
14	17520122200679	闫婧茹	2014年CIMA商业精英挑战赛华南赛区	省级	华南赛区第13名	2013年11月
15	17520122200651	潘钰升	2014年CIMA商业精英挑战赛华南赛区	省级	华南赛区第13名	2013年11月
16	17520112200603	戴　昉	“创青春”全国大学生创业大赛第九届“挑战杯”大学生创业计划竞赛	国家级	全国银奖	2014年
17	17520122200589	曹子川	“创青春”全国大学生创业大赛第九届“挑战杯”大学生创业计划竞赛之公益创业赛	国家级	全国银奖	2014年
18	17520112200642	林慧颖	“创青春”全国大学生创业大赛第九届“挑战杯”大学生创业计划竞赛之移动互联网专项赛	国家级	全国银奖	2014年
19	17520112200692	魏宇轩	“创青春”全国大学生创业大赛第九届“挑战杯”大学生创业计划竞赛之创业实践挑战赛	国家级	铜奖	2014年
20	17520122200679 17520122200669 17420132204608 17520112200605	闫婧茹 吴　琼 贺　迪 范琳珊	2014年“创青春”福建省大学生创业大赛之第八届“挑战杯”福建省大学生创业计划竞赛	省级	金奖	2014年3月

续表

序号	学号	姓名	竞赛名称	层级	等级	时间
21	17520122200638	林子强	2014年全国大学生数学建模竞赛	省级	二等奖	2014年3月
22	17520112200717 17520112200702 17520112200672 17520112200621 17520112200592	张隽涵 肖　钰 沈宗勇 黄信捷 陈华阳	2014年华为“财经杯”第四届全国精英挑战赛	省级	一等奖	2014年4月
23	17520112200694	吴　凯	2014年厦门大学“毕马威杯”案例分析全国十强邀请赛全国总决赛	省级	优胜奖	2014年4月
24	17520122200676 17520122200613	许　达 胡　颖	2014全国大学生数学建模竞赛	省级	一等奖	2014年9月
25	17420132204608	贺　迪	2014全国大学生数学建模竞赛	省级	二等奖	2014年9月
26	17520122200678 17520122200676 17520122200617	许　悦 许　达 黄晴宇	香港会计师公会专业资格课程（QP）个案分析比赛	省级	优秀奖	2014年11月
27	17520112200679 17520112200646 17520112200680 17520112200659 17520112200630	汤淑慧 林心田 田　昕 柳倩如 赖婷婷	2014年厦门大学“网中网杯”财务决策大赛全国十强邀请赛	省级	一等奖	2014年12月
28	17520112200679 17520112200646 17520112200680 17520112200659 17520112200630	汤淑慧 林心田 田　昕 柳倩如 赖婷婷	2014年厦门大学“网中网杯”财务决策大赛全国十强邀请赛	省级	最佳风采奖	2014年12月
29	17420132200624 17420132200584	邵诚道 林鹏凯	美国大学生数学建模竞赛	国际级	二等奖	2015年4月
30	17520122200602	褚伊林	第五届全国大学生电子商务“创新、创意及创业”挑战赛	国家级	一等奖	2015年7月
31	17420132200693 17420132200534 17420132200476	杨　帆 黄鹂鸣 陈晓宇	第五届全国大学生电子商务“创新、创意及创业”挑战赛	国家级	一等奖	2015年7月
32	17520122200602	褚伊林	第五届全国大学生电子商务“创新、创意及创业”挑战赛省赛	省级	冠军	2015年5月23日
33	17420132200534 17420132200693 17420132200476	黄鹂鸣 杨　帆 陈晓宇	第五届全国大学生电子商务“创新、创意及创业”挑战赛省赛	省级	一等奖	2015年5月23日
34	17420132200524	何紫洋	第五届全国大学生电子商务“创新、创意及创业”挑战赛	省级	一等奖	2015年5月23日
35	17520102200633	陈　熙	第五届全国大学生电子商务“创新、创意及创业”挑战赛	省级	一等奖	2015年5月23日
36	17420132200648 17420132200545	汪少欣 江君国	第五届全国大学生电子商务“创新、创意及创业”挑战赛	省级	二等奖	2015年5月23日
37	17420132204608 17420132204613	贺　迪 贾　飒	第五届全国大学生电子商务“创新、创意及创业”挑战赛	省级	三等奖	2015年5月23日
38	17420132200738 17420132200681	郑琳倩 肖艺颖	福建省“互联网+”大学生创新创业大赛	省级	金奖	2015年9月12日

续表

序号	学号	姓名	竞赛名称	层级	等级	时间
39	17420132200653	王　锦	福建省"互联网+"大学生创新创业大赛	省级	铜奖	2015年9月12日
40	12920132200139 17520122200602	陈智磊 褚伊林	首届中国"互联网+"大学生创新创业大赛	国家级	铜奖	2016年3月
41	17420142200447	陈思颖	第六届全国大学生电子商务"创新、创意及创业"挑战赛全国总决赛	国家级	二等奖	2016年7月
42	17420132200652 17420132200476	王建莉 陈晓宇	2016年"创青春"中航工业全国大学生创业大赛创业实践挑战赛	国家级	金奖	2016年11月
43	17420142200439 17420142200721 17420142200653 17420142200620	岑　荪 孙铁研 杨晨旭 王逸菲	2016年"创青春"中航工业全国大学生创业大赛创业实践挑战赛	国家级	银奖	2016年11月
44	17420132200575	林端凯	2016年"创青春"中航工业全国大学生创业大赛创业实践挑战赛	国家级	银奖	2016年11月
45	17420142200439 17420142200721 17420142200653 17420142200620	岑　荪 孙铁研 杨晨旭 王逸菲	第二届中国"互联网+"大学生创新创业大赛	国家级	铜奖	2016年11月
46	17420132200512 17420152200517 17420142200534 17420152200476 17420142200586	郭屹南 黄茗萱 林　宸 陈　曦 潘柯林	2016年"创青春"中航工业全国大学生创业大赛创业实践挑战赛	国家级	铜奖	2016年11月
47	17420142200439 17420142200721 17420142200653 17420142200620	岑　荪 孙铁研 杨晨旭 王逸菲	第九届全国大学生创新创业年会	国家级	优秀创业项目	2016年11月
48	17420142200478 17420132200584 17420142200697	韩嘉予 林鹏凯 赵璐瑶	香港会计师公会专业资格课程（QP）个案分析比赛	国家级	金奖	2016年12月
49	12920132200139 17420132200483	陈智磊 陈逸颖	2016年厦门大学"毕马威杯"管理案例分析全国十强邀请赛	省级	最佳组织奖	2016年3月
50	17420132200512	郭屹南	2016年"创青春"暨第九届"挑战杯"福建省大学生创业计划竞赛本科组	省级	金奖	2016年6月
51	17420132200554	李佳彤	2016年"创青春"暨第九届"挑战杯"福建省大学生创业计划竞赛本科组	省级	金奖	2016年6月
52	17420132200652 17420132200570	王建莉 梁紫薇	2016年"创青春"暨第九届"挑战杯"福建省大学生创业计划竞赛本科组	省级	金奖	2016年6月
53	17420132200476	陈晓宇	2016年"创青春"暨第九届"挑战杯"福建省大学生创业计划竞赛本科组	省级	金奖	2016年6月
54	17420132200468	陈理娜	2016年"创青春"暨第九届"挑战杯"福建省大学生创业计划竞赛本科组	省级	铜奖	2016年6月

续表

序号	学号	姓名	竞赛名称	层级	等级	时间
55	17420142200447	陈思颖	第六届全国大学生电子商务“创新、创意及创业”挑战赛福建赛区选拔赛	省级	特等奖	2016年6月
56	17420132200748	周梦雯	第六届全国大学生电子商务“创新、创意及创业”挑战赛福建赛区选拔赛	省级	最佳创业奖 一等奖	2016年6月
57	17420142200501	蒋　悦 周　文	第六届全国大学生电子商务“创新、创意及创业”挑战赛福建赛区选拔赛	省级	一等奖	2016年6月
58	17420142200625	王　越	第六届全国大学生电子商务“创新、创意及创业”挑战赛福建赛区选拔赛	省级	一等奖	2016年6月
59	12920132200139	陈智磊	2016年“创青春”暨第九届“挑战杯”福建省大学生创业计划竞赛本科组	省级	银奖	2016年6月
60	17420132200659	王希婷 陈晓越	2016年“创青春”暨第九届“挑战杯”福建省大学生创业计划竞赛本科组	省级	银奖	2016年6月
61	17420142200665 17420142200589	叶世雄 彭　纯	第六届全国大学生电子商务“创新、创意及创业”挑战赛福建赛区选拔赛	省级	三等奖	2016年6月
62	17420132200659	王希婷	第六届全国大学生电子商务“创新、创意及创业”挑战赛福建赛区选拔赛	省级	优秀奖	2016年6月
63	17420132200554	李佳彤	“建行杯”第二届福建省“互联网+”大学生创新创业大赛	省级	金奖	2016年9月
64	17420132200570	梁紫薇	“建行杯”第二届福建省“互联网+”大学生创新创业大赛	省级	银奖	2016年9月
65	17420142200625	王　越	“建行杯”第二届福建省“互联网+”大学生创新创业大赛	省级	银奖	2016年9月
66	17420132200652	王建莉	“建行杯”第二届福建省“互联网+”大学生创新创业大赛	省级	银奖	2016年9月
67	17420132200575	林端凯	“建行杯”第二届福建省“互联网+”大学生创新创业大赛	省级	银奖	2016年9月
68	17420142200439 17420142200721 17420142200653 17420142200620	岑　苏 孙铁研 杨晨旭 王逸菲	“建行杯”第二届福建省“互联网+”大学生创新创业大赛	省级	铜奖	2016年9月
69	17420142200711 17420142200442 17420142200510 17420132200659	周静磊 陈炯任 李安可 王希婷	“建行杯”第二届福建省“互联网+”大学生创新创业大赛	省级	铜奖	2016年9月
70	17420152200517 17420142200534 17420152200476 17420142200586	黄茗萱 林　宸 陈　曦 潘柯林	“建行杯”第二届福建省“互联网+”大学生创新创业大赛	省级	铜奖	2016年9月
71	17420152200623	史学智	第八届全国大学生数学竞赛（福建赛区）	省级	二等奖	2016年10月
72	17420152200660	吴　凡	美国大学生数学建模竞赛	国际级	二等奖	2017年4月

续表

序号	学号	姓名	竞赛名称	层级	等级	时间
73	17420152200726	张歆雅 谢铃垚	第七届全国大学生电子商务“创新、创意及创业”挑战赛	国家级	一等奖	2017年7月
74	17420152200557	李　玥	第七届全国大学生电子商务“创新、创意及创业”挑战赛总决赛	国家级	一等奖	2017年7月
75	17420142200439	岑　荪	国家级大学生创新创业训练计划	国家级	创业明星奖	2017年11月
76	17420142200625	王　越	2016年福建省大中专学生志愿者暑期“三下乡”社会实践活动	省级	先进个人	2017年1月
77	17420142200534	林　宸	“毕马威杯”管理案例分析全国十强邀请赛	省级	三等奖	2017年3月
78	17420152200557	李　玥	第七届全国大学生电子商务“创新、创意及创业”挑战赛福建赛区选拔赛	省级	特等奖	2017年5月
79	17420152200474	陈思思	第七届全国大学生电子商务“创新、创意及创业”挑战赛福建赛区选拔赛	省级	一等奖	2017年5月
80	17420152200675 17420152200655 17420152200599	徐秋涵 王雨轩 牛舒南	第七届全国大学生电子商务“创新、创意及创业”挑战赛福建赛区选拔赛	省级	二等奖	2017年5月
81	17420152200705	曾咏琦	第七届全国大学生电子商务“创新、创意及创业”挑战赛福建赛区选拔赛	省级	二等奖	2017年5月
82	17420142200468	冯诗灵	第七届全国大学生电子商务“创新、创意及创业”挑战赛福建赛区选拔赛	省级	三等奖	2017年5月
83	17420152200671	张歆雅 谢铃垚	第七届全国大学生电子商务“创新、创意及创业”挑战赛福建赛区选拔赛	省级	三等奖	2017年5月
84	17420152200609	邱心玥	第三届福建省“互联网+”大学生创新创业大赛	省级	银奖	2017年8月
85	17420162200489	陈思远	第三届福建省“互联网+”大学生创新创业大赛	省级	二等奖	2017年8月
86	17420142200613 17420142200716	王　宁 周之瑶	第三届福建省“互联网+”大学生创新创业大赛	省级	铜奖	2017年8月
87	17420162200690 17420162200519	吴珏昊 冯裕风	第三届福建省“互联网+”大学生创新创业大赛	省级	铜奖	2017年8月
88	17420142200544	林　琳	第三届福建省“互联网+”大学生创新创业大赛	省级	三等奖	2017年8月
89	17420152200662	吴国强	第九届全国大学生数学竞赛（非数学类）福建赛区	省级	一等奖	2017年11月
90	17420152200623	史学智	第九届全国大学生数学竞赛（非数学类）福建赛区	省级	二等奖	2017年11月
91	17420152200495	方　卓	第九届全国大学生数学竞赛（非数学类）福建赛区	省级	三等奖	2017年11月
92	17420162200710	许佳伟	第九届全国大学生数学竞赛（非数学类）福建赛区	省级	三等奖	2017年11月
93	17420152200744	郑晓婷	全国大学生数学建模竞赛福建赛区	省级	一等奖	2017年12月

续表

序号	学号	姓名	竞赛名称	层级	等级	时间
94	17420152200660	吴　凡	全国大学生数学建模竞赛福建赛区	省级	一等奖	2017年12月
95	17420162200571	李嘉琪	2017年福建省大中专学生志愿者暑期“三下乡”社会实践活动	省级	优秀团队	2017年12月
96	17420152200660	吴　凡	美国大学生数学建模大赛	国际级	二等奖	2018年4月
97	17420172200922 17420162200591	刘　蕊 廖子涵	2018年“创青春”全国大学生创业大赛网络信息经济专项赛（创意类）	国家级	银奖	2018年7月
98	17420162200519	冯裕风	The 2nd Runner-up Team Award of ACCA Job Hunting Competition 2018 Grand Final	国家级	第三名	2018年7月
99	17420172201006 17420162200559	张晓莹 柯梦馨	第四届中国“互联网+”大学生创新创业大赛全国总决赛	国家级	金奖	2018年10月
100	17420152200684	颜　玮	2018年“创青春”全国大学生创业大赛	国家级	银奖	2018年11月
101	17420162200683 17420162200640 17420162200519 17420172200987	文　萃 阮琳槟 冯裕风 颜粲雨	2018年全国大中专学生志愿者暑期“三下乡”社会实践活动优秀团队	国家级	优秀团队	2018年11月
102	17420162200724 17420162200666	王　恺 燕　翔	2018年全国大中专学生志愿者暑期“三下乡”社会实践活动优秀团队	国家级	优秀团队	2018年11月
103	17420162200598	林其祥	2018年全国大中专学生志愿者暑期“三下乡”社会实践活动优秀团队	国家级	优秀团队	2018年11月
104	17420162200724	燕　翔	2018年全国大中专学生志愿者暑期“三下乡”社会实践“千校千项”成果遴选“匠心传播好作品”	国家级	—	2018年11月
105	17420162200571	李嘉琪	2018年全国大中专学生志愿者暑期“三下乡”社会实践“千校千项”“最具影响好项目”	国家级	—	2018年11月
106	17420152200623	史学智	第八届全国大学生电子商务三创挑战赛福建省选拔赛泉州农商银行杯	省级	二等奖	2018年5月
107	17420162200530 17420162200674	郭诗雨 王怡方	第八届全国大学生电子商务三创挑战赛福建省选拔赛泉州农商银行杯	省级	二等奖	2018年5月
108	17420172200853	陈恺悦	2017年度“感谢恩师·你我同行”大型公益活动征文大赛	省级	三等奖	2018年5月
109	17420162200623	马文青	2018年ACCA全国就业力大比拼	省级	华南区亚军	2018年7月
110	17420152200518	黄启华	第四届福建省“互联网+”大学生创新创业大赛	省级	金奖	2018年8月
111	17420152200684	颜　玮	第四届福建省“互联网+”大学生创新创业大赛	省级	银奖	2018年8月
112	17420162200632 17420172200868	彭　宁 高晨睿	第四届福建省“互联网+”大学生创新创业大赛	省级	银奖	2018年8月
113	17420152200684	颜　玮	2018年“创青春”福建省大学生创业大赛	省级	金奖	2018年8月

续表

序号	学号	姓名	竞赛名称	层级	等级	时间
114	17420152200738	赵 妍	2018年“创青春”福建省大学生创业大赛公益创业	省级	金奖	2018年8月
115	17420162200475	岑 硕	2018年“创青春”福建省大学生创业大赛	省级	银奖	2018年8月
116	17420152200679	许 蔚	2018年“创青春”福建省大学生创业大赛	省级	三等奖	2018年8月
117	17420172200855	陈清华	第十届全国大学生数学竞赛（非数学类）	省级	一等奖	2018年11月
118	17420162200673	王 萱	2018年全国大学生数学建模竞赛福建赛区	省级	一等奖	2018年12月
119	17420162200756	张天成	2018年全国大学生数学建模竞赛福建赛区	省级	二等奖	2018年12月
120	17420162200475	岑 硕	美国大学生数学建模竞赛	国际级	一等奖	2019年
121	17420172200974	吴彦萱	美国大学生数学建模竞赛	国际级	二等奖	2019年
122	17420162200546	黄建雄	第十一届“尖烽时刻”全国商业模拟大赛总决赛	国家级	三等奖	2019年3月
123	17420162200740	于浩淼	第四届全国大学生生命科学创新创业大赛	国家级	特等奖	2019年7月
124	17420172200892	蓝 澜	第四届全国大学生生命科学创新创业大赛	国家级	一等奖	2019年7月
125	17420182200998 17420182200951	吴泓毅 吕晨曦	第五届中国“互联网+”大学生创新创业大赛金奖	国家级	一等奖	2019年10月
126	17420172200853	陈恺悦	第五届中国“互联网+”大学生创新创业大赛全国总决赛“青年红色筑梦之旅”赛道金奖	国家级	一等奖	2019年10月
127	17420172200873	洪 婧	2019年全国高校计算机能力挑战赛Office高级应用赛（Excel）决赛	国家级	二等奖	2019年12月
128	17420172200873	洪 婧	2019年全国高校计算机能力挑战赛Office高级应用赛（PPT）决赛	国家级	二等奖	2019年12月
129	17420172200873	洪 婧	2019年全国高校计算机能力挑战赛Office高级应用赛（Word）决赛	国家级	二等奖	2019年12月
130	17420172201006	张晓莹	2019年厦门大学“毕马威杯”管理案例分析全国十强邀请赛	省级	第五名	2019年3月
131	17420172200873 17420172200932	洪 婧 马千惠	第二十五届“国金证券”杯康腾全国高校学生商业案例分析大赛决赛	省级	优秀奖	2019年4月
132	17420162200760	张新雪	2019 CGMA商业精英国际挑战赛北亚区总决赛	省级	优胜奖	2019年5月
133	17420162200492	陈 欣	2019 CGMA商业精英国际挑战赛北亚区总决赛	省级	优胜奖	2019年5月
134	17420162200531	郭 行	2019 CGMA商业精英国际挑战赛北亚区总决赛	省级	优胜奖	2019年5月
135	17420162200571	李嘉琪	2019 CGMA商业精英国际挑战赛北亚区总决赛	省级	优胜奖	2019年5月
136	17420172200969	文杨璐	第九届全国大学生电子商务“创新、创意及创业”挑战赛福建赛区省级选拔赛	省级	一等奖	2019年7月

续表

序号	学号	姓名	竞赛名称	层级	等级	时间
137	17420172200852	陈慧云	第九届全国大学生电子商务“创新、创意及创业”挑战赛福建赛区省级选拔赛	省级	一等奖	2019年7月
138	17420172201019 17420172201013 17420172200920 17420172200946	周　丽 赵加康 林哲伟 沈思含	第九届全国大学生电子商务“创新、创意及创业”挑战赛福建赛区省级选拔赛	省级	一等奖	2019年7月
139	17420172200985 17420172200916	许琦冰 李卓卡 赵　博	第九届全国大学生电子商务“创新、创意及创业”挑战赛福建赛区省级选拔赛	省级	三等奖	2019年7月
140	17420162200623	马文青	2019年第二届中青杯全国大学生数学建模竞赛	省级	优秀奖	2019年7月
141	17420182200930	李雪飞	“建行杯”第五届山东省“互联网+”大学生创新创业大赛	省级	一等奖	2019年9月
142	17420172200892 17420172200923	蓝　澜 刘宛静	第四届中国（福建）女大学生创新创业大赛	省级	铜奖	2019年9月
143	17420162200479	陈　斌	“网龙杯”第五届福建省“互联网+”大学生创新创业大赛	省级	铜奖	2019年9月
144	17420172200886	接如意	“网龙杯”第五届福建省“互联网+”大学生创新创业大赛	省级	铜奖	2019年9月
145	17420172200978	项俊杰	“网龙杯”第五届福建省“互联网+”大学生创新创业大赛	省级	铜奖	2019年9月
146	17420162200571	李嘉琪	2019年福建省大中专学生志愿者暑期“三下乡”社会实践优秀团队	省级	—	2019年10月
147	17420182201029	余丝益	2019年福建省大中专学生志愿者暑期“三下乡”社会实践优秀团队	省级	—	2019年10月
148	17420182200998	吴泓毅	2019年福建省大中专学生志愿者暑期“三下乡”社会实践优秀团队	省级	—	2019年10月
149	17420182201029	余丝益	2019年福建省大中专学生志愿者暑期“三下乡”社会实践优秀团队	省级	—	2019年10月
150	17420182200892	胡轩萌	第十一届全国大学生数学竞赛（非数学类）	省级	一等奖	2019年11月
151	17420172200855	陈清华	第十一届全国大学生数学竞赛（非数学类）	省级	一等奖	2019年11月
152	17420172200972	吴茹雯	第十一届全国大学生数学建模竞赛	省级	一等奖	2019年11月
153	17420182200992	王　雨	第十一届全国大学生数学竞赛（非数学类）	省级	二等奖	2019年11月
154	17420182200959	彭深缘	第十一届全国大学生数学竞赛（非数学类）	省级	二等奖	2019年11月
155	22320182201345	林励书	2019年全国高校计算机能力挑战赛——Word高级应用赛	省级	区域赛二等奖	2019年11月
156	22320182201345	林励书	2019年全国高校计算机能力挑战赛——PPT高级应用赛	省级	区域赛二等奖	2019年11月
157	17420172200885	江自牧	第十一届全国大学生数学建模竞赛	省级	一等奖	2019年12月
158	17420172200865	董永斌	第六届“创青春”福建省青年创新创业大赛	省级	三等奖	2019年12月

续表

序号	学号	姓名	竞赛名称	层级	等级	时间
159	17420182200915	雷志颖	美国大学生数学建模竞赛	国际级	一等奖	2020年4月
160	17420172200994	曾咏祺	美国大学生数学建模竞赛	国际级	二等奖	2020年4月
161	17420182201050	张泽锴	2019年全国高校区块链案例征集大赛	国家级	三等奖	2020年1月
162	17420182201036	张　琳	第五届全国大学生生命科学创新创业大赛（创业类）	国家级	二等奖	2020年8月
163	17420182201064	邱　东 朱慧琳	第十二届“尖烽时刻”全国商业模拟大赛总决赛	国家级	一等奖、最受欢迎海报	2020年9月
164	17420172200914 17420172201003 17420172200862	李志锦 张天逸 戴鹏程	第十二届“尖烽时刻”全国商业模拟大赛总决赛	国家级	三等奖	2020年9月
165	17420182200888 17420182200884	何嘉乐 郭森涛	第六届中国国际“互联网+”大学生创新创业大赛	国家级	银奖	2020年11月
166	17420182200914	劳思怡	第六届中国国际“互联网+”大学生创新创业大赛	国家级	铜奖	2020年11月
167	17420182201050	张泽锴	第六届中国国际“互联网+”大学生创新创业大赛	国家级	铜奖	2020年11月
168	17420172200928	刘倬语	第十二届“挑战杯”中国大学生创业计划竞赛	国家级	铜奖	2020年12月
169	17420182201050	张泽锴	第十届全国大学生电子商务“创新、创意及创业”挑战赛	省级	一等奖	2020年8月
170	17420182201053	赵文璐	2020年海峡两岸女大学生创新创业总决赛	省级	铜奖	2020年9月
171	17420182200862 17420182200966 17420182201041	蔡　文 尚欣悦 张　烁	2020年全国大学生数学建模大赛福建省赛区	省级	一等奖	2020年11月
172	17420182200899	黄诗艺	2020年全国大学生数学建模竞赛	省级	一等奖	2020年11月
173	17420182201026 17420182200884	于乘浩 郭森涛	2020年全国大学生数学建模竞赛	省级	一等奖	2020年11月
174	35320182200282	张　玉	2020年全国大学生数学建模竞赛	省级	一等奖	2020年11月
175	17420192200815	黄　芮	2020年全国大学生英语竞赛福建赛区决赛	省级	一等奖	2020年11月
176	21620182203394	黄悦昕	第六届福建省“互联网+”大学生创新创业大赛	省级	银奖	2020年11月
177	34520182201626 17420182201054	孙　颖 赵悦灵	2020年全国大学生数学建模竞赛	省级	二等奖	2020年11月
178	33920182204415	官静怡	2020年全国大学生数学建模竞赛	省级	二等奖	2020年11月
179	17420192200867	裴闻达	2020年全国大学生数学建模竞赛	省级	二等奖	2020年11月
180	17420182201054	赵悦灵	2020年“外研社·国才杯”阅读省赛	省级	二等奖	2020年11月

续表

序号	学号	姓名	竞赛名称	层级	等级	时间
181	17420192200806	何　洁	2020年全国大学生英语竞赛福建赛区决赛	省级	二等奖	2020年11月
182	17420182200994	卫雨萌	2020年全国大学生英语竞赛福建赛区决赛	省级	二等奖	2020年11月
183	21620182203538	曾祉柔	2020年全国大学生英语竞赛福建赛区决赛	省级	二等奖	2020年11月
184	17420182200927	李晓雪	第六届福建省“互联网+”大学生创新创业大赛	省级	铜奖	2020年11月
185	17420182200930	李雪飞	第六届福建省“互联网+”大学生创新创业大赛	省级	铜奖	2020年11月
186	17420182201025	尹潇潇	2020年全国大学生英语竞赛福建赛区决赛	省级	三等奖	2020年11月
187	7420182200972	宋　筠	2020年全国大学生英语竞赛福建赛区决赛	省级	三等奖	2020年11月
188	17420192200894	王毓泽	2020年全国大学生英语竞赛福建赛区决赛	省级	三等奖	2020年11月
189	17420182201054	赵悦灵	第十一届“挑战杯”福建省大学生创业计划竞赛	省级	金奖	2020年12月
190	17420182200931	梁启程	第十一届“挑战杯”福建省大学生创业计划竞赛	省级	金奖	2020年12月
191	17420182201041	张　烁	2020年全国大学生数学竞赛	省级	一等奖	2020年12月
192	17420182201008 17420182200970	肖颖华 石昆达	第十一届“挑战杯”福建省大学生创业计划竞赛	省级	银奖	2020年12月
193	17420192200795	冯艳清	2020年全国大学生数学竞赛	省级	二等奖	2020年12月
194	17420182201064	朱慧琳	2020年全国大学生数学竞赛	省级	二等奖	2020年12月
195	17420182200930	李雪飞	第十一届“挑战杯”福建省大学生创业计划竞赛	省级	铜奖	2020年12月
196	17420192200774 17420192200779 17420192200860	陈子尧 褚夏迪 栾绪宝	美国大学生数学建模竞赛	国际级	二等奖	2021年4月
197	17420182200915	雷志颖	美国大学生数学建模竞赛	国际级	二等奖	2021年4月
198	34520182201767 17420182201054	章文婕 赵悦灵	美国大学生数学建模竞赛	国际级	二等奖	2021年4月
199	33920182204467	薛子绚	美国大学生数学建模竞赛	国际级	二等奖	2021年4月
200	34520182201626	孙　颖	美国大学生数学建模竞赛	国际级	二等奖	2021年4月
201	17420192200867	裴闻达	美国大学生数学建模竞赛	国际级	二等奖	2021年4月
202	17420182200867	陈素敏	第十三届“尖烽时刻”全国商业模拟大赛总决赛	国家级	一等奖	2021年4月
203	17420182200944	刘子杨	第十三届“尖烽时刻”全国商业模拟大赛总决赛	国家级	三等奖	2021年4月

续表

序号	学号	姓名	竞赛名称	层级	等级	时间
204	17420192200774 17420192200860 17420192200855	陈子尧 栾绪宝 刘廷伟	“正大杯”第十一届全国大学生市场调查与分析大赛总决赛	国家级	三等奖	2021年4月
205	22320182201345	林励书	第二届“经英杯”全国高校学生经济论坛	国家级	三等奖	2021年5月
206	21620182203394	黄悦昕	全国大学生生命科学竞赛	国家级	一等奖	2021年7月
207	17420192200816	黄　贤	全国大学生生命科学竞赛	国家级	二等奖	2021年7月
208	17420192200934	于　卓	全国大学生生命科学竞赛	国家级	三等奖	2021年7月
209	22920192204110	杨佳欣	第七届中国国际“互联网+”大学生创新创业大赛	国家级	银奖	2021年11月
210	17420192200883	王丹丹	第五届中国青年志愿服务公益创业赛	国家级	银奖	2021年11月
211	17420192200844 17420192200887	林鹏南 王金艺	2021年（第七届）全国大学生统计建模大赛	国家级	优秀奖	2021年11月
212	17420182200868	陈雯丽	2020年全国高校计算机能力挑战赛	省级	三等奖	2021年1月
213	17420192200774 17420192200860	陈子尧 栾绪宝	“正大杯”第十一届全国大学生市场调查与分析大赛（省级）选拔赛	省级	一等奖	2021年4月
214	17420192200786 17420192200867	丁　玎 裴闻达	“正大杯”第十一届全国大学生市场调查与分析大赛（省级）选拔赛	省级	二等奖	2021年4月
215	17420192200886 17420192200785	王　皓 邓育萌	“正大杯”第十一届全国大学生市场调查与分析大赛（省级）选拔赛	省级	二等奖	2021年4月
216	17420192200894	王毓泽	“正大杯”第十一届全国大学生市场调查与分析大赛（省级）选拔赛	省级	三等奖	2021年4月
217	17420192200932	叶子莲	“正大杯”第十一届全国大学生市场调查与分析大赛（省级）选拔赛	省级	三等奖	2021年4月
218	17420192200973 17420192200794 17420192200835	朱民城 冯伟桦 李　妍	“正大杯”第十一届全国大学生市场调查与分析大赛（省级）选拔赛	省级	三等奖	2021年4月
219	17420192200880	孙舒扬	“正大杯”第十一届全国大学生市场调查与分析大赛（省级）选拔赛	省级	三等奖	2021年4月
220	34520182201626	孙　颖	第十一届全国大学生电子商务“创新、创意及创业”挑战赛福建省选拔赛	省级	一等奖	2021年8月
221	17420202203582	余晓悦	第十一届全国大学生电子商务“创新、创意及创业”挑战赛福建省选拔赛	省级	二等奖	2021年8月
222	22920192204110	杨佳欣	第七届福建省“互联网+”大学生创新创业大赛	省级	金奖、十佳人气奖	2021年11月
223	17420192200860	栾绪宝	第七届福建省“互联网+”大学生创新创业大赛	省级	金奖	2021年11月
224	21620182203394	黄悦昕	第七届福建省“互联网+”大学生创新创业大赛	省级	金奖	2021年11月

续表

序号	学号	姓名	竞赛名称	层级	等级	时间
225	17420192200867	裴闻达	第七届福建省“互联网+”大学生创新创业大赛“青年红色筑梦之旅”赛道	省级	金奖	2021年11月
226	17420192200786 17420192200831	丁　玎 李文越	第七届福建省“互联网+”大学生创新创业大赛“青年红色筑梦之旅”赛道	省级	金奖	2021年11月
227	17420192200806	何　洁	第七届福建省“互联网+”大学生创新创业大赛	省级	银奖	2021年11月
228	17420192200862 17420192200883	马志国 王丹丹	第七届福建省“互联网+”大学生创新创业大赛	省级	银奖	2021年11月
229	17420192200878	孙晨曦	第七届福建省“互联网+”大学生创新创业大赛	省级	铜奖	2021年11月
230	33120202201875	李　轩	2021年全国大学生数学建模竞赛福建赛区	省级	一等奖	2021年12月
231	17420192200867	裴闻达	2021年全国大学生数学建模竞赛福建赛区	省级	一等奖	2021年12月
232	17420192200786	丁　玎	2021年全国大学生数学建模竞赛福建赛区	省级	一等奖	2021年12月
233	17420202203570	王稷琛	2021年全国大学生数学建模竞赛福建赛区	省级	一等奖	2021年12月
234	22920192204110	杨佳欣	第八届“创青春”福建省青年创新创业大赛暨福建省第三届返乡大学生创新创业大赛	省级	二等奖	2021年12月
235	17420202203564	申依凡	2021年全国大学生数学建模竞赛福建赛区	省级	二等奖	2021年12月
236	17420192200821	康　霖	2021年全国大学生数学建模竞赛福建赛区	省级	二等奖	2021年12月
237	17420192200894	王毓泽	美国大学生数学建模竞赛	国际级	特等奖提名（finalist）	2022年5月
238	17420192200910	徐佩聪	美国大学生数学建模竞赛	国际级	二等奖	2022年5月
239	17420192200973	朱民城	美国大学生数学建模竞赛	国际级	二等奖	2022年5月
240	17420192200887	王金艺	美国大学生数学建模竞赛	国际级	二等奖	2022年5月
241	13720182200492	李昕彦	第十四届“尖峰时刻”全国商业管理模拟大赛	国家级	三等奖	2022年4月
242	17420192200774 17420192200860 17420192200929 17420192200894	陈子尧 栾绪宝 姚岚清 王毓泽	第十四届“尖峰时刻”全国商业管理模拟大赛	国家级	三等奖	2022年4月
243	17420212201067 17420212201256	丁煜媛 植兆怡	2022年全国高校商业精英挑战赛品牌策划竞赛全国总决赛暨（新加坡）全球品牌策划大赛中国地区选拔赛	国家级	一等奖	2022年5月
244	17420202201444	孔星敏	“正大杯”第十二届全国大学生市场调查与分析大赛总决赛（全国）	国家级	三等奖	2022年5月

续表

序号	学号	姓名	竞赛名称	层级	等级	时间
245	17420202200221	马纾颜	第一届全国青年创新翻译大赛	国家级	三等奖	2022年6月
246	17420202203582	余晓悦	2022年全国大学生生命科学竞赛	国家级	二等奖	2022年8月
247	17420202200209	丁笑怡	2022年全国大学生生命科学竞赛	国家级	一等奖	2022年8月
248	17420212201142	刘晓颖	第二十一届全国大学生机器人大赛RoboMaster2022机甲大师超级对抗赛·全国赛	国家级	三等奖	2022年8月
249	17420202201455	刘思函	2022年全国大学生生命科学竞赛（创新创业类）	国家级	三等奖	2022年8月
250	17420212201207	徐传力	2022年全国大学生英语竞赛	国家级	一等奖	2022年10月23日
251	17420202201498	张悦然	2022年全国大学生英语竞赛	国家级	一等奖	2022年10月23日
252	17420202200226	孙泽楠	第八届中国国际“互联网+”大学生创新创业大赛全国总决赛	国家级	金奖	2022年11月
253	17420202201442	解张珺钦	第八届中国国际“互联网+”大学生创新创业大赛全国总决赛	国家级	金奖	2022年11月
254	17420202200241	赵　睿	第八届中国国际“互联网+”大学生创新创业大赛全国总决赛	国家级	二等奖	2022年11月
255	17420202201485	游丽华	第六届中国青年志愿服务项目大赛	国家级	铜奖	2022年11月15日
256	17420212201093	黄可依	2022年第五届全国大学生旅游设计大赛	国家级	优秀奖	2022年12月3日
257	17420212201222	杨咏淳	2022年第五届全国大学生旅游设计大赛	国家级	优秀奖	2022年12月3日
258	17420202201416	陈雨帆	2021年全国大学生英语翻译大赛	省级	三等奖	2022年1月
259	17420192200788	杜笑笑	2022年KPMG全球思维挑战联赛华南赛区	省级	六强	2022年1月
260	17420192200759	鲍艺一	第十二届“挑战杯”福建省大学生创业计划竞赛	省级	金奖	2022年5月
261	17420192200896 17420192200878	王桢艳 孙晨曦	第十二届全国大学生电子商务“创新、创意及创业”挑战赛福建省九牧杯选拔赛	省级	一等奖	2022年5月
262	22920192204110	杨佳欣	第十二届“挑战杯”福建省大学生创业计划竞赛	省级	铜奖	2022年5月
263	22920192204110	杨佳欣	第十二届“挑战杯”福建省大学生创业计划竞赛	省级	铜奖	2022年5月
264	17420192200759	鲍艺一	第十二届“挑战杯”福建省大学生创业计划竞赛	省级	铜奖	2022年5月
265	17420202205025	黄汉杰	2022CGMA商业精英国际挑战赛华南赛区决赛	省级	第五名（华南赛区十六强）	2022年5月

续表

序号	学号	姓名	竞赛名称	层级	等级	时间
266	34520202200332	张晨旭	2022CGMA商业精英国际挑战赛华南赛区决赛	省级	优胜奖（华南赛区十六强）	2022年5月
267	17420202201451	李垚薇	2022CGMA商业精英国际挑战赛华南赛区决赛	省级	优胜奖	2022年5月
268	17420202201488	詹瑞敏	2022CGMA商业精英国际挑战赛华南赛区决赛	省级	优胜奖	2022年5月
269	17420202201434	胡柏许	第十二届“挑战杯”福建省学生创业计划竞赛（省赛）	省级	银奖	2022年6月
270	17420202201485	游丽华	第十二届“挑战杯”福建省学生创业计划竞赛（省赛）	省级	银奖	2022年6月
271	17420202201460	施芊雪	第七届数维杯大学生数学建模挑战赛	省级	三等奖	2022年6月
272	17420192200779	褚夏迪	2022年“学创杯”全国大学生创业综合模拟大赛福建省选拔赛	省级	三等奖	2022年6月
273	17420202201453 17420202201481	林垲棋 许　静	2022年“学创杯”全国大学生创业综合模拟大赛福建省选拔赛	省级	三等奖	2022年6月
274	17420202201416	陈雨帆	2022年全国大学生英语作文大赛	省级	一等奖	2022年7月
275	17420192200894	王毓泽	2022年（第八届）全国大学生统计建模大赛	省级	三等奖	2022年7月
276	17420202200234	于小珊	第八届福建省“互联网+”大学生创新创业大赛	省级	一等奖、最受欢迎海报	2022年8月
277	17420202200209	丁笑怡	第八届福建省“互联网+”大学生创新创业大赛	省级	一等奖	2022年8月
278	17420202201442	解张珺钦	第八届福建省“互联网+”大学生创新创业大赛	省级	金奖	2022年8月
279	17420202200226	孙泽楠	第八届福建省“互联网+”大学生创新创业大赛	省级	金奖	2022年8月
280	15220202202069	刘灵姗	第八届福建省“互联网+”大学生创新创业大赛	省级	金奖	2022年8月
281	17420192200836	李　艳	第八届福建省“互联网+”大学生创新创业大赛	省级	金奖	2022年8月
282	17420202201444	孔星敏	第八届福建省“互联网+”大学生创新创业大赛	省级	金奖	2022年8月
283	17420202201460	施芊雪	第八届福建省“互联网+”大学生创新创业大赛	省级	金奖	2022年8月
284	17420202203582	余晓悦	第八届福建省“互联网+”大学生创新创业大赛	省级	银奖	2022年8月
285	17420202205041	吴盈盈	第八届福建省“互联网+”大学生创新创业大赛	省级	铜奖	2022年8月
286	17420202201460	施芊雪	第八届福建省“互联网+”大学生创新创业大赛	省级	铜奖	2022年8月
287	17420202201483	叶珺影	第八届福建省“互联网+”大学生创新创业大赛	省级	铜奖	2022年8月

续表

序号	学号	姓名	竞赛名称	层级	等级	时间
288	17420202203551	刘瑞琳	2022年第三届“华数杯”全国大学生数学建模竞赛	省级	三等奖	2022年8月
289	17420202203539	高佳毅	第八届“东方财富杯”全国大学生金融挑战赛省赛	省级	三等奖	2022年8月
290	17420202203544	李　昂	第八届“东方财富杯”全国大学生金融挑战赛省赛	省级	三等奖	2022年8月
291	17420202201413	陈　淇	2022年全国大学生数学建模竞赛	省级	一等奖	2022年11月
292	33120202201875	李　轩	2022年全国大学生数学建模竞赛	省级	一等奖	2022年11月
293	17420202203528	李　琦	2022年全国大学生数学建模竞赛	省级	一等奖	2022年11月
294	17420212201231	叶泽锦	2022年全国大学生数学建模竞赛	省级	二等奖	2022年11月
295	17420212201132	林宜乐	2022年全国大学生数学建模竞赛	省级	二等奖	2022年11月
296	17420212201247	赵　萌	2022年全国大学生数学建模竞赛	省级	二等奖	2022年11月
297	17420212201056	陈林昫	2022年全国大学生数学建模竞赛	省级	二等奖	2022年11月
298	17420212201188	王温翔	2022年高教社杯全国大学生数学建模竞赛	省级	二等奖	2022年11月23日
299	17420202201485	游丽华	2022年厦门高校大学生创新创业大赛	省级	三等奖	2022年12月6日
300	17420202201489	詹昫菲	《财务研究》2022年度优秀论文评选活动	国家级	二等奖	2023年3月1日
301	17420202203582	余晓悦	“正大杯”第十三届全国大学生市场调查与分析大赛本科组总决赛	国家级	三等奖	2023年4月1日
302	17420212201056	陈林昫	“正大杯”第十三届全国大学生市场调查与分析大赛本科组总决赛	国家级	三等奖	2023年4月30日
303	17420212201085	何　璐	2023年全国大学生英语竞赛	国家级	一等奖	2023年6月3日
304	17420202201409	陈　菲	2023年全国大学生英语竞赛	国家级	一等奖	2023年6月3日
305	17420212201207	徐传力	2023年全国大学生英语竞赛	国家级	二等奖	2023年6月3日
306	17420222200785	吴凯璐	2023年全国大学生英语竞赛	国家级	二等奖	2023年6月3日
307	17420222200805	杨晓妍	2023年全国大学生英语竞赛	国家级	二等奖	2023年6月3日
308	17420202200221	马纾颜	2023年全国大学生英语竞赛	国家级	二等奖	2023年6月3日
309	17420212201250	赵　轩	美国大学生数学建模竞赛	国家级	M奖	2023年7月14日
310	17420202201411	陈　杰	美国大学生数学建模竞赛	国家级	H奖	2023年7月14日
311	17420202203528	李　琦	美国大学生数学建模竞赛	国家级	H奖	2023年7月14日

续表

序号	学号	姓名	竞赛名称	层级	等级	时间
312	17420212201085	何　璐	美国大学生数学建模竞赛	国家级	二等奖	2023年7月14日
313	17420212201145	刘逸菲	福建省新时代文明实践志愿服务项目大赛	省级	银奖	2023年3月
314	17420202201485	游丽华	福建省新时代文明实践志愿服务项目大赛	省级	银奖	2023年3月
315	17420202200209	丁笑怡	“正大杯”第十三届全国大学生市场调查与分析大赛福建赛区本科组选拔赛	省级	一等奖	2023年4月30日
316	17420202201411	陈　杰	“正大杯”第十三届全国大学生市场调查与分析大赛福建赛区本科组选拔赛	省级	二等奖	2023年4月30日
317	17420212201062	程允中	“正大杯”第十三届全国大学生市场调查与分析大赛福建赛区本科组选拔赛	省级	三等奖	2023年4月30日
318	17420222200690	金天宇	第四届全国高等院校大学生英语能力大赛	省级	二等奖	2023年5月1日
319	17420212201168	施怀之	第十六届“挑战杯”福建省大学生课外学术科技作品竞赛	省级	特等奖	2023年5月
320	17420212201056	陈林昀	第十六届“挑战杯”福建省大学生课外学术科技作品竞赛	省级	特等奖	2023年5月
321	17420202203582	余晓悦	第十六届“挑战杯”福建省大学生课外学术科技作品竞赛	省级	银奖	2023年5月
322	17420202201482	许俊荣	第十六届“挑战杯”福建省大学生课外学术科技作品竞赛	省级	二等奖	2023年5月
323	17420202201425	傅昕滢	第十六届“挑战杯”福建省大学生课外学术科技作品竞赛	省级	二等奖第5名	2023年5月
324	17420212201191	王雨桓	第十六届“挑战杯”福建省大学生课外学术科技作品竞赛	省级	二等奖	2023年5月
325	17420202201411	陈　杰	第十六届“挑战杯”福建省大学生课外学术科技作品竞赛	省级	二等奖	2023年5月
326	17420212201264	朱泽庭	第十六届“挑战杯”福建省大学生课外学术科技作品竞赛	省级	二等奖	2023年5月
327	17420212201067	丁煜媛	第十三届全国大学生电子商务创新、创意及创业挑战赛福建赛区选拔赛	省级	三等奖	2023年5月29日
328	17420212201048	蔡恺哲	2023年“学创杯”全国大学生创业综合模拟大赛省级选拔赛	省级	三等奖	2023年6月
329	17420212201153	骆茹莹	2023年“学创杯”全国大学生创业综合模拟大赛省级选拔赛	省级	三等奖	2023年6月
330	17420212201186	王荣凯	2023年“学创杯”全国大学生创业综合模拟大赛省级选拔赛	省级	三等奖	2023年6月
331	17420212201092	黄慧娟	2023年“学创杯”全国大学生创业综合模拟大赛省级选拔赛	省级	三等奖	2023年6月
332	17420222200786	吴　埼	第十三届全国大学生电子商务“创新、创意及创业”挑战赛	省级	一等奖	2023年6月23日
333	17420222200812	张晨玥	第十三届全国大学生电子商务“创新、创意及创业”挑战赛	省级	一等奖	2023年6月23日

续表

序号	学号	姓名	竞赛名称	层级	等级	时间
334	17420222200802	杨昶頔	第十三届全国大学生电子商务“创新、创意及创业”挑战赛	省级	一等奖	2023年6月23日
335	17420202201485	游丽华	福建省第十三届三创赛	省级	三等奖	2023年6月23日
336	17420222200812	张晨玥	第十三届全国大学生电子商务“创新、创意及创业”挑战赛	省级	最佳创意奖	2023年6月23日
337	17420202203582	余晓悦	2023年海峡两岸女大学生创新创业大赛	省级	银奖	2023年7月26日
338	17420212201264	朱泽庭	2023年海峡两岸女大学生创新创业大赛	省级	二等奖	2023年7月26日
339	17420212201191	王雨桓	2023年海峡两岸女大学生创新创业大赛	省级	二等奖	2023年7月26日

第十四章 厦门大学会计学科本科生与研究生培养方案

第一节　会计学专业会计学方向培养方案

一、培养目标

会计学专业围绕国家社会经济发展需要，主动对接国家战略需求，旨在向重点地区、重大工程、重大项目、重要领域输送有道德情操、有商学思维、有过硬技术、有实践助力的高水平新商科人才。

首先，在思想道德层面，注重培养学生的爱国主义情怀：热爱社会主义祖国、拥护中国共产党；掌握马列主义、毛泽东思想、邓小平理论、“三个代表”重要思想、科学发展观、习近平新时代中国特色社会主义思想的基本原理；愿为社会主义现代化建设服务，为人民服务；有为国家富强、民族昌盛而奋斗的志向和责任感；具有敬岗爱岗、艰苦奋斗、热爱劳动、遵纪守法、团结合作的品质；具有良好的思想品德、社会公德和职业道德。其次，在专业知识层面，要求学生掌握相应的人文社会科学和自然科学基本理论知识，掌握本学科的基础知识、基本理论、基本技能和基本思维方法，具有独立获取知识、提出问题、分析问题和解决问题的基本能力及开拓创新的精神，具备一定的从事本学科业务工作和适应相邻学科业务的基本能力，以及较高的文化素养。再次，在综合素质层面要求学生具有一定的体育和军事基本知识，掌握科学锻炼身体的基本技能，养成良好的体育锻炼和卫生习惯，形成终身体育的意识；受到必要的军事训练，达到国家规定的大学生体育和军事合格标准，有健全的心理素质和健康的体魄，能够履行建设祖国和保卫祖国的神圣义务。

紧密围绕“立德树人”的根本任务，聚集国家战略需求、紧跟国际科技前沿，旨在向社会输送在金融证券业、政府管理部门、公司和企业从事会计、财务分析等工作，在高校和科研机构从事教学、科研工作的德才兼备的通用型会计人才。

二、毕业要求

（1）树立正确的世界观、人生观和价值观，政治立场坚定，身体素质和心理素质良好，具有较强的自我约束能力和抗压能力。

（2）具有良好的会计伦理和道德素养。

（3）具备经济学、管理学、会计学等基本理论、基本知识和基本技能。

（4）具备法律、经济、金融、管理和财务会计学、管理会计学、审计学、公司财务学的基本理论、基本方法和基本技能等方面的专业知识，了解国际国内会计专业的新成就和新发展。

（5）具有与会计专业相关的较宽的知识面、较强的综合分析问题和解决问题的能力。

（6）掌握一门外语，能阅读会计学专业外文书刊。

三、学制

四年

四、授予学位类型

管理学学士

五、毕业学分和修读要求

（一）毕业学分

◎ 毕业学分

<table>
<tr><th colspan="2" rowspan="2">课程模块</th><th colspan="2">必修</th><th>选修</th><th rowspan="2">合计</th><th rowspan="2">占总学分比例/%</th><th rowspan="2">备注</th></tr>
<tr><th>门数</th><th>学分</th><th>学分</th></tr>
<tr><td colspan="2">公共基本课程</td><td>/</td><td>48</td><td>0</td><td>48</td><td>31</td><td></td></tr>
<tr><td rowspan="2">学科通修课程</td><td>学科大类课程</td><td>23</td><td>37</td><td>0</td><td>37</td><td rowspan="4">52</td><td></td></tr>
<tr><td>专业大类课程</td><td>2</td><td>6</td><td>0</td><td>6</td><td></td></tr>
<tr><td rowspan="2">专业课程</td><td>专业必修课程</td><td>9</td><td>26</td><td>0</td><td>26</td><td></td></tr>
<tr><td>其他（毕业论文等）</td><td>5</td><td>7</td><td>0</td><td>7</td><td></td></tr>
<tr><td colspan="2">通识教育课程</td><td>/</td><td>1</td><td>10</td><td>11</td><td rowspan="2">17</td><td></td></tr>
<tr><td colspan="2">任选课程</td><td>/</td><td>0</td><td>14</td><td>14</td><td></td></tr>
<tr><td colspan="2">总学分</td><td>/</td><td></td><td></td><td>147</td><td>/</td><td></td></tr>
</table>

◎ 选修及实践教学学分

类　别	学分数	比例/%
选修学分（≥25%）	24	16.3
实践教学学分（学时）（人文社科类专业≥15%，理工医类专业≥25%）	26.7	18.2

（二）修读要求

教学计划按“宽口径、厚基础、保优势、有特色”原则设计。为了达到宽口径、厚基础的基本要求，会计学专业下分会计学方向要求学生修满教学计划规定的147学分，达到毕业要求的准予毕业（全英文课程不少于9学分），符合学士学位条件的可以获得管理学学士学位。

具体要求如下：

（1）公共基本课程模块：必修46学分。

（2）通识教育课程模块：修读11学分，其中必修1门课程1学分，另跨专业大类选修10学分全校性选修课程（其中必须修读公共艺术类课程2学分）。

（3）学科通修课程模块：修读43学分。

（4）专业课程模块：修读33学分。

（5）任选课程：14学分。

学生根据个人专业兴趣，在学院、系、专业教学人员的指导下，根据不同专业的要求，选修各专业的必修课和选修课。

学生需按照《国家学生体质健康标准（2014年修订）》进行体质测试。根据《标准》规定，学生毕业时测试成绩达不到50分者按结业或肄业处理。

国际学生修读课程：应当修读汉语和中国概况课程；可免修思想政治理论课程（哲学、政治学专业除外）、军事理论、军事技能；可申请免修计算机应用基础、大学语文等课程。

港澳台侨学生修读课程：军事理论、军事技能以国情类课程代替；修习思想政治理论课程或以国情类课程代替。

六、课程设置

（一）公共基本课程（最低必修学分数:48，最低选修学分数:0）

◎ 公共基本课程

课程号	课程名称	修读形式	学分	总学时	理论教学学时	实验教学学时	实践教学学时	开课学年	开课学期	备注
180340000002	中国近现代史纲要	必修	3	48	32		16	一	1	
210340000001	思想道德与法治	必修	3	48	32		16	一	2	
U10301600006	毛泽东思想和中国特色社会主义理论体系概论	必修	3	48	48			二	1	
210340000002	马克思主义基本原理	必修	3	48	32		16	三	2	
—	形势与政策	必修	2	64	64					8学时/学期×8学期，8学期考核均合格则课程成绩登记为合格

续表

课程号	课程名称	修读形式	学分	总学时	理论教学学时	实验教学学时	实践教学学时	开课学年	开课学期	备注
180130060001	当代世界经济与政治	选修	2	32	32			二	1	
U10301600004	“四史”专题研究	必修	2	32	16		16	二	1	
U10301600005	新时代中国特色社会主义劳动教育	必修	2	48	16		32	二	1	
U10301600007	习近平新时代中国特色社会主义思想概论	必修	3	48	48			二	2	
130200000010	军事理论	必修	2	32	32			二	1	
190200000015	军事技能	必修	2	3W			3W	一	1	
—	体育	必修	4	128						第一学期必修1学分，其余学分在以后学期内修完；游泳1学分为必修
130190030046	大学生心理健康	必修	2	32	32			一	1	
130010010054	大学语文	必修	2	32	32			一	1	
—	大学英语	必修	8	256	128		128			不免修
130130060002	计算机应用基础	必修	1	32	16	16		一	2	
180130060001	Python程序设计基础	必修	2	48	32	16		二	1	
160000010003	创新实践	必修	2	32						
	小计		48	1008	592	32	224			

注：有的课程因多学期开课，无特定课程号；W=周，下同。

（二）学科通修课程（最低必修学分数:43，最低选修学分数:0）

◎ 学科通修课程

课程号	课程名称	修读形式	学分	总学时	理论教学学时	实验教学学时	实践教学学时	开课学年	开课学期	备注
U10300700024	会计学原理	必修	3	56	56			一	1	专业大类课程
130060020064	管理学原理	必修	3	56	56			一	1	学科大类课程

续表

课程号	课程名称	修读形式	学分	总学时	理论教学学时	实验教学学时	实践教学学时	开课学年	开课学期	备注
190080030001	微积分V-1	必修	3	64	64			一	1	学科大类课程
190080030002	微积分V-2	必修	3	64	64			一	2	学科大类课程
140080030008	线性代数Ⅰ	必修	3	64	64			一	2	学科大类课程
U10300700211	微观经济学	必修	3	56	56			一	2	学科大类课程
130060060002	营销学原理	必修	3	56	56			一	2	学科大类课程
U10300700521	中西哲学导论	必修	2	32	32			一	2	学科大类课程，四选一
U10300700520	逻辑与辩证思维	必修	2	32	32			一	2	
U10300700523	社会科学概论	必修	2	32	32			一	2	
U10300700522	心理认知科学导论	必修	2	32	32			一	2	
140080030009	概率统计Ⅰ	必修	3	64	64			二	1	学科大类课程
U10300700012	宏观经济学	必修	3	56	56			二	1	学科大类课程
160060050004	创业基础	必修	2	32	32			二	2	学科大类课程
130060030017	管理信息系统	必修	3	56	42	14		二	2	学科大类课程，二选一
新开课	商业大数据分析	必修	3	56	42	14		二	2	
140050020005	统计学原理	必修	3	56	56			二	2	学科大类课程
新开课	人工智能原理与技术	必修	3	64	64			二	2	学科大类课程，三选一
新开课	数据科学导论	必修	3	64	64			二	2	
新开课	计算科学基础	必修	3	64	64			二	2	
130060110012	财务管理	必修	3	56	56			三	1	专业大类课程
	小计		58	1112	1084	28				

（三）专业课程（最低必修学分数:33，最低选修学分数:0）

◎ 专业课程

课程号	课程名称	修读形式	学分	总学时	理论教学学时	实验教学学时	实践教学学时	开课学年	开课学期	备注
130060010026	中级财务会计A（上）	必修	3	48	48			二	1	专业核心课程
130060010117	成本会计	必修	3	48	48			二	2	专业核心课程
130060010018	中级财务会计A（下）	必修	3	48	48			二	2	专业核心课程
130060010130	管理会计	必修	3	64	64			三	1	专业核心课程
130060010131	税法	必修	3	64	64			三	1	专业核心课程
130060010132	审计学	必修	3	64	64			三	1	专业核心课程
130060010133	高级财务会计	必修	3	64	64			三	2	专业核心课程
200060010002	财务会计理论	必修	3	48	48			四	1	专业核心课程
160060010004	商业伦理与公司治理	必修	2	32	32			四	1	专业核心课程
200060110001	专业实习（1）	必修	1	40			40	二	3	
200060110002	专业实习（2）	必修	1	40			40	三	3	
U10300700021	毕业实习	必修	1	40			40	四	2	
190060050001	综合案例	必修	2	30	30			四	2	
U10300700041	毕业论文	必修	2	80			80	四	2	
	小计		33	710	510		200			

（四）通识教育课程（最低必修学分数:1，最低选修学分数:10）

◎ 通识教育课程

课程号	课程名称	修读形式	学分	总学时	理论教学学时	实验教学学时	实践教学学时	开课学年	开课学期	备注
—	跨学科基本课程	选修	10	160	160					必须修读公共艺术类课程2学分，建议均衡修读人文艺术类、社会科学类、自然科学类三类课程，完善知识结构，提高人文素质、理科素质

续表

课程号	课程名称	修读形式	学分	总学时	理论教学学时	实验教学学时	实践教学学时	开课学年	开课学期	备注
U10300700031	新生研讨课	必修	1	16	16					
	小计		11	176	176					

（五）任选课程（最低必修学分数:0，最低选修学分数:14）

◎ 任选课程

课程号	课程名称	修读形式	学分	总学时	理论教学学时	实验教学学时	实践教学学时	开课学年	开课学期	备注
130060010060	经济法	选修	3	48	48			二	2	
130060010062	政府及非营利组织会计	选修	2	32	32			三	1	专业限选（六选四）
130060010010	会计信息系统实验	选修	2	32	32			三	1	
130060010056	西方财务会计（上）	选修	2	32	32			三	1	
130060010058	西方财务会计（下）	选修	2	32	32			三	1	
130060010134	会计信息系统	选修	3	48	48			三	1	
130060010063	计量经济学导论	选修	2	32	32			三	2	专业限选（六选四）
130060010108	财务报告分析	选修	2	32	32			三	2	专业限选（六选四）
170060010002	大数据挖掘中的统计方法及其应用	选修	2	33	33			三	2	推免必选，专业限选（六选四）
130060010055	管理会计专题	选修	2	32	32			三	2	
130060010078	审计案例	选修	2	32	32			三	2	
130060010118	企业融资管理与资本市场	选修	2	32	32			三	2	
130060010064	公司战略与风险管理	选修	2	32	32			四	1	专业限选（六选四）
130060010106	国际理财	选修	2	32	32			四	1	
180060010001	会计信息与基本面量化投资	选修	2	32	32			四	1	
130060010035	会计专题	选修	2	30	30			四	2	
新开课	中西方哲学基础	选修	2	32	32			二	2	宽基选修课程
130060020029	组织行为学	选修	3	56	56			二	2	

续表

课程号	课程名称	修读形式	学分	总学时	理论教学学时	实验教学学时	实践教学学时	开课学年	开课学期	备注
新开课	金融科技	选修	2	32	32			二	2	宽基选修课程
130060110063	证券投资学	选修	3	48	48			二	2	
新开课	数据结构与算法导论	选修	2	32	16	16		三	1	
新开课	数据可视化	选修	2	32	16	16		三	1	
新开课	机器人流程自动化	选修	2	32	32			三	1	
新开课	数学计算软件应用	选修	2	32	16	16		三	2	
130060030120	数据库技术与应用	选修	3	64	48	16		三	2	
新开课	区块链技术与应用	选修	2	32	16	16		三	2	
140060030010	数据挖掘	选修	2	48	32	16		四	1	
新开课	智能化管理模拟	选修	2	32	16	16		四	1	
新开课	管理研究与论文写作	选修	2	32	32			四	1	专业限选（六选四）、推免必选
	小计		63	1047	967	112				

七、课程与毕业要求对应关系表

◎ 课程与毕业要求对应关系

课程名称	毕业要求					
	1	2	3	4	5	6
会计学原理	M	M	M	M	M	
财务管理	M	M	M	M	M	
中级财务会计A（上）	M	M	M	M	M	
中级财务会计A（下）	M	M	M	M	M	
成本会计	M	M	M	M	M	
管理会计	M	M	M	M	M	

续表

课程名称	毕业要求					
	1	2	3	4	5	6
税法	M	M	M	M	M	
审计学	M	M	M	M	M	
高级财务会计	M	M	M	M	M	
财务会计理论	M	M	M	M	M	
商业伦理与公司治理	M	H	M	M	M	
经济法	M	M		H		
会计信息系统	M	M		H		
会计信息系统实验	M	M		H		
西方财务会计（上）	M	M		M		H
西方财务会计（下）	M	M		M		H
政府及非营利组织会计	M	M		M	M	
管理会计专题	M	M		M	M	
计量经济学导论	M	M			H	
审计案例	M	M		M	M	
财务报告分析	M	M		M	M	
企业融资管理与资本市场	M	M		H		
大数据挖掘中的统计方法及其应用	M	M			H	
公司战略与风险管理	M	M		H		
国际理财	M	M		M		H
管理研究与论文写作	M	M			H	
会计信息与基本面量化投资	M	M		H		

注：表中毕业要求1～6与第二部分毕业要求一一对应；表中字母符号含义分别为：H=强、M=中、L=弱，下同。

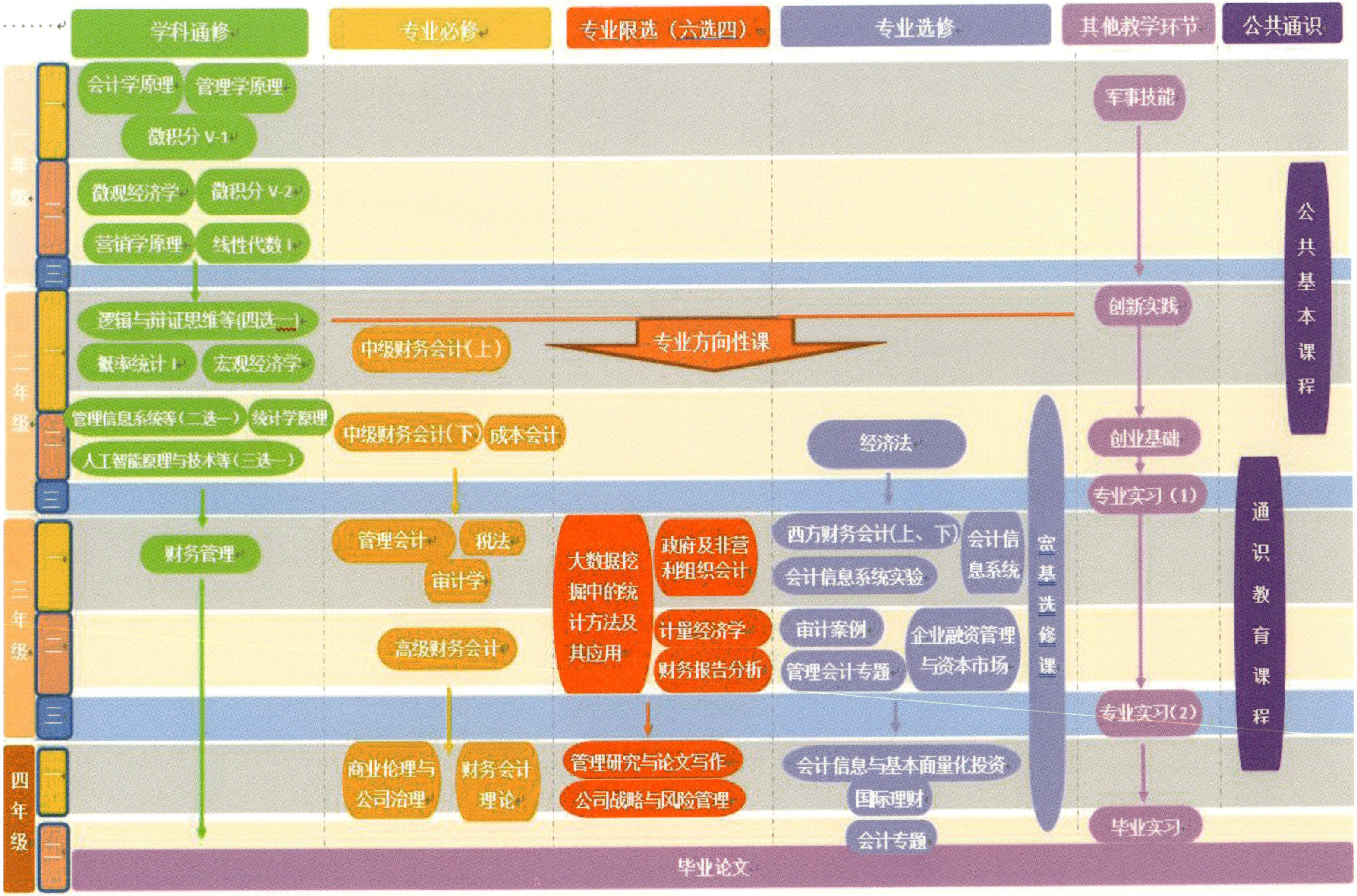

学科通修
专业必修
专业限选（六选四）
专业选修
其他教学环节
公共通识

一年级
一
会计学原理
管理学原理
微积分 V-1
二
微观经济学
微积分 V-2
营销学原理
线性代数 I
三

二年级
一
逻辑与辩证思维等(四选一)
概率统计 I
宏观经济学
中级财务会计(上)
专业方向性课
二
管理信息系统等(二选一)
统计学原理
人工智能原理与技术等(三选一)
中级财务会计(下)
成本会计
经济法
三

三年级
一
财务管理
管理会计
税法
审计学
大数据挖掘中的统计方法及其应用
政府及非营利组织会计
西方财务会计(上、下)
会计信息系统实验
会计信息系统
二
高级财务会计
计量经济学
财务报告分析
审计案例
管理会计专题
企业融资管理与资本市场
三

四年级
一
商业伦理与公司治理
财务会计理论
管理研究与论文写作
公司战略与风险管理
会计信息与基本面量化投资
国际理财
二
会计专题

宦基选修课

军事技能
创新实践
创业基础
专业实习（1）
专业实习(2)
毕业实习

公共基本课程
通识教育课程

毕业论文

◎会计学专业会计学方向修读导引图

第二节　会计学专业注册会计师方向培养方案

一、培养目标

会计学专业围绕国家社会经济发展需要，主动对接国家战略需求，旨在向重点地区、重大工程、重大项目、重要领域输送有道德情操、有商学思维、有过硬技术、有实践动力的高水平新商科人才。

首先，在思想道德层面，注重培养学生的爱国主义情怀；热爱社会主义祖国、拥护中国共产党；掌握马列主义、毛泽东思想、邓小平理论、“三个代表”重要思想、科学发展观、习近平时代中国特色社会主义思想的基本原理；愿为社会主义现代化建设服务，为人民服务；有为国家富强、民族昌盛而奋斗的志向和责任感；具有敬岗爱岗、艰苦奋斗、热爱劳动、遵纪守法、团结合作的品质；具有良好的思想品德、社会公德和职业道德。其次，在专业知识层面，要求学生掌握相应的具有一定的人文社会科学和自然科学基本理论知识，掌握本学科的基础知识、基本理论、基本技能和基本思维方法，具有独立获取知识、提出问题、分析问题和解决问题的基本能力及开拓创新的精神，具备一定的从事本学科业务工作和适应相邻学科业务的基本能力，以及较高的文化素养。最后，在综合素质层面，要求学生具有一定的体育和军事基本知识，掌握科学锻炼身体的基本技能，养成良好的体育锻炼和卫生习惯，形成终身体育的意识；受到必要的军事训练，达到国家规定的大学生体育和军事合格标准，有健全的心理素质和健康的体魄，能够履行建设祖国和保卫祖国的神圣义务。

紧密围绕“立德树人”的根本任务，聚焦国家战略需求，紧跟国际科技前沿，旨在向社会输送能在金融证券业、政府管理部门、公司和企业从事会计、财务分析等工作，在高校和科研机构从事教学、科研工作的德才兼备的通用型会计人才。

二、毕业要求

（1）树立正确的世界观、人生观和价值观，政治立场坚定，身体素质和心理素质良好，具有较强的自我约束能力和抗压能力。

（2）具有良好的会计伦理和道德素养。

（3）掌握经济学、管理学、会计学等基本理论、基本知识和基本技能。

（4）具备法律、经济、金融、管理和财务会计学、管理会计学、审计学、公司财务学的基本理论、基本方法和基本技能等方面的专业知识，了解国际国内会计专业的新成就和新发展。

（5）具有与会计专业相关的较宽的知识面、较强的综合分析问题和解决问题的能力。

（6）掌握一门外语，能阅读会计学专业外文书刊。

三、学制

四年

四、授予学位类型

管理学学士

五、毕业学分和修读要求

（一）毕业学分

◎ 毕业学分

<table>
<tr><th colspan="2" rowspan="2">课程模块</th><th colspan="2">必修</th><th>选修</th><th rowspan="2">合计</th><th rowspan="2">占总学分比例/%</th><th rowspan="2">备注</th></tr>
<tr><th>门数</th><th>学分</th><th>学分</th></tr>
<tr><td colspan="2">公共基本课程</td><td>/</td><td>46</td><td>0</td><td>46</td><td>31</td><td></td></tr>
<tr><td rowspan="2">学科通修课程</td><td>学科大类课程</td><td>23</td><td>37</td><td>0</td><td>37</td><td rowspan="4">52</td><td></td></tr>
<tr><td>专业大类课程</td><td>2</td><td>6</td><td>0</td><td>6</td><td></td></tr>
<tr><td rowspan="2">专业课程</td><td>专业必修课程</td><td>9</td><td>26</td><td>0</td><td>26</td><td></td></tr>
<tr><td>其他（毕业论文等）</td><td>5</td><td>7</td><td>0</td><td>7</td><td></td></tr>
<tr><td colspan="2">通识教育课程</td><td>/</td><td>1</td><td>10</td><td>11</td><td rowspan="2">17</td><td></td></tr>
<tr><td colspan="2">任选课程</td><td>/</td><td>0</td><td>14</td><td>14</td><td></td></tr>
<tr><td colspan="2">总学分</td><td>/</td><td></td><td></td><td>147</td><td>/</td><td></td></tr>
</table>

◎ 选修及实践教学学分

类别	学分数	比例/%
选修学分（≥25%）	24	16.3
实践教学学分（学时）（人文社科类专业≥15%，理工医类专业≥25%）	26.7	18.2

（二）修读要求

教学计划按“宽口径、厚基础、保优势、有特色”原则设计。为了达到宽口径、厚基础的基本要求，会计学专业下分注册会计师方向，要求学生修满教学计划规定的147学分达到毕业要求的准予毕业（全英文课程不少于9学分），符合学士学位条件的可以获得管理学学士学位。

具体要求如下：

（1）公共基本课程模块：必修46学分。

（2）通识教育课程模块：修读11学分，其中必修1门课程1学分，另跨专业大类选修10学分全校性选修课程（其中必须修读公共艺术类课程2学分）。

（3）学科通修课程模块：修读43学分。

（4）专业课程模块：修读33学分。

（5）任选课程模块：14学分。

学生根据个人专业兴趣，在学院、系、专业教学人员的指导下，根据不同专业的要求，选修各专业的必修课和选修课。

学生需按照《国家学生体质健康标准（2014年修订）》进行体质测试。根据《标准》规定，学生毕业时测试成绩达不到50分者按结业或肄业处理。

国际学生修读课程：应当修读汉语和中国概况课程；可免修思想政治理论课程（哲学、政治学专业除外）、军事理论、军事技能；可申请免修计算机应用基础、大学语文等课程。

港澳台侨学生修读课程：军事理论、军事技能以国情类课程代替；修习思想政治理论课程或以国情类课程代替。

六、课程设置

（一）公共基本课程（最低必修学分数:46，最低选修学分数:0）

◎　公共基本课程

序号	课程名称	修读形式	学分	总学时	理论教学学时	实验教学学时	实践教学学时	开课学年	开课学期	备注
180340000002	中国近现代史纲要	必修	3	48	32		16	一	1	
210340000001	思想道德与法治	必修	3	48	32		16	一	2	
U10301600006	毛泽东思想和中国特色社会主义理论体系概论	必修	3	48	48			二	1	
210340000002	马克思主义基本原理	必修	3	48	32		16	三	2	
—	形势与政策	必修	2	64	64					8学时/学期×8学期，8学期考核均合格则课程成绩登记为合格
180130060001	当代世界经济与政治	选修	2	32	32			二	1	
U10301600004	“四史”专题研究	必修	2	32	16		16	二	1	
U10301600005	新时代中国特色社会主义劳动教育	必修	2	48	16		32	二	1	
U10301600007	习近平新时代中国特色社会主义思想概论	必修	3	48	48			二	2	
130200000010	军事理论	必修	2	32	32			二	1	
190200000015	军事技能	必修	2	3W				一	1	
—	体育	必修	4	128						第一学期必修1学分，其余学分在以后学期内修完；游泳1学分为必修
130190030046	大学生心理健康	必修	2	32	32			一	1	
130010010054	大学语文	必修	2	32	32			一	1	
—	大学英语	必修	8	256	128		128			不免修
130130060002	计算机应用基础	必修	1	32	16	16		一	2	

续表

序号	课程名称	修读形式	学分	总学时	理论教学学时	实验教学学时	实践教学学时	开课学年	开课学期	备注
180130060001	Python程序设计基础	必修	2	48	32	16		二	1	
160000010003	创新实践	必修	2	32						
	小计		48	1008	592	32	224			

（二）学科通修课程（最低必修学分数:43，最低选修学分数:0）

◎ 学科通修课程

序号	课程名称	修读形式	学分	总学时	理论教学学时	实验教学学时	实践教学学时	开课学年	开课学期	备注
U10300700024	会计学原理	必修	3	56	56			一	1	专业大类课程
130060020064	管理学原理	必修	3	56	56			一	1	学科大类课程
190080030001	微积分V-1	必修	3	64	64			一	1	学科大类课程
190080030002	微积分V-2	必修	3	64	64			一	2	学科大类课程
140080030008	线性代数 I	必修	3	64	64			一	2	学科大类课程
U10300700211	微观经济学	必修	3	56	56			一	2	学科大类课程
130060060002	营销学原理	必修	3	56	56			一	2	学科大类课程
U10300700521	中西哲学导论	必修	2	32	32			一	2	学科大类课程，四选一
U10300700520	逻辑与辩证思维	必修	2	32	32			一	2	
U10300700523	社会科学概论	必修	2	32	32			一	2	
U10300700522	心理认知科学导论	必修	2	32	32			一	2	
140080030009	概率统计 I	必修	3	64	64			二	1	学科大类课程
U10300700012	宏观经济学	必修	3	56	56			二	1	学科大类课程
160060050004	创业基础	必修	2	32	32			二	2	学科大类课程
130060030017	管理信息系统	必修	3	56	42	14		二	2	学科大类课程，二选一
新开课	商业大数据分析	必修	3	56	42	14		二	2	
140050020005	统计学原理	必修	3	56	56			二	2	学科大类课程
新开课	人工智能原理与技术	必修	3	64	64			二	2	学科大类课程，三选一
新开课	数据科学导论	必修	3	64	64			二	2	
新开课	计算科学基础	必修	3	64	64			二	2	
130060110012	财务管理	必修	3	56	56			三	1	专业大类课程
	小计		58	1112	1084	28				

（三）专业课程（最低必修学分数:33，最低选修学分数:0）

◎ 专业课程

序号	课程名称	修读形式	学分	总学时	理论教学学时	实验教学学时	实践教学学时	开课学年	开课学期	备注
130060010026	中级财务会计A（上）	必修	3	48	48			二	1	专业核心课程
130060010117	成本会计	必修	3	48	48			二	2	专业核心课程
130060010018	中级财务会计A（下）	必修	3	48	48			二	2	专业核心课程
130060010130	管理会计	必修	3	64	64			三	1	专业核心课程
130060010131	税法	必修	3	64	64			三	1	专业核心课程
130060010132	审计学	必修	3	64	64			三	1	专业核心课程
130060010133	高级财务会计	必修	3	64	64			三	2	专业核心课程
200060010002	财务会计理论	必修	3	64	48			三	2	专业核心课程
160060010004	商业伦理与公司治理	必修	2	32	32			四	1	专业核心课程
200060110001	专业实习（1）	必修	1	40			40	二	3	
200060110002	专业实习（2）	必修	1	40			40	三	3	
U10300700021	毕业实习	必修	1	40			40	四	2	
190060050001	综合案例	必修	2	30	30			四	2	
U10300700041	毕业论文	必修	2	80			80	四	2	
	小计		33	726	510		200			

（四）通识教育课程（最低必修学分数:1，最低选修学分数:10）

◎ 通识教育课程

序号	课程名称	修读形式	学分	总学时	理论教学学时	实验教学学时	实践教学学时	开课学年	开课学期	备注
—	跨学科基本课程	选修	10	160	160					必须修读公共艺术类课程2学分，建议均衡修读人文艺术类、社会科学类、自然科学类三类课程，完善知识结构，提高人文素质、理科素质

续表

序号	课程名称	修读形式	学分	总学时	理论教学学时	实验教学学时	实践教学学时	开课学年	开课学期	备注
U10300700031	新生研讨课	必修	1	16	16					
	小计		11	176	176					

（五）任选课程（最低必修学分数:0，最低选修学分数:14）

◎ 任选课程

序号	课程名称	修读形式	学分	总学时	理论教学学时	实验教学学时	实践教学学时	开课学年	开课学期	备注
130060010060	经济法	选修	3	48	48			二	2	
130060010062	政府及非营利组织会计	选修	2	32	32			三	1	专业限选（六选四）
130060010010	会计信息系统实验	选修	2	32	32			三	1	
130060010056	西方财务会计（上）	选修	2	32	32			三	1	
130060010058	西方财务会计（下）	选修	2	32	32			三	1	
130060010134	会计信息系统	选修	3	48	48			三	1	
130060010063	计量经济学导论	选修	2	32	32			三	2	专业限选（六选四）
130060010108	财务报告分析	选修	2	32	32			三	2	专业限选（六选四）
170060010002	大数据挖掘中的统计方法及其应用	选修	2	33	33			三	2	推免必选，专业限选（六选四）
130060010055	管理会计专题	选修	2	32	32			三	2	
130060010078	审计案例	选修	2	32	32			三	2	
130060010118	企业融资管理与资本市场	选修	2	32	32			三	2	
130060010064	公司战略与风险管理	选修	2	32	32			四	1	专业限选（六选四）
130060010106	国际理财	选修	2	32	32			四	1	
180060010001	会计信息与基本面量化投资	选修	2	32	32			四	1	
130060010035	会计专题	选修	2	30	30			四	2	

续表

序号	课程名称	修读形式	学分	总学时	理论教学学时	实验教学学时	实践教学学时	开课学年	开课学期	备注
新开课	中西方哲学基础	选修	2	32	32			二	2	宽基选修课程
130060020029	组织行为学	选修	3	56	56			二	2	
新开课	金融科技	选修	2	32	32			二	2	
130060110063	证券投资学	选修	3	48	48			二	2	
新开课	数据结构与算法导论	选修	2	32	16	16		三	1	
新开课	数据可视化	选修	2	32	16	16		三	1	
新开课	机器人流程自动化	选修	2	32	32			三	1	
新开课	数学计算软件应用	选修	2	32	16	16		三	2	
130060030120	数据库技术与应用	选修	3	64	48	16		三	2	
新开课	区块链技术与应用	选修	2	32	16	16		三	2	
140060030010	数据挖掘	选修	2	48	32	16		四	1	
新开课	智能化管理模拟	选修	2	32	16	16		四	1	
新开课	管理研究与论文写作	选修	2	32	32			四	1	专业限选（六选四）、推免必选
	小计		63	1047	935	112				

七、课程与毕业要求对应关系表

◎ 课程与毕业要求对应关系

课程名称	毕业要求					
	1	2	3	4	5	6
会计学原理	M	M	M	M	M	
财务管理	M	M	M	M	M	
中级财务会计A（上）	M	M	M	M	M	
中级财务会计A（下）	M	M	M	M	M	
成本会计	M	M	M	M	M	

续表

课程名称	毕业要求					
	1	2	3	4	5	6
管理会计	M	M	M	M	M	
税法	M	M	M	M	M	
审计学	M	M	M	M	M	
高级财务会计	M	M	M	M	M	
财务会计理论	M	M	M	M	M	
商业伦理与公司治理	M	H	M	M	M	
经济法	M	M		H		
会计信息系统	M	M		H		
会计信息系统实验	M	M		H		
西方财务会计（上）	M	M		M		H
西方财务会计（下）	M	M		M		H
政府及非营利组织会计	M	M		M	M	
管理会计专题	M	M		M	M	
计量经济学导论	M	M			H	
审计案例	M	M		M	M	
财务报告分析	M	M		M	M	
企业融资管理与资本市场	M	M		H		
大数据挖掘中的统计方法及其应用	M	M			H	
公司战略与风险管理	M	M		H		
国际理财	M	M		M		H
管理研究与论文写作	M	M			H	
会计信息与基本面量化投资	M	M		H		

年级	学期	学科通修	专业必修	专业限选（六选四）	专业选修	其他教学环节	公共通识
一年级	一	会计学原理、管理学原理、微积分 V-1				军事技能	公共基本课程
	二	微观经济学、微积分 V-2、营销学原理、线性代数 I					
	三						
二年级	一	逻辑与辩证思维等（四选一）、概率统计 I、宏观经济学	中级财务会计（上）	专业方向性课		创新实践	
	二	管理信息系统等（二选一）、统计学原理、人工智能原理与技术等（三选一）	中级财务会计（下）、成本会计		经济法	创业基础	
	三					专业实习（1）	通识教育课程
三年级	一	财务管理	管理会计、税法、审计学	大数据挖掘中的统计方法及其应用、政府及非营利组织会计	西方财务会计（上、下）、会计信息系统、会计信息系统实验		
	二		高级财务会计	计量经济学、财务报告分析	审计案例、企业融资管理与资本市场、管理会计专题		
	三					专业实习（2）	
四年级	一		商业伦理与公司治理、财务会计理论	管理研究与论文写作、公司战略与风险管理	会计信息与基本面量化投资、国际理财、会计专题	毕业实习	
	二	毕业论文					

宽基选修课

◎会计学专业注册会计师方向修读导引图

第三节　会计学专业国际会计方向培养方案

一、培养目标

会计学专业围绕国家社会经济发展需要，主动对接国家战略需求，旨在向重点地区、重大工程、重大项目、重要领域输送有道德情操、有商学思维、有过硬技术、有实践助力的高水平新商科人才。

首先，在思想道德层面，注重培养学生的爱国主义情怀；热爱社会主义祖国、拥护中国共产党；掌握马列主义、毛泽东思想、邓小平理论、“三个代表”重要思想科学发展观、习近平时代中国特色社会主义思想的基本原理；愿为社会主义现代化建设服务，为人民服务；有为国家富强、民族昌盛而奋斗的志向和责任感；具有敬岗爱岗、艰苦奋斗、热爱劳动、遵纪守法、团结合作的品质；具有良好的思想品德、社会公德和职业道德。其次，在专业知识层面，要求学生掌握相应的人文社会科学和自然科学基本理论知识，掌握本学科的基础知识、基本理论、基本技能和基本思维方法，具有独立获取知识、提出问题、分析问题和解决问题的基本能力及开拓创新的精神，具备一定的从事本学科业务工作和适应相邻学科业务的基本能力，以及较高的文化素养。最后，在综合素质层面，要求学生具有一定的体育和军事基本知识，掌握科学锻炼身体的基本技能，养成良好的体育锻炼和卫生习惯，形成终身体育的意识；受到必要的军事训练，达到国家规定的大学生体育和军事合格标准，有健全的心理素质和健康的体魄，能够履行建设祖国和保卫祖国的神圣义务。

紧密围绕“立德树人”的根本任务聚焦国家战略需求、紧跟国际科技前沿，以培养会计国际化人才为目标，旨在培养具有国际化视野，能胜任大型跨国公司、国际会计师事务所、国内高端企业及政府和非营利组织工作的复合型高级财务管理人才。

二、毕业要求

（1）树立正确的世界观、人生观和价值观，政治立场坚定，身体素质和心理素质良好，具有较强的自我约束能力和抗压能力。

（2）具有良好的会计伦理和道德素养。

（3）掌握经济学、管理学、会计学等基本理论、基本知识和基本技能。

（4）具备法律、经济、金融、管理和财务会计学、管理会计学、审计学、公司财务学的基本理论、基本方法和基本技能等方面的专业知识，了解国际国内会计专业的新成就和新发展。

（5）熟悉国际会计准则，并能运用国际会计准则分析和处理国际经济业务。

（6）能够熟练运用英语进行交流、学习和应用。

三、学制

四年

四、授予学位类型

管理学学士

五、毕业学分和修读要求

（一）毕业学分

◎ 毕业学分

<table>
<tr><th colspan="2" rowspan="2">课程模块</th><th colspan="2">必修</th><th>选修</th><th rowspan="2">合计</th><th rowspan="2">占总学分比例/%</th><th rowspan="2">备注</th></tr>
<tr><th>门数</th><th>学分</th><th>学分</th></tr>
<tr><td colspan="2">公共基本课程</td><td>/</td><td>46</td><td>0</td><td>46</td><td>31</td><td></td></tr>
<tr><td rowspan="2">学科通修课程</td><td>学科大类课程</td><td>23</td><td>37</td><td>0</td><td>37</td><td rowspan="4">53</td><td></td></tr>
<tr><td>专业大类课程</td><td>2</td><td>6</td><td>0</td><td>6</td><td></td></tr>
<tr><td rowspan="2">专业课程</td><td>专业必修课程</td><td>9</td><td>28</td><td>0</td><td>28</td><td></td></tr>
<tr><td>其他（毕业论文等）</td><td>5</td><td>7</td><td>0</td><td>7</td><td></td></tr>
<tr><td colspan="2">通识教育课程</td><td>/</td><td>1</td><td>10</td><td>11</td><td rowspan="2">16</td><td></td></tr>
<tr><td colspan="2">任选课程</td><td>/</td><td>0</td><td>12</td><td>12</td><td></td></tr>
<tr><td colspan="2">总学分</td><td>/</td><td></td><td></td><td>147</td><td>/</td><td></td></tr>
</table>

◎ 选修及实践教学学分

类别	学分数	比例/%
选修学分（≥25%）	23	15.6
实践教学学分（学时）（人文社科类专业≥15%，理工医类专业≥25%）	26.7	18.2

（二）修读要求

教学计划按“宽口径、厚基础、保优势、有特色”原则设计。为了达到宽口径、厚基础的基本要求，会计学专业下分国际会计方向，要求学生修满教学计划规定的147学分。达到毕业要求的准予毕业，符合学士学位条件的可以获得管理学学士学位。

具体要求如下：

（1）公共基本课程模块：必修46学分。

（2）通识教育课程模块：修读11学分，其中必修1门课程1学分，另跨专业大类选修10学分全校性选修课程（其中必须修读公共艺术类课程2学分）。

（3）学科通修课程模块：修读43学分。

（4）专业课程模块：修读35学分。

（5）任选课程模块：12学分。

学生根据个人专业兴趣，在学院、系、专业教学人员的指导下，根据不同专业的要求，选修各专业的必修课和选修课。

学生需按照《国家学生体质健康标准（2014年修订）》进行体质测试。根据《标准》规定，学生毕业时测试成绩达不到50分者按结业或肄业处理。

国际学生修读课程：应当修读汉语和中国概况课程；可免修思想政治理论课程（哲学、政治学专业除外）、军事理论、军事技能；可申请免修计算机应用基础、大学语文等课程。

港澳台侨学生修读课程：军事理论、军事技能以国情类课程代替；修习思想政治理论课程或以国情类课程代替。

六、课程设置

（一）公共基本课程（最低必修学分数:46，最低选修学分数:0）

◎ 公共基本课程

课程号	课程名称	修读形式	学分	总学时	理论教学学时	实验教学学时	实践教学学时	开课学年	开课学期	备注
180340000002	中国近现代史纲要	必修	3	48	32		16	一	1	
210340000001	思想道德与法治	必修	3	48	32		16	一	2	
U10301600006	毛泽东思想和中国特色社会主义理论体系概论	必修	3	48	48			二	1	
210340000002	马克思主义基本原理	必修	3	48	32		16	三	2	
—	形势与政策	必修	2	64	64					8学时/学期×8学期，8学期考核均合格则课程成绩登记为合格
180130060001	当代世界经济与政治	选修	2	32	32			二	1	
U10301600004	“四史”专题研究	必修	2	32	16		16	二	1	
U10301600005	新时代中国特色社会主义劳动教育	必修	2	48	16		32	二	1	
U10301600007	习近平新时代中国特色社会主义思想概论	必修	3	48	48			二	2	
130200000010	军事理论	必修	2	32	32			二	1	
190200000015	军事技能	必修	2	32			32	一	1	
—	体育	必修	4	128						第一学期必修1学分，其余学分在以后学期内修完；游泳1学分为必修
130190030046	大学生心理健康	必修	2	32	32			一	1	
130010010054	大学语文	必修	2	32	32			一	1	
—	大学英语	必修	8	256	128		128			不免修

续表

课程号	课程名称	修读形式	学分	总学时	理论教学学时	实验教学学时	实践教学学时	开课学年	开课学期	备注
130130060002	计算机应用基础	必修	1	32	16	16		一	2	
180120060001	Python程序设计基础	必修	2	48	32	16		二	1	
160000010003	创新实践	必修	2	32						
	小计		48	1008	592	32	224			

（二）学科通修课程（最低必修学分数:43，最低选修学分数：0）

◎ 学科通修课程

课程号	课程名称	修读形式	学分	总学时	理论教学学时	实验教学学时	实践教学学时	开课学年	开课学期	备注
U10300700024	会计学原理	必修	3	56	56			一	1	专业大类课程
130060020064	管理学原理	必修	3	56	56			一	1	学科大类课程
190080030001	微积分V-1	必修	3	64	64			一	1	学科大类课程
190080030002	微积分V-2	必修	3	64	64			一	2	学科大类课程
140080030008	线性代数 I	必修	3	64	64			一	2	学科大类课程
U10300700211	微观经济学	必修	3	56	56			一	2	学科大类课程
130060060002	营销学原理	必修	3	56	56			一	2	学科大类课程
U10300700521	中西哲学导论	必修	2	32	32			一	2	学科大类课程，四选一
U10300700520	逻辑与辩证思维	必修	2	32	32			一	2	
U10300700523	社会科学概论	必修	2	32	32			一	2	
U10300700522	心理认知科学导论	必修	2	32	32			一	2	
140080030009	概率统计 I	必修	3	64	64			二	1	学科大类课程
U10300700012	宏观经济学	必修	3	56	56			二	1	学科大类课程
160060050004	创业基础	必修	2	32	32			二	2	学科大类课程
130060030017	管理信息系统	必修	3	56	42	14		二	2	学科大类课程，二选一
新开课	商业大数据分析	必修	3	56	42	14		二	2	
140050020005	统计学原理	必修	3	56	56			二	2	学科大类课程

续表

课程号	课程名称	修读形式	学分	总学时	理论教学学时	实验教学学时	实践教学学时	开课学年	开课学期	备注
新开课	人工智能原理与技术	必修	3	64	64			二	2	学科大类课程，三选一
新开课	数据科学导论	必修	3	64	64			二	2	
新开课	计算科学基础	必修	3	64	64			二	2	
130060110012	财务管理	必修	3	56	56			三	1	专业大类课程
	小计		58	1112	1084	28				

（三）专业课程（最低必修学分数:35，最低选修学分数:0）

◎ 专业课程

课程号	课程名称	修读形式	学分	总学时	理论教学学时	实验教学学时	实践教学学时	开课学年	开课学期	备注
130060010136	税法（F6）	必修	3	48	48			二	2	专业核心课程
130060010140	财务报告（上）	必修	3	64	64			二	2	专业核心课程
130060010146	管理会计（F2）	必修	3	48	48			二	2	专业核心课程
130060010095	财务报告（下）	必修	3	64	64			三	1	专业核心课程
130060010134	会计信息系统	必修	3	48	48			三	1	专业核心课程
130060010135	审计（F8）	必修	3	64	64			三	1	专业核心课程
130060010145	业绩管理	必修	3	64	64			三	1	专业核心课程
180060010003	战略企业报告	必修	2	32	32			三	2	专业核心课程
170060010005	高级财务管理	必修	3	48	48			三	2	专业核心课程
190060010001	商业战略领袖：领导力、风险管理与公司治理	必修	2	32	32			四	1	专业核心课程
200060110001	专业实习（1）	必修	1	40			40	二	3	
200060110002	专业实习（2）	必修	1	40			40	三	3	
U10300700021	毕业实习	必修	1	40			40	四	2	
190060050001	综合案例	必修	2	30	30			四	2	
U10300700041	毕业论文	必修	2	80			80	四	2	
	小计		35	742	542		200			

（四）通识教育课程（最低必修学分数:1，最低选修学分数:10）

◎ 通识教育课程

课程号	课程名称	修读形式	学分	总学时	理论教学学时	实验教学学时	实践教学学时	开课学年	开课学期	备注
—	跨学科基本课程	选修	10	160	160					必须修读公共艺术类课程2学分，建议修读人文艺术类、社会科学类、自然科学类三类课程，且学分均不低于3学分
U10300700031	新生研讨课	必修	1	16	16					
	小计		11	176	176					

（五）任选课程（最低必修学分数:0，最低选修学分数:12）

◎ 任选课程

课程号	课程名称	修读形式	学分	总学时	理论教学学时	实验教学学时	实践教学学时	开课学年	开课学期	备注
130060010060	经济法	选修	3	48	48			二	2	专业限选（六选四）
130060010026	中级财务会计A（上）	选修	3	48	48			二	1	
130060010010	会计信息系统实验	选修	2	32	32			三	1	
130060010018	中级财务会计A（下）	选修	3	48	48			二	2	
130060010062	政府及非营利组织会计	选修	2	32	32			三	1	
130060010108	财务报告分析	选修	2	32	32			三	2	专业限选（六选四）
130060010063	计量经济学导论	选修	2	32	32			三	2	专业限选（六选四）
170060010002	大数据挖掘中的统计方法及其应用	选修	2	33	33			三	2	推免必选，专业限选（六选四）

续表

课程号	课程名称	修读形式	学分	总学时	理论教学学时	实验教学学时	实践教学学时	开课学年	开课学期	备注
180060010002	商业战略领袖：企业战略及战略性财务分析	选修	2	32	32			三	2	
130060010078	审计案例	选修	2	32	32			三	2	
130060010144	高级业绩管理	选修	2	32	32			三	2	
200060010002	财务会计理论	选修	2	32	32			四	1	专业限选（六选四）
130060010059	高级审计（双语）	选修	2	32	32			四	1	
180060010001	会计信息与基本面量化投资	选修	2	32	32			四	1	
130060010035	会计专题	选修	2	30	30			四	2	
新开课	中西方哲学基础	选修	2	32	32			二	2	宽基选修课程
130060020029	组织行为学	选修	3	56	56			二	2	
新开课	金融科技	选修	2	32	32			二	2	
130060110063	证券投资学	选修	3	48	48			二	2	
新开课	数据结构与算法导论	选修	2	32	16	16		三	1	
新开课	数据可视化	选修	2	32	16	16		三	1	
新开课	RPA（机器人流程自动化）	选修	2	32	32			三	1	
新开课	数学计算软件应用	选修	2	32	16	16		三	2	
130060030120	数据库技术与应用	选修	3	64	48	16		三	2	
新开课	区块链技术与应用	选修	2	32	16	16		三	2	
140060030010	数据挖掘	选修	2	48	32	16		四	1	
新开课	智能化管理模拟	选修	2	32	16	16		四	1	
新开课	管理研究与论文写作	选修	2	32	32			四	1	专业限选（六选四）、推免必选
	小计		62	1031	919	112				

七、课程与毕业要求对应关系表

◎ 课程与毕业要求对应关系

课程名称	毕业要求					
	1	2	3	4	5	6
税法	M	M	M	M	M	
财务报告（上）	M	M		M	M	H
管理会计	M	M	M	M	M	H
经济法	M	M		H		
中级财务会计A（上）	M	M	M	M	M	
中级财务会计A（下）	M	M	M	M	M	
财务报告（下）	M	M		M	M	
会计信息系统	M	M		H		
审计	M	M	M	M	M	M
业绩管理	M	M	M	M		M
会计信息系统实验	M	M		H		
政府及非营利组织会计	M	M		M	M	
战略企业报告	M	M	M	M		
高级财务管理	M	M	M	M	M	
财务报告分析	M	M		M	M	
计量经济学导论	M	M			H	
大数据挖掘中的统计方法及其应用	M	M			H	
审计案例	M	M		M	M	
高级业绩管理	M	M	M	M		
财务会计理论	M	M	M	M	M	
管理研究与论文写作	M	M			H	
高级审计	M	M	M	M	M	M
会计信息与基本面量化投资	M	M		H		
战略企业领袖	M	M	M	M		

年级	学期	学科通修	专业必修	专业限选（六选四）	专业选修	其他教学环节	公共通识
一年级	一	会计学原理、管理学原理、微积分 V-1				军事技能	
	二	微观经济学、微积分 V-2、营销学原理、线性代数 I					公共基本课程
	三						
二年级	一	逻辑与辩证思维等（四选一）、宏观经济学、概率统计 I				创新实践	
	二	管理信息系统等（二选一）、统计学原理、人工智能原理与技术等（二选一）	财务报告(上)、管理会计、税法	经济法	中级财务会计(上)	创业基础	
	三					专业实习（1）	
三年级	一	财务管理	财务报告(下)、会计信息系统、审计学、业绩管理	大数据挖掘中的统计方法及其应用	中级财务会计(下)、政府及非营利组织会计、会计信息系统实验		通识教育课程
	二		高级财务管理、战略企业报告	计量经济学导论、财务报告分析	审计案例、高级业绩管理、企业战略及战略性财务分析		
	三					专业实习(2)	
四年级	一		领导力、风险管理与公司治理	管理研究与论文写作、财务会计理论	高级审计、会计信息与基本面量化投资	论文写作指导	
	二				会计专题	毕业实习	

专业方向性课

宽基选修课

毕业论文

◎会计学专业国际会计方向修读导引图

第四节　会计学专业CIMA方向培养方案

一、培养目标

会计学专业围绕国家社会经济发展需要，主动对接国家战略需求，旨在向重点地区、重大工程、重大项目、重要领域输送有道德情操、有商学思维、有过硬技术、有实践助力的高水平新商科人才。

首先，在思想道德层面，注重培养学生的爱国主义情怀；热爱社会主义祖国、拥护中国共产党；掌握马列主义、毛泽东思想、邓小平理论、“三个代表”重要思想、科学发展观、习近平新时代中国特色社会主义思想的基本原理；愿为社会主义现代化建设服务，为人民服务；有为国家富强、民族昌盛而奋斗的志向和责任感；具有敬岗爱岗、艰苦奋斗、热爱劳动、遵纪守法、团结合作的品质；具有良好的思想品德、社会公德和职业道德。其次，在专业知识层面，要求学生掌握相应人文社会科学和自然科学基本理论知识，掌握本学科的基础知识、基本理论、基本技能和基本思维方法，具有独立获取知识、提出问题、分析问题和解决问题的基本能力及开拓创新的精神，具备一定的从事本学科业务工作和适应相邻学科业务的基本能力，以及较高的文化素养。最后，在综合素质层面，要求学生具有一定的体育和军事基本知识，掌握科学锻炼身体的基本技能，养成良好的体育锻炼和卫生习惯，形成终身体育的意识；受到必要的军事训练，达到国家规定的大学生体育和军事合格标准，有健全的心理素质和健康的体魄，能够履行建设祖国和保卫祖国的神圣义务。

紧密围绕“立德树人”的根本任务，聚焦国家战略需求、紧跟国际科技前沿，以培养国际管理会计高端人才为目标，培养能在国内外工商、服务型企业、会计师事务所、金融机构、政府与非营利部门等组织机构从事管理会计与咨询等相关工作的应用型人才。

二、毕业要求

（1）树立正确的世界观、人生观和价值观，政治立场坚定，身体素质和心理素质良好，具有较强的自我约束能力和抗压能力。

（2）具有良好的会计伦理和道德素养。

（3）掌握经济学、管理学、会计学等基本理论、基本知识和基本技能。

（4）具备法律、经济、金融、管理和财务会计学、管理会计学、审计学、公司财务学的基本理论、基本方法和基本技能等方面的专业知识，了解国际国内会计专业的新成就和新发展。

（5）掌握国际管理会计各相关专业知识，并能运用专业知识分析问题和处理问题。

三、学制

四年

四、授予学位类型

管理学学士

五、毕业学分和修读要求

（一）毕业学分

◎ 毕业学分

<table>
<tr><th colspan="2" rowspan="2">课程模块</th><th colspan="2">必修</th><th>选修</th><th rowspan="2">合计</th><th rowspan="2">占总学分比例/%</th><th rowspan="2">备注</th></tr>
<tr><th>门数</th><th>学分</th><th>学分</th></tr>
<tr><td colspan="2">公共基本课程</td><td>/</td><td>46</td><td>0</td><td>46</td><td>31</td><td></td></tr>
<tr><td rowspan="2">学科通修课程</td><td>学科大类课程</td><td>23</td><td>37</td><td>0</td><td>37</td><td rowspan="4">52</td><td></td></tr>
<tr><td>专业大类课程</td><td>2</td><td>6</td><td>0</td><td>6</td><td></td></tr>
<tr><td rowspan="2">专业课程</td><td>专业必修课程</td><td></td><td>27</td><td>0</td><td>27</td><td></td></tr>
<tr><td>其他（毕业论文等）</td><td>5</td><td>7</td><td>0</td><td>7</td><td></td></tr>
<tr><td colspan="2">通识教育课程</td><td>/</td><td>1</td><td>10</td><td>11</td><td rowspan="2">17</td><td></td></tr>
<tr><td colspan="2">任选课程</td><td>/</td><td>0</td><td>13</td><td>13</td><td></td></tr>
<tr><td colspan="2">总学分</td><td>/</td><td></td><td></td><td>147</td><td>/</td><td></td></tr>
</table>

◎ 选修及实践教学学分

类别	学分数	比例/%
选修学分（≥25%）	24	16.3
实践教学学分（学时）（人文社科类专业≥15%，理工医类专业≥25%）	26.7	18.2

（二）修读要求

教学计划按“宽口径、厚基础、保优势、有特色”原则设计。为了达到宽口径、厚基础的基本要求，会计学专业下分CIMA方向，要求学生修满教学计划规定的147学分。达到毕业要求的准予毕业，符合学士学位条件的可以获得管理学学士学位。

具体要求如下：

（1）公共基本课程模块：必修47学分。

（2）通识教育课程模块：修读11学分，其中必修1门课程1学分，另跨专业大类选修10学分全校性选修课程（其中必须修读公共艺术类课程2学分）。

（3）学科通修课程模块：修读43学分。

（4）专业课程模块：修读34学分。

（5）任选课程模块：13学分。

学生根据个人专业兴趣，在学院、系、专业教学人员的指导下，根据不同专业的要求，选修各专业的必修课和选修课。

学生需按照《国家学生体质健康标准（2014年修订）》进行体质测试。根据《标准》规定，学生毕业时测试成绩达不到50分者按结业或肄业处理。

国际学生修读课程：应当修读汉语和中国概况课程；可免修思想政治理论课程（哲学、政治学专业除外）、军事理论、军事技能；可申请免修计算机应用基础、大学语文等课程。

港澳台侨学生修读课程：军事理论、军事技能以国情类课程代替；修习思想政治理论课程或以国情类课程代替。

六、课程设置

（一）公共基本课程（最低必修学分数:46，最低选修学分数:0）

◎　公共基本课程

课程号	课程名称	修读形式	学分	总学时	理论教学学时	实验教学学时	实践教学学时	开课学年	开课学期	备注
180340000002	中国近现代史纲要	必修	3	48	32		16	一	1	

续表

课程号	课程名称	修读形式	学分	总学时	理论教学学时	实验教学学时	实践教学学时	开课学年	开课学期	备注
210340000001	思想道德与法治	必修	3	48	32		16	一	2	
U10301600006	毛泽东思想和中国特色社会主义理论体系概论	必修	3	48	48			二	1	
210340000002	马克思主义基本原理	必修	3	48	32		16	三	2	
—	形势与政策	必修	2	64	64					8学时/学期 × 8学期，8学期考核均合格则课程成绩登记为合格
180130060001	当代世界经济与政治	选修	2	32	32			二	1	
U10301600004	“四史”专题研究	必修	2	32	16		16	二	1	
U10301600005	新时代中国特色社会主义劳动教育	必修	2	48	16		32	二	1	
U10301600007	习近平新时代中国特色社会主义思想概论	必修	3	48	48			二	2	
130200000010	军事理论	必修	2	32	32			二	1	
190200000015	军事技能	必修	2	32			32	一	1	
—	体育	必修	4	128						第一学期必修1学分，其余学分在以后学期内修完；游泳1学分为必修
130190030046	大学生心理健康	必修	2	32	32			一	1	
130010010054	大学语文	必修	2	32	32			一	1	
	大学英语	必修	8	256	128		128			不免修
130130060002	计算机应用基础	必修	1	32	16	16		一	2	
180130060001	Python程序设计基础	必修	2	48	32	16		二	1	
160000010003	创新实践	必修	2	32						
—	小计		48	1008	592	32	224			

（二）学科通修课程（最低必修学分数:43，最低选修学分数:0）

◎ 学科通修课程

课程号	课程名称	修读形式	学分	总学时	理论教学学时	实验教学学时	实践教学学时	开课学年	开课学期	备注
U10300700024	会计学原理	必修	3	56	56			一	1	专业大类课程
130060020064	管理学原理	必修	3	56	56			一	1	学科大类课程
190080030001	微积分V-1	必修	3	64	64			一	1	学科大类课程
190080030002	微积分V-2	必修	3	64	64			一	2	学科大类课程
140080030008	线性代数 I	必修	3	64	64			一	2	学科大类课程
U10300700211	微观经济学	必修	3	56	56			一	2	学科大类课程
130060060002	营销学原理	必修	3	56	56			一	2	学科大类课程
U10300700521	中西哲学导论	必修	2	32	32			一	2	学科大类课程，四选一
U10300700520	逻辑与辩证思维	必修	2	32	32			一	2	
U10300700523	社会科学概论	必修	2	32	32			一	2	
U10300700522	心理认知科学导论	必修	2	32	32			一	2	
140080030009	概率统计 I	必修	3	64	64			二	1	学科大类课程
U10300700012	宏观经济学	必修	3	56	56			二	1	学科大类课程
160060050004	创业基础	必修	2	32	32			二	2	学科大类课程
130060030017	管理信息系统	必修	3	56	42	14		二	2	学科大类课程，二选一
新开课	商业大数据分析	必修	3	56	42	14		二	2	
140050020005	统计学原理	必修	3	56	56			二	2	学科大类课程
新开课	人工智能原理与技术	必修	3	64	64			二	2	学科大类课程，三选一
新开课	数据科学导论	必修	3	64	64			二	2	
新开课	计算科学基础	必修	3	64	64			二	2	
130060110012	财务管理	必修	3	56	56			三	1	专业大类课程
	小计		58	1112	1084	28				

（三）专业课程（最低必修学分数:34，最低选修学分数:）

◎ 专业课程

课程号	课程名称	修读形式	学分	总学时	理论教学学时	实验教学学时	实践教学学时	开课学年	开课学期	备注
130060010117	成本会计	必修	3	48	48			二	2	专业核心课程
140060010009	中级财务报告	必修	3	64	64			二	2	专业核心课程
130060010134	会计信息系统	必修	3	48	48			三	1	专业核心课程
140060010011	高级财务报告	必修	3	64	64			三	1	专业核心课程
150060010002	中级管理会计	必修	3	64	64			三	1	专业核心课程
140060010012	高级管理会计	必修	3	48	48			三	2	专业核心课程、全英文课程
140060010013	风险管理	必修	3	64	64			三	2	专业核心课程
150060010004	CIMA案例-经营级	必修	1	20	20			三	2	专业核心课程
140060010017	财务战略	必修	2	32	32			四	1	专业核心课程
150060010003	CIMA案例-管理级	必修	1	20	20			四	1	专业核心课程
160060010004	商业伦理与公司治理	必修	2	32	32			四	1	专业核心课程
200060110001	专业实习（1）	必修	1	40	40			二	3	
200060110002	专业实习（2）	必修	1	40	40			三	3	
U10300700021	毕业实习	必修	1	40	40			四	2	
190060050001	综合案例	必修	2	30	30			四	2	
U10300700041	毕业论文	必修	2	80	80			四	2	
	小计		34	734	734					

（四）通识教育课程（最低必修学分数:1，最低选修学分数:10）

◎ 通识教育课程

课程号	课程名称	修读形式	学分	总学时	理论教学学时	实验教学学时	实践教学学时	开课学年	开课学期	备注
—	跨学科基本课程	选修	10	160	160					必须修读公共艺术类课程2学分。建议修读人文艺术类、社会科学类、自然科学类三类课程，且学分均不低于3学分

续表

课程号	课程名称	修读形式	学分	总学时	理论教学学时	实验教学学时	实践教学学时	开课学年	开课学期	备注
U10300700031	新生研讨课	必修	1	16	16					
	小计		11	176	176					

（五）任选课程（最低必修学分数:0，最低选修学分数:13）

◎ 任选课程

课程号	课程名称	修读形式	学分	总学时	理论教学学时	实验教学学时	实践教学学时	开课学年	开课学期	备注
130060010060	经济法	选修	3	48	48			二	2	专业限选（六选四）
130060010026	中级财务会计A（上）	选修	3	48	48			二	1	
130060030015	人力资源管理B	选修	2	32	32			二	2	
130060010108	财务报表分析B	选修	2	32	32			三	1	专业限选（六选四）
130060010010	会计信息系统实验	选修	2	32	32			三	1	
130060010018	中级财务会计A（下）	选修	3	48	48			二	2	
130060010062	政府及非营利组织会计	选修	2	32	32			三	1	
130060010131	税法	选修	3	64	64			三	1	
130060010132	审计学	选修	3	64	64			三	1	
130060010063	计量经济学导论	选修	2	32	32			三	2	推免必选，专业限选（六选四）
170060010002	大数据挖掘中的统计方法及其应用	选修	2	33	33			三	2	专业限选（六选四）
130060010118	企业融资管理与资本市场	选修	2	32	32			三	2	
140060010021	运营管理	选修	2	32	32			三	2	
130060010066	财务会计理论	选修	2	32	32			四	1	专业限选（六选四）
U10300700020	战略管理	选修	2	32	32			四	1	
180060010001	会计信息与基本面量化投资	选修	2	32	32			四	1	
130060010035	会计专题	选修	2	30	30			四	2	
新开课	中西方哲学基础	选修	2	32	32			二	2	宽基选修课程

续表

课程号	课程名称	修读形式	学分	总学时	理论教学学时	实验教学学时	实践教学学时	开课学年	开课学期	备注
130060020029	组织行为学	选修	3	56	56			二	2	宽基选修课程
新开课	金融科技	选修	2	32	32			二	2	
130060110063	证券投资学	选修	3	48	48			二	2	
新开课	数据结构与算法导论	选修	2	32	16	16		三	1	
新开课	数据可视化	选修	2	32	16	16		三	1	
新开课	机器人流程自动化	选修	2	32	32			三	1	
新开课	数学计算软件应用	选修	2	32	16	16		三	2	
130060030120	数据库技术与应用	选修	3	64	48	16		三	2	
新开课	区块链技术与应用	选修	2	32	16	16		三	2	
140060030010	数据挖掘	选修	2	48	32	16		四	1	
新开课	智能化管理模拟	选修	2	32	16	16		四	1	
新开课	管理研究与论文写作	选修	2	32	32			四	1	专业限选（六选四）、推免必选
	小计		68	1159	1047	112				

七、课程与毕业要求对应关系表

◎ 课程与毕业要求对应关系

课程名称	毕业要求					
	1	2	3	4	5	6
中级财务会计A（上）	M	M	M	M	M	
经济法	M	M		H		
成本会计	M	M	M	M	M	
人力资源管理B	M	M	M	M		
中级财务报告	M	M		M	M	

续表

课程名称	毕业要求					
	1	2	3	4	5	6
会计信息系统实验	M	M		H		
中级财务会计A（下）	M	M	M	M	M	
政府及非营利组织会计	M	M		M	M	
税法	M	M	M	M	M	
审计学	M	M	M	M	M	
会计信息系统	M	M		H		
财务报表分析B	M	M	M	M		
高级财务报告	M	M		M	M	H
中级管理会计	M	M	M	M	M	
计量经济学导论	M	M			H	
企业融资管理与资本市场	M	M		H		
高级管理会计	M	M	M	M	M	H
风险管理	M	M		M	M	H
运营管理	M	M	M	M		
CIMA案例-经营级	M	M			H	
大数据挖掘中的统计方法及其应用	M	M			H	
财务会计理论	M	M	M	M	M	
财务战略	M	M			M	H
战略管理	M	M		M		H
管理研究与论文写作	M	M			H	
CIMA案例-管理级	M	M			H	
商业伦理与公司治理	M	H	M	M	M	
会计信息与基本面量化投资	M	M		H		

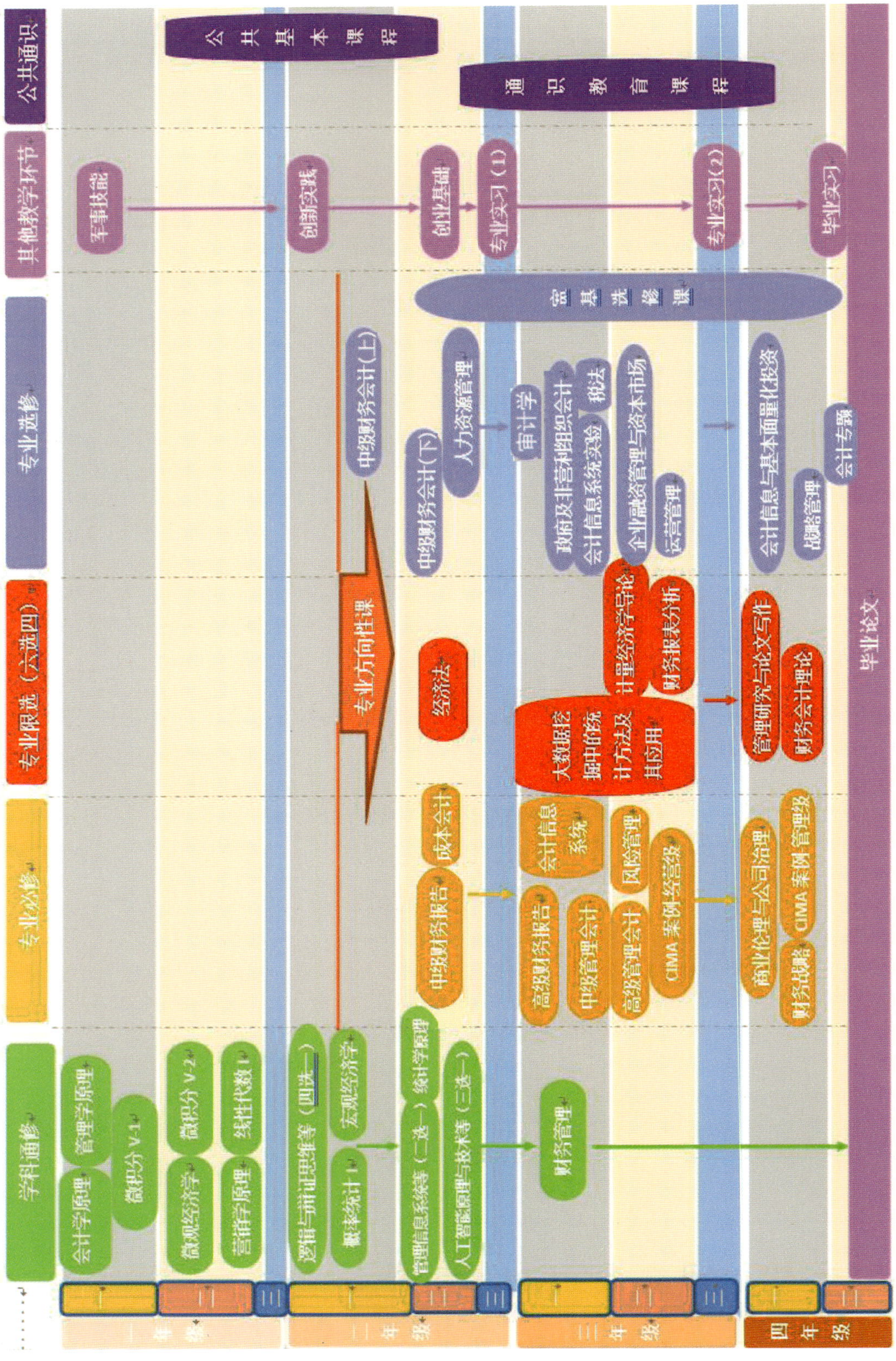

学科通修 | 专业必修 | 专业限选（六选四） | 专业选修 | 其他教学环节 | 公共通识

一年级
一：会计学原理、管理学原理、微积分 V-1
二：微观经济学、微积分 V-2、营销学原理、线性代数 I
三

二年级
一：逻辑与辩证思维等（四选一）、概率统计 I、宏观经济学
专业方向性课
中级财务会计（上）
二：管理信息系统等（二选一）、统计学原理、人工智能原理与技术等（三选一）
中级财务报告、成本会计
经济法
中级财务会计（下）、人力资源管理
三

三年级
一：财务管理
高级财务报告、会计信息系统、中级管理会计、高级管理会计、风险管理、CIMA 案例-经营级
大数据挖掘中的统计方法及其应用、计量经济学导论、财务报表分析
审计学、政府及非营利组织会计、会计信息系统实验、税法、企业融资管理与资本市场、运营管理
二
三

四年级
一：商业伦理与公司治理、财务战略、CIMA 案例-管理级
管理研究与论文写作、财务会计理论
会计信息与基本面量化投资、战略管理、会计专题
二

室基选修课

军事技能 → 创新实践 → 创业基础 → 专业实习（1） → 专业实习（2） → 毕业实习

公共基本课程
通识教育课程

毕业论文

◎会计学专业CIMA方向修读导引图

第五节　审计学专业培养方案

一、培养目标

审计学专业围绕国家社会经济发展需要，主动对接国家战略需求，旨在向重点地区、重大工程、重大项目、重要领域输送有道德情操、有商学思维、有过硬技术、有实践助力的高水平新商科人才。

首先，在思想道德层面，注重培养学生的爱国主义情怀：热爱社会主义祖国、拥护中国共产党；掌握马列主义、毛泽东思想、邓小平理论、"三个代表"重要思想、科学发展观、习近平新时代中国特色社会主义思想的基本原理；愿为社会主义现代化建设服务，为人民服务；有为国家富强、民族昌盛而奋斗的志向和责任感；具有敬岗爱岗、艰苦奋斗、热爱劳动、遵纪守法、团结合作的品质；具有良好的思想品德、社会公德和职业道德。其次，在专业知识层面，要求学生掌握相应的人文社会科学和自然科学基本理论知识，掌握本学科的基础知识、基本理论、基本技能和基本思维方法，具有独立获取知识、提出问题、分析问题和解决问题的基本能力及开拓创新的精神，具备一定的从事本学科业务工作和适应相邻学科业务的基本能力，以及较高的文化素养。最后，在综合素质层面，要求学生具有一定的体育和军事基本知识，掌握科学锻炼身体的基本技能，养成良的好体育锻炼和卫生习惯，基本形成终身体育的意识，受到必要的军事训练，达到国家规定的大学生体育和军事合格标准，有健全的心理素质和健康的体魄，能够履行建设祖国和保卫祖国的神圣义务。

紧密围绕"立德树人"的根本任务，聚焦国家战略要求，紧跟国际科技前沿，旨在培养能在政府管理部门、会计师事务所、公司和企业、金融证券业从事审计工作，在高校和科研机构从事教学、科研工作的德才兼备的高级专门人才。

二、毕业要求

（1）树立正确的世界观、人生观和价值观，政治立场坚定，身体素质和心理素质良好，具有较强的自我约束能力和抗压能力。

（2）具有良好的审计、会计伦理和道德素养。

（3）掌握经济学、管理学、审计学等基本理论、基本知识和基本技能。

（4）具备法律、经济、金融、管理和审计学、财务会计学、管理会计学、公司财务学的基本理论、基本方法和基本技能等方面的专业知识，了解国际国内审计专业的新成就和新发展。

（5）具有与审计专业相关的较宽的知识面、较强的综合分析问题和解决问题的能力。

（6）掌握一门外语，能阅读审计学专业外文书刊。

三、学制

四年

四、授予学位类型

管理学学士

五、毕业学分和修读要求

（一）毕业学分

◎ 毕业学分

<table>
<tr><th colspan="2" rowspan="2">课程模块</th><th colspan="2">必修</th><th>选修</th><th rowspan="2">合计</th><th rowspan="2">占总学分比例/%</th><th rowspan="2">备注</th></tr>
<tr><th>门数</th><th>学分</th><th>学分</th></tr>
<tr><td colspan="2">公共基本课程</td><td>/</td><td>46</td><td>0</td><td>46</td><td>31.3</td><td></td></tr>
<tr><td rowspan="2">学科通修课程</td><td>学科大类课程</td><td>23</td><td>37</td><td>0</td><td>37</td><td rowspan="4">50.3</td><td></td></tr>
<tr><td>专业大类课程</td><td>2</td><td>6</td><td>0</td><td>6</td><td></td></tr>
<tr><td rowspan="2">专业课程</td><td>专业必修课程</td><td>8</td><td>23</td><td>0</td><td>24</td><td></td></tr>
<tr><td>其他（毕业论文等）</td><td>5</td><td>7</td><td>0</td><td>7</td><td></td></tr>
<tr><td colspan="2">通识教育课程</td><td>/</td><td>1</td><td>10</td><td>11</td><td rowspan="2">19</td><td></td></tr>
<tr><td colspan="2">任选课程</td><td>/</td><td>0</td><td>17</td><td>16</td><td></td></tr>
<tr><td colspan="2">总学分</td><td>/</td><td></td><td></td><td>147</td><td>/</td><td></td></tr>
</table>

◎ 选修及实践教学学分

类别	学分数	比例/%
选修学分（≥25%）	27	19
实践教学学分（学时）（人文社科类专业≥15%，理工医类专业≥25%）	26.7	18.8

（二）修读要求

教学计划按“宽口径、厚基础、保优势、有特色”原则设计。为了达到宽口径、厚基础的基本要求，审计学专业要求学生修满教学计划规定的147学分。达到毕业要求的准予毕业，符合学士学位条件的可以获得管理学学士学位。

具体要求如下：

（1）公共基本课程模块：必修46学分；

（2）通识教育课程模块：修读11学分，其中必修1门课程1学分，另跨专业大类选修10学分全校性选修课程（其中必须修读公共艺术类课程2学分）。

（3）学科通修课程模块：修读43学分。

（4）专业课程模块：修读31学分。

（5）任选课程模块：17学分。

学生根据个人专业兴趣，在学院、系、专业教学人员的指导下，根据不同专业的要求，选修各专业的必修课和选修课。

学生需按照《国家学生体质健康标准（2014年修订）》进行体质测试。根据《标准》规定，学生毕业时测试成绩达不到50分者按结业或肄业处理。

国际学生修读课程：应当修读汉语和中国概况课程；可免修思想政治理论课程（哲学、政治学专业除外）、军事理论、军事技能；可申请免修计算机应用基础、大学语文等课程。

港澳台侨学生修读课程：军事理论、军事技能以国情类课程代替；修习思想政治理论课程或以国情类课程代替。

六、课程设置

（一）公共基本课程（最低必修学分数:46，最低选修学分数:0）

◎ 公共基本课程

课程号	课程名称	修读形式	学分	总学时	理论教学学时	实验教学学时	实践教学学时	开课学年	开课学期	备注
180340000002	中国近现代史纲要	必修	3	48	32		16	一	1	
210340000001	思想道德与法治	必修	3	48	32		16	一	2	
U10301600006	毛泽东思想和中国特色社会主义理论体系概论	必修	3	48	48			二	1	
210340000002	马克思主义基本原理	必修	3	48	32		16	三	2	
—	形势与政策	必修	2	64	64					8学时/学期×8学期，8学期考核均合格则课程成绩登记为合格
180130060001	当代世界经济与政治	选修	2	32	32			二	1	
U10301600004	“四史”专题研究	必修	2	32	16		16	二	1	
U10301600005	新时代中国特色社会主义劳动教育	必修	2	48	16		32	二	1	
U10301600007	习近平新时代中国特色社会主义思想概论	必修	3	48	48			二	2	
130200000010	军事理论	必修	2	32	32			二	1	
190200000015	军事技能	必修	2	3W			3	一	1	
—	体育	必修	4	128						第一学期必修1学分，其余学分在以后学期内修完；游泳1学分为必修
130190030046	大学生心理健康	必修	2	32	32			一	1	
130010010054	大学语文	必修	2	32	32			一	1	
—	大学英语	必修	8	256	128		128			不免修
130130060002	计算机应用基础	必修	1	32	16	16		一	2	
180130060001	Python程序设计基础	必修	2	48	32	16		二	1	

续表

课程号	课程名称	修读形式	学分	总学时	理论教学学时	实验教学学时	实践教学学时	开课学年	开课学期	备注
160000010003	创新实践	必修	2	32						
180340000002	小计		48	1008	592	32	224			

（二）学科通修课程（最低必修学分数:43，最低选修学分数:0）

◎ 学科通修课程

课程号	课程名称	修读形式	学分	总学时	理论教学学时	实验教学学时	实践教学学时	开课学年	开课学期	备注
U10300700024	会计学原理	必修	3	56	56			一	1	专业大类课程
130060020064	管理学原理	必修	3	56	56			一	1	学科大类课程
190080030001	微积分V-1	必修	3	64	64			一	1	学科大类课程
190080030002	微积分V-2	必修	3	64	64			一	2	学科大类课程
140080030008	线性代数 I	必修	3	64	64			一	2	学科大类课程
U10300700211	微观经济学	必修	3	56	56			一	2	学科大类课程
130060060002	营销学原理	必修	3	56	56			一	2	学科大类课程
U10300700521	中西哲学导论	必修	2	32	32			一	2	学科大类课程，四选一
U10300700520	逻辑与辩证思维	必修	2	32	32			一	2	
U10300700523	社会科学导论	必修	2	32	32			一	2	
U10300700522	心理认知科学导论	必修	2	32	32			一	2	
140080030009	概率统计 I	必修	3	64	64			二	1	学科大类课程
U10300700012	宏观经济学	必修	3	56	56			二	1	学科大类课程
160060050004	创业基础	必修	2	32	32			二	2	学科大类课程
130060030017	管理信息系统	必修	3	56	42	14		二	2	学科大类课程，二选一
新开课	商业大数据分析	必修	3	56	42	14		二	2	
140050020005	统计学原理	必修	3	56	56			二	2	学科大类课程
新开课	人工智能原理与技术	必修	3	64	64			二	2	学科大类课程，三选一
新开课	数据科学导论	必修	3	64	64			二	2	
新开课	计算科学基础	必修	3	64	64			二	2	
130060110012	财务管理	必修	3	56	56			三	1	专业大类课程
	小计		58	1112	1084	28				

（三）专业课程（最低必修学分数:30，最低选修学分数:0）

◎ 专业课程

课程号	课程名称	修读形式	学分	总学时	理论教学学时	实验教学学时	实践教学学时	开课学年	开课学期	备注
130060010026	中级财务会计（上）	必修	3	48	48			二	1	专业核心课程
130060010018	中级财务会计（下）	必修	3	48	48			二	2	专业核心课程
130060010132	审计学	必修	3	64	64			二	2	专业核心课程
U10300700519	政府会计与审计	必修	3	48	48			二	2	专业核心课程
U10300700517	内部审计	必修	3	48	48			二	2	专业核心课程
200060110001	专业实习（1）	必修	1	40			40	二	3	
130060010130	管理会计	必修	3	64	64			三	1	专业核心课程
U10300700518	审计理论与案例专题	必修	3	48	48			三	1	专业核心课程
U10300700516	AI审计	必修	3	48	48			三	2	专业核心课程
200060110002	专业实习（2）	必修	1	40			40	三	3	
U10300700021	综合案例	必修	2	30	30			四	2	
190060050001	毕业论文	必修	2	80			80	四	2	
U10300700041	毕业实习	必修	1	40			40	四	2	
	小计		31	646	446	0	200			

（四）通识教育课程（最低必修学分数:1，最低选修学分数:10）

◎ 通识教育课程

课程号	课程名称	修读形式	学分	总学时	理论教学学时	实验教学学时	实践教学学时	开课学年	开课学期	备注
—	跨学科基本课程	选修	10	160	160					必须修读公共艺术类课程2学分，建议均衡修读人文艺术类、社会科学类、自然科学类三类课程。完善知识结构，提高人文素质、理科素质
U10300700031	新生研讨课	必修	1	16	16					
	小计		11	176	176					

（五）任选课程（最低必修学分数:0，最低选修学分数:17）

◎ 任选课程

课程号	课程名称	修读形式	学分	总学时	理论教学学时	实验教学学时	实践教学学时	开课学年	开课学期	备注
130060010131	税法	选修	3	48	48			三	1	专业限选（六选四）
130060010133	高级财务会计	选修	3	48	48			三	2	
130060010108	财务报告分析	选修	2	32	32			三	2	
170060010002	大数据挖掘中的统计方法及其应用	必修	2	32	32			三	2	
130060010108	财务会计理论专题	选修	3	48	48			三	2	
新开课	机器学习与自然语言处理	选修	2	32	32			二	1	
130060010060	经济法	选修	3	48	48			二	2	
130060010117	成本会计	选修	3	48	48			二	2	
130060010062	政府及非营利组织会计	选修	2	32	32			三	1	
新开课	AI会计	选修	2	32	32			三	1	
新开课	AI会计实训	选修	2	32	32			三	1	
新开课	AI审计实训	选修	3	48	48			三	2	
新开课	BI与可视化	选修	2	32	32			三	2	
新开课	量化投资	选修	2	32	32			三	2	
新开课	量化营销	选修	2	32	32			三	2	
130060010106	国际理财	选修	2	32	32			四	2	
新开课	中西方哲学基础	选修	2	32	32			二	2	宽基选修课程
130060020029	组织行为学	选修	3	56	56			二	2	
新开课	金融科技	选修	2	32	32			二	2	
130060110063	证券投资学	选修	3	48	48			二	2	
新开课	数据结构与算法导论	选修	2	32	16	16		三	1	
新开课	数据可视化	选修	2	32	16	16		三	1	
新开课	机器人流程自动化	选修	2	32	32			三	1	
新开课	数学计算软件应用	选修	2	32	16	16		三	2	
130060030120	数据库技术与应用	选修	3	64	48	16		三	2	
新开课	区块链技术与应用	选修	2	32	16	16		三	2	
140060030010	数据挖掘	选修	2	48	32	16		四	1	
新开课	智能化管理模拟	选修	2	32	16	16		四	1	

续表

课程号	课程名称	修读形式	学分	总学时	理论教学学时	实验教学学时	实践教学学时	开课学年	开课学期	备注
新开课	管理研究与论文写作	选修	2	32	32			四	1	专业限选（六选四）、推免必选
	合计		67	1112	1000	112				

七、课程与毕业要求对应关系表

（1）树立正确的世界观、人生观和价值观，政治立场坚定，身体素质和心理素质良好，具有较强自我约束能力和抗压能力。

（2）具有良好的审计、会计伦理和道德素养。

（3）掌握经济学、管理学、审计学等基本理论、基本知识和基本技能。

（4）具备法律、经济、金融、管理和审计学、财务会计学、管理会计学、公司财务学的基本理论、基本方法和基本技能等方面的专业知识，了解国际国内审计专业的新成就和新发展。

（5）具有与审计专业相关的较宽的知识面、较强的综合分析问题和解决问题的能力。

（6）掌握一门外语，能阅读审计学专业外文书刊。

◎　课程与毕业要求对应关系

课程名称	毕业要求					
	1	2	3	4	5	6
会计学原理	M	M	M	M	M	
财务管理	M	M	M	M	M	
大数据挖掘中的统计方法及其应用	M	M	M	M	M	
机器学习与自然语言处理	M	M	M	M	M	
商业数据分析	M	M	M	M	M	
数据库技术	M	M	M	M	M	

续表

课程名称	毕业要求					
	1	2	3	4	5	6
中级财务会计	M	H	H	M	M	
成本会计	M	M	M	M	M	
管理会计	M	M	M	M	M	
审计学	M	H	H	M		H
审计理论与案例专题	M	H	M	H		H
政府会计与审计	M	M		M		
内部审计	M	H	H	H		M
高级财务会计	M	M		M	M	
AI审计	M	M	M	H		M
AI审计实训	M	M	M	H		M
AI会计	M	M		M	M	
AI会计实训	M	M		M	M	
机器人流程自动化	M	M		M	M	
人工智能概述	M	M		M	M	
BI与可视化	M	M		M	M	
金融科技	M	M		M	H	
量化投资	M	M		M	H	
量化营销	M	M		M	H	
国际理财	M	M		M	H	
经济法	M	M		M	H	
税法	M	M		M	H	
财务报告分析	M	M		M	H	

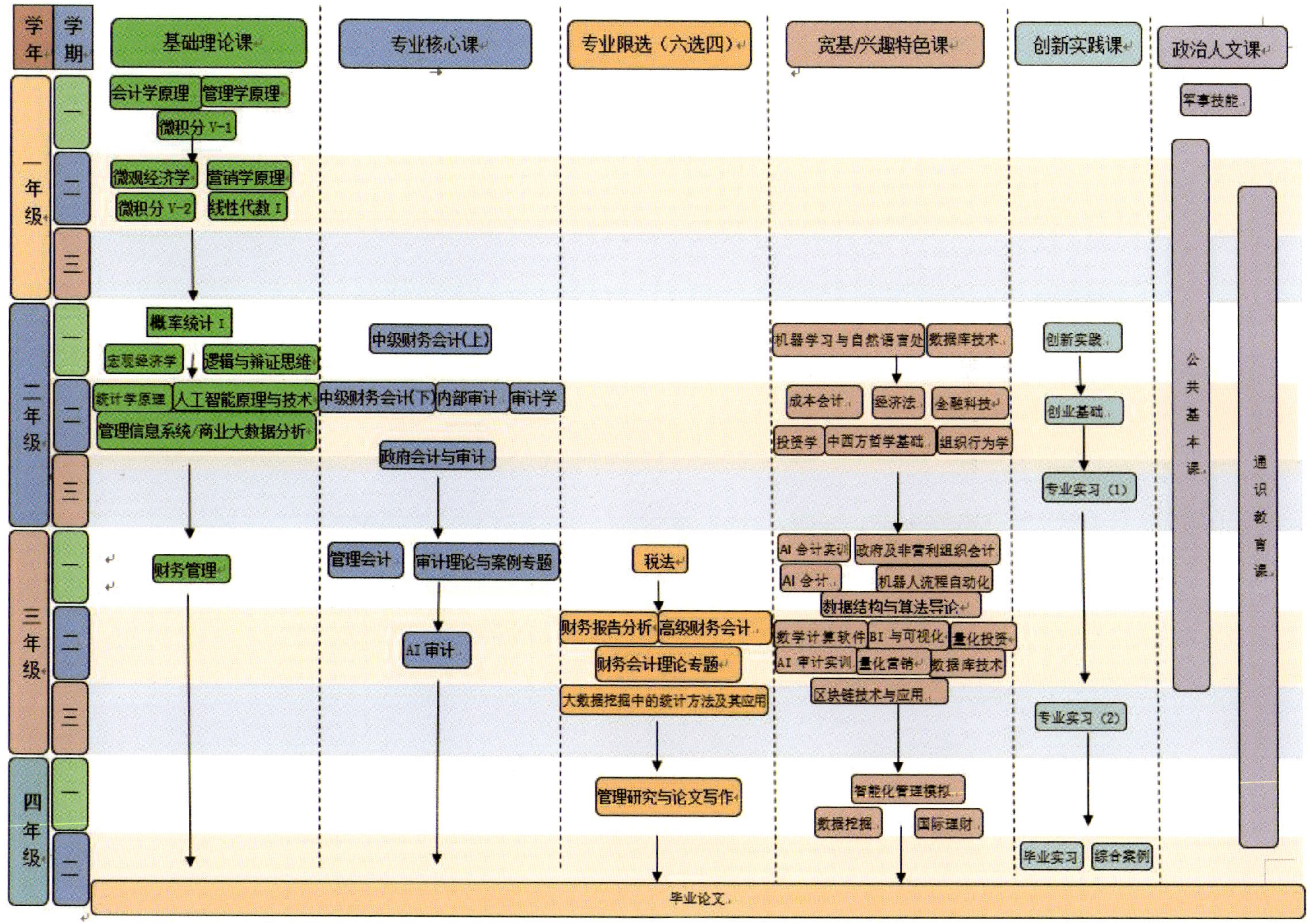
学年
学期
基础理论课
专业核心课
专业限选（六选四）
宽基/兴趣特色课
创新实践课
政治人文课
一年级
二年级
三年级
四年级
一
二
三
会计学原理
管理学原理
微积分 V-1
微观经济学
营销学原理
微积分 V-2
线性代数 I
概率统计 I
宏观经济学
逻辑与辩证思维
统计学原理
人工智能原理与技术
管理信息系统/商业大数据分析
财务管理
中级财务会计(上)
中级财务会计(下)
内部审计
审计学
政府会计与审计
管理会计
审计理论与案例专题
AI 审计
税法
财务报告分析
高级财务会计
财务会计理论专题
大数据挖掘中的统计方法及其应用
管理研究与论文写作
机器学习与自然语言处理
数据库技术
成本会计
经济法
金融科技
投资学
中西方哲学基础
组织行为学
AI 会计实训
政府及非营利组织会计
AI 会计
机器人流程自动化
数据结构与算法导论
数学计算软件
BI 与可视化
量化投资
AI 审计实训
量化营销
数据库技术
区块链技术与应用
智能化管理模拟
数据挖掘
国际理财
创新实验
创业基础
专业实习（1）
专业实习（2）
毕业实习
综合案例
军事技能
公共基本课
通识教育课
毕业论文

◎审计学专业修读导引图

第六节　会计学学术型硕士 / 博士研究生培养方案

一、培养目标

在思想道德层面，注重培养学生的爱国主义情怀：热爱祖国，拥护中国共产党，掌握马克思列宁主义、毛泽东思想、邓小平理论、“三个代表”重要思想、科学发展观、习近平新时代中国特色社会主义思想，增强“四个意识”、坚定“四个自信”、做到“两个维护”，形成社会主义核心价值观，树立中国特色社会主义共同理想；遵纪守法、诚实守信，具有服务国家服务人民的社会责任感，以及艰苦奋斗、止于至善的良好道德品质；具有较强创新精神与实践能力且身心健康。

在专业知识层面，会计学科硕士学位教育的培养目标包括：（1）具备扎实的会计学基础理论；（2）善于运用会计学的相关理论和方法分析、研究和解决会计的理论或现实问题，并展现一定的理论或实践创新能力；（3）具有从事会计实践问题的应用研究或组织的会计实践工作的能力，达到《厦门大学工商管理一级学科学位授予标准》规定的硕士学术水平，具体表现在三个方面：一是具备扎实、深厚和系统的会计学科理论基础，并了解国内外会计学科的学术研究范式和前沿研究动态；二是不仅系统掌握会计学理论、研究方法和技术，而且善于理论联系实际，提炼科学问题，开展相关的学理研究和创新性研究；三是了解会计学科的相关专业课程的教学思想、理念和方法，能独立承担本学科相关专业的教学和研究工作，促进会计学教育和实践的发展。

在学术精神方面，要求学生恪守学术道德、崇尚学术诚信，热爱科学研究，具有严谨的科研工作作风和勇攀科学高峰的钻研精神。

二、科研能力及素质等要求

1.科研能力要求

（1）硕士：深入了解和认识工商管理学科已有的研究成果，掌握工商管理所属研究领域的相关理论和研究方法，善于理论联系实际，善于提炼科学问题，在导师的指导下，独立或合作开展理论或应用研究，研究成果具有一定的理论价值或应用价值。同时善于以学术论文、研究报告或口头方式，清晰表达自己的学术观点，展现研究成果。

（2）博士：针对理论发展前沿以及实践中出现的新问题、新现象，能够提炼出有价值的研究问题；能够独立开展高水平的研究；在学术合作中，能够与他人紧密合作，具备良好的组织协调能力；在课题调研和举办学术会议等实践活动中，具有良好的协调组织能力和动手能力。

2.素质要求

（1）硕士：有积极的求知欲望、较强的创新精神和严谨的科研作风，恪守学术规范，讲究学术道德。具有坚实的管理与经济理论基础，熟悉相关学科知识，拥有较强的实践能力和应变能力，掌握科学的研究方法和技能，具备一定的研究视野，具有一定的科研能力，能从事本领域的相关理论研究。具备较强的语言文字表达能力、熟练掌握一门外国语。

（2）博士：崇尚科学，热爱学术研究，谨守学术道德。具有扎实的基础理论、精深的专业知识、宽广的研究视野、敏锐的科研思维、科学的研究方法和严谨的科研作风，能够独立地进行科学研究，掌握本学科主要的研究手段和方法，具有较强的文字和语言表达能力；能熟练地掌握至少一门外国语。

3.申请学位发表学术论文规定

《厦门大学管理学院研究生申请学位发表学术论文的规定》执行。在学期间，每位硕士研究生至少应发表一篇南大核心或北大核心期刊以上的学术论文，或者取得等效的科研成果，其他方面遵循该文件。

三、学制

硕士：3年，最长学习年限为5年；博士（含硕博连读博士阶段）：4年，最长学习年限8年，硕博连读研究生自硕士入学之日起算最短在校学习年限不低于5年；本直博5年，最长学习年限8年。

四、学分

1.硕士

总学分≥38学分，其中课程学分≥36学分，其他培养环节2学分。

2.博士

（1）普通博士：总学分≥33学分，其中课程学分≥29学分，其他培养环节4学分。

（2）硕博连读/本直博：总学分≥45学分，其中课程学分≥41学分，其他培养环节4学分。

五、课程设置

◎ 课程设置

<table>
<tr><th>课程类别</th><th>课程编号</th><th>课程中文名称</th><th>学分</th><th>开课学期</th><th>硕士</th><th>博士</th><th>硕博连读/本直博</th><th>备注</th></tr>
<tr><td rowspan="6">公共课：
硕士5学分；
博士2学分；
硕博连读/本直博5学分</td><td>IDPE:D1000012</td><td>中国马克思主义与当代</td><td>2</td><td>秋</td><td></td><td>必选</td><td>必选</td><td></td></tr>
<tr><td>ENGL:G1000062</td><td>研究生英语</td><td>2</td><td>春/秋</td><td>必选</td><td></td><td>必选</td><td></td></tr>
<tr><td>IDPE:G1000012</td><td>新时代中国特色社会主义理论与实践</td><td>2</td><td>秋</td><td>必选</td><td></td><td></td><td></td></tr>
<tr><td>IDPE:G1000071</td><td>马克思主义与社会科学方法论</td><td>1</td><td>春</td><td rowspan="3">3选1</td><td></td><td rowspan="3">3选1</td><td></td></tr>
<tr><td>IDPE:G1000031</td><td>习近平新时代中国特色社会主义思想专题研究</td><td>1</td><td>秋</td><td></td><td></td></tr>
<tr><td>IDPE:G1000051</td><td>马克思恩格斯列宁经典著作选读</td><td>1</td><td>春</td><td></td><td></td></tr>
<tr><td rowspan="4">学院公共课：
硕士6学分；
博士、硕博连读/本直博8学分</td><td>BUSI:G1000273</td><td>高级微观经济学</td><td>3</td><td>秋</td><td>必选</td><td>必选</td><td>必选</td><td></td></tr>
<tr><td>BUSI:G1000163</td><td>高级管理学</td><td>3</td><td>秋</td><td>必选</td><td>必选</td><td>必选</td><td></td></tr>
<tr><td>BUSI:G1000312</td><td>管理思想史</td><td>2</td><td>春</td><td></td><td rowspan="2">2选1</td><td rowspan="2">2选1</td><td></td></tr>
<tr><td>BUSI:G1001042</td><td>高等心理学</td><td>2</td><td>春</td><td></td><td></td></tr>
<tr><td rowspan="12">学院选修课：
硕士6学分；
博士、硕博连读本直博/8学分</td><td>BUSI:G1000832</td><td>社会科学研究方法</td><td>2</td><td>秋</td><td></td><td>必选</td><td>必选</td><td></td></tr>
<tr><td>BUSI:G1010342</td><td>高级计量经济学</td><td>2</td><td>秋</td><td></td><td></td><td></td><td></td></tr>
<tr><td>BUSI:G1000822</td><td>实证研究方法（问卷）</td><td>2</td><td>春</td><td></td><td></td><td></td><td></td></tr>
<tr><td>BUSI:G1000812</td><td>实证研究方法（实验）</td><td>2</td><td>秋</td><td></td><td></td><td></td><td></td></tr>
<tr><td>BUSI:G1000771</td><td>案例研究方法</td><td>1</td><td>春</td><td></td><td></td><td></td><td></td></tr>
<tr><td>BUSI:G1000802</td><td>多元统计</td><td>2</td><td>春</td><td></td><td></td><td></td><td></td></tr>
<tr><td>BUSI:G1000183</td><td>实证财务方法</td><td>2</td><td>春</td><td></td><td></td><td></td><td></td></tr>
<tr><td>BUSI:G1001062</td><td>博弈论基础</td><td>2</td><td>秋</td><td></td><td></td><td></td><td></td></tr>
<tr><td>BUSI:G1000132</td><td>博弈论应用</td><td>2</td><td>春</td><td></td><td></td><td></td><td></td></tr>
<tr><td>BUSI:G1000491</td><td>数据挖掘</td><td>1</td><td>春</td><td></td><td></td><td></td><td></td></tr>
<tr><td>BUSI:G1000102</td><td>随机动态规划</td><td>2</td><td>春</td><td></td><td></td><td></td><td></td></tr>
<tr><td>BUSI:G1000272</td><td>会计与审计研究方法</td><td>2</td><td>秋</td><td>必选</td><td>必选</td><td>必选</td><td></td></tr>
</table>

续表

课程类别	课程编号	课程中文名称	学分	开课学期	硕士	博士	硕博连读/本直博	备注
专业必修课程： 硕士≥17学分； 博士≥8学分； 硕博连读/本直博≥17学分	BUSI:G1000193	财务会计理论与方法	3	秋	8选5	8选2	8选5	硕士、硕博连读/本直博8选5；博士8选2
	BUSI:G1000203	公共财务与政府会计	3	春				
	BUSI:G1000213	国际会计理论与方法	3	春				
	BUSI:G1000223	管理会计理论与方法	3	春				
	BUSI:G1000733	大数据与会计研究	3	秋				
	BUSI:G1000243	审计理论与方法	3	秋				
	BUSI:G1000253	公司财务管理	3	春				
	BUSI:G1000263	资本市场会计研究	3	春				
	BUSI:G1000792	会计论文写作指导	2	春	必选	必选	必选	
专业选修课程： 博士、硕博连读/本直博至少选修3学分，硕士至少选修2学分	—	短学期海内外会计名师系列选修课	5	短学期				
课程学习其他要求	（1）研究生在硕士阶段已修读的课程在博士阶段可免修。 （2）国际学生必修汉语（2～4学分）和中国概况（2学分）课程，具体要求详见选课通知。 （3）港澳台研究生的政治课学分可以学校开设的国情类课程学分替代。							

六、其他培养环节及要求

◎ 其他培养环节及要求

其他培养环节	是否必修	学分	内容或要求	考核时间及方式
学术规范教育	硕博必修	0	参加学校或学院组织的学术规范、学术道德和学术诚信教育，自主学习《高等学校科学技术学术规范指南》（理工医科）和《高校人文社会科学学术规范指南》（人文社科）。	考核时间：一年级秋季学期选课前。 考核方式：登录研究生系统，通过学术规范问卷测试。
中期考核	博士必修	1	博士生中期考核是博士研究生培养的必备环节，考核以书面报告的方式，目的是综合考察博士生知识技能、科研能力和研究进展情况，以判断其是否适宜继续攻读博士学位。中期考核合格后方可进入开题阶段。中期考核通过可计1学分。	博士生中期考核按《厦门大学管理学院博士研究生中期考核实施细则》执行。

续表

其他培养环节	是否必修	学分	内容或要求	考核时间及方式
开题报告	硕博必修	0	硕士研究生应在第二学年春季学期结束前进行开题报告，广泛听取意见。没有进行学位论文开题报告，不得进行与学位论文有关的社会调研工作，不能申请学位论文答辩。博士研究生开题按照《厦门大学管理学院博士研究生开题规定》执行。	硕士生：按《厦门大学管理学院硕士研究生开题/中期考核规定》执行。 博士生：按《厦门大学管理学院博士研究生开题规定》执行。
文献综述与科研报告	硕博必修	0	以书面或口头报告的方式汇报相关主题学术文献积累或研究进展情况。考核可采取文献综述、年度进展汇报、工作论文讨论等多种形式进行。具体形式由导师决定。	申请开题报告之前完成。
学术讲座	硕博必修	1	学制年限内，硕士生至少听满20场次由管理学院各系（中心）举办的学术讲座；博士生至少听满60场次由管理学院各系（中心）举办的学术讲座。	学制内毕业的学生需在学位论文答辩申请前完成。 研究生每次听完学术讲座后须写出小结（200字以上），听满讲座次数后最终由导师签字后交学院登记成绩。
教学实践	博士必修	1	博士生应担任至少一门课程的教学助理并完成一定的助教工作量。	考核时间：学位论文答辩申请前完成。 考核方式：做完助教后，需填写《厦门大学课程教学助理岗位考核表》后上交给教学秘书。
社会实践	硕博必修	0.5	研究生社会实践组织与考核，按照《厦门大学管理学院（财务管理与会计研究院）研究生社会实践管理办法》执行。	学位论文答辩申请前完成。 团队提交报告，或个人撰写实践总结等，填写《厦门大学研究生社会实践与创新实践活动报告表》，由学生工作组考核。考核结果：合格或者不合格。
创新实践	硕博必修	0.5	研究生创新实践组织与考核，按照《厦门大学研究生社会实践与创新实践管理办法》执行。	学位论文答辩申请前完成。 提交报告，填写《厦门大学研究生社会实践与创新实践活动报告表》 由导师打分。考核结果：合格或者不合格。
学术交流	硕博必修	0	硕士生至少应在学科或学院（系）的范围内公开做一次学术（读书）报告。博士生应至少参加一次所在学科领域的全国或国际性学术会议，并在学术会议上宣读或汇报展示自己的研究成果。	学位论文答辩申请前完成。 提交参会证明。

续表

其他培养环节	是否必修	学分	内容或要求	考核时间及方式
论文工作	（1）学位论文在研究生培养工作中占有重要地位，应在导师指导下由研究生独立完成。博士生学位论文研究的实际工作时间（从开题报告到申请论文答辩）原则上不少于1年，硕士生学位论文研究的实际工作时间（从开题报告到申请论文答辩）一般不少于6个月。学位论文工作期间，研究生必须向导师（组）汇报论文工作阶段性进展情况。 （2）学位论文的选题、文献综述、研究设计、规范性和成果创新性等要求按《厦门大学工商管理一级学科学位授予标准》执行。 （3）学位论文答辩和预答辩要求按《厦门大学管理学院研究生论文预答辩和答辩规定》执行。 （4）学位论文答辩前需进行查重，具体要求按《厦门大学管理学院硕士（学术型）和博士学位论文查重规定》执行。			

本学科主要文献、目录及刊物（选填）

序号	著作或期刊名称	作者	考核方式	备注（选读/必读）
1	Journal of Accounting Research		读书笔记	
2	The Accounting Review		读书笔记	
3	Journal of Accounting and Economics		读书笔记	
4	Contemporary Accounting Research		读书笔记	
5	Accounting, Organization, and Society		读书笔记	
6	Review of Accounting Studies		读书笔记	
7	Journal of Finance		读书笔记	
8	Journal of Financial Economics		读书笔记	
9	Review of Financial Studies		读书笔记	

文献阅读考核方式包括：（1）课程考核：将此文献作为课程考核的考试范围；（2）结合开题报告或学科综合考试进行；（3）撰写读书报告；（4）其他，请注明。

第七节　全日制会计硕士专业学位研究生培养方案

一、培养目标

面向会计职业化和国际化，培养掌握马克思主义基本原理、毛泽东思想、邓小平理论、“三个代表”重要思想、习近平新时代中国特色社会主义理论，坚持四项基本原则，形成社会主义核心价值观，坚定“四个自信”，德智体全面发展，具备良好的职业道德和法纪观念，系统掌握现代会计学、审计学、财务管理以及相关领域的知识和技能，了解会计审计实务，具有较强解决实际问题能力的高层次、应用型的会计专门人才。

基本要求包括：

（1）坚持中国共产党领导，掌握马克思主义基本原理和中国特色社会主义理论体系，具有良好的政治素质。坚持四项基本原则，坚决贯彻执行党的路线、方针、政策和国家有关法律法规。

（2）具有良好职业道德、终身学习意识和探索创新精神。

（3）具有较强的业务能力，能够熟练运用现代会计、财务、审计及相关领域的专业知识分析并解决实际问题。

（4）具有从事高层次会计管理工作所必备的国际视野、战略意识、领导潜质、沟通能力和合作精神。

（5）具有数字化时代新思维，熟练掌握和运用数据处理技术，支持企业正确决策。

（6）熟练地掌握和运用一门外国语。

（7）身心健康。

二、培养方向

财务会计理论与实务；

审计理论与实务（含注册会计师审计、政府与公共部门审计、企业内部审计与内部控制）；

管理会计理论与实务；

国际会计理论与实务；

公共财务与政府会计；

智能会计与财务。

三、学制及学习年限

硕士：全日制 3 年；在校时间累计不少于1.5年。培养年限最长不超过5年。

四、学分

硕士：总学分45学分，其中课程学分37学分，培养环节8学分。

五、课程设置

◎ 课程设置

课程类别	课程编号	课程中文名称	学分	开课学期	是否实务实践课程	备注（是否必选）
公共课：5 学分	ENGL:G1000062	研究生英语	2	秋/春	否	必选
	IDPE:G1000012	新时代中国特色社会主义理论与实践	2	秋	否	必选
	IDPE:G1000071	马克思主义与社会科学方法论	1	春	否	必选
必修课：18 学分	BUSI:G1012642	公司战略与风险管理	2	春	否	必选
	BUSI:G1000413	审计理论与实务	3	秋	是	必选
	BUSI:G1000443	管理会计理论与实务	3	春	是	必选
	BUSI:G1000433	财务管理理论与实务	3	秋	是	必选
	BUSI:G1000403	财务会计理论与实务	3	秋	是	必选
	BUSI:G2000021	案例研究与论文写作指导	2	春	否	必选
	0611Z1340	商业伦理与会计职业道德	2	秋	是	必选

续表

课程类别	课程编号	课程中文名称	学分	开课学期	是否实务实践课程	备注（是否必选）
选修课:14学分	0611Z1208	会计审计案例	2	秋	是	非必选
	0611Z1305	当代会计理论研究专题	2	秋	否	非必选
	0611Z1302	高级财务报表分析	2	春	是	非必选
	0611Z1304	税收风险控制	2	春	是	非必选
	0611Z1303	资本市场会计研究	2	春	是	非必选
	0611Z1206	内部审计理论与实务	2	春	是	非必选
	0611Z1307	高级衍生品风险管理与会计问题研究	2	春	否	非必选
	0611Z4017	会计研究方法与计量经济学	2	春	否	非必选
	0611Z1207	资本市场与公司治理	2	春	否	非必选
	0611Z1301	会计信息系统研究	2	秋	是	非必选
	0611Z1205	注册会计师审计理论与实务	2	秋	是	非必选
	0611Z4008	内部控制与风险管理	2	春	是	非必选
	0611Z1311	商法	2	秋	否	非必选
	0611Z1332	大数据、人工智能与会计审计发展变革	2	秋	是	非必选
选修课:14学分	0611Z1330	政府及非营利组织会计	2	秋	是	非必选
	BUSI:G1012562	内部控制与风险管理	2	秋	是	非必选
	BUSI:G2000092	智能会计、财务基础	2	秋	是	非必选
	BUSI:U2000052	Python在企业会计、财务中的应用	2	秋	是	非必选
课程学习其他要求	（1）英文授课的国际学生必修汉语课程2学分和中国概况2学分，中文授课的国际学生必修汉语课程4学分和中国概况2学分。具体要求详见选课通知。 （2）港澳台研究生的政治课学分可以学校开设的国情类课程学分替代。					

六、其他培养环节及要求

◎ 其他培养环节及要求

培养环节	是否必修	学分	培养环节要求	时间安排及考核方式
学术规范教育	必修	0	参加学校或学院组织的学术规范、学术道德和学术诚信教育，自主学习《高等学校科学技术学术规范指南》（理工医科）和《高校人文社会科学学术规范指南》（人文社科）。	时间安排：一年级秋季学期选课前。 考核方式：登录研究生系统，通过学术规范问卷测试。
开题报告	必修	0	开题报告经过导师审核后签字，中心组织论文开题报告答辩，每组不少于三位评委老师，对其开题报告进行讨论、打分，三分之二评委认为通过方为通过。没有进行学位论文开题报告，不得进行与学位论文有关的社会调研工作，不能申请学位论文答辩。学位论文题目确定后，原则上不得变更。	时间安排：二年级秋季学期结束前。 考核方式：中心组织论文开题报告答辩，每组不少于三位评委老师，对其开题报告进行讨论、打分，三分之二评委认为通过方为通过。
行业前沿讲座	必修	1	邀请企（行）业具有丰富实践经验的高级工程技术专家和高级管理专家等，开设企（行）业发展前沿讲座。学位论文答辩申请前，至少听满15场次由管理学院各系（中心）举办的学术前沿讲座。	时间安排：学位论文答辩申请前。 考核方式：中心设置签到，核定出勤次数。

续表

培养环节	是否必修	学分	培养环节要求	时间安排及考核方式
专业实践	必修	5	在学期间必须保证不少于6个月的实习实践，可采用集中实践与分段实践相结合的方式。实践形式可以采用企事业单位和政府机关行业实践、课程实验、课题研究等多种形式。专业实践结束后，研究生须填写《专业学位研究生实习实践报告表》，通过后获得相应的5学分，以此作为授予学位的重要依据。	时间安排：学位论文答辩申请前。 考核方式：实践结束后，撰写不少于5000字的实践报告（非全日制以工作总结代替），经校内外导师签字确认后，取得学分。
案例研究与开发	必修	2	参与案例研究与开发活动，包括但不限于参加学生案例大赛、独立或协助指导老师通过实地调研形成教学案例、参与企业管理咨询活动并形成管理咨询报告、发表案例研究方面的学术成果。案例研究与开发活动由指导教师根据学生参与的案例开发工作情况或科研成果评定成绩，学生取得相应学分。	时间安排：学位论文答辩申请前。 考核方式：由指导教师根据学生参与的案例开发工作情况或科研成果评定成绩，学生取得相应学分。
科研成果要求	在学期间，每位硕士研究生至少应取得以下一项科研成果：（1）独立完成高水平的工作论文一篇（需要进行质量审核）；（2）独立完成高水平的案例调研报告（需要进行质量审核）；（3）参加全国案例大赛并进入复赛或决赛；（4）发表南大核心期刊（C刊）论文一篇；（5）发表北大核心期刊论文一篇；（6）发表《厦门大学核心期刊目录及相关规定》论文一篇；（7）发表《管理学院国际期刊目录》论文一篇；（8）一项等效的科研成果。			
论文工作	学位论文选题应来源于应用课题或现实问题，应有明确的职业背景和应用价值，突出学以致用，注重解决实际问题。学位论文应体现学生已系统掌握会计理论、专业知识和研究方法，具备综合运用会计等相关学科的理论、知识、方法，分析和解决会计实际问题的能力，具有创新性和实用价值。论文类型一般应采用案例分析论文、专题研究论文、调研报告、方案设计、产品设计、经验研究等多种论文形式。鼓励学位论文选题与实习实践、案例开发内容相关。论文字数原则上不低于4.5万字。学位论文要达到我校研究生院所规定的硕士论文的水平。提交答辩的论文经公认检测系统或机构检测的内容复制比（重复率）应低于10%（不含10%）。			
跨专业考生补修本学科主干课程	本科非经济和管理类专业学生，由导师指定补修本科主干课程，包括中级财务会计、高级财务会计、管理会计、财务管理、审计学。			

第八节　非全日制会计硕士专业学位研究生培养方案

一、培养目标

面向会计职业化和国际化，培养掌握马克思主义基本原理、毛泽东思想、邓小平理论、“三个代表”重要思想、习近平新时代中国特色社会主义理论，坚持四项基本原则，形成社会主义核心价值观，坚定“四个自信”，德智体全面发展，具备良好的职业道德和法纪观念，系统掌握现代会计学、审计学、财务管理以及相关领域的知识和技能，了解会计审计实务，具有较强解决实际问题能力的高层次、应用型的会计专门人才。

基本要求包括：

（1）坚持中国共产党领导，掌握马克思主义基本原理和中国特色社会主义理论体系，具有良好的政治素质。坚持四项基本原则，坚决贯彻执行党的路线、方针、政策和国家有关法律法规。

（2）具有良好职业道德、终身学习意识和探索创新精神。

（3）具有较强的业务能力，能够熟练运用现代会计、财务、审计及相关领域的专业知识分析并解决实际问题。

（4）具有从事高层次会计管理工作所必备的国际视野、战略意识、领导潜质、沟通能力和合作精神。

（5）具有数字化时代新思维，熟练掌握和运用数据处理技术，支持企业正确决策。

熟练地掌握和运用一门外国语。

（6）身心健康。

二、培养方向

财务会计理论与实务；

审计理论与实务（含注册会计师审计、政府与公共部门审计、企业内部审计与内部控制）；

管理会计理论与实务；

国际会计理论与实务；

公共财务与政府会计；

智能会计与财务。

三、学制及学习年限

硕士：非全日制3年，在校时间累计不少于1.5年。培养年限最长不超过5年。

四、学分

硕士：总学分43学分，其中课程学分35学分，培养环节8学分。

五、课程设置

◎ 课程设置

课程类别	课程编号	课程中文名称	学分	开课学期	是否实务实践课程	备注（是否必选）
公共课：5学分	ENGL:G1000062	研究生英语	2	秋/春	否	必选
	IDPE:G1000012	新时代中国特色社会主义理论与实践	2	秋	否	必选
	IDPE:G1000071	马克思主义与社会科学方法论	1	春	否	必选
必修课：18学分	BUSI:G1012642	公司战略与风险管理	2	春	否	必选
	BUSI:G1000393	高级财务会计-理论与实务	3	秋	是	必选
	BUSI:G1000373	高级财务管理-理论与实务	3	春	是	必选
	BUSI:G1000383	高级管理会计-理论与实务	3	秋	是	必选
	BUSI:G2000033	高级审计-理论与实务	3	春	是	必选
	0611Z1340	商业伦理与会计职业道德	2	春	是	必选
	BUSI:G2000041	案例研究与论文写作指导	2	春	否	必选

续表

课程类别	课程编号	课程中文名称	学分	开课学期	是否实务实践课程	备注（是否必选）
选修课：12 学分	0611Z1316	中国税制	2	秋	是	非必选
	0611Z1313	高级财务报表分析	2	秋	是	非必选
	0611Z1320	投资学	2	秋	是	非必选
	0611Z1311	商法	2	秋	是	非必选
	0611Z1314	国际财务报告准则	2	秋	是	非必选
	0611Z1334	衍生金融工具风险管理及其会计问题	2	春	是	非必选
	0611Z1326	管理沙盘模拟	2	春	是	非必选
	0611Z1327	公司治理	2	春	是	非必选
	BUSI:U1000032	财务共享	2	春	是	非必选
	0611Z1325	国际财务管理	2	春	是	非必选
	BUSI:G1001132	管理心理学专题	2	秋	是	非必选
	0611Z1331	政府会计理论与实务	2	秋	是	非必选
	0611Z1332	大数据、人工智能与会计审计发展变革	2	春	是	非必选
	BUSI:G2000013	会计学科名家论坛	3	秋/春	是	非必选
	BUSI:G1012562	内部控制与风险管理	2	秋	是	非必选
	BUSI:G2000092	智能会计、财务基础	2	秋	是	非必选
	BUSI:U2000052	Python在企业会计、财务中的应用	2	秋	是	非必选
课程学习其他要求	（1）英文授课的国际学生必修汉语课程2学分和中国概况2学分，中文授课的国际学生必修汉语课程4学分和中国概况2学分。具体要求详见选课通知。 （2）港澳台研究生的政治课学分可以学校开设的国情类课程学分替代。					

六、其他培养环节及要求

◎ 其他培养环节及要求

培养环节	是否必修	学分	培养环节要求	时间安排及考核方式
学术规范教育	必修	0	参加学校或学院组织的学术规范、学术道德和学术诚信教育，自主学习《高等学校科学技术学术规范指南》（理工医科）和《高校人文社会科学学术规范指南》（人文社科）。	时间安排：一年级秋季学期选课前。 考核方式：登录研究生系统，通过学术规范问卷测试。

续表

培养环节	是否必修	学分	培养环节要求	时间安排及考核方式
开题报告	必修	0	开题报告经过导师审核后签字，中心组织论文开题报告答辩，每组不少于三位评委老师，对其开题报告进行讨论、打分，三分之二评委认为通过方为通过。没有进行学位论文开题报告，不得进行与学位论文有关的社会调研工作，不能申请学位论文答辩。学位论文题目确定后，原则上不得变更。	时间安排：二年级上学期结束前。 考核方式：中心组织论文开题报告答辩，每组不少于三位评委老师，对其开题报告进行讨论、打分，三分之二评委认为通过方为通过。
行业前沿讲座	必修	1	邀请企（行）业具有丰富实践经验的高级工程技术专家和高级管理专家等，开设企（行）业发展前沿讲座。学位论文答辩申请前，至少听满15场次由管理学院各系（中心）举办的学术前沿讲座。	时间安排：学位论文答辩申请前。 考核方式：中心设置签到，核定出勤次数。
专业实践	必修	5	在学期间必须保证不少于6个月的实习实践，可采用集中实践与分段实践相结合的方式。实践形式可以采用企事业单位和政府机关行业实践、课程实验、课题研究等多种形式。专业实践结束后，研究生须填写《专业学位研究生实习实践报告表》，通过后获得相应的5学分，以此作为授予学位的重要依据。	时间安排：学位论文答辩申请前。 考核方式：实践结束后，撰写不少于5000字的实践报告（非全日制以工作总结代替），经校内外导师签字确认后，取得学分。
案例研究与开发	必修	2	参与案例研究与开发活动，包括但不限于参加学生案例大赛、独立或协助指导老师通过实地调研形成教学案例、参与企业管理咨询活动并形成管理咨询报告、发表案例研究方面的学术成果。	时间安排：学位论文答辩申请前。 考核方式：由指导教师根据学生参与的案例开发工作情况或科研成果评定成绩，学生取得相应学分。
科研成果要求	在学期间，每位硕士研究生至少应取得以下一项科研成果：（1）独立完成高水平的工作论文一篇（需要进行质量审核）；（2）独立完成高水平的案例调研报告（需要进行质量审核）；（3）参加全国案例大赛并进入复赛或决赛；（4）发表南大核心期刊（C刊）论文一篇；（5）发表北大核心期刊论文一篇；（6）发表《厦门大学核心期刊目录及相关规定》论文一篇；（7）发表《管理学院国际期刊目录》论文一篇；（8）一项等效的科研成果。			
论文工作	学位论文选题应来源于应用课题或现实问题，应有明确的职业背景和应用价值，突出学以致用，注重解决实际问题。学位论文应体现学生已系统掌握会计理论、专业知识和研究方法，具备综合运用会计等相关学科的理论、知识、方法，分析和解决会计实际问题的能力，具有创新性和实用价值。论文类型一般应采用案例分析论文、专题研究论文、调研报告、方案设计、产品设计、经验研究等多种论文形式。鼓励学位论文选题与实习实践、案例开发内容相关。论文字数原则上不低于4.5万字。学位论文要达到我校研究生院所规定的硕士论文的水平。提交答辩的论文经公认检测系统或机构检测的内容复制比（重复率）应低于10%（不含10%）。			
跨专业考生补修本学科主干课程	本科非经济和管理类专业学生，由导师指定补修本科主干课程，包括中级财务会计、高级财务会计、管理会计、财务管理、审计学。			

第九节　全日制审计硕士专业学位研究生培养方案

一、培养目标

培养具备良好的思想政治素质和职业道德修养，系统掌握现代审计及相关领域的知识和技能，具有较好的综合素质与适应能力、较强的职业判断能力与解决实际问题能力的高层次、高素质、全方位应用型审计专门人才。

二、培养方向

注册会计师审计；

企业内部控制与内部审计；

大数据审计；

政府与公共部门审计理论与实务。

三、学制及学习年限

硕士：全日制3年；在校时间累计不少于1.5年。培养年限最长不超过5年。

四、学分

硕士：总学分45学分，其中课程学分38学分，培养环节7学分。

五、课程设置

◎ 课程设置

课程类别	课程编号	课程中文名称	学分	开课学期	是否实务实践课程	备注（是否必选）
公共课：5 学分	ENGL:G1000062	研究生英语	2	秋/春	否	必选
	IDPE:G1000012	新时代中国特色社会主义理论与实践	2	秋	否	必选
	IDPE:G1000071	马克思主义与社会科学方法论	1	春	否	必选
必修课：19 学分	BUSI:G2000021	案例研究与论文写作指导	2	春	否	必选
	0611Z1101	管理经济学	2	春	否	必选
	0611Z4001	公共管理理论与实务	2	秋	是	必选
	0611Z4002	公司治理理论与实务	2	秋	是	必选
	BUSI:G1000403	财务会计理论与实务	3	秋	是	必选
	BUSI:G1000413	审计理论与实务	3	秋	是	必选
	BUSI:G2000023	审计史专题与案例	3	春	是	必选
	0611Z4006	商业伦理与审计职业道德	2	春	是	必选
选修课：14 学分	0611Z4007	资本市场审计与案例研讨	2	秋	是	非必选
	0611Z1206	内部审计理论与实务	2	春	是	非必选
	0611Z4008	内部控制与风险管理	2	秋	是	非必选
	0611Z4011	经济责任与绩效审计	2	春	是	非必选
	0611Z4014	法务会计与审计	2	秋	是	非必选
	0611Z4013	大数据审计	2	春	是	非必选
	0611Z1331	政府会计理论与实务	2	春	是	非必选
	0611Z4017	会计研究方法与计量经济学	2	春	是	非必选
	0611Z4010	财政理论与政策	2	秋	是	非必选
	0611Z4015	管理能力与谈判艺术	2	秋	是	非必选
	0611Z4016	商务英语与沟通	2	秋	是	非必选
	0611Z4012	信息技术工具与方法	2	秋	是	非必选
	BUSI:G1012552	国家审计理论与实务	2	秋	是	非必选
课程学习其他要求	（1）英文授课的国际学生必修汉语课程2学分和中国概况2学分，中文授课的国际学生必修汉语课程4学分和中国概况2学分。具体要求详见选课通知。 （2）港澳台研究生的政治课学分可以学校开设的国情类课程学分替代。					

六、其他培养环节及要求

◎ 其他培养环节及要求

培养环节	是否必修	学分	培养环节　要求	时间安排及考核方式
学术规范教育	必修	0	参加学校或学院组织的学术规范、学术道德和学术诚信教育，自主学习《高等学校科学技术学术规范指南》（理工医科）和《高校人文社会科学学术规范指南》（人文社科）。	时间安排：一年级秋季学期选课前。 考核方式：登录研究生系统，通过学术规范问卷测试。
开题报告	必修	0	开题报告经过导师审核后签字，中心组织论文开题报告答辩，每组不少于三位评委老师，对其开题报告进行讨论、打分，三分之二评委认为通过方为通过。没有进行学位论文开题报告，不得进行与学位论文有关的社会调研工作，不能申请学位论文答辩。学位论文题目确定后，原则上不得变更。	时间安排：二年级秋季学期结束前。 考核方式：中心组织论文开题报告答辩，每组不少于三位评委老师，对其开题报告进行讨论、打分，三分之二评委认为通过方为通过。
行业前沿讲座	必修	1	邀请企（行）业具有丰富实践经验的高级工程技术专家和高级管理专家等，开设企（行）业发展前沿讲座。学位论文答辩申请前，至少听满15场次由管理学院各系（中心）举办的学术前沿讲座。	时间安排：学位论文答辩申请前。 考核方式：中心设置签到，核定出勤次数。
专业实践	必修	6	在学期间必须保证不少于6个月的实习实践，可采用集中实践与分段实践相结合的方式。实践形式可以采用企事业单位和政府机关行业实践、课程实验、课题研究等多种形式。专业实践结束后，研究生须填写《专业学位研究生实习实践报告表》，通过后获得相应的6学分，以此作为授予学位的重要依据。	时间安排：学位论文答辩申请前。 考核方式：实践结束后，撰写不少于5000字的实践报告，经校内外导师签字确认后，取得学分。
科研成果要求	在学期间，每位硕士研究生至少应取得以下一项科研成果：（1）独立完成高水平的工作论文一篇（需要进行质量审核）；（2）独立完成高水平的案例调研报告（需要进行质量审核）；（3）参加全国案例大赛并进入复赛或决赛；（4）发表南大核心期刊（C刊）论文一篇；（5）发表北大核心期刊论文一篇；（6）发表《厦门大学核心期刊目录及相关规定》论文一篇；（7）发表《管理学院国际期刊目录》论文一篇；（8）一项等效的科研成果。			

续表

<table>
<tr><th>培养环节</th><th>是否必修</th><th>学分</th><th>培养环节　要求</th><th>时间安排及考核方式</th></tr>
<tr><td>论文工作</td><td colspan="4">学位论文应与审计实践紧密结合，体现研究生运用审计及相关学科理论、知识和方法，分析和解决审计工作实际问题的能力。学位论文可采用政策研究、调研报告、案例分析、实证研究等多种形式。鼓励学位论文选题与实习实践、案例开发内容相关。论文字数原则上不低于4.5万字。学位论文要达到我校研究生院所规定的硕士论文的水平。提交答辩的论文经公认检测系统或机构检测的内容复制比（重复率）应低于10%（不含10%）。</td></tr>
<tr><td>跨专业考生补修本学科主干课程</td><td colspan="4">本科非经济和管理类专业学生，由导师指定补修本科主干课程，包括中级财务会计、高级财务会计、管理会计、财务管理、审计学。</td></tr>
</table>

附录 14-1　会计学系学生的珍贵合影

◎1945 级商学院会计学系本科毕业合影

◎1951 级（1954 届）财经学院会计学系本科毕业合影

©1951级（1954届）财经学院会计学系本科毕业合影

©1964级（1968届）经济系财务会计学专业本科毕业合影

◎1965级会计学系财务会计专业乙班本科同学返校聚会合影（2001年5月）

注：男生后排左起：陈桂荣、康来、陆启真、赖棠荣、陈德祥、吴清花、马成贵、谢文灿、潘华山、杨明堂、蔡清淡、张开钟、连泉明、陈起康、柯英存、叶渊辉、黄章题（中排右一）；

老师中排左起：周妙群、林健武、陈守文、葛家澍、吴水澎、蔡淑娥、葛老助手；

女生前排左起：徐友娣、张舜斌、周秀华、李金娥、卢秀云、林华清、陈莉珍、林乖治、郑秀华。

◎1973级经济系财务会计专业甲班毕业合影

◎1973级（1976届）经济系财务会计学专业乙班毕业合影

◎1978级（1982届）经济学院会计与企业管理系会计学专业本科毕业合影

◎1979级经济学院会计与企业管理系财务会计专业本科毕业合影

◎1980级经济学院会计与企业管理系财务会计专业本科毕业合影

◎1981级经济学院会计学系会计专业本科毕业合影

◎1982级经济学院会计学系会计专业本科毕业合影

◎1983级经济学院会计学系会计学专业本科毕业合影

◎1984级经济学院会计学系会计学专业本科毕业合影

◎1984级会计学系博士学位论文答辩合影

◎1985级审计干部专修班合影

◎1986级会计学系会计学专业一班本科毕业合影

◎1986级会计学系会计学专业二班本科毕业合影

◎1987级会计学系会计一班本科毕业合影

◎1987级会计学系审计学专业本科毕业合影

◎1988级会计学系会计学专业一班本科毕业合影

◎1988级会计学系会计学专业二班本科毕业合影

◎1988级会计学系审计学专业班本科毕业合影

◎1989级会计学系国际会计专业本科毕业合影

◎1989级会计学系会计一班本科毕业合影

◎1989级会计学系审计学专业本科毕业合影

◎1991级会计学系博士学位论文答辩合影

◎1992级会计学系硕士研究生毕业合影

◎1993级会计学系国际会计专业本科毕业合影

◎1993级会计学系高等财会大专起点班本科毕业合影

◎1993级会计学系硕士研究生毕业合影

◎1994级会计学系会计一班本科毕业合影

◎1994级会计学系注会班本科毕业合影

◎1994级会计学系审计班本科毕业合影

◎1994级会计学系硕士研究生毕业合影

◎1995级会计学系会计一班本科毕业合影

◎1995级会计学系会计二班本科毕业合影

◎1995级会计学系注册会计师专门化班本科毕业合影

◎1995级会计学系审计班本科毕业合影

◎1995级会计学系硕士研究生毕业合影

◎1996级会计学系会计一班本科毕业合影

◎1996级会计学系会计四班（CPA方向）本科毕业合影

◎1997级会计学系会计一班本科毕业合影

◎1997级会计学系会计二班本科毕业合影

◎1997级会计学系会计三班本科毕业合影

◎1997级会计学系注册会计师专门化班本科毕业合影

©2002级会计学系会计一班本科毕业合影

©2002级会计学系会计二班本科毕业合影

©2002级会计学系会计三班本科毕业合影

©2002级会计学系会计四班本科毕业合影

◎2002级会计学系会计学硕士研究生（统招）毕业合影

◎2003级会计学系会计一班本科毕业合影

◎2003级会计学系会计二班本科毕业合影

◎2003级会计学系会计三班本科毕业合影

◎2003级会计学系会计四班本科毕业合影

◎2003级会计学系会计五班本科毕业合影

©2003级会计学系会计学硕士研究生（统招）毕业合影

©2003级会计学系会计学硕士研究生（省教育厅）毕业合影

©2004级会计学系会计一班本科毕业合影

©2004级会计学系会计二班本科毕业合影

◎2004级会计学系会计三班本科毕业合影

◎2004级会计学系会计四班本科毕业合影

◎2004级会计学系会计学硕士研究生（统招）毕业合影

◎2004级会计学系MPAcc（在职）毕业合影

◎2005级会计学系会计一班本科毕业合影

◎2005级会计学系会计二班本科毕业合影

©2005级会计学系会计三班本科毕业合影

©2005级会计学系会计四班本科毕业合影

◎2005级会计学系会计学硕士研究生（统招）毕业合影

◎2005级会计学系会计学硕士研究生（统招）毕业合影

©2005级会计学系MPAcc（在职）毕业合影

©2006级会计学系会计一班本科毕业合影

◎2006级会计学系会计二班本科毕业合影

◎2006级会计学系会计三班本科毕业合影

◎2006级会计学系会计四班本科毕业合影

◎2006级会计学系会计学硕士研究生毕业合影

◎2006级会计学系会计学硕士研究生毕业合影

◎2007级会计学系会计一班本科毕业合影

◎2007级会计学系会计二班本科毕业合影

◎2007级会计学系会计三班本科毕业合影

©2007级会计学系全年级本科毕业合影

©2007级会计学系会计学硕士研究生毕业合影

◎2007级会计学系MPAcc（在职）毕业合影

厦门大学管理学院会计系2012届本科毕业生合影 2012.6.26

◎2008级会计学系全年级本科毕业合影

©2008级会计学系MPAcc（在职）毕业合影

©2009级会计学系全年级本科毕业合影

◎2009级会计学系会计学硕士研究生毕业合影

◎2009级会计学系MPAcc（在职）毕业合影

◎2009级会计学系会计学博士研究生毕业合影

◎2010级会计学系会计一班本科毕业合影

◎2010级会计学系会计二班本科毕业合影

◎2010级会计学系会计三班本科毕业合影

◎2010级会计学系会计学硕士研究生毕业合影

◎2010级会计学系MPAcc（在职）毕业合影

◎2010级会计学系会计学博士研究生毕业合影

◎2011级会计学系全年级本科毕业合影

◎2011级会计学系会计学硕士研究生毕业合影

◎2011级会计学系MPAcc（在职）毕业合影

◎2011级管理学院博士研究生毕业合影

◎2012级会计学系会计一班本科毕业合影

©2012级会计学系会计二班本科毕业合影

©2012级会计学系会计三班本科毕业合影

◎2012级会计学系会计学硕士研究生毕业合影

◎2012级管理学院博士研究生毕业合影

◎2013级会计学系审计专业硕士研究生（全日制）毕业合影

◎2013级管理学院博士研究生毕业合影

©2014级会计学系会计一班（会计学方向）本科毕业合影

©2014级会计学系会计二班（注册会计师方向）本科毕业合影

©2014级会计学系会计三班（国际会计方向）本科毕业合影

◎2014级会计学系会计四班（CIMA方向）本科毕业合影

◎2014级会计学系会计学硕士研究生毕业合影

◎2014级管理学院博士研究生毕业合影

◎2015级会计学系会计一班（会计学方向）本科毕业合影

◎2015级会计学系会计二班（注册会计师方向）本科毕业合影

◎2015级会计学系会计三班（国际会计方向）本科毕业合影

◎2015级会计学系会计四班（CIMA方向）本科毕业合影

◎2015级会计学系会计学硕士研究生毕业合影

©2015级会计学系MPAcc（在职）毕业合影

©2015级管理学院博士研究生毕业合影

©2016级会计学系全年级本科毕业合影

◎2016级会计学系会计学硕士研究生毕业合影

◎2016级会计学系MPAcc（全日制）毕业合影

◎2016级管理学院博士研究生毕业合影

◎2017级会计学系全年级本科毕业合影

◎2017级会计学系会计学硕士研究生毕业合影

◎2017级会计学系MPAcc（全日制）毕业合影

◎2017级会计学系MPAcc（非全日制）毕业合影

◎2017级管理学院博士研究生毕业合影

◎2018级会计学系会计一班（会计学方向）本科毕业合影

厦门大学管理学院会计学系会计(2)班2022届本科生毕业合影

2022年6月6日

◎2018级会计学系会计二班（注册会计师方向）本科毕业合影

厦门大学管理学院会计学系会计(3)班2022级本科生毕业合影

2022年6月6日

◎2018级会计学系会计三班（国际会计方向）本科毕业合影

◎2018级会计学系会计四班（CIMA方向）本科毕业合影

◎2018级会计学系会计学硕士研究生毕业合影

©2018级会计学系MPAcc（全日制）毕业合影

©2018级会计学系MPAcc（非全日制）毕业合影

厦门大学管理学院会计财务2022届博士研究生毕业合影
2022年6月6日

©2018级会计学系会计财务方向博士研究生毕业合影

◎2019级会计学系会计一班（会计学方向）本科毕业合影

◎2019级会计学系会计二班（注册会计师方向）本科毕业合影

厦门大学管理学院会计学系会计系(3)班2023届本科生毕业合影
2023年5月31日

©2019级会计学系会计三班（国际会计方向）本科毕业合影

厦门大学管理学院会计学系会计系CIMA班2023届本科生毕业合影
2023年5月31日

©2019级会计学系会计四班（CIMA方向）本科毕业合影

◎2019级会计学系会计学硕士研究生毕业合影

◎2019级会计学系MPAcc（全日制）毕业合影

◎2019级会计学系审计学硕士研究生（全日制）毕业合影

◎2019级会计学系MPAcc（非全日制）毕业合影

◎2019级管理学院博士研究生毕业合影

◎2020级会计学系MPAcc（全日制）毕业合影

厦门大学管理学院会计学系2023届审计专业硕士研究生毕业合影
2023年5月31日

©2020级会计学系审计硕士研究生（全日制）毕业合影

厦门大学管理学院会计系2023届会计学硕士研究生毕业合影
2023年5月31日

©2020级会计学系硕士研究生毕业合影

◎2020级会计学系博士合影

◎2021级会计学系会计学硕士研究生合影

©2021级会计学系博士研究生合影

©2022级会计学系会计学硕士研究生合影

◎2022级会计学系博士研究生合影

第四篇

厦门大学会计学科其他组成部分

1924—2024

Centennial History of Accounting Discipline at Xiamen University

第十五章 厦门大学会计发展研究中心

第一节　背景及概况

厦门大学会计发展研究中心（简称“会计中心”）成立于2000年1月，是以厦门大学会计学系学会计研究所为基础，以厦门大学会计学系为母体，财政部会计司与厦门大学共建的厦门大学直属实体性研究机构，2000年12月经国家教育部批准为普通高等学校人文社会科学重点研究基地，是国家“985工程”二期创新基地——财务管理与会计项目的依托单位。中心成立以来，在引领学科建设与发展、基础理论建设、服务国家政策制定等方面，都发挥了重要作用。

中华人民共和国财政部

关于同意与厦门大学

共建会计发展研究中心的函

财会函字[2000]7号

厦门大学：

贵校社科[2000]1号文已收悉。

经研究，我司同意作为贵校会计发展研究中心的共建单位。

特此函复。

主题词：厦门　会计　管理　函

◎财政部同意与厦门大学共建会计中心的函

教育部人文社会科学重点研究基地
厦门大学会计发展研究中心
Center for Accounting Studies of Xiamen University

◎2000年1月16日教育部专家组考察

根据教育部《普通高等学校人文社会科学重点研究基地管理办法》，会计中心作为科研制度创新的重要基地，是聚集和培养优秀学术人才，围绕国家发展战略，针对学科前沿和社会经济发展中的重大理论与实践问题，组织高水平研究的新型科研，在产出创新成果、形成学术交流开放平台、带动高校哲学社会科学发展创新等方面发挥着重要作用。依托高校在巩固前期成绩的基础上，更加注重质量提升、内涵发展，加大支持重点研究基地建设的力度，使重点研究基地成为“211”“985”工程平台建设的核心和支撑，成为国家哲学社会科学创新体系的重要组成部分。中心多年来致力于科学研究、人才培养、学术交流、咨询培训和体制创新等任务的建设，获得了长足发展，为建设一流的国家重点研究基地奠定了坚实的基础。

◎　基地历任主任

姓名	任职时间	担任职务
曲晓辉	2000年12月—2015年12月	主任
叶建明	2016年1月—2019年12月	主任
刘　峰	2019年12月27日至今	主任

◎　2001—2003年专职研究人员

姓名	职称	备注
葛家澍	专职教授	厦门大学会计学系
余绪缨	专职教授	厦门大学会计学系
吴水澎	专职教授	厦门大学会计学系
曲晓辉	专职教授	厦门大学会计学系
陈少华	专职教授	厦门大学会计学系
傅元略	专职教授	厦门大学会计学系
刘　峰	专职教授	中山大学会计学系
黄世忠	专职教授	厦门大学会计学系
李建发	专职教授	厦门大学会计学系
刘震宇	专职教授	厦门大学管理科学系
林宝玉	专职教授	厦门大学会计学系
吴联生	专职教授	北京大学光华管理学院
苏新龙	专职研究员	厦门大学会计学系
唐予华	专职教授	厦门大学会计学系
游相华	专职教授	厦门大学会计学系
黄京菁	专职研究员	厦门大学会计学系

◎　2004—2006年专职研究人员

姓名	职称	备注
葛家澍	专职教授	厦门大学会计学系
余绪缨	专职教授	厦门大学会计学系
吴水澎	专职教授	厦门大学会计学系
曲晓辉	专职教授	厦门大学会计学系
陈少华	专职教授	厦门大学会计学系
杜兴强	专职教授	厦门大学会计学系
傅元略	专职教授	厦门大学会计学系
洪华生	专职教授	厦门大学海洋与环境学院
李建发	专职教授	厦门大学会计学系
刘震宇	专职教授	厦门大学管理科学系
肖　虹	副教授	厦门大学会计学系
肖　华	副教授	厦门大学会计学系
庄明来	专职教授	厦门大学会计学系

◎ 2007—2010年专职研究人员

姓名	职称	备注
陈少华	专职教授	厦门大学会计学系
杜兴强	专职教授	厦门大学会计学系
傅元略	专职教授	厦门大学会计学系
葛家澍	专职教授	厦门大学会计学系
李常青	专职教授	厦门大学财务系
李建发	专职教授	厦门大学会计学系
孙　谦	专职教授	厦门大学财务管理与会计研究院
曲晓辉	专职教授	厦门大学会计学系
吴水澎	专职教授	厦门大学会计学系
肖　虹	副教授	厦门大学会计学系
庄明来	专职教授	厦门大学会计学系
郭晓梅	专职教授	厦门大学会计学系
于李胜	专职教授	厦门大学会计学系

◎ 2011—2018年专职研究人员

姓名	职称	备注
曲晓辉	专职教授	厦门大学会计学系
陈少华	专职教授	厦门大学会计学系
傅元略	专职教授	厦门大学会计学系
李建发	专职教授	厦门大学会计学系
刘　峰	专职教授	厦门大学会计学系
杜兴强	专职教授	厦门大学会计学系
李常青	专职教授	厦门大学财务系
肖　虹	专职教授	厦门大学会计学系
张国清	专职教授	厦门大学会计学系
黄炳艺	专职教授	厦门大学会计学系
桑士俊	专职教授	厦门大学会计学系
张国华	专职教授	厦门大学财务会计与管理学院
于李胜	专职教授	厦门大学会计学系

◎ 2016年至今专职研究人员名单

姓名	合同开始时间	合同到期时间	聘任类型
蔡　宁	2016-01-01	2023-12-31	专职
杜兴强	2011-01-01	2026-12-31	专职
郭晓梅	2011-01-01	2026-12-31	专职
何　源	2022-01-01	2025-12-31	专职
李建发	2011-01-01	2026-12-31	专职
李胜难	2023-01-01	2026-12-31	专职
刘　峰	2011-01-01	2023-11-30	专职
刘馨茗	2018-04-01	2026-04-30	专职
刘媛媛	2017-11-01	2025-11-30	专职
罗进辉	2020-01-01	2023-12-31	专职
孟庆玺	2022-01-01	2025-12-31	专职
曲晓辉	2015-01-01	2026-12-31	专职
沈江华	2018-10-01	2026-10-31	专职
肖　虹	2011-01-01	2022-12-31	专职
熊　枫	2017-01-01	2024-12-31	专职
翟伟欢	2023-01-01	2026-12-31	专职
张国清	2011-01-01	2026-12-31	专职
曾　泉	2016-01-01	2023-12-31	专职
郑　祯	2016-09-01	2024-09-30	专职

第二节　历年大事记

厦门大学会计发展研究中心（简称“会计中心”）按照教育部《普通高等学校人文社会科学重点研究基地管理办法》等进行基地建设。成立至今，为全面落实五项建设标准，在科学研究、人才培养、学术交流和资料信息建设、咨询服务、深化科研体制改革等五个方面，高标准建设，发挥“思想库”“信息库”“人才库”的作用。

关于科学研究。在葛家澍教授和余绪缨教授的带领下，厦门大学会计学科一直专注于理论研究。因此，会计中心从成立之日起，就高度重视推进理论研究，在会计基础理论、会计准则与概念框架、管理会计、政府会计、会计与社会责任、会计国际化、独立审计等领域都有创新性研究成果，很多研究成果已经成为学术界的主流观点，也有相当多的学术观点被我国会计准则制订、管理会计实践等采纳。会计中心在引领我国会计理论发展、准则建设、实践改进等领域，发挥了“思想库”的作用。

关于人才培养。人才培养是教育部设立重点基地的目标之一。会计中心本着为社会育才的精神，多种举措齐头并举：通过创办《当代会计评论》，以刊物及年会作为开放平台，让年轻教师成长，让青年学子得到锻炼，让各方学者在此碰撞形成合作团队；吸纳不同学校学者作为兼职研究员；设立访问学者制度，公开招收访问学者和博士后。通过多种制度，不仅为厦门大学会计学科培养人才，也为整个会计界人才培养贡献一份力量。《当代会计评论》自创刊以来，支持和鼓励发表年轻学子（包括本科生、硕士研究生、博士研究生、副教授及以下的年轻学者）的论文。会计中心不仅发挥了“人才库”作用，还是一个人才“孵化站”。

关于学术交流和资料建设。通过教育部重点研究基地建设，将会计中心建设成一个多维、开放的平台，通过学术研讨会、工作坊、学术讲座、学术访问等多种形式，开展广泛的学术交流。资料库建设方面，中心一方面通过网站和智库建设，初步形成“会计文献库”；另一方面，葛家澍教授的家属将葛家澍教授的藏书精选4000册，加上葛教授教授部分学生捐书，成立“葛家澍教授和他的弟子书库”，开放给学生和访问教授参观。这一实体资料库还在不断完善中。

关于咨询服务。会计中心从成立之日起，就在发挥着服务社会的功能，包括：长期承担财政部会计准则咨询工作，为我国会计准则的制定、修订与完善提供了来自学者层面的意见；会计中心主任刘峰教授担任国际会计准则咨询委员会委员，为国际会计准则制定尤其是在国际会计准则制定中最大限度地体现中国声音，提供咨询意见；通过学者扎实、有效的研究，为政府部门撰写各类咨政报告，获得采纳的咨政报告多项；长期为管理会计实践提供咨询意见；受政府部门、企业的邀请，提供各项专题服务。

关于深化科研体制。会计中心是教育部深化教育体制改革的产物，发挥着“先行先试”的作用。中心自身采用灵活的管理体制，包括访问学者制度、外聘兼职制度、工作坊方式等，整合学术界、实务界的力量，并将所形成的初步结果总结、提炼，报告给主管部门，供主管部门选择、采纳。

多年来，基地加强开放性建设，积极发挥会计中心在本研究领域的引领和协调作用。通过多种方式的合作与交流，接待及派出学者进行国际访问和交流，进一步推进会计中心创建国际知名的高水平研究机构，促进国际和区域学术交流与合作，提升中国会计的国际影响力。

会计中心自2000年成立以来，主办和承办国际国内学术研讨会共65场，开展冠亚交叉学科工作坊共18讲。

2001年

2月21日，按照教育部《关于第三批人文社会科学重点研究基地制定“十五”科研规划的函》的精神，会计中心召开在厦专兼职研究人员会议，讨论中心“十五”科研规划，并向与会者征集了18项课题。会议向会计中心所有学术委员会委员、专兼职研究人员、会计系教师发出重大项目问卷调查表53份，回收27份。经征求学术委员会意见后，确定了会计中心“十五”科研规划和“公司董事会、监事会效率与内控机制研究”等8项中心拟于“十五”期间向全国（高校）招标的教育部重大项目。

3月14日，学术委员会确定将“公司董事会、监事会效率与内控机制研究”和“证券市场舞弊审计技术方法及规范研究”作为2001年度向全国（高校）招标的项目。

6月5—9日，会计中心主任曲晓辉教授出席教育部人文社会科学重点研究基地工作会议。

6月，会计中心名誉主任葛家澍教授受高等教育出版社委托，主持新世纪网络课程建设工程中的“会计学网络课程”项目研究。

6月22日，全球战略联盟圆桌会议（柏林）主委会（美国会计学会发起）接纳会计中心的情况介绍，并在全球战略联盟圆桌会议上发布，扩大了会计中心的国际影响。

10月18日，以会计中心葛家澍教授与黄世忠教授为负责人的厦门大学会计发展研究中心课题组（主要成员有吴水澎教授、曲晓辉教授、陈少华教授、桑士俊博士和一批年轻博士生）和英国ACCA课题组合作，与国家会计学院签订了由世界银行资助的“公司受托责任与对外报告”课程研究开发合同，标志着这一重大课题研究开发项目的正式启动。在此次面向全世界范围的招标中，中国只有厦门大学和北京大学竞标成功，其余几项皆被世界五大会计师事务所竞标夺得。此外，按照合同，在竞标夺得的课题研究开发项目中，会计中心课题组应获得资助总款（20万美元）中的2/3，约13.3万美元（折合人民币约110万元），这在全国文科中当属一项特大研究开发项目。

12月19日，应会计中心课题组邀请，世界第二大会计组织——英国ACCA的财务报告总监Richard Martin先生及ACCA驻北京代表处首席代表姚志君女士莅临厦门大学，与会计中心课题组就双方合作课题项目进行了富有建设性的协商与讨论，并达成了初步一致性的意见。同时，Martin先生还应邀就国际会计准则发展前沿问题为会计系全体研究生作了一场题为“Closing the GAAP : Convergence and Development in International Accounting Standards”的精彩报告。

2002年

根据《教育部关于公布高等学校重点学科点名单的通知》（教研函〔2002〕2号），厦门大学会计学科被评选为全国高等学校重点学科。2002年6月21日，学校召开学科建设工作会议，研究如何加强学科建设，构筑学校核心竞争力。开幕式上对会计学科进行了国家级重点学科授牌仪式。

9月，会计中心名誉主任葛家澍教授指导的杜兴强副教授的博士论文《契约·会计信息产权·博弈》获2002—2003年度福建省优秀博士论文一等奖。

9月21—22日，中国证监会首席会计师、清华大学和上海财经大学博士生导师、会计中心学术委员会委员张为国教授为会计系、会计中心师生作了“美国会计丑闻及其深远影响”和“中国证券市场财务与会计问题实证研究综述”两场专题讲座，并接受了厦门大学兼职教授的聘书。厦门大学副校长朱崇实主持了讲座。

9月23—30日，2002年度“杰出中国访问学人计划”及杰出学人成就表彰大会在香港理工大学校本部举行。会计中心名誉主任余绪缨教授应邀参加，同时受邀的杰出学人分别是数学家吴文俊院士、语言学家刑福义教授、地震学家陈颙院士、化学家程津培院士、管理学家刘源张院士、手外科专家顾玉东院士。9月24日，余绪缨教授向香港理工大学等香港高等院校师生以及当地企业界人士作了题为“立身与为学之道”的公开演讲。

为适应我国经济发展对会计工作的要求，提高现有会计人员的知识水平和业务能力，教育部和财政部联合组建了“会计硕士专业学位论证专家小组”进行会计硕士专业学位论证。会计中心主任曲晓辉教授被聘请为专家，并牵头国外会计硕士专业学位方面的论证报告的起草工作。专家小组第一次工作会议于2002年9月25日在北京召开。

10月，会计中心主任曲晓辉教授被聘为财政部会计准则委员会会计准则咨询专家。财政部会计准则委员会会计准则咨询专家的主要职责是为我国会计准则的建设工作提供理论支持，对会计准则草案发表意见，并对已发布的会计准则和会计制度的实施情况提供反馈意见。

11月2日，中国会计教授会2002年第二次常务理事会议在长沙举行。在本次常务理事会上，厦门大学吴水澎教授当选为名誉会长，会计中心主任曲晓辉教授当选为常务理事。

经中国会计学会第六届常务会研究讨论，决定成立中国会计理论与方法体系专业委员会、会计基础理论与会计准则专业委员会等十个专业委员会。会计中心学术委员会主席冯淑萍部长助理被聘为中国会计理论与方法体系专业委员会主任，中心名誉主任葛家澍教授被聘为会计基础理论与会计准则专业委员会主任，中心主任曲晓辉教授被聘为中国会计理论与方法体系专业委员会第一副主任，中心专职教授黄世忠教授被聘为会计基础理论与会计准则专业委员会第一副主任，中心学术委员会委员郭道扬教授被聘为会计史专业委员会主任，中心兼职教授魏明海教授被聘为会计新领域专业委员会第一副主任，中心兼职教授王光远教授被聘为审计专业委员会第一副主任，中心兼职教授李若山被聘为审计专业委员会副主任。同时，葛家澍教授、冯淑萍部长助理被聘为《会计研究》编委会副主任委员；曲晓辉教授、黄世忠教授、李若山教授、魏明海教授、刘峰教授还被聘为中国会计学会学术委员。

第三届中国高校人文社会科学研究优秀成果奖评审结果公布，会计中心名誉主任葛家澍教授的专著《会计基本理论与会计准则问题研究》（中国财政经济出版社2000年2月出版）获经济学一等奖；中心兼职教授魏明海教授等的专著《盈利管理研究》（中国财政经济出版社2000年1月出版）获经济学二等奖；中心兼职教授李若山教授的论文《我国会计问题的若干法律思考》（《会计研究》1999年6期发表）获管理学三等奖。

2003年

会计中心主任曲晓辉教授自2003年3月16日至28日期间，被香港城市大学聘请为客座研究员，对该校会计学系进行了学术访问。其间，曲晓辉教授作了题为“中国会计国际化策略探析”的公开学术演讲，同时，还为该系的博士研究生举行了两场专题咨询，还与香港其他大学同行进行了沟通，并应香港浸会大学会计学系的邀请到该校进行学术演讲。

根据《关于委托“中国高校人文社科信息网”承办重点研究基地电子期刊的通知》(教社政函〔2003〕14号)，会计中心承办由教育部社政司委托中国高校人文社科信息网推出的电子期刊，刊名为《当代会计评论》(*Contemporary Accounting Review*)，总编由会计中心主任担任。中国高校人文社科信息网电子期刊为人文社会科学纯学术期刊，《当代会计评论》创刊的目的是繁荣发展会计理论研究，为学术精品提供发表园地。期刊采用网上投稿方式和匿名评审制度，在中国高校人文社科信息网发布，文章授权中国高校人文社科信息网将其纳入数据库，向读者提供动态信息服务。

11月，福建省第五届社会科学优秀成果评奖结果正式公示，会计中心研究人员共获二等奖3名、三等奖5名、佳作奖2名。葛家澍教授、杜兴强副教授合作的《人力资源会计及人力资源信息披露的彩色模式(上、下)》、黄世忠教授等的《市场、政府与会计监管》、杜兴强副教授的《会计信息的产权问题研究》获二等奖；曲晓辉教授的《现代中国财务会计》、吴水澎教授的《中国会计理论研究》、李建发教授的《论改进我国政府会计与财务报告》、肖华教授与李建发教授合作的《论改进我国企业的环境信息报告》、陈汉文教授的《证券市场与会计监管》获三等奖；陈向民教授与陈汉文教授合作的《证券价格的事件性反映》、杜兴强副教授的《会计信息披露：充分含量、相关及产权问题》获佳作奖。

12月，会计中心研究人员5项会计重点学科研究课题获财政部批准立项。分别是：葛家澍教授、曲晓辉教授合作的“会计基本假设”；葛家澍教授、黄世忠教授合作的“会计要素及其确认与计量”；曲晓辉教授主持的“会计人员能力框架问题研究”；陈少华教授主持的“我国上市公司会计信息披露制度科学性的若干问题研究”；杜兴强副教授主持的“公司治理生态及会计信息质量：基于证券市场的案例分析及实证研究”。

12月，会计中心陈少华教授的“会计学原理”、陈汉文教授的“审计学”课程获2003年度厦门大学精品课程建设项目。按照学校文件要求，将课程教学大纲、教案、习题、实验指导、参考文献、教学录像等内容上网，充分发挥校级精品课程的辐射作用，使更多的学生能够共享优秀资源。

2004年

经国务院学位委员会批准，我国开始设立会计硕士专业学位（MPAcc）。为提高我国会计硕士专业学位教育水平，保证会计硕士专业学位教育工作的健康、顺利发展，国务院学位委员会、教育部决定成立全国会计硕士学位教育指导委员会。该委员会是在国务院学位委员会、教育部指导下的全国会计硕士专业学位教育的专业性组织。会计中心主任曲晓辉教授被聘为全国会计硕士专业学位指导委员会委员，并于2004年3月18日在北京参加全国会计硕士专业学位教育指导委员会成立大会暨第一次会议。

5月11日，教育部组织专家对会计中心进行三年一度的实地考察评估。在评估会上，会计中心主任曲晓辉对基地建设三年来的工作情况作了总结汇报。

◎教育部文科重点研究基地评估专家莅临会计中心评估指导合影

9月25日，中国会计学会教育分会（原中国会计教授会，2004年7月更名并转为中国会计学会的分会）2004年常务理事会在江西南昌举行。在本次常务理事会上，会计中心主任曲晓辉教授当选为2004—2005年候任会长。

11月26日，教育部公布第二批通过合格评估的普通高等学校人文社会科学重点研究基地，会计中心评估获得优秀成绩。

2005年

3月28日，教育部在北京举行2004年度长江学者特聘教授、讲座教授受聘仪式和部分长江学者座谈会，国务委员陈至立出席受聘仪式，并与部分长江学者座谈。“长江学者奖励计划”于1998年启动，2004年度共有111位特聘教授和79位讲座教授受聘。会计中心兼职教授徐林倩丽博士作为2004年度厦门大学长江学者代表参加了受聘仪式并应邀出席了长江学者座谈会。

5月30日，会计中心杜兴强教授和陈汉文教授入选2004年度“新世纪优秀人才支持计划”。

7月1日，会计中心主任曲晓辉教授指导的博士学位论文《上市公司财务报告法律责任之研究》获福建省优秀博士学位论文一等奖；中心名誉主任葛家澍教授指导的博士学位论文《因特网财务报告若干问题研究》获福建省优秀博士学位论文二等奖。

7月16日，中国会计学会教育分会2005年第一次常务理事会在北京举行。在本次常务理事会上，会计中心主任曲晓辉教授按照惯例由2004—2005年候任会长转任2005—2006年会长。

7月13日，由厦门大学会计发展研究中心、厦门大学会计学系、内蒙古财经学院财务会计研究中心、内蒙古财经学院会计学与财务管理系在内蒙古呼和浩特市联合主办了会计学研究生教育国际圆桌会议。

9月30日，财政部全国杰出会计工作者评选表彰小组向社会公示了经推荐、评审产生的50名正式候选人名单，会计中心李建发教授入选杰出会计工作者正式候选人。

2006年

5月8日，“亚太环境责任研究中心厦门大学分部”正式设立。亚太环境责任研究中心（Asian Pacific Centre for Environmental Accountability，APCEA）是一个由众多致力于环境责任及环境会计理论与实务研究的大学组成的国际学术机构，于1996年成立于澳大利亚国立大学。亚太环境责任研究中心厦门大学分部的设立将提高我校在该领域的研究水平和国际影响，促进国际学术交流与合作，确立我校在国际环境会计领域的地位。

11月5日，会计中心名誉主任葛家澍教授和专职研究人员杜兴强教授的专著《财务会计概念框架与会计准则问题研究》（中国财政经济出版社2003年12月出版）获第四届中国高校人文社会科学研究优秀成果奖一等奖。该书紧密围绕财务会计概念框架及会计准则这样两个相互联系的问题进行系统探讨，系统介绍国外在制定财务会计概念框架方面的成功经验及教训，在批判性吸收和综评的基础上，立足于我国加入WTO后的具体环境特点，研究我国制定财务会计概念框架和会计准则的具体问题。

2007年

1月25日，财政部会计司致函教育部表彰厦门大学会计发展研究中心政策咨询成就。财政部会计司认为，厦门大学会计发展研究中心根据教育部《普通高等学校人文社会科学重点研究基地管理办法》规定的五项建设目标全面开展工作并取得了显著成果，尤其在政策咨询等方面，为我国会计事业的发展做出了积极贡献。

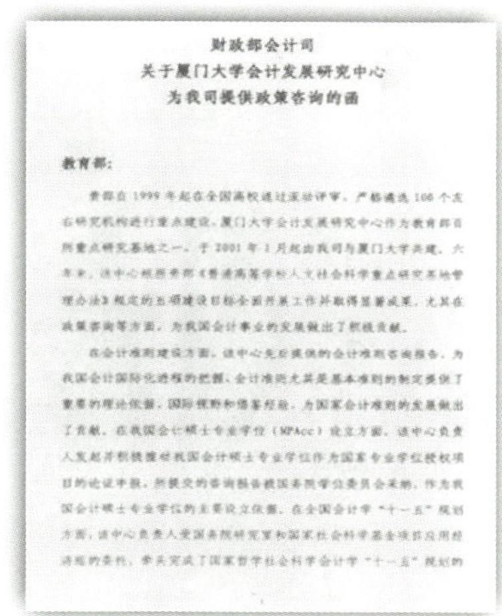

财政部会计司
关于厦门大学会计发展研究中心
为我司提供政策咨询的函

教育部：

贵部自1999年起在全国高校通过滚动评审，严格遴选100个左右研究机构进行重点建设，厦门大学会计发展研究中心作为教育部首批重点研究基地之一，于2001年1月起由我司与厦门大学共建。六年来，该中心根据贵部《普通高等学校人文社会科学重点研究基地管理办法》规定的五项建设目标全面开展工作并取得显著成果，尤其在政策咨询等方面，为我国会计事业的发展做出了积极贡献。

在会计准则建设方面，该中心先后提供的会计准则咨询报告，为我国会计国际化进程的把握、会计准则尤其是基本准则的制定提供了重要的理论依据、国际视野和借鉴经验，为国家会计准则的发展做出了贡献。在我国会计硕士专业学位（MPAcc）设立方面，该中心负责人发起并积极推动我国会计硕士专业学位作为国家专业学位授权项目的论证申报，所提交的咨询报告被国务院学位委员会采纳，作为我国会计硕士专业学位的主要设立依据。在全国会计学"十一五"规划方面，该中心负责人受国务院研究室和国家社会科学基金[illegible]的委托，参与完成了国家哲学社会科学会计学"十一五"规划的

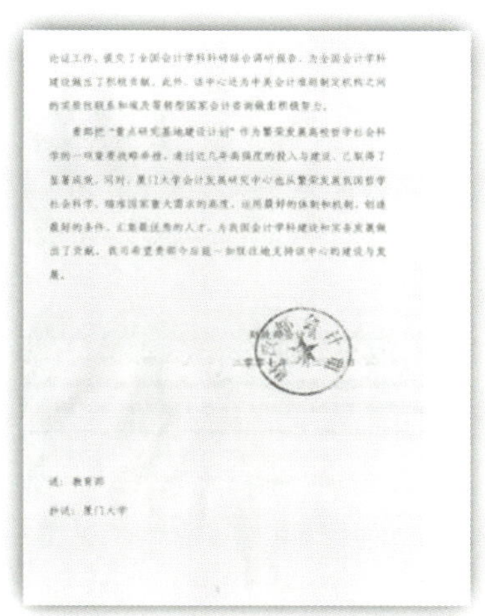

论证工作，撰写了全国会计学科科研综合调研报告，为全国会计学科建设做出了积极贡献。此外，该中心还为中美会计准则制定机构之间的实质性联系[illegible]国家会计咨询做出积极努力。

贵部把"重点研究基地建设计划"作为繁荣发展高校哲学社会科学的一项重要战略举措，通过近几年高强度的投入与建设，已取得了显著成效。同时，厦门大学会计发展研究中心也从繁荣发展我国哲学社会科学、瞄准国家重大需求的高度，运用最好的体制和机制，创造最好的条件，汇聚最优秀的人才，为我国会计学科建设和实务发展做出了贡献。我司希望贵部今后进一步加强地支持该中心的建设与发展。

送：教育部

抄送：厦门大学

◎财政部会计司函

2月27日，由日本国际会计教育研究所（Japan Institute of International Accounting Education）承办的"会计教育认证国际标准论证国际圆桌会议"在日本京都举行，会计中心主任曲晓辉教授作为唯一的中国会计教育专家应邀出席本次会议。国际著名会计学家、原美国财务会计准则委员会理事会成员、美国华盛顿大学名誉教授格哈德·缪勒（Gerhard Mueller），现任主席、日本会计学院认证组织主席候选人、早稻田大学名誉教授藤田幸男（Yukio Fujita），日本东北大学副校长高田敏文（Toshifumi Takada）教授，韩国注册会计师协会副主席、韩国延世大学In-Ki Joo教授、韩国会计学会前任会长、韩国国立全南大学Soon Suk Yoon教授等专家学者出席了本次会议。会议选举产生6位常务理事，会计中心主任曲晓辉教授当选。会议决定分别在东京、首尔和厦门设立办公室。曲晓辉教授本次出访促进了国际交流，提升了我校以及会计学科的国际学术影响，为我国参与会计教育国际事务以及标准的制定奠定了基础并做出了积极贡献。

4月20日，为贯彻落实《中共中央关于进一步繁荣发展哲学社会科学的意见》精神，

适应高校哲学社会科学研究事业发展的需要，进一步发挥教育部社会科学委员会的咨询指导作用，根据《教育部社科委章程（草案）》规定，经严格推荐和评审，会计中心主任曲晓辉教授增补为教育部社会科学委员会委员。

6月，会计中心李建发教授担任中国会计学会常务理事、中国会计学会副会长，至2023年4月。

6月，会计中心李建发教授担任中国教育会计学会副会长，至2023年4月。

9月，教育部下发了《关于公布国家重点学科名单的通知》，厦门大学会计学科以国内同行一致认可的优异成绩通过考核评估。会计中心作为本次评估的重要支持力量，为本次会计学科评估优秀做出了重要贡献。

12月24日，“中国校友会网大学评价课题组”发布《2007中国杰出社会科学家研究报告》，公布了“2007（首届）中国杰出社会科学家”入选名单共505名，会计中心名誉主任葛家澍教授和中心主任曲晓辉教授入选。

10月，教育部副部长李卫红率思政司、社科司、人事司负责人莅临厦门大学考察指导工作，31日上午听取厦门大学社科处和各有关文科重点基地的汇报，会计中心主任曲晓辉教授出席本次会议并作汇报。

2008年

2月，会计中心主任曲晓辉教授担任中国会计学会会计基础理论专业委员会主任委员。

2月，会计中心庄明来教授担任中国会计学会会计信息化专业委员会副主任委员。

2月，会计中心李建发教授担任中国会计学会政府及非营利组织会计专业委员会主任委员。

2009年

11月，傅元略教授的《财务管理理论》一书获福建省第八届社科优秀成果一等奖。

1月2日，会计助教进修班毕业25周年同学会在嘉二502举行。

2010年

9月，厦门大学会计发展研究中心、厦门大学管理学院以及教育部社科委管理学学部秘书处联合承办的“教育部社会科学委员会管理学学部2010年度工作会议暨战略规划研究启动会”在厦门大学举行。

7月，会计中心陈汉文教授与王艳艳副教授合作的学术论文“Association Between Borrower and Lender State Ownership and Accounting Conservatism”刊登在会计研究领域国际顶级学刊*Journal of Accounting Research*（《会计研究学刊》）上。

9月，中心主任曲晓辉教授与张国华教授合作的学术论文“Measuring the Convergence of National Accounting Standards with International Financial Reporting Standards: The Application of Fuzzy Clustering Analysis”刊登在国际会计领域知名度最高的期刊*International Journal of Accounting*（《会计国际学刊》）上。

2011年

2011年，傅元略教授与曲晓辉教授当选亚太管理会计学会指导委员会委员。

3月，陈汉文教授与合作者合作的论文“Effects of Audit Quality on Earnings Management and Cost of Equity Capital: Evidence from China”刊登在国际“五大”顶尖会计学术期刊之一的*Contemporary Accounting Research*（《当代会计学刊》）上。

8月，杜兴强教授与其合作者合作的学术论文“Buy，Lie，or Die”刊登在国际重要期刊*Journal of Business Ethics*（《商业道德杂志》）上。

11月4日，刘峰教授担任中国会计学会国际学术交流委员会副主任委员。

12月10日，教育部社会科学委员会管理学学部2011年度工作会议在清华大学召开，管理学学部多位委员、战略规划研究课题组主要成员及教育部社科司相关负责人等出席会议。会计中心主任曲晓辉教授出席了会议。

12月16日，中文社会科学引文索引（以下简称CSSCI）指导委员会第九次会议在南京召开。应教育部社会科学委员会管理学学部推荐，会计中心曲晓辉教授受聘为CSSCI指导委员会委员并出席本次会议。

2012年

2012年，傅元略教授担任亚太管理会计学会副会长。

12月，杜兴强教授的学术论文“Does Religion Matter to Owner-manager Agency Costs: Evidence from China”刊登在国际重要期刊*Journal of Business Ethics*（《商业道德杂志》）上。

2013年

12月20日，由厦门大学会计发展研究中心主办，厦门大学管理学院会计系、厦门大学财务管理与会计研究院协办的《当代会计评论》（*Contemporary Accounting Review*）被遴选为CSSCI收录集刊（2014—2015）。

12月13日，首批会计名家培养工程入围名单公示（共10人），会计中心李建发教授入围。

2014年

4月9日，“IMA美国管理会计师协会中国教育指导委员会成立大会暨首届中国管理会计教育研讨会”在对外经济贸易大学召开，会计中心副主任傅元略教授出席了本次会议并做主题发言。

7月26—27日，由中国会计学会主办，北京国家会计学院承办的“中国会计学会2014年学术年会”在北京国家会计学院隆重举行，会计中心副主任傅元略教授在会上做主题报告。

8月8日，根据《关于开展2014年“会计名家培养工程”候选人推荐工作的通知》（财会便〔2014〕7号），名家培养候选人的推荐工作由具有会计学（含财务会计、财务管理、管理会计、审计等）博士授予权的高校及科研单位组织。经过资料审核、专家通讯评审及专家会议评审等环节，会计中心刘峰教授入围2014年度会计名家培养工程。

9月6日，教育部社科委管理学学部2014年度工作会议在清华园举行，会计中心主任曲晓辉受邀参加。

2015年

2月28—3月1日，由日本东北大学会计学院和日本千叶商科大学会计与财务研究生院联合主办的“会计政策国际研究生院启动研讨会暨千叶商科大学会计与财务研究生院10年庆典”在日本东京举行，会计中心主任曲晓辉教授作为日本千叶商科大学会计与财务研究生院顾问委员会委员出席了委员会会议，并就学科建设和培养方案提供咨询意见，同时在大会专题介绍了厦门大学及厦门大学会计学科。本次出访促进了国际和区域学术交流，提升了厦门大学以及厦门大学会计学科的国际学术影响。

7月27日，财政部会计司巡视员应唯、制度一处副处长杨海峰，毕马威北京合伙人胡建军、项目经理朱奕，中央财经大学肖鹏教授、王小荣副教授等一行莅临厦门大学会计会计中心参加课题“政府会计准则的实施机制研究”中期检查工作会。厦门大学党委副书记、副校长李建发教授，会计中心张国清副教授等参加会议。

9月，为认真贯彻落实《财政部关于全面推进管理会计体系建设的指导意见》，推进管理会计推广应用，推动会计工作转型升级，更好地推动福建跨越式发展，会计中心副主任傅元略教授和专职研究人员郭晓梅教授受聘为福建省首届管理会计咨询专家，任期三年。

12月1日，会计中心曲晓辉教授和杜兴强教授各荣获教育部第七届高等学校科学研究优秀成果奖（人文社会科学）三等奖。

2016年

3月7日，会计中心杜兴强教授和于李胜教授分别荣获福建省第十一届社会科学优秀成果奖三等奖和青年佳作奖。

7月20日，由会计中心主办的“管理会计应用指引——战略地图与战略管控论证座谈会”在厦门大学隆重召开。来自财政部、清华大学、厦门大学、厦门国家会计学院的专家学者以及实务界的企业家针对“管理会计应用指引——战略地图与战略管控”这一主题进行了充分的讨论。本次论证座谈会为财政部管理会计应用指引提供了诸多有效建议。

7月22日，为进一步加强高校人文社会科学重点研究基地建设，会计中心向教育部提交重点研究基地“十三五”发展规划、“十三五”重大项目总体规划论证以及重大项目申请书。

8月，为进一步完善并有效实施我国企业会计准则体系，经公开选聘，会计中心叶建明教授、刘峰教授、陈少华教授、于李胜教授共4人受聘为财政部第一届企业会计准则咨询委员会咨询委员，任期两年。

8月，为了充分发挥专业人士在政府会计准则体系建设和实施中的技术支持作用，经公开选聘，会计中心张国清教授受聘为财政部政府会计准则委员会第一届咨询专家，任期两年。

10月5日，加拿大西门菲莎大学Johnny Jermias教授受厦门大学会计发展研究中心副主任傅元略教授和陈亚盛教授邀请，莅临厦门大学进行为期一周的学术访问。Johnny Jermias教授在国际顶尖期刊发表了数篇管理会计和绩效评价领域的学术论文，在学术界具有一定影响力。在本次访问期间，Johnny Jermias教授为会计中心师生作了题为“The Effects of CSR Reporting Frameworks and Financial Conditions on Managers’ Willingness to Invest in CSR”的学术报告，同时，与厦门大学会计、财务方向的师生进行多层次学术交流与合作，这次合作研究计划是与厦门大学会计发展研究中心的陈亚盛和傅元略教授开展管理会计有关议题研究，力争将其合作成果发表到国际SSCI学术期刊。

2017年

2017年，金砖会议在厦门召开，会计中心发挥得天独厚的地理区位优势，努力推动“一带一路”建设，引领海上丝绸之路共建国家与地区间的教育交流与合作。会计中心帮助澳大利亚西悉尼大学交流团来我校交流与访问，主要了解中国的历史、文化、科技、商业等。此交流项目的顺利开展，有助于促进两校合作与教育的友好交流。该项目为澳大利亚政府支持的项目。2017—2019年悉尼大学来访3次，累计68人次，共40天。

9月30日—11月1日，应日本东北大学经济与管理研究生院的邀请，会计中心曲晓辉教授作为厦门大学教授，受聘为日本东北大学教授，在日本东北大学东京校区会计政策国际研究生院（International Greduate School of Accounting Policy）进行了为期一个月的讲学，为该院研究生讲授“亚洲（中国）会计”课程［Accounting in Asia（China）］，并作为论坛发言人出席了会计发展与社会责任学术研讨会。曲教授的授课受到一致好评。有两位教授全程旁听了授课，并多次在课后就中国会计及相关学术研究与曲教授进行深入研讨。曲教授此次出访，进一步扩大了中国会计的国际影响，促进了两校之间的科研合作和学术交流，提升了厦门大学会计学科的国际影响力。

11月，由厦门大学管理学院和财务管理与会计研究院牵头，联合清华大学、中山大学、对外经济贸易大学和中国人民大学共五大高校共同申请的国家自然科学基金重大项目“基于中国情景的会计审计与公司财务关键科学问题研究”获得国家自然科学基金立项批复，资助金额约1600万元。课题负责人分别是厦门大学会计学系杜兴强教授、对外经济贸易大学副校长张新民教授、清华大学国家金融研究院副院长张晓燕教授、中山大学管理学院副院长郑国坚教授。项目团队由五大高校共计48位研究人员构成。作为国家自然科学基金最高级别的项目，重大项目的设立、论证和遴选过程十分严格，全国高校之间竞争激烈，立项项目和研究团队需要得到本领域权威专家和学部其他学科专家的一致认可。“基于中国情景的会计审计与公司财务关键科学问题研究”项目是我国财务与会计学科迄今为止立项的第一个国家自然科学基金重大项目，厦门大学会计学系杜兴强教授主持题为“制度变革、非正式制度因素与会计审计行为”的子项目，刘峰教授作为首位课题组成员参与该项目。

7月1日，澳门科技大学校长签署聘书，聘请厦门大学会计发展研究中心曲晓辉教授为澳门科技大学商学院荣誉教授，成为该校仅聘的四位荣誉教授之一。曲晓辉受聘为澳门科技大学荣誉教授，表明澳门科技大学对厦门大学会计发展研究中心的高度信赖与支持，有利于双方长期的学术交流与合作。

9月，会计中心与高顿财经集团签署合作协议，双方将在学科建设、人才培养、学术交流等方面进行深层的、全面的合作。高顿教育集团成立于2006年，是中国最大的财经教育品牌，也是全球唯一一家致力于为院校、企业和个人提供全方位财会、金融发展解决方案的专业机构。

12月1日，受合创世纪资产管理有限公司委托，由会计中心副主任傅元略教授主持的“AI‘大脑’与DSS智能化研究”重大攻关交叉学科研究项目获得立项。该项目将持续3年的研究，将推动人工智能在企业管理和会计中的应用，与大数据应用相融合，引领中国管理决策人智能理论和管理会计人工智能理论的研究，力争形成国际影响力。

2018年

5月5日，由美国管理会计师协会（IMA）、中国管理会计教育专家委员会和西安交通大学管理学院共同举办的“2018 IMA管理会计教育高峰论坛”在西安隆重召开。论坛以“大智移云背景下的管理会计教育实践”为主题，来自全国各地会计理论界、实务界、教育界的360多位专家、学者与企业家代表汇聚一堂，共商大智移云时代管理会计教育创新与发展话题。会计中心副主任傅元略教授在前沿专题环节中作题为“人工智能推动管理会计教育变革”的精彩演讲。会议期间还举行了IMA高等教育认证项目授牌仪式，傅元略教授代表厦门大学领取IMA牌匾。

5月25—26日，由财政部指导、中国财经出版传媒集团和浙江省绍兴市人民政府主办的“首届世界会计论坛暨第十三届中国CFO大会”在浙江绍兴柯桥举行。此次论坛的主题是“智能升级　财领全球”。来自全球30个国家、200家跨国企业的会计领军人物共聚一堂，分享世界财会行业领先成果。会计中心曲晓辉教授应邀出席会议并主持25日上午主论坛的圆桌对话“基于财务云的企业战略转型”，并与来自中国兵器工业集团、中国航天建设集团、浪潮集团、中国国旅、中兴新云、中国神华能源的特邀嘉宾就信息技术发展背景下财务云在企业战略转型中的应用和会计发展的新问题和新机遇进行深入的探讨。

6月4日，财政部会计司发布《世界银行贷款“现代财政制度与国家治理”技援项目“我国企业会计准则体系全面修订完善研究”课题合同信息公示》，厦门大学会计发展研究中心和安永华明会计师事务所（特殊普通合伙）以及厦门国家会计学院组成的联合体为此项课题的咨询服务机构。会计中心将主要负责课题第二项的咨询服务，即借鉴国际经验，跟踪研究并翻译国际财务报告准则概念框架，研究提出国际概念框架修订对我国的影响和在我国的适用性，并对我国会计基本准则的修订提出政策建议，同时将协助其他子课题的咨询服务。

6月8日，《当代会计评论》创刊主编曲晓辉教授、前任执行主编傅元略教授、主编刘峰教授和编辑部杨颖瑜前往北京科学出版社，与《当代会计评论》出版发行单位科学出版社总经理陈亮和编辑李莉等进行座谈，共同商讨《当代会计评论》改版以及未来发展。

◎《当代会计评论》2018年度编委会第二次工作会议代表合影

8月10日，“《当代会计评论》2018年度编委会第二次工作会议”在重庆大学经管学院会议室召开，主编刘峰教授，执行主编杜兴强、李增泉、辛清泉、龙小宁，科学出版社李莉编辑和《当代会计评论》编辑部杨颖瑜等参加了本次会议。会议讨论确定了《当代会计评论》的改版事宜，并确定2018年后期工作目标和工作重点。

10月29日，财政部“会计名家培养工程成果报告会”在暨南大学校友楼隆重举行。此次报告会由中国会计学会主办，中国会计学会田志心副秘书长致辞，2014年财政部会计名家培养工程入选者厦门大学刘峰教授、暨南大学宋献中教授、湖南大学伍中信教授分别作了成果报告，厦门大学曲晓辉教授、南京大学杨雄胜教授、北京大学王立彦教授作为评委对三位会计名家培养对象的报告进行了点评，广州大学魏明海教授和广东财经大学王华教授也作了大会互动发言。会计中心刘峰教授以“从零开始”为题进行成果汇报。

2019年

3月21日晚，“《当代会计评论》2019年度编委会第一次工作会议”在扬州召开，主要就刊物2019年度进展和后续的工作安排进行深度的讨论。主编刘峰，执行主编李增泉、辛清泉、龙小宁、杜兴强、夏立军和陈志斌教授，编辑部杨颖瑜老师参加了此次工作会议。

4月19日，“企业会计准则体系全面修订完善研究”课题的结题评审会在北京国家会计学院诚信楼顺利召开。本次结题评审会由财政部会计司巡视员应唯主持，中国信用出口保险集团董事狄憕、中国证监会会计部副主任焦晓宁、新华人寿保险股份有限公司副总裁杨征和中国人民大学教授戴德明作为评审专家参加了本次评审会。安永华明会计师事务所（特殊普通合伙）大中华区审计服务主管合伙人王鹏程、厦门国家会计学院院长黄世忠和厦门大学会计发展研究中心教授刘峰及课题组其他主要成员参加了本次评审会。

9月20日，教育部人文社会科学重点研究基地管理会议在武汉大学举行，部分省市教育工作主管部门同志、部分高校分管社科部门同志和部分高校人文社科重点研究基地主任参加了会议。会计中心主任刘峰教授参加了会议。

12月11日，国际财务报告准则基金会受托人宣布了国际财务报告准则咨询委员会（IFRS咨询委员会）的新任命和重新任命。会计中心刘峰教授被任命为下一届委员会委员，任期自2020年1月1日开始。国际财务报告准则咨询委员会是国际会计准则理事会（IASB）和国际财务报告准则基金会受托人的正式咨询机构，其成员由国际财务报告准则基金会受托人任命。经财政部提名推荐，刘峰教授作为厦门大学代表，参与准则制订的咨询活动。财政部会计司高一斌司长也是该委员会委员。

12月27日，根据中共厦门大学委员会文件（厦大委组〔2019〕179号）的公告，聘任刘峰教授为厦门大学会计发展研究中心主任。

2020年

3月31日，中国人民大学人文社会科学学术成果评价研究中心与中国人民大学书报资料中心联合研制的《复印报刊资料重要转载来源作者（2019版）》正式发布。刘峰教授、杜兴强教授入选工商管理学科重要转载来源作者名录。本次作者名录中，入选工商管理的重要作者共51人。《复印报刊资料重要转载来源作者（2019版）》为第二次发布（首次发布为2016年），名单筛选主要依据复印报刊资料2016—2018年三个年度的转载数据和同行专家评议结果，从转载的角度反映了这三年间中国人文社会科学领域较为突出、活跃的学者群体 。

12月3日，全国哲学社会科学工作办公室公布了2020年国家社会科学基金重大项目立项名单，杜兴强教授与李建发教授作为首席专家申报的课题双双获得立项，分别是杜兴强教授的"'一带一路'沿线国中国企业审计治理研究"（编号：20&ZD111）、李建发教授的"绩效管理导向下的中国政府成本体系研究"（编号：20&ZD115）。这是厦门大学会计学科乃至工商管理一级学科首次获得国家社科基金重大项目立项。

11月26日下午，教育部人文社会科学重点研究基地厦门大学会计发展研究中心设立境外伙伴基地"澳门会计研究中心"并正式揭牌。揭牌仪式在澳门科技大学礼堂举行，澳门高等教育局代局长曾冠雄，葡萄牙驻澳门总领事Paulo Cunha Alves，澳门科技大学校长刘良和副校长唐嘉乐、姜志宏、林志军、邝应华、苏育洲等200余人出席了揭牌仪式。会计中心学术委员会主任、原中心主任曲晓辉教授应邀参加揭牌仪式。

11月30日，会计中心主任刘峰教授访问澳门科技大学。在访问澳门科技大学期间，刘峰教授还与澳门科技大学商学院联合开展一系列学术交流活动，并共商"澳门会计研究中心"工作规划，加强双方的合作发展。

2021年

3月22日，"厦大家澍　百年辉映"葛家澍先生百年诞辰纪念活动在厦门大学举行。在纪念大会举行之前，首先进行的是葛家澍教授与余绪缨教授铜像落成仪式。邱伟杰副校长致辞，向出席本次活动的各位领导、各位嘉宾表示热烈欢迎。与会嘉宾有来自全国各个高校的专家学者，厦门大学校友，会计系系友，葛家澍教授和余绪缨教授的学生、家属、会计系师生。厦门大学校领导、葛家澍教授家属和余绪缨教授家属及学生代表共同为葛家澍教授、余绪缨教授铜像揭幕。纪念活动开幕式由刘峰教授主持，厦门大学校领导、中国会计学会领导、葛先生家乡江苏兴化市领导、高校代表、校友代表、葛先生学生代表、葛先生家属代表、“冠亚厦门大学会计发展基金”捐赠方代表分别致辞，厦门大学会计学系系主任杜兴强教授主持纪念葛家澍先生著作的首发式。

◎葛家澍教授百年诞辰纪念活动现场

◎葛家澍教授百年诞辰纪念活动合影

5月26日，南京大学中国社会科学评价中心更新CSSCI（2021—2022）目录，《当代会计评论》再次入选集刊目录。《当代会计评论》自2014年第一次入选CSSCI收录集刊以来，影响力不断扩大。再次入选CSSCI收录集刊（2021—2022），是该刊获得中国会计学领域前沿学术标准认可的标志之一。

2022年

2022年度，会计中心共召开6场"教育部人文社会科学重点研究基地厦门大学会计发展研究中心基地建设工作会议"（2月18日、4月20日、6月15日、7月26日、9月20日、12月13日）。

4月8日，全国哲学社会科学工作办公室公布了"研究阐释党的十九届六中全会精神"国家社会科学基金重大项目立项名单，会计中心罗进辉教授作为首席专家申报的课题获得立项，课题名称为"新时代构建亲清政商关系研究"。

4月14日，爱思唯尔（Elsevier）正式发布了2021年中国高被引学者（Highly Cited Chinese Researchers）榜单，会计中心杜兴强教授入选榜单（工商管理）。这是杜兴强教授连续两年入选榜单。

5月11—14日，校党委书记张荣率团访问澳门，旨在推动厦门大学与澳门多所高校的紧密合作。在澳期间，张荣一行访问了澳门科技大学及共建基地"澳门会计研究中心"，访问团受到澳门科技大学校长李行伟、副校长林志军等的接待。会谈中，澳门会计研究中心主任林志军教授向张荣书记介绍了基地成立以来的合作进展，得到张荣书记的高度认可，双方就未来工作计划及学术合作进行深度交流。

◎张荣书记率团访问澳门科技大学合影

3月11日，财政部公布了政府会计准则委员会第三届咨询专家名单，会计中心李建发教授和张国清教授入选。他们将作为财政部咨询专家，在政府会计准则制度建设和实施中积极发挥作用，为推动政府会计准则制度建设建言献策。

2022年度，为加强学科交叉研究，由会计中心组织的交叉学科座谈会共举办6场。

"冠亚交叉学科工作坊"系列讲座由教育部人文社会科学重点研究基地厦门大学会计发展研究中心和厦门大学管理学院会计学系联合主办，同时获得"冠亚厦门大学会计学系发展基金"的支持。2022年度共开展12场。

8月4日，会计中心领导随同校领导赴福建省广播影视集团调研座谈。厦门大学党委原常务副书记、管理学院院长李建发教授，党委宣传部部长、社科处处长高和荣教授，会计中心主任、《当代会计评论》主编刘峰教授，文科期刊中心助理编辑李朝霞参与调研，福建省广播影视集团党组成员、副董事长陈加伟,福建广电报社社长李劲尧以及刘君荣、徐祥龙主编出席本次座谈。

9月8日，国家自然科学基金委员会官网发布了《关于2022年国家自然科学基金集中接收申请项目评审结果的通告》，会计中心共获6项国家自然科学基金资助，其中：(1)重点项目2项(刘峰教授的"数智时代的企业投融资与风险管理"、王艳艳教授的"基于企业'价值流—能源流—碳流'的会计研究")；(2)面上项目1项(游家兴教授的"大数据驱动的税收征管与非上市公司财务行为——基于金税三期工程的准自然实验")；(3)青年科学基金项目3项(何源助理教授的"数字经济背景下企业创新与合谋行为研究：基于反垄断视角"、孟庆玺助理教授的"社交媒体'意见领袖'与公司信息环境研究"、沈江华助理教授的"好披露还是坏披露？基于预测式股价有效性与启发式股价有效性权衡的视角")。

2022年，由杜兴强教授、罗进辉教授撰写的三份咨政报告，分别被省部级政府部门的采纳。

2023年

2月17日下午，国家自然科学基金重点项目"数智时代的企业投融资与风险管理"交流座谈会在厦门大学嘉庚二号楼502室召开。课题主持人、会计中心主任、会计学系博士生导师刘峰教授，课题组成员上海艾芒信息科技有限公司创始人张帆博士，厦门大学管理学院刘媛媛副教授、方斌副教授、李胜难助理教授、何源助理教授、李斯曼助理教授、翟伟欢助理教授以及博士硕士研究生等共计50余人参加会议。

4月4—5日，国际会计准则理事会咨询委员会会议在英国伦敦召开，来自多个国家和世界银行、国际货币基金组织等国际组织的近60余名委员和观察员出席了本次会议。会计中心主任刘峰教授作为准则咨询委员会委员参加本次会议，同时还拜访了国际会计准则理事会成员，就关于国际会计准则及其制订、未来动向等问题进行深度交流与讨论。本次国际会计准则理事会咨询委员会会议主要围绕七个议题进行讨论，包括：AC会议未来的模式、IASB活动通报、ISSB活动通报、IFRS基金会关于可持续发展相关资源等的市场推广讨论、IFRS基金收入来源情况报告、受托人委员会活动通报、管理层讨论与整合报告问题。

5月12日，中国会计学会第九次全国会员代表大会在北京国家会计学院召开。会议深入学习贯彻党的二十大精神，全面总结中国会计学会第八届理事会工作，深入研究新时代新征程会计学术事业发展思路，系统谋划第九届理事会重点工作任务。财政部党组书记、部长刘昆同志作书面致辞，财政部党组成员、副部长朱忠明同志出席大会并讲话。会议由财政部原副部长、中国会计学会第八届理事会会长朱光耀同志主持。会议审议批准了第八届理事会工作报告和财务收支报告，审议通过了《中国会计学会章程（修订草案）》《中国会计学会第九届理事会发展规划（草案）》《中国会计学会会费管理办法（修订草案）》，选举产生了中国会计学会第九届理事会及其领导机构。会计中心杜兴强教授当选为中国会计学会第九届理事会副会长，曲晓辉教授、刘峰教授和张国清教授当选为中国会计学会第九届理事会理事。

截至2023年6月，为加强学科交叉研究，由中心组织的交叉学科座谈会共举办三场，分别是厦门大学信息学院博士生导师周奕毅副教授的报告“会计学+人工智能”（3月27日）、厦门大学国学研究院院长陈支平教授的报告“会计学+经济史学”（4月12日）和厦门大学环境与生态学院李振基教授的报告“会计学+生态学”（5月31日）。

截至2023年6月，共开展六场“冠亚交叉学科工作坊”系列讲座，分别是厦门大学中文系赵怿怡副教授的报告“文本分析与计量方法在语言研究中的应用”（1月8日）；厦门大学哲学系博士生导师曹剑波教授的报告“哲学与哲学思维”（3月8日）；厦门大学信息学院博士生导师周奕毅副教授的报告“浅谈ChatGPT发展历程与应用前景”（3月27日）；厦门大学国学研究院院长陈支平教授的报告“民间契约文书与中国经济史学研究”（4月12日）；中国林科院科信所市场与贸易研究室主任、国家林业和草原局林产品国际贸易研究中心副主任陈勇博士的报告“ESG：理想碰撞现实——全球森林执法与施政历程及中国实践”（5月15日）；厦门大学环境与生态学院李振基教授的报告“虞衡制度与新时代的生物多样性保护”（5月31日）。

第三节　社会服务

一、决策咨询

厦门大学会计发展研究中心自成立以来，秉承学术至上和学以致用原则，主动服务国家和地方经济发展，致力于研究和解决会计实务问题，为政府及企业单位提供咨询报告54份。

◎会计中心提供的咨询报告（部分）

（一）对会计准则建设的贡献

会计中心为我国会计准则在管理会计应用指引、政府会计准则和上市企业咨询等方面的制定和全面修订提供系列研发和咨询服务，为我国会计国际化进程的把握，以及基本会计准则、具体准则和政府会计准则改革提供了重要的理论依据、国际视野和借鉴经验，为国家会计准则的发展做出了积极贡献，并得到国家会计准则制定机构的充分肯定和表彰。

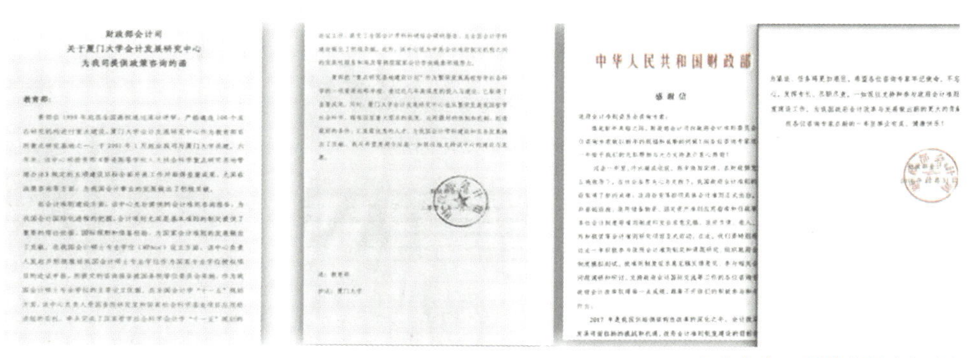

财政部会计司
关于厦门大学会计发展研究中心
为我司提供政策咨询的函

教育部：

中华人民共和国财政部

感谢信

◎会计中心所获表彰（部分）

（二）为管理会计应用指引和企业会计准则体系等提供全面修订和完善服务

会计中心联合福建省财政厅、厦门市财政局、龙岩市财政局、有关会计师事务所和管理咨询机构、有关高校等获得了2015年、2016年和2017年财政部管理会计重大专项课题，同时为财政部主持起草《管理会计应用指引100号——战略管理》和《管理会计应用指引101号——战略地图》，也全程参与了第一批22项管理会计应用指引的修改和定稿，获得财政部会计司的好评。

2018年6月4日，会计中心和安永华明会计师事务所（特殊普通合伙）以及厦门国家会计学院组成的联合体承接财政部企业会计准则研究工作。联合体借鉴国际经验，跟踪研究并翻译国际财务报告准则概念框架，研究提出国际概念框架修订对我国的影响和在我国的适用性，并对我国会计基本准则的修订提出政策建议。

安永华明会计师事务所（特殊普通合伙）、厦门国家会计学院、厦门大学会计发展研究中心组成的机构联合体自2018年6月受聘承接“企业会计准则体系全面修订完善研究”项目，历经10个月的时间，通过线上、线下问卷调查，以及举办研讨会、交流会和多个行业座谈会等方式了解我国执行企业会计准则的具体情况，收集相关实务案例，听取财务报表编制者和使用者、审计师、监管方和其他利益相关方的意见，并收集、翻译、整理了国际会计准则理事会、美国财务会计准则委员会和其他主要国家/地区会计准则制定机构关于会计准则制定和实施的经验，最终形成《企业会计准则全面修订完善及国际趋同研究报告》、《企业会计准则全面修订完善应用案例》和《企业会计准则修订建议》等研究成果。

会计中心作为联合体之一参与本课题的开展，研究成果得到财政部会计司的高度评价，也为我国企业会计准则的全面修订完善提供了有针对性的、高质量的、

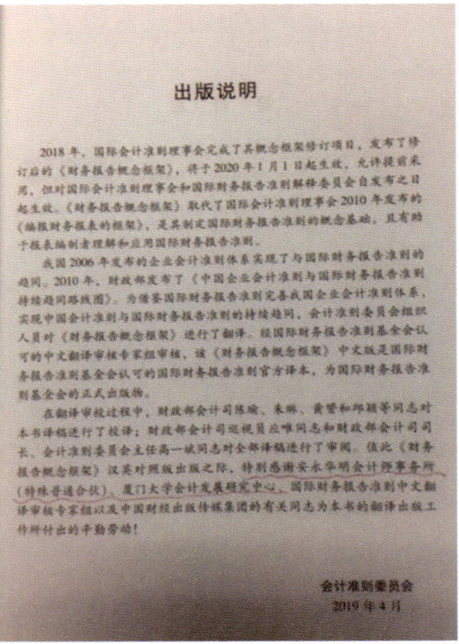

出版说明

2018年，国际会计准则理事会完成了其概念框架修订项目，发布了修订后的《财务报告概念框架》，将于2020年1月1日起生效，允许提前采用，但对国际会计准则理事会和国际财务报告准则解释委员会自发布之日起生效。《财务报告概念框架》取代了国际会计准则理事会2010年发布的《编报财务报表的框架》，是其制定国际财务报告准则的概念基础，且有助于报表编制者理解和应用国际财务报告准则。

我国2006年发布的企业会计准则体系实现了与国际财务报告准则的趋同。2010年，财政部发布了《中国企业会计准则与国际财务报告准则持续趋同路线图》。为借鉴国际财务报告准则完善我国企业会计准则体系，实现中国会计准则与国际财务报告准则的持续趋同，会计准则委员会组织人员对《财务报告概念框架》进行了翻译。经国际财务报告准则基金会认可的中文翻译审核专家组审核，该《财务报告概念框架》中文版是国际财务报告准则基金会认可的国际财务报告准则官方译本，为国际财务报告准则基金会的正式出版物。

在翻译审校过程中，财政部会计司陈瑜、朱琳、黄警和邱颖等同志对本书译稿进行了校译；财政部会计司巡视员应唯同志和财政部会计司司长、会计准则委员会主任高一斌同志对全部译稿进行了审阅。值此《财务报告概念框架》汉英对照版出版之际，特别感谢安永华明会计师事务所（特殊普通合伙）、厦门大学会计发展研究中心、国际财务报告准则中文翻译审核专家组以及中国财经出版传媒集团的有关同志为本书的翻译出版工作所付出的辛勤劳动！

会计准则委员会
2019年4月

◎《财务报告概念框架》（汉英对照）出版

务实的意见与建议，并继续助力我国企业会计准则体系的全面修订完善，为建设国际趋同并具有中国特色的企业会计准则体系而共同努力。

会计中心也为国家专业硕士学位MPAcc教育发展做出了重要贡献。曲晓辉教授提交的咨询报告《会计硕士专业学位教育的国际经验及启示》被国务院学位委员会采纳，国务院学位办将其作为我国会计硕士专业学位（MPAcc）的主要设立依据。

（三）国际组织任职

2019年12月11日，国际财务报告准则基金会受托人宣布了国际财务报告准则咨询委员会（IFRS咨询委员会）的新任命和重新任命。会计中心刘峰教授被任命为下一届委员会委员，任期自2020年1月1日开始。

国际财务报告准则咨询委员会是国际会计准则理事会（IASB）和国际财务报告准则基金会受托人的正式咨询机构，成员来自受IASB工作影响或者对IASB工作感兴趣的组织。成员的代表性极为广泛，包括投资者、财务分析师和财务报表的其他使用者，也包括财务报表编制者、学术界人士、审计师、监管机构、职业会计机构和会计准则制定机构。IFRS咨询委员会代表了全球51个组织，共计有51名个人委员。IFRS咨询委员会的成员由国际财务报告准则基金会受托人任命。经财政部提名推荐，刘峰教授作为厦门大学代表，参与准则制定的咨询活动。财政部会计司高一斌司长也是IFRS咨询委员会委员。

二、服务地方政府或企业

（一）为海西经济发展提供服务

会计中心积极为地方经济建设服务，包括开展海西经济发展巡回咨询服务活动，为企业和行业提供专业咨询，完成了薪酬激励制度、内部控制制度、成本管理优化系统等企事业单位咨询设计项目。会计中心作为发起设立单位之一，积极参与“厦门市对台会计合作与交流基地”（财政部批准设立）建设，持续为海峡两岸会计交流做出重要贡献。

◎会计中心参与举办海峡两岸学术研讨会剪影

（二）为企事业单位提供“量身定制”课程培训

会计中心充分发挥高校知识密集和专家智囊团的优势，实现学术机构服务社会的重要职能和完成科研成果转化的任务。中心为企事业（含行政）单位提供“量身定制”的培训，连续承接厦门市中高级会计人员继续教育，江苏省会计领军人才培训，会计准则、公司理财、内部控制、营改增、供给侧改革、财政支出管理、房地产开发管控、税收筹划、产业园区建设等方面的高层培训。

（三）为澳大利亚新哥伦布项目提供服务

会计中心发挥得天独厚的地理区位优势，努力推动“一带一路”建设，引领海上丝绸之路共建国家与地区间的教育交流与合作。会计中心帮助澳大利亚西悉尼大学交流团了解中国的历史、文化、科技、商业等。此交流项目的顺利开展，有助于促进两校合作与教育的友好交流，以及就教学、科研合作等方面开展进一步的交流。

（四）服务学科师资培养

会计中心从兄弟院校同行的迫切需求出发，为会计学科师资水平的提升量身定制开设“青年骨干教师研修班”，迄今已经连续举办五期，围绕高校骨干教师学术研究的需求和教育理念的提升进行高端培训，反响强烈，广受欢迎。后续的青年骨干教师研修还在进行中。

第四节　主办的学术期刊

《当代会计评论》（*Contemporary Accounting Review*）是由厦门大学会计发展研究中心主办、厦门大学管理学院会计学系和厦门大学财务管理与会计研究院协办的专业学术集刊，主要发表原创性文章（研究方法不限）与综述性的学术性论文，旨在帮助读者增进对社会经济的了解。本刊2008年创刊，经过多年的努力，赢得了广泛的支持与认同，于2014年入选CSSCI并保持至今。为扩大本刊在学术界的影响，满足同行对本刊发展的期待，提升本刊的竞争力，2018年起进行全新的改版，由半年刊改为季刊，努力为我国会计学和财务学的前沿研究提供一个开放的学术交流平台。

◎ 《当代会计评论》主编一览表

姓名	职务	年份
曲晓辉	主　编	2008—2017
	创刊主编	2018年至今
傅元略	执行主编	2008—2017
刘　峰	副主编	2015—2017
	主　编	2018年至今
杜兴强	执行主编	2018年至今
辛清泉	执行主编	2018年至今
李增泉	执行主编	2018年至今
夏立军	执行主编	2018年至今
龙小宁	执行主编	2018年至今

证书编号：001790S17

CSSCI

中文社会科学引文索引来源集刊

Chinese Social Sciences Citation Index

收录证书

根据《中文社会科学引文索引》来源集刊遴选办法，《当代会计评论》入选为 CSSCI（2017-2018）来源集刊，特发此证，以资证明！

南京大学中国社会科学研究评价中心

Center for Chinese Social Sciences Research and Assessment

2017年1月

证书编号：002790S14

CSSCI

中文社会科学引文索引来源集刊

Chinese Social Sciences Citation Index

收录证书

根据《中文社会科学引文索引》来源集刊遴选办法，《当代会计评论》入选为 CSSCI（2014-2015）来源集刊，特发此证，以资证明！

南京大学中国社会科学研究评价中心

Center for Chinese Social Sciences Research and Assessment

2013年12月

证书编号：001790S19

CSSCI

中文社会科学引文索引来源集刊

Chinese Social Sciences Citation Index

收录证书

根据《中文社会科学引文索引》来源集刊遴选办法，《当代会计评论》入选为 CSSCI（2019-2020）来源集刊，特发此证，以资证明！

南京大学中国社会科学研究评价中心

Center for Chinese Social Sciences Research and Assessment

2019年1月

证书编号：119790S21

CSSCI

中文社会科学引文索引

Chinese Social Sciences Citation Index

收录证书

根据《中文社会科学引文索引来源期刊（集刊）遴选办法》，《当代会计评论》入选为CSSCI（2021-2022）收录集刊，特发此证，以资证明！

南京大学中国社会科学研究评价中心

Center for Chinese Social Sciences Research and Assessment

◎《当代会计评论》入选 CSSCI 来源集刊证书

附录 15-1　教育部人文社会科学重点研究基地重大项目

序号	项目名称	负责人	项目批准号	执行期间
1	企业集团财务与会计问题研究	曲晓辉 傅元略	2001ZDXM63002	2001年2月—2004年3月
2	公司财务报告问题研究	陈少华 葛家澍	2001ZDXM63001	2001年2月—2004年3月
3	公司董事会、监事会效率与内控机制研究	吴水澎	01JAZJD630005	2001年12月—2004年12月
4	证券市场舞弊审计技术方法及规范研究	黄世忠	01JAZJD630004	2001年12月—2004年12月
5	企业创新（体制创新、技术创新、组织创新）与管理会计创新的相关研究	傅元略 余绪缨	02JAZJD630007	2002年12月—2005年12月
6	企业财务舞弊及其对策研究	陈汉文	02JAZJD630008	2002年12月—2005年12月
7	知识经济下财务会计理论的发展与财务报告的改进研究	葛家澍	02JAZ790012	2002年12月—2005年12月
8	中国会计国际化研究	曲晓辉	02JAZ790007	2002年12月—2005年12月
9	中国财务会计概念框架研究	葛家澍 杜兴强	05JJD630004	2005年6月—2008年6月
10	企业内部激励、约束机制与会计问题研究	陈少华	05JJD630003	2005年6月—2008年6月
11	我国会计准则的国际协调效果研究	曲晓辉	05JJD630030	2005年12月—2008年12月
12	网络化环境下的财务风险分析和财务协同管理效应研究	傅元略	05JJD630029	2005年12月—2008年12月
13	基于绩效管理的应计制政府会计改革问题研究	李建发	06JJD630018	2006年12月—2009年12月
14	网络化条件下的会计系统流程再造及其控制	庄明来	06JJD630019	2006年12月—2009年12月
15	“创意经济”与管理及管理会计创新问题研究	傅元略	07JJD630008	2007年12月—2010年12月
16	上市公司财务信息披露质量研究	李常青	07JJD630009	2007年12月—2010年12月
17	我国会计准则国际趋同效果检验	曲晓辉	08JJD630010	2008年12月—2011年12月
18	盈余持续性与公司价值	孙　谦	08JJD630012	2008年12月—2011年12月
19	制度环境、会计准则变迁及会计信息的决策有用性与契约有用性研究	杜兴强	2009JJD790040	2009年12月—2012年12月
20	我国证券市场财务分析师信息引导机制及其监管研究	薛祖云	2009JJD790041	2009年12月—2012年12月
21	中国上市公司控制评价与指数研究	陈汉文	10JJD630003	2010年12月—2021年1月
22	行业经济周期，R&D投融资行为与公司价值	肖　虹	10JJD630004	2010年12月—2013年12月
23	非市场的控制权转移	刘　峰	11JJD790032	2011年9月—2015年12月
24	企业集团风险管控的会计内部报告研究	陈少华	11JJD790006	2011年9月—2015年12月

续表

序号	项目名称	负责人	项目批准号	执行期间
25	会计信息定价功能研究 —— 准则国际趋同视角	曲晓辉	12JJD790030	2012年2月—2017年4月
26	集团管控的管理会计报告体系设计理论研究	傅元略	12JJD790011	2012年2月—2016年7月
27	原则导向会计准则、会计职业判断与会计信息质量：理论与实证	桑士俊	13JJD790028	2013年6月—2022年12月
28	政治联系与会计信息的相关性与可靠性：数据挖掘与实证研究	杜兴强	13JJD790027	2013年6月—2016年6月
29	国际趋同的公允价值计量模型设计及效果检验	张国华	14JJD790008	2014年7月—2018年12月
30	公共部门财务治理问题研究	李建发	14JJD630003	2014年7月—2018年6月
31	公允价值会计运用与商业银行风险管控 —— 基于金融市场化环境的行为研究	肖　虹	15JJD630012	2015年12月—2021年4月
32	大数据环境下财务报告分析框架的重构与应用	陈少华	15JJD630011	2015年12月—2021年5月
33	文化影响、会计信息质量与审计行为	杜兴强	16JJD790032	2016年11月—2022年6月
34	管控机制理论与产业价值链协同治理研究	傅元略	16JJD790033	2016年11月—2022年12月
35	资本结构选择与公司治理机制优化	刘　峰	16JJD790034	2016年11月—2020年12月
36	会计计量模式、报告模式与企业综合报告	曲晓辉	16JJD790035	2016年11月—2022年12月
37	政府会计和报告模式变革与公共资源管控研究	李建发	18JJD790009	2018年12月至今

附录 15-2　2001—2023 年会计中心举办的学术会议

序号	会议名称	会议时间	举办地点
1	企业财务报告问题研讨会	2001-09-22	厦门大学
2	新经济环境下的会计与财务问题研讨会	2002-10-26	厦门大学
3	转型经济下的会计与财务问题国际学术研讨会	2003-11-22	厦门大学
4	第四届会计与财务问题国际研讨会——会计教育改革与发展	2004-10-23	厦门大学
5	效益审计理论与实务	2004-10-26	厦门大学
6	第五届会计与财务问题国际研讨会——当代管理会计新发展	2005-07-09	厦门大学
7	2006JCAE博士生论坛	2006-01-05	厦门大学
8	第六届会计与财务问题国际研讨会——会计准则发展	2006-07-13	厦门大学
9	第七届会计与财务问题学术研讨会——估值：前沿与挑战	2007-07-17	厦门大学
10	中国第六届实证会计国际研讨会	2007-12-15	厦门大学
11	第八届会计与财务问题国际研讨会——资本市场会计研究	2008-07-09	厦门大学
12	管理会计与改革开放30年研讨会	2008-10-11	厦门大学
13	首届财务管理协会（国际）亚洲年会	2009-05-06	厦门大学
14	首届海峡两岸会计学术研讨会	2009-11-21	厦门大学
15	中国会计学会会计基础理论专业委员会2010年专题学术研讨会暨第九届会计与财务问题研讨会——公允价值与财务列报	2010-03-21	厦门大学
16	第五届“五校”青年会计学者学术论坛	2010-05-08	厦门大学
17	政府会计理论与实务研讨会	2010-08-28	武夷山市
18	《当代会计评论》2010学术年会	2010-12-13	厦门大学
19	《国际会计研究学刊》首届年会	2011-06-14	厦门大学
20	北美华人会计教授会（CAPANA）第四届年会	2011-07-14	厦门大学
21	《中国会计学刊》2011学术年会	2011-11-18	厦门大学
22	东亚地区会计国际研讨会暨高校春季学校	2012-02-13	厦门大学
23	会计学科建设与人才培养	2012-07-31	厦门大学
24	第四届海峡两岸会计学术研讨会——会计准则、内部控制与公司治理	2012-09-24	厦门国家会计学院
25	亚太管理会计学会2012国际会议——管理会计：管理控制系统优化	2012-11-14	厦门大学
26	CJAR 2013年特刊	2013-03-22	珠海市
27	会计学科建设与人才培养	2013-07-24	厦门大学
28	CAFR特刊会议	2013-12-06	香港理工大学

续表

序号	会议名称	会议时间	举办地点
29	两岸四地会计准则研讨会	2013-12-19	厦门国家会计学院
30	第三届“公共管理、公共财政与政府会计跨学科论坛”暨第五届“政府会计改革理论与实务研讨会”	2014-05-10	厦门大学
31	会计学科建设与人才培养	2014-10-29	厦门大学
32	"管理会计 圆梦中华”研讨会 —— 暨管理控制创新研讨和《全球管理会计原则》发布会	2014-11-27	厦门大学
33	《当代会计评论》学术研讨会	2014-12-06	厦门大学
34	《会计国际期刊》2015年学术研讨会	2015-06-05	厦门大学
35	会计学科建设与人才培养学术研讨会	2015-07-15	厦门大学
36	第十一届“校际青年会计学者学术论坛”	2016-04-09	厦门大学
37	财务与会计改革2016年学术研讨会暨蓝月亮博士生工作坊	2016-05-26	厦门大学、福建江夏学院
38	“会计学科建设与人才培养”学术研讨会	2016-07-13	厦门大学
39	2016 Xiamen University Accounting & Finance Symposium	2016-07-13	厦门大学
40	管理会计应用指引 —— 战略地图与战略管控论证座谈会	2016-07-20	厦门大学
41	《当代会计评论》2016学术年会暨葛家澍学术思想讨论会	2016-11-26	厦门大学
42	2017海峡两岸会计文化研习冬令营暨两岸数位会计应用实务研讨会	2017-02-14	厦门大学
43	《当代会计评论》2017春季学术研讨会	2017-04-08	澳门科技大学
44	会计学科建设与人才培养	2017-07-11	南京审计大学
45	中国会计学会管理会计专业委员会2017年会暨纪念余绪缨教授诞辰95周年学术研讨会	2017-10-27	厦门大学
46	新制度、治理与会计国际研讨会	2017-11-17	厦门大学
47	《当代会计评论》2017学术年会	2017-11-25	厦门大学
48	《当代会计评论》2018春季学术研讨会暨博士生工作坊	2018-04-12	东北师范大学商学院
49	会计准则与概念框架学术论坛	2018-09-22	厦门大学
50	《当代会计评论》2018学术年会	2018-11-25	厦门大学
51	2018年中国管理会计教授学术年会	2018-12-01	厦门大学
52	《当代会计评论》2019春季学术研讨会暨博士生工作坊	2019-03-22	江苏兴化
53	Xiamen-Osaka Joint Research Forum厦门 —— 大阪联合研究论坛	2019-11-08	厦门大学
54	《当代会计评论》2019学术年会暨博士生工作坊	2019-11-24	厦门大学
55	《当代会计评论》2020学术年会	2020-11-26	澳门科技大学
56	“厦大家澍 百年辉映”葛家澍学术思想讨论会	2021-03-21	厦门市
57	《当代会计评论》2021学术年会	2021-12-23	昆明市
58	第四届会计、法律与资本市场学术研讨会	2022-03-05	厦门市
59	《当代会计评论》2022春季学术研讨会	2022-06-17	厦门市

续表

序号	会议名称	会议时间	举办地点
60	2022 Summer Research Workshop of China Journal of Accounting Research	2022-07-02	广州市
61	“变革时代的会计：挑战与未来”全国高校院长、系主任论坛	2022-09-24	厦门市
62	“数字化与会计：重构未来”国际学术研讨会	2022-10-27	厦门市
63	《当代会计评论》2022学术年会	2022-11-18	西藏民族大学
64	《当代会计评论》2023春季学术研讨会	2023-03-24	厦门大学
65	厦门大学-澳门科技大学校际学术论坛	2023-06-16	厦门大学

附录 15-3　冠亚交叉学科工作坊系列讲座

期数	主题	时间	主讲人	主讲人职务职称
第一讲	跨学科的误区与田野调查的误解	2022-05-12	吴小安	华侨大学华侨华人与区域国别研究院创院教授
第二讲	漫谈科研选题与团队建设	2022-05-23	纪荣嵘	厦门大学人工智能研究院教授
第三讲	计量经济学：经济学实证研究方法论	2022-05-26	洪永淼	中国科学院大学经济与管理学院教授
第四讲	当人工智能遇到企业管理：跨媒体分析与计算新应用探究	2022-06-09	纪荣嵘	厦门大学人工智能研究院教授
第五讲	情感计算及其应用	2022-06-20	陈毅东	厦门大学信息学院人工智能系副教授
第六讲	元宇宙与实体经济	2022-06-27	林　凡	厦门大学信息学院软件工程系副教授
第七讲	黑洞：思想照进现实	2022-06-30	武剑锋	厦门大学天文系教授
第八讲	Thinking and Doing Anthropology	2022-09-27	Augustin F. C. Holl	厦门大学社会与人类学院教授
第九讲	漫谈古文字考释的前世今生	2022-10-18	张惟捷	厦门大学人文学院中文系教授
第十讲	气候变化的历史、现状和未来预估	2022-10-25	段安民	厦门大学海洋与地球学院教授
第十一讲	社会转型与中国民众的国家认同变迁	2022-11-29	徐延辉	厦门大学社会与人类学院教授
第十二讲	政策评估、政策设计与机器学习	2022-12-13	艾春荣	香港中文大学（深圳）管理与经济学院教授
第十三讲	文本分析与计量方法在语言研究中的应用	2023-01-06	赵怿怡	厦门大学中文系副教授
第十四讲	哲学与哲学思维	2023-03-08	曹剑波	厦门大学哲学系教授
第十六讲	浅谈ChatGPT发展历程与应用前景	2023-03-27	周奕毅	厦门大学信息学院副教授
第十七讲	民间契约文书与中国经济史学研究	2023-04-14	陈支平	厦门大学国学研究院教授
第十八讲	ESG：理想碰撞现实——全球森林执法与施政历程及中国实践	2023-05-17	陈　勇	中国林科院博士
第十九讲	虞衡制度与新时代的生物多样性保护	2023-06-05	李振基	厦门大学环境与生态学院教授

附录 15-4　咨政报告

序号	报告题目	作者	是否署名基地	接收单位	是否采纳	提交时间/年
1	国家社科“十一五”规划应用经济会计学学科调研报告	曲晓辉	是	国家社会科学基金项目应用经济组及国务院研究室秘书司委托	是	2004
2	财务会计概念框架的国际协调及其启示	曲晓辉	是	财政部会计司	是	2005
3	我国基本会计准则论述系列	葛家澍	是	财政部会计司	是	2006
4	厦门国有资产投资年薪实施方案（2004修订版）	傅元略	是	厦门机电集团有限公司	是	2006
5	厦门广播电视集团下属子公司经营者年薪制	陈少华	是	厦门广播电视集团	是	2007
6	论国际财务报告准则的关联方范围——仅受国家控制的主体之间应否作为关联方披露其交易?	曲晓辉	是	财政部会计司	是	2007
7	政府财务报告问题研究	李建发	是	财政部会计准则委员会,财政部会计司	是	2005
8	我国企业环境成本核算的建议	郭晓梅	是	中国环境文化促进会	是	2007
9	惠好（香港）集团全面管理咨询报告	陈少华等	是	惠好（香港）集团	是	2008
10	上海聚福投资咨询有限公司财务管理咨询	陈少华等	是	上海聚福投资咨询有限公司	是	2008
11	深圳移动预算资源配置模型项目	陈少华等	是	中国移动通信集团广东有限责任公司深圳分公司	是	2008
12	厦门星鲨集团有限公司激励制度	傅元略	是	厦门星鲨集团有限公司	是	2006
13	英博雪津啤酒有限公司费用台帐预算优化	陈少华等	是	英博雪津啤酒有限公司	是	2008
14	双驰体育用品有限公司预算推进项目	陈少华等	是	双驰体育用品有限公司	是	2008
15	三棵树涂料股份有限公司预算编制项目	陈少华等	是	三棵树涂料股份有限公司	是	2008
16	深圳移动预算科目体系优化手册	陈少华等	是	中国移动通信集团广东有限责任公司深圳分公司	是	2008

续表

序号	报告题目	作者	是否署名基地	接收单位	是否采纳	提交时间/年
17	云南白药集团内部控制系统优化项目咨询报告	陈少华等	是	云南白药集团股份有限公司	是	2010
18	成本核算与绩效管理项目	陈少华	是	莆田华闽实业有限公司	是	2011
19	用友软件股份有限公司研究报告	庄明来	是	用友软件股份有限公司研究报告	是	2010
20	预算执行分析与控制	曲晓辉	是	浙江省电力公司	是	2011
21	广西有色金属集团尽职调查报告和方案框架	郭晓梅	是	广西有色金属集团	是	2011
22	会计研究课题成果审查报告	傅元略	是	台山核电合营有限公司	是	2012
23	建筑业企业产品成本核算与成本管理	陈少华	是	厦门市总会计师协会	是	2011
24	内部控制与管理系统优化报告	陈少华	是	鑫旺电机集团有限公司	是	2012
25	内部控制系统优化系列报告	曲晓辉	是	厦门市美亚柏科信息股份有限公司	是	2014
26	会计职业判断与企业合营投资安排	桑士俊	是	厦门德瑞泰祥投资管理有限公司	是	2015
27	其他综合收益会计信息具有决策有用性吗？基于相关性、可比性及分析师预测效应视角	肖　虹	是	中国证券监督管理委员会会计部	是	2017
28	公允价值会计运用影响审计费用定价和审计质量吗？——基于其他综合收益的视角	肖　虹	是	深圳证券交易所博士后流动站	是	2017
29	引入公允价值计量适应房地产市场及税收体制改革	张国华	是	教育部社科司	是	2018

附录15-5 《当代会计评论》论文目录(2008—2022年)

卷期	文章标题	作者	页码
2008年第1卷第1期	会计信息、公司治理与会计准则：理论分析、博弈解释与历史证据	葛家澍 杜兴强	1～28
	以经济学原理为基础的会计计量模式探析	陈小悦 孙力强 陈　璇	29～42
	知识会计：一个基于知识资本价值链的会计信息系统	刘国武	43～54
	控股股东关联交易的后果研究——以制度变迁为视角	周晓苏 张继袖	55～71
	会计实务协调量化方法述评——指数法	廖涵平	72～83
	FRS应用情况调查回顾及启示	高利芳	84～104
	盈余、盈余增长与价值	詹姆斯·奥尔森、高展著，白云霞、刘紫上 译，郑振兴、曲晓辉 校	105～141
2008年第1卷第2期	从公司治理的视角看中国上市公司审计师变更的影响因素	林志军 刘　明	1～24
	“管理层讨论与分析”信息披露研究——来自中国机构投资者的问卷调查	李常青 王毅辉	25～38
	会计信息披露的外部性与会计信息质量——基于利益相关者的视角	王竹泉	39～49
	管理层持股与公司业绩的相关性：模型解释力、内生性与行业竞争度	杜兴强 漆传金	50～74
	融资约束是否影响了中国上市公司的现金持有政策——来自现金与现金流波动性敏感度的经验证据	李延喜 李　鹏	75～85
	门槛与棘轮双重效应、盈余管理与价值相关性——来自中国上市公司的经验证据	游家兴 罗胜强	86～100
	资本市场会计研究进展——“第八届会计与财务问题国际研讨会——资本市场会计研究”观点综述	曲晓辉 邱月华	101～109
	新时期下我国审计理论研究若干问题的探索——中国会计学会审计专业委员会2007年会综述	李明辉 杨雄胜	110～121
	公允价值会计信息相关且可靠吗？——来自资本市场研究的证据	韦恩·R. 畅兰兹曼 刘强安 叶　疏 曲晓辉	122～139
2009年第2卷第1期	会计选择问题探讨——面向公允价值的计量选择	葛家澍	1～10

续表

卷期	文章标题	作者	页码
2009年 第2卷 第1期	企业的性质：公司治理角度的分析——一个解构性假说	刘　峰	11～23
	表外披露概念框架	占美松	24～37
	盈余质量、制度环境与权益资本成本——来自中国证券市场的经验证据	新　夫 陈冬华	38～60
	独立审计职业声誉损害与市场反应——中天勤事件的进一步研究	方军雄	61～76
	所有权性质与高管现金薪酬结构——基于管理权力论的分析	黄志忠	77～93
	企业社会责任的伦理观察——基于管理会计的视角	冯巧根	94～108
	从独立董事制度在大陆法系国家（地区）的移植看公司治理的国际趋同问题	李明辉	109～124
	R&D投资决策期权价值及其影响因素研究述评与展望	肖　虹	125～136
	盈余质量	凯瑟琳·雪珀 琳达·文森特	137～151
2009年 第2卷 第2期	管理控制的发展与创新——从会计控制拓展到与公司治理集成	傅元略	1～20
	市场价格、价值发现与公允价值计量	刘强安	21～31
	上市公司利用递延所得税资产确认进行盈余管理吗？——基于与IFRS趋同后欧盟及中国上市公司的经验证据比较	曲晓辉 肖　虹 丁芸洁	32～50
	财务理论中的伦理道德缺失与财务伦理道德体系的建设	朱元午	51～60
	新所得税法激励了R&D投资吗？——基于实物期权的数值分析磁	吴志娟 肖　虹	31～78
	中国资本市场A股公司自愿性半年报审计的动因研究——基于代理理论和公司治理的视角	于竹丽 杜兴强 周泽将	79～113
	灾难性环境事故、正当性理论与公司环境信息披露	张国清 肖　华	114～133
2010年 第3卷 第1期	中国企业管理会计行为的因果分析——一个分析框架	潘　飞 王　悦 陈世敏 文东华	1～13
	中国会计期刊的特征分析与思考——基于会计类核心期刊2001—2008年的数据	邵瑞庆 陈春华 俞俊利 袁国栋	14～35
	地区制度环境与部分民营化绩效——来自我国上市公司的经验证据	陈冬华 齐祥芹	36～66
	宏观政策的微观作用机理与着力点解析——基于西方国家应对金融危机政策的研究	陈志斌 曹屿峥	67～78
	煤炭企业安全投资保障机制的博弈分析	梁美健 吴慧香 杨　光	79～91
	产品市场竞争战略、资本结构与公司绩效的关系研究	许　萍 易全萍	92～102

续表

卷期	文章标题	作者	页码
2010年第3卷第1期	现金持有量的影响因素——技术和制度的解释	谢　军 何翠茹	103～115
	交叉持股是否影响了企业价值？——来自中国上市公司的经验数据	贡　峻	116～133
	长期借款债权人监督、审计风险与审计收费——基于中国上市公司的实证证据	王宇生 余玉苗	134～146
2010年第3卷第2期	ERP实施、信息质量与公司绩效——基于中国上市公司的经验证据	黄志忠 张　娟	1～13
	认购权证、控制权危机与盈余管理——基于邯郸钢铁的案例分析	蔡　祥 张海燕 蔡键敏	14～29
	E-供应链战略成本管理与网络价值链协调机制磁	傅元略	30～51
	基于价值链的战略管理会计研究	王　满 曹　歌	52～65
	财务冗余与企业价值创造——内在机理与实现方式	罗　宏 郝以雪	66～80
	中国企业软文化对内部控制有效性的影响	夏　宁 刘淑贤	81～97
	政治联系的度量及对公司业绩的影响综述	杜兴强	98～113
2011年第4卷第1期	商业融资能力对债务期限结构的影响：挤出效应还是互补效应	谢　军 何翠茹	1～13
	内部审计人员胜任能力模型研究	屈耀辉	14～33
	论我国会计流程的三种模式	庄明来	34～42
	公司营收计划自愿披露的市场反应	曲晓辉 万　鹏	43～57
	R&D投资的政府财税激励政策博弈分析：合作与竞争	黄良文 洪琳琳 肖　虹	58～67
	董事长特征与R&D支出——基于终极控制人与地区分布的比较研究	刘运国 钟婷婷 廖歆欣	68～91
	管理者过度自信、政治联系与公司投资研究述评及展望	黄莲琴	92～103
	法律、经济转轨和金融发展——法和金融学研究综述	冯旭南 李心愉 陈工孟	104～116
2011年第4卷第2期	银行股权结构与风险承受——基于我国上市公司银行数据的研究	王　永 刘慧玲	1～15
	新资产减值准则的实施效果研究——基于盈余管理视角的实证检验	杨　钰 杨　乐	16～36
	注册会计师是否关注了环境事项——来自中国沪市重污染行业的经验证据	韩丽荣 高瑜彬 盛　金 孔祥雪	37～53
	基于预算的业绩评估系统：特征及激励效果分析	郑婷婷 于增彪	54～66

续表

卷期	文章标题	作者	页码
2011年第4卷第2期	上市公司财务重述的后果研究——基于管理层声誉的实证分析	刘媛媛 李延喜 罗样样	67～82
	财务会计基本理论研究进展——中国会计学会会计基础理论专业委员会2012年专题学术研讨会观点综述	吉 利 毛洪涛	83～91
	公司股票期权研究评述与启示	夏 宁 江 凤 田 丽	92～105
2012年第5卷第1期	上市公司内部控制与证券分析师处预测	林 斌 刘善敏	1～13
	集成作业与变动成本的成本核算体系研究：基于反倾销视角	夏 鑫 赵兴莉	14～27
	制度环境、存货管理与公司价值——来自制造性行业国有上市公司的证据	白云霞 严梦莹 谭文浩	28～44
	制衡型集团管理控制的案例研究	龙 静 李延喜	45～64
	基于Count Panel Data模型的证券投资基金持股偏好实证研究	黄炳艺	65～77
	市场化程度、借款契约与公允价值计量选择——基于公允价值计量在投资性房地产中应用的实证研究	侯晓红 李 刚 郭 雅	78～88
	最终控制人特征与会计稳健性——来自中国上市公司的经验证据	毕 超 魏喆妍	89～115
	后股权分置时代中国上市公司管理者控制权私有收益研究	许 萍 简桂梅	116～128
	管理控制系统优化研究进展——亚太管理会计学会2012学术年会综述	傅元略 陈 菡	129
2012年第5卷第2期	“茅台现象”与资本结构理论	刘 峰 叶 凡 张仲山	1～19
	上市公司可持续市值管理研究——基于利益相关者视角	夏 鑫 傅元略 常叶青	20～31
	盈余时间序列持续性与ERC	张国清	32～51
	中小投资者保护——现状与对策	郭葆春 徐 露	52～66
	我国会计准则变迁与会计信息稳健性研究	李四海 刘晓艳	67～87
	实施风险导向的内部控制监督要素应用研究——以BJNY集团为例	王清刚 李 瑾	88～101
	企业社会责任履行的影响因素——基于股权性质的视角	辛 宇 左乃建	102～121
	独立审计质量的影响因素——一个文献综述	李明辉	122～146

续表

卷期	文章标题	作者	页码
2013年第6卷第1期	激励制度能发挥公司治理效用吗？——基于五粮液公司的案例研究	彭彩惠 刘 峰	1～19
	转轨经济环境下R&D投资的政策激励效应——基于行业分析视角	肖 虹 洪琳琳	20～39
	环境不确定性、产权性质与真实盈余管理	张金若 高 洁 刘 溢	40～62
	上市商业银行贷款减值准备操纵的实证研究	童娜琼 岳 琪	63～80
	中国创业板市场会计信息披露问题研究——基于投资者保护的视角	蒋 楠	81～93
	财务报告目标与会计信息功能研究	陈 旻	94～109
	论会计准则的国际趋同与等效	石水平	110～126
2013年第6卷第2期	缅怀本刊名誉主编葛家澍先生	曲晓辉	1
	仁慈·睿智·宽厚	刘 峰	2～5
	股东控制权、Shapley-Shubik权力指数与过度投资——基于中国民营上市公司的经验证据	常 莹 杜兴强	6～31
	我国上市公司资本结构动态调整研究——目标资本结构行为或均值回归行为	郝以雪 阮 萍	32～45
	企业融资约束的外部环境因素分析——基于宏观经济和政府调控的视角	易奉菊 黄志忠 谢 军	46～58
	不同所得税会计方法比较视角下会计信息定价功能研究	孙雪娇	59～72
	基金经理更换及其治理效应研究——来自开放式基金的证据	肖继辉 张 谦	73～94
	国家治理与政府审计职能拓展	唐滔智 朱锦余	95～105
	两岸三地合并报表会计准则趋同及信息披露的差异分析	黄友仁 徐佩琳 杨 漪 许朝晖	106～122
	财务会计概念框架、内部控制与资本市场相关问题研究——中国会计学会会计基础理论专业委员会2013年学术研讨会综述	张 林 杨忠海 张劲松	123～133
2014年第7卷第1期	会计准则国际趋同对会计信息质量影响的系统检验	陈 旻 曲晓辉	1～27
	家族传承、专用性资产与企业价值——基于“天通股份”家族传承的案例研究	沈永建 新 夫 齐祥芹 陈冬华	28～50
	环境不确定性、管理控制系统与公司业绩	于李胜 徐栋良	51～89
	女性董事、法律环境与企业社会责任——基于中国资本市场的经验证据	杜颖洁 杜兴强	90～121

续表

卷期	文章标题	作者	页码
2014年 第7卷 第1期	内部控制质量、资源松弛程度与企业社会责任	龙文滨 周　茜 陈　芸	122～144
	诚信、盈余管理与公众评价——对声誉机制公众基础的一个检验	雷　宇	145～167
2014年 第7卷 第2期	实际控制人、会计稳健性与现金持有边际价值效应	陈少华 陈　娅 陈爱华	1～18
	大股东股权质押、资金侵占与盈余管理	黄志忠 韩湘云	19～34
	管理会计理论的拓展:控制机制优化和系统新框架	傅元略	35～53
	纵向一体化下企业管理会计报告系统的优化——基于DY集团的案例研究	刘运国 刘长春 刘梦宁	54～82
	大股东承诺、股票补偿与投资者保护——资产重组中定向回购补偿和股票赠送补偿的比较案例研究	刘建勇 郭　晴	83～100
	股东与管理者合作博弈关系分析——基于利益相关者企业契约理论的视角	南星恒	101～115
	政治联系与股价崩盘风险	罗进辉 罗劲博 王笑竹	116～140
	关于会计准则国际趋同下财务报告概念框架拓展——中国会计学会会计基础理论专业委员会2014年学术研讨会观点综述	任永平 张　希	141～146
2015年 第8卷 第1期	盈余波动、盈余持续性与盈余公告后漂移	白天玺 黄志忠	1～17
	公司治理、财务特征与会计信息可比性	肖　虹 陈翔宇 万　鹏	18～38
	公允价值的预测能力研究——来自A股市场交易性金融工具的经验证据	曲晓辉 张瑞丽	39～53
	中国管理会计研究热点的可视化分析	王　满 李坤榕 王　宁 路丽丽	54～65
	产权性质、评价指标多元化与企业绩效——来自中国企业的证据	诸　波 毛洪涛	66～82
	债务契约、审计师选择与债券融资成本	余玉苗 周莹莹	83～98
	供应链审计师选择之审计收费溢价分析	王雅芳 黄钰婷	99～119
	CEO、董事长接受央视采访会影响股价吗?——基于投资者关注视角的实证研究	李常青 倪恒旺 雷利民	120～139
	基于DEA的中国新材料产业融资效率研究	马　珩 李睿欣 周梦娜	140～150

续表

卷期	文章标题	作者	页码
2015年第8卷第2期	审计师-公司地理近邻性、监管强度和审计质量	裴红梅 杜兴强	1～23
	高管过度自信、政治关系与资本投资水平	黄莲琴 魏　来	24～42
	上市公司营运资金影响因素及其调整速度的实证研究——基于系统广义矩估计的动态面板数据分析	陈克兢 李延喜 曾伟强 张婷婷	43～60
	审计质量、财务重述与审计机构变更——来自中国主板上市公司的经验证据	毛丽娟 朱轶琳	61～82
	财务报告可比性与股权资本成本关系研究——来自中国A股市场的经验证据	杨忠海 张丽萍 李瑛玖	83～103
	财务背景的当地独立董事与高管薪酬及变更	童娜琼 岑　维 杨惠萍	104～123
	多板块资本市场IPO中真实和应计盈余管理	侯晓红 张书寒	124～139
	基金持股、社会信任环境与审计意见的确定	罗劲博	140～156
	暂时性差异的双重行为动机与盈余可持续性	孙雪娇	157～170
2016年第9卷第1期	当代会计研究主题、方法及中国的国际化进展——基于国际会计期刊五年文章的统计分析	张先治 晏　超 孙枭飞 项　云	1～19
	基于信息生态链的企业会计数据平台构建研究	陈少华 户　青 陈　菡	20～32
	公允价值计量层次适用性研究——来自中国投资性房地产的经验证据	张国华 张瑞丽	33～48
	盈余管理对企业投资决策的影响——基于应计盈余管理和真实盈余管理的研究	顾鸣润 杨继伟 余怒涛	49～69
	商誉减值与高管薪酬——来自中国A股市场的经验证据	卢　煜 曲晓辉	70～88
	新时期员工持股计划与“搭便车”问题研究	呼建光 毛志宏	89～103
	家族和谐、股权集中度与家族企业绩效	郑　毅 张雪微 孙　赫	104～121
	机会不平等下的家族企业融资决策与审计需求——来自中国家族上市公司的经验证据	石水平 韩　晴 范海峰	122～145
	利益相关者结构及其企业价值创造框图构建	娄桂莲 董淑兰	146～161

续表

卷期	文章标题	作者	页码
2016年第9卷第2期	法律风险、内部控制质量与审计收费——来自在美上市中国公司的经验证据	胡大力 高田敏文	1～25
	慈善组织内部控制质量影响因素研究——来自中国慈善基金会的经验证据	舒　伟 林　斌 林东杰 陈　莹	26～49
	投资者情绪、营运资本管理与企业投资	黄宏斌 白　娅 常天淋	50～72
	管理层薪酬对研发投入的影响—来自公司治理视角的解读	李经路 苏　杭	73～98
	审计委员会与股价崩盘风险	罗进辉 谢达熙 林小靖	99～125
	投资风格漂移频率与基金业绩——来自开放式基金的证据	肖继辉 周玉娟	126～139
	监管的非对称性、盈余管理模式选择与证监会执法效率	蔡吉甫 朱星文	140～162
	谁在选聘官员背景独立董事？——基于独立董事关系资源职能的视角	吴益兵 周　欢 李佳音 林　波	163～188
	价值链理论研究述评	朱爱萍 傅元略	189～203
2017年第10卷第1期	P2P网络借贷平台上的借款历史传递信号吗？——来自中国“人人贷”平台的经验证据	罗进辉 陈华阳 许雯婷	1～22
	红利差别化征税增加了上市公司的股利支付吗？——基于中国资本市场的经验证据	张美霞 李增泉	23～44
	带强调事项段无保留审计意见传递了何种风险信号？——基于投资者感知视角	韩丽荣 刘志洋	45～64
	中概股在美信息披露：信任危机与声誉修复	郭葆春 刘思恒 潘梦琳	65～77
	贷款损失准备计提规则研究	邱月华	78～88
	递延所得税项目的重分类与构成研究	芦　笛	89～106
	经济周期、行业景气度与高管薪酬业绩敏感性	刘建勇 王欣然	107～126
	货币政策对商业银行绩效的影响——来自中日韩的证据*	董　竹 赵晨辰	127～157
2017年第10卷第2期	金字塔层级如何影响慈善捐赠？——来自地方国有上市公司的证据	王　凯 薛坤坤 张昊旻	1～22
	经理人薪酬激励与利润增长的持续性	黄志忠 李晓蓉 林　仪	23～40
	社会信任的市场稳定效应研究——基于公司股价崩盘风险视角	罗劲博 罗进辉	41～68

续表

卷期	文章标题	作者	页码
2017年第10卷第2期	终极控制权、行业竞争与企业绩效——来自央企控股上市公司的经验证据	陈艳利 姜艳峰 刘国超	69～85
	杀鸡能儆猴吗？审计师个体处罚的溢出效应研究——基于共同审计经历审计师视角	刘文军 李秀珠 谢帮生	86～110
	货币政策、会计信息可比性与资本结构动态调整	解宏爽 杨忠海 孙慧玲	111～131
	控股股东股权质押与管理层盈余预测策略选择——来自中国资本市场的经验证据*	蒋秋菊 陈少华 强欣荣	132～158
	公共投资、政府审计与腐败控制——基于面板数据的分析	黄婧娟 唐滔智 李　权	159～175
	管理会计发展的新动能：创新、协同和效益——中国会计学会管理会计专业委员会2017年会暨纪念余绪缨教授诞辰95周年学术研讨会会议综述	傅元略 杨理强	176～185
2018年第11卷第1期	独立董事的性质——一个分析性框架	刘　峰	1～17
	英国会计准则国际趋同与盈余质量实证研究	陈辉发 王　贤	18～40
	公司高管与签字注册会计师的校友关系对盈余管理的影响——来自中国上市公司的经验证据*	张　蕊 王洋洋	41～60
	股权分散导致企业过度创新投资：成因及来自创业板民营上市公司的证据*	熊焰韧 黄志忠 张　娟	61～79
	管理会计文献研究主题与研究方法的数据分析——基于国内外若干重要期刊管理会计文献的整理分析	张金若 粟　静	80～100
	中国的知识产权与创新发展：基于定量研究的讨论	龙小宁	101～122
2018年第11卷第2期	会计研究的基本逻辑	魏明海	1～11
	会计选择与证券审核监管	辛清泉	12～23
	签字注册会计师受声誉机制约束吗？——来自行政处罚的证据	孙晶慧 李留闯 司　毅	24～40
	异质机构持股与公司投资：地缘邻近的治理效应	胡盛昌 干胜道 李万福	41～63
	会计信息可比性、环境不确定性与审计质量	陈　林	64～81
	CFO vs CEO：组织认同度与内部控制质量——基于2014年证监会中国上市公司问卷调查数据	汤晓建 林　斌	82～100
2018年第11卷第3期	隐性控制权的家族内部传承——一项案例研究	陈冬华 李　真 徐　巍	1～22
	中国上市公司避税行为：事实与解释	叶康涛 侯唯珠 黄　铮	23～46

续表

卷期	文章标题	作者	页码
2018年第11卷第3期	规避亏损和盈余下滑的公允价值操纵及其路径研究	毛志宏 徐　畅	47～66
	公众网络聚集度、城市差异与政府审计力度	刘晓红	67～82
	高管联结与公司业绩：基于网络属性特征的视角	张　娟 王君彩	83～101
	股权激励与审计意见购买	谢裕慧 刘文军 石德金	102～126
2018年第11卷第4期	旧标尺衡量不了新经济——论会计信息相关性的恶化与救赎	黄世忠	1～23
	南辕北辙，还是在路上?——中国会计研究国际化进程观察	夏立军 王　珊	24～49
	行业学习效应对企业资本结构决策的影响	唐　亮 段　玉	50～75
	高管团队异质性、公司业绩与董事长辞职——基于新三板数据的实证研究	许　萍 陈　格	76～99
	综合报告质量的价值相关性研究——基于《国际综合报告框架》发布的经验证据	毛志宏 李　丽	100～118
	现行财务报表列报及分析体系缺陷与改进——基于财务报告主要	王竹泉 周在霞	119～138
2019年第12卷第1期	税负刚性——计划型税收征管模式下的中国企业税负特征	刘　骏 薛　伟 刘　峰	1～22
	地区关系文化、反腐败政策冲击与公司创新	邓晓飞 辛　宇 徐莉萍	23～48
	会计准则变革的预期和非预期效应：内涵界定与文献梳理	贾兴飞 张先治	49～60
	基于MC-AHP与灰色关联度的企业中文年度报告可读性综合评价体系及实证检验研究	孙文章 李延喜 朱佳玮	61～79
	商誉减值与未来现金流	张东旭 梁德杰 周泽将	80～97
	签字会计师注会考试经历与会计信息可比性	郑　琦	98～116
2019年第12卷第2期	再论“研究的意义”	刘　峰	1～3
	研究品味的经济分析	龙小宁	4～10
	新三板：制度描述与研究机会	罗党论 楚　杰 刘晓萌	11～35
	关联并购、并购溢价率与公司业绩——基于控股股东支持视角的实证研究	魏志华 卢　沛 赵　娟	36～66
	政策不确定性提高了审计收费吗？——基于地方官员变更的实证检验	王菁华 茅　宁	67～88

续表

卷期	文章标题	作者	页码
2019年第12卷第2期	公司战略定位与外部审计需求“偏好”——基于迎合理论视角	闫焕民 王浩宇 魏珊珊	89～116
	论美国会计师对第三人的侵权责任制度及对我国的启示	杨　佶	117～129
2019年第12卷第3期	私营企业家的主观社会地位与企业创新投入——一项基于二十余年调查数据的分析	张俊生 霍　铮 朱　沆	1～16
	上市公司股东大会治理作用：研究回顾与中国实践	蔡　宁 吴国强	17～43
	盈余管理动机下的研发支出削减、技术独立董事和证券分析师关注	丁方飞 肖金阳	44～65
	上市公司网络舆情应对的经济后果研究——以华谊兄弟为例	黄宏斌 郝程伟	66～88
	中国审计报告改革对审计质量的影响研究	张金若 刘雅丹	89～110
	审计委员会召集人特征、CEO权力与公司盈余信息质量	余玉苗 孙　迪 潘　珺	111～133
2019年第12卷第4期	为什么股权分置改革未能提高营利能力?	胡思苑 李海丽 沈　哲	1～26
	分析式会计研究五十年：回顾、框架与展望	晏　超	27～45
	证券交易所一线监管能提升证券分析师盈利预测质量吗?——基于交易所年报问询函的证据	丁方飞 刘倩倩	46～67
	政府研发补助与企业研发投入：一个基于权变理论的分析框架	陈　旻 黄欣洁	68～84
	共同审计的签字会计师独立性更强吗？——基于审计质量的分析	唐　亮 黄一阳 万相昱	85～106
	地区风险文化与企业风险承担	丁龙飞 谢获宝 廖　珂	107～131
2020年第13卷第1期	中国的企业政府补贴：特征演变与研究概述	石　昕 任　宇 龙小宁 刘　峰	1～30
	而优则仕，仕而后学失?——以中国会计学术领军人才为例	罗党论 曾恺翔	31～48
	官方微博与审计师选择——来自中国基金会的经验证据	程　博 宣　扬	49～70
	商誉公允价值计量可靠性困境：回顾、反思与改进	柴明洋 李　姝	71～97
	中国证券分析师的声誉机制有效吗？——基于“乐视劫”事件的双重差分模型检验	罗进辉 陈　熠 王维怡	98～128
	高管从军经历与会计稳健性	刘　婷 刘文军 谢帮生 李秀珠	129～154

续表

卷期	文章标题	作者	页码
2020年第13卷第2期	打开天窗说亮话："去杠杆与杠杆操纵"研究之缘起及展望	陆正飞	1～10
	中国制造业上市公司资本投资下降之谜	辛清泉 邓茜丹 刘　星	11～34
	媒体监督对高管薪酬结构的影响——基于大股东掏空的视角	黄志忠 郑依林 赵文妍	35～36
	环保"费"改"税"与企业创新投入——来自环保税政策实施准自然实验的证据	孙雪娇 甦　叶	57～86
	问询函可以降低公司代理成本吗？——来自中国上市公司的证据	余怒涛 李文文 陶林汶	87～105
	环境信息披露、高质量审计与盈余持续性	常莹莹 裴红梅	106～135
2020年第13卷第3期	社交媒体在资本市场中的作用研究：文献述评	孟庆玺 李增泉	1～14
	两职合一还是分离？——制度因素对领导权结构演进的影响分析	林　卉 刘　峰 肖泽忠	15～36
	Big4具有审计费用差异吗？——基于中国市场的初步证据	李青原 唐浩程	37～70
	薪酬差距如何影响股权融资？——基于沪深A股上市公司的经验证据	王爱群 时　军 闫盼盼	71～97
	管理层语调对IPO抑价有影响吗？——来自中文招股说明书的经验证据	周　阔 周佰成	98～121
	金融发展有助于缓解制造业企业成本黏性吗？——来自我国银行信贷发展的经验证据	惠丽丽 谢获宝 杨伟伟	122～143
2020年第13卷第4期	核准制下IPO从严审核的代价——最严发审委的发审效果研究	方　芳 夏立军 曹宇莲	1～24
	国有企业高管的选聘任命与激励机制及其影响研究	肖　星 刘青松 孙鲲鹏 闫伟宸	25～52
	审计委员会—审计师连锁关系与公司盈余质量——来自中国A股上市公司的经验证据	向　锐 林融玉	53～76
	核心员工股权激励能够提升公司绩效吗？	姜英兵 于雅萍	77～105
	经理自主权与财务报告可读性——基于中国A股上市公司的实证研究	林　灿 谢获宝	106～130
	政府审计降低股价同步性了吗？——基于DID和PSM样本匹配的检验	李　佳 罗正英 权小锋	131～151

续表

卷期	文章标题	作者	页码
2021年 第14卷 第1期	非标准审计意见：规则演进、市场状况与存在问题	林勇峰 王玲玲 白智奇	1～17
	内控彰显价值——基于新冠肺炎疫情外生事件的研究	舒　伟 陈伟昌 曹　健 林　斌	18～36
	管理层定性信息披露与会计信息市场反应	田高良 余敏丰 李　星	37～58
	服务主导逻辑理念下的制造业费用结构及其演化趋势	黄冰冰 马元驹 戴德明	59～72
	科技创新对客户集中度和商业信用模式有影响吗	王志伟	73～98
	企业异质性、环保补贴与企业绿色投资	程　博 毛昕旸	97～120
2021年 第14卷 第2期	会计准则是如何“制造”的?	刘　峰	1～3
	安全生产费用会计处理沿革	应　唯	4～11
	安全生产费用会计处理与披露——基于煤炭生产行业分析	夏忠星	12～29
	国际会计准则：国家化之上的国际化——IAS 24关联方披露准则的修订为例	刘　峰 袁　红	30～47
	监管问询函能够有效识别代理问题严重的公司吗？——上海证券交易所的经验证据	叶小杰 贾昊阳	48～73
	会计信息可比性的测度方法研究——基于函数型数据分析的改进	魏瑾瑞 吴艺璇 刘柏森	74～92
	社会信任与审计意见购买	王龙梅 林志军 蔡晓通 常　曦 张婉琪	93～112
2021年 第14卷 第3期	城投债市场与审计：制度描述与研究机会	黄瑞芸 纳鹏杰 刘　峰	1～22
	知识图谱视角下会计学家葛家澍学术成果可视化研究	夏仕亮 杜春明	23～36
	人口空间分布对国家审计质量的影响研究	杜子平 孙瑞泽	37～55
	自主配售新股与承销商之间的利益交换	郑　琦	56～74
	独立董事地位与国有企业高管薪酬	罗进辉 李佳霖 向元高	75～109
	非正式制度的治理作用——基于儒家文化对会计信息可比性影响的实证研究	王建琼 李　明 曹世蛟	110～137

续表

卷期	文章标题	作者	页码
2021年第14卷第4期	税收政策不确定性的真实影响：以微观企业投资为例	刘　行 赵晓阳	1～20
	大型体育赛事对股票流动性的影响——基于全运会的准自然实验	田皓文 田高良 吴思锐	21～40
	集权、投资效率与企业绩效	连立帅 朱　松	41～70
	金融科技与企业银行借款	解维敏 姜　坤	71～89
	金融开放提升了金融服务实体经济效用吗？——基于空间溢出效应视角	陈少华 肖　虹 刘巧瑜	90～111
	银行企业制度的选择与创新：日升昌与花旗银行案例分析（1812—1932年）	原红旗	112～133
2022年第15卷第1期	致读者	刘　峰	0
	实证会计研究：“相关”抑或“因果”？	杜兴强	1～54
	公司现金持有研究综述	葛　瑶 沈　哲 李海丽	55～73
	会计信息可比性与企业债务融资约束——基于制度环境与终极控制权视角	温晓菲 邬瑜骏 曲晓辉	74～96
	产业政策调整异质性、自由现金流与企业募集资金投向变更	何　玲 钟廷勇 干胜道	97～120
	企业家商会任职与违规行为：治理抑或庇护？	修宗峰 龙姣玲 殷敬伟	121～153
	数智时代的财务与会计（Ⅰ）：企业的性质	刘　峰 郭　婷 苏雅拉巴特尔	154～172
2022年第15卷第2期	如何让中小股东有力量？——中国实践与文献梳理	何慧华 陈　婧 方军雄	1～31
	文以载道——文本分析研究评述与展望	游家兴 张哲远	32～59
	高管内部薪酬差距与股价崩盘风险：“激励效应”还是“压力效应”？	李　鼎 周泽将 王亚男	60～93
	涉税专业服务机构与企业实际税负	熊　枫 周丽娟	94～118
	国家审计能够抑制地方国有企业过度金融化吗？——来自省以下审计机关人财物管理改革的准自然实验	上官泽明 李昕柔	119～136
	CFO事务所经历与公司债务融资成本——基于人才流动知识溢出的视角	周楷唐 郑毓敏	137～157
	数智时代的财务与会计（Ⅱ）：产业引领vs资本驱动——以共享单车案例为例	刘　峰 苏雅拉巴特尔 郭　婷	158～169

续表

卷期	文章标题	作者	页码
2022年第15卷第3期	以“五要素“优化公司财务决策	魏明海 张芮杳	1～15
	无限责任为何无用？——会计师事务所实施特殊普通合伙制改革的效应分析	高新梓 夏立军	16～38
	我国上市公司投资行为的时间趋势研究	李青原 卢小玉	39～57
	审计师声誉激励对公司税收激进行为的影响研究	曹　纳 田高良 左辛欣	58～76
	无心插柳柳成荫：信息披露一线监管模式变更与审计师定价决策	陈菁 汪伟 路军伟	77～98
	财务共享对审计收费的影响——基于审计师人力资本视角	纳超洪 陈　雪	99～121
	高管薪酬黏性与企业避税：促进抑或抑制	孙雪娇 赵玉洁	122～139
2022年第15卷第4期	数字经济背景下上市公司自媒体信息披露：研究述评与展望	黄宏斌 张玥杨 孙雅妮	1～35
	卖空能约束企业集团的债务资本扩张吗？	刘　斌 李浩然	35～36
	绿色信贷政策与企业税收规避	赵　静 黄敬昌 司徒海莹 林　斌	57～79
	企业战略差异度对预算执行偏差的影响研究——基于自愿披露的预算信息有效性视角	刘凌冰 刘　昱 赵　丹	80～111
	企业的商誉减值行为能够提高管理层盈余预测准确性吗？	张金若 隆　雨	112～134
	企业的碳承诺会影响审计费用吗？——一个准自然实验	张国清 邓凯琳	160～172
	控股股东“清仓式”股权质押下的减持动因、路径及后果研究——以印纪传媒为例	韩玉玲 郑琳青 李万福 刘梦环	160～172

第十六章 厦门大学会计学系MPAcc中心

第一节　背景及概况

厦门大学“会计硕士专业学位教育”（以下简称MPAcc）中心依托于厦门大学管理学院会计学系，是全国MPAcc教育首批试点单位之一。2004年与厦门国家会计学院联合招生，成立MPAcc联合教育中心，于2011年分开独立招生。2013年MPAcc中心开始招收全日制会计、审计专业硕士研究生。2017—2022年，MPAcc中心归属于厦门大学管理学院专业硕士中心；2022年12月，MPAcc中心回归厦门大学会计学系进行管理。截至2023年6月，MPAcc中心共招收2578名会计硕士、176名审计硕士研究生，授予会计硕士学位1464名，审计硕士学位43名。

厦门大学设立研究生院、厦门大学会计硕士专业学位研究生培养指导委员会，共同指导会计硕士专业学位教育。厦门大学MPAcc教育中心全面负责MPAcc教学管理，是各项教学活动的计划者、组织者，又是学生日常生活的管理者、服务者。厦门大学MPAcc教育中心有专门的办公机构，有专门的办公场地及专门的档案室。MPAcc教育中心设中心主任（杜兴强教授）、执行主任（张国清教授），专职工作人员2名。MPAcc中心主任全面负责中心的教育管理工作，具体包括项目推广、招生管理、教学管理、师资管理、项目认证、职业发展、对外联络等。专职工作人员负责日常行政工作和教学管理。

厦门大学会计学科被誉为"中国会计殿堂"，MPAcc中心依托厦门大学学科的雄厚实力、良好声誉与强大的师资阵容，致力于打造一个培养具有杰出领导力、战略性眼光和全球化视野的会计人才的卓越国际性培养单位。在MPAcc人才培养和实践过程中，以多学科交融、职业化和国际化为导向，侧重于会计实践和职业能力，培养具备良好职业道德和法纪观念，系统掌握现代会计学、审计学、财务管理、信息技术以及相关领域的知识和技能，具有很强分析和解决实际问题能力并具备战略性眼光、会计工作领导潜质的高层次、高素质、国际化、应用型的会计审计专门人才。

通过20年的建设，MPAcc中心已经形成了一支力量雄厚、学术梯队齐整、科研成果丰硕、实务经验丰富、年龄结构合理的国际化师资队伍；生源质量优秀，毕业生社会影响突显，为企事业单位、政府机构、非营利组织等输送了大量高端会计专业人才，毕业生的工作单位性质、职位、薪酬表现优异，获得了用人单位的一致好评；2018年7月，教育部学位与研究生教育发展中心公布全国首次专业学位水平评估结果，厦门大学会计专业学位获评A-级；近6年来，共有2篇学位论文获评全国MPAcc优秀学位论文，有8篇学位论文获评福建省省优秀学位论文；3篇教学案例获评全国MPAcc优秀教学案例奖，3篇教学案例入选全国百篇优秀管理案例；多篇教学案例入选全国教学案例库；MPAcc学生代表队荣获第五届（2018年）、第六届（2019年）、第八届（2022年）、第九届（2023年）全国MPAcc学生案例大赛冠军/特等奖；2022年获得全国会计专业学位研究生教育指导委员会组织的会计硕士专业学位教育质量认证（简称AAPEQ认证）A级质量认证。

第二节　历年大事记

2004年6月，厦门大学与厦门国家会计学院共同设立厦门大学与厦门国家会计学院会计硕士专业学位联合教育中心。

2004年6月，陈汉文担任首任MPAcc教育中心主任，陈守德副教授担任MPAcc中心副主任。

2004年7月，国务院学位办下发文件，厦门大学MPAcc中心成为全国首批正式开班MPAcc学位教育的21个试点单位之一。

2005年3月，149名首届MPAcc学员入学。

2006年3月，中国建设银行股份有限公司集团班开班。

2007年3月，中国神华能源股份有限公司集团班开班。

2008年1月，薛祖云教授担任MPAcc中心主任，李成教授担任MPAcc中心副主任。

2008年7月，全国会计硕士（MPAcc）专业学位教育指导委员会专家组莅临中心进行教学质量考察评估。

2009年3月，全国MPAcc案例教学工作研讨会在厦举行。

2010年3月，国家电网杭州班电力局集团班开班。

2011年3月，云南中烟集团班开班。

2012年6月，与厦门国家会计学院分开独立招生。

2012年10月，厦门大学MPAcc校友会成立。

2012年12月，开始招收全日制会计硕士、审计硕士。

2013年1月，黄炳艺副教授担任MPAcc中心主任。

2013年3月，广西有色金属集团班开班。

2013年9月，首批全日制会计硕士、审计硕士入学。

2014年3月，宁波财税集团班开班。

2015年3月，中航国际集团班开班。

2016年6月，首批全日制MPAcc学生毕业。

2016年12月，校外专家对我校会计硕士学位授权点进行合格点评估。

2017年3月,2013级李中伟同学硕士论文《集团管控与战略成本管理的融合研究——基于CL集团的案例研究》获评2016年全国MPAcc优秀学位论文。

2017年2月，厦门大学MPAcc中心与管理学院旅游管理硕士、工程管理硕士合并，成立厦门大学管理学院专业硕士中心，黄炳艺副教授担任中心副主任。

2017年3月，厦门大学管理学院与厦门上市公司协会在厦门大学管理学院举行了联合培养示范基地签约仪式。

2017年9月，开始招收非全日制双证学员。

2017年9月，开设厦门大学会计学科名家论坛。

2017年12月，厦门大学MPAcc校友会投融资俱乐部、财富管理俱乐部、休闲健康俱乐部成立。

2017年12月，厦门大学MPAcc校友会第一届财务资本论坛圆满举行。

2018年6月，2017级MPAcc王志伟、赫振欣、黄楚暄、徐晓璇、许艺萌、王蔓蓉同学组成的"Warriors"代表队获得2018年（第五届）中国MPAcc学生案例大赛决赛一等奖，指导老师刘峰教授获得优秀指导教师奖，赫振欣同学获得决赛个人最佳表现奖。

2018年7月，教育部学位中心公布了全国首次专业学位水平评估结果，会计硕士获得A-。

2018年7月，举办MPAcc会计名家公益大讲堂。

2019年1月，厦门大学MPAcc校友会第二届财务资本论坛召开，厦门大学MPAcc校友会联席会第二次换届。

2019年6月，2018级李佳虹、陈雨萌、代明瑞、廖安、谢嘉文、郑邦威同学组成的"Battle King"代表队荣获2019年（第六届）中国MPAcc学生案例大赛特等奖，指导老师傅元略教授、严晖副教授获得优秀指导教师奖。

2019年9月，审计硕士专业恢复招生。

2019年10月，2015级朱玮熙同学的硕士论文《国际租赁会计准则改革对我国民航业预期影响研究》获评2018年全国MPAcc优秀学位论文。

2020年12月，张国清教授主持的《会计、审计专业硕士培养的创新与实践：学科交融、职业导向与国际化》获批省级研究生教改项目。

2021年9月，厦门大学MPAcc项目申请进入AAPEQ认证快速通道。

2021年12月，MPAcc项目与审计硕士项目回归会计学系进行管理，杜兴强教授担任项目主任，张国清教授担任项目执行主任。

2022年4月，MPAcc教指委审议通过了厦门大学MPAcc项目AAPEQ认证快速通道的申请。

2022年6月，2022年（第八届）中国MPAcc学生案例大赛以线上线下结合的方式在厦门大学成功举办，2021级董琼芸、刘文琪、何思源、付梦茹、方沁怡同学组成“变秃也变强”代表队夺冠，获得特等奖。指导老师严晖副教授、杜兴强教授、陈守德副教授获得优秀指导教师奖。

2022年7月，厦门大学会计学系MPAcc项目通过了AAPEQ的A级认证。

2023年5月，获全国会计教指委颁发AAPEQ认证A级认证证书，张国清教授代表MPAcc项目接受证书，并在全国MPAcc教学管理工作会议上做主题发言。

2023年6月，2022级孔玉舒、高源、李佳丽、赵康利、支点、罗坤安同学组成的“舒舒服服”代表队，参加2023年（第九届）中国MPAcc学生案例大赛复决赛，获得特等奖。指导老师苏新龙教授、吴宗海先生（企业导师）、杜兴强教授获得优秀指导教师奖。

第三节　专业硕士研究生所获代表性奖项

2015年7月，罗进辉教授、黄泽悦（2014级全日制会计硕士）、李雪共同撰写的《厦华彩电从名牌到停产：创新与质量的双重缺失》入选第六届“全国百篇优秀管理案例”。

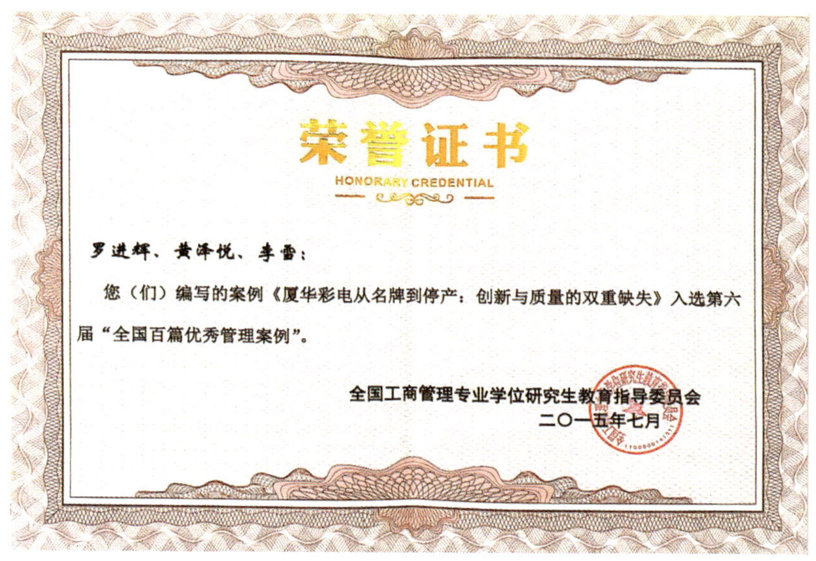

荣誉证书

HONORARY CREDENTIAL

罗进辉、黄泽悦、李雪：

您（们）编写的案例《厦华彩电从名牌到停产：创新与质量的双重缺失》入选第六届“全国百篇优秀管理案例”。

全国工商管理专业学位研究生教育指导委员会

二〇一五年七月

◎《厦华彩电从名牌到停产：创新与质量的双重缺失》获奖证书

2016年3月，2009级在职会计硕士项岳海的论文《南方水泥后并购时期的财务整合研究》获评2015年福建省优秀硕士论文。

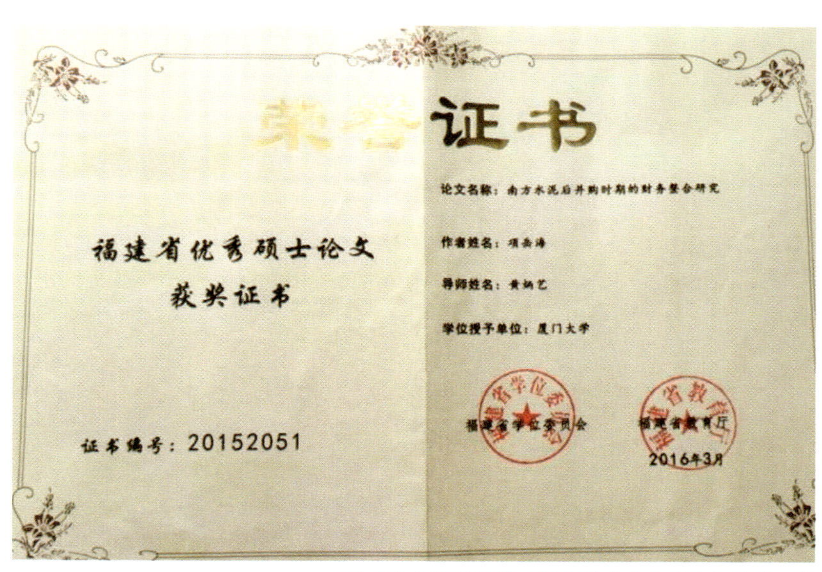

荣誉证书

福建省优秀硕士论文

获奖证书

证书编号：20152051

论文名称：南方水泥后并购时期的财务整合研究

作者姓名：项岳海

导师姓名：黄炳艺

学位授予单位：厦门大学

福建省学位委员会　福建省教育厅

2016年3月

◎《南方水泥后并购时期的财务整合研究》获奖证书

2016年7月，罗进辉教授、黄泽悦（2014级全日制会计硕士）、皋红玲（2014级全日制会计硕士）共同撰写的《湘鄂情的战略转型：机遇与挑战》入选第七届“全国百篇优秀管理案例”。

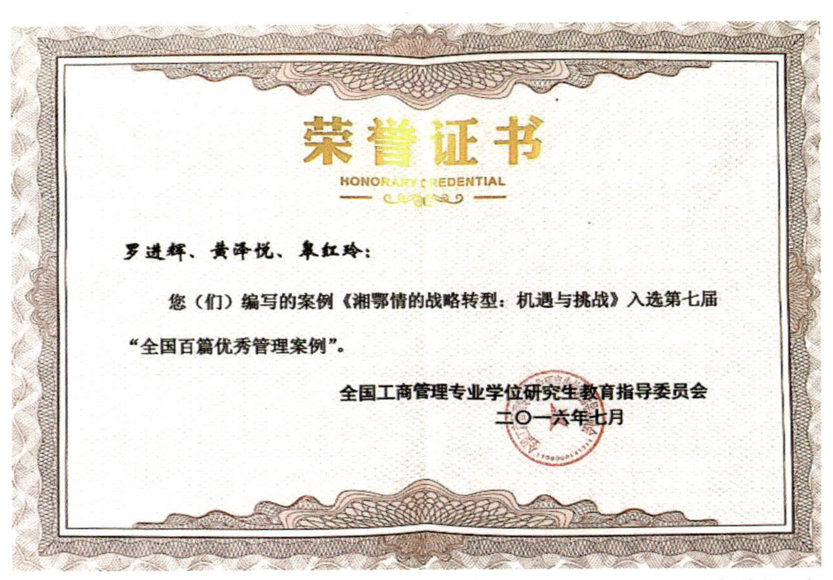

荣誉证书

HONORARY CREDENTIAL

罗进辉、黄泽悦、皋红玲：

您（们）编写的案例《湘鄂情的战略转型：机遇与挑战》入选第七届“全国百篇优秀管理案例”。

全国工商管理专业学位研究生教育指导委员会

二〇一六年七月

◎《湘鄂情的战略转型：机遇与挑战》获奖证书

2017年5月，2013级全日制会计硕士李中伟的论文《集团管控与战略成本管理的融合研究——基于CL集团的案例研究》获评全国会计硕士专业学位优秀学位论文。

全国会计硕士专业学位

优秀学位论文获奖证书

证书编号：LW/YX125320160006

为表彰全国会计硕士专业学位优秀学位论文获奖者，特颁发此证书。

专业学位类别：会计专业硕士（MPAcc）

论文名称：集团管控与战略成本管理的融合研究——基于CL集团的案例研究

论文作者：李中伟

指导教师：傅元略

作者单位：厦门大学

获奖年份：2016年

◎《集团管控与战略成本管理的融合研究——基于CL集团的案例研究》获奖证书

2017年5月，2008级在职会计硕士黄莉的论文《信息化环境下财务业务一体化内部控制管理模式研究——以国家电网福建电力有限公司为实践案例》获评福建省研究生优秀硕士学位论文。

荣誉证书

福建省优秀硕士学位论文

获奖证书

论文名称：信息化环境下财务业务一体化内部控制管理模式研究——以国家电网福建电力有限公司为实践案例

作者姓名：黄　莉

导师姓名：林朝南

学位授予单位：厦门大学

证书编号：20162063

福建省学位委员会　福建省教育厅

2017年5月

◎《信息化环境下财务业务一体化内部控制管理模式研究——以国家电网福建电力有限公司为实践案例》获奖证书

2017年5月，2008级在职会计硕士黄琳的论文《基于风险导向的高校绩效审计研究——以N高校为例》获评福建省研究生优秀硕士学位论文。

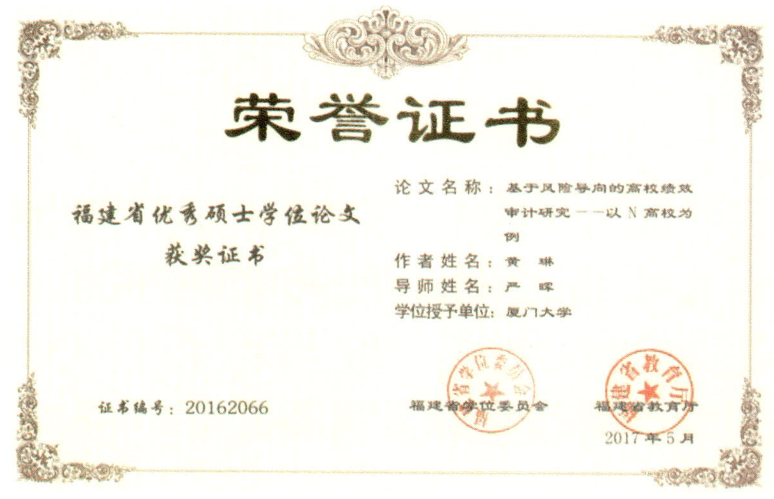
荣誉证书

福建省优秀硕士学位论文

获奖证书

论文名称：基于风险导向的高校绩效审计研究——以N高校为例

作者姓名：黄　琳

导师姓名：严　晖

学位授予单位：厦门大学

证书编号：20162066

福建省学位委员会　福建省教育厅

2017年5月

◎《基于风险导向的高校绩效审计研究——以N高校为例》获奖证书

2017年9月，黄炳艺副教授、刘曦、吴伟燕（2016级全日制会计硕士）共同撰写的《中国化工并购先正达：一场抱团取暖的跨国恋》入选2017年第八届“全国百篇优秀管理案例”。

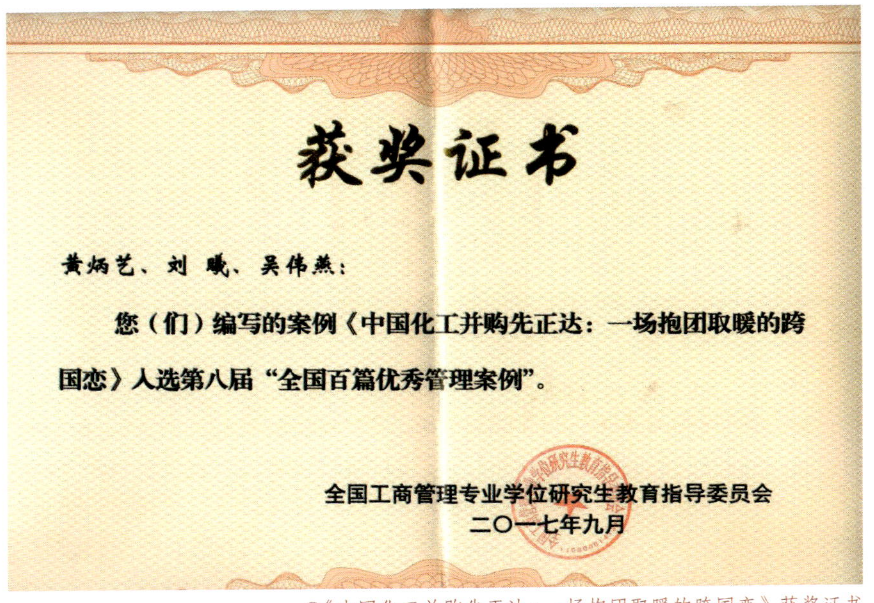

◎《中国化工并购先正达：一场抱团取暖的跨国恋》获奖证书

2018年3月，2017级全日制会计硕士杨欣蕊等荣获第十届尖烽时刻全国商业模拟大赛中国区二等奖。

◎第十届尖烽时刻全国商业模拟大赛获奖证书

2018年4月，2014级全日制会计硕士向元高的论文《民营企业IPO发行审核时间的经济后果》获评福建省优秀硕士学位论文。

◎《民营企业IPO发行审核时间的经济后果》获奖证书

2018年5月，黄炳艺副教授、颜明彦（2016级全日制会计硕士）、刘曦撰写的《浔兴股份收购价之链：被杠杆撬动的企业价值》获评全国MPAcc优秀案例。

◎《浔兴股份收购价之链：被杠杆撬动的企业价值》获奖证书

2018年6月，由2017级全日制会计硕士王志伟、赫振欣、黄楚暄、徐晓璇、许艺萌、王蔓蓉组成的“Warriors”代表队荣获2018年（第五届）中国MPAcc学生案例大赛决赛一等奖，赫振欣获得决赛个人最佳表现奖，指导老师刘峰获得优秀指导教师奖。

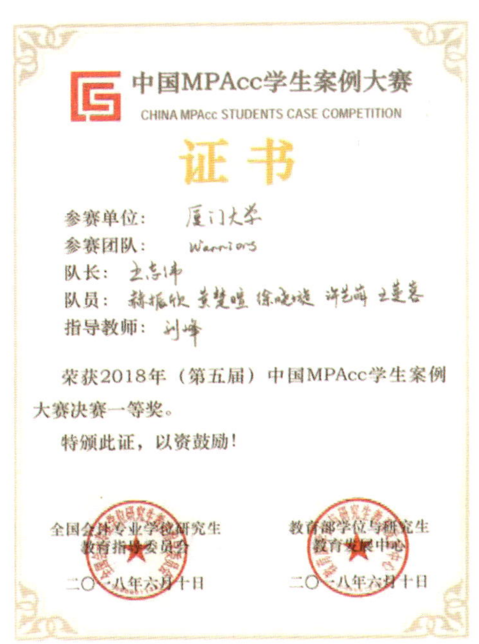

中国MPAcc学生案例大赛
CHINA MPAcc STUDENTS CASE COMPETITION

证书

参赛单位：厦门大学
参赛团队：Warriors
队长：王志伟
队员：赫振欣 黄楚暄 徐晓璇 许艺萌 王蔓蓉
指导教师：刘峰

荣获2018年（第五届）中国MPAcc学生案例大赛决赛一等奖。

特颁此证，以资鼓励！

全国会计专业学位研究生教育指导委员会
二〇一八年六月十日

教育部学位与研究生教育发展中心
二〇一八年六月十日

中国MPAcc学生案例大赛
CHINA MPAcc STUDENTS CASE COMPETITION

证书

厦门大学学校 Warriors 团队 刘峰：

荣获2018年（第五届）中国MPAcc学生案例大赛优秀指导教师奖。

特颁此证，以资鼓励！

全国会计专业学位研究生教育指导委员会
二〇一八年六月十日

教育部学位与研究生教育发展中心
二〇一八年六月十日

◎2018年（第五届）中国MPAcc学生案例大赛获奖证书

2018年9月，2017级全日制会计硕士王蔓蓉与其他成员的项目《博创盛世：肿瘤药敏辅助诊疗服务》在2018年“创青春”福建省大学生创业大赛第十届“挑战杯”大学生创业计划竞赛（本科组）中荣获金奖。

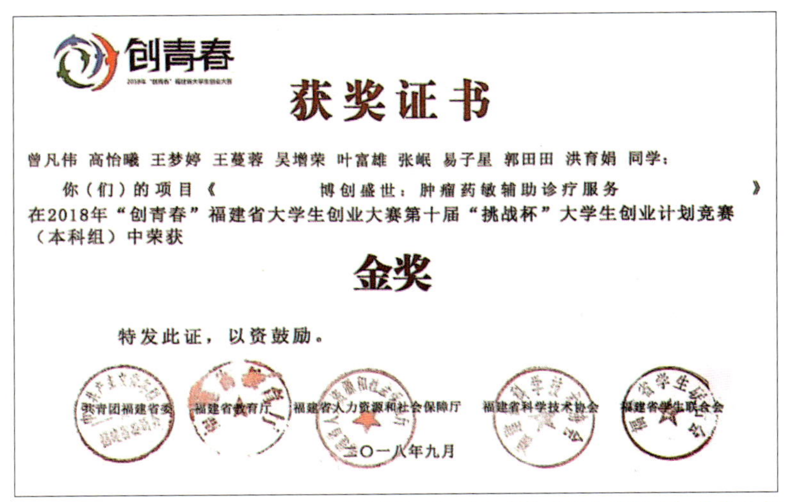

创青春

获奖证书

曾凡伟 高怡曦 王梦婷 王蔓蓉 吴增荣 叶富雄 张岷 易子星 郭田田 洪育娟 同学：

你（们）的项目《博创盛世：肿瘤药敏辅助诊疗服务》在2018年“创青春”福建省大学生创业大赛第十届“挑战杯”大学生创业计划竞赛（本科组）中荣获

金奖

特发此证，以资鼓励。

共青团福建省委 福建省教育厅 福建省人力资源和社会保障厅 福建省科学技术协会 福建省学生联合会

二〇一八年九月

◎《博创盛世：肿瘤药敏辅助诊疗服务》获奖证书

2018年10月，2017级全日制会计硕士曹惠真与其他成员的作品《荒漠绿洲——水溶性生物基材料的创制与应用》在第四届中国“互联网+”大学生创新创业大赛中荣获银奖，同时获省级金奖。

获奖证书

陈思瑞、樊嫒婷、韩 月、保雄伟、丁亚萍、曹惠真、黄剑岚、刘重毅、郭 伟、马永杰：

你们的作品《荒漠绿洲-水溶性生物基材料的创制和应用》，在第四届中国“互联网+”大学生创新创业大赛中荣获银奖

指导教师：赵玉芬、尹应武、杨家麒、孙 瑞、张雪艳

特发此证，以资鼓励。

主办单位：
教育部、中共中央统一战线工作部、
中共中央网络安全和信息化委员会办公室、
国家发展和改革委员会、工业和信息化部、
人力资源和社会保障部、农业农村部、
国家知识产权局、中国科学院、中国工程院、
国务院扶贫开发领导小组办公室、
共青团中央、福建省人民政府

中国“互联网+”大学生创新创业大赛
组织委员会
二〇一八年十月

证书编号：201810012

◎《荒漠绿洲——水溶性生物基材料的创制与应用》获奖证书

2018年10月，2017级全日制会计硕士林艳霞与其他成员的作品《核芯生物—引领核酸快速检测“芯”时代》荣获第四届中国“互联网+”大学生创新创业大赛国家级一等奖。

获奖证书

苏晓淼、张 诗、林乃珩、黄 鑫、林世一、张建中、翁振宇、张 雅、林燕玲、林艳霞、林 冰、苏雅霖：

你们的作品《核芯生物—引领核酸快速检测“芯”时代》，在第四届中国“互联网+”大学生创新创业大赛中荣获金奖

指导教师：葛胜祥、张东旭、张师音、闵小平、赵 煜

特发此证，以资鼓励。

主办单位：
教育部、中共中央统一战线工作部、
中共中央网络安全和信息化委员会办公室、
国家发展和改革委员会、工业和信息化部、
人力资源和社会保障部、农业农村部、
国家知识产权局、中国科学院、中国工程院、
国务院扶贫开发领导小组办公室、
共青团中央、福建省人民政府

中国“互联网+”大学生创新创业大赛
组织委员会
二〇一八年十月

证书编号：201810030

◎《核芯生物—引领核酸快速检测“芯”时代》获奖证书

2018年10月，2017级全日制会计硕士李桃与其他成员的作品《派恩杰：柔性电子科技先行者》在第四届中国“互联网+”大学生创新创业大赛中荣获金奖，同时获省级金奖、校级金奖。

获奖证书

许子顿、黄嘉妮、张鹏飞、李伟锋、李 腾、李成一、李 桃、刘子敬、吴建城、缪雯娜、林佳璐：

你们的作品《派恩杰：柔性电子科技先行者》，在第四届中国“互联网+”大学生创新创业大赛中荣获金奖

指导教师：刘向阳、郭文焘、张 晴

特发此证，以资鼓励。

主办单位：
教育部、中共中央统一战线工作部、
中共中央网络安全和信息化委员会办公室、
国家发展和改革委员会、工业和信息化部、
人力资源和社会保障部、农业农村部、
国家知识产权局、中国科学院、中国工程院、
国务院扶贫开发领导小组办公室、
共青团中央、福建省人民政府

中国“互联网+”大学生创新创业大赛
组织委员会
二〇一八年十月

证书编号：201810029

◎《派恩杰：柔性电子科技先行者》获奖证书

2019年5月，2015级全日制会计硕士陈华阳的论文《年度报告可读性的经济后果——基于双重代理成本的视角》获评福建省优秀专业硕士学位论文。

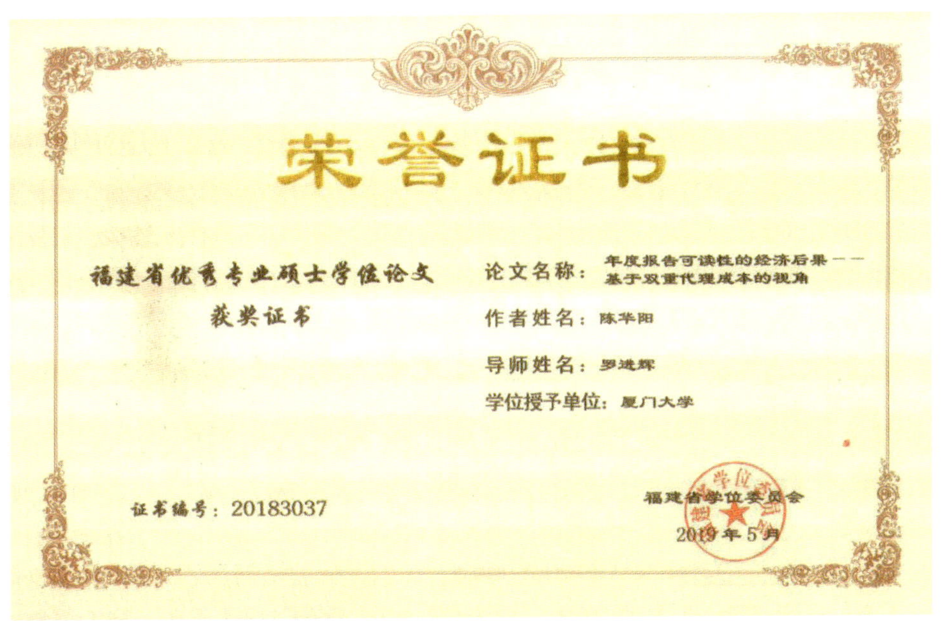
荣誉证书

福建省优秀专业硕士学位论文
获奖证书

论文名称：年度报告可读性的经济后果——基于双重代理成本的视角
作者姓名：陈华阳
导师姓名：罗进辉
学位授予单位：厦门大学

证书编号：20183037

福建省学位委员会
2019年5月

◎《年度报告可读性的经济后果——基于双重代理成本的视角》获奖证书

2019年6月，由2018级全日制会计硕士李佳虹、代明瑞、廖安、谢嘉文、陈雨萌、郑邦威组成的“Battle King”代表队荣获2019年（第六届）中国MPAcc学生案例大赛全国特等奖。指导老师傅元略、严晖获得优秀指导教师奖。

CPIPC 中国研究生创新实践系列大赛

中国MPAcc学生案例大赛

CHINA MPAcc STUDENTS CASE COMPETITION

证书

厦门大学学校Battle King队 傅元略、严晖

荣获2019年（第六届）中国MPAcc学生案例大赛优秀指导教师奖。

特颁此证，以资鼓励！

全国会计专业学位研究生教育指导委员会 二〇一九年六月十六日

教育部学位与研究生教育发展中心 二〇一九年六月十六日

CPIPC 中国研究生创新实践系列大赛

中国MPAcc学生案例大赛

CHINA MPAcc STUDENTS CASE COMPETITION

证书

参赛单位：厦门大学

参赛团队：Battle King队

队长：李佳虹

队员：谢嘉文、陈雨萌、代明瑞、廖安、郑邦威

指导教师：傅元略、严晖

荣获2019年（第六届）中国MPAcc学生案例大赛全国特等奖。

特颁此证，以资鼓励！

全国会计专业学位研究生教育指导委员会 二〇一九年六月十六日

教育部学位与研究生教育发展中心 二〇一九年六月十六日

◎2019年（第六届）中国MPAcc学生案例大赛获奖证书

2019年10月，2015级全日制会计硕士朱玮熙的论文《国际租赁会计准则改革对我国民航业预期影响研究》获评全国MPAcc优秀学位论文。

全国会计硕士专业学位

优秀学位论文获奖证书

证书编号：LW/YX12532018008

为表彰全国会计硕士专业学位优秀学位论文获奖者，特颁发此证书。

专业学位类别：会计专业硕士（MPAcc）

论 文 名 称：国际租赁会计准则改革对我国民航业预期影响研究

论 文 作 者：朱玮熙

指 导 老 师：杨绮

作 者 单 位：厦门大学

获 奖 年 份：2018年

全国会计专业学位研究生教育指导委员会

二〇一九年十月八日

◎《国际租赁会计准则改革对我国民航业预期影响研究》获奖证书

2019年10月，2018级全日制会计硕士张莹与其他成员的作品《领路新材——无卤阻燃聚氨酯保温建材》在第五届中国“互联网+”大学生创新创业大赛中荣获铜奖。

获奖证书

毛杰、王秀、吴洁茹、张乙璇、陈玮鑫、张一顺、陈婷、孔护繁、宋恒尧、杨鹏飞、陶玉倩、张莹、黄新林：

你们的作品《领路新材——无卤阻燃聚氨酯保温建材》，在第五届中国“互联网+”大学生创新创业大赛中荣获 铜奖

指导教师：戴李宗、陈国荣、丁渡、庄曦

特发此证，以资鼓励。

主办单位：
教育部、中央统战部、中央网络安全和信息化委员会办公室、国家发展和改革委员会、工业和信息化部、人力资源和社会保障部、农业农村部、国家知识产权局、中国科学院、中国工程院、国务院扶贫开发领导小组办公室、共青团中央、浙江省人民政府

中国“互联网+”大学生创新创业大赛组织委员会
二〇一九年十月

证书编号：201910377

◎《领路新材——无卤阻燃聚氨酯保温建材》获奖证书

2020年6月，2016级全日制审计硕士黄怡的论文《影视业并购中对赌协议的中小股东利益保护机制研究——以华谊兄弟收购浙江常升为例》获评福建省优秀专业硕士学位论文。

荣誉证书

福建省优秀专业硕士学位论文
获奖证书

论文名称：影视业并购中对赌协议的中小股东利益保护机制研究——以华谊兄弟收购浙江常升为例

作者姓名：黄怡

导师姓名：李成

学位授予单位：厦门大学

证书编号：20203066

福建省学位委员会
2020年6月

◎《影视业并购中对赌协议的中小股东利益保护机制研究——以华谊兄弟收购浙江常升为例》获奖证书

2020年8月，杨绮副教授、王志伟（2017级全日制会计硕士）共同撰写的《一纸契约下的“母子情”：从朗玛信息的一致行动协议看合并范围界定问题》入选中国专业学位教学案例中心案例库。

中国专业学位教学案例中心
案例入库证书

专业学位类别：会计
案例名称：一纸契约下的“母子情”：从朗玛信息的一致行动协议看合并范围界定问题

案例编号：202012530198
案例作者：杨绮(厦门大学)
王志伟(厦门大学)

入库时间：2020年8月12日

教育部学位与研究生教育发展中心　　全国会计专业学位研究生教育指导委员会

证书编号：CCC202012530198

◎《一纸契约下的“母子情”：从朗玛信息的一致行动协议看合并范围界定问题》获奖证书

2020年11月，2019级全日制审计硕士方瑶与其他成员的作品《原位冷冻芯片——微观世界的“火眼金睛”》在第六届中国国际“互联网+”大学生创新创业大赛中荣获银奖。

获奖证书
Certificate of Award

周诗远、江友红、邓俊先、方瑶、孙悦、郭森涛、刘成豪、乔学炜、何嘉乐、张硕：

你们的作品《原位冷冻芯片——微观世界的“火眼金睛”》，在第六届中国国际“互联网+”大学生创新创业大赛中荣获银奖

指导老师：廖洪钢、吴丽晶

特发此证，以资鼓励。

主办单位：
教育部、中央统战部、中央网络安全和信息化委员会办公室、国家发展和改革委员会、工业和信息化部、人力资源和社会保障部、农业农村部、中国科学院、中国工程院、国家知识产权局、国务院扶贫开发领导小组办公室、共青团中央、广东省人民政府

中国国际“互联网+”大学生创新创业大赛组委会
二〇二〇年十一月
证书编号：2020100165

◎《原位冷冻芯片——微观世界的“火眼金睛”》获奖证书

2021年7月，2017级全日制会计硕士可黎明的论文《对外异地担保与债务成本关系研究——基于A股上市公司的经验证据》（指导教师：杜兴强教授）获评福建省优秀专业硕士学位论文。

荣誉证书

福建省优秀专业硕士学位论文
获奖证书

论文名称：对外异地担保与债务成本关系研究——基于A股上市公司的经验证据

作者姓名：可黎明

学位授予单位：厦门大学

福建省学位委员会
2021年7月

◎《对外异地担保与债务成本关系研究——基于A股上市公司的经验证据》获奖证书

2022年11月，2018级全日制会计硕士朱虹的论文《非处罚性监管与盈余管理——基于年报问询函视角》获评福建省优秀硕士学位论文。

荣誉证书

福建省优秀硕士学位论文
获奖证书

论文名称：非处罚性监管与盈余管理——基于年报问询函视角

作者姓名：朱虹

导师姓名：苏新龙

学位授予单位：厦门大学

福建省学位委员会
2022年11月8日

◎《非处罚性监管与盈余管理——基于年报问询函视角》获奖证书

2022年6月，由2021级全日制会计硕士郝晶晶、董琼芸、刘文琪、何思源、付梦茹、方沁怡组成的“变秃也变强”代表队荣获2022年（第八届）MPAcc学生案例大赛特等奖；指导老师严晖、杜兴强、陈守德荣获优秀指导教师奖。

2022年(第八届)MPAcc学生案例大赛
2022 MPAcc Students Case Competition

获奖证书

参赛单位：厦门大学　参赛团队：变秃也变强
指导教师：严晖、杜兴强、陈守德　队长：郝晶晶
队员：董琼芸、刘文琪、何思源、付梦茹、方沁怡
荣获2022年（第八届）MPAcc学生案例大赛

特等奖

特颁此证，以资鼓励！

MPAcc学生案例大赛组织委员会

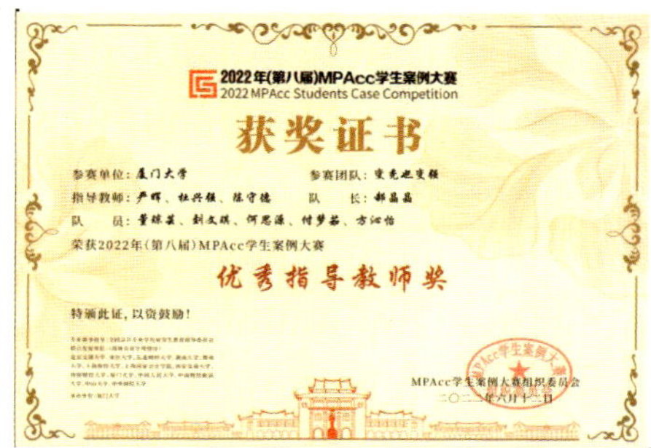

2022年(第八届)MPAcc学生案例大赛
2022 MPAcc Students Case Competition

获奖证书

参赛单位：厦门大学　参赛团队：变秃也变强
指导教师：严晖、杜兴强、陈守德　队长：郝晶晶
队员：董琼芸、刘文琪、何思源、付梦茹、方沁怡
荣获2022年（第八届）MPAcc学生案例大赛

优秀指导教师奖

特颁此证，以资鼓励！

MPAcc学生案例大赛组织委员会

◎2022年（第八届）MPAcc学生案例大赛获奖证书

2022年8月，2021级全日制会计硕士郭爽与其他成员的作品《瞬捷科技：开拓智能创新新“视”界》在第八届福建省“互联网+”大学生创新创业大赛（高教主赛道）金奖。

2023年6月，由2022级全日制会计硕士孔玉舒、高源、李佳丽、赵康利、支点、罗坤安组成的“舒舒服服”代表队夺冠，获得2023年（第九届）MPAcc学生案例大赛特等奖。指导老师苏新龙、吴宗海（企业导师）、杜兴强获得优秀指导教师奖。

获奖证书
Certificate of Award

你们的作品《瞬捷科技：开拓智能制造新“视”界》在第八届福建省“互联网+”大学生创新创业大赛（高教主赛道）中荣获

金奖

特发此证，以资鼓励。

福建省“互联网+”大学生创新创业大赛组委会
二〇二二年八月

◎《瞬捷科技：开拓智能创新新“视”界》获奖证书

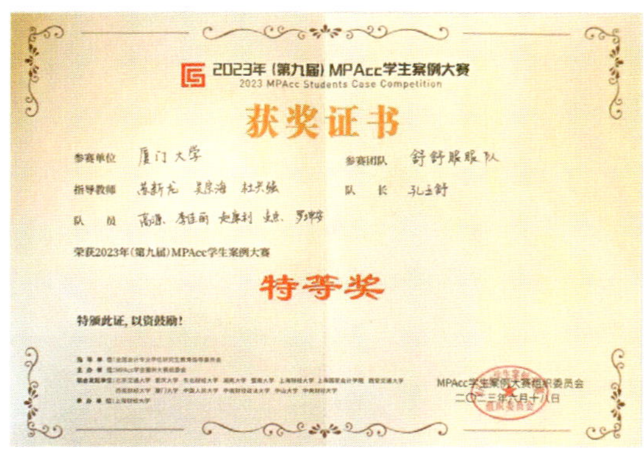

2023年(第九届) MPAcc学生案例大赛
2023 MPAcc Students Case Competition

获奖证书

参赛单位　厦门大学　参赛团队　舒舒服服队
队　　长　孔玉舒
队　　员　高源、李佳丽、赵康利、支点、罗坤安
荣获2023年（第九届）MPAcc学生案例大赛

特等奖

特颁此证，以资鼓励！

MPAcc学生案例大赛组织委员会
二〇二三年六月十八日

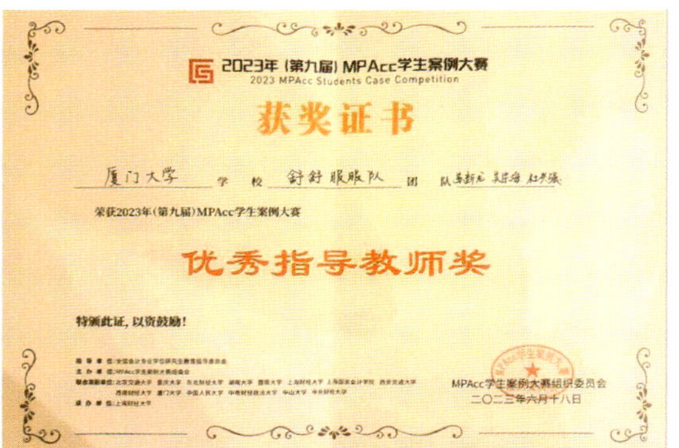

2023年(第九届) MPAcc学生案例大赛
2023 MPAcc Students Case Competition

获奖证书

厦门大学　学校　舒舒服服队　团队
荣获2023年（第九届）MPAcc学生案例大赛

优秀指导教师奖

特颁此证，以资鼓励！

MPAcc学生案例大赛组织委员会
二〇二三年六月十八日

◎2023年（第九届）MPAcc学生案例大赛获奖证书

第十七章 厦门大学财务管理与会计研究院

第一节 历年大事记

2005年9月，厦门大学财务管理与会计研究院成立。厦门大学财务管理与会计研究院（The Institute for Financial & Accounting Studies，IFAS）是国家“985工程”全国唯一的财务与会计创新基地，致力于世界同行认可的财务与会计原创性研究和国际化教学。

2006年3月，第一期财务与会计学术论坛举办，至今已举办316期。

2007年7月，承办教育部“2007年会计学与财务管理全国研究生暑期学校”。

2007年9月，开办第一届财会研究生实验班。

2008年1月，与会计发展研究中心和会计学系联合主办《当代会计评论》学术期刊。

2009年1月，孙谦老师的课题“中国企业海外上市动因和效果问题研究”（70872095）获国家自然科学基金面上项目资助。

2009年2月，开办第一届新西兰梅西大学硕士留学准备课程项目班。

2009年5月，承办首届财务管理协会（国际）亚洲年会（FMA-Asia Conference）。

2011年1月，阮军老师的课题“中国国债的拍卖发行研究”（71073132）获国家自然科学基金面上项目资助。

2011年6月，承办美国会计学会（American Accounting Association）《国际会计研究学刊》首届年会。

2011年7月，联合承办北美华人会计教授学会（CAPANA）年会。

2011年9月，独立招收第一届博士研究生，学制3年；2012年实施研究生课改，按照国际一流商学院标准修订培养方案并推进全英授课。

2011年11月，承办《中国会计学刊》2011学术年会。

2012年2月，开办第一届美国杜兰大学硕士留学准备课程项目班。

2012年3月，承办2012年东亚地区会计国际研讨会。

2012年9月，独立招收第一届硕士研究生，学制3年。

2012年9月，承办第四届海峡两岸会计论坛。

2012年9月，开办第一届美国伊利诺伊大学香槟分校硕士留学准备课程项目班。

2013年9月，招收第一届国际硕士生，学制2年，与国内学生同堂学习、统一标准。

2013年12月，与会计发展研究中心和会计学系联合主办的《当代会计评论》学术期刊入选CSSCI集刊至今。

2014年1月，王荔红老师的课题“我国国有上市公司政治控制成本研究”（71302072）获国家自然科学基金青年科学基金项目资助。

2014年9月，厦门大学哲学社会科学繁荣计划专项资助项目——会计与财务金融创新实验中心建成。

2015年6月，承办《会计国际期刊》2015年学术研讨会。

2015年7月，举办第一届全国优秀大学生暑期夏令营。

2016年1月，李茂良老师的课题“市场流动性与公司股利政策的交叉研究”（71502150），阮军老师的课题“中国股市的风险、收益、效率和可持续性研究”（71572161），孙增元老师的课题“公司欺诈的行为特征与经济后果”（71603222）分别获国家自然科学基金资助。

2016年7月，举办第二届全国优秀大学生暑期夏令营。

2016年9月，招收第一届国际博士生，学制4年。

2016年11月，加入QTEM硕士网络联盟目（Quantitative Techniques for Economics & Management Masters Network）。该联盟目前全球有20多所顶尖商学院加盟。QTEM硕士网

络联盟成员高校学生除了可获得原学校的硕士学位外，在国外学习期间修满一定课程并实习后即可同时获得QTEM学位证书。

2016年12月，举办首届厦门大学管理学院、财务管理与会计研究院、嘉庚学院会计与金融学院三院联合学术研讨会。

2017年7月，举办第三届全国优秀大学生暑期夏令营。

2018年7月，举办第四届全国优秀大学生暑期夏令营。

2019年7月，举办第五届全国优秀大学生暑期夏令营。

2019年7月，王荔红老师的课题“我国上市公司股东异质性研究”（18BGL075）获国家社会科学基金一般项目资助。

2019年8月，于小偶老师的论文“The Impact of Financial Covenants in Private Loan Contracts on Classification Shifting”发表在*Management Science*（UTD 24）。以往关于分类转移的研究主要关注股票市场动机（例如，满足分析师的盈利预测），本研究将这一领域的关注焦点拓展至银行贷款合同，从而凸显了债权人对借款公司进行“分类转移”盈余管理行为的影响。

2020年7月，举办第六届全国优秀大学生暑期夏令营（线上）。

2020年11月，胡金帅老师的论文“The Effect of Fair Value Accounting on the Performance Evaluation Role of Earnings”发表在会计学顶级期刊*Journal of Accounting& Economics*（UTD 24）。该研究在全球范围内率先提出财务报告公允价值的广泛运用降低高管契约合同中会计信息有用性的理论观点，为中国和国际财务报告准则的修订提供了重要理论借鉴。

2021年9月，李珊老师的课题“财务报告文本信息对股市波动的影响机制及风险防控研究”（21CGL054）获国家社会科学基金青年项目资助。

2022年5月，获2021年度厦门大学研究生教育质量目标责任制考核“进步之星奖”。

2022年9月，胡金帅老师的课题“社交媒体治理、投资者保护与机器学习文本主题挖掘研究”（ZX2022242）获国家社会科学基金一般项目资助。

2022年12月，获评2021年度厦门大学人文社科科研业绩突出单位。

2022年12月，获评2022年厦门大学全国优秀大中学生夏令营先进单位。

2023年1月，刘俊岐老师的课题“中小投资者对企业信息需求与企业信息披露：基于自然语言分析的实证与理论”（72202190）获国家自然科学基金青年科学基金项目资助。

2023年3月，胡金帅老师的论文“How does the Market for Corporate Control Impact Tax Avoidance? Evidence from International M&A Laws”发表于会计学领域顶级期刊*Review of Ac-*

counting Studies（FT 50）。本成果从国际视野聚焦全球公司会计与税务基础理论和实践与改革问题，丰富了中国会计理论与实务问题的研究视角和方法，为我国制定与完善公司并购法规提供了重要的理论依据与数据支撑。

2023年3月，胡金帅老师的论文"Regulatory Institutional Misalignment and Cross-border Acquisitions: Evidence from Emerging-market Enterprises amidst Anticorruption Campaign"被*Journal of International Business Studies*（UTD 24）接受发表。本成果对我国的政府治理有着重要启示：一方面，政府廉政勤政治理遏制了政府官员和企业的腐败行为，净化了营商环境，改善了经济资源的配置效率；另一方面政府廉政勤政治理也能够有效地避免资源配置权力与资源配置引导角色不相匹配的管制错位现象，改善营商环境，促进经济资源的有效配置。

第二节　历任院领导简介

◎孙谦

孙谦，2005年9月至2010年1月担任厦门大学财务管理与会计研究院首任院长。曾就读于北京大学、美国威廉派得森学院和美国亚里桑那州立大学，先后获得经济学学士、工商管理硕士和经济学博士学位。长期从事资本市场、公司金融、国际金融等方面的研究，在SSCI收录的国际学术期刊上发表论文30余篇。主要学术兼职有亚洲影子金融监管委员会委员，曾任上海证券交易所高级访问金融专家、亚洲金融学会副主席、教育部高等学校金融学专业教学指导委员会副主任，并担任多家国内外学术期刊的编委。曾执教于新加坡南洋理工大学商学院，现就职于复旦大学管理学院金融与财务学系，教授，博士生导师。

◎曲晓辉

曲晓辉，2010年9月至2015年11月担任厦门大学财务管理与会计研究院院长。中国第一位经济学（会计学）女博士和第一位会计学博士生女导师。全国会计硕士专业学位（MPAcc）项目论证发起人，全国会计博士专业学位（DPAcc）设置方案和论证报告主要起草人，为国家会计专业学位教育发展作出重要贡献。教育部跨世纪人才培养计划入选者，美国富布莱特研究学者，享受国务院政府特殊津贴专家，《当代会计评论》（CSSCI集刊）创刊主编，中国会计学会会计教育分会（原中国会计教授会）两任会长，粤港澳高校会计联盟常任委员会首任主任。

主要研究领域：国际会计和资本市场会计。先后主持国家重点和面上项目、部级重大重点项目16项，出版著作和教材24部，国内外发表论文150余篇，部委采纳咨询报告8份，企业采纳咨询报告3份，获国家及省部级科研奖16项、中国会计学会优秀论文一等奖2项、葛家澍奖（首届科研奖）、ACCA卓越贡献奖。

曾获霍英东教育基金会高等院校青年教师奖、“福建省优秀专家”称号、“福建省师德先进个人”称号、“福建省优秀青年社会科学工作者”称号、“厦门市巾帼建功标兵”称号、“全国先进女职工”称号，入选2007年、2008年、2011年（第一、二、三届）中国杰出社会科学家。入选福建省高层次人才。

现任国家社科基金学科评审组专家、中国成本研究会副会长、全国会计专业学位研究生教育指导委员会顾问、中国会计学会会计教育分会顾问和会计基础理论专业委员会主任委员、厦门市会计学会副会长，以及*China Journal of Accounting Research*、《中国会计评论》、《当代会计评论》等学术期刊编委。

曾任教育部社会科学委员会管理学部委员、教育部中外合作办学项目评审专家、财政部会计准则委员会咨询专家、全国会计硕士专业学位教育指导委员会第一、二届委员兼培养组组长和学位论文指导工作分委员会主任、中国会计学会学术委员、中国会计学会会计教育分会常务理事、美国会计学会会员、欧洲会计学会会员。曾任*Accounting Education：An International Journal*编辑顾问，*China Accounting and Finance Review*、*Frontiers of Business Research in China*编委。曾任全国第八次妇代会代表、全国妇联八届执委。

曾任厦门大学研究生院副院长、厦门大学学术委员会委员、学位评定委员会五届和六届委员、学风委员会委员、社会科学委员会管理学部委员、国家“985工程”哲学社会科学创新基地厦门大学财务管理与会计研究院院长、教育部重点研究基地厦门大学会计发展研究中心主任、厦门大学闽江学者特聘教授、广东财经大学珠江学者讲座教授。

强欣荣，2010年9月—2015年12月担任厦门大学财务管理与会计研究院副院长。1989—1997年就读于清华大学，获工程学（精密仪器）学士和工程学（工业外贸）硕士。1998—2004年就读美国纽约州立大学布法罗分校，获会计学博士学位。2004—2007年任教于美国怀俄明大学。研究兴趣为财务会计信息质量对资本市场的影响。具体研究方向包括会计保守原则、会计质量、盈余管理、公司治理和分析师预测等。四篇相关论文曾经被2005年、2007年和2009年American Accounting Association（AAA）年会接受。一篇论文发表于国际一流会计研究期刊*The Accounting Review*（UTD 24）。在教学方面，主要讲授会计原理、财务会计、财务会计报表分析等课程。

◎强欣荣

◎叶建明

叶建明，2015年12月—2020年3月担任厦门大学财务管理与会计研究院院长。1985年获得厦门大学数学学士学位，1992年获得芝加哥大学统计学博士学位，2006年获得哥伦比亚大学商学院会计学博士学位。1992—1998年在芝加哥大学商学研究生院担任统计学助理教授；1998—2001年在纽约城市大学巴鲁学院（Baruch College）担任统计学副教授，2001年转入该校在美国排名第七的STAN ROSS会计系任教，成为博士生导师，2011—2014年担任该系系主任；2008—2014年兼任中国西南财经大学会计学院海外特聘院长；2014年11月—2020年3月任厦门大学管理学院院长。已在*Journal of American Statistical Association*、*Review of Accounting Studies*、*Annuals of Statistics*、《会计研究》等国内外顶尖期刊发表多篇学术论文，提出了模型广义自由度概念以及对亏损公司估值的新模式等，在统计学界和会计学界具有较大的影响力。

◎胡金帅

胡金帅，2016年9月至今担任厦门大学财务管理与会计研究院副院长。会计学博士，教授、博士生导师，入选财政部国际化高端会计人才、福建省会计人才库、厦门市高层次留学人才，获福建省社会科学优秀成果一等奖、厦门大学葛家澍奖教金（厦门大学社科最高科研奖），任《当代会计评论》（CSSCI集刊）和《财务管理研究》编委会委员、国际学术期刊JRFM客座主编。近年来在国际权威和重要学术刊物发表论文10余篇，其中发表在会计学领域全球三大顶级期刊JAE论文1篇、国际商务领域全球第一顶级期刊JIBS论文1篇、会计学全球五大顶刊RAST论文1篇、国际二类论文（相当于学科全球前二十）6篇，SSCI收录期刊论文共计6篇；主持国家级基金项目2项、省社科重点项目1项、省自科项目1项、省社科青年项目1项、横向企业咨询项目1项，以子项目负责人身份参与国家自然科学基金重大项目1项，参与国家社会科学基金重大项目2项。

第三节　历任 / 现任教师

一、现任教师

陈晓琦，助理教授，硕士生导师，福建省C类人才。2014年6月本科毕业于西南财经大学经济学基地班，2020年9月博士毕业于香港理工大学会计专业。2021年1月至今就职于厦门大学财务管理与会计研究院。主持并获得中央高校基本科研业务费专项资金资助、福建省创新战略研究项目（人文社科）资金资助。先后在*Corporate Governance: An International Review*、*Journal of Accounting Auditing & Finance*、*Energy Economics*、*Journal of International Accounting Research*、*British Accounting Review*等国内外学术期刊上发表十余篇文章。现担任*Journal of Accounting Auditing & Finance*、*Corporate Governance: An International Review*、*Journal of Environmental Management*等期刊的匿名审稿人。

◎陈晓骑

邓婕，会计学博士，助理教授，硕士生导师。本科毕业于西南财经大学会计学系，获教育部推荐全额奖学金赴澳门大学攻读财务学硕士，后赴香港城市大学取得会计学博士学位。

曾在*Journal of International Financial Management & Accounting*等国际期刊发表学术论文，并主持一项福建省社会科学规划项目，入选厦门市高层次人才。2018年11月至今就职于厦门大学财务管理与会计研究院。

◎邓婕

侯芳芳，管理学博士，助理教授，硕士生导师，教育部学位中心通讯评议专家，福建省高层次C类人才，厦门市高层次留学人才。2013年7月本科毕业于中央财经大学信息管理与信息系统专业，2015年7月硕士毕业于中央财经大学产业经济学专业，2019年7月博士毕业于香港理工大学会计学专业。2019年9月至今就职于厦门大学财务管理与会计研究

◎侯芳芳

院（助理教授）。主要研究领域包括企业投资与创新、公司治理、信息披露等。科研成果发表于*Journal of International Financial Markets*、*Institutions and Money*（SSCI）、*Accounting and Finance*（SSCI）、*Journal of Accounting, Auditing & Finance*（ESCI）、*The World Economy*（SSCI）、*Applied Economics*（SSCI）和*China Accounting and Finance Review*等。曾获公司金融与金融市场暑期研习营最佳论文、CJAR-ABR联合会议最佳论文奖、交大会计合作论坛二等奖、电子商务与电子政务国际会议最佳论文奖等。主讲概率论与数理统计、学术论文写作指导等课程。

李茂良，管理学博士，副教授，硕士生导师，厦门大学会计发展研究中心研究人员。2016入选福建省高校杰出青年科研人才，2022年入选厦门市高层次人才。2001年9月至2005年6月于江苏大学电子信息工程专业学习，获工学学士学位。2008年9月至2010年6月于厦门大学财务学专业攻读硕士学位，并于2010年9月转入博士项目深造，2014年6月毕业于厦门大学财务学专业，获管理学博士学位，同年8月留校任教于厦门大学财务管理与会计研究院（助理教授）。

◎李茂良

2017—2018年获得国家公派留学资格，在澳大利亚阿德莱德大学从事博士后研究。研究领域包括上市公司信息披露、公司财务决策、公司治理等资本市场财务与会计问题，主持国家自然科学基金、教育部人文社会科学基金等多项研究课题，参与国家自然科学基金重大项目等十余项课题，研究成果发表在《经济研究》、《金融研究》、《南开管理评论》、《财贸经济》、《经济管理》、*Accounting & Finance*、*Applied Financial Economics*、*Applied Economics letters*等国内外重要学术期刊，荣获福建省优秀博士学位论文、福建省社会科学优秀成果奖、厦门市社会科学优秀成果奖等。讲授公司财务、商业建模、实证研究方法等研究生和本科生课程。兼任国家自然科学基金ISIS系统评议专家、厦门大学教材选用与编写审核专家和上市公司独立董事等。

◎李珊

李珊，哲学博士，副教授，硕士生导师，入选福建省引进高层次C类人才以及厦门市高层次留学人才。2007年6月浙江大学电子商务专业本科毕业，2009年6月浙江大学金融学硕士研究生毕业，2014年2月获澳大利亚阿德莱德大学财务学博士学位。2015年3月至今就职于厦门大学财务管理与会计研究院。主持国家社科基金青年项目和福建省教育厅中青年教师科研项目，并参与国家自然科学基金重大项目、重点项目及面上项目等多个国家级课题；在*Journal of Corporate Finance*、*Pacific-Basin Finance Journal*等国外知名期刊发表多篇论文；兼任*International Review of Finance*、*European Journal of Finance*等期刊匿名审稿人。

◎ 李皖昀

李皖昀，商学博士，助理教授。2014年12月澳大利亚国立大学数理金融专业本科毕业，2016年12月澳大利亚国立大学会计学专业硕士研究生毕业。2022年7月获得澳大利亚国立大学商学博士学位。2022年9月至今就职于厦门大学财务管理与会计研究院。主要从事财务会计、大数据与数据分析、会计信息系统以及金融科技相关研究，在国际知名期刊上发表了多篇论文。

◎ 刘俊岐

刘俊岐，管理学博士，助理教授，硕士生导师。2011年9月至2015年6月就读于中国人民大学信用管理专业并获得经济学学士学位，2016年9月至2021年6月就读于法国ESSEC商学院会计与审计专业并获得管理学博士学位。2021年12月至今就职于厦门大学财务管理与会计研究院。科研成果发表于*Journal of Accounting、Auditing & Finance*和《经济研究》等国内外期刊。

◎ 刘振涛

刘振涛，经济学博士，副教授，硕士生导师。1982年9月至1986年7月就读于大连轻工业学院本科化学纤维专业，1993年9月至1997年7月就读于吉林大学日本研究所世界经济专业并获得硕士学位，2001年4月至2007年7月就读于日本一桥大学经济理论与统计理论专业并获得博士学位。2007年9月至今就职于厦门大学财务管理与会计研究院。

◎ 王荔红

王荔红，应用经济学博士，教授，博士生导师。长期从事公司治理的微观企业和宏观经济效应研究，入选福建省雏鹰计划青年拔尖人才、福建省会计专家库以及福建省高等学校杰出青年科研人才培育计划。1999年9月至2003年6月就读于厦门大学经济学院财政金融学专业并获得学士学位；2003年9月至

2006年6月就读于复旦大学世界经济研究所金融学专业并获得硕士学位；2006年9月至2011年6月就读于比利时鲁汶大学KU Leuven商学与经济学院金融学专业并获得博士学位。2011年8月至今就职于厦门大学财务管理与会计研究院。主持国家自然科学和国家社会科学项目2项、省部级项目4项（其中省级重大项目2项、部级一般项目1项）、人才项目2项、国际课题1项和市重点课题1项。并在国际知名财务会计期刊上作为第一或通讯作者发表论文22篇，其中15篇SSCI（JCR一区5篇，二区2篇），3篇ABS三星，3篇CSSCI，被引总数400余次，国际国内重大会议入选30余篇次。

◎吴致霆

吴致霆，经济与金融学博士，助理教授，硕士生导师。出生于广西梧州，2010年9月至2014年6月就读于广西大学旅游管理专业并获得管理学学士学位，2014年9月至2016年1月就读于英国莱斯特大学金融经济学专业并获得理学硕士学位，2016年9月至2021年7月公派至英国曼彻斯特大学商学院和英国圣安德鲁斯大学经济与金融学院攻读博士，并获得经济与金融学博士学位。2021年11月至今就职于厦门大学财务管理与会计研究院，主要从事资产定价理论和计量经济的教学科研工作。

◎于小偶

于小偶，副教授、硕士生导师。2014年8月毕业于美国休斯顿大学（University of Houston）鲍尔商学院（C. T. Bauer College of Business），获得工商管理学博士学位。2017年6月至今就职于厦门大学财务管理与会计研究院。主要研究领域为财务信息披露、公司金融、劳动与金融等，曾在《管理世界》、《会计研究》、*Management Science*（UTD 24）等国内外知名学术期刊发表多篇论文，获厦门市第十二次社会科学优秀成果奖。主持和参与多项省级、国家级课题。

二、历任教师名录

孙谦，新加坡国籍2010年1月至2022年11月为厦门大学财务管理与会计研究院兼职教授。曾就读于北京大学、美国威廉派得森学院和美国亚里桑那州立大学，并先后获得经济学学士、工商管理硕士和经济学博士学位。长期从事资本市场、公司金融、国际金融等方面的研究，在SSCI收录的国际学术期刊上发表论文30余篇。孙谦教授主要学术兼职有亚洲影子金融监管委员会委员，曾任上海证券交易所高级访问金融专家、亚洲金融学会副主席、教育部高等学校金融学专业教学指导委员会副主任，并担任多家国内外学术期刊的编委。曾执教于新加坡南洋理工大学商学院。2005年9月至2010年1月担任厦门大学财务管理与会计研究院首任院长。现就职于复旦大学管理学院金融与财务学系，教授，博士生导师。

张国华，2011年6月至2023年2月为厦门大学财务管理与会计研究院兼职教授。主要研究领域为：资本市场会计、国际会计、会计教育、会计史等。荷兰伊拉斯姆斯大学博士，厦门大学博士后，哈尔滨商业大学会计研究中心负责人，教授。中国会计学会高级会员、美国会计学会会员、中国注册会计师（CPA）协会会员、欧美同学会会员、独立董事；*Journal of Accounting & Organizational Change* 编委；*Critical Perspectives on Accounting*、*Asian Review of Accounting*、*Asian Journal of Business and Accounting*（马来西亚）、*Emerging Market Finance and Trade*（美国）、*Journal of Accounting & Marketing*、*Fuzzy Economic Review* 等国际期刊审稿人，《当代会计评论》、《重庆大学学报（社会科学）》、《会计之友》等国内期刊审稿人；教育部学位论文评审专家、学术桥评审专家、省级自然科学基金评审专家；曾任黑龙江省会计学会常务理事、哈尔滨市会计学会常务理事、黑龙江省高校会计学教师联合会秘书长、黑龙江省社会科学成果奖评审专家、黑龙江省高级会计师考评专家。在国际知名期刊、国内核心期刊及其他国内学术期刊发表40余篇学术论文，在高级别的国际、国内学术会议上交流多篇学术论文。主持或参与10余项国家级及省部级课题的研究工作，出版专著及教材10余部，研究成果获得多项省部级奖项。

崔展文，中国香港人，于香港城市大学获得商业数量分析学士学位，分别于香港大学和香港中文大学获得统计学和贸易经济学硕士学位。2008年8月博士毕业于美国德克萨斯州农工大学，获得经济学博士学位。2008年9月至2018年7月就职于厦门大学财务管理与会计研究院，助理教授。现就职于澳门科技大学商学院，助理教授。

Lin Teng（林腾），澳大利亚国籍，分别于广东外语外贸大学和澳大利亚昆士兰大学获得经济学学士学位和会计学硕士学位。2011年9月博士毕业于澳大利亚昆士兰科技大学，获得会计学博士学位。2011年9月至2015年2月就职于厦门大学财务管理与会计研究院，助理教授。现就职于广州城市理工学院国际商学院，教授。

刘南钦，贵州遵义人，于中山大学获得会计学学士学位，于岭南大学获得管理科学与工程硕士学位。2017年11月博士毕业于香港大学，获得会计学博士学位。2017年9月至2021年5月就职于厦门大学财务管理与会计研究院，助理教授（福建省引进高层次人才C类）。她的论文（2篇）发表在会计学三大国际顶尖学术期刊*The Accounting Review*。现就职于南方科技大学金融系，助理教授，博士生导师，深圳市海外高层次人才。

刘志谅，中国台湾人，2007年6月博士毕业于台湾大学，获得会计学博士学位。2014年9月至2020年7月就职于厦门大学财务管理与会计研究院，助理教授（福建省百人计划台湾人才）。现就职于台湾阳明交通大学经营管理研究所，助理教授。

Ma Lizhi（马立支），加拿大国籍，分别于南开大学和香港大学获得审计学学士学位和会计学硕士学位，2011年8月于香港大学获得会计学博士学位。2011年8月至2013年6月就职于厦门大学财务管理与会计研究院，助理教授。现就职于加拿大约克大学行政管理学院，副教授。

强欣荣，美国国籍，于清华大学获得工程学（精密仪器）学士学位和工程学（工业外贸）硕士学位。2004年于美国纽约州立大学布法罗分校获得会计学博士学位。2004至2007年任教于美国怀俄明大学。2007年11月至2022年7月就职于厦门大学财务管理与会计研究院，副教授。

阮军，山西太原人，于北京航空航天大学获得学士学位，于美国纽约州立大学宾汉姆顿分校获得工商管理硕士学位（MBA）。2008年5月于美国纽约州立大学宾汉姆顿分校获得金融学博士学位。2008年9月至2022年7月就职于厦门大学财务管理与会计研究院，担任助理教授。

司毅，河南洛阳人，于厦门大学获得财务学和经济学双学士学位，分别于香港城市大学和西安交通大学获得会计学和管理学双博士学位。2018年4月至2020年6月就职于厦门大学财务管理与会计研究院，助理教授。现就职于西安交通大学管理学院，副教授，硕士生导师。

孙增元，山东潍坊人，分别于山东大学和北京大学获得经济学学士学位和硕士学位，并于香港大学获得金融学硕士和博士学位。2015年1月至2022年12月就职于厦门大学财务管理与会计研究院，助理教授（福建省引进高层次人才C类）。

邬瑜骏，浙江宁波人，于复旦大学获得学士学位，后留学法国，获得法国格勒诺布尔高等商学院国际商务专业硕士学位。2005年于新加坡南洋理工大学获得金融学博士学位。2006年10月至2008年2月就职于厦门大学财务管理与会计研究院，助理教授。现就职于哈尔滨工业大学（深圳）经济管理学院，助理教授。

武霁，河北石家庄人，分别于首都师范大学和新西兰林肯大学获得法学和财务学学士学位，并于新西兰林肯大学获得财务学硕士和博士学位。2012年10月至2017年2月就职于厦门大学财务管理与会计研究院，助理教授。其研究成果发表在FT-50期刊*Journal of Business Ethics*和财务学顶级期刊*Journal of Banking & Finance*等国际知名学术期刊。现就职于新西兰梅西大学经济与金融学院财务学，副教授，博士生导师。

夏崇武，江苏南京人，于新加坡南洋理工大学获得数量经济学学士学位和金融学博士学位。2017年7月至2019年10月就职于厦门大学财务管理与会计研究院，助理教授（福建省引进高层次人才C类）。研究成果已在*Organization Science*、*Journal of Business Ethics*、*European Accounting Review*、*Journal of Futures Markets*等期刊发表，并在AAA、AOM、FIRS、EFA、FMA、CICF等会议宣讲。现就职于中国科学技术大学管理学院统计与金融系，副教授。

许利民，福建泉州金门县人，于厦门大学获得经济信息学士学位，于上海财经大学获得投资经济硕士学位。2014年于新加坡南洋理工大学获得金融学博士学位。2014年9月至2015年8月就职于厦门大学财务管理与会计研究院，助理教授。现就职于澳大利亚阿德莱德大学商学院，高级讲师。

张文瑞，河北沧州人，分别于复旦大学和BI挪威管理学院获得国际经济与贸易学士学位和金融经济学硕士学位。2012年6月于新加坡南洋理工大学获得金融学博士学位。2012年7月至2014年8月就职于厦门大学财务管理与会计研究院，助理教授。现就职于美国科罗拉多州立大学商学院，副教授。

Soyeon Lim，韩国国籍，管理学博士，助理教授，硕士生导师。2006年至2010年就读于韩国高丽大学并取得工商管理学士学位，2013年至2018年就读于新加坡南洋理工大学并取得财务学博士学位。2018年11月至2024年1月就职于厦门大学财务管理与会计研究院，助理教授（福建省引进高层次人才B类）。研究方向为Empirical Corporate Finance、Empirical Corporate Governance。有两篇会议论文获奖，1篇获MorrowSodia“青年学者”优选论文奖，1篇获第14届亚太金融市场国际会议优秀论文奖。

第四节　历任 / 现任行政人员

一、现任行政人员

◎叶玲

叶玲（办公室主任），中共党员，福建漳州人，厦门大学旅游管理硕士。2005年12月至今就职于厦门大学财务管理与会计研究院。

主要职责：统筹协调办公室日常工作。负责硕士留学准备课程项目招生、对外合作事务、财务、外事、工会、OA秘书、后勤事务等，及领导交办的其他工作。

◎吴丽晶

吴丽晶，中共党员，福建莆田人，北京大学医学硕士。2020年7月至今就职于厦门大学财务管理与会计研究院。

主要职责：科研秘书、人事秘书，及完成领导交办的其他工作。

◎周子璇

周子璇，浙江余姚人，厦门大学嘉庚学院文学学士。2016年7月至今就职于厦门大学财务管理与会计研究院。

主要职责：研究生秘书，负责教学管理与学生事务等及领导交办的其他工作。

赵双蕾，黑龙江哈尔滨人，哈尔滨工业大学文学学士。2018年8月至今就职于厦门大学财务管理与会计研究院。

主要职责：本科双学位秘书、国际联合培养硕士项目秘书，完成领导交办的其他工作。

◎赵双蕾

二、历任行政人员

谢颖，福建漳州人，华东师范大学文学学士。2006年1月至2020年7月就职于厦门大学财务管理与会计研究院。

主要职责：科研秘书、人事秘书，完成领导交办的其他工作。

郑子航，福建泉州人，厦门大学理学硕士。2015年6月至2016年7月就职于厦门大学财务管理与会计研究院。

主要职责：研究生秘书、教学管理与学生事务等，完成领导交办的其他工作。

葛春香，江苏泰兴人，集美大学工商管理学士，厦门大学MBA。2013年7月至2015年6月就职于厦门大学财务管理与会计研究院。

主要职责：研究生秘书、教学管理与学生事务等，完成领导交办的其他工作。

第五节　学生名单[①]

2011级会计学博士研究生

曹俊娥（退学）　汪　健

2012级会计学硕士研究生

黄　健（转段）　王婧衣　禹　丞　余静怡　周红利　朱春梅

2012级会计学博士研究生

刘文军　卢　煜　张瑞丽

2013级会计学国际硕士研究生

Albert Kwame Mensah　Mateusz Pawel Gajewsk　Yi-hsin Lee

2013级会计学硕士研究生

曹倚天　兰茹婷　李　慧　陆　晨　汪丽娟　吴小平
黄信雄（交流生）

2013级会计学博士研究生

毕　超　陈　林　蒋秋菊

① 仅包括会计专业（方向）的学生。

2014级会计学国际硕士研究生

Bright Gershion Godigbe　　Otim Abraham Emuron　　Xede James

2014级会计学硕士研究生

陈文婷　　李媛媛　　吴　凡　　吴训彬　　张晓雨

2014级会计学博士研究生

黄健（转段）　　王为

2015级会计学国际硕士研究生

An Sarath（结业）　　Cephas Simon-Peter Dak-Adzaklo　　Theophilus Eshun

2015级会计学硕士研究生

葛　夏　　江　炜　　梁颖洁　　邬征言　　徐晓爽　　杨成全

2015级会计学博士研究生

李　莹　　余静怡（退学）

2016级会计学国际硕士研究生

Chakafana Samantha Gilespy　　Dewes Steffen　　Felix Owusu　　Linus Owusu Afriyie
Nartey Martha　　Patricia Adwoa Pokuaa　　Solomon Wise Dodzidenu Adza

2016级会计学硕士研究生

陈　玲　　李国盛　　凌子豪　　温晓菲　　吴晨玥　　杨　蕊

2016级会计学博士研究生

苏巧玲　　Muhammad Azeem

2017级会计学国际硕士研究生

Abigail Achiaa　　Hygerta Rama　　Mark Nyamekye Atta　　Naima Noshad

2017级会计学硕士研究生

孙天翔　　徐钰婷　　许　峥　　杨德天　　张莹莹　　周梦婷

2017级会计学博士研究生

孙芝慧　　杨小康　　James Xede　　Tsegaye Tibebu Jabir　　Waseem Ahmad Khan

2018级会计学国际硕士研究生

Dorcas Nduakoh　　Emmanuel Obiri-Yeboah　　Emmanuel Ofosu

Fatmaelzahraa Ammary Abbady Mohamed　　Md Enamul Hasan

Valentine Ayinkamiye

2018级会计学硕士研究生

郝雨晴　　李　婧　　刘粟一　　王智莹　　杨小姗　　叶　蓁

2018级会计学博士研究生

向元高　　严泽浩

2019级会计学国际硕士研究生

Aliyu Idris Said　　Christabel Nana Serwaa Bimpong

Emad Mohamed Abdelaziz Ahmed Noureldeen　　Eric Nyarko

Medika Danang Indanto　　Mohammed Esmail Abdelrahim Oqily

Richard Yeboah　　Tusher Ghosh

2019级会计学硕士研究生

陈　诺　　董智薇　　钱子莹　　巫雅楠　　吴昊洲　　尹玉佳（转段）

2019级会计学博士研究生

彭晨宸　　魏珊珊　　Mohammad Islam Biswas

2020级会计学国际硕士研究生

Abdul Rehman Ashraf　　Mahmoud Mohamed Ali Ali Helal

2020级会计学硕士研究生

陈安祺　　陈东阳　　杜兰珺　　吕明丽　　严西雅　　张良琪　　周子渝

2020级会计学博士研究生

刘　婷　　A T M Adnan

2021级会计学硕士研究生

常明君　　陈怡雯　　刘骞普　　任清知　　尹梓伊　　张艳禹　　赵伟彤

2021级会计学博士研究生

吴雄伟　　Christine Lidya　　Nada Mostafa Youssef Abidou（退学）

Shamsuddeen Mamuda Ali

2022级会计学硕士研究生

陈晓颖　　陈心雅　　倪　瑞　　司徒海莹　　王　璐　　张梦娇　　张语涵

2022级会计学博士研究生

于佳鑫

第六节　教师成果

一、学术期刊论文

◎　厦门大学财务管理与会计研究院教师所发表学术期刊论文

序号	姓名	文章标题	期刊名称	卷期/页码
1	陈晓琦	Cross-border Enforcement of Securities Laws and Dividend Payouts	The British Accounting Review	2022年在线发表
2	陈晓琦	Do Corporate Site Visits Constrain Real Earnings Management?	Journal of Accounting, Auditing & Finance	2022年在线发表
3	陈晓琦	International Differences in the CEO Gender Pay Gap	Corporate Governance: An International Review	2022年第30卷5期第516～541页
4	陈晓琦	Private Communication and Management Forecasts: Evidence from Corporate Site Visit	Corporate Governance: An International Review	2021年第30卷4期第482～497页
5	侯芳芳	Reverse Innovation and Firm Value in Emerging Markets: Evidence from China	Accounting and Finance	2023年第63卷1期第161～198页
6	侯芳芳	Capital Account Liberalization and Firm Innovation: Worldwide Evidence	Journal of Accounting, Auditing & Finance	2021年在线发表
7	侯芳芳	Does Corruption Grease or Sand the Wheels of Investment or Innovation? Different Effects in Advanced and Emerging Economies	Applied Economics	2020年第53卷1期第35～60页
8	胡金帅	How does the Market for Corporate Control Impact Tax Avoidance? Evidence from International M&A Laws	Review of Accounting Studies	2023年第28卷1期第340～383页
9	胡金帅	Corporate Board Reforms around the World and Stock Price Crash Risk	Journal of Corporate Finance	2020年第62期101557
10	胡金帅	The Effect of Fair Value Accounting on the Performance Evaluation Role of Earnings	Journal of Accounting Economics	2020年第70卷2～3期101341
11	胡金帅	The Relative Usefulness of Cash Flows Versus Accrual Earnings for CEO Turnover Decisions Across Countries: The Role of Investor Protection	Journal of International Accounting, Auditing and Taxation	2019年第34卷2期第91～107页
12	胡金帅	Foreign Institutional Ownership and the Choice Between Public and Private Debt	Journal of International Accounting Research	2019年第18卷2期第31～64页
13	胡金帅	The Implied Cost of Equity Capital, Corporate Investment and Chief Executive Officer Turnover	Accounting & Finance	2015年第55卷4期第1041～1070页
14	胡金帅	Does Timely Loss Recognition Improve the Board's Ability to Learn from Market Prices? Evidence from Worldwide CEO Turnovers	Journal of International Accounting Research	2015年第14卷1期第1～14页
15	胡金帅	Does Accounting Conservatism Improve the Corporate Information Environment?	Journal of International Accounting, Auditing and Taxation	2014年第23卷1期第32～32页
16	李茂良	Board Reforms and the Cost of Equity: International Evidence	Accounting and Finance	2020年第60卷5期第4497～4531页

续表

序号	姓名	文章标题	期刊名称	卷期/页码
17	李茂良	Beyond Cheap Talk: Management's Informative Tone in Corporate Disclosures	Accounting and Finance	2019年第59卷5期第2905～2959页
18	李茂良	Dividend, Liquidity and Firm Valuation: Evidence from China A-B Share Markets	Applied Financial Economics	2014年第24卷9期第587～603页
19	李　珊	Competition Laws and Corporate Risk-taking Around the World	Pacific-Basin Finance Journal	2023年第80卷102058
20	李　珊 王荔红	Gaming Governance: Cosmetic or Real Corporate Governance Changes?	Review of Quantitative Finance and Accounting	2022年在线发表
21	李　珊	Accounting Conservatism and Firm Performance During the COVID-19 Pandemic	Accounting and Finance	2021年第60卷4期第5543～5579页
22	李　珊	Cross-listing, Firm-specific Information, and Corporate Governance: Evidence from Chinese A-shares and H-shares	Journal of Corporate Finance	2015年第32期第347～362页
23	刘俊岐	Shaping the Information Environment: International Evidence on Financial Reporting Frequency and Analysts' Earnings Forecast Errors	Journal of Accounting, Auditing & Finance	2022年在线发表
24	刘振涛	A Statistical Model of Speculative Bubbles, with Applications to the Stock Markets of the United States, Japan, and China	Journal of Banking and Finance	2013年第37卷7期第2639～2651页
25	刘振涛	泡沫变化过程的动态贝叶斯模型研究	管理科学学报	2012年第15卷9期第74～83页
26	刘振涛	Transfiguration of the Foreign Exchange Market Since the Euro Introduction	Applied Financial Economics	2009年第19卷22期第1803～1812页
27	刘志谅	Internal Control Quality and Investment Efficiency	Accounting Horizons	2020年第34卷2期第125～145页
28	刘志谅	Do Mispricing and Financial Constraints Matter for Investment Decisions?	Applied Economics	2018年第50卷54期第5877～5892页
29	刘志谅	The Effect of Auditor Characteristics on the Value of Diversification	Auditing: A Journal of Practice and Theory	2018年第37卷1期第115～137页
30	刘志谅	Management Characteristics and Corporate Investment Efficiency	Asia-Pacific Journal of Accounting and Economics	2018年第25卷3～4期第295～312页
31	阮　军	Bid-ask Spread, Quoted Depth, and Unexpected Duration Between Trades	Journal of Financial Services Research	2017年第51卷3期第385～436页
32	阮　军	Ex-dividend Day Price Behavior of Exchange-traded Funds	Journal of Financial Research	2012年第35卷1期第29～53页
33	王荔红	Do Competitors Benefit from the Resignation of Politically Connected Independent Directors? Evidence from China	Applied Economics	2021年第53卷60期第6999～7019页
34	王荔红	Do Politically Connected Firms Pay Less Toward Environmental Protection? Firm-level Evidence from Polluting Industries in China	Abacus	2021年第57卷2期第362～405页
35	王荔红	Saving or Tunneling: Value Effects of Tax Avoidance in Chinese Listed Local Government-controlled Firms	Accounting and Finance	2020年第60卷5期第4421～4465页

续表

序号	姓名	文章标题	期刊名称	卷期/页码
36	王荔红	Identity of Multiple Large Shareholders and Corporate Governance: are State-owned Entities Efficient MLS?	Review of Quantitative Finance and Accounting	2020年第55期第1305～1340页
37	王荔红	Do Multiple Large Shareholders Reduce Agency Problems in State-controlled Listed Firms? Evidence from China	Pacific-basin Finance Journal	2019年第57卷101203期
38	王荔红	Value Creation and Value Distribution in Chinese Listed Firms: the Role of Ownership Structure, Board Characteristics, and Control	European Journal of Finance	2019年第25卷6期第465～488页
39	王荔红	Resource Dependence or Monitoring: a Governance Perspective on Political Connections	Asia-Pacific Journal of Accounting & Economics	2021年第28卷6期第631～656页
40	王荔红	State-enterprise Relation, Local Economic Priority, and Corporate Environmental Responsibility	Applied Economics	2019年第51卷10期第995～1009页
41	王荔红	Do Political Connections Affect Stock Price Crash Risk? Firm-level Evidence from China	Review of Quantitative Finance and Accounting	2017年第48卷3期第643～676页
42	王荔红	Who Benefits from Political Connections? Minority Investors or Controlling Shareholders	Asia-Pacific Journal of Accounting and Economics	2017年第24卷1期第1～22页
43	王荔红	Institutional Development and Financing Decisions: Evidence from a Cross-regional Study on Chinese Listed Firms	European Journal of Finance	2016年第22卷4～6期第288～318页
44	王荔红	CEO Gender and Corporate Cash Holdings. Are Female CEOs More Conservative?	Asia-Pacific Journal of Accounting & Economics	2015年第22卷4期第449～474页
45	王荔红	Protection or Expropriation: Politically Connected Independent Directors in China	Journal of Banking and Finance	2015年第55卷2期第92～106页
46	于小偶	Financial Controller Turnover: An Early Warning Sign of Deteriorating Financial Reporting Quality	Accounting and Finance	2023年第63卷2期第1851～1884页
47	于小偶	机会之地：社会流动性与企业生产效率	管理世界	2021年第37卷12期第74～93页
48	于小偶	上市公司IPO与分类转移盈余管理 —— 来自我国A股市场的经验证据	会计研究	2019年第8期第25～31页
49	于小偶	The Impact of Financial Covenants in Private Loan Contracts on Classification Shifting.	Management Science	2019年第65卷8期第3637～3653页

二、著作

◎ 厦门大学财务管理与会计研究院教师所出版著作

序号	姓名	著作名称	出版社	出版时间
1	李茂良	基于市场流动性的公司股利政策研究	经济科学出版社	2017年11月

三、国家级与省部级课题

◎ 厦门大学财务管理与会计研究院教师所负责国家级与省部级课题

序号	课题负责人 项目首席专家	课题或项目名称（编号）	类型	资助期间
1	孙　谦	中国企业海外上市动因和效果问题研究（70872095）	国家自然科学基金面上项目	2009年1月—2011年12月
2	阮　军	中国国债的拍卖发行研究（71073132）	国家自然科学基金面上项目	2011年1月—2013年12月
3	王荔红	我国国有上市公司政治控制成本研究（71302072）	国家自然科学基金青年科学基金项目	2014年1月—2016年12月
4	李茂良	市场流动性与公司股利政策的交叉研究（71502150）	国家自然科学基金青年科学基金项目	2016年1月—2018年12月
5	阮　军	中国股市的风险、收益、效率和可持续性研究（71572161）	国家自然科学基金面上项目	2016年1月—2019年12月
6	孙增元	公司欺诈的行为特征与经济后果（71603222）	国家自然科学基金青年科学基金项目	2016年1月—2019年12月
7	王荔红	国有企业混合所有制改革研究（FJ2018YHQZ006）	省社会科学规划重大项目	2018年11月—2019年11月
8	王荔红	国企混合所有制改革的微观治理效应和宏观经济结果研究（18YJC630181）	教育部人文社会科学研究一般项目	2018年1月—2020年12月
9	王荔红	我国上市公司股东异质性研究（18BGL075）	国家社科基金一般项目	2019年7月—2021年12月
10	李茂良	基于经济政策不确定性视角的公司股利研究（21YJA630047）	教育部人文社会科学研究一般项目	2021年8月—2024年6月
11	李　珊	财务报告文本信息对股市波动的影响机制及风险防控研究（21CGL054）	国家社科基金青年项目	2021年9月—2024年6月
12	于小偶	劳动力市场因素的资本市场效应——信息披露视角（2021R0013）	省科技计划软科学项目	2021年1月—2023年3月
13	胡金帅	数字社交媒体与资本市场效率研究（FJ2021A018）	省社会科学规划重点项目	2021年1月—2024年9月
14	陈晓琦	福建省数字经济发展赋能共同富裕的机制与影响研究（ZX2022203）	省社会科学规划青年项目	2022年6月—2025年6月
15	胡金帅	社交媒体治理、投资者保护与机器学习文本主题挖掘研究（ZX2022242）	国家社科基金一般项目	2022年9月—2025年6月
16	邓　婕	证券特别代表人诉讼制度对独立董事治理的影响机制研究（FJ2022C043）	省社会科学规划青年项目	2022年9月—2025年9月
17	刘俊岐	基于自然语言分析的投资者信息需求对企业信息披露作用机制研究（ZX2022209）	省社会科学规划青年项目	2022年9月—2025年9月

续表

序号	课题负责人项目首席专家	课题或项目名称（编号）	类型	资助期间
18	刘俊岐	中小投资者对企业信息需求与企业信息披露：基于自然语言分析的实证与理论（72202190）	国家自然科学基金青年科学基金项目	2023年1月—2025年12月

四、省部级社科优秀成果奖与国际期刊会议获奖

◎ 厦门大学财务管理与会计研究院教师获奖情况

序号	获奖者姓名	成果名称	奖励类型（颁奖机构）	获奖等级	获奖时间
1	阮　军	When Does Idiosyncratic Risk Really Matter?	第五届亚太金融市场国际会议杰出论文奖（韩国证券协会、新韩投资公司）	杰出论文奖	2010年12月
2	侯芳芳	Does Credit Information Sharing Benefit Firm Innovation?	ABR-CJAR Joint Conference最佳论文奖	最佳论文奖	2019年11月
3	胡金帅	公允价值会计对盈余信息的业绩评估角色的影响	福建省社会科学优秀成果奖（福建省人民政府）	一等奖	2021年12月
4	陈晓琦	The Value of Implicit Political Connections	JIAR最佳论文奖	最佳论文奖	2022年6月
5	王荔红	福建省国企混合所有制改革现状分析及建议	厦门市社科优秀成果（厦门市人民政府）	三等奖	2023年2月
6	陈晓琦	International Differences in the CEO Gender Pay Gap	CGIR Best Paper Award 2022	最佳论文奖	2023年3月

第五篇

厦门大学会计学科的科研奖、奖学金和发展年表

1924—2024

Centennial History of Accounting Discipline at Xiamen University

第十八章 厦门大学“葛家澍奖”和“余绪缨奖”获奖情况

第一节 厦门大学“葛家澍奖（科研奖）”获奖情况

葛家澍教授是我国著名的经济学家、会计学家和教育家，是厦门大学文科资深教授，曾担任厦门大学文科学术委员会主任。其生前大力倡导“以学术研究支撑、提升教学水平”，并身体力行，直到93岁高龄仍然笔耕不辍。

为了弘扬葛家澍教授科研立学的精神，倡导“静心南方、研究至强”的校风，会计学系的系友王少华女士在厦门大学会计学科成立90周年（2014年）之际，捐资设立厦门大学“葛家澍奖（科研奖）”，以奖励科研成绩突出、为学科发展做出重要贡献的人文、社会科学领域的教师。

厦门大学“葛家澍奖（科研奖）”每年（届）评出不超过五位的获奖者（如当年无合适的获奖者，可以空缺），奖金5万元人民币（税前）。2016年，厦门大学“葛家澍奖（科研奖）”进行首届评奖，截至2023年，评定8次，共33位人文社会科学领域内的优秀学者获奖，获奖者大多为人文社会科学领域内、对各个学科发展做出过重要贡献的学者。

◎ 厦门大学“葛家澍奖（科研奖）”历年获奖名单

序号	颁奖年度	获奖人数	获奖名单
1	2016	4人	李文溥（经济学院） 杜兴强（会计学系） 吴超鹏（管理学院） 邬大光（教育研究院）
2	2017	5人	张先清（人文学院） 龚　敏（经济学院） 曲晓辉（会计学系） 吴世农（管理学院） 陈振明（公共事务学院、公共政策研究院）
3	2018	5人	傅元略（会计学系） 翁君奕（管理学院） 徐梦秋（人文学院） 刘海峰（教育研究院） 彭水军（经济学院）
4	2019	4人	龙小宁（王亚南经济研究院） 朱建平（管理学院） 李无未（人文学院） 谢贞发（经济学院）
5	2020	5人	王　宇（人文学院） 周颖刚（经济学院） 林伯强（管理学院） 刘　峰（会计学系） 许志端（管理学院）
6	2021	5人	郑振满（人文学院） 李建发（会计学系） 王传超（社会与人类学院） 朱　二（台湾研究院） 史秋衡（教育研究院）
7	2022	2人	陈爱贞（经济学院） 孙传旺（经济学院）
8	2023	3人	魏　敏（管理学院） 胡金帅（财务管理与会计研究院） 黄鸣奋（电影学院）

第二节　厦门大学“葛家澍奖学金”获奖情况

“葛家澍奖学金”设立于2001年，由会计系博士卢联生先生（中国台湾）赞助，并以其导师葛家澍教授的名义设立，旨在奖励品学兼优且家境贫困的会计系学子，每年评选一次。2016年，会计系系友王少华女士捐资“葛家澍奖学金”，并将评审范围扩大到全校。截至2023年共评审八届，共81名本科和研究生受益于“葛家澍奖学金”。

◎　厦门大学“葛家澍奖学金”历年获奖名单

序号	院系	姓名	培养层次	获奖年份
1	经济学院	刘　畅	博士研究生	2016
2	管理学院	窦　璐	博士研究生	2016
3	生命科学学院	任俊明	博士研究生	2016
4	管理学院	何　星	硕士研究生	2016
5	化学化工学院	俞江东	硕士研究生	2016
6	管理学院	陈　婷	硕士研究生	2016
7	信息学院	陈海鹏	本科生	2016
8	航空航天学院	吴靖南	本科生	2016
9	经济学院	邱晓昀	本科生	2016
10	管理学院	曾　鹏	本科生	2016
11	管理学院	陈智磊	本科生	2016
12	管理学院	杨理强	博士研究生	2017
13	信息学院	林绍辉	博士研究生	2017
14	管理学院	何斯煦	硕士研究生	2017
15	航空航天学院	周驯黄	硕士研究生	2017
16	医学院	任艳丹	硕士研究生	2017
17	管理学院	周之瑶	本科生	2017
18	管理学院	曾咏琦	本科生	2017
19	化学化工学院	陈顺鹏	本科生	2017
20	医学院	曹智睿	本科生	2017
21	艺术学院	张一璇	本科生	2017
22	材料学院	毛　杰	博士研究生	2018
23	管理学院	贾智杰	博士研究生	2018
24	电子科学与技术学院	林雅莉	硕士研究生	2018

续表

序号	院系	姓名	培养层次	获奖年份
25	管理学院	项依帆	硕士研究生	2018
26	环境与生态学院	裴　苗	硕士研究生	2018
27	管理学院	吴　凡	本科生	2018
28	管理学院	赵　博	本科生	2018
29	人文学院	姚惠青	本科生	2018
30	生命科学学院	胡小丹	本科生	2018
31	外文学院	郝　菲	本科生	2018
32	公共事务学院	李　欣	博士研究生	2019
33	管理学院	李　雪	博士研究生	2019
34	外文学院	单　健	博士研究生	2019
35	管理学院	纪海鹏	硕士研究生	2019
36	建筑与土木工程学院	吕一平	硕士研究生	2019
37	电子科学与技术学院	江　晗	本科生	2019
38	管理学院	阮琳槟	本科生	2019
39	管理学院	陈怡婷	本科生	2019
40	国际学院	林　菲	本科生	2019
41	软件学院	成　锦	本科生	2019
42	管理学院	王　苗	博士研究生	2020
43	管理学院	黄泽悦	博士研究生	2020
44	海洋与地球学院	欧徽龙	博士研究生	2020
45	人文学院	裴士军	博士研究生	2020
46	法学院	罗紫译	硕士研究生	2020
47	法学院	黄桢舜	本科生	2020
48	管理学院	于乘浩	本科生	2020
49	管理学院	蓝　澜	本科生	2020
50	建筑与土木工程学院	李颖洁	本科生	2020
51	新闻传播学院	王潇晗	本科生	2020
52	管理学院	苏　彤	博士研究生	2021
53	物理科学与技术学院	王　振	博士研究生	2021
54	新闻传播学院	段秋婷	博士研究生	2021
55	公共卫生学院	肖　健	硕士研究生	2021
56	管理学院	吴国强	硕士研究生	2021
57	公共事务学院	田心怡	本科生	2021
58	管理学院	黄诗艺	本科生	2021

续表

序号	院系	姓名	培养层次	获奖年份
59	管理学院	江玉栋	本科生	2021
60	海洋与地球学院	林华英	本科生	2021
61	物理科学与技术学院	谢承炎	本科生	2021
62	管理学院	张　颖	博士研究生	2022
63	数学科学学院	孟庆乐	博士研究生	2022
64	药学院	王国良	博士研究生	2022
65	管理学院	孙　铁	硕士研究生	2022
66	能源学院	陈金磊	硕士研究生	2022
67	创意与创新学院	李韫涵	本科生	2022
68	公共卫生学院	夏伊澜	本科生	2022
69	管理学院	赵　睿	本科生	2022
70	管理学院	李昕彦	本科生	2022
71	数学科学学院	那瀚文	本科生	2022
72	材料学院	张贺贺	博士研究生	2023
73	管理学院	巫奕龙	博士研究生	2023
74	社会与人类学院	林彬彬	博士研究生	2023
75	管理学院	王珞嘉	硕士研究生	2023
76	马克思主义学院	黄而彬	硕士研究生	2023
77	材料学院	郭　琳	本科生	2023
78	管理学院	程允中	本科生	2023
79	管理学院	龚福深	本科生	2023
80	环境与生态学院	张浩坤	本科生	2023
81	社会与人类学院	谢　东	本科生	2023

第三节　厦门大学“余绪缨奖学金”获奖情况

2001年，余绪缨教授80华诞之际，他的弟子根据他本人的意愿集体捐资，以余教授的名义面向管理学院学生设立“余绪缨奖学金”。2011年，“余绪缨奖学金”的奖励范围扩大到全校，由余绪缨教授的家人及弟子发起并捐赠人民币100万元设立基金，每年从中抽取5万元，学校配套5万元，共计10万元，用于奖励我校品学兼优的10名本科生和10名研究生，每人5000元，其中，2名本科生和2名研究生将来自管理学院。

自2011年“余绪缨奖学金”扩大到全校范围评审之后，共评审13届，260名本科生和研究生受益于“余绪缨奖学金”。

◎　厦门大学“余绪缨奖学金”历年获奖名单

序号	院系	姓名	培养层次	获奖年份
1	经济学院	胡建梅	博士研究生	2011
2	海洋与环境学院	王　萱	博士研究生	2011
3	管理学院	杜颖洁	博士研究生	2011
4	经济学院	李　辰	硕士研究生	2011
5	管理学院	张丽明	硕士研究生	2011
6	人文学院	张春晓	硕士研究生	2011
7	管理学院	许佳冰	硕士研究生	2011
8	信息科学与技术学院	孙娟娟	硕士研究生	2011
9	法学院	江　凯	硕士研究生	2011
10	管理学院	杨丽君	硕士研究生	2011
11	公共事务学院	梁　莉	本科生	2011
12	化学化工学院	杨承锋	本科生	2011
13	经济学院	任佳宝	本科生	2011
14	信息科学与技术学院	沈冰洁	本科生	2011
15	管理学院	肖琳殷	本科生	2011
16	物理与机电工程学院	林思棋	本科生	2011
17	法学院	杨　楠	本科生	2011
18	软件学院	李　敏	本科生	2011
19	管理学院	张丽双	本科生	2011
20	国际关系学院	朱鸿婕	本科生	2011
21	管理学院	陈东灵	博士研究生	2012

续表

序号	院系	姓名	培养层次	获奖年份
22	管理学院	谢雅璐	博士研究生	2012
23	环境与生态学院	陈荣元	博士研究生	2012
24	化学化工学院	王　超	硕士研究生	2012
25	公共事务学院	吴勇锋	硕士研究生	2012
26	海洋与地球学院	洪清泉	硕士研究生	2012
27	管理学院	黄丽萍	硕士研究生	2012
28	管理学院	孙丹青	硕士研究生	2012
29	管理学院	陈　佳	硕士研究生	2012
30	法学院	张莉敏	硕士研究生	2012
31	法学院	戴　阳	本科生	2012
32	管理学院	姚春晖	本科生	2012
33	管理学院	罗圆媛	本科生	2012
34	经济学院	吴玉琼	本科生	2012
35	经济学院	付　滟	本科生	2012
36	人文学院	董　辰	本科生	2012
37	软件学院	冯素萍	本科生	2012
38	外文学院	张　文	本科生	2012
39	物理与机电工程学院	王湛秋	本科生	2012
40	医学院	李　晶	本科生	2012
41	管理学院	曾　泉	博士研究生	2013
42	数学科学学院	马　伟	博士研究生	2013
43	信息科学与技术学院	程辉辉	博士研究生	2013
44	法学院	孙　杰	博士研究生	2013
45	管理学院	赖少娟	博士研究生	2013
46	管理学院	王容宽	硕士研究生	2013
47	法学院	施　楚	硕士研究生	2013
48	海洋与地球学院	杨露璐	硕士研究生	2013
49	环境与生态学院	冯丽凤	硕士研究生	2013
50	生命科学学院	冯慧玲	硕士研究生	2013
51	法学院	陈泽君	本科生	2013
52	人文学院	杨　茵	本科生	2013
53	管理学院	林晓璐	本科生	2013
54	软件学院	陈欣洁	本科生	2013
55	管理学院	黄　震	本科生	2013
56	外文学院	韩真真	本科生	2013

续表

序号	院系	姓名	培养层次	获奖年份
57	经济学院	丁　昊	本科生	2013
58	物理与机电工程学院	邹月心	本科生	2013
59	经济学院	曾铭伟	本科生	2013
60	医学院	冯丹丹	本科生	2013
61	信息科学与技术学院	陈　静	博士研究生	2014
62	数学科学学院	戴瑞旭	博士研究生	2014
63	管理学院	罗劲博	博士研究生	2014
64	管理学院	黄霖华	博士研究生	2014
65	法学院	刘　佳	博士研究生	2014
66	环境与生态学院	张祯宇	硕士研究生	2014
67	海洋与地球学院	王毅波	硕士研究生	2014
68	生命科学学院	王鑫威	硕士研究生	2014
69	管理学院	郑建鑫	硕士研究生	2014
70	法学院	王　剑	硕士研究生	2014
71	管理学院	孙梦瑶	本科生	2014
72	艺术学院	何秉桦	本科生	2014
73	信息科学与技术学院	万晓玥	本科生	2014
74	物理与机电工程学院	孙玲玲	本科生	2014
75	人文学院	崔　彦	本科生	2014
76	经济学院	李宁樂	本科生	2014
77	经济学院	郑晓婷	本科生	2014
78	化学化工学院	王　洋	本科生	2014
79	海洋与地球学院	陈　彤	本科生	2014
80	管理学院	范嘉玮	本科生	2014
81	管理学院	赵　洋	博士研究生	2015
82	海洋与地球学院	周齐家	博士研究生	2015
83	环境与生态学院	周　培	博士研究生	2015
84	经济学院	卫　瑞	博士研究生	2015
85	生命科学学院	吴荣锋	博士研究生	2015
86	管理学院	林臻玮	硕士研究生	2015
87	经济学院	吕　楠	硕士研究生	2015
88	管理学院	黄　燕	硕士研究生	2015
89	外文学院	张斐然	硕士研究生	2015
90	新闻传播学院	唐亚明	硕士研究生	2015
91	生命科学学院	方贝贝	本科生	2015

续表

序号	院系	姓名	培养层次	获奖年份
92	医学院	黄晶焕	本科生	2015
93	公共卫生学院	卢　倩	本科生	2015
94	物理与机电工程学院	胡靖敏	本科生	2015
95	化学化工学院	吴　涛	本科生	2015
96	环境与生态学院	吕　雷	本科生	2015
97	经济学院	李宁桑	本科生	2015
98	信息科学与技术学院	王玮玮	本科生	2015
99	管理学院	林鹏凯	本科生	2015
100	管理学院	高　晗	本科生	2015
101	经济学院	仵金燕	博士研究生	2016
102	管理学院	杨林波	博士研究生	2016
103	生命科学学院	李峰伟	博士研究生	2016
104	海洋与地球学院	包臣昌	博士研究生	2016
105	环境与生态学院	张　静	博士研究生	2016
106	管理学院	许　印	硕士研究生	2016
107	航空航天学院	刘锦生	硕士研究生	2016
108	海洋与地球学院	李桢桢	硕士研究生	2016
109	外文学院	周　猛	硕士研究生	2016
110	管理学院	邱能彦	硕士研究生	2016
111	信息学院	陆垚杰	本科生	2016
112	信息学院	林泽宇	本科生	2016
113	化学化工学院	刘　冕	本科生	2016
114	人文学院	吴　聪	本科生	2016
115	生命科学学院	徐玉秀	本科生	2016
116	外文学院	何昱璇	本科生	2016
117	医学院	赖梦宇	本科生	2016
118	管理学院	黄扬坤	本科生	2016
119	管理学院	高　晗	本科生	2016
120	海洋与地球学院	陈思宁	本科生	2016
121	管理学院	戴晓沛	博士研究生	2017
122	海洋与地球学院	郑锦滨	博士研究生	2017
123	环境与生态学院	林坤宁	博士研究生	2017
124	经济学院	谭睿鹏	博士研究生	2017
125	生命科学学院	刘　珂	博士研究生	2017
126	管理学院	林小靖	硕士研究生	2017

续表

序号	院系	姓名	培养层次	获奖年份
127	外文学院	周　猛	硕士研究生	2017
128	管理学院	马　苒	硕士研究生	2017
129	海洋与地球学院	常雪娇	硕士研究生	2017
130	化学化工学院	赵　虎	硕士研究生	2017
131	管理学院	李天娇	本科生	2017
132	管理学院	戴　悦	本科生	2017
133	管理学院	彭薇雯	本科生	2017
134	管理学院	刘　豪	本科生	2017
135	航空航天学院	李政青	本科生	2017
136	经济学院	孙子雯	本科生	2017
137	人文学院	田艳飞	本科生	2017
138	生命科学学院	林剑飞	本科生	2017
139	信息学院	王强智	本科生	2017
140	艺术学院	邱　悦	本科生	2017
141	管理学院	陈子月	博士研究生	2018
142	海洋与地球学院	郑利兵	博士研究生	2018
143	环境与生态学院	王　强	博士研究生	2018
144	经济学院	孙照吉	博士研究生	2018
145	生命科学学院	陈青花	博士研究生	2018
146	管理学院	李　淼	硕士研究生	2018
147	管理学院	徐秀琳	硕士研究生	2018
148	海洋与地球学院	高　妍	硕士研究生	2018
149	化学化工学院	方　磊	硕士研究生	2018
150	外文学院	张馨月	硕士研究生	2018
151	管理学院	朱　琦	本科生	2018
152	管理学院	赖劲垲	本科生	2018
153	航空航天学院	陈婉欣	本科生	2018
154	经济学院	孙　娴	本科生	2018
155	经济学院	王　菁	本科生	2018
156	生命科学学院	孙瑞烽	本科生	2018
157	外文学院	韩知行	本科生	2018
158	王亚南经济研究院	金轩仪	本科生	2018
159	信息科学与技术学院	李泽霖	本科生	2018
160	医学院	李智林	本科生	2018
161	管理学院	李书昊	博士研究生	2019

续表

序号	院系	姓名	培养层次	获奖年份
162	海洋与地球学院	潘　峰	博士研究生	2019
163	环境与生态学院	陈　蕾	博士研究生	2019
164	经济学院	程源远	博士研究生	2019
165	生命科学学院	周懿翕	博士研究生	2019
166	管理学院	谢　磊	硕士研究生	2019
167	管理学院	曹惠真	硕士研究生	2019
168	海洋与地球学院	罗文宇	硕士研究生	2019
169	化学化工学院	黄艳婷	硕士研究生	2019
170	外文学院	崔梦娇	硕士研究生	2019
171	电子科学与技术学院	刘　绮	本科生	2019
172	公共事务学院	李晓迎	本科生	2019
173	管理学院	朱凯波	本科生	2019
174	管理学院	刘　益	本科生	2019
175	经济学院	曾海洲	本科生	2019
176	经济学院	房禹辰	本科生	2019
177	人文学院	雷雨萌	本科生	2019
178	医学院	翁彩虹	本科生	2019
179	艺术学院	李安琪	本科生	2019
180	化学化工学院	林　黎	本科生	2019
181	管理学院	栾冉冉	博士研究生	2020
182	海洋与地球学院	李堂成	博士研究生	2020
183	环境与生态学院	黄幼芳	博士研究生	2020
184	经济学院	张晓晨	博士研究生	2020
185	生命科学学院	周懿翕	博士研究生	2020
186	管理学院	戚芳媛	硕士研究生	2020
187	管理学院	周颖蕾	硕士研究生	2020
188	海洋与地球学院	白华强	硕士研究生	2020
189	化学化工学院	郑海宁	硕士研究生	2020
190	外文学院	任晋义	硕士研究生	2020
191	管理学院	孙　柳	本科生	2020
192	管理学院	魏亚倩	本科生	2020
193	海洋与地球学院	欧文湛	本科生	2020
194	航空航天学院	刘　玉	本科生	2020
195	航空航天学院	林贤锦	本科生	2020
196	经济学院	伏　朝	本科生	2020

续表

序号	院系	姓名	培养层次	获奖年份
197	经济学院	朱　磊	本科生	2020
198	经济学院	聂　昊	本科生	2020
199	生命科学学院	刘思远	本科生	2020
200	艺术学院	李沁怡	本科生	2020
201	管理学院	陈琳琳	博士研究生	2021
202	海洋与地球学院	王丽娜	博士研究生	2021
203	化学化工学院	庄小燕	博士研究生	2021
204	经济学院	徐淑华	博士研究生	2021
205	生命科学学院	阮锋凯	博士研究生	2021
206	管理学院	郭　娇	硕士研究生	2021
207	管理学院	李竹馨	硕士研究生	2021
208	海洋与地球学院	高成成	硕士研究生	2021
209	环境与生态学院	钟光斌	硕士研究生	2021
210	外文学院	单　良	硕士研究生	2021
211	材料学院	曲　诺	本科生	2021
212	管理学院	郑嘉慧	本科生	2021
213	管理学院	吴颖婕	本科生	2021
214	环境与生态学院	杨艾琳	本科生	2021
215	环境与生态学院	董炽斐	本科生	2021
216	经济学院	陈思睿	本科生	2021
217	数学科学学院	王越洋	本科生	2021
218	新闻传播学院	黄钰澜	本科生	2021
219	信息学院	吴镕龙	本科生	2021
220	艺术学院	钟艺雯	本科生	2021
221	管理学院	朱朋虎	博士研究生	2022
222	海洋与地球学院	马瑞洁	博士研究生	2022
223	化学化工学院	刘　静	博士研究生	2022
224	经济学院	陈远星	博士研究生	2022
225	生命科学学院	吴培玲	博士研究生	2022
226	法学院	庄　媛	硕士研究生	2022
227	管理学院	尚子龙	硕士研究生	2022
228	环境与生态学院	林晓荷	硕士研究生	2022
229	外文学院	袁　翔	硕士研究生	2022
230	王亚南经济研究院	余清纯	硕士研究生	2022
231	公共卫生学院	胡潇文	本科生	2022

续表

序号	院系	姓名	培养层次	获奖年份
232	管理学院	余晓悦	本科生	2022
233	管理学院	黄　芮	本科生	2022
234	国际学院	徐正昀	本科生	2022
235	建筑与土木工程学院	陈可嘉	本科生	2022
236	经济学院	陈彦琪	本科生	2022
237	经济学院	彭熙文	本科生	2022
238	社会与人类学院	张诗钰	本科生	2022
239	新闻传播学院	彭程程	本科生	2022
240	艺术学院	吴钰琳	本科生	2022
241	管理学院	黄晨晨	博士研究生	2023
242	化学化工学院	孙宗强	博士研究生	2023
243	化学化工学院	薛天威	博士研究生	2023
244	环境与生态学院	李　鹏	博士研究生	2023
245	生命科学学院	黄巧玲	博士研究生	2023
246	公共卫生学院	杨诗婷	硕士研究生	2023
247	管理学院	付梦茹	硕士研究生	2023
248	航空航天学院	陈志文	硕士研究生	2023
249	航空航天学院	邵薇涵	硕士研究生	2023
250	医学院	林燕滨	硕士研究生	2023
251	法学院	张　琳	本科生	2023
252	公共事务学院	陈昭霖	本科生	2023
253	管理学院	陈天然	本科生	2023
254	管理学院	徐传力	本科生	2023
255	经济学院	庄　奕	本科生	2023
256	社会与人类学院	游玉洁	本科生	2023
257	外文学院	杨钧琰	本科生	2023
258	新闻传播学院	杨　昕	本科生	2023
259	信息学院	夏维成	本科生	2023
260	艺术学院	景馨逸	本科生	2023

第十九章

厦门大学会计学科发展年表

厦门大学会计学科发展年表所涉及的内容包括学科发展大事、标志性的教学成果、标志性的科研课题、标志性的论文与著作、标志性的教学和科研奖励、标志性的社会服务、会计学系教师的关键事项等。由于种种原因，有些资料已遗失在历史的长河里，尽管我们竭力细致，但难免挂一漏万、有所错漏、有所不到（再版时将会补充完善）[①]。

1919年

7月	陈嘉庚在厦门发出《筹办福建厦门大学附设高等师范学校通告》
7月13日	陈嘉庚在厦门陈氏宗祠邀请各界召开特别大会，报告筹办计划，宣布认捐开办费100万大洋，经常费300万大洋
是年	陈嘉庚遍勘各处，选定五老山麓古演武场为厦门大学校址，并呈文请求政府拨地供厦门大学建筑校舍

1920年

8月	陈嘉庚奔赴上海，聘请蔡元培、黄炎培、汪精卫、郭秉文、余日章、李登辉、胡敦复、黄琬、叶渊、邓萃英等10人为筹备委员会成员
10月	私立厦门大学召开第一次筹备会，推举邓萃英为首任校长

1921年

1月	邓萃英赴任厦门大学，设师范、商学两部，师范部下分文理两科；校训定为“自强不息”，校歌由郑贞文作词、赵元任谱曲
2月1日	私立厦门大学开始招生，录取预科生112人

---

① 各位老师加入厦门大学会计学系的时间以厦门大学人事系统提供信息为准（可能存在人事系统早期记录缺失的情况、待日后核准勘误）。

4月初	首批98名学生报到注册，设立商学部
4月6日	假集美学校即温楼举办开校式（此前两年为筹办）
5月3日	首任校长邓萃英辞职，陈嘉庚校主邀请林文庆接任校长
5月9日	国耻纪念日，陈嘉庚率全体师生由集美到厦门，为首批校舍——群贤楼开工奠基
7月4日	林文庆校长到校视事，改校训为“止于至善”，拟定有关章程，绘制校徽
是年	陈灿任商科主任

1922年

8月	在厦门、福州、北京、广州等城市和新加坡、菲律宾马尼拉地等招收新生152名（含女生2名）
是年	集美楼、群贤楼、同安楼、囊萤楼陆续竣工，私立厦门大学首批校舍落成

1923年

4月	改商学部为商科
6月	商学并入文科，改称学系，设商学系
9月	陈嘉庚先生在《南洋商报》发表题为“实业与教育之关系”的文章，提出发展厦门大学的三个五年计划及展望，计划将厦门大学办成生额万众的大学
	思明县（厦门）划定厦门大学校址的地界：西至中营炮台起，缘埔头山、蜂巢蒂山，越奥岭、赤岭而上鼓山，以达五老山之极峰为界；东南自西边社起，缘和尚山后河，越覆鼎山、观音山后，过宫后山，许坪钟山，汇西来界限于五老山之极峰为界；南至海为界

1924—1925：厦门大学会计学科历史之滥觞

1924年

6月	校评议会议决定，将教育科、商科、新闻科并归文科
是年	会计学科成立，隶属于商科
	薛一瓒（江苏盐城人氏）入学，为会计学科第一位学生

1925年

10月3日	“会计学”字样最早见于《厦大周刊》1925年10月3日第121期
10月24日	《厦大周刊》第124期刊登关于郑世察职称的更正公告：“查本人与校中所订关约担任商学经济学教授，今贵刊记为商学系副教授，想系传闻失实，特此来函便正。”
是年	第一位会计学教师郑世察入职
	陈德恒入职厦门大学，任会计室主任
	李随襄、清杰、苏子贵、郑绵孙、黄庆麟入学

1926—1949：中华民国时期的厦门大学会计学科

1926年

1月底	中国共产党厦门大学地区第一个支部——厦大党支部在囊萤楼成立，罗扬才任书记
6月2日	厦门大学首届学生毕业，各系毕业生共35名

9月	卢启宗教授入职厦门大学会计学系（至1929年）

1927年

2月	改设商学院，分设银行学系、会计学系等
6月27日	厦门大学第二届毕业生毕业，各系毕业生共23名
	会计学系刘聚星、钟述武、童国瑁入学
是年	郑世察任厦门大学会计师

1928年

3月21日	国民政府大学院院长蔡元培签发131号训令，批准私立厦门大学立案
6月26日	厦门大学第三届学生毕业，共19人；其中薛一瓒为会计学系第一位本科毕业生
	会计学系沈尔元、贺秩、游学诗入学

1929年

6月29日	厦门大学第四届毕业生共47人；其中会计学系毕业生5人：李遂襄（男，福建南安）、沈清杰（男，福建晋江）、苏子贵（男、福建晋江）、郑孙绵（男、福建晋江）、黄庆麟（福建莆田）
是年	王思本、王盛藻、林黻（fú）、林传光、黄友德、黄增高、黄泽博入学
	王蕴玉入职厦门大学会计学科（至1937年）

1930年

6月	充实教学机构，改“科”为“院”，院长陈德恒；下辖会计学系、银行学系、工商管理学系（新增）
	郑世察任会计学系的系主任
	会计学系朱章杰、陈鸿翔、邱有先、张似源、黄富春、颜惠德、林川泽、许万鹏、郭小怀、李应祺、黄世清等新生入学
6月17日	厦门大学第五届毕业生23人，会计学系毕业生信息不详
是年	周乃震入职厦门大学会计学系

1931年

6月13日	厦门大学第六届毕业生共37人；其中会计学系毕业生3人：刘聚星（男，福建莆田）、钟述武（男，江西南昌）、童国瑁（男，福建莆田）
8月	受世界经济危机影响，陈嘉庚被迫接受银行条件，将公司改为股份有限公司；尽管如此，仍对厦门大学和集美二校每月拨付国币七千余元
是年	陈英入职厦门大学会计学系

1932年

6月25日	厦门大学第七届毕业生共31人；其中会计学系毕业生3人：沈尔元（男，江苏青浦）、贺秩（男，湖南攸县）、游诗学（男，广州潮安）

9月	裁并工商管理学系

1933年

6月10日	厦门大学第八届毕业生共35人；其中会计学系毕业生1人：朱章杰（男，江苏吴县）
是年	徐志禹老师任厦门大学会计学系的系主任
	周彭年加入厦门大学会计学系

1934年

	会计学系等商学院各系被合并为商业学系，并入法学院，改称法商学院（下设商业学系和经济学系）
6月9日	厦门大学第九届毕业生共98人；其中会计学系毕业生4人：许万鹏（男，福建厦门）、李应祺（男，福建莆田）、郭小怀（男，广东）、黄世清（男，福建南安）
是年	陈嘉庚在南阳企业被迫清盘，无力为厦门大学提供经费；自1921年创办以来，陈嘉庚兄弟累计为厦门大学提供经费400万元

1935年

	黄克立被聘为厦门大学会计室主任（福建泉州人，1935年毕业于厦门大学经济学系）

1936年

5月	陈嘉庚先生致函福建省政府及南京教育部，愿无条件将厦门大学全部产业奉送，请政府接办、国立、省立均可
6月6日	厦门大学全体学生集会，议决请求教育部将厦门大学收归国办
12月	全校教职员工捐薪一日，支援绥远前方抗敌将士

1937年

7月1日	经南京国民政府核定，厦门大学从私立改为国立
7月6日	教育部呈行政院审核，简任清华大学教授萨本栋博士为厦门大学校长
9月21日	调整各院系
10—11月	萨本栋校长与福建省主席陈议商洽后，决定厦门大学内迁闽西长汀
年底	因抗战，厦门大学各院系开始陆续内迁福建省长汀县
是年	商学院师生结社组织商学会，靠三五元的小额捐赠出版《商学期刊》

1938年

1月17日	历时数月、厦门大学各院系（包括会计学科）内迁长汀县完成，正式复课。学生安排在县孔庙旁的平房里，住宿8人一间，通道中间置2张小桌。孔庙大堂的大成殿成为学校的大礼堂，两旁的宽走廊隔成多间教室
4月6日	厦门大学内迁长汀后的首个校庆大会在长汀文庙大礼堂举行。长汀社会各界人士、校友、全校师生数百人参加庆祝大会。校长萨本栋身着中国传统正式礼服，主持嘉庚楼奠基典礼

4月13日	厦门大学《唯力》旬刊第4期报道：“庆祝大会上，萨本栋详述陈嘉庚创办厦门大学的艰辛历程，及其坚毅卓绝的伟大精神。”该文写道：我们为纪念校主的大志，应该师生更加努力，继往开来，把本校过去的光荣历史发扬光大，这是我们纪念校庆的真意
10月	陈嘉庚先生连发六封电报，驳斥汪精卫的和谈言论
是年	德国莱比锡大学博士肖（萧）贞昌受聘担任厦门大学会计学教授
	黄雁秋老师加入厦门大学会计学系

1939年

4月27日	敌机轰炸长汀厦门大学校舍，人员未有伤亡，仅楼房受损
9月22日	蒋介石在重庆召见萨本栋校长，因厦门大学时为东南唯一的国立大学，政府属望甚厚

1940年

3—4月	教育部来电，就“厦门大学”改称“福建大学”一事征求意见，全体师生及海内外校友一致反对
10月	省立福建大学法学院并入厦门大学，法商学院分立为法学院和商学院。商学院拟下设会计学系等系
是年	裘宗舜入学（会计学系杰出系友，后为江西财经大学教授）

1941年

6月	教育部公布1940年全国大学生学业竞试成绩，按获奖人数与学校生数、系数及所需经费数的比率评判，厦门大学均名列第一
是年	商学院正式设立会计学系，会计学系得以复设，萧贞昌任系主任
	青年学子余绪缨入学
	陈德恒教授任厦门大学训导长（直至1947年离开厦门大学）
	萧贞昌教授任厦门大学会计学系系主任
	陈仁栋入职厦门大学会计学系
	吴崇泉入职厦门大学会计学系（副教授）

1942年

6月	教育部公布1941年全国大学生学业竞试成绩，在最优五校中，厦门大学蝉联第一
	青年学子葛家澍从苏皖联立临时政治学院转入厦门大学会计学系就读
6月28日	厦门大学第十七届毕业生共99人；其中会计学系毕业生：王缪（男，江西南城）、孙钟琛（女，福建连江）、李宁生（女，福建闽侯）、杨学耕（男，浙江杭州）、郑祖荫（男，福建莆田），郑廷值（男，福建仙游）、郭隆灿（男，山西泰和）、黄国英（女，福建闽侯）、蔡光周（男，福建莆田）
8月	燕夔入职厦门大学会计与工商管理系任教
冬	审计部福建省审计处在审核厦门大学1—6月份会计报告时，诬枉校长萨本栋每月溢支薪俸80元

1943年

1月	萨本栋校长遭诬枉，加之多年劳累、卧病不起，仍于病床前为学生授课
	商学院会计学系入学学生包括：王志德、卢同珊、蓝贻珣、沈怀瑜、林维仁、金欣如、邵建徵、钟嘉谟、钟人英、茹民瞻、梁华民、程自田、温启煌、廖世隆、潘本荣、薛谋治、陈瑞麟、陈守城、杨玉英、罗会标
是年	青年学子葛家澍在《苏皖技专会计学会会刊》创刊号上发表文章《目前会计人事上的重要问题》

1944年

春	英国纽卡斯尔大学教授雷立克与美国地质学家葛德石莅临厦门大学参访，对厦门大学称赞不已；葛德石称厦门大学“为加尔各答以东之第一大学”
	会计学系入学学生包括丁政曾、叶式亮、陈仁惠、郑克成、饶振富
	青年学子葛家澍担任系主任萧贞昌教授的学生助理
夏	闽海战事再起，日机空袭不断，厦门大学将贵重仪器和图书疏散于安全地带；上午上课提前，下午上课退后，员工镇定、弦诵未辍
10月	李百龄入职厦门大学，后转入会计学系
11月	青年学子余绪缨报名参加知识青年从军运动

1945年

中国台湾省光复前夕	厦门大学派出一批学生进“台湾行政干部培训班”训练，受训后先后赴台工作；前后共有500多名毕业生赴台工作。
2月	青年学子余绪缨前往上杭县培训，被编入青年军209师626团集训总队第二中队，担任司务长
6月	葛家澍以厦门大学商学院第一名身份毕业并留校任教，毕业论文为《战时田赋征实与粮食管理之实务》（导师陈德恒教授），论文成绩评定为A；随后按要求辞去田粮局兼职工作
	李湖莲入职厦门大学会计学系
8月15日	日本宣布无条件投降，师生欢欣雀跃，决定将厦门大学办成一所“理想完善的大学”
9月	教育部呈报行政院后，正式批准抱病的萨本栋校长辞职
9月19日	教育部任命汪德耀接任厦门大学校长
10月	马克思主义经济学家王亚南担任法学院院长兼经学系主任
是年	萧贞昌教授续任厦门大学会计学系系主任

1946年

2月	葛家澍担任厦门大学教职员公利互助社理事
6月1日	厦门大学校本部返迁厦门，长汀各界欢送会上赠刻有“南方之强”的大匾
6月	余绪缨离开青年军回到厦门大学，以优异成绩毕业；应会计系主任萧贞昌邀请，入职厦门大学会计学系

1947年

是年	余绪缨在《经建研究（季刊）》发表论文《论企业的偿债能力》
	余绪缨的《币值变动会计之理论及其方法》在《公信会计月刊》1948年3—4月连载
	陈德恒教授离开厦门大学到上海沪江大学，先后任国际贸易系主任和商学院长；后于1952年进入上海财政经济学院（今上海财经大学）

1948年

4月8日	厦门大学教职员因为无法维持最低限度生活而罢教三天
4月16日	厦门大学学生罢课两天
4月18日	师生聚集大操场开“夕阳会”，听王亚南、林砺儒等民主人士演讲，揭发弊政，诉民生之苦。为保护学生，葛家澍和余绪缨积极行动，与其他教职工组成了“教授会”
7月	商学院下设银行、会计学、国际贸易三个系
9月	安永瑞入职厦门大学会计学系（1958年调往辽宁财经学院财政系）
是年	黄雁秋入职厦门大学会计学系（教授）
	经黄雁秋教授介绍，葛家澍兼任项目商业银行破产财团会计，负责清理账目，直到1949年厦门解放、人民法院接管为止

1949年

1月	黄道标入职厦门大学会计学系
5月12日	葛家澍和余绪缨通过考核，晋升为讲师；葛家澍的代表作为《股本与盈余之研究》，余绪缨的代表作为《币值变动会计之理论及其方法》

1949—1965：新中国成立初期的厦门大学会计学科

1949年

10月1日	中华人民共和国成立；校主陈嘉庚先生参加开国大典，与毛主席一起登上天安门城楼
12月9—10日	招考新生
12月21日	老生复课

1950年

1月6日	陈嘉庚先生视察厦门大学
5月24日	中央人民政府教育部任命王亚南为厦门大学校长
7月	葛家澍与厦门大学人文社科的十多位教师一起赴苏州参加华东人民革命大学政治研究院第一期学习班，编入五班六组，担任班学委会主席
9月18日	院系调整，撤销商学院，原商学院与法学院的经济学系合并，改称财经学院，设立会计学系、银行系、国际贸易学系、统计学系
是年	萧贞昌续任厦门大学会计学系系主任（至1954年10月）
	潘德年入职厦门大学会计学系
	黄国雄入职厦门大学会计学系

1951年

	院系调整，财经学院下设会计学系、统计学系、财政金融系、贸易系
5月	葛家澍当选厦门大学工会委员，负责财务部；后于10月的工会改选后负责业务部
8月	黄忠堃从福建学院调入厦门大学会计学系任教
是年	汪慕恒入职厦门大学会计学系（后调入马列主义教研室）

1952年

1月	葛家澍在《大信会计月刊》第三卷第6期发表论文《中国人民银行业务收支分析工作的研究》
3月	葛家澍的论文《从中国人民银行会计制度的出现说到大学银行会计教材内容的改革》和余绪缨的论文《论固定资产的折旧与再生产》发表于《厦门大学学报》（财经版）第1期
8月	基于全国院系大调整的背景，原福州大学财经学院的会计学等五个系并入厦门大学财经学院；财经学院下设经济学系、统计系、贸易系、会计工商管理系、企业管理系
	葛家澍担任会计核算原理教研组主任
	耿心湛入职厦门大学会计工商管理系
9月	黄忠堃入职厦门大学会计工商管理系
是年	葛家澍、余绪缨、黄道标等教师组建“新会计研究会”

1953年

8月	财经学院设置经济学系、会计学系、统计系、财政金融系和贸易系五个系
7月	葛家澍的论文《论流动资金各要素周转率的分析》发表于《工业会计》1953年第7期
8月	按照全国院系调整方案，会计专业得以保留，财经科的企业管理系调整至其他有关院校
	李祥辉入职厦门大学会计学系
9月	常勋、顾继业、王春田从山东会计专科学校（现山东财经学院）调入厦门大学会计学系任教
10/11月	葛家澍的论文《国营工业企业资产负债表的分析》发表于《工业会计》1953年第10～11期
是年	葛家澍编写完成《会计学原理》教材，在会计学系内部试用

1954年

6月	葛家澍的论文《社会主义工业企业经济活动分析的对象、任务与方法论》发表于《厦门大学学报（哲学社会科学版）》，开始了对会计对象问题的研究
是年	常勋晋升为讲师

1955年

8月27日	葛家澍因家人的“历史”问题被公安部门搜查，很多信件、照片丢失
9月	厦门大学奉命停办统计学系、会计学系、财政金融系、贸易系四个系

12月20日	经济系下设政治经济学、会计学、统计学、货币与信贷、贸易等专业
是年	肃反运动结论发布，常勋被错误地定性为“历史反革命份子”，但免于刑事处分和行政处分，在原岗位继续工作和学习改造

1956年

4月	葛家澍发表论文《试论会计核算这门科学的对象和方法》（《厦门大学学报》第2期），正式提出会计对象是资金运动的学术观点
	常勋在《厦门大学学报（社会科学版）》1956年第2期第56～80页发表了论文《生产费用核算和产品成本计算的定额法》
9月10日	高教部明确厦门大学归高教部管理
是年	葛家澍与余绪缨晋升为副教授，并报高教部批准；这是1949年之后第一批公开晋升的高级职称

1957年

4月	葛家澍主编的《社会主义会计核算形式》由新知识出版社出版
	余绪缨带领学生前往安徽马鞍山钢铁厂生产实习

1958年

1月	常勋在肃反纠偏运动中被“错误”地逮捕，后“从宽判有期徒刑6年”，从此，开始劳改队生活
8月23日	福建前线炮战，厦门大学在炮火中英勇挺立，成为英雄前线大学
是年	高教部正式批准通过葛家澍和余绪缨的副教授任职资格

1959年

是年	经济系下设政治经济学、财务会计学、计划统计学、部门经济等专业；会计学专业改为财务会计专业
	吴水澎、陈守文入学厦门大学会计学科

1960年

1月	林建武、梁工佛、林耀荣、谢显寿等入职厦门大学会计学科
2月	葛家澍任经济系副主任
3月	厦门大学开始进行教学改革，对专业方向、制度、内容、方法等改革进行全面研究

1961年

是年	时任国家主席刘少奇和时任中国中央书记处总书记邓小平下达指示，国内要编写一套自己的高等教育文科教材。葛家澍教授受邀担任《会计基础知识》的主编，这是新中国第一部会计类统编教材
	经济系保留，但专业仅保留财务会计、政治经济学与统计学专业
1月	林建武入职厦门大学会计学科
8月12日	校主陈嘉庚先生逝世

9月	谢抗入职厦门大学会计学科
11月	庄瑞澄入职厦门大学会计学科
是年	葛家澍发表《关于社会主义会计对象的再认识》，并形成较系统的“资金运动论”观点

1962年

是年	教育部组织编写全国文科教材，葛家澍受邀赴京，担任《会计基础知识》主编（该教材后于1964年出版）
12月4—8日	中国科学院经济研究所的于光远教授（高教部文科统编教材经济组负责人）、顾准先生和会计界多位教授、专家进行座谈，集中讨论会计学的几个理论问题
12月	葛家澍主编的《会计学原理》由上海财政经济出版社出版

1963年

5月	葛家澍任主编之一（其余主编为杨纪琬、赵玉珉、娄尔行、吴诚之）的《会计原理》由中国财政经济出版社出版
7月	葛家澍主编的《会计基础知识》定稿交出版社
	葛家澍被当时的高教部确定为会计学专业唯一的研究生指导教师，面向全国招收会计硕士研究生
7月	吴水澎、陈守文毕业留校任教
9月20日	经中央批准，厦门大学改为直属教育部的全国重点综合性大学

1964年

2月	国家教材编审委员会组织编写、葛家澍教授担任主编的《会计基础知识》由中国财政经济出版社出版，为高等财经院校会计专业专用教材
	葛家澍作为国内会计领域唯一研究生招生导师，拟录取何生棠、方正生两位研究生，后因故中止
9月	葛家澍在《中国经济问题》发表论文《会计学所研究的特殊矛盾》

1965年

4月	各系进行教改实验，中文、经济、历史三系大改，理科各系和外文系中改，对教学计划教学调整；中文系开始试行半农半读的教育制度
9月	蔡淑娥入职厦门大学会计学科

1966—1976：蛰伏沉淀的厦门大学会计学科

1966年

是年	教学陷于停顿
6月	厦门大学出现第一张大字报
	6月份，厦门大学的学生就贴出了3 万余张大字报
6月2日	厦门大学经济系、中文系、外文系的少数学生开始贴大字报

6月2日	葛家澍被大字报点名为“反动学术权威”、厦门大学会计“三家村”；后失去自由，被造反派羁押在厦门大学校园内的平房里
	余绪缨被打为“反动学术权威”，遭受批斗
7月	李登河入职厦门大学会计学科
8月10日	厦大“文革”筹委会成立

1967年

1月14日	厦门大学机关党委30名共产党员，将厦门大学建校以来的全部档案秘密转移，保住了厦门大学的历史资料，避免了一场劫难

1968年

10月	中国人民解放军毛泽东思想宣传队进驻厦门大学

1969年

2月	厦门大学革命委员会成立

1970年

10月24日	经全省推荐招生，厦门大学工农试点班开学（11个专业），学员321名
	举办工业会计实践试点班，开办“厦门市郊区农村财会培训班”，在全国率先开始恢复会计教育
是年	葛家澍经厦门大学审干小组审查通过，结论为“按人民内部矛盾处理，有条件使用安排工作”
	姚立中入职厦门大学，后调入会计学科

1971年

是年	厦门大学贯彻开门办学方针；葛家澍等赴厦门江头前线人民公社、海沧镇钟山大队进行调研、授课，为工农试点班学员授课

1972年

是年	厦门大学会计学专业复办，1972级工农兵学员入学
	顾继业、陈仁栋主编的《生产队财务会计》出版

1973年

12月20日	葛家澍老师收到署名“柴直言”的公开信《在会计科学领域中必须坚持唯物论辩证法，反对唯心论和形而上学 —— 致葛家澍教授的一封信》，落款日期为1973年12月20日
2月	朱时钦入职厦门大学会计学专业

1974年

1月	葛家澍回复柴直言公开信

	葛家澍带队1973级工农兵学员到福州工厂实习，为福州一中学生做会计讲座
是年	黄礼忠、吴晋明入职厦门大学会计学专业

1975年

是年	厦门大学会计学专业多位老师参加福建漳浦基本路线教育工作队，并举办会计培训班

1976年

2月	庄爱珠老师加入厦门大学会计学专业
7月	按照相关政策，常勋返回厦门
10月18日	全体师生上街游行，热烈庆祝粉碎“四人帮”的伟大胜利
11月	常勋回到厦门大学经济系资料室，任《经济资料译丛》编辑
是年	厦门大学会计学专业接受委托，为石油部培训班授课

1977—1999年：厦门大学会计学派与中国会计学术重镇

1977年

1月	谢景贤入职厦门大学会计学专业
12月26—29日	厦门大学隆重举行教学科研先进单位、先进工作者暨三好学生代表大会，这是粉碎“四人帮”后一次规模盛大的群英会
是年	葛家澍应上海人民出版社的邀请，组织编写《会计基础知识》
	葛家澍着手修订原高教部统编教材《会计基础知识》，改名为《会计学基础》
	唐予华入职厦门大学会计学专业

1978年

1月	葛家澍主编的《会计基础知识》定稿交出版社
2月17日	教育部颁发《关于恢复和办好一批全国重点高校的意见》，厦门大学被恢复为综合性大学中重点高等学校之一
	“文革”后第一届大学生入学，厦门大学招收学生1019名，经济系招收209人，其中财会专业53人
4月	在厦门大学校庆举行的科学讨论会上，葛家澍做了题为“必须替借贷记账法恢复名誉——评所谓‘资本主义的记账方法’”的报告
8月	葛家澍在《中国经济问题》上的论文《必须替借贷记账法恢复名誉——评所谓“资本主义的记账方法”》被誉为“打响了会计界拨乱反正的第一炮”
12月11日	经福建省革委会批准，葛家澍与余绪缨由副教授晋升为教授

1979年

5月	余绪缨主编的教材《工业企业财务管理》出版
8月	林文峰入职厦门大学，后转入会计学专业
12月16日	中国会计学会成立大会在广东省佛山市举行，葛家澍受邀赴佛山参加会议，当选中国会计学会常务理事

是年	葛家澍受邀组织编写《会计学基础》和《社会主义经济核算与经济效果》，列入“教育部高等学校文科教材编选计划”
	葛家澍组织编写《借贷记账法》一书
	经法院裁定，常勋被摘掉“历史反革命”的“帽子”

1980年

1月	余绪缨发表论文《要从发展的观点，看会计学的科学属性》，首次将“会计信息系统论”引入国内
8月	葛家澍主编的《会计学基础》由中国财政经济出版社出版
	“中国工业科技管理大连培训中心”开学，余绪缨担任“管理会计”中方教学组组长
9月	石油部外事财务学习班开班
是年	会计学系成为我国首批硕士学位授予权单位之一；林志军、唐予华、谢琳琳、费忠新、黄志邦、黄礼忠等六位研究生入学
	常勋被宣布彻底平反“历史反革命”冤案，恢复原职原薪，重返讲坛

1981年

2月	受教育部委托，余绪缨为“高等财经院校管理会计师资培训班”授课
4月6日	葛家澍在60周年校庆期间做题为“论会计理论的继承性”的报告
4月	吴水澎获得“厦门大学优秀教学奖”
6月14日	《光明日报》公布国务院学科评议组成员名单，葛家澍名列经济学评议组其中，担任第一届国务院学科评议组成员
7月	葛家澍参加国务院学科评议组经济学组第一次会议，被评为新中国第一批博士生指导教师，报国务院学位委员会批准
8月	常勋在《厦门大学学报》1981年第4期发表论文《论折旧模式》
9月	教育部正式批准厦门大学成立经济学院，下设会计学等五个系
	葛家澍的《论会计理论的继承性》一文发表［《厦门大学学报（哲学社会科学版）》1981年第3期］，严谨科学地指出，包括会计在内、科学是继承性的，会计理论与会计准则同样可以超越阶级属性，成为科学研究范畴
11月3日	经学位委员会审核、国务院批准，葛家澍教授成为新中国首批博士生导师之一

1982年

2月	林志军通过博士研究生入学考试
	黄如光入职会计系
5月24日	厦门大学经济学院成立，葛家澍教授作为行政负责人（院长）主持工作
5月	厦门大学经济学院下设“会计与企业管理系”等五个系，余绪缨任会计与企业管理系系主任
	首个会计学博士研究生林志军正式入学
7月	庄明来入职会计与企业管理系
	叶薏入职会计与企业管理系

9月 谢琳琳入职会计与企业管理系

9月23日 厦门大学会计学科第一批6名硕士研究生通过论文答辩，他们是林志军、唐予华、谢琳琳、费忠新、黄志邦、黄礼忠

10月 葛家澍陪同田昭武校长访问法国尼斯大学，见证两校签署合作协议；推动与加拿大Dalhousie University合作；在CIDA项目支持下，选拔一批年轻教师去加拿大留学，为后续的MBA教育奠定基础

10月 唐予华入职厦门大学会计与企业管理系

11月 经福建省人民政府批复，葛家澍正式出任经济学院院长

1983年

葛家澍担任第二届中国会计学会副会长（直至2007年）

厦门大学批准成立“会计基本理论与方法”和“现代管理会计”研究室

葛家澍当选福建省人大代表

3月 余绪缨主编的教材《管理会计》作为“高等财经院校试用教材”正式出版，该教材被誉为“中国管理会计教材的奠基之作”

8月 国桂荣入职会计与企业管理系

7月 陈少华入职会计与企业管理系

黄世忠入职会计与企业管理系

9月 王明花入职会计与企业管理系

是年 常勋晋升为副教授

1984年

国家教委批准厦门大学举办会计学研究生班和会计助教进修班（全国统考）

葛家澍在厦门大学经济学院倡议“引理入经”，影响了数代学子

1月 经国务院学位委员会批准，余绪缨成为第二批博士生导师之一

2月 余绪缨当选民盟中央第五届委员

6月 葛家澍出席厦门大学工作会议，提出经济学院教学的改革设想

7月 陈双人、郭丹霞、徐玉霞等入职会计与企业管理系

8月 卢永华、郑耿琳入职会计与企业管理系

11月 吴水澎任经济学院会计与企业管理系副主任

宋文清任中共厦门大学会计与企业管理系总支部书记

12月 厦门大学文科学术委员会成立，葛家澍任主任委员

12月 创办国际会计专业和审计专业

陈纹入职会计与企业管理系

是年 常勋兼任中国独立审计准则中方专家咨询组成员，后任组长

会计与企业管理系分立为会计学系与企业管理系的过渡阶段，庄瑞澄担任系主任

1985年

是年 会计学与企业管理分立设系，吴水澎任会计学系系主任

1月 葛家澍任厦门大学学位委员会第二届学位委员会副主席

4月 葛家澍获首届“厦门大学南强奖特等奖”

7月 苏新龙入职厦门大学会计学系，后转为教师

9月 吴水澎任厦门大学经济学院会计学系系主任

10月 林志军通过博士论文答辩（指导教师葛家澍），成为新中国培养的第一位经济学（会计学）博士

庄瑞澄任厦门大学总会计师

12月 林志军入职厦门大学会计学系

1986年

3月 陈守文任厦门大学会计学系系主任；其间唐予华、李若山、陈少华等相继任厦门大学会计学系副主任

5月 常勋翻译出版了我国第一部《国际会计》教材

7月 李建发入职厦门大学会计学系

9月 袁新文入职厦门大学会计学系

是年 葛家澍倡导“引理入经”，会计学系首次招收理科生进入本科就读

常勋晋升为教授

余绪缨受伊利诺伊大学“会计国际教育与研究中心”邀请赴美，被聘为*International Journal of Accounting*编辑部成员之一

1987年

1月 厦门大学校务委员会换届调整，葛家澍担任校务委员

3月 吴水澎任厦门大学经济学院副院长

颜清芳任中共厦门大学会计系总支部书记

4月 会计学系会计学专业获第三届厦门大学南强奖特等奖

7月 厦门大学工会换届，葛家澍任厦门大学工会第十七届委员会主席

傅元略入职厦门大学会计学系

林开桦入职厦门大学会计学系

8月 汪一凡入职厦门大学会计学系

刘峰入职厦门大学会计学系

林宝玉入职厦门大学，后调入会计学系

王韶庭入职厦门大学会计学系

12月 吴水澎晋升为教授

庄瑞澄晋升为教授

是年 葛家澍主编的《会计学基础》获国家级优秀教材一等奖

中国会计学会第三届理事会成立，葛家澍继续出任副会长

葛家澍的《会计基础知识》获福建省优秀成果奖

经济学院换届，因年龄原因，葛家澍卸任院长一职

	厦门大学教师职务评审委员会改选，葛家澍继续任副主任委员
	首位管理会计方向的博士生孙宝厚通过答辩
	常勋在中央广播电视大学录制“西方财务会计”课程

1988年

7月下旬	经国家教委批准，厦门大学会计学科成为首批会计学两个国家重点学科之一
8月	毛付根入职厦门大学会计学系
	葛方雯入职厦门大学会计学系
10月	陈箭深入职厦门大学会计学系
12月	吴水澎任中国中青年成本研究会理事
	10日，厦门大学会计师事务所成立；常勋任主任会计师，林志军、吴水澎、陈守文任副主任会计师，葛家澍任顾问
是年	厦门大学会计学系承担世界银行项目——国际会计与国际财税助教进修班，直至1990年
	葛家澍主编的《会计学基础》获“全国普通高等学校优秀教材一等奖”
	余绪缨主编的《管理会计学》获“全国普通高等学校优秀教材一等奖”
	常勋获1988年福建省“五一劳动奖章”

1989年

1月	葛家澍参加中国会计学会会计理论与会计准则研究组第一次会议
4月	葛家澍获得厦门大学优秀教学成果奖一等奖
5月	常勋获福建省“五一劳动奖章”
7月	李若山入职厦门大学会计学系（后调至复旦大学）
7月	曲晓辉入职厦门大学会计学系
8月	胡玉明入职厦门大学，后转入会计学系
9月	葛家澍的《创建“独树一帜”的财务会计教材体系》获国家级教学成果奖
11月	常勋的《“国际会计”专业开拓与教材建设》获福建省教学成果奖一等奖
是年	葛家澍当选全国先进工作者
	葛家澍入选《中国大百科全书·经济卷》，是入选的唯一的会计学家
	我国会计学第一位女性博士曲晓辉毕业
	我国第一位审计学博士李若山毕业

1990年

3月	葛家澍正式办理了退休手续，但继续招收博士研究生
7月	叶少琴入职厦门大学会计学系
	陈汉文入职厦门大学会计学系（先任辅导员，后转为教师岗）
8月	孙丽影入职厦门大学，后转入会计学系
是年	葛家澍获批成为首批享受国务院政府特殊津贴专家

1991年

4月	中国会计学会第四届理事会成立，葛家澍继续任副会长
9月	吴水澎任厦门大学研究生院副院长
12月	肖华入职厦门大学会计学系
是年	李若山获国务院学位办和国家教委联合颁发的“做出突出贡献的中国博士学位获得者”荣誉
	余绪缨获批成为享受国务院政府特殊津贴专家

1992年

1月	吴水澎任中共厦门大学第六届委员会委员
4月	陈家声任中共厦门大学会计学系总支部书记
4月	常勋获得厦门大学南强奖一等奖
10月	经厦门大学和福建省财政厅批准，厦门大学会计师事务所调整了领导班子（至1998年12月）：常务顾问葛家澍；名誉顾问余绪缨；主任会计师常勋；副主任会计师兼所长兼法定代表人陈守文；副主任会计师吴水澎、黄世忠；副所长唐予华
是年	常勋获批成为享受国务院政府特殊津贴专家
	庄瑞澄获批成为享受国务院政府特殊津贴专家
	吴水澎获批成为享受国务院政府特殊津贴专家

1993年

2月	曲晓辉任中共厦门大学会计学系总支部书记
10月	吴水澎任厦门市会计学会副会长
11月	曲晓辉获得“教育部霍英东高等院校青年教师奖”三等奖
12月	曲晓辉晋升为教授
是年	葛家澍作为我国首批博士后联系人招收了第一位会计学博士后王光远
	经国务院学位委员会批准，吴水澎成为第五批博士生导师
	陈守文获批成为享受国务院政府特殊津贴专家
	李若山获批成为享受国务院政府特殊津贴专家
	常勋出任民办大学华厦职业学院的首任院长
	施工中任中共厦门大学会计学系总支部书记
	刘恭远调入厦门大学会计学系任讲师

1994年

8月	黄京菁入职厦门大学会计学系
9月	余绪缨招收来自科威特的博士研究生王大洋，国内会计学科首次招收“洋博士”
10月9日	经厦门大学党委和厦门大学行政办公会议决定，厦门大学校训改定为“自强不息、止于至善”
11月	余绪缨与吴水澎分别获得福建省第二届社会科学优秀成果奖

12月	葛家澍主编的《中级财务会计》由辽宁人民出版社出版
是年	“厦门大学会计系列教材”由辽宁人民出版社陆续出版，包括《会计学原理》《中级财务会计》《高级财务会计》《成本会计》《管理会计》《企业理财》《审计学》，总编为葛家澍与余绪缨，主编分别为吴水澎、葛家澍、常勋、陈守文、余绪缨、余绪缨、李若山
	余绪缨以中英文对照的方式发表论文《帕乔利对复式簿记的历史性贡献为此后会计学科的发展奠定了坚实基础》，并被送往意大利参加“纪念卢卡·帕乔利《算术、几何、比及比例概要》发表500周年盛会展出”
	吴水澎被评为博士生导师
	曲晓辉被授予厦门市“巾帼建功”标兵称号

1995年

1月	余绪缨主编的《企业理财学》出版
6月	王光远博士顺利通过博士后出站答辩，成为我国首批博士后研究学者
	吴水澎任厦门大学总会计师
7月	吴水澎任中国会计教授会副会长
8月	常勋和陈箭深编写出版了我国第一部《国际会计》教材
8月	郭晓梅入职厦门大学会计学系
9月	会计学系举行“葛家澍教授、余绪缨教授从教50周年”纪念活动
11月	曲晓辉任厦门大学研究生院副院长
12月	王光远入职厦门大学会计学系，曾任系主任（后调至福建省审计厅）
是年	葛家澍主编的《中级财务会计》（辽宁人民出版社）获第三届国家教委全国优秀教材一等奖
	李建发任预算会计改革专家组成员

1996年

4月	企业管理系和MBA中心从经济学院析出，成立工商管理学院
6月9—11日	厦门大学顺利通过国家教委“211工程”部门预审，进入国家“211工程”重点建设高校行列
7月	王光远任会计学系的系主任
9月	第一位来自中国台湾的会计学博士涂春永毕业，博士论文为《海峡两岸财务会计——准则与理论基础》（指导教师葛家澍）
是年	厦门大学会计学系与CGA签订协议，设立CGA班
	中国会计学会第五届理事会成立，葛家澍继续担任副会长

1997年

4月	刘峰晋升为教授
6月	吴水澎任厦门大学副校长
7月	庄明来任会计学系系主任

8月	余芸春入职会计学系
	胡念梅入职会计学系
是年	曲晓辉发起论证会计硕士专业学位（MPAcc）

1998年

4月24日	国家计委正式批复同意厦门大学作为“211工程”项目高校，并在“九五”期间重点建设
4月	苏新龙任中共厦门大学管理学院会计学系教工支部书记
7月	吴水澎任中国会计教授会会长
8月	谢灵调入厦门大学会计学系
	黄志忠入职厦门大学会计学系
9月	葛家澍当选全国教育系统先进工作者
	曲晓辉当选为中华全国妇女联合会执行委员
10月	葛家澍担任我国财政部新成立的“会计准则委员会”七位委员之一
是年	葛家澍的著作《市场经济条件下会计基本理论与方法研究》获得教育部第二届人文社会科学优秀成果一等奖
	吴水澎的著作《财务会计基本理论研究》获得教育部第二届人文社会科学优秀成果三等奖
	王光远的《管理审计理论》获得福建省第三届社科优秀成果一等奖，会计学科另有5项成果获得二、三等奖
	厦门大学会计师事务所脱钩改制，黄世忠、姚立中、陈箭深、陈纹、国桂荣等离开厦门大学会计学系、专职于厦门天健会计师事务所工作，连同徐珊、熊建益共同成为厦门天健会计师事务所的创始合伙人

1999年

3月	葛家澍主编的教材《中级财务会计学》（“九五”国家级重点教材）出版
4月	曲晓辉获批成为享受国务院政府特殊津贴专家
	桑士俊入职厦门大学会计学系
7月	吴水澎担任教育部工商管理学科专业教学指导委员会主任委员
	曲晓辉入选教育部跨世纪人才培养计划（人文社会科学）
8月	任春艳、严晖、胡冰冰入职厦门大学会计学系
	余绪缨主编的教材《管理会计学》（“九五”国家级重点教材）出版
9月	会计学系从经济学院析出，与其他系一起组建管理学院，庄明来任会计学系系主任
	曲晓辉被授予福建省“十杰青年社会科学工作者”称号
	林涛入职厦门大学会计学系
12月	葛家澍的著作《市场经济条件下会计基本理论与方法研究》获得国家社科基金优秀成果三等奖（会计学科唯一）

12月	“厦门大学会计系列教材”（第二版）继续由辽宁人民出版社出版，总主编为葛家澍与余绪缨，包括7本教材——《会计学原理》《中级财务会计》《高级财务会计》《成本会计》《管理会计》《企业理财》《审计学》，各本教材的主编分别为吴水澎、葛家澍、常勋、陈守文、余绪缨、余绪缨、陈汉文
是年	常勋捐资10万元，并义卖《财务会计三大难题》，发起筹集华厦职业学院“名流图书基金”的活动，先后筹资近80万元
	刘峰获得教育部优秀青年教师奖
	依托“211”工程一期“经济理论与管理”子项目，在经济信息中心基础上设立经济管理教学实验室及模拟教学中心（会计学系当时仍在经济学院）
	厦门大学“国家经济学基础人才培养基地”获教育部批准（会计学系当时仍在经济学院）

2000—2008年：艰难转型的厦门大学会计学科

2000年

1月	厦门大学会计发展研究中心成立，曲晓辉任主任，葛家澍等为名誉主任；同年12月，获“教育部人文社会科学百所重点研究基地”授牌
	李建发（与徐明稚等合作）的《建立全国事业单位新型会计体系及政策研究》（项目）获得教育部科技进步一等奖
3月	曲晓辉被全国总工会授予“全国先进女职工”称号
	刘峰获批成为享受国务院政府特殊津贴专家
7月	葛家澍与余绪缨主编的《会计学》由高等教育出版社出版，被列为教育部面向21世纪经济学类与工商管理学类核心课程教材
8月	章永奎入职厦门大学会计学系
12月	会计发展研究中心获“教育部人文社会科学百所重点研究基地”授牌
	葛家澍、常勋、吴水澎、曲晓辉、李建发和刘峰共获得福建省社科优秀成果奖12项
是年	李建发任厦门大学校长助理
	中国会计学会第六届理事会成立，葛家澍继续任副会长

2001年

2月22日	教育部、福建省与厦门市签订重点共建厦门大学协议书，专项支持厦门大学实施“985工程”
	黄世忠调入会计学系任教
5月	曲晓辉被富布莱特基金会授予“富布莱特学者”称号
6月	葛家澍受高等教育出版社委托主持新世纪网络课程建设工程中的“会计学网络课程”项目研究
	曲晓辉出席教育部人文社会科学重点研究基地工作会议
7月	谢德仁（1998届博士生）的博士论文入选“全国百篇优秀博士学位论文”，这是工商管理学科第一篇入选论文，也是厦门大学第一篇全国优秀博士论文
8月	杜兴强入职厦门大学会计学系
	廖阳、杨绮入职厦门大学会计学系

9月	游相华入职厦门大学会计学系
	薛祖云入职厦门大学会计学系
是年	刘峰获得宝钢教育基金“优秀教师奖”
	葛家澍与刘峰合作的《会计理论》（中国财政经济出版社）入选教育部研究生指定教材

2002年

1月	教育部公布，厦门大学会计学再次被评为国家重点学科
	葛家澍主编的《中级财务会计》（第二版）获得教育部第四届全国优秀教材一等奖；余绪缨主编的《管理会计学》获得二等奖
	曲晓辉获批福建省闽江学者特聘教授
6月	根据《教育部关于公布高等学校重点学科点名单的通知》（教研函〔2002〕2号），厦门大学会计学科以满分成绩通过国务院学位委员会重点学科评审
6月	曲晓辉入选福建省优秀专家
8月	王丽明入职厦门大学会计学系
9月	2001届博士毕业生杜兴强的博士论文获福建省优秀博士论文一等奖
10月	曲晓辉被聘为财政部会计准则委员会会计准则咨询专家
	吴水澎任中国会计学会第六届理事会常务理事
11月	中国会计教授会2002年第二次常务理事会议于2002年11月2日在长沙举行。在本次常务理事会上，厦门大学吴水澎当选名誉会长，会计发展研究中心主任曲晓辉当选常务理事
11月	肖虹入职厦门大学会计学系
12月	葛家澍教授的著作《会计基本理论与会计准则问题研究》获得教育部第三届人文社会科学优秀成果一等奖
	吴水澎任福建省会计学会第五届理事会副会长

2003年

4月	李建发任财政部会计准则委员会政府及非营利组织会计咨询专家、咨询专家组组长（至2011年）
7月	杜兴强的博士论文获全国优秀博士论文提名奖
8月1日	陈守德入职厦门大学会计学系
8月1日	李明辉入职厦门大学会计学系（后调往南京大学会计学系）
8月28日	厦门大学漳州校区正式启用
9月	根据教社政函〔2003〕14号《关于委托“中国高校人文社科信息网”承办重点研究基地电子期刊的通知》，会计发展研究中心承办由教育部社政司委托中国高校人文社科信息网推出的电子期刊，刊名为《当代会计评论》
12月	葛家澍、黄世忠、李建发、杜兴强获福建省第五届社会科学优秀成果二、三等奖共九项。葛家澍、杜兴强的《人力资源会计及人力资源信息披露的彩色模式（上/下）》、黄世忠等的《市场、政府与会计监管》、杜兴强的《会计信息的产权问题研究》获二等奖。

12月	厦门大学会计学系五项会计重点科研究课题获财政部立项，负责人分别为葛家澍、黄世忠、曲晓辉、陈少华、杜兴强

2004年

6月	会计学系与厦门国家会计学院共同设立会计硕士专业学位联合教育中心
7月	厦门大学被增列为中央直管高校
	2004年7月，国务院学位办下发文件，厦门大学MPAcc中心成为全国首批正式开班MPAcc学位教育的21个试点单位之一
	曲晓辉担任全国会计专业硕士学位教学指导委员会委员、培养组组长
	曲晓辉被授予“福建省师德先进个人”称号
8月	杜兴强破格晋升为教授
9月	2004年9月25日，中国会计学会教育分会（原中国会计教授会）常务理事会在江西南昌举行，曲晓辉教授当选2004—2005年候任会长
11月	杜兴强教授获得“福建省第三届优秀青年社会科学工作者”荣誉称号（中共福建省委宣传部、福建省人事厅、福建省社会科学联合会）
11月26日	教育部公布第二批通过合格评估的普通高等学校人文社会科学重点研究基地，厦门大学会计发展研究中心评估成绩优秀
12月	经教育部批准设立国家哲学社会科学创新基地（“985工程”二期，会计学科唯一）“财务管理与会计研究院”。自此，厦门大学会计学科形成了会计学系、会计发展研究中心、财务管理与会计研究院“三位一体”的学科群
是年	葛家澍获评“福建省杰出人民教师”
	会计学系李建发任厦门大学副校长

2005年

3月	杜兴强和陈汉文入选2004年教育部首届新世纪优秀人才计划
	厦门大学会计学系首届MPAcc学员（149名）入学
5月	吴水澎教授任厦门市会计学会第五届理事会会长
7月	博士研究生李明辉的博士学位论文《上市公司财务报告法律责任之研究》（指导教师曲晓辉）获福建省优秀博士学位论文一等奖；博士研究生潘琰的博士学位论文《因特网财务报告若干问题研究》（指导教师葛家澍）获福建省优秀博士学位论文二等奖
7月13日	由厦门大学会计发展研究中心、厦门大学会计系、内蒙古财经学院财务会计研究中心、内蒙古财经学院会计学与财务管理系在内蒙古呼和浩特市联合主办了“会计学研究生教育国际圆桌会议”
7月	张国清、黄炳艺入职会计学系
8月	李建发获批为享受国务院政府特殊津贴专家
9月	葛家澍、杜兴强与桑士俊的教学成果——《中级财务会计学》教材，获得国家级教学成果二等奖及福建省教学成果奖一等奖
9月	杜兴强当选全国青联委员与福建省青联常委
9月30日	李建发被财政部评选为全国杰出会计工作者

11月	葛家澍与杜兴强合著的《财务会计概念框架与会计准则问题研究》获得福建省社科优秀成果一等奖
是年	依托于厦门大学会计学系、会计发展研究中心和管理学院，国家“985工程”全国唯一的财务与会计创新基地“厦门大学财务管理与会计研究院”创立
	厦门大学会计学系与ACCA合作开设ACCA班

2006年

3月	杜兴强获得教育部霍英东高等院校青年教师基金（101087）
9月	《中级财务会计学》《政府及非盈利组织会计》《跨国公司财务管理》《中级财务管理》《财务会计理论》《国际会计》入选普通高等教育“十一五”国家级规划教材，主编分别为葛家澍、李建发、毛付根、傅元略、杜兴强、常勋
12月	葛家澍与杜兴强的著作《财务会计概念框架与会计准则问题研究》获得教育部第四届中国高校人文社会科学研究优秀成果一等奖
12月	杜兴强的专著《会计信息的产权问题研究》获得第四届中国高校人文社会科学研究优秀成果三等奖

2007年

1月25日	财政部会计司致函教育部指出，厦门大学会计发展研究中心根据教育部《普通高等学校人文社会科学重点研究基地管理办法》规定的五项建设目标全面开展工作并取得显著成果，尤其在政策咨询等方面，为我国会计事业的发展做出了积极贡献
2月27日	日本国际会计教育研究所承办的“会计教育认证国际标准论证国际圆桌会议”在日本京都举行，曲晓辉应邀出席本次会议
4月20日	曲晓辉担任教育部社会科学委员会委员
7月	李建发担任中国会计学会副会长
7月	吴水澎任中国会计学会第七届理事会常务理事
7月	李成、林朝南、于李胜、张扬、吴清华入职会计学系
9月	教育部下发了《关于公布国家重点学科名单的通知》，厦门大学会计学科以国内同行一致认可的优异成绩通过考核评估
9月	余绪缨教授仙逝，享年86岁，会计学系失去了中国管理会计奠基人。
	葛家澍先生赋诗一首悼念余绪缨教授：惊闻故友骑鹤去，回首同窗泪满襟；一代大师虽永别，所幸弟子有传人。
12月	葛家澍与杜兴强合著的《会计理论》获得福建省社科优秀成果一等奖
	李建发等著的《政府财务报告研究》获得福建省社科优秀成果一等奖
12月24日	“中国校友会网大学评价课题组”发布《2007中国杰出社会科学家研究报告》，报告公布了“2007（首届）中国杰出社会科学家”入选名单，葛家澍和曲晓辉入选2007中国杰出社会科学家
是年	厦门大学工商管理一级学科通过国家重点学科评审，会计学重点学科不再重复列入二级学科会计学重点学科的名单中
	李建发任中国教育会计学会副会长

2008年

是年　　《当代会计评论》创刊，葛家澍任名誉主编，曲晓辉任主编

曲晓辉担任中国会计学会会计基础理论专业委员会主任委员

庄明来担任中国会计学会会计信息化专业委员会副主任委员

李建发任中国会计学会政府及非营利组织会计专业委员会主任

刘峰被授予“全国会计先进工作者”荣誉称号

9月28日　　厦门大学会计学教学团队入选国家级教学团队（教高函〔2008〕19号）

10月　　桑士俊任厦门大学会计学系系主任

12月　　曲晓辉被聘任为教育部社会科学委员会委员

2009—2016年：矢志坚守的厦门大学会计学科

2009年

6月　　“厦门大学会计系列教材”（第三版）由辽宁人民出版社出版，总主编为葛家澍与常勋，包括《会计学原理》《中级财务会计》《高级财务会计》《成本会计》《管理会计》《企业理财》《审计学》共7本

7月　　厦门大学会计学系与ACCA合作开设的ACCA班被教育部和财政部认定为高等学校特色专业

8月　　桑士俊担任会计学系系主任

8月　　蔡宁入职厦门大学会计学系

9月　　葛家澍与杜兴强的成果“继承与发展：独树一帜的会计理论教材”获得福建省教学成果一等奖

12月　　厦门大学多项成果获得福建省第八届社科优秀成果奖，获奖者包括傅元略、曲晓辉、杜兴强等

傅元略的《财务管理理论》一书获福建省第八届社科优秀成果一等奖

2010年

2月9日　　杜兴强获得第十届教育部霍英东高等院校青年教师奖一等奖，成为会计审计领域首个获此一等奖的青年会计学者

3月　　厦门大学举办葛家澍教授从教65周年纪念活动暨九秩华诞庆祝会

8月　　吴益兵入职厦门大学会计学系

9月　　刘峰调入厦门大学会计学系（2000—2010任职于中山大学管理学院）

是年　　陈汉文的合作论文“Association Between Borrower and Lender State Ownership and Accounting Conservatism”刊登在会计领域国际顶级期刊*Journal of Accounting Research*

曲晓辉的论文“Measuring the Convergence of National Accounting Standards with International Financial Reporting Standards: The Application of Fuzzy Clustering Analysis”发表在知名期刊*International Journal of Accounting*

2011年

1月　　曲晓辉任全国会计专业学位研究生教育指导委员会委员

	傅元略与曲晓辉当选亚太管理会计学会指导委员会委员
	刘峰担任中国会计学会国际学术交流委员会副主任委员
	陈汉文的合作论文“Effects of Audit Quality on Earnings Management and Cost of Equity Capital: Evidence from China”发表在国际“五大”顶尖会计学术期刊之一的*Contemporary Accounting Research*
2月	杜兴强的合作论文“Buy, Lie, or Die: An Investigation of Chinese ST Firms' Voluntary Interim Audit Motive and Auditor Independence”发表于*Journal of Business Ethics*
7月	罗进辉入职厦门大学会计学系
12月	中文社会科学引文索引 （CSSCI）指导委员会第九次会议于2011年12月16日在南京召开，曲晓辉教授受聘为CSSCI指导委员会委员

2012年

11月	《会计学基础》《管理会计》《审计学》入选普通高等教育“十二五”国家级规划教材
12月	杜兴强独立署名的成果“Does Religion Matter to Owner-Manager Agency Costs? Evidence from China”被*Journal of Business Ethics*接受发表
	中国会计视野会计口述历史团队对葛家澍教授进行口述记录
是年	李建发任厦门大学党委副书记、副校长
	傅元略担任亚太管理会计学会副会长

2013年

4月6日	厦门大学92周年校庆，葛家澍教授成为“南强杰出贡献奖”首批获得者
4月22日	葛家澍先生口述文章《葛家澍：自由创新造就一代会计大师》发布
5月	李建发担任教育部高等学校工商管理教学指导委员会会计学专业教学指导分委员会、副主任委员
7月	曾泉入职厦门大学会计学系
11月25日	中国著名会计学家葛家澍先生仙逝，享年93岁；厦门大学会计学科失去了一位重要的奠基人
11月	中国会计博物馆开馆，葛家澍先生入选首批“中国会计名人堂”
	与英国皇家特许管理会计师公会合作办学，开设本科CIMA方向班
12月13日	首批会计名家培养工程入围10人名单公布，李建发入围
12月20日	《当代会计评论》（*Contemporary Accounting Review*）学术集刊被遴选为CSSCI收录集刊（2014—2015）
是年	曲晓辉的专著《中国会计准则的国际趋同效果研究》获福建省第十届社会科学优秀成果奖一等奖，杜兴强等老师的相关成果获得二、三等奖

2014年

4月	曲晓辉被聘为厦门大学社会科学学部委员
	桑士俊继续担任会计学系系主任
8月	刘峰入围2014年财政部会计名家培养工程

9月	林涛（参与人）获得国家级教学成果二等奖（管理学全案例教学模式）
9月	教育部社科委管理学学部2014年会议在清华园举行，曲晓辉受邀参加
11月	李建发担任国务院学位委员会工商管理学科评议组成员
	李建发担任福建省社科联副主席
	李建发担任教育部工商管理教学指导委员会委员、会计学专业教学指导分委员会负责人委员（至2018年10月）
12月	陈亚盛入职厦门大学会计学系

2015年

2月	叶建明入职厦门大学会计学系，任厦门大学管理学院院长
4月	管理会计研究中心成立，陈国钢任荣誉主任，郭晓梅任中心主任
9月	傅元略和郭晓梅被聘为福建省首届管理会计咨询专家
11月	余绪缨先生在第二批入选中国会计博物馆“中国会计名人堂”
11月	厦门大学会计学系与墨尔本大学签署2+2项目协议
12月	杜兴强与曲晓辉的研究成果分别获得教育部高等学校科学研究（人文社会科学）优秀成果三等奖

2016年

3月	杜兴强、罗进辉和于李胜分别荣获福建省第十一届社会科学优秀成果奖三等奖和青年佳作奖
3月	杜兴强担任厦门大学管理学院第二届教授委员会主任
6月	郑祯入职会计学系
	熊枫入职会计学系（师资博士后）
8月	叶建明、刘峰、陈少华、于李胜共4人受聘财政部第一届企业会计准则咨询委员会咨询委员
是年	在桑士俊、刘峰和杜兴强的力推下，会计学系打破传统，开始引进了海外毕业生

2017—2024年：砥砺奋进的厦门大学会计学科

2017年

1月8日	厦门大学会计学系的奠基人之一——常勋教授辞世
1月	杜兴强担任Financial Times 50之一的*Journal of Business Ethics*编委（Editorial Member）
3月	厦门大学任命杜兴强为会计学系系主任，张国清、李成为副主任
7月	澳门科技大学校长签署聘书聘请曲晓辉为商学院荣誉教授
9月	肖华、桑士俊、杜兴强等申报的教学成果“国际职业化导向的会计学本科专业化建设”获得福建省教学成果一等奖
9月	厦门大学会计学系MPAcc中心开始招收非全日制双证学员
11月	杜兴强获批国家自然科学基金重大项目课题“制度变革、非正式制度因素与会计审计行为研究”（71790602），这是厦门大学会计学科首个国家自然科学基金重大项目，亦为我国会计审计领域内首个国家自然科学基金重大项目

12月28日	教育部公布第四轮全国学科评估结果，厦门大学工商管理学科被评为A类
是年	刘媛媛入职会计学系

2018年

1月	杜兴强入选厦门市第八批拔尖人才
	李建发完成培养过程，获得“财政部会计名家”证书
	李建发入选中宣部文化名家暨“四个一批”人才
	《当代会计评论》由半年刊改为季刊，刘峰任主编，杜兴强等任执行主编
	刘峰、杜兴强担任厦门市会计学会副会长，张国清、蔡宁等担任常务理事与理事
2月	李建发入选中组部万人计划哲学社会科学领军人才
6月	厦门大学会计学系的“Warriors”代表队夺得2018年（第五届）中国MPAcc学生案例大赛冠军。队员包括郝振欣、黄楚喧、徐晓璇、许艺萌、王蔓蓉，指导教师为刘峰
8月	杜兴强担任国家级教学成果奖会评专家
8月10日	“《当代会计评论》2018年度编委会第二次工作会议”在重庆大学经管学院会议室召开，主编刘峰，执行主编杜兴强、李增泉、辛清泉、龙小宁，科学出版社编辑李莉和《当代会计评论》编辑部杨颖瑜等参加了本次会议
9月	曲晓辉当选中国成本研究会副会长
10月	杜兴强担任教育部高等学校工商管理类教学指导委员会会计学专业教学指导分委员会副主任委员
	杜兴强教授代表厦门大学会计学系与高等教育出版社达成出版“厦门大学会计系列教材”的协议
	根据教育部“双带头人”的相关文件，杜兴强被选举担任中共厦门大学管理学院会计学系教工支部书记
11月25日	《当代会计评论》2018编委会第三次工作会议在厦门大学召开
12月	刘峰获得“财政部会计学家”证书
是年	刘馨茗、沈江华入职会计学系
	会计学系通过美国注册管理会计师协会（IMA）的认证

2019年

3月	杜兴强代表厦门大学会计学系与高等教育出版社签订出版“厦门大学会计系列教材”的合同
5月	《影像常勋》一书首发，纪念常勋教授活动举办
6月	厦门大学会计学系的“Battle King”代表队参加2019年（第六届）中国MPAcc学生案例大赛获特等奖，蝉联冠军。队员包括谢嘉雯、陈雨萌、代明瑞、廖按、郑邦威，指导教师为傅元略和严晖
8月	杜兴强负责的本科教改项目“会计学教材体系与教学模式改革：AI技术冲击、中国文化嵌入与伦理关注”获得福建省本科重大教改项目立项
9月	杜兴强入选“国家百千万人才工程”
	杜兴强获“国家有突出贡献中青年专家”荣誉称号

	李建发入选福建省哲学社会科学领军人才
	杜兴强被授予“2016—2019年厦门市优秀教师”荣誉称号
12月	厦门大学会计学系会计学专业（120203K）入选首批国家级一流本科专业建设点（中央赛道，专业负责人为杜兴强）
12月27日	刘峰任会计发展研究中心主任
	蔡宁任会计学系副主任

2020年

1月1日	刘峰被任命为国际财务报告准则咨询委员会（IFRS咨询委员会）委员
2月	AACSB（The Association to Advance Collegiate Schools of Business）宣布，厦门大学会计学系通过AACSB的会计项目认证（独立与平行于商学项目，负责人为杜兴强教授），为当时国内985大学会计项目中唯一。
3月31日	《复印报刊资料重要转载来源作者（2019版）》名单公布，厦门大学会计学系刘峰、杜兴强入选工商管理学科重要转载来源作者名录。
5月	会计学系刘馨茗以第一作者署名的论文“Is Audit Committee Equity Compensation Related to Audit Fees?”（厦门大学为第一署名单位）发表于会计领域Top5期刊之一的*Contemporary Accounting Research*
5月	厦门大学党委常务副书记、会计学系李建发教授兼任管理学院院长
6月	杜兴强担任厦门大学管理学院第四届教授委员会主任
6月	杜兴强担任第八届中国审计学会常务理事
7月	郭晓梅的《管理会计》入选首批国家级一流本科课程
8月	李建发继续担任国务院学位委员会工商管理学科评议组成员
	杜兴强首次入选“全球前2%科学家”(World’s Top 2% Scientists)榜单
11月	刘峰、黄世忠被聘为深交所第一届会计专业咨询委员
	李建发获福建省教改重大项目“新商科‘宽基’复合型人才培养模式探索”
12月4号	杜兴强与李建发获批国家社科基金重大项目（20&ZD111，20&ZD115），这是厦门大学会计学科和工商管理学科首次（批）获得国家社科基金重大项目的资助
12月28日	杜兴强获批“享受国务院政府特殊津贴”专家荣誉称号
12月30日	厦门大学会计学系被福建省财政厅批准设立首个“福建省会计名家工作室”（学术带头人为杜兴强）

2021年

1月	杜兴强英文著作*On Informal Institutions and Accounting Behavior*由Springer出版发行
2月	教育部发文同意厦门大学会计系复办审计学专业（负责人：杜兴强）；同年，审计专业开始恢复招收本科生
3月22日	我国著名会计学家、厦门大学会计学科奠基人之一的葛家澍教授100周年诞辰，会计学系举行了隆重的纪念活动，杜兴强主持了《葛家澍文集》、《葛家澍教授学术思想研究》、《澍雨杏风》的首发仪式。国内兄弟院校三百余代表前来参与缅怀葛家澍先生

3月22日	1990届（1986级）三位杰出系友 —— 冠亚投资创始人丁立澜/徐华东伉俪和CEO朱益民先生 —— 向母校厦门大学会计学系捐赠一亿元人民币，设立“冠亚厦门大学会计发展基金”，用于支持厦门大学会计学系再创辉煌
3月	沈江华的论文“The Unintended Benefit of the Risk Factor Mandate of 2005”在线发表于会计Top5期刊之一的*Review of Accounting Studies*
4月	杜兴强首次入选“Elsevier中国高被引学者”（工商管理，“Highly Cited Chinese Researchers”），厦门大学会计系教师首次入选这一榜单
	杨绮的“高级财务会计”课程斩获福建省教学比赛（副高组）二等奖和“教学活动创新奖”专项奖
4月2日	2003级会计学系本科155位毕业生联合捐赠100万元人民币，设立会计学系“林杉奖学金”
4月6日	吴水澎获厦门大学“南强杰出贡献奖”
4月28日	杜兴强接受中国教育电视台专访直播，向全国考生全面介绍拥有近百年历史的厦门大学会计学系，以及会计学专业与审计学专业
5月3—5日	杜兴强作为认证委员参与了School of Business and Government（Victoria University of Wellington，1897）的AACSB后续评估工作
5月21日	会计系原系主任（2008—2017年在任）桑士俊教授（1965—2021）因病辞世。5月25日，桑士俊教授遗体告别仪式由杜兴强主持，桑士俊教授的生前友好、同事与学生参加。会计系的公众号“厦大会计”刊出系主任杜兴强撰写的题为“缅怀桑士俊教授”的文章，点击量突破7.0万次
6月18—19日	会计学系与《经济研究》合办的第三届“中国会计学者论坛”在厦门大学召开
7月	杜兴强（负责人）等完成的“会计学教学模式创新与教材体系改革：AI技术冲击、中国文化嵌入与伦理关注”获得福建省教学成果特等奖
	桑士俊、章永奎与福州大学合作的教学成果“迈向新文科的会计学国家一流专业”获福建省教学成果一等奖
	李建发、杜兴强等入选福建省高层次人才（A类）
9月	杜兴强教授再次入选2020年“全球前2%科学家”（World’s Top 2% Scientists）榜单
10月	李建发主持的“引理入商 —— 新文科复合型人才培养创新与实践模式探索”获教育部首批新文科研究与改革实践项目
11月	李建发申报的“新商科宽基复合型人才培养模式探索”获福建省本科教改重大项目立项
12月	杜兴强获国家高层次人才特殊支持计划哲学社会科学领军人才（第六批）
	厦门大学会计学系共获福建省第十四届社科优秀成果奖八项，其中二等奖3项、三等奖5项
	杜兴强等与西南财经大学合作的教学成果“大数据会计人才培养改革与创新”获得四川省教学成果奖
	严晖获厦门大学2021年“我最喜欢的十位教师”荣誉称号
	杜兴强代表厦门大学会计学系与高等教育出版社签订框架协议，拟出版“厦门大学会计系研究生教材系列”

	根据学院战略调整，会计专业硕士（MPAcc）与审计专业硕士（MAud）回归会计学系进行管理。受系主任杜兴强的委托，副主任张国清负责“会计专业硕士”和“审计专业硕士”项目的教学、科研和日常管理工作
12月23—24日	由厦门大学会计发展研究中心、厦门大学会计系联合主办的《当代会计评论》2021学术年会在云南昆明举办
是年	为迎接2021年百年校庆，厦门大学组织专家遴选了一批能够彰显厦门大学百年发展学术成就的著作和教材，纳入“厦门大学百年校庆系列出版物·百年学术论著选刊”系列（保持原貌、仅做少量勘误），《会计基础知识》名列其中。
	郭睿（中国香港中文大学）、何源（中国香港大学）、李胜难（罗格斯大学）、李斯曼（美国佐治亚理工学院）、孟庆玺（上海财经大学）入职厦门大学会计学系

2022年

1月	杜兴强入选中宣部文化名家暨“四个一批”（理论界）人才工程
1月10日	会计学系举行陈少华教授荣休仪式；这是厦门大学会计学系首次为退休教师举行荣休仪式
1月15日	“冠亚厦门大学会计学系发展基金”第一届战略委员会、咨询委员会和执行委员会成立及第一次会议召开
3月15日	根据“民政部关于准予中国商业会计学会负责人备案的通知书”（民社登〔2022〕2163号），杜兴强被增补为中国商业会计学会（全国一级学会）副会长
3月	李建发、张国清入选政府会计准则委员会第三届咨询专家
4月	杜兴强再次入选“Elsevier中国高被引学者”（工商管理，“Highly Cited Chinese Researchers”）
	罗进辉获批国家社科基金重大专项（22ZDA045）
5月27日	杜兴强以“因果关系”为题，主讲了第100期“厦门大学会计学科教师与研究生系列Seminar”（杜兴强教授发起，张国清教授具体负责和组织）
5月	杜兴强继续担任厦门大学会计学系系主任（第二任期），副主任为张国清与蔡宁
	曲晓辉获得ACCA卓越成就奖
6月10日	据《教育部办公厅关于公布2021年度国家级和省级一流本科专业建设点名单的通知》（教高厅函〔2022〕14号），厦门大学会计学系的审计学专业入选2021年教育部国家级一流本科专业建设点
6月12日	2022年（第八届）MPAcc学生全国案例大赛在厦门大学成功举办。厦门大学会计学系MPAcc学生代表队“变秃也变强”夺冠（特等奖），成员（按姓氏拼音顺序）包括董琼芸、方沁怡、付梦茹、郝晶晶（队长）、何思源和刘文琪，指导教师为严晖、陈守德和杜兴强
6月15日	“厦大会计”发布相关启事，启动厦门大学会计学系百年系庆筹备工作。百年系庆活动拟定于2024年4月5日举办
7月	会计专业硕士（MPAcc）项目通过AAPEQ的A级认证
7月21日	杜兴强获第十八届教育部霍英东教育基金会教育教学奖二等奖。会计学系历史上共有6人次（4人）获得霍英东教育基金会青年教师基金、青年教师奖与教育教学奖，其中，杜兴强先后于2006、2010和2022年分别获得霍英东基金、霍英东青年教师一等奖、霍英东教育教学二等奖

8月	刘峰获批国家自然科学基金重点项目“数智时代的企业投融资与风险管理”（72232007）
9月	杜兴强负责的“会计学本科教学模式重塑与教学内容迭代：制度变革、非正式制度与因果关系”获批福建省本科高校重大教育教学改革研究项目
	根据杜兴强教授的倡议，会计学系相继推出“本科生单周下午茶”和“硕博士双周下午茶”系列活动。“本科生单周下午茶”（蔡宁负责）主要包括高效学习、保送硕士生、直博、就业等；“硕博士双周下午茶”（张国清负责）主要包括如何进行高质量的研究、发表文章经验、博硕士生涯规划等
9月6日	会计学系百年系庆筹委会第一次会议召开，李建发、杜兴强、刘峰、张国清、蔡宁与相关秘书及工作人员出席
9月24日	“变革时代的会计：挑战与未来”全国高校院长、系主任论坛在厦门线下（线上同步）召开
9月25—26日	中国会计学会管理会计专业委员会2022年学术年会暨余绪缨教授百年诞辰纪念会在厦门大学翔安校区举行，来自全国多所知名高校的专家学者、实务界专业人士、期刊出版单位代表、师生代表出席活动
10月	于李胜负责的“商学院一流本科人才培养探索与实践”获福建省第十一届教学成果一等奖
	杜兴强教授连续第三次入选“全球前2%科学家”（World’s Top 2% Scientists）榜单
10月27—28日	“数字化与会计：重构未来”国际学术研讨会在厦门召开
11月	张国清任全国预算与会计研究会理事
11月6日	经中国会计学会会计教育分会审议，杜兴强担任常务理事
12月	杜兴强申报的“‘双碳’战略背景下公司环境绩效和‘环境—捐赠’式伪善治理研究”获批国家社科基金（重大专项）项目（2023年1月—2026年12月）
12月	杨绮负责的“高级财务会计”课程教学获全国高校混合式教学设计创新大赛“设计之星”奖
12月8日	杜兴强获得教育部宝钢教育基金会的“宝钢优秀教师奖”
是年	陈璐和翟伟欢入职会计学系

2023年

1月	杜兴强入选2022年财政部“会计名家培养工程”
2月27日	2022年度会计学系教师荣休仪式举办，郭丹霞副教授、谢灵副教授、徐玉霞副教授和袁新文教授光荣退休
4月	杜兴强连续第三次入选“Elsevier中国高被引学者”（工商管理，“Highly Cited Chinese Researchers”）
	杜兴强获得“2022年度中国CFO心目中最敬重的导师”荣誉称号
4月7日	杜兴强负责的厦门大学会计学科教学团队获批“厦门大学教材建设基地”，项目名称为“会计学与审计学本科与研究生教材研究与建设基地”
4月14—16日	“校际青年会计学者学术论坛”在厦门大学召开，北京大学、复旦大学、中国人民大学、南开大学、暨南大学和厦门大学的百余名代表参会

5月12日	杜兴强当选为第九届中国会计学会副会长，系厦门大学会计学科的第三位中国会计学会副会长
	刘峰、曲晓辉、张国清当选为第九届中国会计学会理事
5月16日	杜兴强入选厦门大学“南强卓越教学名师”
5月	曲晓辉当选中国成本研究会副会长
6月8日	杜兴强主讲的“财务会计理论专题”获批教育部国家级一流本科课程，这是两批教育部国家本科一流课程中唯一的一门财务会计理论课程
6月15日	根据软排名，厦门大学会计学系审计专业全国排名第一（A+），会计学专业排名全国第四（A+）
6月18日	在第九届MPAcc案例大赛决赛中，厦门大学会计学系MPAcc蝉联冠军，“舒舒服服队”获得特等奖，指导教师为苏新龙、吴宗海、杜兴强
7月1日	翟伟欢（通讯作者）的合作论文“The Explanatory Power of Explanatory Variables”在Top5期刊*Review of Accounting Studies*在线刊出
7月21日	杜兴强负责的“会计学教学模式创新与教材体系改革：AI技术冲击、中国文化嵌入与伦理关注”获得国家级教学成果奖。国家级教学成果奖时隔18年后重回厦门大学会计学科
7月26日	李斯曼的合作论文“Reciprocity in Corporate Tax Compliance: Evidence from Ozone Pollution”在Top3期刊*Journal of Accounting Research*在线刊出。
8月14日	杜兴强的“资本市场会计研究”课程获批福建省研究生教育精品课程
9月3日	《厦门大学会计学科百年史》审稿会议召开，曲晓辉、李建发、汪一凡、傅元略、刘峰、杜兴强、张国清参加此次会议。会议审议通过了《厦门大学会计学科百年史》三卷五册的初稿，并提出了针对性的修改建议
9月12日	《厦门大学会计学科百年史》（三卷五册本）交付厦门大学出版社
10月	杜兴强教授连续第四次入选“全球前2%科学家”（World’s Top 2% Scientists）榜单
	郭睿助理教授(第一作者)的合作论文（合作者为Xiaoli Tian教授）“Regulatory Transparency and Regulators’ Effort: Evidence from Public Release of the SEC’s Review Work” 在会计学全球三大顶刊之一的*Journal of Accounting Research*上在线刊出
10月14日	应澳洲会计师公会的邀请，系主任杜兴强教授接受采访，分享了厦大会计学系如何在会计信息技术不断发展的大环境中培养符合行业需求的专业人才
10月20日—22日	为扎实推进学习贯彻习近平新时代中国特色社会主义思想主题教育持续走深走实，进一步增强党员党性修养，激励党员传承红色基因、厚植爱国主义情怀，会计学系教工第一党支部党员教师、会计学系非党员教师一行16人赴重庆开展“重温红色历史 增强使命担当”主题思政研学活动
10月21日	下午，会计学系教工第一党支部的教师们与重庆大学经济与工商管理学院会计系进行学科建设、教学科研交流
10月22日	下午，会计学系教工第一党支部的教师们与重庆工商大学会计学院进行教学科研交流，主题为“人工智能+会计学科群建设”
11月20日	萧贞昌先生相关史料捐赠仪式在厦门大学档案馆举行，包括萧贞昌先生的聘书、博士论文及相关史料照片
是月，	杜兴强教授与厦门大学出版社反复沟通，校对和增补《厦门大学会计学科百年史》的相关内容

12月1日	教育部人文社会科学重点研究基地厦门大学会计发展研究中心、厦门大学会计学系、澳门科技大学商学院和澳门会计研究中心联合在澳门科技大学举办《当代会计评论》2023年国际学术年会，主题为“科技创新和会计高质量发展”。杜兴强教授代表厦门大学会计学科致辞
12月8日	会计学系承办的智能财会联盟第三届年度会议暨“大数据人才交流会”在厦门宾馆召开
12月9日	CCGAR双周论坛第208期学术研讨会在厦门大学召开
12月17日	会计学系会计学专业获批厦门大学课程思政示范专业(负责人杜兴强教授)
12月22日	杜兴强教授代表厦门大学会计学系的会计博士专业学位点向专家组进行报告。专家组的七位校外专家(按姓氏首字母排序)包括方红星（MPAcc教指委委员，东北财经大学校长、教授)、李增泉（上海财经大学副校长、教授)、王跃堂(MPAcc教指委委员，南京大学教授)、夏立军（MPAcc教指委委员，上海交通大学教授)、辛清泉（重庆大学财务处处长、教授)、徐玉德（国务院学科评议组评成员，MPAcc教指委委员，财科所副所长、教授)、张敦力（MPAcc教指委委员，中南财经政法大学教授)。与会专家一致同意并通过了会计学系的会计博士专业学位点论证
12月27日	“厦大会计”微信公众号刊发文章《厦门大学会计学科百年庆典倒计时100天》
12月29日	杜兴强教授的著作《文化影响与会计审计行为研究》(厦门大学出版社2022年版)获得福建省第十五届社科优秀成果奖二等奖；罗进辉教授(第二作者)的论文《中小股东“人多势众”的治理效应 —— 基于年度股东大会出席人数的考察》获得福建省第十五届社科优秀成果奖一等奖

2024年

1月1日	“厦大会计”微信公众号刊发文章“厦门大学会计学系的2023年”，向系友报告厦门大学会计学系2023年在教学科研方面取得的进展
1月3日	“厦大会计”微信公众号刊发文章，介绍厦门大学会计学科“百年标识”
1月6日	“厦大会计”微信公众号刊文介绍《厦门大学会计学科百年史》(三卷五册本)
1月8日	会计学系2023年教授荣退仪式与新教师入职仪式举办，杜兴强教授代表厦门大学会计学系汇报2023年教学科研等方面的进展
1月10日	“厦大会计”微信公众号刊发文章，介绍“厦门大学会计学科百年回眸与共创一流”活动服装系列
1月13日	“厦大会计”微信公众号刊发文章，招募“厦门大学会计学科百年回眸与共创一流”活动志愿者
1月15日	“厦大会计”微信公众号刊发文章，征集“厦门大学会计学科百年回眸与共创一流”活动礼仪人员
1月18日	“厦大会计”微信公众号刊发文章，征集“厦门大学会计学科百年回眸与共创一流”活动文艺节目
1月21日	“厦大会计”微信公众号刊发文章，征集“厦门大学会计学科百年回眸与共创一流”活动之“百期论坛”主讲人
1月25日	“厦大会计”微信公众号刊发文章，发布“厦门大学会计学科百年回眸与共创一流”活动报名通知
4月5日	“厦门大学会计学科百年回眸与共创一流”活动举办
是年	常勋教授诞辰100周年

后　记

《厦门大学会计学科百年史：笃行南强》（全三册）从酝酿到付梓，前后历时三年。厦门大学会计学系对此次编撰厦门大学会计学科百年史非常重视，多次开会讨论相关框架和细节问题，并组成了阵容强大的编委会。我也放下手头的研究工作，从2022年5月到2023年9月全身心投入本书的撰写工作之中。此后，2023年11月至2024年2月，又对出版社交付的清样进行了多轮次的校对。厦门大学会计学系诸位教师，管理学院和会计学系的秘书、系友，学校档案馆都不同程度上为本书的写作提供了资料。

一部《厦门大学会计学科百年史：笃行南强》（全三册），详略取舍在所难免。一是因为不可能事无巨细地记录所有人、事件和成果；二是因为年代久远，有些人物、事件和成果已经湮没在历史的长河里；三是史料有限，无法得到精确的信息和资料，为避免以讹传讹，有些人物、事件和成果只能忍痛割爱，然并未有不敬之意；四是群体的价值判断和“重要性”的阈值使然，使得有些人物、事件和成果并未反映在本书中；五是出于种种原因，有些人物和事件在目前阶段不适宜完整地予以披露，唯有待到未来更有智慧的后来人以更富有技巧的方式加以记录。

基于此，我们只能遵循“重要性”原则和“述而不作”的惯例，尽可能依据历史评价的重要性来记载厦门大学会计学科百年史中的人物、事件和成果，力争让每一位曾在厦门大学会计学科工作的老师、行政人员或就读的学生能够有“获得感”，至少记录他们曾工作和学习的一个侧面……若此，厦门大学会计学科百年史的编撰，既遵循了“重要性”的惯例，亦兼顾了多数厦门大学会计学科的亲历者、见证者，相信这些都会使系友感到温馨，有一丝幸福感。

本书是厦门大学会计学系（科）第一次严格意义上的修史，虽力求其全，然由于我在厦门大学会计学科的经历、时间和精力等方面的制约，挂一漏万在所难免，敬请原谅和海涵。也希望系友和读者能指出其中错漏，待后来人修撰和完善学科史时能够减少疏漏，还原更完整的历史。

此外，由于年代相对久远和缺乏对历史档案进行保存的经验，导致有些教学成果奖和科研奖励的证书、国家级项目的立项通知书、人才项目的证明材料原件缺失，有些只能以复印件或相关的新闻报道替代。这是多么深刻的教训啊！惋惜之余，厦门大学会计学科当在以后注意相关历史资料的收集和归档，确保一些文件档案资料不再湮没在历史的长河里。

编撰本书，一是责任感使然，必须且必要；二是通过修史，系统梳理和总结厦门大学会计学科历史悠久和内涵丰富的学术传统，让年轻教师和学子了解会计学科诸多先辈之不易；三是希望借修史使所有会计学子凝心聚力，更好地推动厦门大学会计学科的发展；四是希望通过修史为未来我国学者乃至世界范围内的学者研究我国会计教育，提供真实的个案记录；五是倘若现在不修史，以后再为厦门大学会计学科修史的难度将更大。

唯望《厦门大学会计学科百年史：笃行南强》成为厦门大学会计学系（科）下一个百年的良好开端，鞭策厦门大学会计学系的全体教师、学生、系友共同努力，赓续厦门大学会计学科的优良传统，续写新篇章、再创辉煌！

杜兴强

2023年9月10日

于厦门大学嘉庚二101室

会计学系办公室

厦门大学会计学科百年史

笃行南强

上册

Centennial History of Accounting Discipline at Xiamen University

1924—2024

主编◎杜兴强

国家一级出版社
全国百佳图书出版单位

图书在版编目（CIP）数据

厦门大学会计学科百年史. 笃行南强 / 杜兴强主编. -- 厦门 ：厦门大学出版社，2024.3
ISBN 978-7-5615-9264-9

Ⅰ. ①厦… Ⅱ. ①杜… Ⅲ. ①厦门大学-校史 Ⅳ. ①G649.285.73

中国版本图书馆CIP数据核字(2024)第019257号

责任编辑 江珏玙 潘 瑛 施建岚 李瑞晶
美术编辑 李夏凌
封面插图 张雨秋
技术编辑 朱 楷

出版发行 厦门大学出版社
社　　址 厦门市软件园二期望海路39号
邮政编码 361008
总　　机 0592-2181111 0592-2181406(传真)
营销中心 0592-2184458 0592-2181365
网　　址 http://www.xmupress.com
邮　　箱 xmup@xmupress.com
印　　刷 厦门市竞成印刷有限公司

开本 787 mm×1 092 mm 1/16
印张 93
字数 1800 千字
版次 2024 年 3 月第 1 版
印次 2024 年 3 月第 1 次印刷
定价 598.00 元（全三册）

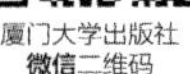

厦门大学出版社
微博二维码

主编简介

杜兴强，1974 年生，会计学博士（2001），应用经济学博士后（统计学，2003），厦门大学南强重点岗位（会计学）教授和南强卓越教学名师，博士生导师，系主任，美国哥伦比亚大学访问学者。2001 年 8 月起任教于厦门大学会计学系，2002 年 12 月破格晋升为副教授，2004 年 5 月和 8 月相继被破格聘为博导（时为副教授）和教授。

享受"国务院政府特殊津贴"专家（2020）、国家高层次人才特殊支持计划哲学社会科学领军人才（2021）、国家"百千万人才工程"（2019）入选者、教育部首届新世纪优秀人才（2004）、国家有突出贡献中青年专家（2019）、财政部会计名家培养工程（2022）入选者、中宣部文化名家暨"四个一批"人才（2022）；兼任中国会计学会副会长、教育部会计学专业教学指导委员会副主任、中国商业会计学会副会长、中国审计学会常务理事、*Journal of Business Ethics* 编委、《当代会计评论》执行主编。

国家自然科学基金重大项目课题负责人与国家社科基金重大项目首席专家；获教育部人文社会科学优秀成果奖一等奖、教育部霍英东教育基金会高等院校青年教师奖一等奖和福建省社会科学优秀成果奖一等奖；连续多次入选爱思唯尔 (Elsevier)"中国高被引学者"榜单和"全球前 2% 科学家"榜单；多篇研究报告被省部级政府部门采纳。

研究兴趣为"文化影响与会计审计行为""会计思想史与财务会计理论""非正式制度与公司社会责任"。论文发表于 *Journal of Business Ethics*、*Journal of Accounting and Public Policy*、*International Journal of Accounting*、《会计研究》、《管理科学学报》、《管理世界》、《审计研究》、《金融研究》、《中国工业经济》等中英文重要学术期刊。出版著作 *On Informal Institutions and Accounting Behavior*、《会计信息的产权问题研究》、《文化影响与会计审计行为研究》、《葛家澍教授学术思想研究》、《财务会计概念框架与会计准则问题研究》等。

获国家级教学成果奖二等奖，教育部霍英东教育基金会高等院校教育教学奖二等奖，福建省教学成果奖特等奖，被授予“厦门市优秀教师”与“宝钢优秀教师”等荣誉称号。主讲的“财务会计理论专题”入选教育部国家级一流本科课程、“资本市场会计研究”获批福建省研究生教育精品课程，主持福建省本科重大教改项目，总主编“厦门大学会计系列教材”（高等教育出版社），主编普通高等教育国家级规划教材《财务会计理论》。培养的博士生多人次入选国家高层次人才计划，指导的多位博（硕）士研究生获福建省优秀博（硕）士论文、教育部博士生学术新人奖与全国 MPAcc 学生案例大赛特等奖，并获相应的指导教师奖。

2017 年 2 月至今担任系主任，服务于厦门大学会计学系，统筹 2024 年厦门大学会计学科百年庆典活动，主编《厦门大学会计学科百年史》（三卷五册）。国内最早完成“玄奘之路戈壁挑战赛”（甘肃瓜州至新疆哈密，2017）的高校教授之一，完赛北京、厦门与武汉等全程马拉松与“善行者”慈善越野赛。多次获得市、校、院级中国象棋比赛优胜奖或冠军。

Centennial History of
Accounting Discipline at
Xiamen University
1924—2024

Centennial History of
Accounting Discipline at
Xiamen University

总 序

当过去不再照亮将来时，人心将在黑暗中徘徊！

——托克维尔

厦门大学会计学科[①]成立于1924年，2024年4月5日迎来自己的百岁诞辰[②]。

1923年12月19日，哈特菲尔德（Hatfield）教授在美国大学教师协会（American Association of University Instructors）召开的会议上，为会计学应在科学殿堂中拥有一席之地而大声疾呼，并作了题为“簿记的历史辩护”的演讲（后发表于1924年的*Journal of Accountancy*[③]），指出“在大学里讲授会计学的我们，正经受着同事含蓄的蔑视，他们不欢迎会计学科，认为会计学科与学术殿堂的纯洁性不符”[④]。可见，厦门大学会计学科的肇始，并不落后于大洋彼岸的美国太多。

① 厦门大学会计学科的母体为厦门大学会计学系，发轫于1924年，以此为基础衍生的相关实体（中心）还包括厦门大学会计发展研究中心、厦门大学会计学系MPAcc中心、厦门大学财务管理与会计研究院等。会计发展研究中心成立于2000年，MPAcc中心成立于2004年，财务管理与会计研究院成立于2005年。为了最大限度地涵盖作为母体的厦门大学会计学系和由其衍生的会计发展研究中心、MPAcc中心、财务管理与会计研究院等，本书将统称之为“厦门大学会计学科”。

② “历史”是一个学科所有学者和实务工作者的认同基础。历史犹如一面镜子，既照亮现实，也照亮未来；历史恰如一汪清泉，既洁净自身，也感染他人；历史就是一簇火苗，既点亮古人，也照耀来者。引自杜兴强《会计思想史》（待出版）的“序言”。

③ HATFIELD H R, 1924. An historical defense of bookkeeping [J] . Journal of accountancy, 37（4）: 241-253.

④ 原文为：“I am sure that all of us who teach accounting in the universities suffer from the implied contempt of our colleagues, who look upon accounting an intruder, a Saul among the prophets, a parish whose very presence detracts somewhat from the sanctity of the academic halls.”

对人而言，百岁期颐，实属罕见[①]；对于组织而言，若拥有百年历史，则往往有“持续经营”和“基业长青”的趋势[②]，亦殊为不易。厦门大学会计学科自创立之日起，从未中断过办学，这点在国内会计学科中少之又少（即便不是绝无仅有）、难能可贵。百年历史，风云激荡，厦门大学会计学科始终坚持基本理论研究，以温煦的文化情怀与时代共舞，为我国会计教育事业的科学化和体系化、社会主义市场经济的发展、会计准则体系的构建，以及资本市场信息披露制度的完善做出了应有的贡献。为此，厦门大学会计学系（科）在各方支持和鼓励下，决定举行隆重的百年纪念活动。

厦门大学会计学科的百年历程，起起伏伏、分分合合，充满着复杂和曲折，富有独特色彩，谱写了自己的历史和节律，展现了自己的个性和命运。厦门大学会计学科从1924年建立到新中国成立后的一段时期，不断经历独立设系、分拆（仅保留会计专业）、独立成系、分拆……但是，不同于大部分国内高校会计学科的是，厦门大学会计学系（专业）从未被取消，甚至在1966—1976年也未中断过办学。

作为《厦门大学会计学科百年史：笃行南强》的主编，余生晚矣，断无可能回到厦门大学会计学科早期那段风云际会的历史，仅能通过恩师葛家澍先生、会计学系的老教授们，以及目前见诸互联网的文章，对她的早期历史略窥一斑。即便是会计学界十分熟悉的“葛余常”时期[③]，我亦不甚了解，只是有幸亲历了这段辉煌时期的后期阶段。忆及1995—2001年在厦门大学会计学系就读硕士和博士时，葛家澍教授、余绪缨教授、常勋教授等亲自为我们授课，参加我们的论文开题和答辩，大师们言语之间和学术论文中跳跃的学术思想，使我们如饮甘霖、如醉如痴。即便经历暂时的“低谷”，厦门大学会计学科温润如玉的人文气息、学

---

① 二十弱冠、三十而立、四十不惑、五十知命、六十花甲（耳顺）、七十古稀、八十杖朝、九十耄耋、百岁期颐。

② 编撰《厦门大学会计学科百年史：笃行南强》的过程中，一个问题始终萦绕在脑海：厦门大学会计学科拥有百年历史，近乎于基业长青（尽管也经历了起伏），这能够对公司治理有什么样的启示？为何大部分企业无法做到基业长青？大学治理与公司治理的哪些区别导致了上述显著差异？

③ “葛余常”时期指葛家澍教授、余绪缨教授与常勋教授奠基的厦门大学会计学科的辉煌时期和厦门大学会计学系作为我国学术重镇这一历史性阶段。**特别要强调的是，葛家澍教授、余绪缨教授和常勋教授并列并简称为“葛余常”，并非本书的首创，也并非对他人不敬，而是遵循了厦门大学会计学科的“共同知识”。**《厦门大学经济学科百年史》（黄鸿德、周颖刚主编，厦门大学出版社2022年版）第58~59页就将葛家澍先生、余绪缨先生和常勋先生列在“会计与企业管理”系（方向）的前三位。此外，汪一凡在《厦门大学会计系往事》（十九、二十）（参见厦门大学会计学系官方微信公众号“厦大会计”）中也指出，“进入20世纪80年代后，常勋先生回归厦门大学会计学系，标志着‘葛余常时代’的开始、会计学系的发展蒸蒸日上”。再次特别强调，本书以后各章将遵循上述惯例和共识。

科底蕴、历史传承、系友情怀等，仍让吾辈深感骄傲，并愿意为之坚守一生。

随着余绪缨教授、葛家澍教授和常勋教授相继仙逝，厦门大学会计学科和其他绝大部分学科、组织一样，不可避免地经历“衰退”期甚至是“低谷”。“初创—发展—成熟—衰退—再度崛起、重新起航—发展—……”本属于自然规律，极少有案例显示某人或某个组织能够跳出这一规律。只是，这段时期让人从心理上觉得有点“漫长”，以至于相当一部分关心和爱护厦门大学会计学科的系友、教师和学生一度感到焦虑、彷徨和迷茫，忍受着各类“民间排行”中厦门大学会计学系排名“不佳”的困扰，经受着同行投来的质疑的目光，忍受着厦门大学会计学科人才断档和梯队建设失调所导致的举步维艰。①

“雪崩的时候没有一片雪花是无辜的。”②厦门大学会计学科艰难转型和矢志坚守的期间，有人沉醉在昔日的辉煌中，一颗玻璃心，容不得别人的半分质疑；有人选择“逃离”这块曾给他们带来无限辉煌的地方；有人躲进“小楼”，选择漠然或默然；有人急火攻心，但却束手无策；有人竭力榨干这个辉煌品牌的最后一丝价值，只为个人效用最大化；有人“落井下石”（我们默认你们理解我们的意思）③；有人“悲壮”地坚守，犹如与巨轮一起共存亡的船长；有人一腔孤勇挺身而出，以“还是让我去面对，尽管加上我的罪”的方式，坚信底蕴深厚的厦门大学会计学科一定能够在经历阴霾后焕发昔日青春，释放能量，再度崛起……

凡此众生相，皆属正常，人性而已。但拥有辉煌历史和深厚底蕴的厦门大学会计学科，岂能因异样的目光和刺耳的评价而停止发展？辉煌的历史不仅不会成为厦门大学会计学系（科）的负担，反而会激励她在且已在逆境中再次起航，不断发展壮大，并以先哲们创造的辉煌为目标不断努力。

---

① 从我在厦门大学会计学系近30年的学习、工作和服务经历看，会计学系的确经历了低谷，但从未脱离国内会计学科第一方阵。只是，与其辉煌时期相比，低谷期给大家带来的心理落差太大，以至于感到漫长。

② 这是根据《伏尔泰语录》改动的一句广为流传的名言，原句是：“雪崩时，没有一片雪花觉得自己有责任。”

③ 可以说，厦门大学会计学科从未被国内同行所完全超越，但有时确实是被“自己人”所不尊重。

追忆厦门大学会计学科的百年史，大家自然而然地会聚焦于这里的大师、学生、典型的历史事件与底蕴深厚的研究传统。

追忆厦门大学会计学科的百年史，我们绝不能忘却奠定了厦门大学会计学科在国内会计学界地位的大师们。在厦门大学会计学科的百年办学历史中，星河璀璨、人才辈出，既有中国会计学术界耳熟能详的葛家澍教授、余绪缨教授、常勋教授，又有建系早期的郑世察教授、陈德恒教授、萧（肖）贞昌教授[①]等，还有由厦门大学会计学系培养并留系任教的优秀毕业生[②]。时至今日，我们不得不承认，会计学科百年史中的大师（尤其是葛家澍教授、余绪缨教授、常勋教授）经过后人的不断“诠释”，在某种程度上已与其本身鲜活立体的形象并不完全吻合；但是，从大历史视角进行审视，会计学科先辈们对厦门大学会计学科的历史贡献、其所呈现的人格魅力与大师风范，仍使得吾辈充满感激、发自肺腑地仰视，进而希望追寻大师们的足迹，解读和传承他们熠熠生辉的学术思想……厦门大学会计学系的会计学和审计学专业，乃至厦门大学会计发展研究中心、厦门大学会计学系MPAcc中心、厦门大学财务管理与会计研究院等，无一不凝结着葛家澍教授、余绪缨教授、常勋教授三位大师的心血，无声地记载着他们在学科建设方面的卓越贡献。

◎ 葛家澍教授

◎ 余绪缨教授

◎ 常勋教授

① 萧贞昌和肖贞昌，不同的资料皆有使用。本书以使用萧贞昌为主。

② 包括但不限于陈仁栋教授、庄瑞澄教授、吴水澎教授、陈守文教授、林志军教授、曲晓辉教授、李若山教授、魏明海教授、王光远教授、李建发教授、刘峰教授、汪一凡副教授、毛付根教授、胡玉明教授、谢德仁教授、吴联生教授、杜兴强教授等（如有疏漏敬请谅解，待修订时予以补充和完善，下同）。作为“厦门大学会计学系百年系庆”的组织者之一和《厦门大学会计学科百年史》的主笔者，考虑到学科历史的连续性、各个年代教师的代表性，最终忝列之一。

葛家澍先生、余绪缨先生和常勋先生的时期，为什么是辉煌的和令厦门大学会计学系的教师、学生和系友向往的？的确，中国会计发展历程中，葛家澍、余绪缨和常勋三位先生在会计基本理论与财务会计、管理会计、国际会计等方面形成了具有前瞻性、独特性和被广泛接受的理论和观点。但是，同样重要的是，葛家澍、余绪缨和常勋三位先生没有“强不知以为知”，他们重视会计学基本理论研究，正视我国会计理论研究与世界的差距，强调厦门大学会计学科在砥砺奋发的过程中，必须果断对内精诚合作、对外团结国内会计学科的同行，在学术交流和沟通中竭力使相互都具有“获得感”，必须将全部精力用于推进会计基本理论研究上。这是葛家澍、余绪缨和常勋三位老先生可能被忽视了的、对厦门大学会计学科“隐性”的巨大贡献，是中国古典智慧的典范[①]。至此，我不得不感慨：“有的学科有一个大师就够了（何况厦门大学会计学系拥有同时代的几位大师），哪怕她偏于一隅。”[②]只是，厦门大学会计学系都在期盼着下一个大师共生的年代。

追忆厦门大学会计学科的百年史，任何人都无法忘却从这里毕业的学生。他们聚像一团火，散似满天星！他们在各行各业不同岗位上诠释厦门大学会计学科的文化，使厦门大学会计学科真正做到了薪火相传，实现了继承与发展，更回馈给厦门大学会计学系以良好的社会声誉。厦门大学会计学系的毕业生，有的继续在高等教育领域兢兢业业教书育人，传承和发展厦门大学会计学科的学术观点与理论、文化与理念；有的进入国家宏观管理和监管部门，为我国资本市场建设和经济发展尽心尽力；有的进入企业界，为推动我国市场经济发展贡献自己的力量；有的进入社会中介行业，成为资本市场的“守门员”……

毕业生既是厦门大学会计学系的“产品”，亦是其最忠实的“使用者”，厦门大学会计学系在很大程度上实现了“产品”和“使用者”合二为一的“至臻境界”。唯此，我方能深刻体会到绝大多数会计学系毕业生对母系所满怀的深沉而热烈的爱，感受到系友对母系的进步有着由衷的欣喜，能够自豪地记录系友丁政曾为兴建厦门大学嘉庚主楼捐资2000万人民币，能够亲历系友（徐华东伉俪和朱益民三位1986级本科毕业生）对会计学科一亿元人民币的大额捐赠，能够有幸成为系友王少华捐资设立的“葛家澍奖”的获奖者之一，能够“未预期”地收到对《厦门大学会计学科百年史》100万元人民币的支持（捐资者徐筱

① 当我们回顾葛家澍、余绪缨和常勋三位老先生缔造的、厦门大学会计学科的辉煌时期时，必须钦佩他们的远见卓识和中允公道。

② 受观看足球比赛的影响，的确感到“有的队多一个人就够了，哪怕它暂时垫底（譬如2023年8月份，美国迈阿密国际足球队引进足球顶级球员梅西带来的巨大改变）；有的队靠一个人远远不够，哪怕它是‘豪门’”。

玲女士仅在厦门大学会计学系进修过两次，时间上合计只一年有余）……直到组织厦门大学会计学科百年纪念活动和撰写《厦门大学会计学科百年史》，我才明白，可爱的系友报母系以琼瑶，实因会计学系在学生就读期间对学生的爱护和关怀①。

追忆厦门大学会计学科的百年史，其发展过程中的典型历史事件历历在目。厦门大学会计学系创立于1924年，是教育部批准的首批博士与硕士学位授予单位，是我国最早招收会计学博士后研究人员的单位，是厦门大学工商管理一级学科博士学位授权点的骨干学科和工商管理博士后流动站的重要支撑学科，也是厦门大学“211工程”、“985工程”和“双一流建设”的重点建设学科之一。1987年，厦门大学会计学系成为我国第一批国家级重点学科；在2002年和2007年国家重点学科评估中，厦门大学会计学科均名列全国会计学科第一。厦门大学会计学科在其百年的发展历史中，曾创造了中国会计学界多个第一，包括但不限于培养了第一位会计学博士（林志军）、第一位管理会计学博士（孙宝厚）、第一位审计学博士（李若山）、第一位会计学女性博士（曲晓辉）、第一位会计学博士后（王光远）、第一位来自中国台湾地区的博士（涂春永）等。2000年12月，教育部根据“唯一最好”原则批准设立了普通高等学校人文社会科学重点研究基地“厦门大学会计发展研究中心”。2005年9月，经教育部批准设立国家哲学社会科学创新基地（“985工程”二期，会计学科唯一）——“财务管理与会计研究院”。自此，厦门大学会计学科形成了会计学系、会计发展研究中心、财务管理与会计研究院“三位一体”的学科群②。

追忆厦门大学会计学科的百年史，我们必须尊重其悠久的历史和独特的人文情怀。厦门大学会计学科自建立起，一直弘扬重视学术研究的优良传统。老一辈会计学家葛家澍教授、余绪缨教授、常勋教授等始终强调学术研究，将厦门大学会计学科的学术研究声誉提高到了一个前所未有的高度。20世纪50年代，葛家澍教授关于会计对象的“资金运动论”（此为著名会计学家顾准先生的概括），是那个年代极少数不同于苏联专家的、具有中国特色的会计理论的观点。1978年，葛家澍教授基于时代特点，立于时代潮头，一腔孤勇地发表《必须替借贷记账法恢复名誉——评所谓“资本主义的记账方法”》一文，被誉为“打响了会计界拨乱反正的第一炮”，对中国会计学界起到了重要的“思想破冰”的作用③。

① 出自《诗经·卫风·木瓜》中的“投我以木桃，报之以琼瑶”。

② 此外，厦门大学会计学系也是全国会计硕士专业学位（MPAcc）教育论证发起单位和首批试点单位。

③ “思想破冰”一词，系杜兴强教授撰写《葛家澍教授学术思想研究》（厦门大学出版社2021年版）一书、对《必须替借贷记账法恢复名誉——评所谓“资本主义的记账方法”》一文进行评价时，采纳的一个术语。

1981年，葛家澍教授高屋建瓴地发表《论会计理论的继承性》，很大程度上推动了中国会计界对西方会计理论批判性地继承和发展。20世纪80年代初，葛家澍教授与余绪缨教授等引进和拓展了“会计信息系统论”，使之成为国内关于会计本质认识的两种主流学术观点之一[①]；余绪缨教授在我国率先致力于现代管理会计的引进、创建和发展，创立了一个比较完整的管理会计理论与方法体系，成为我国管理会计的开拓者和奠基人；常勋教授对推动“国际会计”做了奠基性的工作。20世纪90年代，葛家澍教授等对财务会计概念框架与会计准则问题的研究，对我国会计准则体系的建设与完善起到了积极的推动作用。厦门大学会计学科在会计基本理论方面诸多标志性的研究成果，使得厦门大学会计学科成为我国会计学界的“学术重镇”。

厦门大学会计学系的人文情怀亦是其在百年历史中始终站在国内会计学科前列的重要原因。老一辈会计学家葛家澍教授、余绪缨教授、常勋教授等温润如玉，强调人文关怀。厦门大学会计学系的上述优良传统一直在厦门大学会计学科代代传递，这就是文化的力量。[②]

厦门大学会计学科强调通过论文发表进行学术交流，但认为论文是进行学术交流的手段，而非终极目的。厦门大学会计学科会为教师或研究生发表在重要或顶尖学术期刊上的文章鼓掌和祝贺，但厦门大学会计学科历史上从不唯论文，亦不唯期刊。实际上，厦门大学会计学科百年发展中最有影响力的论文，不是发表在英文顶级期刊上，也不是全部发表于《会计研究》《经济研究》《管理世界》等中文重要期刊上，而是由葛家澍教授、余绪缨教授、常勋教授发表于《厦门大学学报》和《中国经济问题》上的，阐述学术思想、拓宽学科疆域、解放学术思想、奠定厦门大学会计学科地位和确立厦门大学会计学系为国内学术重镇的论文。这些具有奠基性和“思想破冰”意义的论文，其蕴含的学术思想迄今仍然熠熠生辉。可见，论文和论文发表的期刊固然重要，但是更为重要的是论文中的学术思想。

厦门大学会计学科强调关注基本理论研究，而不是过度追踪热点。厦门大学会计学科今天的学术地位，源自对会计本质（信息系统论）、会计对象（资金运动论）、财务会计概念框架、会计基本假设、会计目标、会计信息质量等会计基本理论问题的研究，源自勇立潮头、在时代变革的关键历史节点上发表具有思想解放意义的学术论文，源自“独树一帜

① 另一关于会计本质认识的代表性观点为“管理活动论”。

② Culture refers to “a set of values, conventions, or social practices associated with a particular field, activity, or societal characteristic” or “a set of shared attitudes, values, goals and practices that characterizes an institution or organization” (the Merriam-Webster Dictionary (https://www.merriam-webster.com/dictionary/culture)。文化可以在千年的时间内保持基本稳定，并一代又一代地传递下去。

的教材体系”，源自开国内先河的会计学博士生和硕士生的培养和教育体系。

时至今日，西学东渐，受西方学术界的影响，相当一部分会计学者在学术研究的过程中，逐渐忘却了学术研究的“初心”和“初衷”，放弃了学术思想，转而追求在特定的学术期刊上发表跟随性（follow-up）类型的研究。追求在英文或中文顶刊发表论文本无错，甚至应该鼓励，但是物极必反，任何事情走向绝对化不仅无益而且有害①。今日，社会经济等大环境改变，一些教师面临着“非升即走”的压力，在特定期刊上发表“追踪热点式”的论文似乎仍在可以理解的范围之内（毕竟“生存”大过一切）；只是，在获取终身教职之后，就应该回归初心，潜心在某个（细分）领域内进行研究，形成独特的研究领域，开展拓宽学科知识的有意义和有品位的研究，而不应“惯性”地为发表而发表。厦门大学会计学科一代又一代的继承和发展者们都在坚守并传递着上述学术传统。

四

厦门大学会计学系（科）是当代大学教育、人才培养、学科建设与教学科研的一个缩影。厦门大学会计学科有过辉煌与荣耀，但也经历了坎坷和沉淀。近年来，厦门大学会计学系确立了“以教学为突破口，强调通过教学增加凝聚力，教学为研究提供灵感，研究反哺教学”这一基本战略，经历了落地、生根、发芽和开花结果，在教学科研等领域取得了长足的进步。

科研方面，2017年12月，杜兴强教授负责的国家自然科学基金重大项目课题“制度变革、非正式制度因素与会计审计行为研究”（71790602）获批立项，这是国内会计审计领域首个国家自然科学基金重大项目课题。2020年12月，杜兴强教授与李建发教授的课题“‘一带一路’沿线国中国企业审计治理研究”（20&ZD111）与“绩效管理导向下的中国政府成本体系研究”（20&ZD115）双双获得国家社会科学基金重大项目的资助，这是厦门

① 详细请参考：杜兴强，2022. 实证会计研究：相关抑或因果？［J］. 当代会计评论（1）1-54. 会计学科如此，理科亦不例外。施一公院士曾直言自己曾把应试教育的精髓用于论文选择，从而“势如破竹”。但他对此进行了反思：“我如今已经在《科学》和《自然》等顶尖杂志上发表了60多篇论文，但回头看，绝大部分文章虽然在科学研究领域很重要，但意义不大，因为这些成果无法在科学史上留下重要影响。如果当时我不依照应试教育的思路选择课题，也许我可以做更重要的课题。显然，有更重要的课题存在。遗憾的是当时，我未必敢做，甚至想都不会想。”（参见：施一公的“反思”［EB/OL］.（2023-06-10）［2022-02-02］. 微信公众号：学术桥 Acabridge.）

大学会计学科和工商管理学科首个（批）国家社科基金重大项目①。近年来，厦门大学会计学系教师的二十余篇高质量的英文论文陆续刊登于英文UTD（A+）期刊和FT50（A）期刊，近百篇论文发表于国内最优期刊（《中国社会科学》《经济研究》《管理世界》《会计研究》《管理科学学报》等），会计学系在学术论文发表方面的短板正在逐步被有效地消除。杜兴强教授连续三年（2021—2023）入选爱思唯尔（Elsevier）“中国高被引学者”（Highly Cited Chinese Researchers）榜单，并连续四年（2020—2023）入选“全球前2%科学家”（World’s Top 2% Scientists）榜单。

教学领域，2023年7月，杜兴强教授牵头申报的“会计学教学模式创新与教材体系改革：AI技术冲击、中国文化嵌入与伦理关注”获得国家级教学成果奖二等奖（该成果此前于2021年7月获得福建省第十届教学成果奖特等奖），这是厦门大学会计学系时隔18年再次获得国家级教学成果奖。2018年10月，杜兴强教授担任教育部高等学校工商管理类教学指导委员会会计学专业教学指导分委员会副主任委员。2019年12月，厦门大学会计学专业入选首批教育部国家一流专业建设名单（负责人杜兴强教授）；2022年5月，厦门大学审计学专业入选教育部国家一流专业建设名单（负责人刘峰教授）。2020年2月，厦门大学会计系的会计学项目通过AACSB（国际商学院协会）认证（与商学独立，负责人杜兴强教授），成为我国“双一流”和“985”大学中少数几个通过AACSB认证的会计学科之一。此外，“财务会计理论专题”和“管理会计”入选教育部本科国家一流课程，杜兴强教授获得教育部霍英东教育基金会高等院校教育教学奖与“宝钢优秀教师”等荣誉称号。

学科建设和人才队伍建设方面，2017—2024年，会计学系相继引进了14位海外高校和国内高校的优秀博士毕业生充实教师队伍；李建发教授于2018年入选国家高层次人才特殊支持计划哲学社会科学领军人才和中宣部文化名家暨“四个一批”人才，2018年被授予“财政部会计名家”荣誉称号；刘峰教授2018年被授予“财政部会计名家”荣誉称号；杜兴强教授2019年9月入选国家“百千万人才工程”，并被授予“国家有突出贡献中青年专家”，2020年12月获批国务院政府特殊津贴，2021年12月入选中组部“国家高层次人才特殊支持计划”哲学社会科学领军人才，2022年1月入选中宣部文化名家暨“四个一批”理论界人才工程，2023年1月入选财政部“会计名家培养工程”（2022年）。值得指出的是，2009—2024年厦门大学会计学系培养的毕业生中有二十余人次入选国家高层次人才计划（教育

① 此后的2021年和2022年，厦门大学会计系教师还陆续获得了3项国家自然科学基金重点项目或国家社科基金重大专项，从而在获得国家级重大课题立项方面位于国内高校会计学科第一方阵的前列。

部长江学者特聘教授、中组部哲学社会科学领军人才、国家“百千万人才工程”、教育部新世纪优秀人才、财政部“会计名家培养工程”等）。

学科影响力方面，李建发教授任国务院工商管理学科评议组成员（曾任中国会计学会副会长和教育部会计学教指委副主任委员），杜兴强教授任中国会计学会副会长、教育部高等学校会计学（分）教指委副主任委员、中国商业会计学会（国家一级学会）副会长等，曲晓辉教授任教育部社科委员会委员，刘峰教授任国际财务报告准则委员会咨询委员。

历史并不复杂，但历史会因人而复杂！

在筹备厦门大学会计学科百年纪念活动的过程中，不少系友心中有一个疑问：为何2015年厦门大学会计学系举办了90周年庆，但2024年却是百年庆典？

首先，2024年是厦门大学会计学科的百年诞辰是确定无疑的，这一点广大系友可以详细阅读本书的阐述和论证。其次，本应于2014年举办的厦门大学会计学科90周年庆，因为遇到诸多困难，不得已只能延后，直至2015年下半年才举办。尽管如此，2015年11月，厦门大学会计学科90周年庆最终得以举办，彰显了厦门大学会计学系（科）的凝聚力和历史底蕴，也给彼时处于低谷中的厦门大学会计学科注入了前进的动力。

因此，借厦门大学会计学科百年庆典之机正本溯源，这是责任，不容回避。

百年纪念活动，可以很多，可以丰富多彩。但是，作为百年纪念活动的重要组成部分，系统反映和记载厦门大学会计学科1924—2024年这一百年来的发展历程、成就和经验教训，不仅必要，而且必须。编撰《厦门大学会计学科百年史》，一方面是为了总结厦门大学会计学科的历史和经验，彰显其应有的历史地位，推进其更好地发展；另一方面则是希望通过系统梳理和总结厦门大学会计学科历史悠久和内涵丰富的学术传统，使之得以流传，亦为未来学者研究我国会计教育史提供真实的个案记录。

《厦门大学会计学科百年史》包括三卷（五册）：《厦门大学会计学科百年史：笃行南强》（三册）、《厦门大学会计学科百年史：星河璀璨》和《厦门大学会计学科百年史：吾师·同学》。

《厦门大学会计学科百年史：笃行南强》着重记录了百年发展历程中厦门大学会计学科的建立、发展、沉淀，厦门大学会计学派和学术重镇的辉煌、艰难转型、矢志坚守、砥砺奋进等，包括但不限于厦门大学会计学科历史之滥觞（1924—1925）、中华民国时期的厦门大学会计学科（1926—1948）、新中国成立初期的厦门大学会计学科（1949—1965）、蛰伏沉淀的厦门大学会计学科（1966—1976）、厦门大学会计学派与中国会计学术重镇（1977—1999）、艰难转型的厦门大学会计学科（2000—2008）、矢志坚守的厦门大学会计学科（2009—2016）、砥砺奋进的厦门大学会计学科（2017—2024）。此外，还记录了厦门大学会计学系历任党政人员、会计学系现任教师、会计学系历任教师、厦门大学会计学科的代表性成果和完整的成果目录。最后介绍了厦门大学会计发展研究中心、厦门大学会计学系MPAcc中心、厦门大学财务管理与会计研究院的相关史料，包括但不限于大事记、师资队伍、科研成果、会议信息等。

《厦门大学会计学科百年史：星河璀璨》介绍了在厦门大学会计学科的百年发展历程中做出重要贡献的教师，各个年龄段具有代表性的教师，在学术界（高校与研究机构）、企业界（含国有企业、民营企业）、社会中介组织（如会计师事务所）、政府部门与监管部门等各行各业做出重要成绩，以实际行动为厦门大学会计学系增光添彩的历届代表性毕业生，以及对厦门大学会计学科建设做出重要贡献的毕业生。

《厦门大学会计学科百年史：吾师·同学》以相对轻松的语言风格，介绍了厦门大学会计学科百年发展历程中教师与同学那些令人难以忘却的事件和瞬间。

每一代人都有其使命，每一代厦门大学会计学科的教师与学生，可能都有其“宿命式”的拐点。对于郑世察教授、陈德恒教授、萧贞昌教授等曾在中华民国时期任教的老师而言，抗日战争是一个拐点。对于在中华民国末期进入厦门大学会计学系任教的葛家澍教授、余绪缨教授等来说，新中国的成立和“十年无书可教”是一个拐点。对于现今六七十岁的厦门大学会计学系的教授们而言，自20世纪60年代研究范式从规范会计研究转向实证会计研究是他们教学研究生涯的拐点。对现今四五十岁的厦门大学会计学系的教师们而言，未在境外知名高校接受过系统的科研训练则意味着他们教学科研生涯的拐点。对于刚进入厦门大学会计学系（科）不久的青年学者而言，如何使自己的研究有品

位、有学术和实践价值、有持久的影响力，则可能是他们面临的拐点。

每一次转折，都是对厦门大学会计学科师资结构的一次考验，都会对学科建设、人才培养、教学研究等产生深远的影响。每一代厦门大学会计学科的教师和学生，都需要思考如何在学术与入世（世俗）之间寻求平衡，更好地从事教学科研，继承和发扬厦门大学会计学科的优秀传统，夯实厦门大学会计学科的底蕴。我们相信年轻一代的会计学科的教师和学生能够借鉴前辈的经验，基于自己的智慧和思考进行有益的探索，让厦门大学会计学科发展得越来越好。

成立于1924年的厦门大学会计学科，在经历了三四十年的发展之后，才逐渐在国内会计学界取得其应有的一席之地。20世纪50年代中期到60年代中期，以葛家澍先生为代表，厦门大学会计学科即使面对国内奉苏联专家、教材的观点为圭臬的氛围，仍勇于突破，敢于创新，创立了关于会计对象的“资金运动学派”。此后，葛家澍先生以主编国家统编教材为契机，使厦门大学会计学系逐渐得到认可，成为国内会计学科的重要“一极”。

1978年和1981年，葛家澍先生相继发表了两篇石破天惊、具有“思想破冰”意义、对中国会计学界的思想解放起到巨大历史推动作用的代表作——《必须替借贷记账法恢复名誉——评所谓“资本主义的记账方法”》和《论会计理论的继承性》。葛家澍先生、余绪缨先生和常勋先生在会计基本理论与财务会计、管理会计和国际会计研究方面的屡屡突破，厦门大学会计学系作为中国会计学博士与硕士教育的先行者，以及“资金运动学派”、“会计信息系统学派”、“现代管理会计理论与方法体系”和“独树一帜的教材体系”的形成，奠定了厦门大学会计学派和厦门大学会计学系作为我国会计学领域学术重镇的地位，亦造就了厦门大学会计学科自20世纪70年代后期开始长达三十年左右的辉煌。

自余绪缨先生、葛家澍先生和常勋先生相继仙逝之后，厦门大学会计学科艰难转型，矢志坚守，伴随着2017—2024年的砥砺奋进，厦门大学会计学系似仍可位于中国高校会计学科的第一方阵。基于大历史观，在目睹一个个之前处于领先地位的、非一线城市的部分高校的会计学科，基于种种原因在“后发优势”冲击下逐渐失去昔日辉煌、苦苦寻求转型的案例之后，我们不得不深思：

第一，厦门大学会计学科的下一个百年（2024—2124），40～50岁年龄段和30～40岁年龄段的学术带头人是否能够形成像葛家澍先生、余绪缨先生和常勋先生一样的“集聚效应”？厦门大学和厦门大学会计学系是否有足够的胸怀和充分的资源并匹配合适的机制，孕育和培养出各个年龄段的学术带头人？

第二，百年来，在会计学领域数次的范式转换过程中，中国会计学界都缺席了。在跟进和学习的过程中，厦门大学会计学科在部分范式转换过程中勇立潮头，但却至少在一次范式转换中略微滞后于国内会计学科。那么，是否以及何时有下一次会计研究领域内的范式转换？下一次的范式转换究竟是什么？下一次的范式转换过程中，厦门大学会计学系应该扮演什么样的角色——被动抑或主动？为应对甚至促进下一次的范式转换，厦门大学会计学系需要提前进行什么样的筹划？需要什么样的战略？

如上问题的回答，将在一定程度上决定厦门大学会计学科在下一个十年、二十年、五十年、百年是否能够继续处于我国会计学科的第一方阵（甚至领先地位），也决定着葛家澍先生、余绪缨先生和常勋先生缔造的厦门大学会计学派和我国会计学领域学术重镇的地位能否得以继续保持，甚至决定着厦门大学会计学科的未来……

《厦门大学会计学科百年史》的构思、资料搜集、撰写和出版，前后长达三年之久（特别是2022年4月到2023年9月的写作期间，以及2023年11月至2024年2月的校对与增补过程），由厦门大学会计学系杜兴强教授负责框架设计、根据编委会建议修改，以及统筹各册的进度，并与出版社进行沟通，直至最终出版。

《厦门大学会计学科百年史：笃行南强》（三册）由厦门大学会计学系杜兴强教授根据史料、文献、老师和系友提供的资料编撰，经编委会审定后付梓出版。《厦门大学会计学科百年史：星河璀璨》由编委会拟定名单，杜兴强教授任主编、张国清教授任副主编（协助杜兴强教授进行组稿）。《厦门大学会计学科百年史：吾师·同学》由杜兴强教授任主编，蔡宁教授任副主编（协助杜兴强教授进行组稿）。

《厦门大学会计学科百年史：笃行南强》描述和勾勒的是厦门大学会计学科百年发展历程。因为厦门大学会计学科百年史是客观存在的，所以我们所做的就是在竭力保持历史原貌的基础上进行发掘、整理和呈现。因此，《厦门大学会计学科百年史：笃行南强》必然是群策群力的结果。基于此，必须感谢所有对《厦门大学会计学科百年史：笃行南强》做出贡献的教师、学生、系友等。

第一，感谢《厦门大学会计学科百年史》编委会的成员曲晓辉教授、李建发教授、庄明来教授、傅元略教授、汪一凡副教授、刘峰教授、杜兴强教授、张国清教授、蔡宁教授等。他们对《厦门大学会计学科百年史：笃行南强》内容框架与最终版本的审定，在最大程度上确保了《厦门大学会计学科百年史：笃行南强》的质量。

第二，感谢厦门大学会计学系的汪一凡副教授。汪一凡副教授一直致力于厦门大学会计学科史料的发掘和整理，在厦门大学会计学科90周年庆的过程中撰写了一系列的公众号文章"厦门大学会计学系往事"，内容丰富、有趣。"厦门大学会计学系往事"诸多内容对撰写《厦门大学会计学科百年史：笃行南强》有所启发，且部分内容被《厦门大学会计学科百年史：笃行南强》所采纳和引用。在此对汪一凡老师表示特别的感谢。

◎《厦门大学会计学科百年史》审稿会现场（2023年9月3日）

第三，感谢厦门大学会计学系的刘峰教授、暨南大学的胡玉明教授（博士毕业于厦门大学会计学系，曾任教于厦门大学会计学系），以及王剑博士（厦门大学会计学系2001年博士毕业）、陈箭深博士（博士毕业于厦门大学会计学系，曾任教于厦门大学会计学系）、刘维博士。苏锡嘉教授和刘峰教授在主编《澍雨杏风》（厦门大学出版社2021年版）的过程中积累了有关葛家澍先生丰富的史料。杜兴强教授在写作《葛家澍教授学术思想研究》的过程中亦积累了大量的资料。胡玉明教授提供了诸多有关余绪缨先生的资料，包括但不限于《一绪长缨：余绪缨传》（广东经济出版社2022年版）中关于余绪缨先生的诸多史料；王剑博士馈赠了其购买的、有关厦门大学会计学系的诸多高清扫描的老照片，甚为宝贵；陈箭深和刘维两位博士还提供了有关常勋先生诸多珍贵历史资料和有关（原）厦门大学会计师事务所的诸多材料。

第四，感谢曲晓辉教授、李建发教授、傅元略教授、陈少华教授、刘峰教授，他们为《厦门大学会计学科百年史：笃行南强》的写作提供了有关个人和会计学系的诸多宝贵资料，很大程度上丰富了厦门大学会计学科的史料。此外，《厦门大学会计学科百年史：笃行南强》在编撰中亦部分采纳了互联网中提供的可信资料和照片，文中多数有标注出处，但不排除存在遗漏的情况，若有遗漏，请联系我们，我们将在修订时予以补充和致谢。

第五，感谢会计学系的行政秘书刘银燕全程协助杜兴强教授撰写《厦门大学会计学科百年史：笃行南强》。刘银燕的工作内容包括但不限于：（1）协助搜集和整理1924—2024年历任和现任教师的简历；（2）协助整理1924—2024年厦门大学会计学科的党政人员情况和相应的简历；（3）协助搜集和整理厦门大学会计学科百年发展过程中的部分论文、著作、教材、教学成果、科研奖励、科研项目等；（4）协助对《厦门大学会计学科百年史》的资料进行查缺补漏。

第六，感谢会计学系和管理学院的诸位秘书。石云和陈书芸协助整理了厦门大学会计学系的本科生名录，石云和潘嘉倩协助整理厦门大学会计学系的研究生名录，陈桂宝和林姝妍协助整理会计学系MPAcc中心专业学位研究生的名录，陈婧协助整理会计学系教师的相关人事信息、人才项目信息等，吴琼协助整理会计学系教师2000—2023年的成果目录。[①]

第七，厦门大学会计学科在其百年发展历程中，除厦门大学会计学系之外，还有三个以厦门大学会计学系为母体发展起来的重要机构——厦门大学会计发展研究中心、厦

① 1924—1999年的成果目录由刘银燕和章永奎副教授通过期刊网、个人简历及多种来源进行整理。

门大学会计学系MPAcc中心和厦门大学财务管理与会计研究院。感谢刘峰教授和秘书杨颖瑜提供了会计发展研究中心的相关资料，张国清教授与秘书陈桂宝和林姝妍提供了MPAcc的相关资料，胡金帅教授和秘书吴丽晶提供了财务管理与会计研究院的相关资料。

《厦门大学会计学科百年史：星河璀璨》和《厦门大学会计学科百年史：吾师·同学》的编写更是群策群力的成果。因此，必须感谢撰写相关回忆性文章的所有老师、学生和系友，他们共同使《厦门大学会计学科百年史》有血有肉、丰满立体。此外，感谢会计学系副主任张国清和蔡宁两位教授，两人承担了重要的组织协调工作：张国清教授协助杜兴强教授组织《厦门大学会计学科百年史：星河璀璨》的初稿，蔡宁教授协助杜兴强教授组织《厦门大学会计学科百年史：吾师·同学》的初稿。[①]

《厦门大学会计学科百年史》的出版，离不开厦门大学出版社[②]经管编辑室全体编辑的兢兢业业和通力合作，在此表示感谢。

九

我之所以敢承接重担主编《厦门大学会计学科百年史》，主要基于如下原因：

第一，在厦门大学会计学系就读和工作近30年的时间里[③]，我亲历了会计学科的起伏：(1)葛家澍先生、余绪缨先生、常勋先生和诸多老师们齐心凝力，缔造了“厦门大学会计学派”，造就了厦门大学会计学系作为国内会计学术重镇的重要影响力；(2)囿于时代大背景和关键节点决策的凝滞，厦门大学会计学科在研究范式的转变过程中错失了良好的机遇，经历了一段相对漫长的“修复期”；随着余绪缨先生、葛家澍先生和常勋先生相继仙逝，厦门大学会计学科经历了其历史发展中的“低谷期”；(3)厦门大学会计学系在2017—

① 我还需要感谢参与《厦门大学会计学科百年史：星河璀璨》和《厦门大学会计学科百年史：吾师·同学》资料搜集的志愿者们（具体名单见相应分册的前言）。

② 经过征求意见和审时度势地进行综合考虑，《厦门大学会计学科百年史》最终交由厦门大学出版社出版。而且，《厦门大学会计学科百年史》由厦门大学自己的出版社予以出版发行，合情合理，也具有契合性。

③ 我1995年从吉林大学数学系考入厦门大学经济学院会计学系攻读硕士学位，此后继续在厦门大学会计学系学习和工作已经接近30年了。

2024年明确战略[①]、团结奋进、逐渐走出低谷，重塑影响力。

何其有幸，我成为2017—2024年厦门大学会计学系发展战略的主要拟定者之一。不得不指出的是，在厦门大学会计学系就读和工作的近30年时间里，恩师葛家澍先生和会计学系诸多前辈老师一直给予我诸多支持和爱护，且厦门大学会计学系这一非常重要的平台为我的成长提供了诸多助力[②]。基于上述，倘不对厦门大学会计学科百年历程以笔墨记之，似有“辜彼苍之厚”[③]。为厦门大学会计学科的百年变迁修撰“学科史”（“系史”，即《厦门大学会计学科百年史》），唯其艰巨，所以才有意义，唯其艰巨，因此更显荣光[④]。

第二，此前独著《葛家澍教授学术思想研究》的经历。在葛家澍教授百年诞辰之前，先生的博士生们、刘峰教授和我一起筹划了内容丰富的纪念活动，其中包括出版《葛家澍教授学术思想研究》、《葛家澍文集》和《澍雨杏风》等著作。其中，《葛家澍教授学术思想

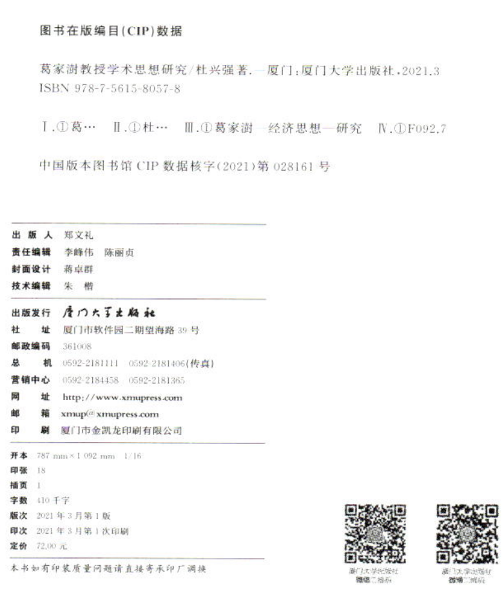

图书在版编目(CIP)数据

葛家澍教授学术思想研究/杜兴强著. —厦门：厦门大学出版社，2021.3
ISBN 978-7-5615-8057-8

Ⅰ.①葛…　Ⅱ.①杜…　Ⅲ.①葛家澍—经济思想—研究　Ⅳ.①F092.7

中国版本图书馆CIP数据核字(2021)第028161号

出版人　郑文礼
责任编辑　李峰伟　陈丽贞
封面设计　蒋卓群
技术编辑　朱　楷

出版发行　厦门大学出版社
社　　址　厦门市软件园二期望海路39号
邮政编码　361008
总　　机　0592-2181111　0592-2181406(传真)
营销中心　0592-2184458　0592-2181365
网　　址　http://www.xmupress.com
邮　　箱　xmup@xmupress.com
印　　刷　厦门市金凯龙印刷有限公司

开本　787 mm×1 092 mm　1/16
印张　18
插页　1
字数　410千字
版次　2021年3月第1版
印次　2021年3月第1次印刷
定价　72.00元

本书如有印装质量问题请直接寄承印厂调换

◎《葛家澍教授学术思想研究》封面与版权页

① 主要指“以教学为突破口，强调通过教学增加凝聚力，教学为研究提供灵感、研究反哺教学”这一基本战略。

② 我即使再无知，也能够区分和辩证地认识“平台”和能力的关系。可以肯定的是，我必须感恩厦门大学会计学系这一重要的平台为我的成长提供的助力，培养了我的能力（若有的话），让我的能力有了用武之地，而非反之。

③ 引自沈复的《浮生六记》。

④ 人，随着长大成熟，一些珍贵的东西可能正在慢慢消失（例如真实、勇敢、感恩），取而代之的往往是过度的功利、怯懦和旁观。

研究》一书需要系统地梳理和归纳先生在不同历史阶段的学术论文和著作中所蕴含的学术思想，难度最大、任务最为艰巨。这项艰巨的任务最后落到我的肩膀上。此后，我决然地暂时放下手头的科研任务，潜心研读葛家澍先生的论著，然后战战兢兢、小心翼翼地撰写著作。《葛家澍教授学术思想研究》的写作，前前后后持续了三年，直至2020年11月提交给出版社，最终得以在葛家澍先生百年诞辰纪念活动之前出版。

撰写《葛家澍教授学术思想研究》的经历，让我不再惶恐于《厦门大学会计学科百年史》的写作任务。我深深地明白：这是责任，无从逃避；如果不迎难而上，那可能对厦门大学会计学科而言就是一场不大不小的灾难；《厦门大学会计学科百年史》只能如期和高质量地完成，没有其他选择。于是，2021年4月6日校庆前后，厦门大学会计学系官方的微信公众号“厦大会计”就“立 flag”式地宣布了2024年厦门大学百年系庆的相关信息，这倒逼我和厦门大学会计学系启动相关事宜。

第三，近年来，我的研究重心已经逐步转向“会计思想史”领域。基于我所受的理科教育和方法论训练，虽然我对实证和规范会计研究方法并无偏好，但我的确对目前一部分实证会计研究的文章感到审美疲劳，甚至有意欲“逃离”的感觉。“逃离”容易，难在找到“心之所属”。几经思考，我觉得应该去做点差异性的研究。于是，我购买了大量的英文和中文古旧图书（英文图书出版年在1970年之前的有数百本），选择了“会计思想史”作为一个可以持续投入精力进行探索的领域①。这样的经历让我对编撰《厦门大学会计学科百年史》内心保持比较平静，不至于无从下手。

《厦门大学会计学科百年史》的出版由厦门大学会计学系的系友徐筱玲女士资助。徐筱玲女士是厦门大学会计学科举办的“1976年石油化工部财务会计干部培训班”和“1980年石油部外事财务学习班”的学员，她的善举是对厦门大学会计学科人才培养最大的肯定之一。当然，这也得益于厦门大学会计学系（科）善待每一位曾经就读的学生（包括但不限于全日制本科、硕士和博士，以及各类非全日制学生）。

① 《厦门大学会计学科百年史》亦是我完成2022年“财政部会计名家培养工程”科研任务的一部分。

◎ 徐筱玲女士（中）、刘峰教授（左）和杜兴强教授（右）合影

《厦门大学会计学科百年史》之所以署名“杜兴强主编”，是因为：

每个正直的人都应对自己出版的著作负责；因此，我在封面署上自己的名字，并非想占为己有，而是必须对她承担责任[①]。

即使我再无知，我也能意识到自己的无知。厦门大学会计学科百年历史，我只是1995年以后这段时间的亲历者[②]。因此，在《厦门大学会计学科百年史：笃行南强》的写作过程中，我竭力秉持中立的立场和基于“重要性”原则，战战兢兢，恐有疏漏，恐有曲解，恐有不敬。尽管如此，由于资料匮乏等各种因素，编纂过程中遇到诸多困难，恳切期盼广大教师、学生、系友和相关人士纠正错漏，以便再版时进行修订，使之更为完善。此外，

① 引自：卢梭，2010. 新爱洛漪丝［M］. 北京：商务印书馆：序言4-5.

② 《厦门大学会计学科百年史：笃行南强》完稿那天（凌晨四五点），我站在陋舍（25楼）眺望远处的鼓浪屿，思绪久久无法平静：厦门大学会计学系历史悠久，百年坎坷。爱她的人，小心翼翼地捡起碎片，内心已遍布伤痕；想要握紧，却伴随着锥心的刺痛……边捡边喃喃细语，这片有我……旋即，泪流满面！基于此，我陷入了深思：在厦门大学会计学系学习和工作的近30年里，我收获了什么？失去了什么？“因为一个人，爱上整座城；因为我的导师葛家澍先生，我坚守在会计学科和厦门大学。”撰写《厦门大学会计学科百年史：笃行南强》的过程中，我时而枯坐沉思：我的付出，是否对得起恩师葛家澍先生的知遇和培养之恩？

值得指出的是，我幼时顽劣、青年时期多有懈怠，以致学识浅陋，因此若对《厦门大学会计学科百年史：笃行南强》细究文法，则“责明于垢鉴矣”。

姑且，把裁量权交给时间，让时间成为亘古不变的评价标准①。

时间虽沉默不语，但会回答所有问题！

风姿花传②！

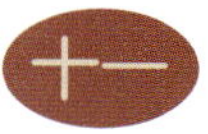

十一

生命的尽头，不是逝去，而是遗忘③！

对人如此，对一个学科亦不例外！

厦门大学会计学科，

百载集腋成裘，

百载薪火相传，

百载格物致知，

百载笃行南强，

百载风华正茂。

Today is not easy（今天不容易）.

Tomorrow is more difficult（明天还会更难）.

But the day after tomorrow will be wonderful（但是未来一定会更美好）!

I like you but just like you（Accounting Department at Xiamen University）.④

值此厦门大学会计学科新百年开篇之际，我们将以出版《厦门大学会计学科百年史》

---

① “上士闻道，勤而行之；中士闻道，若存若亡；下士闻道，大笑之，弗笑，不足以为道。”（《道德经》四十一章）

② “风姿花传”引自世阿弥的“能乐理论”，即风无形，不可察，但可通过有形的花的姿态得以感受。类似地，写作的意义，就是帮鱼找到水，让人认识到风。（参见：世阿弥《风姿花传》，中国社会科学出版社1999年版。）

③ 英文为“The real death is that no one in the world remembers you!”人一生面临三次辞世。第一次是生物学角度的辞世；第二次是葬礼举办时，一个人的身份将会被从这个世界上抹除；第三次是这个世界上自此不会再有任何一个人记得您。（译自电影《寻梦环游记》）

④ 可以相对优美地译为“纵然万劫不复，纵然相思入骨，我也待你眉眼如初，岁月如故”。

为契机，继续秉承“自强不息、止于至善”的校训，致力于知识创造与传播、学术创新、教学改革与人才培养，面向国家重大战略需求和服务于中国资本市场发展，努力使厦门大学会计学系保持国内一流，力争跻身世界会计学科的第一方阵。

厦大会计，南方之强；
百年会计，再创辉煌！①

◎ 厦门大学会计学系系徽

◎ 厦门大学会计学科之“百年标识”②

杜兴强

2023年9月10日终稿于

厦门大学嘉庚二101室

会计学系办公室

---

① 厦门大学会计学科百年庆的口号之一。

② “百年标识”是在厦门大学会计学系系徽（设计于刘峰教授组织的厦门大学会计学科90周年庆典之际）的基础上，融入“百年庆典”的元素而形成。“百年标识”从整体到局部分别代表：第一，阿拉伯数字“100”（整个轮廓），代表厦门大学会计学科的100年。第二，聚焦“100”中间的“0”，其中嵌入了建筑物、文字和波浪的图案，其分别代表：（1）建筑物是建南大礼堂的剪影，她是厦门大学标志性的建筑物之一，承载着数代厦门大学会计学系系友的美好回忆。（2）建南大礼堂剪影上的文字，从右至左是金文版的“厦大·会计”（刘峰教授语）。金文是汉字的一种书体名称，指的是铸造在殷商与周朝青铜器上的铭文，亦称钟鼎文。（3）“波浪”则有两层含义，一是会计学科所在的厦门大学是滨海大学，二是年轻、朝气、生生不息。第三，聚焦“100”中间的“0”，其外圈最底端的罗马数字“MDCDXXIV”，代表“1924”（M：1000；D：500；CD：400；XX：20；IV：4）。值得指出的是，刘峰教授和杜兴强教授多方面咨询了专业人士，得知“MDCDXXIV”和“MCMXXIV”的罗马数字都可以表示1924。但是，为了延续自厦门大学会计学科90周年庆以来的“传统”和“惯例”，“MDCDXXIV”将被继续沿用。

1924年是厦门大学会计学科历史之滥觞。厦门大学会计学科历史，从第一位学生薛一瓒的入学时间（1924年）算起。1924年，甚至更早，陈德恒先生就已任职于厦门大学的会计室；1925年，会计学科迎来了第一位专任教师郑世察。

前　言

百年厦门大学会计学科，大师云集、名流荟萃，大批教师和学生在此施展各自的才华，共同使得厦门大学会计学系成为我国会计领域的“学术重镇”。百年厦门大学会计学科不仅培养了一代又一代的优秀人才，而且取得了诸多重要的学术成果，出版了一系列广受好评的教材和著作，获得了诸多教学和科研的重要奖项，更是孕育了“止于至善”的优秀学风，从而形成了“独树一帜”的人才培养理念和教育特色，得到学术界和教育界的广泛认可。

一部《厦门大学会计学科百年史：笃行南强》，记录了厦门大学会计学科（系）的百年发展历程，其亦与厦门大学的百年发展变迁和中国教育事业的百年发展不无关系，甚至在某些层面和意义上折射了我国在经济学和管理学等社会科学教育方面的百年沧桑。

有鉴于此，编撰本书，总结经验，赓续厦门大学会计学科（系）的优秀传统和学术风范，弘扬“自强不息，止于至善”的厦大校训和精神，是厦门大学会计学科每一位教师、学生和系友义不容辞的责任。尽管如此，厦门大学会计学科百年历史的辉煌与相关资料的匮乏并存，这使得本书的编撰很难记录厦门大学会计学系（科）的全貌，更难对厦门大学会计学科百年历程中的诸多事件进行系统的综评。为此，我们所遵循的基本原则是竭力做到“客观呈现”“述而不作”，尽可能地“列举”厦门大学会计学科百年历程中的主要事件及教学科研上的主要成就。

《厦门大学会计学科百年史·笃行南强》共分五篇十九章，着重记录了厦门大学会计学科百年历程中的建立、发展，彷徨中的坚守，作为学术重镇的辉煌，低谷中的矢志坚守、砥砺奋进等，借以总结经验、吸取教训，力争在下一个十年、二十年、五十年和百年能够做到赓续厦门大学会计学科的优良传统，行稳致远，基业长青。

本书第一篇将厦门大学会计学科的百年发展历程划分为如下历史阶段分别进行阐述：

（1）1924—1925年：厦门大学会计学科历史之滥觞；

（2）1926—1948年：中华民国时期的厦门大学会计学科；

（3）1949—1965年：新中国成立初期的厦门大学会计学科；

（4）1966—1976年：蛰伏沉淀的厦门大学会计学科；

（5）1977—1999年：厦门大学会计学派与中国会计学术重镇；

（6）2000—2008年：艰难转型的厦门大学会计学科；

（7）2009—2016年：矢志坚守的厦门大学会计学科；

（8）2017—2024年：砥砺奋进的厦门大学会计学科。

《厦门大学会计学科百年史：笃行南强》的写作，早期部分内容相对而言丰富程度较为有限，所以主要的笔墨侧重于1977年之后的部分。之所以貌似“厚今薄古”，并非因为1924—1976年厦门大学会计学科的发展乏善可陈。恰恰相反，1924—1976年是厦门大学会计学科发展历程中的重要组成部分，这一阶段的发展对厦门大学会计学科今日的学术声誉和在国内外会计学界的地位作出了巨大贡献。这一期间形成的学术思想，有相当一部分今天仍熠熠生辉。但是，1924—1976年厦门大学会计学科的史料缺失严重。为此，我必须本着“多闻阙疑，慎言其余，则寡尤”的态度，仅根据相对成熟和获得较多认可的史料，撰写厦门大学会计学科1924—1976年发展的相关内容。

本书第二篇介绍了：(1)厦门大学会计学系历现任党政人员（包括党支部、党总支书记和副书记，历现任系主任和副主任）、厦门大学会计学系历任和现任教师；(2)厦门大学会计学科的代表性成果，包括但不限于重要期刊论文与代表性的中文论文和英文论文、代表性的教材和著作、国家级与省部级教学成果相关的奖励、标志性的科研成果奖、标志性的科研项目、教师入选国家级高层次人才计划情况、教师的重要社会兼职等。

本书第三篇呈现了厦门大学会计学系教师的整体教学科研成果（包括但不限于学术论文、科研项目、科研与教学获奖、著作与教材等）、研究生成果、本科生获奖、研究生和本科生培养方案、学生珍贵合影等。因出版周期的需要，本书涉及的大部分成果的统计时间截至2023年7月31日，并根据厦门大学管理学院科研管理系统的导出数据进行整理

（后补充了2023年8月至2024年2月期间一些不影响版面的内容）[①]。

在厦门大学会计学科的百年发展历程中，以厦门大学会计学系为母体，分别成立了厦门大学会计发展研究中心、厦门大学会计学系MPAcc中心和厦门大学财务管理与会计研究院。为此，本书的第四篇系统介绍了厦门大学会计发展研究中心、厦门大学会计学系MPAcc中心和厦门大学财务管理与会计研究院的相关史料。会计发展研究中心部分，包括基本情况、大事记、主办的学术会议、出版的学术期刊等；会计学系MPAcc中心部分，包括大事记、学生获奖等；财务管理与会计研究院部分，包括师资队伍、大事记、代表性论文、课题等。

本书第五篇提供了厦门大学"葛家澍奖（科研奖）"获奖名单、厦门大学"葛家澍奖学金"获奖名单、厦门大学"余绪缨奖学金"获奖名单等，以及厦门大学会计学科发展年表。

值得指出的是，本书部分章节还提供了丰富的附录，多为相应章节内容相关的论文、统计材料或情景材料，作为对正文的有机补充。

本书的构思、资料搜集、撰写和出版，前后耗时三年之久（特别是2022年4月到2023年9月）。本书由厦门大学会计学系系主任杜兴强教授根据史料、文献、老师和系友提供的资料编撰，其间得到了厦门大学会计学系、会计发展研究中心、MPAcc中心、财务管理与会计研究院和部分老师的大力支持[②]。

本书描述的是厦门大学会计学科百年发展历程。厦门大学会计学科百年史是客观存在的，所以我们所做的就是在竭力保持历史原貌的基础上进行发掘、整理和呈现。因此，我必须感谢对本书作出贡献的教师、学生、系友、秘书，他们包括但不限于：

第一，感谢《厦门大学会计学科百年史》编委会的成员，包括曲晓辉教授、李建发教授、庄明来教授、傅元略教授、汪一凡副教授、刘峰教授、杜兴强教授、张国清教授、蔡

① 限于时间、精力、资料可得性等方面的原因，相关成果的统计可能存在一定的错漏，恳请各位系友见谅。如有可能，我们将在再版的过程中或者下次编撰厦门大学会计学科史料的过程中予以补充、修改和完善。可能的错漏包括但不限于如下的情况：(1)教师新近发表的成果，并未及时在厦门大学管理学院科研管理系统中填列，且通过中英文网站尚无法查询到；(2)某些英文或中文文章在厦门大学管理学院科研管理系统中填列的是online信息，随后正式刊出的文章可能与online的文章在具体的卷、期、页码等方面存在差异；(3)由于年代久远和期刊网收录方面的原因，某些教师的成果可能并不能够保证百分百收录。

② 部分内容通过删减和修改会计发展研究中心、MPAcc中心、财务管理与会计研究院的秘书们提供的资料来完成。

宁教授等。他们对本书内容框架与最终版本的审定，最大程度上确保了本书的质量。

第二，感谢厦门大学会计学系的汪一凡副教授。汪一凡副教授一直致力于厦门大学会计学科史料的发掘和整理，在厦门大学会计学科90周年庆的过程中撰写了一系列的微信公众号文章“厦门大学会计学系往事”，内容丰富、有趣。“厦门大学会计学系往事”诸多内容对撰写本书有所启发，且部分内容被本书的撰写所采纳和引用。为此，必须对汪一凡副教授表示特别的感谢！

第三，感谢厦门大学会计学系刘峰教授、暨南大学胡玉明教授（博士毕业于厦门大学会计学系，曾任教于厦门大学会计学系）、王剑博士（厦门大学会计学系2001年博士毕业）和陈箭深博士（博士毕业于厦门大学会计学系，曾任教于厦门大学会计学系）。苏锡嘉教授与刘峰教授在编写《澍雨杏风》的过程中积累了葛家澍先生丰富的史料（杜兴强教授在写作《葛家澍教授学术思想研究》过程中亦积累了大量资料）；胡玉明教授提供了诸多余绪缨先生的资料，包括但不限于《一绪长缨》中关于余绪缨先生的诸多史料；王剑博士馈赠了其所斥资购买的、厦门大学会计学系的诸多高清扫描的老照片，甚为宝贵；陈箭深博士提供了常勋先生诸多珍贵历史资料和（原）厦门大学会计师事务所的诸多材料。

第四，感谢曲晓辉教授、李建发教授、傅元略教授、陈少华教授、刘峰教授，他们为本书的写作提供了个人和会计学系的诸多宝贵资料，对丰富厦门大学会计学科百年史大有裨益。

第五，感谢会计学系的行政秘书刘银燕老师，她全程协助杜兴强教授撰写本书，工作内容包括但不限于：（1）协助搜集和整理1924—2024年历任和现任教师的简历；（2）协助整理1924—2024年厦门大学会计学科的党政人员情况和相应的简历；（3）协助搜集和整理百年厦门大学会计学科发展过程中部分的论文、著作、教材、教学成果、科研奖励、科研项目等；（4）协助对本书的资料进行查缺补漏。

第六，感谢会计学系和管理学院的多位秘书。石云和陈书芸协助整理厦门大学会计学系的本科生名录，石云、潘嘉倩协助整理厦门大学会计学系的研究生名录，陈桂宝和林姝妍协助整理厦门大学会计学系MPAcc中心专业学位研究生的名录，陈婧协助整理厦门大学会计学系教师的相关人事信息、人才项目信息等，吴琼协助整理会计学系教师2000—2023年的成果目录等。①

第七，厦门大学会计学科在其百年发展历程中，除厦门大学会计学系之外，还有三个以厦门大学会计学系为母体发展起来的重要机构——厦门大学会计发展研究中心、厦门大学会计学系MPAcc中心和厦门大学财务管理与会计研究院。感谢刘峰教授和秘书

① 1924—1999年的成果目录由刘银燕和章永奎副教授通过期刊网、个人简历及多种来源进行整理。

杨颖瑜提供了会计发展研究中心的相关资料，张国清教授和秘书陈桂宝与林姝妍提供了MPAcc的资料，胡金帅教授和秘书吴丽晶提供了财务管理与会计研究院的相关资料。

第八，本书的出版，离不开厦门大学出版社经管编辑室全体编辑的兢兢业业和通力合作，在此表示感谢。

最后，本书的出版由1976年“石油化工部财务会计干部培训班”和1980年“石油部外事财务学习班”的学员徐筱玲女士个人资助。我们必须对徐筱玲女士的善举表达最诚挚的谢意。

需要说明的是，本书在编写过程中对所引用的原始资料中存在的个别不妥，已予以更正，不在行文中一一罗列指出。此外，《厦门大学会计学科百年史：笃行南强》在编撰中亦部分采纳了互联网中提供的可信资料和照片，文中多数有标注出处，但不排除存在遗漏的情况，若有遗漏，请联系我们，我们将在修订时予以补充和致谢。

近年来，越来越多的国内外知名高校的博士毕业生加入厦门大学会计学系的大家庭，给厦门大学会计学科注入了活力，促进了厦门大学会计学科的良性发展。但是，一些青年教师对厦门大学会计学科的百年发展过程、典型的历史事件、“葛余常”等大师及其代表性的学术观点、杰出毕业生、一以贯之的学术传统、文化与历史积淀等不甚了解。历史的割裂和“虚无”会在一定程度上冲淡年轻教师的“归属感”，从长期来看并不利于厦门大学会计学科的良性发展。因此，《厦门大学会计学科百年史：笃行南强》将有助于青年教师了解厦门大学会计学科历史，传承厦门大学会计学科的优秀传统。

四

值此厦门大学会计学科新百年开篇之际，我们将继续秉承“自强不息、止于至善”的校训，致力于知识创造与传播、学术创新、教学改革与人才培养，面向国家重大战略需求和服务于中国资本市场发展，努力使厦门大学会计学科保持国内一流，力争跻身世界会计学科第一方阵。

杜兴强

2023年9月10日终稿于
厦门大学嘉庚二101室
会计学系办公室

目录

第一篇
厦门大学会计学科百年历程

第二篇
厦门大学会计学科：继承与发展

第三篇
厦门大学会计学科教师成果、学生成果与学生培养

第四篇 厦门大学会计学科其他组成部分

第五篇
厦门大学会计学科的科研奖、奖学金和发展年表

第一篇

厦门大学会计学科百年历程

1924—2024

Centennial History of Accounting Discipline at Xiamen University

第一章 1924—1925年：厦门大学会计学科历史之滥觞

第一节 厦门大学会计学科第一位教师

一、郑世察：厦门大学会计学科第一位教师

1919年7月，陈嘉庚在厦门发出《筹办福建厦门大学附设高等师范学校通告》。7月13日，陈嘉庚在厦门陈氏宗祠邀请各界召开特别大会，报告筹办计划，宣布5年内认捐开办费洋银100万元，开校后又认捐经常费300万元①。之后，陈嘉庚遍勘各处，选定五老山麓古演武场为厦门大学校址，并呈文请求政府拨地供厦门大学建筑校舍。

1920年8月，陈嘉庚奔赴上海，聘请蔡元培、黄炎培、汪精卫、郭秉文、余日章、李登辉、胡敦复、黄琬、叶渊、邓萃英等为筹备委员会成员。10月，私立厦门大学召开第一次筹备会，推举邓萃英为首任校长。

1921年1月，邓萃英赴任厦门大学，提议设师范、商学两部，师范部下分文、理两科；校训定为“自强不息”；校歌由郑贞文作词，赵元任谱曲。

1921年2月1日，厦门大学开始招考，4月1日复试后录取预科生112人，实到98人。4月6日，假集美学校即温楼举办开校式，

① 陈支平，2021. 厦门大学校史：1921—2021年［M］. 厦门：厦门大学出版社：19.

商学部亦正式开设。5月3日，邓萃英请辞校长一职。5月9日，首批校舍群贤楼奠基开工。7月4日，林文庆出任厦门大学校长，改校训为“止于至善”，拟定有关章程，绘制校徽。[①]

◎厦门大学校歌

◎厦门大学校徽[②]

1922年，集美、群贤、同安、囊萤陆续竣工，私立厦门大学首批校舍全部落成。

1923年4月，改商学部为商科；6月，商科并入文科，改称学系，设商学系。

厦门大学会计学科萌芽于商学部，“会计学”字样最早见于1925年10月3日《厦大周刊》第121期。

(1) 廈大周刊

廈大周刊

中華民國十四年十月廿四日星期六出版

（第一百廿四期）

通訊處 廈門大學編譯處周刊部

（承印者廈門大走馬路煥文印書館）

每期銅元四枚全年大洋四角本埠郵費一角五分外埠三角

▲本期要目

勞動問題的說明（三）……林希謙

我的新生活觀……林仙亭

民族主義和帝國主義……尤伯熊筆記

國慶日之感想……瀏

一個殘廢的孩子……W. Y.

詩六首……綺雲

校聞

專著

勞動問題的說明（三） 林希謙

◎《厦大周刊》第124期第1页

商学系副教授郑世察，浙江宁波人，初毕业于沪江大学商科，得学士学位。民国十年渡美，在芝加哥、哥伦比亚及纽约各大学研究，凡二年有半，得硕士学位，旋回国，农商部特任为会计师，同年冬，在上海丰美银行任职，翌年，应南方大学之聘，充任会计学教授，本年上季，任上海中华民国会计师公会评议员，现在本大学教授会计学，其得心应手，可预卜也。

① 陈支平，2021. 厦门大学校史：1921—2021年［M］. 厦门：厦门大学出版社：26，29，66.

② 该校徽为1921年林文庆校长所设计。2000年11月1日，经厦门大学党政领导研究，决定重新使用建校初期的校徽。厦门大学会计学系亦有自己的系徽（详见总序和相关章节）。

1925年10月24日《厦大周刊》第124期登出郑世察来函，“查本人与校中所订关约担任商学经济学教授，今贵刊记为商学系副教授，想系传闻失实，特此来函更正”。因此，从我们已经掌握的资料看，郑世察先生应为“厦门大学会计学教授第一人”。

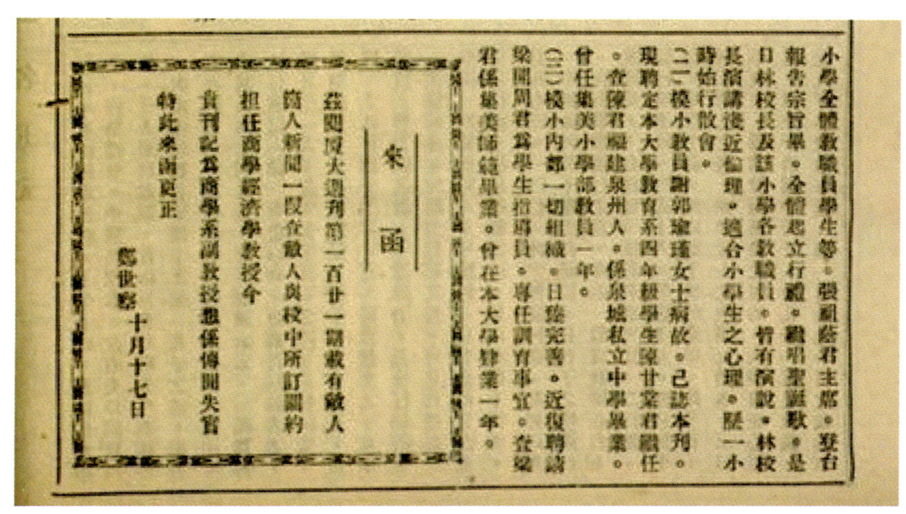

小學全體教職員學生等。張頤蓀君主席。登台報告宗旨畢。全體起立行禮。職唱聖誕歌。是日林校長及該小學各教職員。皆有演說。林校長縮講淺近倫理。適合小學生之心理。歷一小時始行散會。

(二)校小教員謝郭瓊瑤女士病故。已誌本刊。現聘定本大學教育系四年級學生陳廿棠君繼任。查陳君福建泉州人。係泉城私立中學畢業。曾任集美小學部教員一年。

(三)校小內部一切組織。日臻完善。近復聘請梁園周君為學生指導員。專任訓育事宜。查梁君係集美師範畢業。曾在本大學肄業一年。

來函

茲閱厦大週刊第一百廿一期載有敝人敝人新聞一段查敝人與校中所訂關約担任商學經濟學教授今貴刊記為商學系副教授想係傳聞失實特此來函更正

鄭世察 十月十七日

◎厦大周刊第124期第8页

郑世察先生在厦门大学任教前后 8 年，曾代理商科主任，是厦门大学会计学系第一任主任。

二、郑世察教授拾遗

郑世察，男，1896年2月6日出生于浙江慈溪。1919年毕业于沪江大学，1923年和1924年分别获美国纽约大学、英国伦敦大学硕士学位。1925年至1932年任厦门大学会计学教授，1932年至1935年、1946年至1951年任沪江大学商学院院长，兼城中区商学院院长。1951年加入九三学社。后任上海财政经济学院（今上海财经大学）教授。1983年3月16日去世[①]，享年87岁。

◎郑世察先生（沪江大学时期）[①]

---

① 鉴于郑世察先生在厦门大学期间并未留下可记录的影像，汪一凡老师专程到上海设法从沪江大学史料中寻找其影像资料。新中国成立初期，沪江大学因属于教会学校而被解散，在上海复兴中路其原址上新办了上海机械学院，即今上海理工大学。从上理工校方得到的信息是，沪江大学的相关史料已移交上海市档案馆。所幸，在上海工作的厦门大学会计学系校友姚君喜好收藏纸质文献，通过文物市场上的卖家从沪江大学年刊上扫描到郑世察先生的照片。

② 郑世察先生的生卒年月日记载于：刘振元，1994. 上海高级专家名录：第四卷［M］. 上海：上海科学技术出版社：350.

郑世察先生有着丰富的会计教学和实践经验。北洋军阀政府时期，郑世察先生是首批获得注册会计师证书的会计师之一，是我国注册会计师园地的拓荒者 。郑世察先生在1925年之前就讲授“官厅会计”课程，在厦门大学会计学系任职期间继续讲授“官厅会计”课程。译有《麦氏簿记与会计学》等著作。

郑世察1925年进入厦门大学会计学科任教，成为厦门大学商学系第一位会计学教师。1926年，商学系改为商科，商科主任为陈灿；1928年，因陈灿休假，郑世察任代理主任；1930年，商科改称商学院（院长为陈德恒），下设会计学系，郑世察任会计学系主任[①]。

因史料匮乏，目前在厦门大学所能见到有关郑先生的史料不多。为此，我们从郑世察先生在沪江大学的史料中间接进行了解。以下摘自《美国文化渗透与近代中国教育——沪江大学的历史》[②]一书：

郑世察先生回沪江大学前，曾在厦门大学执教八年，具有丰富的商科教学经验，尤其在会计学方面。随着时间的推移，沪江的商科逐渐得到社会的承认。经济和商业管理专业都与商界有关，但经济专业偏重理论，商业管理与商业的联系更为直接。当时的教会大学由于自由教育传统，大多只开设经济专业，商业管理专业最后集中到沪江和岭南两家，到30年代时沪江商学院的学生规模远远超过岭南，成为教会大学中最大的商学院。

沪江商学院自郑世察主持后，又进而发展会计学，开设了“高级会计学”、“银行会计学”、“成本会计学”、“审计学”等课程，以使专业更为实用。为加强学生的实际操作能力，该系还开辟了一所会计实验室，“会计课所用实验题及表册按中国实际情形编制，私自付印。故近年来选读会计学生获益更多”。教育部于1936年批准其商业管理系改称商学系，下设商业管理和会计两组。尽管30年代国内经济凋敝，大学生就业困难，但沪江的商科毕业生出路却很好。郑世察1936年报告说：“过去七年里有100多个毕业生进入商界，他们大多数获得了成功。我从银行和公司首脑们那里获得的印象是，我们的毕业生工作得比其他商科大学的毕业生出色得多。总的说来，上海的企业如果要人，总是先挑选沪江的毕业生。”

① 杜兴强，2021. 葛家澍教授学术思想研究［M］. 厦门：厦门大学出版社.

② 王立成，2001. 美国文化渗透与近代中国教育——沪江大学的历史［M］. 上海：复旦大学出版社.

杨继良教授是沪江大学商学院毕业的，他的文章《我那时的老师》曾提及郑世察先生[①]：

大学我念沪江大学商学院，院长郑世察，美国名校的硕士。他永远身穿一件灰布罩衫，带着宁波口音讲课。我毕业后，一九五二年来了个对教师的“思想改造”运动，批斗他与女佣人有不正当关系，搞得他脸面尽失。我一九八三年准备出国，因为文凭丢了，请他在证明书上签字。那位女佣人沏茶招待，郑老那时应该已近九十，她也算“不离不弃”了。现在来看，老教授那时是鳏夫，算什么“道德败坏”呢？

在撰写过程中，我们得到一张介绍郑世察先生的图片，内含文字摘录如下：

郑世察教授，系浙江慈溪县人。现年五十又一，任本校商学院院长兼会计主任。严谨苦干，不说废话。应该吃“五”的学生，从来没有吃过“四”。布告板上从来没有看见郑院长请过假。不在会计处，便在课堂间；是即是是，否即是否。“一”加“一”从来没有不等于“二”过。

幼求学于宁波斐迪中学，英国循道公会所创办，对先生宗教基本训练，助益匪浅，初中毕业即入本校附中，直升大学部，于1919年毕业，得本校商学士学位。

先生勤勉发奋，为老师所器重，即被聘留校工作，服务于沪东公社，献身社会服务事业二年。1921年先生游学美国，就读于芝加哥大学，一年后转入纽约大学，凡一年获得商业硕士学位。学无止境，先生乃赴英再度深造，入伦敦大学研究院专攻会计。一年后深感祖国需要，乃行归来。

1924年开设会计事务所于上海，更兼美丰银行国外汇兑部主任。业务发达，建树颇多。

1925年厦门大学慕先生之才，乃聘请为该校商学院会计系主任教授，兼审查一切厦大账务。能者多劳，更兼任思明法院会计师，及陈嘉庚公司华南各分支行办事处之总稽核，未数年以励绩卓著，担任商学院院长。

1933年本校以先生多才多能，当为母校服务，乃坚请回校主持商学院院务，

① 参考了汪一凡撰写的“厦门大学会计系往事”系列，详见厦门大学会计学系官方微信公众号“厦大会计”。

先生以义不容辞，慨然就允。十余年来，一贯作风未尝稍懈。并兼任会计主任职。

胜利后兼任上海苏浙皖敌伪产业管理处会计专员，办理农林部及教育部接收之账目。

太平洋事变发生迄今，先生清瘦多矣，以今日之工作而言，自清晨8时办公，至夜晚10时返家，工作14小时，仅中午稍有半小时之休息。工作认真、事无论大小，总必躬亲办理。杨树浦城中区两院奔波。劳心劳力，安得不稍形清瘦。唯桃李盈门，当亦足稍慰于怀也。

教授介紹

鄭世察教授

鄭世察教授，係浙江慈谿縣人。現年五十又一，任本校商學院院長兼會計主任。嚴緊苦幹，不說廢話。應該吃「五」的學生，從來沒有吃過「四」。佈告板上從來沒有看見鄭院長請過假。不在會計處，便在課堂間；是即是是，否即是否。「一」加「一」從來沒有不等於「二」過。

幼承學於寧波斐迪中學，英國循道公會所創辦。對先生宗教基本訓練，助益匪淺，初中畢業即入本校附中，直昇大學部，於一九一九年畢業，得本校商學士學位。

先生勤懇發奮，為老師所器重，即被聘留校工作，服務於滬東公社，獻身社會服務事業二年。

一九二一年先生遊學美國，就讀於支加哥大學，一年後轉入紐約大學，凡一年獲得商業碩士(M.B.A.)學位。

學無止境，先生乃赴英再度深造，入倫敦大學研究院專攻會計。

一年後深感祖國需要，乃行歸來。

一九二四年開設會計事務所於海上，更兼美豐銀行國外匯兌部主任。業務發達，建樹頗多。

一九二五年廈門大學慕先生之才，乃聘請為該校商學院會計系主任教授，兼審查一切廈大帳務。能者多勞，更兼任思明法院會計師，及陳嘉庚公司華南各分支行辦事處之總稽核，未數年以勤績卓著，擢任商學院院長。

一九三三年本校以先生多才多能，當為母校服務，乃堅請回校主持商學院院務，先生以義不容辭，慨然就允。十餘年來，一貫作風未嘗稍懈。幷兼任會計主任職。

勝利後兼任上海蘇浙皖敵偽產業管理處會計專員，辦理農林部及教育部接收之帳目。

太平洋事變發生迄今，先生清瘦多矣，以今日之工作而言，自清晨八時辦公，至夜晚十時返家。工作十四小時，僅中午稍有半小時之休息。工作認真、事無論大小，總必躬親辦理。楊樹浦城中區兩院奔波。勞心勞力，安得不稍形清瘦。惟桃李盈門，當亦足稍慰於懷也。

◎郑世察教授介绍

第二节　厦门大学会计学科第一位毕业生

一、薛一瓒：厦门大学会计学科第一位毕业生

1927年2月，厦门大学遵照国民政府教育部颁布的《大学组织法》，改设商学院，分设银行学系、会计学系。这是厦门大学相关资料所能查证的最早的"会计学系"字样。此外，《厦门大学商科布告1928—1929》，在"商科学则"中则明确指出："商科前二年除第一年兼修普通必修学科外，余为商科各系共同必修及选修之学科两种，第三年始分系研究……现暂分会计学、银行学、商业管理学三系。"值得指出的是，当时的会计学系课程设置，与今天的通才培养并无二致。

厦门大学，1921年迎来首批学生入学，但因为1927年前并无明确的分系，所以难以将之追溯为厦门大学会计学系的毕业生。上述情况于1928年发生了改变。据《厦大周刊》第188期报道，1928年五六月间，江苏盐城人薛一瓒从"会计学系"毕业，是当年唯一的"会计学系"毕业生。基于此，薛一瓒是有史料记载的、厦门大学会计学系毕业生第一人。

◎ 薛一瓒

循此逻辑，厦门大学会计学教育的历史，从薛一瓒入学的1924年开始算起。此外，陈德恒教授于1925年1月（甚至更早）任职于厦门大学会计室（后任商学院院长）。基于此，我们确定1924年为厦门大学会计学科历史之滥觞[①]。1925年，厦门大学第一位会计学教授郑世察先生到任，"一教授"与"一学生"，完整构成了一个基本的"教学单位"。

① 厦门大学会计学系在成立至今的百年里，经历了建系—撤系—复系的"三起二落"。1985年厦门大学会计学系复系至今已接近40年。基于此，写作本书时，为了方便，统称"厦门大学会计学科"。

二、薛一瓒拾遗

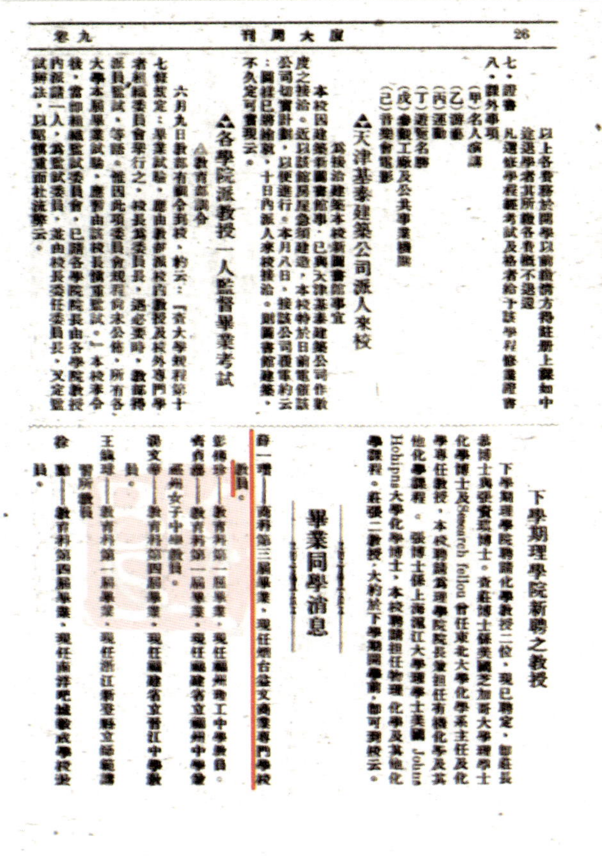

26　廈大周刊　九卷

以上各費務於開學以前繳清方得註册上課如中途退學者其所繳各費概不退還

七．證書　凡選修學程經考試及格者給予該學程修業證書

八．課外事項

(甲)名人演講

(乙)游泳

(丙)運動

(丁)遊覽名勝

(戊)參觀工廠及公共事業機關

(己)音樂會電影

△天津基泰建築公司派人來校

為接洽建築本校新圖書館事宜

本校因建築新圖書館事，已與天津基泰建築公司作數度之接洽。近以該館房屋急須建造，本校特於日前電催該公司切實計劃，以便進行。本月八日，接該公司覆電約云：圖樣已將繪就，十日內派人來校接洽。則圖書館建築，不久定可實現云。

△各學院派教授一人監督畢業考試

△教育部訓令

六月九日教部有訓令到校，約云：「查大學規程第十七條規定：畢業試驗，應由教部派校內教授及校外專門學者組織委員會舉行之，校長為委員長，遇必要時，教部得派員監試，等語。惟因此項委員會規程尚未公佈，所有各大學本屆畢業試驗，應暫由該校長慎重監試。」本校奉令後，當即組織監試委員會，已請各學院院長由各學院教授內派請一人，為監試委員，並由校長委任委員長，又定監試辦法，以昭慎重而杜流弊云。

下學期理學院新聘之教授

下學期理學院聘請化學教授二位，現已聘定，即莊長恭博士與張資珙博士。查莊博士係美國芝加哥大學理學士化學博士及Research fellow，曾任東北大學化學系主任及化學專任教授，本校聘請為理學院院長兼擔任有機化學及其他化學課程。張博士係上海滬江大學理學士美國 Johns Hopkins 大學化學博士，本校聘請擔任物理化學及其他化學課程。莊張二教授，大約於下學期開學前，即可到校云。

畢業同學消息

薛一瓚——商科第三屆畢業，現任烟台益文商業專門學校教員。

彭德鏘——教育科第一屆畢業，現任福州高工中學教員。

黄貞德——教育科第一屆畢業，現任福建省立福州中學兼惠州女子中學教員。

梁文蔚——教育科第四屆畢業，現任福建省立晉江中學教員。

王鎮璋——教育科第一屆畢業，現任浙江省立嚴州師範講習所教員

徐勤——教育科第四屆畢業，現任南洋吧城養成學校教員。

◎《厦大周刊》关于薛一瓒相关内容的记载

薛一瓒毕业后的去向，因历史久远，几无信息可循。但寻找薛一瓒并非百年系庆的临时起意，而是一个持续20年的过程，体现了厦门大学会计学科严谨、求实和尊重历史的态度。厦门大学会计学系汪一凡老师经多方查找得到了两条线索：（1）薛一瓒毕业时留下的通信地址为“江苏邵北秦南仓张荣和号转”；（2）校刊的“校友踪迹”提及薛一瓒曾在“烟台益文商业专门学校”任教[①]。

汪一凡老师在《烟台晚报》刊登厦门大学会计系寻找薛一瓒学长的启事，但这一努力未果。在筹备厦门大学会计学科90周年庆的过程中，汪一凡老师再次踏上了寻找薛一瓒学长之路。汪一凡老师先是查找到《盐城晚报》记者程先生的联系方式，通过《盐城晚报》发出寻踪薛一瓒的启事。刊发后，会计学系一位盐城籍女生主动通过家人（祖父母）广泛了解，得到很有价值的反馈：“江苏邵北秦南仓张荣和”是秦南仓的大地主。这可能预示着更多的知情人和线索。

2014年5月14日，汪一凡老师飞抵盐城，广泛向秦南镇政府办公室主任、旅馆老板等当地人了解一些可能有用的信息。下午就到了据说是张荣和老家的三河村，然后辗转到了美满村，从薛姓村民口中得知族谱由孙徐村的薛老先生保管；于是到达孙徐村，但薛老先生说这一堂号没有“一”字辈的。后辗转至薛舍村，查了另一堂号的薛氏族谱，终于在

① 《厦大周刊》1930年第9卷第10期提及薛一瓒曾在“烟台益文商业专门学校”任教。

其中找到有关薛一瓒的记录。

讳一瓒，字玉珊，禄次子。厦门大学毕业。解放前任江苏省农民银行上海分行主任，1941年2月，被日伪特务暗害，公享年42岁。娶王氏慎修，北京女子师范大学毕业，享年七十九岁。生一子铁生，一女潭生……

由该族谱可知，薛一瓒学长这一族是以“字”排列的，在网上输入他的字“玉珊”即可查到。族人反馈，薛一瓒学长是因拒不交出银行金库的钥匙而惨遭日伪特务杀害的。经查，原文见《行政院公报》1941年第4卷第15期，其中刊登了“勇拾字第一一六一六号令”（民国三十年七月廿五日）：《为奖恤江苏农民银行上海分行行员樊端咸薛玉珊褚化龙张绍麈范静江刁深并救济程修明李亚文》一文。

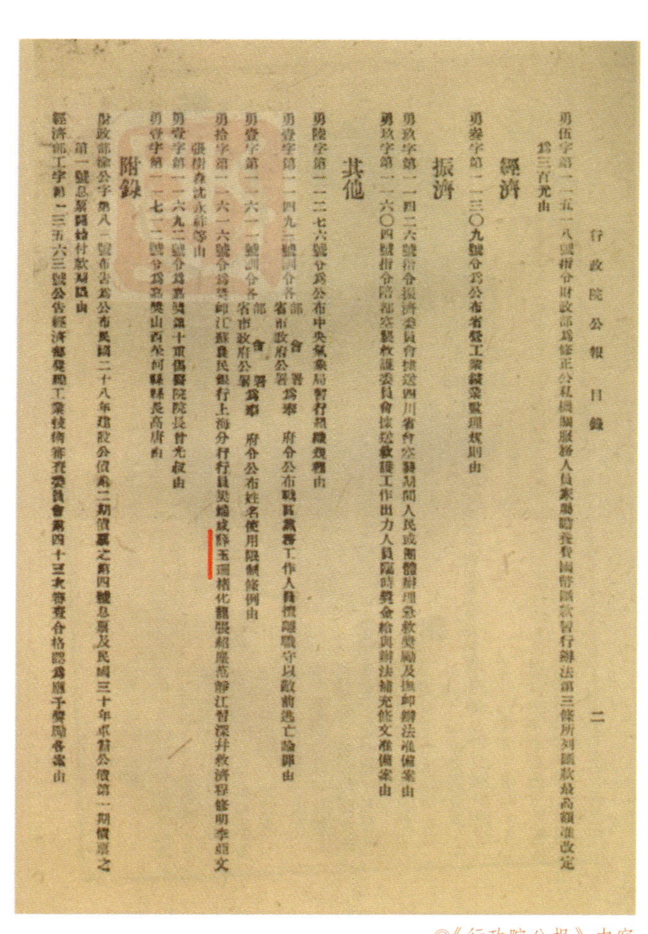

行政院公報目錄　二

勇伍字第一一五一八號指令財政部為修正公私機關服務人員家屬贍養費國幣匯款暫行辦法第三條所列匯款最高額准改定為三百元由

經濟

勇參字第一一三〇九號令為公布省營工業鑛業監理規則由

振濟

勇玖字第一一四二六號指令振濟委員會核定四川省於空襲期間人民或團體辦理急救受勵及撫卹辦法准備案由

勇玖字第一一六〇四號指令陪都空襲救護委員會核發救護工作出力人員臨時獎金給與辦法補充條文准備案由

其他

勇陸字第一一二七六號令為公布中央氣象局暫行組織規程由

勇壹字第一一四九二號訓令各部會署省市政府公署為奉府令公布戰區氣象工作人員擅離職守以敵前逃亡論罪由

勇壹字第一一六一一號訓令各部會署省市政府公署為奉府令公布姓名使用限制條例由

勇拾字第一一六一六號令為獎卹江蘇農民銀行上海分行行員樊端咸薛玉珊褚化龍張紹塵范靜江刁深并救濟程修明李亞文張樹森沈永祥等由

勇壹字第一一六九二號令為褒揚第十軍傷醫院院長曾光叔由

勇壹字第一一七一二號令為褒獎山西垣曲縣縣長高唐由

附錄

財政部徐公字第八一號布告為公布民國二十八年建設公債第二期債票之第四號息票及民國三十年軍需公債第一期債票之第一號息票開始付款期限由

經濟部工字第一三五六三號公告經濟部獎勵工業技術審查委員會第四十三次審查合格認為應予獎勵各案由

◎《行政院公报》内容

此后，程记者又以《薛一瓒原是一名铁骨铮铮的爱国者》为题，作了后续跟踪报道。总算起来，从寻人启事、找到族谱的报道，以及此篇报道，此事在《盐城晚报》上共计见报三次[①]。

在薛舍村，汪一凡老师与远在上海的薛一瓒的女婿通了电话，建立起联系。此外，汪一凡还了解到，张荣和在民国期间举家出国。薛氏与张氏原是中学同学，故通过“张荣和号”中转信件。

2014年12月5日，薛一瓒先生的后人——其女薛潭生女士和女婿印丹元先生来到厦

① 参考了汪一凡撰写的“厦门大学会计系往事”系列，详见厦门大学会计学系官方微信公众号“厦大会计”。

门大学参观，并提供了薛一瓒的照片。薛潭生女士和印丹元先生将从远方带来的一份意义深远的礼品——两本自传书赠送给会计学系，而时任系主任桑士俊教授作为会计学系代表，也向两位老人回赠了一份珍贵的礼物。

◎薛潭生女士（薛一瓒之女）与时任会计学系系主任桑士俊教授互赠纪念品

第三节 厦门大学会计学科历史之滥觞的两点补充

一、厦门大学会计学科历史之滥觞与同期的美国会计学科

1923—1925年，彼时的美国，哈特菲尔德（Hatfield）教授仍在为会计学科在商学院的应有地位而疾呼，他在1923年12月19日美国大学教师协会（American Association of University Instructors）的会议上，做了题为“簿记的历史辩护”的演讲（1924年发表于*Journal of Accountancy*[①]），指出在大学里讲授会计学的我们，正经受着同事含蓄的蔑视，他们不欢迎会计学科，认为会计学科与学术殿堂的纯洁性不符[②]。

可见，会计学科在1923—1924年的中国和美国，并未体现出巨大的分野。历代中外会计学者励精图治，理论化会计学的知识体系，最终使得会计学科得以堂堂正正地进入全球各个国家的商学院，且在全球资本市场、企业内部管理、审计市场中发挥着日益重要的作用[③]。

An historical defense of bookkeeping
Henry Rand Hatfield
Journal of Accountancy (pre-1986); Apr 1924; 37, 000004; ABI/INFORM Global
pg. 241

The JOURNAL *of* ACCOUNTANCY
Official Organ of the AMERICAN INSTITUTE OF ACCOUNTANTS

Vol. 37 APRIL, 1924 No. 4

An Historical Defense of Bookkeeping*

By HENRY RAND HATFIELD

I am sure that all of us who teach accounting in the universities suffer from the implied contempt of our colleagues, who look upon accounting as an intruder, a Saul among the prophets, a pariah whose very presence detracts somewhat from the sanctity of the academic halls. It is true that we ourselves speak of the science of accounts, or of the art of accounting, even of the philosophy of accounts. But accounting is, alas, only a pseudoscience unrecognized by J. McKeen Cattell; its products are displayed neither in the salon nor in the national academy; one finds it discussed by neither realist, idealist nor phenomenalist. The humanists look down upon us as beings who dabble in the sordid figures of dollars and cents instead of toying with infinities and searching for the elusive soul of things; the scientists and technologists despise us as able only to record rather than to perform deeds.

We suffer perhaps in silence, even, as Carlyle says, "consuming our own choler as some chimneys consume their own smoke," perhaps in public denying that we suffer at all, but here—in a meeting not of accountants, but of university instructors in accounting—we can admit among ourselves that at times this academic attitude does get under our skins.

The contempt for accounting is not limited to university circles, but is well-nigh universal. It is evidenced by ignorance of the subject, by condescension toward its devotees, by their exclusion from polite literature.

And how abysmal that ignorance! I give two instances. The university speaker who said, "If you do so and so your ledger

*A paper read before the American Association of University Instructors in Accounting, December 29, 1923.

241

©Hatfield 关于会计学科处境的文章（1924年）

① HATFIELD H R, 1924. An historical defense of bookkeeping [J] . Journal of accountancy, 37 (4), 241-253.

② 原文为：I am sure that all of us who teach accounting in the universities suffer from the implied contempt of our colleagues, who look upon accounting as an intruder, a Saul among the prophets, a parish whose very presence detracts somewhat from the sanctity of the academic halls.

③ 尽管每一次的经济危机或资本市场震动，社会各界都将矛头指向“会计行业（职业）”，但每次危机过后，会计的重要性都会被再次确认，而且经济危机往往促进会计获得下一次的长足发展。这实际上也促使我们进一步思考“会计在人类社会中的不可替代的角色及其对会计学科定位的影响”这一重大现实问题。

二、陈德恒教授进入厦门大学会计学系的时间

目前，根据我们所掌握的厦门大学会计学科的资料，郑世察先生为厦门大学会计学科第一位老师，也是第一位教授。在编撰本书的过程中，汪一凡老师转赠了一份关于陈德恒教授的重要资料——带有陈德恒先生印鉴的支票。这张支票带来了“陈德恒教授何时进入厦门大学会计学系”的疑问。

◎附陈德恒会计师图章的支票（1925年）

在陈德恒先生签注的支票上，日期为1925年1月16日。这意味着陈德恒先生在1925年1月甚至更早的时候就已任职于厦门大学。那么，为何说郑世察先生为厦门大学会计学科的第一位教授呢？

带着这个疑问，我们将支票上的两个印鉴析出、放大，可见两个印鉴的内容分别为“厦门大学会计室主任之图章”（左）和“陈德恒会计师之图章”（右）。这可以部分解释为

陈德恒先生在厦门大学任职之初，可能并非教师序列，而是任职于厦门大学会计室，职务是主任。

◎厦门大学会计室主任之图章

◎陈德恒会计师之图章

陈德恒教授1926—1937年任商学院（法商学院）院长，1941—1947年任厦门大学训导长。至于1938—1940年，目前我们掌握的相关资料未见陈德恒教授在厦门大学的记录。1947年，陈德恒教授离开厦门大学，调到上海沪江大学。基于此，可见陈德恒教授是厦门大学会计学科极少数经历私立厦门大学和公立厦门大学时期的教师之一。

关于陈德恒教授，将在本书1926—1948年这一历史时期进行较为详细的介绍。

第四节　1924—1925 年厦门大学会计学科学生

1924级商科会计学系本科生

薛一瓒

1925级商科会计学系本科生

李遂襄　　沈清杰　　苏子贵　　郑孙绵　　黄庆麟

第二章 1926—1948 年：中华民国时期的厦门大学会计学科

第一节 1926—1936 年的厦门大学会计学科

1926年，厦门大学第一届毕业生毕业。下图为人类学家林惠祥教授当年的本科毕业证书。

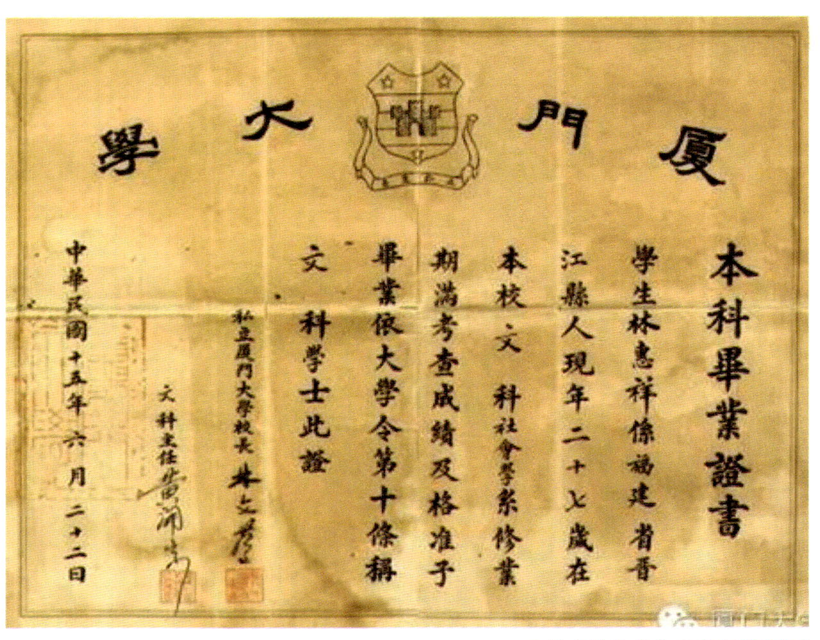

厦門大學

本科畢業證書

學生林惠祥係福建省晉江縣人現年二十七歲在本校文 科社會學系修業期滿考查成績及格准予畢業依大學令第十條稱文 科學士此證

私立厦門大學校長

文科主任

中華民國十五年六月二十二日

◎林惠祥的毕业证书（1926年）

1926年，商学系改为商科，商科主任为陈灿（莙之）。1928年，陈灿休假，郑世察先生任代理主任；其间，陈德恒先生转为教师、任教授，卢启宗受聘为厦门大学会计学教授，会计学科的教师队伍不断壮大。

1928年，厦门大学第三届学生毕业，共19人。也正是在1928年，厦门大学会计学系第一位本科生薛一瓒毕业。1928年，沈尔元、贺秩、游学诗三位同学就读商科会计学专业。

◎厦门大学商科同学会执行委员留影（1928年）

1929年，厦门大学第四届毕业生共47人，其中商科会计学专业毕业生5人，包括李遂襄（男，福建南安）、沈清杰（男，福建晋江）、苏子贵（男，福建晋江）、郑孙绵（男，福建晋江）、黄庆麟（男，福建莆田）毕业。1929年，王思本、王盛藻、林瀫、林传光、黄友德、黄增高、黄泽博就读商科会计学专业。

◎厦门大学商科师生合影（1929年）

1930年，陈德恒教授受聘为厦门大学商学院院长。商学院下正式设会计学系，郑世察教授任会计学系的系主任。正是从1930年起，会计学系的建制得以明确。尽管以后由于种种原因，会计学系经历了多次撤销和重设，但是会计学专业始终得以保留、未受影响。数代会计学人自此聚集在会计学科（专业、系）的旗帜下，奋发图强、励精图治，终使厦门大学会计学系成为国内会计学术重镇（之一）。

◎陈德恒（左：光华大学时期；右：上海时期）

陈德恒，字志常，浙江嘉善人，1919年毕业于清华大学，后赴美留学取得哥伦比亚大学商科硕士学位，在到厦门大学担任会计学教授之前，曾任中国公学大学部商科主任、光华大学和复旦大学教授[①]。陈德恒教授在厦门大学的任职经历有两段，合计任教长达17年之久：（1）1926—1937年，任商学院（法商学院）院长；（2）1941—1947年，任厦门大学训导长。厦门大学是1937年改为公立的，所以陈德恒教授是唯一一个在厦门大学私立和公立两个时期均有任教经历的会计学教授，对私立期间的教学经验在公立期间的传承和发扬，起到了重要的衔接作用。遗憾的是，1938—1940年，相关资料未见陈德恒教授在厦门大学活动的记录。1947年，陈德恒教授离开厦大，到上海沪江大学，先后任国际贸易系主任和商学院院长，1952年进入上海财政经济学院（今上海财经大学）任教授，并兼任上海财政经济学院夜校部主任和上海社会科学院教授。陈德恒先生主要讲授的课程包括初等会计、成本会计、高等会计等，1965年退休。

① 参考汪一凡撰写的《厦门大学会计系往事（三）》，详见厦门大学会计学系官方微信公众号“厦大会计”。

◎陈德恒（第一排左一）在沪江大学商学院名录中的照片

1931年会计学系有刘聚星、钟述武和童国琩三位毕业生。钟述武去向不详；童国琩曾任福建省银行总经理，后回母校任银行学系教授；刘聚星退休前在厦门大学财务处工作[①]。

◎厦门大学商学院师生合影（1931年）

① 参考了汪一凡的《厦门大学会计系往事（五）》，详见厦门大学会计学系官方微信公众号“厦大会计”。

根据相关资料①，汪一凡老师考证出刘聚星学长不但收藏古钱，研究货币与财政的关系，还参与注释宋代人所著的《北山酒经》，研究书法。

◎ 刘聚星

《崇祯通宝与崇祯财政》一文（会议论文）由洪文金、刘聚星合作。洪文金，教授，历任厦门大学财金系教授、系副主任、货币银行学博士生导师，治学重点为金融理论和中国金融史。

《北山酒经》是我国古代唯一的酿酒经典著作，全书分上、中、下三卷，上卷总论，中卷作曲，下卷酿酒。刘聚星的注释本还被无锡轻工业学院（食品工业重镇，今并入江南大学）作为教学用书。刘聚星的合作者刘树楷教授在化学工业和制糖工程方面造诣颇深，早在20世纪50年代就在国内享有很高声誉，曾发表《美国四所大学见闻》曰：“一九八五年五、六月间，我应邀赴加拿大参加国际制糖学术会议，会后被邀请去参观加拿大和美国的几座糖厂……”可见在国际制糖业也是有影响的。

如此专业人士的合作者，亦非泛泛之辈。

大书法家虞愚是刘聚星的好友，为他写了罕见的硬笔书法墨宝，请“聚星余兄高评”。

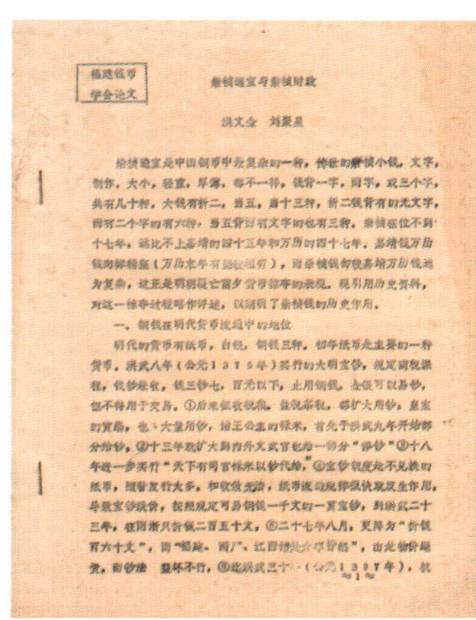

福建钱币学会论文

崇祯通宝与崇祯财政

洪文金　刘聚星

崇祯通宝是中国铜币中最复杂的一种，传世的崇祯小钱，文字，制作，大小，轻重，厚薄，都不一样，钱背一字，两字，或三个字，共有几十种，大钱有折二，当五，当十三种，折二钱背有的无文字，背有二个字的有六种，当五背[illegible]有文字的也有三种。崇祯在位不到十七年，远比不上嘉靖的四十五年和万历的四十七年。嘉靖钱万历钱均很精整（万历末年有些较粗劣），而崇祯钱却较嘉靖万历钱远为复杂，这正是明朝覆亡前夕货币紊乱的表现。现引用历史资料，对这一演变过程略作评述，以阐明了崇祯钱的历史作用。

一、铜钱在明代货币流通中的地位

明代的货币有纸币，白银，铜钱三种。[illegible]纸币是主要的一种货币。洪武八年（公元1375年）发行的大明宝钞，规定商税课程，钱钞兼收，钱三钞七，百文以下，止用铜钱。金银可以易钞，但不得用于交易。①后来征收税粮，盐税茶课，都扩大用钞，皇室的赏赐，也[illegible]大量用钞，诸王公主的禄米，首先于洪武九年开始部分给钞，②十三年又扩大到内外文武官也有一部分“给钞”③十八年进一步实行“天下有司官禄米以钞代给，”④宝钞制度是不兑换的纸币，随着发行太多，却收敛无法，纸币流通规律很快就发生作用，导致宝钞跌价，按照规定可易铜钱一千文的一贯宝钞，到洪武二十三年，在两浙只折钱二百五十文，⑤二十七年八月，更降为“折钱百六十文”，而“福建、两广、江西诸处大率皆然”，由是物价翔贵，而钞法[illegible]壅不行，⑥迄洪武三十[illegible]（公元1397年），杭

—1—

◎《崇祯通宝与崇祯财政》

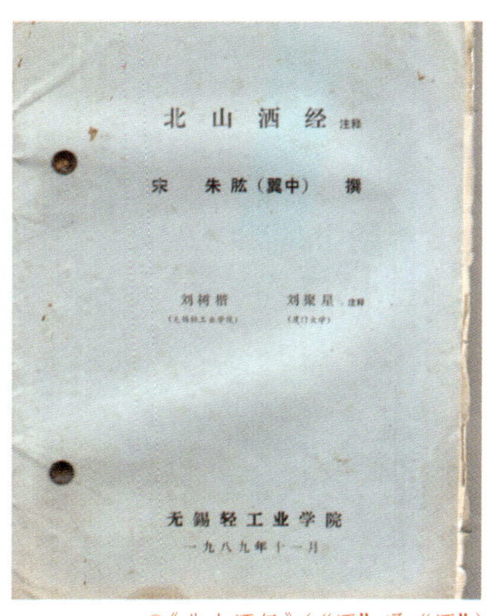

北　山　酒　经　注释

宋　朱肱（翼中）　撰

刘树楷　　刘聚星　注释

（无锡轻工业学院）　（厦门大学）

无锡轻工业学院

一九八九年十一月

◎《北山酒经》（“酒”通“酒”）

① 汪一凡曾查阅厦门大学早期的“入学简章”，发现：“二、修业年限”中有“本科四年毕业，预科各部均二年毕业”的内容。通过访谈刘聚星，1927年以后厦门大学毕业的就都是本科了。根据刘聚星的说法，厦门大学会计学系第一位毕业生薛一瓒读的应该是四年制本科。

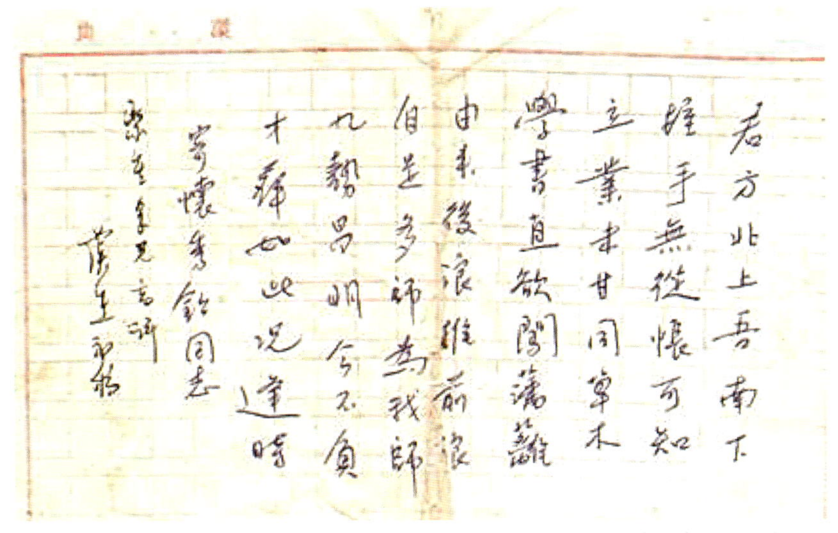
君方北上吾南下
握手無從悵可知
立業未甘同草木
學書直欲闖藩籬
由來後浪推前浪
自是多師為我師
九黎昌明今不負
十載如此況逢時
寄懷秀欽同志

◎虞愚寄刘聚星的墨宝

1932年，厦门大学第七届毕业生共31人，其中会计学系毕业生3人，分别为：沈尔元（男，江苏青浦）、贺秩（男，湖南攸县）、游学诗（男，广东潮安）。

另，随附1932年8月15日，厦门大学支付给会计学系教授郑世察先生298元（贰佰玖拾捌元）的支票一张，从中可以略窥这个时期厦门大学的财务收支制度之一斑。支票上盖有“厦门大学会计室之图章”和厦门大学的英文名称“University of Amoy”。

◎郑世察先生相关支票（1932年）[①]

1933年厦门大学第八届毕业生共35人，其中会计学系毕业生仅有朱章杰（男，江苏吴县）1人。

1934年，商学院各系被合并为商学系，并入法学院，改称法商学院。杨振先和陈德恒先后任院长，冯定璋任商学系

① 感谢汪一凡提供郑世察先生相关的支票电子版。

主任。相应地，会计学系撤销，仅保留会计学专业。1934年，厦门大学第九届毕业生共98人，其中会计学科毕业生4人，分别为：许万鹏（男，福建厦门）、李应祺（男，福建莆田）、郭小怀（男，广东）、黄世清（男，福建南安）。

1935年，法商学院会计学专业入学学生6人，分别为兰天民、李松乔、钟荣麟、曾湘帆、颜青魁、潘清陆。

1936年5月，陈嘉庚先生致函福建省政府及南京教育部，愿无条件将厦门大学全部产业奉送，请政府接办，国立、省立均可。同年6月，厦门大学全体学生集会，议决请求教育部将厦门大学收归国办。

第二节　1937—1946 年长汀时期的厦门大学会计学科

一、1937—1940年的厦门大学会计学科

1937年7月1日，厦门大学从私立改为国立[①]。1937年9月21日，奉国民政府教育部电令，厦门大学重新调整各院系，法商学院改为商学院。

1937年底至1938年初，厦门大学历时数月内迁福建省内地的长汀县[②]。选择迁址长汀的背后，是校主陈嘉庚和时任校长萨本栋的苦心经营、费心斡旋。如今来看，厦门大学迁址长汀是个极具勇气和责任感的决定。时任厦门大学校长的萨本栋对迁往长汀一事有过这样的论述："一要留在东南很偏远的福建省内，以免东南青年向隅；二要设在交通比较发达的地点，以便利闽浙赣粤学生之负笈；三要选择优良的环境，以便员生安心教导求学。"[③]也正是在长汀这段如今看来异常艰苦的时期，厦门大学及包括会计学科在内的各个学科获得了长足的发展。

从厦门到长汀行程大约800里，需要渡过鹭江、九龙江，翻越崇山峻岭，土匪出没、车辆罕见。正是在如此恶劣的环境下，300多名厦门大学师生，带着厦门大学的"火种"，肩扛手提，奔波了23天才到达长汀。到达长汀后清点人数，共有学生239人、教职员工83人，教职工中有教授18人、副教授4人、讲师8人、助教14人[④]。

1938年1月17日，厦门大学正式复课。学生被安排在长汀县孔庙旁的平房里，住宿8人一间，通道中间置2张小桌。孔庙大堂的大成殿成为学校的大礼堂，两旁的宽走廊隔离成多间教室。

1938年4月6日，厦门大学内迁长汀后的第一个校庆大会在长汀文庙大礼堂举行。长汀社会各界人士、厦门大学校友、全校师生数百人参加庆祝大会。校长萨本栋身着中国传统正式礼服，主持了"嘉庚楼"奠基典礼。

---

① 私立时期的厦门大学虽在全国招生，但以闽籍和东南地区学生为主，其中闽籍占近2/3，其他依次为浙江、广东、江苏、江西等省。

② 长汀县是闽、粤、赣三省的边陲要冲，是福建的边远山区，是客家首府。长汀是福建新石器文化发祥地之一，全县有200多处新石器遗址。汉代置县，唐开元二十四年（公元736年）建汀州，成为福建五大州之一。自盛唐到清末，长汀均为州、郡、路、府的治所。长汀是著名的革命老区和国家历史文化名城，与湖南凤凰一起被国际友人路易•艾黎誉为"中国最美丽的山城之一"，融人文景观与自然景观于一体（引自 https://baike.so.com/doc/8612950-8933902.html）。

③ 《余绪缨传记》编写组，2022. 一绪长缨：余绪缨传记［M］. 广州：广东经济出版社：44.

④ 《余绪缨传记》编写组，2022. 一绪长缨：余绪缨传记［M］. 广州：广东经济出版社：47.

1938年4月13日，厦门大学《唯力》旬刊第4期报道[①]："庆祝大会上，萨本栋详述陈嘉庚创办厦门大学的艰辛历程，及其坚毅卓绝的伟大精神。""的确，我们为纪念校主的大志，应该师生更加努力，继往开来，把本校过去的光荣历史，发扬光大之，这是我们纪念校庆的真意。"[②]

即便在如此艰难困苦的环境里，厦门大学和时任校长的萨本栋教授对学生的教育也丝毫不放松。萨本栋说：

吾人应知此次战争，关系数千年固有文化之持续，将来永固国基之奠定者至巨。自今日起，务必急起直追，厉行节约，人力固不许浪费，须一身肩负二人之重任，一日急二日之操作。

厉行节约，"一身肩负二人之重任，一日急二日之操作"，就是当年厦门大学办学的一个特色[③]。长汀时期的厦门大学，克服重重困难，实施高水平的教育教学，弦歌不辍，培养出一批又一批学界翘楚、政界名流、商界精英。仅计算当选国家两院院士和美国国家工程院院士的校友便有邓从豪、林纺堃、谢希德、林尚安、曾融生、张存浩、葛文勋、张乾二、艾兴、苏林翘、张启先、田昭武等人，而在人文领域的知名学者还包括陈诗启、潘懋元、葛家澍、余绪缨、江举谦、韩国磐等[④]。

迁汀初期，商学院教师人数少，只有陈诗启教授和黄雁秋副教授两位会计专业教师，所以时任法商学院院长的冯定璋教授也开设了会计学（二）、成本会计、官厅会计和审计学等会计课程，教学工作量超过常规一倍以上，贡献极大，直到建系后才渡过了师资缺少的难关。即使如此，令人难以相信的还有，学生读书没有教科书，都是教授事先写好讲稿，学生当场记录，下课再消化和整理笔记。

---

① 《唯力》是抗日战争期间厦门大学内迁长汀时由学生创办的一份旬刊。1938年3月13日创刊。其创刊号献辞中说，抗日战争是全民的抗战，"惟有集合全国的一切人力、财力、物力，才能打破中华民族的历史难关"。《唯力》由厦大学生救国服务团组织的专门委员会负责编辑出版，主要栏目有评论、抗战诗歌、抗战乐府、专论、专题研究、日本研究、外论介绍、书评、文艺、厦大动向、时事评述、专载、通讯、长汀社会等，内容都是围绕抗日救亡这一主题，以激发民众的抗日爱国热忱。参见 https：//baike.so.com/doc/293800-311043.html。

② 校庆期间，厦门大学还举行了一系列丰富多彩的文体活动，举办了长汀首次体育运动大会。开运动会，没有跑道，没有沙坑，那么田径以越野赛跑代替正规比赛；足球既没有场地，又没有对手，就在公园草坪上画下白灰线，竖起"城门"，组成两队比赛，一队称"厦队"，另一队称"大队"，结果"大队"以4∶1胜"厦队"。校庆日，学校推出一系列抗战话剧，厦门大学师生和山城人民热血沸腾，同仇敌忾。

③ 熊超，2017-12-18. 艰苦办学光耀今朝自强不息铸"南方之强"［N］. 中国教育报；《余绪缨传记》编写组，2022. 一绪长缨：余绪缨传记［M］. 广州：广东经济出版社：48.

④ 陈满意. 抗战时内迁长汀的厦门大学［EB/OL］.［2022-01-03］.http：//www.chinawriter.com.cn/n1/2021/0813/c404063-32191535.html.

1937年，商学院师生便结社组织商学会，依靠三五元的小额捐赠，出版了《商学期刊》。商学院院长、会计学陈德恒教授在《商学期刊》第一期序言中极力倡导师生写文章。

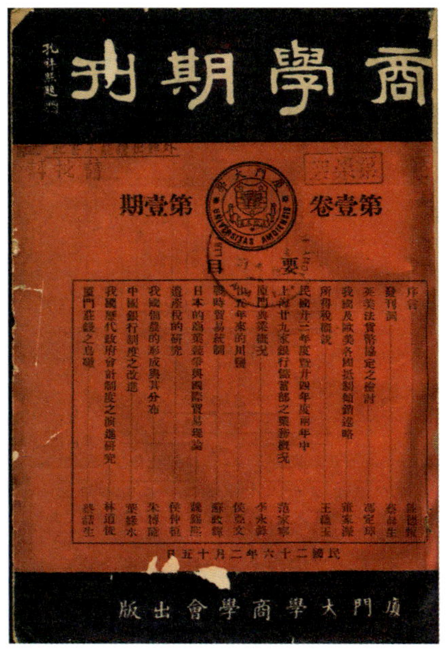
商學期刊

第壹卷 第壹期

要目

序言

發刊詞

英美法貨幣協定之檢討

所得稅概說

廈門典業概況

戰時貿易統制

日本的商業競爭與國際貿易理論

遺產稅的研究

中國銀行制度之改進

我國歷代政府會計制度之演進研究

民國二十六年二月十五日

廈門大學商學會出版

◎《商学期刊》第一期封面

> 我觉得应当奖励青年学生去写文章，写文章的兴趣的确可以鞭策人去读书的！商学会诸同学在期刊上写了许多文章……这是一个很可喜的现象！还希望这种现象能持续下去！此外本校同仁也为期刊写了许多文字，这给与青年同学不少的指引与鼓励，更是难得！

因此，可以肯定，重视研究是厦门大学会计学科的“基因”。科研、教研相长，已经渗透到厦门大学会计学科的血液里，伴随着厦门大学会计学科走过了接近一个世纪的历程。

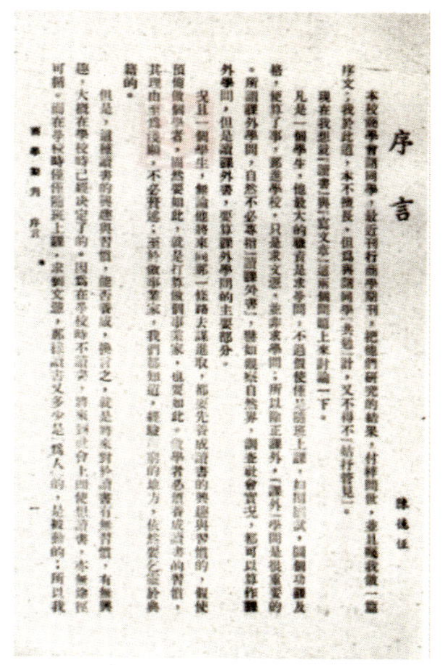
序言

陳德恒

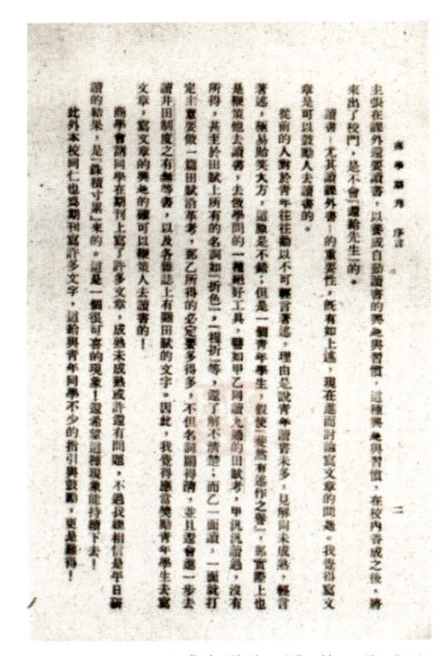

◎《商学期刊》第一期序言

从零散的资料中，我们有幸窥见陈德恒教授的一些小插曲。譬如，1929年，陈德恒教授带领本科学生赴沪考察商业时，丢失了贵重物品。《厦大周刊》的《陈德恒教授在沪失物》一文中曾提到：

> 当轮船抵沪埠时，雇马车搬运行李，不期码头嘈杂。于马车上忽被窃去小皮箱一只，内有集通支票计大洋一千三百五十元，又金戒指等贵重物品共值六七百元，因码头混乱，失物难归原主。

◎厦门大学商学会第二届全体会员留影（1925年秋）

◎国立厦门大学商学会合影（1938年3月27日）

◎国立厦门大学商学会欢送毕业同学合影（1936年2月16日）

1938年，德国莱比锡大学博士萧贞昌受聘厦门大学商学院，从此揭开了他在厦门大学教学生涯的序幕[①]。

萧贞昌出身湖北望族，乃是黄陂萧氏后人。其父萧延[illegible]为清光绪丁酉科举人，曾任民国开国行宪首届参议员、武昌医馆馆长；兄长萧赞昌毕业于湖北法政学堂，民国三年（1914）考取县长，历任山东茌平县知事，湖北蕲春、黄梅等县县长；弟弟萧贺昌毕业于德国名校德累斯顿大学，历任上海市公用局技正、京沪沪杭两路局副处长等职。相比其他不问世事的先生教授，作为系主任的萧贞昌更为通明练达，也更通晓实务。萧贞昌本科毕业于北京大学经济系，民国十七年（1928）获德国莱比锡大学经济学博士学位，毕业论文题为《中国的丝绸工业》。[②]

萧贞昌（1899—1983年），号干民，黄陂武湖高车畈人，1912—1914年就读于湖北武昌英文馆附属高小；1915—1919年就读于湖北德华学校、汉口中学；1919—1925年考

---

① 根据汪一凡老师转载的厦门大学林建武教授的回忆，萧贞昌教授生于1898年。另据会计系1980级同学回忆，萧先生于1983年10月病逝于上海，当时他们恰在上海进行毕业实习，全班师生到龙华殡仪馆为他送行，余绪缨教授主持追悼会，厦大经济学院副院长罗郁聪教授致悼词，追悼会规格很高。萧贞昌是德国莱比锡大学经济学博士，也在厦大会计系讲授过欧洲的会计（据裘宗舜学长回忆）。

② 余绪缨先生曾回忆道："萧贞昌先生写得一手好字，无论是钢笔还是毛笔，均能写出一手'蝇头小楷'，草书也写得极有韵味。我和几个同学曾在萧贞昌先生的指导下开办过商业学校，教当地人如何记账，有的时候还要教小学生读书识字。"（引自:《余绪缨传记》编写组，2022. 一绪长缨：余绪缨传记［M］. 广州：广东经济出版社：93-94.）

入北京大学预科，后进入经济系学习；1925—1928年留学德国莱比锡大学，获经济学博士学位；1928—1930年任汉口市政府社会局科长；1930—1931年受聘为东北大学教授；1931—1932年任汉口第二中学校长；1932—1933年任中央大学教授；1933—1934年任上海商学院教授；1934—1937年应陈仪邀约任福建省政府参议；1938年受聘为厦门大学商学院教授；1938—1940年任福建省政府会计长；1941年，返回厦门大学任会计学系主任，后任厦门大学教育工会主席。

Die chinesische Seidenindustrie

Inaugural-Dissertation zur Erlangung der Doktorwürde einer Hohen philosophischen Fakultät der Universität Leipzig

vorgelegt von Tsen-Tsan Siao aus Hwangpi

1929

Verlag L. A. Klepzig, Leipzig

◎萧贞昌博士论文（1928；1929年德文出版）

萧贞昌先生担任厦门大学会计学教授，使得会计学科的教师队伍来源和构成进一步多样化，也粗具国际化雏形。这对此后厦门大学会计学系的国际化产生了深远的影响。长汀时期，在萧贞昌教授和其他教师的努力下，厦门大学会计系获得实质性的发展，成为仅次于经济系的第二大系。这一时期的学生（包括但不限于）陈仁栋、裘宗舜、葛家澍、余绪缨、李湖莲、林敦宁、黄道标和朱谱瑞等都从事大学会计教育，从一个侧面反映了当时厦门大学会计系浓厚的学术氛围。

1940年，厦门大学商学院下设会计学系。会计学系的设立，得益于萨本栋校长根据厦门大学学科基础和抗战以来的人才需求状况，对厦门大学原有的科系结构进行了调整，将原理学院扩充为理工学院，增设机电系、土木工程系，又设外国语文系，将原商业系扩充为工商管理及会计银行两系。关于调整理由，萨本栋在《向教育部申请增设系数函》中曾作说明。

……将原有商业系扩充为工商管理及会计银行二系，则系弟默察年来情形，认为迫切需要。良以自抗建以还，国内经济建设事业突飞猛进，管理方面需才最殷，尤以闽省为然。一面则年来会计制度确立，各方对于缺乏会计人才之感觉，几成普遍现象。故盱衡时势为培才以备社会之需要起见，实有改笼统空泛之商业系为比较专门且切合实际之工商管理及会计银行二系之必要。况复闽省地邻南洋群岛，将来华侨子弟回国就学必众。是则，训练侨胞子弟使具有管理工商业之学识，以谋增其事业，于我国家发展海外经济似亦不无裨益。

二、1941—1944年的厦门大学会计学科

◎《会计丛报》封面（1940年）

1941年，会计学系得以复设。在短暂地转任福建省政府会计长之后，萧贞昌教授于1941年重返厦门大学任会计系的系主任①。据1940年的《会计丛报》记载，萧先生还在福建省政府会计长任上时，曾在广西桂林演讲，演讲稿《福建省会计建设之经过及个人对于地方会计建设之管见》也确实表达了各地对训练会计人才的迫切需求，其中福建尤甚：“目前所感觉最大的困难，就是人才缺乏，工作无人推进。此种人才缺乏的情形，大概各省都同，故欲罗致现成的人才来充实会计机构。而在福建特别感受困难，所以还在继续训练新的会计人员，以便派充省政府各厅处及各公有营业机关等办理会计之用。”这可作为《厦大通讯》所述之佐证②。

◎萧贞昌教授证书封面

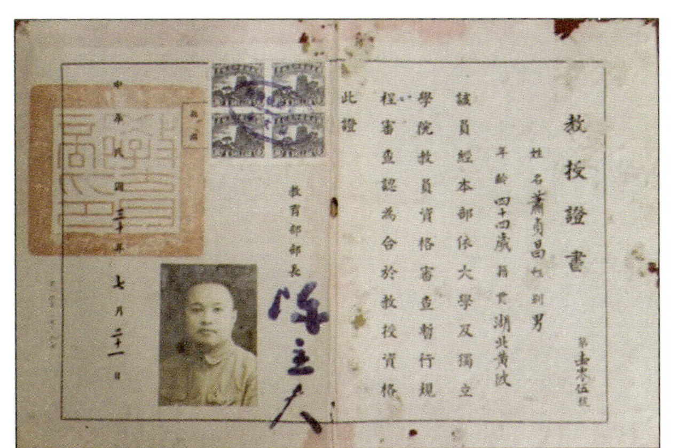
教授證書

姓名 蕭貞昌 性別 男

年齡 四十四歲 籍貫 湖北黃陂

該員經本部依大學及獨立學院教員資格審查暫行規程審查認為合於教授資格

此證

教育部部長 陳立夫

中華民國三十一年七月二十一日

◎萧贞昌教授证书内页

① 1941年1月25日《厦大通讯》载母校商学院会计学系萧贞昌博士前年由中央任为闽省府会计长，固辞未准，乃暂弃学从政。兹因母校奉令增设会计学系，且闽省计政经萧氏年来整理，已上正轨，所感最大困难者，厥为缺乏会计人员，故决返母校任教，亲自训练青年。闻母校当局以萧氏学识渊博，经验丰富，已聘其为新设之会计学系主任，萧氏移交手续办竣后，即可返校授课云。……兹悉萧氏……会晤萨校长冯院长有所商洽，对该系各种课程均经讨论决定，事毕即行遄返永安，于一月中旬携眷来汀云。

② 参考了汪一凡撰写的《厦门大学会计系往事（七）》，详见厦门大学会计学系官方微信公众号“厦大会计”。

1941年2月19日上午8时的新生训练，系主任萧贞昌先生作了题为“会计系概况”的演讲，迫切地“亲自训练青年”。

◎晚年的裘宗舜教授（江西财经大学，2015）

民国时期，厦门大学会计学科的教师构成较为多元化，有留美、留德、留日、留菲和国内大学毕业等多种来源。这种教师教育背景的多元化，当有助于学生视野的开阔[①]。

1940级的裘宗舜（毕业论文《预算统制论》，萧贞昌教授指导）回忆长汀时期的生活：

> 那个时候一般世界上的会计都受美国的影响，都在用美国的教材。系主任萧贞昌是在德国留学，所以萧贞昌讲的都是欧洲的会计学的理论。陈德恒呢，他在美国留学回来，他讲的都是美国会计的教科书。
>
> 四年书读完时，整理好的笔记本已经装了到膝盖那么高的一大篮子，如果直接排版发表的话，就是现成的教科书了，当然这是授课教授的“知识产权”。

1941年，青年余绪缨就读于长汀时期的厦门大学会计学系。余绪缨报考厦门大学的一个重要原因是，同在江西省立商业学校求学、高一届的学长裘宗舜当时已就读于厦门大学会计学系。青年学子余绪缨与裘宗舜在商业学校时便已熟识，裘宗舜曾写信向余绪缨推荐厦门大学：“虽然长汀环境稍微艰苦，但老师均是大方之家，学生刻苦努力，生机勃勃，是读书治学的理想之地。”为此，青年学子余绪缨选择了厦门大学[②]。由于是商业学校会计学毕业，根据当时厦门大学的规定，余绪缨只能就读会计学系[③]。

---

① 萧贞昌先生于1941年主政厦门大学会计系时，青年学子余绪缨恰好在1941入学，青年学子葛家澍则是1942年转学进入厦门大学会计学系的。到1970年代末期和1980年代初期，厦门大学经济系还只有4位教授，除经济学教授袁镇岳外，其余三位均为会计学教授，包括葛家澍教授、余绪缨教授和萧贞昌教授。

② 有赖于厦门大学会计学科的历史档案，我们可以找到1941级本科商学院会计学系的学生名单：韦品瑚、叶洪声、余绪缨、吴新、陈文楚、陈濬、陈人信、陈仪藩、陈以源、李湖莲、杨善铎、花啸霞、应昌仁、郑菁、林尔芬、林敦宁、林骥官、郭国鉴、胡润灌、郭洙舟、钱珂、姜文彬、费菊辰、黄式纲、黄月龙、葛裕昆、葛家澍（1942年转入）、李宝文、李才、徐嘉春、殷韵微。

③ 裘宗舜教授曾说：“本来如果不限定，我不会读会计系的。”青年学子裘宗舜毕业时，本来可以留在厦门大学任教，其导师陈德恒教授也希望他能留下来当助教教书，但造化弄人，他最终和厦门大学擦肩而过。据裘宗舜教授回忆：“我愿意在学校里留下来。但是我在长汀水土不服，高烧不退，一年总有半年都在打摆子（疟疾）。那个暑假有一天，我人还在发烧，有一部便车停在那里，同学叫我回赣州过暑假。我就上去了。到了赣州，摆子也好了，也不发热了。所以我就在赣州待下来了。”（引自：裘宗舜和会计的一世奇缘［EB/OL］.［2022-01-08］.http：//news.jxufe.edu.cn/news-show-30728.html.）

◎国立厦门大学经济系、商学系1941级春季全体毕业同学留影

1942届毕业生郑廷植学长率先于1943年在《厦大学报》发表《资本盈余与所得税》和《决定资本额之原则与采行资本税之拟议》两篇论文。

1942年暑假，葛家澍赴南平参加厦门大学和暨南大学转学考试，同时被录取为厦门大学会计学二年级生、暨南大学会计学三年级生；9月，葛家澍选择入读位于长汀的厦门大学会计系二年级[①]。

① 1940年，葛家澍以全校第二名的成绩高中毕业，循例本应免试直送上海交通大学，因故未果；后赴东台临时考点，考取苏皖联立临时政治学院。同年9月初，一行六人历经三周左右时间，终于到武夷山，顺利入读经济系。苏皖联立临时政治学院于10月9日正式办理学生报到手续；10日，行师生相见礼；11日，正式上课；按军训大队部编制，编为第二区队四班，指定导师周枏（叔厦）；11月23日，周叔厦教授为全校师生开设"法律与民意"学术演讲，葛家澍、金平亚担任记录员。1941年，苏皖联立临时政治学院更名为苏皖联立技艺专科学校，增设会计科、银行科等。葛家澍入读会计科二年级。1941年8月，苏皖联立临时政治学院全校前往江西铅山鹅湖，避武夷山区的传染病。（见：苏锡嘉，刘峰，2021. 澍雨杏风[M]. 厦门：厦门大学出版社：319.）

本院學生名單

（按軍訓大隊部編制）二十九年十二月二日

第一中隊 第一區隊 胡鍾達

第一班 朱珍豪 黃存甫 朱科漢 王臨泰 東剛 任傳頤 發梅生 倪思文 吳鶴舫 陳玉琳 時益才

第二班 馬超泉 王萍 李鈞 顧家本 王嶋生 韓國磐 李學正 郭適瑜 張寶瑜 王育民 王振鐸

第三班 周昭闿 郭子洵 鮑弘道 紀宏智 王銘生 王益斌 胡彭壽 金萬青 臧以庸 郭樹棣 徐君琦

第二區隊 黃發卷

第四班 盛先倡 邵延宇 王庭桑 居思安 梁文元 章力田 寶萬選 耿鳳光 徐仁道 孫安仁 葛家澍

第五班 徐南書 吳杰 鄺範文 姚世源 李新 劉和鵬 茅秀生 王振國 姚習純 張劍南 張繩烈

第六班 李金鋒 朱溢香 張織明 葛尚範 任大猷 蘇益民 胡初雲 趙明炯 吳伯庚 戴鳳貽 黃開瑞

第三區隊 陸受之

第七班 姜齊忠 夏永威 陳夢鯉 陳乃康 丁伯嘉 王光宇 盧遂驊 黃萃耕 陸藝林 鄭菊生 徐辛昌

第八班 管鑰 徐家振 馬祖熙 王清海 王啻勛 胡鍾漁 崔賢智 張季壽 陳維烈 丁步韶 吳克訓

第九班 傅開賓 盛帥群 郭德鈞 王軼美 胡家鈷 廖樹涌 胡躍龍 舒鮮雲 曹鉅川 程達閑 董鍾楚

第二中隊 第一區隊 盧法凱

第一班 孫景明 施寶文 張文昌 羅道生 周立之 劉勝旗 周錫嘉 蔣振淮 張鈴聲 曹思聖

第二班 陳海波 吳雅蘇 孫脩本 陳燦 洪府冰 宋耆武 李樹華 卞樹鑫 王育寬 陳有慶

院務彙報 本院學生名單 二七

◎苏皖联立临时政治学院学生名单[1]

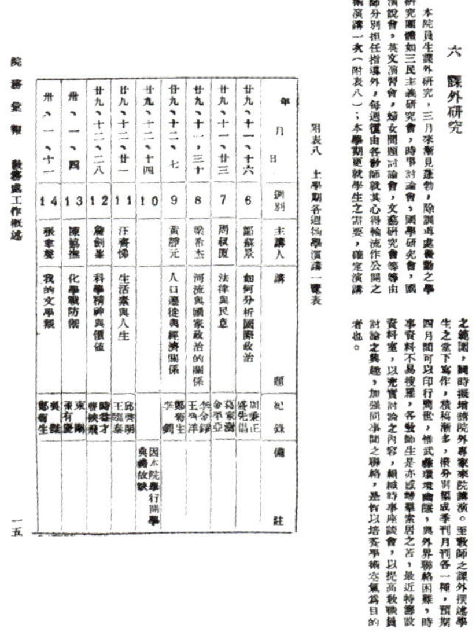

六 課外研究

本院員生課外研究，三月來漸見蓬勃，除訓導處發動之學生研究團體如三民主義研究會，時事討論會，國學研究會，國語演說會，英文演習會，婦女問題討論會，文藝研究會等等由教師分別担任指導外，每週復由各教師就其心得輪流作公開之學術演講一次（附表八）；本學期更就學生之需要，確定演講之範圍，同時擬增請院外專家來院講演。至教師之課外撰述學生之案下寫作，積稿漸多，擬分別編成季刊月刊各一種，預期四月間可以印行問世，惟武鑄環境偏隙，與外界聯絡困難，時事資料不易搜羅，各教師生是亦感有寡索居之苦，最近特籌設資料室，以充實討論之內容，組織時事座談會，以提高教職員討論之興趣，加強同事間之聯絡，是皆以培養學術空氣為目的者也。

附表八 上學期各週學術演講一覽表

年月日	例別	主講人	講題	紀錄	備註
廿九、十一、十六	6	鄧蘇景	如何分析國際政治	周秉正 盛先倡	
廿九、十一、廿三	7	周叔厦	法律與民意	葛家澍 金平亞	
廿九、十一、三十	8	晏希杰	河流與國家政治的關係	李金鋒 王逸洋	
廿九、十二、七	9	黃靜元	人口遷徙與經濟關係	鄭菊生 李鈞	
廿九、十二、十四	10				因本院舉行開學典禮故缺
廿九、十二、廿一	11	汪齊偉	生活素與人生	路齊明 王臨泰	
廿九、十二、二八	12	倉劍峯	科學精神與價值	時益才 曹轶飛	
卅、一、四	13	陳鵠振	化學戰防禦	東剛 宋有慶	
卅、一、十一	14	張聿燮	我的文學觀	吳鍵 鄭菊生	

院務彙報 教務處工作概述 一五

◎苏皖联立临时政治学院教务处工作概览附表8（表格第五行，葛家澍作为记录人）[2]

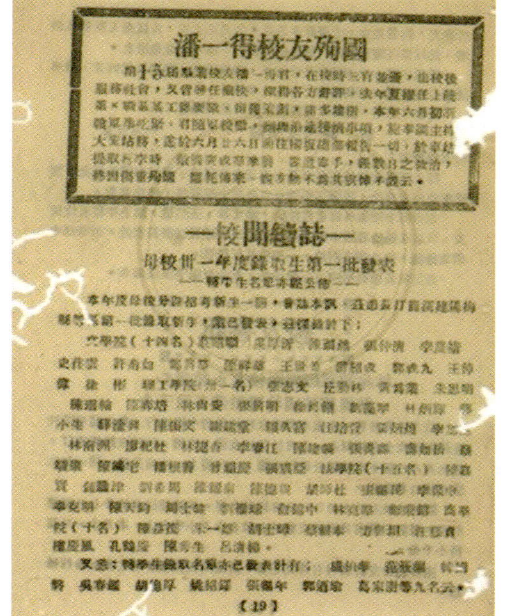

潘一得校友殉國

[illegible]

—校聞續誌—

母校卅一年度錄取生第一批發表

——轉學生名單未經公佈——

本年度母校[illegible]第一批錄取新生，業已發表，茲探錄於下：

文學院（十四名）[illegible] 理工學院（廿一名）[illegible] 法學院（十五名）[illegible] 商學院（十名）[illegible]

又悉：轉學生錄取名單亦已發表計有：[illegible] 葛家澍等九名云。

【19】

◎转学生名单（《厦大通讯》1942年第四卷第七期第19页）

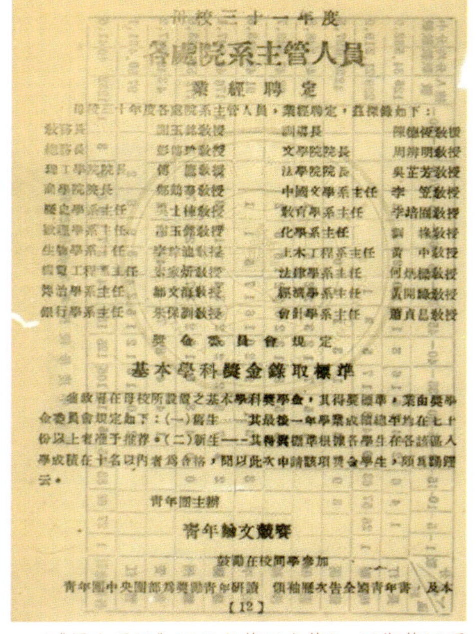

母校三十一年度

各處院系主管人員

業經聘定

母校三十一年度各處院系主管人員，業經聘定，茲探錄如下：

教務長	謝玉銘教授	訓導長	陳德恆教授
總務長	[illegible]	文學院院長	周辨明教授
理工學院院長	傅鷹教授	法學院院長	吳芷芳教授
商學院院長	[illegible]	中國文學系主任	李笠教授
歷史學系主任	[illegible]	教育學系主任	李培囿教授
數理學系主任	謝玉銘教授	化學系主任	[illegible]
生物學系主任	[illegible]	土木工程系主任	[illegible]
機電工程系主任	[illegible]	法律學系主任	[illegible]
政治學系主任	[illegible]	經濟學系主任	[illegible]
銀行學系主任	朱保訓教授	會計學系主任	[illegible]

獎金委員會規定

基本學科獎金錄取標準

[illegible]在母校所設置之基本學科獎學金，其得獎標準，業由獎學金委員會規定如下：（一）舊生——其最後一學年學業成績總平均在七十份以上者准予推荐。（二）新生——其得獎標準根據各學生在各該區入學成績在十名以內者為合格，[illegible]

青年團主辦

青年論文競賽

鼓勵在校同學參加

青年團中央團部為獎勵青年研讀[illegible]

【12】

◎《厦大通讯》1942年第四卷第8~10期第12页

历史没有如果。幸运的是，历史向厦门大学会计学科抛出了橄榄枝。日后历史证明，青年学子葛家澍和余绪缨最终成为影响厦门大学会计学科发展历程、将之推向辉煌顶峰的奠基人。

---

① 节选自苏皖联立临时政治学院院刊《院务汇报》第一期；名单倒数第一行中间：葛家澍。

② 节选自苏皖联立临时政治学院院刊《院务汇报》第二期。

〔24〕 ～～～～ 蘇皖技專會計學會會刊 ～～～～

目前會計人事上的重要問題

葛家澍

自從國民政府實行超然主計制度以後，會計事業一躍而為最新興最有希望的事業，而從事政府會計工作者便日益增多；抗戰軍興，後方公私營業，如風起雲湧，會計事業又逐漸普及於私營企業，公私[illegible]方面對於會計人員遂視為管理財務的必需技術人才，因此爭相羅致，造成會計人才供需之極大變動。在求過於供的情形之下，直接間接的引起兩種問題：一為會計人事的「動盪」，一為會計人事的「摩擦」和「糾紛」。在會計人員的主觀方面，因為制度和職權的關係，往往增加其自信力，助長其自尊心，而於有意無意之間，養成驕矜之氣，所謂「摩擦」和「糾紛」便成為不可避免的現象；在另一方面非會計人員看到會計人才的迫切需要，和待遇的優厚，又看到會計人員的氣焰高張和主管長官的另眼看待，因之對其前途估高，欣羨不置，結果[illegible]自己求學和工作的旨趣，而湧進會計部門去工作，也有不少的學生，為了嚮往「時髦」和貪圖「出路」，而不顧興趣如何，便入商業學校之門。這種種不合理的現象，在目前已是司空見慣，殊不知此種現象正是中國會計前途莫大的隱憂，也可以說是今後推進會計事務莫大的障礙；關于這些現象，本文不預備詳加討論，而筆者所要研究的是與此種現象有關係的兩個問題，就是上面曾提過的人事動盪和人事糾紛。經過許多的經驗和事實，學者和實際會計工作人員，一致認為後者這個問題，尤比前者嚴重而難治，所以本文所討論的又着重于「糾紛」和「摩擦」的問題上。

（一）先談「人事動盪」

對于這個問題，大約可歸納三個原因：一是人才缺乏；一是工作人員無工作的意旨和興趣；一是管理的不善。這裏所謂管理不善，尤以私營企業方面最為明顯，在公務及公營機關，超然主計之制度已[illegible]會計上的人事管理[illegible]于正軌；可是私營企業則不然，過去一般公司工廠對于會計不甚重視，會計人員往往作為經理廠長的「御用」帳房，毫無監督財務的特權，直到抗戰以後新興的企業，鑒于公有營業制度的科學化，受了歐美「分工」「專業」思想的薰陶，才漸漸了解會計職務在整個經濟事業中所佔的地位，和其對整個企業的重要；因此公司工廠，多模倣公營機關的營業會計制度，組織獨立的會計部門，僱用若干會計人員辦理會計事務。這樣一來，對于會計人員當然需求若渴了，所以重金禮聘交相爭取的風氣便盛極一時。可是在公司工廠其他方面並未能真正實行科學管理，因之並沒有整個的人事管理計劃，他們只想如何爭取人員，而不知如何管理，今日望其來，明日便揮其去，更談不到升遷發展的機會，所以要補救這一個缺點，只有實行科學的人事管理，設立人事組織，不但要[illegible]優秀的工作人員，並要使工作人員安心工作，以減少人事的轉換率（Turn Over）。著名人事管理專家Scott說：「應使工作者[illegible]工作崗位[illegible]平均發展，即才具，興趣和機會，三者不可缺其一」，就是這個意思。其次說到工作人員缺乏工作意

◎《目前会计人事上的重要问题》的首页上半部分（《苏皖技专会计学会会刊》1943年创刊号第24～27页）

1943年，葛家澍参加了厦门大学商学会，任理事，负责寄销及会计工作；同年，以“子清”笔名写作《忆西安事变》，登于厦门大学壁报；因成绩优异，获交通银行育才奖助金。1943年，葛家澍在《苏皖技专会计学会会刊》创刊号上发表论文《目前会计人事上的重要问题》。

受新闻媒体关于民国时期胡适和清华四大导师等国学教授连篇累牍报道的影响，读者可能会产生一个错觉，认为民国时期的教授大都是大学问家。实际上，民国时期的教授并非都做学问，人文社会科学与理工科均是如此。在抗日战争时期，这一现象更为突出，因为相比于生存，学术并非最重要的因素。

就会计专业而言，能够将西文的教材翻译（编译）为中文，教会学生，在当时的时代背景下也不失为一种再创造。长汀时期，厦门大学学生数量少，加之缺乏出版机会，会计学系前辈教授们的教材并未流传下来，实在是一大缺憾。作为比较，上海一些大学的会计教授们直接用西文讲授，在当年既时髦又高雅。

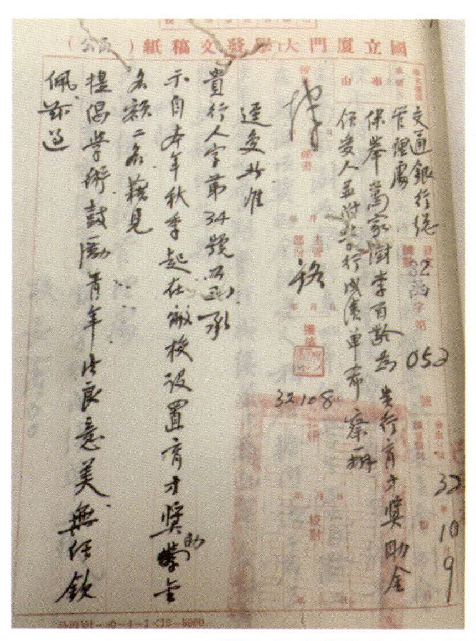

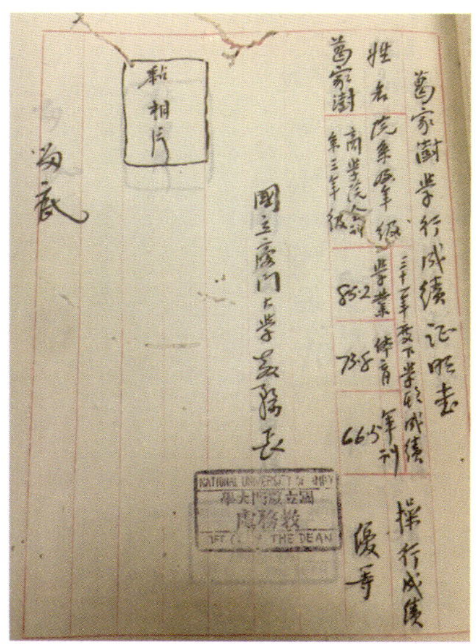

◎厦大保举葛家澍为交通银行育才奖助金领受人（厦门大学档案馆提供）

1944年春天，英国纽卡斯尔大学教授雷立克与美国地质学家葛德石莅临厦门大学参观访问，对厦门大学称赞不已；葛德石称厦门大学为“加尔各答以东之第一大学”。

◎长汀时期的厦门大学校门（厦门大学官方宣传资料）

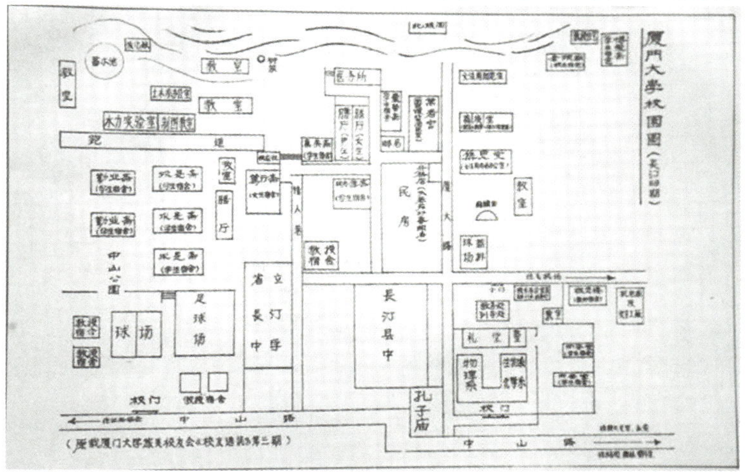

◎长汀时期的厦门大学平面图[①]

1944年，葛家澍参与创办厦门大学“金融研究社”，担任常务干事；随后被选为学生公利互助社理事兼会计主任。7月起，葛家澍因经济困难，经陈德恒教授介绍，任长汀田粮局会计助理；9月起，葛家澍担任系主任萧贞昌教授的学生助理。

① 图片来源于《厦大与长汀县的校地情缘——抗战烽火炼就的不朽情缘》，“厦大人”微信公众号，2020-04-20.

◎厦门大学捐款录（1944年）

1944年10月，国民政府颁布《全国知识青年志愿从军征集办法》，在全国各地征集受过中等以上教育的青年，组编青年远征军（简称“青年军”）。学子们踊跃捐款捐物，积极报名参军。青年葛家澍报名参军，但因体格测试不合格而未能参军。1944年11月，青年余绪缨报名成功，被征召参加知识青年从军运动①。

三、1945—1946年的厦门大学会计学科

1945年2月，余绪缨前往上杭县培训，被编入青年军209师626团集训总队第二中队，担任司务长。

◎葛家澍毕业、余绪缨从军（见《厦大通讯》1945年9月20日第七卷第一期第9页）

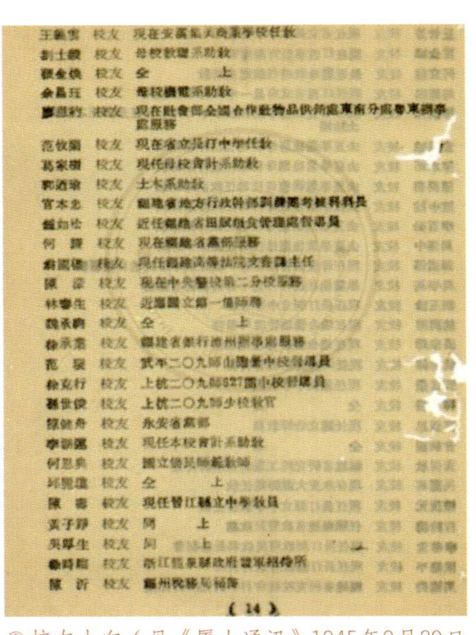

◎校友去向（见《厦大通讯》1945年9月20日第七卷第一期第14页）

① 1945年元宵节后，青年余绪缨和其他应征入伍的厦门大学学生便离开长汀坐船至上杭县城，厦门大学师生和其他从各地赶来的知识青年共同被编入了青年军209师626团集训总队第二中队。1945年8月14日，日本政府照会美、英、苏、中四国政府，宣布接受《波茨坦公告》。8月15日，日本无条件投降。余绪缨先生曾回忆道：“当时要求所有人在操场集合，我们从广播里听到了日本宣布无条件投降的消息，大家喜出望外，兴高采烈。”此后，作为司务长的青年余绪缨耐心办理连部的结账、清账工作，终于1946年6月离开青年军。余绪缨教授日后回忆这段经历，仍然印象深刻：“因为没有真正上过战场，这段经历说起来很平淡，但我们当时确实是抱着去了就不打算活着回来的决心上前线的。”世事无常，谁也没能想到，这段青年军的经历日后会给余绪缨先生带来不小的灾祸。（引自：《余绪缨传记》编写组，2022. 一绪长缨：余绪缨传记［M］. 广州：广东经济出版社：116.）

1945年，厦门大学会计学系毕业生中，从军人数5人，青年葛家澍留校任教。

1945年9月，会计学系接受赵进等七名保送新生。

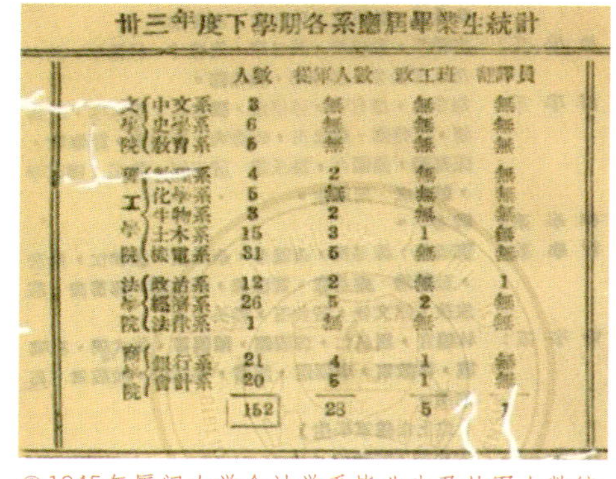

卅三年度下學期各系應屆畢業生統計

		人數	從軍人數	政工班	翻譯員
文學院	中文系	3	無	無	無
	史學系	6	無	無	無
	教育系	6	無	無	無
理工學院	[illegible]系	4	2	無	無
	化學系	5	無	無	無
	生物系	3	2	無	無
	土木系	15	3	1	無
	機電系	31	5	無	無
法學院	政治系	12	2	無	1
	經濟系	26	5	2	無
	法律系	1	無	無	無
商學院	銀行系	21	4	1	無
	會計系	20	5	1	無
		152	23	5	1

◎1945年厦门大学会计学系毕业生及从军人数统计（见《厦大通讯》1945年9月20日第七卷第一期第10页）

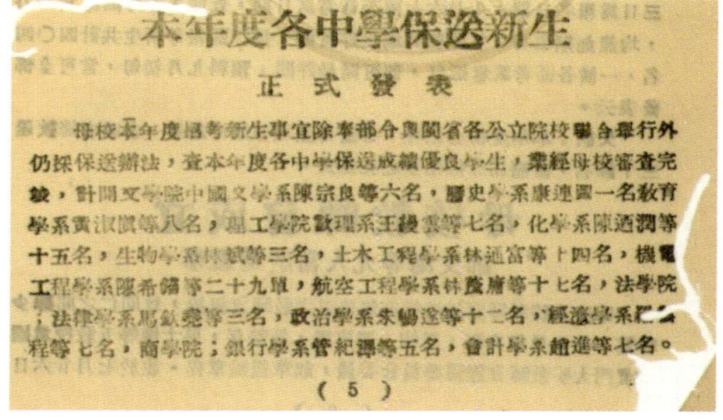

本年度各中學保送新生

正式發表

母校本年度招考新生事宜除奉部令與閩省各公立院校聯合舉行外仍採保送辦法，查本年度各中學保送成績優良學生，業經母校審查完竣，計開文學院中國文學系陳宗良等六名，歷史學系康連圖一名教育學系黃淑[illegible]等八名，理工學院數理系王[illegible]等七名，化學系陳逍潤等十五名，生物學系林[illegible]等三名，土木工程學系林廷富等十四名，機電工程學系陳希儒等二十九單，航空工程學系林[illegible]庸等十七名，法學院；法律學系馬欽堯等三名，政治學系宋錫邃等十二名，經濟學系[illegible]程等七名，商學院；銀行學系管紀謙等五名，會計學系趙進等七名。

（5）

◎会计学系接受赵进等七名保送新生（见《厦大通讯》1945年9月20日第七卷第一期第5页）

1945年，葛家澍以厦门大学商学院第一名身份毕业并留校任教，其毕业论文为《战时田赋征实与粮食管理之实务》（导师陈德恒教授[①]），论文成绩评定为A。

论文开宗明义地指出，我国以农立国，历来课税均以田赋为主要对象，自大禹治水，九州之土，列九等之赋，赋税之制渐备。……在抗战后期的背景下，战乱导致货币币值不稳定、不可靠，而国民政府也正需要直接掌握实物资源以用于抗战，所以“田赋征实”就特别有必要[②]，“粮食管理”也顺理成章地需要重视了[③]。此外，该毕业论文的参考文献是从高到低、从广到窄地排列的——《赋税论》《中国田赋史》《十年来中国之田赋》《战时我国田赋征收实物的经过与办法》。可见，当年厦门大学会计系学生所受的治学训练是广博而又严谨的。

---

① 1937年陈德恒教授为《商学期刊》撰写的序言指出：从前的人对于青年往往劝以不可轻言著述，理由是青年读书未多，见解尚未成熟，轻言著述，极易贻笑大方，这原是不错；但是一个青年学生，假使“斐然有述作之誉”，那实际上也是鞭策他去读书、去做学问的极好工具，比如甲乙同读九通的田赋考，甲泛泛读过，没有所得，甚至于田赋上所有的名词如“折色”“粮折”等，还了解不清楚；而乙一面读，一面就打定主意要做一篇田赋沿革考，那乙所得必定要多得多，不但名词闹得清，并且还会进一步去读井田制之有无等书，以及各杂志上有关田赋的文字。所以我觉得应当鼓励青年学生去写文章，写文章的兴趣的确可以鞭策人去读书的！

② 汪一凡老师记录：1949年国民政府败退后，货币体系崩溃，而新政府尚未接管，厦门大学的教师们没有薪水可领，陷入行将断炊的绝境。厦门大学教授会时任会长、经济系教授安明波以“教授会”的名义向银行借来金条，年轻的会计系助教葛家澍则领人到角美一带采购米面等，使大家渡过难关。

③ 论文指出了田地赋税的三种征收方式：第一，“本色征收”，即田地上种什么，官府就直接征收什么；第二，“折色征收”，即田地虽产出多种实物，经折算后，官府只征收某一种实物（一般是米）；第三，“钱米两收”，即田赋既可用钱也可用米来缴纳，当然其中也有两者的折算问题。

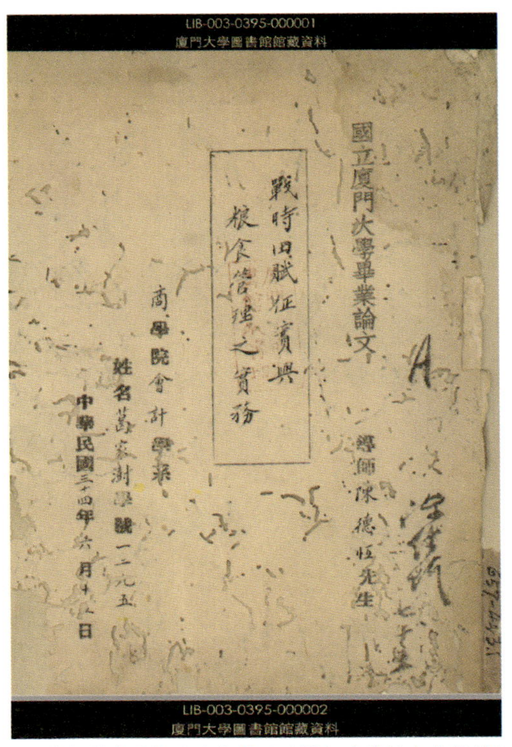

國立廈門大學畢業論文

戰時田賦征實與糧食管理之實務

導師 陳德恆先生

商學院會計學系

姓名 葛家澍 學號 一二九五

中華民國三十四年六月十□日

◎葛家澍本科毕业论文封面（厦门大学档案馆提供）

戰時田賦征實與糧食管理之實務

◎葛家澍本科毕业论文目录（厦门大学档案馆提供）

◎葛家澍学士照（厦门大学档案馆提供）

臨時畢業證明書

學生葛家澍係江蘇省興化縣人現年二□歲在本校商學院會計學系修業期滿經呈奉教育部核准參加畢業試驗成績及格正式畢業證書應俟呈准教育部核發外特給臨時畢業證明書以資證明此證

附註：本證明書有效期間爲壹年逾期作廢換領正式畢業證書時並應繳銷

國立廈門大學校長薩本棟

商學院院長馮定璋

中華民國三十四年七月 日

◎葛家澍本科毕业证书（厦门大学档案馆提供）

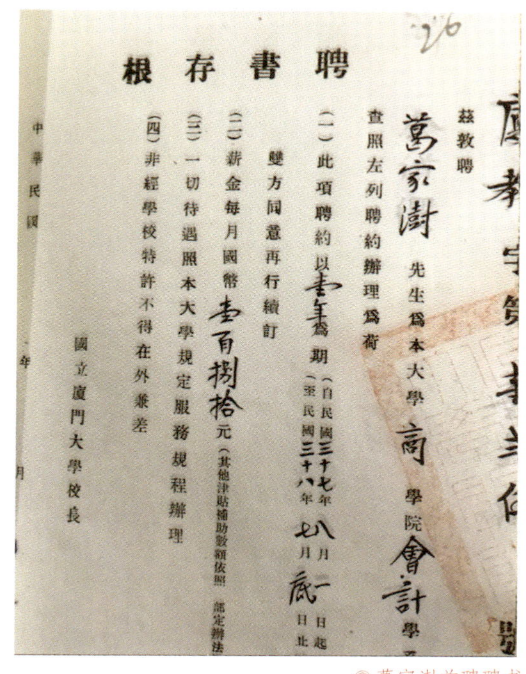

聘書存根

茲敦聘

葛家澍先生為本大學商學院會計學系

查照左列聘約辦理為荷

（一）此項聘約以壹年為期（自民國三十七年八月 日起 至民國三十八年七月底日止）

（二）薪金每月國幣壹百捌拾元（其他津貼補助數額依照部定辦法）

（三）一切待遇照本大學規定服務規程辦理

（四）非經學校特許不得在外兼差

雙方同意再行續訂

國立廈門大學校長

中華民國 年 月

◎葛家澍首聘聘书

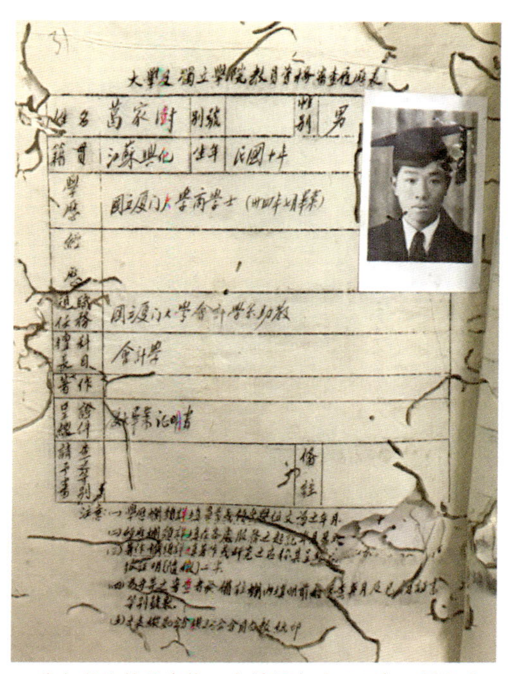

大學及獨立學院教員資格審查履歷表

姓名	葛家澍	別號		性別	男
籍貫	江蘇興化	生年	民國十年		
學歷	國立廈門大學商學士（卅四年6月畢業）				
經歷					
現任職務	國立廈門大學會計學系助教				
擔任科目	會計學				
著作					
呈繳證件	畢業証明書				
薪俸			備註		

◎葛家澍的教员资格审查履历表（1945年，厦门大学档案馆提供）

1945年8月15日，日本正式宣布投降；9月2日，日本天皇和政府及日军大本营的代表在投降书上签字。至此，第二次世界大战中国抵抗日本侵略的全面战争（抗日战争）胜利结束。

1946年2月，经陈德恒教授推荐，葛家澍担任厦门大学教职员公利互助社理事。

1946年6月，厦门大学校本部开始返迁厦门；长汀各界举行欢送会，赠送大匾，上刻“南方之强”。一所大学，既受一方水土滋养，又以其人文气息和文化知识回馈一方水土！

1946年6月，青年学子余绪缨离开青年军，回到厦门大学，以优异成绩毕业[①]。此后，余绪缨应会计系主任萧贞昌邀请，担任助教[②]。

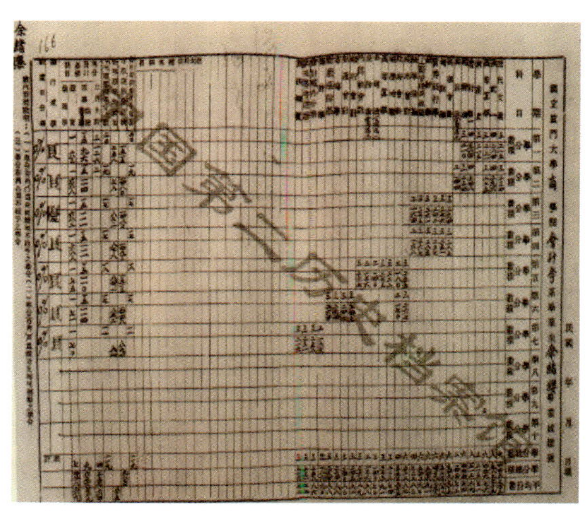

◎余绪缨就读厦门大学时期的成绩单（收录于南京市玄武区的中国第二历史档案馆）

位于南京市玄武区的中国第二历史档

① 家国有难，挺身而出，余绪缨于1945年投笔从戎，参加青年军抗日，所幸当年日本宣布投降，1946年他复员回校任教。余绪缨的毕业论文未查到，汪一凡老师猜测可能是因为他“投笔从戎”而未最终完成。

② 此后，经历多年的历史洗炼、青年学子葛家澍与余绪缨成长成厦门大学会计学科的奠基人，乃至影响新中国会计发展历程的殿堂级和大师级的人物，带领厦门大学会计学科成为国内会计学术界学术重镇。

案馆仍保留着国立厦门大学商学院会计学系毕业生余绪缨的学业成绩表，从中可以窥见当时余绪缨在学校内的奋发图强之精神。从这份成绩单来看，大学四年，青年学子余绪缨的学业成绩除了大一的基础课程有小部分低于80分外，大二之后，几乎所有课程，尤其是与会计相关的专业课程，都拿到了极高的分数。

会计学（一）：89分

高等会计：91.5分

统计学：91分

工商管理与组织：90分

高等算学：91分

所得税会计：89分

审计学：93分

在最后的成绩汇总一栏中，余绪缨四年的学业平均分为82.5分。七个学期中，有六个学期的操行成绩为良，一个学期的操行成绩为优。长汀时期，厦门大学对学生的考核极为严格，能够取得80分以上的平均分，是相当不容易的。余绪缨先生曾自述："在抗战时期，迁到长汀的厦门大学，尤其是萨本栋任校长时，教学仍抓得很紧，引进了一些洋教授。本人很珍惜进入高等学府学习的机会，下苦功钻研专业知识，以及洋教授传授的课程，过着书呆子式的生活。"①

四、1945—1946年的会计学科：会计学系校友在中国台湾②

1945年抗日战争胜利后，当务之急的事情之一是派人接收并管理台湾。其中，奉命清理接收敌产是重中之重，因此经济管理和会计人才必不可少。相比其他大学，当时地处福建长汀的厦门大学既有地理位置方面的优势——最接近中国台湾，又有语言方面的天然优势——来源于福建和台湾的老师和学生本就较多，通晓闽南话的也较多。为此，1945年后有一批厦门大学毕业生赴台工作，在许多领域里做出了重要贡献，充分体现了长汀时期厦大教育成果的特色之一。

① 《余绪缨传记》编写组，2022，一绪长缨：余绪缨传记［M］. 广州：广东经济出版社：61.

② 较多参阅了汪一凡撰写的《厦门大学会计系往事（九）》，见厦门大学会计学系官方微信公众号"厦大会计"。

周彭年，于1933—1934年在厦门大学会计学系任讲师，后赴中国台湾工作[①]。以下为周彭年儿子的回忆。

1945年8月15日，日寇无条件投降，抗战胜利，此时父亲（周彭年）在福建长汀分行已经工作了近一年。10月9日，突然接到央行总行紧急电令，调派当时为分行经理的父亲、国库系长郭可桐、福州分行会计组长林纶业、泉州分行会计系长徐振铎五人赴台北参与接收日伪台湾银行，为中央银行台湾区行设行人员。

1946年5月20日，台湾省行政长官公署接收了台湾银行并正式改组开行。事先央行、中行总行与长官公署商定，原央行人员负责公库和发行业务，原中行人员负责外汇业务。中国银行总行国外部副经理张武任台湾银行总行总经理，瞿荆州任副总经理，我父亲任公库部副经理（经理为于葭生）、发行部经理，林纶业为基隆分行经理，徐振铎为台东分行经理，郭可桐为台中分行经理。父亲等借调人员的职务任命，均由徐义衡专员和我父亲商量后报总行及林崇镛批准决定。至1947年4月，父亲又调任台行总行发行部副经理。

吴崇泉，1941—1942年在厦门大学会计学系任教（副教授），相关档案表明其1949年时任职于日产清理处。

档号（全宗号 / 年度号 / 分类号 / 案次号 / 卷次号 / 目次号）:
A375000000A/0038/0032.32/0170/0001/001
全宗名：台湾省政府
案名：财税人员核薪任免通知单
案由：日产清理处吴崇泉、财政厅公产公物整理委员会纪万德任免通知书
文件产生日期：民国38年04月02日
档案产生者：台湾省政府
主题：日产清理处吴崇泉、财政厅公产公物整理委员会纪万德

① 较多参阅了汪一凡撰写的《厦门大学会计系往事（九）》，见厦门大学会计学系官方微信公众号“厦大会计”。

会计学系系友赴台的另一重要方式是参与建设新台湾。据石慧霞在《抗战烽火中的厦门大学》（河南大学出版社2015年版）一书中按系别的统计，会计系赴台校友共有21名。

1946年6月16日《厦大校刊》第一卷第六期记载，1945年上学期，正值台湾光复前夕，厦门大学1941级会计学系毕业生林尔芬去会计处工作，会计学系陈仁信去民政处工作。后来，陈仁信还参与了建设台中港的项目。再比如，1941级的林敦宁，祖籍福州福清，1945年毕业于厦门大学会计学系后，先后在美国乔治·华盛顿大学、美利坚大学进修。1951—1962年任台湾地区行政管理机构主计处第一局（会计局）科长；1964—1972年任台湾地区行政管理机构国际经济合作发展委员会专门委员；1961—1985年兼任台湾东海大学会计学系主任，东吴大学、辅仁大学、淡江大学、铭传商业专科学校教授；1974—1985年历任中国造船公司会计处经理、财务处经理、副总经理、高级顾问；1987—1988年担任东吴大学会计学研究所所长，1989年任东吴大学会计学系及会计研究所教授。著有《中级会计学》、《高级会计学》、《初级会计学》（翻译）、《成本会计》等[①]。

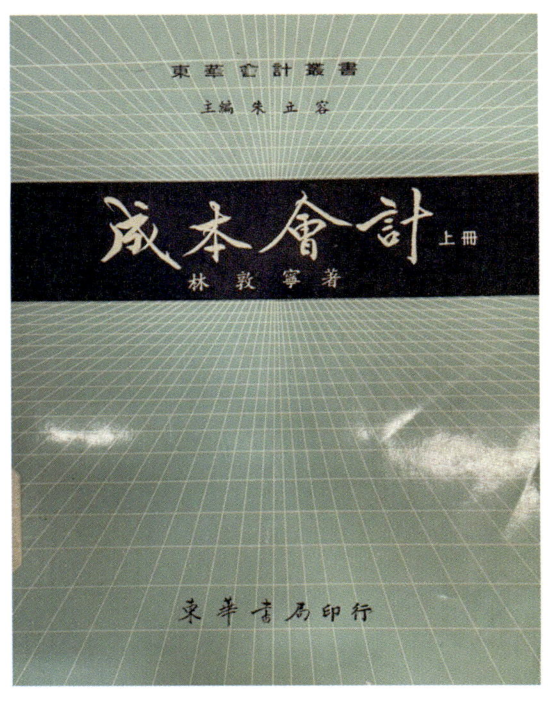

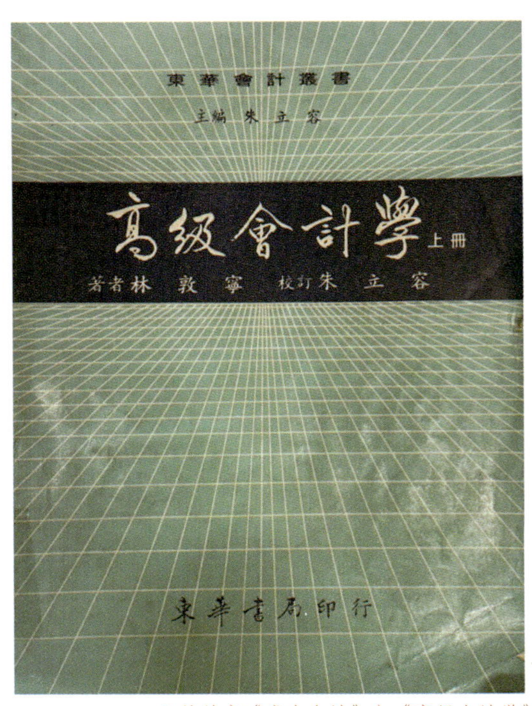

◎林敦宁《成本会计》与《高级会计学》

① 转引自：《余绪缨传记》编写组，2022. 一绪长缨：余绪缨传记［M］. 广州：广东经济出版社：47.

此外，国民党退居台湾时从大陆带走了一些档案，这其中有些厦门大学会计学系的系友或毕业生本人并没有过去，但相关的档案却在中国台湾。至少有陈德恒（1926—1936年、1941—1947年在厦门大学会计学系任教授）、徐志禹（1933—1934年在厦门大学会计学系任教授及第二任系主任）和王蕴玉（1936—1937年在厦门大学会计学系任讲师）三位的部分史料在台湾有收藏。

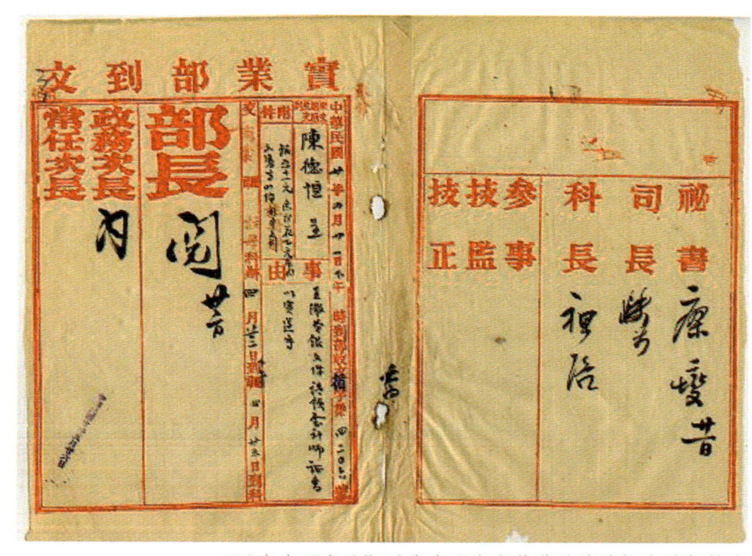

◎"中央研究院"近代史研究所收藏的陈德恒会计师档案

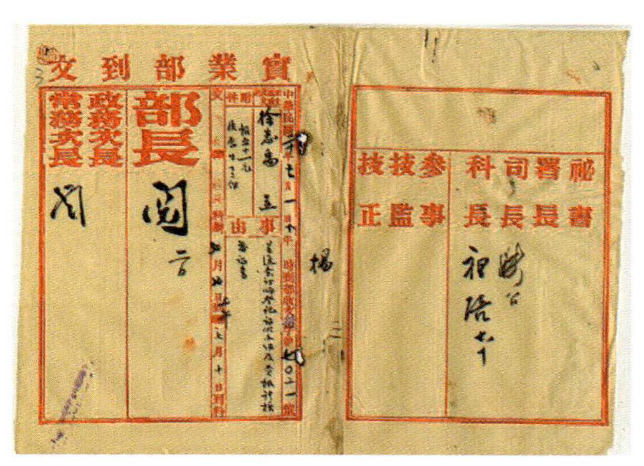

◎"中央研究院"近代史研究所收藏的徐志禹会计师档案

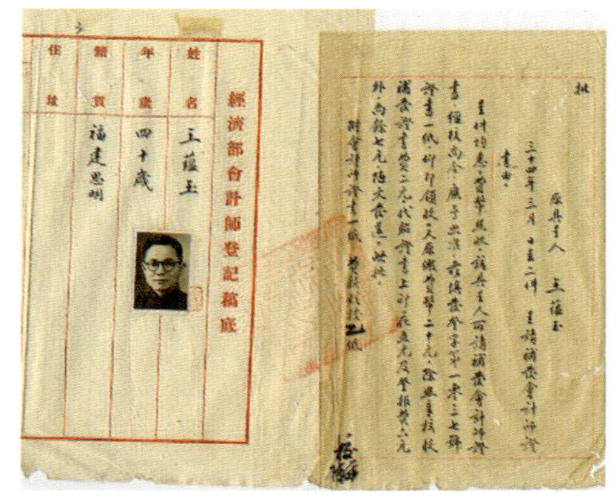

◎"中央研究院"近代史研究所收藏的王蕴玉会计师文件

五、关于1937—1946年长汀时期的厦门大学会计学科的小结

厦门大学的长汀时期是指"1937—1946年因抗日战争，厦门大学内迁福建省长汀县办学"的历史阶段。虽然物质条件极其艰苦，在许多校友的心目中，这段时期却是诗意般的生活。"回想起来，那段日子很美好。青春岁月，同志爱人，苦读中的相伴，贫困中的支撑，忙碌中的偷闲，平淡中的浪漫，恋爱中的甜蜜，我们都是享受过的"（著名教育学

家潘懋元教授的回忆）[①②]。

长汀时期的厦门大学形成了“爱国、勤奋、朴实、活跃”的校风，在国难当头下艰难复兴，奋力拓展。1940年8月，国民政府教育部举行全国性学业竞赛，分为甲、乙、丙三类。甲类为一年级学生国文、英文、数学三科竞赛；乙类为二、三年级学生各科系主要科目竞赛；丙类为四年级学生毕业论文竞赛。厦门大学选出参赛生甲类7名、乙类13名、丙类7名。甲类竞赛获奖者1名，乙类获奖者4名，丙类获奖者3名。按获奖人数与经费数评定，厦门大学名列第一，排在前12名的国立大学为中央大学、武汉大学、浙江大学、中山大学、西南联合大学、四川大学、师范大学，私立大学有岭南大学、东吴大学、复旦大学和省立重庆大学。在1941年全国专科以上学校学业竞赛中，厦门大学又有6人得奖，在全国最好的5所名校中再居首位，蝉联全国第一。在1943年的联合国论文竞赛和福建专科以上学校学生辩论会上，厦门大学又获得两个第一名。据当时的媒体所载，“消息传出后，士林为之震惊。盖全国著名学府，比比皆是，想不到僻处福建边陲的厦门大学，实力竟如此雄厚”。当时连续两届作为厦门大学学生代表参赛的林绍贤这样说：“其实母校所以有如此辉煌表现并非侥幸得来，因为：第一，母校图书仪器之疏迁，由于当时总务长策划得宜，保持得相当完整，尤其图书馆藏书的丰富，更非疏迁西南各大学所能望其项背。第二，因为母校环境良好，生活安定，苦读精研，蔚为一时风气。第三，母校校长萨本栋博士鞠躬尽瘁的本学精神及他言传身教的影响。”[③]

此后，东南数省的学子都以能到长汀读厦门大学为荣。时任教育部部长陈立夫评价最逼近日军占领区的厦门大学“困处长汀，辛苦奋斗”。时任厦门大学外文系主任的周辨明概括道：“从十里洋场的厦门，到七闽穷僻的长汀，从雕栏石砌的高楼大厦，到画栋剥落的破败庙宇，这期间，转变太惊人了。不过这一转变，对于重生的厦大，却是十分有利的，这种经验可以说是有钱没处买的。”[④]

在长汀时期，厦门大学会计学系的新生一年级推行的是国文与英文基础课，二年级

---

① 参考了汪一凡撰写的《厦门大学会计系往事（六）》，详见厦门大学会计学系官方微信公众号“厦大会计”。

② 据潘懋元老先生回忆，“厦门大学之所以选择搬迁到长汀去，还考虑到一个因素，那就是要有充足的粮食，没有充足的粮食是不行的。长汀这个地方，你想吃鱼、吃虾很困难，但是粮食比较充足，要吃饱饭还是可以保证的。古代，这个地方曾被称为汀州府。我们在长汀生活的那些年，可以吃饱饭而且在学校吃饭不要钱。我想现在厦大学生米饭免费就是厦大长汀时期留下来的传统。我们当时吃白米饭由你吃，你能吃多少就吃多少，不算钱。但菜呢，只能吃到清水煮白菜。为了给学生补充必要的蛋白质，在非常艰苦的条件下，萨校长想方设法，早上一定会给每位学生一碟黄豆补充营养”。（1941级潘懋元先生在厦门大学纪念内迁长汀办学80周年大会上的发言［EB/OL］.https：//alumni.xmu.edu.cn/info/1020/2088.htm.）

③ 《余绪缨传记》编写组，2022. 一绪长缨：余绪缨传记［M］. 广州：广东经济出版社：76.

④ 黄宗实．苟利国家生死与且育英才汀水边：略谈长汀时期厦大校长萨本栋［EB/OL］.https：//alumni.i.xmu.edu.cn/info/1023/2012.htm.

开始的专业课程则大多采用美国著名大学的教材和参考书。后厦门大学会计学系发展为仅次于经济系的第二大系，教师包括留学德国归来的萧贞昌、留学美国归来的陈德恒和周覃绂、留学日本归来的黄雁秋、本系毕业留校任教的陈仁栋，以及国内其他大学毕业的吴崇泉、吕恒儆和周国珍等，这种教师教育背景的多元化，有助于学生视野的开阔[①]。

第一学年的科目：

历代文选、英文一、高等算学、商业史、会计学一、经济学、海商法（商法二）。

第二学年的科目：

高等会计、财政学、货币银行学、统计学、工商管理与组织、法学通论。

第三学年的科目：

成本会计、政府会计、经济地理、高等算学、公司法（商法一）、保险法（商法二）、所得税会计。

第四学年的课程：银行会计、铁道会计、市场学、财产保险学、审计学、会计报告分析、英文专书选读、民法概要。

除此之外，还有每一学年都要学习的必修课，包括但不限于军事训练、体育和伦理学。[②]

长汀时期的图书馆。由于厦门大学迁址长汀时准备充分，图书损失很少。此后，学校又多方争取资金购置（如萨本栋校长争取到中英庚款委员会给予的 4 万元国币，全部用于购置图书），所以厦门大学图书之丰富，让来访的其他大学学者们很是羡慕。内迁时期的图书馆在长汀万寿宫，李约瑟曾到访厦大，并在这里找到撰写中国科技史所需资料，他说："我很愉快地住在这所很华美的旧式建筑里，里面有亭台楼阁，画栋雕梁，甚为精雅。"不过图书馆有个特殊的规定，图书一般不外借，一本书只能借一个小时，到时后如果没有其他人要借，才可以续借。晚上十点闭馆时，可以将书借回宿舍继续看，但必须在第二天开馆后一小时内归还，否则取消借书资格。[③]

长汀时期的导师制。长汀时期，厦门大学的每位学生入学时都有导师。譬如，厦门

① 参考了汪一凡撰写的《厦门大学会计系往事（六）》，详见厦门大学会计学系官方微信公众号"厦大会计"。

② 《余绪缨传记》编写组，2022. 一绪长缨：余绪缨传记［M］. 广州：广东经济出版社：47.

③ 参考了汪一凡撰写的《厦门大学会计系往事（六）》，详见厦门大学会计学系官方微信公众号"厦大会计"。

大学会计学系的杰出系友，1940年毕业的裘宗舜的论文指导老师是萧贞昌教授。葛家澍的导师为陈德恒教授。对应于导师，学生就叫“导生”。由于导师和导生同住校园或附近，导师常在家里请导生吃饭，导生也常去导师家里开沙龙、帮师母做家务等，师生关系比较融洽。[①]

长汀时期，师生不得不随时应对空袭，差不多有三分之一到一半的时间都要用于跑防空洞。由于日本的军机经常轰炸长汀，所以厦门大学沿着北山的山边开挖了很多防空洞。为节约时间，有同学习惯于在防空洞周围看书，一有警报立即进洞。但是，也许是长汀地理位置得天独厚，厦门大学未有师生发生过伤亡[②]。

长汀时期的学生文艺社团[③]。1941年，潘懋元、勒公贞和郑道传等同学发起组织“笔会”，提倡以文会友、自由结合、自由创作，以达到共同提高的目的。笔会活动有时邀请中文系王梦鸥、施蛰存、林庚和虞愚等老师出席指导。会计系学生当然亦不会缺席此类活动，当年参加笔会的“文艺青年”至少包括但不限于爱好杂文的金纪贤、爱好散文的俞锦中和爱好戏剧的王菊芳。

长汀时期的物质生活条件[④]。抗日战争时期，厦门大学诸多学生的老家沦陷，断了生活来源。为此，厦门大学想办法帮助学生在长汀当地从事中小学代课等各种兼职，并设立生活贷金、奖学金、助学金、救济金等资助学生。譬如，青年学子陈仁栋和裘宗舜都获得过“嘉庚奖学金”[⑤]。得到奖学金的同学不但吃饭免费（仅需登记），每月还发给10元零用钱。以1940年“嘉庚奖学金”获得者为例，在甲等6名中，洪豪杰和林宜联是会计学系的学生；乙等15名中，陈仁栋和林兆波是会计学系的学生。

有趣的是，由于抗日战争时期的法币遭遇严重的通货膨胀，按名义金额收回生活贷金已无意义，所以厦门大学通知获得过生活贷金的学生不需要偿还此笔款项。统算起来，奖学金比起生活贷金的优越性，只多了每月10元的零用钱。当然，精神层面的激励则另当别论。

葛家澍教授曾回忆长汀时期的厦门大学：“虽然条件艰苦，但学校的教风、学风却是一流的。当时全校只有四五百个学生，每个系的学生人数很少，有的系甚至只有两三人，

---

① 参考了汪一凡撰写的《厦门大学会计系往事（六）》，详见厦门大学会计学系官方微信公众号“厦大会计”。

② 参考了汪一凡撰写的《厦门大学会计系往事（六）》，详见厦门大学会计学系官方微信公众号“厦大会计”。

③ 参考了汪一凡撰写的《厦门大学会计系往事（六）》，详见厦门大学会计学系官方微信公众号“厦大会计”。

④ 参考了汪一凡撰写的《厦门大学会计系往事（六）》，详见厦门大学会计学系官方微信公众号“厦大会计”。

⑤ 1937年陈嘉庚写信给当时的南京国民政府教育部和福建省政府，自愿无条件将厦门大学改为国立。国民政府教育部为纪念陈嘉庚的功绩，在厦门大学设置“嘉庚讲座教授”（一种特殊荣誉）和“嘉庚奖学金”。在长汀时期的厦门大学，“嘉庚奖学金”的竞争极为激烈，获奖者无一不是刻苦努力、品学兼优之辈。

尽管如此，学校依旧照常开课，而且教学非常严格，考进厦门大学并不代表可以从厦门大学毕业。教务处会把每次的考试情况贴在教务处的窗户上，50多分画个圈，49分以下画红色三角形。每一学年若有1/2的课程不到60分，1/3的课程不到50分就得自动退学了。我记得，第一学期末，学校的信箱里塞满了通知学生自动退学的小纸条。”[①]

李鸿简的《“厦大人”的长汀情》一文中也曾提及[②]：商学院院长冯定璋和萧贞昌教授指导学生开办商业学校，教授新式簿记，培养了一批财会人才。而化学系师生在省建设厅的协作下研制“改良纸”成功，这种纸有随写随干、不渗不透的特点，适用于印刷账簿和信笺等，受到欢迎，使用的历史长达半个多世纪。战时的长汀，中小学师资缺乏，许多厦大人（包括教授的夫人们）积极承担了教学的重任。他们知识丰富、教学有方，数以千计的年幼学子在他们的教育下茁壮成长，长汀中学（今长汀一中）每年都有数十名毕业生考上大学，仅厦大在汀期间就先后录取了当地学生一百多名。由于厦大人的热心奉献，长汀一度出现经济、科技和文化教育兴盛的局面。

◎厦大校钟（铸于1935年，抗战中曾在长汀回荡；现收藏于北京大钟寺博物馆）

会计学系1942级的楼庆帆回忆起当年的求学情景时曾感慨，长汀是闽西的好地方，气候宜人，山清水秀。学校没有围墙，早晚同学们相约到景点散步，节假日到汀江里戏水。“四年始终沐浴在爱心和阳光之中，德、智、体全面发展，是一生中度过的最

① 华莹，孙月玲，周泓辰．葛家澍教授：翘楚凡影踏歌而行［EB/OL］.https：//se.xmu.edu.cn/info/1055/5243.htm.
② 《余绪缨传记》编写组，2022. 一绪长缨：余绪缨传记［M］. 广州：广东经济出版社：120.

美好时光。”①

接近八年的长汀岁月给厦门大学增添了一抹坚韧厚重的色彩。1937年年底厦门大学迁往长汀时有学生196人，教职员工83人，其中教授18人、副教授4人、讲师8人、助教14人。回迁时厦门大学有4所学院15个系，教授、副教授94人，在校生达1044人，是初迁长汀时的5倍。②

① 叶炳栋 . 浓浓爱校情，拳拳报国心：记厦门大学已故校友楼庆帆［EB/OL］https：//alumni.xmu.edu.cn/info/1020/3351.htm.

② 转引自：《余绪缨传记》编写组，2022. 一绪长缨：余绪缨传记［M］. 广州：广东经济出版社：95.

第三节　1947—1948 年的厦门大学会计学科

1947年，陈德恒教授离开厦门大学到上海沪江大学，先后任沪江大学国际贸易系主任和商学院长；后于1952年进入上海财政经济学院（今上海财经大学）[①]。由于年代久远和诸多原因，对于这样一位对厦门大学会计学科做出过重要贡献的教授，厦门大学及会计学系关于陈德恒教授的史料并不多。此后厦门大学会计学系应该尽力挖掘相关史料，在日后修撰系史时加以补充，以使陈德恒教授的人物形象更加丰满，以慰藉这位在厦门大学会计学科发展中产生重要影响的学者。

潘懋元先生（长汀时期曾修过会计课程）根据厦门大学1947年毕业生合影的照片辨认结果为[②]：前排坐者左起第一人不详，第二人是陈仁栋，然后依次是陈德恒、黄雁秋太太、黄雁秋、萧贞昌、朱保训、吕恒儆[③]。

◎国立厦门大学商学院1947级毕业留影

① 汪一凡考证称，陈德恒先生1898年出生，后于上海以90多岁的高龄仙逝，是与其夫人同一天逝世的。人们常说“恨不同年同月同时生”，只是不可得的愿望，“但愿同年同月同日死”却是老年夫妻之间时有发生的，一方先走了，另一方也失去相互守望的动力，紧跟着离世了，真是令人感动。

② 汪一凡建议，凡毕业、会议等较为正式的合影，务必花功夫在背后附上“前排左起……，后排左起……”，一一对应标注姓名，以免年深日久难以为辨。

③ 其中，朱保训是金融学教授，另有5人都是会计学教师。由此可以管窥当年厦门大学商学院中会计学科的优势。

◎今日厦门大学同一地点[①]

汪一凡老师对照片也作了些考证。毕业合照上的桥头可见“学生公社”字样，因过该小桥可通往一栋二层小楼即“学生公社”所在地，是当时为学生介绍家教、讲课、代刻蜡纸等勤工俭学机会的公益机构，由陈德辉当干事。会计学系黄国雄当年读书时，就常在此刻蜡纸挣生活费。沧海桑田，毕业合照中的大水沟今已不存，但人物背后的石壁至今还在（新老两张照片中，从其右侧画了红线的圆弧状缩进处对比，即可辨认），石壁上有老一辈国家领导人方毅于1981年的题词“及时当勉励，岁月不待人”，其后就是建南大会堂。

1947年7月，江苏籍学生程自田从厦门大学商学院会计学系毕业，被授予商学学士学位。这是目前我们的资料中会计学系最早的一张毕业证书（由朱保训院长签发）[②]。

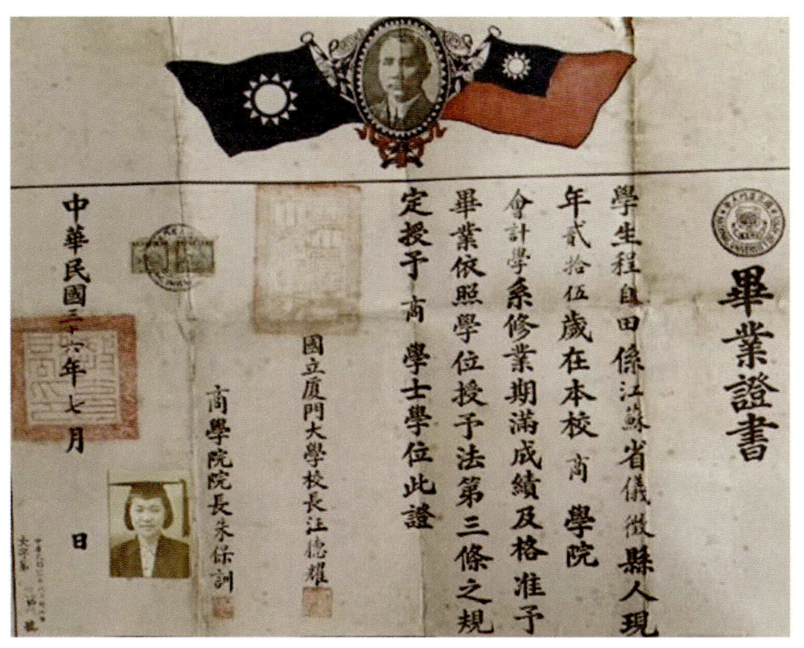

畢業證書

學生程自田係江蘇省儀徵縣人現年貳拾伍歲在本校商學院會計學系修業期滿成績及格准予畢業依照學位授予法第三條之規定授予商學士學位此證

國立厦門大學校長汪德耀

商學院院長朱保訓

中華民國三十六年七月 日

◎会计学系程自田的毕业证书（1947年）

① 参考汪一凡撰写的《厦门大学会计系往事（三）》，详见厦门大学会计学系官方微信公众号“厦大会计”。

② 感谢厦门大学会计学系汪一凡慷慨购得并赠予电子版。

1947年，余绪缨在《经建研究》（季刊）发表论文《论企业的偿债能力》。此前，葛家澍于1943年《苏皖技专会计学会会刊》创刊号发表文章《目前会计人事上的重要问题》。厦门大学会计学系的两位大师在青年时代即展现出其科研潜力。

1948年，余绪缨的《币值变动会计之理论及其方法》在《公信会计月刊》第3～4期连载。同年，余绪缨的论文《苏联会计制度概述》在《现代会计》（月刊）8月发表。

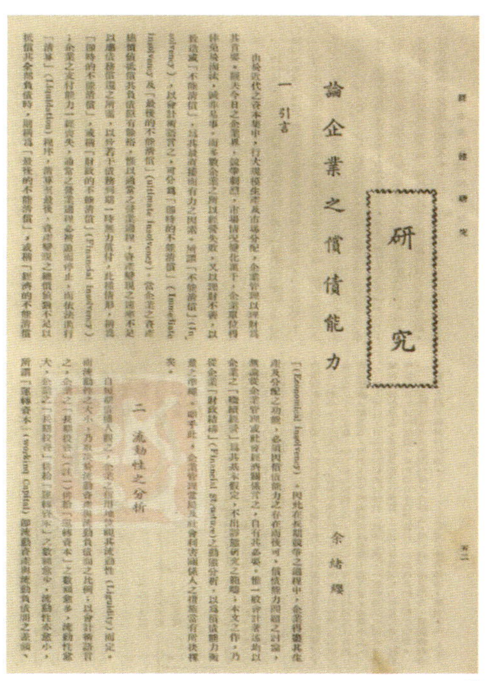

研究

論企業之償債能力

余緒纓

一 引言

二 流動性之分析

◎余绪缨《论企业的偿债能力》一文首页[①]

◎《现代会计》封面

1948年，经黄雁秋教授介绍，葛家澍兼任厦门商业银行破产财团会计，负责清理账目，直到1949年厦门解放、人民法院接管为止。

1948年4月18日，师生聚集大操场开“夕阳会”，听王亚南、林砺儒等演讲，揭发弊政，诉民生之苦。助教葛家澍和余绪缨积极行动，与其他教职工组成了“教授会”[②]，现在的厦门大学学生活动中心（当年的“三家村”）是教授和助教们聚会的主要地点。1950级生物系校友叶雪音在《“三家村”思绪》[③]中，便提及青年教师葛家澍和余绪缨在这些组织中的

① 余绪缨老师在《经建研究》（季刊）发表的《论企业的偿债能力》一文，以文言文写就，但语句简明扼要、易读易懂。论文开篇，余绪缨老师开宗明义地指出，由于近代之资本集中，行大规模生产及市场分配，企业管理以理财为其首要。观夫今日之企业界，竞争激烈，市场情况变化万千，企业单位得幸免于淘汰，诚非易事。而多数企业之所以经营失败，又以理财不善，以致造成“不能清偿”，为其最直接而有力之因素。所谓“不能清偿”，可分为“即时的不能清偿”（immediate insolvency）和“最后的不能清偿”（ultimate insolvency）。（引自：《余绪缨传记》编写组，2022. 一绪长缨：余绪缨传记［M］. 广州：广东经济出版社．）

② 《余绪缨传记》编写组，2022. 一绪长缨：余绪缨传记［M］. 广州：广东经济出版社：130-131.

③ 《余绪缨传记》编写组，2022. 一绪长缨：余绪缨传记［M］. 广东经济出版社：131-132.

部分活动。

为反抗国民党特务迫害仗义敢言师生，校园中成立多个组织，如职员会、助教会、讲师会、教授会。教授会的干事有安明波、林砺儒、叶国庆、萧贞昌、罗志甫等。大家推举安明波为主干事，他去过苏联，擅长演讲和组织活动，后来因故离开。随后推举叶国庆继任主干事，其职责是草拟通电，制定共同行动方案，联络各会组织罢课、游行、索薪，当时联系最多的是经济系余绪缨和葛家澍。

受到时局和持续高企的通货膨胀的启发，余绪缨先生和葛家澍先生此后都对物价变动理论进行过探讨。

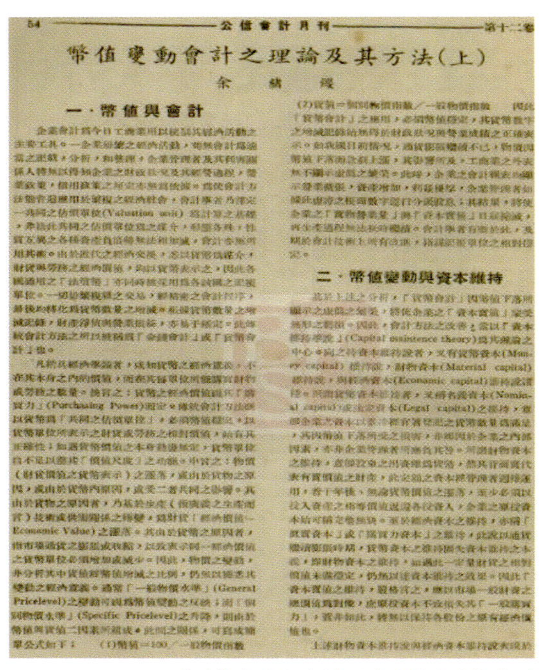

54 公信會計月刊 第十二卷

幣值變動會計之理論及其方法(上)

余 緒 纓

一·幣值與會計

二·幣值變動與資本維持

◎《币值变动之会计理论及其方法》首页

余绪缨先生1948年发表《币值变动会计之理论及其方法》(《公信会计月刊》第3～4期连载）文章指出，当币值变动剧烈时，传统会计方法无法作为企业盈亏的正确表达方式。传统的会计计算方式以货币为媒介，无论是货物流通还是劳务，都采用货币值来表示，因此在传统的会计模式下，需要保持币值稳定。而在那时的中国，连续多年的通货膨胀早已击溃了稳定的货币制度。物价飞涨下，呈现出“虚假的繁荣”景象；“此时，企业之会计报表均显示营业扩张、资产增加、利益优厚，企业管理者如据此虚夸之账面数字进行分派股息，其结果将使企业之实物营业量与‘资本实值’日益缩减，再生产过程无法长时继续。”为此，会计报表应该以“营业损益”与“货币损益”的方式划分，并保持原本投资的经济价值作为基本要件，且采用“资本维持学说”，“此说以通货继续膨胀时期，货币资本之维持固失资本维持之本义，即财物资本之维持，如遇此一定量财货之相对价值未尽稳定，仍无以达资本维持之效果”。

葛家澍先生对通货膨胀和物价变动的问题亦进行了持续的思考。1982年，葛家澍先生在《中国经济问题》第2期上发表论文《通货膨胀与公认会计原则：新的会计模式和公认会计原则面临的问题》；1984年，葛家澍先生在《财会通讯》第3～5期上发表连载论文《西方财务会计的新领域：通货膨胀会计》；1985年，葛家澍先生出版著作《通货膨胀会计》（中国财政经济出版社）。

葛家澍和余绪缨两位先生，为我们扎根现实问题、进行学术研究做出了榜样。

1948年，厦门大学商学院会计学系（1944级）毕业生包括丁政曾、叶式亮、陈仁惠、郑克成、饶振富和方菊生。其中，丁政曾和蔡悦诗伉俪后来捐资2000万元用于支持厦门大学颂恩楼的建造，“颂恩”意为颂扬母校栽培之恩。颂恩楼高21层，建筑面积2.1万平方米，于2001年4月竣工，现为厦门大学思明校区的办公用楼，兼具教学功能，也是厦门大学跨世纪的标志性建筑。

◎厦门大学颂恩楼远景图

◎厦门大学颂恩楼夜晚远景图

在记录1926—1948年会计学科史的最后，是一张1949年6月厦门大学会计学系毕业生的合影，这是1949年10月1日中华人民共和国成立之前、中华民国时期厦门大学的最后一届毕业生。

◎厦门大学1945级会计学系同学毕业留影（1949年）

第四节　1926—1948 年厦门大学会计学科学生名单

1926级商学院会计学系本科生

信息不详

1927级商学院会计学系本科生

刘聚星　　钟述武　　童国琩

1928级商学院会计学系本科生

沈尔元　　贺　秩　　游学诗

1929级商学院会计学系本科生

王思本　　王盛藻　　林　瀫　　林传光　　黄友德　　黄增高　　黄泽溥

1930级商学院会计学系本科生

朱章杰　　陈鸿翔　　邱有先　　张似源　　黄富春　　颜惠德　　林川泽
许万鹏　　郭小怀　　李应祺　　黄世清

1931级商学院本科生

刘永济　　刘有土　　刘元炳　　宋恩祥　　林道俊　　林宗镜　　林祖华
林祖康　　寿文松　　黄　焜

1932级商学院会计学系本科生

王东恒　余承志　陈崇德　陈敬柽　吴登峰　张式如　沈乃润
邱延喜　周树业　林金华

1933级商学院会计学系本科生

叶　荣　许祖馨　李志伟　杨子霖　杨贻波　林再谋　林加扬
邹雄杰　姚庆余　洪冠瑜　洪玉章　黄心显　傅文信

1934级法商学院（含会计学专业）本科生

方声扬　叶练才　李谈得　苏连通　杨纤芳　苏清廉　钟必谨
仲庆瑜　徐耀辉　徐清水　杨天华　林培荣　蔡哲生　魏锡熙
潘振华　蔡俊逸

1935级法商学院（含会计学专业）本科生

兰天民　李松乔　钟荣麟　曾湘帆　颜青魁　潘清陆

1936级法商学院（含会计学专业）本科生

王文灿　叶沧溪　卢炳煌　关礼亨　吴永潮　李树华　李春朝
王种亭　石振旅　朱嵩狱　余辅正　陈其英　李丕章　何沛元
杨沽浩　杨荣凯　苏子煜　张达鳌　林夏冰　林忠信　周丽煌
赵志宣　钟鸿辉　梁梅生　黄光诵　黄凯音　虞砚耕

1937级商学院（含会计学专业）本科生

陈献章　陈仲昭　陆鸿基　林夏冰　林中鹤　林然智　徐　高

骆一民	翁招财	雷培光	蒋光汉			

1938级商学院会计学系本科生

方毓梓	李志学	杨学耕	郑岐生	郭隆灿	郭　铮	贺家宾
黄韵华	王　缪	孙钟琛	李宁生	郑祖荫	郑廷植	黄国英
蔡光周						

1939级商学院会计学系本科生

于长伦	方肇凯	刘师基	池邦俊	陈雅云	陈鹏锵	李超凡
李官生	陆徵琳	应介人	张健之	郑长庆	罗　廷	胡瑞粱
徐新应	黄序玑	曹和仁	彭国焘	彭传浏	揭秉刚	程仲萍
戴锌隆	王宏昌	邬通元	金伟权	钱文耀	涂传芬	瞿云汉

1940级商学院会计学系本科生

王悟生	冯海宴	许年生	卢建亮	朱振华	池兆梁	吴　熙
陈培源	陈寿祚	陈禹鼎	李兴潇	李武忠	李东海	汪发体
杨民坊	杨云疆	张党雅	张仝逊	郑兆祥	郑长庆	林子章
林雄东	林孝翘	柴人杰	施雨泉	胡燕山	秦远瑜	黄金春
黄海涛	裘宗舜	蔡询冬	潘贤灼	卢振涛	陈梅叙	陈鹏程
劳元玑	杨国材	杨增波	杨贡淇	郑清谋	林渚霖	邹锦涛
黄忠堃	廖继荣	张升群				

1941级商学院会计学系本科生

韦品瑚	叶洪声	余绪缨	吴　新	陈文楚	陈　濬	陈人信
陈仪藩	陈以源	李湖莲	杨善铎	花啸霞	应昌仁	郑　菁
林尔芬	林敦宁	林骧官	郭国鉴	胡润灌	郭洙舟	钱　珂

姜文彬　费菊辰　黄式纲　黄月龙　葛裕昆　葛家澍　李宝文
李　才　徐嘉春　殷韵徵

1942级商学院会计学系本科生

万兆广　王彭年　孔鹤庆　蓝利贞　朱一雄　吕青梯　吴志三
吴德基　陈则源　陈梅卿　陈秀生　陈开钧　陈永辉　陈承煜
陈英炎　李玉潜　汪慕贞　杨　风　苏元章　张文国　连茂范
萧敦文　易道大　郑开治　郑友鸿　郑长沂　郑　善　林家振
林耀眉　洪仙才　洪润泽　洪慕英　胡月林　徐铸哲　高学绳
黄道标　曹大珽　褚世华　楼庆飒　韩绮初　萨兆铃　薛秀英
陈大鹄　张宗炳　赵擎中　秦远瑜　蔡文智

1943级本科商学院会计学系本科生

王志德　卢同珊　蓝贻珣　沈怀瑜　林维仁　金欣如　邵建徵
钟嘉谟　钟人英　茹民瞻　梁华民　程自田　温启煌　廖世隆
潘本荣　薛谋治　陈瑞麟　陈守城　杨玉英　罗会标

1944级商学院会计学系本科生

丁政曾　叶式亮　陈仁惠　郑克成　饶振富　方菊生[①]

1945级商学院会计学系本科生

力伯昌　叶顺贞　沈云卿　张新山　郑文惠　林镜鋆　俞惠忠
赵世忠　黄鸿宾　蔡永生　刘文坤　朱谱瑞　周同基

① 1944年入学在银行系，1948年毕业在会计系。

1946级商学院会计学系本科生

王朴人 方家祥 许守篇 兰克栋 邓玉山 朱婉娥 刘忠火
江宗泮 李鸿昌 李建茂 何镛铭 杨焕琪 邵循明 郑敏修
林国华 林寿瑜 林生甫 林钧舜 周维城 赵文华 钟久浩
黄秉华 黄国胜 龚钦源 谢仙发 蔡兆锵 潘天顺 潘懋恭

1947级商学院会计学系本科生

许能珪 白纯昌 卢良加 吴诸侯 吴紫容 陈德月 陈忠义
陈国柱 陈心清 郑华甫 林琼淦 林吕昌 洪永宏 赵立洲
徐清泉 涂尚菊 程毅然 薛正庆

1948级商学院会计学系本科生

王世平 许万火 朱桐轩 杨煊远 吴翠兰 张宗淇 郑慕华
罗　怿 郭炳坤 黄尚艺 蒋九如 熊福华 潘来荣 卢宗恒
孙有仁 杨长康 汪佑夏 吴钦颐 陈家英 林建东 俞守训
康国藩 董中立 詹　炜 蔡诗南

附录 2-1　1926—1948 年厦门大学会计学科五篇本科毕业论文的封面[①]

论文题名:《农业会计》

毕业生: 朱章杰

院系: 会计学系

导师: 王世富

发表时间: 1933年

索书号: 657/250

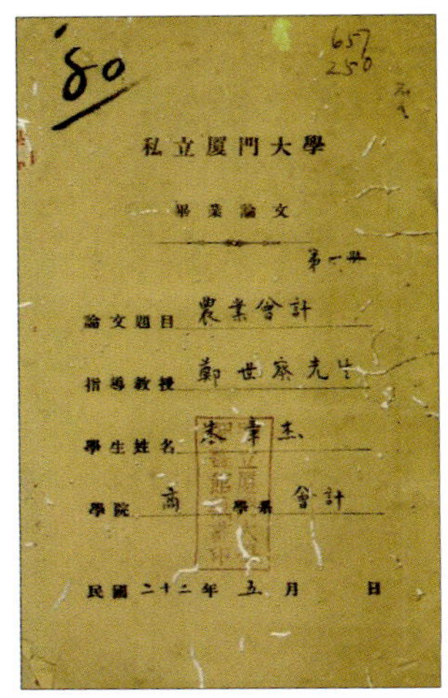

私立厦門大學

畢業論文

第一册

論文題目　農業會計

指導教授　鄭世察先生

學生姓名　朱章杰

學院　商　學系　會計

民國二十二年五月　日

◎《农业会计》论文封面

论文题名:《股份有限公司分配盈余之研究》

毕业生: 于长伦

学号: 274

院系: 会计学系

导师: 萧贞昌

发表时间: 1943年

索书号: 657/101

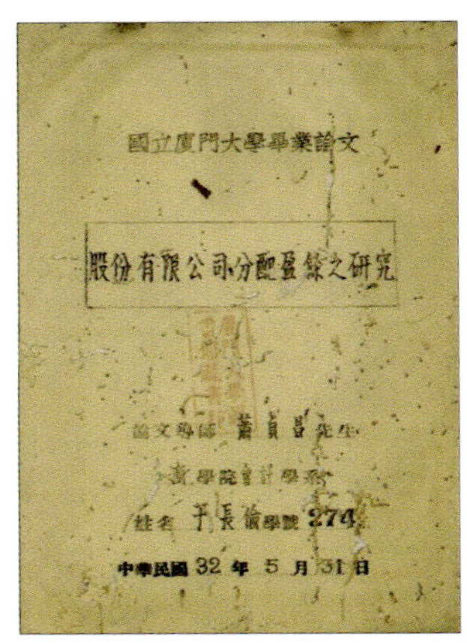

國立厦門大學畢業論文

股份有限公司分配盈餘之研究

論文導師　蕭貞昌先生

商學院會計學系

姓名　于長倫　學號　274

中華民國 32 年 5 月 31 日

◎《股份有限公司分配盈余之研究》论文封面

① 引自厦门大学会计学系官方微信公众号“厦大会计”2017年7月10日的文章《素锦年华，谁之若然，流年似水，忘之有谁——会计系1949届及之前毕业生论文展》。

论文题名:《预算统制论》

毕业生：裘宗舜；

学号：578

院系：会计学系

导师：萧贞昌

发表时间：1943年

索书号：657/433

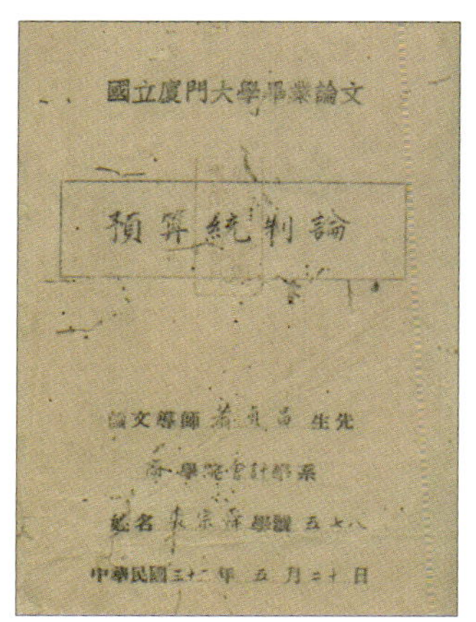
國立廈門大學畢業論文

預算統制論

論文導師 蕭貞昌 生先

商學院會計學系

姓名 裘宗舜 學號 五七八

中華民國三十二年 五月二十日

◎《预算统制论》论文封面

论文题名:《有价证券之估价及其会计处理》

毕业生：郭国鉴

学号：887

院系：会计学系

导师：黄雁秋

发表时间：1945年

索书号：657/076

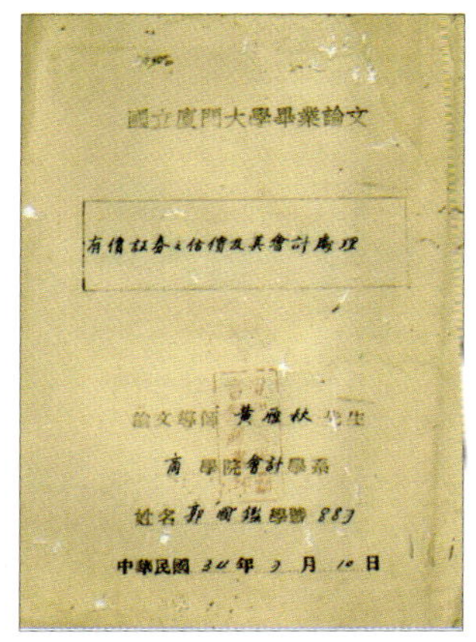
國立廈門大學畢業論文

有價證券之估價及其會計處理

論文導師 黃雁秋 先生

商學院會計學系

姓名 郭國鑑 學號 887

中華民國 34年 7 月 10 日

◎《有价证券之估价及其会计处理》论文封面

论文题名:《资产负债表及资产之估价》

毕业生：程自田

学号：2083

院系：会计学系

导师：萧贞昌

发表时间：1947年

索书号：657/262

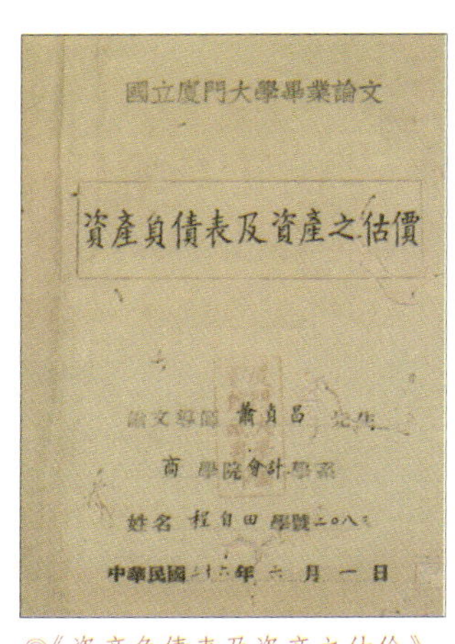
國立廈門大學畢業論文

資產負債表及資產之估價

論文導師 蕭貞昌 先生

商學院會計學系

姓名 程自田 學號 二〇八三

中華民國三十六年 六月 一日

◎《资产负债表及资产之估价》论文封面

第三章 1949—1965年：新中国成立初期的厦门大学会计学科

第一节　厦门大学会计学科在曲折中发展的历程

一、学科及师资的发展与变化①

（一）院系调整

1949年10月1日，中华人民共和国成立。作为爱国华侨领袖，厦门大学校主陈嘉庚先生应邀参加开国大典，与毛泽东主席一起登上天安门城楼。

1949年10月17日，厦门解放，厦门市军管会于10月20日委派军代表吴强、肖枫接管厦门大学，组建新的厦大党支部，揭开了一个新时代的序幕。

1949年10月22日，军管会接管厦门大学，宣布"维持现状、逐步改善"；12月9日、10日，招考新生；12月21日，旧生复课。

1950年5月24日，中央人民政府教育部通知，经政务院第三十次政务会议通过，任命王亚南为厦门大学校长。

1950年9月18日，经中央人民政府教育部批复，华东教育部同意厦门大学进行院系调整，撤销原有的商学院，原商学院与法学院的经济学系合并，改称财经学院，设立会计学系、银行系、国际贸

① 较多参考了厦门大学档案馆、厦门大学校史研究室，以及《厦门大学校史》（第二卷：1949—1991）（厦门大学出版社20006年版）第一章等资料。

易学系、统计学系。1950年7月23日《新厦大》第5期的文章《改制初步实现、增设三研究所》对此进行了报道。此后，1951年7月9日《新厦大》第20期再次以文章《壮大中的厦大——各院系概况》，对院系改制完成后的情况进行报道。

1950年，厦门大学招收了具有本科毕业学历的研究生10名，其中化学研究所2名、经研所8名，学制2～3年。这是厦门大学历史上招收的首批研究生[①]。

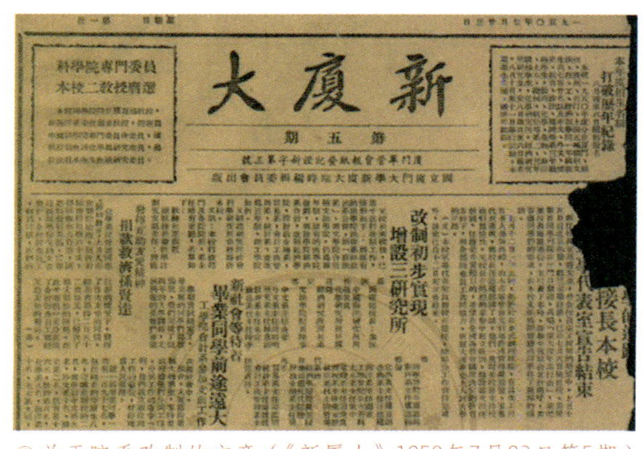
新厦大

第五期

改制初步實現 增設三研究所

畢業同學前途遠大

◎关于院系改制的文章（《新厦大》1950年7月23日第5期）

1950年夏天毕业的学生，由教育部统一分配工作。会计学系、银行系的全部毕业生分配到东北工作，经济系全部分配到华东工作。1950届毕业生到达岗位后，勤奋工作、刻苦学习，成为新中国建设的一支突击队[②]。

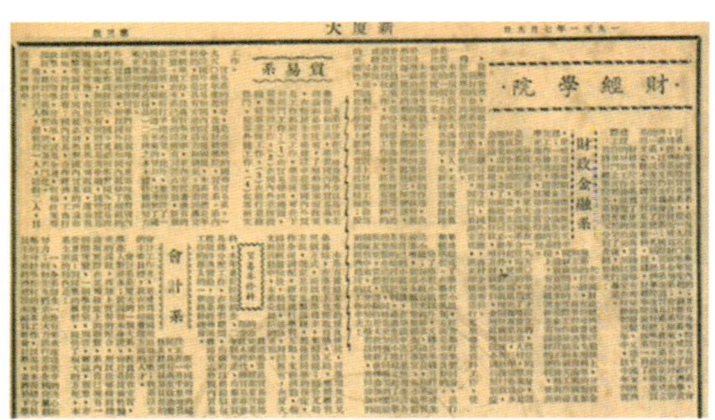
財經學院

貿易系

會計系

財政金融系

◎关于各院系概况的文章（《新厦大》1951年7月9日第20期）

1951年5月，葛家澍当选厦门大学工会委员，负责财务部工作。1951年10月，厦门大学工会改选，葛家澍改为负责业务部工作。

1952年8月，葛家澍通过厦门大学教职工登记和审查，并于1952年暑假期间开始兼任会计核算原理教研组主任。1960年2月起，葛家澍（副教授）任经济学系副主任。

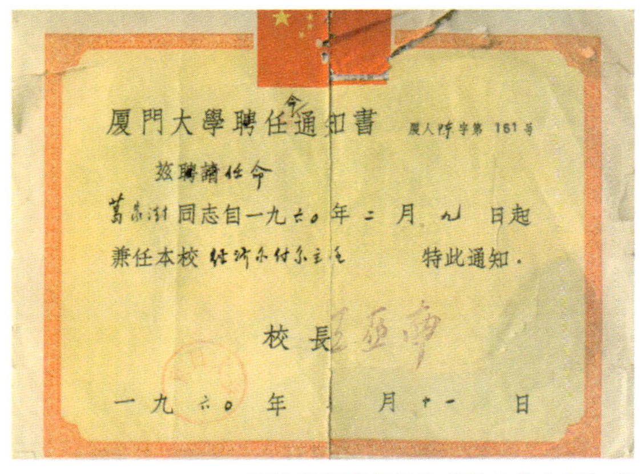
厦門大學聘任(令)通知書　厦人[illegible]字第161号

兹聘請任命

葛家澍同志自一九六〇年二月九日起

兼任本校经济系付系主任　特此通知。

校長　王亞南

一九六〇年　月十一日

◎葛家澍聘任经济系副主任的通知书

1952年6—9月，全国院系大调整，原福州大学财经学院的会计系等五个系并入厦门大学财经学院；厦门大学财经学院下设经济学系、统计系、贸易系、会计工商管理系、企业管理系。1952年8月6日《新厦大》第39期对上述院系调整进行了报道。

---

① 参考了厦门大学档案馆、厦门大学校史研究室的资料，以及《厦门大学校史》（第二卷：1949—1991）（厦门大学出版社2006年版）。

② 参考了厦门大学档案馆、厦门大学校史研究室的资料，以及《厦门大学校史》（第二卷：1949—1991）（厦门大学出版社2006年版）。

新厦大

我們的新廈大

貫徹文教政策、合理調整院系
福大財經學院歸併本校
廈大、福大農學院併成福建農學院

批判錯誤思想、樹立……
學生思想改造
忠誠老實交代問題

師生員工熱烈慶祝"八一"
深刻表現了對人民軍隊的熱愛

◎《福大财经学院归并本校》(《新厦大》1952年8月6日第39期)

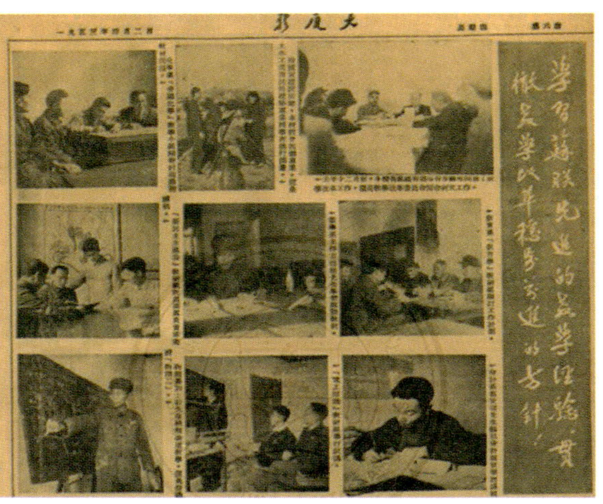

◎葛家澍工作照片(《新厦大》1953年4月2日第57期)

1954年，全国院系大调整政策，不少高校的会计专业都面临被取消的命运。1955年，厦门大学财经学院被撤销，改设经济系，下设政治经济学、统计学、会计学、货币与信贷、贸易经济等专业，吴兆莘、袁镇岳先后任系主任。厦门大学内部流传着一种说法（已难以考证）：王亚南校长把会计专业放在经济系，保留了会计的“火种”。

1958年8月23日，福建前线炮战，厦门大学在炮火中英勇挺立，成为英雄前线大学。

1959年，厦门大学经济系的会计学专业改为财务会计专业。

（二）厦门大学会计学科的招生与毕业证书

厦门大学会计学系在新中国成立之后的第一次招生是1950年。但是1950级的同学却只读了 3 年，毕业于1953年。第二次招生是1951年，同样又在3年后的1954年毕业。个中原因是，国家建设急需人才，原定1954年毕业（1950级）的70多名会计学系的学生，以 3 年时间修完本科规定的4年课程后，1953年提前毕业。1954年，同样是因为国家建设急需人才，原定1955年毕业（1951级）的会计学系学生，连同福州大学转来的学生共计60余人，以 3 年时间修完本科规定的4年课程后，1954年提前毕业。

因此，厦门大学会计学系1953年、1954年毕业生的毕业证书上盖有两个长方形的印戳，一个印戳为“中央人民政府高等教育部华东高等教育管理局验发”，另一个印戳（蓝色、小字）为“原为四年制，肄业期满三年，奉令提前毕业”[1]。

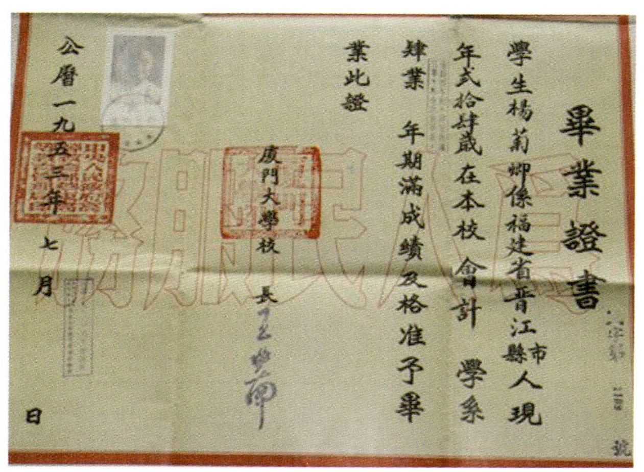

畢業證書

學生楊菊卿係福建省晉江縣市人現年貳拾肆歲在本校會計學系肄業　年期滿成績及格准予畢業此證

廈門大學校長

公曆一九五三年七月　日

◎厦门大学会计学系学生杨菊卿的毕业证书（1953年）

◎1953届在京工作的厦门大学毕业生合影（1953年10月2日）

◎厦门大学会计学系毕业合影（1953年）

① 这是目前可以看到较早的厦大会计学系本科毕业证书。杨菊卿（会计学系学生的“首席代表”，可能类似于如今的系学生会主席），1953年从会计学系毕业后，一直在厦门大学教务部门工作。毕业证书就是她所珍藏的。

新厦大

本省适中第一次招生初試工作已完成

本校應屆畢業同學二百八十名即將走上祖國社會主義建設崗位

師生員工暑期舉行各種文體活動

在祖國所指定的崗位上，爲建設

◎《本校应届毕业生同学二百八十名即将走上祖国社会主义建设岗位》(《新厦大》1954年8月5日第92期)

1954年8月5日《新厦大》第92期刊登文章《本校应届毕业同学二百八十名即将走上祖国社会主义建设岗位》，其中会计学系学生71名，约占本届毕业生总数的1/4。

◎1953—1954年的厦门大学校园

◎1954届厦门大学会计学系毕业合影（第一排左起，2黄国雄，3潘德年，7萧贞昌，8黄燕秋，9葛家澍，11黄道标；黄国雄和潘德年为青年教师）

汪一凡老师记载道，“据杨菊卿学长回忆，1954年综合性大学只能办经济系，不允许财经学院存在，所以会计学专业等只能放在经济系里。此后二十多年一直称为‘经济系会计学专业’，学生们都从经济系毕业，会计学专业教师则在经济系的‘财务会计教研室’工作”①。

在厦门大学的毕业生名录中，1953届同学是从“会计工商管理系”毕业的。但是，汪一凡老师根据1951年汪慕恒毕业论文封面上的“会计系”字样和1953年杨菊卿本科毕业证书上的“在本校会计学系肄业”字样考证到，1953—1954年，会计学系除了行政归属上从商学院改为财经学院外，其他并没有发生实质性变动②。可能的情况是，1952年8月，福州大学财经学院的会计系等五个系并入厦门大学财经学院，转学来的这部分同学未必都是会计学专业的（1953届毕业人数激增即为佐证），所以厦门大学在“会计”之后加了个“工商管理”来应变。

类似地，1954届毕业生也面临上述情况。《厦门大学报》2004年11月19日报道，“经历了半个世纪天南海北的分离，我校1954届工业会计系毕业同学于10月26日又重聚母

① 参考了汪一凡撰写的《厦大会计系往事（十一）》，详见厦门大学会计学系官方微信公众号“厦大会计”。
② 参考了汪一凡撰写的《厦大会计系往事（十一）》，详见厦门大学会计学系官方微信公众号“厦大会计”。

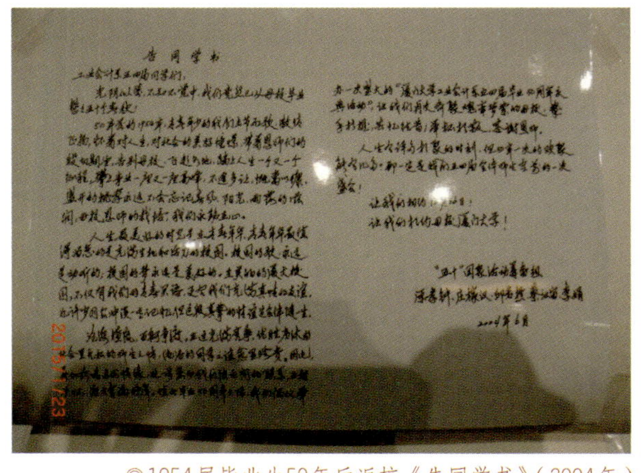

◎1954届毕业生50年后返校《告同学书》(2004年)

校”。厦门大学会计学系历史上是否真的有过工业会计系？1954届学长原孝钟解释道，由于新中国成立初期大上工业项目，已成为社会气候，同学们自称是“工业会计系”。50年后他们相约回校时，写下了文艺范十足的《告同学书》，延续当年的自称[①]。但实际上，“工业会计系”不曾存在，1954届毕业照上方的字样也可看到“会计系”，而非“工业会计系”。

工业会计系五四届同学们：

光阴似箭，不知不觉中，我们竟然已从母校毕业整整50个春秋！

50年前的1954年，青春年少的我们击节而歌，激情飞扬，怀着对社会，对人生的美好憧憬，带着恩师们的殷切期望，告别母校，飞赴各地，踏上人生一个又一个征程，攀上事业一座又一座高峰，不遑多让，慨当以慷。盛开的桃李永远不会忘记春风、阳光、雨露的滋润，母校恩师的栽培，我们永铭在心。

1955年，当年毕业的学生留下了一张珍贵的合影。此后，厦门大学会计学系被并入经济系成为一个专业，直到1982年厦门大学经济学院成立后，于1985年再次独立设置会计学系。

◎厦门大学会计系毕业留影(1955年)

① 参考了汪一凡撰写的《厦大会计系往事（十一）》，详见厦门大学会计学系官方微信公众号“厦大会计”。

1961年，厦门大学撤销经济研究所的部门经济专业，经济系只保留了政治经济学、财务会计和计划统计3个专业，直至1966年。

◎会计学专业1960级毕业生合影（1964年元旦）

二、教师与职称晋升

（一）厦门大学会计学科的老师们

1949—1965年，虽然厦门大学会计学系经历了多次的裁撤、合并、分立，但会计专业一直得以持续存在。这一期间，厦门大学会计学科的教师，多为厦门大学会计学科的优秀毕业生留校和外校教师转入厦门大学任教。总的来说，这个期间厦门大学会计学科的师资队伍不断丰富充实。这些教师包括但不限于：

1949年1月，黄道标加入厦门大学会计学系。

1952年9月，黄忠堃加入厦门大学会计学科。

1953年9月，常勋、顾继业、王春田从山东会计专科学校（现山东财经学院）调入厦门大学会计学科（1954年常勋晋升为讲师）。自此，日后缔造厦门大学会计学科辉煌的三位老师（葛家澍、余绪缨、常勋）首次齐聚厦门大学。

◎葛家澍（1950年）

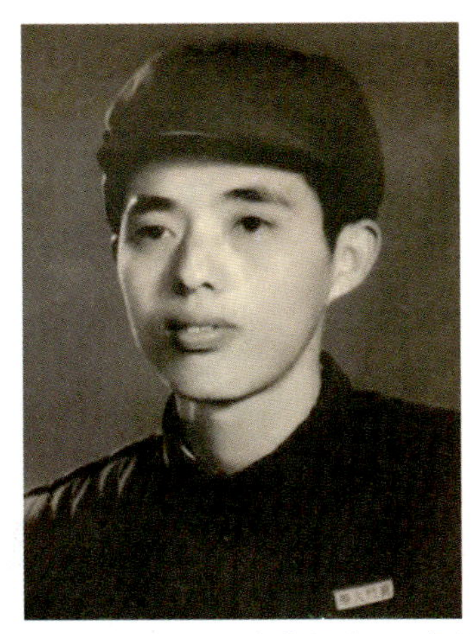
◎余绪缨（1952年）

◎常勋（1954年）

1961年1月，林建武和谢抗加入会计学科；11月，庄瑞澄加入会计学科。

1963年7月，吴水澎、陈守文毕业留校任教。

1965年9月，蔡淑娥加入厦门大学会计学科。

1949—1965年加入厦门大学会计学科的教师，勤奋努力，几经磨砺，后来都对厦门大学会计学科的发展产生了举足轻重的影响。譬如，常勋教授后来成为我国国际会计领域的奠基人，对我国注册会计师事业的发展起到了重要的推动作用，与葛家澍教授和余绪缨教授并列为将厦门大学会计学系推向辉煌的三位奠基人之一。吴水澎和陈守文在1982年厦门大学经济学院成立后，相继担任会计与企业管理系、会计学系的系主任，亦对厦门大学会计学科的发展起到了一定的推动作用。吴水澎教授还是国务院学位委员会评定的博导之一，担任过厦门大学的党委常委、副校长。庄瑞澄老师曾担任过厦门大学的总会计师。

（二）职称晋升

1949—1964年，厦门大学教师仅有为数不多的几次职称评定窗口。葛家澍和余绪缨因突出的教学科研成绩，顺利晋升为讲师，继而晋升为副教授。因为年代久远，无法获取余绪缨先生的相关材料，兹列示葛家澍先生评聘讲师相关的历史资料如下。

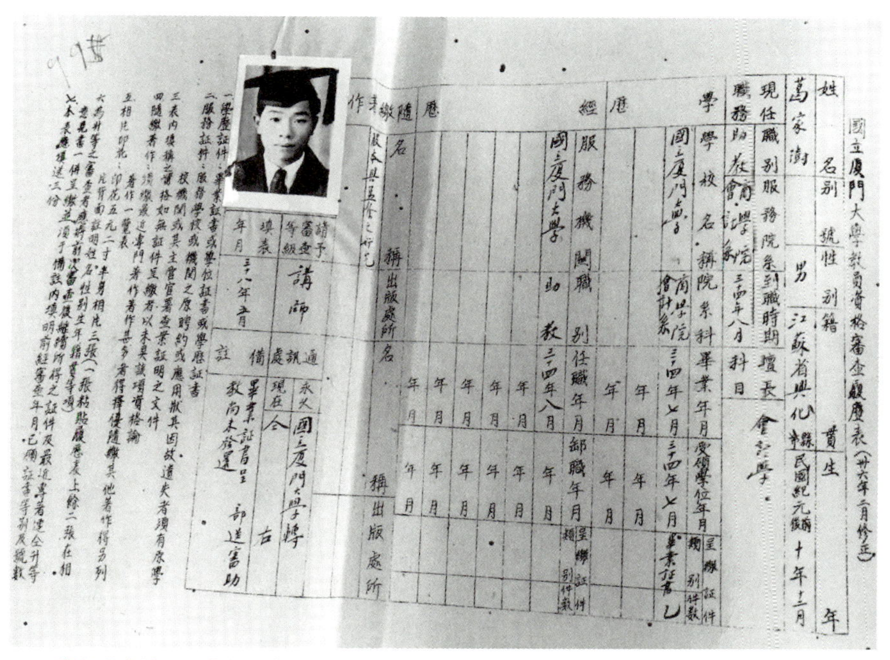

◎葛家澍的厦门大学教员资格审查履历表（1949年5月升任讲师后）（厦门大学档案馆提供）

1949年5月12日，青年教师葛家澍与余绪缨晋升为讲师；葛家澍的代表作为《股本与盈余之研究》，余绪缨的代表作为《币值变动会计之理论及其方法》。

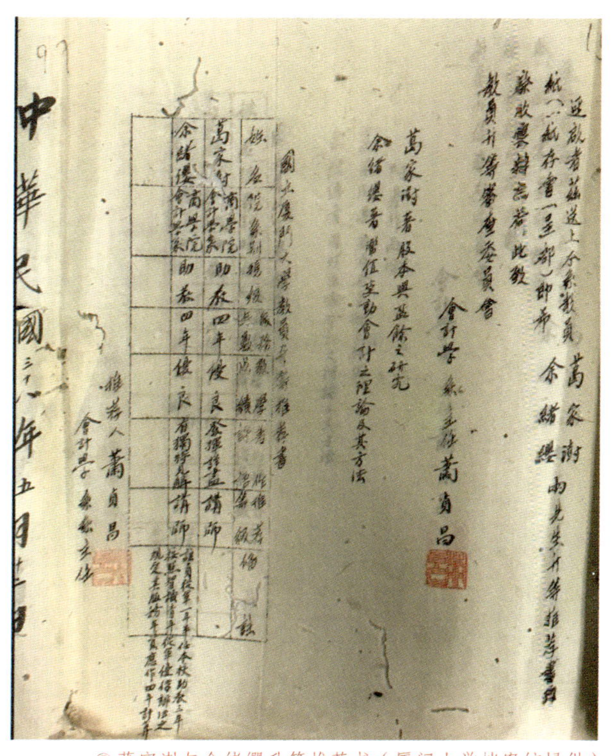

◎葛家澍与余绪缨升等推荐书（厦门大学档案馆提供）

1956年，葛家澍和余绪缨由讲师晋升为副教授，并报高教部批准（自1949年后第一批晋升的高级职称）；1958年，高教部正式批准葛家澍和余绪缨的副教授任职资格。

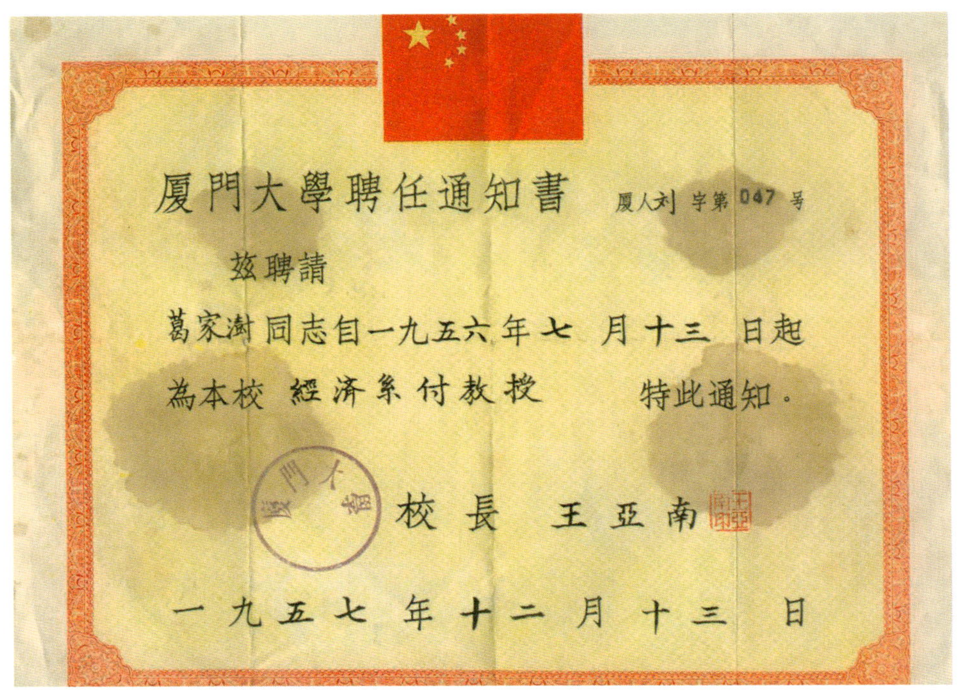

厦門大學聘任通知書　　厦人刘　字第 047 号

茲聘請

葛家澍同志自一九五六年七　月十三　日起

為本校　經濟系付教授　　特此通知。

校長　王亞南

一九五七年十二月十三日

◎葛家澍的副教授聘任通知书

1963年，根据高教部确定的招生资格，葛家澍成为国内唯一会计学领域的研究生导师，首次招考会计学研究生2名（当时尚无学位制度，不分硕士博士）；招考学校是厦门大学，申请报名日期是1963年10月24日至1963年11月2日，考试日期是1964年2月19日至2月21日。方正生和何生棠两人参加了招生考试。

直到1973年3月，当年的考生之一的方正生认识了葛家澍老师之后，才知道他当时其实是被录取了的，葛老师也一直记得他们。“1963年招考的研究生中，初步决定录取两个人：方镇生（考研时原名方镇生，后改为方正生）和何生棠。但到1964年……全国展开了反对修正主义的批判。形势迅速改变，研究生的录取通知书还未发出，高教部就喊停了”[①]。

直到2011年3月，1964年参加考试的另一位考生何生棠才与“同科”方正生建立起联系。他曾撰文回忆已经尘封了48年的报考往事，所有日期都很清楚，甚至还能记得他

① 参考了方正生撰写的《厦门大学会计系往事（十五）》，详见厦门大学会计学系官方微信公众号“厦大会计”。

的研究生准考证编号是“厦大138号”。

考虑到年届92岁高龄的葛家澍老师关心何生棠的情况，方正生与何生棠于2012年10月23日（重阳节）一起看望了葛家澍先生。何生棠学长面见“导师”，重续半个世纪的师生缘分！

◎葛家澍先生与1963年拟入学的方正生和何生棠的合影[①]（2012年10月23日）

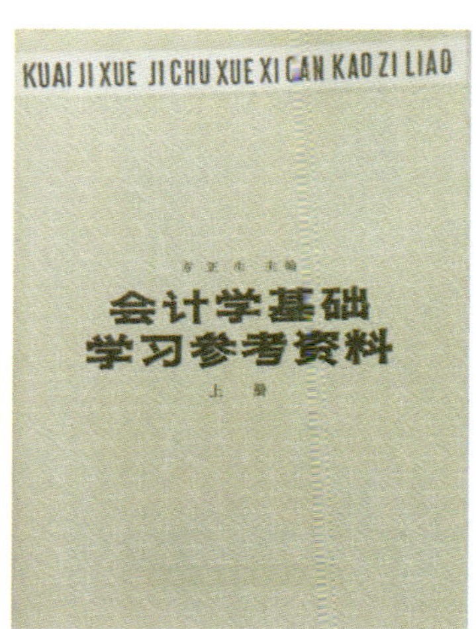

◎方正生教授主编教材的封面

三、教师的思想改造与劳动

（一）葛家澍老师

新中国成立后，除抓紧恢复生产建设外，统一思想和认识成为当时高校的一项主要任务。1949年11月27日，《人民日报》刊发了美学家朱光潜的《我的检讨》。之后，茅以升、梁思成、费孝通、冯友兰等自然科学领域和社会科学领域的知名专家先后公开发文，检讨自己以往的经历[②]。

根据有限的史料，1950年7月19日，葛家澍和其余14位厦门大学教师被派往华东人

① 1963年高教部批准葛家澍副教授招收会计学研究生，两位研究生方正生和徐生棠因故未能入学。中南财经大学教授方正生回忆，他曾和山东的何生棠（山东省潍坊生建机械厂总会计师）于1963年报考了厦门大学会计学系的研究生，但由于政策原因并未入学就读。50余年后，当年考取研究生、没有入学的方正生和何生棠登门拜师。方正生为中南财经政法大学教授、国务院政府特殊津贴获得者；何生棠总会计师退休前是三级警监。

② 1951年9月29日，周恩来总理在中南海怀仁堂向京津地区20所高校3000多名教师做了题为“关于知识分子的改造问题”的报告，阐释了知识分子为什么需要改造和怎样改造，明确要求知识分子通过改造逐渐“从民族的立场进一步到人民立场，更进一步到工人阶级立场”。

民革命大学政治研究院第一期学习班[①]。葛家澍被分在五班六组[②]，担任班级学委会主席。

班　组　學員履歷表　編

姓名	葛家澍	性別	男	年齡	(虛年齡)二十九歲(以陰曆計)
籍貫	江蘇興化	民族	漢族	信仰	
家庭成份	小資產階級(教師收入者)	本人出身	小資產階級智識分子	專長	對於會計學、租理論及解釋會計教育研究
永久通訊處	江蘇興化縣西大街羅漢橋13號	現在通訊處	廈門國立廈門大學		
著譯	一九四九年申請升講師時曾著有〈成本與盈餘之研究〉一文長約六七萬字				
外國文(能說譯寫)	英語(可翻譯會計方面著作，[illegible]亦可)				
嗜好	抽紙烟	疾病	無	介紹人或團體	國立廈門大學，華東教育部
已(未)婚	未婚	對方姓名現在何處			
家庭狀況	家庭人口及其職業	父親名葛曾條，現在西南軍政大學學習；繼母蔣氏，弟妹等三人			
	動產及不動產				
	家庭主要經濟來源及生活狀況	靠父親薪水收入及本人薪水收入維持一家生活(父親在學習期間薪金收入)			

◎葛家澍在华东人民革命大学政治研究院学习时的学员履历表（上半部分）

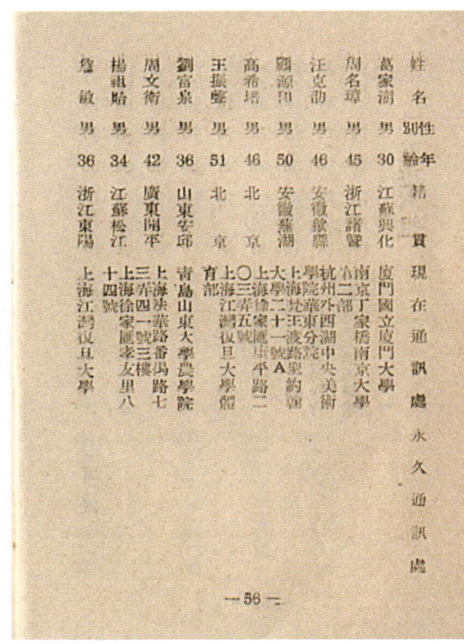

姓名	性別	年齡	籍貫	現在通訊處	永久通訊處
葛家澍	男	30	江蘇興化	廈門國立廈門大學	
周名璋	男	45	浙江諸暨	南京丁家橋南京大學	
汪克劭	男	46	安徽歙縣	[illegible]	
顧源和	男	50	安徽蕪湖	[illegible]	
高希培	男	46	北京	[illegible]	
王振聲	男	51	北京	上海江灣復旦大學	
劉富泉	男	36	山東安邱	青島山東大學農學院	
周文衛	男	42	廣東開平	[illegible]	
楊祖貽	男	34	江蘇松江	[illegible]	
詹敏	男	36	浙江東陽	上海江灣復旦大學	

—56—

◎葛家澍在华东人民革命大学政治研究院学习时的学员名单和纪念章等

① 此次学习的15名厦门大学教师，除葛家澍外还包括谢耀中（法律系）、陈本铭（历史系）、陈禹鼎（历史系）、安明波（财金系）、陈恩成（财金系）、虞愚（中文系）、钟其生（经济学院）、徐世五（政治系）、汪西林（外文系）、李式金（教育系）、黄典诚（中文系）、陈诗启（历史系）、张兆荣（国际贸易系）、陈敦仁（中文系）。(该部分及相关内容引自：苏锡嘉，刘峰，2021. 澍雨杏风［M］. 厦门：厦门大学出版社：58.)

② 该小组其他9位成员分别是杨祖贻（上海九三学社，组长）、周文衛（上海商学院，副组长）、詹敏（复旦大学）、高希培（上海）、汪克劭（中央美术学院华东分院）、刘富泉（山东大学）、王振声（复旦大学）、周名璋（南京大学）、顾源和（圣约翰大学）。

到上海华东人民革命大学政治研究院后，教师们就被要求在7月31日前提交一份“触及灵魂”的自我总结，对自己的历史做出详细交代。下图为葛家澍老师相关材料的封面。“自传”（1950年7月30日）共10页，每页七八百字。1959年1月28日最后一份，密密麻麻的钢笔字写了30页（大约33460个字符，刘峰教授统计）。

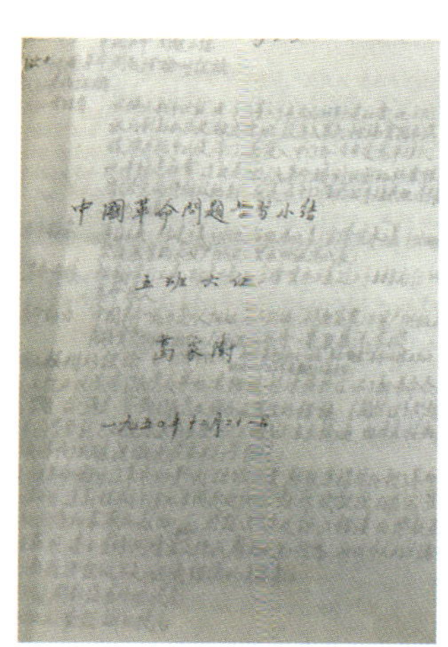

◎葛家澍在华东人民革命大学政治研究院学习时的“自传”与小结的封面

1951年2月，葛家澍结束在华东人民革命大学政治研究院的学习，回到厦门。

1949年之前，对葛家澍影响非常大的老师主要是陈德恒教授和萧贞昌教授。陈德恒教授曾经任厦门大学训导长，抗战胜利后获得由蒋介石签署的“胜利勋章”，此事在1949年之后的历次政治运动中，属于需要反复交代的问题。在陈德恒教授离开厦门大学去上海后，对方单位来人调查，求证他在国民党政府时期的表现，葛家澍先生曾替陈德恒教授特别作证。在当时的氛围下，像葛家澍先生这样站出来为人澄清，是需要勇气和担当的。

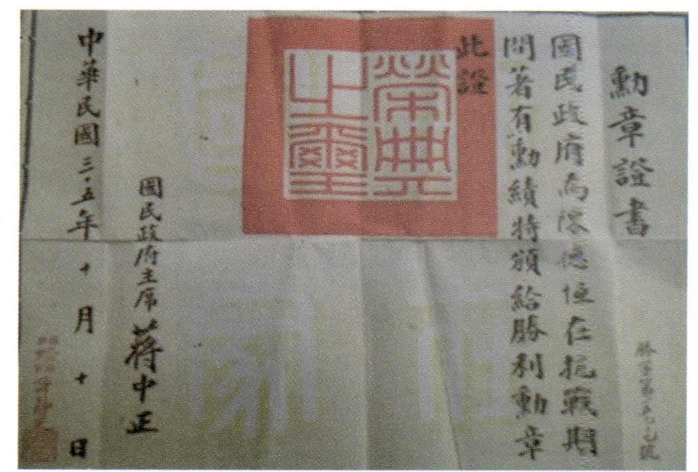
勳章證書

國民政府爲陳德恒在抗戰期間著有勳績特頒給勝利勳章此證

國民政府主席 蔣中正

中華民國三十五年十月十日

◎时任厦门大学训导长的陈德恒教授获得国民政府勋章

1965年，山雨欲来。会计学科教师开始积极学习，葛家澍等教师面临再次改造自己。

新厦大

第二版　星期二

深入交心，向工人階級学習

葛家澍

反右以前，我在政治上有自满情绪，常常自以为很要求进步，又能主动靠拢党，似乎政治立场没有问题。通过民主党派整风和向党交心运动，把自己的政治面貌重新认识以后，才发现我的资产阶级立场并没有根本改变，无论在信任党和拥护党的领导方面，都存在不少的甚至是严重的问题。

首先，我靠拢党要求进步的主要动机并不是为了党和社会主义事业，而是为了个人。1951年通过华东革大学习，发现自己过去政治落后，历史又比较复杂，而党对我仍关怀培养，期待我从事改造，努力为人民服务。因而一方面对党怀着一些感恩图报的心情，另一方面就想到既然解放前比较落后，现在一定要进步起来，这样才能改变别人观感，得到同学尊重，个人前途也才有希望。正由于个人前途和面子是推动我进步的动力，所以当党的利益和个人利益一致的时候，我的确很听党的话，工作干得起劲，参加运动也能积极，但一接触到个人利益受到所谓损害时，情绪马上就会波动。例如1953年忠诚老实运动，党对我的历史进行了审查，由于我的交代不够彻底，组织上对我的检查只是基本同意，这个实事求是的结论，本来对我进一步搞清历史问题是一个很大的帮助。但我并没有认识到这一点，我只是感到个人面子受到损害，怀疑党今后会不会再信任我。因此，政治上立刻陷入消沉，甚至当时连工会工作也不想干了。思想深处就开始背上了历史包袱，1956年党提出向科学大进军的号召，我虽在个人规划中也表示要争取入党，但入党申请书始终没有勇气写，因为一提起笔就想到："现在问题虽已交代清楚，但污点总比一般人

·2·　新厦大

認眞学習，改造思想

經济系　葛家澍

◎《新厦大》上发表的葛家澍关于思想改造的文章

（二）萧贞昌教授

1951年10月，奉华东教育部令，厦门大学成立土改队到厦门市郊区禾山参加土改工作，王亚南校长把土改队队旗授予队长——财经学院会计学系主任萧贞昌教授[①]。萧贞昌教授虽上了年纪，但有代表厦大工会参加禾山土改参观团的经验，遂向领导请求参加土改工作，故被委任队长一职。

◎1952年元旦殿中村土改留影（第三排左二为萧贞昌教授）

① 参考厦门大学档案馆、厦门大学校史研究室相关资料，以及《厦门大学校史》（第二卷：1949—1991）（厦门大学出版社2006年版）第20页。

◎萧贞昌教授（左五）参加禾山土改时与同事的合影

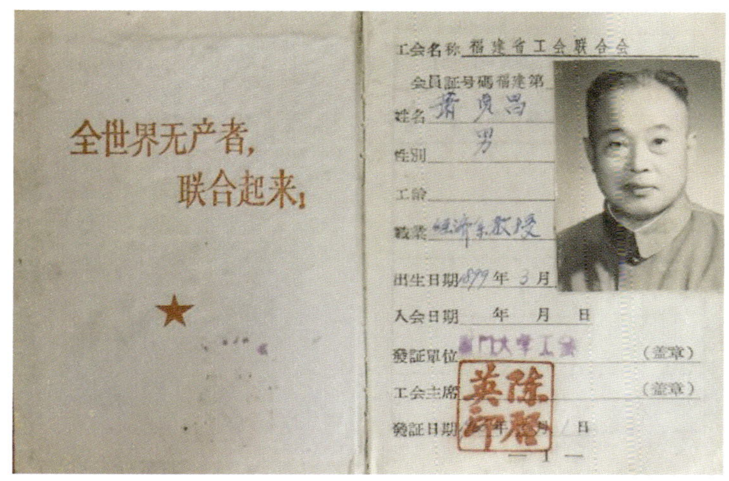

全世界无产者，
联合起来！

工会名称 福建省工会联合会
会员証号碼 福建第
姓名 萧贞昌
性别 男
工龄
職業 经济系教授
出生日期 1899年 3月
入会日期 年 月 日
發証單位 厦门大学工会 （蓋章）
工会主席 （蓋章）
發証日期 年 月 日
—1—

◎萧贞昌教授工会会员证

（三）常勋老师

在福建龙岩青草盂劳改农场期间，常勋采取翻译《毛泽东选集》等经典著作这样一种“最保险”的方式温习英文，这为他日后被平反、恢复工作、重新走上讲台打下了坚实的基础（详见本章附录3-3：常勋老师阔别讲台的那22年）。

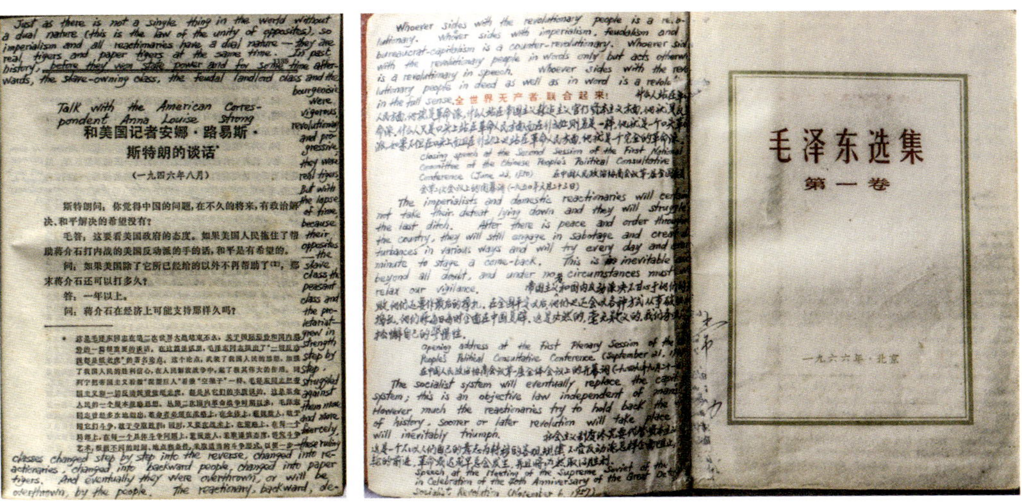

Just as there is not a single thing in the world without a dual nature (this is the law of the unity of opposites), so imperialism and all reactionaries have a dual nature — they are real tigers and paper tigers at the same time. In past history, before they won state power and for some time afterwards, the slave-owning class, the feudal landlord class and the bourgeoisie were vigorous, revolutionary and progressive; they were real tigers. But with the lapse of time, because their opposites — the slave class, the peasant class and the proletariat — grew in strength step by step, struggled against them more and more fiercely, these ruling classes changed step by step into the reverse, changed into reactionaries, changed into backward people, changed into paper tigers. And eventually they were overthrown, or will be overthrown, by the people. The reactionary, backward, de-

Talk with the American Correspondent Anna Louise Strong

和美国记者安娜·路易斯·斯特朗的谈话

（一九四六年八月）

斯特朗问：你觉得中国的问题，在不久的将来，有政治解决、和平解决的希望没有？

毛答：这要看美国政府的态度。如果美国人民拖住了帮助蒋介石打内战的美国反动派的手的话，和平是有希望的。

问：如果美国除了它所已经给的以外不再帮助了[1]，那末蒋介石还可以打多久？

答：一年以上。

问：蒋介石在经济上可能支持那样久吗？

Whoever sides with the revolutionary people is a revolutionary. Whoever sides with imperialism, feudalism and bureaucrat-capitalism is a counter-revolutionary. Whoever sides with the revolutionary people in words only but acts otherwise is a revolutionary in speech. Whoever sides with the revolutionary people in deed as well as in word is a revolutionary in the full sense.

全世界无产者联合起来！

Closing speech at the Second Session of the First National Committee of the Chinese People's Political Consultative Conference (June 23, 1950)

The imperialists and domestic reactionaries will certainly not take their defeat lying down and they will struggle to the last ditch. After there is peace and order throughout the country, they will still engage in sabotage and create disturbances in various ways and will try every day and every minute to stage a come-back. This is inevitable and beyond all doubt, and under no circumstances must we relax our vigilance.

Opening address at the First Plenary Session of the Chinese People's Political Consultative Conference (September 21, 1949)

The socialist system will eventually replace the capitalist system; this is an objective law independent of man's will. However much the reactionaries try to hold back the wheel of history, sooner or later revolution will take place and will inevitably triumph.

Speech at the Meeting of the Supreme Soviet of the U.S.S.R. in Celebration of the 40th Anniversary of the Great October Socialist Revolution (November 6, 1957)

毛泽东选集

第一卷

一九六六年·北京

◎常勋在福建龙岩青草盂劳改农场期间温习英文的方法（引自《影像常勋》，厦门大学出版社2019年版）

（四）陈仁栋老师

1957年12月，会计核算教研室陈仁栋老师下乡劳动，留下了两张珍贵的照片。

◎陈仁栋下乡劳动留影（一）

◎陈仁栋下乡劳动留影（二）

第二节　厦门大学会计学科教学研究情况与国家统编教材

一、背景

1949年10月1日，中华人民共和国成立。新中国百废待兴，包括会计领域。1950年1月和3月，章乃器先生在《大公报》上先后发表了《应用自己的簿记原理记账》和《再论应用自己的簿记原理记账》，强调必须用"民族的、科学的、大众的"，也是"进步的"记账方法。同时，在《怎样建立新中国会计理论基础》的论文中，中国人民大学的邢宗江和黄寿宸提出："新中国的经济建设在稳步而迅速地前进中。新的会计理论与实务的建立和发展在新民主义经济建设中将要起着极为重大的作用，而肃清过去资本主义会计理论的影响与学习苏联先进的会计理论则是新中国会计建立的基础与前提。"

之后的讨论，囿于当时的社会政治和经济环境，最后都统一在苏联专家的观点之下。苏联会计专家的观点对会计界影响全面且深刻，以至于大学里的课程设置、教科书的使用等都几乎全面转向苏联的模式。刘峰教授指出，《中国现代会计手册》中1950—1985年的会计类出版物总计1080种（1966—1971年缺失），1950年仅一种；1951年三种中就包括了《苏联会计学基本教程》；1952年七种会计类图书有五种是苏联学者撰写的，一种是关于苏联基本建设预算的，剩余的一种《工业企业财务会计》（陈其祥）无法判断是否与苏联模式有关。1953年收录的26种会计图书中，或是苏联作者所著，或冠以苏联作者的名字，或从书名可以推测出受苏联的影响，如农业生产合作社记账、国营农场会计核算等。当时，中国人民大学簿记核算教研室编著的基本教材，也都是从苏联模式脱胎而来的。只有王澹如先生的《会计核算》，或许没有受到影响[①]。

此外，据校史资料记载[②]，厦门大学要求"各课程尽量采用苏联教材和参考书。如1952年学年度全校共开设224门课，完全采用苏联教材的21门，占9%；部分采用苏联教材的174门，占78%。其余因课程性质不同无需采用苏联教材的29门，占13%"。

1962年，厦门大学会计学科迎来了教学研究非常重要的机会。上半年，葛家澍在财政部招待所和其他几位主编一起完成《会计原理》教材的编写；1962年下半年，葛家澍在

---

① 苏锡嘉，刘峰，2021. 澍雨杏风［M］. 厦门大学出版社：67.

② 参考厦门大学档案馆、厦门大学校史研究室相关资料，以及《厦门大学校史》（第二卷：1949—1991）（厦门大学出版社2006年版）第20页。

北京负责高教部文科统编教材《会计基础知识》的主编与定稿工作。葛家澍也因为担任《会计原理》和《会计基础知识》两本教材的主编以及随后的学术研讨会，和顾准先生等经济学界的知名教授有了交集，建立了联系。顾准先生将葛家澍的学术观点概括为“资金运动学派”。同时，葛家澍对会计理论研究的一些观点，被参加会议的经济学家，特别是于光远教授等所熟悉并认可。这在一定程度上促使葛家澍先生于20世纪70年代末80年代初“脱颖而出”，被遴选为主要由经济学家组成的国务院学科评议组成员。

二、《会计原理》

1962年2月至上半年，葛家澍作为主编之一，在北京参加了财政部《会计原理》教材的撰写。晚年的葛家澍先生回忆道：

当时，财政部为贯彻“调整、改革、整顿、提高”的八字方针，决定组织编写一本权威的《会计原理》教材。财政部会计司在北京邀请了人民大学会计核算教研室主任赵玉珉，陈忠贵处长还专程到上海，邀请了上海财经学院会计系主任娄尔行及龚清浩。后因龚不愿离开上海，改请了上财的吴诚之。他又到厦门，点名邀请我。对我去参编这本教材，校党委、王校长和系总支书记李维三都很支持。最后，当时的财政部会计司副司长杨纪琬也参加了进来。因此，实际上是赵玉珉、娄尔行、吴诚之、我、杨纪琬一同参与了这本教材的编写。

时至今日，杨、娄、赵、吴四位先生已先后作古。每当我回想起这本书的编写过程，总会生出无限感慨。在我们编写的过程中，几乎每一章都会引发不同观点的激烈争论，再相互协调，最后达成共识。尤其是在第一章“总论”部分。“总论”涉及对如下四个理论问题的表述：(1)会计的对象；(2)会计的性质；(3)会计是否仅限于苏联教材中写的会计核算；(4)会计的职能。当时我们对第一个问题，即会计的对象的争论最为激烈。主要是我同杨、赵二位交锋。我坚持会计的对象是“企业的经营资金运动和社会主义资金运动”，他二人则坚持原苏联和人大教材的观点，即会计的对象是“社会主义扩大再生产过程及其社会主义财产”。娄比较倾向于杨、赵，吴则总是随大流。如此僵持了几天，我想我应作些让步，否则教材无法编写，杨司长也很难向部长和部党组交代。于是，我建议能否用大小字排印，反映两种观点。大字反映他们认为的主流观点，即当时被普遍接受的苏联教材中的观点，小字反映我的观点。我的建议得到了大家的一致赞同。杨尤其高兴："这样很好，我们的教材带头实现中央的'双百'方针，又有主次。"争论终于得到了解决。

◎在北京编写教材期间的葛家澍（1962年）

前　言

本书是为高等财经院校会计专业"会计原理"课程编写的试用教材，也可供财务会计人员在业务学习中的参考。

根据过去的教学经验以及会计工作中的实际经验，我们对本书的结构安排和内容作了某些新的尝试。例如，会计分析和检查，在本书内专设一章论述；把登记帐簿作为会计核算的专门方法；适当地增加一些有关会计业务知识方面的内容，等等。由于水平的限制，编写时间又比较仓促，难免有很多缺点，甚至可能有错误，希望读者批评、指正，以便在试用一个时期以后，再补充、修改。

有关会计方面的某些基本论点，如会计的对象、会计方法的具体内容等，目前还存在着争论。为了便于读者对不同意见进行研究，进一步开展会计学术讨论，对于某些比较重要的不同意见，在本书内加注了说明，供读者参考。

为了兼顾一般财务会计工作人员学习的需要，本书对有关会计业务方面的问题，阐述较多。高等院校采用本教材时，对于这一部分内容，可以根据教学需要，适当精简。

本书没有编写复习题和实习题，希望各院校在教学中自行补充。

本书是由财政部教材编审委员会组织专门小组集体讨论、集体编写的。参加讨論和编写的有中国人民大学赵玉珉同志，上海社会科学院娄尔行同志，厦门大学葛家澍同志，上海财经学院吴诚之同志。财政部会计制度司部分同志也参加了讨论和编写。

◎《会计原理》（财政部统编教材，1963年版）封面与前言

在北京期间，1953年和1954年毕业生与萧贞昌、葛家澍老师聚会，留下合影一张。

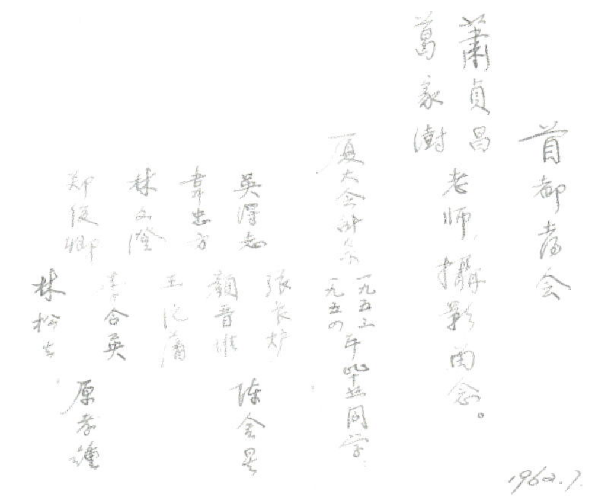

◎1953、1954届毕业生与萧贞昌、葛家澍老师北京聚会合影正反面（1962年7月）

三、《会计基础知识》

（一）《会计基础知识》的写作和出版历程

1962年上半年《会计原理》教材的撰写结束后，葛家澍又承担了一个重要的任务——担任教育部文科统编教材《会计基础知识》的主编。《会计基础知识》编写的背景是：1961年，时任国家领导人刘少奇和邓小平下达指示，国内要编写一套自己的高等教育文科教材。此次教材编写由中宣部副部长周扬挂帅，集中了全国社科界的学术权威和精英，并实行主编负责制。其中，于光远出任经济组组长，王亚南主编经济史，范文澜、翦伯赞等参与历史组。每个组的成员几乎都是国内最具影响力的大专家、大教授。王亚南力荐年仅四十、不久前才升为副教授的葛家澍担任《会计基础知识》的主编。葛家澍意识到自己肩上的重任，一丝不苟地编写教材。初稿完成后，1962年12月4日至8日，由高等学校文科教材办公室经济组出面，邀请当时参加编写教材的部分经济组成员和北京多所院校的教师，就会计的基本理论问题展开讨论，在北京举行了《会计基础知识》的书稿讨论会，参加人员包括但不限于中国科学院经济研究所的于光远教授（高教部文科统编教材经济组负责人）、顾准先生和会计界多位教授和专家。之后，在上海举行了二次讨论会，王亚南校长亲自出面主持，众多会计学、经济学专家出席，进行了激烈的讨论。

1963年7月，《会计基础知识》定稿交出版社；1964年2月，《会计基础知识》一书由中国财政经济出版社出版。

会計基础知識
葛家澍 主編
中国财政經济出版社出版
（北京永安路18号）
北京市書刊出版业营业許可証出字第1　号
中国财政經济出版社印刷厂
新华書店北京发行所发行
各地新华書店經售
850×1168毫米1/32・印張・2插頁
1964年2月第1版
1964年2月北京第1次印刷
印数：1～10,000 定价：（9）1,
統一書号：K4166-089

◎《会计基础知识》（1964年版）封面和版权页

（二）《会计基础知识》改版更名为《会计学基础》

1980年，《会计基础知识》改版更名为《会计学基础》（高校文科教材之一），仍由中国财政经济出版社出版。该教材于1988年被评为“全国优秀教材”。

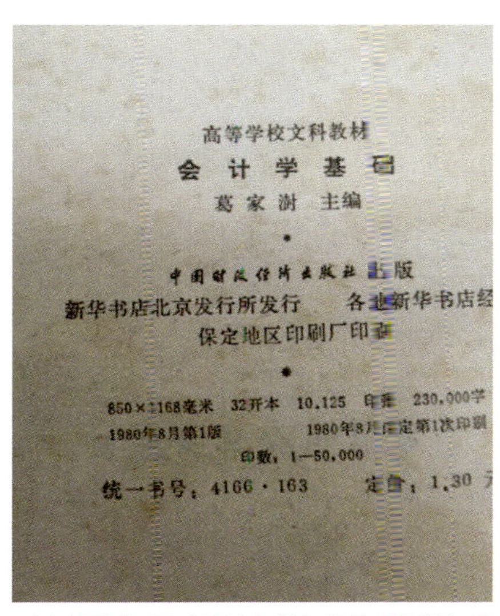
高等学校文科教材
会 计 学 基
葛 家 澍 主编
中国财政经济出版社 版
新华书店北京发行所发行　各 新华书店经
保定地区印刷厂印
850×168毫米 32开本 10.125 　230,000字
1980年8月第1版　1980年8　定第1次印刷
印数：1—50,000
统一书号：4166・163　定 ：1.30

◎《会计学基础》（1980年版）的封面和版权页

（三）2021年厦门大学百年校庆期间《会计基础知识》高清扫描版出版

为迎接2021年厦门大学百年校庆，厦门大学组织专家遴选了一批能够彰显厦门大学百年发展学术成就的著作和教材，予以高清扫描，纳入“厦门大学百年校庆系列出版物·百

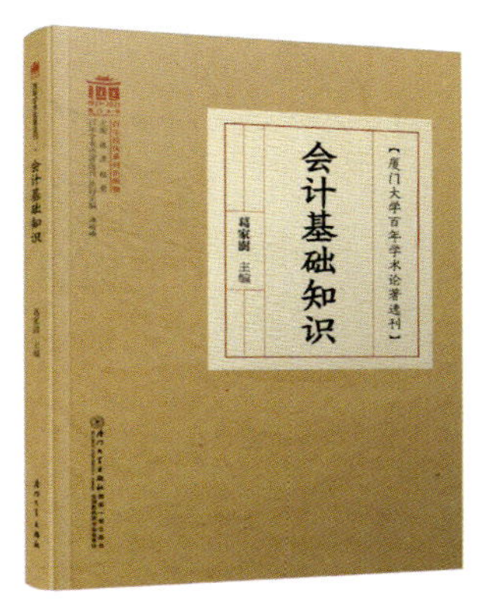

◎《会计基础知识》高清扫描版（厦门大学出版社2021年版）封面

年学术论著选刊”系列重新出版（保持原貌，仅做少量勘误），《会计基础知识》入选。遴选委员会指出，“20世纪60年代初，我国会计学家葛家澍先生主持了当时国内首批高等学校文科教材中《会计基础知识》一书的编写。这是国内最具影响力的会计学教材，影响了数代的学术研究者和数以百万计的学生”。

《会计基础知识》高清扫描版出版的过程中，厦门大学和出版社邀请厦门大学会计学系主任、葛家澍教授培养的博士杜兴强教授撰写前言，对该教材的学术价值以及作者葛家澍教授进行介绍（见附录3-5）。

四、厦门大学会计学科主编的其他教材

1953年，葛家澍老师编写《会计学原理》，在厦门大学会计学系内部试用。

◎1956年4月集体备课小组开会

1957年，葛家澍副教授出版《社会主义会计核算形式》（新知识出版社1957年版），

这是葛家澍编著出版的第一本教材。

目　錄

135323

一　什么是会計核算形式和为什么要研究会計核算形式

在社会主义制度下，会計核算是有計划管理國民經济的必要工具。社会主义会計核算首先在各企業和組織范圍內進行，然后再逐步按國民經济各部門彙总。所以企業是处理会計核算的主要环節。

根据管理社会主义經济的要求，会計核算要經常反映企業計划执行的進程和結果，定期提供計划完成情况的資料，以便領導和監督企業的經济活动。

我們知道，管理企業所必需的会計資料是由憑証、帳簿和报表產生的。憑証、帳簿和报表是处理会計核算的技術手段。憑証包括了經济業务的原始資料。这些資料的优点是比較完备和具体，而且也最为可靠。所以它被用來实行日常的業务監督。不过憑証所包括的資料是零碎的。每張憑証只反映个別的經济業务。僅僅依靠憑証，还不可能了解企業活动的整个面貌。因此憑証的編制只能作为会計核算的基礎和起点。在作成憑証以后，应該把憑証中所包括的經济業务，按照一定方式在帳簿中進行登記（这叫做記帳），最后再总結帳簿的記錄，產生各种报表。

記帳是会計核算处理过程中必不可少的重要步驟。通过这个步驟，原先分散在大量憑証中的零碎資料，才逐渐彙总和系統化。編制报表和領導經济工作所需要的完整資料，实际上都是由各种各样的帳簿供給的。所以我們有必要來專門研究各种帳簿

·1·

內容提要

本書扼要地說明了社会主义会計核算形式在苏联的發展情况，并从理論上介紹了苏联先進的記帳憑單、憑單日記帳和日記总帳三种主要核算形式。最后，为我國会計核算工作人員指出了学習苏联先進經驗的重大意义和今后努力的正确方向。

本書可供廣大会計教育工作人員閱讀參考，也可作为財經院校会計核算課程的教學参考用書。

社会主义会計核算形式
葛家澍編著
新知識出版社出版
（上海湖南路9号）
上海市書刊出版業營業許可證出015号
上海三星印刷厂印刷　新華書店上海發行所总經售
开本：787×1092 1/32　印張：1 3/4　字數：10,000
1957年4月第1版　1957年4月第1次印刷
印數 1—6,000本
統一書号：4076·76
定價：(7)0.17元

◎《社会主义会计核算形式》封面、目录、首页和版权页

20世纪50年代末，厦门大学作为国内经济学科实力最强的高校之一，便已经开始以学科和教研室为单位编写教材。在此前大量引入和翻译苏联专业教材的基础上，众多高校纷纷开始自编教材。1956年1月，高教部发布《高等学校教材编写暂行办法》，要求组织

高校教师在学习苏联教材的基础上，密切结合中国实际情况，编写适合中国学校的教科书、教学参考书。在厦门大学党委的支持下，厦门大学经济系财务会计教研室承担了编著《会计学原理》的任务。彼时的财务会计教研室以年轻教师为主，思想活跃开放，大家希望编写出一本与苏联教材完全不相同的会计原理教材①。

《会计学原理》由葛家澍主编，编写者包括葛家澍、余绪缨、陈仁栋和黄忠堃，尝试将“资金运动论”的观点嵌入教材。《会计学原理》包括十章和一个附录，由葛家澍主编，并执笔第一、八、九章；陈仁栋执笔第二、五章；余绪缨执笔第三、四、十章；黄忠堃执笔第六、七章以及附录。“全书的主要论点在编写小组中进行过反复的讨论。在本书整理和校对工作中，还得到庄瑞澄同志和其他同志的帮助。”

1962年，《会计学原理》由上海财政经济出版社出版。

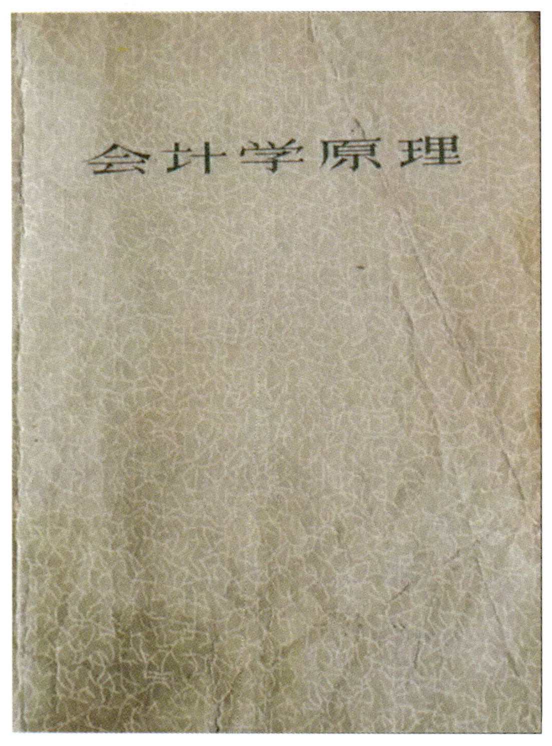

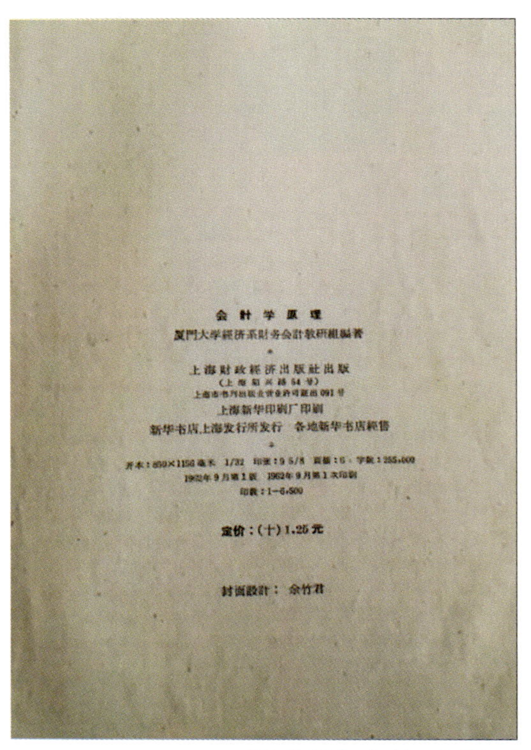
会計学原理

廈門大學經济系財务会計教研組編著

上海財政經济出版社出版

上海新华印刷厂印刷

新华书店上海发行所发行　各地新华书店經售

1962年9月第1版　1962年9月第1次印刷

印数：1—6,500

定价：(十)1.25元

封面設計：余竹君

◎《会计学原理》封面与版权页

① 《余绪缨传记》编写组，2022. 绪长缨：余绪缨传记［M］. 广州：广东经济出版社：213-214.

◎会计核算教研组全体成员南普陀留影（1956年2月26日）

参加1963年全国首次会计研究生考试的何生棠，对葛家澍主编的《会计学原理》（上海财政经济出版社1962年版）颇为推崇[①]：

> 基础课是会计学原理。当时这门课程的全国高等学校文科统编教材是中国财政经济出版社出版的《会计原理》（赵玉珉、娄尔行、葛家澍、吴诚之编著），主要教学参考书是上海财政经济出版社出版、厦门大学财务会计教研室编著的《会计学原理》（葛家澍主编）。我在1962年自学时就感到，《会计学原理》比《会计原理》编得好。《会计原理》基本上没有摆脱苏联来华专家马卡洛夫编著的《会计核算原理》的格局，创新较少；《会计学原理》则以《资本论》为理论基础，理论水平高，新创意多，科学性强。特别是对会计核算对象的阐述，独树一帜，自成体系。我是认真学习过的。没想到，基础课主要考题就是“试述社会主义会计的对象”。我一看试题，喜出望外，从社会主义会计对象的一般说明开始，讲工业企业会计对象的具体化和社会主义会计对象的定义。在此基础上，我还临场发挥，把资金运动的依次继起性和同时并存性，作为资金循环和周转的内容。

① 参考了汪一凡撰写的《厦门大学会计系往事（十六）》，详见厦门大学会计学系官方微信公众号“厦大会计”。

四、教学

厦门大学会计学科从其建立之日起，就非常注意教学。新中国成立后，厦门大学会计学科的教师兢兢业业地教学，为社会主义祖国培养人才。

汪一凡老师通过访谈指出，1949—1965年，葛家澍与余绪缨两位年轻人很快就成为教学的骨干力量，承担了很多的教学工作量，教学效果也很好。当时在会计系修读第二专业的汪慕恒说："我在会计系所修的课程中，葛家澍和余绪缨两位的讲课是最有条理，效果最好的。"被访谈的、在京1953届和1954届厦门大学会计学系毕业生亦有此回忆[①]。

此外，和现在青年教职工的烦恼类似，当年厦大的住房也相当紧张，葛家澍与余绪缨两位老师也要面对住房问题。葛家澍老师的住房安排在鼓浪屿，为节省时间，平时在校住集体宿舍，每逢周末才回去。余绪缨老师结婚后，因未能及时从校方分到住房，借住在厦门籍同事哥哥家楼下闲置的房间（中山公园南门对面福华里一号，今已拆除）。

吴水澎老师（1959—1963年就读于厦门大学会计学系 / 专业）曾忆及就读期间的三件事情，可以管窥出厦门大学会计学科对本科生培养的过程。[②]

1. 入学后的第一学期就开始学习"政治经济学"这门专业基础理论课。除了听课和复习外，还需要阅读许多参考书。期末考试时，为全面检验教学效果，经济系三个不同专业的学生，实行统一命题并在同一个时间进行考试。

2. 在学习"工业会计"课程材料核算这一章时，要练习材料核算中的"余额法"。这个作业程序纷繁复杂，光题目就有一本书那么厚。它与成本计算中的"定额法"，被誉为社会主义会计学的两个塔尖。听老师说，这个作业如果顺利，一个星期可以完成。

3. 大学四年级的"工业企业经济活动分析"课程，其内容丰富又灵活，好多问题需要综合分析、梳理和判断才能得出答案，被公认为比较难掌握的课程。

厦门大学会计学科不仅注重教学过程和教学效果，而且注重将教学经验进行总结。1951年12月20日《新厦大》第29期刊登文章《高等会计学典型教学检查》，分别涉及一般工作情况、本课程教检总结等内容。

---

① 参考了汪一凡撰写的《厦大会计往事（八）》，详见厦门大学会计学系官方微信公众号"厦大会计"。

② 参考了《师者 | 吴水澎：把毕生的爱献给会计改革和发展事业》，详见厦门大学官方微信公众号"厦大人"。

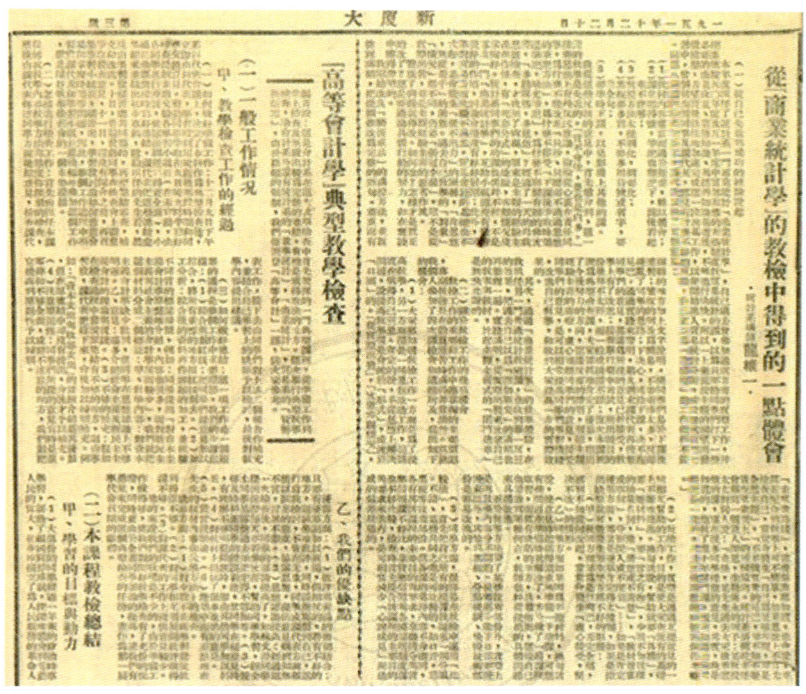
新厦大

從「商業統計學」的教檢中得到的一點體會

「高等會計學」典型教學檢查

（一）一般工作情况

甲、教學檢查工作的經過

乙、我們的優缺點

（二）本課程教檢總結

甲、學習的目標與動力

◎《高等会计学典型教学检查》（《新厦大》1951年12月20日第29期）

1952年1月1日《新厦大》第31期刊登文章《会计系教研组怎样关心同学学习》，揭示了教学之余厦门大学会计学系教师与学生教学相长的互动。

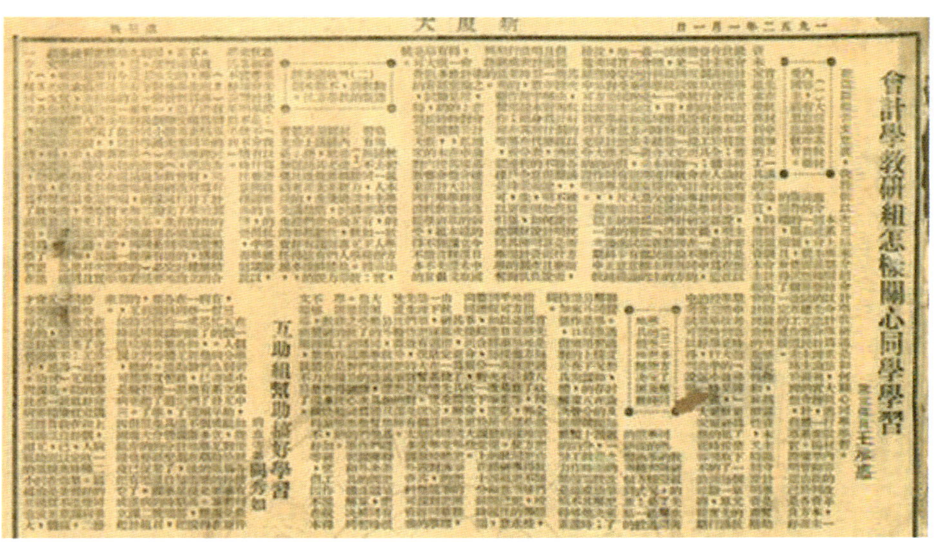
新厦大

會計學教研組怎樣關心同學學習

互助組幫助搞好學習

◎《会计系教研组怎样关心同学学习》（《新厦大》1952年1月1日第31期）

1953年1月1日《新厦大》第48期刊登文章《会计核算原理教学研究指导组工作制度（草案）》，面向全校师生征求意见。

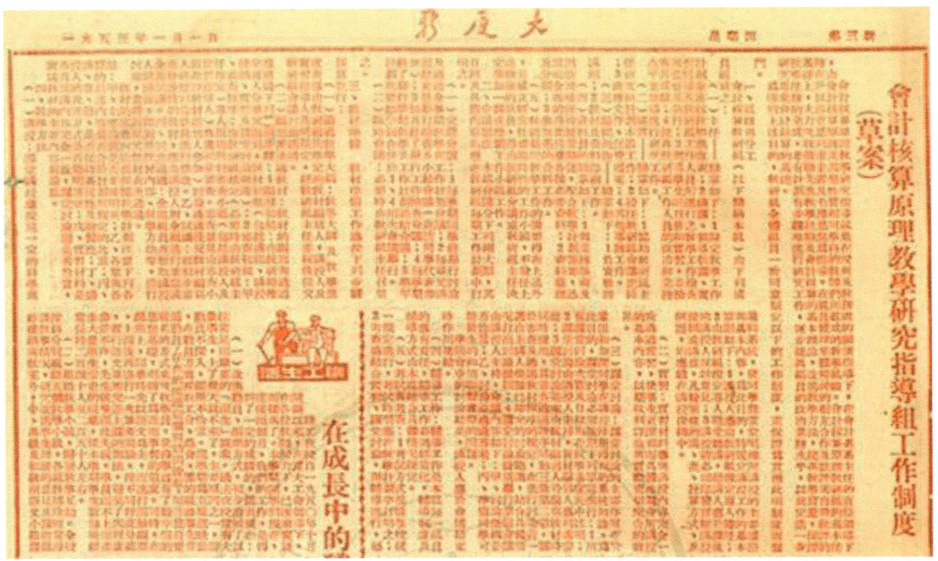
新厦大

會計核算原理教學研究指導組工作制度（草案）

在成長中的

◎《会计核算原理教学研究指导组工作制度》（《新厦大》1953年1月1日第48期）

1953年4月1日《新厦大》第54期刊登葛家澍的文章《会计核算原理教研组提高教学质量与在课堂上基本解决问题的初步经验》。

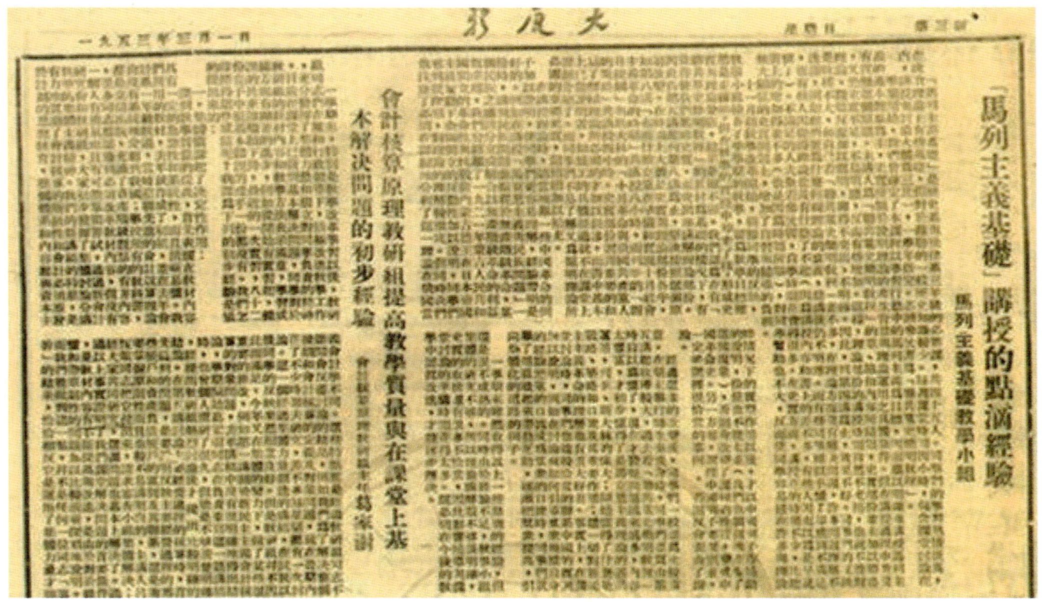
新厦大

「馬列主義基礎」講授的點滴經驗

馬列主義基礎教學小組

會計核算原理教研組提高教學質量與在課堂上基本解決問題的初步經驗

葛家澍

◎《会计核算原理教研组提高教学质量与在课堂上基本解决问题的初步经验》（《新厦大》1953年4月1日第54期）

1953年4月2日《新厦大》第57期刊登余绪缨的文章《采用苏联教材必须从全面到深入》，揭示了厦门大学会计学科反思苏联教材的、有破有立的教学改革思路。

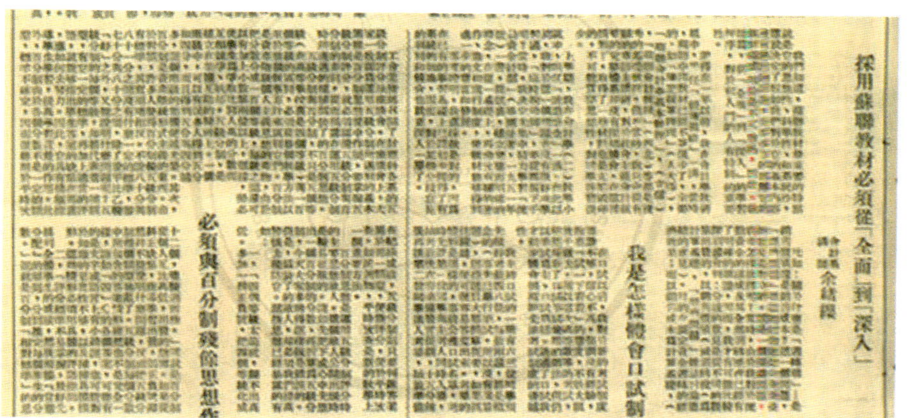

採用蘇聯教材必須從「全面」到「深入」

會計系 余緒纓

我是怎樣體會口試制

必須與百分制殘餘思想作

◎《采用苏联教材必须从全面到深入》（《新厦大》1953年4月2日第57期）

厦门大学会计学科历来注重师资团队的建设。譬如，1953年8月1日《新厦大》第69期刊登葛家澍的文章《我们要在一年内培养两位助教　具有写稿能力和讲授能力》。

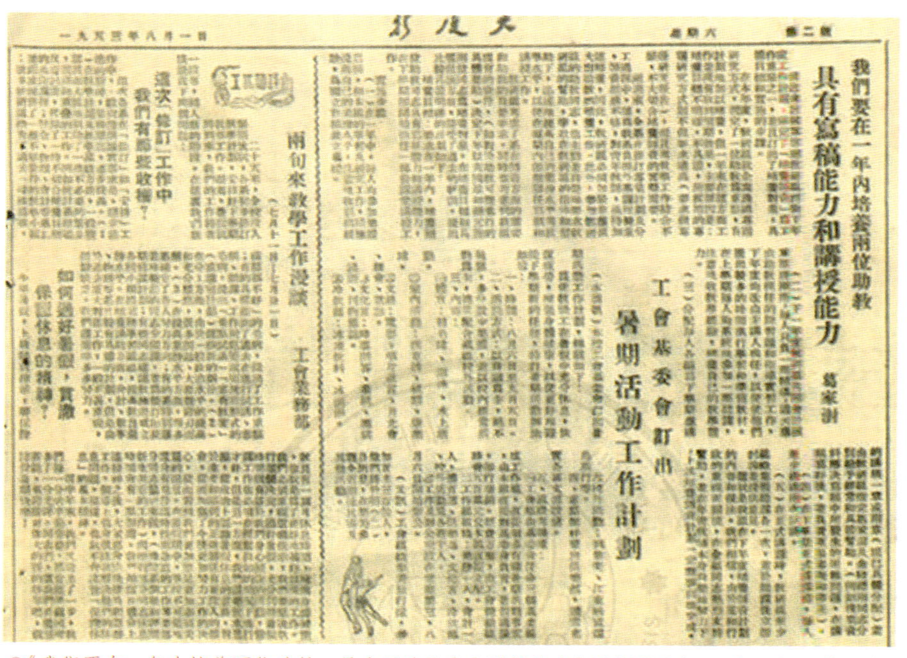

新厦大

一九五三年八月一日　星期六　第二版

我們要在一年內培養兩位助教
具有寫稿能力和講授能力

葛家澍

工會基委會訂出
暑期活動工作計劃

這次「修訂」工作中
我們有那些收穫？

如何過好暑假，貫徹保證休息的精神？

◎《我们要在一年内培养两位助教　具有写稿能力和讲授能力》（《新厦大》1953年8月1日第69期）

此外，《新厦大》第133期刊登了葛家澍的文章《我对于综合大学会计学专业培养目标的看法》，思考了会计学专业在人才培养方面的角色与定位，包括科学研究能力培养、师资培养和输送、高级（实务）工作人才培养。

我对于綜合大學會計學專業培養目標的看法

經济系講師 葛家澍

學期開始，我們教研組根据校院長座談会精神对会計学專業的教学計划進行了初步修訂，減少了課程的門數和時數，保証同学獲得較多時間進行独立思考和独立工作。

但是，我們必須承認，由于修訂教学計划的工作進行得很匆促，当時对有關教学計划某些重大問題的討論是很不够的。举例來說，像会計学專業的培养目标就沒有認眞地展開討論和研究，無論教師和同学，到現在都不明確綜合性大学的会計学專業应当培养什么样的人才。

这个問題我認为需要很好地討論解决。（当然最后要經过高教部的批准。）現在学校要求我們在11月底把修訂的教学計划定稿報部。如果不先解决这个問題，繼續修訂教学計划，从而使之定稿是很困难的。

根据我个人的看法，綜合性大学会計学專業可以規定不同于財經学院会計学專業的培养目标。各个綜合性大学也可以容許結合它的地理与歷史条件、師資条件的有關專業設置情况來考慮最適宜为國家培养那几方面的人才。

首先，我認为一切綜合性大学所培养的学生都必須具备初步進行科学研究的能力。具体地說，綜合大学各專業（包括会計学專業在內）应当为國家培养科学研究人才。我國会計科学的研究工作目前正在開始。有人認为会計科学沒有东西可以研究是毫無根据的。最近財政部制訂的12年財政科学研究規划中就包括很多会計方面的研究題目。財政部正在筹备成立科学研究机構來实現这一規划。我認为，綜合性大学会計学專業首先要滿足國家在这方面的人才需要。

其次，綜合性大学会計学專業要为高等財經学校，設有經济学專業的高等工業学校和中等財經学校培养会計核算課程的師資。高等財經学校今后總是要發展的。高等工業学校不久也可能增設經济專業。这都需要增加会計核算的師資。至于中等財經学校的財会教師，当然也需要由大学会計学專業來培养。

最后，綜合性大学还应該为國家培养高級会計工作人才。照國家經济建設的需要看來，这一任务在今后相当長時期內可能仍是主要的。但問題在于：我們应当为什么性質的國家机關和經济組織培养干部？我們所培养的干部应能担負什么具体工作？如果考慮到我校是綜合性大学，考慮到我校已有的其他財經專業的性質，那么，我認为，我們有条件爭取較为上級管理机關和財政机關，培养綜合性的財会工作干部，这样的干部要求具有較为廣博的專業知識，理論水平要求也比較高。具体地說，要求我們培养的畢業生应適宜于：

第一，在管理局、公司和部等管理机構工作。具备对于財会制度進行擬訂、研究，指導执行和督促檢查的能力；並且对于基層單位送來的財会報表及其他核算資料有檢查、綜合、与分析的能力。

第二，在國家各級財政部門工作。具有对企業及經济組織進行財政督察（主要是檢查憑証和分析報表）的能力。

根据上述培养目标，我們的教学計划部門經济，部門財务等方面要求比財經学院加重一些，而对于工藝学、企業組織与計划等課程則可以相对地減輕。在我們專業課程如部門会計核算及經济活動分析中則必須分別增加「報表彙總」及「彙總報表分析」等新的內容。

以上，是个人对于我校会計学專業培养目标的一些不成熟看法，請大家批評指正。我希望这个問題能引起会計核算教研組全体同志及会計專業全体同学的重視和討論。

◎《我对于综合大学会计学专业培养目标的看法》（《新厦大》第133期）

第三节　厦门大学会计学科科研情况与学科影响力

一、“新会计研究”兴趣小组

1950年5月24日，中央人民政府教育部任命王亚南为厦门大学校长。1951年2月，葛家澍自华东人民革命大学政治研究院回到厦门大学。根据葛家澍先生后来的回忆，王亚南校长曾对青年教师讲过，“在大学教书，如果不搞科研，就只能是一名教书匠，不可能成为名副其实的大学教授和学者”。

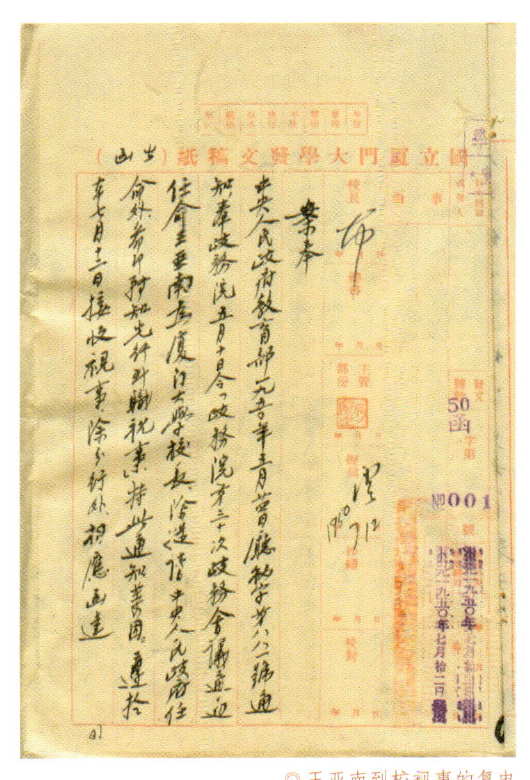

國立廈門大學發文稿紙（出函）

案奉

中央人民政府教育部一九五〇年五月 聽秘字第八八一號通知，奉政務院五月 日令：政務院第三十次政務會議通過任命王亞南為廈門大學校長，除送請中央人民政府任命外，希即轉知先行到職視事，特此通知等因。遵於本年七月十二日接收視事，除分行外，相應函達

◎王亚南到校视事的复电

王亚南校长的这番话，点燃了刚经历思想改造运动的青年教师葛家澍心中“蛰伏已久”的科研念头。在一篇题为“翘楚凡影踏歌而行”的文章中，葛家澍先生深情回忆道：“我的人生路因为王校长开始出现了转折。”[①]“我在厦大刚任教时，一心从事会计学教学工作，并不曾想过进行科学研究，是王亚南校长的一句话激发了我结合教学进行科研的决心。”

1938年，由郭大力和王亚南合译的《资本论》第一部中文全译本正式出版，对马克思主义政治经济学在中国的传播作出了巨大贡献。王亚南在厦门大学教授“高级经济学”和“经济政策”等课程时，坚持以系统全面地运用马克思《资本论》的结构体系、规律范畴来考察分析中国社会经济问题，提出建立以研究中国经济为主题的“中国经济学”，主张“我们研究政治经济学，应随时莫忘记我们是以中国人的身份来研究”，就是要“站在中国人的立场来研究经济学”，“我们要由政治经济学的研究，逐渐努力创造一种专为中国人攻读的政治经济学”。王亚南教授的研究对厦门大学会计学科的青年教师葛家澍、余绪

① 2011年7月，适逢厦门大学经济学院建院30周年，葛家澍教授作为首任院长接受访谈，访谈稿以“葛家澍教授：翘楚凡影踏歌而行”为题发表于厦门大学经济学院网站。

缨和黄道标等产生了深远的影响。①

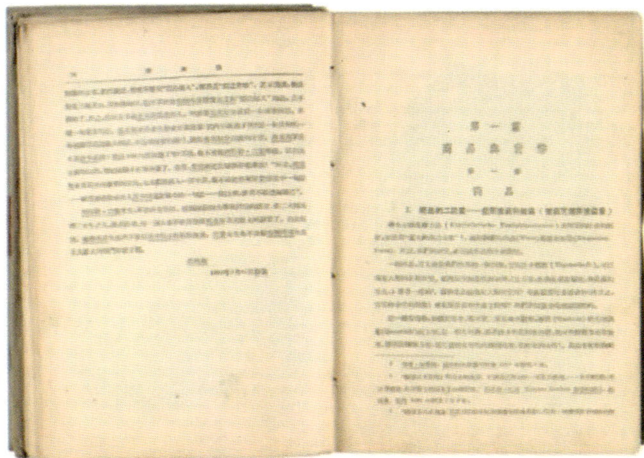

◎郭大力与王亚南合译的《资本论》(全译本三大卷)》

◎王亚南（1901—1969）

◎郭大力（1905—1976）

① 葛家澍教授曾经多次提及王亚南校长和萧贞昌主任对他的影响（刘峰教授所做记录）：20世纪50年代初，我和余老师、黄道标老师等九人组织了一个“新会计研究”兴趣小组，在萧（贞昌）老家开会…… 肖与王校长同住一座楼，我们开会谈论时，王校长对我们鼓励赞许，有两次也参加我们的讨论；他本来是一位经济学家，为什么会对会计感兴趣？实际上，他是为我们鼓气，对我们研究新会计的支持。……我之所以决定结合教学进行科研，就是王校长的教导和指引。我撰写的、当时敢于与苏联会计学界持不同意见的论文《试论社会主义会计核算这门科学的对象》发表后，王校长大加赞赏（当然我后来又陆续发表了一些修正和完善我的观点的文章）。在此之后，我一直受到他的关爱和指引。可参考：苏锡嘉，刘峰．澍雨杏风［M］．厦门大学出版社，2021.

按照我们掌握的资料和葛家澍先生的回忆，王亚南校长和萧贞昌教授都住在“卧云山舍”。汪慕恒接受汪一凡采访时曾言及，“王校长和萧主任当时分别住在面对面的两个房间，中间是共用的客厅[①]。萧先生的房间又隔为前后两间。当时会计系很多文献资料都放在萧先生的前隔间里。彼时，青年教师葛家澍、余绪缨和黄道标等经常到萧先生家读书和查资料”。

在王亚南教授的建议和指导下，葛家澍、余绪缨和他们的同代人都系统地研究了《资本论》和其他相关著作，这为他们日后的研究打下了坚实的基础。

根据葛家澍先生的回忆，自1952年斯大林的《苏联社会主义经济问题》出版之后，我国众多的社会科学都据此重新进行梳理。基于此，受报效祖国思潮的影响，厦门大学几位年轻的会计学系教师——葛家澍、余绪缨和黄道标等九人，在著名经济学家王亚南教授（厦门大学校长）与萧贞昌教授（会计学系主任）的支持下，成立“新会计研究会”，研究会计学科出现的新问题。研究小组发现[③]，苏联的会计教材内容比较单薄，讲的不是会计原理，而是簿记原理，很多问题都没有在教材中阐述清楚。研究小组通过实际教学还发现，苏联会计教材讲的应该是会计核算原理，而非会计原理。此外，无论是苏联还是西方，对会计对象的研究都不够深入，且采取的是“会计要素”而非“会计对象”这个术语。

◎卧云山舍[②]

1962年5月22日，王亚南校长向厦门大学青年教师、职员和学生300余人做了一次主题为“青年教师如何治学”的演讲，谈及自己的治学经历。这场活动

① 据葛家澍先生的回忆，王亚南和萧贞昌二人都住在“卧云山舍”（厦门大学大南3号楼）二楼。1950年，学校将一套房子分配给王亚南居住，由于家人未随行、房间富余，王亚南便邀请同是湖北老乡的萧贞昌同住。

② 图片引自汪一凡撰写的《厦大会计往事（十三）》，详见厦门大学会计学系官方微信公众号“厦大会计”。汪一凡老师指出，卧云山舍因在“文革”期间曾发生武斗，故又以“造反楼”著称。汪一凡老师曾在《厦大会计往事》（十三）中转录了萧贞昌教授的长孙萧人孟的一封信，补充了一些重要的史料或信息（见本章附录3-4）。

③ 葛家澍，葛家澍：自由思想创新精神[M]// 上海国家会计学院会计口述历史项目工作组．会计口述历史（第一辑）．上海：立信会计出版社，2020.

由学校教育工会主席萧贞昌先生主持，同样对葛家澍、余绪缨、黄道标等青年教师日后研究产生了重要的影响。凡事预则立，不预则废。学习也同样，如果没有妥善的安排，则容易落空，不能坚持。因此，要使学习能长期坚持，取得良好的效果，就必须有规律地安排学习和生活，努力做到“好整以暇”，这就是既要严肃紧张，又要从容不迫。我在正常情况下，通常每天清晨四五点钟就起床，学习理论性较强的书籍，坚持有规律的工作和生活，几十年不轻易更改。而在出差、突击工作来临的情况下，我就适应新的情况另作相应的安排，保证在任何情况下，每天都能抽出一定的时间学习。在这里，关键是要不懈地跟个人生活上的自由主义作斗争，树立远大的理想与崇高的生活目的。只要能够这样，则干起任何事情，在任何时候，都能精神焕发，精力充沛，永远有中心、有组织、有计划、有规律地前进，学习也就能够取得应有的效果。①

二、会计基本理论研究方面的百舸争流

20世纪50年代初，受当时社会整体氛围的影响，新中国各个领域和战线“去美迎苏”。会计领域亦不例外。当时的会计基础理论研究奉前苏联专家的观点为圭臬，甚至唯其“马首是瞻”。1952年，苏联会计专家马卡诺夫在《工业会计》上发表了《论会计核算的阶级性》，这导致会计的阶级性问题在一段时间内影响了中国会计学界，束缚了中国会计学者的思想。列宁有这样一句名言：“任何一件制品，任何一块面包，都不能处于核算之外，因为社会主义首先就是核算。”即便在这样的氛围下，厦门大学的教师，包括但不限于葛家澍和余绪缨，并没有将苏联专家的意见视为金科玉律，而是敢破敢立地进行了相关探索。

1952年1月，葛家澍老师在《大信会计月刊》第三卷第6期发表《中国人民银行业务收支分析工作的研究》。这是葛家澍继求学阶段于《苏皖技专会计学会会刊》1943年创刊号上发表《目前会计人事上的重要问题》后又一篇重要的学术论文。

1954年，葛家澍在《厦门大学学报（哲学社会科学版）》第2期发表论文《社会主义

① 《余绪缨传记》编写组，2022. 一绪长缨：余绪缨传记［M］. 广州：广东经济出版社：169.

工业企业经济活动分析的对象、任务与方法论》，首次探讨了会计对象，“资金运动学派”的种子开始萌芽；1956年，葛家澍在《厦门大学学报（哲学社会科学版）》第2期发表《试论会计核算这门科学的对象和方法》，正式提出“会计对象是资金运动”的论点，“资金运动论”的思想呼之欲出。

社會主義工業企業經濟活動分析的對象、任務與方法論

葛家澍

企業經濟活動分析是社會主義核算的高級階段和完成階段

斯大林同志所發現並表達的國民經濟有計劃的（按比例的）發展法則是社會主義的客觀經濟法則。這個法則說明一個事實：社會主義國民經濟的有計劃發展是客觀的必然性。社會主義國民經濟不能不按照計劃進行，否則，它就會變成無政府狀態的經濟，而與社會主義生產方式的本性相矛盾。社會主義國家在認識、研究並掌握這個經濟法則以後，就擬訂出反映該法則要求的統一國民經濟計劃。指導並規範社會主義的全部經濟生活，首先是社會主義的生產。

爲了進行社會主義的計劃生產，國家就組織了千千萬萬個社會主義企業，作爲生產的基層單位。每個企業都賦與並具體執行着一定的生產任務。

大家知道，當國計劃任務發達每一個企業後，它就成爲該企業法律。企業要無條件地完成這個任務。那末，怎樣才能保證完成國家賦與的計劃任務呢？

要完成國家的計劃任務，這就需要：第一以國家任務爲基礎，正確編製企業的生產財務技術計劃，用來嚴格指導企業的整個經濟活動，動員企業工作人員爲完成和超額完成計劃任務而鬥爭。第二，認真執行並檢查所擬訂的計劃。斯大林同志對於監督計劃的執行和經常檢查其完成情況一向寄予極大的注意，他曾明確地教導我們說：“只有官僚主義者才能這樣來想計劃上的事情，以爲只要計劃一經擬訂，工作便完結了，而不知擬訂計劃，只是事情的開始。”（註一）

關於如何擬訂正確的企業生產財務技術計劃，不在本文討論範圍之內，我們專來討論，在企業中怎樣檢查計劃和監督計劃的完成，如何可以爲擬訂計劃提供正確和可靠的資料。

這樣一來，我們就應該研究作爲監督企業計劃執行最有效手段的經濟核算（我們主要指會計核算）。

馬列主義的經典作家幾乎都指示過核算在社會主義社會所起的巨大作用。馬克思首先指出：“過程（指生產過程——本文作者註）愈採取社會的規模，愈失去純粹個人的性質，簿記——當作生產過程的控制和觀念總結——就愈成爲必要。所以，簿記對於資本主義生產，比它對於手工業經營及自耕農經濟的分散的生產，更爲必要；它對於社會共同的生產，又比它對於資本主義生產，更爲必要。（註二）列寧指示說：“社會主義，——首先就是核算”（註三）“統計（應理解爲核算——譯

試論会計核算这門科学的对象和方法

葛家澍

苏联会計学界自1953年4月起在“会計什誌”上展開了会計核算对象与方法問題的討論。問題首先是由列昂捷夫和少洛莫维奇兩教授提出的。以他們的論文“論会計核算的对象与方法問題”为起點，陸續發表了好幾篇文章。㊀从已發表的文章看來，意見相当分歧。就对象問題來說，幾乎每一位參加討論的作者都提出了自已的看法。討論核算方法的文章雖然不多，但意見也不統一。这表明：要正確解决以上兩个問題，还需要進行深刻的研究和討論。

進行会計核算的理論研究，首先要明確規定会計核算的对象。大家知道，任何科學都研究自然現象或社会現象的一定領域。作为某一門科学对象的現象領域各有其專門特點。正是这些特點，使这門科学和那門科学的对象分開，各自進行独立的研究。㊁通过專門科学的独立研究，便能深刻認識和掌握作为各該科学对象的現象領域的本質，更好地利用它为社会謀福利。

明確規定会計核算的对象，就是要確定会計核算这門科学应当研究的特殊現象領域，並且要闡明它的特點。

斯大林在分析作为一种社会現象的語言的特點時曾說过“这些特點便是語言所特有的。而且正因为它們總是語言所特有的，所以語言才是独立科学——語言学——底研究对象。如果沒有語言底这些特點，語言学就会喪失独立存在的权利”㊂

因此，確定会計核算的对象，还在於通过它的对象特點的分析，回答会計核算有否作为一門科学而独立存在的权利。

研究会計核算的对象，如同一切科学一样，也是進一步研究这門科学的任务和方法的必要前提。只有根據会計核算对象性質的特點，才能正確提出它的主要任务，制訂適合於对象特點的專門科学方法。可見，会計核算这門科学的結構与內容，首先要取决于其对象的明確規定。

然而解决会計核算对象問題还不止于理論意义。前面已經指出，任何科学对于它的对象的深刻研究，都能使这門科学更好地为社会謀福利。这在会計核算表現得尤为明顯。誰都知道，会計

㊀这些文章在我國“工業会計”月刊共譯載5篇。兩位教授的文章載“工業会計”1953年第6期，此外在1954年6、7、8三期刊登过4篇。

㊁所謂独立研究並不意味着孤立地進行研究，自然現象或社会現象總是普遍联系和相互制約着。那麼，每門科学就会和其他許多科学發生組織上的联系。但是每門科学的对象都有它的特點。基于对象性質的特點產生不同的研究方法。只有藉助于專門方法才能進行对象的深入研究。这就是我們所謂独立研究的本意。

◎葛家澍1950年代两篇关于会计对象论文的首页

1961年，葛家澍在《厦门大学学报（哲学社会科学版）》第2期发表《关于社会主义会计对象的再认识》，连同上文提及的之前发表的《社会主义工业企业经济活动分析的对象、任务与方法论》《试论会计核算这门科学的对象和方法》一起，这样，较为系统的“资金运动论”观点得以确立。

1952年余绪缨在《厦门大学学报（哲学社会科学版）》上发表《论固定资产的折旧与再生产》一文，自创了更为简洁、更为精准的计算公式，并论证和推导出“投放于固定资产的资金数量与可保持的在用固定资产实物量之间比例关系”的计算公式。

关于社会主义会計对象的再認識

葛家澍

社会主义会計的对象，原是会計学界長期討論而沒有解决的一个老問題。但几年以來，在總路綫、大躍進和人民公社三面紅旗的光輝照耀下，隨着我國国民經济高速度地發展，社会主义会計的性質、任务及其內容都起了顯著的变化。馬克思列宁主义教導我們，人們的認識应当正确地反映客观事物。在客观事物已經改变了的情況下，人們对客观事物的認識，就必須有所改变。所以，今天重新探討社会主义会計的对象，我仍然感到新鮮并觉得很有必要。

首先需要說明，在这篇文章里，我提出討論的主題是社会主义会計的对象，不是社会主义会計学的对象。从过去參加討論的若干文章看，多數人沒有把这兩个不同的問題明確地区分开來，有些人，包括我自己在內，甚至曾否認会計同会計科学在对象方面存在差別。[1]現在我認为，这种看法是不够妥当的。会計是什么呢？狹义地說，是人們运用貨幣形式，反映和監督社会主义擴大再生產过程。我國人民通俗地称为“記帳算帳”。广义地說，除記帳算帳外，还要挖掘潛力，進行經济活动分析。不論狹义地或广义地理解，这些都屬于实际進行的經营管理工作。其本質都是馬克思所說的“生產过程的控制和观念总結”[2]。但会計学就是另一回事了。社会主义会計学是在馬克思列宁主义和毛澤东思想指導下的一門社会經济科学。它是从理論上对社会主义会計工作經驗進行的系統概括。社会主义会計学的任务，在于科学地闡述社会主义会計工作的本質及其規律性，总結社会主义会計的組織、方法与技术方面的經驗，并且堅决批判資產階級的会計思想和会計观点。所以，在会計与会計学之間是既有密切的联系，又有嚴格的区別。而它們的質的区別，恰好表現为对象的不同。在《矛盾論》这本天才著作中，毛主席說：“人的認識物質，就是認識物質的运动形式……。对于物質的每一种运动形式，必須注意它和其他各种运动形式的共同点。但是，尤其重要的，成为我們認識事物的基礎的东西，則是必須注意它的特殊点，就是說，注意它和其他运动形式的質的区別。”接着又說“只有注意了这一点，才有可能区別事物”[3]。可見，把社会主义会計同社会主义会計学这兩个事物加以区分，認真研究它們的对象的特殊点，对于系統地探討社会主义会計的理論來說，是有决定意义的。关于社会主义会計学对象的重新認識，容当另文闡述，这里就不再討論了。

[1] 參閱拙作：《試論社会主义会計核算这門科学的对象和方法》一文，《厦大学報》社会科学版，1956年第二期。

[2] 馬克思：《資本論》，第二卷，人民出版社，第145頁。

[3] 《毛澤东選集》，第二卷，人民出版社，1952年版，第775頁。

◎《关于社会主义会计对象的再认识》首页

廈　門　大　學　學　報　65

*論固定資產的折舊與再生產

余緒纓

首先，我們需要說明一下，這裏所謂固定資產的「再生產」，雖然也分爲「單純再生產」與「擴大再生產」，但它與這二個名詞一般的用法是不同的。這裏所指的，是折舊與資產換置的關係，表現爲所投放的資產單位與在用資產單位之間的比例關係。這一個問題是從固定資產使用的特性——消費的多次性來考察的。我們考察固定資產使用的過程，可以看出來，固定資產的折舊是固定資金的流動化，也就是固定資金由物質形態逐次轉化爲貨幣形態。正由於固定資產的多次消費與一次換置有了時間上的間隔，因此，假如我們孤立地看單一資產的使用，那麼，此項資產在其使用過程中多次轉化的貨幣，必須逐次儲積，以至原資產不堪繼續使用，亦即原資產的價值由物質形態全部轉化爲貨幣形態時，再由貨幣形態一次重新轉化爲物質形態，此種現象，稱爲固定資產的單純再生產。不過，事實上，從全社會或者一個大規模的企業來看，同一時間有許許多多的資產單位在參加生產，在這種情形之下，各個資產因折舊而陸續分離出來的那一部份價值，如不任其呆放或移作別用，那麼，它在原資產仍供繼續使用的期間以內，與其他資產因折舊而分離出來的價值相結合，有可能提早由貨幣形態轉化爲物質形態，其結果，將使固定資產的單位數有所增加，也就是使在用資產的原始總值大於原投固定資金，此種現象，稱爲固定資產的擴大再生產。不過，更重要的，是折舊提成的利用雖然可以使在用資產的數量有所增加，但此項增加並不是漫無規律的，而是預先可以計算出來的。假如我們不能把握不同情況下各種不同的增長程度，折舊提成有計劃、有效的利用也就成爲不可能了。

以下我們要討論的，就是在不同情況下不同程度的增長應如何計算的問題。此項計算，在資產使用的過程中，又可分爲最高增長率與臨時增長率二種。最高增長率是爲資產的使用期限所規定的，使用期限愈長，最高增長率亦愈高。同時，假如我們專門從某一個使用期限來研究，又由於以原投資金（預算資金）所購置的資產投入生產的「順序」不同，可能發生臨時增長率。此項臨時增長率可以超出該使用期限應有的最高增長率，但它必然是不穩定的，經過一定期間以後，仍然會低落下來，直到達於最高增長率時則保持不動。因此，我們必須注意到，最高增長率是稍以預算資金在資產的使用期限以內「均勻地」投入生產爲計算條件的，儘管在實務上預算資金可以以各種不同的「順序」投入生產，但此項不同順序對於因折舊提成而來的資產的最高增長率並無影響。以下我們擬先舉數字爲例，說明最高增長率與臨時增長率的基本概念，並進而研究最高增長率在計算上的「公式化」問題。關於各使用期限以內所可能發生的臨時增長率，乃直接爲個別情況所決定，不可能使之一般化，故不作進一步的討論。

例：設有某項固定資產每單位原始價值￥6,000使用期限3年，無清理價值。此項固定資產由預算資金項下共購置600單位，並依照下列兩種不同的情形加入生產過程：

（1）每年初投入200單位（均勻地投入生產）；

（2）600單位於第一年初全部投入。

*本文是根據日葛洛表多夫所著（賓嘉譯）「固定資產的折舊和再生產」一文（載新會計月刊第五期）的基本論點作進一步的闡明，並自創一更爲簡捷、更爲精確的計算公式。我們認爲，此一公式對於基本建設投資計劃的擬訂是非常重要的，因爲應用它，可以預爲計算基建資金總量與「預算撥款」的關係，從而可以更好的把握基建投資的長遠計劃。

◎《论固定资产的折旧与再生产》首页

1956年，常勋在《厦门大学学报（哲学社会科学版）》第2期发表《生产费用核算和产品成本计算的定额法》一文，为节约和扩大社会主义生产献计献策。

顾继业和潘德年在《中国经济问题》1959年第9期合作发表了论文《谈谈“人民公社财务会计”学科的内容和结构体系问题》，研究问题具体且深入。

生產費用核算和產品成本計算的定額法

—常 勋—

(一) 定額法是在怎样的基礎上產生和發展起來的

工業產品成本計划和核算的基本任务，是發掘和動員工業中潛在的后备力量，來不斷和大量地降低工業產品的成本，以擴大社会主义工業內部的積累，

成本是反映企業工作質量的綜合指标。工業企業要降低它的產品成本，就必須：更好地利用現有的机器設备和应用更新的机器設备，採用更完善的工藝过程和嚴格地貫徹工藝規程，採用先進的生產組織和生產操作方法，保證均勻地進行生產和消減工作時間的浪費，以提高勞動生產率(減少單位產品上的勞動耗費)和避免生產損失；就必須：在生產过程中最經济地使用原材料、燃料和動力，以節約原材料燃料和動力的支出；就必須：加强財务制度和依靠生產管理的合作化來節約管理費用，……總之，工業企業必須有計划有步驟地採取一系列的技術和組織方面的措施，以便藉助于这些措施，在提前完成生產計划和改善產品質量的条件下，又能同時有系統地降低工業產品的成本。

这样，產品的成本計划，就必須根据先進的設备使用率，先進的有技術根據的勞動定額以及原材料、燃料、動力和工具的消耗定額來制訂。只有根據先進的技術經济定額來制訂工業企業的生產計划和成本計划，才能在計划指标中反映出技術設备工藝过程和生產組織方面的日益完善的程度，反映出先進工作者們在生產革新方面的新的創議和成就，反映出勞動生產率的不斷增長的情況，因此，在計划工作中逐步摒棄哪种不符合于現代生產技術水平和不能反映先進工人經驗的平均統計定額，應該是十分必要的了。

按照先進的技術經济定額來制訂成本計划，就必須考慮到計划期(年、季)內預定实施的技術組織措施計划的經济效果，並且按照技術組織措施計划的預定完成進度，來制定計划期內各个時期中应該具体执行的定額，即計划中的現行定額，然后，再根据各个時期的現行定額和計划產量，用加权平均的方法，换算为全計划期的計划定額，

顯然地，作为編制產品成本計划基礎的計划定額，是和現行定額有机地联繫着的。在計划期開始的一定時期中，現行定額可能高于計划定額，以后，隨着技術組織措施計划的实施，現行定額不斷地降低了，到接近計划期末的一定時期中，現行定額就可能低于計划定額，也只有这样，

◎《生產費用核算和產品成本計算的定額法》首页

談談"人民公社財务会計"学科的内容和結構体系問題

顧繼业 潘德年

人民公社財务会計是我国經济科学中一門全新的学科。这一門学科随着我国社会主义經济中新的生产关系的形成，即人民公社制度的形成而产生；将来，必然会随着人民公社的进一步巩固和发展而漸趋成熟。

人民公社的成立，为时虽然不算很久，但在党的正确領导下，通过了整社，已經日益地巩固起来。作为人民公社經济管理重要工具的財务会計，在此期間，也已經积累了不少的經驗。而在論坛上，对于一系列的財务会計問題，已經或正在进行热烈的討論，提出和解决了很多的問題。所有这些，对于建立和发展这一門学科来說，都是可喜的現象。可是，在高等学校的財务会計专业中，面对着当前的新形势，究竟应該如何来講授这一門学科，如何来确定这一門学科的教材内容以及如何来建立教材的結构体系，却还是一个悬而未决，急待深入研究和討論的問題。

我們认为，人民公社財务会計这門学科的教材内容，必須与人民公社財务会計本身的内容取得一致。但是，什么是人民公社財务会計的内容呢？我們的初步意見是：人民公社为了进行有計划的扩大再生产，必須在再生产过程中，在各种經济活动过程中利用貨币，必須建立、管理和使用各种基金，必須組織和管理一切的收入、支出和分配，这就构成人民公社財务的内容；与此同时，为了要管理人民公社的扩大再生产过程，还要借助于貨币形式，就公社内的生产、分配、交换和消费各个过程中的經济活动以及作为再生产过程物質基础的公有財产的状况和动态，进行計价和核算，这就构成为人民公社会計核算的内容。正因为人民公社財务会計的内容是这样，所以作为反映人民公社財务会計状况的教材的内容也应該是这样。换言之，教材的内容应該基本上包括人民公社財务会計工作的各个方面。

可是，要在教材中反映人民公社財务会計的具体内容，还必須考虑到它的内容特点。我們以为，人民公社財务会計的具体内容既与全民所有制的企业、組織和机关不同，也与集体所有制的高級农业生产合作社有着差别。人民公社財务会計是政社合一构成为一級財政的財务会計，是統一領导和分級管理相結合的財务会計，是全面管理和核算生产、分配、交换和集体消费各过程中基金及其运动的財务会計，是国民經济各部門各单位各行业財务会計的有机結合，是各級各单位經营收支、收支分配和財政預算收支、財务会計的复合总体，同时又是商品經济和自給經济相結合的条件下的財务会計。正因为人民公社財务会計的内容具备这些特点，所以，在教材中也必須得到反映，并合理地予以安排，俾使这些特点能够完整地明确地并相互联系地被反映出来。

目前人民公社的財务会計工作，不容否

第九期 · 33 ·

◎《谈谈"人民公社财务会计"学科的内容和结构体系问题》首页

顾继业先生毕业于圣约翰大学，1950年代初院系调整时，他与常勋、王春田一起从山东经济学院转到厦大。在《谈谈"人民公社财务会计"学科的内容和结构体系问题》基础上，厦门大学经济系财务会计教研组出版《人民公社财务会计》(农业出版社1960年版)，由顾继业先生主编。因为是关于农业的会计核算，所以采用的是"收付记账法"。1963年，因当时会计学系只有一位教授（萧贞昌）和两位副教授（葛家澍和余绪缨），需要补强，校方便拨了一个副教授名额，经同事评议推选出顾继业和黄道标，最后是顾继业老师晋升为副教授。① 再后来，厦大组建财金系时，因为当时只有邓子

◎《人民公社财务会计》封面

① 参考了汪一凡撰写的《厦大会计往事（十）》，详见厦门大学会计学系官方微信公众号"厦大会计"。

基（主讲财政）和洪文金（主讲金融）两位讲师，顾继业和潘德年就奉调离开会计学科了。

20世纪50年代“大跃进”期间，全国各地多快好省干经济，兴办了许多街道工厂，建立了许多人民公社，但工厂和公社却因会计短缺导致生产效率低下。一时会计人才供不应求，“无账会计”大行其道；为简化登账手续，部分地方企业开始以表代账，简化核算手续。但“简化”变成了“简掉”，我国会计工作在改革的过程中遭受严重挫折。为此，1961年1月，余绪缨在《中国经济问题》上发表《社会主义经济核算的客观基础问题》指出：“社会主义企业之间的经济核算关系实质上是由价值规律决定的，在社会主义企业经济核算中自觉地运用价值规律，从经济上鼓励先进，鞭策落后，才能卓有成效地推动企业的领导者和广大职工群众经济合理地运用物质资源和劳动资源，力争以最小的物资和劳动消耗取得最大的经济效果。”[①]

社会主义經济核算的客观基础問題

余绪缨

經济核算問題是社会主义經济中具有重大理論意义和实踐意义的問題之一。“經济核算对經济工作的影响，是一种客观存在，注意运用它，就会起促进生产的作用；不注意运用它，就会起妨碍生产的作用。”①为了更好地认識和运用經济核算为偉大的社会主义建設事业服务，近年来，苏联和我国經济学界对有关經济核算的一系列的基本理論問題，包括經济核算的本质，客观基础，基本内容，作用和任务等等，曾进行了广泛而热烈的討論，并取得了丰富的理論成果②，所有这些，对于社会主义的經济实踐，无疑地是有很大帮助的。但从目前情况看来，通过討論，虽然在很大程度上提高了共同的认識，并突出了爭論的焦点，可是問題的討論远沒有因此而結束，仅仅是为所涉及的主要問題作进一步探討，准备了条件。在这一篇短文中，拟仅就社会主义經济核算的客观基础問題，談談个人的几点粗淺的认識，請同志們批評指正。

一、

社会主义的經济核算包括經济核算关系和經济核算制度两个方面。从社会主义全民所有制內部来說，所謂經济核算关系，主要是指企业在生产經营活动中与外界的經济关系，它們是在生产資料全民所有制的基础上，客观地存在着的社会主义生产关系的一定方面，是社会經济基础的构成部分；經济核算制是人們在认識客观存在的經济核算关系的基础上，适应經

① 李先念，“怎样认識农村財貿管理体制的改进”，“紅旗”1959年第2期，第7頁。

② 多年来，經济核算問題在苏联經济学界一直被认为是社会主义經济理論和經济实踐方面的重要問題之一，經常成为論坛上广泛討論的对象。1958年2月苏联高教部还在斯維尔德洛夫斯克举行了一个由全苏高等學校參加的关于經济核算問題的科学討論会。会上热烈討論了經济核算的基本理論問題，系統地总結了在工农业生产中組織經济核算的經驗，并对进一步改进經济核算工作提出了許多重要的建議。会后，根据討論会上的报告和发言，出版了“經济核算的理論与实践”一书作为討論成果的集中表現。

我国經济学界关于社会主义制度下的商品生产和价值规律問題的討論也广泛地涉及到了經济核算問題，特别是党中央提出經济工作必須越做越細致的指示以来，經济核算問題更成为各方面密切注意的重要問題之一，“人民日报”、“紅旗”、“經济研究”、各省市党委的机关刊物等主要报刊都为此发表了許多重要的論著。1959年12月科学出版社出版的“經济核算論文选集”（伍銘編）收集了这方面具有代表性的論文，可作为学习和研究經济核算問題的重要参考資料。

·16·

◎《社会主义经济核算的客观基础问题》首页

① 《余绪缨传记》编写组，2022. 一绪长缨：余绪缨传记［M］. 广州：广东经济出版社：164.

三、会计实务导向的研究

这一期间，教师的科研活动往往也有学生参与，研究主题具体且具有时代特征和实践意义。图为林建武教授与学生林毓杰合作的论文《关于人民公社农产品成本中劳动报酬的计价问题》(《中国解决问题》1959第10期)。

关于人民公社农產品成本中劳动报酬的計价問題

林建武　林毓傑

人民公社农产品成本計算所需解决的問題是多方面的，其中分歧最大的，是关于劳动报酬列入产品成本的計价标准問題。这些分歧的意見，归納起来，基本上有下列几类：

第一类，主张按社会一般农业劳动报酬标准計算。包括：按换二工資或社会工資作为計价标准；按农民的平均生活水平作为計价标准；按由計統机关所規定的統一的劳动日报酬作为計价标准和以国营农場生产工人的平均工資折合成每一劳动日的报酬作为計价标准，等等；

第二类，主张以核算单位的实际劳动报酬作为計价标准；

第三类，按各公社計划劳动报酬作为計价标准。

对上述各种不同的意見，在实践上，应如何正确地决定取捨呢？我們认为，总的說来，标准的抉择主要应从属于目前人民公社进行农产品成本計算的首要目的，撇开这一点，哥使我們无所适从。

那么，什么是目前人民公社进行农产品成本計算的最主要的目的呢？应該說：通过成本計算，比較生产上的耗費和所取得的成果，借以加强經济核算，是当前人民公社进行农产品成本計算的最主要要求（当然，也应該同时为国家編制国民經济計划、制定农产品收購价格和确定积累与消費比例等方面提供必要的資料）。基于这一点，我們认为按照上述第一类和第二类意見去做，缺点是較多的。

第一类意見的主要問題在于：采用这一些計价标准进行成本計算，势必使成本指标和产品生产过程的实际耗費完全脫节，从而使成本計算难以为公社加强經济核算发揮应有的作用。

第二类意見虽然是从本公社的实际情况出发，但也不是完全沒有問題。首先，社員的实际收入必須到年終决算后才能最后确定，这就影响到成本不能及时計算，从而难以为公社改善經营管理提供必要的資料。而且在公社实行多种經营的情况下，如果按实际劳动报酬作为計价标准，那么，由于产品构成的变动和耕种不同作物的劳动生产率的差别所带来的社員实际收入的变化将以相同的幅度影响所有的产品，从而使所計算出来各种产品的单位成本也不能分别反映它們生产耗費的真实情况，这显然是和提出这种意見的初衷相違背的。

对比說来，第三类意見較諸上述第一、二类意見具有很大的优越性，主要表現在：

首先是計算簡便，因为劳动日（或工分）报酬标准在編制公社年度計划时已加确定。这样就可以保証及时地計算出农产品成本，为公社改善經营管理提供必要的資料。

其次，按社定計划报酬标准計算农产品成本，使产品成本中所包括的劳动报酬可以和生产过程中实际耗費的劳动的数量和質量直接联系起来，并保持实际成本与計划成本的可比性，从而为加强成本分析創造条件。

· 38 ·

◎《关于人民公社农产品成本中劳动报酬的计价问题》首页

1956年，厦门大学提出了十二项研究重点，其中之一是“我国国民经济第一个五年计划问题和我国过渡时期经济规律问题的研究”，会计学系的师生热情地参与其中。基于此，余绪缨老师1957年4月初带学生去全国明星企业安徽马鞍山钢铁厂生产实习。①

据1953级经济系的丁汉潮回忆，1957年春季，厦大1957届会计学专业学生30余人分成两个专业实习队伍到外地参加企业生产实习，一队由葛家澍老师带队去上海纺织企业实习，另一队由余绪缨老师带队去安徽马鞍山钢铁公司实习。由于安排周密和带队老师指导有方，两队都取得了可喜成绩，圆满完成了实习任务。这期间，会计学系的师生幸运地躲过了最开始的“鸣放”，并未遭到太严重的批判。

这一阶段，厦门大学会计学科注重专题调查还包括但不限于养猪成本、蔬菜成本、农产品成本等，很接地气。

人民公社养猪成本核算的初步探討

厦大經济系财会专业
人民公社养猪成本調查研究組

自从去年，党中央和国务院号召全党全民养猪，掀起一个群众性的养猪高潮以来，由于正确地貫彻了“集体飼养为主，公养私养并重”的方針，各地人民公社养猪事业正飞速地发展。一九五九年十月份全国生猪总头数比同年九月份增长了百分之五点四，而同年十一月又比十月份增长了百分之九。随着人民公社养猪事业高速度的发展，如何进一步加強和健全养猪場的經济核算，正确、及时、全面地反映和計算养猪生产过程中的物化劳动与活劳动的消耗，对于促进人民公社多快好省地发展养猪事业起着重要的作用，同时也是人民公社会計当前所急待解决的問題。下面我們仅就人民公社养猪場产品成本核算的几个問題，談談我們不成熟的意見，提供大家参考。

一、猪羣动态核算

在养猪生产中，种猪是养猪場进行生产活动的物質基础，是养猪場固定財产中最重要組成部分。仔猪、育肥猪又是养猪場进行經营活动的必然結果和最終目的。所以加強猪群动态的核算，保証猪群安全，是高速度发展养猪事业的前提条件，也是进行养猪場产品成本計算的基础。

根据养猪生产的技术特点，生产管理是采用分群飼养，分群管理，与此相适應的猪群动态核算，也是分群核算。所以在还沒有談动态核算前，必须首先了解一下猪群分群原理。

猪群分群原则，首先按照生产目的，其次按照猪的不同生长期进行分群。按照生产目的，可分成种猪和育肥猪两大群。种猪是准备留作种用的猪，飼养的目的是繁殖仔猪。育肥猪飼养的目的是育成宰食。种猪与育肥猪又可按其不同生长期分群。种猪可分成0—2月内乳猪、2—4个月断乳仔猪、后备猪、基本猪、核心猪等五大群，其中后备猪又可分为成年后备猪、鑑猪等两群。育肥猪同样可分为0—2月内乳猪、2—4个月断乳仔猪、四个月以上育肥猪、成年猪等四群。現将分群格式列示如下：

·19·

人民公社蔬菜生产成本核算的若干問題

厦大經济系财会专业
人民公社蔬菜成本調査研究組

一

人民公社，特别是工矿和城市郊区以蔬菜生产为綱的人民公社，大力发展蔬菜生产，对于保証滿足城乡人民副食品的需要，支援国家工业建設和改善人民生活，有着非常重大的意义。随着国家經济建設的大跃进，工矿和城市人口激增，对蔬菜的需要越来越多了，对它們及时而充分地供应蔬菜，就能不断地改善广大职工的生活，使他們更加精力充沛地从事劳动生产。随着人民公社的发展，社員生活普遍提高，也需要大量的蔬菜来改善生活。蔬菜不仅是城乡人民主要的副食品，而且某些品种的蔬菜还是食品工业的原料，可以制成罐头，組織出口，为国家爭取外汇收入，而特别有意义的是当前畜牧业，首先是养猪业的大发展，需要大量飼料，蔬菜的殘根叶茎以及某些瓜果就是很好的飼料。同时，蔬菜生长期短，价値高，发展蔬菜生产，就可以增加公社收入，从而增加国家和公社的积累，以及增加社員收入，为农业技术改造提供雄厚的資金，并逐步提高社員的生活水平。由此可見，人民公社发展蔬菜生产，无論在滿足城乡人民生活的需要，支援国家建設，巩固工农联盟，促进畜牧业的发展和人民公社的巩固等方面都具有重大的意义，誠如中共中央、国务院“关于当前蔬菜工作的指示”中所指出的：发展蔬菜生产“不仅是一項重要的經济任务，而且是一項重要的政治任务”。人民公社应当完成这一光荣而偉大的任务。

在以蔬菜生产为綱的人民公社的总收入中，蔬菜收入占极大比重。所以要增加收入，除了增加生产以外，就要不断降低成本。为了节約生产費用支出，不断地降低成本，从而更有效地促进蔬菜生产的大发展，就必須大力加強以成本核算为中心的經济核算工作，因为蔬菜成本是以貨币形式表現的生产过程中所消耗的物質資料的价値和支給社員的工資和供給费。它是一个綜合指标，它能比較概括地全面地反映生产經营情况、物質資料消耗和劳动力的使用状况等。通过不同时期或不同公社成本水平的比較和分析，特别是分項目的比較和分析，就能找出問題所在以及解决問題的方法。这样，就有助于进一步地減少物質資料的消耗，更好地貫彻勤儉办社的方針；有助于合理地安排和使用劳动力；合理地安排生产和进行土地規

·26·

◎《中国经济问题》刊登的会计学系调研文章（1959年1月—1960年9月）

① 1953年9月16日，马鞍山铁矿厂流出了第一炉铁水，正式拉开了马鞍山生产钢铁的序幕。1957年11月，全国开启“大炼钢”运动，马鞍山铁矿厂更名为马鞍山钢铁公司。次年9月8日，华东地区最大的炼钢炉“9号钢炉”建成投产。同时中华人民共和国第一家车轮轮箍厂、第一套高速线材轧机、第一条H型钢生产线在这里建成。详见:《余绪缨传记》编写组，2022.一绪长缨：余绪缨传记［M］. 广州：广东经济出版社：163.

◎《中国经济问题》发表的厦门大学会计学系专题调研论文

作 者	文章标题	卷 期
潘德年 梁功佛	关于如何改进酒厂现行成本计算方法的几点意见	1959年第3期
余绪缨 庄表峰	机器制造厂如何运用定额比例法加强成本核算	1959年第7期
顾继业 潘德年	谈谈"人民公社财务会计"学科的内容和结构体系问题	1959年第9期
厦门大学经济系财务会计教研组	关于人民公社农产品成本计算问题的讨论	1959年第10期
顾继业 潘德年	人民公社农产品成本计算中二个主要问题的讨论	1959年第10期
林建武 林毓杰	人民公社农产品成本中劳动报酬的计算问题	1959年第10期
葛家澍	人民公社农产品成本的经济本质问题	1959年第10期
余绪缨	如何根据人民公社的经济特点来研究其成本计算问题	1959年第10期
余绪缨	流动资金利用效果指标体系及其分析	1959年第11期
葛家澍 陈仁栋 黄忠堃	人民公社实行成本核算的意义与作用	1960年第1期
李百龄	人民公社建立统计原始记录的内容与方法	1960年第1期
厦门大学经济系财务会计教研组	厦门市前线人民公社农业成本问题调查报告	1960年第1期
黄道标 黄加道 罗芳健	人民公社开展农业成本核算工作的基本原则	1960年第2期
厦门大学经济系财务会计教研组	打破条件论，充分发扬自觉能动性，尽速开展人民公社农产品成本核算	1960年第3期
厦门大学经济系财务会计专业养猪成本调查研究组	人民公社养猪成本核算的初步探讨	1960年第3期
厦门大学经济系财务会计专业蔬菜成本调查研究组	人民公社蔬菜生产成本核算的若干问题	1960年第3期
厦门大学经济系财务会计专业三明实习队	大搞群众性的班组经济核算运动，促进生产的高速发展	1960年第6期

四、汪慕恒对管理会计的初步引介

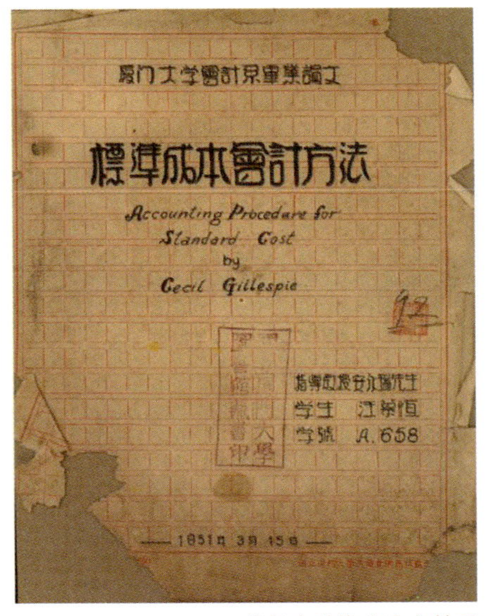
厦门大学会计系毕业论文

標準成本會計方法

Accounting Procedure for Standard Cost by Cecil Gillespie

指導教授 安永瑞先生

学生 汪慕恒

学號 A.658

1951年 3月 15日

◎汪慕恒本科毕业论文封面

汪慕恒读书期间，“主系”是经济学系，“副系”（“第二专业”）是会计学系。汪慕恒1951年本科毕业论文是翻译整本的标准成本教科书（指导老师为安永瑞教授；成绩评定为92分），英文为*Accounting Procedure for Standard Cost*（1935年5月出版；作者Cecil Gillespie是美国西北大学教授），中译名定为《标准成本会计方法》。

◎晚年的汪慕恒老师

汪慕恒留校任教后，从担任安永瑞教授的助教开始，但不久就开始独立讲授成本会计课程。1951—1954年，汪慕恒老师在《大众会计》、《大信会计月刊》等刊物上发表了至少10篇会计论文:《固定支出与变动支出》[①]《分割“产品成本差异”为“价格差异”与“生产损益”的意义》《生产损失的会计处理及其对企业利润的影响》《我怎样学习“火力发电厂燃煤成本分析”》《从劳动计划执行情况报告表看企业劳动生产率问题》《一九五三年国营工业企业生产费用表的编制》《商品成本中的推销费和企业管理机关管理费》《辅助车间与部门费用的分配法》《分步成本计算的两重任务》《漫谈会计科目的分类》[②]。

汪慕恒于1954年之后就调到马列主义教研室讲授政治经济学，退休前是南洋研究所（今南洋研究院）所长。汪一凡老师转载林建武教授的回忆：汪慕恒老师下放结束后，于1970年代回厦门大学时，

---

① 登载于1951年的《大众会计》创刊号，除了称“成本”为“支出”之外，与现在并无太大差别。通常人们研究固定支出与变动支出的关系时，一般都是从总成本角度分析的；汪慕恒老师注意到从单位产品成本的角度来看恰好相反，固定支出成为变动支出，而变动支出成为固定支出，这就为降低成本指明了方向。此外，值得指出的是，一般认为我国是1980年代开始引进西方管理会计的，但汪慕恒老师的研究可能使我国引进管理会计的历史大大向前推进了。

② 这些论文大多出于种种原因无法下载。

因原单位马列主义教研室当时尚未复建，曾一度挂靠在财务会计教研室[①]。

五、1949—1965年会计学科教师发表的论文

据不完全统计，1949—1965年厦门大学会计学科教师发表的论文如下表所列。

◎ 1949—1965年厦门大学会计学科教师发表论文情况

序号	姓名	文章标题	期刊名称	卷期/页码
1	常　勋	生产费用核算和产品成本计算的定额法	厦门大学学报（社会科学版）	1956年第2期 第56～60页
2	葛家澍	从中国人民银行会计制度的出现说到大学银行会计教材内容的改革	厦门大学学报（财经版）	1952年第1期 第72～76页
3	葛家澍	论流动资金各要素周转率的分析	工业会计	1953年第7期
4	葛家澍	国营工业企业资产负债表的分析	工业会计	1953年第10～11期
5	葛家澍	社会主义工业企业经济活动分析的对象、任务与方法论	厦门大学学报（哲学社会科学版）	1954年第2期 第44～53页
6	葛家澍	先进的苏维埃会计核算形式	工业会计	1955年第2期
7	葛家澍	介绍阿发那西也夫教授关于流动资金个别周转指标与总周转指标相互结合的公式（上）	中国工业杂志	1955年3月号 第15～19页
8	葛家澍	介绍阿发那西也夫教授关于流动资金个别周转指标与总周转指标相互结合的公式（中）	中国工业杂志	1955年4月号 第21～25页
9	葛家澍	介绍阿发那西也夫教授关于流动资金个别周转指标与总周转指标相互结合的公式（下）	中国工业杂志	1955年5月号 第9～13页
10	葛家澍	对于“介绍阿发那西也夫教授关于流动资金个别周转指标与总周转指标相互结合的公式”一文的更正和补充说明	中国工业杂志	1955年6月号 第39～40页
11	葛家澍	试论会计核算这门科学的对象和方法	厦门大学学报（社会科学版）	1956年第2期 第1～25页
12	葛家澍	论“会计核算原理”中几个主要问题的讲授	学术论坛	1957年第1期 第43～49页
13	葛家澍	论社会主义经济中固定资产的无形耗损及其计算问题	厦门大学学报（社会科学版）	1957年第2期 第111～129页
14	葛家澍	怎样正确认识“连锁替代法”？	学术论坛	1957年第3期 第61～65页
15	葛家澍	关于会计学原理教学大纲（初稿）的若干说明	学术论坛	1958年第4期
16	葛家澍	怎样正确认识经济核算和价值规律的联系	中国经济问题	1959年第2期 第11～13页

① 参考了汪一凡撰写的《厦大会计往事（十）》，详见厦门大学会计学系官方微信公众号“厦大会计”。

续表

序号	姓名	文章标题	期刊名称	卷期/页码
17	葛家澍	应当历史地、辩证地对待“财务监督”	中国经济问题	1959年第3期 第38～41页
18	葛家澍	经济核算的本质及其基本特征——学习政治经济学教科书第三十章的一些体会	论坛杂志	1959年第4期 第16～21页
19	葛家澍	关于人民公社农产品成本的经济本质问题	中国经济问题	1959年第10期 第40～41页
20	葛家澍 陈仁栋 黄忠堃	论人民公社实行成本核算的意义与作用	中国经济问题	1960年第1期 第36～42页
21	葛家澍	关于会计对象的再认识	厦门大学学报	1960年第3期 第1～11页
22	葛家澍	关于社会主义会计对象的再认识	厦门大学学报（社会科学版）	1961年第1期 第1～11页
23	葛家澍	经济核算的客观依据是时间节约规律	中国经济问题	1961年第3期 第8～15页
24	葛家澍	论社会主义经济核算制	红与专	1961年第11期
25	葛家澍	关于会计学的几个理论问题的讨论	经济研究	1963年第2期
26	葛家澍（笔名谈惠）	关于会计学的几个理论问题的探讨	经济研究	1963年第3期 第64～67页
27	葛家澍	关于经济核算和会计的相互关系问题	经济研究	1963年第5期 第23～31页
28	葛家澍	试论会计的阶级性	中国经济问题	1964年第1期 第14～24页
29	葛家澍	会计学所研究的特殊矛盾——会计的对象和方法也证明客观事物是一分为二而不是“合二而一”的	中国经济问题	1964年第9期 第5～9页
30	顾继业 潘德年	谈谈“人民公社财务会计”学科的内容和机构体系问题	中国经济问题	1959年第9期 第33～34页
31	顾继业 潘德年	人民公社农产品成本计算中两个主要问题的商榷	中国经济问题	1959年第10期 第25～31页
32	顾继业 余绪缨 黄加道 潘德年 黄道标	人民公社开展农业成本核算工作的基本原则	中国经济问题	1960年第2期 第26～31页
33	黄忠堃	农村人民公社生产队的记账方式	中国经济问题	1964年第6期 第26～32页
34	李百龄	人民公社建立统计原始记录的内容与方法	中国经济问题	1960年第1期 第28～35页
35	李百龄 谢显寿	毛泽东同志“发展经济，保障供给”思想对企业财务工作的指导意义	中国经济问题	1960年第4期 第11～16页
36	李百龄	企业流动资金及其定额化若干问题初探	中国经济问题	1964年第13期 第31～42页
37	李百龄 谢显寿 龚锦树 汪亚东	毛泽东同志“发展经济,保障供给”思想对企业财务工作的指导意义	中国经济问题	1982年第4期 第11～16页，第26页

续表

序号	姓名	文章标题	期刊名称	卷期、页码
38	林耀荣	我国大跃进以来工业产品成本核算与管理工作的重要经验和成就的初步研究	中国经济问题	1959年第12期 第13～17页
39	潘德年 梁工佛	关于如何改进酒厂现行成本计算方法的几点建议	中国经济问题	1959年第3期 第42～47页
40	余绪缨	论固定资产的折旧与再生产	厦门大学学报	1952年第1期 第65～71页
41	余绪缨	论流动资金周转率指标体系的结构	厦门大学学报	1954年第2期 第22～43页
42	余绪缨 陈仁栋 黄忠堃 黄道標	关于连锁替代法在分析工作中的应用问题	厦门大学学报	1955年第6期 第118～124页
43	余绪缨	对《火力发电厂分场燃煤成本分析的商讨》一文的商榷	工业会计	1955年第6期
44	余绪缨	论分析流动资金节约额的几个问题	厦门大学学报	1956年第4期 第61～71页
45	余绪缨	关于怎样根据报表资料分析工业企业的劳动生产率	学术论坛	1957年第1期
46	余绪缨	论工业产品成本分析中的品种构成问题	学术论坛	1957年第2期
47	余绪缨	机器制造业产品成本的技术经济分析	厦门大学学报	1959年第2期 第203～220页
48	余绪缨 庄表峰	机器制造厂如何运用定额比例法加强成本核算	中国经济问题	1959年第7期 第21～29页
49	余绪缨	如何根据人民公社的经济特点来研究其成本计算问题	中国经济问题	1959年第9期 第42～43页， 第41页
50	余绪缨	流动资金利用效果的指标体系及其分析	中国经济问题	1959年第12期 第7～12页
51	余绪缨	社会主义经济核算的客观基础问题	中国经济问题	1961年第3期 第16～26页
52	余绪缨	工业企业财务、成本的指标体系问题	中国经济问题	1961年第9期 第1～11页， 第30页
53	余绪缨	会计报表分析的基本原理	中国经济问题	1962年第7期和第8期 第16～26页
54	余绪缨	再论流动资金利用效果的指标体系及其分析	中国经济问题	1962年第12期 第15～24页
55	余绪缨	社会主义企业经济核算的基本特征和指标体系探讨	中国经济问题	1963年第4期 第1～9页
56	余绪缨	论经济核算与会计的关系	中国经济问题	1963年第9期 第28～33页
57	余绪缨	社会主义会计学的阶级性与科学性的探讨	厦门大学学报	1964年第1期 第32～37页
58	余绪缨	略论社会主义企业会计报表的结构原理	中国经济问题	1964年第5期 第31～38页

六、教师参加学术会议

此外，1949—1965年，厦门大学会计学科教师还积极参与学校和福建省的教学科研探讨会，展示了厦门大学会计学科教师积极投身科研的风采。

◎厦门大学会计学科师生参加厦门大学第三次科学讨论会经济学组（1959年9月24日）

◎厦门大学教师参加福建省经济学会成立大会（1963年12月1日）

第四节　会计对象的“资金运动学派”①②

一、“资金运动论”的提出

1956年，葛家澍在《厦门大学学报》第2期上发表论文《试论会计核算这门科学的对象与方法》，详细分析和评价了苏联教科书中关于会计对象的相关论述，并层层递进地提出了一个不同于苏联专家关于会计对象的定义。

> 会计核算的对象是社会主义社会产品再生产一切现象过程和物质要素——在社会主义财产——的量的方面；主要是以价值形式实现的社会主义产品再生产的量的方面。它研究社会主义社会产品在生产（包括生产消费）、分配、流通、消费（指社会消费，个人消费除外）等一切阶段状况和动态的量的反映（主要是货币反映），研究那些支配社会主义产品再生产的规律性在具体企业（部门）经济活动中的量的表现。

上述关于会计对象的定义后来被学术界概括为“资金运动论”。如上关于会计对象定义中蕴含的学术思想可以概括如下：

第一，不唯权威的开拓精神。新中国成立伊始和20世纪50年代这段时期，我国社会与经济界大多以苏联模式为蓝本，这一社会思潮逐渐惯性地蔓延至会计学领域，在一定程度上体现为对苏联会计模式、苏联会计教科书、苏联会计专家及苏联国内相关会计观点的尊重、模仿与照搬。虽然我们并不否认一批新中国的理论研究者对部分苏联观点进行了质疑，但“有破有立”的质疑其实比较鲜见。在这样的时代背景下，葛家澍经过深入思考与缜密研究，对苏联权威教科书的观点进行了有理有据的质疑，在此基础上提出了上述关于会计对象（会计核算对象）的崭新定义。六十余年后的今天，重温葛家澍先生对会计对象的定义，仍为其在20世纪50年代那个特殊时期质疑苏联权威教科书与专家关于会计对象的“权威”定义，通过“有破有立”提出关于会计对象的新观点所怀的智慧与勇气所感动。下面让我们重温一下《试论会计核算这门科学的对象与方法》一文的结束语，感受一下时

① “资金运动论”系已故著名经济学家、会计学家顾准先生对葛家澍关于会计对象代表性观点的评价。
② 本节内容摘录自：杜兴强，2021．葛家澍教授学术思想研究［M］．厦门大学出版社：121-129.

为副教授的葛家澍先生写作该文的心境、勇气与智慧。

由于作者的理论水平很低，会计科学的基础知识又非常浅薄，本文研究所涉及的许多问题，大部分是会计核算中带有根本性的理论问题。这对作者说来，乃是一次极为冒昧而大胆的尝试……

第二，葛家澍阐述会计对象的“资金运动论”的过程，为我们树立了综合运用演绎法与反证法，进行会计理论研究与创新的典范。[①] 葛家澍明确指出，会计（会计核算）要成为一门独立的学科，必须有明确和独立的会计（会计核算）对象。这相当于演绎推理过程中的大前提。[②]

……

进行会计核算的理论研究，首先要明确规定会计核算的对象。大家知道，任何科学都研究自然现象或社会现象的一定领域。作为某一门科学对象的现象领域各有其专门特点。正是这些特点，使这门科学和那门科学的对象分开，各自进行独立的研究。通过专门科学的独立研究，便能深刻认识和掌握作为各该科学对象的现象领域的本质，更好地利用它为社会谋福利。

……

……会计核算对象被正确提出并进行研究……会计学业已形成一门科学的主要标志。

……

大家知道每门科学的独立存在，任何一种知识之所以成为专门科学来研究是以社会的实际需要和人类认识的提高为先决条件的。“科学”的发展史表明：最初人类积累起来的一切知识都曾包括在哲学之中。但是这种包罗万象的哲学

① 演绎推理（deductive reasoning）强调由一般到特殊的推理。牛顿（Isaac Newton，1642—1727）的《自然哲学的数学原理》使用的就是演绎法。科学巨匠、英国物理学家、电磁理论的奠基人麦克斯韦（James Clerk Maxwell，1831—1879）与爱因斯坦（Albert Einstein，1879—1955）等在创建自己的科学体系时，均成功地运用了演绎法。演绎推理包括大前提、小前提、结论的三段论模式，即从两个反映客观世界对象的联系和关系的判断中得出新的判断的推理形式。譬如，“自然界一切物质都是可分的，基本粒子是自然界的物质，所以基本粒子是可分的”。演绎法下，首先，大、小前提的判断必须是真实的；其次，推理过程必须符合正确的逻辑形式和规则。换言之，演绎推理的正确与否首先取决于大前提的正确与否。

② 引用斯大林在分析作为一种社会现象的语言的特点时的观点，是为会计学需要独立的会计对象提供佐证：“这些特点仅仅是语言所特有的。而且正因为它们仅仅是语言所特有的，所以语言才是独立科学——语言学——的研究对象。如果没有语言的这些特点，语言学就会丧失独立存在的权利。”

不能解决人们对自然和社会现象所由构成的个别部分从而也是对整个现象的认识问题。为了认识和掌握自然和社会现象的个别部分，首先就产生了把自然科学和历史从哲学中分化出来的必要。随着社会生产发展的需要，随着以社会生产发展为基础的人类认识水平的提高，研究自然和社会现象各个方面的专门科学也就迅速发展起来。

……

因此，确定会计核算的对象，还在于通过它的对象特点的分析，论证会计核算有否作为一门科学而独立存在的权利。

第三，葛家澍进一步讨论了为何苏联教科书与专家关于会计对象的观点——“会计核算的对象是各企业和各组织范围内，按货币方式来反映监督和总结有计划社会主义扩大再生产过程及其物质基础——社会主义财产”①——并不科学。具体地，若按照苏联教科书的定义，实际上是混淆了会计对象与会计方法，并把会计理论与会计实践不加区分，如此，会计学科将不再具有自己独立的对象。

……作为会计核算对象的客观现象是“社会主义扩大再生产过程及其物质基础——社会主义财产”，而会计核算的特点则归结于“按货币方式来反映、监督和总结”它们。我们知道，所谓“按货币方式来反映、监督和总结”是指处理对象的一些专门方式方法，它和对象没有关系。而所谓“社会主义扩大再生产过程及其物质基础”则在同等程度上也是其他经济科学的对象。根据“提纲定义”的这种提法，会计核算是没有自己的专门对象的。既然会计核算没有专门的对象，会计核算这门科学就不能独立存在了。

第四，葛家澍明确指出，“不是会计核算没有资格作为一门经济科学而独立存在，而是目前流行于会计学界中的不正确观点在阻碍这门科学的发展”，并层层递进地定义了会计对象：

（1）为会计核算的对象划出一个范围——社会主义社会产品再生产，并不是社会主

① 见1950年苏联高教部批准的“会计核算原理课程提纲”。

义产品再生产的全部。葛家澍指出，会计核算并不研究，也不可能研究社会主义再生产的全部；实际上，会计只能反映和监督社会产品的生产与分配。

（2）回应了一些可能存在质疑，特别是会计与统计的区别。葛家澍指出，虽然统计学也研究社会主义社会再生产，但统计学不仅研究社会生产的量的方面，而且要研究社会文化生活和政治生活现象的量的方面，因此统计学的对象比会计学的对象广泛得多。此外，虽然统计学侧重研究产品再生产的大量现象的量的方面，但会计学侧重研究社会主义再生产资金的来源及其在再生产不同阶段上的周转，因此会计学的对象与统计学的对象并不重复，而是各有侧重、相对独立。

（3）对于社会主义产品再生产的量的研究主要应该依靠会计核算，因此以价值形式实现的社会主义产品再生产的量的方面应该成为会计核算的主要对象。

（4）会计核算区别于其他经济科学在于会计对象的特殊性上。会计学并非研究社会主义再生产的全部，而只侧重于研究其中的特定部分——产品再生产的量的方面；更具体来说，是研究这一现象领域的特殊表现形式——价值表现形式。所以社会主义再生产的这个专门领域就只能成为会计学的对象而不能成为其他经济科学的对象。

最后，葛家澍先生在提出会计对象过程中的学术思想和历程可以概括如下：

苏联“会计学原理课程提纲”将会计核算对象界定为“按货币方式来反映、监督和总结有计划社会主义扩大再生产过程及其物质基础——社会主义财产虽然被国内大部分会计学者奉为圭臬，但葛家澍仍以非凡的勇气对苏联专家提出的会计核算对象提出质疑，进而“有破有立”地提出了关于会计对象的新观点。具体地，葛家澍范例般地使用了演绎法与反证法，并进行了如下逻辑严密的思考：

（1）社会主义财产究竟是会计学的对象，还是所有经济学科的对象？

（2）经过广征博引，葛家澍认为“社会主义财产”是整个经济学科的对象，而非会计学科所独有；

（3）一个独立学科的重要标志之一是具有自己独立的和排他的对象，因此会计学科要成为一门独立的学科，显然应该有自己独特的对象；

（4）基于“社会主义财产”不应是会计的核算对象的结论，葛家澍提出“会计核算是反映社会主义资金（价值的形式）再生产”，并进而指出“会计核算对象是社会主义产品再生产一切现象过程和物质要素——社会主义财产——的量的方面”。这一关于会计核算对象的界定，尽管今日看来颇具“年代感”，但是须知，在那个一切唯苏联与学苏联的时代背景下，葛家澍先生能够思考、质疑与挑战苏联教科书中的观点，本身就需要极大的勇气与智慧!

二、“资金运动论”的确立

随后，葛家澍继续对会计对象这一会计基本理论问题进行反思与深入思考，并不断对“会计核算的对象是社会主义社会产品再生产一切现象过程和物质要素——在社会主义财产——的量的方面”这一“资金运动论”观点进行拓展，最终于1961年发表了《关于社会主义会计对象的再认识》(《厦门大学学报》1961年第2期)，系统发展和阐述了会计对象为“企业经济活动中可以用货币表现的那些数量方面”，即“社会主义扩大再生产过程中的资金运动”。自此，关于会计对象的系统和严密的“资金运动”理论得以形成，其中蕴含的学术思想可以概括如下：

首先，相对于1956年的论文《试论会计核算这门科学的对象与方法》，在《关于社会主义会计对象的再认识》中，葛家澍将自己之前关于会计对象的观点进一步深入化，表述更加简洁、更加明确——“会计对象是社会主义扩大再生产过程中的资金运动”[①]。

其次，葛家澍认为，会计对象应该、也必须与社会主义经济核算（或经济核算制）对象进行明确区分。实际上，经济核算侧重于以最少的人力、物力和财力取得最大的成果。会计被视为实行经济核算的手段之一，且经济核算以会计作为手段之一。经济核算越被强调，对会计的要求就越严格，会计核算也就越要真实可靠、系统全面和深入细致。但是，会计并不应该因经济核算的存在而丢失自己的特点，会计工作有自己的规律、对象、任务和方法，因此会计对象是会计工作的出发点和立足点。

最后，在阐述“会计对象是社会主义扩大再生产过程中的资金运动”的过程中，葛家澍熟练地应用了归纳法和演绎法，令人信服地阐述了会计对象的“资金运动论”：

第一，聚焦国有企业与农村人民公社（囿于历史和社会经济特征），采纳归纳法，从“具体到一般”，推演出作为会计对象的“资金运动”的三个内容：(1)资金的来源与运用(主要反映资金运动的相对静止状态)；(2)资金的投入和退出（主要反映资金运动的显著变动状态)；(3)资金的循环周转。

---

① 原文最为相关的表述为“整个社会主义扩大再生产过程就客观存在着资金的运动，即资金的生产、分配、流通和消费。我认为，这就是社会主义会计的对象。企业和公社是社会主义的经济单位，所以企业和公社的会计对象同整个社会主义会计对象应当基本上是一致的，但是其范围和性质又有所区别。就范围讲，企业和公社的资金运动是局部，而社会主义扩大再生产过程中的资金运动是整体；就性质讲，企业和公社的资金运动是特殊（它们分别用货币形式从数量方面反映企业和人民公社的特殊再生产过程或经营过程)，社会主义扩大再生产过程中的资金运动是一般（它用货币形式从数量方面反映整个社会主义扩大再生产过程)”。

第二，运用演绎法抽象出关于会计对象的“资金运动论”的表述：

只要商品货币经济存在，作为统一整体的社会主义扩大再生产中一切产品，就都可以用、也必须用货币表现，因而整个社会主义扩大再生产过程就客观存在着资金的运动，即资金的生产、分配、流通和消费。我认为，这就是社会主义会计的对象。企业和公社是社会主义的经济单位，所以企业和公社的会计对象同整个社会主义会计对象应当基本上是一致的，但是其范围和性质又有所区别。就范围讲，企业和公社的资金运动是局部，而社会主义扩大再生产过程中的资金运动是整体；就性质讲，企业和公社的资金运动是特殊（它们分别用货币形式从数量方面反映企业和人民公社的特殊再生产过程或经营过程），社会主义扩大再生产过程中的资金运动是一般（它用货币形式从数量方面反映整个社会主义扩大再生产过程）。

最后，不得不提及的是，葛家澍先生不仅是一位会计理论研究的巨匠，而且还是一位将理论运用于实践的大师。会计对象的“资金运动论”得以确立之后，葛家澍立刻不遗余力地将这一学术观点贯彻至会计学教材中，为我们展现出一代会计学宗师关心会计教育的风范。

第一，在他自己担任主编的、上海财政经济出版社1962年出版的《会计学原理》中，第一次将“资金运动论”贯穿于各个章节。

第二，20世纪60年代初，葛家澍接受委托，与杨纪琬、赵玉珉、娄尔行和吴诚之共五位知名学者一同主编了《会计原理》（中国财政经济出版社1963年版）。其中，在葛家澍编写的部分，提出了会计对象的“资金运动论”（用小字阐述），这一关于会计对象的阐述在很大程度上改变了新中国成立初期我国会计学界（包括会计教材）将苏联会计教材中的“社会主义财产观”奉为圭臬的“现状”。1993年，《会计原理》被国家教委评为“全国优秀教材”。

第三，在《会计基础知识》（中国财政经济出版社1964年版）一书中，葛家澍再次详细阐述了“资金运动论”的观点（第一章），并将之贯穿于各章。1980年，《会计基础知识》改版更名为《会计学基础》，并于1988年被国家教委评为“全国优秀教材”。

伴随着会计对象的“资金运动论”的提出、完善和逐步纳入会计学教材体系，葛家澍及其所在的厦门大学会计学科作为中国学术重镇的地位得以确立，并拥有了至少包括会计对象的“资金运动论”在内的代表性的学术观点。

三、小结

葛家澍关于会计对象认识的深化，使得会计本质、会计基本假设、会计对象、会计目标等会计基本理论与概念得以有机地联系在一起。具体地：

第一，20世纪50年代，葛家澍顶着巨大的风险提出了不同于苏联“权威”定义的会计对象：“会计对象是社会主义社会产品再生产一切现象过程和物质要素——在社会主义财产——的量的方面，主要是以价值形式实现的社会主义产品再生产的量的方面”。这是会计对象的“资金运动论”的雏形。

第二，20世纪60年代，葛家澍进一步凝练会计对象的观点，将会计对象进一步阐述为“企业经济活动中可以用货币表现的那些数量方面”，即“社会主义扩大再生产过程中的资金运动”，至此，会计对象的“资金运动论”得以确立。

第三，除了对会计对象的理论研究，葛家澍还致力于将会计对象的“资金运动论”贯穿于会计学教材体系之中，譬如其主编（共同主编）的教材，包括但不限于《会计学原理》(上海财政经济出版社1962年版)、《会计原理》(中国财政经济出版社1963年版)与《会计基础知识》(中国财政经济出版社1964年版)。

第五节 1949—1965年厦门大学会计学科学生掠影

1951年5月16日《新厦大》第16期刊载会计系学生陈金贤的文章《入团前后》，1951年7月1日《新厦大》第19期刊载会计系学生卢良加的文章《支援最可爱的人》，在一定程度上体现了新中国成立后厦门大学会计学系（专业）学生政治思想上积极要求上进的风貌。

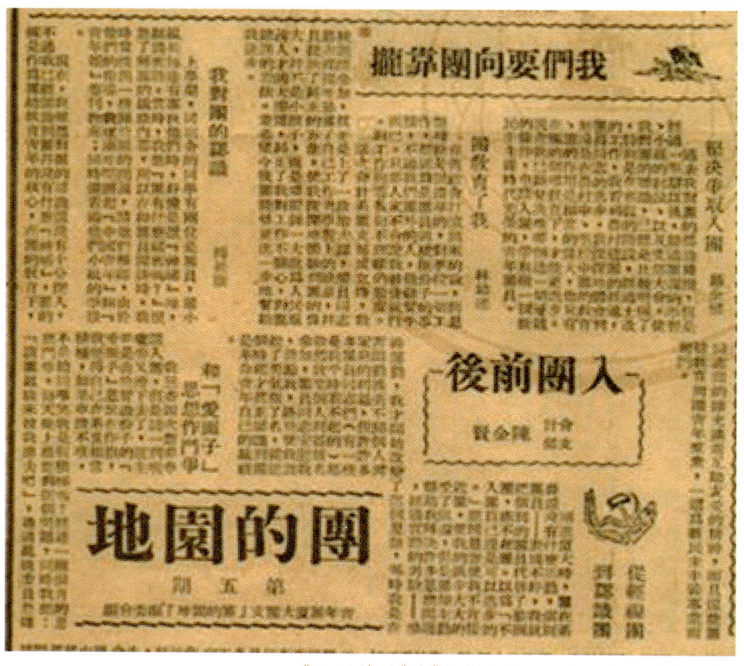
我們要向團靠攏

入團前後

會計系 陳金賢

團的園地

第五期

◎《入团前后》（《新厦大》1951年5月16日第16期）

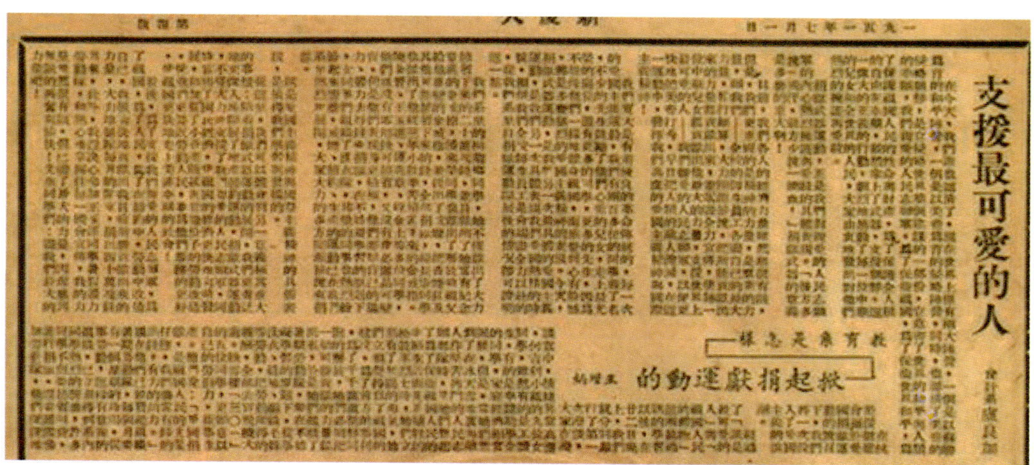
支援最可愛的人

會計系 盧良加

◎《支援最可爱的人》（《新厦大》1951年7月1日第19期）

1954年12月11日《新厦大》第98期刊登会计系学生文章《顽强攻克科学堡垒的徐欲沂同学》，第129期刊登会计系学生文章《我没有理由不热爱我的专业》，充分展现了厦门大学会计学科的学子们热爱专业、积极思索和乐于钻研的优秀品质。

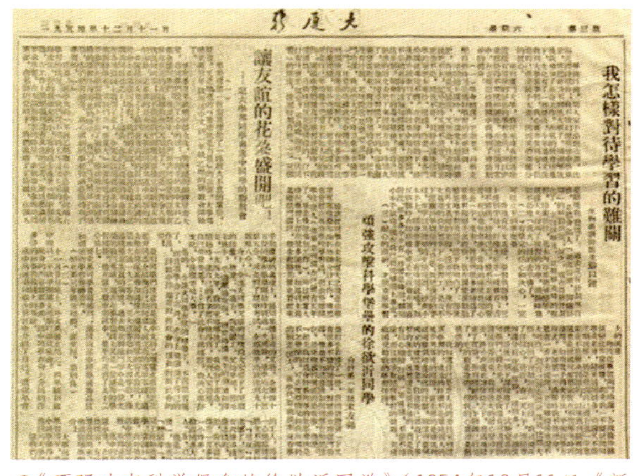
新厦大

一九五四年十二月十一日

讓友誼的花朵盛開吧

我怎樣對待學習的難關

頑強攻克科學堡壘的徐欲沂同學

◎《顽强攻克科学堡垒的徐欲沂同学》（1954年12月11日《新厦大》第98期）

我沒有理由不熱愛我的專業

◎《我没有理由不热爱我的专业》（《新厦大》第129期）

1951年9月22日《新厦大》第24期刊登会计系学生的文章《我们是怎样进行选模的》，1952年1月1日《新厦大》第31期刊登会计学系学生的文章《从华东足球赛看人民体育》，1952年4月7日《新厦大》第34期刊登会计学系学生（宋正文）的文章《看，不法商人的手段是这样卑劣的》，1952年4月7日《新厦大》第34期刊登文章《巩固收获，继续前进》，1955年2月16日《新厦大》第102期刊登会计系学生文章《我们的锻炼小组是怎样巩固的》。这些文章从不同侧面诠释了厦门大学会计学科的学生爱好广泛和关心社会时事的良好品质。

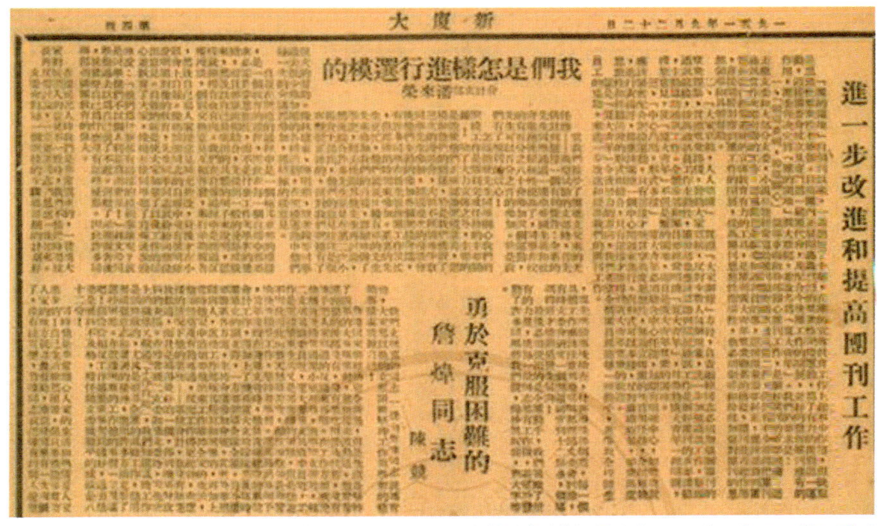
新厦大

一九五一年九月二十二日

我們是怎樣進行選模的

進一步改進和提高團刊工作

勇於克服困難的詹焯同志

◎《我们是怎样进行选模的》（《新厦大》1951年9月22日第24期）

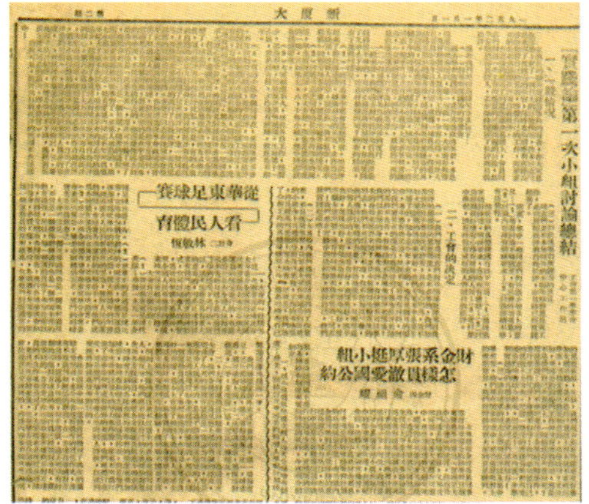

從華東足球賽看人民體育

◎《从华东足球赛看人民体育》(《新厦大》1952年1月1日第31期）

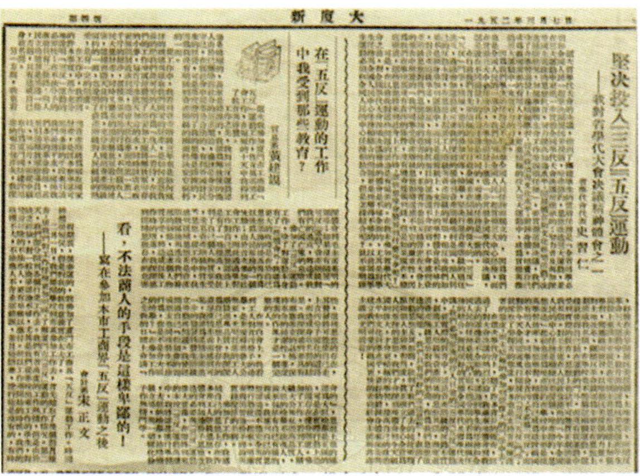

新廈大

堅決投入「三反」「五反」運動

在「五反」運動的工作中我受到那些教育？

看，不法商人的手段是這樣卑劣的！

——寫在參加本市工商界「五反」運動之後

◎《看，不法商人的手段是这样卑劣的》(《新厦大》1952年4月7日第34期）

鞏固收穫 繼續前進

◎《巩固收获，继续前进》(《新厦大》1952年4月7日第34期）

我們的鍛鍊小組是怎樣鞏固的

體育消息

◎《我们的锻炼小组是怎样巩固的》(《新厦大》1955年2月16日第102期）

此外，根据我们掌握的资料和史料，1949—1965年间还有如下珍贵毕业照或其他合影。

◎厦门大学会计系欢送同学赴军干校留影（1951年1月14日）

歡送應屆畢業同學安永瑞等教師調企業管理系任教留影紀念一九五二年七月

◎欢送应届毕业同学留影（1952年7月）

◎毕业游览福州西湖合影（1954年6月）

◎厦门大学会计系二年级全体同学合影（1955年4月）

◎厦门大学会计系全体师生欢送毕业同学留影（1955年5月18日）

◎厦门大学会计系欢送葛家澍先生赴沪学习暨毕业同学留影（1956年7月3日）

◎厦门大学经济系会计学专业毕业同学摄影留念（1957年9月12日）

◎厦门大学经济系会计学专业毕业同学留影（1959年8月19日）

◎财会一年级学生参加扩建水库劳动留影（1959年）

◎会计学系在厦门大学系际排球比赛中获得优胜奖纪念留影（1953年）

第六节　1949—1965 年厦门大学会计学科学生名单

1950级财经学院会计学系本科生

邓千里　丘涟漪　卢燽镛　白惠卿　白榕明　王玉连　王沅潘
叶华常　叶延平　韦秋涵　韦忠方　杨天保[①]　江宁明　连燕章
许金泰　刘文耀　吴得志　吴品钦　吴鼎铭　陈宝德　陈少武
陈子良　陈国禧　陈金贤　陈永裕　郑钟坤　郑宗周　郑秀治
郑佛助　杨振汉　杨菊卿　杨长震　宋正文　李凤凤　李治国
林文澄　林炳英　林占岗　林　荣　林文章　林美瑛　林幼达
苏顺成　周淑云　易启我　官秀贞　官　峰[②]　俞敏谦　唐　铭
原孝钟　高仕贤　秦振球　康连城　黄清勇　黄涤岩　黄志仁
黄德耀　曾连旺　程金土　傅永卿　陈明华　林敏恒　颜章昆
汪慕恒　王承惠　李金土　李法千　李悌来　林庆华　郭炳坤

1951级财经学院会计学系本科生

石循法　庄约翰　陈鸿禧　陈秀杏　陈裕川　陈金星　陈琴孙
陈肖华　李光正　张长炉　张笑花　肖　泰　邱如焕　邱加海
郑碧华　郑钟坤　周碧华　林景祥　林玉山　林北星　林淑英
唐秀英　曾招海　蔡汉宙　颜晋堆　戴佑华　陈西英　陈寿煌
李合英　林松生　刘　锋　叶在鑫　刘永珍　刘镇干　陈淑卿
陈淑媛　陈兆奋　吴钦颐　张寿华　苏天栋　李悌来　林登清
郑训淡　林其昌　倪继祖　黄惠玉　游敏文　曾彩珍　潘魁钿
蔡文荣

① 杨天保，一说汤天保。
② 官峰，一说官锋。

1952级财经学院会计学系本科生

卢武慈　吴炳瑜　邵人俊　张宗淇　陈良玉　陈肇皇　陈文乔

陈缵苗　郑玉添　罗绍玉　林道标　林维锜　林泽忠　林纭英

赵华芳　赵宗孝　洪雪晖　翁　滢　宦伯元　徐春喜　袁定真

郭永灿　龚金珊　黄则诚　黄希永　黄立培　董义猷　程薏英

游世祯　游毓寿　刘金灯　汪忠生　邱若樵　李甘树　杨兴仁

张炳茂　陈德麟　陈化尚　陈逸民　郑家树　郑世麟　郑秀慧

林宝英　林翰祺　林寄尘　林开国　洪绿绮　赵彦林　范家华

黄德荣　黄祖章　蔡春发　许秉瑞　李娟儿　杨麟治　陆佩月

陈添寿　陈耀明　陈亦湘　陈炁治　郑俊钦　郑文东　郑振瑛

林　藩　林文松　林宏江　俞文桉　赵事惠　胡玉仁　黄秀珠

黄镗麟

1953级财经学院会计学系本科生

丁汉潮　王宏元　庄福康　卢达智　范宏源　刘以政　吴醒华

李鑫森　孙家声　邹兴保　张丽英　陈辉煌　何克树　郑经香

钱家玉　蒋伟康　蔡民族　王登品　王瑛瑛　史恩普　伍顺发

许庚申　吴浩栋　吴兆兴　李亦楷　邹宗铣　杨森卿　陈有义

陈贡秀　金婉儒　姚邹白　黄振辉　廖秉仁

1954级财经学院会计学系本科生

王自权　王觉民　包俊才　厉述沄　刘旻康　朱子嘉　匡桓城

张承绶　张继新　陈明毅　陈功彰　姚雏白　汪韵莉　李昌振

李成炎　李剑雄　宋友铭　赵和璧　林素英　周文铸　胡洁之

胡渭宝　祝昌荣　施羽明　施洪周　徐秀珍　徐欲沂　梁贞善

龚文荣　黄加道　蒋泉茂　蔡良机　余斯华　吴浩栋　钱家玉

1955级经济系会计学专业本科生

尤泽顶　王德箴　匡桓城　余斯华　吴祥霖　林昌雄　林文章
罗芳健　翁德鸿　谢树麟　彭嘉龙　王宏文　朱金治　刘筱榕
李季道　张文海　林坚实　周玉春　洪锦兴　黄建宇　梁明仁
赖为金

1956级经济系会计学专业本科生

邓维翰　叶玉树　陈夏鸾　汪亚东　李成陵　周志明　林祥锵
林毓杰　施达明　夏兆麟　梁功佛　黄元武　温廷均　谢　谦
王履理　陈志超　吴念祖　张悟华　林建武　林耀荣　范广美
查庆申　陶晓连　康　志　龚锦村　蒋福淼　谢显寿

1957级经济系会计学专业本科生

王名送　庄表峰　陈曼丽　陈芥儿　陈桂花　陈长源　李家铮
李银水　李进坤　杨天明　杨忠堂　张木发　邱必勤　林大桢
林碧芳　顾伟祖　洪雅文　黄锦峰　葛　怡　隋峰云　谢　抗

1958级经济系会计学专业本科生

王文甫　兰太禧　许秀丽（许峰）　陈清世　陈文拱　曾许仙
吴智深　邹锡林　高正勇　曾　琼　廖永传　王祖周　朱宜兴
李炎汉　陈德新　张玉富　梁春江　谢国祥　赖永启

1959级经济系财务会计专业本科生

丁昌甫　刘秀玉　张名雄　杨万春　李平渭　吴水澎　吴振海
陈焕明　连龙标　江善富　严凤贵　李友平　吴福安　吴高松

陈秀瑜　陈守文　陈旺枝　陈铁生　陈英慰　林宪铭　林春和
林义本　洪竹林　高森祥　黄文楚　黄金铸　章爱莲　程锡成
赖文新　颜国津　陈沛三　陈文豪　林和汉　林宗敏　林世芳
林毓发　俞昌栋　郭成前　黄选民　黄振安　谢技光　曾祥钰
廖炳生　戴良彬

1960级经济系财务会计专业本科生

方振国　方寿图　甘清溪　江　涌　刘金城　陈炳元　陈联波
李奎添　沈仁龙　吴金泰　林玉清　荆树华　黄代民　程朝平
蔡含蕊　黎本端　许善秋　纪乃良　刘桂英　陈联胜　李成陵
李娣目　肖飞麟　林炳镛　林荫珊　黄桂泉　黄进生　蒋小鹤
蔡金狮

1961级经济系财务会计专业本科生

王德明　卢淑燕　刘坤盛　陈和权　陈世铨　陈筱琴　吴文旋
郑长钟　洪珍锦　袁肇煊　黄汉华　古文昭　江国花　陈森林
陈宗銮　肖孙琪　周伟朝　施经芸　洪向前　郭兆麟　麻文乔
谢绍伟　潘心城　蔡淑娥　刘友仁　董可菁　蒋以鹤

1962级经济系财务会计专业本科生

方进德　庄志加　刘　铁　陈淑莲　陈修云　陈忠太　陈登荣
陈寄庸　李火土　李宁水　肖金才　邱华炳　张素英　吴增根
吴炳恩　阮　武　刘必寿　陈丽群　陈上太　陈秀英　李登河
李国英　李国华　苏立中　张鸿禧　吴碧玉　吴太的　郭宗华
林维统　林祖聪　林民兴　郑仁钦　周效文　黄德聪　谢清娘
温光恒　傅玉双　颜时辉　郭梅妹　洪江河　林金太　郑　力
顾　影　原孝杰　黄建炽　游忠盛　曾德金　薛美英　陈慧厘

1963级经济系财务会计专业本科生

蔡惠英	陈德和	陈介福	陈立人	陈利泰	陈能涵	陈是真
陈祥铿	陈耀宗	方金钟	冯天其	傅荣周	傅秀明	郭淑媛
韩源亮	何　峰	洪永锐	洪永祥	黄　杰	黄帼萍	黄石皎
黄世德	黄毓和	谢永璋	黄镇华	康文远	李丽娥	李平中
李一民	连宏良	林柏松	林朝钊	林朝枝	林茂瑞	林升铿
林速明	林万文	林小渝	林永经	刘学锦	邱作筠	饶云龙
任自珍	施天德	苏振篇	孙支忠	王木树	王助枝	吴火杰
吴兰如	吴谋祥	颜成裕	杨伯言	叶立清	詹子瑞	张石梅
张雨琛	郑栋梁	郑梦伟	郑章涛	朱亚衍	许哲颜	冯季孙
杨甘雨	涂思炎	傅荣溪	陈代云	卢贤昌	胡炎建	林金敖

1964级经济系财务会计专业本科生

王礼勇	王纪奎	王康霖	卞锦余	朱玉杯	江希锦	刘久芳
刘正光	吕火炉	许龙锦	许成宗	李大振	李应生	李振东
李锦茂	吴祖勋	吴国耀	吴清福	邵玉卿	邵玉雁	周凤珠
林玉假	邱武元	邹椿荣	陈伯勤	陈仁卿	陈烟泉	陈秋金
陈珠金	杨清江	杨玉生	严彩金	严立仁（严利人）		徐瑞康
张添火	张宝恭	张致蓉	张康乐	郑荣南	郑华荫	苏进金
苏振旺	陆建新	高友明	翁永标	黄西厢	黄光华	黄长龄
廖光娟	廖凤兰	廖邦林	颜长华	蔡其林	蔡丽华	蔡松林
姚　颖	谢先文	谢树深	戴碧志	陈福星（物理系转来）		
傅庆椿（休学插班）		王文正（转系）				

1965级经济系财务会计专业本科生

上官丽华	马立恕	马成贵	邓碧仁	叶竞锋	叶渊辉	卢秀云
刘玉霞	连泉明	连红毛	许文全	许赞丁	孙天明	纪传坎

纪梅玉	朱炳逊	陈德祥	陈桂荣	陈建明	陈济棠	陈钨铭
陈莉珍	陈起康	陈淑端	张长富	张金矿	张开钟	张辰忠
张舜斌	余文锦	吴连芳	吴惠莲	吴佩兰	吴良泉	吴雪花
吴前伦	吴心安	杨明堂	陆启真	陆石麟	李炳章	李金娥
沈家祥	林　中	林翠芳	林乖治	林敬斌	林汝模	林月娇
郑传枝	郑剑锋	郑秀华	周芳富	周秀华	罗道信	罗秀玉
柯英存	钟炎官	郭兰凤	徐玉珠	徐有娣	黄良才	黄燕三
黄章题	黄忠瑞	康来荣	谢雪卿	谢文灿	赖棠荣	鄢荣治
鄢伯程	蔡清淡	蔡孝山	潘华山	陆　漪		

附录 3-1　我与葛家澍老师[1]

方正生

1973年2月底，学校组织了六位老师（我是其中之一）赴上海进行教改调查，我们到了复旦大学（当时上海财院并入该校）、财政局、江湾机械厂、吴淞化肥厂、上海衬衣二厂、上海三药厂，还有手工业管理局和上海手工业财会人员训练班等单位，完成了学习访问任务，于3月中旬返回学校。

在上海期间，我有幸见到了10年前我考取的厦门大学研究生的导师——葛家澍教授。那是3月2日，我们到上海财政局，请局里给我们介绍到一个财务与会计工作搞得比较好的工厂去学习调查，办公室的杨同志告诉我们，厦门大学葛家澍教授正在上海人民出版社修改《会计原理》，明天他要到上海衬衣二厂，你们明天可以在上班时间到这里来和他一道去。

次日我们如约到了财政局，财政局的同志将我们"组头"与葛老师作了相互介绍后，我们便与葛老师到公交车站候车。途中我与葛老师有过短暂的交谈，到了衬衣二厂，在会议室我与葛老师之间隔着一个座位而坐，老师便侧身过来问我姓什么。我回答说姓方后，葛老师问："你叫方正生？"当得到我的确认后，葛老师将手伸过来与我握手，并让我晚饭后去上海人民出版社招待所224房间找他。

晚饭后我急不可耐地赶到葛老师叫我去的地方，敲开门，是葛老师的助手吴水澎老师接待我的，他说葛老师在冲凉。进屋落座后、在等待葛老师的时候，我们便聊开了，吴老师谈到他1963年在厦大毕业，比我早一届，1963年招考的研究生中，被录取的两人是我和山东的何生棠，由于国家的原因，录取通知未发。我们还谈到葛老师和余绪缨老师，他们先后在1945、1946年毕业于厦门大学。他们两人的英语都很好，对青年老师要求也很严，都要求将政治经济学、哲学和数学搞好。吴老师还说：葛老师治学严谨，肯下功夫，是新中国成立后厦大第一批由讲师提升为副教授的教师之一。当时厦大经济研究所、《中国经济问题》编辑部和教研室就只一套人马，葛老师一个人就做几个人的工作。吴老师还谈到，葛老师、余老师的思想都比较活跃。

---

① 引自汪一凡的《厦大会计往事（十五）》，详见厦门大学会计学系官方微信公众号"厦大会计"，略有删改。

其后，葛老师与我交谈了两个小时左右。因见葛老师为人很谦和，对晚辈也很关爱，我除了聆听教诲以外，还大胆地向老师请教了一些我正在学习和研究的会计方面的问题。

葛老师先谈了1963年他招收研究生的录取情况，然后说，这次来上海是修改准备出版的《会计原理》，并做有关调查。他还向我介绍了如下内容：

1. 这次《会计原理》的改动比较大

（1）增加了群众核算原理。（2）我们主张对象是资金运动，因此将主要经营过程的核算改为资金、成本和利润的核算。（3）将借贷、收付记账法作附录（注：借贷记账法在“文革”期间是作为资产阶级的东西来批判的，一般教材那时都只写增减记账法）。

2.《会计原理》的大体章节

（1）总论；（2）对象与方法；（3）群众核算；（4）资金、成本和利润的核算；（5）凭证、账簿与检查；（6）会计报表；（7）附录。

3. 关于借贷记账方法问题

要具体分析，不能一概肯定或否定，从初学者和当前需要大量培训财会人员来说，增减记账法是有其好处的。

有小道消息说，罗马尼亚（阿尔巴尼亚）经济代表团到财政部访问时提出，报纸上说借贷记账法是资本主义资产阶级的，那我们使用如何说呢（先问过增减记账法，财政部接谈的同志回答可能说服力不强）？结果这一问题反映到了李先念副总理那里，李副总理说记账方法是个技术性问题，它可被这个阶级利用也可为那个阶级服务，不要拔得那高。

河北财经学校的同志到财政部要求财政部对记账方法表态，财政部的答复是：现在外贸、国外结算都还在使用借贷记账法，到底怎样财政部不好表态，使用什么好，教学什么方法好，大家都可选择采纳、讨论和研究。

4. 北方交通大学出版的《会计原理》中为什么由增减改为借贷而没有提增减法？

他们开始寄提纲给我们时不是这样，我们提出过不谈借贷记账法是否好的意见。不知他们是否是考虑这类意见而改的。

5. 将工会专业课程改作会计原理、工业企业成本计算、工业企业财务管理与分析是可以的，只是要考虑与其他课程的结合，如结算就要在货币信用课程内考虑等等。

6. 关于国外动态，“文革”以后更闭塞，一切国外报刊都订不到了，因此还不知道什么情况。

7. 核算反映创造价值是可以的，理论上也是成立的。不过现在这种反映：（1）是否与经济核算制有关（要用价值处理销售收入）与成本比较。（2）实践意义有多大？也是有实践意义的。如厦门瓷厂，该厂领导就要财务上每月给他的数字还要有可能实现的利润多少（财务预测性的）；也还可以考核产销关系……（3）从理论上的对象来说是资金的循环，实际上是垫支资金的循环，同时作为整个资金循环过程来看，在生产过程也是没有完结的。这个问题还是很值得研究。

8. 资金运动这一对象与增减记账法的辩证关系如何？主要是从科目来讲占用和来源，就是一对矛盾。（插问：是否还可以说增减是一类科目下的两个侧面，因此增减表示是矛盾里面的矛盾？）对，大矛盾下还有小矛盾。借贷记账法在这些方面是严谨些。

9. 这个公式（我写的计算流动资金的系数公式）从道理上讲是成立的。

葛老师讲到这里，我看了看表，时针已过晚上10点，我很不好意思地说：“葛老师，耽误您时间太久了。”葛老师一面说等一会儿，一面拿出一套厦大当时的《工业会计》教材签上名字赠送给我。出门时，老师还握着我的手说：“今后我们多联系。”

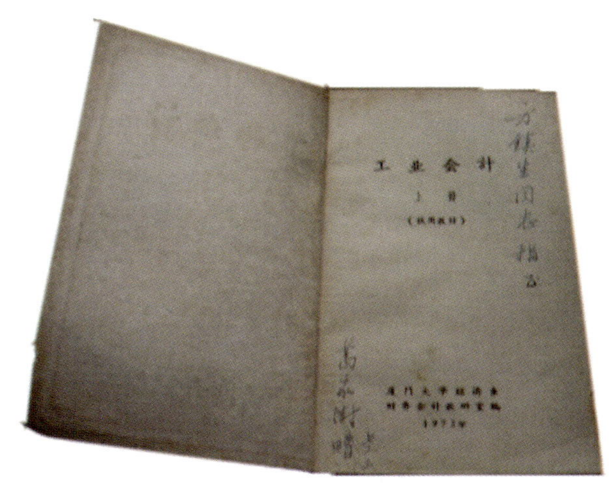

◎《工业会计》葛家澍先生签名版

附录 3-2　报考我国首次会计学研究生的回忆①

何生棠

方正生教授：

您好！我是何生棠。最近在您的博客上读到《我国首次招考会计学研究生是何情况？》、《我的大学校园生活（1）》以及《我的大学校园生活（5）》，使我回忆起已经尘封48年的、报考我国首次会计学研究生的往事。

我国首次招考会计学研究生是由高教部组织的，招考专业是会计学，招考学校是厦门大学，指导老师是葛家澍副教授，学习期限3年。申请报名日期是1963年10月24日至1963年11月2日。我当时是山东省潍坊监狱财务科的主管会计，负责审核和汇总记账凭证，编制会计报表和进行报表分析。我也报了名。厦门大学于1963年12月10日寄来了研究生准考证，编号为“厦大138号”，考试日期为1964年2月19日至2月21日，考试地点在青岛市的山东海洋学院（现中国海洋大学）。2月19日上午考外国语，下午考政治；20日上午加试语文（作文一篇），考试成绩不计入总成绩，只供招生单位录取时参考；21日上午考基础课，下午考专业课。各门课程都不指定参考书。每门课程考试时间都是180分钟。

（一）外国语

我选择考俄语。因是首次招考，无前车可鉴。我当时错误地认为，考研究生的外语要求肯定要比大学本科生高，总不能只考薄薄的三本俄语课本，估计能考会计专业俄语的阅读能力和翻译能力。所以突击背诵俄语的会计单词，还通过母校老师借来马卡洛夫的《会计核算原理（俄文版）》。虽然难度很大，但我废寝忘食，不舍不弃，专攻会计俄语。实际考题完全出乎我的意料，都在那三本俄语课本里。我用在外国语课程上的复习时间最多，下的苦功最大，结果考试成绩却不够理想。这是至今都令我非常遗憾的。

（二）政治理论课

政治理论课的主要试题，就是考周扬的《哲学和社会科学工作者的战斗任务》。这是

① 参考了汪一凡老师撰写的《厦大会计往事（十五）》，详见厦门大学会计学系官方微信公众号“厦大会计”。

时任中宣部副部长周扬在中国科学院哲学和社会科学学部（现在中国社会科学院的前身）委员会第四次扩大会议上的讲话。当时全文发表在《人民日报》和《红旗》杂志上，我曾经认真学习，写过读书笔记，所以这门课程考得还可以。后来才知道，周扬的这篇文章，事前曾呈请毛主席审阅。毛主席批示："讲得好，完全同意。"并修改了20处，其中整段加写的共有8段，最长一段达400多字，并指令《人民日报》和《红旗》杂志作为头条发表。

（三）基础课

基础课是会计学原理。当时这门课程的全国高等学校文科统编教材是中国财政经济出版社出版的，赵玉珉、娄尔行、葛家澍、吴诚之编著的《会计原理》；主要教学参考书是上海财政经济出版社出版的、厦门大学财务会计教研室编著的《会计学原理》（葛家澍主编）。我在1962年自学时就感到，《会计学原理》比《会计原理》编著得好。《会计原理》基本上没有摆脱苏联来华专家马卡洛夫编著的《会计核算原理》的格局，创新较少；《会计学原理》则以《资本论》为理论基础（当时厦门大学校长王亚南先生是《资本论》的两位译者之一，著名的《资本论》研究专家），理论水平高，新创意多，科学性强。特别是对会计核算对象的阐述，独树一帜，自成体系。我是认真学习过的。没想到，基础课主要考题就是"试述社会主义会计的对象"。我一看试题，喜出望外，心花怒放，从社会主义会计对象的一般说明开始，讲工业企业会计对象的具体化和社会主义会计对象的定义。在此基础上，我还临场发挥，把资金运动的依次继起性和同时并存性，作为资金的循环和周转的内容。自我感觉基础课考得还可以。

（四）专业课

专业课是社会主义工业企业会计核算和经济活动分析。只出了一道大试题。第一部分是资料，某工厂1962年12月31日的资产负债表和1962年的损益表；第二部分是1963年的经济业务，一本《工业会计核算》教材里的主要经济业务都有了；第三部分是要求，要根据1962年资产负债表设置总账和明细账，登记期初余额；根据1963年经济业务编制记账分录，登记明细账和总账，并对账、结账；根据账簿资料编制1963年12月31日的资产负债表和1963年的损益表；根据上述证、账、表资料，对该工厂1963年的经济活动进行分析。这道考题难度不大，但题量很大，时间相当紧张，只有全面、灵巧、熟练地掌握专业课程的内容，才能在180分钟内答完。虽然我在企业里当主管会计，答题没有大困难，但思想紧张，手忙脚乱。出场后才发现，我在计提固定资产基本折旧时只做了"借：车间经费、企业管理费贷：基本折旧基金”分录，忘了做“借：国家基金贷：固定资产折旧”分录。其他还有一些错漏。总的来说，这门课程考得还可以。

考试结束后，我回单位上班等学校通知。根据高教部的《1964年招收研究生简章》第十条规定：“新生入学在1964年9月。考生正式被录取为研究生，由招生单位在7月31日以前通知考生所在单位转告本人。”20世纪60年代学校招生录取的做法是：录取的，发录取通知书，通知书上告知报到时间、地点和报到时需带证件，考生凭录取通知书和证件按时到指定地点报到，逾期不报到则取消资格；未被录取的，不发通知，不得查询分数，不回答未被录取原因。所以，我在7月31日以前未接到所在单位转告的录取通知，就等于告知没有被录取。这是新中国成立以来首次公开招考会计学研究生，我估计报名人数不会少，录取名额只有两人，自己水平不高，成绩一般，录取的概率不大。世间美好的东西很多，大家都希望能够得到。我是个草根百姓，不可能轻易得到一切。如果失去了太阳，还有星光照耀；失去了学历、学位，还有亲情、友情；即使离开了生命，还能拥有祖国大地的亲吻。自己是“一颗红心，两种准备，考上高兴，落榜安心”。神马都是浮云。这段历史就在淡定中慢慢地被尘封了。

党的十一届三中全会的召开使我国走上了社会主义中国发展的新阶段，改革开放，社会稳定，经济发展，政治昌明。我欣逢盛世，正值盛年，历史还是给了我一些机遇。20世纪80年代，我所在的工作单位（潍坊监狱）成为全国监狱系统的“红旗”，被公安部授予“现代化文明监狱”的称号，监狱的罪犯劳动场所成为国有大型企业。我担任了监狱（包含企业）的总会计师和高级会计师，在监狱改革、企业转型和会计电算化方面都做了一些工作，保证了监狱安全、罪犯改造和生产经营的资金供应。我还利用业余时间，主编或合编出版了12本财务会计著作，先后3次获得山东省社会科学优秀成果奖。会计电算化获得山东省第一届企业管理现代化优秀成果一等奖（首位人员）。我的警衔是专业技术三级警监，曾被中央司法警官学院聘为经济系客座教授；被监狱管理局指定为全国监狱警官学校财经类专业系列教材的主审；应财政部政法行政司和司法部监狱局之聘，参加编写《监狱财务会计制度》，已于1997年在全国监狱推行。我在1985年被省财政厅考核为执业注册会计师。1998年退休以后，我在潍坊立信会计师事务所担任副主任会计师，从事社会审计工作。直到2008年满70岁，到达执业注师的最高年龄，才彻底退休。

我现在在老年大学学习书法，修身养性；目前身体健康，儿孙绕膝，享乐天伦，欢度晚年。

附录 3-3　常勋老师阔别讲台的那 22 年[①]

1960年代，常勋在福建省龙岩市青草盂农场水泥厂劳改时整天挑生料，一米七八的个头，最多能挑190多斤。“晚上，累了，只是躺在床上。”

“您在想什么？事业？”

“哪里还有什么事业？！当时有我作的一首打油诗为证，其中一句是‘葬过青山未了愿’，准备死后葬在劳改队了，不会想未来！”

“那之前您的愿望是什么？”

“当大学老师，教好书。”

早在上海圣约翰大学读三四年级时，常勋就当起了学生助教，一个人站在讲台上回答问题，辅导一年级学生学会计基础课程。

1948年，常勋并没有像经济系其他学生一样去收入很好的毛绒厂、海关、官僚资本大企业等地方工作。因为成绩好，他毕业时收到了上海圣约翰大学的教员聘书，教授基础会计学。

解放后，人民翻身做了主人，像常勋这样的旧知识分子成了改造的对象。

1951年，常勋进入华东革命大学政治研究院接受改造，交代历史，并于半年后结业。1952年年初，他被分配到山东会计专科学校（后扩大为山东财经学院）。

“寒冷的冬天，一声令下，我和家人卷起铺盖就出发了。而且没有旅费！”常勋这样回忆当时的情景。

来到济南，常勋必须抛弃过去熟悉的那一套西方会计理论，开始风风火火学习俄文和苏联会计，并边学边讲。

对于那段经历，常勋至今回忆起来还很自足：“学生说别的老师讲课听不懂，常老师讲的课我们听得懂。”

但好景不长，1953年秋季学期华东地区高等学校院系调整，新建的山东财经学院下马，5个年纪较轻、业务较好的教师被挑选到正处前线的厦门大学任教，“没有个人选择！”

来到厦门大学经济系后，常勋的课依然受到学生的欢迎，他很快被评定为“讲师”，而当时经济系从事会计教学的副教授不过2人，讲师只有1位。

---

① 常煊，2019. 影像常勋. 厦门：厦门大学出版社：274-275.

然而，还来不及享受这些“愉快”，苦难顷刻间降临。

因为历史问题，常勋原本被处理为“留在原工作单位继续改造”，但在1958年“肃反纠偏”运动中，有一天，经济系的座谈会正开到一半，党委办公室来人叫常勋出去，并立即宣布处理决定为“劳动教养"。等到第3天，检察院宣布将其“逮捕”，判处有期徒刑6年，实行“劳动改造”。

“处分连升3级，我在想怎么会从13层楼（厦门当时的最高楼层）掉到底层呢？”常勋在上海圣约翰大学读书期间参加过三民主义青年团（简称三青团），党团合并后任国民党上海新城区执行委员，自然成了当时的肃反对象。但在那时，还没等常勋反应过来，他已经被套上了手铐，来到了福建省龙岩市青草盂农场。

“在劳改队表现好，家人在外面的日子就好过一点。”常勋抱着这样的想法积极劳动。但是一劳改，就阔别讲台22年。22年后，机会来得让人有些喜出望外，如同22年前坠下底层那般突然。1980年秋季学期，常勋在厦门大学恢复教学，而且一直授课到80岁。

附录3-4　萧人孟（萧贞昌教授的长孙）致汪一凡老师的一封信

汪教授您好！

我叫萧人孟，是厦大会计系前主任萧贞昌的长孙，无意中见到您的大作“有关萧贞昌教授的两个猜想”，有些信息和您交流一下。

关于我爷爷和葛家澍教授，葛教授在一篇文章中写道：“我是通过我的恩师萧贞昌真正了解王校长的”。当时，萧贞昌担任厦大会计系主任，十分关心学生的成长。葛家澍在读书期间，经常向萧贞昌请教会计方面的问题。1950年，王亚南正式出任厦大校长。学校将现校档案馆二楼的一套房子分配给王亚南居住，由于王夫人没有一同前来，房间富余，王亚南便邀请同是湖北老乡的萧贞昌同住，萧贞昌欣然应允。葛家澍常常到萧贞昌家里，和他讨论诸如“会计学核算的对象”“会计的属性”“会计的具体记账方法”等学术问题。“我去老师家里时，才知道王校长也住那儿。”葛家澍用了两个词来形容王亚南校长给他的印象：平易近人，和蔼可亲。葛家澍和萧贞昌讨论问题时，王亚南偶尔也会参与，葛家澍对王亚南的认识逐渐清晰深入。

“我的人生路因为王校长开始出现了转折。”在厦大刚任教时，葛家澍一心从事会计学教学工作，并不曾想过进行科学研究，是王亚南的一句话激发了葛家澍结合教学进行科研的决心：“在大学教书，如果不搞科研，你就只能是一名教书匠，不可能成为名副其实的大学教授。”在王亚南的鼓励下，葛家澍走上了科研之路。

新中国成立初期，为了研究如何将国外先进的会计体系引进中国，葛家澍同系里其他三位年轻教师共同成立了“新会计研究会”，全身心投入了新会计理论和体系的研究中。当时，王亚南听说后非常高兴，经常鼓励说，葛家澍他们工作做得好，“王校长与萧贞昌老师也会经常参与我们的讨论，给我提出许多宝贵的建议。”在王亚南的指导下，葛家澍还系统地研究了《资本论》和马克思的其他著作，这为他后来深入研究资金运动学说打下了扎实的理论基础。

我爷爷有四个子女，我大姑萧树旭毕业于厦大生物系任教上海水产学院，小叔萧树建，小姑萧树芳，及我父亲萧树铁。我父亲去年去世，曾任清华大学“文革”后由工科大学改回综合性大学恢复大数学系后的第一任系主任。

就是这些。

谢谢您关于我爷爷的文章。

附录 3-5 《会计基础知识》（2021 年高清扫描版）前言

杜兴强

一、葛家澍教授简介

葛家澍教授（1921-03-22至2013-11-25），男，江苏兴化人，厦门大学文科资深教授，中国著名经济学家、管理学家、会计学家和教育家，新中国会计理论与会计准则、会计教育事业的开拓者和奠基人。

葛家澍教授1921年3月出生于江苏兴化；1945年毕业于厦门大学会计学系，获商学学士学位，毕业后留校任教；历任厦门大学会计学系助教（1946年9月至1949年1月）、会计学系讲师（1949年2月至1956年7月）、副教授（1951年2月至1978年10月）、教授（1978年11月）；1981年11月经国务院学位委员会审批为会计学学科博士生导师（仅两名）；1990年获得首批“国务院政府特殊津贴”，1998年葛家澍教授被国务院授予全国“先进工作者”称号。作为新中国会计教育特别是研究生教育的先行者和拓荒者，葛家澍教授共培养博士生83名，并创造了中国会计界多项第一，包括招收全国第一批硕士研究生，培养了新中国第一个经济学（会计学）博士、第一个经济学（会计学）女博士、第一位会计学博士后、第一个来自台湾的博士生等。

葛家澍教授系厦门大学经济学院首任院长[①]，国务院学位委员会学科评议组（经济学）第一、第二届成员（1982—1990年），是新中国首批硕士生、博士生导师。在葛家澍教授等老一辈会计学家的领导下，厦门大学会计学系（学科）成为国家教委批准的首批博士与硕士授予单位，是我国最早招收会计学博士后研究人员单位，是厦门大学工商管理一级学科博士学位授权点的骨干学科和工商管理博士后流动站的支撑学科，也是厦门大学“211工程”和“985工程”重点建设的学科之一。1987年，厦门大学会计学系被批准为我国第一批国家级重点学科。在2002年和2007年国家重点学科评估中，厦门大学会计学科均名列第一名（全国会计学科）。2000年12月，教育部根据“唯一最好”原则批准设立了普通高等学校人文社会科学重点研究基地“厦门大学会计发展研究中心”。2004年12月，

① 葛家澍1982年担任厦门大学经济学院创院院长，首次提出“引理入经”，即：针对当年财经、经济类招生只面向文科考生，提出文理兼收，并于1984年率先在厦门大学经济学院研究生招生试点。此后，这一做法逐步成为全国性政策。

经教育部批准设立国家哲学社会科学创新基地（“985工程”二期，会计学科唯一）“财务管理与会计研究院”。目前，厦门大学会计学科形成了会计学系、会计发展研究中心、财务管理与会计研究院“三位一体”的学科群。此外，厦门大学会计学科也是全国会计硕士专业学位（MPAcc）教育论证发起单位和首批试点单位。

在60余载的科研生涯中，葛家澍教授最让人称道的品质是他作为科学家的求实态度和战士般的勇敢精神。这两点品质对中国会计思想的拨乱反正和西方会计学说的引进起到了至关重要的作用。新中国成立之初，学术界一派严重的“崇苏”氛围。葛家澍于1950年代中期起，通过论文、教材，提出并逐渐形成了一套系统、严密的“资金运动理论”，成为那一时期中国会计学的主流派，也是仅有的、不同于苏联专家的学术观点。①1963年，葛家澍成为新中国第一批国家重点文科教材《会计基础知识》的主编。这是当时这套教材中唯一的会计教材。1978年初，学术界仍然被“两个凡是”捆缚手足，禁区森严。葛家澍凭借着强烈的历史责任感、超人的胆识、深厚的学术修养，撰写了《必须替借贷记账法恢复名誉——评所谓“资本主义的记账方法”》一文（刊登于《中国经济问题》，1978年第4期），被誉为“打响了中国会计界拨乱反正的第一炮”；此后，1980年9月，财政部发布《国营工业企业会计制度》，恢复使用借贷记账法。1981年，他发表论文《论会计理论的继承性》（刊登于《厦门大学学报》，1981年第3期）。这篇文章彻底推倒了在所谓“社会主义会计”和“资本主义会计”之间人为筑起的高墙，为我国理性研究和引进会计准则提供了基础与可能。上述发表于20世纪70年代末与80年代初的经典论文，是当时会计领域的思想解放与启蒙运动的核心论文，它们在一定程度上改变了中国会计研究与实务发展的进程，让会计回归到科学化、理性化的道路上来。此外，葛家澍教授提出了会计“信息系统论”的观点，成为当时主流的两个学术观点之一，厦门大学会计学科也因此被中国会计界誉为“南派”。

葛家澍教授对新中国会计理论、会计准则的贡献是开拓性和奠基性的，主要包括确立了资金运动理论，成为新中国独立于苏联的“中国特色”的会计理论，并为当时的经济运行提供了较好的理论依据；经过缜密的推理，提出借贷记账法没有阶级性，为当时会计领域拨乱反正打响“第一炮”；在对西方会计理论的发展进行详细、逻辑严密的讨论后，认为会计理论是继承性的、全人类的共同财富，对当时会计界摆脱政治口号式的文章、回

① 20世纪50年代，在王亚南校长的鼓励下，葛家澍教授和年轻同事组成研究小组，一起探讨、切磋学术问题，潜心科研，并逐渐在国内学术界产生影响，自1956年起发表多篇学术论文，逐渐形成了会计对象是“资金运动”的观点，这成为当时新中国会计领域摆脱苏联影响、形成中国会计理论的标志，葛家澍教授也因此被著名经济学家、会计学家顾准先生赞为“资金运动学派”的创始人。

归到理性的研究，具有极为重要的引导作用；关于财务会计概念框架、会计准则与公允价值的研究，同样在学术界有先导、示范作用。

由于卓越学术成就和深厚的学术造诣，葛家澍教授被誉为在会计理论上“独树一帜”和“大陆会计学界的翘楚”。葛家澍教授先后撰写有影响的专著和教材20余部、论文百余篇，研究成果《市场经济下会计基本理论与方法研究》（中国财政经济出版社，1996）获得国家社会科学基金优秀成果奖（会计学科唯一），《市场经济下会计基本理论与方法研究》获教育部第二届人文社会科学优秀成果一等奖，《会计基本理论与会计准则问题研究》（中国财政经济出版社，2000）获教育部第三届人文社会科学优秀成果一等奖，《财务会计概念框架与会计准则问题研究》（与杜兴强教授合作；中国财政经济出版社，2003）获教育部第三届人文社会科学优秀成果一等奖。此外，《财务会计概念框架与会计准则问题研究》（与杜兴强教授合作）与《会计理论》（与杜兴强教授合作；复旦大学出版社）分获福建省第六、七届社会科学优秀成果一等奖。此外，葛家澍教授还多次承担国家社会科学基金重点项目、教育部人文社科重点项目、教育部人文社科基地重大项目等多项。

自20世纪80年代始，葛家澍教授开始参与我国的会计准则体系建设，他的诸多学术思想已成为我国制定会计准则和会计制度的重要决策参考。从1986年至今，他连续连任中国会计学会副会长、财政部企业会计准则咨询专家组成员，担任中国会计学会“会计准则与会计理论研究组“召集人之一，与娄尔行教授、阎达伍教授一起，推动财政部会计司成立会计准则课题组，加快了我国企业会计准则制订的进程；担任中国会计学会“会计教育改革研究组“召集人，推动我国高校会计教育改革多元化尝试。葛家澍教授还曾任中国会计教授会、中国对外贸易会计学会、中国机械工业学会、中国教育会计学会、中国医药会计学会、中国工会会计学会顾问，福建省会计学会、注册会计师协会名誉会长、顾问等。此外，葛家澍教授被先后聘为西南财经大学荣誉教授、南开大学、西北大学、天津财经学院、江西财经学院、安徽财贸学院、中山大学、兰州商学院、浙江工商大学、江苏理工大学等多所院校在职或客座教授。由于在教学和科研方面具有突出贡献，葛家澍教授担任福建省第六、第七、第八届人民代表大会代表。

从教60余载，葛家澍教授教学成果卓著。教学成果奖方面，1989年，因其“独树一帜的财务会计教材体系”，获得国家教委的“优秀教学成果奖”；2005年，葛家澍教授与杜兴强教授主编的高等教育“十一五”国家规划教材《中级财务会计学》（中国人民大学出版社）获得国家级教学成果奖；2009年“别具一格的财务会计理论教材”获福建省教学成果一等奖。除了教学成果，葛家澍教授主编的《中级财务会计》（辽宁人民出版社）获得国家教委优秀教材一等奖。此外，葛家澍教授还主编了《会计基础知识》等多部在全国影响深远的会计学教材，发行量超百万册。这些教材对改革开放之初中国会计的教育、普及与推广影响深远，也在一定程度上对当时中国经济的发展起到积极的促进作用。

二、本书的写作历程及出版情况[①]

葛家澍教授（为了行文方便，本部分简称“先生”）1921年出生于江苏兴化县邵阳镇，自幼聪颖，少时闻名于省立镇江中学。至高中毕业，成绩位列“榜眼”。原本有机会进入北大等名校继续深造的先生，却由于诸多高校内迁，不得已中断学业一年。1940年，江苏学院招生，品学兼优的先生出人意料地报考了该校的经济系会计科，从而在某种程度上影响了日后中国会计的发展。随后，江苏学院迁往武夷山麓。彼时，先生在极其艰苦的环境中仍孜孜不倦、勤奋好学，终通过转学考试，以优异的成绩考入内迁福建长汀的厦门大学继续学业，主修商学会计科。

在长汀时期的厦门大学中，先生惜时如金、如饥似渴地研读了当时学校图书馆和资料室几乎所有的会计书籍和资料，从而夯实了会计学科的知识。同时，先生的知识涉猎范围还从单纯的会计学拓展到方法论、经济学、历史、文学等领域，从而为日后的学术生涯积累了丰富的知识。

新中国成立后，百废待兴。会计界亦是如此。受报效祖国思潮的影响，先生和几位年轻的会计学者，在著名经济学家王亚南教授（也是当年厦门大学校长）与萧贞昌教授（当时的会计系主任）的支持下，成立了“新会计研究会”。先生后来多次同我回忆起王亚南校长对他们的鼓励：“在大学做教师不能只会讲课，一定要开展学术科研；如果只是讲课，那你永远只可能是个教书匠。只有进行学术研究，你的教学质量才能提高，而好的教学质量反过来会促进你的科研成果”。在王亚南校长的鼓励下，这群年轻的会计学者致力于运用马克思主义原理探讨会计学科的相关理论问题，经常通宵达旦、废寝忘食。更难能可贵的是，先生身处各行各业“唯苏联模式马首是瞻”的、独特的宏观经济与政治环境下，却尽可能少受其影响，秉持自己独特的、看问题的视角与思考模式。一分耕耘，一分收获。先生的勤于思索与独立思考结出了丰硕成果。接下来试举几例。

苏联的《会计学原理课程提纲》中将会计核算对象界定为“按货币方式来反映、监

① 杜兴强，2021. 葛家澍教授学术思想研究［M］. 厦门：厦门大学出版社.

督和总结有计划社会主义扩大再生产过程及其物质基础——社会主义财产”。彼时，受各行各业学习苏联、奉苏联为圭臬思潮的影响，中国会计界的绝大部分学者并未对《会计学原理课程提纲》中关于会计核算对象的界定提出质疑。但是，先生在长汀时期的厦门大学所受到的方法论训练却促使其产生了如下层层递进的思考：（1）社会主义财产究竟是会计学的对象，还是所有经济学科的对象？显然，属于后者。（2）一个学科倘若没有自己排他性的对象，何以成为独立的一门学科？会计学科要独立成为一门学科，显然应该有自己独特的对象——这是会计核算作为一门独特学科的前提。（3）因此，“社会主义财产”不应是会计的核算对象。而后，先生经过深思熟虑，提出“会计核算是反映社会主义资金（价值的形式）再生产”，并进而指出“会计核算对象是社会主义产品再生产一切现象过程和物质要素——社会主义财产——的量的方面”。这一观点以“试论会计核算这门学科的对象与方法”为题发表于《厦门大学学报》1956年第2期。这一关于会计核算对象的界定，尽管今日看来颇具“年代感”，但是须知，在那个一切唯苏联与学苏联的时代背景下，先生能够思考、质疑与挑战苏联教科书中的观点，本身就需要极大的勇气与智慧！

随后，先生继续对会计核算对象继续反思与深入思考，并对“会计核算对象是社会主义产品再生产一切现象过程和物质要素——社会主义财产——的量的方面”这一观点进行拓展。这一过程艰辛而充满挑战，甚至是五年磨一剑！最终，先生于1961年发表了《关于社会主义会计对象的再认识》一文（《厦门大学学报》，1961年第2期），系统发展和阐述了“会计对象”为“企业经济活动中可以用货币表现的那些数量方面”即“社会主义扩大再生产过程中的资金运动”。自此，关于会计对象的系统和严密的“资金运动”理论得以形成。

“资金运动论”的观点在当时清一色的苏联教材的时代背景下面临着极大的困境。1962年，我国出版了第一本真正意义上属于中国自己的会计学教材——《会计原理》。该教材由杨纪琬、赵玉珉、娄尔行、葛家澍、吴诚之合编。该教材在涉及“会计对象”这一敏感主题时，曾用小字阐述了会计对象的资金运动论观点。随后，这一理论随后不断地丰富和拓展，从而形成了中国会计学界关于会计对象的“资金运用学派”（已故著名经济学家、会计学家顾准先生语）。先生作为代表创建的“资金运用学派”，使得厦门大学会计学科在新中国成立不久就成为中国会计学界的重镇之一，也奠定了厦门大学会计学科迄今为止在中国会计学界的地位。

1964年，葛家澍教授主编的、融入了成熟的“资金运动论”观点的《会计基础知识》一书由中国财政经济出版社出版。《会计基础知识》一书，是新中国成立后由国家教委（即后来的教育部）主持的全国第一套高等学校文科教材。该书出版后，多次重印，据不完全统计，该书的销量超过百万册。1980年，该书经过改版，更名为《会计学基础》，继续作为高校文科教材，并于1988年获得国家教委优秀教材奖[①]。

三、本书的基本内容、学术价值与教学价值

（一）基本内容

《会计基础知识》一书共包括七章。第一章为导论，内容包括“什么是会计”、“社会主义制度下会计的作用”与“会计学及其主要内容”；第二章为“资金平衡表、账户与复式记账”，内容包括“会计核算方法概说”、“资金平衡表”、“账户及其基本结构”、“复式记账法”、“总分类账户与明细分类账户”、“账簿”与“日常核算资料的检查”；第三章为“企业主要经济业务核算与成本计算”，内容包括“企业主要经济业务核算与成本计算的内容”、“材料采购业务的核算和采购成本的计算”、“生产业务的核算与生产成本的计算”、“销售业务的核算与销售成本的计算”与“财务成果及其分配的核算”等；第四章为“会计报表的结构与内容”，内容包括“会计报表的作用和种类”、“资金平衡表的结构和内容”、“费用和成本报表的结构和内容”、“利润计算表的结构和内容”与“会计报表的报送、审核和汇总”；第五章为“会计报表分析”，主要内容包括“会计报表分析的意义和作用”、“会计报表分析的程序和方法”、“资金平衡表的分析”、“利润计算表的分析”与“费用和成本报表的分析”；第六章为“农村人民公社基本核算单位会计核算的特点”，内容包括“现金收付记账法”、“农村人民公社生产队主要经济业务的核算”与“生产队的会计报表”；第七章为“会计工作的组织”，内容包括“会计机构的设置”、“会计人员的职权”与“会计制度的制定和执行”。《会计基础知识》一书还附有练习题。

（二）学术价值与教学价值

《会计基础知识》一书首次出版于1964年，虽今天看来不可避免地带有“时代烙印”，但历史和辩证地看，该书仍无可辩驳具有重要的学术价值与教学价值。

1. 学术价值

（1）强调会计的技术性

20世纪50至60年代初，中国会计学术界曾掀起过一场关于会计属性的大论

① 值得指出的是，尽管1980年《会计基础知识》更名为《会计学基础》出版后，由于《会计基础知识》在国内高校享有的高度赞誉，在经过较大修改后，葛家澍教授应邀主编了另一个版本的《会计基础知识》，由上海人民出版社予以出版。上海人民出版社的《会计基础知识》，前后共有三个版本，重印10余次，发行量亦超过百万册（葛家澍、余绪缨，1995，第12页）。

战[①]。基于20世纪五六十年代的特殊历史背景，会计具有阶级性的观点一度成为当时鲜明的观点。1962年12月4日至8日，高等学校文科教材办公室经济组邀集了财政部、中国科学院经济研究所、厦门大学、中国人民大学、北京大学、南开大学、中央财政金融学院和中国财经出版社等有关单位的部分同志，对有关会计学的几个理论问题，包括会计有无阶级性的问题进行了深入座谈[②]。支持会计技术性的学者指出，在会计的基本方法与程序中，有不少可供不同社会共同使用的方法，如复式记账，从填制凭证、登记账簿、编制报表的基本程序，同生产技术过程联系较为紧密的成本计算的具体方法如费用归集和分配的程序等，为此会计的技术性应为会计的主要属性；支持会计具有阶级性的文献则表明，会计中存在诸多方法和程序仅适合资本主义社会（如账户分类、货币计算、会计报表分析等），因此会计具有阶级性（谈惠，1963）。

葛家澍教授认为，会计具有技术性与社会性的双重属性。请注意，葛家澍教授使用的是会计的“社会性”，而并非“阶级性”一词。葛家澍教授的《会计基础知识》一书则更多地强调会计的技术性，强调会计在不同社会环境中的运行具有共性，会计的基本程序与方法具有普适性。当然，在当时的社会环境下，葛家澍教授在《会计基础知识》一书中只提会计在阶级社会带有程度不一的“阶级烙印”，从而颇具艺术性地淡化了会计的阶级性。会计的社会性这一较为中性的提法成为此后若干年会计学术界谈及会计属性的标准术语。会计的社会性，淡化了不同“社会制度会计”的观念，强调会计基本程序、方法与技术在不同社会制度下，由于使用者需求的不同而产生的差异。

葛家澍教授在《会计基础知识》一书展现的、会计技术性为主要属性的思想，后经不断完善，最终促成了葛家澍教授发表了两篇颇具影响的论文——《必须替借贷记账法恢复名誉——评所谓“资本主义的记账方法”》（刊登于《中国经济问题》1978年第4期）与《论会计理论的继承性》（刊登于《厦门大学学报》1981年第3期）。《会计基础知识》一书中关于会计属性的深刻认识，从一定程度上可以说是超越了那个时代的局限性，这不仅需要勇气，更需要智慧！

（2）强调社会主义制度下的会计

与强调会计的技术性一脉相承，葛家澍教授在《会计基础知识》一书中再次在会计性质层面进行了理论突破，那就是不再用“社会主义会计”，而是强调“社会主义制度下

① 论战的焦点集中于“会计在技术性之外、是否还具有阶级性”以及“会计的技术性或阶级性是会计的主要属性”。

② 座谈会纪要后整理成论文，发表于《经济研究》。参见：谈惠，1963. 关于会计学的几个理论问题的讨论［J］. 经济研究（2）：64-67.（注：谈惠，葛家澍教授的笔名）

的会计”。换言之，“社会主义制度下的会计”的术语，再次淡化了会计的阶级性。“社会主义制度下的会计”这一提法在相当一段历史时期都是适应的。譬如，我国是社会主义国家，国家宏观调控是我国经济社会事务，包括资本市场监管的一大基本特点。为此，在中国情境下、在确定会计目标的几个子内容——谁是会计信息的使用者、会计信息使用者需要哪些信息、会计如何提供使用者需要的信息——的过程中，将不得不考虑国家宏观管理层面的因素。实际上，在20世纪初、葛家澍教授在论及会计基本假设时，仍建议将“宏观调控”作为我国的一项重要的会计基本假设（葛家澍，2002），这充分体现了“社会主义制度下的会计”的阶段性特征。这一观点得到了学术界的广泛认可，并引起了监管部门的重视，对我国会计准则体系的完善起到了重要的推动作用。

此外，“社会主义制度下的会计”的论述可以促使我国会计监管部门反思“国际会计趋同化背景下中国会计的特色问题”。的确，会计的国际趋同是大势所趋，但是趋同并不意味着不容许差异，也不意味着消除差异，更不意味着忽视差异。实际上，基于我国出于社会主义初级阶段的论断，论及基于中国情境的会计信息披露与财务报告质量，必须注意到制度环境特征，应从具体制度环境出发修改和完善中国的企业会计准则体系、完善信息披露的监管。

（3）再次阐明了会计对象的“资金运动论”

新中国成立初期，全国各高校会计学专业使用的是清一色的前苏联的会计教材。当时，中国会计学界，特别是葛家澍教授，从未停止过对苏联会计教材中一些问题的思索与质疑。譬如，关于会计对象，前苏联的《会计学原理课程提纲》中，将会计核算对象界定为“按货币方式来反映、监督和总结有计划社会主义扩大再生产过程及其物质基础——社会主义财产”。但是，葛家澍教授经过多年的潜心研究，认为“社会主义财产”不应是会计的核算对象，“会计核算是反映社会主义资金（价值的形式）再生产”，并进而指出“会计核算对象是社会主义产品再生产一切现象过程和物质要素——社会主义财产——的量的方面”。这一观点以“试论会计核算这门学科的对象与方法”为题、发表于《厦门大学学报》1956年第2期。继而，葛家澍教授于1961年发表了“关于社会主义会计对象的再认识”一文（《厦门大学学报》1961年第2期），系统发展和阐述了“会计对象”为“企业经济活动中可以用货币表现的那些数量方面”即“社会主义扩大再生产过程中的资金运动”。自此，关于会计对象的、系统和严密的“资金运动”理论得以形成。

1962年，杨纪琬、赵玉珉、娄尔行、葛家澍、吴诚之五位知名学者主编了《会计原理》（中国财政经济出版社），其中先生编写的部分，就用小字阐述了会计对象是“资金运动”、而非“社会主义财产”的观点。葛家澍教授在《会计基础知识》一书中详细阐述了“资金运动论”的观点（第一章），并将之贯穿于该书。

会计对象的“资金运动”理论系新中国成立初期我国会计界在会计理论研究方面的重要突破，这与后来关于会计本质的观点——“会计是一个以提供财务信息为主的经济信息系统”——的“会计信息系统论”一脉相承，共同支撑和造就了中国会计学界的“厦大学派”。

2. 教学价值

葛家澍教授主编的《会计基础知识》是新中国第一部会计学统编教材，累计发行量超过百万册，直接推动了当时会计学教育的普及。葛家澍教授通过高质量教材的编写，为促进我国的会计教育并逐步提升会计教育水平作出了卓越的贡献。

时至今日，虽然会计的内容日益丰富，但是《会计基础知识》一书中的若干观点如“会计技术性与社会性”、“社会主义制度下的会计”、会计对象的“资金运动”理论等，仍影响着今天的会计学教材的编写。

参考文献

杜兴强，2020. 葛家澍教授学术思想研究［M］. 厦门大学出版社.

葛家澍，1956. 试论会计核算这门科学的对象和方法［J］. 厦门大学学报（社会科学版）（2）：1-25.

葛家澍，1961. 关于社会主义会计对象的再认识［J］. 厦门大学学报（社会科学版）（1）：1-11.

葛家澍，1964. 会计基础知识［M］. 中国财政经济出版社.

葛家澍，余绪缨，1995. 葛家澍教授、余绪缨教授从教五十周年论文集［M］. 厦门大学出版社.

葛家澍，2002. 关于财务会计基本假设的重新思考［J］. 会计研究（1）：5-11.

谈惠，1963. 关于会计学的几个理论问题的讨论［J］. 经济研究（2）：64-67.

杨纪琬，赵玉珉，娄尔行，葛家澍，吴诚之，1962. 会计原理［M］. 中国财政经济出版社.

第四章 1966—1976年：蛰伏沉淀的厦门大学会计学科

第一节　蛰伏①

一、“大字报”

1966年5月25日，北京大学出现了第一张“大字报”。

1966年6月2日，厦门大学经济系（会计学专业设在经济系内）、中文系、外文系的少数学生开始贴“大字报”。据《厦门大学校史》（第二卷），1966年6月2日晚，党委书记陆维特被部分造反学生揪出进行批斗；1966年6月4日，厦门大学党委停止领导工作。厦大实际上陷入“停课闹革命”的无政府状态。

1966年6月3日，厦大首张“大字报”出现的次日，就有针对葛家澍副教授的“大字报”。具体地，葛家澍先生被“大字报”点名为“反动学术权威”、厦门大学会计“三家村”。葛家澍副教授作为当时经济系教师中的代表和王亚南校长特别器重的青年教师，是标准的“资产阶级反动学术权威”和“牛鬼蛇神”，自然成为第一批“大字报”的对象。②

① 苏锡嘉，刘峰，2021. 澍雨杏风［M］. 厦门大学出版社：72-77.

② 作为葛家澍先生的博士生和多年的科研助手，我曾多次好奇地试图请先生还原那些年的情形，但先生似乎并不愿意过多地述说这段经历，或许是因为过于痛楚，或许是处于保护一些人的目的，所以这段历史也许就这样湮没在历史的长河里。此外，因为这个阶段史料缺失，导致我们始终无法全面还原这段历史，包括会计学科和老教授在其中所受到的冲击到底有多大。

据《厦门大学校史》(第二辑)所载，仅1966年6月份，厦门大学的学生就“兢兢业业”地贴出了三万余张“大字报”。造反派学生召开全校、各系、各单位一系列的“声讨”“揭发”大会和小组鸣放、辩论会，校内一批教师被斥为“党内资产阶级代表人物”“资产阶级学术权威”“牛鬼蛇神”而遭到批判、斗争。这个阶段，200多位教职工由于政治历史、社会关系、家庭成分、学术权威、走资派等原因被编入劳动队，监督劳动。葛家澍先生在那个时期还不是党员，因此不适用于“党内资产阶级代表人物”的帽子，但“资产阶级学术权威”的帽子，却几乎是为这一代学者量身定做的。1966年下半年起，受大字报和各种批斗的直接冲击，葛家澍老师不得不停止了学术活动。①

二、批斗

随着运动的深入，一切规章制度和政纪法规都不复存在。余绪缨老师也是被批斗的一员，他因为此前的学术观点而被打为“反动学术权威”，被抄家、戴高帽游街、扣工资、监督劳动……

在那个无秩序的年代，葛家澍先生和余绪缨先生，以及其他较为知名的、有一定学术造诣和影响力的知识分子被打倒，劳动改造，关牛棚，肆意被羞辱。体罚、殴打，是这代人的梦魇。葛家澍老师被当时经济系的红卫兵组织关在厦门大学芙蓉二楼后面的平房里，进了“牛棚”。

1967年初，厦门大学的两派红卫兵组织“革联”和“促联”武斗，导致“牛棚”无人看护，趁此机会，葛家澍老师等自我解放。葛家澍老师回到鼓浪屿复兴路77号宿舍，因为无书可看，不能、也不敢做研究，百无聊赖之下，开始养鸡种菜。这个阶段，包括葛家澍老师在内的几乎所有知识分子已被停发工资，仅按人头、每月发放20元生活费，入不敷出。复兴路77号的一楼100平方米左右的空地成了葛家澍先生养花、种草之地。这或许是葛家澍先生一辈子难得的务农经历；甚至，葛家澍先生偶尔也会下厨。

1968年中，在工宣队和军宣队的调停下，厦门大学两派红卫兵达成协议，不再对抗。红卫兵们不再进行内斗，苦的是教授和知识分子们。葛家澍先生在内的、属于“专政对象”的教师们再次被“抓回”牛棚。根据校史记载，1968年11月23、24日，全校200多名进了“牛棚”的干部、教职工，在校内和厦门市被挂牌游斗，受到侮辱和体罚。在建南大礼堂的“批

① 苏锡嘉，刘峰，2021. 澍雨杏风［M］. 厦门：厦门大学出版社：74.

判反革命修正主义罪行”大会上，老校长王亚南等被拖上台，进行体罚；此后，工、军宣队组织了八场批斗大会，葛家澍先生数次被押上台，亦遭受体罚。葛家澍先生的胳膊也就此落下疾患，双臂不能举过头顶。

1968年底至1969年底，对老教授们的批斗进入常态化。每天早上，诸多知识分子气质的中老年人被集中在大南校门（的碉堡）前，几乎每个人手里都拿着一个自制的、折叠成三折的纸牌子和喇叭样的纸帽子。当戴着红卫兵袖章的年轻人走近时，这些中老年人很快站直了，将牌子打开，挂在胸前，戴上高帽子、身体前倾、略弯腰。无一例外地，这些中老年人的帽子上、胸前牌子上，都写着“打倒反动学术权威 ×××”等字样，名字上还用红墨水打了个大大的叉字。红卫兵清点人数后，押着这些自己的老师们，从大南校门沿着三家村，往群贤楼方向“游行”，最后带到学校农场进行劳动。

◎厦门大学大南校门口的碉堡[①]（郑晗供图）

① 曾经，南校门附近有一座巨大的碉堡。在那段两岸不太平的岁月里，这座碉堡镇守一方。20世纪六七十年代，“文革”期间，不少被打倒的教授们在此“接受”红卫兵小将的颐指气使。70年代之后特别是两岸关系缓和之后，大南校门口的碉堡逐渐显得与和平环境不大协调，因而逐渐被废弃，上面积了尘土落叶，竟然长出一片茂盛的龙舌兰。再之后，几吨重的碉堡一时也不好处理，所以就被改造成了一个大花坛。最终，借着厦门大学80周年校庆重修大南校门，大南校门口的碉堡终于退出了历史的舞台。

◎厦门大学校内现存的其他碉堡[①]

葛家澍先生与夫人钮静安女士都曾讲过一件事（刘峰教授亦有记载）：某天，葛家澍先生被一个红卫兵叫住，在葛夫人刚给他做的新蓝色涤卡上衣背后用毛笔写了“反动学术权威”几个大字。当时，布料需要凭票供应，一件涤卡上衣需要不少的布票啊！好在葛夫人贤德，想了一个好办法，将衣服染成了黑色，这样也是一件可以继续穿的外衣。

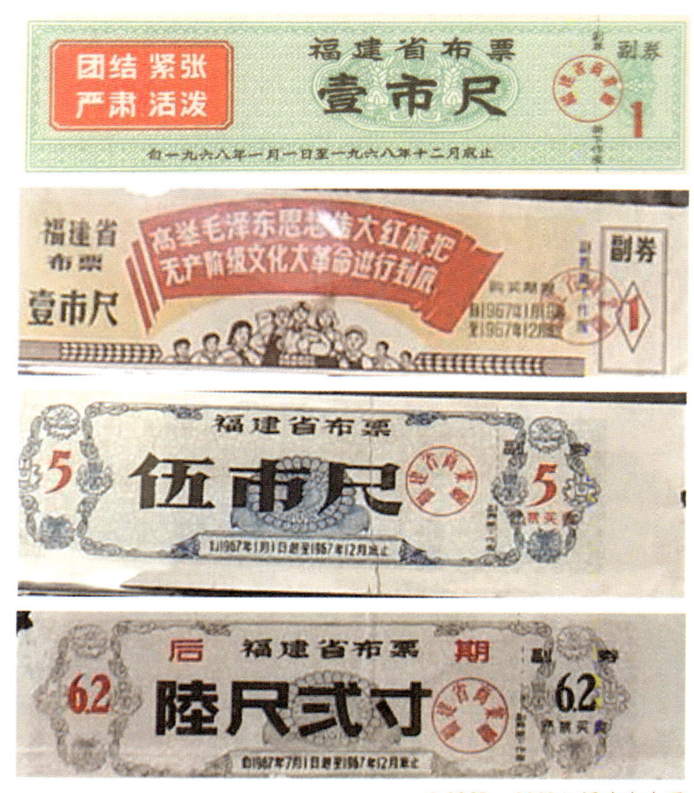

◎1967—1968年福建省布票

① 其中右侧图的碉堡是厦门大学校内目前唯一存在的碉堡（“华侨之家”附近）。

因小见大，这就是葛家澍先生和为数不少的厦门大学会计学系教师在“文革”期间生活的缩影。“文革”结束后，葛家澍先生更体现出豁达的胸怀，对“文革”期间参与甚至带头批斗他的人，选择了宽恕[①]！

在当时的环境下，余绪缨老师的处境稍好，依然能保持着看书学习的习惯，英文版的毛主席语录和毛主席诗词是他最爱翻阅的两本红皮书，这样既可在阅读中提高自己的英语水平，又能避免让看管的红卫兵抓到把柄。余绪缨教授时常勉励女儿们，要从“ABC开始学习英语”，并耐心地告诉她们：“你们要相信，知识总是会有用的。”[②]

直到1969年底，伴随着红卫兵控制力的弱化，这些“被打倒”的教师们生活开始逐步恢复正常，校园秩序也逐步好转。1970年，葛家澍先生经厦门大学审干小组审查通过，按人民内部矛盾处理，有条件使用安排工作。

1972年，厦门大学复办政治经济学专业、会计学专业、计划统计专业、财政金融专业。

---

① 引自：杜兴强．葛家澍教授学术思想研究［M］．厦门：厦门大学出版社，2021：28。刘峰教授与我都曾担任过葛先生的科研助手，也都曾好奇地想从先生那里得到某些答案。但是，每次葛家澍先生均沉思良久，然后告诉我（们）“忘记了！”。这是何等的胸怀啊！葛家澍先生的宽容使一些人得以继续“高光”，却使得一段对于厦门大学会计学科非常重要的历史，永远地淹没在历史长河中。

② 《余绪缨传记》编写组，2022. 一绪长缨：余绪缨传记［M］. 广州：广东经济出版社：168.

第二节　沉淀

一、开门办学

即便在这段蛰伏的时期，厦门大学会计学科亦未沉寂，而是在沉淀、伺机崛起。

1970年，厦门大学校革委会派出70多支教育革命小分队，深入全省各地30多个工厂和20多个生产队，进行社会调查，开展“教育革命实践”。小分队先后在工厂、农村办了各种短训班100多期，为工厂、农村培训技术人员近千人。是年，厦门大学在集美建立了校办农场，举办了“五七干校”。厦门大学在集美的农场有150余亩地，主要种植水稻，也搞点牲畜养殖。教职工分批到“干校”劳动和学习，每期一般为半年。

其间，由于厦门各个厂区和农场的老会计大多下放，众多工厂无法正常运转。为此，厦门大学会计学系的老师们开始试办工农试点班，讲授财务会计，并先后在校办工厂、厦门造船厂、电化厂、工程机械厂等单位办了试点班；学员做什么，就学什么，以产品或工作任务引导教学。短训班时间大多是3～6个月，教授内容为“工业会计”“农村生产队会计”等。[①]

1970年6月，中共中央批转《北京大学、清华大学关于招生（试点）的请示报告》，全国高等院校开始试点招收工农兵大学生（即“工农兵学员”）。1970年底，厦门大学招收第一届工农兵学员，厦门大学会计学科开始准备恢复教学的相关工作。其中，会计专业招收了两个班的学员，一个是“工农试点班”，一个是“厦门市郊区农村财会培训班”。1971年，厦门大学试点招收“工业会计试点班”。也就是从这时起，葛家澍先生和经济系财会教研组的其他老师开始逐渐“复出”，除了正常的教学外，还要到附近的农村，普及生产队和农村会计。1972年，厦大经济系的财务会计等四个专业全面恢复招生。

葛家澍先生的长子葛征平回忆，当年先生曾去禾山公社（现厦门SM商业城一带）授课。这需要先坐公交车到火车站，再坐当地农民的载重自行车，方能够到禾山公社。此外，葛家澍先生曾在1970年代去海沧农场讲课。当时从厦门大学去海沧非常麻烦，坐车和乘船自不必说，还需要对方派人到码头来接，然后坐拖拉机进村。[②]尽管如此，我们猜想，葛家澍先生能够走上讲台，在当时的环境下已经非常不易了。葛家澍先生、余绪缨先生和厦门大学会计学科的老师内心还是渴望能够继续从事教学和会计理论研究的，虽然条件差

① 《余绪缨传记》编写组，2022. 一绪长缨：余绪缨传记［M］. 广东经济出版社：169.
② 苏锡嘉，刘峰，2021. 澍雨杏风［M］. 厦门大学出版社：311-313.

点，但已经是无所谓的事情了。

1971年，葛家澍、余绪缨等厦门大学会计学系的教师们开始参与备课、上课工作。厦门大学会计学科贯彻开门办学的方针，奔赴厦门江头前线人民公社、海沧镇钟山大队调研、授课，并为工农试点班学员授课。

二、《生产队财务会计》与《工业会计》

1972年，厦门大学经济系顾继业、陈仁栋编著的《生产队财务会计》（福建人民出版社）一书出版，葛家澍副教授亦参与了这一教材的编写。这是厦门大学会计学科在这一段蛰伏期内少见的出版物。《生产队财务会计》适用对象是生产队会计，方法上采用收付记账法，甚至刻意淡化复式记账的概念，让会计显得简便易懂。

生产队财务会计
厦门大学经济系编
•
福建人民出版社出版
福建省新华书店发行
福建新华印刷厂印刷
1972年10月第1版
1972年10月第1次印刷
书号：4·1　定价：0.17元

毛主席语录

路线是个纲，纲举目张。

勤俭经营应当是全国一切农业生产合作社的方针，不，应当是一切经济事业的方针。

在分配问题上，我们必须兼顾国家利益、集体利益和个人利益。对于国家的税收、合作社的积累、农民的个人收入这三方面的关系，必须处理适当，经常注意调节其中的矛盾。

全国合作化，需要几百万人当会计，到那里去找呢？其实人是有的，可以动员大批的高小毕业生和初中毕业生去做这个工作。问题是要迅速地加以训练，并且在工作中提高他们的文化和技术的水平。

目　录

◎《生产队财务会计》封面、版权页、目录

同样是1972年，厦门大学经济系财务会计教研室编写的试用教材《工业会计》将增减记账法贯穿全书。

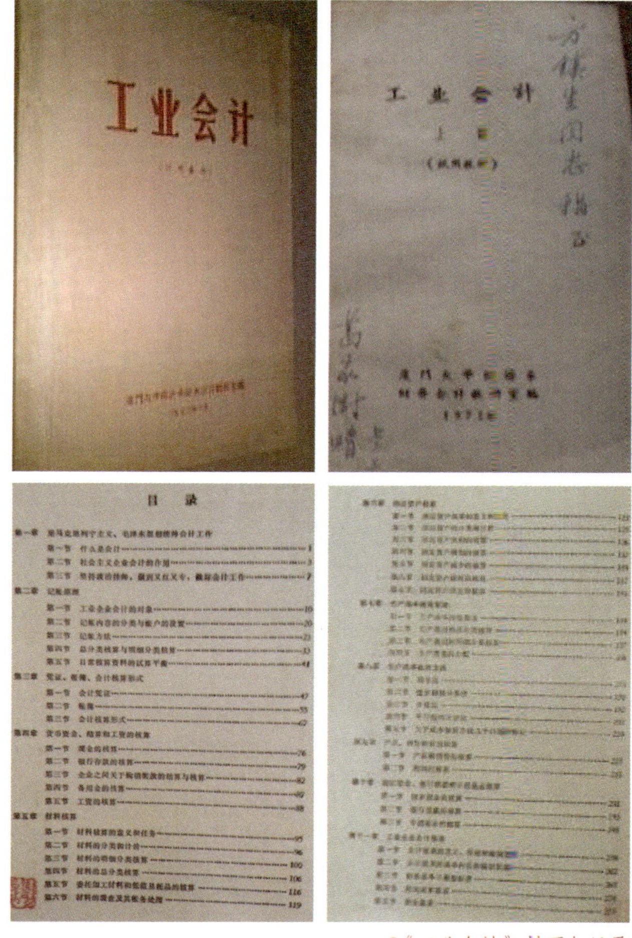

◎《工业会计》封面与目录

由于1971年开始招生的工农兵学员基础参差不齐，从初一到高三不一，这给厦门大学会计学专业的授课带来了极大的难度。厦门大学会计学科集思广益，因材施教、因需施教，在一定程度上较好地解决了上述问题。

通过"自编＋油印教材＋指定参考书＋拓展参考书＋老师下宿舍辅导"，厦门大学会计学专业充分照顾了不同基础的学生对同一门课程的需求。顾继业副教授在讲授"工业会计"时，为期末考试设计了一套从原始凭证到总账平衡整个过程的考题，试行开卷考试，须独立完成，但时间不限（中间可以吃饭睡觉，但成绩评定参考交卷的时间先后）。参加考试的同学必须小心翼翼，因为错了一个环节，则必须从头寻找错误的地方。相当一部分同学考至深更半夜才交卷。如此模拟会计实务的考卷，重在测试学生是否"会"，是否熟练，而非死记硬背的考核。[①]

1973年下半年，葛家澍老师带队1973级工农兵学员到福州工厂实习，并为福州一中学生作会计讲座。

◎1973级会计甲班到灌口31军炮连军训（1974年10月）

然而，这些较为平稳日子也没有过太久。一场指向葛家澍先生的风暴，正在悄悄逼近……

① 黄鸿德，周颖刚，2022，厦门大学经济学科百年史［M］. 厦门：厦门大学出版社.

第三节　公开信与回应

一、公开信

1973年底，葛家澍先生收到一封题为“在会计领域中必须坚持唯物论辩证法，反对唯心论和形而上学——致 ××× 教授的一封信”的公开信，落款为黑龙江省财政干部学校柴直言，日期为1973年12月20日。①

在会计科学领域中必须坚持唯物论辩证法反对唯心论和形而上学

——致×××教授的一封信

×××教授：

您好，

当您接到这封信的时候，可能感到有些突然，实际上并不突然，虽然我们没有见过面，但相互的观点是了解的。

我们在过去学过借贷会计，用过借贷会计，也讲授过借贷会计。那时，在我们思想上认为借贷会计是唯一科学不可改变的。但是，我们在讲授借贷会计的过程中，碰到的困难是不少的。为了把课教好，在课程内容、讲授方法、实习和辅导等方面，想了不少办法，费了很大劲，还是不容易讲清楚。有时学员想深抠一些道理，有的教员说，不要深抠了，这里有很深的学问，在大学还得学很长时间！咱们学习时间比较短，知道怎么做就行了。学员为了掌握借贷记账法，整天忙于背公式、做习题，有时业余活动也顾不得参加了。有的出校学员反映：“在学校背得挺熟，回来高低就[illegible]，离本[illegible]懵懵，还得很长时间实际操作，才能顺过茬来。”对于这种情况，领导也说我们没有很好地贯彻少而精的原则。当时，我们认为，会计是一门科学，总得有个体系，要掌握一门科学不是那么容易的，却从来没有想过借贷记账法本身有没有问题。听到有人提出疑议，还认为借贷会计已有几百年历史了，世界各国都用，是会计科学的经验总结，是外国的先进经验。再加上我们深入基层，深入实际不够，听不见群众的呼声，不了解实践中的问题，总是凭自己的脑子，从书本上看它的科学性，结果是越看越科学，越看越迷信。正象人民日报评论员在《用我们自己的头脑来思考》这篇短文中所说的：“在我们有些人中间，至今还存在着一种盲目崇洋、迷信外国的自卑心理，他们相信外国胜于相信自己，推崇外国的死资料胜于相信本国群众的活经验。他们不是把外国的技

— 1 —

◎公开信首页

① 唐予华教授于1973年入读厦门大学经济系财务会计专业，后于1977年留校任教。唐予华教授非常细致，保留了部分葛家澍先生的资料。该封公开信原稿去向不详，但唐予华教授手头有一份信件的蜡刻资料。

神。"当一种错误倾向象潮水般涌来的时候，要不怕孤立，敢于反潮流，敢于硬着头皮顶住。厦门大学是鲁迅先生任过教的地方，有优良的革命传统。我们要学习鲁迅先生的彻底革命精神。在会计学界，您是有影响的人物。按照毛主席关于"古为今用，洋为中用"和"收支结余，计算分明"的教导，我国社会主义会计科学应当向何处去？需要深思。我们共产党人的哲学就是斗争的哲学。我们要敢于揭露矛盾，宣传事物本来的辩证法，促成事物的转化，达到革命的目的。在会计学界维护资产阶级借贷会计或企图改头换面保存借贷体系，是一种潮流，对于这种潮流，您是能够依据十大精神重新考虑如何对待的。在路线斗争上，没有调和的余地。支持什么，反对什么，这是谁也回避不了的问题。我们希望您能认真审查自己的著作，不要随大流，要敢于反潮流。不要为错误潮流推波助澜，要把渊博的学识用在发展社会主义会计科学上，把会计革命进行到底。

现将初稿寄给您，切望不吝赐教。修改后，拟作为公开信发往有关单位。我们的信，只能是会计改革中的"引玉之砖"，希望能展开讨论。各种不同意见辩论的结果，真理就会得到发展。

致

革命的敬礼

柴直言

1973.12.20

回信请寄：哈尔滨市道里工农街34号

黑龙江省财政干部学校

◎公开信尾页

公开信指出，"我们在过去学过借贷会计，用过借贷会计，也讲授过借贷会计。那时，在我们思想上认为借贷会计是唯一科学不可改变的。但是，我们在讲授借贷会计的过程中，碰到的困难是不少的。……

……我们共产党人的哲学就是斗争的哲学。我们要敢于揭露矛盾，宣传事物本来的辩证法，促成事物的转化，达到革命的目的。在会计学界维护资产阶级借贷会计或企图改头换面保存借贷体系，是一种潮流。对于这种潮流，您是能够根据十大精神，重新考虑如何对待的。……支持什么、反对什么，这是谁也回避不了的问题。我们希望您能认真审查自己的著作，不要随大流，要敢于反潮流。不要为错误潮流推波助澜，要把渊博的学识用在发展社会主义会计学科上，把会计革命进行到底。"

公开信对葛家澍主持编写的《会计学原理》和《工业会计》（试用教材）中有关会计

对象部分的论述提出批评意见，同时也涉及记账方法。公开信充斥着当时的“文革”语言，上纲上线。关于记账方法，公开信直接指出，收付记账法与借贷记账法之争是两种思想、两条道路、两条路线的斗争，是革命与保守的斗争。

二、公开信的回复

公开信从哈尔滨寄送到厦门，以当年的条件，应该至少要一个星期。换言之，葛家澍先生应该是元旦前后收到这封信的。而葛家澍先生的回信是1974年1月。这意味着，葛家澍先生在收到这封信后，立即就写了长达三万字的回信。这意味着：第一，葛家澍先生意识到了巨大的风险，从而一改惯有的风格，决定“奋起反击”；第二，短短不到一个月的时间，葛家澍先生就写出了三万字的回复，这充分说明了，葛家澍先生并未沉寂或沉沦，而只是沉淀；第三，“文革”消耗的是葛家澍先生的身体，这个过程中，葛家澍先生可能无时无刻不思念教学科研的日子，脑海里不断思考着学术问题，凝练学术思想，只待一朝惊起！

以刘峰教授和杜兴强教授各自担任葛家澍先生十余年科研助手的经验来判断，葛家澍先生温文儒雅，绝不会公开批评某个人的观点，亦不可能采用公开辩论，甚至论战的方式对别人的学术观点进行公开批评或讨论。更多地，葛家澍先生通常都是缜密地论证、陈述自己的学术观点，并不会批评与自己的学术思想不一致的观点。

但，公开信如乌云压顶！咄咄逼人的公开信牵涉到路线正确与否的问题。“文革”期间，路线是否正确，可能涉及是否摧毁一个人、一个家庭、一群人。经历过批斗、抄家、关押，葛家澍先生绝不希望这样的事情重演！更甚之，遥远的东北飞来的公开信似乎要给葛家澍先生扣上“莫须有”的“帽子”，必须予以坚决的回应。公开信让停笔多年的先生放下锄头，拿起捍卫家庭和个人的、战斗的笔，写了一封非常长的答复（落款时间是1974年1月）。既是公开信，葛家澍先生决定也以公开信的方式回复。在那个没有复印机、电子邮件、自媒体，又缺乏杂志可以刊登回信的年代，葛家澍先生只能刻写蜡纸，用油印的方式印了多份，予以分发。

黑龙江财政干部学校柴直言同志写了一篇题为《在会计领域中必须坚持唯物辩证法，反对唯心论和形而上学》的公开信（以下简称"公开信"），对我参加编写的《会计学原理》和《工业会计》（试用教材）有关会计对象部分提出重要的批评意见。在我们编写的教材中，特别是有关会计对象即资金运动方面的论述，确实存在不少的缺点和问题。这主要由于我们没有刻苦学习马列和毛主席著作，政治和业务水平都很低，理论联系实际又不够，因此，对有关问题的提法和阐述，就很不深刻，很不严密，甚至不科学，不确切，存在着片面性，不符合辩证法。伟大领袖毛主席指出："在我们的社会里，革命的战士的批评和反批评，是揭露矛盾，解决矛盾，发展科学、艺术，做好各项工作的好方法"。"公开信"提出的批评意见和由此而引起的讨论和争论，必将促使会计学中长期存在的某些理论问题得到进一步的明确或解决，特别是，对于帮助我们深入分析研究教材中的观点，清除唯心论和形而上学的影响，改正缺点和错误，是一个重要的推动力量。对此，我表示衷心的感谢和欢迎。

从"公开信"的内容看，有一些地方正确地指出我们教材中的问题，我们应当虚心接受。其中有些问题，我们还缺乏深入的研究，甚至还没有开始研究，而"公开信"却给我们以很大的启发，尤其难能可贵。但也有些地方，属于学术观点上的分歧，一时恐怕不易得到一致的结论。至于"公开信"中某些尚可商榷讨论的问题，我们也本着"知无不言"的精神把它提出来，遵照毛主席关于"科学上不同学派可以自由争论"和"我们的态度是：坚持真理，随时修正错误"的伟大教导，下面就来信中提出的一些主要问题表示个人看法，以期进一步得到同志们的批评和帮助。

一、什么是资金

资金（为了说明的方便，这里只指国营工业企业的"生产资金"，在我们的教材中则称之为"经营资金"）是一个经济范畴。"作为生产的社会关系的理论表现，即其抽象"，经济范畴的表述和分析本来是社会主义政治经济学的任务。过去，政治经济学的教材一般比较少地接触这个问题。但随着我国社会制度的日益巩固和社会主义生产关系的不断发展，目前出版

— 1 —

◎葛家澍先生回复柴直言公开信首页（原件去处不详，经厦门大学会计学系蜡纸刻印）

的政治经济学教材（如上海人民出版社出版的《政治经济学基础知识》下册）就把"资金"作为搞好企业经济核算制必须正确利用的一个价值范畴作了较为科学（当然还是比较简括）的表述。正如马克思在《哲学的贫困》中所说的："人们按照自己的物质生产的发展建立相应的社会关系，正是这些人又按照自己的社会关系创造了相应的原理、观念和范畴"①。既然过去政治经济学还来不及对"资金"这样的范畴进行深刻的理论分析，而会计科学又必须接触这个问题，这就不能不迫使我们按照我们的肤浅认识，并结合会计学的要求来对它进行必要的说明。我们对资金的理解，有一个逐步认识的过程。我们在说明"资金"这个概念时，是以下列三点基本认识为前提的：㈠资金是社会主义这个历史阶段特有的经济范畴，它同资本有着本质的区别；㈡资金一个价值范畴，它是社会主义仍然存在商品生产，价值规律仍然发生作用的条件下形成的，因而是企业实行经济核算制必须利用的价值范畴，这个范畴集中地体现了经济核算制条件下国家和企业的关系；㈢把资金和资本的本质加以严格区别，马克思关于资本循环和周转的原理，基本上也适用于资金。

从上述三点基本认识出发，在《会计学原理》（以下也简称"旧著"）中，我们写道："在社会主义制度下，商品生产仍然存在，价值规律仍然发生作用，商品、价值和货币，都要作为建设社会主义所必要的经济工具而自觉地加以充分利用；""我们知道，只有体现社会劳动的产品（物质）才有价值，可以用货币表现。而社会主义用于扩大再生产中的产品的货币表现，则称为"资金"。资金是社会主义特有的经济范畴，它和作为剥削手段的"资本"有着本质的区别（见"旧著"第6页，着重点是我们现在加的）。在《工业会计》（以下也简称"新著"）中我们的说明有所不同。我们这样写："社会主义国家交给企业支配运用的劳动资料、劳动对象（两者统称生产资料）、产品和货币等等，构成国营企业经营资金（简称"资金"）的物质内容。""资金"是社会主义经济的特有范畴。它是社会主义国家所有的公共财产……社会主义企业的"资金"，与资本家用以剥削劳动者的"资本"根本不同。它不反映任何剥削关系。恰恰相反，"资金"成为社会主义劳动人民谋福利、帮助

①《马克思恩格斯选集》（四卷本）第1卷，人民出版社1972年版第108页

— 2 —

劳动者创造社会主义财富的一种手段。""为了从数量方面反映资金的动态，我们可以把资金当作在企业再生产过程中运动着的价值。"（"新著"10、11页）。

"公开信"认为我们在给"资金"下定义时反复强调的是"两点"（一是叫做"有价值"；另一是叫做"用货币表现"。在谈到第一点时"公开信"说："看一看用价值能不能说明资金的实质，我们认为是不能的。"完全正确，我们也认为是不能的，并且我们既没有这样做，也没有这样说。我们承认资金是一个经济范畴，它就是生产关系某一方面的体现，其实质也就是社会主义的生产关系。这是政治经济学所要研究的。在我们的"新著"和"旧著"中都提到了资金的实质，并说明人与人的关系，即经济关系，但都未展开阐述，也没有就资金的实质展开深入的分析。在这个意义上，"公开信"对我们的批评是正确的。不过，会计学毕竟不能代替政治经济学，如果要对这个问题展开分析，就不是重复现代政治经济学的理论研究，而是要结合会计对象，和在资金运动上的每一项经济活动，从数量关系中具体地分析它所体现的各种经济关系，而不把会计变成一种单纯的数字记录。这确是一个重要的任务，我们愿意和会计界的同志共同努力，为实现这个任务而作出贡献。

现在的问题是，在我们的教材中，究竟是否说明资金和价值的关系呢？不错，我们曾经强调，资金的物质内容是社会主义公有财产，但不包括没有经过人的劳动的自然财富和荒地

①在这里还当补充一点，"价值"也涉及到生产关系的。列宁指出："……旧经济学家说过，价值是两个人之间的一种关系，他只是还应当补充一句：被物的外壳掩盖着的关系。只有从某个社会的历史的社会生产关系体系的角度出发，并且从表现在大量的反复发生的交换现象中的关系体系的角度，才能了解什么是价值。"（列宁：《卡尔·马克思》）在社会主义制度下，由于商品生产和商品交换具有新的性质和特点，在作为一定量价值投入企业的资金，就不是反映两个人之间的关系，而反映了国家与企业、企业与企业、国营企业与人民公社等多方面的关系。从这一点来说，价值也不能单纯看作是"物化劳动"。

— 3 —

体、矿藏，以及在社会主义制度下已失去商品性的土地，理由是它们没有价值。这不仅是因为它们不能用货币计价，从而不能在账簿上进行反映，而且由于它们不能作为资金参加企业再生产的周转，在周转的不同阶段，适应再生产的不同要求，采取不同的形态。马克思在考察产业资本循环的一般形式 G—W…P…W′—G′ 时得出结论说："在这里，资本表现为一个价值，它经过一系列互相联系的、互为条件的转化，经过一系列的形态变化，而这些形态变化也就形成总过程的一系列阶段。在这些阶段中，两个属于流通领域，一个属于生产领域。在每个这样的阶段中，资本价值都处在和不同的特殊职能相适应的不同形态上；"①毛主席规定的经济核算制的主要内容第一条就明确指出，每一工厂单位应有相当独立的资金（流动的和固定的）是为了"使它可以自己周转"。如果把没有价值的自然财富和在我国已不具有商品性的土地（虽然它们是社会主义公有财产，是国家所有的生产资料）也列为资金，它如何进行周转？怎样在企业再生产的不同阶段上发挥特殊的职能？理论联系实际是我们研究任何问题都必须遵循的原则。在我国实际工作中，除了过去已经入帐的土地外，没有一项自然财富是作为国家的资金拨交企业使用的。因此，问题很明显，作为社会主义公有财产的自然财富，之所以不是资金，只能用"无价值"去说明。土地之所以未作资金，也由于它在我国不是商品，也不保留商品的"外壳"，根本不能买卖、转移，因而也只能用"无价值"去说明。"公开信"批评我们用价值去说明资金是一个违反马克思主义观点的错误。"公开信"说："马克思没有单纯用有价值或无价值去论述资本，我们也不能用有价值或无价值去说明资金。""公开信"还问道："如果你们的观点能够成立，那岂不是说，在资本主义再生产过程中，有价值的能用货币表现的就是资本吗？在马克思主义经典著作中，谁能找到这样的结论？谁能用历史事实或实践的数据去证明这个问题？"首先要指出的是："公开信"把我们的观点归纳为"有价值"、"无价值"是不符合我们的原意的，是不够确切的。我们无论在那一本教材中，都没有把"价值"看作是"资金"的同义语，没有讲过资金就是价值，或价值就是资金。当我们把资金理解为它总是代表一定量价值的时候，我们是这样说的：

①《资本论》第2卷，《马克思恩格斯全集》第24卷第60页

— 4 —

"为了从数量方面反映资金的动态，我们可以把资金当作在企业再生产过程中运动着的价值。"（"新著"11页）"只有体现社会劳动的产品（物质）才有价值，可以用货币表现，而社会主义用于扩大再生产中的产品的货币表现，则称为"资金"。（"旧著"6页）对于资金的理解，由于我们有一个认识的过程，我们也觉得旧著的提法不够确切，所以在"新著"中就已经改过来了。那么"新著"的提法，究竟符合不符合马克思主义的观点呢？"公开信"的作者说，马克思从来没有用有价值或无价值去论述资本，仿佛在马克思主义经典著作中也找不到类似的论述。可能由于我们双方学习马克思主义经典著作的体会有所不同，在我们看来，马克思在这方面的论述不是没有，而是太多了。当然，马克思从来没有把"资本"和"价值"等同起来。马克思在把资本理解为一定的价值的时候，有个非常重要的、表明资本主义生产关系的前提，那就是："它创造剩余价值"。我们把资金理解为一定的价值的时候，也有个非常重要的、表明社会主义生产关系的前提，那就是：它为社会主义扩大再生产服务，帮助工人阶级生产产品、创造价值，因而它必须参加再生产过程进行周转。恩格斯在驳斥杜林对马克思关于资本的科学论断进行肆意歪曲时写道："关于资本，马克思并不想反对已经习惯的生产资料这个流行的经济学概念。他倒是说明了，一定的价值额，只有在它利用自己作为创造剩余价值的价值时，才变为资本。"①其实，从以上引用的马克思和恩格斯的论述，已经足以说明：经典作家经常用价值（当然不是价值两个字）来说明资本。

"公开信"提问："谁能用历史的事实去证明这个问题"（即用价值去说明资本）吗？不是别人，正是马克思曾用历史证明了这个问题。马克思指出："资本在历史上起初到处是以货币形式，作为货币财产，作为商人资本和高利贷资本，与地产相对立。然而，为了认识货币是资本的最初表现形式，不必回顾资本产生的历史。这个历史每天都在我们眼前重演。"②货币是什么？货币是

① 《反杜林论》。《马克思恩格斯选集》（四卷本）第3卷，人民出版社，1972年版，第246页。

② 《资本论》第1卷。《马克思恩格斯全集》第23卷，167、168页。

◎葛家澍先生回复柴直言公开信第2~5页（原件去处不详，经厦门大学会计学系借纸刻印）

◎葛家澍先生回复柴直言公开信第6~9页（原件去处不详，经厦门大学会计学系蜡纸刻印）

◎葛家澍先生回复柴直言公开信第10～13页（原件去处不详，经厦门大学会计学系蜡纸刻印）

二、资金的两种状态

在我们的两本教材中，都认为社会主义会计的对象是社会主义扩大再生产过程中的资金运动（具体地说是企业再生产过程中的资金运动）。并认为资金运动有两种状态，即相对地静止的状态和显著地变动的状态。伟大领袖毛主席教导我们"无论什么事物的运动都采取两种状态"，我们认为，毛主席所阐述的这一马克思主义真理无往而不适用，资金运动绝对不能例外。

至于，事物在运动中所采取的这两种状态具体化到企业资金运动，究竟应当怎样理解，怎么表述，可以有不同的看法，可以进一步讨论和研究。我们的理解和表述是否很不恰当，是很欢迎的。因此，我们非常欢迎同志们提出批评意见。

"公开信"在这方面对我们的批评较多，也比较尖锐，下面我们就来分析一下"公开信"提出的各种意见和问题：

（一）"资金的运动……资金在相对静止状态时有哪些方面，在显著变动时，又有哪几个方面，这就说得含糊混乱了"。

毛主席说："一个大的事物，在其发展过程中，包含着许多的矛盾。"又说："在复杂的事物的发展过程中，有许多的矛盾存在。"我们这里所说是资金运动的两种状态，而由一种状态转变为另一种状态已经使资金运动起了质的变化。在相对静止状态时，有一对矛盾存在，那就是资金占用和资金来源。而在显著变动……资金投入、退出、循环周转、耗费收回等许多矛盾，但它们都成了资金来源和资金占用这一对矛盾的分化和发展，这一对矛盾的性质已经起了部分的变化。所以我们认为，从总的来说，把资金运动看成是一个包含许多矛盾的复杂事物，似乎并不为反辩证法。

（二）"实际上，在讲的相对静止，只是年末对资金、资金平衡表中所列的绝对数字。这种绝对数字，一百就是一百，一十就是一十，一分一厘都不能差，是绝对静止，怎么能说相对静止呢？""公开信"的作者就是把我们讲的资金占用和资金来源的对立统一关系同资金平衡表上的总会计相等这两个不同的问题混同起来，这不足以令人信服。"你讲的这一套，不过是资产阶级平衡说的翻版，不过是把资产阶级会计学中的资产负债表改头换面而已！"关于这一点，这里暂且不说，就拿

— 14 —

资金平衡表来说吧，不错，表上的数字是绝对数字，不是百分比，不是相对数，一百就是一百，一十就是一十，它是在账簿相符、账表相符的基础上编得的，是如实反映资金来源和资金占用的真相的。如果有意加以歪曲，就是假的平衡表……列宁在《帝国主义论》中对资本主义资产阶级由于在母公司和子公司之间互相抽调资本借以伪造资产负债表的骗人把戏所进行的深刻揭露和有力批判。但是，能够把某年某月某日资金平衡表上资金占用和资金来源双方相等的会计数字看作就是资金运动绝对静止（即绝对平衡）吗？占用和来源两个方面在某一特定时日会计数字的相等（数字上的平衡）同资金运动的"绝对静止"和"绝对平衡"完全是两回事，而后者是根本不存在的东西。在我们的"新著"中，对这个方面已经作了一些说明和阐述，我们说：第一、这种相等是代表某一天的资金占用和资金来源的状况，它是暂时的，有条件的，是经常要变化的；第二、从数字看，不管它们总是相等，但是在总计数和资金占用与资金来源的结构都时时能由于资金显著变动而改变。"旧的平衡关系一经打破，新的平衡关系即随之建立。因而资金占用与资金来源之间的旧的对立统一要经常地'让位于新的统一和组成这统一的对立成分'。这就是资金运动处于相对静止状态时的矛盾面貌。"（《新著》15页）。我们认为，这种分析，虽然还有许多问题没有说明清楚，基本上还是符合实际情况的。因而，凡具有会计常识的人都不会认为，资金平衡表不是代表某一天（某年某月某日），而是能够代表一个期间（如你们所说的"某年某月"）的资金占用和资金来源的状况，更不能说是绝对的"静态报表"！

（三）"你讲的资金平衡表上的绝对数字是以编制资金平衡表为转移的，假如一年不编表，在这一年中的过程中，就只有显著变动，而没有相对静止，换句话说，在账上记的经济业务事项，都是显著变动，在资金表上反映的相等数字都是相对静止，这样的相对静止，不是以客观事物的运动为转移，而是凭人们的主观意志摆布，什么时间编表，什么时间就相对静止，什么时候叫它静止，它就得静止，这岂不是辩证法吗？"我们的看法是：资金平衡表上的绝对数字，不是以编制资金平衡表为转移的。资金平衡表上的数字来自账户的余额，

— 15 —

而账户的余额是每一次记账的结果，再进一步看，资金占用和资金来源的各项数字，每个时日企业究竟有哪些资金占用或资金来源，其数额多少，也不取决于你编表不编表，或你有没有及时地记账，而取决于企业那个时日真正拥有的资金及其各项来源，帐是人记的，表是人编的，但"[illegible]"是大家所公认的原则。现在的问题是，有人就是不承认有所谓相对静止，好像一提到相对静止，就变成"主观臆断"。这不能不使我们又联想到相对主义和诡辩论的观点。我们的庄子在《齐物论》中说什么"方生方死，方死方生，方可方不可，方不可方可"，希腊的克拉底鲁甚至认为不能给事物以名称，根据他的意见"什么也不能说"。可是，马克思主义的辩证法却同相对主义和诡辩论有天壤之别。恩格斯指出："物体相对静止的可能性，暂时的平衡状态的可能性，是物质分化的根本条件。"①列宁说："如果不把不间断的东西割断，不使活生生的东西简单化、粗糙化，不加以割碎，不使之僵化，那么，我们就不能想象、表达、测量、描述运动。"②在企业中，为了使账实相符合，为了使报表上的数字不脱离实际，[illegible]，最后使资金平衡表可以如实反映企业在一天企业拥有的资金占用及其来源，难道这也叫做"主观臆断"、"随意摆布"？要知道，企业的经济活动虽然是连续进行的，但每类经济业务（包括材料的购进和领用，产品的加工、入库和销售，以及生产费用和支出的发生，各项收入的取得等等）并不是不可间断的。经济业务的可间断性，就为企业资金运动的相对静止状况提供了可能性。如果没有相对静止的可能性和现实性，如果不是由于有运动就有平衡（相对的），"平衡和运动是分不开的"③。那么，谁也没有这样的本领，什么时候叫它相对静止，它就相对静止。假如真是如此，资金平衡表或各种资金表里就变成了毫无意义的一纸废纸，大概不需"公开信"的作者现在才提出[illegible]会计人员所必要，那就应该把它从我们国营工业企业会计报表中清除出去了。

（四）"如果你们的观点正确的，那么资产负债表上的相等数字，不也成为资本运动的相对静止状态了吗？如果把资产负债表换个名称，不是可以与你们的观点说法一模一样了吗？"这里

①②《自然辩证法》，《马克思恩格斯选集》（四卷本）第三卷，人民出版社1972年版，第563页。

③《黑格尔〈逻辑学〉一书摘要》，《列宁全集》第38卷，第285页。

— 16 —

不禁要说，借贷会计早于马克思主义几百年就建立在唯物辩证法的基础上了吗？"总之是："硬把依照资产阶级形而上学思想的东西，打扮成符合唯物辩证法的样子，对社会主义会计科学的发展是有害的。"把问题提到原则的高度来分析，本来是应该的，但必须有说服力，要讲道理，不能离开事实的"东拉西扯"。"资金"和"资本"有着本质的区别，这是我们也承认的。体现社会主义生产关系的资金平衡表和体现资本主义生产关系的资产负债表根本不能相提并论。伟大领袖毛主席深刻地指出："不在于形式，而在于内容"，"不在于名称，而在于实质"。①我们企业的资金平衡表集中反映了社会主义国家所有制企业在国家统一领导、统一计划下，它们相对独立地同各方面发生的经济关系，只不过采用了过去资产阶级使用的资产负债表的形式。列宁说过："不论怎样形式上是从本质发展起来的"②。在我国，目前还处于社会主义这个长的历史阶段，在这个历史阶段中，它还不是完全的共产主义社会，仍然不可避免地"在各方面，在经济、道德和精神方面都还带着它脱胎出来的那个旧社会的痕迹"。③我们现在进行的社会主义革命，特别是伟大领袖毛主席亲自发动和领导的无产阶级文化大革命和批林批孔运动，就是为了彻底消灭阶级，根除旧思想旧观念和一切旧的上层建筑、不适合于社会主义经济基础的上层建筑。因此，两个阶级、两条道路两条路线的斗争将是长期的，有时是很激烈的。我们坚信，在毛主席革命路线的指引下，在党的领导下，依靠广大人民群众，斗争必定以资本主义的灭亡和共产主义完全胜利而结束。但在这一历史阶段中，为了彻底消灭旧制度，还不得不利用旧中某些对我们还有用的东西，而把社会主义的新内容塞进去。"既要同旧东西实行决裂和斗争，又不放弃它的形式，而要利用它的形式来发展新的东西。"④这方面，

①转引自姚文元同志1967年6月3日在上海市革命委员会报告会上的讲话

②《黑格尔〈逻辑学〉一书摘要》，《列宁全集》第38卷，第[illegible]页。

③《哥达纲领批判》，《马克思恩格斯选集》（四卷本）第3卷，人民出版社1972年版第10页。

④斯大林：《苏联社会主义经济问题》，人民出版社1961年版第40页。

— 17 —

◎葛家澍先生回复柴直言公开信第14～17页（原件去处不详，经厦门大学会计学系蜡纸刻印）

规律，因此从汉在会计中目前仍被利用的借贷记帐方法，这种核算方法和一套凭证、帐簿、报表都是如此。所以斯大林说："也应用马克思主义的研究方法来看问题，即把经济过程的内容和它的形式，把深处的发展过程和表面现象严格区别开来，就可以提出一个真正有价值的结论：即资本主义的同样范畴在我国经济发展中的主要是形式，是外表，实质上这些范畴在我国已经适应社会主义国民经济发展的需要而根本改变了。"① "公开信"认为，我们用对立统一规律来解释资金占用与资金来源的对立统一关系，那就无异替资产阶级的"资产负债表"涂脂抹粉。就几年前，"借贷会计是宁为马克思主义几百年就建立在林树解辩法的基础上了"，对于这个论断，我们也难以接受。谁都知道：资产阶级应用的借贷记帐法和依以编制的资产负债表是完全为资产阶级利益服务的。它的指导思想和理论依据充满了替资本主义制度辩护和掩盖剥削秘密的唯心主义和反动观点，这是铁的事实，因此，对于资产阶级的"会计方程式"（资产＝负债＋资本），尽管我们对它的批判很不够，但从来没有把它打扮成"唯物主义"的样子。但是，借贷记帐法并不是资产阶级的发明，而是几百年前劳动人民的创造。借贷记帐法，大概在十三世纪就已经在地中海沿岸出现，它的应用要比资本主义时代的到来早好几百年。③ 资产阶级一经登上政治舞台，占有了生产资料，建立了资本主义的剥削方式，毫无疑问，这个方法就完全为资产阶级所控制和利用，并且按照了资产阶级的利益和资本主义制度的特点，把它改造成为发展资本主义生产关系，攫取最大限度利润，从而巩固和加强资产阶级专政的一个工具。因此，对于资产阶级应用的"借贷记帐法"，对

① 斯大林：《苏联社会主义经济问题》，人民出版社1961年版第40页。

② 请参阅《中国经济问题》月刊1964年第1期《试论会计的阶级性一文》。

③ "虽然在十四和十五世纪，在地中海沿岸的某些城市已经稀疏地出现了资本主义生产的最初萌芽，但是资本主义时代是从十六世纪才开始的"。（《资本论》第1卷，《马克思恩格斯全集》第23卷，第784页）

—— 18 ——

于社会主义企业编设的"会计报表"，都应当进行实事求是的批判。这是完全必要的。在进行了批判，剔除了其中的糟粕以后，如果还有某些可以供无产阶级用来建设社会主义的东西，我们也不应当排斥利用。比如，借贷记帐法中的复式记帐原理，资产负债表采取的一方表示企业有哪些财产，一方则表示这些财产的所有权（反映生产资料所有制的特点）的"对照表"的形式，都还可以暂时保留下来。只要我们不是生搬硬套，而是根据社会主义制度的特点，党和人民群众的需要，首先从根本上改变它所反映的经济内容，使之反映社会主义的生产关系，并力求用马克思主义的观点，给予比较科学的解释，同时还在形式上进行必要的改造，那么，它就可以为发展社会主义生产服务。在我们的教材中，遵照毛主席关于"古为今用"、"洋为中用"的教导，对于目前在我国仍在采用、在会计制度中仍在推行，在实践中还用它编制我们的资金平衡表，以《矛盾论》为指针，试图用辩证唯物主义的观点来说明它所反映的资金运动的相对静止状态，怎么会变成了"美化"资本主义的资产负债表？怎么能够武断地说是把唯心主义"打扮成唯物主义的样子？""公开信"的作者不是一再要强调现象和本质吗？为什么你们把资金平衡表和资产负债表混为一谈呢？在这里就只看"形式"不看"本质"了呢？早在三十多年前，毛主席就要求我们："应用马克思列宁主义的理论和方法，对敌我友三方的经济、财政、政治、军事、文化、党务各方面的动态进行详细的调查和研究工作，然后引出应有的和必要的结论。"① 毛主席还号召我们"学会应用马克思列宁主义的立场、观点和方法，认真地研究中国的历史，研究中国的经济、政治、军事和文化，对每一问题要根据详细的材料加以具体的分析，然后引出理论性的结论来。"② 对于目前仍然在应用的借贷记帐法，究竟应当全盘否定，还是仍可为社会主义利用，不在本文讨论范围之内。但对于批判吸取了借贷记帐法中合理部分——复式记帐原理而建立的增减记帐法，对于虽然从资产负债表改造过来，但保留的只是它的形式，而其内容却反映了社会主义生产关系的资金平衡表，如果遵照毛主席的教导，应用马克思列宁主义

① 《改造我们的学习》，《毛泽东选集》第3卷，人民出版社，1966年横排本，第760页。

② 《整顿党的作风》，《毛泽东选集》第3卷，人民出版社，1966年横排本第772－773页。

—— 19 ——

的立场、观点和方法加以分析研究，把它提到理论高度，我们认为，这正是毛主席的伟大号召。这个任务，是我们大家应当担当起来的。我们完全承认，由于我们对马列著作和毛主席著作学得很差，由于我们的世界观和业务观都还没有得到根本的改造，在我们的头脑中，特别在我们的教材中，还有不少的唯心主义和形而上学，再加上我们没有进行详细的调查研究，没有占有详细的材料，也缺乏具体的分析，因而在遵照毛主席的教导去研究上述问题的时候，不可避免地反映了唯心主义和形而上学的观点，存在着这样或那样的缺点和错误。但我们在主观上总是要用辩证唯物论来指导和统帅会计的业务内容的，这同"把唯心主义的东西打扮成唯物主义的样子"是两个根本性质不同的问题，似乎不应当相提并论。

（承接下页）

—— 20 ——

（五）你们搞平衡论或均衡论，不是用辩证法的观点加以论述，"这种同有闭的历史，也是无济于事的"。

平衡论是一种形而上学的谬论，是资产阶级庸俗进化论的理论工具。它把相对平衡绝对化，否认了各种矛盾和矛盾各方面力量的不平衡性。所以它是反马克思主义的，必须进行批判。资产阶级的会计学，充满了唯心主义，他们对资产负债表平衡关系的解释，是道地的"平衡论"。我们过去学过它，虽然我们学习了马克思主义，认识它的错误并且在主观上也想用马克思主义对它进行批判，清除它的影响，但是要完全肃清它的影响却不是一件容易的事。在我们的著作中，特别是在"旧著"中，平衡论的影响还是比较深的。对于马克思主义的相对平衡观点还没有阐述。这是"旧著"的一个相当严重的缺点。"公开信"对"旧著"的批评，如果指出我们当时还不能清除平衡论的影响，还不能运用马列主义、毛泽东思想对资金平衡表的平衡关系作出比较科学的解释，我们是完全接受的。在我们的"新著"中，正如前面说过的，我们力图学习运用马克思主义的相对平衡观点，进行必要的说明和阐述。"公开信"对"新著"的批评，如果指出我们学习运用马列主义毛泽东思想还非常不够，帮助我们改正缺点错误和克服困难，使我们对资金平衡表能够作出更符合马克思主义的相对平衡的科学解释，我们也是完全接受，衷心欢迎的。可是，"公开信"硬说我们搞"平衡论"。"科学的态度是实事求是"，无论是谁自己的学术见解和批评不同于自己观点的另一种见解，都应当尊重事实，根据实事求是的分析。请问：在我们的"新著"中，什么地方讲"绝对的平衡"？所谓把资金平衡表中双方数字的相等说成是"绝对的"、"不变的""相等"？平衡论的主要代表，英国资产阶级哲学家和社会学家斯宾塞就说过，"一切生物都有趋向于均衡状态"。① 你们在"公开信"中说："资金平衡表中所列的绝对数字，一百就是一百，一千就是一千，一分一厘都不能差，是绝对静止"。如果仔细推敲一下你们这几句话，不是很有点象斯宾塞先生的观点吗？但我们决不会由此就武断

① 转引自上海人民出版社《哲学小辞典》（1974年）第98页。

会计原理 —— 21 ——

◎葛家澍先生回复柴直言公开信第18～21页（原件去处不详，经厦门大学会计学系蜡纸刻印）

也许也能说，你们在这封信中也宣扬"平衡论"。

尽管我们不同意"公开信"指责我们搞什么"平衡论"，但是公开信却提出了一个我们在阐述相对平衡观点时没有说明的重要问题，即资金占用和资金来源既然是一对矛盾，它们处于"势均力敌"状态，就只能是暂时的。"基本的形态则是不平衡"，其中必有一方是主要的，那么，哪一方是矛盾的主要方面呢？这个问题提得很正确。它帮助了我们去进一步学习辩证法。按照我们粗浅的体会，矛盾的主要方面是"资金来源"。因为：第一，"资金来源"反映出企业支配的一切生产资料属于社会主义国家所有，通过"国家资金"等个项目，在生产资料所有制方面反映了企业的社会主义性质，由于生产资料所有制是生产关系的基础，这也使"资金"同"资本"在本质上的区别有了一个重要的标志；第二，"资金来源"规定了资金取得的渠道，同时又规定了不同资金的计划用途。这对企业的资金占用有着明显的制约作用。当然，矛盾的主要方面在一定条件下还可以互相转化，一定条件是什么，如何转化，都还有待我们进一步研究。此外，矛盾着的这两个方面不但互相排斥，还应当具有同一性，即在一定条件下，资金占用和资金来源两个方面可以互相转化。比如只要在正确路线指导下，坚持"抓革命，促生产"，个别暂时亏损的企业可以迅速扭亏为盈，"亏损"（属于资金占用）就转化为"利润"（属于资金来源）；反之，利润可转化为亏损。这似乎可以看作是矛盾双方互相转化的一个例子，但由于我们对这个问题还没有认真进行研究，当然，"公开信"这次没有提出这一问题，但它使我们联想到也有进一步研究的必要。所有这些，都应当归之于"公开信"对我们的帮助。这说明"公开信"的作者，在对马克思主义哲学的学习方面是远远地走在我们前面的。

（六）"问题在那里呢？问题在资金平衡表"。

在这里，"公开信"的作者点出了我们之间分歧所在的一个重要方面，我们也同意在对资金平衡表的看法上，双方存在着分歧。对于资金平衡表，你们是采取全盘否定的态度的。你们否定它的理由是：所谓"资金平衡表"，完全是资产负债表的"改头换面"，不过把"资产"换成"资金占用"，把"负债"换成"资金来源"。关于我们对资金平衡表的看法，在前面已

—— 22 —— 会计原理

经讲得很多，这里无需作太多的重复，但有必要指出的是，"公开信"的作者也许恰恰是忽略了毛主席的下列教导："我们看事情必须要看它的实质，而把它的现象只看作入门的向导，一进了门就要抓住它的实质，这才是可靠的科学的分析方法"。可是当你们谈到资金平衡表的时候，似乎忘记了毛主席的教导，把它同资产负债表等同看待，这不是有点令人奇怪吗？我国有货币，资本主义国家也有货币，有谁把我国的人民币同资本主义国家形形色色的纸币等同看待的？我国有银行，资本主义国家也有银行，而且，我们的国家银行主要还是没收了国民党四大家族所控制的"中中交农"四行並把它们改造过来的。又有谁把我国社会主义银行同解放前的银行，同资本主义国家的银行等同看待的？"公开信"的作者说我们把资金平衡表捧上"天堂"，似乎离开资金平衡表就"无法过活"。其实，资金平衡表究竟有用没有用，它对社会主义革命和建设有害还是无害，不是由我们理论工作者下个结论就能决定的。只有我国社会主义革命和建设的实践，只有广大群众和广大财会干部的革命实践，才是检验资金平衡表有无存在必要的唯一标准。目前，既然我国财政部制定的会计制度中仍有这个报表，而通过我们调查所了解到的，无论企业，主管部门，财政或银行，还经常利用这个报表来了解企业的财务状况，促使企业加强资金管理。那就说明，它还有一定用处。教材要求理论联系实际，我们不能同财务会计制度背道而驰。在教材中论述这个报表，基本上还是从实际需要出发的。至于资金平衡表将来会不会取消，会不会改为不要按照会计报帐平衡的"资金表"，或者另外创造其他报表来代替它，那是随着我国社会主义革命和建设的发展，财务会计制度的斗批改的进一步深入才能解决的问题。至于我们在说明记帐方法原理时引用了体现资金占用和资金来源这一对矛盾的平衡公式。那是因为，在我们看来，这一对矛盾，是现今我国实行经济核算制企业中客观存在着的事物。只要仍然实行经济核算制，只要企业仍然是在党和国家统一领导下具有生产经营上的相对独立性，只要商品生产和价值规律仍然存在，交由企业支配运用的社会主义财产，必须由各种资金（固定的和流动的）交由企业周转，那么，资金占用和资金来源这两个方面就必然存在，在企业的帐上就必然要得到反映（至于如何反

会计原理 —— 23 ——

映，可以有不同的方法，可以采取不同的形式）。

（七）关于量变和质变

在这个问题上，"公开信"的许多见解，对我们很有启发，值得我们参考，但也还不能完全说服我们。"公开信"认为，在资金运动中大部分是量变，不能经常看到质变，这就涉及如何理解质变的问题。毛主席指出："每一种社会形式和思想形式，都有它的特殊的矛盾和特殊的本质"。按照毛主席的指示，在资金运动中，资金占用的不同形态，资金来源的不同来源，各项不同费用，各种不同收入，我们都把它们看作是资金运动中的特殊表现形式。由于它们各有自己的性质和作用，在企业再生产过程中发挥不同的职能，因而它们就有"质"的区别。会计上要记录的各项经济业务，只要它是资金运动中各种特殊表现形式起了变化的具体反映，我们都把这种变化理解为是一种质变。例如在供应过程，企业用货币购买材料，我们就认为这是质变。因为，这两种"资金"从价值量上看虽然没有变化，但买材料前，企业掌握的是作为支付手段的货币，是在企业流通领域中执行职能的资金；而买回材料后，企业掌握的已不是货币，而是作为劳动对象的材料，是在企业生产领域执行职能的资金了。怎么不可以把它看作是企业再生产这个总的量变过程中部分的质变呢？毛主席在《矛盾论》中指出："事物发展过程的根本矛盾及为此根本矛盾所规定的过程的本质，非到过程完结之日，是不会消灭的；但是事物发展的长过程中的各个发展的阶段，情形又往往互相区别。这是因为事物发展过程的根本矛盾的性质和过程的本质虽然没有变化，但是根本矛盾在长过程中的各个发展阶段上采取了逐渐激化的形式。并且，被根本矛盾所规定或影响的许多大小矛盾中，有些是激化了，有些是暂时地或局部地解决了，或者缓和了，又有些是发生了，因此，过程就显出阶段性来。"①阶段性就是部分质变。供应过程是企业再生产的一个阶段，每一次材料业务都是这个阶段的反映。所以，它就可以代表"部分的质变"。马克思在分析资本循环的公式时，也曾明确地把G－W的变化，视为既有质变又有量变。马克思

①《矛盾论》，《毛泽东选集》第1卷，人民出版社1966年横排本第289页。

—— 24 —— 会计原理

说："$G-W<^{A}_{Pm}$除了表示G所转化成的商品数有这种质的分割之外，还表示一种最具有特征的量的关系。"①又说："$G-W<^{A}_{Pm}$不仅表示一种质的关系：一定的货币数，比如说422镑，转化为互相适应的生产资料和劳动力；它还表示一种量的关系"②由于在资本主义制度下，劳动力也是商品，资本家用货币购买的商品中包括劳动力（A）这种特殊商品，它能为资本家提供"工人需要耗费的超额劳动即剩余劳动的量。"③所以，G－W这个公式在资本主义条件下既表示质变，还表示最具有特征意义的量变。而把它应用到我们社会主义经济核算制的企业，G－A已经根本不存在。G－Pm（主要指劳动对象）则按等价交换原则有计划地进行采购，这里量变是不存在了，而质变也则依然存在。可见，马克思也是把"公开信"讥笑为是"乱飞"、"乱跳"的采购业务，看作是一种"质的分割"，在每一项引起了资金变化的经济业务中是存在着质变的。

"公开信"断定，由于我们主张增减记帐法，用增加和减少说明资金数量上的变化，因而就这也不能同形而上学的思想割断"姻缘"。看起来似乎很有道理。因为按照形而上学宇宙观，把事物的变化都解释为只是数量上的增减，不承认有质的飞跃，但是，我们是结合增减记帐法来研究如何反映资金运动的，增减记帐法只是把增和减当作一种记帐的符号，通过它表明只是资金在数量上的变化。任何会计上的记录，不论采取什么方法，都只能是对生产过程的数量反映。但透过数量指标，必须要看到而且完全可以分析经济活动和经济关系。这同形而上学把一切事物变化都解释为只有增和减，根本否认矛盾和发展是完全两码事。社会主义会计的全部内容，我们在教材中从来就主张：不能只包括核算，更不能只是讲记帐，而必须包括经济活动分析（具体的说是财务、成本分析）和财务检查。我们从来就强调要把死的数字变成活的教材。要从中揭矛盾，查问题，找差距，挖潜力，对群众进行路线教育，对生产起积极的推动作用，就是说，促进事物向革命方面转化。但

①②③《资本论》第2卷。《马克思恩格斯全集》第24卷，第33页。（着重点是我们加的）

会计原理 —— 25 ——

◎葛家澍先生回复柴直言公开信第22～25页（原件去处不详，经厦门大学会计学系蜡纸刻印）

但质量都表现为一定的数量，没有数量也就没有质量"。①毛主席号召各个领域我们要注意掌握它的数量方面。资金的数量方面，当然有增和减的变化，它们的任务正是要把资金数量方面的变化如实反映出来，从便进一步分析和利用。至于资金在量上的变化，我们主张用增和减来说明；而你们主张用收和付来说明，这本来是方法上的问题，而你们却说成是路线问题。如果你们认为我们用"增"和"减"来说明资金运动在数量上的变化是形而上学，那么，你们改用"收"和"付"来加以说明就能够把它变成辩证法了吗？假如有人反过来问："难道我们社会主义企业的经济活动就只有收和付么？"你们又将如何解释？所以，问题根本不在于增减就不能说明资金运动，问题在于，我们用它来说明的，究竟是资金运动的数量方面还是质量（本质）方面？让我们再摘录"新著"中几段话来看看我们的观点究竟是什么。

（1）"为了从数量方面反映资金的动态，我们可以把资金当作在企业再生产过程中运动着的价值"（11页）。

（2）"从数量关系看，一定量的资金来源，必有与其等量的资金占用；反之，一定量的资金占用，也必有与其等量的资金来源。"（12）

"（3）"这一转化对资金占用和资金来源的数量方面的影响是：……"

（4）"资金运动，从表面上看，似乎只是物和钱的运动，体现着人与物（钱）的关系。其实，人与物的关系，只是资金运动的现象，而通过人与物（钱）的关系中所体现的人与人的关系才是资金运动的本质"。接着就例举了在数量关系背后的经济关系。（19页）

当然，我们并不能因此就完全否认教材中的唯心主义观点和形而上学的影响。教材在说明中仍然有许多明显的缺点和错误。正如"公开信"所正确指出的：在教材中使用了"是可归试的余额"、"统一个圈子"等说法都是很不恰当的。虽然我们企图用比较形象的语言来比喻资金循环的形式，但这种比喻

①《党委会的工作方法》，《毛泽东选集》第4卷，人民出版社1966年横排本第1332页。

—— 26 —— 会计原理

却把资金的循环说成是简单的重复，实际上，社会主义企业资金每一次循环，都意味着社会主义有计划的再生产在新的基础上的扩展，是螺旋式的上升，而不是停留在原来的水平上。

"公开信"指出：为什么当作联系的每一次经济业务还得通过要改的资金占用和资金来源才能了解？这是因为，资金占用和资金来源的对立统一总是相对的，相对的。每一次经济业务之所以会引起这种相对的不平衡，就由于它会改变资金占用或资金来源或同时使这两个方面发生量的增减变化（但其中每一方面不会改变两个方面的平衡关系）。比如用货币资金购买材料，引起了资金形态的改变（我们认为是一种质变），质变的结果必然表现为两种资金占用的一增一减（按你们的说法，就是一收一付），就是说，从资金占用它的数量上反映了资金从流通领域向生产领域的运动，并随着这种运动，改变了资金的形态和作用（特殊性），发挥了不同的职能。①再说，每一项经济业务（引起资金显著变动的经济活动）都有一个变化的过程。从材料采购来看，一般要通过国家商业部门分配物资，企业与供应单位具体签订供货合同，每一次发货……以至验收入库，付账结算、材料检验、直到入库。资金由货币形态变为生产储

①根据会计记账原则要求，每作一笔分录，虽然反映的是资金的显著变动，但通过会计分录反映的变动都是已经实现了的质变，而不是仍处在量变过程中。如果某项经济业务还在进行尚未完成，会计一般并不反映（当然也有例外，比如采购材料时，货款已支付而材料尚未到达，有时也可通过"在途材料"来记账。这是因为货币资金已经向储备资金转化，只是还没有改变为可供生产储备用的库存材料。至于"在途材料"也还没有真正处于企业的生产领域，它毕竟同库存材料，仍有"质"的差别）。通常我们都说，这时还没有能够证明此项业务已经完成的凭证。所以，每一项反映企业经济活动的分录，在这个意义上，可以看作是事后（实现质变后）表达"显著、剧烈和飞跃"资金运动。正由于是事后反映，那么资金的显著变动的结果就会集中体现在有关资金占用形态或有关资金来源的增减变化上。关于这一点，从"新著"第11页上我们引用到的一段话中，可以得到充分的印证。

会计原理 —— 27 ——

备形态，由在流通领域中发生转向生产领域的资金，因一般的说对于联系为各种活动的显著质的飞跃，但这只有当货款已经支付和材料验收入库时才能实现。而签订合同、供应单位发货，本企业承付账单，以及对运到的材料进行检验质量、清点数量等，都是为这种质变作准备的，都可以理解为由货币资金向储备资金转化的量变过程。（这里，似乎也可以解释另一个问题，即当资金运动采取相对静止状态时，资金的量变过程并未停止。货币虽然尚未转化为材料，但材料采购、运输、检验工作仍可能在进行；各项生产要素和加工原材料转为产品时，固定资产照样发生损耗，就是材料的准备工作仍在进行，产品的库存转化为货币前，产品的包装、发运、销售的各项手续都要做好。所以，在任何一天，引起资金变化的经济业务总是要发生的，看来资金运动似乎处于静止状态，就每一项资金占用或资金来源发生质的改变，但在质变的准备过程中，量变存在于企业中进行着。表现的事物是极其复杂的，飞跃的形式也是多种多样的。马克思主义哲学是无限前进的普遍真理。会计上的各种现象也不是例外。但是，马克思主义不可能，也没有为每一门科学和为每一种具体的社会现象提供现成的关于量变和质变的问题作出具体的规定。这就要求我们运用马克思主义辩证法原理联系具体事物进行具体分析。"马克思主义的最本质的东西，马克思主义的活的灵魂，就在于具体地分析具体的情况。"我们是试图遵照伟大列宁的这一教导来学习辩证法，运用辩证法的，

—— 28 —— 会计原理

四、资金运动的三个阶段

"公开信"在这一部分认为，我们无论分析资金运动的相对静止或显著变动，都没从资金运动本身去理解，去分析，而是就资金平衡去分析资金的相对静止，从会计业务的帐簿记录去分析资金的显著变化。结果就"本末倒置"，"显由客观事物"，据公开信断定，我们之所以这样做是因为"借贷会计"的理论需要。

"公开信"的批评究竟对不对？让我们具体分析一下有关部分的主要论点。

（一）关于资金投入企业　"公开信"说："在资金投入企业的运动中，我们能够看到的只是物的运动，通过物的运动，体现着国家与企业的经济关系"。接着举例说"假如国家给企业的是现金，在这个经济事项中，首先看到的是企业收入了一笔现金。采用复式记帐，除了要记录收入了现金，还要记录收入的现金是国家拨给的，收到的是国家投资。……假如拨的是机器，情况大体上是相同的。"作者在这里说，像这一类业务，每一项都只有一个物在运动，即货币（或机器）在运动，资金的两个方面，体现在一个物上。表现资金运动的相对静止状态。"公开信"列举了三点理由，反驳我们在教材中认为资金投入企业代表资金显著运动状态的"不正确"。

第一点理由说："从哲学上讲，资金的两个方面互相依存，共处于统一体中，国家同企业的关系是通过一个物的直接运动表现出来的。统一物没有分裂，旧质态没有变质态，怎么能说它是转化，怎么能说它是显著变动状态，怎么能说它是质的飞跃呢？"好！就按照你们的说法，此时"国家同企业的关系"（资金的本质）同物（资金的现象）共处于国家拨来的现金（或机器）中。那么为什么你们又把"统一物"并没有分裂的现象和本质分割通过收入"现金"和收入"国家投资"来反映？这样，不是你们又否定了"统一"，承认"分裂"了吗？其次，你们把现金看作物，并认为它也是价值和使用价值的统一。大概你们把我国人民银行发行的人民币看作是客观存在的黄金，而不是把它看作是价值符号。国家通过银行执行社会主义货币的一切职能，人民币是否代表一定的"金"量，还是一个没有

会计学原理 —— 29 ——

◎葛家澍先生回复柴直言公开信第26～29页（原件去处不详，经厦门大学会计学系蜡纸刻印）

定论的问题，我们这里不去管它。即使人民币代表一定的金量，我国的黄金储备也从来没有参加流通。人民币与"金"毕竟是两个不同的东西。而你们都把流通中的货币即我国社会主义国家银行发行的"价值符号"，当作是"价值和使用价值的统一体"。不知人民币的使用价值应当如何理解？你们这种分析，究竟是拿《资本论》中马克思关于分析铸币的有关公式作为结论呢？还是从我国的商品货币流通的实际出发，而作出的分析？再说，你们讲资金投入企业，资金没有发生质变，也不是从实际出发的。

第一，如果是由财政部门拨给企业的流动资金，一般都采取货币形式并且不可能拨给企业现金，而只能是银行存款。在这种情况下，原先归社会主义国家直接支配的财政资金中一部分通过分配，用于扩大生产资金，作为国家投资，进入社会主义社会的生产领域。这一改变，就使财政资金（反映社会积累的部分）转化为生产资金，并由此形成了国家同企业之间的关系。这是一方面；另一方面，拨交企业的流动资金，至少在投入企业时，通常先采取货币形式。但是，经济关系也会改变，原来即一部分存款是国家财政存款，反映的是财政与银行的结算关系，现在，拨给了企业，转入企业的结算户存款，同是存款，则反映了企业与银行的结算关系。难道实际情况不是如此吗？

第二，如果国家由其他企业无偿调拨机器，也不是单纯的物的运动。它反映社会主义国家所有的生产资料在经济核算制企业之间的转移，对生产资料的支配和使用权随着机器的调拨而改变。同一台机器，同是国家投资，但归不同企业支配时，反映国家和不同企业的关系并影响调出调入企业的生产能力和物质技术基础。怎么能够说，由于机器都是社会主义国家的财产，在企业之间调进调出，不反映经济关系的改变，不对企业的生产起影响，而只是物的直线运动？在社会主义经济核算制企业间有关资金的调拨，能够这样简单的理解吗？

至于通过基建投资而把完工或竣工的固定资产交付企业使用，中间多一个建设单位，经济关系还要复杂一些。在最后反映国家和增加投资企业的关系前，还反映国家和建设单位、建设单位和生产单位之间的关系。

— 30 — 会计学原理

以上两点，也足以证明"公开信"中所提的第一第二点理由都不够充分。第一点理由说，"国家投资没有性质上的变化"。我们认为："从所有制来看是没有变化，但它反映的经济关系不是没有变化，而是有着明显的变化"。第二点理由说："从企业财产的角度看，是绝对地增加了财产的数量"。我们认为：不能只从企业增加财产的角度看，而必须同时看到增加了国家投资，或是改变社会主义资金在社会主义再生产不同环节中的职能和作用（如由财政资金变为生产资金），或是减少了另一个企业的国家投资，也改变了社会主义生产资金在不同企业中的作用。这些都反映资金的部分质变，而不只是企业财产增多或减少（或像你们所说的财产收多少付多少）那样一种仅仅是数量的变化。

说到这里，有一点我们很不理解：你们非常强调资金的本质是社会主义生产关系，你们把一切社会主义财产看作是被物掩盖着的生产关系。并且明确主张，对资金来说，物是现象，经济关系才是本质，资金就是这两方面的统一体。为什么到后来，又把现象和本质加以割裂，甚至只看现象不看本质；所谓"物的运动"，所谓"物的直线运动"，甚至还把物作为资金的"自然属性"（见你们《评增减记账法》的文章）来理解，这种种提法，岂不自相矛盾？

（二）关于资金的循环与周转

"公开信"认为"资金的循环和周转"只讲资金形态变化是不符合辩证法的。你们问："资金来源一方干什么去了呢？它大概是站在那里同占用这一方面永远平衡并旁观资金占用变来变去。"

在这个问题上，我们的说法是有缺点的。在资金循环与周转过程中，资金来源有时也会相应地发生变化，这种变化我们在教材都没有说明。不过，在资金循环和周转中，主要的变化是各种占用形态，它代表资金在再生产不同阶段发挥不同作用时的存在形式，即马克思所说的各种"职能形式"（"功能形式"）。关于这一点，马克思在《资本论》第2卷第一篇第一章到第四章，曾反复加以论证和分析。在这里只讲两点就可说明这个问题：

第一，《资本论》第2卷第一篇的题目叫做"资本形态变化及其循环"。从这个题目就可以看到，关于资本的循环，马克思着重分析的是资本的形态。因为它主要是"依次继起"和"并列存在"的各种形态构成的。

会计学原理 — 31 —

第二，《资本论》第2卷第一篇第一章头一段话，马克思作了如下的总说明：

"关于资本循环的三个阶段：在第一卷中，我们只是为了理解第二阶段即资本在生产过程所必要的范围内，对第一阶段和第三阶段进行过研究。因此，资本在不同阶段具有的不同形式，它在反复循环中时而采取时而抛弃的不同形式，在那里没有加以考虑。现在它们就成为我们研究的直接对象了。"（引文中的着重点是我们加的）

资金形态的变换，当然是企业再生产活动的一种现象。它只是我们社会主义企业，在党的领导下，广大职工沿着毛主席的革命路线，抓革命，促生产，使企业再生产活动进行到不同阶段时在资金占用形态上的反映。所以，我们分析企业经济活动，决不能只看形态上的变换，而不去研究引起形态变换的人的因素。

至于资金来源，在资金循环过程中是否站在一旁"旁观"呢？大概不会于"旁观"！它是对资金占用形态的变换起着制约作用和促进作用，它要监督资金占用按计划进行周转，一不使循环阻塞、中断；二不使资金超计划地、过多地占用于某一形态上。因为凡发生了这些情况，不仅影响资金正常周转即再生产的顺利进行，而且必将打乱计划规定的资金来源，反过来对资金来源起冲击作用。没有提到资金来源，不等于它不起作用，也不等于它不会发生变化。在教材中，我们没有分析说明资金来源的变化及其作用，因而导致误解。公开信指出了这一缺点，我们完全接受。

（三）关于资金循环的三个阶段

在资金循环的第一个阶段即供应过程方面，除了我们认为由货币向材料转化是质变而你们则只承认是量变，因而有较大分歧外，其余的分歧都不是主要的。比如你们认为用货币购买材料是企业付出了钱，收到了物，我们则说是减少了货币，增加了材料，这纯粹属于记帐方法上的问题。不过，我们在教材中没有分析在这一增减变化的背后，体现着社会主义制度下

— 32 — 会计学原理

企业与企业的分工协作关系，你们提出来了，提得很对，我们完全同意。

在资金循环的第三阶段即销售过程方面，分歧也不很大。你们主要不同意在商品未变成货币前就把应收销货款当作资金占用入帐，其实在托收承付结算方式下并不存在这个问题。只有采用其他结算方式，经双方同意，以铁路承运单位发货，对方就接受，即一般不发生拒付的情况下，发出商品时，才当作销售，并把应收销货款反映在资金占用方面。应收销货款，虽然是一种债权关系，但企业开出的账单发票就表明对方承认付款。实际上，作为记账根据的账单发票，可以看作是资金占用的一种表现形态，因为它也是眼睛看得见，手摸得着的一种索取权利货币的凭证。不过，我们认为，资金占用形态不一定都要这样来理解。否则，银行存款不同于现金，也不能作为资金占用形态了。再进一步看，甚至现金都有问题，因为它毕竟是纸币是价值符号，并不是具有使用价值的黄金或其他商品。那岂不是说，在我国，通货币（人民币）都不能列为"资金占用"了吗？

在资金循环的第二阶段即生产过程，"我们的最大分歧是怎样理解生产过程"，而问题的焦点集中在有无"在产品"的存在？公开信认为"生产过程是一个独立的过程"，无论旧价值的转移或新价值的创造，只能在"产品"已生产出来以后，根本不存在着"在产品"这一资金占用形态。"公开信"把我们有关资金循环通过在产品（半成品）形态的说明和图式，都认为是这本教材会计学原理的需要制造出来的，是同马克思主义观点相抵触的，是马克思从来没有讲过的。

关于这个问题，我们不能不多说几句。因为争论的焦点是有无"在产品"这一资金占用形态，马克思究竟有没有讲过？所以，我们把说明也集中在这个问题上。这个问题解决了，其他问题就迎刃而解。

公开信引用了《资本论》中有关货币、资本的基本公式。这个公式是：

$$G — W \cdots P \cdots W' — G'$$

有关这个公式的详细分析是在《资本论》第2卷第一篇第

会计学原理 — 33 —

◎葛家澍先生回复柴直言公开信第30～33页（原件去处不详，经厦门大学会计学系蜡纸刻印）

一节。在这里，马克思就提到P是"生产资本"①，但他在这里确实没有提到"在产品"是生产资本的一种占用形态。可是在《资本论》第2卷第二篇的第十二章和第十三章，即分析在劳动时间和生产时间中需要预支生产资本时，马克思就谈到在产品的问题了。

①见《马克思恩格斯全集》第24卷，第45页、第47页、第51页及第60页

— 34 —

为了说明这一点，必须引用马克思的有关论述：

(1)"在整个劳动时间，固定资本每天转移到产品上去的那部分价值，逐日堆积起来，直到产品完成。"①

② 流动资本的其他部分，即原料和辅助材料也是这样。劳动一层层堆积到产品中去。在劳动过程中，不仅已经耗费的劳动力的价值，而且剩余价值也不断转移到产品中去；不过，是转移到未完成的产品中去。这种产品还不具备完成的商品的形态，所以还不能流通。由原料和辅助材料一层层转移到产品中去的资本价值，也是这样。"②

(3)"根据这个期间（指劳动时间——引者注）的长短，必须不断追加流动资本（工资、原料和辅助材料）。在这个流动资本中，没有任何部分处于可以流通的形式，……相反地，它的每一部分都要依次作为正在形成的产品的组成部分固定在生产领域内，束缚在生产资本的形式上。"③

(4) 马克思举例说明机车制造业的劳动时间比纺纱业要大，比如要三个月。又说："在生产领域付出的时间延长。例如第一周预付在劳动、原料等等上面的资本，和固定资本转给产品的价值部分一样，在整整三个月期间，束缚在生产领域，并入一个正在形成但尚未完成的产品中去，不能作为商品进行流通。"④

⑤"预付资本的生产时间由两个期间构成：第一个期间，资本处在劳动过程中；第二个期间（指受自然条件制约的、劳动过程中断的生产时间——引者注），资本的存在形式——未完成的产品的形式——不是处在劳动过程中，而是受自然力的支配。""产品只有到生产时间结束以后，才能完成、成熟，因而才能从生产资本的形式转化为商品资本的形式。"⑤

①《资本论》第2卷，《马克思恩格斯全集》第24卷，第258页。
②同上
③同上书 第259页
④同上
（以上引文中的着重号都是我们加的。）
⑤同上书，第267页。

以上有关马克思的论述，反复讲了生产资料的价值不是一下子就能转移到已完成的产品中去，而是要先转入未完成正在形成的产品（即在产品）中去；同时也逐步明确指出，在生产期间占用的生产资本的形态，即生产资本的存在形式正是"未完成的产品的形式"。价值的转移，是随着劳动时间的展延而有序进行的。

为什么马克思在讲资本循环的公式时完全没有提到"在产品"的问题呢？据我们在学习中的体会是：第一，马克思从资本在流通中的形态看，在第一篇着重分析了流通过程的资本占用形态即货币资本和商品资本，而把生产过程视为流通的中断。但是马克思说："$G—W\langle^{A}_{Pm}\cdots P$，这里的虚线表示，资本的流通被中断，而资本的循环过程在继续"。①为了进一步研究资本的循环过程仍在继续，仍然必须说明由货币转化而来的生产资本是怎样流通，怎样周转的。这就要引出把生产资本区分为固定资本和流动资本的问题来。"固定资本和流动资本的形式规定性之所以产生，只是由于在生产过程中执行职能的资本价值或生产资本有不同的周转"。②但在研究生产资本的这两种不同形式以前，马克思在第一编对于生产资本的职能只作了一次简练而深刻的分析，并始终把剩余价值的产生过程放在重要的位置来加以说明。其目的，主要是提醒我们，马克思到固定资本和流动资本的时候不要忘记：这两种生产资本的区别，仅仅是表示资本价值的不同的流通方式，它们的区别，是绝不能代替可变资本和不变资本这种本质的、科学的区别的。

第二，正因为这样，所以马克思在研究资本周转时生产过程时期，要先研究固定资本和流动资本这两种"由流通过程得到的'新形式'"。然后才有能进一步分析生产资本在劳动期间和生产期间垫支量（同这种新形式有关）及其存在的形态等问题。可以说，马克思在《资本论》第2卷第一篇对生产资本的分析不是把它放在流通中来考察而是视为流通已中断，转入生产消费。这时，马克思把生产资本的两部分即生产资料（Pm）和劳动力（A）规为"生产资本的物的存在形式"和"

①《资本论》第2卷，《马克思恩格斯全集》第24卷，第42页。
②同上书，第187页。

— 36 —

人的存在形式"。在这里，他着重说明的是：

(1) 在生产消费中，资本家把劳动者和生产资料这两个彼此已经分离（这是资本主义生产方式存在的前提）的生产要素又作为他的生产资本重新在劳动过程中结合起来加以使用。

(2) 在生产过程中，这两种生产资本对价值的形成从而也对剩余价值的生产起着不同的作用。生产资本［指它的人的存在形式（劳动力）］执行职能时，消耗它自己的组成部分，它们转化为一个具有更高价值的产品量。它的价值＝P＋m；

(3) 生产资料在为资本家所有时，即使在生产过程之外，也仍然是他的资本。至于劳动力，只有当它的使用权掌握在资本家手中时，才成为资本。而这两者，又只有当相合并时，才成为生产资本（物的形式和人的存在形式）。①

我们对《资本论》的学习和研究是很肤浅的，上述体会肯定存在着不少错误。希望柴直言同志和其他同志继续给我们批评指正。"公开信"的作者们对《资本论》是有深入研究的，其所以没有发现马克思有关在产品的论述，可能是由于一时的疏忽。其实如果从企业的生产实际出发，不必引经据典，也可说明在产品和半成品是流动资金存在的一种形态（或流动资金与固定资金已损耗价值共同的存在的形态）。无论清产核资、无论资金管理，无论计划、核算和分析，都必须确认并考虑到在产品和半成品的存在。特别是机器制造行业和生产周期较长的造船等行业，在产品资金的比重相当大，更要认真把它管好。

总的来说，我们同柴直言同志的分歧，集中到一点，还是在对增减记帐法和对财产收付记帐法的看法问题上。我们的观点是：无论增减记帐法或财产收付记帐法，都是社会主义的新生事物。只是由于我们不太了解财产收付记帐法推广以后的反应，不太了解实践的效果，所以对它的说明和介绍很少。而增减记帐法由于在本省和全国，推广较为普遍，领导和群众反映比较好，财政部也从制度中加以肯定。我们才倾向于赞成使用这种方法。但是我们从未排斥财产收付记帐法。而"公开信"则认为财产收付记帐法才是社会主义的记帐方法，而把增减记帐法说成是资

①参阅《资本论》第2卷，《马克思恩格斯全集》第24卷，第41—45页。

— 37 —

©葛家澍先生回复柴直言公开信第34～37页（原件去处不详，经厦门大学会计学系蜡纸刻印）

记帐法"翻版"，对"借贷记帐法则全盘否定。我们认为，你们的论据似乎还不够充分，缺乏应有的说服力。你们说增减记帐法是借贷记帐法的翻版，无不过因为：①它所使用的平衡公式"资金占用和资金来源"是从借贷记帐法的平衡公式那里改造过来的。②它仍保留资金平衡表，而这个表是从资产负债表那里改造过来的。可是财产收付记帐法呢？它也有平衡公式即收入－支出＝结存，如果追溯历史，这一公式难道不也是从封建社会的"四柱清册"那里逐步改变过来的吗？你们虽然反对资金平衡表，但你们也主张要有类似于"四柱清册"那样的收支结存表。但是谁也不能由此得出结论说：财产收付记帐法是封建社会"四柱清册"的翻版。

财产收付记帐打破了有借必有贷的框框，首创了同收、同付、有收有付的记帐规则，我们是给予高度评价的。我们曾认为，增减记帐法的记帐规则也是在财产收付记帐的影响下形成的。冲击借贷记帐法，改革记帐规则的第一功，应该归之于财产收付法记帐的创造者。因为这是无可争辩的事实。至于是用收付好，还是用增减好，应该是可以讨论研究的问题。现在就下结论，恐怕不大妥当。同时我们还认为，在记帐方法问题上，恐怕还是要"百花齐放"，不一定要求定于一尊。此外，我们主张的增减记帐法，或是你们主张的收付记帐法，都是一种复式记帐。而复式记帐则是借贷记帐法的首创。这也是不容回避的历史事实。我们之所以说借贷记帐法不应全盘否定，就因为复式记帐的原理还是比较科学的，我们还要批判地继承它。事实上，财产收付记帐法和增减记帐法都已经批判地继承了借贷记帐法中这个"合理的部分"为我们社会主义所用了。

虽然我们之间存在观点上的分歧，对于你们的批评，我们没有完全接受，但是，我们仍然要感谢你们这封信，对我们的帮助和促进。特别是，你们确实提出了许多很有启发，引人深思的哲学问题和政治经济学上的问题。你们的钻研精神和对矛盾与问题的敏感性也是我们学习的榜样。学术观点有分歧，开展讨论和争论，是我们社会主义制度下的正常现象。让我们再重复一遍伟大领袖毛主席的谆谆教导，作为这篇文章的结束语："在我们的社会里，革命的战斗的批评和反批评是揭露矛盾，解决矛盾发展科学、艺术做好各项工作的好方法。""科学上的不同学派可以自由争论"，"我们的态度是：坚持真理，随时修正错误。"

— 38 —

◎葛家澍先生回复柴直言公开信尾页（原件去处不详，经厦门大学会计学系蜡纸刻印）

针对"柴直言"的诸多诘难，葛家澍先生一一做了回答。1974年1月，"批林批孔"运动正如火如荼。所以，当时的回信不可避免地带有时代的印记或烙印，葛家澍先生在回信中引用语录作为论据或依据，亦是当时一种常规的模式。尽管如此，葛家澍先生当时的回信依然恪守和维系着学术优先的基本准则。这的确非常值得我们后辈学习和仔细品味。

因为公开信的批评主要集中在"资金运动"部分，所以葛家澍先生的回信也集中在会计对象与资金运动部分。针对其关于记账方法的批评——特别是将借贷记账法上升到两条路线的“高度”，葛家澍先生在回信中明确指出，借贷记账法“并不是资产阶级的发明，而是几百年前劳动人民的创造。借贷记账法，大概在十三世纪就已经在地中海沿岸出现，它的应用要比资本主义时代的到来早好几百年”。葛家澍先生的回信尽管已经论及会计和借贷记账法的阶级属性问题，但并未完全展开。

此后，根据我们了解到的情况和掌握的资料，公开信事件似乎告一段落，再无波澜。

三、公开信：缘起与未预料的后果

“文革”期间，会计学界人人自危，“寒蝉效应”[①]凸显，甚至将借贷记账法与资本主义画等号。当时的财政部也在会计制度中抑制借贷记账法，正式允许企业采用增减记账法。

厦门大学会计学科的教师们曾在《人民公社财务会计》（农业出版社1960年版）的前言指出，厦门大学会计学科的教师和学生分头奔赴闽侯、连江、顺昌、厦门市郊等进行调研，可以推测1960年的人民公社普遍采用借贷记账法。1972年，厦门大学会计学科的老师又编写了一本《生产队财务会计》，却废止了借贷记账法，采用不完全的收付记账法，所以当时的农村记账不再以借贷记账法为基础。

1965年发布的“企业会计工作改革纲要（试行草案）”中明确指出：现行的“借贷记账法”要逐步改革，使之通俗易懂，便于使用。群众在实践中创造出来的各种记账方法，如“增减记账法”“收付记账法”等，要积极进行试点，定期总结，逐步提高。此外，1966年1月起执行的“行政事业单位会计制度”“第四章账务核算组织和方法”部分明确规定“记账方法，采用以资金活动为主体的‘收付记账法’。”1973年底的《国营企业会计工作规则（试行草案）》对记账方法的规定，记账方法目前有“增减记账法”“收付记账法”“借贷记账法”等，“增减记账法”易学、易懂、易用，各地区、各部门可以推行。但也可以采用其他记账方法。无论采用哪种记账方法，都要保证把账记清楚，不错不乱。1973年的《国营企业会计工作规则（试行草案）》虽然没有直接废止借贷记账法，但倾向性立场明确，相当于是宣布企业不应采用借贷记账法。之后，商业企业全面采用增减记账法，银行业采用收付记账法。厦门大学经济系财务会计教研室编写的试用教材《工业会计》以增减记账法为依据，贯穿全书。

---

① 寒蝉效应（chilling effect）是政治、法律、传媒学等领域关于负面效应传染的新兴名词，是指普通民众或公众因恐惧于遭受处罚，或无力承受可能的处罚，从而随波逐流，甚至放弃行使其正当权利。

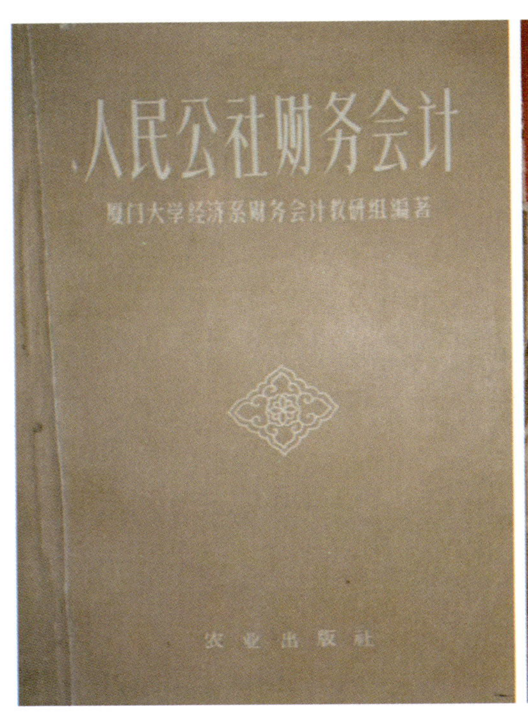

◎《人民公社财务会计》与《生产队财务会计》的封面

福兮祸兮！

1974年1月的回信为葛家澍先生1978年发表《必须替借贷记账法恢复名誉——评所谓资本主义的记账方法》一文埋下了重要伏笔。葛家澍先生2013年仙逝后，我们很难精确地得知或还原他究竟是何时动笔撰写《恢复名誉》一文。作为葛家澍教授后期的科研助手，杜兴强教授曾听葛家澍先生讲述过当年来自黑龙江的公开信，以及对该封公开信的回信促使其系统地思考记账方法与阶级性问题，最终促成1978年那篇对我国会计学界和实务界起到"思想破冰"作用的文章《必须替借贷记账法恢复名誉——评所谓的"资本主义的记账方法"》(《中国经济问题》1978年第4期)。

第四节　待惊起

公开信事件后，葛家澍先生与厦门大学会计学系的教师迎来来之不易的、短暂的平静，竭力利用专业知识，服务于广大农村和百废待兴的厦门社会经济。

◎厦门大学财务会计专业毕业照（1974年）

1974年1月18日，经毛泽东批准，中共中央转发《林彪与孔孟之道》，“批林批孔”运动在全国展开。7月1日，中共中央发出《关于抓革命、促生产的通知》，要求各地不准揪干部，不准打人抓人，擅离职守的领导和其他人员必须返回工作岗位，对把打内战、停工停产的行为说成是“反潮流”“不为错误路线生产”的错误言论必须加以批驳。

1975年1月13—17日，四届全国人大一次会议举行。大会重申四个现代化的目标。2月，邓小平在毛泽东、周恩来支持下，主持中央日常工作，开始对全国各方面的工作进行整顿，收到显著成效。同年11月，整顿被迫中断。

1975年，厦门大学会计学科的老师参加福建漳浦基本路线教育工作队，并举办会计培训班。教学秩序逐渐处于恢复之中。

1976年1月8日，周恩来总理逝世；11日，首都百万群众伫立在数十里长街上，送别周恩来。7月6日，朱德委员长逝世。9月9日，毛主席逝世。10月6日，中共中央政治局执行党和人民的意志，采取断然措施，一举粉碎“四人帮”。消息公布后，全国亿万群众衷心拥护，举行盛大的庆祝游行。

1976年，厦门大学会计学科接受委托，举办“石油化工部财务会计干部培训班”，葛家澍、余绪缨等老师为培训班授课。据当年参加培训班的徐筱玲女士回忆：“1976年的下半年，我参加了石油部委托厦门大学经济系举办的石油部财会干部培训班。这是我第一次来到厦大经济系（财务会计专业），学校为了给我们最好的学习环境，100多人全部安排在芙蓉二宿舍，男生在一楼，女生在二楼。我们虽然不是普通班学生，但我们也是厦大人！在短短一个学期的学习中，我们有幸获得葛家澍教授、余绪缨教授等多位老师的授课，这是非常难得的！那时候大家都非常努力地学习。”

◎ 1976年“石油化工部财务会计干部培训班”名单

1976级　石油化工部财务会计干部培训班（一组）

孙继斌　吴愈全　许秀华　梁益光　叶惠玲　王　渊　李秀玲　孔洪俊　陈天荣
郭全平　杨桐山　金　森

1976级　石油化工部财务会计干部培训班（二组）

程天森　黄运梅　王志和　王克才　孙红杰　谭延湘　米金蓉　范志平　曾宪文
梁伟新　崔玉海　陈　华

1976级　石油化工部财务会计干部培训班（三组）

乔君福　王铁铭　邵曾浩　李先荣　刘继春　杜怀亭　王书元　陈转业　宋兴全
范忠革

1976级　石油化工部财务会计干部培训班（四组）

李永慧　吴贺琴　陈盘海　黄风林　于景贤　周继勇　田洪根　洪　顺　刘成斌
胡岳华　李鸿祥　闫海翔　谢月凤

1976级　石油化工部财务会计干部培训班（五组）

卢道强　谭志静　张恩玉　黄光耀　朱　平　徐筱玲　王志良　钱　东　罗志芹
孙雪玲　陈碧清　肖步龙　许秀荣　王殿平

1976级　石油化工部财务会计干部培训班（六组）

王天林　刘志轩　刘兰香　程玉涛　黄常青　郑书勤　施丛林　沈正源　胡开才
邬锐添　杨丽珍　唐公珍　罗启英　曾庆明

1976级　石油化工部财务会计干部培训班（七组）

许世传　金淳昌　宋桂芬　贺希明　李孝慰　梁　平　彭立东　刘兰生　陈祖智
周庆春　王秀玲　杨良源　樊景致　王桂芝　鲁玉芝　华君兰

1976级　石油化工部财务会计干部培训班（八组）

舒相军　康秀兰　尚天宝　崔承祥　张忠坤　侯　玲　刘宝全　桑金旺　韩　华
徐巧云　宋军辉　任燕芳　刘宗元　高崇金

1976级　石油化工部财务会计干部培训班（九组）

林依珠　徐惠明　孟建英　陈增桂　庄春泉　黄义烈　肖基铭　吴天未　吕良信
林宝泉

也正是因为厦门大学会计学科给1976年“石油化工部财务会计干部培训班”留下了深刻的印象，所以这个班级五组的徐筱玲女士如今慷慨地资助《厦门大学会计学科百年史》的出版。

人世间诸多事情就是如此奇妙，善因结善果！也正是因为厦门大学会计学科善待每一位学生，包括全日制本科、硕士和博士，以及各类非全日制学生，才有学生不计回报、饮水思源地回报母系。

1976年，历经磨难的常勋结束劳改重返厦门大学，初期工作就是在经济学院资料室任《经济资料译丛》的专职翻译和编辑。“起初寄来的外稿没有稿费，所以没人投稿，我只好一个人来翻译、编辑。”因此，《经济资料译丛》曾一度被称为“常勋译丛”。

常勋老师才华横溢，圣约翰大学1951年毕业典礼上，他自编自导自演了新京剧《纸公鸡》（常勋先生自己扮演麦克阿瑟），“票友”是他终身的业余爱好。但常勋老师比多数人蒙受了更深重的苦难，曾经历不白之屈，又重新从零开始，助力厦门大学会计学科崛起。能承受阶下之困，亦能沉淀惊起，方为大修为！

◎常勋先生《纸公鸡》剧照和1976年在《经济资料译丛》工作期间的照片

自此，葛家澍、余绪缨、常勋三位老师二度在厦门大学会计学科齐聚，而上一次齐聚是1953年9月常勋老师从山东会计专科学校（后扩建为山东财经学院）调入厦门大学会计学系。这一次齐聚，三位老师带给厦门大学会计学科的是此后30年左右的辉煌。

第五节　1966—1976 年厦门大学会计学科学生名单

1970级经济系工农试点班财务会计专业

毛立煌　王传庚　吕作严　刘长连　佘养糯　吴云玲　吴生发
吴翊飞　吴茂水　李清梅　陈生美　陈妹哥　陈荣奎　陈善荣
陈维华　肖淦初　苏孝德　杨鸿木　林志强　朱时钦　林建璋
林启超　林樱姿　郑木兰　郑渊欣　欧木雄　周文生　洪鼎森
范华顺　黄福坤　梁茂辉　曾国胜　傅国良　游伏清　潘亚狮

1970级经济系厦门市郊区农村财会培训班

王顺忠　吕联钟　陈福鼎　陈清平　陈其太　陈国华　张泗水
张英强　张明枝　林德成　林德时　林汉色　钟在和　黄碧玉
黄温辉　曾文兴　蔡文全　谢湘湖

1972级经济系财务会计专业（一组）

王江舟　许世兰　陈如瑞　陈祖和　吴清池　林丽华　林建成
周美金　郑根玉　俞昌龙　章建生　赖国专

1972级经济系财务会计专业（二组）

马金芳　王宪榕　尤松亨　邓双寿　陈　新　吴晋明　宋清水
饶永年　高溪海　黄奕林　薛小蕙　魏碧玉

1972级经济系财务会计专业（三组）

叶柏树　陈文良　陈永平　陈炜峰　陈岩生　吴明荣　邹丹峰

林沐涛　周彩安　赵东新　黄绳华　雷乌鸽

1972级经济系财务会计专业（四组）

王瑞英　陈淑萍　张国强　邱素月　林坤官　林翼群　徐光胡
翁美华　莫雪琼　黄志华　粘少华　蔡景通

1972级经济系财务会计专业（五组）

王芳钩　王德兴　邓国英　龙仁亮　孙新利　李文清　陈水魁
张　樵　洪雪娇　黄礼忠　董丽芳　路　林

1973级经济系财务会计专业甲班

王学良　王耀清　王仁敬　邓增富　刘丽珍　卢雅雪　吕联钟
江　虹　吴基明　李金林　李　榕　李文造　陈寿荣　张奕清
张培枝　沈吉仁　杨凤莲　杨庆銮　周瑞霞　周玉春　林道志
郑立金　郑秀华　孟庆瑞　季德荣　武　林　胡玉娇　柯岩生
倪政机　郭阿春　郭国印　郭成华　唐予华　唐福金　黄力加
凌家耀　程章桐　潘明全　戴文辉　魏根梅

1973级经济系财务会计专业乙班

王自然　王清泉　王永琴　刘立身　庄爱珠　汤碧玉　江　源
陈金侯　陈瑾瑶　陈朋香　陈惠飞　陈亚方　张运全　张吉星
张建榕　邱木金　杨秀范　杨缅昆　林道平　林丁玲　林训善
郑信福　赵淑珍　骆守平　黄种渥　傅维传　王继成　王三娟
刘月娟　吴秀莲　吴华国　陈金河　周福辰　赵明强　施素华
俞国泰　郭宏辉　林云英

1974级经济系财务会计专业

蔡炳良	蔡松林	曾宪周	陈宝珠	陈存耀	陈金城	陈世界
陈学忠	高清评	洪金竹	胡克健	黄金武	黄开贤	黄忠平
江碧玲	江信棋	康荷莲	李国瑛	李敏秀	林财成	林家强
林少年	林亚如	林志强	刘建丁	刘明官	刘依珠	刘子彬
欧秋影	丘一桂	苏金华	王少华	吴平兴	吴玉喜	谢景贤
许良彬冰	严志牛	杨建东	杨淑玉	叶兰腾	尤泽以	游国璋
詹汉民	张绳华	张元辉	章复钦	郑榕生	郑燕花	周爱华
朱艳清						

1976级经济系财务会计专业

马少云	王汉柱	卢金来	孙爱群	庄　丹	庄伟星	刘泗贤
刘龙英	刘丽丽	朱道增	张九元	张荣标	李爱平	李曙辉
吴云霞	吴奋文	吴金莲	余卫平	沈应生	何晓梅	林其铭
林大茂	林玉翔	林美芳	林亚东	陆玉琴	周秀英	罗　玲
陈如芳	赵景星	郑明耀	郑家孟	栗　云	翁绳武	唐锡表
黄巧英	黄建荣	黄宝存	康　曼	谢旭辉	谢琳琳	傅健康
童长树	韩志龙	赖文生	虞建斌	蔡水曾	颜端娥	魏养根

1976级石油化工部财务会计干部培训班（一组）

孙继斌	吴愈全	许秀华	梁益光	叶惠玲	王　渊	李秀玲
孔洪俊	陈天荣	郭全平	杨桐山	金　森		

1976级石油化工部财务会计干部培训班（二组）

程天森	黄运梅	王志和	王克才	孙红杰	谭延湘	米金蓉
范志平	曾宪文	梁伟新	崔玉海	陈　华		

1976级石油化工部财务会计干部培训班（三组）

乔君福	王铁铭	邵曾浩	李先荣	刘继春	杜怀亭	王书元
陈转业	宋兴全	范忠革				

1976级石油化工部财务会计干部培训班（四组）

李永慧	吴贺琴	陈盘海	黄风林	于景贤	周继勇	田洪根
宁洪顺	刘成斌	胡岳华	李鸿祥	闫海翔	谢月凤	

1976级石油化工部财务会计干部培训班（五组）

卢道强	谭志静	张恩玉	黄光耀	朱　平	徐筱玲	王志良
钱　东	罗志芹	孙雪玲	陈碧清	肖步龙	许秀荣	王殿平

1976级石油化工部财务会计干部培训班（六组）

王天林	刘志轩	刘兰香	程玉涛	黄常青	郑书勤	施丛林
沈正源	胡开才	邬锐添	杨丽珍	唐公珍	罗启英	曾庆明

1976级石油化工部财务会计干部培训班（七组）

许世传	金淳昌	宋桂芬	贺希明	李孝慰	梁　平	彭立东
刘兰生	陈祖智	周庆春	王秀玲	杨良源	樊景致	王桂芝
鲁玉芝	华君兰					

1976级石油化工部财务会计干部培训班（八组）

舒相军	康秀兰	尚天宝	崔承祥	张忠坤	侯　玲	刘宝全
桑金旺	韩　华	徐巧云	宋军辉	任燕芳	刘宗元	高崇金

第五章 1977—1999 年：厦门大学会计学派与中国会计学术重镇

1977—1999年，厦门大学会计学系经过此前的沉淀，发展为我国会计学领域的学术重镇。在葛家澍先生、余绪缨先生和常勋先生的带领下，厦大会计学系的教学和学术研究都走向了巅峰，诸多学术观点对中国会计界起到了思想解放的作用，“厦门大学会计学派”已然形成。

1978年，葛家澍先生发表《必须替借贷记账法恢复名誉——评所谓“资本主义的记账方法”》一文，对彼时的会计界起到了“思想破冰”的历史推动作用；《必须替借贷记账法恢复名誉——评所谓“资本主义的记账方法”》以记账方法作为突破口，驱散了笼罩在中国会计界的阴霾，彻底摘除了扣在借贷记账法头上的“资本主义的记账方法”帽子，因而被誉为打响了会计界“拨乱反正”的第一炮[①]；《必须替借贷记账法恢复名誉——评所谓“资本主义的记账方法”》一文，逻辑缜密、丝丝入扣、振聋发聩，使中国的会计发展重新回到理性和科学的发展轨道上。

1981年，葛家澍教授发表《论会计理论的继承性》一文，基于大历史观，认为会计学本质上是一门“方法学”，技术性、而非阶级性或社会性，才是会计学的主要属性。“社会主义会计”与“资

① 这一表述的来源是上海财经学院主持工作的郭森麒教授当时专门来信称该文“打响了会计界拨乱反正的第一炮”。

本主义会计”（即会计“姓社姓资”的区分）之间被人为筑就的“无形”高墙轰然倒塌，不复存在！“论会计理论的继承性”就会计学性质的讨论，犹如天雷，惊醒了沉溺于“盲区”（“姓社姓资”的激辩）的会计工作者。然后，“论会计理论的继承性”缜密和丝丝入扣地阐述了一个基本命题——现代复式簿记的原理、方法与技术，是对从中世纪流行于意大利的威尼斯、佛罗伦萨等地区的复式簿记的继承与发展。从而，葛家澍教授用无可辩驳的历史史实，论证不同国家（地区）之间会计技术与方法之间的确存在着继承与发展的可能性。最后，《论会计理论的继承性》一文聚焦西方的“公认会计原则”，分析了其是如何对现代财务会计理论进行有机地继承与发展，从而彻底打消了中国会计界仅有的、对学习西方财务会计理论的顾虑，为日后中国系统学习和借鉴西方，特别是美国的财务会计理论扫清了思想障碍。概而言之，《论会计理论的继承性》一文层层递进地阐述了会计理论的继承性，促进了中国会计界对西方会计理论的借鉴与发展。

1980—1986年，余绪缨教授和葛家澍教授通过一系列的论文，率先引进、拓展和完善了“会计信息系统论”的观点[①]，使之成为国内关于会计本质认识的主流观点之一。“会计信息系统论”成为厦门大学会计学科的“标志性”学术贡献之一。

20世纪80年代，葛家澍教授进一步完善关于其在20世纪60年代提出的、关于会计对象的“资金运动论”，使之不断完善和逐步纳入会计学教材体系。这一时期，余绪缨教授致力于管理会计的引进、创建与发展，完善了管理会计的理论与方法体系。

1981年，葛家澍先生被遴选为首届国务院学科评议组成员，并成为新中国历史上第一批博士生导师。1984年余绪缨教授获批成为博士生导师，当时四位博士生导师之中、厦门大学会计学系独占二席（相当长的一段时间，余绪缨教授都是我国管理会计领域内唯一的博士生导师）。这大大提升和强化了厦门大学会计学系在国内会计学界的地位。

1985年，葛家澍先生培养出新中国第一位经济学（会计学）博士生，引领了我国会计学博士生培养的方向。

1988年，葛家澍先生和余绪缨先生带领厦门大学会计学科成为全国首批重点学科。

20世纪80年代末期、90年代初期，常勋教授发表了一系列关于国际会计的论文，奠定了其在国际会计领域内的先驱地位。

20世纪70年代末期到90年代初期，厦门大学会计学系开办了一系列助教进修班，讲

① 这些文章包括但不限于《要从发展的观点，看会计学的科学属性》（余绪缨，《中国经济问题》1980年第5期第46～47页）、《关于会计定义的探讨》（葛家澍、唐予华，《会计研究》1983年第4～5期）和《论会计是一个经济信息系统》（葛家澍、李翔华，《财经研究》1986年第9～10期）。

授前沿的会计理论和学科知识，广泛地传播厦门大学会计学系的教学理念。扩大了厦门大学会计学科在国内的影响力。

这一时期，厦门大学会计学系人才辈出，包括但不限于吴水澎教授、陈守文教授、林志军教授、曲晓辉教授、李若山教授、魏明海教授、王光远教授、黄世忠教授、李建发教授、刘峰教授、汪一凡老师、傅元略教授、毛付根教授、胡玉明教授……此外，一批博士生（后）亦崭露头角，包括但不限于谢德仁博士、吴联生博士后、杜兴强博士、黄志忠博士……结构合理和层次分明的人才梯队，不断巩固着厦门大学会计学科在国内会计学界的地位。

这一时期，延续20世纪60年代经典教材编写的传统，葛家澍教授、余绪缨教授和常勋教授不断推出经典教材（包括但不限于《中级财务会计》《管理会计》《国际会计》），会计学系也推出了“厦门大学会计系列教材”（1994—1995），在国内会计学界产生了重要影响，葛家澍教授在教材编写方面更是被国家教委誉为“独树一帜”。

综上，1977—1999年，在葛家澍先生、余绪缨先生和常勋先生的带领下，厦门大学会计学科因其对我国会计界解放思想和推动我国会计发展所作出的卓越贡献（必须替借贷记账法恢复名誉；会计理论的继承性），代表性的“资金运动论”与“会计信息系统论”论点，率先引进、创建和发展现代管理会计的理论与方法体系，领先的博士（博士后、硕士）人才培养机制，以及“独树一帜的教材体系”，从而符合历史选择地成为中国会计学术重镇，被誉为“厦门大学会计学派”。

第一节 1977—1999年厦门大学会计学科的沿革

一、会计学科的分分合合与历史沿革

厦门大学教育研究院院长刘海峰教授在2014年曾考证，中国具有80年及以上历史的高校中，唯有厦门大学未曾改名[①]。如今，时间又过去了十年，拥有百年及以上历史的高校中，也仅有厦门大学未曾改名了。办校近百年，“行不更名，坐不改姓”，殊为不易[②]。

实际上，厦门大学历史上也差点被改名。1940年代，厦门大学改国立后，因多年躲避战乱而迁至长汀，国民政府官员曾意欲将厦门大学改名为“福建大学”。但是，由于新加坡校友会率先出面通电反对，经校主陈嘉庚先生和厦门大学师生和校友等各方响应，最终迫使国民政府放弃改名的动议。

虽然厦门大学百余年的历史上未曾改名，但其内部机构却不能免于“被改名”的命运。厦门大学会计学系就是一例。鉴于1999年后会计学系的格局再无大的改变，所以此处概括厦门大学会计学系（科）的分分合合，以便后人能够赓续厦门大学会计学科的优良传统。

1924—1925年，厦门大学已有会计学系之“事实”。从1924年以来的百年史中，会计学系或会计学作为一个专业没有停办过。但是，与会计关联的机构却分分合合，曾经一度变动频繁。会计学科的组织机构沿革大致如下：

1925年会计学专业属于商学系，主任陈灿（菪之）。1926年，商学系改为商科，商科主任仍为陈灿。

1928年陈灿休假，由郑世察代理主任。

1930年，商科改商学院，会计学教授陈德恒任院长；商学院下正式设立会计学系，郑世察为会计学系的首任系主任。此后，郑世察回其母校沪江大学任商学院长后，徐志禹任本系第二任系主任。

1934年，商学院各系合并为商学系，并入法学院，改称为法商学院，杨振先、陈德恒先后任院长，冯定璋任商学系主任。

---

① 参考了汪一凡撰写的《厦门大学会计系往事（四）》，详见厦门大学会计学系官方微信公众号“厦大会计”。汪一凡老师列举了学子们为了重建母校而努力的轶事。圣约翰大学功成名就老校友们经调动一切资源、准备捐赠一所“申江”（St John's的谐音）大学，但就是无法获得批文，徒呼奈何！圣约翰大学校友们竭尽全力能做的，只是在原圣约翰大学的校园（今华东政法大学）内设一纪念牌坊，为消失了的母校留下点念想，以寄托情怀。

② “西南联合大学”意味着北大、清华和南开都曾有过非严格意义上的持续经营，至少有过短暂改名的痕迹。

1937年，厦门大学从私立改为国立。1938年，奉令撤销法律系，法商学院又改为商学院；1941年，商学院设立会计学系，萧贞昌任系主任。

1949年10月1日，中华人民共和国成立。会计学系归属财经学院。

1954年，会计学科并入新成立的经济系（吴兆莘、袁镇岳先后任主任），设财务会计教研室。

1977年8月12日，中国共产党十一大正式宣告“文化大革命”结束。1977年国家决定恢复已经停摆多年的高考制度，我国高等教育开始复苏、发展，学术上也百家争鸣、百花齐放。1978年2—3月，恢复高考后首届本科生（1977级）入学，进入经济系财务会计专业学习。

1982年4月，经济系改为经济学院，葛家澍教授担任首任院长。此后，经济学院下设“会计与企业管理系”等5个系，余绪缨教授、庄瑞澄先后任会计与企业管理系主任。

1985年，会计与企业管理分立设系，吴水澎任会计学系的系主任。此后，陈守文、王光远相继任经济学院时期的会计系主任。

1999年，厦门大学决定将会计系由经济学院析出，与工商管理学院、旅游系等成立管理学院，庄明来、陈汉文、桑士俊、杜兴强（现任；2017年2月—2022年4月，2022年5月至今）相继担任会计学系的系主任。

虽然会计学科一直存在，从未停办或消失，但分分合合的确给会计学科发展带来了一些不利影响。厦门大学会计学系的系友回校时也屡屡遭遇“乌龙”，曾有从“经济系”毕业的会计专业校友在厦门大学校庆时，兴冲冲地回到“经济系”，却发现此“经济系”非彼“经济系”。现在的经济系其实是从当年的“政治经济学专业”升格而来的。

正是因为频繁的分分合合模糊了会计学科的历史脉络，一定程度上影响了会计学科的薪火相传，也导致“以史为鉴”的意识被弱化，以至于现在的学生或年轻教师以为会计学系“天然”地属于管理学院，是从管理学院的某个专业升格为“系”的。此大谬误也！

实际上，厦门大学先有会计学系和企业管理系，而后才有管理学院。如要细究历史（厦门大学范围内），会计学系的历史远比管理学院的历史要长得多。厦门大学会计学系犹如耄耋老人，而管理学院则恰似风华正茂、尚未成家立业的青年人。

如此澄清不仅必要，而且必须。随着会计学系的奠基人、功勋教师、了解情况的优秀中青年教师和其他知情人逐渐老去或乘黄鹤而去，后来者即使再努力补救，也是很难复原丢失的历史记忆了。如此，《厦门大学会计学科百年史》亦是一部青年教师了解厦门大学会计学系（科）的必备读物。唯此，青年教师才能真正地和更好地融入厦门大学会计学系，才能真正做到薪火相传，才能真正做到赓续厦门大学会计学科的优良传统。

二、厦门大学经济学院和会计学系

1978年2—3月，“文革”后第一届公开招考的大学生（1977级）入学，厦门大学全部本科生1019人，经济系209人（财会专业53人），占全校学生数超过1/5。1981年初，经济系师生员工已经超过1600人。1981年2月，鉴于经济系日益增长的学生人数和现实需要，厦门大学决定申请成立经济学院，并呈报福建省和教育部批准。

彼时的经济系已有政治经济学、统计学、会计学、财政学、金融学、对外贸易经济学和企业管理七个专业。为适应“四化”建设的需要，有利于发挥经济系多专业、多学科的优势，厦门大学建议成立厦门大学经济学院，包括政治经济学系、统计学系、会计学系、财政金融学系和对外贸易学系等5个系（含9个专业）。

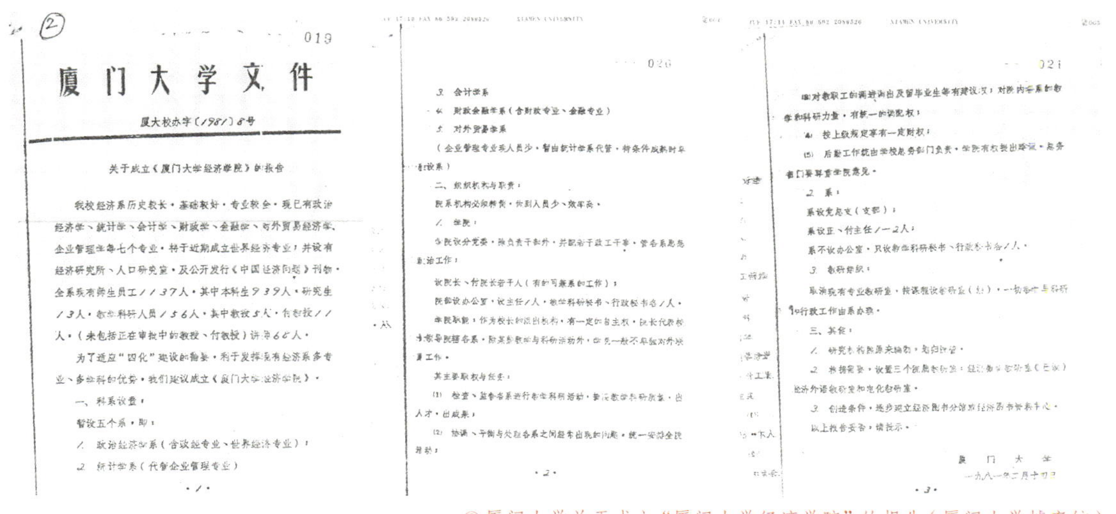

019

厦门大学文件

厦大校办字〔1981〕8号

关于成立《厦门大学经济学院》的报告

我校经济系历史较长，基础较好，专业较全，现已有政治经济学、统计学、会计学、财政学、金融学、对外贸易经济学、企业管理学等七个专业，将于近期成立世界经济专业；并设有经济研究所、人口研究室，及公开发行《中国经济问题》刊物。全系现有师生员工1137人，其中本科生939人，研究生13人，教学科研人员156人，其中教授5人，副教授11人，（未包括正在审批中的教授、付教授）讲师66人。

为了适应“四化”建设的需要，利于发挥现有经济系多专业、多学科的优势，我们建议成立《厦门大学经济学院》。

一、科系设置：

暂设五个系，即：

1. 政治经济学系（含政经专业、世界经济专业）；
2. 统计学系（代管企业管理专业）

·1·

020

3. 会计学系
4. 财政金融学系（含财政专业、金融专业）
5. 对外贸易学系

（企业管理专业现人员少，暂由统计学系代管，待条件成熟时单独设系）

二、组织机构与职责：

院系机构必须精简，做到人员少、效率高。

1. 学院：

学院设分党委，除负责干部外，并配备干政工干事，管各系思想政治工作；

设院长、付院长若干人（有的可兼系的工作）；

院部设办公室，设主任1人，教学科研秘书、行政秘书各1人。

学院职能：作为校长的派出机构，有一定的自主权，院长代表校长领导院辖各系，除某些教学与科研活动外，学院一般不单独对外联系工作。

其主要职权与任务：

(1) 检查、监督各系进行教学科研活动，督促教学科研质量，出人才，出成果；

(2) 协调、平衡与处理各系之间经常出现的问题，统一安排全院活动；

·2·

021

(3) 对教职工的调进调出及留毕业生等有建议权；对院内各系的教学和科研力量，有统一的调配权；

(4) 按上级规定享有一定财权；

(5) 后勤工作统由学校总务部门负责，学院有权提出建议，总务部门要尊重学院意见。

2. 系：

系设党总支（支部）；

系设正、付主任1—2人；

系不设办公室，只设教学科研秘书、行政秘书各1人。

3. 教研组织：

取消现有专业教研室，按课程设教研室（组），一切教学与科研和行政工作由系办理。

三、其他：

1. 研究专业所原来编制，划归学院。
2. 根据需要，设置三个院属教研室：经济数学教研室（已设）、经济外语教研室和电化教研室。
3. 创造条件，逐步建立经济图书分馆或经济图书资料中心。

以上报告妥否，请指示。

厦门大学

一九八一年二月十四日

·3·

◎厦门大学关于成立“厦门大学经济学院”的报告（厦门大学档案馆）

1981年9月15日，教育部批复同意成立厦门大学经济学院。

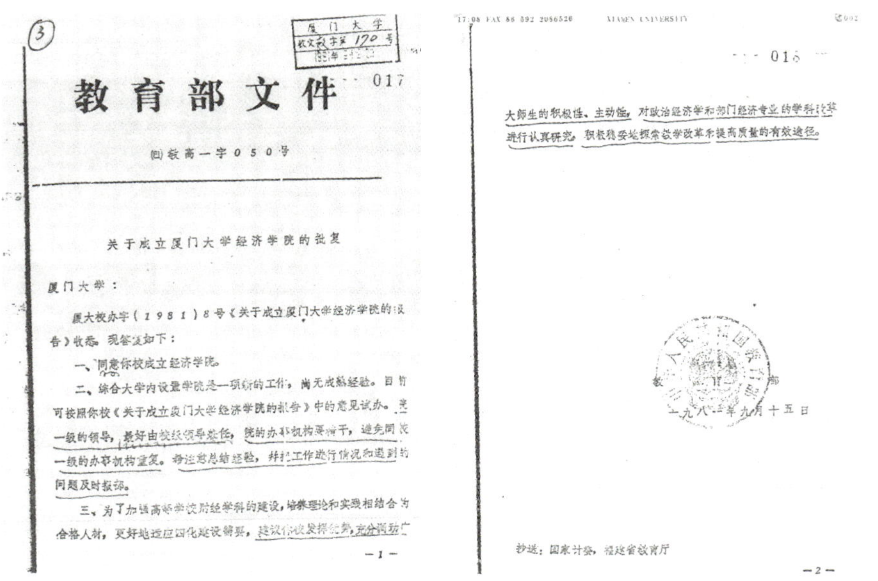

教育部文件

(81)教高一字050号

关于成立厦门大学经济学院的批复

厦门大学：

厦大校办字（1981）8号《关于成立厦门大学经济学院的报告》收悉。现答复如下：

一、同意你校成立经济学院。

二、综合大学内设置学院是一项新的工作，尚无成熟经验。目前可按照你校《关于成立厦门大学经济学院的报告》中的意见试办。完一级的领导，最好由校级领导兼任，院的办事机构要精干，避免同系一级的办事机构重复。望注意总结经验，并把工作进行情况和遇到的问题及时报部。

三、为了加强高等学校财经学科的建设，培养理论和实践相结合的合格人材，更好地适应四化建设需要，建议你校发挥优势，充分调动广

—1—

17:08 FAX 86 592 2086526 XIAMEN UNIVERSITY

大师生的积极性、主动性，对政治经济学和部门经济专业的学科改革进行认真研究，积极稳妥地探索教学改革和提高质量的有效途径。

教育部

一九八一年九月十五日

抄送：国家计委，福建省教育厅

—2—

◎教育部“关于成立厦门大学经济学院的批复”（厦门大学档案馆）

1982年5月，由教育部派驻工作组在厦门大学建南大会堂正式宣布厦门大学经济学院成立，原属经济系的各专业教研室分别升格为经济学系、计划统计系、财政金融系、会计与企业管理系和对外贸易系等5个系（含9个专业）。

◎教育部派驻工作组在建南大会堂正式宣布厦门大学经济学院成立（1982年5月24日）

随后，葛家澍教授被中共福建省委任命为厦门大学经济学院首任院长。

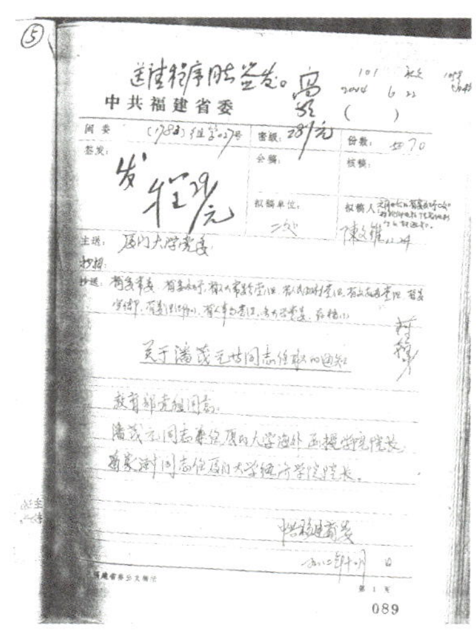

中共福建省委

闽委（1983）组字027号　　份数：70

签发：　审核：　会编：　核校：

拟稿单位：　拟稿人：

主送：厦门大学党委

抄报：

抄送：

关于潘茂元等同志任职的通知

教育部党组同意：

潘茂元同志兼任厦门大学海外函授学院院长；

葛家澍同志任厦门大学经济学院院长。

中共福建省委

089

中国共产党福建省委员会

闽委〔1982〕组字105号

关于潘茂元等同志任职的意见

经省委研究决议：

潘茂元同志兼任厦门大学海外函授学院院长；

葛家澍同志任厦门大学经济学院院长。

请审批。

中国共产党福建省委员会

一九八二年十一月一日

附："干部任免呈报表"一式五份

主送：教育部党组(5)

抄送：省委常委，省文教办党组，省委组织部(5)，存档(3)

（共印四十三份）

中国共产党福建省委员会

闽委〔1983〕组字027号

关于潘茂元等同志任职的通知

教育部党组同意：

潘茂元同志兼任厦门大学海外函授学院院长；

葛家澍同志任厦门大学经济学院院长。

中国共产党福建省委员会

主送：厦门大学党委

抄送：省委常委，省委办公厅，省人大常委会、省人民政府党组，省文教办党组，省委宣传部，省委组织部(10)，省人事局党组，各大学党委，存档(3)

（共印七十份）

086

◎中共福建省委员会对成立"厦门大学经济学院"的批复（厦门大学档案馆）　　◎潘茂元、葛家澍任命文件

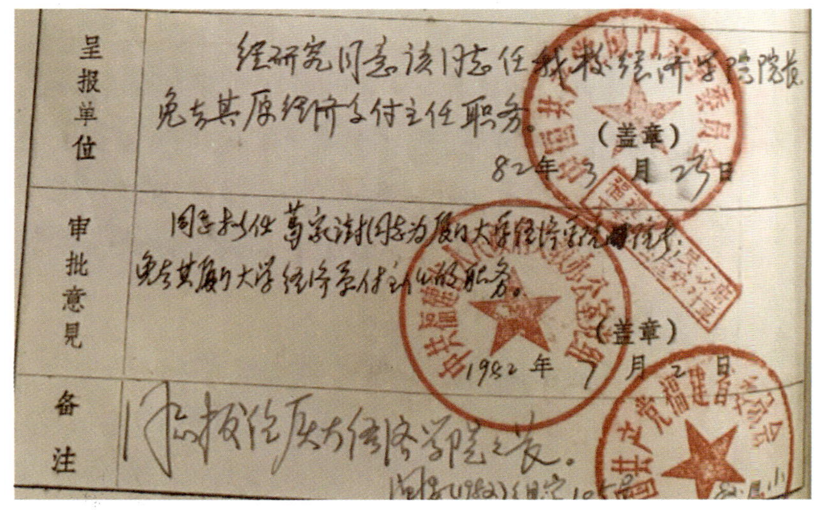

呈报单位	经研究同意该同志任我校经济学院院长，免去其原经济系付主任职务。（盖章）82年3月29日
审批意见	同意葛家澍同志为厦门大学经济学院院长，免去其厦门大学经济系付主任的职务。（盖章）1982年　月　日
备注	同意任厦大经济学院院长。闽委（1982）组字105号

◎葛家澍教授担任厦门大学首任经济学院院长的批复过程

适应四化建设需要　充分发挥多学科优势

我校经济学院最近正式成立

它标志着学校经济学科的教育事业进入新的发展阶段

〔本刊讯〕为适应四化建设的需要，经教育部批准，我校最近正式成立了经济学院。它的成立，标志着我校经济学科的教育事业进入了一个新的发展阶段，也是我国在社会主义重点综合性大学中试办学院的一个尝试。

经济学院成立大会，于五月二十四日下午在大礼堂隆重举行。原经济系一千六百名师生员工，喜气洋洋地参加成立大会，出席大会的，有学校党政领导曾鸣、唐仲璋等同志，以及各部处、各系各单位的负责人。

我校原经济系，历史较长，基础较好，学科较多，专业齐全，解

经济问题》除在国内大量发行外，还向国外发行。原经济系师生员工达一千六百余人，其中学生一千多人，约占全校学生数的四分之一，还有研究生和出国预备研究生35人，进修教师146人，各种培训班学员294人，师资队伍也较强，有教授、副教授34人，讲师70人。该系是全校最大的系，也是全国高等院校经济系专业和人数最多的一个系，在国内外享有较

即派员来校作专门调查，认为"厦门大学经济系在全国综合性大学中是一支很强的劲旅，具备成立经济学院的主客观条件"。教育部于去年9月中旬，正式批准我校成立经济学院。之后，校党政同经济系积极进行建院的各种准备，最近终于完成了筹备工作。学校的党政领导对筹办经济学院的态度是积极慎重的，进展是健康顺利的。

现新成立的经济学院，共设置五个系七个专业和一个经济研究所。五个系七个专业是：经济系，设政治经济学专业；财政金融系，设财政学专业和金融学专业；计划统计系，设计划统计学专业，会计与管理系，设会计学专业和企业管理专业；对外贸易系，设对外贸易经济专业。撤销专业教研室，各系按课程设立教研室，作为教学科研基层单位。经济研究所，设置资本论研究室、特区经济研究室、农工商业研究室和人口理论研究室，出版《中国经济问题》双月刊。学院还设

曾鸣同志在我校经济学院成立大会上

提出办好经济学院的三点意见

◎厦门大学经济学院正式成立（《厦门大学校刊》1982年6月3日第一版）

厦门大学经济学院成立当年，1982年毕业的本科生和研究生等就冠以“经济学院”的字样。

◎厦门大学经济学院首届研究生毕业留念（1982年10月）
（左四余绪缨，右四葛家澍，右一唐予华）

◎厦门大学经济学院会计与企业管理系国际会计班毕业留念（1985年2月）

经济学院成立后的1982—1985年，会计学专业和企业管理专业一起构成会计与企业管理系。余绪缨、庄瑞澄先后任会计与企业管理系主任。

◎厦门大学经济学院会计与企业管理系首届毕业生合影（1982年7月）

二、葛家澍教授倡导的“引理入经”改革

葛家澍先生出任厦门大学经济学院首任院长之后，为经济学科的发展倾注了大量的心血，做了大量的基础性工作，包括但不限于大力引进年轻教师、为教师的发展提供空间；开展对外交流合作，与加拿大国际开发署（The Canadian International Development Agency，CIDA）签订协议，选派年轻老师参加中加项目，赴加拿大学习，并率先引入北美MBA教育的理念；根据社会需要扩大经济学院的相关专业、为经济学院教师谋取更多的发展空间等。葛家澍教授在担任厦门大学经济学院院长的任期内，通过争取财政部、石油部等的合作与专项经费，建起了经济学院大楼，使得厦门大学经济学院各个专业的办学条件得到极大提升。此外，这段时间内，厦门大学经济学院的师资队伍快速发展壮大。从1982年只有会计学专业一个博士点，发展到1987年拥有财政与金融、统计学、经济学等博士点，硕士点覆盖了厦门大学经济学院的所有专业。也正是基于此，在全国首次重点学科评审中，厦门大学经济学院的会计、统计、财政三个学科跻身全国重点学科。1988年教育部通过的第一批全国重点学科中，经济学门类下重点学科有20个，其中中国人民大学6个，复旦大学、南开大学、厦门大学各3个重点学科。葛家澍教授担任院长期间，厦门大学经济学院总体水平全国领先。

葛家澍先生同时也深谙教学规律，是一位创新经济学科和会计学科教学的教育家。

比如，葛家澍教授亲力亲为地确立会计学硕士研究生和博士研究生的培养体系，并通过教授学生、教师进修、日常交流等方式，输出了厦门大学会计系研究生培养方案；他所主持编写的会计学系列教材是国内最具影响的会计学教材之一，惠及了数代会计学专业学子与实务界的会计人员[①]。

值得指出的是，自1985年开始，葛家澍教授在厦门大学经济学院进行改革，推行“引理入经”政策。新中国成立后，受苏联教育模式的影响，我国的大学生一入学就分文、理、工、医、农科。1952年前后的高校拆分，目标是建立专业型院校。例如，厦门大学就是1952年6—9月，在我国大规模调整全国高等学校的院系设置时，把中华民国时期效仿英式、美式构建的高校体系改造成效仿苏联式的高校体系。20世纪后半叶，中国高等教育系统的基本格局正是由此发端。

1952年院系调整前，厦门大学拥有文法学院、经济学院、理学院、工学院、农学院5个学院、19个系及5个专修科。1952年院系调整后的厦门大学只保留文理学院，成为文理科的综合性大学，并在1952年之后陆续又有院系调出。

厦门大学作为国内高校院系调整的几大母校之一，相关的调整包括但不限于：

（1）山东大学和中国海洋大学：1952年，厦门大学理学院海洋系师生转入山大组建山东大学海洋系。山东大学1958年迁往济南时将海洋系留在青岛，后为青岛海洋大学，2002年更名为中国海洋大学。

（2）浙江大学：1952年，厦门大学电机、土木、机械三个系各一部分并入浙江大学。

（3）东南大学：1952年，厦门大学工学院的机械和电机两系以及南京大学、金陵大学、江南大学等高校的部分院系组建成南京工学院，即后来的东南大学。

（4）河海大学：1952年，南京大学、交通大学、浙江大学、同济大学和厦门大学等高校水利专业合并，在南京成立了华东水利学院，即现在的河海大学。

（5）南京大学：1952年，厦门大学俄语专业合并到南京大学外文系，俄语

---

① 苏锡嘉，刘峰，2021. 澍雨杏风［M］. 厦门大学出版社：94.

专业的学生也转到该校外文系学习。

（6）清华大学、北京航空航天大学：1951年5月，厦门大学、西北工学院、北洋大学三校的航空系并入清华，设立清华大学航空学院。上述三校的航空系本非直接参与组建北航（北航于1952年成立）。

（7）上海财经大学：1953年的全国院系调整，厦门大学商学院企业管理系被调整到上海财经学院。

（8）同济大学：1952年，厦门大学土木建筑并入同济大学。

（9）内蒙古大学：1957年，以北京大学、南京大学、山东大学、厦门大学、中山大学五校为主，国内十余所著名高校（包括清华、南开等）共同创建内蒙古大学。

（10）华东师范大学：1924年6月，厦门大学三百余位教师和学生闹学潮离校到了上海，创办大夏大学。解放后经院校合并，发展为今天的华东师范大学。

（11）华东政法大学：1952年，厦门大学政法学院（包括政治、法律两系）归并入华东政法学院（今华东政法大学）。

（12）上海海洋大学：1972年，厦门大学水产相关系调出成为厦门水产学院，1979年调往上海，后发展为上海海洋大学。

（13）福州大学：为创立福州大学，厦门大学支援物理系数十名教师，化学系2/3，数学系3/4，相当于分出一半理科。

（14）集美大学：厦大航海学院与集美水院合并。

（15）福建师范大学：1954年，厦门大学文学院教育系并入福建师范学院。

受文理分科思想的影响，我国自1977年恢复高考后，相当一段时间内采用文理分科考试的办法。相应地，我国高校的专业分为文科和理科两大类，分别针对文科考生（历史、地理、政治）和理科考生（物理、化学、生物）。在此大背景下，厦门大学经济学院亦不能例外，当时都是面向文科招生。认识到上述文理分科可能面临的窘境，葛家澍教授在担任经济学院院长期间，创造性地进行教学改革，推出“引理入经”方案。

◎厦门大学经济学院“引理入经”改革的相关报道（《厦门大学报》1985年4月5日）

据首届“引理入经”的学生、康奈尔大学讲座教授、曾任厦门大学经济学院院长的洪永淼教授回忆，1985年第一届福特班招生时，厦门大学经济学院只有三名同学入选；葛家澍教授推行“引理入经”改革，鼓励厦门大学其他各专业，特别是理工科各专业学生前去报考。1986年中国人民大学福特班上，有11位来自厦门大学的同学，其中相当一部分是理工科的研究生转入经济学院读硕士。学生时代的洪永淼就是以物理系一年级研究生的身份参加“福特班”，学习结束后回厦门大学经济学院取得经济学硕士学位。同时，经济学院各个专业的研究生也开放让理工科的研究生通过考试“转专业”进入经济学院，由此打开了“理转经”的大门。“引理入经”改革跨越了学科、招生指标、入学考试通道等多种限制，直接带来了经济学门类培养模式的变革。

1986年，厦门大学经济学院本科招生正式向理科生开放。以会计学系为例，1986级入学的学生，包括会计专业两个班和审计专业一个班，已经文理兼收。也是从这一年开始，厦门大学经济学院的各学科和各个专业全面兼收文科考生和理科考生。后来，全国高校，特别是财经院校开始面向理科招生。通过“引理入经”，经济学院学生的来源得到了优化，学生的生源质量得以提升，从而极大地推动了整个经济学科的发展。此外，葛家澍教授还在经济学院试行过学分制，修满学分即可提前毕业。

1986年开始的“引理入经”政策，让不少学生以理科生的身份考入厦门大学经济学院会计学专业。2021年葛家澍教授百年诞辰纪念活动期间，1986级的徐华东和崔立澜伉俪，以及朱益民先生向厦门大学会计学系捐赠1亿元人民币，回馈母系厦门大学会计学系，以表对葛家澍先生的纪念之情。

葛家澍教授因年龄原因卸任经济学院的院长职务后，历任经济学院院长如钱伯海教授、张亦春教授、胡培兆教授、邱华炳教授、张馨教授等，都坚定不移地秉承着葛家澍教授倡议的“开拓国际视野”的办学理念[①]。

四、会计学系从经济学院中析出

1985年，会计和企业管理系分立成为会计学系和企业管理系两个独立的系。此后，会计学系一直延续至今。

1996年，厦门大学决定，企业管理系和MBA中心从经济学院析出，成立工商管理学院。1996—1999年，会计学系仍在经济学院，学生毕业授予经济学本科、硕士和博士学位。

硕士学位证书

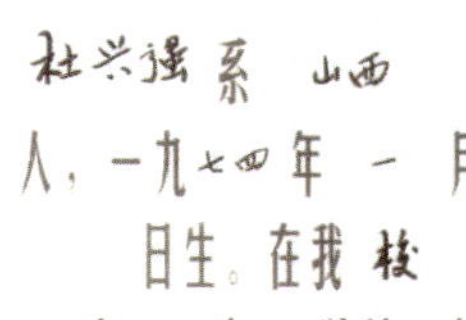

杜兴强系 山西 人，一九七四年 一 月 日生。在我 校 会计学 学科（专业）已通过硕士学位的课程考试和论文答辩，成绩合格。根据《中华人民共和国学位条例》的规定，授予 经济学 硕士学位。

厦门大学 校长

学位评定委员会主席

一九九八年 六 月 六 日

证书编号 10384 9831051

◎厦门大学会计学系杜兴强硕士学位证书（1998年）

① 黄鸿德，周颖刚，2022. 厦门大学经济学科百年史［M］. 厦门：厦门大学出版社：166.

1999年，厦门大学决定，会计系与原工商管理学院中的企业管理系、MBA中心、原旅游管理专业、原系统管理专业共同组建成立管理学院。庄明来、陈汉文、桑士俊、杜兴强（现任）相继担任会计学系主任。①

五、会计学系内的教研室

20世纪80年代起，厦门大学会计学系教师的研究就已经开始体现出创新性强、领国内研究之先、体系化等特征。具体地，厦门大学会计学系根据所有教师的研究与葛家澍、余绪缨和常勋教授等学术带头人研究领域的契合程度，分为会计基本理论、管理会计、国际会计等三个教研室或研究方向。这样，厦门大学会计学系教师研究问题的选择与学术思想凝练都具有很强的创新性，而且粗具体系化的特征，容易形成代表性观点，强化了在国内会计学术界的影响力。这一点和现在国家提倡的通过研究团队攻克关键科学问题有一定的相似性。

葛家澍教授所带领的团队围绕会计基本理论，如会计的定义、会计对象、会计要素等，以及会计准则和财务会计概念框架等，形成了一系列有代表性的观点。余绪缨教授所带领的团队围绕管理会计的对象与方法、管理会计基本框架与学科性质、广义管理会计、作业成本法与作业管理等问题，构建了符合中国国情的管理会计理论与方法体系，在中国率先致力于“管理会计”学科的引进与创建发展。常勋教授从20世纪80年代初就开始致力于国际会计研究，在我国率先招收国际会计研究方向硕士研究生。常勋教授及其研究团队编写了《国际会计》《西方财务会计》《外商投资企业会计》《中外合资经营企业会计》等教材和专著，系统介绍了西方会计实务与理论，并结合我国当时改革开放情况，为国际会计等会计实务的发展做了大量开拓性的工作。

同时，厦门大学会计学系其他老师在研究方面也积极拓展新的研究方向。陈仁栋老师在全国率先引进了人力资源会计，其专著《人力资源会计》具有一定的影响力。黄忠堃老师在国内较早开展审计研究，出版了《商业审计学》《审计学概论》等专著。吴水澎老师致力于价值运动学说研究，提出了“会计是价值运动的信息系统”。李若山老师率先用受托责任理论来研究审计理论，曲晓辉老师系统地对物价变动和通货膨胀会计进行研究、取得了诸多前期成果；黄世忠老师基于资产评估视角研究了股份有限公司会计中的诸多问题。

---

① 庄明来、陈汉文、桑士俊都曾担任会计学系的副主任，辅助前任系主任，分管本科或研究生工作。

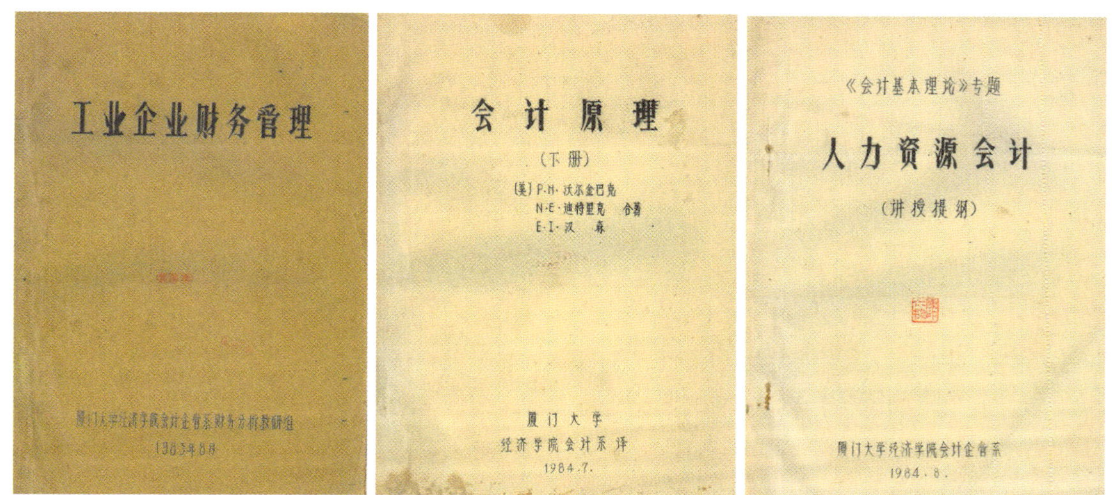

◎厦门大学会计学系20世纪80年代部分油印教材的封面

正是由于厦门大学会计学系明确学术带头人，基于研究方向形成教研室、划分不同研究领域、形成研究团队和研究合力，厦门大学会计学科在20世纪80年代及之后很长一段时间形成了学术思想活跃、结构合理的学术梯队，在多次国家重点学科评审中获得佳绩。

葛家澍、余绪缨和常勋教授三位厦门大学会计学系学术带头人的研究工作极具前瞻性，推动了我国会计基本理论、财务会计、管理会计与国际会计等理论与实务的发展，也培养了大批优秀的中青年师资。之后，中国会计改革与三位先生的理论研究不谋而合，佐证了三位老先生在学术研究上的敏锐直觉与高瞻远瞩。

第二节 1977—1999年厦门大学会计学科标志性事件

1977—1999年是厦门大学会计学系历史上发展的黄金时期。葛家澍教授、余绪缨教授和常勋教授的学术思想熠熠生辉，科研成果丰硕，学术观点鲜明，关于会计对象的“资金运动论”日益完善，关于会计本质的“信息系统论”自成一派，会计基本理论研究推陈出新，现代管理会计理论与方法体系引入我国，影响了这个阶段的中国会计学界。值得指出的是，葛家澍教授的学术观点对整个中国会计界起到了“思想破冰”的巨大历史推动作用。

一、必须替借贷记账法恢复名誉[①]

1976年10月6日，党和人民一举粉碎“四人帮”，全国亿万群众衷心拥护，举行盛大的庆祝游行。自此，延续十年之久的“文化大革命”结束。但是，“文革”的影响仍然存在，并未也不可能立即被根除——这类似于日后学术界反复提及的黏性（stickiness）[②]。1977年2月7日，《人民日报》、《红旗》杂志、《解放军报》发表社论——《学好文件抓住纲》，提出了“两个凡是”，从中可以看出，社会思想仍然未被解放。

1976年“文化大革命”结束至1978年十一届三中全会前，这两年被党史学及历史学家称为“徘徊中前进的两年”。这两年，是改革开放前后的关键时期，也是改革开放诸多重大决策的酝酿期（乔克，2017）。粉碎“四人帮”后，老一辈革命家得以大量复出；面对积弱的经济，中共中央发表《论十大关系》，澄清经济政策的取向，将工作重点转向经济建设。毋庸置疑，经济改革的先导，必须解放思想。在进行真理标准大讨论前，经济思想领域旋即展开大讨论。以批判“四人帮”的错误理论为契机，经济理论界和政策研究者强调发展生产力，为发展生产力正名；重新确立按劳分配的社会主义原则，肯定价值规律的作用（乔克，2017）。经济思想领域的解放，既为经济改革奠定了思想基础，也在一定程度上影响会计学界。

1977年中，停摆近十年的高考制度恢复。1978年初，包括厦门大学在内的全国各高

---

① 杜兴强，2021，葛家澍教授学术思想研究［M］. 厦门大学出版社 .

② 根据英文字典的解释，黏性意味着虽然其他条件（自变量）发生变化（如“文革”结束），但某些影响（因变量）仍顽固地保留了下来或相对变化更为缓慢（stickiness refers that something tend to remain the same despite changes in other conditions, which are usually applied to prices or wages）。若销售（管理）费用会随着产品销量的增加而按照一个大致固定的比例 w 递增，但当销量下降时，销售（管理）费用却往往不会以 w 的比例下降——而往往以一个绝对值远小于 w 的比例下降，根本原因之一在于固定成本的存在。

校开始迎来新一批大学生。停顿十年之久的大学开始逐步恢复正常秩序，教师们逐渐回到教学与科研中来。

1977年，经过十年“文革”和近30年时起时伏的运动，社会科学研究存在着“政治正确”的禁区，无疑在一定程度上阻碍了真正的科学研究。其中一个典型的例子就是，会计被认为是有阶级性的，因此会计也就被人为地分为资本主义会计与社会主义会计；凡是资本主义国家已经采用的，即便是正确、合理、有效的借贷记账法和会计准则等，也必须“下意识”地一概否定。当时公开发表的有限的会计研究文献，相当一部分带有浓厚的政治色彩。

1977年之前，厦门大学会计学科就已经开始在当时的财务会计专业教学中讲授借贷记账法的相关内容。1978年4月，受1973年末和1974年初“公开信”风波影响，经过多年沉淀思考后的葛家澍教授，在厦门大学校庆举行的科学讨论会上报告了题为《必须替借贷记账法恢复名誉——评所谓“资本主义的记账方法”》的论文，大气磅礴地站在大历史观的角度，通过追溯记账方法产生的历史、传播路径，以及记账符号、复式簿记原理的讨论与分析，提出“记账方法没有阶级性”“强加在借贷记账法身上的种种罪名不能成立”；否定借贷记账法，实际上是割裂了会计发展的历史，拒绝学习和吸取外国管理方法中合乎科学的东西；不纠正这一错误，对于努力提高我国会计工作水平……妨碍很大。

1978年5月11日，《光明日报》刊登了题为《实践是检验真理的唯一标准》的特约评论员文章；当日，新华社转发了这篇文章。12日，《人民日报》和《解放军报》同时转载。此前，1978年5月10日的《理论动态》（中共中央党校理论研究室）刊发了该文的主要观点。

实践是检验真理的唯一标准

本报特约评论員

检验真理的标准是什么？这是早被无产阶级的革命导师解决了的问题。但是这些年来，由于“四人帮”的破坏和他们控制下的舆论工具大量的歪曲宣传，把这个问题搞得混乱不堪。为了深入批判“四人帮”，肃清其流毒和影响，在这个问题上拨乱反正，十分必要。

检验真理的标准只能是社会实践

怎样区别真理与谬误呢？一八四五年，马克思就提出了检验真理的标准问题，“人的思维是否具有客观的真理性，这并不是一个理论的问题，而是一个实践的问题。人应该在实践中证明自己思维的真理性，即自己思维的现实性和力量，亦即自己思维的此岸性。关于离开实践的思维是否具有现实性的争论，是一个纯粹经院哲学的问题。”（《马克思恩格斯选集》第1卷第16页）这就非常清楚地告诉我们，一个理论，是否正确反映了客观实际，是不是真理，只能靠社会实践来检验。这是马克思主义认识论的一个基本原理。

实践不仅是检验真理的标准，而且是唯一的标准。毛主席说：“真理只有一个，而究竟谁发现了真理，不依靠主观的夸张，而依靠客观的实践。只有千百万人民的革命实践，才是检验真理的尺度。”（《新民主主义论》）“真理的标准只能是社会的实践。”（《实践论》）这里说：“只能”、“才是”，就是说，标准只有一个，没有第二个。这是因为，辩证唯物主义所说的真理是客观真理，是人的思想对于客观世界及其规律的正确反映。因此，作为检验真理的标准，就不能到主观领域内去寻找，不能到理论领域内去寻找，思想、理论自身不能成为检验自身是否符合客观实际的标准，正如在法律上原告是否属实，不能依他自己的起诉为标准一样。作为检验真理的标准，必须具有把人的思想和客观世界联系起来的特性，否则就无法检验。人的社会实践是改造客观世界的活动，是主观见之于客观的东西。实践具有把思想和客观实际联系起来的特性。因此，正是实践，也只有实践，才能够完成检验真理的任务。科学史上的无数事实，充分地说明了这个问题。

门捷列夫根据原子量的变化，制定了元素周期表，有人赞同，有人怀疑，争论不休。尔后，根据元素周期表发现了几种元素，它们的化学特性刚好符合元素周期表的预测。这样，元素周期表就被证实了是真理。哥白尼的太阳系学说在三百年里一直是一种假说，而在勒维烈从这个太阳系学说所提供的数据，不仅推算出一定还存在一个尚未知道的行星，而且还推算出这个行星在太空中的位置的时候，当加勒于一八四六年确实发现了海王星这颗行星的时候，哥白尼的太阳系学说才被证实了，成了公认的真理。

马克思主义之所以被承认为真理，正是千百万群众长期实践证实的结果。毛主席说：“马克思列宁主义之所以被称为真理，也不但在于马克思、恩格斯、列宁、斯大林等人科学地构成这些学说的时候，而且在于为尔后革命的阶级斗争和民族斗争的实践所证实的时候。”（《实践论》）马克思主义原是工人运动中的一个派别，开始并不出名，反动派围攻它，资产阶级学者反对它，其他的社会主义流派攻击它。但是，长期的革命实践证明了马克思主义是真理，终于成为国际共产主义运动的指导思想。

检验路线之正确与否，情形也是这样。马克思主义政党在制订自己的路线时，当然要从现实的阶级关系和阶级斗争的情况出发，依据革命理论的指导并且加以论证。但是，国际共产主义运动和各个革命政党的路线是否正确，同样必须由社会实践来检验。二十世纪初，国际共产主义运动和俄国工人运动中，都发生了列宁的马克思主义路线与第二国际修正主义路线的激烈斗争，那时第二国际的头面人物是考茨基，列宁主义者是少数，斗争持续了很长一个时间。俄国十月革命和各国无产阶级革命的实践证明列宁主义是真理，宣告了第二国际修正主义路线的破产。

毛泽东思想是马克思列宁主义普遍真理与革命具体实践相结合的产物。毛主席的革命路线与“左”、右倾机会主义路线进行了长期的斗争。在一个时期内，毛主席的革命路线没有占主导地位。长期的革命斗争，成功的经验和失败的教训，从正反两个方面证明毛主席的革命路线是正确的，而“左”、右倾机会主义路线是错误的。标准是什么呢？只有一个，就是千百万人民的社会实践。

理论与实践的统一，是马克思主义的一个最基本的原则

有的同志担心，坚持实践是检验真理的唯一标准，会削弱理论的意义。这种担心是多余的。凡是科学的理论，都不会害怕实践的检验。相反，只有坚持实践是检验真理的唯一标准，才能够使伪科学、伪理论现出原形，从而捍卫真正的科学与理论。这一点，对于澄清被“四人帮”搞得非常混乱的理论问题，具有特别重要的意义。

“四人帮”出于篡党夺权的反革命需要，鼓吹和推行唯心论的先验论，反对实践是检验真理的标准。例如，他们炮制“天才论”，胡诌文艺、教育等各条战线的“黑线专政”论，伪造老干部是民主派、民主派必然变成走资派的“规律”，胡诌社会主义生产关系“是产生新的资产阶级分子的经济基础”的谬论，虚构儒法斗争继续到现在的无稽之谈，等等。所有这些，都曾被吹嘘为神圣不可侵犯的所谓“理论”，谁反对，就会被扣上反对马列主义、反对毛泽东思想的大帽子。但是，这些五花八门的谬论，根本经不起革命实践的检验，它们随同“四人帮”另立的“真理标准”，一个个都像肥皂泡那样很快破灭了。这个事实雄辩地说明，他们自吹自擂证明不了真理，大规模的宣传证明不了真理，强权证明不了真理。他们以马列主义、毛泽东思想的“权威”自居，实践证明他们是反马列主义、反毛泽东思想的政治骗子。

马列主义、毛泽东思想之所以有力量，正是由于它是经过实践检验了的客观真理，正是由于它高度概括了实践经验，使之上升为理论，并用来指导实践。正因为这样，我们要非常重视革命理论。列宁指出：“没有革命的理论，就不会有革命的运动。”（《列宁选集》第1卷第241页）理论所以重要，就是在于它来源于实践，又能正确地指导实践，而理论到底是不是正确地指导了实践以及怎样才能正确地指导实践，一点也离不开实践的检验。不掌握这个精神实质，那是不可能真正发挥理论的作用的。

有的同志说，我们批判修正主义，难道不是用马列主义、毛泽东思想去衡量，从而证明修正主义是错误的吗？我们说，是的，马列主义、毛泽东思想是我们批判修正主义的锐利武器，也是我们论证的根据。我们用马列主义、毛泽东思想的基本原理去批判修正主义，这些基本原理是马、恩、列、斯和毛主席从革命斗争的实践经验概括起来的，它们被长期的实践证明为不易之真理；但同时我们用这些原理去批判修正主义，仍然一点也不能离开当前的（和过去的）实践，只有从实践经验出发，才能使这些原理显示出巨大的生命力；我们的批判只有结合大量的事实分析，才有说服力。不研究实践经验，不从实践经验出发，是不能最终驳倒修正主义的。

（下转第二版）

◎《实践是检验真理的唯一标准》的特约评论员文章（《光明日报》1978年5月11日）

理论动态60

内部刊物 注意保存

中共中央党校理论研究室 1978年5月10日

实践是检验真理的唯一标准

检验真理的标准是什么？这是早被无产阶级的革命导师解决了的问题。但是这些年来，由于“四人帮”的破坏和他们控制下的舆论工具大量的歪曲宣传，把这个问题搞得混乱不堪。为了深入批判“四人帮”，肃清其流毒和影响，在这个问题上拨乱反正，十分必要。

检验真理的标准只能是社会实践

怎样区别真理与谬误呢？一八四五年，马克思就提出了检验真理的标准问题：“人的思维是否具有客观的真理性，这并不是一个理论的问题，而是一个实践的问题。人应该在实践中证明自己思维的真理性，即自己思维的现实性和力量，亦即自己思维的此岸性。关于离开实践的思维是否具有现实

◎《理论动态》（中共中央党校理论研究室）首页（1978年5月10日）

◎刊发《必须替借贷记账法恢复名誉》一文的《中国经济问题》杂志封面

也许是受到《实践是检验真理的唯一标准》一文的鼓舞，葛家澍老师的《必须替借贷记账法恢复名誉——评所谓“资本主义的记账方法”》一文随后被刊登于1974年第4期的《中国经济问题》。《必须替借贷记账法恢复名誉——评所谓“资本主义的记账方法”》一文的发表对当时中国会计学术界和实务界起到了“思想破冰”的作用[①]，振聋发聩，如平地起雷，从根本程度上纠正了当时中国会计界的认识，在一定程度上加快了中国会计改革与发展的进程。因此，《必须替借贷记账法恢复名誉——评所谓“资本主义的记账方法”》发表后，被誉为打响了会计界拨乱反正的“第一炮”。

① “思想破冰”一词系杜兴强教授撰写《葛家澍教授学术思想研究》（厦门大学出版社2021年版）过程中，在阐述《必须替借贷记账法恢复名誉——评所谓“资本主义的记账方法”》一文的历史贡献时首先采纳这一术语。

必须替借贷记帐法恢复名誉

——评所谓“资本主义的记帐方法”

葛家澍

在林彪、“四人帮”横行的日子里，唯心主义、形而上学在会计学领域猖獗一时。连借贷记帐法也被戴上“资本主义的记帐方法”的帽子而全盘否定。

记帐方法有没有阶级性？特别是加在借贷记帐法身上的种种罪名能否成立？这是本文所要回答的问题。

一、记帐方法有没有阶级性？

为了回答这个问题，必须先弄清楚几个既有联系又有区别的概念：记帐方法，记帐方法的应用和记帐方法的理论（记帐理论）。

什么是记帐方法？记帐方法是指通过帐户（会计科目）记录经济业务（经济活动）的手段。一个记帐方法的构成要素包括：记录的方式（单式或复式）；记帐符号；记帐规则和对帐（检查记帐结果）的方法。在一定程度上也包括帐户的设置与应用。但这里讲的是“在一定程度上”。因为帐户的设置与应用是一个独立于记帐方法之外的核算方法。设置什么帐户和设置多少帐户并不取决于记帐方法。只是由于记帐离不开帐户，记帐符号和记帐规则影响帐户结构的名称和计算余额的方法，在这个意义上，才可以把帐户的结构、余额的计算和帐户的分类等视为记帐方法的基本特征的组成部分。

什么是记帐方法的应用？它有两层意思：其一是指记帐方法总是为人所掌握、利用。在阶级社会里，则要受一定的阶级支配，为支配它的阶级服务；其二是指记帐方法被用于记帐时必须同有关的核算方法如帐户的设置、凭证及其填制、帐簿及其登记等等互相配合。

什么是记帐方法的理论？那是指人们按照不同的认识从理论上对记帐方法所作的说明和解释。例如有关借贷记帐法的理论，资本主义制度下产生过各种“借贷学说”；在我国社会主义制度下，阐述借贷记帐的理论基本上有两派。一派主张从资金平衡公式去说明借贷记帐规则，另一派则主张从每一次经济业务体现的资金运动的来踪去迹去说明借贷记帐规则，等等。

弄清上列三个概念后应当看到：首先，记帐方法的理论是有阶级性的。毛主席说：“在阶级社会中，每一个人都在一定的阶级地位中生活，各种思想无不打上阶级的烙

·77·

◎《必须替借贷记账法恢复名誉——评所谓“资本主义的记账方法”》首页

之后，我国会计学界对记账方法的“资本主义”和“社会主义”，包括会计的阶级性的讨论，逐渐趋于平息，学术界普遍认定会计记账方法没有阶级性。也正是这种讨论与思想解放，直接推动了1980年的“国营工业企业会计制度”废止增减记账法，全面恢复采用借贷记账法。

时至今日，会计学系的学生，乃至会计实务工作者觉得会计准则、借贷记账法、复式簿记等是“想当然”的，因为1992年我国就已经发布了《企业会计准则》，会计实务界

也接受了会计准则的思想。但我们将视角和思绪转到20世纪70年代末期的时代背景，葛家澍先生能写就《必须替借贷记账法恢复名誉——评所谓“资本主义的记账方法”》一文，是需要莫大的勇气的。

“文革”结束不久（1978年），甚至更早，葛家澍先生以极大的勇气与超乎想象的睿智，发表了《必须替借贷记账法恢复名誉——评所谓“资本主义的记账方法”》一文，基于大历史观、缜密的逻辑，以及无可辩驳的史实，逐一驳斥了强贴在借贷记账法头上的“资本主义”标签。《必须替借贷记账法恢复名誉——评所谓“资本主义的记账方法”》一文的历史价值在于，其极大地解放了当时中国会计学界的思想，对后来我国推动会计准则/制度改革、推动中国会计融入国际范围内的会计协调或趋同具有积极意义。

重读20世纪50年代至20世纪80年代初这段历史时期的会计文献，仍能深刻感受到当年围绕着记账方法是否有阶级性这一主题的激烈的思想交锋。先生以其睿智、洞见和勇气，扫除了一直困扰会计界的、记账方法有无阶级性的疑云，使得改革开放后中国会计工作迅速进入了一个良性的发展轨道。作为有良知、担当和探索精神的知识分子和会计理论研究工作者，先生为后世做出了表率，值得我们敬仰和学习！

《必须替借贷记账法恢复名誉——评所谓“资本主义的记账方法”》一文公开发表后，多个刊物进行了转载。正是从这个意义上，葛家澍先生的《必须替借贷记账法恢复名誉——评所谓“资本主义的记账方法”》一文至少在一定程度上加速了中国会计理论和实务科学化的进程。

二、葛家澍老师和余绪缨老师晋升为教授

1978年12月，“文革”之后、难得的职称评定历史窗口期，葛家澍老师和余绪缨老师被评定为教授，这在当年颇为难得，彰显了厦门大学会计学科蓬勃发展的势头，《厦门大学报》对此进行了报道。

葛家澍老师和余绪缨老师在被聘为教授时已经超过55岁了，介于知命之年与花甲之年之间。葛家澍老师和余绪缨老师因国家和民族备受劫难而奋发努力，个人也在“文革”期间备受屈辱，到被评定为教授之时，他们的学识、风范和境界均已是国内会计学界的佼佼者。实至名归！

【本刊讯】 经省革委会一九七八年十二月十一日批准，我校提升和确定四十八名教师为教授、付教授。

提升为教授十六人名单

潘茂元　韩国磐　葛家澍　余绪缨　刘士毅　田昭武　周绍民
张乾二　李法西　何恩典　黄厚哲　张松踪　吴伯僖　袁镇岳
李文清　张鸣镛

确定为教授三人名单

郑朝宗　陈碧笙　林疑今

提升为付教授二十九人名单

罗耀九　陈国强　陈　安　蒋绍进　黄道标　邓子基　黄良文
谢佑权　钱伯海　洪笃仁　许怀中　陈世民　林纪熹　朱天顺
赵　民　邹永贤　贺建勋　黄启圣　郭奇珍　黄开辉　潘容华
张其永　何大仁　林宇光　翁绳周　周　济　季　欧　许天增
陈金泉

◎《厦门大学报》关于葛家澍教授和余绪缨教授的报道截图[①]

葛家澍同志，一九二一年二月　日出生。工作单位：厦大会计系

经福建省革命委员会考核评审，确认教授任职资格。评审通过时间七八年十二月十一日。

编号：闽G001—01700

一九八〇年五月十六日

◎葛家澍老师的教授任职资格证书

三、论会计理论的继承性（葛家澍，1981）

1981年，葛家澍教授60周岁，但仍思维活跃、站位高远。同年，厦门大学60周年校庆。

① 余绪缨老师的教授证书缺失。

经过《必须替借贷记账法恢复名誉——评所谓“资本主义的记账方法”》一文的铺垫，中国会计界对学习西方会计理论（特别是记账方法）的态度虽有顾虑，但不再是坚冰。尽管如此，中国会计界的思想仍迫切需要进一步解放，以便为系统学习、借鉴与批判吸收西方会计理论奠定基础。恰逢此时，先生发表了《论会计理论的继承性》一文（《厦门大学学报》1981年第3期），再次推动了中国会计界解放思想的讨论。

在《必须替借贷记账法恢复名誉——评所谓“资本主义的记账方法”》中，葛家澍教授指出，“否定借贷记账法，实际上是割断会计发展的历史，拒绝学习和吸取外国管理方法中合乎科学的东西”。葛家澍教授认为，财务会计理论，特别是会计原则问题，就是会计界亟需解决的问题，若将之视为资本主义的、资产阶级的，带上“剥削”的标签，那么将无法更好地推进改革开放，也无法解决外资进入中国所带来的诸多现实问题。肩负着这一使命感，葛家澍教授在1981年厦门大学60周年校庆期间举办的科学讨论会上报告了题为《论会计理论继承性》的论文，随后便发表于复刊不久的《厦门大学学报》1981年第3期（1981年6月30日）。《必须替借贷记账法恢复名誉——评所谓“资本主义的记账方法”》的核心观点是：借贷记账法没有阶级性，是人类文明的共同财富。《论会计理论继承性》则进一步拓展了《必须替借贷记账法恢复名誉——评所谓“资本主义的记账方法”》一文，将其延伸到财务会计理论，尤其是会计原则上。《论会计理论继承性》指出，“当代资本主义制度下的‘公认会计原则’是对财务会计理论的继承与发展”“对当代资本主义财务会计理论，社会主义也应当批判地继承”，文章最后总结说，“会计是人类共同创造的科学技术。……不管会计的理论和方法由哪一国哪一地区的人民所创造，一旦推广流传，它就成为人类的共同财富”。

20世纪80年代初，改革开放伊始，经济改革的深入迫切需要会计发挥重要作用，但脱胎于计划经济的会计核算模式无法承担历史赋予它的重要角色，因此客观上迫切需要会计制度改革以适应新形势的需求。但是，受到当时僵化社会思潮的影响，会计界的思想仍不够开放，仍存在着社会主义会计理论与资本主义会计理论这种非黑即白的心理障碍，学术界对学习西方会计理论、借鉴西方的会计准则体系仍心存戒备。为此，先生写就《论会计理论的继承性》一文，基于详细的历史史实，揭示了会计与会计理论在发展过程中的继承性（当然也包括扬弃之后的发展），为最终中国会计界打破思想的藩篱，将学习目光投向当时经济发展与会计理论均领先的西方世界，虚心学习他们的会计理论，积极融入会计国际化起到了重要的历史作用。

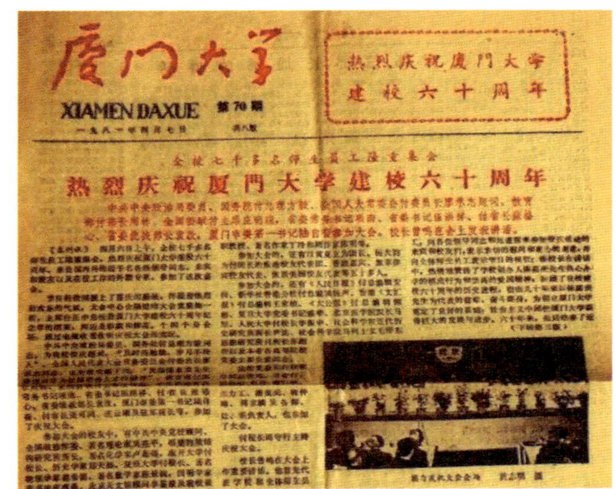

◎厦门大学1981年校庆60周年的《厦门大学报》头版（1981年4月3日和1981年4月7日）

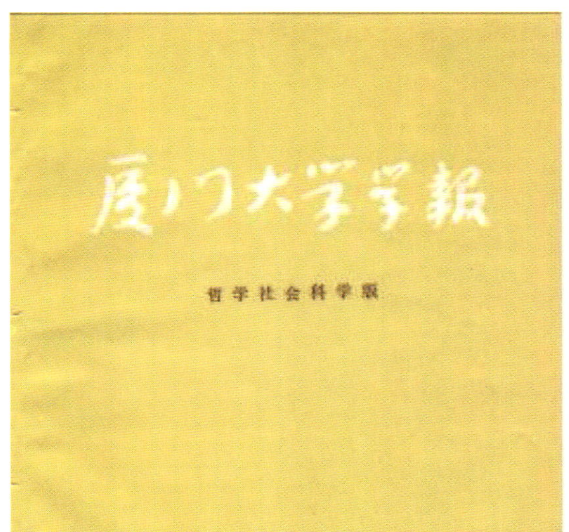

◎刊发《论会计理论的继承性》一文的《厦门大学学报》的封面

论会计理论的继承性

葛家澍

一、先从会计学的性质谈起

科学发展的特点之一是继承性。会计学的发展也不例外。要研究会计理论的继承性，必须正确认识会计学的性质。一门科学的性质取决于它的研究对象。谈到对象，应当把会计作为一种管理活动所要反映的对象和会计学作为一门科学所要研究的对象明确分开。会计反映的对象，在资本主义条件下是资本运动，在社会主义条件下是资金运动。假定撇开资金与资本的本质区别，资金和资本都可以当作处于再生产过程中的价值。这样，会计的对象，在商品经济的条件下，不同社会制度如何，不过是商品经济中的价值运动。这个运动，代表着商品经济中，在每一个商品生产者范围（企业）内，能够用货币表现的数量方面。至于会计学，它并不研究这些数量本身。会计学只是研究如何反映这些数量的方法。会计学是研究以一个企业（会计主体）为范围，如何反映这个企业（单位）经营活动中能够用货币计量的各种经济信息即财务信息。因此，会计学是一门探讨微观经济信息的提供方法（主要是探讨财务信息的提供方法）的科学。会计学的对象的第一特点是，它所要研究的事物密切联系着数与量。会计学离不开数学，会计学同数学的渊源可以追溯到会计学的产生。会计学的前身是簿记学。簿记学是以研究复式记帐原理及其具体应用为主要内容。这方面的学问，最早就是在数学中研究的。巴其阿勒（Laca Paicioli）的《算术、几何与比例概要》，一向被认为第一本会计著作。其实，它是一部数学著作。1965年，著名的数学家史蒂文（Simon Stevin）也在他的数学著作《数学研究》中论述簿记并对改进帐簿组织和损益表作出贡献。以后，由于有关研究簿记和会计的著作陆续出版，会计学才从数学中分化出来。当然，在二十世纪五十年代以前，除成本会计和会计报表分析外，会计学中利用数学的地方并不多。随着“管理会计”的出现和电子计算机应用于会计工艺，现代数学在编制预算、控制、决策和计算与记录技术等方面都成功地得到应用。数学和会计学的联系又开始密切起来。如果说，在早期，由于会计同数学分离，会计学才逐步形成一门独立的科学，那么，在当代，由于数学向会计渗透，进一步促进了会计学的发展和新兴会计学科的形成。会计学的对象的第二个特点是，它主要研究可以用货币计量的方法与技术。把客观存在的企业经济活动的数量方面反映出来并加以评价属于会计工作的任务。而会计学，则以探讨如何改进和完善作为一个经济信息系统的会计为其任务。会计学当然也要研究企业经济活动中的数据，但是，会计学只是借助于典型化了的数据，研究会计的各种方法。在这个意义上，会计学是一门方法学。翻开每一本比较系统的会计著作（专著除外），莫不以阐述会计的方法（包括每一种方法的运用

·76·

◎《论会计理论的继承性》首页

四、“要从发展的观点，看会计学的科学属性”（余绪缨，1980）

1980年，余绪缨教授发表了富有创建性的论文《要从发展的观点，看会计学的科学属性》（《中国经济问题》1980年第5期第46～47页）。该文首次提出，会计是“一个信息系统”。“会计信息系统”的论点后来发展成为中国会计理论界有关会计本质的主流观点。

与此同时，余绪缨教授还在中国率先致力于现代管理会计这一新兴学科的引进、开拓和发展。

要从发展的观点，看会计学的科学属性

余 绪 缨

怎样认识会计学的科学属性，是以怎样认识会计的性质为其基本前提。

当前会计学界较流行的一种有代表性的意见认为：会计（包括财务）是人们进行经济管理的一种活动，它既为管理提供资料，又直接履行管理的职能，而管理是有双重性的。特别是会计的监督职能，基本上属于处理人与人之间的关系，要适应不同阶级的利益和要求。进行会计监督的是非标准，有着强烈的阶级性。因此，会计的职能除了合理地组织生产力以外，还要不断地完善生产关系。它不但有技术性，而且有阶级性。会计学是一门管理科学，是经营管理学的一个分支，是一种既研究生产关系也研究生产力的双重性科学。① 对此，我有些不同的看法，特提出商榷，不妥之处，敬请批评、指正！

大家知道，随着科学的不断发展，一方面表现为科学的门类越分越细，越趋向于专门化；另一方面，又表现为多种学科的相互渗透、相互影响，在一定的衔接点上相互融合。会计科学也是如此，它的发展也表现为分化与融合的辩证统一。从严格的意义上说，我认为，财务应从会计中分化出来，成为独立的学科，而一般所说的会计监督，实质上是属于财务监督。科学地确定会计的内涵，对正确认识它的性质，有着重要的意义。那么，什么是会计呢？根据当前的现实及其今后的发展，应把会计看作是一个信息系统，它主要是通过客观而科学的信息，为管理提供咨询服务。会计部门是企业中的一个服务部门，会计人员在企业中是居于参谋或顾问的地位，他们为企业管理部门正确地进行最优管理决策和有效经营提供所需的数据，但他们并不对企业的生产经营活动直接进行管理或决策。所以，会计只具有咨询或参谋的职能，并不如某些同志所说，直接履行管理的职能。会计作为一个信息系统，实质上是一种特定的语言，一种特定的方法，而语言或方法，是无所谓阶级性的。一种语言或方法，不同阶级可以用来为其不同的阶级利益服务，但不能把语言或方法的运用，同语言或方法本身混为一谈。由此可见，所谓“双重性论”，不能认为已正确揭示了客观事物的本来面貌。

会计的形成和发展，有其客观的需要和条件。随着生产经营的日趋复杂，企业规模的不断扩大，为了提高管理水平，争取实现最大的经济效果，企业管理日益朝着定量化的方向发展。正确运用精密而完备的数据，来科学地管理复杂的生产经济活动，这是现代化管理的一个重要方面。会计掌握着大量的各种经济活动的数据，成为一个相对独立的会计信息系统，可以在现代化管理工作中发挥重要作用。这是因为，会计人员配合科

① 参见：杨纪琬、阎达五：《开展会计理论研究的几点意见——兼论会计学的科学属性》。《财务与会计》月刊，1980年第5期。

· 46 ·

◎《要从发展的观点，看会计学的科学属性》首页

在《鞠躬尽瘁献余年——纪念余绪缨先生诞辰100周年》一文中，胡玉明教授写道[①]：

余绪缨先生时年58岁，率性而发，直抒胸臆而写的《要从发展的观点，看会计学的科学属性》一文，短小精悍，言简意赅，直击主题（会计没有阶级性，

① 《余绪缨传记》编写组，2022. 一绪长缨：余绪缨传记［M］. 广州：广东经济出版社：181.

会计就是一个信息系统），堪称“超级微型论文”。该文不足两个版面，包括题目和作者姓名在内的电脑统计数字只有2229字，按照现在的学术规范，该文根本算不上一篇合格的论文。纵观余绪缨先生一生所发表的论文，该文的字数最少。

但该文信息量极大。该文除了基于当时特殊情境，突破会计阶级性的思维桎梏（既然会计没有阶级性，也就不存在社会主义制度下的会计与资本主义制度下的会计之间的本质差别，应该终结会计领域的“姓资姓社”之争，从而扭转或引领中国会计发展的方向标），根据“当前的现实”与“今后的发展”（既立足现实，又展望未来），以超常的胆识和洞察力，在中国首次引入“会计信息系统论”之外，还涉及财务与会计的关系，更涉及会计的本土化（如何总结、继承中国会计工作的实践）与国际化（如何借鉴国外经验和成就）问题。

1982年，余绪缨先生在《会计研究》第2期发表的《关于建立适应我国社会主义现代化建设需要的会计学科体系问题——兼论与此有关的几个会计理论问题》一文中指出，会计是一个相对独立的会计信息系统。葛家澍先生在1983年将会计定义为“以提供财务信息为主的经济信息系统”，而会计学系系友裘宗舜先生则在1985年发表了《会计与信息革命》，指出会计信息系统是由会计、信息和系统等概念组成，包括财务会计、管理会计，它是一个企业的主要信息来源。后来，裘宗舜先生还出版了《会计信息论》，为会计信息系统论奠定了较完整的理论体系。裘宗舜也因此被誉为我国会计信息系统论的奠基人。

从“资金运动论”到“会计信息系统论”，葛家澍先生和余绪缨先生学术观点相似，均是这一理论流派的主力成员；20世纪80年代，常勋先生回归厦门大学会计学系，三人对厦门大学会计系的发展起到了举足轻重的推动作用。三位先生的研究领域相互配合补充，如同三足鼎立般，助推厦门大学会计学系成为门类齐全的学术重镇。[①]

① 参考了汪一凡撰写的《厦门大学会计系往事（七）》，详见厦门大学会计学系官方微信公众号“厦大会计”。

关于建立适应我国社会主义现代化建设需要的会计学科体系问题

——兼论与此有关的几个会计理论问题

厦门大学　余绪缨

首先，我们不提建立社会主义的会计学科体系。因为严格说来，会计无所谓社会主义会计与资本主义会计的截然划分。这样分是不科学的，是同会计的本性相违背的。

其次，所谓建立能适应我国社会主义现代化建设需要的会计学科体系，是指建立符合我国国情的、能在我国生根、开花、结果，为我国社会主义经济建设服务的会计学科体系，同时又是符合会计科学的现代发展水平的会计学科体系。因为我们进行的是社会主义的现代化建设，科学技术无国界，我国会计科学的研究和建设不能脱离世界会计科学的发展而孤立进行。

会计学科体系，是会计理论体系或会计理论方法体系在教学上的表现。而建立适应我国社会主义现代化建设需要的会计理论体系或会计理论方法体系，则是理论工作者和实际工作者的共同任务。以下仅就愚见所及，对此提出几点粗浅的看法。

一、从历史和现状看重新建立会计学科体系的必要性

1.简单的历史回顾

大家知道，我们目前学校所用的会计的学科体系和实际工作中所用的会计制度和办法，基本上是建国初期从苏联移植过来的。这套会计理论方法体系的指导思想，特别强调会计的阶级性和社会主义会计与资本主义会计的本质区别，把所谓资本主义会计一棍子打死，在会计领域里出现了一种“全盘苏化”的局面。

这个体系的理论性和思想性，主要表现在各门教科书的总论和各章的导言中引用了很多马列主义哲学、政治经济学的词句和党的有关文件的“摘录”，以此表明社会主义会计的优越性及其同资本主义会计的本质区别，但在讲到会计的具体方法时，又基本上照搬有关制度所规定的业务处理方法，即它所阐述的体现社会主义会计特点的基本理论和作为会计主体部分的业务处理方法并没有达到前后贯穿、水乳交融的地步。这样建立起来的所谓社会主义会计的理论方法体系，说它已经形成了一个完整的科学体系，就难以自圆其说了。

更为重要的是，当时会计上照搬苏联是同整个经济管理体制照搬苏联四十年代的模式紧密地联系在一起的。那种模式对企业会计工作要求不高，只要求根据上级下达的生产任

• 38 •

◎《关于建立适应我国社会主义现代化建设需要的会计学科体系问题》首页

五、葛家澍教授被遴选为国务院学科评议组成员

1981年5月，国务院学位委员会颁布了《中华人民共和国学位条例暂行实施办法》[①]（国务院批准），规定我国高等学校可以授予学士、硕士和博士学位。1981年，博士生导师需要经过国务院学位委员会下属的学科评议组来评定[②]。因此，各个高等学校围绕申报国务院学位委员会的学科评议组成员就展开了竞争。

1981年6月14日，《光明日报》公布了国务院学位委员会学科评议组成员名单。国务院学位委员会学科评议组成员名单包括哲学、经济学、法学、教育学、文学、历史学、理学、工学、农学和医学等学科评议组的类别。其中，经济学的学科评议组成员共13人，厦门大学葛家澍教授赫然位列其中。

国务院学位委员会学科评议组成员名单

◎国务院学位委员会学科评议组成员名单（首届;《光明日报》1981年6月14日）

葛家澍教授曾在晚年回忆，1981年厦门大学向教育部申报的国务院学科评议组候选人并不包括他，他和厦门大学都是看到《光明日报》的报道之后，才得知被遴选为国务院学科评议组（经济学）的成员。经济学评议组的其余12位成员及其相关情况如下（含研究领域）[③]：

方明，1914年生，中国社会科学院财贸物资经济研究所副所长，经济学（物资流通理论领域）；

孙冶方，1908年生，中国社会科学院经济研究所顾问、名誉所长；

关梦觉，1912年生，吉林大学教授、经济学院院长，政治经济学方向；

宋涛，1914年生，中国人民大学经济系主任，政治经济学领域；

① 参见：http ://www.moe.gov.cn/jyb_sjzl/sjzl_zcfg/zcfg_jyxzfg/202204/t20220422_620528.html。

② 1981—1999年，博士生导师资格由国务院学科评议组评定（参见学位［1999］9号“国务院学位委员会关于进一步下放博士生指导教师审批权的通知”）。

③ 苏锡嘉，刘峰，2021，澍雨杏风［M］. 厦门：厦门大学出版社：86-87.

陈岱孙，1900年生，北京大学经济系主任，外国经济思想史；

罗元铮，1924年生，中国社会科学院世界经济研究所常务副所长，世界经济；

骆耕漠，1908年生，中国社会科学院经济研究所顾问、国家计委副主任；

陶大镛，1918年生，北京师范大学经济系主任，世界经济领域；

蒋一苇，1920年生，中国社会科学院工业经济研究所所长，著有“企业本位论”等；

詹武，1921年生，中国社会科学院农业经济研究所所长，农业经济领域；

腾维藻，1917年生，南开大学副校长，世界经济；

薛暮桥，1904年生，国务院经济研究中心，经济理论。

13位经济学评议组成员过半数来自社科院，北京之外仅有腾维藻（南开大学）、关梦觉（吉林大学）和葛家澍（厦门大学）；从研究领域看，除葛家澍教授外，其余都是经济学大类的。

那么，葛家澍教授入选的依据是什么？在撰写《厦门大学会计学科百年史》的过程中，通过有限的资料，我们能部分回答葛家澍教授被经济学界所认可、被遴选为学科评议组成员的缘由。

第一，葛家澍教授不仅是会计学家，而且在经济学和资本论研究领域亦有建树，主编了《社会主义经济核算与经济效果》，合著了《〈资本论〉与社会主义部门经济论》等。后来，葛家澍教授关于资本论和经济学领域的研究亦发表于国内学术期刊。这在会计学者中非常罕见。

封面装帧 范一辛

社会主义经济核算与经济效果
葛家澍 李儒训 主编
上海人民出版社出版
（上海绍兴路54号）
新华书店上海发行所发行 上海新华印刷厂印刷

◎《社会主义经济核算与经济效果》封面及版权页

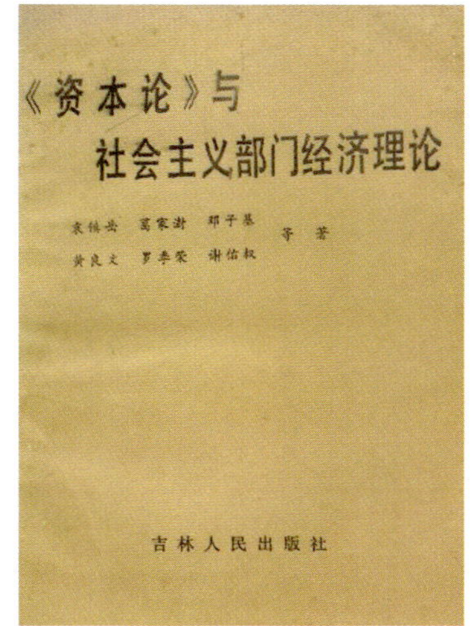

《资本论》与
社会主义部门经济理论

袁镇岳 葛家澍 邓子基
黄良文 罗季荣 谢佑权 等著

吉林人民出版社

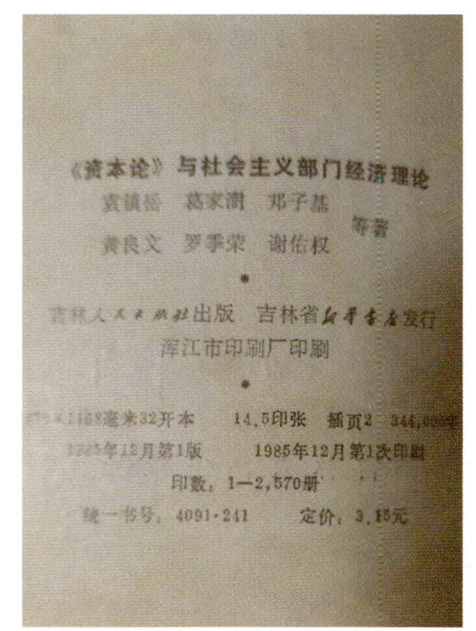

《资本论》与社会主义部门经济理论
袁镇岳 葛家澍 邓子基
黄良文 罗季荣 谢佑权 等著

吉林人民出版社出版 吉林省新华书店发行
浑江市印刷厂印刷

[illegible]毫米32开本 14.5印张 插页2 [illegible]
[illegible]年12月第1版 1985年12月第1次印刷
印数：1—2,570册
统一书号：4091·241 定价：3.15元

◎《〈资本论〉与社会主义部门经济论》封面及版权页

第二，刘峰教授和杜兴强教授曾共同推定，先生入选或许与20世纪60年代初参与编写财政部与教育部的统编教材有关。当时的统编教材，经济学组的召集人是于光远教授，时任厦门大学校长王亚南担任经济史教材的主编，葛家澍先生（时为副教授）担任《会计基础知识》的主编。教材编写过程中，在王亚南校长的组织和协调下，葛家澍先生就会计的一些基本理论问题在北京召开过一次小型讨论会。此次研讨会，于光远与顾准等知名的经济学家等都出席了。可能也正是因为如此，葛家澍先生是当时为数不多的、能够被经济学界所认可的会计领域知名学者（会计学家）。

第三，当然不能排除另一种可能：葛家澍先生是1964年高教部批准增列的研究生招生计划中、国内会计学科领域唯一具备招收研究生资格的导师。

不久，厦门大学接到教育部的相关通知，要求葛家澍教授于1981年7月份去北京开会。

六、葛家澍教授被国务院学科评议组遴选为首批博士生导师

《中华人民共和国学位条例暂行实施办法》（国务院学位委员会制定；1981年5月20日国务院批准）发布后，我国各高校开始了博士生导师的选拔工作。1981年，国务院学位委员会发布了首批博士生指导教师名单，共计1196人。首批博士生指导教师是自19世纪末西方教育制度被引入我国和1949年10月1日中华人民共和国成立之后、新中国历史上第一批博士生导师。首批博导的遴选程序极其严格，由国务院学位委员会下属的学科评议组评定，列名者堪称一时之选，代表了“文革”之后中国学术界最高水准。

国务院学位委员会

公　报

11月30日　　一九八一年第三号增刊　　（总号：4）

◎国务院学位委员会关于新中国首批博士生指导教师名单的公报（1981年11月30日）

正是因为葛家澍教授被遴选为“国务院学位委员会学科评议组成员”，成为评选博士生导师的“评委”，所以他（当然也包括其他学科评议组成员）也自然地成为全国首批经济学科的博士生导师。

在国务院学科评议组第一次会议上，确定了全国第一批经济学科的博士生导师共24名，其中社科院8名、中国人民大学4名、北京大学2名、南开大学2名。实际上，在20世纪80年代被评定为博士生导师的学者，无一不是学界各自领域内学有所成的大师。

刘峰教授作为葛家澍教授曾经的科研助手之一，回忆和记录道[①]：

当时在北京开会期间，经济学评议组分成理论经济学和应用经济学两个组。应用经济学组的专家们自己表示，他们个人都没有读过博士学位，不具备担任博士生导师的能力。在经济学大组讨论时，当时的组长就对应用经济学组的人说，你们要大胆、开放一点。组长就说：葛家澍，你就可以是会计学的博士生导师。

先生谦虚地说，会计学博士生导师，我觉得上海财经学院娄尔行教授更合适。尽管娄老师的资料没有能够提交到学科评议组，在会上，就直接确定为会计学博士生导师。当时，没有移动通信工具，打电话也不方便。先生没有、也不会在会议结束就给娄老师打电话。就如同先生是通过《光明日报》知道自己入选国务院学科评议组成员一样，娄尔行老师也是通过文件才知道自己成为首

① 苏锡嘉，刘峰，2021. 澍雨杏风［M］. 厦门大学出版社：89-90.

批博士生导师的。

葛家澍先生曾不无遗憾地说，厦门大学会计学系的常勋教授和江西财经大学的裘宗舜教授本应成为博士生导师，但由于后来突然对申请博导的年龄做出限制，使得二位会计学家终与“博士生导师”这一头衔无缘。常勋教授因年龄原因未能获批博士生导师，给厦门大学会计学科的国际会计方向带来了一定的损失；而裘宗舜教授因年龄和其他原因未获批博士生导师，更是江西财经大学会计学科的巨大损失。

七、葛家澍教授任中国会计学会副会长

1980年，中国会计学会成立，葛家澍教授任常务理事。1983年，中国会计学会第二届理事会成立，葛家澍教授因其在国内会计界的崇高声望和学术声誉被选举为副会长。此后，从1983年第二届理事会到2007年第六届理事会，葛家澍教授一直担任中国会计学会的副会长。葛家澍先生和余绪缨先生还曾先后担任中国会计学会顾问。

◎著名会计学家葛家澍教授在研究会计理论
（厦门大学校史照片;《厦门大学报》1985年4月18日）

◎葛家澍教授学术讲座照片（20世纪80年代中期）

此后，2007—2023年第七届和第八届中国会计学会理事会，李建发教授担任副会长；2023年第九届中国会计学会理事会，杜兴强教授担任副会长。这充分彰显了厦门大学会计学科在国内会计学界的学术地位，亦实现了传承。

◎　第一届至第六届中国会计学会会长和副会长

届数	会长、副会长
第一届 （1980—1983）	会长：王丙乾 副会长：祁　田、吕培俭、任　超、李更新、杨纪琬、张新周、张焕彩 陈　先、赵子尚、胡景沄、顾树桢、黄逸峰、龚清浩、谢　明
第二届 （1983—1987）	会长：王丙乾 副会长：谢　明、迟海滨、祁　田、陈　立、杨纪琬、黄肇兴、顾树桢 娄尔行、葛家澍、任　超、阎达五
第三届 （1987—1992）	会长：谢　明 副会长：迟海滨、祁　田、杨纪琬、黄肇兴、顾树桢、娄尔行、葛家澍 魏克发、阎达五
第四届 （1992—1996）	会长：张佑才 副会长：杨纪琬、娄尔行、葛家澍、阎达五、朱德惠
第五届 （1996—2000）	会长：迟海滨 副会长：杨纪琬、娄尔行、葛家澍、阎达五、朱德惠、佘秉坚（常务）
第六届 （2000—2007）	会长：迟海滨 副会长：葛家澍、阎达五、贡华章、谷　祺、郭道扬、夏大慰、孙　铮

资料来源：中国会计学会网站。

八、余绪缨教授被国务院评为博士生导师

由于我国自20世纪80年代初才开始恢复博士生培养制度，因此当时“积压”了大量的知名教授。基于此，在早期博士生导师的评选过程中，很多知名学者未能通过各自单位的层层筛选，将申请材料提交到学科评议组。针对这一现象，当时学科评议组允许与会专家直接提名，若获三位专家联合提名，就可在会上直接讨论并认定其博士生导师资格。在1984年学科评议组的第二次会议上，葛家澍先生就是这样直接提名厦门大学会计学系余绪缨教授的，随后余绪缨教授获批成为第二批博士生导师①。

1984年余绪缨教授获批成为博士生导师，使得当时会计领域内的四位博士生导师之中厦门大学会计学科独占二席（葛家澍教授和余绪缨教授）。厦门大学会计学科一时风头无二，强化了其国内会计学界中心和学术重镇的地位。而且，相当长的一段时间内，余绪缨教授都是我国管理会计领域内唯一的博士生导师。

九、我国第一位经济学（会计学）博士：林志军

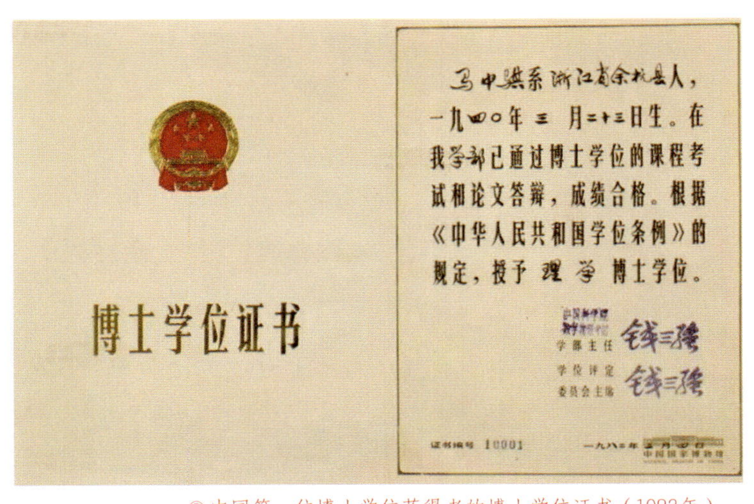
博士学位证书

马中骙系浙江省余杭县人，一九四〇年三月二十三日生。在我学部已通过博士学位的课程考试和论文答辩，成绩合格。根据《中华人民共和国学位条例》的规定，授予理学博士学位。

学部主任 钱三强

学位评定委员会主席 钱三强

证书编号 10001

一九八二年

◎中国第一位博士学位获得者的博士学位证书（1982年）

1982年3月，经七位答辩委员现场进行无记名投票，一致通过了一篇高水平的博士论文。时任中科院数理学部主任的核物理学家钱三强院士签发了中国第一张博士学位证书（编号为“10001”），这位博士也被称为“中国001号博士”。

① 这充分展示了葛家澍先生宽阔的胸襟。自古文人相轻，但葛家澍先生这一代的知识分子之间相互欣赏、相互成就、相互支持，使得我国会计事业在20世纪80年代得以快速发展。

1981年秋，林志军在读完硕士、通过答辩后，于次年考取了葛家澍教授的博士研究生。自此，厦门大学会计学科的博士生培养大幕拉开。林志军不仅是厦门大学会计学科的第一个博士研究生，也是中国高校经济学科和会计学科的第一个博士研究生。

我校1981年招收攻读博士学位研究生

我校决定招收1981年攻读博士学位研究生。其导师、专业、研究方向、人数及考试课程如下：

蔡启瑞教授，物理化学，招博士生2—3名（多相催化，均相络合催化方向），业务课考物理化学（包括物构）、催化原理；田昭武教授，物理化学，招博士生2名（近代电化学方向），考物理化学（包括物构）、电化学；唐仲璋教授，动物学，招博士生2名（人体、畜牧、海洋鱼类寄生虫方向），考动物学（无脊椎）、寄生虫学；汪德耀教授，动物学，招博士生2名（细胞器结构与功能及核质相互关系方向），考生物化学、细胞学；郑重教授，海洋生物，招博士生1名（海洋浮游动物生化学方向），考生物化学、海洋浮游生物学；傅家麟教授，专门史，招博士生2名（明清社会经济史方向），考经济学概论、中国经济史；葛家澍教授，会计学，招博士生2名（会计基本理论与方法方向），考经济核算与经济效果、会计理论（包括国外财务会计理论）。上述各方向均考外语和政治课。外语考专业英语与基础英语，政治课理科考自然辩证法和当前形势与任务，文科考辩证唯物主义与历史唯物主义和当前形势与任务。

报名时间：1981年12月25日至1982年1月30日。可先用电报联系索取报考登记表，随即填寄登记表（附照片二张），连同科学研究论文和硕士生阶段及大学本科阶段各科课程学习成绩。论文经查核认为质量特别突出的，在评定专业课考试成绩时也将作为重要参考。

考试时间：1982年2月24—25日。

考试地点：厦门大学研究生招生办。欢迎1980、1981年毕业的研究生报考。

·校研究生招生办·

◎厦门大学1981年招收攻读博士研究生的公告

林志军，1955年1月出生。于福州第三中学毕业后，作为知识青年，在福建浦城县插队，其间曾为当地的生产队长。1976年，获推荐进入福建省财经学校（集美）学习，毕业后被分配至福建省科学技术委员会计财处工作。1980年，考取厦门大学经济系首届硕士研究生；1982年，毕业留校任教并考取博士研究生；1985年10月，通过答辩，成为新中国第一位经济学博士学位获得者。1988年作为访问学者，前往美国斯坦福大学和伊利诺伊大学访问。先后任厦门大学会计系副教授，加拿大莱斯布里奇大学管理学院副教授（长聘），香港大学商学院教授，香港浸会大学商学院教授（长聘），澳门科技大学商学院教授、院长、副校长，等等。他在厦门大学获得的博士学位，也被这些高校所认可。

厦门大学博士研究生答辩论文

基本会计观念基本会计原则和会计准则

院、系：经济学院会计系
专　业：会　计　学
方　向：会计基本理论与方法
博士生：林　志　軍
导　师：葛　家　澍

一九八五年十月

◎我国首位经济学（会计学）博士林志军的论文封面

1985年，林志军以“基本会计观念、基本会计原则和会计准则”为题的博士论文，通过了博士论文答辩。由此，林志军成为了新中国第一位经济学（会计学）博士。葛家澍教授由此创造了国内会计学科的历史，培养了新中国第一位经济学（会计学）博士。

◎1985年10月第一位经济学（会计学）博士研究生林志军博士论文答辩主席台合影（1985年10月）
（从左至右：蔡淑娥教授、常勋教授、葛家澍教授、赵玉珉教授、杨纪琬教授、林志军博士、裘宗舜教授、余绪缨教授、陈仁栋教授）

◎林志军答辩现场（1985年10月）

此后，厦门大学会计学系的博士培养进入了常规模式，一批又一批的会计学博士毕业，进入高校或实务部门工作。

林志军获会计学博士学位

这是我国自己培养的第一个会计学博士

〔本刊讯〕校学位评定委员会于七月三日召开会议，正式通过了经济学院会计系会计学专业会计基本理论与方法研究方向博士研究生林志军为经济学（会计学）博士。这是我国自己培养的第一个会计学博士，也是我校首批第五个获得博士学位的博士生。

林志军是1982年12月入学攻读博士学位的。三年来，在导师葛家澍教授的悉心指导和培养下，于去年年底顺利地通过了博士学位论文答辩。专家们认为，他的题为“基本会计观念、基本会计原则和会计准则”论文，难度较大，目前在国内对这方面进行全面研究的论著尚不多见，长篇的研究著作更少。作者能就这个课题展开系统的探讨并获得新的进展，实属难能可贵。论文具有较高的学术水平，对于建设具有中国特色的社会主义会计理论和方法体系以及进一步完善我国的会计制度都有参考价值。

林志军在三年的学习中，曾有一年在加拿大杜罗丝会计公司进行实习。不论在国外学习期间和回国后在国内攻读学位课程，都取得了优异成绩，还在《会计研究》、《厦门大学学报》等刊物上发表了九篇有一定见解的论文。

（蔡淑娥、校学位办）

▲校研究生会以副主席丛枕青等三人组成的访问小组，于八月中旬走访了广州中山大学、暨南大学和深圳大学等七所高校的研究生院（处）、研究生会和学生会。

（本刊通讯员）

◎我国第一位经济学（会计学）博士林志军（《厦门大学报》第169期）

曲晓辉系吉林伊通人，一九五四年十一月　日生。在我校已通过博士学位的课程考试和论文答辩，成绩合格。根据《中华人民共和国学位条例》的规定，授予经济学博士学位。

学位评定委员会主席　田昭武

证书编号 8909　　一九八九年七月　日

◎我国首位会计学女性博士曲晓辉的博士学位证书

荣誉证书

李若山同志在攻读学位期间品学兼优，在社会主义现代化建设事业中成绩显著，被评为“做出突出贡献的中国博士学位获得者”，特予表彰。

中华人民共和国国家教育委员会　　中华人民共和国国务院学位委员会

一九九一年一月廿四日

学位荣字91—231号

◎李若山博士获国务院学位委员会和国家教育委员会联合颁发的“做出突出贡献的中国博士学位获得者”荣誉证书（1991年）

◎厦门大学会计学系第二届博士论文答辩（1987年）

◎厦门大学会计学系博士论文答辩（1993年）
（后排左起：黄世忠、于增彪、何凡；前排左起：陈守文教授、常勋教授、余绪缨教授、石成岳教授、裘宗舜教授、葛家澍教授、吴水澎教授）

◎厦门大学会计学系博士论文答辩（1994年）

◎厦门大学会计学系博士论文答辩（1995年）

◎厦门大学会计学系博士论文答辩（1999年）

话，潘世墨副校长向承训部队表示感谢，肯定了新生军训取得的成绩，希望同学们保持和发扬军训优良作风，勤奋学习。

（本刊记者）

【又讯】刚刚[illegible]的新生9月26日上午齐聚大礼

97研究生入学 考研持续升温

【本刊讯】我校97级研究生已于上月入学，数字表明，考研竞争日趋激烈，少数专业却门前冷落。

我校今年招收硕士生研究生493人，博士研究生102人，台港澳研究生7人。其中本校研究生只占少数，且多为免试研究生，在免试的93个名额中占了89名。在职研究生与应届研究生比例相当，约为1：1。今年的硕士研究生中，中共党员119人。

法律、财金、外文、会计等学科为97考研热点。法律系民法学专业报考人数与录取人数比为200：6，会计系也达到了250：13，这些热门专业的平均录取率为20：1，然而一部分理工科专业却鲜有人问津，甚至无人报考，只能招收免试研究生。

这次考研热是恢复高考以来的第三次，前两次分别为81—83年及86—87年，这次考研热是从93年开始的。

97研究生才进入厦大，98考研又拉开了序幕。今年很多热门专业不再招收大专生，明年将全部不招。据悉，截止9月中旬，我校研招办已发出招生简章近2500份，已达到了去年索要的简章数，而离截止日期还有一个半月的时间，98考研势必继续升温。

（本刊记者 尹惠娣）

本版责编 卢明辉　实习编辑 尹惠娣

图书馆处理窃书学生

【本刊讯】上学期，校图书馆对多名窃书学生处以罚款并通报批评。

其中，财金系95级本科生刘××偷书调包共12本，五、六月被通报批评两次，计算机系94级本科生蔡×偷换图书2本。图书馆在减免两人主动交代的书本罚款50%后，对两人分别处罚1140元和760元，并通报有关系领导对他们给予必要的行政处分。

此外，图书馆对建筑系93级本科生邓××、建筑系94级本科生苏××、物理系94级大专班游××等处以罚款156元到673元，对财金系93级本科生郭××、会管系95级本科生赖××、国贸系95级本科生林××、生物系94级本科生崔×等撕书或在阅览室偷书者处以罚款，并通报有关系领导。

（本刊记者）

会计系培养出我国会计学首位洋博士

【本刊讯】近日，会计系余绪缨教授培养的"洋"博士王大洋通过论文答辩，获得管理学（会计学）博士学位。这是我国会计学科第一位"洋"博士。

王大洋本科毕业于林威特大学会计系，后在美国获得工商管理硕士学位。三年前，他慕名到我校会计系攻读现代管理会计方向的博士学位。该博士点由著名会计学家、中国管理会计学的开拓者和奠基人余绪缨教授主持。余教授结合我国学位制度的特点和要求及王大洋的具体情况，为他制定了在校三年的教学计划，并对每一环节提出严格要求，亲自用英语对他进行专业课教学。

王大洋用英文撰写的博士论文《在中国公司应用作业成本计算法的可能程度》，经答辩和专家评议，因其紧跟国际现代管理会计学科发展前沿，立足于中国国情，通过实证研究，对在中国公司应用作业成本计算法的可能性进行了实事求是的分析，提出了一些新见解，被认为是一篇起点高、视野广的博士学位论文。

（文德林 徐雁宁）

◎《会计系培养出我国会计学首位洋博士》（《厦门大学报》1997年9月30日第363期）

十、厦门大学会计学系首届硕士毕业生

◎葛家澍教授（中）与首届硕士毕业生林志军（左）和唐予华（右）的合影

1980年9月，厦门大学会计学系第一届硕士生共6人——林志军、唐予华、谢琳琳、费忠新、黄志邦、黄礼忠入学。1982年9月23日，第一批硕士研究生通过论文答辩。

十一、厦门大学会计学科成为首批会计学两个国家重点学科之一

1988年2月6—10日，国家教委在北京召开评选高等学校重点学科专家组会议。会议

审核了文、理、工科通讯评选列为高等学校重点学科的建议名单，初步通过了71个单位的325个学科、专业点为重点学科点。其中：文科重点学科点78个，理科重点学科点86个，工科重点学科点161个。会议还对重点学科点的评选和建设提出了意见和建议[①]。

1988年，经国家教委批准，厦门大学会计学科成为首批会计学两个国家重点学科之一。自此，厦门大学会计学科国内会计学术重镇的地位得以确立。时至今日，厦门大学会计学科仍在一定程度上享受着葛家澍先生和余绪缨先生当年创造的红利。现在，会计学系的老师和学生们应精诚团结，共同开创厦门大学会计学科更加美好的明天！

《高等学校重点学科点申请表》的内容包括：

1. 本学科、专业点概况

（1）本学科、专业点组成情况；（2）本学科、专业点主要研究方向情况；（3）主要研究方向的特色及对学科发展和对社会、经济发展的意义。

2. 学术队伍情况

（1）学术带头人；（2）本学科、专业点主要学术骨干情况。

3. 本专业点研究生培养情况

（1）研究生课程设置；（2）本专业点有代表性的优秀研究生论文（包括学位论文）在国外学术刊物及国内一级刊物发表和获省级以上奖励情况及其评价；（3）本专业点研究生招生和授予学位人数。

4. 本专业点科研工作情况

（1）近年科研经费情况；（2）科研工作概况；（3）学术带头人1981年以来有代表性论文、著作和科研成果及其评价；（4）1981年以来本专业点（除学术带头人外）最具代表性的发表在国外学术刊物和国内一级刊物上的论文、获省级以上奖励的科研成果、正式出版的专著、译著、教材情况；（5）本专业点目前承担的重大科研项目情况（限承担国家、部委、省、自治区、直辖市级以上项目）。

5. 本专业点工作条件

（1）实验室及高水平实验设备情况；（2）图片资料情况。

6. 校内相关学科状况

① 参见：http ://www.adge.edu.cn/ch/reader/view_news.aspx?id=20120831110725001。

7. 本专业点出国进修、合作科研及国内外学术交流情况

（1）1981年以来出国进修、合作科研（包括合作培养博士生）情况;（2）1981年以来国内外学者来本专业点进修和合作科研情况;（3）1981年以来本专业点国内外学术交流情况;（4）本专业点1981年以来参加国际会议及出国讲学情况。

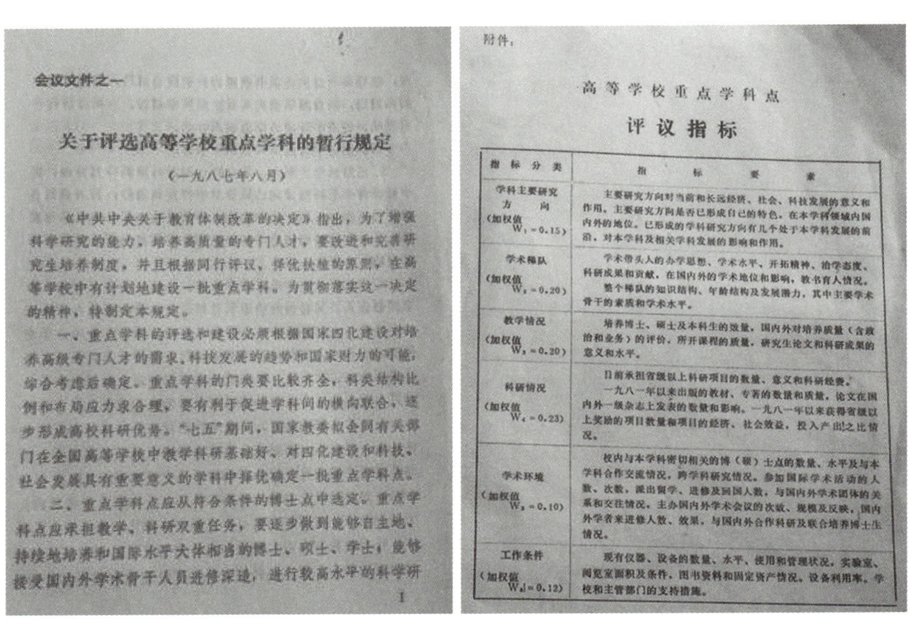

会议文件之一

关于评选高等学校重点学科的暂行规定

（一九八七年八月）

《中共中央关于教育体制改革的决定》指出，为了增强科学研究的能力，培养高质量的专门人才，要改进和完善研究生培养制度，并且根据同行评议，择优扶植的原则，在高等学校中有计划地建设一批重点学科。为贯彻落实这一决定的精神，特制定本规定。

一、重点学科的评选和建设必须根据国家四化建设对培养高级专门人才的需求、科技发展的趋势和国家财力的可能，综合考虑后确定。重点学科的门类要比较齐全，科类结构比例和布局应力求合理，要有利于促进学科间的横向联合，逐步形成高校科研优势。"七五"期间，国家教委拟会同有关部门在全国高等学校中教学科研基础好、对四化建设和科技、社会发展具有重要意义的学科中择优确定一批重点学科点。

二、重点学科点应从符合条件的博士点中选定。重点学科点应承担教学、科研双重任务，要逐步做到能够自主地、持续地培养和国际水平大体相当的博士、硕士、学士，能够接受国内外学术骨干人员进修深造，进行较高水平的科学研

1

附件：

高等学校重点学科点

评议指标

指标分类	指标要素
学科主要研究方向（加权值 $W_1=0.15$）	主要研究方向对当前和长远经济、社会、科技发展的意义和作用。主要研究方向是否已形成自己的特色，在本学科领域内国内外的地位。已形成的学科研究方向有几个处于本学科发展的前沿，对本学科及相关学科发展的影响和作用。
学术梯队（加权值 $W_2=0.20$）	学术带头人的办学思想、学术水平、开拓精神、治学态度、科研成果和贡献，在国内外的学术地位和影响，教书育人情况。整个梯队的知识结构、年龄结构及发展潜力，其中主要学术骨干的素质和学术水平。
教学情况（加权值 $W_3=0.20$）	培养博士、硕士及本科生的数量，国内外对培养质量（含政治和业务）的评价，所开课程的质量，研究生论文和科研成果的意义和水平。
科研情况（加权值 $W_4=0.23$）	目前承担省级以上科研项目的数量、意义和科研经费。一九八一年以来出版的教材、专著的数量和质量，论文在国内外一级杂志上发表的数量和影响。一九八一年以来获得省级以上奖励的项目数量和项目的经济、社会效益，投入产出之比情况。
学术环境（加权值 $W_5=0.10$）	校内与本学科密切相关的博（硕）士点的数量、水平及与本学科合作交流情况，跨学科研究情况。参加国际学术活动的人数、次数，派出留学、进修及回国人数，与国内外学术团体的关系和交往情况。主办国内外学术会议的次数、规模及反映，国内外学者来进修人数、效果，与国内外合作科研及联合培养博士生情况。
工作条件（加权值 $W_6=0.12$）	现有仪器、设备的数量、水平、使用和管理状况，实验室、阅览室面积及条件，图书资料和固定资产情况，设备利用率，学校和主管部门的支持措施。

◎"关于评选高等学校重点学科的暂行规定"的首页与评议指标（1987年8月）

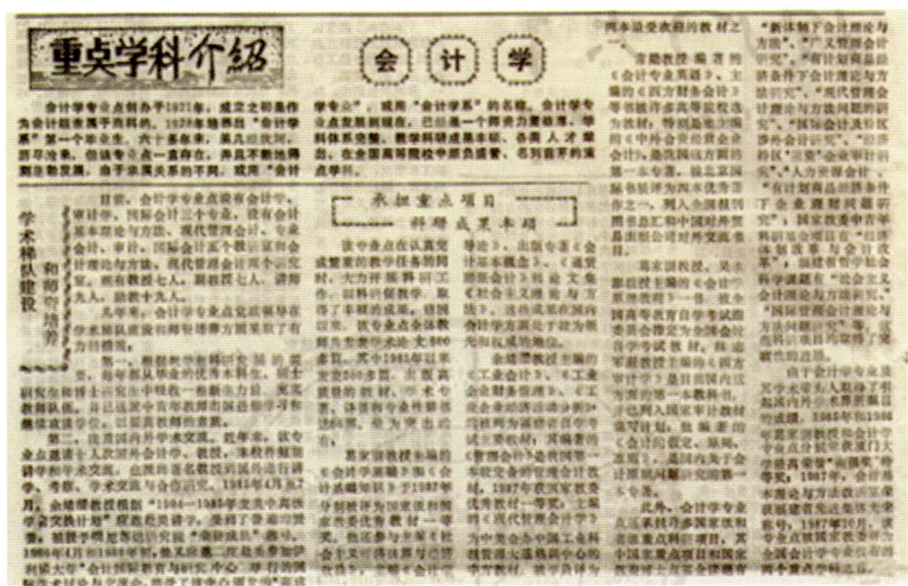

重点学科介绍

会计学

学术梯队建设和师资培养

承担重点项目 科研成果丰硕

◎重点学科介绍——会计学（《厦门大学报》第209期）

实际上，厦门大学会计学科自厦门大学建校不久就一直是厦门大学的重要支柱学科之一，60余年一直如此。1987年，会计系会计学专业点获厦门大学第三届“南强奖”唯一的特等奖。

会计学专业点

“南强奖”获得者 事迹简介

计统系陈仁恩

◎会计学专业点情况介绍（《厦门大学报》第182期）

十二、国际合作交流

（一）葛家澍教授学术交流

1982年10月，葛家澍教授陪同田昭武校长访问法国尼斯大学。20世纪80年代，葛家澍教授推动与加拿大 Dalhousie University 合作，在 CIDA 项目支持下，选拔一批年轻教师（包括但不限于吴世农、邓力平、黄世忠、陈少华等）去加拿大留学，并为后续厦门大学的 MBA 教育和厦门大学会计学科的国际化奠定了坚实的基础。

◎葛家澍教授在加拿大

（二）余绪缨教授担任 *The International Journal of Accounting* 杂志的编委[①] 与国外学术交流

1986年，余绪缨先生应美国伊利诺伊大学会计国际教育与研究中心的邀请访美，参与由该中心主持的以“远东会计与经济的新发展”为主题的会计国际学术讨论会，并做了题为“论中美管理会计的共性和具有中国特色的管理会计”的主题报告。1988年，余绪缨先生再度受美国伊利诺伊大学会计国际教育与研究中心的邀请访美，并做了题为“中国金融市场的形成与发展及其会计的影响——侧重于如何建立中国新会计模式的理论分析”的报告。鉴于余绪缨先生“不平凡的学术生涯和对中国及世界的贡献”，他被聘请为该中心旗下刊物 *The International Journal of Accounting* 的编委，这在当时的国内学术界是难得一见的。

余绪缨教授赴美参加国际学术会议

◎余绪缨教授赴美参加国际学术会议（《厦门大学报》1992年11月30日第276期）

① 《余绪缨传记》编写组，2022. 一绪长缨：余绪缨传记［M］. 广州：广东经济出版社：197.

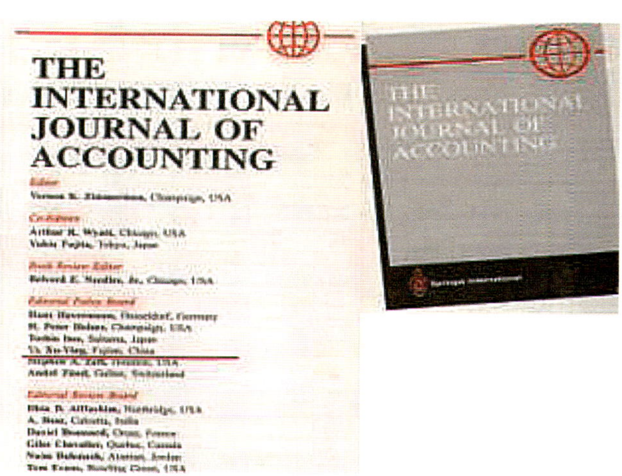

◎余绪缨教授担任 *The International Journal of Accounting* 编委

十三、开拓国际会计研究的新领域（常勋教授）

1987年常勋教授发表了《开拓国际会计研究的新领域》一文（《厦门大学学报（哲学社会科学版）》1987年第1期，第26～31页），奠定了其在我国国际会计领域内的学术地位。此后，常勋教授在国际会计领域不断精耕细作，使厦门大学国际会计研究始终位于国内高校前列。

开拓国际会计研究的新领域

常　勋

国际会计是七十年代在西方正式形成的新兴学科。形成这个新学科的主要背景是：世界各国经济贸易关系的不断发展，资本主义世界金融资本市场的日益国际化，以及企业的经营活动越来越介入国际领域。在当今的世界上，商品和劳务的进出口贸易，国外技术和设备的相互引进，国际信贷和其他融资活动，对外国资本的吸收和利用等等，都不是什么陌生的事物。只要具有中等以上的规模，严格意义上的国内企业（即其经营活动中的一切经济业务都局限于国内）几乎是绝无仅有的了；而国际性企业的多国资本结构和跨国经营活动，或者说，跨国公司的存在和发展，在世界范围内已成为活生生的经济现实。会计作为现代企业管理系统的基本组成部分，当然不能不冲出国界，进入广大的国际领域。

从会计的基本方法来说，乍看起来，至少在西方世界，似乎共性是根本的。比如说，会计计量的历史成本基础，会计确认的权责发生制，会计反映的复式记帐原理（以至借贷记帐法）以分期报告原则（以至资产负债表和收益表这两种基本的对外财务报表的编制），可以说是共同的，西方各国的公认会计准则和惯例，在大多数传统的会计方法上，也颇多类同之处；西方会计职业界的国际协作，在历史上由来已久，会计教育的国际交流，则更为普遍。因此，有人认为：只要在并非截然对立的概念基础上，制定容许几种可供选择的会计方法同时并存的世界统一会计准则，似乎是不难做到的。按照这种构想，国际会计被认为是可以为所有国家采纳的世界性制度，可称为世界会计或全球会计。1973年建立的国际会计准则委员会（IASC）所致力的由会计职业界制订国际会计准则的工作，代表了渴求实现上述构想的实际努力。但正如它在《目标与程序》这本小册子中指出的：它和会计职业界都“无权强制执行国际协议或要求遵从国际会计准则”，它的努力能否成功，“取决于许多不同的利害关系集团在各自管辖范围的限度内对它的工作的认可和支持”。问题在于，在对国际经营活动密切关联的会计方法上，如与传统的会计方法相比，各国间的差别不是缩小而是扩大了，而且，这些差别往往根植于各国的经济现状及经济政策和立法之中。国际会计准则委员会的工作赢得了一定的支持，但要建立具有高度权威性、为各国制订国内会计准则的机构（且不说政府立法）普遍接受的世界统一的会计准则，那还为时尚早。

在开拓国际会计这一新领域中，早期那种急于求成的热情，现在已被认真的科学研究态度所替代了。对各国或一组类同的国家的现行会计准则和惯例进行系统的比较研究，在这个基础上谋求国际协调化，而不是实现世界统一化，才是切实可行并可望取得成效的途径。要从比较中辨明何以异和何以同，也就是对不同的会计

·26·

◎《开拓国际会计研究的新领域》首页

十四、吴水澎教授对会计基本理论的探索[①]

20世纪80年代初，吴水澎老师经历了留校任教近20年的积淀，开始发表一系列具有新意与创见的研究论文，成为葛家澍教授、余绪缨教授和常勋教授之外厦门大学会计学科中青年教师的代表。1981年，吴水澎老师在《会计研究》第2期发表了《怎样正确认识会计的性质与对象？——兼评资金运动说》一文，对以葛家澍教授为代表的学者们提出的“资金运动论”进行了拓展和深化。1987年，吴水澎老师在《厦门大学学报（哲学社会科学版）》第1期发表了《会计“信息系统论”与“管理活动论”可以“合二而一”——对会计定义的看法》的论文，系统分析了关于会计本质认识的“信息系统论”与“管理活动论”，探讨了二者融合的可能性。

怎样正确认识会计的性质与对象？

——兼评资金运动说

厦门大学　吴水澎

会计的对象是指会计反映和监督的内容，而会计的性质则通常认为主要取决于会计对象的属性。①它们之间存在着密切联系，共同制约着会计的任务和方法，决定着会计发展的技术倾向，都是会计学中重要的基础理论问题。但在我国，大家对它们认识还很不一致，当前会计学界在某些重要理论问题上存在的分歧，都与此有关。本文想就如何正确认识会计的性质与对象，讲一点意见，求教于会计理论工作者和实际工作者。

一

由于会计的性质主要是由会计的对象决定的，因此在问题的研究方法上，应先明确对象而后说明性质。可是实际情况又是怎样呢？一解放，我们的会计理论和会计制度就全盘苏化了，苏联会计教科书上所说的会计学是一门社会科学，具有强烈的阶级性的理论，一下子就统治了我国会计学界。加上建国以后始终没有把工作重心转移到生产建设上，并且断言在已经消灭了剥削制度的社会主义社会中，仍然充满着阶级和阶级斗争，这种阶级斗争仍然是社会主义社会发展的唯一动力，要人们永远“斗”下去。从而对这两种看法，人们只能赞成，不能讨论，更不能反对。结果是会计科学中许多重大的理论问题，人们不能实事求是地进行研究，而只能把它们统统装进会计具有强烈阶级性这个模式之中。有些人对会计对象问题的认识也是如此，即不是从会计对象的客观性质出发来看待会计的属性，而是从会计具有阶级性这个框框来套会计的对象。多年来，会计界流行的会计分为资本主义会计、社会主义会计以及会计对象有强烈阶级性的说法，就是这种倒果为因思想方法的反映。它在会计学界造成了思想混乱，危害了会计科学的发展。因此，会计是不是有强烈的阶级性和会计可不可以分为社会主义的和资本主义的问题，不仅是在认识会计性质时要加以回答的，同时也是在讨论会计对象时不能回避的。所以，我们也先从会计性质的问题说起。

我们认为，要弄清楚会计是否具有强烈阶级性及各个社会存在不存在一般的会计等问题，必须坚持马克思主义的唯物史观，实事求是地从会计的产生和发展、阶级社会里的会计和无产阶级社会里的会计进行考察。

（一）首先从会计的产生来看会计是否有阶级性。

关于这个问题，马克思在《资本论》中的有关论述，对我们很有启发。他借用了美国作家丹尼尔·笛福的著名小说《鲁滨逊飘流记》来说明会计产生的原因。也就是当鲁滨逊

·7·

会计“信息系统论”与“管理活动论”可以“合二而一”

——对会计定义的看法

吴水澎

一部科学发展史表明，科学总是应实践的需要而产生，并随实践的发展而发展，从不完善到逐步完善。会计科学也并不例外。党中央关于经济体制改革问题的决定，明确地指明要把我国原有的“半自然经济”改革为“有计划商品经济”，二者之间已有本质的区别。会计，作为一种有目的的实践活动和经济现象，必然要接受改革浪潮的冲击与检验，要求它同经济体制改革相适应并为其服务。正是在这样的形势下，会计界的许多有识之士，根据实践的要求与启示，认真地对会计的许多基本问题进行重新认识。其中最引人瞩目的问题之一是会计的定义问题。因为对会计本质的认识正确与否，关联到人们对会计的职能，任务和方法认识的科学程度，理所当然要得到会计学界的普遍重视和关心。尽管目前对什么是会计还仍然在讨论之中，但是，正如大家所知道的，80年前后以葛家澍等同志提出的“会计信息系统论”同杨纪琬、阎达五等同志提出的“会计管理活动论”（以下简称“二论”），具有很大代表性，成为会计定义讨论中的两大学派。如果从表面上去看，“二论”的观点有很大不同，其争论似乎已达到水火不相容的地步。但通过学习，在我们看来，“二论”的基本观点是一致的。本文试图对“二论”进行某些简要分析，也谈谈我们对会计本质的认识。

一

为什么我们认为“二论”的基本观点是一致的呢？这可以从以下的两个方面进行具体分析。

（一）“二论”是我国会计科学发展历程中的必然

前面已谈到，会计是因管理经济的需要而产生的，并要随经济的发展而发展。从建国到粉碎“四人帮”这段期间，我们在社会主义建设的指导思想上，不是遵照生产关系适合生产力发展的要求，按照客观的经济规律办事，误以为“阶级斗争，一抓就灵”，可以用它替代经济管理。这样，就用不着讲求经济效益和加强经济核算了。与此相适应，会计可有可无，会计的方法越简单越好，从而使会计的实践总结——理论长期停滞

·15·

◎吴水澎20世纪80年代初发表的两篇论文的首页

① 吴水澎，1981. 怎样正确认识会计的性质与对象？：兼评资金运动说［J］. 会计研究（2）：7-13.

吴水澎，1987. 会计“信息系统论”与“管理活动论”可以“合二而一”：对会计定义的看法［J］. 厦门大学学报（哲学社会科学版）（1）：15-19.

十五、葛家澍教授被授予“全国先进工作者”荣誉称号

1989年9月，厦门大学会计学系葛家澍教授因其在推动会计学和经济学的学科建设，以及卓越的教学和研究成绩，被授予“全国先进工作者”荣誉称号。《厦门大学报》第224期以“学习的榜样　光荣的楷模”为题，报道了葛家澍教授的先进事迹。

国务院决定
授予葛家澍同志
全国先进工作者
称号

第 00343 号

中华人民共和国国务院

一九八九年九月

◎葛家澍教授“全国先进工作者”证书（现收藏于江苏兴化葛家澍纪念馆）

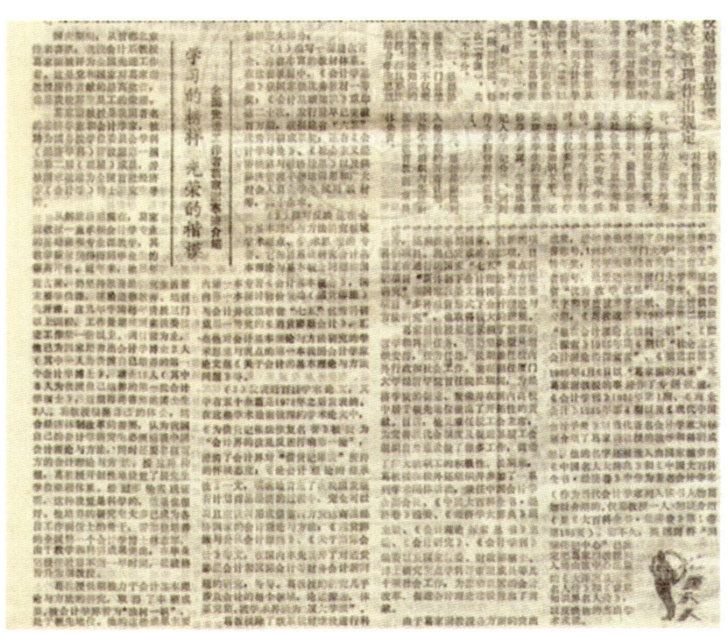

学习的榜样　光荣的楷模

◎学习的榜样　光荣的楷模：全国先进工作者葛家澍事迹介绍（《厦门大学报》第224期）

十六、会计学系多位教师被授予“国务院政府特殊津贴”荣誉称号①

1977—1999年，厦门大学会计学科蓬勃发展，取得了前所未有的进展。葛家澍教授、余绪缨教授、常勋教授、吴水澎教授、庄瑞澄教授、陈守文教授、李若山教授、曲晓辉教授等相继荣获国务院政府特殊津贴，体现了厦门大学会计学科雄厚的师资队伍和良好的传承性。此后，2000年以来，刘峰教授、李建发教授和杜兴强教授又相继荣获国务院政府特殊津贴。

2000年以后，我国人才井喷，中组部、中宣部、人社部、教育部、国家自然科学基金委员会等相继出台了诸多人才项目，包括但不限于国家高层次人才特殊支持计划领军人才（哲学社会科学领军人才、科技创新领军人才、国家级教学名师等）、全国文化名家暨“四个一批”人才、国家百千万人才工程、长江学者特聘教授、国家杰出青年科学基金等。

但是，20世纪八九十年代，国家级人才项目和荣誉称号少之又少。厦门大学老一辈会计学家能够不断地获得国家级表彰和奖励，亦在一定程度上佐证了当年厦门大学会计学系（科）作为会计学学术重镇的辉煌。

◎ 厦门大学教师获得国务院政府特殊津贴的情况

获得者	时间
葛家澍	1990
余绪缨	1991
常　勋	1992
吴水澎	1992
庄瑞澄	1992
陈守文	1993
李若山	1993
曲晓辉	1999
刘　峰	2000
李建发	2005
黄世忠（兼）	2006
杜兴强	2020

① 1977—1999年厦门大学会计学系至少有八位教授获得国务院政府特殊津贴，限于资料可得性，我们仅获得葛家澍先生、常勋先生和曲晓辉教授的证书资料。

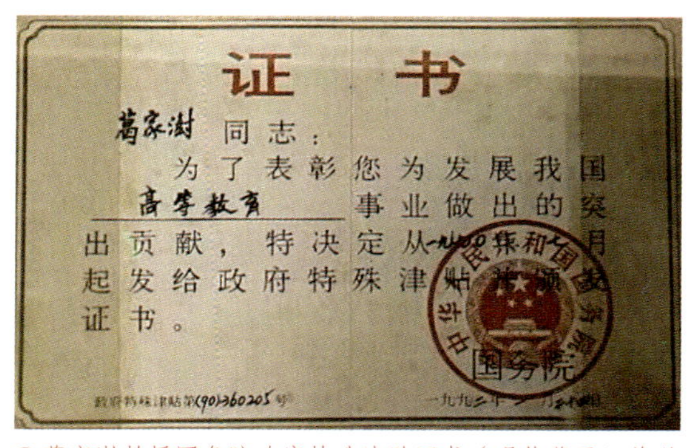

证　书

葛家澍同志：

为了表彰您为发展我国高等教育事业做出的突出贡献，特决定从……起发给政府特殊津贴并颁发证书。

国务院

政府特殊津贴第(90)360205号

◎葛家澍教授国务院政府特殊津贴证书（现收藏于江苏兴化葛家澍纪念馆）

证　书

常勋同志：

为了表彰您为发展我国高等教育事业做出的突出贡献，特决定从……起发给政府特殊津贴并颁发证书。

国务院

政府特殊津贴第(92)3601531号

一九九二年十月一日

◎常勋教授国务院政府特殊津贴证书

证　书

曲晓辉同志：

为了表彰您为发展我国高等教育事业做出的突出贡献，特决定发给政府特殊津贴并颁发证书。

国务院

政府特殊津贴第(98)3600250号

◎曲晓辉教授国务院政府特殊津贴证书

十七、积极参与会计准则建设[①]

（一）对《企业会计准则——基本准则》的推动

1987年中国会计学会第三届理事会成立，葛家澍先生继1983年担任第二届理事会副会长之后，继续担任中国会计学会的副会长。正是在第三届理事会上，中国会计学会下设了多个专业研究组，包括但不限于会计教育研究组、会计理论与会计准则研究组等。葛家澍先生担任会计教育研究组组长，以及会计理论与会计准则研究组副组长。其中，会计理论与会计准则研究组设立的目的在于推动我国会计准则的制订。会计理论与会计准则研究组"阵容豪华"，包括组长娄尔行教授，副组长葛家澍先生和阎达五教授。

1989年1月7—12日，会计理论与会计准则研究组在上海石化总厂举行的第一次研讨会，促使我国会计准则从理论探讨走向实际制定。在会议上，会计学者仿照美国会计学会专题研究组的形式，通过了若干一般性的结论和建议。其中，会计理论与会计准则研究组

① 参考了：苏锡嘉，刘峰，2021. 澍雨杏风［J］. 厦门：厦门大学出版社：97-101.（有所增删）

建议：我国会计准则和会计制度可以并存；会计制度由政府管理部门制订，具有强制性；会计准则更多是理论研究的成果，主要由会计团体负责（没有强制力），其主要作用是为制定会计制度提供理论依据；研究会计准则，可根据不同类型的准则灵活地采用演绎法和归纳法。

更重要的是，与会专家在这次会议上共同制订了一项研究的分工计划，内容涉及如下几个方面：财务会计概念框架（如会计信息质量等）、具体会计准则（如外币业务等）、专题性准则（如股份有限公司会计、物价变动的披露等）。"股份有限公司会计"的成果将以专题研究报告形式发布，其余课题的研究成果以"会计准则建议书"形式发布。其中，娄尔行教授承担了"股份有限公司会计""外币业务会计"等项目，葛家澍先生承担了"会计信息质量要求"项目。按照约定，分工后的相关研究课题的承担者应于1989年9月前完成初稿，然后拟在一定范围内征求各界人士意见；1989年12月前举行第二次会议，审议各课题负责人的研究成果，并以会计理论与会计准则研究组名义向中国会计学会呈报相关研究成果。

虽然中国会计学会的会计理论与会计准则组强调政府主管部门拥有会计制度制定的权力，而学者们研究的会计准则只是一种指导性文件，且成果将以"准则建议书"形式呈报中国会计学会，但这让拥有制定法律法规权力的财政部会计司感到了一种"紧迫感"①。于是，在权衡利弊后，财政部会计司找到了最佳策略——抢先制定和发布会计准则②。

1989年3月，财政部会计司印发《关于拟定中国会计准则的初步设想（讨论稿）》和《关于拟定中国会计准则需要讨论的几个主要问题（征求意见稿）》等文件。1989年4月上旬，财政部会计司在湖北省襄樊市召开的"1989年全国会计工作座谈会"上决定修改《会计改革纲要》，并拟定《中华人民共和国会计准则（草案）提纲（讨论稿）》。随后，财政部会计司会计准则课题组分赴全国进行调研和座谈。刘峰教授回忆，时任财政部会计司副司长的余秉坚同志在厦门大学和厦门市财政局召开座谈会，并在拜访葛家澍先生时再次提及请会计学系教授们集中精力研究会计理论，将会计准则的制订交由会计司负责。葛家澍先生委婉地回应道，学者们关于财务会计基础概念和概念框架的研究能够为会计司制定会计准则提供较好的依据。

会计学术界的竞争效应使得财政部会计司有了紧迫感，加快了会计准则的研究与制订工作。1990年4月，会计准则研究组提出《中华人民共和国会计准则（草案）提纲》，并于5月在海口召开沿海六省市会计准则研讨会，就上述提纲进行讨论。1990年11月，《中

① 刘峰教授认为，中国会计学会是财政部下设的机构，会长由财政部分管会计的副部长兼任，办公室也设在会计司，因此，向中国会计学会呈报就相当于是向财政部会计司报告。

② 1988年10月，财政部会计事务管理司成立会计准则组。1989年1月，会计司的副司长余秉坚带队参加了会计理论与会计准则研究组的第一次会议，建议学术界将精力集中到基础理论研究上。但是，学者们仍然按照事先预定的方案进行分工。

华人民共和国会计准则（草案）提纲（讨论稿）》以财政部的名义发布，并在同月的全国会计工作会议上进行了公开讨论。此后，1992年11月30日，《企业会计准则——基本准则》以财政部令〔1992〕5号的形式发布："《企业会计准则》已于1992年11月16日经国务院批准，现予发布，自1993年7月1日起施行。"①

回顾这段历史，可以预期，没有包括厦门大学的葛家澍先生和上海财经大学的娄尔行先生在内的会计学术界的推动（基本理论研究和带有思想解放性的研究），《企业会计准则——基本准则》的发布可能会在一定程度上延后。

（二）财务会计概念框架与会计准则问题研究

财务会计概念框架与会计准则是厦门大学会计学科，特别是葛家澍教授自20世纪80年代以来最为重要的研究领域之一。在30余年的研究过程中，葛家澍教授在财务会计概念框架的诸多问题，如概念框架的逻辑起点、会计目标、会计信息质量特征、会计要素的设置及其资产的定义、会计确认与计量、财务报告的局限性及其改进，以及会计准则制定等领域发表了一系列重要的研究成果。

1998年10月，葛家澍教授成为中华人民共和国财政部新成立的会计准则委员会的七位委员之一，同时也是会计准则委员会中两位高等学校代表之一。

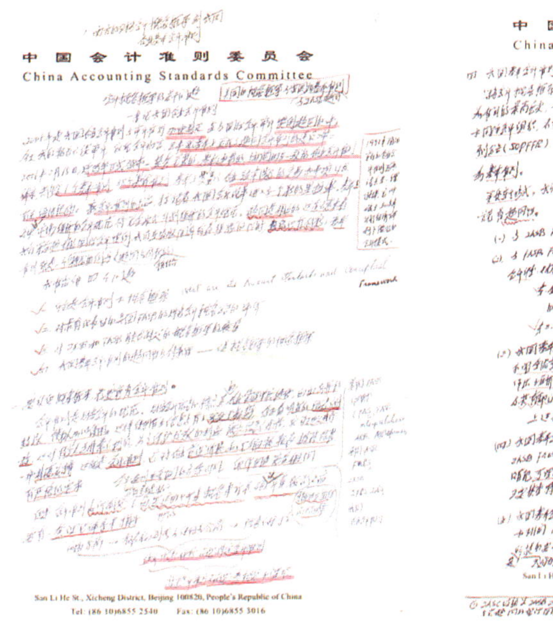
中国会计准则委员会
China Accounting Standards Committee

San Li He St., Xicheng District, Beijing 100820, People's Republic of China
Tel: (86 10)6855 2540 Fax: (86 10)6855 3016

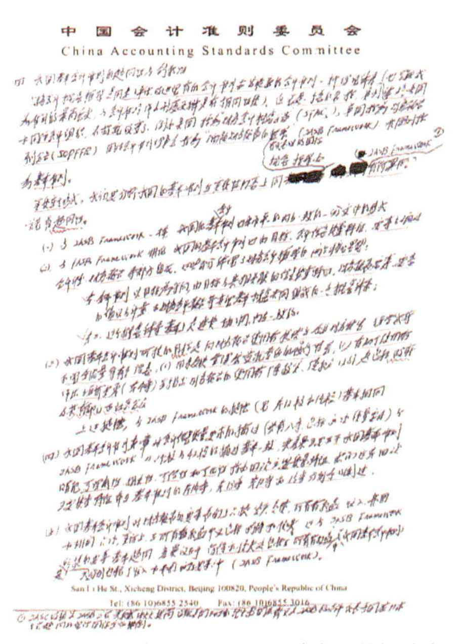
中国会计准则委员会
China Accounting Standards Committee

San Li He St., Xicheng District, Beijing 100820, People's Republic of China
Tel: (86 10)6855 2540 Fax: (86 10)6855 3016

◎会计概念框架的若干问题（葛家澍教授手稿）

① 时任财政部部长为刘仲藜。《企业会计准则——基本准则》1992年版现已废止。

十八、常勋教授获得福建省五一奖章和厦门大学南强奖

1989年，常勋教授因其在教学科研方面的突出贡献，获得福建省五一奖章。1992年校庆，常勋教授获得厦门大学南强奖，《厦门大学报》对此做了专门报道。

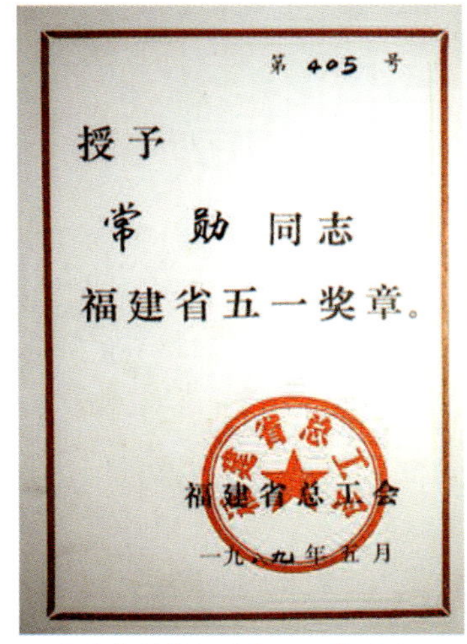

第 405 号

授予

常勋同志

福建省五一奖章。

福建省总工会

一九八九年五月

◎常勋教授获福建省五一奖章（1989年）

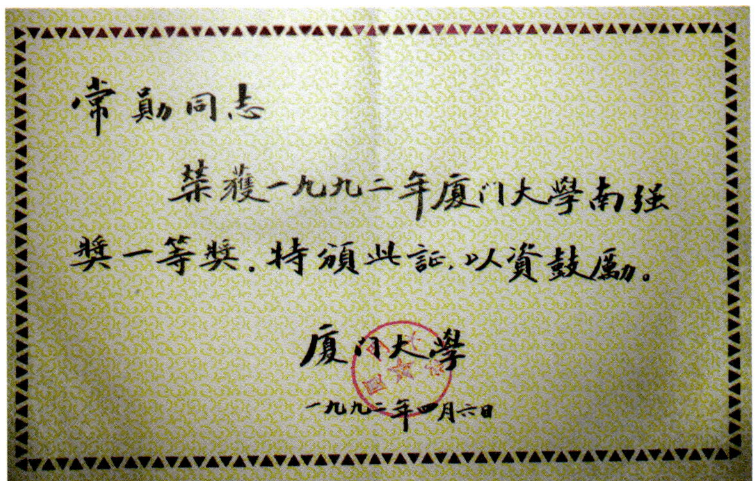

常勛同志

榮獲一九九二年厦门大學南強獎一等獎，特頒此証，以資鼓勵。

厦门大學

一九九二年四月六日

◎常勋教授荣获厦门大学南强奖一等奖（1992年）

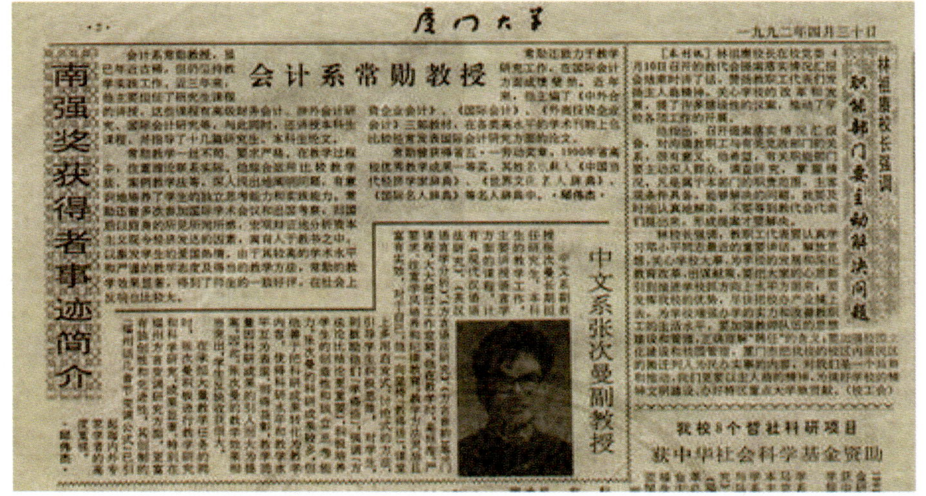

厦门大学

一九九二年四月三十日

南强奖获得者事迹简介

会计系常勋教授

中文系张次曼副教授

林祖赓校长强调职能部门要主动解决问题

我校8个哲社科研项目获中华社会科学基金资助

◎南强奖获得者事迹简介：会计系常勋教授（厦门大学报1992年4月30日第267期）

十九、葛家澍教授和余绪缨教授从教五十周年庆祝活动

1995年，厦门大学和会计学系隆重庆祝葛家澍教授和余绪缨教授从教五十周年，校

领导王豪杰、陈传鸿、朱崇实等出席。葛家澍先生和余绪缨先生1945年开始任教于厦门大学会计学系，在五十年的教学研究生涯中：教书育人、桃李满天下；不畏（苏联）权威、勇于探索，“资金运动学派”和“信息系统论学派”誉满天下；带领厦门大学会计学科成为国内学术重镇。

◎葛家澍教授和余绪缨教授从教五十周年庆祝大会（1995年）

◎葛家澍教授、余绪缨教授从教五十周年庆祝现场（1995年）

厦门大学

1995年10月18日出版

我校安居工程正式启动

学校提出实施构想和工作进度

五十春秋育桃李 德高学富启后人

会计系隆重庆祝 葛家澍 余绪缨 教授从教五十周年

为成立工商管理学院打下坚实基础

◎厦门大学和会计系庆祝葛家澍教授和余绪缨教授从教五十周年（厦门大学报1995年10月18日第327期）

二十、吴水澎教授被评聘为博士生导师

1994年，吴水澎教授因其长期优异的教学科研成绩，被国务院学科评议组评聘为博士生导师，成为厦门大学会计学科第三位博士生导师。

厦门大学

一九九四年三月十五日

新增博士生导师简介

吴水澎

张鸿斌

◎厦门大学会计学系新增博士生导师吴水澎简介（厦门大学报1994年3月15日第297期）

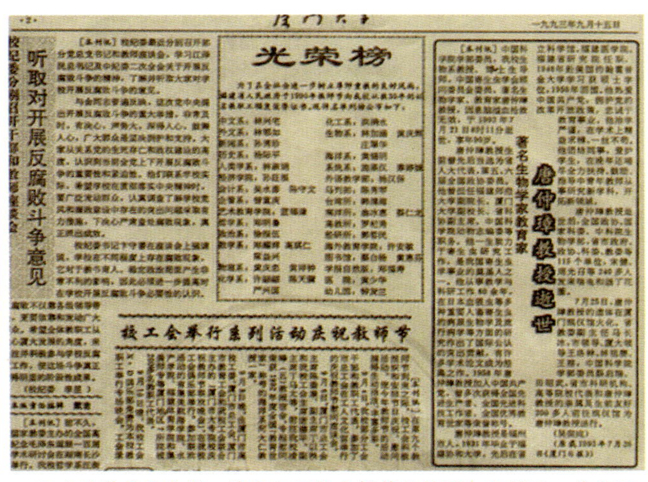

厦门大学

一九九三年九月十五日

光荣榜

听取对开展反腐败斗争意见

校工会举行系列活动庆祝教师节

◎会计学系吴水澎、陈守文两位老师获从教30年的教职工荣誉证书（厦门大学报1993年9月15日第288期）

二十一、我国会计学科第一位博士后

博士后（postdoctoral researcher）是指在获得博士学位后，在高等院校或研究机构从事学科研究的工作职务，一般是指在博士后流动站或博士后科研工作站进行研究的人员。简而言之，博士后不是学位，是指获准进入博士后科研流动站从事科学研究工作的博士学位获得者。

◎王光远

1983—1984年，华裔物理学家李政道先生两次致信邓小平同志，建议中国实行博士后制度。1985年7月，国务院批准了设立博士后科研流动站、试行博士后制度的方案。

王光远，1983年毕业于河北地质学院（现石家庄经济学院）并留校任教；1987年、1993年在中南财经大学（现中南财经政法大学）分别获经济学硕士学位和博士学位；1993年8月进入厦门大学经济学（会计学）博士后流动站，1995年博士后出站，成为我国第一位会计学博士后。曾任教于厦门大学会计学系，担任系主任；现任全国工商联常委、福建省政协副主席、福建省工商联主席。

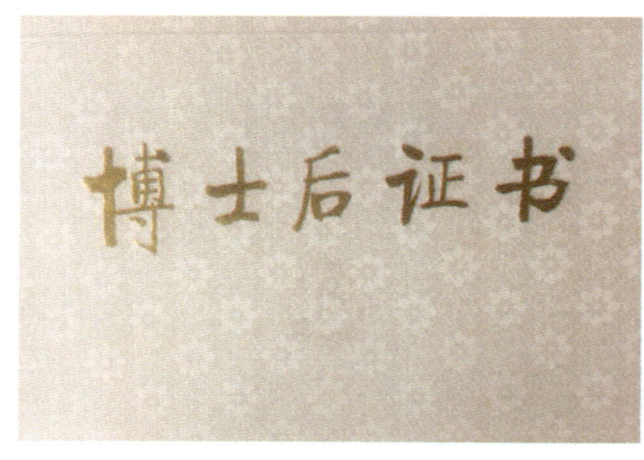

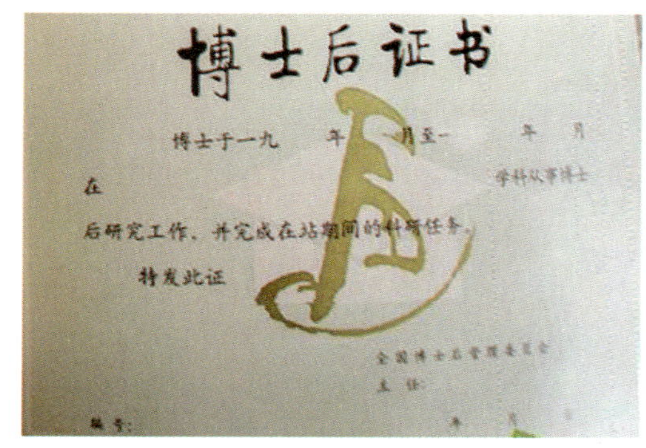
博士后证书

博士于一九　年　月至一　年　月

在　　　学科从事博士

后研究工作，并完成在站期间的科研任务。

特发此证

全国博士后管理委员会

主任：

编号：

◎博士后证书封面与内页

二十二、通过助教进修班扩大厦门大学会计学科的影响力

1981年教育部给各高校发通知，让学校选派青年教师去厦门大学等高校进修。后来，这个由教育部组织形成的培训班历经了多次更名，包括但不限于“助教进修班”“教育部

师资专修班”等。该培训班也在中国播下了厦门大学会计学派的“种子”，影响极其深远。实际上，现在国内高校的诸多知名教授当年都出自该培训班和相似的培训班，包括但不限于1978级进修教师韩传模教授和费忠新教授，1981级管理会计师资培训班的盖地教授（天津财经大学）和朱元午教授（南京大学），1983级进修教师王治安教授和张晓岚教授，1984级会计学助教进修班的于增彪教授（清华大学）、曲晓辉教授（厦门大学）、张俊瑞教授和夏成才教授，1984级教育部师资专修班的魏明海教授（中山大学）和刘国常教授等，1985级助教培训班的魏明海教授（中山大学）。

曲晓辉 同志于一九八四年九月至一九八六年一月在我校（院） 会计学 助教进修班学习硕士研究生主要课程，通过考试成绩合格，以资证明。

校（院）长

一九八六年一月廿日

证书号：会84012

◎曲晓辉助教进修班结业证书（1986年）

◎会计学研究生班和会计助教进修班

◎国际会计与国际财税助教进修班

◎石油部外事财务学习班（1982年）

◎厦门大学外事经济财务培训班（1982年）

1981年2—7月，厦门大学受教育部的委托，举办高等财经院校管理会计师资培训班。1981年第一期的管理会计师资培训班虽然只有天津财经大学会计的盖地、江西财经大学的郭盛儒、南京大学的朱元午、嘉兴学院的傅东、郑州航空工业管理学院的陈国昌和梁永胜等6名学员，但他们却成为中国管理会计学的“星星之火”。

在盖地教授的自述中，他曾回忆过自己参加1981年第一期管理会计师资培训班的时光。

> 我们系里就派我到厦门大学进修。那个学期（秋季）对我来说收获很大。厦门大学葛家澍老师、余绪缨老师、常勋老师等都给我上过课。那时还没有正式招收研究生，葛老师、余老师他们给本科生上课，我们这些青年老师到厦大进修，主要就是跟着本科生一起听课。除了听课，还有就是课后跟老师直接沟通交流。那学期，我们重点是听余绪缨老师讲授管理会计。当时，余老师给学生上管理会计课时还没有公开出版的教材，用的是他撰写的、学校打印的教材。回校后，我撰写了《试论行为科学在管理会计中的应用》一文，在《天津财经学院学报》1983年第3期上发表了，当年被《经济学文摘》摘录，这是我撰写的第一篇算是学术论文的长文（7000多字）。感谢余绪缨老师的教导，感谢厦门大学。[①]

第一期管理会计师资培训班的傅东老师曾回忆道：因为并未上过大学，所以自己刚当老师的时候倍感压力。虽然自学了《工业企业经济活动分析》等教材，但还是后来在厦门大学和东北财经大学等高校听课、才有了实质性的进步。[②] 在厦门大学进修期间，傅东老师根据教学体会写了一篇短文《漫谈成本降低率》，发表于《财务与会计》1981年第6期，这激发了他的科研信心。

余绪缨教授　于一九八二年在中国工业科技管理大连培训中心任教，圆满地完成了教学任务，增进了中美两国人民的友谊，特此感谢。

To

For teaching at The National Center for Industrial Science and Technology Management Development (at Dalian) in 1982, and for furthering the friendship between Chinese and American people. With appreciation and gratitude.

中国工业科技管理大连培训中心

◎余绪缨教授在中国工业科技管理大连培训中心任教的相关证明资料

1980年8月18日，中国工业科技管理大连培训中心正式开学，成为改革开放后我国学习和引进国外先进管理思想、理论和经验的第一个窗口。2002年，这个培训基地成为原国家经贸委确定的“全国企业经营管理者培训重点基地”——国家经贸委大连经理学院。

厦门大学作为当时会计学科实力最强的几所高校之一，自然也派出了精兵强将支援培训中心的建设，包括余绪缨先生、常勋先生等教师，他们和来自美国高校的教师一起开设了财务管理、会计与控制、管理会计等课程。余

① 盖地，2020. 坚守会计领域，耕耘不问收获［M］// 上海国家会计学院会计口述历史项目工作组. 会计口述历史（第二辑）. 上海：立信会计出版社.

② 傅东，2019. 从零探索，勇于创造：记我这四十年［EB/OL］.（2022-12-28）［2019-11-02］. http ://xyxt.zjxu.edu.cn/info/1038/1517.htm.

绪缨先生同时担任“管理会计”中方教学组的组长。

中方教师代表要和美方教师交流业务（因为部分教材都是美国原版），因此对教师的英文水平要求极高。当时，教授管理会计这门课程的共有三位老师，分别是余绪缨先生、来自上海财经大学会计学系的徐政旦教授、来自美国纽约州立大学的伯特·霍威斯（Bert·Horwitz）教授。余绪缨和徐政旦两人作为中方的教师代表，使用的教材是一本英文的《成本管理会计》。霍威斯在培训中心仅待了一年左右，之后便由绪缨先生和徐政旦二人轮流教授这门课①。

培训中心之所以要开设管理会计课程，是为了培养既懂理论又要懂实务的高端会计人才。中心学员分布极为广泛，不仅有高校教师，也有高级官员和国企的高级管理人员。培训班着重传授中美两国工业企业管理的经验和方法，时间为4个月。第一期学员有120人，“绝大多数是来自省、市、自治区和部分工业城市经委具有专业知识的处、科级及以上管理干部，大型企业的经理、厂长以及总工程师、总会计师，大专院校和工交干校从事企业管理教学的骨干教师，年龄一般在三十五岁至四十五岁，具有大专文化水平”②。

二十三、常勋教授通过广播电视课程扩大了厦门大学会计学科的影响

20世纪80年代，常勋教授通过在中央广播电视大学录制“西方财务会计”等课程的视频，惠及了数以千万计的会计学子，亦在一定程度上提升了厦门大学会计学科在国内实务界的影响力。

◎常勋教授1987年在中央广播电视大学录制“西方财务会计”课程视频的录制现场

◎李登河老师（左一）陪同常勋教授前往录制现场

① 《余绪缨传记》编写组，2022. 一绪长缨：余绪缨传记［M］. 广州：广东经济出版社：188-189.

② 张燕，1980. 工业科技管理大连培训中心讲习研究班开学［J］. 企业管理（3）. 亦可参见：《余绪缨传记》编写组，2022. 一绪长缨：余绪缨传记［M］. 广州：广东经济出版社：190.

二十四、年轻教师的崛起与师资团队建设

1977—1999年是厦门大学会计学科发展的黄金时期，在葛家澍、余绪缨和常勋三位先生的引领下，会计学科获得了长足的发展。年轻教师亦快速成长，在国内学术界崭露头角，成为青年才俊和领军人物。这些青年教师包括但不限于曲晓辉、王光远、黄世忠、刘峰、李若山、李建发、陈少华、胡玉明、陈箭深、毛付根、庄明来、汪一凡等。他们不仅学术思想活跃，出版了一系列观点鲜明的学术论著，而且团结奋进，代表着厦门大学会计学科的希望。

值得指出的是，这个阶段厦门大学会计学系还培养出或正在培养三位出生于20世纪70年代、日后在国内会计学界具有一定影响力的博士生（博士后）：谢德仁、吴联生和杜兴强。

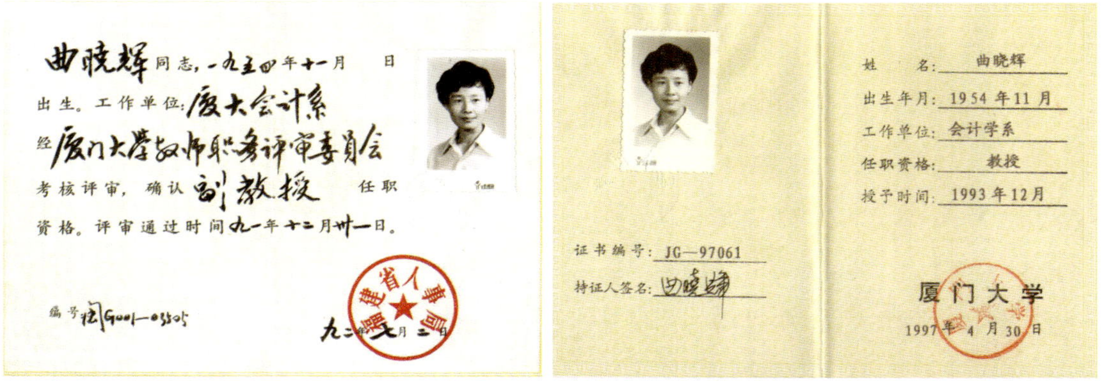
曲晓辉同志，一九五四年十一月 日出生。工作单位：厦大会计系
经厦门大学教师职务评审委员会考核评审，确认副教授任职资格。评审通过时间九一年十二月卅一日。

编号 闽G001—03305

福建省人事厅

九二年七月二日

姓名：曲晓辉
出生年月：1954年11月
工作单位：会计学系
任职资格：教授
授予时间：1993年12月

证书编号：JG—97061
持证人签名：曲晓辉

厦门大学
1997年4月30日

◎曲晓辉的副教授和教授资格证书

淡泊·勤勉·坦诚
——会计系曲晓辉教授印象

不久前获厦门市"巾帼建功标兵"光荣称号的会计系曲晓辉教授，由于事业上的成功和生活上的淡泊，她一度成为人们的话题。作为校刊通讯员，我很希望亲身感受一下她的为人，听听她对事业和生活的看法。尽管她一再婉拒，说自己没什么值得采访的，我还是坚持与她见面了。

曲晓辉是我国会计学第一位女博士，也是我校会计系最年轻的教授。曾在全国精英荟萃的选拔中，荣获霍英东教育基金会青年教师奖（教学类）三等奖。从谈话中得知，她赴香港理工大学讲学归来不久，眼下教学科研任务很重，但她常常在繁忙的本职工作之外，还做一些义务性工作。例如，为兄弟院校同行申报职称材料进行评审，为香港大学资助委员会评审科研课题申报材料，为学生们升学求职写推荐信，撰评价表，为素不相识的求学者指点方法，查找资料和联系导师，参与会计系的一些事务工作以及妇联组织的一些公益性活动等等。她还是全国综合大学会计研究会常务理事、《财会月刊》杂志的特约编审。环顾两居室中简洁的布置，我不禁发问："晓辉，你可以分配三居室了吧？"她淡淡地回答："也许可以吧，但好象没什么必要。还有很多人远比我更需要大房子。过去四口人挤在一间集体宿舍都过来了。现在有两个房间了人口又少了。考虑以后女儿长大远走高飞，我一个人住这52平方米，不是提前进入共产主义了吗？"说得我们都笑了起来。

曲晓辉自1989年博士毕业留校以来，一直工作在教学第一线上。她潜心备课，因材施教，先后为本科生和研究生开设了《西方财务会计》、《国际会计》、《高级财务会计》等六门课程，取得良好的教学效果，受到会计系师生交口称赞。她在授课及兼任班主任过程中，关心理解尊重学生，注意培养学生的社会责任感和事业心，使他们不仅学习专业知识，还学作人道理。她担任过班主任的89级学生走上工作岗位已两年了，还常来向她请教或求助各种各样问题。每次无论她怎么忙，都尽心尽力相助。

在科研方面，曲晓辉在《会计研究》、《财务与会计》等刊物上先后发表20余篇有质量的论文，其中不少被同行引用和参考。此外，入选国际学术会议论文3篇，正式出版专著2部（含合作1部），编著8部（含合作2部）。

当我提起这些成果时，她直摇头，不无感慨地说："比起王小如等其他女教师来真是差得远呢。我常常想自己应该开些新课，应该在新领域搞些研究，但总是无法专心致志。日常教学、社会义务和家庭，哪一个都不能舍弃。"说到这儿，她朝我苦笑着叹口气，"所以呀，我最怕记者采访了。" ·本刊通讯员 小草·

◎会计系曲晓辉教授介绍（《厦门大学报》1995年3月25日第314期）

厦门大学　　一九九九年一月二十五日

谱写亮丽的人生
——记研究生院副院长、博导曲晓辉教授

研究生院副院长、会计系博士生导师曲晓辉教授，是位集学者、师者、行政和多项社会工作于一身的成功的知识女性，对我这样刚步入社会的年轻女孩有着巨大的吸引力。多次预约采访，均遭她的婉言谢绝。趁这段她赴京出席第八次全国妇代会并被选为"全国妇联第八届执行委员会"委员，载誉之余，我径自闯到研究生院，采访了忙碌中的曲晓辉教授。

在曲教授众多的荣誉与成就中，首先吸引我的是她两项"第一"的记录：我国第一位经济类（会计学）女博士和第一位会计学博士生女导师。成功固然令人称羡，而其后却有着许多不为人知的甘苦。

曲教授告诉我，就个人职业而言，她最大的心愿是做个"pure professor（纯教授）"。教书育学，其乐无穷。老师，在她心中是个神圣的字眼。每当登上讲台，面对一双双求知的眼睛，一种崇高的责任感便油然而生。"我常常自问，作为一位母亲，我希望自己的孩子学到什么？"于是，讲授最新的知识体系，培养学生创造性思维和进行科研活动的基本能力，就成为曲教授的教学宗旨。每一堂授课，每一次讨论，每一篇精心修改的论文，无不渗透着她的心血。为人师表也不仅是教学生上课看书写论文，学生眼里，曲教授总是身体力行地为大家树立一个谦逊、合作、富有社会责任感、乐于奉献的师者典范。对于自己取得的成绩，她没有丝毫炫耀与自满，总是以学海无涯来鼓励学生，鞭策自己。盛名之下仍一如既往认真地备课、授课、批阅作业。春风化雨，润物无声，所有这些都出于一位母亲的爱心、一位师者的责任心，因而一切都那么自然由衷。

治学是学者的神圣天职。无论在沉重的生活压力之下，还是承担了繁重的教学任务与行政工作之时，抑或是赢得众多成绩与荣誉之后，曲教授从未停下科研探索的不懈脚步。敏锐的学术洞察力和严谨务实的治学态度，使她既善于借鉴国外学科发展的新思想与研究方法，又能准确把握国内同一领域的发展动态，在会计这一应用型学科领域进行了一系列创新性、前瞻性的研究，诸如物价变动会计理论体系及对策、现代成本观念、会计模式的多样性、中国会计国际化问题、外币业务及所得税会计、会计准则建设等领域，辛勤的耕耘，收获了累累的硕果。迄今为止，曲教授出版了学术专著、编著、教材12部（含主编及合作），公开发表论文37篇，其中在权威、核心刊物发表学术论文20余篇，入选国际会议论文4篇，多次出席国内外学术会议，先后主持了国家自然科学基金、社科基金等课题5项。在课题研究过程中，她团结课题组成员，集思广益。（下转第四版）

"文行杯"征文选登
编者按：本文原为获奖文章，篇幅较长，由于受版面限制，现改为通讯予以刊发。

◎谱写亮丽的人生——记研究生院副院长、博导曲晓辉教授（《厦门大学报》1999年1月15日第392期）

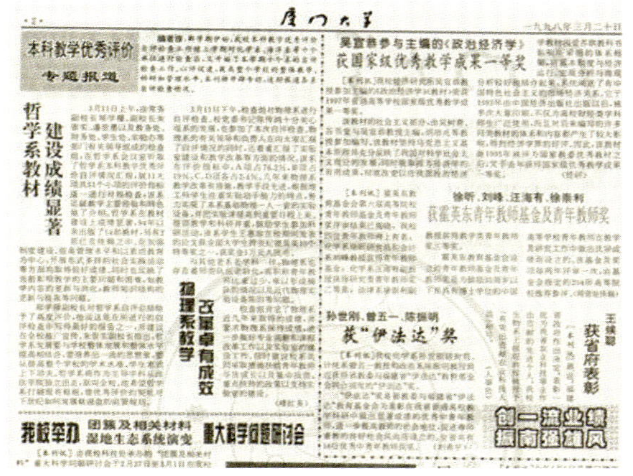

厦门大学

一九九八年三月二十日

本科教学优秀评价专题报道

哲学系教材建设成绩显著

吴宣恭参与主编的《政治经济学》获国家级优秀教学成果一等奖

徐昕、刘峰、汪海有、徐崇利获霍英东青年教师基金及青年教师奖

孙世刚、曾五一、陈振明获"伊法达"奖

◎刘峰获霍英东青年教授基金（《厦门大学报》1998年3月20日第373期）

厦门大学

一九九九年四月十五日

光荣榜

"清源奖"获得者名单

"亚南奖"获得者名单

"九州奖"获得者名单

◎刘峰获"清源奖"，博士生杜兴强获'亚南奖"（《厦门大学报》1999年4月15日第395期）

二十五、吴水澎教授任教育部工商管理类专业教学指导委员会主任委员

1999年，吴水澎教授因其在教学科研方面的学术声誉，受聘担任教育部工商管理类专业教学指导委员会主任委员，这在一定程度上体现了厦门大学工商管理学科（会计学科）在国内兄弟院校中所具有的影响力。

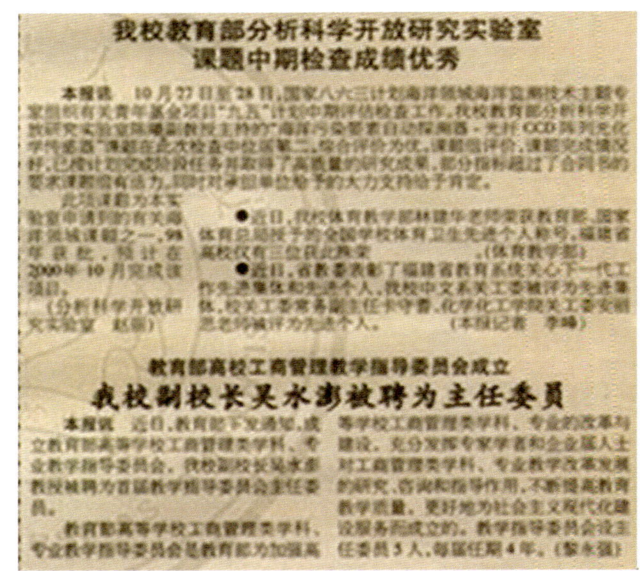

我校教育部分析科学开放研究实验室课题中期检查成绩优秀

教育部高校工商管理教学指导委员会成立

我校副校长吴水澎被聘为主任委员

本报讯 近日，教育部下发通知，成立教育部高等学校工商管理类学科、专业教学指导委员会，我校副校长吴水澎教授被聘为首届教学指导委员会主任委员。

教育部高等学校工商管理类学科、专业教学指导委员会是教育部为加强高等学校工商管理类学科、专业的改革与建设，充分发挥专家学者和企业界人士对工商管理类学科、专业教学改革发展的研究、咨询和指导作用，不断提高教育教学质量，更好地为社会主义现代化建设服务而成立的。教学指导委员会设主任委员3人，每届任期4年。（黎永强）

◎吴水澎任教育部工商管理类专业教学指导委员会主任委员（厦门大学报1999年12月10日第409期）

教育部教学指导委员会（简称教指委）成立于1985年，其任务是协助教育部提出各级各类教育的改革与发展意见，其成员由教育、经济、文化、科学技术等领域的专家、学者、领导等组成。在教育部的领导下，教指委对国家教育发展起到了指导、参谋和推动作用。

此后，工商管理教指委下设会计学专业分教指委。基于厦门大学会计学科具有的学术影响力，李建发教授和杜兴强教授相继担任教育部工商管理专业教学指导委员会会计学专业教学指导分委员会的副主任委员。

二十六、厦门大学的博（硕）士生培养

研究生特别是博士研究生是一个学科的科研生力军。厦门大学会计学系是国内首批博士和硕士学位授予单位，历来注重对博（硕）士生科研能力的培养。葛家澍教授、余绪缨教授、常勋教授、吴水澎教授等因材施教，注重博士生和硕士生科研能力的训练，强调系风学风建设，这使得会计学科培养的博士生毕业后相当一部分进入了高校任教，成为各自所在学校会计学科的科研骨干。

◎会计学系博士生导师合影

◎20世纪90年代葛家澍教授的博士生授课讲稿

◎葛家澍先生指导的博士生的读书报告安排表（1993年上半年；刘峰教授提供）

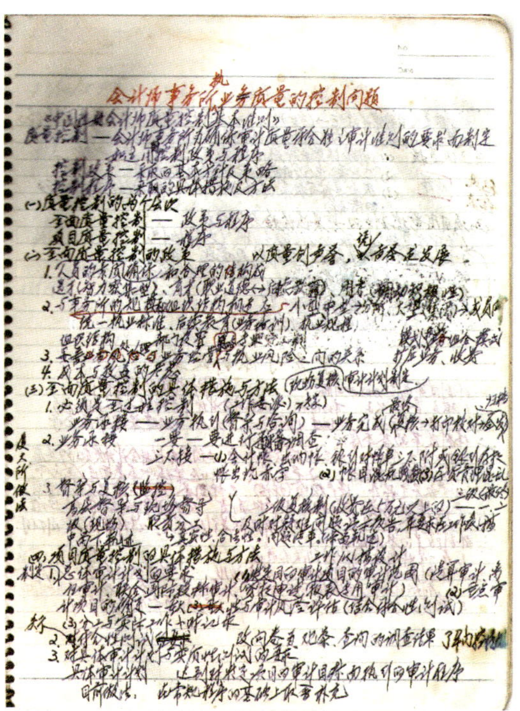

◎常勋教授硕士研究生课程“注册会计师业务研讨”的讲义手稿（1989年）

AC4701 中國的會計與稅務

一、中國的政治經濟體制與投資環境

1978年舉行的中國共產黨第十一屆三中全會提出，把工作重點轉移到社會主義現代化建設上來，並且積極推進全面改革和對外開放的方針。可以說，這是中華人民共和國歷史上的一個新的轉折點。

中國政治經濟體制的轉變

改革開放以前	改革開放以後
1. 黨政不分（黨過多地直接介入政府的行政職能）	1. 黨政分開（黨在方針政策上領導，不直接介入政府的行政職能）
2. 基本上是中央集權	2. 中央和地方適當分權
3. 計劃經濟，否定市場調節	3. 有計劃的商品經濟：計劃經濟與市場調節相結合
4. 單一的公有制（全民所有制與集體所有制）	4. 以公有制為主體，多種經濟成分並存（允許私營經濟與個體經濟有限度的發展）
5. 閉關自守	5. 對外開放，積極吸引外資，擴大對外經濟技術交流和合作

全民所有制（國營）企業經營機制的轉變

經濟體制改革以前	經濟體制改革以後
1. 執行國家指令性計劃的產品生產者	1. 在國家計劃指導下的商品生產者（對關鍵性企業仍規定部分指令性生產指標）
2. 在供產銷、人、財、物等方面很少自主經營和管理權	2. 逐步擴大在供、產、銷、人、財、物等方面的自主經營和管理權
3. 經營資金全部由國家無償撥給	3. 要求企業有償占用經營資金，先後推行上交資金占用費、撥改貸等改革
4. 不負盈虧責任，利潤全部上交，虧損全部由國家補貼	4. 要求企業自負盈虧，國家與企業分享利潤，分擔虧損，先後推行提取企業基金、利潤留成、盈虧包乾等改革，以後又推行利稅全面改革，全面推行承包經營責任制，對小型企業實行租賃制，現在正在實行股份制試點。

◎常勋教授在香港理工学院讲授“中国会计”课程的讲义手稿（1993年）

研究生课程成绩评定表

研究生姓名	苏锡嘉	年级	87级	专业方向	会计基本理论与方法		
课程名称	社会主义会计理论与方法研究	课程类别（用“✓”表示）		学位 ✓	选修	学分	3学分
任课教师	葛家澍 教授 吴水澎 教授	学时数	周3学时		成绩	90	

考试形式（用“✓”表示）	笔试 闭卷	笔试 开卷	口试	小论文	实验	调查报告	读书报告	作业	其它	
			✓			✓				

成绩评定依据：（采用笔试的，此栏可不必填写，但必须将试卷交系研究生秘书保存）

苏锡嘉同志具有较扎实的专业基础，知识面宽，能结合理论联系实际，运用专业知识，认真调查了关于我国推行股份制的财务会计问题，写出《股份制企业呼唤财务与会计改革》的长篇调查报告，并提出很多独到见解，是一篇较高质量的报告，说明作者具有较强的分析问题和解决问题能力。

在口试中，该同志较好地表述了自己的调查报告主要内容和观点，并较全面回答了所提出的问题，考试委员会成员一致满意。

葛家澍、吴水澎 林志军

课任教师：（签名）

88年9月4日

研究生课程成绩评定表

研究生姓名	苏锡嘉	年级	87级	专业方向	会计基本理论与方法		
课程名称	西方财务会计理论与方法研究	课程类别（用“✓”表示）		学位 ✓	选修	学分	3
任课教师	葛家澍 教授 林志军 副教授	学时数	周3学时		成绩	88	

考试形式（用“✓”表示）	笔试 闭卷	笔试 开卷	口试	小论文	实验	调查报告	读书报告	作业	其它 会计文献翻译	
			✓						✓	

成绩评定依据：（采用笔试的，此栏可不必填写，但必须将试卷交系研究生秘书保存）

苏锡嘉同志较系统地研究和掌握了西方国家财务会计理论与方法中的最新成果，并能在吸收、消化基础上加以运用，来说明我国会计理论与方法的有关问题。

在口试中，该同志口头表达能力较好，对所提问题均作了较全面的回答，并有相应的深度。

葛家澍 吴水澎 林志军

课任教师：（签名）

88年9月4日

◎厦门大学研究生培养过程中的两份课程成绩评审表（苏锡嘉；20世纪80年代）

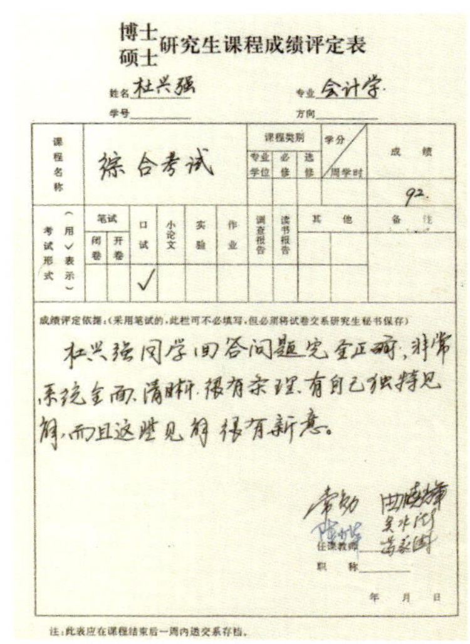

博士
硕士 研究生课程成绩评定表

姓名 杜兴强　专业 会计学

学号　方向

课程名称	综合考试	课程类别 专业学位	必修	选修	学分 周学时	成绩 92

考试形式（用√表示）：笔试（闭卷、开卷）　口试 √　小论文　实验　作业　调查报告　读书报告　其他　备注

成绩评定依据：（采用笔试的，此栏可不必填写，但必须将试卷交系研究生秘书保存）

杜兴强同学回答问题完全正确，非常系统全面，清晰，很有条理，有自己独特见解，而且这些见解很有新意。

任课教师：（签名）
职称：
年　月　日

注：此表应在课程结束后一周内送交系存档。

◎会计学博士生杜兴强的综合考试情况（厦门大学档案，20世纪90年代）

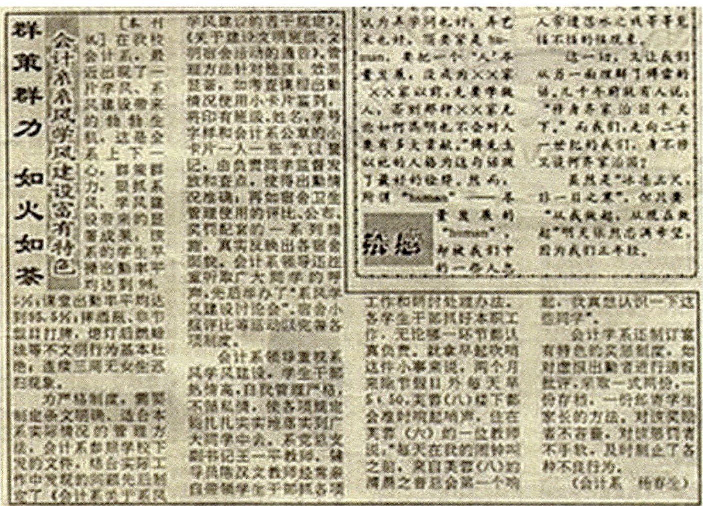

群策群力 如火如荼
会计系系风学风建设富有特色

〔本刊讯〕在我校会计系，最近出现了一片学风、系风建设带来的勃勃生机。这是全系上下一心，群策群力，狠抓系风、学风建设带来的显著成效。该系的学生早操出勤率平均达到[illegible]%，课堂出勤率平均达到[illegible]%；[illegible]、节假日打牌、熄灯后燃蜡烛等不文明行为基本杜绝；连续三周无女生迟归现象。

为严格制度，需要制定各项规章，适合本系实际情况的管理方法。会计系参照学校下发的文件，结合实际工作中发现的问题先后制定了《会计系关于系风学风建设的若干规定》、《关于建设文明班级、文明宿舍活动的通知》。管理办法针对性强，处罚坚决。如考查课程出勤情况使用小卡片签到，将印有班级、姓名、学号字样和会计系公章的小卡片一人一张予以登记，由负责同学监督发放和查点，使得出勤情况准确；再如宿舍卫生管理使用的评比、公布、奖罚配套的一系列措施，真实反映出各宿舍现状。会计系领导还经常听取广大同学的呼声，先后举办了"系风学风建设讨论会"、宿舍小组评比等活动以完善各项制度。

会计系领导重视系风学风建设，学生干部热情高，自我管理严格，不徇私情，使各项规定能扎扎实实地落实到广大同学中去。系党总支副书记王一平教师，辅导员陈汉文教师经常亲自带领学生干部抓各项工作和研讨处理办法。各学生干部抓好本职工作，无论哪一环节都认真负责。就拿早起吹哨这件小事来说，两个月来除节假日外每天早5:30，芙蓉(八)楼下都会准时响起哨声。住在芙蓉(六)的一位教师说："每天在我的闹铃响之前，来自芙蓉(八)的哨音总会第一个响起，我真想认识一下这些同学"。

会计学系还制订富有特色的奖惩制度。如对旷课出勤者进行通报批评，采取一式两份，一份存档，一份邮寄学生家长的办法。对该奖励者不吝啬，对该惩罚者不手软，及时制止了各种不良行为。

（会计系 [illegible]）

随感

◎会计系制定《会计系关于系风学风建设的若干规定》（《厦门大学报》1992年5月20日第269期）

二十七、厦门大学会计学科的学科影响力与学术交流

1977—1999年是厦门大学会计学科与国内兄弟院校会计学科互动较多的时期之一，兹采撷一些珍贵瞬间如下。

◎校领导与厦门大学知名教授合影（右五为葛家澍先生，20世纪80年代中期）

◎上海财经大学汤云为博士论文答辩会（1987年）（左起：潘兆申、李宝震、杨纪琬、葛家澍、杨时展、余绪缨、娄尔行）

◎厦门大学会计系第二届（李松玉）博士论文答辩（1987年）（左起：陈守文、常勋、李宝震、葛家澍、李松玉、娄尔行、余绪缨、李百龄、林志军）

◎江西财经学院首届硕士生论文答辩会（南昌，1988年）

◎中国会计学会会计教育改革组第二次讨论会合影（上海，1991年）

◎娄尔行夫妇与葛家澍夫妇

◎葛家澍、杨纪琬与余绪缨

◎裘宗舜与葛家澍

◎上海财经大学重点学科规划会后部分专家合影（上海，1989年）
（前排左起：陈凤谷、石成岳、郝振平、苏锡嘉；后排左起：李宝震、娄尔行、葛家澍、潘兆申、余绪缨）

◎厦门大学会计系部分老师会议讨论合影（1988年）

◎葛家澍教授与余绪缨教授

◎徐政旦、余绪缨、葛家澍夫妇

◎常勋教授、王松年教授（左二）参加学术活动（1995年）

◎中国会计学会学术活动（20世纪90年代）

◎国际会计与财务国际研讨会（1997年4月）

◎2002年厦门大学学术活动

◎葛家澍教授和常勋教授

◎余绪缨教授和常勋教授

◎陈守文教授、常勋教授、葛家澍教授（1991年12月14日）

◎石人瑾教授（左）、谢澍森教授和常勋教授（1995年7月4日）

◎毛伯林教授和常勋教授（1995年7月）

二十八、厦门大学会计师事务所[①]

1988年，时任厦大经济学院院长的葛家澍先生提出“成立一个自己的会计师事务所”的想法，并与时任会计学系主任的吴水澎及姚立中、陈守文、宋文清等教职工协商，得到了大家的广泛响应和支持。随后，这一想法同样也得到了学校的大力支持[②]。

在获得了校、院、系以及各位老师的广泛支持后，葛家澍先生积极同福建省财政厅接洽沟通，并亲自办理相关批文手续，极大地缩短了事务所创办的审批进程。1988年10月11日，福建省财政厅批准成立厦门大学会计师事务所，同时审批注册会计师10人：葛家澍、常勋、吴水澎、陈守文、唐予华、庄瑞澄、姚立中、蔡淑娥、黄世忠、陈炳瑞。

1988年12月10日，厦大会计系从创收结余中出资30万元作为注册资金（固定资金3.6万元，流动资金26.4万元），并以当时厦大经济学院2楼的3间办公室作为事务所办公场地，自此厦门大学会计师事务所正式开业了。

创所初期，厦门大学会计师事务所的主任会计师由常勋老师担任，林志军、吴水澎、陈守文三位老师任副主任会计师，葛家澍老师任顾问。事务所下设两个部门：业务部和经

---

① 较多参考了陈箭深、刘维、李长全所撰写的《从厦门大学到容诚》一文。

② 此前，1985年上海财经大学会计学系成立了大华会计师事务所，1988年东北财经大学成立了大连光华会计师事务所。

理部。业务部由时任会计系副主任唐予华老师任经理，黄世忠老师任副经理；经理部由时任会计原理教研室主任姚立中老师担任经理，陈箭深老师任副经理。

◎厦门大学会计师事务所主要人员合影（1989年）

◎厦大会计师事务所工作现场（1995年2月）

成立之初的厦门大学会计师事务所组织关系挂靠厦大，与会计系是一体的，全体员工均为厦大会计系在职老师，人事关系依然保留在会计系，有着“厦大老师”和“事务所员工”双重身份；助理人员则大都为会计系研究生，即“一套人马，两块牌子”。老师们在保证完成教学任务的前提下，开展事务所业务工作。厦门大学会计师事务所的创办，让会计系的师生得以从理论走入实践，实现了创办事务所与教学相结合的目标。事实证明，厦大会计系的毕业生大都能够快速适应岗位、胜任工作，这与厦大所为会计系学生提供理论结合实际的教学有着密不可分的关系。

厦门大学会计师事务所在成立后第一年（1989年）便实现了盈利，到1998年底脱钩改制时，厦大所的业务规模已经超1000万元。

20世纪90年代，厦门大学会计师事务所凭借其精湛的专业水平为多家企业提供服务，为这些企业积极建议并参与和完善其改制工作。1992年，厦门大学会计师事务所协助厦汽（金龙汽车）改制上市，使其成为中国客车行业首家上市公司。在厦门市最早成立的8家贸易公司中，厦门建发集团有限公司、厦门国贸控股集团有限公司两家公司与厦门大学会计师事务所展开了深度合作，厦门大学会计师事务所为其提供服务，帮助其改制上市。30多年后，两家企业已然成长为国际知名的世界500强企业，业务规模达数千亿，发展水平不断提升，也成了事务所的长期战略客户。1996年，厦门大学会计师事务所为厦门机场提供改制方案，成功帮助厦门空港股票在上海证交所挂牌上市。正是靠着这样的专业服务，厦门大学会计师事务所收获了行业及客户的高度认可。

1992年10月，经厦门大学和福建省财政厅批准，厦门大学会计师事务所调整了领导班子（至1998年12月），新领导班子成员包括：常务顾问葛家澍，名誉顾问余绪缨，主任会计师常勋，副主任会计师兼所长兼法定代表人陈守文，副主任会计师吴水澎、黄世忠，副所长唐予华。这一时期，李若山、付元略、陈纹、叶少琴、曲晓辉、国桂荣、庄爱珠、陈箭深、陈双人、卢永华、李登河、苏新龙、李建发、庄明来、陈少华、郭丹霞、林开钦、刘峰、郭晓梅等人也经福建省财政厅审批成为注册会计师。

厦门大学会计师事务所脱钩改制

厦门天健会计师事务所有限公司成立公告

根据《中华人民共和国注册会计师法》及财政部财会协字（1998）22号和35号文件的有关规定，原厦门大学会计师事务所已完成脱钩改制。根据福建省财政厅闽财会协（1998）108号和109号文件，原厦门大学会计师事务所改制设立为厦门天健会计师事务所和厦门永大会计师事务所。厦门天健会计师事务所享有原厦门大学会计师事务所的全部执业资格，包括从事证券期货相关业务的资格（参见1998年12月28日《中国证券报》第8版《中国注册会计师协会公告》）。

厦门天健会计师事务所有限公司已于1998年12月31日正式成立。

厦门天健会计师事务所有限公司

◎厦门天健会计师事务所成立公告（1999年1月）

◎厦门天健创始合伙人2018年（左起：熊建益、黄世忠、陈纹、姚立中、国桂荣、陈箭深、徐珊）

1998年，根据政策要求，厦门大学会计师事务所进行了脱钩改制，部分老师需要放弃教师身份。在葛家澍先生和常勋先生的运筹帷幄下，黄世忠、姚立中、陈箭深、陈纹、国桂荣选择了厦门天健会计师事务所，和徐珊、熊建益共同成为厦门天健会计师事务所的创始合伙人。

中华人民共和国
The People's Republic of China
注册会计师证书
Certificate of Certified Public Accountant

常勋 同志申请担任 厦门大学 会计师事务所注册会计师，经审查合格，准予注册。

This certifies that　　　is qualified to practice as a Certified Public Accountant of　　　CPA firm.

本证书于担任厦门大学会计师事务所注册会计师期间有效

批准注册机关：

证书编号：

一九九二年　月十三日

◎校领导与厦门大学知名教授合影（右五为葛家澍先生，20世纪80年代中期）

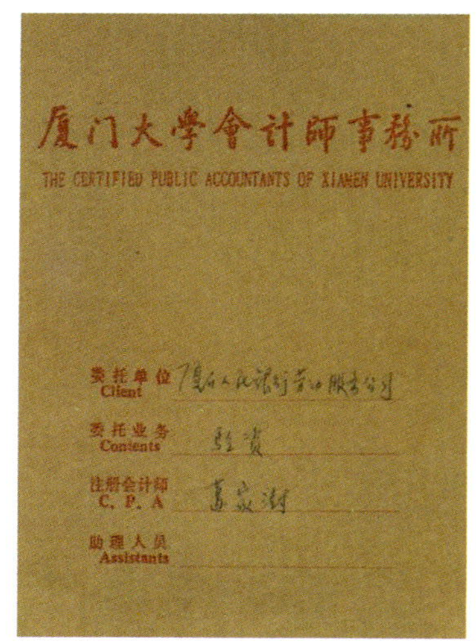

厦门大學會計師事務所

THE CERTIFIED PUBLIC ACCOUNTANTS OF XIAMEN UNIVERSITY

委托单位 Client

委托业务 Contents 验资

注册会计师 C. P. A 葛家澍

助理人员 Assistants

◎葛家澍在厦门大学会计师事务所的报告封面（1989年）

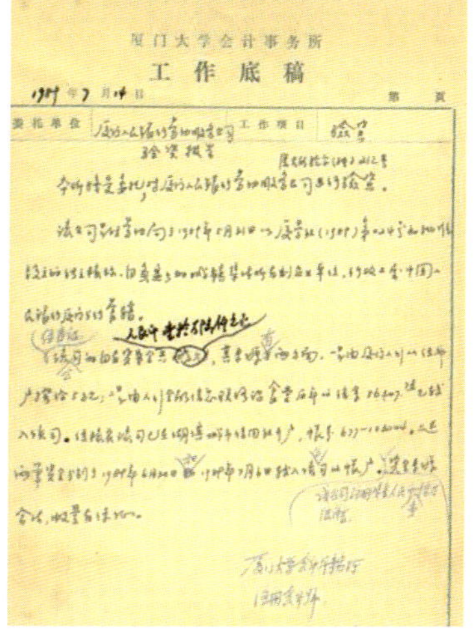

厦门大学会计事务所

工作底稿

◎葛家澍审计工作底稿（1989年）

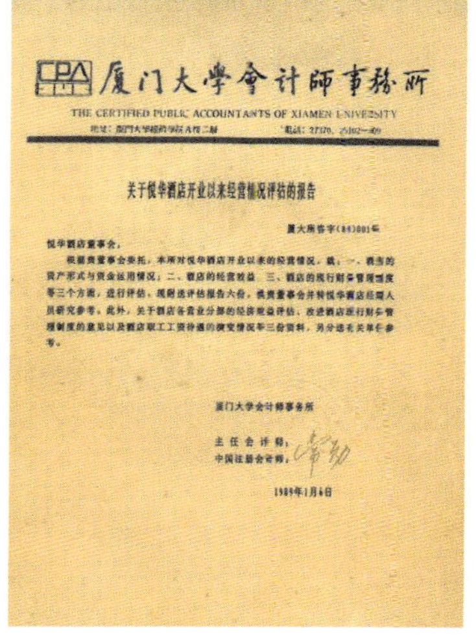

厦门大學會計師事務所

THE CERTIFIED PUBLIC ACCOUNTANTS OF XIAMEN UNIVERSITY

关于悦华酒店开业以来经营情况评估的报告

◎常勋签署的审计报告（1989年）

二十九、1977—1999年厦门大学会计学科的其他重要事件

1984年12月，厦门大学文科学术委员会成立，葛家澍教授任主任委员。1985年1月，葛家澍教授和余绪缨教授任厦门大学学位委员会委员。1985年，经济学院会计理论教研室获评“厦门市1985年度先进集体”。

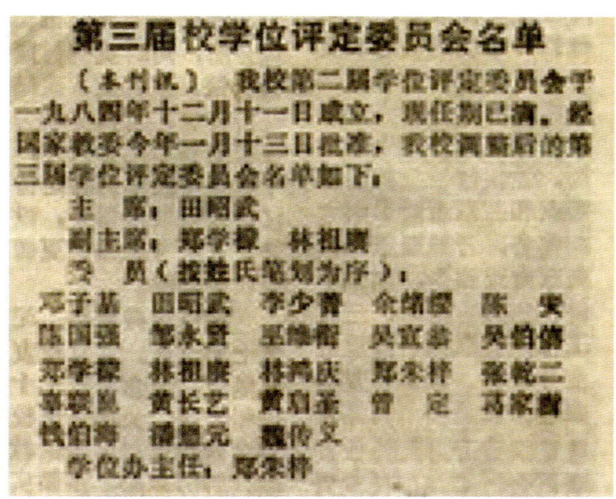

第三届校学位评定委员会名单

（本刊讯） 我校第二届学位评定委员会于一九八四年十二月十一日成立，现任期已满。经国家教委今年一月十三日批准，我校调整后的第三届学位评定委员会名单如下：

主 席：田昭武

副主席：郑学檬 林祖赓

委 员（按姓氏笔划为序）：

邓子基 田昭武 李少菁 余绪缨 陈 实

陈国强 邹永贤 巫维衔 吴宣恭 吴伯僖

郑学檬 林祖赓 林鸿庆 郑朱梓 张乾二

[illegible] 黄长艺 黄启圣 曾 定 葛家澍

钱伯海 潘懋元 魏传义

学位办主任：郑朱梓

◎葛家澍教授和余绪缨教授被聘为厦门大学第三届学位评定委员会委员（《厦门大学报》第216期）

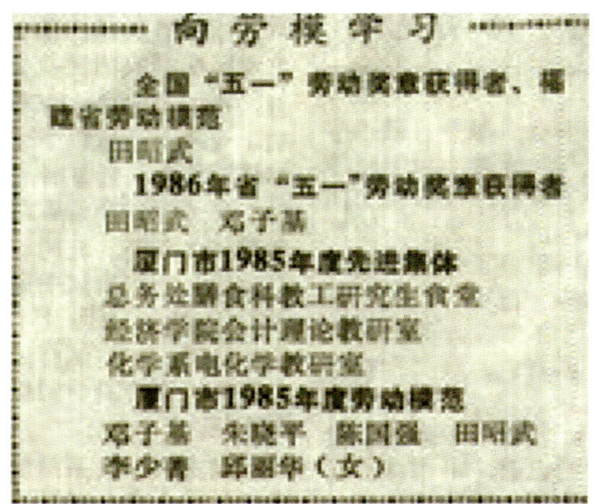

向劳模学习

全国“五一”劳动奖章获得者、福建省劳动模范

田昭武

1986年省“五一”劳动奖章获得者

田昭武 邓子基

厦门市1985年度先进集体

总务处膳食科教工研究生食堂

经济学院会计理论教研室

化学系电化学教研室

厦门市1985年度劳动模范

邓子基 朱晓平 陈国强 田昭武

李少菁 邱丽华（女）

◎经济学院会计理论教研室获评“厦门市1985年度先进集体”（《厦门大学报》第163期）

1987年，厦门大学校务委员会换届调整，葛家澍与余绪缨任校务委员。

◎校务委员会成员名单（《厦门大学报》第183期）◎葛家澍和余绪缨当选厦门大学校务委员会成员（《厦门大学报》第224期）

1987年7月，厦门大学工会换届，葛家澍教授当选厦门大学工会第十七届委员会主席。

◎葛家澍教授当选厦门大学工会主席（《厦门大学报》第187期）

1995年，曲晓辉教授担任 *Accounting Education* 编委。1995年11月，曲晓辉教授担任厦门大学研究生院副院长。曲晓辉教授任研究生院副院长期间，发起论证了会计硕士专业学位（MPAcc），厦门大学会计学系也因此成为 MPAcc 的发起论证单位。

ACCOUNTING EDUCATION
An International Journal

Our Ref: RMSW/SJB
4 January 1995

Professor Xiaohui Qu
Department of Accounting
Xiamen University
Xiamen
China 361005

Dear Professor Xiaohui

This journal was launched in March 1992 as a quarterly research journal. Its aims are shown on the enclosure.

The twelve issues making up Volumes 1-3 have included contributions from around the world; copies of the summarised contents are also enclosed.

Given your interests in accounting education my purpose in writing is to invite you to act as an Editorial Advisor for the journal with effect January 1995. This role is quite distinct from that of the journal's Editorial Board (which has a responsibility for detailed refereeing of submissions). The "job specification" for an Editorial Advisor is as follows:

◎曲晓辉教授担任 *Accounting Education* 编委

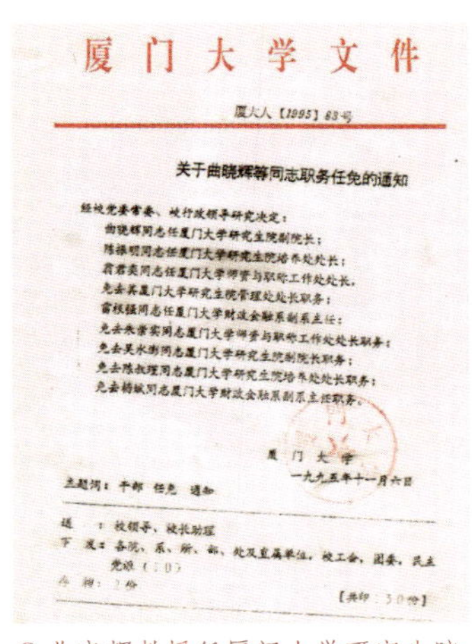
厦门大学文件

厦大人〔1995〕83号

关于曲晓辉等同志职务任免的通知

经校党委常委、校行政领导研究决定：

曲晓辉同志任厦门大学研究生院副院长；

陈振明同志任厦门大学研究生院培养处处长；

肖君英同志任厦门大学师资与职称工作处处长，免去其厦门大学研究生院管理处处长职务；

雷根强同志任厦门大学财政金融系副系主任；

免去朱崇实同志厦门大学师资与职称工作处处长职务；

免去吴水澎同志厦门大学研究生院副院长职务；

免去陈叔理同志厦门大学研究生院培养处处长职务；

免去杨斌同志厦门大学财政金融系副系主任职务。

厦门大学

一九九五年十一月六日

主题词：干部 任免 通知

送：校领导、校长助理

下发：各院、系、所、部、处及直属单位，校工会，团委，民主党派（10）

存档：2份

〔共印：30份〕

◎曲晓辉教授任厦门大学研究生院副院长（1995年11月）

1998年9月，曲晓辉教授当选中华全国妇女联合会执行委员。

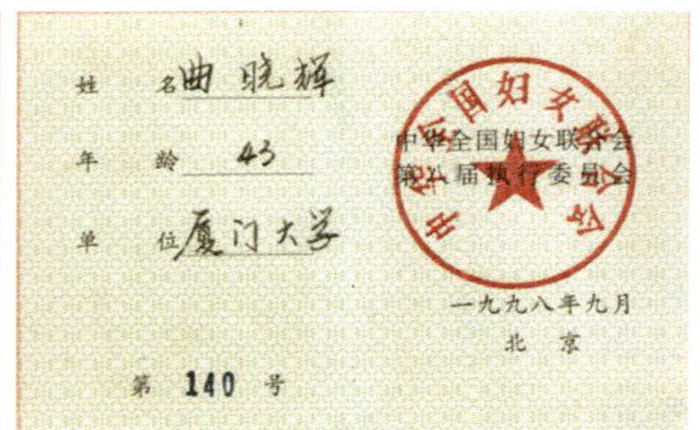
姓　名 曲晓辉

年　龄 43

单　位 厦门大学

中华全国妇女联合会
第八届执行委员会

一九九八年九月
北　京

第 140 号

◎曲晓辉教授的中华全国妇女联合会执行委员证书

1999年3月，曲晓辉教授任中国会计学会学术委员。

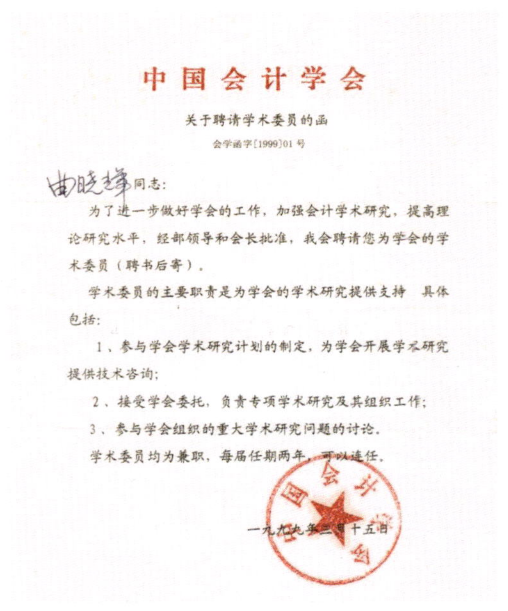
中国会计学会

关于聘请学术委员的函

会学函字[1999]01号

曲晓辉同志：

为了进一步做好学会的工作，加强会计学术研究，提高理论研究水平，经部领导和会长批准，我会聘请您为学会的学术委员（聘书后寄）。

学术委员的主要职责是为学会的学术研究提供支持 具体包括：

1、参与学会学术研究计划的制定，为学会开展学术研究提供技术咨询；

2、接受学会委托，负责专项学术研究及其组织工作；

3、参与学会组织的重大学术研究问题的讨论。

学术委员均为兼职，每届任期两年，可以连任。

一九九九年三月十五日

◎曲晓辉教授任中国会计学会学术委员（1999年3月）

三十、丁政曾和蔡悦诗伉俪：“爱校（系）情殷、殊足矜式”[①]

丁政曾先生1944年就读于厦门大学会计学系，1948年毕业。蔡悦诗女士亦毕业于厦门大学[②]。厦门大学是丁政曾和蔡悦诗伉俪情牵一生的精神家园。

1989年，丁政曾、蔡悦诗伉俪为母校设立“蔡建文资深教师奖励金”，嘉慰教书育人

① 主要参考了《丁政曾、蔡悦诗伉俪：爱校情殷 殊足矜式》一文（引自：曾国斌，2023. 南强大爱 世纪流芳 [M]. 厦门：厦门大学出版社 :97-102.），略有增删。

② 蔡悦诗女士就读于厦门大学外文系，后转入教育系学习，1946年暑假后迁回上海沪江大学，因始终眷念厦大生活，苦熬10天后决然退学，续读厦门大学。

◎丁政曾、蔡悦诗伉俪

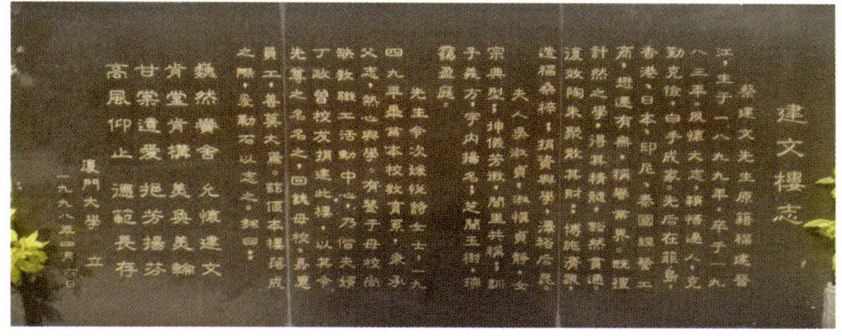

◎厦门大学建文楼及楼志

超过40年的在职教师。

1991年，丁政曾、蔡悦诗伉俪返校参加厦大建校70周年庆典，为母校捐资140万港元，支持学校建设与发展。

1992年，得知母校教职员工尚缺文化活动场所，丁政曾、蔡悦诗伉俪又捐资400万港元，为母校建成教职工活动中心大楼，并以父亲蔡建文先生之名冠名“建文楼”，大大改善了全校教职员工健身休闲环境，也为学校举办展览提供了重要场地。

1996年，蔡悦诗女士回校参加母校建校75周年纪念活动并为“建文楼”奠基。

参加建文楼奠基仪式期间，蔡悦诗女士偶闻学校正在筹建嘉庚楼群，便与丁政曾先生认捐计划建设的三号楼主楼，并接受建议使之增至21层（一方面表示迎接21世纪到来，另一方面表示迎接“211工程”）。当时东南亚金融风暴席卷泰国，丁政曾、蔡悦诗伉俪二人尽管处境艰难，却还毅然捐赠2000万港元，为母校建成最高建筑“颂恩楼”，弘扬嘉庚校主倾资兴学的大爱精神。

颂恩楼卓然挺拔，巍然耸立，从根本上改变了厦门大学的办学条件。为彰显丁政曾、蔡悦诗伉俪热心教育、回馈母校的高贵精神，学校为两座大楼树碑立传，并邀请知名校友邵建寅先生撰写楼志，以铭记丁政曾、蔡悦诗伉俪对厦门大学教育事业的重大贡献。

丁政曾和蔡悦诗伉俪爱校荣校、爱师敬师的光辉事迹引起广泛关注，赢得普遍赞誉[①]。

◎厦门大学嘉庚楼群及颂恩楼的楼志

① 2001年4月6日，蔡悦诗女士作为海外杰出校友代表在厦大建校80周年校庆大会上致辞，她说："倘若时光真能倒流，我愿意旧事重演，再次选读厦门大学。因为我爱我的母校，那里有我所熟悉亲切可爱的师友，还有萦纡脑际诉说不尽的赏心乐事……学校中A、B等的学生把他们的智慧财富献给母校，提升母校声誉；C、D等的学生献上金钱给母校改善教学环境和增添先进设施。一所大学正如一部电脑，A、B等学生是软体，C、D等学生是硬体，两者相辅相成才能发挥最佳效用。"她的话语引发全场强烈共鸣，得到热烈掌声。

第三节　1977—1999 年厦门大学会计学科教学成果[①]

国家级教学成果奖从1989年开始评审，厦门大学会计学系1978—1999年获得的国家级教学成果奖和主要的省部级教学成果奖如下。

◎　厦门大学会计学系教师所获国家级与省部级教学成果相关的奖励

序号	获奖者	获奖类别	获奖成果名称	获奖等级	获奖年度	授予部门
1	葛家澍	国家级教学成果奖	创建“独树一帜”的财务会计教材体系	优秀奖	1989	教育部
2	葛家澍 余绪缨 常　勋 吴水澎 陈守文	国家级教学成果奖	以教学创新为中心、进行全方位教学改革	二等奖	1997	教育部
3	常　勋	福建省教学成果奖	“国际会计”专业开拓与教材建设	一等奖	1989	福建省教育委员会
4	葛家澍 余绪缨 常　勋 吴水澎 陈守文	福建省教学成果奖	以教学创新为中心、进行全方位教学改革	一等奖	1997	福建省教育厅
5	葛家澍	全国普通高等学校优秀教材奖	会计基础知识	一等奖	1988	教育部
6	余绪缨	全国普通高等学校优秀教材奖	管理会计学	一等奖	1988	教育部
7	葛家澍	全国普通高等学校优秀教材奖	中级财务会计	一等奖	1995	教育部

一、国家级教学成果奖：创建“独树一帜”的财务会计教材体系

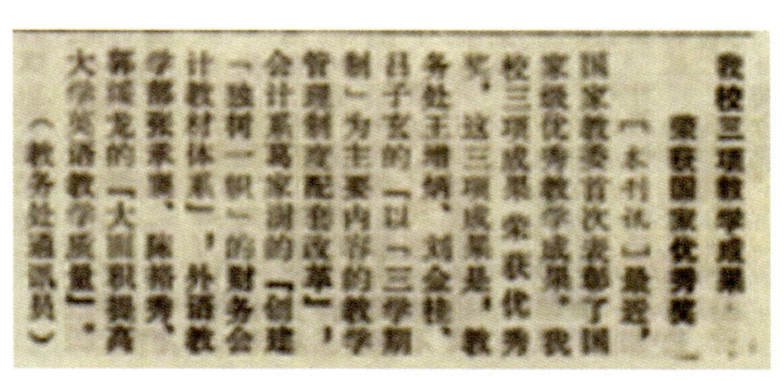

我校三项教学成果荣获国家优秀奖

（本刊讯）最近，国家教委首次表彰了国家级优秀教学成果，我校三项成果荣获优秀奖。这三项成果是，教务处王增炳、刘金桂、吕子玄的「以“三学期制”为主要内容的教学管理制度配套改革」，会计系葛家澍的「创建“独树一帜”的财务会计教材体系」，外语教学部张承谟、陈裕秀、郭慎龙的「大面积提高大学英语教学质量」。（教务处通讯员）

◎“创建‘独树一帜’的财务会计教材体系”荣获国家级教学成果优秀奖（《厦门大学报》第230期）

获奖单位：会计学系

主要成员：葛家澍

获奖时间及等级：1989年国家级优秀教学成果优秀奖

① 由于年代相对久远和不注意对历史档案的保存，我们无法获得部分教学成果奖的证书，有时只能以相关的新闻报道替代。这是深刻的教训，厦门大学会计学科应当在以后注意相关历史资料的收集和归档，确保一些证明文件不再湮没在历史的长河里。

一九八九年普通高等学校

优秀教学成果

获奖项目：创建独树一帜的财务会计教材体系

获奖者：葛家澍

奖励等级：国家级优秀奖

◎葛家澍国家级教学成果奖证书（1989年）

葛家澍教授自1945年参加工作以来，一直在厦门大学会计系从事会计学的教学与科研。经过长期的努力和探索，编写出一套多层次、跨学科的财务会计教材。这套教材在体系编排、学术观点和内容安排等方面“独树一帜”，在国内有较大影响。

这套“独树一帜”的教材体系包括：（1）《会计学原理》（上海财经出版社1962年版）；（2）《会计基础知识》（中国财经出版社1964年版；教育部组织编写的高校文科教材）；（3）《会计基础知识》（上海人民出版社1978年第1版）；（4）《会计学基础》（中国财经出版社1980年版；教育部高校文科教材，发行量已近100万册，曾获1988年国家级优秀教材一等奖）；（5）《社会主义经济核算与经济效果》（上海人民出版社1982年版；教育部高校文科教材）；（6）《会计学原理教程》（天津人民出版社1984年版）；（7）《会计基础知识》（上海人民出版社1984年第2版；发行量已突破100万册，获福建省“六五”优秀科研成果奖）；（8）《工业会计概论》（经济科学出版社1986年版；国家经委经济管理干部培训教材）；（9）《会计学导论》（立信会计图书用品社1988年版；国家教委文科教材，由财政部特邀编写）；（10）《会计原理》（中国财经出版社1962年第1版；财经部优秀教材奖）；（11）《通货膨胀会计》（中国财经出版社1985年版；获福建省“七五”优秀科研成果奖）；（12）《会计的基本概念》（经济科学出版社1986年版）；（13）《关于会计基本理论与方法问题》（经济科学出版社1988年版）。

上述13本教材中，除《会计基础知识》《会计学原理教程》《会计原理》外，其余都是国家教委和国家经委指定葛家澍教授任主编的高校文科统编教材。葛教授在编写教材时坚持做到：（1）以系统的科学研究为基础，通过高质量科学研究不断地更新教材；（2）学以致用，紧密结合经济体制改革和会计改革的需要，不断补充和更新教材的内容，开辟新的学科领域。葛教授编写的这些教材在国内的使用范围广，使用时间长，得到国内各使用院校的好评，影响甚大。

下面简要介绍其中几本教材和参考书。

（1）《会计学导论》：该书是国家教委指定的高校文科教材，在结构体系、章节安排、内容选择上都体现了主编的学术观点。同时，书中还较系统地介绍了国内外财务会计理论与方法的最新成就，尽可能地列出并比较了各种不同的学术观点。该书已成为会计学高年级本科生和研究生的必读书。

（2）《关于会计基本理论与方法问题》：该书选编了葛教授的19篇代表性学术论文，这些论文对会计理论的若干领域进行了开创性探索，对学生探讨会计理论与方法有着积极的引导作用。

（3）《通货膨胀会计》：该书打破了我国会计理论的禁区，较为系统地介绍了西方关于通货膨胀会计的几种主要模式，并对传统的会计理论与方法，其中包括我国沿用的会计理论与方法（如历史成本计量理论）提出了挑战。该书对培养学生科学研究的正确态度，把握西方财务会计理论与方法的发展方向，引导他们去探索适合我国物价变动的会计模式有着积极的意义。

（4）《会计的基本概念》：本书比较系统、全面地阐述了对会计的本质、对象、属性、职能、会计假设与会计原则等一系列基本问题的认识，它是国内第一本探讨会计基本理论的专著，已成为全国高校会计专业学生的一本重要参考书。

（5）《社会主义经济核算与经济效果》：该书在经济核算理论和经济效果计量方面做了跨学科的研究，把会计学、经济学、财务学、统计学的成果融为一体，有助于会计专业的学生开阔视野，向跨学科和边缘学科方向发展。

（6）《会计学基础》：该书获得国家级优秀教材一等奖。此后根据经济体制改革和会计改革的需求，结合教学的要求，对该书进行修订，修订版也由中国财经出版社出版。

二、国家级教学成果奖：以教学内容创新为中心、进行全方位教学改革

厦门大学

一九九七年三月十五日

我校科技工作成绩显著

科技管理先进单位一行等

科技处获"全国高等学校

加强管理 深化改革

我校9项教学成果获省级奖

优秀教学成果简介

以教学内容创新为中心 进行全方位教学改革

主要完成者：葛家澍、余绪缨、常勋、吴水澎、陈守文

◎会计学系1997年国家级教学成果奖介绍（主持人葛家澍教授，《厦门大学报》1997年3月15日第354期）

获奖单位：会计系

主要成员：葛家澍、余绪缨、常勋、吴水澎、陈守文

获奖时间及等级：1997年国家级优秀教学成果二等奖和1997年福建省教学成果一等奖

我国社会主义市场经济体制的创建及迅速发展，标志着我国的经济改革进入了一个新的发展阶段。会计作为国际通用的商业语言，为适应社会主义市场经济的发展及进一步深入改革开放的需要，也进行了配套性改革。从1993年7月1日开始实施的《企业会计准则》与《企业财务通则》以及随后在制定中的一系列具体会计准则，就是这项改革工程的重要内容。厦门大学会计学科是我国会计学重点学科，自20世纪80年代初以来，在财务会计、管理会计和国际会计的教学、科研方面一直处于国内领先地位。进入20世纪90年代，与国家会计改革进程相同步，会计系开始进行教材及教学方法的全方位、超前性、系统性的改革，取得了丰硕成果和显著成绩。

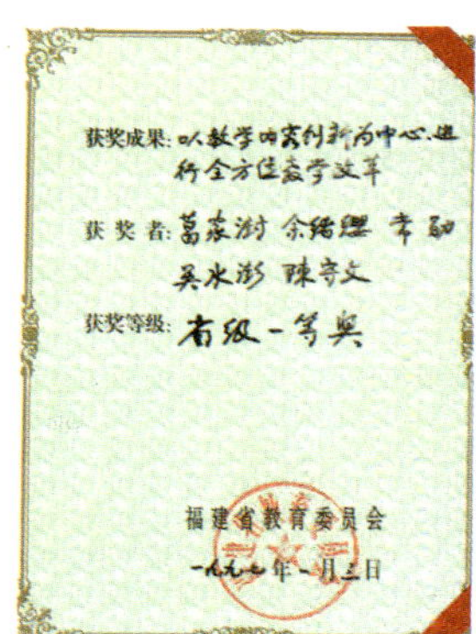

◎“以教学内容创新为中心、进行全方位教学改革”获福建省教学成果奖一等奖证书

（一）教材建设

在会计准则公布与实施以后，如何编著一套既适应我国改革开放实际需要又具有高度前瞻性的会计教材，就成为会计教学改革的一项重要任务。1992年下半年，会计系在葛家澍教授、余绪缨教授两位学术带头人的率领下，本着面向未来、面向国际、面向现代化的宗旨，编写出了一套起点高、内容新、水平高的“厦门大学会计系列教材”，从1994年下半年起陆续与读者见面。这套系列教材包括《会计学原理》（吴水澎主编）、《中级财务会计》（葛家澍主编）、《高级财务会计》（常勋主编）、《成本会计》（陈守文主编）、《管理会计》（余绪缨主编）、《企业理财学》（余绪缨主编）、《审计学》（李若山主编）等7本。

这套系列教材是厦大会计系第一次以学校的名义出版的系列教材，是一套注重超前性、科学性、理论与实践相结合并力求高质量和高水平的教材。特别是：葛家澍主编的《中级财务会计》完全摈弃了会计教材依附于制度（准则）的通病，而是立足国际会计惯例，旨在讲述财务会计本身的科学内涵，反映了财务会计理论与方法的最新进展；余绪缨主编的《管理会计》，反映了在高科技蓬勃发展和生产组织重大变革下，现代管理会计面临的新的重大突破，并在吸收、消化当代国内外相关领域最新成果的基础上，形成了独树一帜的广义管理会计学说；余绪缨主编的《企业理财学》，全面系统地概括和评述了四位诺贝尔经济学奖获得者——马科维兹、夏普、米勒和莫迪格莱尼提出并得到不断发展的“投资组合理论”、“资本资产定价理论”、“套利定价理论”和“总价值理论”，并以此为基础来认识、分析现代企业理财中的基本问题，从而使本书成为国内同类高等院校教材中最能反映世界财务领域最新发展、最具学术性的教材。

这套教材的出版，取得了良好的社会反响。在短短的两年时间里，共印刷三次，每本书印了27000多册，仍然供不应求。众多高校的会计系采用这套教材，反应良好。考虑到会计是实用性、操作性很强的学科，葛、余两位主编又组织人员编写了上述这套教材的配套辅助教材。同时，老师们根据工作性质和改革要求各自发挥主动性、积极性，还编写了大量的相关教材。

厦大会计系的教材建设，历来得到社会的广泛认可和高度评价。葛家澍教授主编的《会计学基础》（1980年版）于1988年获全国高等学校优秀教材奖；余绪缨教授主编的《管理会计》（中国财经出版社1990年修订版）荣获第三届全国财政系统大中专优秀教材荣誉奖，该书于1983年出的第一版曾荣获国家教委高等学校优秀教材一等奖；葛家澍教授主编的《中级财务会计》获第三届全国高等学校优秀教材一等奖；常勋教授编的《现代西方财务会计》获第三届全国高等学校优秀教材二等奖。1990—1994年，厦大校级优秀教材共有一等奖5部、二等奖23部。厦大会计系吴水澎教授主编的《会计学原理》等5部教材获一等奖，陈守文教授主编的《成本会计》等5部教材获二等奖。在全校范围内，我系获奖比例最高。此外，葛家澍教授“创建‘独树一帜’的财务会计教材体系”还获得国家级优秀教学成果奖（1989年11月）。

（二）教学方法改革

教学改革的第二项内容是对教学方法的研究和对学生的全面培养。作为全国会计学的重点学科点，全国第一批会计学硕士、博士的招生单位，全国第一批经济学（会计学）博士后的建站单位，厦大会计系已经形成了由本科、硕士、博士、博士后组成的四级教育体系，总的培养目标是坚持通才教育和职业教育并重。

在本科教学方面：针对通才教育，确定了会计系各类学生必修的专业基础课，如“政治经济学”“西方宏微观经济学”“管理学”“计算机”（需参加等级考试）等；针对职业教育，打破了传统的单一性分专业方向培养制，在会计专业范围内，首先应学习葛家澍教授和余绪缨教授主编的7门主干教材，而后再根据需要加开一些选修课，如管理会计专题、审计案例、资产评估、财务报表分析、管理审计等。在具体教学方法上，坚持传统授课和案例教学相结合，要求教师做到“五有”，即有教学大纲、有习题、有案例、有试卷、有参考书目。这样的教学方式使得学生不是只有就会计论会计的单一能力，而是既有综合能力又有专业能力。

在硕士研究生培养方面：积极开展培养方案的修订，完善监督与激励机制。在监督方面，会计系对硕士研究生实行基础专业课统一修课和过关考试制度，对硕士生的培养分三个阶段进行：第一学年基础专业课教学，第二学年学位课教学，第三学年学位论文撰写，学生必须通过基础专业课的考试方可进入第二阶段学位课程的学习。4门基础课都用外文原版教材进行授课。对学位论文及答辩也做了新规定，要求学生在攻读硕士学位期间必须在公开发行的学术刊物上至少发表3篇具有一定学术水平的论文，未完成者推迟答辩；对于研究生发表的论文给予一定的奖励。

在博士研究生及博士后培养方面：迄今为止，会计系共培养20余位经济学（会计学）博士、2位博士后研究人员。葛家澍教授培养了新中国第一位会计学博士、第一位审计学博士、第一位来自中国台湾地区的会计学博士、第一位会计学博士后。余绪缨教授作为迄今为止全国管理会计方向唯一的博士生导师，培养了新中国第一位管理会计学博士和博士后，并率先打破国界，于1994年招收了来自科威特的博士研究生，从而结束了我国会计学科只有留洋攻读“洋博士学位”，没有“洋学生”来华攻读中国博士学位的历史，这也标志着我国在管理会计的教学科研上已达到国际水平。对博士学位课的教学，几位博导注重博、专、新，不单纯局限于知识传授，还注重对学生创造性研究能力和科学方法论的培养。对于育人，几位博导提出“三严”要求：政治思想上从严，学风上严管，对好的苗子各方面均从严要求，从而真正做到了“传道授业解惑”与“寻道”并重。

以葛家澍、余绪缨、常勋、吴水澎、陈守文、李若山等六位教授为学科带头人的厦大会计系，在教材建设和教学方法改革上已取得了显著的成绩，社会效益良好。

三、福建省教学成果奖：“国际会计”专业开拓与教材建设

获奖单位：会计学系

主要成员：常勋

获奖时间及等级：1989年福建省普通高校优秀教学成果一等奖

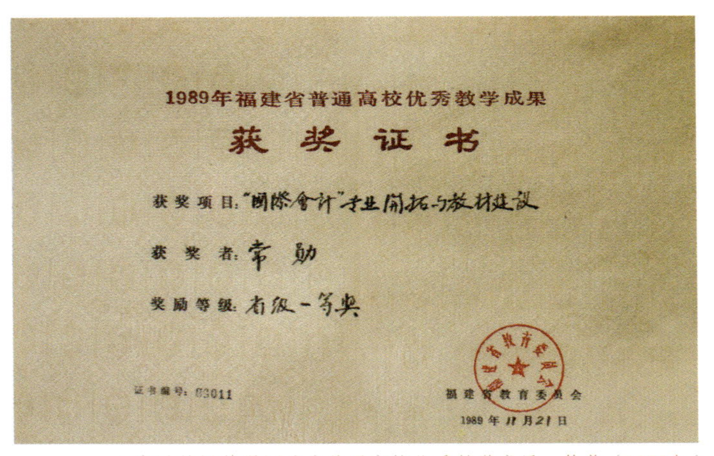

1989年福建省普通高校优秀教学成果

获奖证书

获奖项目："国际会计"专业开拓与教材建设

获奖者：常勋

奖励等级：省级一等奖

证书编号：83011

福建省教育委员会

1989年11月21日

◎常勋教授获得福建省普通高校优秀教学成果一等奖（1989年）

◎常勋教授的"国际会计"课程手稿

◎常勋教授在国际会计与高级财务会计领域的著作与译作

为了适应对外开放和会计学科教学改革的要求，从1982年起，厦门大学会计系常勋教授着手开设国际会计和涉外会计这两个新领域的系列课程，这在全国处于先导地位。当时，无论在师资力量还是教材建设方面，几乎都是"空白"的，而且国际会计是20世纪70年代后才粗具体系的会计学科分支，对其学习和研究，主要是从搜集国外的最新文献资料入手。因此，常勋教授在承担这一开拓性的任务时，是面临着不少困难的。经过8年的努力，从课程配套到专业创建，从原著翻译到教材自编等方面，都取得了一些可喜的成果，可总结出以下三点主要经验。

（一）基于课程的教材建设和师资梯队建设是开拓新专业的关键

常勋教授率先开设了西方财务会计、会计专业英语、中外合资经营企业会计、国际会计等课程，这些课程的教材也都由他主编、参编或翻译、校订，现已出版的共8部，达199.7万字，其中由他编写或翻译的部分共计89.8万字，这些教材的出版日期在国内都是最早的。与此同时，通过参加编、译教材和先听课后讲授等方式，为这些新课程培养了12位中、青年教师。1987年起，他开始专门招收国际会计方向的研究生，又增开了国际会计研究和涉外会计研究2门新课程。随着师资梯队的逐步壮大和教材建设的粗具规模，使会计系先后顺利地为石油部、化工部、省市外贸、银行、税务系统和厦门经济特区培训了具有大专资历的外经财会干部400余人。1988年起，增设国际会计（含涉外会计）本科专业。1986年起，接受国家教委委托，利用世界银行贷款开办国际会计和国际财税的全国师资培训班，已向60多所高等财经院校输送国际会计和涉外会计的师资120余人（至1989年）。

（二）教学与科研相结合，把科研成果应用于提高教学和教材质量之中

在教学和教材建设过程中，常勋教授始终坚持教学与科研相结合，想方设法开辟渠道，取得国内外（特别是国外）的最新文献资料，经过研究形成的论文、译文和译著（教材除外）超过400万字；在涉外会计方面，进行多次点、面结合的调查，向实际工作的行家请教，和他们一起探讨实务中的难题。由于把科研成果应用于教材建设和课堂教学之中，常勋教授形成了既重视系统的理论阐述又紧密联系实际的教学特色，赢得广大师生的好评。《西方财务会计》和《中外合资经营企业会计》2本教材已为全国不少高等财经院校采用，前者出版6年发行量便已达20万册，后者出版3年发行量已达7万册并且已获奖。

（三）把我国涉外会计纳入国际会计的比较研究体系，形成新专业的特色

常勋教授在开拓国际会计专业之初，就本着“立足本国、放眼世界”的构想，从借鉴西方会计学科的理论和方法入手，结合我国国情，探讨改进和完善我国涉外会计的途径，并且从分析不同环境因素对不同会计模式的影响入手，阐述我国涉外会计的特色，将其纳入国际会计的比较研究体系。这在《中外合资经营企业会计》一书及常勋教授先后发表的4篇有关外币业务会计处理方法的论文中，体现得十分突出，并受到国内会计界的重视。常勋教授在1987年出席第六次国际会计教育会议时发表论文“A Brief Discussion on the Accounting Regulations for Joint Ventures in China”（《简论中国中外合资经营企业会计制度》），也获得了较好的国际影响，此文已编入1989年出版的第六次国际会计教育会议录论文集中，并被美国北卡罗来纳中央大学选入国际会计课程参考文献。

四、高等学校优秀教材一等奖:《会计学基础》①

《会计学基础》于1980年由中国财政经济出版社出版，系教育部高校文科统编教材，发行量超100万册，1988年获教育部高等学校优秀教材一等奖。

① 该获奖证书已经湮没在历史的长河里，目前不可得。

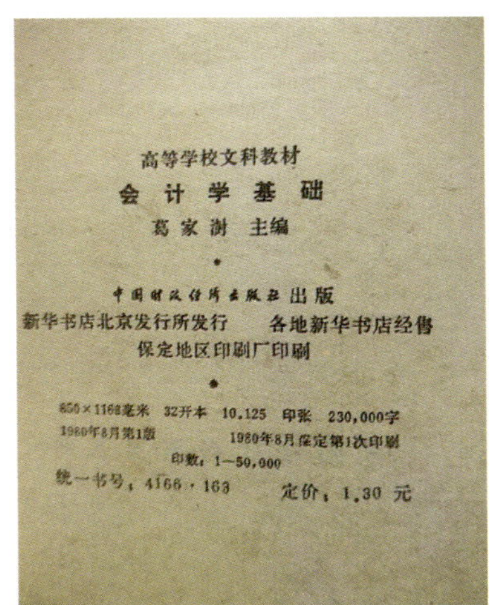

高等学校文科教材
会 计 学 基 础
葛家澍 主编

中国财政经济出版社出版
新华书店北京发行所发行 各地新华书店经售
保定地区印刷厂印刷

850×1168毫米 32开本 10.125 印张 230,000字
1980年8月第1版 1980年8月保定第1次印刷
印数：1—50,000
统一书号：4166·163 定价：1.30 元

◎《会计学基础》(中国财政经济出版社1980年版)封面及版权页

《会计学基础》(中国财政经济出版社1980年版)前言如下:

根据教育部制订的高等学校文科教材编选计划，我们编写了《会计学基础》，既可作为综合大学经济系政治经济学专业的教材，也可作为高等财经院校会计学专业或其他财经专业的教材。

本书以1964年2月中国财政经济出版社出版的《会计基础知识》一书为基础，并吸取了其他会计教材的优点编写而成。

本书由葛家澍同志主编，对全书初稿进行修改和总纂。初稿由以下同志分工执笔：第一、五、六章由葛家澍同志执笔；第二章由陈仁栋、潘德年同志执笔；第三章由陈仁栋同志执笔；第四、八章由黄忠堃同志执笔；第七章由潘德年同志执笔；附录由余绪缨同志执笔。

本书在修改定稿过程中，杨纪琬、赵玉珉等同志对全书进行了审阅并提出许多宝贵的意见，其他兄弟院校和单位还提出了书面意见。对此，我们表示感谢。

由于本书内容较多，政治经济学专业在采用本书作为教材时，对其中某些章节可不予讲授，只供学生自学参考。

五、高等学校优秀教材一等奖:《管理会计》

1983年，余绪缨教授的《管理会计》由中国财政经济出版社出版，该教材作为经典教材，影响了数代会计学专业的学生和实务工作者，并获得1988年国家教委优秀教材一等奖。

基于厦门大学会计学科的“资金运动”论点，余绪缨老师将管理会计的对象确定为“以管理会计的对象即现金流动为经，以管理会计的职能为纬”的体系。《管理会计》做到了“以我为主，博采众长，融合提炼，自成一家”。1981年11月，财政部人事教育司在厦门大学召开教材审稿会，邀请中国人民大学、中央财政金融学院（现中央财经大学）、北京经济学院（现首都经济贸易大学）、上海财经学院（现上海财经大学）、上海社会科学院、天津财经学院（现天津财经大学）、江西财经学院（现江西财经大学）、辽宁财经学院（现东北财经大学）、山西财经学院（现山西财经大学）、郑州航空工业管理专科学校（现郑州航空工业管理学院）、厦门大学和中国财政经济出版社的专家对《管理会计》第二稿进行审查讨论。与会的审稿专家充分肯定了《管理会计》修改稿，认为其“内容丰富，自成体系，论述深入，结构严谨。迄今为止，这是国内有关管理会计教材中，质量较高、学术造诣较深的一本”①。

《管理会计》自1983年初首次出版以来，受到了广大师生的欢迎，重印9次，印数达几十万册。1988年初，余绪缨先生主编的《管理会计》获得了国家教委全国高等学校优秀教材奖。1990年、1996年和2004年，余绪缨先生又融入了自己最新的管理会计研究成果、对《管理会计》进行了修订，使《管理会计》成为罕见的具有专著色彩的会计学教材。

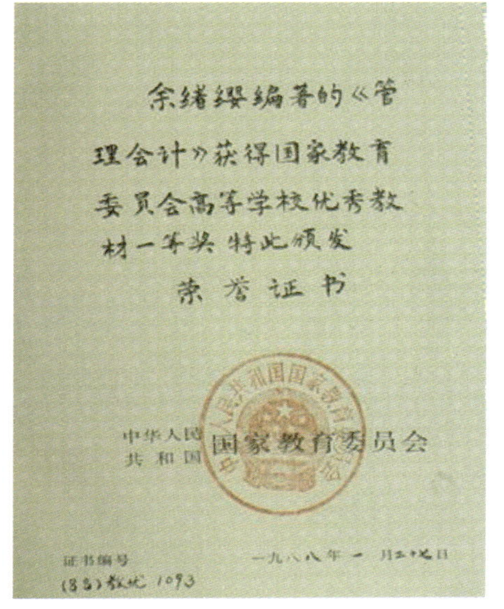

◎《管理会计》（中国财政经济出版社1983年版）封面和获奖证书

① 胡玉明，2008. 余绪缨管理会计学术思想述评［J］. 财会通讯（综合版）(9)；亦可参见：《余绪缨传记》编写组，2022. 一绪长缨：余绪缨传记［M］. 广州：广东经济出版社：220-221.

《管理会计》(中国财政经济出版社1983年版)目录如下:

六、高等学校优秀教材一等奖:《中级财务会计》

葛家澍教授主编的《中级财务会计》1994年由辽宁人民出版社出版。1995年，该教材获国家教委第三届普通高校优秀教材一等奖。

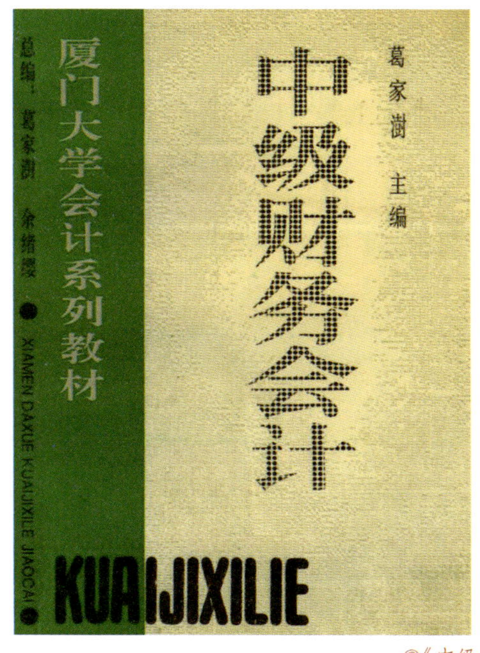

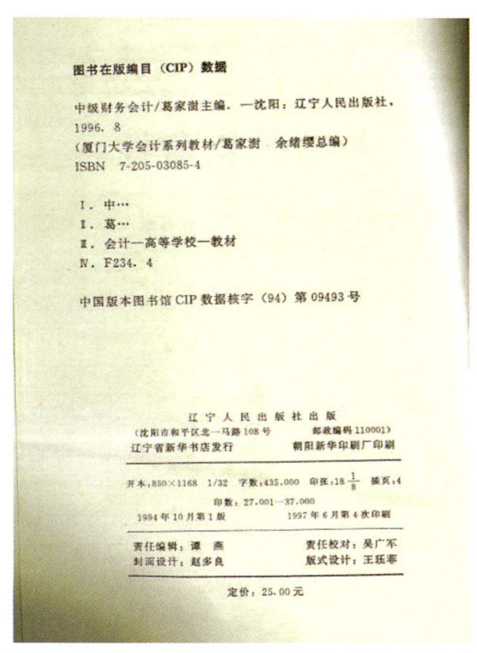
图书在版编目(CIP)数据

中级财务会计/葛家澍主编. 一沈阳：辽宁人民出版社，1996. 8
(厦门大学会计系列教材/葛家澍 余绪缨总编)
ISBN 7-205-03085-4

Ⅰ. 中…
Ⅱ. 葛…
Ⅲ. 会计—高等学校—教材
Ⅳ. F234. 4

中国版本图书馆CIP数据核字(94)第09493号

辽宁人民出版社出版
(沈阳市和平区北一马路108号 邮政编码110001)
辽宁省新华书店发行 朝阳新华印刷厂印刷

开本:850×1168 1/32 字数:435.000 印张:18 $\frac{1}{8}$ 插页:4
印数:27.001—37.000
1994年10月第1版 1997年6月第4次印刷

责任编辑:谭 燕 责任校对:吴广军
封面设计:赵多良 版式设计:王珏菲

定价:25.00元

◎《中级财务会计》(辽宁人民出版社1994年版)封面、版权页

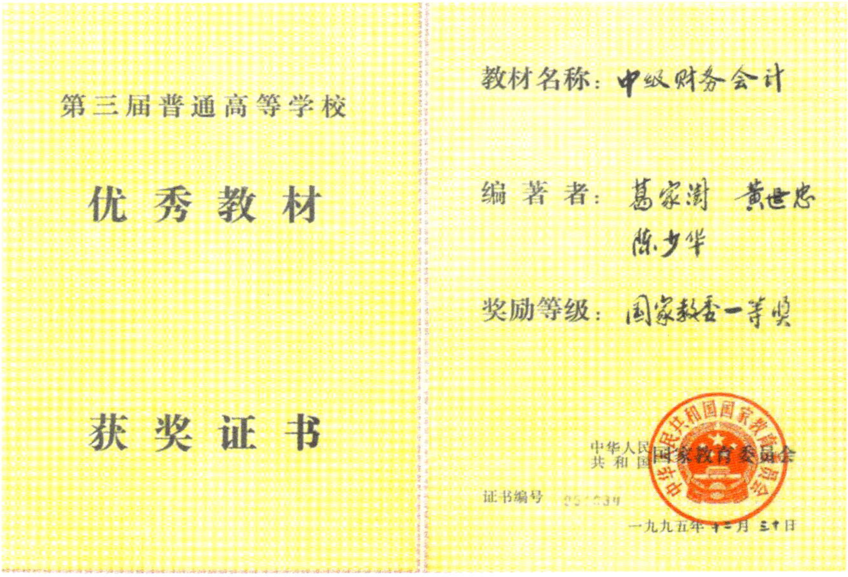

第三届普通高等学校

优秀教材

获奖证书

教材名称：中级财务会计

编著者：葛家澍 黄世忠 陈少华

奖励等级：国家教委一等奖

中华人民共和国国家教育委员会

证书编号

一九九五年十二月三十日

◎《中级财务会计》国家教育委员会第三届普通高等学校优秀教材一等奖证书（1995年）

《中级财务会计》（辽宁人民出版社1994年版）前言如下：

财务会计是现代会计的重要组成部分，它与管理会计相配合，构成一个以提供财务信息为主的经济信息系统，共同服务于市场经济条件下的现代企业。

由于财务会计主要是面向企业外部，最终通过财务报告（尤其是处于核心地位的财务报表）把有关企业的财务状况、经营业绩和财务状况的变化（现金流动）等信息传递给外部信息使用者。现代企业的经营、投资与理财活动，不仅直接关系到企业自身的生存、竞争与发展，而且直接影响到投资人、债权人以及国家等各方面的经济利益，并受到广大公众的关注。因此，企业对外披露的会计信息，必须具备可靠性和相关性等主要质量，符合真实与公允（公正）的要求，在国内和跨国之间都具有可比性并能相互理解。这样，现代企业生成和传递上述会计信息的程序和方法，就应当加以规范：既应遵守国内准则，又应合乎国际惯例。

我国实行的是社会主义市场经济。我国的经济体制是同社会基本制度紧密结合着的。就这一点看，它必然形成与生产资料公有制相联系的一系列特征。但我国的经济体制也是市场经济，这一点又决定了我国的经济与全球经济不可分割，也具有现代市场经济的基本共性。会计是国际通用的“商业语言”，这里所说的会计，主要是财务会计。透过各国无数企业的财务报告，彼此沟通信息，交流各自的经营、理财与投资的状况和业绩，为促进国际经贸发展，尤其是为促进国际资本在全球范围内的合理流动（投资与信贷）起着无法替代的重要作用。

基于上述考虑，本教材遵循“厦门大学会计系列教材”的总要求：立足中国，放眼世界；联系当前，注视未来。全书以国际会计惯例为基本框架，既着眼于我国当前的企业会计准则，又注重它的发展前景——与国际惯例（当期的实务与可能的发展）接轨。我们希望，本教材的内容，能够在一定程度上反映中国财务会计的未来。

为了按国际会计惯例组织全书的编写，力求扩大学生的知识面，并符合会计教学的需要，我们在内容结构的处理上有一些特点。这些特点主要包括：

（1）本教材所用的概念和账户，与现行准则和制度不一致。即使前后各章，在账户运用上，也不要求一致。这是因为设置和运用账户，只是为了便于处理国际上已出现的若干会计实务，而这些问题在我国的准则和制度中，迄今尚未得到反映。

（2）本教材所阐述的会计处理程序、处理方法与技术，较多地按照国际会计准则和美、英等国的“公认会计原则”。有些地方同我国的准则、制度基本一致，不少地方则有较大差别。

（3）为了扩大学生的知识面，比较国际惯例与我国的会计准则，以及为了反映财务会计上某些新发展，各章都穿插一些小字说明。

本教材由葛家澍教授任主编，黄世忠博士和陈少华博士为副主编，主编、副主编负责全书的统纂、修改和定稿。方荣义博士和刘峰博士也参加了统纂和定稿等工作。各章初稿编著的分工如下：第1、2、3章（葛家澍），第4、9、10、13、15章（黄世忠），第5、6、11、12章（方荣义），第7、8章（陈玮、刘峰），第14章（刘峰），第16、17、18、19章（陈少华）。

七、“厦门大学会计系列教材”

（一）“厦门大学会计系列教材”（第一版）

1994—1995年，“厦门大学会计系列教材”由辽宁人民出版社出版，总主编为葛家澍教授与余绪缨教授，包括会计学原理、中级财务会计、高级财务会计、成本会计、管理会计、企业理财、审计学共7本，各本教材的主编分别为吴水澎、葛家澍、常勋、陈守文、余绪缨、余绪缨、李若山。

“厦门大学会计系列教材”出版后，在国内高校中引起了强烈反响，被诸多高校的会计学专业采用。“厦门大学会计系列教材”中的各本教材屡获国家级与省部级奖项，譬如《中级财务会计》获得国家教委第三届普通高校优秀教材一等奖。以此为依托，厦门大学会计学科获得1997年国家级教学成果二等奖（“厦门大学会计系列学科教学内容与教学方法的改革”）。

此外，1995—2000年入学的厦门大学会计学系的硕士研究生和博士研究生，其入学考试的参考书目就是此套教材。

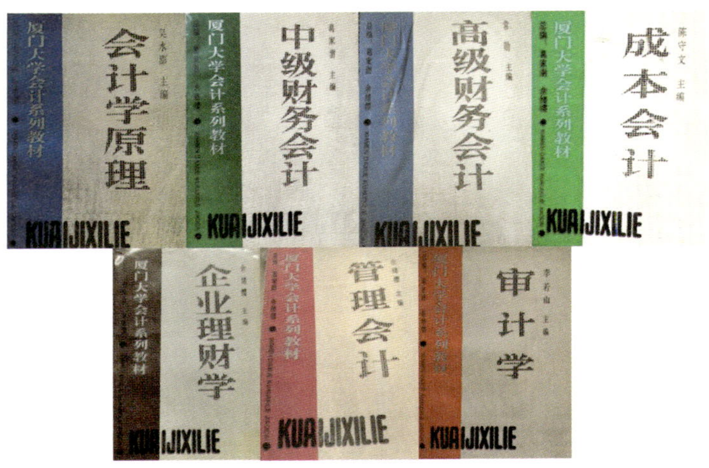

◎“厦门大学会计系列教材”（辽宁人民出版社，1994—1995年第一版）

重视教材建设 巩固科研成果

会计系推出会计系列教材

（会计系 唐国钟）

服务两个国际会议

校园网初显身手

（厦大校园网领导小组）

我校评出首届优秀教材

（教务处 吴启勤）

在智力拥军方面做出贡献

成人教育学院洪成得教授 获厦门市表彰

图书馆电子文献信息部向读者开放

（图书馆 许建生）

本版责任编辑 戴岩 卢明辉

◎会计系推出会计系列教材报道（《厦门大学报》1995年9月29日第326期）

（二）“厦门大学会计系列教材”总序

中世纪兴旺发达的商品交换，诞生了任何精明商人都必须掌握的复式簿记；20世纪充满活力的市场经济，则孕育了日趋完善的现代会计。现代会计既维护了市场经济的应有秩序，又促进了各种经营机制的有效运行。经济与会计之间的这种密切关系，充分说明了：作为一个经济信息系统的会计和作为一门服务于经济管理的会计科学，不论对人们的经济生活或对人类社会的经济发展，都有着举足轻重的作用。我国人民正为建立社会主义市场经济新体制、发展社会主义市场经济而努力奋斗。与此相适应，我国原有的、在高度集中的计划经济体制下形成的企业会计制度，为1992年底出台的《企业会计准则》和今后将陆续制定的一系列具体会计准则所取代，就成为不依人们意志为转移的历史必然。

众所周知，我国适应市场经济需要而进行的、具有开拓性的会计改革，有着重大的国内意义和国际意义。从国内看，它在全国范围对会计进行了统一规范，确保了会计信息的主要质量，为所有参与市场活动的组织和个人，一视同仁地提供公允的信息，从而为在社会主义市场中增添了一个有利于公开竞争的软环境。从国际看，会计被公认为国际通用的“商业语言”，是沟通国内市场与国际大市场的重要媒介。今天，人们所要求的会计信息，必须为本国使用者和外国使用者所共同理解。正如国际会计准则委员会一再强调的：同一交易或事项，不论在全球何处发生，都应按相同或类似的方式进行会计处理和信息披露。因此，求大同、存小异，并力求协调差异，不断提高信息的可比性，是今后会计发展不可逆转的大趋势。在本质上，会计的基本原理、方法和技术是属于全人类的，因为西方经济发达国家在社会化大生产、市场经济基础上形成发展起来的会计原理、方法和技术，并不都和资本主义私有制直接相联系，而应当视为全人类的共同财富。

适应会计发展的大趋势，会计实务工作面临的任务是：既要联系中国实际，又要借鉴国际经验，努力同国际会计惯例接轨。

会计教学工作者则面临更为艰巨的任务。我们现在和今后所培养的学生，基本上属于21世纪会计实际工作和理论工作的接班人。对他们来说应当掌握的会计知识，不仅涉及中国，而且涉及国际；不仅涉及当前，而且涉及未来。一句话，他们需要的知识结构迫切要求我们对教学内容进行重大的变革和更新。

基于上述考虑，我们设想，高等学校会计学专业本科的专业教材，既要大胆更新内容，又要适当提高起点。我们的教材应当做到：立足中国，放眼世界，侧重当前，注视未来。

要把基础性、实践性和必要的前瞻性统一起来。我们设想国际会计惯例应构成各门会计教材总的框架和基础性、通用性的内容，在这个框架内，以向前看的角度，宣传、解释和评述我国当前的准则与制度。各门教材还应当努力反映各学科的最新发展。

根据上述构想，我们编著了“厦门大学会计系列教材”。第一批暂定7本，争取1995年春季前陆续出齐。这7本教材是:《会计学原理》《中级财务会计》《高级财务会计》《成本会计》《管理会计》，以及同会计学具有紧密联系的《企业理财学》和《审计学》。

我国目前正处在一个大改革、大发展，也是大创造的历史时代。在这样一个伟大的时代，理论既应当反映实践，又应当成为实践的先导。本系列教材的著述思想为体现这一时代精神，有些地方可能表现过于“激进”，这就难免存在着较大的不成熟性。我们衷心期待会计界的专家、学者和广大读者对本系列教材的任何方面，提出宝贵的批评意见，以便再版时进行修订。

八、1977—1999年厦门大学会计学系的其他代表性教材

（一）《会计基础知识》（葛家澍主编）

1977年，应上海人民出版社的邀请，葛家澍教授作为主编，组织编写《会计基础知识》，于1978年9月出版，此后多次重印出版。

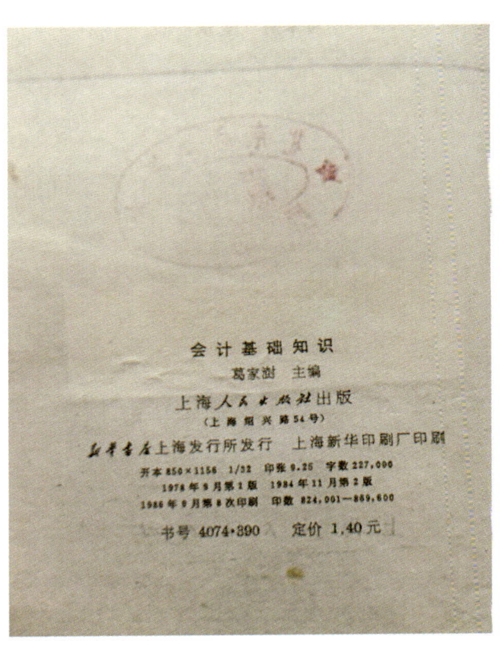
会计基础知识
葛家澍 主编
上海人民出版社出版
（上海绍兴路54号）
新华书店上海发行所发行 上海新华印刷厂印刷
开本850×1156 1/32 印张9.25 字数227,000
1978年9月第1版 1984年11月第2版
1986年9月第8次印刷 印数824,001—869,600
书号4074·390 定价1.40元

◎《会计基础知识》（上海人民出版社1978年版）封面及版权页

（二）《社会主义经济核算与经济效果》（葛家澍、李儒训主编）

1979年，葛家澍教授受邀与李儒训组织《社会主义经济核算与经济效果》的编写。该教材被列入教育部高等学校文科教材编选计划，于1982年11月由上海人民出版社出版。

封面装帧　范一辛

社会主义经济核算与经济效果
葛家澍　李儒训　主编
上海人民出版社出版
（上海绍兴路54号）
新华书店上海发行所发行　上海新华印刷厂印刷
开本 850×1156　1/32　印张 9.625　插页 2　字数 222,000
1982年11月第1版　1982年11月第1次印刷
印数 1—55,000
书号 4074·505　定价（五）0.84元

◎《社会主义经济核算与经济效果》（上海人民出版社1982年版）封面及版权页

（三）《借贷记账法》（葛家澍等编著）

1979年，葛家澍教授组织编写《借贷记账法》一书，陈仁栋、林建武、谢抗等老师参与编写。该书于1981年6月由中国财政经济出版社出版。

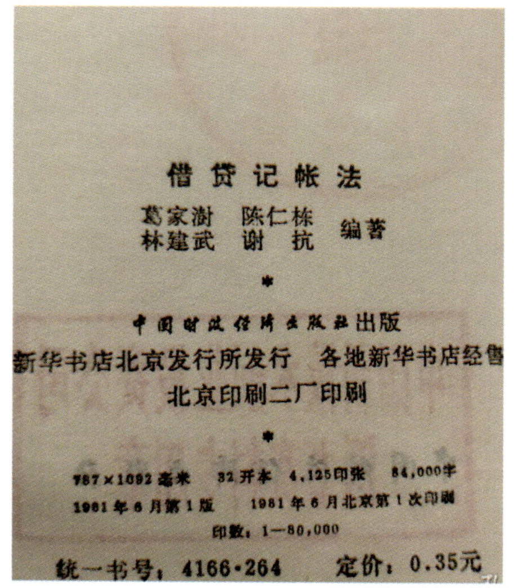

借贷记帐法
葛家澍　陈仁栋
林建武　谢　抗　编著
*
中国财政经济出版社出版
新华书店北京发行所发行　各地新华书店经售
北京印刷二厂印刷
*
787×1092毫米　32开本　4.125印张　84,000字
1981年6月第1版　1981年6月北京第1次印刷
印数：1—80,000
统一书号：4166·264　定价：0.35元

◎《借贷记账法》（中国财政经济出版社1981年版）封面及版权页

九、厦门大学会计学科的其他教学成果

（一）1977—1999年会计学系教师的代表性教材

1977—1999年，厦门大学会计学系教师出版的代表性教材共35部，兹列表如下。

◎ 1977—1999年厦门大学会计学系教师的代表性著作

序号	作者	著作	出版年份	出版社
1	葛家澍 余绪缨	工业会计	1978	中国财政经济出版社
2	葛家澍	会计基础知识	1978	上海人民出版社
3	余绪缨	工业企业财务管理	1979	中国财政经济出版社
4	葛家澍	会计学基础	1980	中国财政经济出版社
5	余绪缨	工业企业经济活动分析	1980	上海人民出版社
6	葛家澍	借贷记账法	1981	中国财政经济出版社
7	葛家澍	社会主义经济核算与经济效果	1982	上海人民出版社
8	余绪缨 吴水澎	成本管理手册	1983	中国社会科学出版社
9	葛家澍 吴水澎	建国以来会计基本理论文稿摘编	1983	天津人民出版社
10	庄瑞澄	工业会计	1984	中国财政经济出版社
11	葛家澍	会计基础知识	1984	上海人民出版社
12	常 勋 李登河	西方财务会计学习指导书	1985	中央广播电视大学出版社
13	葛家澍	《资本论》与社会主义部门经济理论	1985	吉林人民出版社
14	常 勋	西方财务会计	1985	中央广播电视大学出版社
15	葛家澍	工业会计概论	1986	经济管理出版社
16	葛家澍 吴水澎	会计基础知识习题集	1986	上海人民出版社
17	葛家澍 吴水澎	会计学原理教程	1986	天津人民出版社
18	常 勋	中外合资经营企业会计	1987	厦门大学出版社
19	余绪缨	成本管理大辞典	1987	经济管理出版社
20	余绪缨	现代管理会计	1987	吉林人民出版社
21	陈守文	工业审计学	1989	厦门大学出版社
22	吴水澎	财务管理的理论与方法	1989	西南财经大学出版社
23	陈守文 李登河	乡镇工业企业会计学	1990	厦门大学出版社
24	蔡淑娥	工业企业经济活动分析	1992	厦门大学出版社

续表

序号	作者	著作	出版年份	出版社
25	葛家澍 余绪缨	会计学	1992	四川人民出版社
26	李登河	商业会计学	1992	厦门大学出版社
27	陈守文	成本会计	1994	辽宁人民出版社
28	葛家澍	中级财务会计	1994	辽宁人民出版社
29	吴水澎	会计学原理	1994	辽宁人民出版社
30	常　勋	高级财务会计	1995	辽宁人民出版社
31	李若山	审计学	1995	辽宁人民出版社
32	余绪缨	企业理财学	1995	辽宁人民出版社
33	陈守文	外贸企业会计	1996	天津大学出版社
34	余绪缨	管理会计	1996	辽宁人民出版社
35	常　勋	外商投资企业会计	1997	厦门大学出版社

（二）李若山和吴水澎获得厦门大学优秀教学成果奖

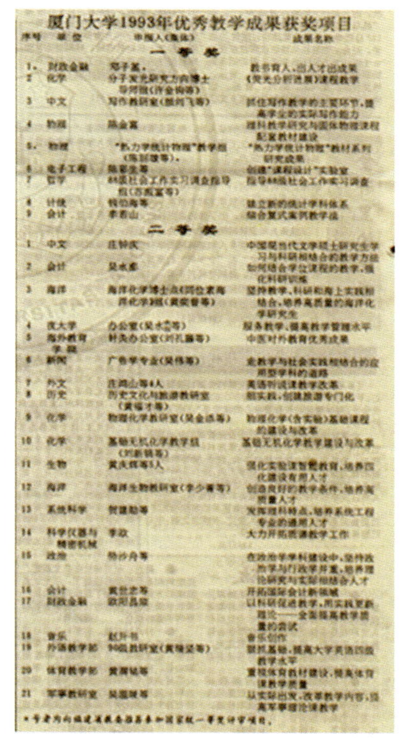

厦门大学1993年优秀教学成果获奖项目

一等奖

9 会计 李若山 综合复式案例教学法

二等奖

2 会计 吴水澎 如何结合学位课程的教学，强化科研训练

◎李若山和吴水澎获得厦门大学优秀教学成果奖（厦门大学报1992年11月30日第276期）

1992年，李若山和吴水澎分获厦门大学优秀教学成果一等奖和二等奖，成果名称分别为“综合复式簿案例教学法”与“如何结合学位课程的教学强化科研训练”。

（三）余绪缨先生主编的“西方会计丛书”

1991年，由余绪缨先生主编的“西方会计丛书”出版，包括《西方管理会计的产生和发展》《西方管理审计导论》《国际会计》《国际审计》《公司会计》《本—量—利分析》6本书。作者均是当时会计、审计界知名的老学者，也有当时活跃于我国会计、审计理论界的中青年学者。余绪缨先生认为，要全面、深刻地了解和客观、科学地研究现代西方会计和审计，首先必须对其历史或者说对其在不同的资本主义经济发展阶段的演变过程有所了解。

基于此，“西方会计丛书”的每本书都较为详细地介绍了西方会计和审计中有关学科产生的历史背景，以及受当时经济发展的影响。王文元和郭子健的《公司会计》论述了西方企业组织形式的发展及其特征对西方公司会计产生的影响，为读者了解西方现代公司会计提供了一条清晰的线索。费文星的《西方管理会计的产生和发展》以翔实的资料，概述了19世纪后期至20世纪50年代早期管理会计产生的背景，以及标准成本和预算控制（早期管理会计的两大支柱），使读者认识到随着经济的发展，管理会计内容必将进一步发展。

徐政旦先生在《西方会计研究的新成果——简评余绪缨教授主编的“西方会计丛书”》中指出，“该套书在读者了解西方会计、审计历史的基础上，对这些学科内的一些新观点、新内容、新方法进行了阐述，使读者认识到现代西方会计、审计中的哪些方法在我国经济改革、对外开放进程中可加以借鉴利用。我认为‘西方会计丛书’既有一定的学术价值，又有一定的实用价值；既反映了我国老中青会计、审计学者对西方会计、审计的研究成果，也在一定程度上反映了我国会计、审计理论界的学术观点，因而是一套全面反映西方会计审计理论和实践的不可多得的著作。我期待着‘西方会计丛书’的进一步成功”①。

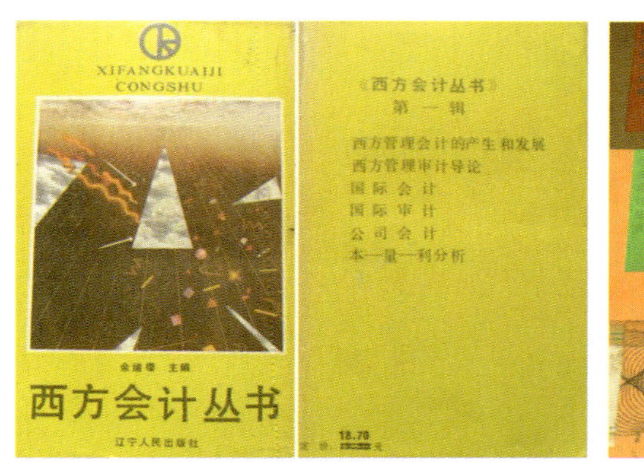

◎“西方会计丛书”

（四）会计学系多名教师在教学领域获奖

会计系陈守文与卢永华两位老师被评为“1993年度教书育人先进工作者“；刘峰老师被评为“十佳青年教工”；“企业财务管理”被评为“优秀主干课程”。

① 转引自：《余绪缨传记》编写组，2022. 一绪长缨——余绪缨传记［M］. 广州：广东经济出版社：227-228.

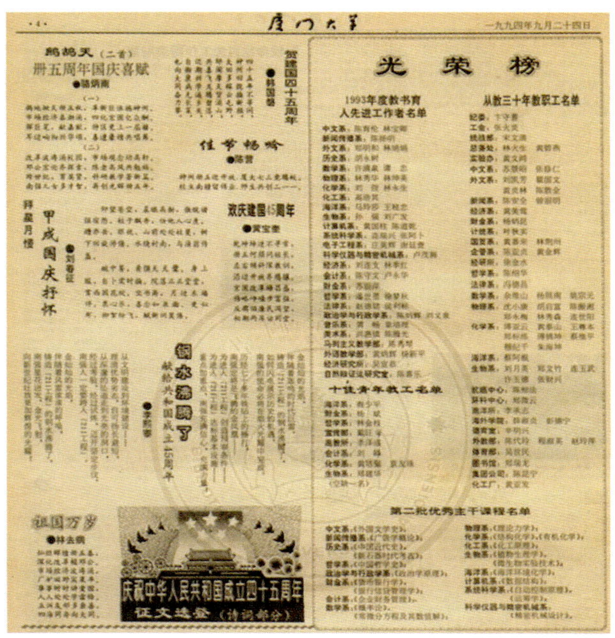

厦门大学　一九九四年九月二十四日

贺建国四十五周年

鹧鸪天（二首）

卅五周年国庆喜赋

欢庆建国45周年

甲戌国庆抒怀

祖国万岁

庆祝中华人民共和国成立四十五周年征文选登（诗词部分）

光荣榜

1993年度教书育人先进工作者名单

从教三十年教职工名单

十佳青年教工名单

第二批优秀主干课程名单

◎会计学系多名教师教学领域获奖（《厦门大学报》1994年9月20日第306期）

（五）《现代西方财务会计》获得厦门大学首届优秀教材一等奖

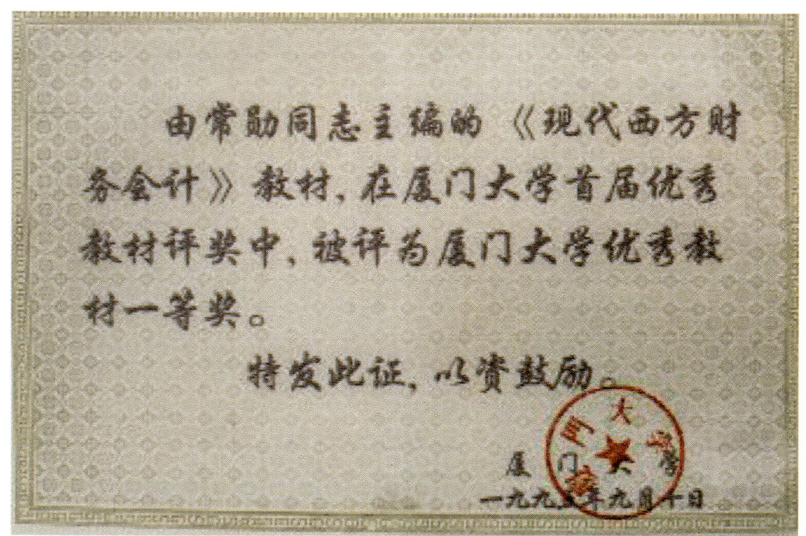

由常勋同志主编的《现代西方财务会计》教材，在厦门大学首届优秀教材评奖中，被评为厦门大学优秀教材一等奖。

特发此证，以资鼓励。

厦门大学

一九九五年九月十日

◎《现代西方财务会计》获奖证书

第四节　1977—1999年厦门大学会计学科科研成果①

一、教育部人文社会科学优秀成果奖和国家社会科学基金优秀成果奖

（一）《市场经济下会计基本理论与方法研究》获国家社会科学基金项目优秀成果奖和教育部人文社会科学优秀成果奖一等奖

1998年，葛家澍教授主编的《市场经济下会计基本理论与方法研究》获普通高等学校第二届人文社会科学研究成果经济学一等奖，1999年该书又获得国家社会科学基金项目优秀成果三等奖（会计、审计、财务领域唯一的获奖成果）。《市场经济下会计基本理论与方法研究》一书由中国财政经济出版社于1996年出版，系葛家澍教授主持的国家社科基金重点项目“新体制下会计理论与方法研究”的最终成果。

◎《市场经济下会计基本理论与方法研究》封面

普通高等学校
第二届人文社会科学研究成果奖

成果名称：《市场经济下会计基本理论与方法研究》
中国财政经济出版社
主要研究者：葛家澍　主编
成果类型：著作
学科、等级：经济学一等奖

中华人民共和国教育部
一九九八年十二月十日

教社政证字（1998）第　017　号

◎《市场经济下会计基本理论与方法研究》获奖证书

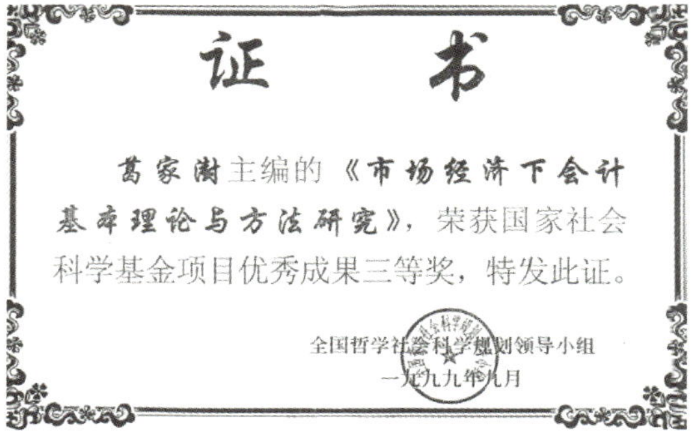
证　　书

葛家澍主编的《市场经济下会计基本理论与方法研究》，荣获国家社会科学基金项目优秀成果三等奖，特发此证。

全国哲学社会科学规划领导小组
一九九九年九月

◎《市场经济下会计基本理论与方法研究》获奖证书

① 由于年代相对久远，以及对历史档案保存方面的不足，相当一部分1977—1999年厦门大学会计学科教师获得科研成果奖的证书无法获得。这敦促厦门大学会计学科注意相关历史资料的收集和归档，确保一些证明文件不再湮没在历史的长河里。

《市场经济下会计基本理论与方法研究》前言如下：

本书是全国哲学社会科学“七五”科研重点课题“新体制下会计理论与方法研究”的初步研究成果。按原定进度，在第七个“五年计划”期末，就应完成上述成果。但由于当时我国经济体制改革的目标模式未曾确定，难以结合中国经济改革的实际进行研究与探索。1993年11月，中共中央关于建立社会主义市场经济若干问题的决定，确定了我国实行社会主义市场经济。这才有可能顺利地构建本书的体系与内容。

本书分为上下两篇。上篇为理论篇，主要探讨在市场经济条件下财务会计普遍适用的基本原理。这里，我们着重研究了财务会计的概念结构（框架）。我们认为，任何理论都是以概念为基础的。概念是把感性认识提升为理性认识极为重要的一步。本书所研究的是组成财务会计基础、具有内在一贯的诸多基本概念的系列。黑格尔说过，如果把现实世界或理论世界看成是一张网，那么，概念就是“这张网上的纽结”。离开这些纽结，特别是作为“纽结头”的基本概念，整个理论之网就不存在了。然后，研究由企业财务会计信息群体组成的网络——财务报告（以财务报表为核心）。财务报告是现代企业对外传递信息的主要手段，它集中体现了财务会计概念结构的要求。在财务报告（主要在财务报表）中，财务会计的基本概念引申出若干具体概念，组成了报告使用者所需求的信息。由于企业之间会计信息的相互交流，才使市场经济成为开放的系统，并永远保持活力。因此，理论篇构成了本书的基础。本书下篇的应用篇则试图把财务会计概念结构用于解决我国社会主义市场经济中的会计问题。这一部分研究了如何运用财务会计概念制定和完善我国的企业会计准则，探讨了我国股份公司会计中的特殊问题，包括对股份公司财务报告编报的规定。虽然各企业的财务报告可以向市场传输有用的财务和非财务信息，但信息还需要理解和应用。于是，又要研究财务报告的分析。通过报告分析，由表及里，由此及彼。把相关信息联系起来考察，往往能揭示隐藏在报告背后、能说明企业经济活动本质及其发展趋势的新信息。这将更有助于报告使用者的决策。掌握财务报告分析的理论与方法，必能扩大财务报告的功能，提高财务会计在市场经济中的有用性。本篇还以两章的篇幅，专门研究如何按照会计的确认与计量理论，解决我国国有企业改组为股份制或公司制（即建立现代企业制度）中有关资产评估的理论和方法问题。为了有助于读者理解和阅读本书，我们增加了两个附录：（一）关于市场经济条件下会计理论与方法若干基本观点；（二）深圳上市公司1993年财务报表分析。

作为国家重点科研课题，本书反映了集体的研究成果。在我的主持下，裘宗舜教授和吴水澎教授进行了协助，先后从厦门大学和江西财经学院吸收了一批博士、硕士和青年教师参加，为了完成这一课题，课题组的成员们群策群力，分成了若干子课题进行独立的研究。十年来，他们完成了许多分课题的任务。没有他们的研究作为基础，要写成本书是不可能的。参加本课题研究、并对本书作出贡献的同志，除裘宗舜教授、吴水澎教授和我等三位主持人外，还有方荣义、王平、王光远、付新根、孔详云、刘峰、庄世虹、陈仁栋、陈少华、陈玮、陈胜群、曲晓辉、李若山、李松玉、李瑞华、张蕊、何凡、苏锡嘉、林志军、林燕、姚立中、唐予华、秦荣生、黄世忠、魏明海、董毅华等同志。

本书的最后一稿，由我主笔，负责提出全书的提纲，并撰写部分章节。全书执笔人还有黄世忠、陈少华、刘峰、何凡等，最后由我总纂定稿，刘峰同志参加了最后的定稿工作。各章的作者均在章末署名。

本书虽不断修改，数易其稿，但仍极不成熟。首先，书中提出的一些命题、结论和建议，尚缺乏实证数据；其次，本书的不少见解，在理论上能否成立和在实践中能否应用，尚有待检验。但为了更快地就正于国内经济学界和会计学界的专家学者和广大会计工作者，我们不揣冒昧，先将这份甚不成熟的书稿交付出版。诚恳地期望专家学者们和广大读者不吝赐教，使我们在再版时得以更正谬误，补缺、补漏，较初版有所进步。

（二）《财务会计基本理论研究》获得教育部人文社科优秀成果奖三等奖

1998年，吴水澎教授的《财务会计基本理论研究》获得教育部人文社科优秀成果三等奖。

本书主要是进行财务会计理论研究，又集中在三个方面的研究上，即会计理论体系，会计理论的研究方法和会计基本理论。全书20余万字，分六章阐述。全书的特色是试图以马克思的劳动价值论贯穿全书，力求一以贯之，对许多重大理论问题在作者提出独到见解的同时也广评众家之说。全书的资料丰富，体系完整，并附录了1950—1995年我国会计理论问题研究文章索引，为读者提供了一个进行比较，思索的自由空间。总之，该书集作者几十年会计研究之精华，是一部颇具新意的会计学理论专著。

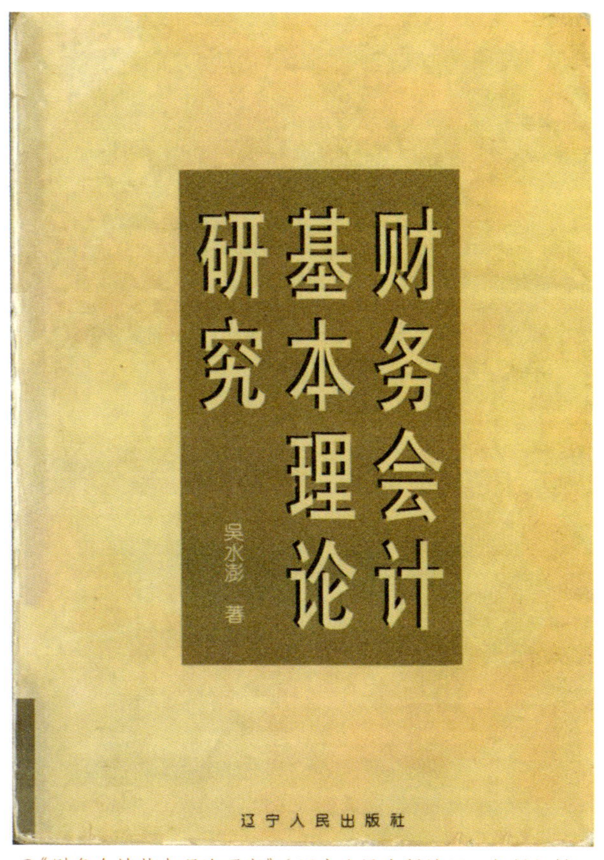

◎《财务会计基本理论研究》(辽宁人民出版社1996年版)封面

二、福建省社会科学优秀成果奖

(一)厦门大学会计学系教师1988—1999年获福建省社会科学优秀成果奖的情况

1988年，福建省设立社会科学优秀成果奖。第一届至第三届，厦门大学会计学系教师共获得一等奖2项、二等奖6项、三等奖4项。

◎ 1988—1999年厦门大学会计学系教师获得福建省社科优秀成果奖的情况

序号	获奖者	获奖成果名称	成果形式	获奖等级	获奖时间	备注
1	葛家澍	会计基础知识	教材	优秀奖	1985	—
2	葛家澍	通货膨胀会计	教材	一等奖	1988	第一届
3	王光远	管理审计理论	专著	一等奖	1998	第三届
4	常　勋	中外合资经营企业会计	教材	二等奖	1988	第一届
5	吴水澎	会计“信息系统论”与“管理活动论”可以合二而一——对会计定义的看法	论文	二等奖	1988	第一届
6	吴水澎	关于我国股份制企业财务管理及会计的有关问题	论文	二等奖	1994	第二届
7	余绪缨	试论社会主义市场经济与国有企业的股份制改革	论文	二等奖	1994	第二届
8	吴水澎	财务会计基本理论研究	专著	二等奖	1998	第三届
9	曲晓辉	中国商务环境	专著	二等奖	1998	第三届
10	林志军	当前会计改革的几个主要问题	论文	三等奖	1988	第一届
11	刘　峰	会计准则研究	专著	三等奖	1998	第三届
12	常　勋 陈箭深	国际会计	教材	三等奖	1998年9月	第三届
13	唐予华 李建发 陈少华 刘　峰 苏新龙 肖　华	中国股份有限公司财务管理与财务会计	专著	三等奖	1998年9月	第三届

（二）《会计基础知识》获得福建省“六五”科研成果优秀奖[①]

葛家澍教授主编的《会计基础知识》获得福建省“六五”期间（1981—1985年）科研成果优秀奖。《厦门大学报》第184期对此进行了报道。

① 证书缺失，可通过福建省社科联网站（www.fjskl.org.cn）或厦门大学社科处网站（skc.xmu.edu.cn）等进行查询。

我校文科八个重点项目
获省“六五”科研成果优秀奖

会计基础知识

上海人民出版社

◎《会计基础知识》获奖的新闻报道及不同版本的封面（部分）

《会计基础知识》目录如下：

第七节　日常核算资料的检查
第三章　企业主要经济业务核算和成本计算
第一节　企业主要经济业务核算和成本计算的内容
第二节　材料采购业务的核算和采购成本的计算
第三节　生产业务的核算和生产成本的计算
第四节　销售业务的核算和销售成本的计算
第五节　财务成果及其分配的核算
第四章　会计报表的结构和内容
第一节　会计报表的作用和种类
第二节　资金平衡表的结构和内容
第三节　费用和成本报表的结构和内容
第四节　利润计算表的结构和内容
第五节　会计报表的报送、审核和汇总
第五章　会计报表分析
第一节　会计报表分析的意义和作用
第二节　会计报表分析的程序和方法
第三节　资金平衡表的分析
第四节　费用和成本报表的分析
第六章　农村人民公社基本核算单位会计核算的特点
第一节　现金收付记账法
第二节　农村人民公社生产队主要经济业务的核算
第三节　生产队的会计报表
第七章　会计工作的组织
第一节　会计机构的设置
第二节　会计人员的职权
第三节　会计制度的制定和执行

（三）《通货膨胀会计》获得第一届福建省社会科学优秀成果奖一等奖[①]

葛家澍教授编著的《通货膨胀会计》获得首届福建省社会科学优秀成果奖一等奖。《通货膨胀会计》1985年5月由中国财政经济出版社出版。

① 证书缺失，可通过福建省社科联网站（www.fjskl.org.cn）或厦门大学社科处网站（skc.xmu.edu.cn）等进行查询。

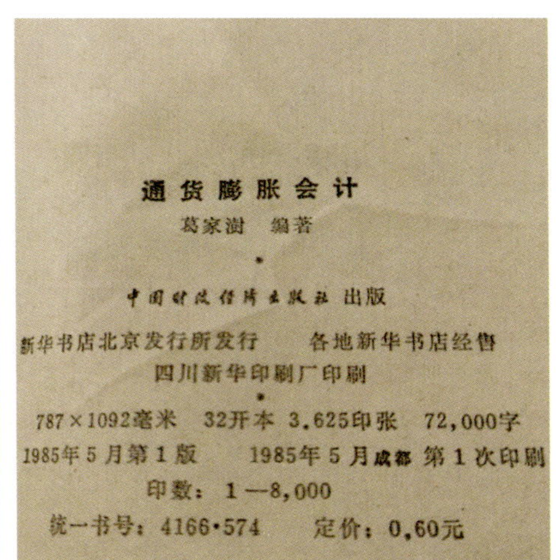
通货膨胀会计
葛家澍 编著

中国财政经济出版社 出版
新华书店北京发行所发行 各地新华书店经售
四川新华印刷厂印刷

787×1092毫米 32开本 3.625印张 72,000字
1985年5月第1版 1985年5月成都第1次印刷
印数：1—8,000
统一书号：4166·574 定价：0.60元

◎《通货膨胀会计》（中国财政经济出版社1985年版）封面与版权页

（四）《管理审计理论》获得第三届福建省社科优秀成果奖一等奖[①]

1998年，王光远教授的《管理审计理论》获得福建省第三届社科优秀成果奖一等奖。该书以王光远博士后的出站报告为基础，1996年由中国人民大学出版社出版。

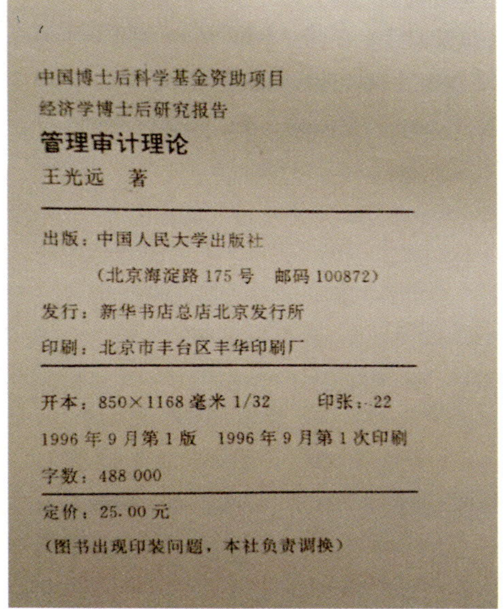
中国博士后科学基金资助项目
经济学博士后研究报告
管理审计理论
王光远 著

出版：中国人民大学出版社
（北京海淀路175号 邮码100872）
发行：新华书店总店北京发行所
印刷：北京市丰台区丰华印刷厂

开本：850×1168毫米 1/32 印张：22
1996年9月第1版 1996年9月第1次印刷
字数：488 000

定价：25.00元
（图书出现印装问题，本社负责调换）

◎《管理审计理论》（中国人民大学出版社1996年版）封面与版权页

① 证书缺失，可通过福建省社科联网站（www.fjskl.org.cn）或厦门大学社科处网站（skc.xmu.edu.cn）等进行查询。

《管理审计理论》前言如下：

这是一本研究管理审计基本理论的书。

什么是管理审计？这实在难以一言以蔽之。自1932年英国管理协会、英国机械工程师协会和生产工程师协会会员罗斯的《管理审计》问世以来，它一直是学术界和职业界众说纷纭、悬而未决的难题。仅就笔者读过的会计、审计、公共管理和管理控制文献看，关于管理审计的提法就有二十多种，如果讲到管理审计的定义，那恐怕就更多了。

尽管如此，只要我们根基于历史，通过对古往今来中外学者的种种认识，进行比较、分析和综合，便不难发现：管理审计是一种与财务审计相对的审计，是在财务审计基础上发展起来的新的审计类型；如果说财务审计以审查基本财务信息为己任，那么管理审计的中心任务则是审查管理信息。

审计科学需要发展，审计就不能仅仅停留在对财务报表的鉴证上，这对任何国家、任何民族来说都是一样的。而我们要强调的是审计科学如何发展，发展起来的管理审计到底审查什么、怎样审查。于是，对这些问题的不同回答就形成了对管理审计对象和方法的不同认识，就形成了不同的"管理审计"。内部审计界强调对业务活动、管理控制制度的审查，强调服务于管理当局，因而用"业务审计""制度审计""业务检查""管理导向审计"来代表管理审计；管理职业界强调对整体管理过程、管理活动、管理质量的审查，因而用"访谈式管理审计""业务评价""自我审计"来代表管理审计；政府审计界强调对管理业绩或经济业绩的审查，强调对经济性、效率性、效果性甚至公平性和环保性的审查，因而用"管理业绩审计""经济业绩审计""3E 审计""货币价值审计""效率性审计""效果性审计""5E 审计""成本减低""综合管理控制审计"来代表管理审计；民间审计界强调对管理陈述、管理业绩、管理控制和管理活动的审查，强调这种审查的独立性和客观性，因而用"独立管理鉴证审计""外部管理审计""独立管理评价审计""独立管理陈述审计""综合管理审计"来代表管理审计。

以上种种管理审计现象或种种具体管理审计方式的存在，是否意味着管理审计就是一种难以明判的"公理""婆理"的杂糅体？回答是否定的。实质上，在表面纷繁的“公理”“婆理”之背后，还存在着一个更高层次的方式、一个统帅一切的总方式，那就是“受托责任”。受托责任不仅是一个内含丰富的动态概念，而且是一种思想，一种支配着会计审计发生与发展的思想。

受托责任存在于一切社会、一切民族之中，我们现在所处的就是一个受托责任时代。伴随着社会政治经济的发展，也伴随民智的开发和民主制度的完善，受托责任就逐渐地由受托财务责任发展到受托管理责任，而管理审计就是这种受托责任合乎逻辑发展的必然产物。历史地看，管理审计之所以产生于本世纪30—40年代，60多年来它之所以在各个领域并行发展，根本原因就在于受托责任的演进超越了传统财务责任的界限，朝着“3E”和“5E”的方向发展。因此，不全面理解受托责任，就无法全面理解审计；不清楚地理解受托责任的发展，就无法清楚地理解现代管理审计。按照受托责任学说，会计是对受托责任的履行过程和结果进行认定、计量和报告，审计就是在会计提供的各类受托责任报告的基础上，对受托责任的履行过程和结果进行重认定、重计量和重报告。鉴于受托责任有受托财务责任和受托管理责任之分，审计科学也就有财务审计和管理审计的分化。财务审计的主旨是鉴证受托财务责任，与财务审计相对的管理审计就是审查受托管理责任，就是在委托人和受托人之间建立一种相互信任，优化投资行为、优化资源的利用。现在的问题是如何对受托人履行受托管理责任的过程和结果进行重认定、重计量和重报告。

可以说，对受托管理责任不同的重认定、不同的重计量和不同的重报告方式，就构成了不同的管理审计类型。总的来说，对那种服务于组织内部各个利害关系人或各个受托人，以审查内部受托管理责任为对象的管理审计，我们称作是内向型管理审计；对那种服务于组织外部各个利害关系人或各个委托人，以鉴证外部受托管理责任为对象的管理审计，我们称作是外向型管理审计。由于组织外部的各个委托人往往以自己确定的标准来评价组织最高管理当局履行受托管理责任的情况，看其是否值得信赖，所以，最高管理当局也会依据这些“委托人标准”来评价其下属各部门受托管理责任的履行情况。这样，最高管理当局对外是一个“受托人”，对内就是一个“委托人”，这种一身兼二任的现实正说明内部受托管理责任的多层化是外部受托管理责任局组织内部的延伸；内部受托管理责任的基本目标就是完成外部受托管理责任。内外部受托责任的一致性，预示着内向型管理审计和外向型管理审计将结合成种新型的综合管理审计。由于营利组织和非营利组织受托责任的目标，因而两类组织受托管理责任的具体构成及其重认定、重计量和重报告就有所不同，其集中表现就是以审查公共受托管理责任为对象的公共管理审计更加强调外部受托管理责任，更加强调外向型管理审计。

从管理审计和受托责任的这种关系，我们可以发现：理解管理审计、实践管理审计的关键就在于对受托管理责任的认识。然而，要把握受托管理责任又谈何容易！困难点就在于受托管理责任作为管理审计的本质、核心是一种高度的抽象，而管理审计活动本身则是生动活泼、具体可见的东西。从内部审计、管理职业、政府审计和民间审计的具体管理审计实践中抽象出受托管理责任审计，已实属不易；而从抽象的受托管理责任审计再上升到具体的管理审计方式、方法及程序，则更为不易。

于是，我们不得不紧紧攀住管理审计的历史发展之根，来反观历史、透视现状。结果我们发现历史发展中形成的种种现象，如管理审计的“分子”和“原子”，它们的有机结合和运动构成了管理审计科学鲜活的生命。因此，对它们按历史阶段进行扫描、分职业领域进行透视、依国别进行比较、集不同学术文献进行研究，就可能揭示和把握它们所反映的管理审计科学的本质——受托管理责任。

为此，我从1990年秋季攻读博士学位开始系统思考管理审计发展史及其所表现的种种审计现象，并写成一些短文先后在《审计与经济研究》《经济评论》《审计研究》《注册会计师通讯》等期刊上发表，而且几乎每篇文章都引起一些争议。正是我对管理审计问题的兴趣和学术界这些争议对我的激励，促使我把“外向型管理审计的规范化问题”定作博士论文议题，把更基础的“管理审计基本理论问题”定作博士后研究工作的课题，从而对管理审计问题作了更为深入、更为系统的思考。研究结果表明：管理审计现象虽表现在四大职业领域，但“分久必合”“四必归一”，目的却只有一个，揭示管理审计最深层的奥妙——受托管理责任。这条线索一直引导着我前进，并最终贯穿于本书的始终。

本书运用规范法分上下两篇研究了一些基本的管理审计问题，诸如管理审计的主体——独立咨询师、注册内部审计师、注册政府审计师、注册会计师；管理审计的对象——管理陈述、管理业绩和管理活动；管理审计的概念——管理业绩、管理控制、决策基础数据、合理管理标准、综合性意见；管理审计的假设；管理审计复合性评价标准；管理审计的准则——一般准则、现场工作准则及报告准则；管理审计的报告——既不同于财务审计，也不同于政府审计和内部审计的报告；管理审计鉴证——可能性、现实性和可行性等。为了研究这些基本问题，我系统研究了若干重要职业组织的公告或文告，诸如美英日内部审计师协会的准则和调查报告、美英加澳等国政府审计署的准则和其他公告、美英管理协会的公告和调查报告、管理咨询服务公告、纳税实务责任公告、会计与复核服务公告、鉴证准则公告等；同时还系统研究了若干重要的管理审计论著和文章，如马西德尔《对管理的科学评价》、伦纳德的《管理审计》、卡德默斯的《业务审计》、利奥·赫伯特的《管理业绩审计》、格林的《公营部门货币价值审计》、理查德·布朗的《政府业绩审计》，以及《会计评论》《会计杂志》《会计、审计与受托责任学刊》《财务受托责任与管理学刊》《管理审计学刊》《注册会计师杂志》等刊物上的论文。之所以做这样的选择，是因为受托管理责任作为一种最具纲领性和最具普遍性的总方式，当然只能见之于最基本、最普遍的管理审计现象。但是，正因为这些问题最基本、最普遍，也正因为不同人士、不同职业组织往往站在不同的立场上认识这些最基本、最普遍的问题，所以，就难以从中直接窥见管理审计的本质，难以直接透过那坎坷不平的历史和异常熟悉的现象，一下子洞察管理审计的真谛。这就需要我们用现代人的智慧和勇气去分析、鉴别，去追根求源，尽管60年的历史太短暂，60年的积累也不算厚实。本书大量吸收和运用了管理学的理论，像代理理论、组织行为理论、权变理论、社会责任理论，以及以公营部门为研究对象的公共管理理论等，所有这些理论的吸收和运用就是期望实现探求真谛这一目的。

呈现给读者的这份博士后报告，是在我博士论文的基础上经过再研究形成的。行笔至此，我衷心感谢本书的前期导师杨时展教授、后期导师葛家澍教授，没有他们的精心指导，就没有今天的这份管理审计研究报告。同时向多年来关心我、爱护我、并对本研究报告提出诸多建设性意见的学界前辈徐政旦教授和余绪缨教授致以诚挚的谢意。还要感谢为我提供研究条件的中国博士后科学基金会、厦门大学会计学系、厦门大学图书馆、厦门大学经济学院图书资料中心、中南财经大学会计学系、中南财经大学图书馆。最后，特别向编辑、出版本书的中国人民大学出版社王克方女士致谢，没有她的全力支持，本书的命运实难预料。

三、厦门大学会计学系教师获其他科研奖励的情况

1. 曲晓辉教授和刘峰教授获得教育部霍英东青年教师奖（基金）[①]

1993年11月，曲晓辉教授获得霍英东教育基金会第四次高等院校青年教师奖的三等奖。1997年，刘峰教授获得教育部霍英东青年教师基金，项目为“现代企业制度下的财务会计规范体系研究”（1997年立项，1998年批准）。

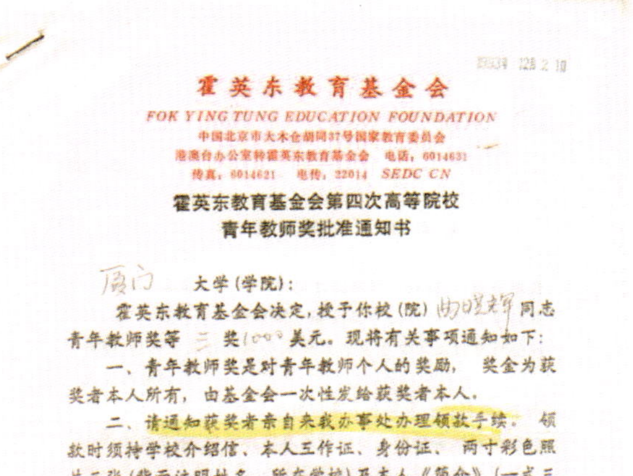

霍英东教育基金会

FOK YING TUNG EDUCATION FOUNDATION

中国北京市大木仓胡同37号国家教育委员会

港澳台办公室转霍英东教育基金会　电话：6014631

传真：6014621　电传：22014　SEDC CN

霍英东教育基金会第四次高等院校

青年教师奖批准通知书

厦门大学（学院）：

霍英东教育基金会决定，授于你校（院）曲晓辉同志青年教师奖等三奖1000美元。现将有关事项通知如下：

一、青年教师奖是对青年教师个人的奖励，奖金为获奖者本人所有，由基金会一次性发给获奖者本人。

二、请通知获奖者亲自来我办事处办理领款手续。领款时须持学校介绍信、本人工作证、身份证、两寸彩色照片三张（背面注明姓名、所在学校）及本人《简介》（一式三份，要求附后）。奖金可存入专门开设中国银行当地分行。

三、奖金有效期为三年，逾期不领取者视为自动放弃。请学校接到本通知后及时通知获奖者。如该同志现在国外，且近期能够回国，请你校来函告本基金会，我们将保留其奖金，待其回到你校工作后，再来办理领款手续。

四、青年教师奖获得者在获奖后三年内每年须将本人的工作情况、成果及下一年度的工作计划于12月15日前书面（一式三份）报本基金会。

霍英东教育基金会北京办事处

一九九三年十一月十六日

◎曲晓辉获得霍英东青年教师奖通知书

2. 曲晓辉教授和刘峰教授入选教育部“跨世纪人才培养计划（人文社会科学）”，获得教育部优秀青年教师奖[②]

1999年7月，曲晓辉教授入选教育部“跨世纪人才培养计划（人文社会科学）”。1999年，刘峰教授获得教育部优秀青年教师奖，项目为“公司治理与会计政策选择（1999—2004年）”。

---

① 刘峰教授的立项证书遗失。

② 刘峰教授的入选证明遗失。

教 育 部 文 件

教社政[1999]12号

关于下达教育部“跨世纪优秀人才培养计划（人文社会科学）”第二批入选者名单的通知

国务院有关部委教育司(局)、有关高等学校：

教育部“跨世纪优秀人才培养计划(人文社会科学)”第二批共有高等院校40位年轻学者入选，其中哲学14人(含逻辑学2人、宗教学1人)、经济学9人(含统计学1人)、政治学8人、民族学2人、艺术学2人、新闻传播学2人、图书情报文献学2人、教育学1人(名单见附件)。现决定将上述40人正式列入教育部“跨世纪优秀人才培养计划(人文社会科学)”，并对“计划入选者”的培养工作提出如下要求：

第一，根据《国家教委“跨世纪优秀人才培养计划”(人文社会科学)”实施细则(试行)》(以下简称《实施细则》)的规定，对跨世纪优秀人才的培养采取单位与教育部相结合、以单位培养为主的方式。各有关单位(即申报单位)要从整个国家特别是高等教育和21世纪人文社会科学事业发展的需要出发，

1

把对“计划入选者”的培养当做一项重要任务，采取得力措施，由社科研究管理部门具体落实。

第二，必须明确，对“计划入选者”的培养要把坚定正确的政治方向放在首位，重视学术水平及良好学风的培养。这项工作应列入学校党委的工作日程，认真抓好并定期进行检查。

第三，各培养单位应根据《实施细则》的有关规定和“计划入选者”的具体情况，制定详细的培养计划，于10月15日前报送教育部社政司，并负责落实。培养单位每学期应检查一次“计划入选者”培养计划的执行情况，并于每年12月31日前填报《教育部“跨世纪优秀人才培养计划(人文社会科学)”年度检查表》(另发)，将“计划入选者”培养计划的落实情况、所取得的科研成果、新发表的论文和著作、向有关部门提交的研究咨询报告及采纳情况、参加国内外学术活动情况、个人晋升和奖励等情况，向教育部社政司报告。

请各有关单位对本次评选推荐工作进行认真总结，做好下一年度的评选推荐工作。

附件：教育部“跨世纪优秀人才培养计划(人文社会科学)”第二批入选者名单

二十六日

主题词：社科　人才　培训　计划　通知

部内发送：有关部领导，办公厅、人事司、科技司、高教司、学位办、财务司、国际司

录入员：罗丽君　　校对员：任秀玲　温　炼

2

附件：

教育部“跨世纪优秀人才培养计划（人文社会科学）”第二批入选者名单（40人）

哲学14人（其中逻辑学2人，宗教学1人）

1、杨国荣　华东师范大学
2、欧阳康　武汉大学
3、焦国成　中国人民大学
4、张异宾　南京大学
5、陈　来　北京大学
6、杨　耕　中国人民大学
7、丰子义　北京大学
8、邴　正　吉林大学
9、吴晓明　复旦大学
10、韩　震　北京师范大学
11、王南湜　南开大学
12、鞠实儿　中山大学（逻辑学）
13、刘壮虎　北京大学（逻辑学）
14、姜　生　四川大学（宗教学）

经济学9人（其中统计学1人）

1、林毅夫　北京大学
2、杨瑞龙　中国人民大学
3、郭熙保　武汉大学

3

4、佟家栋　南开大学
5、宋冬林　吉林大学
6、薛求知　复旦大学
7、袁志刚　复旦大学
8、曲晓辉　厦门大学
9、赵彦云　中国人民大学（统计学）

政治学8人

1、王浦劬　北京大学
2、徐　勇　华中师范大学
3、叶卫平　中国人民大学
4、周光辉　吉林大学
5、林尚立　复旦大学
6、朱光磊　南开大学
7、叶自成　北京大学
8、黄嘉树　中国人民大学

民族学2人

1、杨圣敏　中央民族大学
2、周　星　北京大学

艺术学（2人）

1、姚恒璐　中央音乐学院
2、胡星亮　南京大学

4

◎曲晓辉教授入选教育部“跨世纪人才培养计划（人文社会科学）”的文件

3. 厦门大学会计学系多项成果获得中国会计学会优秀论文奖①

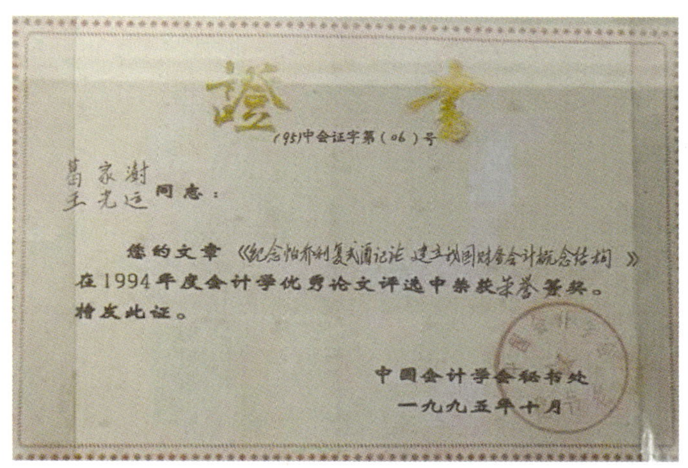

证书

(95)中会证字第(06)号

葛家澍
王光远 同志：

您的文章《纪念帕乔利复式簿记论 建立我国财务会计概念结构》在1994年度会计学优秀论文评选中荣获荣誉奖。

特发此证。

中国会计学会秘书处
一九九五年十月

◎葛家澍教授和王光远教授1994年度中国会计学会优秀论文奖的获奖证书

1995年，中国会计学会优秀论文奖公布，刘峰教授的论文《试论资产计价的选择理论》获得1994年度中国会计学会优秀论文一等奖；葛家澍教授和王光远教授合作的论文《纪念帕乔利复式簿记论、建立我国财务会计概念结构》的论文获得1994年度中国会计学会优秀论文荣誉奖。

① 刘峰教授的获奖证书遗失。我们相信厦门大学会计学系还有其他教师在1980—1999年获得过中国会计学会优秀论文奖，但是由于年代较为久远，相关信息已经无法逐一核实，中国会计学会网站（www.asc.net.cn）仅提供了2005年及以后的获奖名单。

四、1977—1999年会计学系教师的代表性中文学术论文①

1977—1999年，厦门大学会计学系教师在国内重要期刊（如《会计研究》等）上发表高质量论文百余篇，兹列表如下②。

◎ 1977—1999年厦门大学会计学系教师的代表性论文

序号	作者	文章标题	期刊名称	卷期 / 页码
1	常 勋	开拓国际会计研究的新领域	厦门大学学报（哲学社会科学版）	1987年第1期 第26～31页
2	常 勋	三式簿记构思的深入发展	会计研究	1987年第3期 第23～27页
3	常 勋	外币业务会计的面面观	会计研究	1991年第3期 第20～22页
4	常 勋	解读国际会计协调化	会计研究	2003年第12期 第3～7页，第64页
5	陈汉文	构建会计理论体系的设想	会计研究	1996年第6期 第19～24页
6	陈汉文 林志毅	规范会计理论与实证会计理论评析及启示	会计研究	1997年第7期 第10～11页
7	陈汉文 林志毅 严 晖	公司治理结构与会计信息质量——由“琼民源”引发的思考	会计研究	1999年第5期 第29～31页
8	陈箭深	衍生工具会计准则：美国会计准则委员会的努力	会计研究	1998年第3期 第47～49页
9	陈少华	论我国大学会计硕士研究生教育改革的有关问题	会计研究	1996年第7期 第35～37页
10	陈一江	稳健原则和会计中的不确定性	会计研究	1998年第4期 第27～29页
11	杜兴强	人力资源会计的确认、计量与报告	会计研究	1997年第12期 第11～14页
12	杜兴强	会计信息的产权问题研究	会计研究	1998年第7期 第14～19页
13	杜兴强	科斯定理负商誉“悖论”：负商誉的确认与计量	会计研究	1999年第7期 第31～37页
14	傅元略	扩展会计电算化功能的策略	会计研究	1996年第4期 第25～28页
15	傅元略	从财务会计电算化系统扩展成经营决策支持系统的探讨	会计研究	1997年第12期 第39～42页
16	葛家澍	必须替借贷记账法恢复名誉——评所谓“资本主义的记账方法”	中国经济问题	1978年第4期 第77～85页

① 列入代表性中文学术论文的依据包括：（1）厦门大学会计学系教师或博士生以第一作者发表的论文；（2）厦门大学管理学科最优期刊和经济学科的相关最优期刊《中国社会科学》《经济研究》《管理世界》《经济学季刊》《会计研究》《金融研究》《中国工业经济》等；（3）2000年前的《厦门大学学报》和《中国经济问题》。

② 1977—1999年厦门大学会计学系教师发表的全部论文目录见相关章节。

续表

序号	作者	文章标题	期刊名称	卷期／页码
17	葛家澍 黄忠堃	论经济核算制与会计	会计研究	1980年第1期 第20～30页
18	葛家澍	怎样认识会计的主要属性	中国经济问题	1980年第5期 第42～45页
19	葛家澍	论会计理论的继承性	厦门大学学报（哲学社会科学版）	1981年第3期 第76～85页
20	葛家澍 吴水澎	建国以来关于会计的几个基本理论问题讨论述评	中国经济问题	1983年第1期 第60～65页
21	葛家澍 唐予华	关于会计定义的探讨	会计研究	1983年第4期 第26～30页
22	葛家澍 唐予华	关于会计定义的探讨（续）	会计研究	1983年第5期 第51～54页
23	葛家澍	加强会计工作的两个重要的基本方面——进行会计核算和实行会计监督	会计研究	1985年第2期 第20～21页
24	葛家澍 李翔华	关于会计对象的再探讨——会计的反映对象和作为一个信息系统的处理对象	厦门大学学报（哲学社会科学版）	1986年第1期 第35～40页
25	葛家澍 李翔华	论会计是一个经济信息系统	财经研究	1986年第9期 第44～49页
26	葛家澍 李翔华	论会计是一个经济信息系统（下）	财经研究	1986年第10期 第42～46页
27	葛家澍 林志军 魏明海	涉外会计制度与稳健原则	会计研究	1988年第5期 第19～22页
28	葛家澍	关于在我国建立企业财务会计准则的几个问题	会计研究	1989年第2期 第16～21页
29	葛家澍 曲晓辉	试论我国会计对当前物价变动的可能反应方式	会计研究	1991年第2期 第23～25页
30	葛家澍	会计教育改革必须坚持正确的指导思想	会计研究	1992年第1期 第1～2页
31	葛家澍	制定中国会计准则如何借鉴国际经验	会计研究	1992年第2期 第16～19页，第2页
32	葛家澍 李若山	九十年代西方会计理论的一个新思潮——绿色会计理论	会计研究	1992年第5期 第1～6页
33	葛家澍	我国《企业会计准则》的基本特点	会计研究	1993年第1期 第7～9页
34	葛家澍	注册会计师是维持市场经济秩序的“警察”	会计研究	1993年第6期 第8页
35	葛家澍 王光远	纪念帕乔利复式簿记论　建立我国财务会计概念结构	会计研究	1994年第3期 第8～11页
36	葛家澍	关于会计准则与会计制度的关系等问题	会计研究	1995年第1期 第18～27页
37	葛家澍	关于市场经济条件下会计理论与方法的若干基本观点（Ⅰ）	财会月刊	1995年第2期 第3～6页
38	葛家澍	关于市场经济条件下会计理论与方法的若干基本观点（Ⅱ）	财会月刊	1995年第3期 第3～5页
39	葛家澍	关于市场经济条件下会计理论与方法的若干基本观点（Ⅲ）	财会月刊	1995年第4期 第3～5页

续表

序号	作者	文章标题	期刊名称	卷期／页码
40	葛家澍	关于市场经济条件下会计理论与方法的若干基本观点（Ⅳ）	财会月刊	1995年第5期 第3～6页
41	葛家澍	关于市场经济条件下会计理论与方法的若干基本观点（Ⅴ）	财会月刊	1995年第6期 第3～7页
42	葛家澍	关于市场经济条件下会计理论与方法的若干基本观点（Ⅵ）	财会月刊	1995年第7期 第3～6页
43	葛家澍 陈箭深	略论金融工具创新及其对财务会计的影响	会计研究	1995年第8期 第1～8页
44	葛家澍	当前财务会计的几个问题——衍生金融工具、自创商誉和不确定性	会计研究	1996年第1期 第3～8页
45	葛家澍 刘　峰	从会计准则的性质看会计准则的制订	会计研究	1996年第2期 第19～24页
46	葛家澍	《会计准则研究》序	会计研究	1997年第2期 第46～47页
47	葛家澍	基本会计准则与财务会计概念框架——关于进一步修改完善1992年《企业会计准则》的个人看法	会计研究	1997年第10期 第2～5页
48	葛家澍	迎接廿一世纪密切关注国内外财务会计的新动向	会计研究	1999年第1期 第10～17页
49	葛家澍	美国关于高质量会计准则的讨论及其对我们的启示	会计研究	1999年第5期 第3～10页
50	葛家澍	新中国会计理论研究50年回顾	会计研究	1999年第10期 第7～14页
51	葛家澍 黄世忠	反映经济真实是会计的基本职能——学习《会计法》的一点体会	会计研究	1999年第12期 第2～7页
52	胡奕明 陈箭深	会计电算化系统内部控制初探	会计研究	1996年第10期 第30～32页
53	胡奕明	面向21世纪的会计本科教学改革	会计研究	1997年第8期 第40～42页
54	胡玉明	试论现代公司制度、金融市场与企业理财和会计的共生性	会计研究	1996年第4期 第36～38页
55	黄世忠	从产权经济学的角度论股份制改组的实质及资产评估的基本目标	会计研究	1996年第3期 第7～10页
56	黄世忠	公允价值会计：面向21世纪的计量模式	会计研究	1997年第12期 第1～4页
57	黄志忠	从会计本质看会计目标与会计职能	会计研究	1997年第6期 第34～36页
58	李建发	从中美政府会计的差异看我国预算会计改革	会计研究	1997年第2期 第41～45页
59	李若山	以结构论方法来探讨会计与其服务对象之间的关系	会计研究	1990年第1期 第53～57页，第52页
60	李若山	国际会计的协调及未来发展	会计研究	1996年第10期 第45～48页
61	林　斌	或有事项的会计处理	会计研究	1996年第3期 第22～23页
62	林　斌	论会计的中性原则	会计研究	1996年第12期 第26～29页

续表

序号	作者	文章标题	期刊名称	卷期／页码
63	林志军	会计是一种管理活动	会计研究	1982年第3期 第61～64，第53页
64	林志军	关于会计计量的认识	会计研究	1986年第5期 第15～19页
65	林志军	国际会计协调化的新发展	会计研究	1989年第5期 第49～52页
66	刘宝慧 杨金忠	国际会计准则第1号的新发展	会计研究	1999年第1期 第60～62页
67	刘　峰	我国会计改革与发展若干问题的思考	会计研究	1986年第5期 第62～64页
68	刘　峰 黄少安	科斯定理与会计准则	会计研究	1992年第6期 第20～27页
69	刘　峰 雷科罗	对中国会计理论研究的若干认识	会计研究	1993年第5期 第6～10页
70	刘　峰	试论资产计价模式的选择理论	会计研究	1994年第1期 第17～22页
71	刘　峰	收付实现制·现金流动制·现金流动会计	会计研究	1995年第2期 第17～21页
72	刘　峰	会计目标与会计职能的比较研究	会计研究	1995年第11期 第37～40页
73	刘　峰	实证会计的方法论基础与批判	会计研究	1997年第7期 第2～7页
74	刘宗柳	建立我国人力资源会计核算刍议	会计研究	1989年第4期 第62～64页
75	曲晓辉 陈　峰	关于我国会计国际化的实证研究	会计研究	1993年第3期 第3～7页
76	曲晓辉	外币业务会计处理的若干问题	会计研究	1995年第8期 第17～21页
77	曲晓辉	论所得税跨期摊配方法的选择与应用限制——兼评《企业会计准则第×号——所得税会计（征求意见稿）》	会计研究	1996年第5期 第22～24页
78	曲晓辉	试论具体会计准则及其社会影响	财政研究	1997年第2期 第50～54页
79	苏新龙	会计假设理论与会计目标理论是会计理论体系中的起点理论（摘登）	会计研究	1996年第11期 第36页
80	汪一凡	管理会计对象初探	会计研究	1988年第3期 第28～33页
81	汪一凡	论复式记账法的超稳定性——兼评“三式簿记说”	会计研究	1990年第1期 第46～49页
82	王光远	作业会计的基本概念	会计研究	1995年第7期 第5～11页
83	王光远 陈汉文 林志毅	会计教育目标之我见——试析通才与专才之争	会计研究	1999年第9期 第45～50页
84	吴水澎	怎样正确认识会计的性质与对象？——兼评资金运动说	会计研究	1981年第2期 第7～13页
85	吴水澎	论经济效果与会计	会计研究	1982年第5期 第62页，第41页

续表

序号	作者	文章标题	期刊名称	卷期／页码
86	吴水澎 刘 峰	从《簿记论》看帕乔利的会计思想	会计研究	1994年第3期 第29～31页
87	肖 华 彼特·西科德	二十一世纪中国会计师事务所国际协调化发展战略	会计研究	1999年第8期 第11～15页
88	谢德仁	试论现代企业的代理关系与企业会计系统结构——兼及现代企业会计目标研究	会计研究	1994年第4期 第34～39页
89	谢德仁	会计理论研究的逻辑起点及会计理论体系	会计研究	1995年第4期 第1～6页
90	谢德仁	浅谈我国会计准则的制定	会计研究	1995年第10期 第23～25页
91	谢德仁	价值理论：资产计量模式选择的新视点	会计研究	1997年第6期 第12～16页
92	谢德仁	企业性质：资产计量基础转化及逆转化之源	经济研究	1996年第5期 第74～80页
93	谢德仁	会计规则制定权合约安排的范式与变迁——兼及会计准则性质的研究	会计研究	1997年第9期 第23～29页
94	薛祖云 龚光明	试论中国特色的社会主义会计理论	会计研究	1997年第12期 第6～10页
95	余绪缨	试论“复式记账法”的理论基础——兼论“资金收付记账法”	厦门大学学报	1978年第2期 第136～151页
96	余绪缨	关于成本、利润和资金的最优规划问题	会计研究	1980年第3期 第1～13页
97	余绪缨	要从发展的观点，看会计学的科学属性	中国经济问题	1980年第5期 第46～47页
98	余绪缨	现代管理会计主要特点及其吸收利用问题	中国经济问题	1981年第1期 第39～46页
99	余绪缨	关于建立适应我国社会主义现代化建设需要的会计学科体系问题——兼论与此有关的几个会计理论问题	会计研究	1982年第2期 第38～45页
100	余绪缨	现代管理会计的形成发展与“洋为中用”	中国经济问题	1982年第2期 第61～64页
101	余绪缨	现代管理会计中几个基本理论问题的探索	厦门大学学报	1984年第4期 第11～20页
102	余绪缨	试论我国新的会计模式的理论基础及其基本结构	厦门大学学报	1988年第3期 第13～23页
103	余绪缨	试论现代管理会计中行为科学的引进与应用问题	厦门大学学报	1990年第4期 第22～28页
104	余绪缨 毛付根	试论现代管理会计的特性——兼评“会计管理活动论”	中国经济问题	1990年第6期 第33～38页
105	余绪缨	当代会计科学发展的大趋势	厦门大学学报	1992年第1期 第35～46页
106	余绪缨	试论社会主义市场经济与国有企业的股份制改革——兼论我国会计理论建设的目标模式问题	中国经济问题	1992年第6期 第1～5页
107	余绪缨	以社会主义市场经济理论为指导，对几个会计理论问题的重新认识	厦门大学学报	1993年第1期 第6页

续表

序号	作者	文章标题	期刊名称	卷期 / 页码
108	余绪缨	对股份制企业的资金结构、资本成本与财务杠杆问题的探讨	中国经济问题	1993年第3期 第7～16页
109	余绪缨	论流动资金节约额的计算与分析	厦门大学学报	1995年第2期 第74～93页
110	余绪缨	简论当代管理会计的新发展——以高科技为基础，同“作业管理”紧密结合的“作业成本”计算	会计研究	1995年第7期 第1～4页
111	余绪缨	简论《孙子兵法》在“战略管理会计”中的应用	会计研究	1997年第12期 第29～31页
112	余绪缨	论知识经济与创造性人才的培养	中国经济问题	1998年第4期 第1～7页
113	庄明来	论电算会计中账簿的地位与作用	会计研究	1997年第4期 第42～43页

五、1977—1999年会计学系教师的代表性著作

1977—1999年，厦门大学会计学系教师出版的代表性著作共50部，兹列表如下。

◎ 1977—1999年厦门大学会计学系教师出版的代表性著作

序号	作者	著作	出版社	时间 / 年
1	葛家澍	借贷记账法	中国财政经济出版社	1981
2	葛家澍 李儒训	社会主义经济核算与经济效果	上海人民出版社	1982
3	葛家澍 吴水澎	建国以来会计基本理论文章摘编	天津人民出版社	1983
4	葛家澍　等	《资本论》与社会主义部门经济理论	吉林人民出版社	1985
5	葛家澍	通货膨胀会计	中国财政经济出版社	1985
6	葛家澍	会计的基本概念	经济科学出版社	1986
7	许毅 等 余绪缨	成本管理大辞典	经济管理出版社	1987
8	葛家澍	关于会计基本理论与方法问题	经济科学出版社	1988
9	林志军	会计的假定·原则·准则	经济科学出版社	1988
10	王光远	决策会计学	湖北科学技术出版社	1988
11	余绪缨	会计理论与现代管理会计研究	中国财政经济出版社	1989
12	吴水澎　等	财务管理的理论与方法	西南财经大学出版社	1989
13	葛家澍 林志军	现代西方财务会计理论	厦门大学出版社	1990
14	陈仁栋	人力资源会计	厦门大学出版社	1991

续表

序号	作者	著作	出版社	时间 / 年
15	葛家澍 曲晓辉	物价变动会计	北京经济学院出版社	1991
16	葛家澍 吴水澎	会计基本理论问题探索	立信会计图书用品社	1991
17	李若山	论审计与社会经济权责结构	中国财政经济出版社	1991
18	曲晓辉	论物价变动会计	中国财政经济出版社	1991
19	吴水澎	经济效益会计论	西南财经大学出版社	1992
20	陈双人	责任会计系统	辽宁人民出版社	1992
21	李若山	审计疑难案例解集	江西科学技术出版社	1992
22	王光远	制度基础审计学	湖北科学技术出版社	1992
23	王光远	现代财务会计结构	福建人民出版社	1992
24	常　勋	外币交易会计与外币报表折算	北京经济学院出版社	1993
25	叶　薏	中国股份制企业会计	福建人民出版社	1993
26	葛家澍 余绪缨	葛家澍教授、余绪缨教授从教五十周年论文集	厦门大学出版社	1995
27	葛家澍	市场经济下会计基本理论与方法研究	中国财政经济出版社	1996
28	吴水澎	财务会计基本理论研究	辽宁人民出版社	1996
29	黄世忠	股份制改造中资产评估理论与实务	鹭江出版社	1996
30	黄世忠	长期股权投资会计与合并会计报表	鹭江出版社	1996
31	刘　峰	会计准则研究	东北财经大学出版社	1996
32	王光远	管理审计理论	中国人民大学出版社	1996
33	曲晓辉	中国商务环境	三联书店（香港）有限公司	1996
34	唐予华	开放型经济下的财务会计问题探索	鹭江出版社	1997
35	胡玉明	论资本成本会计	中国经济出版社	1997
36	陈少华	企业财务报告理论与实务研究	厦门大学出版社	1998
37	葛家澍	会计大典（第一卷）：会计理论	中国财政经济出版社	1998
38	葛家澍 裘宗舜	会计信息丛书（第三辑）：会计热点问题	中国财政经济出版社	1999
39	常　勋	财务会计三大难题	立信会计出版社	1999
40	李建发	政府会计论	厦门大学出版社	1999
41	傅元略	企业资本结构优化理论研究	东北财经大学出版社	1999
42	曲晓辉	现代中国财务会计	中国财政经济出版社	1999
43	曲晓辉	会计准则研究：借鉴与反思	厦门大学出版社	1999
44	陈汉文	注册会计师职业行为准则研究	中国金融出版社	1999

续表

序号	作者	著作	出版社	时间 / 年
45	（美）利特尔顿　著 林志军　译	会计理论结构	中国商业出版社	1987
46	（美）乔伊米勒　著 常　勋　等译	国际会计	立信会计图书用品社	1988
47	（美）布朗　约翰斯顿　著 林志军 等译	巴其阿勒会计论	立信会计图书用品社	1988
48	（美）瓦茨　齐默尔曼　著 黄世忠　等译	实证会计理论	中国商业出版社	1988
49	（英）诺比斯　帕克　著 黄世忠　等译	比较国际会计	中国商业出版社	1989
50	（美）利特尔顿　著 林志军　译	会计理论结构	中国商业出版社	1989

六、1977—1999年会计学系教师的代表性科研课题

1995—1999年，厦门大学会计学系教师主持的代表性课题如下表所示。

◎　1977—1999年会计学系教师的代表性科研课题①

序号	批准号	项目名称	负责人	资助类别	项目时间
1	—	新体制下会计理论与方法研究	葛家澍	国家“七五”社会科学基金重点项目	“七五”
2	—	广义管理会计理论与方法问题研究	余绪缨	国家“七五”社会科学基金年度项目	“七五”
3	—	有计划商品经济条件下会计理论与方法研究	葛家澍	国家教委文科博士点项目	“七五”
4	—	多种经营形式下的会计问题研究	葛家澍	国家教委文科博士点项目	“七五”
5	—	广义管理会计理论与方法研究	余绪缨	国家教委文科博士点项目	“七五”
6	—	现代管理会计研究	余绪缨	国家教委文科博士点项目	“七五”

① 该表中一部分厦门大学会计学科教师早期获批的课题批准号和年度已经无法确切地查询，所以留白或以“七五”作为统一替代，待日后史料齐全再行补充。此外，由于年代较为久远，可能统计得并不十分齐全，如有疏漏，敬请海涵。

续表

序号	批准号	项目名称	负责人	资助类别	项目时间
7	—	国际会计与涉外会计研究	常　勋	国家教委文科博士点项目	“七五”
8	—	人力资源会计	陈仁栋	国家教委文科博士点项目	“七五”
9	—	经济体制改革与会计改革	林志军	国家教委中青年科研基金	“七五”
10	93CJB0021	会计准则的国际化协调	刘　峰	国家社科基金青年项目	1993
11	96CJB008	现代企业制度下的财务会计规范体系研究	刘　峰	国家社科基金青年项目	1996
12	79770077	在高新科技条件下国营企业管理中反舞弊机制的实证研究	李若山	国家自然科学基金面上项目	1997
13	79770078	企业集团股权投资管理研究	曲晓辉	国家自然科学基金面上项目	1997
14	97BJB011	完善我国会计准则问题研究	曲晓辉	国家社科基金一般项目	1997

第五节　1977—1999 年厦门大学会计学科代表性学术观点

一、必须替借贷记账法恢复名誉[①]

葛家澍先生的《必须替借贷记账法恢复名誉——评所谓“资本主义的记账方法”》一文，原载于1978年7月《中国经济问题》第4期。该文与《光明日报》1978年5月11日头版发表的解放思想的社论——《实践是检验真理的唯一标准》，发表时间大致相当[②]。《必须替借贷记账法恢复名誉——评所谓“资本主义的记账方法”》一文的发表，如平地起雷，从根本程度上纠正了当时中国会计界的认识，在一定程度上加快了中国会计改革与发展的进程。

（一）《必须替借贷记账法恢复名誉——评所谓“资本主义的记账方法”》一文发表的时代背景

1978年5月11日《光明日报》头版发表《实践是检验真理的唯一标准》。面对积弱的经济，中共中央发表《论十大关系》，澄清经济政策的取向，将工作重点转向经济建设。毋庸置疑，经济改革的先导，必须解放思想。在进行真理标准大讨论前，经济思想领域旋即展开大讨论。经济理论界和政策研究者强调发展生产力、为发展生产力正名；重新确立按劳分配的社会主义原则，肯定价值规律的作用（乔克，2017）。经济思想领域的解放，既为经济改革奠定了思想基础，也在一定程度上影响到会计学界。

这个时期，扣在借贷记账法头上的“资本主义的记账方法”的“帽子”仍未摘除。基于这一背景，葛家澍先生以记账方法作为突破口，写下了《必须替借贷记账法恢复名誉——评所谓“资本主义的记账方法”》一文，于1978年7月发表于《中国经济问题》第4期，打响了会计界拨乱反正的第一炮[③]。

根据葛家澍先生在《博学·勤思·创新与实用相结合——我的治学经验浅谈》一文中的回忆（葛家澍，2008），“文革”期间，一封署名为“柴直言”的、指名道姓指责葛家澍先生替“资本主义的借贷记账法涂脂抹粉”的公开信出现在会计界。公开信主要是针

---

① 杜兴强，2021. 葛家澍教授学术思想研究［M］. 厦门：厦门大学出版社.

② 当然，《实践是检验真理的唯一标准》经过了长时间的酝酿和征求意见。但是，先生的《必须替借贷记账法恢复名誉——评所谓“资本主义的记账方法”》一文亦非“心血来潮”而作，而是经过了数年的慎重思考。

③ 这一表述的来源是上海财经学院主持工作的郭森麒教授专门来信称该文“打响了会计界拨乱反正的第一炮”。

对葛家澍先生关于会计对象的观点，因此葛家澍先生回信也主要针对会计对象。但这封公开信也对借贷记账法提出批评[①②]，原信第32页如下。

当前会计科学上的收付、增减、借贷之争，实际上是收付与借贷之争。这种争论，不仅是记账方法的问题，它反映着会计科学领域里的是两种思想、两条道路、两条路线的斗争，是革命与保守的斗争，是为什么人的问题。

但是，对于会计科学我们有些同志不去设想有没有另外的方案，择其合乎中国情况者应用，不适合者扬弃。对资产阶级借贷会计充满了迷信……应该看到，在会计学中，需要改革的不仅仅是个记账方法问题。记账方法是个中间环节，它上联会计理论，下联具体业务。改革记账方法，是个突破口、导火线……在这条战线上，也和其他各条战线一样，存在着尖锐的阶级斗争。它不是"世外桃源"。

葛家澍先生写了一篇"万字文"（3万余字）驳斥上述公开信的观点。针对这个公开信的指责，葛家澍先生回信（第18页）在小心翼翼地避开可能的雷区或陷阱后，明确指出：

但是，借贷记账法并不是资产阶级的发明，而是几百年前劳动人民的创造。借贷记账法，大概在13世纪就已经在地中海沿岸出现，它的应用要比资本主义时代的到来早好几百年……在进行了批评、提出了其中的糟粕以后，如果还有某些可以供无产阶级用来建设社会主义的东西，我们也不应当排斥利用。

葛家澍先生的"万字文"在厦门大学为"公开信"举办的讨论会上宣读，与会者听完葛家澍先生发言后鸦雀无声（"公开信"的作者并未到场）。虽然家人及好心的同事为葛家澍先生所冒风险捏着一把汗，但葛家澍先生心中凛然："不怕，真理在谁手上，大家心中明白。任何时候，一个有良知的理论工作者都应具有维护真理的勇气。"葛家澍先生对"万字文"经过不断的推敲和完善，最后形成了《必须替借贷记账法恢复名誉——评

① 感谢刘峰教授转赠此公开信、先生的回复，以及分享部分观点。

② 该公开信是1980年先生给研究生上课时用的蜡版刻写件。公开信一共33页，落款日期是1973年12月20日。根据刘峰教授的推测，假定这封公开信采用挂号信形式，从哈尔滨寄送到厦门，应该要一个星期或更长的时间。因此大约1974年元旦前后先生收到这封信，而先生的回信则是1974年1月。换言之，葛家澍先生在收到这封信后不久，就写了长达3万字的回信。

所谓“资本主义的记账方法”》一文[①]。

此文极大地解放了当时笼罩在中国会计界头上的“姓资姓社”的疑云，从理论上解放了会计界的僵化思想，被誉为会计界打响拨乱反正的第一炮。此文起到的是“思想破冰者”的历史作用，足以载于20世纪会计发展的史册中。此外，葛家澍先生在此文的字里行间体现出的勇气、超越特定历史时期的洞见及熠熠生辉的学术思想，时至今日仍是我们需要关注、体会和揣摩的重点。

（二）思想破冰及历史意义

20世纪60—70年代中期那段特殊的时期使得整个社会阶级意识紧绷，思想观念的黏性一直持续到20世纪70年代末期。会计学界亦是如此。在20世纪50—60年代，会计界曾经掀起会计性质与记账方法的大讨论，讨论的核心问题包括会计有无阶级性、会计的技术性还是阶级性是其主要属性[②]、收付记账法还是借贷记账法适合于社会主义制度等（如章乃器等人坚持收付记账法）[③]。其中，记账方法有无阶级性的问题，直至20世纪70年代末期，甚至到20世纪90年代，都还有学者对此进行争论。

新中国成立后，记账方法有无阶级性的问题就成为中国会计界讨论的重要问题之一。1950年1月29日的《大公报》发表了章乃器的文章《应用自己的簿记原理记账》，认为收付记账法是民族的、大众的和更科学的，借贷记账法是不符合中华民族的特性、非大众的和不够科学的。章乃器的论述逻辑是，相比于借贷记账法，收付记账法更易学、易会、易懂，甚至得出结论：“……已经学会复试簿记的少数人，倘使没有‘卖野人头’的不良想法，我认为是不会反对改按收付记账法的。没有学会复式簿记的绝大多数人，我想一定都会赞成采用收付记账法的……”。之后，围绕着记账方法有无阶级性的讨论从未终止。

“大跃进”期间，因为大力鼓吹“破千年陈旧规律，抛中外今古传统，会计放下账本”、实行“无账会计”、“以表代账”，导致必要的会计程序、手续、凭证、账簿被简化，甚至被破除，再加上“旬报不出旬，月报不出月”错误观念的提出，国营企业的会计信息披露严重混乱。由此导致的后果就是必要的“财务审批制度”的被取消，“花钱大敞口”，乱挤乱摊成本，任意挪用资金，坚持原则的会计人员遭到打击报复，损失浪费现象严重，贪污

① 葛家澍，2008. 制度·市场·企业·会计［M］. 大连：东北财经大学出版社：233-237.

② 甚至到了20世纪90年代，还有学术论文围绕着会计的技术性与阶级性进行讨论，而且尚有部分学术论文认为会计是有阶级性的。有关学术论文这里不再列举，请参阅中国期刊网进行搜索。

③ 章乃器（1897—1977），原名埏、字金烽、亦称子伟，男，浙江省青田县人，教授、经济学家、会计学家、银行学家、商科教育家，中国第二次记账方法争论的旗手。

浪费之风盛行（项怀诚，1999，第150页）。这个阶段，国营企业片面追求会计报表的提前报送而忽略了会计报表披露的会计信息所应该具备的基本质量问题，有的企业甚至采取先报出会计报表，然后再倒轧的方式来虚构会计报表上的各个项目（高治宇，1985，第205页）。可以说，“大跃进”时期的会计是“破多立少”“破快立慢”，以至于新旧制度脱节严重，企业无章可循，账目混乱，会计信息披露严重扭曲。

“文化大革命”期间，由于当时鼓吹“只算政治账，不算经济账”，批判“烦琐哲学”，所以加强经济核算、讲求经济效益被污蔑为“不突出政治”的算账派，会计制度被认为是“管卡压”的工具，整个财会工作处于瘫痪和被取消状态。国营企业内部，污蔑讲求盈利是“利润挂帅”、鼓吹“三年不算账，钱也不会跑到国外去”，散布“会计制度无用论”，许多国营企业的财务会计工作失去管理和控制。在国营企业中，由于不计成本、不讲核算，所以普遍出现了账目混乱、财产不清、消耗不实的情况，企业的经营亏损日益严重。在这种情况下，国营企业会计信息披露极为不规范，严重违背经济现实，这种状况到1968年达到了登峰造极的地步，甚至出现国家不能够据此编制年度计划的地步（项怀诚，1999，第155页）。

基于上述，在20世纪60—70年代中期，会计实务与会计实践相对混乱，而且我国的会计理论研究事业几乎陷入“停滞”。这给后来的改革开放事业带来了不利的影响，因为改革开放需要大力发展经济，而经济发展的一个必要条件就是要有相对科学的会计核算体系。欲从根基上改变会计实务混乱的状态，解放思想是关键。为此，对于会计基本理论的研究被赋予了重要的历史使命。记账方法是否有阶级性这一问题就是一例。

在这样的背景下，一部分学者仍因思维惯性，坚持记账方法有阶级性；另一部分学者犹豫不定，持观望态度，不愿做“出头鸟”；还有一部分学者并未意识到关于记账方法有无阶级性问题的思想统一对于“文革”后百废待兴的中国经济的重要性。在这个历史的关头，葛家澍先生以其睿智、智慧和勇气，敏锐地注意到了国内当时政治经济环境的变化，并意识到了会计基本理论研究的突破，特别是关于记账方法有无阶级性问题的统一认识的重要性，从而写就和发表《必须替借贷记账法恢复名誉——评所谓“资本主义的记账方法”》（《中国经济问题》1978年7月第4期）一文，对“文革”后、改革开放前的中国会计界解放思想起到了至关重要的推进作用[①]。

① 对比《必须替借贷记账法恢复名誉——评所谓“资本主义的记账方法”》一文和先生对“公开信”的回复不难发现，《必须替借贷记账法恢复名誉——评所谓“资本主义的记账方法”》一文也是一种“回信”，只不过回复的对象不再局限于某一人，而是对整个会计界持有“借贷记账法有阶级性”观点的所有人的回信。

借贷记账法，今天看起来是想当然的，但在那个特殊的年代，却是广受批判、备受争议、被扣上“资本主义”帽子的记账方法。一旦被扣上“资本主义”的帽子，即便借贷记账法与收付记账法、增减记账法等相比总体上能更科学、更好地服务于经济发展，它也应该被抛弃。为此，在“文革”结束后不到两年，葛家澍先生就将早已深思熟虑的、关于记账方法并无阶级性的论文予以修改和发表，这需要何其睿智和何其勇气！历史车轮滚滚向前，时代潮流浩浩荡荡，唯有顺势而为，才能挺立潮头，把握未来。

《必须替借贷记账法恢复名誉——评所谓“资本主义的记账方法”》一文发表后，犹如沉闷的房间打开一扇窗，让新鲜的空气涌入，犹如一潭死水中扔下一颗石子，使其荡起涟漪，在国内引起了极其强烈的反响。后来，《必须替借贷记账法恢复名誉——评所谓“资本主义的记账方法”》被誉为“打响会计界拨乱反正的第一炮”！这是对葛家澍先生在20世纪70年代末期在会计界“思想破冰”的评价，是对葛家澍先生那个年代睿智与勇气的肯定！

凡第一者，尤其难能可贵。考虑到“文革”结束后当时的社会思潮和思想禁锢的现实，葛家澍先生能够首先以大无畏的勇气和睿智，从记账方法视角找到突破，架起中国会计与西方会计交流的桥梁，实为难得。因此，就《必须替借贷记账法恢复名誉——评所谓“资本主义的记账方法”》一文评价葛家澍先生为会计界的“思想破冰者”，丝毫不为过。

1992年11月30日颁布、1993年7月1日开始实施的《企业基本会计准则——基本准则》，其中第八条明确指出“会计记账采用借贷记账法”。自此，关于记账方法有无阶级性的讨论尘埃落定。历史证明了葛家澍先生的抉择与远见！

可以说，正是因为《必须替借贷记账法恢复名誉——评所谓“资本主义的记账方法”》一文对中国会计界思想解放的巨大推动作用，才有了20世纪80年代末期开始的、对美国和国际会计准则的借鉴和会计的国际趋同。

（三）从记账方法、记账方法的应用与记账方法的理论概念的厘清论述“记账方法没有阶级性”

葛家澍先生认为，给借贷记账法扣上“资本主义记账方法”的主要原因在于会计界混淆了记账方法、记账方法的应用与记账方法的理论三个概念。为此，葛家澍先生从厘清三个概念入手，层层递进地分析了为何借贷记账法并不应被标注“资本主义”的标签。

葛家澍先生认为，记账方法、记账方法的应用和记账方法的理论（记账理论）是三个不同的概念。记账方法是指通过账户（会计科目）记录经济业务（经济活动）的手段；

进一步地，一种记账方法通常的构成要素包括但不限于记录的方式（单式或复式）、记账符号、记账规则、对账（检查记账结果）的方法，以及账户的设置与应用[①]。记账方法的应用则融入了人的因素。一旦记账方法被人（管理当局及会计人员）所掌握，则可能受到人的因素的影响，从而有可能被特定的、具有不同利益取向的人所利用。此外，记账方法的应用还意味着记账方法可能因为不同的社会、不同的组织、不同的利益相关者在记账时可能通过不同的账户设置、凭证及其填制、账簿及登记等互相配合。记账方法的理论则更为复杂一些，人们可能按照不同的认识从理论上对记账方法做说明和解释。譬如借贷记账法的理论曾出现过“借贷学说”。当然，在20世纪50—70年代关于记账方法的讨论中，有关借贷记账的理论包括两个流派：（1）从资金平衡公式去说明借贷记账规则；（2）每一次经济业务体现的资金运动的来踪去迹去说明借贷记账规则。

通过上述关于记账方法、记账方法的应用与记账方法的理论三个概念的辨析，囿于时代背景，葛家澍先生以借贷记账法的“拟人说”为例，指出记账方法的理论可能是存在阶级性的；但葛家澍先生同时指出，在借贷记账法的“借贷学说”中，阶级色彩顿减；此后关于记账方法理论的学说逐渐使记账方法成为纯粹的技术方法。此外，因为记账方法在应用中可能被具有不同利益取向的人所利用，成为其实现个人私利的工具或手段，所以葛家澍先生认为关于记账方法的应用仍有一定的阶级性色彩。

葛家澍先生话锋一转，认为记账方法本身不同于记账方法的应用或理论，它本身只是记录经济业务的手段。不同的记账方法（譬如借贷记账法、收付记账法、增减记账法）之间的区别，首先在于记录方式的不同——有的采用单式、有的采用复式，其次在于记账符号、记账规则、对账方法等各有特点。但是上述区别只能归结为完备程度、全面程度与严密程度。一言以蔽之，不同记账方法只是反映记账技术的不同水平。因此，记账方法本身是没有阶级性的[②]。

记账方法本身犹如一把刀、一把火、一把枪，刀、火、枪固然有优劣质量之分，但无阶级烙印；一把刀、一把火、一把枪的定性（犹如记账方法的应用与记账方法的理论）是邪恶还是善良，往往需要和用刀、火和枪的目的联系在一起。一把刀可以削水果，亦可

① 葛家澍（1978）指出，账户的设置与应用是往往独立于记账方法之外的，并不取决于记账方法。但是，因为记账离不开账户，且记账符号和记账规则在一定程度上影响账户的多少、账户结构、账户名称以及计算余额的方法，所以在一定程度上才将账户的结构、余额的计算和账户的分类等视为记账方法基本特征的组成部分。

② 值得指出的是，先生认为记账方法与记账方法的应用或记账方法的理论科研需进行明确的区分。以借贷记账法和增减记账法为例，两者都以资金平衡公式为理论基础，运用的账户体系基本相同（差异仅在账户结构、计算余额的方法和账户分类的某些方面）。因此，虽然“借贷”与“增减”是两种不同的复式记账法，但代表每一种记账方法的最为本质的东西是可以抽象的。

杀人；一把火可以把生食变为熟食，促进人类演化，亦可把人类文明毁于一旦；一把枪既可以用来保家卫国，也可能被用来杀人越货。为此，刀、火、枪的邪恶或善良，一切皆取决于谁在使用以及使用它们的目的[①]。

（四）借贷记账法没有阶级性

根据葛家澍先生的《必须替借贷记账法恢复名誉——评所谓“资本主义的记账方法”》，借贷记账法之所以被全盘否定，主要有三项“罪名”：

（1）借贷记账法产生于资本主义时代，它的出现适应了资本主义剥削制度的需要。借贷是带有借贷资本标志的一个记账符号。

（2）借贷记账符号晦涩难懂，又具有双重含义，迂回曲折，有利于资本家弄虚作假。

（3）借贷记账法的理论基础是“资产 = 负债 + 资本”的平衡公式，这个公式是证明资本主义私有制的永恒性和合法性的，而以后改为“资金占用 = 资金来源”的公式，同样宣扬了资产阶级的“平衡论”。

关于第一点，葛家澍先生将之分解为三个问题逐一进行反驳：第一，借贷记账法是否产生于资本主义时代；第二，借贷记账法的出现是否适应资本主义剥削制度的需要；第三，借贷是不是带有借贷资本标志的记账符号。

第一，对于借贷记账法产生于资本主义时代的说法，葛家澍先生借助史实予以了否认。复式簿记与借贷记账法萌芽于意大利的佛罗伦萨、威尼斯等地，并由卢卡·巴其阿勒（卢卡·帕乔利）于1494年予以了理论上的总结。随后，复式记账原理与借贷记账法逐渐在欧洲各国广泛传播。但是，资本主义是从16世纪才开始的。由此可见，借贷记账法产生于资本主义的说法根本不符合史实，亦很难站住脚。

第二，关于借贷记账法的出现是否适应资本主义剥削制度的需要这一质疑，葛家澍先生认为借贷记账法最初的确是为了适应中世纪意大利等国家一些城市出现的借贷资本（含高利贷）的需要而产生的。但是，葛家澍先生同时又明确指出，该质疑显然是混淆了借贷记账法作为方法其自身与借贷记账法的应用这两个概念。一方面，因为借贷记账法的出现同资本主义制度的产生并无必然的联系或因果关系；另一方面，借贷记账法作为一种科学的会计核算方式，适应并促进了大生产的需要，有利于生产力的发展——这意味着

① 这可以部分解释如下问题：为何一种制度如“工龄工资”在一个国家被抛弃，但被他国学去，反倒用得风生水起；一种激励制度如股票期权或年薪制，为何在一个企业促进了创新，但在另一个企业却成为财务欺诈的导火索。看来一种企业内部的制度本身固然有是否完备之分，但制度的经济后果则往往取决于执行制度的人以及制度被借鉴和使用的目的。

借贷记账法与生产力而非生产关系相关，因此与资本主义剥削制度（一种生产关系）并无必然联系。

第三，关于借贷是借贷资本标志的记账符号这一质疑，葛家澍先生坚定地认为，借贷只是记账符号、一种抽象化了的符号，譬如社会主义社会也有信贷资金——企业取得这种资金也叫“借”，银行发放这种资金也叫“贷”。因此，将借贷与资本主义挂钩显然是不适合的。

关于第二点的前半部分——“借贷记账法下的记账符号‘借’和‘贷’晦涩难懂”的质疑，葛家澍先生从借贷记账法的发展谈起，揭示了“借”和“贷”作为借贷记账法的记账符号的优缺点，又论及了“增”和“减”作为增减记账法的记账符号与“收”和“付”作为收付记账法的记账符号面临的困难，反驳了“借”和“贷”晦涩难懂的指责。葛家澍先生指出，“增减”“收付”等记账符号的优点是含义单一，但缺点是无法或难以对转账业务给出科学合理的解释。相比而言，作为记账符号，“借”“贷”可以同账户的结构相结合，涵盖相对广泛的内容，从而能离开记账对象而相对独立存在。

关于第二点的后半部分——借贷记账法下的记账符号“借”和“贷”有利于资本家弄虚作假，葛家澍先生指出，资本家的确会在账目或报表中弄虚作假，但这不是借贷记账法作为方法自身或“借”和“贷”作为记账符号的过错。葛家澍先生在此意欲表述的学术思想包括：其一，借贷记账法是一种方法，资本家是否会弄虚作假与方法无关，而与自身的目的与利益驱动有关，这是在借贷记账法应用过程中，因应用借贷记账法的资本家或代理人而导致的弄虚作假。换言之，借贷记账法或“借”和“贷”符号是较为客观的，但方法与符号的运用则可能被拥有主观性的资本家所利用。其二，任何记账法都有可能被用来弄虚作假。譬如，中华人民共和国成立初期至20世纪70年代，有部分单位采纳其他复式记账方法如增减记账法与收付记账法，照样有人钻空子在账目上弄虚作假。

关于第三点——“资产 = 负债 + 资本”的平衡公式是证明资本主义私有制的永恒性和合法性——的质疑，葛家澍先生旗帜鲜明地指出，记账理论和记账方法不是一回事！因此，首先不能因为“资产 = 负债 + 资本”的公式两边数量恒等，就望文生义地断定它是证明资本主义制度的“永恒性”和“合法性”；其次，借贷记账原理是从资金平衡关系出发，还是从每次业务的来龙去脉出发，这纯粹是一个研究记账理论的方法论问题。不能仅因为借贷记账法及其记账符号“借”和“贷”相关的“资产 = 负债 + 资本”的平衡公式，就将其扣上宣扬“资产阶级平衡论”的帽子。

基于上述逻辑缜密的推理和阐述，在这篇文章的最后，葛家澍先生旗帜鲜明地总结道：

……

总结起来，我的结论是：

（1）记账方法是记录经济业务的技术方法，它本身没有阶级性。给任何记账方法戴上“资本主义”或“社会主义”的帽子，都是不恰当的。

（2）强加在借贷记账法身上的种种罪名，如果实事求是地加以分析，除比较难学难懂这一点外，都不能成立。

一个已经经过时间检验过几百年、新中国成立以后也采用了十多年，现今仍为世界各国所广泛采用的借贷记账法，是科学严密的一种复式记账法。

（3）历史告诉我们：不是别的记账方法而是借贷记账法，首先创造了复式记账的技术。从此，才开始现代会计的发展史。

全盘否定借贷记账法，实际上是割断会计发展的历史，拒绝学习和吸取外国管理方法中合乎科学的东西……

因此，必须为科学的借贷记账法恢复名誉。

（五）学术争鸣中的研究方法

反复重读《必须替借贷记账法恢复名誉——评所谓“资本主义的记账方法”》一文，我们可以发现葛家澍先生在文中所体现的“大历史观”与对演绎法的熟练运用，这一点是进行规范会计研究可以借鉴和学习的。

“文革”的磨难，使得葛家澍先生对诸多问题的思考，深邃而有力！早在“文革”结束前后，葛家澍先生就已关注、并充分思考了记账方法是否有阶级性、借贷记账法究竟是否是资本主义的记账方法等基本理论问题。顺理成章地，葛家澍先生于1978年《中国经济问题》第4期发表了《必须替借贷记账法恢复名誉——评所谓“资本主义的记账方法”》一文，基于“大历史观”（复式簿记从中世纪到现代接近500年的发展），熟练运用演绎法，鞭辟入里地对强加在借贷记账法头上的阶级属性与“资产阶级与资本主义”的“帽子”进行了逐一批判。

众所周知，演绎法作为一种典型方法，是从一个或少数几个基本概念（前提、逻辑起点）出发，然后推演出整个理论体系或一种特定的理论。同理，对特定理论或观点的反驳，必须从否定其赖以立论的前提出发，效果最佳。换言之，阐述自己意欲阐述的理论或观点的前提并论述其合理性，然后通过无可辩驳的证据否定既有观点或理论的前提，是规范会计研究的基本路径。在这一点上，葛家澍先生《必须替借贷记账法恢复名誉——评所谓“资本主义的记账方法”》一文，是一篇少见的典范之作。

通读《必须替借贷记账法恢复名誉——评所谓“资本主义的记账方法”》一文，葛家澍先生侧重于对当时存在的、诸多将“借贷记账法扣上资本主义记账方法帽子”的观点进行逐一反驳。

首先，葛家澍先生从对记账方法、记账方法的应用与记账方法的理论三个概念的区别谈起，确立了自己理论和观点的“前提”——借贷记账法作为方法本身并无阶级性，尽管借贷记账法的应用与借贷记账法的理论可能在一定程度上具有一定的阶级性。

其次，葛家澍先生对如下观点进行了重点反驳：

（1）借贷记账法产生于资本主义时代；

（2）借贷记账法适应了资本主义剥削制度的需要；

（3）借贷是带有借贷资本标志的一个记账符号；

（4）借贷记账符号晦涩难懂；

（5）借贷记账符号有利于资本家弄虚作假；

（6）借贷记账法的理论基础是“资产 = 负债 + 资本”的平衡公式，目的是证明资本主义私有制的永恒性和合法性。

最后，葛家澍先生得出结论，“……记账方法是记录经济业务的技术方法，它本身没有阶级性。给任何记账方法戴上‘资本主义’或‘社会主义’的帽子，都是不恰当的……因此，必须为科学的借贷记账法恢复名誉”。

一言以蔽之，《必须替借贷记账法恢复名誉——评所谓“资本主义的记账方法”》一文作为一篇影响深远的学术论文，除了学术观点的历史价值之外，其缜密的逻辑与论证的方式都堪称一篇规范会计研究的范文。

（六）小结

“文革”结束后两年（1978年），葛家澍先生以极大的勇气与超乎想象的睿智，发表了《必须替借贷记账法恢复名誉——评所谓“资本主义的记账方法”》一文，基于大历史观、缜密的逻辑，以及无可辩驳的史实，逐一驳斥了强贴在借贷记账法头上的“资本主义”

标签。《必须替借贷记账法恢复名誉——评所谓“资本主义的记账方法”》一文的历史价值在于，它极大地解放了当时中国会计学界的思想，对后来我国推动会计准则 / 制度改革、推动中国会计融入国际范围内的会计协调或趋同具有积极意义。

重读20世纪50年代至20世纪80年代初这段历史时期的会计文献，仍能深刻感受到当年围绕着记账方法是否有阶级性这一主题的激烈思想交锋。葛家澍先生以其睿智、洞见和勇气，扫除了一直困扰会计界、记账方法有无阶级性的疑云，使得改革开放后中国会计工作迅速进入了一个良性的发展轨道。作为有良知、担当和探索精神的知识分子和会计理论研究工作者，葛家澍先生为后世做出了表率，值得我们敬仰和学习！

二、会计理论的继承与发展[①]

经过《必须替借贷记账法恢复名誉——评所谓“资本主义的记账方法”》一文的铺垫，中国会计界对学习西方会计理论（特别是记账方法）的态度虽有顾虑，但不再是坚冰。尽管如此，中国会计界的思想仍迫切需要进一步解放，以便为系统学习、借鉴与批判吸收西方会计理论奠定基础。恰逢其时，葛家澍先生发表了《论会计理论的继承性》一文（《厦门大学学报》1981年第3期），再次推动了中国会计界解放思想的讨论。

20世纪80年代初，改革开放伊始。经济改革的深入，迫切需要会计发挥越来越重要的作用。我国脱胎于计划经济的会计核算模式无法承担历史赋予它的重要角色，因此客观上迫切需要我国进行会计制度改革以适应新形势的需求。但是，受到当时僵化社会思潮的影响，会计界的思想仍不够开放，仍存在着社会主义会计理论与资本主义会计理论这种非黑即白的心理障碍，对学习西方会计理论，借鉴西方的会计准则体系仍心存戒备。为此，葛家澍先生写就了《论会计理论的继承性》一文，基于详细的历史史实，揭示了会计与会计理论在发展过程中的继承性（当然也包括扬弃之后的发展），为中国会计界最终打破思想藩篱、将学习目光投向当时经济发展与会计理论均领先的西方世界、虚心学习他们的会计理论、积极融入会计国际化，起到了重要的历史作用。

（一）会计学性质与会计的主要属性

在《论会计理论的继承性》一文的开篇，葛家澍先生就开宗明义地讨论了会计学的

---

① 杜兴强，2021. 葛家澍教授学术思想研究［M］. 厦门：厦门大学出版社.

性质，这对驳斥会计学的阶级性与打破社会主义会计学与资本主义会计学的藩篱奠定了学术思想基础。葛家澍先生首先指出了继承性在学科发展与会计理论发展中的必要性，并认为正确认识会计学作为一门学科的研究对象（而非会计的反映/控制对象）是非常关键的。

科学发展的特点之一是继承性。会计学的发展也不例外。要研究会计理论的继承性，必须正确认识会计学的性质。一门科学的性质取决于它的研究对象。谈到对象，应当把会计作为一种管理活动所要反映的对象和会计学作为一门科学所要研究的对象明确分开。

进而，葛家澍先生通过列举翔实的证据指出，会计学是一门探讨微观经济计量方法的科学，因此技术性是会计学的本质属性。葛家澍先生的这一论断，为关于会计性质的大论战画上了一个终止符。众所周知，关于会计是否具有阶级性，或者会计的技术性或阶级性是否为其主要属性，曾在20世纪50至60年代初的中国学术界引起持续关注，并掀起过一次全国范围内的大论战。基于特殊的历史背景，会计具有阶级性这一观点曾一度占据上风。1962年12月4—8日，国家教委高等学校文科教材办公室经济组邀集了财政部、中国科学院经济研究所、厦门大学、中国人民大学、北京大学、南开大学、中央财政金融学院和中国财经出版社等有关单位的部分同志，对包括会计有无阶级性在内的诸多重要理论问题进行了座谈。座谈会纪要由葛家澍先生整理后，发表于《经济研究》1963年第2期（谈惠[①]，1963）。

座谈会上支持会计技术性的学者认为，会计基本程序与方法有部分可供不同社会共同使用的方法（如复式记账，填制凭证、登记账簿、编制报表的基本程序；同生产技术过程联系较为紧密的成本计算的具体方法；费用归集和摊配的程序等），因此会计的技术性应为会计的主要属性。但是，另一部分支持会计具有阶级性的学者则坚持认为，会计中存在诸多方法和程序仅适合资本主义社会（如账户分类、货币计算、会计报表分析等），因此会计具有阶级性（谈惠，1963）。

葛家澍先生认为，会计具有技术性与社会性的双重属性。这里尤其需要提醒读者注意的是，即便是葛家澍先生认为会计具有双重属性，他也并未使用“阶级性”这一较为极

① 谈惠系葛家澍教授的笔名。

端的术语，而是用“社会性”取而代之。值得指出和难能可贵的是，葛家澍先生的观点在深思熟虑之后总是始终如一地贯穿在相关的学术论文、教材与专著之中。譬如，葛家澍先生认为会计具有技术性与社会性的双重属性，且技术性是会计的主要属性。接下来葛家澍先生要做的就是将上述观点在其主编的教材中加以贯彻，影响一代代的会计学子。例如，在葛家澍先生主编的《会计基础知识》一书中，绝大多数情况下均是在强调会计的技术性，因为会计在不同社会环境中的运行具有共性，会计的基本程序与方法具有普适性[①]。此后，会计的社会性这一较为中性的提法，成为会计学术界谈及会计属性的标准术语。我们永远不能低估“术语”的力量。中国文化强调“名正言顺”，因此会计的社会性提法，淡化了不同“社会制度会计”的观念，强调会计基本程序、方法与技术可能在不同社会制度下具有一定的普适性。

与会计的社会性这一术语相适应，葛家澍先生在《会计基础知识》一书中，并未提及资本主义会计与社会主义会计，而是颇具艺术地将之称为“社会主义制度下的会计”。诸位读者切不可低估这一表述的细微差别。若采纳社会主义会计的术语，那就是将会计的阶级性摆在了首要位置；反之，若采纳“社会主义制度下的会计”的表述，不仅淡化了会计的阶级性，而且强调的是会计在社会主义制度下的运行。不仅如此，给定我国社会制度的性质及长期处于社会主义初级阶段的论断，“社会主义制度下的会计”这一提法适用性极强，在相当一段历史时期都是适用的。进一步地，“社会主义制度下的会计”使得学术界关注会计的主要属性即技术性之外，还应适当注意国家宏观调控在社会主义制度下的会计影响。实际上，葛家澍先生的“社会主义制度下的会计”这一提法，在一定程度上影响了之后他对会计基本假设与会计目标的探讨。譬如，葛家澍先生在论及会计基本假设时，仍建议将“宏观调控”作为我国的一项重要的会计基本假设（葛家澍，2002），这充分体现了“社会主义制度下的会计”的阶段性特征。这一观点得到了监管部门的重视，对我国会计准则体系的完善起到了重要的推动作用。

若将视野扩展到葛家澍先生一生的学术研究后就可以发现，葛家澍先生在其1964年主编的《会计基础知识》教材中展现的、会计技术性为主要属性的思想，最终促成了1978年与1981年那两篇颇具影响的论文——《必须替借贷记账法恢复名誉——评所谓“资本主义的记账方法”》(《中国经济问题》1978年第4期）与《论会计理论的继承性》(《厦门大学学报》1981年第3期）。可见，葛家澍先生在20世纪60年代关于会计属性的深刻认

① 在当时的社会环境下，葛家澍先生在《会计基础知识》一书中只提会计在阶级社会带有程度不一的“阶级烙印”，从而颇具艺术性地淡化了会计的阶级性。

识展现了超越那个时代局限性的睿智与勇气！

（二）基于大历史观阐述会计发展的继承性

牛顿曾经说过，如果说我看得比别人更远些，那是因为我站在巨人的肩膀上（If I have seen further, it is by standing on the shoulders of giants）①。牛顿以哥白尼、伽利略、开普勒等诸多科学家的科研成果为基础，对其进行了继承、扬弃与发展，终成一代大师，被誉为“百科全书式的奇才”②。巨匠如牛顿，亦表述了科学领域内的继承性。既然技术性是会计的主要属性，且会计学本质上是一门涉及方法的学科（在一定程度上有别于社会科学的其他领域），葛家澍先生开始基于大历史观，从复式簿记出现前后开始到20世纪的历史史实，基于技术属性，阐述会计发展与会计理论是如何实现继承性的。

具体地，葛家澍先生选择“复式簿记的基本原理和技术”、“拟人理论”与“公认会计原则”为例，阐述了会计理论的继承性。

第一，葛家澍先生认为，他那个时代的会计学教科书中“会计循环”部分涉及的六个互相配合的方法与程序——凭证、登记日记账、过入总分类账、调整账户和编制报表、结束临时账户（虚账户），其核心部分与1494年巴其阿勒在《算术、几何、比与比例概要》一书中介绍的相关内容并无实质性的差异③。因此，15世纪形成于意大利、威尼斯式的复式记账法，就已经基本上具有了后来复式簿记系统的主要特点。经过几百年的发展，复式记账法已经发展为复式簿记系统④，虽然一些技术与方法日益完善与科学化，但其核心的部分仍与几百年前的并无太大差异。甚至，今日会计学原理或中级财务会计中的“会计循环”，同中世纪的意大利簿记相比，在数据的处理方法与步骤方面，亦体现出一脉相承性。基于此，葛家澍先生总结道：

---

① 有科学史上的逸闻称，牛顿此话本意在于嘲讽当时的科学院院长罗伯特•胡克，其人身材矮小，且牛顿觉得其没有什么科学建树。历史对成功者多有偏爱，真相往往极其昂贵。

② 艾萨克•牛顿爵士（1643—1727），英国皇家学会会长、英国著名的物理学家，百科全书式的“全才”，著有《自然哲学的数学原理》与《光学》等著作。牛顿在1687年发表的论文《自然定律》里，对万有引力和三大运动定律进行了描述，奠定了此后大约300年间物理世界的科学观点，并成了现代工程学的基础。牛顿论证了开普勒行星运动定律与引力理论的一致性，并展示了地面物体与天体的运动都遵循着相同的自然定律，并推动了科学革命。在力学领域，牛顿阐明了动量和角动量守恒的原理，提出牛顿运动定律。在光学领域，牛顿发明了反射望远镜，并基于对三棱镜将白光发散成可见光谱的观察，发展出了颜色理论；牛顿还系统地表述了冷却定律，并研究了音速。在数学领域，牛顿与莱布尼茨分享了发展出微积分学的荣誉，证明了广义二项式定理，提出了“牛顿法”以趋近函数的零点，并为幂级数的研究作出了贡献。在经济学领域，牛顿提出金本位制度。

③ 流行于15世纪威尼斯一带的簿记，是由日记账（相当于今天的备忘簿或原始记录）、分录账（相当于今天的日记账）和总清账（相当于今天的分类账）所组成。日记账—分类账—总清账显然代表复式簿记必不可少的环节。

④ 复式记账法脱胎于意大利威尼斯、佛罗伦萨等地，是对当地在会计实践中采纳的记账方法的理论总结。

四五百年来，整个会计方法有了很大变化和发展。可是，直到现在，会计有关记录经济活动的原理和技术，并没有离开中世纪意大利簿记所奠定的基础。账户和复式记账，始终是会计的两个最基本、最重要的方法。今天，人们倘若要研究这两个方法，包括它们的理论，决不能割断历史。复式记账可以追溯到威尼斯的记账法，而其理论，则可以追溯到巴其阿勒的著作。

第二，葛家澍先生进一步揭示了复式记账理论领域中会计发展的继承性。复式记账的理论主要包括拟人理论和物的理论。拟人理论的基本特点在于它把物的各种账户拟人化[①]，把有关反映物与物关系的各种交易虚拟为有人参加。意大利沿海城市形成的复式记账法及其理论（如拟人理论）自然有其历史局限性，这一点在后来工业革命兴起、经济快速发展、企业组织间关系日益复杂、业务日新月异的背景下表现得更为明显。譬如，拟人理论无法解释或很好地应用于公司间发生的许多交易或关系如有价证券，所以拟人理论就失去了存在的客观条件而自然让位于物的理论。葛家澍先生认为，工业革命之后形成的复式记账理论包括资金运动理论都可以归为物的理论。但是，葛家澍先生经过仔细地分析后发现，物的理论并没有全部否定拟人的理论。譬如拟人理论下的账户分类等，物的理论都是给予肯定的，并予以批判性的扬弃与继承。

第三，葛家澍先生指出，美国的“公认会计原则”（generally accepted accounting principles）亦体现了继承与发展的思想——公认会计原则并非一朝一夕形成或一蹴而就的，而是在对几百年会计实践的总结、继承与发展。公认会计原则主要来自实践，是会计师们在会计的计量、记录和报表表达等方面的“一致意见的归纳”，它既反映资本主义制度下广大会计人员的实践经验，又反映几百年来会计人员所逐步积累起来的经验。实际上，早期的 CAP（会计程序委员会）制定和颁布的、公认会计原则性质的“会计研究公报”（ARB）基本上就是对会计实务中诸多存在的会计处理方法的归纳和汇总，这本就是一种继承，但缺乏发展。随后，APB（会计原则委员会）虽然力图通过研究基础理论，使得会计原则的内部逻辑更加一致，但也并未将业已存在的会计处理方法推倒重来，只是希望纳入“会计原则意见书”（APB opinions）的会计处理方法能有理论支持，内部逻辑自洽。换言之，

① 拟人理论的萌芽可以追溯到1494年巴其阿勒的著作。《算术、几何、比与比例概要》一书中，巴其阿勒采用的分录用语“Per”和“A”（英语作“By”和“To”，德语作“Pen”和“An”），其意即“借主”和“贷主”（Brown and Johnston, 1963）。

APB 还是对会计实践中存在的、合理的、可以确保会计原则内部逻辑一致的会计处理方法进行了继承。到了 FASB（财务会计准则委员会）时期，财务会计概念框架使得会计准则的制定更加具有坚实的理论基础与内在逻辑一致性，但仍对部分合理的 ARB 与 APB opinions 进行了继承，承认它们对指导会计实务的权威性。

随后，葛家澍先生又以“会计主体”假设、“继续营业”和“会计分期”的概念、“货币计量”、“成本与市价孰低”、“财务状况变动表”与“现行价值会计”等为例，揭示了这些理论或概念在其发展过程中的继承性。

通过对“复式簿记的基本原理和技术”、“拟人理论”与“公认会计原则”的分析，葛家澍先生归纳认为，会计发展与会计理论是具有继承性的。

（三）对西方会计理论的继承与发展

讨论会计发展过程中的继承性并非葛家澍先生的研究重心。葛家澍先生的主要目的是表明，既然会计技术性属性是主要的，会计发展的历史基本上就是一部继承与发展的历史，西方的“公认会计原则”虽集中代表了当代资本主义国家发展起来的一整套财务会计理论，但很大一部分是来自前人通过会计实践的经验总结，那么葛家澍先生明确地指出，中国会计理论研究亦可对西方会计理论批判地继承。

对西方会计理论批判性地继承，在今天看来是理所当然和无可厚非的，但在当时特定的历史背景下并非如此。葛家澍先生通过阐述会计发展与会计理论的继承性达到解放中国会计学术界思想的目的。实践证明，借鉴西方会计理论研究的合理成分，的确在一定阶段促进了中国会计理论研究繁荣，对中国会计积极进行国际趋同、完善中国会计准则体系起到了积极的推动作用。

下面我们再重温一下葛家澍先生在《论会计理论的继承性》一文的结束语，感受葛家澍先生作为一位睿智的会计学术大师、在学术研究方面的胸襟。

第一，马克思说过：会计“原是生产职能的附带部分”，在它成为一项独立的职能以后，它仍然“是一个大规模生产过程内部的职能”。会计作为一个经济信息系统总是密切依存于生产发展。而会计的理论，则只能在密切依存于生产实践的会计实践中产生。从运用复式记账算起，会计也有五百年以上的历史。当代财务会计的基本观念和有关理论，基本上是近几百年，特别是21世纪80年代内逐渐形成的。“我们之所以有今天，在很大程度上取决于我们的昨天。”因此，在任何国家不可能在空地上建立自己的会计理论。人们不能割断历史，不能忘记会计理论的继承性。

第二，会计是人类共同创造的科学技术。早在单式簿记阶段，许多国家和地区就对记账的技术作出了不同程度的贡献。其中也包括我国人民。例如宋代的“四柱清册”，就是一种会计平衡的技术。会计进入复式簿记阶段，意大利人所作的重大贡献是人所共知的。把复式簿记推进到会计，并奠立现代会计学的基础，应当归功于英国人。对于复式记账理论的形成与发展，意大利、法国、德国、英国和日本的会计学者都起过作用。至于成本会计和管理会计，当代财务会计理论和以此为基础的“公认会计原则”，又必须肯定美国、英国，尤其是美国会计师和会计专家们的功绩。不管会计的理论和方法由哪一国哪一地区的人民所创造，一旦推广流传，它就成为人类的共同财富。

第三，现代化大生产、大经济所需要的信息，在很大程度上依赖于现代会计。会计在计算、计量、记录、分类、整理、汇总和分析经济活动的数量运用了特殊的技巧。会计信息成了说明经济活动的特殊“语言”。由于会计产生并运用于不同国家，这种语言不可避免地带着“地方性”。但正如日本的会计学者指出的:“随着国际经济的日益密切，促使会计由地方语言蜕变成国际语言。”由于当前世界各国的经济基本上是商品经济，而现代会计是商品经济的产物，会计的理论和方法的发展离不开商品经济的共同特征。所以，会计从“地方语言”变成“国际语言”也有可能……

《论会计理论的继承性》一文的结论揭示了如下几点：

第一，会计理论的发展具有继承性，是在继承的基础上进行发展的。

第二，继承与发展是双向和多边的，而非单极的；中国会计理论的发展，既需要对我国历史上合理的会计理论进行继承与发展，也需要对西方国家的会计理论进行批判的继承与发展；会计理论是全人类的共同财富，这与社会制度无关、与国别无关、与历史阶段无关。

第三，会计技术性作为主要属性决定了会计理论的继承与发展性，最终伴随着经济的全球化，会计将成为一门国际通用的商业语言。

实际上，葛家澍先生在20世纪80年代的结论（观点、预言），绝大部分已经为后来我国的会计发展与世界范围内的会计国际趋同所支持。

（四）葛家澍先生晚年的反思

诚如上述，毋庸置疑，《论会计理论的继承性》一文在当时起到了解放思想和推动我国会计理论研究的巨大历史作用。同时，葛家澍先生又强调，对西方会计理论需要批判性地继承，切忌纯粹的“拿来主义”。

但是，20世纪90年代以后，特别是21世纪以来，我国的会计理论研究又走向了另外一个极端，那就是奉西方的财务会计概念框架或实证（经验）会计研究范式为圭臬。过犹不及！关于这一点，葛家澍先生有着清醒的认识，并发出了振聋发聩的“警示”。试举例如下（葛家澍，2003，2004）[①]：

第一，葛家澍先生建议，会计基本假设、会计目标与会计对象共同列为财务会计概念框架的第一层次，而非对西方财务会计概念框架进行照搬，仅将会计目标列为第一层次；此外，葛家澍先生建议应该充分考虑财务报表之外的与其他信息披露手段相关的概念框架内容。

第二，根据中国宏观调控比较强的特点，葛家澍先生建议增加“宏观调控”这一假设。

第三，葛家澍先生建议，考虑到中国资本市场的现实特征，应将会计目标的受托责任观与决策有用观并提，并强调重点考虑国家宏观管理与监管部门的信息需求。

第四，关于西方财务会计概念框架领域内“唯相关性”的倾向，葛家澍先生曾明确指出其弊端，并基于财务会计的特征、性质与边界，强调可靠性是会计信息的灵魂（葛家澍，2003，2004；葛家澍、黄世忠，1999）！

> 反映真实是会计的基本职能。
>
> 对于会计信息的质量要求来说，可靠性是首要的必备的质量特征，缺乏可靠性，相关性就不存在。“宁可不说话，不可说谎话。”
>
> 可靠性是会计信息，尤其是财务报表表内会计信息的灵魂。
>
> 不相关的信息固然无用，但并非对所有人都无用。而不可靠的信息更为危险——所有使用者的决策都会被它误导，从而带来难以估量的风险。

---

① 有些观点虽未形成正式发表的学术论文，但在博士生授课提纲及学术报告中屡有提及。

第五，针对中国学者模仿西方的研究范式，甚至采纳中国数据复制西方学术杂志上的研究，葛家澍先生建议中国学者应扎根于中国的制度背景，多研究一些对于中国资本市场制度建设、公司治理与会计准则体系完善有帮助的重大现实问题。

（五）小结

在《论会计理论的继承性》一文中，葛家澍先生采纳了基于大历史视野的分析方法，层层递进地阐述了会计理论的继承性。

具体地，葛家澍先生首先分析了会计学的性质，阐述了会计学不同于其他社会科学的特点在于会计学本质上可以归类为“方法学”。设定方法学是会计学的本质，那么我们就可以合乎逻辑地推知，正是技术性而非阶级性或社会性，才是会计学的主要属性。照此逻辑，“社会主义会计”与“资本主义会计”（即会计“姓社姓资”的区分）之间被人为筑就的“无形”高墙必将不复存在！《论会计理论的继承性》一文就会计学性质的讨论，犹如一声惊雷，惊醒了沉溺于“盲区”（“姓社姓资”的激辩）的会计工作者。

其次，葛家澍先生基于历史史实，逻辑缜密地阐述了一个基本命题——现代复式簿记的原理、方法与技术，是对从中世纪起流行于意大利威尼斯、佛罗伦萨等地区的复式簿记的继承与发展。从而，葛家澍先生用无可辩驳的历史史实，论证不同国家（地区）之间会计技术与方法之间的确存在着继承与发展的可能性和必要性。

最后，葛家澍先生聚焦西方的“公认会计原则”，分析其是如何对现代财务会计理论进行有机地继承与发展的，从而彻底打消了中国会计界仅有的对学习西方财务会计理论的顾虑，为日后中国系统学习和借鉴西方，特别是美国的财务会计理论扫清了思想障碍。

> 可以预料，今后，在商品经济的基础上，随着生产力和科学技术的进一步发展，随着会计的理论和方法日益出现数量化的倾向，人们在别的国家的会计理论和方法中可资学习、吸取和借鉴的东西将会越来越多，会计这门科学发展的一个总趋势将会更加打破国与国的界限。

《论会计理论的继承性》一文观点鲜明、论证过程的逻辑丝丝入扣，在当时起到了进一步解放会计界思想的作用。如果摒弃部分语言在特定历史时期的“特色”，《论会计理论的继承性》一文既是一篇饱含学术思想与具有很高学术价值的力作，亦是规范会计研究的一篇典型范作。

三、会计信息系统论[①]

会计的本质是什么？对会计本质的科学认识可以具体化为对会计的科学定义，这在一定程度上决定了会计作为一门独立的学科所不得不回答的关键问题，决定着会计这门学科的现状、未来及学科地位。基于会计本质这一问题的重要性，20世纪80年代之前比较长的一段时期，国际范围内学术界对会计的本质（会计定义）进行了深入探讨，形成了“管理工具论”、“艺术论”、“管理活动论”与“信息系统论”等典型性的观点。持有不同观点的学者各抒己见，形成了关于会计本质认识的“竞争性”与“开放性”的大论战。

无独有偶，20世纪80年代，我国会计学术界亦围绕会计本质展开了讨论，最终形成两种代表性的观点——“管理活动论”与“信息系统论”（葛家澍，2000）。实际上，自中国会计学会建立之日起，学术界就展开了关于会计本质与职能的学术论争。这场学术讨论程度之热烈、时间跨度之长（几乎贯穿20世纪80年代），都不亚于新中国成立以后关于会计对象与方法问题的讨论。其中，葛家澍先生与厦门大学会计学科的其他老一辈的会计学家如余绪缨教授等是“信息系统论”的坚定支持者，并在此基础上形成了颇具特色的、以厦门大学会计学科为代表的“会计信息系统论”学派。葛家澍（2000）曾将20世纪80年代我国关于会计本质认识的“管理活动论”与“信息系统论”列为中国会计学会成立以来会计理论研究中的重要问题。基于此，本章将在对会计本质各种观点进行综述的基础上，着力于分

关于会计定义的探讨（续）

葛家澍　唐予华

二、我们的初步看法

以上列举的会计定义，不外乎四种有典型意义的提法（分别用A、B、C、D标注）。这些提法告诉我们：早期的会计，在含义上与簿记没有区分。在长时期内，西方会计学家是把会计视为一种“艺术”，但到七十年代，由于电子计算机引进会计领域，信息论被导人会计，管理会计得到了迅速发展，此后，出现了一种为大家普遍接受的新看法：视会计为一个信息系统。在管理会计产生前，所有定义都把会计对象的时间限定为已完成的经济活动，新的会计定义则包括了对未来尚未发生的行动的预测，进一步发展了会计对象的时空观念。

上述会计四种典型定义中，前三种提法（A、B、C三种）是分别从两个不同角度出发的。

①把会计当作一项有人参加的活动，即一项工作。这就是“管理活动论”的实质。按照“管理活动论”下的定义，所谓会计，是指会计工作，说明会计作为一项活动或工作的性质，而这项活动或工作是指“对能够用货币表现的经济事项，按特定的方法，予以计量、记录、分类、汇总和分析、评价。”如果把会计当作一项活动或工作，那么说会计工作是一项管理工作是完全正确的。

②把会计当作一种反映和监督经济活动的方法、工具或提供财务经济信息的一种规则与方法，这是“管理工具论”和“艺术论”的含义。按照这种观点，会计是进行会计工作必不可少的手段，但会计不等于会计工作。这种观点认为会计是一套分类、记录、计量、汇总和分析与解释的方法或技巧。简单说会计是一个方法的体系，这个体系是人们长期从事会计工作的经验总结，而用它来开展实践活动，才表现为会计工作。由于认为会计是方法或艺术，那么会计本身就不可能是管理而只是服务于管理的工具。从会计这一特殊的方法体系说，它主要是用来提供微观经济信息的，或者说，它主要是执行反映职能的。至于说到会计工作，情况有所不同，它比起作为一个方法体系的会计，可以起更多的作用。会计工作的首要的和基本的使命，当然也是按规定的方法处理数据和加工信息，起反映的作用，但是，在会计工作中，由于掌握了大量数据和信息，会计部门和会计人员就可以按照政策、计划和制度，监督企业的经济活动，同时可以充分考虑提高经济效益的要求，提出可供选择的最优方案，协助企业领导并督促各有关部门及时指导并调节生产，更好地领导经济工作，起控制的作用。

会计定义的最后一种提法（D种），把会计理解为一个经济信息系统。这一见解试图把会计工作和开展会计工作所运用的方法或艺术统一起来，而又力求突出方法的作用，突出反映的职能，突出经济信息在现代经济管理中的特殊重要性。

我们是比较赞同“经济信息论”的观点的。理由有：一是这个定义比较简明；二是这个定义能比较准确地表述现代会计产生以来，就始终存在的“反映”的职能，或称为“提供数据和信息为经济管理服务”的职能；三是这个定义能突出在商品经济条件下会计必然以提供

·51·

◎《关于会计定义的探讨（续）》的首页

① 杜兴强，2021. 葛家澍教授学术思想研究［M］. 厦门：厦门大学出版社.

析葛家澍先生在“会计信息系统论”的提出与完善过程中的学术思想。

国内外会计界关于会计本质的认识，主要的代表性观点有“管理工具论”、“艺术论”、“管理活动论”与“信息系统论”等。

（一）信息系统论

“信息系统论”主张会计是一个信息系统。严格意义上讲，“信息系统论”并非中国学者首创，而是从美国引入，但进行了较大的发展，最终很好地与中国制度环境进行了契合。20世纪60年代，AAA（American Accounting Association，美国会计学会）为庆祝其成立50周年，组织撰写一份题为“会计基本理论公告”（Astatement of Basic Accounting Theory）的研究报告。该报告对会计的未来发展进行了必要展望，指出“会计在本质上是一个信息系统。更精确地，会计是一般信息理论在有效率的经济营运问题上的一种应用”（AAA，1966）。20世纪70年代初，APB 在其第四号“会计原则委员会公告”（第2章第5段）中指出，“会计是一项服务活动，它的职能在于提供有关经济主体的数量信息（主要是财务性质的信息），以便用于经济决策：在各种可供选择的行动方案中，做出合理的选择”。这里，APB 虽然并未明确提及信息系统的术语，但实质上强调会计以提供财务信息为手段，而以作出经济决策为目的。《现代会计手册》的序言中写道：“会计是一个信息系统。它旨在向利害攸关的各个方面传输一家企业或其他个体的富有意义的经济信息。这个传输过程势必要涉及信息的发送者与信息的接收者。”（Davidson and Weil，1977）20世纪70年代末，苏联会计学家索柯洛夫写的《会计核算原理概论》一书，对会计的认识有很大的发展，他也认为会计是一个经济信息系统，但是又加进一些新见解，“会计核算乃是一种关于经济生活事实的观察、记录、归类、汇总、分析和信息传递的体系，这种体系是为了管理经营过程而建立的。这些经营过程产生了经济信息，在该情况下，经济信息可理解为在经营中所发生的有关法律关系和经济关系的资料，并且它们决定着会计核算的内容”（葛家澍，2000）。

此后，20世纪80年代，余绪缨教授指出，“根据当前的现实及其今后的发展，应把会计看作是一个信息系统，它主要通过客观而真实的信息，为管理提供咨询服务”（余绪缨，1980，1982）。葛家澍先生也是“信息系统论”的极力倡导者，他指出，“我们是赞同信息系统的……我们对会计所下的定义是：旨在提高企业和各单位活动的经济效益，加强经济管理而建立的一个以提供财务信息为主的经济信息系统”（葛家澍、唐予华，1983）。此后，葛家澍先生在其划时代的论文《论会计理论的继承性》中明确提出，“会计是一个经济信息系统”（葛家澍，1981）。

会计本质认识的几种典型观点，一定程度上代表着会计界在不同阶段对会计本质的认识，实际上并不完全冲突或互斥。一方面不同观点源自于会计界伴随着社会经济环境的变化，对会计本质的认识发生了改变；另一方面各种观点从不同的侧面看可能实现相容（蒋义宏，1986）[①]。在这一点上，葛家澍先生更倾向于支持会计本质认识的“信息系统论”。

（二）对会计本质的“信息系统论”的拓展与完善

葛家澍先生在阐述“信息系统论”之前，首先对“管理工具论”、“艺术论”与“管理活动论”三种观点进行了较为深入的剖析[②]。

把会计当作一项有人参加的活动，即一项工作。这就是“管理活动论”的实质。按照“管理活动论”下的定义，所谓会计，是指会计工作，说明会计作为一项活动或工作的性质，而这项活动或工作是指“对能够用货币表现的经济事项，按特定的方法，予以计量、记录、分类、汇总和分析、评价”。如果把会计当作一项活动或工作，那么说会计工作是一项管理工作是完全正确的。

把会计当作一种反映和监督经济活动的方法、工具或提供财务经济信息的一种规则与方法，这是“管理工具论”和“艺术论”的含义。按照这种观点，会计是进行会计工作必不可少的手段，但会计不等于会计工作。这种观点认为会计是一套分类、记录、计量、汇总和分析与解释的方法或技巧。简单说会计是一个方法的体系，这个体系是人们长期从事会计工作的经验总结，而用它来开展实践活动，才表现为会计工作。由于认为会计是方法或艺术，那么会计本身就不可能是管理而只是服务于管理的工具。从会计这一特殊的方法体系说，它主要是用来提供微观经济信息的；或者说，它主要是执行反映职能的。至于说到会计工作，情况有所不同，它比起作为一个方法体系的会计，可以起更多的作用。会计工作首要的和基本的使命，当然也是按规定的方法处理数据和加工信息，起反映的作用；但是，在会计工作中，由于掌握了大量数据和信息，会计部门和会计人员就可以按照政策、计划和制度，监督企业的经济活动，同时

① 尽管蒋义宏教授支持“会计信息系统论”，但同时又认为“会计的定义是多值的，而不是单值的，会计的三种定义是相容的，而不是相斥的”（蒋义宏，1986）。

② 葛家澍，唐予华，1983. 关于会计定义的探讨［J］. 会计研究（3）：26-30.

可以充分考虑提高经济效益的要求，提出可供选择的最优方案，协助企业领导并督促各有关部门及时指导并调节生产，更好地领导经济工作，起控制的作用。

然后，葛家澍先生话锋一转，强调和概括了自己支持“信息系统论”的理由。

把会计理解为一个经济信息系统。这一见解试图把会计工作和开展会计工作所运用的方法或艺术统一起来，而又力求突出方法的作用，突出反映的职能，突出经济信息在现代经济管理中的特殊重要性。

我们是比较赞同“经济信息论”观点的。理由有：一是这个定义比较简明。二是这个定义能比较准确地表述现代会计产生以来，就始终存在的“反映”职能，或称为“提供数据和信息为经济管理服务”的职能。三是这个定义能突出在商品经济条件下会计必然以提供财务信息（能用货币来计量、记录、预测的那些数量方面）为主的特点。四是这个定义考虑到了现代会计的新内容及其发展。因为迄今为止，会计所运用的信息加工方法已形成一个严密而复杂的体系，从而在企业中成为一个能把数据转化为信息的系统。在这个系统中，不论用何种手段处理数据，均可理解为一个由若干要素组成的有机整体，它们都能用“系统”两个字加以概括。五是这个定义能较好地把“管理工具论”或“艺术论”同管理活动基本上统一起来。作为一个系统，会计既可理解为具有两个以上的方法或程序，为完成处理数据和提供信息的功能而组成的一个方法的体系，也可理解为具有数据处理对象，由信息管理部门和人员掌握，为信息提供和信息使用（使用信息就能发挥会计对生产的控制作用）而进行的一系列工作内容和程序。

众所周知，AAA 于1966年的“A statement of basic accounting theory”中首次提出“会计在本质上是一个信息系统”。但是，这个定义过于宽泛、同时过于简洁，不能帮助会计界捕捉到会计信息系统区别于别的信息系统的差异。葛家澍先生对此进行了深入研究，认为关于会计本质的认识，不能仅满足于将之定义为一个信息系统，这样并无助于该观点的可理解性和可接受性。为此，必须融合会计的对象、职能、方法和主体等问题，对“信息系统论”进行拓展，使之更加完善。葛家澍先生对“信息系统论”的拓展与完善，是其最为重要的理论贡献之一。具体地，葛家澍先生将会计定义为（葛家澍、唐予华，1983）：

会计是旨在提高企业和各单位活动的经济效益，加强经济管理而建立的一个以提供财务信息为主的经济信息系统。它在企业和各单位范围内，主要用于处理价值运动（在社会主义条件下为资金运动）所形成的数据并产生与此有关的信息，起反映的职能；上述数据与信息的进一步利用，又能起监督、预测、规划和分析评价等控制职能。会计的上述两项基本职能，都有助于进行正确的经济决策和财务决策。

纵观葛家澍先生对会计本质的认识与会计的定义，我们可以从中管窥出葛家澍先生的学术贡献与学术思想如下。

第一，葛家澍先生实事求是的学术态度。葛家澍先生承认AAA（1966）是“信息系统论”的首创者，余绪缨教授是国内首次赞同“信息系统论”的学者（葛家澍，2000）。在此基础上，葛家澍先生公允地认为，自己对“信息系统论”进行了拓展与完善，使之更具有可接受性，从而获得了我国会计学界的广泛认可。

第二，葛家澍先生并未将西方的“信息系统论”的表述奉为圭臬，而是在20世纪80年代言必称美国的时代背景下，勇于拓展和完善“信息系统论”，强调中国学者对一些会计基本理论问题的贡献，从而有机地将会计的对象、职能、方法和主体纳入“信息系统论”，使之更加完善。

第三，葛家澍先生将“会计主体”（假设）纳入会计本质的认识中，具体体现为“企业和各单位活动”与“企业和各单位范围内”等表述。会计主体限定了会计信息系统的边界，并决定了其特征。将会计主体纳入会计本质的“信息系统论”，可以在一定程度上避免会计与统计等学科相混淆、难以准确厘清的处境。

第四，葛家澍先生将“货币计量”（假设）融入关于会计本质认识的“信息系统论”中，体现在“以提供财务信息为主的经济信息系统”这一表述上。货币计量是会计的主要手段，尽管它并非唯一的手段。“货币计量”厘定了能够进入会计信息系统进行处理、按照会计的基本程序与方法进行嵌入、计量、记录和报告的经济交易或事项的范围，使得会计信息系统得以和别的信息系统较为明确地进行区分。

第五，葛家澍先生将会计对象纳入关于会计本质认识的“信息系统论”中，具体体现在“价值运动（在社会主义条件下为资金运动）”这一术语上。众所周知，葛家澍先生从20世纪50年代开始，就不断反思苏联会计学者提出的关于会计对象的观点——“按货币方式来反映、监督和总结有计划社会主义扩大再生产过程及其物质基础——社会主义财产”，从而形成了自己独特的“资金运动论”的标志性学术观点[①]。为此，在拓展和完善会计本质的“信息系统论”时，葛家澍先生理所当然地将“资金运动论”的思想融入其中。

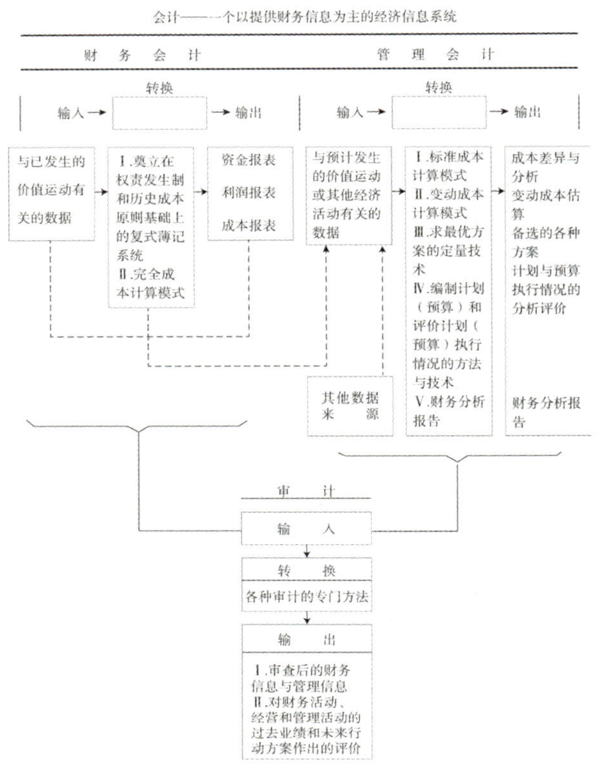

◎会计信息系统框架［葛家澍、唐予华（1983）］

第六，葛家澍先生认为对会计本质的认识不能回避对会计职能的讨论。为此，葛家澍先生进一步将会计职能纳入关于会计本质认识的“信息系统论”中，具体体现在“反映的职能”与“监督、预测、规划和分析评价等控制职能”等表述上。

第七，葛家澍先生认为，会计作为一个信息系统包括至少三个子系统——会计核算、会计分析与会计检查。会计核算提供基本信息，但通过会计分析，则形成对各种决策更有用的“高级信息”；会计检查的是为了保证会计核算与会计分析两个子系统所产生的信息的质量。因此，“会计核算是基础，会计分析是会计核算的继续与发展，会计检查则是前两者的必要补充”（葛家澍、唐予华，1983）。

第八，葛家澍先生又根据各子系统所提供信息的性质和用途的不同，将会计信息系统区分为财务会计、管理会计与审计。

通过对“会计是一个经济信息系统”的初始观点进行拓展和完善，一个关于会计本质的、严谨的认识产生了，从而导致国内学术界将厦门大学会计学科称为“会计信息系统学派”。

---

① 葛家澍先生认为，苏联专家在教科书中提出的“社会主义财产”不应是会计的核算对象。会计核算应反映的是社会主义资金（价值的形式）再生产，具体地，会计核算对象是社会主义产品再生产一切现象过程和物质要素——社会主义财产——的量的方面。先生的观点主要体现在《试论会计核算这门科学的对象与方法》（《厦门大学学报》1956年第2期）与《关于社会主义会计对象的再认识》（《厦门大学学报》1961年第2期）两篇文章中。在这两篇重要的文章中，先生系统发展和阐述了“会计对象”为“企业经济活动中可以用货币表现的那些数量方面”即“社会主义扩大再生产过程中的资金运动”。从而，关于会计对象的、系统和严密的“资金运动”理论得以形成。

（三）对“会计信息系统论”的阐述

葛家澍先生在《关于会计定义的探讨》一文（葛家澍、唐予华，1983；葛家澍，2000：37-56）中对会计本质进行了阐释之后，仍不断地思考如何对“会计信息系统”进行进一步阐述，这些思考最终体现在《论会计是一个经济信息系统》一文中（葛家澍，2000：55-56）。

会计是一个以提供财务信息为主的经济信息系统。它的基本职能是反映和控制。所以，它同时也是一个经济控制系统。会计信息系统的控制行为主要通过信息反馈。但会计信息系统要能进行信息反馈需要通过企业的各级决策机构和决策者（会计信息系统内部的数据，基于复式簿记平衡机制形成的保护性控制行为是例外）进行触发，使原先属于只供选择的信息转化为命令性质的信息。会计信息系统主要是以微观经济活动为其空间范围，因为现代会计起源于商品经济，而商品经济总是由无数个独立的或相对独立的商品生产者和经营者组成的。会计反映和控制的范围，主要应限于每一个独立的或相对独立的商品生产者和经营者，即每个企业。要独立地各自反映和控制各个企业的财务状况和经营成果，既要用这些信息组织企业本身的经营管理活动，使之达到高效益，争取高效益；又要把这些信息传输给企业外部（包括国家财政税务部门、企业主管部门、审计部门、银行和其他与企业有利害关系的组织及个人）进行信息交换，保证国家进行必要的宏观控制，有关部门和组织进行正确的投资、信贷和其他经济决策。把会计信息系统限定在微观范围之内是以“主体”假设为根据的。其目的仅仅在于正确地反映每个企业的财务状况和各自的盈亏。这当然有利于搞活微观，又不妨碍宏观控制对会计信息的需要。即使我们强调会计的主体观念，国家也完全有权通过统一的会计准则或会计制度，要求作为主体的企业向有关部门提供有助于宏观控制的会计信息。在我国，会计既应按每个主体来进行组织，发挥其反映和控制的职能，又应服从于国家的计划指导和管理。我国的会计，必须立足于微观，着眼于宏观。既要通过核算与分析搞活企业经济；又要按照国家法律、计划和制度，坚持会计监督，促进企业的微观经济活动符合宏观经济发展的要求。

在阐述会计是一个经济信息系统的过程中，葛家澍先生主要解决如下三个重要问题：一是阐述为什么会计的本质是一个经济信息系统；二是“会计信息系统论”与“管理活动论”的主要区别；三是，对“信息系统论”的进一步阐述。

1. 为什么会计本质上是一个经济信息系统

葛家澍先生认为，对会计本质的认识，应该遵从这样一个规律——从感性到理性，从实践到理论，从现象到本质。为此，葛家澍先生从会计实务出发，开始丝丝入扣地分析为何会计本质上是一个经济信息系统。

葛家澍先生选择分析的起点为基于复式簿记广泛应用之后的现代会计。这一分析起点的选择，实质上已经舍掉了古代会计、暂不讨论管理会计，且不受从手工记账体系到电子数据处理体系转变的影响。葛家澍先生之所以排除电子计算机应用于会计后引起的会计技术变化的原因在于，不能因为电子数据处理系统与电子计算机运用于会计，就将会计界定为一个信息系统。若此，将出现以偏概全的可能及存在“后此谬误”的嫌疑。试想，难道在手工簿记系统下，会计就不是一个信息系统了？的确，AAA（1966）认为随着电子计算机在会计中的使用及考虑到未来的会计发展趋势，才将会计的本质界定为“信息系统”。但是，更可能的解释是，技术的发展与社会经济环境的变化敦促会计界重新认识会计的本质，而不是因为计算机在会计中的使用导致会计成为一个信息系统。实际上，会计的本质是一个经济信息系统并不因技术手段的变化而发生改变。

为此，葛家澍先生从不同部门、不同单位的会计中抽出共同的、构成会计必不可少的内容，基于此分析会计的本质。这些共同的和必要的内容是什么呢？葛家澍先生将之总结为如下的循环（葛家澍，2000：38；葛家澍、李翔华，1986）：“取得原始凭证—进行原始凭证的审核—设置会计账户—进行复式记账—填制记账凭证—登记会计账簿—进行费用的汇总、分配、再汇总、再分配—计算出产品或劳务成本（但这一步骤只限于那些需要进行产品或劳务成本计算的企业、单位）—并据以进行有关费用结转与成本计算的分录—对账证、账款、账物和账账进行必要的检查和核对—编制并报送会计报表—进行报表分析并写出分析报告（依靠会计资料控制经济活动过程）—取得原始凭证……”。

第一，反映和控制是会计的两项基本职能。葛家澍先生认为，会计为了发挥反映职能，必须建立一个由信息输入、信息变换、信息输出和信息反馈等元素组成的整体和系统。取得原始凭证正是输入信息的第一步，原始凭证本身是接收信息的载体；会计借助于原始凭证接收来源于一个主体的经营活动相关的交易或事项内涵的数据乃至信息。取得原始凭证可以视为接收主体经营活动所形成的客观价值运动而发出信息的过程。葛家澍先生认为，会计凭证一般只记载个别经济业务、接收单项信息，其优点是客观，缺点是并不符合会计所输出信息的目的与要求。因此，原始凭证接收的数据是一种“初始信息”。

第二，在取得原始凭证后，会计人员必须对其进行严格的审核，以防不合法或不合规的原始凭证进入会计处理流程，防止“garbage in, garbage out”的现象。葛家澍先生认为，审核原始凭证的过程，本身就是一个“甄别”的过程，甄别原始凭证上记载的内容是否符合国家法律与法规的规定，是否含有价值（资金）运动的信息，是否可以用货币计量等。

第三，在进行原始凭证审核后，企业需要设置账户，分门别类地将原始凭证上记载的“初始信息”（数据）进行记录。葛家澍先生认为，对原始凭证上载有会计信息的数据通过账户进行分类记录，是将数据转换为信息的“必由之路”后必需的步骤。此后，通过复式记账、采取复式会计分录记录会计信息，将在一定程度上能够提高会计信息的密集度、减少冗余，同时可以初步达到系统性记载信息的目的。

第四，葛家澍先生进而指出，复式记账之后，会计人员通过填制记账凭证与登记会计账簿，既存储会计信息，又可以实现将存储的信息加以系统化，能更好地为决策提供依据。

第五，在账簿记录的基础上，会计人员经过其他必要程序、并按照规定的格式，最终生成财务报表。葛家澍先生认为，“财务报表输出的信息，既不是单个信息，也不是若干个信息的简单合并，而是把许多信息有效地组合在一起，以丰富信息的内容，增大信息的价值量，更好地满足会计信息使用者的要求”。

2.“会计信息系统论”与“管理活动论”的主要区别

通过上述层层递进的逻辑，葛家澍先生论证了会计的本质是一个经济信息系统。进而，葛家澍先生进一步阐述“会计信息系统论”与“管理活动论”的主要区别。

对于“管理活动论”，葛家澍先生认为（葛家澍，2000：53）：

就会计本身来看，把它看成一项管理活动也未尝不可。按照我们的看法，那只能把它定义为对以企业财务信息为主的经济信息进行的管理。具体包括：对企业财务信息和有关的非财务信息进行的接收、确认、分类、记录、贮存、变换、输出、分析利用并使之对企业经营活动实行有效的控制（把财务分析报告和有关的方案、建议等有助于决策的信息，通过决策，转化为指挥、调节行动的命令，这也是一种信息)。如果能这样来理解会计管理,那同我们关于会计是一个以提供财务信息为主的经济信息系统的提法就没有差别了。总之,会计不必要也不应当直接管理价值运动,正像它不必要也不应当直接管理物资运动一样。由于会计掌握了这两种运动的信息,信息可以反馈。第一,这两种管理(物资管理和财务管理)都离不开会计提供的信息;第二,会计对它们可以实行间接控制,具体表现为会计处于一种独立地位对它们进行监督——既可以对物资管理进行监督,又可以对财务管理进行监督。因此,倘若在理论上肯定会计应当直接管理财务活动,那就不是加强而恰恰是削弱了会计对财务活动的监督作用。

葛家澍先生对"管理活动论"的评价,体现了老一辈会计学家严谨的学术风格。首先,葛家澍先生表达了"管理活动论"的合理性。合理的学术评价正是目前我国会计学界急需强化的,因为科学的学术评价能够厘清会计学科的发展方向、优化学术资源的配置,促进我国会计学科科研及会计教育的发展。

其次,如果结合"管理活动论"提出的时代背景——20世纪80年代,那就不难理解其何以成为我国会计界关于会计本质认识的主流观点之一。中共十一届三中全会之后、20世纪80年代初,全党与全国的工作重心逐步向经济建设领域转移,对内搞活、对外开放。之前十年,会计基础与会计工作遭到严重破坏,会计人员积极性严重受挫,为此必须尽可能地鼓舞会计人员提高积极性,更好地为改革开放与经济技术服务——因为"经济越发展、会计越重要"。"管理活动论"的提出,肯定了会计的管理职能,的确在一定程度上鼓舞了会计人员的主观能动性。

最后,葛家澍先生认为,"管理活动论"作为一种管理活动,管理的也只是"对以企业财务信息为主的经济信息进行的管理",而非直接管理、也非广义的管理或更广范围的管理,否则将超出会计的边界与职能范围。如此,"管理活动论"与"信息系统论"之间的区别就只是表述问题、而并不存在严重分歧。

3. 对"会计信息系统论"的进一步阐述

接下来,葛家澍先生继续阐述"会计信息系统论"为何是关于会计本质更为合理的认识。首先,葛家澍先生将自己20世纪50—60年代提出的"资金运动论"与"会计信息系统论"紧密契合在一起(葛家澍,2000:55-56)。

会计活动的过程，就是把发生于企业经营活动的各个环节，来自四面八方、体现资金运动的信息流进行加工变换的过程。过程输入的数据（初始信息）可以看作会计机构和会计人员加工制作的“原料”，各种账簿记录特别是已归类汇总的资料则相当于“在产品”和“半成品”……会计报表显示的信息可视为“中间产品”或“初级产品”……在这里，不论输入或输出，也不论包括会计分析与否，会计处理的对象都是同资金运动（价值运动）有关的、从而又同企业整个经营活动和经营过程有关的、能用货币定量的信息。这些信息应当按照人们的意志和要求，一步步地对客观的价值运动（特征、结构与变化）进行由表及里的反映。在这个意义上，才可以说，会计的反映对象是客观的资金运动（价值运动）。

其次，葛家澍先生以“会计信息系统论”为基础，阐述了会计信息的基本质量特征，以及真实的会计信息在企业、市场与社会中的决策有用性。

从会计核算看，信息的生成经过一个连续、全面、系统和综合的过程，会计核算信息（会计报表是其集中反映）是一组有机结合的信息群体，具有明显的系统性和综合性；再从全部会计活动看，会计信息特别要求可靠、时效（及时）和相关（增加决策所需要的“差异”）。在我国社会主义商品经济条件下，企业的经营活动除受控于国家计划外，还依赖于市场机制。有市场，就有竞争、风险和不确定性。即使社会主义市场也不例外。今后，随着商品经济的发展和企业活力与自主性加强，必然会越来越需要利用真实的会计信息来减少在经营活动和理财活动中面临的许多复杂多变情况的未知度，提高决策的把握性，不失时机地作出正确判断。

最后，葛家澍先生再次强调了“会计信息系统论”的合理性，并概括会计信息系统的目标。

会计活动过程，如前所说，它是一个按照人们的意志和要求，提供可靠、及时和相关的财务信息和其他经济信息的过程。这一过程可分为若干部分，每一部分都有各自的信息处理任务，但所有部分，又互相联系、互相配合、服从于统一的目标。因此，会计活动是由若干元素构成的、有组织的整体。它完全符合于“系统”的定义。它具有一切系统所具有的整体性、有序性、集合性，特别是人造系统的目的性。会计这个信息系统的目的性（目标）可以概括为：在任何社会，都是为了保证人们在作出最佳经济决策时所必需的财务信息并用于控制经济活动。

（四）小结

“会计信息系统论”虽然并非国内学者的首创，但葛家澍先生与其他老一辈知名会计学家一道（包括但不限于我国著名会计学家余绪缨教授、裘宗舜教授等）坚持并倡议“会计信息系统论”，通过阐述会计的本质与会计的定义等问题，将之不断充实、丰富和完善。最终，经过20世纪80年代关于会计本质的大讨论，“会计信息系统论”成为葛家澍先生与厦门大学会计学科的“标志性”学术贡献之一，推动厦门大学会计学科成为我国学术重镇之一。

但是，不可否认，伴随着AI技术的日新月异，会计信息系统乃至古老的会计学科与会计职业都面临着前所未有的挑战。但是，我们坚信，AI技术冲击的只是会计信息系统的效率，但是会计信息系统的“内核”（会计的基本程序与方法）非但不会随着AI的崛起而消亡，反倒可能进一步强化“会计信息系统”这一论断。给定AI技术下会计信息系统与企业其他业务系统的高度耦合或相互之间高度嵌入，考虑“事项会计”的思想，一旦会计信息系统适应了AI技术带来的挑战与冲击，会计信息系统的内涵可能进一步丰富化，除了仍可以定位为“一个以提供财务信息为主的经济信息系统”，似乎可以考虑在此基础上增加一个限定性的表述——“以提供关于一个核心业务所涵盖的信息为辅”。

葛家澍先生对“会计信息系统论”的拓展和完善为我国会计界留下了宝贵的学术思想。这一学术思想伴随着AI技术的崛起更彰显了其活力与生命力，会计信息系统的内涵将进一步丰富。

四、资金运动论的发展：会计反映对象与会计处理对象[①]

会计对象是一个颇具中国特色的会计理论问题。虽然在西方的会计文献中较少涉及，但是在新中国成立后至改革开放前这段时期内，会计对象确实是我国学术界孜孜不倦探讨的一个热点问题。葛家澍教授在上述这段特定的历史时期内，曾有五篇关于“会计对象”的重要学术论文：（1）《试论会计核算这门科学的对象与方法》（《厦门大学学报》1956年第2期）；（2）《关于社会主义会计对象的再认识》（《厦门大学学报》1961年第2期）；（3）《社会主义企业会计对象的探讨——学习马克思关于资本循环与周转理论的体会》（载许涤新主编，《资本论研究》1983年版）；（4）《关于会计对象的再探讨——会计的反映对象和作为一个信息系统的处理对象》（《中国经济问题》1980年第5期）；（5）《关于会计的性质、对象和方法问题》（《厦门大学学报》1980年第2期）[②]。

关于会计对象的再探讨

——会计的反映对象和作为一个信息系统的处理对象

葛家澍　　李翔华

在我国会计学界，关于社会主义制度下会计对象的讨论已有三十多年的历史。长期以来，存在着两种具有代表性的观点，一种观点认为会计的对象是在企业、事业、机关等单位中能够用货币表现的社会主义再生产过程以及社会主义财产；另一种观点认为会计对象是社会主义再生产过程中的资金运动，具体指，在企业中为经营资金运动，而在机关事业单位中为预算资金运动。我们是主张按第二种观点来概括社会主义制度下的会计对象的。这是因为，我们把资金理解为在社会主义再生产过程中运动着的价值。它以社会主义必须保留并充分发展商品经济为前提。在一个相对独立的经济实体——社会主义企业中，一切归企业支配运用的社会主义财产都要当作一定量的价值在不断地变换形态，周而复始地进行循环和周转。与此同时，资金随着经营过程的开展被耗费，又随着一次经营过程的结束而收回。由于资金能帮助企业劳动者创造价值和实现所创造的价值，每一次收回的资金在量上应当大于所耗费的资金，体现所得大于所费的原则，为相对独立经营的企业带来综合的经济效益——企业利润。在有计划的商品经济的条件下，社会主义财产一般都是商品，它的使用形态构成企业经营过程中运动着的价值的物质内容。所谓能够用货币表现的社会主义再生产过程，实际上也是指企业经营活动中引起的价值变动。既然如此，直截了当地把会计的对象表述为资金运动，将能更明确、更集中、更深刻地揭示出，在社会主义制度下，会计反映和控制的客观事物的主要特征。还必须看到，当我们把社会主义制度下会计的对象规定为资金运动时，也对资本主义制度下会计的对象作了考察，并且认为其对象是资本运动。进一步又认为，倘若舍象掉资金与资本的本质区别，则资金运动与资本运动有重要的共性存在：两者都以充分发展的商品经济为前提，都是价值运动。正是基于这样的认识，我们才能说：马克思在《资本论》中关于资本循环和周转的原理，关于成本价格是资本耗费并且是一个补偿价值的原理，以及关于利润、成本与价格相互关系的分析，基本上也适用于社会主义社会。资金运动和资本运动已经是一种抽象，但它们仍然分别带有社会主义和资本主义两种根本不同的社会制度的属性，因而只能各自代表商品经济条件下会计对象的特殊规定。价值运动则不同，它把资金、资本所包含的特殊社会属性也抽掉了，从而成为商品经济条件下会计对象的一般规定。虽然会计也需要定性分析，但作为一个以提供财务信息为主的经济信息系统，会计的基本职能是进行定量，即运用科学的计量方法来提供有助于经济管理的财务信息和其他经济信息。把会计的对象明确地规定为价值运动，人们就可以根据发达的商品经济和现代化大生产的要求，深入分析在这种条件下价值运动的千变万化及其规律，寻求各种科学的计量方法，更好地提供并运用旨在提高经济效益的会计信息，保证决策和管理的需要。

·35·

◎《关于会计对象的再探讨》首页

透过关于会计对象的五篇文章，我们从中可以观察出葛家澍先生针对会计对象这一

① 杜兴强，2021. 葛家澍教授学术思想研究［M］. 厦门：厦门大学出版社 .

② 实际上，关于会计对象，葛家澍先生在《厦门大学学报》(1980年第2期）的论文《关于会计的性质、对象与方法问题》亦有论及，该文也在一定程度上对中国会计学界起到思想解放的作用（引自：杜兴强 . 葛家澍教授学术思想研究［M］. 厦门：厦门大学出版社，2021：33。）。葛家澍先生强调，会计的技术性与阶级性两个维度中，技术性应是主要的。这一论点进一步打破了“姓社姓资”的禁区，强调了会计学科技术属性的主导性，以及我国借鉴西方会计理论先进成果的可能性。葛家澍先生认为，“会计对象是一个客观存在的经济活动，它本身并无所谓的阶级性”。剔除“资本运动”与“资金运动”在不同社会中的表象（社会属性），其核心部分“价值运动”在任何社会中都存在。关于会计方法，葛家澍先生明确指出，货币计量假设下的固定资产折旧与存货计价方法，同样既适用于西方市场经济，也适用于我国的会计核算——会计方法本身没有阶级性。在“关于会计的性质、对象与方法问题”一文的最后，葛家澍先生坚定地认为，从改革开放的需要出发，我们应该认真研究西方的“公认会计原则”与“国际会计准则”，为我所用。

特定的会计理论问题、学术思想的发展嬗变。简单说，首先，葛家澍先生以非凡的智慧与勇气在20世纪50年代这个特殊的历史时期对关于会计对象的苏联观点进行了质疑，然后"有破有立"、基于演绎法及缜密的逻辑推理，提出了会计对象的"资金运动论"的鲜明观点；其次，葛家澍先生不断对"资金运动论"进行完善与拓展；再次，葛家澍先生进一步区分了会计处理对象与会计反映对象，使得会计对象的"资金运动论"的内涵不断被丰富和拓展；最后，葛家澍先生将会计性质、会计对象与会计方法等会计学科的典型基本理论进行了融合。

葛家澍先生自"资金运动论"即价值运动论于20世纪60年代提出后，从未停止对"资金运动论"的进一步思考与完善，先后发表了《会计学所研究的特殊矛盾——会计的对象和方法也证明客观事物是一分为二而不是"合二而一"的》(《中国经济问题》1964年第9期）与《社会主义企业会计对象的探讨——学习马克思关于资本循环与周转理论的体会》(载许涤新主编,《资本论研究》1983年版）等阶段性的研究论文。1986年，葛家澍先生与李翔华博士发表了题为"关于会计对象的再探讨——会计的反映对象和作为一个信息系统的处理对象"的论文（《厦门大学学报》1986年第1期)，将会计对象进一步区分为会计反映对象与会计处理对象，使得会计对象的理论进一步得以丰富化。

葛家澍先生在《关于会计对象的再探讨——会计的反映对象和作为一个信息系统的处理对象》一文中的学术思想主要包括：

第一，将会计对象的学术观点与会计本质的认识进行了有机融合。1956年的《试论会计核算这门科学的对象与方法》与1961年的《关于社会主义会计对象的再认识》两篇文章发表20余年后，科学技术以前所未有的速度发展，特别是信息论、系统论、控制论的创立，标志着人类已进入新的时代。葛家澍先生首先设问：伴随着科技与社会的发展，之前关于会计对象的"资金运动论"或"价值运动论"是否还能成立？葛家澍先生认为，只要商品经济存在，作为客观存在的经济现象或过程中的特定方面就必然是价值运动，会计对象也应坚持"资金运动论"或"价值运动论"。但是，这一期间，关于会计本质的认识发生了深刻变化，"会计信息系统论"逐渐成为主流的代表观点之一，因此有必要结合对会计本质的认识、对会计对象的相关理论或观点进行丰富与拓展。

实际上，葛家澍先生明确指出，商品经济的发展，信息论、系统论、控制论的创立，以及加强管理与提高效益的要求日益提高，都对会计信息有了日益增长的需要，这敦促学术界基于时空概念与界限的变化对会计对象进行重新认识。尤其重要的是，若将会计视为一个以提供财务信息为主的经济信息系统，如何重新界定会计对象？

葛家澍先生认为，价值运动独立于会计信息系统，是一个客观的经济过程，因此它作为会计信息系统的反映和控制对象应无疑义。但是，并非所有客观存在的价值运动都能输入会计信息系统。因此，在承认会计反映和控制对象的“资金运动论”或“价值运动论”的基础上，可能还存在一个“会计处理对象”的概念。会计的处理对象是来自交易或事项的“数据”（初始信息）。

第二，葛家澍先生对会计反映对象（价值运动，以下简称会计反映对象）与会计处理对象的辩证关系进行了系统的阐述。葛家澍先生指出，若将会计的反映和控制对象定位于客观存在的价值运动，那么会计作为一个信息系统，其处理对象就是价值运动发出的信息——价值运动信息。客观的价值运动比较抽象，会计作为一个以提供财务信息为主的经济信息系统一则不能直接反映和控制价值运动，二则因为技术与自身固有特点的制约，往往并不能够反映所有价值运动的内容。基于上述，葛家澍先生将会计对象进行了如下拓展。

会计作为一个以提供财务信息为主的经济信息系统，应有两个对象：

（1）会计反映对象；

（2）会计处理对象。

前者为客观存在的价值运动，后者也是客观存在的价值信息的运动。

第三，为进一步打消学术界可能存在的疑虑——作为会计反映对象的价值运动（资金运动）已经是一种抽象了，作为会计处理对象的价值运动信息是否体现为再一次抽象，葛家澍先生做了一个令人拍案称奇的比喻，形象而又生动地解释了会计反映对象与会计处理对象的关系。

一部电影的拍制和放映过程需要借助于摄影机、制片厂和放映机的功能才能顺利进行。我们不妨借用这一过程来形象地比喻会计信息系统的功能，从而较为通俗地说明两个对象之间的关系。首先，会计（即会计信息系统）好比一架摄影机，它能拍下企业每一项体现价值运动的经济业务的镜头，表现为各项原始凭证的填制和审核；其次，会计好比一个制片厂，对所摄下的镜头进行取舍、分类、加工、剪接……表现为会计计量、记录、分类、整理、汇总以形成有用的财务信息的过程；最后，会计好比一部放映机，在银幕上再现企业的价值运动，也就是再现企业的经营活动过程。这里，在银幕上放映的画面，就是会计提供的、载有财务信息的会计报表或财务报表。

通过上述形象的比喻，作为会计反映对象的价值运动包括了所有的风景与人物，但是受制于会计信息系统的技术与自身固有的特点（譬如摄像机的镜头与焦距等），最终能够进入镜头范围的仅包括一部分的任务与景色。因此，会计处理对象的范围要比会计反映对象的范围要小。尽管如此，葛家澍先生认为，会计反映对象与会计处理对象之间仍存在着密切的联系。没有价值运动，何谈价值运动的信息："皮之不存，毛将焉附""形如不在，影岂有踪"？同理，没有信息作为中介，价值运动也无法在会计信息系统中得到反映。

第四，葛家澍先生进一步通过阐述价值与价值信息之间的关系，来深化对会计反映对象与会计处理对象的关系。葛家澍先生认为，价值是商品最为重要的属性之一，体现为凝结在商品之中的人类的一般劳动；虽然价值难以触摸，但价值却可以通过交换得以体现，所以价值可以借助于价格或价值信息来进行捕捉。葛家澍先生在这里进一步引用马列主义著作指出，从价值到价值信息只抽象一次：价值作为人类的抽象劳动的凝结，是商品的本身属性。价值信息则是体现在商品运动中，是商品运动中价值量及其变动的表现，同样是客观存在的属性。

在解决了价值与价值信息的关系之后，价值运动和价值运动信息的关系也就不再难以理解。葛家澍先生认为，价值的客观存在是价值运动的基石；所谓价值运动，不过是指企业经营过程中与经营活动密切联系着的，具有价值的钱和物的运动——价值经过不同的形式和运动，保存自己，同时不断增殖与增大①。

通过《关于会计对象的再探讨——会计的反映对象和作为一个信息系统的处理对象》（《厦门大学学报》1986年第1期）一文，葛家澍先生进一步丰富了会计对象相关的会计基本理论，将会计对象区分为会计反映对象与会计处理对象，前者涉及价值运动，后者则与价值运动息息相关。

概而言之，20世纪80年代，葛家澍先生将会计对象区分为"会计反映对象与会计处理对象"有机地将会计本质认识的"信息系统论"与会计对象的研究联系在一起。具体地，

① 参见《资本论》第2卷;《马克思恩格斯全集》第24卷，第122页。

会计反映对象确定为“资金运动论”或“价值运动论”，会计反映对象被界定为价值运动信息，这使得会计对象理论得以反映学术界关于会计本质认识的最新研究成果，并使得会计基础理论的大厦更为坚实。在对会计对象认识的不断深化，葛家澍先生逐渐将会计对象的相关观点应用于财务会计概念框架之中，认为会计基本假设、会计目标与会计对象（特别是会计处理对象）应共同作为财务会计概念框架的第一层次，共同决定着财务报表要素的设置等财务会计概念框架的其他内容（葛家澍，2000；葛家澍、杜兴强，2003）。

葛家澍先生关于会计对象的不断发展的观点，特别是“资金运动论”，连同“会计信息系统论”等基本理论一起，使厦门大学会计学科成为中国会计学术重镇。

五、中国管理会计理论体系①

改革开放后，西方许多会计学术思想开始进入中国。这时，余绪缨先生深感“现代管理会计是一门新兴的、将现代化管理与会计融为一体的综合性交叉学科，在中国原属空白，但在现代化经济管理中却极为重要”（胡玉明，1995）。为此，余绪缨先生从20世纪70年代末开始，披荆斩棘，竭尽全力，从无到有，在中国率先致力于管理会计理论的引进与创建、发展，取得了一系列重要、富有开拓性的研究成果，为具有中国特色的管理会计学科的创建与发展作出了不可磨灭的贡献。

（一）创建中国管理会计学科的基本原则

管理会计如何“洋为中用”是余绪缨先生当时创建中国管理会计学科面临的一个重要问题。余绪缨（1983a）认为，探讨管理会计的“洋为中用”问题，要注意防止两种倾向：简单地以“社会经济制度不同”“不适合中国国情”为由完全否定、排斥，或认为“月亮也是外国的圆”，完全照搬照抄。余绪缨（1983a）进一步认为，对国外在企业经营管理领域的一切经验和成就（包括管理会计）应该持客观分析的态度，取其精华、弃其糟粕，为我所用。通过仔细研究和思考，余绪缨（1983a）确立了创建中国管理会计学科的原则为“以我为主，博采众长，融合提炼，自成一家”。这十六字的原则包括三个层面的意思：（1）“以我为主”是出发点，学习、借鉴外国企业管理方法和经验必须从中国的实际出发，绝不能照抄、照搬外国的管理经验和管理模式。（2）“博采众长，融合提炼”是正确的学习、

① 引自：胡玉明，2018. 承前启后：重温余绪缨管理会计思想［J］. 财务研究（4）.

借鉴方法，必须对外国的东西客观、全面、认真地进行分析研究，力争做到真正学通学透百家。所谓学通学透，应包括既学习其历史，也学习其现状，既学习其原理，也学习其方法。在按照其本来面貌学通学透的基础上，通过分析、鉴别，取其精华，弃其糟粕，集百家成一家，融合提炼，为我所用。（3）“自成一家”是目标。学习、借鉴外国的方法、经验和成就只是手段，其最终目的是建立具有中国特色的管理会计学科体系。

时过三十余年，余绪缨（1983a）所概括和论述的“以我为主，博采众长，融合提炼，自成一家”十六字原则不但没有过时，而且对贯彻《指导意见》仍然具有重要的借鉴意义。更为重要的是，这十六字的原则体现了余绪缨先生“崇洋但绝不媚外”的风骨和“自信洋溢”的风采，这就是学术自信的一种表现。当然，时过境迁，中国管理会计学科建设不能仅仅停留在“洋为中用”的层次，而要创建彰显中国特色的管理会计理论学派。

（二）财务会计同时是（广义的）管理会计

基于企业所有权与经营权的分离，适应企业的投资者（所有权的代表）与经营者（经营权的代表）的不同信息需求，西方市场经济国家的会计包括财务会计与管理会计两个分支。而基于中国当时的经济体制，中国的会计是按照行业进行分类划分的（如分为工业会计、商业会计和基本建设会计等），并没有分为财务会计与管理会计。

明确了创建中国管理会计学科的基本原则之后，余绪缨（1983b）认为必须厘清财务会计与管理会计之间的关系，才能消除同行的认知障碍。为此，余绪缨（1983b）明确指出，财务会计主要通过定期的财务报表，为企业外部与企业有经济利益关系的主体服务，而管理会计侧重于为企业内部的经营管理服务。无论财务会计或管理会计，都同时为企业内外部服务，只是侧重点不同。

那么，企业如何处理财务会计与管理会计的关系呢？余绪缨（1983b）认为“一个企业通常只有一个基本的信息收集、加工系统。这就是以财务会计为主体的信息收集、加工系统，管理会计并不与财务会计相平行另搞一套。管理会计一方面充分利用财务会计记账、算账提供的资料；另一方面，它还从财务会计基本信息系统之外取得有关信息。因此，可以说，财务会计与管理会计是同源分流的”。由此，余绪缨（1983b）进一步认为，“从完整的意义上说，财务会计同时是管理会计（广义的管理会计）。它服务于企业管理，是以整个企业作为一个整体，提供集中、概括性的资料，为企业的高层领导服务”。

时至今日，管理会计与财务会计是会计的两个分支，管理会计与财务会计“同源分流”都已经耳熟能详并且成为常识，但在当时还是不失为一种先导性的观点。尤其是，余绪缨（1983b）用“同源分流”四个字概括财务会计与管理会计之间的区别与联系，既高屋建瓴又言简意赅，显示出其深厚的文化底蕴和学术造诣。《指导意见》发布之后，管理会计的发展进入最佳机遇期。基于这种大背景，余绪缨（1983b）的观点更具有前瞻性：（1）管理会计离不开财务会计。重视管理会计，但不能因此而贬低财务会计，没有财务会计提供的信息，管理会计无法充分发挥作用。（2）这将为互联网时代的管理会计与财务会计从“同源分流”回归到“同源收敛”，乃至“合二为一”奠定理论基础（胡玉明，2017）。

（三）管理会计的理论基础与基本框架

余绪缨（1983b）认为执行性管理会计的理论基础是泰罗的“科学管理”，而决策性管理会计的理论基础是运筹学和行为科学。由此，科学管理、运筹学和行为科学构成管理会计的理论基础。余绪缨（1983b）明确指出，现代管理科学的形成与发展，对管理会计的形成和发展，在理论上起着奠基和指导的作用，在方法上赋予其现代化的管理方法和技术，使其面貌焕然一新。因此，管理会计以现代管理科学为基础，一方面丰富和发展了其早期形成的一些技术方法；另一方面，又大量吸收了现代管理科学的运筹学、行为科学等方面的研究成果，并把它们引进、应用到会计中来，形成了一个新的、相对独立的、完整的理论方法体系。

余绪缨（1983c）认为管理会计的形成与发展，可以大致分为执行性管理会计（20世纪初至50年代）与决策性管理会计（20世纪50年代之后）两个阶段。由此，余绪缨（1983c）认为管理会计的基本框架包括“决策与计划会计”和“执行会计”，而“决策会计”居于首位。因为计划以决策为基础，是决策所定目标的综合表现。因此，“计划会计”是连接“决策会计”与“执行会计”的桥梁。

时隔三十余年，历经时间和实践的检验，余绪缨（1983b，1983c）对管理会计基本框架的总结和提炼，不仅没有过时（当然，可以进一步补充、完善），而且对于贯彻《指导意见》，提炼管理会计活动，归纳管理会计工具，进而最终创建彰显中国特色的管理会计理论学派都具有重要的借鉴意义。

（四）管理会计的对象与方法

就创建一门学科而言，明确管理会计的对象与方法非常重要。余绪缨（1984）认为，“一门科学或学科，应有其特定的对象”。因此，管理会计的对象与方法问题是学科建设的基本理论问题之一。余绪缨（1984）进一步指出，“一门科学或学科的对象，是其特定领域有关内容的集中和概括，是贯穿于该科学或学科始终的。从这个认识出发，应如实地把现金流动（cash flow）看作是现代管理会计的对象”[①]。因为“现金流动具有最大的综合性，同时它也像晴雨表一样，具有很大的敏感性，通过现金流动的动态，可以把企业生产经营的主要方面和主要过程全面、系统并及时地反映出来。这样，现金流动的有关数据就自然而然地成为企业生产经营活动的神经中枢，能更好地发挥信息反馈作用”。

解决了管理会计的对象之后，接下来的问题就是“一门科学或学科，不仅有其特定的对象，而且有其特定的专门方法”。那么，什么是管理会计的专门方法呢？余绪缨（1984）认为“管理会计所用的方法，是属于分析性的方法，借以从动态上来掌握它的对象——企业生产经营中形成的现金流动”。因此，差量分析作为管理会计的基本分析方法贯穿管理会计之始终。

国外研究文献很少涉及管理会计的对象与方法问题，而基于中国老一辈学者的研究风格，余绪缨（1984）认为“如果重实务而轻理论，特别是对贯穿其中的某些基本理论问题缺乏较深入的研究，不能掌握有关方法之间内在的规律性的联系，就难以纵观全局”。有鉴于此，余绪缨（1984）的研究对中国管理会计学科的基本理论建设具有奠基性的意义。遗憾的是，如今的年轻学者很少愿意投入时间和精力研究管理会计基本理论问题，学术期刊也很少刊登这种规范研究论文。如果管理会计的对象与方法不明确，就难以界定管理会计学科的边界。也许，如何评价余绪缨（1984）的观点是一个见仁见智的问题，但是，对管理会计的对象与方法缺乏系统研究的局面必须尽快扭转，否则，将不利于新时代中国管理会计理论体系的建设。

（五）管理会计的学科性质

既然管理会计是会计的一个分支，那么，研究管理会计的学科性质就不能绕开会计的本质。余绪缨（1980）提出“根据当前的现实及其今后的发展，应把会计看作是一个信息系统，它主要是通过客观而科学的信息，为管理提供咨询服务”。余绪缨（1982）进一步指出，“会计是一个信息系统，它为管理（包括财务管理）提供有用的信息。会计为管理服务，但不是管理本身”，而且“会计作为一个信息系统，它所提供的信息的数量和质量，仍在不断发展中”。既然管理会计与财务会计属于“同源分流”（余绪缨，1983b），

① 胡玉明教授1995年撰写《发白未懈青云志：记中国管理会计的开拓者和奠基人》时曾经请教余绪缨先生一个问题：有研究文献认为财务管理的对象是现金流动，管理会计的对象也是现金流动，两者有何差别？余绪缨先生回答：财务管理关注现金流动本身，而管理会计关注现金流动信息。不同学科关注现金流动的不同方面。

管理会计自然也是一个信息系统。那么，管理会计的学科性质又是什么呢？

余绪缨（1983c）认为“管理的重心在经营，经营的重心在决策”，而“决策离不开信息”。如此一来，管理、决策与信息之间存在内在的联系。有鉴于此，余绪缨（1991）指出，企业完整的管理系统包括决策系统、决策支持系统、执行与控制系统等三个层次。与此相适应，企业的经理人也包括决策者、参谋者和执行者等三个类别。管理会计师作为信息专家属于决策支持系统的参谋者。决策支持系统与决策系统的关系，实质上是谋与断的关系。参谋者（及其机构）的职能，是以谋为主，从事决策的研究工作，研究如何科学地确定决策目标，拟定实现决策目标的各种可能方案，帮助决策者做出合理的决策。因此，辅助性和专业性是参谋者（及其机构）的基本特征。参谋者（及其机构）的辅助性意味着参谋者（及其机构）在企业处于从属地位，并不直接掌握决策权与执行权。参谋者可以利用各种方式，通过各种途径去帮助、影响决策者和执行者，但不能越俎代庖，代替决策者和执行者。而参谋者（及其机构）的专业性意味着参谋者（及其机构）由相关专业领域学有所长的专家组成。决策者、参谋者和执行者“三足鼎立”“智能互补”，才能实现企业的决策目标。因此，必须恰如其分地认识管理会计师（及其机构）的地位，既不人为拔高，也不人为贬低，才有利于其沿着正确的方向健康地向前发展。

余绪缨（1991）进一步认为，管理会计从学科的分类看，是信息科学的一个组成部分，从更高的层次看是软科学的一个组成部分，而作为一种会计工作，则是决策支持系统的一个组成部分，并从软科学的性质和特点论证了管理会计的学科性质与工作性质之间的统一性。

余绪缨（1991）界定了管理会计的学科性质（信息系统），明确了管理会计的职能（促进决策与影响决策）与地位（决策支持系统），强调管理会计的辅助性和专业性（管理会计有助于创造价值，但本身难以直接创造价值），不能人为拔高或贬低管理会计，必须恰如其分地认识管理会计的作用与地位。余绪缨先生1983年的论文《现代管理会计是一门有助于提高经济效益的学科》点出了问题的关键（胡玉明，2017）。余绪缨（1991）的观点不仅对新时代的管理会计理论与实践研究具有重要的启迪作用，而且也指明了管理会计未来的研究方向。既然管理会计是一个信息系统，管理会计报告就是管理会计的“产品”。未来，管理会计理论研究的逻辑起点应该就是管理会计报告（胡玉明，2017）。

（六）管理会计的数学化思潮

20世纪60年代至70年代，美国管理会计领域出现数学化思潮。于是，西方管理会计论著或研究文献中，数学公式甚至复杂的模型俯拾即是。基于这种情境，在中国引进管理会计首先面临的一个重要问题就是管理会计数学化的科学性与实践性。如果不能从理论上解决这个问题，就难以引进西方管理会计，更不用说创建具有中国特色的管理会计学科。为此，余绪缨（1984）试图从理论上解释这个问题。也许受马克思的“一门科学只有能成功地应用数学时，才算达到了真正完善的地步”这个传统名言和美国管理会计数学化思潮的影响，余绪缨（1984）认为，管理会计所用的数量分析方法日趋紧密化，是管理会计已经进入一个新的发展阶段的重要标志，标志着管理会计从描述性科学向精密科学转变。而这种转变，实质上是现代科学发展的一个共同趋势，从而断言管理会计数学化思潮在中国具有科学性和实践性。

尽管余绪缨（1984）的部分观点随着时间的推移而显得不合时宜，但是，在当时却消除了学术界和实务界对西方管理会计是否适合中国的疑虑，从而有助于引进西方管理会计并创建具有中国特色的管理会计学科。

不过，余绪缨（2001a）坦诚自己是在中国改革开放之初才开始接触管理会计，因而难免受到美国管理会计数学化思潮的影响。余绪缨（2001a）认为，不能笼统地说，数学是科学的语言。严格地说，数学只能理解为是自然科学的语言，而不是一切科学的语言。因为社会经济现象和自然现象毕竟有很大的差别，因而数学方法在社会经济科学和在自然科学应用的有效程度也存在较大差异。在社会经济活动中，人的因素居于主导地位。人作为社会生产力诸因素中最重要的因素，并不像物质资源、财务资源、时间资源等那样都可以直接量化，按照一定的规则纳入数学模型。人，作为社会人，以至文化人，其学识、经验、能力、心理等因素及其主动性、积极性发挥的程度等，极为复杂、多变，难以甚至无法量化，对数学模型的求解得出的“最优”数量关系，也有赖于模型的使用者（决策者）根据其智慧、谋略进行综合判断，以确定其可行和满意的程度，并据以做必要的修正。由此，余绪缨（2001a）进一步认为，数学方法只是表述管理会计思想的手段，并不是管理会计思想本身。在管理会计中，高等数学方法的应用虽可在较大程度上弥补一般定性分析的不足，但不能夸大其作用。在以人为主导的社会经济活动中，数学方法只能作为一种辅助性的工具使用，应力求避免滥用数学方法的倾向。

显然，余绪缨先生对管理会计数学化思潮的认识经历了一个由“信”到“疑”的过程。这个过程体现了余绪缨先生敢于修正自己学术观点的科学精神，也对当前中国会计理论研究领域存在过度重视数学化研究方法的现象提出警示。

（七）具有中国特色的管理会计主要特点

中国管理会计有何特点？这是创建中国管理会计学科无法回避的问题。借美国学术交流之机，在深入研究西方管理会计并总结中西方管理会计共性的基础上，余绪缨（1985）将具有中国特色的管理会计特点概括为：（1）具有中国特色的管理会计是一个以提高经济效益为主线的财务会计与管理会计相结合的信息系统。通常所说的财务会计，从企业的角度看也是一种管理会计，而且财务会计与管理会计在工作上虽然可以有所分工，但构成了统一的会计信息系统，则实际上可总称为管理会计。（2）建立以目标利润为中心的高度综合的经营目标计划体系。（3）实行权、责、利相结合，提高以班组核算为基础的厂内经济核算体系。（4）技术与经济相结合，开展技术经济分析。（5）企业经营成果的考核，要重视价值与使用价值、微观需要与宏观需要的统一，逐步建立能准确反映、评价微观经济效益与宏观经济效益相统一的科学体系。（6）使用先进的技术手段，逐步建立以电子计算技术为基础的会计信息系统，并形成全国性的大网络，便于各有关单位经济有效地利用信息资源，为全面提高经济效益服务。（7）加强理论建设，以系统论、控制论、信息论为武器，建立完整的、具有中国特色的管理会计理论体系。

尽管余绪缨（1985）只是根据当时的情境初步概括了具有中国特色的管理会计主要特点，但在中国当时的同类文献中，还是率先迈出了具有较大特色的第一步。从当今基于计算机的财务会计与管理会计逐渐融合、业财融合和信息共享的趋势来看，余绪缨（1985）的许多“独立见解”还是具有较大的前瞻性。

（八）广义管理会计理论体系

余绪缨（1992a）又率先富有创见性地提出包括“微观管理会计”、“宏观管理会计”和“国际管理会计”三个组成部分的广义管理会计理论体系。

其中，微观管理会计是从企业的角度看问题，包括微观投资决策会计和微观经营会计两个组成部分，从微观上研究如何为提高经济资源的配置效益（体现在项目的投资效益上）和使用效益（体现在项目建成投产后的经营效益上）提供有用信息；宏观管理会计包括宏观投资决策会计和宏观经济会计两个组成部分，从宏观上研究如何在整个国民经济范围内，为提高经济资源的配置效益（项目从国民经济看的投资效益）和使用效益（项目建成投产后从国民经济看的经营效益）提供有用信息；而国际管理会计则是适应当代经济全球化的发展趋势，研究如何在跨国经营活动中最大限度地为提高经济资源的配置效益与使用效益提供有用信息，它是管理会计的基本原理与方法结合跨国经营活动的环境和条件进行具体运用而形成的一个新领域。广义管理会计理论体系的提出，在现有管理会计基础上进一步丰富与发展为三个组成部分，突破了国内外现行管理会计研究仅限于微观管理会计的局限，无论在国内还是国际学术界都属首创，其研究处于国际领先地位，具有广阔的发展前景。

余绪缨（1992a）认为，管理会计在广度上向广义管理会计发展，将微观管理会计、宏观管理会计和国际管理会计这三者有机结合起来，建立一个投资效益与经营效益相衔接、宏观效益与微观效益相统一的广义管理会计体系，可以进一步丰富、发展和完善现行的会计信息系统，使其能够更有效地为中国的宏观控制与微观搞活服务。

尽管余绪缨（1992a）提出的广义管理会计理论体系已经过去二十几年，然而，现在看来，依然富有启迪意义。广义管理会计理论体系开启了宏观经济政策与微观企业行为的互动研究，拓展了管理会计的研究视野，使管理会计从微观层面延伸到宏观层面，以实现宏微观管理会计一体化。遗憾的是，余绪缨先生生前没有完成广义管理会计理论体系的建设。如今，宏观经济政策与微观企业行为的会计理论研究已经蔚然成风。由此可见余绪缨（1992a）的先见之明。

六、奠定中国管理会计教材结构体系[①]

余绪缨（1984）[②]认为，“一门新兴学科的学习和引进，教材是一种重要的媒介”。管理会计教材是培养管理会计人才的重要载体。余绪缨先生编写各种版本的管理会计教材多达十六本，这里仅讨论其最有代表性的三本管理会计教材。

（一）管理会计教材的奠基之作

管理会计发展于西方市场经济发达国家，本着“以我为主，博采众长，融合提炼，自成一家”的原则，余绪缨（1983a）认为不把“众长”学透，就不能“博采”，要想自成一家，就得先学透百家。然而，国外管理会计教材众多，其结构体系并没有统一的规范，

---

① 引自：胡玉明，2018. 承前启后：重温余绪缨管理会计思想［J］. 财务研究（4）.

② 1981年，余绪缨先生在厦门大学举办的管理会计师资培训班上主讲《管理会计》这门新兴的课程。1982年至1983年，中美合办的中国工业科技管理“大连培训中心”聘请余绪缨先生为企业高层领导干部和高层管理人员讲授《管理会计》这门课程。有鉴于此，余绪缨先生从当时的工作安排考虑先编写《管理会计》教材，再撰写管理会计研究论文。因此，余绪缨先生早年的三篇管理会计理论研究的经典文献（1983c，1984，1985）都在其《管理会计》（1983年版）教材出版之后才公开发表。

往往根据各教材作者自己的认识和修养，各展其长，形成不同的重点和特点。有鉴于此，余绪缨先生在广泛阅读国外各种版本管理会计教材的基础上，重点研读美国当时具有代表性的两本教材 *Introduction to Management Accounting* 和 *Managerial Accounting*。余绪缨先生在认真研究这些教材之后，结合其对管理会计的对象与方法、管理会计的基本框架与学科属性以及具有中国特色的管理会计特点等问题的独到见解，博采众长，融合提炼，确定了“以管理会计的对象即现金流动为经，以管理会计的职能为纬”的具有中国特色的管理会计教材结构体系。

确定了具有中国特色的管理会计教材结构体系之后，余绪缨先生以“发白未懈青云志”自励，夜以继日，尽心竭力编写出了管理会计教材初稿，并作为教育部委托厦门大学举办的高等财经院校管理会计师资培训班（1981年2月至7月）的试用教材。以这次教学实践为基础，余绪缨先生对初稿做了较大的增删、修订，形成第二稿。1981年11月，财政部人事教育司在厦门大学召开教材审稿会。当时审稿专家在充分肯定这本教材内容丰富、自成体系、论述深入、结构严谨的同时，也就如何进一步修改、提高教材的质量提出了建议。余绪缨先生根据审稿专家的建议，经过认真分析、研究，又做了较大的修改、补充，形成第三稿，作为正式出版的基础。

《管理会计》（1983年版）基本反映了20世纪70年代西方管理会计的发展水平，是一部具有开拓性的高等财经院校试用教材。该教材所创建的“以管理会计的对象即现金流动为经，以管理会计的职能为纬”的管理会计教材结构体系成为中国当时同类教材编写的蓝本，堪称中国管理会计教材的奠基之作。

20世纪90年代之前，《管理会计》教材具有非常广泛的影响。该教材启蒙并深深地影响了整整一代自中国恢复高考以后入学的管理会计学人（杨世忠，2005）。许多人是通过该教材才了解、理解和掌握管理会计知识，从而对管理会计感兴趣。可以说，该教材不仅对管理会计在中国的传播、普及与应用起着非常重要的作用，而且也标志着余绪缨先生已经完成了对西方管理会计的引进工作，开始进入创建具有中国特色的管理会计学科阶段。

之后，余绪缨先生又根据该教材的教学使用反馈意见，结合管理会计的发展，全面修订了《管理会计》（1983年版）教材，并于1990年出版了《管理会计》（修订本），反映了20世纪80年代西方管理会计的发展，并融入了余绪缨先生的研究成果。

（二）管理会计教材的经典之作

余绪缨（1990a）认为，管理会计的职能本质上是一种行为职能，把激励人的行为贯穿始终。如果管理会计不通过人的行为，其所提供的任何信息都不足以对企业的生产经营产生实际效果。行为科学在管理会计的应用是管理会计发展的一个基本方向。余绪缨（1992b）认为“技术—管理—会计”之间存在相辅相成的关系，基于高科技蓬勃发展的背景，管理会计面临许多新的挑战并相应取得一系列新的进展。接着，余绪缨（1994）结合世界科技和管理的新发展，创造性地提出了以“作业管理”（activity-based management，ABM）为核心的管理体系新框架。基于此，余绪缨（1995a，1995b）认为管理会计的组成内容也需要重新认识和修正。

余绪缨先生根据自己1990年至1995年的管理会计研究成果，主编了《管理会计》（1996年版）教材（“厦门大学会计系列教材”之一）。该教材在保持《管理会计》（1983年版和1990年版）结构体系的基础上，力图在广度与深度上突破已有管理会计教材结构体系。《管理会计》（1996年版）基本反映了20世纪90年代西方管理会计的发展水平，同样融入了余绪缨先生的研究成果。

与《管理会计》（1983年版和1990年版）相比，《管理会计》（1996年版）的主要特点在于：（1）余绪缨先生由独立作者变成主编，该教材是团队合作的作品；（2）淡化管理会计的数量方法，取消了专门讨论管理会计数学方法的章节；（3）强调管理会计的行为特征，设立专门的篇章讨论管理会计发展的新领域（如信息经济学的引进与应用、行为科学的引进与应用、代理人说的引进与应用、国际管理会计等）；（4）篇幅较大，全书共五篇二十二章。[①] 总体而言，该教材既立足现实又兼顾未来，既立足中国又放眼世界，实现了继承与创新、现实适用性与理论超前性的统一，堪称中国管理会计教材的经典之作。

（三）管理会计教材的巅峰之作

余绪缨（1996b）认为文化因素对管理会计的影响，最能显现根植于中国文化沃土、闪耀着东方智慧灿烂光芒的中国管理会计文化层面的重大特色。余绪缨（1997）认为中国古代“孙子兵法”所隐含的管理思想与西方市场经济国家兴起的战略管理会计（strategic management accounting）存在相通之处。余绪缨（1998a）意识到知识经济时代的管理会计变革。由此，余绪缨（1998b）进一步认为“会计问题绝不是单纯的技术性问题”，“管理会计的研究不能局限于其技术层面，必须同社会文化观相结合”。沿着这样的思路，余绪

① 2001年，辽宁人民出版社出版了该教材的第二版，除了更多地融入余绪缨先生的研究成果之外，更强调现代成本管理思维（如作业成本法、目标成本法和生命周期成本法等主题），增加了“战略管理会计”和“环境管理会计”等主题，删掉了“信息经济学”和“国际管理会计”等主题。

缨（1998b）认为“从总体上看，一门学科的技术层面可以看作是它的‘硬件’，而相应的社会文化观可看作是它的‘软件’，后者是前者的灵魂和生命。任何技术方法的应用，如果没有正确的社会文化观作指导，将无法对社会经济的发展产生积极的作用。管理会计自然也是如此”。

余绪缨先生根据自己1996年至1998年的管理会计研究成果，主编了《管理会计学》（1999年版）教材。该教材除了系统地论述基础性管理会计外，还着重探讨了反映管理会计最新发展及其21世纪发展趋势的许多重要学科前沿课题，充分体现了管理会计“对内深化与对外扩展并举”的特征，涉及内容更趋多学科化的发展趋势。该教材从内容上来讲堪称中国管理会计教材的巅峰之作。郭道扬（2000）认为整本教材“内容丰富，气势磅礴”“起点高，视野广”“追踪管理会计发展前沿，具有较大的开拓性和探索性”，是“一部值得阅读和珍藏的跨世纪著作”。于增彪（2014）则认为中国管理会计教材“汗牛充栋”，“其中被公认最具权威性的首推余绪缨先生主编的《管理会计学》，它不仅反映着中西方管理会计实务的最新成果，而且至今仍占据着管理会计理论发展的制高点”。

编写一本既适用于会计学专业本科生又适用于研究生的管理会计教材是余绪缨先生多年夙愿。《管理会计学》（1999年版）教材实现了其多年夙愿。余绪缨先生将自己的学术研究成果写入管理会计教材，希望教学能够体现科研成果，不断更新教材的内容。然而本科生教学与研究生教学毕竟存在较大差异，《管理会计学》（1999年版）教材在教学中难以同时兼顾本科生教学与研究生教学。于是，《管理会计学》（1999年版）教材的第二版拆分为本科生用书（2004年版）和研究生用书（2005年版）两个分册。郝振平（2005）认为《管理会计学》（1999年版）教材的第二版“强调综合地运用系统观、社会观和文化观（而不是机械观、技术观和数量观）去分析、解决管理和管理会计领域中的相关问题，从哲学与历史的高度探索管理会计发展的人文化趋向”“更强调悟性思维在管理决策中的作用，更适应于知识经济发展的客观要求”“堪称新世纪的开山之作”。

七、中国管理会计人才培养路径与教育思想[①]

作为一名大学教师，余绪缨先生不断探索中国管理会计人才培养路径。改革开放之初，余绪缨（1982）就认为会计学科乃至整个现代管理学科发展迅速，“对会计人员的培

① 引自：胡玉明，2018. 承前启后：重温余绪缨管理会计思想［J］. 财务研究（4）.

养也提出了越来越高的要求”。因此，要认真做好会计人员和管理人员的培养和提高工作。余绪缨先生也身体力行地为中国培养了一批管理会计师资、企业高层领导干部和高层管理人员。从某种意义上说，余绪缨先生编著的适合各层次使用的管理会计教材体现了其培养管理会计人才的基本思路。

不过，作为一位管理会计研究方向的博士生导师，余绪缨先生在初步完成中国管理会计理论体系建设和管理会计教材编写工作之后，其晚年主要致力于探索博士生的培养之路。知识经济时代，余绪缨（1998c）认为，博士生必须具有博、专和新的知识结构。所谓“博”是指学识广博，对跨学科、多学科的相关知识能融会贯通、综合运用；所谓“专”是指既立足专业又超越专业，视野开阔，具有创造性思维；所谓“新”是指要把握时代脉搏，积极、主动地更新知识，具有前瞻性。而博士生的培养作为大学教育的最高层次，应该着重培养、提高其综合素质和创造性地分析、解决问题的能力，以促使其自由、自觉地锻炼成为全面发展的人才。

与此相适应，余绪缨（1998d）认为，在教学过程中，必须尽量减少刚性教学（一言堂式的教学）方法，而代之以灵活、多样的柔性教学（群言堂式的教学）方法，侧重培养博士生的创造性研究能力和科学方法论。因此，余绪缨（1998d）建议针对博士生的教学方式主要包括：（1）指定能反映本学科和相关学科学术思想源流及其最新发展的必读文献；（2）有计划地由导师（或培养小组成员）围绕本学科和相关学科发展的重大或前沿问题做一个启发性的主体报告；（3）组织博士生在充分准备的基础上，开展生动活泼的专题讨论，借以激发才思，达到相互启发、共同提高的目的；（4）有计划地组织博士生参加社会调查、社会实践，具体掌握现实经济生活中丰富的第一手材料；（5）要求博士生结合个人具体情况，从理论与实践的结合上，撰写具有在学术期刊正式发表水平的课程论文，以此作为学位课程成绩考核的重要依据，并对博士论文的撰写提出严格要求，把它视为检验培养质量的总关口。因为博士论文既是博士生在学期间掌握本学科理论或思想的广度和深度的综合反映，又是其综合运用相关理论或思想分析、解决实际问题能力的具体体现。如果博士生撰写的博士论文达不到应有的水平，则要求其推迟论文答辩，决不许滥竽充数，以维护学位授予的严肃性。余绪缨（1998d）认为，这种培养方法的最大优点是把激发和提高博士生的创造性思维能力贯穿于培养过程的始终，可以提高博士生学习的主动性与积极性，从而全面提高学习效果。

余绪缨先生晚年还不忘总结其培养高层次管理会计人才的经验。余绪缨（2007）认为高层次管理会计人才的培养必须：（1）坚持教书与育人的统一，强调人才培养必须坚持德才兼备、以德为先的原则，并寓育人于教书之中。寓育人于教书之中，就是强调做人与做学问的统一。要从严治学，树立良好的学风。博士生必须力求做到：第一，戒浮躁和急功近利，养成“十年磨一剑”的精神，坚持长期积累、厚积薄发；第二，正确认识和处理继承与发展的关系，认真践行“板凳甘坐十年冷，文章不写一句空”的治学精神，坚决防止产生一切华而不实甚至一知半解的学术垃圾；第三，正确认识和处理学术与思想的关系，一篇论著的学术价值归根到底取决于作者思想的深度和高度；第四，自觉遵循公认的学术规范，守住为人、为学的伦理底线，严于律己，以求无愧于心，无愧于世人所尊崇的“博士”称号。（2）坚持教学与科研相结合，强调教学出人才必须建立在科研出成果的基础上。为此，要以导师进行的开创性学术研究为先导，并将相关研究成果写进教材，开展开创性高层次教材建设。只有这样，高层次人才的培养才能落到实处。（3）强调只有营造一个宽松、和谐的教学环境，充分发扬学术民主的精神，允许多样化的学术观点并存，才能促进学术创新，真正培养出高层次管理会计人才。

余绪缨先生所倡导的中国管理会计人才培养路径不见得“放之四海而皆准”，但是，“身教重于言传”，在余绪缨先生的潜移默化下，其所培养的博士毕业生由于具有扎实的理论功底、严谨的学风、广博的学识和较强的发现问题、分析问题和解决问题的能力而深受社会各界的好评，都已经成为中国管理会计领域的教学科研和企事业单位的骨干。

重温余绪缨管理会计思想的目的在于承前启后，继往开来，在新时代开创中国管理会计理论与实践的新局面。从余绪缨先生的人生经历和学术生涯中我们可以得到以下启迪。

（1）理论自信。经过余绪缨先生的不懈努力，中国已经初步建立了管理会计学科和管理会计理论体系。尽管中国管理会计学科和管理会计理论体系并不完善，存在众多改进空间甚至需要重构，但是，中国并非没有管理会计学科和管理会计理论体系。对此，大可不必“妄自菲薄”，完全可以理论自信。一门科学的形成和发展，如果没有正确的理论作指导，就可能走入歧途（余绪缨，1985）。因此，在新时代，具有中国特色的管理会计学科和管理会计理论体系的建设，应该坚持“自主性”（立足中国）与“开放性”（放眼世界）相结合，重视规范研究方法，强化管理会计基础理论的研究。

（2）学术自尊。尽管中国管理会计学科的发展道路并不平坦（于增彪，2014；胡玉明，2015a），但是，余绪缨先生依然矢志不渝地坚守中国管理会计理论研究阵地，深耕中国这片沃土，其学术论文都体现中国主题、中国素材、中国语境和中国视角。这是一种值得年轻学者学习和敬仰的学术自尊。中国已经成为世界第二大经济体，基于中国管理情境的管理会计问题就是世界性的主题。中国学者应该强化学术自尊，树立研究问题本土化、研究方法和研究范式国际化的理念（胡玉明，2015b），并回归乡土经验，建设属于自己的学术“城邦”（陈冬华，2015）。

（3）学术自信。余绪缨先生绝不会委曲求全，随波逐流，为了发表而发表。余绪缨先生发表论文的目的是传播学术思想或观点，探索管理会计理论与方法在中国情境的实现路径和规律。余绪缨先生觉得唯有如此，才对得起中国的纳税人。因此，除了国际学术会议交流论文，余绪缨先生的学术论文都发表于国内学术期刊，而且许多学术论文并非发表在权威学术期刊。自信方显从容。余绪缨先生坚信“没有学术思想或观点的论文发表在哪个学术期刊都没有意义”。这同样是值得年轻学者学习和敬仰的学术自信。

（4）人文情怀。基于历史和个人原因，余绪缨先生具有深厚的中国传统文化功底，其“从容论道”充满人文情怀，并以人文情怀高屋建瓴地审视各种管理会计学术问题，倡导管理会计理论研究必须“由技入道”。余绪缨先生追求“宁静致远，淡泊明志”的思想境界，淡化论文情结，向往人文情怀，学术研究就是其生活的方式。余绪缨先生认为管理会计学术研究的灵感主要来源于实践和生活（而不仅仅来源于研究文献），希望博士生参加社会调查和社会实践。学术研究关键在于好奇心和兴趣。浮躁与真正的学术无缘，急功近利是治学的大忌（余绪缨，2003）。

在“工具代替了思想”“科研成果丰富、学术思想匮乏”的当今学术界，余绪缨先生的管理会计思想就更显得难能可贵。斯人已逝，思想犹存！

参考文献

陈冬华，李真，2015. 乡土与城邦［J］. 会计研究（1）：4-14.

杜兴强，2002. 会计信息的产权问题研究［M］. 大连：东北财经大学出版社.

高治宇，1985. 中国会计发展简史［M］. 郑州：河南人民出版社.

葛家澍，1954. 社会主义工业企业经济活动分析的对象、任务与方法论［J］. 厦门大学学报（哲学社会科学版）（2）：44-56.

葛家澍，1956. 试论会计核算这门科学的对象和方法［J］. 厦门大学学报（哲学社会科学版）（2）：31-55.

葛家澍，1961. 关于社会主义会计对象的再认识［J］. 厦门大学学报（哲学社会科学版）（1）：1-11.

葛家澍，1964. 会计学所研究的特殊矛盾：会计的对象和方法也证明客观事物是一分为二而不是“合二而一”的［J］. 中国经济问题（9）：5-9.
葛家澍，1978. 必须替借贷记账法恢复名誉：评所谓“资本主义的记账方法”［J］. 中国经济问题（4）：77-85.
葛家澍，1980. 怎样认识会计的主要属性［J］. 中国经济问题（5）：42-45.
葛家澍，1981. 论会计理论的继承性［J］. 厦门大学学报（哲学社会科学版）（3）：76-86.
葛家澍，1983. 社会主义企业会计对象的探讨：学习马克思关于资本循环与周转理论的体会［M］// 许涤新.《资本论》研究. 北京：中国社会科学出版社.
葛家澍，2000. 会计基本理论与会计准则问题研究［M］. 北京：中国财政经济出版社.
葛家澍，2000. 中国会计学会成立以来的我国会计理论研究［J］. 会计研究（4）：12-23.
葛家澍，2000. 中级财务会计［M］.2版. 沈阳：辽宁人民出版社.
葛家澍，2003. 财务会计的本质、特点及其边界［J］. 会计研究（3）：3-7，65.
葛家澍，2004. 建立中国财务会计概念框架的总体设想［J］. 会计研究（1）：9-19, 96.
葛家澍，2008. 制度·市场·企业·会计［M］. 大连：东北财经大学出版社.
葛家澍，杜兴强，2003. 财务会计概念框架与会计准则问题研究［M］. 北京：中国财政经济出版社.
葛家澍，黄世忠，1999. 反映经济真实是会计的基本职能：学习《会计法》的一点体会［J］. 会计研究（12）：2-7.
葛家澍，李翔华，1986. 关于会计对象的再探讨：会计的反映对象和作为一个信息系统的处理对象［J］. 厦门大学学报（哲学社会科学版）（1）：35-40.
葛家澍，李翔华，1986. 论会计是一个经济信息系统［J］. 财经研究（9/10）：44-49.
葛家澍，唐予华，1983. 关于会计定义的探讨［J］. 会计研究（4/5）：26-30.
郭道扬，2000. 跨世纪的管理会计学著作：评《管理会计学》［J］. 财会通讯（2）：65.
郝振平，2005. 新世纪的管理会计开山之作：评余绪缨教授新版《管理会计学》［J］. 会计之友（7）：1.
黑泽清，1934. 簿记原理［M］. 香港：东洋印务出版社.
胡三明，1995. 发白未懈青云志：记中国管理会计的开拓者和奠基人余绪缨教授［J］. 财会月刊（2）：25-29，48.
胡玉明，2015a. 中国管理会计的理论与实践：过去、现在与未来［J］. 新会计（1）：6-12.
胡玉明，2015b. 强化管理会计理论研究的“中国元素”［J］. 财务与会计（1）：11-12.
胡玉明，2017. 中国管理会计理论研究：回归本质与常识［J］. 财务研究（3）：14-21.

蒋义宏，1986. 会计是个信息系统兼论会计定义的值性［J］. 财会探索（3）.
乔克，2017. 1976—1978年中国经济改革的酝酿与探索［D］. 北京：中共中央党校.
上海财经学院会计核算原理教研室，1958. 会计核算原理［M］. 北京：中国财政经济出版社.
谈惠，1963. 关于会计学的几个理论问题的讨论［J］. 经济研究（2）：64-67.
项怀诚，1999. 新中国会计五十年［M］. 北京：中国财政经济出版社.
杨纪琬，1961. 进一步加强会计核算工作［J］. 财政（5）：10-13.
杨纪琬，1984. 关于"会计管理"概念的再认识［J］. 会计研究（6）：7-12.
杨纪琬，阎达五，1980. 开展我国会计理论研究的几点意见兼论会计学的科学属性［J］. 会计研究（1）：2-10.
杨纪琬，阎达五，1982. 论会计管理［J］. 会计研究（6）：53-54.
杨世忠，2005. 先谋而后动，胜算定未来：余绪缨教授新书《管理会计》读后感［J］. 会计研究（6）：75-76.
于增彪，2014. 管理会计［M］. 北京：清华大学出版社.
余绪缨，1980. 要从发展的观点，看会计的科学属性［J］. 中国经济问题（5）：46-47.
余绪缨，1982. 关于建立能适应我国社会主义现代化建设需要的会计学科体系问题：兼论与此有关的几个会计问题［J］. 会计研究（2）：38-45.
余绪缨，1983a. 现代管理会计的"洋为中用"［J］. 福建会计（6）.
余绪缨，1983b. 管理会计［M］. 北京：中国财政经济出版社.
余绪缨，1983c. 现代管理会计是一门有助于提高经济效益的学科［J］. 中国经济问题（4）：1-7.
余绪缨，1984. 现代管理会计中几个基本理论问题的探索［J］. 厦门大学学报（4）：11-20.
余绪缨，1985. 试论中西管理会计的共性及具有中国特色的管理会计的主要特点［J］. 财会探索（6）：1-7.
余绪缨，1990a. 试论现代管理会计中行为科学的引进与应用问题［J］. 厦门大学学报（4）：22-28.
余绪缨，1990b. 管理会计：修订本［M］. 北京：中国财政经济出版社.
余绪缨，1991. 对现代管理会计的基本认识［J］. 厦门大学学报，会计学专号：5-12.
余绪缨，1992a. 当代会计学科发展的大趋势［J］. 厦门大学学报（1）：35-46.
余绪缨，1992b. 在当代高科技蓬勃发展的新形势下会计取得的新进展［J］. 当代财经（1）：1-3,37.

余绪缨，1994. 以 ABM 为核心的新管理体系的基本框架［J］. 当代财经（4）：54-56.
余绪缨，1995a. 论当代管理会计面临新的重大突破［J］. 对外经贸财会（11）：9-11.
余绪缨，1995b. 论当代管理会计面临新的重大突破（续）［J］. 对外经贸财会（12）：7-10.
余绪缨，1996a. 管理会计［M］. 沈阳：辽宁人民出版社.
余绪缨，1996b. 论迈向21纪的中国会计与世界会计的接轨及其文化层面的特色［J］. 对外经贸财会（9）：3-6.
余绪缨，1997. 简论《孙子兵法》在“战略管理会计”中的应用［J］. 会计研究（12）：29-31.
余绪缨，1998a. 简论工业经济向知识经济转变及其对现代管理会计的冲击［J］. 财会通讯（4）：3-5.
余绪缨，1998b. 论管理会计的技术观与社会文化观［J］. 财会月刊（7）：3-5.
余绪缨，1998c. 对管理会计师的职能及综合素质的认识［J］. 财会月刊（3）：3-4.
余绪缨，1998d. 论现代管理会计方向博士生培养、教育中的几个理论认识问题［J］. 财会通讯（12）：10-12.
余绪缨，1999. 管理会计学［M］. 北京：中国人民大学出版社.
余绪缨，2001a. 半个世纪以来管理会计形成与发展的历史回顾及其新世纪发展的展望［J］. 财会通讯（1）：3-7.
余绪缨，2001b. 管理会计［M］.2版. 沈阳：辽宁人民出版社.
余绪缨，2003. 立身与为学之道：谈青年学子的成才之路［M］// 余绪缨. 余绪缨综合文集. 北京：中国财政经济出版社：203-216.
余绪缨，2007. 关于培养高层次管理会计人才的认识与实践［J］. 财会月刊（8）：3-4.
AICPA, 1970. APB Statement No.4, Basic concepts and accounting principles underlying financial statements of business enterprises［R］.New York：American Institute of Certified Public Accountants.
AMERICAN ACCOUNTING ASSOCIATION, 1966. A Statement of basic accounting theory［R］. Sarasota, Fla.: American Accounting Association.
BROWNR G, JOHNSTON K S,1963.Paciolo on accounting［M］.New York: McGraw-Hill Book Co..
DAVIDSON S, WEIL R, 1977. Handbook of modern accounting［M］.NewYork: McGraw-Hill Co..

第六节　1977—1999年厦门大学会计学科学生名单

1977级经济系财务会计专业本科生

陈国钢　陈进宝　陈　磊　陈丽萍　陈美良　陈双人　陈　纹
陈祖华　方　湑　侯蕴华　胡建英　胡　培　黄如光　黄　颖
柯榕生　兰如达　雷永朗　李拔元　李　雄　林金华　林金扬
林木灿　林绍乐　林悠久　刘长文　孟　玲　潘　琰　秦新春
邱乐深　邱闽泉　沈超英　石建兴　孙建华　田志敏　汪肇炜
王建国　王韶庭　吴劲涓　吴茂霖　吴新新　吴秀英　薛　林
杨关莲　叶顺钦　张爱兰　张国建　张黎媛　张平传　张启銮
郑则甦　郑振秀　周孔礽　朱之文

1978级经济系会计专业本科生

蔡火柴　曹星海　曾　勤　车幼梅　陈德星　陈　江　陈锦福
戴金安　杜红鹰　方　敏　胡溪泉　黄常谔　黄速建　蒋　洪
金德凌　林长茂　赖少英　李坤新　李慕寒　戴　露　黄兆辉
李若山　林继飞　林良琦　林　清　林庆云　林　湜　林永懋
蒋　源　林钟高　刘义传　卢　宏　罗朝栋　浦永灏　苏丹叶
苏锡嘉　汤文彪　王凤洲　王　华　韦　红　徐金炳　徐金臻
杨国胜　叶　薏　余恕莲　余　铸　俞乐声　袁新文　岳　方
张仕源　赵锦爱　赵峻青　赵仰真　郑　娟　朱我亮　庄明来

1978级进修教师

韩传模　费忠新　董本立　温小梅　吕霞萍

1979级经济系会计专业本科生

王明花	王鸿祥	邓　琼	连美芳	刘景良	刘鲤生	刘叶本
刘永生	许秀敏	邬杏川	陈少华	陈家声	李荣华	李庆红
李振华	苏志雄	苏启强	张　白	林　强	林建国	林太桂
林雅献	林王玲	周永强	国桂荣	昂明昌	姚元坤	郭志荣
钱稳平	陶卫忠	梁明锻	黄世忠	黄小芳	黄康成	黄照华
韩　梅	彭清寿	赖永添	廖仁兴	蓝　苹		

1979级进修教师

张嘉兴

1980级经济系会计专业本科生

蔡　丽	曾庆培	陈少凡	陈时僦	陈新华	陈志升	程红宇
房德钦	傅建木	傅明清	辜敬贤	郭丹霞	黄火林	黄新銮
黄秀华	李伦锡	李祖泽	林开涛	林庆龙	林书标	林玉周
刘　东	刘　燕	刘运升	卢焕立	卢永华	罗　勤	罗小昌
马忠达	宋子州	孙孔杰	谭挺秀	王小龙	温穗如	吴伯钦
吴建华	吴宗远	徐玉霞	许成祝	杨　任	杨蓉巍	姚玉辉
赵华忠	赵卫群	郑国璋	郑南光	钟亮生	周爱民	周庆华
周卫元	周　宜	庄焕森	宗智军	沈建新	郭桂珍	侯龙辉
苏慧瑜	洪增产	唐旭光（休学）		洪健（休学）		

1980级会计学系硕士研究生

林志军	费忠新	唐予华	黄志邦	谢琳琳	黄礼忠

1980级石油部外事财务学习班

管　琪	吴炤生	王志良	高　平	蒋宗美	宋兴华	罗封祝
张佑菊	任　平	徐筱玲	肖金库	徐剑芳	尹维华	贡华章
苗国英	王继成	孟庆霞	黎文军	刘立言	王永发	党　炜
庞庆璧	刘书俭	高亚亮	朱延瑞	靳百玲	历　群	钱　轶
江秀琴	李　义	谷庆华	陆善利	唐诗昂	吴永浩	佘光庆
张正才	贾正骏	刘春荣	于　平	程学祥	丘　穗	赵凌萍
冯　燕	黄瑞霞	王　干	黄　柱	陈玲鸽	陈碧瑜	孟　军
黄妃滚	梁　富	王爱萍	徐晓莉	郑惠明	林丽红	张妙玲
徐海瑛	曾立曼	侯　萍	王　英	周　明	吴建国	曾汉龙
黄宗沂	林鹭峰	孙劲军	钱新豪	李惠平	李华泽	肖化典

1981级经济系会计专业本科生

王　坚	王建星	毛付根	叶灼银	詹秉英	庄世虹	李　华
李庆和	李志兰	李志德	阳升连	吴锦德	张　萍	张晓然
张英维	陈友忠	陈元建	陈宗俭	陈峥琳	陈清田	杨景耀
苏水文	苏新龙	林丹丹	林进国	林常青	郑世标	赵秀泉
赵向红	罗世耀	翁志亮	奚兰章	顾行娣	徐　平	陶国飞
秦中良	黄兆曦	章海贤	金　萌（退学）		李　军（退学）	

1981级经济系会计专业硕士研究生（1982年初入学）

陈国钢	陈双人	王瑞芳	刘　平	沈泉水	陈　鹭	夏智华
黄山河	兰益江	赵胜利	周志远	张　馨	葛南翔	何立峰
方上浦	苏大川	江曙霞	李少健	邓力平	钱共鸣	

1981年管理会计师资培训班

盖　地　　郭盛儒　　朱元午　　傅　东　　陈国昌　　梁永胜

1982级会计与企业管理会计专业本科生

丁淑芬　　万崇伟　　万建平　　王　蕴　　王龙声　　牛双全　　包　怡
石秀云　　东　进　　刘执玉　　牟京慧　　关闽聪　　吕玉春　　阮建财
江金龙　　何晓杰　　吴月宝　　吴丽娟　　张明爱　　张梦娇　　张少文
李永久　　李冬云　　李光林　　陈　瑶　　陈鸿萍　　陈建平　　陈　剑
陈锦容　　杨云飞　　杨定华　　杨会枝　　杨俊松　　林小红　　范广珣
周王旺　　郑永慧　　赵秀芬　　胡文春　　桂　林　　徐金仙　　黄晓霞
黄小方　　游智清　　温小利　　韩　粤　　廖　兴　　蔡松林　　薛　芸
黎志芬

1982级会计学系会计专业硕士研究生

李松玉　　李若山　　蒲永灏[①]　　林良琦

1982级会计学系会计专业博士研究生

林志军

1982级会计与企业管理系特区会计与国际会计专业

白安娜　　白启荣　　蔡维聪　　曹士久　　曾秋玲　　常福泉　　陈　觥
陈　华　　陈箭深　　陈京生　　陈娟娟　　陈玲燕　　陈水英　　陈向平
陈晓东　　陈　逸　　陈志红　　程志强　　崔大潮　　崔建平　　戴　毅

① 蒲永灏，一说浦永灏。

邓月英	董士英	杜再芬	范立红	范伟正	方福存	方自强
傅茂盛	傅燕宁	高景峰	高　青	葛方雯	郭蕴慧	韩　颖
何树海	洪　畴	洪建东	洪　伟	洪伟达	胡红葭	胡　亮
胡　颖	黄国杰	黄　健	黄军斌	黄力平	黄丽瑾	黄秀丽
黄秀琴	黄　毅	黄志青	黄志伟	霍晓滨	计晓阳	姜旭华
蒋俊芳	焦云迪	柯云凌	柯彰宝	郎丹萍	雷莹碧	李　波
李金城	李丽娜	李媛媛	练中民	梁肖雄	廖　建	廖　晞
林爱娟	林　飞	林　钢	林　宏	林　静	林蒙生	林　瑞
林小英	林晓红	林　毅	林　芝	刘　剑	刘丽萍	刘长宁
刘志前	栾　鹰	罗维芬	吕巧灵	马立保	毛登萍	毛照晔
裴兰萍	彭　亮	平风君	丘东旋	邱　宁	邱上源	沈丽玲
施晓静	司亚捷	宋志强	苏　旌	覃　红	唐理端	唐　钰
屠卫东	万紫千	王碧慈	王　芳	王　泓	王惠珍	王　玲
王奇怀	王巧英	王巧真	王全毅	王尚谦	王文跃	王玉兰
魏陈铮	吴华山	吴家华	吴　健	吴婷婷	吴长城	肖　健
谢宏亮	谢清港	徐向毅	阎幼雅	颜翠霞	颜维群	杨惠琼
杨辛钢	叶　玲	殷　敏	尹兴坚	于　斌	余经源	俞　敏
袁少玲	张丰晓	张建勋	张　鹭	张文彪	张晓红	张　毅
张志明	赵淑村	赵忠国	郑　珑	郑艳艳	郑长秋	钟　兰
周　洁	周　苏	周为民	朱建军	朱　伟	朱文华	庄丽丽
卓耀生	邹贤英					

1982级财政部师资训练班

李翔华	漆江娜	漆纪成	冯秋英	张长海	项　平	梁彤婴
李汉国	张　捷	吴大军	吴晓巍	李皎予	谭秉娥	刘敬辉
贺　平	李良辉	吴志良	陈淑娟	高原春	宋文彪	闫俊杰
张秀君	丁少敏					

1983级会计与企业管理系会计专业本科生

陈晨耀　陈华清　陈　强　陈苏明　陈亚辉　董小京　方荣义
付奇容　傅琴娟　甘玉敏　干长如　郝书利　何　凡　黄锋清
黄国希　黄长发　纪圣耀　蒋跃敏　李玉坤　林国龙　林金太
林开桦　林秀峰　刘成荔　刘　峰　刘学忠　麻晓艳　缪则文
沈秀锦　孙秀勤　唐妆莲　王　健　王立佳　王荣彪　王小捷
王一平　王玉钢　翁爱国　吴亚枫　向才柏　徐秀香　许　洁
杨和建　杨　燕　杨　勇　姚晓华　叶少琴　游雪霞　余尔峰
张秀娣　张仲山　张子敬　章国政　章美珍　赵京遇　郑振沂
周南英　周益平　邹淑风　赵联东　黄峰清

1983级会计学系会计专业硕士研究生

余恕莲

1983级进修教师

王治安　张晓岚　杨荣彦

1984级会计与企业管理系会计专业本科生

曾　通　曾玉珍　陈传忠　陈凤美　陈金尧　陈宁力　陈　强
陈胜军　陈　扬　陈英贤　陈毓秀　盖荣军　郭　荃　周楠英
胡坚红　胡建清　胡志坚　黄锋清　黄文献　江丽芳　姜晓红
柯希杰　赖衍达　李梦军　李　勤　李植煌　林爱霞　林　如
林　旭　林玉星　林云福　林漳龙　凌斌忠　刘建恒　刘力军
刘振军　刘志辉　吕永明　孟繁颖　彭小平　漆爱功　齐卫东
邱云良　施友云　苏乐安　汤金木　汪昌华　王宏宇　王宁静
吴光仕　夏美莺　肖寿斌　谢辉忠　谢晓文　徐金洲　许汉平

薛来栋　杨育萍　叶碧和　于聪颖　臧鹿敏　占　涛　张瑞欣
张天水　朱苏郎　朱耀镇　严华仲

1984级会计学系硕士研究生

马忠达　刁贵频　王永海　王韶庭　卢焕立　车幼梅　李翔华
李慕寒　李建发　陈志升　汪一凡　罗　勤　袁新文　费洪印

1984级会计学系博士研究生

孙宝厚　李松玉　李若山　陈国钢　陈双人

1984级会计学系助教进修班

于增彪　刘小明　冯均科　庄爱珠　陈荣奎　陈福义　李瑞华
周　葵　曲晓辉　祝炳奎　青光源　张俊瑞　夏成才　郗修芳
谢景贤

1984级会计学系高校财务会计专修班专科生

于美芹　王根民　冯福生　任年峰　迟玉收　陈希原　吴美珍
张　圻　张道旺　张树明　张建华　李璇珠　李　勇　周娟英
周志立　林金宝　林云志　林雪丽　林进兴　赵吉平　洪少丹
赵年忠　胡海春　胡素英　徐建伟　崔乐忠[①]　崔越峰　潘正海
潘　蕾　戴少雄　王韵芳　庄玲玲　林瑛瑛　郑秀荣

① 崔乐忠，一说崔乐民。

1984级会计学系南京军区班专科生

丁日平　于良先　王军善　邓由信　计国强　孔新才　邝振胜
刘林如　张阿发　张国智　张宗禄　李裕元　宋兰生　李文彩
苏庆柱　杨桂清　苏　涌　苏祖仁　苑平乐　林国荣　郑南勋
常　进　韩陆进　阎晓苏　彭兴良　黄冬根　赖名亮　程爱珠
董玉祥

1984级教育部师资专修班学生

刘国常　刘光运[①]　梁　杰　郭　庆　邵霖清　杜婕浩　何祚文
张双才　周　红　黄跃刚　黄本芬　龚菊明　廖　洪　魏喆妍[②]
杨少青　杨少明　魏明海　肖文八

1985级会计学系会计专业本科生

王书星　黄胜国　陆海峰　朱华周　毛国土　侯续江　齐兆振
左　敏　陈　宁　陈若萱　林　茜　徐伟杰　陈剑云　李　巍
聂尚东　刘秀平　陈祥慈　陈　玮　许文斌　潘自力　陈向东
王伟文　蔡清华　吕建幕　赖富荣　庄志坚　宋和乾　吴　斌
沈　泓　朋立勤　洪衍滨　王　静　张建敏　张天道　熊瑞宾
邓建华　黄让敏　任　鹏　朱晓红　张秀明　孙志里　郑建海
赖举红　黄　忠　林建洪　廖国庆　陈秀菊　林　琼　林爱金
汤　敏　杜楚华　梁　伟　王国初　施雨林　刘　敏　林志忠
薛卫国　谭　臻　曾燕军　刘晓翠　金吉英　金升日　张统波
崔享权　王永东　熊涌波

① 刘光运，一说刘光兴。
② 魏喆妍，一说魏喆哲。

1985级会计学系审计专业本科生

陈溯亿	侯爱民	孔凡主	娄开文	李丽莉	王盛南	张世党
陈　武	罗　丹	吴飞平	姚瑞强	黄　红	胡险峰	林文宇
徐宝华	李　群	严　锋	赵绍红	束卫华	孙嘉锜	李　超
孙长勇	平金香（平达）		许天元	赵景银	张德钒	陈　斌
陈文莹	翟文苑	刘红霞				

1985级会计学系硕士研究生

曹士久	陈箭深	葛方雯	国桂荣	黄启文	金　禾	林丹丹
林钢明	林　湜	毛付根	任明川	苏锡嘉	王　华	王明花
许　正	岳　方	占秉英	张晓然	庄世虹	林　燕	王石钟

1985级会计学系博士研究生

黄礼忠

1985级会计审计专科生

陈爱国	高翠萍	郭卡兰	郭礼龙	郭向阳	郭兴海	何元赞
胡爱华	华成刚	贾曙光	蒋玉娴	李东胜	李　江	李景倩
李苑芝	廖　军	林建东	林开钦	林秋波	刘冬梅	刘含树
刘三元	卢华健	潘德红	彭　错	彭文枫	舒文定	唐　琼
田桂林	吴宝香	吴少华	吴燕贞	肖纪宏	叶传华	岳朝晖
周增宇	朱大华	吴海燕				

1985级助教培训班

丁其保	王　平	从佩华	司金山	任永平	任启哲	江运生

刘光运 汤寿珩 陈晓林 陈炎兴 何建国 李中庆 吴德连
张志武 严渝军 罗新运 胡义和 郭　庆 洪亚峰 赵卫群
韩养杰 鲁雅君 魏明海

1985级审计干部专修班

陈　聪 陈桂珍 陈怀香 陈　健 陈俊玲 陈永亮 陈兆裕
余　飞 程启瑞 杜景龙 段金云 高翔平 管中才 郭　强
韩淑娅 俞彩云 贺建军 侯新智 胡亚军 焦芸芸 荆文杰
康　红 李　琦 袁惠娟 林金凉 林美玲 林信仁 刘冬梅
刘银行 刘玉新 陆　瑛 张丽萍 罗　虹 罗启莲 马　伟
彭望平 乔勤英 邱建民 沈菊仙 徐蓉萍 史晓莉 寿　强
苏温君 孙吉德 孙　瑶 陶建林 王宏锦 杨福祯 王静平
王旭东 渭　炜 吴寅初 吴玉萍 谢　忱 谢金珠 杨友华
谢群武 谢亚培 徐新旗 于　丽 于伟远 张爱清 张其中
张旭华 赵淑冰 朱　峰 朱振亚 赖逢良

1986级会计学系会计专业一班本科生

胡　可 胡敬场 崔立澜 殷东青 曹卫东 邓宇帆 石　丹
叶　征 胡文红 章丽厦 黄宏芸 黄文胜 宁　超 刘　劲
刘　斌 汪大江 余运庄 刘新榕 来　靖 孙文蓉 林　茂
林　健 林继阳 施向阳 沈国华 朱益民 朱月华 陈　彤
陈焕鑫 张　丽 郑行强 和怀文 孟文戬 张文雪 李　军
贺志军 赵德章 赵　琳 徐华东 杨静丽 彭　红 杨玄奇
任朝晖 陈卫东 林　玲

1986级会计学系会计专业二班本科生

万　瑜 王　俊 王水根 陈光波 冯来法 张少惠 张海涛

林治忠　林立春　胡晓明　韦崇安　林松民　周语明　欧家庆
余智谋　施国荣　姜仁荣　胡　华　胡碧珍　郭春阳　郭　辉
钱黎青　梁　锋　秦文云　袁洁宇　黄雪梅　黄　晞　夏　军
盛　敏　曾禹勇　方　晖　田　华　卢琛炜　叶　欣　刘向红
陈玉芳　陈健芳　陈伟文　陈松岳　杨　钊　张建军　李树斌
李　胜　李元玉　吴晓梅

1986级会计学系审计专业本科生

王　平　王军政　王志红　王奕蓉　王　晶　王鹏波　王　毅
古岳晨　朱剑勋　任春华　庄桂林　刘　红　刘　彤　刘明丽
刘鸿腾　许海泳　纪永满　李卫华　李　文　李明楚　李　峰
李照辉　李　勤　杨东华　杨先国　肖成中　肖　健　吴　洪
林余筠　张治强　张振良　张新杰　陆宏峥　陆金汉　陈汉文
陈　晨　陈惠娟　武志兵　林云平　林　丛　林起核　林敬雄
林　瑜　段文务　洪　薇　祝华民　都　兵　聂彩文　曹泽文
宿　瑜　傅　雷　鲁德良　温　峰　谢琪瑛　詹　毅　蔡　岳
熊红梅

1986级会计学系硕士研究生

魏明海　黄力平　游智清　林小红　陈惠峰　胡玉明　赵秀芬
黄晓霞　王时中　邱亚杰　唐建新　丁仁立　周春花　梁　杰
邱晓龙　严渝军

1986级会计学系博士研究生

曲晓辉

1986级会计审计专科班

万春山　万小山　毛建华　王秋华　王建明　王丰莲　卢维东
孙红桂　许劲松　庄云萍　吕红伟　汪尚谦　李　弘　李　卫
李　辉　张　荔　张望兰　张建蓉　沈雪梅　陈　晔　陈能祥
陈晓霞　吴思文　何志强　杨柏忠　单祥双　周树忠　欧松彬
钟建华　赵福华　胡卫忠　姜　伟　侯学军　高振强　谢子鹏
蔡立中　魏任斌　魏朝志　周松影

1986级南海石油专修班

王芝蓉　叶　红　农　军　何俊峰　何立冬　卢海莲　宋晓冰
李建华　胡志军　周紫虹　林　雯　莫红梅　党建军

1986级其他生

于立军　孔玉生　吴玉芳　李斯和　伊继屏　鲁雅君

1987级会计学系会计一班本科生

丁慎鹏　王汗青　王志勇　王跃平　王均国　王　玲　叶红蕾
肖毕林　江　娟　邓传洲　刘瑞芳　刘云帆　张　雷　李永忠
李　群　李敬良　吴　琼　邹文斌　陈国瑞　杨寿伦　陈述之
陈书琼　陈　明　陈学松　陈　远　陈燕双　陈明武　林　坚
易　莲　范秀娟　郑有全　郑　静　罗　健　柯　霞　赵　瑜
赵　文　洪启佾　洪春景　耿　雪　徐　旭　殷勇为　贾效梅
倪　通　黄一峰　黄　枫　陈　崧　康剑南　梁建宁　梁家斌
韩斯疆　廖德增　李佩雯（退学）

1987级会计学系会计二班本科生

王德贵	王彦生	王红玲	尤朝晖	卢冬兵	邝素清	阮左林
朱　林	朱闻樱	孙忠贵	祁传军	张建军	刘建忠	张巧娟
张剑虹	余　兵	李　刚	李辉煌	李　辉	李冠华	沈惠芳
吴征帆	杨峥嵘	杨勇伟	陈加兵	陈　文	陈争华	陈　畴
林伟青	林洪美	林　云	易林晖	郑云川	周智勇	姜　红
高　峰	浦　伟	莫　青	倪煌珍	郭继红	黄劲松	黄　兴
黄尉群	程　浩	赖志勇	廖　青	翟洪文	颜中文	颜　忠
刘述江	陈卫东	韩小林				

1987级会计学系审计班本科生

于　红	王　军	王　涛	王　蓉	王利群	王荆雁	叶　军
冯　军	戴　明	史雪君	乐金园	孙海波	孙月红	刘燕军
刘延东	张振铭	张学群	张富平	张俊极	张彤宇	张　园
张选涛	余祖盛	李　胜	何　云	李兴文	宋洪焱	陆旭东
吴　冰	沈　沁	邹　静	杨柳玲	杨　峰	陈建原	陈飏之
林学玲	范小虎	赵革伟	高正良	黄　珂	黄宇杰	黄咏梅
彭冬曲	彭鸿飞	彭文桓	辜青霞	董　媚	雷　波	熊建益
蔡梅江	谭　红	廖菊伟	潘旭东	魏新建	黄京菁	

1987级会计学系硕士研究生

方荣义	何　凡	李秀莲	王荣彪	伍千奎	姚明安	叶少琴
张志武[①]						

① 张志武，一说张志斌。

1987级会计学系博士研究生

于增彪　苏锡嘉　罗　勤

1987级会计专业（专科）夜大学生

孙自力　史劲松　陈卫国　刘丹凤　陈全福　陈英杰　陈煖嫔
陈青云　李兆峰　陈添文　吴小琴　李文强　邱建明　邱海婴
张　敏　苏永强　洪文达　林向群　曾　玲　黄华琪　彭向阳
曾宇亮　潘宏巧　蔡小谢

1988级会计学系会计一班本科生

白雪柏　陈　榕　陈鸿亮　戴　杰　丁　群　高　文　郭晓梅
胡从志　胡明英　黄　斌　黄　琦　黄东挺　黄晓庆　黄韵敏
纪一航　金孝粉　康　红　冷敏娟　黎初梅　李　郁　刘　辉
刘　政　刘英娟　刘永仿　罗　文　苗毓军　倪晓苗　潘　颖
芮　冰　沈　东　沈绿杨　沈晓芳　史家顺　童　军　王理强
王学人　文　毅　翁伟滨　吴　闽　吴黎红　吴忠平　夏丽红
肖直原　邢萃明　徐　缨　许　薇　杨　帆　余云春　张海滨
张建新　柘　辉　周德良　庄剑泓　邹文郁

1988级会计学系会计二班本科生

方毅平　王国华　石　朗　邓红杰　任　川　朱　佶　何洁冰
吴永前　吴晓红　吴　菁　吴友兰　张传红　张　帆　张　丛
李　蓉　李牧原　李　霞　李晓岚　刘　方　陈有才　陈楚莲
肖　悦　沈叶舟　林秀松　林汉银　周　超　周延梅　周　尹
周学兰　邵瑶函　金　磊　杨　航　姜海屏　赵胜华　徐燕飞
徐琪颖　梁　戈　唐　忠　黄　挺　黄　晖　崔维星　曹　霞

曾莉莎	曾卫国	斯晓晖	程春晖	鲍　力	郭咏梅	谢莉莉
何育宁	吴小滨	王凌峰	陈　舸	张　炯		

1988级会计学系审计班本科生

方颖华	王剑平	王　丽	王立新	王　佩	王新民	冯学会
石　峰	吕永红	吕莅新	孙帅军	许志强	朱素梅	边东亮
刘国强	刘雪梅	李　斌	李昌涛	李　俭	吴伯琦	吴庆月
吴海坚	吴文华	吴培生	张伟雄	张春燕	张春梅	张文萍
肖卫红	辛嘉斌	林　忠	林宜元	林　旭	陈文革	陈　战
陈晓军	陈　睿	杨黎英	易　雰	胡　莹	禹　莉	原继明
梁洁红	郭海涛	黄祖战	盛智丽	韩立杰	赖　俊	赖　寒
童庆炳	雷虹云	孔一凡				

1988级会计学系国际会计专业本科生

曾　健	曾　昀	陈　静	陈朝晖	陈　宁	陈依舟	陈泽晖
洪　鹃	黄朝晖	黄秀辉	林敬农	林　玲	林庆华	吕斌玲
施夏朔	王康赞	颜文华	杨育斌	张能山	郑　涌	郑志峰

1988级会计学系高校财会干部大专本科生

王　玮	石毅铭	石　玮	白　涤	孙建民	冯玉林	史济芳
刘　东	刘良波	李智敏	李英莲	张道旺	张晓梅	张修进
芦延华	杨婷蓉	邱卓琴	周志立	赵晶维	赵健慧	邹　翀
段清周	郎建刚	胡春华	徐康宁	徐联娟	崔乐忠	钱罗德
曾　超	靳振英	颜维群	雒兴祺	薛邦城	王丽娜	

1988级会计学系硕士研究生

冯秋英　　薛祖云　　成希河　　薛　芸　　游相华　　方　智　　姜晓红
徐金洲　　张梦娇　　刘宗柳　　陈宏文

1988级会计学系博士研究生

卢焕立　　魏明海　　林　燕　　李瑞华

1988级国际会计与国际财税助教进修班

周文琼　　周　琼　　梁丽瑾　　梁惠金　　胡祖荣　　靳东升　　郝　斌
李　瑛　　张　韦　　郑　琳　　邵毅平　　郑春美　　陈菊梅　　李明轩
施用进　　李　晖　　朱治国　　张美兰　　王晓霞　　刘媛媛　　陈丽花
陈　玮　　夏　青　　沈沐风　　王则斌　　魏兰美　　刘洪渭　　刘桂英
赵立三　　李德贤　　叶蜀君　　郝博周　　侯建民　　张华伦　　李淑娟
苗　松　　姚展蕾　　王　健　　唐天强　　徐强国　　侯兆基　　张　姗
王　萍　　张丽芳　　王　东　　吴太南　　施能忠　　陈　文　　丁世青
叶少峰　　陈志忠　　王昌庆　　梁　兵　　樊长才

1989级会计学系国际会计专业本科生

王　凌　　仇燕平　　汤　敏　　沈　坚　　吴彤彬　　杨云生　　陈斯容
陈闽晖　　刘建生　　陆　翔　　周俊超　　周晓华　　冯婉如　　王海玲
吉　筠　　邢　莺　　吴　琳　　吴岚如　　杨　蔚　　陈子安　　陈楠志
邱　晖　　肖　阳　　周俊超　　温　叶　　楼　群

1989级会计学系会计一班本科生

王晓宁　　王福明　　吕光辉　　刘永强　　刘凌霄　　叶达志　　李　峥

李永初	李　斌	邓顺源	何　娜	杨晓帆	杨　民	张晓莉
张　超	张江林	张建伟	张加祥	陈为忠	陈瑞瑛	陈晓艳
赵　樱	赵林梅	林　涛	林志宏	郑　昉	柯　红	罗双云
郭溪顺	姚小丽	康晓春	曹　萍	曾念坤	钱　健	姜云超
游玉君	顾预立	蔡茂宁	谢德仁	蒋　颖	韩　靖	翟　栩
钟　曦	林婉惠					

1989级会计学系会计二班本科生

曾丽霞	陈宝珠	陈慰荣	陈文灏	陈星舸	董良泓	胡　晖
黄仕雄	孔祥冬	李芳芳	李瑞群	李　向	练凤洲	林　兴
林恩惠	林纪宁	刘建伟	刘美艳	卢美珍	罗素云	吕　露
苏昌鹏	苏　鑫	林孙哲	覃　冰	汪　珏	汪礼良	王　钫
王玲云	王麦静	王蕤煜	王学乐	魏　宇	徐焱红	许　菲
许　琰	许　咏	许俊莲	姚姝容	张　琳	章　华	赵利民
郑　进	周　蜜					

1989级会计学系审计学本科生

包　琰	陈端明	陈　巍	陈耀煌	郭明蓉	郭兆强	黄玉清
揭　云	李丹华	梁　英	廖志刚	林秋怀	林召华	罗干平
罗明元	蒙美珍	邱　捷	申　晖	帅文全	宋慧明	隋晓峰
汤　茗	王　凤	涂伟彬	王源庆	吴体光	肖　健	许　伟
杨　海	杨建丽	杨　峻	余　平	袁　强	张　良	张　薇
周　宁	周忠阳	朱军华	王　咏	叶淑芬	余玉环	杨　溢
刘海勇	郭　伟	惠怀东	曹志林	蒋菁菁		

1989级会计学系硕士研究生

任永平	黄　竑	林开桦	陈胜群	洪立阳	陈志升

1989级会计学系博士研究生

陈少华　黄世忠　熊楚熊　于文强

1990级会计学系会计一班本科生

王　桦　王　佐　王丽平　邓文宽　刘晶梅　卢宏业　肖艳梅
李迎玲　李建宏　李　敏　吴业添　陈　刚　张洪涛　张亚君
洪巧红　何光军　姜浩然　徐学军　郑启玲　涂振连　游　翔
杨春生　周晓兵　周　斌　梁剑青　鲁新川　鹿炳刚　黄旭晖
黄小川　黄春山　谢爱清　童少华　熊伟斌　蔡文胜　付月朋
曾新建　房洲娴　孙　捷　丁　燕

1990级会计学系会计二班本科生

王焱明　王宏光　王晓征　马西华　马积育　叶文权　江　昊
任晓梅　许宗煜　沈　晨　李立宏　李继新　李金柱　宋咏莲
张　悦　张雪琴　张　桦　章晓春　陈　慈　陈雅彬　林志毅
林溪发　苏玉荣　苏东升　胡小媛　杨达勇　周发亮　徐晓阳
徐达明　曾春晖　庚蕴华　唐平英　郑丽惠　郭世清　谢玉玲
韩晓东　蔡　丹　黎代福　吴晓梅

1990级会计学系审计学本科生

王丽冬　王　蕾　王玉付　王　斌　毛旭峰　马陈茹　孙　丽
孙冠铭　孙文礼　吕向丽　刘　浩　朱　冬　朱镇辉　朱　颖
余海燕　何丽萍　苏金祥　谷璐卡　吴彬彬　吴　鹏　李　伟
李秀梅　李　春　李　楷　张小君　张东明　陈怀玉　陈冬芸
陈连星　陈光荣　陈建滨　陈联全　林玉枝　林明胜　林胜生
洪　亮　袁　爽　晏摩天　梁冠球　鄢　辉　龚静伟　黄宏彬

蒋传慧　　蒋延蕾　　谢炳华　　黎　藜　　潘德垠　　薛　伟　　付煜荣

1990级会计学系国际会计专业本科生

王沁阳　　王静波　　王　蕤　　万　月　　尤玉玲　　孙　勃　　姜明群
卢　凯　　刘　标　　刘海玲　　李楚华　　李　晗　　李　军　　何　芳
张良全　　张　凯　　吴　军　　林　舒　　林勇熹　　林歆晅　　林宏健
许云昆　　罗小晔　　骆伟杰　　黄　河　　黄　宇　　郭绪琴　　张自红
潘　颖　　郭　靖　　黄欣琪　　庄殷满　　石志宏　　连永前　　许丽芳
林劲山　　姚　荔　　庄　燕　　庄　宏　　何华彦

1990级会计学系硕士研究生

吴晓阳　　樊少鹏　　李　虎　　刘　莹　　李　胜　　简双全　　张红革
汤亚娟　　李孟顺　　聂　桢　　王　晶　　孟晓俊　　祝华民　　金林海
卢永华

1990级会计学系博士研究生

何　凡

1991级会计学系会计一班本科生

王爱梅　　王景波　　王建红　　宇文献花　刘展鹏　　冉孟顺　　朱晖阳
朱炳林　　朱　玮　　朱圣冰　　李向荣　　李剑冰　　李　莹　　张　璐
张永利　　张康雪　　林俊梅　　林凌元　　林修崇　　余大国　　许永定
陈秀萍　　陈建洪　　胡新斌　　杨长华　　曾　蔚　　黄　莹　　黄　平
彭　丽　　陶威明　　蔡　华　　潘晓姿　　李瀚波　　梁晓强　　朱丹梅
吴润东　　王楚亮

1991级会计学系会计二班本科生

王　彬	邓佩蓉	李　李	李春雷	李建武	李　慧	李　桓
张　珞	张　烜	张　燕	张会强	吴　鸣	邱铭纲	陈朝辉
陈鹭珍	陈云钊	陈志勇	林丽群	林晓莹	杨　斌	杨文强
徐怀民	徐　峥	郑岩榕	卓锦辉	孟　杰	芶新岚	桂雪蓉
姚　峰	韩　文	翁杰菁	潘心冰	邱冰冰	林　瑜	黄小丽
何晓霞	陈伟红					

1991级会计学系国际会计专业本科生

丁　鹏	王若谷	方　芳	孙丽莉	李丽红	李　锦	吴祥云
吴东梅	吴韻璇	苏伟凌	苏敞坚	时睦喜	张传平	张　影
张　慧	林　昊	林福阳	赵　琴	聂　青	郑咏梅	黄　震
温朝娟	谢晓斌	戴卫华	王　翊	叶燕萍	张丽霞	钱林玲
黄　越	潘靖林	黄毅梅	陈观胜	张思莹		

1991级会计学系审计学本科生

万　辉	马建峰	孔娇良	刘　华	刘　维	沈晓斌	宋　元
伍海毅	李旭阳	李华蓉	吴章碧	吴婉婷	陈国琴	陈　玮
陈　建	陈逸明	陈　练	陈昭晖	张育辉	俞金洪	林敏蔚
倪春华	邱子明	郑　毅	郑海南	周　爽	徐建光	姚　琳
唐　亮	杨嵩峰	辜祥端	黄志杰	傅会云	蔡金发	蔡晓岚
刘友森	王培忠					

1991级会计学系高校财会班本科生

万小章	于永辉	王剑刚	白　晶	朱　军	朱　臻	卢启鍄
何维兴	刘含树	余万和	李小鹏	李双极	李巨民	李少彤

李　宁　　吴美珍　　吴思文　　吴少华　　张友昌　　张树庆　　张望兰
沈　江　　杨发勇　　陈　茸　　陈国斌　　辜世成　　华美龙　　林进兴
罗小红　　赵占福　　赵彭龄　　钟建华　　徐　群　　徐丛栋　　侯中亚
侯开文　　舒文定　　钱　华　　周　野　　郭向阳　　黄　敏

1991级会计学系硕士研究生

王金宝　　魏　丽　　陈　阳　　陈兴平　　张金良　　黄京菁　　宋新潮
王淑杰　　张志武　　陈佳俊　　项有志　　徐　珊　　吕长江　　胡春元
王倚剑　　张明明　　陈　峰　　唐海鹰　　邓传洲　　游文胜　　熊建益
郭定华

1991级会计学系博士研究生

毛付根　　陈胜群　刘　峰　　陈　玮　　庄世虹

1992级会计学系国际会计专业本科生

马媛媛　　叶郁芬　　何嘉彦　　严建平　　李燕华　　李亚群　　李　菁
李　俏　　阮锦燕　　余　盛　　陈　文　　陈亚盛　　陈静然　　林贻雄
赵宜江　　胡志扬　　杨丽璇　　梁　严　　萧　鲲　　蒋　昕　　刘　隽
曹文慧　　吴　章　　刘晓东　　许勇刚　　吕　珂　　吴琼玲　　陈贵全
陈慧贞　　徐培宁　　杨海榕　　曾　璇　　黄贵斌　　郑章武　　刘　琳
陈策策

1992级会计学系会计一班本科生

丁　彬　　万冠红　　于　坦　　马晓冉　　五朝晔　　王秀玲　　王　玮
王俊青　　兰　峰　　任毅人　　庄　重　　吕勤勤　　刘明磊　　吴东辉
吴欣欣　　张　彦　　陈　迈　　陈明红　　陈　力　　陈　琳　　林　伟

林治宇　胡冰冰　钟瑞庆　娄晓红　施劲瑜　罗欣荣　杨建平
杨宏图　曾　华　郭　强　郭奕明　黄奕科　黄晓晖　黄　蓓
戴志明　朱华燕　朱　燕　王　玮　邱　嘉　陈灵心　张晓芸
刘育青　曹德泉　陈亚勇

1992级会计学系会计二班本科生

王晓明　占秀玉　刘　岚　刘晓波　孙　毅　何雪珍　李　凌
李　舟　李　荷　余　泳　张积椿　张建辉　陈金玉　陈　炜
陈家达　吴艳芳　易佑国　严　晖　林　怡　郑彬彬　郑彩芬
郑　照　郑洪权　焦建玲　杨　帆　彭松岚　郭子臻　郭红军
郭　强　黄　岚　黄　菊　蔡永记　樊郁洁　方大亮　杨文杰
吴秉毅　许立群　余文婷　连益民　张华亮　郭　珂

1992级会计学系审计学本科生

王永刚　刘　阳　刘永玉　严　芳　肖　谊　苏　骏　田晓梅
刘志云　伊红娟　庄飞雪　李　毅　张　熙　张梦樵　陈铭榕
陈　平　周　敏　徐莉娜　郑映碧　常　宁　黄海滨　唐国钟
赖宇雄　蔡丽芳　方镇强　吴　瑛　陈昭新　林　磊　邹慧蓉
郑　奋　满江红　詹胜兰　黄　莹　郭志杰　赖春生　张新霞

1992级会计学系硕士研究生

欧阳恩华　王禄河　李　红　桑士俊　任志诚　池德庭　牛秀敏
李　君　杨海蓉　夏忠平　柯昌文　程春晖　李惊涛　李国庆
魏福正　陈　丰　肖建林　顾晓东　丁梅华　郭晓梅

1992级会计学系博士研究生

陈箭深　方荣义　李少波　怯来法　胡玉明　薛云奎

1993级会计学系会计专业本科生

陈成川　陈华敏　陈建业　陈　立　陈亚勇　陈益斌　陈应佶
崔云松　杜玉涛　房应捷　古志磊　郝工宝　何正凌　贺　珍
洪龙弟　洪衍泽　黄海清　黄汉华　黄伟勤　黄新杰　黄奕健
黄永琳　黄志雄　纪　宁　贾志宏　康志龙　兰　芳　李洪伟
李建强　李亮梅　李艺斌　梁萍萍　廖攀高　林发成　林　津
林其垣　林　韧　林若尘　林生栋　林元彬　林志榕　刘建全
刘　理　刘露露　娄古宁　倪从敏　邱巧因　沈　磊　沈庆寿
苏　毅　王　迪　王　栋　王管华　王海妮　王红雨　王静达
王　伟　王文汇　温伟玲　吴海鹰　熊　鹭　徐嫣娜　许怀宁
许拥军　薛　涛　杨霏霏　杨　鑫　姚芳华　叶建玲　叶自力
尤晓鹊　袁永艳　张建红　张林富　张玲玲　张玉晶　章早立
郑嘉庆　郑泽辉　朱坤琛　廖攀高　王静达　房应捷　林发成

1993级会计学系审计班本科生

王职光　龙　怡　孙祥久　傅春辉　卢兆锋　刘　民　刘　钰
刘雅芸　刘　润　张　立　阳正根　许一宇　陈志华　陈　敏
陈远明　陈　曦　麦震海　肖中珂　吴　捷　陆　江　邹海龙
严　斌　郑捷立　罗洪静　黄振鑫　付少霞　纪晓卫　林勇尧
兰添和　王　萌　周晓宇　宋永超（退学）

1993级本科会计学系国际会计专业

丁　丁　许新钢　任　荣　张　峥　张晓云　李建军　陈　玮

陈守德　林　浩　邵贤弟　杨柳槟　杨翼飞　郑　琳　黄海玉
黄炳元　曾鹭坚　谢玉康　彭菁萍　谭　昕　蔡毅华　王　菁
卫星亮　余晓容　许源盛　许　燕　张朝晖　邱东平　杨莹莹
陈梅娟　林蓓菲　戴　芸　林　会　缪凌琳　陈策策　王鹰峻
苏小禾

1993级本科会计学系高等财会大专起点本科班

王玲玲　卢　林　左清明　江土金　吕浔瑜　孙怀启　张云帆
陈　芃　肖　雷　狄小龙　卓晋南　杨玉锵　郑志强　康　坤
夏　虹　夏庆利　曹盛英　傅振中　王　琳①

1993级会计学系硕士研究生

龚光明　李　平　王　丹　赵汉乔　范永武　刘　焱　房建昱
李树华　苏新龙　林　涛　刘承基　刘　杰　刘晓玲　杨金忠
包　琰　王良杰　钱　健　叶莎莉　王　兴　李书锋　周润书
高大勇　李树辉　章文芳　黄秀莲　孟庆华　吕斐适　董秀琴
何海虹　谢德仁

1993级会计学系深圳班硕士研究生

李祥军　陈杰标　罗友明　黄丽丹　李　敏　林少文　程　愚
朱太华　黄　薇　刘　晏　谭剑波　黄　中　刘　燕

1993级会计学系博士研究生

涂春永　李建发　骆德明　孙　航

① 王琳，一说王林。

1993级会计学系博士后

王光远

1994级会计学系会计一班本科生

王凤玲	阳　岗	刘　军	朱子煌	陈小芹	李　耿	李永毅
林　丹	林力容	张　蕾	练友雄	柯鸿雁	骆文武	黄　蕾
黄振邦	梁　明	游宇庚	廖　阳	郑靖洲	陈晓玲	蒋　勇
田　宇	刘　彤	刘伯芳	陈卫杰	杜小英	李春巧	沈　琪
林　霞	林建萍	张倩怡	胡志颖	姚继文	高晓珍	黄宗兰
黄朝明	韩　红	钱　毅	黎良望	陈　宏	黄健健	

1994级会计学系会计二班本科生

王　霞	王锦煜	冯　玲	刘　卫	宋永刚	李　幸	卓立锋
林　华	林洪华	罗　冰	周翠英	胡明源	柯秋娜	顾慧慧
常　鑫	游斯漳	谢　楠	廖飞辉	王小琳	叶　宏	刘　榕
吕雷杰	李　晟	杨俏怡	周　洋	林　冰	张连强	周迎波
郑清霞	姚　尧	高　磊	黄淑玲	陶　娅	曾普坚	蓝毅盛
王　鑫						

1994级会计学系注会班本科生

尤　华	卢中俊	叶丁荣	傅晓芳	庄江波	陈　晟	陈　菲
陈慧南	陈宙峰	陈郑岚	李　昀	李　雯	李泽兴	吴　聪
吴美丽	吴明峰	吴春国	吴孝厅	肖　建	杨　绮	杨建辉
杨革斌	沈艳阳	林　恒	林　凯	林　敏	林伟青	林蓓昕
林学运	林新宇	林慕颐	林翠珑	罗正帆	张　盛	张政洪
郑蓉贞	施鲲翔	钟莉红	胡海峰	徐　森	徐永潮	郭振宏

涂建晔　黄　毅　黄　涛　黄晨东　董锦文　童育坚　谢　帆
戴竹华　陈华晶

1994级会计学系审计班本科生

王　虹　王志伟　叶　芳　陈小江　陈　群　陈　斌　陈　暘
苏小梁　肖德寿　李　浩　李　晔　李慧敏　汪宁安　杨荣铮
何　垠　林镇宝　林怀滨　林明坚　林孙清　郑科达　邬　霞
俞　娟　俞元鹉　柯增顺　洪建来　袁　晓　黄　洁　黄群专
谢梅娣　简长松　赖蓉华　廖林熙　黎　伟　黎洁瑜　魏群英

1994级会计学系硕士研究生

陈建煌　单文军　葛文霞　胡念梅　胡振超　黄江求　黄松琛
李　文　林宝玉　林志毅　平来禄　任　鹏　熊　艳　徐晓阳
杨家新　杨建东　余芸春　赵立三　钟晓平　周海燕　程　愚
蒋佑千　林少文　张文彪　胡晓明　张　黎　黄　超　王剑平
施夏朔　韩红梅　胡亦晨　郁　昂　姚　荔　王　清

1994级会计学系博士研究生

张金良　陈汉文　邓传洲　傅元略　林　斌　王大洋
刘宗柳　王开田

1994级会计学系博士后

程仕军

1995级会计学系会计一班本科生

巴　音　邓小霞　王　丹　王广忠　王景智　王燕明　叶东明
关翠华　刘杰望　刘莉莉　吕　平　许鹭杰　陈　敏　陈昌惠
陈丽贤　陈雨晴　杜　勇　李幼婷　宋红菊　苏昭文　吴丽敏
余　敏　金　炯　林　杨　林向宁　林云飞　罗云海　杨海燕
张　婷　张明琅　周　丹　柯孙团　高　飞　高明华　黄　亮
黄晓明　梁　辰　盛　罡　曾晓闽　蔡　宁　潘才全

1995级会计学系会计二班本科生

丁智群　才　华　王海边　王丽明　叶　静　叶金福　刘　玲
刘青科　吕　珂　乔连华　陈　曦　陈海涛　陈巧凤　陈志高
李兴国　李婷璐　苏碧桑　苏子场　吴惠珍　金雪英　林　佳
林妙惠　林雅燕　杨　晏　张　宁　张金树　郑琳敏　周海生
施建新　高　亮　郭晓鹏　龚　俊　黄瑞红　黄言洵　傅继香
曾　彦　蔡建斌　苏志斌　郭　铠　陈翠思　刘　芳　王志坚

1995级会计学系注会班本科生

蔡雪琳　曾拔群　陈　晶　陈玲玲　陈咏剑　陈　瑜　陈珠清
程　曦　高如云　胡　旻　胡　楠　黄秉诚　黄　凯　金　靳
赖淑华　冷　铮　李海燕　李艺苑　李月云　林　芬　林　浩
林培霞　林千宇　林淑华　刘　莉　刘强安　刘绍军　刘小南
刘　歆　吕　樱　马　茜　马蔚靖　沈　舒　孙　斐　孙婉莉
覃志刚　田燕翔　汪　洋　卫　国　吴俊怀　吴乐霖　吴哲琼
徐丽珍　许申雅　颜晓莉　姚正琦　姚志扬　尤冬云　张春雁
张　榆　甄　军　郑大魁　郑清智　郑英锡　庄智铉

1995级会计学系审计班本科生

于　兰　马　昕　王　莹　王统才　王宏方　方　蓉　方军雄
邓　超　邓　舒　邓健萍　牛树彬　牛云志　刘宇峰　刘红丽
吉长龙　任婷琪　陈宏珊　陈连锋　陈艺柏　陈义斌　李　诚
邱银丰　苏少华　吴碧瑜　杨丹凤　余少玲　林芳盈　林海山
林永生　郑澍洁　邬鹤萍　黄毅敏　黄鲤珠　梁蕴涛　傅夏颖
傅毅彤　游增淦

1995级会计学系会计学专科生

孔翔东　白　玉　叶红婷　许友谊　许彬彬　李　湑　李永堂
李燕琼　朱海波　吴　萍　吴永辉　陈　森　陈　展　陈修智
陈鸿伟　苏江琼　杨后盾　张旭娜　林明珠　林　江　郑建兴
洪美玲　徐洪贞　黄亨图　舒　畅　彭慈张　谢文津　简俊洪
魏存容　吴共庆　黄鑫斌　王雅英　陈学奎　林　津　吴清文
黄　菁　林燕斌

1995级会计学系硕士研究生

周长青　黄志忠　林志华　袁同济　黄德华　谭　军　陈朝晖
吴　鸣　李维友　刘　维　吴祥云　朱　彤　杜兴强　孟　杰
易梅青　宋慧明　王　剑　丁　鹏　陈　青

1995级会计学系博士研究生

沈艺峰　胡奕明　陈庆生　陈志升　林小理　庄昆明　石本仁
王　华　项有志　桑士俊　陈　光　谢德仁

1995级中国石油天然气总公司财会干部研修班本科生

邓　健	周　萍	张耀明	刘玉玲	邢兆军	张际国	霍云山
马建新	代永平	朱华荣	李仁军	周继康	张有升	薛万强
赵汇清	操玉华	刘桂荣	齐秀芬	顾胜林	霍志坚	李占海
张其祥	任俊良	席北剑	刘　玉	焦　峰	吕咸中	王连生
何卫平	张绪清	严学文	王晓琳	刘万禹	陈克俭	蒋建茹
吕　莉	施铁权	高自峰	李焕筠	张同柱	徐永祥	林国平
刘　栋	刘晓磊	丁克建	许风雪	邱　蕴	王珍秀	朱君铭

1996级会计学系会计一班本科生

王安方	骆　玮	刘东颖	林华凤	林燕斌	郑晖阁	黄　菁
郭葆春	卞晶晶	王　斌	王丹芳	王淑斌	王　韬	龙　艳
刘　琳	刘章才	许　灵	许　云	庄毓瑜	伯　凤	李剑锋
李文卓	沈丽莉	汤双榕	吴　萍	吴　睿	肖茂松	张莉娜
张　唯	施真真	陈　科	林　华	杨　华	杨秀娟	胡寒君
施燕飞	俞月雯	郑荔平	郑香兰	唐艳辉	奚海军	龚玲珑
黄海强	黄文斌	黄玉顺	廖鹏宇	魏　兵	魏　卓	

1996级会计学系会计二班本科生

马晓瑜	方　芳	王春发	王红霞	王　华	王铁毅	王振华
刘灿煌	刘　芳	刘劲刚	许雪榕	朱少安	庄永南	何鸣然
李　洁	李洁琼	李　弢	宋建腾	吴传刚	吴宗海	吴　峥
张　颖	陈桂玲	陈　静	陈庆隆	陈四君	陈育红	范承超
林　青	杨婉昱	杨　阳	郑　琳	郭晓凌	黄海森	黄　延
康琦川	赖　坚	潘萌炜	蔡　铮	杨振锋	崔日秀	于　蓝

1996级会计学系会计三班（CGA方向）本科生

王淑玲	王文平	石晓星	刘旻昉	刘寿际	刘倩怡	刘曦蓉
任　杰	阮玮蘋	李　超	李广宁	吴晓榕	余莲芳	张　宁
陈　华	陈　琼	林炳曦	林　琳	林　婕	林　海	陆　颖
罗姗姗	杨　光	周　晖	邹　萍	姚　炜	郑文江	郭　心
郭智华	黄俊峰	黄慎敏	黄香香	黄　珍	康炯毅	康　凯
韩　宇	曾　敏	蔡　凌	廖兴亮	熊　婷		

1996级会计学系会计四班（CPA方向）本科生

丁艺萌	上官鹏	孔少锋	冯雪晶	兰咏梅	卢丽玲	叶向欣
江　南	刘　彬	刘　斌	刘迎春	阮颖斌	许加纳	李丹丹
李大勇	李辽东	李卫军	李　霞	吴巧真	邢敬淼	张　昊
陈爱茵	陈　华	陈　靖	陈国记	林鲤萍	林　游	林育惠
杨洁云	杨　岿	杨信利	饶飞翮	施　庆	徐　颖	郭喜初
蔡进高	蔡丽霞	戴　鹏	蔡艺珍	陈飞泉	陈玲玲	陈一平
陈文剑	陈　莹	郭　华	梁　湧	林　滨	刘金国	马蔚靖
缪宏华	孙鸿达	谭月梅	吴国晖	许辉霖	张志毅	郑若苑

1996级会计学系建行大专起点班本科生

王学华	王永成	王炳良	牛　伟	尹广晔	兰胜利	刘功平
孙　英	孙建设	伍　珀	朱甜明	汤晓明	吕　钧	李　亮
李玉湘	李年丰	李晓琴	吴承恩	张大灵	张玉林	张玉英
张超英	麦锦华	林柯荣	单德欣	具京子	胡向阳	贺佩贞
姚胜海	高建国	高　群	高孝敬	郭京凯	徐　宁	康　宁
黄品良	常　英	龚云兵	董　玲	马国勇		

1996级会计学系硕士研究生

陈亚盛 毕秀玲 孙丽影 王学军 庄峻晖 严晖 张熙
林岐 郭兰 李剑 俞宏 陈静然 张韦 毛俊杰
杨宏图 钟瑞庆 王红秋 卢美珍 陈一江 赵景文 宋海燕
董红 黄公羽 林朝华 王跃平 唐星龄 张浩洋 蔡祥
杨志锋 陈龙 任春艳 胡冰冰 唐国钟 熊飞 赵宜江
吴东辉 李敏 张耕 王桦 刘桂英 常增菊 赵青岩
李研 郑志强 曾铁兵 林玲 郑萍 田茹 徐平
陈健 王永红 王晓晴 雷虹云 肖中珂 罗友明 赵征平
卓锦辉 王利辛 曹运清 石磊 王景波 薛成秀 钱海波
林晓莹 傅黎明 傅静 黄儒伟 杨智杰 刘翰林 曾建山
周仁俊 李娜 刘志梅 李秀珠 刘宝慧 唐云波 桂友泉
黄蓓

1996级会计学系博士研究生

高培业 龚光明 卢联生 李常青 刘杰 程春晖 林涛
范永武 任永平 薛祖云 游相华 李翔华

1996级中国石油天然气总公司财会干部研修班

赵建华 郭丁 张伟 李淑琴 谭向华 徐莉 胥文
相伟 姜必举 陈国凤 张卫军 张千里 何绍恩 丁从信
张焕洲 郭海斌 何英良 顾金玉 贾宝坤 王思睿 晁建磊
史敏 张蕊红 唐占信 彭明 王学琼 黄国伟 赵淑芬
阎成武 魏世明 姚德华 崔艳芳 李永梅 郝增尧 张俭
冷希和 袁美顺 毕家秀 张建祥 陈振 叶超 张进英

1996级课程研修班研究生

高　磐	刘晓潮	谢夜香	林　兢	兰　馨	缪　旭	郑礼光
林小娟	张菊芬	王小英	赵彦华	康云萍	程初晗	王景波
黄儒伟	蔡高锐	许　萍	黄　辉	陈　雄	房桃峻	蔡光忠
林　玮	保红珊	陈朝晖	周淑瑾	王　桦		

1997级会计学系会计一班本科生

陈　威	陈雪棉	陈秧秧	陈兆洪	陈潇逸	陈　胄	程海忠
邓萍端	木妮娜	关举峰	黄　赟	黄丹麟	黄　亮	纪丽芬
赖燕芳	赖　雯	李　为	李玮君	林鼎三	林高群	林茂仙
刘孝质	刘　毅	刘英男	刘志浩	罗丽艳	石永霞	宋　洋
孙　燕	田　驰	涂宣钦	王国洋	王明远	王晓珊	王浴楠
吴克传	夏迎梅	许建锐	杨　浩	姚明利	叶建平	尹为蓓
余素云	郑景日	郑勇澎				

1997级会计学系会计二班本科生

陈　珺	陈　超	陈宏杰	陈慧敏	陈建平	丁延龙	董新彦
高　蕊	高　怡	辜锦河	郭　炜	洪　彦	黄秋颖	黄玉立
李建军	李建兴	李　莹	李志文	林　峰	林进华	林　琦
林　隽	刘宏灿	梅　阳	倪　琪	彭　颖	阮　蔚	尚　云
沈　昱	王丹华	王　勤	谢晓敏	严　霞	杨　婷	阳红霞
叶　平	张　明	张余昌	张月婵	郑培元	郑　跃	朱　宁
王　庆	郭紫玲	于　蓝	杨振锋			

1997级会计学系会计三班本科生

蔡奕静	曾金武	陈军凤	陈其峰	陈　青	陈唯滨	陈志勇

迟铭奎	洪丽琴	黄希敏	黄　勇	江　斌	姜　宁	蒋　敏
雷利利	梁晓明	林碧华	林　旦	林黄敏	林晓梅	刘用铨
罗曼曼	马杰文	钱燕芳	邱　芸	王荔钦	王凌华	魏攀治
吴　丹	吴　凡	吴锦凤	吴育辉	徐庆萍	许晨蓉	许晓红
鄢　蕾	杨　宓	尹武鹏	于鹏峰	余蓓佳	余　铮	俞艳林
张　弘	张鸣芝	张颜青	张　懿	郑　鸿		

1997级会计学系注册会计师班本科生

陈雪珍	陈　玮	傅宣华	郭灿堂	胡　凌	黄建明	黄　艳
黄永斌	黄镇洲	赖　成	赖水明	兰健锋	李　健	李　蕾
李霖生	李敏菊	李　宁	李寿全	李志伟	李　侃	林剑武
林　洁	林　莉	林伟平	刘永青	骆冬怡	丘运良	孙　鹏
汤芊芊	唐　庭	王　萍	王毓珊	向智晶	徐海燕	叶丰滢
叶颖玫	游　晓	于雪莲	余志良	曾　峥	张　芳	张森美
赵　娟	赵　昊	郑建月	周子敏	刘　佳		

1997级会计学系建行大专起点班本科生

曹春林	陈　伟	陈善聪	程福祥	杜晓鹤	范有臣	冯全江
桂湘强	何意丽	李宏宝	刘建中	毛文毅	倪惠贤	邵顺舟
宋　宏	孙　弘	屠耕夫	汪雄亚	王发旗	王家义	王劲戎
魏利文	魏小英	吴立宏	谢连发	许克龙	许廷智	杨谷存
杨和平	杨庆生	殷宝荣	尹建中	余　军	郁　青	张　俭
张伟宏	赵　春	赵维民	朱　锐			

1997级会计学系硕士研究生

蔡毅华	邵贤弟	曾鹭坚	王　栋	章早立	王　彬	唐松华
章永奎	陈　璇	徐莉萍	王　炫	解群鸣	余　玮	黄海玉

林　浩　陈华敏　陈成川　肖中珂　黄永琳　陈守德　冯志伟
郑　琳　雷小璐　陈　曦　陈朝阳

1997级会计学系博士研究生

伍千奎　黄京菁　陈建煌　林志毅　胡振超　肖　虹　聂　桢
贺颖奇　丁　鹏　刘玉廷　杨金忠　余佳霖　林凤仪　吕胜光
刘宝慧　卓传阵　王鹭平　哈马达　Ahmed Ashraf Abdel-Hamid

1997级中国石油天然气总公司财会干部研修班

刘玉松　金元浩　罗　涤　姜　宏　胡秀艳　韩国庆　周景昆
王振玉　王晓宏　朱东敏　董玉琳　刘晓英　杨纪民　蒋国建
申继红　张　斌　徐　科　金林彬　葛　钊　戴支援　陈国奉
吴洪臣　李生祥　杨道蓉　杨人平　胡际木　唐一飞　张　帆
彭建华　张锡宁　王　敏　张振兴　殷　海　张仕平　刘　钢
李　斌　林　青　陈世惠　田立方　吴　华　蔡　杨　马凤琳

1997级研究生课程研修班

魏文霞　潘存彦　范　云　杨　铃　曹庆华　姚　玮　刘玉珍
高　炜　康　峰　沈自强　董天明　雷石鸣　刘　钊　周继军
房彩荣　李平安　杨　哲　王晓天　郭丽萍　欧阳仁　兰　岗
杨庆云　董　菲　赵　阳　金晓鸿　薛邦城　曹彩芸　李　强
李兴文　张雪琴　张志伟　燕新梅　李　兵　商　鸿　李　贞
刘　军　韩海燕　高天宏　蒋　臻　陈　辉　雒京华　张金辉
王　岩　王凤娟　田淑萍　杨　瑞　牟晓莉　于　伟　任小强
章　平　杨　辉　高宇峰　魏逸伦　张诚君　吕　露　葸克信
张玉舜　刘春雨　肖　群　刁隽桓　胡　坚　蒋尚军　李　斌
王家明　韩　敏　王玉琴　乔松青　李治文　冯宇蕾　白学箴

1998级会计学系会计一班本科生

蔡忠义	陈　岑	方　宁	付雅琳	高　源	侯昕宇	黄彩艳
黄耿耿	黄　洁	黄　敏	黄　威	季国民	简淑军	李　艳
林　辛	林　孜	刘明姿	罗晖彬	罗　亮	孟令达	欧阳俊
唐　丰	王祎飞	魏小勇	温凤娟	吴其祥	吴素芳	叶　敏
叶园艳	余　浩	岳　茗	张　磊	张　莉	张玉莲	赵　彦
郑敏芬	周　天	周小平	卓　敏	林　怡		

1998级会计学系会计二班本科生

蔡荷达	陈伟军	陈咏梅	单　敏	郭润萍	何灿辉	何剑辉
黄　非	黄清阳	黄水胜	李翠娈	林英英	林　昱	刘　玮
刘笑霞	蔡丽丽	彭金聪	宋江雪	苏春毅	万文斌	王　虹
王琳琳	王舒纯	魏荣华	吴晓丽	吴　莹	吴洲榕	徐玉堂
薛金波	杨　光	杨立慧	杨扬帆	叶　莹	尹傲然	张莉莎
张艳玲	赵　刚	郑婕霞	郑素芬	郑文捷	林子敏	陈　蕾

1998级会计学系会计三班本科生

陈林海	陈　玲	陈晓卿	陈颖颖	崔永旺	邓海雁	甘　璐
何威威	何　欣	胡志江	李岚鑫	李　涛	李　炜	李　欣
李　易	梁湛业	林姗姗	刘华鑫	卢　芳	潘　凌	彭小燕
彭　郁	秦　晶	吴剑平	向江宁	谢　坚	徐传才	许承宗
鄢　宇	杨　明	杨志在	张朝代	张金若	张美月	张　琼
张曙倩	章　蕾	周　京	庄毅芬	陈　枫		

1998级会计学系注册会计师班本科生

陈　玲	陈鹭凤	陈晓敏	邓华明	方红娇	方　艳	郭敏璇

洪彬彬　黄　敏　黄志霞　计媛媛　蒋宇轩　金仙爱　李　峰
李　娴　连竑彬　练宇泓　廖萌茵　廖晏珅　林文彬　林晓芳
林志峰　刘喜英　刘真平　刘志强　卢云宏　罗安华　骆舒强
阮宏丹　上官强　沈顺利　石涓涓　石少君　苏鸿漪　王良英
吴　勇　信晓征　徐来辉　许晓芳　颜晓珊　杨丽丽　叶沁宜
袁　翔　袁义倥　张华夏　张　骞　张晓彤　林　钫

1998级会计学系建行大专起点班本科生

保朝虹　常玉玲　陈山峰　邓丰庆　董国飞　杜炳兴　段作民
傅丽兰　高旺国　龚彤辉　顾　毅　韩晓春　贺志宏　胡正余
李江南　廖立新　肖荣火　刘　峰　刘泗梅　刘新平　马　红
马国琪　宋尚增　苏文明　孙启晨　王剑雄　魏相彬　吴　敏
谢　铭　谢瑞平　许广平　杨德峰　由　泽　于文杰　曾念惠
张继波　张　文　张新民　周光林　周红绩

1998级会计学系会计学硕士研究生

黄金旺　邓淑芳　许业荣　池铖庭　肖　谊　陈华晶　顾慧慧
黄　蕾　黄宗兰　魏群英　杨　绮　叶　宏　俞元鹉　庄江波
白云霞　廖　阳

1998级会计学系博士研究生

陈向民　杜兴强　郭晓梅　李维友　李　文　刘运国　钱　健
王　剑　王俊仁　吴祥云　肖　华　肖时庆　谢金贤　熊建益
徐　珊　徐晓阳　钟　铮　周长青

1998级同等学历硕士研究生

雷凯锋　郑敏慧　潘定　陈立　杜小英　肖建　邹志明

1999级会计学系会计一班本科生

卜淑珍　陈聪　陈林　陈芃　陈秋林　陈砚　陈月琴
陈昭　付俊　付力强　傅宇　洪涛　黄嘉临　黄丽芬
黄牧琴　李晔　林奋　林杰　刘宏达　刘双双　毛小白
邱英明　饶赟　史海肖　宋慧　王春娥　王家倩　王立超
王青　王晓英　王永站　魏文欣　吴静静　吴献锋　许一忠
杨舜玉　叶毅　曾念升　章翰　章瑾　赵睿　赵玮姝
郑利辉　庄林柱　庄万云　余养林

1999级会计学系会计二班本科生

欧利伟　郭文茂　曾剑松　戴满喜　姚仲昉　余永霖　秦学
王培垣　姚木星　乔杨　刘琨　潘玲彬　叶艺敏　杨惠莲
董凤钗　陈珍妮　尹莉　高萍　陈丰　王桂萍　黄惠禹
阮惠仙　汪晓云　姚静宏　庄庆梅　张红梅　朱晓莹　乌爱莉
赵莹　张玲　李建芳　冯莉　陈丽　尹歆桐　游燕
郭芳　徐芸　毕琳　林卉

1999级会计学系会计三班本科生

陈芳芳　陈燕　丁卯琦　段海南　范凌燕　方沂　傅莉嫔
洪仙容　黄小闽　贾少波　柯秀敏　李慧惠　李小云　李秀芳
李艳　林丰　林骏卿　林立山　林联峰　林玉泉　刘莉
马少英　蒲吓剑　沈鹤龄　石娟　汤可　万骞　王刚
王少卿　王少荣　王晓颖　吴健　吴贤聪　徐超兰　叶雯

尤维捷　余文姬　曾　源　张蓓蓓　张　薇　张伟燕　张艳艳
周　舰　周　亮

1999级会计学系注册会计师班本科生

蔡希云　蔡振平　陈凤琴　陈　凯　陈照书　邓　伟　邓文娟
杜晓霜　冯　馨　高　颖　郭婧雅　郭　珊　郭艺超　郝　茵
侯铁成　江艳玲　蓝　菰　李金琳　李　薇　李志平　廖永云
卢敏莺　罗慧华　孟　岩　闵　捷　戎　璟　汤娟娟　王姿婷
魏　巍　吴灵梅　吴鹏阳　吴　萍　吴怡宁　谢　彦　许伟伟
叶兰芳　于竹丽　虞　静　占再鹏　张　华　张慧玲　张　玮
张　显　郑　芸　周　洋　马力文

1999级会计学系建行大专起点班本科生

刘永章　苗菁华　夏　颖　沈　康　华　锋　陈裕南　关京兰
袁伟刚　李　彦　王世荣　王飞舟　金　锋　陈晓晖　乔志刚
刘希卿　陈绪忠　张宏彦　杨飞麟　韩小飞　张建明　李艳宁
赖筱玲　王文军　蔡凤英　杨　进　张效东　高　新　汪爱民
李　敏　齐新强　王沁华　廖卫华　张新林　林文聪　王　琳
丁九胜　李海波　康艾萍　何来全　杨秀红　朱红美

1999级会计学系硕士研究生

蔡　宁　陈宏珊　陈　瑜　邓顺永　高明华　李国富　梁丽珍
刘　烨　罗国荣　乔连华　覃志刚　王丽明　吴向能　鄢　涛
宇文献花　袁清波　詹胜兰　张国清　张　榆　郑鑫成　左志民

1999级会计学系博士研究生

平来禄　张安明　潘　琰　张勇勤　林朝华　王学军　毕秀玲
卢永华　叶少琴　杨晓军　张浩洋　林宝玉　徐　德　陈　龙
杨文安　李翔华

1999级会计学系博士后

吴联生

1999级同等学历硕士研究生

方　隽　陈　耀　李　晨

附录 5-1　1977—1981 年厦门大学会计学科学生生活缩影

一、1977级入学通知书

1977年8月12日，中国共产党十一大正式宣告“文化大革命”结束。1977年国家决定恢复已经停摆多年的高考制度，我国高等教育开始复苏、发展，学术上也百家争鸣、百花齐放。1978年2—3月，恢复高考后首届本科生（1977级）入学，进入经济系财务会计专业学习。左图为一份1977级本科生在1978年3月入学的“新生入学注意事项”文档资料。

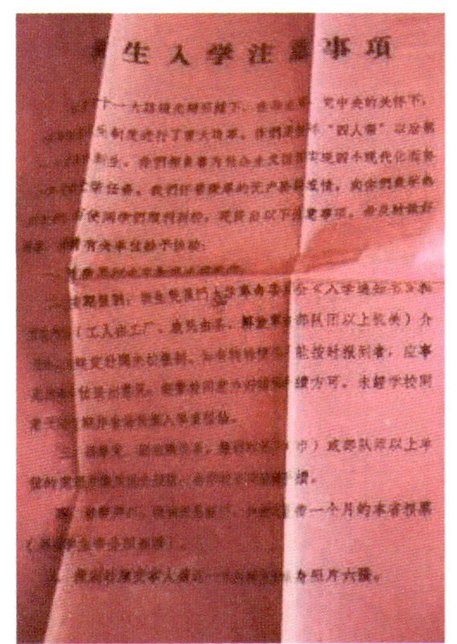

新生入学注意事项

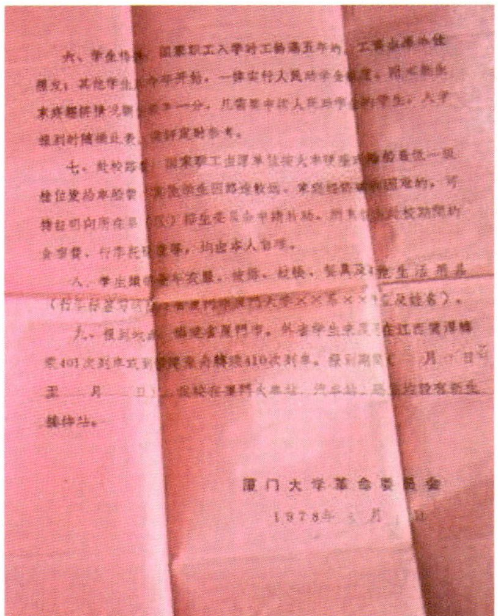

厦门大学革命委员会

◎“文革”后厦门大学首批本科生（1977级、1978年3月入学）“新生入学注意事项”

二、1978级会计专业学生回忆厦大老师的点点滴滴[①]

（一）会计原理课程的老师们

我们的会计原理课是葛家澍教授和黄忠堃教授教的，助教是唐予华老师，这称得上是最牛组合吧。

刚开学时，葛老师还给我们讲了一堂专业思想课，用浓浓的扬州腔介绍了会计是一门管理科学。我们上的会计原理课是葛老师1976年以后唯一一次给本科生上的会计原理课，主要讲了资金运动，第一节课讲了什么是会计：会计连续、系统、全面、综合记录经济活动。葛老师家在鼓浪屿，每次都是连上三四节课，我们班男生和葛老师说，下课晚了

① 引自厦门大学会计学习官方微信公众号“厦大会计”2010年1月16日的文章，略有删改。

食堂就没菜了，于是每次都提前十五分钟下课。

黄忠堃老师操着一口福州普通话，福州籍同学听来分外亲切。黄老师用增减记账法在黑板上教我们做分录，每每说到资金、物资在企业的循环，黄老师总是各种太极拳的招式，生动活泼。

学年期末考试据说好难，助教唐予华老师做了三个小时都没做完，吓得好多人没敢去看考前一晚的电影——《柳堡的故事》。不过还是有人看了，《九九艳阳天》这首歌甜美的歌声伴着入眠，第二天精神抖擞地去考试了，说是比最初的卷子简化了，可还是不容易。

◎《柳堡的故事》剧照

（二）葛家澍教授

那时教授们互相听课，一次葛老师听了黄忠堃老师的课后，在听取同学意见时告诉大家：黄忠堃老师可能与我讲得不一样，这是正常的，是学术观点不同。这是我们同学第一次知道了不同观点可以同时存在。

——张士源

（三）余绪缨教授

余老师那时骑着一辆女式“二八”自行车，除了铃不响其他都响，车后夹一皮包。余老师国学功底深厚，有机会闲聊时少不了用唐诗宋词调侃时弊或总结某个话题，常常语惊四座。担任民盟中央委员时，每次政协大会发言都精彩至极，常常被掌声打断，发言内容均被收入简报，极受欢迎和关注，参会的各路同人对余老师的话题高度及文采都赞不绝口。

——林永懋

（四）常勋教授

常老师半生坎坷，尽管遭受了那么多的磨难，但从来没有听到他的抱怨。他在重返厦大讲台后，争分夺秒抢时间，以饱满的精神状态著书教学，给我们班上了“专业会计英语”，带我们到三明实习。在三明实习时，常老师和我们十个女生、部分男生住在三明化工厂子弟中学里，每日翻译资料等工作到很晚才休息。毕业后，我有幸在常老师门下当助教，聆听教诲，他不仅治学严谨，还慈祥仁厚，深受师生爱戴。尽管后来我到福州工作了，但在大学不论是编书还是教学，凡是遇到难点都会请教常老师，他总是给予最大的帮助。这些年还能不断收到常老师的新著，此生能够做先生的学生真是非常幸福。

——叶薏

三、20世纪80年代厦门大学广播电台的曲谱

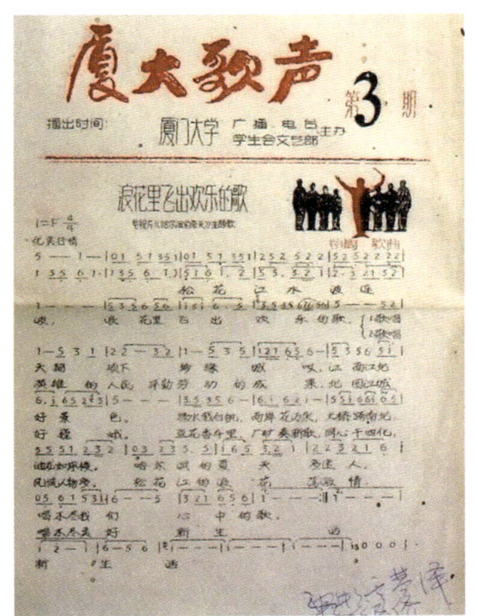

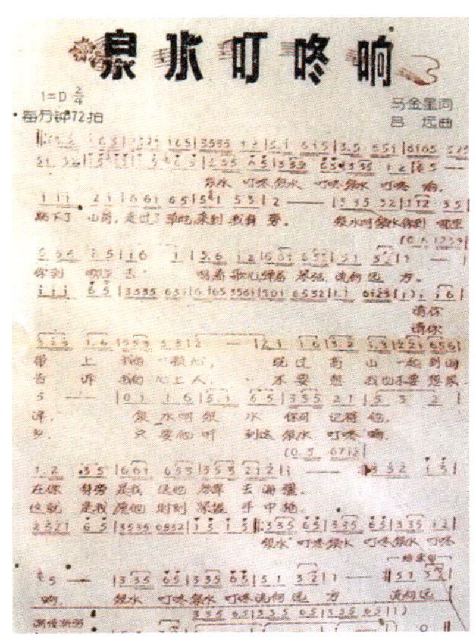

◎20世纪80年代的两张厦门大学广播电台的曲谱（部分）

四、1977—1985年福建省粮票、布票和厦门大学的饭票和菜票

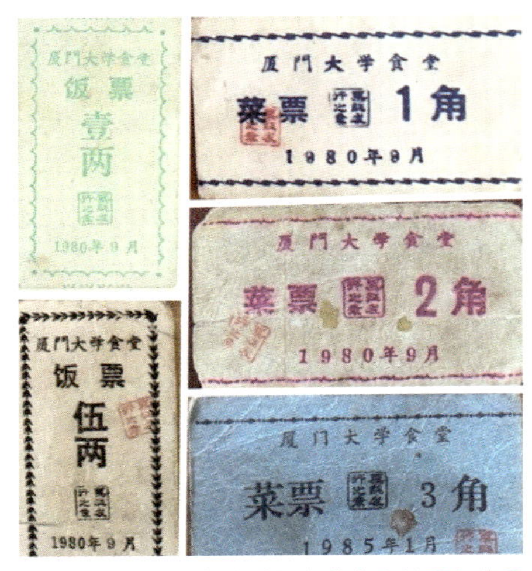

◎20世纪80年代厦门大学食堂饭票和菜票

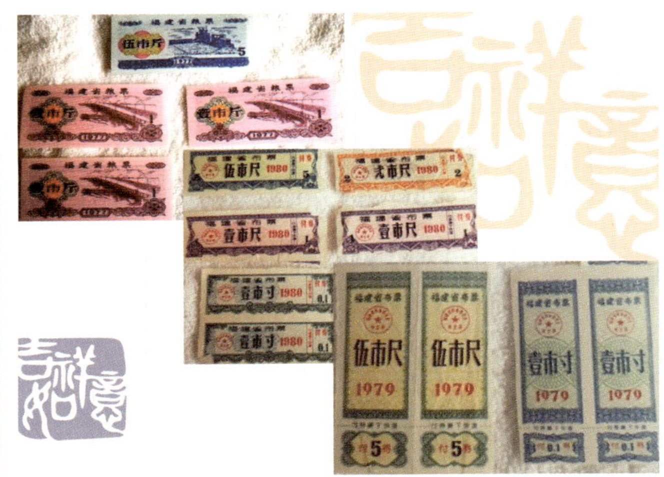

◎20世纪80年代福建省的布票和粮票（取自鼓浪鹭影）

第六章

2000—2008年：艰难转型的厦门大学会计学科

1999年起，厦门大学决定将会计学系从经济学院析出，和1996年成立的工商管理学院的企业管理系和MBA中心，以及旅游管理专业和系统管理专业，三方共同组建成立管理学院。因此，从这个意义上讲，会计学系是管理学院的创始单位之一，并非是被管理学院所“吸收合并”的，亦非是由管理学院内部的专业升格为的一个系，厦门大学会计学系的历史要比管理学院的更悠久。

厦门大学管理学院成立后，庄明来教授担任会计学系系主任、兼任管理学院副院长。庄明来教授担任系主任期间，基于当时的背景和实际情况，兢兢业业地为会计学系谋发展，从厦门大学会计学系的博士和硕士毕业生中招聘了诸多后来对厦门大学会计学科发展起到重要作用的青年教师。这些青年教师包括但不限于桑士俊（2008—2016年担任系主任）、杜兴强（现任系主任）、林涛（曾任厦门大学管理学院副院长）等。

进入21世纪，厦门大学会计学系以更开放的视野重塑会计教育，并更加积极地服务社会，希望不断将“厦大学派”发扬光大。2000—2008年，厦门大学会计学系在教学和科研上进行了艰难的转型，包括但不限于由规范会计研究转向实证会计研究范式、由国内发表逐渐转向国际国内发表兼顾。这一时期，葛家澍教授和余绪缨教授鼓励厦门大学会计学科励精图治、敢当学生，迅速补上“实证会计研究”这一课。

所以，2000—2008年，厦门大学会计学系虽取得了一定的成绩，但也在学科发展方面危机四伏、积累了诸多经验教训。其中最主要的经验教训可能包括但不限于：从国外和境外吸引优秀人才力度不够；跟踪国际和国内实证会计研究的发展不够紧密；在葛家澍、余绪缨和常勋三位老先生相继进入耄耋之年后，会计学系对标志性成果（国内外重要期刊文章、国家级重大/重点项目、代表性的著作、教育部人文社科优秀成果奖等）的凝练一时陷入“重整”期……此外，一些本应运用智慧的方法加以解决的“小矛盾”被放大，亦在一定程度上影响了厦门大学会计学系的声誉。

为此，2000—2008年是厦门大学会计学科的“艰难转型”期。“雪崩时，没有一片雪花是无辜的。”厦门大学会计学系（科）陷入暂时的低谷，既有一个学科发展过程中的历史周期因素的制约，也有中国式智慧缺失导致的部分困局的影响，还有会计学系部分核心教师离开会计学科的原因，亦不能排除一些人为因素的影响。

回顾厦门大学会计学系在2000—2008年这一段历史时期的发展，我们不应也不能回避一些存在的问题，否则厦门大学会计学科很快又会陷入“困局”。

一个学科的发展，既要看诸多个体的努力，又要看这个学科在一段时间的大背景下的可能趋势。对于二者之间可能产生的奇妙化学反应，评价者又有各自的看法，这也正是人们聊起某一学科（包括但不限于会计学科）在国内学术界地位的变迁时，往往争论不休的原因。

◎厦门大学校钟（重铸）

感谢厦门大学会计学系深厚的历史底蕴，感谢葛家澍教授、余绪缨教授和常勋教授为厦门大学会计学系缔造的三十年左右的辉煌，使得会计学系的后来者面对艰难转型时不至于集体陷入茫然，仍然能够面对现实、温和地进行改良，期待厦门大学会计学科的再度崛起。感谢一直坚守在厦门大学会计学系，在其艰难转型的过程中依然保持团结，相信厦门大学会计学系（科）会再度崛起的教师、同学、系友们，和厦门大学会计学系一起度过了这一段艰难转型期。

第一节　2000—2008年厦门大学会计学科大事记

一、厦门大学会计学科再次通过国务院学位委员会重点学科评审

2002年，厦门大学会计学科再次名列前茅，通过了国务院学位委员会重点学科评审。此后，2007年，厦门大学工商管理一级学科通过国家重点学科评审。这意味着会计学科作为工商管理学科的二级学科，自然也是会计学重点学科，不再重复列入二级学科会计学重点学科的名单中。

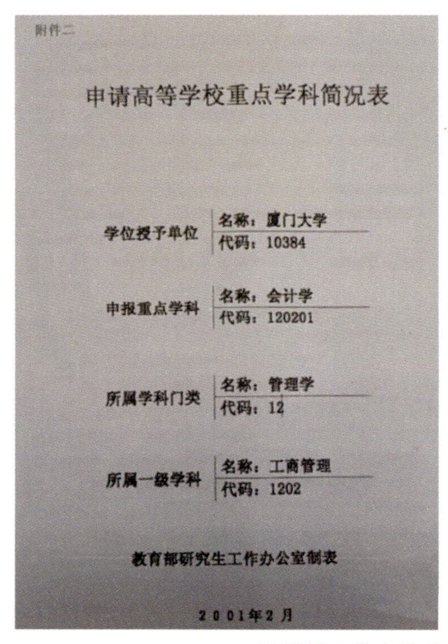

附件二

申请高等学校重点学科简况表

学位授予单位	名称：厦门大学 代码：10384
申报重点学科	名称：会计学 代码：120201
所属学科门类	名称：管理学 代码：12
所属一级学科	名称：工商管理 代码：1202

教育部研究生工作办公室制表

2001年2月

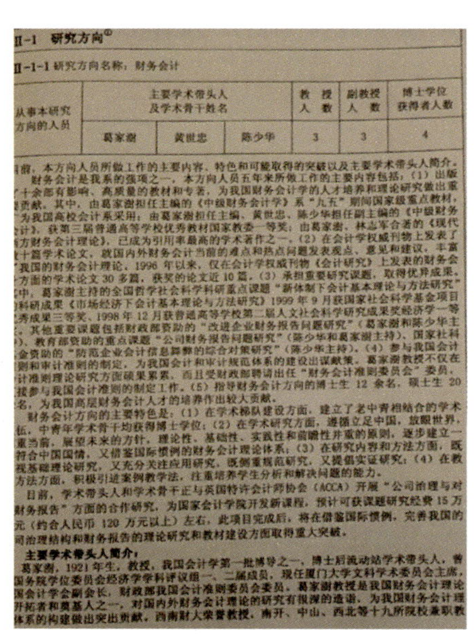

II-1　研究方向[①]

II-1-1 研究方向名称：财务会计

从事本研究方向的人员	主要学术带头人及学术骨干姓名			教授人数	副教授人数	博士学位获得者人数
	葛家澍	黄世忠	陈少华	3	3	4

本方向人员所做工作的主要内容、特色和可能取得的突破以及主要学术带头人简介。

财务会计是我系的强项之一。本方向人员五年来所做工作的主要内容包括：（1）出版了十余部有影响、高质量的教材和专著，为我国财务会计学的人才培养和理论研究做出重要贡献。其中，由葛家澍担任主编的《中级财务会计学》系“九五”期间国家级重点教材，为我国高校会计系采用；由葛家澍担任主编，黄世忠、陈少华担任副主编的《中级财务会计》，获第三届普通高等学校优秀教材国家教委一等奖；由葛家澍、林志军合著的《现代西方财务会计理论》，已成为引用率最高的学术著作之一。（2）在会计学权威刊物上发表了数十篇学术论文，就国内外财务会计当前的难点和热点问题发表观点、意见和建议，丰富了我国的财务会计理论。1996年以来，仅在会计学权威刊物《会计研究》上发表的财务会计方面的学术论文30多篇，获奖的论文近10篇。（3）承担重要研究课题，取得优异成果。其中，葛家澍主持的全国哲学社会科学科研重点课题“新体制下会计基本理论与方法研究”的科研成果《市场经济下会计基本理论与方法研究》1999年9月获国家社会科学基金项目优秀成果三等奖、1998年12月获普通高等学校第二届人文社会科学研究成果奖经济学一等奖。其他重要课题包括财政部资助的“改进企业财务报告问题研究”（葛家澍和陈少华主持）、教育部资助的重点课题“公司财务报告问题研究”（陈少华和葛家澍主持）、国家社科基金资助的“防范企业会计信息舞弊的综合对策研究”（陈少华主持）。（4）参与我国会计准则和审计准则的制定，为我国会计和审计规范体系的建设出谋献策。葛家澍教授不仅在会计准则理论研究方面硕果累累，而且受财政部聘请出任“财务会计准则委员会”委员，直接参与我国会计准则的制定工作。（5）指导财务会计方向的博士生12余名，硕士生20余名，为我国高层财务会计人才的培养作出较大贡献。

财务会计方向的主要特色是：（1）在学术梯队建设方面，建立了老中青相结合的学术队伍，中青年学术骨干均获得博士学位；（2）在学术研究方面，遵循立足中国，放眼世界，重当前，展望未来的方针，理论性、基础性、实践性和前瞻性并重的原则，逐步建立一符合中国国情，又借鉴国际惯例的财务会计理论体系；（3）在研究内容和方法方面，既视基础理论研究，又充分关注应用研究，既侧重规范研究，又提倡实证研究；（4）在教方法方面，积极引进案例教学法，注重培养学生分析和解决问题的能力。

目前，学术带头人和学术骨干正与英国特许会计师协会（ACCA）开展“公司治理与财务报告”方面的合作研究，为国家会计学院开发新课程，预计可获课题研究经费15万元（约合人民币120万元以上）左右，此项目完成后，将在借鉴国际惯例，完善我国的司治理结构和财务报告的理论研究和教材建设方面取得重大突破。

主要学术带头人简介：

葛家澍，1921年生，教授，我国会计学第一批博导之一，博士后流动站学术带头人，曾国务院学位委员会经济学学科评议组一、二届成员，现任厦门大学文科学术委员会主席，国会计学会副会长，财政部我国会计准则委员会委员。葛家澍教授是我国财务会计理论开拓者和奠基人之一，对国内外财务会计理论的研究有很深的造诣，为我国财务会计理体系的构建做出突出贡献，西南财大荣誉教授，南开、中山、西北等十九所院校兼职教

◎厦门大学会计学系2001年申请重点学科评审材料的封面与内页之一

二、厦门大学会计发展研究中心成立

2000年1月，厦门大学会计发展研究中心成立，曲晓辉任主任。同年12月，获“教育部人文社会科学百所重点研究基地”授牌。

厦门大学会计发展研究中心（简称“会计中心”）是以厦门大学会计系的会计研究所为基础，以厦门大学会计系为母体，财政部会计司与厦门大学共建的厦门大学直属实体性研究机构（财会函字〔2000〕7号），2000年12月经教育部批准为普通高等学校人文社会科学重点研究基地，是国家“985工程”二期创新基地——财务管理与会计项目的依托单位。中心成立以来，在引领学科建设与发展、基本理论建设、服务国家政策制定等方面都

发挥了重要作用。

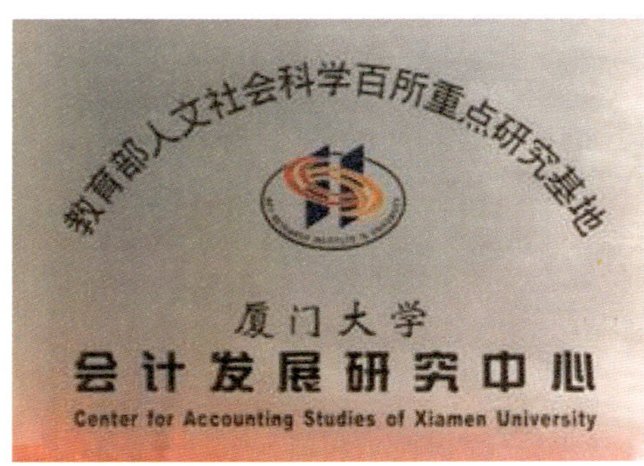

中华人民共和国财政部

关于同意与厦门大学
共建会计发展研究中心的函

财会函字[2000]7号

厦门大学：

贵校社科[2000]1号文已收悉。

经研究，我司同意作为贵校会计发展研究中心的共建单位。

特此函复。

主题词：厦门 会计 管理 函

◎厦门大学会计发展研究中心授牌（左）、财政部与厦门大学共建会计发展研究中心函（右）

◎厦门大学会计发展研究中心授牌仪式（2000年1月16日）

三、“财务管理与会计研究院”成立

2004年12月，经教育部批准，厦门大学设立国家哲学社会科学创新基地（“985工程”二期，会计学科唯一）“财务管理与会计研究院”。2005年，依托厦门大学会计系、会计发展研究中心和管理学院，国家“985工程”全国唯一的财务与会计创新基地“厦门大学财务管理与会计研究院”创立。自此，厦门大学会计学科形成了会计学系、会计发展研究中心、财务管理与会计研究院“三位一体”的学科群。“财务管理与会计研究院”成立后，孙谦教授、曲晓辉教授、叶建明教授先后任院长。

四、谢德仁的博士学位论文入选“全国百篇优秀博士学位论文”

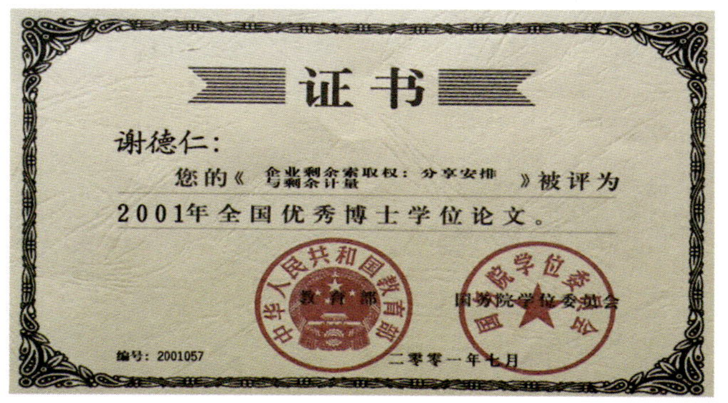

证书

谢德仁：

您的《企业剩余索取权：分享安排与剩余计量》被评为2001年全国优秀博士学位论文。

教育部　国务院学位委员会

编号：2001057

二零零一年七月

◎谢德仁优秀博士论文证书

2001年，谢德仁（1998届博士生）的博士学位论文入选“全国百篇优秀博士学位论文”，这是我国工商管理学第一篇入选论文，也是福建省和厦门大学第一篇入选的博士论文。

五、杜兴强的博士论文被评为福建省优秀博士论文一等奖和全国优秀博士论文提名奖

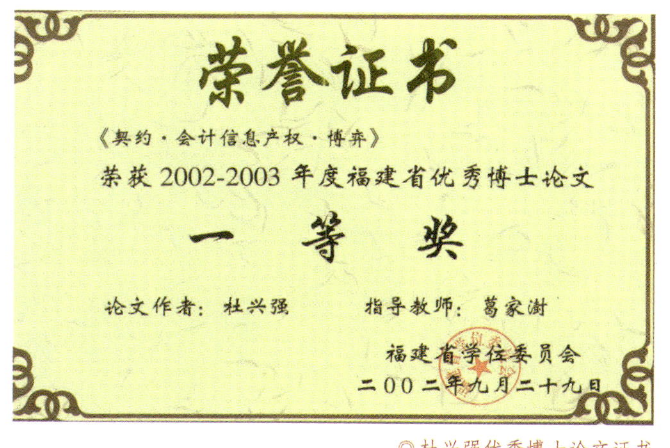

荣誉证书

《契约·会计信息产权·博弈》

荣获2002-2003年度福建省优秀博士论文

一等奖

论文作者：杜兴强　指导教师：葛家澍

福建省学位委员会

二〇〇二年九月二十九日

◎杜兴强优秀博士论文证书

2002年9月，厦门大学会计学系2001届博士生杜兴强的博士论文《契约·会计信息产权·博弈》（指导教师为葛家澍教授）获得福建省优秀博士论文一等奖；2003年，杜兴强的博士论文《契约·会计信息产权·博弈》获得全国优秀博士论文提名奖。

六、葛家澍教授获得福建省“杰出人民教师”荣誉称号

2004年，葛家澍教授因其对会计学教育领域的杰出贡献，获福建省“杰出人民教师”荣誉称号。

郑兰荪葛家澍载誉归来

发布时间：2004年12月30日 来源：

12月21日下午，刚刚荣获福建省“杰出人民教师”称号的我校教授郑兰荪、葛家澍从福州载誉归来，受到师生的热烈欢迎。

当天下午五时许，郑兰荪、葛家澍回到学校，已经等候在校门口的校党委副书记陈力文、副校长张颖和学校有关部门负责人热情地走上前去跟他们亲切握手，向他们表示热烈的祝贺。陈力文说，他们获得的荣誉也是学校的荣誉，感谢他们辛勤工作，精心教书育人，在科研上刻苦攻关，为国家的教育事业和科学事业做出了突出的贡献，为全校师生树立了榜样，学校和全社会都希望涌现出更多象他们这样的杰出教师。

三百多学生夹道欢迎心中敬佩的好老师，学生代表敬献了鲜花，并争相和老师合影。

郑兰荪，中科院院士、化学化工学院教授，不久前他带领的科研组在《科学》杂志上发表了论文“碳50的捕获”。葛家澍，著名的会计学家，管理学院教授，被誉为是“推动我国制定会计准则的先锋之一”。

福建省委、省政府这次评出的“杰出人民教师”共33人，分布在省内各大中小学校，厦门市有6人获奖。省里除了授予他们荣誉称号，还奖励每人一辆价值15万元的小轿车。据说这是建国以来福建省教育界的一个最高奖项。

花絮：红花与轿车你更爱谁？

在校门口，郑兰荪、葛家澍身上披的大红花与身后的漂亮轿车，着实演绎了一小幕红花与轿车你更爱谁的插曲。

披红挂彩的郑兰荪、葛家澍出现在校门口，夹道欢迎的学生们等校领导跟老师握完手、学生代表向老师献了花，就迫不及待地拉住老师跟他们一起合影，同学们洋溢笑容的脸上写满了对老师的敬佩，笑容可掬的“老葛头”葛家澍教授和被称为厦大“爱因斯坦”的郑兰荪教授“很照顾同学们的热情”，跟同学们“照了一拨又一拨”也没有厌烦。而泊在他们身后的两辆小轿车里，帮他们开车的师傅却一边儿闲着没事干，看样子没有谁急着要跟帅气漂亮的小轿车合影。一些下了课的学生路过这里，纷纷跑过来目睹喜悦场面。有个老师说，这么多人夹道欢迎受表彰老师归来，是多年少有的景象。

(宣传部 卢明辉)

◎葛家澍获得福建省“杰出人民教师”新闻报道截图（https://news.xmu.edu.cn/info/1003/30237.htm）

七、杜兴强教授和陈汉文教授入选教育部首届“新世纪优秀人才”

2005年3月，教育部公布了2004年教育部首届“新世纪优秀人才”的名单，厦门大学会计学系杜兴强教授（申报时为副教授）与陈汉文教授入选。

中华人民共和国教育部

教技函〔2005〕35号

教育部关于公布2004年度“新世纪优秀人才支持计划”入选者名单的通知

各省、自治区、直辖市教育厅（教委），有关部门（单位）教育（人事）司（局），中国人民解放军总政治部干部部，新疆生产建设兵团教育局，部属各高等学校：

为进一步推进人才强校战略的实施，加速培养和造就一大批青年学术带头人，大力提升高等学校教师队伍的创新能力和学术水平，教育部从2004年开始启动实施“新世纪优秀人才支持计划”。经学校推荐、教育部组织专家评审并经公示，该计划2004年度入选者名单已经确定，现予公布（见附件），并将有关事项通知如下：

1. 2004年度“新世纪优秀人才支持计划”入选者的资助期限为2005年1月至2007年12月。

2. 资助金额，自然科学类为50万元，哲学社会科学类为20万元，资助经费一次核定（见附件）。

3. 实施“985工程”重点建设项目高等学校入选者的支持经费由所在学校“985工程”建设经费资助；其他高等学校入选者的支持经费由教育部和所在单位按1:1比例共同资助，有关主管部门给予配套经费支持。

4. 教育部资助经费分年度拨款，各单位匹配的经费不晚于资助期第二年下拨。

5. 凡已获得“国家杰出青年科学基金”资助的“新世纪优秀人才支持计划”入选者，我部只授予“新世纪优秀人才支持计划”入选者称号，不再提供资助经费。

6. 请有关单位和高等学校按照“新世纪优秀人才支持计划”实施办法的有关规定，积极创造条件，保障入选者科研和教学所必需的人力和物力，同时要加强对入选者的跟踪管理，严格考核，将计划执行过程中出现的问题和建议及时报送我部。

附件：2004年度“新世纪优秀人才支持计划”入选者名单

二〇〇五年三月二十一日

主题词：高校 科技 人才 计划 通知

部内发送：有关部领导，办公厅

教育部办公厅 2005年3月29日印发

2004年度“新世纪优秀人才支持计划”入选者名单

序号	编 号	姓 名	单 位	资助经费(万元)	资助时间
1	NCET-04-0591	陈汉文	厦门大学	20	2005-2007
2	NCET-04-0592	[illegible]	厦门大学	20	2005-2007
3	NCET-04-0593	陈 [illegible]	厦门大学	50	2005-2007
4	NCET-04-0594	[illegible]	厦门大学	20	2005-2007
5	NCET-04-0595	[illegible]	厦门大学	50	2005-2007
6	NCET-04-0596	杜兴强	厦门大学	50	2005-2007
7	NCET-04-0597	[illegible]	厦门大学	20	2005-2007
8	NCET-04-0598	胡 [illegible]	厦门大学	20	2005-2007
9	NCET-04-0599	[illegible]	厦门大学	50	2005-2007
10	NCET-04-0600	[illegible]	厦门大学	50	2005-2007
11	NCET-04-0601	王 [illegible]	厦门大学	50	2005-2007
12	NCET-04-0602	王 [illegible]	厦门大学	50	2005-2007
13	NCET-04-0603	[illegible]	厦门大学	50	2005-2007
14	NCET-04-0604	[illegible]	厦门大学	50	2005-2007
15	NCET-04-0605	[illegible]	厦门大学	20	2005-2007
16	NCET-04-0606	郑振龙	厦门大学	20	2005-2007
17	NCET-04-0607	周 宁	厦门大学	20	2005-2007
18	NCET-04-0608	[illegible]	厦门大学	20	2005-2007

◎杜兴强等获得教育部首届“新世纪优秀人才”的通知

八、杜兴强教授获得教育部第十届霍英东高等院校青年教师基金（人才类）

2006年，杜兴强教授获得教育部第十届霍英东高等院校青年教师基金。霍英东青年教师基金资助我国高等院校35岁以下的青年教师从事科学研究。

霍英东教育基金会

FOK YING TUNG EDUCATION FOUNDATION

中国北京市西单大木仓胡同37号国家教育部

港澳台事务办公室转霍英东教育基金会

电话:0086-10-66096937 传真:0086-10-66018223

关于批准获得霍英东教育基金会第十届高等院校青年教师基金、优选资助课题资助的通知

厦门大学:

霍英东教育基金会第十届高等院校青年教师基金及优选资助课题现已评选完毕，根据专家评审意见和霍英东教育基金会顾问委员会暨理事会联席会议讨论意见，霍英东教育基金会确定你校 杜兴强 老师从事的 中国上市公司并购的财务绩效实证研究 为霍英东教育基金会第十届高等院校青年教师基金（优选资助课题）资助项目，并提供 1.78 万美元项目经费，项目编号：101087。获得者名单近期将在霍英东教育基金会网站（http://www.hydef.edu.cn）和中华人民共和国教育部网站（http://www.moe.edu.cn）上公布。现将有关事宜通知如下:

一、第十届青年教师基金及优选资助课题项目自2006年3月15日起实施，在三年内完成。基金会将按项目工作进度，分两批将基金款拨至基金及优选资助项目获得者本人，每批拨款金额为资助金额的50%。此次受理第一次拨款。基金获得者请认真填写《霍英东教育基金会青年教师基金、优选资助课题拨款申领表》（以下简称《申领

◎杜兴强获得教育部第十届霍英东高等院校青年教师基金的通知

九、刘峰教授和李建发教授获得国务院政府特殊津贴和“全国杰出会计工作者”等荣誉称号

2000年和2005年，刘峰教授和李建发教授先后被授予“国务院政府特殊津贴”。2005年和2008年，李建发教授和刘峰教授先后被授予“全国杰出会计工作者”和“全国先进会计工作者”荣誉称号。

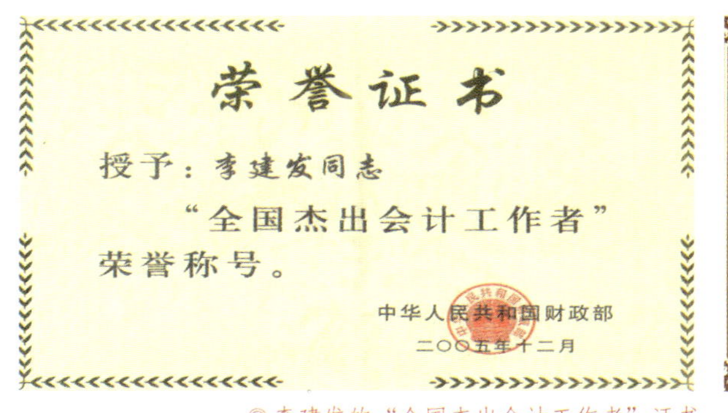

荣誉证书

授予：李建发同志

“全国杰出会计工作者”

荣誉称号。

中华人民共和国财政部

二〇〇五年十二月

◎李建发的“全国杰出会计工作者”证书

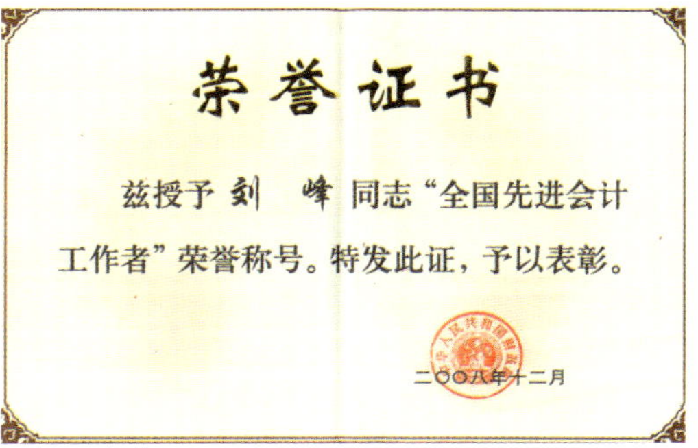

荣誉证书

兹授予刘 峰同志“全国先进会计工作者”荣誉称号。特发此证，予以表彰。

二〇〇八年十二月

◎刘峰的“全国先进会计工作者”证书

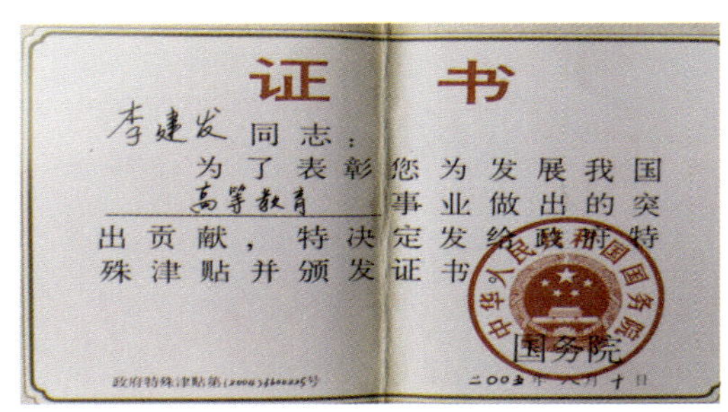

证 书

李建发同志：

为了表彰您为发展我国高等教育事业做出的突出贡献，特决定发给政府特殊津贴并颁发证书。

国务院

◎李建发的“国务院政府特殊津贴”证书

十、余绪缨教授仙逝

2007年9月，余绪缨教授仙逝，厦门大学会计学科失去了中国管理会计的奠基人。

余绪缨教授系我国著名经济学家、会计学家，中国现代管理会计的奠基人，厦门大学文科资深教授，会计学科学术带头人、博士生导师，中国会计学会顾问，国际权威刊物《会计国际学刊》编辑政策部成员，原民盟中央委员、民盟福建省常委、民盟厦门市主委，厦门市政协副主席。

◎余绪缨

十一、《当代会计评论》创刊

2008年，《当代会计评论》创刊，葛家澍教授任名誉主编，曲晓辉任主编。

◎《当代会计评论》

十二、杜兴强教授获得“福建省优秀青年社会科学工作者”荣誉称号

荣誉证书

授予杜兴强同志：

福建省第三届优秀青年社会科学工作者光荣称号。特发此证，以资鼓励。

中共福建省委宣传部
福建省人事厅
福建省社会科学界联合会
2004年11月

◎杜兴强获“福建省第三届优秀青年社会科学工作者”证书

2004年，杜兴强获得由中共福建省委宣传部、福建省人事厅和福建省社会科学联合会联合授予的“福建省优秀青年社会科学工作者”荣誉称号[①]。

十三、李建发教授担任第七届中国会计学会副会长与专业委员会主任

2007年，李建发教授担任第七届中国会计学会副会长（至2023年5月）；同年，担任政府及非营利会计专业委员会主任委员。

① 此后，该奖项更名为“福建省优秀青年社会科学专家”。

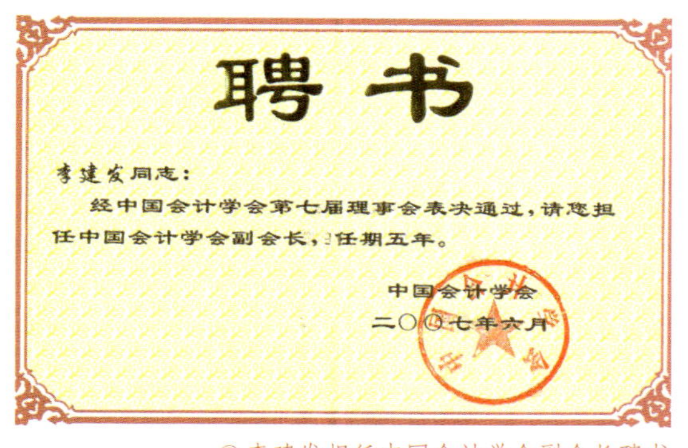

聘书

李建发同志：

经中国会计学会第七届理事会表决通过，请您担任中国会计学会副会长，任期五年。

中国会计学会

二〇〇七年六月

◎李建发担任中国会计学会副会长聘书

聘书

经中国会计学会第七届常务理事会审议，聘请李建发同志为中国会计学会第七届理事会政府及非营利会计专业委员会主任委员。任期至二〇一二年六月。

二〇〇八年二月二十二日

◎李建发受聘中国会计学会专业委员会主任委员聘书

十四、曲晓辉教授多项学术兼职

2001年3月，曲晓辉教授担任中国成本研究会常务理事；2002年9月，曲晓辉教授任财政部会计准则委员会咨询专家；2002年10月，曲晓辉教授任第六届中国会计学会理事；2004年3月，曲晓辉教授任全国会计硕士专业学位教育指导委员会委员；2007年6月，曲晓辉教授任第七届中国会计学会理事会；2007年，曲晓辉教授被遴选为教育部社会科学委员会委员。

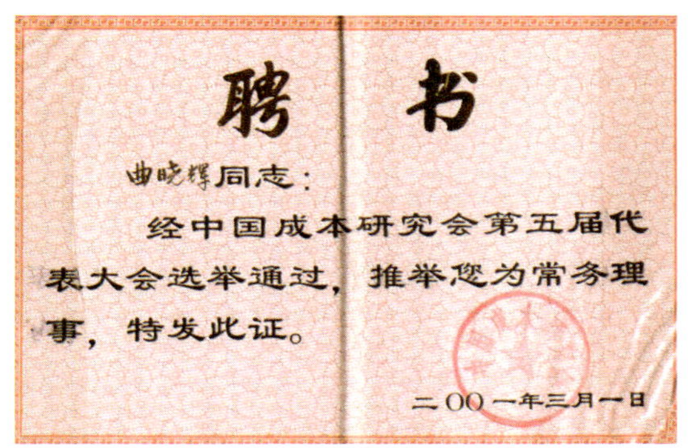

聘书

曲晓辉同志：

经中国成本研究会第五届代表大会选举通过，推举您为常务理事，特发此证。

二〇〇一年三月一日

◎曲晓辉受聘中国成本研究会常务理事聘书

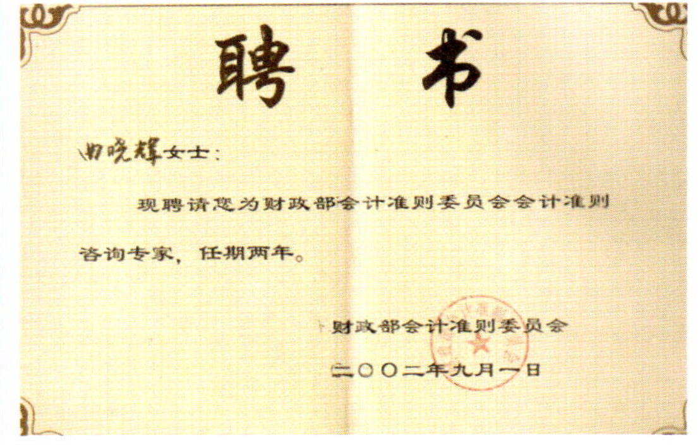

聘书

曲晓辉女士：

现聘请您为财政部会计准则委员会会计准则咨询专家，任期两年。

财政部会计准则委员会

二〇〇二年九月一日

◎曲晓辉受聘会计准则咨询专家聘书

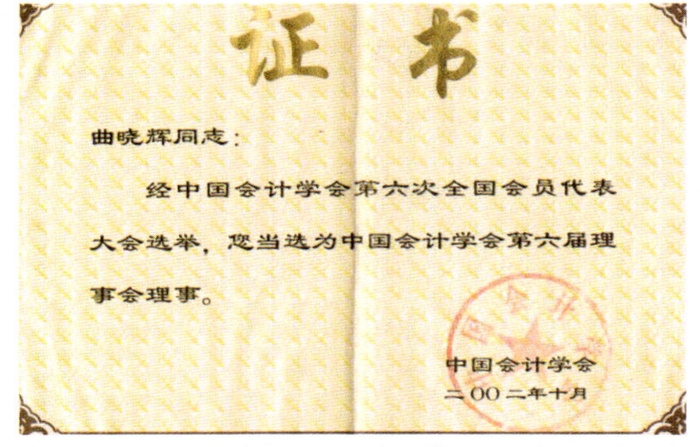

证书

曲晓辉同志：

经中国会计学会第六次全国会员代表大会选举，您当选为中国会计学会第六届理事会理事。

中国会计学会

二〇〇二年十月

◎曲晓辉受聘中国会计学会第六届理事会理事证书

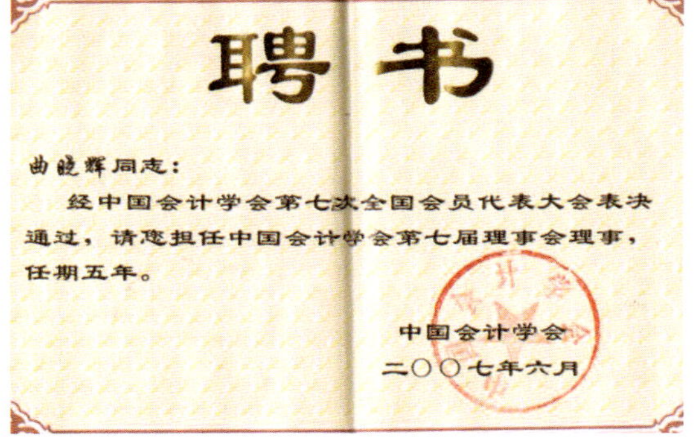

聘书

曲晓辉同志：

经中国会计学会第七次全国会员代表大会表决通过，请您担任中国会计学会第七届理事会理事，任期五年。

中国会计学会

二〇〇七年六月

◎曲晓辉受聘中国会计学会第七届理事会理事聘书

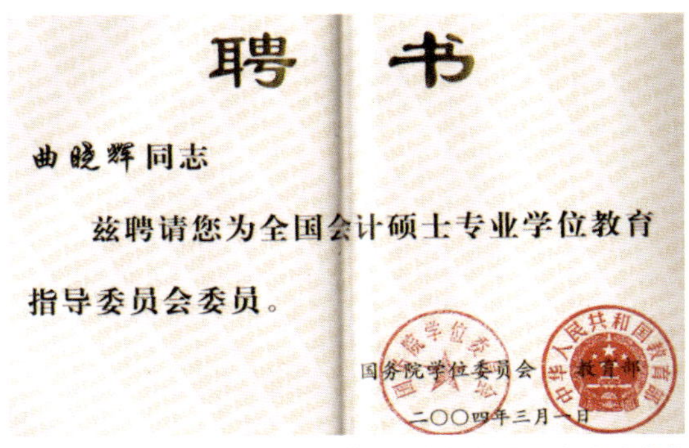

聘 书

曲晓辉同志

兹聘请您为全国会计硕士专业学位教育指导委员会委员。

国务院学位委员会 教育部

二〇〇四年三月一日

◎曲晓辉受聘会计硕士专业学位教育指导委员会委员聘书

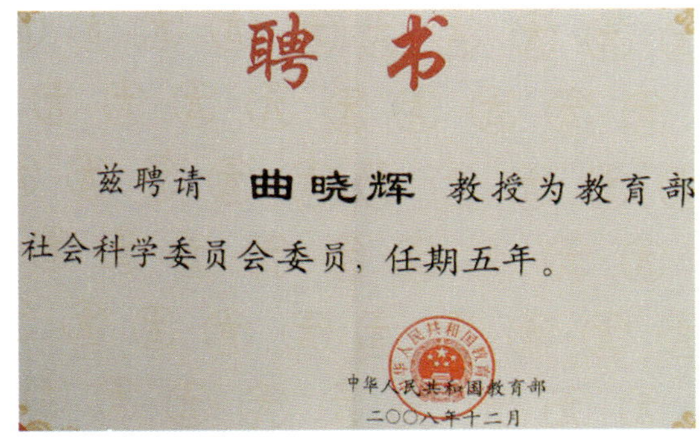

聘 书

兹聘请 曲晓辉 教授为教育部社会科学委员会委员，任期五年。

中华人民共和国教育部

二〇〇八年十二月

◎曲晓辉受聘教育部社会科学委员会委员聘书

十五、杜兴强教授担任全国青联委员和福建省青联常委

2005—2010年，杜兴强教授担任全国青联委员。2006年1月—2010年12月，杜兴强教授担任福建省青联常委。

中华全国青年联合会

第十届委员会

委员证

签发机关 中华全国青年联合会

有效期限 2005.07-2010.07

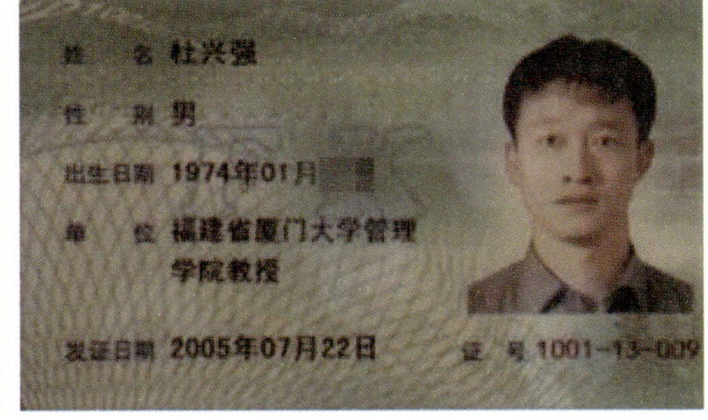

姓名 杜兴强

性别 男

出生日期 1974年01月

单位 福建省厦门大学管理学院教授

发证日期 2005年07月22日

证号 1001-13-009

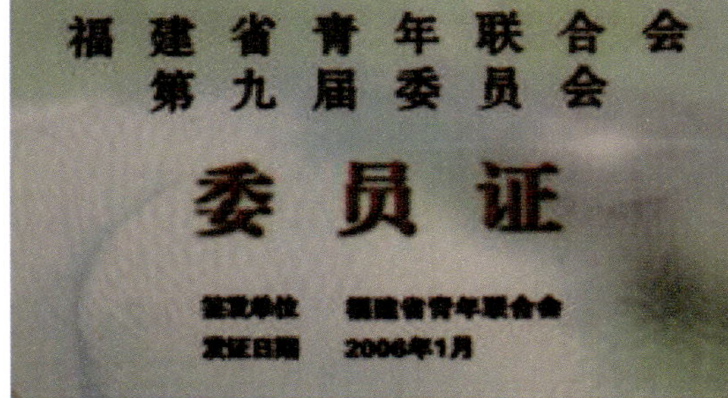

福建省青年联合会

第九届委员会

委员证

签发单位 福建省青年联合会

发证日期 2006年1月

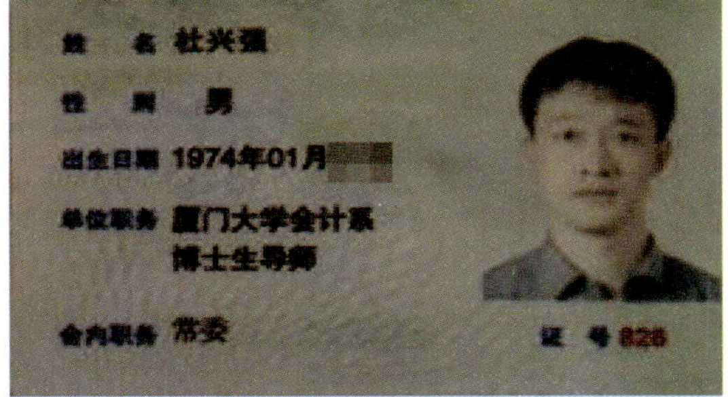

姓名 杜兴强

性别 男

出生日期 1974年01月

单位职务 厦门大学会计系博士生导师

会内职务 常委

证号 826

◎杜兴强全国青联委员和福建省青联常委的委员证

第二节 2000—2008 年厦门大学会计学科教学成果

2000—2008年，厦门大学会计学系教师获得多项重要的教学成果。下面择其代表性的成果予以介绍。

◎ 厦门大学会计学系教师所获国家级与省部级教学成果相关的奖励

序号	获奖者	获奖类别	获奖成果名称	获奖等级	获奖年度	授予部门
1	葛家澍 杜兴强 桑士俊	国家级教学成果奖	《中级财务会计学》	二等奖	2005	教育部
2	葛家澍	全国普通高等学校优秀教材奖	《中级财务会计》	一等奖	2002	教育部
3	余绪缨	全国普通高等学校优秀教材奖	《管理会计学》	二等奖	2002	教育部
4	厦门大学会计学教学团队	国家级教学团队	《会计学》	优秀奖	2008	教育部
5	葛家澍 杜兴强 桑士俊	福建省教学成果奖	《中级财务会计学》	一等奖	2005	福建省教育厅
6	余绪缨 郭晓梅 林 涛	福建省教学成果奖	《企业理财学》	二等奖	2005	福建省教育厅
7	庄明来 张铭洪 郭晓梅 郭丹霞 林 涛 袁新文	福建省教学成果奖	《会计系列网络课程》	二等奖	2005	福建省教育厅
8	葛家澍 杜兴强	福建省第七届社会科学优秀成果奖	《会计理论》	一等奖	2007	福建省人民政府
9	葛家澍	福建省第四届社会科学优秀成果奖	《中级财务会计学》	二等奖	2000	福建省人民政府
10	杜兴强（3）	福建省第五届社会科学优秀成果奖	《投资估价原理》	二等奖	2003	福建省人民政府

注：括号内数字代表获奖成果中的排序（适用于第一获奖人非厦门大学会计学系的情况）。

一、国家级教学成果二等奖与福建省教学成果一等奖:《中级财务会计学》

1999年2月，葛家澍教授主编的国家级重点教材《中级财务会计学》由中国人民大学出版社出版。2003年11月，葛家澍教授主编，杜兴强副教授和桑士俊副教授担任副主编的《中级财务会计学》（第二版）继续由中国人民大学出版社出版。2005年，《中级财务会计学》获得国家级教学成果二等奖。此前，《中级财务会计学》曾获得福建省教学成果一等奖。

◎《中级财务会计学》（上、下，中国人民大学出版社1999年版）封面

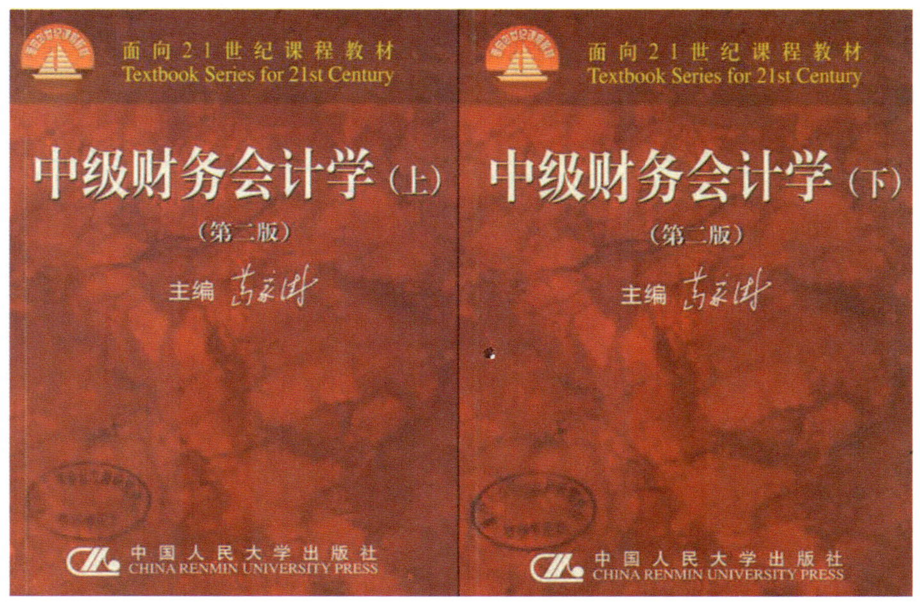

◎《中级财务会计学》（上、下，中国人民大学出版社2003年版）封面

国家级教学成果奖
获奖证书

获奖成果：《中级财务会计学》(教材)

获奖者：葛家澍　杜兴强　桑士俊

获奖等级：二等奖

证书号：2005391

中华人民共和国
教育部部长：周济

二〇〇五年九月

福建省教学成果奖
获奖证书

获奖成果：《中级财务会计学》(教材)

获奖者：葛家澍　杜兴强　桑士俊

获奖等级：一等奖

证书号：2005013

福建省教育厅

二〇〇五年九月

◎《中级财务会计学》获奖证书

福建省教学成果奖申请书

成果名称　《中级财务会计学》(教材)

成果完成人　葛家澍、杜兴强、桑士俊

成果完成单位　厦门大学管理学院会计系

申请等级　一等

申请学校名称及盖章　厦门大学

申请时间　2004 年 12 月 3 日

成果科类　管理学

代码　1 1 0 1 2 2

编号

福建省教育厅制

国家级教学成果奖推荐书

成果名称　《中级财务会计学》(教材)

成果完成人　葛家澍、杜兴强、桑士俊

成果完成单位　厦门大学

推荐等级建议　二等

推荐单位名称　福建省教育厅

推荐时间　2004 年 12 月 19 日

成果科类　管理学

代码　1 1 0 1 1 2

序号　9 3 5 0 3 3

编号

中华人民共和国教育部制

◎《中级财务会计学》(上、下，中国人民大学出版社2003年版)申报福建省教学成果奖和国家级教学成果奖的申请书、推荐书封面

◎2005年4月22日杜兴强参加国家级教学成果奖答辩的PPT封面

（一）成果的形成过程

（1）根据会计学发展的新特点和社会主义市场经济的需要，确立了会计学教育要面向国家经济建设和21世纪的指导思想，确立了会计学教育必须转变指导思想和人才培养模式。

（2）提出“通过强化理论基础和理论指导会计实务”的构想，并在教学实践中加以实践；确定了“立足中国，放眼世界，侧重当前，注视未来”的基本原则，以及“在一个较高的起点上，为培养跨世纪的高级会计专业人才提供一系列有用的且能反映会计学前沿的财务会计知识体系”的目标。

（3）积极进行课程体系和教学内容改革，通过采取一系列重要改革举措，摒弃过去“制度＋说明”的教材编写模式，采取“应立足于当前，更应着眼于未来；既应联系中国实际，更应反映财务会计理论与实务在世界范围的现状与可能的发展变化”的模式编写中级财务会计学教材。

（4）通过《中期财务会计学》的编写，加强师资队伍建设，重视青年教师队伍的培养，一支锐意改革、教学与科研并重、老中青结合的优秀师资队伍已经形成。

（5）出版教材《中级财务会计学》。

（二）成果的历史沿革及社会评价情况

本教材的前身是《中级财务会计》（辽宁人民出版社出版1995、2000年版）和《中级财务会计学》（中国人民大学出版社1999年版），它们先后获得教育部第二届和第三届全国普通高等学校优秀教材成果一等奖（2次）、福建省社会科学优秀成果二等奖一次，后者还是“九五”全国重点会计学教材和教育部面向21世纪会计学教材。本着编写高质量的、与国际接轨的财务会计学教材的需要，我们对上述两本教材进行了整合，形成目前由中国人民大学出版社出版的《中级财务会计学》（上、下），共计150余万字。

本教材先后的初版曾获得:（1）教育部第三届普通高等学校优秀教材奖一等奖（2001）;（2）教育部第二届普通高等学校优秀教材奖一等奖（1998）;（3）福建省第四届社会科学优秀成果二等奖。

此外，本教材出版后，受到社会各界的普遍关注，已经成为全国高等院校会计学专业和经济管理类专业优先选用的教材，也成为诸多高校硕士生和博士生入学的指定参考书目。

（三）成果主要内容

《中级财务会计学》共包括9个部分；前8个部分共33章，属于学生必备的基础知识；第9个部分由5个财务会计专题组成，有志钻研财务会计的学生，可用来扩大自己的知识面。本教材9个部分，除了正文之外还有注解、有的章节后还有附录；将国际会计惯例、国际会计准则委员会公布的国际会计准则、英美等国的主要会计文献中所介绍的流行会计程序，以及我国已经正式公布实施的一般企业会计准则作为正文的基本框架，有关历史发展、重要发展趋势和主要会计观点也在正文中加以阐述。这是本教材的重要特色。

第一部分，概论。本部分坚定地贯彻“理论指导实务”的会计学教学理念，主要讲解本教材的理论基础，共包括3章。

第一章，财务会计的本质与特征。主要讲解财务会计的本质和财务会计的特征等基本理论问题。第二章，财务会计概念框架与企业财务会计准则。主要讲解:（1）财务会计概念框架;（2）企业财务会计准则的制定模式和我国的企业会计标准（含企业会计准则和企业会计制度）的制定等;（3）国际会计准则与国际会计惯例。第三章，会计循环。包括编制会计分录与登记日记簿、过账与试算平衡、编制期末账项调整分录、编制财务报表、结账及转回分录等。

第二部分，资产。本部分主要讲解资产的确认和计量的一般原理，具体资产项目的确认与计量等。本部分共包括8章。

第四章，资产的定义及其确认与计量的一般原理。主要讲解资产的定义及分类、会计确认和会计计量的一般原理。第五章，货币资金与应收款项。主要讲解库存现金、银行存款、其他货币资金、应收账款、应收票据及其贴现、其他应收款的确认和计量问题。第六章，短期投资。主要内容包括投资的分类、短期投资取得的会计处理、短期投资持有期间收益的确认原理、短期投资期末计价的成本与市价孰低法、短期投资处置时的会计处理等。第七章，存货。主要内容包括存货的概念及其分类、存货数量确定实地盘存制和永续盘存制方法、存货入账价值的确定原理、存货发出计价各种方法的比较、存货期末计价的成本与可变现净值孰低法、存货的估价等。第八章，固定资产。包括固定资产的特征与分类、各种来源取得固定资产的确认、固定资产的折旧方法及适用性、固定资产后续支出的性质及会计处理、固定资产的处置、固定资产期末的减值准备计提原理与方法。第九章，长期股权投资。主要内容包括长期股权投资的目的及会计处理方法概述、成本法的会计核算原理、权益法的会计核算原理、成本法和权益法相互转换的会计处理、长期投资减值准备等。第十章，长期债权投资。主要讲解长期债券投资和其他长期债权投资的会计处理方法。第十一章，无形资产及商誉。主要讲解无形资产的特征及其分类、可辨认无形资产的会计处理、商誉的性质及其确认与计量问题，并在附录中专门探讨了无形资产的投资估价问题及研究开发支出会计处理的争论等前沿问题。

第三部分，负债。本部分共包括3章。

第十二章，流动负债及或有负债。主要内容包括：流动负债的分类、金额确定的流动负债的会计处理，应交增值税、应交所得税（应付税款法和纳税影响法）和其他应交税金的核算，并着重讲解了或有负债的会计处理等。第十三章，长期负债与借款费用。主要讲解长期借款的会计处理，借款费用资本化的基本原理，应付债券和长期应付票据的会计核算等，并对表外融资问题进行了分析。第十四章，债务重组。主要对债务重组的会计处理和债务重组的披露进行讲解。

第四部分，所有者权益。本部分共包括2章。

第十五章，权益理论概述。本章主要讲解所有者权益理论的不同观点，及两种主流观点“主体观”和“业主权观”在合并报表等领域内的运用。第十六章，主要讲解所有者权益，包括投入资本、留存收益的会计处理。

第五部分，收入、费用，本部分共包括2章。

第十七章，收入。主要讲解收入确认的基本原则和实现原则在收入确认中的应用，传统业务收入的确认、分期收款形式下销售收入的确认、收入确认的完工百分比法，并用附录介绍了美国SEC关于收入确认的最新发展。第十八章，费用。主要讲解费用的定义与特征、费用与成本、资产的区别与联系，费用的确认与计量，等等。

第六部分，企业特殊业务。主要讲解了企业所面临的一些特殊交易和业务的会计处理，包括非货币性交易（第十九章）、租赁（第二十章）、衍生金融工具和套期保值会计（第二十一章）。

第七部分，财务报告及会计调整。本部分共包括10章，内容涉及财务报告体系及其基本概念（第二十二章），资产负债表、利润表和现金流量表的编制（第二十三、二十四、二十七章），资产负债表日后事项、会计政策变更、会计估计变更与会计差错的更正（第二十五章、第二十六章），也专门分析了中期财务报告、全面收益表、财务报表附注及其他财务报告等年度财务报告的新内容（第二十八、二十九、三十章），并对关联方关系及其交易的披露进行了详细的讲解（第三十一章）。

第八部分，财务报表分析，本部分共包括2章。

第三十二章，财务报表分析的基本方法与技术。主要涉及财务报表分析的目的、比率分析法、趋势分析法、比较分析法、时间序列分析等基本方法。第三十三章则是在第三十二章的基础上，进一步讲解如何进行财务报表的综合分析，如何利用财务比率预测企业的财务困境，如何借助财务报表对企业进行估价等。

第九部分由5个财务会计专题组成，包括人力资源会计、分部财务报告、股票期权会计、因特网上的财务报告、会计计量中应用现值技术等，其主要目的在于帮助学生了解当代财务会计发展的新趋势。

（四）成果的创新点

厦门大学作为全国会计学重点学科、全国首批博士点和博士后流动站，一直在探索编写“独具一格”的教材体系，《中级财务会计学》是厦门大学会计学科在努力探索新的、科学的教学模式过程中的最重要成果之一，与国内同类教材相比，其创新点和特色在于：

（1）本教材重新界定了《中级财务会计学》的目标，即“在一个较高的起点上，为培养跨世纪的高级会计专业人才提供一系列有用的且能反映会计学前沿的财务会计知识体系”。在保证基本知识点的前提下，以“立足中国，放眼世界，侧重当前，注视未来”为基本原则，力争构建高水平、跨世纪、有特色的中级财务会计学。本教材侧重于理论指导会计核算，在使学生了解财务会计基本理论和原理的基础上能够触类旁通，举一反三，彻底摒弃了国内相关教材“制度+说明”的僵化编写模式。

（2）密切注意到财务会计发展的国际动态，关注国际领域出现的诸多新改革、新动向和新问题。例如：国际会计准则委员会进行了重大改组、美国财务会计准则委员会颁布了第7号财务会计概念框架；安然等一系列美国及世界范围内的财务欺诈丑闻曝光、Sarbanes-Oxley 法案颁布；会计准则制定原则导向或规则导向基础的争论；等。

（3）紧密结合我国国内会计标准（会计准则和会计制度）的制定和改革中出现的若干新举措进行内容更新和知识拓展，融合了1999年颁布了新修订的《会计法》、2001年1月1日起开始执行新的《企业会计制度》，以及在此期间重新修订的企业具体会计准则和新制定和实施的具体会计准则的主要精神进行讲解。

（4）教材本着“素质教育”和培养“研究型、创新型人才”的目标，除了正文之外还有注解，有的章节后还有附录；按照两个“既应”和“更应”的原则，实际上是把国际会计惯例放在优先地位来考虑。所以，将国际会计惯例，国际会计准则委员会公布（按最新修订式重排）的国际会计准则，美、英等国的主要会计文献中所介绍的流行会计程序，以及我国已经正式公布实施的一般企业会计准则作为正文的基本框架，有关历史发展、重要发展趋势和主要会计观点也在正文中加以阐述。凡是符合下列特点之一者，一般列入注解：①有论点、有新意但尚未得到会计界普遍认可的新见解；②我国具体会计准则征求意见稿（含会计制度）中的特殊规定；③美、英等国会计准则中的新规定和特殊规定。当应列为注解部分但内容过多时则列为附录。此外，本教材还增列了人力资源会计、分部财务报告、股票期权会计、因特网上的财务报告、会计计量中应用现值技术等5个专题，以使学生能够了解当代财务会计发展的新趋势。

（五）应用情况

（1）《中级财务会计学》是目前国内中文同类教材中最为全面、最为系统地阐述财务会计学的基本原理和基本知识的教材，是“九五”国家级重点会计学教材和教育部21世纪会计学系列核心教材之一，因此为国内普通高等学校会计学专业及经济管理类专业所普遍采纳，作为本科生的核心教材。同时，该教材被全国各大财经院校指定作为研究生入学考试的指定参考书之一。

（2）《中级财务会计学》是厦门国家会计学院指定教材之一，对注册会计师、财务总监、大中型国有企业总会计师系统了解我国会计标准提供了重要的参考，也为他们了解国际会计惯例和国际会计动态提供了有益的借鉴。

（3）《中级财务会计学》是厦门大学会计系列核心教材，经过10余年的不断反复实践，已经形成了独具特色的体系和内容，已经成为南方片区财务会计学的核心教材，受到各个高校的普遍采纳。

二、《中级财务会计学》第一版到第三版的变迁

（一）《中级财务会计学》第一版获得福建省社科优秀成果奖二等奖

1999年2月，葛家澍教授主编的国家级重点教材《中级财务会计学》由中国人民大学出版社出版。该教材于2000年获得福建省第四届社会科学优秀成果奖二等奖。

◎《中级财务会计学》（上、下，中国人民大学出版社1999年版）封面

福建省第四届社会科学优秀成果奖

获奖证书

为了表彰在社会科学研究中作出显著贡献者，特发此证，以资鼓励。

福建省人民政府

2000年12月

成果名称：中级财务会计学

成果形式：教材

作者姓名：葛家澍主编、黄世忠、刘峰、陈少华、方荣义副主编

获奖等级：二等奖

证书编号：04039

◎《中级财务会计学》获奖证书

（二）《中级财务会计学》第二版获得国家级教学成果奖二等奖

《中级财务会计学》第一版出版后，根据1999—2002年三年间教学使用过程中的反

馈进行了全面的修订，并于2003年11月由中国人民大学出版社出版了该教材的第二版。《中级财务会计学》（第二版）由葛家澍教授主编，杜兴强副教授和桑士俊副教授担任副主编。2005年《中级财务会计学》相继获得福建省教学成果一等奖和国家级教学成果二等奖。

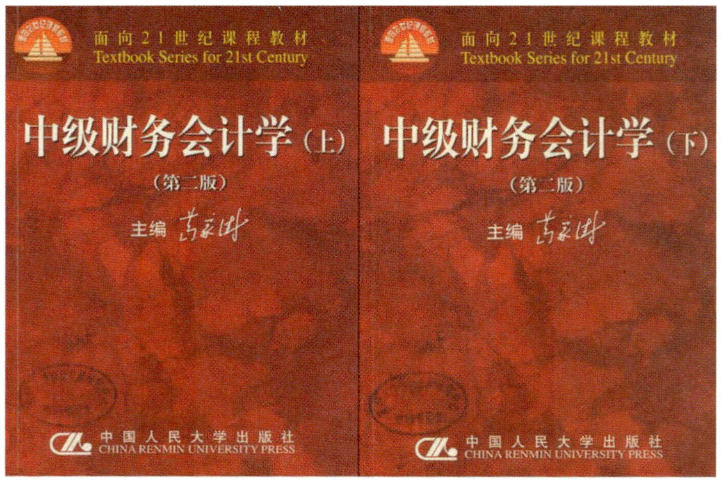

◎《中级财务会计学》（上、下，中国人民大学出版社2003年版）封面

（三）《中级财务会计学》第三版

2003年11月出版的《中级财务会计学》（第二版）获得国家级教学成果奖二等奖之后，葛家澍教授和杜兴强教授作为主编，在2006年对该教材进行了系统的修订，于2007年3月出版了《中级财务会计学》（第三版），该版教材被列入教育部普通高等教育“十一五”国家级规划教材。此后，该教材再未出版修订版，直到纳入“厦门大学会计系列教材”（新版），2021年由高等教育出版社修订出版。

◎《中级财务会计学》（上、下）（中国人民大学出版社2007年版）的封面

（四）小结

《中级财务会计学》第一版到第三版，不断地根据教学需求进行修改，获得国家级教学成果奖二等奖、福建省教学成果奖一等奖和福建省社科优秀成果奖二等奖。三个版本的编写人员也发生了很大的变化。1999年2月第一版由葛家澍教授担任主编，副主编为黄世忠、刘峰、陈少华、方荣义；2003年11月第二版由葛家澍教授担任主编，杜兴强和桑士俊担任副主编；2007年2月第三版由葛家澍教授和杜兴强教授担任主编，桑士俊、孙丽影、胡念梅、章永奎和陈守德担任副主编。而今，葛家澍教授已经仙逝，桑士俊教授和孙丽影副教授亦已经因病去世，当年参与《中级财务会计学》（第三版）编写的主要作者中仅有杜兴强教授、章永奎副教授和陈守德副教授尚在厦门大学会计学系任教。唯愿有契机出版《中级财务会计学》的第四版。

三、福建省教学成果奖二等奖:《企业理财学》和《会计系列网络课程》

2005年，余绪缨教授、郭晓梅副教授和林涛副教授申报的《企业理财学》获得福建省教学成果二等奖。《企业理财学》（第二版）是“厦门大学会计系列教材”（辽宁人民出版社2004年版）的七本核心教材之一。该成果主要内容如下。

在现代社会中，股份有限公司的运行机制体现了市场经济的客观要求，只要实行的是市场经济体制，在不同的社会制度之间，也有其相通之处。据此，我们认为，对西方在社会化大生产、市场经济基础上形成的某些先进的企业理财原理、方法和模式，就应视为人类社会共同的文明财富而大胆地吸收、借鉴，在本书中作实事求是的评介。与此同时，对我国多年来在市场导向的改革中，在企业财务领域出现的新事物、积累的新经验、提出的新问题，也从理论上进行集中、概括，使之成为本书的有机组成部分。这两方面的紧密结合，对于扩大视野、开拓思路，推进我国企业财务的改革，沿着为发展我国社会主义市场经济服务的正确方向健康地向前发展，将是十分有益的。本书可作为高等财经学校、管理院校有关专业本科生学习“企业理财学”的教材，也可作为广大经济管理干部自学或进修“企业理财学”的参考用书。本书（第2版）撰写所遵循的原则是：“立足现实、展望未来；立足中国、放眼世界；博采众长、为我所用；大力消化、吸收当代国内外相关领域的进展和成就，力求实现继承与创新、现实适用性与理论超前性（长效性）的统一”。遵循上述指导原则，结合我们这些年来在理论上取得的一些新的认识和新的成果，使本书的第2版对比第1版呈现以下较大的差别：第一，在结构体系上由第1版的5篇（共18章）改为8

篇（共21章）。从“篇”看，本书（第2版）中的第二篇“投资”、第八篇“现代企业理财的新发展”是新增加的，第六篇“企业的扩张与重组”是从原书的第五篇“企业理财的几个专门领域”中抽出来单独成篇的。第二，从内容上看，在撰写时，一方面对本书（第2版）的第一部分作了较大的修改、更新和扩展，同时还有选择地将有关的一些前沿性论题以及一些我们认为较为重要而原书又未涉及的论题纳入本书（第2版）的第二部分，以反映企业理财在这些方面的丰富和发展。 金融化和全球化是现代市场经济的重要特征，它贯穿于社会经济运行的各个方面。我们力图以此为指针，把相关内容在各有关章节进行具体化，使之同当代历史发展的总潮流相适应，这是本书这次修订的一个重要特点。

福建省教学成果奖

获奖证书

获奖成果：企业理财学(教材)

获 奖 者：余绪缨 郭晓梅 林 涛

获奖等级：二 等 奖

证 书 号：2005046

福建省教育厅

二〇〇五年九月

◎《企业理财学》的获奖证书与封面

2015年，庄明来教授作为负责人（成员：张铭洪、郭晓梅、郭丹霞、林涛、袁新文）申报的《会计系列网络课程》（电子教材）获得福建省教学成果二等奖。

福建省教学成果奖

获奖证书

获奖成果：会计系列网络课程(电子教材)

获 奖 者：庄明来 张铭洪 郭晓梅
郭丹霞 林 涛 袁新文

获奖等级：二 等 奖

证 书 号：2005045

福建省教育厅

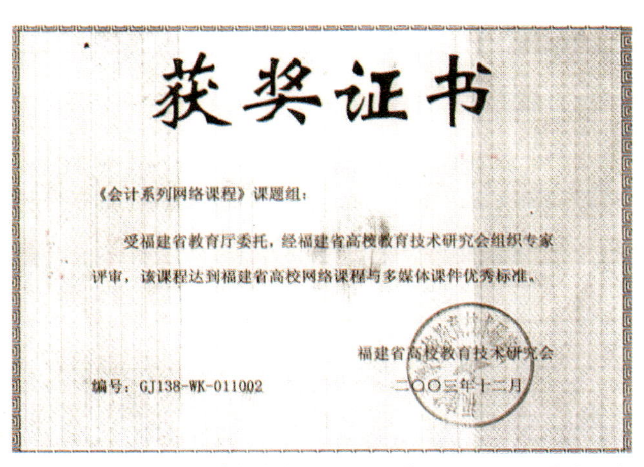

获奖证书

《会计系列网络课程》课题组：

受福建省教育厅委托，经福建省高校教育技术研究会组织专家评审，该课程达到福建省高校网络课程与多媒体课件优秀标准。

福建省高校教育技术研究会

二〇〇三年十二月

编号：GJ138-WK-011002

◎《会计系列网络课程》（电子教材）获奖证书

四、全国普通高等学校优秀教材一等奖:《中级财务会计》

2002年，葛家澍教授主编、黄世忠和陈少华担任副主编的《中级财务会计》（第二版）获得教育部全国普通高等学校优秀教材一等奖。

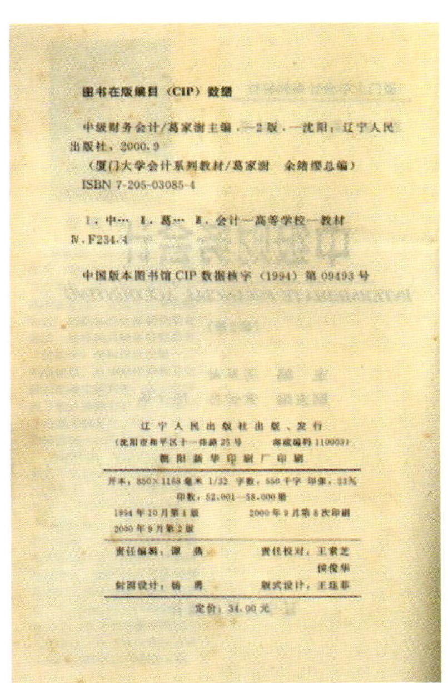

图书在版编目（CIP）数据

中级财务会计/葛家澍主编．—2版．—沈阳：辽宁人民出版社，2000.9

（厦门大学会计系列教材/葛家澍 余绪缨总编）

ISBN 7-205-03085-4

Ⅰ.中… Ⅱ.葛… Ⅲ.会计—高等学校—教材 Ⅳ.F234.4

中国版本图书馆CIP数据核字（1994）第09493号

辽宁人民出版社出版、发行

（沈阳市和平区十一纬路25号 邮政编码110003）

朝阳新华印刷厂印刷

开本：850×1168毫米 1/32 字数：556千字 印张：23⅞

印数：52,001—58,000册

1994年10月第1版 2000年9月第8次印刷

2000年9月第2版

责任编辑：谭燕 责任校对：王素芝 侯俊华

封面设计：杨勇 版式设计：王珏菲

定价：34.00元

◎《中级财务会计》（第二版）封面及版权页

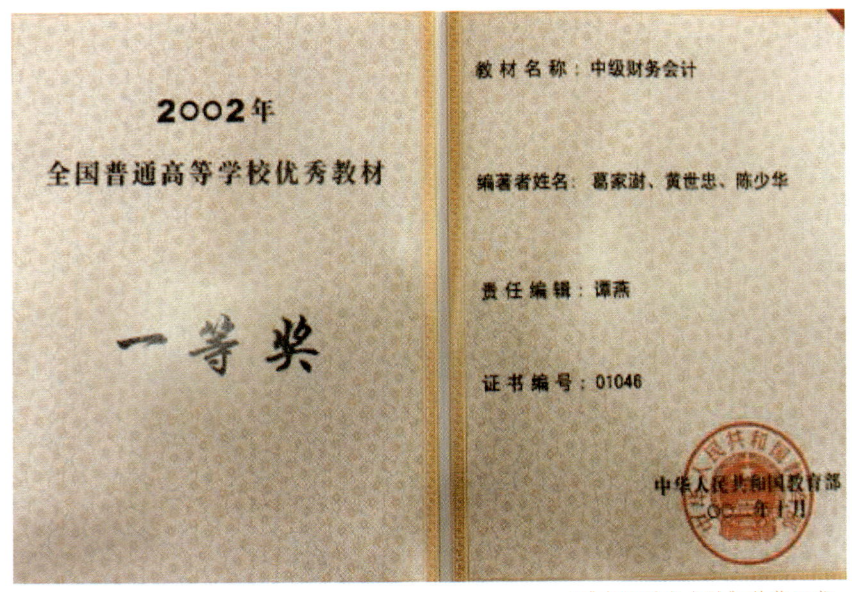

2002年

全国普通高等学校优秀教材

一等奖

教材名称：中级财务会计

编著者姓名：葛家澍、黄世忠、陈少华

责任编辑：谭燕

证书编号：01046

中华人民共和国教育部

二〇〇二年十月

◎《中级财务会计》获奖证书

《中级财务会计》(第二版)是“厦门大学会计系列教材”(辽宁人民出版社2006年版)的七本核心教材之一，其前言如下：

6年前(即1994年)，厦门大学会计系为适应会计的知识体系，面向21世纪的大趋势，着手编写了一套会计新教材共7本，丛书名为“厦门大学会计系列教材”。《中级财务会计》是其中的一本。《中级财务会计》教材问世以来，得到了广大读者的支持和充分肯定，重印了7次，并于1995年获得国家教委第二届普通高校优秀教材一等奖，这都使我们深受鼓舞，但通过教学实践，也发现该书仍有一些问题和不足，有待今后改进。

《中级财务会计》发行后的6年中，科学技术迅速发展，知识经济初现端倪。会计科学也处于日新月异之中。在此期间，我国出台了10个具体会计准则，涉及财务会计特别是上市公司财务报告的许多敏感性问题。而在国际方面，改进财务会计和财务报告的呼声亦与日俱增，新问题、新方法层出不穷。这些，都对我们决心修改《中级财务会计》是一个很大的促进。

基于上述情况，我们现对《中级财务会计》做一次全面修订。修订的目标仍然是保证高起点，在保持有用知识基本不变的前提下，大胆更新教学内容，并以“立足中国，放眼世界，侧重当前，注视未来”作为修订的基本原则。

在再版中，本书对第一版的体系和内容做了不少的变动，主要表现在以下三个方面：

第一，压缩并重新改写了总论的内容，由三章压缩为两章。

第二，增加了一些新的内容，如增加第15章“衍生金融工具会计”，并增加了四个附录：损益表的扩展、中期财务报告、分部财务报告和人力资源会计。

第三，除第3章“会计循环”外，其他各章都在不同程度上更新了内容，使之更接近国际会计惯例和财务会计近六年来的新发展，同时力求反映我国近年来颁布的具体会计准则和有关制度、条例，体现中国特色。其中，变动比较大的有短期投资、固定资产、长期投资、商誉、长期负债、收入、费用、所有者权益和财务报告原理等部分。

《中级财务会计》第二版仍由葛家澍教授任主编，黄世忠教授和陈少华教授任副主编。博士研究生陈守德在总纂和编辑过程中协助主编、副主编做了重要的助手工作。

第二版的初稿编写情况如下：第1、2、3章（葛家澍）；第9章（葛家澍、陈守德）；第8、12、14章（黄世忠、陈守德、刘维）；第16、17、18章（陈少华）；第6、7、13章（刘峰）；第4、5、10、11章（方荣义）；第15章（杜兴强）；附录1“损益表的扩展”（程春晖）；附录2“中期财务报告”（胡振超）；附录3“分部财务报告”（桑士俊）；附录4“人力资源会计”（杜兴强）。

我们力图使本教材在第一版的基础上面向21世纪的要求，反映本学科的最新成就，但限于我们的水平和财务会计理论与实务的发展总是会超前于本书所增补的内容这一客观现实，在第二版中必然仍会存在不少缺点和错误。衷心欢迎读者给予批评与指正，以便必要时进行修正。

五、全国普通高等学校优秀教材二等奖：《管理会计学》

2002年，余绪缨教授主编，汪一凡、毛付根和胡玉明任副主编的《管理会计学》（中国人民大学出版社2001年版）获得教育部全国普通高等学校优秀教材二等奖。

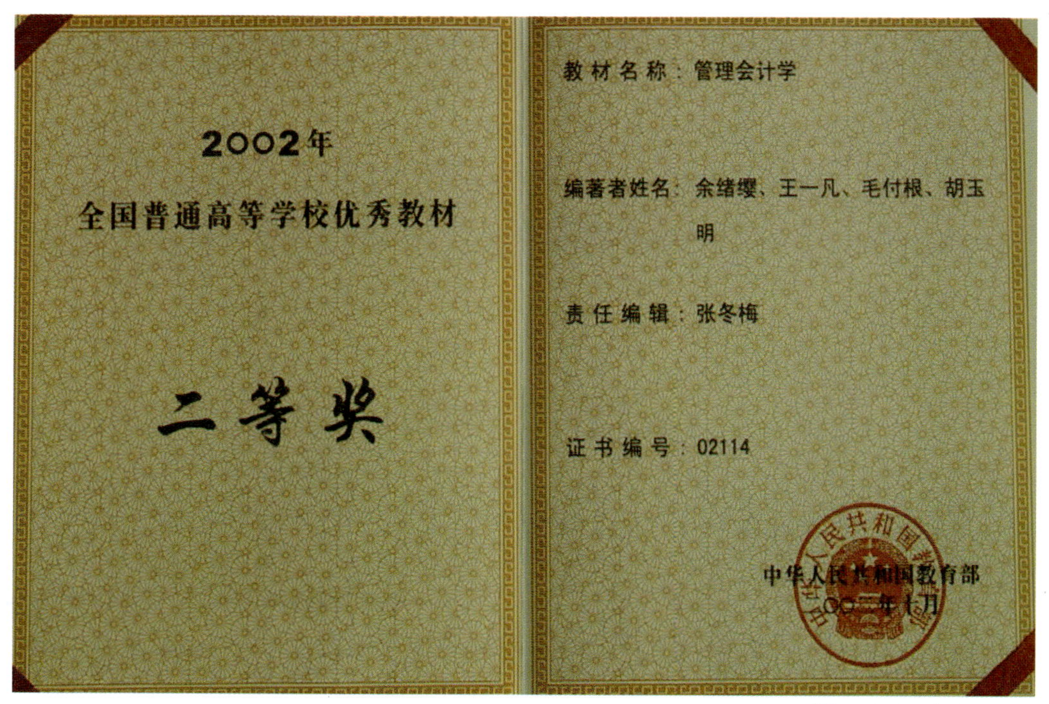

◎《管理会计学》获奖证书

◎《管理会计学》封面

在《管理会计学》中，余绪缨先生探讨了管理会计的最新发展、21世纪管理会计的发展趋势、管理会计领域内诸多重要学科前沿课题，充分体现了管理会计“对内深化与对外扩展并举”的特征，涉及内容更呈多学科化发展趋势。从内容上来看，《管理会计学》堪称中国管理会计教材的巅峰之作，是“一部值得阅读和珍藏的跨世纪著作”。知名会计史学家郭道扬先生曾评价余绪缨先生的《管理会计学》是一部充分体现了管理会计在20世纪所取得的重大成就，并对其未来发展趋势作出科学预测的开拓性著作①。

本书的内容包括三部分，共三十章，含三个附录。

第一部分“总论”由第一章至第六章组成，着重阐述管理会计的基本理论和科学的方法论等问题，作为全书的先导对以后各章具有理论指导作用。第二部分“基础性管理会计”包括了三大篇，第一篇“从成本会计到管理会计”由第七章至第十章组成；第二篇“决策会计”由第十一章至第十六章组成；第三篇“执行会计”由第十七章至第十九章组成。本部分对“基础性管理会计”已趋于成熟并基本上定型化了的内容做较全面而系统的论述。第三部分“21世纪后期管理会计新发展形成的新领域”也包括了三大篇，第一篇“适应当代新的技术经济条件的新发展而形成的新领域”由第二十章至第二十五章组成；第二篇“基于学科的交叉渗透而形成的新领域”由第二十六章至第二十八章组成；第三篇“基于世界经济一体化和国际性经济竞争日趋激烈而形成的新领域”由第二十九章、第三十章组成。本部分的内容，大多是属于正在发展而尚未趋于定型化的新事物，因而本部分的论述具有较大的探索性和开拓性，因为任何新事物的形成、发展至趋于成熟，都不可能一蹴而就，而需经历一个逐步改进和完善的过程。

六、“厦门大学会计系列教材”第二版

1999—2000年，“厦门大学会计系列教材”第二版由辽宁人民出版社出版，主编为葛家澍教授与余绪缨教授，包括《会计学原理》《中级财务会计》《高级财务会计》《成本

① 郭道扬，2000. 跨世纪的管理会计学著作：评《管理会计学》[J]. 财会通讯（2）. 郭道扬先生认为，《管理会计学》并不局限于阐述已经成熟和定型的基本原理，而是将这些基本原理与处于变化、发展之中的新内容有机地结合在一起，构成一个完整的管理会计学科体系。

会计》《管理会计》《企业理财》《审计学》共7本，各本教材的主编分别为吴水澎教授、葛家澍教授、常勋教授、陈守文教授、余绪缨教授、余绪缨教授、陈汉文教授。

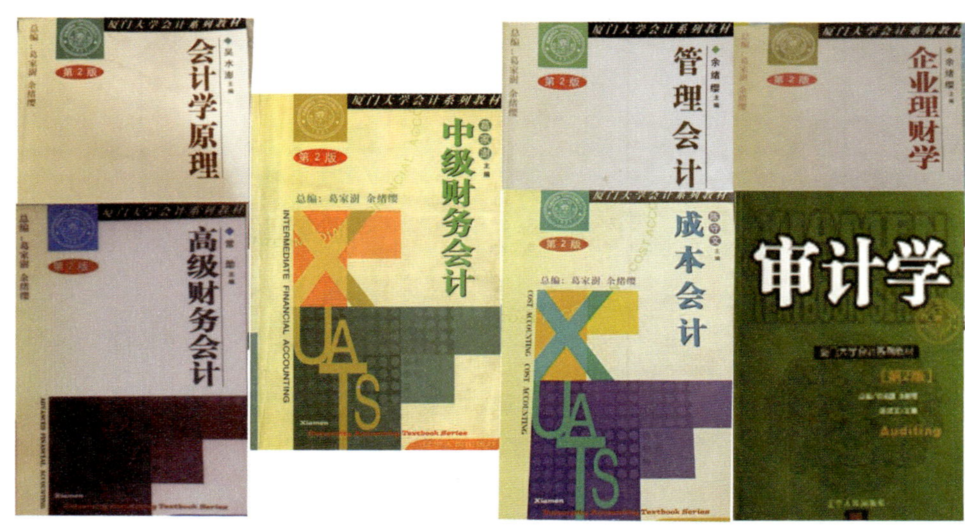

◎厦门大学会计系列教材（辽宁人民出版社1999—2000年第二版）

七、厦门大学会计学国家级教学团队

厦门大学会计学教学团队2008年获批教育部国家级教学团队。

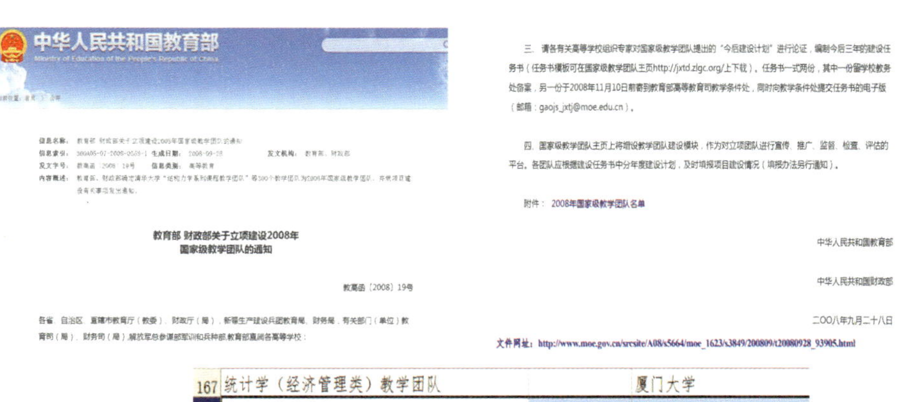

中华人民共和国教育部

信息名称：教育部 财政部关于立项建设2008年国家级教学团队的通知
生成日期：2008-09-28　发文机构：教育部、财政部
发文字号：教高函〔2008〕19号　信息类别：高等教育

教育部 财政部关于立项建设2008年国家级教学团队的通知

教高函〔2008〕19号

各省、自治区、直辖市教育厅（教委）、财政厅（局），新疆生产建设兵团教育局、财务局，有关部门（单位）教育司（局）、财务司（局），解放军总参谋部军训和兵种部，教育部直属各高等学校：

三、请各有关高等学校组织专家对国家级教学团队提出的"今后建设计划"进行论证，编制今后三年的建设任务书（任务书模板可在国家级教学团队主页http://jxtd.zlgc.org/上下载）。任务书一式两份，其中一份留学校教务处备案，另一份于2008年11月10日前寄到教育部高等教育司教学条件处，同时向教学条件处提交任务书的电子版（邮箱：gaojs_jxtj@moe.edu.cn）。

四、国家级教学团队主页上将增设教学团队建设模块，作为对立项团队进行宣传、推广、监督、检查、评估的平台。各团队应根据建设任务书中分年度建设计划，及时填报项目建设情况（填报办法另行通知）。

附件：2008年国家级教学团队名单

中华人民共和国教育部

中华人民共和国财政部

二OO八年九月二十八日

文件网址：http://www.moe.gov.cn/srcsite/A08/s5664/moe_1623/s3849/200809/t20080928_93905.html

167	统计学（经济管理类）教学团队	厦门大学
168	会计学教学团队	厦门大学
169	生物学基础课程教学团队	厦门大学
170	排球教学团队	福建师范大学
171	人文护理学教学团队	福建医科大学
172	国家化学理科基地教学团队	福州大学
173	资源环境系林业教研室教学团队	福建林业职业技术学院
174	公共数学教学团队	南昌大学
175	管理决策与决策支持教学团队	江西财经大学
176	电子信息工程教学团队	江西应用技术职业学院
177	人体解剖与组织胚胎系列课程教学团队	山东大学
178	细胞生物学教学团队	中国海洋大学

◎厦门大学会计学教学团队获批教育部国家级教学团队（2008年）

八、教育部国家级“十五”和“十一五”规划教材

2000—2008年，厦门大学会计学系有多本教材入选教育部国家级“十五”和“十一五”规划教材，彰显了厦门大学会计学科注重教学、以本为本、着重通过教材建设提升本科生培养质量的优良传统。厦门大学会计学系入选“十五”和“十一五”规划教材的各本教材在国内得到较为广泛的应用。其中，针对本科生的《财务会计理论》是教育部国家级“十五”、“十一五”和“十二五”规划教材中唯一的一本。上述入选教育部国家级“十五”和“十一五”规划的教材包括但不限于《中级财务会计》《高级财务会计》《管理会计学》《成本管理》《中级财务管理》《跨国公司财务管理》《审计学》《财务会计理论》《政府及非营利组织会计》《会计信息化教程与会计电算化实用教程》（第二版）等，几乎涵盖了会计学专业的所有核心课程。

◎ 2000—2008年教育部国家级“十五”和“十一五”规划教材情况

教材名称	作者	出版社	类别	年度
管理会计学	余绪缨	中国人民大学出版社	“十五”教育部重点建设教材	2005
会计电算化实用教程（第二版）	庄明来	中国财政经济出版社	“十五”教育部重点建设教材	2005
中级财务会计学	葛家澍	中国人民大学出版社	教育部“十一五”规划教材	2007
管理会计学	余绪缨	中国人民大学出版社	教育部“十一五”规划教材	2007
国际会计	常　勋	东北财经大学出版社	教育部“十一五”规划教材	2007
国际会计	常　勋	厦门大学出版社	教育部“十一五”规划教材	2007
财务会计	吴水澎	中国财政经济出版社	教育部“十一五”规划教材	2007
会计学	陈少华	北京大学出版社	教育部“十一五”规划教材	2007
中级财务会计	陈汉文	北京大学出版社	教育部“十一五”规划教材	2007
高级财务会计	曲晓辉	北京大学出版社	教育部“十一五”规划教材	2007
会计信息化教程	庄明来	北京师范大学出版社	教育部“十一五”规划教材	2007

续表

教材名称	作者	出版社	类别	年度
跨国公司财务管理	毛付根	东北财经大学出版社	教育部“十一五”规划教材	2007
审计学	王光远	东北财经大学出版社	教育部“十一五”规划教材	2007
中级财务管理	傅元略	复旦大学出版社	教育部“十一五”规划教材	2007
管理会计（第二版）	毛付根	高等教育出版社	教育部“十一五”规划教材	2007
成本管理	陈汉文	高等教育出版社	教育部“十一五”规划教材	2007
政府及非营利组织会计	李建发	东北财经大学出版社	教育部“十一五”规划教材	2007
财务会计理论	杜兴强	厦门大学出版社	教育部“十一五”规划教材	2007

第三节　2000—2008 年厦门大学会计学科科研成果

一、科研成果获奖

2000—2008年，厦门大学会计学系教师共获得教育部人文社科优秀成果奖四项，其中一等奖2项、三等奖2项。此外，2000—2008年，厦门大学会计学系教师还获得福建省社科优秀成果奖41项，其中一等奖4项、二等奖10项、三等奖27项。下面，我们将择其代表性科研成果奖进行介绍。

（一）教育部人文社会科学优秀成果奖

◎　2000—2008年厦门大学会计学系获得教育部人文社科优秀成果奖情况

序号	获奖者	获奖成果名称	成果形式	获奖等级	获奖时间	备注
1	葛家澍	会计基本理论与会计准则问题研究	专著	一等奖	2003年7月	第三届
2	葛家澍 杜兴强	财务会计概念框架与会计准则问题研究	专著	一等奖	2006年12月	第四届
3	黄志忠 陈　龙	中国上市公司盈利成长规律实证分析	论文	三等奖	2003年7月	第三届
4	杜兴强	会计信息的产权问题研究	专著	三等奖	2006年12月	第四届

（二）福建省社会科学优秀成果奖

◎　2000—2008年厦门大学会计学系获得福建省社科优秀成果奖情况

序号	获奖者	获奖成果名称	成果形式	获奖等级	获奖时间	备注
1	常　勋	财务会计三大难题	专著	一等奖	2000	第四届
2	葛家澍 杜兴强	财务会计概念框架与会计准则问题研究	专著	一等奖	2005	第六届
3	葛家澍 杜兴强	会计理论	专著	一等奖	2007	第七届
4	李建发 等	政府财务报告研究	专著	一等奖	2007	第七届
5	葛家澍 等	中级财务会计学	教材	二等奖	2000	第四届
6	曲晓辉	论我国会计理论研究的实践基础	论文	二等奖	2000	第四届
7	吴水澎	论有中国特色会计理论体系	系列论文	二等奖	2000	第四届

续表

序号	获奖者	获奖成果名称	成果形式	获奖等级	获奖时间	备注
8	葛家澍 杜兴强	人力资源会计及人力资源信息披露的彩色模式（上、下）	论文	二等奖	2003	第五届
9	杜兴强	会计信息的产权问题研究	专著	二等奖	2003	第五届
10	黄世忠 杜兴强	市场、政府与会计监管	论文	二等奖	2003	第五届
11	曲晓辉 等	股权投资管理研究	专著	二等奖	2005	第六届
12	陈汉文 邓顺永	上市商业银行信息披露：变迁与改进	专著	二等奖	2005	第六届
13	杜兴强	公司治理生态与会计信息的可靠性问题研究	系列论文	二等奖	2005	第六届
14	杜兴强	公司治理生态与会计信息产权博弈研究	专著	二等奖	2007	第七届
15	葛家澍	基本会计准则与财务会计概念框架	论文	三等奖	2000	第四届
16	陈少华 等	实证会计理论	译著	三等奖	2000	第四届
17	陈汉文	注册会计师职业行为准则研究	专著	三等奖	2000	第四届
18	曲晓辉 陈少华 杨金忠	会计准则研究——借鉴与反思	专著	三等奖	2000	第四届
19	陈少华	企业财务报告理论与实务研究	专著	三等奖	2000	第四届
20	李建发	政府会计论	专著	三等奖	2000	第四届
21	唐予华 等	开放型经济条件下财务会计问题探索	专著	三等奖	2000	第四届
22	陈汉文 林志毅	实证会计研究	系列论文	三等奖	2000	第四届
23	黄志忠 白云霞	上市公司举债、股东、财富与股市效应关系的实证研究	论文	三等奖	2003	第五届
24	陈汉文	证券市场与会计监管	专著	三等奖	2003	第五届
25	吴水澎	中国会计理论研究	专著	三等奖	2003	第五届
26	李建发	论改进我国政府会计与财务报告	论文	三等奖	2003	第五届
27	曲晓辉	现代中国财务会计	教材	三等奖	2003	第五届
28	肖　华 李建发	论改进我国企业环境信息报告	论文	三等奖	2003	第五届
29	杜兴强	会计信息披露：充分含量、相关及产权问题	论文	三等奖	2003	第五届
30	陈向民 陈汉文	证券价格的事件性反映	论文	三等奖	2003	第五届
31	陈少华	财务报表分析方法	教材	三等奖	2005	第六届
32	葛家澍 杜兴强	知识经济下财务会计理论与财务报告问题研究	专著	三等奖	2005	第六届
33	傅元略 等	企业信息化下的财务监控	专著	三等奖	2005	第六届
34	陈少华	防范企业会计信息舞弊的综合对策研究	专著	三等奖	2005	第六届

续表

序号	获奖者	获奖成果名称	成果形式	获奖等级	获奖时间	备注
35	曲晓辉 陈　瑜	会计准则国际发展的利益关系分析	论文	三等奖	2005	第六届
36	肖　华 李建发	现代环境会计：问题、概念与实务	译著	三等奖	2005	第六届
37	林 海 郑振龙	中国利率期限结构：　理论及应用	专著	三等奖	2005	第六届
38	李建发 郭　鹏	中国大众化高等教育财政政策及其改革问题探讨	论文	三等奖	2005	第六届
39	杜兴强	“审计信息的产权问题研究”等3篇	系列论文	三等奖	2005	第六届
40	曲晓辉 高　芳	我国会计准则国际协调效果量化研究述评	论文	三等奖	2007	第七届
41	傅元略 林　涛	中级财务管理	教材	三等奖	2007	第七届

二、《会计基本理论与会计准则问题研究》获教育部人文社科优秀成果奖一等奖

《会计基本理论与会计准则问题研究》一书2000年由中国财政经济出版社出版。2003年，该书获教育部人文社科优秀成果一等奖。

◎《会计基本理论与会计准则问题研究》封面

第三届中国高校
人文社会科学研究优秀成果奖

成果名称：《会计基本理论与会计准则问题研究》
中国财政经济出版社
主要研究者：葛家澍 著
成果类型：著作
学科、等级：经济学一等奖

中华人民共和国教育部
二零零三年七月三日

教社政证字（2003）第 026 号

◎《会计基本理论与会计准则问题研究》获奖证书

本书是《关于会计基本理论与方法问题》（经济科学出版社1988年版）的一本续集，

共收录了从1986年至1999年已公开发表的文章33篇。

随着改革的深入和开放的扩大，社会主义市场经济新体制正在形成。我国经济建设取得了举世瞩目的成就。会计是为经济建设服务的，与经济体制改革相适应；我国企业财务会计（会计核算）的规范体制也采取了重大改革措施并进入一个新的里程碑：从过去单一的统一会计制度逐步转变为现在会计准则与会计制度相结合的新格局。“准则”和“制度”只是形式不同，其内容均努力同国际会计惯例协调，以便使我国的企业会计信息成为“国际通用商业语言”的一个组成部分。

这一切都表明：改革开放使我国跨入了一个伟大的历史发展时期。理论是社会需要的产物。在这个时期的会计领域，由于会计准则的制定与推行和国外会计理论与方法的引进，带来了并将继续带来一系列新事物和新问题。它要求人们从理论上加以解释、预测并研究今后怎样形成既同国际会计惯例接近、又具有中国特色的会计模式。在这一时期，每一个会计理论工作者的著述与研究都会带有上述时代特征。为此，本文集的题目相应地改为《会计基本理论与会计准则问题研究》，将所收录的文章大体上分为会计基本理论问题研究和会计准则问题研究两个部分。

目　录

◎《会计基本理论与会计准则问题研究》目录

三、《财务会计概念框架与会计准则问题研究》获教育部（人文）社科优秀成果奖一等奖和福建省社科优秀成果奖一等奖

◎《财务会计概念框架与会计准则问题研究》封面

《财务会计概念框架与会计准则问题研究》2003年由中国财政经济出版社出版（后于2022年由商务印书馆勘误后重印），署名作者为葛家澍教授和杜兴强教授（时为副教授）。2005年，《财务会计概念框架与会计准则问题研究》获得福建省第六届社科优秀成果一等奖。2006年，《财务会计概念框架与会计准则问题研究》获教育部第四届人文社科优秀成果一等奖。

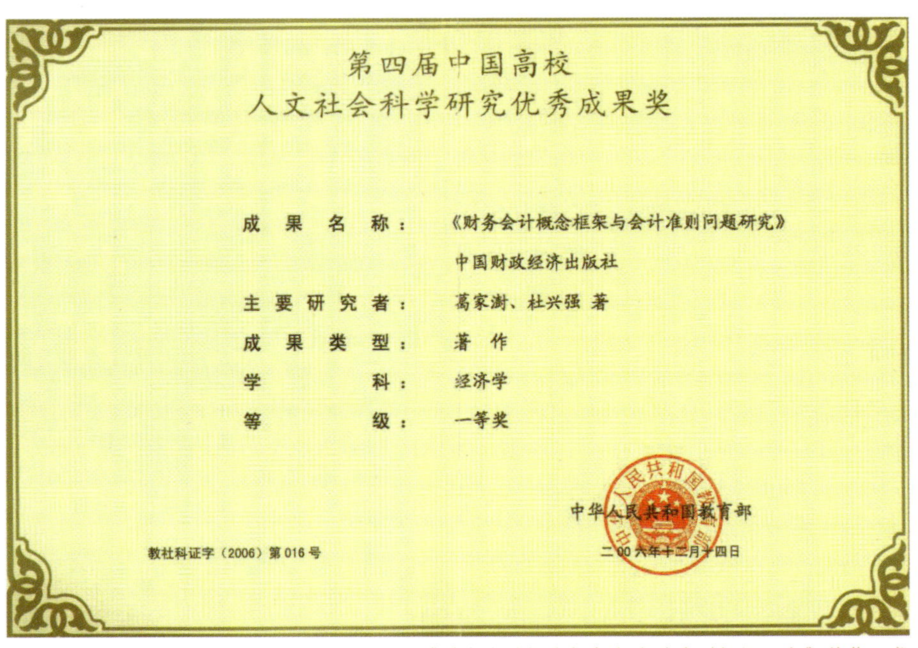
第四届中国高校
人文社会科学研究优秀成果奖

成果名称：《财务会计概念框架与会计准则问题研究》
中国财政经济出版社
主要研究者：葛家澍、杜兴强 著
成果类型：著 作
学 科：经济学
等 级：一等奖

中华人民共和国教育部
二〇〇六年十二月十四日

教社科证字（2006）第016号

◎《财务会计概念框架与会计准则问题研究》获奖证书

获奖证书

编号：06010

经省第六届社会科学优秀成果奖励评审委员会审议通过，决定授予以下成果为福建省第六届社会科学优秀成果。特发此证，以资鼓励。

成果名称： 财务会计概念框架与会计准则问题研究

成果形式： 专　著

作　　者： 葛家澍、杜兴强

获奖等级： 一等奖

福建省人民政府
2005年11月

◎《财务会计概念框架与会计准则问题研究》获奖证书

中国加入WTO（世界贸易组织）后，资本市场的开放、贸易壁垒的逐步消除都将使我国融入经济全球化的大潮中。WTO是一个经济组织，其根本目标是建立一个开放、有序的国际贸易体系，促进贸易的自由化。WTO的主要作用则可以概括为制定规则、开放市场、解决分歧。在WTO的促进下，全球经济正走向一体化，国与国之间的经济交往密切，各国经济之间的依存度已达到休戚相关的程度。随着我国加入WTO，今后我国企业出口贸易在WTO成员方之间可享受“最惠国待遇”，而且我们的自然人和法人到这些成员方进行投资、货物贸易和劳务提供时可享受自然人和法人的同等待遇。当然，我国现今是以发展中国家的身份加入WTO的，未来我国将被认可为市场经济国家。因此，我们要抓住加入WTO的有利契机，积极地迎接挑战、巧妙利用机遇、推动我国改革开放。

加入WTO后，我国将致力于消除贸易壁垒、促进贸易的全球化和自由化。会计作为一种商业语言，国际化和一致化是其最高目标，而不断提高会计信息披露的透明度是每一个WTO成员方所必须遵守的神圣承诺。20世纪80年代以来，信息技术革命和国际资本市场的发展，以及贸易障碍的逐步消除，催生了全球经济的交互性（inter-connected economy）。2001年10月在中国上海召开的APEC会议的主题是新经济（new economy）及其互享，为此企业必须尽快地融入全球经济之中。企业之间的交流需要一种“语言”，这就体现为以财务报告为载体反映的会计信息。通过会计信息，可以反映一个企业特定时点的财务状况，一个期间的经营成果和现金净流量的有关情况，促使社会资源的趋利性流动，实现社会资源的有效配置。会计具有双重属性，既具有技术性，也具有社会性。会计的技术性确保了各国会计技术和方法的相似性，而会计的社会性则体现了不同国家会计的特色。但是，会计作为一门商业语言（business language），要在全球新经济中发挥其应有的作用，必须尽快实现国际化的协调（harmonization）。所以在确保我国主权不受侵害和充分考虑我国经济、政治等具体环境因素的前提下，我国应该尽快完善会计准则体系，逐步和尽快地融入会计准则和会计的国际化中①。但是，在考虑我国完善会计准则体系的过程中，我们绝不能忽视对指导会计准则制定、评估会计准则质量的财务会计概念框架这部分内容的研究，否则概念基础尚不统一（就仿佛“语法”不一致一样），怎么能够保证在不一致的概念基础上形成可比的会计准则？怎么能够保证按照不可比的会计准则来规范会计信息成为“国际通用的商业语言”？

本书的研究，紧密围绕着财务会计概念框架及会计准则这样两个相互联系的问题进行系统探讨，我们的指导思想是“继承与发展”，即既系统介绍国外在制定财务会计概念框架方面的成功经验及教训，在批判性吸收和综评的基础上，立足于我国加入WTO后的具体环境特点，研究我国制定财务会计概念框架和会计准则的具体问题。在本书写作过程中，紧扣我国加入WTO后会计国际化这个基本的宗旨进行相关研究，但也没有为每个章节目录加上“WTO”的前缀，力争抓住的是我国加入WTO后对于会计界的关键问题——“财务会计概念框架和会计准则”方面的比较、借鉴、协调与发展。

本书包括五章，主要研究“财务会计概念框架的发展及现状”“我国制定财务会计概念框架的总体构想”“会计确认、计量及报告研究”“我国会计准则制定相关问题研究”“我国已颁布的会计准则与国际惯例的比较”等问题。在研究的过程中，系统参考了美国财务会计准则委员会（FASB）的一系列的财务会计概念公告、国际会计准则委员会（IASC）的“编报财务报表的框架”、英国会计准则委员会（ASB）的“财务报告原则公告”、澳大利亚会计准则委员会（AASB）制定的“会计概念公告（SAC）”、加拿大特许会计师协会（CICA）的“财务报表概念”，探讨我国制定财务会计概念框架的问题；也主要参考了美国、英国和国际会计准则委员会迄今为止制定的、目前仍在生效的会计准则，并将之与我国已颁布实施的会计准则的主要内容进行比较，找出差异。

① 我国加入世界贸易组织对会计行业而言，就是要求会计这种“商业语言”不仅在一国内“通用”，而且要在全球范围内“通用”，为了使会计在全球范围内“通用”，协调各国的会计及各国制定的会计准则就成为必然。

四、《中国上市公司盈利成长规律实证分析》获教育部人文社科优秀成果奖三等奖

黄志忠与陈龙合作的论文《中国上市公司盈利成长规律实证分析》发表于《经济研究》2000年第12期，2003年获得教育部第三届人文社科优秀成果三等奖。

西方多数研究证实，个别企业的盈利变化过程大致可由随机游走过程来表述，这给后期的学者利用盈利数据进行实证研究提供了基础。中国的某些学者不加检验地引进了西方的研究成果，即假设企业的盈利遵循随机游走过程，甚至认为企业的盈利应该遵循带成长因素的随机游走过程。实际情况如何呢？本文以上海证券交易所1994年底之前上市的公司为样本，采用多种统计方法，分析了它们连续6年的盈利报告，结果发现：（1）上市公司盈利额及总资产利润率并不遵循随机游走过程和带成长因素的随机游走过程；（2）从盈利增量呈强负自相关的两个样本组合的统计分析看，模型中加进盈利增量变量，较大地提高了模型拟合度。

经济研究2000年第12期

中国上市公司盈利成长规律实证分析*

黄志忠　陈　龙

（厦门大学会计系　361005）

内容提要：西方的多数研究证实，个别企业的盈利变化过程大致可由随机游走过程来表述，这给后期的学者利用盈利数据进行实证研究提供了基础。中国的某些学者不加检验地引进了西方的研究成果，即假设企业的盈利遵循随机游走过程，甚至认为企业的盈利应该遵循带成长因素的随机游走过程。实际情况如何呢？本文以上海证券交易所1994年底之前上市的公司为样本，采用多种统计方法，分析了它们连续6年的盈利报告，结果发现：(1)上市公司盈利额及总资产利润率并不遵循随机游走过程和带成长因素的随机游走过程。(2)从盈利增量呈强负自相关的两个样本组合的统计分析看，模型中加进盈利增量变量，较大地提高了模型拟合度。(3)从多项统计指标的显著改善可以看出，模型 $E_t=b_1E_{t-1}+b_2\Delta E_{t-1}+\varepsilon_t$ 能更好地描述样本公司的盈利成长。

关键词：盈利成长、自相关性、横截面与时序混合数据

盈利预测模型的研究，在西方延续了20多年的时间，形成了大量的学术文献。为何如此众多的学者孜孜不倦地研究这么一个基础性的课题呢？瓦茨和齐默尔曼[Watts and Zimmerman (1986)1999]总结出三个促进因素：一是研究人员试图运用模型来计量证券，这些研究者希望把盈利预测当作未来现金流量的一个替代；二是研究股票价格与会计盈利相互关系的研究人员对"更有效"盈利预测的需求；三是用以解释管理人员如何进行会计程序选择(盈利管理)。瓦茨和齐默尔曼之后的十几年，这方面的研究又有了进展，如研究者根据股票价格能充分反映会计盈利这一理论成果来对股票市场的有效性进行了检验(Sloan，1996)，这是盈利预测模型的又一运用。基于盈利预测模型的广泛运用，本文将对目前国内广为使用的预测模型进行实证分析，以便为今后的实证研究奠定基础，为投资者更好地进行盈余预测提供适合中国国情的预测模型。

一、西方盈利预测模型研究综述

鲍尔和布朗(Ball and Brown)1968年调查了美国公司年度盈利的时间序列，他们分别对四个时间序列(净盈利、每股盈利额、净盈利除以总资产、销售)进行批次检验、序列相关性检验和其他检验。批次检验说明了，整个样本的盈利变动符号具有随机性。这反过来说明，盈利呈随机游走状。但它与盈利遵循固定过程①的看法相悖。而系列相关性检验则显示出，滞差 τ 的自相关系数 $\rho(\omega_t,\omega_{t+\tau})$②只有 $\tau=1$(即相邻年份)时不显著为零，其余均显著为零。这个结果无法推翻整个样本中的盈利变动在不同期间相互独立的假设。其他的检验结果也表明企业的年度盈利一般具有随机游走的特点。其他研究者重复检验了净盈利和每股盈利额，得出的结果也基本一致。

然而，鲍尔与布朗的结果在趋势项的重要性方面模棱两可。鲍尔、列夫和瓦茨(Ball，Lev and

* 本文系第一届中国会计与财务研究青年学术交流研讨会论文。在本文修改过程中，中山大学的刘峰教授、香港理工大学的陈工孟教授和厦门大学的傅元略教授、林涛博士等提出了宝贵意见，在此表示衷心的感谢，但若文中存有错误，概由作者负责。

① 模型 $A_t=\Psi+\omega_t$ 称为固定过程或确定性模型。

② ω_t 为期间 t 的盈利变动。

11

◎《中国上市公司盈利成长规律实证分析》首页

实证结果不仅对我国的实证研究有重大的意义，而且有助于财务分析师正确地运用

预测模型对公司未来盈利加以检验，同时对鉴别上市公司的盈余操纵有一定的指导作用。

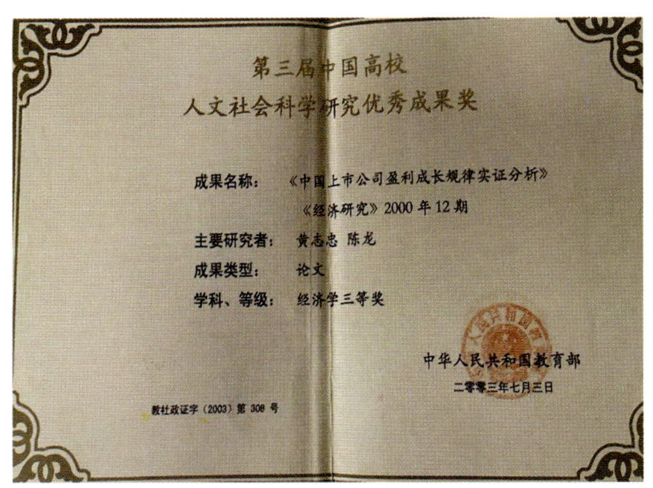
第三届中国高校
人文社会科学研究优秀成果奖

成果名称：《中国上市公司盈利成长规律实证分析》
《经济研究》2000年12期
主要研究者：黄志忠 陈龙
成果类型：论文
学科、等级：经济学三等奖

中华人民共和国教育部
二零零三年七月三日

教社政证字（2003）第308号

◎《中国上市公司盈利成长规律实证分析》获奖证书

本书研究分析发现，在盈利增量呈负自相关的情况下，带固定成长因子的游走模型其拟合度非常差；更进一步地可以说，运用带固定成长因子的游走模型将导致错误的结论。同时，本书研究提醒投资者，对盈利增量有较强的负自相关性的公司要特别小心，因为较强的盈利增量负自相关性可能缘于管理当局的盈余操纵。

五、《会计信息的产权问题研究》获教育部人文社科优秀成果三等奖和福建省社科优秀成果奖二等奖

◎《会计信息的产权问题研究》封面

杜兴强的著作《会计信息的产权问题研究》2002年由东北财经大学出版社出版，2003年获得福建省社科优秀成果二等奖，2006年获得教育部第四届人文社科优秀成果三等奖。

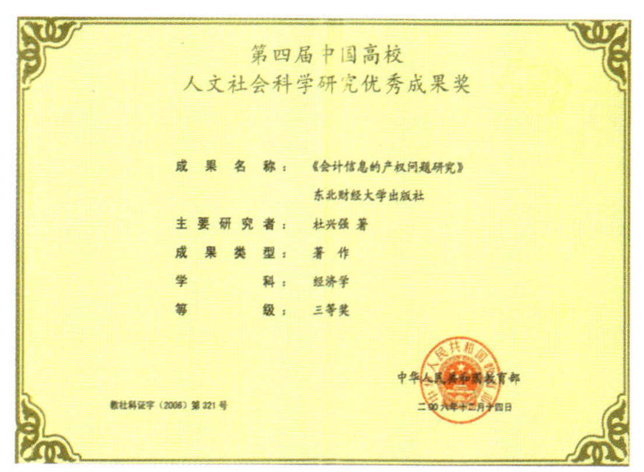

第四届中国高校
人文社会科学研究优秀成果奖

成果名称：《会计信息的产权问题研究》
东北财经大学出版社
主要研究者：杜兴强 著
成果类型：著 作
学科：经济学
等级：三等奖

中华人民共和国教育部
二〇〇六年十二月十四日

教社科证字（2006）第321号

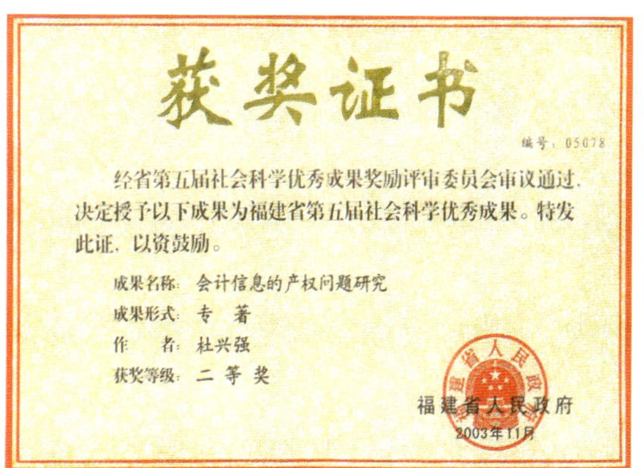

获奖证书

编号：05078

经省第五届社会科学优秀成果奖励评审委员会审议通过，决定授予以下成果为福建省第五届社会科学优秀成果。特发此证，以资鼓励。

成果名称：会计信息的产权问题研究
成果形式：专 著
作 者：杜兴强
获奖等级：二 等 奖

福建省人民政府
2003年11月

◎《会计信息的产权问题研究》获奖证书

本书前言如下：

本书的研究是以会计信息产权为中心而展开的。会计是一个以提供财务信息为主的、人造的经济信息系统。作为系统，其运行必须有一个或一束明确的目标。目前关于会计目标的流行表述是“决策有用观”，即会计目标是通过一套通用的财务报告体系向企业的利益相关者提供决策有用的会计信息。由于不同的利益相关者具有不同的效用函数和偏好，会计信息实质上具备了一定的经济后果，出现了不同的利益相关者因会计信息而受益或受损的情况，而且程度各异。不同的利益相关者因会计信息而受益或受损的事实要求界定会计信息的产权，决定谁更有理由受益或受损。然而长期以来，会计界主要将会计信息当作会计信息系统的最终输出“物”来看待，因此过多地侧重于会计信息披露技术环节的讨论。作者认为，会计信息之于不同的利益相关者之间的利益关系，其实意味着权利。换言之，一旦企业的利益相关者因会计信息而发生利益关系时，会计信息才有存在的必要。会计信息产权的界定正是为了降低乃至消除利益相关者之间因会计信息而产生的矛盾。

如果将企业看作是一系列契约的结合，那么各个缔约方拥有排他性的财产所有权就是进行交易的前提。但财务资本投入者因为诸多因素的限制，不愿、也不能对企业的生产经营进行实时监督，而利益的驱动性又决定了他们仍会关心企业的产出，那么就需要一种机制，来协调财务资本投入者所面临的两难。会计信息披露机制的存在无疑在很大程度上可以解决这种两难。原因在于，财务资本投入者是追求货币收益满意化的经济人，而会计信息正是反映一个企业财务状况、经营成果、现金净流量情况的替代变量。管理当局通过会计信息这种替代变量，供远离企业日常经营管理的投资者了解情况。因此，会计信息是一种有价值的资源，必须界定会计信息的产权，规定缔约各方的受益和受损规则。

企业产出的分配是一个复杂的过程，会计信息虽然并不直接体现分配的规则，但是毫无疑问，不同的会计信息揭示的内容将间接影响到最终的分配结果，因此可以认为，会计信息影响了分配的过程。会计信息作为企业产出的替代变量，就必然存在一个问题：作为替代变量，会计信息是否具有“充分性”的问题。考虑会计信息及其意欲反映的、关于企业产出的耦合度，那么出于效率的考虑，投资者并不追求完全的、百分百的耦合，而只追求进行决策所需的、具有“充分”含量的会计信息即可。但是会计信息披露的“充分含量”，是一个动态的变迁概念，它大致取决于这么几项因素：投资者的决策模型、决策偏好，环境的不确定性程度，企业经济活动的复杂程度。尽管如此，若将满足投资者进行决策所需的会计信息的“充分含量”作为契约性（contract）部分，那么与企业产出百分之百耦合的会计信息含量和“充分含量”之间的部分就可以看作是剩余（residual）部分，会计信息产权的界定就可以表述为“在会计信息的契约性部分和剩余部分之间找到一个均衡的过程”。应该注意到，由于交易费用的制约，会计信息产权并不旨在消除会计信息的剩余部分，尽管一些投资者对会计信息的需求具有“贪婪性”并希冀获取越来越多的会计信息。

如上的表述其实蕴含着这样的问题：会计信息的契约性部分是否最佳，是否能够确保投资者的决策和利益，或者契约性部分和剩余部分的均衡是否具有稳定性？若否，如何恰当地进行调整以使其向最佳逼近？这些问题的解决，都最终归因到会计信息产权问题。

企业所有权分享其实是解决会计信息使用者和提供者之间针对会计信息的利益冲突的终极和最主要的解决方式。在会计信息产权的界定过程中，使用者和提供者关于会计信息产权的博弈体现为一个连续的过程。管制的出现是反应性的，它是在企业所有权分享无法界定会计信息产权或界定的会计信息产权严重缺乏效率的状况下出现的，其初衷在于矫正会计信息产权。企业所有权的既定分享状态、管制和道德三个因素共同影响着会计信息产权。在管制出现之前，企业所有权的分享对会计信息产权的界定作用重大，通过剩余索取权和剩余控制权机制，以私人契约的方式决定着企业披露的会计信息的产权；在管制出现之后，管制的各种形式如会计准则、会计制度等（公共契约的形式）影响着通用会计信息的产权。管制体现为企业外部（第三方）强势力量如政府或相关管制机构介入会计信息产权的界定过程，以矫正会计信息产权为目的，以克服私人契约的衰败、保护“公共利益”为宗旨，通过以“公共契约”补充“私人契约”的特有方式，力求低成本地界定通用会计信息的产权。但是由于管制本身也是一项需要耗费成本、发生交易费用的行为，所以管制存在着一个“限度”问题，因此通用会计信息之外的、处于“公共领域”中的会计信息的产权，依然需要通过私人契约、依存于企业所有权的分享来界定。至于道德因素，与其谈它对界定会计信息产权的作用，毋宁说其主要功能在于确保会计信息产权能够以相对较低的交易费用得以顺利贯彻实施。

本书第一章主要是为本书所要研究的主要论题——会计信息的产权问题奠定一个基本的框架。在本章中，将提出本书研究的中心问题——会计信息产权。本章主要内容包括：信息和会计信息的基本概念，会计信息在企业治理结构中的作用，会计信息是企业产出的替代变量，会计信息产权的界定是一个动态的博弈过程，会计信息产权的基本逻辑，会计信息的利益相关者，会计信息产权的内涵及其特殊性，影响会计信息产权的基本因素，会计信息产权的作用。

第二章认为会计信息产权发轫于会计信息的外部性，会计信息的外部性具有相互性的特征。在此基础上，本章力图揭示会计信息的外部性和会计信息产权之间的有机联系。本章还指出，企业所有权分享和管制在界定会计信息产权中的关系是相互补充的，前者对于界定会计信息产权而言是一个连续的过程，而后者则是反应性的。最后，本章给出了一个简单的博弈解释。

第三章首先通过一个思想实验，来研究企业所有权分享的一般规律，然后在此基础上研究企业所有权分享对会计信息产权的影响，最后利用博弈论分析方法，着力揭示由企业筹集资金过程导致的企业所有权分享和与之伴随的会计信息产权的变迁。本章力图阐述这样一个命题：当交易费用为零或较低时，企业所有权分享界定的会计信息产权是有效率的，此时管制是不必要的。

第四章认为管制是界定会计信息产权的一种选择机制，并提出会计信息管制的初衷是矫正会计信息产权。在此基础上，认为对会计信息进行管制还须考虑交易费用的节约。本章最后利用博弈论分析管制为什么会出现，以增强本部分论述的说服力。

第五章界定会计信息披露中的道德问题，并分析管理当局、投资者、注册会计师等企业利益相关者的道德因素的体现。本章的主要观点在于：企业所有权分享和管制虽然解决了会计信息产权的界定问题，但并未解决会计信息产权的履行问题，而道德因素则关乎既定的会计信息产权状态能否得到利益相关者的尊重，进而得以低成本地履行。

第六章利用前五章的研究结论，指出中国国有企业会计信息产权的畸形性特征，并指出其根本原因在于剩余索取权的不可转让性、政府代理下多级“委托代理链”、伦理道德因素和独立审计机制的不完善。在此基础上，尝试性地提出通过重塑国有企业的治理结构，通过“共同治理”和“相机治理”来抑制国有企业会计信息产权的畸形性。

六、《财务会计三大难题》获福建省社科优秀成果奖一等奖

常勋教授的《财务会计三大难题》由立信会计出版社于1999年出版，获得2000年福建省社会科学优秀成果奖一等奖[①]。

从20世纪80年代起，“合并财务报表”、“外币折算”和“物价变动（通货膨胀）会计”就被认为是财务会计的三大难题。由于它们的国际差异与协调化趋势备受国际会计界的关注，故也常被称为国际会计三大难题。本书对它们的基本方法、理论依据以及尚在论争和探索的主要问题，从历史演变、现状和未来的发展趋向，作了较全面的论述和剖析。

这三大难题之所以“难”，可以概括为以下几个方面：

（1）在会计方法上，还存在着不同观点之争。也就是在会计方法的概念依据上存在

① 证书缺失，可通过福建省社科联网站(www.fjskl.org.cn)或厦门大学社科处网站(skc.xmu.edu.cn)查询。

着不同的观点，从而也就存在着建立在不同概念依据上的不同会计方法。这些方法孰优孰劣？还是各有其适用性？从20世纪70年代乃至90年代以来，一直处在持续的论争与探讨之中。在世纪之交，又有了新的演变和发展，比如：合并财务报表编制方法的业主权观与主体观之争方面，迄今流行将近半个世纪的业主权观，有被主体观取代的趋向，尽管这还只是开端；在外币折算领域，期汇交易的会计处理，由于“金融和衍生金融工具会计”在90年代突破性发展但又尚未成熟和定型，可以说已成为“难题中的难题”；外币报表折算中的时态法与现时汇率法之争，尽管早已得出各具适用性的结论，但与编制跨国公司全球性合并财务报表的要求相结合，则问题仍未解决，一旦合并财务报表的编制方法转向主体观，又会导致什么影响？这些都是有待进一步研究的课题。

通货膨胀会计已不再是热门课题了。它对传统的会计计量概念的冲击，看来将让位于金融和衍生金融工具会计。

（2）除了概念依据之争外，在实务处理上也存在着不少复杂的难以妥善解决或较难理解的问题。比如在合并财务报表编制中，对多层和交叉控股下母、子公司间权益的抵消，集团内相互持股的子公司和联属公司间应用权益法处理交互影响的矛盾，集团内公司间交易抵消中的一些具体会计处理程序等；在外币折算领域，则突出地体现在期汇交易中不同目的的交易进行的具体处理程序上。书中对这些难以理解的问题，都着重于阐明它们的概念依据，也就是在“知其所以然”的基础上去“知其然”。在物价变动会计方面，有关英国的现行成本会计模式和巴西的不变币值会计模式的编表方法，也是本着这样的构思落笔的。

（3）这三大难题之间，特别是合并国外子公司的财务报表和子公司外币报表的折算方法之间，有着密切的关联；对物价变动会计来说，也有如何处理“消除国际通货膨胀影响”的问题。这些相互关联和相互制约的问题应该怎样协调处理，至今仍处于“两难”的境地。对此，书中也作了必要的讨论。

◎《财务会计三大难题》封面

以上的论述和探讨，是在放开思路、敢于探索的指导思想下完成的，目的是求正于读者们。

就编写而言，本书第四章“期汇交易的会计处理”是难点。按照本书的体系，不宜多用篇幅去较全面地阐述衍生金融工具的会计处理问题，特别是由此激发的对会计确认和会计计量的传统概念的改革问题；但又不能不去阐明在当前还处在探讨和论争中的，而在期汇交易会计中又必须涉及的问题。作者有时还必须自己去设计例题，构思具体的处理程序。因此，这只能是“抛砖引玉”的尝试。

本书作者认为，根据21世纪国际经济发展的趋向对国际会计带来的环境影响，“金融和衍生金融工具会计”“外币折算”“合并财务报表”将成为新的三大难题，其间的深层次关联以及对改革会计传统概念的要求，将更加密切和迫切，而“物价变动（通货膨胀）会计”则将退居次要的地位。

七、《会计理论》获福建省社科优秀成果奖一等奖

2007年12月，葛家澍教授与杜兴强教授合著的《会计理论》获得福建省社科优秀成果奖一等奖。该书于2005年由复旦大学出版社出版，其内容包括：

◎《会计理论》封面

会计理论是会计学的重要组成部分，是对会计实务进行解释、预测并指导会计实务应该如何发展的一套知识体系。但是，会计理论现在已经成为一个多义词。马克思主义对理论的定义不同于西方学者。即使在西方，当前也不存在单一的、可以支配一切的理论。早在1966年，AAA曾把会计理论定义为“前后一致地，将假定的、概念上的、实用的诸原理结合在一起，以构成会计研究领域基本框架的参照原则”。在此之前，会计理论基本上是规范的。1966年AAA发表《基本会计理论》（A Statement of Basic Accounting Theory，ASOBAT）的10年后，美国传统的会计研究发生了根本性的变化。虽然规范研究仍然、也必然对会计实务的发展起着主导作用，但运用新思维和新工具

进行会计研究日益成为以美国为代表的西方国家会计学界新秀的主流研究方向。他们的会计理论则是经验的（experience）、实证的（positive）。正如AAA在1977年发表的《会计理论与理论的认可报告》（Statement on Accounting Theory and Theory Acceptance，SOATATA）中指出的："当前和今后，不存在单一、支配性的财务会计理论，其内容丰富到可以有效地涵盖使用者——环境的全部范围。在财务会计文献中，所存在的是可以表述使用者——环境各种差异的一种理论集合（a collection of theories）。"

当代财务会计理论以规范会计理论和实证会计理论为主。后者通常利用会计数据，立足于资本市场，研究与投资者决策和期望，如会计政策的变化、股票价格的变化等变量之间的相关性，并加以证实或证伪。实证会计理论并不研究会计信息如何形成、如何完成财务报告的目标并保证会计信息高质量，而是对会计及其相关现象进行解释与预测；试图描述经济、财务和建立模型，预示财务变化或不同政策的经济后果。实证会计理论试图回答"是什么"。规范会计理论则不同，它不仅注意解释与预测会计实务，而且要制定用于规范、指导较佳或最佳实务的标准，它需要评价不同会计准则的优缺点。除学术界外，对会计工作者尤其是对会计实务工作者而言，以研究财务会计与报告的基本概念为重点的会计理论对准则的制定者、编报者及报告使用者的经济决策可能最为有用。概括地讲，规范会计理论回答"应该是什么"。

获奖证书

编号：07013

经省第七届社会科学优秀成果奖励评审委员会审议通过，决定授予以下成果为福建省第七届社会科学优秀成果。特发此证，以资鼓励。

成果名称：会 计 理 论

成果形式：专　　著

作　　者：葛家澍 杜兴强等

获奖等级：一 等 奖

福建省人民政府

2007年12月

◎《会计理论》获奖证书

《会计理论》目　录

第一篇　概论

第一章　制度·市场·企业·会计

第二章　当代会计理论的发展

第二篇　财务会计概念框架研究

第三章　财务会计概念框架的发展及其作用

第四章　财务会计概念框架：国际比较与综评

第五章　会计基本假设研究

第六章　会计目标

第七章　会计信息质量特征

第八章　会计要素

第九章　会计要素的确认

第十章　会计计量

第十一章　现行财务会计与报告体系

第十二章　现行财务会计与报告模式的缺陷及其改进

第十三章　财务业绩报告的改进及全面收益表

第十四章　财务报告质量评估与高质量的财务报告探讨

第三篇　会计准则相关问题

第十五章　国际领域内会计准则的制定与发展

第十六章　中国会计准则相关问题研究

第十七章　会计准则与 IAS、美国 GAAP 及英国 GAAP 的比较研究

第十八章　原则导向或规则导向的转变：以美国的会计准则制定模式为例

八、《政府财务报告研究》获福建省社科优秀成果奖一等奖

◎《政府财务报告研究》封面

2007年，李建发教授等著的《政府财务报告研究》获得福建省社科优秀成果奖一等奖。

政府财务报告既是国家决策机关和政府主管部门作出宏观决策、制定公共政策、进行公共管理的重要信息来源，也是外部利益相关者了解政府财政 / 财务状况、衡量政府绩效、评价政府受托责任履行情况并作出相关决策的重要信息来源。所以，政府财务报告能否全面、完整、真实、可靠地提供政府财务信息，关系到政府能否科学、准确地制定公共政策，并作出国家宏观决策及其他相关决策。当前，我国正处于经济

社会转轨时期，为了适应社会主义市场经济的发展，政府职能转换、行政管理和财政预算管理体制改革措施相继出台。这些改革措施在很大程度上需要政府财务报告为其提供财务信息。

我国现行的政府财务报告是1997年确立的预算会计报告模式，它虽然在反映政府预算收支执行情况方面有所改进，但由于受预算会计核算内容（对象）、核算基础和核算方法等局限，预算会计报告无法提供全面、完整、真实、可靠的政府财务信息，包括政府受托管理的国家资源、国有资产和权利属于国家或各级政府的其他资产的信息，国家或各级政府负有偿付责任和义务的债务、担保方面的信息，以及政府各部门经管和掌握的政府预算以外的财务收支活动情况等信息。由于财务信息披露不完整、不全面，致使各级政府隐性债务被忽略，国家财务风险和财政风险增大，国有资产流失得不到遏制；由于政府财务信息披露不充分、透明度不高，难以客观评价政府绩效和公共资金使用效益，直接影响国家宏观决策和公共政策的制定，最终势必影响国民经济和社会事业的健康、持续发展。

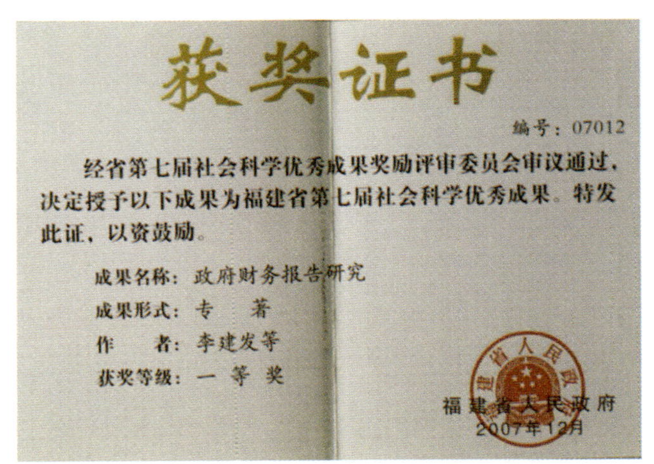

◎《政府财务报告研究》获奖证书

为了适应社会主义市场经济发展的需要，我国政府对行政管理体制和财政预算管理体制进行了一系列改革。改革的目标是顺应国际潮流，建设具有中国特色的公共管理和公共财政体系，这使得政府的公共受托责任更加明确了。政府代表国家行使公共事务管理和公共行政权力，按代表民意的立法机关（人民代表大会）批准的公共预算筹集、使用和管理公共资金，负有不断提高政府绩效和公共资金使用效益、保护公共财产安全和完整、维护并实现公共利益的责任。随着我国国民经济快速、持续发展，公共财政规模不断扩大，政府经济活动日益复杂，从而加重了政府的公共受托责任，特别是政府审计公开披露政府公共财政管理和公共部门财务管理中存在的一些严重问题后，如何加强公共财政、公共财务和国有资产管理，如何提高政府绩效，督促政府依法履行公共受托责任，将面临极大的挑战。而通过建立科学规范的政府财务报告体系，充分披露政府财务信息，并做到公开透明，这不仅是促进政府加强公共财政、公共财务管理，不断提高管理水平的内在要求，也是立法机关、监督机关和社会公众对政府公共财政、公共财务活动实施监督的客观需要。

我们正处于经济全球化的时代，国际经济竞争更加白热化。而国际经济竞争实质上是综合国力的竞争、政府管理能力的竞争。为了提高国际竞争力，增强综合国力和政府管理能力，各国政府除了不断改革和完善经济体制外，也极力推动政府管理改革。为此，旨在提高政府管理能力和管理水平的新公共管理运动自20世纪七八十年代在英美等国家率先兴起后，已迅速成为一种全球性的政府管理改革潮流。新公共管理运动倡导用企业家精神来改造政府，用经济学理论和工商管理技术方法来改善政府公共管理和提高政府管理水平，并通过引入竞争机制、实施公共服务外包和民营化改革来打破政府垄断，以达到压缩政府规模、削减公共预算、减少公共支出、提高政府绩效、提高公共资金使用效益和增进公共福利的目的。经济全球化、新公共管理运动的掀起，使政府财务报告面临着新的挑战，同时也推动了政府会计与财务报告的发展：一方面，为了满足政府公共管理对政府财务信息的需求，全面反映政府的财务状况，客观考核政府绩效，评价受托责任履行情况，世界各国都大力推动政府会计改革，并逐步将现金制政府会计改为应计制政府会计；另一方面，为了促进和加强政府间的经济往来与合作，国际会计师联合会（IFAC）公共部门委员会正致力于制定一套适用于各国政府公共部门主体的国际公共部门会计准则（IPSASs），并对政府财务报告提出了规范要求，以提供国际可比的政府财务信息。此外，在新公共管理实践的推动下，社会公众的权利意识和参与意识明显增强，对政府财务信息的需求明显增加，要求政府完善财务报告体系，充分披露政府财务信息，不断提高财政透明度。我国不仅是国际社会的重要成员，也是IFAC的主要成员，不仅有义务遵循IFAC制定的旨在提高财政透明度和政府财务信息国际可比的国际公共部门会计准则，而且也应当顺应政府管理改革的国际潮流，积极改革我国现行的预算会计报告，建立科学规范的政府财务报告体系。

基于上述认识，作者在对承担财政部会计准则委员会2003年度重点课题“政府财务会计报告问题研究”所提交的研究报告基础上撰写了本书，试图通过对政府财务报告相关问题的深入研究，为建立具有中国特色和国际可比的政府财务报告体系及相应的改革措施提出政策建议。本书共十章，除第一章和第十章外，分三个层次对政府财务报告进行研究：第二、三、四章主要研究政府财务报告的外部环境及其对政府财务报告改革的要求；第五、六、七章主要研究政府财务报告目标及与之相应的政府会计与财务报告模式等问题；第八、九章侧重研究政府财务报告框架及政府财务信息质量保障体系建设等问题。各章的主要内容如下：

第一章“政府财务报告研究框架”。本章在分析政府财务报告的重要意义、国际政府会计与财务报告的发展概况、我国现行预算会计与报告的不足，以及新的政治经济环境要求改革现行的预算会计与报告等内容的基础上，提出政府财务报告的研究思路及研究框架。

第二章“财政透明度、信息公开披露与政府财务报告体系建设”。本章主要研究政府的执政环境，财政透明度与信息公开披露要求，以及政府财务报告体系建设等问题。

第三章“公共受托责任、新公共管理运动与我国公共管理改革”。本章主要从社会主义市场经济体制建设的角度，探讨政府公共管理体制改革问题，并结合新公共管理运动论述公共政策、公共选择与公共决策对财务信息的需求，论证政府财务报告在公共管理特别是公共财务管理中的重要作用。

第四章“公共财务受托责任与公共部门财务管理”。本章主要介绍公共部门财务活动与公共部门财务管理活动，探讨公共部门财务管理在公共管理中的地位、公共部门财务管理理论，并从制度变迁角度探讨了加强公共部门财务管理的现实意义，从作为公共财务管理技术方法的角度探讨了政府财务报告对促进公共部门财务管理发展的重要性。

第五章“政府财务报告目标理论”。本章主要探讨政府财务报告的一些基本理论问题，包括财务信息使用者、使用者的决策类型，对政府财务报告信息的需求，以及政府财务报告如何提供有助于相关决策的财务信息。

第六章“政府财务报告与政府会计”。本章着重探讨财务信息的加工和生成机理，即信息从确认、计量、记录到报告的过程。同时，从政府承担的公共财务受托责任角度探讨政府会计对象（即范围）、政府会计确认基础和会计模式等问题。

第七章“政府财务报告模式”。本章在对政府财务报告模式的相关问题进行探讨的基础上，着重研究政府各层面的财务报告问题，介绍国外政府财务报告模式的演变及发展趋势，并对有中国特色的政府财务报告模式问题进行了专门研究。

第八章“政府财务报告框架”。本章在第七章研究的基础上，重点探讨不同民主政治下的政府财务报告导向，并结合我国当前的改革实际和国际通行的惯例，提出我国政府对内财务报告框架，以及未来对外财务报告的内容和层次安排。

第九章“政府财务信息质量及其保障体系”。本章探讨政府财务（会计）信息的质量特征，并就政府财务信息质量保障体系及建设思路问题进行了研究。

第十章“从预算会计报告到政府财务报告”。本章是全书的研究结论，并就如何改革预算会计报告、建立政府财务报告体系、政府会计改革的相关问题、如何从预算会计报告发展为政府财务报告，以及相关的法规制度保障等问题进行了探讨。

九、2000—2008年厦门大学会计学系教师获福建省社科优秀成果二等奖和三等奖的证书（部分）

获奖证书

编号：07060

经省第七届社会科学优秀成果奖励评审委员会审议通过，决定授予以下成果为福建省第七届社会科学优秀成果。特发此证，以资鼓励。

成果名称：公司治理生态与会计信息产权博弈研究

成果形式：专　著

作　者：杜兴强

获奖等级：二等奖

福建省人民政府

2007年12月

获奖证书

编号：06065

经省第六届社会科学优秀成果奖励评审委员会审议通过，决定授予以下成果为福建省第六届社会科学优秀成果。特发此证，以资鼓励。

成果名称：“公司治理生态与会计信息的可靠性问题研究”等6篇

成果形式：系列论文

作　者：杜兴强

获奖等级：二等奖

福建省人民政府

2005年11月

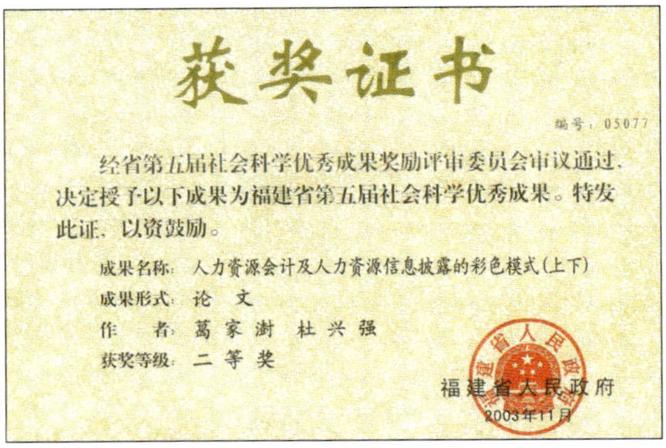
获奖证书

编号：05077

经省第五届社会科学优秀成果奖励评审委员会审议通过，决定授予以下成果为福建省第五届社会科学优秀成果。特发此证，以资鼓励。

成果名称：人力资源会计及人力资源信息披露的彩色模式（上下）

成果形式：论　文

作　　者：葛家澍　杜兴强

获奖等级：二等奖

福建省人民政府

2003年11月

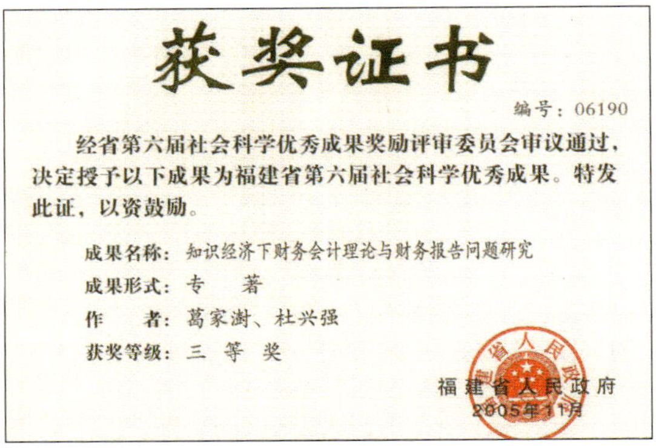
获奖证书

编号：06190

经省第六届社会科学优秀成果奖励评审委员会审议通过，决定授予以下成果为福建省第六届社会科学优秀成果。特发此证，以资鼓励。

成果名称：知识经济下财务会计理论与财务报告问题研究

成果形式：专　著

作　　者：葛家澍、杜兴强

获奖等级：三等奖

福建省人民政府

2005年11月

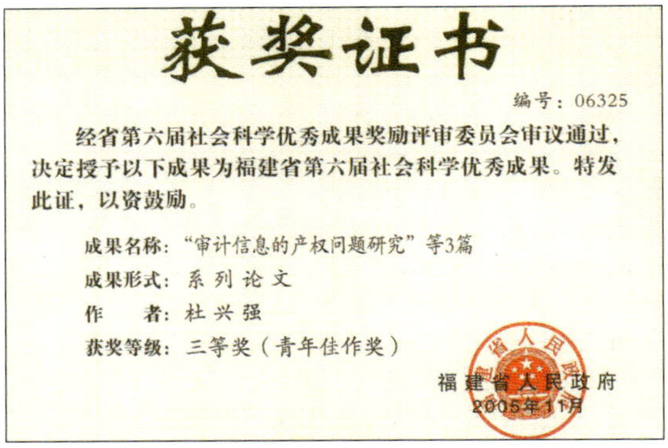
获奖证书

编号：06325

经省第六届社会科学优秀成果奖励评审委员会审议通过，决定授予以下成果为福建省第六届社会科学优秀成果。特发此证，以资鼓励。

成果名称："审计信息的产权问题研究"等3篇

成果形式：系列论文

作　　者：杜兴强

获奖等级：三等奖（青年佳作奖）

福建省人民政府

2005年11月

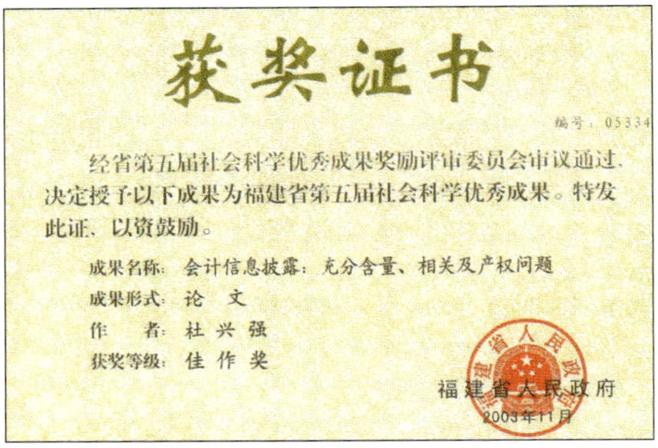
获奖证书

编号：05334

经省第五届社会科学优秀成果奖励评审委员会审议通过，决定授予以下成果为福建省第五届社会科学优秀成果。特发此证，以资鼓励。

成果名称：会计信息披露：充分含量、相关及产权问题

成果形式：论　文

作　　者：杜兴强

获奖等级：佳作奖

福建省人民政府

2003年11月

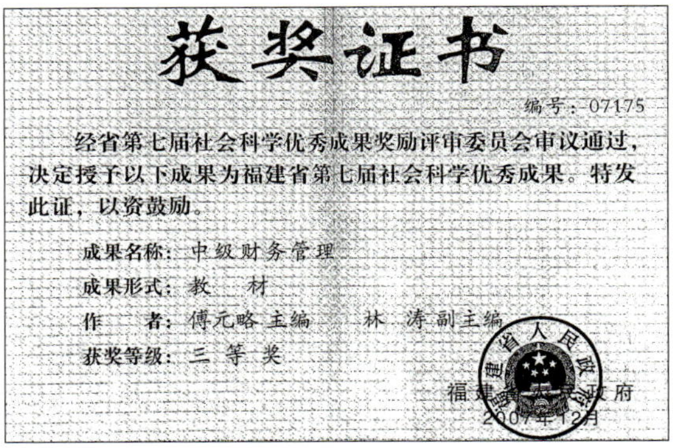
获奖证书

编号：07175

经省第七届社会科学优秀成果奖励评审委员会审议通过，决定授予以下成果为福建省第七届社会科学优秀成果。特发此证，以资鼓励。

成果名称：中级财务管理

成果形式：教　材

作　　者：傅元略主编　　林　涛副主编

获奖等级：三等奖

福建省人民政府

2007年12月

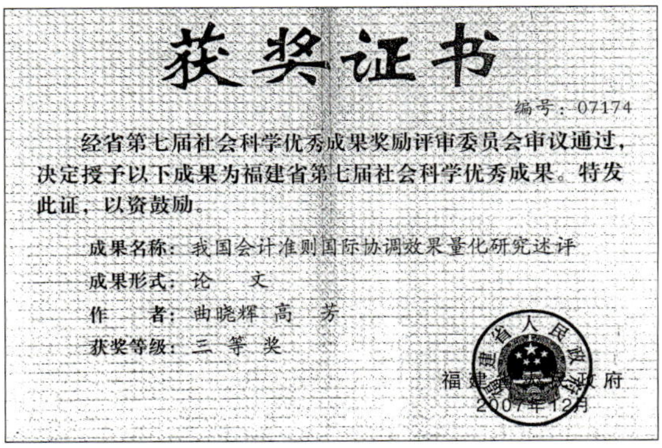
获奖证书

编号：07174

经省第七届社会科学优秀成果奖励评审委员会审议通过，决定授予以下成果为福建省第七届社会科学优秀成果。特发此证，以资鼓励。

成果名称：我国会计准则国际协调效果量化研究述评

成果形式：论　文

作　　者：曲晓辉　高　芳

获奖等级：三等奖

福建省人民政府

2007年12月

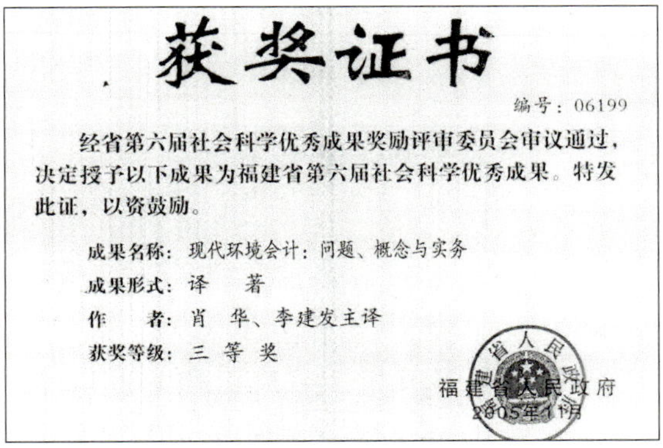
获奖证书

编号：06199

经省第六届社会科学优秀成果奖励评审委员会审议通过，决定授予以下成果为福建省第六届社会科学优秀成果。特发此证，以资鼓励。

成果名称：现代环境会计：问题、概念与实务

成果形式：译　著

作　　者：肖　华、李建发主译

获奖等级：三等奖

福建省人民政府

2005年11月

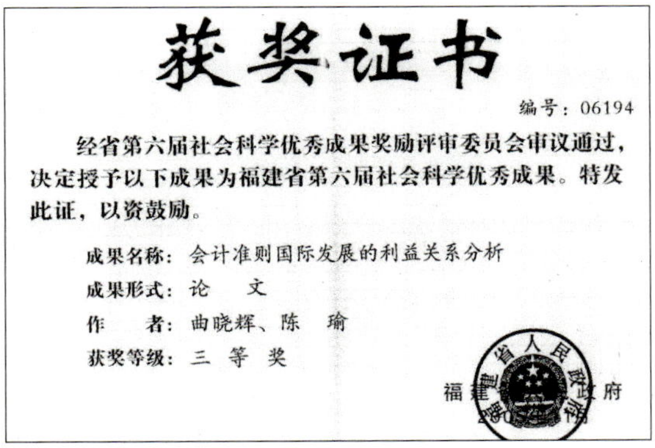
获奖证书

编号：06194

经省第六届社会科学优秀成果奖励评审委员会审议通过，决定授予以下成果为福建省第六届社会科学优秀成果。特发此证，以资鼓励。

成果名称：会计准则国际发展的利益关系分析

成果形式：论　文

作　　者：曲晓辉、陈　瑜

获奖等级：三等奖

福建省人民政府

2005年11月

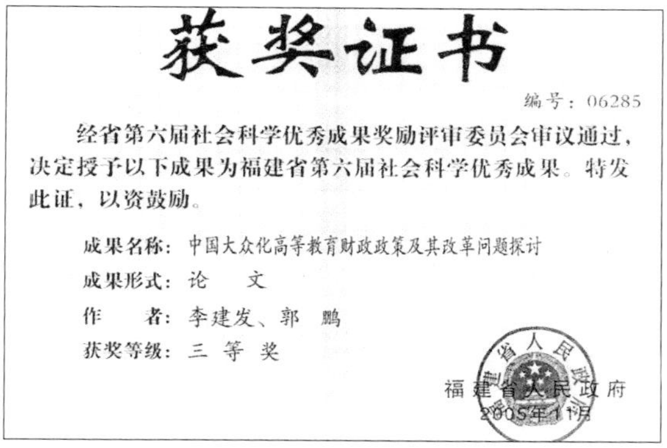

获奖证书

编号：06285

经省第六届社会科学优秀成果奖励评审委员会审议通过，决定授予以下成果为福建省第六届社会科学优秀成果。特发此证，以资鼓励。

成果名称：中国大众化高等教育财政政策及其改革问题探讨
成果形式：论　文
作　　者：李建发、郭　鹏
获奖等级：三 等 奖

福建省人民政府
2005年11月

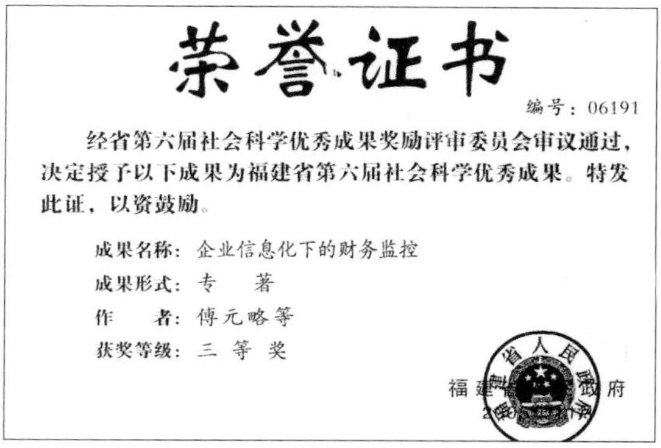

荣誉证书

编号：06191

经省第六届社会科学优秀成果奖励评审委员会审议通过，决定授予以下成果为福建省第六届社会科学优秀成果。特发此证，以资鼓励。

成果名称：企业信息化下的财务监控
成果形式：专　著
作　　者：傅元略等
获奖等级：三 等 奖

福建省人民政府

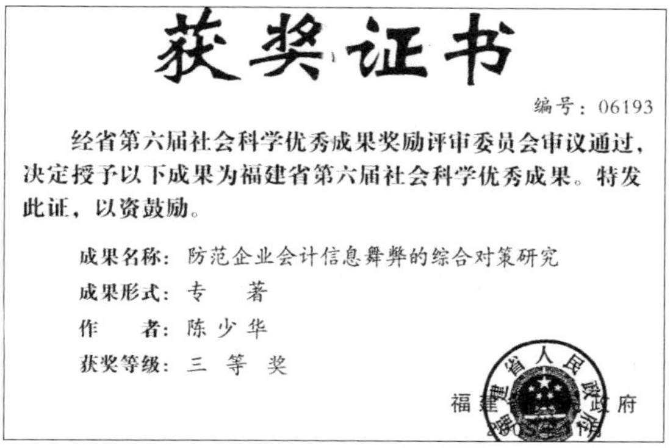

获奖证书

编号：06193

经省第六届社会科学优秀成果奖励评审委员会审议通过，决定授予以下成果为福建省第六届社会科学优秀成果。特发此证，以资鼓励。

成果名称：防范企业会计信息舞弊的综合对策研究
成果形式：专　著
作　　者：陈少华
获奖等级：三 等 奖

福建省人民政府

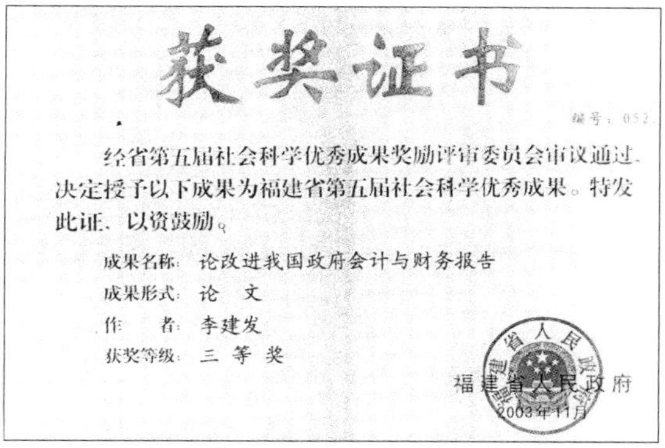

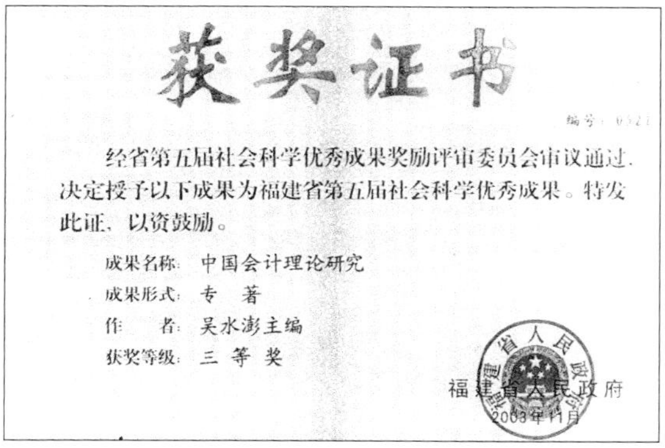

获奖证书

编号：052

经省第五届社会科学优秀成果奖励评审委员会审议通过，决定授予以下成果为福建省第五届社会科学优秀成果。特发此证，以资鼓励。

成果名称：论改进我国政府会计与财务报告
成果形式：论　文
作　　者：李建发
获奖等级：三 等 奖

福建省人民政府
2003年11月

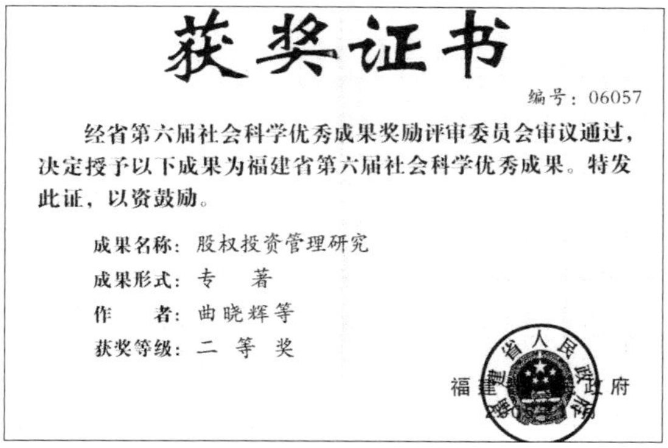

获奖证书

编号：06057

经省第六届社会科学优秀成果奖励评审委员会审议通过，决定授予以下成果为福建省第六届社会科学优秀成果。特发此证，以资鼓励。

成果名称：股权投资管理研究
成果形式：专　著
作　　者：曲晓辉等
获奖等级：二 等 奖

福建省人民政府

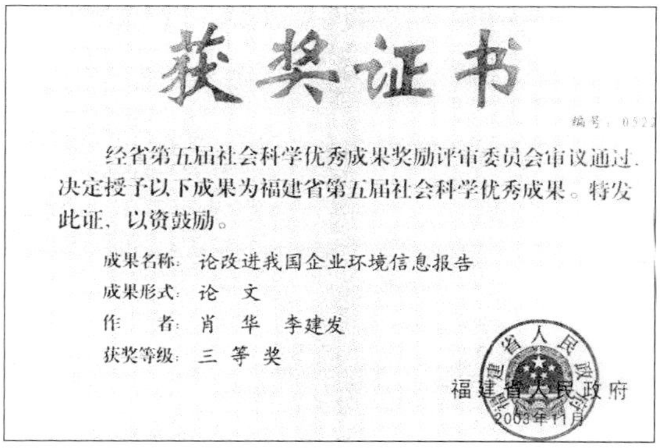

获奖证书

编号：0522

经省第五届社会科学优秀成果奖励评审委员会审议通过，决定授予以下成果为福建省第五届社会科学优秀成果。特发此证，以资鼓励。

成果名称：论改进我国企业环境信息报告
成果形式：论　文
作　　者：肖　华　李建发
获奖等级：三 等 奖

福建省人民政府
2003年11月

获奖证书

编号：0521

经省第五届社会科学优秀成果奖励评审委员会审议通过，决定授予以下成果为福建省第五届社会科学优秀成果。特发此证，以资鼓励。

成果名称：中国会计理论研究
成果形式：专　著
作　　者：吴水澎主编
获奖等级：三 等 奖

福建省人民政府
2003年11月

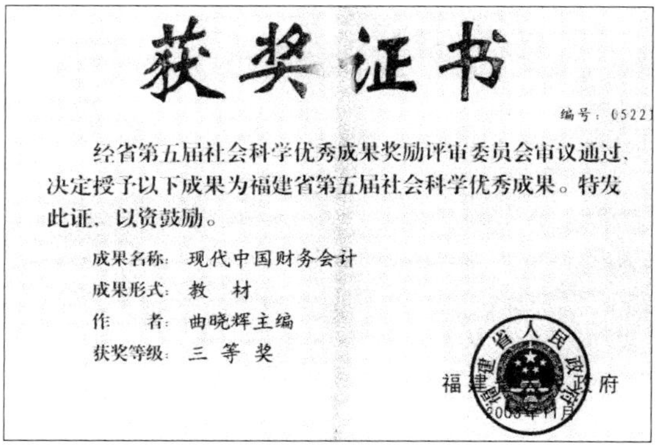

获奖证书

编号：05221

经省第五届社会科学优秀成果奖励评审委员会审议通过，决定授予以下成果为福建省第五届社会科学优秀成果。特发此证，以资鼓励。

成果名称：现代中国财务会计
成果形式：教　材
作　　者：曲晓辉主编
获奖等级：三 等 奖

福建省人民政府
2003年11月

获奖证书

编号：05079

经省第五届社会科学优秀成果奖励评审委员会审议通过，决定授予以下成果为福建省第五届社会科学优秀成果。特发此证，以资鼓励。

成果名称：市场、政府与会计监管

成果形式：论　文

作　　者：黄世忠　杜兴强　张胜芳

获奖等级：二　等　奖

福建省人民政府

2003年11月

获奖证书

编号：05056

经省第五届社会科学优秀成果奖励评审委员会审议通过，决定授予以下成果为福建省第五届社会科学优秀成果。特发此证，以资鼓励。

成果名称：投资估价原理

成果形式：教　材

作　　者：主编：黄良文　副主编：高鸿桢　杜兴强

获奖等级：二　等　奖

福建省人民政府

2003年11月

福建省第四届社会科学优秀成果奖

获奖证书

为了表彰在社会科学研究中作出显著贡献者，特发此证，以资鼓励。

福建省人民政府

2000年12月

成果名称：中级财务会计学

成果形式：教材

作者姓名：葛家澍主编、黄世忠、刘峰、陈少华、方荣义副主编

获奖等级：二等奖

证书编号：04035

福建省第四届社会科学优秀成果奖

获奖证书

为了表彰在社会科学研究中作出显著贡献者，特发此证，以资鼓励。

福建省人民政府

成果名称：实证会计理论

成果形式：译著

作者姓名：陈少华、黄世忠、陈光、陈箭深

获奖等级：三等奖

证书编号：04150

福建省第四届社会科学优秀成果奖

获奖证书

为了表彰在社会科学研究中作出显著贡献者，特发此证，以资鼓励。

福建省人民政府

2000年12月

成果名称：会计准则研究——借鉴与反思

成果形式：专著

作者姓名：曲晓辉、陈少华、杨金忠等著

获奖等级：三等奖

证书编号：04149

福建省第四届社会科学优秀成果奖

获奖证书

为了表彰在社会科学研究中作出显著贡献者，特发此证，以资鼓励。

福建省人民政府

成果名称：企业财务报告理论与实务研究

成果形式：专著

作者姓名：陈少华

获奖等级：三等奖

证书编号：04151

◎2000—2008年厦门大学会计学系教师获福建省社科优秀成果奖二、三等奖的证书（部分）

十、2000—2008年厦门大学会计学系教师所获的重要科研项目①

（一）2000—2008年厦门大学会计学系教师所获的国家自然（社会）科学基金项目

2000—2008年，厦门大学会计学系教师共获得18项国家自然科学基金项目和国家社科基金。

① 仅包括国家自然科学基金与国家社科基金等国家级课题，以及教育部、福建省等省部级重点与重大项目，未包括省部级一般项目。

◎ 2000—2008年厦门大学会计学系教师获得的国家自然／社会科学基金项目

序号	批准号	项目名称	负责人	资助类别	年度
1	00BJY016	企业信息化环境下的财务监控机制研究	傅元略	国家社会科学基金一般项目	2000
2	00BJY015	防范企业会计信息舞弊的综合对策研究	陈少华	国家社会科学基金一般项目	2000
3	01BJY013	我国上市公司内部会计控制与会计信息质量研究	唐予华	国家社会科学基金一般项目	2001
4	70172047	基于价值链的网络财务管理研究	傅元略	国家自然科学基金面上项目	2002
5	70272015	市场经济条件下非盈利组织财务管理问题研究	李建发	国家自然科学基金面上项目	2002
6	02BJY021	加入WTO与我国会计准则体系建设	葛家澍	国家社会科学基金一般项目	2002
7	70202012	公司治理、受托责任与审计委员会制度研究	陈汉文	国家自然科学基金青年科学基金项目	2002
8	02CJY005	加入WTO与中国上市商业银行会计信息披露制度改革	陈汉文	国家社会科学基金青年项目	2002
9	70302012	公司治理生态、会计信息产权及上市公司经营者行为的会计审计制衡机制	杜兴强	国家自然科学基金青年科学基金项目	2003
10	70341034	注册会计师事务所的政府监管及行业自律：案例分析与实证研究	杜兴强	国家自然科学专项基金项目	2003
11	70572091	国际会计量化方法研究	曲晓辉	国家自然科学基金面上项目	2005
12	05BJY014	企业集群协同产品成本控制及其财务协同效应的内在机制研究	傅元略	国家社会科学基金一般项目	2005
13	70672101	中国证券审计市场的结构、行为与绩效研究	陈汉文	国家自然科学基金面上项目	2006
14	06BJY058	公司治理全球趋同研究	李明辉	国家社会科学基金一般项目	2006
15	06BJY018	中国资本市场上市公司表外信息披露制度研究	葛家澍	国家社会科学基金一般项目	2006
16	07CJY010	会计准则、会计信息质量与会计信息的契约有用性研究	杜兴强	国家社会科学基金青年项目	2007
17	07BJY027	投资者保护、公司治理与我国证券市场资源配置效率研究	陈汉文	国家社会科学基金一般项目	2007
18	70872096	跨企业边界的成本协同管理与价值创造驱动因素研究	傅元略	国家自然科学基金面上项目	2008

（二）2000—2008年厦门大学会计学系教师所获的教育部人文社科基地重大项目

2000—2008年，厦门大学会计学系教师共获得15项教育部人文社科基地重大项目。

◎ 2000—2008年厦门大学会计学系教师获得的教育部人文社科基地重大项目

序号	批准号	项目名称	负责人	资助类别	年度
1	2001ZDXM630001	公司财务报告问题研究	陈少华 葛家澍	重点研究基地重大项目	2001
2	01JAZJD630004	证券市场舞弊审计技术方法及规范研究	黄世忠	重点研究基地重大项目	2001
3	2001ZDXM630002	企业集团财务与会计问题研究	曲晓辉 傅元略	重点研究基地重大项目	2001
4	01JAZJD630005	公司董事会、监事会效率与内控机制研究	吴水澎	重点研究基地重大项目	2001
5	02JAZJD630008	企业财务舞弊及其对策研究	陈汉文	重点研究基地重大项目	2002
6	02JAZJD630007	企业创新（体制创新、技术创新、组织创新）与管理会计创新的相关研究	傅元略 余绪缨	重点研究基地重大项目	2002
7	05JJD630003	企业内部激励、约束机制与会计问题研究	陈少华	重点研究基地重大项目	2004
8	05JJD630004	中国财务会计概念框架研究	葛家澍 杜兴强	重点研究基地重大项目	2004
9	05JJD630029	网络化环境下的财务风险分析和财务协同管理效应研究	傅元略	重点研究基地重大项目	2005
10	05JJD630030	我国会计准则的国际协调效果研究	曲晓辉	重点研究基地重大项目	2005
11	06JJD630018	基于绩效管理的应计制政府会计改革问题研究	李建发	重点研究基地重大项目	2006
12	06JJD630019	网络化条件下的会计系统流程再造及其控制	庄明来	重点研究基地重大项目	2006
13	07JJD630008	“创意经济”与管理及管理会计创新问题研究	余绪缨 傅元略	重点研究基地重大项目	2007
14	08JJD630010	我国会计准则国际趋同效果检验	曲晓辉	重点研究基地重大项目	2008
15	08JJD630012	盈余持续性与公司价值	孙　谦	重点研究基地重大项目	2008

十一、2000—2008年厦门大学会计学系教师发表在中文重要期刊的论文[①]

2000—2008年，厦门大学会计学系教师共计发表重要期刊论文118篇，部分论文获得福建省社科优秀成果奖，部分论文被CSSCI期刊广泛引用。

◎ 2000—2008年会计学系教师的代表性中文学术论文

序号	姓名	文章标题	期刊名称	卷期/页码
1	蔡　宁 魏明海 路晓燕	投资者保护变迁与会计改革的共生互动性	会计研究	2008年第3期 第19～26页， 第95页
2	常　勋	解读国际会计协调化	会计研究	2003年第12期 第3～7页， 第64页
3	常　勋	商誉会计面面观	财务与会计	2005年第12期 第17～19页
4	陈汉文 陈向民	证券价格的事件性反应——方法、背景和基于中国证券市场的应用	经济研究	2002年第1期 第40～47页， 第95页
5	陈汉文 夏文贤	独立董事制度与会计信息质量控制——利用博弈理论进行的解释	厦门大学学报（哲学社会科学版）	2003年第5期 第94～100页
6	陈汉文　吴益兵 李　荣　徐臻真	萨班斯法案404条款：后续进展	会计研究	2005年第2期 第82～86页
7	陈汉文 刘启亮 余劲松	国家、股权结构、诚信与公司治理	管理世界	2005年第8期 第135～142页
8	杜兴强 李　文	人力资源会计的理论基础及其确认与计量	会计研究	2000年第6期 第30～36页
9	杜兴强	会计信息产权的基本逻辑及其博弈	会计研究	2002年第2期 第52～58页
10	杜兴强	国有企业会计信息产权的畸形性及其解读	会计研究	2003年第2期 第16～20页
11	杜兴强	我国上市公司管理当局对会计准则的态度及其对策	会计研究	2003年第7期 第16～20页
12	杜兴强	公司治理生态与会计信息的可靠性问题研究	会计研究	2004年第7期 第44～49页
13	杜兴强 王丽华	高层管理当局薪酬与上市公司业绩的相关性实证研究	会计研究	2007年第1期 第58～66页

① 2000—2008年会计学系教师发表的全部论文见之后章节的列表统计。

续表

序号	姓名	文章标题	期刊名称	卷期／页码
14	傅元略	企业智力资产效益贡献的综合评价	会计研究	2000年第10期第43～45页
15	傅元略	企业集团财务资源协同管理效应的度量	中国工业经济	2003年第9期第66～72页
16	傅元略	价值管理的新方法：基于价值流的战略管理会计	会计研究	2004年第6期第48～52页，第96页
17	葛家澍	中国会计学会成立以来的我国会计理论研究	会计研究	2000年第4期第12～23页
18	葛家澍	什么是会计理论——规范会计理论的一种观点	会计研究	2000年第10期第2～7页
19	葛家澍	关于高质量会计准则和企业财务业绩报告改进的新动向	会计研究	2000年第12期第2～8页
20	葛家澍	关于我国会计制度和会计准则的制定问题	会计研究	2001年第1期第4～8页，第64页
21	葛家澍	国际会计的一个新动向——近几年美国SEC FASB和IASC在提高会计准则质量方面的努力	中国工会财会	2001年第6期第3页
22	葛家澍	国际会计准则委员会核心准则的未来——美国SEC和FASB的反应	会计研究	2001年第8期第3～9页，第65页
23	葛家澍 杜兴强	人力资源会计及人力资源信息披露的彩色模式（上）	财会通讯	2001年第11期第3～7页
24	葛家澍 陈守德	财务报告质量评估的探讨	会计研究	2001年第11期第9～18页
25	葛家澍 杜兴强	人力资源会计及人力资源信息披露的彩色模式（下）	财会通讯	2001年第12期第3～5页
26	葛家澍	关于财务会计基本假设的重新思考	会计研究	2002年第1期第5～10页，第64页
27	葛家澍	会计确认、计量与收入确认	会计研究	2002年第1期第3～13页
28	葛家澍 黄世忠	安然事件的反思——对安然公司会计审计问题的剖析	会计研究	2002年第2期第3～11页，第65页
29	葛家澍	关于高质量会计准则的几个问题	会计研究	2002年第7期第3～6页
30	葛家澍	美国安然事件的经济背景分析	会计研究	2003年第1期第9～14页，第65页

续表

序号	姓名	文章标题	期刊名称	卷期／页码
31	葛家澍	财务会计的本质、特点及其边界	会计研究	2003年第3期第3～7页，第65页
32	葛家澍 杜兴强	财务会计的基本概念、基本特征与基本程序（一）	财会通讯	2003年第7期第3～7页
33	葛家澍 杜兴强	财务会计的基本概念、基本特征与基本程序（二）	财会通讯	2003年第8期第3～8页
34	葛家澍 杜兴强	财务会计的基本概念、基本特征与基本程序（三）	财会通讯	2003年第9期第3～7页
35	葛家澍 杜兴强	财务会计的基本概念、基本特征与基本程序（四）	财会通讯	2003年第11期第8～12页
36	葛家澍	回顾与评介——AICPA关于财务会计概念的研究	会计研究	2003年第11期第51～57页，第65页
37	葛家澍 杜兴强	财务会计的基本概念、基本特征与基本程序（五）	财会通讯	2003年第12期第13～15页
38	葛家澍 杜兴强	财务会计的基本概念、基本特征与基本程序（六）	财会通讯	2004年第1期第7～9页
39	葛家澍	建立中国财务会计概念框架的总体设想	会计研究	2004年第1期第9～19页，第96页
40	葛家澍 杜兴强	财务会计的基本概念、基本特征与基本程序（七）	财会通讯	2004年第3期第9～12页
41	葛家澍 杜兴强	财务会计的基本概念、基本特征与基本程序（八）	财会通讯	2004年第5期第16～17页
42	葛家澍	财务会计概念框架研究的比较与综评	会计研究	2004年第6期第3～10页
43	葛家澍 杜兴强	财务会计的基本概念、基本特征与基本程序（九）	财会通讯	2004年第7期第6～10页
44	葛家澍 杜兴强	现行财务会计与报告的缺陷及改进（上）	财会通讯	2004年第9期第17～19页
45	葛家澍 杜兴强	现行财务会计与报告的缺陷及改进（下）	财会通讯	2004年第11期第15～17页
46	葛家澍 杜兴强	人力资源会计相关问题探讨（上）	财会通讯	2004年第13期第14～17页
47	葛家澍 杜兴强	人力资源会计相关问题探讨（下）	财会通讯	2004年第15期第12～14页
48	葛家澍 杜兴强	无形资产会计的相关问题：综评与探讨（上）	财会通讯	2004年第17期第10～12页
49	葛家澍 杜兴强	无形资产会计的相关问题：综评与探讨（下）	财会通讯	2004年第19期第16～19页

续表

序号	姓名	文章标题	期刊名称	卷期 / 页码
50	葛家澍 杜兴强	关于会计信息的相关性和可靠性问题的思考（上）	财会通讯	2004年第21期 第8～10页
51	葛家澍	会计史研究领域内的一次新突破——《会计史研究》一、二卷读后感	会计研究	2005年第1期 第88～89页
52	葛家澍　叶丰滢 陈秧秧　徐　跃	如何评价美国FASB的财务会计概念框架?	会计研究	2005年第4期 第82～87页， 第96页
53	葛家澍	实质重于形式 欲速则不达——分两步走制定中国的财务会计概念框架	会计研究	2005年第7期 第6～10页
54	葛家澍	创新与趋同相结合的一项准则——评我国新颁布的《企业会计准则——基本准则》	会计研究	2006年第3期 第3～6页， 第95页
55	葛家澍 徐　跃	会计计量属性的探讨——市场价格、历史成本、现行成本与公允价值	会计研究	2006年第9期 第7～14页， 第95页
56	葛家澍 张金若	FASB与IASB联合趋同框架（初步意见）的评介	会计研究	2007年第2期 第3～10页， 第91页
57	葛家澍	关于《中国会计学会第七届理事会科研规划》的说明	会计研究	2007年第7期 第70～72页
58	葛家澍	关于在财务会计中采用公允价值的探讨	会计研究	2007年第11期 第3～8页， 第95页
59	葛家澍 占美松	企业财务报告分析必须着重关注的几个财务信息——流动性、财务适应性、预期现金净流入、盈利能力和市场风险	会计研究	2008年第5期 第3～9页， 第95页
60	黄志忠 陈　龙	中国上市公司盈利成长规律实证分析	经济研究	2000年第12期 第11～19页， 第76页
61	黄世忠	论资不抵债子公司的报表合并问题	会计研究	2002年第1期 第34～36页
62	黄世忠 陈建明	美国财务舞弊症结探究	会计研究	2002年第10期 第24～32页， 第65页
63	黄世忠 杜兴强 张胜芳	市场政府与会计监管	会计研究	2002年第12期 第3～11页， 第65页
64	黄世忠 李忠林 邵蓝兰	国际会计准则改革：回顾与展望	会计研究	2002年第6期 第5～11页， 第65页
65	黄世忠	巨额冲销与信号发送——中美典型案例比较研究	会计研究	2002年第8期 第10～21页， 第65页
66	黄世忠 叶丰滢	美国南方保健公司财务舞弊案例剖析——萨班斯—奥克斯利法案颁布后美国司法部督办的第一要案	会计研究	2003年第6期 第59～63页

续表

序号	姓名	文章标题	期刊名称	卷期／页码
67	李建发	论改进我国政府会计与财务报告	会计研究	2001年第6期 第9～16页， 第65页
68	李建发 肖　华	我国企业环境报告：现状、需求与未来	会计研究	2002年第4期 第42～50页
69	李建发 肖　华	公共财务管理与政府财务报告改革	会计研究	2004年第9期 第7～10页， 第97页
70	李建发	规范民间非营利组织会计行为促进非营利事业蓬勃发展——学习《民间非营利组织会计制度》的几点体会	会计研究	2004年第11期 第3～7页
71	李明辉	亟待发展的法务会计	法学	2004年第4期 第87～95页
72	林志军	会计是一种管理活动	会计研究	1982年第3期 第61～64页， 第53页
73	刘　峰 林　斌	会计师事务所脱钩与政府选择：一种解释	会计研究	2000年第2期 第9～15页
74	刘　峰 魏明海	公司控制权市场问题：君安与万科之争的再探讨	管理世界	2001年第5期 第187～190页， 第204页
75	刘　峰	制度安排与会计信息质量——红光实业的案例分析	会计研究	2001年第7期 第7～15页， 第65页
76	刘　峰 许　菲	风险导向型审计·法律风险·审计质量——兼论“五大”在我国审计市场的行为	会计研究	2002年第2期 第21～27页， 第65页
77	刘　峰　谢　莹 毕秀玲　王　健	换股合并与资本市场效率——新潮实业与新牟股份换股合并的案例分析	管理世界	2002年第4期 第122～128页， 第136页
78	刘　峰 张立民 雷科罗	我国审计市场制度安排与审计质量需求——中天勤客户流向的案例分析	会计研究	2002年第12期 第22～27页， 第50～65页
79	刘　峰 吴　风 钟瑞庆	会计准则能提高会计信息质量吗——来自中国股市的初步证据	会计研究	2004年第5期 第8～19页， 第97页
80	刘　峰 贺建刚 魏明海	控制权、业绩与利益输送——基于五粮液的案例研究	管理世界	2004年第8期 第102～110页， 第118页
81	刘　峰 王　兵	什么决定了利润差异：会计准则还是职业判断?——来自中国A、B股市场的初步证据	会计研究	2006年第3期 第25～33页， 第95页
82	刘　峰 周福源	国际四大意味着高审计质量吗——基于会计稳健性角度的检验	会计研究	2007年第3期 第79～87页， 第94页

续表

序号	姓名	文章标题	期刊名称	卷期 / 页码
83	刘　峰 钟瑞庆 金　天	弱法律风险下的上市公司控制权转移与“抢劫”——三利化工掏空通化金马案例分析	管理世界	2007年第12期 第106～116页， 第135页
84	卢永华 杨晓军	公允价值计量属性研究	会计研究	2000年第4期 第60～62页
85	卢永华	会计理论研究方法的哲学思考	会计研究	2000年第6期 第52～53页
86	曲晓辉	如何理解中国特色的会计	会计研究	2000年第2期 第2～8页
87	曲晓辉	中国特色的会计解读	会计研究	2000年第4期 第36～40页
88	曲晓辉　杨金忠 肖　虹　肖　华 王　平　林朝华 谢　军　李明辉	论企业集团分权化管理及其内部转移定价机制运用	会计研究	2001年第5期 第3～8页
89	曲晓辉	我国会计国际化进程刍议	会计研究	2001年第9期 第9～15页
90	曲晓辉 陈　瑜	会计准则国际发展的利益关系分析	会计研究	2003年第1期 第45～51页
91	曲晓辉 李明辉	论会计准则的法律地位	会计研究	2004年第5期 第20～24页
92	曲晓辉 高　芳	我国会计准则国际协调效果量化研究述评	会计研究	2006年第2期 第14～18页
93	曲晓辉 邱月华	强制性制度变迁与盈余稳健性——来自深沪证券市场的经验证据	会计研究	2007年第7期 第20～28页
94	桑士俊	关于企业分部财务报告	会计研究	2000年第2期 第26～30页
95	桑士俊	分部报告的分析与利用	会计研究	2002年第8期 第46～49页
96	桑士俊 吴德胜 吕斐适	公司治理机制与公司治理效率——基于公司治理成本的分析	会计研究	2007年第6期 第84～86页
97	孙丽影 杜兴强	公允价值信息披露的管制安排	会计研究	2008年第11期 第29～34页
98	唐松华	企业会计政策选择的经济学分析——必然性·影响因素·立场	会计研究	2000年第3期 第18～23页
99	王光远 吴联生	中国会计理论研究：回顾与展望	会计研究	2000年第10期 第8～12页
100	吴联生	投资者对上市公司会计信息需求的调查分析	经济研究	2000年第4期 第41～48页， 第78～79页

续表

序号	姓名	文章标题	期刊名称	卷期 / 页码
101	吴水澎 陈汉文 邵贤弟	企业内部控制理论的发展与启示	会计研究	2000年第5期 第2～8页
102	吴水澎 陈汉文 邵贤弟	论改进我国企业内部控制——由“亚细亚”失败引发的思考	会计研究	2000年第9期 第43～48页
103	吴水澎 陈汉文 郑鑫成	财务披露管理方式的维度观	会计研究	2002年第9期 第19～24页， 第65页
104	吴水澎 秦　勉	论会计信息资源的配置机制——对会计信息公共物品论的反思	会计研究	2004年第5期 第3～7页， 第97页
105	吴水澎 刘启亮	会计制度、公共领域与会计职业道德	会计研究	2005年第11期 第3～7页， 第96页
106	吴水澎 刘启亮	会计事项、准则公共领域与会计信息真实性	会计研究	2007年第6期 第26～32页， 第95页
107	肖　虹	我国关联方关系及其交易披露规范研究	会计研究	2000年第7期 第22～28页
108	肖　虹	论公司产品竞争战略中的融资决策因素	会计研究	2005年第12期 第20～25页
109	肖　华 张国清	公共压力与公司环境信息披露——基于“松花江事件”的经验研究	会计研究	2008年第5期 第15～22页
110	薛祖云 吴东辉	信息过载是否影响投资者对公开信息的使用——来自季度盈余的实证证据	会计研究	2004年第6期 第57～65页
111	叶少琴	IPO公司自愿披露盈利预测：影响因素与准确性	金融研究	2006年第9期 第65～74页
112	于李胜 王艳艳	信息风险与市场定价	管理世界	2007年第2期 第76～85页
113	于李胜	盈余管理动机、信息质量与政府管制	会计研究	2007年第9期 第42～49页
114	于李胜 王艳艳 陈泽云	信息中介是否具有经济附加价值	管理世界	2008年第7期 第134～144页
115	余绪缨	会计与诗的交融——侯文铿教授新作：《话说会计三风》读后感	会计研究	2002年第7期 第62～63页
116	张国清 赵景文	资产负债项目可靠性、盈余持续性及其市场反应	会计研究	2008年第3期 第51～57页
117	赵景文 于增彪	股权制衡与公司经营业绩	会计研究	2005年第12期 第59～64页， 第96页
118	庄明来	对电子商务环境下会计明细信息的思考	会计研究	2000年第7期 第46～48页

十二、2000—2008年会计学系教师的代表性学术著作[①]

2000—2008年，厦门大学会计学系教师共出版代表性著作11部，部分著作获得福建省社科优秀成果一等奖、二等奖等。

◎ 2000—2008年会计学系教师的代表性学术著作

序号	作者	著作	出版社	出版年份
1	常　勋	国际会计（第四版）	厦门大学出版社	2005年7月
2	常　勋	财务会计四大难题（第三版）	立信会计出版社	2006年9月
3	葛家澍	会计基本理论与会计准则问题研究	中国财政经济出版社	2000年2月
4	葛家澍	现代西方会计理论	厦门大学出版社	2001年1月
5	葛家澍 杜兴强	财务会计概念框架与会计准则问题研究	中国财政经济出版社	2003年12月
6	杜兴强	会计信息的产权问题研究	东北财经大学出版社	2002年12月
7	杜兴强 孙丽影	美国会计史	中国人民大学出版社	2006年12月
8	杜兴强 章永奎	财务会计理论（第二版）	厦门大学出版社	2008年10月
9	李建发	政府财务报告研究	厦门大学出版社	2006年3月
10	刘　峰	会计准则变迁	中国财政经济出版社	2000年1月
11	吴水澎	中国会计理论研究	中国财政经济出版社	2000年12月

上表中多本著作获得教育部人文社科优秀成果奖或福建省社科优秀成果奖，因上文已进行了专门的介绍，所以此处仅进行列示，不再重复介绍。

① 2000—2008年会计学系教师出版的全部著作见本书相关章节的列表统计。

第四节　2000—2008年厦门大学会计学科代表性学术观点

一、会计基本假设

（一）相关术语的厘定

国外关于会计基本假设的研究，“假设”与“假定”、“基本假设”与“基本假定”等术语往往未严格区分，而是混用；但是，在葛家澍先生看来，不同的术语具有不同内涵，明确地区分是恰当运用的前提，否则可能出现“名不正则言不顺”的情况（葛家澍、杜兴强，2005）。

为此，葛家澍先生经过潜心研究，构建了一个框架图，将“假设”与“假定”、“基本假设”与“基本假定”进行了严格区分。① 葛家澍先生认为假定是逻辑推理的结果，是事物的次要前提或小前提，而假设则是不言自明的公理，是事物的前提而不是小前提，是大前提。“基本假设”与“基本假定”的区别类似于“假设”与“假定”的区别，差异之处在于增加了“基本”一词。所谓基本，根据Moonitz（1961）的观点，是指为数很少的假设中那些最为基本、最具有普遍性、影响财务会计整个体系的假设，称为“基本会计假设”或“会计基本假设”，构成财务会计系统的基础。

（二）市场价格作为一项会计基本假设

目前会计学界公认的会计基本假设涉及会计主体、持续经营、会计分期与货币计量，但并未涉及会计计量属性的假设。葛家澍先生在对会计基本假设进行深入研究的过程中，敏锐地注意到这一点，为此倡议会计基本假设体系中应该增加一项与会计计量属性相关的基本假设。在经过多年的思考之后，葛家澍先生认为“市场价格”适合作为一项适应环境变化的、新增的会计基本假设。

的确，美国财务会计准则理事会（FASB）在财务会计概念框架第五号及第七号中，对会计计量属性进行了系统研究。但是，但凡理论，特别是基础理论，非常注重简洁性与

① Websters' New Universal Unbridged Dictionary 中指出，“假定”一词，“被认为是理所当然的事”，是逻辑推理的小前提或次要前提；“假设”指“主张、要求”，“被人们认为是理所当然或不言自明的一种基本的先决条件(presupposition)、条件(condition)或前提(premise)”，“在数学式逻辑中被解释为其有效性无需得到证明的公理、公设”。

统一性[①]。在这一方面，物理学中的“统一场理论”就是一个典范[②]。类似地，如果能够将历史成本、重置成本、现行成本、可变现净值、未来现金流量的贴现值等计量属性统一在同一概念下，将会使会计计量理论具有“科学”层面的唯美性。作为会计理论研究的巨匠与大师，葛家澍先生当然深谙于此，并做出了回答：所有计量属性都可以统一在“市场价格”术语下，且市场价格可以作为一项会计基本假设。

“市场价格”并非一个单一维度的概念，而是一个融入了“时态”的、多维度的概念。具体来说，根据时态，“市场价格”可以区分为“过去的市场价格”、“现在的市场价格”与“未来的市场价格”。显然，“过去的市场价格”可以大致理解为历史成本，它是确定的、有据可循的、可验证的。“过去的市场价格”或历史成本曾是会计计量属性的主体，今天仍适用于部分实物资产的初始计量。葛家澍先生认为，“现在的市场价格”类似于现行成本、重置成本或可实现净值等计量属性——区别在于购买方或销售方的立场差异，分别反映了在目前市场情况下，重新购置一项同样的资产需要付出的成本（投入角度）或出售一项资产相关的可变现净值（产出角度）。“未来的市场价格”往往等价于预期未来现金流量现值或根据其他估价模型计算的公允价值。

当然，“市场价格”的概念可能并非由葛家澍先生首次提出[③]，但是葛家澍先生的确是第一个系统阐述并赋予“市场价格”这一概念以丰富内涵的学者。譬如，葛家澍先生就曾借助于历史成本与公允价值这两种不同时态的“市场价格”进行过相关的阐述（葛家澍、杜兴强，2004）：

> 历史成本和公允价值都是以市场价格为基础的。市场有多种功能，其中一种功能是以价格形式传递信息。实际上，不论是过去、现在或未来的市场价格都已将商品（资产）的不同风险和报酬区分开来了。但是历史成本作为过去的市场价格所包含的风险和报酬已经被固定为一个已知数，因此，它具有人们最为信赖的可靠性。但在反映不确定性和风险方面，历史成本则不如公允价值。

① 数学领域或其他“硬科学”一直追求公式的优美与简洁。英国科学期刊《物理世界》曾让读者投票评选了“最伟大的公式”，最终上榜的十大公式中包括微积分基本定理、麦克斯韦方程、圆的周长公式、傅里叶变换、薛定谔方程、勾股定理、欧拉公式、德布罗意方程组、牛顿第二定律与“1+1=2”。

② 迄今为止，人类所知的所有物理现象所表现的相互作用都可归结为四种基本相互作用：强相互作用、电磁相互作用、弱相互作用和引力相互作用。为此，阐明自然界各种相互作用的性质和规律是物理学基础研究的一个极端重要的方面；更甚之，追求建立相互作用的统一理论是出于对物质世界的统一和谐的坚定哲学信念，以及欲竭力探求事物内在本性的顽强欲望。伟大的物理学家爱因斯坦把他后半生的精力都献给了这一事业，杨振宁教授亦在此领域作出过卓越的贡献。实际上，统一场论 (the unified field theory) 已成为20世纪物理学的重要研究方向。

③ 见 Moonitz (1961) 提出的会计基本假设体系的 B2。

首先，在历史成本中，不确定性似乎已经消失，不再反映资产和企业的风险，因而无法预期该资产或整个企业的现行市价和预计能带来的现金流量，显然缺乏对决策的相关性；公允价值是含有不确定性的预计数，预计当然不可能精确，所以人们必然担心它的可靠性（特别是预期未来现金流量进行折现包含的变数太多）。但即使预计一个不甚可靠的现行价值或未来价值，也总比没有预计或完全依靠已知的历史成本去预测要好。其次，历史成本与公允价值还有一个重要的区别，那就是历史成本在不同会计期间的变化只是已知数的摊配，而公允价值则每期必须进行新起点的计量，这种计量能反映当期考虑不确定性和风险的市场价格。公允价值计量对于使用者的决策，当然比历史成本具有相关性也是显而易见的。

葛家澍先生关于“市场价格”作为一项会计基本假设的倡议，以及对不同时态下“市场价格”对应的会计计量属性的阐述，其中体现的学术思想已经超越了会计学，具有相当程度的唯美性，富有洞见，且简洁而内涵丰富。

（三）暂时性作为一项会计基本假设

国外关于会计基本假设的研究，实际上已经部分注意到“暂时性”（tentativeness）这一现象。葛家澍先生认为，持续经营与会计分期本就在一定程度上隐喻着企业经营活动的“暂时性”：“由于持续经营和会计分期基本上属于人为的假定，在不确定的持续经营中，基于人为地分期而提供的报告，必然对某些项目，允许会计人员去主观估计和判断（所谓‘职业判断’），各种财务和非财务信息（包括表内确认和表外披露）都带有暂时性质（to provisional in character）。”（葛家澍，2002）

Paton 和 Littleton 合著的《公司会计准则导论》（*An Introduction to Corporate Accounting Standards*）中明确指出，“必须认识到，即使在最顺利条件下编制的财务报表，在性质上都是暂时的。从报表中得到的印象和据以做出的决策，必须根据未来事项予以变化，并应将有关这些或有事项的知识加以调和。经营账户的期间总计可能与最后揭示的事实相距甚远！资产负债表上的各项数据在很大程度上属于持续经营假设。一个企业的完全图像在其最终清算之前是绝不可能全部识别的”（Paton and Littleton，1940）。Moonitz（1961）亦在B2假设的第4项指出，“由于需要在过去、现在和未来期间分配，有关一个短时期内的经营成果是暂时的”。换言之，每一会计期间的财务报表，所传输的信息带有暂时性。

尽管持续经营的企业经营活动被人为地分割为诸多会计期间，然后由企业管理当局对外提供定期报告，这本身就意味着财务报表中反映的特定时点的财务状况、特定期间的财务绩效、特定期间的现金流入流出的时间和金额、特定期间的所有者权益变动情况具有暂时性，但是绝不应低估。葛家澍先生明确主张将“暂时性”作为一项会计基本假设，并阐述其可能蕴含的、对财务报告的决策有用性和契约有用性的影响，是极其罕见的。这需要对会计理论的透彻理解，也需要对现行财务报告报告模式的缺点进行深刻认识，更需要有变革目前会计信息披露模式的决心和使命感。

强调“暂时性”作为一项会计基本假设，本身就体现了葛家澍先生“务实求真”的治学理念。实际上，葛家澍先生在60余年的会计基本理论研究过程中，践行的正是“创新、反思、再创新”的治学过程。

（四）宏观调控作为一项会计基本假设

20世纪50年代始、70年代末期止关于会计属性的“争论”，最后得出了会计具有技术性与社会性的双重属性的共识。其中技术性是主要的，但社会性也不容忽视，会计密切依存于具体的社会与经济环境。自从我国20世纪70年代末实行改革开放政策以来，社会主义市场经济带来了我国经济的迅猛发展。与此相对应，我国的经济与社会环境进一步优化，逐渐融入世界经济的潮流。基于此，西方文献中涉及的会计基本假设（如会计主体、持续经营、会计分期与货币计量等）也同样适用于中国。

但是，不可否认的是，宏观调控依然是目前我国宏观管理部门管理社会经济的重要方式，我国的宏观经济管理力度及其相应的经济后果均远超西方国家，这构成了我国社会主义市场经济与西方市场经济的重要区别。为此，葛家澍先生在多年对会计基本假设进行研究后，提出了一个基本的问题：有无适合中国社会主义市场经济的会计基本假设？或者更具体来说，“宏观调控”是否应成为一项会计基本假设？

实际上，早在20世纪60年代，当时中国会计学术界关于“会计的阶级性”甚嚣尘上之时，葛家澍先生在1964年出版的《会计基础知识》教材中，就不建议使用“会计的阶级性”这一术语，而建议使用“会计的社会性”这一称谓。为此，在教材第一章中，葛家澍先生并未使用“社会主义会计”这一术语，代之以“社会主义制度下的会计”。不难看出，“社会主义制度下的会计”这一术语，再次淡化了会计的阶级性。“社会主义制度下的会计”这一提法在相当一段历史时期都是适应的。葛家澍先生的这一学术思想不断被充实，经过多年的研究之后，他在2002年《会计研究》第1期中发表题为“关于财务会计基本假设的思考”的文章，倡议考虑将“宏观调控”增设为我国社会主义市场经济下会计的一项基本假设。

我国是社会主义国家，国家宏观调控是我国经济社会事务包括资本市场监管的一大基本特点。为此，在中国情境下，在确定会计目标的几个子内容——谁是会计信息的使用者、会计信息使用者需要哪些信息、会计如何提供使用者需要的信息——的过程中，将不得不考虑国家宏观管理层面的因素。葛家澍先生的这一学术思想和倡议，充分体现了“社会主义制度下的会计”的阶段性特征。在我国社会主义市场经济下，市场与企业都可在不同层面上协调生产和优化社会资源配置。但是，毋庸置疑，我国的国家宏观调控（包括计划指导和行政法规的约束）亦可协调生产与配置资源，甚至在某些部门和领域（如金融、证券、国防和经济要害部门）中，宏观调控还承担着纠正资源错配的功能。因此，国家的宏观经济调控职能在一定程度上将会影响着财务会计、财务报告及其规范。譬如,《会计法》是规范财务会计和财务会计人员行为的基础法规，财政部作为国家宏观调控部门承担着管理全国会计工作的角色，

此外，葛家澍先生认为，“宏观调控”作为一项会计基本假设，可以促使我国的会计监管部门反思“国际会计趋同化背景下中国会计的特色问题”（葛家澍,2002）。毋庸置疑，会计的国际趋同是趋势，但趋同并不意味着完全一致或不容许存在差异，也不意味着消除差异，更不意味着忽视差异。给定我国仍处于社会主义初级阶段的论断，中国情境的会计信息披露与财务报告质量仍与宏观调控存在着丝丝缕缕的联系。譬如，正因为宏观调控的存在性及其对通货膨胀的有效抑制，因此在我国的会计准则体系中，就不会、也绝不可能存在西方公认会计原则中的一项准则——“恶性通货膨胀经济中的财务报告”。

正是基于上述原因，葛家澍先生的这一观点得到了学术界的广泛认可，并引起了监管部门的重视，对我国会计准则体系的完善起到了重要的推动作用。因此，会计界必须注意到制度环境特征，应从具体制度环境出发修改和完善企业会计准则体系，完善信息披露的监管。

（五）对传统会计基本假设的拓展

即便是得到公认的四项会计基本假设——会计主体、持续经营、会计分期与货币计量，葛家澍先生也并未将之视为理所当然，而是基于社会经济环境的变化，不断充实与拓展它们的内涵。

首先，关于会计主体假设，葛家澍先生认为它是会计基本假设的基石。会计主体假设限定了会计信息系统应处理的交易与事项的空间范围，也在一定程度上决定了财务会计信息系统的最终“输出物”——财务报告边界的需要。但是，葛家澍先生认为，互联网经济的出现导致了现实主体与虚拟主体的并存，这赋予了新经济时代会计主体假设的新含义[①]；更重要的是，由于虚拟主体不易观察和区分主体的边界，必将给确认、计量和报告带来新的问题。此外，假若“宏观调控”成为一项会计基本假设，那么将成为会计主体假设的重要补充，此种情况下，会计主体假设使得企业会计信息系统主要是提供一个主体的、财务信息为主的经济信息系统；但是，“宏观调控”假设导致企业在必要情况下，必须在表外披露国家宏观调控所必需的信息[②]。

其次，关于持续经营和会计分期假设，葛家澍先生认为两者对于现实主体和虚拟主体，应当做出不同的解释。

具体到持续经营假设，葛家澍先生认为，对于现实主体，在缺乏反证的情况下，可以承认它是持续经营的。虚拟主体则可能不同。客观来讲，虚拟主体的特点就是经营期限短暂多变，持续经营假设基本上不适用于虚拟主体。因此，相对于现实主体，虚拟主体将更多地面临企业持续经营与非持续经营、企业持续经营与分部终止经营同时并存的复杂局面。从会计分期假设看，由于它与持续经营假设存在密切关系，所以凡是持续经营的现实主体，就需要进行会计分期，但对于虚拟主体，会计分期的适用性也受到一定的制约。

最后，关于以货币为主要计量单位假设，葛家澍先生提醒，“主要”一词并不等价于“唯一”。在财务报告体系中，财务报表是核心，所以在财务报表的量化表述中，货币应是主要的计量单位；但是，在其他财务报告以及报表附注中，会计人员可以考虑采纳除货币之外的计量单位，有限度地披露其他不能用货币量化但对投资者而言至关重要的信息，包括但不限于人力资源、智力资本、无形资产、商誉、风险与报酬机会等。

① 新经济下，人力资源与智力资本等无法由特定主体控制的资源在很大程度上决定着企业的兴衰和未来，而且企业之间通过“契约”联结在一起，亦超越了原来会计主体的空间范围。

② 值得指出的是，延伸葛家澍教授关于会计主体假设的拓展，伴随着AI技术的出现和事项会计的重新焕发活力，财务部门与业务部门的高度融合导致了“业务延伸到哪里，会计就跟进到哪里”的局面，会计的定义可能因此面临修正：是否可以将“会计是一个以提供财务信息为主的经济信息系统”拓展为“会计是一个以提供财务信息为主，以提供业务流信息为辅的经济信息系统”？

二、财务会计概念框架的总体研究

（一）财务会计概念框架的逻辑起点

财务会计概念框架的逻辑起点是什么？不同历史时期各国 / 地区 / 国际组织的回答并不尽一致。譬如，ARS No.1与 ARS No.3选择了以会计基本假设作为财务会计概念框架性质文献的逻辑起点，但自 Tureblood 报告之后的 FASB、ASB、IASC/IASB 均选择了会计目标作为财务会计概念框架或类似文献的逻辑起点。就此问题，葛家澍先生亦表示了关注，并进行了深入的研究。葛家澍先生认为（葛家澍、杜兴强，2003），西方的财务会计概念框架的确有值得借鉴的地方，但是我们不能将之奉为绝对的圭臬。

由此推测，仅以会计目标作为财务会计概念框架的逻辑起点就并非尽善尽美。这里我们采纳反证法。财务会计概念框架包括了会计要素及其确认与计量，假设会计要素的设置仅仅受制于会计目标，考虑到目前全球范围内的财务会计概念框架都以会计目标为逻辑起点，且会计信息使用者、他们需要的信息、会计提供他们所需信息的方式也基本类似，那为何各国 / 地区 / 组织的概念框架或类似性质的文献中，会计要素的设置并不一致，而且五花八门？美国的概念框架包括10个要素，分别为资产、负债、所有者权益、收入、费用、利得、损失、业主投资、业主提款、全面收益，而国际会计准则理事会的“财务报告概念框架”仅包括资产、负债、所有者权益、收益、费用，英国的“财务报告原则公告”则涵盖资产、负债、所有者利益、利得、损失、业主贡献与分配给所有者等7个财务报表要素。基于上述分析，会计要素的设置不可能仅仅受制于会计目标，否则就无法解释“为何目前全球范围内的财务会计概念框架都以会计目标为逻辑起点，但会计要素设置并不一致”的现象。葛家澍和杜兴强（2003）研究认为，财务会计概念框架的逻辑起点应包括会计基本假设、会计目标与会计处理对象。

实际上，财务会计概念框架的逻辑起点不应仅是会计对象，而应包括会计基本假设、会计目标与会计处理对象，这一论断还可以从会计要素的定义中窥见一斑。譬如，资产要素中包括会计主体、过去的交易或事项、未来的经济利益等关键词，其实涵盖了会计主体、持续经营与会计分期等会计基本假设；同时，所有的会计要素确认都包括货币计量这一基本条件，既涵盖了货币计量的基本假设，又摒弃了那些无法用货币计量、不属于会计处理对象从而无法进入会计信息系统的数据或初级信息。

基于上述分析可见，葛家澍先生关于会计基本假设、会计目标与会计处理对象共同作为财务会计概念框架的逻辑起点的阐述，一定程度上丰富了西方相关文献，更好地勾勒出了财务会计概念框架各部分内容之间的有机联系。

（二）财务会计概念框架的内容

葛家澍先生认为FASB并未勾勒出整个的财务会计概念框架（葛家澍、杜兴强，2003）。实际上，财务会计概念框架除了包括会计目标、会计信息质量特征、财务报表的要素、企业财务报表的确认与计量等内容之外，还应该包括如下内容：

第一，会计基本假设与会计对象。根据葛家澍先生的设想，会计目标、会计基本假设与会计处理对象共同作为财务会计概念框架的逻辑起点，为此会计基本假设与会计对象应在财务会计概念框架中占有一席之地。葛家澍先生的这一观点，后被《中级财务会计》（杜兴强、桑士俊，2009）进行了拓展，介绍给全国普通高校会计学专业的学生。

第二，财务会计概念框架应有会计计量属性的专门讨论，厘清不同的计量属性与计量模式，并阐明它们在不同情况下的适用性。

第三，财务会计概念框架在财务报表要素的确认之外，应有关于附注与其他财务报告信息披露相关的内容（葛家澍，2004）。葛家澍先生这一论断，随着SFAC No.8“财务报表附注”于2018年的颁布而得到部分支持。尽管如此，关于其他财务报告信息披露的内容，仍应该成为财务会计概念框架的一部分。

葛家澍先生关于财务会计概念框架所涵盖内容的论述①，对美国等西方财务会计概念框架形成了重要的补充，而且已经为后来财务会计概念框架领域内的最新发展所部分支持。

（三）财务会计概念框架与基本会计准则

财务会计概念框架是西方国家的术语。那么，中国是否应该有自己的、具有财务会计概念框架性质的文献，《企业会计准则——基本准则》是否具有财务会计概念框架的功能？财务会计概念框架与基本会计准则具有怎样的关系？这些是葛家澍先生关注并致力探讨的重要问题。

---

① 葛家澍先生还对“财务会计概念框架是一份独立的文件还是一系列的文件”“关于会计目标是定位于受托责任观还是决策有用观的问题”“关于会计信息的两个主要质量特征——相关性和可靠性的关系问题”“关于制定财务会计概念框架要素定义的资产负债观或者收入费用观的问题”“应否提出‘真实和公允’概念”“财务会计概念框架指导下的会计准则制定是原则导向或规则导向的问题”“关于基本会计准则与财务会计概念框架的协调”“关于《企业财务会计报告条例》与财务会计概念框架的协调问题”“关于《企业会计制度》与财务会计概念框架的协调”等问题进行了整体上的讨论。

葛家澍先生对我国的财务会计概念框架持开放态度，认为可以有两种方式（葛家澍，2005）。一方面，葛家澍先生倡议采用《企业会计准则——基本准则》的形式，但广泛吸收和借鉴西方财务会计概念框架或类似文献的合理内容，并立足于中国情境进行发展，使之具有财务会计概念框架的功能。葛家澍先生进而对财务会计概念框架与基本会计准则进行了明确的区分，认为财务会计概念框架属于理论范畴，但基本会计准则属于准则范畴。具体地：

财务会计概念框架属于会计理论范畴，这种理论是实用性的，是对会计准则进行评估和发展的一种参考框架。理论有权威性，但没有强制性，理论可以脱离会计准则而独立存在。基本准则则不然，它同具体准则一样，也是法规；它比具体准则更有权威，它可以指导具体准则；因而它有强制性。基本准则与具体准则共同构成会计准则体系。所以，它不能离开具体准则而独立存在。以我国为例，如果我们不制订CF，而是用CF的内容来修改充实过去的基本准则，使我国的基本准则成为准则的准则，或具体准则的基础，也是一种思路。如我国不制定CF而是修改补充基本准则，那么，在全部会计准则体系中，类似于目标在CF组成中一样，基本准则对具体准则将起指引方向的作用并提供应用的基本概念。

另一方面，葛家澍先生认为，即使需要建立中国的财务会计概念框架，也必须肯定和明确的是，它是理论而不是法规，应与具体准则分离。其用途仍是用来指导、评估和发展会计准则。

尽管如此，葛家澍先生仍基于中国国情与制度背景认为，“在中国建立财务会计概念框架、并使之与国际会计惯例趋同”可能并不太符合中国实际。自1992年颁布《企业会计准则——基本准则》后，虽然财政部已出台了16个具体准则，但“会计准则”这一术语从未体现在我国修订后的《会计法》中（1999年10月31日修正）。实际上，《会计法》第八条指出，“国家实行统一的会计制度”。照此，“会计准则”被认为只是国家统一会计制度的一部分；为此，若指定与会计准则密切相关、旨在为会计准则制定提供一致的概念基础的财务会计概念框架，短期内与中国的法规体系并不相容。葛家澍先生进一步认为，就算花费较大的人力物力，制定出一套与美国等西方国家或国际组织类似的财务会计概念框架，亦可能游离于我国的会计法规体系之外。综合上述分析，葛家澍先生认为，“欲速则不达”，根据实质重于形式的原则，不应在意我国有没有形式上名为“概念框架”的会计基本概念；相反，务实的策略是，在现行的法规体系允许的框架内，应对《企业会计准则——基本准则》进行修改，使之具备财务会计概念框架的功能，借以更好地指导、评估和发展具体准则。

既然欲使《企业会计准则——基本准则》承担财务会计概念框架的角色，那么就应立足中国国情，考虑对1999年10月31日修订的《中华人民共和国会计法》与2000年6月21日国务院发布的《企业财务会计报告条例》进行系统的修订。具体来说，葛家澍先生建议应考虑将会计基本假设、会计目标、会计信息质量特征、资产等会计要素等定义及财务报表等相关内容纳入《企业会计准则——基本准则》。

显然，葛家澍先生对财务会计概念框架与基本会计准则的辩证认识，并非保守的，而是实事求是的，是在会计改革中求稳妥、取实效。

三、会计目标

（一）对决策有用观的反思

葛家澍先生与杜兴强教授在对会计目标的研究过程中，对“决策有用观”的内涵及表述提出了质疑，认为即便“决策有用观”得到了几乎所有概念框架的承认，但是“决策有用观”依然存在诸多有待明确的地方（葛家澍、杜兴强，2003；葛家澍、杜兴强，2005；杜兴强、章永奎，2008）：

第一，“决策有用”是一个需要进一步界定的概念。决策有用总是具体的、针对性的。为此，一套通用的财务报告可能并不会对所有的信息使用者都有用，或者不可能对不同类型的使用者有相同或相似的有用性。尽管FASB在提出会计目标时认为，对投资者和债权人有用的信息，同样能够满足其他信息使用者的决策所需，但是，这可能是一个猜想或假设，而非事实，并未有坚实的经验证据支持这一点。

第二，FASB、ASB、IASB在论及会计目标或财务报告时，普遍认为现金流量信息——“有助于预测现金流入、流出的金额、时间及其不确定性的信息”——是决策相关的，但是，从资本市场档案研究的结果看，会计盈余和现金流量何者更具信息含量和决策相关性仍存在较大分歧。有趣的是，目前的会计信息系统采纳的确认时间基础为权责发生制，但FASB发布的SFAC No.1同时指出，“利用报告收益和收益组成内容的信息，可以预测企业的现金流量前景”（FASB, 1978）。这是一个并不清晰的表述，是否具有“通约性”尚存疑问！ FASB、ASB、IASB 都未详尽地解释。我们认为，如何利用权责发生制下的盈余信息直接导出或预测未来现金流入流出的金额、时间及其不确定性，不是一个显然或想当然的问题。

第三，“‘有助于预测现金流入、流出的金额、时间及其不确定性的信息’即为决策相关的”这一表述不尽科学。FASB 财务报告目标的基础是 Trueblood 报告，而 Trueblood 报告得出结论之前调查的企业主要是房地产企业（葛家澍、刘峰，1998）。众所周知，房地产企业格外重视现金流量。虽然我们不能否认其他公司亦会重视现金流，但是我们不能确定其他公司是否像房地产企业一样同等重视现金流。即便如此，认定现金流量信息的极端重要性，可能需要辩证地审视。众所周知，对于不同生命周期的企业，现金流与利润可能出现不一致，不同生命周期阶段、不同企业对现金流与利润的重视存在差异，投资者决策过程中亦会据此调整他们对现金流与利润的决策权重。因此，将决策有用的信息界定为“有助于预测现金流入、流出的金额、时间及其不确定性的信息”不仅存在争议，而且还需进一步进行详细的审视与验证。

第四，延续葛家澍先生上述关于会计目标的决策有用观的反思，会计目标的使用者到底应该像 FASB 界定的那样以股东和债权人为主，还是像 ASB 和 IASB 那样不加“歧视”地界定为利益相关者团体（歧视的英文为 discrimination，其经济学含义是指“加以区别”）。前者与股权导向的公司治理模式相适应，而后者侧重于利益相关者的公司治理模式（杜兴强，2020）。前者为导向的财务会计概念框架，以及该模式下的会计准则，乃至受该类会计准则规范的上市公司的会计确认、计量与报告，是否会重蹈一系列财务欺诈的覆辙？但若采纳后者，则如 Jensen 指出的，“利益相关者理论不合逻辑，因为它没有给出一个公司目标函数的全面描述。具体来说……利益相关者理论要让管理当局服务于众多的‘主人’。但当诸多主人存在时，没有人能够得到公正的报答；没有单一的目标来阐明任务，企业运用利益相关者理论必然产生困惑、冲突、效率低下，甚至竞争失败”。那么，与利益相关者模式相适应的会计目标表述，是否也会导致最终财务报告无法满足任何人的信息需求呢？公司治理中出现的在利益相关者公司治理模式下管理当局的“自然卸责”现象是否会在会计信息披露领域再现呢？[①] 若果真如此，那么会计目标指引的企业会计信息披露将无

① 在公司治理领域内，利益相关者模式可能导致的“自然卸责”现象，这体现为，当企业经营不佳，股东和债权人指责管理当局时，管理当局会以平衡和照顾其他利益相关者为托词；同样的逻辑，“A 质疑，管理当局托词为了 B；B 质疑，管理当局托词为了 C……”，如此，管理当局到底为了谁的利益？恐怕此时管理当局只为了自己！

法实现透明度，浑浊的信息披露将加剧管理当局和投资者之间的信息不对称，企业财务报告系统的决策有用性将受到削弱。

（二）受托责任观与决策有用观的融合

葛家澍先生认为（葛家澍、杜兴强，2003），受托责任观和决策有用观可以互相融合。实际上，在评估管理当局是否以及在何种程度上履行了受托责任之后，利益相关者可能据此做出持有、买进或抛出股票的决策，奖励或更换管理当局的决策；基于决策有用观，在其做出经济与投资决策的过程中，也会直接或间接地产生奖励或更换管理当局的决策效应。

大多数国家/地区/国际组织的准则制定机构论及财务报告目标时，往往侧重于“决策有用观”，但我们并不能够据此否定“受托责任观”。即便是“决策有用观”的坚定奉行者FASB，也在SFAC No.1中不止一次隐含地提到了“受托责任”的内涵——“编制财务报告要提供企业在报告期内财务业绩的信息，还要表明企业的管理人员怎样对企业的所有者尽了他们应有的受托责任（stewardship responsibility）……”为此可以合乎逻辑地推测，FASB等准则制定机构强调“决策有用观”的原因可能在于他们秉持狭义的受托责任观。狭义的公司治理主要探讨公司是谁的、控制公司的又是谁，从而囿于“所有权与控制权”的框架进行实践。可见，狭义受托责任观下强调股东对企业的所有权，必然要求管理当局定期报告对受托资源履行责任的情况。

“受托责任观”和“决策有用观”并非矛盾的或排斥的，相反两者具有交集①。受托责任观下，根据代理人提供的财务报告决定是否续聘或解聘本身就是一项决策；决策有用观下，通过股票市场持有或抛售特定公司的股票亦是一种受托责任决策，是一种间接行使受托责任关系权利的体现。换言之，若从更为广义的角度去理解受托责任观，决策有用观往往体现为受托责任发展到一个特定历史横截面上的特例。可以说，受托责任始终是公司治理和公司财务报告的根基。最初受托责任在公司治理中占据主导和支配性的地位；随着股权的分散性，决策有用观开始出现。

根据我们掌握的文献，英国ASB在其《财务报告原则表述》中，率先将“受托责任观”

① 伴随着现代公司的崛起，股权分散的现实使得小股东没有足够的能力去监督管理当局；相反，小股东更可能基于私人成本效益的考量，只是心满意足地获取短期股票买卖价差（处于增长期的企业）或接受公司管理当局定期支付的股利（成熟阶段的企业）。如此，委托代理关系日益模糊化，原本在狭义受托责任下既定的委托代理决策——是否聘任或解聘管理当局，逐渐演化为个人的决策——在股票市场上依据会计信息，决定持有、买入或抛售公司证券。这是一种类似于“以脚投票”的投资决策。

和“决策有用观”融合性地表述，形成了财务报告的完整目标。ASB 认为，财务报告的目标是“向一个广泛范围内的使用者（目前或潜在的投资者、信贷人、供应商、雇员、顾客、政府、公共部门等）提供关于一个报告主体财务业绩和财务状况的信息，以利于他们评价该主体管理当局履行受托责任情况并进行相应的经济决策”。

会计目标并非一成不变，而是可能依据环境变化而不断丰富和拓展。实际上，会计目标本就体现为对特定会计环境下的会计信息使用者、会计信息使用者的信息需求的一种归纳。为此，社会经济环境及与此相关的会计环境的差异决定了会计目标不可简单照搬。葛家澍先生认为，“决策有用观”比较适宜于股票市场在资源配置中占据主导地位的会计环境，而“受托责任观”比较适合于委托方和受托方可以明确辨认的会计环境。“决策有用观”下委托方往往是“虚位”的，而资本市场介入成为一种委托方和受托方之间的中介；“受托责任观”下委托方和受托方往往是直接地建立各种关系（葛家澍，1996）。

（三）会计目标本就是一项会计基本假设

葛家澍先生指出，会计目标本就是一项会计基本假设（葛家澍，1997）。会计的发展是反应性的（Chatfield，1974），密切依赖于社会经济环境。因此，会计目标亦非一成不变，应该、也必须依据环境变化做出适时的调整。诚如葛家澍先生所言，会计目标本身就是特定会计环境下对会计信息使用者及其需求进行的一种主观归纳，会计环境的差异决定了会计目标相关的研究成果不可以简单地套用。

> 对会计这样一个人造经济信息系统来说，财务会计和财务报表的目标当然很重要。但目标实际上也是一个假设，并以基本假设为前提，对信息使用者和使用者所需求的信息作出的推定或假定。不管人们关于财务会计目标的研究和调查多么广泛、深入，最后形成的结论也不能说就是充分的、确定的，因为，使用者和使用者的需求是随动态的市场经济环境而不断变化着的。这样，目标的提出，始终是一个假设。

葛家澍先生关于“会计目标本就是一项会计基本假设”的阐述，其学术价值可以概括为如下几点：

第一，丰富了会计基本假设研究与会计目标研究的文献。之前的文献极少将会计基本假设与会计目标结合起来研究，将会计目标视为一项会计基本假设的论点更是鲜见。譬如 ARS No.1 与 ARS No.3侧重于会计基本假设的研究，之后的文献侧重于会计目标的研究，前后交叉少之又少。葛家澍先生的“会计目标本就是一项会计基本假设”的论断，在会计基本假设与会计目标两个主题的研究之间架起了一座“桥梁”。

第二，促使学术界慎重思考财务会计概念框架的逻辑起点问题。目前广泛接受的观点是，财务会计概念框架应以会计目标为逻辑起点，然后是会计信息质量特征、会计要素及其确认与计量等。但是，若“会计目标本就是一项会计基本假设”，这将敦促学术界思考是否应该将会计基本假设纳入财务会计概念框架，至少应在财务会计概念框架的背景部分对基于环境背景的会计基本假设进行讨论，并分析会计环境与会计基本假设对会计目标的冲击和影响。可以预测，上述问题的深入挖掘与研究，必将在很大程度上丰富会计目标的相关研究。

第三，揭示了会计目标作为一项基于环境动态演化的暂时性结论，敦促学术界与准则制定机构密切关注环境变化，适时修订会计目标。

第四，振聋发聩般提示我国学术界、会计监管部门与准则制定机构，在确定我国的会计目标的过程中，应密切关注中国制度背景，即便是对西方财务会计概念框架中被奉为圭臬的会计目标的结论，亦应辩证地看待，并予以继承与发展，进而慎重思考基于中国情境和制度环境的会计目标的科学表述。在这个过程中，会计目标是一个单一的描述（如受托责任观或决策有用观），抑或是一个分层次的综合表述，这在一定程度上影响着我国会计准则体系的完整性、系统性、科学性，以及公司财务报告信息的质量。

（四）中国制度环境下会计目标的综合表述

在《建立中国财务会计概念框架的总体设想》（葛家澍，2004）一文中，葛家澍先生在财务会计目标与资产定义等方面丰富了既有的财务会计概念框架文献。葛家澍先生构建了一个多层次的财务报告目标体系：第一层次强调受托责任观，强调财务报告应该反映企业经理层受托责任的履行和完成情况；第二层次为决策有用观，强调财务报告为投资人、债权人和其他与企业有利害关系的使用者提供有助于各类经济决策的信息，主要是表内和表外的财务信息；第三层次则考虑我国的实际情况，认为不应忽略国家宏观管理部门及监管部门的信息需求，倡导按照国家的政策法规，在表外披露国家宏观调控所必需的信息。

在我国，财务会计即财务报告的目标可概括为：第一，反映企业经理层受托责任的履行和完成情况；第二，为投资人、债权人和其他与企业有利害关系的使用者提供有助于各类经济决策的信息，主要是表内和表外的财务信息；第三，在必要时，按照国家的政策法规，在表外披露国家宏观调控所必需的信息。

实际上，在《基本会计准则与财务会计概念框架——关于进一步修改完善1992年〈企业会计准则〉的个人看法》（葛家澍，1997）一文中，葛家澍先生就曾建议重视我国的制度环境特征，对西方财务会计概念框架中的会计目标进行拓展，提出我国企业财务报告目标（会计目标）：

每个国家的会计目标都应该适合自己的国情。西方国家的经济体制大多数都是高度发达的市场经济，所以，在财务会计目标的提法上只是大同小异，或基本相同：（1）评估管理当局对受托资源的责任的履行情况；（2）为外部使用者的投资、信贷等决策提供依据。我国实行的是社会主义市场经济。社会主义市场经济不能完全等同于西方的市场经济，因此，我国财务会计的目标与西方国家的目标既有相同之处，又应有相异之处。相同点在于上述的目标在我国基本上也可适用，不同点是我们要考虑我国还有更重要的信息使用者，他们对会计信息有着特殊的需求，那就是社会主义国家。国家至少在三方面要求企业提供会计信息：第一，国家作为社会管理者（宏观调控者），在制定与社会资源配置、产业结构、企业改组及其他与企业有关的重大经济政策时，需要会计信息；第二，国家在收取各项税收时，要以企业的会计记录和会计报表为依据；第三，国家作为国有资产的所有者（国有经济是我国经济的主体），需要时刻注意国有资产的保值、增值，同样离不开会计信息。

从葛家澍先生关于中国制度环境下会计目标的综合表述中，我们可以清晰地辨别出如下的学术思想：

首先，葛家澍先生坚持了其一贯坚持的观点，认为受托责任观与决策有用观应该相互融合。为此，在讨论我国会计目标时，葛家澍先生仍将受托责任观与决策有用观并列。

其次，葛家澍先生延续了其在“会计基本假设”领域内的观点，再次将会计基本假设与会计目标紧密地结合在一起。葛家澍先生认为，给定我国的社会主义性质及国家宏观调控的现实特征，国家作为会计信息的一类特定且重要的使用者，应增设一个关于“国家宏观调控”的基本假设（葛家澍，2002）。进而，延续会计目标本就是一项会计基本假设的观点，葛家澍先生在提出我国的会计目标时，明确将国家宏观管理部门作为一类重要的信息使用者，并厘清了宏观管理部门需要的信息及财务报告如何提供相关信息。

最后，葛家澍先生关于我国会计目标的阐述具有一定的层次性，既充分注意到了会计目标的演进和发展过程，也对西方财务会计概念框架中关于会计目标的表述进行了必要的继承与发展。这具体体现为，葛家澍先生在提出我国的会计目标时，在第一层次强调受托责任观，第二层次倡议决策有用观，最后一个层次考虑到中国制度背景的特殊性，突出了在表外披露国家宏观管理信息的必要性（葛家澍，2004）。

（五）推动会计目标进入我国的基本会计准则

1992年颁布、1993年7月1日开始实施的《企业会计准则——基本准则》标志着我国在会计国际化趋同过程中迈出了重要一步。尽管如此，葛家澍先生仍颇具前瞻性地认为，我国的基本会计准则（1992年版）的一个重要缺陷是仅纳入了会计基本假设，但是对会计目标关注不足（葛家澍，1997）。

> 基本会计准则的一个重大缺点是没有提出、至少没有明确提出我国财务会计的目标。它对假设是突出了，但对目标是忽略了。

我国的基本会计准则在一定程度上具有西方财务会计概念框架的功能，它对具体会计准则的制定具有重要的指导作用，是后者的概念基础。在西方财务会计概念框架的研究过程中，究竟是以会计基本假设还是以会计目标作为逻辑起点进行构建，曾经产生过一定的争议。概括来讲，美国20世纪70年代以前主要侧重于会计基本假设作为逻辑起点的概念框架构建，此后则强调会计目标作为财务会计概念框架逻辑起点的合理性。但是，葛家澍先生秉持其一贯的观点，认为会计目标与会计基本假设均应纳入财务会计概念框架，在我国都应该在《企业会计准则——基本准则》中有所体现（葛家澍，1997）。

为此，葛家澍先生不断地呼吁并撰文阐述。最终，修订后的《企业会计准则——基本准则》[①]同时将会计目标（第四条）与会计基本假设（第五至第九条）予以纳入：

……

第三条　企业会计准则包括基本准则和具体准则，具体准则的制定应当遵循本准则。

第四条　企业应当编制财务会计报告（又称财务报告，下同）。财务会计报告的目标是向财务会计报告使用者提供与企业财务状况、经营成果和现金流量等有关的会计信息，反映企业管理层受托责任履行情况，有助于财务会计报告使用者作出经济决策。

财务会计报告使用者包括投资者、债权人、政府及其有关部门和社会公众等。

第五条　企业应当对其本身发生的交易或者事项进行会计确认、计量和报告。

第六条　企业会计确认、计量和报告应当以持续经营为前提。

第七条　企业应当划分会计期间，分期结算账目和编制财务会计报告。

会计期间分为年度和中期。中期是指短于一个完整的会计年度的报告期间。

第八条　企业会计应当以货币计量。

第九条　企业应当以权责发生制为基础进行会计确认、计量和报告。

……

四、会计信息质量特征

（一）关于会计信息相关性与可靠性的辩证认识

相关性与可靠性（如实表述）的关系与权衡问题，一直是财务会计概念框架与会计信息质量特征体系中的一个关键点。美国财务会计准则委员会（FASB）第2号《财务会计概念公告——会计信息的质量特征》中，相关性与可靠性作为会计信息的两个主要的质

① 《企业会计准则——基本准则》于2006年2月15日以财政部令第33号公布，自2007年1月1日起施行；2014年7月23日根据《财政部关于修改〈企业会计准则——基本准则〉的决定》修改。

量特征被并提，但对两者的抉择讳莫如深。但是，透过现象看本质，FASB 更为侧重于“相关性”的意图其实一直昭然若揭！美国从20世纪80年代开始的财务报告改革，无一例外地都是围绕着会计信息的相关性而展开的。试举二例。

第一，美国注册会计师协会（AICPA）在 Improving Business Reporting：A Customer Focus（AICPA，1994）中提出的诸多建议，如披露前瞻性的信息、披露资产和负债计量的不确定性等明显地侧重于会计信息相关性的改进。

第二，相比而言，美国证券交易委员会的 Wallman 关于财务报告改进的观点甚至更为激进，但却在一定程度上反映了美国会计界对相关性的偏好。具体地，在 Wallman 看来，相关性是会计信息最为重要的特征，为此他勾勒了一个包括五个层次的彩色报告模式（colorized model）（Wallman，1996）：（1）相关性、可靠性、可定义性和可计量性均符合要求；（2）相关性、可计量性和可定义性都符合要求，但可靠性存在着疑问；（3）相关性与可计量性符合要求，但可定义性与可靠性存在疑问；（4）相关性、可靠性和可计量性符合要求，但可定义性存在疑问；（5）仅相关性符合标准，可靠性、可定义性和可计量性都不符合。从上述五个层次的划分中，明确地可以解读出 Wallman 的基本思想：相关性是首要的、不可或缺的。值得一提的是，在 AAA 大约每10年左右颁布的一系列研究报告中，相关性都被作为一个至关重要的问题加以阐述。

虽然美国 FASB、英国 ASB 与 IASB 的财务会计概念框架中主要的会计信息质量特征并不完全相同，但它们却无一例外地倾向于将相关性置于可靠性之前。潜台词是，当相关性与可靠性产生冲突时，应优先考虑相关性。但是，葛家澍先生在多篇学术论著中（葛家澍，1999，2004；葛家澍、黄世忠，1999；葛家澍、杜兴强，2003；葛家澍、杜兴强，2004）提出了不同的观点，那就是：可靠性应列在相关性之前。葛家澍先生在《建立中国财务会计概念框架的总体设想》一文中旗帜鲜明地指出[①]：

当一种方法所能提供的信息不可能在可靠性与相关性两个方面等量齐观时，我们的选择应该是：在可靠性的前提下，选择最相关性的信息。更重视可靠性是由财务会计的本质——反映经济真实所决定的，也是近年来美国和我国上市公司财务欺诈案件给予我们的教训。不相关的信息固然无用，但并非对所有人

① 英国会计准则委员会（ASB）于1999年12月份发布的“财务报告原则公告”指出，“财务报表的信息必须相关和可靠，当两者互相排斥，需要对产生信息的方法选择时，所选择的方法应是能使信息相关性最大化的方法”。耐人寻味的是，ASB 在10月份通过的“公告”内容的建议为，若可靠性与相关性互相排斥，有用的信息应是“那些可靠信息中最相关的项目”，“会计信息在符合可靠性之前，不应对外披露”。换言之，ASB 正式颁布的“财务报告原则公告”与之前征求意见稿的观点发生了逆转。

都无用。而不可靠的信息更为危险——所有的使用者的决策都会被它误导，从而带来难以估量的风险。

葛家澍先生关于相关性与可靠性的权衡问题的观点，旗帜鲜明，不奉西方财务会计概念框架中的观点为圭臬，与之相比极具特色、不落窠臼。葛家澍先生重视会计信息可靠性更重于会计信息相关性的原因，可能与葛家澍先生对会计史的洞悉有着直接的关系。历史是一面镜子！葛家澍先生以美国1929年的经济危机为例，指出1929—1933年的大经济危机前后，美国资本市场的一些公司因为需要隐匿部分内部交易（如赠送重要官员的优先股名单、不合理的奖金制度）所形成的“保密、保密、再保密”（secrecy、more secrecy, and even more secrecy）的信息披露惯例使得财务报表舞弊有机可乘。基于此，葛家澍先生认为，前车之鉴，当我们把相关性作为有用会计信息的前提之一时，相关的会计信息是否有用，在很大程度上就取决于其是否可靠。葛家澍先生举例道（葛家澍、杜兴强，2005），财务报表中的盈利、现金流量等信息都是投资决策相关的信息，但是决定这些信息是否真正有用还要看它们是否具备可靠性。如果这些具有相关性的盈利、现金流量等数据不具备可靠性，甚至弄虚作假，那么这些信息的相关性不仅毫无价值，还由于产生误导而对决策有害。实际上，FASB并非对此毫无察觉，而且在1978年的SFAC No.1中发出了类似的警示：“发布不可靠的、有可能引起误解的信息，从长远来看，对一切有关方面都不利。”

概括起来，葛家澍先生的观点明确而简洁：在相关性既定的前提下，不可靠的数据可能否定相关性，变有用为无用；而有用的信息，也必须通过可靠性来落实。基于此，可靠性是会计信息尤其是财务报表内会计信息的灵魂。

这一点，葛家澍先生等在《反映经济真实是会计的基本职能——学习〈会计法〉的一点体会》中亦曾有明确的论及：“反映真实是会计的基本职能”（葛家澍、黄世忠，1999）。甚至葛家澍先生明确指出，“可靠性是会计信息的基本属性……宁可不说话，不可说假话”（葛家澍，2003）！这样鲜明的观点，振聋发聩！

最后，1937年美国注册会计师协会“主席报告”中的一段话可以为葛家澍先生坚持会计信息的可靠性优先提供佐证：“这是他（会计师——引者注）的责任，在处理数字和发现事实之后，把数据加以综合，并清楚、简明和客观地说明它们之间的内在真象……我希望，从事本职业的人们要有直率的头脑和不屈不挠的勇气，去探求和说明真相。我们的职业一直有一个信念，即必须去探求和说明事实真相。我们必须坚持这一信念，并为之实现而持续奋斗。”（Montgomery，1967）

（二）从“财务会计的本质、特点及其边界”视角分析会计信息的可靠性

基于对可靠性的强调，葛家澍先生再次撰文（葛家澍，2003），从“财务会计的本质、特点及边界”视角分析了会计信息的可靠性。

第一，葛家澍先生承认财务会计、财务报表和以后逐步扩充发展的财务报告在维护资本市场、保障正确的投资决策、促进市场经济的繁荣等方面作出了贡献。但是，葛家澍先生进而指出，美国上市公司一系列财务欺诈的丑闻动摇了投资者对上市公司披露的财务报告真实性的信心。

第二，葛家澍先生认为，一系列财务欺诈事件中人们对财务报告的指责，可能并不尽然。财务会计有着自己固有的特征，无法满足投资者日益增加的对财务报告信息的相关性诉求。为此，会计界有必要实事求是地重新审视现行财务会计模式（其核心是财务报表）的本质、特征及边界。

第三，葛家澍先生指出，财务会计（主要是传统会计）把经济业务的数据转换为有用的信息，必须经过确认、计量、记录和报告等四个程序，而且计量、记录和在报表中列示都以确认为前提。在财务报表表内进行确认的标准是相当严密的。但是，对于将财务报表扩展为财务报告之后、在表外进行的披露，则无须经过严格的确认，又不必遵守GAAP或经过审计，其可靠性程度自然较低。正是由于资本市场信息使用者对会计信息的需求不断扩张，表外披露的信息也就越来越膨胀。尽管美国财务会计准则委员会（FASB）强调财务报表是财务报告的核心，最有用的信息理所当然应该在财务报表的表内予以确认，但近年来出现了一种明显的趋势——过量的表外披露信息对比财务报表的表内确认信息而言大有喧宾夺主之势。过多的表外披露成为会计信息可靠性下降的导火索。

第四，基于上述现象，葛家澍先生诘问道：预测可以提供相关的和有用的信息，但它不是会计特别是财务会计的任务，为什么一定要把对企业未来的财务预测强加给财务会计呢?

财务会计有可能逐渐失去它的传统特征，人们对财务会计及其报告的要求已经使财务会计力不从心。我认为财务会计正处在这样一个十字路口：是保持

财务会计的传统特色，忠实地用货币金额提供企业以过去交易和事项为基础的经济活动及其结果的历史图像？还是要扭曲财务会计以记录和报告过去为主的本质，把它改变为另一门学科——企业财务预测？

基于对财务会计本质、特征与边界的认识，葛家澍先生强调，财务会计应反映一个企业经济活动和真实历史，因此真实性应当是财务会计及其报表质量的主流。对交易和事项的初始确认、计量和记录并在报表中再确认，是财务会计最具有特征的处理程序。

最后，葛家澍先生从“财务会计的本质、特点及边界”视角，强调了会计信息可靠性的重要性。

我们强调财务会计信息的真实可靠，既是财务会计的本质所决定的，也是最近美国一连串上市公司进行财务欺诈所告诉我们的一条重要的反面经验。缺乏可靠的虚假信息是不可能引导投资者进行正确的决策的。因此，对于会计信息的质量要求来说，可靠性是首要的必备的质量特征，缺乏可靠性，相关性就不存在。“宁可不说话，不可说谎话”这句格言难道不是普遍适用的真理吗？

（三）小结

对于会计信息质量特征，特别是会计信息相关性与可靠性的权衡，葛家澍先生旗帜鲜明地支持会计信息可靠性优先，并从“财务会计的本质、特点及边界”视角，对坚持会计信息可靠性提供了理论支持。

葛家澍先生坚持会计信息可靠性优先的观点，冲破了西方财务会计概念框架的窠臼，提供了独特的思路与视角，对于丰富财务会计概念框架相关文献具有重要的贡献。特别是，基于我国资本市场制度建设尚在完善、投资者保护较弱、法律法规执行力较差的现实特征，强调会计信息可靠性，确保财务报告披露的会计信息能够起到引导资源配置、服务于国家战略的功能，更显得必要与现实。

最后，让我们再次回顾一下葛家澍先生关于会计信息相关性与可靠性权衡相关的一些“金句”：

不相关的信息固然无用，但并非对所有人都无用。而不可靠的信息更为危险——所有的使用者的决策都会被它误导，从而带来难以估量的风险。

可靠性是会计信息，尤其是财务报表表内会计信息的灵魂。

反映真实是会计的基本职能。

对于会计信息的质量要求来说，可靠性是首要的必备的质量特征，缺乏可靠性，相关性就不存在。“宁可不说话，不可说谎话”。

五、会计要素

（一）什么影响会计要素的设置？

传统的会计学教科书指出，会计要素是会计对象的具体化。长期以来，教师与学生对这一表述鲜有质疑。但是，葛家澍先生在对会计要素研究的过程中对博士生提出一个问题：如果会计要素是会计对象的具体化，那么为何各个国家/地区/国际组织的财务会计概念框架中，关于财务报表的会计要素的设置如此五花八门？例如我国的会计准则和会计制度规定的会计要素有6个，即资产、负债、所有者权益、收入、费用、利润；美国的财务会计概念框架（SFAC No.6）涉及的会计要素包括10个，分别为资产、负债、所有者权益、收入、费用、利得、损失、业主提款、业主投资、全面收益；国际会计准则理事会（委员会）颁布的《财务报告概念框架》(《财务报表编报说明》) 中则仅仅提及资产、负债、所有者权益、收益、费用；而英国会计准则委员会（ASB）的“财务报表原则公告”为财务报表设置了7项要素，分别为资产、负债、所有者权益、利得、损失、业主提款及业主投资（杜兴强、章永奎，2008）。

葛家澍先生的发问促使学术界思考如下的问题：除了会计对象之外，还有什么决定着企业会计要素的设置？葛家澍先生关于会计要素设置的上述发问，直接将会计学界仅从会计对象的具体化界定会计要素的视角拉到一个更为广阔的视角：除了会计要素，会计基本假设与会计目标等是否会对会计要素的设置产生影响？[①]

会计作为一个人造的经济信息系统，必须存在一个明确的目标，即会计目标。会计

① 该部分及以下内容参考了杜兴强与章永奎所著的《财务会计理论》(厦门大学出版社2008年第二版)，第六章。

目标主要涉及“谁是会计信息的使用者”和“会计信息使用者需要什么样的会计信息”两项主要内容。那么会计信息使用者的需求必然影响会计要素，乃至影响账户的设置和财务报表的编制。会计信息系统运行将围绕着会计目标而进行，那么理所当然地，会计要素的设置，包括如何设置会计要素、会计要素的数目多少，都必须将会计目标作为一个重要的因素。

当企业处于简单的生产和发展阶段时，企业经营中面临的资金不足往往通过向银行的短期借款来解决，因此银行是企业财务报表主要甚至是唯一的使用者。银行作为债权人主要关注企业的偿债能力，而偿债能力主要是通过企业的财务状况来进行了解和判断的，因此银行需要企业提供反映其偿债能力的资产负债表。与此要求相适应，在长期的经验积累和总结的基础上，形成了企业资产负债表的三个要素：资产、负债和所有者权益（业主权益）。工业革命后，随着耐用性机器设备进入企业，企业开始面向社会公众筹集资金，企业的盈利问题备受投资者（会计信息使用者）的关注，使得以利润表为中心的模式得以确立，相应地，收入、费用（利得、损失）也在使用者需求下成为会计要素。由此可见，会计目标尤其是信息使用者的需求，成为影响财务报表要素设置的一个重要因素。

不同国家资本市场的成熟程度各异，不同国家的会计信息使用者对会计信息的要求也不同，所以导致具体会计目标的差异，进而导致在会计目标影响下的会计要素的设置各不相同。美国的股票市场十分发达，所以其会计要素数目最多也最为完备；国际会计准则委员会是一个以国际会计协调化和推行“可比性计划”为主要目的的民间组织，其对会计要素的设置必须考虑到诸多均衡因素，因此其会计要素的设置体现出各个国家间会计要素的共性。

回顾会计发展史，我们发现会计信息使用者的需求作为会计目标的一个主要层面，对会计要素的设置产生着持续的影响：在合伙冒险企业阶段，会计的主要问题是如何确定合伙利润的分配和财产的流动状况，而当时主要是通过资产负债表中的期末所有者权益和期初所有者权益来确定的，因此资产负债表是唯一存在的报表，所以就产生了设置资产负债表要素——资产、负债和所有者权益的需求。当企业面向社会公众公开筹集资金时，盈利能力就成为投资者所广泛关注的问题，因此客观上产生了对利润信息的需求，所以利润表的要素——收入、费用等也随即产生了。随着机构投资者的出现，利润信息已经不能够完全满足其需要，企业现金净流量，现金流入、流出的时间、金额及其概率分布成为投资者关注的焦点，因此客观上需要增加一张新的财务报表——现金流量表。

会计基本假设也会影响会计要素的设置。按照目前相对权威的表述，资产可以定义为“一个主体因为过去的交易或者事项而拥有或控制的、能以货币计量的未来的经济利益”，其中“一个主体”的术语隐含着会计主体假设的制约，“过去的交易”“未来的经济利益”则体现着会计分期和持续经营两项会计基本假设的精神，“货币计量”则明显地受到货币计量假设的影响。这样，目前公认的四项会计基本假设（会计主体、持续经营、会计分期和货币计量）都对会计要素的定义产生着非常重要的影响。

概括起来，葛家澍先生对“会计要素是会计对象的具体化”这一传统观点的质疑，使得学术界意识到上述表述的不完备性。更为合理的表述是，会计基本假设、会计目标和会计对象共同决定着会计要素的设置；会计要素既体现为会计对象的具体化，同时必须反映会计目标的要求，受会计基本假设的制约。

财务报表要素既是账户体系的大类，又是主要财务报表（资产负债表与收益表）的内容的大类。对账户体系来说，用于反映财务状况部分的三个要素是全部实账户的大类，而用于反映经营和财务业绩部分的六个要素则是全部虚账户的大类。对财务报表来说，用于反映财务状况部分的三个要素是资产负债表的表内内容的大类（建筑该报表的大板块，building blocks）；用于反映经营和财务业绩部分的四个要素则是收益表（利润表）的大类（建筑该报表的大板块）。

必须指出，要素设置的依据，虽然主要根据财务会计的目标，但是作为财务会计所处的客观经济环境的特征造成财务会计的基础概念即基本假设和财务会计应当处理的内容即对象——企业的价值的增值运动，也是影响会计要素设置的重要因素。

从会计的基本假设看，除上述权责发生制的影响外，还有主体假设、持续经营、会计分期和以货币为计量单位。所有的要素都属于特定主体财务状况或经营业绩的组成部分，都以持续经营的主体为前提，而没有会计分期，没有反映期初或期末的财务状况和某一期间经营业绩的要求，不以货币为计量单位，上述要素是不可能汇总量化描述的。

再从会计的对象看，会计要素是会计对象的具体化，而对象则是会计要素的综合、抽象和概括。它们是同一事物的不同表现：分类则成要素，综合是为对象，后者用于表述财务会计应处理内容的总体特征，以区别于其他学科或其他经济信息系统。“科学研究的区分，在于矛盾的特殊性”，即在于各有不同的研究（或处理）对象。

总体来说，会计要素的设置，是在财务会计目标的指引下，根据信息使用者的需要，考虑到基本假设作为制约因素所起的影响，把会计对象（体现为账户体系和财务报表的内容）划分为若干个虽互有联系但在性质上又相异从而可据以确认和计量（运用观念上的货币）的大类的举措。

（二）为何现金流量表无会计要素?

葛家澍先生在给1998—2001届博士生讲解财务会计理论时提出一个问题：为什么现金流量表并未像资产负债表与利润表那样设置独立的会计要素?

爱因斯坦在《物理学的进步》中指出，“提一个问题”是一种创造，而“解决一个问题”是已有知识的再现。可见，提出一个问题比解决一个问题更难。葛家澍先生提出的这一问题体现了其多年来对涉及会计要素的会计基本理论的深入思考。葛家澍先生把上述问题留给了这一届博士生。后来，杜兴强、章永奎等（2008）在《财务会计理论》（第二版）的第六章中对葛家澍先生提出的问题——“为何现金流量表无会计要素”——进行了初步的回答。

为什么现金流量表没有设置专门的会计要素？对该问题的回答必须在考虑决定会计要素设置的基本理论的基础上，再综合考虑资产负债表和利润表的确认基础是什么、现金流量表的确认基础是什么、两者处理的是否是同样的经济业务、设置专门的会计要素是否符合提供会计信息所必须遵循的“效益>成本”的制约条件等几个关键的问题。

我们知道，资产负债表和利润表确认的基础是权责发生制，而现金流量表的确认基础是收付实现制。如果要为现金流量表设置单独的会计要素，那么势必意味着在收付实现制下，要像权责发生制一样为现金流量表设置一套账户，按照“凭证→账簿→报表”的程序来最终提供财务报表——现金流量表。

其实，从理论上讲，我们并非认为现金流量表就绝对不能够设置专门的会计要素。但是面对企业数目繁多的经济业务，若为现金流量表设置专门的会计要素，并按照收付实现制确认方式，并依照“凭证→账簿→报表”的程序来编制现金流量表，则由此导致的簿记成本（包括账簿费用、会计人员的工资，以及为了适应新的变化而增加的会计人员的培训支出等）将非常高昂。Watts 和 Zimmerman 在其1978年的经典性论文中曾提及簿记成本对企业执行会计准则的影响。实践经验告诉我们，若根据权责发生制的资料进行恰当的调整，然后通过将权责发生制转换为收付实现制编制现金流量表，则相对成本会降低许多。因此，我们认为无须专门为现金流量表设置单独的会计要素。可见，成本—效益原则是设置会计要素的制约条件。

（三）资产定义

在分析了各个国家 / 国际组织的资产定义之后，葛家澍先生亦给出了一个具体的资产定义（葛家澍、杜兴强，2005）①。

资产是特定企业由于交易和事项（包括资本投入或退出的产权交易）以及交易虽未执行但在法律上不可更改的契约而取得或控制，而由企业配置和运用，旨在为企业带来未来经济利益（未来现金净流入）的经济资源。

第一，葛家澍先生给出的资产定义显然有别于国际会计准则理事会（IASB）所给出的资产定义②，这其实可以视为葛家澍先生一生从事会计基本理论研究所具有的，不唯权威不唯西方的独立精神的一个缩影。

第二，葛家澍先生的资产定义里删除了“过去的”这一定语，即不把资源的取得限

① 葛家澍先生对资产的定义，较为详细地辨识了资产的主要特征：(1) 资产是特定企业可支配运用的经济资源，含有未来服务的潜力。(2) 取得上述资源是资本市场交易或其他市场交易与事项的结果（按照经济学的概念则称为资源配置）。(3) 上述资源的服务潜力表现为：(a) 直接出售为现金或转换其他资产；(b) 在生产中可作为劳动资料和劳动对象，并在生产后转化为在产品、半成品、产品（或转化为劳务），然后通过销售，转化为现金流入；(c) 供经营和其他活动中使用；(d) 作为抵押品或担保品；(e) 租赁给其他企业或单位或个人使用。(4) 上述服务潜能除 (b)(c) 小类外都可单独计量相应的现金流入（现金报酬），(b)(c) 小类则作为生产要素与其他要素相结合并通过出售制成的产品或提供的劳务，才能获得难以分割（分辨）的经济利益（利润和现金净流入）。但可以说，资产能够带来未来的经济利益是资产的主要特征，也是资产服务潜能的主要转化形式。(5) 由企业控制的经济资源可以是有形的，也可以是无形的。(6) 在企业中起着重要作用，也可能起着越来越重要作用的经济资源，如人力资源、智慧（知识）资源和企业家的组织指挥才能（既能降低交易成本，又能促进企业利润最大化）等都还没有作为资产包括在当前的会计记录和财务报表之中。

② FASB 在1985年发布的 SFAC No.6 中对资产的定义：资产是可能的未来的经济利益，它是特定主体（企业）由于已发生的交易或事项而取得或加以控制的。IASB 在2018年发布的 Framework 中对资产的定义：资产是指由于过去的事项而由企业控制的、预期会导致未来经济利益流入企业的资源。

定于过去的交易和事项。当“过去的”这一限定词被删除之后，“事项”这一术语就具有了“时态”，因“时态”不同而可作广义的解释（即过去、现在和未来）。基于此，葛家澍先生的资产定义就可以将公司因衍生金融工具、由于不可更改的契约所能获得的权利确认为一项金融资产［以契约（合同）为保障］。

第三，葛家澍先生并未把“能单独或必须与其他生产要素组合才能产生的未来经济利益即未来的现金净流入”作为资产定义的主题。因为现金流入与流出的考量属于财务报告的目标或有用会计信息的范畴，但并非所有的资产都可以转换为现金净流入——虽然预期如此，但实际上未必。

第四，葛家澍先生并未将资产直接定义为未来的经济利益。如前所述，企业并不能确保每项资产最终都可以转化为有利的现金净流入，所以就不建议把资产定义为“未来的经济利益”。实际上，即便是FASB的资产定义，也只是认为资产是“可能的”未来经济利益。葛家澍先生认为，“可能的”意味着某种概率，可以是“很可能”，也可以是“可能”；因此若以未来的经济利益表述资产的本质，再加上“可能的”这一限定词，就不一定是“资产”，而有可能是“或有资产”的定义了。也正因如此，Schuetze（1993）才批评SFAC No.6的资产定义“过于抽象，且模糊不清，我们无法用它来解释问题”。

第五，葛家澍先生不建议用“未来的经济利益”定义资产的原因还在于，“未来的经济利益”只代表某项资产单独或某几项资产联合获得现金净流入的能力，而并非资产的本质。AICPA的会计术语中用“成本”来定义资产和FASB用“未来的经济利益”来定义资产，实际上都没有体现资产的本质——经济资源。资产的取得成本是反映企业为获取资产而发生的投入，未来的经济利益则反映资产运用后所带来的产出，两者侧重点不同，但都未捕获资产的本质。成本是资产的一个特征，未来的经济利益同样是资产的一个特征，它在一定程度上反映企业运用资产即经济资源所预期的结果。

第六，能够带来未来的经济利益是企业资产（实际上是经济资源）的重要特征，但在一个企业中除了能直接变现的某些金融资产外，并非每项资产都能单独地带来可以明确辨认和可靠计量的未来经济利益。就算某项或某组资产如果不和人力资源相结合，也很难为企业带来未来的经济利益。因此，严格来讲，资产并不等同于未来的经济利益。

第七，葛家澍先生认为，企业资产的本质是经济资源。离开经济资源，既不能全面把握资产的实质，也不能准确地定义资产。资产具有的提供未来服务的能力、交换其他资产的能力、清偿负债的能力、获利能力等都是经济资源的特征，而非经济资源自身。

参考文献

大卫·格拉斯曼，华彬，2003. EVA革命：以价值为核心的企业战略与财务、薪酬管理体系［M］. 北京：社会科学出版社.

杜兴强，桑士俊，2009. 中级财务会计［M］. 沈阳：辽宁人民出版社.

杜兴强，章永奎，2008. 财务会计理论［M］. 2版. 厦门：厦门大学出版社.

葛家澍，1984. 美国财务会计理论发展的新阶段：评介《财务会计概念公告》(1—3号)[J]. 厦门大学学报（哲学社会科学版）（4）：1-10.

葛家澍，1995. 关于市场经济条件下会计理论与方法的若干基本观点［J］. 财会月刊（2）～（7）.

葛家澍，1996. 市场经济下会计基本理论与方法问题研究［M］. 北京：中国财政经济出版社.

葛家澍，1997. 基本会计准则与财务会计概念框架：关于进一步修改完善1992年《企业会计准则》的个人看法［J］. 会计研究（10）：2-5.

葛家澍，1999. 美国关于高质量会计准则的讨论及其对我们的启示[J]. 会计研究（5）：3-5.

葛家澍，1999. 迎接廿一世纪　密切关注国内外财务会计的新动向[J]. 会计研究（1）：3-5.

葛家澍，2002. 关于财务会计基本假设的思考［J］. 会计研究（1）：5-11.

葛家澍，2003. 财务会计的本质、特点及其边界［J］. 会计研究（3）：3-7，65.

葛家澍，2003. 回顾与评介——AICPA关于财务会计概念的研究［J］. 会计研究（11）：51-57，65.

葛家澍，2004. 建立中国财务会计概念框架的总体设想［J］. 会计研究（1）：9-19，96.

葛家澍，2005. 实质重于形式　欲速则不达：分两步走制定中国的财务会计概念框架［J］. 会计研究（6）：3-9，95.

葛家澍，2005. 资产概念的本质、定义与特征［J］. 经济学动态（5）：8-12.

葛家澍，杜兴强，2003. 财务会计概念框架与会计准则问题研究［M］. 北京：中国财政经济出版社.

葛家澍，杜兴强，2004. 关于会计信息的相关性和可靠性问题的思考（上）[J]. 财会通讯（21）：10-12.

葛家澍，杜兴强，2004. 关于会计信息的相关性和可靠性问题的思考（下）[J]. 财会通讯

（23）：11-15.

葛家澍，杜兴强，2004. 知识经济下财务会计理论及财务报告问题研究［M］. 北京：中国财政经济出版社 .

葛家澍，杜兴强，2005. 会计理论［M］. 上海：复旦大学出版社 .

葛家澍，杜兴强，2007. 中级财务会计学［M］. 3版 . 北京：中国人民大学出版社 .

葛家澍，黄世忠,1999. 反映经济真实是会计的基本职能：学习《会计法》的一点体会［J］. 会计研究（12）：2-7.

葛家澍，刘峰，1998. 会计理论［M］. 北京：中国财政经济出版社 .

葛家澍，刘峰，2011. 论企业财务报告的性质及其信息的基本特征［J］. 会计研究（12）：3-8，96.

葛家澍，王光远，1994. 纪念帕乔利复式簿记论 建立我国财务会计概念结构［J］. 会计研究（3）：8-11.

美国证券交易委员会，2003. 对美国财务报告采用以原则为基础的会计体系的研究［M］. 财政部会计司，译 . 北京：中国财政经济出版社 .

AAA，1966. A statement of basic accounting theory［R］. Illinois：AAA.

AAA，1957. Accounting and reporting standards for corporate financial statements（1957 Revision）［R］. illinois：AAA.

AICPA，APB, 1962. Statement No.1：Statement by the accounting principles board［R］. New York：American Institute of Certified Public Accountants.

AICPA，APB,1970. Statement No.4：Basic concepts and accounting principles underlying financial statements of business enterprises［R］. New York：American Institute of Certified Public Accountants.

AICPA，1994. Improving business reporting：a customer focus［R］. New York：American Institute of Certified Public Accountants.

ASB，1999. Statement of principles for financial reporting［R］. Milton Keynes：Accounting Standards Board Publications.

CANNING J B，1929. The economics of accounting［M］. New York：The Ronald Press Company.

CHATFIELD M，1974. A history of accounting thought［M］. Chicago：Dryden Press.

CICA，1991，Financial accounting concepts in accounting recommendations［R］.CICA.

Committee on terminology（1952—1953），Account Terminology Bulletin No.1：Review and Resume，1953.

FASB，1976. Scope and implication of conceptual framework project［R］. US：Financial Accounting Standards Board.

FASB，1978. An analysis of issues related to conceptual framework for financial accounting and reporting［R］. US：Financial Accounting Standards Board.

FASB，1978. Statement of financial accounting concepts No.1：Objectives of financial reporting by business enterprises［R］. US：Financial Accounting Standards Board.

FASB，1985. Statement of financial accounting concepts No.6：elements of financial statements［R］. US：Financial Accounting Standards Board.

GRADY P，1965. Inventory of genenal accepted accounting principles for business enterprises［R］. New York：American Institute of Certified Public Accountants.

IASB，2018. Conceptual framework for financial reporting［R］. London：International Accounting Standards Board.

IASC, 1989. Framework for the preparation and presentation of financial statement［R］. London：IASC Board.

IJIRI Y，1995. Theory of accounting measurement［M］. Sarasota, Fla：American Accounting Association.

MOONITZ M，1961. The basic postulates of accounting; ARS No.1（Accounting Research Studies）［R］. New York：American Institute of Certified Public Accountants.

PATON W A，1922/1972. Accounting theory［M］. Taipei: Scholar Books Co，Ltd.

PATON W A,LITTLETON A C,1940. An introduction to corporate accounting standards［R］. US: American Accounting Association.

PEASNELL K V，1982. The function of a conceptual framework for corporate financial reporting［J］. Accounting and Business Research，12（48）：243-256.

RUBIN S,1984. The house of GAAP［J］. Journal of Accountancy，157（3）：122–129.

ROBERT H，MONTGOMERY，1937. Report of the president，AIC，Yearbook 1937［R］. US：AIC.

SPRAGUE C E，1907/1972. The philosophy of accounts［M］. Taipei: Scholar Books Co.，Ltd.

AAUF, AASB，1995. Statement of Accounting Concepts No. 4：definition and recognition of the elements of financial statements［R］. The Public Sector Accounting Standards Board of the Australian Accounting Foundation（AAUF）and the Australian Accounting Standards Board（AASB）.

SPROUSE R T，MOONITZ M，1962. A tentative set of board accounting principles for business enterprise［R］. Guides,Handbooks and Manuals.

VATTER W J，1947. The fund theory of accounting and its implication for financial reports［M］. Chicago：The Univiersity of Chicago Press.

WALLMAN S，1996. The future of accounting and financial reporting part ii：the colorized approach［J］. Accounting Horizons，10（2）：138–148.

第五节　2000—2008 年厦门大学会计学科学生名单

2000级会计学系会计一班本科生

陈　芳	陈维增	陈小娟	范金兰	方　庆	方祝铃	郭卫琴
韩　玮	郝　歆	洪玲希	洪志伟	黄灵怡	黄姝婧	蒋蔷薇
柯毅荣	赖德昌	李红领	李祖义	梁　励	林海峰	林慧静
林葆燕	刘　丹	刘子莹	龙昌敏	孟庆明	倪　栩	苏炬英
王昌利	王辉扬	王雪怡	王玮琳	吴林辉	吴晓涵	许丽云
严　翡	颜燕玉	杨　洋	杨　薇	游文琳	赵晓丹	朱国宇
缪膨冲	蔡晓彤	陈思展				

2000级会计学系会计二班本科生

陈碧娟	陈慧烨	陈　剑	陈　洁	陈伟琳	陈晓东	陈元福
冯　通	郭　洁	韩　煜	黄　榕	赖良聪	李　瑄	李　漾
梁艳娜	林　波	林　媚	刘庆生	刘心田	刘　岳	鹿　慧
上官艳霞	盛雄光	孙文茂	陶　琼	王　展	吴传良	肖颖琦
谢承伟	谢潇君	许少斌	薛美清	杨　嫣	叶　亮	叶守亮
曾　敏	张振梅	张　婵	折　岚	郑国立	郑　艳	钟　卓
钟　瑾	庄永超	陈　璘				

2000级会计学系会计三班本科生

陈　达	陈　雪	陈奕远	陈昕瑶	陈　淼	方　宗	龚俊明
郭　慧	郭圣宇	何进伟	何　娟	何振荣	胡　敏	黄文珂
黎锦笑	李　媛	梁循标	廖涵平	林丽敏	林淑贤	刘国栋
刘铭志	刘屏萍	刘晓慧	刘轶云	马慧梅	潘　原	阮毅娟
宋　芸	孙　芮	王英毅	王颋麟	王　筠	魏彼同	阎　华

杨　杏　曾少芳　张荣蛟　赵必武　赵景坤　赵　婷　周　晶
周　蕾

2000级会计学系注会班本科生

陈良勇　陈善成　陈艺红　陈韵竹　高　林　耿　楠　洪　航
洪　亮　洪少勇　洪小斌　贾寒雪　姜　浩　江　辉　康伟毅
李国平　李　洁　李立菁　李敏杰　李　兴　李　源　李　菁
李榕芳　林　旻　林建生　林介山　林美丽　林　敏　刘红岩
马卓坤　秦海艳　吴惠清　吴益兵　夏玉梅　谢日发　谢新刚
徐　菱　徐淑军　杨　翰　杨　利　余　音　余正兴　张景钦
张龙辉　赵　璐　周雨晓　祖文玥　蹇　薇

2000级会计学系建行大专起点班（本科）

白　焰　柴　翔　陈　钢　陈　涛　陈文晔　陈小勇　陈秀华
董　春　窦　琨　龚　伟　韩宏翔　何永红　胡立生　焦益民
李启鹏　李淑君　李艳玲　林旭东　林玉萍　刘春舫　刘振刚
卢根喜　鲁建伟　吕丽霞　欧阳亚榕　欧志树　潘贤操　沈延东
施志伟　唐春华　王　宁　王　群　王拥军　武　波　谢绍阶
鱼　海　袁永庆　张思全　张学礼　赵宝国

2000级会计学系会计学硕士研究生（统招）

陈卫杰　雷　静　王朝晔　张胜芳　戴　鹏　吴景润　陈　华
宫严慧　孙晓民　戴铭川　张少聪　刘　秦　王朝群　许　云
高　明　王红霞　杨洁云　周　霞　虞　菲　周福源　朱晓玉
胡立雄　庄永南　张志毅　陈　华　王丹芳　陈　琼①　林清清②

---

① 系统未查到，有成绩单。
② 有成绩单，进修生。

2000级会计学系会计学硕士研究生（教育部）

孙广平	张真学	王秋华	华成刚	徐生诚	陈　芃	徐联娟
闫　敏	谢晓娟	龚北辰	廖　青	乐美云	崔越峰	杨发勇
黄福众	徐　孝	王志伟	杨　翼	熊　艳	李永乐	关　毅
李文刚	陈希原					

2000级会计学系会计学博士研究生

许金叶	谢　军	陈祥星	陈佳俊	林峰国	郭胜利	李明辉
陈守德	刘　维	国桂荣	曾小青	林江辉	黄海玉	王运传
叶清辉						

2000级会计学系博士后

陈建明　　王凤洲

2000级研究生课程研修班

陈　琦	王　娟	刘彦丽	杨轶彬	付明清	曾英姿	彭年芳
黄爱文	王培洲	李晓春	张爱娟	杨　玺	殷碧君	雷　波
王惠玲	陈建州	李　敏	马西华	柳　哲	宋　伟	刘健腾
申小敏	张保华	杨丽璇	肖　雁	贺　莉	雷　军	梁　樑
刘宜云	刘丹红	朱晓红	黄　媛	陈顺京	吴晓成	黄福平
陈　苒	张海燕	陈　晔	李昱春	吴彤彬	毛洪迅	刘　伟
项　荣	吴海鹰	许业辉	周运秋	张　彤	杨　华	邓颖俊
李娟娟	夏益中					

2001级会计学系会计一班本科生

郝　歆　吴淑娟　艾　辽　蔡　颖　陈超坚　陈丹青　陈华连
陈　珊　陈晓艳　陈子文　方益松　何　晔　黄　婧　黄兹宣
李　茵　林恒辉　林坤明　林茂盛　林婉玲　刘阳春　宁大芮
钱　燕　苏碧安　王惠娟　王　锦　王　丽　王　玮　魏勤文
吴佳佳　吴伟杰　吴弈林　谢　敏　许月虾　杨立津　杨星焰
曾风耀　曾　璇　张斌强　张　婧　张　权　张　雯　张　洋
赵文龙　赵晓帆　周　磊　朱耀铭　王　振

2001级会计学系会计二班本科生

刁玉慧　杨　嫣　蔡明剑　蔡一雷　陈惠英　陈　青　陈　荣
陈晓芬　陈秀花　范　文　方振芳　胡永宁　黄　胜　黄　蔚
黄小莉　黄彦君　康佩钰　李垂轩　李东玮　李幼瑜　林　菁
林静敏　孟祥文　屈冠英　斯　思　孙国相　汪传旺　王建兰
王　茜　王瑶瑶　王　振　魏　祎　吴汉堤　吴睿达　吴仕存
吴智魁　徐新改　许朝丛　杨兴鉴　杨　翼　曾思琦　张乃云
张怡钰　郑弘毅　郑　静　周智翔

2001级会计学系会计三班本科生

蔡流香　蔡通林　曹承健　陈烘烨　陈　萍　陈书香　陈旭娜
陈云霞　杜玮玲　范仙子　郝　杰　侯源伟　黄根在　黄秀姜
江晓帆　赖荣海　李剑彬　李　颖　林剑谊　林黎艳　林丽霞
林其妍　林庆洪　林艳琳　刘汶堃　刘毅杰　卢遵敬　聂　敏
潘曲扬　权笑妍　谭力箭　王继国　王　磊　王晓岚　王玉瑜
吴丽丽　熊　斌　叶婷娜　张　威　张贤敏　张志强　郑　莉
周　爽　周云燕　朱凤灵　王莉萍　王　绮　杨　翰

2001级会计学系会计四班本科生

祖文玥　蔡明亮　曹　政　陈　妮　陈　琴　陈舒扬　陈文飞
陈咏玲　陈章斐　杜艳力　段健杰　冯　磊　郭剑花　郭佩琳
何素德　何希婧　侯佳静　蒋黎君　柯仕魁　雷　宇　李定华
林　姝　林　瑶　梅　芳　阮晓明　申　亮　覃启全　王　放
王　娜　王　颖　温　新　吴珊珊　徐灰拉　许　可　许　俐
杨　炼　杨　扬　杨峥峥　尤　琳　曾恒星　张木清　张　扬
张　滢　赵　婧　郑丽芬　周丽丽　朱　骅　邹建凡

2001级会计学系会计学硕士研究生（统招）

林新铎　徐　跃　储昭宪　洪　彬　陈秧秧　李志伟　王荔钦
胡绍德　吴春国　余爱木　宋慧丽　姚　吉　童未苓　姚宝燕
卢　青　马夕奎　王　宁　罗胜强　夏文贤　何红云　陈　靖
洪　彦　刘用铨　黄　贇　阳红霞　王明远　叶丰滢　李　蕾
郭丹霞　胡彦燕　刘开崧

2001级会计学系会计学硕士研究生（深研院）

徐丽盈　刘宜云　马西华　张保华　张爱娟　陈顺京　吴海鹰
项　荣　张海燕　李　敏　刘彦丽　黄爱文　杨丽璇　邓颖俊
柳　哲　许业辉

2001级会计学系会计学中职硕士研究生

曹　锋　叶慧丹　江百灵　朱　园　方　芳　王晓华　刘春晖
刘方中　祝　群　傅　萌　李松青　张卫平　范素霞　乐世斌
林新梅　游晓春　黄智高　祝红月　马宗兰　刘金星　黄智萌
曾文兰　李晓晖　张志华　潘建群　黄薇芳　颜　红　张　军

罗凤巢　窦明辉

2001级会计学系会计学博士研究生

许业荣　章永奎　白云霞　王　平　黄志忠　董必荣　郭安邦
任春艳　刘朝晖　严　晖　娄　权　陈　瑜

2001级会计学系博士后

谢诗芬　余玉苗

2001级研究生课程研修班

黄丽彬　朱明国　刘青科　史雪君　王源章　马萍英　阮井然
李　春　王　术　张永春　傅梦梅　吴　莹　柯剑山　纪白云
张　青　孙志里　陈　翊　赖玮琼　林漳龙　黄香香　姚卫彬
苏奕军　陈育红　罗丽芳　陈文俊　吴　荻　梅小毅　洪　昊
张慧瑜　周文杰　梅　凡　赖忠祥　陈轶娜　蔡以谢　黄高翔
史　炜　曾桂华　杨坤良　邱仿斌　徐　巍　蒋振富　陈晓红
柯孙团　张乃军　黄爱美　凌彧盈　翁健英　薛　静　李　娜
雷　虹　林丽仙　何　静　朱　华　孙震宇　吴高阳　陆　梅
王晓静　曲兆峰　吴凌菲　张俊俭　陈越明　陈武略　陈剑红
任秉勇　周晓露　刘小平　谢　艳　顾祥寿　来伟明　洒晓东
杨　玲　倪文琴　杨旭红　陈满娜　马丽莉　胡玲敏　徐　佳
何照华　刘洁阳　钟晓宏　梁飞媛　张　英　王之帆　单建红
吴光明　任爱军　邵　勤　陈松炜　戴伟力　余来华　蒋建达
陈　强　慕兴宏　李　群　傅凌燕　章巧文　连　超　马　云
毕开凤　王迎雪　王　煦　朱春霞　叶群芳　余萍萍　姒建英
张颖斌　吴　军　金秋影　张志群　黄晓琦　王　茜　李小燕
沈亚军　单新新　朱惠芹　徐海涛　陈杰忠　阮瑞雪　应　军

苏笑聪	赵秀芳	张若妤	王　峰	翁承权	吴光明	付　强
肖　晓	李　凡	叶　青	刘宏芳	沈建国	朱丽丹	吴大红
林素丹	王　婷	朱海华	叶晶晶	吴克照	方琴芬	王芙蓉
叶玲玲	吴长虹	钱妞妞	周婉琦	马晓华	杨美英	夏显光
韩素莹	南剑峰	潘春萍	戴小燕	宋小平	郑　洁	陈昌锣
南品仁	胡　洁	邱波俏	倪苏文	陈　民	柯向华	赵思敏
舒丙刚	吴端仕	李跃灿	任煜秋	张晓旺	吴载经	郑志英
陈小芹	余文华	陈　圆	张建尧	王　钢		

2002级会计学系会计一班本科生

乔　立	胡诗源	曹丽美	曹艳丹	陈　静	陈雅玲	陈　杨
陈　哲	戴莉莉	郭　立	洪　斌	黄冬发	黄婷芳	江天生
赖清渊	李会娜	廖芳林	林　翎	林倪滨	林增通	刘　菁
刘增洁	罗莹莹	史瑞红	孙小雨	王建雄	王雅婷	吴　佳
夏善辉	徐露怡	徐银榕	杨奶铃	杨媛媛	叶　凌	袁冬冬
詹　莹	张小益	赵　瑾	郑　颖	庄婉萍	王毅琳	

2002级会计学系会计二班本科生

丁雪莹	黄琪洁	卓秀芳	蔡文津	曹思扬	查茂军	陈时斌
陈奕鹏	戴伟娟	郭俊峰	郭素宏	洪婷婷	黄乐东	黄文珠
纪能文	姜远峰	康文静	蓝丹梅	李玉琪	李治国	廖燕华
林淼鑫	林雨汀	凌　云	刘晓棠	卢丽萍	缪申申	齐更圆
孙志杰	王安宁	王　莉	韦　韡	谢慰琦	袁　柳	詹雪竹
战燕燕	张　瑾	郑　薇	郑雅君	周文蔚	卓　伟	

2002级会计学系会计三班本科生

蔡益凤	陈　翀	陈　旭	陈　莹	崔文倩	丁珍珍	高婧姝

何良慧　胡　洋　黄丽君　黄毓偲　纪艳卿　康乐乐　李安军
李彦波　连琼凤　林碧慧　林明坤　林永钦　刘　博　刘永豪
吕静薇　罗祖茂　任巧琳　覃洁华　王铭城　魏智贤　吴　桐
吴莹莹　徐丽琳　许　婧　杨映武　叶　斌　余修荣　张春辉
郑秀芳　周　知　邹　靓　柯力平　叶培炎

2002级会计学系会计四班本科生

陈　晶　陈　瑜　程燕芸　笪卜文　董丽莉　杜颖洁　高如颖
龚　琳　和　洁　黄陈韧　黄　珺　黄雯君　江莹莹　江志英
赖华华　雷英英　李　薇　梁国勋　梁　涛　林　靖　林敏雅
林　舒　刘　杰　刘思晋　罗成城　蒲瑜佳　宋　娣　台　琳
覃　露　田冠初　王　霞　王晓蕾　吴昊天　伍斐斐　徐　钦
许光远　许凌燕　杨　宇　姚文红　尤天明　于　潮　俞超英
曾　萌　张　毅　赵　伟　周　振　庄碧兰　杨以庆

2002级会计学系会计学硕士研究生（统招）

包　扬　邓华明　丁晓筠　何　海　黄志霞　江　玲　冷晓兰
李　易　连竑彬　梁会丽　刘笑霞　罗宣东　聂志萍　邱月华
沈　艳　石涓涓　宋江雪　苏月嫦　唐　丰　童一杏　王　虹
王建峰　王文明　吴建刚　杨　光　于国旺　俞春江　张飞达
张华夏　张金若　赵向东　郑婕霞

2002级会计学系会计学硕士研究生（教育部）

柏斯魁　陈　茸　陈维红　程家旗　董京刚　范　帆　洪少丹
黄　英　李　刚　李智敏　刘丕平　卢凯旋　马春莺　毛长珍
汤　军　王　红　王　琳　王　茜　吴宇力　谢　丹　徐　波
徐玉霞　易慧霞　尹谷良　余亚鸿　张宇欣　王　琳

2002级会计学系会计学博士研究生

蔡　宁	仇　健	邓顺永	高明华	郭奕明	胡念梅	胡青山
黄　彤	黎代福	李国富	林　翔	刘海波	刘克宜	刘秋明
罗国荣	秦　勉	孙丽影	覃志刚	唐国钟	王普松	谢美缎
杨宏图	姚正禹	袁清波	郑鑫成			

2002级会计学系博士后

蔡剑辉　焦跃华

2002级研究生课程研修班

林开协	江易鹏	陈　锋	郭晓东	范俊铭	尹傲然	陈兵英
吴真子	山　梅	王　琳	孔繁礼	龙　泷	连彩娴	陈梅云
郑　跃	唐　辉	杨立慧	林丽琼	林　立	罗霄青	谢　凌
林云飞	童少华	黄向霖	林俊民	李金桂	黄文水	陈　峻
郑志雄	朱晓芳	阮　蔚	肖燕莉	陈　榕	杨志宏	刘宇亮
郑妮妮	郑永锋	施金平	刘军伍	柳　菁	严冬梅	林　峰
江　斌						

2002级中职班

白夏平	柴　静	陈素云	陈秀娣	程　光	程丽娟	方丽珍
费金华	葛文荣	顾　郡	贺美兰	贾成海	旷彦昌	李爱华
李建丽	李世新	李雪梅	厉国威	林宗纯	刘继红	刘润明
雒庆华	彭　利	商仲玉	沈誉辉	束必琪	汪思敏	王　创
王家清	王梅华	翁健英	吴秋红	谢　晖	徐　静	徐　俏
许文琴	杨志远	曾　钧	张建英	张茂燕	张月华	赵丽华
赵荣敏	朱江宏					

2003级会计学系会计一班本科生

陈爱真 陈培 陈向城 黄晨雨 康惠芬 李丽 李昕
林昀 薛晓 叶丽端 詹璐 郑雯雯 白昱 蔡志元
陈超 陈梅源 陈明 陈琪 陈夕虹 陈毅强 董默
范冀皖 郭虹 黄晔 李慧宏 林蹊芳 林文佳 刘德权
秦文 宋卿 文青 吴鹏 许萌 许珍如 杨梦希
杨巧怡 杨映月 张凤明 张吉珍 张提 郑晓燕 朱碧琦

2003级会计学系会计二班本科生

周红 周茸 陈思 安永生 李梅香 田锋 叶舒
张妮娜 郑金荣 郑芦鱼 陈青丽 郭涵 柯碧灵 林义伟
卢君 欧斌 张萱 方颜 苏睿清 袁媛 陈策
宋静静 安云 孔亚迪 常远 侯栋梁 逄淑媛 尚岩
王正斌 谢昌辉 薛玲 姚家才 叶兴全 郑新 周彤
陈昃 程菲 杨思思 李艳茹 陈智姗 黄宁

2003级会计学系会计三班本科生

赵文 林秉雄 黄鹂 李琼 王子贺 郑梅娟 陈淑芸
洪少芬 黄铖 姜秀雯 林双 林燕煌 卢志菲 那洪涛
汪鹭莎 王敏霞 张云 钟世明 杨晶 姚舒琦 田华军
胡娟 千璇 姚婧 刘瑞平 章良 陈哲丰 吴惠蓉
谢亚璇 禹娜 颜晔锋 郑嘉娴 何彦彦 杨诗睿 饶晓丽
杨文娴 周春 刘丽虹 朱柳霖 王乐君 乌丽雅斯 许松林
毛净 张莉 项冠男 何柳

2003级会计学系会计四班本科生

陈晓明	张 劲	郑呈灯	何希颖	史嘉庆	陶乃生	余延雯
赵春高	黄伟杰	杨 帆	陈敬静	段龙华	黄宝惠	李 婷
涂 勇	王怀芳	吴培选	张 敏	张 婧	张理程	陈 钢
黄茜熙	蒋 贞	蓝 燕	李 森	刘 军	刘灵明	邱 娜
沈桂贤	吴婧怡	赵奇姣	郑烜乐	朱 娟	崔 航	黄丽莉
江兴国	蓝佳其	李 慧	吴 昊	赵医辉	周娟楠	邹 曦
陈文琴	陈春长	朱高华				

2003级会计学系会计五班本科生

陈若林	郝 爽	黄晓犇	李祥飞	林 琳	林 颖	刘 超
刘 珈	毛圣临	宋翔翔	王 蕾	王 露	王水淼	王珍晶
吴劭堃	吴宇航	吴中甲	许志谦	杨 娟	杨秀娟	于思源
张 悦	周 赟	史 晨	陈久立	陈月月	陈韵州	高彦妮
侯颖娴	赖智悦	李 圣	李晓旭	李 杨	廖韵腾	林晓斐
林昕颖	林 远	罗牧宇	沈宏宇	王 嵩	王韬达	吴 茜
吴易虹	吴逸婷	徐 琳	徐 曼	杨静颖	杨思源	叶丝丝
张珏炜	于卓君	曾 勉	左永彦			

2003级会计学系会计学硕士研究生（统招）

白珊珊	卜淑珍	陈 宏	陈 林	陈 昭	狄海涛	范凌燕
郭世丰	郭艳龙	韩 婷	郝富强	郝 茵	胡 嵩	黄静如
黄为娥	季 芳	金小英	李慧惠	李晓洲	林 卉	林 森
刘 军	刘 琨	刘守玲	刘双双	龙 冰	卢美玲	卢滟萍
陆 丽	陆 杨	马占树	潘皓青	彭文燕	孙玉春	汤 珍
王桂萍	王 浩	翁建峰	向智晶	谢军辉	许一忠	薛 娟
杨彩虹	叶小平	尤维捷	曾 源	张红梅	张 薇	张夕阳

张　莹　郑如莹　周　娟　朱　玲　陈春梅　洪卫青　于竹丽

2003级会计学系会计学硕士研究生（省教育厅）

陈　雄　陈旭晖　陈忠清　丁　毅　范　苹　韩自强　何小红
黄荣光　黄振胜　李　萍　林锦全　唐　宁　王毅斌　吴晓冰
杨朝晖　张晓明　邹　剑

2003级会计学系会计学博士研究生

陈　宏　陈凌云　韩洪灵　刘启亮　田　静　颜志元　郑炜玲
李　静　林洪美　林建秀　石春茂　孙晓民　王丹芳　王利娜
胡立雄　黄学敏　魏海丽　杨翼飞　张胜芳　郭葆春　刘长青
卢　海　唐星龄　许　萍　杨　绮　曾一龙　何瑞雄　瞿　曲
王禄河　肖　建　张晓瑜　李奇凤　李　弢　尚兆燕　曾艳霞
陈华敏　丁金斌　丁清光　刘俊茹　谢　灵　许　云　庄静雯
夏博辉　张明明[①]

2003级会计学系博士后

刘国武　刘玉龙　李延喜

2003级研究生课程研修班

张红华　吴　鑫　谢静波　朱坤金　叶　桐　罗先锋　黄毓雄
林　红　宋玲玲　李万张　苏新钦　杨有凤　辜晓春　洪汉津
邓黛黛　谢剑光　许英锦　刘　灿　万　方　纪程瑜　王　华
林亚腾　梁　谷　徐芙蓉　朱世和　吴俊誉　杨剑华　郑燕虹

① 论文博士（具体参见 https：//baike.baidu. com/item/ 论文博士 /9997636 ）。

尤芳霖	王俊霆	傅书赛	李丽清	陈　昕	黄素琼	杨克忠
陈彩凤	苏鹏冰	黄文伟	吴章颖	何丽芬	韩健阳	张荣贤
刘铭石	刘杨波	秦　燕	李绍红	姜　霞	潘克平	王振宇
江　云	邓　赟	魏小军	李　瑛	陈定华	程　楠	廖晓斌
郑　刚	杨凌浩	刘　霞	袁永睿	梁　杰	王树生	刘　丽
李景泉	戴志伟	戴洪健	王晓梅	曹　岷	俞智莉	高荒燃
唐　莉	罗粤华	张锋峰	许宗煜	施　文	冯　岩	邱漪娜
庞永辉	杨小虎	胡　楠	王　颖	陈　娟	张力丹	

2004级会计学系会计一班本科生

蔡伟华	程　红	江国铭	孔百灵	李　菲	李清莹	沙红星
孙　磊	孙泉辉	王　佳	熊　建	许培荣	许圳平	严旺源
阎冠融	曾家阳	张丽仁	张小慧	郑彩虹	周　婷	庄梅芳
陈冰茹	戴　琼	洪佳萍	黄　薇	揭林林	李博文	李丽龄
林茂坤	陆　进	覃黎霞	吴大钱	谢丁城	谢淑珍	徐华丽
薛林莉	杨德征	俞　月	曾毓男	张　涛	郑　华	庄丽君
蔡萍萍	丁静静	李凌梅				

2004级会计学系会计二班本科生

林　莉	孟洪涛	谢荫红	张爱国	刘立新	刘淑娟	颜春红
方勇文	康桂萍	刘金埕	彭迎庆	屈才云	阮周蕊	吴宏毅
肖艳平	许德兴	许培鑫	曾燕华	张　倩	赵俊美	周志远
刘　芳	张　铮	陈　娟	陈丽琼	陈智强	方晓哲	刘佳龙
洪莫丽	宋小艺	吴南琴	肖　静	徐　颖	杨　华	杨忠建
张　睿	郑婷婷	郑艺娟	姜　磊	李雅燕		

2004级会计学系会计三班本科生

戴　宙　　黄　舒　　李　松　　马文佳　　吴琼洁　　吴晓菲　　杨　婧
宾　蓓　　马恒光　　王菲菲　　王子萱　　颜启易　　文　佳　　张　鹏
张学舟　　端木多娇　　赖剑华　　苏路尧　　苏燕玲　　王琳琳　　王韦程
王潇维　　夏荣兵　　张　良　　陈智达　　高　帅　　李　论　　梁　涛
罗玉晗　　魏郁岚　　余　颖　　安谭莉　　黄钟伟　　李　想　　林训宜
刘雪娇　　彭　婷　　时彦斐　　郭　林　　曾晟迪　　袁茹静　　郑　轶
周　莉　　朱锦培　　李文彤　　陆秋华　　林荔云　　易晓皎　　黄可敏
江　南　　林龙峰　　邵　昀　　张雁翎　　张志景

2004级会计学系会计四班本科生

连航征　　罗　兵　　杨金宝　　周　蓉　　邹洪华　　张丽芳　　李明英
童运平　　吴　曦　　陈　葳　　邓　伟　　邓　莹　　高　伟　　洪求杉
胡明华　　贾　财　　贾纬璇　　姜雅静　　蒋玲燕　　鞠圣扬　　柯燕君
蓝乔燕　　李　文　　廖晓丽　　马倩倩　　潘　军　　任绮雯　　阮美凤
尚　琳　　石　梦　　王冰清　　王国建　　王文炳　　王志煌　　杨玉燕
叶澌军　　银雪姣　　余　菲　　郑飞凤　　曹　栋　　冯颖亮　　黄　杰
王建强　　翁仲珊　　吴德金　　庄　庆　　庄凯强　　钟知辉　　杨海滨
王睿佳

2004级会计学系会计学硕士研究生（统招）

褚仁凤　　张景钦　　张贤萍　　唐文靓　　王翼虹　　邓晓艳　　温胜男
陈　枫　　吴志威　　田　甜　　陈　玮　　沈群英　　黄丽君　　王　刚
魏　洁　　徐臻真　　唐小剑　　陈碧香　　洪　亮　　林　波　　林海峰
付冠华　　肖亚萍　　邓晴晴　　陈怀玉　　吴贤聪　　徐　蓉　　姜　浩
陈伟琳　　王英毅　　叶　亮　　稂与峰　　李洪英　　朱丽春　　蔡丽霞
曾德生　　纪锡昌　　谢永堎　　张　超　　李　荣　　何升霖　　陈之涛

吴晓静	侯洪涛	王琳琳	赵本才	苏卿云	胡金帅	李　化
易中朝	张　俭	曹乐喜	窦　珊	蹇　薇	吴益兵	赵晓丹
缪膨冲	郑　艳	郭圣宇	黄　榕	赵　璐	林立山	查　婧
李宗彦	陈　达	庄　莹	王丽华	廖涵平	方宗	

2004级会计学系会计学硕士研究生（深研院）

高荒燃	胡　楠	袁永睿	戴志伟

2004级会计学系会计学硕士研究生（教育部）

迟玉收	董为民	郜志宇	耿淑荣	郭　梅	郝永红	胡成玉
黄海滨	金贞淑	李　晶	李小玲	梁　峰	林　枫	刘英姿
刘玉光	汪卫东	于海峰	岳　淼	张积勇	张晓雯	赵建军
钟洁颖						

2004级会计学系 MPAcc 硕士研究生（在职）

包莹莹	蔡伟忠	蔡晓峰	曾大庆	曾向红	陈爱茵	陈东红
陈峰青	陈国记	陈黄筑	陈建业	陈经忠	陈　静	陈　娟
陈莉萌	陈留成	陈其峰	陈清建	陈榕建	陈湘璐	陈雪敏
陈益斌	陈永强	陈兆迎	陈　震	陈志华	陈志群	程　珊
程宜祥	代　燕	邓成立	邓　军	杜泽昱	方少冰	扶友华
高一琦	古　军	郭　伟	何　莉	何权君	贺琼慧	洪文志
洪永锋	黄　非	黄耿耿	黄国卿	黄　菊	黄　强	黄清阳
黄曙芳	黄旭晖	柯金和	柯　霞	雷志华	李春巧	李慧敏
李树平	李文革	李亦军	李寅彦	李忠瑞	练晓英	廖智刚
林宝珍	林建华	林金新	林礼明	林　琳	林茂华	林起核
林声悦	林溪发	林玉星	林跃辉	林志榕	刘凤娟	刘　辉
刘基强	刘　军	刘　涛	刘　为	刘长汀	刘自豪	龙宇祥

卢　山	陆　翔	罗体英	马　哲	孟利芳	倪　馨	彭曦丹
邱　晖	邱　捷	邱　芸	任　健	沈庆寿	施琼娜	苏启坚
苏少华	唐怡铮	涂蓬芳	汪燕芳	王　芹	王水根	王星明
危昌雄	魏禳炜	吴彬彬	吴　畅	吴剑洪	吴淑香	吴文浩
吴韵璇	吴宗海	肖洪光	肖　艳	肖振肯	谢　宁	谢文胜
谢赞勋	徐　萍	徐志军	许火耀	许俊莲	薛丽红	闫钢军
杨　劼	杨美美	余　萍	俞清金	张立贺	张　莉	张　楠
张瑞燕	张　盛	张香玉	张　彦	赵　勇	郑东升	郑　奋
郑剑军	郑文海	周希清	周艳君	周永林	周　勇	朱　勇
祝丽秋	庄瑞良	林萍[①]				

2004级会计学系会计学博士研究生

董秀琴	王明远	罗胜强	高　芳	李　斌	仲崇岚	沈宜庆
王广麟	许世铭	周中胜	李　正	廖义刚	夏文贤	王艳艳
宋　玉	郑黎星	张　琦	张　榆	李志伟	徐　跃	陈秧秧
叶丰滢	李　卓	杨　宇	王肖健	路军伟	王　瑶	高如云
杨　钰	毛丽娟	钱春杰	陈　靖	廖　阳	解群鸣	郑煦平
王丽明						

2004级会计学系会计学博士研究生（深研院）

肖凌　　舒　适　　尹　雷

2004级会计学系博士后

刘　斌　　刘海生　　王清刚　　梁美健

① 退学。

2005级会计学系会计一班本科生

徐　萌	傅颖凡	骆陈哲	辛晓瑜	卢瀚舟	方　晶	周　鹏
黄仕宇	阮慧萍	郑　刚	吴春明	陈婷婷	苏亮德	邱小英
赵贝蓓	董　婧	孔聪颖	陈　果	王琳煜	潘燕萍	韦明华
吴雨舟	张　卓	刘旭升	杜培湖	薛　成	周　福	齐　昕
徐　莹	杨忠彬	张贵财	李　强	蔡小芳	屈鹏飞	贺柏方
张　敏	蓝海波	马晓夏	吕鹭璐	施宽盈	朱夏炜	林芳菲

2005级会计学系会计二班本科生

栾振晓	聂　茸	张江山	郭燕珺	庄明忠	张兴金	林佳荔
蔡依新	曾晟君	连晓青	颜朝成	谢成发	陈丹凤	庄舒灵
彭明奋	蓝　娟	黄建源	姚雪翎	林　静	王　浩	黄雅萍
丁　莹	魏　虎	苏永争	刘元元	王　征	张冬梅	李瑞聪
陈国琴	刘一蒙	卢彦宇	余功贤	李　妍	王曙亮	夏顶立
沙劲竹	侯　迪	余　辉	费文斌	苏秦贤	徐恒永	黄毅斌
林丽玉	刘诗吟					

2005级会计学系会计三班本科生

施晓康	杨　远	王　祎	于思远	吕　岑	郑璐莎	杨　芸
黄　侃	潘少滨	彭壹成	王肖生	邱文琦	陈娟娟	胡艺舟
何　玮	黄　颖	张阿芳	陈　昕	张　曼	何子轩	王　伟
俞妍鋆	邵　聃	王怡多	杨　昕	王孜晓	郑夏青	曾庆莳
杨国辉	刘昊天	毛睿哲	王　淼	孙　微	张智昊	陈　琼
张严月	王恒箐	张冰玉	周洁雅	冯思童	李盈璇	孟繁璐
田　丽	张菲菲	贾　珍	濮晓超	王彬怡	陶明瑶	黄书腾

2005级会计学系会计四班本科生

陈　根	王　韦	陈　婕	周友协	陈金玉	陈英倩	杨雪娜
宋淑红	杨佳聪	吴晓萍	卢　超	陈丽君	施淳韡	谢　靖
陈雅娴	卓林盈	黄倩昀	李亦文	陈文辞	赖少娟	李　皓
冯小惠	庞　琳	刘肖慧	于　兰	王　健	廖　姣	纪凯宁
章书瑞	苗　健	赵　倩	王霄霄	马　锐	胡建波	王之禹
陈　东	陆来新	梁书婷	孙百超	刘　蕾	李　蓓	史　益
喻　育	胡　蕾	张冬琴	南　楠	张　敏	曾逸灵	郑孝贤

2005级会计学系会计学硕士研究生（统招）

安　兵	白淑君	蔡明剑	蔡文忠	曾　强	陈　乾	陈超群
陈进加	陈小鹏	陈晓芬	成　政	程海娟	崔永新	丁吉晶
董学良	杜淑云	杜艳力	范喜斌	范樟妹	谷杨福	郭　奕
郭剑花	郭艺艺	何　可	何希婧	何永福	黄　婧	黄　卓
黄绍鑫	黄月云	江文生	柯燕来	雷　宇	李　辉	李　金
李　茵	李　颖	李红亮	林　萍	林　姝	林　瑶	林静敏
林荔英	林其妍	林秋菊	刘　晓	刘爱琴	刘雪芳	马珺珺
彭　欢	漆传金	邵秀蔚	斯　思	苏元兴	田　华	田　朋
童　霓	汪景福	王　放	王　丽	王　娜	王栋强	王晓岚
魏小巍	温日光	吴　笛	吴多恩	吴云建	夏永胜	徐　阳
许　超	杨　虎	杨其雷	姚凌云	于　波	余春香	余丽梅
余中华	翟云耀	张　威	张斌辉	张喻芳	郑　莉	郑丽芬
钟　霞	周泽将	祝勇军				

2005级会计学系会计学硕士研究生（高校教师班）

李晓菁	李　娟	林贤元	熊　霞	林怀敏	李瑞萍	陈　金

2005级会计学系 MPAcc 硕士研究生（在职）

蔡潮汛	蔡晓斐	蔡秀建	蔡忠文	曾剑雄	曾宪洪	曾小敏
陈承刚	陈恩之	陈　芳	陈海涛	陈惠鹏	陈嘉慧	陈建华
陈建明	陈　琳	陈琦瑛	陈素梅	陈晓薇	陈　瑛	陈　迎
陈永云	陈岳辉	陈　展	邓福水	丁卯琦	丁清华	杜晓霜
范承超	甘　泓	甘　悦	郭　红	韩　睿	杭桂兰	何玉剑
洪进长	胡素萍	胡玉蔚	黄嫦媚	黄　桂	黄　璐	黄庆鑫
黄淑玲	黄旭辉	黄迎栋	黄永龄	黄　宇	黄　裕	黄　铸
纪　豪	李　慧	李　威	李　艳	李扬云	李乙斌	梁　炯
廖　丹	廖凤玲	廖　群	廖永云	林承标	林翠霞	林发春
林　洁	林　兰	林　磊	林力容	林丽群	林丽容	林梁鑫
林梅芳	林明胜	林鹏飞	林　强	林荣嵘	林绍征	林　晓
林新宇	林玉枝	林　昱	林志玲	刘冬颖	刘　钢	刘　广
刘小玲	刘新添	卢翔云	卢娅萍	陆金汉	陆云燕	罗小晔
罗永权	骆丁辉	吕昕炜	马　军	倪伟明	潘炳信	钱　锐
钱晓辉	区伟斌	全　源	任延红	盛伟明	施伟南	唐华琳
唐雪峰	汪祖福	王春昕	王　丰	王光辉	王琳琳	王　睿
王学人	王祎飞	王　颖	文　武	吴　纲	吴　健	吴岚如
吴皖琳	夏高其	肖海清	谢海平	熊　敏	徐旦红	徐　文
许菊萍	严　沁	严孙钦	欧阳正根	杨常春	杨　帆	杨丽丽
叶玲飞	叶星月	叶　妍	张建全	张靖文	张坤辉	张丽恩
张荔平	张　茗	张　伟	张　欣	张　勇	章建夫	章　磊
赵安琪	郑碧山	郑昌焱	邱　烽	邱巧因	石少君	吴秀萍
郑慧慧	宋艳萍	苏成泉	苏　骏	苏妙理	屠彩虹	翁建伟
吴俊珊	吴　敏	吴　攀	谢宁宁	谢　琼	谢太阳	徐金辉
杨碧珍	叶红萍	叶丽腾	张　凯	张艺科	张毅伟	郑剑芳
郑金全	郑开荣	郑丽旻	郑敏芬	郑　喆	周小民	朱　亮
朱水发	朱　昭	庄　颖				

2005级会计学系会计学博士研究生

颜　艳	陈　俊	梁丽珍	李文昌	朱雨龙	蒋　楠	马笑芳
李　泱	俞春江	陈丁嗣	王荣昌	洪卫青	于竹丽	张　玲
余宇莹	陈春梅	陈芳芳	杨　辉	聂志萍	李　宜	张金若
庄智华	连竑彬	王建峰	刘开崧	曹乃恩	刘笑霞	于国旺
姚宝燕	刘用铨	邱月华				

2005级会计学系博士后

陈志斌	池国华	屈耀辉

2006级会计学系会计一班本科生

杨　昆	王　艳	张藤一	包　炜	陈金平	陈　龙	陈绍彪
陈思怡	陈婷婷	陈振添	丁　怡	范一鸣	洪志旭	胡　晓
胡晓珊	黄程晖	黄振英	江志刚	居文文	柯兆林	赖志凤
李　蓓	李静文	林莹莹	王姝婷	王文微	王燕飞	王　羽
荀靖婷	杨佰玲	杨春秋	叶晓雄	张君兰	张夏梦	张奕仙
郑勇宾	钟晓敏	林华萍	廖　原			

2006级会计学系会计二班本科生

白　婧	陈江殷	陈　敏	陈倩茜	陈微微	陈　雯	程雪莹
杜培玲	高　吟	何瑞芳	侯钊敏	贾永晔	姜　琳	靖　磊
李松戈	李　婷	李　鑫	李志斌	林文青	林艺滨	刘　洋
鲁　楠	罗卓群	马　龙	马文捷	马莹莹	彭彩惠	唐世玲
王安瑜	王　莉	王廷娟	翁海波	伊　韬	张桂英	张海燕
张　浩	周叶飞	荀　源				

2006级会计学系会计三班（国际会计方向）本科生

陈扬芳　崔　颖　戴培培　杜　鸣　傅超慧　何　方　何宇韬
洪少峰　胡思航　胡遥青　乐晓娟　李陈静　李　晶　李云舒
林希倩　卢　婵　陆兴成　吕　莹　罗　辛　邱燕斌　任　浈
宋　晔　隋华震　汪　浩　王　怡　吴　迪　吴淑霖　吴宜婧
吴　颖　谢俊钦　徐小力　薛　然　杨　豫　姚　莹　曾书元
张　禾　张剑桥　赵子璐　郑辰威　周娅希　刘方芳　林雄雄
叶　青　王梦琪

2006级会计学系会计四班本科生

朱　静　陈　晨　严巧丹　于晓萌　付倩倩　安凯红　陈　嵩
戴威凛　付　晨　郭　菁　洪甜甜　黄　芳　林华强　刘　靖
潘泳辰　施育群　宋芳玉　谭　晓　王　方　王　娟　王巧贞
王　雯　王煜坤　王　悦　卫　明　魏　瑾　魏　雷　吴　琼
吴也乐　谢辰蕙　许　可　杨佩韦　杨育龙　叶　凡　叶　一
曾　璐　张　玲　张　如　张兴艳　郑晓鹭　周　纯　陈晓霞
林　莉　计晨曦　吴建航　郑　琪

2006级会计学系会计学硕士研究生

鲍似晖　丁芸洁　范崇杰　付　程　黄贵艳　李雪峰　林　杨
卢　浩　施　蕾　王小华　徐诚婕　徐潇潇　杨　阳　郑　崴
周灿良　周丽娜　蔡丽煌　蔡文津　蔡益凤　曹年更　陈　琴
陈　睿　陈智明　陈智勇　程井彪　程　嵩　程晓春　程燕芸
戴伟娟　董鹏宇　杜颖洁　付海龙　宫　娟　谷娜米　郭小丽
韩会娟　何　花　洪少杰　胡俊辉　胡　洋　黄彬彬　黄陈韧
黄　珺　黄丽君　黄雯君　蒋　欣　降芳弟　康乐乐　柯文林
蓝丹梅　李国华　李玲玲　李　鹏　梁　爽　梁　涛　林倪滨

刘　昉　刘谷余　刘喜艳　刘晓璐　裴新春　石　磊　时发奇
宋环环　宋　颖　孙　峰　滕　曦　汪　霞　汪裕川　王　航
王　蕙　王世东　王　霞　王晓东　王晓峰　王昕魏　向　阳
吴德满　吴思思　吴志娟　谢慰琦　熊　婷　徐爱玲　徐丽琳
应雄林　曾流民　曾蒙爱　曾巧宁　詹雪竹　张　莎　张晓宣
张　彦　张　哲　郑斯师　周　华　周　倩　周雨晓　周　知
朱　怡　庄碧兰　邹　冉　许舒敏　邓彦卿①　刘万丽　叶琼燕
周　琛

2006级会计学系 MPAcc 硕士研究生（在职）

白　洁　蔡会军　蔡　洁　蔡琦斌　蔡艳艳　曾海波　陈婵媛
陈国盛　陈宏杰　陈建洪　陈良勇　陈善成　陈艳梅　陈宜荣
陈有才　陈宇晶　陈哲辉　陈作顶　程云平　初智广　邓慧芹
丁华章　丁　婷　董吉汇　方　瑄　付　川　傅　怡　郭秋合
郭世峰　韩龙坤　韩　炜　何剑汉　何　杨　贺子锋　洪若芬
洪小斌　胡永翠　黄春霞　黄　琼　黄胜梅　黄志萍　霍　波
江　南　金阿力　蓝文连　李　妲　李　芳　李桂英　李惊祥
李培英　李　薇　李　炜　李秀平　李　郁　李泽梅　廖湘琴
林　滨　林炳曦　林　丛　林桂强　林洪华　林　华　林　岚
林　敏　林　强　林秀松　林雅娜　林燕斌　林玉文　林云帆
林镇宝　凌世明　刘红岩　刘　静　刘　凯　刘铭春　刘鹏飞
卢中俊　陆荣照　罗　成　罗航宇　罗晓光　罗　轶　罗　颖
吕洪利　吕璇璇　潘爱荣　潘丽蓉　逄　岩　戚　蓉　乔寒雪
乔　英　邱锋霖　邱　晖　邱苒苒　邱文慧　邱志坚　任光东
商德福　沈瑞华　宋　平　宋咏莲　苏国才　孙广武　田　爽
王　滨　王传桂　王　东　王冬云　王　珏　王清鹏　王晓华
王晓姗　王燕明　王振易　王　正　吴　凡　吴　利　吴铁波

① 放弃入学资格。

吴文瑾　吴旭东　吴宇星　吴育振　武文英　夏业根　谢宝军
谢春晖　谢剑光　谢美贞　徐畅阳　徐光波　徐佩蓉　徐振英
许加纳　许　瑛　许忠华　许自悫　宣旭东　薛巨娣　薛振利
颜国群　杨红梅　杨　静　杨丽红　杨　琳　杨　薇　姚斌星
叶梦熊　叶钦华　叶振海　游　晓　于小岗　余维超　祖军华
詹海震　詹　毅　张春皓　张　娥　张芳华　张化江　张　南
张瑞程　张天亮　张哲榕　章永贞　章　忠　赵风玲　赵红梅
赵文博　郑　帆　郑吉静　郑　琳　钟立华　周萍娟　周显晖
祝　欢　叶耀华[①]

2006级会计学系会计学硕士研究生（高校教师班）

戴瑞红　郑倩嫣　陈　邯　陈　静　林文彬　陈乙江　张　敏
赵鑫泉　王美玉　吴福龙　严　涌　陈　智

2006级会计学系会计学博士研究生

曹　强　查　婧　陈　达　陈　政　方　宗　高利芳　胡南薇
江百灵　李宗彦　廖涵平　陶黎娟　王丽华　王良成　修宗峰
徐莉莎　占美松　张瑞琛　张夕阳　张曾莲　庄　莹　范文萍
黄莲琴　牛艳芳　覃　予　殷　红　郑朝晖　朱爱萍

2006级会计学系博士后

夏　鑫

① 退学。

2007级会计学系会计一班本科生

曹洋洋	陈昆妙	陈力鑫	陈凌珊	陈平仁	陈瑞琪	陈玉兰
仇雅楠	戴小丽	杜宗雪	范智坤	付　聪	高　超	郭丽玲
何继兴	何瑾瑜	何　俊	洪欣欣	黄发智	黄浩荣	黄巧玲
贾琬娇	鞠　萌	李　超	李　妍	李艺雄	李永林	李昭炯
李志汉	连彬彬	梁　楠	林黄昱	林　清	刘　欢	刘　强
刘锐娜	刘　瑶	吕家恺	罗　喜	苗艳杰	邱晓凤	任　炜
阮可舒	樊泓汐					

2007级会计学系会计二班本科生

沈一杰	石成磊	孙琳琳	孙　融	孙雨洁	覃慧明	谭　志
王佳晋	王　乐	王瑞瑜	王文龙	韦　慧	文　龙	吴　博
吴丹丹	吴　婧	伍斯聪	向嫦娥	谢丽英	谢育达	辛　乾
徐婷婷	许　讯	薛　诚	闫丹丹	颜丹丹	杨朝旭	杨东泽
叶德轩	叶　冉	殷乃欣	尹孜卓	应丽梅	余冰珂	曾弘霖
张　宁	张鹏东	张　蓉	张祥金	张　星	张　阳	赵一佳
郑泽梦	左　刚	庐喻辰	金正奇	陆颖睿	黄炳煌	郑　琪

2007级会计学系会计三班本科生

蔡晶晶	曹　炀	陈冬冬	陈佩铄	陈若晴	陈思岑	陈　曦
陈　娅	董婷婷	杜劲良	高　璐	谷琛祖	郭　聪	侯文亮
江金秋	赖晓鹏	李　享	廖俊浩	林宏昌	林　倩	刘　冰
刘思歧	刘语溪	路　婧	罗丹妮	蒙怡艺	唐小晓	屠媛杰
王莉丹	王同欣	王晓曦	韦　青	韦新燕	魏　唯	吴博仙
吴广宇	吴　沁	谢　君	谢素朴	徐　征	许传玢	颜　慧
杨东阳	叶楚含	叶一余	夏　彬	张璐芳	张　壮	郑姝彧
郑　祯	钟志云	周荃芳				

2007级会计学系会计学硕士研究生

白晓飞 高耸 郭燕敏 胡娟 胡天天 黄晓韡 黄益平
康俊楷 李美美 时秀花 王先景 王颖 吴茜 杨娟
姚舒绮 郑慧敏 蔡伟雅 陈金燕 陈敬静 陈瑞玉 陈思
陈哲丰 程菲 程智荣 董晓英 范犁莉 方伟芳 宫一诺
顾彦儒 何亚楠 胡蓉 黄端端 黄鹤 黄丽 黄伟杰
黄小雪 黄茵 黄英 江兴国 姜秀雯 蒋少呈 金鑫
孔亚迪 郄宏委 赖智悦 李慧宏 李磊 李梅香 李培寅
李晓园 李雅琼 李艳茹 林晓斐 林莹 刘静 刘文煌
陆丹娅 罗牧宇 马丽贤 钱怡宁 墙伟 屈薇 任燕
沈慧 宋明华 宋卿 田婕 汪文沛 王丹丹 王健
王露 王世鹏 王希 王艳霞 吴斌斌 吴倩倩 吴森林
吴小虎 夏媛媛 熊青 薛婷婷 姚慧 殷玉琼 游金凤
张敏 张楠 张提 张文兰 赵霞 赵昕 郑李键
郑玮 周顺 周薇 朱娟 邹丽桑 邹音石 谌云
尹亮 赵娜 董望 王冲 王晶 谢雅璐 杨晶
曾泉 张楠

2007级会计学系 MPAcc（在职）硕士研究生

包琦 蔡士琰 曾爱琴 曾祥静 陈德上 陈立琼 陈珉峥
陈娅玲 陈志锋 崔莹琰 戴胜男 邓建伟 邓哲 丁君麟
丁新浩 方耀 冯国章 龚健 郭娉 郭彦 何秋萍
洪益平 黄碧英 黄继佳 黄燕 江立 江艳 江永河
康秀兰 赖新明 雷红 李国军 李红 李文卉 李筱翃
林菁 林荔 林美芳 林翔 林阳 凌立钢 刘锦
刘晓梅 马少英 马燕 聂敏 邱银丰 任建樟 沈玲玲
施秀婷 万里鹏 汪天姿 王俊胜 王晓晖 魏旭东 文静
翁晓羽 吴玲玲 吴世莲 谢世伟 徐红梅 许鹭杰 许鹭雅

薛丽萍　杨丹凤　易琼丹　于忠伟　俞　雯　俞晓英　袁新春
张　抗　张丽君　张　榕　张小芸　张珍妮　赵　莉　周　诚
周　强　庄已芳　庄永超　卓　琼　朱显磊①　洪雪茹②

2007级会计学系会计学博士研究生

蔡明剑　陈建凯　陈　玮　郭剑花　江笑云　雷　宇　刘　杰
牟韶红　斯　思　王华兵　肖　迪　姚凌云　曾爱民　窦家春
刘强安　刘　霞　南星恒　舒文定　王健姝　汤　岩

2007级会计学系博士后

陈　曜　彭　斌　谢盛纹　向　锐　吕斐适

2008级会计学系会计一班（普通会计方向）本科生

蔡小梅　崔夕林　陈雨薇　胡丽娜　李颖先　李　睿　范修顺
方利锋　林　晨　连祥东　洪　毅　刘　红　陈丽惠　恭厚坤
刘跃骥　宾进富　李　婧　窦　敏　陈艺恺　黄冰羚　曹　谨
蓝燕鑫　艾碧耘　顾宏旺　李雅颖　卢丽娜　陈钢强　黄飘飘
李　媛　刘　芬　刘思义　陆萱雯　符潇潇　廖潇颖　黄晰然
呼延雅琪　林　蓉　李敏欣　韩　琪　陈琼雪　陈斯璐　姜厚明
龚梦园　黄锦娜　黄　梅　胡　诚　李百林　陈　雷　江　夔

2008级会计学系会计二班（注会方向）本科生

马小敏　马　鑫　孟　静　彭少锋　宋权爽　苏丽真　苏燕卿
孙铭凯　唐　云　田杰琼　王鸿美　王　昕　王延霖　王　颖

---

① 退学。
② 退学。

吴丹丹　　吴书鸿　　杨遒景　　杨晓婷　　杨莉娅　　姚鹿鸣　　尹海珍
于学涛　　张碧玉　　张　力　　张丽莎　　张丽双　　张　娜　　张思岩
张晓龙　　张旭曦　　张亚男　　张玉龙　　周玉坚　　陈　浩　　潘谱丞
温海玲　　袁盛彪　　谭笑音　　阮诗萍　　肖子庄　　孙丽向　　王　园
杨晓钰　　徐明君　　邓浩蓉　　吴莎莎

2008级会计学系会计三班（国际会计方向）本科生

蔡韵玲　　陈腾骞　　陈妤婕　　杜善为　　方　萍　　黄丽蓉　　黄　煜
李　昕　　林亿平　　刘蔚熙　　刘　扬　　刘宇霆　　毛林楠　　施小芹
苏洲炜　　王　琳　　王　明　　王璇子　　温　昕　　伍兆晨　　杨宝莹
杨紫薇　　张　雯　　赵　琪　　陈宁轩　　范莹莹　　郭冰洁　　郭启悦
陆佳妮　　肖　凡　　郑丹妮　　郑雪萌　　钟维佳　　朱一鸣　　蔡逢喆
陈蓓蓓　　李雯佳　　李毅超　　许悦臻　　于晓宇　　钟　辰　　朱毓玮
朱征星　　邹　颖　　何　爽　　苏　颖　　郭玉婷　　陈　祎　　伊　然
郝　宇

2008级会计学系会计学硕士研究生

方晓哲　　郭　瑜　　黄钟伟　　金柳媛　　李凌梅　　刘淑娟　　马倩倩
石　梦　　唐敏杰　　尤玉凤　　詹慧玲　　张　晨　　张　鹏　　赵云伟
祝琨璘　　王虎超　　彭采云　　郎香香　　赖舒芳　　殷　红　　陈爱华
曹　澍　　陈　爽　　陈　琰　　陈永凌　　陈韫慧　　代卓洋　　丁丽娟
董　婷　　杜　鹏　　程付诗　　傅颖南　　郭艳娜　　韩群红　　何晶云
何　柳　　贺　琛　　黄　艳　　江　南　　江　权　　李传富　　李　今
李丽龄　　李　扬　　李　珠　　廖志花　　林茂坤　　林昀涵　　刘春利
刘　锋　　刘　佳　　刘柳琴　　刘　莹　　陆　进　　罗　祯　　麦志坚
钱　敏　　裘月洒　　沈　洋　　谭俊杰　　唐思超　　王　惠　　王建伟
王丽珠　　王孝珍　　王新路　　吴　昊　　吴正东　　徐栋良　　徐　晶
许佳冰　　杨　阳　　尹笑雯　　于耀军　　喻　滢　　袁保龙　　张海燕

张丽芳　　张　萌　　张玉伟　　赵俊美　　郑　华　　钟慧娟　　周　雯
朱锦培　　庄梅芳　　邹洪华

2008级会计学系MPAcc硕士研究生（在职）

蔡传伟　　蔡清颖　　蔡天铭　　曹　健　　曾才渊　　柴红兵　　陈德邵
陈建武　　陈　拓　　陈晓辉　　陈晓亮　　陈　占　　陈作彬　　程　超
丁雪莹　　董怡佳　　高　蕾　　高　玮　　郭　震　　江国新　　何　娟
黄　芳　　黄惠芬　　黄建欢　　黄　岚　　黄　莉　　黄贤村　　黄晓薇
黄　鑫　　江艳玲　　蒋黎君　　蒋丽丽　　蒋士俊　　金　刚　　康希红
赖丽娜　　李　斌　　李　勃　　李东玮　　李宏蕾　　李文猛　　李新煌
李莹辉　　李　滢　　廖嘉敏　　廖颜艳　　林蓓芬　　林　丹　　林恒丰
林骏卿　　林黎艳　　林　立　　林敏敏　　林婷婷　　林婉玲　　林　伟
林益群　　林颖华　　林志新　　刘阿扬　　刘　佳　　刘庆芳　　刘秋月
刘长岭　　卢　晖　　罗明忠　　罗　旭　　吕良法　　闵吉微　　闵科根
缪茂方　　潘　登　　潘丽琴　　潘森森　　潘泽凌　　阙丰华　　沈　洋
师毅诚　　孙玲芳　　涂　芬　　汪婷婷　　王海燕　　王　浩　　王　蕾
王雅芸　　毋　珊　　吴东升　　吴淑娟　　吴元弘　　夏　宇　　谢绿洲
徐　军　　薛　源　　颜鹭永　　杨晓晖　　杨　艳　　杨　宇　　杨志宝
姚志云　　叶从波　　叶　葳　　虞　婧　　张彩霞　　张春辉　　张　良
张伦飞　　张盛楠　　张晓芳　　张雪梅　　张颖韬　　张争艳　　赵力达
郑红飞　　郑红卫　　郑婷婷　　钟相文　　周　岚　　周　萍　　周锐华
周　赟　　周泽明　　朱春艳　　朱丹丹　　朱　慧　　杨跃波[①]　　张　华[②]
沈淑贞[③]

① 退学。
② 退学。
③ 退学。

2008级会计学系会计学博士研究生

陈朝琳	荆龙姣	刘万丽	刘文达	刘晓盈	施金平	王　俊
阳　杰	叶琼燕	曾丽霞	张宏伟	周　琛	周泽将	孙文娟
汤四新	陈　骏	黄静如	李　莉	刘福东		

Mohammed Belal Uddin

2008级会计学系博士后

张　川　　张国华

厦门大学会计学科百年史

笃行南强

中册

Centennial History of Accounting Discipline at Xiamen University

1924—2024

主编◎杜兴强

厦门大学出版社
XIAMEN UNIVERSITY PRESS
国家一级出版社
全国百佳图书出版单位

目 录

第一篇
厦门大学会计学科百年历程

第二篇
厦门大学会计学科：继承与发展

第七章

2009—2016年：矢志坚守的厦门大学会计学科

2007年，厦门大学会计学科“管理会计”的奠基人余绪缨教授永远离开了我们；2013年11月，厦门大学会计学科“会计基本理论与财务会计”的奠基人葛家澍教授仙逝；2017年1月，厦门大学会计学科“国际会计”的奠基人常勋教授驾鹤西去。短短十年间，厦门大学会计学科失去了自20世纪70年代末至21世纪初带领其走向辉煌的三位奠基人。

大学之大，在于大师。三位大师的离去，是厦门大学会计学科的巨大损失。厦门大学会计学科也因此不可避免地陷入了暂时的低潮。学术带头人的离去，以及新的学术梯队尚处于建设和完善之中，直接导致2009—2016年间厦门大学学科在国家级教学成果奖、英文顶刊论文、中文重要期刊论文、国家级重大（重点）课题申请、教育部人文社科优秀成果奖、社会影响力等方面均处于相对的历史低谷。例如，这一期间，厦门大学会计学科未获得教育部人文社科优秀成果一等奖，在英文顶刊论文发表方面也落后于上一周期仍然并驾齐驱的国内兄弟院校的会计学科，在国家自然科学基金和国家社科基金的重大项目方面仍需积蓄力量、有待取得突破，在学科影响力方面业已呈现出进步缓慢的态势……

学科发展犹如逆水行舟，进步慢就意味着不领先或落后。尽管如此，2009—2016年间，厦门大学会计学系矢志坚守，思变求发展。矢志坚守的目的，是尽快度过艰难时期，走向复兴和再次崛起。

2009—2016年，厦门大学会计学系的教师与学生在矢志坚守的过程中亦出现一些亮点，譬如葛家澍和杜兴强教授获得福建省教学成果一等奖；会计学系教师开始在国际英文重要期刊（如 *Journal of Accounting Research*、*Contemporary Accounting Research*、*Journal of Business Ethics*）上发表论文；曲晓辉教授等主持了国家级重点项目；会计学系排除诸多困难，举办了厦门大学会计学科90周年庆……在时任院长叶建明教授和副院长刘峰教授的支持下，厦门大学会计学系开始进行战略规划，系主任桑士俊教授与管理学院教授委员会主任杜兴强教授等决定引进境外知名高校和国内高校毕业的优秀博士，充实教师队伍，积蓄力量，以图发展。2009—2016年，厦门大学会计学科发展中的经验教训和矢志坚守为2017年开始的下一周期积蓄了力量，促进了厦门大学会计学科下一周期战略的诸多调整。

第一节　2009—2016年厦门大学会计学科大事记

一、葛家澍教授从教65周年

2010年，三月阳春，厦门大学会计学系隆重举办了“葛家澍教授从教65周年暨九秩华诞庆祝会”。从教65年的葛家澍先生谦虚地表示：“科学研究是长河，而我只是一滴水。”

1945年，青年葛家澍以厦门大学商学院第一名的成绩毕业并留校任教，很快就在学术方面崭露头角。1950年起，在时任厦门大学校长王亚南教授、会计系系主任萧贞昌教授等的鼓励和支持下，葛家澍发起成立“新会计研究小组”，与当时会计系的年轻教师余绪缨、黄道标等一起，全身心投入会计理论和方法的研究中，自此开始频频发表论文，引起学界的关注。

◎葛家澍教授从教65周年留影

◎葛家澍教授出席相关活动留影

葛家澍先生极具代表性的成果当属1956年的《试论会计核算这门科学的对象与方法》及1961年的《关于社会主义会计对象的再认识》。在这两篇论文中，葛家澍正面挑战了当时苏联专家居于绝对权威地位的论述，即会计的对象是“社会主义扩大再生产过程及其社会主义财产”。葛家澍先生认为，上述观点过于空洞，从而提出“资金运动”的观点，即会计的对象是一个企业经营资金的运动，即把资金投到企业的耗费、循环、周转、收回、利润等整个过程。基于此，葛家澍先生开创了“资金运动学派”。

1962年，葛家澍先生应邀参与财政部统编教材《会计原理》的编写工作，这是新中国成立以来第一本自主编写的会计原理统编教材；同年下半年，他又承担起高教部发起的高等学校文科统编教材《会计基础知识》的编写工作。由于这两本教材的编写，葛家澍先生和其所在的厦门大学会计学科在20世纪60年代初期就确立了全国性声誉。

1978年，葛家澍先生发表《必须替借贷记账法恢复名誉——评所谓“资本主义的记账方法”》一文。在此之前，借贷记账法被扣上了资本主义的帽子，增减记账法等被认为才是社会主义中国的记账方法。葛家澍先生详细列举了扣在借贷记账法上的三重罪名，然后逐一予以回击。《必须替借贷记账法恢复名誉——评所谓“资本主义的记账方法”》一文层层推进地指出，“一个已经经过实践检验过几百年、新中国成立以后也采用了十多年，现今仍为世界各国所广泛采用的借贷记账法，是一种科学严密的复式记账法……全盘否定借贷记账法，实际上是割断会计发展的历史，拒绝学习和吸取外国管理方法中合乎科学的东西。”《必须替借贷记账法恢复名誉——评所谓“资本主义的记账方法”》一文的发表，对当时的会计界起到了“思想破冰”的巨大历史作用，推动了会计界解放思想和我国全面恢复采用借贷记账法，对促进中国会计界拨乱反正、走向科学，厥功至伟。

1981年，葛家澍先生发表《论会计理论的继承性》一文，逻辑缜密地指出“对于现代复式记账法之历史与理论的梳理以及批判吸收资本主义会计理论、资本主义的会计准则可以为我所用”等的主张，在当时的会计学界引起关注。《论会计理论的继承性》一文的发表不仅促进了我国会计学术界对于财务会计理论和会计准则的研究，也在一定意义上推动了我国会计界后续的会计准则的制定与发布。

二、葛家澍教授获厦门大学首批“南强杰出贡献奖”

2013年，厦门大学开始设立“南强杰出贡献奖”，该奖项是厦门大学奖教金的最高荣誉，用以奖励为学校建设和发展作出杰出贡献的优秀教师。2013年4月厦门大学校庆期间，厦门大学颁发了首批“南强杰出贡献奖”，获奖者为葛家澍教授与蔡启瑞院士。

◎厦门大学会计学系葛家澍教授

葛家澍先生，厦门大学文科资深教授，博学谦逊的经济学家、会计学家、管理学家。在神圣的科学殿堂，他是一名执着求真、勇于创新的斗士，敢于发表真知灼见，为夜行的人指明道路，被誉为“独树一帜”的学者。他开创了中国会计基础理论，将毕生心血奉献给我校会计、经济、管理学科。他曾凭借科学家的求实态度和战士般的勇敢精神，直指苏式会计的缺陷，创立了“资金运动理论”，勇敢地推翻了会计的阶级属性。他年逾九旬仍孜孜不倦，醉心于科学研究与教育事业。中国的第一位会计学博士、审计学博士皆出其门下。先生育人为先重身教，治学求真亦求新，堪称学为人师、行为世范。

——首届厦门大学“南强杰出贡献奖”颁奖词

葛家澍先生（1921—2013），1921年3月生于江苏兴化，1940年就读于江苏学院，1942年转学进入厦门大学，1945年毕业于厦门大学会计学系，获厦门大学商学士学位。大学毕业后留校任教，先后担任厦门大学会计核算教研室副主任、经济系副主任。1982年经济学院成立，葛家澍先生被任命为经济学院首任院长。

葛家澍先生在会计基本理论研究领域有极高的造诣，他的会计思想和观念被会计学术界和国家教委誉为“独树一帜”。葛家澍先生是国务院批准的第一批经济学（会计学）博士生导师（仅有两名）之一，系首批“国务院政府特殊津贴”获得者。1986—2007年，葛家澍先生连任第二至七届中国会计学会副会长。葛家澍先生是我国国务院学位委员会（经济）学科评议组第一届和第二届成员、我国财政部企业会计准则咨询专家组成员。

葛家澍先生作为我国首批博士生导师之一，培养了74名会计学博士，其中有我国自己培养的第一名经济学（会计学）博士、第一名会计学女性博士、第一名审计学博士、第一名来自台湾地区的博士，并培养了第一名经济学（会计学）博士后。由于他在教学和科研方面的突出贡献，葛家澍先生于1989年被国务院授予“全国先进工作者”称号。

葛家澍先生在20世纪50年代便形成了系统严密的“资金运动”理论，该理论被誉为“资金运动学派”。20世纪70年代末80年代初，葛家澍先生发表了具有“思想破冰”意义的《必须替借贷记账法恢复名誉——评所谓“资本主义的记账方法”》和《论会计理论的继承性》等代表性的论文，是“会计信息系统学派”的代表性学者之一，他倡议批判性地借鉴西方财务会计理论，为我国经济体制改革与会计改革服务。

三、葛家澍教授仙逝

2013年11月25日，我国著名会计学家葛家澍教授仙逝，中国会计学界失去了一位大师，厦门大学会计学系失去了一位带领会计学科走向辉煌的奠基人。

1945年，葛家澍先生以厦门大学商学院第一名的成绩毕业留校。

1956年，葛家澍先生以非凡的勇气与睿智，针对会计对象首次提出不同于苏联专家论述的“资金运动论”，名动学界。

1962年，葛家澍先生入京编写国家统编教材，厦门大学会计学科自此声名鹊起。

1964年，葛家澍先生在《会计基础知识》教材中摒弃“阶级性”的术语，强调会计的“技术性”与“社会性”，使之成为关于会计属性（性质）的标志性术语。

1978年，葛家澍先生发表《必须替借贷记账法恢复名誉——评所谓“资本主义的记账方法”》一文，振聋发聩，为中国会计界作出了“思想破冰”的历史性贡献，使我国会计学发展回到科学、理性的轨道。

1981年，葛家澍先生所发表的《论会计理论的继承性》一文促进了中国会计界对西方会计理论的继承与发展。

1981年，葛家澍先生阐述、拓展和完善了“会计信息系统论”，使之成为关于会计本质认识的代表性观点。

1981年，葛家澍先生被遴选为国务院学科评议组成员，随后被遴选为新中国第一批博士生导师。

1982年，葛家澍先生任厦门大学经济学院首任院长，推行“引理入经”等一系列改革措施，厦门大学经济学科焕然一新。

1985年，葛家澍先生培养出新中国第一位经济学（会计学）博士林志军，引领我国会计学博士生培养方向。

1988年，葛家澍先生带领厦门大学会计学科成为全国首批重点学科，奠定了厦门大学会计学系作为国内学术重镇的学科地位。

葛家澍先生先后共招收、指导博士生74名、博士后4名、硕士生近百名，直接授课对象过万人；其编著的经典教材和发表的学术论文影响了数代人。

厦门大学及其会计学科选择了葛家澍先生，葛家澍先生成就了厦门大学会计学科；中国会计学科选择了葛家澍先生，葛家澍先生还中国会计学科以新的面目。

四、厦门大学会计学科90周年庆典

2015年11月28日[①]，厦门大学会计学科隆重举行90周年庆（系庆的活动手册封面如下图右侧所示）。此次活动过程中，厦门大学会计学系设计了自己的系徽（见下图左侧），以增加系友的凝聚力。

厦门大学会计学科90周年庆吸引了来自海内外的1700多名校友及500多名在校生参加庆祝活动。在庆祝大会现场，会计学科也收到了来自海内外校友及社会各界捐赠的1860万元。此外，在庆祝大会上，厦门大学会计系系友会正式成立。

① 2014年，厦门大学会计学科本应举办九十周年的庆祝活动（关于1924年是厦门大学会计学科历史之滥觞的详细论述，请参阅本书第一章）。彼时，会计学系以及当时的组织者刘峰教授和桑士俊教授等已经准备好了纪念活动的相关事宜。但是，由于2014年会计学系所处的管理学院的“生态”，这一纪念活动并未得到应有的支持，甚至被一股无形的力量所“阻止”。时间来到2015年，管理学院发生了一些变动，厦门大学会计学系和会计学科的发展迎来了一丝“转机”，本应于2014年举办的厦门大学会计学科90周年庆直至2015年下半年方得以举行。尽管如此，“迟来总好过不到”。2015年11月，厦门大学会计学科90周年庆成功举办，厦门大学会计学系（科）的凝聚力和历史底蕴得以彰显，也给彼时处在低谷中的厦门大学会计学科注入了前进的动力。

基于此，借厦门大学会计学科百年庆典之机，坦率地记录历史，不回避问题，对此进行正本溯源，既是责任，也是使命。

◎厦门大学会计学系的系徽（左）及会计学科90年庆活动手册封面（右）

◎厦门大学会计学科90周年庆合影（2015年11月28日）

（一）厦门大学会计学科90周年庆①

2015年11月28日上午，厦门大学会计学科90年庆祝大会在科学艺术中心报告厅举行。校长朱崇实，校党委副书记、副校长李建发，副校长詹心丽，学校机关部处、兄弟学院的有关领导以及来自海内外的1700余名校友及500多名在校师生欢聚一堂，共同庆祝会计学科历经90年风雨洗礼而屹立于中国学界的不凡历程。管理学院会计学系系主任桑士俊主持庆祝大会。

朱崇实代表学校祝贺厦门大学会计学科成立90年，并向为会计学科发展和建设辛勤耕耘、默默奉献的老师们致予崇高敬意，向所有关爱支持和帮助会计学科建设发展的校友和社会各界友人表示由衷感谢。

朱崇实表示，1921年，校主陈嘉庚秉持“教育救国”“实业救国”的理念创办厦门大学。

① 见厦门大学宣传部的文章，网址：http：//news.xmu.edu.cn/info/1003/15069.htm.

会计学科是最早设立的学科之一，是陈嘉庚实业救国理念和爱国精神的具体体现。90年来，以葛家澍、余绪缨、常勋等为代表的厦大会计人始终坚持自己的学术定力，始终坚守自己的追求与理念，正是因为有他们的坚守，才有了会计学科近百年的辉煌，这也是厦门大学自强精神、科学精神的生动体现。他说，当前，厦门大学、厦门大学会计学科都发展到了一个新的历史阶段，厦门大学要成为世界一流大学，厦大的会计学科首先要成为世界一流的学科。希望厦门大学会计人继续传承发扬优良传统，勇于开拓创新，百年辉煌，更上层楼。

管理学院院长叶建明在致辞中表示，90年来，厦大会计学科始终秉承着“自强不息，止于至善”的校训，为国家培养出了众多杰出人才。改革开放的30多年来，学科参与了国家和地方委托的大量会计理论与实践的研究课题，成为国家会计决策咨询的重要力量，有力地推动中国会计学术研究逐步且迅速地从政治化、标签化，转向学术化、科学化。展望未来，会计学科面临着国际化、信息化时代和人才激烈竞争的新挑战，会计学科将继续传承90年深厚的学科积淀，齐心协力，锐意改革，开拓学科的理论与实践，创新教育培养模式，不遗余力地培养一支具有国际视野和国际竞争力，扎根于中国社会的一流科研人才队伍，共同为中国社会经济的繁荣和社会发展贡献力量。

1978级系友王华、2012级本科生柴干等分别作为系友代表、青年教师代表在大会上发言。他们分享了各自在会计系学习工作的记忆，表达了对会计系最美好的祝福。庆祝大会上，学生代表为古稀之年的教师代表献上鲜花，表达所有厦大会计人对为学科建设和发展付出艰辛努力的前辈师长的感恩之情。

◎学生代表向教师代表献花

大会还举行了简朴而隆重的捐赠仪式。本次庆祝活动共收到来自海内外校友及社会各界捐赠共1860万人民币。其中，1986级系友单祥双捐赠1000万人民币，设立厦门大学中科招商会计学科发展基金；1974级系友王少华捐赠人民币350万，设立厦门大学葛家澍奖助基金；蓝月亮（中国）有限公司捐资200万，设立厦门大学蓝月亮会计研究基金；1988级系友崔维星和德邦公司为厦门大学会计学科发展基金捐赠80万；依托厦门大学会计系成立的厦门大学会计师事务所为厦门大学会计学科发展基金捐赠人民币30万；此外，陕西荣民集团史贵禄先生为厦门大学管理会计研究中心分5年捐资100万人民币。

厦门会计学科当天的系列庆祝活动，除90年庆祝大会外，还包括“互联网时代的会计教育论坛”“厦门大学管理会计研究中心成立暨大数据下的管理会计论坛”等研讨会和“师生见面会”，以及“会计缘·一生情”厦门大学会计学科90年庆祝晚会。

（二）媒体报道

1.《厦门日报》报道

11月29日，厦门日报A04版以《1800人穿系服拍“全家福”——为厦大历史最悠久的专业之一，创造了“中国金融界厦大系”的神话》为题，报道了厦门大学会计学科90年庆盛况。

厦大会计 90大寿

1800人穿系服拍“全家福”

为厦大历史最悠久的专业之一，创造了“中国金融界厦大系”的神话

数字

厦大会计有多牛？

在今年五月中国证监会发布的第十六届主板发行审核委员会委员名单中，15位专职委员，有6位是厦大校友。在这6位厦大校友中，有4位是厦大会计系毕业。

会计系系友拍摄“全家福”。

学生向老教师谢师恩。

文/本报记者 佘峥 通讯员 李静 图/厦大管理学院提供

厦大最牛的系之一——厦大会计系昨日举行厦大会计学科90年庆，它以培养出中国金融界神奇的“厦大系”而闻名。

近1800名厦大会计系系友昨日从世界各地赶回厦大参加年庆，每个人无论身价多高，到达会场的第一动作都是脱下那些价值不菲的外套，换上橘色的系服，这件普通的T恤上面，有他们引以为豪的四个字“厦大会计”。

他们还穿着橘色衣服，在厦大科艺楼前照了张全家福，足足排了45米长，才把所有的人都装下。

>>传道 始终坚持学术定力

据介绍，陈嘉庚1921年创办厦大时，只设立两个系：商科和师范。一般认为厦大会计就是脱胎于商科，因此，昨天只是“年庆”，而不是“周年庆”。

不过，高龄并不是厦大会计最牛的地方，厦大校长朱崇实说，厦大会计之所以是厦大的骄傲，是因为它始终坚持自己的学术定力。

新中国成立后，在非市场经济下，准确记录研究资金运动状况的会计学被打入冷宫，即使到了1977年，会计还被分为资本主义的和社会主义的，凡是资本主义国家已经采用的，即使是合理、有效的，我们也一概否定，譬如说，世界各国通行的借贷记账法。

年庆大会回顾说，早在1977年之前，厦大会计系就开始在当时的财务会计专业中讲授借贷记账法，1978年，厦大教授葛家澍发表必须替借贷记账法恢复名誉的言论，被认为是打响会计界拨乱反正的第一炮。

换句话说，厦大会计牛在，有力推动了中国会计学科从政治化、标签化转向学术化、科学化。或者也可以从这个角度去理解：在上个世纪五十、六十、七十年代，不知有多少综合性大学设有会计系；而现在，不知还有多少综合性大学没有设立会计系。

>>授业 培养多位金融大佬

改革开放后，在经历了短暂的无人问津后，厦大会计系马上成为每年高招录取中，厦大最炙手可热的专业，而且常年“高烧”不退。

业界有“中国金融界厦大系”的说法——虽然远离金融中心，但厦大却培养出了金融界诸多大佬级人物。早前在深圳，有一种说法，没有厦大的毕业生，在深圳开不成证券公司，也办不成银行，因为深圳金融证券行业一半以上的骨干来自厦大。而在“中国金融界厦大系”中，厦大会计系的校友是绝对主力。

所以，厦大会计系昨日收到1860万元的捐赠也就不足为奇了，其中的1000万元来自厦大会计系86级系友、中科招商董事长兼总裁单祥双，这笔钱将用来设立“厦门大学会计学科发展基金”。戴着米色礼帽、穿着红裤子的单祥双应邀上台发言，他得知“会计学科发展基金”预备筹措一亿元后，说：“这不难，单是我们86级系友或许就有可能做到。”

此外，厦大会计学科90年庆还包括9场校友的演讲以及一场晚会。

◎《厦门日报》报道厦门大学会计学科90周年庆的情况

2.《海峡都市报》和厦门大学新闻的报道

厦大会计学科起源于1921年厦大建校初期的商学院。1924年第一位会计学毕业生薛一瓒入学，1925年厦门大学第一位会计教授郑世察先生到任。会计学科经历了90个春秋，涌现出葛家澍、余绪缨、常勋、吴水澎等一批优秀的学科带头人，培养了大批会计领域杰出的校友和人才，如新中国第一位经济学（会计学）博士林志军、第一位会计学女性博士曲晓辉、全国首批博士后研究学者王光远等。

此外，据统计，我国所有省、自治区、直辖市以及港澳台等地区至少各有一所高校有厦大会计学科毕业生担任教学工作。历经几代人的不懈努力，厦大会计学科已经成为中央国家部委、福建省和厦门市的重大决策咨询的重要力量，为国家和地方经济的发展作出了重要贡献。

（三）系友互动

1.《厦门大学会计系赋》

厦门大学会计系赋

是日也，厦门大学公告见之于互联网，曰“厦门大学会计学科九十年庆公告”。读此公告，感慨万千，浮想联翩，夜不能寐。自毕业以来，三十余年，光阴虚度，“空空道人”也。白发染镜，扪心深惭，无颜面师，羞对母校矣。然师言在耳，童心尚存，藉此良机，弘扬教馆可矣！

厦门福地，闽南伟岸。东临大海，西依松坂。抚炮台而望金门，控海峡而沐旭旦。星逐云庆，祥光照校园之景；雨润风和，赤虹灼杏坛之灿。会计建系，九十华诞。四海贺建系之久，五洲感盛业之产。

陈公嘉庚之创建，风虎云龙；儒训善教之时化，神圣宝殿。“建南”礼堂，阅尽沧桑；“芙蓉”宿舍，多少书范。腾蛟起凤，老专业之国宗；弟子三千，气浩然之仙馆。如坐春风，似沾时雨；青出于蓝，终成松干。

我忆当年，如梦如幻。

春雷响而复“高考”，终释褐而重游泮。俨公车于登途，入鹭岛于惊汗。见师生之笑容，品尊校之迎饯。木棉花开，喜得佳士；飞鸟欢鸣，英雄悃款。三载“知青”，知入学之不易；骄阳炼骨，盼成丹的再炼。重上阵，不自满。“今日长缨在手”，何惧万千艰险。

“资金运动”，会计对象之本；“红线关门”，黄老慈笑之面。作业细批，解题浓浅。父情与师恩同在，绿苗共春泥温暖。朱衣点头，四载“园丁”之苦；学业有成，鹅毛千斤之扇。业界高誉，东风长染。

首“博士”而开新气，立“国院”而巧登探。学术底蕴，源于严谨求实；风格独特，宽广豁达风范。师资厚，相知晚。穷会计之理论，极资本之文献。老少三代，感众望之所归；继往开来，为盛世而捧砚。问真谛而不迟疑，期新奥而抚旧案。教本无类，道岂人远。锦心绣口，谁知文章艰辛；倚马可待，尽是面壁样板。树指南而心服，堪纵横以雄辩。

嗟乎！“十年”风雨，卅载违舛。“老九”牛棚，教授粪担。屈“助教”久头衔，憋恨“讲师”；苦教授于颂歌，“语录”三饭。所赖“十月”雷响，黯尘忽断。“老当益壮，宁移白首之心”；苦尽甜来，方有原知之感！虽“士别”已三日，当羞颜而相看。奋起直追，老骥飞翰。“东隅已逝，桑榆非晚。”

我爱我家，需偿久愧之心；吾亲吾国，岂负雄心弱冠。

呜乎！厦大书生，青春天唤！会计老师，长风天鉴！

今逢大庆，作歌赋于北京；登高祝寿，愿福喜而广揽。

1977级系友邱闽泉

2015年8月于北京

2.“厦大会计”微信公众号刊登诗歌祝贺厦门大学会计学科成立90周年

2015年，厦门大学会计学科90周年庆时，厦门大学会计学系的官方微信公众号“厦大会计”刊诗一首，总结会计学系从无到有的90年风雨：

厦大会计，九十风雨，幸赖众贤，全力扶持。
郑公世察，会计先导；陈公德恒，院长首任；
薪火相传，五十余载；改革开放，重发新春；
葛余诸公，呕心传道；授业解惑，百三十人；
行政教辅，三十余位；鞠躬尽瘁，服务学生；
古人勒石，今有微信；发此公告，铭记诸君。

3.《临江仙》

厦大1987级会计一班同学刘云帆作《临江仙》一首，贺会计系成立90周年。

临江仙

雾锁青峰半掩，
云随鹭海飘旋，
雕檐碧瓦抱朱栏。
芙蓉烟雨起，
天水也相连。
梦里红棉又艳，
依稀绿影翩跹，
谁逐白浪启轻帆？
南风携百讯，
寄语一生缘。

（四）丰富多彩的学术活动

为了迎接厦门大学会计学科90周年，厦门大学会计学系举办了丰富的学术活动，活动从2015年9月18日一直延续到2015年11月26日。

厦门大学会计学科 90 年庆系列讲座回顾

第一场　四个没想到成就我的 PE 人生			
演讲人		时间	地点
陈玮	1991 级博士	2015 年 9 月 18 日	嘉二 201

第二场　从数学到会计的人生			
演讲人		时间	地点
叶建明	会计系教授　管理学院院长	2015 年 9 月 25 日	嘉二 201

第三场　会计：从专业到职业			
演讲人		时间	地点
何凡	1983 级本科　1987 级硕士　1990 级博士	2015 年 10 月 16 日	嘉二 201

第四场　会计与企业家精神		
演讲人	时间	地点
王宪榕、黄文洲、黄世忠、陈箭深 1972 级本科 1979 级本科　1989 级博士 1981 级本科　1992 级博士	2015 年 10 月 23 日	科艺中心 1楼1号会议厅

第五场　千里之行始于厦大：留学的那些事		
演讲人	时间	地点
陈亚盛、郭兰 1992 级本科　1996 级硕士、1996 级硕士	2015 年 10 月 30 日	嘉二 201

第六场　会计初心常驻：简为美			
演讲人		时间	地点
谢德仁	1989 级本科　1995 级博士	2015 年 11 月 6 日	嘉二 201

第七场　跨界：会计学子择业无极限			
演讲人		时间	地点
郭炜、徐玉堂	1997 级本科、1998 级本科	2015 年 11 月 13 日	嘉二 201

第八场（1）　会计学子的 IT 人生			
演讲人		时间	地点
何洁冰	1988 级本科	2015 年 11 月 20 日	嘉二 201

第八场（2）　会计学子的艺术人生			
演讲人		时间	地点
黄宇杰	1987 级本科	2015 年 11 月 20 日	嘉二 201

第九场　我的会计生涯			
演讲人		时间	地点
陈国钢	1977 级本科　1981 级硕士　1984 级博士	2015 年 11 月 26 日	嘉二 203

◎厦门大学会计学科90周年庆相关的学术报告

五、李建发教授担任教育部会计学专业教学指导分委员会副主任委员

2013年4月，会计学系李建发教授受聘担任教育部高等学校工商管理类专业教学指导委员会委员与会计学专业教学指导分委员会副主任委员。

聘　书

兹聘请 李建发 同志任 2013-2017 年教育部高等学校工商管理类专业教学指导委员会委员、会计学专业教学指导分委员会副主任委员。

中华人民共和国教育部
二〇一三年四月

◎李建发教授聘书

六、李建发教授担任国务院学位委员会工商管理学科评议组成员

2014年11月，会计学系李建发教授受聘担任国务院学位委员会第七届学科评议组（工商管理组）成员。

此外，李建发教授自2014年1月起继续担任第八届中国会计学会副会长。

国务院学位委员会文件

学位〔2015〕8号

国务院学位委员会关于聘任国务院学位委员会第七届学科评议组成员的通知

李建发同志：

根据《国务院学位委员会学科评议组组织章程》的有关规定，经国务院学位委员会批准，国务院学位委员会第七届学科评议组业已组成。国务院学位委员会聘请您为第七届学科评议组（工商管理组）成员。

请您按照《国务院学位委员会学科评议组组织章程》的规定，积极参与和承担学科评议组的工作，为我国学位与研究生教育的发展做出贡献。

我委已给有关主管部门和您所在的单位发文，要求他们支持和协助您做好学科评议组的有关工作。

附件：1. 本学科评议组成员名单

2. 国务院学位委员会学科评议组组织章程

国务院学位委员会

2015年4月27日

国务院学位委员会第七届学科评议组成员名单（工商管理组）

姓名	学科专长	所在单位	备注
张宗益	技术经济及管理	西南财经大学	召集人
伊志宏	财务管理	中国人民大学	召集人
刘星	财务管理与公司治理	重庆大学	
刘力钢	公司战略管理、企业成长与创新	辽宁大学	
孙铮	会计理论	上海财经大学	
苏秦	质量管理	西安交通大学	
李垣	技术创新管理	上海交通大学	
李建发	财务会计、公共部门财务管理	厦门大学	
杨斌	组织行为与领导力	清华大学	
张玉利	创业管理、战略管理	南开大学	
张龙平	会计学	中南财经政法大学	
张国有	战略管理	北京大学	
张明玉	企业管理	北京交通大学	
陈晓红	管理信息系统、融资、两型社会与生态文明	中南大学	
高闯	企业管理	首都经济贸易大学	
高良谋	企业管理	东北财经大学	
魏江	战略管理、创新管理	浙江大学	
魏明海	会计学	中山大学	

◎国务院学位委员会第七届学科评议组（工商管理组）成员名单

继往开来　共创学会美好明天

——中国会计学会第八次全国会员代表大会会议综述

2014 年 1 月 11 日，中国会计学会第八次全国会员代表大会在北京国家会计学院隆重召开，来自全国各省（区、市）财政部门、高等院校、科研机构和企业界的代表近 300 人出席此次盛会。财政部部长楼继伟对会议的召开表示祝贺并就学会工作做出重要指示；财政部党组成员、部长助理余蔚平出席会议并代表部党组发表讲话。大会听取并审议了中国会计学会第七届理事会工作报告、《中国会计学会章程》（修改草案）和《中国会计学会第八届理事会发展规划》（草案），选举产生了第八届理事会、常务理事会及其领导机构，大会最后由第八届理事会会长、财政部副部长朱光耀发表总结讲话。

中国会计学会第七届理事会会长金莲淑、副会长杨敏分别主持上午和下午的会议。金会长在开幕词中表示，第七次全国会员代表大会召开以来的六年多时间，是我国经济社会发展进程中极不平凡的时期，中国会计学会七届理事会抓住发展机遇，顺应时代需求，精心组织会计理论研究和学术交流，促进成果转化，推动会计理论繁荣和发展，促使会计在宏观经济运行和微观经济管理中发挥更大作用，为主管机关和企事业单位做好会计工作提供了理论指导，同时也实现了学会自身的更好发展。杨敏副会长希望学会在新一届理事会的领导下，继往开来，更好地为经济社会发展和会计改革服务。

会计研究2014.2

求，为适应经济社会发展需要，学会通过制定更加科学、可行、规范的《章程》，努力适应新形势下自身健康、持续发展的需要。修改草案在原章程的基础上进一步深化学会宗旨和业务范围，完善会员管理办法和理事会会议制度，增加了关于学会领导机构的职责及任期的规定。会议认为，对原《中国会计学会章程》进行修订是必要的，并原则通过《中国会计学会章程》（修改草案），责成中国会计学会秘书处根据本次会议讨论意见，对《中国会计学会章程》进行完善，报财政部同意和民政部核准后执行。

七届理事会副会长郭道扬教授宣读《关于〈中国会计学会第八届理事会发展规划〉（草案）的说明》。《中国会计学会第八届理事会发展规划》是中国会计学会第一个重大的、全局性的发展规划，紧密围绕会计改革与发展的需要，着眼于学会全局中长期发展，注重工作思路和机制建设，致力于从战略高度规范新一届理事会务实、高效地开展各项工作。大会高度赞赏并审议通过了《中国会计学会第八届理事会发展规划》，原则同意规划中提出的发展目标、主要任务和研究重点，责成中国会计学会秘书处根据本次会议讨论意见作适当修改后印发实施。

五、大会选举产生第八届理事会、常务理事会及其领导机构

大会选举产生了八届理事会理事、常务理事。选举财政部副部长朱光耀为第八届理事会会长；财政部会计司司长杨敏、企业司司长刘玉廷、国家会计学院院长高一斌、中国注册会计师协会副会长兼秘书长陈毓圭、中航工业副总经理顾惠忠、上海财经大学副校长孙铮、厦门大学副校长李建发、西南财经大学党委书记赵德武、中国人民大学教授戴德明、东北财经大学教授刘永泽、中南财经政法大学会计学院院长张龙平为第八届理事会副会长；选举财政部会计司副司长刘光忠为第八届理事会秘书长；决定聘请七届理事会会长金莲淑为八届理事会名誉会长，七届理事会副会长郭道扬、贡华章为顾问。

◎李建发担任中国会计学会第八届理事会副会长

七、会计口述历史团队专访葛家澍先生

◎2012年的葛家澍教授

2012年12月，“中国会计视野”会计口述历史团队专访葛家澍先生，进行口述记录。在采访中，耄耋之年、学术成就斐然的葛家澍先生仍不无遗憾地指出：

“走了这么长的路，如果说后悔，那就是我没有早一点研究实证会计。我应该去研究实证会计。这是我的缺陷，不管怎么样你总少一条腿。”

葛家澍教授这样虚心务实、孜孜不倦的求道和科研精神，是我辈学习的楷模，亦是厦门大学会计学系的精神财富。

【会计口述历史】葛家澍：思想创新精神造就会计大师

日期：2014-03-24

来源：中国会计视野 整理 岳旭琴

“我对自己评价，叫做名不符实。当然从健在的老一辈的会计学者来说，我是比较老的，跟我同辈的现在都先后凋零了。实际上，我感到我也没有做什么工作。”

面对晚辈，92岁高寿的葛家澍老先生这样谦虚地评价自己。尽管他并不以自己取得的成就为傲，但是，会计学界仍然把“大师”、“泰斗”等称号送给他，而且，少有人对这样的称号提出异议。

1945年，24岁的葛家澍从厦门大学会计学系毕业，留校任教。自此，在长达半个多世纪的时间长河中，葛家澍在会计领域中辛勤耕耘，取得了辉煌的成就。他提出的会计对象“资金运动论”、会计本质“信息系统论”，从当年的“另类学说”已成为如今中国会计学界的主流学派。他始终坚持会计的“无阶级性”，1978年发表的《必须替借贷记账法恢复名誉》为借贷记账法在中国会计界的广泛采用奠定了理论基础。上世纪90年代以来，他致力于西方财务会计概念框架和会计准则的研究，为会计学的“西学东渐”做出了卓越的贡献。

他所取的成就不仅仅因为他的“踏踏实实做事，老老实实做人”，更因为他始终坚持的自由创新的学术思想。他的会计思想和观念被会计学界，也被国家教委誉为“独树一帜”。

◎葛家澍教授2012年接受会计口述历史团队采访的新闻报道

八、葛家澍教授与余绪缨教授入选“中国会计名人”

2013年11月，中国会计博物馆（上海松江）开馆，葛家澍教授入选“中国会计名人”；2015年11月，余绪缨教授入选“中国会计名人堂”第二批“中国会计名人”。

葛家澍教授与“中国会计名人堂”

2008年，为了展现对中国会计理论研究、会计实务、会计教育作出杰出贡献的会计专家的群体形象，弘扬他们的高尚品格、探索勇气和奉献精神，上海立信会计学院、立信会计出版社、立信会计师事务所共同发起筹建“中国会计名人堂”。为提高“中国会计名人”评选的权威性，决定邀请会计学术界、注册会计师执业界、会计实务界及财经媒体等会计相关领域具有代表性的人士组成“中国会计名人”评选委员会，并一致推举葛老担任评选委员会主任委员。2008年9月27日，葛家澍先生表示，非常支持建立“中国会计名人堂”，并欣然接受邀请出任评选委员会主任这一职务，希望建设一个专业性的会计专业博物馆，把“中国会计名人堂”作为会计博物馆的一个组成部分。2008年11月23日，“中国会计名人”评选委员会第一次会议召开，葛家澍先生委托他的学生、厦门大学会计学系杜兴强教授作为代表参加，且带来了书面发言稿。

根据葛家澍先生的建议，上海立信会计学院等三家筹建单位决定筹建中国会计博物馆，并组建了中国会计博物馆理事会，葛老出任常务理事。在2010年7月24日的理事会成立大会上，葛家澍先生委托曲晓辉教授转达他对博物馆建设的意见。对于中国会计博物馆常务理事会与“中国会计名人”评选委员会的年度会议，葛家澍先生因年事已高、不便出行，每次均委派代表参加，2011年委派刘峰教授参加会议，2012年委派杜兴强教授参加会议。

九、葛家澍先生：翘楚凡影 踏歌而行

2011年7月，厦门大学经济学院建院30周年，葛家澍教授作为首任院长接受访谈，

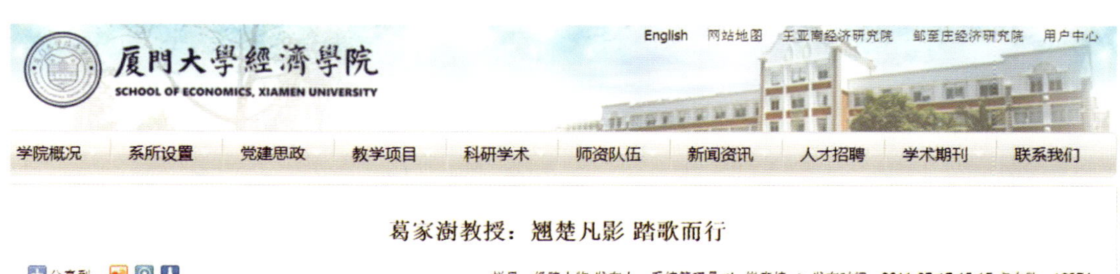

◎《葛家澍教授：翘楚凡影 踏歌而行》网页

访谈后，一篇以《葛家澍教授：翘楚凡影 踏歌而行》为题的文章在厦门大学经济学院官方网站发布。

CSSCI
中文社会科学引文索引来源集刊
Chinese Social Sciences Citation Index

收录证书

根据《中文社会科学引文索引》来源集刊遴选办法，《当代会计评论》入选为CSSCI（2014-2015）来源集刊，特发此证，以资证明！

南京大学中国社会科学研究评价中心
Center for Chinese Social Sciences Research and Assessment

◎《当代会计评论》的CSSCI收录证书

十、《当代会计评论》入选CSSCI集刊

2013年12月20日，厦门大学会计发展研究中心、会计学系和财务管理与会计研究院主办的《当代会计评论》学术期刊，被遴选为CSSCI收录集刊（2014—2015）。此后，《当代会计评论》持续入选两年一次的CSSCI收录集刊。

十一、杜兴强教授担任厦门大学管理学院教授委员会主任

2016年，经过厦门大学会计学系投票、管理学院选举、厦门大学批复，杜兴强教授任厦门大学管理学院教授委员会主任，任期为2016年至2018年。

厦 门 大 学 文 件

厦大人〔2016〕23号

关于各单位教授委员会名单的批复

全校各单位：

经2016年第1次学校专业技术职务聘任委员会会议研究，同意人文学院等34个单位报送的教授委员会名单。现将改选后的教授委员会成员名单批复如下（其中成员均按姓氏笔划为序）：

人文学院教授委员会

主　任：鲁西奇
副主任：李无未　张先清　曹志平
成　员：朱人求　李无未　宋　平　张先清　张　侃
林丹娅　胡　旭　曹志平　曹剑波　董建辉
韩　宇　鲁西奇　蔡保全

-1-

管理学院和财务管理与会计研究院教授委员会

主　任：杜兴强
副主任：吴超鹏　彭丽芳
成　员：许志端　杜兴强　吴文华　吴超鹏　宋培林
张国清　陈亚盛　林德荣　郭朝阳　唐炎钊
彭丽芳　缪朝炜　薛祖云
学术秘书：罗进辉

法学院教授委员会

主　任：廖益新
副主任：徐崇利
成　员：朱晓勤　朱福惠　刘连泰　李国安　肖　伟
张　榕　徐国栋　徐崇利　郭春镇　蒋　月
廖益新
学术秘书：朱晓勤

公共事务学院和公共政策研究院教授委员会

主　任：王云萍
副主任：高和荣
成　员：王云萍　王玉琼　王德文　李艳霞　杨方方
余章宝　易　林　罗思东　徐延辉　高和荣

-3-

◎厦门大学关于2016年各学院教授委员会名单的批复

十二、曲晓辉教授担任厦门大学财务管理与会计研究院院长

2010年9月，曲晓辉教授被任命为厦门大学财务管理与会计研究院院长。

中共厦门大学委员会文件

厦大委组〔2010〕28号

关于曲晓辉等同志任职的通知

全校各单位：

经校党委常委会、校行政领导研究决定：

曲晓辉同志任厦门大学财务管理与会计研究院院长；

屈文洲同志任厦门大学财务管理与会计研究院副院长；

强欣荣同志任厦门大学财务管理与会计研究院副院长。

中共厦门大学委员会

厦门大学

二〇一〇年九月三日

主题词：干部 任职 通知

厦门大学办公室 2010-09-07印发

◎厦门大学财务管理与会计研究院院长任命文件（2010年9月3日）

十三、厦门大学会计学系的人才培养成效

2009—2016年，厦门大学会计学系专职教师及其培养的本科生、硕博士研究生和博士后中，共计18人次入选国家级与省部级人才计划，包括但不限于国家杰出青年科学基金、教育部长江学者特聘教授、国家优秀青年科学基金、中组部青年拔尖人才、教育部新世纪优秀人才、财政部会计名家培养工程等。厦门大学会计学系的毕业生能够入选国家级与省部级人才计划，虽然决定性的影响因素是这些毕业生的敬业和努力，但在一定程度上也体现了厦门大学会计学科的人才培养成效。

◎ 厦门大学会计学系教师和培养的毕业生2009—2016年入选各类人才项目情况

姓名	人才项目名称	项目年度
李建发	财政部会计名家培养工程	2013
黄世忠（兼）	财政部会计名家培养工程	2013
刘　峰	财政部会计名家培养工程	2014
吴联生	国家杰出青年科学基金	2011
吴联生	教育部长江学者特聘教授	2016
王艳艳	国家优秀青年科学基金	2014
王艳艳	国家高层次人才特殊支持计划——青年拔尖人才	2015
王艳艳	教育部新世纪优秀人才	2011
魏明海	财政部会计名家培养工程	2013
吴联生	财政部会计名家培养工程	2014
吕长江	财政部会计名家培养工程	2015
谢德仁	财政部会计名家培养工程	2015
张俊润	财政部会计名家培养工程	2015
陈汉文	财政部会计名家培养工程	2016
胡玉明	财政部会计名家培养工程	2016
林　斌	财政部会计名家培养工程	2016
刘　斌	财政部会计名家培养工程	2016
王永海	财政部会计名家培养工程	2016

注:（1）基于信息掌握方面的原因，上述统计可能并不十分全面。（2）上述统计仅限于2009—2016年。（3）学生包括但不限于在厦门大学会计学系就读的本科生、硕士生、博士生，以及从事博士后研究或进修的教师。其中：李建发教授和刘峰教授为厦门大学会计学系的专职教师（同时也是厦门大学会计学系培养的博士毕业生），黄世忠为厦门大学会计学系兼职教授，吴联生教授和刘斌教授为厦门大学会计学系的博士后，魏明海教授、胡玉明教授、林斌教授、陈汉文教授、谢德仁教授、王艳艳教授为厦门大学会计学系博士毕业生，王永海教授和吕长江教授为厦门大学会计学系的硕士毕业生，张俊瑞教授为厦门大学会计学系助教进修班毕业生。

第二节　2009—2016年厦门大学会计学科教学成果

一、继承与发展：独树一帜的《会计理论》教材

2009年，葛家澍教授与杜兴强教授获得福建省教学成果一等奖，成果名称为“继承与发展：独树一帜的《会计理论》教材（教材）”。

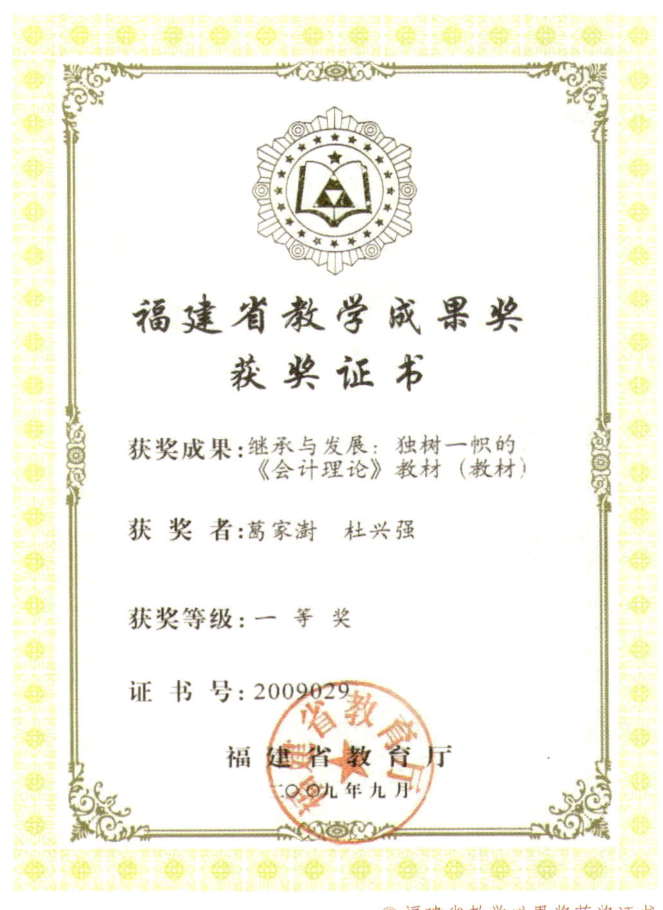

福建省教学成果奖

获奖证书

获奖成果：继承与发展：独树一帜的《会计理论》教材（教材）

获 奖 者：葛家澍　杜兴强

获奖等级：一 等 奖

证 书 号：2009029

福建省教育厅

二〇〇九年九月

◎福建省教学成果奖获奖证书

（一）成果的形成过程

（1）根据会计学发展的新特点和社会主义市场经济的需要，确立了会计学教育要面向国家经济建设和21世纪的指导思想，确立了会计学教育必须转变指导思想和人才培养模式的方针。

（2）提出“通过强化理论基础和理论指导会计实务”的构想，并在教学实践中加以尝试，确定了“立足中国，放眼世界，侧重当前，注视未来”的基本原则和“在一个较高的起点上，为培养跨世纪的高级会计专业人才提供能反映会计学前沿的财务会计理论知识体系”的目标。

（3）积极进行课程体系和教学内容改革，通过采取一系列重要改革举措，摒弃过去“翻译＋改编”的财务会计理论教材编写模式，采取“立足当前，着眼未来；既联系中国实际，又反映财务会计理论在世界范围内的现状与可能的发展”的模式编写《会计理论》相关教材。

（4）通过《会计理论》和《财务会计理论研究》的编写，达到了加强学科建设、培养师资队伍和青年骨干教师的目的，传承了厦门大学会计学科研究的优良传统，逐步形成了一支锐意改革、教学与科研并重、人才梯队结构合理的“财务会计理论”教学和科研的优秀师资队伍。

（5）相继出版教材《会计理论》和《财务会计理论研究》。

◎《会计理论》封面

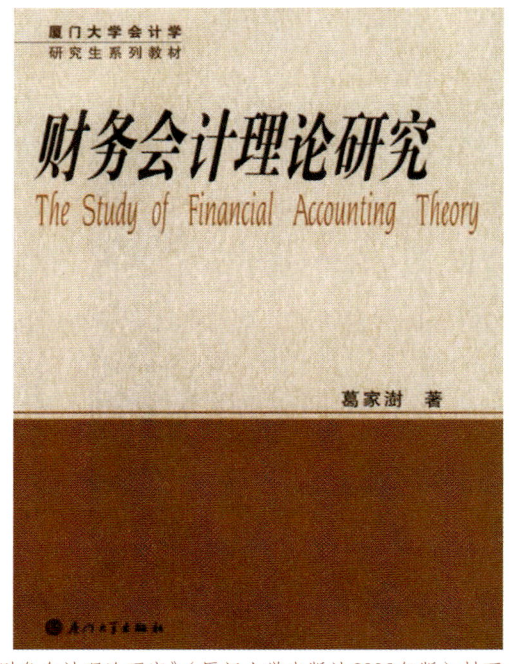

◎《财务会计理论研究》（厦门大学出版社2006年版）封面

（二）成果的历史沿革

本成果属于专著性质的教材。教学成果“继承与发展：独树一帜的《会计理论》教材（教材）”系主要完成人葛家澍教授、杜兴强教授及其研究和教学团队多年潜心研究和不断完善的结果。本成果的沿革，主要是在葛家澍、杜兴强“财务会计概念框架与会计准则问题研究”[2003，国家社科基金（01BJY021）成果]、“知识经济下财务会计理论与财务报告问题研究”[2004，教育部人文社科基金重点项目（02JAZ790012）成果]的基础上，不断进行完善、修订和拓展，其间系统探讨了财务会计概念框架，包括会计准则的制定、国际化协调及会计准则体系、知识经济下财务会计理论与财务报告等问题。形成的研究报告和专著先后获得福建省社会科学优秀成果一等奖、教育部人文社科研究优秀成果一等奖。葛家澍教授和杜兴强教授对上述研究成果加以凝练、概括，分别编著成适合于教学目的的“会计理论”教材——《会计理论》和《财务会计理论研究》。前者共分十八章，系统性地讲解了会计理论的基础、财务会计概念框架研究和会计准则相关问题；后者采取专题形式，对会计与财务会计基本理论和概念等问题进行了讲解。

（三）成果主要内容

厦门大学会计学科是国家重点学科，在2000年、2007年连续两次的全国重点学科评选中都名列前茅。厦门大学会计学科之所以多年来能够长盛不衰，与厦门大学会计学科独特的培养理念密不可分——在理论与实践相结合的基础上，秉承“继承与发展”的基本思路，强调学科交流、多方位地从各学科尤其是会计学的上游学科如经济学和管理学等学科中汲取“养分”，从而形成独特的教学理念、方法和相关的教学成果。“独树一帜”的教学内容和教材体系则是教学成果的突出代表。而在独树一帜的教学内容与教材体系中，会计理论的教学内容和教材体系的改革与建设是厦门大学会计学科孜孜不倦进行教学改革的典型范例，代表着厦门大学会计学科在教学成果方面取得的突出成绩，得到了国内同行的广泛认可。

教学成果“继承与发展：独树一帜的《会计理论》教材（教材）”由两本教材构成——《会计理论》（复旦大学出版社2005年版）和《财务会计理论研究》（厦门大学出版社2006年版），具体内容如下。

1.《会计理论》

《会计理论》适用于本科教学层次，主要内容包括：

（1）会计理论概论

该部分内容主要包括“制度 · 市场 · 企业 · 会计”“当代会计理论的发展”，旨在为会计理论的发展奠定经济学的基础，并对会计理论的发展进行扼要勾勒，使得会计理论的学习能够建立在一个历史观的基础上。

（2）财务会计概念框架研究

主要内容包括“财务会计概念框架的发展及其作用”“财务会计概念框架：国际比较与综评”“会计基本假设研究”“会计目标”“会计信息质量特征”“会计要素”“会计要素的确认”“会计计量”“现行财务会计与报告体系”“现行财务会计与报告模式的缺陷及其改进”“财务业绩报告的改进及全面收益表”“财务报告质量评估与高质量的财务报告探讨”。

（3）会计准则相关问题

主要内容包括“国际领域内会计准则的制定与发展”“中国会计准则相关问题研究”“中国会计准则与IAS、美国GAAP及英国GAAP的比较研究”“原则导向或规则导向的转变：以美国的会计准则制定模式为例”。

2.《财务会计理论研究》

（1）会计与财务会计基本理论及概念的研究

该部分主要内容包括“财务会计理论的层次、定义和构建理论的方法”“财务会计的基本假设”“关于财务会计（财务报告）的目标”“财务会计的信息质量特征”“财务会计的要素”“会计要素的确认”“财务会计要素的计量”“财务报告的列报”等。

（2）专题研究

主要内容包括“西方财务会计理论的发展”“财务报告的概念框架及其发展”“关于财务会计概念框架的研究”“关于财务会计概念框架与企业基本会计准则的关系”“我国财务会计概念框架的各个组成部分的探讨”“在中国建立财务会计概念框架的总体设想”“回顾与展望——美国早期（1961—1973）AICPA研究财务会计概念制定的简短回顾”“比较与借鉴——美国财务会计概念公告、国际会计准则委员会财务报表编报框架、英国财务报告原则公告、加拿大财务报告概念和澳大利亚会计概念框架的比较”“资产概念的本质、定义与特征”“财务会计的基本概念、基本特征与基本程序”“市场经济条件下财务会计理论与方法研究”“什么是财务会计的本质、特征与边界”“市场、企业与财务会计”“关于当前西方财务会计的几个问题”“关于美国会计准则制定方式和概念框架在GAAP中层次的发展”“AAA的两份会计理论的报告”。

（四）成果的创新点

1. 权威机构的观点

（1）福建省社会科学优秀成果评奖办公室认为，“该成果［《会计理论》（教材）］以财务会计概念框架为主轴，对会计理论的发展，会计基本假设，会计要素、财务报告模式的改进和会计准则的制定等18个重大基本理论问题进行了系统和深入的探讨。该成果逻辑结构严谨，论点新颖，论据翔实，学术创建和理论创新明显，丰富了我国会计理论体系。该书的观点引起了学术界的关注与讨论，是一部学术影响力大、实践指导效果强的优秀的（专著式）教材”。

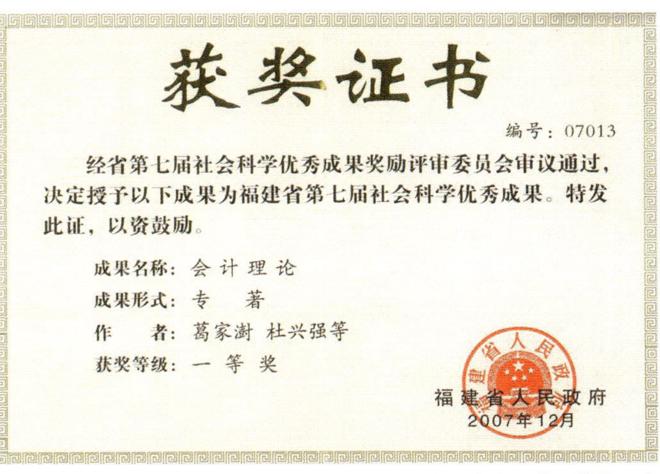
获奖证书

编号：07013

经省第七届社会科学优秀成果奖励评审委员会审议通过，决定授予以下成果为福建省第七届社会科学优秀成果。特发此证，以资鼓励。

成果名称：会计理论
成果形式：专　著
作　　者：葛家澍 杜兴强等
获奖等级：一 等 奖

福建省人民政府
2007年12月

◎《会计理论》福建省第七届社科优秀成果奖一等奖证书

（2）国家社会科学基金委员会认为，“通过分析总结国外财务会计概念框架的发展过程和研究现状以及其制定过程中的经验教训，创造性地解决了我国财务会计概念框架建立中的基本理论问题，标志着我国会计理论研究取得了突破性进展，是我国财务会计概念框架研究方面的里程碑”。①

2. 成果的具体创新点

（1）本成果（教材）的编写，重视学生的思考，强调每个财务会计理论的概念的历史发展过程、现状及未来可能的变化，做到“源”（起源）、“流”（学派）、“趋”（发展趋势）的有机结合。

（2）《会计理论》教材的目标，定位为“在一个较高的起点上，为培养跨世纪的高级会计专业人才提供一系列有用的且能反映会计学前沿的财务会计理论知识体系”。在保证基本知识点的前提下，以“立足中国，放眼世界，侧重当前，注视未来”为基本原则进行编写，有机地实现了会计理论的国际主流观点和中国特色的融合。为此，本成果密切注意会计理论发展的国际动态，关注国际范围内出现的诸多新改革、新动向和新问题，如国际会计准则委员会的重大改组、美国财务会计准则委员会第7号财务会计概念框架、安然等

① 《会计理论》一书关于财务会计概念框架部分的论述是国家社科基金（02BJY021）的研究成果，该成果被国家社科基金委鉴定为优秀，证书号20040766。

一系列美国及世界范围内的财务欺诈丑闻、Sarbanes-Oxley 法案，以及会计准则制定原则导向或规则导向基础的争论等。

（3）《会计理论》教材本着“素质教育”和培养“研究型、创新型人才”的目标，分为18个专题，详细讲解了财务会计理论两大主流领域——财务会计概念框架和会计准则问题，既有国外研究成果的系统回顾和批判吸收，又能够结合中国会计理论研究的具体特点进行阐述，符合中国学生理解、思考问题的习惯。

（4）本成果（教材）的编写，方法科学、灵活，符合当今教学改革发展趋势和学生的认知习惯，能充分调动学生的主动性和自觉性，有利于促进学生自主性学习、研究性学习，有利于培养创新思维、科研实践能力与综合素质，有利于学生个性化发展。针对“会计理论”或“财务会计理论”课程的特点，编者在教材编写的过程中，针对需要解决的教学问题，着力进行教学方法（模式）的探索，主要包括：

①以“问题导向”的方式，启迪学生带着问题去思考，借此提高学生的兴趣；

②鼓励学生在对教材和经典文献进行阅读之后，观察现实环境，寻找可能的、直观的证据，并进行相应的思考；

③教材的编写注重可能出现的理论难题，所以设有若干悬疑性的问题，以利于教师组织学生进行深入讨论；

④针对学生学习过程遵循的一般规律即“未知—求知—可知”，编者在教材编写中侧重于学生“求知”的关键环节，按照质疑（未知）—思疑（求知）—解疑（可知）的“互动式教学”思路编写教材，注重引导学生的思维由“模拟性”向“科学性”“自主性”转化。

（五）应用情况

（1）本成果相关的教材出版后，《会计理论》一书被国内诸多高等院校会计专业选作本科高年级必修课程——“财务会计理论专题”的指定教材，福建省学位办更是直接把“会计理论”作为优质硕士学位课程（2005年）在全省范围内加以推广。

（2）《会计理论》一书被国内诸多院校的会计专业选作硕士和博士研究生入学考试和复试的指定参考书目。

（3）《财务会计理论研究》一书被国内一些院校直接指定为硕士或博士研究生学位课程“财务会计理论研究”的精读书目。

二、“厦门大学会计系列教材”（第3版）

2009年，“厦门大学会计系列教材”（第3版）由辽宁人民出版社出版，总编为葛家澍教授与常勋教授，包括《会计学原理》《中级财务会计》《高级财务会计》《成本会计》《管理会计》《企业理财学》《审计学》共7本。

◎“厦门大学会计系列教材”（第3版）部分封面

三、厦门大学会计学系多本教材入选教育部规划教材

◎ 厦门大学会计学系入选教育部规划教材的书目

教材名称	主编	出版社	类别	年度
管理会计学	余绪缨	中国人民大学出版社	“十五”教育部重点建设教材	2005
会计电算化实用教程（第2版）	庄明来	中国财政经济出版社	“十五”教育部重点建设教材	2005
中级财务会计学	葛家澍	中国人民大学出版社	教育部“十一五”规划教材	2007
管理会计学	余绪缨	中国人民大学出版社	教育部“十一五”规划教材	2007
国际会计	常　勋	东北财经大学出版社	教育部“十一五”规划教材	2007
国际会计	常　勋	厦门大学出版社	教育部“十一五”规划教材	2007
财务会计	吴水澎	中国财政经济出版社	教育部“十一五”规划教材	2007

续表

教材名称	主编	出版社	类别	年度
会计学	陈少华	北京大学出版社	教育部"十一五"规划教材	2007
中级财务会计	陈汉文	北京大学出版社	教育部"十一五"规划教材	2007
高级财务会计	曲晓辉	北京大学出版社	教育部"十一五"规划教材	2007
会计信息化教程	庄明来	北京师范大学出版社	教育部"十一五"规划教材	2007
跨国公司财务管理	毛付根	东北财经大学出版社	教育部"十一五"规划教材	2007
审计学	王光远	东北财经大学出版社	教育部"十一五"规划教材	2007
中级财务管理	傅元略	复旦大学出版社	教育部"十一五"规划教材	2007
管理会计（第2版）	毛付根	高等教育出版社	教育部"十一五"规划教材	2007
成本管理	陈汉文	高等教育出版社	教育部"十一五"规划教材	2007
政府及非营利组织会计	李建发	东北财经大学出版社	教育部"十一五"规划教材	2007
财务会计理论	杜兴强	厦门大学出版社	教育部"十一五"规划教材	2007
管理会计（第2版）	毛付根	高等教育出版社	教育部"十二五"规划教材	2012
会计学基础（第3版）	刘峰 等	高等教育出版社	教育部"十二五"规划教材	2012
审计（第2版）	陈汉文	厦门大学出版社	教育部"十二五"规划教材	2012

注：2012年之后，教育部并未组织评选"十三五"国家级规划教材。此外，因2005—2007年教育部国家级规划教材依然在修订再版后使用，所以仍统计在内。

四、国际会计组织与厦门大学会计学系（本科）的战略协议与认证资格

2012年，厦门大学会计学系本科教学通过中国香港会计师公会的认证；

2013年9月，英国特许公认会计师公会（ACCA）与厦门大学会计学系签订战略合作协议；

2013年11月，英国皇家特许管理会计师公会（CIMA）与厦门大学会计学系签订战略协议；

2016年，厦门大学会计学系本科通过澳洲会计师公会认证。

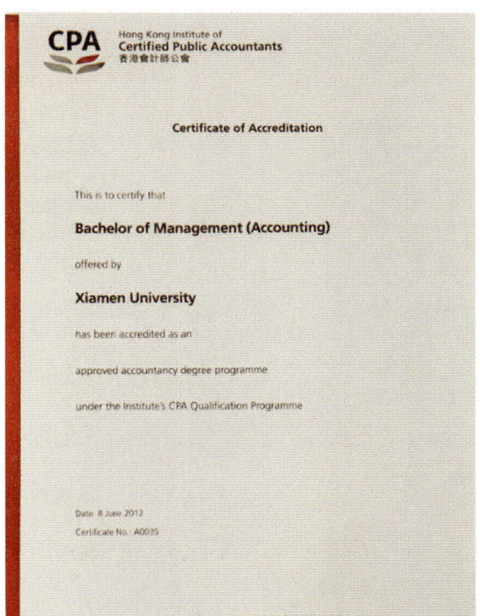

CPA Hong Kong Institute of Certified Public Accountants 香港會計師公會

Certificate of Accreditation

This is to certify that

Bachelor of Management (Accounting)

offered by

Xiamen University

has been accredited as an

approved accountancy degree programme

under the Institute's CPA Qualification Programme

Date: 8 June 2012

Certificate No.: A0035

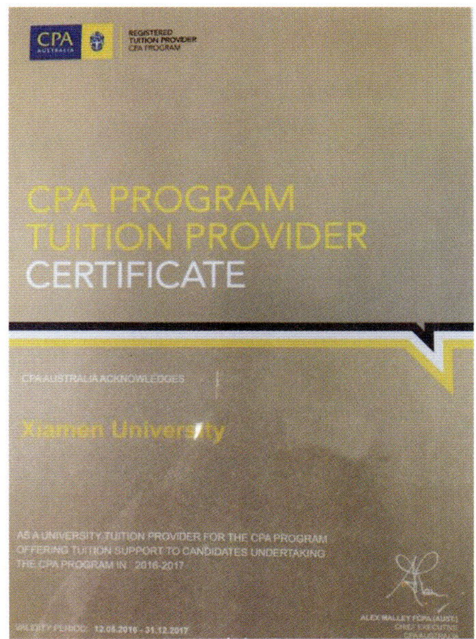

CPA AUSTRALIA REGISTERED TUITION PROVIDER CPA PROGRAM

CPA PROGRAM TUITION PROVIDER CERTIFICATE

CPA AUSTRALIA ACKNOWLEDGES

Xiamen University

AS A UNIVERSITY TUITION PROVIDER FOR THE CPA PROGRAM OFFERING TUITION SUPPORT TO CANDIDATES UNDERTAKING THE CPA PROGRAM IN 2016-2017

VALIDITY PERIOD: 12.05.2016 - 31.12.2017

ALEX MALLEY FCPA (AUST) CHIEF EXECUTIVE

◎中国香港会计师公会（左）和澳洲会计师公会（右）的认证书

特许公认会计师公会与厦门大学
战略合作谅解备忘录
ACCA and Xiamen University
Memorandum of Understanding on Strategic Cooperation

甲方：特许公认会计师公会（以下简称"ACCA"，在中国工商注册中文名为爱特企业管理咨询（上海）有限公司广州分公司）
地址：广州市天河北路 183 号大都会广场 10 楼 1014 室
Party A: The Association of Chartered Certified Accountants (hereinafter referred to as "ACCA"; its registered Chinese name in China is 爱特企业管理咨询（上海）有限公司广州分公司)
Address: Room 1014, 10/F Metro Plaza, 183 Tianhe Bei Road, Guangzhou

乙方：厦门大学
地址：厦门市思明南路 422 号
Party B: Xiamen University (XMU)
Address: 422 Siming Road South, Xiamen

合作背景

Background of Cooperation

ACCA 是全球规模最大的国际专业会计师组织，为全世界有志投身于财务、会计以及管理领域的专才提供首选的资格认证。ACCA 于 1904 年创立于英国，目前在全球 170 个国家拥有超过 15 万会员和 43 万学员。作为最早进入中国的国际会计师组织，ACCA 目前在中国拥有 2.2 万名会员和 4.2 万名学员。他们遍及外资企业、国营企业、中外会计师事务所和政府部门，众多会员任职财务高管，为中国经济发展做出了贡献。

ACCA (Association of Chartered Certified Accountants) is the global body for professional accountants. It aims to offer business-relevant, first-choice

本备忘录一式两份，双方各执一份，具有同等效力。中英文如有歧义，以中文版为准。

This Memo has two copies. Each party holds one copy. Both copies have the same force. In case there are differences between Chinese and English versions, the Chinese version shall prevail.

甲方：特许公认会计师公会	乙方：厦门大学
Party A: The Association of Chartered Certified Accountants	Party B: Xiamen University
甲方代表签字： Signature	乙方代表签字： Signature
日期 2013 年 7 月 4 日 Date:	日期 2013 年 7 月 4 日 Date:

◎英国特许公认会计师公会（ACCA）与厦门大学会计学系的战略合作协议

CIMA - 厦门大学战略合作协议

甲方：CIMA 皇家特许管理会计师公会

乙方：厦门大学

概述：

甲方：英国皇家特许管理会计师公会（The Chartered Institute of Management Accountants，简称CIMA）是世界最大的管理会计师考试、管理与认证机构，同时它也是国际会计师联合会（IFAC）的创始成员之一。CIMA 成立于 1919 年，目前拥有 20 万会员和学员，遍布 176 个国家，总部设在英国伦敦，在澳大利亚、新西兰、爱尔兰、斯里兰卡、南非、赞比亚、印度、马来西亚、新加坡等国家以及中国香港和大陆均设有分支机构或联络处。CIMA 一直以来紧密结合充满活力和挑战的商界需求，坚持不懈地致力于企业财务管理及战略决策的研究和开发，提供了世界上最具权威性的 CIMA 特许管理会计师职业资格认证。

乙方：厦门大学成立于 1921 年，是国家“211 工程”和“985 工程”重点建设的高水平大学。建校 90 年来，学校秉承“自强不息，止于至善”的校训，积累了丰富的办学经验，形成了鲜明的办学特色，成为一所学科门类齐全、师资力量雄厚、学术水平一流、在国际上有广泛影响的综合性大学。建校迄今，已先后为国家培养了 20 多万名本科生和研究生，在厦大学习、工作过的两院院士达 60 多人。

在中国经济发展的转折时期，甲方和乙方通过互通有无、资源互补等方式实现深层次的合作，具有非常重大的意义。

1　加快国际化管理及商务人才的培养。为目前厦门乃至全国实现经济形态的转型、产业结构的转型，推进产业发展的高端化，全面提升发展品质，增强持续发展的后劲的关键时期作好充分的人才储备。CIMA 职业资格聚焦于商业领域，让会员学员处于战略决策的最中心，这一点是其他相关认证资格所不能企及的。CIMA 会员知识结构全面，精于战略和管理，由于自身特有的战略管理性，CIMA 职业资格大大拓宽了学员的职业选择方向，并使学员争取到更好的职业机会，从中小企业到跨国集团，CIMA 学员和会员遍布全球的各个角落，在汽车、航空航天、金融、电子、卫生、医疗、零售、旅游、交通运输、咨询等行业以及政府和非营利机构中都有他们的身影，并发挥着巨大的作用。CIMA 职业证书与厦门大学的合作将更加突出学院会计学专业的特色、高端性、职业化和国际化，并增强了毕业生的竞争力。CIMA 来源于企业，并且服务于企业，CIMA 较之一般的职业资格更具价值和实用性，与学位课程相结合，可帮助毕业生掌握国际财务管理、管理会计及战略方面的知识和技能，增强职业能力，成为吸引更多世界著名的雇主公司投资福建的有利人才保证。

2　突出教学特色，丰富学院的教学体系，积极响应国家政策，促进大学生就业。中国缺乏培养管理会计专业人才的完善教学体系，很少有大学有一套完整的教学体系为社会输送此类人才。CIMA 在近百年的发展和完善中积累了一套相当完备的管理会计教学体系，注重能力培养，并有与 CIMA 三级认证课程相配套的教学大纲、教材、试卷和证书。CIMA 与厦

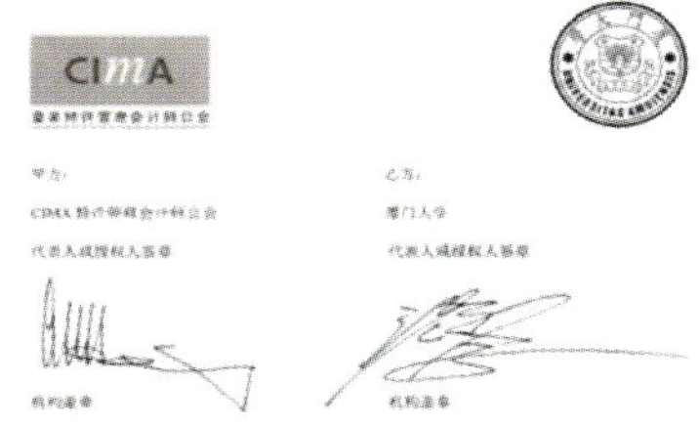

甲方：CIMA 特许管理会计师公会

代表人或授权人签章

机构盖章

日期：25/10/2013

乙方：厦门大学

代表人或授权人签章

机构盖章

日期：2013.11.25

◎英国皇家特许管理会计师公会（CIMA）与厦门大学会计学系签订的战略协议

五、福建省本科高校教育教学改革研究项目——国际会计综合改革试点计划

2014年，“国际会计综合改革试点计划”获批福建省高等学校教学改革研究项目，为厦门大学会计学系的教学改革提供了部分支撑。

福建省教育厅文件

闽教科〔2014〕64 号

福建省教育厅关于公布福建省中青年教师教育科研社科 A 类项目(2014 年福建省高等学校教学改革研究专项)的通知

各有关高校：

为进一步强化高校教学基础地位，深化教学改革，提升人才培养质量，根据《福建省教育厅关于开展福建省高等学校教学改革研究项目建设工作的通知》（闽教高〔2014〕36 号），在学校申报的基础上，经审核，确定厦门大学《厚基础 宽口径 培养人文精英人才》等 300 项教改研究项目列为福建省中青年教师教育科研社科 A 类项目（2014 年福建省高等学校教学改革研究专项），现予公布（具体名单见附件）。

－ 1 －

2014年福建省高等学校教学改革研究项目立项汇总表

项目编号	学校名称	项目类型	项目名称	项目主持人		项目参与人姓名	计划完成时间
				姓名	职务/职称		
本科类							
JAS14626	厦门大学	人才培养模式类	厚基础 宽口径 培养人文精英人才	周宁 李晓红	院长/教育部长江学者、特聘教授	李晓红、[illegible]、刘永华、刘[illegible]	2016年12月
JAS14627	厦门大学	课程体系类	《纵览天下》通识课程建设之：外国文学、文艺、文化“三位一体”鉴赏系列	徐琪	副院长/教授	李美华、杨士焯、丁[illegible]、[illegible]、林[illegible]	2016年12月
JAS14628	厦门大学	实践教学类	厦门大学税务精英挑战赛	童锦治	系主任/教授	[illegible]、于[illegible]、[illegible]、林文生、[illegible]	2016年11月
JAS14629	厦门大学	教材建设类	网络经济学智能题库系统建设	张[illegible]	教授	张[illegible]、钟[illegible]、刘[illegible]、[illegible]	2016年12月
JAS14630	厦门大学	人才培养模式类	国际会计综合改革试点计划	桑士俊	系主任/教授	于李胜、[illegible]、肖华、陈焰、严晖	2016年12月
JAS14631	厦门大学	人才培养模式类	优化培养环节，提高数学专业本科人才质量	林亚南	院长/教授	[illegible]、[illegible]、[illegible]、[illegible]	2016年12月
JAS14632	厦门大学	课程体系类	大类招生培养模式下公共数学教学管理及课程体系探索	钱[illegible]	副院长/教授	钟春平、林[illegible]、[illegible]、[illegible]	2016年12月
JAS14633	厦门大学	实践教学类	飞行仿真实验室	吴[illegible]	副教授	[illegible]、[illegible]、[illegible]、[illegible]	2017年6月
JAS14634	厦门大学	实践教学类	化学实验教学内容与教学方式综合改革探索	任艳平	化学实验中心主任/教授	陈明树、杨利民、夏文生、王[illegible]、林[illegible]	2016年12月
JAS14635	厦门大学	人才培养模式类	“强基础、重创新”的应用型人才培养模式改革与实践	[illegible]	系副主任/教授	杜[illegible]、[illegible]、[illegible]	2016年12月
JAS14636	厦门大学	实践教学类	大学生信息安全竞赛平台	[illegible]	教授	郭[illegible]、林文水、[illegible]	2016年11月
JAS14637	厦门大学	人才培养模式类	构建新媒体技术平台，促进卓越创新人才培养——以数字媒体技术专业为例	吴[illegible]	系副主任/副教授	林[illegible]、[illegible]、张[illegible]、[illegible]	2016年12月
JAS14638	厦门大学	人才培养模式类	中医学专业优秀本科生名师传承计划	钱林超	中医系主任/教授	王[illegible]、[illegible]、[illegible]、[illegible]	2017年7月
JAS14639	厦门大学	课程体系类	综合性大学大类招生土木工程专业课程体系改革研究	王东东	系主任/教授	宋[illegible]、张建霖、[illegible]、石建光、李少泉、[illegible]、[illegible]、陈[illegible]、[illegible]、[illegible]	2016年12月

第 1 页，共 20 页

◎2014 年福建省高等学校教学改革研究项目立项文件

六、“管理学全案例教学模式”获得国家级教学成果奖

2014年9月，厦门大学会计学系林涛教授作为参与者的成果“管理学全案例教学模式”获得国家级教学成果二等奖。

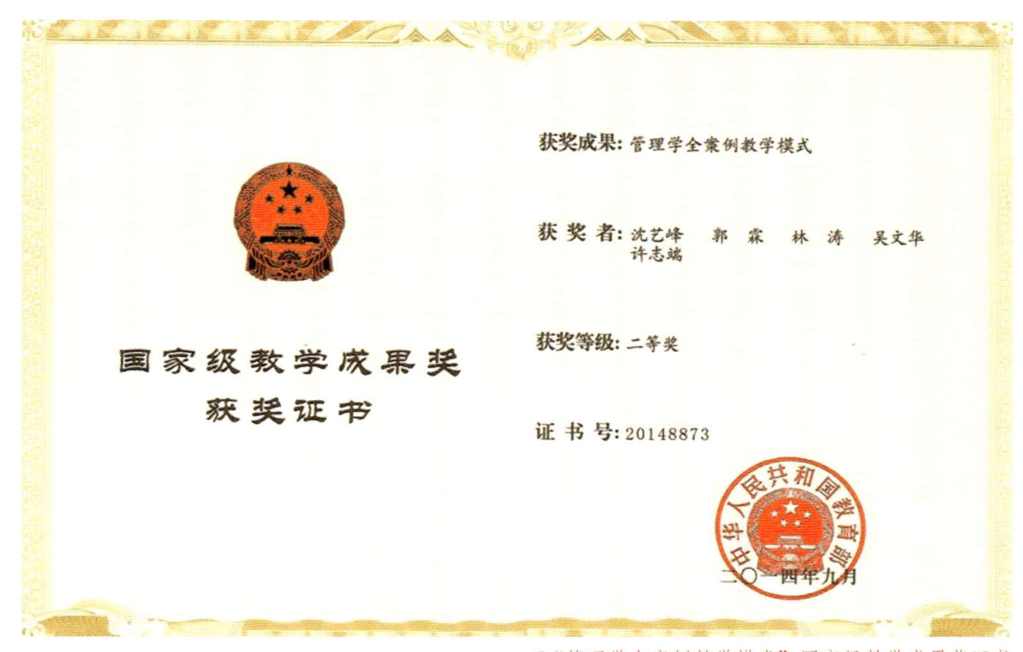
国家级教学成果奖

获奖证书

获奖成果：管理学全案例教学模式

获奖者：沈艺峰　郭霖　林涛　吴文华
许志端

获奖等级：二等奖

证书号：20148873

中华人民共和国教育部

二〇一四年九月

◎“管理学全案例教学模式”国家级教学成果奖证书

第三节　2009—2016 年厦门大学会计学科科研成果

一、科研成果获奖情况

（一）教育部人文社会科学优秀成果奖

◎　2009—2016年厦门大学会计学系获教育部人文社会科学优秀成果奖情况

序号	获奖者	获奖成果名称	成果形式	获奖等级	获奖时间	备注
1	杜兴强	Does Religion Matter to Owner-Manager Agency Costs? Evidence from China	论文	三等奖	2015年12月	第七届
2	曲晓辉 等	中国会计准则的国际趋同效果研究	著作	三等奖	2015年12月	第七届

1. “Does Religion Matter to Owner-Manager Agency Costs? Evidence from China”获 2015 年教育部第七届人文社科优秀成果三等奖

2013年，杜兴强教授以独立作者署名，在FT50期刊 *Journal of Business Ethics* 第118卷第2期（第319～347页）发表论文“Does Religion Matter to Owner-Manager Agency Costs? Evidence from China”（《宗教影响股东—管理层代理成本吗？来自中国的证据》）。该论文于2015年获得教育部第七届高等学校科学研究优秀成果奖（人文社会科学）三等奖。

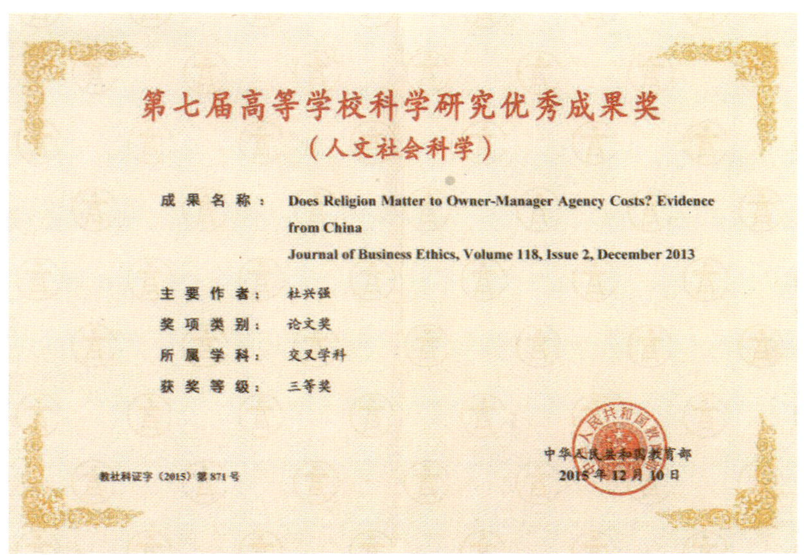

◎杜兴强论文获奖证书

（1）中英文摘要

In China, Buddhism and Taoism are two major religions. Using a sample of 10363 firm-year observations from the Chinese stock market for the period of 2001—2010, I provide strong and robust evidence that religion（i.e., Buddhism and Taoism on the whole）is significantly negatively associated with owner-manager agency costs. In particular, using firm-level religion data measured by the number of religious sites within a radius of certain distance around a listed firm's registered address, I find that religion is significantly negatively（positively）associated with expense ratio（asset utilization ratio）, the positive（reverse）proxy for owner-manager agency costs. This finding is consistent with the following view：religiosity has remarkable effects on the way how an individual thinks and behaves, and thereof can curb managers from unethical business practices. Moreover, my findings suggest that the negative association between religion and owner-manager agency costs is attenuated for firms with strong external monitoring mecha-

J Bus Ethics (2013) 118:319–347
DOI 10.1007/s10551-012-1569-y

Does Religion Matter to Owner-Manager Agency Costs? Evidence from China

Xingqiang Du

Received: 26 June 2012 / Accepted: 12 November 2012 / Published online: 7 December 2012

Abstract In China, Buddhism and Taoism are two major religions. Using a sample of 10,363 firm-year observations from the Chinese stock market for the period of 2001–2010, I provide strong and robust evidence that religion (i.e., Buddhism and Taoism on the whole) is significantly negatively associated with owner-manager agency costs. In particular, using firm-level religion data measured by the number of religious sites within a radius of certain distance around a listed firm's registered address, I find that religion is significantly negatively (positively) associated with expense ratio (asset utilization ratio), the positive (reverse) proxy for owner-manager agency costs. This finding is consistent with the following view: religiosity has remarkable effects on the way how an individual thinks and behaves, and thereof can curb managers from unethical business practices. Moreover, my findings suggest that the negative association between religion and owner-manager agency costs is attenuated for firms with strong external monitoring mechanisms such as higher Marketization and high-quality auditors. Furthermore, after separating Buddhism from Taoism, my finding indicates that above conclusions are only available for Buddhism, suggesting that different religions may have asymmetric influence on owner-manager agency costs. Above results are robust to various measures of religiosity and a variety of robustness checks.

Keywords Religion · Buddhism · Taoism · Owner-manager agency costs · Expense ratio · Asset utilization ratio · External monitoring mechanisms · Business ethics · China

X. Du (✉)
Center for Accounting Studies and Accounting Department, School of Management, Xiamen University, No. 422, Siming South Road, Xiamen 361005, Fujian, China
e-mail: xqdu@xmu.edu.cn

Introduction

Agency theory suggests that managers may unethically grab private benefits at the expense of shareholders (Jensen and Meckling 1976). For example, managers may pay for themselves excessive salary and bonus beyond the normal level, spend excessively on entertainment, travel, and other activities, or divert cash resources to over-invest in empire-building (Jensen 1986; Jensen and Meckling 1976). Therefore, standard corporate governance mechanisms such as the independent director system, compensation scheme, proxy by mail, class suits, mandatory dividend policies, cumulative voting processes are designed and installed into contemporary corporations to restrain unethically managerial behaviors and protect the interests of shareholders.

Any formal system heavily relies on participants' behavior which determines the efficiency of the system to a great extent. In particular, in contemporary corporations, once managers take advantage of information asymmetry or private information to behave unethically, standard corporate governance mechanisms will do not work effectively, even will be only *on paper*. Arthur (1987) investigates and notes that "among the boards of directors of *Fortune* 500 companies, 95 % are not fully doing what they are legally, morally, and ethically supposed to do". Extant studies also echo my view and argue that managers' unethical behavior may be curbed by selecting and hiring ethically oriented management (Abdolmohammadi et al. 2003), establishing codes of ethics and ethical cultures (Gaumnitz and Lere 2004; Sims and Brinkmann 2003), and promoting managers internally (Petrick and Quinn 2000). Therefore, various codes of ethics and a variety of ethical cultures are also introduced into contemporary corporations, combined with standard corporate governance mechanisms, to curb managers' unethical behavior.

Springer

◎杜兴强论文首页

nisms such as higher Marketization and high-quality auditors. Furthermore, after separating Buddhism from Taoism, my finding indicates that above conclusions are only available for Buddhism, suggesting that different religions may have asymmetric influence on owner-manager agency costs. Above results are robust to various measures of religiosity and a variety of robustness checks.

在中国，佛教和道教是两个重要的宗教。基于中国上市公司2001—2010年共计10363个观测值，本文通过坚实的证据揭示了宗教（佛教和道教作为一个整体）能够显著降低股东—管理层代理成本。使用上市公司注册地一定半径范围内的宗教场所数量作为公司层面宗教强度的替代变量，本文发现宗教与费用比率（股东—管理层代理成本的正向替代变量）负相关，与资产使用效率（股东—管理层代理成本的反向替代变量）正相关。如上发现支持了宗教能够对个人的思想和行为产生重要影响，从而抑制管理层在经营管理中的不道德行为。本文进一步发现，在外部监督机制较强（更高的市场化水平和更高质量的审计）的情况下，宗教与股东—管理层代理成本的负相关关系相对较弱。进一步，区分佛教和道教的分析表明，宗教降低股东—管理层代理成本的结论仅适用于佛教，揭示了不同宗教对股东—管理层代理成本的影响存在差异。经过不同的宗教计量和一系列的敏感性测试，本文的发现依然成立。

（2）可能的观点、方法创新、学术影响或社会效益

本文的主要观点包括：①中国在历史发展、文化、法律体系、公司治理、经济发展等方面有别于其他国家，从而为学者提供了重要的制度背景来考察宗教对公司行为的影响。②宗教信仰使得一个人不太可能背离其宗教角色，因此宗教能够激励宗教信仰者的行为更加符合伦理规范。③位于宗教场所密集地区的上市公司的CEO与高管，操纵财务报表去隐匿其不道德行为的可能性较小，因此宗教可以约束高管通过财务报表隐匿其不道德行为。④宗教与外部监督机制联合影响了股东—管理层代理成本，且宗教对股东—管理层代理成本的降低作用在强外部监督情况下相对更弱。

本文利用数据挖掘技术，基于宗教场所与上市公司之间的地理邻近性，手工搜集并计算了一系列的宗教变量，然后基于此分析了宗教对股东—管理层代理成本的影响。本文基于地球信息系统的知识，构建了公司层面的宗教变量，并拓展了国外文献关于宗教对

公司行为的影响。

本文是国内外首次分析宗教对代理成本问题影响的文献，本文的发现为 Williamson（2000）的理论提供了重要的经验证据。此外，本文的宗教计量属于公司层面的宗教变量，不同于以往文献中的州 / 郡 / 县层面的宗教变量，可以避免回归过程中的截面自相关问题。

（3）选题意义与研究内容前沿性

诺贝尔经济学奖得主 Williamson（2000）曾将人类社会的制度分为四个层次：①非正式制度安排，包括宗教、风俗、社会规范等；②制度环境，包含正式规则、产权、司法等；③治理规则如契约等；④资源分配与使用。四个层次中，较高层次的因素影响较低层次的要素。Williamson（2000）的观点虽然被多次引用，但是迄今为止学者们并未提供坚实的经验证据。按照 Williamson（2000）的观点，位于最高层次的宗教将在很大程度上影响位于较低层次的公司治理问题——股东与管理层之间的代理成本（owner-manager agency costs）。基于此，本文选择佛教与道教这两种中国最为流行的宗教，以中国资本市场上市公司为研究对象，发现宗教的确降低了股东—管理层代理成本，首次为 Williamson（2000）提供了直接的、重要的经验证据，这是本研究主要意义之所在。

本文的研究发现揭示了宗教可以约束管理层的非伦理行为，使得管理层可以有效地控制经营成本与提高经营效率。之前的文献往往侧重于从公司治理和伦理文化视角探讨约束和抑制管理层的不道德行为，因此本文的研究补充了之前的文献并提供了一种新的思路，即通过宗教信仰或宗教氛围来影响和抑制管理层的不道德行为，抑制代理冲突和降低管理层—股东代理成本。此外，本文的研究可以为宗教在中国仍能够发挥作用提供重要的经验证据。具体地，宗教可以影响公司决策与行为，特别是能够降低管理层—股东代理成本。

（4）主要创新与理论价值

①本文属于宗教地理学与管理学（公司治理、财务学）的交叉研究，对推进宗教学与管理学（财务学）交叉学科的发展具有一定程度上的贡献。

②根据作者掌握的文献，本文是国内外首次分析宗教因素对管理层—股东代理成本影响的文献。这一交叉领域的研究，影响和拓展了学者们对于代理成本这一公司治理与财务学领域内重要问题的研究。更重要的是，本文的研究结果表明，在中国，宗教依然可以发挥其一定的作用，影响个人行为乃至公司决策，具体体现为降低管理层—股东代理成本。

③以佛教与道教为研究对象，本文发现宗教的确降低了管理层—股东代理成本，首次为 Williamson（2000）的理论提供了直接的、重要的经验证据。具体地，本文揭示了宗

教作为位于 Williamson（2000）的框架中最高层级的非正式制度安排的一种，影响着较低层次的公司治理。

④借助于地球信息系统知识，本文首次创造性使用地理邻近性的宗教计量方法，构建了基于宗教场所与上市公司之间地理邻近性的一系列宗教变量（geographic-proximity-based religion variables），丰富了宗教变量的计量。具体地，本文将宗教变量定义为“围绕上市公司一定半径范围内宗教寺庙的个数”，用来界定中国上市公司的宗教氛围，以此为基础分析宗教对管理层—股东代理成本的影响。本质上，本文的宗教计量属于公司层面（firm-level）的宗教变量，因此它不同于以往文献中的州/郡/县层面（state/county-level）的宗教计量，且本文的计量更加科学，可以避免回归过程中的截面自相关问题。

⑤本文还发现外部监督机制（高质量审计、市场化指数）调节了宗教对管理层—股东代理成本的负向影响，揭示了在正式制度较弱的环境下，宗教可以起到补充性的作用。

⑥本文还进一步区分佛教与道教，分析了两种宗教对管理层—股东代理成本的不对称的影响。研究发现佛教降低了管理层—股东代理成本，而道教的作用则不明显。这一研究结果促使学术界反思一直以来坚持的“佛道一家”的观点。

⑦本文揭示，除了标准的公司治理机制与培育企业伦理文化之外，宗教作为一种典型的非正式制度安排，可以有效地约束管理层的不道德行为，促使管理层与股东的利益尽可能地保持一致，降低管理层—股东的代理成本。

2.《中国会计准则的国际趋同效果研究》获教育部人文社会科学优秀成果三等奖

曲晓辉等的著作《中国会计准则的国际趋同效果研究》获得2013年福建省社会科学优秀成果一等奖和2015年教育部第七届人文社会科学优秀成果三等奖。

跨国上市和发行证券的迅速发展，迫切需要财务信息高质量、透明和可比，以助于世界各种资本市场的参与者和其他信息使用者进行经济决策。会计准则作为会计实务的规范，其国际协调和全球趋同在程度上不断加深并在范围上不断扩展。会计准则在全球范围内的持续趋同，乃至一些主权国家直接采用国际财务报告准则（IFRS）作为本国准则，是会计职业标准国际发展的基本状态，各国的会计与财务报告实务因此正在发生着深刻的变化。

中国作为世界上迅速崛起的经济体，参与国际经济和资本市场的程度正在逐步加深，吸收外国资本和对外投资所形成的资本双向运动，使我国会计准则国际协调与趋同面临更大的动力和压力。同时，随着国际会计准则理事会（IASB）发展战略的实施，IFRS 正在经历体系上的重构。因此，导致会计准则国际协调和趋同效果的评价基础的变化，客观上迫切要求研究者对协调/趋同效果基于新的数据进行检验。鉴于提高国际市场谈判能力的需要以及我国企业和资本市场科学管理和有效决策的内在要求，我国在会计准则国际协调和趋同的过程中采取了积极的态度和持续趋同的策略。与IFRS实质上趋同的《企业会计准则2006》的发布和实施，为相关实证检验提供了数据基础。

本研究对中国会计准则国际协调/趋同效果研究领域的多种研究方法及其实际作用进行综合测试，分别从总体和具体项目两个层面检验我国会计准则国际协调/趋同的效果并尝试检验方法的创新，同时基于经验证据对我国会计准则体系的国际协调/趋同程度进行评价。具体到本研究，对会计准则国际协调与全球趋同进行了一般性的讨论，在此基础上对会计准则国际协调/趋同的国内外文献进行了系统的回顾，进而针对会计准则国际协调/趋同及其效果，对会计基本理论、盈余稳健性、具体准则项目的国际协调/趋同程度和中国会计准则（CAS）与IFRS总体协调/趋同程度进行了理论分析和实证检验。限于时间和篇幅，本研究在对具体准则协调/趋同度的实证检验方面侧重于对财务报告易于产生重大影响的资产计价准则、研发投资举债、关联方关系准则和公允价值准则的研究；在准则协调/趋同范围上，主要涉及CAS与IFRS趋同、欧洲向IFRS趋同的效果检验。本研究还对IFRS应用情况的调查进行了回顾和评价。针对国际评估准则委员会（IVSC）工作的最新进展，本研究讨论了资产评估准则因应IFRS的发展而在国际发展方面所作出的重大改进。此外，本研究还对会计国际协调和趋同的量化研究进行了梳理。

本书是在教育部人文社会科学重点研究基地重大项目“我国会计准则的国际协调效果研究”（项目批准号：05JJD630030）研究报告的基础上进行整理、完善的成果。本书包括13章，具体分工情况如下：第1章、第4章、第11章、第12章、第13章由曲晓辉撰写；第2章由曲晓辉和高利芳撰写；第3章由曲晓辉和高芳撰写；第5章由曲晓辉和邱月华撰写；第6章由杨钰和曲晓辉撰写；第7章由张国华和曲晓辉撰写；第8章由罗胜强撰写；第9章和第10章由高利芳撰写。张国华在全书出版前的校订方面做了大量工作。

为了使实证检验更加可靠，在样本区间上进行了一定的扩展，由此导致研究项目结项的时滞。鉴于后续项目研究另有累积且正在外审中并将很快问世，对本研究的样本区间未进行持续后延。由于受时间、数据和水平的限制，所采用的方法和取得的证据难免还有这样或那样的局限，这些局限有待于在后续研究中弥补。后续研究主要是从不同方面和层次针对与IFRS趋同的会计准则执行情况进行检验，并且已经取得一些成果，力求进行更深入的理论阐释并取得进一步的经验证据，以客观评价会计准则国际协调和趋同的成效，为我国会计准则持续国际趋同的战略决策提供证据支持，为我国企业跨国上市和发行证券以及资本市场对外来资本主体资质的评价提供政策借鉴和经验依据。

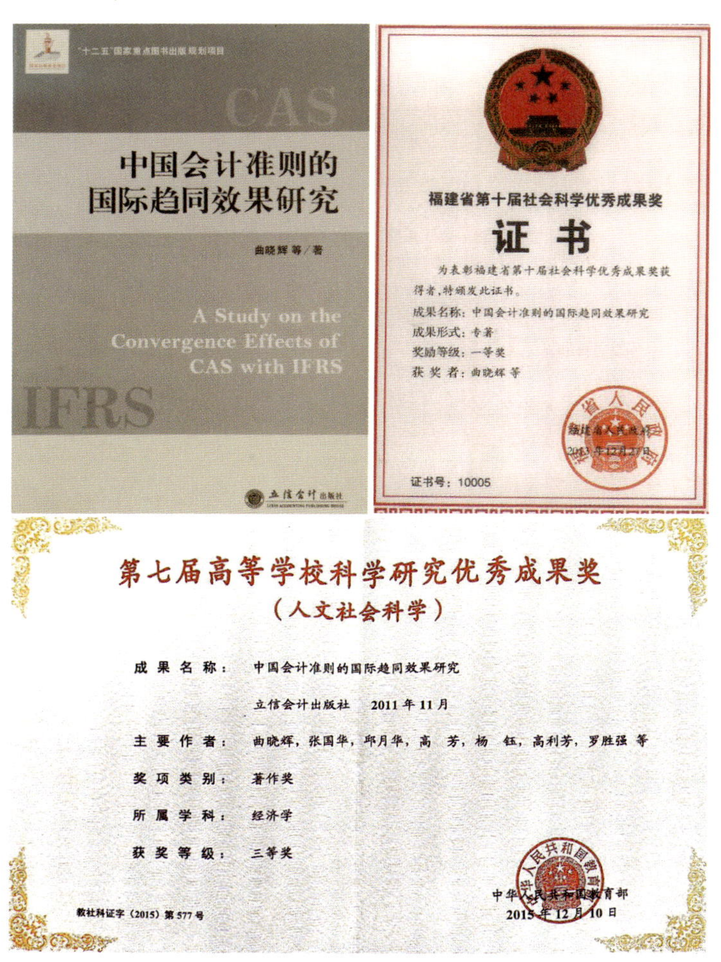

◎《中国会计准则的国际趋同效果研究》封面及获奖证书

（二）福建省社会科学优秀成果奖

◎ 2009—2016年厦门大学会计学系获福建省社会科学优秀成果奖情况

序号	获奖者	获奖成果名称	成果形式	获奖等级	获奖时间	备注
1	傅元略	财务管理理论	教材	一等奖	2009	第八届
2	曲晓辉 等	中国会计准则的国际趋同效果研究	专著	一等奖	2013	第十届

续表

序号	获奖者	获奖成果名称	成果形式	获奖等级	获奖时间	备注
3	曲晓辉 傅元略 等	企业集团财务与会计问题研究	专著	二等奖	2009	第八届
4	杜兴强 陈韫慧 杜颖洁	寻租、政治联系与“真实”业绩——基于民营上市公司的经验证据	论文	二等奖	2013	第十届
5	肖　虹	公司技术创新投资决策战略效应及其杠杆掠夺影响——基于中国、欧盟、美国上市公司的比较检验	论文	三等奖	2009	第八届
6	曲晓辉 邱月华	强制性制度变迁与盈余稳健性：来自深沪证券市场的经验证据	论文	三等奖	2009	第八届
7	杜兴强 章永奎 等	财务会计理论	专著	三等奖	2009	第八届
8	杜兴强 赵景文 等	财务会计信息与公司治理	专著	三等奖	2009	第八届
9	陈少华	财务会计研究	教材	三等奖	2009	第八届
10	于李胜	盈余管理、信息质量和政府监管	论文	三等奖	2009	第八届
11	陈汉文 等	审计理论	教材	三等奖	2011	第九届
12	曲晓辉 李宗彦 等	国际财务报告准则解释与应用（修订版）	译著	三等奖	2011	第九届
13	杜兴强 周泽将 杜颖洁 等	上市公司高管政治联系的会计审计效应研究	专著	三等奖	2011	第九届
14	杜兴强 曾　泉 杜颖洁	政治联系、过度投资与公司价值——基于国有上市公司的经验证据	论文	三等奖	2016	第十一届
15	罗进辉 杜兴强	媒体报道、制度环境与股价崩盘风险	论文	三等奖	2016	第十一届
16	于李胜	信息不确定性、投资者行为与盈余公告后的飘移现象	专著	青年佳作奖	2016	第十一届

傅元略教授主编的《财务管理理论》2007年由厦门大学出版社出版，2009年获得

◎《财务管理理论》封面与获奖证书

福建省社会科学优秀成果一等奖。本书大量借鉴西方现代财务管理理论研究成果，结合中国的国情，就九个主要理论分支和五个主要突破点作了较系统的阐述和探讨，具体包括企业财务目标与相关者利益、资本结构理论、资本结构优化决策、资产定价与风险收益权衡等方面。

2009—2016年，除了上述代表性获奖项目之外，厦门大学会计学系教师获得多项福建省社会科学优秀成果二等奖和三等奖，兹将部分证书展示如下。

福建省第十届社会科学优秀成果奖

证　书

为表彰福建省第十届社会科学优秀成果奖获得者，特颁发此证书。

成果名称：寻租、政治联系与“真实”业绩——基于民营上市公司的经验证据

成果形式：论文

奖励等级：二等奖

获 奖 者：杜兴强 陈韫慧 杜颖洁

福建省人民政府

2013年12月27日

证书号：10035

福建省第十一届社会科学优秀成果奖

证　书

为表彰福建省第十一届（2013—2014年度）社会科学优秀成果奖获得者，特颁发此证书。

成果名称：政治联系、过度投资与公司价值——基于国有上市公司的经验证据

成果形式：论文

奖励等级：三等奖

获 奖 者：杜兴强、曾泉、杜颖洁

证书号：FJSK11134

福建省人民政府

2016年6月15日

福建省第十一届社会科学优秀成果奖

证　书

为表彰福建省第十一届（2013—2014年度）社会科学优秀成果奖获得者，特颁发此证书。

成果名称：媒体报道、制度环境与股价崩盘风险

成果形式：论文

奖励等级：三等奖

获 奖 者：罗进辉、杜兴强

证书号：FJSK11152

福建省人民政府

2016年6月15日

福建省第十一届社会科学优秀成果奖

证　书

为表彰福建省第十一届（2013—2014年度）社会科学优秀成果奖获得者，特颁发此证书。

成果名称：信息不确定性、投资者行为与盈余公告后的漂移现象

成果形式：专著

奖励等级：青年佳作奖

获 奖 者：于李胜

证书号：FJSK11256

福建省人民政府

2016年6月15日

福建省第九届社会科学优秀成果奖

证　书

为表彰福建省第九届社会科学优秀成果奖获得者，特颁发此证书。

成果名称：上市公司高管政治联系的会计审计效应研究

成果形式：专著

奖励等级：三等奖

获 奖 者：杜兴强　周泽将　杜颖洁　等

证书号：09138

福建省第九届社会科学优秀成果奖

证　书

为表彰福建省第九届社会科学优秀成果奖获得者，特颁发此证书。

成果名称：审计理论

成果形式：教材

奖励等级：三等奖

获 奖 者：主　编：陈汉文

副主编：韩洪灵

主　审：李若山

证书号：09139

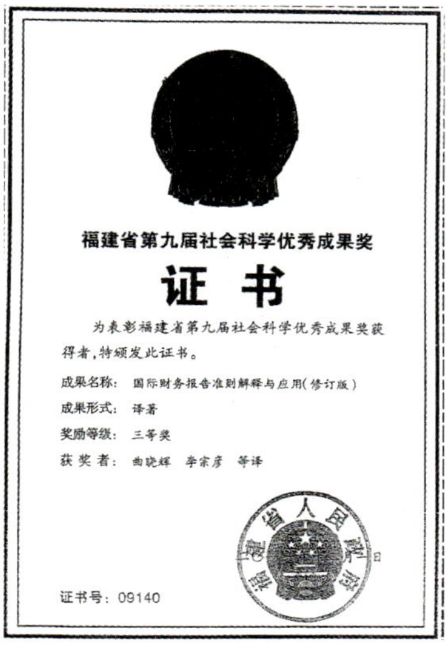

福建省第九届社会科学优秀成果奖

证　书

为表彰福建省第九届社会科学优秀成果奖获得者，特颁发此证书。

成果名称：国际财务报告准则解释与应用(修订版)

成果形式：译著

奖励等级：三等奖

获 奖 者：曲晓辉　李宗彦　等译

证书号：09140

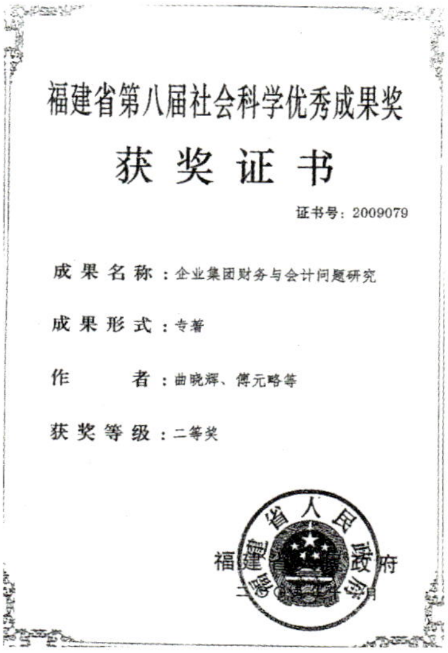

福建省第八届社会科学优秀成果奖

获奖证书

证书号：2009079

成果名称：企业集团财务与会计问题研究

成果形式：专著

作　　者：曲晓辉、傅元略等

获奖等级：二等奖

福建省人民政府

福建省第八届社会科学优秀成果奖

获奖证书

证书号：2009220

成果名称：财务会计信息与公司治理

成果形式：专著

作　　者：杜兴强、赵景文等

获奖等级：三等奖

福建省人民政府

二〇〇九年十一月

福建省第八届社会科学优秀成果奖

获奖证书

证书号：2009217

成果名称：财务会计理论

成果形式：专著

作　　者：杜兴强、章永奎等

获奖等级：三等奖

福建省人民政府

二〇〇九年十一月

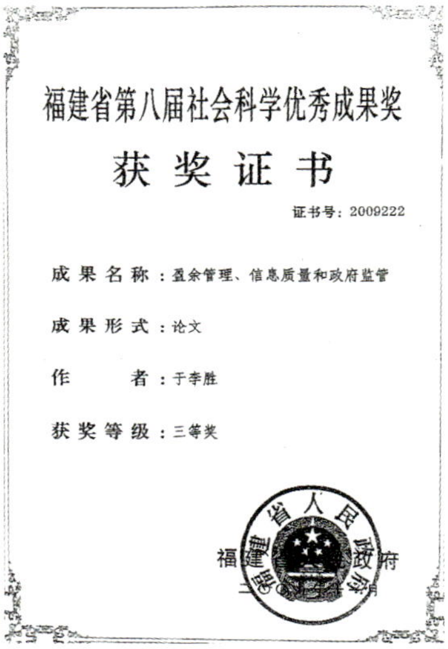

福建省第八届社会科学优秀成果奖

获奖证书

证书号：2009222

成果名称：盈余管理、信息质量和政府监管

成果形式：论文

作　　者：于李胜

获奖等级：三等奖

福建省人民政府

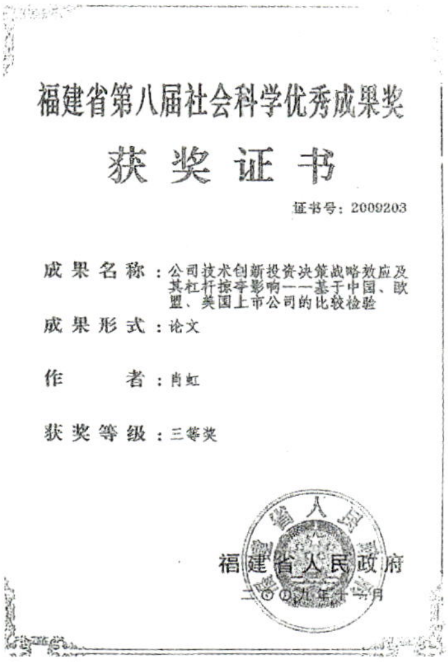

福建省第八届社会科学优秀成果奖

获奖证书

证书号：2009203

成果名称：公司技术创新投资决策战略效应及其杠杆掠夺影响——基于中国、欧盟、美国上市公司的比较检验

成果形式：论文

作　　者：肖虹

获奖等级：三等奖

福建省人民政府

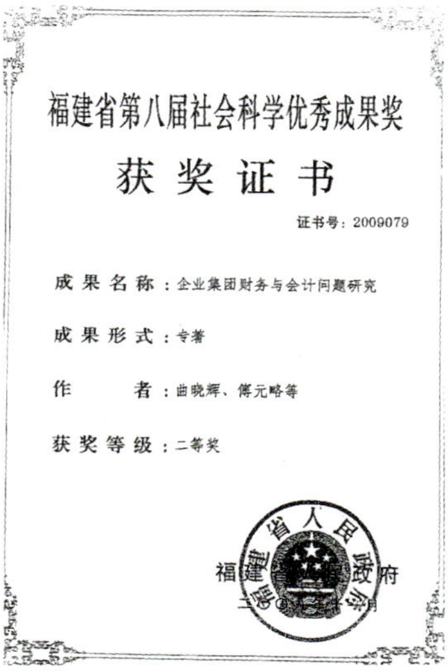

二〇〇九年十一月

福建省第八届社会科学优秀成果奖

获奖证书

证书号：2009079

成果名称：企业集团财务与会计问题研究

成果形式：专著

作　　者：曲晓辉、傅元略等

获奖等级：二等奖

福建省人民政府

福建省第八届社会科学优秀成果奖

获奖证书

证书号：2009218

成果名称：财务会计研究

成果形式：教材

作　　者：陈少华主编

获奖等级：三等奖

福建省人民政府

© 福建省社会科学优秀成果奖获奖证书

（三）杜兴强教授获得霍英东教育基金会高等院校青年教师奖一等奖

2010年，杜兴强教授继2006年获得霍英东教育基金会第十届高等院校青年教师基金后，再度获得霍英东教育基金会第十二届高等院校青年教师奖的一等奖。杜兴强教授成为当时会计审计和财务领域内为数不多的霍英东青年教师奖一等奖获得者。

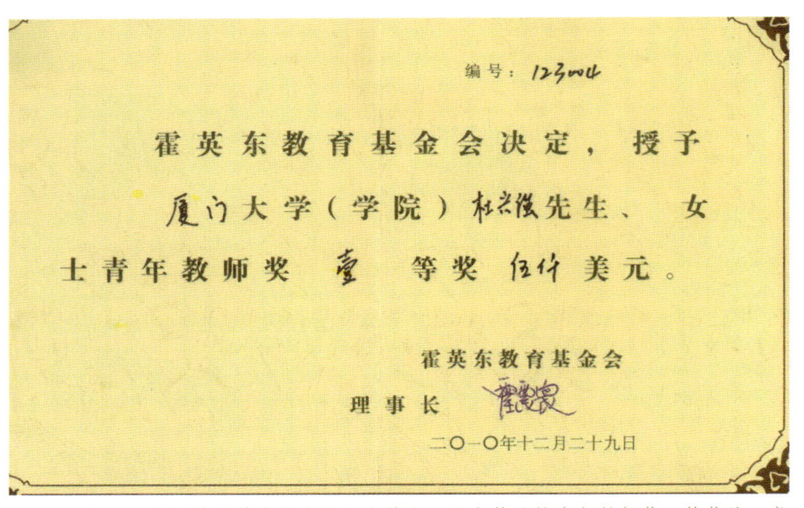

编号：123004

霍英东教育基金会决定，授予厦门大学（学院）杜兴强先生、女士青年教师奖壹等奖伍仟美元。

霍英东教育基金会

理事长 霍震寰

二〇一〇年十二月二十九日

◎杜兴强教授获霍英东教育基金会第十二届高等院校青年教师奖一等奖的证书

（四）福建省优秀博士学位论文

2012年，厦门大学会计学系博士研究生郭剑花获得福建省优秀博士学位论文一等奖；2016年，博士研究生常莹莹获得福建省优秀博士学位论文奖。两篇论文的指导教师均为杜兴强教授。

获奖证书

厦门大学《政治联系、预算软约束与资源配置效率——基于民营上市公司的经验研究》荣获2012年福建省优秀博士学位论文

一等奖

论文作者：郭剑花 指导教师：杜兴强

福建省学位委员会

二〇一二年四月

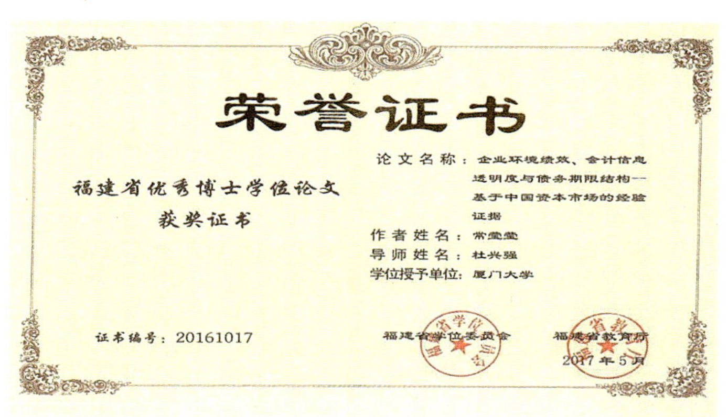

荣誉证书

福建省优秀博士学位论文
获奖证书

论文名称：企业环境绩效、会计信息透明度与债务期限结构——基于中国资本市场的经验证据
作者姓名：常莹莹
导师姓名：杜兴强
学位授予单位：厦门大学

证书编号：20161017

福建省学位委员会　福建省教育厅
2017年5月

◎福建省优秀博士学位论文获奖证书

二、国家级与省部级重大（重点）项目立项情况

（一）国家自然/社会科学基金重点项目立项情况

◎ 2009—2016年厦门大学会计学系获得的国家级重点项目立项情况

序号	批准号	项目名称	负责人	资助类别	项目年度
1	13AJY005	公允价值信息采集及指数构建研究	曲晓辉	国家社科基金重点项目	2013
2	71332008	信息生态环境与企业内部控制有效性问题研究	陈汉文	国家自然科学基金重点项目	2013

全国哲学社会科学规划办公室

2013年度国家社会科学基金项目
立项通知书

曲晓辉　同志：

经国家社会科学基金学科评审组评审，全国哲学社会科学规划领导小组批准，您申请的国家社会科学基金项目公允价值信息采集及指数构建研究

获准立项，批准号 13AJY005 ，项目类别 重点项目 ，资助总额 30.00 万元，第一次拨款 27.00 万元，预留经费 3.00 万元。请按批准的资助金额编制项目经费预算，认真填写《回执》，于7月20日前由各地社科规划办统一汇总后寄回我办。

本年度国家社会科学基金项目立项时间为2013年6月10日，立项后《国家社会科学基金项目申请书》即成为有约束力的协议，您及所在单位要按照《国家社会科学基金管理办法》承担相应责任并执行以下规定：

1. 国家社会科学基金项目研究工作要坚持正确的政治方

— 1 —

◎曲晓辉教授所获的国家社科基金重点项目立项通知书

（二）国家自然/社会科学基金项目立项情况

◎ 2009—2016年厦门大学会计学系的国家自然/社会科学基金项目立项情况

序号	批准号	项目名称	负责人	资助类别	项目年度
1	70972113	会计形式趋同是否带来实质趋同？——与IFRS趋同的准则执行研究	曲晓辉	国家自然科学基金面上项目	2009
2	70972112	全球经济波动背景下R&D投资决策行为心理效应与政策诱导	肖　虹	国家自然科学基金面上项目	2009
3	70972114	信息操控、风险测度与盈余公告后的漂移现象（PEAD）	于李胜	国家自然科学基金面上项目	2009
4	71072053	制度环境、政治联系、会计信息质量与审计行为	杜兴强	国家自然科学基金面上项目	2010
5	71002044	全流通背景下原非流通股东内幕交易行为研究	蔡　宁	国家自然科学基金青年科学基金项目	2010
6	71002040	银行往来关系、财务政策与公司绩效：基于中国上市公司的经验证据	黄炳艺	国家自然科学基金青年科学基金项目	2010
7	71002045	自愿性内部控制审计的动因和经济后果研究：基于代理理论和信号传递理论的经验证据	张国清	国家自然科学基金青年科学基金项目	2010
8	71272079	制度变迁、控制权市场与企业价值——产权理论视角	刘　峰	国家自然科学基金面上项目	2012
9	71202060	金融生态环境、管理层异质性与企业税收遵从	李成	国家自然科学基金青年科学基金项目	2012
10	71202061	家族内外部所有权结构安排与家族企业冒险行为及绩效研究：基于双重代理理论框架	罗进辉	国家自然科学基金青年科学基金项目	2012
11	71372073	战略成本驱动因素与管理控制行为优化研究	傅元略	国家自然科学基金面上项目	2013
12	71372075	财务报告内部控制审计：强制抑或自愿？	张国清	国家自然科学基金面上项目	2013
13	71473211	国家治理情境下政府综合财务报告体系构建	李建发	国家自然科学基金面上项目	2014
14	S1450001	NSFC项目经费监督审计工作战略研究	李建发	国家自然科学基金应急管理项目	2014
15	71572162	宗教、外部监督与审计质量：数据挖掘与经验证据	杜兴强	国家自然科学基金面上项目	2015
16	71572160	上市公司聘请社会名人和退休官员担任独立董事的动机与后果	罗进辉	国家自然科学基金面上项目	2015
17	71572163	新兴媒体环境下资本市场信息披露问题研究	于李胜	国家自然科学基金面上项目	2015
18	71672162	眼动跟踪技术在会计信息系统设计中的应用	陈亚盛	国家自然科学基金面上项目	2016
19	71672159	事务所规模与审计质量：团队视角	刘　峰	国家自然科学基金面上项目	2016
20	71672161	会计稳健性、成长异象与股权溢价之谜	叶建明	国家自然科学基金面上项目	2016
21	16BJY019	制度压力、企业环境信息公开与环境治理绩效研究	肖　华	国家社科基金一般项目	2016

（三）教育部人文社会科学基地重大项目与福建省重点项目立项情况

◎ 2009—2016年厦门大学会计学系的教育部人文社会科学基地重大项目等立项情况

序号	批准号	项目名称	负责人	资助类别	项目年度
1	2009JJD790040	制度环境、会计准则变迁及会计信息的决策有用性与契约有用性研究	杜兴强	重点研究基地重大项目	2009
2	2009JJD790041	我国证券市场财务分析师信息引导机制及其监管研究	薛祖云	重点研究基地重大项目	2009
3	10JJD630003	中国上市公司内部控制评价与指数研究	陈汉文	重点研究基地重大项目	2010
4	10JJD630004	行业经济周期、R&D投融资行为与公司价值	肖　虹	重点研究基地重大项目	2010
5	11JJD790006	企业集团风险管控的会计内部报告研究	陈少华	重点研究基地重大项目	2011
6	11JJD790032	非市场的控制权转移	刘　峰	重点研究基地重大项目	2011
7	12JJD790030	会计信息定价功能研究——准则国际趋同视角	曲晓辉	重点研究基地重大项目	2012
8	12JJD790011	集团管控的管理会计报告体系设计理论研究	傅元略	重点研究基地重大项目	2012
9	13JJD790027	政治联系与会计信息的相关性与可靠性：数据挖掘与实证研究	杜兴强	重点研究基地重大项目	2013
10	13JJD790028	原则导向会计准则、会计职业判断与会计信息质量：理论与实证	桑士俊	重点研究基地重大项目	2013
11	14JJD630003	公共部门财务治理问题研究	李建发	重点研究基地重大项目	2014
12	14JJD790008	国际趋同的公允价值计量模型设计及效果检验	张国华	重点研究基地重大项目	2014
13	15JJD630011	大数据环境下财务报告分析框架的重构与应用	陈少华	重点研究基地重大项目	2015
14	15JJD630012	公允价值会计运用与商业银行风险管控——基于金融市场化环境的行为研究	肖　虹	重点研究基地重大项目	2015
15	16JJD790032	文化影响、会计信息质量与审计行为	杜兴强	重点研究基地重大项目	2016
16	16JJD790033	管控机制理论与产业价值链协同治理研究	傅元略	重点研究基地重大项目	2016
17	16JJD790034	资本结构选择与公司治理机制优化	刘　峰	重点研究基地重大项目	2016
18	16JJD790035	会计计量模式、报告模式与企业综合报告	曲晓辉	重点研究基地重大项目	2016
19	2010A012	政治联系、过度投资与公司价值	杜兴强	福建省社科重点项目	2010
20	2010Z004	闽商发展史	李建发 王日根	福建省社科规划重大项目	2010

三、发表在中文重要期刊上的论文

2009—2016年，厦门大学会计学系教师在中文重要期刊上发表论文共48篇，兹列示如下表。其中，部分成果获得福建省社会科学优秀成果奖，并被CSSCI期刊所广泛引用。

◎ 2009—2016年会计学系教师的中文学术论文

序号	作者	文章标题	期刊名称	卷期/页码
1	蔡　宁	信息优势、择时行为与大股东内幕交易	金融研究	2012年第5期 第179～192页
2	蔡　宁 董艳华 刘　峰	董事会之谜——基于尚德电力的案例研究	管理世界	2015年第4期 第155～165页，第169页
3	蔡　宁	风险投资“逐名”动机与上市公司盈余管理	会计研究	2015年第5期 第20～27页，第94页
4	蔡　宁 何　星	社会网络能够促进风险投资的“增值”作用吗?	金融研究	2015年第12期 第178～193页
5	杜兴强 雷　宇 朱国泓	企业会计准则（2006）的市场反应：初步的经验证据	会计研究	2009年第3期 第18～24页
6	杜兴强 雷　宇 郭剑花	政治联系、政治联系方式与民营上市公司的会计稳健性	中国工业经济	2009年第7期 第87～97页
7	杜兴强 郭剑花 雷　宇	政治联系方式与民营上市公司业绩:“政府干预”抑或“关系”?	金融研究	2009年第11期 第158～173页
8	杜兴强 陈韫慧 杜颖洁	寻租、政治联系与“真实”业绩——基于民营上市公司的经验证据	金融研究	2010年第10期 第135～157页
9	杜兴强 杜颖洁 周泽将	商誉的内涵及其确认问题探讨	会计研究	2011年第1期 第11～16页，95页
10	杜兴强 曾　泉 杜颖洁	政治联系、过度投资与公司价值	金融研究	2011年第8期 第93～110页
11	杜兴强 曾　泉 吴洁雯	雇员历练、经济增长与政治擢升——基于1978—2008年省级官员的经验证据	金融研究	2012年第2期 第30～47页
12	杜兴强 赖少娟 杜颖洁	“发审委”联系、潜规则与IPO市场的资源配置效率	金融研究	2013年第3期 第143～156页
13	杜兴强 蹇　薇 曾　泉 常莹莹	宗教影响、控股股东与过度投资：基于中国佛教的经验证据	会计研究	2016年第8期 第50～57页
14	葛家澍	试评IASB/FASB联合概念框架的某些改进——截至2008年10月16日的进展	会计研究	2009年第4期 第3～11页，第96页

续表

序号	作者	文章标题	期刊名称	卷期/页码
15	葛家澍	关于公允价值会计的研究—— 面向财务会计的本质特征	会计研究	2009年第5期 第6～13页，第96页
16	葛家澍 杜兴强	财务会计理论：演进、继承与可能的研究问题	会计研究	2009年第12期 第14～31页
17	葛家澍 窦家春 陈朝琳	财务会计计量模式的必然选择：双重计量	会计研究	2010年第2期 第7～12页，第92页
18	葛家澍	正确认识财务报表的计量	会计研究	2010年第8期 第3～8页，第95页
19	葛家澍 陈朝琳	财务报告概念框架的新篇章—— 评美国FASB第8号概念公告（2010年9月）	会计研究	2011年第3期 第3～8页，第94页
20	葛家澍	论财务会计概念框架中的报告主体概念	会计研究	2011年第6期第3～7页
21	葛家澍 刘　峰	论企业财务报告的性质及其信息的基本特征	会计研究	2011年第12期 第3～8页，第96页
22	葛家澍 刘　峰	会计·信息·文化	会计研究	2012年第8期 第3～7页，第96页
23	葛家澍 叶　凡 冯　星 高　军	财务会计定义的经济学解读	会计研究	2013年第6期 第3～9页，第95页
24	黄炳艺	基于Count Panel Data模型的证券投资基金持股偏好实证研究	当代会计评论	2013年第5期 第65～76页
25	李　成 张玉霞	中国“营改增”改革的政策效应：基于双重差分模型的检验	财政研究	2015年第2期 第44～49页
26	李　成 陈　智 叶颖玫	融资约束视角下增值税改革对企业投资效率的政策效应研究	财政研究	2016年第1期 第93～103页
27	李　成 吴育辉 胡文骏	董事会内部联结、税收规避与企业价值	会计研究	2016年第345卷 第7期第50～58页
28	李建发 张曾莲	基于财务视角的政府绩效报告的构建	会计研究	2009年第6期 第11～17页
29	李建发 张国清	国家治理情境下政府财务报告制度改革问题研究	会计研究	2015年第332卷 第6期第8～17页，第96页
30	李建发	贯彻创新、协调、绿色、开放、共享的新发展理念，服务“一带一路”建设，推动会计改革与发展	会计研究	2016年第1期 第5～18页
31	李建发 赵军营	权责发生制政府综合财务报告制度下政府合并财务报表编制问题研究	财政研究	2016年第406卷 第12期第2～13页
32	刘　峰 司世阳 路之光	会计的社会功用：基于非历史成本研究的回顾	会计研究	2009年第1期 第36～42页，第96页
33	刘　峰 赵景文 涂国前 黄宇明	审计师聘约权安排重要吗？—— 审计师声誉角度的检验	会计研究	2010年第12期 第49～56页
34	刘　峰	会计·信任·文明	会计研究	2015年第11期 第3～10页

续表

序号	作者	文章标题	期刊名称	卷期/页码
35	罗进辉	媒体报道的公司治理作用——双重代理成本视角	金融研究	2012年第10期 第153～166页
36	罗进辉	“国进民退”：好消息还是坏消息	金融研究	2013年第5期 第99～113页
37	罗进辉 杜兴强	媒体报道、制度环境与股价崩盘风险	会计研究	2014年第9期 第53～59页
38	罗进辉 李　雪 黄泽悦	关键高管的人力资本价值评估——基于关键高管突然去世事件的经验研究	中国工业经济	2016年第5期 第127～143页
39	曲晓辉 丁庭选 肖　虹	后趋同时期会计确认与计量的理论发展——中国会计学会会计基础理论专业委员会2011年专题学术研讨会综述	会计研究	2011年第5期 第92～94页
40	曲晓辉 黄霖华	投资者情绪、资产证券化与公允价值信息含量——来自A股市场PE公司IPO核准公告的经验证据	会计研究	2013年第9期 第14～21页
41	曲晓辉 毕　超	会计信息与分析师的信息解释行为	会计研究	2016年第4期 第19～26页，第95页
42	肖　虹 曲晓辉 肖静怡	公司资产置换财务绩效特点变化及其计量属性规范实施效果	会计研究	2009年第5期 第38～45页
43	肖　虹 曲晓辉	R&D投资迎合行为：理性迎合渠道与股权融资渠道?——基于中国上市公司的经验证据	会计研究	2012年第2期 第42～49页，第96页
44	肖　华 张国清	内部控制质量、盈余持续性与公司价值	会计研究	2013年第5期 第73～80页
45	于李胜 王艳艳	政府管制是否能够提高审计市场绩效?	管理世界	2010年第8期 第7～20页
46	于李胜 王艳艳	信息竞争性披露、投资者注意力与信息传播效率	金融研究	2010年第8期 第112～135页
47	张国清 李建发 刘丽珑 陈　菁	全面深化改革导向的政府会计改革探索——第五届“政府会计改革理论与实务研讨会”综述	会计研究	2014年第11期 第90～92页
48	章永奎 刘　峰	会计准则、内部控制与公司治理相关问题研究——海峡两岸会计学术交流动态	会计研究	2012年第10期 第87～90页

四、发表在英文重要期刊上的论文

2009—2016年，厦门大学会计学系教师共计发表重要期刊论文14篇，部分论文获得教育部人文社会科学优秀成果奖和福建省社会科学优秀成果奖，部分论文被SSCI期刊广泛引用。兹列表报告如下，并择其部分进行介绍。

◎ 2009—2016年厦门大学会计学系教师的英文学术论文（英文UTD24与FT50）

序号	作者	文章标题	期刊名称	发表年度	卷期/页码	期刊等级	完成形式
1	陈亚盛	The Role of Visual Attention in the Managerial Judgment of Balanced-Scorecard Performance Evaluation: Insights from Using an Eye-Tracking Device	Journal of Accounting Research	2016	第54卷第1期 第113～145页	UTD24 国际A+	第一作者
2	陈汉文	Association Between Borrower and Lender State Ownership and Accounting Conservatism	Journal of Accounting Research	2010	第48卷第5期 第973～1014页	UTD24 国际A+	第一作者
3	陈汉文	Effects of Audit Quality on Earnings Management and Cost of Equity Capital: Evidence from China	Contemporary Accounting Research	2011	第28卷第3期 第892～925页	FT50 国际A	第一作者
4	杜兴强	Does Confucianism Reduce Board Gender Diversity? Firm-Level Evidence from China	Journal of Business Ethics	2016	第136卷第2期 第399～436页	FT50	独立作者
5	杜兴强	Financial Distress, Investment Opportunity, and the Contagion Effect of Low Quality Audit: Evidence from China	Journal of Business Ethics	2015	第132卷第4期 第661～716页	FT50	第一作者
6	杜兴强	Does Religion Mitigate Earnings Management? Evidence from China	Journal of Business Ethics	2015	第131卷第3期 第699～749页	FT50	第一作者
7	杜兴强	Is Corporate Philanthropy Used as Environmental Misconduct Dressing? Evidence from Chinese Family-Owned Firms	Journal of Ethics	2015	第129卷第2期 第341～361页	FT50	独立作者
8	杜兴强	How the Market Values Greenwashing? Evidence from China	Journal of Business Ethics	2015	第128卷第3期 第547～574页	FT50	独立作者
9	杜兴强	Does Confucianism Reduce Minority Shareholder Expropriation? Evidence from China	Journal of Business Ethics	2015	第132卷第4期 第661～716页	FT50	独立作者
10	杜兴强	Corporate Environmental Responsibility in Polluting Industries: Does Religion Matter?	Journal of Business Ethics	2014	第124卷第3期 第485～507页	FT50	第一作者
11	杜兴强	Does Religion Mitigate Tunneling? Evidence from China	Journal of Business Ethics	2014	第125卷第2期 第299～327页	FT50	独立作者
12	杜兴强	Religion, the Nature of Ultimate Owner, and Corporate Philanthropic Giving: Evidence from China	Journal of Business Ethics	2014	第123卷第2期 第235～256页	FT50	第一/通讯作者
13	杜兴强	Does Religion Matter to Owner-Manager Agency Costs? Evidence from China	Journal of Business Ethics	2013	第118卷第2期 第319～347页	FT50	独立作者
14	杜兴强	Buy, Lie, or Die: An Investigation of Chinese ST Firms' Voluntary Interim Audit Motive and Auditor Independence	Journal of Business Ethics	2011	第102卷第1期 第135～153页	FT50	通讯/第二作者

（一）“Association Between Borrower and Lender State Ownership and Accounting Conservatism”

2010年，陈汉文教授作为第一作者的论文“Association Between Borrower and Lender State Ownership and Accounting Conservatism”发表于会计学领域Top3之一的期刊*Journal of Accounting Research*（第48卷第5期第973～1014页）。

DOI: 10.1111/j.1475-679X.2010.00385.x
Journal of Accounting Research
Vol. 48 No. 5 December 2010
Printed in U.S.A.

Association Between Borrower and Lender State Ownership and Accounting Conservatism

HANWEN CHEN,* JEFF ZEYUN CHEN,† GERALD J. LOBO,‡ AND YANYAN WANG*

Received 11 November 2009; accepted 06 July 2010

ABSTRACT

We examine the association between borrower (firm) and lender (bank) state ownership and accounting conservatism for a sample of Chinese firms. We hypothesize that state-owned enterprises (SOEs) adopt less conservative accounting than non-state-owned enterprises (NSOEs) because lenders are less concerned with downside risk for SOEs than for NSOEs. We also hypothesize a negative relation between conservatism and the fraction of total loans a firm borrows from state-owned banks (SBs) because SBs have weaker demand for assurance of sufficient net assets to cover loan repayments than non-state-owned banks (NSBs). We find support for both hypotheses. Further analyses reveal that: (1) firms that borrow from commercial SBs exhibit more conservative accounting than firms that borrow from policy SBs and (2) firms adopt more conservative accounting as they get more loans from banks with foreign ownership or exclusively foreign banks. However, the results of these

*Xiamen University; †University of Colorado at Boulder; ‡University of Houston. We thank Sudipta Basu, Siqi Li, Shiva Sivaramakrishnan, Doug Skinner (the editor), Jerry Zimmerman, Hao Zhang, an anonymous reviewer, and workshop participants at University of Houston, University of Utah, University of Waterloo, Xiamen University, the 2nd Symposium of China Journal of Accounting Research, the 7th International Symposium on Empirical Research, and the 2009 American Accounting Association Annual Meeting for helpful comments. Hanwen Chen acknowledges financial support from the National Nature Science Foundation of China (NSFC-70672101) and the National Philosophy and Social Science Foundation of China (07BJY027). Yanyan Wang acknowledges financial support from the National Nature Science Foundation of China (NSFC-70972114) and the Education Ministry (09YJC790164).

973

◎陈汉文教授论文首页

［中英文摘要］

We examine the association between borrower（firm）and lender（bank）state ownership and accounting conservatism for a sample of Chinese firms. We hypothesize that state-owned enterprises（SOEs）adopt less conservative accounting than non-state-owned enterprises（NSOEs）because lenders are less concerned with downside risk for SOEs than for NSOEs. We also hypothesize a negative relation between conservatism and the fraction of total loans a firm borrows from state-owned banks（SBs）because SBs have weaker demand for assurance of sufficient net assets to cover loan repayments than non-state-owned banks（NSBs）. We find support for both hypotheses. Further analyses reveal that:（1）firms that borrow from commercial SBs exhibit more conservative accounting than firms that borrow from policy SBs and（2）firms adopt more conservative accounting as they get more loans from banks with foreign ownership or exclusively foreign banks. However, the results of these additional analyses are to some extent sensitive to alternative measures of accounting conservatism.

我们以中国企业为样本，研究了借款人（企业）和贷款人（银行）的产权性质与会计稳健性之间的关系。我们假设相比于非国有企业（NSOEs），国有企业（SOEs）的会计稳健性更低，因为相比于非国有企业，贷款人更不关心国有企业的下行风险。我们还假设会计稳健性与企业从国有银行（SBs）借款占总借款的比例之间存在负相关关系，因为与非国有银行（NSBs）相比，国有银行对企业保证足够的净资产来偿还贷款的需求较弱。我们发现这两种假设都得到了支持。进一步的分析表明：(1) 从商业性国有银行借款的企业比从政策性国有银行借款的企业表现出更高的会计稳健性；(2) 企业从有外资持股的银行或完全外资银行获得更多贷款，则会计稳健性更高。然而，这些进一步分析的结果在某种程度上对会计稳健性的替代指标敏感。

（二）"The Role of Visual Attention in the Managerial Judgment of Balanced-Scorecard Performance Evaluation: Insights from Using an Eye-Tracking Device"

2016年，陈亚盛教授作为第一作者的论文"The Role of Visual Attention in the Managerial Judgment of Balanced-Scorecard Performance Evaluation: Insights from Using an Eye-Tracking Device"发表于会计学领域 Top3之一的期刊 *Journal of Accounting Research*（第54卷第1期第113～145页）。

［中英文摘要］

This paper investigates the role of visual attention in managerial judgments during balanced-scorecard performance evaluations. Using the Locarna eye tracker to establish the amount of time managers spent focused on visual cues, we found that managers who look more at strategically linked performance measures are more likely to make decisions consistent with the achievement of their subordinates' strategic objectives. When aware of strategy, managers focused more on strategically linked performance measures than on nonlinked measures. The presentation format of the strategy information did not significantly affect this focus. Our findings indicate that awareness of strategically linked performance measures, but not their presentation, appears to be important in helping managers to make better decisions. This study contributes to the management

Journal of Accounting Research

DOI: 10.1111/1475-679X.12102
Journal of Accounting Research
Vol. 54 No. 1 March 2016
Printed in U.S.A.

CHICAGO BOOTH

The Role of Visual Attention in the Managerial Judgment of Balanced-Scorecard Performance Evaluation: Insights from Using an Eye-Tracking Device

YASHENG CHEN,* JOHNNY JERMIAS,† AND TOTA PANGGABEAN‡

Received 4 February 2014; accepted 14 November 2015

ABSTRACT

This paper investigates the role of visual attention in managerial judgments during balanced-scorecard performance evaluations. Using the Locarna eye tracker to establish the amount of time managers spent focused on

*School of Management, Xiamen University; †Beedie School of Business, Simon Fraser University and JCU Singapore; ‡College of Business Administration, California State University, Sacramento.

Accepted by Christian Leuz. The authors thank the Social Sciences and Humanities Research Council of Canada (SSHRC) for financial support. This project was funded by an SSHRC Research and Development Initiatives Grant. We thank Rajiv Banker, Hsihui Chang, and Mina Pizzini for sharing their research instrument with us. This paper has benefited from comments and suggestions of the Editor and the two anonymous reviewers of this journal, Michael Shields, Steven Salterio, Peter Clarkson, Theresa Libby, Peter Tingling, Dennis Chung, Craig Emby, Irene Gordon, and Kim Trottier as well as seminar participants at Simon Fraser University, Nanjing University, Peking University HSBC Business School, the 2012 American Accounting Association Annual Conference, and 2013 European Accounting Association Annual Congress. The research instrument is available upon request from the corresponding author. An Online Appendix to this paper can be downloaded at http://research.chicagobooth.edu/arc/journal-of-accounting-research/online-supplements.

113

◎陈亚盛教授论文首页

accounting literature by generating useful insights into the impact of visual attention on judgments and decision-making processes.

本文研究了在平衡计分卡绩效评估过程中视觉注意力在管理判断中的作用。通过使用Locarna眼动仪来确定管理者花在视觉线索上的时间，我们发现，更关注与战略相关的绩效指标的管理者更有可能做出与实现下属战略目标相一致的决策。当意识到战略时，管理者会更关注战略相关的绩效指标，而不是与战略无关的指标。战略信息的表述形式没有显著影响这一点。研究结果表明，关注战略相关绩效指标而非它们的表述形式，似乎有助于管理者做出更好的决策。本研究通过对视觉注意力在判断和决策过程中的作用提出有用见解，为管理会计文献作出了贡献。

（三）"Buy, Lie, or Die: An Investigation of Chinese ST Firms' Voluntary Interim Audit Motive and Auditor Independence"

2011年，杜兴强教授作为通讯作者的合作论文"Buy, Lie, or Die: An Investigation of Chinese ST Firms' Voluntary Interim Audit Motive and Auditor Independence"发表于FT50期刊之一的*Journal of Business Ethics*（第102卷第1期第135～153页）。

[中英文摘要]

In the Chinese stock market, special treatment (ST) firms are the firms listed as facing imminent danger of delisting, unless they return to profitability after reporting two consecutive annual losses. Some ST firms voluntarily pay substantial fees to their external auditors to conduct interim audits, which are not required by regulations. In this study, we investigate and find that ST firms that pay for voluntary interim audits report greater discretionary accrued earnings, higher non-operating earnings, and higher returns on assets in ensuing annual reports. As a result, these firms are more likely to return to profitability and reduce their delisting risk. Our results, which contribute to the current debate on auditor independence, appear to be consistent with the possibility that ST firms "buy" external auditors' cooperation to manipulate earnings when faced with the threat of delisting.

在中国股市中，特殊处理（ST）公司是指连续两年亏损，被列为面临即将退市风险的公司。一些ST公司自愿向其外部审计师支付大量费用，以进行法规并未要求的中期审计。在这项研究中，我们发现支付自愿中期审计费用的ST公司在随后的年度报告中报告了更多的可自由支配应计收益、更高的非经营收益和更高的资产回报率。因此，这些公司更有可能恢复盈利并降低退市风险。我们的研究结果为当前关于审计师独立性的辩论作出了贡献，即ST公司在面临退市威胁时会"购买"外部审计师合作以操纵收益。

Journal of Business Ethics (2011) 102:135–153
DOI 10.1007/s10551-011-0804-2

Buy, Lie, or Die: An Investigation of Chinese ST Firms' Voluntary Interim Audit Motive and Auditor Independence

Alex G. H. Chu
Xingqiang Du
Guohua Jiang

ABSTRACT. In the Chinese stock market, special treatment (ST) firms are the firms listed as facing imminent danger of delisting, unless they return to profitability after reporting two consecutive annual losses. Some ST firms voluntarily pay substantial fees to their external auditors to conduct interim audits, which are not required by regulations. In this study, we investigate and find that ST firms that pay for voluntary interim audits report greater discretionary accrued earnings, higher non-operating earnings, and higher returns on assets in ensuing annual reports. As a result, these firms are more likely to return to profitability and reduce their delisting risk. Our results, which contribute to the current debate on auditor independence, appear to be consistent with the possibility that ST firms "buy" external auditors' cooperation to manipulate earnings when faced with the threat of delisting.

KEY WORDS: business ethics, auditor independence, voluntary interim audit, earnings manipulation, special treatment, delisting, China

ABBREVIATIONS: ST: Special treatment; NAS: Non-audit services; CSRC: China Securities Regulatory Commission; ACCR: Total accruals; DAC: Discretionary accruals; NDAC: Non-discretionary accruals; TA: Total assets; REV: Revenues; REC: Accounts receivable; PPE: Property, plants, and equipment; VIA: Voluntary interim audit; LEV: Firm leverage; ROA: Return on assets; S-TYPE: Type of controlling shareholders, state or non-state; BLOCK: Percentage of shares owned by controlling shareholder; MKT: An index of investor protection; Big-10: An auditor associated with one of the ten largest accounting firms in China; NOPEX: Non-operating earnings

Introduction

In the last decade, the world has witnessed major business scandals (e.g., the Enron and Lehman Brothers scandals) that have led not only to the massive failure of the financial services industry but also to a global economic recession and financial crisis. People rightfully question the ethical integrity of businesses and the financial services industry in particular, including investment banks, accounting firms, and rating agencies, which have been presumed to provide independent advice to investors (e.g., Moore et al., 2006). The issue of independence has also been raised with respect to the actuarial profession (Gunz et al., 2009) and management disclosure (Miller, 2009).

Despite these recent events, the issue of ethical integrity within the financial services industry has been under-represented in academic studies. One area of exception is the audit profession; accounting researchers have devoted substantial effort to understanding factors that compromise auditor independence in safeguarding the integrity of financial reporting (Antle, 1984; Chung and Kallapur, 2001; Craswell et al., 2002; DeAngelo, 1981; Frankel et al., 2002; Larcker and Richardson, 2004).

The issue of erosion of auditor independence arises from the conflict of interest inherent in the design of the audit market. For example, although external auditors are assumed to be hired by the board of directors of a company, management plays a significant role in the hiring and firing of auditors. It is also quite common for external auditors to take jobs at audited client firms. The purchase of non-audit services (NAS) is for the most part a decision of management. Thus, although external auditors are presumed to provide a fair and independent evaluation of client firms' financial reporting integrity, their financial dependence on the clients may induce the auditors to compromise their independence from company management (Moore et al., 2006).

©杜兴强教授论文首页

（四）“Corporate Environmental Responsibility in Polluting Industries: Does Religion Matter？”

2014年，杜兴强教授作为第一作者的合作论文“Corporate Environmental Responsibility in Polluting Industries: Does Religion Matter?”发表于FT50期刊之一的*Journal of Business Ethics*（第124卷第3期第485～507页）。该篇论文在高被引论文中居于前列，杜兴强教授连续多年入选“爱思唯尔高被引学者”和“全球前2% 科学家”榜单。

J Bus Ethics (2014) 124:485–507
DOI 10.1007/s10551-013-1888-7

Corporate Environmental Responsibility in Polluting Industries: Does Religion Matter?

Xingqiang Du · Wei Jian · Quan Zeng · Yingjie Du

Received: 28 January 2013 / Accepted: 2 September 2013 / Published online: 17 September 2013

Abstract Using a sample of Chinese listed firms in polluting industries for the period of 2008–2010, we empirically investigate whether and how Buddhism, China's most influential religion, affects corporate environmental responsibility (CER). In this study, we measure Buddhist variables as the number of Buddhist monasteries within a certain radius around Chinese listed firms' registered addresses. In addition, we hand-collect corporate environmental disclosure scores based on the Global Reporting Initiative (GRI) sustainability reporting guidelines. Using hand-collected Buddhism data and corporate environmental disclosure scores, we provide strong and robust evidence that Buddhism is significantly positively associated with CER. This finding is consistent with the following view: Buddhism can serve as social norms to evoke the consciousness of social responsibility, and thereof strengthen CER. Our findings also reveal that the positive association between Buddhism and CER is attenuated for firms with higher law enforcement index. The results are robust to various measures of Buddhism and a variety of sensitivity tests.

Keywords Corporate environmental responsibility (CER) · Polluting industries · Religion · Buddhism · Law enforcement index · Business ethics · China

X. Du
Accounting Department, School of Management, Xiamen University, Xiamen 361005, Fujian, China
e-mail: xqdu@xmu.edu.cn

W. Jian (✉)
Xiamen National Accounting Institute, Island-Coast Express, Xiamen 361005, Fujian, China
e-mail: coauthordjl@gmail.com; jianwei@xnai.edu.cn

Q. Zeng
School of Management, Xiamen University, Xiamen 361005, Fujian, China
e-mail: xmdxdxq@gmail.com

Y. Du
Accounting Department, School of Management, Shanghai University, Shanghai 200444, China
e-mail: jasminedu@shu.edu.cn

Introduction

The recognition that firms should take corporate social responsibility (CSR) has spawned a vast body of academic research on the connotation, determinations, and economic consequences of CSR (Carroll 1979, 1991, 1999; Garriga and Melé 2004; Jo and Harjoto 2012; Porter and Kramer 2006). Environmental accountability is regarded as an important issue in CSR (Carroll 1999). Hence there are mounting studies which shed light on how corporations engage in environmental protection and how environmental performance can be evaluated (Al-Tuwaijri et al. 2004; Clarkson et al. 2008; Cormier and Magnan 1999; Rahman and Post 2012). Similarly, China, as the "world's factory", has shown spectacular economic growth and modernization, but environmental concerns are rising (Zeng et al. 2008) as polluted air, water, and soil threaten the health of Chinese residents. The central and local governments are expected to play a crucial role through laws and legislation to deter polluters. However, many laws, regulations, and rules fail to achieve their goals because of weak enforcement. Therefore, our study investigates whether religion (Chinese Buddhism in our case) can influence corporate environmental responsibility (CER), which to our knowledge, has rarely been examined.

Springer

◎杜兴强教授论文首页

［中英文摘要］

Using a sample of Chinese listed firms in polluting industries for the period of 2008–2010, we empirically investigate whether and how Buddhism, China's most influential religion, affects corporate environmental responsibility（CER）. In this study, we measure Buddhist variables as the number of Buddhist monasteries within a certain radius around Chinese listed firms' registered addresses. In addition, we hand-collect corporate environmental disclosure scores based on the Global Reporting Initiative（GRI）sustainability reporting guidelines. Using hand-collected Buddhism data and corporate environmental disclosure scores, we provide strong and robust evidence that Buddhism is significantly positively associated with CER. This finding is consistent with the following view: Buddhism can serve as social norms to evoke the consciousness of social responsibility, and thereof strengthen CER. Our findings also reveal that the positive association between Buddhism and CER is attenuated for firms with higher law enforcement index. The results are robust to various measures of Buddhism and a variety of sensitivity tests.

以2008—2010年中国污染行业的上市公司为样本，我们实证研究了佛教——中国最有影响力的宗教，是否以及如何影响CER（公司环境绩效）。在该研究中，我们以中国上市公司注册地一定半径范围内佛教寺院的数量来度量佛教变量。并且我们基于GRI（全球报告倡议）可持续报告指南手工收集了公司环境披露得分。使用手工收集的佛教数据以及公司环境披露得分，我们提供了较强且稳健的证据表明佛教与CER显著正相关。这一发现与以下观点相一致：佛教作为社会规范，能够唤起社会责任意识，从而强化CER。我们的发现还表明佛教与CER之间的正相关关系在法律执行指数较高的公司中被削弱。上述结果在使用佛教的不同变量度量以及经过一系列敏感性测试后仍然稳健。

（五）"How the Market Values Greenwashing? Evidence from China"

2015年，杜兴强教授独著的论文"How the Market Values Greenwashing? Evidence from China"发表于FT50期刊之一的*Journal of Business Ethics*（第128卷第547～574页）。该文是最早讨论"漂绿"行为的文献之一，截至2023年9月，该文引用次数已超过250次，是杜兴强教授得以连续入选"爱思唯尔高被引学者"和"全球前2%科学家"(World's Top 2% Scientists)的重要基础。

［中英文摘要］

In China, many firms advertise that they follow environmentally friendly practices to cover their true activities, a practice called greenwashing, which can cause the public to doubt the sincerity of greenization messages. In this study, I investigate how the market values greenwashing and further examine whether corporate environmental performance can explain different and asymmetric market reactions to environmentally friendly and unfriendly firms. Using a sample from the Chinese stock market, I provide strong evidence to show that greenwashing is significantly negatively associated with cumulative abnormal returns (CAR) around the exposure of greenwashing. In addition, corporate environmental performance is significantly positively associated with CAR around the exposure of greenwashing. Furthermore, my findings suggest that corporate environmental performance has two distinct effects on CAR around the exposure of greenwashing: the competitive effect for environmentally friendly firms and the contagious effect for potential environmental wrongdoers, respectively. The results are robust to various sensitivity tests.

J Bus Ethics (2015) 128:547–574
DOI 10.1007/s10551-014-2122-y

How the Market Values Greenwashing? Evidence from China

Xingqiang Du

Received: 8 September 2013 / Accepted: 22 February 2014 / Published online: 8 April 2014

Abstract In China, many firms advertise that they follow environmentally friendly practices to cover their true activities, a practice called greenwashing, which can cause the public to doubt the sincerity of greenization messages. In this study, I investigate how the market values greenwashing and further examine whether corporate environmental performance can explain different and asymmetric market reactions to environmentally friendly and unfriendly firms. Using a sample from the Chinese stock market, I provide strong evidence to show that greenwashing is significantly negatively associated with cumulative abnormal returns (*CAR*) around the exposure of greenwashing. In addition, corporate environmental performance is significantly positively associated with *CAR* around the exposure of greenwashing. Furthermore, my findings suggest that corporate environmental performance has two distinct effects on *CAR* around the exposure of greenwashing: the competitive effect for environmentally friendly firms and the contagious effect for potential environmental wrongdoers, respectively. The results are robust to various sensitivity tests.

Keywords Greenwashing · Corporate environmental performance · Cumulative abnormal returns (*CAR*) · Media coverage · The Global Reporting Initiative (GRI) · The competitive effect · The contagious effect · Environmental wrongdoer · China

X. Du (✉)
Center for Accounting Studies and Accounting Department, School of Management, Xiamen University, No. 422, Siming South Road, Xiamen 361005, Fujian, China
e-mail: xqdu@xmu.edu.cn

Introduction

Today's intense business competition compels firms to continuously differentiate themselves from their rivals. As a result, firms use greenization as an important and effective way to achieve differentiation and to answer environmental concerns. In addition, firms are also increasingly recognizing that they carry out environmental responsibilities because consumers and other stakeholders care about corporate environmental performance. Furthermore, some firms frequently construct advertising messages to include environmentally friendly buzzwords and phrases (Chen and Chang 2013) such as "ECO, environmentally friendly, taintless, earth-friendly, sustainability, uncontaminated, green, and greenization."

From 2006 to 2009, green advertising in developed countries grew about 300 % (TerraChoice Environmental Marketing 2009). By 2015, sales revenues related to green products and services are expected to reach $845 billion (Tolliver-Nigro 2009). More than 75 % of S&P 500 firms use their websites to regularly disclose information about their environmental policies and performance (Alves 2009). In 2010, 60 major global firms used social media to convey sustainability dialogs with stakeholders; by 2012 that number grew to 176 (Lyon and Montgomery 2013; Yeomans 2013).

Corporate green claims mushroom, but the public is getting increasingly skeptical about their authenticity. In addition, the press expresses concerns about causes and consequences of *greenwashing*, that is, corporate efforts to cloak environmental misconducts with claims of being environmentally friendly. As a result, scholars cast doubt on the factuality and credibility of advertising messages in which firms declare their greenization through environmentally friendly behavior, products, processes, and

Springer

©杜兴强教授论文首页

在中国，有许多公司宣称自身环保但实际上却反其道而行，这种行径被称为“漂绿”。“漂绿”引发了公众对企业绿色化信息真实性的怀疑。本文主要研究资本市场如何评价“漂绿”，并进一步检验公司环境绩效能否解释资本市场对环保型企业与非环保型企业的非对称反应。基于中国股票市场的样本，本文为“漂绿”与“漂绿”曝光期间的累计超额收益（CAR）之间的显著负相关关系提供了有力的经验证据。进一步的研究结果显示，公司环境绩效与“漂绿”曝光期间的CAR显著正相关。此外，研究结果表明，公司环境绩效对“漂绿”曝光期间的CAR具有两种不同的影响：在环保型企业中存在竞争效应，在潜在的环境违法企业中存在传染效应。本文研究结果经过一系列敏感性测试后仍保持稳健。

第四节　2009—2016 年厦门大学会计学科学生名单

2009 级会计学系会计一班（会计学方向）本科生

白　铎　蔡鹭燕　蔡少凡　蔡奕华　蔡　钰　藏　莹　陈婵婵
陈丹荔　陈凤娇　陈　慧　陈靓玉　陈佩娜　陈　骁　陈晓晴
陈艺勇　陈　颖　陈泳能　程澎源　丁　慧　丁辛未　董贤磊
杜楚灵　樊京谷　高　博　高超绪　郭鸿榕　郭　萌　韩志喜
何　星　胡泽平　黄静文　黄盛锦　黄子辰　焦剑虹　金铉松
兰　扬　李嘉华　李　可　李仁权　李　祯　梁美玲　林丽昀
林良虾　林小香　刘超萍　刘俊德　刘　玲　刘秋菊　刘思洋
刘　珍　卢　赛　鲁威朝　罗　丹　马慧敏　马　昕　毛　进
潘杰铃　潘清源　彭洁灵　谢　怡　彭立超　黄　梅

2009 级会计学系会计二班（注册会计师方向）本科生

彭亚敏　齐　悦　丘雨晨　施跃辉　苏亚菊　唐丛笑　唐东瑶
童振华　汪书娟　王　静　王可扬　王　敏　王　璇　王玉英
王家骏　韦　玉　魏舒凡　魏一平　吴柏寒　肖峥祥　谢　森
辛　程　薛一涛　颜　圆　颜　媛　杨立达　姚春晖　叶城肖
游渐渐　余文心　袁韵辞　曾乔亚　曾文静　詹昕达　张立榆
张起帆　张苏杨　张　现　张晓虹　张晓琳　张晓彤　张新一
张亚婷　张译心　张莹莹　张玉霞　赵银平　郑婕宇　郑琳倩
郑阳财　钟明慧　周　洋　周月霞　庄丽萍　傅凯暐　李思绮
万　兴　游　丹①

① 退学。

2009级会计学系会计三班（国际会计方向）本科生

李一丹	陈孟骐	甘彩燕	黄楚纭	刘　也	赵晗舒	马子茜
沈　源	钟凤芝	梁董琦玥	王　博	王　端	吴冬阳	程青丹
刘　璐	刘胜文	刘雪颖	刘一明	史　文	田　园	汪荣飞
谢达熙	周幼真	谢天芝	李帅霏	茅力比	兰　迪	袁　玥
陈胡裕	韩导旌	何一麟	胡　凡	黄彦淳	黄怿恒	康　俊
林　拓	刘凌睿	刘书含	刘腾蛟	刘天然	毛华丽	全福崇
阮　勇	王诗涵	吴　骁	杨馥玮	杨　欣	张露茜	张晓敏
赵煦峥	郑德润	周　洁	朱沁雨	纪诗雨	邵楠馨	周　怡
张达臻	赵嘉玮	李劭抒	王梦雨	陈佳月	张　驰	李雨蔓

2009级会计学系会计学硕士研究生

陈　昕	柯宇立	罗鸽玲	齐　昕	王国威	吴雨薇	肖进明
薛　敏	游晓晶	俞妍鋆	赵　玥	刘能清	刘　鑫	陈英元
方　蕾	陈丹凤	陈　娜	陈青青	崔　萱	段曲直	方　巧
葛薇薇	郭燕珺	侯　迪	胡史诗	胡艺舟	黄符建	黄慧娜
黄　璐	黄仕宇	贾子莹	李　婧	李　萍	李松松	李筱筱
林　静	林　群	卢彦宇	陆晓靖	吕玉洁	马　锐	潘　虹
彭卫平	任炎敏	沈　琼	宋文文	孙丹青	孙　涛	孙薇薇
万　敏	王晨倩	王　丰	王曙亮	王　伟	王亚娟	韦懿丽
吴　绯	吴洁雯	徐建青	许　昶	杨会玲	游荔丹	詹天儒
张冬琴	张四黎	张　萱	张意坪	张远东	赵　莹	郑宇路
朱芳芳	朱　娜	冯　星	赖少娟	李盈璇	王韦程	邢立全

2009级会计学系 MPAcc（全日制）

陈　雪	陈　莹	葛蓬芳	黄双风	揭艳敏	李倩楠	李　韡

刘芳冰　麻胜新　宋　健　苏珊珊　苏淑明　王慧颖　晏丽华
杨澄娇

2009级会计学系 MPAcc（在职）

阿依丹　毕　蕾　蔡舒扬　蔡夏静　蔡中丽　曾风耀　曾恒星
曾艺晖　车美洁　陈　滨　陈　静　陈立兴　陈　青　陈晓燕
陈旭琰　陈雪琴　陈延嗣　陈　琰　陈宇麟　戴建旗　董凤钗
段成铎　段续化　范　文　封林杭　冯晓钢　冯　毅　高俊青
郭文茂　洪华路　洪　菁　洪　莲　胡　靓　胡晓红　卓秋香
黄澄渊　黄建兴　黄晓岑　郏光贞　简荣桥　江娟清　江　岚
蒋　蕾　金　奕　雷　君　李崇敏　李府员　李　华　李慧淼
李　琴　李玉梅　李　岳　李志平　连于翔　廉　欣　梁卫英
廖思亮　林海山　林　健　林介山　林珑珑　林　梅　林睦川
林隐泰　林　宙　刘翀南　刘　静　刘凌灵　刘敏智　罗丹青
罗莹莹　吕旖旎　毛育铭　牛云志　邵信群　沈华强　沈雪梅
绳家强　史国梁　史亭亭　宋碧红　宋昊昱　苏秀云　王晨燕
王芬芬　王海军　王麦静　王　蕊　王添进　王晓杰　王　勇
王竹静　危　欣　闻旺林　吴陈婧　吴　浩　吴锦凤　吴俊华
吴遴遴　吴璐宏　吴瑞君　吴晓涵　吴一平　吴莹莹　夏迎春
项岳海　肖吉东　谢国栋　谢文博　徐　彬　徐　帆　徐　辉
徐　敏　徐瑞琴　徐　婷　许广安　薛里青　杨　剑　杨　捷
杨　玲　杨　瑞　杨晓毅　叶　琳　叶　舒　叶贤松　于一涵
于永兴　俞　婷　占　婵　张　霁　张　黎　张凌雯　张珊珊
张　伟　张秀丹　张雪美　张芸芸　赵慧敏　赵克辉　赵丽香
赵贤江　郑如燕　郑雅瑜　郑有全　钟　伦　钟晓红　钟　颖
周建华　周　宁　周　颖　周　云　朱彬彬　朱　晗　朱建芳
朱锦荣　竺文君　郁　静　郦　新　杨　越　王振江　余立军

梁　爽　　虞　乐　　王燕飞　　洪理萍[1]

2009级会计学系博士研究生

董　望　　蔡　闽　　杜颖洁　　潘魏灵　　王　冲　　王　晶　　曾　泉
戴泽伟　　方　静　　孙雪娇　　田五星　　万　鹏　　徐爱玲　　张仲元
周元元　　陈　旻　　黄　文　　林　波　　吕　珺　　倪　敏　　田志刚
汪元华　　王亚男　　叶颖玫　　赵文超

2009级会计学系博士后

余怒涛

2010级会计学系会计一班（会计学方向）本科生

柏凯丽　　曹　影　　陈广纬　　陈俊辰　　陈　雷　　陈　敏　　陈思瑜
陈　婷　　陈文漪　　陈晓欣　　邓晓伟　　段力丹　　辜　峰　　胡莫梓
何馨雅　　胡沁艺　　胡晓燕　　黄一婷　　黄亦楠　　纪佳骏　　江雨菲
蓝　岚　　雷　亮　　李　婧　　李　莉　　李越超　　连淑娴　　梁　洁
林　韬　　林　婷　　林燕芹　　林芷蔚　　刘　晅　　鲁思煜　　罗浚文
马金舒　　欧阳曦懿　　邱　电　　苏　畅　　佟若彤　　王　枫　　王　睿
王娅楠　　王罂宇　　翁　飘　　吴美惠　　吴绍寅　　夏敏玲　　肖霆霆
徐柏青　　杨文婷　　叶子辉　　尹　申　　袁嘉欣　　张路阳　　赵倩雯
赵梓希　　郑夏璐　　郑艳瑜　　周　敏　　朱彬芳　　朱娅菲

2010级会计学系会计二班（注册会计师方向）本科生

蔡　涵　　陈东国　　陈国贤　　陈可卉　　陈培燕　　陈天骄　　陈　婷

①　退学。

陈　熙　陈　颖　董佳铭　方建贺　郭佳欣　郭婷灵　胡　露
胡　蓉　胡友清　黄艺娜　黄　震　贾家驹　孔亚红　李海英
李凯航　李艺萌　李　卓　梁　创　林朝辉　林晓璐　林臻玮
刘世展　吕　洋　马　冰　牛新杰　秦春梅　任婷婷　滕华灵
宛　婷　王恺悦　王晓晨　王　焱　韦色秋　吴嘉婕　吴墨尧
郤梅花　夏文怡　谢菲菲　许　扬　杨欣好　殷敬伟　于溟洋
张慧婷　张晓丹　赵子南　郑舒娴　郑　旭　周　欢　周师缘
朱　姝　卓斯惠　宛　婷

2010级会计学系会计三班（国际会计方向）本科生

陈志国　迟荃方　戴韵珏　方　兴　郭　谦　江迎昕　李心怡
梁　巍　廖　祥　林华杭　林书逸　林　雪　林　羽　林振声
刘林梦漪　卢佳琳　罗杨睿　裴德明　秦　颖　尚承阳　施　洋
苏　畅　苏少榕　孙鹤萌　唐涵月　王静婷　魏亚璞　温天鹭
吴　珊　席夏菲　肖　雅　徐立鹏　徐　爽　薛若碧　杨　帆
杨镒繁　杨震宇　俞欣尔　袁　歆　张　悦　郑毓旻　Sze Katrina[①]

2010级会计学系会计学硕士研究生

安　然　敖梦佳　曾雪莲　常莹莹　陈红林　陈倩茜　陈婷婷
陈晓敏　陈　哲　程雄娥　程雪莹　傅超慧　傅颖凡　郭　菁
侯钊敏　胡颖超　季玉潇　贾志南　江　薇　靳　蓉　兰　洁
李陈静　李　龙　李睿瑶　李　彤　李　玥　李云舒　林可欣
林　怡　林艺滨　刘道强　卢　婵　卢　君　卢　煜　鲁　楠
陆艳艳　罗雪娇　罗子丽　吕　莹　孟阿珍　裴红梅　彭　青
邱丽娜　邱敏圆　邵　基　邵军鹏　宋春婷　宋芳玉　宋淑红
汤云溪　王建伟　王　娟　王巧贞　王亦雯　王孜晓　吴莎莎

① 退学。

谢　琳	胥文婷	严巧丹	杨　博	叶　凡	叶菁菁	易　黎
余　佳	余蓉蓉	张海燕	张金文	张君兰	张琼希	张　星
赵子璐	郑容容	郑小艳	钟燕娟	朱林奎	朱　婷	朱　莹
庄晶滢	周　颖[①]					

2010级会计学系MPAcc（在职）

包　玉	蔡　颖	曹　蕾	曹艺彬	柴云芳	陈建洪	陈金兴
陈丽平	陈　敏	陈晓健	陈秀芳	陈　阳	陈艺柏	陈　茵
陈永远	陈振宁	方　飞	方玫琳	高　洁	高雪青	公洛颖
龚雪涛	郭碧宇	郭艳萍	何进伟	何鸣敏	何燕平	洪栋湧
胡园园	胡珍薇	黄　莉	黄铭杰	黄　蔚	黄文婷	黄艳辉
贾　靖	姜雅静	蒋盈盈	赖幼莲	兰华东	李　斌	李单丹
李　鸿	李　洁	李　卡	李　逆	李树元	李晓霞	郦　新
梁　爽	林　红	林华清	林慧婷	林　盈	林颖瑜	刘　君
刘淑红	刘文俊	刘长波	龙瓯燕	陇煜文	楼江婷	楼园波
卢兰香	卢萍萍	罗　红	骆燕妮	马　俊	欧阳彦华	潘才宣
裘俊华	阙玉兰	桑正雄	苏　志	汤洁艳	唐嘉妍	唐健俊
王　芳	王　晶	王强林	王晓珂	王振江	王宗惠	吴洪英
吴凌冰	吴绍武	吴孙国	吴艺蕾	吴易虹	吴莹琳	肖静怡
肖五三	邢慧丹	徐向东	薛宏亮	杨惠琼	杨　娜	杨　樱
杨　越	余立军	余少强	余云霞	虞　乐	虞丽娟	郁　静
郁文骏	宰文阁	张久通	张琳琳	张巧红	张赛林	张少纯宇
张志涛	章　斐	章　昕	赵文娟	赵　颖	郑晓燕	郑晓昳
郑佐鹏	周　婺	周红琼	周　朴	周午欢	朱　晨	朱燕红
庄明芬	邹　诚					

① 联合培养硕士研究生。

2010级会计学系博士研究生

陈爱华　冯文滔　高　军　高　玲　顾　海　金治中　柯东昌
李林澍　梁　斌　刘文煌　彭采云　王虎超　王　晔　程智荧
赖舒芳　魏森淼　俞雪莲　李　诗　蔡天俊

2010级会计学系博士后

徐　晖　岳　淼

2011级会计学系会计一班（会计学方向）本科生

陈思嘉　褚橙橙　戴　昉　孔令攀　李　政　林心田　刘　洋
马　莉　苗丽红　钱　明　邱能彦　邱碗棉　施杨淇　孙梦瑶
孙文斌　孙晓玢　汤淑慧　田　昕　汪冰玉　王佳涵　王青博
王清芹　吴婀娜　吴　凯　吴　琪　武　倩　项依帆　萧芷清
肖海燕　肖惠宇　徐佩莹　徐心怡　许雯婷　杨建树　姚健男
姚　旺　叶玉娴　张欢欢　张松谊　张晓彪　赵海豹　郑涵洋
钟明磊　朱　锐　朱玮熙　卓慧琳　郭　敏　韦海莹　王梦梦

2011级会计学系会计二班（注册会计师方向）本科生

阿迪拉·吐尔洪　陈东权　陈华阳　陈丽莉　陈　琳　陈　茜
陈　希　陈雅婷　崔睿萌　范琳珊　方　圆　冯曼荣
符多慧　高俊琦　贺　迪　贺家雷　胡婉约　胡　旸　黄继康
黄巧婷　黄信捷　黄旭靖　黄艳婷　黄　缘　纪美伊　金灵瑛
赖婷婷　李佳音　李诗鸣　李姝增　李怡然　李远凤　林　婧
林小靖　林卓颖　刘婧雯　刘沁沁　刘少升　刘　颜　刘　颖
柳倩如　卢舒铭　罗　晶　罗　霞　骆书寰　吕兹如

2011级会计学系会计三班（国际会计方向）本科生

包　海	陈以理	程　莹	丁子峰	冯　泽	顾天劼	国　琳
黄佳敏	黄楠纬	贾梓剑	姜　源	李博韬	李　晨	李　聃
廖舒华	林丹扬	林慧颖	林瑨洁	林昱星	刘　迪	刘俊伟
刘　学	刘正力	罗晓莲	倪　馨	沈宗勇	史拙夫	孙婉婧
王丹琳	王璐瑶	王　朋	王一民	魏宇轩	冼梦黎	肖　钰
许梦真	杨　琪	姚　远	于海云	詹丹妮	张杰楠	张隽涵
张一圣	赵怡薇	郑　威	周志成	Mdluli Busisiwe		于　澄
王如辰	郑雅怡	张　巍				

2011级会计学系会计学硕士研究生

蔡晶晶	曹洋洋	陈若晴	陈思岑	陈武燕	陈　娅	仇　雪
崔建南	邓　蕾	杜世萍	杜宗雪	方　卉	付　聪	江　毅
葛竹青	谷　雨	郭亭亭	何　未	黄浩荣	黄吟莹	赖虹秀
李慧敏	李永林	廖民睿	林　倩	罗丹妮	罗　琦	马兰芳
孟陈栋	苗艳杰	潘向阳	彭彩惠	阮可舒	沈　丹	孙　恬
唐　琪	同　昕	王　琮	王　贺	王　卉	王　林	王衣辰
魏雪婷	吴雨翘	吴志贞	谢丽英	徐小梅	杨婧易	杨　爽
姚　琳	叶　一	应丽梅	袁　小	袁玉珍	曾弘霖	占萍萍
张　超	张　蓉	张　甜	钟丽珍	周　彬	周　颖	朱　颖
刘　洋①						

2011级会计学系 MPAcc（在职）

白琦轩	曾　佳	陈海燕	陈敬辉	陈　璐	陈　双	陈　婷
陈小华	陈勋婧	陈真文	陈志航	陈志育	崔文川	代艳琼

① 联合培养硕士研究生。

戴梦帆	单　敏	邓奕斌	董怡真	董志强	方兴帆	高清治
谷　芳	郭　涵	郭喜波	郭星玮	何　丰	何玉兰	洪长熙
黄光程	黄娟荣	黄　琳	黄文彦	黄真生	黄振龙	季小松
姜枫丹	柯德峰	寇晓胤	赖嘉超	李　鹏	练友雄	梁　玮
林彩熔	林　芳	林国胜	林　静	林　琳	林素英	刘冬莹
刘　瑾	刘萍萍	刘书蔓	陆盛登	陆智林	罗福振	罗林峰
罗小燕	吕延芳	马晓芳	宋启芳	苏国泽	王明慧	王　萍
王燕飞	韦若江	韦文华	韦祥云	韦晓波	卫　芸	魏　曦
吴文燕	吴跃蓉	先家琳	冼卫贤	肖云飞	谢静梅	谢振洲
徐　雯	许苗茜	杨凤华	杨卓然	于诗卉	俞丹炜	战芙瑶
张珺泽	张莉莉	张晓昕	赵　晋	赵　彦	郑颖盈	郑跃文
郑　铮	郑志钦	钟大强	钟　夏	朱火松	朱小丹	邹必华
程永海[1]						

2011级会计学系博士研究生

刘　菁	陈文娟	陈　菡	陈　宏	冯　星	黄霖华	赖少娟
李世刚	李盈璇	罗劲博	王韦程	肖明芳	邢立全	薛　伟

2011级会计学系博士后

杨联强　　林东海

2012级会计学系会计一班（会计学方向）本科生

蔡玲宏	曹思佳	陈思霖	陈一林	戴雅萍	邓思琪	傅智炜
郭彦祯	胡曼青	黄希然	黄　瑶	蓝一阳	李梦桥	李斯华
林子强	刘　鹏	刘越炜	卢金玉	吕珊辉	彭逸菲	史喜媖

---

① 退学。

万静怡	魏周琪	吴　琼	席　雨	杨力子	杨晓晨	游欣奕
曾奔环	张　扬	周自恒	邹可欣	常　强	戴梁峰	林奕森
汪振洋	许君凯	晏友涛	何焕文			

2012级会计学系会计二班（注册会计师方向）本科生

蔡期传	陈剑波	陈思瑶	陈小依	陈宇珂	范国栋	傅左南
贺　黎	黄书榕	黄　欣	蒋易澄	柯云菲	黎培钰	李　盼
林仁达	林小雪	刘思源	刘晓懿	刘莹颖	卢熠思	吕德盛
潘钰升	沈　杨	孙　皓	王舒婷	吴飞鹏	徐凌洁	闫婧茹
叶　婷	尹　潇	于学佳	张兴源	郑欢欢	庄尤优	邹文晓
陈　实	李凌甫	苏国涛	王　迪	周大越	王若愚	

2012级会计学系会计三班（国际会计方向）本科生

黎　霖	许　达	柴　干	王琦婧	任珂朴	蔡丽萍	王　玥
许　悦	范婷琰	黄　慧	胡　颖	袁　子	林若平	曾彬莹
时　海	王正昕	王梓旭	黄海泓	杨伟航	郗晓雪	蔡毓倩
陈　琪	褚伊林	曹芷诺	陈雨林	于　杰	王心萍	孙咏虹
黄晴宇	贾佳楠	许文彦	邢增慧	陈芳芳	吕　哲	吴晶晶
刘晓丹	杨志文	钟顺鑫	陈翔煜	刘子煜	陈　震	郑绪鑫
李宇通	曹子川	易文思	洪江鸿	林　智	夏　寅	黄和金
喻云龙	季天益	夏若良				

2012级会计学系会计学硕士研究生

刘缇缇	吴晓萃	朱　晔	陈蓓蓓	戴美容	程亦沁	巢姗姗
邓涛秀	胡畔柳	孔思齐	潘云姗	吴　佳	任曼琳	宋凯敏
许悦臻	赵妍琰	祝颖慧	王　谯	李雯佳	汪荣祝	陈文霞
于晓宇	胡怪怪	胡哲威	黄飘飘	李毅超	孙永泰	李　媛

刘　芬	徐　慧	陆萱雯	杨晓钰	杨正光	卢梦杉	王璐群
尹晓烨	张嘉珉	周　姣	钟　辰	林玮雯	王丽娟	傅　杰
朱毓玮	杜妮娜	邹晓露	陈钢强	黄皓婧	王　萌	杨　丹
左　刚	汤亚楠	林晓琴	赵　飒	张　欣	蔡逢喆	郭秉鑫
董艳华	侯　菲	刘思义	赵廷飞[①]			

2012级会计学系MPAcc（在职）

韦晓波	吴　芬	刘增洁	蔡　熙	王　萍	黄文彦	陈金龙
林少红	梁　玮	方国富	刘冬莹	纪晓明	尤文辉	韦祥云
庄　萍	林晓君	刘代仕	邹必华	韦若江	林锦云	方　军
陈文洁	李　芳	任姿羲	陈国琴	黄光程	林丽萍	徐　雯
王　琳	季小松	吕雅曲	韦　芸	邓刘凌	欧涵知	叶文嘉
邓金榕	林玉意	杜金燕	洪美聪	邓奕斌	仇聪和	肖云飞
王琰琰	林助兴	杨　炎	李旭潇	魏　柯	孙宇开	谢振洲
姚若男	吴家丽	战芙瑶	张　恒	戴　婕	张　操	邹婷婷
游静宜	游诚玮	施卓攸	林江河	邱美娟	王　珺	池文磊
郭　圆	吴思丹	鞠海峰	景　瑾	陆盛登	钟　夏	李宇哲
陈慧霏	陈秀清	李巧雯[②]	冼卫贤[③]	郑　晟[④]		

2012级会计学系博士研究生

裴红梅	王海茸	杨道广	叶　凡	张传财	陈　菁	陈　翔
贺　琛	黄晓韡	林　卉	刘丽珑	刘星河	路　军	彭　青

---

① 联合培养硕士研究生。
② 退学。
③ 退学。
④ 退学。

2012级会计学系博士后

刘胜强

2013级会计学系会计一班（会计学方向）本科生

蔡秋玲　李家鑫　郭屹南　林鹏凯　汪桂民　陈广鸿　何　英
陈晓宇　蓝　洋　沈逸川　梁璐瑶　刘亚敏　孙令风　喻梦甜
吴屿慧　林玉婷　杨斯思　王一雯　曾　鹏　沈哲伟　江君国
胡俊丽　黄雪芳　杨　帆　刘昀飞　陈理娜　王希婷　杨晶晶
贾　飒　陈　烨　何晗靖　黄子容　陈　婷　黄子芸　黄皇仁
Aaron John Chavez　蔡莎莉　Shalie Cai Forosuello

2013级会计学系会计二班（注册会计师方向）本科生

王琳珣　石　婕　郑琳倩　杨欣蕊　董梦格　何佳鹏　蒋承晨
陈晓越　汪少欣　林宇萌　何建勋　周立康　何琪慧　许莲虹
杨宇航　叶艳婷　沈孟媛　邵诚道　庄　婕　王丽清　周浅逸
李蓓妮　陈凯明　肖舒婷　陈　塑　杨泽润　朱　敏　林　珏
陈泽群　沈维佳　刘晓强　卓瑞娟　丁学蒙　马龙昌

2013级会计学系会计三班（国际会计方向）本科生

陈逸颖　刘咏丹　李曼君　徐依然　王资霖　何紫洋　郑　寰
杨凯博　陈智磊　陈丹丹　黄　珂　谭　琪　林端凯　林筱勋
黄露婷　王　锦　何慧敏　张子安　廖文萱　吕鹏飞　赵震涛
李艺欣　张伊萌　许若言　林静娴　马一辰　邱思达　沈文俐
黄俊杰　周梦雯　吴悦恒　郑永军　朱　立

2013级会计学系会计四班（CIMA方向）本科生

李佳彤　潘　刚　陈靖怡　王雅璇　邓亚平　赵　佳　林听雨
黄鹂鸣　林宝真　王建莉　陈逸晴　贺　迪　郑依依　肖艺颖
庄思凡　黄　岑　张如娇　吴华津　戴巧君　姜方方　叶亦青
舒　宽　吴佳慧　曲姝谚　黄安然　王　艺　高　宇　董启舟
李一迪　梁紫薇　刘睿琦　许璐媛

2013级会计学系会计学硕士研究生

蔡　青　蔡奕华　陈　峰　陈黎明　陈　颖　陈子滢　程青丹
董贤磊　何晓芳　何　星　贾德凤　李婧晖　李　强　林皇芬
刘翩翩　刘胜文　吕楚韵　孟晓宇　齐　悦　史　文　谭　咏
唐露萍　王　冲　吴晗悦　肖峥祥　谢达熙　谢　怡　辛　程
许树新　杨　鳗　杨蓉蓉　杨　嵩　尹　兰　应　乐　于潇潇
余芳沁　詹昕雨　张少超　张莹莹　张玉霞　张　昱　赵洁巍
郑雅萍　周幼真　姚春晖　彭　皎[①]　杨理强

2013级会计学系MPAcc（全日制）

曹　星　陈骏一　陈润荣　陈书璜　程澎源　崔翔劲　高　洁
高旭凌　李甜馨　李中伟　陆庆红　王嘉伟　王笑竹　王玉荣
徐　静　杨媛媛　袁韵辞　曾　茜　张立榆　赵燕萍　赵　仪
赵宇轩　郑琳倩　周　洁　吴雅诗　鲁威朝　毛　进

① 联合培养硕士研究生。

2013级会计学系审计专业硕士研究生（全日制）

陈　丹	刘　璐	孙静妮	吴宇桐

2013级会计学系MPAcc（在职）

孙佳璐	范毅峰	陈　莹	郑　洁	毛姣敏	尹　杰	冯曼飞
赵　唯	王　晴	金　妮	周明烨	陈　寅	潘一伦	刘　晟
赵展洁	何　静	楼晓佳	陈　勇	戚　朝	郑　琳	曹　凯
黄静愔	余世红	陈云恒	王凯峰	张　盛	杨智斌	袁瑛瑛
张　晨	伍张铤	陈佳敏	殷　泓	胡　丹	邓小翠	袁陈贝
康　娜	马建芳	李松珅	鄢　蕾	张　怡	叶永轩	王宁宁
徐　冉	陈　杰	叶君立	王晓东	杨文雄	干长晔	李　颖
骆顺芝	葛巧巧	钱海侠	刘　琳	吴　波	黄　慧	马洁琼
包晓芸	方　勉	余波杰	朱　旸	邬露军	江志栋	唐太星
简炜丹	李菁华	韩玉珍	江中立	潘漫海	刘卓娅	叶　琳
胡新才	严琳琳	叶盈盈	林佳金	傅秋虎	宋良辰	江　娇
叶建科	周　晶	许建发	张　微	曾志群	傅海燕	张冬丽
黄德良	刘希明	陈　玲	徐梦舲	刘智超	蒋慧雯	刘　强
林　菁	覃丽媛	张亚妮	夏　强	张琼宇	岳　阳	蔡婷婷

2013级会计学系博士研究生

常莹莹	郭萍萍	户　青	李少轩	屈依娜	谭　雪	汤晓冬
王晓珂	王　亚	熊　浩	Theerawit Kapanya			

2013级会计学系博士后

孙　刚	陈素云

2014级会计学系会计一班（会计学方向）本科生

蔡佳颖　岑　荪　陈笠颖　陈思颖　刁慧敏　董令航　黄诗熠
黄文豪　姜祥端　李杜峰　李可意　李明月　李舒雅　林　峤
林赟聪　刘　乐　马心怡　彭明韬　吴静雯　谢玮环　谢文旭
许　唱　袁兴荣　张　玫　张潇铃　赵博尧　赵　宁　赵晓彤
郑银珊　周　文

2014级会计学系会计二班（注册会计师方向）本科生

陈婧芳　陈炯任　陈思婷　董子勖　高惠敏　古丽娜·努尔兰
郭佳铭　韩嘉予　黄秀芳　简姵翌　林晨珺　林　娟　林　琳
林培坤　刘惠月　刘　璐　陆银玥　孟建瑶　彭　纯　魏江南
吴舒瑜　许荣沣　严蒙蒙　杨晨旭　叶世雄　曾宇轩　赵路瑶
郑馨蓉　朱剑兴　庄伟忠

2014级会计学系会计三班（国际会计方向）本科生

陈依玲　崔婧娜　冯俊威　冯诗灵　何嘉玲　蒋　悦　雷雨田
李安可　林　帆　林海婷　林丽华　林星宇　刘小寒　吕　晨
梅依宁　任鑫磊　王　迪　王　伊　王逸菲　徐佳榆　杨建玥
杨茱贻　叶维洋　苑　雯　张瑾瑜　周静磊　周　阳　周之瑶

2014级会计学系会计四班（CIMA方向）本科生

潘静颐　窦灵钧　桂宇琦　郭雅榕　贺美容　黄丁楠　李可慧
李诗妍　李圆圆　练　尧　廖月楼　林　宸　林　菁　林希凡
刘文洁　潘柯林　邱静娴　任　艳　滕雯阳　王　宁　王　莹
王　媛　王　越　谢思颖　谢扬平　杨明钰　喻夏泓　张槿桐

郑婧斐　周炳锟　孙铁研　Ariel Jonathan Cheng

2014级会计学系会计学硕士研究生

鲍思琪	陈国贤	陈若亨	陈　熙	崔　悦	高海燕	郭　策
洪　洁	江　春	李胜难	李文涛	李　雪	李艺萌	李卓琳
李梓语	梁夏昕	林晓璐	林臻玮	林　筝	刘福中	刘　娟
罗百灵	彭思睿	邱　电	饶静文	沈雪梅	苏　畅	孙晓彤
唐涵月	王安安	王菁华	王　睿	王馨雪	韦亚男	吴　鸣
吴绍寅	肖霆霆	徐丝雨	严剑萍	叶林瑄	殷敬伟	袁　歆
张丽珅	张　翔	周　欢	周　景	庄　严	许德仪[①]	李宸昕[②]
李明伟[③]	林维婕[④]					

2014级会计学系 MPAcc（全日制）

白　雪	曹媛媛	常　欢	陈　健	陈　婷	崔　晓	邓斌杰
邓乐成	丁　玲	皋红玲	龚曼宁	郝　婷	华　阳	黄　多
黄松倩	黄泽悦	江吉尼	金思静	林　韬	林　芸	罗舒文
马　冰	孙建芳	覃小桂	万思华	王　飞	王昊伟	王万琴
王　旭	吴彩智	吴曼莉	吴美惠	向元高	熊　辩	叶哲娴
张慧婷	赵梦娇	赵　悦	朱　姝	朱树李	陈熙真	陈　爽

2014级会计学系审计专业硕士研究生（全日制）

陈燕如　丰慧欣　刘圣辉　尚承阳

① 联合培养硕士研究生。
② 联合培养硕士研究生。
③ 联合培养硕士研究生。
④ 联合培养硕士研究生。

2014级会计学系MPAcc（在职）

贺水平	陈　樾	谭皓文	朱昱华	张小红	张玉龙	王阿娜
王　赢	芦　维	张少凌	徐　颖	吴晓杰	方　菁	张　卓
刘健君	张锦鑫	王　双	纪春雁	王晓岚	许菁菁	杜胜男
曾楚楚	赵　扬	刘佳宜	谢文嘉	罗蔚雯	李　丽	郝新强
罗选钦	张振通	李新晓	林跃飞	杜　亮	刘　恋	许　茜
左　翼	陈欣欣	李　伟	邓可佳	刘坤鑫	肖　瑞	吕婷婷
洪巧丽	李　辉	肖　一	江　薇	王立中	林　斌	柳　毅
张　晶	路加贝	杨文亮[①]	刘倩雯[②]	张　晶[③]		

2014级会计学系博士研究生

柴　才	侯　菲	廖方楠	刘思义	任　宇	王　航	杨增生
张津津	赵军营	郑培培	周俊亭			

2015级会计学系会计一班（会计学方向）本科生

崔原皓	邓　琳	方　卓	洪　昱	黄楚君	黄　璐	黄茗萱
李　玥	林雪宁	马　婕	莫文烨	潘毅馨	石　颖	唐　蜜
王　嘉	吴晓婕	肖　楚	谢铃垚	颜　玮	姚培文	曾咏琦
张琪瑶	张伟金	郑筱薇	钟　敏	周倩玉	吕佳柔	

2015级会计学系会计二班（注册会计师方向）本科生

蔡　越	陈嘉慧	陈思思	戴　瑶	郭　琳	孔瑶佳	赖前臻

---

① 退学。
② 退学。
③ 退学。

李婉颖　李　颖　林　敏　马铭萱　毛轶晖　潘闻轩　史学智
童文敏　王奕凌　吴　凡　吴格燕　吴国强　杨小茜　张芮铭
张天宇　章丰艺　赵洁莉　钟泠泠　许诗齐　Takahashi Masahiro

2015级会计学系会计三班（国际会计方向）本科生

白凌韬　蔡可馨　陈嘉琪　杜嘉怡　付识为　李　可　李天娇
刘　彤　牛舒南　潘晓婷　钱兆祎　邱心玥　沈凯怡　王斐然
王昆越　王雨轩　徐晨露　徐秋涵　许　蔚　许泽人　张蔚雨
张歆雅　赵思竹　郑晓婷　邹志鹏　蔡慧文

2015级会计学系会计四班（CIMA 方向）本科生

陈丽阳　陈　曦　陈晓涵　陈致君　洪浩坪　洪晓妍　黄启华
雷丽娜　李晶昕　林圳钦　商婷婷　邵　屾　田　青　汪莉晔
王海璇　王佳琪　王　鹏　严哲涛　余茂林　张若岩　张乙祺
赵　妍　郑昕玥　周丽娟　周晓琳　王伟杰

2015级会计学系会计学硕士研究生

包璐璐　陈世文　邓小路　丁琦琦　贺　迪　黄艳婷　赖颖君
赖雨宸　李博韬　李佳陶　李佳音　李　茹　李文静　李　怡
李　悦　廖舒华　林心田　林艺龙　林芷如　刘春蕾　刘佳荣
刘　颜　任　杰　商倩倩　沈宗勇　孙梦瑶　孙秋影　孙　媛
汪菲菲　王祺滢　王　燊　王璇璇　项依帆　徐伊欣　许崇炜
许梦真　许雯婷　许　欣　杨毅佳　尹海莹　张巧璇　张晓梅
张逸雪　张洲铨　朱睿超　朱素欢　黄幸宇[①]　石　昕[②]

① 联合培养硕士研究生。
② 联合培养硕士研究生。

2015级会计学系 MPAcc（全日制）

李　笛	鲍国勇	陈华阳	陈杰智	陈　彤	程　薇	褚橙橙
代天宇	邓康馨	邓以红	方俊敏	方琪枫	方　圆	冯杭飞
郭　阳	韩伟东	胡　娜	胡　幸	黄　敏	黄子临	纪美伊
贾恒月	简韵祎	蒋佩芸	李冰淼	李　爽	李亚玲	梁运添
林嘉伟	林小靖	刘　瑾	倪　馨	彭雅琳	邱能彦	汪巧唯
王　瑞	王　依	吴海楠	吴兰亭	吴雨奇	伍慧灵	夏岚清
徐　婧	杨怀裔	杨鲁艺	余　帆	曾　彤	郑　威	钟孟恬
朱丹萍	朱玮熙	向丽芝[①]				

2015级会计学系 MPAcc（在职）[②]

吴开琴	石洋洋	洪超亿	罗孟良	邬龙吉	高　超	卢　红
张　健	李　倩	宋　嵩	赖婧尔	王龆芬	严科益	马琳玲
夏　芳	施　斌	李心怡	刘惠英	颜　璟	王　洋	赖　珍
黄于倢	曾惠芳	洪亚婷	冯一展	陈　晨	厉匡匡	俞慧琴
唐　杰	夏　瑜	翁莹洁	蒋祎磊	陈光辉	王侃侃	罗　敏
吴玲玲	彭旭峰	虞　颖	沈璟晶	孟一清	罗　焱	滕一蔚
黄　萍	郑　燕	傅寒冰	洪　姗	柴青青	夏唯红	王玉松
李　雯	张科峰	陈　钏	石　磊	潘露婷	肖洁晴	郑施晴
张　群	高　婕	邵盈盈	连柳青	孙美地	陈亚丽	李丽婷
钟晓婧	林　晨	黄　恺	傅彩芬	贾　潇	陈　雷	李　波

2015级会计学系博士研究生

陈　茹	黄轩昊	鲁威朝	彭妙薇	王成龙	肖　彪	杨理强

① 退学。
② 退学。

Supaporn Varoonchotikul

2015级会计学系博士后

胡志勇

2016级会计学系会计一班（会计学方向）本科生

岑　硕	陈思远	陈鑫鑫	邓雯丹	宫瑶瑶	黄芷欣	赖烨臻
李竞虓	李晓琪	李亚宏	林承昱	卢巧玲	潘鸿伶	彭　宁
阮琳槟	沈兴熙	汪永恒	王　思	温诗宇	谢懿源	叶昊铭
余晓婕	赵文萱	郑泽婧	钟　宇	周书玥	邹维佳	

2016级会计学系会计二班（注册会计师方向）本科生

陈　斌	陈　烨	陈怡婷	单淑璠	黄桔绿	柯梦馨	李敏华
李昕蔚	林其祥	刘雨晰	陆颖恬	倪　冬	邱逸航	施卓颖
陶和锌	王　萱	王雨欣	王育清	吴品非	谢舒仪	燕　翔
杨琍茵	游晨曦	张文璐	郑　承	祝　泽		

2016级会计学系会计三班（国际会计方向）本科生

陈静玮	陈可函	陈思齐	陈思奇	陈奕彤	崔若田	冯裕风
黄林鹤	李弘腾	廖子涵	马可莘	马文青	邵　玥	申轩宇
王文烨	王　瑜	文　萃	吴楚晴	吴斯琦	吴欣婧	肖紫麒
许佳伟	张天成	张玥琳	赵　博	朱家航		

2016级会计学系会计四班（CIMA 方向）本科生

陈慧颖	陈　欣	戴钰泽	付静文	郭诗雨	郭　行	何泾威

胡君儒	黄建雄	黄馨影	李嘉琪	李明珠	梁嘉怡	林敏乔
林巧莉	王　恺	王怡方	吴珏昊	薛舒元	严　寒	于浩淼
余　露	张心舒	张新雪	张艺镡	庄程煜		

2016级会计学系会计学硕士研究生

陈一林	陈怡贞	陈雨林	方　倩	顾　璐	黄　慧	黄　瑶
蓝一阳	李立波	刘　聪	刘巧瑜	刘思源	吕建卓	裘叶城
冉程文	饶佳悦	沈　杨	石　津	谭利华	王美惠	王琦婧
王如玉	王　汕	王心怡	王昱博	王　越	熊　帆	徐祎雯
许　达	薛文佳	姚兆英	余　洋	袁　偲	袁　红	曾奔环
张思婷	张晓旭	赵微微	郑冰楠	郑天宇	朱　军	朱　翔
Andraz Fuzir						

2016级会计学系 MPAcc（全日制）

安　宇	陈　熠	陈则安	代思思	冯娟娟	江　源	阚思敏
李慧玲	李佳蕾	李璐莹	李馨竹	林仁达	刘宝东	刘芳蕊
刘子煜	潘钰升	彭逸菲	沙云皓	沈益彰	孙温暖	唐　蕾
唐兴叶	王妮佳	王思育	吴　静	吴　琼	吴伟燕	夏一路
徐珏雯	徐凌洁	严怡萱	颜明彦	杨力子	喻云龙	郑欢欢
郑　欣	钟依倩	周嘉妮	庄　妍	呼延梦琪	欧堤卓丽	

2016级会计学系审计专业硕士研究生（全日制）

胡民丰	胡瑞文	黄　怡	宁　鑫	苏月茹	鄢婷婷	郑奕昕

2016级会计学系博士研究生

范樟妹	黄　锨	李胜难	李文涛	李文文	马威伟	史　文

殷敬伟

2016级会计学系博士后

熊　枫　　武家鹏

第八章

2017—2024年：砥砺奋进的厦门大学会计学科

有些学科的发展注定无法被阻止，因为她们深厚的历史底蕴[①]。厦门大学会计学科亦是如此。

2017年2月，承载着厦门大学会计学系现任教师、学生和全体系友的重托与期望，杜兴强教授在两位副主任的辅助下，开始负责会计学系的战略发展、人才培养和教学科研。此后，厦门大学会计学系砥砺奋进，在人才培养、学科建设、教学改革与教学成果、科学研究和社会影响等方面都取得了一定的成绩。一直关心会计学系的系友认为，2017—2024年，是进入21世纪之后厦门大学会计学系的一段黄金发展时期，国内高校、系友、教师和学生目睹了厦门大学会计学科的进步和不断发展。

2017—2024年，会计学系教师共13人次入选国家级高层次人才计划、国家级人才计划和省部级人才计划。

杜兴强教授牵头获得2022年国家级教学成果二等奖（会计学教学模式创新与教材体系改革：AI技术冲击、中国文化嵌入与伦理关注；该成果亦曾获2021年福建省教学成果特等奖），这是自2005年葛家澍教授与杜兴强教授等获得国家级教学成果奖之后，会计学系时隔18年后再获国家级教学成果奖，彰显了其一直以来

---

① 这句话的英文为“The development of some disciplines is not meant to be impeded. Their historical backgrounds and pedigrees are too strong.”。该句英文改编自 *The Shawshank Redemption*（《肖申克的救赎》）里的一句话“Some birds are not meant to be caged. Their feathers are just too bright.”。

重视教学的传统。

2017—2024年，会计学系共获得六项国家自然科学基金重大项目课题/重点项目与国家社科基金重大项目，处于国内会计学科第一方阵。杜兴强教授于2017年作为负责人获得国家自然科学基金历史上首个会计审计重大项目课题（制度变革、非正式制度因素与会计审计行为研究），这亦是厦门大学会计学科首个国家级重大项目。此后，2020年，杜兴强教授与李建发教授双双获批国家社科基金重大项目（20&ZD111与20&ZD115），这是厦门大学会计学科和工商管理学科首次获得国家社科基金重大项目的资助。

2017—2024年，会计学系引进12位海外和国内高校的优秀博士充实教师队伍，20余篇高质量的英文论文陆续发表于英文UTD（A+）期刊和FT50（A期刊），40余篇中文论文发表于国内最优期刊（《中国社会科学》《经济研究》《管理世界》《会计研究》《管理科学学报》等）；杜兴强教授连续三年入选爱思唯尔"中国高被引学者"（highly cited Chinese researchers）榜单，并连续四年入选"全球前2%科学家"榜单（world's top 2% scientists）。此外，这一时期会计学系教师出版了一系列中英文著作。

2017—2023年，会计学系教师获得教育部人文社科优秀成果奖和福建省社科优秀成果奖共10余项，多次举办高质量的学术会议，邀请专家来厦门大学会计学系进行学术交流，举办交叉学科讲座，开展系内教师与研究生"Seminar"（研讨会），进一步巩固了学术影响力。

2023年6月15日，高等教育专业评价机构软科发布"2023软科中国大学专业排名"，排名包括787个专业，涉及93个专业类、12个专业门类。软科中国大学专业排名是迄今为止覆盖专业数量最多、参评专业规模最大的中国大学本科专业排名。根据软科排名，厦门大学会计学系审计学专业位列第一（A+），会计学专业位列第四（A+）。

作为国内历史最为悠久的会计学科之一，2017—2024年厦门大学会计学系始终坚持"以本为本"，扎实推进会计学与审计学国家级一流本科专业建设，努力为国家和社会培养一流的会计审计人才。

第一节　师资队伍与人才培养

一、教师入选国家级与省部级人才计划情况

2017—2024年，厦门大学会计学科的人才培养和学科建设取得了重要进展。教师队伍中，共13人次入选国家级人才计划项目，其中国家高层次人才项目3项、其他国家级人才项目6项、其他重要的省部级人才计划4项。此外，厦门大学会计学科的教师还入选福建省和厦门市人才项目计划10余人次。

尽管如此，由于之前十余年厦门大学会计学科发展中面临的一些曲折，某些类别的重要人才（如教育部长江学者和国家自然科学基金杰出青年科学基金）计划项目空缺，青年人才项目亦存在难以突破的情况，这有待厦门大学会计学系下一个周期的继续努力。

◎　2017—2024年厦门大学会计学系现任教师入选各类人才项目情况

姓名	人才项目名称	项目年度
李建发	国家高层次人才特殊支持计划哲学社会科学领军人才	2018
黄世忠（兼）	国家高层次人才特殊支持计划哲学社会科学领军人才	2018
杜兴强	国家高层次人才特殊支持计划哲学社会科学领军人才	2021
杜兴强	国家百千万人才工程	2019
杜兴强	国家有突出贡献中青年专家	2019
李建发	全国文化名家暨“四个一批”人才工程	2018
黄世忠（兼）	全国文化名家暨“四个一批”人才工程	2018
杜兴强	全国文化名家暨“四个一批”人才工程	2022
杜兴强	国务院政府特殊津贴	2020
李建发	财政部会计名家	2018
黄世忠（兼）	财政部会计名家	2018
刘峰	财政部会计名家	2018
杜兴强	财政部会计名家培养工程	2022

（一）国家高层次人才特殊支持计划哲学社会科学领军人才

2017—2024年，会计学系共有三位教师入选国家高层次人才特殊支持计划哲学社会科学领军人才：（1）李建发（2018年）；（2）黄世忠（兼；2018年）；（3）杜兴强（2021年）。

证书编号：W03040061

万人计划

Wanren Jihua

国家高层次人才
特殊支持计划入选证书

李建发 同志

入选国家高层次人才特殊
支持计划领军人才

中共中央组织部
人力资源和社会保障部

◎李建发“国家高层次人才特殊支持计划领军人才”证书

证书编号：W03040090

万人计划

Wanren Jihua

国家高层次人才
特殊支持计划入选证书

黄世忠 同志

入选国家高层次人才特殊
支持计划领军人才

中共中央组织部
人力资源和社会保障部

◎黄世忠“国家高层次人才特殊支持计划领军人才”证书

证 明

杜兴强，男，证件号：　　　　　　，证件类型：身份证，2001年8月来校工作，现为我校管理学院教授，系第六批国家特支计划哲学社会科学领军人才。

特此证明。

厦门大学人事处

2022年1月18日

◎杜兴强“国家高层次人才特殊支持计划领军人才”证明[①]

① 近年来，国家高层次人才特殊支持计划入选者不再颁发证书（下同）。

国家高层次人才特殊支持计划，简称“国家特支计划”，是面向国内高层次人才的支持计划。2012年8月17日，经党中央、国务院领导批准，由中组部、人社部等11个部门和单位联合出台该政策。目标是用10年时间，遴选1万名左右自然科学、工程技术和哲学社会科学领域的杰出人才、领军人才和青年拔尖人才，给予特殊支持。

“国家特支计划”体系由三个层次构成。第一层次为100名杰出人才；第二层次为8000名领军人才，包括科技创新领军人才、科技创业领军人才、哲学社会科学领军人才、教学名师；第三层次为2000名青年拔尖人才。

（二）中宣部文化名家暨“四个一批”人才

2017—2024年，厦门大学会计学系共有三位教师入选中宣部文化名家暨“四个一批”人才：（1）李建发（2017年）；（2）黄世忠（兼；2017年）；（3）杜兴强（2022年）。

文化名家暨
“四个一批”人才

证书

李建发 同志：

经我部组织专家评审并经部务会议研究审定，您于2017年12月入选文化名家暨“四个一批”人才工程。

特发此证。

中共中央宣传部

二〇一七年十二月

◎李建发中宣部文化名家暨“四个一批”人才证书

文化名家暨
“四个一批”人才

证书

黄世忠 同志：

经我部组织专家评审并经部务会议研究审定，您于2017年12月入选文化名家暨“四个一批”人才工程。

特发此证。

中共中央宣传部

二〇一七年十二月

◎黄世忠中宣部文化名家暨“四个一批”人才证书

2003年，中宣部会同中组部、人事部组织实施“四个一批”人才培养工程。2011年，中宣部会同文化部、国家广电总局、国家新闻出版总署、中国社会科学院启动文化名家工程。2012年，为统筹推进宣传思想文化领域高层次人才队伍建设，中宣部将文化名家工程与“四个一批”人才培养工程调整合并，统一实施文化名家暨“四个一批”人才工程。文化名家暨“四个一批”人才工程重点资助扶持一批哲学社会科学、新闻出版、广播影视、文化艺术和文物保护、文化经营管理、文化科技等方面的名家人才，承担重大课题、重点项目、重要演出，开展创作研究、展演交流、出版专著等活动。

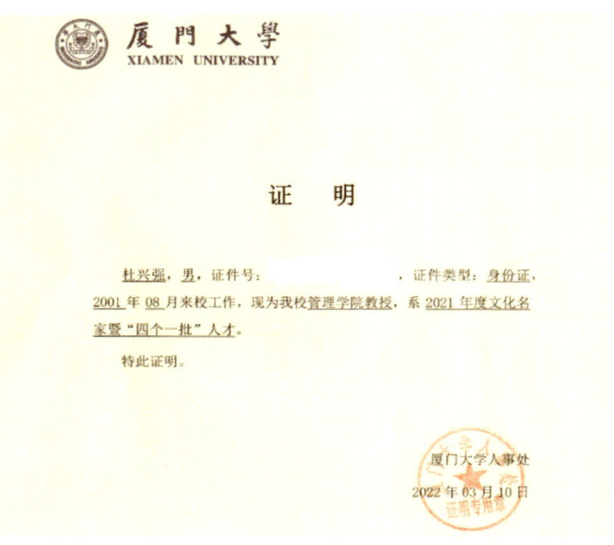

厦門大學
XIAMEN UNIVERSITY

证　明

杜兴强，男，证件号：　　　　，证件类型：身份证，2001 年 08 月来校工作，现为我校管理学院教授，系 2021 年度文化名家暨“四个一批”人才。

特此证明。

厦门大学人事处
2022 年 03 月 10 日

◎杜兴强中宣部文化名家暨“四个一批”人才证明

（三）杜兴强教授入选2019年“国家百千万人才工程”和“有突出贡献中青年专家”

2019年9月，厦门大学会计学系杜兴强入选“国家百千万人才工程”，同时被授予“有突

证　书

杜兴强同志：

经人力资源和社会保障部会同有关部门组织专家评审，您入选国家百千万人才工程，授予“有突出贡献中青年专家”荣誉称号。

特发此证。

国家百千万人才工程　第190248号

中华人民共和国人力资源和社会保障部
2019 年 9 月 24 日

◎杜兴强入选“国家百千万人才工程”证书

出贡献中青年专家”荣誉称号。“国家百千万人才工程”自1995年实施以来，杜兴强是厦门大学会计学系第一位入选的教师，同时也是厦门大学人文社会科学者中第五位入选的教师。

“国家百千万人才工程”由中华人民共和国人力资源和社会保障部组织，会同科技部、教育部、财政部、国家发展改革委、国家自然科学基金委、中国科协等，旨在重点选拔和培养瞄准科技前沿、能引领和支持国家关键领域实现跨越式发展的、高层次的中青年学术技术领军人才。“国家百千万人才工程”是我国中青年学术科技人才选拔培养的重要品牌工程[①]。

（四）杜兴强荣获国务院政府特殊津贴

2020年12月，经国务院批准，人力资源和社会保障部公布了2020年享受政府特殊津贴人员名单，厦门大学会计学系杜兴强教授获得“国务院政府特殊津贴”这一殊荣。厦门大学会计学系迄今为止已有12位教授获得这一殊荣。

证　书

杜兴强同志：

为了表彰您为发展我国社会科学研究事业做出的突出贡献，特决定发给政府特殊津贴并颁发证书。

中华人民共和国国务院

政府特殊津贴第2020182408号　2020年12月28日

◎杜兴强教授获得国务院政府特殊津贴证书

国务院政府特殊津贴制度于1990年设立，是党和政府关心、关怀广大高层次高技能人才，激励他们充分发挥引领作用，为国家建设作出更大贡献的重要制度，也是加强专业技术人才和技能人才队伍建设，为经济社会发展提供有力人才保障的重大举措。多年来，享受国务院政府特殊津贴的专家在人才培养、科技创新、成果转化、决策咨询等方面发挥了重要作用，赢得了普遍赞誉。2020年是该制度实行的三十周年。

① 参见：www.mohrss.gov.cn/zyjsrygls/ZYJSRYGLSzhengcewenjian/201301/t20130115_82418.html。

（五）财政部“会计名家”

2017—2024年，厦门大学会计学系共有三位教师培养期结束，获得财政部“会计名家”称号:（1）李建发（2018年；2013年入选财政部“会计名家培养工程”），（2）黄世忠（兼；2018年；2013年入选财政部“会计名家培养工程”），（3）刘峰（2018年；2014年入选财政部“会计名家培养工程”）。

会计名家证书

证书编号： MJ2013003

身份证号：350203196209134032

李建发：

经财政部选拔和培养，现已完成会计名家培养工程的全部培养项目，经考核合格，特颁此证。

财政部部长助理

发证日期：二〇一八年一月二十九日

◎李建发财政部“会计名家”证书

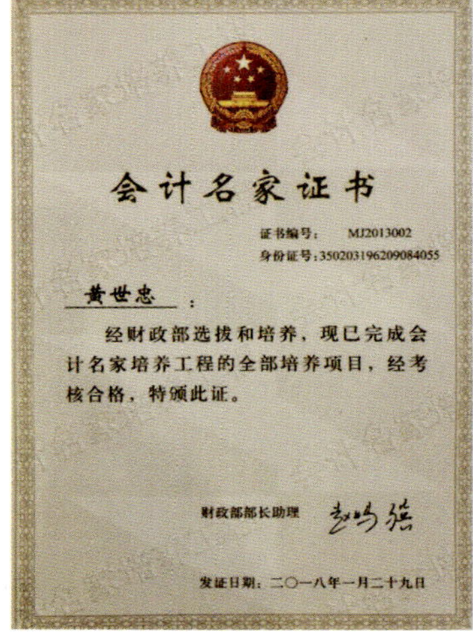

会计名家证书

证书编号： MJ2013002

身份证号：350203196209084055

黄世忠：

经财政部选拔和培养，现已完成会计名家培养工程的全部培养项目，经考核合格，特颁此证。

财政部部长助理

发证日期：二〇一八年一月二十九日

◎黄世忠财政部“会计名家”证书

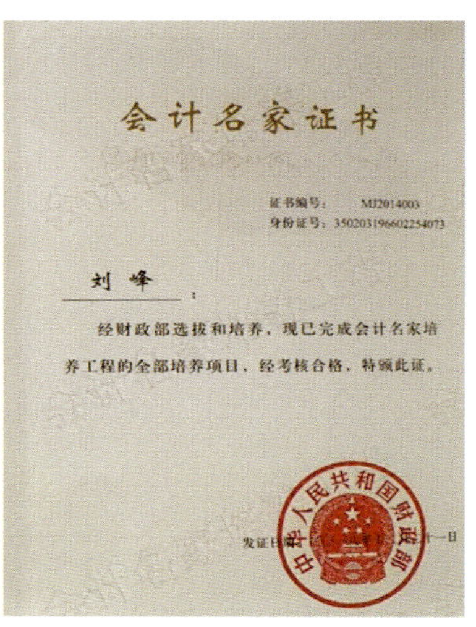

会计名家证书

证书编号： MJ2014003

身份证号：350203196602254073

刘峰：

经财政部选拔和培养，现已完成会计名家培养工程的全部培养项目，经考核合格，特颁此证。

中华人民共和国财政部

◎刘峰财政部“会计名家”证书

为贯彻《会计行业中长期人才发展规划（2010－2020年）》有关精神，着力打造一批造诣精深、成就突出、在国内外享有较高声誉的会计名家，推动我国会计人才队伍整体发展，财政部启动了“会计名家培养工程”（财会〔2013〕14号）。财政部“会计名家培养工程”于2013年启动，2013—2019年每年评选一次，共评选7次。

2020年，根据会秘〔2020〕2号，为进一步做好会计名家培养工作，提高培养质量，在全面总结“会计名家培养工程”实施经验的基础上，经财政部“会计名家培养工程”领导小组研究决定，自2020年起适当调整《会计名家培养工程实施方案》（财会〔2013〕14号）中关于会计名家培养对象的推荐选拔周期，由每年进行一次，改为每两年进行一次，资助周期3年不变。

（六）杜兴强教授入选“财政部会计名家培养工程”

2023年1月19日，根据财政部中国会计学会相关文件，杜兴强教授入选财政部会计名家培养工程。

根据《财政部关于开展2022年“会计名家培养工程”候选人推荐工作的通知》（财会〔2022〕24号），中国会计学会于2022年8月启动了“会计名家培养工程”的申报，经过资格审核、通讯评审及会议评审、社会公示等程序，最终形成最终的五人入选名单。

财政部会计名家培养工程开始于2013年，2013年至2019年评选七届，每届十人。2020年和2021年未开展评选，自2022年开始每两年评选一次、每次入选者不超过五位。此前，会计学系李建发教授、黄世忠教授（兼）与刘峰教授先后入选“财政部会计名家培养工程”。

财政部文件

财会〔2023〕3号

财政部关于2022年“会计名家培养工程”入选人员及有关事项的通知

有关高等院校：

根据《财政部关于印发会计名家培养工程实施方案的通知》（财会〔2013〕14号）规定，2022年“会计名家培养工程”评选工作经单位推荐、资格审核、通讯评审、会议评审、入围人员公示，并报财政部会计名家培养工程领导小组批准，陈俊等5位同志（名单见附件）入选“会计名家培养工程”。现就有关事项通知如下：

一、培养对象所在单位为会计名家培养工程项目依托单位，请各依托单位认真组织好会计名家的培养工作，支持和帮助本单

— 1 —

位的培养对象根据培养方案开展相关研究和学术活动，按时提交研究成果，并对核拨的资助经费进行管理和监督。

二、财政部委托中国会计学会对会计名家培养对象的学术研究活动进行跟踪管理，并将组织专家对其研究成果和学术活动效果进行评审。对评审不合格者，将取消培养资格。

三、培养对象按申报的课题和科研项目开展学术活动，按时提交高质量的课题研究成果，提升会计理论研究水平和国际影响力，并为我国会计政策制定和会计实务提供参考与指导。

四、每位培养对象的资助经费为40万元，根据当年预算安排分次核拨，按照国家规定的相关财政财务制度管理和使用。

联 系 人：中国会计学会　杨旭

电　　话：010－68520682、18811189024

通讯地址：北京市西城区月坛南街14号月新大厦6层

电子邮箱：68520682@asc.org.cn

附件：2022年“会计名家培养工程”入选人员名单

2023年1月19日

— 2 —

附件

2022年“会计名家培养工程”入选人员名单

（按姓氏拼音排序）

姓名	单位	职称
陈　俊	浙江大学	教授、博士生导师
杜兴强	厦门大学	教授、博士生导师
靳庆鲁	上海财经大学	教授、博士生导师
张　敦	中南财经政法大学	教授、博士生导师
朱红军	安徽财经大学	教授、博士生导师

信息公开选项：主动公开

财政部办公厅　　2023年2月3日印发

◎财政部关于2022年“会计名家培养工程”入选人员及有关事项的通知

（七）其他人才项目

除了上述国家级及省部人才计划之外，会计学系李建发教授、杜兴强教授和罗进辉教授等还先后入选福建省高层次人才（A 类）、厦门市高层次人才 A 类、厦门市拔尖人才等。此外，厦门大学会计学系还有多名教师入选福建省高层次人才（B 类、C 类）及财政部高层次财会人才素质提升工程（刘馨茗）、财政部会计领军人才（蔡宁、李成等）。

编号：2022211284X

福建省级高层次人才
认定证书

李建发 同志

确认为福建省级高层次人才

（A 类）

中共福建省委人才工作领导小组办公室

认定时间：2022 年 5 月（认期 6 年）

编号：2022211768X

福建省级高层次人才
认定证书

杜兴强 同志

确认为福建省级高层次人才

（A 类）

中共福建省委人才工作领导小组办公室

认定时间：2022 年 8 月 16 日（认期 6 年）

◎李建发教授和杜兴强教授的“福建省高层次人才（A 类）”认定证书

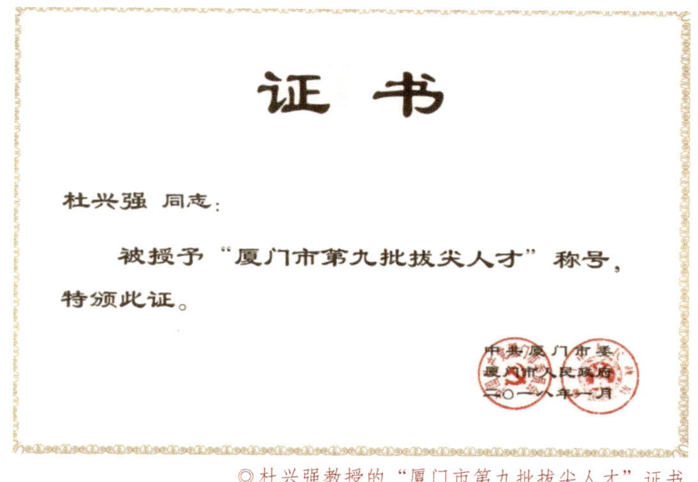

证书

杜兴强 同志：

被授予“厦门市第九批拔尖人才”称号，特颁此证。

中共厦门市委
厦门市人民政府
二〇一八年一月

◎杜兴强教授的“厦门市第九批拔尖人才”证书

二、培养的学生入选国家级与省部级人才计划情况

厦门大学会计学科作为国内最早的会计学博士和硕士授予权单位之一和博士后流动

站之一，为国内兄弟院校培养了大量的教师，输送了大量优秀的毕业生。厦门大学培养的学生毕业到国内高校就职后，勤奋努力，兢兢业业，取得了诸多成绩，迅速成为所在单位教学和科研的骨干力量，为母系争得了荣誉。其中，部分教学科研成绩特别突出者入选了国家级与省部级人才计划。

2017—2024年，作为人才培养的重要组成部分，厦门大学会计学系毕业生亦入选一系列的国家与省部级人才计划，包括陈志斌教授入选国家高层次人才特殊支持计划教学名师，周泽将（导师杜兴强教授）和刘雪娇入选国家百千万人才工程和国家高层次人才特殊支持计划（万人计划）青年拔尖人才，以及3人次入选财政部会计名家工程。

◎ 厦门大学会计学系培养的毕业生2017—2024年入选各类人才项目情况

姓名	人才项目名称	项目年度/年
吕长江	教育部长江学者特聘教授	2019
陈志斌	国家高层次人才特殊支持计划教学名师	2023
周泽将	国家高层次人才特殊支持计划、青年拔尖人才	2022
刘雪娇	国家高层次人才特殊支持计划、青年拔尖人才	2023
周泽将	国家百千万人才工程	2020
胡奕明	财政部“会计名家工程”	2017
刘运国	财政部“会计名家工程”	2019
陈　俊	财政部“会计名家工程”	2012

注：其中，吕长江为厦门大学会计学系的硕士毕业生，胡奕明、刘运国、周泽将、陈俊为厦门大学会计学系的博士毕业生，陈志斌为厦门大学会计学系的博士后，刘雪娇为厦门大学会计学系的本科毕业生。由于2018年后诸多国家级与省部级人才项目并不对外公布，所以本表统计资料可能存在些许缺漏。

三、吴水澎教授获厦门大学第九批“南强杰出贡献奖”

2021年厦门大学百年校庆期间，厦门大学将第九批“南强杰出贡献奖”颁发给郑兰荪院士、田中群院士和吴水澎教授。

吴水澎，男，1941年出生于福建诏安县梅洲乡，中共党员，我国著名会计学家、经济学家和教育家。1963年7月毕业于厦门大学经济系会计学专业本科，后留校任教，教龄50年。1992年获国务院政府特殊津贴。1993年被国务院学位委员会批准为博士生指导教师（全国第五批）。独著、主编、合著的学术著作和教材40余部，公开发表学术论文130多篇，多项成果得到国家政府部门的奖励，创立的以“价值”范畴为逻辑起点的理论学派，获国家级普通高等学校第二届人文社会科学研究成果奖经济学三等奖等。率先在我国编写包括教科书、学习指导书、习题集和习题答解的《会计学原理》课程系列教材，为促进我国会计教育事业的发展作出了重要贡献。

历任厦门大学会计学系首任系主任、经济学院副院长、研究生院副院长、校总会计师、厦门大学副校长等职，同时担任校职改领导小组副组长、校学位委员会副主席、教师职务哲学社会科学评审委员会主任委员等职。在党内，是中共厦门大学第六届、第七届党委委员，第七届党委常委等。社会服务方面，曾任教育部高等教育工商管理类学科、专业教学指导委员会主任委员，中国会计教授会会长、名誉会长，中国金融会计学会副会长，福建省会计学会副会长，厦门市会计学会会长，《会计理论探索丛书》主编等近百项兼职。在《财会通讯》杂志社新千年第1期的“会计学界百年星河图”中，被排在第4代代表人物中的首位。2021年获“厦门大学南强杰出贡献奖”。

◎吴水澎教授

四、教师队伍建设情况

（一）厦门大学会计学系教师的基本情况

截至2023年9月，厦门大学会计学系共有在职教师39名（含延迟退休），包括教授15名、博导9名、副教授13名（含博导）、助理教授12名。具体情况如下表。

◎ 厦门大学会计学系现任教师（截至2023年9月）

教授、博导（8人）	教授（6人）	副教授（13人；含博导1人）	助理教授（12人）
陈亚盛	蔡宁	陈守德	陈璐
杜兴强	郭晓梅	黄炳艺	郭睿
李成	林涛	林朝南	何源
李建发	苏新龙	刘馨茗	李胜难
刘峰	肖华	刘媛媛	李斯曼
罗进辉	叶少琴	任春艳	廖阳
肖虹		吴益兵	孟庆玺
张国清		熊枫	沈江华
		严晖	申屠李融
		杨绮	吴越
		曾泉（博导）	翟伟欢
		章永奎	张扬
		郑祯	

目前，杜兴强教授任系主任，张国清教授担任分管研究生工作（包括硕士生、博士生与MPAcc）的副主任，蔡宁教授担任分管本科工作的副主任。

厦门大学会计学系的教师共获国家级（省部级）人才项目30余人次，包括但不限于：

（1）国家高层次人才特殊支持计划哲学社会科学领军人才3人[李建发、黄世忠（兼）、杜兴强]；

（2）国家百千万人才工程入选者1人（杜兴强）；

（3）国家有突出贡献中青年专家1人（杜兴强）；

（4）中宣部文化名家暨“四个一批”人才3人[李建发、黄世忠（兼）、杜兴强]；

（5）享受国务院政府特殊津贴专家12人［葛家澍、余绪缨、常勋、吴水澎、庄瑞澄、陈守文、李若山、曲晓辉、刘峰、黄世忠（兼）、李建发、杜兴强］；

（6）教育部跨世纪优秀人才1人（曲晓辉）；

（7）教育部新世纪优秀人才1人（杜兴强）；

（8）财政部会计名家工程4人［李建发、刘峰、黄世忠（兼）、杜兴强］；

（9）全国会计杰出人才（先进工作者）2人（李建发、刘峰）；

（10）教育部霍英东基金会高等院校青年教师基金、青年教师奖、教育教学奖4人、6人次；

（11）厦门大学“南强”重点岗位教授2人（李建发、杜兴强）。

（二）2017—2024年新进教师

2017—2023年，厦门大学会计学系共计引进毕业于国内知名高校和海外高校的博士毕业生共计12人，很大程度上了优化了师资结构，丰富了师资团队内部的学源结构，提升了师资团队的多样性，提升了师资团队的“集体思考”的能力，促进了师资团队的稳定和团结。这些年轻教授包括但不限于①：陈璐助理教授（新加坡南洋理工大学）、郭睿助理教授（香港中文大学）、何源助理教授（香港大学）、李胜难助理教授（罗格斯新泽西州立大学）、李斯曼助理教授（美国佐治亚理工学院）、刘馨茗副教授（中国台湾政治大学）、刘媛媛副教授（北京大学）、孟庆玺助理教授（上海财经大学）、申屠李融助理教授（香港中文大学）、沈江华助理教授（香港科技大学）、吴越助理教授（澳大利亚国立大学）、翟伟欢助理教授（香港理工大学）。

年轻老师进入厦门大学会计学系后很快成为科研和教学的主力，已获得多项国家自然科学基金和国家社会科学基金，且已在*Journal of Accounting Research*、*Contemporary Accounting Review*、*Review of Accounting Studies*、*Journal of Business Ethics*等英文期刊上发表论文7篇，在其他英文B类或中文重要期刊上发表论文20余篇。

① 这些老师的详细简历请参阅相关章节。

第二节　教学改革与标志性教学成果

2017—2024年，厦门大学会计学科在国家级教学成果奖、省部级教学成果奖、教育部国家一流本科专业建设、教育部国家一流课程、国家级与省部级教育教学奖、省部级优秀教师等方面获得了重要的成绩或荣誉。在上述教学改革和教学成果中，如下方面值得指出：

第一，杜兴强教授负责的“会计学教学模式创新与教材体系改革：AI技术冲击、中国文化嵌入与伦理关注”获得2022年国家级教学成果二等奖（2023年公布；该成果此前于2021年获得福建省教学成果特等奖），这是国家级教学成果奖时隔18年后，再次回归厦门大学会计学科。

第二，厦门大学会计学科的会计学专业和审计学专业先后于2019年（首批）和2022年入选教育部国家一流本科专业建设点。

第三，2020年2月，AACSB（The Association to Advance Collegiate Schools of Business，国际商学院协会）正式宣布，厦门大学会计学系通过AACSB的会计项目认证（独立与平行于商学项目）。这在当时国内综合性大学中是少有的，意味着厦门大学会计学系在教育质量、学科发展、科研创新及学科的社会影响力等方面都得到AACSB的认可。

第四，2022年，杜兴强教授获得教育部霍英东高等院校教育教学奖，这是厦门大学（会计学系）教师首次获得这一教学奖项。

第五，“财务会计理论专题”（负责人：杜兴强教授）和“管理会计”（负责人：郭晓梅教授）入选教育部国家一流本科课程。

第六，2017年，肖华教授负责的教改成果“国际职业化导向的会计学本科专业化建设”获得福建省教学成果一等奖。

第七，2020年和2022年厦门大学会计学科教师参与的多项教学成果获得福建省教学成果一等奖和其他省部级教学成果奖。

最后，值得指出的是，2017—2024年，厦门大学会计学科继承了老一辈会计学家葛家澍教授、余绪缨教授和常勋教授等在教材建设方面的优良传统，与高等教育出版社合作出版了新版“厦门大学会计系列教材”（以前版本由辽宁人民出版社于1994—1995年、2000—2001年和2009—2010年出版）。

◎ 2017—2024年厦门大学会计学系教师所获国家级与省部级教学成果相关的奖励

序号	获奖者	获奖类别	获奖成果名称	获奖等级	获奖年度	授予部门
1	杜兴强 李建发 刘 峰 等	国家级教学成果奖	会计学教学模式创新与教材体系改革：AI技术冲击、中国文化嵌入与伦理关注	二等奖	2023	教育部
2	厦门大学会计学系（负责人：杜兴强）	国家一流本科专业建设	教育部国家一流本科专业建设点：会计学		2019	教育部
3	厦门大学会计学系（负责人：刘峰）	国家一流本科专业建设	教育部国家一流本科专业建设点：审计学		2022	教育部
4	杜兴强（个人奖项）	教育教学奖	第十八届教育部届霍英东高等院校教育教学奖	二等奖	2022	教育部
5	杜兴强	国家一流本科课程	财务会计理论专题	优秀奖	2023	教育部
6	郭晓梅 林 涛	国家一流本科课程	管理会计	优秀奖	2022	教育部
7	肖 华 桑士俊 杜兴强 等	福建省教学成果奖	国际职业化导向的会计学本科专业化建设	一等奖	2017	福建省教育厅
8	杜兴强 李建发 刘 峰 等	福建省教学成果奖	会计学教学模式创新与教材体系改革：AI技术冲击、中国文化嵌入与伦理关注	特等奖	2020	福建省教育厅
9	桑士俊（3） 章永奎（6）	福建省教学成果奖	迈向新文科的会计学国家级一流专业建设	一等奖	2020	福建省教育厅
10	于李胜 李 成 等	福建省教学成果奖	商学院一流本科人才培养探索与实践	一等奖	2022	福建省教育厅
11	杜兴强（3） 曾 泉（6） 申屠李融（9）	四川省教学成果奖	大数据会计人才培养改革与创新	二等奖	2022	四川省人民政府
12	杜兴强	优秀教师奖	宝钢优秀教师奖	优秀奖	2022	宝钢教育基金会
13	杜兴强	优秀教师奖	厦门市优秀教师	优秀奖	2019	中共厦门市委

一、2022年国家级教学成果奖[①]

“会计学教学模式创新与教材体系改革：AI技术冲击、中国文化嵌入与伦理关注”荣获国家级教学成果奖二等奖。国家级教学成果奖在百年系庆前（2024年4月5日）重回厦门大学会计学科，是对厦门大学会计学系百年系庆最为重要的献礼之一。

具有近百年历史、国内学术重镇之一的厦门大学会计学系拥有首批会计学国家重点学科、会计学国家级教学团队（教高函〔2008〕19号）、高等学校特色专业建设点——会计学（TS2257）、会计学与审计学两个国家一流本科专业建设点等。20世纪八九十年代，葛家澍教授负责的教学成果曾相继荣获国家级教学成果奖。2005年，葛家澍教授与杜兴强教授等曾获得国家级教学成果奖（《中级财务会计学》，教材）；此后，由于种种原因，2005—2009年、2009—2014年、2014—2018年申报周期内（通常4年一个周期），会计学系并未牵头申报国家级教学成果奖。此次获奖，意味着国家级教学成果奖在时隔18年后重回厦门大学会计学科。

◎国家级教学成果奖证书封面

① 国家级教学成果奖是国家为提高教学水平和教育质量而设立的最高级别的奖励，也是目前人文社科教学和科研领域最为重要的两类国家级奖励项目之一。据统计，此次国内高校的会计学科中，会计审计财务类共4个项目获国家级教学成果奖（本科类）。

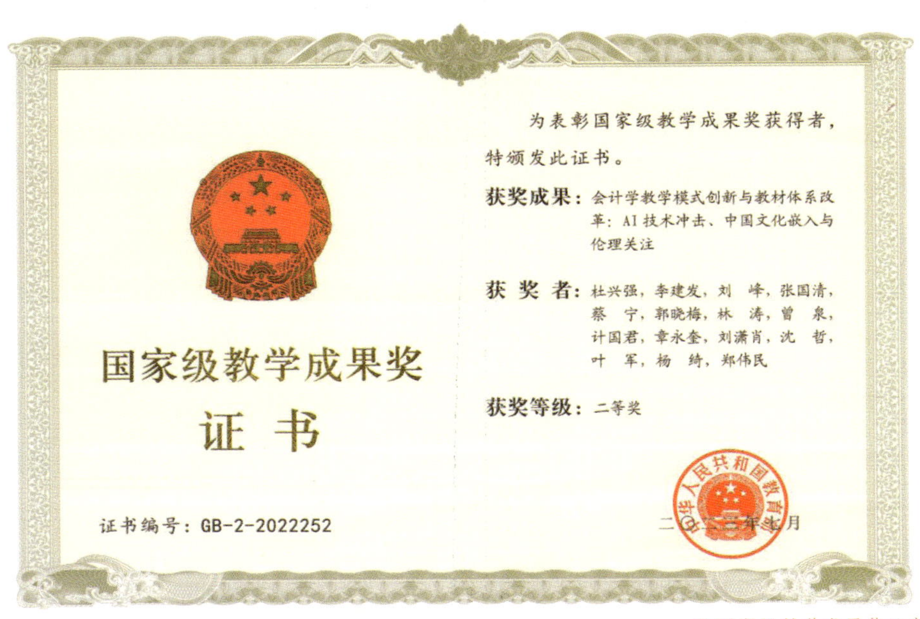

◎国家级教学成果奖证书

◎国家级教学成果奖奖章封面

◎国家级教学成果奖奖章内页

（一）团队构成与成果历程

本成果依托杜兴强教授主持的福建省本科重大教改项目等，成员共15名。除负责人杜兴强教授外，成员中的会计学系教师包括李建发教授、刘峰教授、张国清教授、蔡宁教授、郭晓梅教授、林涛教授、曾泉副教授、章永奎副教授和杨琦副教授。

2017年3月初，会计学系的教学和科研均处于相对低谷，人才队伍急需补充和优化。基于长时间的调研和深入思考，会计学系决定以教学为突破口，强调通过教学增加凝聚力，教学为研究提供灵感、研究反哺教学。此后，杜兴强教授与会计学系教师团队以重新出版“厦门大学会计系列教材”（高等教育出版社，杜兴强、刘峰总主编）为契机，系统思考了如何在会计学科进行教学改革，以更好地适应时代对会计学教学提出的挑战。

得益于厦门大学会计学科深厚的历史底蕴和全体教师的齐心协力，上述教学改革优先、教学与研究相辅相成的战略取得了阶段性的成效，2018年以来会计学科的教学和研究不断取得进步。会计学专业与审计学专业相继入选2019年与2021年国家级本科一流专业建设点，多门课程获批国家级一流本科课程，并获福建省教学成果特等奖，教师获霍英东基金会教育教学奖等，培养的毕业生多人次入选国家级高层次人才计划和省部级人才项目。

研究方面，近年来招聘的青年教师的高质量学术论文不断发表于国际英文UTD24（A+）、FT50（A）期刊和国内最优学术期刊，且难能可贵的是这些文章中至少部分跳跃着思想的火苗；基于确立的以国家自然 / 社会科学基金重大项目为突破口的战略思路，老中青教师近年来先后获得六项国家自然 / 社会科学基金重大（重点）项目，在同期国内会计学科对比中位于第一方阵前列，中青年教师中多人次入选国家级高层次人才计划，研究成果多次获教育部和福建省（人文）社科优秀成果奖。

2018—2022年，杜兴强教授和会计学系教学团队一道，基于时代背景和现实需求，根据社会经济环境变化，尊重和汲取厦门大学会计学科的历史积淀，系统地反思、研究和实践会计学的教学模式、教学理念、教学方法，并倾力于教材体系建设，凝练高质量的教学成果，“润物细无声”地实现“思政进教材、进课堂、进头脑”，并陆续在一些国内高校中加以推广应用。在此基础上，基于长期探索，抽象出“AI技术变革”“中国文化嵌入”“伦理关注”三个重要维度，进行会计学教学模式创新与教材体系改革，并通过厚基础与宽口径确保教学改革。基于孜孜不倦的探索、系统的总结和国内同行的支持，“会计学教学模式创新与教材体系改革：AI 技术冲击、中国文化嵌入与伦理关注”项目，终获2022年高等教育（本科）国家级教学成果奖。

◎ 厦门大学会计学科牵头申报、所获国家级教学成果奖情况

序号	时间	主要完成人（前三）	教学成果名称
1	2023	杜兴强　李建发　刘　峰 等	会计学教学模式创新与教材体系改革：AI技术冲击、中国文化嵌入与伦理关注
2	2005	葛家澍　杜兴强　桑士俊	《中级财务会计学》（教材）
3	1997	葛家澍　余绪缨　常　勋 等	以教学创新为中心，进行全方位教学改革
4	1989	葛家澍	创建“独树一帜”的财务会计教材体系

注：此外，会计学系教师林涛作为成员参与并获得2004年国家级教学成果奖一项。

（二）教学成果的背景

“一个国家的发展水平，既取决于自然科学发展水平，也取决于哲学社会科学发展水平。”党的十八大以来，习近平总书记多次对繁荣哲学社会科学做出专门指示。在哲学社会科学中，会计学（含审计学、财务管理）是目前我国高校在校学生最多的专业，占比超过10%。为此，会计学教学改革不仅必要，而且决定着我国会计学人才培养的最终成效。

面对 AI 技术变革，会计学应迅速地做出“反应”，改革教学模式和更新教材体系。此外，在“以本为本”和“新文科”建设的背景下，会计学教学在课堂教学和教材体系中嵌入中国文化元素，通过学科交叉融合、“润物细无声”地完成“思政教育”，使“思政”

进教材、进课堂与进头脑。为了回答“培养什么人、怎样培养人、为谁培养人”这一根本性问题，会计学教学中应关注和表达伦理问题，使本科毕业生成为国之栋梁、企业之才。但是目前会计学教学既未在技术性层面上充分考虑AI技术的新挑战，也忽视了会计的“社会性”，且相对滞后的教材体系和教学模式导致了教学内容与市场需求之间的矛盾。

（三）教学成果内容简介

世纪之交，国际范围内一系列财务舞弊事件将会计职业推到了风口浪尖，伦理问题日益凸显。神经网络与深度学习在2006年的突破使AI技术出现里程碑式的进步。党的十八大以来，繁荣哲学社会科学和增强文化自信日益成为共识，造就了基于学科交叉融合的“新文科”建设。

具有近百年历史、国内学术重镇之一的厦门大学会计学系，始终围绕立德树人、为党育人和为国育才，基于时代背景和现实需求，陆续根据社会经济环境变化系统地反思、研究和实践会计学教学改革，并在国内高校和企业中加以推广应用。厦门大学会计学国家级教学团队（教高函〔2008〕19号）、会计学国家重点学科、会计学与审计学国家一流本科专业建设点通过长期探索，抽象出“AI技术变革”、“中国文化嵌入”与“伦理关注”三个重要维度，进行会计学教学模式创新与教材体系改革，并通过厚基础与宽口径确保教学改革。

第一，会计作为信息系统从技术性层面上必然会经受来自AI技术日新月异的冲击。第二，会计的“社会性”又使之无法脱离社会经济环境。会计信息系统的运行效率与正式制度如会计准则（制度）及其执行均密切相关。会计准则的执行效率则在很大程度上受到会计人员和高管的行为的影响——后者无时无刻不受到中国文化的影响。因此，将中国文化引入会计学教学就成为重要的教学任务，同时也可将“思政”元素有机融入课程和教学体系。第三，为确保发挥会计信息影响社会资源配置效率的功能，会计学应重视和关注伦理问题，抑制财务舞弊。第四，AI技术、中国文化与伦理关注三者也相互“作用”。AI技术给会计学教学带来了新的伦理困境，即AI自身还是其程序设计者应对财务舞弊承担责任？AI技术使会计的“技术性”得以彰显的同时，中国文化因素是否和如何通过影响利益相关方的行

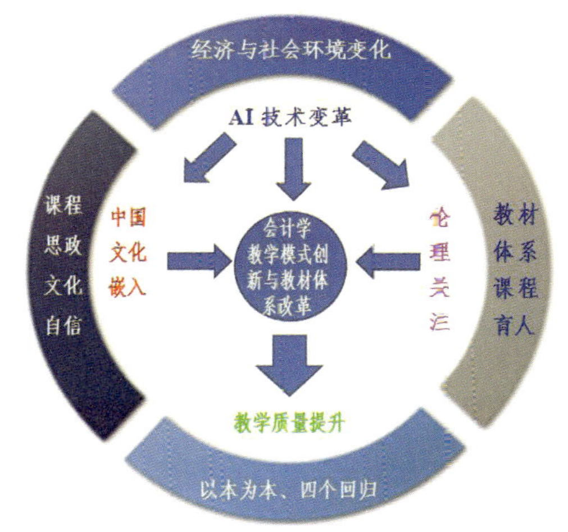

◎教学成果内容

为来影响会计信息功效的发挥?

（四）教学成果主要解决的教学问题

教学成果贯彻教育部“以本为本、四个回归”精神和立德树人的要求，侧重于 AI 技术冲击、中国文化嵌入与伦理关注，着力解决以下三个关键教学问题。

第一，会计学教学模式创新。

会计学既在“技术性”层面上受到 AI 技术变革的冲击，又在“社会性”层面上分别受到中国文化与伦理因素的影响。（1）创新教学模式、战略性地融合课堂讲授、实地调研、案例分析与讨论，基于需求导向、全方位地了解公司如何应对 AI 技术变革、通过财务共享将会计人员从烦琐的记账中解放出来。（2）贯彻“新文科”理念，通过学科交叉与多元化课程设置，强化学生的人文素质；强调中国文化的重要性，实现思政进教材、进课堂和进头脑。（3）理论联系实践，产学研深度融合，邀请财务总监与审计合伙人进课堂，帮助学生熟悉伦理因素对会计审计行为的影响。（4）解决 AI 技术融入会计学后带来的伦理问题。

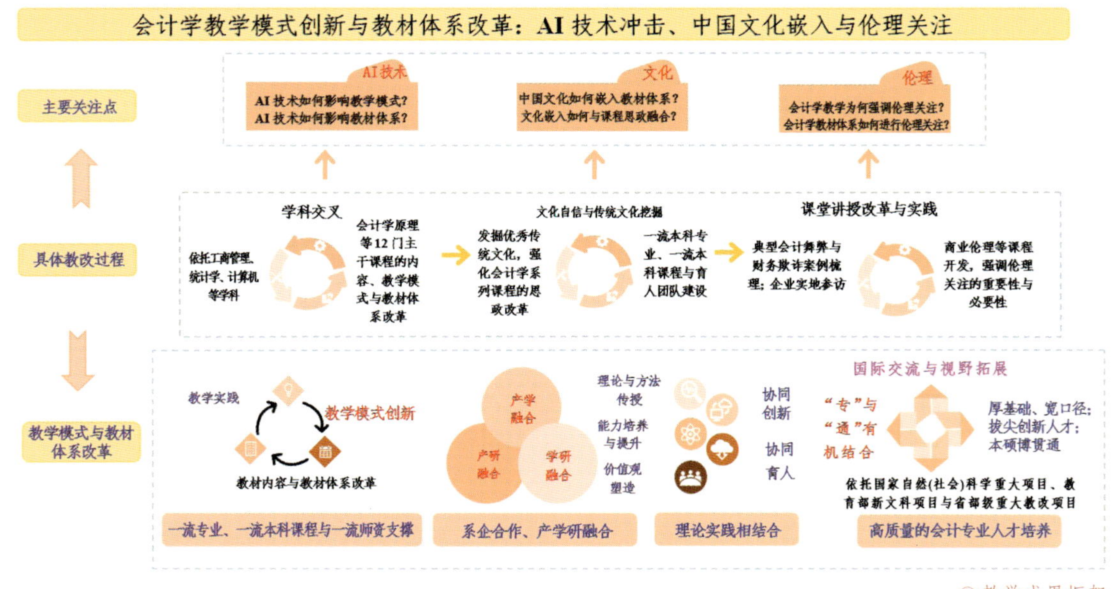

◎ 教学成果框架

第二，会计学教材体系改革。

强调学科交叉，通过会计学与工商管理、数学（统计学）、计算机学科的融合，进行 AI 技术变革下的会计教材体系改革：从原理上探讨 AI 技术对凭证 — 账簿 — 报表传统会计流程的再造，并基于事项会计重塑财务共享中心模式；注重正式制度、会计准则与中国文化共同影响会计政策选择；强调伦理因素对会计行为与审计独立性的影响；通过 AI 技术优化审计流程；弘扬中华传统优秀文化，通过会计理论等课程润物细无声地实现思政进教材、进课堂和进头脑；利用AI技术优化成本控制、预算制定与财务决策（九本教材有机嵌入+三本专门教材）。

◎“厦门大学会计系列教材”封面

第三，通过厚基础与宽口径实现会计学教学模式创新与教材体系改革。

AI技术、中国文化与伦理三个关键点均需学科交叉。成果通过厚基础与宽口径实现学科交融，以国家自科/社科重大项目和省部级重大教改课题为依托、培养优秀师资团队和拔尖创新人才，为会计学教学模式创新与教材体系改革夯实基础和赋能。

（五）教学成果中解决教学问题的方法

1.IMSAR框架

经过多年探索和实践，我们归纳出一套解决教学问题的“IMSAR”框架，包括五个

IMSAR框架：系统解决方案和方法

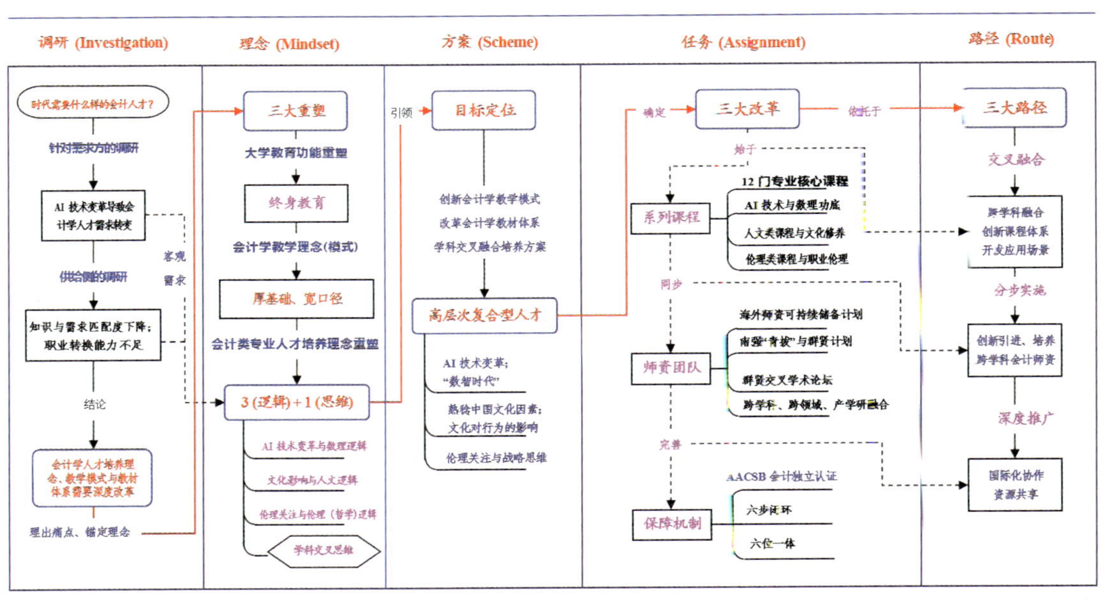

◎解决教学问题的“IMSAR”框架

维度：调研（investigation）、理念（mindset）、方案（scheme）、任务（assignment）、路径（route）。

第一，针对需求方（用人单位和学生）的调研定目标，针对供给方的调研厘清痛点，明确时代需要何种会计人才，据此锚定会计人才培养的关键。

第二，基于调查明确“理念”，包括终身教育理念，“厚基础与宽口径”的会计学教学理念，以及“3逻辑+1思维”的会计学专业人才培养理念。

第三，理念引领方案，包括创新教学模式，改革会计教材体系和学科交叉融合，最终目标定位于培养高层次复合型会计人才。

第四，方案确定任务，通过会计学系列课程的改革，厚植学生的数理功底、借以应对AI技术变革，注重人文类课程与文化修养培育，强化伦理课程与职业伦理；注重跨学科与跨领域的产学研深度融合，实现优秀师资团队的引培；“六步闭环”与“六位一体”的质量保障机制。

第五，任务依托路径，包括“跨学科交叉融合”、“分步实施”与“深度推广”等三大路径。

2. 内外双层“四轮驱动”确保教学模式创新与教材体系改革

在IMSAR框架指引下，成果创新性地总结和构建了内外双层“四轮驱动”。“内四轮驱动”包括课堂学习与教材建设，系企合作与创新教学平台，产学研结合与实践/案例教学，以及双创竞赛与专创融合。“外四轮驱动”包括时代和社会需求（文化、伦理关注、思政），环境发展（AI技术变革），依托工商管理一级学科、人文社科、计算机、数据科学、数学的“厚基础与宽口径”，以及学科交叉的培养方案。双层“四轮驱动”可实现教学模式创新与教材体系改革的过程控制。

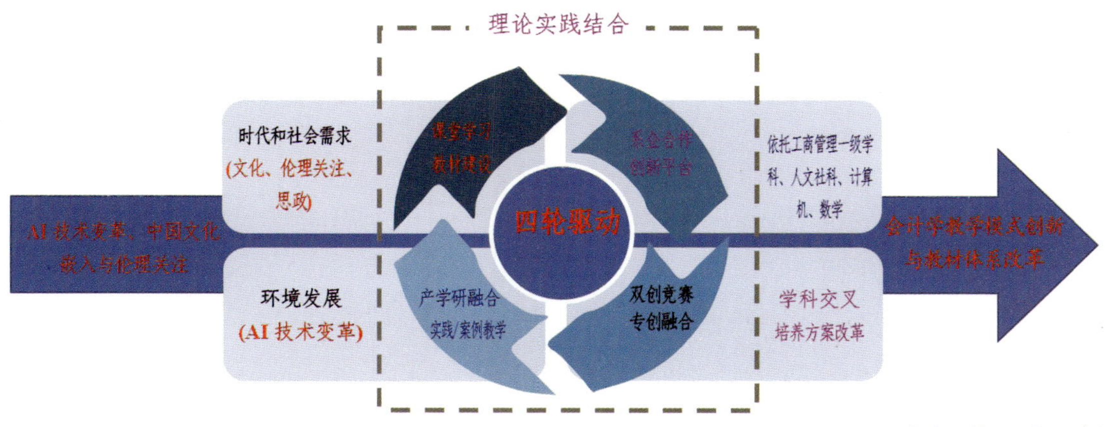

◎ 内外双层“四轮驱动”

3. “六位一体”与“六步闭环”的保障机制

成果系统地凝练、总结和实践了“六位一体”与“六步闭环”的保障机制。第一，教师、实务界专家、校院二级督导、在校学生、用人单位与毕业生共同构成“六位一体”的教学质量评价体系。第二，基于“一流会计专业人才培养”的使命与愿景、“AI技术变革、中国文化嵌入与伦理关注”进教材的战略与规划、明确的人才培养目标、综合能力框架（广泛的国际交流与视野拓展）、课程地图（系企合作创新实验与教学平台）以及完善的教学质量保障体系，共同构成“六步闭环”目标达成度评价机制。

“六位一体”的教学质量评价体系与“六步闭环”目标达成度评价机制有利于全方位地对会计学教学模式创新与教材体系改革的效果进行评价，借以不断丰富、拓展和完善教学成果，增强其应用和推广范围。

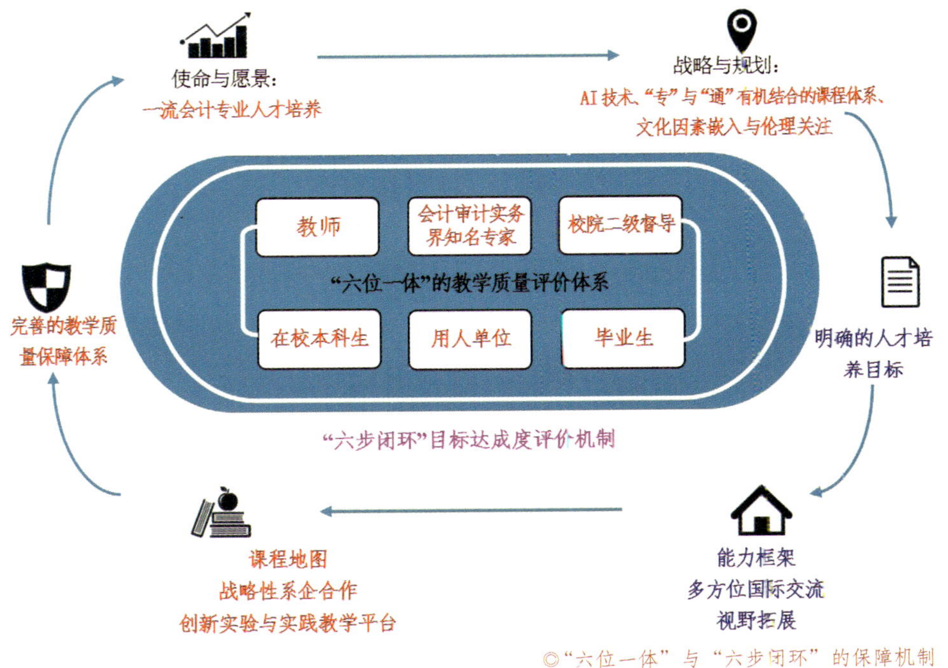

◎“六位一体”与“六步闭环”的保障机制

（六）教学成果的创新点

1. 新文科背景下的学科交融（AI技术、中国文化与伦理）

成果贯彻“以本为本、课程育人”，积极响应教育部“新文科”的倡议，强调交叉融合，率先将AI技术、中国文化与伦理三个关键因素引入会计学教学中，更新教学内容、创新教学模式、改革教材体系，培养学生跨学科学习以及知识扩展和思维创新的能力。

第一，关注AI技术对会计专业人才培养的挑战，倡导会计本科教育应主动适应新技术与新变革。

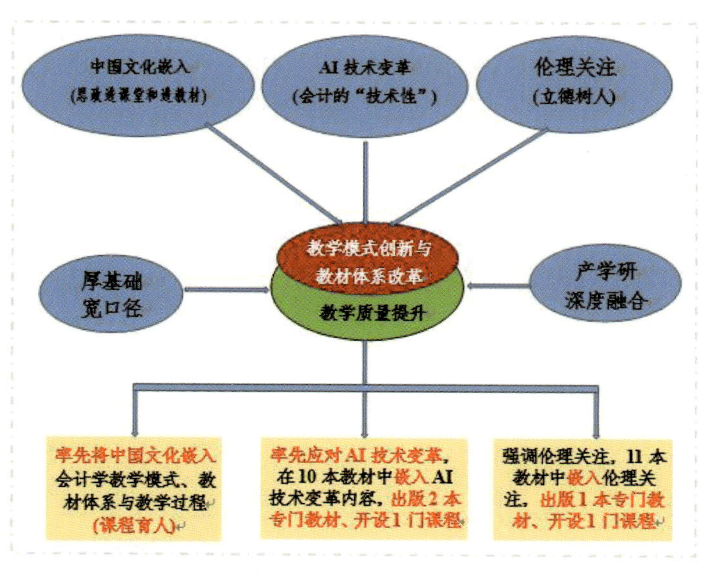

◎新文科背景下的学科交融（AI 技术、中国文化与伦理）

第二，强调“思政”进教材、进课堂、进头脑，注重课堂、教学过程与教材编写中的中国文化嵌入与伦理关注，不断拓展教学内容。

第三，充实会计实践基地、开展产学研深度合作，课堂与实践教学相结合。

第四，关注 AI 技术、文化与伦理三个因素间的交互影响，关注 AI 技术给会计带来的伦理问题。

2. 总结和实践了 IMSAR 框架、双层“四轮驱动”机制、“六位一体”和“六步闭环”的质量保障机制

第一，成果总结、实践和推广 IMSAR 框架，针对需求进行系统调查，通过重塑理念、拟订方案、明确和分解任务，最终落实到三大具体路径，确保教学模式创新与教材体系改革的顺利执行。

第二，成果总结了双层“四轮驱动”机制，确保了教学成果的检验效果。“内四轮驱动”主要涉及 IMSAR 的理念与方案，“外四轮驱动”则涉及调研、任务与路径。双层“四轮驱动”能够确保教学模式创新与教材体系改革的全过程。

第三，“六位一体”质量评价体系与“六步闭环”目标达成度评价机制，确保了学校、企业和社会能对会计学教学模式创新与教材体系改革的效果进行科学评价，切实提高学生培养质量，不断动态修正教学成果，增强其应用推广性。

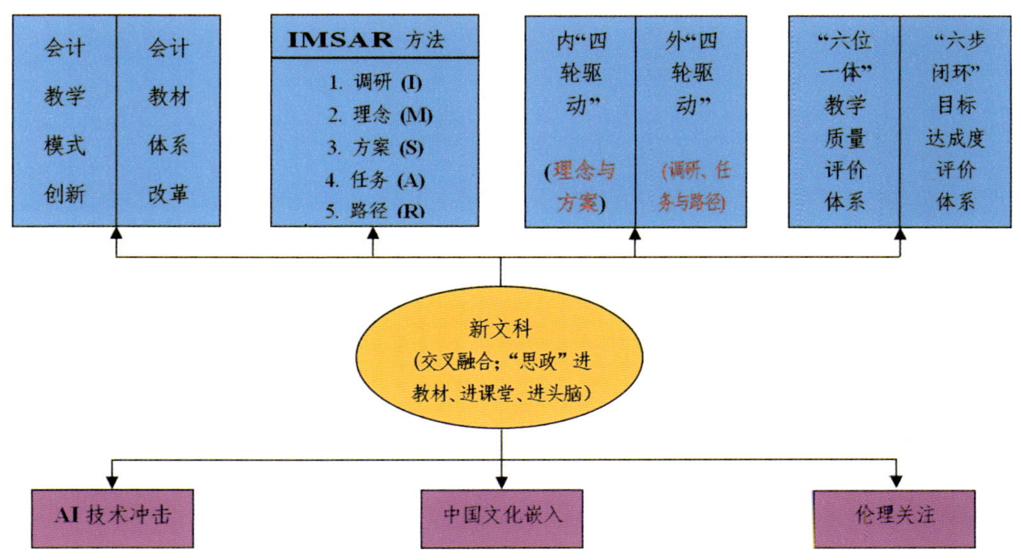

◎总结实践 IMSAR 框架、双层"四轮驱动"机制、"六位一体"和"六步闭环"质量保障机制

3. 出版一套高质量的"厦门大学会计系列教材"

成果配套12本的厦门大学会计系列教材，立足中国、放眼世界、侧重当前、注视未来。其中，既积累了将AI技术、中国文化与伦理关注有机嵌入九本教材的先进经验，又在国内率先编撰应对AI技术变革的两本专门教材，还针对性地编写了一本商业伦理的专门教材。

◎一套高质量的"厦门大学会计系列教材"

（七）教学成果的推广应用效果

成果是厦门大学会计学系的教育部会计学国家级教学团队、会计学国家重点学科与国家级本科一流专业建设点（会计学、审计学）十余年来教学改革与实践的系统总结。成果起止时间为2009年8月至2012年8月，检验期为2012年8月至2022年8月（10年）。

1. 国内高校与知名企业的广泛采纳、借鉴与交流

成果在国内知名高校与企业的推广应用中广受好评，包括六所双一流985大学、七所会计学国家重点学科与211高校、四所地方院校以及八家知名企业（含两家国际四大会计师事务所和两家世界五百强企业）。另有47家高校与企业曾来校进行学习与交流，教改成果亦被福建省教育厅作为典型案例加以推广。

2. 卓越师资团队与学生培养质量

第一，专业建设水平提升明显。厦门大学会计学系现有会计学和审计学两个国家级一流专业建设点，通过AACSB会计项目独立认证，在教育部会计学教指委、国务院学科评议组、AACSB等组织中发挥着积极作用。

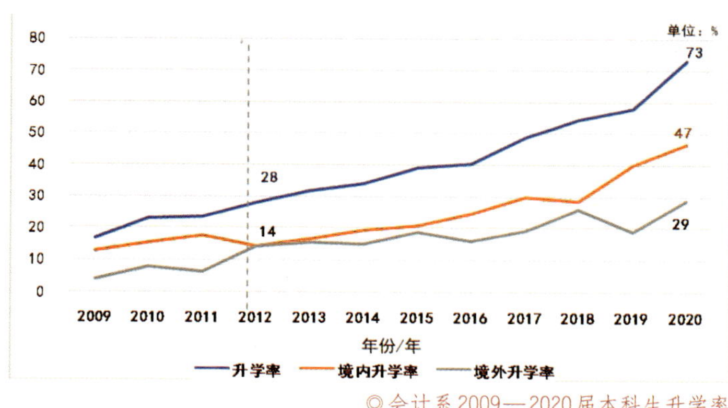

◎会计系2009—2020届本科生升学率

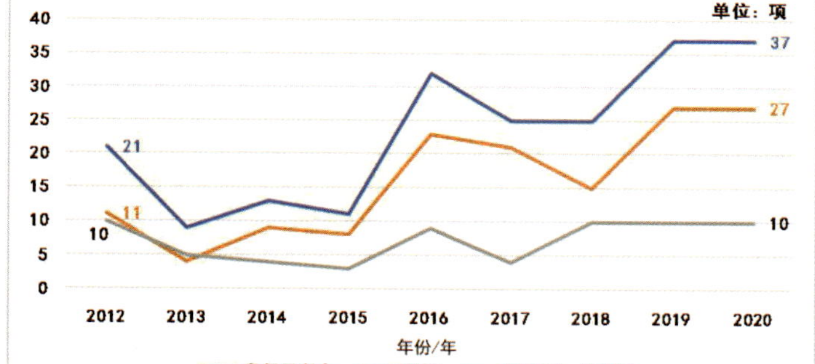

◎会计系2012—2020年本科生获省级以上学业竞赛奖励

第二，科教融合成果丰硕。以省部级本科重大教改项目与国家自科/社科基金重大项目为支撑，成果曾获3项福建省教学成果特等奖、霍英东基金会教育教学奖（杜兴强）、5项国家级教学成果二等奖、7项福建省教学成果一等奖，并陆续出版“厦门大学会计系列教材”。

第三，课程建设成效显著。“管理会计”等三门课程入选国家一流本科课程，“会计学基础”等三门课程入选福建省本科一流课程。

第四，学生培养质量得到认可。成果显著增加了学生应对AI技术的持续学习能力，强化了学生对中国文化和伦理因素的关注，提高了学生的学习积极性，本科生培养质量显著提升，境内外升学率高达73%，国家和省部级竞赛获奖400余次。

第五，育人团队建设成绩突出，教师团队中9人次入选中组部“哲学社会科学领军人才”和“国家百千万人才工程”等国家级高层次人才计划。

3. 三全育人示范效应明显

课堂讲授、教改过程与系列教材对中国文化与伦理因素的关注，产生了明显的三全育人示范效应，获得《人民日报》《光明日报》和中国教育电视台等专题报道30余次。院系团委荣获全国五四红旗团委、全国抗击新冠肺炎疫情先进集体、共青团中央中国青年志愿者优秀项目。另获国家与省部级思政类奖项13项。

4. 产学研合作成效突出

成果产学研协同成绩斐然，与腾讯、华为、毕马威、安永等80余家知名企业及事务所合作建立实习基地进行实践教学、共同开发课程，与中兴新云联合发布《财务的自动化 智能化 数字化》研究报告。

（八）未来方向

教学领域，厦门大学会计学系将以获得2022年国家级教学成果奖为契机，持续进行教学改革、践行教书育人使命、强化科研反哺教学，将会计和审计专业的前沿科研成果及时融入课堂教学，强化国家级一流课程建设，在专业和学科建设、教学改革、课程思政、教材体系建设、教学成果凝练等方面力争获得标志性的省部级与国家级奖项，持续提升厦门大学会计学科在教学领域的影响力。

二、国家级一流本科专业建设点：会计学

2019年12月31日，教育部办公厅公布了2019年度国家级一流本科专业建设点名单。根据教高厅〔2019〕46号文件，厦门大学会计学系会计学专业（120203K）入选国家级一流本科专业建设点（专业负责人为杜兴强教授）。

作为国内历史最为悠久的会计学科之一，厦门大学会计学系近年来在会计学国家重点学科的基础上，积极响应教育部的倡导，在会计学教学模式、方法、内容等方面进行了深入探索，努力将AI技术、伦理关注与中华民族传统优秀文化嵌入会计学教学改革之中，

取得了不错的成效。同时，厦门大学会计学系还积极与多个国际职业会计师组织合作，开展会计学本科专业国际化改革与建设，形成了独具特色的国际化会计学本科专业，取得了重大的人才培养效益。

本次会计学专业入选国家级一流本科专业建设点，是对厦门大学会计学系专业建设水平和人才培养成效的充分肯定。会计学系将进一步充分发挥国家级一流本科专业——会计学专业建设点在人才培养模式、课程体系、师资队伍、教学方法、教学管理等方面的示范辐射作用，推动会计学系本科专业建设整体水平的持续提升。

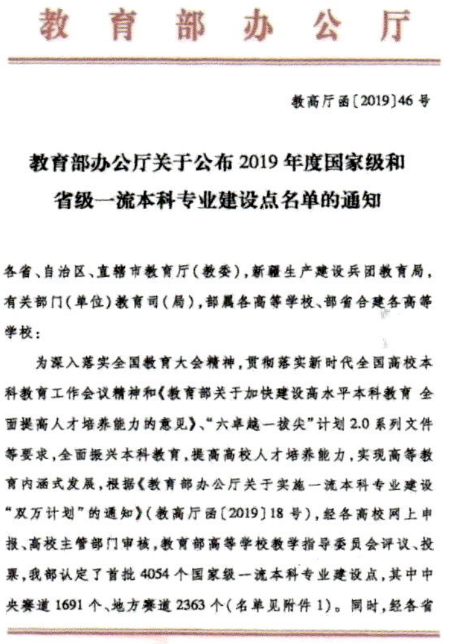

教 育 部 办 公 厅

教高厅函〔2019〕46号

教育部办公厅关于公布2019年度国家级和省级一流本科专业建设点名单的通知

各省、自治区、直辖市教育厅(教委)，新疆生产建设兵团教育局，有关部门(单位)教育司(局)，部属各高等学校、部省合建各高等学校：

为深入落实全国教育大会精神，贯彻落实新时代全国高校本科教育工作会议精神和《教育部关于加快建设高水平本科教育 全面提高人才培养能力的意见》、"六卓越一拔尖"计划2.0系列文件等要求，全面振兴本科教育，提高高校人才培养能力，实现高等教育内涵式发展，根据《教育部办公厅关于实施一流本科专业建设"双万计划"的通知》(教高厅函〔2019〕18号)，经各高校网上申报、高校主管部门审核，教育部高等学校教学指导委员会评议、投票，我部认定了首批4054个国家级一流本科专业建设点，其中中央赛道1691个、地方赛道2363个(名单见附件1)。同时，经各省

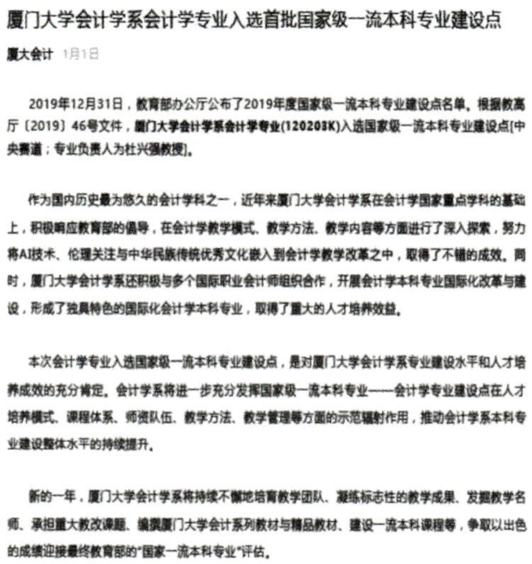

厦门大学会计学系会计学专业入选首批国家级一流本科专业建设点

厦大会计 1月1日

2019年12月31日，教育部办公厅公布了2019年度国家级一流本科专业建设点名单。根据教高厅〔2019〕46号文件，厦门大学会计学系会计学专业(120203K)入选国家级一流本科专业建设点[中央赛道；专业负责人为杜兴强教授]。

作为国内历史最为悠久的会计学科之一，近年来厦门大学会计学系在会计学国家重点学科的基础上，积极响应教育部的倡导，在会计学教学模式、教学方法、教学内容等方面进行了深入探索，努力将AI技术、伦理关注与中华民族传统优秀文化嵌入到会计学教学改革之中，取得了不错的成效。同时，厦门大学会计学系还积极与多个国际职业会计师组织合作，开展会计学本科专业国际化改革与建设，形成了独具特色的国际化会计学本科专业，取得了重大的人才培养效益。

本次会计学专业入选国家级一流本科专业建设点，是对厦门大学会计学系专业建设水平和人才培养成效的充分肯定。会计学系将进一步充分发挥国家级一流本科专业——会计学专业建设点在人才培养模式、课程体系、师资队伍、教学方法、教学管理等方面的示范辐射作用，推动会计学系本科专业建设整体水平的持续提升。

新的一年，厦门大学会计学系将持续不懈地培育教学团队、凝练标志性的教学成果、发掘教学名师、承担重大教改课题、编撰厦门大学会计系列教材与精品教材、建设一流本科课程等，争取以出色的成绩迎接最终教育部的"国家一流本科专业"评估。

◎厦门大学会计学系会计学专业入选首批国家级一流本科专业建设点

三、国家级一流本科专业建设点：审计学

2022年6月10日，根据《教育部办公厅关于公布2021年度国家级和省级一流本科专业建设点名单的通知》(教高厅函〔2022〕14号)，厦门大学会计学系的审计学专业入选2021年度国家级一流本科专业建设点。至此，厦门大学会计学系的会计学专业与审计学专业均入选国家级一流本科专业建设点。

作为国内历史最为悠久的会计学科之一，厦门大学会计学系的审计专业自1985年开始招生，曾培养出新中国第一位审计学博士及多位在审计领域成就斐然的理论与实务界人士。近年来，厦门大学会计学系的审计学专业积极响应教育部的倡导，在教学模式、教学方法、教学内容等方面进行了深入探索，努力促进学科交叉融合，积极探索新文科建设，尝试将AI与大数据等内容纳入课程体系，在本科人才培养和专业课程体系建设方面取得了不错的成效。

会计学与审计学专业相继入选国家级一流本科专业建设点，一定程度上体现了厦门大学会计学系的专业建设水平和人才培养成效。厦门大学会计学系将进一步按照国家级一流本科专业建设点的要求，在人才培养模式、课程体系、师资队伍与教学方法等方面进行系统的教学改革，推动厦门大学会计学系本科专业建设整体水平的持续提升，努力为国家和社会培养一流的会计审计人才。

教　育　部　办　公　厅

教高厅函〔2022〕14 号

教育部办公厅关于公布2021年度国家级和省级一流本科专业建设点名单的通知

各省、自治区、直辖市教育厅（教委），新疆生产建设兵团教育局，有关部门（单位）教育司（局），部属各高等学校、部省合建各高等学校：

根据《教育部办公厅关于实施一流本科专业建设“双万计划”的通知》（教高厅函〔2019〕18号），我部组织开展了2021年度国家级和省级一流本科专业建设点报送工作。经各高校网上申报、高校主管部门审核和教育部高等学校教学指导委员会评议、投票推荐，我部认定了3730个国家级一流本科专业建设点，其中中央赛道1466个、地方赛道2264个。同时，经各省级教育行政部门审核、推荐，确定了5069个省级一流本科专业建设点。现将名单予以公布（见附件1、2）。请各地各高校统筹好三批国家级和省级一流本科专业建设点的建设工作，持续加强专业建设，不断提高人才培养质量，培养一流人才方阵。

2021 年度国家级一流本科专业建设点名单

（厦门大学）

序号	高校名称	专业名称
1	厦门大学	哲学
2	厦门大学	税收学
3	厦门大学	外交学
4	厦门大学	人类学
5	厦门大学	汉语言文学
6	厦门大学	日语
7	厦门大学	新闻学
8	厦门大学	新能源科学与工程
9	厦门大学	电子信息科学与技术
10	厦门大学	自动化
11	厦门大学	数字媒体技术
12	厦门大学	土木工程
13	厦门大学	飞行器设计与工程
14	厦门大学	生物工程
15	厦门大学	临床医学
16	厦门大学	药学
17	厦门大学	国际商务
18	厦门大学	审计学（12007）
19	厦门大学	音乐表演
20	厦门大学	绘画

◎厦门大学会计学系审计学专业入选首批国家级一流本科专业建设点

四、2022年霍英东教育基金会高等院校教育教学奖二等奖（杜兴强）

2022年7月27日，教育部港澳事务办公室公布了2021年第十八届霍英东教育基金会高等院校教育教学奖的评审结果，杜兴强教授获二等奖。这是厦门大学和会计学系教师首次获得这一奖项。

◎杜兴强“教育部霍英东高等院校教育教学奖”证书

自2001年任教以来，杜兴强教授共三次获得霍英东教育基金会的相关资助与奖励[①]。2006年获得第十届青年教师基金（101087）；2010年获得第十二届青年教师奖一等奖（123004，科研类）；2022年获得教育教学奖二等奖（182056，教学类）。

◎ 会计系历届霍英东青年教师基金/青年教师奖/教育教学奖的获奖名单（按时间逆序）

序号	姓名	获奖年度/年	基金/奖项（编号）	获奖等级	类别
1	杜兴强	2022	第十八届教育部霍英东教育教学奖（182056）	二等奖	教学类
2	罗进辉	2018	第十六届教育部霍英东青年教师奖（162092）	三等奖	科研类
3	杜兴强	2010	第十二届教育部霍英东青年教师奖（123004）	一等奖	科研类
4	杜兴强	2006	第十届教育部霍英东青年教师基金（101087）	基金	科研类
5	刘峰	1998	第六届教育部霍英东青年教师基金	基金	科研类
6	曲晓辉	1993	第四届教育部霍英东青年教师奖	三等奖	科研类

注：根据相关资料整理。

杜兴强教授获得2022年教育部霍英东教育教学奖二等奖的主要教学成绩如下：

（1）参与本科教育教学改革政策制定与指导情况

作为国家级教学成果奖会评专家与教育部高等学校会计学专业教指委副主任委员，杜兴强教授积极参与我国会计学专业的本科教学研究与教改工作，对推动教育部国家一流本科专业（会计学、审计学、财务学、资产评估、会计教育）的评估起到了一定的推动作用。

（2）教育教学方法研究

改进教学方法方面，注意到传统的课堂逻辑（教师和学生分别位于知识的两端）已不能满足学生的要求，因此提倡、实践与总结了基于“互联网+”的平行教学模式，激励学生通过自主学习进而与教师一起分享会计学领域内的知识，最终参与到对会计理论体系的完善过程中。在平行教学模式下，学生与教师共同拓展会计理论的教学与研究内容，分

① 霍英东教育基金会由全国政协前副主席、香港著名实业家霍英东先生出资一亿港币与教育部合作于1986年成立，以“扶植新秀，奖掖群贤”为宗旨。第一届至第十七届，霍英东基金的资助种类包括霍英东青年教师基金与霍英东青年教师奖。2021年第十八届始，霍英东基金会对标国家“十四五”规划和新时代教师队伍建设需求，兼顾教学和科研，大幅提高奖励金额，设立“教育教学奖”（≤55周岁）和“青年科学奖”（男性≤38周岁，女性≤40周岁），表彰长期从事本科教学工作、在学生培养方面有重要贡献的中青年教师，以及在科学研究成绩突出、有发展潜力的青年科研人员。第十八届霍英东教育教学奖经过学校推荐、资格审查、同行通信评议、专家会议评议与公示等环节，共评出5项一等奖和81项二等奖。霍英东高等院校教育教学奖是国家级教学成果奖与国家级教学名师之外，教学领域内最为重要的奖项之一。

析技术变革与文化因素如何影响会计信息质量与审计行为。

（3）教学内容改进

杜兴强教授强调会计学教材内容的“继承与发展”，主张：第一，应充分考虑AI技术日新月异带来的冲击，更新目前会计学教材的内容，留出一定的篇幅讨论AI技术对会计循环乃至会计理论内容的影响。第二，将“伦理”元素纳入会计学的教学内容中，倡导在《财务会计理论专题》的每一个专题中，均将会计伦理作为一个重要组成部分进行讲授、并引导学生讨论特定的会计政策选择和会计方法是否符合会计伦理。第三，倡导会计学教材不应仅考虑技术细节，而应该思考会计政策选择过程中“人”的因素。

（4）课程体系改革

在《财务会计理论专题》中将思想政治教育融入课程，除了讲授会计理论之外，还尽可能地将党的十八大文件中的相关思想有机地融合到教学之中。具体地，积极响应国家和教育部关于弘扬中华民族优秀文化的建议，主动地将“文化影响与会计审计行为”这一模块嵌入财务会计理论课程，取得了很好的成效，使得学生在学习专业知识的同时，了解到中国的优秀传统文化，并对文化如何影响会计审计行为能够有初步了解。

（5）获得的教育教学研究成果奖

近五年积极组织教学团队，围绕“会计学教学模式创新与教材体系改革”与“国际职业化导向的会计学本科专业化建设”凝练教学成果，分别获得福建省教学成果奖特等奖与一等奖，即2020年福建省教学成果奖特等奖——“会计学教学模式创新与教材体系改革：AI技术冲击、中国文化嵌入与伦理关注”（杜兴强为负责人）、2017年福建省教学成果奖一等奖——“国际职业化导向的会计学本科专业化建设”。

（6）教材编写情况

曾先后主编普通高等教育国家级规划教材《财务会计理论》与《中级财务会计学》。这些教材被国内兄弟院校广泛采纳，受到了一定的好评。此外，2020—2021年，杜兴强教授作为总主编陆续出版了“厦门大学会计系列教材”，力图将AI技术影响、中国文化与伦理关注等诸多新内容融入其中，反映厦门大学会计学科的最新教学成果。

五、2021年福建省教学成果奖特等奖

2021年，杜兴强教授负责申报的“会计学教学模式创新与教材体系改革：AI技术冲击、中国文化嵌入与伦理关注”获得福建省教学成果奖特等奖。2022年国家级教学成果

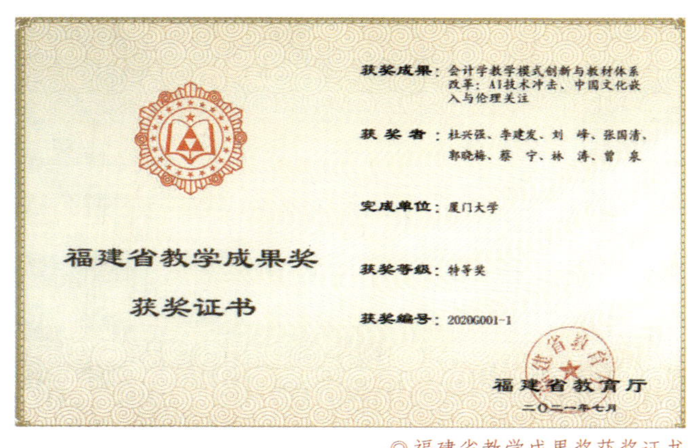

福建省教学成果奖

获奖证书

获奖成果：会计学教学模式创新与教材体系改革：AI技术冲击、中国文化嵌入与伦理关注

获 奖 者：杜兴强、李建发、刘 峰、张国清、郭晓梅、蔡 宁、林 涛、曾 泉

完成单位：厦门大学

获奖等级：特等奖

获奖编号：2020G001-1

福建省教育厅

二〇二一年七月

◎福建省教学成果奖获奖证书

奖的获得，正是在福建省教学成果特等奖的基础上进一步凝练和提升的结果。鉴于此，此处亦扼要介绍福建省教学成果奖的内容[①]。

（一）教学成果实施的背景

本成果贯彻教育部的“以本为本、四个回归”精神，着力于对本科会计学教材体系与教学模式进行系统的改革。具体地，本成果强调AI技术变化，考虑中国文化对会计审计行为、成本与预算控制、财务决策的影响，敦促会计学领域进行伦理关注，并据此调整和更新会计学教材体系的内容、进行教学模式的创新。

1.AI技术冲击

在全球新一轮技术革命的时代背景下，在AI、大数据、云计算、人工智能、区块链等为代表的数字技术支持下，海量的数据必将带来从样本思维到全量思维、从精准思维到模糊思维、从因果思维到关联思维、从自然思维到智能思维的转变。数据作为我们这个时代最为重要的资产之一，既为企业创造新的市场竞争维度，又给企业带来无止境的投资机会。

会计的发展是反应性的，密切依存于社会环境的变化。数字技术进步催生和孕育了会计、审计与财务管理的新发展，并给传统会计处理带来了重大的挑战，在一定程度上重塑了财务报告的新模式（如事项会计与实时报告）。基于此，会计学教学必须尽快适应技术变革，将大数据相关方法和内容有机地纳入会计学的教学内容与教材体系改革中，培养出契合社会环境变化需求的毕业生。

然而，目前相当多高校的会计学科并未在技术性层面上充分考虑AI技术给会计学教学模式与教材体系带来的挑战，仍沿用“手工簿记系统”下的教材与教学内容，使得会计学本科毕业生的专业知识与市场需求之间存在较大的差距。为此，AI技术日新月异敦促本项目关注会计学教学模式创新与教材体系改革。

2. 文化因素与伦理关注

除了AI技术日新月异的冲击，会计学也面临着如何将思想政治教育有机融入课程体

① 可以对比福建省教学成果特等奖与国家级教学成果奖两者的内容、框架与最终凝练的内容，借此来管窥两次申报之间会计学系教学团队所做的努力。

系和教学模式之中的重要任务。目前的会计学教学模式与教材体系更侧重于会计的技术性而忽视了会计的“社会性”。因此，会计学教学与教材体系往往拘泥于讲解具体的会计处理，以及会计法规、准则与制度的具体规定。相对滞后的会计学教材体系和教学模式导致会计学教学内容与市场需求之间的矛盾。实际上，制度与准则是一回事，但其执行效果往往又是另一回事。准则与制度的执行效果取决于CEO、高管、财务总监与会计人员的行为，而文化因素则是影响人行为的最为重要的因素。为此，本教改项目特别强调应在教学过程中关注文化因素对会计政策选择、审计独立性与财务决策的影响。

独立性是外部注册会计师审计（广义会计的范畴）的灵魂与基石。然而，目前的教学体系往往侧重于审计技术环节的知识传授，一定程度上忽视了影响审计独立性的伦理因素，至少存在关注不足的情况。为此，本项目侧重于关注伦理因素，分析其对审计独立性的影响，力图从伦理关注维度进行会计学教材体系与教学模式的改革。

3. 项目立项与建设过程

厦门大学会计学科在前期开展的一系列教改项目的过程中，对AI技术发展（包括但不限于大数据、云计算、人工智能、区块链等）、教育部号召的中国文化进课堂以及伦理因素对会计学教学的影响等给予了密切关注。厦门大学会计学科于2015年1月成立专项教改小组，确定开始题为“会计学教学模式创新与教材体系改革：AI技术冲击、中国文化嵌入与伦理关注”的教学改革项目，正式开始研讨并论证如下主要的教改关键点：（1）AI技术对会计学教学内容与教材体系的影响；（2）中国文化如何通过影响CEO、高管及会计审计人员的行为，最终影响会计政策选择、审计独立性与财务决策；（3）伦理因素如何影响审计人员独立性及会计人员在提供财务报告过程中的会计行为。在此基础上，会计学科对课程体系、教材内容及教学模式进行了系统的改革。

本成果是厦门大学会计学科近年来教学模式创新与教材体系改革的总结，并依托于一项省部级本科教学改革重大项目、一项国家自然科学基金重大项目、三项省部级教改一般项目。

（1）福建省本科高校重大教育教学改革研究项目“会计学教材体系与教学模式改革：AI技术冲击、中国文化嵌入与伦理关注”。

（2）国家自然科学基金委员会第一个会计类重大项目课题“制度变革、非正式制度因素与会计审计行为研究”（71790602）。本成果中的“文化因素与伦理关注对会计学教学模式与教材体系的影响”部分受到该课题研究的影响。

（3）三项福建省本科高校教育教学改革研究一般项目：“国际会计综合改革试点计划”

（2014）、“商学院本科一流人才培养模式示范引领基地建设”、省级虚拟仿真实验教学项目“业财融合 ERP 系统环境下的会计实验教学”。

（二）教学成果主要内容及主要解决的教学问题

本成果以厦门大学会计学科近年来的教学改革为基础，探索和总结 AI 技术变化、中国文化与伦理因素对会计专业的影响，并聚焦于如下主要教学问题。

1.AI 技术如何影响会计学教学模式、教学内容与教材体系

本成果解决的第一个关键问题是探讨 AI 技术对会计学教学内容及教材体系的影响，主要体现在如下几个方面。

（1）随着 AI 技术的日新月异，会计学专业正面临着前所未有的挑战，会计技术、程序和方法也正经受着冲击。“会计学原理”课程对会计学专业培养目标的支撑作用在于它的基础性、原理性和启发性。鉴于此，如何改革“会计学原理”的课程内容、教学模式与教材体系，将 AI 技术、大数据、财务机器人等内容纳入其中，揭示传统的“凭证 — 账簿 — 报表”记账模式如何向 AI 技术下财务共享中心与财务机器人记账模式转变，将对整个会计学专业培养目标的实现以及本科生更好地学习其他专业核心课程，产生至关重要的影响。

（2）及时性是资本市场财务报告的灵魂。为此，如何利用AI技术，采纳事项会计模式、向资本市场及使用者提供及时乃至实时的财务报告，关系着会计学科与会计信息系统得以存在的价值。为此，在“中级财务会计”与“高级财务会计”课程的内容设计、教学方法与教材体系改革中，本成果强调本科生应掌握 XBRL 语言及财务共享的相关知识，并掌握事项会计与实时报告的内容。

（3）管理的重心在经营，经营的重心在决策，决策关乎企业未来存亡。为此，本成果强调在“成本会计”“管理会计”与“企业理财”课程中引入大数据技术辅助进行应收账款管理、库存存货管理、成本控制、预算制定和执行等，借以提高财务决策的科学性和可靠性。

（4）审计报告与审计意见往往是信息使用者进行投资决策的重要参考。为此，如何利用 AI 与大数据技术协助进行远程审计、提高现场审计工作效率至关重要。2020 年第一季度的新冠疫情说明了 AI 辅助远程审计的必要性与可行性。为此，本成果在“审计学”课程、教材及教学中强调 AI 与大数据技术的运用。

2. 中国文化如何嵌入会计学教材体系和教学内容

中国文化源远流长、影响深远。党的十九大报告指出，“深入挖掘中华优秀传统文化蕴含的思想观念、人文精神、道德规范，结合时代要求继承创新，让中华文化展现出永久

魅力和时代风采。”基于此，本成果深入分析了中国文化如何影响CEO、高管、财务总监、会计人员与审计师的行为，从而影响会计政策选择、财务决策与审计独立性。譬如，受儒家文化影响，会计人员往往缺乏在财务报告领域挑战来自CEO压力的文化，所以导致了低质量的财务报告甚至财务舞弊；吃喝文化很容易使公司高管与审计师建立起超越工作关系的“熟悉”，从而影响审计独立性与审计质量。值得指出的是，本成果强调发挥中国文化有利的一面，发现与抑制其可能存在的缺点，做到继承与发展。

具体地，在“中级财务会计”与“高级财务会计”教学过程中，侧重于分析中国文化如何在具体化的资产、负债、股东权益、收入、费用项目中影响CEO、高管与会计人员行为，从而通过会计政策选择影响最终的财务报告质量。“审计学”课程教学中，着重讲解中国文化如何影响审计人员与客户的沟通、如何抵御来自客户CEO的压力，以确保审计独立性；“财务会计理论”教学改革强调思政进课堂，尽可能弘扬中华民族的优秀文化，使学生了解中国文化如何影响CEO或会计人员的行为，最终影响会计信息质量。

3. 如何在会计学教学中强调伦理关注

伦理因素是一个很大程度上被忽略的、影响会计学教学的因素。伦理因素不仅影响高管与会计人员的会计政策选择过程，也影响审计过程中审计人员的独立性。伦理因素的缺失往往会导致最终的审计失败与资本市场财务报表舞弊。

“中级财务会计”与“高级财务会计”教学改革侧重于如何将伦理因素具体化到资产、负债、股东权益、收入、费用等项目涉及的会计政策选择与会计估计中。“审计学”教学改革关注如何将伦理判断贯穿于审计过程中，强调审计人员独立性。

“成本会计”“管理会计”与“企业理财”教学改革主要考虑AI技术对成本控制和成本确定、预算制定和执行以及财务决策等的影响。

“商业伦理与公司治理”通过一个个资本市场的实例，着重强调伦理因素如何影响公司治理与会计、审计与财务决策。

4. 教材体系建设

为了反映教学成果相关的教学模式与教材改革，厦门大学会计学科在高等教育出版社出版了一套强调AI技术、中国文化与伦理关注的“厦门大学会计系列教材”，包括《会计学原理》《中级财务会计》《高级财务会计》《成本会计》《管理会计》《企业理财》《审计学》《财务会计理论》《商业伦理与公司治理》《会计学》。后续还会有多本教材出版。

5. 课堂讲授改革：理论结合实务的教学模式

值得强调的是，本成果重点关注如何适当压缩课堂讲授时间，强调结合公司现实案例进行讨论，并定期进行企业实地参访，了解公司如何应对技术革命和从手工记账体系到财务共享中心与财务机器人记账模式的转变；邀请财务总监与审计合伙人进课堂，帮助学生熟悉中国文化和伦理因素如何影响会计政策选择、成本计算、财务决策与审计流程与决策等。

（三）教学成果的实现路径

1. 根据社会需求与环境发展确定培养目标

会计的发展是反应性的。AI 与大数据技术催生和孕育了会计的新发展，也给传统会计带来挑战，并重塑财务报告的新模式（事项会计与实时报告）。本教改项目敏锐地注意到 AI 技术变革给会计职业、会计学内容与教学带来的巨大冲击，不断进行教学模式、方法与教材改革，培养学生利用大数据降低决策中面临的不确定性，优化决策效果。

在大量调研和实地走访的基础上，充分吸收教育部高等学校会计学教学指导委员会（负责人杜兴强为副主任委员）与专家学者的意见，最终抽象出影响未来会计学教学模式与教材体系更新的三个主要因素：AI 技术、中国文化与伦理因素。

2. 依托工商管理学科双一流建设、进行会计学教学模式与教材体系改革

本成果依托厦门大学工商管理学科双一流建设的整体目标，通过汲取相关上游学科如经济学、管理学与大数据学科的知识，确保本教改项目的顺利实施。

第一，在会计学科的培养方案中实现“专”“通”的有机结合。通过适当增加通识教育与方法论课程的比例，特别是大数据分析与 python 技术，对专业课程进行系统优化，精简相似课程、在调查学生需求的基础上增加个性化课程如大数据分析与利用等。

第二，增加人文类课程，包括中国文化、文化比较等，使学生了解中国文化如何影响 CEO、高管及会计人员的行为，从而影响会计政策选择、审计行为及财务决策模式，最终影响财务报告、审计独立性及财务决策的经济后果。

第三，增加企业与会计伦理课程的课时，使学生通过鲜活的实例及财务总监的现场教学与交流，了解伦理因素对资本市场公司信息披露的重要作用。

3. 系企合作创新教学平台、产学研有机结合增加教学保障

首先，为确保教改的顺利实施，厦门大学会计学科与腾讯、华为、南方航空、中兴通讯等八十余家知名企业以及国际四大会计师事务所、国际会计组织合作，建立实习基地，为创新教学模式提供平台、为学生接触会计实务需求奠定基础。通过与相关知名企业及会计师事务所合作，开发面向先进技术与市场需求的课程，强化案例与现场教学。

其次，本项目强调产学研结合，聘请具有博士学位的上市公司财务总监与高级审计

合伙人共同打造理论结合实务的师资队伍、成立大数据项目联合攻关团队，依托各方持续的资源投入，全方位增加教学保障。

最后，通过教学交流与教材出版，将该项目的教学理念和教学模式进行推广，不断修正和完善，得到了本校师生与国内部分高校会计学科（包括“双一流”与“985”大学、“211”大学、具有会计国家重点学科的高校及地方院校等）的广泛认可。

（四）教学成果的创新点

1. 首次研究了 AI 技术、中国文化、伦理关注与教学模式创新

该项目贯彻“坚持以本为本、课程育人”的思路，首次系统性地将 AI 技术、中国文化因素与伦理关注引入会计学领域、分析它们对会计学教学内容与教学模式创新的影响。该项目既考虑 AI 技术变革带来的影响，又能够结合中国文化因素与伦理关注，将思想政治教育有机融入会计学课程，强调更新教学模式、拓展教学内容、创新教学方式。譬如，本项目适当缩短课堂讲授时长，与学生一起参访优秀上市公司，学习这些企业如何应对 AI 技术日新月异、如何改革既有的“凭证 — 账簿 — 报表”以完成从手工记账体系到财务共享中心与财务机器人记账模式乃至采纳事项会计并提供更为及时的财务报告的转变。

2. 首次根据 AI 技术冲击重塑会计学教材体系

该项目关注 AI 技术日新月异，大数据、机器学习与人工智能的技术发展对高校会计学专业人才培养的新挑战。在人工智能取代低端财会任务的趋势下，本项目倡导会计学本科教育尽快实现从传统记账模式到 AI 技术下财务共享中心与机器人记账模式的转变，敦促会计学本科生主动适应 AI 技术与大数据带来的新技术、新方法、新变革。

3. 首次将中国文化与伦理关注系统性地纳入会计学教材体系

该项目积极响应教育部关于弘扬中华民族优秀文化、思政进课堂的建议，强调会计信息披露背后“人”（CEO、高管、会计人员）的作用，强调中国传统文化与伦理因素通过影响人的行为而影响会计信息质量。为此，本项目将中国文化和伦理关注有机地嵌入最终成果“厦门大学会计系列教材”中，使会计学教材体系积极适应时代要求。

4. 实现产学研协同、产生良性循环

充实会计实践基地、开展产学研深入合作，邀请实务界与会计师事务所具有博士学位的财务总监或审计合伙人和厦门大学会计学科一起，开发新课程、更新和改革教学内容、创新教学模式。目前会计学科的教学模式不断创新、教材体系不断完善、教学方法不断更新和拓展，基本上满足 AI 技术环境下与新时代会计人才的需求。

（五）教学成果实施计划及执行效果

1. 根据AI技术变化重塑“专”与“通”有机结合的会计学课程体系

为了应对AI技术、大数据、云计算、人工智能、区块链为代表的数字技术的日新月异，根据厦门大学作为综合性大学所具有的多学科交融的优势，通过“送出去、请进来”战略，会计学科优化师资，对课程体系中的三大类模块课程——学科通识课、专业核心课和个性化选修课程——保持动态调整与修订。具体的措施包括：（1）增加通识课程的比重与课时，特别是与AI技术相关的大数据、python技术、统计学、计量经济学等课程；（2）压缩和合并类似的专业课程，增设特色专业核心课程，在会计学原理、中级财务会计、高级财务会计、成本会计、管理会计、企业理财、审计学等7门核心课程的基础上，增加了公司战略、大数据分析与利用、会计信息系统、财务报表分析、财务会计理论等课程；（3）增加了多样化的选修课程体系，包括但不限于python技术及应用、战略管理会计、大数据与审计等10余门课程，供本科生教学选择。概而言之，经过教改后的课程体系，基本上形成了基于AI技术更新会计知识体系为目标，以通识课程为基础，以专业课程为核心，以特色选修课程拓展知识为引领的更加丰富和立体化的课程体系。

2. 文化因素与伦理关注

利用厦门大学作为综合性大学的特征，多方面引进其他学科如哲学与伦理学教授为会计学科的本科生讲授中国文化、哲学思想及伦理学课程，使其了解中国文化如何影响中国人（包括公司CEO、高管、会计师人员）的日常行为与决策行为、伦理因素如何在关键的选择关头影响审计师的职业判断，从而影响审计独立性与审计质量。

利用厦门大学会计学科与国内知名企业如华为、腾讯、中兴通讯、南方航空、海南航空等公司建立的实习机会，使学生能够通过参访与实习，了解公司实务中文化因素与伦理关注如何影响会计政策选择、成本决策、预算控制与财务决策。

此外，利用国际四大会计师事务所与容诚会计师事务所的实习平台，使本科生能够接触到具体的审计实务，借以观察并身临其境地了解文化因素与伦理关注如何影响审计职业判断与审计独立性。

3. 进行战略系企合作、创新实验和实践教学平台

以厦门大学会计学科为主体之一的国家级实验教学示范中心——“经济管理实验教学示范中心”为本科生的课程学习与实习提供了重要的基础。在此基础上，厦门大学会

计学科以国内知名企业与国际四大会计师事务所为基础，建立战略系企合作，推进和加强会计学实践教学建设，并成立了多达80余家本科实习基地，包括但不限于：毕马威华振会计师事务所、深圳毕马威华振会计师事务所，普华永道中天会计师事务所、上海普华永道中天会计师事务所、安永华明会计师事务所、广州安永华明会计师事务所、中国南方航空股份有限公司、碧桂园集团学生就业实习基地、海航实业集团有限公司学生就业实习基地、华为财经学生就业实习基地、中兴通讯股份有限公司学生就业实习基地、太原钢铁集团学生就业实习基地、容诚（致同）会计师事务所厦门分所学生就业实习基地、厦门象屿股份有限公司、厦门国贸股份有限公司与厦门网中网软件有限公司学生就业实习基地等。

在与实务界签订共建实践基地协议的基础上，会计学科与部分实践基地开展全方位的合作，不断进行实习回访、企业参访、合作开发相关会计课程和教材等。此外，厦门大学会计学科鼓励本科生与硕士、博士研究生合作，为他们参加案例大赛和实务论坛搭建实践平台。通过组织师生参访厦门航空、唯你网等企业，实地了解AI技术与大数据是否以及正在如何影响和改变传统的会计流程，加深对智能化应用环境的理解。鼓励和支持本科生参加数学建模大赛、计算机设计大赛、商业挑战赛和案例分析大赛。

通过战略系企合作、创新实验和实践教学平台，学生身临其境地体验了会计实践中AI技术的使用，既理解了相关会计基础与理论知识，又体验了AI技术和日新月异的智能化环境对会计学科的冲击，对培育他们的前瞻性和创新性战略思维大有裨益，且培养了他们主动进行数据分析的能力。

值得指出的是，厦门大学会计学科和中兴新云、南京大学智能财务研究院联合发布了2020财务未来发展报告《财务的自动化 智能化 数字化》，探讨了数字经济浪潮下财务的角色如何被重塑——基于共享服务完成信息化再造，进而逐步迈向自动化、智能化和数字化，成为企业的“数字神经系统”。该报告聚焦十大创新案例，探讨财务如何顺时而动，布局新兴技术，引领企业数字化转型。

4. 多方位的国际交流与视野拓展

伴随着本教改项目的进展，厦门大学会计学科已经建立了广泛的国际交流渠道和海内外实践基地，与海外著名高校建立本科生交换生制度，并与国际知名会计组织或事务所建立海内外实践基地。

目前，厦门大学会计学科是英国ACCA白金级认证专业、澳洲注册会计师公会认证专业、香港注册会计师公会（HKICPA）认证专业、澳洲特许管理会计师公会（CIMA）认证专业、美国国际管理会计（CMA）认证专业，且与这些国际组织签署了国际实习生的协议。这些海外学习机会与实习基地可以拓宽厦门大学会计学科本科生的国际视野，了解国外会计学理论与实践的发展现状。

5. 完善的教学服务保障

（1）健全教学质量监控体系，建立良好的教学运行机制。贯彻“以本为本、四个回归”，激励教师热爱教学、潜心教书育人；发布七项教学工作细则，促进教学有序和高效运行；开展对课程的不定期检查，强化答辩环节管理。

（2）完善课程评估、提升教学质量。对课程进行全过程管理，落实领导及有经验教师的听课和反馈制度；通过教学示范岗和教学技能大赛等开展教学经验交流；通过师生座谈会了解学生意见，促进教学内容与方法改进；落实教学档案及时归档。

（3）体贴入微的教学服务。秉承“一切为了教学”，充分利用互联网和大数据平台，推出一系列教学辅助机制；强调教学服务的细致性，使教师心无旁骛地投身于教学中。

（六）成果的推广应用效果

1. 应用及推广情况

本成果在部分国内兄弟院校的会计学科中得到推广应用，广受好评，且辐射面较为广泛——涵盖“双一流”大学、国家会计重点学科高校、“211”高校与地方院校。

2. 实际效果

本成果显著增加了会计学本科生应对AI技术变化的持续学习能力与动力，学生的学习积极性大大提高，各项实力和技能显著提升，培养质量得到社会各界的认可。

第一，基于优异的教学改革成果，厦门大学会计学科2020年2月通过了AACSB会计项目的国际认证，成为目前国内双一流大学中第一个通过会计项目独立认证的学科。至此，厦门大学会计学科已同时拥有AACSB、EQUIS与AMBA三大国际认证。

第二，本科生培养质量显著提高。教改实施后（前），会计学科28.7%（18.5%）的本科毕业生到美国、英国、加拿大、新加坡等国外知名高校深造；32.6%（20.7%）的本科生被上海交通大学、北京大学、清华大学等国内双一流大学录取为直博生和硕士生。此外，本科生近年来获国际、国家及省部级奖项超过200人次。

第三，ACCA对厦门大学会计专业本科生实行5门全球专业考试科目免考——目前唯一享受该政策的中国高校，CIMA对厦门大学会计专业本科生实行12门课程免考——

中国获此优惠政策的唯一高校，本科生及本科毕业就读研究生后多次获得国家级与省部级奖项、在国内外学术期刊发表论文。

第四，本科生专业素质全面提高，近年来共获国家级奖34人次、省部级奖171人次；财务报告F7获中国第一共2次，公司报告P2获中国第一共2次、税法F6获全球第一1次；近3年学生课堂出勤率达98.7%，教师授课到位率、本科论文查重和答辩通过率、课程档案归档率均为100%。

第五，产学研协同产生良性效应、引领示范效应明显。会计学科与腾讯、华为、南方航空等八十余家知名企业，以及国际会计师事务所、国际会计组织合作，建立实习基地、开发课程、进行实践教学。

第六，推进优质教育资源共享，本成果即会计学教学模式改革与教材体系建设得到广泛的社会好评，十余所国内双一流大学、211大学、国家会计重点学科高校、地方院校已学习、借鉴或推广厦门大学会计学科的该教学成果。此外，部分实务单位对厦门大学会计学科为他们输送高质量的本科毕业生表示感谢。

第七，两项省级本科一流或在线开放课程：福建省本科一流课程“中级财务会计”（2019）与福建省在线开放课程“管理会计”（2018）。

第八，杜兴强教授当选为教育部高等学校工商管理教学指导委员会、会计学教学指导分委员会的副主任委员。

第九，“厦门大学会计系列教材”第一批10本由高等教育出版社陆续出版。

六、福建省教学成果一等奖：“国际职业化导向的会计学本科专业建设”

2017年，肖华教授作为负责人、桑士俊教授和杜兴强教授等作为主要成员，代表厦门大学会计学系申报的“国际职业化导向的会计学本科专业建设”，获得福建省教学成

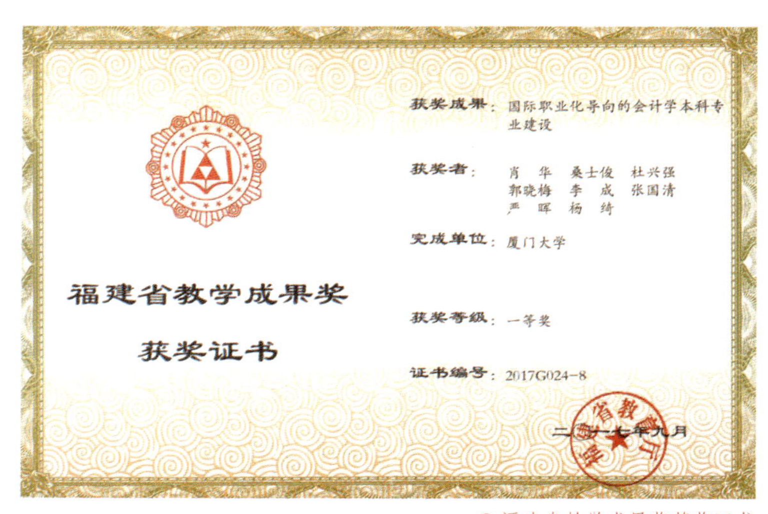
福建省教学成果奖

获奖证书

获奖成果：国际职业化导向的会计学本科专业建设

获奖者：肖　华　桑士俊　杜兴强　郭晓梅　李　成　张国清　严　晖　杨　绮

完成单位：厦门大学

获奖等级：一等奖

证书编号：2017G024-8

二〇一七年九月

◎福建省教学成果奖获奖证书

果奖一等奖[①]。自2005年之后，由于种种原因，厦门大学会计学科已经多年未获得国家级教学成果奖，在申报教学成果奖方面的经验相对欠缺。尽管如此，肖华教授牵头申报的教学成果，仍然属于厦门大学会计学科在低谷中的一抹亮色。

（一）国际职业化导向的会计学本科专业建设取得的成果

厦门大学管理学院会计学系会计学本科专业国际化改革与建设项目自2011年启动以来，得到厦门大学的大力支持和高度重视，管理学院院系两级领导参与，为本项目顺利实施提供制度保障和资源保障。通过会计学本科专业国际化改革与建设项目，厦门大学管理学院会计系在人才培养模式、课程体系、师资队伍、教学方法、教学管理等方面进行了持续探索和大胆创新，建设了独具特色的国际化会计学本科专业，取得了重大的人才培养效益，为我国高等学校会计学本科专业国际化建设和改革起到了较大的示范和推广作用。

1. 以国际职业化为导向，增设两个国际会计方向

厦门大学会计学科创建于1924年，1963年经高教部批准开始招收会计学研究生；1980年成为新中国成立后第一批硕士学位授予权的单位；1982年成为第一批具有博士学位授予权的单位。1987年厦门大学会计学科成为我国第一批国家重点学科，并分别于1987年、2001年和2007年以优异的成绩连续三次被评为国家重点学科，名列中国会计学科和中国工商管理各学科的第一名。葛家澍、余绪缨、常勋、吴水澎、曲晓辉等著名会计学家为我国会计理论体系的开拓和会计准则的理论研究做出了重要贡献。余绪缨教授被誉为“中国管理会计的开拓者和奠基人”，在创建具有中国特色的现代管理会计理论和方法体系以及开拓“广义管理会计体系”等方面，做出了重要贡献。作为国际会计方向的学科带头人，著名会计学家常勋教授和曲晓辉教授多年来引领着我国国际会计教学和研究的发展方向。在老中青三代会计学术带头人的引领下，厦门大学会计系在会计学教学和学术研究方面始终处于国内领先地位，为会计学本科专业国际化建设与改革奠定了雄厚基础。

经济全球化使得会计环境日益复杂，“一带一路”倡议促使越来越多企业实施“走出去”战略，“互联网+”和“创业创新”使新的商业形态和企业架构迅猛崛起，如何充分利用国际国内“两个市场”“两种资源”以减轻企业所面临的国际国内市场风险和竞争压力，协助企业实施发展战略，为企业创造价值，已成为会计人才由核算型向管理型和决策支持型转型发展时亟待解决的问题，进而激发了对于熟悉国际国内准则和运作、善于管理、

---

① 申报该成果时，肖华教授请杜兴强教授担任负责人。虽然杜兴强教授已经于2017年3月份担任系主任，但基于“成果是上一个周期的积累，彼时并未负责会计学系”的事实，仍坚持由肖华教授牵头申报。

精通业务、具有国际视野和战略前瞻思维的高素质国际职业化会计人才的旺盛需求，高等学校会计人才培养面临全新挑战。

审时度势，与时俱进。根据《国家教育事业发展第十二个五年规划》、财政部《会计改革与发展“十二五”规划纲要》，为了满足社会经济对高素质国际职业化会计人才的旺盛需求，厦门大学会计系在会计学国家重点学科的基础上，以高素质国际职业化会计人才培养目标为导向，通过设立国际会计方向和管理会计师方向（CIMA 方向）开展会计学本科专业国际化改革和建设。国际会计方向以培养高素质国际职业会计师为目标，CIMA 方向以培养高素质国际职业管理会计师为目标。国际会计方向和 CIMA 方向的设立提高了厦门大学管理学院会计系本科专业国际化的整体水平，专业方向由原来的会计学方向和注册会计师专门化方向扩展为会计学方向、注册会计师专门化方向、国际会计方向和 CIMA 方向，满足了我国社会对于各类型会计人才的需求。

2. 多方协同，创新人才培养模式

人才培养目标决定人才培养模式。高素质国际职业化会计人才培养目标要求创新现有人才培养模式。熟悉国际国内准则和运作、善于管理、精通业务，具有国际视野和战略前瞻思维是高素质国际职业化会计人才的重要特征。为了实现高素质国际职业化会计人才培养目标，厦门大学管理学院会计系从三个方面创新会计人才培养模式。

（1）与国际职业会计师组织合作、共同培养国际化会计人才

高素质国际职业化会计人才培养需要国际职业会计师组织的参与。厦门大学管理学院会计学系利用自身优势，先后与全球最大国际职业会计师组织英国特许公认会计师公会（ACCA）和全球最大国际性管理会计师组织英国特许管理会计师公会（CIMA）进行战略合作，共建国际会计方向和 CIMA（管理会计）方向，探索高素质国际职业化会计人才培养。

ACCA 成立于 1904 年。英国立法许可 ACCA 会员从事审计、投资顾问和破产执行的工作。ACCA 会员资格得到欧盟立法以及许多国家公司法的承认。ACCA 是国际会计准则委员会（IASB）的创始成员，也是国际会计师联合会（IFAC）的主要成员，1999 年 2 月联合国通过了以 ACCA 课程大纲为蓝本的《职业会计师专业教育国际大纲》，将该大纲作为世界各地职业会计师考试课程设置的一个衡量基准。ACCA 资格证书被称为“全球权威的商界通行证”“财会界的 MBA”。

CIMA 成立于 1919 年，也是国际会计师联合会（IFAC）的创始成员之一，拥有 17 万会员和学员，遍布 170 多个国家。2014 年 CIMA 与美国注册会计师协会（AICPA）联合创建了全球特许管理会计师（CGMA）头衔。CGMA 代表全球品质标准，致力于进一步提升

管理会计职业的影响力。

厦门大学会计学科素来享有“中国 CFO 黄埔军校”的美誉，联手 ACCA 和 CIMA 两家顶尖国际职业会计师组织共同培养国际化会计人才，可谓强强合作，满足社会对高素质国际职业化会计人才的旺盛需求。

（2）建立国际合作交流关系，培养国际视野

具有国际视野是高素质国际职业化会计人才的重要特征。厦门大学管理学院先后与多个国家和地区超过65所著名大学建立了交流合作关系，包括长期的交换生项目、短期暑期夏令营项目及其他多种项目，为学生海外学习开辟渠道，通过承认学生在国外高校学习的课程和取得的学分鼓励学生到海外交流。国际合作交流项目对于学生了解国际会计前沿的理论与实务，培养国际视野具有重要作用，同时，国际合作交流项目有利于借助国际知名高校的学科优势培养国际化会计人才，提高国际化人才培养效率。

（3）建立海内外实习基地，培养职业胜任能力

高素质国际职业化会计人才应拥有将知识转变为职业胜任能力的基本素养。厦门大学管理学院会计系积极与著名国际职业会计师组织和会计师事务所合作建立海内外实践基地。企业参访和实习训练提高了学生对专业和实践的认知度，培养了学生在真实会计环境下运用专业知识解决实际问题的能力，为学生拥有将知识转变为职业胜任能力基本素养创造条件。ACCA 和 CIMA 每年定期举行“职业规划”讲座使学生提前感受职场文化，尽早制定职业规划和确立人生目标。

3. 以国际职业化为导向，构建动态化本科专业课程体系

课程体系是人才培养的灵魂和反映人才培养的目标。高素质国际职业化会计人才善于管理、精通业务，是管理型和决策支持型人才。课程体系应涵盖管理型和决策支持型会计人才所需要的知识结构。厦门大学管理学院会计系根据高素质国际职业化会计人才的基本特征，在认真研究与评估 ACCA 、CIMA、CPA Australia（澳洲会计师公会）等著名国际职业会计师组织先进教育理念的基础上，将 ACCA 和 CIMA 全球职业资格考试课程、CPA Australia（澳洲会计师公会）课程有机嵌入厦门大学会计系现有本科课程体系，创新性地设置了26门中英双语和4门全英文会计专业核心课程，其中，ACCA 方向的课程包含国际财务报告、国际审计、国际财务管理、战略管理会计、公司治理与商业伦理等15门课程，CIMA 方向课程包含管理学、管理会计、会计与财务三大支柱课程共计9门课程。增设的国际化课程涵盖了高素质国际职业化会计人才应掌握的专业知识与技能，使学生能够同时掌握国内和国际两种“商业语言”，基本满足高素质国际职业化会计人才的职业知识结构

和职业技能要求，实现会计学系现有课程体系与国际职业知识和国际职业价值观的无缝对接。由于国际职业会计师组织根据社会需求变化及时调整和创新全球职业考试课程体系，例如ACCA在2016年10月宣布了全新设计的专业资格课程体系，CIMA自2015年开始执行全新的资格考试课程体系，嵌入国际职业会计师资格考试课程的国际化课程体系实现了动态化。

4. 坚持“本土化”特色，组建高素质双语师资队伍

师资队伍直接影响教学质量，高素质国际职业化会计人才的基本特征要求与之匹配的高素质双语师资队伍。既熟悉国际惯例又了解中国国情、学术水平和外语水平高、教学经验丰富是高素质双语师资队伍的基本特征。拥有一支高素质双语师资队伍是高素质国际职业化会计人才教学质量的基本保证。

厦门大学管理学院会计学系在充分利用现有优秀教师资源的基础上，通过“引进来，走出去”政策和严格遴选，组建了一支高学历、学缘结构合理、教学经验丰富、学术水平较高、具有海外教育和教学经验、胜任英语教学的“本土化”双语师资队伍。双语师资队伍以课程模块为单位建立长效团队合作机制，定期开展专业课程教学内容和方法改革研讨会和教学经验交流；通过邀请海外知名学者举办讲座开展学术交流；通过海外访学，以及参加ACCA、CIMA、CPA Australia、CICPA等国内外知名会计组织举办的教师培训课程，美国哈佛商学院的案例教学，百森商学院的实践教学培训课程，培训强化师资英语水平和双语教学能力，保证了双语课程教学计划的顺利实施。CIMA方向核心课程有两位教师获得了国际注册管理会计师（CGMA）称号，一位获得国际管理会计师北亚区智库专家（CGMA100）称号，多位老师获得各类省级和校级教学奖项以及ACCA优秀教师奖。截至2016年，双语师资队伍包含海外学历4人，19人通过海外访学和境外培训，所有双语教师均为厦门大学管理学院中国籍或海外华人全职教师，“本土化”特色保证了双语师资队伍的稳定性和国际化本科专业的可持续发展。

5. 知识与能力并重，创新教学内容与教学方法

除了职业知识，高素质国际职业化会计人才还应具备语言交流能力、沟通能力、业务能力、应变能力、团队能力以及良好的职业道德。国际化的教学内容与教学方法应有助于培养高素质国际职业化会计人才职业胜任能力。

厦门大学管理学院会计学系采用国际知名高校和知名出版社的最新原版英语教材与网络教学资源，实现与国际知名高校同步教学。英文原版教材配备的课程大纲、课件、习题库、案例库、在线考试等学习辅助资料均上网共享。原版教学配套资源、ACCA和

CIMA 丰富的网上教学资源和学习资源、厦门大学管理学院购置的美国哈佛商学院和加拿大西安大略大学毅伟商学院毅伟案例库、中国 MBA 教育指导委员会“全国百篇优秀管理案例”、全国会计专业学位研究生教育指导委员会 MPAcc 教学案例库为开展国际化教学提供了丰富的教育资源。利用现代信息技术，采用国际知名商学院美国哈佛商学院的案例教学法和美国百森商学院实践教学法，以及启发式、讨论式、研究式等多种教学方法，开展中英双语和全英文教学，实现了教学方法与国际接轨，培养学生的职业胜任能力。经过多年的探索与实践，目前已经形成了教材、课件、考试全英文，中英双语授课，多种教学方法并用，知识与能力并重的教学方法。

6. 以评促改，构建国际化教学质量管理长效机制

教学管理是教学质量的重要保障。高效的国际化教学管理机制为高素质国际职业化会计人才培养质量提供重要保障。厦门大学管理学院会计学系按照国际会计组织和国际认证组织标准构建国际化教学质量管理机制。2012 年通过香港会计师公会（HKICPA）专业资格课程（QP）认证。厦门大学管理学院 2013 年首次通过 EQUIS 国际认证。2016 年厦门大学管理学院第二次通过 EQUIS 最高级别 5 年有效期认证。EQUIS 是 EFMD 质量提升认证体系（EFMD Quality Improvement System）的简称，全球三大权威商学院认证之一。EQUIS 以致力于服务全球管理教育为理念，其基本目标是提高全世界的高等管理教育水平。EQUIS 将其基本工作内容定位在辨别各种高等管理教育方法——包括本科和研究生课程——的异同及其优势，EQUIS 认证时，要求厦门大学管理学院提供证明其在中国国内拥有高水平教学标准的有力证据，本科和研究生课程必须高度国际化，学生必须具备全球使命感；既要求厦门大学管理学院制订完备的学习计划、推动商业研究工作，还要求其与工商业界之间应密切联系，保持专业理论知识和商业实践之间的平衡。五年期认证是 EQUIS 认证对于商学院的最高评价，表明厦门大学管理学院全面达到 EQUIS 的认证标准，并在某些指标达到了国际领先水平。

7. 获得国际职业会计师组织专业资格考试免试资格

鉴于本科会计专业国际化项目取得的成果，ACCA 不仅对厦门大学会计系本科生实行 5 门全球专业考试科目免考政策，还给予厦门大学会计系 MPAcc（会计专业硕士）全日制与在职研究生 9 门全球专业考试免考政策，厦门大学会计系是享受该免考政策的唯一一所中国高校。CIMA 对厦门大学会计系 CIMA 方向学生实行 12 门课程免考的政策，也是中国高校唯一的一家。

（二）国际职业化导向的会计学本科专业建设成果的创新点

经过6年的建设，会计本科专业国际化改革与建设项目取得了丰硕成果，实现了多方面的大胆创新。

（1）以国际职业化为导向同时设立两个国际会计方向培养高素质国际职业化会计人才，属福建省首创、全国领先。

（2）多方协同的会计人才培养模式是福建首创、全国领先。与国际会计职业组织合作，共建国际会计方向班和CIMA方向班开展会计本科专业国际化改革与建设，既能提高专业建设的效率和质量，又能提高新设专业的品牌效应，进而提高厦门大学管理学院会计学系的国际竞争力；建立本科生交换生制度拓宽学生的学术视野，借助国际知名高校的学科优势服务中国国际化会计人才培养；海内外实践教学基地培养学生在不同会计环境下运用专业知识解决实际问题的职业胜任能力。

（3）将国际职业会计师组织全球职业资格考试课程体系嵌入会计本科现有课程体系，实现课程体系国际化和动态化，同时获得四家国际职业会计师组织认证和免考政策，属全国唯一。

（4）新增设的国际化课程与会计系现行本科专业课程体系有机融合，兼顾国际国内知识与能力建设，“内外兼修”，使学生能够同时掌握国际和国内两种“商业语言”，实现国际化与本土化相结合，属福建省首创、全国领先。

（5）“本土化”双语师资队伍既熟悉国际惯例又了解中国国情，既胜任英语教学又具备科研能力，教研相长，保证了双语师资队伍的稳定性、本科国际化专业的可持续发展，属全国唯一。

（6）将国际职业会计师组织先进的教育理念融入本科学历学位教育，实现会计人才培养目标由“核算型”向“管理型”和“决策支持型”的华丽转身，属全国首创。

（7）将案例教学法、实践教学法、启发式、讨论式、研究式等多种教学方法应用于中英双语和全英文教学，知识与能力并重，保证了学生职业能力和基本素养系统规范的训练，促使学生拥有把知识转变为职业胜任能力的基本素养，属全国首创。

（8）通过国际认证实现教学质量与教学管理水平的同步提高，属福建省唯一、国际领先。

（9）将会计学本科专业国际化建设成果复制到厦门大学马来西亚校区，服务共建“一带一路”国家的会计人才培养，属全国首创。

（三）国际职业化导向的会计学本科专业建设成果的推广应用效果

国际职业化导向的会计学本科专业改革与建设成果显著提高了本科专业国际化的整体水平、本科会计人才的国际竞争力、教学质量和教学管理水平，具有很好的示范和推广作用。

第一，设立国际会计方向和CIMA方向，为会计系5届本科生开设26门双语课程和4门全英文课程，累计授课学生共1200人次（2011—2016年）；为厦门大学马来西亚校区开设全英文课程，累计授课马来西亚学生共计130人次（2016年），获得本科生及后续课程教师的广泛好评。

第二，本科专业国际化建设造就了一支学历水平高、学缘结构合理、教学经验丰富、学术水平较高、具有海外教育和教学经验、胜任英语教学的“本土化”双语师资队伍，不仅有利于提高教学水平，也有利于提高科研能力，教学与科研成果稳步增长。2011—2016年双语师资队伍教师在中外经管类期刊（包含顶尖和权威期刊）累计发表高质量论文78篇，承担省部级以上课题50项。

第三，知识与能力并重的教学内容和教学方法既显著提高教学质量又全面提高学生的国际竞争力。自2011年以来，会计系学生获得香港会计师公会QP大赛金奖、ACCA就业大比拼华南区冠军、德勤税务精英挑战赛卓越奖。在ACCA和CIMA全球考试中多次获奖，其中财务报告（ACCA F7）获中国大陆第一名2次，公司报告（ACCA P2）获得中国大陆第一名2次，税法（ACCA F6）分别获全球第一名1次、第二名1次，CIMA管理会计运营级案例考试获北亚区第一名1次。2011—2016年在国家级比赛中获奖33次，在省部级比赛中获奖80次，获奖人数共计166人。

第四，多方合作的会计人才培养模式显著提高学生的职业胜任能力，日益受到学生和合作单位的认可，毕业生在国际化会计服务市场中备受青睐。ACCA财会精英培养计划和CIMA国际实习生协议每年均为会计系学生提供海外参访和海外实习机会，致同会计师事务所、毕马威会计师事务所、华为、安踏等五十余家企业为厦门大学会计学系提供大量实习岗位。截至2016年底，会计学系已向国际合作高校派出交换生100余人，派出学生参加海外实习10余人次，毕业后海外留学人数100余人，足迹遍及北美、欧盟、新加坡、大洋洲、中国香港、中国台湾等地区。ACCA、CIMA均为学生设立奖学金，每年安排整班学生到优秀企业参访交流，提高对专业和实践的认知度。本科生毕业后出国（海外留学）、国际知名会计师事务所与世界500强跨国企业任职的比例不断提升。2011—2016

年毕业学生进入跨国公司和国际会计师事务所和出国留学的比例一直稳定在25%左右，2012年更达到了30%。

第五，设立国际会计方向班和CIMA方向班并实施专业课程的中英双语和全英文教学，体现了高标准和国际化，为双语教学和全英文教学探索出一种全新的教学模式，为许多高校所学习和模仿。继厦门大学设立国际会计班后，省内外部分高校开始设立ACCA班。CIMA项目主要成员应邀在2015年中国会计学会管理会计专业委员会2015学术年会暨首届中国管理会计高层论坛和2016年中国企业财务管理委员会会计教育专业委员会成立会议上做了主题演讲介绍。

第六，本科专业国际化建设项目成果得到国际组织的高度认可，厦门大学会计学系通过HKICPA认证；2013年7月，ACCA行政总裁白容女士亲自参加并见证厦门大学管理学院与ACCA合作备忘录的再次签署，进一步加强了双方在财经领域的交流与合作。根据该协议，ACCA将为厦门大学的学生提供职业发展支持，同时提供财会、金融专业的师资和资源支持，并协助厦门大学与英国院校、机构开展交流与合作。同时，经过积极协调，促成会计学系与澳大利亚墨尔本大学商学院（亚太地区会计第一）签署学生联合培养协议、与CIMA签署了国际实习生的协议。

第七，会计学本科专业国际化改革与建设成果亦得到厦门大学马来西亚校区的高度认可，厦门大学马来西亚校区会计专业将设立国际会计方向，服务共建“一带一路”国家的会计人才培养，属全国首创。2016年底，厦门大学管理学院会计学系就已经完成马来西亚校区会计专业国际会计方向课程体系设计和教学大纲的制定。

七、AACSB会计项目独立认证

2020年2月，AACSB（The Association to Advance Collegiate Schools of Business，国际商学院协会）正式宣布，厦门大学会计学系通过AACSB的会计项目认证（独立与平行于商学项

◎厦门大学会计学科通过AACSB认证

目）[①]，成为国内高校中极少通过AACSB会计项目认证的会计学科之一。通过AACSB会计项目独立认证是优秀资质会计教育的重要标志，意味着厦门大学会计学系在教育质量、学科发展、科研创新及学科的社会影响力等方面都得到AACSB的认可。自此，厦门大学会计学系及管理学院同时拥有AACSB、EQUIS与AMBA三大国际认证。

厦门大学会计学系参与AACSB认证的历程：

2014年：正式申请AACSB会计项目初始认证资格。

2015年：通过了AACSB认证委员会的初评，随后开展自评改进工作。

2017年3月：杜兴强教授和会计学系教师一道，开始推动和加速AACSB会计项目的认证工作。

2018年4月：接AACSB认证委员会通知，会计项目进入现场认证阶段。

2019年10月13日至16日：AACSB认证委员会派出独立的会计专家组莅临厦门大学会计学系，进行现场认证。

为期三天的现场评估进展顺利。专家组对厦门大学会计学系在战略规划、学科建设、科研创新、师资发展、学生培养、资源管理、校友维护及社会影响力等方面取得的成就给予了充分的肯定，同时也为会计学系的进一步发展提出了诸多建设性意见。

2020年2月：AACSB正式通知，厦门大学会计学系通过会计项目认证。杜兴强教授被指定为AACSB中的会计认证代表（accounting representative）。

展望未来，厦门大学会计学系将在现有基础上进一步更新教育理念、优化课程体系、强化师资队伍建设、构建持续改进的质量保障体系，继续为中国会计教育作出应有的贡献。

随着厦门大学会计项目通过AACSB认证，杜兴强多次作为AACSB认证委员、参与世界范围内高校AACSB项目的认证工作。

① AACSB成立于1916年，是由哈佛大学、哥伦比亚大学、耶鲁大学等美国一流大学商学院发起的商学院教育认证机构，是全球首屈一指的商学院和会计项目非政府认证机构，同时致力于提高和促进工商管理和会计学高等教育专业水平，是工商管理和会计学专业学士、硕士、博士等学位项目的首要认证机构。AACSB的认证制度严格，全世界仅有5%的商学院取得了这项精英认证。

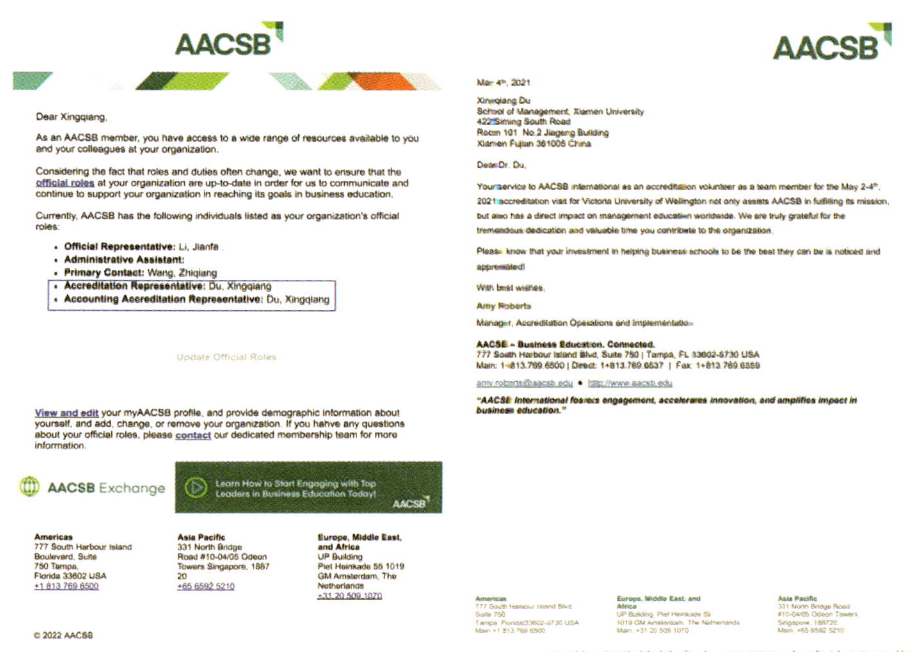

AACSB

Dear Xingqiang,

As an AACSB member, you have access to a wide range of resources available to you and your colleagues at your organization.

Considering the fact that roles and duties often change, we want to ensure that the official roles at your organization are up-to-date in order for us to communicate and continue to support your organization in reaching its goals in business education.

Currently, AACSB has the following individuals listed as your organization's official roles:

- **Official Representative:** Li, Jianfa
- **Administrative Assistant:**
- **Primary Contact:** Wang, Zhiqiang
- **Accreditation Representative:** Du, Xingqiang
- **Accounting Accreditation Representative:** Du, Xingqiang

Update Official Roles

View and edit your myAACSB profile, and provide demographic information about yourself, and add, change, or remove your organization. If you hahve any questions about your official roles, please contact our dedicated membership team for more information.

AACSB Exchange

Learn How to Start Engaging with Top Leaders in Business Education Today!

AACSB

Americas
777 South Harbour Island Boulevard, Suite 750 Tampa, Florida 33602 USA
+1 813 769 6500

Asia Pacific
331 North Bridge Road #10-04/05 Odeon Towers Singapore, 188720
+65 6592 5210

Europe, Middle East, and Africa
UP Building
Piet Heinkade 55 1019 GM Amsterdam, The Netherlands
+31 20 509 1070

© 2022 AACSB

AACSB

May 4th, 2021

Xingqiang Du
School of Management, Xiamen University
422 Siming South Road
Room 101 No.2 Jiageng Building
Xiamen Fujian 361005 China

Dear Dr. Du,

Your service to AACSB International as an accreditation volunteer as a team member for the May 2-4th, 2021 accreditation visit for Victoria University of Wellington not only assists AACSB in fulfilling its mission, but also has a direct impact on management education worldwide. We are truly grateful for the tremendous dedication and valuable time you contribute to the organization.

Please know that your investment in helping business schools to be the best they can be is noticed and appreciated!

With best wishes,

Amy Roberts

Manager, Accreditation Operations and Implementation

AACSB – Business Education. Connected.
777 South Harbour Island Blvd, Suite 750 | Tampa, FL 33602-5730 USA
Main: 1+813.769.6500 | Direct: 1+813.769.6537 | Fax: 1+813.769.6559

amy.roberts@aacsb.edu • http://www.aacsb.edu

"AACSB International fosters engagement, accelerates innovation, and amplifies impact in business education."

Americas
777 South Harbour Island Blvd
Suite 750
Tampa, Florida 33602-5730 USA
Main: +1 813 769 6500

Europe, Middle East, and Africa
UP Building, Piet Heinkade 55
1019 GM Amsterdam, The Netherlands
Main: +31 20 509 1070

Asia Pacific
331 North Bridge Road
#10-04/05 Odeon Towers
Singapore, 188720
Main: +65 6592 5210

◎杜兴强教授参加 AACSB 全球认证工作

八、国家级一流本科课程“财务会计理论专题”

根据《教育部关于一流本科课程建设的实施意见》(教高〔2019〕8号)和《教育部办公厅关于开展第二批国家级一流本科课程认定工作的通知》(教高厅函〔2021〕13号)的有关要求，2023年6月7日教育部发布了《教育部关于公布第二批国家级一流本科课程认定结果的通知》(教高函〔2023〕7号)。

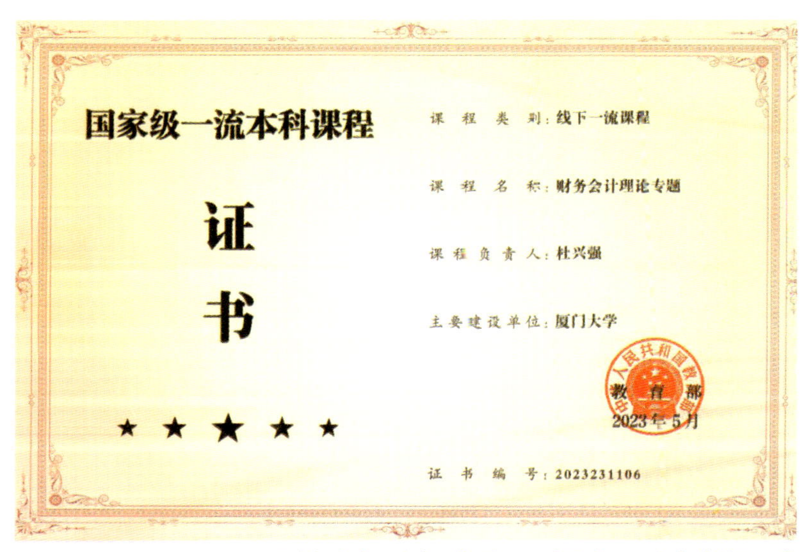

国家级一流本科课程

证书

课程类别：线下一流课程

课程名称：财务会计理论专题

课程负责人：杜兴强

主要建设单位：厦门大学

教育部

2023年5月

证书编号：2023231106

◎“财务会计理论专题”课程入选国家级一流本科课程证书

根据该通知，会计学系杜兴强教授主讲的“财务会计理论专题”课程获批国家级一流本科课程。

杜兴强教授自2001年留校任教后一直主讲“财务会计理论专题”课程，迄今已20余年。该课程早期讲解会计基本理论、财务会计概念框架、会计准则的国际趋同、会计思想演变等；后期纳入实证会计研究的内容，并融入了“非正式制度与会计审计行为”与“文化影响与会计审计行为”等内容。此外，为适应国际范围的会计改革、反映我国资本市场的纵深发展和信息技术的日新月异，“财务会计理论专题”在课程核心内容与讲课方法等方面进行了系统完善。

课程负责人：杜兴强

课程类型：线下一流课程

课程学时：3

授课对象：会计学系会计学与审计学专业三年级本科生

根据相关统计和目前已有资料显示，在已公布的两批国家级一流本科课程中，“财务会计理论专题”是会计审计领域内唯一的理论性课程。该课程相关教材之一的《财务会计理论》亦是已出版的普通高等教育国家级规划教材中唯一的财务会计理论相关的教材。

九、国家级一流本科课程“管理会计”

2020年11月，教育部公布了国家级一流本科课程认定结果名单，厦门大学会计学系

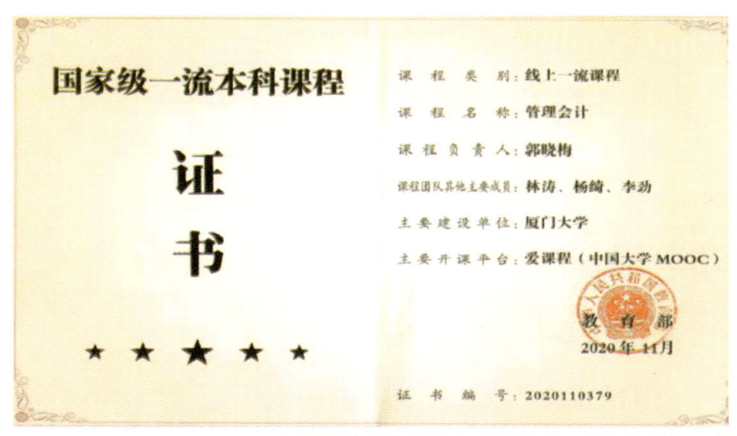
国家级一流本科课程

证书

课程类别：线上一流课程

课程名称：管理会计

课程负责人：郭晓梅

课程团队其他主要成员：林涛、杨绮、李劲

主要建设单位：厦门大学

主要开课平台：爱课程（中国大学MOOC）

教育部

2020年11月

证书编号：2020110379

◎“管理会计”课程入选国家级一流本科课程证书

郭晓梅教授的“管理会计”课程入选国家级一流本科课程。

厦门大学是现代中国管理会计的起源地，长期以来始终是引领、推动和发展中国管理会计的学科研究和应用教育的重要基地。近年来，“管理会计”课程注重将现代信息技术与教育教学深度融合，2016年获得校级立项，2017年以SPOC的形式上线运行，同时开放了实验沙盘供学生使用。2018年开始面向社会公开，其他高校的老师和社会学习者均可免费使用。2018年入选福建在线精品开放课程建设项目，并进入福建省福课联盟跨校互选在线开放课程目录。该课程目前已运行六期，累计超过数百所次的学校43691人次使用，2020年新冠疫情防控期间被多所高校直接选用为必修课，课程质量高、共享范围广、应用效果好、示范性引领性强。

课程是人才培养的核心要素，此次“管理会计”课程入选国家级一流本科课程，是对厦门大学会计学系开展一流本科课程建设和人才培养成效的充分肯定。接下来，厦门大学会计学系将继续鼓励教师参与课程理念创新、内容创新和模式创新，形成打造“金课”、淘汰“水课”的教学改革氛围。以现代教学理念为引领，以教学内容优化为核心，以教学模式创新为手段，以研究式教学团队发展为基础，以现代信息技术为支撑，打造五大“金课”，带动本科课程质量整体提升，打造一流本科课程体系，建设国家一流本科专业，服务学习型社会建设。

十、“厦门大学会计系列教材”

（一）“厦门大学会计系列教材”（新版）

2018年10月，教育部高等学校工商管理专业教学指导委员会会计学专业教学指导分委员会在江苏苏州召开，杜兴强教授与高等教育出版社就重新组织编写“厦门大学会计系列教材”达成了初步意见。2019年3月，杜兴强教授代表厦门大学会计学系与高等教育出版社签订了“厦门大

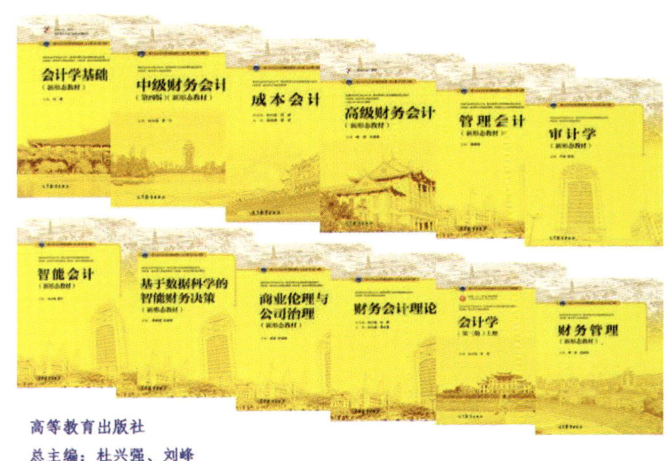

◎“厦门大学会计系列教材”（新版）封面设计图

学会计系列教材”的出版合同。2020年开始，“厦门大学会计系列教材”陆续出版。

◎ “厦门大学会计系列教材”书目及主编

序号	教材名称	主编
1	会计学基础	刘　峰
2	中级财务会计	杜兴强　蔡　宁
3	高级财务会计	杨　绮　任春燕
4	成本会计	张国清　谢　灵
5	管理会计	郭晓梅
6	财务管理	林　涛　郭晓梅
7	审计学	严　晖　廖　阳
8	财务会计理论	杜兴强　章永奎
9	商业伦理与公司治理	张　扬　罗进辉
10	会计学（非会计专业）	杜兴强　林　涛

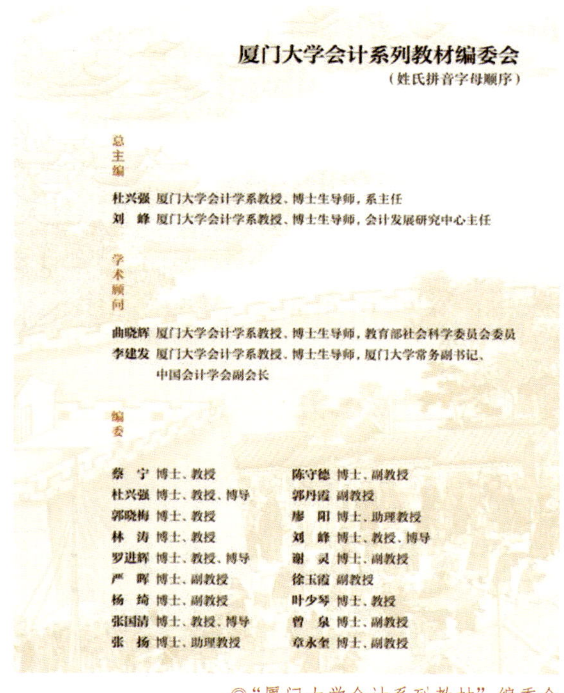
厦门大学会计系列教材编委会

（姓氏拼音字母顺序）

总主编

杜兴强 厦门大学会计学系教授、博士生导师，系主任
刘　峰 厦门大学会计学系教授、博士生导师，会计发展研究中心主任

学术顾问

曲晓辉 厦门大学会计学系教授、博士生导师，教育部社会科学委员会委员
李建发 厦门大学会计学系教授、博士生导师，厦门大学常务副书记、中国会计学会副会长

编委

蔡　宁 博士、教授
杜兴强 博士、教授、博导
郭晓梅 博士、教授
林　涛 博士、教授
罗进辉 博士、教授、博导
严　晖 博士、副教授
杨　绮 博士、副教授
张国清 博士、教授、博导
张　扬 博士、助理教授
陈守德 博士、副教授
郭丹霞 副教授
廖　阳 博士、助理教授
刘　峰 博士、教授、博导
谢　灵 博士、副教授
徐玉霞 副教授
叶少琴 博士、教授
曾　泉 博士、副教授
章永奎 博士、副教授

◎“厦门大学会计系列教材”编委会

兹引用“厦门大学会计系列教材”总序如下。

中世纪后期的意大利，由于同时满足了书写艺术（the art of writing）、算术（arithmetic）、私有财产（private property）、货币（money）、信用（credit）、商业/贸易（commerce）和资本（capital）等七项前置条件（antecedents），再加上较为发达的商业合伙和委托代理关系，复式簿记思想得以在威尼斯、佛罗伦萨、热内亚等地萌芽和发展①。1494年，卢卡·巴其阿勒（又译帕乔利）通过《算术、几何、比及比例概要》（*Summa de Arithmetica, Geometria, Proportioni et Proportionalita*, 1494）的"计算与记录详论"（De Computis et Scripturis）一章②，对复式簿记进行了理论上的总结。巴其阿勒的著作出版后接近400年的时间，复式簿记思想随着军事、海上贸易以及文化交流，在欧洲各个国家之间（如荷兰、西班牙、葡萄牙）广为流传，后来传入德国、英国、法国与美国③。

复式簿记思想和理论总结并未使会计学科在人类知识的殿堂里获得应有的地位。哈特菲尔德（Hatfield）教授1923年12月19日在美国大学教师协会（American Association of University Instructors）的一次会议上，做了题为"簿记的历史辩护"的演讲（后发表于1924年的*Journal of Accountancy*④）指出，在大学里讲授会计学的我们，正经受着同事含蓄的蔑视，他们不欢迎会计学科、认为会计学科与学术殿堂的纯洁性不符⑤。哈特菲尔德教授的演讲激励了所有会计学者励精图治、理论化会计学的知识体系，最终会计学科得以光明正大地进入美国的商学院且在美国资本市场、企业内部管理、审计市场中发挥着日益重要的作用⑥。

在中国，从改革开放特别是20世纪90年代以来，会计在资本市场中的地位

---

① LITTLETON A C，1933. Accounting evolution to 1900[M].American Institute Publishing House：12；LITTLETON A C，1966. Accounting evolution to 1900[M]. 2nd ed. Russell & Russell：12.

② Brown R G，Johnston K S，1984. Paciolo on accounting[M].Garland Publishing Inc.

③ PERAGALLO E，1938. Origin and evolution of double entry bookkeeping[M]. American Institute Publishing Co；MERINO B，PREVITS G，1998.A history of accountancy in the United States：the cultural significance of accounting[M]. Columbus：The Ohio State University Press.（亦可参阅：普雷维茨，莫里诺，2006. 美国会计史：会计的文化意义[M]. 杜兴强，等译. 北京：中国人民大学出版社.）

④ HATFIELD H R，1924. An historical defense of bookkeeping[J]. Journal of accountancy, 37 (4)：241–253.

⑤ 原文为：I am sure that all of us who teach accounting in the universities suffer from the implied contempt of our colleagues, who look upon accounting an intruder, a saul among the prophets, a parish whose very presence detracts somewhat from the sanctity of the academic halls.

⑥ 尽管每一次经济危机或资本市场震动，社会各界都将矛头指向"会计行业（职业）"，但每次危机过后，会计的重要性不仅被再次确认，而且往往获得下一次的长足发展。这实际上也促使我们进一步思考"会计在人类社会中的不可替代的角色及其对会计学科定位的影响"这一重大现实问题。本次的系列教材，也试图将关于会计的这种"big picture"融入其中。

也日益提高。目前，几乎所有高校都设置有会计学系，且会计学系的学生数应是目前中国高校各个专业中最多的。面对人数众多的会计本科生，一套体系完整、内容前沿、贴合中国资本市场制度环境现实的教材就显得十分必要了，因为它有利于夯实学生的会计基础，培养学生学习会计知识的兴趣，带领学生深入思考会计学科的重要理论和现实问题，甚至能激发学生的研究兴趣，最终走向教学科研的道路。

实际上，厦门大学会计学科的奠基人葛家澍教授、余绪缨教授与常勋教授很早就注意到高质量教材对大学会计学本科教育的重要性。早在20世纪60年代初，葛家澍教授就应邀担任当时教育部组织的文科统编教材《会计学基础》的主编，这也是当时整套教材体系中唯一的一本会计学教材；他还同时作为主要合作者，参与完成财政部统编教材《会计原理》的编写任务；改革开放后，厦门大学接连出版多本教育部统编教材，如《会计学基础》《会计学》《管理会计》《国际会计》《经济核算与经济效果》等。1992年11月《企业会计准则》与《企业财务通则》颁布后，葛家澍与余绪缨两位老先生筹划和总编了“厦门大学会计系列教材”，由辽宁人民出版社于1994—1995年出版[①]，第一次将厦门大学会计教材系列化、系统化；1997年开始，我国陆续颁布《企业会计准则——具体准则》，两位老先生根据环境变化和教学需要，规划和总编了第二版的“厦门大学会计系列教材”，由辽宁人民出版社于2000年全部出版完毕；2006年2月，中华人民共和国财政部一次性颁布了1项基本准则与38项具体准则，以及48项注册会计师执业准则，“厦门大学会计系列教材”第三版出版（仍由葛家澍教授与余绪缨教授担任总主编）。此后，由于种种原因，最近10余年，厦门大学会计学科未大规模地组织“厦门大学会计系列教材”的修订或重编。

回顾21世纪的前二十年，国际与国内的资本市场、会计环境、企业内部治理及外部独立审计市场都经历了较大的变化。国际方面，2000年“证券委员会国际组织”（IOSCO）认可了修订后的30份国际会计准则为核心准则（core stand-

① 在1994年的“厦大会计系列教材”之前，葛家澍与余绪缨两位老先生就在各自的教学领域内主编了影响几代人的教材。这些教材包括：葛家澍教授主编的《会计学原理》（上海财经出版社1962年版）、《会计基础知识》（教育部组织的、新中国第一批统编教材；中国财政经济出版社1964年版）、《会计学基础》（高等学校文科教材；中国财政经济出版社1980年版）；余绪缨教授主编的《管理会计》（中国财政经济出版社1983年版）；常勋教授主编的《国际会计》（辽宁人民出版社1995年版）。

ards）；2001年的安然事件几乎摧毁了资本市场对会计信息披露质量和独立审计的信心；2002年的萨班斯-奥克斯利法案敦促会计界反思会计准则制定的原则导向或规则导向的问题；2004年启动的FASB和IASB的联合概念框架项目及随后的阶段性成果让会计界充满期待；2008年的美国“次贷”危机使会计（特别是公允价值）再次站在了风口浪尖，一定程度上成为“贪婪华尔街”的“替罪羊”；持续不断的会计准则的国际化趋同给全球资本市场带来深刻的变革；2018年，FASB时隔18年颁布的第8号概念框架及2018年IASB颁布的“财务报告概念框架”都值得吸收和借鉴。

国内方面，2000年以来，会计准则和会计制度也面临多重变化，如2000年新修订发布《企业会计制度》，2006年发布《企业会计准则》（1项基本准则与38项具体准则）、注册会计师职业准则体系，2008年财政部、证监会、审计署、银监会、保监会联合发布《企业内部控制基本规范》，2010年中华人民共和国财政部颁布《中国企业会计准则与国际财务报告准则持续趋同路线图》，2014年以来企业会计准则体系的持续修订，2015年新《预算法》的实施与2016年的预算会计改革，2016年财政部发布《管理会计基本指引》等，都对中国资本市场信息披露、审计独立性与审计质量、管理会计、政府及非营利组织的实践产生了重要的影响。

值得指出的是，近年来，移动互联网、大数据、人工智能等技术（以下统称“AI技术”）在全世界范围内迅猛发展，不仅正在重塑社会秩序与重新界定话语权，而且也冲击到会计这个最为古老的学科。AI时代，新科技与新知识持续不断地定义新秩序，而我们固化了的知识与技能，正在经受着被迅速“迭代”的风险。会计学科向何处去，是整个会计界乃至整个社会都广泛关注的核心话题。上述背景呼唤一套新的“厦门大学会计系列教材”，以适应新形势下的会计学教学和人才培养。

“厦门大学会计系列教材”由杜兴强教授与刘峰教授担任总主编（总策划），曲晓辉教授与李建发教授担任学术顾问。总策划人负责和高等教育出版社保持联系和沟通，勾勒“厦门大学会计系列教材”框架，建议各本教材的主编，以及协调各教材之间的内容分工、避免过多的交叉和重复。各位主编各司其职，对相应的教材负责，包括编写人员的组织、内容框架的初步拟定及督促教材内容的编写。

“厦门大学会计系列教材”第一批共计划出版十本，包括《会计学原理》《中级财务会计》《成本会计》《高级财务会计》《管理会计》《财务管理》《审计学》《财务会计理论》《商业伦理与公司治理》《会计学》（非会计专业）；各本教材的第一主编分别为刘峰、杜兴强、张国清、杨绮、郭晓梅、林涛、严晖、杜兴强、张扬、杜兴强（财务会计）与林涛（管理会计）。

“厦门大学会计系列教材”的编写，在内容上紧扣中国会计改革的动态（如企业会计准则体系的改革与完善、注册会计师职业准则体系的完善、管理会计基本指引的颁布等），并力争能够反映国际范围内的会计发展动态。在编写方式上，不仅有利于授课教师传授基本的会计学知识，而且能够启发学生针对所学内容进行深入思考。“厦门大学会计系列教材”的所有教材，在每一章开篇都明确指出了学习目标，并设置了与章节内容相关的导读案例，引导学生带着问题和明确的目标、学习和思考相关章节的内容；在每章结束后，都有本章的小结；在多数章节的内容安排上，除了讲解基本的知识点，附有若干二维码的知识拓展及线上随堂测试。概括起来，开篇明确学习目标，章后进行总结，并辅之以案例导读、知识拓展与随堂测试（附二维码），“厦门大学会计系列教材”将一改以往的“传统”，以生动、立体的形式呈现在师生面前。

考虑到外部环境变化的冲击，我们亦在部分教材（如《会计学原理》）中尝试内容更新，反映AI技术与人工智能对会计学教学内容与教材体系的冲击。考虑到会计学专业的特点，以及会计的社会性，我们亦在部分教材中（如《财务会计理论》）将中国文化与伦理因素进行嵌入，尝试进行教学内容方面的改革。值得指出的是，“厦门大学会计系列教材”中的部分教材（如《管理会计》）开发和提供了数字课程资源（包括在线开放课程、教学视频、在线实验等），其配套课程已获国家级一流本科课程立项。

在与高等教育出版社商洽出版“厦门大学会计系列教材”之后，厦门大学会计学科成立了编委会①，尽最大可能广泛吸收现任教师参与本套教材的编写。在确定主编人选时，我们不唯学历、不唯资历，秉持让“教学第一线”的教师

① 最终的编委会由第一批各本教材的主编及副主编组成（按照姓氏拼音字母顺序排列）。

担任各本教材主编和副主编的原则。因此，编委会里既有知名的中青年教授、博导，又有年富力强、一直站在教学第一线、教学效果备受好评的副教授甚至是助理教授。此外，本着厦门大学会计学科“传帮带”的优良传统，部分教材设置了不止一位主编。我们认为，让年轻、不具有教授职称的教师承担主编角色虽存在一定的风险，但在一定程度上也体现了厦门大学会计学科勇于突破、锐意改革的决心。

值得指出的是，“厦门大学会计系列教材”将呈现开放式的结构，允许根据教学改革的需求不断纳入新的教材。目前已在计划中、后期可能陆续纳入的教材包括《财务报表分析》《政府会计》《会计思想史》《资本市场会计》《大数据与会计信息系统》等。我们相信，未来的“厦门大学会计系列教材”将会是一套体系完整、能够体现厦门大学会计学科教学改革特色的教材。

“厦门大学会计系列教材”在一定程度上反映了目前厦门大学会计学科的教学特点，亦是厦门大学会计学科承担的2019年福建省本科高校重大教育教学改革研究项目（FBJG20190184）与国家自然科学基金重大项目课题（71790602）的重要成果之一。

感谢高等教育出版社的厚爱，使得厦门大学会计学科在十余年后再次推出“厦门大学会计系列教材”。2018年10月，教育部高等学校工商管理专业教学指导委员会会计学专业教学指导分委员会在江苏苏州召开。会间，杜兴强教授与高等教育出版社的于明老师就重新组织编写“厦门大学会计系列教材”达成了初步意见。感谢于明老师与王琼老师，一直和两位总主编（总策划人）及各本教材的主编保持密切联系，共同推动“厦门大学会计系列教材”的编写和出版。

由于编著者的知识结构、时间、精力与水平所限，“厦门大学会计系列教材”难免存在错漏、不完善之处。为此，我们非常欢迎一线师生将您在使用“厦门大学会计系列教材”过程中发现的错漏和问题反馈给两位总策划人或各本教材主编，以便我们再版时逐一进行修订并致谢。

杜兴强　刘峰

2020年11月8日

（二）“厦门大学会计系列教材”回顾

1.“厦门大学会计系列教材”第一版

1994—1995年，“厦门大学会计系列教材”由辽宁人民出版社出版，总主编为葛家澍与余绪缨，包括《会计学原理》《中级财务会计》《高级财务会计》《成本会计》《管理会计》《企业理财》《审计学》共7本，各本教材的主编分别为吴水澎、葛家澍、常勋、陈守文、余绪缨、余绪缨、李若山。“厦门大学会计系列教材”中的《中级财务会计》获得1995年国家教委优秀教材一等奖。

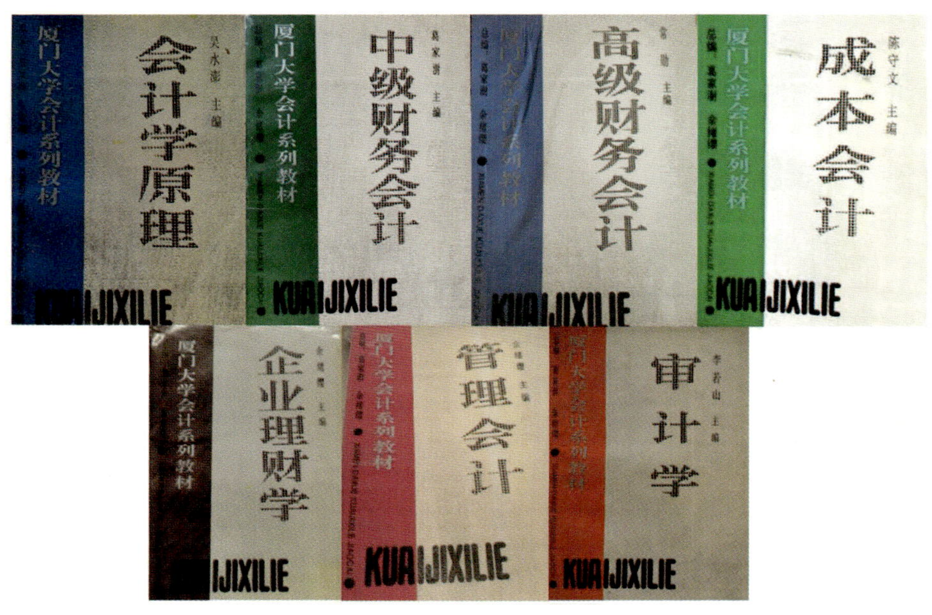

◎厦门大学会计系列教材（辽宁人民出版社，1994—1995年第一版）

2.“厦门大学会计系列教材”第二版

1999年，“厦门大学会计系列教材”第二版由辽宁人民出版社出版，总主编为葛家澍与余绪缨，包括《会计学原理》《中级财务会计》《高级财务会计》《成本会计》《管理会计》《企业理财》《审计学》共7本，各本教材的主编分别为吴水澎、葛家澍、常勋、陈守文、余绪缨、余绪缨、陈汉文。

厦门大学会计系列教材
会计学原理
第2版
中级财务会计
总编：葛家澍 余绪缨
INTERMEDIATE FINANCIAL ACCOUNTING
管理会计
企业理财学
高级财务会计
成本会计
COST ACCOUNTING
审计学
Auditing

◎厦门大学会计系列教材（辽宁人民出版社，1999—2000年第二版）

3.“厦门大学会计系列教材”第三版

2009—2010年，“厦门大学会计系列教材”出版了第三版包括《会计学原理》《中级财务会计》《高级财务会计》《管理会计》《企业理财学》等多本教材。

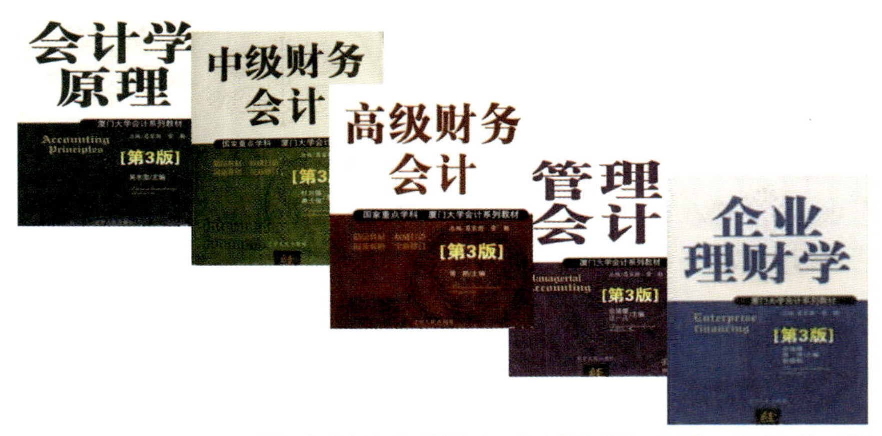

◎厦门大学会计系列教材（辽宁人民出版社，2009—2010年第三版）

（三）《中级财务会计》四个版本折射出会计学科的发展

“厦门大学会计系列教材”的四个版本，在一定程度上是厦门大学会计学科自1990年到2023年发展的缩影。

“厦门大学会计系列教材”第一版出版时（1994—1995），是厦门大学会计学科的鼎盛时期，葛家澍教授主编的《中级财务会计》和余绪缨教授主编的《管理会计》屡屡获得教育部优秀教材一（二）等奖。

“厦门大学会计系列教材”第二版出版时（1999—2000），厦门大学会计学科仍处在

◎“厦门大学会计系列教材”《中级财务会计》四个版本的封面（含总主编）

鼎盛时期，但国内兄弟院校的会计学科已经在大幅追赶。《中级财务会计》第二版2002年获得教育部普通高等学校优秀教材一等奖。

2009—2010年，受总主编葛家澍和常勋托付，杜兴强与桑士俊主编《中级财务会计》（第三版）。如今，葛家澍先生已于2013年仙逝，桑士俊教授也不幸于2021年因病去世。

“厦门大学会计系列教材”的新版（可以理解为第四版）出版时（2020—2023），《中级财务会计》由杜兴强任第一主编。此外，以新版“厦门大学会计系列教材”为依托，融入厦门大学会计学科近十年的教学改革理念，厦门大学会计学科的教学成果“会计学教学模式创新与教材体系改革：AI技术冲击、中国文化嵌入与伦理关注”获得了2022年国家级教学成果奖。

1994—2023年，近三十年的时间里，厦门大学会计学科经历了发展的巅峰，也经历了低谷，更经历了改革的阵痛、矢志坚守、砥砺奋进和重建。“厦门大学会计系列教材”一版又一版地出版，见证了这段历史，也见证了厦门大学会计学科“以教学为突破口，强调通过教学增加凝聚力，教学为研究提供灵感，研究反哺教学”这一基本战略落地、生根、发芽和开花结果的过程。

十一、福建省研究生教育精品课程：“资本市场会计研究”

根据《福建省学位委员会办公室关于开展研究生教育精品课程等项目建设的通知》，2023年8月14日，福建省教育厅发布了《关于省级第二批研究生教育项目立项名单》。会计学系杜兴强教授主讲的“资本市场会计研究”获批福建省研究生教育精品课程。

福建省学位委员会办公室文件

闽学位办〔2023〕4号

福建省学位委员会办公室关于公布第二批研究生教育项目名单的通知

有关研究生培养单位：

根据《福建省学位委员会办公室关于开展研究生教育精品示范课程等项目建设的通知》精神，经高校申报、专家评审，拟认定69个第二批研究生教育项目，其中，福建省产教融合研究生联合培养基地25个、专业学位研究生优秀教学案例24个、研究生教育精品课程20门，现予以公布（见附件）。

各研究生培养单位要高度重视，加强项目建设，提高研究生培养能力和教育质量管理水平。

- 1 -

（三）研究生教育精品课程

序号	学校	课程名称	负责人
1	厦门大学	资本市场会计研究	杜兴强
2	福建师范大学	左翼文艺专题研究	黄科安
3	福建理工大学	结构动力学	吴琛
4	厦门大学	高等合成化学	龙腊生
5	福建师范大学	体育教育学	方千华
6	厦门大学	财政学前沿专题	谢贞发
7	福建医科大学	《现代毒理学》	李煌元
8	厦门大学	建筑创作理论与方法	王绍森
9	福建师范大学	青少年心理发展与教育	张锦坤
10	厦门大学	量化研究方法与统计分析	郭建鹏
11	福建师范大学	课程与教学论	殷世东
12	福州大学	生物分子分离与表征	汪少芸
13	福建医科大学	《高级健康评估》	胡荣
14	福建农林大学	马克思主义发展史	林贤明
15	福建中医药大学	医学文献检索与利用	林丹红
16	华侨大学	商业模式创新与战略转型	林春培
17	厦门大学	社会保障理论与实务	高和荣

◎福建省研究生教育精品课程立项通知

“资本市场会计研究”课程自2001年开设，迄今已二十余年，是会计学系研究生的专业必修课程。该课程以实证会计研究和会计理论的经济学分析为主，融入了“非正式制度与会计审计行为”与“文化影响与会计审计行为”等内容。

十二、福建省本科重大教改项目

2017—2023年，厦门大学会计学系的教师多次获得福建省本科重大教改项目的支持，

福建省教育科学规划领导小组办公室

闽教科规〔2019〕18号

福建省教育科学规划领导小组办公室关于公布2019年本科高校教育教学改革研究项目立项名单的通知

各普通本科高校：

根据《福建省教育厅办公室关于做好2019年福建省本科高校教育教学改革研究项目申报工作的通知》（闽教办高〔2019〕6号）工作部署和有关要求，在各高校申报的基础上，受教育厅委托，我办对“十三五”教育科学规划课题本科高校教改专项组织审核，现确定厦门大学《面向“双一流”建设与人工智能发展的计算机视觉专业课程教学改革研究》（立项编号：FBJG20190143）等324个项目为2019年福建省本科高校教育教学改革研究项目（以下简称“教改项目”），其中一般教改项目267项（研究生教育34项、本科教育132项、创新创业教育101项，见附件1），重大教改项目57项（研究生教育6项、本科教育46项，创新创业教育5项，

附件2：

2019年福建省本科高校重大教育教学改革研究项目

项目编号	学校	项目名称	负责人	专业职称	项目参与人员
研究生教育教学改革项目					
FBJG20190142	厦门大学	基于双轮驱动的航空航天类研究生创新培养体系构建	尤延铖	常务副院长、教授	[illegible]
FBJG20190124	华侨大学	电磁场数值计算方法精品课程建设探索与实践研究	林志立	教授	[illegible]
FBJG20190279	福州大学	新时代化工类专业研究生“思政—教学—科研—实践”融合促进的	江莉龙	研究员	[illegible]
FBJG20190048	福建师范大学	“卓越教师培养计划2.0”背景下教育硕士核心素养提升及培养模式改革研究	[illegible]	福建师范大学研究生院常务副院长	[illegible]
FBJG20190024	福建中医药大学	“双一流”建设背景下提升护理硕士研究生核心素养的培养模式改革研究	[illegible]	副院长、教授	[illegible]
FBJG20190162	福建工程学院	应用型大学研究生思政教育体系融合创新与实践	[illegible]	副校长、教授	[illegible]
本科教育教学改革项目					
FBJG20190134	厦门大学	会计学教材体系与教学模式改革：AI技术冲击、中国文化嵌入与伦理关怀	杜兴强	教授、博导、系主任	[illegible]

第1页，共7页

◎2019年福建省本科高校重大教育教学改彗研究项目立项通知

为厦门大学会计学科的教学改革提供了强有力的支持，促进了厦门大学会计学科凝练相关的教学成果，是厦门大学会计学科获得国家级教学成果奖的重要支撑。

第一，2019年，杜兴强教授负责的“会计学教材体系与教学模式改革：AI技术冲击、中国文化嵌入与伦理关注”获批福建省本科高校重大教育教学改革研究项目（FBJG20190184）。

第二，2023年1月，福建省教育厅公布了2022年福建省本科高校教育教学改革研究项目立项名单（闽教高〔2022〕36号）。杜兴强教授主持的“会计学本科教学模式重塑与教学内容迭代：制度变革、非正式制度与因果关系”获批2022年福建省本科高校重大教育教学改革研究项目（FBJG20220158）。

福建省教育厅文件

闽教高〔2022〕36号

福建省教育厅关于公布2022年本科高校教育教学研究项目立项名单的通知

各有关高校：

根据《福建省本科高校教育教学研究项目管理办法（试行）》（闽教规〔2022〕4号），现将2022年本科高校教育教学研究项目立项名单予以公布。请你们要切实加强日常管理和过程监管，确保教育教学研究取得预期成效，形成可借鉴、可推广的高质量教学研究成果。

附件：1.2022年本科高校教育教学研究项目（重大项目）立项名单

附件1

2022年本科高校教育教学研究项目（重大项目）立项名单

序号	学校	项目名称	类别	负责人	参与人员
1	厦门大学	面向航空发动机卓越工程师培养的专业学位研究生培养质量提升	研究生教育类	尤延铖	王晓光、朱呈祥、许伟伟、黄玥、孙洪飞、董一巍、吴了泥、殷春平
2	厦门大学	面向中国式现代化的公共管理学与政治学研究生课程思政教育教学体系建设	研究生教育类	魏丽艳	吕志奎、罗思东、李丹、夏路、李德国、林雪霏、刘昭阁、周茜、李倩、杨荣罡、林艾
3	厦门大学	会计学本科教学模式重塑与教学内容迭代：制度变革、非正式制度与因果关系	本科教育类	杜兴强	蔡宁、张国清、曾泉、刘峰、熊枫、郭晓梅、章永奎、申屠李融、林涛
4	厦门大学	以学为中心跨专业共建共享基础课程的研究与实践	本科教育类	苏培峰	杨柳、宋翀、陈理想、吕鑫、朱亚先、金贤安、张武虹、郑兰荪、洪炜、雷越
5	厦门大学	以学生成长为中心的跨院系大类课程体系优化与实施	本科教育类	李勤喜	程喆、薛茂强、林忠宁、朱铉、叶军
6	华侨大学	新基建背景下土木类专业学位研究生培养模式探索与实践	研究生教育类	李海锋	李海锋、曾志兴、许斌、罗漪、郑双杰、阙晋、赵琬冰、宁西占、林建平、吴俊超、崔海琴、刘天姿
7	华侨大学	给排水科学与工程国家一流本科专业新工科创新教学研究与改革	本科教育类	李飞	邹景、胡奕博、马红芳、徐垒、周真明、黄华山、廖晓斌、曾庆玲、曹威、闫慧芳、陈丹杰

◎2022年福建省本科高校教育教学研究项目（重大项目）立项通知

基于教育部大力提倡“新文科”和学科交叉融合的大背景，该课题基于制度变革背景重塑会计学本科教学应以原理讲授为主，并立足中国、放眼世界，侧重当前、注视未来；基于正式制度和非正式制度，强调会计学教学模式重塑与教学内容的“迭代”；将数据科学、机器学习、数理逻辑思维等嵌入会计学教学体系，力图在学科融合的基础上，基于“本硕博”贯通的思路，强调“因果关系”，确立会计学科的相对科学属性。

第三，2021年，李建发教授负责的“新商科宽基复合型人才培养模式探索”获批福建省本科高校重大教育教学改革研究项目。

第四，2023年10月7日，福建省教育厅公布了2023年福建省本科高校教育教学改革研究项目立项名单（闽教高〔2023〕20号）。蔡宁教授主持的“党的二十大精神引

福建省教育科学规划领导小组办公室

闽教科规〔2021〕43号

福建省教育科学规划领导小组办公室关于公布2021年本科高校教育教学改革研究项目立项名单的通知

各普通本科高校：

根据《福建省教育厅办公室关于开展2021年福建省本科高校教育教学改革研究项目申报工作的通知》（闽教办高〔2021〕7号）要求，经学校申报、专家评审、省教育厅审核、网上公示等程序，确定2021年福建省本科高校教育教学改革研究项目305个。现将名单予以公布。

各项目高校应在2021年12月底前组织完成开题报告，按时开展中期检查等工作（常规项目截止2022年12月底，特设专项截止2022年5月底），督促项目团队扎实推进研究工作。我办将进一步加强过程指导，适时组织开展抽查。因客观原因确需调整变更研究方向、主持人等关键事项的，由项目高校向我办提交申请，经核准后生效。

项目编号	项目学校	负责人	性质	类别	层次	名称	参与人员
FBJG20210274	厦门大学	肖宁遥	常规	研究生教育	一般	基于文化资源互动融合的新型研究生文化教学研修课程及体系升级	邹大鹏、[illegible]、孟繁杰、王[illegible]、王[illegible]、何宏耀、陈之新
FBJG20210273	厦门大学	孙传旺	常规	研究生教育	一般	“能源战略”课程教学体系创新研究	何晓萍、许梅恋、张定忠、钟锃光、郑晓霞、郑旭、徐雪娜
FBJG20210272	厦门大学	王运鹏	常规	研究生教育	一般	基于CBE多维度顶点课程设计的化工“H型人才”培养模式探索	王海涛、黄福乐、何宁
FBJG20210271	厦门大学	许一婷	常规	研究生教育	一般	产教融合培养新材料工程专业学位研究生的机制创新与实践	曾碧榕、戴李宗、袁从辉、何国梅、刘新瑜、郑微、陈国荣
FBJG20210270	厦门大学	郑伟平	常规	研究生教育	一般	以分析性写作为中心的哲学研究生教学改革	唐翘、曹剑波、谢晓东、朱菁、郑辉荣
FBJG20210279	厦门大学	吕鑫	常规	本科教育	重大	以中心科学视角重构面向非化学专业的大学化学教学体系	张慧君、苏培峰、郑顺梅、曹晓宇、吴振、罗学涛、李勤良、王文耀、陈颖、林忠宁、洪学鹃
FBJG20210278	厦门大学	李建发	常规	本科教育	重大	新商科“宽基”复合型人才培养模式探索	白云涛、邱七星、吴超鹏、蔡宁、缪朝炜、计国君、于李胜、林黛娟、叶军、郭晓梅

第2页，共31页

◎2021年福建省本科高校教育教学改革研究项目立项通知

领下的会计学本科教学改革研究”获批2023年福建省本科高校重大教育教学改革研究项目。

除了上述重大教改项目之外，于李胜、蔡宁、张国清等教授还分别主持福建省教改一般项目。其中，于李胜教授主持2018年福建省本科教改项目“商学院本科一流人才培养模式示范引领基地建设”；张国清教授主持2021年福建省教改项目“会计、审计专业硕士培养的创新与实践——学科交融、职业导向与国际化”（FBJG20200226）。2023年1月，福建省教育厅公布2022年省级课程思政示范项目名单，根据闽教高〔2022〕37号文件，厦门大学会计学系“中级财务会计”（课程负责人：蔡宁）获评2022年省级课程思政示范项目。

十三、“会计学和审计学本科与研究生教材研究与建设基地”

2023年4月7日，厦门大学公布了2022年“教材研究与建设基地立项建设”名单（共四项），杜兴强教授代表厦门大学会计学系申报的“会计学和审计学本科与研究生教材研究与建设基地”入选。

厦门大学会计学科是首批会计学国家重点学科，并拥有会计学国家级教学团队（教高函〔2008〕19号），在近百年的办学实践中积累了丰富的教材编写和研究经验，先后共出版了四个版本“厦门大学会计系列教材”，形成了具有厦大特色的教材编写和研究模式，曾多次获得教育部普通高校优秀教材一等奖、国家级教学成果奖二等奖与福建省教学成果奖特等奖等。

“厦门大学会计系列教材”最新版已由高等教育出版社陆续出版，杜兴强教授与刘峰教授担任总主编。“厦门大学会计学系研究生教材”已勾勒初步框架并签订了相关出版意向，即将由高等教育出版社陆续出版。

“会计学和审计学本科与研究生教材研究与建设基地”入选厦门大学教材研究与建设基地立项建设名单，是对会计学系长期以来教材建设工作的肯定。会计学系将以此为契机，推进习近平新时代中国特色社会主义思想、党的二十大精神进教材，重视跟踪国际与国内教材建设的新动态、广泛吸收近年来同类教材编写的先进经验，凝聚会计学专业教材研究的中坚力量，培养课程教材建设学术带头人和中青年学术骨干，打造课程教材研究的专业智库，搭建教材研究成果交流平台。

“会计学和审计学本科与研究生教材研究与建设基地”的最终目标是新编、修订和建设二至三套高质量的、体现厦门大学会计学科特色的系列教材。与之相适应，我们将在教学模式、教学理念、教学方法、教学内容和教学效果评价等方面进行深入调研、分析和凝练，形成一系列多样化的教学论文、教学案例与教学成果等。

十四、会计学专业获厦门大学2023年课程思政示范专业建设项目

2023年12月12日，根据《关于公布2023年厦门大学课程思政示范专业建设项目立项名单的通知》（厦大教〔2023〕117号），会计学专业获厦门大学2023年课程思政示范专业建设项目（负责人杜兴强）。

厦 门 大 学 文 件

厦大教〔2023〕117号

关于公布2023年厦门大学课程思政示范专业建设项目立项名单的通知

各单位：

根据《关于启动2023-2024学年课程思政建设项目的通知》（〔2023〕厦大教51号），经专家评审、学校公示，2023年课程思政示范专业建设项目共立项6项，现予以公布，具体名单详见附件。

示范专业建设周期为两年。请项目负责人及团队成员认真实施课程思政示范专业建设计划，深入挖掘专业教育、课程教学蕴含的思想政治元素，将课程思政有机融入一流专业建设。以专业、系、教研室为单位，组织修订和完善人才培养方案、课程教学大纲，将课程思政融入专业核心课程建设，编制专业思政教学指南，

2023年厦门大学课程思政示范专业建设项目立项名单

序号	学院	申报专业	专业负责人
1	公共事务学院	政治学与行政学	朱仁显
2	社会与人类学院	人类学	张先清
3	管理学院	会计学	杜兴强
4	医学院	临床医学	刘祖国
5	生命科学学院	生物技术	邓贤明
6	数学科学学院	信息与计算科学	陈黄鑫

◎会计学系的会计学专业入选厦门大学2023年课程思政示范专业建设项目

会计学系将以课程思政示范专业建设立项为契机，深入挖掘会计学专业教育、课程教学蕴含的思想政治元素，将课程思政有机融入一流专业建设。以“中国式现代化”思想为指导，促进专业知识与思想政治理论同向同行，构建全员、全程、全课程的“三全”育人格局，培养理想信念坚定、专业知识扎实，兼具全球责任和社会担当的高层次创新型会计人才。

十五、其他省部级教学成果和教改项目

（一）教育部新文科项目：“‘引理入商’——新文科复合型人才培养创新与实践模式探索”

2021年，李建发教授负责的“‘引理入商’——新文科复合型人才培养创新与实践模式探索”获批教育部新文科项目。

信息名称：教育部办公厅关于公布首批新文科研究与改革实践项目的通知
信息索引：360A08-07-2021-0018-1 生成日期：2021-11-02 发文机构：教育部办公厅
发文字号：教高厅函〔2021〕31号 信息类别：高等教育
内容概述：教育部办公厅公布首批新文科研究与改革实践项目。

教育部办公厅关于公布首批新文科研究与改革实践项目的通知

教高厅函〔2021〕31号

各省、自治区、直辖市教育厅（教委），新疆生产建设兵团教育局，有关部门（单位）教育司（局），部属各高等学校、部省合建各高等学校，2018—2022年教育部高等学校教学指导委员会，中国高等教育学会：

为深入学习贯彻习近平总书记关于教育的重要论述，全面推进新文科建设，构建世界水平、中国特色的文科人才培养体系，根据《教育部办公厅关于推荐新文科研究与改革实践项目的通知》（教高厅函〔2021〕10号），经单位推荐、网络审核、会议审议、网络公示等，我部决定认定1011个新文科研究与改革实践项目，现予以公布（名单见附件），并就有关事项通知如下。

一、新文科项目要坚持正确政治方向和价值导向，聚焦人才培养，推进教育教学改革，提高专业质量、课程质量、教材质量、技术水平，加强理论研究和规划总结，扎实推进项目实施，实现文科教育真改、实改、新改、深改。

二、中央高校主管部门、各省级教育行政部门要加强对所属高校项目的指导，为项目实施提供必要的条件支持和经费保障。各高校要为项目实施提供必要的经费、场地、人员等保障，由教务部门对项目进行统一管理，确保如期完成建设任务。

三、我部将加强项目实施的过程管理、指导和检查，适时组织中期检查和结项验收，对推进不力的项目作撤项处理，被撤项高校不得参与下一批次立项工作。项目负责人、项目组成员、建设期、建设内容等原则上不得变更，特殊情况须由实施高校经主管部门同意后报我部备案。

四、各专业类教指委、新文科建设工作组、全国新文科教育研究中心要跟进指导项目实施，组织开展交流研讨，总结推广项目实施的优秀经验和典型做法，引领带动新文科项目建设质量总体提升。

附件：首批新文科研究与改革实践项目名单

教育部办公厅

2021年10月28日

序号	项目编号	项目名称	负责人	单位
491	2021100037	计算机与金融工程交叉复合人才培养模式探索与实践	俞红海	南京大学
492	2021100038	面向科技创新的“知识产权法+工科”复合型人才培养模式创新与实践	方新军	苏州大学
493	2021100039	新业态下交通法学复合交叉人才培养模式与实施路径	杨敏	东南大学
494	2021100040	物流类新文科复合型人才培养模式创新研究与实践	赵林度	东南大学
495	2021100041	四维重构全媒体新闻传播人才培养体系改革与实践	张晓锋	南京师范大学
496	2021100042	基于协同机制的双学位新文科复合型人才培养方案构建与改革实践	杨亦鸣	江苏师范大学
497	2021100043	新文科背景下经济学多元复合型人才培养创新与实践	黄先海	浙江大学
498	2021100044	数字经济背景下地方高校新商科人才培养模式探索与实践	虞晓芬	浙江工业大学
499	2021100045	基于“多元融合、数智驱动”的新商科人才培养模式研究与实践	厉小军	浙江工商大学
500	2021100046	新文科艺术类专业复合型人才培养创新与实践	段卫斌	中国美术学院
501	2021100047	财经类高校复合型人才培养的创新与实践	钟晓敏	浙江财经大学
502	2021100048	“城市数字治理”人才培养的探索与实践	罗卫东	浙大城市学院
503	2021100049	面向国家区域发展战略的经济学复合型人才培养创新与实践	陈诗一	安徽大学
504	2021100050	行政管理专业复合型新文科人才培养模式改革研究与实践	徐济益	安徽工业大学
505	2021100051	“引理入商”——新文科复合型人才培养创新与实践模式探索	李建发	厦门大学
506	2021100052	生态法治复合型卓越人才培养模式创新与实践	黄辉	福州大学
507	2021100053	新文科背景下数理金融复合型人才培养模式的创新与实践	黄志刚	福州大学
508	2021100054	多学科交叉融合的全媒体传播人才培养模式改革与实践	张梅	福建师范大学

第 29 页，共 58 页

◎教育部首批新文科研究与改革实践项目立项通知

（二）福建省教学成果一等奖：“迈向新文科的会计学国家级一流专业建设”

厦门大学会计学系与福州大学合作，桑士俊（3）[①] 和章永奎（5）作为代表负责的“迈向

① 括号内为获奖排名，下同

新文科的会计学国家级一流专业建设”获2021年福建省教学成果一等奖。

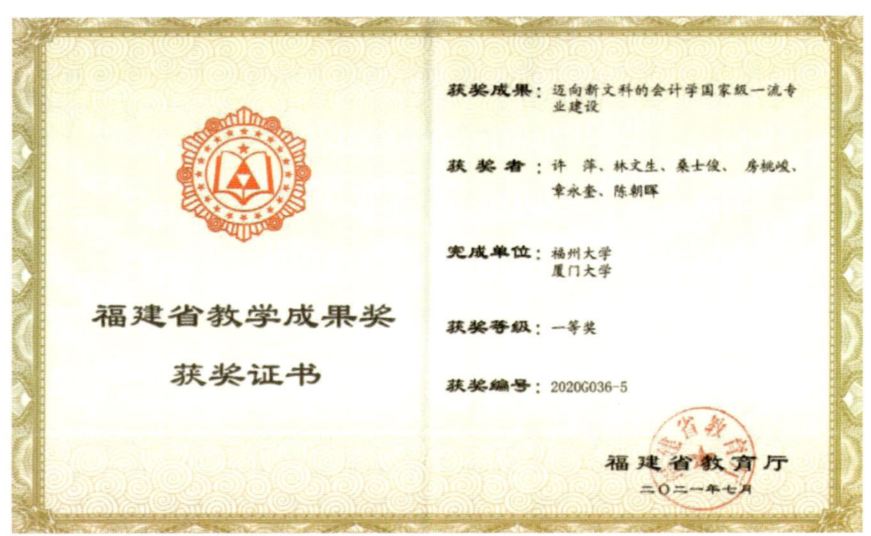

福建省教学成果奖

获奖证书

获奖成果：迈向新文科的会计学国家级一流专业建设

获奖者：许　萍、林文生、桑士俊、房桃峻、章永奎、陈朝晖

完成单位：福州大学
厦门大学

获奖等级：一等奖

获奖编号：2020G036-5

福建省教育厅

二〇二一年七月

◎“迈向新文科的会计学国家级一流专业建设”获福建省教学成果奖一等奖证书

（三）福建省教学成果奖一等奖：“商学院一流本科人才培养探索与实践”

于李胜教授与李成教授及合作者申报的成果“商学院一流本科人才培养探索与实践”获2022年福建省教学成果奖一等奖。

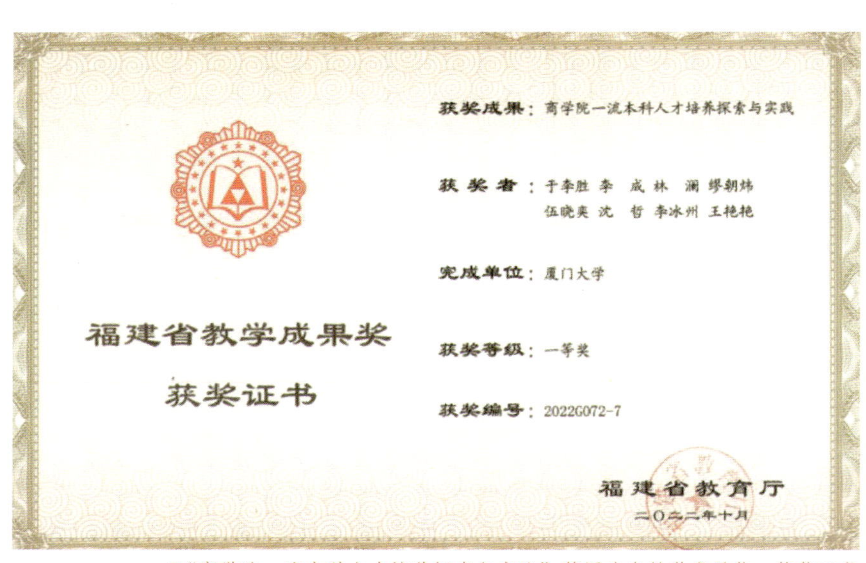

福建省教学成果奖

获奖证书

获奖成果：商学院一流本科人才培养探索与实践

获奖者：于李胜 李　成 林　澜 缪朝炜
伍晓奕 沈　哲 李冰州 王艳艳

完成单位：厦门大学

获奖等级：一等奖

获奖编号：2022G072-7

福建省教育厅

二〇二二年十月

◎“商学院一流本科人才培养探索与实践”获福建省教学成果奖一等奖证书

（四）四川省教学成果二等奖：“大数据会计人才培养改革与创新”

杜兴强（3）、曾泉（6）、申屠李融（9）与西南财经大学合作的成果“大数据会计人才培养改革与创新”获2021年四川省高等教育教学成果二等奖。

四川省人民政府
关于公布 2021 年四川省教学成果奖的通知

川府函〔2022〕85 号

各市（州）人民政府，省政府各部门、各直属机构：

为激励取得教学成果的集体及个人，鼓励教育工作者从事教育教学研究，不断提高教学水平和教育质量，根据《教学成果奖励条例》（中华人民共和国国务院令第 151 号）和《四川省教学成果奖励办法》（四川省人民政府令第 92 号）规定，经专家评审、社会公示等规定程序，在基础教育、职业教育、高等教育 3 个领域共评选出特等奖 60 项、一等奖 260 项、二等奖 680 项。现将获奖名单予以公布。

希望获奖单位和个人再接再厉，在教育教学改革、实践和研究中再创佳绩。希望全省广大教育工作者坚持以习近平新时代中国特色社会主义思想为指导，牢记为党育人、为国育才使命，进一步加大教育教学研究力度，不断深化教学改革，创造出更多高水平成果。各地各部门（单位）要结合教育工作实际，认真学习、借鉴和应用这些获奖成果，切实把党的教育方针和立德树人根本任务落实到教育教学全过程中，为构建高质量教育体系、建设教育强省、

序号	项目名称	完成人员	所属单位
157	特色引领、双元互促、生态涵养：公共管理复合型卓越人才培养探索与实践	尹庆双、廖宗斌、韦群、赵海程、马珂、汤继强、顾梅、郑良秀、谢小芹、宋世俊	西南财经大学
158	提升轨道交通领域地学人才培养国际化水平的探索与实践	刘国祥、朱庆、张玉春、黄正君、赵晓彦、许军华、朱军、郭永春、赵锐、曹云刚	西南交通大学
159	政产学研用——面向数字健康需求的专业集群教学改革探索与实践	梅挺、刘永贵、黄坪、冯军、任伟、梁浩、陈涛、陈煜、李淼淼、李丽	成都医学院
160	思政育人为魂 中国问题为基——构建管理学基础课五维课程体系	付晓蓉、徐宗玲、陈扬、高莉芳、王玮、陈樾亘、徐险峰、杨竹、王有雄、刘轶	西南财经大学
161	不忘本来，吸收外来——中国特色工商管理人才培养体系的探索与实践	寇纲、付晓蓉、徐宗玲、陈鑫、白敏、廖治学、李峰、王有雄、刘轶、李婧	西南财经大学
162	大数据会计人才培养改革与创新	马永强、谭洪涛、杜兴强、杨记军、李贺、曾泉、郁燕、彭敏、申屠李融、陈强兵	西南财经大学；厦门大学；新道科技股份有限公司
163	服务国家战略，产教深度融合，培养钒钛特色应用型人才	刘立新、蒋志强、王军、邹敏、彭富昌、蒋燕、杨颖、朱云生、陈丹丹、房红	攀枝花学院

◎“大数据会计人才培养改革与创新”获四川省教学成果奖文件

（五）杜兴强教授获得宝钢优秀教师奖

厦门大学会计学系杜兴强教授因其突出的教学和科研成绩，2022年获得教育部宝钢教育基金会颁发的“宝钢优秀教师奖”。

学校 厦门大学

宝字第 202210686 号

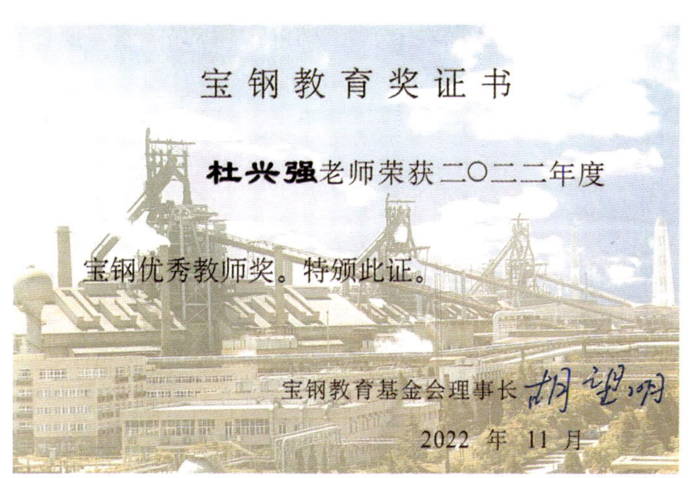

宝钢教育奖证书

杜兴强老师荣获二〇二二年度

宝钢优秀教师奖。特颁此证。

宝钢教育基金会理事长 胡望明

2022 年 11 月

◎杜兴强教授的宝钢优秀教师获奖证书

（六）多门课程获批福建省本科一流课程

2017—2023年厦门大学会计学系多门课程获批福建省本科一流课程。2021年，刘峰教授的“会计学基础”获批福建省线下一流课程。2020年，蔡宁教授的“中级财务会计”获批福建省线下一流课程。2022年，杨绮副教授的“高级财务会计”获批福建省本科一流课程。

（七）“高级财务会计”课程获福建省高校教师教学创新大赛（副高组）二等奖和教学活动创新奖

2021年9月，杨琦副教授的“高级财务会计”课程获福建省高校教师教学创新大赛（副高组）二等奖和教学活动创新奖。2022年12月，杨琦副教授的“高级财务会计”课程教学获全国高校混合式教学设计创新大赛的“设计之星”奖。

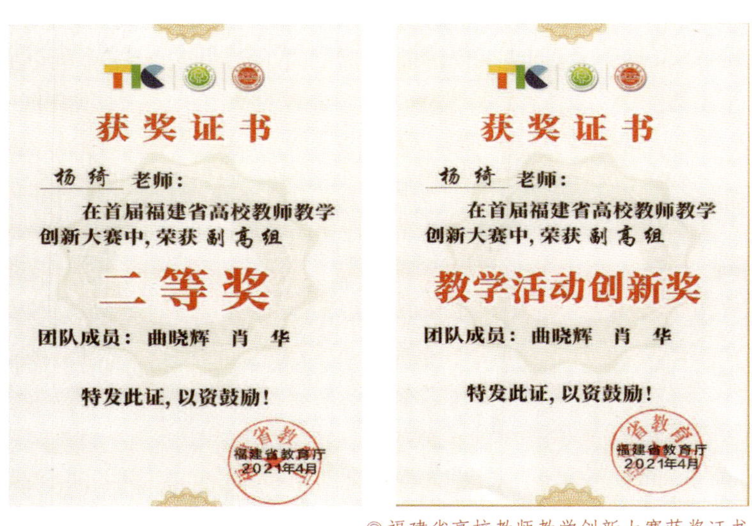

获奖证书

杨绮 老师：

在首届福建省高校教师教学创新大赛中，荣获 副高组

二等奖

团队成员：曲晓辉　肖　华

特发此证，以资鼓励！

福建省教育厅

2021年4月

获奖证书

杨绮 老师：

在首届福建省高校教师教学创新大赛中，荣获 副高组

教学活动创新奖

团队成员：曲晓辉　肖　华

特发此证，以资鼓励！

福建省教育厅

2021年4月

©福建省高校教师教学创新大赛获奖证书

十六、MPAcc 教育教学情况

（一）厦门大学会计学系 MPAcc 代表队屡获全国案例大赛桂冠

2017—2023年，厦门大学会计学系MPAcc参赛队伍先后在2018年、2019年、2022年和2023年共4次摘得全国MPAcc学生案例大赛桂冠。屡次夺冠，彰显了厦门大学会计学科在学生培养方面的成绩，以及崛起中的厦门大学会计学科的精神面貌。

2018年，厦门大学会计学系MPAcc的Warriors代表队夺得2018年第五届中国MPAcc学生案例大赛决赛一等奖，荣获冠军。队员包括郝振欣、黄楚暄、徐晓璇、许艺萌、王蔓蓉，指导教师为刘峰教授。

2019年，厦门大学会计学系MPAcc的Battle King代表队荣获2019年（第六届）中国MPAcc学生案例大赛决赛特等奖，蝉联冠军。队员包括谢嘉文、陈雨萌、代明瑞、廖安、郑邦威，指导教师为傅元略教授和严晖副教授。

中国MPAcc学生案例大赛
CHINA MPAcc STUDENTS CASE COMPETITION
证书
参赛单位：厦门大学
参赛团队：Warriors
队长：
队员：
指导教师：刘峰
荣获2018年（第五届）中国MPAcc学生案例大赛决赛一等奖。
特颁此证，以资鼓励！
全国会计专业学位研究生教育指导委员会 二〇一八年六月十日
教育部学位与研究生教育发展中心 二〇一八年六月十日

CPIPC 中国研究生创新实践系列大赛
中国MPAcc学生案例大赛
CHINA MPAcc STUDENTS CASE COMPETITION
证书
参赛单位：厦门大学
参赛团队：Battle king队
队长：
队员：
指导教师：
荣获2019年（第六届）中国MPAcc学生案例大赛全国特等奖。
特颁此证，以资鼓励！
全国会计专业学位研究生教育指导委员会 二〇一九年六月十六日
教育部学位与研究生教育发展中心 二〇一九年六月十六日

◎厦门大学会计学系MPAcc 2018年和2019年获奖证书

2022年6月12日，2022年（第八届）MPAcc学生案例大赛以线上线下相结合的方式，在厦门大学成功举办。厦门大学会计学系MPAcc学生代表队“变秃也变强”夺冠，获得特等奖。“变秃也变强”代表队的成员包括董琼芸、方沁怡、付梦茹、郝晶晶（队长）、何

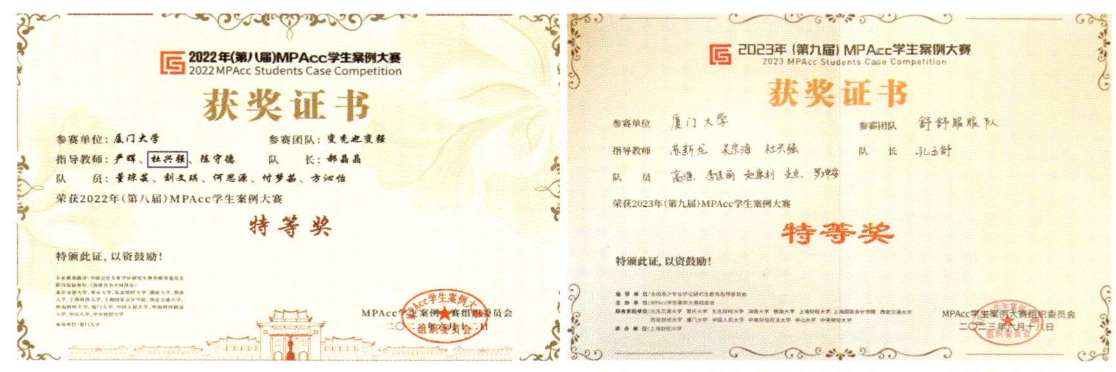

2022年(第八届)MPAcc学生案例大赛
2022 MPAcc Students Case Competition
获奖证书
参赛单位：厦门大学　参赛团队：变秃也变强
指导教师：尹晖、杜兴强、陈守德　队长：郝晶晶
队员：董琼芸、刘文琪、何思源、付梦茹、方沁怡
荣获2022年（第八届）MPAcc学生案例大赛
特等奖
特颁此证，以资鼓励！
MPAcc学生案例大赛组织委员会

2023年（第九届）MPAcc学生案例大赛
2023 MPAcc Students Case Competition
获奖证书
参赛单位　厦门大学　参赛团队　舒舒服服队
指导教师　队长
队员
荣获2023年（第九届）MPAcc学生案例大赛
特等奖
特颁此证，以资鼓励！
MPAcc学生案例大赛组织委员会
二〇二三年六月十八日

◎2022年和2023年厦门大学会计学系MPAcc获得特等奖的证书

思源和刘文琪，指导教师为严晖副教授、杜兴强教授、陈守德副教授。

2023年6月18日，上海财经大学承办的2023年第九届MPAcc案例大赛决赛上，厦门大学会计学系MPAcc的“舒舒服服”代表队凭借优异表现荣获特等奖，蝉联冠军。成员包括高源、孔玉舒（队长）、李佳丽、罗坤安、支点和赵康利。“舒舒服服”代表队的指导老师苏新龙教授、吴宗海先生（业界专家）和杜兴强教授获得“优秀指导教师奖”。

（二）厦门大学会计学系MPAcc通过会计硕士专业学位教育质量认证的A级认证

2022年7月，厦门大学MPAcc项目顺利通过了会计硕士专业学位教育质量认证，并获得A级认证，彰显了厦门大学会计学系MPAcc在会计专业硕士培养方面的成就。

MPAcc项目会计硕士专业学位教育质量认证是由会计教指委在教育主管部门和会计行业主管部门的指导下，结合专业学位教育发展的实际，联合有关会计行业组织及培养单位，共同建立的教育质量认证体系。会计硕士专业学位教育质量认证分为A、B、C三个等级，A级为最高等级。获得会计硕士专业学位教育质量认证院校，通常被外界称为会计专硕界的“常春藤大学”。2021年9月，厦门大学申请进入会计硕士专业学位教育质量认证快速通道流程。2022年4月25日，会计教指委审议通过了厦门大学快速通道的申请。2022年7月，会计教指委组织完成了厦门大学会计硕士专业学位教育质量认证网上评价和线上考察工作。2022年7月20日至25日，会计教指委全体委员对厦门大学认证结论进行通讯审议，通过了厦门大学的A级认证。

◎厦门大学MPAcc项目的会计硕士专业学位教育质量认证（A级）

十七、其他教学成果

（1）杜兴强教授获得厦门大学“南强卓越教学名师奖”。

2023年5月16日，根据厦门大学厦大〔教〕48号的相关通知，杜兴强教授入选“厦门大学南强教学名师奖励计划”。

“厦门大学南强教学名师奖励计划”强调践行教书育人使命、强化科研反哺教学、突出教育教学实绩和发挥示范引领作用，要求将专业前沿科研成果及时融入课堂教学，打造具有广泛影响力的国家级一流课程，以高水平科学研究为支撑、指导学生开展创新创业实践活动，在专业和学科建设、教学改革、课程思政、教材建设、教学成果奖等方面获得标志性的国家级奖项，指导与提升青年教师教学育人能力的工作、提升学科和专业在全国教学领域的竞争力和影响力。

◎2023年度“厦门大学南强教学名师奖励计划”荣誉证书

厦门大学南强卓越教学名师奖每两年评选一次，每次不超过7人。

（2）2019年9月，杜兴强教授被授予“厦门市优秀教师”荣誉称号。

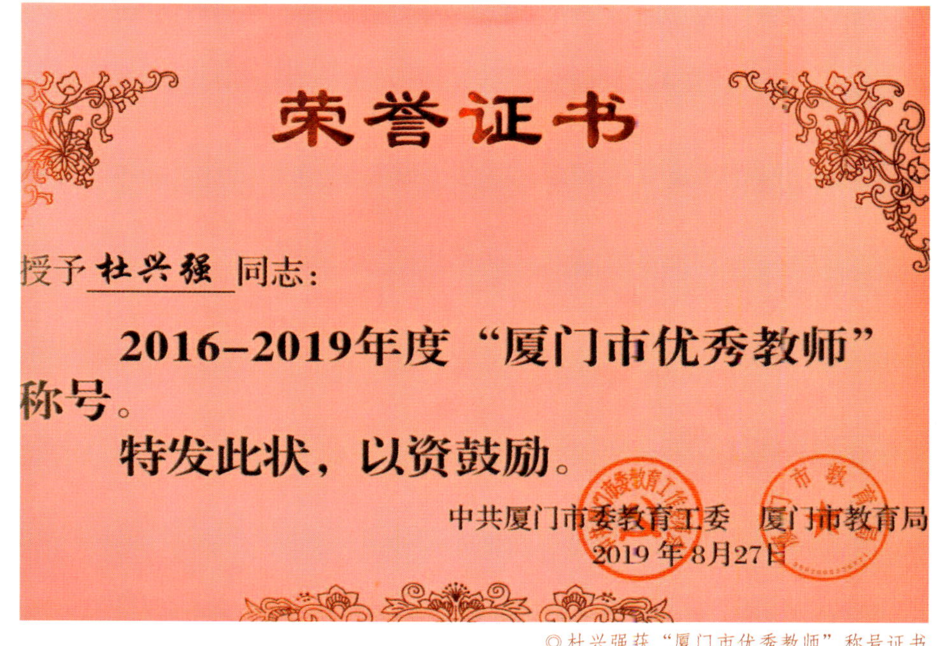

◎杜兴强获“厦门市优秀教师”称号证书

（3）2018年，厦门大学本科教学通过美国注册管理会计师（The Institute of Management Accountants, IMA）的认证。

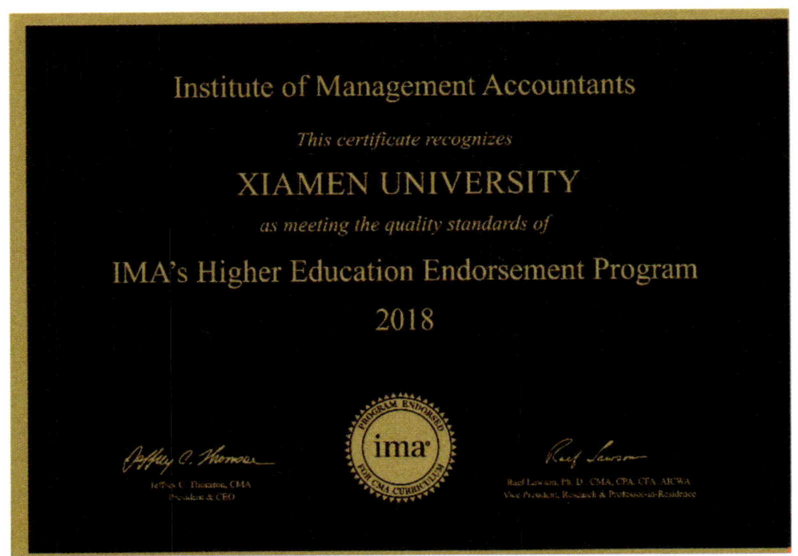

◎厦门大学会计学系的 IMA 认证书

第三节　国家自然/社会科学基金重大（重点）项目立项情况

基于对厦门大学会计学科21世纪前十余年发展中的经验和教训的总结，李建发教授、刘峰教授和杜兴强教授在调研的基础上，为厦门大学会计学科确立了“国家级重大项目定点突破和优先”的发展战略。

2017—2023年，厦门大学会计学科获得多项国家自然/社会科学基金重大与重点项目（课题），其中重大项目6项，位列同期国内会计学系（院）第一方阵的前列。厦门大学会计学科百年史上共获国家自然/社会科学基金重大项目（课题）和重点项目10项，其中2017—2023年占70%[①]。更为重要的是，该期间实现了诸多“零”的突破：（1）国家自然科学基金第一个会计审计领域内的重大项目课题（负责人为杜兴强教授）；（2）同一年获得两项厦门大学会计学科、工商管理学科第一批国家社会科学基金重大项目（负责人分别为杜兴强教授与李建发教授）。

◎　2017—2023年获国家自然/社会基金重大项目情况

序号	首席专家或课题负责人	课题名称	来源与类型	研究时间
1	杜兴强	制度变革、非正式制度因素与会计审计行为研究（71790602）	国家自然科学基金重大项目（课题）	2018年1月—2022年12月
2	杜兴强	“一带一路”沿线国中国企业审计治理研究（20&ZD111）	国家社会科学基金重大项目	2020年12月—2025年12月
3	李建发	绩效管理导向下的中国政府成本体系研究（20&ZD115）	国家社会科学基金重大项目	2020年12月—2024年12月
4	罗进辉	新时代构建亲清政商关系研究（22ZDA045）	国家社会科学基金重大项目	2022年4月—2024年12月
5	刘　峰	数智时代的企业投融资与风险管理（72232007）	国家自然科学基金重点项目	2023年1月—2027年12月
6	杜兴强	“双碳”战略背景下公司环境绩效与“环境—捐赠”式伪善防范研究（22VRC130）	国家社会科学基金专项（哲学社会科学领军人才项目；首席专家）	2023年1月—2025年12月
7	李建发	公共产权视角下的政府资产治理与财务会计问题研究（20AGL013）	国家社会科学基金重点项目	2020年7月—2023年6月

① 2017年之前，厦门大学会计学科获批3项国家自然/社会科学基金重点项目，分别为“新体制下会计理论与方法研究”（葛家澍，国家社科基金“七五”重点项目）、“公允价值信息采集及指数构建研究”（曲晓辉，国家社会科学基金重点项目；13AJY005）和“信息生态环境与企业内部控制有效性问题研究”（陈汉文，国家自然科学基金重点项目；71332008）。

一、国家自然科学基金首个会计审计领域内的重大项目（71790602）

（一）立项情况

2017年11月，杜兴强教授负责的“制度变革、非正式制度因素与会计审计行为研究”获得国家自然科学基金重大项目课题资助，这是我国会计审计领域内第一个国家自然科学基金重大项目（课题）立项。

国家自然科学基金委员会
项 目 批 准 通 知

国科金计项〔2017〕72号

关于批准资助2017年度第三批项目的通知

厦门大学（单号：2017-72-0174）：

根据《国家自然科学基金条例》有关规定和专家评审意见，国家自然科学基金委员会（以下简称自然科学基金委）决定批准资助你单位2017年度（第三批）国家自然科学基金项目10项，直接费用1869.9万元。其中，重大项目（课题）3项，重大研究计划2项，国家杰出青年科学基金1项，联合基金项目1项，应急管理项目3项，上述资助项目清单详见附件。

依托单位和项目负责人须按要求完成电子及纸质《国家自然科学基金资助项目计划书》（以下简称计划书）填写、提交与报送等工作。项目负责人登录科学基金网络信息系统（https://isisn.nsfc.gov.cn）先行填报计划书电子版并提交至依托单位，由依托单位审核确认后提交至自然科学基金委。计划书电子版经自然科学基金委审核通过后，项目负责人再行打印计划书纸质版（一式两份），经依托单位审核并加盖单位公章后报送至自然科学基金委项目材料接收工作组。

如在规定期限内未提交和报送电子与纸质计划书的，视为自动放弃接受资助。

邮寄地址：北京市海淀区双清路83号项目材料接收工作组
邮编：100085
联系电话：010-62328591

附件：2017年度国家自然科学基金资助项目清单

国家自然科学基金委员会
2017年11月30日

— 2 —

2017年度国家自然科学基金资助项目清单（厦门大学）

单号：2017-72-0174　　　　直接费用单位：万元

序号	项目批准号	负责人	申请代码	项目名称	直接费用	起止日期	资助类别/亚类说明/附注说明
1	21790354	任斌	B03	局域场调控的电化学反应技术与精准测量	375	2018.01.01-2022.12.31	重大项目/课题申请/局域场下的高分辨分子成像及化学精准测量
2	71741001	龙小宁	G04	中国应对“双反”调查的策略研究与政策建议	24	2017.05.16-2018.05.15	应急管理项目/科学部综合管理项目/研究项目
3	71741005	陈勇兵	G04	“双反”调查对我国贸易和经济增长的影响	16	2017.05.16-2018.05.15	应急管理项目/科学部综合管理项目/研究项目
4	71741008	沈丹阳	G04	中国企业应对“双反”调查及“非市场经济地位”的措施研究	16	2017.05.16-2018.05.15	应急管理项目/科学部综合管理项目/研究项目
5	71790601	吴世农	G0205	中国制度和文化背景下公司财务政策的理论与实践研究	349.5	2018.01.01-2022.12.31	重大项目/课题申请/基于中国情景的会计审计与公司财务关键科学问题研究
6	71790602	杜兴强	G0206	制度变革、非正式制度因素与会计审计行为研究	291.4	2018.01.01-2022.12.31	重大项目/课题申请/基于中国情景的会计审计与公司财务关键科学问题研究
7	81725012	尤涵	H1602	肿瘤生物学	350	2018.01.01-2022.12.31	国家杰出青年科学基金
8	91750115	罗正钱	F050208	全光纤可见光超快涡旋激光产生及光场动态调控研究	78	2018.01.01-2020.12.31	重大研究计划/培育项目/新型光场调控物理及应用
9	91751207	焦念志	D0608	微生物对近海典型海域碳源汇的调节机制及其环境效应	320	2018.01.01-2021.12.31	重大研究计划/重点支持项目/水圈微生物驱动地球元素循环的机制
10	U1732158	林雁勤	A0805	强磁场下基于时空编码的快速高分辨核磁共振定域谱新方法及其应用	50	2018.01.01-2020.12.31	联合基金项目/培育项目/大科学装置联合基金

共10项，1869.9000万元

◎2017年度国家自然科学基金重大项目的相关通知

（二）项目完成情况

该课题主要关注“制度变革”和“非正式制度”两个典型的维度对会计审计行为的影响。此外，在该课题研究过程中，我国正式制度不断演进，非正式制度的子维度不断被挖掘。以下对“研究目标完成情况”的概括区分为五个部分进行扼要阐述（顺序略有调整）：（1）会计准则的制定与会计审计行为；（2）非正式制度与会计审计行为；（3）资本市场监管制度变革与会计审计行为；（4）政企关系、产权制度变革与会计审计行为；（5）宏观制度变迁与会计审计行为。上述重要问题有助于回答制度变革如何影响会计审计行为，也能为中国特色的会计审计理论体系提供重要的理论与经验支持。

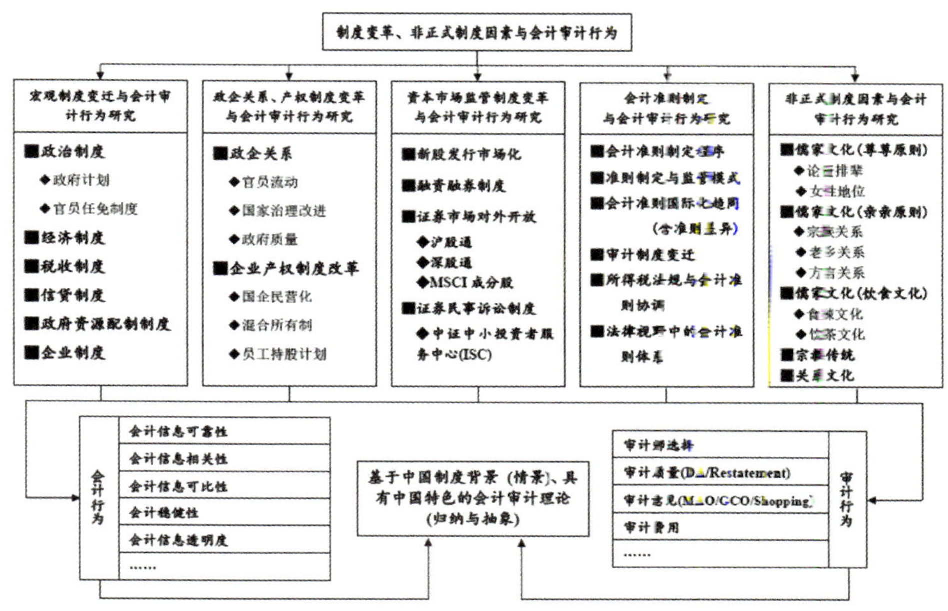

◎课题71790602的总体研究框架

该课题已顺利通过国家自然科学基金委专家会议鉴定结题，鉴定为优秀。该课题在2018—2022年执行和研究期内，围绕研究计划，课题组在论文发表、专著出版、学术思想凝练、学术交流、成果实际应用和人才培养等方面，取得了一定的成果：发表国内外重要期刊论文104篇，其中中文论文61篇（NSFC重要期刊论文21篇）、英文论文43篇（UTD24三篇、FT50七篇）；出版中英文著作4部，部分成果应用于“厦门大学会计系列教材”；举办大中型学术会议5次；获省部级科研奖励6项（一、二等奖4项）；核心成员入选国家高层次人才计划3人次（包括中组部国家高层次人才特殊支持计划哲学社会科学领军人才和国家百千万人才工程入选者等）、国家级人才计划项目3人次、省部级人才计划2人次；共培养14位博士研究生、114位硕士研究生；3项报告被省部级政府部门所采纳。

从研究内容的覆盖面来看，课题组核心成员在项目执行和研究期限内公开发表的学术论文、出版的专著、呈送并被采纳的研究报告、入选国家人才项目与人才培养，“教研相长，研究为教学提供基础，教学为研究提供灵感”，从事学术交流等，都涵盖了项目的计划研究内容。

从研究目标的完成情况看，项目的预期研究目标均在不同程度上体现在公开发表的论文、出版的专著、呈送的研究报告和开展的社会服务等各方面，完成情况良好。

（三）项目成果

该项目的研究成果（包括论文、著作、教材、获奖等），无论是数量还是质量均超过了项目立项时的预期成果，且在一些方面（如非正式制度、文化影响与会计审计行为、会计准则与会计审计行为）形成了较为独特的研究领域，影响了一批后续研究。

1. 制度变革、非正式制度与会计行为

第一，构建了一个关于“文化影响与会计审计行为”的分析框架，强调影响人的行为因素（从而影响制度的执行力），包括但不限于家庭教育、学校文化影响、组织文化影响、个人成长经历的“烙印”（imprinting）等非正式制度（informal institutions）的范畴，且非正式制度（文化影响）是正式制度之外、分析人的行为的最主要（first-ordered）的因素，丰富了会计理论研究的外延，影响了一批后续的研究（著者连续入选爱思唯尔高被引中国学者）。

第二，构建了正式制度（变迁）与非正式制度（文化）影响会计审计行为的综合性分析框架，强调正式制度与文化因素对会计审计行为的交互影响。正式制度与非正式制度两者之间在满足一定的约束条件时，往往是可以相互影响与相互转化的。一方面非正式制度的土壤决定了一定地区范围内正式制度的建立，另一方面正式制度反过来又改变了这片土壤的质地（Du, 2021；Williamson, 2000）。换言之，正式制度既可能强化地区范围内非正式制度的影响力，也可能对非正式制度产生挤出效应（反之亦然）。

第三，在宏观制度变迁与会计审计行为领域，系统探讨了宏观政策变革与会计审计行为、资本市场制度变革与会计审计行为、会计审计准则演进与会计审计行为、金融制度变革与会计审计行为、公司治理变迁与会计审计行为，丰富了中国资本市场30余年的会计审计研究，拓展了“制度变迁与会计审计行为”领域内的研究。

第四，基于正式制度与非正式制度的分析框架，倡导通过“正式制度与非正式制度融合”强化“因果关系”，辨识揭示了当代会计理论发展中“重相关轻因果”的趋势，基于“主题固化与知识传递路径”、“迷失在大数据的丛林里”和“会计学科知识储备”等角度深刻剖析了实证会计研究中“相关”崛起与“因果”式微的原因，阐述了探求“因果关系”的步骤——从相关、干预到反事实推理。在此基础上通过理论分析（确定研究问题、选择解释变量、阐述学术贡献），勾勒解释变量与被解释变量之间的因果关系，实证分析（样

本选择，统计显著的“星战”，选择性报告与可重复性“危机”，遗漏主要解释变量，内生性控制的Heckman二阶段回归、倾向得分配对、双重差分模型、断点回归设计、公司层面固定效应等），旨在详细阐述如何进行因果辨识。

2. 制度变革、非正式制度与审计行为

第一，将审计事务所与审计师分所的研究拓展至审计师个人层面，将文化因素纳入签字审计师与CEO（董事长、董事、高管）双向关系的研究中，丰富了签字审计师个人层面的研究。

第二，基于儒家文化的“亲亲原则”，挖掘了签字审计师与CEO（董事长、董事、高管）之间的“方言关联”、“姓氏关联（宗族关系）”与“老乡关系”等，检验了其对审计行为的影响。（1）基于审计报告与IPO招股说明书等文本，采纳文本分析与数据挖掘，尽最大可能挖掘签字审计师与CEO（董事长、董事、高管；下同）的身份证信息，采纳身份证前六位匹配的方式、判断签字审计师与CEO是否来自同一县（市），构建了CEO—审计师老乡关系变量；（2）建构了签字审计师与CEO层面的中国方言地图，通过查询中国方言在县和县级市层面的分布，判断CEO与审计师是否说着同样的方言，从而构建了CEO—审计师方言关联变量；（3）基于签字审计师与CEO（董事长、董事、高管）的姓氏，构建了CEO—审计师姓氏关联等变量。

第三，针对儒家文化下的“尊尊原则”，基于审计报告中敬语的使用、基于文本分析数据挖掘，创新性地围绕“审计师对被审计公司的称谓”建构了审计师与CEO之间的“敬语”变量（代表社会地位差异导致），分析了其对审计行为（如审计意见购买）的影响。

第四，基于中国资本市场制度变迁如“最低审计收费管制”，分析其对审计质量的影响，丰富了基于政府监管与行业自律对审计行为影响的相关研究。

二、厦门大学会计学系（工商管理学科）首批国家社会科学基金重大项目

（一）“一带一路”沿线国中国企业审计治理研究（20&ZD111，杜兴强）

该课题基于“一带一路”倡议及其实施的背景，涵盖“审计治理”“‘一带一路’沿线国与‘中国企业’”等关键词，聚焦于“审计作为国家治理的重要组成部分”，研究审计（包括国家审计、外部/CPA审计与内部审计）如何在“一带一路”共建国家进行经营的中国企业中发挥其应有的治理作用。相关研究成果将在一定程度上能够服务于“推进国家治理体系和治理能力现代化”的总体目标。

（二）绩效管理导向下的中国政府成本体系研究（20&ZD115，李建发）

该课题在新时代国家治理体系、治理能力现代化建设和国家要求全面实施政府绩效管理的背景下，研究如何构建绩效管理导向的中国政府成本体系。投入产出、成本效益性是政府绩效管理的核心，而政府会计成本是政府成本中最基础的元素。因此，本课题以政府会计成本为切入点，根据国家治理理论等，以善治原则和公共价值取向构建“资金、资产、资源”消耗型政府成本体系，以便为绩效管理提供完整、可靠、及时、相关的政府成本信息，从而形成以绩效管理为导向，以政府成本、政府成本核算和政府成本信息应用为核心内容的政府成本体系。

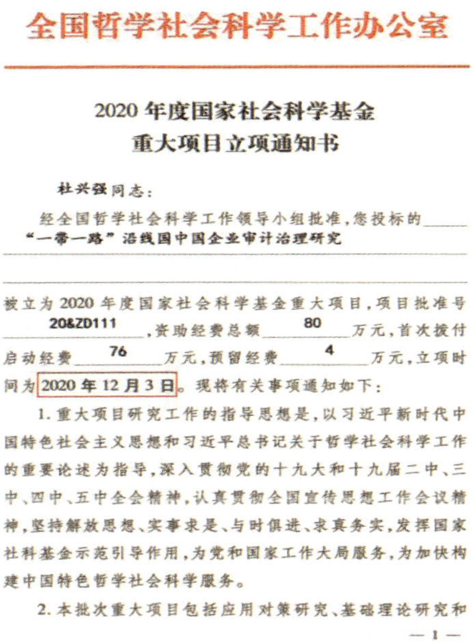

全国哲学社会科学工作办公室

2020 年度国家社会科学基金
重大项目立项通知书

杜兴强同志：

经全国哲学社会科学工作领导小组批准，您投标的“一带一路”沿线国中国企业审计治理研究被立为 2020 年度国家社会科学基金重大项目，项目批准号 20&ZD111，资助经费总额 80 万元，首次拨付启动经费 76 万元，预留经费 4 万元，立项时间为 2020 年 12 月 3 日。现将有关事项通知如下：

1. 重大项目研究工作的指导思想是，以习近平新时代中国特色社会主义思想和习近平总书记关于哲学社会科学工作的重要论述为指导，深入贯彻党的十九大和十九届二中、三中、四中、五中全会精神，认真贯彻全国宣传思想工作会议精神，坚持解放思想、实事求是、与时俱进、求真务实，发挥国家社科基金示范引导作用，为党和国家工作大局服务，为加快构建中国特色哲学社会科学服务。

2. 本批次重大项目包括应用对策研究、基础理论研究和

— 1 —

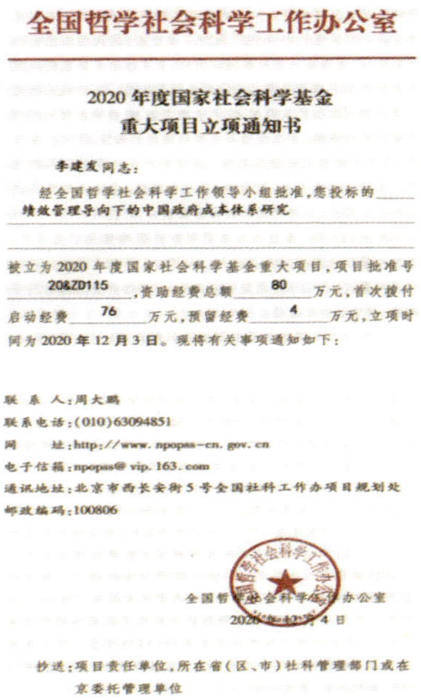

全国哲学社会科学工作办公室

2020 年度国家社会科学基金
重大项目立项通知书

李建发同志：

经全国哲学社会科学工作领导小组批准，您投标的绩效管理导向下的中国政府成本体系研究被立为 2020 年度国家社会科学基金重大项目，项目批准号 20&ZD115，资助经费总额 80 万元，首次拨付启动经费 76 万元，预留经费 4 万元，立项时间为 2020 年 12 月 3 日。现将有关事项通知如下：

联 系 人：周大鹏
联系电话：(010)63094851
网　　址：http://www.npopss-cn.gov.cn
电子信箱：npopss@vip.163.com
通讯地址：北京市西长安街 5 号全国社科工作办项目规划处
邮政编码：100806

全国哲学社会科学工作办公室
2020 年 12 月 4 日

抄送：项目责任单位，所在省（区、市）社科管理部门或在京委托管理单位

◎杜兴强教授与李建发教授的国家社会科学基金重大项目立项通知书

三、国家社会科学基金重大专项和国家自然科学基金重点项目

（一）国家社会科学基金（专项）：“双碳”战略背景下公司环境绩效与“环境—捐赠”式伪善防范研究（22VRC130，杜兴强）

该课题聚焦于“碳中和、碳达峰”背景下碳减排的宏观与微观治理，以“推进绿色发展和增进民生福祉”伟大事业中存在的重大现实问题为导向，以促进“人与自然和谐共生、提高人民生活品质”为目标展开深入研究。该课题基于“发现问题—分析问题（影

响因素与经济后果）— 解决问题（治理对策）”这一完整的逻辑闭环，秉持“宏观治理 — 微观绩效 — 衍生行为 — 应对机制”的系统化协同化治理理念，以降碳减排的国际合作治理机制、中国碳减排的宏观和微观公司环境绩效、环境治理相关的“漂绿”与“环境 — 捐赠”式伪善防范为研究内容。该课题拟将宏观和微观两个层面的治理机制相互融合构建碳减排治理的职能谱系和理论框架：宏观层面侧重于分析碳减排国际合作的影响因素和经济后果，以及中国宏观环境政策的经济后果；微观层面聚焦于分析中国公司环境绩效（碳减排治理）的影响因素和经济后果、探索碳减排衍生的相关问题（如“漂绿”“环境 — 捐赠”式伪善治理）的经济后果以及治理对策。该课题预期为我国环境治理及协调国际碳减排合作提供系统的理论和对策建议，对我国宏观降碳减排治理政策和微观公司环境责任实践进行客观、科学的分析和评估，因而具有重要的理论意义和实践价值。

（二）国家自科基金重点项目：数智时代的企业投融资与风险管理（72232007，刘峰）

该课题立足于当前数智化发展的浪潮，探讨商业环境的变化如何影响和塑造企业投融资行为和风险管理活动。数智时代的技术变革和市场变化对企业组织形式、商业模式及企业管理方式产生了深刻影响，企业组织呈现出“去中心化”“平台化”“虚拟化”等特征，企业的边界、形态和性质发生改变，这些变化进一步重塑了企业的融资、投资行为及企业经营过程中风险的特征与风险分布。课题从企业性质理论分析出发，结合中国特色制度变革与市场经济发展特征，提炼出数智时代企业投融资环境特征、投融资行为特征、风险及

2022年度国家自然科学基金资助项目清单（厦门大学）

单号：2022-45-0977　　　　直接费用单位：万元

序号	项目批准号	负责人	申请代码	项目名称	直接费用	起止日期	资助类别/亚类说明/附注说明
210	72204204	周月鹏	G0412	基于农户认知的化肥定额制接受与采纳行为研究：决策机制、影响效应及政策设计	30	2023.01.01-2025.12.31	青年科学基金项目
211	72204205	张希睿	G0413	时间压力视角下的城市人力资本积累：婚姻市场匹配、家庭教育投资和公共政策的影响	30	2023.01.01-2025.12.31	青年科学基金项目
212	72232007	刘峰	G0210	数智时代的企业投融资与风险管理	190	2023.01.01-2027.12.31	重点项目
213	72232008	王艳艳	G0206	基于企业“价值流-能源流-碳流”的会计研究	190	2023.01.01-2027.12.31	重点项目
214	72233002	陈海强	G0307	数字经济变革下的金融风险管理：基础理论、建模方法和政策分析	190	2023.01.01-2027.12.31	重点项目
215	72271208	缪朝炜	G0109	碳规制背景下价格承诺策略和回收模式对于闭环供应链经济绩效与环境绩效的影响	44	2023.01.01-2026.12.31	面上项目
216	72271209	周红	G0115	融合本体和深度学习的建设工程合同条款智能风险识别与规避研究	45	2023.01.01-2026.12.31	面上项目
217	72272124	李山石	G0215	生理心理学视角下游客情感体验：测度优化、影响机制和调控策略	45	2023.01.01-2026.12.31	面上项目
218	72272125	游家兴	G0205	大数据驱动的税收征管与非上市公司财务行为——基于金税三期工程的准自然实验	45	2023.01.01-2026.12.31	面上项目
219	72272126	倪骁然	G0210	雇员关系如何影响企业价值：利益相关者的视角	45	2023.01.01-2026.12.31	面上项目
220	72272127	黄娟娟	G0210	国家资本结构与企业债务融资：机制分析与政策设计	45	2023.01.01-2026.12.31	面上项目

第20页 / 共28页

◎ 刘峰教授的课题立项通知书

风险管理方式等，探索数智化环境下的企业创新及价值创造方式。课题聚焦数智化发展对企业行为的塑造，探索与数智时代相适应的企业投融资和风险管理理论，以落实我国“十四五”数字经济发展规划，为新时期中国产业升级和经济高质量健康发展提供理论启发与政策建议。

（三）国家社会科学基金重大专项：新时代构建亲清政商关系研究（22ZDA045，罗进辉）

全国哲学社会科学工作办公室

研究阐释党的十九届六中全会精神
国家社科基金重大项目立项通知书

罗进辉 同志：

您作为首席专家投标的研究阐释党的十九届六中全会精神国家社科基金重大项目 新时代构建亲清政商关系研究 获准立项，批准号为 22ZDA045 ，立项时间为 2022 年 4 月，资助经费总额为 60 万元，首次拨款 54 万元。现将有关事项通知如下：

1. 坚持正确的政治方向。高举中国特色社会主义伟大旗帜，以习近平新时代中国特色社会主义思想为指导，深入贯彻落实党的十九大和十九届历次全会精神，确保项目研究在导向上符合中央精神，发挥国家社科基金示范引导作用。

2. 紧扣十九届六中全会精神开展研究。紧紧围绕习近平总书记重要讲话和《中共中央关于党的百年奋斗重大成就和历史经验的决议》，深入研究阐释十九届六中全会提出的新思想新观点新论断，深刻揭示党百年奋斗蕴含的理论逻辑、历

— 1 —

◎罗进辉教授的课题立项通知书

该课题基于创新成为第一动力、协调成为内生特点、绿色成为普遍形态、开放成为必由之路、共享成为根本目的的高质量发展，在新时代总结历史经验，评价已有举措，分析当前困境，进一步推动亲清政商关系的构建是必备的制度支持。基于构建亲清政商关系的政策精神和实践发展的现实背景，本课题对新时代构建亲清政商关系进行研究。

（四）国家社会科学基金重点项目：公共产权视角下的政府资产治理与财务会计问题研究（20AGL013，李建发）

该课题基于公共产权理论和现代国家治理体系制度背景，构建政府资产治理框架，以受托责任和善治原则为指引提出政府资产治理对政府资产财务、非财务信息的需求，并重点探讨公共基础设施、自然资源资产、文物文化资产、经营性国有资产权益、固定资产、在建工程、政府储备物资、保障性住房等政府资产财务会计问题。

四、2017—2023年国家自然 / 社会科学基金年度项目（面上 / 一般 / 青年项目）

◎ 2017—2023年厦门大学会计学科教师获批国家自然/社会科学基金情况

序号	批准号	项目名称	负责人	资助类别	项目年度/年
1	71772156	税收政策不确定性，企业税收风险控制与税收战略选择	李　成	国家自然科学基金面上项目	2017
2	71702158	企业环境信息披露与会计信息的可靠性和价值相关性研究	曾　泉	国家自然科学基金青年科学基金项目	2017
3	71702160	产品市场竞争与权益资本成本：基于准自然实验的实证研究	郑　祯	国家自然科学基金青年科学基金项目	2017
4	71972162	会计准则视角下银行系统性风险影响机制研究	于李胜	国家自然科学基金面上项目	2019
5	20BGL088	应对突发公共卫生事件的逆周期信贷支持机制及其效用评估研究	肖　虹	国家社会科学基金一般项目	2020
6	72002182	年报问询函监管的溢出效应：共同审计师的应对行为与效果评价	刘媛媛	国家自然科学基金青年科学基金项目	2020
7	72002183	审计师职业晋升、审计行为及会计师事务所发展：基于社会关系视角	刘馨茗	国家自然科学基金青年科学基金项目	2020
8	72172132	人工智能会计决策系统	陈亚盛	国家自然科学基金面上项目	2021
9	21BJY005	国家善治导向的政府财务报告审计体系构建研究	张国清	国家社会科学基金一般项目	2021
10	72202188	好披露还是坏披露？基于预测式股价有效性与启发式股价有效性权衡的视角	沈江华	国家自然科学基金青年科学基金项目	2022
11	72202194	社交媒体“意见领袖”与公司信息环境研究	孟庆玺	国家自然科学基金青年科学基金项目	2022
12	72202189	数字经济背景下企业创新与合谋行为研究：基于反垄断视角	何　源	国家自然科学基金青年科学基金项目	2022
13	22CGL062	多层级供应链视角下企业社会责任的涟漪效应及价值创造研究	郑　祯	国家社会科学基金青年项目	2022
14	22FGLB088	股东大会治理作用与中小投资者保护研究	蔡　宁	国家社会科学基金后期资助项目	2022
15	72302193	监管数字化转型与审计行业治理研究：基于信息透明的视角	郭　睿	国家自然科学基金青年科学基金项目	2023
16	72302197	兔死狐悲——会计师事务所同侪CPA死亡的审计经济后果研究	申　屠 李　融	国家自然科学基金青年科学基金项目	2023
17	72372139	气候相关信息披露及经济效应研究	于李胜	国家自然科学基金面上项目	2023

第四节　标志性科研成果

2017—2024年，厦门大学会计学教师共在英文A+（UTD24）和A（FT50）类期刊（包括但不限于 *Journal of Accounting Research, Production and Operations Management, Review of Accounting Studies, Contemporary Accounting Research, Journal of Business Ethics* 等）上发表学术论文19篇，以第一作者在中文最优期刊（包括但不限于《中国社会科学》《管理世界》《管理科学学报》《会计研究》《金融研究》《中国工业经济》等）上发表学术论文32篇。这些论文中的多数立足于中国情景，分析了制度变革与非正式制度对会计审计行为的影响、公司治理与会计审计行为的互动关系、公司社会责任等重要研究问题。

上述标志性或代表性论文的作者，既包括厦门大学会计学系的学科带头人（如杜兴强教授、刘峰教授），也包括一批年轻教师，还包括2017年后进入厦门大学会计学系的年轻教师（如李斯曼、郭睿、刘馨茗、沈江华、翟伟欢等）。

通过2017—2024年厦门大学会计学系教师发表的标志性或代表性论文可以看出，厦门大学会计学科的国际学术"短板"（论文发表方面）正在被补齐，但仍有待进一步加强。

◎　2017—2023年会计学系教师的代表性英文学术论文（英文UTD24与FT50）

序号	作者	文章标题	期刊名称	发表年份	卷期/页码	刊物等级	完成形式
1	李斯曼	Reciprocity in Corporate Tax Compliance—— Evidence from Ozone Pollution	Journal of Accounting Research	2023	Online First	UTD24 国际A+	第五作者
2	郭睿	Regulatory Transparency and Regulators' Effort: Evidence from Public Release of the SEC's Review Work	Journal of Accounting Research	2023	Online First	UTD24 国际A+	第一作者
3	于李胜	The Real Effects of Mandatory Corporate Social Responsibility Reporting in China	Production and Operations Management	2020	第30卷第5期 第1493～1516页	UTD24 国际A+	第四作者
4	翟伟欢	The Explanatory Power of Explanatory Variables	Review of Accounting Studies	2022	Online First	FT50 国际A	第三作者 通讯作者
5	沈江华	The Unintended Benefit of the Risk Factor Mandate of 2005	Review of Accounting Studies	2021	第27卷第4期 第1～37页	FT50 国际A	第二作者

续表

序号	作者	文章标题	期刊名称	发表年份	卷期/页码	刊物等级	完成形式
6	刘馨茗	Is Audit Committee Equity Compensation Related to Audit Fees?	Contemporary Accounting Research	2020	第38卷第1期 第740～769页	FT50 国际A	第一作者
7	杜兴强	How Do Auditors Value Hypocrisy? Evidence from China	Journal of Business Ethics	2023	Online First	FT50	第一作者
8	杜兴强	Does CEO—Auditor Dialect Connectedness Trigger Audit Opinion Shopping? Evidence from China	Journal of Business Ethics	2023	第184卷第2期 第391～426页	FT50	第一作者 通讯作者
9	杜兴强	What's in a Surname? The Effect of Auditor-CEO Surname Sharing on Financial Misstatement	Journal of Business Ethics	2019	第158卷第3期 第849～874页	FT50	独立作者
10	杜兴强	Does CEO—Auditor Dialect Sharing Impair Pre-IPO Audit Quality? Evidence from China	Journal of Business Ethics	2019	第156卷第3期 第699～725页	FT50	独立作者
11	杜兴强	Underwriter-auditor Relationship and Pre-IPO Earnings Management: Evidence from China	Journal of Business Ethics	2018	第152卷第2期 第365～392页	FT50	第一作者
12	杜兴强	Do Auditors Applaud Corporate Environmental Performance? Evidence from China	Journal of Business Ethics	2018	第151卷第4期 第1049～1080页	FT50	第一作者 通讯作者
13	杜兴强 曾　泉	Do Lenders Applaud Corporate Environmental Performance? Evidence from China	Journal of Business Ethics	2017	第143卷第1期 第179～207页	FT50	第一作者 通讯作者
14	杜兴强 曾　泉	Culture, Marketization, and Owner-manager Agency Costs: A Case of Merchant Guild Culture in China	Journal of Business Ethics	2017	第143卷第2期 第353～386页	FT50	第一作者 第三作者
15	杜兴强	Religious Belief, Corporate Philanthropy, and Political Involvement of Entrepreneurs in Chinese Family Firms	Journal of Business Ethics	2017	第142卷第2期 第385～406页	FT50	独立作者
16	熊　枫	Using Machine Learning to Predict Corporate Fraud: Evidence Based on the GONE Framework	Journal of Business Ethics	2023	第186卷第1期 第137～158页	FT50	第二作者 通讯作者
17	熊　枫 杜兴强	Innovator or Troublemaker? The Co-evolution of Legitimation and Institutionalization of the Ridesharing Platforms in China	Journal of Business Ethics	2023	第186卷第3期 第723～737页	FT50	第二/通讯作者 第三作者
18	刘　峰	Political Connections and Firm Value in China: An Event Study	Journal of Business Ethics	2018	第152卷第3期 第551～571页	FT50	第一作者
19	罗进辉	Are Women CEOs Valuable in Terms of Bank Loan Costs? Evidence from China	Journal of Business Ethics	2018	第153卷第2期 第337～355页	FT50	第一作者

◎ 会计学系教师的主要中文学术论文

序号	姓名	文章标题	期刊名称	卷期/页码
1	蔡　宁	文化差异会影响并购绩效吗——基于方言视角的研究	会计研究	2019年第7期 第43～50页
2	杜兴强 赖少娟 裴红梅	女性高管总能抑制盈余管理吗？基于中国资本市场的经验证据	会计研究	2017年第38卷 第1期第39～45页
3	杜兴强 谭　雪	国际化董事会、分析师关注与现金股利分配	金融研究	2017年第8期 第192～206页
4	杜兴强 殷敬伟 赖少娟	论资排辈、CEO任期与独立董事异议行为	中国工业经济	2017年第12期 第151～169页
5	杜兴强	殷勤款待与审计独立性：天下有白吃的午餐吗?	会计研究	2018年第5期 第83～89页
6	杜兴强	葛家澍教授学术思想研究——纪念葛家澍教授诞辰100周年	会计研究	2021年第1期 第5～25页
7	杜兴强　张　颖	独立董事返聘与公司违规：“学习效应”抑或“关系效应”？	金融研究	2021年第4期 第150～168页
8	杜兴强	国际化董事会与公司环境绩效	会计研究	2021年第10期 第84～96页
9	杜兴强　谢裕慧 赖少娟　曾　泉	儒家文化与会计稳健性	会计研究	2023年第1期 第59～74页
10	杜兴强 肖　亮 林　峤	生于干旱、未雨绸缪：CEO童年干旱经历能否提升公司水资源保护绩效?	管理科学学报	2023年第7期 第106～132页
11	黄炳艺 林嘉伟 王艳艳	资本弱化税制与外资企业避税行为研究：基于中国的经验证据	管理科学学报	2020年第23卷 第4期第38～54页
12	黄炳艺 陈书璜 蔡欣妮	劳动保护制度与公司资本结构关系研究	会计研究	2020年第9期 第71～84页
13	黄炳艺　黄雨婷	职工董事影响企业投资效率吗—— 基于中国资本市场的经验证据	会计研究	2022年第5期 第77～91页
14	李建发　张津津 张国清　赵军营	基于制度理论的政府会计准则执行机制研究	会计研究	2017年第2期 第3～13页
15	李建发　包璐璐 陈文川　袁　璐	职工变革认知、内部控制与政府会计准则制度执行效果	会计研究	2022年第2期 第17～31页
16	李建发　袁　璐 李文文　陈文川	政府财会监督与企业税收规避—— 来自财政部会计信息质量随机检查的证据	管理世界	2023年第39卷第 8期第154～171页
17	刘　峰　赵景文 涂国前　黄宇明	审计师聘约权安排重要吗?	会计研究	2010年第12期 第49～56页
18	刘　峰　杜兴强	会计学通识课：理论与实践	中国大学教学	2021年第7期 第58～63页
19	刘媛媛　钟覃琳	货币紧缩、现金锁定与现金持有价值	会计研究	2018年第2期 第55～61页
20	罗进辉 向元高 金思静	中国资本市场低价股的溢价之谜	金融研究	2017年第1期 第191～206页

续表

序号	姓名	文章标题	期刊名称	卷期/页码
21	罗进辉 黄泽悦 朱　军	独立董事地理距离对公司代理成本的影响	中国工业经济	2017年第8期 第100～119页
22	罗进辉	媒体报道与高管薪酬契约有效性	金融研究	2018年第3期 第190～206页
23	罗进辉 向元高 林筱勋	本地独立董事监督了吗？——基于国有企业高管薪酬视角的考察	会计研究	2018年第7期 第57～63页
24	罗进辉 李小荣 向元高	媒体报道与公司的超额现金持有水平	管理科学学报	2018年第7期 第91～112页
25	罗进辉 李　雪 黄泽悦	家族命名与家族企业风险承担	管理科学学报	2022年第25卷 第12期第21～50页
26	罗进辉 等	代际传承对家族企业金融投资的影响研究	会计研究	2023年第2期 第96～111页
27	罗进辉 董怀丽 李　璐	注册制改革是否强化了保荐人专业能力的作用？——基于首次公开发行股票审核进程视角的考察	管理世界	2023年第7期 140～157页
28	肖　虹　邹　冉	资本监管制度与贷款损失准备计提会计准则的协调性——小微企业信贷诱导有效性视角	会计研究	2019年第6卷 第6期第3～12页
29	叶建明　周　华 戴德明　刘俊海	国际会计准则的困境与财务报表的改进——马克思虚拟资本理论的视角	中国社会科学	2017年第3期 第4～25页，第204页
30	于李胜　李文涛 王艳艳　王　迪	薪酬职务倒挂是否具有“黑色嫉妒”效应？——基于国有企业薪酬激励对企业行为的研究的影响研究	会计研究	2019年第3卷 第3期第47～54页
31	于李胜 王成龙 王艳艳	分析师社交媒体在信息传播效率中的作用——基于分析师微博的研究	管理科学学报	2019年第22卷 第7期 第107～126页
32	于李胜	盛名难副：明星CEO与负面消息隐藏	管理科学学报	2021年第24卷 第5期第70～86页
33	曾　泉　张　颖 肖　亮　杜兴强	制度变革、非正式制度与会计审计行为：中国会计学会英文期刊China Journal of Accounting Studies（CJAS）2018年第二次学术研讨会会议综述	会计研究	2018年第11期 第92～94页
34	张国清　马威伟	强制性、自愿性财务报告内部控制审计提高了公司内部控制质量吗？	会计研究	2020年第7期 第116～128页

◎　2017—2023年会计学系教师的代表性学术著作

序号	作者	著作题目	出版社	出版年份
1	葛家澍 杜兴强	财务会计概念框架与会计准则问题研究	商务印书馆（勘误重印）	2022年5月
			中国财政经济出版社（第1版）	2003年12月
2	杜兴强	儒家文化与会计审计行为研究	厦门大学出版社	2020年10月
3	杜兴强	On Informal Institutions and Accounting Behavior	Springer	2021年

续表

序号	作者	著作题目	出版社	出版年份
4	杜兴强	葛家澍教授学术思想研究	厦门大学出版社	2021年3月
5	杜兴强	文化影响与会计审计行为研究（上、下）	厦门大学出版社	2022年12月
6	杜兴强 刘　峰	厦门大学会计系列教材	高等教育出版社	2020—2023

一、“Reciprocity in Corporate Tax Compliance—Evidence from Ozone Pollution”

2023年7月，会计学系李斯曼助理教授作为共同第一作者的论文“Reciprocity in Corporate Tax Compliance—Evidence from Ozone Pollution”在会计学三大顶刊之一的 *Journal of Accounting Research* 在线刊出。

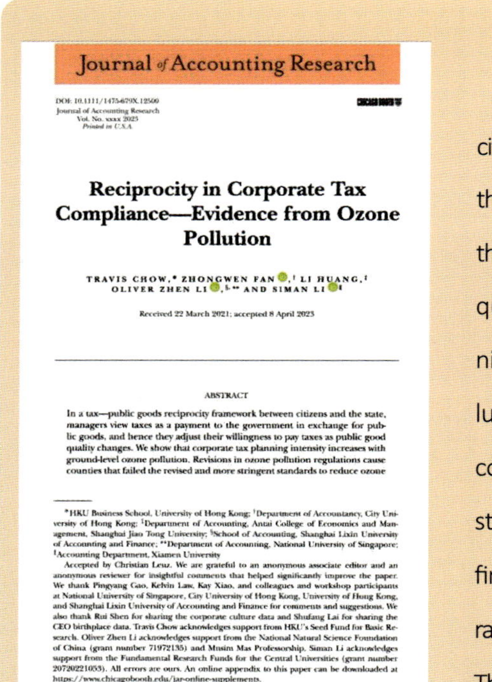

Journal of Accounting Research

DOI: 10.1111/1475-679X.12500
Journal of Accounting Research
Vol. No. xxxx 2023
Printed in U.S.A.

Reciprocity in Corporate Tax Compliance—Evidence from Ozone Pollution

TRAVIS CHOW,* ZHONGWEN FAN,† LI HUANG,‡ OLIVER ZHEN LI,§,** AND SIMAN LI¶

Received 22 March 2021; accepted 8 April 2023

ABSTRACT

In a tax—public goods reciprocity framework between citizens and the state, managers view taxes as a payment to the government in exchange for public goods, and hence they adjust their willingness to pay taxes as public good quality changes. We show that corporate tax planning intensity increases with ground-level ozone pollution. Revisions in ozone pollution regulations cause counties that failed the revised and more stringent standards to reduce ozone

*HKU Business School, University of Hong Kong; †Department of Accountancy, City University of Hong Kong; ‡Department of Accounting, Antai College of Economics and Management, Shanghai Jiao Tong University; §School of Accounting, Shanghai Lixin University of Accounting and Finance; **Department of Accounting, National University of Singapore; ¶Accounting Department, Xiamen University

Accepted by Christian Leuz. We are grateful to an anonymous associate editor and an anonymous reviewer for insightful comments that helped significantly improve the paper. We thank Pingyang Gao, Kelvin Law, Kay Xiao, and colleagues and workshop participants at National University of Singapore, City University of Hong Kong, University of Hong Kong, and Shanghai Lixin University of Accounting and Finance for comments and suggestions. We also thank Rui Shen for sharing the corporate culture data and Shufang Lai for sharing the CEO birthplace data. Travis Chow acknowledges support from HKU's Seed Fund for Basic Research. Oliver Zhen Li acknowledges support from the National Natural Science Foundation of China (grant number 71972135) and Musim Mas Professorship. Siman Li acknowledges support from the Fundamental Research Funds for the Central Universities (grant number 20720221053). All errors are ours. An online appendix to this paper can be downloaded at https://www.chicagobooth.edu/jar-online-supplements.

1

◎“Reciprocity in Corporate Tax Compliance—Evidence from Ozone Pollution”首页

［英文摘要及相关贡献］

In a tax-public goods reciprocity framework between citizens and the state, managers view taxes as a payment to the government in exchange for public goods, and hence they adjust their willingness to pay taxes as public good quality changes.We show that corporate tax planning intensity increases with ground-level ozone pollution.Revisions in ozone pollution regulations cause counties that failed the revised and more stringent standards to reduce ozone pollution.Consequently, firms headquartered in these counties reduced corporate tax planning intensity relative to firms in other counties. The ozone–tax link varies in the predicted directions with public attention to pollution, potential welfare loss due to ozone, managers's takeholder orientation, taxpayers' polluting status, political preferences, and civic norms.We also find consistent results for Superfund cleanups of hazardous waste sites.

We make several contributions.First, we shed new light on reciprocity as a plausible mechanism influencing corporate tax compliance.Isolating tax compliance behaviors that are attributable to tax morale has been an empirical challenge.Prior literature has only touched upon cultural factors, such as societal trust and civic norms, as undertones of inclinations for corporate tax planning.We present new, large-sample evidence consistent with the view that reciprocity towards the government, induced by public goods quality, affects corporate tax planning.We thus extend research in settings where the utility from paying taxes also depends on social effects.Second, our paper is related to the stream of economics literature on the effect of public goods on tax compliance. Prior studies using field experiments offer mixed evidence on the effect of public goods on individual taxpayers' behaviors, possibly owing to experimental interventions not being powerful enough to alter individuals' perceptions of the government and public goods quality.We take a novel archival approach by employing ozone pollution and its regulation to identify a likely causal association between public goods quality and corporate tax compliance.Our research furthers the understanding of the role of public goods in influencing taxpayers' behaviors.Third, we add to the literature on the role of government in corporate tax compliance.Prior research has mostly focused on the effect of government's tax collection stringency.However, the government is also a spender of tax revenue.How efficiently and responsibly it deploys revenue can affect taxpayers' morale.We add a dimension by showing how corporate taxpayers' behaviors can be shaped by the quality of environmental public goods and government's environmental policies.The government's efforts in improving the environment may encourage voluntary tax compliance and potentially increase fiscal capacity.

［中文摘要及相关贡献］

在公民纳税与政府提供公共产品的互惠框架下，管理层会把纳税视为对公共产品的一种交换行为。因此，管理层的纳税意愿会随着公共产品的质量变化而改变。本文发现公司税收筹划的强度与地面臭氧污染程度正相关。政府对臭氧污染标准的修订会使得那些达不到更严苛新标准的县减少地面臭氧污染。因此，与其他的公司相比，总部坐落于这些减少臭氧污染县的公司降低了税收筹划的强度。本文进一步发现臭氧污染与税收筹划强度的关系会随着以下因素的变化而变化：公众对污染的关注度、臭氧污染所带来的潜在福利损失、管理层的利益相关者导向、纳税人对环境的污染状况、政治偏好，以及公民规范。本文还基于清理危险废物的“超级基金”的场景发现了一致的结果。

本文有三项贡献。第一，本文的结果显示，公民纳税与政府提供公共产品的互惠是一个可能影响企业税收遵从的机制。在实证上，识别出“税收道德”对纳税人纳税行为的影响是一个难题，先前研究仅仅涉及“税收道德”中的文化因素，比如社会信任和公民规范等，本文所展示的全新大样本证据表明公共产品质量所引发的纳税人对于政府态度的变化会影响公司税收筹划。因此，本文扩充了税收的社会作用影响纳税人税收遵从的文献。第二，本文和经济学中研究公共产品对于税收遵从影响的文献相关。以前的田野调查文献研究了公共产品对于个人纳税行为的影响，但结果并不一致，一个可能的原因是田野实验中的干预无法有力影响到纳税人对政府和其提供的公共产品的态度。本文采用了一个新颖的档案研究方法：使用地面臭氧污染及相关法规的修订来识别公共产品质量对企业税收遵从的作用。本文加深了关于公共产品在影响纳税人行为中的作用的理解。第三，本文扩展了政府在企业纳税行为中的作用的文献。以前的文献关注政府的税收征管，然而，政府也是税收的使用者，政府使用税收提供公共产品的效率会影响纳税人的“税收道德”。本文的研究给这类文献增加了一个全新的维度：政府所提供的环境公共产品质量和政府环境政策会影响企业纳税人的行为。政府对环境的保护可能会激励纳税人的税收遵从，从而提高国家的财政能力。

二、“Regulatory Transparency and Regulators’ Effort：Evidence from Public Release of the SEC’s Review Work”

2023年10月12日，厦门大学会计学系郭睿助理教授（第一作者）的合作论文（合作者为 Xiaoli Tian 教授）“Regulatory Transparency and Regulators’ Effort：Evidence from Public Release of the SEC’s Review Work”在会计学全球三大顶刊之一的*Journal of Accounting Re-*

search 上在线刊出。

[英文摘要]

Using the public release of comment letters on EDGAR to capture a regime shift towards regulatory transparency, we examine whether an increase in transparency affects regulators' effort and work performance. We find that the SEC staff reviews more filings and more documents per filing following the disclosure regime shift. These effects are incrementally stronger for firms with comment letters that are expected to attract greater investor or public monitoring. Furthermore, under the new regime, reviews are more timely. Upon the regime switch, the likelihood of a restatement (receiving a comment letter) decreases (increases) for filings that are reviewed. After receiving a comment letter, a firm with signs of potential fraud is more likely to be investigated and this effect becomes more pronounced under the new regime. Altogether, our findings suggest that publicly disclosing regulators' work output can mitigate moral hazard (i.e., increase regulators' work input), improving their work performance.

Journal of Accounting Research

DOI: 10.1111/1475-679X.12513
Journal of Accounting Research
Vol. No. xxxx 2023
Printed in U.S.A.

Regulatory Transparency and Regulators' Effort: Evidence from Public Release of the SEC's Review Work

RUI GUO* AND XIAOLI (SHAOLEE) TIAN†

Received 1 June 2021; accepted 11 September 2023

ABSTRACT

Using the public release of comment letters on EDGAR to capture a regime shift toward regulatory transparency, we examine whether an increase in transparency affects regulators' effort and work performance. We find that the SEC staff reviews more filings and more documents per filing following the disclosure regime shift. These effects are incrementally stronger for firms with comment letters that are expected to attract greater investor or public monitoring. Furthermore, under the new regime, reviews are more timely. Upon the regime switch, the likelihood of a restatement (receiving a comment letter) decreases (increases) for filings that are reviewed. After receiv-

*Accounting Department, Xiamen University; †McDonough School of Business, Georgetown University

Accepted by Philip Berger. This paper has benefited from valuable comments and suggestions by Bill Baber, Stephen Brown, Ying Cao, Patti Fairfield, Zhaoyang Gu, Chae Ham, Jeff Hoopes, Rebecca Hann, Bret Johnson, Jared Jennings, Xiumin Martin, Susan Shu, Terry Tranter, Xue Wang, George Yang, an anonymous reviewer, and workshop participants from Georgetown University, University of Connecticut, Boston College, University of Maryland, American University, and Washington University in St. Louis. We thank Daniel Taylor for providing the investigation data and Terrence Blackburne for providing the supervisor data. Rui Guo acknowledges financial support from the National Natural Science Foundation of China (No. 72302193, No. 71790602, No. 72302197) and Fundamental Research Funds for the Central Universities (No. 20720221056). All errors remain our own. An online appendix to this paper can be downloaded at https://www.chicagobooth.edu/jar-online-supplements.

1

◎ "Regulatory Transparency and Regulators' Effort: Evidence from Public Release of the SEC's Review Work" 首页

[中文摘要]

本文利用美国证券交易委员会在 EDGAR（Electronic Data Gathering, Analysis, and Retrieval System，电子化数据收集、分析及检索系统）上公开披露监管问询函的独特情境，研究监管信息透明度如何影响监管者的努力程度和工作效果。研究发现，问询函公开后，美国证券交易委员会工作人员检查了更多的公司披露，并且每份披露中检查的文档数也有所增加。这种作用在预期问询函能引起更多投资者或公众监督的情况下尤为显著。此外，美国证券交易委员会对公司披露的审核变得更加及时。经过审核的披露发生财务重述的概率降低，但收到问询函的可能性增加。在收到问询函后，存在潜在舞弊风险的公司被美国证券交易委员会立案调查的可能性更高。综合来看，这些证据表明，公开披露监管者的工作产出能够抑制道德风险（即提升监管者的工作投入），从而提高其工作表现。

三、"The Explanatory Power of Explanatory Variables"

2023年7月，会计系翟伟欢（通讯作者）与合作者Dr.Erik Johannesson、Prof.James A.Ohlson的论文"The Explanatory Power of Explanatory Variables"在会计学全球五大顶刊之一的*Review of Accounting Studies*上正式在线刊出。

［英文摘要及相关贡献］

This paper examines the current empirical accounting research paradigm.We ask ：In general, do the estimated regressions support the promoted narratives? We focus on a regression model' s main variable of interest and consider the extent to which it contributes to the explanation of the dependent variable.We replicate 10 recently published accounting studies, all of which rely on significant t-statistics, per conventional levels, to claim rejection of the null hypothesis.Our examination shows that in eight studies, the incremental explanatory power contributed by the main variable of interest is effectively zero.For the remaining two, the incremental contribution is at best marginal.These findings highlight the apparent overreliance on t-statistics as the primary evaluation metric.A closer examination of the data shows that the t-statistics produced reject the null hypothesis primarily due to a large number of observations（N）.Empirical accounting studies often require N > 10000 to reject the null hypothesis.To avoid the draw-back of t-statistics' connection with N, we consider the implications of using Standardized Regressions（SR）.The magnitude of SR coefficients indicates variables' relevance directly.Empirical analyses establish a strong correlation between a variable's estimated SR coefficient magnitude and its incremental explanatory power, without reference to N or t-statistics.

［中文摘要及相关贡献］

本文研究了当前的会计实证研究范式。我们提出以下问题：通常而言，估计的模型能否支持文中的论述？我们关注模型的主要解释变量并探讨该解释变量能够多大程度上解释被解释变量。本文复制了10篇最新的研究，这些研究均依赖于统计上显著的t值，进而拒绝零假设。本文的研究表明：8项研究中，主要解释变量的增量解释能力实质上为0。其余两项研究中，增量解释能力充其量是微弱的。这些发现强调了对t值作为主要评价指标的过度依赖。进一步对数据的检验表明：依据t值拒绝原假设主要是由于大量的观测值（N）。实证会计研究通常需要N>10000才能拒绝零假设。为了避免t值与N相关联的缺点，我们讨论并提出标准化回归。标准化回归的系数绝对值可以直接表示变量的增量解释能力，不需要涉及N或t值。实证分析也显示标准化回归系数绝对值与变量的增量解释能力间强相关。

本文的研究贡献主要基于我们的研究结论。研究结论主要有以下三点。

第一，总体而言，在复制的10篇会计顶刊论文中，主要解释变量的增量解释能力是非常有限的。回归模型中加入主要解释变量之后，被解释变量与模型拟合值之间的皮

Review of Accounting Studies
https://doi.org/10.1007/s11142-023-09781-w

Check for updates

The explanatory power of explanatory variables

Erik Johannesson[1] · James A. Ohlson[2] · Sophia Weihuan Zhai[3]

Accepted: 23 May 2023

Abstract
This paper examines the current empirical accounting research paradigm. We ask: In general, do the estimated regressions support the promoted narratives? We focus on a regression model's main variable of interest and consider the extent to which it contributes to the explanation of the dependent variable. We replicate 10 recently published accounting studies, all of which rely on significant t-statistics, per conventional levels, to claim rejection of the null hypothesis. Our examination shows that in eight studies, the incremental explanatory power contributed by the main variable of interest is effectively zero. For the remaining two, the incremental contribution is at best marginal. These findings highlight the apparent overreliance on t-statistics as the primary evaluation metric. A closer examination of the data shows that the t-statistics produced reject the null hypothesis primarily due to a large number of observations (N). Empirical accounting studies often require N > 10,000 to reject the null hypothesis. To avoid the drawback of t-statistics' connection with N, we consider the implications of using Standardized Regressions (SR). The magnitude of SR coefficients indicates variables' relevance directly. Empirical analyses establish a strong correlation between a variable's estimated SR coefficient magnitude and its incremental explanatory power, without reference to N or t-statistics.

Keywords Incremental explanatory power · Large N · Standardized regressions · SR

Erik Johannesson is an Associate at Analysis Group, Inc. This research was undertaken when he was a professor of accounting at City University of New York, Baruch College. The views presented in this work are those of the author and do not reflect those of Analysis Group, Inc. Analysis Group, Inc. provided no financial support for this work.

Sophia Weihuan Zhai
zwhsophia@xmu.edu.cn

Erik Johannesson
erik@erikjohannesson.com

James A. Ohlson
jaohlson@cityu.edu.hk

1 Independent researcher, New York, NY, USA

2 Department of Accountancy, City University of Hong Kong, Hong Kong, Hong Kong

3 Center for Accounting Studies, Accounting Department, Xiamen University, Xiamen, China

Published online: 01 July 2023

Springer

◎"The Explanatory Power of Explanatory Variables"首页

尔森相关系数的增长不超过0.004。该结果说明了文章论述与所提供的主要实证结果之间的不一致性。在10篇文章的回归模型中，可以有效解释被解释变量的变量不超过5个。然而，主要解释变量涉及的t值均未大于这五个变量的t值。

第二，主要变量在统计上显著通常是由于样本量比较大。对复制文章的分析显示：主要解释变量t值的绝对值要超过2，则最少需要超过1900的样本量。超过半数的文章显示，如果样本量减半，主要解释变量将不会在统计上显著。

第三，标准化回归的系数绝对值与变量的增量解释能力强相关，其秩相关系数大致为0.9。我们在论文中提出以下建议：如果标准化回归的系数绝对值小于或等于0.05，则该变量的增量解释能力（以皮尔森相关系数的变化衡量）将不会超过0.001。10篇复制中的8篇，主要变量的标准化回归系数绝对值均不超过0.05。

为了提升实证会计研究的质量，我们提出以下建议。

第一，文章应该披露主要变量对模型拟合度的贡献。

第二，研究者和读者应该明确地意识到样本量的大小对t值的影响是不可小觑的。读者们应该熟悉N^*（=（$2/t$）$2 \times N$）的计算。N^*可以使读者迅速判断实证结果的稳健性。

第三，我们建议研究者使用标准化回归并讨论主要变量的回归系数绝对值。

四、“Is Audit Committee Equity Compensation Related to Audit Fees?”

2021年，会计学系刘馨茗助理教授作为第一作者的论文“Is Audit Committee Equity Compensation Related to Audit Fees?”在会计学领域Top5之一的国际期刊*Contemporary Accounting Research*发表。

［英文摘要及相关贡献］

Section 301 of the Sarbanes-Oxley Act（SOX）implicitly assumes that audit committees can independently determine audit fees.Critics of Section 301 have questioned this assumption, in particular, and the efficacy of Section 301, more generally.In response, the SEC issued a concept release in 2015 calling for public disclosure of the process that audit committees follow for determining auditor compensation.Motivated by these calls and the widespread use of stocks and options to compensate firms' independent directors, we examine the relation between equity compensation granted to audit committee members and audit fees.Using a sample of 3,685 firm-year observations during 2007–2015, we find a negative relation between audit committee equity compensation and audit fees, consistent with larger equity pay inducing audit committee members to compromise independence by paying lower audit fees.These findings are robust to controlling for endogeneity, firm size, alternative measures of equity compensation, alternative samples, and an alternative treatment of extreme values.We further show that larger equity compensation is associated with lower earnings quality.We also find that the negative effect of equity compensation on audit fees is stronger when city-level audit market competition is high.However, this negative relation disappears when(i)firms face high litigation risk,(ii)auditors have stronger bargaining power,(iii) the audit committee includes a high proportion of accounting experts, and (iv) auditors are industry experts.Our results are relevant to regulators and investors.

Is Audit Committee Equity Compensation Related to Audit Fees?*

XINMING LIU, *School of Management, Center for Accounting Studies of Xiamen University, Xiamen University*

GERALD J. LOBO, *C.T. Bauer College of Business, University of Houston*

HUNG-CHAO YU, *College of Commerce, National Chengchi University*†

ABSTRACT

Section 301 of the Sarbanes-Oxley Act (SOX) implicitly assumes that audit committees can independently determine audit fees. Critics of section 301 have questioned this assumption in particular, and the efficacy of section 301 more generally. In response, the SEC issued a concept release in 2015 calling for public disclosure of the process that audit committees follow for determining auditor compensation. Motivated by these calls and the widespread use of stocks and options to compensate firms' independent directors, we examine the relation between equity compensation granted to audit committee members and audit fees. Using a sample of 3,685 firm-year observations during 2007–2015, we find a negative relation between audit committee equity compensation and audit fees, consistent with larger equity pay inducing audit committee members to compromise independence by paying lower audit fees. These findings are robust to controlling for endogeneity, firm size, alternative measures of equity compensation, alternative samples, and an alternative treatment of extreme values. We further show that larger equity compensation is associated with lower earnings quality. We also find that the negative effect of equity compensation on audit fees is stronger when city-level audit market competition is high. However, this negative relation disappears when (i) firms face high litigation risk, (ii) auditors have stronger bargaining power, (iii) the audit committee includes a high proportion of accounting experts, and (iv) auditors are industry experts. Our results are relevant for regulators and investors.

Keywords: audit committee, audit fees, auditor independence, equity compensation

Y a-t-il une relation entre la rémunération en actions des membres d'un comité d'audit et les frais d'audit?

RÉSUMÉ

L'article 301 de la loi Sarbanes-Oxley (SOX) suppose implicitement que les comités d'audit peuvent déterminer les frais d'audit de façon indépendante. Les critiques relatives à l'article 301 ont remis en question cette supposition et, de façon plus générale, l'efficacité de l'article 301. En

* Accepted by Thomas Omer. We thank Thomas Omer, two anonymous reviewers, Tsi-Yuan Chen, Ting-Kai Chou, Chris Hogan, Yong-Tae Kim, Elaine Mauldin, Shiva Rajgopal, Michael Willenborg, Hong Xie and participants at the 2015 AAA Annual Meeting for their valuable comments and suggestions on an earlier version of this paper. Xinming Liu acknowledges the financial support from the National Natural Science Foundation of China (NSFC-71790602 and NSFC-71672159) and Fundamental Research Funds for the Central Universities (Grant number 20720191033). Hung-Chao Yu greatly appreciates the financial support from the Ministry of Science and Technology, ROC (MOST 03-2410-H-004-031). An earlier version of this paper was filed with MOST as a requirement of the funding. Data availability statement: The data used in this paper are available from AuditAnalytics, BoardEx, Compustat, and ExecuComp.

† Corresponding author.

Contemporary Accounting Research Vol. 38 No. 1 (Spring 2021) pp. 740–769 © CAAA

doi:10.1111/1911-3846.12632

◎ "Is Audit Committee Equity Compensation Related to Audit Fees?" 首页

This study has several theoretical contributions as below: First, although recent research uses earnings management measures (e.g., Bedard et al., 2004), restatement likelihood (e.g., Archambeault et al., 2008), internal control weaknesses (e.g., Naiker and Sharma, 2009), and approval for procuring non-audit services from the current auditors (e.g., Naiker et al., 2013) to capture AC effectiveness, no prior study has examined whether equity compensation relates to AC independence, which in turn influences AC determination of audit fees.Our study provides a first attempt at addressing this question.Second, even though Section 301 mandates that all AC directors be fully independent, it is possible that these directors satisfy this requirement when they are newly appointed but become less independent as they keep receiving equity compensation during their tenure.Our results suggest that increasing the responsibilities of ACs without considering their compensation is insufficient for the effective functioning of ACs.In particular, requiring ACs to be directly responsible for audit fee determination may not improve financial reporting quality as intended because AC members who receive larger equity compensation may compromise their independence.Third, DeFond and Zhang（2014）call for future auditing studies to examine the relatively less understood reasons why firms have incentives to demand audit quality.In response to this call, we show that higher equity compensation may induce AC members to compromise independence by paying lower audit fees, thereby resulting in lower demand for audit quality.Fourth, even though we find that equity compensation attenuates AC independence in determining appropriate audit fees, we also find that this negative effect disappears when auditors are industry experts with stronger bargaining power and the AC includes more accounting experts.These conditions provide regulators with insights into whether new regulations are needed to alter the balance of bargaining power between the clients and the auditors.Fifth, prior studies find that market competition is positively associated with restatement likelihood because audit firms may be forced to compete more strongly on audit fees（e.g., Numan and Willekens, 2012）.Our results imply that ACs that receive larger equity compensation may take advantage of this audit market competition to reduce audit fees to an even lower level.In this regard, we provide insight into how audit market competition and AC equity compensation may jointly affect AC audit fee decisions.

This study has several managerial implications as below：Our rwesults have important implications for regulators, boards of directors, investors, and others.First, although the appointment of auditors and the determination of audit fees are generally viewed as solutions to enhance financial reporting quality, our results indicate that choosing an appropriate level of equity compensation for ACs is also important.Second, whereas SOX and the SEC only require directors to be fully independent before they become AC members, our findings highlight the need for regulatory restrictions on compensation practices so that AC members can maintain independence in fact rather than in appearance and fulfill their duties in determining audit fees.Third, even though we find that equity compensation attenuates AC independence in determining appropriate audit fees, we also find that this negative effect does not hold when the auditors have higher bargaining power and the ACs include more accounting experts.Regulators may consider new regulations that more evenly balance the bargaining power between the ACs and the auditors（e.g., mandatory audit firm rotation）and strengthen the role of accounting experts in ACs.Fourth, regulators have debated how audit market competition influences audit quality.Whereas some argue that high competition is desirable because market consolidation may cause audit quality to decrease（e.g., US Chamber of Commerce, 2006）, others have expressed concern that high audit market competition motivates opinion shopping and thereby decreases audit quality（PCAOB, 2011）.We inform this debate by providing evidence that audit market competition and AC equity compensation may jointly affect AC audit fee decisions and the resulting earnings quality.Fifth, while we focus on equity compensation as one major factor that could harm AC effectiveness, future research could examine factors（e.g., tenure of membership, penalties for oversight failures）that may also affect other aspects of AC effectiveness.

［中文摘要及相关贡献］

SOX 法案第301条隐含性地假设，审计委员会应当独立地执行审计费用定价决策，然而批评者对这一假设和 SOX 法案第301条的效力提出了质疑。作为回应，2015年，美国证监会发布了一项概念公告，要求公司财务报告披露审计委员会执行审计费用定价决策的细节。本文利用2007—2015年共3585个公司—年度观测值，检验审计委员会的权益薪酬与审计费用之间的关系。研究发现审计委员会的权益薪酬与审计费用之间呈负相关关系，即较高的权益薪酬会导致审计委员会成员通过支付较低的审计费用来损害审计委员会的监督有效性。本文的研究结论在控制了内生性、公司规模、更换权益薪酬的度量、更换研究样本、更换极端值的处理方式后仍然稳健。进一步检验发现，较高的权益薪酬与较低的盈余质量相关。本文同时发现，当审计市场竞争激烈时，权益薪酬对审计费用的负面影响更大。然而，当存在以下情况时，这种负相关关系不存在：（1）公司面临高诉讼风险；（2）审计师具有较强的议价能力；（3）审计委员会中会计专家的比例较高；（4）审计师是行业专家时。本文的研究结果对监管者和投资者具有重要意义。

本文可能的创新与理论贡献包括如下几个方面：第一，以往的研究采用盈余管理指标（如 Bedard et al.，2004）、财务报告重述概率（如 Archambeault et al.，2008）、内部控制缺陷（如 Naiker and Sharma，2009）以及从现有审计师获得非审计服务（如 Naiker et al.，2013）的角度来衡量审计委员会的有效性。尚未有研究检验权益薪酬是否影响审计委员会的独立性，进而影响审计委员会对审计费用的决定，本文首次探究了这一问题。第二，SOX 法案第301条规定所有审计委员会的董事必须完全独立，尽管这些董事在刚聘任时满足独立性要求，然而随着他们在任期内不断获得权益薪酬，其独立性会降低。本文的研究结果表明，在不考虑薪酬的情况下，增加审计委员会的职责并不足以使审计委员会有效运转。尤其是要求审计委员会对审计费用直接负责可能无法改善财务报告质量，因为获得更多权益薪酬的审计委员会成员的独立性可能会受到损害。第三，DeFond 和 Zhang（2014）提出，未来的审计研究要探究鲜为人知的影响公司审计要求的因素。本文提供的证据表明，较高的权益薪酬会导致审计委员会成员支付较低的审计费用，损害审计委员会的独立性，从而导致对审计质量的要求降低。第四，尽管我们发现权益薪酬降低了审计委员会在审计费用决策时的独立性，但我们也发现，当审计师是具有较强议价能力的行业专家以及审计委员会中有较多会计专家时，这一负相关关系消失。这些条件表明监管者需要考虑是否需要新的法规来平衡客户与审计师之间的议价能力。第五，过去的研究发现市场竞争与重述可能性正相关，因为审计师事务所可能被迫在审计费用上进行更加激烈的竞争（如 Numan and Willekens，2012）。本文研究结果表明，获得更高权益薪酬的审计委员会可能会利用这种审计市场竞争将审计费用降低到更低的水平。在这方面，我们对审计市场竞争与审计委员会权益薪酬如何共同影响审计费用决策提供了见解。

本文的研究结果对监管者、董事会、投资者等具有重要意义。第一，虽然审计师的选聘和审计费用的决定通常被视为提高财务报告质量的解决方法，但我们的研究表明为审计委员会设定合理的权益薪酬水平也非常重要。第二，虽然SOX法案和美国证监会仅要求董事在成为审计委员会成员前是完全独立的，但是我们的研究表明了对薪酬实践进行监管限制的必要性，以使审计委员会成员可以在实质上（而不是表面上）保持独立性并履行其在审计费用决策中的职责。第三，我们发现权益薪酬削弱了审计委员会在审计费用决策时的独立性，我们还发现当审计师议价能力较强以及审计委员会中存在较多会计专家时，这种负相关关系不再成立。因此监管机构可以考虑制定新的法规，以平衡审计委员会和审计师之间的议价能力（例如事务所强制轮换），并且加强会计专家在审计委员会中的作用。第四，监管机构对审计市场竞争如何影响审计质量一直存在争议，有些人认为市场整合可能会导致审计质量下降（例如 US Chamber of Commerce, 2006），因此高度竞争是可取的，但另一些人认为高度的审计市场竞争可能会导致审计意见购买，进而降低审计质量（PCAOB，2011）。我们的研究表明，审计市场竞争和审计委员会权益薪酬共同影响了审计费用决策以及相应的盈余质量。第五，我们的研究关注了权益薪酬这一主要因素可能对审计委员会有效性造成的损害，未来的研究可以检验其他可能影响审计委员会有效性的因素（如成员的任期、对监督失败的惩罚）。

五、"The Unintended Benefit of the Risk Factor Mandate of 2005"

2022年，会计学系沈江华助理教授和合作者（Huang Allen H*, Jianghua Shen, Amy Y.Zang）在会计领域 Top5 期刊之一的 *Review of Accounting Studie* 发表论文"The Unintended Benefit of the Risk Factor Mandate of 2005"。

［英文摘要及相关贡献］

In 2005, the SEC mandated that firms disclose risk factors to provide useful infor-

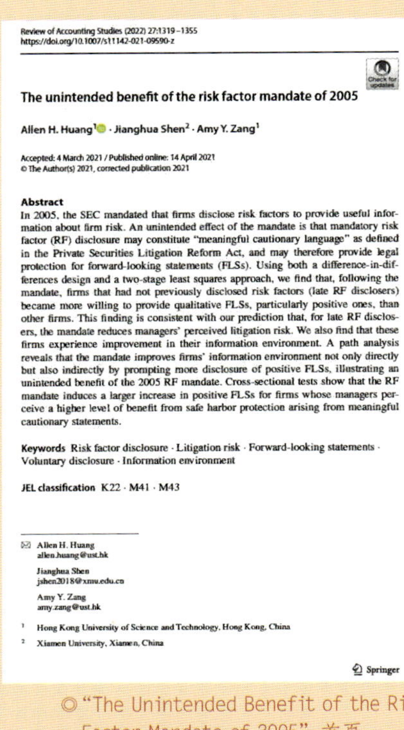

Review of Accounting Studies (2022) 27:1319–1355
https://doi.org/10.1007/s11142-021-09590-z

Check for updates

The unintended benefit of the risk factor mandate of 2005

Allen H. Huang[1] · Jianghua Shen[2] · Amy Y. Zang[1]

Accepted: 4 March 2021 / Published online: 14 April 2021

Abstract
In 2005, the SEC mandated that firms disclose risk factors to provide useful information about firm risk. An unintended effect of the mandate is that mandatory risk factor (RF) disclosure may constitute "meaningful cautionary language" as defined in the Private Securities Litigation Reform Act, and may therefore provide legal protection for forward-looking statements (FLSs). Using both a difference-in-differences design and a two-stage least squares approach, we find that, following the mandate, firms that had not previously disclosed risk factors (late RF disclosers) became more willing to provide qualitative FLSs, particularly positive ones, than other firms. This finding is consistent with our prediction that, for late RF disclosers, the mandate reduces managers' perceived litigation risk. We also find that these firms experience improvement in their information environment. A path analysis reveals that the mandate improves firms' information environment not only directly but also indirectly by prompting more disclosure of positive FLSs, illustrating an unintended benefit of the 2005 RF mandate. Cross-sectional tests show that the RF mandate induces a larger increase in positive FLSs for firms whose managers perceive a higher level of benefit from safe harbor protection arising from meaningful cautionary statements.

Keywords Risk factor disclosure · Litigation risk · Forward-looking statements · Voluntary disclosure · Information environment

JEL classification K22 · M41 · M43

✉ Allen H. Huang
allen.huang@ust.hk

Jianghua Shen
jshen2018@xmu.edu.cn

Amy Y. Zang
amy.zang@ust.hk

1 Hong Kong University of Science and Technology, Hong Kong, China

2 Xiamen University, Xiamen, China

Springer

◎ "The Unintended Benefit of the Risk Factor Mandate of 2005" 首页

mation about firm risk.An unintended effect of the mandate is that mandatory risk factor（RF）disclosure may constitute "meaningful cautionary language" as defined in the Private Securities Litigation Reform Act, and may therefore provide legal protection for forward-looking statements（FLSs）.Using both a difference-in-differences design and a two-stage least squares approach, we find that, following the mandate, firms that had not previously disclosed risk factors（late RF disclosers）became more willing to provide qualitative FLSs, particularly positive ones, than other firms.This finding is consistent with our prediction that, for late RF disclosers, the mandate reduces managers' perceived litigation risk.We also find that these firms experience improvement in their information environment.A path analysis reveals that the mandate improves firms' information environment not only directly but also indirectly by prompting more disclosure of positive FLSs, illustrating an unintended benefit of the 2005 RF mandate.Cross-sectional tests show that the RF mandate induces a larger increase in positive FLSs for firms whose managers perceive a higher level of benefit from safe harbor protection arising from meaningful cautionary statements.

Our theoretical contributions include several aspects as below.First, we focus on the legal implications of the RF mandate, an aspect unexplored in the literature on RF disclosures.By documenting that the RF mandate spurs voluntary forward-looking disclosure, which in turn improves firms' information environment, we help paint a more complete picture of the total impact of the mandate.Our findings also explain the controversy surrounding this disclosure regulation—that is, although regulators intend to supply investors with information about firm risk, firms prepare RF disclosures in a manner that exploits their legal benefits.This incentive leads firms to include large, seemingly boilerplate passages in their flings and prompts them to provide more forward-looking information.As Leuz and Wysocki（2016）note, regulatory consequences or the desirability of regulation is a complex issue due to the various costs and benefits that arise from regulation.Our insight cautions against drawing conclusions exclusively from the information content of RF disclosures and can help to guide the development of future disclosure regulations.

Second, we contribute to the literature on litigation risk by identifying a specific mechanism that changes managers' perception of such risk, which is notoriously difficult to capture（Lowry, 2009；Marinovic and Varas, 2016）.To measure managers' perception of litigation risk, previous studies use legal regimes, judge ideology, court precedents, past lawsuits, industry membership, and firm characteristics such as size and past stock return volatility（Francis et al., 1994；Johnson et al., 2001；Rogers and Van Buskirk, 2009；Kim and Skinner, 2012；Huang et al., 2019；Franke et al., 2021）. In our setting, when managers, with help from their legal counsel, prepare and disseminate RF disclosures, they get a clear sense of how disclosure of certain risk factors might provide them with safe harbor protection, which lowers their perceived litigation risk when they provide FLSs（Olazabal, 2011）.

Finally, we contribute to research that examines managers' decisions to provide forward-looking qualitative disclosures.Studies show that despite the passage of the PSLRA, such disclosures are the prime target of plaintiff complaints（Rogers et al., 2011；Cazier et al., 2020）and lead to adverse litigation outcomes（Cutler et al., 2019）, which calls into question the legal protection afforded by the safe harbor provision.We extend this stream of research by documenting that the provision of meaningful cautionary language is an important determinant of managers' perceived strength of safe harbor protection and increases their willingness to disclose qualitative FLSs.

［**中文摘要及相关贡献**］

2005年，美国证券交易委员会强制要求公司披露风险因素以提供关于公司风险的有用信息。该规定的一个意外影响是，强制性的风险因素披露可能构成《私人证券诉讼改革法案》中定义的“有意义的警示语”，因此可能为前瞻性陈述提供法律保护。使用双重差分模型和两阶段最小二乘法，本文发现在强制要求之后，相比于其他公司，之前未曾披露风险因素的公司（强制性的风险因素晚期披露者）更愿意提供定性的前瞻性陈述，尤其是正面的前瞻性陈述。这一发现与本文的预测一致，即对于强制性的风险因素披露较晚的公司来说，该规定降低了管理层感知到的诉讼风险。本文还发现这些公司的信息环境有所改善。路径分析表明，该规定通过促使更多正面前瞻性陈述的披露，不仅直接和间接地改善了公司的信息环境，表明2005年强制性的风险因素规定的意外好处。横截面测试表明，对于管理层认为有意义的警示性声明导致的安全港保护能够带来更多利益的公司，强制性的风险因素规定会导致其正面前瞻性陈述的大幅增加。

本文可能的创新与理论贡献如下。

第一，本文关注强制性的风险因素规定的法律影响，这是强制性的风险因素披露文献中尚未探讨的问题。通过描述强制性的风险因素规定促进自愿性的前瞻性披露，进而改善公司的信息环境，从而有助于更全面地了解该规定的总体影响。本文的研究结果也解释了围绕该披露规定的争议，即虽然监管机构打算向投资者提供有关公司风险的信息，但公司以利用其法律利益的方式进行强制性的风险因素披露。这一动机促使公司在报告中加入大量看似模式化的段落，并促使他们提供更多前瞻性的信息。正如Leuz和Wysocki（2016）所指出的，由于监管产生的各种成本和收益，监管后果或监管的可取性是一个复杂的问题。本文的结论告诫人们不要仅从强制性的风险因素披露的信息内容中得出结论，同时有助于指导未来披露法规的制定。

第二，通过明确一种能改变管理层对诉讼风险（众所周知，该风险难以捕捉）感知的具体机制，本文为诉讼风险相关的文献作出了贡献（Lowry，2009；Marinovic and Varas，2016）。为了衡量管理层对诉讼风险的感知，先前研究采用法律制度、法官意识形态、法院判例、过去的诉讼、行业成员和公司特征，如规模和过去的股票回报波动性（Francis et al.，1994；Johnson et al.，2001；Rogers and Van Buskirk，2009；Kim and Skinner，2012；Huang et al.，2019；Franke et al.，2021）。在本文的研究背景下，当管理层在其法律顾问的帮助下准备和公布强制性的风险因素披露时，他们清楚地知道披露某些风险因素如何为其提供安全港保护，从而降低了他们提供前瞻性陈述时感知到的诉讼风险（Olazabal，2011）。

第三，本文为关于管理层提供前瞻性定性披露的决策的研究作出了贡献。研究表明，尽管 PSLRA 已经通过，但此类披露仍是原告投诉的主要目标（Rogers et al.，2011；Cazier et al.，2020）且会导致不利的诉讼结果（Cutler 等，2019），这对安全港规定所提供的法律保护提出了质疑。本文扩展了相关研究，证明提供有意义的警示语是管理层感知到的安全港保护力度的重要决定因素，并能促进管理层披露定性前瞻性信息。

六、*On informal Institutions and Accounting Behavior*

2021年，杜兴强教授的英文专著 *On Informal Institutions and Accounting Behavior* 由 Springer 出版社出版，这是厦门大学会计学科少数几部英文专著之一。

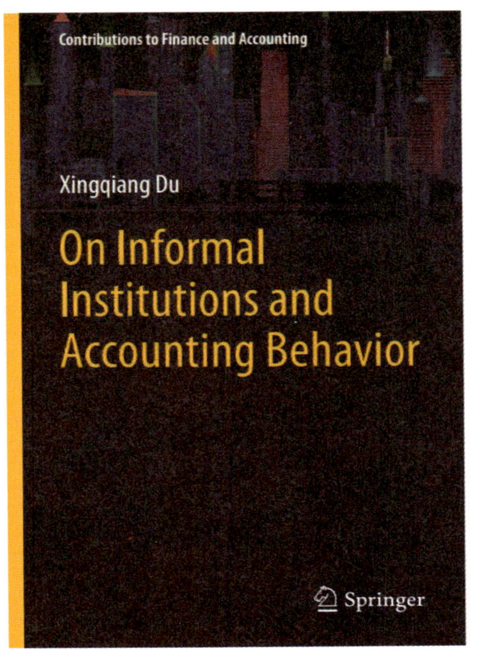

Xingqiang Du
Accounting Department
Xiamen University
Xiamen, Fujian, China

ISSN 2730-6038 ISSN 2730-6046 (electronic)
Contributions to Finance and Accounting
ISBN 978-981-33-4464-8 ISBN 978-981-33-4462-4 (eBook)
https://doi.org/10.1007/978-981-33-4462-4

© The Editor(s) (if applicable) and The Author(s), under exclusive license to Springer Nature Singapore Pte Ltd. 2021
This work is subject to copyright. All rights are solely and exclusively licensed by the Publisher, whether the whole or part of the material is concerned, specifically the rights of translation, reprinting, reuse of illustrations, recitation, broadcasting, reproduction on microfilms or in any other physical way, and transmission or information storage and retrieval, electronic adaptation, computer software, or by similar or dissimilar methodology now known or hereafter developed.
The use of general descriptive names, registered names, trademarks, service marks, etc. in this publication does not imply, even in the absence of a specific statement, that such names are exempt from the relevant protective laws and regulations and therefore free for general use.
The publisher, the authors and the editors are safe to assume that the advice and information in this book are believed to be true and accurate at the date of publication. Neither the publisher nor the authors or the editors give a warranty, expressed or implied, with respect to the material contained herein or for any errors or omissions that may have been made. The publisher remains neutral with regard to jurisdictional claims in published maps and institutional affiliations.

This Springer imprint is published by the registered company Springer Nature Singapore Pte Ltd.
The registered company address is: 152 Beach Road, #21-01/04 Gateway East, Singapore 189721, Singapore

© *On Informal Institutions and Accounting Behavior* 封面及版权页

Chapter 1 introduces the aim of this book, clarifies core concepts, and discusses the coexistence between formal institutions and informal institutions and the relation between formal institutions and informal institutions.And then, Chapter 1 displays the layout and content of this book.Lastly, Chapter 1 also documents the potential theoretical contributions of this book and lists the extended readings that the author has published previously.

Chapters 2, 3, 4 and 5 focus on several dimensions of Confucian culture (e.g., surname sharing, hometown complex and honorific usage) to examine their impacts on financial misstatement, corporate misconduct, pre-IPO earnings management and auditor independence.Chapter 2 examines the influence of auditor-CEO surname sharing, a typical dimension of Confucian culture, on financial misstatement, and further investigates whether the above effect is different between common surnames and rare surnames.In addition, Chapter 2 also addresses the concerns about whether auditor-CEO surname sharing affects the likelihood of modified audit opinions, the relation between discretionary accruals and modified audit opinions, and abnormal audit fees.Furthermore, Chapter 2 examines whether the effect of auditor-CEO surname sharing on financial misstatement depends on institutional infrastructure and hometown relationship, respectively.Chapter 3 investigates the effect of CEO-director surname connectedness as a Confucian culture on corporate misconduct, and further examines the moderating effect of the popularity of the CEO's surname.In addition, Chapter 3 also conducts subsample tests to examine whether the relation between CEO-director surname connectedness and corporate misconduct depends on institutional environment (e.g., marketization indexes, higher institutional ownership) and the nature of the ultimate owner. Chapter 4 examines whether CEO-auditor hometown complex as an important component of Chinese traditional culture affects pre-IPO earnings management (proxied by discretionary accruals) .Chapter 4 further addresses whether the effect of CEO-auditor hometown complex on discretionary accruals is different when the CEO and the signing auditor（s）work in non-hometown cities.Chapter 5 examines whether honorific usage in audit reports, the proxy for the unequal social status between audit firms and clients signals the impairment of auditor independence and is related with the likelihood of ST firms' listing status improvement.In addition, Chapter 5 investigates whether the above effect is asymmetric between discretionary honorific usage and habitual honorific usage.

Chapters 6, 7 and 8 focus on religion as another informal institution to examine religious influence on corporate R&D investment, corporate diversification and audit quality, respectively.Chapter 6 using questionnaire-based religious data（i.e., religious belief）to examine the influence of an entrepreneur's religious belief on R&D investment, and further examines the moderating effect of political connections as a typical informal system.This chapter also investigates whether religious influence on R&D is different between western religions and eastern religions.Given the natural connection between religion and tourism, Chapter 7 employs geographic-based religious variables（e.g., religious atmosphere）to investigate the impact of religion on corporate diversification into tourism industry.In addition, Chapter 7 examines the moderating role of internal control as a governance mechanism in the relation between religion and corporate diversification into tourism industry.Chapter 8 employs data on China's religious sites explored by the Spatial Data Center at University of Michigan to construct a set of variables of auditor-client religiosity convergence, and then examine the effect of auditor-client religiosity convergence on financial misstatement.As a logical extension of the difference in religious influence between state-owned enterprises and non-state-owned enterprises, Chapter 8 further investigates whether above effect depends on the organizational forms of audit firms and the ownership natures of client firms.

Chapter 9, 10, and 11 explore political connections, food（catering）culture, and the trauma experience culture, regional corruption atmosphere to address their respective impacts on accounting behavior.Chapter 9 uses hand-collected data on political connections and employs a sample of Chinese family firms in polluting industries to investigate the influence of political connections on corporate environmental performance. Moreover, Chapter 9 also examines the moderating effect of regional law enforcement as a formal institution on the association between political connections and corporate environmental performance.Chapter 10 pays attention to the prevalence of food (catering) culture in China and the well-known proverb of 'you are what you eat' , and then examines 'whether auditors are what they eat' .Specifically, Chapter 10 uses sample of Chinese listed firms to investigate the influence of signing auditors' spicy preference on discretionary accruals.In addition, Chapter 10 further addresses whether the relation between signing auditors's picy index and discretionary accruals depends on the nature of the ultimate owner (e.g., non-state-owned enterprises or state-owned enterprises) .Chapter 11 notices trauma experience culture (e.g., 'One thorn of experience is worth a whole wilderness of warning') and its effect on the Chinese society, and then examines whether the Cultural Revolution experiences of directors affects corporate philanthropy.Moreover, Chapter 12 also explores the moderating role of regional corruption atmosphere as an informal institution in the relation between the 'Cultural Revolution' experiences of directors and corporate philanthropy.

Chapter 12 summarizes major conclusions, the potential managerial implication, limitations and future directions.

This book has several theoretical contributions as below : First, considering the importance of informal institutions in contemporary Chinese society, this book multi-dimensionally shows the influence of informal institutions on accounting behaviors.These findings empirically contribute to the call from Allen and Qian (2005) , North (1990) , Pistor and Xu (2005) and Williamson (2000) that scholars should turn to informal institutions to address their impacts on individual behavior, corporate and financial decision and social development.Specifically, this book finds that informal institutions (e.g., Confucian sub-dimensional culture, religion, political connection) affect accounting behaviors.

Second, this book addresses the interactive effects between informal institutions and formal institutions on accounting behaviors and investigates how formal institutions moderate (weaken or reinforce) the impacts of informal institutions on specific accounting behaviors.Specifically, the empirical findings reveal that formal institutions may attenuate or strengthen the effect of informal institutions on specific accounting behaviors, contributing to a long debate about the reinforced effect and the crowding-out effect of formal institutions on informal institutions.

Lastly, this book can motivate scholars to attach the importance to various informal institutions in contemporary China, which may shape individual behavior of Chinese people, cultivate regional social atmosphere, and affect corporate decisions and social outcomes, rather than consider the influence is trivial.To some extent, this book can help researchers to better understand economic consequences (accounting behavior) of informal institutions in the Chinese stock market.

[**中文前言（译）**]

第一章介绍了本书的写作目的，厘清核心概念，讨论正式制度与非正式制度的共存及关系，还介绍了本书的篇章结构安排和潜在的理论贡献。

第二章至第五章聚焦儒家文化的几个维度（例如，姓氏关联、老乡关系和敬语使用），考察其对财务错报、公司违规、IPO 前盈余管理和审计师独立性的影响。第二章研究了审计师—CEO 姓氏关联这一儒家文化的典型维度对财务错报的影响，并进一步研究了这一影响在常见姓氏和稀缺姓氏之间是否存在差异。此外，第二章还研究了审计师与 CEO 同姓是否影响收到非标准审计意见的可能性、可操纵性应计与非标准审计意见之间的关系以及异常审计费用等问题。此外，第二章还研究了审计师—CEO 姓氏共享对财务错报的影响是否受到制度环境和老乡关系的影响。第三章研究了 CEO 与董事长的姓氏关联对公司不当行为的影响，并进一步研究了 CEO 姓氏的普遍程度的调节作用。此外，第三章还进行了子样本测试，以考察 CEO—董事长姓氏关联与公司不当行为之间的关系是否受到制度环境（如市场化指数和较高的机构持股比例）和最终控制人性质的影响。第四章研究了作为中国传统文化重要组成部分的 CEO—审计师老乡关系是否会影响到上市前的盈余管理（用可操纵性应计表示）。第四章进一步探讨了当 CEO 和签字审计师在非家乡城市工作时，CEO—审计师的老乡关系对可操作性应计的影响是否不同。第五章研究了审计报告中敬语的使用（会计师事务所与客户之间社会地位不平等的代表），是否预示着审计师独立性的受损并与意法半导体集团交易状态改善的可能性有关。此外，第五章还研究了上述效应在选择性敬语和习惯性敬语之间是否存在差异。

第六章至第八章重点讨论了作为另一种非正式制度的宗教，分别考察了宗教对企业研发、企业多元化发展和审计质量的影响。第六章使用基于问卷的宗教数据（即宗教信仰）来研究企业家的宗教信仰对研发投入的影响，并进一步研究政治关联（典型的非正式制度）的调节作用。此章还研究了西方宗教和东方宗教对研发的影响是否存在差异。考虑到宗教与旅游之间的天然联系，第七章采用基于地理近邻性的宗教变量（如宗教氛围）来研究宗教对进入旅游业企业多元化的影响。此外，第七章还研究了内部控制作为一种治理机制在宗教与企业向旅游业多元化发展关系中的调节作用。第八章利用密歇根大学空间数据中心的中国宗教场所数据，构建了一套审计师—客户宗教趋同性的变量，考察审计师—客户宗教趋同性对财务错报的影响。为了延伸国有企业和非国有企业之间宗教影响差异的逻辑，第八章进一步研究了上述影响是否取决于审计师事务所的组织形式和客户公司的所有权性质。

第九章至第十一章探讨了政治关联、饮食文化、创伤经历文化和地区腐败氛围对会计行为的影响。第九章使用手工收集的政治关联数据，采用中国污染行业的家族企业作为样本，研究政治关联对企业环境绩效的影响。此外，第九章还研究了作为正式制度的地区执法对政治关联和企业环境绩效之间关系的调节作用。第十章关注中国盛行的饮食文化和“吃什么像什么”的谚语，进而研究“审计师是否吃什么就像什么”。具体来说，第十章使用中国上市公司的样本来研究签字审计师嗜辣对可操作性应计的影响。此外，第十章还进一步探讨了签字审计师的嗜辣程度与可操作性应计的关系是否取决于最终控制人的性质（例如，非国有企业或国有企业）。第十一章关注创伤经历文化（如“一次痛苦的经验抵得上千百次的告诫”）及其对中国社会的影响，研究董事长的“文革”经历是否会影响企业慈善。此外，第十二章还探讨了地区腐败氛围作为一种非正式制度对董事长“文革”经历与企业慈善之间关系的调节作用。

第十二章对主要结论、潜在的管理启示、局限性和未来研究方向进行总结。

本书的理论贡献如下。

首先，考虑到非正式制度在当代中国社会的重要性，本书从多维度展示非正式制度对会计行为的影响。这些发现在经验上支持了 Allen 和 Qian（2005）、North（1990）、Pistor 和 Xu（2005）以及 Williamson（2000）的倡议，即学者们应该转向非正式制度，以研究其对个人行为、公司和财务决策以及社会发展的影响。具体而言，本书发现非正式制度（如儒家文化、宗教、政治关联）影响会计行为。

其次，本书探讨了非正式制度和正式制度对会计行为的互动效应，并研究了正式制度如何调节（削弱或加强）非正式制度对特定会计行为的影响。具体来说，实证研究结果显示，正式制度可能会削弱或强化非正式制度对特定会计行为的影响，从而促进关于正式制度对非正式制度的强化效应和挤出效应的长期讨论。

最后，本书可以促使研究者们重视当代中国的各种非正式制度，它们可能塑造中国人的个人行为、培养区域社会氛围、影响企业决策和社会结果，并非微不足道。在某种程度上，本书可以帮助研究者们更好地理解中国资本市场中非正式制度对会计行为的影响。

七、《财务会计概念框架与会计准则问题研究》

《财务会计概念框架与会计准则问题研究》序言如下。

《财务会计概念框架与会计准则问题研究》出版于2003年，出版后获得了学术界的广泛认可，丰富了“会计基本理论”领域内的诸多文献，对我国修订具有“财务会计概念框架”性质的《企业会计准则——基本准则》和完善企业会计准则体系起到了重要的推动作用。该书曾获福建省第六届社会科学优秀成果一等奖与教育部第四届中国高校人文社会科学研究优秀成果一等奖。该书出版17年后，在宋伟与李珂两位老师的联系下，商务印书馆不计陈旧，予以勘误后出版。17年间，葛家澍教授已于2013年仙逝，厦门大学会计系于2021年3月隆重举办了纪念葛家澍教授百年诞辰的系列活动。感慨之余，撰写序言，以作纪念。

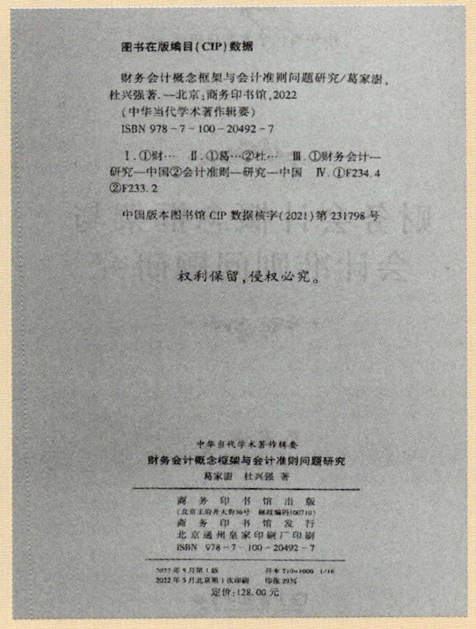

图书在版编目(CIP)数据

财务会计概念框架与会计准则问题研究/葛家澍，杜兴强著. —北京：商务印书馆，2022
(中华当代学术著作辑要)
ISBN 978-7-100-20492-7

Ⅰ. ①财… Ⅱ. ①葛…②杜… Ⅲ. ①财务会计—研究—中国②会计准则—研究—中国 Ⅳ. ①F234.4 ②F233.2

中国版本图书馆CIP数据核字(2021)第231798号

中华当代学术著作辑要
财务会计概念框架与会计准则问题研究
葛家澍 杜兴强 著

商务印书馆出版
(北京王府井大街36号 邮政编码100710)
商务印书馆发行
北京通州皇家印刷厂印刷
ISBN 978-7-100-20492-7

2022年5月第1版
2022年5月北京第1次印刷
定价：128.00元

◎《财务会计概念框架与会计准则问题研究》(第二版)封面与版权页

一

自20世纪70年代始，财务会计概念框架与会计准则问题是当代会计理论的核心问题。财务会计概念框架（类似公告与文献，下同）主要是为会计准则的制定提供一致的概念基础、评估已有会计准则的质量与发展新的会计准则，并在缺乏会计准则的新领域对会计实务起到基本的规范作用。

财务会计概念框架的探索，远比它作为一个术语出现的时间要早。20世纪50年代末期的美国，因为会计程序委员会（Committee on Accounting Procedure，CAP）制定的会计准则制定缺乏内在逻辑一致性，导致各种备选方案过多，进而受到非议和指责，从而被会计原则委员会（Accounting Principles Board，APB）所替代。为了避免重蹈CAP的覆辙，APB前所未有地重视会计基本理论研究，并勾勒了“会计基本假设 — 基本会计原则 — 具体会计原则”的蓝图，希望通过理论研究来促使其制定的会计准则保持内部逻辑自洽，以抵御外部利益集团的游说（lobby for/against）。这体现为APB下属的“会计研究部”（Accounting Research Division，ARD）所出版的“会计研究论文集”（Accounting Research Studies，ARS）。这其实可以视为“财务会计概念框架”一次重要的尝试。但是 ARS No.1“论会计的基本假设”（The Basic Postulates of Accounting）与 ARS No.3“试论企业广泛适用的会计原则”（A Tentative Set of Broad Accounting Principles for Business Enterprises）虽有重要的理论价值，但因为具有过于超前的前瞻性以及无法解决当时的现实问题，相继被 APB Statement No.1 所否决，在一定程度上宣告 APB 时期关于制定财务会计概念框架的努力并不成功。后来，1970 年，APB 亦制定了具有概念框架性质的文献 APB Statement No.4“企业财务报表的基本概念与会计原则”（Basic Concepts and Accounting Principles Underlying Financial Statements of Business Enterprises）。同 ARS No.1 和 ARS No.3 类似，尽管 APB Statement No.4 富有理论价值，但同样未能提高会计准则质量，也不是非常成功。

1973 年，基于对 APB 时期制定会计准则现状的不满，美国注册会计师协会（American Institute of Certified Public Accountants, AICPA）成立了怀特委员会（the Wheat Committee）和特鲁博鲁特委员会（the Trueblood Committee），分别研究“会计准则制定的机构”与“财务报表目标”。后者可以看作是另一次关于制定财务会计概念框架的重要尝试。此后，美国财务会计准则委员会（Financial Accounting Standards Boar, FASB）替代 APB 成为美国会计准则的制定机构（一直到今天），而特鲁博鲁特委员会关于财务报表目标的研究成果被 FASB 所继承和发展，促成了财务会计概念公告（Statement of Financial Accounting Concepts, SFAC or Conceptual Framenwork for Financial Reporting）第一号“企业财务报告的目标”的形成。也正是从 FASB 时期开始，“财务会计概念框架”（财务会计概念公告）成为一个正式的术语，日益为学术界所熟悉。

此后，英国、加拿大、澳大利亚与一些国际组织均奉 FASB 的财务会计概念框架为圭臬，以其为蓝本，制定了各自的财务会计概念框架，尽管名称各不相同，譬如国际会计准则委员会（International Accounting Standards Committee，IASC）[①] 的“编报财务报表的框架”（Framework for the Preparation and Presentation of

① 国际会计准则委员会（IASC）后改组为“国际会计准则理事会”（International Accounting Standards Board, IASB），其制定的概念框架性质的文献为“财务报告概念框架”（Conceptual Framework for Financial Reporting）。

Financial Statements）和英国会计准则委员会（Accounting Standards Board，ASB）的“财务报告原则公告”（Satetement of Principles for Financial Reporting，SP）等。

二

财务会计概念框架的研究与制定，是一个继承与发展的过程，既有对前期学者研究成果的吸收，也有对之前准则制定机构积累的宝贵经验和有价值文献的继承，还有相应的创新与发展。

世界范围内的财务会计概念框架制定存在着两种模式。一种是在会计准则制定一段时间之后（甚至是相当长时期之后），才开始制定财务会计概念框架。这种模式多出现在判例法国家（譬如美国、英国、澳大利亚、加拿大等），民间机构制定会计准则是其主要特征。美国20世纪30年代开始制定和颁布会计准则，经历了CAP时期（会计研究公报）、APB时期（会计原则委员会意见书）和FASB时期（财务会计准则公告），直到20世纪70年代才开始制定财务会计概念框架。另一种是先制定财务会计概念框架，然后据此制定会计准则，并建立和完善会计准则体系。这种模式往往出现在成文法国家（部分）中（典型代表为中国），由官方机构制定和颁布会计准则。1992年11月及之前，虽然会计理论界对会计准则的研究并不鲜见，但并无官方制定的会计准则颁布。1992年11月30日，中华人民共和国财政部以部长令（第5号）的形式颁布了《企业会计准则——基本准则》，1993年7月1日开始实施。《企业会计准则——基本准则》实质上已经具有了财务会计概念框架的性质，尽管名称并不一致。随后，1997年5月22日颁布第一项具体会计准则《关联方关系及其交易的披露》。从一定程度上来说，《企业会计准则——基本准则》起到了指导和发展新会计准则的功效。换言之，《企业会计准则——基本准则》是准则的准则，是整个准则体系中的“基本法”（葛家澍，1997）。

关于中国是否应该制定财务会计概念框架，抑或充实《企业会计准则——基本准则》，一直是一个充满争议的问题。我们认为，“欲速则不达”，根据实质重于形式的原则，不应在意我国有没有形式上名为“财务会计概念框架”的文献。相反，务实的策略是，在现行的法规体系允许的框架内，应对《企业会计准则——基本准则》进行修改，使之具备财务会计概念框架的功能，以更好地指导、评估和发展具体准则。既然“基本准则”与财务会计概念框架定位类似，那么就应考虑将会计基本假设、会计目标、会计信息质量特征、资产等会计要素的定义、财务报表等相关内容纳入《企业会计准则——基本准则》。显然，上述对财务会计概念框架与基本会计准则的辩证认识，并非保守，而是实事求是，是在会计改革中求稳妥、取实效。

三

虽然《财务会计概念框架与会计准则问题研究》出版于2003年，且此后17年间国际范围内关于财务会计概念框架与会计准则问题研究出现了诸多新动态，但是作为一本会计基本理论的研究著作，其中诸多学术思想在今天仍富有生命力。兹举几例。

第一，对财务会计概念框架文献的梳理。我们坚持认为，财务会计概念框架的思想萌芽要远远早于其作为一个术语出现的时间。为此，我们孜孜不倦地发掘历史著作中的会计思想，整理了关于财务会计概念框架研究的脉络。在此基础上，我们梳理了关于财务会计概念框架的重要研究进展（包括ARS No.1、ARS No.3、APBS statement No.4等），挖掘其中熠熠生辉的学术思想。关于财务会计概念框架研究相关的发展脉络和学术思想的梳理，不仅不会过时，反而在今天看来仍具有重要的文献价值。

第二，对各国财务会计概念框架的比较与综评。对于各个国家与国际组织制定的财务会计概念框架，我们进行了细致的比较与综评。既然财务会计概念框架的研究是一个继承与发展的过程，取其精华为我（国）所用就成为必然。

第三，财务会计概念框架内容的拓展。财务会计概念框架应该包括哪些内容？我们认为西方的财务会计概念框架（FASB的财务会计概念公告为例）并未勾勒出整个财务会计概念框架。实际上，财务会计概念框架除了包括会计目标、会计信息质量特征、财务报表的要素、企业财务报表的确认与计量等内容之外，还应该包括对会计基本假设、会计对象、会计计量属性的专门讨论（厘清不同的计量属性与计量模式，并阐明它们在不同情况下的适用性），财务报表要素的确认之外的、关于附注与其他财务报告信息披露相关的内容等[①]。

第四，关于会计基本假设的研究。目前会计学界公认的会计基本假设包括会计主体、持续经营、会计分期与货币计量，但并未涉及关于会计计量属性的假设。为此我们倡议会计基本假设体系中应该增加一项与会计计量属性相关的基本假设——“市场价格”，因为几乎所有计量属性都可以统一在“市场价格”这一术语下[②]。“市场价格”并非一个单一维度的概念，而是一个融入了“时态”的、多维度的概念。根据时态，“市场价格”可以分为“过去的市场价格”、“现在的市场价格”与“未来的市场价格”。显然，“过去的市场价格”可以大致理解为历史成本，它是确定的、有据可循的、可验证的。“过去的市场价格”或历史成本曾是会计计量属性的主体，今天仍适用于部分实物资产的初始计量。我们认为，“现在的市场价格”类似于现行成本、重置成本或可实现净值等计量属性——区别在于购买方或销售方的立场差异，分别反映了在目前市场情况下，重新购置一项同样的资产需要付出的成本（从投入角度理解）或出售一项资产相关的可变现净值（从产出角度理解）。“未来的市场价格”往往等价于预期未来现金流量现值或根据其他估价模型计算的公允价值。

此外，本书还建议将“宏观调控”作为一项会计基本假设，这可以在一定程度上促使我国的会计监管部门反思国际会计趋同化背景下中国会计的特色问题。毋庸置疑，会计的国际趋同是趋势，但趋同并不意味着完全一致或不容许存在差异，也不意味着消除差异，更不意味着忽视差异。中国情境的会计信息披露与财务报告质量仍与宏观调控存在着丝丝缕缕的联系。

第五，关于会计目标的研究。我们认为“会计目标本就是一项会计基本假设”。会计的发展是反应性的（Chatfield, 1974），密切依赖于社会经济环境；会计目标亦非一成不变，应该也必须依据环境变化做出适时的调整。基于此，会计目标本身就是特定会计环境下对会计信息使用者及其需求进行的一种主观归纳，会计环境的差异决定了会计目标相关的研究成果不可以简单地套用。“会计目标本就是一项会计基本假设”的阐述丰富了会计基本假设研究与会计目标研

① 我们在2003年的相关阐述，随着2018年SFAC No.8“财务报表附注”的颁布而得到部分支持。

② “市场价格”的概念可能并非先生首次提出，最初可参见穆尼茨（1961）提出的会计基本假设体系的B2。但是，本书的确是第一个系统阐述并赋予“市场价格”这一概念以丰富的内涵的文献。

究的文献。之前的文献极少将会计基本假设与会计目标结合起来研究，将会计目标视为一项会计基本假设的论点更是鲜见。譬如ARS No.1与ARS No.3侧重于会计基本假设的研究，之后的文献侧重于会计目标的研究，前后交叉少之又少。“会计目标本就是一项会计基本假设”的论断，在会计基本假设与会计目标两个主题的研究之间架起了一座“桥梁”。

此外，除了对会计目标相关的内容进行阐述之外，本书基于中国情境，构建了一个多层次的财务报告目标体系。其中：第一层次强调受托责任观，强调财务报告应该反映企业经理层受托责任的履行和完成情况；第二层次为决策有用观，强调财务报告为投资人、债权人和其他与企业有利害关系的使用者提供有助于各类经济决策的信息，主要是表内和表外的财务信息；第三层次则考虑我国的实际情况，认为不应忽略国家宏观管理部门及监管部门的信息需求，倡导按照国家的政策法规，在表外披露国家宏观调控所必需的信息。

本书关于“多层次财务报告目标”的观点，既体现了受托责任观与决策有用观应该相互融合，又将会计基本假设与会计目标紧密地结合在一起。鉴定我国的社会主义性质及国家宏观调控的现实特征，国家作为会计信息的一类特定且重要的使用者，本书建议应增设一个关于“国家宏观调控”的基本假设，进而结合“会计目标本就是一项会计基本假设”的观点，本书提出我国的会计目标时，将国家宏观管理部门作为一类重要的信息使用者明确提出，并厘清了宏观管理部门需要的信息及财务报告如何提供相关信息。

第六，关于会计要素与资产定义的研究。“会计要素是会计对象的具体化”这一传统的表述是不完备的①，科学的表述应该是“会计基本假设、会计目标和会计对象共同决定着会计要素的设置。会计要素既体现为会计对象的具体化，也必须同时反映会计目标的要求，受会计基本假设的制约”。这一阐述在一定程度上比“会计要素是会计对象的具体化”更为完备，更符合历史现实。

① 传统的会计学教科书指出，会计要素是会计对象的具体化。长期以来，对这一表述鲜有疑问。但是，如果会计要素是会计对象的具体化，那么为何各个国家 / 地区 / 国际组织的财务会计概念框架中，关于财务报表的会计要素设置如此五花八门？例如，我国的会计准则和会计制度规定的会计要素有6个，即资产、负债、所有者权益、收入、费用、利润。美国的财务会计概念框架（SFAC No.6）涉及的会计要素包括10个，分别为资产、负债、所有者权益、收入、费用、利得、损失、派给业主款、业主投资、全面收益。国际会计准则理事会（委员会）颁布的“财务报告概念框架”（“编报财务报表的框架”）中则仅仅提及资产、负债、所有者权益、收益、费用。英国会计准则委员会的“财务报告原则公告”为财务报表设置7项要素，分别为资产、负债、所有者权益、利得、损失、派给业主款及业主投资。上述现象可以将会计学界仅从会计对象的具体化界定会计要素的视角拉到一个更为广阔的视角，即除了会计要素，会计基本假设与会计目标等是否会对会计要素的设置产生影响。

对于会计要素的定义，本书以资产为例进行阐述。本书并未依循国际会计准则理事会（IASB）的资产定义，也未全然奉 FASB 的“财务会计概念框架”中的资产定义为圭臬，而是创新性地“勾勒”了一个资产的新定义：“过去的交易、事项和虽未执行或还在执行中的不可更改的合同导致一个主体控制含有未来经济利益的资源和权利。”上述定义在一定程度上缓解了 FASB 的资产定义过于抽象的问题，也对 IASB 的资产定义进行了继承与发展。

围绕着会计确认，本书特别强调“初次确认（第一次确认，first-step recognition）和再确认（第二次确认，second-step recognition）”，以及“初始确认（initial recognition）和后续确认（subsequent recognition）”两组概念的区别。任何一项交易，从开始进入会计信息系统进行处理到通过报表传递已加工的信息，总要经过两次确认：第一次确认或初次确认是为了正确地记录，第二次确认或再确认是为了正确地在财务报表中表述。换言之，“初次确认”指交易和事项发生后应予确认的项目都先在账簿（或其他记录手段）上记录（初次确认），“再确认”是指在财务报表予以表述。但“初始确认和后续确认”则是指特定的项目可能由于计量上的变动，通过不同的事项修改原先确认的金额（终止确认可以视为后续确认的一种特例）。概括起来，初始确认与后续确认均对应着财务报表内的“再确认”，而与初次确认并无直接的关系。

值得一提的是，本书除了具有重要的理论价值之外，相关研究成果对我国会计准则体系的完善亦起到了重要的推动作用。

四

《财务会计概念框架与会计准则问题研究》是耄耋之年的先生与我合作出版的著作之一。此后，先生仍在财务会计概念框架领域内精耕细作，发表了多篇对中国会计准则体系建设完善起到重要作用的著作。我曾和先生约定，待先生期颐之年我们再将此书予以修订出版。为此，我们还以“中国财务会计概念框架研究”为题，联合申请了教育部人文社科基地重大项目，不断跟踪世界范围内财务会计概念框架的发展，为修订《财务会计概念框架与会计准则问题研究》一书做准备。此后，我们形成了数百万字的研究报告，等待不断完善并出版。但是，遗憾的是，2013年先生溘然仙逝，这一愿望在先生的有生之年未能实现。

此后，我仍未敢忘记与先生的约定，也一直等待着一个契机。2021年恰逢先生百年诞辰，厦门大学会计学科与先生培养的学生筹划了一系列的纪念活动，包括举办“葛家澍教授学术思想研讨会”“葛家澍教授学术活动月”活动，出版《葛家澍教授学术思想研究》（杜兴强著）、《葛家澍文集》（杜兴强、刘峰主编）与《澍雨杏风》（苏锡嘉、刘峰主编）等。2020年12月24日，商务印书馆的宋伟老师联系我，咨询可否将《财务会计概念框架与会计准则问题研究》纳入“中华当代学术著作辑要”丛书。忆及当年与先生的约定，征得先生家人同意后，遂慨然应允[①]。

值得指出的是，因为“中华当代学术著作辑要”丛书的入选书目要求尽可能地保留原貌，所以我仅对《财务会计概念框架与会计准则问题研究》一书进行了必要的校对和勘误，并未根据近二十年来国际范围内财务会计概念框架与会计准则的最新动态对本书内容进行更新。这一点请读者留意并知悉。

感谢商务印书馆宋伟老师和李珂老师促成《财务会计概念框架与会计准则问题研究》的出版。感谢常莹莹博士对本书文稿进行的细致校对，这使得本书的错漏得以降至最低。

谨以此书纪念葛家澍教授诞辰100周年！

书稿勘误完成，方才落意！

杜兴强

2022年3月22日

于厦门亿力百家苑“且住屋”

八、《文化影响与会计审计行为研究（上/下）》

2022年，杜兴强教授的《文化影响与会计审计行为研究》一书由厦门大学出版社出版。该书系统分析了中国文化及其不同的维度对会计审计行为的影响。

本书分为上下册，全书146.6万字，侧重于分析中国文化及其不同的维度对会计审计行为的影响。在第一章第一节至第四节的基本框架（即“文化影响与会计审计行为：一个

① “中华当代学术著作辑要”选目遵循优中选精的原则，所收须为立意高远、见解独到，在相关学科领域具有重要影响的专著或论文集；须经历时间的积淀，具有定评，且侧重于首次出版十年以上的著作；须在当时具有广泛的学术影响，并至今仍富于生命力。基于此，虽未完全实现修订的目的，但能够让先生与我所著的《财务会计概念框架与会计准则问题研究》得以再次出版（进行了些许勘误），也算是部分履行了当年和先生的约定。

分析框架”）下，本书的篇章结构安排如下。

第二章为“儒家文化与会计审计行为：总体研究”，包括四个相互独立又彼此关联的研究内容：（1）儒家文化传播与官员腐败抑制；（2）儒家文化与公司诉讼；（3）儒家文化与财务报告质量；（4）儒家文化与环境绩效。

图书在版编目（CIP）数据
文化影响与会计审计行为研究 / 杜兴强等著. —厦门：厦门大学出版社，2022.11

◎《文化影响与会计审计行为研究》封面与版权页

第三章主要关注以家乡情结、方言与宗族关系为主要内容的儒家文化中的“亲亲原则”对会计审计行为的影响，包括：（1）CEO 家乡任职与代理成本；（2）CEO— 审计师方言关联与审计意见购买；（3）CEO— 董事姓氏关联与公司违规；（4）董事会姓氏多元化与审计师选择：基于宗族文化视角。

第四章和第五章探讨儒家文化中"尊尊原则"的不同维度（论资排辈、敬语、学者董事、外来的和尚会念经／境外董事等）对会计审计行为的影响。第四章侧重于分析论资排辈、敬语与学者董事对会计审计行为的影响，包括：（1）论资排辈与崩盘风险；（2）敬语与审计质量；（3）学者独立董事与公司环境绩效。第五章则侧重于"尊尊原则"下的"外来的和尚会念经"这一文化维度，探讨境外董事或有海外经历的审计师对会计审计行为的影响，包括：（1）境外独立董事更独立吗：基于境外独立董事投票的证据；（2）国际化董事会与审计师选择；（3）境外董事、分析师关注与现金股利；（4）境外董事、语言与公司环境信息透明度；（5）审计师境外经历与审计质量。

第六章则关注学校（公司、组织）文化与会计审计行为，包括：（1）进取型校训、事务所组织形式与审计质量；（2）创新文化与公司创新；（3）会计师事务所伦理文化与审计质量。第六章的内容属于初步研究，尚具有较大的延展空间和可能性。

第七章和第八章侧重于"吸烟、饮酒与投机文化"，分析其对会计审计行为的影响。第七章研究得出烟盒文化嵌入营造出一种对不道德乃至有罪文化宽容的社会氛围，从而导致会计审计行为异化。具体内容包括烟盒的文化嵌入性与所有者—管理层代理成本，以及烟盒的文化嵌入性与财务报告质量。第八章则直接聚焦于酒文化与投机文化，分析其对会计审计行为的冲击，包括：（1）酒文化抑制了独立董事的异议投票吗；（2）投机文化与公司创新；（3）投机文化与审计质量。

第九章聚焦茶文化、嗜辣偏好与水稻种植，分析饮食文化是否影响会计审计行为，主要内容包括：（1）茶文化与盈余管理；（2）审计师嗜辣与审计质量；（3）水稻种植与审计质量。

第十章主题为关系文化与会计审计行为，主要内容包括：（1）独立董事返聘与公司违规：学习效应抑或关系效应；（2）审计师—券商绑定关系与 IPO 盈余管理；（3）发审委联系与 IPO 抑价。

第十一章集中探讨不同的社会风俗维度对会计审计行为的影响，包括：（1）科举制度与公司创新；（2）人口婚姻结构与审计质量；（3）女性高管总能抑制盈余管理吗。

第十二章为本书的总结，概括了本书的主要研究发现，讨论了本书研究发现的政策启示，分析了本书研究可能存在的局限性，并展望了本书主题相关研究的未来方向。

本书可能的创新与理论贡献如下。

第一，本书构建了一个关于"文化影响与会计审计行为"的分析框架，首次系统地将文化这一非正式制度因素纳入会计审计研究的分析框架，为学术界和实务界理解文化通过如何影响人的行为，进而影响公司决策提供了重要的解释。而且，这一解释相对而言更接近于因果关系，而非纯粹的相关性。

第二，本书首次深入挖掘了中国文化的不同维度，并据此深入分析文化因素对会计审计行为的影响，从而丰富了“非正式制度与会计审计行为”领域内的文献。本书挖掘的中国文化包括但不限于儒家文化（整体影响），儒家文化的“尊尊原则”下的论资排辈、敬语、学者型董事、外来的和尚会念经等，儒家文化“亲亲原则”下的方言关联、老乡关系与宗族关系，吸烟、饮酒与投机文化，饮食文化（包括茶文化、食辣/嗜辣文化等），关系文化（如审计师—券商绑定关系、独立董事返聘、发审委联系等），社会风俗文化（如科举制度、婚姻文化、女性董事）等。

第三，本书拓展了基于“地理近邻性”（geographic proximity）构建的儒家文化变量，并系统地阐述了其合理性。Du（2015，2016）和杜兴强等（2020）基于“地理近邻性”，构建了儒家文化变量。但值得指出的是，上述文献在利用地理近邻性构建儒家变量的过程中仅涉及七个儒家中心。本书基于地理近邻性的儒家变量构建则拓展了Du（2015，2016）和杜兴强等（2020）的方法，基于中国百余座被列为全国重点文物保护单位的孔庙和书院构建儒家文化变量，度量儒家文化的整体影响。这一度量方法在理论上更为科学，在具体操作方法上更为细致。

第四，本书首次挖掘了儒家文化的“亲亲原则”，将之细分为“方言关联”、“姓氏关联（宗族关系）”与“老乡关系”等维度，检验了“亲亲原则”的不同维度对会计审计行为的影响。（1）本书基于审计报告与IPO招股说明书等文本，采纳文本分析与数据挖掘，找到了绝大部分审计师及CEO（董事长、董事、高管）的身份证号，采用身份证号前六位匹配的方式，判断审计师与CEO是否来自同一县（市），构建了“亲亲原则”下CEO—审计师老乡关系变量。通过查询中国方言在县和县级市层面的分布，进一步判断CEO与审计师是否说着同样的方言，从而构建了“亲亲原则”下的CEO—审计师方言关联变量。（2）基于签字CEO、董事长、董事、高管与审计师的姓氏，构建了CEO—董事长姓氏关联、董事会姓氏多元化等变量。（3）在此基础上，本书分别分析了“CEO家乡任职对代理成本的影响”“CEO—审计师方言关联如何削弱审计独立性”“CEO—董事姓氏关联对公司违规的抑制作用”“董事会姓氏多元化对审计师选择的影响”“董事长—总经理老乡关系对现金持有价值的影响”等问题。

第五，本书对儒家文化的不同维度进行了系统的挖掘并创新性地对儒家文化下“尊尊原则”的不同维度进行度量。本书将儒家文化的“尊尊原则”细分为“论资排辈”、“敬语”（社会地位差异导致的）、学者（独立）董事、外来和尚会念经等，分析了其对崩盘风险、审计质量与环境绩效的影响。具体包括：（1）基于数据挖掘与文本分析，本书创新性地基于年报及审计报告文本，采用“董事会成员排序”中的独立董事排序，度量了“论资排辈”这一文化维度，发现论资排辈不利于公司公开透明的信息披露，带来了坏消息的积累（hoarding），最终导致更高概率的股票崩盘风险。（2）儒家文化强调等级，基于审计报告中审计师对上市公司的称谓，本书构建“敬语”变量，并区分“习惯性敬语”与“选择性敬语”，发现审计报告中敬语的使用向资本市场传递了审计质量较低的信号基于文本分析数据挖掘，本书创新性地围绕“审计师对被审计公司的称谓”，度量了“敬语”这一文化维度。在此基础上，本书发现了公司对审计师使用敬语对审计质量的负面影响。③基于文本分析与数据挖掘，本书度量了“学者型董事”这一与儒家文化中“学而优则仕”相关的文化维度；进一步通过分析学者型董事所具有的社会责任情怀，发现其对公司环境绩效（责任）的积极影响。

第六，本书基于儒家文化中的“外来的和尚会念经”这一文化维度，首次采用文本分析与数据挖掘方法，构建了“国际化董事会”和“境外董事”等变量，分析了如下几个重要问题：（1）基于境外独立董事投票，分析了境外独立董事相对于本土董事是否更独立；（2）国际化董事会在审计师选择方面和本土董事会相比的异同；（3）境外董事对公司现金股利支付的影响；（4）境外董事和他们所说的不同的语言如何影响公司环境信息透明度；（5）审计师的海外经历对审计质量的影响。

第七，本书首次挖掘了基于中国资本市场的吸烟、饮酒与投机文化（掩饰）及其不同的维度，揭示了吸烟、饮酒与投机文化对会计审计行为不利的影响。（1）本书基于文本分析与数据挖掘，侧重于中国数以千计的烟盒上的文化图标，构建和搜集了基于吸烟文化的“烟盒文化嵌入性”的变量，揭示了其营造的社会氛围对所有者—管理层代理成本与财务报告质量的影响。（2）本书还挖掘和整理了酒文化和投机文化，分别分析了其对独立董事的异议投票、公司创新与审计质量的影响。

第八，本书首次挖掘了茶文化与嗜辣文化两种典型的饮食文化，揭示了中国文化“衣食住行”中的“食”对会计审计行为的影响。（1）利用省市统计年鉴中的县（区）级茶叶生产种植数据（茶叶产量和面积），量化了公司所在地的茶文化氛围，创新性地构建了茶文化变量。（2）基于文本分析与数据挖掘，通过签字审计师身份证信息与利用签字审计师所在地区的两百余道经典菜谱构建的嗜辣程度，捕捉签字审计师对辛辣食物的偏好。

第九，针对数千年在中国社会中存在的关系文化，本书挖掘了独立董事返聘、审计师 — 券商绑定关系与发审委联系等维度，并据此分析了不同关系维度对会计审计行为的影响，丰富了基于中国制度背景的、侧重于关系文化对会计审计行为研究的文献。

第十，基于文本分析与数据挖掘，本书首次挖掘了科举制度、人口婚姻结构与女性社会地位（角色）等社会风俗文化的不同维度，并据此分析了他们对会计审计行为的影响。（1）本书以公司所在地明、清两代考中进士的人数为基础构建了科举制度的相关变量（经过国土面积平减的科举变量，经过人口总数平减的科举变量，未经过平减的科举变量），首次将科举制度引入会计审计研究框架，揭示了科举制度如何通过影响当地社会氛围来持续地影响当代公司的会计审计行为。（2）本书首次挖掘了人口婚姻结构这一社会风俗文化变量作为个人主义文化相对于集体主义文化的受接受程度，并据此分析了其对审计行为的影响。

第十一，本书部分章节在分析文化因素如何影响会计审计行为的过程中，进一步分析了正式制度如何调节“具体文化维度与会计审计行为”的关系。具体地，正式制度可能强化或弱化非正式制度对会计审计行为的影响，这些发现为正式制度与非正式制度如何交互影响会计审计行为领域的文献提供了主要的经验证据。

2023年8月30日，福建省新闻出版局2023年度省优秀出版项目、省重点出版立项项目名单正式公布。根据福建省新闻出版局发布的《福建省新闻出版局关于公布2023年度省优秀出版项目、省重点出版立项项目名单的通知》（闽新出〔2023〕110号），《文化影响与会计审计行为研究》获评“2023年福建省优秀出版项目”。

福建省新闻出版局文件

闽新出〔2023〕110号

福建省新闻出版局关于公布2023年度
省优秀出版项目、省重点出版立项项目名单的通知

全省各图书、音像、电子出版单位：

为鼓励和支持我省图书、音像、电子出版单位积极做好重点选题，在我省各出版单位申报的基础上，经专家对照评选标准严格评审，报省委宣传部部务会审议研究，并经公示，决定将《科技特派员制度的福建经验》等78个出版项目列为2023年度省重点出版立项项目（名单详见附件1），从中确定44个项目作为2023年度省优秀出版项目，并给予补助资金扶持（补助项目及补助金额详见附件2）。

省重点出版立项项目和省优秀出版项目原则上应于2024年

— 1 —

12月底前完成。请各相关出版单位将2023年度省重点出版立项项目和省优秀出版项目作为本单位出版工作的重中之重，确保项目优质、按时完成。省重点出版立项项目因故需要调整、变更或终止的，项目单位应及时向我局提交书面报告。按照《福建省优秀出版项目补助资金管理办法实施细则》，本次评选项目中，已出版的省优秀出版项目，一次性拨款按受资助项目总额的100%；未出版的项目，首次拨款按受资助项目总额的80%，待项目出版30天内向省委宣传部出版管理处报送样书（样带、样片）1册（盘/张），验收合格后拨付受资助项目总额的20%。各出版单位要严格按照相关要求，认真组织项目实施，切实加强项目管理，确保专款专用，确保项目质量。省委宣传部出版管理处将按照省财政经费绩效目标管理规定对补助项目、补助资金进行跟踪监督，对获奖情况、社会效益进行考评。

附件：1. 2023年度省重点出版立项项目名单
2. 2023年度省优秀出版项目名单

福建省新闻出版局
2023年8月30日

— 2 —

序号	类别	项目名称	申报单位
15	人文社科类	家庭教育指导丛书	福建教育出版社
16	人文社科类	黄檗文化之光——历久弥新的文化自信	福建教育出版社
17	人文社科类	中华福文化	福建教育出版社
18	人文社科类	中央苏区（福建）医药卫生工作史料画册——中华人民共和国医药卫生事业的摇篮	福建科学技术出版社
19	人文社科类	不一样的福建	海峡文艺出版社
20	人文社科类	福器——文人茶器"福"百家	海峡文艺出版社
21	人文社科类	网络文明 福润八闽	海峡文艺出版社
22	人文社科类	你不知道的"侯官"	海峡文艺出版社
23	人文社科类	强国之路：严复的"译"生	海峡文艺出版社
24	人文社科类	一个华侨家族的侧影	海峡文艺出版社
25	人文社科类	福州河口史话	福建美术出版社
26	人文社科类	朱子画传	海峡书局出版社
27	人文社科类	中国侨乡稀见谱牒整理与研究（第11册至15册）	鹭江出版社
28	人文社科类	"中央苏区经济管理理论与实践研究"丛书	鹭江出版社
29	人文社科类	福建传统漆艺	鹭江出版社
30	人文社科类	渡海薪传——中国大陆迁台建筑师及其对中国建筑文脉的传承与发展	厦门大学出版社
31	人文社科类	互联网背景下的表达权研究	厦门大学出版社
32	人文社科类	文化影响与会计审计行为研究	厦门大学出版社

— 4 —

抄送：福建省出版协会、海峡出版发行集团

中共福建省委宣传部办公室　　2023年8月31日印发

— 12 —

◎《文化影响与会计审计行为研究》入选福建省优秀出版项目证明

第五节　科研成果获奖情况

2017—2024年，厦门大学会计学系教师多次获得教育部高等学校科学研究优秀成果奖（人文社会科学）与福建省社会科学优秀成果奖。此外，还有多人获得厦门市社会科学优秀成果奖或其他学术团体颁发的奖项（详见本书相关章节）。

◎　2017—2024年会计学系教师获得省部级以上科研奖励情况

序号	获奖者姓名	成果名称	奖励类型（颁奖机构）	获奖等级	获奖时间
1	杜兴强	论资排辈、CEO任期与独立董事的异议行为	福建省第十三届社会科学优秀成果奖（福建省人民政府）	二等奖	2019年12月17日
2	杜兴强	Elsevier（爱思唯尔）中国高被引学者（2020）	爱思唯尔	优秀奖	2021年4月
3	杜兴强	儒家文化与会计审计行为	福建省第十四届社会科学优秀成果奖（福建省人民政府）	二等奖	2021年12月
4	杜兴强	Elsevier（爱思唯尔）中国高被引学者（2021）	爱思唯尔	优秀奖	2022年4月
5	杜兴强	Elsevier（爱思唯尔）中国高被引学者（2022）	爱思唯尔	优秀奖	2023年4月
6	杜兴强	文化影响与会计审计行为研究	福建省第十五届社会科学优秀成果奖(福建省人民政府)	二等奖	2023年12月
7	黄炳艺 林嘉伟 王艳艳	资本弱化税制与外资企业税收规避行为研究	福建省第十四届社会科学优秀成果奖（福建省人民政府）	三等奖	2021年12月
8	黄泽悦 罗进辉 李向昕	中小股东"人多势众"的治理效应——基于年度股东大会出席人数的考察	福建省第十五届社会科学优秀成果奖(福建省人民政府)	一等奖	2023年12月
9	刘馨茗 Gerald J.Lobo Hung-Chao Yu	Is Audit Committee Equity Compensation Related to Audit Fees?（审计委员会股权报酬会影响审计费用吗？）	福建省第十四届社会科学优秀成果奖（福建省人民政府）	三等奖	2021年12月30日
10	罗进辉	中国资本市场低价股的溢价之谜	福建省第十三届社会科学优秀成果奖（福建省人民政府）	三等奖	2019年12月17日
11	罗进辉 向元高 林筱勋	本地独立董事监督了吗？——基于国有企业高管薪酬视角的考察	福建省第十四届社会科学优秀成果奖（福建省人民政府）	二等奖	2021年12月30日

续表

序号	获奖者姓名	成果名称	奖励类型（颁奖机构）	获奖等级	获奖时间
12	曲晓辉　等	会计准则趋同研究	福建省第十二届社会科学优秀成果奖（福建省人民政府）	三等奖	2018月11月30日
13	陈　旻 曲晓辉 孙雪娇	后趋同时代的权益资本成本异质性分析	福建省第十四届社会科学优秀成果奖（福建省人民政府）	三等奖	2021年12月30日
14	王艳艳 许　锐 王成龙 于李胜	关键审计事项能提高审计报告的沟通价值吗？	福建省第十三届社会科学优秀成果奖（福建省人民政府）	三等奖	2019年12月17日
15	王艳艳 于李胜 赵玉萍	The Association between Audit-Partner Quality and Engagement Quality：Evidence from Financial Report Misstatement	高等学校科学研究优秀成果奖（人文社会科学）（教育部）	二等奖	2020年2月
16	王艳艳 王成龙 于李胜 郑天宇	银行高管薪酬延付政策能抑制影子银行扩张吗？	福建省第十四届社会科学优秀成果奖（福建省人民政府）	二等奖	2021年12月30日
17	于李胜 李文涛 王艳艳 王　迪	薪酬-职务倒挂是否具有“黑色嫉妒”效应?——基于国有企业薪酬激励对企业行为的影响研究	福建省第十四届社会科学优秀成果奖（福建省人民政府）	三等奖	2021年12月30日
18	常莹莹 曾　泉	环境信息透明度与企业信用评级—— 基于债券评级市场的经验证据	福建省第十四届社会科学优秀成果奖（福建省人民政府）	三等奖	2021年12月30日

一、杜兴强教授连续多次入选 Elsevier（爱思唯尔）中国高被引学者

厦门大学会计系从其成立之日起，就是国内高校中最早注重国际化的，包括但不限于师资队伍的国际化、学术成果的国际化（发表方面）与学术交流的国际化。譬如，厦门大学会计系建系早期的郑世察教授、陈德恒教授、萧贞昌教授等都毕业于海外高校。此后，一直到20世纪末期，厦门大学的诸位学科奠基人无不重视会计学科的国际化。但是，21世纪以来，因为社会环境嬗变、市场化进程、地理位置特征方面的制约，厦门大学会计学科对外部人才的吸引力下降，这在一定程度上影响了厦门大学会计学科师资队伍的国际化、学术交流的国际化、成果发表的国际化（包括研究成果的国际化引用）。

2010年之后，特别是2017—2024年，厦门大学会计学科加大对境外高水平大学优秀博士毕业生的招聘，辅之以招聘国内知名大学博士毕业生，从而形成了多元化的教师队伍，研究成果发表国际化程度逐渐提高，研究成果的国际化引用也逐渐提高。

2021—2023年，杜兴强教授连续入选“Elsevier（爱思唯尔）中国高被引学者”（2020、2021、2022），说明厦门大学会计学科现任教师的研究成果正在引起国内同行的注意，引用率逐渐提高。根据统计数据，截至2023年7月31日，杜兴强教授的英文论文被引2153次，H指数为22[①]。

◎杜兴强教授Elsevier（爱思唯尔）中国高被引学者（2020、2021、2022）证书

二、杜兴强教授连续多次入选“全球前2%科学家榜单(World's Top 2% Scientists)”

2023年10月4日，“全球前2%科学家榜单”(World's Top 2% Scientists)公布，厦门大学会计学系杜兴强教授入选，领域为“Applied Ethics (Accounting)”。这是杜兴强教授继2020年、2021年和2022年之后连续第4次入选该榜单。杜兴强教授自2011年开始发表第一篇英文论文，在全球约700万名科研工作者中，2020年排名第29382名(2019年数据)，2021年排名第20311名(2020年数据)，2022年排名第14926名(2021年数据)，2023年

① H指数（H-index）是一个混合量化指标，又称H因子、高引用次数等，可用于评估研究人员的学术产出数量与学术产出水平，2005年由美国加利福尼亚大学圣地亚哥分校的物理学家乔治·希尔施（George·Hirsch）提出。

排名第16964名(2022年数据)[①]。

“全球前2%科学家榜单”由美国斯坦福大学 John P. A. Ioannidis 教授团队基于 Scopus 数据进行研究和公布，2019年7月发布第一版，目前为第六版。该榜单考虑不同研究领域的差异，从近700万名科学家中遴选出世界前2%的科学家，涵盖文、理、工学科，包括20个领域和174个子学科。榜单基于Scopus数据库，综合使用六种关键指标：(1)总引用量；(2)Hirsch H-index；(3)共同作者修正的 Schreiber Hm-index；(4)独立作者；(5)独立或者第一作者；(6)独立、第一或者最后作者的文章引用量。该榜单提供一个面向科学家长期科研表现的衡量指标。2023年的统计数据时间节点为1960—2022年。

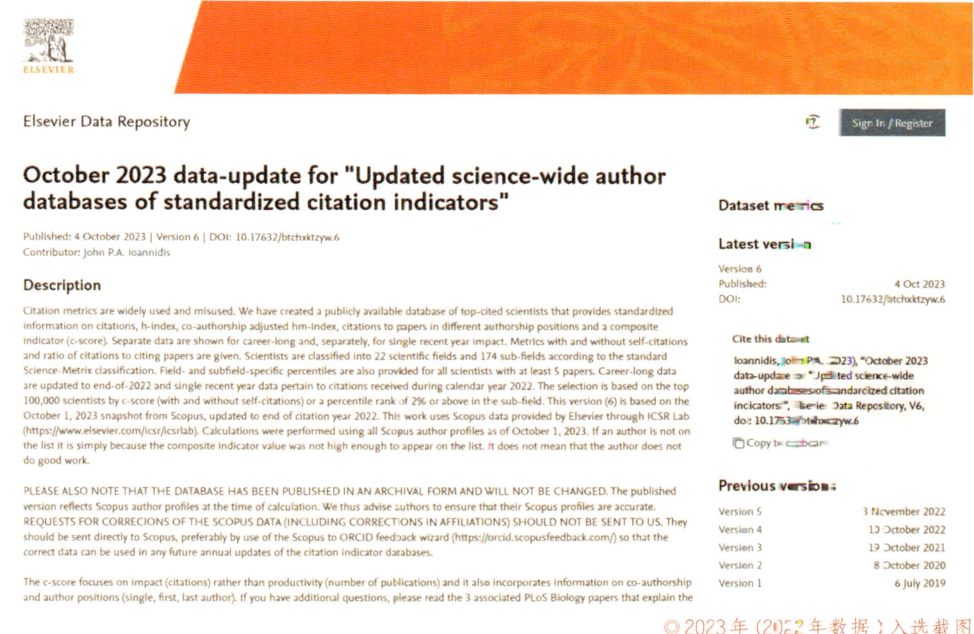

◎2023年(2022年数据)入选截图

三、福建省社会科学优秀成果奖

(一)《论资排辈、CEO任期与独立董事的异议行为》

杜兴强、殷敬伟、赖少娟的论文《论资排辈、CEO任期与独立董事异议行为》(《中国工业经济》2017年第12期，第151～169页)获得2019年福建省第十三届社会科学优秀成果奖二等奖。

---

① 详情请参阅如下网址：https：//elsevier.digitalcommonsdata.com/datasets/btchxktzyw/6，https：//c[illegible]ergoooo.shinyapps.io/top2pct_scientists/。

福建省第十三届社会科学优秀成果奖

证 书

为表彰福建省第十三届（2017—2018年度）社会科学优秀成果奖获得者，特颁发此证书。

成果名称：论资排辈、CEO任期与独立董事的异议行为

成果形式：论文

奖励等级：二等奖

获 奖 者：杜兴强、殷敬伟、赖少娟

证书号：FJSK13045

福建省人民政府

2019年12月28日

◎《论资排辈、CEO任期与独立董事的异议行为》获奖证书

儒家文化是中国传统文化中不可分割的一部分，而论资排辈是儒家文化中最重要的部分，迄今仍潜移默化地影响着中国人的行为。本文使用手工搜集的论资排辈数据，基于中国资本市场特有的、独立董事对董事会议案发表的意见，考察了论资排辈对独立董事进谏行为的影响。基于中国A股上市公司2005—2013年13336个年度观测值的实证研究分析发现，论资排辈和独立董事发表异议意见的概率以及数量显著负相关，说明论资排辈抑制了独立董事的进谏行为。进而，CEO任期越长，论资排辈对独立董事发表异议意见的负向影响越明显，即论资排辈所造成的影响因CEO掌握的权力大小而存在差异。本文系首次通过对董事会中多位独立董事之间的排序方式进行分析，借此度量论资排辈是否存在于特定的上市公司之中，这一度量方法是对管理学文献中的问卷调查的重要补充。本文研究发现了儒家文化中的论资排辈会损害独立董事的监督职能，揭示了儒家文化消极的一面，对公司组织文化构建具有重要的实践启示。

本文可能的理论创新包括：第一，基于文化和非正式制度视角，首次将论资排辈这一儒家文化的重要维度引入公司治理的框架。第二，前期文献多通过分析董事会对公司业绩的影响来检验独立董事能否履行职责。基于中国资本市场特有的独立董事投票强制披露制度，本文首次直接研究了论资排辈对独立董事异议行为的影响。第三，现有文献发现了儒家文化积极的一面，本文发现论资排辈（儒家文化的重要维度）损害了独立董事的监督职能，丰富了儒家文化影响公司决策的研究。第四，本文发现CEO任期强化了论资排辈与独立董事异议之间的负向关系，对揭示公司治理机制与文化因素交互影响公司行为具有重要的理论价值。

本文可能的方法创新包括：第一，首次对董事会中独立董事的排序方式进行系统分析、手工搜集了论资排辈的数据。该度量方法具有客观性和可重复性的优点。第二，基于文本分析技术、采纳大样本实证检验了论资排辈对独立董事异议行为的影响，从而对问卷调查方法形成了重要的补充。

本文可能的学术价值与社会价值包括：第一，首次通过对董事会中独立董事的排序方式进行分析，借此度量论资排辈。第二，利用中国独立董事投票强制披露的制度背景，考察了论资排辈对独立董事发表异议意见的影响，丰富了相关文献。第三，以论资排辈为切入点、丰富了儒家文化经济后果的研究。第四，发现论资排辈是独立董事“失声”的文化根源，损害了独立董事的监督角色。第五，揭示了论资排辈文化消极的一面，有助于实务界全面认识儒家文化对公司治理的影响。

（二）《儒家文化与会计审计行为研究》

杜兴强的专著《儒家文化与会计审计行为研究》（厦门大学出版社2020年版），共70.6万字，获得2021年福建省第十四届社会科学优秀成果奖二等奖。

◎《儒家文化与会计审计行为研究》获奖证书

本书共包括15章，侧重于分析儒家文化及其不同维度对会计审计行为的影响，并尝试回答如下问题：（1）儒家文化整体上是否影响会计审计行为？（2）儒家文化的“尊尊原则”（如论资排辈与敬语等）如何影响会计审计行为？（3）儒家文化的“亲亲原则”（如方言关联、姓氏关联、老乡关系、殷勤款待等）如何影响会计审计行为？（4）与儒家文化相关的社会文化如何影响会计审计行为？

第一章介绍了中国儒家文化的发展与现状，进行了文献综述，并阐述了本书的基本框架等。第二章基于地理近邻性构建了儒家文化变量，发现儒家文化与大股东资金占用显著负相关，表明儒家文化确实降低了控股股东与中小股东之间的代理冲突。第三章分析了儒家文化对董事会性别多元化的影响，发现儒家文化与董事会女性董事比例显著负相关，说明与儒家文化氛围较弱地区的企业相比，儒家文化氛围浓厚地区的企业女性董事的比例更低。

第四章至第七章侧重于研究儒家文化的“亲亲原则”（方言关联、姓氏关联、老乡关系与殷勤款待等）对审计质量、公司违规及 R&D 的影响。第四章基于个人身份证信息手工收集了 CEO— 审计师方言关联的相关数据，发现 CEO— 审计师方言关联与可操纵性应计显著正相关，说明 CEO— 审计师方言关联导致了 CEO 与签字审计师的合谋，引发了 IPO 公司的盈余管理，最终损害了 IPO 公司的审计质量。第五章研究发现，审计师 —CEO 姓氏关联与财务错报显著正相关，表明审计师与 CEO 的同族身份引发合谋，因此增加财务错报的可能性；老乡关系与稀缺姓氏强化了 CEO— 审计师方言关联与财务错报之间的正关系。第六章研究发现，董事长 —CEO 的姓氏关联对于费用黏性存在抑制作用，且该抑制作用在第一大股东持股比例较低的情况下更加突出。第七章基于关系契约理论，发现董事长和总经理的行政区域和方言区域一致性与公司研发投入显著负相关，即董事长 — 总经理老乡关系抑制了公司的研发投入。第八章以客户为审计师提供的“殷勤款待”（免费吃喝）度量审计师与上市公司之间可能存在的“熟悉效应”，发现上市公司对审计师的殷勤款待与可操纵性应计显著正相关，且殷勤款待显著降低了审计师出具非标审计意见的概率，揭示了公司通过对审计师提供殷勤款待与审计师建立绑定关系，侵蚀了审计独立性。

基于儒家文化的“尊尊原则”，第九章研究发现：论资排辈和独立董事发表异议意见显著负相关，说明论资排辈抑制了独立董事的进谏行为；CEO 任期越长，论资排辈对独立董事发表异议意见的负向影响越强。第十章发现审计师在审计报告中使用敬语和上市公司交易状态改善、财务重述的概率都呈显著正相关，表明敬语反映了审计师与客户之间的相对地位差异；在高权力距离文化下，内嵌在敬语之中的相对地位差异降低了审计独立性，最终损害了审计质量。此外，相比于习惯性敬语，选择性敬语和上市公司交易状态改善（财务重述）间的正关系更强。

第十一章发掘了商帮文化中的儒家文化基因，发现商帮文化与委托代理成本显著负相关，且省级市场化水平削弱了商帮文化与委托代理成本间的负关系。

第十二章至第十四章侧重于儒家文化中的“外来的和尚会念经”与“学而优则仕”的传统维度。第十二章发现：外籍董事与盈余管理显著负相关，表明外籍董事可以在财务报告中发挥有效的监督作用；与非国有企业相比，国有企业外籍董事与盈余管理的负相关程度较弱。第十三章发现聘用外籍董事显著减少了公司的违规行为，且随着公司上市年限的增加而减弱。第十四章发现学者型独立董事与 R&D 正相关，且产品市场竞争程度弱化了学者型独立董事与 R&D 的正关系。

第十五章总结了本书的主要发现，并讨论了未来可能的研究方向。

本书可能的理论创新包括：第一，首次创新性地将儒家文化及其不同维度视为非正式制度，将之引入会计审计领域，分析儒家文化如何通过影响利益相关者的行为及公司治理，进而影响会计审计行为。第二，深入分析和揭示了儒家文化与公司治理在影响会计审计行为方面的互补（替代）效应。第三，基于社会制度分析框架、社会认同理论与关系契约理论等，挖掘了儒家文化的不同维度如何影响会计审计行为。

本书可能的方法创新包括：第一，首次基于地理近邻性构建了儒家文化变量，并深入地阐述了其理论合理性。第二，基于文本分析，挖掘了审计师及高管的身份证信息，采用身份证前六位匹配的方式，构建了“亲亲原则”下的 CEO—审计师方言关联、老乡关系与姓氏关联的变量。第三，创新性地基于董事会成员在年报中的排序方式度量了尊尊原则下的论资排辈。第四，基于文本分析、审计报告及“审计师对公司的称谓”度量了尊尊原则下的敬语。第五，基于数据挖掘技术，度量了商帮文化与境外董事等变量。

本书可能的学术价值与社会价值包括：第一，首次系统分析了儒家文化对会计审计行为的影响；第二，首次基于“地理近邻性”从整体上度量了儒家文化；第三，首次基于数据挖掘度量了 CEO—审计师方言 / 姓氏关联与老乡关系；第四，首次基于文本分析度量论资排辈、敬语与殷勤款待；第五，揭示了儒家文化与公司治理的交互作用。第六，促监管部门思考儒家文化如何与正式制度相互作用、影响会计审计行为。第七，敦促监管政策制定考虑儒家文化这一根植于中国社会的因素。

（三）《本地独立董事监督了吗？—— 基于国有企业高管薪酬视角的考察》

福建省第十四届社会科学优秀成果奖

证书

为表彰福建省第十四届（2019—2020年度）社会科学优秀成果奖获得者，特颁发此证书。

成果名称：本地独立董事监督了吗？——基于国有企业高管薪酬视角的考察

成果形式：论文

奖励等级：二等奖

获奖者：罗进辉　向元高　林筱勋

证书号：FJSK14068

福建省人民政府

2021年12月30日

◎《本地独立董事监督了吗？—— 基于国有企业高管薪酬视角的考察》获奖证书

罗进辉、向元高、林筱勋的论文《本地独立董事监督了吗？—— 基于国有企业高管薪酬视角的考察》（《会计研究》2018年第7期，第57～63页）获得2021年福建省第十四届社会科学优秀成果奖二等奖。

本文试图从国有企业高管薪酬视角考察本地独立董事（简称“本地独董”）的监督作用。结果发现：国有控股上市公司董事会中的本地独董越多，其高管的薪酬水平越低，同时高管的薪酬业绩敏感性也越低；进一步地，本地独董对国有企业高管的薪酬业绩敏感性的负向影响在垄断行业和政府补助较多的企业中表现得更强。进一步研究发现：高管的超额薪酬仅与“运气”业绩相关，而与“非运气”业绩无关；本地独董在降低高管超额薪酬的同时，也降低了超额薪酬与“运气”业绩之间的敏感性。这些结果意味着，地理邻近的本地独董具有信息优势，监督能力更强，进而能更有效地约束高管获取超额薪酬的代理行为，同时也约束了高管利用业绩中的“运气”成分来为超额薪酬做辩护这一行为。

（四）文化影响与会计审计行为研究

2023年12月，杜兴强的著作《文化影响与会计审计行为研究》（上、下册，共164.6

万字；厦门大学出版社，2022年）获得福建省第十五届社科优秀成果奖二等奖[①]。

《文化影响与会计审计行为研究》是国家自然科学基金重大项目课题（71790602）的最终成果之一（结题评估为优秀），旨在深入分析中国文化及其不同维度是否以及如何影响会计审计行为。该著作构建了“文化影响与会计审计行为”的分析框架，将文化因素纳入会计审计研究领域，揭示了文化通过如何影响人的行为进而影响公司决策和会计审计行为；创新性地度量了儒家文化，论资排辈与敬语，方言关联、老乡/宗族关系，吸烟、饮酒与投机文化，茶文化与嗜辣文化，科举制度与婚姻，等等，并基于此分析了上述文化维度对会计审计行为的影响；还系统分析了正式制度对文化影响的强化效应或挤出效应，揭示了正式制度与非正式制度如何交互影响会计审计行为。

（五）中小股东“人多势众”的治理效应：基于年度股东大会出席人数的考察

2023年12月，罗进辉（第二作者；合作者为黄泽悦和李向昕）的论文《中小股东“人多势众”的治理效应——基于年度股东大会出席人数的考察》获得福建省第十五届社科优秀成果奖一等奖。

尽管投资者保护制度不断完善，但是大股东损害中小股东权益而中小股东消极不作为的局面未发生实质转变。在中国的“散户型”投资者结构下，如何将中小股东人数众多的基本特征转化为其有效参与公司治理的优势，具有重要意义。本文基于2015—2018年深市上市公司中小股东出席年度股东大会的数据研究发现，中小股东参与人数越多，越有利于抑制大股东掏空，这一影响随着两权分离度的提高和外部制度环境的改善而增强。进一步的分析表明，中小股东参与人数具有表决权之外的增量治理效应，具体通过增加议案否决概率和提高媒体关注度等路径实现。本文的研究结论补充了大股东掏空和中小股东积极主义的文献，并为完善中小投资者保护制度提供了理论支持和经验证据。

① 福建省第十五届社会科学优秀成果奖于2023年12月29日公布（闽政文〔2023〕547号；详细获奖名单请参见如下网址：https://www.fujian.gov.cn/zwgk/zxwj/szfwj/202401/t20240105_6373149.htm），但证书分发相对滞后。截至本书截稿，尚未收到相关获奖成果的证书（下同）。

四、其他教育部与福建省（人文）社科优秀成果奖的证书

福建省第十二届社会科学优秀成果奖

证　书

为表彰福建省第十二届（2015—2016年度）社会科学优秀成果奖获得者，特颁发此证书。

成果名称：会计准则趋同研究
成果形式：专著
奖励等级：三等奖
获 奖 者：曲晓辉 等

证书号：FJSK12125

福建省人民政府
2018年11月30日

福建省第十三届社会科学优秀成果奖

证　书

为表彰福建省第十三届（2017—2018年度）社会科学优秀成果奖获得者，特颁发此证书。

成果名称：中国资本市场低价股的溢价之谜
成果形式：论文
奖励等级：三等奖
获 奖 者：罗进辉、向元高、金思静

证书号：FJSK13127

福建省人民政府
2019年12月28日

福建省第十四届社会科学优秀成果奖

证　书

为表彰福建省第十四届（2019—2020年度）社会科学优秀成果奖获得者，特颁发此证书。

成果名称：Is Audit Committee Equity Compensation Related toAudit Fees?（审计委员会股权报酬会影响审计费用吗？）
成果形式：论文
奖励等级：三等奖
获 奖 者：刘馨茗　Gerald J. Lobo　Hung-Chao Yu

证书号：FJSK14198

福建省人民政府
2021年12月30日

福建省第十四届社会科学优秀成果奖

证　书

为表彰福建省第十四届（2019—2020年度）社会科学优秀成果奖获得者，特颁发此证书。

成果名称：薪酬-职务倒挂是否具有“黑色嫉妒”效应？——基于国有企业薪酬激励对企业行为的影响研究
成果形式：论文
奖励等级：三等奖
获 奖 者：于李胜　李文涛　王艳艳　王　迪

证书号：FJSK14196

福建省人民政府
2021年12月30日

福建省第十四届社会科学优秀成果奖

证　书

为表彰福建省第十四届（2019—2020年度）社会科学优秀成果奖获得者，特颁发此证书。

成果名称：资本弱化税制与外资企业税收规避行为研究
成果形式：论文
奖励等级：三等奖
获 奖 者：黄炳艺　林嘉伟　王艳艳

证书号：FJSK14193

福建省人民政府
2021年12月30日

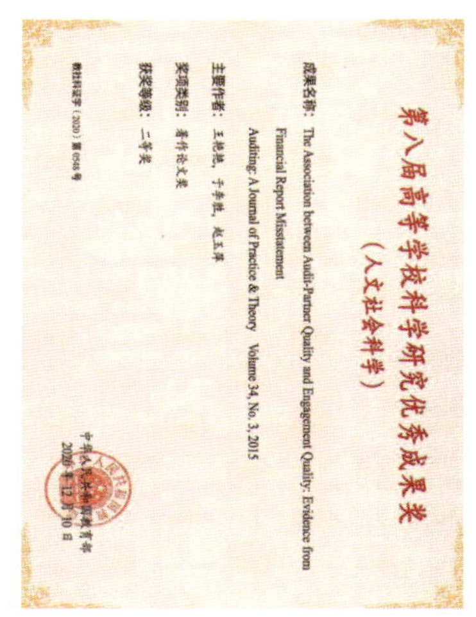

第八届高等学校科学研究优秀成果奖
（人文社会科学）

成果名称：The Association between Audit-Partner Quality and Engagement Quality: Evidence from Financial Report Misstatement
Auditing: A Journal of Practice & Theory　Volume 34, No. 3, 2015
主要作者：王艳艳，于李胜，赵玉洁
奖项类别：著作论文奖
获奖等级：二等奖

教社科证字（2020）第0548号

中华人民共和国教育部
2020年12月10日

◎2017—2023年厦门大学会计学科其他获奖成果（部分）

第六节　学科影响力

2017—2023年，厦门大学会计学科励精图治，除了在教学和科研方面进行了孜孜不倦的探索之外，还不断扩大学科影响力。多位老师在中国会计学会、中国商业会计学会（国家一级学会）、教育部本科教学指导委员会等重要的学术与教学机构担任重要职务，发挥着厦门大学会计学科的影响力。

一、会计学系重要的学术与教学社会兼职

1. 李建发教授担任国务院学科评议组成员

2020年11月26日，国务院学位委员会发文公布了“第八届学科评议组成员名单”，厦门大学会计学系李建发教授任国务院学位委员会第八届学科评议组成员（工商管理组）。此前，李建发教授曾任国务院学位委员会第七届学科评议组成员（工商管理组）。

国务院学位委员会文件

学位〔2020〕28号

国务院学位委员会关于聘任国务院学位委员会第八届学科评议组成员的通知

李建发同志：

根据《国务院学位委员会学科评议组组织章程》的有关规定，经国务院学位委员会批准，国务院学位委员会第八届学科评议组业已组成。国务院学位委员会聘请您为第八届学科评议组（工商管理组）成员。

请您认真贯彻落实全国研究生教育会议精神，按照《国务院学位委员会学科评议组组织章程》的规定，积极参与和承担学科评议组的工作。聘任期间未遵守相关工作规则，未履行学科评议组成员义务，不积极参加学科评议组工作，或由于其他原因不宜继续担任学科评议组成员的，国务院学位委员会将予以解聘。

我委已向有关主管部门和您所在的单位发文，要求他们支持和协助您做好学科评议组的有关工作。

附件：国务院学位委员会第八届学科评议组成员名单（工商管理组）

国务院学位委员会
2020年11月26日

国务院学位委员会第八届学科评议组成员名单
（工商管理组）

姓　名	学科专长	所在单位	备　注
张宗益	技术经济及管理	重庆大学	召集人
伊志宏	公司财务、资本市场	中国人民大学	召集人
杨　斌	组织行为与领导力、商业伦理与社会责任	清华大学	秘书长
马永强	会计学、财务管理	西南财经大学	
王永贵	市场营销与服务管理、企业管理与战略管理	首都经济贸易大学	
白长虹	旅游管理与市场营销	南开大学	
朱庆华	可持续运营	上海交通大学	
李仲飞	金融管理、数字金融与金融科技	中山大学	
李建发	会计学	厦门大学	
杨　忠	组织管理创新管理	南京大学	
汪　涛	企业管理	武汉大学	
汪旭晖	企业管理	东北财经大学	
张志学	企业管理	北京大学	
张明玉	企业管理	北京交通大学	
张新民	会计学	对外经济贸易大学	
陈信元	会计学	上海财经大学	
徐玉德	会计学	中国财政科学研究院	
高山行	技术经济及管理	西安交通大学	
蒋肖虹	财务学	复旦大学	
魏　江	战略管理、创新管理	浙江大学	

◎国务院学位委员会第八届学科评议组成员名单（工商管理组）（2020年）

2. 杜兴强教授担任中国会计学会副会长

2023年5月12日，经中国会计学会会员大会选举，厦门大学会计学系杜兴强教授当选中国会计学会第九届理事会副会长。杜兴强教授此次当选中国会计学会副会长得益于会计学科的百年历史及其在中国学术界和实务界的影响力，得益于老一辈会计学家葛家澍教授、余绪缨教授和常勋教授等为会计学科积累的良好声誉，得益于会计学科团结、奋进和传承的优良传统。

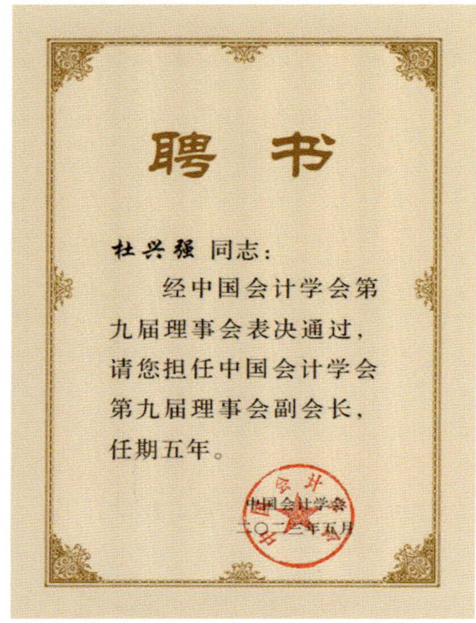

聘书

杜兴强 同志：

经中国会计学会第九届理事会表决通过，请您担任中国会计学会第九届理事会副会长，任期五年。

中国会计学会

二〇二三年五月

◎ 杜兴强担任中国会计学会第九届理事会副会长聘书

中国会计学会创建于1980年，是财政部所属由全国会计领域各类专业组织，以及会计理论界、实务界专业人员自愿结成的学术性、专业性、非营利性社会组织。厦门大学文科资深教授、我国著名会计学家葛家澍教授曾担任中国会计学会第二届至第六届（1983—2007年）理事会副会长；厦门大学会计学系李建发教授曾担任中国会计学会第七届至第八届（2007—2023年）理事会副会长。

◎ 中国会计学会第九届理事会常务会长、副会长、秘书长会议合影

◎ 第一届至第九届中国会计学会会长和副会长[①]

届数	会长、副会长
第一届 （1980—1983年）	会　长：王丙乾 副会长： 祁　田、吕培俭、任　超、李更新、杨纪琬、张新周、张焕彩、 陈　先、赵子尚、胡景沄、顾树桢、黄逸峰、龚清浩、谢　明
第二届 （1983—1987年）	会　长：王丙乾 副会长： 谢　明、迟海滨、祁　田、陈　立、杨纪琬、黄肇兴、顾树桢、娄尔行、 葛家澍、任　超、阎达五
第三届 （1987—1992年）	会　长：谢明 副会长： 迟海滨、祁　田、杨纪琬、黄肇兴、顾树桢、娄尔行、葛家澍、魏克发、阎达五
第四届 （1992—1996年）	会　长：张佑才 副会长： 杨纪琬、娄尔行、葛家澍、阎达五、朱德惠
第五届 （1996—2000年）	会　长：迟海滨 副会长： 杨纪琬、娄尔行、葛家澍、阎达五、朱德惠、佘秉坚（常务）
第六届 （2000—2007年）	会　长：迟海滨 副会长： 葛家澍、阎达五、贡华章、谷　祺、郭道扬、夏大慰、孙　铮
第七届 （2007—2014年）	会　长：金莲淑 副会长： 戴德明、贡华章、郭道扬、高一斌、顾惠忠、胡正衡、李建发、刘玉廷、 刘永泽、孙　铮、杨　敏
第八届 （2014—2023年）	会　长：朱光耀 副会长： 杨　敏、高一斌、陈毓圭、顾惠忠、孙　铮、李建发、赵德武、戴德明、 刘永泽、张龙平
第九届 （2023—）	会　长：暂时空缺（截至2023年12月31日） 副会长：王化成、方红星、杜兴强、张少峰、张龙平、陈信元、赵德武、 胡少先、黄世忠、舒惠好

3. 杜兴强教授担任教育部会计学教学指导分委员会副主任委员

2018年11月1日，2018—2022年教育部高等学校教学指导委员会（以下简称“教指委”）成立大会在北京召开。新一届教指委的主任委员、全体副主任委员、各分委员会主任委员、全体秘书长和部分委员代表共1600余人齐聚北京，为全面振兴我国本科教育保驾护航。

① 参见：http：//www.asc.net.cn/News/Index.aspx?newsCode=MENU_AE_AD。

经厦门大学推荐和教育部组织专家评审，杜兴强教授被遴选为2018—2022年教育部高校会计学专业教学指导分委员会副主任委员。会计学专业教学指导分委员会共有委员37人，其中主任委员1人、副主任委员5人、秘书长1人。

4. 杜兴强教授担任中国商业会计学会副会长

2022年3月15日，根据《民政部关于准予中国商业会计学会负责人备案的通知书》（民社登〔2022〕2163号），会计学系杜兴强教授被增补为中国商业会计学会副会长。中国商业会计学会1987年经民政部批准成立，属国家一级学会。

2021年9月，中国商业会计学会向厦门大学发函，邀请杜兴强教授担任中国商业会计学会第九届理事会副会长。经管理学院党委同意，报厦门大学（人事处）批准，后2021年12月经中国商业会计学会第九届第二次理事会表决通过，报中共中国商业联合会委员会批复（中国商联党〔2021〕73号），再报民政部备案，杜兴强教授被增补为中国商业会计学会副会长。

聘书

兹聘请 杜兴强 同志任2018－2022年教育部高等学校工商管理类专业教学指导委员会会计学专业教学指导分委员会副主任委员。

中华人民共和国教育部
二〇一八年十月

◎杜兴强教授任教育部会计学教学指导分委员会副主任委员聘书

中华人民共和国民政部

民社登〔2022〕2163号

民政部关于准予中国商业会计学会负责人备案的通知书

中国商业会计学会：

你会关于负责人备案的申请材料收悉。经审查，你会2021年12月26日第九届第二次理事会表决通过的负责人变更事项，符合国家法规政策的规定。根据《社会团体登记管理条例》等规定，通知如下：

新增副会长杜兴强、汤湘希、李笑雪、赵丽生，备案材料齐全，符合相关规定，予以备案。

2022年3月15日

抄送：国务院国有资产监督管理委员会

◎杜兴强教授任中国商业会计学会副会长通知书

5. 杜兴强教授担任中国审计学会常务理事

2020年6月11日，经中国审计学会第八届会员代表大会选举，厦门大学会计学系的杰出系友孙宝厚先生当选为中国审计学会第八届理事会会长，厦门大学会计学系杜兴强教授当选为中国审计学会第八届理事会常务理事。

中国审计学会文件

审学会发〔2020〕1号

关于印发中国审计学会第八届会员代表大会
暨第八届理事会第一次（扩大）
会议文件的通知

各省、自治区、直辖市和计划单列市审计学会，新疆生产建设兵团审计学会，全国性行业审计学会，审计署各特派办审计理论研究会，其他单位会员，学会第八届理事会理事：

中国审计学会第八届会员代表大会暨第八届理事会第一次（扩大）会议于2020年6月11日在北京召开。胡泽君审计长到会祝贺并讲话。她肯定了学会过去五年的工作，并强调指出，审计理论研究要为党和国家工作大局服务，要为审计事业发展服务，

— 1 —

附件6

中国审计学会第八届理事会组成人员名单

顾　　问：董大胜　耿建新　[illegible]中　张　通

会　　长：孙宝厚

副 会 长：高培勇　晏维龙　[illegible]春　[illegible]勋
　　　　　秦荣生　韩大元　[illegible]明

常务副会长兼秘书长：娄江华

副秘书长：刘力云　王会金　[illegible]莉　[illegible]永宁
　　　　　刘　铮　王大强

常务理事：（67人，按姓氏笔[illegible]序）

马文辉　马兰霞　[illegible]一全　[illegible]志成　王金城
王建平　卢荣春　[illegible]云　[illegible]均科　吕劲松
乔尚奎　刘力云　[illegible]二群　[illegible]劲松　闫　坤
孙宝厚　杜兴强　李　锋　[illegible]凤铜　杨　红
杨肃昌　吴　溪　[illegible]军　[illegible]秋生　汪中山
沈立强　张　俊　[illegible]春　[illegible]龙平　张立民
张继勋　陈汉文　[illegible]春　[illegible]东辉　尚　锐
罗　锐　金　莹　[illegible]培　[illegible]德刚　郑石明

— 42 —

◎杜兴强任中国审计学会第八届理事会常务理事的文件

6. 杜兴强教授担任 FT50 期刊 *Journal of Business Ethics* 编委

2017年1月始，杜兴强担任 *Journal of Business Ethics* 编委。*Journal of Business Ethics* 是FT50期刊之一。FT50期刊是《金融时报》（*Financial Times*）在编制 FT Research 排行榜以及评估全球MBA和EMBA时使用的50本期刊。

Past and Present Members of the Journal of Business Ethics' Editorial Board from 2006 to 2022

Laura Albareda
Kenneth Amaeshi
Julio Andrade
Daniel Arenas
Antonio Argandona
Mayowa Babalola
Eliane Bacha
Debra Z. Basil
Connie Rae Bateman
Chris Bauman
Christopher Bauman
Brent D. Beal
Richard F. Beltramini
Guido Berens
Frederick Bird
Vincent Blok
Constantin Blome
John R. Boatright
Clive Boddy
Stephen Brammer
Johannes Brickmann
Jacob Brower
Timo Busch
Kenneth Daniel Butterfield
Eleanor Holly Buttner
Cam Caldwell
Calkins Calkins
Jerry M. Calton
David Campbell
Christopher Chan
Man Kit Ludwig Chang
Nobuyuki Chikudate
Larry Chonko
Jeffrey Cohen
Rafi Chowdhury
Rashedur Chowdhury
Denis Collins
Wesley Cragg
Richard Coughlan
Peggy Cunningham
Geert Demuijnck
Ozgur Demirtas
Shuili Du
Xingqiang Du
Paul Dunn
Georges Enderle
Sadok El Ghoul
Nathan Eva
Yves Fassin
Joan Finegan
Gary Martin Fleischman
R. Edward Freeman
Sarah J. Freeman
John Fraedrich
Tobias Gößling
Naomi Gardberg
Virginia W. Gerde
Robert Giacalone
Kevin W. Gibson
Jackie Gilbert
Jean Pascal Gond
Irene M. Gordon
Michelle Greenwood
Jennifer J. Griffin
Steven L. Grover
Verena Gruber
Tobias Hahn
Sean T. Hannah
S. Duane Hansen

Springer

◎杜兴强担任 *Journal of Business Ethics* 编委证明

此外，杜兴强多次被评选为 *Journal of Business Ethics* 最佳贡献审稿人（top contributing reviewers）之一。

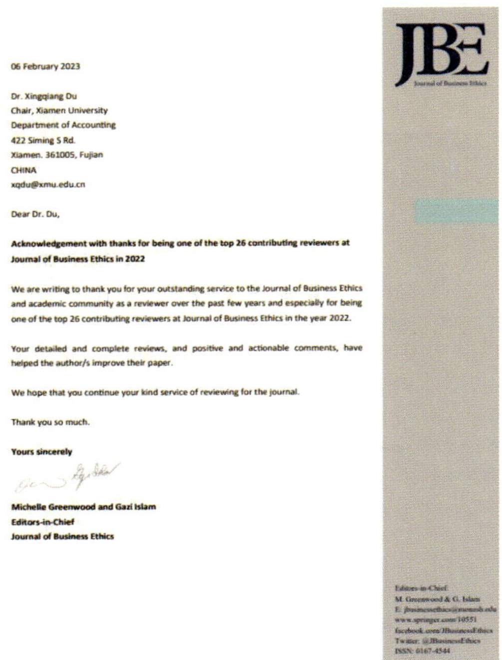

JBE
Journal of Business Ethics

06 February 2023

Dr. Xingqiang Du
Chair, Xiamen University
Department of Accounting
422 Siming S Rd.
Xiamen. 361005, Fujian
CHINA
xqdu@xmu.edu.cn

Dear Dr. Du,

Acknowledgement with thanks for being one of the top 26 contributing reviewers at Journal of Business Ethics in 2022

We are writing to thank you for your outstanding service to the Journal of Business Ethics and academic community as a reviewer over the past few years and especially for being one of the top 26 contributing reviewers at Journal of Business Ethics in the year 2022.

Your detailed and complete reviews, and positive and actionable comments, have helped the author/s improve their paper.

We hope that you continue your kind service of reviewing for the journal.

Thank you so much.

Yours sincerely

Michelle Greenwood and Gazi Islam
Editors-in-Chief
Journal of Business Ethics

Editors-in-Chief:
M. Greenwood & G. Islam
E: jbusinessethics@monash.edu
www.springer.com/10551
facebook.com/JBusinessEthics
Twitter: @JBusinessEthics
ISSN: 0167-4544

◎杜兴强*Journal of Business Ethics*最佳贡献审稿人证明（2022年）

7. 刘峰教授和杜兴强教授入选“复印报刊资料重要转载来源作者（2019版）”

2020年3月，“复印报刊资料重要转载来源作者（2019版）”公布，刘峰和杜兴强入选。

荣誉证书

刘峰：

根据2016-2018年度复印报刊资料学术专题刊转载数据与同行专家综合评价，您被评选为“复印报刊资料重要转载来源作者（2019版）”。

特发此证。

中国人民大学人文社会科学学术成果评价研究中心
中国人民大学书报资料中心
2020年3月

◎刘峰被评选为“复印报刊资料重要转载来源作者”证书

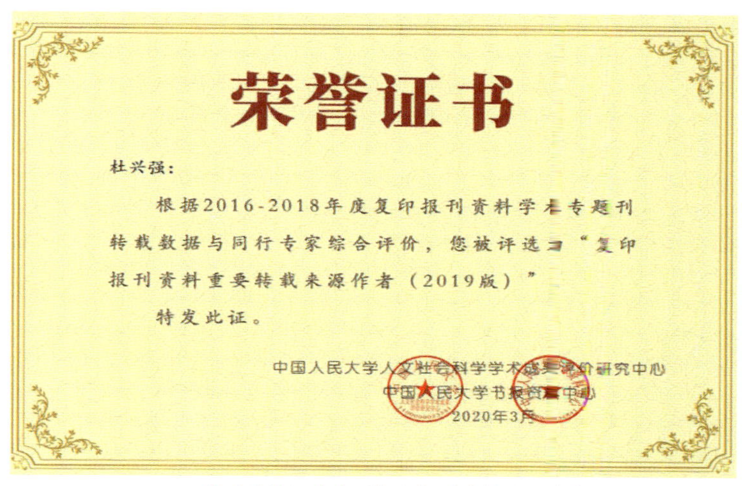

荣誉证书

杜兴强：

根据2016-2018年度复印报刊资料学术专题刊转载数据与同行专家综合评价，您被评选为“复印报刊资料重要转载来源作者（2019版）”

特发此证。

中国人民大学人文社会科学学术成果评价研究中心
中国人民大学书报资料中心
2020年3月

◎杜兴强被评选为“复印报刊资料重要转载来源作者”证书

8. 刘峰教授担任国际财务报告准则咨询委员会委员

2019年12月11日，经财政部提名推荐，厦门大学刘峰教授被国际财务报告准则基金会受托人任命为国际财务报告准则咨询委员会（IFRS 咨询委员会）委员。

国际财务报告准则咨询委员会是国际会计准则理事会（IASB）和国际财务报告准则基金会受托人的正式咨询机构，代表了全球51个组织，共计有51名个人委员。成员来自受国际会计准则理事会工作影响或者对国际会计准则理事会工作感兴趣的组织，包括投资者、财务分析师和财务报表的其他使用者，也包括财务报表编制者、学术界人士、审计师、监管机构、职业会计机构和会计准则制定机构。成员由国际财务报告准则基金会受托人任命，刘峰教授作为厦门大学代表，参与准则制订的咨询活动。

9. 刘峰教授担任《当代会计评论》主编

2018年，刘峰教授接任曲晓辉教授担任《当代会计评论》（CSSCI 集刊）的主编，杜

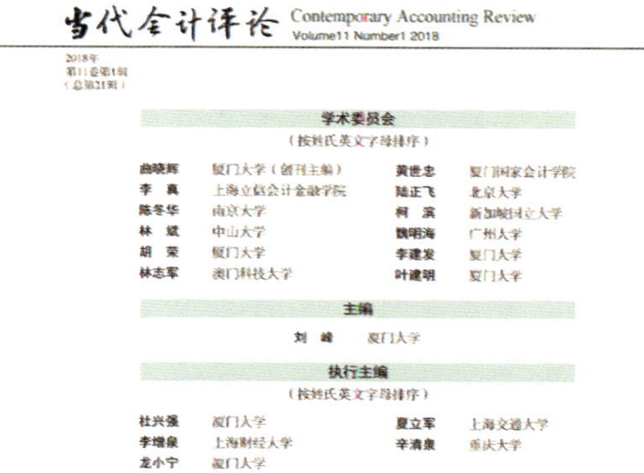

当代会计评论 Contemporary Accounting Review
Volume11 Number1 2018

2018年
第11卷第1辑
（总第21辑）

学术委员会
（按姓氏英文字母排序）

曲晓辉	厦门大学（创刊主编）	黄世忠	厦门国家会计学院
李 真	上海立信会计金融学院	陆正飞	北京大学
陈冬华	南京大学	柯 滨	新加坡国立大学
林 斌	中山大学	魏明海	广州大学
胡 荣	厦门大学	李建发	厦门大学
林志军	澳门科技大学	叶建明	厦门大学

主编

刘 峰 厦门大学

执行主编
（按姓氏英文字母排序）

杜兴强	厦门大学	夏立军	上海交通大学
李增泉	上海财经大学	辛清泉	重庆大学
龙小宁	厦门大学		

◎《当代会计评论》学术委员会

◎《当代会计评论》主编队伍合影（左起：夏立军、辛清泉、刘峰、龙小宁、李增泉、杜兴强；2018年11月25日）

兴强教授、李增泉教授、龙小宁教授、夏立军教授、辛清泉教授担任执行主编。

《当代会计评论》(Contemporary Accounting Review)是由厦门大学会计发展研究中心主办，厦门大学会计学系和厦门大学财务管理与会计研究院协办的专业学术集刊，主要收录会计、财务管理、审计及其相关领域的原创性和反映前沿发展的学术性论文，以增进读者对社会经济运行的理解。

《当代会计评论》旨在推动我国会计、审计与财务研究的发展，为我国会计、审计和财务的前沿研究提供一个学术交流的平台，推出并扶持学术新人原创成果。经过若干年的学术积累，该集刊已列入权威的检索系统，并成为相应领域高水平的权威学术集刊之一。

《当代会计评论》坚持学术超然中立、科学、公正的原则，严谨、求实、创新的学术精神，倡导并鼓励思想性、探索性的研究；按照国际规范学术期刊的管理和编辑工作方式运行，实行严格的双匿名审稿制。

10. 刘峰教授担任厦门大学会计发展研究中心主任

2019年12月，刘峰教授接任叶建明教授，担任厦门大学会计发展研究中心主任。

中共厦门大学委员会文件

厦大委组〔2019〕179号

★

关于蔡宁等职务任免的批复

管理学院：

你院《关于蔡宁等职务任免的请示》已悉。

经研究，同意：

蔡宁任厦门大学管理学院会计学系副主任；

聘任刘峰为厦门大学会计发展研究中心主任；

不再聘任叶建明为厦门大学会计发展研究中心主任。

特此批复。

中共厦门大学委员会

厦门大学

2019年12月27日

厦门大学办公室　　2019年12月27日印发

◎ 刘峰教授担任厦门大学会计发展研究中心主任的公文

11. 刘峰和黄世忠（兼）受聘为深圳证券交易所首届会计专业咨询委员会委员

2020年11月，深圳证券交易所设立会计专业咨询委员会并向社会公布第一届会计专业咨询委员会委员名单，厦门大学会计学系刘峰教授、黄世忠教授（兼职博导）被聘为深圳证券交易所第一届会计专业咨询委员会委员。受聘委员均为兼职，任期两年。

12. 杜兴强教授担任厦门大学管理学院教授委员会主任

2020年，经过厦门大学会计学系全体教师投票、管理学院全体教师选举、厦门大学批复，会计学系杜兴强教授任厦门大学管理学院教授委员会主任，厦门大学会计学系刘峰教授任副主任，任期为2020—2023年。

厦 门 大 学 文 件

厦大人〔2020〕168 号

关于人文学院等单位
教授委员会名单的批复

全校各有关单位：

经学校专业技术职务聘任委员会2020年第3次会议研究，同意人文学院等单位报送的教授委员会名单。现将成员名单批复如下（其中成员均按姓氏笔画排序）：

人文学院教授委员会

主　任：代　迅

副主任：张　侃、曹剑波

成　员：王　宇、代　迅、李无未、张　侃、陈　玲、林　枫、郑泽芝、胡　旭、钞晓鸿、黄永锋、

孔子学院院长学院教授委员会

主　任：李一平

副主任：陈　菁、李晓红

成　员：代　迅、李一平、李无未、李　丹、李晓红、陈　菁、郑泽芝、钞晓鸿、宋　琪、黄合水、常大群、韩　宇、潘超青

学术秘书：徐丽丽

管理学院和财务管理与会计研究院教授委员会

主　任：杜兴强

副主任：刘　峰、李卫东

成　员：叶　军、伍晓奕、刘　峰、刘雪锋、杜兴强、李卫东、肖　珉、吴　[illegible]、吴文华、吴育辉、张国清、彭丽芳、蔡　宁、缪朝炜、戴亦一

学术秘书：曾　泉

中国能源政策研究院教授委员会

- 3 -

◎厦门大学关于2020年各单位教授委员会名单的批复

二、主要学术会议

2017—2023年，厦门大学会计学科共组织了多次大型学术会议，中小型学术会议和seminar若干。

1. 新制度、治理与会计国际研讨会

2017年11月17日—18日，China Journal of Accounting Research（中国会计学刊）在厦门大学隆重召开新制度、治理与会计国际研讨会（International Symposium on Neo-Institution, Governance, and Accounting）。本次国际研讨会由厦门大学（会计发展研究中心、会计学系和财务管理与会计研究院）、中山大学和香港城市大学共同主办，来自美国华盛顿大学西雅图分校的Terry Shevlin教授和麻省理工学院（MIT）的Michelle Hanlon教授，以及加州大学、韩国加图立大学、香港城市大学、香港科技大学、香港理工大学、复旦大学、上海财经大学、天津大学、中山大学、厦门大学等多所知名高校60余位专家学者应邀参加本次会议。

会议开幕式由中国会计学刊副主编、厦门大学刘峰教授主持，中国会计学刊联合主编、中山大学魏明海教授致辞。会议伊始，中国会计学刊杂志主编、香港城市大学Jeong-Bon Kim教授和厦门大学经济学院龙小宁教授分别汇报了题为“Shorting Activity，Private

Information Flow，and Return Predictability：International Evidence from IFRS Adoption”和“改革开放中的制度安排与创新”的主题报告。

本次年会在征稿阶段收到来自国内外的诸多优秀投稿，经过多轮严谨审核，最终有八篇论文入选并受邀在本次年会上报告。论文作者分别来自中央财经大学、天津大学、复旦大学、厦门大学、中山大学以及韩国和中国香港地区的知名高校，论文主题主要涉及信息质量、审计定价、公司治理、企业创新与企业税负等会计研究的热点领域。会议邀请香港城市大学王文峰博士、香港理工大学唐丰博士、复旦大学朱振梅博士、中欧国际工商学院苏锡嘉教授、上海财经大学何贤杰教授以及中山大学张俊生教授等资深学者对八篇参会文章进行一对一的点评。

最后，刘峰教授代表厦大会计学科致以简短的结束语，并宣布了本次年会最佳论文奖和最佳评论人奖的获得者。本次会议促进了国内外会计学科的交流与发展，拓展了厦门大学和中国会计学刊在国际会计领域的学术影响力，加强了国内会计学师生与海外会计顶尖学者的学术交流与合作，推动了中国会计学科的建设。

2. 中国会计学会 China Journal of Accounting Studies 2018年第二次会议

会议的主题紧扣“制度变革、非正式制度因素与会计审计行为研究”（71790602），包括“正式制度与会计审计行为”与“非正式制度与会计审计行为”。①

2018年10月26日，由中国会计学会、中国会计学会对外交流专业委员会主办，厦门大学会计学系承办的中国会计学会对外学术交流专业委员会学术年会暨*China Journal of Accounting Studies*2018年第二次学术研讨会在厦门大学隆重举行。来自复旦大学、中山大学、中国人民大学、西安交通大学、厦门大学、重庆大学、湖南大学、暨南大学、香港中文大学、香港城市大学、美国纽约州大学石溪分校、澳大利亚新南威尔士大学、对外经贸大学、中央财经大学等30多所境内外高等院校和研究机构的90余名专家学者参加了本次学术研讨会，围绕会议主题“制度变革、非正式制度与会计审计行为”展开了热烈且充分的探讨。厦门大学会计学系主任杜兴强教授主持了本次会议的开幕式。在开幕式上：厦门大学管理学院院长叶建明教授致欢迎词；中国会计学会对外学术交流专业委员会主任委员、对外经济贸易大学副校长张新民教授回顾了中国会计学会对外学术交流的历程与成果，展望了中国会计学会对外学术交流的前景；中国会计学会副秘书长田志心教授代表中国会计学会对与会专家学者表示由衷的感谢，简明扼要地介绍了*China Journal of Accounting*

① 具体的会议报道可参见《会计研究》2018年第11期，以及中国会计学会官方网站：https：//mp.weixin.qq.com/s/_sqZaSnajC688sfOrgyxXQ。

Studies 与中国会计学术发展的现状，并强调在中国会计学会、作者、审稿人等各方不懈的努力下，*China Journal of Accounting Studies* 逐渐被国际学界接受，已成为世界各国了解中国社会的重要窗口之一；最后，田志心教授对中国会计学会和 *China Journal of Accounting Studies* 的发展寄予厚望。

本次会议包含2个主题报告，邀请香港中文大学张田余教授和美国纽约州立大学石溪分校杨志峰教授分别就媒体关注与审计问题进行报告。此外，本次会议还设置了3个分会场进行论文汇报和交流，分别由重庆大学辛清泉教授、对外经贸大学陈德球教授、中山大学辛宇教授、复旦大学原红旗教授、中央财经大学周宏教授以及江西财经大学张蕊教授主持。按照高定位、严要求、优中选优的思路，本次研讨会从106篇会议投稿中遴选出18篇优秀论文进行汇报，并邀请 *China Journal of Accounting Studies* 编委专家以及参会专家学者对会议论文进行详细而深入的点评和讨论。

3.《当代会计评论》2019年年会

在2019年11月22日—24日在厦门大学以“非正式制度、文化影响与会计审计行为”为题，召开了博士生论坛与《当代会计评论》年会。会议主题紧扣“制度变革、非正式制度因素与会计审计行为研究”（71790602），包括但不限于：

（1）非正式制度对会计审计行为的影响；

（2）社会规范、传统与风俗对会计审计行为的影响；

（3）儒家文化对公司会计审计行为的影响；

（4）儒家文化具体维度（如论资排辈、姓氏关系、方言关系、家乡情结、商帮文化）对会计审计行为的影响；

（5）基于非正式制度与文化对会计审计行为影响的案例研究；

（6）非正式制度与文化对会计审计行为（公司行为）影响：基于量化历史研究的证据。

在博士生论坛环节，《当代会计评论》执行主编、教育部长江学者特聘教授、上海财经大学校长助理李增泉教授，厦门大学经济学院茅家铭助理教授，厦门大学新闻传播学院邱鸿峰教授和厦门大学会计系刘峰教授分别就“关系型交易的会计治理”、“统计模型与因果推断——论机器学习在计量经济学中的应用”、“跨越认知—行为鸿沟：环境与健康领域的风险传播”和“关于董事会与独立董事：一个新的研究尝试”作了精彩的专题演讲。

李增泉教授以“关系型交易的会计治理”为题，与大家分享了自己学术研究的成果与经验。李教授指出，解读中国特色的会计与财务实践需要从四个方面出发：实践、方法论、基础理论和研究方法。在此基础上，结合商业实践中的中国特色，李教授探讨了中国关系型交易存在的现状、特点以及内在原因，并进一步对关系型交易的会计治理作出了诠释。

茅家铭助理教授结合会计、财务学术研究中常常涉及因果推断，提出能否正确分析因果关系和选择恰当模型至关重要。茅教授紧跟信息技术和计量经济学的最新前沿，从机器学习的基础理论入手，着重讨论了模型估计中偏差与方差（bias-variance）二者间的权衡，增进了与会者对模型估计的深入理解。

刘峰教授通过回顾独立董事的变迁历程，借助演化经济论、制度二分法和管制经济学等制度经济学理论，结合戴尔公司、新三板挂牌公司等案例和情境，重新启发了与会者对董事会、独立董事角色功能的深入思考。刘峰教授认为，做研究应该回到"童真"，不应对现实中广泛存在的现象习以为常、熟视无睹，也不应拘于统计回归的结果表象对研究问题浅尝辄止。

年会环节，主题报告人是厦门大学人文学院副院长王日根教授和清华大学经济管理学院会计系的罗玫教授，他们分别作题为"明清会馆与商帮文化"和"会计与区块链"的主题演讲。王日根教授为大家介绍了会馆与商帮文化，诠释了商帮是中国"广土众民"的产物，是世界市场带动的产物。参会者们借此对徽商、闽商等商帮的发展历程、经商特点等有了更深刻全面的认识。罗玫教授紧跟时代前沿，深入浅出、图文并茂地向与会者们介绍比特币和区块链的概念与特征，并分享了区块链与会计、财务交叉的学术研究方向，为此次学术年会注入了新的元素。

本次年会共收到论文60篇，经过遴选，最终有7篇论文上会报告。论文作者及题目分别是：南京大学博士研究生刘静"社会网络与企业价值"、武汉大学博士研究生丁龙飞"地区风险文化与企业风险承担"、武汉大学博士研究生孙迪"审计委员会召集人特征、CEO权力与公司盈余信息质量"、东北师范大学副教授唐亮"共同审计的签字会计师独立性更强吗？——基于行业专长和审计质量的分析"、澳门大学教授刘明"The Impact of Dual Audit Choices on Audit Quality and Domestic Audit Fees：Evidence from A and H Shares Cross-Listings in China"、湖南大学博士研究生刘倩倩"年报问询函能提升证券分析师盈利预测质量吗？"和东南大学博士研究生王彬龙"文化视角下的公司财务理论研究进展"。

4. 与《经济研究》编辑部联合召开"中国会计学者论坛"

2021年6月19日—20日，由《经济研究》编辑部、中国会计学者论坛主办，厦门大学管理学院会计学系承办的"第三届中国会计学者论坛"在厦门大学隆重召开。本届论坛获得国家自然科学基金重大项目课题（71790602）的支持。来自北京大学、北京工商大学、重庆大学、东北财经大学、对外经济贸易大学、复旦大学、华中科技大学、南京大学、南开大学、清华大学、上海财经大学、苏州大学、同济大学、武汉大学、西安交通大学、西南财经大学、西南大学、中国人民大学、中南财经政法大学、中山大学、中央财经大学、厦门大学等20余所国内知名高等院校和科研机构的专家学者围绕“中国经济发展与中国会计改革”的相关议题展开热烈讨论。

本届论坛特邀厦门大学人类学研究所所长王传超教授以“人类三十万年”为题发表主题演讲，旨在揭示人类过去的发展历程，呈现现在的发展成就，以及预测未来的发展趋势。王传超教授指出厦门大学特有的、包容的科研环境促进了跨学科研究的发展，他曾经或正在参与考古、语言、生物、海洋环境等多项跨学部合作研究项目。王传超教授首先从“我们是谁？往哪里去？”这一命题出发，追述现代人类的起源和迁徙，介绍现代人类的非洲起源附带杂交，东亚人的迁徙之路，汉族的形成与汉文化传播，中华文明起源主要是本土起源以及本土农业的发展。其次，王教授进一步围绕“人类的不同之处”的主题展开论述，介绍现代认知和行为及早期会计行为的起源。再次，王教授立足于“何以长生？”这一人类的永恒话题，分析和探讨了人类长寿的影响因素。最后，王教授展望了“太空开矿”的未来情景，强调未来利益争夺的战场将会在太空。

按照高定位、严要求、优中选优的思路，本届论坛从众多会议投稿中遴选出24篇优秀论文进行汇报，本届论坛的论文汇报和交流环节共开设了两个分会场，分别以中国资本市场发展、企业创新行为、中国经济发展中的公司治理问题、法与监管问题、税收政策研究、企业信息披露、社会环境与经济发展以及数字技术与经济发展等八大类主题展开，并邀请《经济研究》编辑部专家以及参会专家学者对会议论文进行详细而深入的点评和讨论。

5.“变革时代的会计：挑战与未来”高端学术会议

2022年9月24日，“变革时代的会计：挑战与未来”全国高校院长、系主任论坛在厦门线下（线上同步）召开。来自安徽大学、北京交通大学、北京师范大学、重庆大学、重庆工商大学、大连理工大学、东南大学、对外经济贸易大学、福州大学、广西大学、广州大学、海南大学、华南理工大学、华侨大学、吉林大学、暨南大学、集美大学、江西财经大学、南开大学、宁德师范学院、清华大学、山东大学、陕西师范大学、上海财经大学、上海大学、上海立信会计金融学院、四川大学、武汉大学、武汉轻工大学、西安交通大学、西南财经大学、西南大学、厦门大学、浙江财经大学、浙江大学、浙江工商大学、中国矿业大学、中国人民大学、中南财经政法大学和中央民族大学等多所兄弟院校以及《会计之友》编辑部上百位专家、学者及师生参加本次会议。本次会议由教育部人文社会科学重点研究基地厦门大学会计发展研究中心、厦门大学管理学院会计学系联合主办。

6.“数字化与会计：重构未来”国际学术研讨会

2022年10月27日—28日，“数字化与会计：重构未来”国际学术研讨会在厦门线下（线上同步）召开。来自国际财务报告准则委员会咨询委员会、国际会计准则理事会、财政部会计司、日本注册会计师协会、耶鲁大学、早稻田大学、马里兰大学、麦吉尔大学、昆士兰理工大学、厦门国家会计学院、厦门大学、瑞幸咖啡、安永会计师事务所、上海艾芒信息技术有限公司等政策制定部门、理论界、实务界共550位专家、学者及师生参加本次会议。

围绕数字化与会计变迁这一主题，国际财务报告准则基金会咨询委员会 William Coen 主席、国际会计准则理事会陆建桥理事、日本注册会计师协会前主席、早稻田大学 Aiko Sekine 教授、耶鲁大学 Shyam Sunder 教授和厦门国家会计学院院长黄世忠教授分别作题为“The Evolving Role of Global Standards in an Increasingly Digitalized World”“The IASB's Third Agenda Consultation and Digital Financial Reporting”“Challenges and Opportunities of Accounting Practitioners in the Era of Digitalization”“Digitization of Human Perception, Models and Technology：Accounting Education, Practice and Research”“Recognition, Measurement, and Report of Digital Assets based on Business Models”的主题演讲。

William Coen 主席首先强调了标准在全球化世界的重要性。统一的标准能够增加财务报告的可比性，使其能够被更广泛地接受和应用，营造更加公平的竞争环境，同时增强国家的话语权。那么数字化发展会对财务报告产生什么样的影响呢？从 IFRS 基金会和 IASB 角度出发，数字财务报告是 IFRS 基金会关注的一个长期问题，IASB 将增加对数字财务报告的关注，最终目的在于提高财务报告有用性、质量、可读性和可比性等。针对数字财务报告，William Coen 主席认为那不仅仅是一份 PDF 版的财务报告，更是机器可读（嵌入可识别“标签”）的财务报告。若要使财务报告数字化，则应该针对不同的报表使用者，设定不同的分类系统，使得财务报告的信息更有助于决策。数字财务报告通过增加分析师覆盖范围，增强信息透明度等，为资本市场提高效率和公司降低资本成本提供机会。但同时，由于国际财务报告准则会计分类还没有被全球采纳，以及数字数据质量低、访问难等问题，数字财务报告的实行仍面临着巨大的挑战。

7. 智能财会联盟第三届年度会议暨“大数据人才交流会”

2023年12月8日，智能财会联盟第三届年度会议暨“大数据人才交流会”在厦门隆重举行。本次论坛以“数据资产：价值创造与经济后果”为主题，来自全国各高校商学院和财会相关专业的负责人、骨干教师等130余人聚焦数据资产研究，探讨数据资产的管理、核算与估值，交流数智时代的会计教材建设。会议由厦门大学会计学系、厦门大学会计发展研究中心承办。

◎智能财会联盟第三届年度会议暨"大数据人才交流会"合影

厦门大学杜兴强教授进行开幕式致辞。杜兴强教授代表厦门大学会计学系对参会专家学者表示热烈的欢迎和衷心的感谢，预祝本届论坛取得圆满成功，并诚挚地邀请与会嘉宾于2024年4月5日齐聚厦门大学，参加厦门大学会计学系百年系庆。

◎杜兴强教授致辞

开幕式后，主题演讲环节由杜兴强教授和山东财经大学王爱国教授主持。厦门大学刘峰教授发表了"数智化与数字资产的会计问题：兼论财务报告的性质"的主题演讲。澳门科技大学林志军教授发表了"区块链技术与会计审计发展"的主题演讲。安永华明会计师事务所的范勋先生发表了“入表，还是不入表：数据资源会计的会计师视角”的主题演讲。

◎刘峰教授（左）和林志军教授（右）发表演讲

本次年会设五个分论坛，分别为“数据资产研究论坛”“数据资产管理与核算论坛”、“数据资产估值论坛”“会计教材建设论坛”“大数据会计人才交流会”。与会学者专家围绕相应的主题展开了分享，进行了热烈的探讨与交流。

8. 中国政府审计研究中心走进国内高校行动计划暨CCGAR双周论坛第208期学术研讨会

2023年12月9日，“服务会计审计学科建设，中国政府审计研究中心走进国内高校行动计划（厦门大学站）暨CCGAR双周论坛第208期学术研讨会”在厦门大学成功举办。本次学术研讨会由厦门大学会计学系、厦门大学会计发展研究中心和西南财经大学中国政府审计研究中心共同主办。本期论坛采取线上线下相结合的形式开展。来自东南大学、华中科技大学、兰州大学、南京审计大学、南开大学、厦门大学、中国人民大学、中南财经政法大学和西南财经大学等全国70余所高校/单位近300位嘉宾以线上线下结合的方式参加本次学术研讨会。

◎会议主持人和主讲嘉宾合影

◎会议主持人

厦门大学会计学系系主任杜兴强教授代表厦门大学会计学系致辞。厦门大学会计学系创立于1924年，是国内唯一一所自创立之日起从未中断会计学科办学的高校，2024年将迎来厦门大学会计学科百年诞辰。作为教育部批准的首批博士与硕士学位授予单位，厦门大学会计学系是中国最早招收会计学博士后研究人员的学府之一，也是厦门大学"211工程"和"985工程"的重点建设学科之一。在近百年的历史长河中，厦门大学会计学科培养了中国会计学界的杰出人才，形成了以厦门大学会计学系为主体、会计发展研究中心和财务管理与会计研究院"三位一体"的学科群。杜兴强教授衷心表示，希望大家能够在2024年齐聚厦门大学，共同见证厦门大学会计学科百年诞辰。

◎孙宝厚会长做主题报告

西南财经大学中国政府审计研究中心主任蔡春教授表示很荣幸能够在厦门大学隆重地举办"中国政府审计研究中心走进国内高校行动计划"学术活动，感谢厦门大学各位专家学者一年多来对该项活动的高度重视和支持。

中国审计学会会长孙宝厚分享了题为"关于加强审计文化研究问题的思考"的主题报告，主要探讨了如何研究和弘扬中国特色社会主义审计文化。

陈志斌教授分享了题为"未来可能需要具有数智素养、复合能力、多元知识的智慧会计人才"的主题报告，探讨了现代信息技术背景下会计领域与会计人才的新发展。

张敏教授分享了题为"大数据财务分析人才：会计的未来"的主题报告，深刻探讨了数智化时代下会计工作的演变以及相关人才的需求和培养方法。

杜兴强教授以"成语、隐喻与会计学教学"为题进行了主题报告。杜兴强教授以中国成语、俗语和寓言为例，探讨了其在会计教学中的应用。通过成语"守株待兔""天网恢恢，疏而不漏”等的隐喻，引导大家思考与会计相关的概念，如收入与利得、营业利润与非经常性损益等；以“法安天下，德润人心”为例，探讨了资本市场会计准则与会计信息质量的关系，并强调了文化与非正式制度的重要性；通过成语“两小无猜”和“红颜薄命”引发大家对审计质量进行思考。杜兴强教授的整个报告为大家呈现了丰富而极具启发性的教学思考。

◎杜兴强教授做主题报告

三、学科纪念活动

（一）葛家澍纪念馆

葛家澍纪念馆开馆于2018年3月24日，位于江苏省兴化市万寿宫前巷1号。纪念馆分开放式庭院和展室两部分，展览了葛家澍教授生前所用物品，以及著述稿件、图书等珍贵资料。葛家澍教授是兴化籍的经济学家、会计学家、管理学家，曾任厦门大学经济学院首任院长，是新中国首批硕士生、博士生导师。馆内收藏了葛家澍教授的许多资料和图片，客观记录了葛家澍教授在学术研究、人才培养取得的杰出成就，以及为中国会计学发展作出的突出贡献。

葛家澍纪念馆

明城墙遗
成家大司马府
郑板桥故居
葛家澍纪念馆
金东门老街
状元坊
赵海仙洋楼
上池斋
金东门景区

7
家澍楼

葛家澍纪念馆开馆仪式

◎葛家澍纪念馆（江苏兴化）

（二）“厦大家澍·百年辉映”：葛家澍教授百年诞辰纪念活动圆满举行

◎葛家澍教授、余绪缨教授铜像落成仪式（外景）

◎邱伟杰副校长参加葛家澍教授、余绪缨教授铜像揭幕

◎葛家澍教授、余绪缨教授铜像

◎葛家澍教授百年诞辰纪念活动现场

2021年3月22日，葛家澍教授百年诞辰纪念活动在厦门大学举行，在纪念大会举行之前，首先进行的是葛家澍教授与余绪缨教授铜像落成仪式。

葛家澍教授和余绪缨教授的铜像坐落在厦门大学嘉庚二号楼一楼大堂。上午9时，“葛家澍教授、余绪缨教授铜像落成仪式”在厦门大学管理学院举行。厦门大学邱伟杰副校长致辞，向出席本次活动的各位领导、嘉宾表示热烈欢迎。与会嘉宾有来自全国各个高校的专家学者、厦门大学校友、会计系系友，以及葛家澍教授和余绪缨教授的学生、家属和会计系师生。邱伟杰副校长同葛家澍教授、余绪缨教授家属及学生共同为葛家澍教授、余绪缨教授铜像揭幕。仪式现场站满了热情的嘉宾们，时时掌声雷动，现场氛围十分热烈。仪式圆满落幕后，嘉宾们纷纷与葛家澍教授、余绪缨教授铜像合影留念。

上午10时，“厦大家澍·百年辉映”葛家澍教授百年诞辰纪念活动在厦门大学科学艺术中心音乐厅圆满举行。本次葛家澍教授百年诞辰纪念活动由葛家澍教授百年诞辰纪念活动筹备组、厦门大学管理学院会计学系与厦门大学会计发展研究中心联合主办。

纪念活动开幕式由刘峰教授主持，厦门大学校领导、中国会计学会领导、高校代表、校友代表、葛家澍教授学生代表、葛家澍教授家属代表、

“冠亚厦门大学会计发展基金”捐赠方代表分别致辞，厦门大学会计系杜兴强教授主持了纪念葛家澍教授系列著作的首发式。

◎刘峰教授主持

厦门大学校领导邱伟杰副校长致辞，代表厦门大学对各位嘉宾、校友莅临表示了欢迎与衷心的感谢。他说：厦门大学选择了葛先生，同时葛先生成就了厦门大学会计学科。纪念葛先生具有特别重要的意义，我们要让先生的治学之道、为师之本得到继承，让先生的潜心问道、提携后学发扬光大。后世之人，乘凉之际，当不忘奠基人。

◎邱伟杰副校长代表厦门大学致辞

中国会计学会秘书长吴祥云女士发表热情洋溢的讲话，首先代表中国会计学会对活动的举办表示热烈的祝贺，对会计界同人致以诚挚的问候。她说：葛先生是当之无愧的会计学一代宗师，作为会计学会的老领导、老前辈，先生一直支持会计学会的工作，推动我国企业会计准则的制定与会计改革发展。吴祥云秘书长随后回顾葛家澍教授学术生涯和学术思想，表示深切缅怀和纪念葛家澍教授，以传承大师思想，弘扬大师精神。

◎时任中国会计学会秘书长吴祥云女士致辞

江苏兴化政府代表、市委常委马元连先生作为葛家澍教授家乡代表，简述了葛家澍教授的生平，回顾了兴化的历史名人，兴化的特色特产，并诚挚地邀请与会领导、专家、朋友到兴化走一走看一看。兴化政府为弘扬传承葛家澍教授的治学精神和崇高风范，修建了江苏兴化葛家澍纪念馆并设立了葛家澍教育基金和“家澍奖”。

◎马元连先生致辞

◎我国著名会计学家郭道扬教授致辞

◎西南财经大学赵德武教授致辞

◎中国人民大学王化成教授致辞

◎上海财经大学李增泉教授致辞

郭道扬教授通过视频致辞，指出：葛先生在学问上的一言一行、一举一动都是我们的楷模。葛先生不仅是学界的泰斗，更是提携后辈、真诚关怀学生的师德典范。

西南财经大学赵德武教授对葛先生表达崇高的敬意和最深切的缅怀，指出葛先生是中国会计学界德高望重的泰斗，值得我们永远学习继承和发展。先生的学术思想体现了继承性、民族性、原创性、时代性，注重系统性、专业性，深刻影响中国会计改革的实践与进程。纪念葛家澍先生不仅仅是为了表达崇敬与怀念，更是为了弘扬大师文化理念与精神。

中国人民大学王化成教授以一首小诗缅怀了葛先生，并表示葛家澍先生名字中的“澍”有两层含义：一是“及时雨”。对中国会计学界来说葛先生确如及时雨；对于厦门大学来说，厦门大学选择了葛家澍教授，葛家澍教授成就了厦门大学会计学科。二是“浇灌”，意指葛先生对中国会计人才培养作出的卓越贡献。

上海财经大学李增泉教授讲述了厦门大学会计系和上海财经大学受益于葛家澍教授等老一辈会计学家，积累了深厚友谊与渊源，并指出葛先生的学术思想体现了求真精神，对葛先生表达了崇高的敬意。

校友代表致辞环节，王华先生表示，缅怀葛先生是众心所向。王华先生回忆了如何受到葛先生的影响，表示葛先生德为世范，学为人峰，葛先生永远是厦大人心中的五老峰。

◎校友代表王华致辞

厦门建发集团前董事长王宪榕女士在讲话中说，49年前她作为厦门大学第一批工农兵学员入学厦大会计，至今仍记得敬爱的葛先生上课的情景。葛先生传授的知识、表率的高贵品德永远留在学生心中，并且会一代代传承下去。

◎校友代表王宪榕致辞

在葛老师学生代表致辞环节，澳门科技大学林志军教授发言称，葛先生给我们留下的最宝贵的不仅仅是学术成果，更是为人的精神财富。葛先生严谨的治学之道、崇高的为人品德都值得缅怀与发扬光大，继而推动中国会计事业、教育事业发展。

◎学生代表林志军致辞

随后葛先生家属代表致辞，葛先生儿子葛明先生代表葛先生家属向学校各级领导和支持筹备纪念活动的师兄、同学表示衷心的感谢，对远道而来参加活动的领导、嘉宾表示热烈的欢迎，表示在座嘉宾、老师、同学对葛先生的敬意与怀念让家属非常感动。葛明先生表示，父亲的一生与厦大密不可分，他严于律己、孜孜不倦，给厦大会计烙下深深的印记，希望后人将厦大会计发扬光大，继续见证厦大会计下一个百年辉煌。

◎葛家澍先生三子葛明先生致辞

冠亚投资控股集团首席执行官朱益民先生表示能在厦大会计系就读深感幸运，厦大会计系是块金字招牌，有学术泰斗，有杰出的老中青教师队伍。近年来，厦大会计在系主任杜兴强教授的带领下，在一批令人尊敬的老师的努力下，取得了诸多进步。冠亚集团设立总金额为一亿元人民币的“冠亚

◎1986级系友朱益民先生宣布向厦门大学会计学科捐赠1亿元人民币

厦门大学会计（系）发展基金”，定向支持厦门大学会计系发展，主要用以吸引有影响力的海内外学者来母系任职，奖励为母系做出突出贡献的学术带头人、学术骨干与优秀学生，吸引年轻优秀的海内外博士加入会计系，培养优秀硕博生。朱益民先生代表冠亚集团宣布，“冠亚厦门大学会计发展基金”正式启动，真诚希望母系勇攀高峰，共创辉煌。

◎厦门大学会计学系系主任杜兴强教授

◎葛家澍先生三本著作的首发式

系主任杜兴强教授代表厦门大学会计学系诚挚感谢1990届（1986级）会计一班徐华东、崔立澜伉俪和朱益民先生的一亿元人民币捐赠，感谢三位系友饮水思源、回馈母系的善举。

随后的环节是纪念葛家澍先生的三本著作的首发式。杜兴强教授表示，师恩如山，师恩似海，师恩铭记，因此他与刘峰教授筹划举办了一系列的纪念葛家澍教授的活动。所有纪念活动中，最好的纪念活动莫过于让先生的学术思想代代相传，因此《葛家澍文集》《葛家澍教授学术思想研究》《澍雨杏风》得以编撰出版。其中：《葛家澍文集》收录了葛家澍教授各个时期的代表性论著，是重中之重；《葛家澍教授学术思想研究》（杜兴强著，41万字），系国内首部系统阐述老一辈会计学家会计思想的论著；《澍雨杏风》由苏锡嘉教授和刘峰教授主编，收录了葛先生的学生与家人缅怀先生的纪念性文章。此外，葛家澍教授学术思想的整理与传承远不止于此，包括但不限于：（1）《会计基础知识》（葛家澍主编；影印版；“厦门大学百年学术论著丛书”之一）；（2）《财务会计概念框架与会计准则问题研究》（葛家澍、杜兴强著；商务印书馆出版）；（3）刘峰与杜兴强两位教授牵头《葛家澍教授全集》整理与学术思想研究，并争取获得国家社科基金重大项目的立项与资助。

刘峰教授在纪念活动的最后表示，今天的活动促进会计界在教学研究中不忘历史，不忘早年会计学家的努力，把他们的思想和精神财富永远传承下去。

本次“厦大家澍·百年辉映——葛家澍先生百年诞辰纪念活动”圆满落幕。来自全国各个高校、各界的领导、嘉宾齐聚一堂，共同缅怀葛家澍教授。嘉宾致辞文辞优美，饱含真情，在与会嘉宾中引起强烈共鸣，让后辈共同走进会计大师和他的会计时代，追念、学习、继承老一辈会计学家卓绝的学术思想与治学之道。

◎参加葛家澍先生百年诞辰纪念活动嘉宾合影

2021年3月22日，“葛家澍教授学术思想研究”研讨会举办，来自国内高校的学者们围绕葛家澍先生对会计基本理论、财务会计概念框架、会计准则问题的贡献展开发言。

◎高校学者代表围绕葛家澍教授学术思想发言

（三）厦门大学百年校庆会计系活动精彩回顾

2021年4月6日，厦门大学会计系举办百年校庆专场活动，活动吸引了众多系友参加。

◎1973级系友回母系参加厦门大学百年校庆活动

◎1964级系友回母系参加厦门大学百年校庆活动

◎厦门大学会计学系分享会现场

◎系友们与葛家澍教授、余绪缨教授铜像合影

4月6日15点，系友返校欢迎会开始，系副主任张国清教授代表会计学系欢迎各位系友返校，并介绍了会计学系硕博士研究生的基本情况及硕博导师资情况等。

◎张国清教授介绍会计学系研究生的相关情况

系副主任蔡宁教授表示非常感谢系友们从天南地北返回母校共贺厦大百年校庆，同时跟各位系友分享了本科生的生源来源、专业设置、课程设置、毕业生就业等相关情况。

系主任杜兴强教授对众多系友的归来表示热烈欢迎，同时向系友们汇报了会计系近几年的整体发展及会计学科取得的教学、科研、人才项目等重要成果，同时从教学、科研、师资等多方面对“十四五”期间会计学科的发展提出展望，希望厦门大学会计学系在继续巩固在国内的传统优势的同时，能使之达到一个新高度。

最后，杜兴强教授代表厦门大学会计系感谢广大系友饮水思源、回馈母系的善举与拳拳之心，诚挚邀约各位系友相聚2024年厦门大学会计学系百年系庆，欢迎、恭请系友回家！

◎ 杜兴强教授介绍会计学系近况

◎ 合影相约2024年厦门大学会计学系百年系庆

◎厦门大学百年校庆会计系活动留影

（四）《葛家澍教授学术思想研究》出版

2021年，葛家澍教授百年诞辰前夕，杜兴强教授独著的《葛家澍教授学术思想研究》（41万字）一书由厦门大学出版社出版。该书是国内首部系统阐述老一辈会计学家学术思想的著作，对于挖掘和整理影响中国会计改革进程的老一辈会计学家的学术思想具有重要的启示意义。

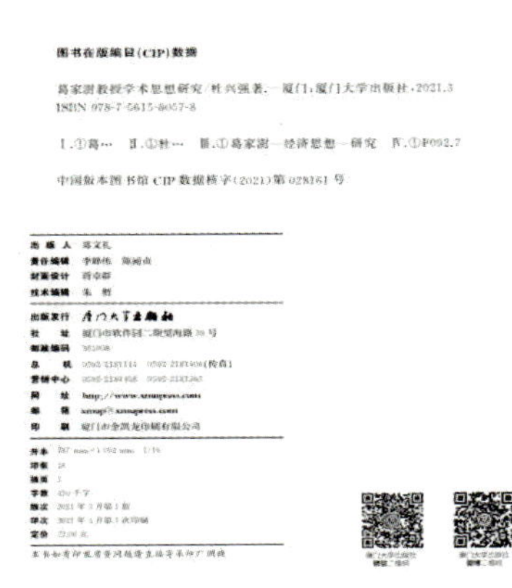
图书在版编目(CIP)数据

葛家澍教授学术思想研究/杜兴强著. —厦门：厦门大学出版社，2021.3
ISBN 978-7-5615-8057-8

Ⅰ.①葛… Ⅱ.①杜… Ⅲ.①葛家澍—经济思想—研究 Ⅳ.①F092.7

中国版本图书馆CIP数据核字(2021)第028161号

出版人 郑文礼
责任编辑 李瑞晶 陈丽贞
封面设计 蒋卓群
技术编辑 朱 楷

出版发行 厦门大学出版社
社 址 厦门市软件园二期望海路39号
邮政编码 361008
总 机 0592-2181111 0592-2181406(传真)
营销中心 0592-2184458 0592-2181365
网 址 http://www.xmupress.com
邮 箱 xmup@xmupress.com
印 刷 厦门市金凯龙印刷有限公司

◎《葛家澍教授学术思想研究》封面与版权页

《葛家澍教授学术思想研究》前言[①]

一

2013年11月25日，恩师葛家澍教授（1921年3月22日—2013年11月25日；下文统称“先生”）仙逝，离开了一生挚爱的会计学教学与科研事业，也永远离开了我们。此后，对先生的学术思想进行系统梳理、整理和研究的想法一直萦绕在我的心头，且愈来愈强烈。1995年我开始师从先生，一直作为科研助手追随先生左右，直至2004年被厦门大学破格评为教授后，2007年在先生的再三建议下、将科研助手的任务部分交给他人。

担任先生科研助手前后大约12年，我从一个会计理论研究的门外汉成长为会计学领域内的年轻学者，从先生那里我不仅学到了规范会计研究的治学方法论，而且无时无刻不感受到先生深邃的学术思想与强大的人格魅力。为此，尽管我可能并非先生最为得意的学生，亦非撰写《葛家澍教授学术思想研究》的最佳人选，但就个人情感而言，既受教、受益于先生，然承担此任务责无旁贷！

我的一个朴素观念是：与其坐而谢，不如立而行！长达12年的科研助手生涯，我从先生那里受益良多，对先生学术思想进行梳理和研究：一则是作为对恩师的缅怀和致敬；二则力图使先生的学术思想得以传承；三则使会计学界能系统了解先生的学术思想，并进行继承与发展。

的确，在目前实证（经验）会计研究大行其道，学术界莫不以此为标准对学者进行评价，规范会计研究与“会计史”类研究“式微”的背景下，耗费大量的时间和精力写这本著作，需要很大的勇气——因为这意味着在相当长的一段时间内，我可能部分地脱离所谓的主流学术圈。

然，功利目的的产出并不是衡量学者贡献的唯一标尺。

“理性，应为信仰和情感留有余地。”

在学术方向“正确”和感恩之间，我选择感恩并践行。

二

说时容易做时难。

先生自1945年毕业留厦门大学任教始，到2013年仙逝，从事教学科研超过

① 引自：杜兴强，《葛家澍教授学术思想研究》，厦门大学出版社，2021（略有删改）。

68年。在如此漫长的时间内，先生的学术思想亦在不断发展。为此，写作《葛家澍教授学术思想研究》的挑战之一就是如何相对准确地把握先生的学术思想及其演变。的确，1995—2017年，基于作为科研助手的便利，我得以较好地理解先生这段时间的学术思想；2007—2013年，我虽不再担任先生的科研助手，但是先生科研方面的一些事情，譬如著作出版、教材修订等，我仍深度参与，并协助先生指导博士研究生，因此对先生这个时期的学术思想，我仍能略窥一斑。但是，对于1995年之前先生的学术思想，我则只能依靠不断阅读先生的学术文章，间或依靠1995年后通过和先生的交流获得的信息进行综合领会。基于此，在写作《葛家澍教授学术思想研究》的过程中，我一直战战兢兢，唯恐出现曲解。

写作《葛家澍教授学术思想研究》的另一挑战在于，我从2009年开始，已将研究重心放到了基于中国制度背景的"文化影响与会计审计行为"与"非正式制度、公司治理与社会责任"等研究领域，对规范会计研究（这是先生一生的研究领域）日益失去原有的感觉。在决定写作《葛家澍教授学术思想研究》特别是动手写作之后，我经常在忙完白天厦门大学会计学系的诸事及个人杂事之后，挑灯夜战地阅读先生的文章及规范会计研究领域内的经典文献，以期能够"捕捉"到先生学术思想的形成和发展过程。在重新学习规范会计研究的过程中，我重新找回了1995—2008年学习规范会计研究的感觉，深感规范会计理论研究的博大精深以及先生学术思想的深邃。这对我而言不啻是一次再受"教育"的机会。

"一千个人眼中有一千个哈姆雷特。"在写作《葛家澍教授学术思想研究》的过程中，我面临的挑战还在于：如何选择能够充分体现先生学术思想的著作与学术论文进行阐述？如何较为准确地划分先生学术思想发展的不同阶段？如何在归纳和梳理先生学术思想的过程中尽可能地保持中立、进行客观评价？[①]如何对先生以高质量教材建设为代表的教育思想与治学理念进行阐述？为此，我一遍遍通读先生不同时期的学术成果，力争洞悉先生在其中体现的学术思想，然后将之纳入《葛家澍教授学术思想研究》之中。

① 因为我是先生培养的博士生，难免天然地和先生更为亲近。

三

《葛家澍教授学术思想研究》分为5篇，共16章。[①]

第一篇为绪论，包括有纪念性质与综述类的2章，分别为“谆谆如父语、殷殷似友亲——纪念恩师葛家澍教授”与“缅怀先贤、归德明厚——葛家澍教授学术思想综述与纪念先生百年诞辰”。

第二篇为“思想破冰”，分为“必须替借贷记账法恢复名誉”与“会计理论的继承与发展”2章，围绕先生最具影响力的2篇文章，阐述其学术思想[②]。

第三篇为“会计基本理论研究”，涉及“会计信息系统论”、“会计基本假设”与“会计对象：资金运动学派”3章。

第四篇为“财务会计概念框架与会计准则”，共分7章，分别为“财务会计概念框架的总体研究”、“会计目标”、“会计信息质量特征”、“会计要素”、“会计确认与会计计量”、“现行财务报告模式：局限性及改进”与“会计准则制定”，阐述先生在财务会计概念框架与会计准则领域内的学术思想。

第五篇为“独树一帜的教材体系与国家级教学成果奖教材”，共分2章，分别为“厦门大学会计系列教材：独树一帜的教材体系”与“中级财务会计学：国家级教学成果奖”，阐述先生在教材建设中的学术思想与教育理念。

本书还包括5个附录，分别为“葛家澍教授简介”、“葛家澍教授扼要年谱”、“葛家澍教授主要论文与著作目录”、“葛家澍教授指导的博士生、博士后及首届硕士生名录”及“厦门大学会计学系：历史与现状”，以助于大家更好地了解先生献身于会计学科研与教学的一生，以及对厦门大学会计学科发展所作出的卓越贡献。

本书的特定章节、部分内容直接引用了先生论著的原话，用不同的字体、外加虚框等形式加以区别。此外，为了避免前后参照引起不必要的麻烦，本书部分章节内容可能略有交叉。不过我相信，少量的重复是为了行文更加流畅，提高阅读的效果。

① 值得指出的是，本书部分章节的名称直接以先生代表性的论文题目替代，这亦可以视为对先生致敬的一部分。

② 值得指出的是，鉴于第三章与第四章涉及的先生的两篇学术论文，即“必须替借贷记账法恢复名誉——评所谓的‘资本主义记账方法’”（原载于《中国经济问题》1978年第4期，第77～85页）与“论会计理论的继承性”（原载于《厦门大学学报》1981年第3期，第76～86页）所蕴含的重要历史价值与文献价值，所以本书将这两篇论文的全文分别作为附录（小字体），供读者“原汁原味”地进行阅读，以从中更好地洞悉先生的学术思想。

四

本书初稿写作，断断续续、前后3年有余。其间，既有个人或团队科研任务，又有厦门大学会计学系的一些行政事务羁绊[①]，还有一些不知从哪里冒出来的琐事，导致交稿日期“又、双、叒、叕”被延后。功夫不负有心人，先生等艰苦创业缔造的厦门大学会计学科，近年来不负众望、取得了一些可喜的成绩。但无论如何，我强迫自己每周都留出一定比例的时间，推进本书的写作。幸运的是，终于在2020年先生仙逝日期前后，我完成了初稿。

我作为先生科研助手的经历，夫人是亲历者。实际上，她是本书部分章节的第一个读者和评论者。她从一个冷静的旁观者立场表达的观点对本书的推进大有裨益。家庭的支持给了我坚持和继续的动力，赋予我在夜深人静，忙完一天“世俗”的学术研究和会计学系的行政事务之后，继续从事书稿写作的“坚持的力量”。每当我想要偷懒、有所懈怠，或未按照计划完成“额定”的书稿任务时，先生和师母多年来亲人般的爱护、家人的关切和支持、自己肩负的来自同门的期待，都给我继续和坚持的动力。

本书写作过程中，蔡宁教授与章永奎副教授协助整理了先生的全部论著目录，刘峰教授提供了部分先生的生平资料与先生已经毕业的博士生名录，这为本书写作提供了诸多便利。其次，我自己培养的博士生张颖、肖亮、谢裕慧和林峤按照我的要求，不辞辛劳地协助我校对了书稿内容，在此一并表示感谢！

感谢厦门大学出版社的编辑对本书出版的辛苦付出！

另外，本书获得国家自然科学基金重大项目课题（编号：71790602）、国家社会科学基金重大项目（编号：20&ZD111）与教育部人文社科基地重大项目（编号：16JJD790032）的资助。

① 曾以为，我个性飘逸、洒脱不羁，更适合从事独立思考的教师职业，而与任何行政性的工作“绝缘”。然，这些年厦门大学会计学科发展相对缓慢，老一辈厦大会计人缔造的学科优势正在被削弱。基于对厦门大学会计学科的感情，感恩于先生的培育之恩，出于历史的责任感，也经不起一些热心人士的“鼓动”，从2017年3月起，我开始担任厦门大学会计学系的系主任。然而我对自己的角色有非常明晰和冷静的认识，我将自己定位为类似于“守夜人”的角色，只是在一段时间内替老一辈厦大会计人与会计学系的系友暂时“看守”厦大会计学科这一份基业，未来会计学科的发展还要有赖于更有能力、更有智慧的年轻人。然，我仍尽心尽力，竭力引进新鲜血液充实厦门大学会计学系的师资队伍，鼓励博、硕士研究生的科研热情，对课程体系进行渐进式改革，提升厦门大学会计学系的教学和科研水平。不为别的，仅为一份情怀！是非功过，后人评说。

五

我有夜深人静工作的习惯，经常读书或工作至凌晨四点[①]。先生离开我们后，不知多少次，夜深人静，我伫立在阳台上。每当此时，我总会忆起先生的音容笑貌，总感觉先生还在我（们）的身边。回书房继续写作《葛家澍教授学术思想研究》时，文字仿佛在指尖与键盘上流淌。初稿写作过程中和完成后，好多次，当妻儿熟睡后，我打开阳台的灯，在静谧的夜晚，点支烟，阅读着先生的经典文章，对照修改我写的《葛家澍教授学术思想研究》的书稿，仍诚惶诚恐，恐有不敬，恐有曲解，恐有疏漏！

《葛家澍教授学术思想研究》一书的写作，既是我践行“与其坐而谢，不如立而行”，铭记和感谢师恩的具体行动，亦可以视为我逐渐转变研究重心，将一部分研究精力转移到“会计思想史”领域的尝试。必须指出，对先生学术思想的阐述可能存在不同视角，本书的写作仅为视角之一，因此还有诸多可以完善和改进之处。从这个意义上讲，因我本人知识结构、精力与学识所限可能带来的错漏与曲解，一切责任皆在我，恳请学界同人与先生指导的博士生与硕士生们不吝指出，以便修正。

欣慰的是，我完成了一直想做和一定要做的工作，尽管仍有瑕疵和不足，但只求问心无愧。

师恩如山！

师恩难忘！

师恩铭记！

谨以此书纪念我们敬爱的导师葛家澍教授一百周年诞辰！[②]

杜兴强

2020年11月25日

厦门亿力百家苑“且住屋”

---

① 可能的原因是，白天荒废太多，内疚，所以补足。

② 《葛家澍教授学术思想研究》只是先生一百周年诞辰纪念活动的一个部分，其他活动还包括：（1）葛家澍教授一百周年诞辰学术研讨会；（2）葛家澍教授一百周年诞辰学术活动月；（3）《葛家澍教授文集》（杜兴强、刘峰主编）出版；（4）《澍雨杏风》（王锡嘉、刘峰主编）出版；等等。

（五）余绪缨教授百年诞辰纪念活动

◎厦门大学党委原常务副书记、管理学院院长李建发教授主持开幕式

余绪缨教授百年诞辰纪念会在厦门大学翔安校区举行，全国多所知名高校的专家学者、实务界专业人士、期刊出版单位代表、师生代表共115人出席活动，吸引超过1.25万人次在线观看。开幕式由厦门大学党委原常务副书记、管理学院院长李建发教授主持。

首先，参会人员通过视频回顾余绪缨教授卓然有成的一生，纪念他为中国会计学发展作出的突出贡献。

厦门大学校长张宗益教授在致辞中代表厦门大学对参会嘉宾表示热烈的欢迎和衷心的感谢，并简要介绍了厦门大学会计学科的悠久历史和深厚底蕴，赞扬了余绪缨教授始终奋斗在教学科研一线，学贯中西，著述等身，为我国管理会计学科的建设和发展呕心沥血，作出突出贡献。他表示，传承和发扬余绪缨教授身上所体现出的科学精神和学术风范，对共同探索现代管理会计的新发展新应用、服务区域发展和国家战略意义重大。他指出，要以余绪缨教授为榜样，努力为经济社会发展培养高水平会计人才，为我国会计学科发展贡献厦大力量。希望通过本次学术盛会，与业界专家和各位同仁一道，把握机遇、守正创新，共同探索现代管理会计的新发展新应用，把余绪缨教授等老一辈为之奋斗的事业继续向前推进。

◎厦门大学校长张宗益教授致辞

国务院参事，财政部原党组成员、副部长，中央财经委员会办公室副主任，中国会计学会会长朱光耀通过视频发表讲话。他表示，中国会计学会管理会计专业委员会富于创新、勇于开拓，取得了丰硕的成果，为中国管理会计的国际影响力的提升作出了重要贡献。

余绪缨教授毕生的追求与探索，为后人留下了丰富的研究成果，他的精神将激励在座的同志们砥砺创新前行。

◎中国会计学会会长朱光耀讲话

社会各界杰出代表以线上线下相结合的形式发言，对余绪缨教授表达了深切的缅怀和思念，并预祝本次会议圆满成功。

中国航空工业集团公司原副总经理、总会计师、党组成员，中国会计学会副会长、中国会计学会管理会计专业委员会主任顾惠忠讲道，余绪缨先生是中国管理会计学科的开拓者、奠基人，为中国管理会计学科的创建及发展作出不可磨灭的贡献。他希望与会嘉宾一道，学习余绪缨先生坚持引进来、走出去相结合，立足中国管理实践守正创新，教书育人服务祖国发展的精神，让中国管理会计的理论研究与实践应用进入新的阶段。

◎顾惠忠发言

厦门大学管理学院会计学系系主任杜兴强教授指出，余绪缨教授是国内最早引进与发展西方会计理论的学者之一，为使厦门大学会计学系成为中国会计学术重镇呕心沥血，相关学术思想时至今日仍熠熠生辉，缅怀余绪缨教授的最好方式就是继承和发扬其学术思想。

◎厦门大学会计学系主任杜兴强教授发言

中国会计教授会原会长、中南财经政法大学郭道扬教授在线上发言中讲道，余绪缨教授一身正气、两袖清风，坚持身教重于言教，为中国管理会计学科培养人才、奠定坚实基础，是一代代中国会计学人的表率和楷模。

◎郭道扬发言

◎孙铮发言

◎王化成发言

◎吕长江发言

◎梁平发言

上海财经大学原副校长孙铮教授线上发言，他讲道，自己这一代年轻学者是学着余绪缨教授的教材成长起来的，深受其学术思想和治学理念的影响，将踏着余绪缨教授的足迹在发展新时期中国管理会计理论与实践方面建功立业。

全国会计专业学位研究生教育指导委员会副主任委员、中国人民大学王化成教授无法亲临会议现场，他委托李建发教授表达了对余绪缨教授的崇敬和景仰，缅怀其对中国管理会计作出的卓越贡献，感谢余绪缨教授对年轻学子的关爱提携以及对中国人民大学管理会计学

复旦大学管理学院副院长吕长江教授回忆了自己在厦大进修学习时在余绪缨教授指导下成长的经历，称赞余绪缨教授是一位品行高尚、学识渊博的师者，其刚直不阿的精神和学术独立的思想对自己影响深远。

国际注册专业会计师公会中国事务总监梁平介绍了厦门大学管理学院和英国特许管理会计师公会渊源，讲道：数字经济时代下，管理会计在提供与国际接轨的创新人才以及为企业的数字化转型提供坚实人才基础方面的作用，表达了与财会同人在学术和实践领域勇攀高峰的希望。

审计署原党组成员、副审计长，中国审计学会会长孙宝厚对管理会计理论

研究、人才培养、制度建设和实践创新的蓬勃发展和空前繁荣表示祝贺。希望大家学习余绪缨教授的家国情怀、治学精神、学术思想、处世之道和为人风范，立足各自岗位及实际，为中国特色管理会计在新时代的发展做出应有贡献。

◎ 孙宝厚发言

余绪缨教授家属代表、厦门大学陈伟琪教授表达了对会议主办方、承办方、协办方以及关注支持和参与活动的嘉宾的感谢。感谢他们对余绪缨先生学术思想、学术成果的肯定以及为人为学的缅怀，在余绪缨文集、余绪缨传记的编撰和出版过程中付出的心血。最后，她以自填词《江城子 · 先严百年诞辰有怀》结尾，表达内心的感恩、感谢、感动。

◎ 陈伟琪发言

出版物发布会环节由中国会计学会管理会计专业委员会委员、暨南大学胡玉明教授主持，厦门大学管理会计中心荣誉主任陈国钢和南京理工大学徐光华教授分别向余绪缨教授家属代表陈伟琪教授赠送书籍《一绪长缨：余绪缨传记》和书法作品。

◎ 出版物发布会与敬献花篮仪式

2022年适逢余绪缨教授100周年诞辰、葛家澍教授101周年诞辰，敬献花篮仪式在两位大师的铜像前举行，纪念他们为中国会计学发展的突出贡献，表达崇高敬意和深切怀念。仪式由厦门大学管理学院党委书记邱七星主持。

（六）常勋先生辞世及纪念常勋先生的“影像常勋”活动

1. 常勋先生辞世

2017年1月8，厦门大学会计系教授、我国国际会计教学和研究工作的先驱者之一常勋先生与世长辞。

常勋（1924年5月—2017年1月8日），江苏常州人。著名会计学家、教育家，新中国注册会计师行业开拓者、爱国民主人士、厦门华厦学院首任院长、厦门大学管理学院会计学系教授。1947年毕业于上海圣约翰大学并留校任教；1953年调入厦门大学经济系会计专业任教；1958年身陷囹圄，长达十多年；后于1980年重返讲台，开创我国国际会计研究之先河；创办厦门大学会计师事务所，受托担任厦门华厦学院首任院长；曾任厦门市中华职业教育社首任主任，中国注册会计师协会独立审计准则中方专家咨询组组长；历任民革第七、第八届中央委员，福建省第六、第七届人大常委等。常勋教授虽然半生坎坷，但他矢志不渝地热爱教学与科研，还热心公益事业，无私地将自己的工资和稿费捐献出来，用于推动高等教育事业和注册会计师事业的发展。世人对常勋教授评价非常高，称他为中国会计国际化先行者、中外合资企业会计制度鼻祖，并将他与葛家澍、余绪缨（均已离世）合称为厦大会计系的“三面旗帜”。

不少学生纷纷撰文，思念和缅怀常勋先生。

厦门大学会计学系1996级硕士研究生郭兰（美国华盛顿州立大学博士，时为加拿大劳瑞尔大学商学院副教授）在厦门大学会计学系官方微信公众号“厦大会计”上发文，忆及常勋先生关心她报考研究生的一件小事，令人动容（见当年的信封、邮戳和信笺）。

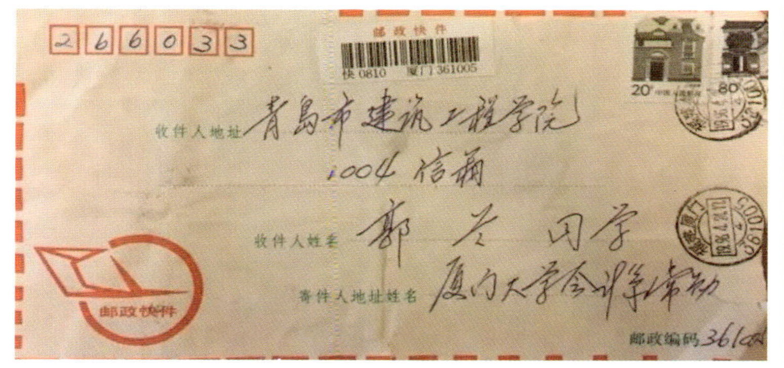

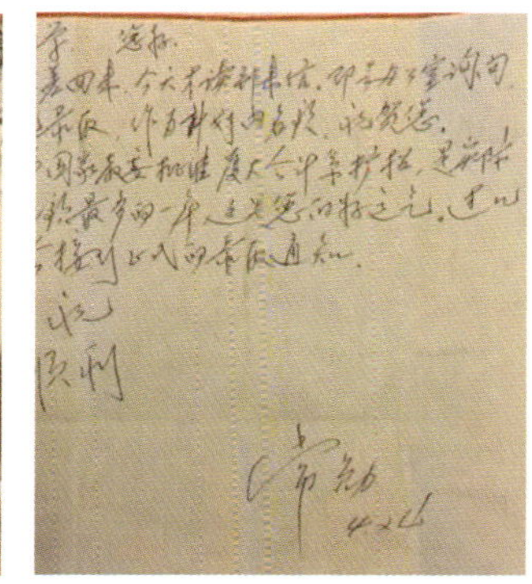

◎常勋与郭兰的通信

2. “影像常勋”

2019年5月24日上午，《影像常勋》一书首发式在厦门大学群贤楼204报告厅举行。首发式由常勋教授的弟子、致同会计师事务所合伙人委员会主席陈箭深主持。常勋教授的亲属、民革厦门市委员会代表、常勋教授生前工作过的单位代表与教过的学生代表、厦门大学出版社代表、中国会计视野网媒体代表等共50来人参加了首发式。首发式上，厦门大学会计学系主任杜兴强与《影像常勋》编著者常煊、责任编辑陈丽贞共同启动首发式按钮。

◎常勋教授晚年照

◎《影像常勋》封面

四、厦门大学会计学系荣休仪式和新教师入职仪式

（一）2021年厦门大学会计学系荣休仪式

2022年1月10日，会计系在嘉庚一100会议室举行陈少华教授的荣休仪式。会计学系在厦门大学系级单位中率先举办教师荣休仪式，会计系在职、退休教职工，容诚会计师事务所代表等参加了荣休仪式，仪式由会计系副主任蔡宁教授主持。

◎2021年厦门大学会计学系教师荣休仪式现场

仪式开始，会计系系主任杜兴强教授回忆了硕士就读时期与陈少华老师的渊源，并介绍了作为当时在公司财务报告、企业财务报告方面做研究的最早一批学者之一，陈少华老师在教学与研究领域的情况及取得的丰硕成果。此外，陈少华老师还十分关心、帮助年轻老师，工作兢兢业业，为会计系的本科及研究生教学做出了卓越贡献。杜兴强教授表示希望陈少华老师继续为本科、研究生教学等做贡献，希望年轻老师可以了解老一辈的历程并加以学习。

接着，时任校党委常务副书记、管理学院院长李建发教授代表学院感谢陈少华教授从1983年毕业留任后为会计系及会计学科的建设发展、人才培养做出的辛勤劳动及突出贡献。李建发教授回忆了与陈少华教授工作及生活中的点点滴滴及深厚情谊，希望陈少华教授退而不休，继续关心支持会计系及学院的发展，继续在教学、科研等各个方面发挥优势，做好对青年教师的“传帮带”作用，为会计系及学院助力，也祝福陈少华老师退休后的工作、生活更加美好。

◎系主任杜兴强教授、时任管理学院院长李建发教授发言

陈少华老师发表了荣休感言，并表示非常激动，认为会计系第一次举办荣休仪式充满了人文关怀。陈老师回忆了在厦门大学学习及工作期间的点点滴滴及感受，近四十年在教学方面指导本科、硕士生及科研方面的情况，分享了当老师的几点深刻体会及经验，希望未来会计系在教学、科研、咨政服务等方面多出成果，并就年轻教师将来的教学、研究方向给出建议。表示退休后将继续支持会计系、管理学院的建设与发展。

◎退休教师陈少华教授发言

仪式最后，由李建发教授、杜兴强教授向陈少华老师颁发纪念奖杯、纪念证书。李建发教授、戴蓥副书记、杜兴强教授向参加仪式的早期退休老师唐予华、陈双人、傅元略、汪一凡颁发了纪念证书，并合影留念。

◎系主任杜兴强教授向陈少华教授颁发光荣退休证书

（二）厦门大学会计学系2022年度荣休仪式

2023年2月27日，会计学系在嘉庚一100会议室举行郭丹霞副教授、谢灵副教授、徐玉霞副教授（因事未到现场参加）、袁新文教授（按实际退休时间排列）四位老师的荣休仪式。会计学系的荣休仪式构思于2018—2019年，是为了尊重退休教师的贡献，表达良好的祝愿，增加凝聚力，更好地促进会计学系的发展而举办的。2021年厦门大学会计

学系首次举办当年退休教师的荣休仪式（2020年当年未有教师退休）。

2022年的荣休仪式本应于当年12月举办，但因不期而来的新冠肺炎疫情延至2023年2月27日（学期初）。会计学系在职教师、退休教职工，容诚会计师事务所代表，冠亚投资控股有限公司代表等40余人参加荣休仪式，仪式由会计学系的两位副主任张国清教授和蔡宁教授主持。

16：00—16：45，在退休仪式开始前，会计学系进行了2022年度工作总结。杜兴强教授全面系统地向全系教师回顾了厦门大学会计学系2022年度在教学、科研、师资队伍建设、学术会议、咨政服务等方面取得的进展，肯定了取得的进步，剖析了可能存在的问题和面临的挑战，展望了2023年会计学系的各项重要工作内容，分析了“破五唯”背景下各类教学和科研课题、奖项和人才项目申报的侧重点和应注意的问题，并号召全系教师团结上进、励精图治，共同为会计学系贡献各自的力量。

◎厦门大学会计学系2022年总结大会

荣休仪式上，厦门大学党委原常务副书记李建发教授深情地回顾了2022年度荣休的几位老师为厦门大学会计学科人才培养做出的贡献，并希望老教师退而不休，继续在教学和科研等方面发挥对青年教师的“传帮带”作用。

杜兴强教授表示，在会计学系的发展过程中，退休教师和现任教师都发挥了各自不可替代的重要作用，并分享了自己自1995年就读于厦门大学会计学系和2001年留校任教以来和几位荣休老师的交集、渊源及点滴。最后杜兴强教授代表厦门大学会计学系对荣休老师的既往贡献表示感谢，并祝愿他（她）们退休后的工作和生活更加美好。

荣休教师郭丹霞副教授感谢系领导组织隆重的荣休仪式。她深情地说道，从在会计学系就读再到系里任职，在厦门大学会计学系度过了43年的时光；在会计学系老一辈教师高尚的人格、严谨的治学精神影响下，时常备受鼓舞且深感荣幸；相信在现任专业、年富力强的领导班子带领下，会计学系的发展会越来越好。

荣休教师谢灵副教授表示，非常喜欢厦门大学会计学系的职业生涯；25年的时光里，会计学系是滋养自己的地方，并对在厦大求学期间老一辈会计学人的关心指导深表感恩。谢灵老师希望年轻老师能够平衡好教学科研及生活，享受教学与科研，并希望厦门大学会计学系保持拥抱的文化，祝福会计学系越办越好。

荣休教师袁新文教授表示，自己1978年开始就读于厦门大学会计学系，此后留校任教直至退休。会计学系的发展是历经几代人奋斗的结果，希望大家珍惜荣誉，存有危机感并加以正视，继续传承会计学科的辉煌。同时袁新文教授建议会计学系在未来的发展中进一步做到教学、科研、社会服务三支队伍并重，希望未来会计学系长江后浪推前浪，一浪更比一浪强。

随后，杜兴强教授向参会教师介绍了2022年及近年来入职的新教师。随后参加仪式的教师们踊跃发言，共叙多年同事或师生情谊。

最后，李建发教授、朱益民先生（1986级会计校友）、杜兴强教授共同为2022年荣休的教师颁发荣休纪念证书及荣休纪念奖杯，并合影留念。

◎李建发教授和杜兴强教授为荣休教师颁发证书

◎2022年厦门大学会计学系荣休仪式合影

（三）会计学系成功举办2023年度荣休仪式暨新教师入职仪式

2024年1月8日下午，会计学系在嘉庚一100会议室举行毛付根教授、肖华教授、薛祖云教授（因事未参加）三位老师（按姓氏拼音顺序排序）的荣休仪式，及新教师吴越助理教授的入职仪式。会计学系在职教师、退休教职工，本、硕博学生代表，行政秘书等近50人参加仪式。仪式由会计学系副主任张国清教授主持。

◎2023年厦门大学会计学系教职工荣休仪式暨新教师入职仪式的合影

15时30分至16时45分，会计学系进行了2023年度工作总结。杜兴强教授全面系统地向现场的师生回顾了厦门大学会计学系2023年度在教学、科研、师资队伍与学科建设等方面取得的进展，肯定了取得的进步（包括国家级教学成果奖、中文最优期刊论文、英文 Top3 期刊论文、持续增加的社会影响等），剖析了可能存在的问题和面临的挑战，展望了2024年会计学系的各项重要工作内容。其中，厦门大学会计学科百年庆典是会计学系2024年重中之重的工作之一。杜兴强教授分别从“百年标识”、《厦门大学会计学科百年史》、“服装系列”、庆典活动安排等方面报告了现阶段的筹备工作，并敦促师生积极广泛参与到会计学科百年庆典活动，贡献各自的力量。

◎ 杜兴强教授进行厦门大学会计学系2023年度总结

16时45分，三位教师的荣休仪式及新教师的入职仪式正式开始。

荣休教师毛付根教授表示从1981年来到厦门大学会计学系求学，至1994年在厦门大学会计学系博士毕业，感谢厦门大学会计学系的培育之恩及提供的平台。毛老师结合自身的从教经验，建议老师们珍惜厦大会计这一平台，但不应过分依赖它。同时指出，一个学科既要有学术科研的影响力，又要有社会评价的影响力。

荣休教师肖华教授对系领导和老师们参加荣休仪式致以感谢。肖华教授介绍道，她本科就读于厦门大学外文系，到博士阶段选择会计，在求学的过程中从身边亲友的支持引导中得到了很大的帮助和启发。后续之所以留校任教，正是因为对于教学工作的热爱。肖华教授跟在座的师生分享了教学工作经验，并从教师、学生的角度给出了良好的建议，表示相信会计学系在系领导班子、年轻一辈及所有教师的奋斗下，发展会更上新台阶，并祝福厦大会计再创辉煌。

◎毛付根教授

◎肖华教授

李建发教授表示，会计学系其乐融融的氛围令人深感温暖，2023年工作取得的成果彰显出会计学系越来越好的发展势头，并希望2024年大家齐心协力、共同前行。他指出，2024年希望全体教师务必齐心协力，团结一心办好百年系庆；保持责任感，加强学科建设和学生培养，提高科研能力和学术水平；大家一起团结奋斗，会计学科的声誉会越来越好。

曲晓辉教授对三位荣休教师表示祝贺。她表示：毛付根老师在业界影响力非常大，一直耕耘培训教学；肖华老师在国际会计和管理会计领域发光发热。祝福三位老师退休生活愉快，期待三位老师继续为厦门大学会计学科的荣耀和进步作出贡献。同时，对杜兴强教授及系领导班子成员为团队和学科的所有付出很感动，希望学科建设越来越好。

◎李建发教授（左）和曲晓辉教授（右）发言

傅元略教授表示很高兴参加此次荣休教师仪式，感恩系主任和系副主任对会计学系的贡献，并希望年轻教师在学术之外也能在教学和实务中持续努力，瞄准最前沿的知识，结合顶级期刊和自身实际情况对事业生涯进行规划安排。

陈少华教授建议年轻的同事珍惜最宝贵的时间，充分利用时间，做对自己、系所、专业、学校和国家有意义、有价值的事情。他还表达了对现任系领导班子的感谢，表示见证了会计学系多年的发展，能如此积极主动面对挑战、创新谋发展的领导班子很罕见，并祝福在场的师生2024年健康、平安、进步。

◎傅元略教授（左）和陈少华教授（右）发言

刘峰教授首先回顾自身的求学、就业经历，表示会计学系的文化很好，是大家共同的团队和团体，期待未来厦门大学会计学科日新月异。

谢灵副教授表示，杜兴强教授关于2023年工作的总结让人很有感慨和共鸣。自1998年来到会计学系，至今已26年，深感现任领导班子很有担当，将会计学系的建设当成自己的事业在做，贡献极大。祝愿领导班子能越做越好、会计学系发展越来越好。

◎刘峰教授（左）和谢灵副教授（右）发言

杜兴强教授发言称毛老师极有风格和风骨，上课教学非常好，祝福并期待毛老师退休后常关心母系。肖华老师非常热心，在2017年左右申请并获得了福建省教学成果奖，成为会计学系在艰难时期的亮点之一。会计学系不会忘记低谷时期坚守的老师，研究见长和教学见长的人才皆值得珍惜。希望大家不要松懈，牢记历史教训，团结奋进，共同捍卫厦门大学会计学系的声誉，确保会计学科的可持续和高质量发展。

张国清教授回顾了自己求学、从业、教学经历中与毛付根老师、肖华老师的轶事。他表示，在考研时得到了毛老师的安慰和鼓励，也在肖老师的引导下从事了环境会计领域的研究，得到了许多启发和收获。肖老师操刀启动和设计申报国际会计（ACCA）专业课程，申请了国家级教学成果，对待教学也非常热爱和认真，每一门课开课前都重制更新课件。

◎杜兴强教授（左）和张国清教授（右）发言

苏新龙教授与毛付根老师同班同宿舍，与肖华老师同届。他提到，毛老师写字漂亮，上课上得好；肖老师上的英语专业课，印象深刻。他同时感谢杜兴强老师和现在系领导班子，建议荣休老师们退而不休，多多上课，分享交流。

章永奎副教授提起求学时上过毛付根老师的课，毛老师非常受欢迎，上课日程经常排得非常满。肖华老师为人相处非常温暖友善、善解人意。祝荣休的老师们退休生活愉快。

◎苏新龙教授（左）章永奎副教授（右）发言

作为2023年加入会计学系的新成员，吴越助理教授表示感受到会计学系老师、同学的关怀及友好，本学期时常向毛老师取经并获得了许多经验，未来将继续向老一辈的资深老师们学习。同时，非常感谢厦门大学会计学系为自己提供了一个非常好的平台，希望借助好的资源和平台，发挥自身潜力，为会计学系及会计学科的发展献出自己的一份力量。

◎ 吴越助理教授发言

最后，杜兴强教授、张国清教授为2023年荣休的教师颁发系主任签发的荣休纪念证书，以及专门制作的荣休纪念奖杯，并合影留念。

◎ 杜兴强教授、张国清教授为2023年荣休的教师颁发荣休纪念证书和奖杯

同时，杜兴强教授为2023年新入职的教师颁发专门制作的入职纪念奖杯，并合影留念。

◎ 杜兴强教授为2023年新入职教师颁发入职纪念奖杯

此次厦门大学会计学系的新进教师入职仪式与退休教师的荣休仪式合并举行，体现了厦门大学会计学系踔厉奋进与团结和谐的百年文化传统。

五、“不忘初心、牢记使命”主题教育

2019年11月2—3日，厦门大学管理学院会计学系教工（联合市场学系教工）一行26人在会计学系系主任/支部书记杜兴强教授的带领下，赴闽西革命老区古田、长汀等地开展“不忘初心、牢记使命”主题教育，老师们追寻历史足迹，感悟革命精神，在历史与现实的交错中追本溯源，涤荡心灵，锤炼党性。

老师们首先来到革命圣地古田，瞻仰了古田会议旧址，参观了古田会议纪念馆，了解到1929年12月中国共产党在这里第一次以决议的形式确定了党对军队的绝对领导，让我们的军队铸魂固本，走向革命的胜利。在毛主席纪念园，老师们登上151级台阶，向毛主席敬献花篮，瞻仰主席雕像，深深三鞠躬并逆时针环绕雕像缓行，以表达对毛主席的无限崇敬和缅怀之情。

在松毛岭战役遗址，“青山处处埋忠骨　红军精神代代传”14个鲜红大字，仿佛是无数先烈用鲜血染成，先烈们的英雄事迹和崇高精神令人景仰，在听完讲解员的点评之后，全体老师面对无名烈士墓鞠躬致意，深切缅怀革命烈士。

老师们身着红军服，挑粮送弹，穿越松毛岭，重走红军路，支援前线战斗；途中林茂山幽、小道蜿蜒曲折，大家沿着革命先辈的战斗足迹前行，切身体验当年革命斗争的艰辛。

在红军长征第一村——中复村，老师们重走红军桥、红军街，瞻仰观寿公祠指挥部旧址，致敬和缅怀当年在闽西地区为革命抛头颅洒热血的革命烈士。老师们饮下壮行酒，收下福禄寿蛋，点燃革命之火，振臂高呼“保护苏维埃，共产党万岁！”新长征再出发。

每一处革命遗址都是一座精神丰碑，每一段革命历史都是一部生动的理想信念教材。在身临其境的现场教学中，老师们认真听、用心悟，从闽西的革命历史中汲取智慧和力量。最后老师们来到国立厦门大学长汀旧址，实地感受学校内迁长汀艰苦办学、自强不息、拼搏进取，成为南方之强的优良传统。

◎“不忘初心、牢记使命”主题教育图片

六、重温红色历史 增强使命担当：会计学系教工第一党支部赴重庆开展红色教育活动

2023年10月20日—22日，为扎实推进学习贯彻习近平新时代中国特色社会主义思想主题教育持续走深走实，进一步增强党员党性修养，激励党员传承红色基因、厚植爱国主义情怀，管理学院会计学系教工第一党支部党员教师、会计学系非党员教师一行16人赴重庆开展“重温红色历史 增强使命担当”主题思政研学活动。

10月21日，会计学系教师一行前往重庆市歌乐山渣滓洞，参观审讯室、看守所长室、牢房，瞻仰烈士遗像，缅怀革命先烈，重温江竹筠等英雄的事迹以及“狱中八条”背后的故事。烈士们面对酷刑，毫无畏惧，展现了共产党人的初心和使命。大家痛惜革命先烈所遭受的痛苦与磨难，为共产党人用生命捍卫共产主义信仰的英雄气概所感动。革命先烈表现出的崇高的思想境界、坚定的理想信念、浩然的革命正气，必将永远激励我们不忘初心，砥砺前行。

结束渣滓洞的参观，教师一行来到红岩革命纪念馆，追寻红岩革命记忆，传承红色基因，赓续红岩精神。红岩革命纪念馆作为抗日战争时期中共中央南方局和八路军驻重庆办事处所在地，周恩来、董必武、叶剑英、王若飞、邓颖超等老一辈革命家曾长期在这里生活、战斗。大家认真端详革命先辈遗留下来的每一件器物、每一张照片，了解每一个感人的故事，全面了解重庆红岩革命历史文化，深刻感受到革命先烈们一往无前、视死如归的革命主义精神，回顾党的光辉历程和辉煌成就，所有成员都深受触动。在参观了红岩革命纪念馆后，大家还参观了大有农场牌坊旧址、饶国模故居、中共中央南方局暨八路军驻重庆办事处旧址。

10月22日，一行人走进李子坝抗战遗址公园。李子坝抗战遗址公园是重庆首个抗战遗址公园，集中展示了重庆抗战时期的政治、经济、文化、军事、外交、金融等各个方面的历史风貌，是抗战文化的新符号和新阐释。一行人先后参观了李根固故居、高公馆、刘湘公馆、国民参议院旧址、交通银行学校旧址等，进一步了解重庆的历史文化，增强爱国主义情怀。

紧接着，一行人来到重庆大轰炸惨案遗址。遗址展示了二战期间重庆所经历的残酷大轰炸的照片和文物和实物，是中国人民抗日战争和世界反法西斯战争重大历史事件的有力见证，记录了日本军国主义的残暴罪行，也见证了重庆人民团结一致、"愈炸愈强"的抗争精神。在讲解员的带领下，一行人有序参观了"空中屠杀——侵华日军对重庆实施大轰炸""六五惨案——大隧道惨案的酿成"等四个主题展区和百余米长、近20米深的防空洞，深切感受到重庆人民的抗争精神，通过重温革命历史，亲身体验了惊心动魄的战争场景，深刻感受到百年大党的伟大。

◎会计学系教工第一党支部赴重庆开展红色教育活动

通过此次的红色教育学习，老师们重温了红岩精神，进行党性锤炼，感受着永垂不朽的红岩精神，纷纷表示将以更加强烈的责任感，立足岗位，继承和发扬党的优良传统和优良作风，铭记党的奋斗历程，坚定理想信念，为学校双一流事业建设贡献自己的力量。

在学习红色教育之余，厦门大学会计学系教师们还访问了重庆大学经济与工商管理学院会计系、重庆工商大学会计学院进行学科建设、教学科研交流。

七、萧贞昌先生相关史料捐赠仪式

2023年11月20日上午，会计学系前系主任萧贞昌先生相关史料捐赠仪式在厦门大学档案馆举行。萧贞昌先生的孙子萧人岳先生、萧人苗先生，曾孙女萧崇珺同学；厦门大学档案馆馆长兼文博管理中心主任王瑛慧，会计学系杜兴强教授、刘峰教授、林涛教授、汪一凡副教授及有关人员参加捐赠仪式。仪式由厦大档案馆文博管理中心副主任、档案馆副研究馆员林秀莲主持。

◎萧贞昌先生相关史料捐赠仪式

仪式开始，萧人岳先生介绍了捐赠缘起，分享了萧贞昌先生在厦门大学的工作情况及家庭情况，并分享了一些轶事。萧贞昌先生在德国莱比锡大学获得博士学位后毅然回到祖国、报效国家，其一生的志向是培养人才，在离开厦大后对厦大一直念念不忘，此次将其史料捐回厦大，是最好的归属，也符合萧贞昌先生的心愿。

随后，参加仪式的老师与萧人岳先生等进行交流，会计学系杜兴强教授表示，老系主任萧贞昌先生在厦门大学会计学科的百年发展历史中做出了巨大的贡献，萧贞昌先生的聘书、博士毕业论文及相关照片等史料都极其珍贵，同时对萧人岳先生的捐赠义举表示感谢；并表示，2024年适逢厦门大学会计学科百年庆典，诚挚欢迎萧家后人回到厦大齐聚会计学科百年庆典。刘峰教授表示，萧人岳先生提供的萧贞昌先生的博士论文原件非常宝贵，填补了厦门大学会计学科一直以来在这方面资料的空缺。汪一凡副教授和林涛教授表示，萧人岳先生提供的证书等资料十分珍贵，对于丰富厦门大学会计学科史大有裨益。

仪式中，萧人岳先生向档案馆捐赠聘书、博士论文，王瑛慧馆长、杜兴强主任接受捐赠，王瑛慧馆长并向萧人岳先生颁发捐赠证书。

◎萧贞昌先生相关史料捐赠仪式留影

八、澳洲会计师公会专访会计学系主任杜兴强教授：职业伦理是会计技术发展的定海神针

厦门大学会计学系拥有百年历史，一直秉持“立足中国、放眼世界，侧重当前、注视未来”的基本原则，注重会计基础知识，始终将会计学科最前沿的学科知识通过教材和课堂传递给学生，强调“教学为科研提供灵感，科研反哺教学”，持续进行教学改革，为会计、审计、财务等教育、理论研究和实务领域输送了大量具有国际视野的高端人才。

2023年9月，澳洲会计师公会邀请厦门大学会计学系主任杜兴强教授分享厦大会计学系如何在会计信息技术不断发展的大环境中培养符合行业需求的专业人才的经验。

（一）拥抱技术，打破传统教育模式

近年来，数字化变革倒逼会计学专业进行会计教学改革、优化人才培养机制。人工智能（AI）和ChatGPT等影响着会计实务的发展，会计学教育若不及时做出反应，势必会在一定程度上使会计教育和会计实务之间的差距不断被拉大。

厦门大学作为会计理论研究与会计教育的重镇（之一），近年来不断探索，希望能够通过改革传统会计学的教学体系与内容，及时反映AI技术等给商业模式和企业业务流程带来的影响，相关教改成果获得2022年国家级教学成果奖。

教学内容方面，厦门大学会计学系联合高等教育出版社出版了一套共12册的“厦门大学会计系列教材”，教材内容反映了AI技术变革、伦理关注和中国文化三个重要元素，力图将跨学科的知识嵌入到会计专业的教学中去。

师资建设方面，厦门大学会计学系采取引进与培养并行的模式，目前的教师队伍中有数位兼具大数据处理、AI技术和会计学等专业知识的年轻教师，具有开设AI会计和AI审计等相关课程的充足的师资储备。

教学模式方面，厦门大学会计学系不断探索如何利用AI和ChatGPT等协助授课内容更加贴近时代需求，提升授课内容的广度和深度，构建全新的授课方式和授课场景。

AI和ChatGPT等可以解决会计学教学和科研中的一些问题，但同时也给会计学教学科研带来了一定的困惑和挑战。譬如，部分老师在教学过程中，可能不正确地把基于大数据的经验关系（“相关性”和“关联性”）当作“知识”（“因果关系”）传递给学生；再譬如，如何预防学生偷懒和不恰当地使用ChatGPT完成课程论文…… 因此，AI技术和ChatGPT的应用正是为了解决会计教学科研中的问题，而不应是“问题”的制造者。

（二）关注伦理，把握会计发展的边界

AI技术变革将职业伦理推向了风口浪尖，因为会计、审计必须有责任主体，而AI自身无法承担相应的法律责任。AI技术也许可以进行会计处理，优化会计流程，甚至可以敦促实务界重新思考和构建商业模式，但它目前无法承担任何法律责任。AI技术可以代替会计人员进行会计处理，却无法替代会计人员承担责任和接受惩罚（包括服刑）。

若AI生成了舞弊的财务报表、传递了虚假的财务信息，那谁将为此承担责任？是AI

的设计者，抑或是会计审计人员？

社会的道德伦理水平跟不上经济发展水平，就可能导致社会失序。类似地，如果会计伦理跟不上行业技术发展速度，那会计职业界所面临的，也许是前所未有的困境。

基于此，会计学、审计学与财务学教学必须保持伦理关注，分析不同文化情境和伦理因素对会计政策选择与伦理问题的影响。近年来，厦门大学会计学系有意识地在课程体系和教学内容中有机地嵌入和强调了商业伦理的相关课程，强化了学生对伦理问题的认知。未来，厦门大学会计学系将进一步强化商业伦理等伦理模块内容的教学，通过方式灵活的课堂教学，加深学生对一些常见伦理问题的思考，降低他们未来在职业生涯中陷入职业伦理困境的可能性。

（三）交叉学科，培养全面的会计人才

会计从来不是，以后也不会只是一个纯粹的技术性过程；否则，很难解释为什么数千家的上市公司遵循同一套会计准则，但其会计信息质量却相差甚远——有的公司财务报表真实公允，有的公司财务报表舞弊。这说明在技术性之外，会计准则执行中高管和会计人员的“人”的因素在很大程度上影响着会计信息质量。

人受什么影响？幼时成长经历、教育背景及所任职企业的文化等，都有可能影响会计人员执行和遵循会计准则的程度。

例如，“生于干旱、未雨绸缪”，小时候在缺水环境长大的人，若成为企业高管，则他们在水环境保护方面的行为 / 决策可能与其他人存在系统差异。

基于此，厦门大学会计学系强调“潜移默化”地将心理学、社会学等人文学科的相关知识纳入教材体系和教学内容中。

以往会计学教学过于强调会计的技术性，但提供会计信息的过程和影响会计信息质量的非正式制度因素却好似一个“黑箱”。领先的会计本科教育必须尽可能打开黑箱，把更多潜在因素呈现给学生，这样学生职业生涯中才能够有意识地关注一些对他们自身、对执行会计准则和最终会计信息质量可能产生重要影响的“暗物质”。

（四）师者，更是陪伴者

除了外部环境促使会计教育变革之外，学生特质的改变也让“泰罗制”式的会计学教育不再适合目前时代。现在会计学系的学生兴趣爱好非常多元化，与人沟通也更加开放和自信，他们学习能力非常强，思维活跃和发散、是有理想和敢于将想法付诸实施的一代

人。这也给会计学教育的方式、内容和理念提出了更多的要求。

首先，教学方式需要改革。如今，学生已不再习惯于接受老师单方面输出的课堂模式，课堂需要加强互动性，才能促使他们主动学习，培养学生的思辨能力。厦门大学会计学系针对本科生（研究生）举办双（单）周“下午茶”，以沙龙的形式，同学和老师就一些共同关心的话题进行平等、积极、充分的探讨，增进师生互相交流和学习。

其次，教学内容应该适时进行转变。会计学专业教学不能再拘泥于传统的、脱胎于纯粹工业经济时代的内容，而应适应时代需求，适时调整课程内容和场景。

最后，教学理念需要更新。会计学专业并非只有冰冷的数字，而应该具有温情和人文关怀，应该适时嵌入中国文化，表达伦理关注。

对于更加多元的学生群体来说，教师应该扮演“陪伴者”的角色，陪伴他们成为诚实、坚毅和有战略眼光的青年人，让他们的成长道路不再孤单。在和学生的交流过程中，老师的角色不应是高高在上的建议者，更多的应该给学生分析各种可能出现的情况，以及每种情况面临的不确定性（风险和收获），敦促学生基于自己的个人禀赋、性格偏好、知识储备来进行“限定条件下的自我选择”。

九、厦门大学校友会会计分会

2017—2024年，厦门大学校友会会计分会继续纳新，广东校友会会计分会和福州校友会会计分会相继成立。

（一）厦门大学广东校友会会计分会

2017年12月9日，厦门大学广东校友会会计分会在广州珠江宾馆隆重举行了成立大会暨第一届会员代表大会。刘峰教授，江苏校友会理事长陈箭深博士，北京校友会会计分会李树华副会长兼秘书长和副会长林开涛先生，广东校友会高级顾问、深圳校友会会计分会会长李松玉博士，以及深圳会计分会秘书长林发成先生等莅临祝贺。广东校友会名誉理事长、原广东财经大学校长王华博士，广东校友会高级顾问、广州大学校长魏明海博士，广东校友会理事长单明，以及广东校友会会长、监事长黄国典等在会上致辞。

大会审议通过了分会章程，选举产生了罗明元、吕莅新、蒙美珍、张小君、上官鹏、沈磊、梁湧、阮玮蘋、陈秋林、王安宁等理事会成员，并选举广州玮铭会计师事务所所长罗明元为首任会长（理事长），吕莅新、沈磊、上官鹏任为副会长（副理事长），魏小巍、

◎厦门大学广东校友会会计分会成立合影

胡诗源任执行秘书长。分会聘请了知名校友王华、魏明海、陈箭深、林斌、胡玉明、单祥双、崔维星、黄晓霞、徐平、郭奕明、曾璇等为高级顾问（王华为总顾问），厦大会计学系副主任李成和广东校友会理事长单明为分会颁授了会牌和会旗。

厦大会计学系培养的在广东的杰出校友，有王华、魏明海、林斌、胡玉明、蔡祥等著名博导、教授，有在广东有实业的著名企业家单祥双、崔维星、陈玮等，还有黄晓霞、罗明元等一大批会计专业人士，人才济济，群星璀璨。广东校友会会计分会的成立，能够把在广东的会计界专家、学者、企业家和众多在会计行业从业的厦大校友聚集在这一平台，交流经验，互相学习，取长补短，为广东经济发展作出更大贡献，也能为厦大会计学科添光彩。

（二）厦门大学福州校友会会计分会

2019年4月21日，厦门大学福州校友会会计分会成立大会在福州龙峰宾馆隆重召开。会计学系张国清副主任、汪一凡副教授，厦门大学福州校友会余少谦秘书长、林韶军副会长、陈壮副会长，厦门大学管理学院校友与对外合作办公室副主任林菁老师、潘彩燕老师，厦门大学会计学系刘银燕老师，厦门大学四川校友会赵越刚会长、武汉校友会林风云副会长、上海校友会互联网分会何洁冰副会长、温州校友会李玮君副会长，厦门大学福州校友会的领导们，以及厦门大学会计学系在榕系友参加会议。大会由厦大会计学系系友陈若林、黄慎敏主持。

◎厦门大学福州校友会会计分会成立合影

大会开始前，汪一凡老师为大家带来《百年厦大会计：过去、现在、未来》的讲座，让与会者重温了厦大会计学系的历史和现状，对会计的发展趋势有了更清晰的探索方向。

系友郑景日代表筹备组向大会做了筹备工作报告，宣读《厦门大学福州校友会会计分会组织规程（草案）》并获得全体通过。厦门大学福州校友会余少谦秘书长主持审议并产生了厦门大学福州校友会会计分会第一届理事会会长、副会长、秘书长及理事（名单附后）。厦门大学福州校友会副会长林韶军向新当选的厦门大学福州校友会会计分会会长戴露颁发会计分会会牌并致辞。厦门大学会计学系张国清副主任致辞，代表会计学系祝贺厦门大学福州校友会会计分会正式成立并寄予殷切希望。

厦大福州校友会会计分会成立有庆

人间四月芳菲天，榕城碧树绕山岚。
范蠡商财通五湖，太史货殖有列传。
玉珠铮铮起云烟，键盘飒飒越栏槛。
且看今日会计人，此中大道不可言。

厦门大学福州校友会会计分会第一届理事会成员名单

会　长：戴露

副会长：林湜、陈亚辉、潘颖、邱晖、李军、姚峰、张连强、陈昌惠、黄慎敏、郑景日、许志谦

秘书长：郑景日

理　事：戴露、林湜、张白、林强、陈亚辉、余祖盛、潘颖、邱晖、李军、鄢辉、谢爱清、姚峰、李建武、李桓、张连强、陈昌惠、陈雨晴、陈连锋、乔连华、郑清智、蔡文忠、黄慎敏、郑景日、吴克传、黄丹麟、陈威、林昱、单敏、刘真平、王琳琳、陈述、许志谦、陈若林、陶乃生、张学舟、林训宜、陈振添

十、丰富多彩的学科讲座

2020—2022年由于新冠疫情影响，这一周期的学科讲座受到了一定程度的影响。尽管如此，2017—2023年，厦门大学会计学科举办了内容丰富和形式多样的学科讲座，包括厦门大学会计学科专家讲座（27期）、厦门大学会计系“群贤”交叉学科论坛（19期）、厦门大学会计学科教师与研究生系列 Seminar（127期）。

上述学科讲座促进了学术交流，丰富了青年教师和博士生的学术视野，对于提高厦门大学会计学科的国际合作和学术研究水平起到了重要的推动作用。

◎　2018—2022年厦门大学会计学科主办的专家讲座

序号	讲座题目	讲座嘉宾	嘉宾单位/职务（职称）	时间
1	Debt Covenant Violations, Credit Default Swap Pricing, and Borrowing Firms’ Accounting Conservatism	陈长龄	加拿大滑铁卢大学会计金融学院教授	2018年3月9日
2	The Puzzle in the Pricing of Cross-listed Chinese A and H Shares	吴毓武	香港中文大学教授	2018年6月8日
3	Messaging without a Message: Executive Value and Social Media	王仁诚	澳大利亚墨尔本大学会计系副教授	2018年6月5日
4	国有企业的高质量发展	黄速建	中国社会科学院工业经济研究所研究员	2018年10月8日
5	Are Auditor Disclosed Materiality Thresholds Informative of Firms’ Earnings Quality? —Evidence from the Revised ISA 700 Audit report	Na Li	新加坡管理大学会计学院助理教授	2018年11月21日
6	The Effect of Engagement Auditors on Financial Statement Comparability	齐保垒	西安交通大学管理学院会计与财务系教授	2018年12月10日

续表

序号	讲座题目	讲座嘉宾	嘉宾单位/职务（职称）	时间
7	Spillover Effects of Trolls-Initiated Patent Litigation	陈　峰	加拿大多伦多大学UTM/Rotman商学院副教授	2019年3月18日
8	Social Norms, Geography, and CSR Activism	陈　晨	澳大利亚莫纳什大学商学院副教授	2019年5月27日
9	Proximity, Internal Governance, and Workplace Safety	杨志锋	美国纽约州立大学石溪分校副教授	2019年5月29日
10	Does Delayed Disclosure of Cybersecurity Breaches Influence Short Selling and Insider Trading?	袁　歆	美国纽约城市大学巴鲁克分校博士研究生	2019年9月25日
11	新时代中国审计的新发展	孙宝厚	原审计署副审计长（已退休）	2019年10月16日
12	GDP Distortion, Information Advantages, and Analyst Forecast Accuracy	张飞达	澳大利亚昆士兰大学商学院副教授	2019年11月1日
13	Cross-market Information Transfer and Voluntary Corporate Disclosure: Evidence from Stock Options Trading	Yangyang Chen	香港城市大学会计系教授	2019年11月11日
14	Non-GAAP Earnings and Stock Price Crash Risk	许尤洋	香港科技大学会计系教授	2019年12月16日
15	Reviews and Perspectives of International Accounting Research	陈华晶	美国Villanova University副教授	2020年7月7日
16	Auditing-Related Topics and China-Related Research	陈　峰	加拿大多伦多大学副教授	2020年7月10日
17	Proximity, Internal Governance, and Economic Outcomes: The Case of Audit Firms	杨志峰	美国纽约州立大学石溪分校副教授	2020年7月16日
18	会计研究的道与术	张飞达	澳大利亚昆士兰大学副教授	2020年7月17日
19	促进政府会计研究：1968至2018年及瞭望未来	陈立齐	美国伊利诺伊大学芝加哥分校教授	2018年7月2日—6日
20	实证会计研究	柯　滨	新加坡国立大学教授	2018年7月16日—18日
21	中国相关问题研究：有前途的研究项目	陈　峰	加拿大多伦多大学副教授	2018年7月18日—20日
22	邻近度，信息流动和知识溢出的经验研究	杨志峰	美国纽约州立大学石溪分校教授	2018年7月24日—26日
23	制度会计：基于关系的研究话题与大数据应用	张田余	香港中文大学会计学院教授	2019年6月21日—23日

续表

序号	讲座题目	讲座嘉宾	嘉宾单位/职务（职称）	时间
24	资本市场审计研究	吴东辉	香港中文大学会计学院教授	2019年6月25日—27日
25	经验会计研究	王　鑫	香港大学教授	2019年7月8日—10日
26	Environmental Accounting Research: from Disclosure to Sustainability	李　跃	加拿大多伦多大学副教授	2019年7月11日—15日
27	资本市场会计研究	顾朝阳	香港中文大学会计学院教授	2019年7月13日—17日

◎　厦门大学会计系“群贤”交叉学科论坛

序号	讲座题目	讲座嘉宾	嘉宾单位/职务（职称）	讲座时间
1	极端挑战、奔向极地	高众勇	国家海洋局第三海洋研究所研究员	2018年12月11日
2	生机、技术和周期：中美贸易战的本质和世界经济的新走向	李卫东	厦门大学企业管理系教授	2019年4月9日
3	Incentive schemes, framing, and market behaviour: Evidence from an asset-market experiment	崔学刚	北京师范大学经济与工商管理学院副院长、会计学教授	2019年11月19日
4	合作与信任的神经管理学研究	王益文	福州大学经济与管理学院教授	2019年11月19日
5	从财务共享到财务数字化	陈　虎	清华大学经济管理学院博士后、中兴新云总裁	2019年11月25日
6	中国公司治理再思考：一个隐性契约的视角	陈冬华	南京大学商学院/管理学院会计学系主任、教授	2019年12月6日
7	国家治理体系现代化与政府会计新机遇	陈志斌	东南大学经济管理学院党委副书记（主持工作）、财务与会计学系主任、教授	2019年12月6日
8	Do You Hear the People's Saying? Retail Investor Activism	杨　勇	香港中文大学教授	2019年12月12日
9	The Impact of the Tax Cuts and Jobs Act on the U.S.Defined Benefit Plans	李胜难	美国罗格斯大学商学院会计系博士在读	2019年12月12日
10	Does stock market liberalization improve stock price informativeness? Evidence from China	袁清波	澳大利亚墨尔本大学商学院会计系高级讲师（终身教职）	2019年12月16日

续表

序号	讲座题目	讲座嘉宾	嘉宾单位/职务（职称）	讲座时间
11	科技赋能会计数智化转型	宋国荣	新道科技股份有限公司助理总裁	2020年11月5日
12	The Boundaries of the Law：Can US Private Enforcement Discipline Foreign Firms?	汪晓樵	香港中文大学（深圳）经管学院助理教授	2021年5月25日
13	Short-sale Constraint and Analyst Forecast Optimism：A Natural Experiment	顾朝阳	香港中文大学会计学教授	2021年6月1日
14	我国审计制度的建立到审计管理体制改革	孙宝厚	中国审计学会会长	2021年6月21日
15	关于推进政府财务报告审计制度构建的关键重要问题之思考	蔡　春	西南财经大学教授	2021年6月23日
16	深入学习审计法 拓展审计理论研究——审计法新修改重点内容学习体会	孙宝厚	中国审计学会会长	2022年4月8日
17	语言和文化对资本市场的影响：来自分析师的证据	曾晓亮	美国南方科技大学商学院会计学讲席教授	2023年3月23日
18	Inferring Quality of U.S.Audit Partners from Their Houses	姜雪峰	美国密歇根州立大学商学院会计信息系教授	2023年6月5日
19	科技创新和数字化转型的挑战与应对	林志军	澳门科技大学商学院教授	2023年6月16日

◎ 厦门大学会计学科教师与研究生系列Seminar（截至2023年7月）

序号	讲座题目	讲座嘉宾	嘉宾单位/职务（职称）	时间
1	税收——关于中国企业税收制度的描述	刘　峰	厦门大学管理学院教授	2017年3月14日
2	奖励与惩罚对创造力的影响：基于一项眼动跟踪实验的发现	陈亚盛	厦门大学管理学院教授	2017年3月21日
3	CEO Severance Pay and Corporate Tax Planning	郑　祯	厦门大学管理学院助理教授	2017年3月28日
4	The Use of Social Media to Detect Corporate Fraud—A Case Study	熊　枫	厦门大学管理学院助理教授	2017年4月11日
5	One Firm and Two Regulators：the Role of PCAOB Cooperation in Cross Listing Auditing	孙增元	厦门大学财务管理与会计研究院助理教授	2017年4月18日
6	The Relationship between Uncertainty and R&D Investment：Evidence from China	张飞达	厦门大学管理学院副教授	2017年4月25日
7	The effect of Regulation FD on earnings management tools selection：A natural experiment from China	李　莹	厦门大学财务管理与会计研究院博士研究生	2017年5月2日

续表

序号	讲座题目	讲座嘉宾	嘉宾单位/职务（职称）	时间
8	反腐倡廉、业务招待与企业经营绩效	杨理强	厦门大学管理学院博士研究生	2017年5月9日
9	Are analyst teams' forecasts more accurate?	何　文	澳大利亚昆士兰大学副教授	2017年5月16日
10	The Effectiveness of China's Anti-Corruption Campaign: Firm-level Evidence	罗进辉	厦门大学管理学院副教授	2017年5月23日
11	星座人格的实证与规范研究	张　扬	厦门大学管理学院助理教授	2017年6月6日
12	行政事业单位管理会计应用状况及其影响因素——基于权变理论和制度理论的经验研究	张国清	厦门大学管理学院教授	2017年10月10日
13	内部控制质量与技术创新绩效：企业风险承担的视角	郑培培	厦门大学管理学院博士研究生	2017年10月17日
14	内部控制质量与银行风险承担——来自我国上市银行的经验证据	杨增生	厦门大学管理学院博士研究生	2017年10月24日
15	政府合并财务报表编制国际经验与我国试编阶段问题研究	赵军营	厦门大学管理学院博士研究生	2017年10月31日
	企业"勒索"、政府补助与经营能力：——基于"赎金"理论新视角	任　宇		
16	交通基础设施改善抑制了审计师选择的"地缘偏好"吗?——基于中国高速列车自然实验背景的经验证据	侯　菲	厦门大学管理学院博士研究生	2017年11月7日
	从MD&A看管理层情绪变化与公司未来业绩增长——中国上市公司经营情况讨论与分析的语义分析	王　航		
17	竞争战略、高管薪酬激励与公司业绩——来自三种薪酬激励视角下的经验研究	柴　才	厦门大学管理学院博士研究生	2017年11月14日
18	自然灾害、财政压力与企业避税——基于台风的分析	刘思义	厦门大学管理学院博士研究生	2017年11月21日
19	会计信息可比性与行业内信息传递——对可比性经济后果内在逻辑的探讨	鲁威朝	厦门大学管理学院博士研究生	2017年11月28日
20	独立董事连锁特征与内部控制质量	廖方楠	厦门大学管理学院博士研究生	2017年12月5日
21	巡视制度可以抑制央企高管腐败吗?	张津津	厦门大学管理学院博士研究生	2017年12月22日
22	内部控制与公司战略选择——基于战略差异与战略持续性双重视角的实证研究	黄轩昊	厦门大学管理学院博士研究生	2017年12月26日
23	董事长—总经理的老乡关系影响现金持有价值吗?	周俊亭	厦门大学管理学院博士研究生	2018年3月13日
24	高能力管理层被施加"紧箍咒"了吗?——基于会计稳健性角度的分析	王成龙	厦门大学管理学院博士研究生	2018年3月20日
25	高铁开通会促进企业高级人才的流动吗?	彭妙薇	厦门大学管理学院博士研究生	2018年3月27日

续表

序号	讲座题目	讲座嘉宾	嘉宾单位/职务（职称）	时间
26	经理人市场　产权理论与央企招聘	史　文	厦门大学管理学院博士研究生	2018年4月3日
27	显性激励vs.隐性激励：对企业效率的影响——基于2014年“限薪令”实施与政治晋升的实证检验	李文涛	厦门大学管理学院博士研究生	2018年4月10日
28	上市公司社会责任披露的行业同群效应分析	李文文	厦门大学管理学院博士研究生	2018年4月17日
29	强制性内控审计报告是否提高了企业内控质量?	马威伟	厦门大学管理学院博士研究生	2018年4月24日
30	The Interplay between Government, Industry/Firm, and Individual Factors for Innovative Start-up Development—The Case of Uber Development in China	熊　枫	厦门大学管理学院助理教授	2018年5月8日
31	Does Same-Industry Peer Comparison Deter Corporate Frauds?	刘媛媛	厦门大学管理学院助理教授	2018年5月22日
32	Effort Allocation in Integrated Audits and Its Impact on Financial Reporting Quality	刘馨茗	厦门大学管理学院助理教授	2018年5月29日
33	金钱激励是否会影响员工的学习策略?——一项基于眼动跟踪的实验研究	黄　敏	厦门大学管理学院博士研究生	2018年6月5日
34	文化影响与会计审计行为	杜兴强	厦门大学管理学院教授	2018年9月25日
35	上市公司IPO与分类转移盈余管理——来自我国A股市场的经验证据	于小偶	厦门大学管理学院助理教授	2018年10月9日
36	Corporate Hedging, Information Environment, and Stock Price Crash Risk	司　毅	厦门大学管理学院助理教授	2018年10月16日
37	The Valuation Effect of Directors’ sharing of Surnames	肖泽忠	英国卡迪夫大学教授	2018年10月23日
38	Audit Committee Equity Compensation and Auditor Selection and Retention	刘馨茗	厦门大学管理学院助理教授	2018年10月30日
39	Publishing China Studies in International Accounting Journals	肖泽忠	卡迪夫大学教授	2018年11月6日
40	Litigation Risk and Debt Contracting: Evidence from a Natural Experiment	沈江华	厦门大学管理学院助理教授	2018年11月13日
41	Determinants and Consequences of Voluntary Corporate Social Responsibility Disclosure: Evidence from Private Firms	郑　祯	厦门大学管理学院助理教授	2018年11月20日
42	Does Corporate Hedging Affect Firm Value? Evidence from the IPO Market	夏崇武	厦门大学财务管理与会计研究院助理教授	2018年11月27日
43	The Impact of Big Data, Machine Learning, and Artificial Intelligence on the Accounting Profession	熊　枫	厦门大学管理学院助理教授	2018年12月4日
44	董事会与独立董事：一个新的分析框架	刘　峰	厦门大学管理学院教授	2018年12月11日

续表

序号	讲座题目	讲座嘉宾	嘉宾单位/职务（职称）	时间
45	Air pollution and Analyst Information Production	罗进辉	厦门大学管理学院副教授	2018年12月18日
46	Financial Reporting, Auditing, Analyst Scrutiny, and Investment Efficiency	刘南钦	厦门大学财务管理与会计研究院助理教授	2018年12月25日
47	ICFR审计：强制抑或自愿？基于公司内控质量的视角	张国清	厦门大学管理学院教授	2019年2月26日
48	金钱激励对创造力的影响——来自核磁共振脑扫描研究的证据	陈亚盛	厦门大学管理学院教授	2019年3月5日
49	分析师报告在经济政策不确定时期具有更高的信息含量吗？——基于投资者需求和分析师供给的双重视角	刘媛媛	厦门大学管理学院助理教授	2019年3月12日
50	企业集团内部资本市场与上市公司债务融资——财务公司视角	杨理强	厦门大学管理学院博士研究生	2019年3月19日
51	家族命名与家族企业风险承担——基于社会情感财富视角	李　雪	厦门大学管理学院博士研究生	2019年3月26日
52	过程、结果维度的环境治理与企业财务绩效	陈晓艳	厦门大学管理学院博士研究生	2019年4月2日
53	审计任期与审计质量：团队视角	史　文	厦门大学管理学院博士研究生	2019年4月9日
54	人工智能在管理会计中的应用：回顾与展望	许　欣	厦门大学管理学院博士研究生	2019年4月16日
55	市场准入、所有制与银行授信	陶　然	厦门大学管理学院博士研究生	2019年4月23日
56	信息披露的“朦胧美”——企业创新对非财务信息披露策略的影响	王泽豪	厦门大学管理学院博士研究生	2019年4月30日
57	爱惜羽毛还是名声俘获？——明星CEO与负面消息隐藏	蓝一阳	厦门大学管理学院博士研究生	2019年5月7日
58	环境规制影响了公司现金持有水平吗？——基于公司风险角度的实证分析	陈文瑞	厦门大学管理学院博士研究生	2019年5月14日
59	The Effect of Within-Outside-Director Connectedness on Their Monitoring Role：Evidence from CEO Compensation	申屠李融	厦门大学管理学院助理教授	2019年9月24日
60	资本监管制度与贷款损失准备计提会计准则的协调性——小微企业信贷诱导有效性视角	邹　冉	厦门大学管理学院博士研究生	2019年10月8日
61	债务审计对地方政府债务风险的影响——基于2008—2016年省级面板数据的实证检验	陈文川	厦门大学管理学院博士研究生	2019年10月22日
62	Corporate Disclosure and Revelatory Price Efficiency：The Case of Capital Investment Guidance	沈江华	厦门大学管理学院助理教授	2019年10月29日
63	民营企业家在“本命年”更加保守稳健吗？	黄泽悦	厦门大学管理学院博士研究生	2019年11月5日

续表

序号	讲座题目	讲座嘉宾	嘉宾单位/职务（职称）	时间
64	Capital Market Integration and Innovation：Firm-level Evidence from 43 Countries	侯芳芳	厦门大学管理学院助理教授	2019年11月12日
65	Is Audit Committees' Equity Compensation Related to Audit Fees?	刘馨茗	厦门大学管理学院助理教授	2019年11月26日
66	富豪榜与民营企业税收规避	向元高	厦门大学管理学院博士研究生	2019年12月3日
67	给机器人老板一个假笑？人工智能应用于业绩评估对员工情绪劳动的影响	陈亚盛	厦门大学管理学院教授	2020年9月29日
68	空气污染会倒逼企业进行绿色创新吗？——来自中国上市公司的经验证据	罗进辉	厦门大学管理学院教授	2020年10月9日
69	共享经济，是天使还是魔鬼？——以网约车社会责任及其合规化进程为例	熊　枫	厦门大学管理学院副教授	2020年10月16日
70	Multiple Directorships and Audit Committee Effectiveness：Evidence from Effort Allocation	郑　祯	厦门大学管理学院助理教授	2020年10月23日
71	Are Costs Stickier When the Future is Nearer?	陈　茹	厦门大学管理学院博士研究生	2020年10月30日
72	会计信息质量的决定机制——基于信息使用者需求视角的经验证据	陶　然	厦门大学管理学院博士研究生	2020年11月6日
73	惩罚比奖励更能促进员工学习吗？——基于财会人员在线学习人工智能知识的眼动实验证据	黄　锹	厦门大学管理学院博士研究生	2020年11月13日
74	Why do Independent Directors Join a Company with a Recent Fraud?—The Role of Relationship-Based Hiring	申屠李融	厦门大学管理学院助理教授	2020年11月20日
75	权变因素、有用性预期与管理会计的应用——基于行政事业单位的问卷调查	范樟妹	厦门大学管理学院博士研究生	2020年11月27日
76	审计委员会地位影响审计费用吗?——基于相对地位的视角	刘媛媛	厦门大学管理学院助理教授	2020年12月4日
77	我国政府财务报告审计的需求与供给研究	张国清	厦门大学管理学院教授	2021年3月19日
78	Are Social Ties Really Undesirable — The Transition of CEO-Audit Committee Social Ties and Its Effect on Audit Committees' Oversight Quality	刘馨茗	厦门大学管理学院助理教授	2021年3月26日
79	制度：从自愿到强制——以审计为例	刘　峰	厦门大学管理学院教授	2021年4月2日
80	行政审批制度改革跟踪审计对企业投资效率的影响	郑晓宇	厦门大学管理学院博士研究生	2021年4月9日
81	An Artificial Intelligence Audit Algorithm Based on Eye Tracking and Machine Learning	许　欣	厦门大学管理学院博士研究生	2021年4月16日
82	高铁开通是否有助于抑制非中心城市上市公司CEO的薪酬扭曲	陈　茹	厦门大学管理学院博士研究生	2021年4月23日

续表

序号	讲座题目	讲座嘉宾	嘉宾单位/职务（职称）	时间
83	儒家文化与公司诉讼风险	张　颖	厦门大学管理学院博士研究生	2021年4月30日
84	数字技术同行效应与企业研发战略	李文涛	厦门大学管理学院博士研究生	2021年5月7日
85	非处罚性监管影响会计稳健性吗？——基于问询函的经验证据	石　昕	厦门大学管理学院博士研究生	2021年5月14日
86	制度变革认知、内部控制与政府会计准则制度执行效果——基于广东省1468个行政事业单位的实证研究	陈文川	厦门大学管理学院博士研究生	2021年5月21日
87	The Unintended Benefit of the Risk Factor Mandate of 2005	沈江华	厦门大学管理学院助理教授	2021年10月8日
88	The Power of Perspective：The Effect of Performance Reporting Frames on Solving Collective Action Problems	李斯曼	厦门大学管理学院助理教授	2021年10月15日
89	Transparency Through Media's Hands	孟庆玺	厦门大学管理学院助理教授	2021年10月22日
90	Credit Information Sharing and Firm Innovation：Evidence from the Introduction of Public Credit Registries	侯芳芳	厦门大学管理学院助理教授	2021年10月29日
91	Does the New Environmental Protection Law Impede the Firm's Green Innovation Activities?	陈文瑞	厦门大学管理学院博士研究生	2021年11月12日
92	基于机器学习方法的中国上市公司舞弊研究	郑天宇	厦门大学管理学院博士研究生	2021年11月19日
93	随机抽查制度能抑制审计意见购买吗？	陈思岑	厦门大学管理学院博士研究生	2021年11月26日
94	地区经济增长目标与公司环境保护绩效	肖　亮	厦门大学管理学院博士研究生	2021年12月3日
95	A Roadmap to Herd on Information Acquisition—Evidence from Public Disclosure of the SEC's FOIA Logs	郭　睿	厦门大学管理学院助理教授	2021年12月10日
96	Patent Law Enforcement and Innovation Disclosure	何　源	厦门大学管理学院助理教授	2021年12月17日
97	Corporate Tax Avoidance and Defined Benefit Funding Policy：Evidence from Schedule UTP	李胜难	厦门大学管理学院助理教授	2022年3月4日
98	专业技能多样性对虚拟团队创造力的影响——一项基于功能性近红外超扫描的实验	陈亚盛	厦门大学管理学院教授	2022年3月11日
99	年报问询函的审计监管溢出效应——基于文本相似度的检验	刘媛媛	厦门大学管理学院副教授	2022年3月18日
100	因果关系	杜兴强	厦门大学管理学院教授	2022年5月27日（因疫情延期）
101	隐性关联关系与真实盈余管理	叶钦华	厦门大学管理学院博士研究生	2022年4月15日

续表

序号	讲座题目	讲座嘉宾	嘉宾单位/职务（职称）	时间
102	共同所有权与公司治理趋同	罗进辉	厦门大学管理学院教授	2022年4月22日
103	监事主动辞职与审计师变更	朱晓荞	厦门大学管理学院博士研究生	2022年4月29日
104	中小股东参与人数的治理效应：高管薪酬视角	黄泽悦	厦门大学管理学院博士研究生	2022年5月6日
105	The Impact of COVID-19 on Investors' Investment Intention of Sustainability-Related Investment: Evidence from China	熊　枫	厦门大学管理学院副教授	2022年5月13日
106	Wisdom of Star v.s Wisdom of Crowd: Evidence from China Sell-side Analysts	申屠李融	厦门大学管理学院助理教授	2022年5月20日
107	共同机构所有权与供应商-客户的股价联动性	郑　祯	厦门大学管理学院副教授	2022年9月23日
108	Does Education Discrepancy between CFOs and Audit Partners Affect Audit Quality?	刘馨茗	厦门大学管理学院副教授	2022年9月30日
109	Abnormal Accounting Growth and Analyst Forecasts	翟伟欢	厦门大学管理学院助理教授	2022年10月7日
110	亲清政商关系能否助力民营企业的战略转型?	郑丽群	厦门大学管理学院硕士研究生	2022年10月14日
	证监会随机抽查能改进审计质量吗?	陈晓静		
111	人口婚姻状况、环境法与公司环境绩效	张　颖	厦门大学管理学院博士研究生	2022年10月21日
112	税收征管与投资效率——基于"营改增"背景的研究	郑天宇	厦门大学管理学院博士研究生	2022年10月28日
113	随机抽查与关键审计事项	石　昕	厦门大学管理学院博士研究生	2022年11月11日
114	数字化转型与企业成本结构决策	孙　源	厦门大学管理学院博士研究生	2022年11月18日
115	政府绩效管理周期中的政府成本体系研究	张国清	厦门大学管理学院教授	2022年11月25日
116	Do Foreign Customers Promote Environmental Technology Investment? Evidence from China	肖　亮	厦门大学管理学院博士研究生	2022年12月2日
117	公司诉讼风险与公司税收规避：抑制还是促进？公司环境治理如何影响现金持有量—— 基于过程和结果双维度视角	李好婕 屈小雯	厦门大学管理学院硕士研究生	2022年12月9日
118	The Real Effects of Mandatory Operating Information Disclosure: Evidence from Related-party	孟庆玺	厦门大学管理学院助理教授	2023年3月8日
119	Product Market Competition and R&D Disclosure Transparency: Evidence from the Antitrust Law in China	何　源	厦门大学管理学院助理教授	2023年3月17日

续表

序号	讲座题目	讲座嘉宾	嘉宾单位/职务（职称）	时间
120	多个大股东能提升企业ESG绩效吗?	黄海群	厦门大学管理学院硕士研究生	2023年3月24日
121	帝国反击：投票顾问的负面意见与企业自主披露	陈　璐	厦门大学管理学院助理教授	2023年3月31日
122	碳排放权交易与企业节能减排	谢裕慧	厦门大学管理学院博士研究生	2023年4月7日
123	The Effect of Ancestral Kinship Structure on Country-Level Financial Reporting Quality	李斯曼	厦门大学管理学院助理教授	2023年4月14日
124	家族二代接班：实业投资还是金融投资?	刘　玥	厦门大学管理学院博士研究生	2023年4月21日
125	监管信息透明与监管绩效研究	郭　睿	厦门大学管理学院助理教授	2023年4月28日
126	企业家理事与慈善组织财务报告质量	陈思岑	厦门大学管理学院博士研究生	2023年5月5日
127	环境审计与分析师预测	谢裕慧	厦门大学管理学院博士研究生	2023年5月12日

第七节　咨政服务

一、福建省会计名家工作室

厦门大学会计学系成为首批、唯一获准设立“福建省会计名家工作室”的单位。“福建省会计名家工作室”的学术带头人为杜兴强教授，成员包括厦门大学会计学科的知名教授与核心教师、福建省内部分高校的骨干教师，以及国内高校的著名学者。

根据《福建省财政厅关于印发〈福建省“会计名家培养工程”建设方案〉的通知》（闽财会〔2020〕7号），福建省财政厅决定在厦门大学会计学系设立“福建省会计名家工作室”，以厦门大学会计学科为依托，充分调动福建省内其他会计理论工作者的积极性，并吸收国内相关高校与研究机构的杰出学者参与，旨在促进福建省的会计理论研究，为中国的会计基础理论做出应有的贡献，并积极为中国会计准则与会计制度体系的完善发挥应有的咨询作用，促进中国资本市场会计监管制度的完善。

设立在厦门大学会计学科的“福建省会计名家工作室”，其主要使命包括：

第一，把握会计理论研究的方向，密切结合中国会计改革和资本市场制度建设，提出具有战略性、前瞻性与创造性的理论研究构想，力争将会计理论研究写在中国的大地上。

第二，形成较为紧凑的研究团队，产出标志性的会计理论研究成果（包括但不限于学术论文与著作），积极争取国家级重大科研项目。

第三，跨校与跨省形成会计理论研究团队，围绕福建省会计改革发展过程中涌现的重点会计理论问题，提出针对性和建设性的理论解决方案。

福　建　省　财　政　厅

闽财会函〔2020〕24号

福建省财政厅关于成立首家福建省会计名家工作室的通知

各设区市财政局，平潭综合实验区财政金融局，厦门大学，有关单位：

根据《福建省财政厅关于印发〈福建省“会计名家培养工程”建设方案〉的通知》（闽财会〔2020〕7号）精神，现决定在厦门大学成立首家福建省会计名家工作室。

工作室以厦门大学会计学科为依托，充分调动福建省内外会计理论杰出学者的积极性，通过开展会计理论研究、产出会计理论研究成果、培养会计后备人才等为我国会计基础理论研究、会计准则与会计制度体系完善、会计人才队伍建设等发挥积极作用，助力福建全方位高质量发展超越。工作室组成人员名单如下：

工作室带头人：

杜兴强：厦门大学会计学系教授。

工作室学术顾问：

李建发：厦门大学会计学系教授；

曲晓辉：厦门大学会计学系教授。

工作室主要成员（动态调整）：

◎首家福建省会计名家工作室成立的相关文件

第四，对会计准则、会计制度、内部控制在福建省内上市公司与国内典型公司中的实施进行跟踪调查，发现问题，从理论视角提出针对性的改进方案。

第五，录制“会计名家课程”或深入福建省内其他高校，开设会计名家公益讲坛，逐步提高省内高校与其他会计理论工作者（包括教授级高级会计师）的理论研究水平。

第六，围绕AI技术变革与文化制度自信的新时代背景，积极参与福建省与中国的会计改革，最终形成可复制的、可推广的会计理论研究成果。

第七，为福建省高校与实务界（教授级高级会计师）培养会计理论研究方面的领军人才。

第八，定期召开针对性的学术研讨会，交流会计理论研究。

二、《财务的自动化、智能化、数字化》研究报告

古希腊数学家与哲学家毕达哥拉斯（Pythagoras）曾言简意赅地指出：“万物皆数”！这正在成为现实。在全球新一轮技术革命的时代背景下，在大数据、云计算、人工智能、区块链等为代表的数字技术支持下，海量的数据必将带来从样本思维到全量思维、从精准思维到模糊思维、从因果思维到关联思维、从自然思维到智能思维的转变。数据作为我们这个时代最为重要的资产之一，既为企业创造新的市场竞争维度，又给企业带来无止境的投资机会。

会计的发展是反应性的！数字技术进步必会催生和孕育会计与财务管理的新发展，给传统会计处理带来挑战，并重塑财务报告的新模式［如事项会计（event accounting）与实时报告（real-time reporting）］。基于此，会计与财务部门必须尽快适应技术变革，将海量数据与先进的模型、工具、方法相融合，为管理当局和其他利益相关者提供尽可能接近经济活动真实的图景，借以降低决策中面临的不确定性，优化决策效果。

《财务的自动化、智能化、数字化》研究报告探讨了数字经济浪潮下，财务的角色正在被重塑——基于共享服务完成信息化再造，进而逐步迈向自动化、智能化和数字化，成为企业的“数字神经系统”。报告聚焦创新案例，就财务如何顺时而动布局新兴技术，引领企业数字化转型，分享专业洞察和指导建议。

回顾历史，科技革命伴随着财务的演变：

• 手工时代，算盘和账本将会计凝结在纸上，产生的是会计科目的小数据集；

• 会计电算化推动财务从手工走向计算机技术，实现从0到1的变化；

• ERP完成了业务和财务的广泛连接，实现从1到N的变化；

• 财务共享服务的出现，带来了财务的重新聚合，实现从 N 到 1 的变化。

• 作为企业重要的数字与信息中枢，“数据 + 算力 + 算法”构成了财务数字化转型的核心技术：

• 以数据流动的自动化，实现企业内外部数据的集成互联；

• 以云计算、边缘计算为代表的算力发展，帮助财务对企业经营的大数据进行实时分析；

• 以人工智能、机理模型为代表的算法创新，促使财务将依靠经验的决策转化为基于数据洞察的决策，助力企业更有效地预测和应对环境变化，优化配置资源，重塑自身的竞争优势。

下一个十年，以“大智移云物”为代表的数字技术将掀起新一轮财务变革，在共享服务的基础上，财务将更加自动化、智能化和数字化，成为企业的“数字神经系统”，利用“数据 + 算法 + 模型”展示企业经营全景图，基于数据做出更具前瞻性的分析与决策。

目录

◎《财务的自动化 智能化 数字化》研究报告封面及目录

此外，会计学系教师在2017—2024年内还有超过20份的资政报告被国家领导人批示或被省部级政府采纳。因为涉密，此处将不一一进行列举。

第八节 2017—2023年厦门大学会计学科学生名单

2017级会计学系会计一班（会计学方向）本科生

蔡璟珊 邱梓聿 陈丛萱 陈慧云 陈 泽 戴鹏程 洪 婧
胡 灿 胡克勤 黄晓虹 邝家培 李海瑞 李莲情 李齐月
李雨虹 李 禛 李志锦 林哲伟 刘玉婷 罗 沁 马千惠
马英兰 马宗霖 潘 佳 秦瑞霖 苏泽杰 万桃源 汪靖晴
王诗语 文美欣 夏 宇 颜粲雨 曾咏祺 张天逸 张闻捷
郑宇珊 周 丽 庄海龙 邹春鑫 邹志聪 周俊龙

2017级会计学系会计二班（注册会计师方向）本科生

陈佩滢 吴可盈 陈清华 杜佩剑 龚思文 郭 骞 侯翔宇
黄舒婷 黄智敏 江自牧 接如意 柯若诗 蓝 澜 李栋梁
李 欣 李雨萱 梁怡清 林炳江 刘文君 刘倬语 陆怡宸
涂志鸿 王昊阳 王绿绮 王巍霖 王文筠 王钰滢 吴彦萱
项俊杰 谢腾飞 许琦冰 颜宸冉 杨卓潭 俞仲浩 张康达
张仕威 张怡静 赵加康 赵新竹 郑家宁 庄庆洲

2017级会计学系会计三班（国际会计方向）本科生

林腾翔 吴华瑜 陈恺悦 陈 可 邓凯琳 董永斌 樊姝翌
高晨睿 金绍博 黎 畅 李慧敏 李佳欣 李芯蕊 刘 洵
马熙雅 牟 颖 沈思含 苏怡静 王晓涵 王雅文 文杨璐
翁沛然 闫松林 张家瑄 张洁颖 张雅萱 章傲泽

2017级会计学系会计四班（CIMA 方向）本科生

陈雅婷　吴丽俐　陈　铨　陈盛莉　陈文炎　黄　涵　黄　杰
贾雨涵　李艳霞　李　莹　李卓卡　刘　壮　潘丽贞　彭如春
邱　东　邱云霞　宋思瑾　孙小添　温庆铭　吴茜琳　吴茹雯
吴　桐　肖　敏　杨翰松　曾晓雨　张晓莹　朱铭洁

2017级会计学系会计学硕士研究生

陈丹丹　陈理娜　陈琪宇　陈晓越　陈雁冰　褚晓芬　邓亚平
董梦格　高达宇　高　维　官　秦　郭　哲　韩　杨　何佳鹏
何建勋　黄安然　黄雨婷　江　莹　姜　叶　鞠子杨　李梦诗
梁紫薇　林鹏凯　林　汐　林泽铭　刘美辰　刘　玥　聂庭伟
唐励桦　汪少欣　王建莉　魏如鑫　吴绍昀　杨梦婷　叶艳婷
詹　丽　张　静　张天丽　张馨予　赵佳珉　郑琳倩　郑　晴
庄　婕

2017级会计学系 MPAcc（全日制）

安秋璇　曹惠真　陈珂欣　陈晓雅　陈晓宇　陈彦竹　陈雨薇
成剪秋　方冰洁　方博渊　高　杰　官佳娉　郝绍李　何　震
赫振欣　侯信如　胡月丽　黄楚暄　黄福祥　黄　珂　黄鹂鸣
黄瑶瑶　黄兆丰　吉珂漫　可黎明　李洪苛　李梅清　李　桃
李亚丽　李炎龙　林慧敏　林　麓　林筱勋　林艳霞　龙月娇
陆思劭　罗娟娟　罗　梁　马龙昌　孟山山　倪　磊　彭慧敏
齐童童　阮亚琴　佘晓雨　舒　露　宋丽清　宋　夏　苏义鹏
孙　宁　孙一帆　覃正华　王　玲　王蔓蓉　王少敏　王志伟
魏　娇　吴晟凯　谢　鑫　徐孟鑫　徐晓璇　徐秀琳　许艺萌
颜丹宣　杨承慧　杨文菊　杨欣蕊　余阳洋　余子莹　曾开捷

张　静　张淑琴　张　行　张　雪　张莹莹　张子瞳　章　寒
赵铨铣　郑依依　朱柳霖　朱雯馨　邹雨贝　林晶晶　洪少熔
巴桑卓玛

2017级会计学系MPAcc（非全日制）

陈　晨　陈冬恺　陈光耀　陈　婕　陈　茜　陈　阳　陈艺桢
陈　芝　陈志昕　陈主养　迟相颖　丁　洋　樊天琪　周晨娟
方　钰　傅其杰　葛　瑶　龚　雪　洪承威　洪鹭梅　胡　诚
黄　聪　黄鹤元　黄锦棉　黄书榕　黄彦烽　黄亦楠　黄　毅
纪　振　蒋永逸　荆家麒　李海迪　李皓月　李秋雨　梁　雯
林嘉祥　林　璐　林伟巍　林晓琪　林　毅　林韵涛　刘花清
刘小靖　刘欣宇　刘妍妍　罗　欣　罗　馨　欧　灿　邱弥祺
施颖芳　孙　慧　孙一涵　覃一鑫　汤思阳　田　野　王　菁
王丽珠　王　路　王喜君　王烨坚　翁鸽翔　吴丽萍　吴显河
吴　仪　谢　歆　叶婧雪　曾美娇　曾如意　曾舒宁　张晗晋
张　慧　张　闪　张文琼　张仪卿　张盈斐　郑艳瑜　郑振坤
周堂达　朱夏菁　周杨昕宇

2017级会计学系博士研究生

包璐璐　陈晓艳　李　雪　陶　然　王泽豪　许　欣　张　颖
郑晓宇　朱晓荞　邹　冉

2018级会计学系会计一班（会计学方向）本科生

张　玉　徐金妍　张　琳　翟梓尧　余丝益　余洪彪　殷　焌
杨子珺　杨芷晴　杨江淑　闫苹苹　肖熊中岳　吴珍妮　王　雨
王屹靡　王炫力　王亭苏　王莎莎　王　珏　任帅丞　平舒琪
林励书　陆春霖　陆晨岚　刘子杨　刘梦婷　李恒欢　金丽婷

黄钰雯　黄思澍　胡湘瑜　郭咏诗　郭小艺　龚芝琦　邓紫怡
戴依涵　戴丽琴　陈雯丽　陈剑闻　蔡　文　周欣悦　马千惠

2018级会计学系会计二班（注册会计师方向）本科生

曾祉柔　周丹辰　周宸全　郑冰琦　张泽锴　张　晞　张　烁
张海辰　曾雨晢　于滢奕　尹潇潇　叶莉莉　姚胜男　杨　楠
杨长成　肖懿凡　伍欣平　吴鲁婷　吴泓毅　魏雅芳　卫雨萌
王俊杰　王　昊　王　昊　唐子盈　孙　哲　宋　锜　任凌飞
彭海旋　罗国顺　林子琼　李兴强　李来顺　李　浩　黎翰元
雷志颖　姜语珊　黄诗艺　黄勤清　黄佳煜　黄佳佳　胡轩萌
胡锦滨　洪翊颖　何嘉乐　高一宁　丁博雅　刀馨琳　陈燕华
朱　玥　朱慧琳

2018级会计学系会计三班（国际会计方向）本科生

黄怡菲　赵悦灵　赵文璐　张雨濛　张　漪　叶境烽　叶德瑞
陽　瑜　肖颖华　吴荣珍　温乐阳　王欣怡　施鸿雁　尚欣悦
任　彤　章文婕　黄悦昕　韩璧霞　李昕彦　彭深缘　倪郭炜
马方倩　吕凌涛　刘子瑜　刘静怡　刘　超　李欣泽　李泉灵
李嘉沂　劳思怡　蒋宓云　黄　晖　郭　筱　管迎龙　丁可宣
陈雅馨　蔡涵姣　薛子绚　官静怡　张东凯　Lee Yong Jye　孙颖

2018级会计学系会计四班（CIMA方向）本科生

王兆麒　章瑜瑾　张　裕　张钰淇　张霆浩　于乘浩　吴智静
王誉晗　石昆达　沈　杨　孟小玥　吕晨曦　林　熹　林芳佳
梁启程　李雪飞　李晓雪　李培萱　黄唯一　郭森涛　高绪博
陈胤齐　陈素敏　陈俊言　蔡亦敏　朱　晨　周弘毅　周芳羽

2018级会计学系会计学硕士研究生

陈　帆	陈婧芳	陈立筠	陈丽艳	陈笠颖	陈　薇	刁慧敏
董子勖	傅格忻	龚姝萱	龚燕艳	郭佳铭	韩嘉予	贺美容
黄瑞芸	蒋承晨	孔繁航	李明月	林　宸	林　峤	林　娟
刘　洋	马倩茹	宋　佳	王　迪	王维怡	王　亚	王　伊
邬亮宇	夏　丹	杨　帆	杨　月	曾宇轩	张　露	张　玫
张文靓	张　珍	周　林	周　文	朱郁樟	仝育鸣	

2018级会计学系 MPAcc（全日制）

曹程程	岑　苏	陈　诚	陈　婳	陈　平	陈一瑜	陈雨萌
程　媛	储刘婷	代明瑞	窦灵钧	方　渺	冯思颖	高惠敏
高丽艳	何春婵	何晴晴	胡田田	黄倩怡	黄沁雯	黄钰珊
江逸晴	蒋佳宁	李函哲	李佳虹	李可意	李凌吉	李　敏
李鹏涛	李婉静	李衍琪	廖　安	林祎彬	林　悦	刘槿如
刘艺姗	陆源远	吕　晨	罗　筱	潘颖玲	冉榆裙	任　艳
佘　鑫	申　玥	宋姗珊	孙铁研	陶　黎	王　瑞	王语童
魏嘉琪	吴姗姗	吴思远	谢嘉文	徐　超	徐一烨	许　唱
杨畅畅	杨晓燕	杨奕恋	叶　语	易　姣	余妮娜	张　蕾
张雯琪	张欣宁	张　莹	赵　爽	赵思佳	赵晓洁	郑邦威
郑　珺	郑少丽	周　帆	周文婷	周　霞	朱　虹	邹竺君
李杜锋	马豫慧	王心怡				

2018级会计学系 MPAcc（非全日制）

陈彩虹	陈　臣	陈鉴嘉	陈林晞	陈若瑶	陈　婷	陈晓煜
陈　瑶	杜媛媛	房希萍	冯依樊	付文心	高晨芳	高奇颖
龚芳娇	郭天圆	郭　悦	何霄一	侯凯腾	胡敬唯	黄薇洁

黄晓伟 黄雪雅 黄依柔 黄宇飞 黄智轩 蒋苇欣 金星如
柯海露 赖泉清 黎佳瑰 李贝怡 李若彤 李诗诗 李秀露
梁岱琪 林安娜 林 斌 林春燕 林峤蓉 林 婷 林晓荣
林心扬 林秀云 刘淑颖 刘 珍 卢晓玲 吕兹如 罗 杰
罗玲芳 罗 霞 罗 翔 罗忆楠 倪 菁 聂静茹 阮 颖
邵文俐 宋芳迪 宋文兰 孙 斌 滕月琪 田 冉 万睿智
汪清扬 王简苧 王荔嘉 王少燕 王 中 吴 昊 吴季静
吴嘉婕 吴卓君 夏阳阳 谢钒毅 颜 洁 杨晓庆 姚 楠
叶臻辉 曾 昊 曾若男 曾为纲 曾智莹 詹琼华 张承盛
张 弘 张任鉴 张 希 张燮灵 张育铭 郑冰冰 郑杰鹏
郑铭敏 郑文淮 周羲楠 周 鑫 朱跃星 朱子昆 卓慧琳

2018级会计学系博士研究生

陈文瑞 黄泽悦 蓝一阳 石 昕 肖 亮 杨 明 叶钦华
周晓宇

2019级会计学系会计一班（会计学方向）本科生

杨依依 陆 萍 马 莹 陈怀宇 桂 昊 林欣怡 叶凯乐
杜笑笑 房可心 王毓泽 丁 玎 杨奕楠 潘松鹏 韩紫薇
江芷欣 袁嘉睿 张蕙淇 黄倩芬 叶 丰 刘 茂 刘 漩
戴梓欣 林鹏南 陈 毅 杨 毅 赵 斌 杨飞飞 许逸伦
杨 佳 张悦洋 李 涵 杨思琪 余欣然 赵奕程 侯冠辰
郑俊杰 李心琪 屠玉璞 许耀元 胡荐芋 裴闻达 杨 襄
陈子尧 王 迪 张小曼 张心怡 李文越 陈 臻 刘廷伟
周竹颖 徐佩聪 周凯怡 周光启

2019级会计学系会计二班（注册会计师方向）本科生

关晓滢	康　霖	傅可嘉	谢玉欣	郑昊轩	邓　璟	邓育萌
张书博	高　源	魏　威	朱民城	林潇骁	张　芃	林慧敏
冯艳清	刘　敏	于　卓	王丹丹	王　堃	刘雨桢	杨宇航
俞　果	王金艺	高嘉妍	赵智颖	Sofia Paula Zhuang		鲍艺一
姜凯曦	李　艳	林依莹	石依凡	李煌源	赖翎凤	何　洁
黄　贤	温书萌	杨子贞	张　艺	周亚萱	范文雁	侯凯莉
顾琳瑶	孙晨曦	王子旭	黄　芮	徐　颖	许晓琪	栾绪宝
邵逸梵	谢佳怡	顾笑盈	张舒怡			

2019级会计学系会计三班（国际会计方向）本科生

潘雅妮	王　皓	周小惠	孙舒扬	冯伟桦	闫睿涵	陈　菓
郑舒元	郑欣悦	罗思雨	修弘毅	李　妍	程怡康	解潮明
钟子虹	王蒙蒙	林程炜	韩雨贝	林灵倩	程琳森	康帅杰
刘佳敏	袁绮慧	杨佳欣	陈诗颖	黄锦瑜	叶子莲	陈嘉玮
叶　彤	陈致远	郑婷婷	陈力行	段多启	折雨辰	吴冰雨薇
Angelina Maxwell Wijaya			Wong Tian Seng			

2019级会计学系会计四班（CIMA方向）本科生

祁佳钰	肖美纯	褚夏迪	王桢艳	吴静怡	陈哲澳	陈柏匀
张雪娆	陈梓洁	王湛芸	严悦宁	黎晃鳞	梁习媛	施翊凯
刘炜航	王尚锟	李青猛	马志国	张紫茹	杨禹帆	高若嘉
陈思覃	林姝晴	姚岚清	钱　灿	杨洪轩	崔智超	高云欣
刘琼琳						

2019级会计学系会计学硕士研究生

陈　晨　陈　珞　陈思思　陈欣缘　崔原皓　杜玥琦　郭　琳
胡　玲　胡晟琉　黄宇婷　雷丽娜　李　璐　李淑铮　李向昕
李晓翠　林　菁　林蓉蓉　林圳钦　刘雨菲　汪莉晔　汪天翼
王奕凌　王　玥　吴格燕　吴国强　夏　晶　闫　寒　严哲涛
杨念颖　姚　薇　易津名　于婷婷　余茂林　张佳敏　张　捷
张乙祺　赵洁莉　赵世敏　郑晓婷　周丽娟　黄亭瑜

2019级会计学系MPAcc（全日制）

门璐璐　陈剑锋　陈质彬　丁宇晴　董宇晨　龚琪琪　管　勇
胡　琦　胡蜀兰　胡瑶玢　蒋一民　李承昕　李佳霖　李佳欣
李萍萍　李　芳　李欣怡　李星怿　李毅莹　李昭希　李贞锦
林丛青　林梓薇　刘　婧　刘　清　刘　彤　陆昊迪　孟璇君
莫蕊蕊　庞鑫源　苏文健　汤卓琪　王方舟　王馨瑶　王羽汐
王紫瑞　魏　玮　吴　怡　武宁宁　谢铃垚　徐晨露　许　蔚
严欣瑾　杨妤晨　杨文颖　姚极妙　姚斯棋　伊德尔　余佳芮
曾咏琦　章苓格　郑立彬　钟　赞　朱敏君　俞伟航　郑丞恩

2019级会计学系审计专业硕士研究生（全日制）

鲍佳晶　曹天云　陈嘉慧　陈晓珠　丁慧婷　方　瑶　傅家浩
何庆敏　黄　璐　黄　元　贾飞燕　康宸宇　李玉倩　梁　策
钱源君　司仪雅　孙瑞瑞　田雨曦　王敬涵　王天慈　吴雪旎
吴雅清　杨文婷　张奕能　赵益静　陈　斌　邱婕柔　施嘉豪

2019级会计学系 MPAcc（非全日制）

蔡　熠　蔡泽华　蔡泽铭　陈　笛　陈珂琦　陈丽殷　陈文娟
陈文盈　陈轶佳　陈志松　邓舒予　段沣纯　范浩天　方君庄
付　文　贡子晗　辜艳苹　韩宇鹏　胡　婷　黄柳凤　黄文华
黄效禹　黄玉醇　简　敏　蒋　珊　赖辛莎　赖雅婧　李　虹
李　嘉　李　进　李昕娜　李盈盈　梁玉佳　林少锜　林一鸣
林子璇　凌彬宸　刘　程　刘立花　刘木子　刘婷婷　刘正鹏
卢明通　罗彦君　罗燕婷　罗　艺　马婧雯　马　奕　毛雪辉
穆宇辞　潘家辉　潘　阳　石若楠　宋丽娜　汤婷芳　涂　棽
涂铧标　王　婧　王　娜　王　淞　王同尧　王怡雯　吴惠娟
吴晶晶　吴柳星　吴明峰　吴伟鸿　吴　蔚　肖紫楠　谢　静
杨静雯　杨淑媗　杨雅婷　杨艺璇　叶倩倩　游晋威　袁太华
曾思源　张　帆　张梦遥　张明琦　张晓帆　张晓丽　张伊宁
张玉洁　郑秋艳　郑泽鹏　周怡馨　周　宇　邹桦龙　邹康华
李杨若凡

2019级会计学系博士研究生

陈思岑　陈文川　李　珮　刘　玥　孙　源　谢裕慧　袁　红
郑天宇

2019级会计学系博士后

高玉翔　游　宇

2020级会计学系会计一班（会计学方向）本科生

凌彬彬　刘欣然　刘智键　吕佳玉　翁宇珊　杨鑫硕　于小珊

张文宣 赵　睿 陈佳恩 陈　杰 陈　淇 陈少杰 陈祉霖
邓丹园 高鹭昕 顾皓澜 黄艺鹏 蒋　曦 金彤彤 李佳奇
李　琪 林垲棋 马航天 尚倪宏 谭可欣 王静晗 许　静
叶雨靖 游丽华 曾焱阳 张凯杰 朱　铃 段昭仪 冯　芳
高佳毅 陆雪莹 吕　欣 罗彭莉 牟昭群 申依凡 王稷琛
王冉冉 咸思含 熊茂竹 余晓悦 张心语 张一弛 张艺诗彤
赵　婷 周冰洁 冯子敬 黄乐怡 李晓阳 施茵茵 张　萌
王之铭

2020级会计学系会计二班（注册会计师方向）本科生

丁笑怡 杜明宇 高晓宇 高星琪 李　璇 吴　越 徐怡宁
杨　雯 张晅宇 陈丽情 陈天然 陈雨帆 戴嘉欣 戴一鑫
段荟玲 郭梓洋 洪怡婧 胡柏许 胡丰盈 胡林鹏 黄诗颖
江妍葶 雷　幸 刘思函 施芊雪 苏清瑜 汤颜睿 王广丽
王洁娴 夏永艳 肖　彤 曾玉铃 张婧瑶 张晓彤 张沂玥
陈雨荷 韩璐瑶 李　昂 李垣君 刘瑞琳 刘燕玲 钱敏钱
石　青 田雪睿 向　婕 曾　曼 朱志豪 蔡汶澐 方嘉欣
余　意 曾芷柔 郑琬婷 Queenzell Jean Yang 兰梓良 李　轩

2020级会计学系会计三班（国际会计方向）本科生

刘灵姗 栾　玉 马纾颜 裴心睿 孙雨桐 孙泽楠 王　闰
周刘怡 陈　菲 陈之源 范安妮 解张珺钦 林鹏晖 肖　俊
许俊荣 张　含 张毓哲 张悦然 廖可可 毛扬群 倪淑均
万禹廷 王　丹 熊思睿 胥格豪 张有鹏 陈宛欣 冯思旖
李　蓝 吴蔚男 李芳玉

2020级会计学系会计四班（CIMA方向）本科生

邓　悦　洪　胡　秘圣淼　薛雯文　张家荣　张馨丹　傅昕滢
孔星敏　李垚薇　梁艺珊　唐　颂　唐修兰　万鑫晨　徐旻璐
叶珺影　詹瑞敏　詹昀菲　周春普　李　琦　洪晨怡　李方月
李煦辰　罗亦宁　沈　旭　肖明昊　游紫琳　陈宗庆　黄汉杰
吕汉维　吴盈盈　林　基　厉家祺　张晨旭

2020级会计学系会计学硕士研究生

陈思齐　陈晓静　陈怡婷　陈滢行　程玮璇　褚华琳　单淑璠
宫瑶瑶　郭　婷　何泾威　黄海群　黄馨影　李一川　李妤婕
厉冰玟　廖子涵　刘维乾　马慧丽　泮佳怡　彭晓凤　屈小雯
阮琳槟　孙梦蝶　唐琳薇　陶和锌　王　思　王怡方　王　瑜
巫奕龙　吴浩翔　吴清婷　伍诗雨　夏忠星　谢舒仪　张　瑞
张心舒　张雨童　张　哲　郑丽群　马　晨

2020级会计学系MPAcc（全日制）

蔡珏霖　蔡晓珊　蔡昱洲　曹　昊　曹宇阳　陈淑妍　陈　霜
陈婉玲　程光彬　单钰铭　丁大程　冯　珊　付春燕　郭诗雨
郭　爽　韩启文　洪晓东　胡宗鼎　黄小琰　康晶晶　黎　骞
李　刚　李弘腾　李淑文　李肖惠　李羽茜　李　玥　林诗雪
林　夕　刘　聪　刘海潮　刘华哲　刘　辉　刘李湘　刘梦蕾
刘　淼　龙瑞津　卢巧玲　陆颖恬　罗澄静　孟子晴　牛君秀
潘鸿伶　潘佳莉　彭佩仪　彭雨丽　乔雪珍　沙小雨　施雨萍
宋寅寅　孙其昌　王　昊　王天麟　王小明　王　卓　吴向东
徐　靖　许牧林　许笑添　许馨音　许振川　杨公云　杨鸣婧
袁著屿　曾萍红　张　贺　张　露　张人哲　张瑞龄　张希雅

张彦博　郑心悦　朱家航　祝　泽　庄程煜　邹维佳　吕佳柔
吴皓怡　许瑾熙　叶鸿鑫

2020级会计学系审计专业硕士研究生（全日制）

曹　丹　曹　婷　查星廷　陈苏炀　陈苇衡　陈盈颖　陈泽鹏
戴　鹏　丁少杰　杜雨鸿　韩昕瑜　何　晴　黄周玉　赖凌峰
李敏华　李　佩　李雪慧　梁雅磊　梁　妍　刘方仪　刘思佳
陆子寅　毛秋萌　潘闻轩　潘　影　茹靖雪　谭妙晶　汤　美
陶怡菲　王贝贝　王　竞　王　轩　邢莹莹　杨雯静　杨雪琪
叶　露　尹　璐　余　果　俞佳璇　张一姿　赵天宇　钟乐笑
周莹玉　林佩麒

2020级会计学系MPAcc（非全日制）

蔡榕冰　陈钢阳　陈　昊　陈静妍　陈丽丽　陈琳颖　陈律玮
陈懿航　陈悦松　陈子易　邓适宜　丁伟杰　窦雪茹　葛佳萍
何　翔　何一凡　胡　鹏　胡园荣　胡　悦　黄橙凝　黄　馨
黄炫超　江　钊　江智华　李启明　李诗慧　李　韬　李　行
李咏馨　梁鉴波　梁　钰　林　宏　林慧聪　林　静　林晟先
林晓琪　林艺静　林宇恒　林泽峰　刘　畅　刘嘉欣　卢鹭萍
吕洁莹　马理群　马欣妤　梅志鹏　孟　可　倪　欣　潘晋勇
彭　婧　邱小苹　石文岳　苏洲炜　孙泽嘉　汤翁昕　汤　玥
唐小薇　王　博　王琳煜　王明娟　吴婧玥　吴铭传　吴　曦
肖艳芳　谢达人　徐代杰　徐光源　徐　虎　许静文　薛　婷
鄢祖锋　杨　康　杨　源　叶林萍　叶茂榕　尤秀娇　余思育
曾继发　张　慧　张艺琼　张煜枫　张钟灵　章伟权　赵梦迪
郑舒昶　朱敏洁　朱舒平　邹海平　邹雨婷　林　鑫　郭辰宇君

2020级会计学系博士研究生

董怀丽　　孔庆格　　林　峤　　涂宇虹　　袁　璐　　庄　婕

2021级会计学系MPAcc（全日制）

蔡　深　　陈慧云　　陈家辉　　陈恺悦　　陈　滢　　崔孝轩　　崔媛媛
董琼芸　　方沁怡　　付梦茹　　郭路怡　　郝晶晶　　何思源　　何宇菁
衡　力　　侯瑶华　　胡　灿　　胡雨祯　　胡月淼　　黄赫涵　　柯若诗
蓝丽娟　　李澳宇　　李　洁　　林　明　　刘恒懿　　刘文琪　　刘银川
陆雪萍　　牛冰冰　　蒲意辉　　钱欢霞　　钱佳忆　　荣晓东　　宋佳琳
苏　晨　　孙琳茹　　孙雨昕　　陶婉琳　　万桃源　　汪永恒　　王晨晖
王宁怡　　王　雨　　温庆铭　　文蓝蓝　　吴栋艺　　吴诗羽　　项俊杰
谢云艺　　许琦冰　　杨　锴　　杨明励　　杨舒曼　　尹紫瑞　　张　敏
张　琪　　张　宇　　郑清予　　周　柯　　周世豪　　周思思　　周天如
周韵俏　　朱思铭　　陈佩洁　　陈佩滢　　洪泳煌　　吴要槟　　吴政贤
Keneth Rodriguez Fu

2021级会计学系会计一班（会计学方向）本科生

陈林昀　　相茹今　　叶泽锦　　程允中　　钟海琳　　潘诗涛　　郑　镇
陈　淏　　王荣凯　　黄雨珠　　孙小兰　　陈晓祥　　许　可　　王雨桓
许怡捷　　张小悦　　王露颖　　林楚涵　　方鑫东　　叶舒怡　　周梓阳
吴云帆　　骆俊潮　　石书璐　　黄慧娟　　施怀之　　薛家琪　　陈　珂
杨子康　　荣美杉　　钟海晴　　吴宛铮　　杨紫茹　　黄麟茜　　张子骏
陈俞晴　　王佳妮　　植兆怡　　林宇昊　　苏欣怡

2021级会计学系会计二班（注册会计师方向）本科生

黄欣榆　骆茹莹　叶语轩　罗心如　夏怡文　蔡怡淋　侯彰瑶
彭宇涵　刘天容　王文菲　张宇佳　高芳婷　索世娇　王婧喆
林于捷　林子烨　张彦扬　李楷瑜　唐敬林　车佳桐　郑珠琳
徐菁晗　吴　桐　王逸洁　易炜堃　郜佳美　吴　荻　秦静霞
刘璐铭　王　智　刘欣琪　余佳熹　高万琳　毕青云　谭茜文
欧历历　柯以茵　赖芷睿　罗帅明

2021级会计学系会计三班（国际会计方向）本科生

徐传力　李芊叶　张力文　赵书萌　徐轶枰　楼梦琳　赵　萌
林暖雁　赵晨曦　黄文捷　徐鸽男　董　灿　赵敏晗　黄诗宸
葛星沂　翁丹铭　董盈晰　李奕洋　罗韦娜　杨　嘉　赵翊帆
刘丰睿　杨　寻　胡楠楠　颜铭烨　杨咏淳　叶佳怡　柯欣妤
林宜乐

2021级会计学系会计四班（CIMA 方向）本科生

蔡恺哲　朱洋颉　何　璐　黄可依　聂元崑　林若玫　赵　轩
梁　昫　张铮圯　丁煜媛　马　舒　李安琪　乔显尊　林若昕
周雨泽　陈安琪　朱诗彤　袁　桥　乔译琳　邹新明　秦颖异
郑思达　刘芃坤　许嘉豪　林辰昊　林芷仪　韩蕊安　刘逸菲
庄　静

2021级会计学系审计学本科生

曾洁榆　袁乐鑫　罗惠峰　林　锐　汪正阳　何俐璇　朱泽庭
刘晓颖　刘珩奕　郜蓉堃　施　展　王紫瑞　王温翔　李佳瑶

李萌萌　韩佳艺　冀若水　王嘉诺　朱筱琛　杨斌妮　吴奉霞
王佳铠　田路遥　黄浩然　王玉琦　李绍颖　何之航　何颖怡
李俊铭　赖文基　林鼎政　江玙函　喻晓然　潘弘毅

2021级会计学系会计学硕士研究生

陈子帆　邓凯琳　房逸清　郝一帆　洪　婧　胡　坚　黄　涵
黄妙环　接如意　赖烨臻　李睿宁　廖芯仪　刘婉宙　刘倬语
陆怡宸　罗　沁　麻俊杰　麻亚静　马宗霖　牟　颖　彭如春
石晓露　孙姝慧　覃晓笛　王洪钦　王晓涵　王雨婷　吴茹雯
吴振宇　夏宇星　谢文欣　徐丽婷　杨思怡　杨　焱　曾晓雨
张华凌　张天逸　张闻捷　赵加康　郑依琳　夏靖妮

2021级会计学系审计专业硕士研究生

陈美旭　陈思思　陈晓婷　陈永鑫　邓赵威　杜佳佳　范雅薇
付荣幸　郭　爽　胡牧凡　胡　杨　黄春丽　贾敬雪　鞠家伟
李　雪　李雅玲　林君菡　刘慧琪　刘　璐　刘雅雯　刘雅怡
罗毅轩　潘思婕　彭欣雨　尚　镕　邵新宇　施苏夏　水　雨
王诗语　王昕怡　王亦杰　王　颖　吴佳勉　吴　滢　夏邹睿
徐　悦　许奕瑜　杨明鑫　尤作圣　俞　静　张世钧　赵　云
郑思佚　周会璇　吴丽俐　尹念慈　袁凯威　庄语竹　熊拉多纳

2021级会计学系 MPAcc（非全日制）

蔡　睿　蔡亿娟　陈　晨　陈东瑜　陈恒丽　陈可欣　陈艺娴
陈宇涵　陈宇琪　陈致远　陈铸强　陈紫嫣　程俊翰　戴秋萍
邓晨曦　邓昊旻　邓龙健　郭佩琳　杭适为　何澍桐　胡娅敏
黄荟澍　黄　韬　黄有为　贾志明　江倩倩　金　鑫　金芷婧
赖佳彤　李博雅　李　纲　李佳林　李艺欣　梁燕华　廖梓晗

林墨丰　　林晓燕　　林　欣　　林昱达　　林　媛　　林智俐　　刘　婷
刘嫣然　　刘云帆　　吕婉卿　　骆晨茜　　骆晓梅　　彭思璇　　邱凌凡
石　玮　　史珊珊　　舒文馨　　宋卢昊　　宋昕桥　　苏　娴　　孙　瑛
王储璇　　王君忠　　王珮珊　　王若澜　　王　雯　　王怡雯　　王泳超
温格璇　　吴长鑫　　吴　梅　　吴启文　　吴　蔚　　徐　畅　　徐春晓
徐　浩　　许雅静　　严　梦　　杨　莉　　杨　柳　　张宏旭　　张　括
张　熙　　张夏彦　　赵晓婷　　郑光曜　　郑昆健　　郑汝静　　郑　怡
钟琦琦　　钟佳萍　　钟宇翔　　庄文锦　　程华秋子

2021级会计学系博士研究生

陈十硕　　陈雪颖　　刘雨菲　　苏雅拉巴特尔　　蔚　锐　　闫　寒　　张乙祺

2022级会计学系会计一班（会计学方向）本科生

白焕文　　陈皓玥　　陈煌伟　　陈乐瑶　　陈文嘉　　陈雨欣　　陈泽亚
程怡佳　　丁怡文　　付晶月　　郭予瑶　　韩雨彤　　何叶子　　李纯丽
李婧涵　　李明馨　　李明烨　　梁晶晶　　梁智宏　　林思瑾　　林晓曼
刘　奕　　卢雨行　　马　晶　　王佳怡　　王菱潇　　王欣彤　　王煜婕
吴　丹　　肖温泽　　徐佳琪　　杨昶頔　　余知行　　张芷瑜　　赵静雯
钟　艺　　朱品思　　吴袖榕

2022级会计学系会计二班（注册会计师方向）本科生

陈彬彬　　陈凌帆　　陈司愉　　陈文邦　　陈璇宇　　冯文惠　　傅钰景
高舒涵　　龚诗珩　　韩孟臻　　李建宇　　李　挺　　林文姿　　刘　畅
刘　菊　　刘　艺　　罗君怡　　吕秋煌　　明虹宇　　倪宇轩　　牛姝予
秦雪婷　　邵钰文　　盛明扬　　孙云仙　　王璟龙　　王科尧　　王　青
吴凯璐　　吴　琦　　杨圣学　　张晨玥　　张洛菲　　张思杰　　张宇欢
赵小春　　赵依菲

2022级会计学系会计三班（国际会计方向）本科生

曹兰玥	陈　琤	陈炯志	陈梓涵	方香惠子	韩雨桐	洪敏瑄
侯静怡	黄佳慧	黄　衍	金天宇	蓝望之	林楚媛	林可鑫
刘　菲	罗琪双	马书洋	马　骁	钱秋欢	秦晓雯	宋奕霏
孙渤昊	王　昊	吴绍轩	吴　悠	吴紫君	夏安琪	徐怡轩
徐　震	杨晓妍	余伊菲	张凝雪	张雨桐	郑耀欣	
Lau Hong You						

2022级会计学系会计四班（CIMA方向）本科生

柏欣昊	才让卓玛	陈任秀	陈　曦	陈祉好	邓辰晨	侯庭英
黄筑翎	黄钰莹	贾思雨	贾斯淇	梁亦心	廖　炫	廖智健
林仪泓	刘力缊	马胜童	潘　昊	邱振辉	孙博研	王澄宇
王钰茗	魏紫秋	翁洁莹	吴晨昊	武子强	杨　睿	张雨凡
赵恩漩	赵焕真	朱文熙	Ji Juhyeon			

2022级会计学系审计学本科生

陈佳仪	戴子潇	傅亦涵	郭乐谦	胡芳明	黄　钰	黄震涛
李宝玥	林子烨	石麒禾	孙含菲	汪琳莉	王俊骄	王昕玥
韦少璇	肖　艳	许鑫维	叶思苇	张思雨	张炜佳	张未垚
张　欣	张友优	张雨桐	周家诚	周思祺		

2022级会计学系会计学硕士研究生

曹一岚	董永斌	胡　欣	黄诗艺	黄怡菲	蒋礼蔚	雷　巧
李　浩	李昕彦	李雪飞	李雪皓	李泽华	林　熹	刘桑田
罗羽晶	骆　优	缪雨佳	庞暄玙	裴文艺	彭深缘	饶　灿

邵雅欣　沈烨龄　宋　筠　苏　玥　唐雨心　汪兴宇　王　笛
王俊岭　王莎莎　王屹麾　王　雨　夏雨珂　谢腾飞　闫家铭
严　敏　杨　楠　赵于卓　朱慧琳　冯子凌　林咏欣

2022级会计学系MPAcc（全日制）

柴婉莹　陈立凤　陈熙然　陈燕榕　戴芷歆　邓紫怡　范楚瑄
方卓珂　冯玠渊　高　源　何康欣　胡梦凡　黄佳佳　黄益建
姜语珊　孔王舒　黎朦霜　李瀚轩　李佳丽　李来顺　李倩琳
李　原　林　莉　林　艳　林逸轩　林紫璇　刘　冉　刘臻哲
刘子杨　卢云聪　吕凌涛　罗坤安　饶晨露　尚欣悦　苏　云
唐嘉雯　涂　洁　王亭苏　王馨悦　王兆麒　卫雨萌　闻　蓉
夏浩钧　谢宇崧　杨　逍　叶恒劢　叶婉娟　叶紫薇　殷　焌
于　晴　余　晖　余璐瑶　翟梓尧　张海辰　张江昭　张　倩
张诗怡　张　烁　张鑫禹　张钰淇　赵康利　赵滢哲　郑棋天
支　点　周丹宸　庄思莉　官欣谕　黄瀚升　杨晓君　卢乐莹①

2022级会计学系审计专业硕士研究生（全日制）

陈琪哲　陈　欣　陈　艺　崔　玥　邓添怡　邓欣昀　董笑怡
董昱辰　樊玉婷　管海馨　郝芯蕊　何　丹　胡紫菱　黄思潮
姜文朔　康雅婷　黎霖泽　李乐霖　李明静　刘　璇　卢辉凡
卢子琦　罗　岚　彭　磊　宋渝竹　唐子青　涂　芸　屠雨泽
王佳琳　王语汀　吴　桐　谢宜轩　徐舒虹　杨诗婷　杨子越
余倩倩　张菁菁　张允萌　朱　训　刘海钰川

① 休学。

2022级会计学系 MPAcc（非全日制）

李　浩　蔡奇凡　蔡僖妍　蔡瑜青　陈碧婷　陈　涵　陈玲玉
陈添烽　陈晓涵　陈雨薇　陈昱舟　陈之秀　陈　洲　戴　渊
邓超语　杜佳莉　方佳鸣　冯　瑞　付　奇　甘钰蓥　郭小建
郭　欣　何一麟　贺　璐　洪莹莹　胡　虹　黄安立　黄芃欢
黄乔博　黄语嫣　简俊杰　江宇彬　康叶炜　康朱燕　柯佳敏
李婉莹　李小婷　李　赟　林　婕　林静雯　刘　妍　卢俊彦
卢赛玲　卢焱军　卢　昀　罗文樊　马文丽　潘娴萍　钱　前
秦　晨　沈凌燕　施俊杰　舒　澜　宋雪婧　宋　洋　孙申甡
孙　哲　陶丹丹　佟宇飞　王丹凤　王　婧　王丽英　王儒杰
王小娟　王小娟　王　浔　王莹莹　魏伊琳　吴冬冬　吴虹燕
吴少博　吴胜兰　吴艺兰　吴哲宇　肖绿南　谢可诣　徐雨潇
许志红　颜雪梅　余悦雨　俞海霞　曾恩泽　赵若竹　郑丙兴
郑　鹏　郑舒婷　郑斯尧　郑亚菲　周　滨　朱俊桥　祝　怿
庄亦农　卓聪敏　邹根萍

2022级会计学系博士研究生

陈思齐　程玮璇　褚华琳　董仪纹　刘　充　陶和锌　王子佳
巫奕龙　张　琦　张心舒　张雨童　陈晓锋

2022级会计学系博士后

邢　洋　彭　品

2023级会计学系本科生

暂缺[1]

2023级会计学系会计学硕士研究生

陈　菓	陈晓圆	陈哲澳	陈　臻	戴　懿	冯艳清	高　源
郭星颖	韩紫薇	黄　芮	李若曦	李文卓	林程炜	林慧卿
刘嘉仪	刘笑艳	宋佳成	屠玉璞	王　迪	王海丞	王佳祺
王稼轩	王龙洋	王　璐	王希玥	王毓泽	文荆警	吴佳瑾
夏一新	肖新雅	徐佩聪	许晓琪	杨思琪	杨依依	杨宇航
袁　如	周小惠	朱民城	杨珺尧	庄羽翾		

2023级会计学系 MPAcc（全日制）

鲍艺一	陈怀宇	陈嘉玮	陈灵馨	陈思覃	陈思媛	陈子尧
杜笑笑	洪景昱	洪羽琳	胡歆翊	黄闽渝	冀玥颖	金绍博
康　霖	李舒桐	李文越	李　潇	李　妍	林佳涛	林静轩
林泽夏	刘雨薇	龙梦霞	罗琦琪	马　莹	蒙婧妤	苗天姿
彭佳琪	彭文杰	彭雨洁	邱　婕	沈诗涵	沈晓雅	宋　丽
孙晨曦	孙文一	谭　晗	唐诗语	陶　行	涂苏玲	王丽芬
王帅敏	王　宇	王桢艳	徐　颖	薛　怡	杨洪轩	杨姝颖
杨雨童	叶凯乐	叶莉莉	叶子莲	曾宇晨	张春蕊	张小婷
赵姝娅	周艺源	周竹颖	朱婉宁	朱昱文	洪榅晴	侯冠辰
赖翎凤	李玟茜	潘松鹏	杨子贞	袁嘉睿	周亚萱	卢乐莹

---

① 由于厦门大学的“大类招生、专业分流”政策，2023年9月入学的本科生按会计大类招生，一年后按会计学专业（四个方向）、审计学专业、财务学专业进行专业分流。其中，会计学专业和审计学专业属于会计学系。截至2024年3月1日《厦门大学会计学科百年史》校对和增补完成时，尚未进行2023级会计大类学生的专业分流。2023级会计学系学生名单留待下次厦门大学会计学科修史时再行补入。

2023级会计学系审计专业硕士研究生（全日制）

卞悦悦	干　琳	高若嘉	顾诗佳	管　益	韩雨贝	郝晓迪
胡思雨	黄　杰	黄亚楠	江芷欣	蒋龙心	李双双	李圆圆
刘殊萌	刘　璇	柳　佳	罗筱竹	亓一鸣	唐知宇	王　珂
王可灿	王　琳	王若霖	王水漪	王子晴	魏婷婷	翁姝娅
徐诚璐	徐嘉鑫	薛旻玥	杨钦钦	杨守强	叶子金	易炫彤
臧家辉	张馨元	张轶涵	周懿宁	朱　月		

2023级会计学系 MPAcc（在职）

蔡佳婧	陈　菲	陈泓熠	陈建财	陈　靖	陈心睿	陈　怡
陈昱希	陈展宇	陈　喆	丁　奕	方婧祎	方李晗	冯剑凯
郭孔铭	郭梦涵	韩　瑛	何星曌	何熠璇	胡琪华	黄程炜
黄潘安	黄晓珊	金　晶	赖兰兰	雷燕妮	李斌斌	李彩娥
李素娥	李振宁	连毕洲	连晨冰	林冰婷	林晨焜	林　婕
林　莉	林施旻	林斯坦	林文韬	林希岚	林艺楠	林雨馨
林泽贤	刘　晨	刘嘉敏①	刘淼森	刘莹颖	罗淑贞	钱炜杭
沈润佳	苏悦萌	唐　昱	唐子晴	王丹婷	王华欣	王　珏
王舒音	王筱雪	吴清宇	吴少颖	吴宇涵	席嘉欣	夏若清
肖艾琳	肖丽娟	肖轶阳	谢兴东	徐　婧	许佳琪	许堃裕
许伟鹏	颜楚方	杨家琦	杨娉婷	杨芷晴	叶雯卓	余美文
余丝益	曾涵雨	张传泽	张理程	张　曦	张宗烽	郑　杭
郑慧仪	郑雅慧	钟灵蕙	钟瑞帆	朱冰洁	庄萃红	庄惠喻
庄佳钰						

① 保留学籍。

2023级会计学系博士研究生

蔡芷涵　　刘海潮　　任晓姝　　吴沁霖　　吴卓君　　张　瑞　　朱海宁
左祥太　　苏　扬

2023级会计学系博士后

Ali Abbas　　宫晓云　　李　洪　　杨松岩　　闫维艳

第二篇

厦门大学会计学科·继承与发展

1924—2024

Centennial History of Accounting Discipline at Xiamen University

第九章 厦门大学会计学科历任／现任党政人员

第一节　历任党支部、党总支书记和副书记

1952年冬，经济（财经）学院成立中共厦门大学财经科支部（1952年冬—1953年9月），王新整任支部书记；1953年9月，成立中共厦门大学经济系支部（1953年9月—1956年4月）；1956年4月改为经济系党总支部（1956年4月—1969年2月）。1966年，厦门大学经济系的党组织设置与行政机构出现了调整，直至1969年12月恢复设立经济系党支部，1973年3月恢复设立经济系党总支部。

1982年4月，中共厦门大学会计系总支部成立；1984年11月改为中共厦门大学会计与企管系总支部；1985年8月恢复为中共厦门大学会计系总支部；1998年4月设立厦门大学会计学系教工支部；2018年10月，随着退休党员教师人数的增加，设立会计学系教工第一支部（在职党员教师）和会计学系教工第二支部（退休党员教师）。

下表为厦门大学会计学科会计学系历任党支部、党总支书记和副书记名录，包括：（1）会计学系的历任党支部、党总支书记和副书记；（2）会计学为一个专业或方向的情况下，所属的系（院）的历任党总支书记和副书记。但是，并不包括管理学院（1999—2024年）或经济学院（1985年10月—1999年）的历任党总支书

记和副书记（由院史记载）。

◎ 厦门大学会计学科历任党支部、党总支书记和副书记

基层党组织	书记	副书记
中共厦门大学财经科支部 （1952年冬—1953年9月）	王新整	—
中共厦门大学经济系支部 （1953年9月—1956年4月）	李维三 （1953年9月—1956年4月）	颜松滨 （1955年2月—1956年4月）
中共厦门大学经济系总支部 （1956年4月—1969年2月）	李维三 （1956年4月—1958年9月；1959年11月—1969年2月） 黄志贤 （1956—1957年，代） 吾惠冬 （1958—1959年） 郑沛伦 （1964年2月—1964年9月，代） 吴宣恭 （1964年9月—1965年9月，代）	颜松滨 （1956年4月—1956年10月） 毛振莹 （1956年12月—1957年） 黄志贤 （1956—1957年；1960年2月—1965年9月） 尹一民 （1958年12月—1959年12月） 陈仁栋 （1959—1965年） 叶品樵 （1960年2月—1961年2月） 郭志发 （1964年9月—1969年2月）
1969年2月，福建省革委会批准成立“厦门大学革命委员会”，代替厦门大学党委和学校行政职能，实行“一元化”领导。1969年12月，恢复厦门大学经济系党支部。		
中共厦门大学经济系支部 （1969年12月—1973年10月）	顾元林 （军宣队，1969年12月—1972年1月）	郭志发 （1969年12月—1973年10月） 蔡秀英 （1969年12月—1972年）
中共厦门大学经济系总支部 （1973年10月—1982年4月）	李维三 （1973年10月—1977年8月） 郭志发 （1977年11月—1982年4月）	郭志发 （1973年11月—1977年11月） 颜清芳 （1973年11月—1982年4月） 林葛龙 （工宣队，1974年9月至今） 谢福金 （工宣队，1974年9月至今） 兰福谦 （1980年2月—1980年8月） 林事恒 （1980年8月—1982年4月） 冯德昌 （1980年8月—1982年4月）

续表

基层党组织	书记	副书记
中共厦门大学会计系总支部 （1982年4月—1984年10月） （1985年8月—1999年7月）	宋文清 （1984年11月—1987年3月） 颜清芳 （1987年3月—1992年4月） 陈家声 （1992年4月—1993年2月） 曲晓辉 （1993年2月—1993年11月） 施工中 （1993年11月—1999年7月）	江炳荣 （1982年4月—1984年11月） 陈守文 （1982年4月—1985年3月） 朱时钦 （1984年11月—1987年3月） 李文东 （1987年3月—1991年8月） 王一平 （1991年12月—1995年1月） 卢永华 （1995年1月—1999年7月）
中共厦门大学会计与企业管理系总支部 （1984年11月—1985年8月）	宋文清 （1984年11月—1985年8月）	朱时钦 （1984年11月—1985年8月）
中共厦门大学管理学院会计学系教工支部 （1998—2018年）	苏新龙 （1998年4月—2010年4月） 黄炳艺 （2011年12月—2018年10月）	—
中共厦门大学管理学院会计学系教工第一支部 （2018年10月至今）	杜兴强 （2018年10月至今）	张国清 （2022年11月至今）
中共厦门大学管理学院会计学系教工第二支部 （2018年10月至今）	李成 （2018年10月—2022年10月） 蔡宁 （2022年11月至今）	—

二、会计学系历任党政人员名单

厦门大学会计学系百年发展历程中，一批又一批党政人员和会计学科的教师一道，为会计学科的发展贡献了自己的青春。在会计学科百年庆典之际，我们不能，也不应忘记了这些党政人员，包括但不限于：（1）专职党务人员；（2）专职行政人员；（3）专职教辅人员。

下表列示了1924—2024年厦门大学会计学科的党政人员名单（专职），但未包括教学科研和党政工作双肩挑的人员（如系主任、副系主任），这部分人员将在下一节专门介绍。

◎ 1924—2024年党政人员（专职）

年份	入职教师				
1924—2023年	林一至	马如明*	高芝仙	黄定基*	庄　丹*
	江炳荣*	李芳文	林永懋	陈家声*	宋文清*
	苏新龙	罗世芳	吴粹英	冯泽帅*	林金宝
	李文东*	颜清芳*	林开钦	王一平*	陈汉文*
	高忠华*	吴赛莺	施工中*	林爱珍	郑诚明*
	黄　辉	黄剑彬	庄　健	陈　菡	杨颖瑜
	阮育玲	黄　毅	石　云	方　珍	彭梅香
	顾　磊	陈桂宝	陈　烨	陈书芸	刘银燕
	潘嘉倩	林姝妍			

注：标记 * 为政工岗位的老师。

第二节　历任系主任和副主任

下表为厦门大学会计学科会计学系（科）历任系主任和副主任情况，包括:（1）会计学系（科）的历任系主任和副系主任;（2）会计学为一个专业或方向的情况下，所属的系（院）的历任系主任（院长）。但是，并不包括管理学院（1999—2024年）或经济学院（1985年10月—1999年）的历任院长与副院长（由院史记载），亦不包括会计学系（科）教师在厦门大学校级层面担任副校长（总会计师、校长助理）的情况（由校史记载）。

◎　厦门大学会计学系（科）历任系主任和副主任

时间	行政机构		历任相关院系领导	
一、私立时期（1921—1937年）				
1921年[①]	商学部	商科含商学、会计学、银行学（1924—1930年）	商科主任	陈　灿（1921年、1926—1929年）
1930年至1934年	商学院[②]		院长	陈德恒（1930年）
		会计学系	系主任	郑世察（1930年） 徐志禹（1933年）
1934年至1937年	法商学院[③]		院长	杨振先（1934年） 陈德恒（1935年代理，1936年起任） 冯定璋（1937年代理）
		商业学系	系主任	冯定璋（1935年）
二、抗战迁汀时期（1937—1945年）				
1937年至1945年	商学院		院长	冯定璋（1938年） 郑健峰（1942年） 朱保训（1945年）
		商业学系	系主任	冯定璋（1936年）[④]
		会计学系	系主任	萧贞昌（1941年）
三、1945年至1949年				
1945年至1949年	商学院		院长	朱保训（1945年）
		会计学系	系主任	萧贞昌（1945年）

① 始建。
② 1934年6月与法学院合并为商法学院，商院各系合并为商业学系，1937年后又恢复商学院。
③ 1937年底撤销、保留商学院。
④ 1937年底撤销法商学院，保留商学院。

续表

<table>
<tr><th>时间</th><th colspan="2">行政机构</th><th colspan="2">历任相关院系领导</th></tr>
<tr><td colspan="5">四、1949—1966年</td></tr>
<tr><td>1949年
至
1950年</td><td>商学院</td><td></td><td>院长</td><td>朱保训（1949年—1950年9月改为经济学院）</td></tr>
<tr><td rowspan="3">1950年
至
1966年</td><td rowspan="3">经济
（财经）
学院</td><td></td><td>院长</td><td>王亚南（1950年，兼）[1]
吴兆莘（1951年—1952年8月）</td></tr>
<tr><td>会计工商管理学系[2]</td><td>系主任</td><td>萧贞昌（1950年）[3]</td></tr>
<tr><td></td><td>系主任
（会计学系）</td><td>萧贞昌（1950—1954年）[4]</td></tr>
<tr><td colspan="5">五、1966—1972（1976）年</td></tr>
<tr><td colspan="5">1966年6月，经济系主任：袁镇岳。
1969年实行“一元化领导”，经济系革命领导小组成员：顾元林（军）、蔡秀英（工）、郭志发。
1973年后，经济系主任：叶品樵（1973—　）。</td></tr>
<tr><td colspan="5">六、1972年至今</td></tr>
<tr><td rowspan="2">1972年
至
1981年</td><td colspan="4">1972年复办会计学专业</td></tr>
<tr><td>经济系</td><td>含会计学专业
（1976—1981年）</td><td>系主任</td><td>叶品樵（1977年）
袁镇岳（1978年12月）</td></tr>
<tr><td rowspan="2">1981年
至
1996年</td><td rowspan="2">经济
学院</td><td rowspan="2">会计与企业管理系，设会计学专业和企业管理专业</td><td>会计与企业管理系主任</td><td>余绪缨（1982）
庄瑞澄（1984年—1985年10月）[5]</td></tr>
<tr><td>会计与企业管理系副主任</td><td>黄忠堃（1981年）[6]</td></tr>
</table>

① 1950年11月起改称财经学院，下设财金、会计、贸易、统计四系。

② 1950年撤销原有的商学院，与法学院的原经济学系合并，改称财经学院，设会计学系、银行学系、国际贸易学系、统计学系。

1951年院系调整，财经学院（科）之下设会计学系、统计系、财政金融学系（原银行学系）、贸易系。原私立福建学院经济系并入厦门大学财经学院，恢复经济学系设置。

1952年原福州大学财经学院的会计、贸易、财金、统计和企业管理五个系并入厦门大学财经学院，下设经济学系、统计系、财政金融学系、贸易系、会计工商管理系、企业管理系。

1952年原福州大学财经学院的会计、贸易、财金、统计和企业管理五个系并入厦门大学财经学院，下设经济学系、统计系、财政金融学系、贸易系、会计工商管理系、企业管理系。

1953年企业管理系并入上海财经学院。厦门大学财经学院保留经济、会计、统计、财金、贸易五个系。

1955年，全国院系大规模调整，厦门大学财经学院撤销，奉命停办经济、统计、会计、财金、贸易等五系，统一改为经济系。

③ 1952年8月，福州大学财经学院并入厦门大学，后即撤销学院建制；9月部令恢复为会计系。

④ 1954年10月改为会计学专业。

⑤ 1985年10月撤销会计与企业管理系，分设会计系、企管系。

⑥ 会计学系副主任，筹建会计学系。

续表

时间	行政机构		历任相关院系领导	
1981年 至 1996年	经济学院	1985年，会计与企业管理系拆分为会计学系与企业管理系	会计学系主任	吴水澎（1985年9月—1986年2月） 陈守文（1986年3月—1996年7月）
			会计学系副主任	陈守文（1985年10月—1986年3月） 唐予华（1988年4月—1991年12月） 李若山（1991年12月—1993年10月） 陈少华（1993年11月—1996年）
1996年4月 至 1999年6月	工商管理学院	会计学系	系主任	王光远（1996年7月—1999年7月）
			副主任	庄明来（1996年1月—1999年7月） 毛付根（1996年7月—1999年7月）
1999年6月 至今	管理学院	会计学系	系主任	庄明来（1999年7月—2004年4月） 陈汉文（2004年4月—2008年10月） 桑士俊（2008年10月—2017年1月） 杜兴强（2017年2月至今）
			系副主任	陈汉文（2000年1月—2000年12月） 桑士俊（2000年1月—2008年10月） 卢永华（2000年12月—2004年4月） 郭晓梅（2004年4月—2008年10月） 薛祖云（2008年10月—2017年1月） 于李胜（2011年3月—2017年1月） 张国清（2017年2月—至今） 李　成（2017年1月—2019年7月） 蔡　宁（2019年12月至今）

注：由于资料匮乏，部分人员的免职时间难以查证。

第三节　现任系主任和副主任

一、系主任杜兴强教授（2017年2月至今）

◎杜兴强

杜兴强，1974年生，会计学博士（2001），厦门大学“南强”重点岗位教授和“南强”卓越教学名师、博导，美国哥伦比亚大学访问学者。2001年8月起任教于会计学系，2002年12月破格晋升为副教授，2004年5月和8月相继被破格聘为博导（时为副教授）和教授。

享受“国务院政府特殊津贴”专家（2020），国家高层次人才特殊支持计划哲学社会科学领军人才（2021），国家百千万人才工程入选者（2019），教育部首届新世纪优秀人才（2004），国家有突出贡献中青年专家（2019），财政部会计名家培养工程入选者（2022），中宣部文化名家暨“四个一批”人才（2022）。

兼任中国会计学会副会长、教育部会计学专业（分）教指委副主任、中国商业会计学会副会长、中国审计学会常务理事、*Journal of Business Ethics* 编委、《当代会计评论》执行主编，曾任全国青联委员与福建省青联常委等。

国家自然科学基金重大项目课题负责人与国家社科基金重大项目首席专家；曾获教育部人文社科优秀成果一等奖、教育部霍英东青年教师奖一等奖和福建省社科优秀成果一等奖；2021—2023年连续入选“爱思唯尔中国高被引学者”，2020—2023年连续入选“全球前2%科学家”（World's Top 2% Scientists）；多篇研究与咨询报告被省部级政府部门采纳。

研究兴趣为“文化影响与会计审计行为”、“会计思想史与财务会计理论”和“非正式制度、公司社会责任与会计审计行为”。论文发表于*Journal of Business Ethics*、*Journal of Accounting and Public Policy*、*International Journal of Accounting*、《会计研究》、《管理科学学报》、《管理世界》、《金融研究》等中英文期刊。出版著作*On Informal Institutions and Accounting Behavior*、《会计信息的产权问题研究》、《文化影响与会计审计行为研究（上/下）》、《儒家文化与会计审计行为》、《葛家澍教授学术思想研究》、《财务会计概念框架与会计准则问题研究》等。

获国家级教学成果二等奖、教育部霍英东教育教学奖二等奖和福建省教学成果特等奖，被授予厦门市优秀教师与宝钢优秀教师等荣誉称号。主讲的“财务会计理论专题”入选教育部国家级一流本科课程，“资本市场会计研究”获批福建省研究生教育精品课程，主持福建省本科重大教改项目，总主编“厦门大学会计系列教材”（高等教育出版社出版），主编普通高等教育国家级规划教材《财务会计理论》。培养的博士生多人次入选国家高层次人才计划、获福建省优秀博士论文与MPAcc学生案例大赛特等奖。

统筹厦门大学会计学科百年庆典活动（2024），主编《厦门大学会计学科百年史（1924—2024）》（三卷五册）。国内最早完成八百里（399公里）玄奘之路戈壁挑战赛（甘肃瓜州至新疆哈密，2017）的高校教授之一，完赛北京、厦门、武汉等全程马拉松与“善行者”慈善越野赛。

二、系副主任张国清教授（2017年2月至今）

◎张国清

张国清，江西省抚州市崇仁县人，博士，厦门大学管理学院会计系教授、博士生导师。兼任财政部首届政府会计准则委员会咨询专家、中国会计学会政府及非营利组织会计专业委员会委员和中国会计学会财务成本分会理事，2012—2013年度美国圣路易斯华盛顿大学Olin商学院会计系访问学者，2015—2016年在厦门市财政局资产管理处挂职。在《世界经济》、《会计研究》、*China Accounting and Finance Review* 等权威刊物发表论文30余篇，出版专著1部，教材1部（合作）。主持2项国家自然科学基金项目、1项中国会计学会重点项目、1项福建省社会科学一般项目，入选2011年度“福建省高校新世纪优秀人才支持计划”。

主要研究领域：资本市场会计与审计、公司治理与内部控制、公共财务与政府会计、环境信息披露。

分管会计学系博士研究生、学术型硕士研究生、会计专业硕士（MPAcc）、审计专业硕士、会计学系教师与研究生论坛等工作。

三、系副主任蔡宁教授（2019年12月至今）

◎蔡宁

蔡宁教授分管厦门大学会计学系本科生工作。

蔡宁，管理学（会计学）博士，厦门大学管理学院教授，美国伊利诺伊大学香槟分校（UIUC）Freeman项目访问学者，入选财政部会计领军人才（学术4期）、福建省新世纪优秀人才支持计划，中国会计学会成员，厦门大学“我最喜爱的十位老师”之一。研究方向为资本市场会计与财务问题。在《管理世界》、《会计研究》、《金融研究》、《南开管理评论》、《经济管理》、《审计研究》、*China Journal of Accounting Research* 等刊物发表多篇论文。主持国家自然科学基金、教育部人文社会科学基金、中央高校基本科研业务费等项目，作为主要参与人参与国家自然科学基金重大项目、教育部人文社会科学重大项目。担任多家上市公司独立董事。

第四节　现任行政人员

厦门大学会计学系（科）近年来的快速发展，除了广大教师外，离不开教辅人员的辛勤付出，她们在服务于教师的教学科研和协助会计学系进行学生管理方面做出了诸多贡献；特别地，她们对《厦门大学会计学科百年史》的编撰付出良多。

刘银燕，1988年生，2011年毕业于闽江学院历史系历史信息系统专业。2011年进入厦门大学工作，现为会计学系秘书，负责会计学系行政事务（包括日常行政事务、学术活动、新闻宣传、对外交流、校友工作、各类报销等）。

◎刘银燕

石云，1978年生，2005年毕业于厦门大学人文学院哲学系马克思主义哲学专业。2005年进入厦门大学工作，曾担任会计学系秘书，负责研究生教学管理工作，现为本科教学秘书。

◎石云

陈书芸，1987年生，2010年毕业于厦门大学人文学院历史学系历史学专业。2010年进入厦门大学工作，现为会计学系秘书，负责本科教务工作。

◎陈书芸

◎潘嘉倩

潘嘉倩，1995年生，2019年毕业于华南理工大学外国语学院外国语言学及应用语言学专业。2019年进入厦门大学工作，现为会计学系秘书，负责学术型硕士和博士研究生的招生、教学、培养、学位、导师和评估等相关工作。

◎陈桂宝

陈桂宝，1982年生，2003年毕业于集美大学财经学院贸易经济专业。2014年进入厦门大学工作，现为厦门大学会计学系MPAcc秘书，负责会计专业硕士、审计专业硕士相关工作。

◎林姝妍

林姝妍，1997年生，2022年毕业于香港岭南大学商学院会计系会计专业。2023年进入厦门大学工作，现为会计学系MPAcc秘书，负责会计专业硕士、审计专业硕士相关工作。

◎杨颖瑜

杨颖瑜，1978年生，2007年毕业于厦门大学网络继续教育学院会计专业。2003年进入厦门大学工作，现为厦门大学会计发展研究中心秘书，负责《当代会计评论》编务、中心科研和行政工作。

第十章 厦门大学会计学科历任/现任教师

第一节　历任教师名单及简介

在厦门大学会计学科的百年发展史上，166位教师作出过自己应有的贡献。这些教师中，1924—1949年入职的有24位，1950—1980年入职的有38位，1981—1990年入职的有39位，1991—2015年入职的有41位，2016—2023年入职的有14位（全部从境外和国内知名高校取得博士学位）。这些教师中，有的自就读（入职）之后，终生和厦门大学会计学科联系在一起，与厦门大学会计学科相互成就，奠定了厦门大学会计学科的辉煌；有的作为中坚教师，将一生中的大部分时间贡献给了厦门大学会计学科；有的一生坎坷，但对厦门大学会计学科的发展尽心尽力；有的正在殚精竭虑，为厦门大学会计学科的发展贡献良多；有的在厦门大学会计学科这个“中转站”略作停留，转而奔向下一个目的地；有的如流星划过厦门大学会计学科，雪泥鸿爪……

在厦门大学会计学科庆祝自己的百年诞辰之际，兹列示厦门大学会计学科百年史上所有教师名录如下。

◎ 1924—2023年入职教师名单

年份	入职教师					
1924—1949年	郑世察	陈德恒	卢启宗	周乃震	周彭年	徐志禹
	傅德润	王蕴玉	陈　英	黄雁秋	萧贞昌	周国珍
	周覃绂	陈仁栋	吴崇泉	郑延植	燕　夔	吕恒儆
	李百龄	葛家澍	李湖莲	余绪缨	安永瑞	黄道标
1950—1980年	张来仪	潘德年	黄国雄	黄忠堃	汪慕恒	王承惠
	饶元煦	耿心湛	李祥辉	顾继业	王春田	常　勋
	罗芳健	黄加道	黄元武	林建武	梁工佛	林耀荣
	谢显寿	庄表峰	谢　抗	庄瑞澄	陈清世	吴水澎
	陈守文	林炳镛	蔡淑娥	李登河	姚立中	张金矿
	丁昌甫	朱时钦	李金林	黄礼忠	吴晋明	庄爱珠
	谢景贤	傅健康				
1981—1990年	薛　林	黄如光	庄明来	叶　薏	陈曾唯	谢琳琳
	唐予华	周建荣	国桂荣	黄世忠	陈少华	张志杰
	林志军	陈双人	郑耿琳	郭丹霞	卢永华	徐玉霞
	陈　纹	苏新龙※	李建发	袁新文	傅元略	刘　峰
	林开桦	林宝玉	王韶庭	汪一凡	葛方雯	毛付根
	王明花	陈箭深	李若山	曲晓辉	胡玉明	陈汉文※
	叶少琴	孙丽影	林文锋			
1991—2015年	胡奕明	肖　华	刘宝慧	林江河	刘恭远	黄京菁
	郭晓梅	王光远	余芸春	周海燕	胡念梅	黄志忠
	谢　灵	桑士俊	任春艳	严　晖	胡冰冰	林　涛
	章永奎	薛祖云	杜兴强	廖　阳	杨　绮	游相华
	王丽明	肖　虹	陈守德	李明辉	张国清	黄炳艺
	于李胜	吴清华	张　扬	李　成	林朝南	蔡　宁
	吴益兵	罗进辉	曾　泉	叶建明	陈亚盛	
2016—2023年	熊　枫	郑　祯	刘媛媛	刘馨茗	沈江华	申屠李融
	孟庆玺	李斯曼	郭　睿	何　源	李胜难	翟伟欢
	陈　璐	吴　越				

备注：标记 ※ 为行政转教学的教师；由于史料原因，难免有所疏漏，恳请见谅并指出。

下面将依循教师的入职时间，介绍厦门大学会计学系（科）的历任教师。

◎郑世察

郑世察，1896年出生，1983年逝世，浙江慈溪人。1919年毕业于沪江大学，1923年和1924年分别获美国纽约大学、英国伦敦大学硕士学位。1927年任厦门大学会计师，1930年任会计学系主任。1925—1936年及1941—1947年任教于厦门大学会计学系，是厦门大学会计学教授第一人。1951年加入九三学社。曾任厦门大学商学院院长、沪江大学商学院院长。新中国成立后历任沪江大学商学院院长、上海财经学院教授。译有《麦氏簿记与会计学》。

陈德恒，1898年出生，浙江嘉善人，教授。1919年清华大学毕业，留学美国，获密歇根大学经济学士学位和哥伦比亚大学商学硕士学位。1926—1937年任厦门大学商学院（法商学院）院长；1941—1947年任厦门大学训导长。1937年，厦门大学改为公立，他是在两个时期均有任教经历的唯一的会计学系教授，对私立期间教学经验在公立期间的继续传承和发扬，起了重要的衔接作用。1947年离开厦大到上海沪江大学，先后任国际贸易系主任和商学院长，1952年进入上海财政经济学院（今上海财经大学）任教并兼夜校部主任。后任教于上海社会科学院。1965年退休。

◎陈德恒

卢启宗，江苏盐城人。美国库意大学文学士，威斯康星大学院修业，美国西北大学商科硕士。任教于厦门大学会计系（教授），讲授商业管理会计、工业成本会计课程。曾任芝加哥《工商日报》编辑一年。

周乃震，1930年入职，任厦门大学会计学系讲师。

周彭年，1933—1934年任教于厦门大学会计学系（讲师）。

徐志禹，美国华盛顿大学商学士，密歇根大学硕士。1933—1934年任教于厦门大学会计学系（教授）。1933年任厦门大学会计学系主任（第二任系主任）。历任于国立暨南、沪江大学。

傅德润，美国纽约大学商学士。曾任陇海铁路会计处长，历职于中华大学、暨南大学、上海国立商学院。1934—1936年任教于厦门大学会计学系（教授）。

王蕴玉，福建厦门人，1929—1937年在厦门大学任教。1926年毕业于国立暨南大学，对会计学有独到的见解，上海市几家会计师事务所初创时都争相聘请他。不久，他又赴菲律宾，进入国立菲律宾大学研究院继续攻读会计专业。回国后在厦门大学任教授，他在教学上的努力，为厦大培养出了第一批杰出的人才。王蕴玉先生一面讲学，一面兼办会计师业务，在厦门最早创立会计师事务所。抗日战争时期，日军进逼厦门，王先生全家迁至香港，凭他的学识水平和严正的执业经验，获得了香港当局特准的核数员（即会计师），在香港执行查账、咨询等会计师业务，是中国会计师在香港取得会计师资格的第一人。

王蕴玉先生从事会计事业10多年，会计理论和实务都很精湛，1940年前后担任福建省银行驻香港办事处主任，同时仍兼任香港地区的核数员，执行查账验证业务，为当时我国在境外执业的著名会计师。

陈英，1931—1932年任教于厦门大学会计学系（教授）。

黄雁秋，日本明治大学商科本科毕业，曾任江西建设银行副行长。1938—1947年任教于厦门大学会计学系（副教授），1948年晋升为教授。

◎萧贞昌

萧贞昌，1898年出生，1983年逝世，号干民，黄陂武湖高车畈人，北京大学经济系毕业，1925年赴德国莱比锡大学学习并于1928年（民国十七年）获得经济学博士学位。历职于省立武昌中学校长、福建省政府会计处处长、东北大学商学院、中央大学、上海商学院等校。1938年受聘为厦门大学法商学院教授。1940年曾在广西桂林作“福建省会计建设之经过及个人对于地方会计建设之管见”的专题报告，表达了福建及各地对训练会计人才的迫切需求，以及自己对培养会计人才重要性之认识。1941年1月，恰逢厦门大学商学院独立，会计学系重建，受时任校长萨本栋之邀，重返厦门大学担任会计学系主任，一直到1954年会计学系并入新成立的经济系。

周国珍，1938年任教于厦门大学商业系（助教）。

周覃绂，厦门大学会计学系教授。

◎陈仁栋

陈仁栋，1916年出生，1991年逝世，福建福清人。教授，厦门大学会计学系教授兼图书馆副馆长，会计理论与方法教研室主任。1941年厦大会计学系毕业后留校任教。在厦大会计学系、经济系长期从事教学和科研工作，从教50多年。1957年加入中国共产党。治学严谨，为人师表，坚持在教学第一线，为中国的四化建设培养大批的财会专业人才。中共十一届三中全会后，在全国率先引进人力资源会计，开创学术研究新领域，成为国家教委“七五”文科博士点重点项目。曾任厦大经济系党总支副书记、厦大图书馆第一副馆长、厦大校友总会副理事长、福建省图书馆学会副理事长、厦门人才研究学会副理事长。出版专著《人力资源会计》、译著《人力资源管理会计》，参与编写教材8部，发表主要学术论文17篇。

1978年起研究人力资源会计。

合作著作：《会计学基础》（中国财经出版社1980年版），《会计基础知识》（上海人民出版社1978年版），《会计学导论》（立信会计图书用品社1988年版），《人力资源管理会计》（《会计辞海》，辽宁人民出版社1990年版）等。

译著：英译《人力资源管理会计》(上海翻译出版公司1986年版)，合译《会计原理》(上、下)(中国财经出版社1982、1984年版)。

主编：《人力资源会计》(厦门大学出版社1991年版)。

主要论文：《新技术革命与高校智力开发投资的经济效益》(《江西会计》1984年5期)，《人力资源成本计量模式的探索》(《财会探索》1985年5期)，《关于人力资源的商品属性及其价值会计的计量问题》(《厦门大学学报》1989年1期)，《人才流动价值的探索》，《论人才成长与社会环境的"血缘"关系》，《开放人才市场与计量人才价值的研究》(《福建论坛》1986年1期、1987年3期、1990年1期)。

吴崇泉，中央政治学校法政学院毕业，1941—1942年任教于会计学系(副教授)，曾任福建省政府咨议、福建省会计处岁计科长、福建政干团教师。

郑延植，厦门大学会计学系教员，在资金运动会计理论传播中做出重大贡献，取得了一定有价值的研究成果。

燕夔，1904年出生，江西南昌人。1942年8月任教于厦门大学会计与工商管理系(副教授)。

吕恒儆，1911年生，湖北鄂城人，北京辅仁大学毕业，厦门大学外文系副教授。从事经济学和英语的教学研究。已发表《中国农业金融研究》《英语写作与修辞》等论著。

◎吕恒儆

李百龄，1918年出生，福建省晋江县(现泉州市)人，2004年逝世。1944年毕业于厦门大学商学院银行学系，获商学士学位。毕业后，历任厦门大学商学院银行学系助教、讲师，会计学系讲师、副教授、教授。长期担任企业财务管理、西方财务会计和电算会计等课程的教学，培养这些方面的专门人才，参加编写这些方面的教材、专著、译著共六部。

1986年退休。退休以后，作为辞典撰稿人，撰写《会计审计大辞典》的部分词条。

◎李百龄

葛家澍，1921年出生，2013年逝世，我国著名经济学家、会计学家、管理学家、教育家，厦门大学文科资深教授，新中国会计理论、会计准则和会计教育事业的开拓者和奠基人。曾任国务院学位委员会学科评议组(经济学)第一、第二届成员(1982—1990年)，新中国第一批经济学(会计学)博士生导师(仅有两名)

◎葛家澍

之一。

长期致力于会计基本理论和会计准则的研究，推动形成与我国经济制度相适应的会计理论，推动、完善会计学的本科、研究生和博士生教育体系。20世纪60年代确立了会计对象是资金运动的观点，取代当时苏联学者的观点，成为我国当时会计界的主流观点，并被经济学家、会计学家顾准称为“资金运动学派”。这一思想构成了当时计划经济、资金统一管理体制下的会计报表，特别是资金平衡表等会计理论基础。1978年发表《必须替借贷记账法恢复名誉——评所谓“资本主义的记账方法”》，破除“文革”给会计界造成的思想禁锢，推动我国会计实践全面恢复采用借贷记账法，促进外资吸引和改革开放。1981年发表《论会计理论继承性》，提出会计理论和会计准则是继承性的，我国商品经济的发展需要会计准则，为我国后来会计准则的建立、思想的解放以及与国际会计准则接轨构建了理论依据。

毕生从事会计学教育教学与研究，从教兢兢业业、言传身教。自1982年招收第一位博士起，开创并实现了中国会计学博士生培养的一系列“零”的突破：全国第一批博士生导师，指导培养了全国第一位经济学（会计学）博士、第一位会计学女博士、第一位审计学博士、第一位台湾赴大陆会计学博士、第一位经济学博士后等，共计招收70多位博士研究生和博士后研究人员，以及众多硕士研究生，培养出我国会计界的中流砥柱——“葛家军”。治学求真务实、严谨缜密，多次承担国家社会科学基金重点项目、教育部人文社科重点项目、教育部人文社科基地重大项目。

著述等身且成果卓著，出版专著和教材50余部，发表论文近300篇。主编《会计学基础》《会计基础知识》两本教材，分别由中国财经出版社、上海人民出版社出版。作为教育部组织的第一批高等学校文科统编教材，两本教材的发行量都超过百万册，极大地推动了我国会计学教育的普及和推广。

多次获得国家级、国家社科基金和国家教委的奖励，包括：全国先进工作者称号（1989年）、国家教委授予优秀教学成果奖（1989年）、国务院第一批特殊津贴的专家之一等；《中国大百科全书·经济卷》将他的名字收录作为词条（这是该辞典收录的唯一一位会计学家）；英国剑桥“国际传记中心”也决定将其列入由该中心出版的《大洋洲及远东名人录》和《世界知识界名人传》，以反映他的杰出学术成就。

李湖莲，1945年厦门大学会计学系毕业后留校任教。

◎余绪缨

余绪缨，1922年出生，2007年逝世，1945年毕业于厦门大学。曾为厦门大学管理学院教授，博士研究生导师，管理学博士后流动站学术带头人，厦门大学文科学术委员会委员；深圳大学、中山大学等七校客座教授；美国伊利诺伊大学“会计国际教育与研究中心”主办的国际权威性会计刊物*International Journal of Accounting*编辑政策部成员（该部由从世界多国选聘的5名著名学者组成）；中国会计学会顾问；财政部人才中心高级专家委员会特聘专家；美国会计学会、会计教育与研究国际学会和加拿大学术会计学会会员。曾任国家教育委员会高级经济师评委会主任、中国民主同盟中央委员、厦门市政协副主席、厦门大学会计与企业管理系主任、厦门大学会计系主任等职务。

研究主要涉及会计基础理论、成本、管理会计、企业理财、管理学等领域。半个多世纪以来，其始终坚持站在教学科研第一线，经过刻苦钻研逐步形成独树一帜的学术思想，并取得一系列学术成果。编著出版了《管理会计》《国际管理会计》《财务会计》《会计理论与现代管理会计研究》《企业理财学》《管理会计学》等教材、专著、译著近30部，在国内外发表学术论文100多篇。为适应中国特色社会主义现代化建设的需要，促进中国企业管理的现代化，其深感必须开拓新的研究领域，特别认识到“现代管理会计”是一门新兴的将现代化管理与会计融为一体的综合性交叉学科，在中国原属空白，但在现代化经济管理中却极为重要。为此，其从20世纪70年代开始，从无到有，在中国率先致力于这一学科的引进、创建和发展，做了大量的开拓性工作，取得了一系列重要的富有开拓性的成果，填补了国内在这个领域的空白。其在我国率先致力于管理会计学科的引进与创建、发展，取得了一系列重要的、富有开拓性的研究成果，为具有我国特色的管理会计学科的创建与发展做出了不可磨灭的贡献。其因此成为我国管理会计学科的开拓者和奠基人。其主持的现代管理会计博士点是我国早期该研究方向唯一的博士点，培养了大批会计学博士。

安永瑞，辽宁开原人，1900年出生。本科毕业于北京大学经济系，后去德国留学，考入德国莱比锡大学经济学科，1931年3月毕业回国，1948年9月前历职于东北大学、交通部电话局、浙江医药专科学校、中央大学、长春大学等单位，1948年9月至1958年9月任教于厦门大学会计系经济系（教授）。1963年病故，终年64岁。

◎黄道标

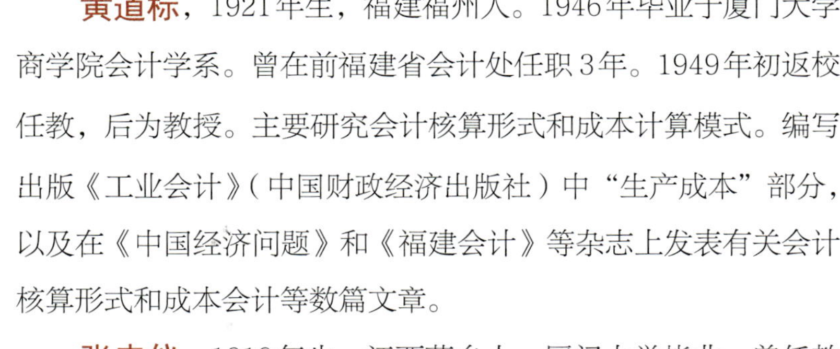

黄道标，1921年生，福建福州人。1946年毕业于厦门大学商学院会计学系。曾在前福建省会计处任职3年。1949年初返校任教，后为教授。主要研究会计核算形式和成本计算模式。编写出版《工业会计》（中国财政经济出版社）中“生产成本”部分，以及在《中国经济问题》和《福建会计》等杂志上发表有关会计核算形式和成本会计等数篇文章。

◎张来仪

张来仪，1919年生，江西萍乡人，厦门大学毕业。曾任教于厦门大学经济系（教授），曾任厦门大学经济研究所所长、福建省劳动学会副会长、福建省经济学会常务理事、厦门分会会长。主编《新编工业经济辞典》一书。在省级以上学术刊物发表过60余篇论文。1985年9月离职。

◎潘德年

潘德年，1925年出生，江苏宜兴人。1950年毕业于厦门大学商学院会计系，后留校从事教学和科研工作，厦门大学经济学院财政金融系教授，福建金融管理干部学院客座教授。长期从事银行会计理论与应用的教学和研究工作，获国家教委“优秀教学成果”一等奖，财政部第二届全国财政系统大、中专优秀教材二等奖。主要著作有:《人民公社财务会计》《会计学基础》《储蓄业务基础知识》《卫生事业单位预算会计》《银行会计学》等。发表《关于如何改进酒厂现行成本计算方法的几点意见》《专业银行经营承包责任制初探》等10多篇论文。

◎黄国雄教授与外文学院第一届日语专业研究生（1980年上弦场）

黄国雄，台湾台中市鹿港镇人，1924年出生于福州。1946年11月考上了教育厅的公费生，被录取至厦门大学商学院会计系。大学毕业后留在厦门大学会计研究室当助教，五年后被提升为讲师。之后先后到厦大南洋研究所、东南亚经济数研室、外文系任职。

黄忠堃，1917年出生于福州，1940年2月考取福建大学法学院会计系，学习一个学期后并入厦门大学会计系，1944年2月毕业（学制4年）。在大学学习期间，两次获得陈嘉庚奖学金。大学毕业后，任将乐税务局主办会计，1944年底赴福州粮食调节处就任会计主任，1945年抗日战争胜利，调节处撤销，回归伪省政府会计处第二科任科员兼股长，一年后聘为事员，从事会计制度设计。福州解放后，受聘于福建学院为专职讲师，1951年8月到厦门大学任教，为会计系教授，从事教学与科研工作。出版著作《商业审计学》《审计学概论》等。论文《试论内部审计的作用和方法》，弘扬加强内部审计监督的力度。

◎黄忠堃

汪慕恒，1927年出生，台湾台南人，汉族，1951年毕业于厦门大学经济系（正系）、会计系（副系）。曾为厦门大学经济系财务会计教研室助教、厦门大学南洋研究所所长教授。第七届、第八届全国政协委员，台盟中央委员，"七五"国家社会科学科研基金国际问题项目评审委员，"八五"国家教委社会科学重点科研课题国际问题项目评审委员，《厦门大学学报（哲学版）》副主编及《南洋问题研究》主编，中国亚非学会理事，福建省东南亚学会副会长，中国东南亚研究会顾问。主编与参编学术专著有《东南亚华人经济》《东南亚国家经济发展战略研究》《世界各地的自由港与自由贸易区》等8部。翻译与校对的学术译著有《亚洲地区的出口加工区》《华侨资本的形成与发展》等6部，公开发表学术论文100余篇。其中《马来西亚的"新经济政策"与华人经济》一文获国务院侨务办公室"首届1989年侨务工作与侨务政策优秀论文奖"。"八五"期间承担国家社会科学基金重点课题"近年来台湾资本外流的现状与趋势"。1991年3月应日本国际大学亚洲发展研究所与立命馆大学国际区域研究所邀请，赴日本讲学。被美国辞典学会列入《世界著名学者辞典》。

◎汪慕恒

王承惠，1951年9月任厦门大学经济系讲师。

饶元煦，厦门大学企管系教授。1928年出生，福建福州人。曾任福建省经济管理教育研究会副会长、华东管理学会副会长等，从事外向型企业管理与企业集团的研究。已出版著作《工业企业管理纲要案例习题》（获福建省社科优秀成果三等奖、福建省科技成果三等奖）等，发表《论外向型企业发展战略》（获中国企业发展战略研讨会优秀论文奖）等论文。

耿心湛，1905年出生，江苏常熟人。暨南大学商学士，美国密歇根大学硕士。1952年8月任教于厦门大学会计学系（教授）。历任暨南大学、浙江大学、湖南大学，任教会计学。编写《银行会计》等。

李祥辉，1930年出生，江苏南通人。1953年8月任教于厦门大学经济系（讲师）。

顾继业，圣约翰大学出身，20世纪50年代初厦门大学院系调整时，与常勋、王春田等三人一起从山东经济学院转到厦大。主编的以"厦门大学经济系财务会计教研室"名义出版的《人民公社财务会计》是当年会计学科出的第一本"大书"，据说此书后来还被译成越南文字在越南使用。1963年晋升为副教授。再后来，厦大组建财金系时，顾继业副教授和潘德年讲师两位先生奉调离开会计学科。

王春田，圣约翰大学出身，20世纪50年代初厦门大学院系调整时，与常勋、顾继业等三人一起从山东经济学院转到厦大。

常勋，1924年出生，2017年逝世，教授，硕士生导师，曾兼任厦门国家会计学院兼职教授、香港城市理工学院客座高级研究员、厦门华厦职业学院首任院长。曾任厦门大学会计师事务所主任会计师，福建省注册会计师协会副会长、顾问，并应财政部聘请，担任中国独立审计准则中方专家咨询组组长、中国注册会计师后续教育丛书编审委员会委员、国际会计准则中文翻译审核专家组成员等职。曾任福建省人大常委会委员、省政协委员、民革中央委员、民革福建省委副主委、民革厦门大学总支主委。

◎ 常勋

我国开拓国际会计教学和研究工作的先驱者之一，我国资深注册会计师。著有《国际会计》《高级财务会计》《财务会计四大难题》《外商投资企业会计》《会计专业英语》《会计师事务所质量控制》等，其中9部次曾获国家图书奖及华东地区和省、部级优秀成果奖。参与了*Financial Reporting in Pacific Asia Region*一书中国篇的编著工作。20世纪80至90年代，曾在几次国际学术研讨会上发表论文，均具有一定影响，是我国首次出席国际会计教育会议（第六届）的五位专家之一。

罗芳健，1955年就读厦门大学经济系，1959年8月入职厦门大学经济系（助教）。

黄加道，1959年8月入职厦门大学经济系（助教）。

黄元武，1960年3月入职厦门大学经济系（助教）。

林建武，1932年出生，厦门大学1956级会计本科生。1960年1月入职厦门大学，1992年12月晋升为教授。

◎林建武

梁工佛（梁一佛），1931年出生，山东博山人。1959年毕业于厦门大学，1960年3月入职厦门大学经济系（助教）。1979年加入中国共产党。历任大学助教、中专讲师、党支部书记等职。合编《人民公社财务会计》，主审《农业承包合同管理》，发表《关于改进酒厂现行成本计算方法的几点意见》《使用哲学教科书的几点体会》《改革政治课教学方法的几点体会》等论文。

林耀荣，1960年9月入职厦门大学经济系（助教）。

谢显寿，1960年10月入职厦门大学经济系（助教）。

◎谢显寿

庄表峰，1939年出生，浙江定海人。1961年厦门大学经济系财务会计专业毕业后留校任教。1990年晋升为教授，并调任福建省审计厅厅长，兼省审计学会副会长。1996年10月调任厦门市审计局局长。

从事国营企业财务和中外合资企业财务管理研究，发表《利改税与完善企业财务管理体制》等论文近20篇，主编《工商企业会计核算》《工商企业财务》，参编《企业管理百科全书》等。论文《境外企业审计若干问题的探讨》被审计署评为优秀论文二等奖。

◎谢抗

谢抗，1937年出生，福建福州人，1961年9月入职厦门大学会计学系（副教授）。曾任我省第一家民办会计师事务所厦门市嘉信会计师事务所所长兼副主任会计师，带领该所取得了良好的社会效益。

◎庄瑞澄

庄瑞澄，1931年1月出生于福建省晋江县安海镇。1948年1月毕业于泉州培元高中，后任小学教师。1950年7月加入中国新民主主义青年团。1958年8月毕业于厦门大学经济系，获学士学位。先在江西省石油局、乐平石油厂等单位任财会干部，1961年11月后在厦门大学任教。1984年11月任厦门大学会计与企管系主任，1985年10月任厦门大学总会计师。1987年6月加入中国共产党，同年12月晋升教授。1988年8月兼任中国教育会计学会副会长。1992年10月享受国务院的政府特殊津贴。1994年2月退休。

长期从事会计学的教学与研究，先后出版的主要著作有:《基本建设会计》(1982年、1986年)、《建筑安装企业会计》(1989年)、《高等学校会计》(1990年)、《企业财务会计》(1995年)、《行业会计比较》(1997年)，其中《企业财务会计》被国家教委评选为1997年度向全国高校推荐选用的主干课程教材。

陈清世，1940年出生，福建晋江人，1962年10月入职厦门大学经济系（助教）。

◎吴水澎

吴水澎，1941年出生，福建诏安人，中共党员，我国著名会计学家、经济学家和教育家。1963年7月毕业于厦门大学经济系会计学专业本科，后留校任教，教龄50年。1993年被国务院学位委员会批准为博士生指导教师（全国第五批）。独著、主编、参著的学术著作和教材40余部，公开发表学术论文130多篇，多项成果得到国家政府部门的奖励，创立的以“价值”范畴为逻辑起点的理论学派，获国家级普通高等学校第二届人文社会科学研究成果奖经济学三等奖等。率先在我国编写包括教科书、学习指导书、习题集和习题解答的“会计学原理”课程系列教材，为促进我国会计教育事业的发展做出了重要贡献。

历任厦门大学会计学系首任系主任、经济学院副院长、研究生院副院长、校总会计师、厦门大学副校长等职，同时担任校职改领导小组副组长、校学位委员会副主席、教师职务哲学社会科学评审委员会主任委员等职。在党内，是中共厦门大学第六届、第七届党委委员，第七届党委常委等。社会服务方面，曾任教育部高等教育工商管理类学科、专业教学指导委员会主任委员，中国会计教授会会长、名誉会长，中国金融会计学会副会长，福建省会计学会副会长，厦门市会计学会会长，《会计理论探索丛书》主编等。在《财会通讯》杂志社新千年第1期的“会计学界百年星河图”中，被排在第4代代表人物中的首位。2021年获“厦门大学南强杰出贡献奖”。1992年获国务院政府特殊津贴等。

◎陈守文

陈守文，1936年出生，福建福清人，1959年就读于厦门大学，主修财务会计学，1963年以优异成绩毕业留校任教。治学严谨，勤奋著述，几十年来一直活跃在会计科研和教学第一线，是我国知名会计学家之一。曾任厦门大学会计系主任，并兼任福建省会计学会常务理事、福建省注册会计师协会理事、福建省电子会计学会理事、厦门市审计学会副会长、厦门市对外经济贸易会计学会顾问、《福建电子财会》副主编、厦门大学会计师事务所所长等。

享受国务院专家特殊津贴（1991），曾被评为“厦门大学教育先进工作者”，曾获厦门大学清源奖教金、九州奖教金；教材《成本会计》于1997年获福建省优秀教材一等奖，同年获教育部优秀教材二等奖。

林炳镛，1940年出生，福建闽侯人。1964年8月入职厦门大学经济系（助教）。

蔡淑娥，1941年出生，1965年厦门大学财务会计本科毕业留校任教。厦门大学管理学院会计学系教授、现代管理会计研究方向硕士生导师、中国注册会计师。曾获厦门大学“三八红旗手”、厦门大学“巾帼建功先进个人”。曾主讲会计学原理、工业会计、工业企业经济活动分析、管理会计、高级管理会计等课程。所出版的专著教材包括《工业企业经济活动分析》（独立编著，厦门大学出版社1992年版）、《工业企业经济活动分析》（主编，武汉大学出版社1993年版）、《管理会计》（主编，中国财政经济出版社1994年版）、《公司理财》（主编，航空工业出版社1994年版）、《管理会计》（副主编，辽宁人民出版社1996年版）、《成本管理会计》（主编，该书为中国注册会计师的核心课程教材之一，中国人民大学出版社1995年版）、《管理会计学习指南》（主编，厦门大学出版社1987年版）、《厂长经理与会计师手册》（合编，福建人民出版社1987年版）、《成本管理辞典》（合编，中国物价出版社1990年版）、《成本管理大辞典》（合编，经济管理出版社1997年版）、《成本管理手册》（合编，中国社会科学出版社1983年版）、《会计、审计大词典》、《管理会计学习指导与习题》（主编，厦门大学会计系列教材《管理会计》的配套用书，辽宁人民出版社1996年版）、《管理会计学习辅导应试指导、模拟题库》（主编，中国财政经济出版社1999年版）、《管理会计自学考试题典》（主编，吉林大学出版社2000年版）、《管理会计》（主编，高等教育自学考试指定教材同步配套题解，光明日报出版社2003年版）等。

◎蔡淑娥

李登河，1944年出生，福建华安人，中共党员。1966年7月毕业于厦门大学经济系会计学专业，曾为厦门大学会计系教授、会计教研室主任、硕士研究生导师，兼任厦门大学会计师事务所中国注册会计师。主要从事本科和硕士研究生的教学工作，研究方向为部门会计实务，为社会主义现代化建设培养了大批高级会计专业人才，潜心研究会计理论和会计实务，在各

◎李登河

种会计刊物上发表论文10多篇，先后参加编纂的会计教材达13部、近150万字，其中主编7部，主编的《企业财务会计》教材1995年荣获厦门大学首届优秀教材一等奖、入选1997年度国家教委“推荐教材”，参加编著的《中外合资经营企业会计》一书曾获福建省社会科学优秀成果二等奖和第二届全国高校优秀教材二等奖。

◎姚立中

姚立中，1941年出生，1970年毕业于厦门大学汉语言文学专业，获学士学位。中国注册会计师、注册资产评估师及注册税务师。1988—1998年曾任厦门大学会计系教研室主任（副教授）；1998年12月至2000年8月任厦门天健会计师事务所所长、高级合伙人；历任厦门天健华天会计师事务所资深合伙人、主要负责人；厦门注册评估师协会副会长；福建省注册资产评估师专家组成员。

张金矿，1944年出生，福建南安人。1970年8月入职任厦门大学经济系（助教）。

丁昌甫，1938年出生，福建福鼎人。1972年6月入职厦门大学经济系（助教）。1963年8月从厦门大学经济系毕业后，历职于北京经济学院、厦门大学经济系、福鼎县卫生局、福鼎县委组织部。1980年5月加入中国共产党。1984年6月任福鼎县财政局局长，1986年11月任福鼎县委宣传部部长，1988年12月任福鼎县财政贸易委员会主任，1994年2月任福鼎县（现为福鼎市）人大常委会财政经济工作委员会主任、福鼎县第十二届人大常委会委员。1999年4月退休。

朱时钦，1943年生，福建泉州人，1973年2月入职厦门大学会计学系（讲师），曾任会计学系副主任。编著《决策会计原理与方法》，与余绪缨教授（主编）、吴水澎教授共同编写1980年9月出版的《工业企业经济活动分析》第1版。

李金林，1973年入职厦门大学经济系（助教）。

黄礼忠，1950年生，福建闽清人。1971年6月入党。1974年7月毕业于厦门大学经济系会计专业，同年7月参加工作。1974年7月至1985年12月，先后在厦门大学经济系、会计系任教。其间1981年10月至1985年1月由教育部派往南斯拉夫萨格勒布大学经济学院学习并获经济学硕士学位。1985年12月后历任福建省高教厅、省教委办公室副主任。1988年12月至2001年1月在中国福建国际经济技术合作公司工作，先后任计财处副处长、香港合建工程发展有限公司副总经理兼财务部经理，1995年10月任公司总经理，其间于1997年7月至1998年12月兼任中福发展（香港）有限公司总经理。1990年10月获厦门大学现代管理会计博士学位。2001年1月任南平市国有资产投资经营有限公司董事长。2001年8月任南平市高速公路股份有限公司董事长。2003年10月任南平市高速公路有限责任公司董事长、南平市高速公路工业发展中心主任。

吴晋明，毕业于厦门大学财务会计学专业。1974—1981年曾任教于厦门大学财务会计系（副教授）。

庄爱珠，1951年生，福建惠安人，1976年2月入职厦门大学会计学系（讲师），2004年晋升副教授。

谢景贤，1951年生，福建福清人。1977年1月入职厦门大学会计与企业管理系（助教）。

傅健康，1979年任教于厦门大学会计与企业管理系（助教）。

薛林，1955年生，福建长乐人。1982年2月入职厦门大学会计与企业管理系（助教）。

黄如光，1956年生，福建闽清人。1982年2月入职厦门大学会计学系（助教）。

庄明来，1949年生，福建南安人。1978年就读于厦门大学经济系财务会计专业，1982年毕业后即留校任教，曾任厦门大学会计学系副主任、主任，厦门大学管理学院副院长，厦门大学会计学系教授、博士生导师。秉承知识服务社会的理念，在承担教学科研任务的同时，还曾兼任中国会计信息化委员会咨询专家、中国会计学会会计信息化专业委员会副主任、中国审计学会和福建省会计学会的常务理事、福建省商品化会计软件评审委员会副主任和厦门市会计学会顾问等职务。

◎庄明来

先后承担厦门大学会计系的“工业会计学”“基建会计学”“电算化会计学”“计算机审计”“会计软件评析”“会计信息系统研究”等本科生和研究生课程的教学工作。作为我国会计信息化研究的先行者之一，长期致力于信息化会计与计算机审计的研究，先后在《会计研究》《审计研究》等学术刊物上发表论文60多篇，出版专著、教材20余部，主编教育部“十五”和“十一五”的规划教材各1部，主持教育部人文社会科学重大项目和一般项目、财政部重点会计科研项目等课题的研究。并多次获得中国会计学会、福建省教育厅、厦门市社科联、厦门大学的教学与科研奖励。

叶薏，1956年生。1982年7月入职厦门大学会计与企业管理系（助教）。

陈曾唯，1912年生，出生于荷属东印度（今印度尼西亚）岩望市，祖籍福建惠安南头。1982年入职厦门大学会计与企业管理系。1939年荷兰鹿特丹经济大学会计专业毕业。1939年回荷属东印度泗水后，投身支援祖国的抗日募捐运动中。1961年1月自愿自费回国，经“中侨委”安排到厦门大学南洋研究所从事翻译工作。1961—1991年历任各届厦门市政协委员、厦门市归国华侨联合会委员。

谢琳琳，1954年生，福建永定人。1979年在厦门大学会计学系本科毕业，入职省粮食厅饲料公司任会计。1980—1982年厦门大学会计系攻读硕士，获经济学硕士学位并留校任教。1985—1989年任教于厦大会计系（讲师），并到香港中文大学进修审计业务。1990年晋升副教授，1940—1993年任审计教研室副主任、会计师事务所业务部副主任。有多种著作出版。

◎唐予华

唐予华，1947年生，福建闽侯人，会计学硕士。1976年于厦门大学经济系财务会计专业毕业即留校任教。1979年曾任财务会计教研室秘书，1980年考取葛家澍教授的第一批硕士研究生，1982年毕业后继续留在厦门大学会计与企业管理系任教，1983—1985年曾任葛家澍教授助手，1993年晋升教授，2007年11月退休。在三十多年的教学中，为本科生讲授会计学原理、财务会计、股份公司会计、财务会计理论专题等课程，为硕士研究生讲授财务会计理论研究、公司治理与内部会计控制研究等课程。

出版专著10多本、发表论文50多篇。主持福建省哲学社会科学“八五”规划项目，其成果《中国股份有限公司财务管理与财务会计》和国家“八五”出版规划重点图书“特区经济丛书”第12集《开放型经济下的财务会计问题探索》均获福建省社会科学优秀成果奖。主持2001年国家社会科学基金项目“我国上市公司内部会计控制与会计信息质量研究”，其成果获厦门市社会科学优秀成果奖。主持福建省社会科学研究“十五”规划（第二期）项目“福建省企业的公司治理与内部会计控制研究”。

1986—1987年由国家教委派往莫斯科财政学院进修，在苏联《会计》期刊发表联合文章《中国会计的发展》。1992年、2007年曾分别赴香港理工大学、香港浸会大学访问。

曾任厦门大学会计师事务所业务部经理、副所长，福建省注册会计师协会理事，厦门永大会计师事务所副主任会计师。注册会计师执业期间参与30多家各类企业的年度审计和咨询工作，与客户关系融洽。为部分企业作内部控制的专题调查与咨询，参与主办厦门市中高级会计人员后续教育，与厦门市财政局合作完成四项研究课题，为上市公司和大型企业作内部控制、成本核算和新会计准则系列讲座。

周建荣，1960年生，山东人。1983年8月入职厦门大学会计与企业管理系（助教）。

国桂荣，1960年生，山东垦利人，1983年8月参加工作，副教授、博士研究生，1993年5月加入民革。

◎国桂荣

1983年8月至1999年1月在厦门大学会计学系任教，副教授；1999年1月至2000年9月在厦门天健华天会计师事务所工作；2000年9月至2002年5月为厦门天健会计师事务所合伙人；2001年12月至2009年2月任民革市委副主委；2002年5月至2009年2月任厦门市审计局副局长；2009年2月至2021年12月任民革市委主委；2012年1月至2021年1月任厦门市人民政府副市长；2021年1月至今任厦门市政协副主席。民革中央第十一、十二、十三届委员，民革福建省委第九至十三届常委、第十一、十二届副主委，民革市委第十、十一届副主委、第十一、十二、十三届主委，福建省政协第十、十一、十二届常委，厦门市政协第十、十一届常委和十三、十四届副主席，第十三届全国政协委员。

黄世忠，1983年毕业于厦门大学会计学系，获经济学学士学位；1986年毕业于加拿大达尔豪西大学工商管理学院，获MBA学位；1993年毕业于厦门大学会计学系，获经济学（会计学）博士学位。厦门大学会计学系教授、博士生导师。任厦门市政协副主席，十四届全国人大代表，民建中央委员、民建福建省委副主委、民建厦门市委主委、厦门中华职业教育社主任。兼任全国会计硕士专业学位教育指导委员会委员、财政部会计标准战略委员会委员、中国会计学会常务理事兼学术委员、中国注册会计师协会审计准则委员会委员、福建省会计学会副会长。历任厦门大学会计系副主任、厦门天健会计师事务所首席合伙人、厦门大学管理学院副院长。2003年4月至2016年4月任厦门国家会计学院副院长（副司长级）；2016年4月至2022年10月任厦门国家会计学院院长（正司长级）。2012至2016年曾任国际财务报告准则咨询委员会委员。

◎黄世忠

享受国务院政府特殊津贴，全国首批会计名家，入选2017年文化名家暨“四个一批”

人才和第三批国家“万人计划”，入选财政部第一批财政人才库（会计人才库），入选学术理论类“福建省第二届会计咨询专家”，入选“福建省会计人才库”“福建省会计专家池”。目前主要从事报表分析、财务舞弊、企业合并、合并报表、国际会计、会计准则和资本市场等方面的科研和教学工作，发表学术论文百余篇、出版著作15部、译著4部，主持和参与国家、省部级科研课题10余项，12项研究成果获得国家和省部级奖励。

◎陈少华

陈少华，1961年出生，福建莆田人。1983年毕业于厦门大学经济学院会计学专业，获经济学学士学位；毕业后留本校任教，并担任著名会计学家葛家澍教授助手；1987年获加拿大达尔豪西大学商学院工商管理硕士（MBA）学位；1989年考入中国—加拿大联合培养管理博士项目，1992年获厦门大学经济学（会计学）博士学位。1992年至今，分别任厦门大学会计学系讲师、副教授、教授，硕士和博士研究生导师。其中，1993—1996年任会计系副主任；1996—1997年赴美国弗吉尼亚大学任福特基金访问学者；2000—2021年，任普通高校人文社科重点研究基地厦门大学会计发展研究中心副主任。

陈少华教授长期致力于会计相关学科的教学、科研和咨询工作，主持国家级、省部级科研项目和各类企业委托项目20余项，多项成果获省部级科研奖励，发表学术论文30余篇，出版专著（含译著）、教材20余部，入选福建省新世纪优秀人才计划。曾任财政部第一届企业会计准则咨询委员会咨询委员。兼任厦门市跨国投资企业会计协会会长、厦门总会计师协会副会长、上市公司和非上市公司独立董事；为多家企业提供财务管理、经营者年薪制、内部控制等方面的咨询服务。

◎林志军

张志杰，1960年生，福建厦门人。1983年8月入职厦门大学会计与企业管理系（助教）。

林志军，1985年于厦门大学获得经济学博士学位（中国第一位经济学和会计学博士）。曾先后执教于厦门大学、加拿大Lethbridge大学、香港大学、香港浸会大学和澳门科技大学。现任澳门科技大学学术认证办公室主任、商学院教授，博士生导师，澳门会计研究中心主任。兼任中国管理科学学会财务管理专业分委会主任、中国会计学会海外学术交流委员会副主任、澳大利亚注册管理会计师协会副主席（中国事务）、中国工业与应用数学学会金融科技与算法专业委员会副主任委员、粤港澳大湾区物流与供应链创新联盟理事长、澳门区块链应用研究所所长等。曾主持国家自然科学基金、全国港澳研究会、香港研究项目基金（RGC），澳门科学技术发展基金（FDCT）、澳门基金会（MF）、广东省科学技术厅等专项资助研究课题，研究领域包括会计审计、财务管理、公司治理、金融科技，已在国际学术期刊发表论文90来篇，出版专著和教材20部。中国和美国注册会计师（CPA）、注册全球管理会计师（CGMA）和澳大利亚注册管理会计师（CMA）。

◎陈双人

陈双人，1948年生，福建福州人。1984年7月入职厦门大学会计学系（讲师）。后晋升副教授，研究领域为管理会计。

郑耿琳，1963年生，福建厦门人。1984年8月入职厦门大学会计学系（助教）。

◎郭丹霞

郭丹霞，1984年7月毕业于厦门大学会计学系并留校任教至2022年退休，硕士研究生学历。厦门大学管理学院会计系副教授，曾任管理会计教研室主任。历任中国注册会计师、中国注册税务师。曾赴英国纽卡斯尔大学和香港雅特杨会计师事务所深造，多次赴美、新西兰等国参加国际学术会议。发表论文多篇论文，编著教材及著作多部。作为主要参与人参与国家自然科学基金、财政部重点课题、教育部人文社科、福建省教育厅等多项课题研究，也主持、参与多项企事业单位的横向课题。荣获福建省高等院校优秀教学成果二等奖等多种荣誉。

◎卢永华

卢永华，福建永定人，会计学博士、研究生导师、会计学教授。1984年毕业留校任教，2000年晋升为教授。工作期间曾兼任中国注册会计师，中国注册税务师，厦门大学会计学系副主任、厦门大学会计系党总支副书记、厦门大学管理学院工会主席、厦门大学纪律检查委员会委员。

长期从事厦门大学管理学院会计学系研究生和本科生学位课程的教学和研究工作，教学成果优秀，科研成绩卓著，分别于1990年获得厦门大学会计学系优秀教学奖、

1994年获得厦门大学华强奖、1995年获得厦门大学清源奖、1996年被评为厦门大学优秀共产党员、1998年被评为厦门大学优秀党务工作者、2000年获得厦门大学华为奖，2001年分别获得厦门大学研究生院科研成果奖和厦门大学建行基金优秀教学奖、2011年获得东奥杯全国首届会计专业“我最喜爱的十佳老师”荣誉称号。

教学方面，从事会计基本理论与方法和财务会计的教学30余年，参编的厦门大学会计系主干课程本科教材《企业财务会计》于1995年获厦门大学优秀教材一等奖。科研方面，在各种会计权威及核心刊物上发表学术论文20余篇，参与国家级和省部级会计科研课题5项，独立主持厦门大学“会计科研方法论研究”的科研课题。个人标志性成果分别有《会计科研方法论》《会计实务方法论》《会计学方法论》等3本著作，其中《会计学方法论》于2009年入选《中国经济学年鉴》。

◎徐玉霞

徐玉霞，1962年生，1984年7月毕业于厦门大学经济学院会计学系，并留校任教至2022年退休。厦门大学管理学院会计学系副教授，硕士生导师；曾任财务会计教研室主任。取得中国注册会计师协会非执业会员资格。曾赴香港理工大学会计系交流访问，曾获厦门大学教书育人先进工作者称号（1995年10月）。主要讲授中级财务会计、行业会计比较、财务会计案例分析、会计准则专题等主干/专业课程。在《经济评论》《山西财经大学学报》《中国经济问题》等刊物发表论文多篇；主编教材四本，参编教材及著作多部。主持、参与多项企业单位的横向课题，参与多项教育部、福建省的课题研究。主要参编教材《企业财务会计》荣获厦门大学首届优秀教材一等奖，参与建设的“业财融合会计虚拟仿真实验”项目获得省级立项。

陈纹，1960年生，福建福州人，1984年12月入职厦门大学会计学系（讲师），后晋升为副教授。

◎袁新文

袁新文，1962年生，福建宁化人。1986年8月毕业于厦门大学会计学系（硕士），后留校任教，并于2001年晋升教授。先后主讲会计学原理、财务会计、基本建设会计、税法等本科生课程，以及税务筹划研究、经济责任审计、高级审计等研究生课程。曾主编或参编多部教材与专著，并曾在《会计研究》《审计研究》《中国审计》《中国内部审计》等刊物上发表多篇学术论文，所主持的“成本会计网络课程”获省部级优秀教学成果奖。曾兼任厦门大学监察审计处副处长、审计处处长，主管厦大的内部审计工作，并获教育部授予的“全国教育审计先进工作者”荣誉称号。2013年7月至2019年9月，任福建商业高等专科学校校长、福建商学院副院长，任内顺利完成学校从专科层次升格为应用型本科院校的重大任务。曾任福建省商业会计学会会长、福建教育审计学会副会长、厦门市内部审计协会副会长等社会职务，现任福建省商贸业联合会商业经济研究分会会长、福建省党外知识分子联谊会副会长。

◎ 傅元略

傅元略，厦门大学会计学教授、博士生导师，厦门大学元创决策智能研究中心主任，财政部管理会计咨询专家。主持近十多项国家级、省部级课题，发表论文60多篇，出版专著和教材10余部。近年来，重点研究数字经济下的企业管控机制和产业链供应链协同治理与跨企业共创共赢，并产出十多项成果。

林开桦，1966年生，福建尤溪人。1987年7月入职厦门大学会计学系（助教）。

林宝玉，1966年生，福建武平人。1987年8月入职厦门大学计划统计系（助教），后任教于厦门大学会计学系（副教授）。主要研究领域为管理会计。

王韶庭，1954年生，山东人。1987年8月入职厦门大学会计学系（助教）。

◎ 汪一凡

汪一凡，1951年生，福建漳州人。1987年8月入职厦门大学会计学系（助教）。1984年考取厦门大学会计硕士，1987年毕业留校任教至今。后为会计学系副教授，崇尚既有理论高度，又能解决实际问题的“空对地”式研究，对管理会计理论、会计信息化、现金流会计和中国近现代会计史均有涉及，主要著作有“会计信息化丛书”一套四种（中国财政经济出版社）;《改良现代会计方案：科学化的探索》（中国财政经济出版社）；“恍然大悟会计丛书”一套四种（立信会计出版社）;《公司赚钱之道——现金流诊断的原理与应用》（立信会计出版社）。

葛方雯，1985级厦门大学会计学系硕士，1988年8月入职厦门大学会计学系任教。

王明花，1963年出生，福建松溪人，厦门大学1979级经济系本科毕业，1985级会计学系硕士研究生毕业。1983年9月入职厦门大学会计学系（助教）。

陈箭深，博士，毕业于厦门大学并在厦门大学会计学系任教12年，从事注册会计师行业36年（含兼职12年），原任厦门天健会计师事务所、天健光华（北京）会计师事务所及天健正信会计师事务所董事长、首席合伙人，致同会计师事务所（特殊普通合伙）合伙人管理委员会首任主席，并曾担任致同国际（Grant Thornton international）全球董事局董事。目前担任容诚会计师事务所（特殊普通合伙）合伙人治理委员会主席、RSM国际董事会董事。主要社会职务包括：中国会计学会常务理事暨审计专业委员会副主任委员、中国审计学会理事，以及厦门大学、中央财经大学、东北财经大学、厦门国家会计学院等院校的兼职教授。曾作为无党派代表人士和注册会计师行业代表，担任政协第十、十一届全国委员会委员。同时活跃在国内外会计、审计实务界和学术界，具有较高理论水平和丰富实践经验。

◎陈箭深

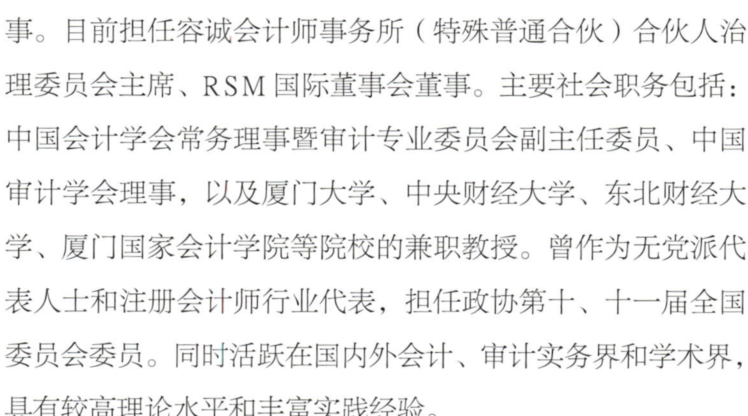

李若山，毕业于厦门大学经济学院会计学系，教授，博士生导师。是新中国成立以来我国培养的第一位审计学博士。曾任厦门大学经济学院会计学系副主任、经济学院副院长；后担任过复旦大学管理学院财务系系主任、教育部工商管理学科指导委员会委员、上海市证券交易所上市公司专家委员会委员、财政部会计准则委员会咨询专家、中国会计学会学术委员会委员、复旦金融期货研究所所长。

◎李若山

曲晓辉，厦门大学教授、博士生导师，2018—2023学年返聘哈尔滨工业大学（深圳）教授、博导、会计学科创建和带头人。主持“股权投资管理研究”等国家级面上和重点科研项目及部级重点重大科研项目16项，在国内外学术期刊发表论文150余篇、出版《会计准则趋同研究》等著作24部，部委采用咨询报告8份，获国家及省部级科研奖16项，以及葛家澍（科研）奖、ACCA卓越成就奖。现任国家社科基金学科评审组专家、中国成本研究会副会长、全国会计专业学位研究生教育指导委员会顾问、中国会计学会会计基础理论专业委员会主任委员和会计教育分会顾问、CJAR、《中国会

◎曲晓辉

计评论》《当代会计评论》等学术期刊编委、福建省高层次人才。中国第一位经济学（会计学）女博士和第一位会计学博士生女导师。教育部跨世纪人才、享受国务院政府特殊津贴专家、美国富布莱特研究学者、全国先进女职工、全国会计硕士专业学位（MPAcc）项目论证发起人、全国会计博士专业学位（DPAcc）设置方案和论证报告主要起草人、《当代会计评论》（CSSCI集刊）创刊主编、中国会计学会会计教育分会（原中国会计教授会）两任会长、粤港澳高校会计联盟常任委员会首任主任。

胡玉明，经济学（会计学）博士，1989年8月开始在厦门大学任教，2000年9月到暨南大学会计学系工作，现为暨南大学会计学系教授、博士生导师。近年来，在《中国工业经济》《审计研究》等专业学术刊物发表学术论文数十篇；独立或合作出版了《论资本成本会计》《高级管理会计》等论著、教材和译著多部；主持过“国有企业债转股跟踪调查研究”“基于核心能力的企业绩效评价制度设计与实地研究”等多项国家社会科学基金、国家自然科学基金和省部级科研课题的研究工作。目前主要研究领域是战略绩效评价。2016年入选财政部全国“会计名家”培养工程，曾获第六届、第七届广东省教学成果奖一等奖。

◎胡玉明

陈汉文，中共党员，经济学（会计学）博士（1997年），二级教授（2011年，厦门大学），博士生导师（2001年，厦门大学）、财政部会计名家（2020年）。在国内“两大”经管学刊《经济研究》《管理世界》和国际“三大”会计学刊之 *The Accounting Review*、*Journal of Accounting Research* 等发表论文，编著了从本科生、硕士生到博士生的审计学系列教材，所编著的审计教材被复旦大学、中国人民大学、浙江大学、重庆大学、对外经济贸易大学等100多所大学所采用。2004年主持“审计学”国家精品课程，同年入选教育部首届“新世纪优秀人才支持计划”。历任厦门大学学术委员会秘书长、研究生院副院长、管理学院副院长、会计系主任等职，是厦门大学“闽江学者”特聘教授（2012年）、二级教授（2011年）。后任教于对外经济贸易大学，为校二级教授、校特聘教授、惠园特聘教授、国际商学院一级教授。现为南京审计大学教授、政府审计学院学术委员会主任、中国大连高级经理学院讲座教授、中国

◎陈汉文

会计学会会刊 *China Journal of Accounting Studies*（CJAS）联合主编、中国审计学会会刊《审计研究》《财贸经济》《财会月刊》《会计之友》编委、审计署高级审计师职称评定委员会委员、中国审计学会常务理事、中国注册会计师协会专业指导委员会委员。曾任首届全国审计专业学位研究生教育指导委员会委员、财政部会计准则委员会咨询专家、中国会计学会财务成本分会副会长、中国注册会计师协会职业道德委员会委员、中国金融会计学会专家委员会委员兼副秘书长、审计署商业银行审计指南评审专家、福建省审计学会副会长、福建省内部审计协会副会长、厦门市会计学会副会长、厦门市审计学会副会长、厦门市内部审计协会副会长等职。

◎孙丽影

孙丽影，1968年生，福建厦门人。1990年7月毕业于厦门大学外文学院并留校任教于厦门大学经济学院。1993年调入厦门大学会计学系任教，任教期间先后获得厦门大学会计学系的硕士、博士学位，并于2009年8月晋升为副教授。2010年8月至2011年8月公派出国进修，担任美国美利坚大学访问学者。研究方向为财务会计理论。

林文锋，1934年生，1990年8月入职厦门大学会计学系（副教授）。

◎胡奕明

胡奕明，管理学博士，教授，博士生导师，现为上海交通大学安泰管理学院公司财务研究中心主任。1988年7月毕业于厦门大学化学系，获理学硕士学位；1998年毕业于厦门大学会计学系，获管理学博士学位，并留校任教；2001年从上海财经大学会计学院管理学博士后流动站出站。曾在香港理工大学进行合作研究，并先后在香港城市大学、美国南加州大学Leventhal会计学院做访问学者。现任亚太管理会计师指导委员会委员、中国金融学会理事、中国会计学会理事等。

讲授课程包括财务报表分析、公司财务、跨国公司财务、管理会计、会计研究方法。研究方向为公司理财、管理会计、金融会计。在《经济研究》《管理世界》《会计研究》《金融研究》《世界经济》《中国工业经济》《中国会计与财务研究》《国际金融研究》等刊物上发表论文70多篇，出版著作8部。

刘宝慧，1992年8月入职厦门大学会计学系（讲师）。

林江河，1993年6月入职厦门大学会计学系（讲师）。

刘恭远，1937年生，福建武平人。1957—1961年在厦门大学数学系就读，本科毕业后参加工作；1961—1963年，任教于漳州师专（助教）；1963—1970年，任教于福建第二师范学院（助教）；1970—1985年，任教于厦门大学数学系（讲师）；1985—1993任教于厦门大学计统系（讲师），1993—1997年任教于厦门大学会计学系（讲师）。

黄京菁，1991年毕业于厦门大学会计学系，获经济学学士学位；1994年获厦门大学经济学硕士学位，并留校任教；2000年毕业于厦门大学管理学院，获管理学博士学位。现为厦门国家会计学院教研中心教授、财政部首期学术类全国会计领军人才、厦门市优秀教师，兼任财政部内部控制标准委员会委员、中国会计学会理事、中国审计学会理事等职。入选财政部第一批财政人才库（会计人才库），入选学术理论类“福建省第二届会计咨询专家”，入选“福建省会计人才库”“福建省会计专家池”。历任厦门国家会计学院教研中心副主任、教务处处长、院长助理。

◎黄京菁

曾从事会计师事务所工作近十年，有二十多年的高等教育（大学本科及研究生）会计、审计专业教学经验，目前主要从事会计审计领域的专业后续教育工作，主要研究方向为审计相关业务、财务舞弊的防范与内部控制建设等。

王光远，1962年生，河北武安（现为武安市）人。1979—1983年在河北地质学院经管系学习。1984年于湖北财经学院会计系攻读硕士学位。1987年6月入职武汉大学经济学院（讲师）。1990年9月于中南财经大学会计学系攻读博士学位，师从著名会计学家杨时展教授。1993年8月到厦门大学跟随著名会计学家葛家澍教授进行博士后研究。1995年10月留在厦门大学会计学系任教（教授），次年担任系主任。现任福建省工商业联合会第十二届执行委员会主席、省总商会会长。代表著作有《决策会计学》《制度基础审计学》《管理审计理论》等。

◎王光远

余芸春，本科与硕士均毕业于厦门大学会计系会计专业，1997年获会计专业硕士学位后留系任教；2003年毕业于中国社会科学院研究生院，获管理学博士学位。现为北京

◎余芸春

师范大学政府管理学院副教授，学术专长为企业财务与会计、公司控制与企业并购，曾出版学术专著一部，参编教材三部，在核心刊物发表论文十余篇。

◎周海燕

周海燕，得克萨斯州里奥格兰德河谷大学会计学教授。1993年硕士毕业于厦门大学会计学系，并留校任教。于Temple University获得会计学博士学位，致力于本科及研究生会计和审计课程教授。担任*Asian Review Accounting*主编，以及*International Accounting*、*Auditing and Taxation*编委员会成员。研究成果发表在会计和审计领域高级期刊上，如*Journal of Contemporary Accounting and Economics*，*Auditing：a Journal of Theory and Practice*，*Journal of Accounting*，*Auditing*，*and Finance*，*Journal of Accounting and Public Policy*，*International Journal of Accounting*，*Journal of International Accounting*，*Auditing and Taxation*，*Journal of International Financial Management and Accounting*。

◎胡念梅

胡念梅，1972年生，1997年厦门大学会计学系硕士毕业后留校任教（助理教授）至2013年，任教期间于2002年攻读厦门大学会计学博士学位。参与编写《高级财务会计》《高级财务会计（学习指导与练习）》《中级财务会计（第三版）》《高级财务会计（第二版）》《高级财务会计（第三版）》《会计理论》《公司会计准则导论》等教材。

◎黄志忠

黄志忠，1967年生，福建仙游人，1998年硕士毕业后留厦门大学任教，2004年毕业于厦门大学会计学系并获得博士学位，同年入职汕头大学商学院，2005年晋升副教授。历任汕头大学学术委员会委员、汕头大学商学院科研项目主任。2009年受聘于南京大学，现为南京大学商学院教授、硕士生导师。专著《财务信息与证券市场：经验的分析》获2004年辽宁省优秀图书一等奖。至今已出版专著五部、教材一部，发表了四十多篇高质量学术论文。2000年12月和2002年8月以第一作者身份在《经济研究》发表的两篇论文分获教育部全国高校人文社会科学优秀成果奖三等奖、福建省人文社会科学优秀成果奖三等奖。主持、承担多项国家自然科学基金和社会科学基金项目及广东省自然科学基金课题。

谢灵，1962年生，民盟委员，厦门大学会计学系副教授。具有中国注册会计师、中国注册税务师、中国资产评估师、国际注册内部审计师资格。1984年毕业于福州大学机械工程系，获工学学士学位；1984年7月—1988年9月在福建省漳州市职业技术学校任教；1988年9月—1991年7月在厦门大学经济学院学习，获经济学硕士学位；1991年7月—1998年8月在汕头大学商学院任教（会计学讲师）；1998年8月起在厦门大学会计学系任教。曾任汕头市民盟市委委员、汕头市民盟青工委主席，汕头市审计局特约审计员，汕头市第七届青年联合会委员。先后为汕头华成有限公司、TCL通信股份有限公司等多家企业提供管理咨询。十年来，一直在高校从事会计、理财方面的教学和科研工作，具有较扎实的理论功底和丰富的实践经验。主讲中级财务会计、成本会计、国际理财等多门课程。在《财会通讯》等杂志上发表多篇论文，并著有《管理会计》一书，参与了《改进企业财务报告》等财政部重点会计科研课题的研究。

◎谢灵

桑士俊，1965年生，安徽阜阳人，1995年7月于厦门大学经济学院会计学系获得经济学（会计学）硕士学位；1998年7月于厦门大学经济学院会计学系获得经济学（会计学）博士学位；博士毕业后留厦门大学会计系任教，2001年晋升为副教授、2007年晋升为教授。2000年1月至2008年9月担任厦门大学会计学系副主任，2008年10月至2017年2月担任厦门大学会计学系系主任，为厦门大学会计学系的稳定和发展发挥了重要作用。

◎桑士俊

其博士学位论文《论企业分部财务报告——理论与实务》是我国在这一领域最早的研究之一，相关研究成果发表于《会计研究》等知名学术期刊，并出版相关研究专著1部。曾主持教育部人文社科基地重大项目与福建省本科教改项目多项。

教学领域侧重于中级财务会计与财务报表分析，与杜兴强教授共同主编厦门大学会计系列教材中的《中级财务会计》（第三版，辽宁人民出版社2009年版）；任副主编的《中级财务会计学》（中国人民大学出版社2003、2007年版，主编为葛家澍、杜兴强）曾获国家级教学成果二等奖与福建省教学成果一等奖。

主要研究方向为财务会计与公司治理，在分部报告、财务报表分析、会计准则研究、资本市场研究以及公司治理成本和管理层薪酬制定等领域均有着独到的看法和深入的研究。主要论文曾多次发表于《会计研究》等国内顶尖会计学术期刊。主要著作有《关于企业分部财务报告》《分部报告的分析与利用——兼论有关企业分部信息披露要求》《公司治理机制与公司治理效率——基于公司治理成本的分析》等。作为一位在学术界与实务界硕果累累的优秀教师，其研究成果不仅在学术研究领域作出了贡献，对实务界的应用与发展也具有现实意义。

◎胡冰冰

胡冰冰，1976年生，1999年8月入职厦门大学会计学系任教。现任香港浸会大学商学院副教授。研究兴趣包括财务报告、审计、公司治理及机构在公司决策中的作用。研究的论文在顶级期刊发表，包括*Journal of Accounting Research*、*Review of Accounting Studies*、*Journal of Operations Management*、*Journal of International Business Studies*。

◎薛祖云

薛祖云，1983年毕业于大连海事大学轮机管理专业，获工学学士学位；1991年获厦门大学经济学（会计学）硕士学位；1999年获厦门大学管理学（会计学）博士学位；2002年赴英国纽卡斯尔大学进修学习；2005年美国康奈尔大学访问学者。2001年5月从实务界调入厦门大学从事教学和科研工作，2007年"福建省高等学校新世纪优秀人才支持计划"入选者。教授，曾任厦门大学和厦门国家会计学院MPAcc联合教育中心主任、厦门大学会计系副系主任、中国会计学会会计教育分会委员。主讲课程包括会计信息系统、会计信息化实验、管理信息系统、审计理论研究等，会计信息化实验课程之"业财融合会计虚拟仿真实验教学"项目获福建省双一流课程建设立项。主要研究方向为会计理论、资本市场实证研究、计算机会计与审计。主持和参与了国家自然科学基金、国家社科基金及教育部人文社会科学等多个研究项目。在《会计研究》《金融研究》《审计研究》等国家权威及核心刊物上发表了二十多篇学术论文，出版专著三本，主编、参编著作和教材二十多本。

游相华，1965年生，博士、教授，现为哈尔滨工业大学（深圳）经济管理学院MPAcc中心主任，高级会计师，美国注册管理会计师（CMA）持证者；曾为厦门大学会计学系副教授，任厦门大学管理学院MPAcc中心副主任、大型国有投资公司总会计师，以及多家上市公司独立董事，具有丰富的管理会计教学、咨询和实务经验；兼任粤港澳高校会计联盟秘书长、深圳市第七届人大常委会计划预算审查监督咨询专家、厦门市会计学会副会长、厦门市两岸会计合作与交流促进会副会长、厦门市总会计师协会常委理事，以及多家上市公司独立董事；主持或参与省部级课题多项。研究方向为管理会计、内部控制、资本市场会计与财务。

◎游相华

王丽明，1977年生，福建福清人。2002年8月入职厦门大学会计学系，主要研究领域为财务会计和会计信息系统。

◎李明辉

李明辉，1974年生，江苏金坛人，曾为厦门大学会计学系副教授，现为南京大学商学院会计学系教授、博士生导师。长期从事审计学与公司治理研究，近年主要研究兴趣包括党组织参与治理对企业财务与会计行为的影响、审计师个人特征、审计师风险管理行为、外部审计的治理作用、国家审计与国家治理等，主持完成国家自然科学基金面上项目2项、国家社科基金一般项目及后期项目各1项、审计署和财政部重点科研课题各2项、江苏高校哲学社会科学研究重点课题2项，在《政治学研究》《中国工业经济》《马克思主义研究》《金融研究》《会计研究》《系统工程理论与实践》《管理工程学报》《审计研究》《系统管理学报》等CSSCI期刊发表论文100余篇，在*Pacific-Basin Finance Journal*、*Asia-Pacific Journal of Accounting & Economics*等SSCI期刊发表论文3篇，独立出版专著2部，合著专著3部，论著被《新华文摘》《人大复印报刊资料》《高校文科学报学术文摘》等转载40篇次。

◎于李胜

于李胜，教授，博士生导师，2007年入职厦门大学会计学系，曾任厦门大学管理学院副院长、中国会计学会财务成本分会副会长，现任上海海关学院客座教授，财政部第一届、第二届、第三届企业会计准则委员会咨询委员。主要研究领域为资本市场信息披露、管理控制系统、基本面量化投资。近年来，曾先后在国际顶尖期刊*Production and Operations Management*，以及重要期刊*Journal of Banking& Finance*、*Auditing：A Journal* *of Practice & Theory*，国内权威期刊《管理世界》《管理科学学报》《会计研究》《金融研究》等发表学术论文近30篇。曾先后主持教育部人文社科研究基金1项、国家自然科学基金面上项目3项。主持厦门信达股份有限公司内控项目，厦门国贸集团有限公司内控项目。

2007年3月获得上海财经大学博士学位，2009年8月和2010年1月参加哈佛商学院案例教学培训项目（PCMPCL）。2010—2011年赴美国休斯敦大学（University of Houston）访问，2015—2016年赴美国莱斯大学（Rice University）访问，2020年2月至8月赴美国麻省理工学院斯隆管理学院（MIT）访问。

2009年入选财政部全国会计（后备）领军人才（学术类第三期），2011年入选福建省新世纪优秀人才，2017年入选财政部全国会计领军人才培养工程特殊支持计划。研究成果先后获教育部第八届高等学校科学研究优秀成果二等奖（2020）、中国会计学会财务与成本分会2019年学术年会优秀论文特等奖、福建省第十三届社会科学优秀成果三等奖（2019）、中国会计学会财务与成本分会2017年学术年会优秀论文一等奖、福建省第十一届社会科学优秀成果奖（2016）、财政部中国会计学会2014年度优秀论文一等奖以及*China Journal of Accounting Studies*（CJAS）2014年度最佳论文奖。

中国会计学会高级会员、美国会计学会（AAA）会员、欧洲会计学会（EAA）会员。

◎吴清华

吴清华，江西玉山人，中共党员，西安交大管理学院会计学博士，复旦大学管理学院工商管理博士后。擅长经济、金融领域的理论创新和实证研究，尤其在资本市场和公司治理以及会计审计领域具有较高的研究水准和丰厚成果。2007年曾任教于厦门大学会计学系（助理教授），现为高级经济师、北京师范大学客座教授、中国国际金融资产管理研究院首席行业分析师等。现供职于中央金融企业——中国华融，主要致力于金融创新和风险管控的理论研究与实务工作。先后参与或主持国家自然科学基金重点项目、国家自然科学基金面上项目、审计署重点科研课题、省部级软科学课题、大型企业横向课题等多个重大项目研究；在SSRN、*Frontiers of business Research* 等国际刊物，国内顶级期刊《管理世界》，权威期刊《会计研究》《审计研究》，及核心期刊和会议论文集等发表论文60余篇；参与了美国会计学会（AAA）年会、香港中文大学等主办的10余个高层次学术研讨会，并担任学术报告人和论文点评嘉宾。曾任福建省审计学会理事，获得省级科学技术奖三等奖（2007）。

叶建明，会计学、统计学博士，美国纽约城市大学 Baruch 学院会计学终身教职，曾为厦门大学管理学院会计学系教授、博士生导师、厦门大学管理学院院长。本科毕业于厦门大学，后赴美攻读芝加哥大学统计学博士、哥伦比亚大学会计学博士。主要研究领域包括财务报表分析、权益成本估计。曾主持科研项目多项，在国际公认的统计学与会计学权威刊物 *Journal of American Statistical Association*、*Annuals of Statistics*、*Review of Accounting Studies* 等杂志上发表论文多篇。提出的模型广义自由度概念解决了自从现代统计学创立以来一直困惑统计学界的一个核心问题，即如何度量模型选择与数据寻矿对模型弥合度的影响，并给出一个简单优雅的解决方案。

◎叶建明

第二节　现任教师名单及简介

厦门大学会计学系现有教师39人（截至2023年9月），包括教授15人、副教授13人、助理教授11人。

目前，杜兴强教授任系主任，张国清教授担任分管研究生工作（包括硕士生、博士生与MPAcc）的副主任，蔡宁教授担任分管本科工作的副主任。

会计学系现任（专职）教师共获国家级和省部级人才项目20余人次，包括：（1）国家高层次人才特殊支持计划哲学社会科学领军人才2人（李建发、杜兴强）；（2）国家百千万人才工程入选者1人（杜兴强）；（3）国家有突出贡献中青年专家1人（杜兴强）；（4）中宣部文化名家暨"四个一批"人才2人（李建发、杜兴强）；（5）国务院政府特殊津贴3人（李建发、刘峰、杜兴强）；（6）教育部跨世纪优秀人才1人（刘峰）；（7）教育部新世纪优秀人才1人（杜兴强；首届2004年）；（8）财政部会计名家（培养工程）3人（李建发、刘峰、杜兴强）；（9）全国会计杰出人才（先进工作者）2人；（10）教育部霍英东基金会高等院校青年教师基金、青年教师奖、教育教学奖3人共5人次（杜兴强分别于2006年、2010年、2022年获得霍英东基金、青年教师奖一等奖、教育教学奖二等奖；刘峰1次，罗进辉1次）；（11）厦门大学"南强"重点岗位教授3人。

◎　厦门大学现任教师名录

教授15人	苏新龙（1985）、李建发（1986）、刘 峰（1987）、毛付根（1988）、叶少琴（1990）、肖华（1991）、郭晓梅（1995）、林涛（1999）、杜兴强（2001）、肖虹（2002）、张国清（2005）、李成（2007）、蔡宁（2009）、罗进辉（2011）、陈亚盛（2014）
副教授13人	任春艳（1999）、严晖（1999）、章永奎（2000）、杨绮（2001）、陈守德（2003）、黄炳艺（2005）、林朝南（2007）、吴益兵（2010）、曾泉（2013）、熊枫（2016）、郑祯（2016）、刘媛媛（2017）、刘馨茗（2018）
助理教授11人	廖阳（2001）、张扬（2007）、沈江华（2018）、申屠李融（2019）、孟庆玺（2021）、李斯曼（2021）、郭睿（2021）、何源（2021）、李胜难（2021）、翟伟欢（2022）、陈璐（2022）、吴越（2023）

注：括号内为入职年份。

下面以姓氏拼音为顺序，分别介绍厦门大学会计学系的现任教师。

蔡宁，管理学（会计学）博士，教授，会计学系副系主任。美国伊利诺伊大学香槟分校（UIUC）Freeman 项目访问学者，财政部会计领军人才（学术4期）、福建省新世纪优秀人才、福建省高层次人才，中国会计学会成员。2018年荣获厦门大学“我最喜爱的十位老师”称号。研究方向为资本市场会计与财务问题。在《管理世界》、《会计研究》、《金融研究》等刊物发表论文多篇。主持国家自然科学基金、教育部人文社会科学基金等项目，作为主要参与人参与国家自然科学基金重大项目、教育部人文社会科学重大项目。承担的“中级财务会计”课程被评为福建省一流本科课程，指导的研究毕业论文多次获福建省优秀学位论文奖。

◎蔡宁

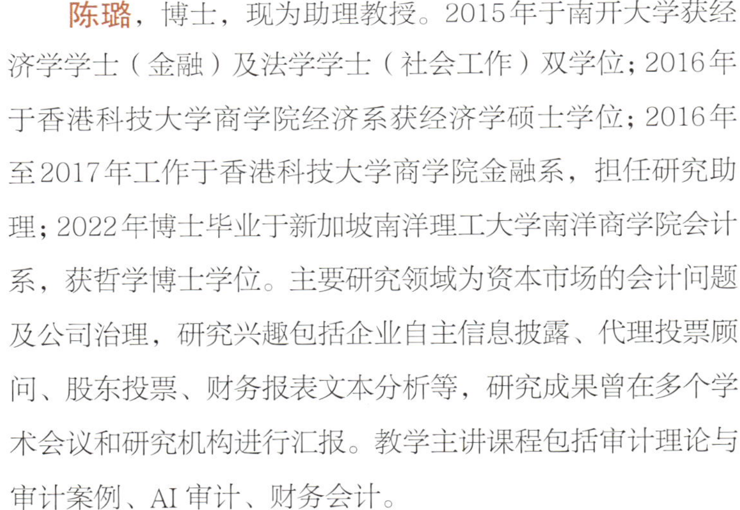

陈璐，博士，现为助理教授。2015年于南开大学获经济学学士（金融）及法学学士（社会工作）双学位；2016年于香港科技大学商学院经济系获经济学硕士学位；2016年至2017年工作于香港科技大学商学院金融系，担任研究助理；2022年博士毕业于新加坡南洋理工大学南洋商学院会计系，获哲学博士学位。主要研究领域为资本市场的会计问题及公司治理，研究兴趣包括企业自主信息披露、代理投票顾问、股东投票、财务报表文本分析等，研究成果曾在多个学术会议和研究机构进行汇报。教学主讲课程包括审计理论与审计案例、AI 审计、财务会计。

◎陈璐

陈守德，1976年5月出生于福建南安。1993年9月考入厦门大学会计学系国际会计专业，从此与厦大会计结下不解之缘，在厦大会计学系分别取得经济学（会计学）学士、管理学（会计学）硕士、管理学（会计学）博士学位。2003年博士毕业后留在会计学系任教至今。主要研究方向为会计理论、财务报表分析、内部控制与风险管理等。为本科生和研究生开设“会计学原理”“中

◎陈守德

级财务会计”“高级财务报表分析”等课程，为高层经理人员提供关于会计准则、财报分析、内部控制等方向的专题培训课程。曾兼任厦门大学与厦门国家会计学院MPAcc联合培养中心副主任，厦门大学管理学院高层管理培训（EDP）中心副主任，厦门大学高级经理教育（EMBA）中心主任。同时兼任厦门建发等多家上市公司独立董事。

◎陈亚盛

陈亚盛，厦门大学会计学系教授、博士生导师，加拿大注册会计师（CPA）、英国皇家特许管理会计师（ACMA）、全球特许管理会计师（CGMA），获加拿大西安大略大学毅伟商学院博士学位，曾先后在加拿大西安大略大学和西蒙菲莎大学任教10年。研究领域为管理会计理论、神经会计研究方法、管理控制系统设计、人工智能在会计中的应用。曾主持加拿大国家人文与社会科学基金项目3项、加拿大国家会计学会研究基金项目1项，国家自然科学基金面上项目2项、福建省高校领军人才资助计划，参与教育部人文社会科学重点研究基地重大项目、财政部管理会计专项课题研究项目。在*Journal of Accounting Research*、*Accounting and Finance*、*World Economy*、*Current Psychology*、*Sustainability*、*Journal of International Accounting Research*等国际会计顶尖学术期刊和国内外知名学术期刊上发表多篇论文。代表性学术成果为在*Journal of Accounting Research*上发表了全球会计学领域第一篇使用眼动跟踪技术的论文，将视觉注意力理论模型引入会计学研究，并完成了会计学领域第一个双人脑同步分析实验，推动了神经科学实验技术在会计研究中的应用。2014年回国任教后，先后被评为福建省高层次引进人才，福建省高校领军人才，厦门市高层次引进人才，厦门大学青年拔尖人才，厦门大学管理学院群贤计划引进人才。目前从事研究课题包括将“眼动跟踪”（Eye-tracking）技术和“磁共振脑扫描”（fMRI）等神经会计学研究方法与人工智能算法相结合，设计促进企业创新的智能管理控制系统，专注于解决中国企业从“中国制造”到“中国创造”转型过程中遇到的挑战。

©杜兴强

杜兴强，1974年生，会计学博士，2001年8月始任教于会计系，2002年12月破格晋升为副教授，2004年5月和8月相继被破格聘为博士生导师（时为副教授）和教授。厦门大学“南强重点岗位”教授、“南强卓越教学名师”、博导，现任厦门大学会计学系主任，美国哥伦比亚大学访问学者。

享受“国务院政府特殊津贴”专家（2020），国家高层次人才特殊支持计划哲学社会科学领军人才（2021），国家百千万人才工程入选者（2019），国家有突出贡献中青年专家（2019），文化名家暨“四个一批”人才（2022），教育部首届“新世纪优秀人才”（2004）、财政部“会计名家培养工程”入选者（2022）。兼任中国会计学会副会长，教育部高等学校会计学专业教学指导（分）委员会副主任委员，中国审计学会常务理事，中国商业会计学会副会长，*Journal of Business Ethics* 编委，《当代会计评论》执行主编，AACSB认证委员，曾任国家级教学成果奖会评专家、全国青联委员、福建省青联常委等。

国家社科基金重大项目首席专家与国家自然科学基金重大项目课题负责人；曾获教育部人文社科优秀成果一等奖、福建省社科优秀成果一等奖与教育部霍英东高等院校青年教师一等奖；教学领域获国家级教学成果二等奖、教育部霍英东教育教学奖二等奖与福建省教学成果特等奖/一等奖。

研究兴趣为“制度变革、文化影响与会计审计行为”、“非正式制度与公司社会责任”和“会计思想史与会计理论”。论文发表于 *Journal of Business Ethics*、*Journal of Accounting and Public Policy*、*International Journal of Accounting*、《会计研究》、《管理科学学报》、《管理世界》、《金融研究》等期刊，系“Elsevier中国高被引学者”、“全球前2%科学家”（World's Top 2% Scientists）与“人大复印报刊资料重要转载来源作者”。出版“*On Informal Institutions and Accounting Behavior*”、《会计信息的产权问题研究》、《儒家文化与会计审计行为》、《文化影响与会计审计行为研究（上/下）》、《葛家澍教授学术思想研究》、《财务会计概念框架与会计准则问题研究》（商务印书馆，2022；中国财政经济出版社，2003）等著作。主编普通高等教育国家级规划教材《财务会计理论》，总主编“厦门大学会计系列教材”（高等教育出版社），“财务会计理论专题”获批教育部国家级本科一流课程。

培养的研究生已有多人次入选国家级人才项目与国家高层次人才计划（青年人才项

目），多人次获得福建省优秀博（硕）士学位论文奖和教育部博士生学术新人奖。

完成399公里的“玄奘之路戈壁挑战赛”（甘肃瓜州到新疆哈密），多项全程马拉松与慈善越野赛。

◎郭睿

郭睿，博士，现为助理教授。本科、硕士毕业于东北财经大学，2021年于香港中文大学取得哲学（会计学）博士学位。曾于美国乔治城大学McDonough商学院访问学习。主要承担大数据、人工智能与会计审计发展变革、审计等课程教学。研究成果曾发表于《会计研究》《预测》等刊物，并在多个国内外学术会议上汇报。主要研究领域为上市公司监管、信息披露、财务舞弊。

◎郭晓梅

郭晓梅，厦门大学管理学院管理学（会计学）博士、教授；中国注册会计师（CICPA），全球特许管理会计师（CGMA），英国皇家特许管理会计师公会（ACMA）会员，厦门大学管理会计研究中心主任;《中国管理会计》杂志编委，全球特许管理会计师北亚区智库（CGMA100）专家。IMA学术顾问委员会委员，福建省财政厅管理会计咨询专家，中国电子协会智能财务分会研究员，中国高校创新创业教育联盟共享财务专委会智能财务研究员。厦门大学管理学院共享财务实验项目负责人，曾任厦门大学会计系副主任。2000年加拿大圣玛丽大学访问学者（CIDA），2017年加拿大毅伟商学院访问学者（CCSEP）。首批国家一流课程负责人，多次获得福建省优秀教学成果奖。

曾长期从事注册会计师业务，为企业及企业集团提供审计和公司治理风险管控等管理咨询服务与实战。与企业合作开展各种案例调研，主要从事企业集团预算管理与风险管控设计、财务共享、智能财务等方面研究、咨询与服务。

已出版《环境管理会计》《注册会计师法律责任》《CGMA管理会计案例集》等多部专著，并在国内外公开发表数十篇学术论文。

何源，博士，现为助理教授。于中国人民大学财政金融学院财政系获经济学学士学位；于香港科技大学商学院经济系获经济学硕士学位；于香港大学商学院会计与法律系获哲学博士学位。主要研究领域为基于资本市场实践的会计与法律问题，研究兴趣包括信息披露、企业创新、产品市场、反垄断、知识产权保护等，研究成果曾在多个学术会议和研究机构进行汇报。主持国家自然科学青年基金项目1项、中央高校基本科研业务费专项基金项目1项，并参与国家自然科学基金重点项目1项。主要教学领域包括经济法学、政府会计与审计等。

◎何源

黄炳艺，1977年出生，福建厦门人，厦门大学经济学博士，北京大学光华管理学院工商管理（会计学）博士后，美国罗格斯大学访问学者，厦门大学管理学院会计系副教授、硕士生导师。主讲课程包括计量经济学导论（本科）、高级财务管理（本科和硕士）和高级计量经济学（硕士和博士），指导的硕士学位论文分别荣获2015年和2020年福建省研究生优秀学位论文，2018年荣获厦门大学鹭燕奖教金（教学类）。主要研究方向为资本市场财务与会计，主持国家自然科学基金项目和福建省社会科学规划项目各1项、教育部人文社会科学研究项目和中央高校基本科研业务费专项资金资助项目各2项，参与国家社科基金、国家自然科学基金和教育部重大研究基地项目多项，已在《管理科学学报》《会计研究》《统计研究》等权威刊物发表论文20多篇，研究成果获福建省第十四届社会科学优秀成果奖，撰写的案例分别入选第八届“全国百篇优秀管理案例”获奖案例和全国会计专业学位研究生（MPAcc）优秀教学案例，2021年荣获厦门大学中国建设银行奖教金（科研类）。

◎黄炳艺

李成，教授，博士生导师，美国哥伦比亚大学访问学者，财政部全国会计高端人才（学术五期）。2002年本科毕业于东北财经大学财政学专业，2007年于厦门大学经济学院财政系获得经济学博士学位（硕博连读）。2007年入职厦大会计学系，其间主要研究方向为企业税收筹划、公司战略与风险管理、中国税制改革、营商环境评价等领域。现兼任中国国际税收研究

◎李成

会理事，厦门市财政学会副会长，厦门市会计学会理事，厦门市税务学会理事，中国会计学会会员，中国税收学会会员，福建省高新技术企业评审专家。负责厦门大学会计系本科、专业硕士的“税法”“企业税收筹划”“公司战略与风险控制”等课程的教学，曾获得福建省教学改革一等奖、厦门大学工商银行奖教金、ACCA优秀授课教师奖。在税务和会计相关研究领域，主要关注宏观经济政策对于企业财务决策的影响、公司治理对于企业避税的影响，以及税制改革的政策效果等。主要研究论文发表于《会计研究》《财政研究》《税务研究》《厦门大学学报（社哲版）》等期刊，出版专著1部，主编教材1部。主持国家自然科学基金项目2项，中央高校基本科研项目1项，在研并参与多项国家自然科学基金项目，参与多地政府的营商环境评估等政府项目。

李建发，经济学（会计学）博士，厦门大学重点岗位教授，博士生导师，享受国务院政府特殊津贴专家（2005），全国杰出会计工作者（2005），入选国家文化名家暨“四个一批”人才（2017）、国家“万人计划”哲学社会科学领军人才（2018）、财政部首批“会计名家”培育工程（2013）、福建省哲学社会科学领军人才（2018）、福建省高层次人才A类（2022）。

◎李建发

1984年本科毕业于暨南大学会计系，同年考入厦门大学会计系攻读硕士研究生，毕业后留校从事教学科研工作。1989—1990年任中国银行港澳管理处合作研究员，1992—1998年兼厦门大学会计师事务所注册会计师、验资部主任，1993年在职攻读博士研究生并于1996年获经济学（会计学）博士学位，1993—1998年作为财政部预算会计改革专家组成员参与起草《事业单位会计准则》和高等学校财务会计等制度，1995—2003年兼任厦门大学财务处处长，1998—2000年任天健（厦门）会计师事务所合伙人、副主任会计师，2000—2004年任厦门大学校长助理，2004—2012年任厦门大学副校长，2007年7月—2009年7月任中共江西省赣州市委常委、市人民政府副市长（中组部选派），2012—2020年任厦门大学党委副书记、副校长（期间曾兼任厦门大学党委统战部部长、机关党委书记），2020—2021年任厦门大学党委常务副书记，2020—2022年兼（担）任管理学院院长。

社会兼职：国务院工商管理学科评议组成员（2014年11月至今），教育部工商管理教学指导委员会委员（2013—2017）、会计专业教学指导委员会副主任委员（2013—

2017）；中国会计学会副会长（2007年6月至今）、政府及非营利组织专业委员会主任委员（2007年6月至今）。财政部会计标准战略委员会委员（2014年12月至今），财政部会计准则委员会咨询专家兼政府及非营利组织会计咨询专家组组长（2003—2011），财政部政府会计准则委员会顾问（2015—2021）、咨询专家（2022年至今）；中国教育会计学会副会长（2007年11月—2023年5月），中国金融会计学会副会长（2012年7月至今），《会计研究》编委会副主任（2014起），中国机械工业教育协会会计学专业教学委员会副主任委员（2022年至今），福建省教育会计学会名誉会长，厦门市会计学会顾问；福建省社科联副主席（2014年9月—2022年6月），厦门市社科联副主席（2012年12月至今）；厦门市人大代表（2012—2017）。

主要研究方向为财务会计、公共部门财务管理、政府及非营利组织会计，在政府及非营利组织会计领域的研究成果处于国内领先地位，其理论创新、学术观点和学术水平得到国内外专家的一致认可；承担国家社会科学基金重大项目和重点项目、国家自然科学基金、教育部博士点基金、教育部人文社科基地重大研究课题、世界银行贷款项目及财政部和教育部委托等课题20余项，发表学术论文80余篇，出版专著、教材、译著20余部，曾获教育部科技进步奖一等奖、福建省哲学社会科学优秀成果一等奖等多项奖励。

李胜难，博士，现为助理教授，英国特许公认会计师公会（ACCA）准会员。2010—2014年就读于四川大学商学院会计系（国际会计方向），获管理学学士学位；2014—2016年就读于厦门大学管理学院会计学系，获会计学（学术型）硕士学位；2016—2021年就读于美国罗格斯新泽西州立大学商学院会计与信息系统系，获哲学（会计学）博士学位。主要研究方向包括公司财务、高管薪酬、企业税收筹划，以及企业养老金计划的投资组合和会计核算问题等。研究成果发表于*Journal of Accounting and Public Policy*和《财务研究》，曾在American Accounting Association Annual Meeting、European Accounting Association Annual Meeting、Hawai'i Accounting Research Conference等国际会议，以及英国华威大学、塞浦路斯大学等研究机构宣读工作论文，并担任*Journal of Accounting, Auditing & Finance*、*China Economic Review*等期刊的匿名审稿人。

◎李胜难

◎李斯曼

李斯曼，厦门大学管理学院会计系助理教授，美国佐治亚理工学院博士。主要研究领域为财务会计和管理会计。主要研究兴趣为运用心理学和行为经济学理论解决重要的会计问题。主要教授课程为管理会计，国际会计理论与方法，Financial Statement Analysis, Introduction to Financial Accounting, Intermediate Accounting, Advanced Financial Reporting，等等。担任了 *Contemporary Accounting Research*、*Accounting Horizon* 等期刊的匿名审稿人。论文发表于 *Journal of Accounting Research* 期刊。

◎廖阳

廖阳，本科、硕士就读于厦门大学会计学系会计专业。2001年硕士毕业后留系任教至今。中国注册会计师非执业会员。主要教授“审计”“中国税制”“会计学原理”课程。曾获得厦门大学青年教师教学大赛一等奖、德勤税务精英挑战赛二等奖指导教师、荣获“厦门大学本科生优秀导师”称号。主要研究方向包括审计、中国税制、优化税收营商环境等。曾在中外学术期刊发表多篇论文，参与本科审计课程建设以及《审计学》教材编写，参与国家社科重点课题、福建省级课题，以及多项横向课题研究项目。

◎林朝南

林朝南，博士，副教授，硕士生导师。1998年于重庆大学冶金及材料工程系钢铁冶金专业获工学学士学位，2001年于重庆大学经济与工商管理学院技术经济及管理专业（公司理财方向）获管理学硕士学位，2007年于重庆大学经济与工商管理学院技术经济及管理专业（公司理财方向）获管理学博士学位。1998—2007年任教于重庆大学经济与工商管理学院会计系（2000—2001年借调教育部发展规划司规划处工作一年）；2007年9月至今任教于厦门大学管理学院会计系，讲授“会计信息系统”“高级财务报表分析”等课程。主要从事财务会计、财务管理与公司治理领域的教学与研究工作。在 *Journal of Empirical Finance*、*Pacific Basin Finance Journal*、*Accounting and Finance*、*Finance Research Letters*、《管理科学学报》、《经济科学》等国内外刊物发表学术论文30余篇，公开出版专著及教材多部。作为项目负责人主持教育部人文社科基金、佛山市金融局、清远市发改局及国家开发银行广东省分行等政府及企事业单位项目多项。曾获重庆市社会科学优秀成果二等奖、厦门大学邓子基奖教金、厦门大学中国建设银行奖教金等多项奖励。

林涛，1989年9月进入厦门大学会计系就读，于1993年、1996年和1999年先后获得会计学学士、硕士和博士学位。1999年8月毕业后留校任教至今。目前为厦门大学管理学院会计系教授、厦门大学管理会计研究中心成员，致力于公司财务管理学和管理会计学的教学和科研工作，讲授的课程主要包括财务管理基础、跨国公司财务管理、管理会计等。参与多项国家社科与自科基金、省部级研究课题及企业横向课题，在《中国工业经济》《会计研究》等杂志上独立或合作发表论文多篇，独立或合作出版了《会计学》《管理会计》《财务管理学》《跨国公司财务管理》等教材，及《创新的科学与文化》等译作，参与的教改项目"管理学全案例教学模式"获2014年国家级教学成果奖二等奖，此外获省级、校级优秀教学成果奖数次。

◎ 林涛

学校工作之余，一直通过企业授课、提供财务顾问咨询、担任独立董事等方式服务社会。

刘峰，安徽无为市人。1983年考入厦门大学会计与企业管理系会计专业，1987年本科毕业，获经济学（会计学）学士学位，留校任葛教授教授科研助手，并任会计学系助教；1991年9月考取博士研究生，师从葛家澍教授，1994年毕业，获经济学（会计学）博士学位。

◎ 刘峰

1987年至1999年12月，在厦门大学会计学系工作，1991年晋升讲师，1994年晋升副教授，1997年晋升教授；2000年1月—2010年7月在中山大学管理学院任讲座教授，在2008年教授定级中，成为中山大学首批二级教授。曾任中山大学现代会计研究中心主任，并于2008—2010年出任中山大学管理学院副院长；2010年回到厦门大学会计系，为闽江学者讲座教授，博士生导师。

1986年以本科三年级学生身份，在《会计研究》1986年第5期上发表论文；之后，先后在《经济研究》、《管理世界》、《会计研究》、《审计研究》、《中国工业经济》、《当代会计评论》、*Journal of Accounting and Public Policy*、*Journal of Business Ethics*、*China Journal of Accounting Research*、*China Accounting and Finance Review* 等刊物上发表论文数十篇，其中，在《会计研究》上署名发表论文超过30篇，在《管理世界》上署名发表论文10篇（截至2018年）。

主要学术观点：1992年，首次将科斯定理引入会计准则研究，引发会计理论研究广泛借鉴经济学理论的热潮；2000年起关于审计独立性与审计质量的研究，对推动审计职业理性发展、自动废止中国证监会关于“补充审计”的“第16号文”，发挥了积极的影响；2002年发表的对中天勤客户流向的案例分析，首次在高端学术刊物上明确指出客户与签字注册会计师绑定的现象，激发后续基于中国制度环境的审计研究；近年来，通过各种方式鼓励、宣传制度导向的研究，包括提出审计团队的研究视角；2015年发表“会计·信任·文明”一文，尝试从人类信任与演化视角来重新定位会计，提出人类对会计的需求催生了文字，文字是人类文明的基础。这一观点如果能够被社会接受，将会大大提升会计学的社会地位。刘峰教授也在这一思想的基础上，提出会计通识课教育的基本逻辑。

教学上，长期担任“会计学原理”课程的教学，并主持教育部精品课程“会计学基础”，目前还致力于将会计学入门课建设成大学通识课的努力中。

1995年获中国会计学会年度优秀论文一等奖；1997年获霍英东教育基金会高等院校青年教师奖（科研类）；1999年获教育部首届优秀青年教师奖；2000年获国务院政府特殊津贴；2008年，入选财政部全国会计先进工作者；2014年，入选财政部全国会计名家。

2019年底，经财政部推荐，任国际财务报告准则咨询委员会委员。

◎ 刘馨茗

刘馨茗，现为副教授。获得中南大学会计学学士学位、香港城市大学会计学硕士学位、台湾政治大学会计学博士学位。2018年加入厦门大学会计学系，2021年晋升为副教授。主讲的课程有公司治理理论与实务、审计理论与方法、研究生论文写作等本科和硕博士课程，研究领域包括中国及美国资本市场会计、审计、公司治理等。曾获福建省第十四届社会科学优秀成果奖、曹德旺奖教金、厦门大学一流本科课程建设计划立项。主持国家自然科学基金、审计署重点科研课题、福建省软科学等项目，参与国家社科重大项目、国家自然科学基金项目多项。作为第一作者或通讯作者，已在《会计研究》、《审计研究》、*Contemporary Accounting Research*、*The European Accounting Review*、*Journal of Business Research*、*Accounting and Finance*

等国内外重要学术期刊发表学术论文多篇。

刘媛媛，现为副教授、硕士生导师。本科毕业于香港浸会大学，硕士毕业于香港大学，于2017年度获得北京大学光华管理学院会计学博士学位，新加坡管理大学联合培养博士。2017年入职厦门大学管理学院，2021年晋升副教授。研究方向包括财务会计、公司治理、审计等。主持国家自然科学基金1项，参与2项，参与国家社科重大项目1项。作为第一作者或通讯作者，在*Auditing：A Journal of Practice & Theory*、*Journal of Accounting, Auditing & Finance*、*Accounting & Finance*、《经济研究》、《会计研究》和《审计研究》等国内外重要学术期刊发表学术论文多篇。担任了《经济研究》、《会计研究》、*The European Accounting Review*、*Accounting & Finance*、*Asia-Pacific Journal of Accounting & Economics* 等期刊的匿名审稿人。主讲或参与讲授的本科生课程包括会计学原理（英文）和高级财务会计，研究生课程包括财务会计理论与实务、审计理论与实务、审计理论与方法、会计信息系统研究等。参与《智能会计》和《基于数据科学的智能财务决策》等本科生教材的编写工作。曾于2018—2019学年秋季学期赴厦门大学马来西亚分校区任教。

◎ 刘媛媛

罗进辉，教授、博士生导师，加拿大阿尔伯塔大学商学院和澳大利亚墨尔本大学会计系的访问学者。2001—2005年就读于哈尔滨工业大学管理学院获得管理学学士学位，2005—2011年就读于西安交通大学管理学院获得管理学博士学位。国家社会科学基金重大项目首席专家，入选财政部全国会计领军人才（学术类）、福建省级高层次A类人才、福建省高等学校新世纪优秀人才、福建省高校杰出青年科研人才、厦门大学南强青年拔尖人才和福建省“雏鹰计划”青年拔尖人才，兼任*Asia Pacific Journal of Management*、*Management International Review* 等国际学术期刊的编委以及《财会月刊》的学术顾问和《财务研究》的学术委员会委员。

◎ 罗进辉

2011年7月入职厦门大学会计学系以来，主要讲授商业伦理与公司治理、资本市场会计研究、商业伦理与审计职业道德、公司治理、高级财务管理、公司并购重组等专业课程，主要研究领域为资本市场会计审计与公司治理，以及民营企业创新创业问题。目前已在《管理世界》、《管理科学学报》、《经济学（季刊）》、《金融研究》、《会计研究》、《中国工业经济》、《南开管理评论》、*Journal of Accounting and Public Policy*、*Journal of Corporate Finance*、*Journal of Banking and Finance*、*Journal of Business Ethics*、*Journal of Product Innovation Management* 等国内外重要学术期刊上发表论文60余篇，撰写的决策咨询报告获得国务院相关部委、福建省委和省政府采用，曾获得全国百篇优秀管理案例、霍英东教育基金会青年教师奖、福建省社科优秀成果奖、陕西省优秀博士学位论文、厦门大学清源奖教金和至善奖教金等荣誉奖项，目前主持1项国家社会科学基金重大项目，并完成2项国家自然科学基金项目和多项省部级研究课题。

◎毛付根

毛付根，教授。1985年毕业于厦门大学会计学系，1988年获厦门大学经济学（会计）硕士学位，1994年获厦门大学经济学（会计）博士学位。研究生毕业后留校任教至今，长期担任厦门大学等985大学EMBA主讲教授；作为高级访问学者在香港科技大学、香港理工大学、加拿大麦吉尔大学进行过学术访问与研究。主讲课程包括国际理财、财务管理等。主要研究领域包括管理会计、成本管理、公司财务、跨国公司财务管理、绩效管理与财务控制等，先后主编普通高等教育"十一五"国家级规划教材《管理会计》和《跨国公司财务管理》，并参与编写教材、专著共20余部，同时在《会计研究》等学术刊物发表学术论文、案例50余篇。先后主持国家教委"八五""九五"人文、社科研究规划项目2项；参与"七五""八五""九五"国家社科基金项目3项，国家自然科学基金项目2项。

◎孟庆玺

孟庆玺，2021年9月入职厦门大学会计学系，现为助理教授。管理学博士，香港中文大学访问学者。研究领域为"中国情境下的资本市场会计与财务问题"，近期主要关注数字技术对会计行为及证券监管的影响。研究成果发表在《经济研究》《管理科学学报》《会计研究》等学术期刊（其中，1篇获得省级哲学社会科学奖一等奖，2篇获得省级哲学社会科学奖二等奖，1篇获得省级哲学社会科学奖三等奖，6篇被人大复印报刊全文转载）。主持国家自然科学基金青年项目1项，参与国家社会科学基金重大项目、国家自然科学基金面上项目/地区项目等科研课题多项。面向本科生、研究生讲授实证研究基础、大数据与会计研究、财务管理、公司财务管理等课程。多次担任各类学术会议、学术期刊评审专家和银行、企业实务培训讲师。

◎任春艳

任春艳，管理学（会计学）博士，现为副教授、硕士生导师。曾在英国纽卡斯尔大学、香港理工大学和加拿大西门菲沙大学访问进修。长期致力于财务会计教学与科研，为厦门大学管理学院本科生及硕士研究生主讲中级财务会计、高级财务会计等课程，并开设全校性选修课——会计入门。在工作中注重对教学方法的探索，善于启发和调动学生积极思考，重视教学互动反馈。2017年获厦门大学“建设银行奖教金”；2019年主讲的高级财务会计课程获厦门大学一流本科课程建设立项。研究方向为资本市场会计与财务问题，出版专著《上市公司盈余管理与会计准则制定》，在《经济管理》、*China Journal of Accounting Research*等刊物发表论文多篇，并主编《高级财务会计》教材。社会服务方面，长期参与厦门大学中国营商环境研究中心的工作，在全国多个省市进行营商环境调研和评估，撰写优化对策报告。作为厦门民革经济委的委员，荣获民革厦门市委2019年度“信息、宣传先进个人”三等奖。

◎申屠李融

申屠李融，香港中文大学会计学博士，现为助理教授。主要研究领域包括董高监社会网络、高管薪酬、董事会架构以及财务舞弊、卖空机制等。论文入选IAAER Congress、European Accounting Association Annual Meeting等国际会议。

◎沈江华

沈江华，2018年9月入职厦门大学管理学院会计学系，现为助理教授。2007—2011年就读于西南财经大学并获得金融学学士学位，2011—2013年就读于岭南大学（香港）并获得研究型金融学硕士学位（MPhil in Finance），2013—2018年就读于香港科技大学并获得会计学博士学位。主要研究领域有信息披露、公司治理与资本市场。讲授课程包括会计学原理、会计与审计研究方法、计量技术与统计方法、投资学等。研究论文已经发表于*Review of Accounting Studies*、*Journal of Law and Economics*、*Journal of Banking & Finance*、*Accounting & Finance* 等学术期刊。其中，发表于*Review of Accounting Studies* 的论文"The unintended benefit of the risk factor mandate of 2005"获得2018年麻省理工学院亚洲会计年会最佳论文奖（MIT Asia Conference in Accounting, Best Paper Award, First Place）。工作论文多次入选美国会计学年会（American Accounting Association annual meeting）、麻省理工学院亚洲会计年会，以及中国金融国际年会（China International Conference in Finance）。曾多次参加国内外学术会议，并受邀担当论文点评人。

◎苏新龙

苏新龙，管理学博士，教授、硕士生导师，教育部学位中心通讯评议专家，中国会计学会首批高级会员，"福建会计名人堂""福建会计人才库"首批入选者，福建省教授级高级会计师、高级审计师评审专家。1985年厦门大学会计学专业本科毕业，1996年厦门大学会计学硕士研究生毕业，2008年获武汉理工大学管理科学与工程博士学位。1987—1993年担任厦门大学会计学系办公室主任，1993年和1997年分别全科通过全国注册会计师考试和全国首届证券及期货资格注册会计师并获执业资格。曾兼任厦门大学会计师事务所注册会计师（1993—2002年）及上海创兴资源股份有限公司（600193）独立董事、副总经理、监事（1999年至2015年）。主要研究领域为财务会计理论与方法、资本市场财务与会计。主编或参编《资本市场与财务会计问题研究》（2018年）、《全流通下上市公司再融资行为财务问题研究》（2011年）、《会计学原理》（2011年）、《上市公司重大购并业务财务与会计问题探讨》（2007年）、《通用会计学原理》（2007年）、《现代企业制度与财务会计若干问题探讨》（2004年）、《会计学基础》（2000年）等专著、教材十余部，在《会计研究》《财政研究》《生产力研究》《财务与会计》《公司治理评论》等杂志发表学术论文50多篇，为本科生和研究生讲授会计学原理、高级财务会计、会计与审计案例、会计准则与会计职业判断等课程。2020年获评福建省首届会计专业硕士案例大赛优秀指导教师和厦门大学首届"容诚杯"案例大赛优秀指导教师，2023年获第九届全国MPAcc学生案例大赛优秀指导教师奖。

吴益兵，现为副教授、硕士生导师。2004年本科毕业于厦门大学管理学院会计系会计学专业，获管理学学士学位；2007年毕业于厦门大学管理学院会计系会计学专业并获管理学硕士学位；2007—2010年毕业于复旦大学管理学院会计系会计学专业并获管理学博士学位。讲授审计理论与实务、企业融资与资本市场、公司战略与风险管理等课程。主要从事内部控制、审计与公司治理领域的教学与研究工作。在《会计研究》、《经济管理》、《上海证券报》、《中国社会科学报》、《当代财经》、*Technological Forecasting and Social Change* 等国内外刊物发表学术论文20余篇，公开出版专著多部。作为项目负责人主持福建省社科基金、航空集团、金控公司等企事业单位项目多项。曾获厦门大学至善奖教金等多项奖励。

◎吴益兵

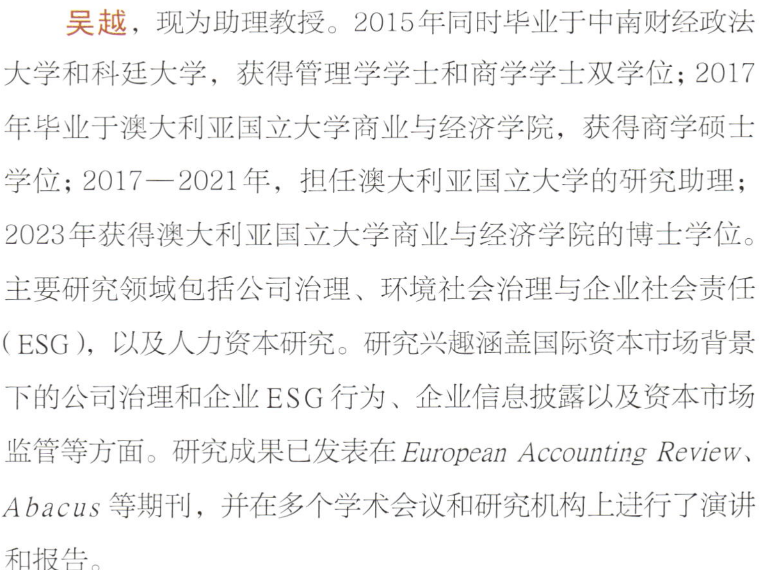

吴越，现为助理教授。2015年同时毕业于中南财经政法大学和科廷大学，获得管理学学士和商学学士双学位；2017年毕业于澳大利亚国立大学商业与经济学院，获得商学硕士学位；2017—2021年，担任澳大利亚国立大学的研究助理；2023年获得澳大利亚国立大学商业与经济学院的博士学位。主要研究领域包括公司治理、环境社会治理与企业社会责任（ESG），以及人力资本研究。研究兴趣涵盖国际资本市场背景下的公司治理和企业ESG行为、企业信息披露以及资本市场监管等方面。研究成果已发表在 *European Accounting Review*、*Abacus* 等期刊，并在多个学术会议和研究机构上进行了演讲和报告。

◎吴越

肖虹，会计学博士（2000年），应用经济学金融工程方向博士后（2005年），现为教授（2008年至今）、博士生导师（2009年至今），中国会计学会会计基本理论专业委员会委员，*Japan Accounting Review* 助理编辑，《会计研究》杂志审稿人，国家社科基金项目通讯评审专家，中国人民银行高级职称评审委员会委员。主要研究领域为国际会计与国际理财、金融企业财务与会计。

◎肖虹

曾先后主持国家自然科学基金面上项目、国家社会科学基金面上项目、国家软科学基金项目、福建省社会科学规划重大项目、福建省社会科学规划一般项目、教育部人文社会科学面上项目、教育部人文社会科学重点基地重大项目等课题。出版专著及教材8部，独著或作为第一作者在*Technology analysis & Strategic Management*、《数量经济技术经济研究》、《会计研究》等重要学术刊物发表学术论文多篇，在国际重要学术会议上报告学术论文。咨询报告《当前福建省存在的主要金融风险及防范建议》获福建省常务副省长批示采用。曾获福建省优秀教学成果一等奖、省级及市级社会科学研究奖、陈嘉庚奖教基金奖。曾主讲课程国际会计、国际理财、衍生金融工具风险管理及其会计问题研究、商业领袖战略分析与财务分析、金融企业会计。曾为国资委企业、部属企业以及全国性股份制大型银行37家分行做咨询培训，多家上市公司独立董事，也曾兼任公司财务总监。

肖华，教授，中国会计学会环境资源会计专业委员会委员，长期从事国际会计与公司环境会计方面的教学和研究工作。2001年毕业于厦门大学管理学院国际会计方向，获管理学（会计）博士学位；作为访问学者，曾在加拿大圣玛丽大学商学院（1998—1999年）与英国圣安德鲁斯大学管理学院（2011—2012年）进行学术访问与研究。在《会计研究》等杂志发表学术论文多篇。主持和参与国家社会科学基金、教育部基金和自然科学基金等项目。参与编译著作多部。主持的会计系本科会计专业国际化教学改革项目于2017获得福建省第八届教育教学成果奖一等奖。曾获福建省社会科学优秀成果奖三等奖。

◎肖华

熊枫，现为副教授，澳大利亚昆士兰大学本科（会计与财务双主修），澳大利亚昆士兰理工大学博士（会计主修）。自2016年11月加入厦门大学，入选外国青年人才引进计划（国家级、省级），主持或参与多项国家级、省部级科研项目。在教学方面，承担（中级）财务会计、管理会计以及大数据审计等本科及研究生课程，主持校级一流本科课程建设一项（西方财务会计）及校级教育教学改革研究项目一项（大数据审计）。在科研方面，主要研究领域为新技术（大数据、机器学习、区块链等）视角下的会计（审计）研究、企业信息披露、政府采购以及新经济模式，已发表论文主题包括但不仅限于

◎熊枫

机器学习方法预测企业舞弊（*Journal of Business Ethics*）、数字经济平台合法化（*Journal of Business Ethics*）、企业内部信息质量与现金持有（*Accounting and Finance*）以及企业在社交媒体的信息披露内容（及其法律应用）（*Technology Analysis and Strategic Management*，*Business Horizons*，*Australian Journal of Corporate Law*）。在学生辅导方面，与学生合作发表论文（Business Horizons）并举荐至澳大利亚莫纳什大学攻读博士（全额奖学金），指导学生团队获2019年CGMA商业精英国际挑战赛北亚区决赛第四名，指导学生团队获厦门大学大学生创新创业训练计划国家级项目立项。在社会服务方面，参与省市级营商环境评估调研，结合政府绩效管理等理论知识，关注政府采购、纳税服务等指标的建设，撰写政府采购改革对策等咨政报告。

严晖，1999年入职厦门大学管理学院会计学系，现为副教授、硕士生导师。本科（1992级）、硕士（1996级）及博士研究生（2001级）均就读于厦门大学会计系会计学专业，2004获管理学（会计）博士学位。研究方向包括独立审计、内部审计、内部控制与风险管理。长期为本科生、硕士生开设审计学、审计案例、风险管理、内部审计理论与实务等相关课程。审计学课程于2004年获评国家级及福建省精品课程，于2019获评厦门大学一流本科示范课程。2019年指导学生参加MPAcc全国案例大赛获得特等奖（全国第一名），获“优秀指导教师”称号。指导的硕士论文2017年获得福建省优秀硕士学位论文奖。作为团队一员还获得2017年福建省本科教学先进成果一等奖。2021年获评“厦门大学我最喜爱的十位老师”。取得了国际注册内部审计师、中国注册会计师非执业会员等专业资格。曾兼任中国内部审计协会准则委员会委员、福建省内部审计协会副会长、福建省审计学会理事。曾主持审计署内部审计课题以及多项内部审计与风险管理方面的横向课题，参与多项国家自然科学基金与国家社科基金，出版专著一本，主编《审计学》教材，并有多篇论文发表在学术期刊上。

◎ 严晖

杨绮，管理学（会计学）博士，现为副教授、硕士生导师，中注协非执业会员，厦门市商务局商务专家，研究方向国际会计。主讲高级财务会计、财务报告（下）（双语）、高级财务会计理论与实务等本科生和硕士生主干课程。获厦门

◎ 杨绮

大学第六届青年教师教学技能比赛一等奖、清源奖教金、鹭燕奖教金、邓子基奖教金、闽都陈嘉庚公益基金会厦门国际银行奖教金。两度获管理学院杰出本科教学奖。所授硕士生课程国际会计研究入选校第六批优质硕士学位课程。获“ACCA年度优秀专业指导教师”称号，且所授ACCA方向课程先后有四个学生获ACCA全球考试中国大陆地区第一名。2018年被评为“厦门大学本科教学示范岗”。2020年获厦门大学“我最喜爱的十位老师”称号，所负责的高级财务会计课程被认定为福建省一流本科课程。2021年获福建省高校教师教学创新大赛副高组二等奖和“教学活动创新奖”专项奖、厦门大学首届教学创新大赛一等奖；所负责的高级财务会计课程在中国大学MOOC上线；主编的厦门大学新版会计系列教材《高级财务会计》由高等教育出版社出版。2022年，获第四届全国高校混合式教学设计创新大赛设计之星奖；入选福建省2022年省级课程思政教学名师团队主要成员；作为主要成员参加的“会计学教学模式创新与教材体系改革：AI技术冲击、中国文化嵌入与伦理关注”项目获2022年高等教育（本科）国家级教学成果奖二等奖。

主持或参与多项省部级课题及重大横向课题，独立发表论文四十余篇，多篇为SCI、EI收录或为人大复印报刊资料转载，所撰写论文获财政部和中国会计学会颁发的2012年度会计学优秀论文一等奖。

◎叶少琴

叶少琴，厦门大学会计学博士，注册会计师，教授，长期从事教学和科研工作。曾兼任厦门大学会计师事务所和厦门永大会计师事务所注册会计师，从事验资、审计等工作。曾在英国纽卡斯尔（Newcastle）大学进修学习。

◎曾泉

曾泉，现为副教授，博士生导师。2004年毕业于江西财经大学并获得工学学位，2009年毕业于厦门大学并获得会计学硕士学位，2013年毕业于厦门大学并获得会计学博士学位，2013年8月入职厦门大学管理学院会计学系。主要研究领域为资本市场会计与审计问题。讲授课程包括中级财务会计、会计学原理、成本会计等。研究论文已经发表于*Journal of Management & Organization*、*Journal of Contemporary Accounting & Economics*、*Journal of Business Ethics*，《金融研究》、《中国会计与财务研究》、《经济管理》等学术期刊。主持国家自然科学基金、教育部人文社科项目、福建省社会科学规划项目若干项。曾获得福建省教学成果特等奖与国家级教学成果二等奖（参与者）、福建省社会科学优秀成果三等奖。

翟伟欢，香港理工大学博士，现为助理教授。研究兴趣广泛，主要关注于财务报表分析和权益价值估计。目前，已经在 *Journal of Corporate Finance* 和 *Review of Quantitative Finance and Accounting* 上发表文章。作为通讯作者，其文章“The Explanatory Power of Explanatory Variables”已经被 *Review of Accounting Studies* 接受。主持一项中央高校基本科研业务费专项基金。主要为本科生讲授AI会计、税法课程，为研究生讲授资本市场与公司治理课程。

◎翟伟欢

张国清，教授、博士生导师，现为厦门大学管理学院会计学系副主任。1998年7月毕业于南昌大学经管学院工商管理系，获学士学位；2022年7月毕业于厦门大学管理学院会计系，获硕士学位；2005年7月毕业于上海财经大学会计学院，获博士学位；2005年7月进入厦门大学管理学院会计学系工作至今。主要研究领域包括公共财务与政府会计、资本市场会计与审计、公司治理与内部控制、环境治理与信息披露。从事成本会计、资本市场与公司治理、政府及非营利组织会计、政府审计、公共管理理论与实务等的教学工作。圣路易斯华盛顿大学、维拉诺瓦大学访问学者，兼任财政部政府会计准则委员会咨询专家、中国会计学会政府及非营利组织会计专业委员会委员、厦门市财政局会计咨询专家、上市公司独立董事。曾在 *China Accounting and Finance Review*、《世界经济》、《会计研究》、《审计研究》等权威刊物发表论文50余篇，出版专著1部、教材1部。担任国家社科重大项目子课题负责人，主持2项国家自然科学基金项目、1项国家社会科学基金项目、1项中国会计学会重点项目、1项福建省社会科学一般项目。入选2011年度福建省高校新世纪优秀人才，多次荣获厦门大学奖教金，荣获“2021年厦门大学优秀共产党员”称号。

◎张国清

张扬，中国人民大学经济法学博士，现为助理教授、中国营商环境研究中心高级研究员。曾为MPACC/MBA/EDP等开设经济法、税法、商法、商业伦理、无形资产管理、合规性管理等课程。主要研究领域为经济法商法、公司证券法、城市法、教育传媒法，擅

◎张扬

长采用法学与经济学、管理学、社会学等学科交叉的研究方法，关注制度经济学、行为科学与法学前沿的互动研究。长期从事公司、证券、金融、知识产权、产业管制、营商环境等教学、科研与法律实务，参与或主持教育部多项重大课题，在核心期刊发表多篇专业论文。曾为诸多金融机构开设风控与合规培训，为众多大型企业和公共部门开设法律培训与讲座，还为中央和地方政府开展营商环境咨询或出具调查报告。2016年指导本科生参加香港会计师公会QP案例大赛获得全国总冠军，被厦门大学评为本科生科创竞赛优秀指导教师。

◎章永奎

章永奎，现为副教授、硕士生导师。1993年毕业于合肥工业大学材料科学与工程系锻压专业模具方向，获得工学学士学位，1993年7月至1997年8月就职于合肥江淮仪表厂，担任模具设计师；1997年9月至2000年7月就读于厦门大学管理学院会计系，先后师从刘峰教授、葛家澍教授，2000年7月硕士研究生毕业，获得管理学硕士学位，并留校任教至今；2001年9月在厦门大学管理学院会计系攻读博士学位，师从葛家澍教授，2004年博士研究生毕业，获得管理学博士学位。2013年1月至2016年12月担任管理学院EDP中心副主任。2017年底到2018年底赴美国得克萨斯大学奥格兰德河谷分校访学。

为本科生讲授的主要课程为：会计学原理、中级财务会计、财务会计理论专题、财务报表分析、非财务人员的财务会计。为研究生讲授的主要课程为：高级财务会计、财务会计理论与实务、会计学。主要研究领域为：会计准则、信息披露与盈余管理。

◎郑祯

郑祯，现为副教授。本科就读于厦门大学管理学院会计学系（2007—2011年），入选香港理工大学交换生项目（2009年），博士就读于新加坡国立大学会计学系（2011—2016年）。2016年入职厦门大学管理学院，承担

Principles of Accounting（本部与马来西亚校区）、会计研究方法与计量经济学、法务会计与审计、审计理论与方法研究等课程教学。研究领域为信息披露、资本市场与会计、税务。已在 *Journal of the American Taxation Association*、*European Accounting Review*、*British Accounting Review*、*Journal of Business Research* 等期刊发表论文。主持国家自然科学基金青年项目、国家社会科学基金青年项目、中央高校基本科研业务费专项资金，参与国家自然科学基金重大项目、国家社会科学基金重大项目、教育部人文社会科学重点研究基地重大项目、财政部专项课题等。省级高层次人才计划入选者，美国会计学会会员，英国特许公认会计师公会准会员。

第十一章

厦门大学会计学科代表性成果

1924—2024年，百年厦门大学会计学科在教学、科研、人才培养、社会服务等诸多方面为推动我国会计教育事业的发展作出了卓越的贡献，取得了诸多代表性成果。本章将列表展示百年厦门大学会计学科代表性的中文论文、英文论文、著作与教材、教学成果相关奖励、科研成果奖、国家级重大/重点项目、国家级高层次人才项目、社会兼职等多个方面。

第一节　代表性中文论文

（一）1924—2024年厦门大学会计学系教师发表的重要期刊论文

我们按照会计学系教师姓名的拼音顺序，提供了1924—2024年厦门大学会计学系教师发表在中文重要期刊上的学术论文。需要指出的是，重要期刊的界定参照厦门大学的最优学术期刊（含2000年以前的《厦门大学学报》和《中国经济问题》等）。

◎　1924—2024年厦门大学会计学系教师发表在中文重要期刊上的学术论文

序号	作者姓名	文章标题	期刊名称	卷期/页码
1	蔡　宁 魏明海 路晓燕	投资者保护变迁与会计改革的共生互动性	会计研究	2008年第3期第19～26页，第95页
2	蔡　宁	信息优势、择时行为与大股东内幕交易	金融研究	2012年第5期第179～192页
3	蔡　宁 董艳华 刘　峰	董事会之谜——基于尚德电力的案例研究	管理世界	2015年第4期第155～165页，第169页
4	蔡　宁	风险投资“逐名”动机与上市公司盈余管理	会计研究	2015年第5期第20～27页，第94页
5	蔡　宁 何　星	社会网络能够促进风险投资的“增值”作用吗？	金融研究	2015年第12期第178～193页
6	蔡　宁	文化差异会影响并购绩效吗——基于方言视角的研究	会计研究	2019年第7期第43～50页
7	常　勋	开拓国际会计研究的新领域	厦门大学学报（哲学社会科学版）	1987年第1期第26～31页
8	常　勋	三式簿记构思的深入发展	会计研究	1987年第3期第23～27页
9	常　勋	外币业务会计的面面观	会计研究	1991年第3期第20～22页
10	常　勋	解读国际会计协调化	会计研究	2003年第12期第3～7页，第64页
11	陈汉文	构建会计理论体系的设想	会计研究	1996年第6期第19～24页
12	陈汉文 林志毅	规范会计理论与实证会计理论评析及启示	会计研究	1997年第7期第10～11页
13	陈汉文 林志毅 严　晖	公司治理结构与会计信息质量——由“琼民源”引发的思考	会计研究	1999年第5期第29～31页

续表

序号	作者姓名	文章标题	期刊名称	卷期/页码
14	陈汉文 陈向民	证券价格的事件性反应—— 方法、背景和基于中国证券市场的应用	经济研究	2002年第1期 第40～47页， 第95页
15	陈汉文 吴益兵 李 荣 徐臻真	萨班斯法案404条款：后续进展	会计研究	2005年第2期 第82～86页
16	陈汉文 刘启亮 余劲松	国家、股权结构、诚信与公司治理	管理世界	2005年第8期 第135～142页
17	陈箭深	衍生工具会计准则：美国会计准则委员会的努力	会计研究	1998年第3期 第47～49页
18	陈少华	论我国大学会计硕士研究生教育改革的有关问题	会计研究	1996年第7期 第35～37页
19	陈胜群	权责发生制和配比准则之我见—— 与常杰、周恺同志商榷	会计研究	1991年第4期 第40～41页
20	陈一江	稳健原则和会计中的不确定性	会计研究	1998年第4期 第27～29页
21	杜兴强	人力资源会计的确认、计量与报告	会计研究	1997年第12期 第11～14页
22	杜兴强	会计信息的产权问题研究	会计研究	1998年第7期 第14～19页
23	杜兴强	科斯定理、负商誉“悖论”、负商誉的确认与计量	会计研究	1999年第7期 第31～37页
24	杜兴强 李 文	人力资源会计的理论基础及其确认与计量	会计研究	2000年第6期 第30～36页
25	杜兴强	会计信息产权的基本逻辑及其博弈	会计研究	2002年第2期 第52～58页
26	杜兴强	国有企业会计信息产权的畸形性及其解读	会计研究	2003年第2期 第16～20页
27	杜兴强	我国上市公司管理当局对会计准则的态度及其对策	会计研究	2003年第7期 第16～20页
28	杜兴强	公司治理生态与会计信息的可靠性问题研究	会计研究	2004年第7期 第44～49页
29	杜兴强 王丽华	高层管理当局薪酬与上市公司业绩的相关性实证研究	会计研究	2007年第1期 第58～66页
30	杜兴强 雷 宇 朱国泓	企业会计准则（2006）的市场反应：初步的经验证据	会计研究	2009年第3期 第18～24页
31	杜兴强 雷 宇 郭剑花	政治联系、政治联系方式与民营上市公司的会计稳健性	中国工业经济	2009年第7期 第87～97页
32	杜兴强 郭剑花 雷 宇	政治联系方式与民营上市公司业绩：政府干预抑或“关系”	金融研究	2009年第11期 第158～173页
33	杜兴强 陈韫慧 杜颖洁	寻租、政治联系与“真实”业绩—— 基于民营上市公司的经验证据	金融研究	2010年第10期 第135～157页

续表

序号	作者姓名	文章标题	期刊名称	卷期/页码
34	杜兴强 杜颖洁 周泽将	商誉的性质及其确认问题探讨	会计研究	2011年第1期 第11～16页
35	杜兴强 曾　泉 杜颖洁	政治联系、过度投资与公司价值	金融研究	2011年第8期 第93～110页
36	杜兴强 曾　泉 吴洁雯	雇员历练、经济增长与政治擢升—— 基于1978—2008年省级官员的经验证据	金融研究	2012年第2期 第30～47页
37	杜兴强 赖少娟 杜颖洁	发审委联系、潜规则与IPO市场的资源配置效率	金融研究	2013年第3期 第143～156页
38	杜兴强　蹇　薇 曾　泉　常莹莹	宗教影响、控股股东与过度投资：基于中国佛教的经验证据	会计研究	2016年第8期 第50～57页
39	杜兴强 赖少娟 裴红梅	女性高管总能抑制盈余管理吗？基于中国资本市场的经验证据	会计研究	2017年第38卷 第1期 第39～45页
40	杜兴强 谭　雪	国际化董事会、分析师关注与现金股利分配	金融研究	2017年第8期 第192～206页
41	杜兴强 殷敬伟 赖少娟	论资排辈、CEO任期与独立董事异议行为	中国工业经济	2017年第12期 第151～169页
42	杜兴强	殷勤款待与审计独立性：天下有白吃的午餐吗？	会计研究	2018年第5期 第83～89页
43	杜兴强	葛家澍教授学术思想研究—— 纪念葛家澍教授诞辰100周年	会计研究	2021年第1期 第5～25页
44	杜兴强 张　颖	独立董事返聘与公司违规：“学习效应”抑或“关系效应”？	金融研究	2021年第4期 第150～168页
45	杜兴强　殷敬伟 张　颖　杜颖洁	国际化董事会与公司环境绩效	会计研究	2021年第10期 第84～96页
46	杜兴强　谢裕慧 赖少娟　曾　泉	儒家文化与会计稳健性	会计研究	2023年第1期 第59～74页
47	杜兴强 肖　亮 林　峤	生于干旱、未雨绸缪：CEO童年干旱经历能否提升公司水资源保护绩效？	管理科学学报	2023年第7期
48	傅元略	扩展会计电算化功能的策略	会计研究	1996年第4期 第25～28页
49	傅元略	寻求最优的企业资本结构	中国工业经济	1997年第8期 第71～75页
50	傅元略	从财务会计电算化系统扩展成经营决策支持系统的探讨	会计研究	1997年第12期 第39～42页
51	傅元略	企业智力资产效益贡献的综合评价	会计研究	2000年第10期 第43～45页
52	傅元略	企业集团财务资源协同管理效应的度量	中国工业经济	2003年第9期 第66～72页
53	傅元略	价值管理的新方法：基于价值流的战略管理会计	会计研究	2004年第6期 第48～52页， 第96页

续表

序号	作者姓名	文章标题	期刊名称	卷期/页码
54	葛家澍	试论会计核算这门科学的对象和方法	厦门大学学报（社会科学版）	1956年第2期第1～25页
55	葛家澍	论社会主义经济中固定资产的无形耗损及其计算问题	厦门大学学报（社会科学版）	1957年第2期第111～129页
56	葛家澍	关于会计对象的再认识	厦门大学学报	1960年第3期第1～11页
57	葛家澍	关于社会主义会计对象的再认识	厦门大学学报（社会科学版）	1961年第1期第1～11页
58	葛家澍（笔名：谈惠）	关于会计学的几个理论问题的探讨	经济研究	1963年第3期第64～67页
59	葛家澍	关于经济核算和会计的相互关系问题	经济研究	1963年第5期第23～31页
60	葛家澍	会计学所研究的特殊矛盾——会计的对象和方法也证明客观事物是一分为二而不是“合二而一”的	中国经济问题	1964年第9期第5～9页
61	葛家澍	必须替借贷记账法恢复名誉——评所谓“资本主义的记账方法”	中国经济问题	1978年第4期第77～85页
62	葛家澍 黄忠堃	论经济核算制与会计	会计研究	1980年第1期第20～30页
63	葛家澍	怎样认识会计的主要属性	中国经济问题	1980年第5期第42～45页
64	葛家澍	论会计理论的继承性	厦门大学学报（哲学社会科学版）	1981年第3期第76～85页
65	葛家澍 吴水澎	建国以来关于会计的几个基本理论问题讨论述评	中国经济问题	1983年第1期第60～65页
66	葛家澍 唐予华	关于会计定义的探讨	会计研究	1983年第4期第26～30页
67	葛家澍 唐予华	关于会计定义的探讨（续）	会计研究	1983年第5期第51～54页
68	葛家澍	加强会计工作的两个重要的基本方面——进行会计核算和实行会计监督	会计研究	1985年第2期第20～21页
69	葛家澍 李翔华	关于会计对象的再探讨——会计的反映对象和作为一个信息系统的处理对象	厦门大学学报（哲学社会科学版）	1986年第1期第35～40页
70	葛家澍 李翔华	论会计是一个经济信息系统	财经研究	1986年第9期第44～49页
71	葛家澍 李翔华	论会计是一个经济信息系统（下）	财经研究	1986年第10期第42～46页
72	葛家澍 林志军 魏明海	涉外会计制度与稳健原则	会计研究	1988年第5期第19～22页
73	葛家澍	关于在我国建立企业财务会计准则的几个问题	会计研究	1989年第2期第16～21页
74	葛家澍 曲晓辉	试论我国会计对当前物价变动的可能反应方式	会计研究	1991年第2期第23～25页
75	葛家澍 曲晓辉	试论我国会计对当前物价变动的可能反应方式	厦门大学学报（哲学社会科学版）	1991年第2期第28～34页
76	葛家澍	会计教育改革必须坚持正确的指导思想	会计研究	1992年第1期第1～2页

续表

序号	作者姓名	文章标题	期刊名称	卷期/页码
77	葛家澍	制定中国会计准则如何借鉴国际经验	会计研究	1992年第2期第16～19页，第2页
78	葛家澍 李若山	九十年代西方会计理论的一个新思潮——绿色会计理论	会计研究	1992年第5期第1～6页
79	葛家澍	我国《企业会计准则》的基本特点	会计研究	1993年第1期第7～9页
80	葛家澍	注册会计师是维持市场经济秩序的“警察”	会计研究	1993年第6期第8页
81	葛家澍 王光远	纪念帕乔利复式簿记论建立我国财务会计概念结构	会计研究	1994年第3期第8～11页
82	葛家澍	关于会计准则与会计制度的关系等问题	会计研究	1995年第1期第18～27页
83	葛家澍 陈箭深	略论金融工具创新及其对财务会计的影响	会计研究	1995年第8期第1～8页
84	葛家澍	当前财务会计的几个问题—— 衍生金融工具、自创商誉和不确定性	会计研究	1996年第1期第3～8页
85	葛家澍 刘　峰	从会计准则的性质看会计准则的制订	会计研究	1996年第2期第19～24页
86	葛家澍	《会计准则研究》序	会计研究	1997年第2期第46～47页
87	葛家澍	基本会计准则与财务会计概念框架——关于进一步修改完善1992年《企业会计准则》的个人看法	会计研究	1997年第10期第2～5页
88	葛家澍	迎接廿一世纪密切关注国内外财务会计的新动向	会计研究	1999年第1期第10～17页
89	葛家澍	美国关于高质量会计准则的讨论及其对我们的启示	会计研究	1999年第5期第3～10页
90	葛家澍	新中国会计理论研究50年回顾	会计研究	1999年第10期第7～14页
91	葛家澍 黄世忠	反映经济真实是会计的基本职能—— 学习《会计法》的一点体会	会计研究	1999年第12期第2～7页
92	葛家澍	中国会计学会成立以来的我国会计理论研究	会计研究	2000年第4期第12～23页
93	葛家澍	什么是会计理论—— 规范会计理论的一种观点	会计研究	2000年第10期第2～7页
94	葛家澍	关于高质量会计准则和企业财务业绩报告改进的新动向	会计研究	2000年第12期第2～8页
95	葛家澍	关于我国会计制度和会计准则的制定问题	会计研究	2001年第1期第4～8页，第64页
96	葛家澍	国际会计准则委员会核心准则的未来——美国SEC和FASB的反应	会计研究	2001年第8期第3～9页，第65页
97	葛家澍 杜兴强	人力资源会计及人力资源信息披露的彩色模式（上）	财会通讯	2001年第11期第3～7页
98	葛家澍 杜兴强	人力资源会计及人力资源信息披露的彩色模式（下）	财会通讯	2001年第12期第3～5页

续表

序号	作者姓名	文章标题	期刊名称	卷期/页码
99	葛家澍 陈守德	财务报告质量评估的探讨	会计研究	2001年第11期 第9～18页
100	葛家澍	关于财务会计基本假设的重新思考	会计研究	2002年第1期 第5～10页， 第64页
101	葛家澍	会计确认、计量与收入确认	会计研究	2002年第1期 第3～13页
102	葛家澍 黄世忠	安然事件的反思—— 对安然公司会计审计问题的剖析	会计研究	2002年第2期 第3～11页， 第65页
103	葛家澍	关于高质量会计准则的几个问题	会计研究	2002年第7期 第3～6页
104	葛家澍	美国安然事件的经济背景分析	会计研究	2003年第1期 第9～14页， 第65页
105	葛家澍	财务会计的本质、特点及其边界	会计研究	2003年第3期 第3～7页， 第65页
106	葛家澍	回顾与评介—— AICPA关于财务会计概念的研究	会计研究	2003年第11期 第51～57页， 第65页
107	葛家澍	建立中国财务会计概念框架的总体设想	会计研究	2004年第1期 第9～19页， 第96页
108	葛家澍	财务会计概念框架研究的比较与综评	会计研究	2004年第6期 第3～10页
109	葛家澍	会计史研究领域内的一次新突破——《会计史研究》一、二卷读后感	会计研究	2005年第1期 第88～89页
110	葛家澍　叶丰滢 陈秧秧　徐　跃	如何评价美国FASB的财务会计概念框架?	会计研究	2005年第4期 第82～87页， 第96页
111	葛家澍	实质重于形式欲速则不达—— 分两步走制定中国的财务会计概念框架	会计研究	2005年第7期 第6～10页
112	葛家澍	创新与趋同相结合的一项准则—— 评我国新颁布的《企业会计准则—— 基本准则》	会计研究	2006年第3期 第3～6页， 第95页
113	葛家澍 徐　跃	会计计量属性的探讨—— 市场价格、历史成本、现行成本与公允价值	会计研究	2006年第9期 第7～14页， 第95页
114	葛家澍 张金若	FASB与IASB联合趋同框架（初步意见）的评介	会计研究	2007年第2期 第3～10页， 第91页
115	葛家澍	关于《中国会计学会第七届理事会科研规划》的说明	会计研究	2007年第7期 第70～72页
116	葛家澍	关于在财务会计中采用公允价值的探讨	会计研究	2007年第11期 第3～8页， 第95页

续表

序号	作者姓名	文章标题	期刊名称	卷期/页码
117	葛家澍 占美松	企业财务报告分析必须着重关注的几个财务信息——流动性、财务适应性、预期现金净流入、盈利能力和市场风险	会计研究	2008年第5期 第3～9页， 第95页
118	葛家澍	试评IASB/FASB联合概念框架的某些改进——截至2008年10月16日的进展	会计研究	2009年第4期 第3～11页， 第96页
119	葛家澍	关于公允价值会计的研究——面向财务会计的本质特征	会计研究	2009年第5期 第6～13页， 第96页
120	葛家澍 杜兴强	财务会计理论：演进、继承与可能的研究问题	会计研究	2009年第12期 第14～31页
121	葛家澍 杜兴强	财务会计理论：演进、继承与可能的研究问题	会计研究	2009年第12期 第14～3页， 第96页
122	葛家澍 窦家春 陈朝琳	财务会计计量模式的必然选择：双重计量	会计研究	2010年第2期 第7～12页， 第92页
123	葛家澍	正确认识财务报表的计量	会计研究	2010年第8期 第3～8页， 第95页
124	葛家澍 陈朝琳	财务报告概念框架的新篇章——评美国FASB第8号概念公告	会计研究	2011年第3期 第3～8页， 第94页
125	葛家澍	论财务会计概念框架中的报告主体概念	会计研究	2011年第6期 第3～7页
126	葛家澍 刘　峰	论企业财务报告的性质及其信息的基本特征	会计研究	2011年第12期 第3～8页， 第96页
127	葛家澍 刘　峰	会计・信息・文化	会计研究	2012年第8期 第3～7页， 第96页
128	葛家澍　叶　凡 冯　星　高　军	财务会计定义的经济学解读	会计研究	2013年第6期 第3～9页， 第95页
129	胡奕明 陈箭深	会计电算化系统内部控制初探	会计研究	1996年第10期 第30～32页
130	胡奕明	面向21世纪的会计本科教学改革	会计研究	1997年第8期 第40～42页
131	胡玉明	试论现代公司制度、金融市场与企业理财和会计的共生性	会计研究	1996年第4期 第36～38页
132	黄炳艺 林嘉伟 王艳艳	资本弱化税制与外资企业避税行为研究：基于中国的经验证据	管理科学学报	2020年第23卷 第4期 第38～54页
133	黄炳艺 陈书璜 蔡欣妮	劳动保护制度与公司资本结构关系研究	会计研究	2020年第9期 第71～84页
134	黄炳艺 黄雨婷	职工董事影响企业投资效率吗——基于中国资本市场的经验证据	会计研究	2022年第5期 第77～91页

续表

序号	作者姓名	文章标题	期刊名称	卷期/页码
135	黄世忠	从产权经济学的角度论股份制改组的实质及资产评估的基本目标	会计研究	1996年第3期第7～10页
136	黄世忠	公允价值会计：面向21世纪的计量模式	会计研究	1997年第12期第1～4页
137	黄志忠 陈　龙	中国上市公司盈利成长规律实证分析	经济研究	2000年第12期第11～19页，第76页
138	黄世忠	论资不抵债子公司的报表合并问题	会计研究	2002年第1期第34～36页
139	黄世忠 陈建明	美国财务舞弊症结探究	会计研究	2002年第10期第24～32页，第65页
140	黄世忠 杜兴强 张胜芳	市场政府与会计监管	会计研究	2002年第12期第3～11页，第65页
141	黄世忠 李忠林 邵蓝兰	国际会计准则改革：回顾与展望	会计研究	2002年第6期第5～11页，第65页
142	黄世忠	巨额冲销与信号发送—— 中美典型案例比较研究	会计研究	2002年第8期第10～21页，第65页
143	黄世忠 叶丰滢	美国南方保健公司财务舞弊案例剖析—— 萨班斯—奥克斯利法案颁布后美国司法部督办的第一要案	会计研究	2003年第6期第59～63页
144	黄志忠	从会计本质看会计目标与会计职能	会计研究	1997年第6期第34～36页
145	李　成 张玉霞	中国“营改增”改革的政策效应：基于双重差分模型的检验	财政研究	2015年第2期第44～49页
146	李　成 陈　智 叶颖玫	融资约束视角下增值税改革对企业投资效率的政策效应研究	财政研究	2016年第1期第93～103页
147	李　成 吴育辉 胡文骏	董事会内部联结、税收规避与企业价值	会计研究	2016年第345卷第7期第50～58页
148	李建发	从中美政府会计的差异看我国预算会计改革	会计研究	1997年第2期第41～45页
149	李建发	论改进我国政府会计与财务报告	会计研究	2001年第6期9～16页，第65页
150	李建发 肖　华	我国企业环境报告：现状、需求与未来	会计研究	2002年第4期42～50页
151	李建发 肖　华	公共财务管理与政府财务报告改革	会计研究	2004年第9期第7～10页，第97页
152	李建发	规范民间非营利组织会计行为促进非营利事业蓬勃发展—— 学习《民间非营利组织会计制度》的几点体会	会计研究	2004年第11期第3～7页
153	李建发 张曾莲	基于财务视角的政府绩效报告的构建	会计研究	2009年第6期第11～17页

续表

序号	作者姓名	文章标题	期刊名称	卷期/页码
154	李建发 张国清	国家治理情境下政府财务报告制度改革问题研究	会计研究	2015年第332卷第6期 第8～17页，第96页
155	李建发	贯彻创新、协调、绿色、开放、共享的新发展理念，服务“一带一路”建设，推动会计改革与发展	会计研究	2016年第1期 第5～18页
156	李建发 赵军营	权责发生制政府综合财务报告下政府合并财务报表编制问题研究	财政研究	2016年第406卷第12期 第2～13页
157	李建发　张津津 张国清　赵军营	基于制度理论的政府会计准则执行机制研究	会计研究	2017年第2期 第3～13页
158	李建发　包璐璐 陈文川　袁　璐	职工变革认知、内部控制与政府会计准则制度执行效果	会计研究	2022年第2期 第17～31页
159	李明辉	亟待发展的法务会计	法学	2004年第4期 第87～95页
160	李若山	以结构论方法来探讨会计与其服务对象之间的关系	会计研究	1990年第1期 第53～57页，第52页
161	李若山	国际会计的协调及未来发展	会计研究	1996年第10期 第45～48页
162	林　斌	或有事项的会计处理	会计研究	1996年第3期 第22～23页
163	林　斌	论会计的中性原则	会计研究	1996年第12期 第26～29页
164	林　涛 胡朝霞 沈艺峰	上市公司高管健康信息披露研究	中国工业经济	2009年第5期 第119～128页
165	林志军	会计是一种管理活动	会计研究	1982年第3期 第61～64页，第53页
166	林志军	关于会计计量的认识	会计研究	1986年第5期 第15～19页
167	林志军	国际会计协调化的新发展	会计研究	1989年第5期 第49～52页
168	刘宝慧 杨金忠	国际会计准则第1号的新发展	会计研究	1999年第1期 第60～62页
169	刘　峰	我国会计改革与发展若干问题的思考	会计研究	1986年第5期 第62～64页
170	刘　峰 黄少安	科斯定理与会计准则	会计研究	1992年第6期 第20～27页
171	刘　峰 雷科罗	对中国会计理论研究的若干认识	会计研究	1993年第5期 第6～10页
172	刘　峰	试论资产计价模式的选择理论	会计研究	1994年第1期 第17～22页
173	刘　峰	收付实现制・现金流动制・现金流动会计	会计研究	1995年第2期 第17～21页

续表

序号	作者姓名	文章标题	期刊名称	卷期/页码
174	刘　峰	会计目标与会计职能的比较研究	会计研究	1995年第11期第37～40页
175	刘　峰	实证会计的方法论基础与批判	会计研究	1997年第7期第2～7页
176	刘　峰 林　斌	会计师事务所脱钩与政府选择：一种解释	会计研究	2000年第2期第9～15页
177	刘　峰 魏明海	公司控制权市场问题：君安与万科之争的再探讨	管理世界	2001年第5期第187～190页，第204页
178	刘　峰	制度安排与会计信息质量—— 红光实业的案例分析	会计研究	2001年第7期第7～15页，第65页
179	刘　峰 许　菲	风险导向型审计・法律风险・审计质量——兼论“五大”在我国审计市场的行为	会计研究	2002年第2期第21～27页，第65页
180	刘　峰　谢　莹 毕秀玲　王　健	换股合并与资本市场效率—— 新潮实业与新牟股份换股合并的案例分析	管理世界	2002年第4期第122～128页，第136页
181	刘　峰 张立民 雷科罗	我国审计市场制度安排与审计质量需求—— 中天勤客户流向的案例分析	会计研究	2002年第12期第22～27页，第50～65页
182	刘　峰 吴　风 钟瑞庆	会计准则能提高会计信息质量吗—— 来自中国股市的初步证据	会计研究	2004年第5期第8～19页，第97页
183	刘　峰 贺建刚 魏明海	控制权、业绩与利益输送—— 基于五粮液的案例研究	管理世界	2004年第8期第102～110页，第118页
184	刘　峰 王　兵	什么决定了利润差异：会计准则还是职业判断?—— 来自中国A、B股市场的初步证据	会计研究	2006年第03期第25～33页，第95页
185	刘　峰 周福源	国际四大意味着高审计质量吗—— 基于会计稳健性角度的检验	会计研究	2007年第3期第79～87页，第94页
186	刘　峰 钟瑞庆 金　天	弱法律风险下的上市公司控制权转移与“抢劫”—— 三利化工掏空通化金马案例分析	管理世界	2007年第12期第106～116页，第135页
187	刘　峰 司世阳 路之光	会计的社会功用：基于非历史成本研究的回顾	会计研究	2009年第1期第36～42页，第96页
188	刘　峰　赵景文 涂国前　黄宇明	审计师聘约权安排重要吗?	会计研究	2010年第12期第49～56页
189	刘　峰	会计・信任・文明	会计研究	2015年第11期第3～10页
190	刘　峰 杜兴强	会计学通识课：理论与实践	中国大学教学	2021年第7期第58～63页
191	刘媛媛 钟覃琳	货币紧缩、现金锁定与现金持有价值	会计研究	2018年第2期第55～61页
192	刘宗柳	建立我国人力资源会计核算刍议	会计研究	1989年第4期第62～64页

续表

序号	作者姓名	文章标题	期刊名称	卷期/页码
193	卢永华 杨晓军	公允价值计量属性研究	会计研究	2000年第4期 第60～62页
194	卢永华	会计理论研究方法的哲学思考	会计研究	2000年第6期 第52～53页
195	罗进辉	媒体报道的公司治理作用—— 双重代理成本视角	金融研究	2012年第10期 第153～166页
196	罗进辉	“国进民退”：好消息还是坏消息	金融研究	2013年第5期 第99～113页
197	罗进辉 杜兴强	媒体报道、制度环境与股价崩盘风险	会计研究	2014年第9期 第53～59页
198	罗进辉 向元高 金思静	中国资本市场低价股的溢价之谜	金融研究	2017年第1期 第191～206页
199	罗进辉 黄泽悦 朱　军	独立董事地理距离对公司代理成本的影响	中国工业经济	2017年第8期 第100～119页
200	罗进辉	媒体报道与高管薪酬契约有效性	金融研究	2018年第3期 第190～206页
201	罗进辉 向元高 林筱勋	本地独立董事监督了吗？——基于国有企业高管薪酬视角的考察	会计研究	2018年第7期 第57～63页
202	罗进辉 李小荣 向元高	媒体报道与公司的超额现金持有水平	管理科学学报	2018年第7期 第91～112页
203	罗进辉 李　雪 黄泽悦	家族命名与家族企业风险承担	管理科学学报	2022年第25卷 第12期 第21～50页
204	曲晓辉 陈　峰	关于我国会计国际化的实证研究	会计研究	1993年第3期 第3～7页
205	曲晓辉	外币业务会计处理的若干问题	会计研究	1995年第8期 第17～21页
206	曲晓辉	论所得税跨期摊配方法的选择与应用限制—— 兼评《企业会计准则第×号——所得税会计（征求意见稿）》	会计研究	1996年第5期 第22～24页
207	曲晓辉	试论具体会计准则及其社会影响	财政研究	1997年第2期 第50～54页
208	曲晓辉	如何理解中国特色的会计	会计研究	2000年第2期 第2～8页
209	曲晓辉	中国特色的会计解读	会计研究	2000年第4期 第36～40页
210	曲晓辉　杨金忠 肖　虹　肖　华 王　平　林朝华 谢　军　李明辉	论企业集团分权化管理及其内部转移定价机制运用	会计研究	2001年第5期 第3～8页
211	曲晓辉	我国会计国际化进程刍议	会计研究	2001年第9期 第9～15页
212	曲晓辉 陈　瑜	会计准则国际发展的利益关系分析	会计研究	2003年第1期 第45～51页

续表

序号	作者姓名	文章标题	期刊名称	卷期/页码
213	曲晓辉 李明辉	论会计准则的法律地位	会计研究	2004年第5期 第20～24页
214	曲晓辉 高　芳	我国会计准则国际协调效果量化研究述评	会计研究	2006年第2期 第14～18页
215	曲晓辉 邱月华	强制性制度变迁与盈余稳健性—— 来自深沪证券市场的经验证据	会计研究	2007年第7期 第20～28页
216	曲晓辉 丁庭选 肖　虹	后趋同时期会计确认与计量的理论发展—— 中国会计学会会计基础理论专业委员会2011年专题学术研讨会综述	会计研究	2011年第5期 第92～94页
217	曲晓辉 黄霖华	投资者情绪、资产证券化与公允价值信息含量——来自A股市场PE公司IPO核准公告的经验证据	会计研究	2013年第9期 第14～21页
218	曲晓辉 毕　超	会计信息与分析师的信息解释行为	会计研究	2016年第4期 第19～26页， 第95页
219	桑士俊	关于企业分部财务报告	会计研究	2000年第2期 第26～30页
220	桑士俊	分部报告的分析与利用	会计研究	2002年第8期 第46～49页
221	桑士俊 吴德胜 吕斐适	公司治理机制与公司治理效率—— 基于公司治理成本的分析	会计研究	2007年第6期 第84～86页
222	苏新龙	会计假设理论与会计目标理论是会计理论体系中的起点理论（摘登）	会计研究	1996年第11期 第36页
223	孙丽影 杜兴强	公允价值信息披露的管制安排	会计研究	2008年第11期 第29～34页
224	唐松华	企业会计政策选择的经济学分析—— 必然性·影响因素·立场	会计研究	2000年第3期 第18～23页
225	汪一凡	管理会计对象初探	会计研究	1988年第3期 第28～33页
226	汪一凡	论复式记账法的超稳定性—— 兼评“三式簿记说”	会计研究	1990年第1期 第46～49页
227	王光远	作业会计的基本概念	会计研究	1995年第7期 第5～11页
228	王光远 陈汉文 林志毅	会计教育目标之我见—— 试析通才与专才之争	会计研究	1999年第9期 第45～50页
229	王光远 吴联生	中国会计理论研究：回顾与展望	会计研究	2000年第10期 第8～12页
230	吴联生	投资者对上市公司会计信息需求的调查分析	经济研究	2000年第4期 第41～48页， 第78～79页
231	吴水澎	怎样正确认识会计的性质与对象?——兼评资金运动说	会计研究	1981年第2期 第7～13页
232	吴水澎	论经济效果与会计	会计研究	1982年第5期 第62页，第41页
233	吴水澎 刘　峰	从《簿记论》看帕乔利的会计思想	会计研究	1994年第3期 第29～31页

续表

序号	作者姓名	文章标题	期刊名称	卷期/页码
234	吴水澎 陈汉文 邵贤弟	企业内部控制理论的发展与启示	会计研究	2000年第5期 第2～8页
235	吴水澎 陈汉文 邵贤弟	论改进我国企业内部控制——由“亚细亚”失败引发的思考	会计研究	2000年第9期 第43～48页
236	吴水澎 陈汉文 郑鑫成	财务披露管理方式的维度观	会计研究	2002年第9期 第19～24页， 第65页
237	吴水澎 秦　勉	论会计信息资源的配置机制——对会计信息公共物品论的反思	会计研究	2004年第5期 第3～7页， 第97页
238	吴水澎 刘启亮	会计制度公共领域与会计职业道德	会计研究	2005年第11期 第3～7页， 第96页
239	吴水澎 刘启亮	会计事项、准则公共领域与会计信息真实性	会计研究	2007年第6期 第26～32页， 第95页
240	肖　虹	我国关联方关系及其交易披露规范研究	会计研究	2000年第7期 第22～28页
241	肖　虹	论公司产品竞争战略中的融资决策因素	会计研究	2005年第12期 第20～25页
242	肖　虹 曲晓辉 肖静怡	公司资产置换财务绩效特点变化及其计量属性规范实施效果	会计研究	2009年第5期 第38～45页
243	肖　虹 曲晓辉	R&D投资迎合行为：理性迎合渠道与股权融资渠道?——基于中国上市公司的经验证据	会计研究	2012年第2期 第42～49页， 第96页
244	肖　虹 邹　冉	资本监管制度与贷款损失准备计提会计准则的协调性——小微企业信贷诱导有效性视角	会计研究	2019年第6卷 第6期 第3～12页
245	肖　华 彼特・西科德	二十一世纪中国会计师事务所国际协调化发展战略	会计研究	1999年第8期 第11～15页
246	肖　华 张国清	公共压力与公司环境信息披露——基于“松花江事件”的经验研究	会计研究	2008年第5期 第15～22页
247	肖　华 张国清	内部控制质量、盈余持续性与公司价值	会计研究	2013年第5期 第73～80页
248	谢德仁	试论现代企业的代理关系与企业会计系统结构——兼及现代企业会计目标研究	会计研究	1994年第4期 第34～39页
249	谢德仁	会计理论研究的逻辑起点及会计理论体系	会计研究	1995年第4期 第1～6页
250	谢德仁	浅谈我国会计准则的制定	会计研究	1995年第10期 第23～25页
251	谢德仁	价值理论：资产计量模式选择的新视点	会计研究	1997年第6期 第12～16页
252	谢德仁	企业性质：资产计量基础转化及逆转化之源	经济研究	1996年第5期 第74～80页

续表

序号	作者姓名	文章标题	期刊名称	卷期/页码
253	谢德仁	会计规则制定权合约安排的范式与变迁——兼及会计准则性质的研究	会计研究	1997年第9期 第23～29页
254	薛祖云 龚光明	试论中国特色的社会主义会计理论	会计研究	1997年第12期 第6～10页
255	薛祖云 吴东辉	信息过载是否影响投资者对公开信息的使用——来自季度盈余的实证证据	会计研究	2004年第6期 第57～65页
256	周　华　戴德明 刘俊海　叶建明	国际会计准则的困境与财务报表的改进——马克思虚拟资本理论的视角	中国社会科学	2017年第3期 第4～25页， 第204页
257	叶少琴	IPO公司自愿披露赢利预测：影响因素与准确性	金融研究	2006年第9期 第65～74页
258	于李胜 王艳艳	信息风险与市场定价	管理世界	2007年第2期 第76～85页
259	于李胜	盈余管理动机、信息质量与政府管制	会计研究	2007年第9期 第42～49页
260	于李胜 王艳艳 陈泽云	信息中介是否具有经济附加价值	管理世界	2008年第7期 第134～144页
261	于李胜 王艳艳	政府管制是否能够提高审计市场绩效?	管理世界	2010年第8期 第7～20页
262	于李胜 王艳艳	信息竞争性披露、投资者注意力与信息传播效率	金融研究	2010年第8期 第112～135页
263	于李胜　李文涛 王艳艳　王　迪	薪酬职务倒挂是否具有“黑色嫉妒”效应?——基于国有企业薪酬激励对企业行为的影响研究	会计研究	2019年第3卷 第3期 第47～54页
264	于李胜 王成龙 王艳艳	分析师社交媒体在信息传播效率中的作用——基于分析师微博的研究	管理科学学报	2019年第22卷 第7期 第107～126页
265	于李胜	盛名难副：明星CEO与负面消息隐藏	管理科学学报	2021年第24卷 第5期 第70～86页
266	余绪缨	币值变动会计之理论及其方法（上）	公信会计月刊	1948年3月第12卷第3期
267	余绪缨	币值变动会计之理论及其方法（下）	公信会计月刊	1948年4月 第12卷第4期
268	余绪缨	论固定资产的折旧与再生产	厦门大学学报 （哲学社会科学版）	1952年第1期 第65～71页
269	余绪缨	论流动资金周转率指标体系的结构	厦门大学学报 （哲学社会科学版）	1954年第2期 第22～43页
270	余绪缨　陈仁栋 黄忠堃　黄道標	关于连锁替代法在分析工作中的应用问题	厦门大学学报 （哲学社会科学版）	1955年第6期 第118～124页
271	余绪缨	论分析流动资金节约额的几个问题	厦门大学学报 （哲学社会科学版）	1956年第4期 第61～71页
272	余绪缨	流动资金利用效果的指标体系及其分析	中国经济问题	1959年第12期 第7～12页
273	余绪缨	社会主义经济核算的客观基础问题	中国经济问题	1961年第3期 第16～26页

续表

序号	作者姓名	文章标题	期刊名称	卷期/页码
274	余绪缨	社会主义企业经济核算的基本特征和指标体系探讨	中国经济问题	1963年第4期 第1～9页
275	余绪缨	论经济核算与会计的关系	中国经济问题	1963年第9期 第28～33页
276	余绪缨	试论“复式记账法”的理论基础	厦门大学学报 （哲学社会科学版）	1978年第2期和第3期 第136～151页
277	余绪缨	关于成本、利润和资金的最优规划问题	会计研究	1980年第3期 第1～13页
278	余绪缨	要从发展的观点，看会计学的科学属性	中国经济问题	1980年第5期 第46～47页
279	余绪缨	现代管理会计主要特点及其吸收利用问题	中国经济问题	1981年第1期 第39～46页
280	余绪缨	关于建立适应我国社会主义现代化建设需要的会计学科体系问题—— 兼论与此有关的几个会计理论问题	会计研究	1982年第2期 第38～45页
281	余绪缨	现代管理会计的形成发展与“洋为中用”	中国经济问题	1982年第2期 第61～64页
282	余绪缨	现代管理会计中几个基本理论问题的探索	厦门大学学报 （哲学社会科学版）	1984年第4期 第11～20页
283	余绪缨	试论我国新的会计模式的理论基础及其基本结构	厦门大学学报 （哲学社会科学版）	1988年第3期 第13～23页
284	余绪缨	试论现代管理会计中行为科学的引进与应用问题	厦门大学学报 （哲学社会科学版）	1990年第4期 第22～28页
285	余绪缨 毛付根	试论现代管理会计的特性—— 兼评“会计管理活动论”	中国经济问题	1990年第6期 第33～38页
286	余绪缨	当代会计科学发展的大趋势	厦门大学学报 （哲学社会科学版）	1992年第1期 第35～46页
287	余绪缨	试论社会主义市场经济与国有企业的股份制改革—— 兼论我国会计理论建设的目标模式问题	中国经济问题	1992年第6期 第1～5页
288	余绪缨	以社会主义市场经济理论为指导，对几个会计理论问题的重新认识	厦门大学学报 （哲学社会科学版）	1993年第1期 第6页
289	余绪缨	对股份制企业的资金结构、资本成本与财务杠杆问题的探讨	中国经济问题	1993年第3期 第7～16页
290	余绪缨	论流动资金节约额的计算与分析	厦门大学学报 （哲学社会科学版）	1995年第2期 第74～93页
291	余绪缨	简论当代管理会计的新发展 ——以高科技为基础，同“作业管理”紧密结合的“作业成本”计算	会计研究	1995年第7期 第1～4页
292	余绪缨	简论《孙子兵法》在“战略管理会计”中的应用	会计研究	1997年第12期
293	余绪缨	论知识经济与创造性人才的培养	中国经济问题	1998年第4期 第1～7页
294	余绪缨	会计与诗的交融 ——侯文铿教授新作：《话说会计三风》读后感	会计研究	2002年第7期 第62～63页

续表

序号	作者姓名	文章标题	期刊名称	卷期/页码
295	曾　泉　张　颖 肖　亮　杜兴强	制度变革、非正式制度与会计审计行为——中国会计学会英文期刊China Journal of AccountingStudies（CJAS）2018年第二次学术研讨会会议综述	会计研究	2018年第11期 第92～94页
296	张国清 赵景文	资产负债项目可靠性、盈余持续性及其市场反应	会计研究	2008年第3期 第51～57页
297	张国清　李建发 刘丽珑　陈　菁	全面深化改革导向的政府会计改革探索	会计研究	2014年第11期 第90～92页
298	张国清 马威伟	强制性、自愿性财务报告内部控制审计提高了公司内部控制质量吗？	会计研究	2020年第7期 第116～128页
299	赵景文 于增彪	股权制衡与公司经营业绩	会计研究	2005年第12期 第59～64页， 第96页
300	庄明来	论电算会计中账簿的地位与作用	会计研究	1997年第4期 第42～43页
301	庄明来	对电子商务环境下会计明细信息的思考	会计研究	2000年第7期 第46～48页

（二）1924—2024年厦门大学会计学科代表性的中文论文

1924—2024年，厦门大学会计学科的教师发表了数以千计的中文论文，从不同程度上拓宽了会计界对会计理论与会计实务的认知。

入选“1924—2024年厦门大学会计学科代表性的中文论文”的遴选标准被确定为（至少满足其一）：

（1）不唯期刊、不唯人、不唯时代；

（2）论文必须是厦门大学会计学系的教师以第一作者发表；

（3）论文是学术界公认的、对中国会计学界起到“思想破冰”的影响，推动了我国会计理论研究的发展；

（4）论文曾获得教育部人文社科优秀成果奖，或者获得福建省社科优秀成果奖一等奖，并被学术界广泛引用；

（5）虽然没有获得教育部人文社科优秀成果奖或福建省社科优秀成果一等奖，但论文在中文重要学术期刊上至少已经发表10年以上、经历过时间的沉淀和检验，迄今仍被广泛地引用（譬如《会计研究》评选的历史上引用率最高的论文之一），促进了学术界对会计理论的理解；

（6）“1924—2024年厦门大学会计学科代表性的中文论文”数量不超过15篇；单人入选不超过4篇。

◎ 1924—2024年厦门大学会计学科代表性的中文论文

序号	姓名	文章标题	期刊名称	卷期/页码
1	葛家澍	必须替借贷记账法恢复名誉——评所谓“资本主义的记账方法”	中国经济问题	1978年第4期 第77～85页
2	葛家澍	论会计理论的继承性	厦门大学学报（哲学社会科学版）	1981年第3期 第76～85页
3	葛家澍	关于会计对象的再认识	厦门大学学报（社会科学版）	1960年第3期 第1～11页
4	葛家澍 唐予华	关于会计定义的探讨	会计研究	1983年第4期 第26～30页； 1983年第5期 第51～54页
5	余绪缨	要从发展的观点，看会计学的科学属性	中国经济问题	1980年第5期 第46～47页
6	余绪缨	关于建立适应我国社会主义现代化建设需要的会计学科体系问题——兼论与此有关的几个会计理论问题	会计研究	1982年第2期 第38～45页
7	余绪缨	简论当代管理会计的新发展——以高科技为基础，同“作业管理”紧密结合的“作业成本”计算	会计研究	1995年第7期 第1～4页
8	常　勋	开拓国际会计研究的新领域	厦门大学学报（哲学社会科学版）	1987年第1期 第26～31页
9	吴水澎	怎样正确认识会计的性质与对象?——兼评资金运动说	会计研究	1981年第2期 第7～13页
10	曲晓辉	如何理解中国特色的会计	会计研究	2000年第2期 第2～8页
11	刘　峰	试论资产计价模式的选择理论	会计研究	1994年第1期 第17～22页
12	李建发	论改进我国政府会计与财务报告	会计研究	2001年第6期 第9～16页， 第65页
13	杜兴强 王丽华	高层管理当局薪酬与上市公司业绩相关性实证研究	会计研究	2007年第1期 第58～66页
14	杜兴强 陈韫慧 杜颖洁	寻租、政治联系与“真实业绩”——基于民营上市公司的经验证据	金融研究	2010年第10期 第135～157页
15	黄志忠 陈　龙	中国上市公司盈利成长规律实证分析	经济研究	2000年第12期 第11～19页， 第76页

第二节　代表性英文论文

（一）1924—2024年厦门大学会计学系教师发表的UTD24与FT50期刊论文

下表为1924—2024年会计学系教师发表英文UTD24和FT50论文，按照时间由近及远、先UTD24再FT50、姓名的拼音顺序列示。

◎　厦门大学会计学科发表的UTD24与FT50期刊论文

序号	作者	文章标题	期刊名称	发表年份	卷期/页码	期刊等级	完成形式
1	郭　睿	Regulatory Transparency and Regulators' Effort: Evidence from Public Release of the SEC's Review Work	Journal of Accounting Research	2023	Online First	UTD24 国际 A+	第一作者
2	李斯曼	Reciprocity in Corporate Tax Compliance-Evidence from Ozone Pollution	Journal of Accounting Research	2023	Online First	UTD24 国际A+	第五作者 共同通讯
3	于李胜	The Real Effects of Mandatory Corporate Social Responsibility Reporting in China	Production and Operations Management	2020	第30卷第5期第1493～1516页	UTD24 国际A+	第四作者
4	陈亚盛	The Role of Visual Attention in the Managerial Judgment of Balanced-scorecard Performance Evaluation: Insights From Using an Eye-Tracking Device	Journal of Accounting Research	2016	第54卷第1期第113～145页	UTD24 国际A+	第一作者
5	陈汉文	Association Between Borrower and Lender State Ownership and Accounting Conservatism	Journal of Accounting Research	2010	第48卷第5期第973～1014页	UTD24 国际A+	第一作者
6	翟伟欢	The Explanatory Power of Explanatory Variables	Review of Accounting Studies	2022	Online First	FT50 国际A	第三作者 通讯作者
7	沈江华	The Unintended Benefit of the Risk Factor Mandate of 2005	Review of Accounting Studies	2021	第27卷第4期第1～37页	FT50 国际A	
8	刘馨茗	Is Audit Committee Equity Compensation Related to Audit Fees?	Contemporary Accounting Research	2020	第38卷第1期第740～769页	FT50 国际A	第一作者
9	陈汉文	Effects of Audit Quality on Earnings Management and Cost of Equity Capital: Evidence from China	Contemporary Accounting Research	2011	第28卷第3期第892～925页	FT50 国际A	第一作者
10	杜兴强	How Do Auditors Value Hypocrisy? Evidence from China	Journal of Business Ethics	2023	Online First	FT50	第一作者

续表

序号	作者	文章标题	期刊名称	发表年份	卷期/页码	期刊等级	完成形式
11	杜兴强	Does CEO-Auditor Dialect Connectedness Trigger Audit Opinion Shopping? Evidence from China	Journal of Business Ethics	2023	第184卷第2期第391～426页	FT50	第一作者 通讯作者
12	杜兴强	What's in A Surname? The Effect of Auditor-CEO Surname Sharing on Financial Misstatement	Journal of Business Ethics	2019	第158卷第3期第849～874页	FT50	独立作者
13	杜兴强	Does CEO-Auditor Dialect Sharing Impair Pre-IPO Audit Quality? Evidence from China	Journal of Business Ethics	2019	第156卷第3期第699～735页	FT50	独立作者
14	杜兴强	Underwriter-Auditor Relationship and Pre-IPO Earnings Management: Evidence from China	Journal of Business Ethics	2018	第152卷第2期第365～392页	FT50	第一作者
15	杜兴强	Do Auditors Applaud Corporate Environmental Performance? Evidence from China	Journal of Business Ethics	2018	第151卷第4期第1049～1080页	FT50	第一作者 通讯作者
16	杜兴强 曾　泉	Do Lenders Applaud Corporate Environmental Performance? Evidence from China	Journal of Business Ethics	2017	第143卷第1期第179～207页	FT50	第一作者 通讯作者
17	杜兴强 曾　泉	Culture, Marketization, and Owner-Manager Agency Costs: A Case of Merchant Guild Culture in China	Journal of Business Ethics	2017	第143卷第2期第353～386页	FT50	第一作者 第三作者
18	杜兴强	Religious Belief, Corporate Philanthropy, and Political Involvement of Entrepreneurs in Chinese Family Firms	Journal of Business Ethics	2017	第142卷第2期第385～406页	FT50	独立作者
19	杜兴强	Does Confucianism Reduce Board Gender Diversity? Firm-Level Evidence from China	Journal of Business Ethics	2016	第136卷第2期第399～436页	FT50	独立作者
20	杜兴强	Financial Distress, Investment Opportunity, and the Contagion Effect of Low Quality Audit: Evidence from China	Journal of Business Ethics	2015	第132卷第4期第661～716页	FT50	第一作者
21	杜兴强	Does Religion Mitigate Earnings Management? Evidence from China	Journal of Business Ethics	2015	第131卷第3期第699～749页	FT50	第一作者
22	杜兴强	Is Corporate Philanthropy Used as Environmental Misconduct Dressing? Evidence from Chinese Family-Owned Firms	Journal of Business Ethics	2015	第129卷第2期第341～361页	FT50	独立作者
23	杜兴强	How the Market Values Greenwashing? Evidence from China	Journal of Business Ethics	2015	第128卷第3期第547～574页	FT50	独立作者

续表

序号	作者	文章标题	期刊名称	发表年份	卷期/页码	期刊等级	完成形式
24	杜兴强	Does Confucianism Reduce Minority Shareholder Expropriation? Evidence from China	Journal of Business Ethics	2015	第132卷第4期 第661～716页	FT50	独立作者
25	杜兴强	Corporate Environmental Responsibility in Polluting Industries：Does Religion Matter?	Journal of Business Ethics	2014	第124卷第3期 第485～507页	FT50	第一作者
26	杜兴强	Does Religion Mitigate Tunneling? Evidence from China	Journal of Business Ethics	2014	第125卷第2期 第299～327页	FT50	独立作者
27	杜兴强	Religion, the Nature of Ultimate Owner, and Corporate Philanthropic Giving：Evidence from China	Journal of Business Ethics	2014	第123卷第2期 第235～256页	FT50	第一作者 通讯作者
28	杜兴强	Does Religion Matter to Owner-manager Agency Costs? Evidence from China	Journal of Business Ethics	2013	第118卷第2期 第319～347页	FT50	独立作者
29	杜兴强	Buy, Lie, or Die：An Investigation of Chinese ST Firms' Voluntary Interim Audit Motive and Auditor Independence	Journal of Business Ethics	2011	第102卷第1期 第135～153页	FT50	通讯作者 第二作者
30	熊　枫	Using Machine Learning to Predict Corporate Fraud：Evidence Based on the GONE Framework	Journal of Business Ethics	2023	第186卷第1期 第137～158页	FT50	第二作者 通讯作者
31	熊　枫 杜兴强	Innovator or Troublemaker? The Co-evolution of Legitimation and Institutionalization of the Ridesharing Platforms in China	Journal of Business Ethics	2023	Online First	FT50	第二/通讯作者 第三作者
32	刘　峰	Political Connections and Firm Value in China：An Event Study	Journal of Business Ethics	2018	第152卷第3期 第551～571页	FT50	第一作者
33	罗进辉	Are women CEOs valuable in terms of bank loan costs? Evidence from China	Journal of Business Ethics	2018	第153卷第2期 第337～355页	FT50	第一作者

（二）1924—2024年厦门大学会计学学科代表性的英文论文

1924—2024年（特别是2009—2024年），厦门大学会计学系（科）的教师发表了数以百计的英文论文。入选“1924—2024年厦门大学会计学科代表性的英文论文”的遴选标准被确定为（至少满足其一）：

（1）论文必须是厦门大学会计学系的教师发表的UTD24或FT50期刊；

（2）虽非UTD24或FT50期刊论文，但论文曾获得教育部人文社科优秀成果奖，或获福建省社科优秀成果奖一等奖，或被学术界广泛引用；

（3）“1924—2024年厦门大学会计学科代表性的英文论文”数量不超过10篇；单人入选不超过2篇。

◎ 1924—2024年厦门大学会计学科代表性的英文论文

序号	作者	文章标题	期刊名称	发表年份	卷期/页码	期刊等级	完成形式
1	李斯曼	Reciprocity in Corporate Tax Compliance — Evidence from Ozone Pollution	Journal of Accounting Research	2023	Online First	UTD24 国际A+	第五作者共同第一作者
2	郭　睿	Regulatory Transparency and Regulators' Effort: Evidence from Public Release of the SEC's Review Work	Journal of Accounting Research	2023	Online First	UTD24 国际A+	第一作者
3	陈亚盛	The Role of Visual Attention in the Managerial Judgment of Balanced-scorecard Performance Evaluation: Insights from Using an Eye-tracking Device	Journal of Accounting Research	2016	第54卷第1期第113～145页	UTD24 国际A+	第一作者
4	陈汉文	Association between Borrower and Lender State Ownership and Accounting Conservatism	Journal of Accounting Research	2010	第48卷第5期第973～1014页	UTD24 国际A+	第一作者
5	翟伟欢	The Explanatory Power of Explanatory Variables	Review of Accounting Studies	2022	Online First	FT50 国际A	第三作者通讯作者
6	沈江华	The Unintended Benefit of the Risk Factor Mandate of 2005	Review of Accounting Studies	2021	第27卷第4期第1～37页	FT50 国际A	第二作者
7	刘馨茗	Is Audit Committee Equity Compensation Related to Audit Fees?	Contemporary Accounting Research	2020	第38卷第1期第740～769页	FT50 国际A	第一作者
8	陈汉文	Effects of Audit Quality on Earnings Management and Cost of Equity Capital: Evidence from China	Contemporary Accounting Research	2011	第28卷第3期第892～925页	FT50 国际A	第一作者
9	杜兴强	Corporate Environmental Responsibility in Polluting Industries: Does Religion Matter?	Journal of Business Ethics	2014	第124卷第3期第485～507页	FT50	第一作者
10	杜兴强	Does Religion Matter to Owner-manager Agency Costs? Evidence from China	Journal of Business Ethics	2013	第118卷第2期第319～347页	FT50	独立作者

第三节　教材和专著出版情况

（一）1924—2024年厦门大学会计学科代表性的教材

1924—2024年，厦门大学会计学系教师出版的教材数以百计。基于此，入选“1924—2024年厦门大学会计学科代表性的教材”的遴选标准被确定为（至少满足其一）：

（1）教材必须是厦门大学会计学系的教师以第一主编出版，是国内高校公认的、对我国会计教育起到重要推动作用的；

（2）教材获得国家级教学成果奖和省部级教学成果奖（教材类）、教育部（国家教委）普通高等学校优秀教材奖、国家教材建设奖等；

（3）教材获得“十五”、“十一五”或“十二五”教育部国家级规划教材，且仍在修订、重印和使用中。

1.1924—2024年厦门大学会计学科代表性的教材

◎　1924—2024年厦门大学会计学科代表性的教材

序号	总主编或主编	教材名称	出版社	出版年份/年
1	葛家澍（总主编） 余绪缨（总主编）	厦门大学会计系列教材（第一版） 厦门大学会计系列教材（第二版）	辽宁人民出版社	1995—1996 1999—2000
2	葛家澍（总主编） 常　勋（总主编）	厦门大学会计系列教材（第三版）	辽宁人民出版社	2009—2010
3	杜兴强（总主编） 刘　峰（总主编）	厦门大学会计系列教材（新版）	高等教育出版社	2020—2023
4	葛家澍	会计基础知识	中国财政经济出版社	1964
5	葛家澍	会计学基础	中国财政经济出版社	1980
6	葛家澍	中级财务会计（第一版） 中级财务会计（第二版）	辽宁人民出版社	1994 2000
7	葛家澍 （杜兴强）	中级财务会计学（第一版） 中级财务会计学（第二版） 中级财务会计学（第三版）	中国人民大学出版社	1999 2003 2007
8	葛家澍 余绪缨	会计学	高等教育出版社	2000
9	葛家澍 林志军	现代西方会计理论（第一版） 现代西方会计理论（第二版） 现代西方会计理论（第三版）	厦门大学出版社	2001 2006 2011
10	余绪缨	管理会计	中国财政经济出版社	1983
11	余绪缨	管理会计（第一版） 管理会计（第二版） 管理会计（第三版）	辽宁人民出版社	1994 2000 2008

续表

序号	总主编或主编	教材名称	出版社	出版年份/年
12	余绪缨	企业理财学（第一版） 企业理财学（第二版）	辽宁人民出版社	1995 2001
13	余绪缨	管理会计学	中国人民大学出版社	2001
14	常　勋	国际会计（第一版）国际会计（第二版） 国际会计（第三版）国际会计（第四版） 国际会计（第五版）	厦门大学出版社	2001　2003 2004　2005 2006
15	常　勋 常　亮	国际会计（第六版）国际会计（第七版） 国际会计（第八版）国际会计（第九版）	厦门大学出版社	2008　2009 2010　2012
16	常　勋	财务会计四大难题（第三版）	立信会计出版社	2006
17	吴水澎	会计学原理（第一版） 会计学原理（修订版）	辽宁人民出版社	1994 2000

注：大部分“十五”之前的规划教材已经包括在该表中。

2. 教育部国家级“十五”和“十一五”规划教材

◎　会计学系教师2009—2016年主编的教材入选教育部国家级“十五”和“十一五”规划教材的情况

序号	教材名称	作 者	出 版 社	类别	出版年份/年
1	管理会计学	余绪缨	中国人民大学出版社	教育部“十五”重点建设教材	2005
2	会计电算化实用教程（第二版）	庄明来	中国财政经济出版社	教育部“十五”重点建设教材	2005
3	中级财务会计	陈汉文	北京大学出版社	教育部“十一五”规划教材	2007
4	高级财务会计	曲晓辉	北京大学出版社	教育部“十一五”规划教材	2007
5	会计信息化教程	庄明来	北京师范大学出版社	教育部“十一五”规划教材	2007
6	跨国公司财务管理	毛付根	东北财经大学出版社	教育部“十一五”规划教材	2007
7	审计学	王光远	东北财经大学出版社	教育部“十一五”规划教材	2007
8	中级财务管理	傅元略	复旦大学出版社	教育部“十一五”规划教材	2007
9	管理会计（第二版）	毛付根	高等教育出版社	教育部“十一五”规划教材	2007
10	政府及非营利组织会计	李建发	东北财经大学出版社	教育部“十一五”规划教材	2007
11	财务会计理论	杜兴强	厦门大学出版社	教育部“十一五”规划教材	2007
12	管理会计（第二版）	毛付根	高等教育出版社	教育部“十二五”规划教材	2012
13	会计学基础（第三版）	刘峰 等	高等教育出版社	教育部“十二五”规划教材	2012

注：2012年之后，教育部未组织评选“十三五”国家级规划教材。此外，因2005—2007年的教育部国家级规划教材依然在修订再版后使用，所以仍统计在内。

（二）1924—2024年厦门大学会计学科代表性的专著

基于此，入选“1924—2024年厦门大学会计学科代表性的专著”的遴选标准被确定为（至少满足其一）：

（1）著作必须是厦门大学会计学系的教师以第一作者出版；

（2）著作曾获得教育部人文社科优秀成果奖，或者获得福建省社科优秀成果奖一等奖，并被学术界广泛引用；

（3）虽然没有获得教育部人文社科优秀成果奖或福建省社科优秀成果一等奖，但著作被广泛引用，促进了学术界对会计理论的理解。

◎　1924—2023年厦门大学会计学科代表性的著作

序号	作者	著作名称	出版社	出版年份/年
1	葛家澍	市场经济下会计基本理论与方法研究	中国财政经济出版社	1996
2	葛家澍	会计基本理论与会计准则问题研究	中国财政经济出版社	2000
3	葛家澍 杜兴强	财务会计概念框架与会计准则问题研究	商务印书馆（勘误重印） 中国财政经济出版社（第1版）	2022 2003
4	余绪缨	会计理论与现代管理会计研究	中国财政经济出版社	1989
5	余绪缨	余绪缨学术文集	辽宁人民出版社	2000
6	吴水澎	中国会计理论研究	中国财政经济出版社	2000
7	曲晓辉	中国会计准则的国际趋同效果研究	立信会计出版社	2011
8	李建发 等	政府财务报告研究	厦门大学出版社	2006
9	傅元略	财务管理理论研究	厦门大学出版社	2007
10	刘　峰	会计准则研究	东北财经大学出版社	1996
11	刘　峰	会计准则变迁	中国财政经济出版社	2000
12	杜兴强	会计信息的产权问题研究	东北财经大学出版社	2002
13	杜兴强	On Informal Institutions and Accounting Behavior	Springer	2021
14	杜兴强	葛家澍教授学术思想研究	厦门大学出版社	2021

第四节　国家级与省部级教学成果相关奖项

厦门大学会计学科历来注重教学，所以在教材建设和教学成果方面取得了丰硕的成果。1924—2024年，厦门大学会计学科教师所获国家级与省部级教学成果相关的奖励，包括但不限于国家级与省部级教学成果奖、国家一流本科专业、全国普通高等学校优秀教材奖、国家一流本科课程、教育教学奖等。

（一）国家级教学成果奖

◎　厦门大学会计学系教师获得国家级教学成果奖的情况

序号	获奖者	获奖类别	获奖成果名称	获奖等级	获奖年度	授予部门
1	葛家澍	国家级教学成果奖	创建“独树一帜”的财务会计教材体系	优秀奖	1989	教育部
2	葛家澍　余绪缨 常　勋　吴水澎 陈守文	国家级教学成果奖	以教学创新为中心，进行全方位教学改革	二等奖	1997	教育部
3	葛家澍 杜兴强 桑士俊	国家级教学成果奖	中级财务会计学（教材）	二等奖	2005	教育部
4	杜兴强 李建发 刘　峰 等	国家级教学成果奖	会计学教学模式创新与教材体系改革：AI技术冲击、中国文化嵌入与伦理关注	二等奖	2023	教育部
5	林　涛（3）	国家级教学成果奖	管理学全案例教学模式（第二单位）	二等奖	2014	教育部

注：括号内数字代表获奖成果中的排序（适用于第一获奖人非厦门大学会计学系）。

（二）全国普通高等学校优秀教材奖

◎　厦门大学会计学系教师获得教育部全国普通高等学校优秀教材奖的情况

序号	获奖者	获奖类别	获奖成果名称	获奖等级	获奖年度	授予部门
1	葛家澍	全国普通高等学校优秀教材奖	会计基础知识	一等奖	1988	教育部
2	余绪缨	全国普通高等学校优秀教材奖	管理会计学	一等奖	1988	教育部
3	葛家澍	全国普通高等学校优秀教材奖	中级财务会计	一等奖	1995	教育部
4	葛家澍	全国普通高等学校优秀教材奖	中级财务会计	一等奖	2002	教育部
5	余绪缨	全国普通高等学校优秀教材奖	管理会计学	二等奖	2002	教育部

（三）省部级教学成果奖

◎ 厦门大学会计学系教师获得福建省教学成果奖的情况

序号	获奖者	获奖类别	获奖成果名称	获奖等级	获奖年度	授予部门
1	葛家澍	福建省教学成果奖	创建“独树一帜”的财务会计教材体系	优秀奖	1989	福建省教育委员会
2	常　勋	福建省教学成果奖	“国际会计”专业开拓与教材建设	一等奖	1989	福建省教育委员会
3	葛家澍　余绪缨 常　勋　吴水澎 陈守文	福建省教学成果奖	以教学创新为中心，进行全方位教学改革	一等奖	1997	福建省教育厅
4	葛家澍 杜兴强 桑士俊	福建省教学成果奖	中级财务会计学（教材）	一等奖	2005	福建省教育厅
5	余绪缨 郭晓梅 林　涛	福建省教学成果奖	企业理财学（教材）	二等奖	2005	福建省教育厅
6	庄明来　张铭洪 郭晓梅　郭丹霞 林　涛　袁新文	福建省教学成果奖	会计系列网络课程（电子教材）	二等奖	2005	福建省教育厅
7	葛家澍 杜兴强	福建省教学成果奖	继承与发展：独树一帜的《会计理论》教材	一等奖	2009	福建省教育厅
8	林涛（3）	福建省教学成果奖	管理学全案例教学模式	特等奖	2014	福建省教育厅
9	肖　华 桑士俊 杜兴强 等	福建省教学成果奖	国际职业化导向的会计学本科专业化建设	一等奖	2017	福建省教育厅
10	杜兴强 李建发 刘　峰 等	福建省教学成果奖	会计学教学模式创新与教材体系改革：AI技术冲击、中国文化嵌入与伦理关注	特等奖	2020	福建省教育厅
11	桑士俊（3） 章永奎（6）	福建省教学成果奖	迈向新文科的会计学国家级一流专业建设	一等奖	2020	福建省教育厅
12	于李胜 李　成 等	福建省教学成果奖	商学院一流本科人才培养探索与实践	一等奖	2022	福建省教育厅

（四）国家级教学团队、国家级本科一流专业、国家一流本科课程

◎ 厦门大学会计学系教师获得国家级教学团队、国家级本科一流专业、国家一流本科课程的情况

序号	获奖者	获奖类别	获奖成果名称	获奖等级	获奖年度	授予部门
1	厦门大学会计学教学团队	国家级教学团队	会计学	优秀奖	2008	教育部财政部等
2	厦门大学会计学专业	高等学校特色专业建设点	会计学（TS2257）	优秀奖	2008	教育部财政部等
3	厦门大学会计学系（负责人：杜兴强）	国家一流本科专业建设	教育部国家一流本科专业建设点：会计学	—	2019	教育部
4	厦门大学会计学系（负责人：刘峰）	国家一流本科专业建设	教育部国家一流本科专业建设点：审计学	—	2022	教育部
5	杜兴强	国家一流本科课程	财务会计理论专题	优秀奖	2023	教育部
6	郭晓梅 林　涛	国家一流本科课程	管理会计	优秀奖	2022	教育部

（五）厦门大学会计学系教师获得的教育教学奖

◎ 厦门大学会计学系教师获得教育部与福建省各类教育教学奖的情况

序号	获奖者	获奖类别	获奖成果名称	获奖等级	获奖年度	授予部门
1	葛家澍	教育教学奖	福建省杰出人民教师	优秀奖	2004	福建省人民政府
2	杜兴强	教育教学奖	第十八届教育部霍英东高等院校教育教学奖	二等奖	2022	教育部
3	刘　峰	教育教学奖	宝钢优秀教师奖	优秀奖	2001	宝钢教育基金会
4	杜兴强	教育教学奖	宝钢优秀教师奖	优秀奖	2002	宝钢教育基金会

第五节　标志性科研成果奖

1924—2024年（特别是1988年以来），厦门大学会计学系教师获得了数以百计的教育部人文社科优秀成果奖、福建省社科优秀成果奖、其他部委和地方人民政府颁发的各类科研成果奖。列入“厦门大学会计学科标志性的科研成果奖”，需满足如下条件之一（全部获奖名单见相关章节）：

（1）国家社会科学基金项目优秀成果奖；

（2）教育部人文社科优秀成果奖；

（3）福建省社科优秀成果奖一等奖。

（一）国家社会科学基金项目优秀成果奖获奖名单（仅1999一届，后停止）

◎　厦门大学会计学系教师获得国家社会科学基金项目优秀成果奖情况

序号	获奖者	获奖成果名称	成果形式	获奖等级	获奖时间	备注
1	葛家澍	市场经济下会计基本理论与方法研究	著作	三等奖	1999年9月	第一届

（二）教育部人文社会科学优秀成果奖

◎　厦门大学会计学系教师获得教育部人文社科优秀成果奖情况

序号	获奖者	获奖成果名称	成果形式	获奖等级	获奖时间	备注
1	葛家澍	市场经济下会计基本理论与方法研究	著作	一等奖	1998年12月	第二届
2	葛家澍	会计基本理论与会计准则问题研究	著作	一等奖	2003年7月	第三届
3	葛家澍 杜兴强	财务会计概念框架与会计准则问题研究	著作	一等奖	2006年12月	第四届
4	吴水澎	财务会计基本理论研究	著作	三等奖	1998年12月	第二届
5	黄志忠 陈　龙	中国上市公司盈利成长规律实证分析	论文	三等奖	2003年7月	第三届
6	杜兴强	会计信息的产权问题研究	著作	三等奖	2006年12月	第四届

续表

序号	获奖者	获奖成果名称	成果形式	获奖等级	获奖时间	备注
7	杜兴强	Does Religion Matter to Owner-Manager Agency Costs? Evidence from China	论文	三等奖	2015年12月	第七届
8	曲晓辉 等	中国会计准则的国际趋同效果研究	著作	三等奖	2015年12月	第七届
9	于李胜（第二作者）	The Association between Audit-Partner Quality and Engagement Quality：Evidence from Financial Report Misstatement	论文	二等奖	2020年12月	第八届

（三）福建省社会科学优秀成果一等奖

◎ 厦门大学会计学系教师获得福建省社科优秀成果一等奖情况

序号	获奖者	获奖成果名称	成果形式	获奖等级	获奖年份/年	备注
1	葛家澍	通货膨胀会计	著作	一等奖	1988	第一届
2	王光远	管理审计理论	专著	一等奖	1998	第三届
3	常 勋	财务会计三大难题	专著	一等奖	2000	第四届
4	葛家澍 杜兴强	财务会计概念框架与会计准则问题研究	专著	一等奖	2005	第六届
5	李建发 等	政府财务报告研究	专著	一等奖	2007	第七届
6	葛家澍 杜兴强	会计理论	专著	一等奖	2007	第七届
7	傅元略	财务管理理论	教材	一等奖	2009	第八届
8	曲晓辉 等	中国会计准则的国际趋同效果研究	专著	一等奖	2013	第十届

第六节　标志性科研项目

1924—2024年的百年间，厦门大学会计学系教师获得了数百项国家自然科学基金、国家社科基金、教育部人文社科项目、福建省社科项目以及其他部委项目的资助。但是，能够在厦门大学百年会计学科史上作为标志性项目的，只包括国家自然科学基金重大项目、重大项目课题、重点项目，以及国家社科基金重大项目和重点项目。

◎　厦门大学会计学系标志性的科研项目：国家自然科学基金重大项目、重大项目课题、重点项目与国家社科基金重大项目、重大专项、重点项目

序号	批准号	项目名称	负责人	资助类别	立项时间
1	71790602	制度变革、非正式制度因素与会计审计行为研究	杜兴强	国家自然科学基金重大项目课题	2017年
2	20&ZD111	“一带一路”沿线国中国企业审计治理研究	杜兴强	国家社会科学基金重大项目	2020年
3	20&ZD115	绩效管理导向下的中国政府成本体系研究	李建发	国家社会科学基金重大项目	2020年
4	22VRC130	“双碳”战略背景下公司环境绩效与“环境-捐赠”式伪善防范研究	杜兴强	国家社会科学基金项目（专项；首席专家）	2022年
5	22ZDA045	新时代构建亲清政商关系研究	罗进辉	国家社会科学基金重大专项	2022年
6	72232007	数智时代的企业投融资与风险管理	刘　峰	国家自然科学基金重点项目	2022年
7	71332008	信息生态环境与企业内部控制有效性问题研究	陈汉文	国家自然科学基金重点项目	2013年
8	—	新体制下会计理论与方法研究	葛家澍	国家社会科学基金重点项目	“七五”期间
9	13AJY005	公允价值信息采集及指数构建研究	曲晓辉	国家社会科学基金重点项目	2013年
10	20AGL013	公共产权视角下的政府资产治理与财务会计问题研究	李建发	国家社会科学基金重点项目	2020年

第七节　教师入选国家级高层次人才计划情况

百年来，特别是20世纪90年代以来，厦门大学会计学系教师数十人次入选国家级高层次人才计划、国家级人才计划、教育部与财政部等省部级人才计划等。

（一）国家级高层次人才计划

◎　厦门大学会计学系教师入选国家级高层次人才计划情况

姓名	国家级高层次人才项目名称	年份/年
李建发	国家高层次人才特殊支持计划哲学社会科学领军人才	2018
黄世忠（兼）	国家高层次人才特殊支持计划哲学社会科学领军人才	2018
杜兴强	国家高层次人才特殊支持计划哲学社会科学领军人才	2021
杜兴强	国家百千万人才工程	2019
杜兴强	国家有突出贡献中青年专家	2019
李建发	全国文化名家暨“四个一批”人才工程	2018
黄世忠（兼）	全国文化名家暨“四个一批”人才工程	2018
杜兴强	全国文化名家暨“四个一批”人才工程	2022

（二）国家级人才计划

◎　厦门大学会计学系教师入选国家级人才计划情况

姓名	国家级人才项目名称	年份/年
葛家澍	国务院政府特殊津贴	1990
余绪缨	国务院政府特殊津贴	1991
常　勋	国务院政府特殊津贴	1992
吴水澎	国务院政府特殊津贴	1992
庄瑞澄	国务院政府特殊津贴	1992
陈守文	国务院政府特殊津贴	1993
李若山	国务院政府特殊津贴	1993
曲晓辉	国务院政府特殊津贴	1999
刘　峰	国务院政府特殊津贴	2000
李建发	国务院政府特殊津贴	2005
黄世忠（兼）	国务院政府特殊津贴	2006
杜兴强	国务院政府特殊津贴	2020

（三）教育部与财政部人才计划

◎ 厦门大学会计学系教师入选教育部与财政部人才项目情况

姓名	教育部或财政部人才项目名称	年份/年
曲晓辉	教育部跨世纪优秀人才支持计划	1999
刘　峰	教育部优秀青年教师计划	1999
杜兴强	教育部（首届）新世纪优秀人才支持计划	2004
曲晓辉	教育部霍英东高等院校青年教师奖（人才类）三等奖	1993
刘　峰	教育部第五届霍英东高等院校青年教师基金（人才类）	1996
杜兴强	教育部第十届霍英东高等院校青年教师基金（人才类）	2006
杜兴强	教育部第十二届霍英东高等院校青年教师奖（人才类）一等奖	2010
罗进辉	教育部第十六届霍英东高等院校青年教师奖（人才类）三等奖	2018
杜兴强	教育部第十八届霍英东高等院校教育教学奖（人才类）二等奖	2022
李建发	财政部会计名家	2018
黄世忠（兼）	财政部会计名家	2018
刘　峰	财政部会计名家	2018
杜兴强	财政部会计名家培养工程	2022